Prisma Woordenboek
Engels-Nederlands

In de reeks Prisma Woordenboeken zijn
de volgende delen verschenen:

Nederlands
Nederlands-Engels
Engels-Nederlands
Nederlands-Duits
Duits-Nederlands
Nederlands-Frans
Frans-Nederlands
Nederlands-Spaans
Spaans-Nederlands
Nederlands-Italiaans
Italiaans-Nederlands

Engels
Nederlands

drs. M.E. Pieterse-van Baars
drs. J.G.J.A. van der Schoot
onder redactie van
drs. A.F.M. de Knegt

PRISMA

Prisma Woordenboeken worden in de handel gebracht door:

Uitgeverij Het Spectrum B.V.
Postbus 2073
3500 GB Utrecht

Omslagontwerp: Karel van Laar
Vormgeving: Studio Casparie Heerhugowaard
Chris van Egmond bNO
Zetwerk: Spectrum Database Publishing,
Utrecht/Casparie Heerhugowaard B.V.
Druk: Koninklijke Wöhrmann B.V., Zutphen
Ontwerp database: AND Software, Rotterdam

De uitspraak in dit boek is afkomstig van Oxford
University Press en bewerkt door dr. J.M. Mees en
dr. B.S. Collins

Eerste tot en met negenentwintigste druk
1955-1992. Dertigste, volledig herziene druk 1993.
Eenendertigste, geheel herziene druk 1996.

© 1955, © 1996
Uitgeverij Het Spectrum B.V.

ISBN 90 274 5419 4   02-0281.01

CIP-GEGEVENS KONINKLIJKE BIBLIOTHEEK,
DEN HAAG

Voorwoord bij de 30^e druk

Dit Prisma Woordenboek is, evenals de andere Prisma Woordenboeken, ingrijpend gewijzigd ten opzichte van de voorgaande drukken. Deze wijziging heeft betrekking op verschillende aspecten van het woordenboek.

In de eerste plaats is de selectie van trefwoorden aangepast. Zo werd bij het maken van deze selectie een groot aantal trefwoorden om uiteenlopende redenen niet langer geschikt geacht voor opname. Hiermee kwam ruimte vrij voor de opname van nieuwe trefwoorden, die tot het actuele karakter van het boek hebben bijgedragen.

Een ander belangrijk punt waarop de woordenboeken zijn gewijzigd, betreft de informatie die achter de trefwoorden wordt gegeven. Deze informatie is herzien en waar nodig verbeterd en uitgebreid, zowel voor wat het Nederlands als voor wat de vreemde taal betreft.

Voor dit deel van de bewerking is van de voordelen van de automatische opslag van gegevens gebruik gemaakt.

Nieuw zijn ook de aanhangsels achter in de Prisma Woordenboeken, waarin grammaticale en soms ook andere, meer praktische informatie is opgenomen. Hierdoor en door de nieuwe, goed leesbare typografie waarmee de inhoudelijke vernieuwing van de Prisma Woordenboeken is onderstreept, is het gebruik van dit woordenboek aanmerkelijk vergemakkelijkt.

Spectrum Lexicografie

Voorwoord bij de 31^e druk

In dit boek is de nieuwe spelling gebruikt. Met ingang van het komende schooljaar zal die nieuwe spelling verplicht zijn in het onderwijs en in ambtelijke stukken in Nederland en Vlaanderen.

In de loop van 1995 zijn de nieuwe regels voor de spelling bekend geworden. Deze regels worden in alle Prisma Woordenboeken op dezelfde wijze toegepast. Men heeft zich daarbij laten adviseren door een redactieraad spelling, bestaande uit drs. W.Th. de Boer, prof. dr. D. Geeraerts en prof. dr. A.H. Neijt.

Aanwijzingen voor het gebruik

INFORMATIE OVER DE VREEMDE TAAL
Bij het samenstellen van de Prisma
Woordenboeken is rekening gehouden
met het feit dat deze voornamelijk door
Nederlandstaligen worden gebruikt.
Daarom zijn de onregelmatige werkwoordsvormen als trefwoord opgenomen, evenals onregelmatige meervouds-
vormen. Bij deze trefwoorden wordt verwezen naar respectievelijk de infinitief
van het werkwoord en naar de vormen
in het enkelvoud.
Verder zijn als aparte trefwoorden opgenomen: woorden die in het meervoud
een afwijkende vertaling hebben of uitsluitend als meervoud voorkomen; ei-
gennamen en geografische namen die
vertaalproblemen kunnen opleveren; onregelmatige vormen van de overtreffende en vergrotende trap en afkortingen.

Vaste combinaties van werkwoord en
voorzetsel zijn vetgedrukt en staan tussen haakjes. Het komt vaak voor dat de
combinatie bij verschillende grammaticale subcategorieën hoort, waardoor één
en dezelfde combinatie op twee of meer
verschillende plaatsen voorkomt. Bij het
werkwoord *pass* bijvoorbeeld, staat *pass*

away (~ **away**) in de betekenis 'heengaan, sterven' bij de categorie onovergankelijk werkwoord en in de betekenis 'verdrijven' bij overgankelijk werkwoord. Bij
het zoeken naar deze combinaties moet
hiermee rekening worden gehouden.

De grammaticale categorieën van het
trefwoord worden altijd vermeld, ook
wanneer trefwoorden maar tot één
woordsoort behoren. Ze staan tussen
rechte haken: [...]. De uitspraak van de in-
gangen wordt gegeven tussen schuine
strepen: /.../. Van afkortingen en van de
meeste samengestelde woorden met een
koppelteken wordt geen uitspraak gegeven.

INFORMATIE OVER HET NEDERLANDS
Aangezien de gebruikers hoofdzakelijk
Nederlandstaligen zijn, is zo weinig mogelijk informatie over de Nederlandse
vertalingen van trefwoorden en voorbeelden opgenomen. Grammaticale informatie wordt derhalve niet gegeven.
Informatie over gebruik en stijlniveaus
wordt alleen gegeven wanneer vertalingen dubbelzinnig zijn.

Bijzondere tekens

Trefwoorden zijn vetgedrukt. Alle informatie die niet cursief is gezet, heeft betrekking op de vreemde taal, alle cursieve informatie op het Nederlands.

•	De vertalingen van een trefwoord zijn per betekenis georganiseerd. Elk van deze betekenissen wordt aangegeven door middel van een bolletje. Ook de voorzetsels in de vreemde taal die in combinatie met het trefwoord tot een verschil in betekenis leiden, staan achter een bolletje (en tussen haakjes).
⟨...⟩	Elke specificering van een vertaling staat tussen geknikte haken, evenals vakgebied- en stijlaanduidingen.
[...]	Grammaticale subcategorieën staan tussen rechte haken.
/.../	Uitspraakinformatie staat tussen schuine strepen.
*	Voorbeeldzinnen worden voorafgegaan door een sterretje.
I, II enz.	Aanduidingen van grammaticale categorieën (zelfstandig naamwoord, bijvoeglijk naamwoord, soorten werkwoorden enz.) worden voorafgegaan door vetgedrukte romeinse cijfers.
~	Een tilde vervangt het trefwoord in voorbeeldzinnen.
/	Een schuine streep scheidt woorden die onderling verwisselbaar zijn.
↑	Dit teken geeft aan dat de vertaling formeler is dan het vertaalde woord of voorbeeld.
↓	Dit teken geeft aan dat de vertaling minder formeel is dan het vertaalde woord of voorbeeld.
≈	Dit teken geeft aan dat de vertaling een benadering is van het vertaalde woord of voorbeeld; een exacte vertaling kan in dat geval niet worden gegeven.

Lijst van gebruikte afkortingen

aanv. wijs	aanvoegende wijs	*mil.*	militair
aanw vnw	aanwijzend voornaamwoord	*muz.*	muziek
adm.	administratie	*mv*	meervoud
AE	Amerikaans-Engels	*nat.*	natuurkunde
anat.	anatomie	*onb vnw*	onbepaald voornaamwoord
Angl.	Anglicaans	*onp ww*	onpersoonlijk werkwoord
arch.	archeologie	*onv ww*	onvervoegbaar werkwoord
archit.	architectuur	*on ww*	onovergankelijk werkwoord
astrol.	astrologie	*o.s.*	oneself
Austr.	Australisch	*overtr. trap*	overtreffende trap
bel.	beledigend	*ov ww*	overgankelijk werkwoord
bep.	bepaalde	*p.*	persoon/person
betr vnw	betrekkelijk voornaamwoord	*pej.*	pejoratief
bez vnw	bezittelijk voornaamwoord	*pers vnw*	persoonlijk voornaamwoord
bijv.	bijvoorbeeld	*plantk.*	plantkunde
bijw	bijwoord	*pol.*	politiek
bio.	biologie	*rel.*	religie
bnw	bijvoeglijk naamwoord	*r.-k.*	rooms-katholiek
bouwk.	bouwkunde	*scheepv.*	scheepvaart
chem.	scheikunde	*sl.*	slang
comp.	informatica	*s.o.*	someone
dial.	dialect	*s.th.*	something
econ.	economie	*taalk.*	taalkunde
euf.	eufemisme	*techn.*	techniek
ev	enkelvoud	*tegenw. deelw.*	tegenwoordig deelwoord
fig.	figuurlijk	*telecom.*	telecommunicatie
fil.	filosofie	*telw*	telwoord
form.	formeel	*tk.t.*	toekomende tijd
foto.	fotografie	*t.t.*	tegenwoordige tijd
geo.	geografie	*tw*	tussenwerpsel
gesch.	geschiedenis	*typ.*	typografie
hand.	handel	*uitr vnw*	uitroepend voornaamwoord
her.	heraldiek	*vergr. trap*	vergrotende trap
hww	hulpwerkwoord	*verl. tijd*	verleden tijd
iem.	iemand	*vero.*	verouderd
imp	imperatief	*volt. deelw.*	voltooid deelwoord
in samenst.	in samenstellingen	*vr vnw*	vragend voornaamwoord
inf.	informeel	*vulg.*	vulgair
iron.	ironisch	*vw*	voegwoord
jur.	juridisch	*vz*	voorzetsel
kind.	kindertaal	*wisk.*	wiskunde
kww	koppelwerkwoord	*wkd vnw*	wederkerend voornaamwoord
landb.	landbouw	*wkd ww*	wederkerend werkwoord
lit.	literatuur/literair	*wkg vnw*	wederkerig voornaamwoord
luchtv.	luchtvaart	*ww*	werkwoord
lw	lidwoord	*z.*	zich
med.	medisch		

Uitspraaktekens

ɑː	als a	in father /'fɑːðə/
æ	als a	in man /mæn/
aɪ	als i	in time /taɪm/
aɪə	als ire	in fire /faɪə/
aʊ	als ou	in house /haʊs/
aʊə	als our	in sour /'saʊə/
ɑ̃	als an	in seance /seɪɑ̃s/
ʌ	als u	in cup /kʌp/
b	als b	in but /bʌt/
d	als d	in day /deɪ/
e	als e	in bed /bed/
eə	als ai	in fair /feə/
eɪ	als ay	in day /deɪ/
ɜː	als er	in service /'sɜːvɪs/
ə	als a	in ago, villa /ə'gəʊ//vɪlə/
f	als f	in father /'fɑːðə/
g	als g	in gun /gʌn/
h	als h	in hat /hæt/
iː	als ee	in three /θriː/
ɪ	als i	in it /ɪt/
ɪə	als ear	in near /nɪə/
j	als y	in you /juː/
k	als c	in come /kʌm/
l	als l	in late, mile /leɪt//maɪl/
m	als m	in man /mæn/
n	als n	in no /nəʊ/
ŋ	als ng	in song /sɒŋ/
əʊ	als o	in so /səʊ/
ɔː	als or	in sport /spɔːt/
ɒ	als o	in not /nɒt/
ɔɪ	als oy	in boy /bɔɪ/
p	als p	in park /pɑːk/
r	als r	in right /raɪt/
s	als s	in song /sɒŋ/
ʃ	als sh	in fish /fɪʃ/
t	als t	in take /teɪk/
θ	als th	in thing /θɪŋ/
ð	als th	in the /ðɪ/
uː	als oe	in shoe /ʃuː/
ʊ	als oo	in good /gʊd/
ʊə	als oor	in boor /bʊə/
v	als v	in very /'verɪ/
w	als w	in way /weɪ/
x	als ch	in het Nederlands toch, Schots loch /lɒx/
z	als z	in zero /'zɪərəʊ/
ʒ	als s	in measure /'meʒə/

' betekent dat de volgende lettergreep beklemtoond is
: betekent dat de klank lang is

need / niːd / **I** [ov ww] • nodig hebben, vereisen
• moeten • she needs knowing men moet haar
kennen **II** [on ww] • gebrek hebben • ‹vero.› nodig
zijn ∗ it needs to be done 't moet gebeuren
III [hww] hoeven ∗ as gay as need be zo vrolijk
als 't maar kan ∗ if need be zo nodig ∗ why need
he have come? waarom heeft hij moeten komen?
∗ you need not have done it je had het niet
hoeven doen **IV** [znw] • nood(zaak) • armoede,
tekort ∗ at need in geval v. nood ∗ be in need of
nodig hebben ∗ have need of nodig hebben ∗ need
of behoefte aan

∗∗∗ *vetgedrukte romeinse cijfers geven het
onderscheid tussen grammaticale categorieën
aan*

neighbour, neighbor / 'neɪbə / **I** [ov ww]
grenzen aan **II** [on ww] grenzen, benaderen • ‹~
on) grenzen aan **III** [znw] • buurman, buurvrouw
• ‹religie› naaste • ‹hand.› concurrent ∗ ~ over
the way overbuur ∗ next-door ~ naaste buur
∗ this lake is smaller than its ~ dit meer is
kleiner dan dat wat er naast ligt **IV** [bnw] naburig

∗∗∗ *voorzetsels die de betekenis van het trefwoord
wijzigen, zijn vetgedrukt en staan tussen
haakjes*

nerve / nɜːv / **I** [ov ww] kracht of moed geven ∗ he
~d himself hij vermande z. **II** [znw] • pees
• spierkracht • zenuw • moed, zelfbeheersing
• ‹bio.› middennerf ‹v. blad› • ‹inf.› brutaliteit
∗ ~ strain zenuwinspanning; zenuwoverspanning
∗ strain every ~ zich tot het uiterste inspannen
∗ you've got a ~! jij durft!

∗∗∗ *restricties, die achter de vertaling staan,
verduidelijken de vertaling*

nested / 'nestɪd / **I** [ww] verl. tijd + volt. deelw.
→ nest **II** [bnw] • gevestigd • genesteld • in
elkaar passend ‹v. o.a. dozen›

∗∗∗ *bij onregelmatige werkwoordsvormen wordt
verwezen naar de infinitief*

N.H.S. [afk] • ‹National Health Service›
Nationale Gezondheidszorg

∗∗∗ *bij afkorting wordt de volle vorm tussen
haakjes gegeven*

nibs / nɪbz / [mv] • vervelend persoon • gebroken
(koffie/cacao)bonen ∗ ‹iron.› his nibs zijne
hoogheid

∗∗∗ *de uitspraak van de ingang wordt gegeven
tussen schuine strepen*

niggardly / 'nɪɡədlɪ / [bnw + bijw] gierig, karig
∗ ~ of krenterig met

∗∗∗ *twee grammaticale categorieën waarvan de
vertalingen gelijk zijn, zijn samengevoegd*

nocuous / 'nokjuəs / [bnw] giftig, schadelijk

nod / nod / **I** [on ww] knikken, knikkebollen,
slaperig zijn ∗ I have a nodding acquaintance
with him ik ken 'm oppervlakkig ∗ he nodded
assent hij knikte toestemmend ∗ nod to its fall op
't punt staan in te storten ‹ook fig.› • ‹~ off›
slaap vallen **II** [znw] knik ∗ a nod is as good as a
wink 'n goed verstaander heeft maar 'n half woord
nodig ∗ ‹sl.› buy on the nod op de pof kopen ∗ she
is at his nod ze is totaal van hem afhankelijk
∗ the land of Nod de slaap; het rijk der dromen

∗∗∗ *voorbeeldzinnen worden aan het einde van de
bijbehorende grammaticale categorie gegeven*

∗∗∗ *stijlaanduidingen en aanduidingen van
vakgebieden staan voor de bijbehorende
voorbeeldzin of vertaling*

A

a /ǝ/ [lw] een * twice a day twee keer per dag
a- /eɪ/ [voorv] a-, on-, niet * amoral amoreel
* atypical atypisch
A1 [afk] • (first class) eerste klas
aback /ǝˈbæk/ [bijw] • terug, achteruit • door de
wind tegen de mast geslagen ⟨v. zeil⟩ * taken ~
onthutst
abandon /ǝˈbændǝn/ [ov ww] opgeven, verlaten
* ~ o.s. to z. overgeven aan
abandoned /ǝˈbændǝnd/ [bnw] • verlaten
• losbandig
abandonment /ǝˈbændǝnmǝnt/ [znw]
• verlating • losbandigheid
abase /ǝˈbeɪs/ [ov ww] verlagen, vernederen
abasement /ǝˈbeɪsmǝnt/ [znw] vernedering
abash /ǝˈbæʃ/ [ov ww] beschamen, verlegen maken
abate /ǝˈbeɪt/ [ov ww] verlagen ⟨v. prijs⟩, doen
afnemen, luwen, verzachten, verminderen
abatement /ǝˈbeɪtmǝnt/ [znw] verzachting,
vermindering
abbess /ˈæbes/ [znw] abdis
abbey /ˈæbɪ/ [znw] abdij
abbot /ˈæbǝt/ [znw] abt
abbreviate /ǝˈbriːvɪeɪt/ [ov ww] af-/be-/verkorten
abbreviation /ǝˈbriːvɪˈeɪʃǝn/ [znw] afkorting
abdicate /ˈæbdɪkeɪt/ [ov ww] afstand doen van
troon, aftreden
abdication /ˈæbdɪˈkeɪʃǝn/ [znw] het aftreden,
troonsafstand
abdomen /ˈæbdǝmǝn/ [znw] (onder)buik
abdominal /æbˈdɒmɪnl/ [bnw] in/van de
onderbuik
abduct /ǝbˈdʌkt/ [ov ww] ontvoeren, afvoeren
abduction /æbˈdʌkʃǝn/ [znw] ontvoering
abductor /æbˈdʌktǝ/ [znw] ontvoerder
aberrant /ǝˈberǝnt/ [bnw] abnormaal, afwijkend,
afdwalend
aberration /æbǝˈreɪʃǝn/ [znw] • afwijking,
afdwaling • misstap
abet /ǝˈbet/ [ov ww] ophitsen, aanstoken
abetment /ǝˈbetmǝnt/ [znw] het ophitsen
abetter, abettor /ǝˈbetǝ/ [znw] aanstoker,
medeplichtige
abeyance /ǝˈbeɪǝns/ [znw] * in ~ latent;
hangende; onbeslist
abhor /ǝbˈhɔː/ [ov ww] verfoeien
abhorrence /ǝbˈhɒrǝns/ [znw] afschuw
abhorrent /ǝbˈhɒrǝnt/ [bnw] weerzinwekkend
abidance /ǝˈbaɪdns/ [znw] → abide
abide /ǝˈbaɪd/ I [ov ww] • af-/verwachten
• verdragen II [on ww] • overblijven, vertoeven
• verblijven, wonen • (~ by) trouw blijven aan, z.
schikken naar, z. houden aan
abiding /ǝˈbaɪdɪŋ/ [bnw] duurzaam, blijvend
ability /ǝˈbɪlǝtɪ/ [znw] • solventie • bekwaamheid,
bevoegdheid
abject /ˈæbdʒekt/ [bnw] • rampzalig • verachtelijk
abjection /æbˈdʒekʃǝn/ [znw] verachtelijkheid
abjuration /æbdʒuˈreɪʃǝn/ [znw] afzwering
abjure /ǝbˈdʒuǝ/ [ov ww] afzweren
ablation /æbˈleɪʃǝn/ [znw] erosie
ablative /ˈæblǝtɪv/ [znw] ablatief, zesde naamval
ablaze /ǝˈbleɪz/ [bijw] in vlammen, gloeiend * ~
with gloeiend van
able /ˈeɪbl/ [bnw] in staat, bekwaam, bevoegd
* able bodied seaman vol matroos
abloom /ǝˈbluːm/ [bnw] in bloei
ablution /ǝˈbluːʃǝn/ [znw] reiniging, wassing,
zuivering
ably /ˈeɪblɪ/ [bijw] in staat, bekwaam, bevoegd
abnegate /ˈæbnɪgeɪt/ [ov ww] • z. ontzeggen
• loochenen
abnegation /æbnɪˈgeɪʃǝn/ [znw] verloochening
abnormal /æbˈnɔːml/ [bnw] • onregelmatig
• abnormaal, afwijkend
abnormality /æbnɔːˈmælǝtɪ/ [znw]
• onregelmatigheid • afwijking
aboard /ǝˈbɔːd/ [bijw + vz] • aan boord ⟨v.⟩
• langszij * all ~, please! iedereen instappen,
alstublieft!
abode I [ww] verl. tijd + volt. deelw. → **abide**
II [znw] verblijf, woonplaats
abolish /ǝˈbɒlɪʃ/ [ov ww] afschaffen
abolition /æbǝˈlɪʃǝn/ [znw] afschaffing
abolitionist /æbǝˈlɪʃǝnɪst/ [znw] voorstander v.
afschaffing v.d. slavernij
A-bomb /ˈeɪbɒm/ [znw] atoombom
abominable /ǝˈbɒmɪnǝbl/ [bnw] verfoeilijk * the
Abominable Snowman de verschrikkelijke
sneeuwman
abominate /ǝˈbɒmɪneɪt/ [ov ww] verfoeien
abomination /ǝbɒmɪˈneɪʃǝn/ [znw] gruwel
aboriginal /æbǝˈrɪdʒɪnl/ I [znw] oorspronkelijke
bewoner II [bnw] oorspronkelijk, inheems
aborigines /æbǝˈrɪdʒɪniːz/ [mv] oorspr. bewoners
abort /ǝˈbɔːt/ [ov ww] • ontijdig bevallen
• (vroegtijdig) afbreken • verschrompelen • doen
mislukken
abortion /ǝˈbɔːʃǝn/ [znw] • het vroegtijdig
afbreken • miskraam • abortus provocatus
• mislukking
abortive /ǝˈbɔːtɪv/ [bnw] • ontijdig • mislukt
abound /ǝˈbaʊnd/ [on ww] • overvloedig zijn
• wemelen • (~ in/with) rijk zijn aan, wemelen
van
about /ǝˈbaʊt/ [bijw + vz] • om(trent), over • in de
buurt ⟨v.⟩ • in het rond • ongeveer * ~ to go op het
punt staan te gaan/vertrekken * come ~ gebeuren
* go ~-face/-turn rechtsomkeert maken; radicaal
v. mening veranderen * is he ~? is hij bij de hand?;
is hij in de buurt? * much ~ min of meer * out
and ~ weer hersteld * turn and turn ~
beurtelings veranderen * up and ~ uit bed; bij de
hand * what are you ~? wat voer jij uit?
about-turn /ǝbaʊtˈtɜːn/ [znw] totale ommekeer
above /ǝˈbʌv/ I [znw] bovengenoemde/-staande
II [bnw] bovengenoemd III [bijw] boven, over
IV [vz] boven, over * rise ~ oneself boven zichzelf
uitstijgen
above-board /ǝbʌvˈbɔːd/ [bnw + bijw] eerlijk
abrade /ǝˈbreɪd/ [ov ww] afschaven/-schuren
abrasion /ǝˈbreɪʒǝn/ [znw] • schaafwond
• afschuring
abrasive /ǝˈbreɪsɪv/ [bnw] • krassend, schurend
• ruw, scherp
abreast /ǝˈbrest/ [bijw] naast elkaar * keep ~ of op
de hoogte blijven van
abridge /ǝˈbrɪdʒ/ [ov ww] be-/verkorten
abridgement /ǝˈbrɪdʒmǝnt/ [znw] • beknotting
• verkorte uitgave, uittreksel
abroach /ǝˈbrǝʊtʃ/ [bnw] • aangestoken ⟨v. vat⟩
• aan de gang ⟨fig.⟩, de ronde doende
abroad /ǝˈbrɔːd/ [bijw] • buiten • in omloop
• in/naar het buitenland • in het rond * ⟨vero.⟩ he
was all ~ hij was de kluts kwijt
abrogate /ˈæbrǝgeɪt/ [ov ww] afschaffen, intrekken
abrogation /æbrǝˈgeɪʃǝn/ [znw] afschaffing
abrupt /ǝˈbrʌpt/ [bnw] • abrupt • steil • plotseling
• kortaf
abscess /ˈæbsɪs/ [znw] abces, ettergezwel

A

abscond /əb'skɒnd/ [on ww] stil er tussenuit trekken

absence /'æbsəns/ [znw] afwezigheid • ~ of afwezigheid van; gebrek aan

absent I [wkd ww] /æb'sent/ * ~ o.s. z. verwijderen **II** [bnw] /'æbsənt/ afwezig

absentee /æbsən'ti:/ [znw] • afwezige • iem. die niet in zijn land of huis woont * ~ landlord niet-inwonende hospes

absent-minded /æbsənt'maɪndɪd/ [bnw] verstrooid

absolute /'æbsəlu:t/ [bnw] absoluut, onvoorwaardelijk * I ~ly agree! ik ben het helemaal met je eens!

absolution /æbsə'lu:ʃən/ [znw] absolutie, vergiffenis

absolve /əb'zɒlv/ [ov ww] de absolutie geven, vergeven • (~ from/of) vrijspreken van

absorb /əb'sɔ:b/ [ov ww] • absorberen • geheel in beslag nemen • in z. opnemen * ~ed in thought in gedachten verzonken

absorbent /əb'sɔ:bənt/ [bnw] absorberend

absorbing(ly) /əb'sɔ:bɪŋ(lɪ)/ [bnw] boeiend

absorption /əb'sɔ:pʃən/ [znw] • absorptie(vermogen), opslorping • het opgaan (in) * complete ~ in a book het helemaal in een boek verdiept zijn

abstain /əb'steɪn/ [on ww] * total ~er geheelonthouder • (~ from) z. onthouden van

abstemious /æb'sti:mɪəs/ [bnw] matig

abstention, abstinence /əb'stenʃən/ [znw] onthouding

abstinent /'æbstɪnənt/ [bnw] z. onthoudend van

abstract I [ov ww] /æb'strækt/ • ontvreemden • afleiden, excerperen **II** [znw] /'æbstrækt/ overzicht, uittreksel **III** [bnw] /'æbstrækt/ • abstract • theoretisch

abstracted /əb'stræktɪd/ [bnw] verstrooid, in gedachten verzonken

abstraction /əb'strækʃən/ [znw] • abstractie • afleiding • ontvreemding • afleiding, excerpatie

abstruse /əb'stru:s/ [bnw] diepzinnig

abstruseness /æb'stru:snəs/ [znw] diepzinnigheid

absurd /əb'sɜ:d/ [bnw] absurd, bespottelijk, ongerijmd, onredelijk

absurdity /əb'sɜ:dətɪ/ [znw] absurditeit

abundance /ə'bʌndəns/ [znw] overvloed

abundant /ə'bʌndənt/ [bnw] overvloedig

abuse I [ov ww] /ə'bju:z/ • misbruiken • uitschelden **II** [znw] /ə'bju:s/ • misbruik • misverstand • scheldwoorden

abusive /ə'bju:sɪv/ [bnw] beledigend, grof

abut /ə'bʌt/ [ov + on ww] • (~ on) grenzen aan

abutment /ə'bʌtmənt/ [znw] • schoor • (archit.) beer

abysmal /ə'bɪzml/ [bnw] hopeloos, bodemloos * an ~ failure een gruwelijke mislukking

abyss /ə'bɪs/ [znw] • afgrond • hel, bodemloze put

academic /ækə'demɪk/ **I** [znw] academicus **II** [bnw] • academisch • theoretisch • nuchter * it was all ~ anyway in de praktijk deed het niet ter zake

academicals /ækə'demɪkəlz/ [mv] toga

academy /ə'kædəmɪ/ [znw] • academie, onderwijsinrichting • instituut voor speciaal vak • genootschap

accede /æk'si:d/ [on ww] • (~ to) toestemmen in, toetreden tot * ~ to the throne de troon bestijgen

accelerate /ək'seləreɪt/ [ov + on ww] versnellen

acceleration /əkselə'reɪʃən/ [znw] * ~ lane invoegstrook

accelerator /ək'seləreɪtə/ [znw] gaspedaal

accent I [ov ww] /æk'sent/ nadruk leggen op **II** [znw] /'æksənt/ • klemtoon • stembuiging, uitspraak

accentuate /æk'sentjʊeɪt/ [ov ww] • accentueren • verergeren

accentuation /æksentjʊ'eɪʃən/ [znw] accentuering

accept /ək'sept/ [ov + on ww] aannemen/-vaarden

acceptable /ək'septəbl/ [bnw] • aannemelijk, acceptabel • welkom

acceptance /ək'septns/ [znw] • gunstige ontvangst • (hand.) accept * without ~ of persons zonder aanzien des persoons

acceptation /æksep'teɪʃən/ [znw] • betekenis • aanvaarding

acceptor /ək'septə/ [znw] acceptant (v.e. wissel)

access /'ækses/ **I** [ov ww] z. toegang verschaffen tot * to ~ the computer files, press any key druk een willekeurige toets in om in de computerbestanden te komen **II** [znw] vlaag * ~ road invoegstrook; toegangsweg tot autosnelweg * ~ to toegang tot

accessary /ək'sesərɪ/ [znw] • medeplichtige • iets bijkomstigs

accessible /ək'sesɪbl/ [bnw] toegankelijk

accession /ək'seʃən/ [znw] • troonsbestijging • toegang • toename

accessories /ək'sesərɪz/ [mv] accessoires

accessory /ək'sesərɪ/ **I** [znw] • medeplichtige • ondergeschikte • iets bijkomstigs, accessoire * matching accessories op elkaar afgestemde accessoires **II** [bnw] • medeplichtig • ondergeschikt • bijkomstig

accident /'æksɪdnt/ [znw] • toeval • ongeluk * by ~ toevallig * he is very ~-prone hij is een echte pechvogel

accidental /æksɪ'dentl/ [bnw] toevallig

acclaim /ə'kleɪm/ **I** [ov ww] toejuichen * a highly ~ed work of art een hooggeprezen kunstwerk **II** [znw] • gejuich • acclamatie

acclamation /æklə'meɪʃən/ [znw] • gejuich • acclamatie

acclimatize /ə'klaɪmətaɪz/ [ov + on ww] acclimatiseren, wennen aan

acclivity /ə'klɪvɪtɪ/ [znw] oplopende helling

accolade /'ækəleɪd/ **I** [ov ww] tot ridder slaan **II** [znw] • accolade • ridderslag • loftuiting

accommodate /ə'kɒmədeɪt/ [ov ww] • verzoenen • herbergen • bevatten • (~ to) aanpassen aan • (~ with) voorzien van

accommodating /ə'kɒmədeɪtɪŋ/ [bnw] inschikkelijk, coulant

accommodation /əkɒmə'deɪʃən/ [znw] * ~ address correspondentieadres * ~ ladder valreep; trap * free ~ vrij wonen; gratis onderdak

accompaniment /ə'kʌmpənɪmənt/ [znw] begeleiding

accompanist /ə'kʌmpənɪst/ [znw] (muz.) begeleider

accompany /ə'kʌmpənɪ/ [ov ww] vergezellen, begeleiden • (~ with) vergezeld doen gaan van * the food was accompanied with excellent wine het eten ging vergezeld van een uitstekende wijn

accomplice /ə'kʌmplɪs/ [znw] medeplichtige

accomplish /ə'kʌmplɪʃ/ [ov ww] • volbrengen • nakomen (v. contract)

accomplished /ə'kʌmplɪʃt/ [bnw] • volkomen • begaafd, (veelzijdig) getalenteerd • volleerd • voldongen

accomplishment /ə'kʌmplɪʃmənt/ [znw] • volbrenging, prestatie • talent • vaardigheid * a sense of ~ het gevoel iets volbracht te hebben

accord /ə'kɔ:d/ **I** [ov ww] • overeenstemmen

• verlenen **II** [znw] * of one's own ~ uit eigen beweging * with one ~ eenstemmig
accordance/ə'kɔːdns/ [znw] overeenstemming
• in ~ with in overeenstemming met
according/ə'kɔːdɪŋ/ [bijw] * ~ to volgens
accordingly/ə'kɔːdɪŋlɪ/ [bijw] dienovereenkomstig, derhalve
accordion/ə'kɔːdɪən/ [znw] accordeon
accost/ə'kɒst/ **I** [ov ww] aanspreken **II** [znw] ⟨vero.⟩ begroeting
account/ə'kaʊnt/ **I** [ov ww] • rekenen
• beschouwen als • ⟨~ for⟩ verantwoorden, verklaren * there's no ~ing for taste over smaak valt niet te twisten **II** [znw] • rekenschap
• rekening • belang • verslag • kostenraming
• ⟨vaste⟩ klant, opdrachtgever * Account verkooprekening * by all ~s volgens iedereen * call to ~ ter verantwoording roepen * ⟨inf.⟩ don't leave on my ~ I van mij mag je blijven, hoor!
* hold in great ~ van veel gewicht achten * of no ~ van geen belang * on ~ of wegens * on my ~ ter wille van mij * on no ~ in geen geval * on one's own ~ op eigen houtje; voor zichzelf
* render (an) ~ rekenschap afleggen; verslag uitbrengen * take into ~ rekening houden met
* to keep ~s de boeken bijhouden * turn to ~ gebruik maken van
accountability/əkaʊntə'bɪlətɪ/ [znw] verantwoordelijkheid, aansprakelijkheid
accountable/ə'kaʊntəbl/ [bnw]
• verantwoordelijk • verklaarbaar • aansprakelijk
accountancy/ə'kaʊntənsɪ/ [znw] • comptabiliteit
• beroep v. boekhouder • boekhouding
accountant/ə'kaʊntənt/ [znw]
• hoofdboekhouder • accountant * chartered ~ beëdigd accountant
accoutre/ə'kuːtə/ **I** [ov ww] uitdossen, van uitrusting voorzien • ~d uitgedost
accoutrements/ə'kuːtrəmənts/ [mv] uitrusting(sstukken)
accredit/ə'kredɪt/ [ov ww] accrediteren, officieel erkennen • ⟨~ to⟩ geloof hechten aan, toeschrijven aan
accreditation/əkredɪ'teɪʃən/ [znw] * letters of ~ geloofsbrieven
accredited/ə'kredɪtɪd/ [bnw] • officieel erkend
• ⟨algemeen⟩ erkend • goedgekeurd
accrescence/æ'kresəns/ [znw] aanwas
accretion/ə'kriːʃən/ [znw] aangroei, aanslibbing, aanwas
accrue/ə'kruː/ **I** [ov ww] doen aangroeien, kweken **II** [on ww] aangroeien • ⟨~ to⟩ toekomen ⟨vnl. v. rente⟩
accumulate/ə'kjuːmjʊleɪt/ [ov + on ww] (z.) ophopen, verzamelen
accumulation/əkju:mjʊ'leɪʃən/ [znw]
• verzameling • op(een)hoping
accumulative/ə'kju:mjʊlətɪv/ [bnw] (z.) opstapelend
accuracy/'ækjʊrəsɪ/ [znw] nauwkeurigheid
accurate/'ækjʊrət/ [bnw] nauwkeurig
accusal, accusation/ə'kjuːzəl/ [znw]
• beschuldiging • aanklacht
accusatory/ə'kjuːzətərɪ/ [bnw] beschuldigend
accuse/ə'kjuːz/ [ov ww] beschuldigen, aanklagen
accused/ə'kjuːzd/ [bnw] * the ~ de verdachte(n)
accustom/ə'kʌstəm/ [ov ww] wennen • ⟨~ to⟩ wennen aan * be ~ed to gewend zijn
ace/eɪs/ [znw] • aas ⟨v. kaarten⟩ • één ⟨v. dobbelsteen⟩ • uitblinker ⟨in competitie⟩ • ace ⟨tennis⟩
acerbate/'æsəbeɪt/ [ov ww] ergeren, verzuren

acerbity/ə'sɜːbətɪ/ [znw] wrangheid, bitterheid
acetic/ə'siːtɪk/ [bnw] * ~ acid azijnzuur
ache/eɪk/ **I** [on ww] • pijn doen, pijn lijden
• hunkeren • ⟨~ for⟩ hunkeren naar **II** [znw] ⟨voortdurende⟩ pijn
achievable/ətʃiːvəbl/ [bnw] uitvoerbaar
achieve/ə'tʃiːv/ [ov ww] volbrengen, bereiken
achievement/ə'tʃiːvmənt/ [znw] succes, prestatie
* a sense of ~ het gevoel iets bereikt te hebben
acid/'æsɪd/ **I** [znw] • zuur • ⟨sl.⟩ LSD * acid test zuurproef; criterium; vuurproef ⟨fig.⟩ **II** [bnw]
• zuur • scherp * acid drops zuurtjes * acidoils raffinagevetzuren
acidhead/'æsɪdhed/ ⟨sl.⟩ [znw] LSD-gebruiker
acidity/ə'sɪdətɪ/ [znw] zuurtegraad, zuurheid
ack-ack/æk'æk/ [znw] luchtafweer(geschut)
acknowledge/ək'nɒlɪdʒ/ [ov + on ww]
• erkennen, bevestigen • beantwoorden ⟨v. groet⟩
acknowledgement/ək'nɒlɪdʒmənt/ [znw]
• beantwoording ⟨v. groet⟩ • erkenning, bevestiging
• bericht v. ontvangst
acme/'ækmɪ/ [znw] toppunt
acne/'æknɪ/ [znw] acne, jeugdpuistjes
acolyte/'ækəlaɪt/ [znw] • misdienaar • helper
• beginneling
acorn/'eɪkɔːn/ [znw] eikel * ~ shell zeepok
acoustic(al)/ə'kuːstɪk(l)/ [bnw] gehoor/geluid betreffend, akoestisch
acoustics/ə'kuːstɪks/ [mv] geluidsleer, akoestiek
acquaint/ə'kweɪnt/ [ov ww] * ~ o.s. with zichzelf bekend maken met * ~ s.o. with iem. in kennis stellen van
acquaintance/ə'kweɪntəns/ [znw] • bekendheid
• kennismaking • kennis ⟨persoon⟩ * make ~ of kennis maken met * make ~ with/of kennis maken met
acquiesce/ækwɪ'es/ [on ww] berusten • ⟨~ in⟩ instemmen met
acquiescence/ækwɪ'esəns/ [znw] berusting
acquiescent/ækwɪ'esənt/ [bnw] • berustend
• inschikkelijk
acquire/ə'kwaɪə/ [ov ww] • verwerven ⟨vnl. v. kennis⟩ • aanleren • Acquired Immune Deficiency Syndrome aids • an ~d taste iets wat men moet léren waarderen
acquirements/ə'kwaɪəmənts/ [mv] kundigheden, verworven kennis
acquisition/ækwɪ'zɪʃən/ [znw] verwerving ⟨vnl. v. kennis⟩, aanwinst ⟨v. voorwerpen⟩
acquisitive/ə'kwɪzətɪv/ [bnw] hebzuchtig
acquit/ə'kwɪt/ [ov ww] vrijspreken • ~ o.s. of z. kwijten van
acquittal/ə'kwɪtl/ [znw] • vrijspraak • vervulling
acquittance/ə'kwɪtns/ [znw] kwijting, kwitantie
acre/'eɪkə/ [znw] 4000 m² * God's acre kerkhof
acreage/'eɪkərɪdʒ/ [znw] oppervlakte
acrid/'ækrɪd/ [bnw] • bijtend • bitter
acrimonious/ækrɪ'məʊnɪəs/ [bnw] bits, boos
acrimony/'ækrɪmənɪ/ [znw] • boosheid • bitsheid
acrobat/'ækrəbæt/ [znw] acrobaat
acrobatics/ækrə'bætɪks/ [mv] acrobatiek
acronym/'ækrənɪm/ [znw] acroniem, letterwoord
across/ə'krɒs/ [bijw] • kruiselings • aan/naar de overzijde • dwars ⟨over⟩ • ~ country dwars door het land * come ~ toevallig ontmoeten
* come/get/put ~ inslaan; indruk maken * put it ~ betaald zetten; de waarheid zeggen; 't klaar spelen; succes hebben
act/ækt/ **I** [on ww] • optreden • handelen • werken
• acteren • act a part een rol spelen; doen alsof
* ⟨inf.⟩ acting the goat ongein trappen • ⟨~ (up)on⟩ handelen volgens • ⟨~ up⟩ ⟨inf.⟩ z.

aanstellen, slecht functioneren ∗ my VCR is acting up again mijn videorecorder doet weer vreemd ● (~ up to) handelen volgens **II** [znw] ● handeling, daad ● wet ● bedrijf ‹toneel› ● nummer ‹variété› ∗ act of God natuurramp; force majeure ∗ act of grace amnestie; concessie ∗ catch a person in the act iem. op heterdaad betrappen ∗ ‹inf.› get in on the act meedoen; zorgen dat je erbij bent ∗ ‹inf.› get one's act together de boel op orde brengen; zijn zaakjes voor elkaar krijgen

acting /ˈæktɪŋ/ **I** [znw] het acteren **II** [bnw] waarnemend

action /ˈækʃən/ [znw] ● handeling, werking ● mechaniek ● gevecht ● ‹jur.› proces ∗ bring an ~ against a person voor iem. een proces aandoen wegens ∗ take ~ stappen doen

activate /ˈæktɪveɪt/ [ov ww] aanzetten, activeren

active /ˈæktɪv/ [bnw] ● actief ● werkzaam ● werkend ● levendig ∗ an ~ volcano een werkzame vulkaan

actively /ˈæktɪvlɪ/ [bijw] actief, bedrijvig, levendig

activity /ækˈtɪvətɪ/ [znw] werk(zaamheid), bedrijvigheid, bezigheid

actor /ˈæktə/ [znw] acteur

actress /ˈæktrəs/ [znw] actrice

actual /ˈæktʃʊəl/ [bnw] (daad)werkelijk, feitelijk ∗ I saw him, but didn't ~ly talk to him ik heb hem wel gezien, maar niet echt met hem gesproken ∗ ~ly, I quite liked her eigenlijk vond ik haar best aardig ∗ he ~ly refused! hij weigerde nota bene/zowaar!; hij waagde 't te weigeren!

actuality /æktʃʊˈælətɪ/ [znw] werkelijkheid

actualize /ˈæktʃʊəlaɪz/ [ov ww] ● verwezenlijken ● als werkelijkheid beschrijven

actuary /ˈæktʃʊərɪ/ [znw] actuaris, verzekeringsexpert

actuate /ˈæktʃʊeɪt/ [ov ww] ● veroorzaken ● drijven

acuity /əˈkjuːətɪ/ [znw] ● scherpheid ● scherpzinnigheid

acumen /ˈækjʊmən/ [znw] scherpzinnigheid

acupuncture /ˈækjuːpʌŋktʃə/ [znw] acupunctuur

acute /əˈkjuːt/ [bnw] ● acuut ● scherpzinnig ● dringend ● scherp ‹hoek› ∗ ~ appendicitis acute blindedarmontsteking ∗ an ~ angle een scherpe hoek ∗ an ~ hearing een scherp gehoor ∗ an ~ pain een vlijmende pijn

acuteness /əˈkjuːtnəs/ [znw] scherpzinnigheid

ad /æd/ ‹inf.› → advertisement

adage /ˈædɪdʒ/ [znw] gezegde

Adam /ˈædəm/ [znw] Adam ∗ ‹inf.› it's been like that since Adam het is altijd al zo geweest

adamant, adamantine /ˈædəmənt/ [bnw] onvermurwbaar

Adamite /ˈædəmaɪt/ **I** [znw] ● adamskind ● naaktloper **II** [bnw] menselijk

adapt /əˈdæpt/ [ov + on ww] ∗ he ~ed the novel for the stage hij maakte een toneelbewerking van de roman ∗ (~ from ... to) bewerken van(uit) ... naar ∗ (~ to) aanpassen aan

adaptability /ədæptəˈbɪlətɪ/ [znw] aanpassingsvermogen

adaptable /əˈdæptəbl/ [bnw] aanpasbaar

adaptation /ædæpˈteɪʃən/ [znw] ● aanpassing ● bewerking

adapter /əˈdæptə/ [znw] ● bewerker ● ‹techn.› tussenstuk, verdeelstekker

add /æd/ **I** [ov ww] toevoegen aan ∗ add insult to injury de ene belediging bij de andere stapelen **II** [on ww] ● (~ to) vergroten, verhogen, bijdragen tot ● (~ up) ‹inf.› kloppen, optellen ∗ this doesn't add up dit klopt niet

adder /ˈædə/ [znw] ● adder ● telmachine

addict I [ov ww] /əˈdɪkt/ ∗ he is ~ed to cigarettes hij is verslaafd aan sigaretten ● (~ to) wijden aan ∗ ~ o.s. to z. wijden aan **II** [znw] /ˈædɪkt/ verslaafde ∗ he's a telly ~ hij is een televisieverslaafde

addiction /əˈdɪkʃən/ [znw] verslaving

addictive /əˈdɪktɪv/ [bnw] verslavend

addition /əˈdɪʃən/ [znw] ● vermeerdering ● optelling, bijvoegsel ∗ in ~ to behalve; naast

additional /əˈdɪʃənl/ [bnw] aanvullend

additionally /əˈdɪʃənəlɪ/ [bijw] bovendien

additive /ˈædətɪv/ **I** [znw] toevoeging, additief ∗ preservatives and ~s conserveringsmiddelen en andere toevoegingen **II** [bnw] toevoegend

addle /ˈædl/ [bnw] ● bedorven ● verward

address /əˈdres/ **I** [ov ww] ● toespreken, aanspreken ● adresseren **II** [znw] ● adres ● toespraak ● behendigheid

addressee /ædreˈsiː/ [znw] geadresseerde, persoon tot wie men zich richt

adduce /əˈdjuːs/ [ov ww] aanvoeren ‹v. motief›

adept /ˈædept/ **I** [znw] deskundige **II** [bnw] ingewijd ∗ ~ at bedreven in

adequacy /ˈædɪkwəsɪ/ [znw] geschiktheid

adequate /ˈædɪkwət/ [bnw] ● voldoende ● geschikt ∗ ~ to geëvenredigd aan

adhere /ədˈhɪə/ [on ww] (aan)kleven ● (~ to) trouw blijven aan, vastplakken aan

adherence /ədˈhɪərəns/ [znw] ● het kleven ● aanhankelijkheid

adherent /ədˈhɪərənt/ **I** [znw] aanhanger **II** [bnw] ∗ ~ to eigen aan

adhesion /ədˈhiːʒən/ [znw] ● aankleving ● trouw, adhesie

adhesive /ədˈhiːsɪv/ **I** [znw] kleefmiddel **II** [bnw] ∗ ~ tape isolatieband; plakband

adipose /ˈædɪpəʊz/ **I** [znw] vet **II** [bnw] vet(tig)

adiposity /ædɪˈpɒsətɪ/ [znw] vetheid

adjacent /əˈdʒeɪsənt/ [bnw] ● aangrenzend ● aanliggend ‹hoek›

adjectival /ædʒɪkˈtaɪvəl/ [bnw] bijvoeglijk

adjective /ˈædʒɪktɪv/ [znw] bijvoeglijk naamwoord

adjoin /əˈdʒɔɪn/ **I** [ov ww] bijvoegen **II** [on ww] grenzen aan

adjourn /əˈdʒɜːn/ **I** [ov ww] verdagen ∗ the meeting was ~ed de vergadering werd geschorst **II** [on ww] op reces gaan

adjournment /əˈdʒɜːnmənt/ [znw] ● verdaging ● onderbreking

adjudge /əˈdʒʌdʒ/ [ov ww] ● beslissen ● (ver)oordelen ● toekennen, toewijzen

adjudicate /əˈdʒuːdɪkeɪt/ [ov ww] berechten ● (~ on) beslissen over

adjudication /ədʒuːdɪˈkeɪʃən/ [znw] ● toekenning ● beslissing

adjudicator /əˈdʒuːdɪkeɪtə/ [znw] scheidsrechter, jurylid

adjunct /ˈædʒʌŋkt/ **I** [znw] ● toevoegsel ● onderdeel ● ‹taalk.› bepaling **II** [bnw] toegevoegd

adjuration /ædʒʊˈreɪʃən/ [znw] ● smeekbede ● eed

adjure /əˈdʒʊə/ [ov ww] ● bezweren ● aanmanen

adjust /əˈdʒʌst/ [ov + on ww] ● schikken, regelen ● instellen ‹v. instrument›, afstellen ‹v. apparatuur› ● (~ to) aanpassen aan

adjustable /əˈdʒʌstəbl/ [bnw] verstelbaar

adjustment /əˈdʒʌstmənt/ [znw] regeling, instelling, aanpassing

adjutant /ˈædʒʊtnt/ [znw] adjudant

ad-lib /ædˈlɪb/ **I** [ov + on ww] improviseren ∗ he ~bed his entire speech hij verzon zijn gehele toespraak ter plekke **II** [bnw] spontaan, geïmproviseerd **III** [bijw] vrijelijk, ongedwongen

A

adman /'ædmæn/ ⟨inf.⟩ [znw] reclametekstschrijver

admass /'ædmæs/ ⟨pej.⟩ [znw] het grote publiek, de grote massa

administer /əd'mɪnɪstə/ [ov ww] • beheren
• toedienen ⟨v. medicijnen⟩ • uitvoeren ⟨v. wet⟩
• afnemen ⟨v. eed⟩

administration /ədmɪnɪ'streɪʃən/ [znw]
• administratie • regering • ministerie • uitvoering

administrative /əd'mɪnɪstrətɪv/ [bnw]
• administratief • ministerieel

administrator /əd'mɪnɪstreɪtə/ [znw]
• administrateur • executeur, curator

admirable /'ædmərəbl/ [bnw]
bewonderenswaardig

admiral /'ædmərəl/ [znw] admiraal ∗ First Lord of the Admiralty ≈ minister v. marine ∗ the Admiralty ≈ Eng. ministerie v. marine

admiration /ædmɪ'reɪʃən/ [znw] bewondering

admire /əd'maɪə/ [ov ww] bewonderen

admirer /əd'maɪərə/ [znw] aanbidder, bewonderaar ∗ a secret ~ een stille aanbidder

admissibility /ədmɪsə'bɪlətɪ/ [znw]
toelaatbaarheid

admissible /əd'mɪsəbl/ [bnw] geoorloofd

admission /əd'mɪʃən/ [znw] • erkenning
• toegang, toelating ∗ ~ fee toegangsprijs

admit /əd'mɪt/ [ov ww] • binnenlaten • toestaan
• erkennen ∗ he ~ted defeat hij gaf zich gewonnen
• (~ to) toelaten ∗ be ~ted to hospital in het ziekenhuis opgenomen worden ∗ she was ~ted to the club zij mocht tot de club toetreden

admittance /əd'mɪtns/ [znw] toegang

admittedly /əd'mɪtɪdlɪ/ [bijw] toegegeven, zoals algemeen erkend wordt

admix /æd'mɪks/ I [ov ww] bijvoegen II [on ww] ⟨z.⟩ vermengen

admixture /æd'mɪkstʃə/ [znw] toevoeging

admonish /əd'mɒnɪʃ/ [ov ww] aanmanen, vermanen • (~ for) waarschuwen voor

admonition /ædmə'nɪʃən/ [znw] • waarschuwing
• aanmaning

admonitory /əd'mɒnɪtərɪ/ [znw] vermanend

ado /ə'duː/ [znw] drukte ∗ much ado about nothing veel geschreeuw en weinig wol; een storm in een glas water ∗ with much ado onslachtig; met een hoop poeha eromheen ∗ without (any) more ado onmiddellijk

adobe /ə'dəubɪ/ [znw] • muur v. in de zon gedroogde steen ∗ ⟨AE⟩ huis

adolescence /ædə'lesəns/ [znw] puberteit, jongelingsjaren, jongemeisjesjaren

adolescent /ædə'lesənt/ I [znw] jong meisje, jongeman, puber II [bnw] opgroeiend

adopt /ə'dɒpt/ [ov ww] aan-/op-/overnemen

adoption /ə'dɒpʃən/ [znw] adoptie

adorable /ə'dɔːrəbl/ [bnw] aanbiddelijk, schattig

adoration /ædə'reɪʃən/ [znw] aanbidding

adore /ə'dɔː/ [ov ww] aanbidden

adorn /ə'dɔːn/ [ov ww] versieren

adornment /ə'dɔːnmənt/ [znw] versiering

adrenalin(e) /ə'drenəlɪn/ [znw] adrenaline

adrift /ə'drɪft/ [bijw] op drift ⟨ook fig.⟩

adroit /ə'drɔɪt/ [bnw] handig

adroitness /ə'drɔɪtnəs/ [znw] handigheid

adulate /'ædjuleɪt/ [ov ww] bewieroken ⟨fig.⟩, kruiperig vleien

adulation /ædju'leɪʃən/ [znw] • bewieroking ⟨fig.⟩
• hielenlikkerij

adult /'ædʌlt/ I [znw] volwassene II [bnw] volwassen

adulterate /ə'dʌltəreɪt/ [ov ww] vervalsen ∗ un~d nonsense klinkklare onzin

adulteration /ədʌltə'reɪʃən/ [znw] vervalsing

adulterator /ə'dʌltəreɪtə/ [znw] vervalser

adulterer /ə'dʌltərə/ [znw] overspelige man

adulteress /ə'dʌltəres/ [znw] overspelige vrouw

adulterous /ə'dʌltərəs/ [bnw] overspelig

adultery /ə'dʌltərɪ/ [znw] • overspel
• afgodendienst

adulthood /'ædʌlthud/ [znw] volwassenheid

advance /əd'vɑːns/ I [ov + on ww]
• vooruitbrengen • vervroegen • voorschieten
• verhogen • vorderen • naderen • opdrukken
• stijgen ∗ ~d ideas geavanceerde ideeën ∗ ~d student gevorderd student(e) II [znw] ∗ in ~ van tevoren; bij voorbaat

advancement /əd'vɑːnsmənt/ [znw]
• bevordering • vervroeging • vooruitgang
• voorschot

advantage /əd'vɑːntɪdʒ/ [znw] gunstige omstandigheid, voordeel ∗ take ~ of gebruik maken van; bedriegen ∗ turn s.th. to one's ~ zijn voordeel doen met

advantageous /ædvən'teɪdʒəs/ [bnw] voordelig

advent /'ædvent/ • advent • komst

adventitious /ædven'tɪʃəs/ [bnw] • bijkomend
• toevallig

adventure /əd'ventʃə/ [znw] • avontuur • risico
• speculatie

adventurer /əd'ventʃərə/ [znw] • avonturier
• speculant

adventuress /əd'ventʃəres/ [znw] avonturierster

adventurous /əd'ventʃərəs/ [bnw] avontuurlijk

adverb /'ædvɜːb/ [znw] bijwoord

adverbial /əd'vɜːbɪəl/ [bnw] bijwoordelijk

adversary /'ædvəsərɪ/ [znw] tegenstander

adversative /əd'vɜːsətɪv/ I [znw] tegengestelde, tegenstelling II [bnw] tegengesteld

adverse /'ædvɜːs/ [bnw] • ongunstig • vijandig

adversity /əd'vɜːsətɪ/ [znw] tegenspoed

advert I [on ww] /əd'vɜːt/ • (~ to) verwijzen naar II [znw] /'ædvɜːt/ advertentie

advertence, advertency /əd'vɜːtəns/ [znw] oplettendheid, aandacht

advertise /'ædvətaɪz/ I [ov ww] • adverteren
• aankondigen • (~ for) vragen om ⟨via een advertentie⟩ II [on ww] reclame maken

advertisement /əd'vɜːtɪsmənt/ [znw]
• advertentie • aankondiging

advertiser /'ædvətaɪzə/ [znw] • adverteerder
• advertentieblad

advertising /'ædvətaɪzɪŋ/ [znw] reclame

advice /əd'vaɪs/ [znw] • raad • bericht

advisable /əd'vaɪzəbl/ [bnw] raadzaam

advise /əd'vaɪz/ [ov + on ww] raad geven ∗ be well ~d verstandig doen

advisedly /əd'vaɪzɪdlɪ/ [bijw] met overleg

adviser /əd'vaɪzə/ [znw] adviseur, raadgever

advisory /əd'vaɪzərɪ/ [bnw] adviserend

advocacy /'ædvəkəsɪ/ [znw] voorspraak, verdediging

advocate I [ov ww] /'ædvəkeɪt/ voorstaan, aanbevelen II [znw] /'ædvəkət/ • verdediger
• voorstander • ⟨Schots⟩ advocaat ∗ the devil's ~ advocatus diaboli; iem. die alle fouten aanwijst

adze /ædʒ/ ⟨AE⟩ [znw] dissel, dwarsbijl

aegis /'iːdʒɪs/ [znw] aegis, schild, schut, bescherming ∗ under the ~ of onder auspiciën van

aeon /'iːɒn/ [znw] eeuwigheid

aerate /'eəreɪt/ [ov ww] • met koolzuur verzadigen
• aëreren ∗ ~d water spuitwater

aerial /'eərɪəl/ I [znw] antenne II [bnw] lucht-, luchtig

aerie /'ɪərɪ/ [znw] • roofvogelnest • gebroed

A

aerobatics /eərə'bætıks/ [znw] stuntvliegen, luchtacrobatiek

aerobic /eə'rəubık/ [bnw] (sport) aerobic ∗ ~ dancing aerobic dansen

aerodrome /'eərədrəum/ [znw] vliegveld

aerodynamic /eərəudaı'næmık/ [bnw] aërodynamisch

aerodynamics /eərəudaı'næmıks/ [mv] aërodynamica

aeronautic(al) /eərəu'nɔ:tık(l)/ [bnw] luchtvaartkundig, luchtvaart-

aeronautics /eərəu'nɔ:tıks/ [mv] luchtvaartkunde

aeroplane /'eərəpleın/ [znw] vliegtuig

aerosol /'eərəsol/ [znw] ∙ spray, spuitbus ∙ drukgas

aerospace /'eərəuspeıs/ [znw] (studie v.d.) ruimte

aesthete /'i:sθi:t/ [znw] estheet, minnaar v.h. schone

aesthetic(al) /i:s'θetık(l)/ [bnw] ∙ esthetisch ∙ m.b.t. esthetiek ∙ smaakvol

aesthetics /i:s'θetıks/ [mv] esthetiek, schoonheidsleer

afar /ə'fɑ:/ [bijw] in de verte ∗ from afar van verre

affability /æfə'bılətı/ [znw] minzaamheid

affable /'æfəbl/ [bnw] minzaam

affair /ə'feə/ [znw] ∙ zaak, kwestie ∙ ding ∙ buitenechtelijke verhouding ∗ a current ~s programme een actualiteitenrubriek

affect /ə'fekt/ [ov ww] ∙ bij voorkeur dragen/gebruiken, enz. ∙ voorwenden ∙ aantasten ∙ beïnvloeden ∙ (ont)roeren

affectation /æfek'teıʃən/ [znw] aanstellerij

affected /ə'fektıd/ [bnw] ∙ aanstellerig ∙ betrokken ∙ getroffen ∗ he displayed ~ mannerisms hij had aanstellerige maniertjes ∗ the area ~ by famine het door hongersnood getroffen gebied

affecting /ə'fektıŋ/ [bnw] aandoenlijk

affection /ə'fekʃən/ [znw] ∙ genegenheid ∙ tederheid, aandoening (ziekte)

affectionate /ə'fekʃənət/ [bnw] ∙ hartelijk ∙ aanhankelijk ∗ puppies are very ~ jonge hondjes zijn erg aanhankelijk ∗ yours ~ly met hartelijke groeten (in informele correspondentie)

affective /ə'fektıv/ [bnw] aandoenlijk

affidavit /æfı'deıvıt/ [znw] beëdigde schriftelijke verklaring

affiliate I [ov ww] /ə'fılıeıt/ aannemen als lid **II** [znw] /ə'fılıət/ filiaal

affiliated /ə'fılıeıtıd/ [bnw] verwant ∗ ~ society aangesloten vereniging

affiliation /əfılı'eıʃən/ [znw] verwantschap

affinity /ə'fınətı/ [znw] affiniteit, verwantschap

affirm /ə'fɜ:m/ [ov ww] bekrachtigen, bevestigen

affirmation /æfə'meıʃən/ [znw] bevestiging

affirmative /ə'fɜ:mətıv/ **I** [znw] bevestiging ∗ reply in the ~ bevestigend antwoorden **II** [bnw] bevestigend ∗ (AE) ~ action voorkeursbehandeling; positieve discriminatie

affix I [ov ww] /ə'fıks/ ∙ (~ on/to) aanhechten, toevoegen **II** [znw] /'æfıks/ (taalk.) achter-/in-/voorvoegsel

afflict /ə'flıkt/ [ov ww] teisteren, kwellen

affliction /ə'flıkʃən/ [znw] kwelling, aandoening

affluence /'æfluəns/ [znw] rijkdom

affluent /'æfluənt/ **I** [znw] zijrivier **II** [bnw] ∙ rijk ∙ overvloedig

afflux /'æflʌks/ [znw] toestroming, toevloed

afford /ə'fɔ:d/ [ov ww] ∙ verschaffen ∙ z. veroorloven

afforest /æ'forıst/ [ov ww] bebossen

affranchise /ə'fræntʃaız/ [ov ww] vrijmaken (v. verplichtingen)

affray /ə'freı/ [znw] opstootje, vechtpartij

affront /ə'frʌnt/ **I** [znw] ∙ beledigen ∙ tarten

II [znw] belediging

Afghan /'æfgæn/ **I** [znw] ∙ Afghaan(se) ∙ Afghaan(se windhond) ∙ Afghaan(s tapijt) **II** [bnw] Afghaans

aficionado /əfıʃ'nɑ:dəu/ [znw] liefhebber, supporter

afield /ə'fi:ld/ [bijw] ∗ op het veld ∙ verdwaald ∗ far ~ ver van huis

afire /ə'faıə/ [bijw] in brand (ook fig.)

aflame /ə'fleım/ [bijw] in vuur en vlam

afloat /ə'fləut/ [bijw] ∙ drijvend ∙ in volle gang ∙ zeilend (v. handel) ∙ (AE) dronken ∗ set ~ in omloop brengen; op touw zetten

afoot /ə'fut/ (vero.) [bijw] ∗ the game is ~ het spel is begonnen ∗ what is ~? wat is er gaande?

afore /ə'fɔ:/ [bijw] ∙ vroeger ∙ vóór

aforesaid /ə'fɔ:sed/ [bnw] voornoemd(e)

aforethought /ə'fɔ:θɔ:t/ [znw] voorbedacht ∗ (jur.) with malice ~ met voorbedachten rade

afoul /ə'faul/ [bijw] ∗ run ~ botsen

afraid /ə'freıd/ [bnw] bang ∗ I'm ~ we cannot help you het spijt me, maar wij kunnen u niet helpen; ik vrees dat we u niet kunnen helpen ∗ ~ for bezorgd om ∗ ~ of bang voor

afresh /ə'freʃ/ [bijw] ∙ opnieuw ∙ v. voren af aan

African /'æfrıkən/ **I** [znw] Afrikaan(se) **II** [bnw] Afrikaans ∗ ~ marigold afrikaantje ∗ ~ violet kaaps viooltje

aft /ɑ:ft/ [bijw] achterdeks, bij/naar/op het achterschip

after /'ɑ:ftə/ **I** [bijw] ∙ nadat ∙ daarna, later **II** [vz] ∙ na, achter, achterna ∙ naar (volgens) ∗ ~ all tenslotte; toch nog

after- [voorv] na-

aftercare /'ɑ:ftəkeə/ [znw] nazorg

aftereffect /'ɑ:ftərıfekt/ [znw] nawerking

afterlife /'ɑ:ftəlaıf/ [znw] ∙ het leven na de dood ∙ latere periode van het leven

aftermath /'ɑ:ftəmæθ/ [znw] ∙ naweeën ∙ naspel ∗ in the ~ of the war in de nasleep van de oorlog

afternoon /ɑ:ftə'nu:n/ [znw] namiddag

afters /'ɑ:ftəz/ [mv] toetje ∗ what's for ~? wat krijgen we toe?

aftertaste /'ɑ:fteteıst/ [znw] nasmaak

afterthought /'ɑ:ftəθɔ:t/ [znw] latere/nadere overweging

afterwards /'ɑ:ftəwədz/ [bijw] naderhand, daarna

again /ə'geın/ [bijw] ∙ weer ∙ daarentegen ∗ ~ and ~ herhaaldelijk ∗ as much ~ tweemaal zoveel ∗ every now and ~ telkens weer ∗ now and ~ nu en dan ∗ then ~ aan de andere kant ∗ time and ~ telkens weer

against /ə'geınst/ [vz] tegen(over) ∗ ~ the grain tegen de draad in ∗ over ~ (recht) tegenover

agape /ə'geıp/ [bijw] met open mond (v. verbazing)

agasp /ə'gɑ:sp/ [bnw] naar adem snakkend

agaze /ə'geız/ [bnw] starend

age /eıdʒ/ **I** [on ww] ouder worden, verouderen ∗ a boy aged five een jongen van vijf jaar ∗ he's aged so well! wat ziet hij er goed uit voor zijn leeftijd! **II** [znw] ∙ ouderdom ∙ tijdperk ∙ eeuw ∗ age-conscious bang om oud te worden ∗ come of age meerderjarig worden ∗ under age minderjarig

aged /'eıdʒıd/ [bnw] bejaard ∗ the aged mensen op leeftijd

ageless /'eıdʒləs/ [bnw] (leef)tijdloos, eeuwig

agency /'eıdʒənsı/ [znw] ∙ bureau, agentschap ∙ bemiddeling

agenda /ə'dʒendə/ [znw] ∙ agenda (v. vergadering) ∙ werkprogramma ∗ hidden ~ verborgen agenda; verborgen motieven en

doelstellingen
agent /'eɪdʒənt/ [znw] ● vertegenwoordiger, tussenpersoon ● bewerker ● macht ∗ a free ~ iem. die aan niemand rekenschap verschuldigd is
age-old [bnw] eeuwenoud
agglomerate I [ov + on ww] /ə'glɒməreɪt/ openhopen II [znw] /ə'glɒmərət/ agglomeraat III [bnw] /ə'glɒmərət/ openeghoopt/-gestapeld
agglomeration /əglomə'reɪʃən/ [znw] openhoping
agglutinate I [ov + on ww] /ə'glu:tɪneɪt/ ● (doen) samenklonteren ● aan elkaar lijmen ● hechten II [znw] /ə'glu:tɪnət/ lijm III [bnw] /ə'glu:tɪnət/ ● (vast)gelijmd ● ⟨bio.⟩ agglutinerend
agglutination /əglu:tɪ'neɪʃən/ [znw] aaneenhechting
aggrandize /ə'grændaɪz/ [ov ww] ● verfraaien ● verhogen, verheerlijken
aggrandizement /ə'grændɪzmənt/ [znw] ● vergroting ● verheerlijking
aggravate /'ægrəveɪt/ [ov ww] (ver)ergeren
aggravating /'ægrəveɪtɪŋ/ [bnw] ● verzwarend ● ergerlijk
aggravation /ægrə'veɪʃən/ [znw] ● verergering ● iets waar men zich aan stoort
aggregate I [ov ww] /'ægrɪgeɪt/ ● z. verenigen ● bedragen II [znw] /'ægrɪgət/ ● aggregaat ● totaal ● verzameling III [bnw] /'ægrɪgət/ gezamenlijk
aggregation /ægrɪ'geɪʃən/ [znw] ● verzameling ● aggregatie
aggression /ə'greʃən/ [znw] ● aanval ● agressie ● strijdlust
aggressive /ə'gresɪv/ [bnw] ● strijdlustig ● onderneming, actief, dynamisch
aggressor /ə'gresə/ [znw] aanvaller, agressor
aggrieve /ə'gri:v/ [ov ww] bedroeven, grieven
aggrieved /ə'gri:vd/ [bnw] gekrenkt, gekwetst
aggro /'ægrəʊ/ ⟨sl.⟩ [znw] het ruzie zoeken, agressie
aghast /ə'gɑ:st/ [bnw + bijw] onthutst, ontzet
agile /'ædʒaɪl/ [bnw] vlug en lenig
agility /ə'dʒɪlɪti/ [znw] lenigheid ⟨ook fig.⟩
agitate /'ædʒɪteɪt/ [ov ww] ● beroeren, opwinden ● opruien
agitated /'ædʒɪteɪtɪd/ [bnw] opgewonden, geërgerd
agitation /ædʒɪ'teɪʃən/ [znw] ● opwinding ● oproer
agitator /'ædʒɪteɪtə/ [znw] opruier
aglow /ə'gləʊ/ [bijw] gloeiend
agnomen /æg'nəʊmen/ [znw] bijnaam
ago /ə'gəʊ/ I [znw] verleden II [bnw] geleden
agog /ə'gɒg/ [bnw] opgewonden ∗ agog about/for/on belust op
agonize /'ægənaɪz/ [on ww] ● kwellen ● gekweld worden ● (~ over) z. suf piekeren over ⟨vnl. keuzes⟩
agonized /'ægənaɪzd/ [bnw] doodsbenauwd
agonizing /'ægənaɪzɪŋ/ [bnw] kwellend, hartverscheurend
agony /'ægəni/ [znw] ● foltering ● (doods)angst ∗ ⟨inf.⟩ I'm in ~ ! ik crepeer van de pijn! ∗ ~ aunt Lieve Lita ∗ ~ column brievenrubriek over persoonlijke problemen ∗ ⟨inf.⟩ pile on the ~ een gruwelverhaal tot in de kleinste details vertellen
agrarian /ə'greərɪən/ I [znw] agrariër II [bnw] m.b.t. grondbezit/landbouw, agrarisch
agree /ə'gri:/ [on ww] afspreken ∗ ~d! afgesproken! ● (~ on) het eens zijn over ● (~ to) toestemmen in, goedkeuren ∗ ~ to differ zich bij een meningsverschil neerleggen ● (~ with) goed vallen ⟨v. voedsel⟩, overeenstemmen met ∗ this food doesn't ~ with me dit eten kan ik niet verdragen
agreeable /ə'gri:əbl/ [bnw] aangenaam
agreement /ə'gri:mənt/ [znw] ● overeenstemming

● contract, afspraak
agricultural /ægrɪ'kʌltʃərəl/ [bnw] v. landbouw
agriculture /'ægrɪkʌltʃə/ [znw] landbouw
aground /ə'graʊnd/ [bijw] aan de grond
ague /'eɪgju:/ [znw] koorts(rilling)
ah /ɑ:/ [tw] ach, och, o
aha /ɑ:'hɑ:/ [tw] aha
ahead /ə'hed/ [bijw] ● in het vooruitzicht ● vooruit ● vóór ∗ go ~! ga je gang! ∗ straight ~ rechtdoor ∗ we are ~ of schedule we lopen vóór op ons schema
A.I. [afk] ● ⟨Artificial Intelligence⟩ KI, kunstmatige intelligentie ● ⟨Artificial Insemination⟩ KI, kunstmatige inseminatie
aid /eɪd/ I [ov ww] ● helpen ● bevorderen II [znw] hulp, helper ∗ first aid EHBO ∗ hearing aid gehoorapparaat
aide /eɪd/ [znw] assistent, medewerker ∗ ⟨mil.⟩ aide de camp adjudant
aids /eɪdz/ [znw] aids
ailing /'eɪlɪŋ/ [bnw] ziekelijk
ailment /'eɪlmənt/ [znw] kwaal
aim /eɪm/ I [on ww] mikken ● (~ at/for/to) streven naar II [znw] doel, bedoeling
aimless /'eɪmləs/ [bnw] doelloos, zinloos
ain't /eɪnt/ ⟨vulg.⟩ → be, have
air /eə/ I [ov ww] uitlaten ⟨v. hond⟩, luchten ⟨ook fig.⟩ II [znw] ● lucht ● melodie ● houding ∗ air hostess stewardess ∗ air jacket met lucht gevuld zwemvest ∗ air piracy vliegtuigkaping ∗ air trap stankafsluiter (in riool) ∗ give o.s./put on airs z. aanstellen; verwaand doen ∗ hot air nonsens ∗ on air overgelukkig ∗ ⟨telecom.⟩ on the air uitgezonden; in de ether/lucht
airborne /'eəbɔ:n/ [bnw] in de lucht ∗ ~ troops luchtlandingstroepen
airbus /'eəbʌs/ [znw] lijnvliegtuig
air-conditioned [bnw] met airconditioning ∗ ~ room kamer met airconditioning
aircraft /'eəkrɑ:ft/ [znw] luchtschip, vliegtuig
airdrome /'eədrəʊm/ → **aerodrome**
airer /'eərə/ [znw] droogrekje
airfield /'eəfi:ld/ [znw] ● vliegveld ● landingsbaan
airforce /'eəfɔ:s/ [znw] luchtmacht
airing /'eərɪŋ/ [znw] ● het luchten, het drogen ● wandeling, ritje ● uiting, bekendmaking
airless /'eələs/ [bnw] ● bedompt ● windstil
airlift /'eəlɪft/ I [ov ww] per luchtbrug vervoeren II [znw] luchtbrug
airline /'eəlaɪn/ [znw] luchtvaartmaatschappij
airliner /'eəlaɪnə/ [znw] lijnvliegtuig
airmail /'eəmeɪl/ [znw] luchtpost
airman /'eəmən/ [znw] vlieger
airport /'eəpɔ:t/ [znw] luchthaven
air-raid [znw] luchtaanval
airship /'eəʃɪp/ [znw] luchtschip
airsick /'eəsɪk/ [bnw] luchtziek
airspace /'eəspeɪs/ [znw] luchtruim ⟨v. land⟩
airstrip /'eəstrɪp/ [znw] landingsbaan/-terrein
airtight /'eətaɪt/ [bnw] luchtdicht
airway /'eəweɪ/ [znw] ● luchtkanaal ● luchtroute
airworthy /'eəwɜ:ðɪ/ [bnw] luchtwaardig ⟨v. vliegtuig⟩
airy /'eərɪ/ [bnw] ● vluchtig ● luchtig
aisle /aɪl/ [znw] ● zijbeuk ● gangpad ⟨in kerk⟩, gangpad tussen de schappen in een winkel
aitch /eɪtʃ/ [znw] ⟨de letter⟩ h
ajar /ə'dʒɑ:/ [bijw] ● op een kier ● knorrig
akimbo /ə'kɪmbəʊ/ [bijw] ∗ arms ~ (met de) handen in de zij
akin /ə'kɪn/ [bijw] ∗ akin to verwant aan
alacrity /ə'lækrɪti/ [znw] levendigheid

A

• *bereidwilligheid*

alarm/ə'lɑ:m/ I [ov ww] • *alarmeren* • *verontrusten* II [znw] • *alarm* • *schrik, ontsteltenis* • *wekker* ★ ~ **bell** *noodklok* ★ **there is no cause for** ~ *er is geen reden tot paniek*

alarming/ə'lɑ:mɪŋ/ [bnw] *alarmerend, verontrustend* ★ **I've heard some** ~ **news** *ik heb verontrustend nieuws gehoord*

alas /ə'læs/ ⟨vero.⟩ [tw] *helaas*

Albanian/æl'beɪnɪən/ I [znw] *het Albanees* II [bnw] *Albanees*

albatross/'ælbətrɒs/ [znw] • *albatros* • *zware last* ★ **an** ~ **around o.'s neck** *een zware last; een ernstige handicap*

albeit/ɔ:l'bi:ɪt/ [bijw] *zij het, al is het dan, ofschoon*

album/'ælbəm/ [znw] • *album* • *langspeelplaat, cd*

albumen/'ælbjumɪn/ [znw] *eiwit*

albuminous/æl'bju:mɪnəs/ [bnw] *eiwithoudend*

alchemy/'ælkəmɪ/ [znw] *alchemie*

alcohol/'ælkəhɒl/ [znw] *alcohol*

alcoholic/ælkə'hɒlɪk/ I [znw] *alcoholist* ★ **Alcoholics Anonymous** *Anonieme Alcoholisten* II [bnw] *alcoholhoudend, alcoholisch*

alcoholism/'ælkəhɒlɪzəm/ [znw] *alcoholisme, drankzucht*

alcove/'ælkəʊv/ [znw] • *alkoof* • *prieel*

alder/'ɔ:ldə/ [znw] *elzenboom*

alderman/'ɔ:ldəmən/ [znw] *wethouder*

ale/eɪl/ [znw] *bier*

alee/ə'li:/ [bijw] *aan/naar de lijzijde*

alembic/ə'lembɪk/ [znw] *distilleerkolf*

alert/ə'lɜ:t/ I [znw] *luchtalarm* ★ **on the** ~ *op zijn hoede* ★ **red** ~ *hoogste alarmfase* II [bnw] *waakzaam, kwiek*

A-level [afk] ★ ⟨advanced level⟩ ≈ *vwo-eindexamen* ★ **pass one's** ~**s** *zijn eindexamen vwo halen*

alga/'ælgə/ [znw] *alg, zeewier*

algae/'ældʒi:/ [mv] → **alga**

Algerian/æl'dʒɪərɪən/ I [znw] *Algerijn* II [bnw] *Algerijns*

alias/'eɪlɪəs/ I [znw] *alias, schuilnaam* II [bijw] *alias, anders genoemd*

alibi/'ælɪbaɪ/ [znw] • *alibi* • ⟨AE/sl.⟩ *uitvlucht*

alien/'eɪlɪən/ I [znw] • *niet genaturaliseerde vreemdeling* • *buitenaards wezen* II [bnw] • *buitenlands* • *weerzinwekkend* ★ ~ **from** *verschillend aan* ★ ~ **life form** *buitenaardse levensvorm* ★ ~ **to** *strijdig met; vreemd aan*

alienate/'eɪlɪəneɪt/ [ov ww] *vervreemden*

alienation/eɪlɪə'neɪʃən/ [znw] *vervreemding* ★ **mental** ~ *krankzinnigheid*

alight/ə'laɪt/ I [on ww] • *afstijgen* • *uitstappen* • *landen* ★ **this stop is for** ~**ing only** *dit is een uitstaphalte* II [bijw] • *verlicht* • *brandend*

align/ə'laɪn/ [on ww] ⟨z.⟩ *richten, verbinden*

alignment/ə'laɪnmənt/ [znw] • *richting* • *opstelling* • *rooilijn* • *het richten*

alike/ə'laɪk/ [bijw] • *hetzelfde* • *gelijk, gelijkend op* ★ **men and women** ~ *zowel mannen als vrouwen*

alimentary/ælɪ'mentərɪ/ [bnw] *voedings-* ★ ~ **canal** *spijsverteringskanaal*

alimentation/ælɪmen'teɪʃən/ [znw] *alimentatie, onderhoud, voeding*

alimony/'ælɪmənɪ/ [znw] *alimentatie, onderhoud*

alive/ə'laɪv/ [bijw] *in leven* ★ ~ **and kicking** *springlevend* ★ **be** ~ **to** *inzien* ★ **be** ~ **with** *wemelen van* ★ **look** ~! *schiet op!*

alkaline/'ælkəlaɪn/ [znw] *alkalisch, alkaliachtig*

all/ɔ:l/ I [bnw] • *al(le)* • *geheel* ★ **him of all people!** *uitgerekend hij!* ★ **is he as clever as all that!** *is hij inderdaad zo knap?* ★ **of all things** *nota bene* II [onb vnw] • *alle(n)* • *alles* ★ **het enige** ★ I

wonder if he'll come at all *ik ben benieuwd óf hij wel komt* ★ **after all** *per slot van rekening* ★ **not at all** *helemaal niet* ★ **not at all!** *niets te danken!* III [bijw] *helemaal* ★ **all but crazy** *bijna gek* ★ **all the more des te meer** ★ **all the same** *toch; niettegenstaande* ★ **that's him all over** *net iets voor hem*

allay/ə'leɪ/ [ov ww] • *verminderen* • *tot bedaren brengen*

allegation/ælɪ'geɪʃən/ [znw] *bewering, aantijging*

allege/ə'ledʒ/ [ov ww] *beweren*

alleged/ə'ledʒd/ [bnw] *zogenaamd, zogeheten, zogenoemd*

allegedly/ə'ledʒɪdlɪ/ [bijw] *zogezegd, naar verluidt* ★ **the objects** ~ **stolen** *de voorwerpen waarvan beweerd wordt dat zij gestolen zijn*

allegiance/ə'li:dʒəns/ [znw] ⟨eed v.⟩ *trouw*

allegorical/ælɪ'gɒrɪkl/ [bnw] *allegorisch*

allegory/'ælɪgərɪ/ [znw] *allegorie*

allergic/ə'lɜ:dʒɪk/ [bnw] • *allergisch* • *afkerig*

allergy/'ælədʒɪ/ [znw] • *allergie* • *afkeer*

alleviate/ə'li:vɪeɪt/ [ov ww] *verzachten, verlichten*

alleviation/əli:vɪ'eɪʃən/ [znw] *hartversterking* ⟨fig.⟩

alley/'ælɪ/ [znw] • *steeg* • *kegelbaan* • *pad* ★ **blind** ~ *doodlopende steeg; dood spoor*

alleyway/'ælɪweɪ/ [znw] • *steeg* • ⟨scheepv.⟩ *gang*

alliance/ə'laɪəns/ [znw] • *verbond* • *huwelijk* • *verwantschap*

allied/'ælaɪd/ [bnw] • *geallieerd* • *verbonden* ★ **the** ~ **forces** *de geallieerden* ⟨WO II en Golfoorlog⟩

all-in [bnw] *allen/alles inbegrepen, totaal*

all-night [bnw] *de hele nacht durend/geopend*

allocate/'æləkeɪt/ [ov ww] *toewijzen*

allocation/ælə'keɪʃən/ [znw] *toewijzing*

allocution/ælə'kju:ʃən/ [znw] *formele toespraak*

allot/ə'lɒt/ [ov ww] • *toewijzen, toebedelen* • ⟨AE⟩ *geloven*

allotment/ə'lɒtmənt/ [znw] • *aandeel* • *volkstuintje*

all-out ⟨inf.⟩ [bnw] *van ganser harte, intens, krachtig, met volle kracht*

allow/ə'laʊ/ [ov ww] • *erkennen* • *toelaten, toestaan* • ⟨AE⟩ *beweren, menen* ★ ⟨~ **for**⟩ *rekening houden met*

allowance/ə'laʊəns/ [znw] • *compensatie, toegeving* • *toelage* • *vergoeding, tegemoetkoming* ⟨kosten⟩ ★ **family** ~ *kinderbijslag; toelating* ★ **make** ~ **for** *in aanmerking nemen* ⟨als verzachtende omstandigheid⟩

alloy/'ælɔɪ/ I [ov ww] *legeren, mengen* II [znw] *gehalte*

all-purpose [bnw] *voor alle doeleinden*

all-round [bnw] *van alle markten thuis*

all-rounder [znw] *iem. die van alle markten thuis is*

all-time/'ɔ:l'taɪm/ [bnw] *beste/beroemdste/grootste, enz. aller tijden* ★ **that movie is an** ~ **favourite** ≈ *die film is een tijdloze klassieker*

allude/ə'lu:d/ [on ww] ★ ⟨~ **to**⟩ *zinspelen op*

allure/ə'ljʊə/ [ov ww] *aanlokken*

allurement/ə'lʊəmənt/ [znw] *verleiding*

alluring/ə'lʊərɪŋ/ [bnw] *aanlokkelijk*

allusion/ə'lu:ʒən/ [znw] *toespeling*

allusive/ə'lu:sɪv/ [bnw] *zinspelend*

ally I [ov ww] /ə'laɪ/ *verbinden* ★ ⟨~ **to/with**⟩ *verwant zijn aan* II [znw] /'ælaɪ/ *bondgenoot*

almanac/'ɔ:lmənæk/ [znw] *almanak*

almighty/ɔ:l'maɪtɪ/ [bnw] *almachtig* ★ ⟨vulg.⟩ **God Almighty!** *godallemachtig!* ★ **the Almighty** *God*

almond/'ɑ:mənd/ [znw] *amandel*

almost/'ɔ:lməʊst/ [bijw] *bijna*

A

alms /ɑ:mz/ [mv] aalmoes, aalmoezen
aloft /ə'lɒft/ [bijw] (om)hoog ∗ go ∼ gaan hemelen
alone /ə'ləʊn/ [bijw] alleen ∗ drink ∼ drink 't puur ∗ leave him ∼ laat hem met rust ∗ leave/let well ∼ wees ermee tevreden ∗ let ∼ the danger nog afgezien v.h. gevaar
along /ə'lɒn/ **I** [bijw] ∗ I knew all ∼ ik heb het al die tijd geweten ∗ all ∼ altijd wel ∗ get ∼ with a person met iem. kunnen opschieten ∗ go ∼ with s.th. in iets meegaan (vnl. argument) ∗ take ∼ meenemen **II** [vz] langs
alongside /əlɒn'saɪd/ [vz] langszij
aloof /ə'lu:f/ [bnw + bijw] op een afstand, gereserveerd
aloud /ə'laʊd/ [bijw] hardop
alp /ælp/ [znw] ∙ alpenweide ∗ alp, bergtop ∗ the Alps de Alpen
alphabetic(al) /ælfə'betɪk(l)/ [bnw] alfabetisch
alpine /'ælpaɪn/ [bnw] alpen-, berg- ∗ ∼ horn alpenhoorn
alpinist /'ælpɪnɪst/ [znw] alpinist, bergbeklimmer
already /ɔ:l'redɪ/ [bijw] reeds, al(weer) ∗ is it two o'clock ∼? is het alweer twee uur? (later dan verwacht)
Alsace /æl'sæs/ [znw] de Elzas
Alsatian /æl'seɪʃən/ [znw] ∙ Elzasser ∙ Duitse herder (hond)
also /'ɔ:lsəʊ/ [bijw] ook, bovendien
also-ran /'ɔ:lsəʊræn/ (inf.) [znw] tegenvaller (vnl. renpaard)
altar /'ɔ:ltə/ [znw] altaar ∗ ∼ boy misdienaar
alter /'ɔ:ltə/ [ov ww] ∙ wijzigen ∙ innemen of wijder maken (v. kleding)
alterable /'ɔ:ltərəbl/ [bnw] veranderlijk, te wijzigen
alteration /ɔ:ltə'reɪʃən/ [znw] wijziging, verandering
altercation /ɔ:ltə'keɪʃən/ [znw] woordenwisseling
alternate I [on ww] /'ɔ:ltəneɪt/ afwisselen ∗ alternating current wisselstroom **II** [bnw] /ɔ:l'tɜ:nət/ afwisselend, verwisselend
alternation /ɔ:ltə'neɪʃən/ [znw] afwisseling
alternative /ɔ:l'tɜ:nətɪv/ **I** [znw] andere/tweede mogelijkheid (bij keuze) **II** [bnw] alternatief
alternatively /ɔ:l'tɜ:nətɪvlɪ/ [bijw] anders, in het andere/tweede geval
although /ɔ:l'ðəʊ/ [bijw] ofschoon
altimeter /'æltɪmi:tə/ [znw] hoogtemeter
altitude /'æltɪtju:d/ [znw] hoogte
alto /'æltəʊ/ [znw] alt(viool), altstem
altogether /ɔ:ltə'geðə/ [bijw] helemaal, in alle opzichten ∗ that is not ∼ true dat is niet helemáál waar
altruism /'æltru:ɪzəm/ [znw] onbaatzuchtigheid
altruistic /æltru'ɪstɪk/ [bnw] onbaatzuchtig
alum /'æləm/ [znw] aluin
alumni /ə'lʌmni:/ [mv] → **alumnus**
alumnus /ə'lʌmnəs/ [znw] oud-leerling
always /'ɔ:lweɪz/ [bijw] altijd
am /æm/ ,/əm/ → **be**
a.m. [afk] ∙ (ante meridiem) voor de middag , 's ochtends
amalgam /ə'mælgəm/ [znw] ∙ mengsel ∙ amalgaam
amalgamate /ə'mælgəmeɪt/ [ov ww] ∙ samenstellen ∙ verenigen
amalgamation /əmælgə'meɪʃən/ [znw] fusie
amass /ə'mæs/ [ov ww] vergaren
amateur /'æmətə/ [znw] amateur, liefhebber, dilettant
amateurish /'æmətərɪʃ/ [bnw] dilettanterig
amative /'æmətɪv/ [bnw] verliefd (v. aard)
amatory /'æmətərɪ/ [bnw] verliefd, erotisch

amaze /ə'meɪz/ [ov ww] verbazen
amazed /ə'meɪzd/ [bnw] verbaasd
amazement /ə'meɪzmənt/ [znw] verbazing
amazing /ə'meɪzɪn/ [bnw] verbazingwekkend
ambassador /æm'bæsədə/ [znw] ambassadeur, afgezant
amber /'æmbə/ **I** [znw] barnsteen **II** [bnw] ∙ vaalgeel ∙ oranje (verkeerslicht)
ambience /'æmbɪəns/ [znw] sfeer, omgeving
ambiguous /æm'bɪgjʊəs/ [bnw] dubbelzinnig
ambit /'æmbɪt/ [znw] omvang
ambition /æm'bɪʃən/ [znw] ∙ eerzucht ∙ streven, ideaal
ambitious /æm'bɪʃəs/ [bnw] ∙ eerzuchtig ∙ groots, grootscheeps ∗ isn't this a bit ∼? is dit niet te hoog gegrepen?
ambivalence /æm'bɪvələns/ [znw] ambivalentie, dubbelwaardigheid
ambivalent /æm'bɪvələnt/ [bnw] ambivalent
amble /'æmbl/ **I** [on ww] kuieren **II** [znw] telgang
ambler /'æmblə/ [znw] telganger
ambulance /'æmbjʊləns/ [znw] ∙ ambulance, ziekenwagen ∙ veldhospitaal (verplaatsbaar)
ambulant /'æmbjʊlənt/ [bnw] in beweging, rondtrekkend
ambulatory /'æmbjʊlətərɪ/ **I** [znw] kloostergang **II** [bnw] rondtrekkend
ambuscade /æmbə'skeɪd/ **I** [on ww] in hinderlaag liggen **II** [znw] hinderlaag
ambush /'æmbʊʃ/ **I** [ov ww] in hinderlaag laten lopen/vallen **II** [on ww] in hinderlaag liggen **III** [znw] hinderlaag
ameliorate /ə'mi:lɪəreɪt/ [ov + on ww] ∙ verbeteren ∙ stijgen
amenability /əmi:nə'bɪlətɪ/ [znw] ∙ verantwoordelijkheid ∙ ontvankelijkheid
amenable /ə'mi:nəbl/ [bnw] handelbaar ∗ ∼ to ontvankelijk/vatbaar voor; verantwoordelijk aan
amend /ə'mend/ [ov ww] ∙ wijzigen ∙ z. (ver)beteren
amendment /ə'mendmənt/ [znw] amendement ∗ the Fifth Amendment(AE/jur.) recht om informatie waarmee de getuige zichzelf belast te verzwijgen ∗ the First Amendment(AE/jur.) het recht op vrijheid v. meningsuiting
amends /ə'mendz/ [mv] ∗ make ∼ 't weer goedmaken
amenity /ə'mi:nətɪ/ [znw] ∙ gemak, faciliteit ∙ aangenaamheid ∙ gratie ∗ amenities of life aangename zijde v. h. leven ∗ observe the amenities burgerlijke beleefdheid in acht nemen
American /ə'merɪkən/ **I** [znw] Amerikaan **II** [bnw] Amerikaans
Americanism /ə'merɪkənɪzəm/ [znw] amerikanisme
Americanize /ə'merɪkənaɪz/ [ww] ∙ veramerikaniseren ∙ z. van amerikanismen bedienen
amiability /eɪmɪə'bɪlətɪ/ [znw] beminnelijkheid, vriendelijkheid
amiable /'eɪmɪəbl/ [bnw] beminnelijk
amicability /æmɪkə'bɪlətɪ/ [znw] vriend(schapp)elijkheid
amicable /'æmɪkəbl/ [bnw] vriendschappelijk
amidships /ə'mɪdʃɪps/ (AE) [bijw] midscheeps
amid(st) /ə'mɪd(st)/ [vz] ∗ te midden van ∗ tussen
amiss /ə'mɪs/ [bnw + bijw] verkeerd, te onpas ∗ take s.th. ∼ iets kwalijk nemen; iets verkeerd begrijpen/opvatten
amity /'æmɪtɪ/ [znw] vriendschappelijke verhouding
ammunition, ammo /æmjʊ'nɪʃən/ [znw]

A

(am)munitie * (mil.) ~ boot/shoe kistje; modelschoen

amnesia /æm'ni:ziə/ [znw] geheugenverlies

amnesty /'æmnɪstɪ/ [znw] amnestie, generaal pardon

amok /ə'mɒk/ [bijw] amok, dol, razend, onbesuisd * run amok amok maken; als een bezetene tekeer gaan

among(st) /ə'mʌŋ(st)/ [vz] te midden van, onder * let's keep it among ourselves laten we het onder ons houden * talk ~ yourselves iets in een besloten groep bespreken

amorous /'æmərəs/ [bnw] • verliefdheid • liefdes-

amorphous /ə'mɔ:fəs/ [bnw] amorf, vormloos

amortize /ə'mɔ:taɪz/ [ov ww] amortiseren, delgen

amount /ə'maʊnt/ I [on ww] • (~ to) bedragen, gelijk staan met * it ~s to het komt neer op II [znw] • bedrag • grootte, hoeveelheid, mate • omvang * any ~ een berg geld

amp /æmp/ [znw] • ampère • (inf.) → amplifier

amphibian /æm'fɪbɪən/ I [znw] • amfibie, tweeslachtig dier • amfibievliegtuig/-voertuig II [bnw] tweeslachtig, amfibieachtig

amphibious /æm'fɪbɪəs/ [bnw] tweeslachtig, amfibisch, amfibie-

ample /'æmpl/ [bnw] • ruim • uitvoerig • overvloedig

amplification /æmplɪfɪ'keɪʃən/ [znw] • versterking (geluidstechniek) • uitweiding

amplifier /'æmplɪfaɪə/ [znw] versterker

amplify /'æmplɪfaɪ/ [ov + on ww] versterken

amplitude /'æmplɪtjuːd/ [znw] • omvang • amplitude, uitgestrektheid

amply /'æmplɪ/ [bijw] ruim, royaal, uitvoerig * ~ rewarded rijkelijk beloond

amputate /'æmpjʊteɪt/ [ov + on ww] • amputeren, afzetten • snoeien

amputation /æmpjʊ'teɪʃən/ [znw] • amputatie • snoeiing

amuck /ə'mʌk/ [bijw] amok, dol, razend, onbesuisd

amulet /'æmjʊlət/ [znw] amulet, talisman

amuse /ə'mjuːz/ [ov ww] vermaken, aangenaam bezig houden

amusement /ə'mjuːzmənt/ [znw] amusement, plezier

amusing /ə'mjuːzɪŋ/ [bnw] amusant, vermakelijk

an /æn/ [lw] • een • één * of an age v. dezelfde leeftijd * twice an hour twee keer per uur

anachronism /ə'nækrənɪzəm/ [znw] anachronisme

anachronistic /ənækrə'nɪstɪk/ [bnw] anachronistisch, ouderwets

anaemia /ə'niːmɪə/ [znw] bloedarmoede • lusteloosheid

anaemic /ə'niːmɪk/ [bnw] • bloedarm • lusteloos

anaesthesia /ænɪs'θiːzɪə/ [znw] narcose, verdoving

anaesthetic /ænɪs'θetɪk/ I [znw] verdovingsmiddel II [bnw] verdovend

anaesthetist /ə'niːsθətɪst/ [znw] anesthesist

anaesthetize /ə'niːsθətaɪz/ [ov ww] • onder narcose brengen • verdoven

anal /'eɪnl/ [bnw] aars-, anaal

analogical /ænə'lɒdʒɪkl/ [bnw] overeenkomstig

analogous /ə'næləgəs/ [bnw] analoog * ~ to analoog met

analogue, analog /'ænəlɒg/ [znw] parallel

analogy /ə'nælədʒɪ/ [znw] analogie, evenredigheid • by ~ naar analogie

analyse /'ænəlaɪz/ [ov ww] • ontbinden, ontleden • aan psychoanalyse onderwerpen

analysis /ə'næləsɪs/ [znw] • analyse • (psycho)analyse * in the final/last ~ in laatste instantie; uiteindelijk

analyst /'ænəlɪst/ [znw] • analist • (psycho)analyticus

analytical /ænə'lɪtɪkl/ [bnw] analytisch

anarchic(al) /æn'ɑːkɪk(l)/ [bnw] anarchistisch, ordeloos

anarchism /'ænəkɪzəm/ [znw] anarchisme

anarchistic /ænə'kɪstɪk/ [bnw] anarchistisch

anarchy /'ænəkɪ/ [znw] anarchie

anathema /ə'næθəmə/ [znw] • banvloek • vervloekt iets of iem. • gruwel

anatomical /ænə'tɒmɪkl/ [bnw] anatomisch

anatomist /ə'nætəmɪst/ [znw] anatoom

anatomy /ə'nætəmɪ/ [znw] • anatomie • ontleding * human ~ menselijk lichaam

ancestor /'ænsestə/ [znw] • voorvader • oertype

ancestral /æn'sestrəl/ [bnw] • voorouderlijk • prototypisch

ancestry /'ænsestrɪ/ [znw] • voorouders • afkomst

anchor /'æŋkə/ I [ov + on ww] (ver)ankeren II [znw] • anker • steun

anchorage /'æŋkərɪdʒ/ [znw] • ligplaats • verankering • steun (fig.)

anchoret, anchorite /'æŋkəret/ [znw] kluizenaar

anchorman /'æŋkəmən/ [znw] studiopresentator van actualiteiten-/nieuwsprogramma

anchovy /'æntʃəvɪ/ [znw] ansjovis

ancient /'eɪnʃənt/ I [bnw] • oud • (zeer) oud * Ancient Greek Oud-Grieks * (inf.) ~ history oude koeien (fig.)

Ancients /'eɪnʃənts/ [mv] * the ~ de Ouden (i.h.b. Grieken en Romeinen)

ancillary /æn'sɪlərɪ/ I [mv] assistent II [bnw] • ondergeschikt • hulp-

and /ænd/ [vw] en

anemia → anaemia

anemic → anaemic

anemone /ə'nemənɪ/ [znw] anemoon

anes- → anaes-

anew /ə'njuː/ [bijw] • opnieuw • anders

angel /'eɪndʒəl/ [znw] • engel • schat • (sl.) sponsor * guardian ~ beschermengel

angelic(al) /æn'dʒelɪk(l)/ [bnw] engelachtig

anger /'æŋgə/ I [ov + on ww] boos maken II [znw] toorn

angle /'æŋgl/ I [ov ww] • hengelen (ook fig.) • een vertekend beeld geven van * (~ for) iets proberen te bereiken • (~ towards) richten/streven naar een bepaalde richting II [znw] • hoek • gezichtspunt * (a) right ~ hoek van 90° * ~ of attack benadering * ~ parking schuin parkeren * at an ~ schuin (op) * at right ~s to haaks op

angler /'æŋglə/ [znw] hengelaar

Anglican /'æŋglɪkən/ [bnw] Anglicaan(s)

Anglicism /'æŋglɪsɪzəm/ [znw] anglicisme

Anglicize /'æŋglɪsaɪz/ [ov + on ww] verengelsen

angling /'æŋglɪŋ/ [znw] hengelsport

Anglo- /'æŋgləʊ/ [voorv] • Engels • van Engelse oorsprong

Anglo-Saxon /æŋgləʊ'sæksən/ I [znw] • Angelsakser • (typische) Engelsman II [bnw] Oud-Engels, Angelsaksisch

angry /'æŋgrɪ/ [bnw] • boos • dreigend • pijnlijk ontstoken * angries hevige tegenstanders v. sociale en politieke toestand * ~ about/at boos over/op * ~ brigade terreurgroep * ~ clouds dreigende wolken * ~ with boos op * ~ words dreigende woorden * ~ wound ontstoken wond * ~ young man persoon rebellerend tegen sociale en politieke toestand; anti-burgerlijk schrijver (vijftiger jaren)

anguish /'æŋgwɪʃ/ [znw] • zielensmart • angst

A

• pijn
anguished/ˈæŋɡwɪʃt/ [bnw] gekweld, vol angst, vol smart
angular/ˈæŋɡjʊlə/ [bnw] • hoekig • nukkig
angulated/ˈæŋɡjʊleɪtɪd/ [bnw] hoekig
animadversion/ˌænɪmædˈvɜːʃən/ [znw] berisping, aanmerking
animadvert/ˌænɪmædˈvɜːt/ [ov + on ww] kritiek hebben, berispen
animal/ˈænɪml/ **I** [znw] • dier • dierlijk wezen **II** [bnw] dierlijk * ~ instincts dierlijke/lagere instincten
animality/ˌænɪˈmælətɪ/ [znw] • dierlijke natuur • dierlijkheid, dierenwereld
animate/ˈænɪmeɪt/ **I** [ov ww] bezielen, tot leven brengen **II** [bnw] levend
animated/ˈænɪmeɪtɪd/ [bnw] levend(ig) * ~ cartoon tekenfilm
animation/ˌænɪˈmeɪʃən/ [znw] • levendigheid • (als) tekenfilm (gebracht)
animosity/ˌænɪˈmɒsətɪ/ [znw] vijandigheid
animus/ˈænɪməs/ [znw] • vijandigheid • bezielende kracht
anise/ˈænɪs/ [znw] anijs
aniseed/ˈænɪsiːd/ [znw] anijszaad(je)
ankle/ˈæŋkl/ [znw] enkel * ~ jacks halve laarzen
anklet/ˈæŋklət/ [znw] • sok • enkelstuk • voetboei
annalist/ˈænəlɪst/ [znw] kroniekschrijver
annals/ˈænlz/ [mv] annalen
anneal/əˈniːl/ [ov ww] • temperen ‹v. metaal› • louteren
annex/əˈneks/ [ov ww] aanhechten, annexeren **II** [znw] /ˈæneks/ annexe • aanhangsel • bijgebouw
annihilate/əˈnaɪəleɪt/ [ov ww] vernietigen
annihilation/əˌnaɪəˈleɪʃən/ [znw] vernietiging
anniversary/ˌænɪˈvɜːsərɪ/ [znw] verjaardag, (jaarlijkse) gedenkdag
annotate/ˈænəʊteɪt/ [ov + on ww] annoteren, aantekeningen maken van
annotation/ˌænəˈteɪʃən/ [znw] aantekening
announce/əˈnaʊns/ [ov ww] omroepen, aankondigen
announcement/əˈnaʊnsmənt/ [znw] aankondiging
announcer/əˈnaʊnsə/ [znw] aankondiger, omroeper
annoy/əˈnɔɪ/ [ov + on ww] • ergeren • lastig vallen
annoyance/əˈnɔɪəns/ [znw] ergernis
annoying/əˈnɔɪɪŋ/ [bnw] hinderlijk, vervelend
annual/ˈænjʊəl/ **I** [znw] • jaarboekje • éénjarige plant • jaargetijde * hardy ~ regelmatig terugkerend onderwerp/verhaal **II** [bnw] jaarlijks
annuity/əˈnjuːɪtɪ/ [znw] lijfrente, jaargeld
annul/əˈnʌl/ [ov ww] tenietdoen
annular/ˈænjʊlə/ [bnw] ringvormig
annum/ˈænəm/ [znw] * per ~ per jaar
annunciate/əˈnʌnʃɪeɪt/ [ov ww] aankondigen
annunciation/əˌnʌnsɪˈeɪʃən/ [znw] aankondiging
Annunciation/əˌnʌnsɪˈeɪʃən/ [znw] * ~ (day) Maria Boodschap
anodyne/ˈænədaɪn/ [znw] pijnstillend middel
anoint/əˈnɔɪnt/ [ov ww] • zalven, inwrijven • ‹inf.› iem. aftuigen
anomalous/əˈnɒmələs/ [bnw] onregelmatig, abnormaal, uitzonderings- * the ~ expansion of water de buitengewone toename van water
anomaly/əˈnɒməlɪ/ [znw] anomalie, onregelmatigheid
anon./əˈnɒn/ [afk] • (anonymous) anoniem
anonymity/ˌænəˈnɪmətɪ/ [znw] anonimiteit, naamloosheid

anonymous/əˈnɒnɪməs/ [bnw] anoniem, naamloos
anopheles/əˈnɒfɪliːz/ [znw] (malaria)mug
anorak/ˈænəræk/ [znw] anorak, parka
another/əˈnʌðə/ [onb vnw] • een ander • een tweede • nog een • one ~ elkaar * one or ~ in welke vorm/wijze dan ook * one thing after ~ herhaaldelijk; voortdurend
anserine/ˈænsəraɪn/ [bnw] gansachtig, onnozel
answer/ˈɑːnsə/ **I** [ov + on ww] • (be)antwoorden (aan) • z. verantwoorden voor * ~ the door de deur opendoen ‹nadat er gebeld/geklopt wordt› • (~ back) een brutaal antwoord geven • (~ for) instaan voor, boeten voor • (~ to) antwoorden op **II** [znw] antwoord
answerable/ˈɑːnsərəbl/ [bnw] aansprakelijk
ant/ænt/ [znw] mier
antagonism/ænˈtæɡənɪzəm/ [znw] • tegenstrijdig principe • antagonisme • vijandschap * his proposal met with a lot of ~ zijn voorstel riep veel verzet op
antagonist/ænˈtæɡənɪst/ [znw] antagonist, tegenstander
antagonistic/ænˌtæɡəˈnɪstɪk/ [bnw] tegenwerkend, antagonistisch
antagonize/ænˈtæɡənaɪz/ [ov ww] • neutraliseren • tegen zich in het harnas jagen
antarctic/æntˈɑːktɪk/ **I** [bnw] * ~ zuidpoolgebied • Zuidelijke IJszee **II** [bnw] m.b.t. Antarctica
ant-cow [znw] bladluis
ante-/ˈæntɪ/ [voorv] voor-, vooraf
antebellum/ˈæntɪˈbeləm/ [bnw] vooroorlogs ‹vnl. v. vóór de Amerikaanse burgeroorlog›
antecedence/ˌæntɪˈsiːdəns/ [znw] het voorafgaan
antecedent/ˌæntɪˈsiːdnt/ **I** [znw] ‹taalk.› antecedent **II** [bnw] voorafgaand
antecedents/ˌæntɪˈsiːdənts/ [mv] voorouders
antedate/ˈæntɪdeɪt/ **I** [ov ww] • voorafgaan aan • antidateren **II** [znw] antidatering
antelope/ˈæntɪləʊp/ [znw] antilope(leer)
antenatal/ˈæntɪˈneɪtl/ [bnw] prenataal * ~ clinic kliniek voor a.s. moeders
antenna/ænˈtenə/ [znw] • voelspriet • antenne
antepenultimate/ˌæntɪpɪˈnʌltɪmət/ **I** [znw] op twee na de laatste lettergreep **II** [bnw] op twee na laatste
anterior/ænˈtɪərɪə/ [bnw] meer vooraan * ~ to voorafgaande aan
anteroom/ˈæntɪruːm/ [znw] • wachtkamer • voorvertrek
anthem/ˈænθəm/ [znw] beurtzang * national ~ volkslied
anther/ˈænθə/ [znw] helmknop * ~ dust stuifmeel
anthology/ænˈθɒlədʒɪ/ [znw] bloemlezing
anthropoid/ˈænθrəpɔɪd/ **I** [znw] mensaap **II** [bnw] mensachtig, mens-
anthropology/ˌænθrəˈpɒlədʒɪ/ [znw] antropologie, leer v.d. mens
anthropomorphic/ˌænθrəpəˈmɔːfɪk/ [bnw] antropomorf, mensachtig
anti-/ˈæntɪ/ [voorv] tegen-, anti-
anti-aircraft/ˌæntɪˈeəkrɑːft/ [bnw] luchtafweer- * ~ gun luchtafweergeschut
antibiotic/ˌæntɪbaɪˈɒtɪk/ **I** [znw] antibioticum **II** [bnw] antibiotisch, bacteriedodend
antibody/ˈæntɪbɒdɪ/ [znw] (natuurlijk) tegengif
antic/ˈæntɪk/ [bnw] potsierlijk
anticipate/ænˈtɪsɪpeɪt/ [ov ww] • voorzien • vóór zijn, vooruitlopen op • verwachten
anticipation/ænˌtɪsɪˈpeɪʃən/ [znw] • voorgevoel • verwachting * in ~ bij voorbaat
anticipatory/ænˈtɪsɪpətərɪ/ [bnw] anticiperend

anticlimax/æntɪˈklaɪmæks/ [znw] *anticlimax*

anticlockwise/ˌæntɪˈklɒkwaɪz/ [bnw + bijw] *tegen de wijzers v.d. klok in, linksom draaiend*

antics/ˈæntɪks/ [mv] *bokkensprongen*

anticyclone/ˌæntɪˈsaɪkləʊn/ [znw] *gebied met hoge luchtdruk*

antidotal/ˌæntɪˈdəʊtl/ [bnw] *als tegengif*

antidote/ˈæntɪdəʊt/ [znw] *tegengif*

antifreeze/ˈæntɪfriːz/ [znw] *antivries*

antinuclear/ˌæntɪˈnjuːklɪə/ [bnw] *anti-kernwapen(s), tegen kernenergie*

antipathetic/ˌæntɪpəˈθetɪk/ [bnw] *antipathiek*

antipathy/ænˈtɪpəθɪ/ [znw] *antipathie, afkeer*

anti-personnel/ˌæntɪpɜːsəˈnel/ [bnw] *tegen personen gericht* ★ ~ *bomb brisantbom*

antipodes/ænˈtɪpədiːz/ [mv] ● *tegengestelden* ● (geo.) *recht tegenoverliggende streek v. de aarde*

Antipodes/ænˈtɪpədiːz/ [mv] ★ the ~ *Australië en Nieuw-Zeeland*

antiquarian/ˌæntɪˈkweərɪən/ I [znw] ● *oudheidkundige* ● *antiquaar* II [bnw] *oudheidkundig*

antiquary/ˈæntɪkwərɪ/ [znw] ● *oudheidkundige* ● *antiquaar*

antiquated/ˈæntɪkweɪtɪd/ [bnw] *verouderd*

antique/ænˈtiːk/ [znw] *antiek voorwerp* ★ ~ *dealer antiquair*

antiquity/ænˈtɪkwətɪ/ [znw] ● *de oudheid* ● *antiquiteit* ● *ouderdom*

anti-Semitism [znw] *anti-semitisme*

antiseptic/ˌæntɪˈseptɪk/ I [znw] *ontsmettend middel* II [bnw] *antiseptisch, ontsmettend*

antisocial/ˌæntɪˈsəʊʃəl/ [bnw] ● *asociaal* ● *ongezellig*

anti-terrorist [bnw] ★ ~ *organization anti-terreurorganisatie*

antithesis/ænˈtɪθəsɪs/ [znw] *tegenstelling*

antithetic(al)/ˌæntɪˈθetɪk(l)/ [bnw] *tegengesteld*

antitoxin/ˌæntɪˈtɒksɪn/ [znw] *tegengif*

antler/ˈæntlə/ [znw] *tak van gewei* ★ ~s *gewei*

antonym/ˈæntənɪm/ [znw] *tegengestelde*

anvil/ˈænvɪl/ [znw] *aanbeeld*

anxiety/æŋˈzaɪətɪ/ [znw] ● *bezorgdheid* ● *verlangen* ● *angst*

anxious/ˈæŋkʃəs/ [bnw] ● *bezorgd* ● *verontrust* ● *verlangend* ★ ~ *about bezorgd over* ★ ~ *for verlangend naar* ★ ~ *moments angstige ogenblikken* ★ he was ~ *to leave hij stond te popelen om te vertrekken; hij wilde graag vertrekken*

any/ˈenɪ/ [onb vnw] ● *enig* ● *ieder* ● *soms ook* ★ *any old thing om het even wat* ★ *any timel graag gedaan!; geen dank!* ★ *at any rate in ieder geval* ★ *at any time steeds; altijd* ★ *by any chance toevallig* ★ *in any case in ieder geval*

anybody/ˈenɪbɒdɪ/ [onb vnw] ● *iem.* ● *iedereen* ★ *it's ~'s guess dit kan niemand met zekerheid zeggen*

anyhow/ˈenɪhaʊ/ [bijw] *hoe dan ook, in ieder geval* ★ *don't do your work ~ doe je werk niet slordig* ★ *the clothes were just stuffed in(to) the case – de kleren waren nonchalant in de koffer geprop*

anyone/ˈenɪwʌn/ [onb vnw] ● *iem.* ● *wie dan ook, iedereen* ★ *if ~ calls, say I will be back later als er iem. belt, zeg dan dat ik straks terug ben* ★ *it could happen to ~ het kan iedereén overkomen*

anyplace/ˈenɪpleɪs/ [bijw] *waar dan ook, overal*

anything/ˈenɪθɪŋ/ [onb vnw] ● *iets* ● *wat dan ook, alles* ★ ~ *but allesbehalve* ★ *not for ~ voor niets ter wereld*

anyway/ˈenɪweɪ/ [bijw] *in ieder geval, toch*

anywhere/ˈenɪweə/ [bijw] ● *ergens* ● *waar dan*

ook, overal ★ *miles from ~ mijlenver van alles verwijderd* ★ *we are not getting ~ (with this) zo komen we (hiermee) geen klap verder*

A.P. [afk] ● *Associated Press) Verenigde Pers*

apace/əˈpeɪs/ [bijw] *snel*

apart/əˈpɑːt/ [bnw + bijw] ● *apart* ● *uit elkaar* ● *terzijde* ★ ~ *from afgezien van* ★ *joking ~ zonder dollen/gekheid* ★ *poles/worlds ~ hemelsbreed van elkaar verschillend* ★ *set ~ scheiden* ★ *take ~ uit elkaar halen* ★ *tell ~ onderscheiden*

apartment/əˈpɑːtmənt/ [znw] ● *vertrek* ● (AE) *appartement, flat*

apary/ˈeɪpərɪ/ [znw] *dolle streek*

apathetic/æpəˈθetɪk/ [bnw] *lusteloos*

apathy/ˈæpəθɪ/ [znw] *apathie, lusteloosheid*

ape/eɪp/ I [ov ww] *na-apen* II [znw] *staartloze aap*

apeak/əˈpiːk/ [bnw] (scheepv.) *verticaal, loodrecht*

aperture/ˈæpətjʊə/ [znw] *opening*

apex/ˈeɪpeks/ [znw] *top(punt)*

aphorism/ˈæfərɪzəm/ [znw] *aforisme*

aphrodisiac/ˌæfrəˈdɪzɪæk/ [znw] *de geslachtsdrift prikkelend middel, minnedrank*

apian/ˈeɪpɪən/ [bnw] *m.b.t. bijen, bijen-*

apiarist/ˈeɪpɪərɪst/ [znw] *imker*

apiary/ˈeɪpɪərɪ/ [znw] *bijenstal*

apiculture/ˈeɪpɪkʌltʃə/ [znw] *bijenteelt*

apiece/əˈpiːs/ [bijw] *per stuk*

apish/ˈeɪpɪʃ/ [bnw] ● *aapachtig* ● *aanstellerig*

aplomb/əˈplɒm/ [znw] *zelfverzekerdheid*

apocalypse/əˈpɒkəlɪps/ [znw] *openbaring*

apocrypha/əˈpɒkrəfə/ [znw] *apocriefe boeken* (v.h. Oude Testament)

apocryphal/əˈpɒkrɪfəl/ [bnw] ● *onecht* ● *twijfelachtig* ● (religie) *apocrief*

apodictic/æpəˈdɪktɪk/ [bnw] *onweerlegbaar*

apogee/ˈæpədʒiː/ [znw] ● *apogeum* ● *hoogste punt*

apologetic/əˌpɒləˈdʒetɪk/ [bnw] *verontschuldigend*

apologize/əˈpɒlədʒaɪz/ [on ww] z. *verontschuldigen*

apologue/ˈæpəlɒg/ [znw] *fabel*

apology/əˈpɒlədʒɪ/ [znw] *verontschuldiging*

apoplectic/æpəˈplektɪk/ [bnw] *neiging tot beroerte hebbend* ★ ~ *fit beroerte*

apoplexy/ˈæpəpleksɪ/ [znw] *beroerte*

apostasy/əˈpɒstəsɪ/ [znw] *afvalligheid*

apostate/əˈpɒsteɪt/ I [znw] *afvallige* II [bnw] *afvallig*

apostatize/əˈpɒstətaɪz/ [on ww] *afvallig worden*

apostle/əˈpɒsl/ [znw] *apostel*

apostolate/əˈpɒstələt/ [znw] *apostolaat*

apostolic/æpəˈstɒlɪk/ [bnw] *apostolisch* ★ the ~ *Apostolic See de Heilige Stoel*

apostrophe/əˈpɒstrəfɪ/ [znw] ● (taalk.) *apostrof* ● (form.) *toespraak*

apotheosis/əpɒθɪˈəʊsɪs/ [znw] ● *verheerlijking* ● *verheffing tot godheid*

appal, appall/əˈpɔːl/ [ov ww] *ontzetten*

appalling/əˈpɔːlɪŋ/ [bnw] *verbijsterend*

apparatus/æpəˈreɪtəs/ [znw] ● *hulpmiddelen* ● *apparaat* ● (anat.) *organen*

apparel/əˈpærəl/ [znw] ● *kleding* ● *uitrusting*

apparent/əˈpærənt/ [bnw] ● *ogenschijnlijk* ● *duidelijk* ● *blijkbaar*

apparition/æpəˈrɪʃən/ [znw] *spook(verschijning)*

appeal/əˈpiːl/ I [on ww] ● *in beroep gaan* ● *spreken tot* (fig.) ★ ~ *against a decision beroep aantekenen tegen een beslissing* ★ ~ *for calm verzoeken om stilte* ★ ~ing looks smekende blikken ● (~ to) *beroep doen op, z. beroepen op, aantrekkingskracht uitoefenen* II [znw] ● *aantrekkingskracht* ● *beroep* ★ *Court of Appeal*

A

Hof van Appel * lodge an ~ beroep aantekenen
appear/ə'prə/ I [on ww] verschijnen II [hww]
• blijken • schijnen
appearance/ə'prərəns/ [znw] • verschijnsel
• uiterlijk, schijn • keep up ~s de schijn redden
* make an ~ optreden * put in an ~ z. even laten
zien * to all ~s zo te zien
appease/ə'pi:z/ [ov ww] • verzoenen • sussen * a
sacrifice was made to ~ the gods om de goden te
verzoenen werd er een offer gebracht
appeasement/ə'pi:zmənt/ [znw] verzoening
appellant/ə'pelənt/ [znw] eiser in hoger beroep,
appellant
appellate/ə'pelət/ [bnw] met appelrecht * ~
court hof v. appel/beroep
appellation/æpə'leɪʃən/ [znw] • titel, benaming
• nomenclatuur
append/ə'pend/ [ov ww] bijvoegen
appendage/ə'pendɪdʒ/ [znw] bijvoegsel
appendices/ə'pendɪsi:z/ [mv] → **appendix**
appendicitis/əpendɪ'saɪtɪs/ [znw]
blindedarmontsteking
appendix/ə'pendɪks/ [znw] • aanhangsel • ‹med.›
appendix
apperception/æpə'sepʃən/ [znw] bewuste
waarneming ‹filosofie en psychologie›
appertain/æpə'teɪn/ [on ww] * (~ to) behoren
aan/bij/tot, betreffen
appetite/'æpɪtaɪt/ [znw] • eetlust • begeerte * ~
for begeerte naar
appetizer/'æpɪtaɪzə/ [znw] • aperitief
• voorgerecht
appetizing/æpɪtaɪzɪŋ/ [bnw] • de eetlust
opwekkend • smakelijk
applaud/ə'plɔ:d/ I [ov ww] toejuichen II [on ww]
applaudisseren
applause/ə'plɔ:z/ [znw] applaus
apple/æpl/ [znw] appel * ~ dumpling appelbol
* ~ of s.o.'s eye iemands oogappel
applecart/'æplka:t/ [znw] * to upset the ~
iemands plannen verijdelen
applejack/'æpldʒæk/ [znw] appelbrandewijn
apple-pie[znw] appeltaart * as American as ~
typisch Amerikaans * left in ~ order in keurige
staat achtergelaten
applesauce/æpl'sɔ:s/ [znw] appelmoes
appliance/ə'plaɪəns/ [znw] • toepassing
• (hulp)middel • toestel • brandweerwagen
applicability/əplɪkə'bɪlətɪ/ [znw]
• toepasselijkheid • doelmatigheid
applicable/'æplɪkəbl/ [bnw] • toepasselijk
• doelmatig
applicant/'æplɪkənt/ [znw] sollicitant
application/æplɪ'keɪʃən/ [znw] • toepassing
• sollicitatie • aanvraag • toewijding
apply/ə'plaɪ/ [on ww] doen/leggen op * applied
art kunstnijverheid * (~ for) solliciteren naar,
aanvragen * (~ to) van toepassing zijn op,
toepassen op, z. wenden tot * ~ o.s. to zich
toeleggen op
appoint/ə'pɔɪnt/ [ov ww] • vaststellen • aanstellen
appointment/ə'pɔɪntmənt/ [znw] • afspraak
• benoeming • inrichting, uitrusting * by ~
volgens afspraak * by ~ to hofleverancier van
apportion/ə'pɔ:ʃən/ [ov ww] toebedelen
apportionment/ə'pɔ:ʃənmənt/ [znw] toebedeling
apposite/'æpəzɪt/ [bnw] • passend • ad rem * an
~ answer een gevat antwoord * ~ to toepasselijk
op
apposition/æpə'zɪʃən/ [znw] • aanhechting
• ‹taalk.› bijstelling
appraisal, appraisement/ə'preɪzəl/ [znw]

• schatting • waardering • waardebepaling
appraise/ə'preɪz/ [ov ww] • schatten • waarderen
appreciable/ə'pri:ʃəbl/ [bnw] • schatbaar
• merkbaar
appreciate/ə'pri:ʃɪeɪt/ [ov ww] • waarderen
• inzien • beoordelen • verhogen in koers/prijs
appreciation/əpri:ʃɪ'eɪʃən/ [znw] • waardering
• beoordeling • waardevermeerdering
appreciative/ə'pri:ʃətɪv/ [bnw] • goedkeurend
• erkentelijk
apprehend/æprɪ'hend/ [ov ww] • begrijpen
• aanhouden • vrezen * the thief was ~ed at the
border de dief werd aan de grens aangehouden
apprehensible/æprɪ'hensɪbl/ [bnw] begrijpelijk
apprehension/æprɪ'henʃən/ [znw] • begrip
• arrestatie • ongerustheid, vrees
apprehensive/æprɪ'hensɪv/ [bnw] • ongerust
• intelligent * ~ of bevreesd voor
apprentice/ə'prentɪs/ I [ov ww] in de leer
doen/nemen * (~ to) in de leer doen bij II [znw]
leerjongen
apprenticeship/ə'prentɪsʃɪp/ [znw]
• leerlingschap • leerjaren
apprise/ə'praɪz/ [ov ww] informeren * (~ of)
kennis geven van
approach/ə'prəʊtʃ/ I [on ww] • aanpakken
• (be)naderen II [znw] • (be)nadering
• toegang(sweg) • aanpak • opzet
approachable/ə'prəʊtʃəbl/ [bnw] toegankelijk
approbation/æprə'beɪʃən/ [znw] goedkeuring
* ‹vero.› on ~ op proef
appropriate I [ov ww] / ə'prəʊprieɪt/ z.
toe-eigenen * (~ for/to) aanwenden voor II [bnw]
/ə'prəʊprɪət/ • geschikt • passend
appropriation/əprəʊprɪ'eɪʃən/ [znw]
• toe-eigening • gevoteerde gelden • begroting
approval/ə'pru:vəl/ [znw] goedkeuring * on ~ op
zicht
approve/ə'pru:v/ [on ww] akkoord gaan * (~ of)
goedkeuren
approved/ə'pru:vd/ [bnw] • goedgekeurd
• beproefd, erkend
approximate I [ov ww] /ə'prɒksɪmeɪt/
(be)naderen II [bnw] /ə'prɒksɪmət/ bij benadering
(aangegeven)
approximately/ə'prɒksɪmətlɪ/ [bijw] bij
benadering, circa
appurtenance/ə'pɜ:tɪnəns/ [znw] toevoegsel
appurtenances/ə'pɜ:tɪnənsɪz/ [mv] toebehoren
apricot/'eɪprɪkɒt/ [znw] abrikoos(kleurig)
April/'eɪprəl/ [znw] april * ~ Fools' Day één april
apron/'eɪprən/ [znw] • schort • voortoneel
• verhard deel van vliegveld * be tied to s.o.'s ~
strings aan iemands leiband lopen
apse/æps/ [znw] apsis (uitbouw aan kerkkoor)
apt/æpt/ [bnw] • geneigd • gevat • bekwaam
• waarschijnlijk
aptitude/'æptɪtju:d/ [znw] • aanleg • neiging
• geschiktheid
aquaplane/'ækwəpleɪn/ I [ov ww] waterskiën
II [znw] waterskiplank
aquatic/ə'kwætɪk/ [bnw] water-
aqueduct/'ækwɪdʌkt/ [znw] aquaduct,
waterleidingbuis
aqueous/'eɪkwɪəs/ [bnw] water-, waterachtig
aquiline/'ækwɪlaɪn/ [bnw] • arends- • gekromd
‹neus› * ~ nose haviksneus
aquiver/ə'kwɪvə/ [bnw] * with trillend van
Arab/'ærəb/ I [znw] Arabier II [bnw] Arabisch
* street Arab straatjongen
Arabia/ə'reɪbɪə/ [znw] Arabië
Arabian/ə'reɪbɪən/ [bnw] Arabisch * ~ Nights

A

Duizend-en-één-Nacht
Arabic /'ærəbɪk/ [bnw] *Arabisch*
arable /'ærəbl/ [bnw] *bebouwbaar* ∗ ~ *land
bouwland*
arbiter /'a:bɪtə/ [znw] *scheidsrechter*
arbitrariness /a:bɪ'trɑrɪnəs/ [znw] *willekeur*
arbitrary /'a:bɪtrərɪ/ [bnw] *willekeurig*
arbitrate /'a:bɪtreɪt/ I [ov ww] *beslissen*
II [on ww] *als scheidsrechter optreden*
arbitration /a:bɪ'treɪʃən/ [znw] *arbitrage*
arbitrator /'a:bɪtreɪtə/ [znw] *scheidsrechter*
arbor /'a:bə/ [znw] • *boom* • *as, spil* • ‹AE›
zomerhuisje, prieel
arbour /'a:bə/ [znw] *beschutte tuin*
arc /a:k/ [znw] *(cirkel)boog*
arcade /a:'keɪd/ [znw] • *galerij*
• *speelautomatenhal* ∗ *shopping ~ winkelgalerij*
arcane /a:'keɪn/ [bnw] *geheimzinnig*
arch /a:tʃ/ I [on ww] *(zich) welven* II [znw] • *boog*
• *gewelf* III [bnw] *schalks*
arch- /a:tʃ/ [voorv] *aarts-*
archaeological /a:kɪə'lodʒɪkl/ [bnw]
archeologisch, oudheidkundig
archaeologist /a:kɪ'blədʒɪst/ [znw] *archeoloog,
oudheidkundige*
archaeology /a:kɪ'blədʒɪ/ [znw] *archeologie,
oudheidkunde*
archaic /a:'keɪɪk/ [bnw] *archaïsch, verouderd*
archaism /'a:keɪɪzəm/ [znw] *verouderd(e)
gebruik/uitdrukking/woord*
archangel /'a:keɪndʒəl/ [znw] *aartsengel*
archbishop /a:tʃ'bɪʃəp/ [znw] *aartsbisschop*
archdeacon /a:tʃ'di:kən/ [znw] *aartsdiaken*
archdiocese /a:tʃ'daɪəsɪs/ [znw] *aartsbisdom*
archduke /a:tʃ'dju:k/ [znw] *aartshertog*
archer /'a:tʃə/ [znw] *boogschutter*
archery /'a:tʃərɪ/ [znw] • *boogschieten* • *pijl en
boog*
archetype /'a:kɪtaɪp/ [znw] *archetype,
oorspronkelijk model*
archiepiscopal /a:kɪɪ'pɪskəpl/ [bnw]
aartsbisschoppelijk
archipelago /a:kɪ'peləgəʊ/ [znw] *archipel*
architectural /a:kɪ'tektʃərəl/ [bnw] *bouwkundig*
architecture /'a:kɪtektʃə/ [znw] *architectuur,
bouwkunde*
archive(s) /'a:kaɪv(z)/ [mv] *archief*
archivist /'a:kɪvɪst/ [znw] *archivaris*
archness /'a:tʃnəs/ [znw] *geslepenheid*
archway /'a:tʃweɪ/ [znw] *overwelfde (in)gang, poort*
arctic I [znw] *noordpoolgebied* ∗ *Arctic Circle
noordpoolcirkel* ∗ *the Arctic (Ocean) Noordelijke
IJszee* II [bnw] • *v.d. noordpool* • *ijskoud* ∗ *we had
to brave the ~ chill of the outside loo we
moesten de ijzige koude van het buitentoilet
trotseren*
ardent /'a:dnt/ [bnw] • *vurig* • *ijverig* ∗ ~ *spirits
alcoholica*
ardour /'a:də/ [znw] • *gloed* • *vuur*
arduous /'a:dju:əs/ [bnw] • *steil* • *inspannend*
are /a:/ → **be**
area /'eərɪə/ [znw] • *oppervlakte* • *gebied*
• *souterrain*
aren't /a:nt/ → **be**
Argentinian /a:dʒən'tɪnɪən/ I [znw] *Argentijn*
II [bnw] *Argentijns*
argle-bargle /'a:glba:gl/ ‹inf.› I [ov ww] *kibbelen,
ruzie maken* II [znw] *gekibbel, ruzie*
argosy /'a:gəsɪ/ [znw] • *onderneming* • ‹gesch.›
groot Italiaans koopvaardijschip
argot /'a:gəʊ/ [znw] • *slang, Bargoens, jargon*
• *taal van bep. groep*

arguable /'a:gjʊəbl/ [bnw] *aan te voeren*
argue /'a:gju:/ [on ww] • *betogen* • *debatteren*
• *ruzie maken* • *bewijzen* ∗ ~ *a point een kwestie
bespreken* ∗ ~ *it out grondig beargumenteren* ∗ ~
the toss een overroepelijk besluit aanvechten
argufy /'a:gjʊfaɪ/ ‹inf.› [on ww] *kibbelen*
argument /'a:gjʊmənt/ [znw] • *betoog*
• *woordentwist* • *discussie*
argumentation /a:gjʊmen'teɪʃən/ [znw]
• *discussie* • *bewijsvoering*
argumentative /a:gjʊ'mentətɪv/ [bnw] • *logisch*
• *graag debatterend*
argy-bargy /a:dʒɪ'ba:dʒɪ/ ‹inf.› I [on ww]
• *kibbelen* • *debatteren* II [znw] *gekibbel*
arid /'ærɪd/ [bnw] *dor, droog* ‹ook fig.›
aridity /ə'rɪdətɪ/ [znw] • *dorheid* • *saaiheid*
aright /ə'raɪt/ ‹form.› [bijw] *juist*
arise /ə'raɪz/ [on ww] • z. *voordoen* • *opstaan,
verrijzen* • (~ **from**) *voortkomen uit, ontstaan uit*
arisen /ə'rɪzən/ volt. deelw. → **arise**
aristocracy /ærɪ'stokrəsɪ/ [znw] *aristocratie, adel*
aristocrat /'ærɪstəkræt/ [znw] *aristocraat*
aristocratic /ærɪstə'krætɪk/ [bnw] *aristocratisch*
arithmetic /ə'rɪθmətɪk/ [znw] *rekenkunde*
arithmetical /ærɪθ'metɪkəl/ [bnw] *rekenkundig*
∗ ~ *progression rekenkundige reeks*
ark /a:k/ [znw] • *ark* • *toevluchtsoord* • *kist, mand,
doos* ∗ *Ark of the Covenant/of Testimony Ark
des Verbonds*
arm /a:m/ I [ov ww] *bewapenen* II [on ww] z.
wapenen III [znw] • *tak* • *arm*
armadillo /a:mə'dɪləʊ/ [znw] *gordeldier*
armament /'a:məmənt/ [znw] • *krijgsmacht*
‹vloot› • *bewapening*
armature /'a:mətjʊə/ [znw] • *armatuur* • *anker*
‹magneet› • ‹bio.› *bepantsering*
armchair /a:m'tʃeə/ [znw] *leunstoel* ∗ ‹pej.› ~
socialist salonsocialist
armed /a:md/ [bnw] • *gewapend* • *uit-/toegerust*
∗ ~ *forces strijdkrachten* ∗ ~ *services
strijdkrachten* ‹in vredestijd›
armful /'a:mfʊl/ [znw] *armvol*
armhole /'a:mhəʊl/ [znw] *armsgat*
armistice /'a:mɪstɪs/ [znw] *wapenstilstand*
∗ *Armistice Day (verjaar)dag v.d. wapenstilstand*
‹11 november 1918›
armlet /'a:mlət/ [znw] • *band om de arm*
• *armband* • *rivier-/zeearm*
armorial /a:'mɔ:rɪəl/ [bnw] *heraldisch* ∗ ~
bearings wapenschild
armour /'a:mə/ I [ov ww] • *pantseren* • *wapenen*
∗ ~ed *car pantserwagen* ∗ ‹mil.› ~ed *division
pantserdivisie* ∗ ~ed *glass gewapend glas* ∗ ~ed
plate pantserplaat II [znw] • *bepantsering* • *tanks*
• *wapenrusting* • *harnas* • *duikerpak*
armourer /'a:mərə/ [znw] • *wapensmid*
• *wapenmeester*
armour-plated [bnw] *gepantserd*
armoury /'a:mərɪ/ [znw] *wapenzaal*
armpit /'a:mpɪt/ [znw] *oksel*
arms /a:mz/ [mv] • *oorlogvoering* • *wapen(en)*
• ‹her.› *blazoen* ∗ *arms talks
ontwapeningsonderhandelingen* ∗ *the arms race
de bewapeningswedloop*
army /'a:mɪ/ [znw] • *leger* • *menigte* ∗ *Army
Service Corps Intendance* ∗ *an army of ants een
leger mieren* ∗ *an army of protestors een menigte
demonstranten*
aroma /ə'rəʊmə/ [znw] *geur en smaak*
aromatic /ærə'mætɪk/ [bnw] *geurig*
arose /ə'rəʊz/ verl. tijd → **arise**
around /ə'raʊnd/ I [bijw] • *rondom* • *in de buurt*

* dotted ~ zo nu en dan * he's been – hij kent het klappen van de zweep * she knows her way ~ ze is ingewijd; ze weet (hier) de weg * the other way ~ omgekeerd **II** [vz] • rond(om) • om ... heen • ~ the corner de hoek om; om de hoek

arouse /ə'rauz/ [ov ww] (op)wekken

arr. [afk] • (arranged) gearrangeerd • (arrival) aankomst

arraign /ə'rein/ [ov ww] • kritiseren • (jur.) dagen, dagvaarden, aanklagen

arraignment /ə'reinmənt/ [znw] • beschuldiging • (jur.) formele aanklacht

arrange /ə'reindʒ/ [ov ww] • regelen • afspreken • schikken • (muz.) arrangeren

arrangement /ə'reindʒmənt/ [znw] • regeling • afspraak • (muz.) arrangement

arrant /'ærənt/ [bnw] • volslagen • doortrapt

arras /'æræs/ [znw] wandtapijt, tapijtbehangsel

array /ə'rei/ **I** [ov ww] • opstellen • uitdossen **II** [znw] • kledertooi • mars-/slagorde • stoet, rij * in full ~ in volle pracht

arrear /ə'riə/ [znw] achterstand * be in ~(s) achterstallig zijn

arrearages /ə'riəridʒiz/ [mv] achterstallige schulden

arrest /ə'rest/ **I** [ov ww] • arresteren • tegenhouden, stuiten * ~ (the) attention de aandacht boeien * ~ed development tot stilstand gekomen ontwikkeling **II** [znw] • stilstand • arrest(atie) * (med.) cardiac ~ hartstilstand * under ~ aangehouden/gearresteerd zijn * under house ~ onder huisarrest

arresting /ə'restiŋ/ [bnw] • boeiend • opvallend, verrassend

arrival /ə'raivəl/ [znw] • aankomst • aangekomene

arrive /ə'raiv/ [on ww] aankomen, arriveren

arrogance /'ærəgəns/ [znw] arrogantie, aanmatiging

arrogant /'ærəgənt/ [bnw] arrogant

arrow /'ærəu/ [znw] pijl

arrowhead /'ærəuhed/ [znw] • pijlpunt • (plant.) pijlkruid

arse /ɑːs/ (vulg.) **I** [on ww] • (~ about/around) (aan/rond)klooien **II** [znw] • achterste, gat • klootzak * a pain in the arse irritant(e) persoon/voorwerp * get off your arse! schiet toch eens op! * shift your arse! verdwijn!

arsenal /'ɑːsənl/ [znw] kruithuis

arsenic /'ɑːsnik/ [znw] arsenicum

arson /'ɑːsən/ [znw] brandstichting

art /ɑːt/ **I** [ww] → be **II** [znw] • kunst • list • vaardigheid • Bachelor of Arts ≈ kandidaat in de letteren en wijsbegeerte • Master of Arts ≈ doctorandus in de letteren en wijsbegeerte • arts and crafts kunst en ambacht • fine arts schone kunsten • get s.th. down to a fine art iets perfect leren beheersen

art. [afk] • (article) artikel

artefact /'ɑːtifækt/ [znw] • kunstproduct • (arch.) door de mens vervaardigd voorwerp van historische waarde

arterial /ɑː'tiəriəl/ [bnw] v.d. slagader * ~ road hoofdverkeersweg

artery /'ɑːtəri/ [znw] • slagader • verkeersader

artful /'ɑːtful/ [bnw] • listig • gekunsteld • kundig

arthritic /ɑː'θritik/ [bnw] jichtig

arthritis /ɑː'θraitis/ [znw] artritis, jicht, gewrichtsontsteking

artic /ɑː'tik/ (inf.) [bnw] geleed

artichoke /'ɑːtiʃəuk/ [znw] artisjok * Jerusalem ~ topinamboer; aardpeer

article /'ɑːtikl/ **I** [ov ww] • in de leer doen

• aanklacht indienen * an ~d clerk stagiaire; bediende in de leer * (~ to) in de leer doen bij **II** [znw] • artikel • statuut • (taalk.) lidwoord * Thirty-nine ~s anglicaanse geloofsleer * ~ of faith geloofsartikel * ~s contract * ~s of association statuten van een bedrijf * leading ~ hoofdartikel * serve one's ~s(hand./jur.) zijn leertijd uitdienen

articulate I [ov + on ww] /ɑː'tikjuleit/ • articuleren • onder woorden brengen • verbinden door gewrichten * ~d bus gelede bus; harmonicabus * ~d lorry truck met aanhanger/oplegger **II** [bnw] /ɑː'tikjulət/ • verstaanbaar • geleed • welbespraakt, z. gemakkelijk uitdrukkend

articulation /ɑːtikju'leiʃən/ [znw] articulatie

artifact /'ɑːtifækt/ → **artefact**

artifice /'ɑːtifis/ [znw] list, kunstgreep

artificer /ɑː'tifisə/ [znw] • handwerksman • (mil.) geniesoldaat, geschoold mecanicien • (scheepv.) onderofficier-machinist

artificial /ɑːti'fiʃəl/ [bnw] • kunstmatig • gekunsteld, onnatuurlijk * ~ fibres kunstvezels * ~ limb kunstledemaat

artillery /ɑː'tiləri/ [znw] artillerie, geschut

artisan /ɑːti'zæn/ [znw] handwerksman

artist /'ɑːtist/ [znw] • artiest • kunstenaar (vnl. beeldend)

artiste /ɑː'tiːst/ [znw] (variété)artiest

artistic /ɑː'tistik/ [bnw] artistiek

artistry /'ɑːtistri/ [znw] kunstenaarschap, kunstenaarstalent, kunstzinnigheid

artless /'ɑːtləs/ [bnw] • ongekunsteld • naïef • onhandig

arty /'ɑːti/ [bnw] • te mooi • pseudo-/quasi-artistiek

arum /'eərəm/ [znw] aronskelk

as /æz/ **I** [bijw] zo * as against/opposed to in tegenstelling tot; tegenover * as big as even groot als * as ever zoals altijd * as far as it goes, ... tot op zekere hoogte, ...; in beperkte mate, ... * as from vanaf; met ingang van * as good as gold heel braaf/zoet * as it is op zichzelf * as it were als het ware * as many as 30 wel 30 * as much as het enige/in beperkte mate * as much as twenty guilders maar liefst twintig gulden * as per volgens * as soon as zodra * as such als zodanig * as well (as) evenals * as yet alsnog; tot nu toe * as you please/wish zo je wenst; wat je maar wil(t) * (mil.) as you were! doorgaan! **II** [vw] * (zo)als * aangezien * naarmate * terwijl * as for/to wat betreft * as if/though alsof * old as I am, ... hoe oud ik ook ben, ...; ook al ben ik oud, ... * so as to te zoneinde; om

asbestos /æz'bestos/ [znw] asbest

ascend /ə'send/ [ov ww] • (be)stijgen • teruggaan (in de geschiedenis) * Queen Elisabeth II ~ed the throne in 1952 Koningin Elisabeth II besteeg de troon in 1952

ascendancy, ascendency /ə'sendənsi/ [znw] overwicht

ascendant, ascendent /ə'sendənt/ **I** [znw] • overwicht, ascendant • voorouder **II** [bnw] • stijgend • dominant

ascension /ə'senʃən/ [znw] hemelvaart * Ascension Day hemelvaartsdag

ascent /ə'sent/ [znw] • be-/opstijging • helling • trap • opkomst

ascertain /æsə'tein/ [ov ww] • vaststellen • te weten komen

ascertainable /æsə'teinəbl/ [bnw] vast te stellen

ascetic /ə'setik/ **I** [znw] asceet **II** [bnw] ascetisch

asceticism /ə'setisizəm/ [znw] ascese

A

ascribable/ə'skraɪbəbl/ [bnw] *toe te schrijven* ∗ ~ *to toe te schrijven aan*

ascribe/ə'skraɪb/ [ov ww] *toeschrijven* ∗ (~ *to*) *toeschrijven aan*

ascription/ə'skrɪpʃən/ [znw] *lofbetuiging*

asdic/'æzdɪk/ [znw] *onderzeebootdetector*

aseptic/eɪ'septɪk/ [bnw] *aseptisch, steriel* (ook fig.) ∗ ~ *gauze verbandgaas*

asexual/eɪ'seksjʊəl/ [bnw] *geslachtloos, aseksueel*

ash/æʃ/ [znw] ∗ *es* (boom) ∗ *as*

Ash/æʃ/ [znw] ∗ Ash Wednesday *Aswoensdag*

ashamed/ə'ʃeɪmd/ [bnw] *beschaamd* ∗ *be* ~ *for z. schamen voor* ∗ *be* ~ *of z. schamen over*

ashbin/'æʃbɪn/ ⟨AE⟩ [znw] *vuilnisemmer/-vat*

ashen/'æʃən/ [bnw] ∗ *asgrauw* ∗ *doodsbleek* ∗ ⟨vero.⟩ *essenhouten* ∗ ~ *faced lijkbleek*

ashes/'æʃɪz/ [mv] *as*

ashore/ə'ʃɔː/ [bijw] *aan land*

ashtray/'æʃtreɪ/ [znw] *asbak*

ashy/'æʃɪ/ [bnw] *asachtig* ∗ *ashy pale asgrauw*

Asia/'eɪʃə/ [znw] *Azië*

Asian, Asiatic/'eɪʃən/ I [znw] *Aziaat* II [bnw] *Aziatisch*

aside/ə'saɪd/ I [znw] ∗ *terzijde* (toneel) ∗ *terloops gemaakte opmerking* II [bijw] *terzijde* ∗ ~ *from afgezien van* ∗ *put* ~ *opzij zetten* ∗ *set* ~ *reserveren* ∗ *take* ~ *apart nemen*

asinine/'æsɪnaɪn/ [bnw] *ezelachtig* (ook fig.)

ask/ɑːsk/ [ov + on ww] *vragen* ∗ *ask a question een vraag stellen* ∗ ⟨sl.⟩ *ask me another dat weet ik niet, volgende vraag* ∗ *don't drop that, I ask you! laat dat alsjeblieft niet vallen!* ∗ *if I may ask als ik vragen mag* ∗ *it is yours for the asking je hoeft het maar te vragen en je hebt/krijgt het* ∗ *that's asking dat gaat je niets aan; ik ga 't je niet vertellen* ∗ (~ *after*) *vragen naar* ∗ (~ *for*) *vragen om, uitlokken* ∗ (~ *out*) *uitnodigen*

askance/ə'skæns/ [bijw] ∗ *achterdochtig* ∗ *dubbelzinnig* ∗ *van terzijde* ∗ *look* ~ *at a person iem. wantrouwend aankijken*

askew/ə'skjuː/ [bijw] *scheef*

aslant/ə'slɑːnt/ [bnw] *schuin*

asleep/ə'sliːp/ [bnw + bijw] *in slaap* ∗ *be* ~ *slapen* ∗ *fall* ~ *at the wheel achter het stuur in slaap vallen* ∗ *fast/sound* ~ *in* (een) *diepe slaap*

aslope/ə'sləʊp/ [bnw] *hellend*

asp/æsp/ [znw] ∗ *soort adder* ∗ *esp*

asparagus/ə'spærəgəs/ [znw] *asperge*

aspect/'æspekt/ [znw] ∗ *gezichtspunt* ∗ *aanblik* ∗ *ligging* ∗ *zijde* ∗ ⟨taalk.⟩ *aspect*

aspen/'æspən/ I [znw] ∗ *esp* ∗ *ratelpopulier* II [bnw] ∗ *espen* ∗ *trillend*

asperities/æ'sperɪtɪz/ [mv] *misère, narigheid*

asperity/æ'sperɪtɪ/ ⟨form.⟩ [znw] ∗ *ongeduldige strengheid* ∗ *ruwheid* ∗ *guurheid* ∗ *scherpheid*

asperse/ə'spɜːs/ [ov ww] ∗ *bekladden* ∗ *belasteren* ∗ ⟨vero.⟩ *bestrooien* (met stof), *besprenkelen* (met water)

aspersion/ə'spɜːʃən/ [znw] *laster* ∗ *to cast* ~*s on s.o. iem. belasteren/bekladden*

asphalt/'æsfælt/ I [znw] *asfalteren* II [znw] *asfalt*

aspirant/'æsprɪrənt/ I [znw] *kandidaat* II [bnw] *strevend, eerzuchtig*

aspirate I [ov ww] /'æspəreɪt/ ⟨taalk.⟩ *aspireren, met aanblazing uitspreken* II [znw] /'æspərət/ ⟨taalk.⟩ *geaspireerde klank*

aspiration/æspɪ'reɪʃən/ [znw] ∗ *streven* ∗ ⟨taalk.⟩ *geaspireerde klank*

aspire/ə'spaɪə/ [on ww] ∗ *streven* ∗ (ver)*rijzen*

aspirin/'æsprɪn/ [znw] *aspirine*

aspiring/ə'spaɪərɪŋ/ [bnw] *strevend, verlangend*

∗ *eerzuchtig* ∗ *hoog*

asquint/ə'skwɪnt/ [bnw] *loens*

ass/æs/ [znw] ∗ *ezel* (ook fig.) ∗ ⟨AE/vulg.⟩ → **arse**

assail/ə'seɪl/ [ov ww] *bestormen, aanvallen*

assailant/ə'seɪlənt/ [znw] *aanvaller*

assassin/ə'sæsɪn/ [znw] *sluipmoordenaar*

assassinate/ə'sæsɪneɪt/ [ov ww] *vermoorden*

assassination/əsæsɪ'neɪʃən/ [znw] *sluipmoord*

assault/ə'sɔːlt/ I [ov ww] ∗ *aanvallen* ∗ ⟨mil.⟩ *bestormen* II [znw] ∗ *aanval* ∗ *aanranding* ∗ ⟨mil.⟩ *bestorming* ∗ ⟨jur.⟩ ~ *and battery mishandeling* ∗ ~ *course stormbaan*

assay/ə'seɪ/ I [ov ww] ∗ *toetsen* ∗ *essayeren* (metaal) II [znw] *analyse*

assemblage/ə'semblɪdʒ/ [znw] ∗ *verzameling* ∗ *vergadering*

assemble/ə'sembl/ I [ov ww] ∗ *monteren* ∗ *verzamelen* II [on ww] *bijeenkomen, z. verzamelen*

assembly/ə'semblɪ/ [znw] ∗ *montage* ∗ *vergadering* ∗ *verzameling* ∗ ~ *line lopende band*

assent/ə'sent/ I [on ww] *instemmen* ∗ (~ *to*) *instemmen met* II [znw] *instemming* ∗ Royal Assent *koninklijke bekrachtiging* (v. wet)

assert/ə'sɜːt/ [ov ww] ∗ *beweren* ∗ *laten gelden*

assertion/ə'sɜːʃən/ [znw] ∗ *bewering* ∗ *handhaving*

assertive/ə'sɜːtɪv/ [bnw] ∗ *aanmatigend* ∗ *zelfbewust* ∗ *bevestigend*

assess/ə'ses/ [ov ww] ∗ *vaststellen* ∗ *belasten* ∗ *waarderen, beoordelen* ∗ *schatten* ∗ ~*ed work* (school)*werk dat cijfermatig beoordeeld zal worden*

assessable/ə'sesəbl/ [bnw] *belastbaar*

assessment/ə'sesmənt/ [znw] ∗ *schatting* ∗ *waardering, beoordeling* (v. (school)*werk*) ∗ *aanslag* ∗ *tax* ~ *belastingaanslag*

assessor/ə'sesə/ [znw] *taxateur*

asset/'æset/ [znw] ∗ *aanwinst* ∗ *voordeel, pluspunt* ∗ *geschiktheid* ∗ ⟨econ.⟩ *creditpost*

assets/'æsets/ [mv] *activa, bezit*

asseverate/ə'sevəreɪt/ ⟨form.⟩ [ov ww] *plechtig verzekeren*

asshole/'ɑːʃəʊl/ ⟨vulg.⟩ [znw] *klootzak, lul*

assiduity/æsɪ'djuːɪtɪ/ [znw] *vlijt*

assiduous/ə'sɪdjʊəs/ [bnw] *vlijtig*

assign/ə'saɪn/ [ov ww] ∗ *overdragen* ∗ *toewijzen* ∗ *opgeven*

assignable/ə'saɪnəbl/ [bnw] ∗ *toewijsbaar* ∗ *vast te stellen, aanwijsbaar* ∗ ⟨jur.⟩ *overdraagbaar*

assignation/æsɪg'neɪʃən/ [znw] ∗ *afspraak* ∗ *toewijzing*

assignee/æsaɪ'niː/ [znw] *gevolmachtigde*

assignment/ə'saɪnmənt/ [znw] ∗ *opdracht* ∗ *opgave* ∗ ⟨AE⟩ *benoeming*

assimilate/ə'sɪmɪleɪt/ I [ov ww] ∗ *gelijk maken* ∗ *opnemen* II [on ww] ∗ *opgenomen worden* ∗ *assimileren* ∗ *gelijk worden*

assimilation/əsɪmə'leɪʃən/ [znw] *opneming* ∗ ~ *rate opname-capaciteit/-snelheid*

assist/ə'sɪst/ [ov ww] ∗ *bijstaan* ∗ *hulp verlenen* ∗ (~ *at*) (iets) *bijwonen*

assistance/ə'sɪstəns/ [znw] ∗ *hulp, steun* ∗ ⟨inf.⟩ *sociale bijstand* ∗ *lend* ~ *hulp verlenen* ∗ *of* ~ *van dienst*

assistant/ə'sɪstnt/ I [znw] ∗ *assistent* ∗ *bediende* II [in samenst] *adjunct-*

assize/ə'saɪz/ [znw] ∗ *vastgestelde prijs* ∗ *rechtszitting*

associate I [on ww] /ə'səʊʃɪeɪt/ (z.) *verenigen* ∗ (~ *with*) *omgaan met* II [znw] /ə'səʊʃɪət/ ∗ *compagnon, deelgenoot* ∗ *metgezel, collega* III [bnw] /ə'səʊʃɪət/ ∗ *verbonden* ∗ *begeleidend* ∗ *mede-*

association/əsəʊsɪ'eɪʃən/ [znw] • vereniging
• samenwerking ★ Association football voetbal
★ by ~ door samenwerking ★ in ~ with in
samenwerking met

assort/ə'sɔːt/ [ov ww] • sorteren • passen • (~
with) passen bij

assorted/ə'sɔːtɪd/ [bnw] • bij elkaar passend
• gemengd, gesorteerd ★ ~ toffees gemengde
toffees ★ ill-~,slecht bij elkaar passend

assortment/ə'sɔːtmənt/ [znw] • assortiment
• sortering

assuage/ə'sweɪdʒ/ [ov ww] • kalmeren, lenigen
• bevredigen

assume/ə'sjuːm/ [ov ww] • aannemen
• veronderstellen • op zich nemen • z. aanmatigen
★ let's ~ stel dat

assumed/ə'sjuːmd/ [bnw] geveinsd ★ under an ~
name onder een valse naam

assumedly/ə'sjuːmɪdlɪ/ [bijw] vermoedelijk

assumption/ə'sʌmpʃən/ [znw] • veronderstelling
• vermoeden • aanneming ⟨v. ambt⟩ • overname
⟨v. macht⟩

assumptive/ə'sʌmptɪv/ [bnw] • aangenomen
• geneigd om aan te nemen • aanmatigend,
zelfverzekerd

assurance/ə'ʃʊərəns/ [znw] • zekerheid
• verzekering • zelfvertrouwen

assure/ə'ʃʊə/ [ov ww] • zekerheid verschaffen
• verzekeren ★ I can ~ you je kunt gerust zijn; ik
beloof je

assured/ə'ʃʊəd/ [bnw] • zelfverzekerd • zeker ★ you
may rest ~ that u kunt ervan op aan dat

asterisk/'æstərɪsk/ [znw] asterisk, sterretje

astern/ə'stɜːn/ [bijw] achter(uit)

asthma/'æsmə/ [znw] astma

asthmatic/æs'mætɪk/ [bnw] astmatisch

astir/ə'stɜː/ [bnw + bijw] • in de weer • op de been

astonish/ə'stɒnɪʃ/ [ov ww] verbazen ★ be ~ed at z.
verbazen over

astonishing/ə'stɒnɪʃɪŋ/ [bnw] verbazingwekkend

astonishment/ə'stɒnɪʃmənt/ [znw] (stomme)
verbazing

astound/ə'staʊnd/ [ov ww] • zeer verbazen
• ontstellen ★ be ~ed by ontzet zijn door

astounding/ə'staʊndɪŋ/ [bnw] verbazingwekkend

astray/ə'streɪ/ [bnw] op een dwaalspoor, op het
slechte/verkeerde pad ★ go ~ verdwalen ★ lead s.o.
~ iem. op een dwaalspoor/het slechte pad brengen

astride/ə'straɪd/ [bijw] schrijlings

astringent/ə'strɪndʒənt/ I [znw] stelpend middel
II [bnw] • streng • scherp • stelpend ★ ~
comment scherpe kritiek

astrologer/əs'trɒlədʒə/ [znw] astroloog,
sterrenwichelaar

astrologic(al)/æstrə'lɒdʒɪk(l)/ [bnw] astrologisch

astrology/əs'trɒlədʒɪ/ [znw] astrologie,
sterrenwichelarij

astronomer/əs'trɒnəmə/ [znw] astronoom,
sterrenkundige

astronomic(al)/æstrə'nɒmɪk(l)/ [bnw]
• fabelachtig • enorm • astronomisch ⟨ook fig.⟩

astronomy/əs'trɒnəmɪ/ [znw] astronomie,
sterrenkunde

astute/ə'stjuːt/ [bnw] scherpzinnig, slim, schrander

astuteness/ə'stjuːtnəs/ [znw] slimheid,
geslepenheid

asunder/ə'sʌndə/ [bijw] uit elkaar ★ torn ~ in
stukken gescheurd

asylum/ə'saɪləm/ [znw] asiel ⟨ook politiek⟩,
gesticht

asymmetric(al)/eɪsɪ'metrɪk(l)/ [bnw]
asymmetrisch

at/æt/ [vz] • met • aan • bij • om • in • tegen ★ at a
glance in één oogopslag ★ at once onmiddellijk
⟨inf.⟩ at that ook nog; bovendien ★ be at bezig
zijn met ★ be at one's eens zijn ★ be at one's
best op z'n best zijn ★ ⟨inf.⟩ what is she at? wat
voert ze uit? ★ ⟨sl.⟩ where it's at waar het om
draait

ate/et/ verl. tijd → **eat**

atheism/'eɪθɪɪzəm/ [znw] atheïsme

Atheneum/æθɪ'niːəm/ [znw] • Atheneum
• literaire of wetenschappelijke club • leeszaal

athlete/'æθliːt/ [znw] atleet ★ ~'s foot
voetschimmel

athletic/æθ'letɪk/ [bnw] atletisch

athletics/æθ'letɪks/ [mv] sport, atletiek

athwart/ə'θwɔːt/ I [bijw] • schuin • dwars
⟨ook fig.⟩ II [vz] • over … heen • tegen … in ⟨ook
fig.⟩

atmosphere/'ætməsfɪə/ [znw] • atmosfeer • sfeer

atmospheric(al)/ætməs'ferɪk(l)/ [bnw]
atmosferisch

atmospherics/ætməs'ferɪks/ [mv] • atmosferische
storingen • luchtstoringen

atom/'ætəm/ [znw] • atoom • greintje

atomic/ə'tɒmɪk/ [bnw] atoom- ★ Atomic Age
atoomtijdperk ★ ~ energy kernenergie ★ ⟨vero.⟩ ~
pile kernreactor ★ ~ theory atoomtheorie

atomize/'ætəmaɪz/ [ov ww] verstuiven

atomizer/'ætəmaɪzə/ [znw] verstuiver, sproeier,
vaporisator

atomy/'ætəmɪ/ [znw] skelet ⟨fig.⟩

atone/ə'təʊn/ I [ov ww] verzoenen II [on ww]
boeten • (~ for) goedmaken

atonement/ə'təʊnmənt/ [znw] verzoening
★ make ~ weer goedmaken

atop/ə'tɒp/ [vz] boven, boven op

atrocious/ə'trəʊʃəs/ [bnw] • gruwelijk • slecht

atrophy/'ætrəfɪ/ I [on ww] wegkwijnen,
verschrompelen II [znw] atrofie, verschrompeling

attach/ə'tætʃ/ [on ww] • verbinden, aansluiten
• (aan zich) hechten ★ no strings ~ed † zonder
beperkende bepalingen; zonder kleine lettertjes ★ (~
to) vastmaken aan ★ be ~ed to s.o. aan iem.
gehecht zijn ★ ~ importance to s.th. belang aan
iets toekennen

attachable/ə'tætʃəbl/ [bnw] • bevestigbaar • toe
te schrijven

attaché/ə'tæʃeɪ/ [znw] diplomatenkoffertje ★ ~
case diplomatenkoffertje

attachment/ə'tætʃmənt/ [znw] • verbinding
• aanhangsel • gehechtheid

attack/ə'tæk/ I [ov ww] aanvallen II [znw] aanval
★ heart ~ hartaanval ★ play in ~ in een
aanvallende positie spelen

attacker/ə'tækə/ [znw] aanvaller

attain/ə'teɪn/ [ov + on ww] • bereiken • verwerven

attainable/ə'teɪnəbl/ [bnw] • verkrijgbaar
• bereikbaar

attainment/ə'teɪnmənt/ [znw] • verworvenheid
• prestatie • talent

attaint/ə'teɪnt/ [ov ww] aantasten, besmetten

attempt/ə'tempt/ I [ov ww] • pogen • aanvallen
II [znw] • poging • aanslag ★ an ~ on the
minister's life een aanslag op de minister

attend/ə'tend/ [ov ww] • bijwonen • begeleiden
• aanwezig zijn ★ (~ to) zorgen voor, verzorgen,
opletten

attendance/ə'tendəns/ [znw] • aanwezigheid,
opkomst • verzorging, bediening ★ ~-book
presentielijst ★ be in ~ begeleiden; bedienen
★ dance ~ on s.o. iem. op zijn wenken bedienen

attendant/ə'tendənt/ I [znw] • begeleider

A

• bediende II [bnw] • aanwezig • begeleidend
• bedienend ∗ ~ circumstances bijkomende
omstandigheden
attention/ə'tenʃən/ [znw] aandacht, attentie
∗ (mil.) ~I geef acht! ∗ attract/catch s.o.'s ~
iemands aandacht trekken ∗ bring to s.o.'s ~
onder iemands aandacht brengen • pay ~ to
aandacht schenken aan ∗ (mil.) stand to ~ in de
houding staan ∗ the centre of ~ het middelpunt
v.d. belangstelling te staan
attentive/ə'tentɪv/ [bnw] aandachtig
attenuate/ə'tenjʊeɪt/ [ov ww] • verzachten
• afzwakken • verdunnen
attenuation/ətenjʊ'eɪʃən/ [znw] • verzachting
• verdunning
attest/ə'test/ [ov ww] • instaan voor • beëdigen
• getuigen ∗ ~ to s.th. getuigenis afleggen van
attestation/æte'steɪʃən/ [znw] • beëdiging
• getuigenis
attic /'ætɪk/ [znw] zolder(kamer)
attire/ə'taɪə/ I [ov ww] uitdossen II [znw] tooi
∗ suitable ~ gepaste kledij
attitude/'ætɪtjuːd/ [znw] houding
attitudinize/ætɪ'tjuːdɪnaɪz/ [on ww] • poseren
• houding aannemen
attorney/ə'tɜːnɪ/ [znw] procureur, gevolmachtigde
∗ (AB) Attorney General Min. v. Justitie ∗ power
of ~ het optreden in naam v.e. ander
attract/ə'trækt/ [ov ww] aantrekken, boeien ∗ ~
attention aandacht trekken
attraction/ə'trækʃən/ [znw] • aantrekkingskracht
• attractie
attractive/ə'træktɪv/ [bnw] aantrekkelijk
attractiveness/ə'træktɪvnəs/ [znw]
aantrekkelijkheid
attributable/ə'trɪbjʊtəbl/ [bnw] toe te schrijven
attribute I [ov ww] /ə'trɪbjuːt/ toeschrijven ∗ (~
to) toeschrijven aan II [znw] /'ætrɪbjuːt/ kenmerk
attribution/ætrɪ'bjuːʃən/ [znw] • toekenning
• plaatsing
attributive/ə'trɪbjʊtɪv/ I [znw] (taalk.)
bijvoeglijke bepaling II [bnw] • toekennend
• (taalk.) attributief
attrition/ə'trɪʃən/ [znw] • afschaffing • wrijving
∗ war of ~ uitputtingsoorlog
attune/ə'tjuːn/ [ov ww] • stemmen • aanpassen
∗ (~ to) aanpassen aan
at.wt. [afk] • (atomic weight) atoomgewicht
auburn /'ɔːbən/ [bnw] kastanjebruin (vnl. haar)
auction/'ɔːkʃən/ I [ov ww] veilen, openbaar bij
opbod verkopen ∗ (~ off) bij opbod uit-/verkopen
II [znw] veiling, vendutie ∗ Dutch ~ afslag
auctioneer/ɔːkʃə'nɪə/ I [ov ww] veilen II [znw]
vendumeester
audacious/ɔː'deɪʃəs/ [bnw] • dapper, vermetel
• onbeschaamd
audacity/ɔː'dæsətɪ/ [znw] • dapperheid,
vermetelheid • onbeschaamdheid
audibility/ɔːdə'bɪlətɪ/ [znw] hoorbaarheid
audible/'ɔːdɪbl/ [bnw] hoorbaar
audience/'ɔːdɪəns/ [znw] • toehoorders • publiek
• audiëntie
audio/'ɔːdɪəʊ/ [bnw] audio-, geluids-, gehoor-
audio-visual [bnw] audiovisueel ∗ ~
aids/materials audiovisuele middelen
audit/'ɔːdɪt/ I [ov ww] de boekhouding controleren
II [znw] accountantsonderzoek
audition/ɔː'dɪʃən/ I [znw] • gehoor • auditie
auditor/'ɔːdɪtə/ [znw] • toehoorder • accountant
auditorium/ɔːdɪ'tɔːrɪəm/ [znw] gehoorzaal, aula
auditory/'ɔːdɪtərɪ/ I [znw] • toehoorders
• gehoorzaal II [bnw] m.b.t. het gehoor

augment/ɔːg'ment/ I [ov ww] doen toenemen
II [on ww] toenemen
augmentation/ɔːgmen'teɪʃən/ [znw] toename
augmentative/ɔːg'mentətɪv/ I [znw] (taalk.)
vergrotingsaffix/-woord II [bnw] toenemend
augur/'ɔːgə/ I [ov ww] voorspellen II [znw]
waarzegger
augury/'ɔːgjərɪ/ [znw] • voorspelling • voorteken
august/ɔː'gʌst/ [bnw] verheven, doorluchtig ∗ an ~
figure een indrukwekkend personage
August/'ɔːgəst/ [znw] augustus
aunt/ɑːnt/ [znw] tante ∗ aunt Sally werpspel;
mikpunt (fig.)
auntie/'ɑːntɪ/ (inf.) [znw] tante(tje)
aura/'ɔːrə/ [znw] • (atmo)sfeer • aroma,
uitwaseming • geur • uitstraling
aural/'ɔːrəl/ [bnw] van/via het gehoor, oor-
auricle/'ɔːrɪkl/ [znw] • oorschelp • hartboezem
auricular/ɔː'rɪkjʊlə/ [bnw] • m.b.t. het oor • m.b.t.
de hartboezem
aurist/'ɔːrɪst/ [znw] oorspecialist
auspices/'ɔːspɪsɪz/ [mv] auspiciën ∗ under the ~
of onder auspiciën van
auspicious/ɔː'spɪʃəs/ [bnw] gunstig
austere/ɒ'stɪə/ [znw] • sober • grimmig, streng
austerity/ɒ'sterətɪ/ [znw] • soberheid • strengheid
Australasian/ɒstrə'leɪʒən/ I [znw] bewoner van
Austraal-Azië II [bnw] m.b.t. Australië en de
naburige eilanden
Australia/ɒ'streɪlɪə/ [znw] Australië
Australian/ɒ'streɪlɪən/ I [znw] Australiër
II [bnw] Australisch
Austria/'ɒstrɪə/ [znw] Oostenrijk
Austrian/'ɒstrɪən/ I [znw] Oostenrijker II [bnw]
Oostenrijks
authentic/ɔː'θentɪk/ [bnw] • origineel • oprecht
(gevoelens) • rechtsgeldig • betrouwbaar • echt
authenticate/ɔː'θentɪkeɪt/ [ov ww] • de
authenticiteit bevestigen/staven • de
rechtsgeldigheid bevestigen/staven, legaliseren
authenticity/ɔːθen'tɪsətɪ/ [znw] • echtheid
• betrouwbaarheid
author/'ɔːθə/ [znw] • schrijver • schepper
• bewerker • (jur.) dader
authoritarian/ɔːθɒrɪ'teərɪən/ [bnw] autoritair,
eigenmachtig
authoritative/ɔː'θɒrɪtətɪv/ [bnw] gezaghebbend
authority/ɔː'θɒrətɪ/ [znw] • gezag, autoriteit
• expert ∗ have it on good ~ iets uit betrouwbare
bron hebben
authorization/ɔːθərəɪ'zeɪʃən/ [znw]
• machtiging, volmacht • goedkeuring
authorize/'ɔːθəraɪz/ [ov ww] machtigen
authorship/'ɔːθəʃɪp/ [znw] auteurschap
autistic/ɔː'tɪstɪk/ [bnw] autistisch
autobiographical/ɔːtəʊbaɪə'græfɪkl/ [bnw]
autobiografisch
autobiography/ɔːtəʊbaɪ'ɒgrəfɪ/ [znw]
autobiografie
autochthonous/ɔː'tɒkθənəs/ [bnw] autochtoon
autocracy/ɔː'tɒkrəsɪ/ [znw] alleenheerschappij
autocrat/'ɔːtəkræt/ [znw] alleenheerser
autograph/'ɔːtəgrɑːf/ I [ov ww] • ondertekenen
• eigenhandig tekenen II [znw] • eigen handschrift
• handtekening
automate/'ɔːtəmeɪt/ I [ov ww] automatiseren
II [on ww] automatisch werken, geautomatiseerd
zijn
automatic/ɔːtə'mætɪk/ I [znw] • automatisch
wapen • automaat (auto/apparaat) II [bnw]
• automatisch • werktuiglijk, zonder nadenken
• noodzakelijk • on-/onderbewust

automation/ɔ:təˈmeɪʃən/ [znw] *automatisering*

automatism/ɔ:ˈtɒmətɪzəm/ [znw] *automatisme, automatische handeling*

automaton/ɔ:ˈtɒmətn/ [znw] *automaat, robot*

autonomous/ɔ:ˈtɒnəməs/ [bnw] *autonoom, met zelfbestuur*

autonomy/ɔ:ˈtɒnəmɪ/ [znw] *autonomie, zelfbestuur*

autopsy/ˈɔ:tɒpsɪ/ [znw] • *lijkschouwing* • *eigen waarneming* • *kritische analyse*

autumn/ˈɔ:təm/ [znw] *herfst*

autumnal/ɔ:ˈtʌmnl/ [bnw] *herfstachtig*

auxiliary/ɔ:gˈzɪljərɪ/ **I** [znw] • *hulpstuk* • *helper* • ‹taalk.› *hulpwerkwoord* **II** [bnw] • *hulp-* • *aanvullend*

avail/əˈveɪl/ **I** [on ww] *baten* ∗ ~ o.s. *of gebruik maken van* **II** [znw] *baat, nut* ∗ ~s (Am.) *opbrengst* ∗ to little/no – *vruchteloos; nutteloos*

availability/əˈveɪləbɪlətɪ/ [znw] • *beschikbaarheid* • *bruikbaarheid*

available/əˈveɪləbl/ [bnw] • *beschikbaar* • *geldig*

avalanche/ˈævəlɑ:nʃ/ [znw] *lawine*

avarice/ˈævərɪs/ [znw] • *hebzucht* • *gierigheid*

avaricious/ævəˈrɪʃəs/ [bnw] • *gierig* • *hebzuchtig*

Ave. [afk] • *avenue*

avenge/əˈvendʒ/ [ov ww] *wreken*

avenger/əˈvendʒə/ [znw] *wreker*

avenue/ˈævənju:/ [znw] • *(oprij)laan* • *toegang* • *weg* ‹ook fig.› ∗ ‹AE› *brede straat*

aver/əˈvɜ:/ [ov ww] *beweren, verzekeren* ∗ ‹jur.› *bewijzen*

average/ˈævərɪdʒ/ **I** [ov ww] • *gemiddeld halen* • *schatten* ∗ (~ out) *gemiddeld op hetzelfde neerkomen* **II** [znw] • *gemiddelde* ∗ ‹jur./scheepv.› *averij* ∗ above ~ *meer dan gemiddeld* ∗ by the law of ~s *naar alle waarschijnlijkheid* ∗ general ~ *averij-grosse* ∗ on ~ *doorgaans* **III** [bnw] *gemiddeld*

averse/əˈvɜ:s/ [bnw] *afkerig* ∗ ~ to *afkerig van* ∗ not ~ to a pint of stout *niet afkerig van een biertje*

aversion/əˈvɜ:ʃən/ [znw] *afkeer*

avert/əˈvɜ:t/ [ov ww] *afwenden* ∗ ~ one's eyes/gaze *de blik afwenden*

avian/ˈeɪvɪən/ [bnw] *vogel-, ornithologisch*

aviary/ˈeɪvɪərɪ/ [znw] *volière*

aviation/eɪvɪˈeɪʃən/ [znw] • *vliegsport* • *vliegkunst* ∗ ~ medicine *medicijn tegen/ter voorkoming van luchtziekte*

aviator/ˈeɪvɪeɪtə/ [znw] *vlieger*

avid/ˈævɪd/ [bnw] • *begerig* • *vurig* • *fervent* ∗ an avid reader *een fervent lezer* ∗ avid for *begerig naar* ∗ avid for revenge *wraakzuchtig*

avidity/əˈvɪdətɪ/ [znw] • *begeerte* • *gretigheid*

avionics/eɪvɪˈɒnɪks/ [mv] *vliegtuigkunde*

avoid/əˈvɔɪd/ [ov ww] *vermijden* ∗ ~ s.o./s.th. like the plague *iem./iets mijden als de pest*

avoidable/əˈvɔɪdəbl/ [bnw] *vermijdbaar*

avoidance/əˈvɔɪdəns/ [znw] • *vermijding* • *ontwijking*

avouch/əˈvautʃ/ [ov ww] *garanderen, verzekeren*

avow/əˈvau/ [ov ww] *bekennen* • *erkennen*

avowal/əˈvauəl/ [znw] *(openlijke) bekentenis*

avuncular/əˈvʌŋkjulə/ [bnw] • *(als) v.e. oom* • *vaderlijk*

AWACS/ˈeɪwæks/ [afk] • *(Airborne Warning and Control System) luchtv.* *vluchtleidingssysteem*

await/əˈweɪt/ [ov ww] *(af)wachten*

awake/əˈweɪk/ **I** [ov ww] • *bewust maken* • *wekken* **II** [on ww] • *bewust worden* • *wakker worden* **III** [bnw] *wakker* ∗ wide ~ *klaarwakker*

awaken/əˈweɪkən/ **I** [ov ww] • *bewust maken* • *wekken* **II** [on ww] *wakker worden*

awakening/əˈweɪkənɪŋ/ [znw] • *het ontwaken* • *bewustwording* ∗ rude ~ *ontgoocheling*

award/əˈwɔ:d/ **I** [ov ww] • *belonen* • *toekennen* • ‹jur.› *opleggen, beslissen* ∗ (~ to) *toekennen aan* **II** [znw] • *bekroning, prijs* • *toelage* ∗ ‹jur.› *vonnis, uitspraak* ∗ ‹jur.› *vastgestelde boete*

aware/əˈweə/ [bnw] • *bewust* • *gewaar* ∗ be ~ of z *bewust zijn van*

awareness/əˈweənəs/ [znw] *bewustzijn*

awash/əˈwɒʃ/ [bnw] • *omspoeld, overspoeld* • *ronddrijvend* ∗ ~ with *vol van* ‹fig.›

away/əˈweɪ/ **I** [bnw] ∗ away match *uitwedstrijd* **II** [bijw] *weg* ∗ ‹AE› away back in 1920 *reeds in 1920* ∗ away from *op een afstand van* ∗ away with you! *schiet op!* ∗ far and away *verreweg* ∗ far/miles away *ver hier vandaan* ∗ fire away! *brand los!; begin maar!* ∗ hide/put s.th. away *iets ver-/opbergen* ∗ talk away *maar raak praten* ∗ work away *blijven werken*

awe/ɔ:/ **I** [ov ww] *ontzag inboezemen* **II** [znw] *ontzag* ∗ in awe of *uit respect voor*

awe-inspiring/ˈɔ:ɪnspaɪərɪŋ/ [bnw] • *eerbiedwaardig* • *ontzagwekkend*

awesome/ˈɔ:səm/ [bnw] • *ontzagwekkend, vreselijk* • *eerbiedig*

awestricken, awestruck/ˈɔ:strɪkən/ [bnw] *vol ontzag*

awful/ˈɔ:ful/ [bnw] • *ontzagwekkend* • *afschuwelijk* • *indrukwekkend* ∗ an ~ lot of trouble *een hoop ellende*

awhile/əˈwaɪl/ [bijw] *een poosje* ∗ for ~ *even*

awkward/ˈɔ:kwəd/ [bnw] • *onhandig* • *lastig* • *pijnlijk* ∗ an ~ situation *een penibele situatie*

awl/ɔ:l/ [znw] *priem, els*

awning/ˈɔ:nɪŋ/ [znw] *zonnetent, markies, luifel*

awoke/əˈwəuk/ verl. tijd + volt. deelw. → **awake**

awoken/əˈwəukən/ volt. deelw. → **awake**

awry/əˈraɪ/ [bnw + bijw] • *scheef* • *verkeerd*

axe/æks/ **I** [ov ww] • *afschaffen wegens bezuiniging* • *ontslaan* **II** [znw] *bijl* ∗ apply the axe 't mes erin zetten (bezuinigen) ∗ have an axe to grind *uit eigen belang handelen*

axes/ˈæksi:z/ [mv] → **axis**

axiom/ˈæksɪəm/ [znw] *onomstotelijke waarheid, axioma*

axiomatic/æksɪəˈmætɪk/ [bnw] *axiomatisch, vanzelfsprekend*

axis/ˈæksɪs/ [znw] • *middellijn, as* • *as(lijn)* • ‹anat.› *draaier (tweede halswervel)*

ay(e)/aɪ/ **I** [znw] *bevestigend antwoord* ∗ the ~s and the noes *de voor- en tegenstemmers* **II** [bijw] ‹vero.› • *inderdaad, ja* • *altijd (in formele schrijftaal)*

azure/ˈæʒə/ [bnw] *hemelsblauw* ∗ ~ stone *lapis lazuli*

azyme/ˈæzaɪm/ [znw] *ongedesemd brood*

B

baa/ba:/ **I** [on ww] • blaten **II** [znw] geblaat
babble/'bæbl/ **I** [on ww] • babbelen, leuteren
• kabbelen • verklappen **II** [znw] geleuter
babbler/'bæblər/ [znw] • babbelaar • kliksspaan
babe/beib/ [znw] • baby • ‹sl.› meisje, liefje * a
babe in arms een heel onervaren iem.
babel/'beibl/ [znw] • spraakverwarring • herrie
baboon/bə'bu:n/ [znw] baviaan
baby/'beibı/ **I** [ov ww] als (een) kind behandelen
II [znw] • baby, kind • schat • de jongste * baby
carriage kinderwagen * baby grand kleine
vleugel * they left him holding the baby hij
mocht de vuile was opknappen * throw the baby
out with the bathwater het kind met het
badwater weggooien
babyish/'beibıʃ/ [bnw] kinderachtig, kinderlijk
babysit/'beibısıt/ [on ww] babysitten
bachelor/'bætʃələ/ [znw] • vrijgezel
• ≈ kandidaat ⟨universitair⟩ * ~ girl
ongetrouwde dame
bacillus/bə'sıləs/ [znw] bacil
back/bæk/ **I** [ov ww] • steunen • endosseren
• wedden op • (~ up) steunen **II** [on ww]
achteruitrijden • (~ away) terugdeinzen, zich
terugtrekken, achteruit weglopen • (~ down) zich
terugtrekken, toegeven, terugkrabbelen • (~ off)
terugtrekken, terugdeinzen, achteruitwijken • (~
out) zich achterwaarts verwijderen,
terugkrabbelen **III** [znw] • rug, achterkant
• onderblad ⟨v. strijkinstrument⟩ • ⟨sport⟩
achterspeler * back to front achterstevoren
* back-to-back ruggelings * get/put s.o.'s back
up iem. boos maken * glad to see the back of s.o.
blij van iem. af te zijn; iem. liever zien gaan dan
komen * his back is up hij is kwaad * on o.'s
back ziek in bed; hulpeloos * put o.'s back into
s.th. ergens de schouders onder zetten * scratch
my back and I'll scratch yours als jij mij helpt,
help ik jou * talk about s.o. behind his back over
iem. praten achter zijn rug * the back of beyond
een verloren uithoek * turn one's back on de rug
toekeren; negeren * what's at the back of your
mind? wat is de ondergrond van je gedachten?
* with o.'s back to the wall met de rug tegen de
muur; in het nauw * without a shirt on your
back zonder een hemd aan je lijf **IV** [bijw] • achter
• terug * as far back as 1850 reeds in 1850 * back
and forth heen en weer
backache/'bækeık/ [znw] rugpijn
backanswer/'bæka:nsə/ [znw] brutaal antwoord
backbench/'bæk'bentʃ/ [znw] achterste bank i.h.
Lagerhuis, de gewone Lagerhuisleden
backbencher/bæk'bentʃə/ [znw] gewoon
Lagerhuislid
backbite/'bækbaıt/ [ov + on ww] (be)lasteren
backbone/'bækbəun/ [znw] • ruggengraat
• vastheid van karakter
back-breaking [bnw] * ~ work zeer zwaar werk
backcloth/'bækkləθ/ [znw] achtergrond
backdrop/'bækdrop/ [znw] • achtergrond
gevormd door landschap • achterdoek ⟨v. toneel⟩
backed/bækt/ [bnw] met een rug/leuning
backfire/'bækfaıə/ [on ww] • terugslaan ⟨v.
motor⟩ • mislopen, de mist in gaan
backgammon/'bækgæmən/ [znw] triktrak,
backgammon
background/'bækgraund/ [znw] achtergrond
backhand/'bækhænd/ [znw] slag met de rug v. de

hand naar voren * ~ed compliment dubieus
compliment
backing/'bækıŋ/ [znw] steun
backlash/'bæklæʃ/ [znw] • verzet, reactie • speling
backlog/'bæklog/ [znw] • achterstallig werk
• houtblok achter in haard • achterstand
backmost/'bækməust/ [bnw] achterst
backpack/'bækpæk/ ⟨AE⟩ [znw] rugzak
backrest/'bækrest/ [znw] rugleuning ⟨v. stoel⟩
backseat/'bæk'si:t/ [znw] * ~ driver hinderlijke
meerijder
backside/'bæksaıd/ [znw] achterste * get off your
~ and come and help us! kom uit je luie stoel en
help eens een handje!
backslide/'bækslaıd/ [on ww] • vervallen in oude
fout(en) • verslappen
backstabber/'bækstæbə/ [znw] onderkruiper,
onbetrouwbaar sujet
backstage/bæk'steıdʒ/ [bijw] achter het toneel
backstairs/'bæk'steəz/ [mv] achtertrap * ~ gossip
achterklap
backstreet/'bækstri:t/ [bnw] • illegaal
• clandestien * ~ abortion illegale abortus
backstroke/'bækstrəuk/ [znw] rugslag
back-up/'bækʌp/ [znw] reservekopie
backward/'bækwəd/ **I** [bnw + bijw]
→ **backwards II** [bnw] achterlijk
backwards/'bækwədz/ [bnw + bijw] • terug
• achterwaarts * ~ and forwards heen en weer
* bend over ~ (to help s.o.) zich tot het uiterste
(voor iem.) inspannen * he knew his lines ~ hij
kende zijn tekst uit het hoofd
backwash/'bækwoʃ/ [znw] teruglopen v. golf,
terugslag
backwater/'bækwɔ:tə/ [znw] niet stromend
binnenwater * he lives in a cultural ~ hij heeft
geen contact met de buitenwereld
backwoods/'bækwudz/ [mv] binnenlanden
backyard/bæk'ja:d/ [znw] achtererf
bacon/'beikən/ [znw] spek * bring home the ~ in
een onderneming slagen * save one's ~ zijn hachje
redden
bacteria/bæk'tıərıə/ [mv] → **bacterium**
bacterial/bæk'tıərıəl/ [bnw] bacterie-
bacteriology/bæktıərı'ɒlədʒı/ [znw] bacteriologie
bacterium/bæk'tıərıəm/ [znw] bacterie
bad/bæd/ [bnw] • slecht, ondeugdelijk • kwaad
• bedorven * bad debt niet te innen schuld * bad
feeling wrok; bitterheid * bad grace tegenzin
* bad language vloek(en) * bad luck pech * bad
news onwelkom nieuws * be in s.o.'s bad books
bij iem. in een slecht blaadje staan * do s.o. a bad
turn iem. een slechte dienst bewijzen * feel bad
(about) spijt hebben (van) * give a dog a bad
name (and hang him) eens een slechte naam,
altijd een slechte naam * go bad bederven ⟨v. eten⟩
* go from bad to worse verslechteren * have a
bad press bekritiseerd worden door de media
* have had a bad night slecht geslapen hebben
* he has a bad leg hij heeft een pijnlijk been * he
is in a bad way hij is er beroerd aan toe * he's a
bad egg/lot hij deugt niet * make the best of a
bad job er het beste van maken * not (so/half)
bad niet zo slecht * take the bad with the good
het slechte met het goede nemen * ⟨inf.⟩ that's too
bad pech gehad * turn up like a bad penny
telkens ongewenst verschijnen * want badly hard
nodig hebben
baddie/'bædı/ ⟨inf.⟩ [znw] slechterik, schurk
bade/bæd/ verl. tijd → **bid**
badge/bædʒ/ [znw] onderscheidingsteken, insigne,
embleem * ~ of office kenmerk van functie

badger /'bædʒə/ **I** [ov ww] • tergen • lastig vallen, zeuren om iets **II** [znw] das ⟨dier⟩

bad-tempered /bæd'tempəd/ [bnw] slechtgehumeurd

baffle /'bæfl/ **I** [ov ww] • verijdelen • verbijsteren **II** [znw] schot, scherm ★ ~ board geluiddempend plaatje/paneel

baffling /'bæflɪŋ/ [bnw] verbijsterend ★ a ~ problem een probleem dat onoplosbaar lijkt

bag /bæg/ **I** [ov ww] vangen, schieten, bemachtigen **II** [on ww] ⟨op⟩zwellen **III** [znw] • zak, tas • vangst • wal ⟨onder oog⟩ ★ bag lady zwerfster ★ bags I go first! ik eerst! ★ chatelaine bag beugeltas ★ he's a bag of bones hij is een skelet ★ it's in the bag dat is ⟨wel⟩ bekeken; dat zit ⟨wel⟩ goed ★ let the cat out of the bag een geheim verklappen ★ ⟨vulg.⟩ old bag oud wijf ★ pack o.'s bags klaarmaken voor vertrek; opstappen ★ that's not my bag daar moet ik niets van hebben

baggage /'bægɪdʒ/ ⟨AE⟩ [znw] bagage ★ ~ room bagagedepot ★ they were all thrown out, bag and ~ ze werden eruit gegooid met hun hele hebben en houden

baggy /'bægɪ/ [bnw] uitgezakt ★ ~ trousers flodderige broek

bagman /'bægmən/ [znw] ⟨inf.⟩ handelsreiziger • ⟨AE⟩ koerier die zwart geld witwast

bagpipe /'bægpaɪp/ [znw] doedelzak

bagsleeve /'bægsliːv/ [znw] pofmouw

bah /bɑː/ [tw] ba(h), foei

bail /beɪl/ **I** [ov ww] • hozen • (~ out) door borgtocht vrij krijgen, uit de puree helpen **II** [znw] • borgtocht • (muur v.) voorhof • afsluitboom ⟨v. stal⟩ • klosje op wicket ⟨bij cricket⟩ • hengsel ⟨v. ketel⟩ ★ jump bail ertussenuit knijpen nadat vrije borgtocht is verleend ★ stand bail borg staan

bailey /'beɪlɪ/ [znw] (plein omgeven door) buitenmuur

bailiff /'beɪlɪf/ [znw] • drost • baljuw • rentmeester • deurwaarder

bairn /beən/ ⟨Schots⟩ [znw] kind

bait /beɪt/ **I** [ov ww] • van aas of voer voorzien • sarren **II** [znw] ⟨lok⟩aas ★ rise to/take the bait happen ⟨fig.⟩

baize /beɪz/ [znw] groen (biljart)laken

bake /beɪk/ [ov + on ww] bakken

baker /'beɪkə/ [znw] bakker ★ ~'s dozen dertien

bakery /'beɪkərɪ/ [znw] bakkerij

balance /'bæləns/ **I** [ov ww] • wegen • wikken • in evenwicht houden of brengen ★ a well-~d person een evenwichtig iem. ★ ~ the books boeken afsluiten **II** [on ww] ★ ~ out elkaar compenseren **III** [znw] • weegschaal, balans • evenwicht • saldo, rest ★ ~ in hand creditsaldo ★ ~ of trade handelsbalans ★ ~ sheet balans ★ his life hung in the ~ zijn leven stond op het spel ★ hold the ~ of power de beslissing kunnen nemen ★ off ~ uit evenwicht ★ on ~ alles in aanmerking genomen ★ shift/turn the ~ de schaal doen doorslaan

balcony /'bælkənɪ/ [znw] balkon

bald /bɔːld/ [bnw] • kaal • nuchter ★ a bald statement een ongezouten uitspraak

balderdash /'bɔːldədæʃ/ [znw] • wartaal • onzin

bald-headed /bɔːld'hedɪd/ [bnw] kaalhoofdig

balding /'bɔːldɪŋ/ [bnw] kalend

baldly /'bɔːldlɪ/ [bijw] gewoonweg, zonder omwegen

bale /beɪl/ **I** [ov ww] hozen **II** [on ww] • (~ out) met parachute uit vliegtuig springen, uitstappen

baleen /bə'liːn/ [znw] balein

baleful /'beɪlful/ [bnw] • kwaadaardig • verderfelijk

balk /bɔːk/ **I** [ov ww] • voorbijgaan, overslaan ★ z. onttrekken aan • verijdelen • weigeren **II** [znw]

• balk • struikelblok

ball /bɔːl/ **I** [ov + on ww] • (zich) ballen • ⟨sl.⟩ zich vermaken ★ ⟨vulg.⟩ ball up verpesten **II** [znw] • bal, bol, kogel • kluwen ★ ball and socket joint kogelgewricht ★ ball game balspel; ⟨AE⟩ honkbal ★ ball of foot bal ⟨v. voet⟩ ★ ball of thumb muis ⟨v. hand⟩ ★ ⟨vulg.⟩ balls! onzin! nonsens! ★ have a ball zich vermaken ★ keep the ball rolling het gesprek gaande houden ★ on the ball bijdehand; pienter ★ the ball is now in his court nu is het zijn beurt om iets te doen ★ this situation is a completely new ball game deze situatie is volledig anders

ballad /'bæləd/ [znw] ballade

ballast /'bæləst/ **I** [ov ww] bezwaren **II** [znw] ballast

ball-bearings /bɔːl'beərɪŋz/ [mv] kogellagers

ballet /'bæleɪ/ [znw] ballet

ballistic /bə'lɪstɪk/ [bnw] ballistisch ★ ~ missile ballistisch projectiel

ballistics /bə'lɪstɪks/ [znw] ballistiek

balloon /bə'luːn/ **I** [on ww] • bol staan • opzwellen **II** [znw] bol, ballon

balloonist /bə'luːnɪst/ [znw] ballonvaarder

ballot /'bælət/ **I** [on ww] • stemmen • balloteren • loten **II** [znw] • stembriefje • stemming • loting

ballot-box /'bælətbɒks/ [znw] stembus

ballot-paper [znw] stembiljet, stembriefje

ballroom /'bɔːlruːm/ [znw] balzaal ★ ~ dancing stijldansen

bally /'bælɪ/ ⟨eufemistisch⟩ [bnw + bijw] verdomd

ballyhoo /bælɪ'huː/ ⟨AE⟩ [znw] • trammelant • overdreven reclame

balm /bɑːm/ [znw] balsem ⟨ook fig.⟩

balmoral /bæl'mɒrəl/ [znw] schotse baret

balmy /'bɑːmɪ/ [bnw] • stapelgek • mild,

baloney /bə'ləʊnɪ/ [znw] nonsens, flauwekul

Baltic /'bɔːltɪk/ [bnw] Baltisch ★ ~ Sea Oostzee

balustrade /bælə'streɪd/ [znw] balustrade

bamboo /bæm'buː/ [znw] bamboe

bamboozle /bæm'buːzəl/ [ov ww] beetnemen

ban /bæn/ **I** [ov ww] verbieden **II** [znw] • ban⟨vloek⟩ • verbod ★ put a ban upon verbieden

banal /bə'nɑːl/ [bnw] banaal

banality /bə'nælətɪ/ [znw] banaliteit

banana /bə'nɑːnə/ [znw] banaan ★ ~ split roomijs met banaan

bananas /bə'nɑːnəz/ [mv] [znw] onzin **II** [bnw] (stapel)gek, idioot ★ go ~ stapelgek worden

band /bænd/ **I** [ov ww] strepen ★ band together z. tot groep verenigen **II** [znw] • band, lint, strook • drijfriem • bende • orkest ⟨v. blaasinstrumenten⟩ • band saw lintzaag ★ brass band fanfarekorps

bandage /'bændɪdʒ/ **I** [ov ww] • verbinden • blinddoeken • (~ up) verbinden **II** [znw] • verband • blinddoek

bandbox /'bændbɒks/ [znw] hoedendoos

bandit /'bændɪt/ [znw] • ⟨struik⟩rover • vijandelijk vliegtuig ★ one-armed ~ gokautomaat

banditry /'bændɪtrɪ/ [znw] roverij

bandmaster /'bændmɑːstə/ [znw] kapelmeester

bandoleer, bandolier /bændə'lɪə/ [znw] schouderriem, schouderlint

band-stand /'bændstænd/ [znw] muziektent

bandwagon /'bændwægən/ [znw] muziek-/reclamewagen ★ jump on the ~ met de massa meedoen; aan de kant v.d. winnaar gaan staan

bandy /'bændɪ/ **I** [ov ww] uitwisselen ★ ~ words with s.o. redetwisten ★ (~ about) heen en weer werpen of slaan **II** [znw] • op hockey lijkend

B

balspel • bendie (rijtuig) **III** [bnw] bandy-legged met o-benen

bane/beɪn/ • vloek, pest • vergif ★ the bane of o.'s life een nagel aan iemands doodkist

bang/bæŋ/ **I** [ov + on ww] • hard slaan • smakken, dichtslaan • knallen ★ bang on about s.th. lang en met kracht over iets doorpraten ★ bang out a tune een melodie hard en onzuiver spelen ★ banging o.'s head against a brick wall met het hoofd tegen de muur lopen • (~ about) ruw behandelen • (~ away) blijven bonzen of hameren **II** [ov ww] recht afknippen (v. pony) **III** [znw] • klap, smak, knal • pony (haar) ★ the party went with a bang het feest was een groot succes **IV** [tw] pats!, boem! ★ bang goes our chance of winning die overwinning kunnen we wel vergeten ★ bang on target recht in het doel

banger/bæŋə/ [znw] • wrak (auto) • worstje • vuurwerk

bangle/bæŋgl/ [znw] armring, armband

banish/bænɪʃ/ [ov ww] verbannen

banishment/bænɪʃmənt/ [znw] verbanning

banjo/bændʒəʊ/ [znw] banjo

bank/bæŋk/ **I** [ov + on ww] • indammen • hellend rijden of vliegen • bankrekening hebben • storten (bij bank) ★ bank on s.th. ergens op hopen ★ bank up a fire een vuur opbanken ★ bank up earth aarde ophopen **II** [znw] • oever • zandbank • berm • bank ★ bank account bankrekening ★ bank balance saldo ★ bank holiday vrije dag ★ bank rate bankdisconto

banker/bæŋkə/ [znw] bankier ★ ~'s card betaalpas(je)

banking/bæŋkɪŋ/ [znw] bankwezen

banknote/bæŋknəʊt/ [znw] bankbiljet

bankrupt/bæŋkrʌpt/ **I** [ov ww] failliet doen gaan **II** [bnw] failliet

bankruptcy/bæŋkrʌptsɪ/ [znw] faillissement

banner/bænə/ [znw] • banier • spandoek ★ ~ headline kop over hele pagina v. krant

ban(n)isters/bænɪstəz/ [mv] (trap)leuning, (trap)spijl

banns/bænz/ [mv] ★ publish the ~ huwelijk kerkelijk afkondigen

banquet/bæŋkwɪt/ **I** [ov ww] feestelijk onthalen **II** [on ww] feesten, smullen **III** [znw] feestmaal

banshee/bænʃiː/ [znw] geest die dood aankondigt

bantam/bæntəm/ [znw] • bantammer • strijdlustig kereltje • ~weight boxer bantamgewicht boxer

banter/bæntə/ **I** [ov + on ww] • badineren • schertsen **II** [znw] • scherts • badinage ★ they engaged in some friendly ~ ze wisselden wat vriendelijke plagerijtjes uit

baptism/bæptɪzəm/ [znw] doop

baptismal/bæptɪzməl/ [bnw] doop- ★ ~ name doopnaam

baptist/bæptɪst/ [znw] • doopsgezinde • doper

baptize/bæptaɪz/ [ov ww] dopen

bar/baː/ **I** [ov ww] • versperren, beletten • grendelen ★ all over bar the shouting zo goed als klaar; beslist (v. wedstrijd) ★ bar s.o.'s way iem. de weg barren ★ no holds barred alles is toegestaan (in gevecht, wedstrijd) **II** [znw] • balk • stang, staaf, tralie • slagboom • reep (chocolade), stuk (zeep) • zandbank (voor haven- of riviermonding) • buffet, bar • belemmering, bezwaar • maat(streep) ★ cross the bar sterven ★ public bar ruimte in een pub waar de drankjes goedkoper zijn ★ put s.o. behind bars iem. opsluiten ★ saloon bar ruimte in een pub waar de drankjes duurder zijn

Bar[znw] balie, advocatuur ★ call to the Bar toelaten als advocaat

barb/baːb/ [znw] • baarddraad (v. vis) • weerhaak ★ a barbed comment een steek onder water ★ barbed wire prikkeldraad

barbarian/baːbeərɪən/ **I** [znw] barbaar **II** [bnw] barbaars

barbaric, barbarous/baːbærɪk/ [bnw] barbaars

barbarity/baːbærətɪ/ [znw] barbaarsheid, wreedheid

barbecue/baːbɪkjuː/ **I** [ov ww] barbecueën **II** [znw] • feest, barbecue • groot braadrooster • gebraden varken of ander dier

barbel/baːbl/ [znw] • barbeel • voelspriet

barber/baːbə/ [znw] • barbier • kapper ★ ~'s rash baardschurft

barbiturate/baːbɪtjʊrət/ [znw] barbituraat

bare/beə/ **I** [ov ww] blootleggen, ontbloten ★ bare one's soul diepste gevoelens uiten **II** [bnw] naakt, kaal ★ he killed a man with his bare hands hij vermoordde een man met zijn blote handen ★ lay bare blootleggen ★ the bare bones de belangrijkste elementen ★ the bare essentials het allernoodzakelijkste ★ the bare minimum het absolute minimum

bareback/beəbæk/ [bnw] zonder zadel

barefaced/beəfeɪst/ [bnw] ★ ~ lie onbeschaamde leugen

barefoot(ed)/beəfʊt(ɪd)/ [bnw] blootsvoets

bareheaded/beəhedɪd/ [bnw] blootshoofds

barely/beəlɪ/ [bijw] ternauwernood

bareness/beənəs/ [znw] kaalheid, naaktheid

bargain/baːgɪn/ **I** [on ww] • overeenkomen • marchanderen ★ I got more than I ~ed for ik kreeg meer dan ik verwachtte **II** [znw] • afspraak • koop(je) ★ ~ sale uitverkoop ★ drive a hard ~ iem. het vel over de oren halen ★ into the ~ op de koop toe ★ make the best of a bad ~ z. zo goed mogelijk in iets schikken ★ strike a ~ with s.o. het eens worden met iem.; een overeenkomst sluiten

barge/baːdʒ/ **I** [on ww] ★ he is always barging in hij bemoeit z. overal mee • (~ into) ergens tegenaanlopen **II** [znw] • aak, praam • officierssloep, staatsiesloep • woonschip

baritone/bærɪtəʊn/ [znw] bariton

bark/baːk/ **I** [on ww] • afschillen • schaven (v. huid) **II** [on ww] blaffen ★ bark at s.o. blaffen tegen iem. (ook fig.) ★ bark up the wrong tree aan het verkeerde adres zijn **III** [znw] • geblaf • schors, bast • bark ★ her bark is worse than her bite ze blaft harder dan ze bijt

barker/baːkə/ [znw] • schreeuwer • klantenlokker • blaffer (pistool)

barley/baːlɪ/ [znw] gerst ★ ~ water gerstewater

barm/baːm/ [znw] gist

barmaid/baːmeɪd/ [znw] barmeisje

barmy/baːmɪ/ [bnw] • gistend • schuimend • stapelgek

barn/baːn/ [znw] schuur ★ barn dance boerendans; boerenbal ★ barn owl kerkuil

barnacle/baːnəkl/ [znw] eendenmossel ★ ~ (goose) brandgans

barnstorm/baːnstɔːm/ [on ww] op tournee gaan (v. acteurs, politici)

barnstormer/baːnstɔːmə/ [znw] • rondreizend acteur • sensatiestuk

barnyard/baːnjaːd/ [znw] boerenerf

baron/bærən/ [znw] • baron • (gesch.) edelman ★ (vero.) ~ of beef dubbel lendestuk v. rund

baronage/bærənɪdʒ/ [znw] • adel • jaarboek v.d. adel

baroness/bærənɪs/ [znw] barones

baronet/'bærənɪt/ [znw] baronet

baronetcy/'bærənɪtsɪ/ [znw] titel van baronet

baronial/bə'rəʊnɪəl/ [bnw] • van een baron
• statig

baroque/bə'rɒk/ [bnw] barok

barque/ba:k/ [znw] bark

barrack(s)/'bærək(s)/ I [ov ww] • uitjouwen ⟨cricket⟩ II [znw] kazerne

barrage/'bæra:ʒ/ [znw] • versperring • spervuur
• stuwdam • ~ balloon versperringsballon

barrel/'bærəl/ [znw] • vat • cilinder • romp (v. paard) • loop (v. geweer) • 159 liter (v. olie)
★ ⟨inf.⟩ ~ of fun een hoop lol ★ have s.o. over a ~ iem. in de tang hebben ★ lock, stock and ~ geheel en al ★ scrape the (bottom of the) ~ de laatste reserves verbruiken

barrel-organ/'bærəlɔ:gən/ [znw] draaiorgel

barren/'bærən/ [znw] onvruchtbaar, dor

barricade/bærɪ'keɪd/ I [ov ww] barricaderen II [znw] barricade ★ man the ~s op de barricades staan

barrier/'bærɪə/ [znw] • hinderpaal, slagboom
• dranghek ★ ~ cream beschermende (hand)crème
★ ~ reef barrièrerif

barring/'ba:rɪŋ/ [vz] behoudens

barrister/'bærɪstə/ [znw] advocaat, pleiter

barrow/'bærəʊ/ [znw] • kruiwagen • berrie
• handkar • grafheuvel

bartender/'ba:tendə/ ⟨AE⟩ [znw] barman/-keeper

barter/'ba:tə/ I [ov + on ww] ruilhandel drijven II [znw] ruilhandel

barterer/'ba:tərə/ [znw] sjacheraar

basal/'beɪsəl/ [bnw] • basis-, grond-
• fundamenteel

base/beɪs/ I [ov ww] baseren II [znw] • grondgetal
• basis, voetstuk • ⟨sport⟩ honk • ⟨chem.⟩ base III [bnw] laag, gemeen • base metal onedel metaal

baseball/'beɪsbɔ:l/ [znw] honkbal

baseless/'beɪsləs/ [bnw] ongegrond ★ ~ rumours ongegronde geruchten

baseline/'beɪslaɪn/ [znw] • grondlijn • ⟨sport⟩ achterlijn

basement/'beɪsmənt/ [znw] souterrain

bases/'beɪsi:z/ [mv] → basis

bash/bæʃ/ I [ov ww] • (in elkaar) rammen
• inslaan, kapot slaan • bash on (regardless) doordouwen • (~ up) in elkaar slaan II [znw] slag
★ have a bash at proberen; er een slag naar slaan

bashful/'bæʃfʊl/ [bnw] bedeesd, verlegen

basic/'beɪsɪk/ [bnw] • fundamenteel • ⟨chem.⟩ basisch

basically/'beɪsɪklɪ/ [bijw] in de grond, eigenlijk, voornamelijk

basil/'bæzəl/ [znw] basilicum

basin/'beɪsən/ [znw] • bekken • bassin • kom • dok
• stroomgebied

basis/'beɪsɪs/ [znw] basis, grondslag ★ ~ of/for s.th. centrale, belangrijkste deel van iets

bask/ba:sk/ [on ww] z. koesteren

basket/'ba:skɪt/ [znw] mand, korf ★ ~ chair rieten stoel ★ ~ball basketbal ★ pick of the ~ neusje v.d. zalm ★ put all one's eggs in one ~ alles op één kaart zetten

basketry/'ba:skɪtrɪ/ [znw] mandenwerk

Basque/bæsk/ I [znw] • Bask(ische) • Baskisch ⟨de taal⟩ II [bnw] Baskisch

bass[1]/beɪs/ • /bæs/ • /zee/baars • /bæs/ soort bier
★ bass clef bassleutel II [bnw] • lage frequenties, lage tonen • bas (v. stem of instrument) ★ bass clef bassleutel

bassoon/bə'su:n/ [znw] fagot

bastard/'ba:stəd/ I [znw] • schoft • bastaard II [bnw] onecht

bastardize/'ba:stədaɪz/ [ov ww] verlagen, verbasteren, tot bastaard verklaren

baste/beɪst/ [ov ww] • afranselen • rijgen (v. jurk)
• met vet overgieten tijdens braden

bat/bæt/ I [ov + on ww] batten • without batting an eye(lid) zonder een spier te vertrekken II [znw]
• vleermuis • slaghout, bat • ⟨AE⟩ fuif ★ as blind as a bat stekeblind • have bats in the belfry kierewiet zijn ★ like a bat out of hell razendsnel
★ off one's own bat op eigen houtje

batch/bætʃ/ [znw] • partij, groep, stel • baksel

bate/beɪt/ [ov ww] verminderen • with bated breath met ingehouden adem

bath/ba:θ/ I [ov ww] een bad geven II [znw] • bad
• badkuip • run a bath een bad laten vollopen
★ swimming bath binnenzwembad

bathe/beɪð/ [ov + on ww] • baden • natmaken

bather/'beɪðə/ [znw] bader, zwemmer

bathing/'beɪðɪŋ/ [znw] het baden, het zwemmen
★ ~ cap badmuts ★ ~ suit badpak

bathing-pool [znw] zwembad

bathing-trunks [mv] zwembroek

bathrobe/'ba:θrəʊb/ [znw] • badjas • ⟨AE⟩ kamerjas

bathroom/'ba:θru:m/ [znw] • badkamer • ⟨AE⟩ wc

bathtub/'ba:θtʌb/ [znw] badkuip

batman/'bætmən/ [znw] oppasser

baton/'bætn/ [znw] • dirigeerstok • gummistok
• staf

batsman/'bætsmən/ [znw] batsman, slagman

battalion/bə'tælɪən/ [znw] bataljon

batten/'bætn/ I [ov ww] • ~ down the hatches scheepsluiken met vloerplanken afsluiten II [on ww] ★ z. te goed doen aan • vet worden III [znw] vloerplank

batter/'bætə/ I [ov + on ww] • beuken • rammen
• deuken, havenen ★ ~ away at s.th. ergens tegenaan rammen ★ ~ down the door de deur inrammen ★ child ~ing kindermishandeling II [znw] • beslag • slagman • helling

battering-ram/'bætərɪŋ ræm/ [znw] stormram

battery/'bætərɪ/ [znw] • (leg)batterij • accu
• aanranding • ⟨jur.⟩ assault and ~ mishandeling ★ ~ hens legbatterijkippen

battle/'bætl/ I [ov + on ww] strijden II [znw] strijd, veldslag ★ ~ array slagorde ★ ~ royal strijd tot het bittere einde; algemeen gevecht • do ~ strijd leveren

battle-axe [znw] • strijdbijl • ⟨inf.⟩ kenau

battle-cruiser [znw] slagkruiser

battle-cry [znw] strijdkreet

battledress/'bætldres/ [znw] veldtenue

battlefield/'bætlfi:ld/ [znw] slagveld

battleground/'bætlgraʊnd/ [znw] gevechtsterrein, slagveld

battlement/'bætlmənt/ [znw] kanteel

battleship/'bætlʃɪp/ [znw] slagschip

batty/'bætɪ/ [bnw] gek

bauble/'bɔ:bl/ [znw] snuisterij, prul

baud/baʊd/ [znw] baud, snelheidsmaat voor overbrenging van informatie

baulk/bɔ:k/ → **balk**

bawd/bɔ:d/ [znw] • koppelaarster • ⟨vero.⟩ prostituee

bawdy/'bɔ:dɪ/ [bnw] • liederlijk (v. taal) • ⟨vero.⟩ ontuchtig

bawl/bɔ:l/ [ov + on ww] brullen, schreeuwen • (~ out) ⟨inf.⟩ de mantel uitvegen

bay/beɪ/ I [ov + on ww] blaffen II [znw] • baai
• nis, erker • geblaf • laurierboom • bruin paard

met zwarte manen en staart ⋆ at bay met de rug tegen de muur; in de verdediging ⋆ bay leaf laurierblad ⋆ bay window erker; buikje ⋆ bring to bay in het nauw drijven ⋆ hold/keep at bay in bedwang houden ⋆ sick bay ziekenboeg

B

bayonet /'beɪənet/ [znw] bajonet ⋆ ~ catch bajonetsluiting

bayou /'baɪu:/ ⟨AD⟩ [znw] moerassige rivierarm

bazaar /bə'za:/ [znw] ● oosterse markt ● bazaar ● fancy-fair

bazooka /bə'zu:kə/ [znw] antitankgeweer

b.&b. [afk] ● (bed and breakfast) logies met ontbijt

B.B.C. [afk] ● (British Broadcasting Corporation) Britse Radio en Televisie Omroep

B.C. [afk] ● (Before Christ) voor Christus

be /bi:/ **I** [on ww] ⋆ you're for it er zwaait wat voor je ⋆ (~ for) zijn voor, voorstander zijn van ⋆ I'm all for it ik ben er helemaal voor ⋆ (~ in) in slag zijn, aan het bewind zijn, erbij/in de mode/opgenomen zijn, aanwezig/binnen/en zijn ⋆ he's in with my neighbour hij is goede maatjes met mijn buurman ⋆ you're in for a nasty surprise er staat je een onaangename verrassing te wachten ⋆ be in for a job kandidaat zijn voor een betrekking ⋆ you're in for it er zwaait wat voor je; je bent erbij ⋆ ⟨sport⟩ John is in John is aan slag ⋆ blue jeans are still in spijkerbroeken zijn nog steeds populair ⋆ he is not in it hij is er niet bij betrokken ⋆ he is not in hij is niet thuis ⋆ there is nothing in it het is niet van belang; er is niets van aan ⋆ the Tories are in de Tories zijn aan de regering ⋆ the tide is in het is vloed ⋆ ⟨SL⟩ he's in for murder hij zit gevangen wegens moord ⋆ be in on it van de partij zijn ⋆ be in a secret van een geheim op de hoogte zijn ⋆ you're not in with him je haalt het niet bij hem ⋆ (~ off) afgesloten zijn ⟨elektra/gas/water⟩, niet in orde zijn, verwijderd zijn, niet doorgaan, afgelast zijn, weg zijn, starten, ervandoor gaan/zijn ⋆ he's off hij staat klaar om weg te gaan; hij is weg; hij zit op zijn stokpaardje; hij slaapt ⋆ when they saw the police, the hooligans were off toen ze de politie zagen, namen de herrieschoppers gauw de benen ⋆ I'm off smoking ik rook niet meer ⋆ his guess was far off hij sloeg de plank helemaal mis ⋆ how far off is it? hoe ver is het? ⋆ the meat is a bit off het vlees is niet helemaal fris ⋆ he's off his head hij is de kluts kwijt ⋆ the gas is off het gas is afgesloten ⋆ how are you off for money? hoeveel geld heb je nog? ⋆ be badly off er slecht voorstaan ⋆ they are well off ze zitten er warmpjes bij ⋆ they are well off for ze zijn goed voorzien van ⋆ (~ on) tipsy zijn, aan/op zijn ⟨v. kledingstuk⟩, doorgaan, in behandeling zijn, bezig zijn, aan de gang zijn, aan de beurt zijn, meedoen, gevorderd zijn ⋆ the light is still on het licht is nog aan ⋆ the kettle is on het water staat op ⋆ what's on? wat is er aan de hand? ⋆ what's on at the cinema? welke film draait er? ⋆ there's a heavy sea on er staat een zware zee ⋆ the drinks are on me ik trakteer ⋆ are you on? doe je mee? ⋆ he's on the staff hij hoort bij de staf ⋆ ⟨inf.⟩ that just isn't on daar is geen sprake van ⋆ the work is well on het werk schiet goed op ⋆ he is well on in his sixties hij is ver over de zestig ⋆ be on to s.o. iem. door hebben ⋆ what's he on about? waar heeft hij het over? ⋆ he's always on at/to me hij heeft altijd wat op me aan te merken ⋆ (~ out) gepubliceerd zijn, (er)buiten/eruit zijn, om/weg zijn, in staking zijn, werkloos zijn, uitgeknobbeld zijn ⋆ you are put te zit er vernaast ⋆ I am ten guilders out ik kom 10 gulden tekort ⋆ he is out in A hij zit helemaal in A

⋆ the results are out de resultaten zijn bekendgemaakt ⋆ Labour is out Labour is niet (meer) aan de macht ⋆ my arm is out mijn arm is uit de kom ⋆ the girl is out het meisje heeft haar debuut gemaakt ⋆ he is out and about hij is weer hersteld ⋆ the invitations are out de uitnodigingen zijn verzonden ⋆ the book will be out in March het boek zal in maart verschijnen ⋆ the teachers are out de leraren staken ⋆ the river is out de rivier is buiten haar oevers getreden ⋆ hot pants are out hot pants zijn uit de mode ⋆ the secret is out het geheim is uitgelekt ⋆ driving home was out naar huis rijden was uitgesloten ⋆ the stars are out de sterren staan aan de hemel ⋆ the tide is out het is eb ⋆ be out with a person ruzie hebben met iem. ⋆ be out of work zonder werk zijn ⋆ they are out for blood ze willen bloed zien ⋆ I'm all out for his plan ik voel er alles voor ⋆ this book is always out dit boek is altijd uitgeleend ⋆ he's out for himself hij heeft zijn eigen voordeel op het oog ⋆ (~ over) over/uit/voorbij zijn, op bezoek zijn, overschieten ⋆ that's over and done with dat is helemaal voorbij ⋆ (~ through) het niet meer zien zitten, klaar zijn, er doorheen zijn ⋆ (~ up) hoger/gestegen zijn, op/wakker zijn, op/over/voorbij zijn, aan de gang/hand zijn, ter discussie staan ⋆ petrol is up again de benzine is weer duurder ⋆ his blood is up zijn bloed kookt ⋆ the road is up de weg is opengebroken ⋆ his spirit was up hij was opgewekt ⋆ be full up geheel bezet/uitverkocht zijn ⋆ the game is up het spel is voorbij ⋆ the House is up het Parlement is met reces ⋆ what's up with him? wat is er met hem aan de hand? ⋆ Mr. X is up meneer X is aan het woord ⋆ be up in arms onder de wapenen zijn ⋆ her name was up ze ging over de tong ⋆ she's up for election zij stelt zich kandidaat ⋆ be up to s.th. iets in zijn schild voeren ⋆ I'm up to his tricks ik doorzie zijn streken ⋆ she's up to anything ze is voor alles te vinden ⋆ it's up to you het is aan u ⋆ be well up in goed op de hoogte zijn van ⋆ be up against in conflict komen met; staan tegenover ⋆ be up to a task opgewassen zijn tegen een taak ⋆ be up and about in de wee zijn; op de been zijn **II** [kww] onregelmatig ● zijn ● bestaan ● worden ● liggen, staan ● as happy as can be zo blij als maar kan ● be onto s.th. iets op het spoor zijn ● be that as it may hoe dan ook ● don't be long! blijf niet lang weg! ● he is to send it hij moet het zenden ● he was about to leave hij stond op het punt te vertrekken ● he was to send it hij zou het zenden ● how are you? hoe maakt u het? ⋆ how is it that ... hoe komt het dat ... ⋆ how much are these books? wat kosten deze boeken? ⋆ it was a long time before ... het duurde lang voordat ... ⋆ the bride to be de aanstaande bruid

beach /bi:tʃ/ **I** [ov ww] op het strand zetten ⋆ ~ed whale gestrande walvis **II** [znw] strand ⋆ on the ~ aan lager wal

beach-ball [znw] strandbal

beachcomber /'bi:tʃkəumə/ [znw] strandjutter

beach-head /'bi:tʃhed/ [znw] veroverde kuststrook als uitgangspunt, voet aan de grond

beacon /'bi:kən/ **I** [ov ww] verlichten, bebakenen **II** [znw] (vuur)baken, vuurtoren ⋆ (Belisha) ~ knipperbol ⋆ radio ~ radiobaken

bead /bi:d/ **I** [ov ww] van kralen voorzien, rijgen **II** [znw] ● vizierkorrel ● kraal ● parel ⟨v. zweet⟩ ⋆ beading/beadwork met kralen versierd handwerk; kraal ⟨lijstwerk⟩ ⋆ say one's beads rozenkrans bidden

beadle /'bi:dl/ [znw] bode, pedel

beadledom /'bi:dldəm/ [znw] domme bemoeizucht

beady /'bi:dɪ/ [bnw] • kraalvormig • parelend ★ ~ eyes kraaloogjes

beagle /'bi:gl/ I [on ww] met brakken jagen II [znw] • beagle, brak (speurhond) • speurder

beak /bi:k/ [znw] • scherpe snavel • tuit • ⟨sl.⟩ neus • ⟨sl.⟩ magistraat

beaker /'bi:kər/ [znw] • beker(glas) • ⟨vero.⟩ drinkbeker

be-all [znw] essentie ★ the ~ and end-all alles; het enige (doel)

beam /bi:m/ I [ov + on ww] • stralen • uitzenden (op tv) • glunderen II [znw] • balk • drijfstang • grootste breedte v. schip • straal • stralenbundel • radiosignaal • ⟨scheepv.⟩ dekbalk ★ be off beam ernaast zitten ★ broad in the beam log gebouwd ⟨v. schip⟩; zwaar in de heupen ★ on one's beam-ends aan het eind van zijn Latijn

beam-wind [znw] zijwind

beamy /'bi:mɪ/ [bnw] • zwaar, lang en breed, log • stralend

bean /bi:n/ [znw] boon ★ bean sprouts taugé ★ beans duiten • full of beans in een opgewekte stemming ★ not have a bean platzak zijn ★ spill the beans het geheim verklappen

bear /beə/ I [ov ww] • (ver)dragen • dulden • uitstaan • opbrengen • baren ★ bear a hand helpen ★ bear in mind bedenken ★ bear oneself well z. goed gedragen/houden ★ bear witness getuigen ★ bring to bear toepassen; laten gelden ★ he brought his influence to bear hij liet zijn invloed gelden • (~ (up)on) betrekking hebben op • (~ down (up)on) afkomen op • (~ out) bevestigen • (~ up against) het hoofd bieden aan • (~ with) geduld hebben met II [on ww] speculeren à la baisse ★ bear back! achteruit! III [znw] • beer • baissier (op beurs) ★ bear hug houdgreep; stevige omhelzing

bearable /'beərəbl/ [bnw] te (ver)dragen

beard /bɪəd/ I [ov ww] tarten II [znw] baard

bearded /'bɪədɪd/ [bnw] • met een baard • met een weerhaak • met een staart (komeet)

beardless /'bɪədləs/ [bnw] baardeloos

bearer /'beərə/ [znw] • toonder • brenger • stut • drager • houder

bearing /'beərɪŋ/ [znw] • gedrag, houding • verband • invloed

bearings /'beərɪŋz/ [mv] • ⟨techn.⟩ lager • richting • oriëntatie ★ get one's ~ z. oriënteren ★ take ~ bestek opmaken

bearish /'beərɪʃ/ [bnw] • lomp • nors • dalend ⟨v. effectenbeurs⟩, pessimistisch

bearskin /'beəskɪn/ [znw] • berenhuid • berenmuts • ruige wollen stof

beast /bi:st/ [znw] • viervoeter • beest ★ ~ of burden lastdier

beastly /'bi:stlɪ/ [bnw] • beestachtig • gemeen ★ ~ weather hondenweer

beat /bi:t/ I [ov + on ww] • (ver)slaan • klutsen • kloppen • smeden ★ beat a retreat haastig terugtrekken ★ beat about the bush er omheen draaien ★ beat down the price de prijs drukken ★ beat it! donder op! ★ beat one's brains out zich de hersens afpijnigen ★ beat s.o. to it iem. te snel af zijn ★ beat time de maat slaan ★ can you beat that? heb je het ooit zo zout gegeten? ★ dead beat doodop ★ the sun beat down upon us de zon scheen meedogenloos ★ this beats everything dat is het toppunt ★ this beats me dat snap ik niet • (~ about/up) laveren • (~ up) opjagen, optrommelen, afranselen II [on ww] • (~ off)

afslaan, afweren • (~ out) uitslaan ⟨v. vuur⟩, uitdeuken, trommelen ⟨v. melodie⟩ III [znw] • slag, tik • maat ⟨slag⟩ • beatmuziek • ronde ⟨v.d. politie⟩ • wijk • (jacht)terrein ★ the Mersey beat beatmuziek uit Liverpool ★ the beat generation de jeugd uit de jaren zestig

beaten /'bi:tn/ [bnw] • verslagen • gedreven ⟨v. goud⟩ • off the ~ track ongewoon

beater /'bi:tə/ [znw] drijver ⟨bij jacht⟩

beating /'bi:tɪŋ/ [znw] pak slaag ★ that would take some ~ dat is moeilijk te overtreffen

beatitude /bi:'ætɪtju:d/ [znw] zaligheid ★ the Beatitudes de Acht Zaligheden

beau /bəʊ/ [znw] • fat • galant

beautician /bju:'tɪʃən/ [znw] schoonheidsspecialist

beautiful /'bju:tɪfʊl/ [bnw] mooi

beautify /'bju:tɪfaɪ/ [ov ww] verfraaien

beauty /bju:tɪ/ [znw] schoonheid ★ ~ contest schoonheidswedstrijd ★ ~ is only skin deep schoonheid is maar uiterlijk ★ ~ parlour schoonheidssalon ★ ~ queen schoonheidskoningin ★ ~ sleep schoonheidsslaapje ★ ~ spot moesje; mooi plekje

beaux /bəʊz/ [mv] → beau

beaver /'bi:və/ I [on ww] ★ ~ away at s.th. ergens hard aan werken II [znw] • bever • hoed v. bevervilt • vizier

bebop /'bi:bop/ [znw] bebop, jazzstijl ⟨ca. 1940-'50⟩

becalm /bɪ'kɑ:m/ [ov ww] ★ be ~ed door windstilte overvallen worden ⟨v. boot of schip⟩

became /bɪ'keɪm/ verl. tijd → become

because /bɪ'kɒz/ [bijw] omdat ★ ~ of wegens

beck /bek/ [znw] • wenk, knik • beek ★ be at a p.'s beck and call klaar staan voor iem.

beckon /'bekən/ [ov ww] wenken

become /bɪ'kʌm/ I [ov ww] goed staan II [kww] worden

becoming /bɪ'kʌmɪŋ/ [bnw] • betamelijk • flatterend

bed /bed/ I [ov ww] • (~ down) een slaapplaats geven, naar bed brengen II [on ww] • (~ down) naar bed gaan, gaan slapen III [znw] • bed • leger ⟨v. dier⟩ • bedding • (onder)laag ★ a bed of roses rozengeur en maneschijn ★ bed and breakfast overnachting met ontbijt ★ ⟨AD⟩ divorce from bed and board scheiding van tafel en bed ★ ⟨inf.⟩ get out of bed on the wrong side met het verkeerde been uit bed stappen ★ ⟨inf.⟩ go to bed with s.o. met iem. naar bed gaan ★ make the bed het bed opmaken ★ sea/river bed bedding van zee/rivier ★ take to one's bed ziek worden ★ you made your bed, now you must lie in it wie zijn billen brandt, moet op de blaren zitten

bedaub /bɪ'dɔ:b/ [ov ww] • bekladden • opdirken

bedazzle /bɪ'dæzəl/ [ov ww] verblinden

bedbug /'bedbʌg/ [znw] wandluis

bedclothes /'bedkləʊðz/ [mv] beddengoed

bedding /'bedɪŋ/ [znw] • beddengoed • onderlaag ★ ~ plants tuinplanten

bedeck /bɪ'dek/ [ov ww] (op)tooien, versieren

bedevil /bɪ'devəl/ [ov ww] • mishandelen • uitschelden • beheksen • bederven • in de war brengen

bedevilment /bɪ'devɪlmənt/ [znw] • bezetenheid • verwarring

bedfellow /'bedfeləʊ/ [znw] • bedgeno(o)t(e) • kameraad

bedlam /'bedləm/ [znw] gekkenhuis ⟨ook fig.⟩

bedraggle /bɪ'drægl/ [ov + on ww] bemodderen en verregenen

bedraggled /bɪ'drægld/ [bnw] sjofel

bedridden /'bedrɪdn/ [bnw] bedlegerig

B

B

bedrock /'bedrok/ [znw] • vast gesteente • grondslag • voornaamste punt ∗ ~ prices allerlaagste prijs ∗ ~ principles vaste grondbeginselen

bedroom /'bedru:m/ [znw] slaapkamer

bedside /'bedsaɪd/ [znw] ∗ ~ manner gedrag van dokter t.o.v. patiënten

bedsitter /bed'sɪtə/ [znw] zitslaapkamer

bedspread /'bedspred/ [znw] sprei

bedstead /'bedsted/ [znw] ledikant

bedtime /'bedtaɪm/ [znw] bedtijd

bee /bi:/ [znw] bij ∗ busy bee nijver persoon ∗ have a bee in one's bonnet op een bepaald punt gek zijn

beech /bi:tʃ/ [znw] beuk

beef /bi:f/ I [ov ww] ∗ (~ up) ⟨sl.⟩ versterken, opvoeren, opkalefateren II [on ww] ∗ ⟨inf.⟩ beef about s.th. ergens over klagen III [znw] • rundvlees • spierkracht ∗ salt beef warm pekelvlees

Beefeaters /'bi:fi:təz/ [mv] wacht bij de Tower of London

beefsteak /'bi:fsterk/ [znw] runderlapje, biefstuk

beeftea /bi:'fti:/ [znw] bouillon

beefy /'bi:fɪ/ [bnw] stevig, gespierd

beehive /'bi:haɪv/ [znw] bijenkorf

beekeeper /'bi:ki:pə/ [znw] imker

beeline /'bi:laɪn/ [znw] rechte lijn ∗ make a ~ for/to regelrecht afgaan op

been /bi:n/ volt. deelw. → be

beep /bi:p/ I [on ww] • toeteren • piepen II [znw] • getoeter • pieptoon, piep(je)

beer /bɪə/ [znw] bier ∗ life is not all beer and skittles het leven is niet alleen maar lol ∗ no small beer behoorlijk wat ∗ small beer dun bier; gebeuzel

beery /'bɪərɪ/ [bnw] beneveld

beeswax /'bi:zwæks/ I [ov ww] boenen II [znw] boenwas

beet /bi:t/ [znw] biet, kroot

beetle /'bi:tl/ I [ov ww] • stampen • uitsteken II [on ww] ∗ (~ off) ⟨sl.⟩ zich uit de voeten maken III [znw] • tor • stamper • heiblok

beetroot /'bi:tru:t/ [znw] beetwortel

befall /bɪ'fɔ:l/ I [ov ww] overkomen, gebeuren met II [on ww] voorvallen, gebeuren

befit /bɪ'fɪt/ [ov ww] betamen

befitting /bɪ'fɪtɪŋ/ [bnw] passend

befog /bɪ'fog/ [ov ww] • in de war brengen • in mist hullen

before /bɪ'fɔ:/ [vz] • voor • tevoren • voordat ∗ ~ long weldra ∗ he was old ~ his time hij was vroeg oud ∗ it vanished ~ my very eyes het verdween onder mijn neus vandaan ∗ not ~ time geen moment te vroeg

beforehand /bɪ'fɔ:hænd/ [bijw] vantevoren

befriend /bɪ'frend/ [ov ww] een vriend zijn voor

beg /beg/ [ov + on ww] bedelen, smeken ∗ I beg to differ ik ben het er niet mee eens ∗ I beg your pardon pardon; wat zegt u? ∗ beg the question ontwijkend antwoorden; iets als bewezen veronderstellen ∗ going begging uit bedelen gaan; ongewild zijn ∗ there's one last piece of cake going begging, if anyone wants it er is nog een plakje cake over, voor wie wil ∗ (~ for) verzoeken om ∗ (~ off) ⟨z.⟩ verontschuldigen voor het niet nakomen van plicht of afspraak

began /bɪ'gæn/ verl. tijd → begin

beget /bɪ'get/ [ov ww] • verwekken, voortbrengen • veroorzaken

beggar /'begə/ I [ov ww] tot bedelstaf brengen ∗ his ignorance ~s description zijn domheid is niet te beschrijven II [znw] • bedelaar • (arme)

kerel • schooier(tje) ∗ ~s can't be choosers je mag een gegeven paard niet in de bek zien ∗ impudent ~ brutale vlegel

beggarly /'begəlɪ/ [bnw] armoedig, armzalig

begin /bɪ'gɪn/ [ov + on ww] beginnen ∗ I couldn't (even) ~ to understand her ik begreep haar absoluut niet ∗ to ~ with ten eerste; in het begin

beginner /bɪ'gɪnə/ [znw] beginneling

beginning /bɪ'gɪnɪŋ/ [znw] oorsprong, begin ∗ in the ~ was the Word ... in den beginne was er het Woord ...

begot /bɪ'got/ verl. tijd → beget

begotten /bɪ'gotn/ volt. deelw. → beget

begrudge /bɪ'grʌdʒ/ [ov ww] misgunnen

beguile /bɪ'gaɪl/ [ov ww] • bekoren • bedriegen ∗ a beguiling smile een verlokkende glimlach ∗ ~ into verlokken tot ∗ ~ the time de tijd verdrijven

beguiling /bɪ'gaɪlɪŋ/ [bnw] verleidelijk, bekoorlijk

beguine [znw] • /begi:n/ begijn • /bɪ'gi:n/ beguine

begum /'beɪgəm/ [znw] Indiase vorstin of voorname dame

begun /bɪ'gʌn/ volt. deelw. → begin

behalf /bɪ'ha:f/ [znw] ∗ acting on s.o.'s ~ namens iem. handelen ∗ ⟨AE⟩ in ~ of ten behoeve van ∗ in that ~ in dat opzicht ∗ on ~ of namens

behave /bɪ'heɪv/ [on ww] z. gedragen ∗ ~ (yourself)! gedraag je fatsoenlijk!

behaviour /bɪ'heɪvjə/ [znw] • gedrag • werking ∗ be on your best ~ gedraag je netjes

behead /bɪ'hed/ [ov ww] onthoofden

beheld /bɪ'held/ verl. tijd + volt. deelw. → behold

behind /bɪ'haɪnd/ I [znw] achterste II [vz] • achter • ten achter • na ∗ ~ the scenes achter de schermen ∗ ~ the times ouderwets ∗ leave ~ achterlaten; vergeten mee te nemen ∗ she got so ~(hand) with her work that she had to put in overtime ze raakte zo ver achter met haar werk dat ze moest overwerken ∗ the teacher asked him to stay ~ de leraar vroeg hem om te blijven na de les ∗ we're right ~ you we staan pal achter je

behindhand /bɪ'haɪndhænd/ [bnw + bijw] ∗ te traag, te laat ∗ achter(op)

behold /bɪ'həʊld/ [ov ww] waarnemen, zien ∗ ~en to verplicht aan ∗ ⟨scherts⟩ lo and ~, there it was! en zie, daar was het!

beholder /bɪ'həʊldə/ [znw] aanschouwer

being /'bi:ɪŋ/ I [ww] ∗ all things ~ equal onder overigens gelijke omstandigheden ∗ for the time ~ voorlopig tegenw. deelw. → be II [znw] bestaan, wezen ∗ come into ~ ontstaan

belabour /bɪ'leɪbə/ [ov ww] • ervan langs geven • te uitvoerig behandelen

belated /bɪ'leɪtɪd/ [bnw] • door de duisternis overvallen • te laat, erg laat ∗ ~ birthday greetings felicitaties als verjaardag al voorbij is ∗ ~ welcome welkomst achteraf

belay /bɪ'leɪ/ [ov ww] vastsjorren

belch /beltʃ/ I [ov + on ww] boeren ∗ ~ forth smoke rook uitbraken II [znw] boer

beldam(e) /'beldəm/ [znw] oude vrouw, heks

beleaguer /bɪ'li:gə/ [ov ww] belegeren

belfry /'belfrɪ/ [znw] klokkentoren

Belgian /'beldʒən/ I [znw] Belg II [bnw] Belgisch

Belgium /'beldʒəm/ [znw] België

belie /bɪ'laɪ/ [ov ww] verloochenen

belief /bɪ'li:f/ [znw] geloof

believable /bɪ'li:vəbl/ [bnw] geloofwaardig

believe /bɪ'li:v/ [ov + on ww] geloven ∗ ~ (you) me geloof me ∗ ~ it or not of je het geloof of niet ∗ make ~ doen alsof; wijs maken ∗ she couldn't ~ her eyes/ears ze kon haar ogen/oren niet geloven

believer /bɪ'li:və/ [znw] • gelovige • aanhanger

belittle/bɪ'lɪtl/ [ov ww] • verkleinen • kleineren
bell/bel/ I [ov ww] de bel aanbinden II [on ww] brullen ‹v. mannetjeshert› III [znw] • bel • klok ∗ answer the bell ‹de deur› opendoen ∗ does that ring a bell? zegt je dat misschien iets? ∗ ‹inf.› give s.o. a bell iem. even opbellen ∗ ring the bell bellen op het bal
belle/bel/ [znw] schoonheid ∗ the ~ of the ball de mooiste op het bal
bell-founder[znw] klokkengieter, klokkengieterij
bellicose/'belɪkəʊz/ [bnw] • agressief • oorlogszuchtig
belligerency/bə'lɪdʒərənsɪ/ [znw] • status v. oorlogvoerende • agressiviteit
belligerent/bə'lɪdʒərənt/ I [znw] oorlogvoerende partij II [bnw] • agressief • oorlogvoerend
bellman/'belman/ [znw] omroeper
bellow/'beləʊ/ I [ov + on ww] loeien, brullen II [znw] gebrul
bellows/'beləʊz/ [mv] ∗ (a pair of) ~ (blaas)balg
bell-push[znw] belknop
bell-wether[znw] belhamel
belly/'belɪ/ I [ov + on ww] bol (laten) staan II [znw] • buik • schoot
bellyache/'belreɪk/ [znw] buikpijn
belly-button/'belɪ bʌtn/ [znw] navel
belly-dancer[znw] buikdanseres
belly-laugh[znw] daverende lach
belong/bɪ'lɒŋ/ [on ww] horen bij iets ∗ he does not quite ~ hij hoort er eigenlijk niet bij ∗ (~ to) behoren aan/tot
belongings/bɪ'lɒŋɪŋz/ [mv] • eigendom • bagage
beloved/bɪ'lʌvɪd/ I [znw] geliefde II [bnw] geliefd
below/bɪ'ləʊ/ [vz] onder, (naar) beneden ∗ ~ ground onder de grond ∗ ~ par niet in orde ∗ go ~ het dek verlaten ∗ it's three degrees ~ zero het is drie graden onder nul
belt/belt/ I [ov ww] • aangorden • ringen • afranselen ∗ belt out a song een lied brullen ∗ (~ up) omgorden II [on ww] racen ∗ she belted down the stairs ze kwam de trap afstormen ∗ we were belting down the motorway at 80 mph we scheurden de snelweg af met 130 kilometer per uur ∗ (~ up) zijn veiligheidsriem omdoen ∗ ‹inf.› belt up! hou je kop! III [znw] • gordel, riem • zone • opdonder • stickie • roes ∗ belt railway ceintuurbaan ∗ black belt zwarte band ‹bij judo› ∗ have s.th. under o.'s belt iets achter de kiezen hebben; iets ervaren hebben ∗ hit below the belt op oneerlijke manier (be)vechten ‹ook fig.› ∗ tighten o.'s belt zuiniger gaan leven
belvedere/'belvɪdɪə/ [znw] uitzichttoren
bemire/bɪ'maɪə/ [ov ww] met modder bedekken/bespatten
bemoan/bɪ'məʊn/ [ov ww] bejammeren ∗ ~ o.'s fate z'n lot beklagen
bemuse/bɪ'mju:z/ [ov ww] • benevelen • verbijsteren
bemused/bɪ'mju:zd/ [bnw] • verbijsterd • verstrooid
bench/bentʃ/ I [ov ww] tentoonstellen ‹honden› II [znw] • bank • zetel • rechtbank • werkbank ∗ Queen's/King's Bench Division afdeling v.h. hooggerechtshof ∗ ~ and bar rechters en balie ∗ serve/sit on the ~ rechter zijn ∗ the government/opposition ~es leden v.d. regeringsfractie/oppositie
benchmark/'bentʃmɑːk/ [znw] • vast punt • criterium
bend/bend/ I [ov + on ww] • (zich) buigen • spannen • richten ∗ bend over backwards (to do s.th.) z. tot het uiterste inspannen (te doen) ∗ bend the rules het niet zo nauw nemen

met de regels ∗ bend the twig and bend the tree jong geleerd, oud gedaan ∗ bent double kromgebogen II [znw] • bocht, buiging • ‹scheepv.› knoop ‹her.› balk ∗ drive a p. round the bend iem. stapelgek maken; iem. over zijn toeren jagen
bended/'bendɪd/ [bnw] gebogen ∗ on ~ knees op de knieën
bender/'bendə/ [znw] ∗ ‹inf.› go on a ~ het op een zuipen zetten
beneath/bɪ'ni:θ/ [vz] onder, beneden ∗ ~ contempt minderwaardig ∗ ~ o.'s dignity beneden z'n waardigheid
benediction/benɪ'dɪkʃən/ [znw] • zegen • lof ‹r.-k.›
benefaction/benɪ'fækʃən/ [znw] • goede daad • schenking • liefdadigheid
benefactor/'benɪfæktə/ [znw] weldoener
benefactress/'benɪfæktres/ [znw] weldoenster
benefice/'benɪfɪs/ [znw] • leengoed • predikantsplaats
beneficent/bɪ'nefɪsənt/ [bnw] liefdadig
beneficial/benɪ'fɪʃəl/ [bnw] heilzaam
beneficiary/benɪ'fɪʃərɪ/ I [znw] • vazal • predikant • begunstigde ∗ his wife was named as the main ~ in his will zijn vrouw werd in z'n testament als de voornaamste erfgenaam genoemd II [bnw] leenroerig
benefit/'benɪfɪt/ I [ov + on ww] baten • (~ by) voordeel trekken uit II [znw] • voordeel, baat • toelage • uitkering ∗ be on the ~ bijstand trekken ∗ confer a ~ on een weldaad bewijzen aan ∗ for the ~ of s.o. ten bate van iem. ∗ give s.o. the ~ of the doubt iem. het voordeel van de twijfel gunnen ∗ supplementary/unemployment ~ aanvullende/werkloosheidsuitkering
benevolence/bə'nevələns/ [znw] • gift • welwillendheid • vriendelijkheid • weldadigheid
benevolent/bə'nevələnt/ [bnw] • welwillend • weldadig ∗ ~ fund ondersteuningsfonds
benighted/bɪ'naɪtɪd/ [bnw] • onwetend • achterlijk ‹vero.› door de nacht overvallen
benign/bɪ'naɪn/ [bnw] • vriendelijk • heilzaam • goedaardig ‹v. ziekte› ∗ ~ despot verlicht despoot ∗ ~ tumour goedaardig gezwel
benignant/bɪ'nɪgnənt/ [bnw] • minzaam • heilzaam
bent/bent/ I [ww] verl. tijd + volt. deelw. ∗ be bent upon one's work ingespannen bezig zijn ∗ bent (up)on vastbesloten om; geneigd tot → **bend** II [znw] • zegge • helm (gras) • heide • veld • neiging • voorliefde ∗ have a bent for s.th. ergens aanleg voor hebben
benumb/bɪ'nʌm/ [ov ww] verstijven, verkleumen
Benzedrine/'benzɪdri:n/ [znw] • opwekkend middel • peppil
benzene/'benzi:n/ [znw] benzeen
benzine/'benzi:n/ [znw] wasbenzine
bequeath/bɪ'kwi:ð/ [ov ww] nalaten, vermaken
bequest/bɪ'kwest/ [znw] legaat
berate/bɪ'reɪt/ [ov ww] • hekelen • uitschelden • uitvaren tegen
bereave/bɪ'ri:v/ [ov ww] beroven ‹fig.› ∗ the ~d parents de diepgetroffen ouders
bereavement/bɪ'ri:vmənt/ [znw] • verlies • sterfgeval ∗ ~ counselling psychiatrische hulp voor nabestaanden
bereft/bɪ'reft/ I [ww] verl. tijd + volt. deelw. → **bereave** II [bnw] beroofd ‹fig.› ∗ ~ of hope van iedere hoop verstoken
beret/'bereɪ/ [znw] alpinomuts
Berlin/bɜː'lɪn/ [znw] Berlijn ∗ ~ black zwart vernis

B

∗ ~ blue *Pruisisch blauw* ∗ ~ -*glove gebreide handschoen* ∗ ~ -*work borduurwerk*

Bermudas/bə'mju:dəz/ [mv] *korte broek*

berry/'berɪ/ **I** [on ww] ● *bessen vormen* ● *bessen plukken* **II** [znw] ● *bes* ● *ei* (v. vis of kreeft) ● *graankorrel* ● (AE) *dollar*

berserk/bə'sɜːk/ [bnw] ∗ *go* ~ *woest worden*

berth/bɜːθ/ **I** [ov ww] ● *meren* ● *slaapplaats of baantje bezorgen* **II** [znw] ● *kooi* ● *couchette* ● *ankerplaats* ● *betrekking* ∗ *give s.o. a wide* ~ *iem. uit de weg gaan*

beseech/bɪ'si:tʃ/ [ov ww] (*af)smeken*

beseeming/bɪ'si:mɪŋ/ [bnw] *betamelijk*

beset/bɪ'set/ [ov ww] ● *omringen* ● *blokkeren* (v. weg) ● *aanvallen* ∗ ~ *with problems met problemen overladen* ∗ ~ *ting dangers steeds terugkerende gevaren*

beside/bɪ'saɪd/ [vz] *naast* ∗ ~ *oneself buiten zichzelf* ∗ *this is* ~ *the point dat heeft er niets mee te maken*

besides/bɪ'saɪdz/ [vz] *benevens, bovendien*

besiege/bɪ'si:dʒ/ [ov ww] ● *belegeren* ● *overstelpen*

besmear/bɪ'smɪə/ [ov ww] ● *besmeuren, bekladden* ● *belasteren*

besmirch/bɪ'smɜːtʃ/ [ov ww] *bevuilen*

besom/'bi:zəm/ **I** [ov ww] *vegen* **II** [znw] *bezem*

besought/bɪ'sɔːt/ *verl. tijd + volt. deelw.* → **beseech**

bespatter/bɪ'spætə/ [ov ww] *bespatten, bekladden*

bespeak/bɪ'spi:k/ [ov ww] *getuigen van*

bespectacled/bɪ'spektəkld/ [bnw] *met bril*

bespoke/bɪ'spəʊk/ [bnw] *op maat gemaakt* (v. kleren) ∗ ~ *tailor maatkleermaker*

besprinkle/bɪ'sprɪŋkl/ [ov ww] *besprenkelen*

best/best/ **I** [bnw + bijw] *best(e)* ∗ *Sunday best zondagse kleren* ∗ *at best op zijn best; hoogstens* ∗ *get the best of s.o. iem. te slim af zijn* ∗ *he can shoot with the best the best hij is een prima jager* ∗ *he had best leave hij kan beter weggaan* ∗ *hope for the best het beste er van hopen* ∗ *it is all for the best het is het beste zo* ∗ *make the best of a bad job het beste ervan proberen te maken* ∗ *make the best of it het beste ervan maken* ∗ *the best part het beste deel* ∗ *to the best of my ability zo goed ik kan* ∗ *we'll manage as best we can we zullen er het beste van maken* **II** [ov ww] ● *overtreffen* ● *te slim af zijn*

bestial/'bestɪəl/ [bnw] *beestachtig*

bestiality/bestɪ'ælətɪ/ [znw] *beestachtigheid*

bestiary/'bestɪərɪ/ [znw] *middeleeuws dierenboek*

bestir/bɪ'stɜː/ [ov ww] ∗ ~ *o.s. z. reppen; z. beijveren*

bestow/bɪ'stəʊ/ [ov ww] ∗ (~ **upon**) *schenken aan*

bestowal/bɪ'stəʊəl/ [znw] ● *schenking* ● *plaatsing*

bestride/bɪ'straɪd/ [ov ww] *schrijlings (gaan) staan over/zitten op*

best-seller/best'selə/ [znw] *goed verkopend boek, populaire roman*

bet/bet/ **I** [ov + on ww]¹ *(...er)wedden* ∗ *I wouldn't bet on it! ik zou er .naar niet op rekenen!* ∗ *do you want to bet? wed.den van niet?* ∗ *you bet! nou en of!* **II** [znw] ● *in: :t weddenschap* ∗ *a good/safe bet een veilige we.ddenschap/belegging* ∗ *hedging one's bet z'n risico spreiden* ∗ *make a bet een weddenschap aangaan* ∗ *one's best bet z'n beste kans*

betimes/bɪ'taɪmz/ [bijw] *vroeg, tijdig*

betray/bɪ'treɪ/ [ov ww] ● *verraden* ● *bedriegen, verleiden*

betrayal/bɪ'treɪəl/ [znw] *verraad*

betrayer/bɪ'treɪə/ [znw] *verrader*

betroth/bɪ'trəʊð/ [ov ww] *verloven*

betrothal/bɪ'trəʊðəl/ [znw] *verloving*

betrothed/bɪ'trəʊðd/ [znw] *verloofde*

better/'betə/ **I** [ov ww] ● *verbeteren* ● *overtreffen* ∗ ~ *o.s. zijn positie verbeteren* **II** [bnw] *beter* ∗ *all the* ~ *des te beter/meer* ∗ (scherts) ~ *half wederhelft* ∗ ~ *-off beter af change for the* ~ *verbetering* ∗ *for* ~ *or worse in voorspoed en tegenspoed* ∗ *get the* ~ *of de baas worden; te slim af zijn* ∗ *go one* ~ *overtreffen* ∗ *the* ~ *(of the two) de beste (van de twee)* ∗ *the* ~ *part het grootste deel* ∗ *the sooner/more, the* ~ *hoe sneller/meer, hoe beter* ∗ *think* ~ *of z. bedenken* ∗ *you had* ~ *go je moest maar liever gaan* ∗ *you'd* ~ *! dat is je geraden!* ∗ *your* ~*s je meerderen*

betterment/'betəmənt/ [znw] *verbetering*

between/bɪ'twi:n/ [vz] *tussen* ∗ ~ *ourselves tussen ons* ∗ ~ *them samen; gezamenlijk; onderling* ∗ ~ *whiles zo nu en dan; tussen de bedrijven door* ∗ *few and far* ~ *zeldzaam* ∗ *in* ~ *tussenin*

bevel/'bevəl/ **I** [ov + on ww] *afschuinen* **II** [znw] ● *zwaaihaak* ● *afschuining* ● *schuine rand*

beverage/'bevərɪdʒ/ [znw] *drank*

bevy/'bevɪ/ [znw] ● *troep* ● *vlucht* (v. vogels)

bewail/bɪ'weɪl/ [ov ww] *bewenen*

beware/bɪ'weə/ [ov + on ww] ∗ ~ *of the dog! pas op voor de hond!*

bewilder/bɪ'wɪldə/ [ov ww] *verbijsteren*

bewildering/bɪ'wɪldərɪŋ/ [bnw] *verbijsterend*

bewilderment/bɪ'wɪldəmənt/ [znw] *verbijstering*

bewitch/bɪ'wɪtʃ/ [ov ww] *betoveren, beheksen*

bewitching/bɪ'wɪtʃɪŋ/ [bnw] *betoverend*

beyond/bɪ'jɒnd/ **I** [znw] *hiernamaals* ∗ *the back of* ~ *diep in het binnenland* **II** [vz] ● *verder dan* ● *aan de andere kant (van)* ● *boven* ● *behalve* ∗ *it was* ~ *him het ging boven zijn begrip*

bi-/baɪ/ [voorv] *bi-, twee-* ● *tweeledig*

biannual/baɪ'ænjʊəl/ [bnw] *halfjaarlijks*

bias/'baɪəs/ **I** [ov ww] ● *scheef knippen* ● *richting of neiging geven aan* ∗ *bias(s)ed bevooroordeeld* **II** [znw] ● *neiging* ● *vooroordeel* ● *voormagnetisatie* ∗ *cut on the bias scheef geknipt*

bib/bɪb/ **I** [on ww] *pimpelen* **II** [znw] *slabbetje, bef(je)* ∗ *best bib and tucker paasbest*

bibacious/bɪ'beɪʃəs/ [bnw] *drankzuchtig*

bibber/'bɪbə/ [znw] *pimpelaar*

bible/'baɪbl/ [znw] *bijbel*

biblical/'bɪblɪkl/ [bnw] *bijbels*

bibliographer/bɪblɪ'ɒgrəfə/ [znw] *bibliograaf*

bibliography/bɪblɪ'ɒgrəfɪ/ [znw] *bibliografie*

bibulous/'bɪbjʊləs/ [bnw] *drankzuchtig*

bicarbonate/baɪ'kɑːbənɪt/ [znw] ∗ ~ (of soda) *dubbelkoolzuurzout; zuiveringszout*

bicentenary, bicentennial/baɪsen'ti:nərɪ/ **I** [znw] *200-jarige gedenkdag* **II** [bnw] *200-jarig*

bicker/'bɪkə/ [on ww] ● *kibbelen* ● *kletteren* (v. regen) ● *kabbelen* ● *flikkeren*

bickering/'bɪkərɪŋ/ [znw] ● *gekibbel* ● *flikkering*

bicycle/'baɪsɪkl/ [znw] *rijwiel*

bid/bɪd/ **I** [ov + on ww] ● *bieden* ● *pogen* ● *bevelen* ● *verzoeken* ● *wensen* ∗ *bid welcome welkom heten* ∗ *it bids fair to be a fine day het belooft een mooie dag te worden* **II** [znw] ● *bod* ● *poging* ● (AE) *uitnodiging* ∗ *make a bid for een poging doen om* ∗ *no bid (ik) pas* (bij bridge)

bidden/'bɪdn/ *volt. deelw.* → **bid**

bidder/'bɪdə/ [znw] *bieder*

bidding/'bɪdɪŋ/ [znw] ∗ *at s.o.'s* ~ *op iemands bevel* ∗ *do s.o.'s* ~ *iem. gehoorzamen*

bide/baɪd/ [ov + on ww] ∗ *bide one's time zijn tijd/kans afwachten*

biennial /baɪˈenɪəl/ [bnw] tweejarig
bier /bɪə/ [znw] lijkbaar
biff /bɪf/ ‹sl.› I [ov ww] een klap geven II [znw] mep
bifocals /baɪˈfəʊklz/ [mv] dubbelfocusbril
bifold /ˈbaɪfəʊld/ [bnw] tweevoudig
bifurcate I [ov + on ww] /ˈbaɪfəkeɪt/ (z.) splitsen
II [bnw] /ˈbaɪˈfɜːkeɪt/ gaffelvormig
bifurcation /baɪfəˈkeɪʃən/ [znw] splitsing
big /bɪg/ [bnw + bijw] • groot • belangrijk • big business de grote zakenwereld • ‹sl.› big deal! nou, nou! • big game groot wild • big mouth opschepper • big name beroemd persoon • big with child zwanger • grow/get too big for one's breeches/boots verwaand worden • in a big way op een grootse manier • talk big opscheppen
bigamy /ˈbɪgəmɪ/ [znw] bigamie
biggish /ˈbɪgɪʃ/ [bnw] nogal dik
bight /baɪt/ [znw] • lus • bocht, baai
bigot /ˈbɪgət/ [znw] • dweper • kwezel
bigoted /ˈbɪgətɪd/ [bnw] dweepziek, onverdraagzaam
bigotry /ˈbɪgətrɪ/ [znw] • dweepzucht • kwezelarij
bigwig /ˈbɪgwɪg/ ‹inf.› [znw] hoge ome, hoge piet
bike /baɪk/ I [on ww] fietsen II [znw] fiets • ‹sl.› on your bike! wegwezen!
bikini /bɪˈkiːnɪ/ [znw] bikini • ~ briefs bikinibroekje
bilateral /baɪˈlætərəl/ [bnw] tweezijdig
bilberry /ˈbɪlbərɪ/ [znw] blauwe bosbes
bile /baɪl/ [znw] gal
bilge /bɪldʒ/ [znw] • buik v. schip of vat • onzin
bilge-water /ˈbɪldʒwɔːtə/ [znw] vuil water in het ruim
bilingual /baɪˈlɪŋgwəl/ [bnw] tweetalig
bilious /ˈbɪljəs/ [bnw] • galachtig • gemelijk
bilk /bɪlk/ [ov ww] • beetnemen • oplichten
• betaling ontduiken • er tussenuit glippen
bill /bɪl/ I [ov ww] • volplakken met biljetten
• aankondigen • bill and coo minnekozen
II [znw] • rekening • wetsontwerp • snoeimes
• document • lijst • snavel • aanplakbiljet • ‹AE›
bankbiljet • Private Member's Bill wetsvoorstel v.
individueel parlementslid • bill broker
wisselmakelaar • bill of exchange wissel • bill of
fare menu • bill of fares tarievenlijst in bus of
tram • bill of indictment akte van beschuldiging
• bill of lading cognossement • bill of sale
koopbrief • clean bill of health verklaring v.
goede gezondheid • fill/fit the bill aan het doel
beantwoorden • foot the bill de rekening betalen
billboard /ˈbɪlbɔːd/ [znw] aanplakbord
billet /ˈbɪlɪt/ I [ov ww] • (~ on) inkwartieren bij
II [znw] • kwartier • bestemming • ‹inf.› baantje
bill-hook [znw] snoeimes
billiard /ˈbɪljəd/ [bnw] biljart- • ~ cue biljartkeu
billiards /ˈbɪljədz/ [mv] biljartspel • play ~
biljarten
billion /ˈbɪljən/ [znw] • biljoen • ‹AE› miljard
billow /ˈbɪləʊ/ I [on ww] golven II [znw] golf
billowy /ˈbɪləʊɪ/ [bnw] golvend
billposter /ˈbɪlpəʊstə/ [znw] (aan)plakker
billy-goat /ˈbɪlɪgəʊt/ [znw] bok
bimonthly /baɪˈmʌnθlɪ/ I [znw] tweemaandelijks tijdschrift II [bnw] tweemaandelijks
bin /bɪn/ [znw] • kist, bak • mand • wijnrek
binary /ˈbaɪnərɪ/ [bnw] • ~ scale tweetallig stelsel
• ~ system dubbelster
bind /baɪnd/ I [ov ww] • binden ‹ook v. saus, beslag›, inbinden, vastbinden, verbinden
• verplichten • bekrachtigen • omboorden • a binding contract een bindend contract • ‹jur.›
bind over to appear verplichten te verschijnen
• ‹jur.› he was bound over to keep the peace hij

werd onder toezicht geplaatst II [on ww] • the snow binds de sneeuw pakt III [znw] • ironing is such a bind strijken is zo vervelend
binder /ˈbaɪndə/ [znw] • (boek)binder • omslag, band • bindmiddel • bint • verbindingssteen
binding /ˈbaɪndɪŋ/ [znw] • (boek)band • boordsel
bine /baɪn/ [znw] rank, loot
binge /bɪndʒ/ [znw] braspartij, drinkgelag, fuif • a chocolate ~ een bui waarin men veel chocolade eet • a shopping ~ een koopvlaag
binoculars /bɪˈnɒkjʊləz/ [mv] verrekijker, veldkijker, toneelkijker
bio- /ˈbaɪəʊ/ [voorv] bio-, biologisch
biochemistry /baɪəʊˈkemɪstrɪ/ [znw] biochemie
biodegradable /baɪəʊdɪˈgreɪdəbl/ [bnw] biologisch afbreekbaar
biographer /baɪˈɒgrəfə/ [znw] biograaf
biographic(al) /baɪəˈgræfɪk(l)/ [bnw] biografisch
biography /baɪˈɒgrəfɪ/ [znw] levensbeschrijving
biological /baɪəˈlɒdʒɪk/ [bnw] biologisch
biologist /baɪˈɒlədʒɪst/ [znw] bioloog
biology /baɪˈɒlədʒɪ/ [znw] biologie
bipartisan /baɪpɑːˈtɪzæn/ [bnw] twee partijen-
bipartite /baɪˈpɑːtaɪt/ [bnw] tweedelig, tweeledig
biped /ˈbaɪped/ [znw] tweevoeter ‹vogel, mens›
biplane /ˈbaɪpleɪn/ [znw] tweedekker
birch /bɜːtʃ/ I [ov ww] met de roede kastijden
II [znw] • roede • berk
bird /bɜːd/ I [on ww] • vogels observeren • vogels vangen • go birding vogelnestjes gaan uithalen
II [znw] • vogel • meisje • vent • a bird in the hand is worth two in the bush één vogel in de hand is beter dan tien in de lucht • a little bird told me, that ... uit anonieme bronnen heb ik vernomen, dat ... • a queer/odd bird rare snijboon • a rare bird bijzonder iem. • bird dog jachthond; speurder • bird of passage trekvogel • bird of prey roofvogel • bird sanctuary vogelreservaat • birds of a feather flock together soort zoekt soort • ‹inf.› get the bird uitgefloten worden • kill two birds with one stone twee vliegen in één klap slaan • the bird has flown de vogel is gevlogen • the early bird catches the worm de morgenstond heeft goud in de mond
birdbanding /ˈbɜːdbændɪŋ/ [znw] ringen van vogels
birdcage /ˈbɜːdkeɪdʒ/ [znw] vogelkooi
birdie /ˈbɜːdɪ/ [znw] • lieveling • ‹inf.› vogeltje • ‹sport› birdie
bird's-eye [znw] • soort tabak • ‹plant.› ereprijs • ~ view of London Londen in vogelvlucht
bird's-foot [znw] • ‹plant.› klaver, wikke • ‹bio.› zeester
bird-watcher [znw] vogelwaarnemer
biretta /bɪˈretə/ [znw] bonnet ‹v. r.-k. priester›
biro ® /ˈbaɪrəʊ/ [znw] balpen
birth /bɜːθ/ [znw] • geboorte • ontstaan • afkomst
• ~ certificate geboorteakte • ~ control geboortebeperking • ~ rate geboortecijfer • by ~ van geboorte • new ~ wedergeboorte
birthday /ˈbɜːθdeɪ/ [znw] verjaardag • ~ honours onderscheidingen op de verjaardag v. de koning(in) • ‹scherts› ~ suit adamskostuum
birthmark /ˈbɜːθmɑːk/ [znw] moedervlek
birthplace /ˈbɜːθpleɪs/ [znw] geboorteplaats
birthright /ˈbɜːθraɪt/ [znw] geboorterecht
birth-sin [znw] erfzonde
biscuit /ˈbɪskɪt/ I [znw] • beschuit, biscuit, koekje • ongeglazuurd porselein • ‹inf.› take the ~ alles overtreffen II [bnw] lichtbruin
bisect /baɪˈsekt/ [ov ww] in tweeën delen
bisector /baɪˈsektə/ [znw] bissectrice

B

B

bisexual/baɪˈsekʃʊəl/ [bnw] biseksueel
bishop/ˈbɪʃəp/ [znw] ● bisschop ● bisschopwijn ● loper (v. schaakspel)
bishopric/ˈbɪʃəprɪk/ [znw] ● bisdom ● ambt v. bisschop
bison/ˈbaɪs(ə)n/ [znw] bizon
bistro/ˈbiːstrəʊ/ [znw] ● bistro ● (kleine) bar
bit/bɪt/ I [ww] o.v.t. → **bite** II [ov ww] bit aandoen, beteugelen III [znw] ● kleinigheid, beetje, stukje ● bit (v. hoofdstel) ● schaafbeitel ● boorijzer ● baard (v. sleutel) ● bek (v. tang) ● (comp.) bit ● (inf.) a bit on the side een buitenechtelijke relatie ★ bit by bit beetje bij beetje ★ do one's bit zijn steentje bijdragen ★ fall to bits aan stukken vallen ★ it's a bit of a problem het is een beetje moeilijk ★ not a bit of it helemaal niet; geen sprake van ★ take the bit between one's teeth op hol slaan (ook fig.) ★ threepenny bit driestuiverstukje ★ wait a bit wacht even
bitch/bɪtʃ/ I [ov + on ww] ● zaniken ● afkraken ● kankeren II [znw] ● teef ● zuurpruim ● wijf, griet, del ● son of a ~ klootzak
bitchy/ˈbɪtʃɪ/ [bnw] kattig, hatelijk, boosaardig
bite/baɪt/ I [ov + on ww] ● bedriegen ● (uit)bijten ● happen ● steken ★ bite off more than one can chew teveel hooi op zijn vork nemen ★ bite one's lips z. verbijten ★ bite s.o.'s head off iem. afsnauwen ★ he is bitten with the bug de rage heeft hem te pakken ★ once bitten, twice shy een ezel stoot zich geen tweemaal aan dezelfde steen ★ the anchor bites het anker pakt ★ the fish are biting today de vissen willen wel vandaag ★ what's biting you? wat is er aan de hand? ● (~ back) inslikken (v. woorden, opmerking) II [znw] ● beet, hap ● greep ● scherpte ★ let's have a quick bite laten we snel even iets eten
biter/ˈbaɪtə/ [znw] ★ the ~ bit de bedrieger bedrogen
bitten/ˈbɪtn/ volt. deelw. → **bite**
bitter/ˈbɪtə/ I [znw] ● bitter bier ● maagbitter ★ gin and ~s bittertje II [bnw] bitter, scherp ★ a ~ blow een zware slag
bittern/ˈbɪtn/ [znw] ● roerdomp ● bitter loog
bitterness/ˈbɪtənəs/ [znw] bitterheid
bitumen/ˈbɪtjʊmɪn/ [znw] asfalt
bituminous/bɪˈtjuːmɪnəs/ [bnw] ★ ~ coal vetkolen
bivalve/ˈbaɪvælv/ I [znw] oester II [bnw] (bio.) tweeschalig
bivouac/ˈbɪvʊæk/ I [on ww] bivakkeren II [znw] bivak
biz/bɪz/ (inf.) → **business**
bizarre/bɪˈzɑː/ [bnw] bizar, grillig
blab/blæb/ I [ov ww] eruit flappen, verklappen II [znw] flapuit
black/blæk/ I [ov ww] ● zwart maken ● poetsen ● (~ out) onleesbaar maken, verduisteren II [on ww] ● (~ out) tijdelijk het bewustzijn verliezen III [znw] ● zwarte, neger ● zwart (kleur of vernis) ● rouwkleding ● brand (in koren) ★ be in the ~ uit de rode cijfers zijn IV [bnw] ● zwart, donker ● vuil ● somber ● gemeen ● (accident) ~ spot gevaarlijk punt (bocht, kruising) waar veel ongelukken gebeuren ★ a ~ mood sombere stemming ★ be in a p.'s ~ books slecht aangeschreven staan bij iem. ★ ~ and blue bont en blauw ★ ~ and tan Manchesterterriër; mengsel van bitter en donker bier ★ ~ art zwarte kunst ★ ~ beetle kakkerlak ● (luchtv.) ~ box zwarte doos ★ ~ eye blauw oog ★ ~ humour wrange humor ★ ~ ice ijzel ★ ~ in the face woedend; met een blauw gezicht (door verstikking) ★ ~ ingratitude grove ondankbaarheid ★ ~ looks een grimmig gezicht ★ ~ magic zwarte magie ★ ~ music negermuziek ★ in ~ and white op papier ★ not be as ~ as one is painted niet zo kwaad zijn als wordt beweerd

Black [bnw] ★ ~ Friar dominicaan ★ ~ Monk benedictijn
blackamoor/ˈblækəmɔː/ (pej.) [znw] moriaan
blackball/ˈblækbɔːl/ [ov ww] deballoteren
blackberry/ˈblækbərɪ/ [znw] braam
blackbird/ˈblækbɜːd/ [znw] merel
blackboard/ˈblækbɔːd/ [znw] schoolbord
blacken/ˈblækən/ [ov + on ww] zwart maken/worden
blackguard/ˈblægɑːd/ [znw] schurk
blackhead/ˈblækhed/ [znw] ● kokmeeuw ● mee-eter
black-hearted/blækˈhɑːtɪd/ [bnw] slecht van aard
blacking/ˈblækɪŋ/ (vero.) [znw] schoensmeer
blackjack/ˈblækdʒæk/ [znw] ● ploertendoder ● eenentwintigen (kaartspel) ● (zwarte) zeerooversvlag
blacklead/ˈblæklɛd/ I [ov ww] potloden II [znw] potlood
blackleg/ˈblækleg/ [znw] ● oplichter ● onderkruiper
blacklist/ˈblæklɪst/ I [ov ww] op de zwarte lijst plaatsen II [znw] zwarte lijst
blackmail/ˈblækmeɪl/ I [ov ww] chanteren II [znw] chantage
blackmailer/ˈblækmeɪlə/ [znw] afperser, chanteur
black-market/blækˈmɑːkɪt/ [znw] zwarte handel
blackout/ˈblækaʊt/ [znw] ● verduistering ● black-out, tijdelijke bewusteloosheid/blindheid
blacksmith/ˈblæksmɪθ/ [znw] smid
blackthorn/ˈblækθɔːn/ [znw] sleedoorn
bladder/ˈblædə/ [znw] ● blaas ● blaaskaak
blade/bleɪd/ [znw] ● halm ● spriet ● lemmet ● scheermesje ● platte scherpe kant v. allerlei werktuigen ● (blad v.) roeispaan ● vrolijke kerel ★ ~ of grass grasspriet
blah, blah-blah/blɑː/ (inf.) [znw] nonsens, gezwets
blame/bleɪm/ I [ov ww] berispen ★ you are to ~ het is uw schuld ★ (~ for) de schuld geven van II [znw] ● berisping ● schuld
blameless/ˈbleɪmləs/ [bnw] onberispelijk
blameworthy/ˈbleɪmwɜːðɪ/ [bnw] afkeurenswaardig
blanch/blɑːntʃ/ [ov + on ww] (doen) verbleken, bleken
blancmange/bləˈmɒndʒ/ [znw] (gelatine)pudding
bland/blænd/ [bnw] ● flauw ● saai ● minzaam ● poeslief
blandish/ˈblændɪʃ/ [ov ww] ● strelen ● vleien
blandishment/ˈblændɪʃmənt/ [znw] ● streling ● vleierij
blandness/ˈblændnəs/ [znw] ● flauwheid ● saaiheid ● minzaamheid
blank/blæŋk/ I [znw] ● streepje (i.p.v. lelijk woord) ● niet (in loterij) ● open ruimte (op formulier) ● leegte ★ my mind is a ~ ik kan niet meer denken ★ you drew a ~ die vlieger ging niet op; je zat ernaast; je/het mislukte totaal II [bnw] ● leeg, blanco ● bot ● vruchteloos ● wezenloos, verbijsterd, stom (v. verbazing) ★ a ~ cheque een blanco cheque ★ ~ cartridge losse patroon ★ ~ verse rijmloze verzen ★ ~ wall blinde muur
blanket/ˈblæŋkɪt/ I [ov ww] ● met een deken bedekken ● sussen ● jonassen ● monopoliseren II [znw] wollen deken ★ wet ~ koude douche (fig.) III [bnw] allesomvattend, insluitend

B

blare/bleə/ **I** [ov + on ww] schallen, brullen **II** [znw] gebrul

blarney/'bla:nɪ/ [znw] vleierij * he has kissed the Blarney Stone hij kan goed vleien

blaspheme/blæs'fi:m/ [ov + on ww] godslasterlijk spreken (over), spotten (met)

blasphemous/'blæsfəməs/ [bnw] (gods)lasterlijk

blasphemy/'blæsfəmɪ/ [znw] godslastering

blast/bla:st/ **I** • bezoedelen • vernietigen • laten springen • verdorren * ⟨inf.⟩ ~ it! verdomme! **II** [on ww] • (~ off) lanceren ⟨v. ruimteschip⟩ * the ~-off de lancering **III** [znw] • sterke luchtstroom, windstoot • (luchtdruk bij) explosie • springlading • stoot ⟨op koperinstrument⟩ • plaag • vloek • meeldauw * at full ~ in volle gang

blasted/'bla:stɪd/ [bnw] vervloekt

blast-furnace/bla:stfə:nɪs/ [znw] hoogoven

blatant/'bleɪtnt/ [bnw] • schaamteloos • lawaaierig • opvallend * ~ nonsense klinkklare onzin

blather/'blæðə/ [on ww] dom kletsen

blaze/bleɪz/ **I** • rondbazuinen * ~ a trail een spoor aangeven met tekens; een weg banen • (~ away) afvuren **II** [on ww] • vlammen • schitteren • uitbarsten • (~ away) losbarsten, oplaaien ⟨v. vuur⟩ • (~ up) opvlegen **III** [znw] • vlam • gloed • uitbarsting • bles • merk ⟨op boom⟩ * go to ~s! loop naar de hel!

blazer/'bleɪzə/ [znw] • sportjasje • geweldige leugen

blazing/'bleɪzɪŋ/ [bnw] • (fel) brandend, verblindend • woedend • ⟨inf.⟩ overduidelijk

blazon/'bleɪzən/ **I** [ov ww] • blazoeneren • verkondigen **II** [znw] blazoen

blazonry/'bleɪzənrɪ/ [znw] • blazoeneerkunst • wapen • pracht

bleach/bli:tʃ/ **I** [ov + on ww] bleken **II** [znw] bleekmiddel

bleacher/'bli:tʃə/ [znw] • bleker • bleekmiddel

bleak/bli:k/ [bnw] • kaal • guur • somber, troosteloos

blear/blɪə/ **I** [ov ww] dof, wazig maken **II** [bnw] • wazig • leep

bleary/'blɪərɪ/ [bnw] wazig ⟨v. blik⟩, waterig ⟨v. ogen⟩, onduidelijk

bleary-eyed/blɪərɪ 'aɪd/ [bnw] • leepogig • kortzichtig

bleat/bli:t/ **I** [ov + on ww] blaten **II** [znw] geblaat

bleb/bleb/ [znw] blaasje

bled/bled/ verl. tijd + volt. deelw. → **bleed**

bleed/bli:d/ [ov + on ww] aderlaten, (laten) bloeden ⟨ook fig.⟩ * ~ white uitzuigen * ~ing heart muurbloem * ⟨iron.⟩ my heart ~s for you! wat heb ik een medelijden met jou!

bleeder/'bli:də/ [znw] • aderlater • bloeder • ⟨sl.⟩ rotzak

bleeding/'bli:dɪŋ/ ⟨sl.⟩ [bnw] verdomd

bleep/bli:p/ **I** [on ww] oproepen **II** [znw] • (elektronische) fluittoon • oproepsignaal • (tijd)sein

bleeper/'bli:pə/ [znw] pieper ⟨om iem. op te roepen⟩

blemish/'blemɪʃ/ **I** [ov ww] bevlekken, bekladden **II** [znw] smet, klad

blench/blentʃ/ [on ww] • verbleken • terugdeinzen

blend/blend/ **I** [ov + on ww] (zich) vermengen **II** [znw] melange, mengsel

blender/'blendə/ [znw] mixer, mengbeker

blent/blent/ verl. tijd + volt. deelw. → **blend**

bless/bles/ [ov ww] zegenen * ~ me! lieve hemel! * ~ my soul! lieve hemel! * ~ o.s. een kruis slaan;

z. gelukkig achten * ~ you! gezondheid!

blessed/'blesɪd/ [bnw] • zalig, gezegend • vervloekt * the whole ~ day de godganse dag

blessing/'blesɪŋ/ [znw] zegen * a ~ in disguise een geluk bij een ongeluk * ask a ~ bidden ⟨aan tafel⟩ * marriage ~ huwelijkszegen

blether/'bleðə/ **I** [on ww] wauwelen **II** [znw] geklets

blew/blu:/ verl. tijd → **blow**

blight/blaɪt/ **I** [ov ww] • doen verdorren • vernietigen * ~ed hopes verwoeste hoop **II** [znw] • meeldauw • brand • bladluis • verderfelijke invloed

blighted/'blaɪtɪd/ [bnw] • ellendig • verpest

blighter/'blaɪtə/ [znw] • ellendeling • kerel

blimey/'blaɪmɪ/ ⟨sl.⟩ [tw] verdraaid!, verrek!

blimp/blɪmp/ [znw] observatieballon

blind/blaɪnd/ **I** [ov ww] • verblinden, blind maken • blinderen * to ~ s.o. with science iem. met feiten overdonderen **II** [on ww] ⟨sl.⟩ woest rijden **III** [znw] • rolgordijn • oogklep • camouflage • blinde granaat * Venetian ~s jaloezieën * all this talk is just a ~ al dit gepraat is alleen maar om je zand in de ogen te strooien **IV** [bnw] • blind • doodlopend • onzichtbaar * as ~ as a bat stekeblind * bake ~ zonder vulling bakken * ~ bargain kat in de zak * ~ curve onoverzichtelijke bocht * ~ date afspraak tussen mensen die elkaar niet kennen * ~ drunk stomdronken * ~ in one eye aan één oog blind * ~ lantern dievenlantaarn * ~ letter onbestelbare brief * ~ man's buff blindemannetje * ~ shell niet ontplofte granaat * ~ spot blinde vlek ⟨ook fig.⟩; blinde hoek; zwakke plek * ⟨AD⟩ ~ tiger clandestiene kroeg * flying ~ op de automatische piloot vliegen * he is up a ~ alley hij is vastgelopen * he took not a ~ bit of notice hij trok er zich helemaal niets van aan * love is ~ liefde maakt blind * the ~-leading the ~ advies aannemen van mensen die het ook niet weten * turn a ~ eye to niet doen of je ... niet ziet

blindfold/'blaɪndfəʊld/ **I** [bnw + bijw] geblinddoekt **II** [ov ww] blinddoeken

blind-worm[znw] hazelworm

blink/blɪŋk/ **I** [ov + on ww] • knipperen ⟨v. ogen of licht⟩ • ontwijken * ~ at the facts ogen sluiten voor de feiten **II** [znw] • glimp • ijsblink * in the ~ of an eye in 'n oogwenk * ⟨inf.⟩ on the ~ defect

blinkered/'blɪŋkəd/ [bnw] met oogkleppen, kortzichtig

blinkers/'blɪŋkəz/ [mv] • oogkleppen • knipperlichten • richtingaanwijzers, clignoteurs * wearing ~ oogkleppen voor hebben ⟨ook fig.⟩

blinking/'blɪŋkɪŋ/ ⟨inf.⟩ [bnw] verdraaid

blip/blɪp/ [znw] echo ⟨op radarscherm⟩

bliss/blɪs/ [znw] zaligheid, geluk

blissful/'blɪsfʊl/ [bnw] zalig

blister/'blɪstə/ **I** [ov + on ww] • blaren (doen) krijgen • bladderen ⟨v. verf⟩ * ~ing criticism vernietigende kritiek * in the ~ing heat in de verschroeiende hitte **II** [znw] • blaar • trekpleister

blithe/blaɪð/ [bnw] blij, vrolijk

blithering/'blɪðərɪŋ/ ⟨pej.⟩ [bnw] stom, aarts-, ongelofelijk * ~ idiot enorme sufferd; kletsmeier * you ~ idiot! stomme idioot!

blitz/blɪts/ [znw] • blitzkrieg, bliksemoorlog • Duitse bomaanvallen op Londen in 1940 • (overrompelende) actie

blizzard/'blɪzəd/ [znw] hevige sneeuwstorm

bloated/'bləʊtɪd/ [bnw] opgeblazen, pafferig

bloater/'bləʊtə/ [znw] bokking

blob/blɒb/ [znw] klodder, mop, druppel

B

bloc /blɔk/ [znw] blok, coalitie
block /blɔk/ I [ov ww] versperren, blokkeren, afsluiten ∗ ~ a ball niet slaan ‹bij cricket›; bal stoppen ∗ ~ a bill obstructie voeren tegen wetsontwerp ∗ ~ a blow slag afweren ‹bij boksen› ∗ the road was ~ed de weg was versperd • (~ in) insluiten ‹v. geparkeerde auto›, invullen • (~ in/out) in ruwe trekken schetsen/opzetten • (~ out) buitensluiten, in de doofpot stoppen II [znw] • blok • takelblok • cliché • huizenblok • obstructie • verkeersstremming • onaandoenlijk mens ∗ ~ of flats flatgebouw ∗ ~ of ice ijsklomp ∗ ~ of tickets dik pakket kaartjes ∗ ‹inf.› knock s.o.'s ~ off iem. de hersens inslaan ∗ put o.'s head on the ~ zijn reputatie op het spel zetten
blockade /blɔˈkeɪd/ I [ov ww] • blokkeren • afzetten II [znw] blokkade
blockage /ˈblɔkɪdʒ/ [znw] • verstopping • stagnatie
blockbuster /ˈblɔkbʌstə/ [znw] • bom die een heel huizenblok verwoest • reclameartikel dat inslaat ∗ ~ calendar scheurkalender
blockhouse /ˈblɔkhaʊs/ [znw] bunker
bloke /bləʊk/ ‹inf.› kerel, vent
blond(e) /blɔnd/ I [znw] blondine II [bnw] blond
blood /blʌd/ I [ov ww] • bloed laten proeven • bloed aftappen II [znw] • bloed • sap • temperament ∗ a young ~ een jonge dandy ∗ after ~ op bloed uit ∗ bad ~ kwaad bloed ∗ ~ bank bloedbank ∗ cattle stamboekvee ∗ ~ group bloedgroep ∗ ~ horse raspaard ∗ ~ is thicker than water het bloed kruipt waar het niet gaan kan ∗ ~ money bloedgeld ∗ ~ pressure bloeddruk ∗ ~ relation bloedverwant ∗ ~ sport jacht ∗ ~ transfusion bloedtransfusie ∗ ~ type bloedgroep ∗ get ~ from a stone iets met heel veel moeite te weten te krijgen ∗ his ~ is boiling zijn bloed kookt ∗ in cold ~ in koelen bloede ∗ let ~ aderlaten ∗ make one's ~ run cold koude rillingen bezorgen ∗ new ~ nieuw leven
bloodbath /ˈblʌdbɑːθ/ [znw] bloedbad, slachting
bloodcurdling /ˈblʌdkɜːdlɪn/ [bnw] huiveringwekkend, gruwelijk
bloodhound /ˈblʌdhaʊnd/ [znw] bloedhond
bloodless /ˈblʌdləs/ [bnw] • bloedeloos • bleek • saai • harteloos
blood-poisoning /ˈblʌdpɔɪzənɪn/ [znw] bloedvergiftiging
blood-red [bnw] bloedrood
bloodshed /ˈblʌdʃed/ [znw] bloedvergieten, bloedbad
bloodshot /ˈblʌdʃɔt/ [bnw] met bloed doorlopen/belopen
bloodstained /ˈblʌdsteɪnd/ [bnw] met bloed bevlekt
bloodstream /ˈblʌdstriːm/ [znw] bloedstroom
bloodsucker /ˈblʌdsʌkə/ [znw] bloedzuiger
bloodthirsty /ˈblʌdθɜːstɪ/ [bnw] bloeddorstig
bloodvessel /ˈblʌdvesəl/ [znw] bloedvat
bloody /ˈblʌdɪ/ I [ov ww] met bloed bevlekken II [bnw] • bloedig, bloederig • bloeddorstig • verdomd • ‹inf.› ~ nonsense vervloekte onzin ∗ ~ nose bloedneus
bloody-minded /ˈblʌdɪˈmaɪndɪd/ [bnw] dwars, obstinaat
bloom /bluːm/ I [on ww] • prijken • bloeien • bloeien II [znw] • bloei • blos • waas • fleur • bloem • in ~ in (volle) bloei
bloomer /ˈbluːmə/ [znw] blunder
bloomers /ˈbluːmaz/ [mv] grote ouderwetse onderbroek
blooming /ˈbluːmɪn/ [bnw] vervloekt

blossom /ˈblɔsəm/ I [on ww] tot bloei komen II [znw] bloesem, bloei
blot /blɔt/ I [ov + on ww] • bevlekken • vloeien ∗ blot one's copybook een ernstige fout maken • (~ out) vernietigen, overstemmen, uitwissen • (~ up) absorberen II [znw] vlek, smet ∗ a blot on s.o.'s reputation een smet op iemands reputatie ∗ a blot on the landscape een lelijk gebouw
blotch /blɔtʃ/ I [ov + on ww] vlekken, kladden II [znw] vlek
blotched, blotchy /blɔtʃt/ [bnw] met vlekken
blotter /ˈblɔtə/ [znw] vloeiblok
blotting-paper /ˈblɔtɪnpeɪpə/ [znw] vloei(papier)
blouse /blaʊz/ [znw] bloes
blow /bləʊ/ I [ov + on ww] • waaien • blazen • doorslaan • doorbranden • verklikken • verkwisten ∗ I'll be blowed ik mag hangen • blow a kiss een kushandje toewerpen • blow abroad rondbazuinen • blow great guns‹AE/sl.› stormen ∗ blow one's mind trippen ‹m.b.v. drugs› • blow one's nose zijn neus snuiten ∗ blow one's top in woede uitbarsten; uitvaren; razen • blow out one's brains z. voor de kop schieten ∗ blow the bellows blaasbalg hanteren; orgel trappen ∗ blow the expense! de kosten doen er niet toe! ∗ blow the whole lot in one go alles in een keer over de balk gooien ∗ full blown rose roos, die helemaal open is ∗ he was blown hij was buiten adem ∗ his leg was blown off by a bomb hij verloor z'n been bij een bomexplosie ∗ she blew it ze heeft het verknald ∗ the fuse blew de zekering brandde door • (~ in) binnen komen waaien • (~ over) voorbijgaan, overgaan • (~ up) opblazen, vergroten ‹v. foto›, uitvaren, tekeer gaan, in de lucht springen II [znw] • klap, slag • wind • bloei ∗ blow by blow v. moment tot moment ∗ come to blows handgemeen worden ∗ get a blow frisse neus halen ∗ soften the blow de klap verzachten ∗ without striking a blow zonder slag of stoot
blower /ˈbləʊə/ [znw] • blazer • orgeltrapper • ventilatieklep • (gas)uitlaat • ‹sl.› telefoon
blowfly /ˈbləʊflaɪ/ [znw] vleesvlieg
blowing-up /ˈbləʊɪn ˈʌp/ [znw] • give s.o. a ~ tegen iem. uitvaren
blowlamp /ˈbləʊlæmp/ [znw] soldeerlamp
blow-out /ˈbləʊaʊt/ [znw] • lek ‹in band› • (ongewilde) uitstroming ‹bij oliewinning› • lekker etentje
blowpipe /ˈbləʊpaɪp/ [znw] blaaspijp
blowtorch /ˈbləʊtɔːtʃ/ [znw] soldeerlamp
blow-up /ˈbləʊ ʌp/ [znw] • ontploffing • ruzie • vergroting
blowy /ˈbləʊɪ/ [bnw] winderig
blowzed /blaʊzd/ [bnw] • slonzig • grof • rood ‹v. gezicht›
blubber /ˈblʌbə/ I [ov + on ww] grienen II [znw] • walvisspek • gegrien III [bnw] dik ‹v. lippen›
bluchers /ˈbluːkaz/ [mv] korte laarzen
bludgeon /ˈblʌdʒən/ I [ov ww] ranselen II [znw] knuppel
blue /bluː/ I [ov ww] • blauwmaken • met blauwsel wassen • erdoor jagen ‹v. geld› II [znw] • blauw • blauwsel • lucht • zee • dark blue kleur v. Oxford ∗ light blue kleur v. Cambridge ∗ like a bolt from the blue als een donderslag bij heldere hemel ∗ old blue oud-speler of atleet v. Oxford of Cambridge • the Blues Royal Horseguards III [bnw] • blauw • neerslachtig, somber • schunnig ‹sl./scheepv.› Blue Peter vertrekvlag ∗ blue devils neerslachtigheid • ‹sl.› blue funk radeloze angst • blue movie pornofilm ∗ blue ribbon lint v. de orde v. de kousenband; blauwe

wimpel ∗ blue story schunnig verhaal
∗ blue-blooded met blauw bloed; van adel ∗ feel
blue in de put zitten ∗ he drove like blue murder
hij reed als een bezetene ∗ ⟨inf.⟩ man in blue
politieagent; matroos ∗ once in a blue moon
zelden ∗ out of the blue onverwacht ∗ till one is
blue in the face tot iem. blauw ziet

bluebell/'blu:bel/ [znw] ⟨plant.⟩ blauwklokje
blueberry/'blu:bærı/ [znw] bosbes
bluebottle/'blu:botl/ [znw] ● korenbloem
● bromvlieg
blue-eyed [bnw] blauwogig ∗ – boy lievelingetje
bluejacket/'blu:dʒækıt/ [znw] matroos bij de
Marine
blueprint/'blu:prınt/ [znw] blauwdruk
blues/blu:z/ [mv] dans of muziek van zwarte
origine ∗ have the – in de put zitten
bluestocking/'blu:stokıŋ/ [znw] blauwkous
bluff/blʌf/ I [ov + ww] (over)bluffen, intimideren
∗ he –ed him into signing the contract hij wist
hem te overdonderen en het contract te laten
tekenen II [znw] ● steile oever, rots of kaap
● bluffen ⟨poker⟩ ● grote woorden ∗ call s.o.'s –
iem. zijn beweringen waar laten maken III [bnw]
● steil ● stomp ● openhartig ● joviaal
bluish/'blu:ıʃ/ [bnw] blauwachtig
blunder/'blʌndə/ I [on ww] een flater begaan ● (–
into) onbeholpen ergens tegenaan lopen ● (–
upon) toevallig ontdekken II [znw] stommiteit
blunderer/'blʌndərə/ [znw] klungel, kluns
blunt/blʌnt/ I [ov ww] bot maken II [znw] ● korte
dikke naald ● poen III [bnw] ● bot ● dom
● openlijk
blur/blɜː/ I [ov ww] ● uitwissen ● bekladden,
bezoedelen II [on ww] vervagen III [znw] ● klad,
veeg ● waas ∗ vage omtrekken
blurb/blɜːb/ [znw] reclame op omslag v. boek
blurt/blɜːt/ [ov ww] ● (– out) eruit flappen
blush/blʌʃ/ I [on ww] blozen ∗ – at s.th. zich
schamen over iets ∗ – for somebody zich schamen
voor iem. ∗ – for/with shame blozen van
schaamte II [znw] ● blik ● blos ● schaamrood, rode
kleur, roze gloed ∗ at (the) first – op het eerste
gezicht
bluster/'blʌstə/ I [on ww] ● te keer gaan, razen
● snoeven II [znw] ● geraas ● snoeverij
blusterer/'blʌstərə/ [znw] lawaaischopper
blustery/'blʌstərı/ [bnw] stormachtig
boa/'bəʊə/ [znw] boa
boar/bɔː/ [znw] ● wild zwijn ● beer ⟨varken⟩
board/bɔːd/ I [ov ww] ● met planken betimmeren
● aan boord gaan ● inbinden ● aanklampen
● stappen in ● (– out) uitbesteden ● (– with) in
de kost doen bij II [on ww] laveren ● (– out)
buitenshuis eten ● (– with) in de kost zijn bij
III [znw] ● plank ● bord ● karton ● tafel ● kost
● bestuur, commissie ● boord ∗ Board of Trade
ministerie v. handel;⟨AE⟩ Kamer v. Koophandel
∗ above – eerlijk ∗ across the – allesomvattend;
zonder aftrek; niemand uitgezonderd ∗ – and
lodging kost en inwoning ∗ – meeting
bestuursvergadering ∗ – of directors raad v.
commissarissen ∗ go by the – overboord
slaan/vallen; verloren gaan ∗ on – aan boord
boarder/'bɔːdə/ [znw] ● kostganger ● leerling v.
kostschool
boarding/'bɔːdıŋ/ [znw] ● betimmering, schutting
● het inschepen, het aan boord gaan
boarding-house/'bɔːdıŋhaʊs/ [znw] kosthuis,
pension
boarding-school/'bɔːdıŋskuːl/ [znw] kostschool
boardroom/'bɔːdruːm/ [znw] bestuurskamer,

directiekamer
boards/bɔːdz/ [mv] ● vloer ● toneel ● band ∗ in –
gekartonneerd ∗ make – laveren
boast/bəʊst/ I [ov ww] (kunnen) bogen op
II [on ww] pochen ● (– about/of) opscheppen
over III [znw] ● grootspraak, bluf ∗ trots
boaster/'bəʊstə/ [znw] opschepper
boastful/'bəʊstful/ [bnw] pocherig
boat/bəʊt/ I [ov ww] per boot/schip vervoeren
∗ boat the oars de riemen binnenhalen II [on ww]
● met een boot varen ● roeitochtje maken III [znw]
● boot ● sauskom ∗ be in the same boat in
hetzelfde schuitje zitten ∗ boat bridge schipbrug
∗ boat race roeiwedstrijd ∗ take to the boats in de
reddingsboten gaan
boatage/'bəʊtıdʒ/ [znw] ● vervoer per boot
● vracht
boater/'bəʊtə/ [znw] ● strooien hoed
● booteigenaar
boathouse/'bəʊthaʊs/ [znw] botenhuis
boating/'bəʊtıŋ/ [znw] ● roeitochtje ● roeisport,
zeilsport
boatman/'bəʊtmən/ [znw] ● botenverhuurder
● roeier
boatswain/'bəʊsən/ [znw] bootsman
bob/bob/ I [ov ww] ● couperen ⟨staart⟩ ● kort
knippen II [on ww] ● dobberen ● huppelen ● korte
buiging maken ● rukken ● bonzen ● peuren ∗ bob
for apples appelhappen ∗ bobbed hair pagekopje
III [znw] ● gewicht (aan slinger) ● gecoupeerde
staart ● haarknoet ● peur ● korte buiging ● op en
neer gaande beweging ● shilling ∗ bob a job heitje
voor een karweitje
bobber/'bobə/ [znw] ● dobber ● peurder
bobbery/'bobərı/ I [znw] drukte, lawaai II [bnw]
● lawaaierig ● lastig
bobbin/'bobın/ [znw] klos, spoel
bobby/'bobı/ [znw] agent v. politie
bobbysoxer/'bobısoksə/ [znw] ● tiener ● ⟨AE⟩
bakvis ⟨in 40er jaren⟩
bobcat/'bobkæt/ ⟨AE⟩ [znw] lynx
bobsleigh/'bobsleı/ [znw] bobslee
bobtail/'bobteıl/ [znw] gecoupeerde staart
bobtailed/'bobteıld/ [bnw] ● gecoupeerd ● met
korte slippen ⟨v. jas⟩
bode/bəʊd/ [znw] voorspellen
bodeful/'bəʊdful/ [bnw] onheilspellend
bodge/bodʒ/ → **botch**
bodice/'bodıs/ [znw] ● keurslijf ● onderlijfje
bodiless/'bodıləs/ [bnw] zonder lichaam
bodily/'bodılı/ [bijw] ● lichamelijk ● in levenden
lijve ● in zijn geheel ∗ he was thrown – into the
water hij werd pardoes in het water gesmeten ∗ in
– fear bevreesd voor lichamelijk letsel
bodkin/'bodkın/ [znw] ● rijgnaald ● priem
body/'bodı/ I [ov ww] ● body forth voorstellen;
belichamen II [znw] ● lichaam ● lijk ● persoon
● romp ● carrosserie ● voornaamste deel ● groep
● corporatie ● volume ● volheid ⟨v. wijn⟩ ∗ a poor
body een arme drommel ∗ body colour dekkleur
∗ body odour lichaamsgeur ∗ body politic de
staat ∗ dead body lijk ∗ in a body gezamenlijk
∗ keep body and soul together in het leven
blijven ∗ take body gestalte krijgen ∗ what a
body you are wat ben je vervelend ∗ what is a
body to do? wat moet een mens doen?
body-cloth [znw] paardendeken
bodyguard/'bodıgaːd/ [znw] lijfwacht
bodywork/'bodıwɜːk/ [znw] carrosserie
bog/bog/ I [ww] ∗ be bogged in het moeras
vastzitten; geen uitweg weten II [znw] moeras,
veen ∗ he is bog hij is een Ier

bog(e)y, bogie/'bəʊgɪ/ [znw] • duivel • boeman
• spook • niet geïdentificeerd vliegtuig
• vastgestelde score voor elk hole ⟨golf⟩ • wielstel
⟨trein⟩ • wagentje

bog(e)yman/'bəʊgɪmæn/ [znw] boeman

boggle/'bɒgl/ **I** [ov ww] verprutsen **II** [on ww]
• aarzelen • morrelen • ~ at s.th. bezwaar maken
tegen iets; schichtig worden van iets **III** [znw]
warboel

boggy/'bɒgɪ/ [bnw] moerasachtig

bogus/'bəʊgəs/ [bnw] • pseudo • vals • gefingeerd

Bohemian/bəʊ'hi:mɪən/ **I** [znw] • Bohemer
• bohémien **II** [bnw] • Boheems • bohémien

boil/bɔɪl/ **I** [ov ww] aan de kook brengen • (~
down) inkoken • it boils down to this het komt
hier op neer **II** [on ww] • koken • boil with anger koken
van woede • boiled shirt smokinghemd **III** [znw]
• steenpuist • kookpunt, kook

boiler/'bɔɪlə/ [znw] boiler, (stoom)ketel

boiling-point/'bɔɪlɪŋ'pɔɪnt/ [znw] kookpunt

boisterous/'bɔɪstərəs/ [bnw] • luidruchtig
• onstuimig

boko/'bəʊkəʊ/ ⟨SL⟩ [znw] neus, kokkerd

bold/bəʊld/ [bnw] • (stout)moedig, vrij
• onbeschaamd • krachtig • fors • bold type vette
letter • make bold zo vrij zijn

boldface/'bəʊldfeɪs/ [znw] vette letter ⟨drukwerk⟩

bold-faced/bəʊld 'feɪst/ [bnw] • brutaal • vet
gedrukt

bole/bəʊl/ [znw] boomstam

bollard/'bɒlɑ:d/ [znw] • meerpaal • verkeerszuiltje

boloney/bə'ləʊnɪ/ ⟨AE⟩ [znw] kletspraat

bolster/'bəʊlstə/ **I** [ww] steunen **II** [ov ww] • (~
up) steunen, (kunstmatig) in stand houden
III [znw] • peluw • kussen ⟨techniek⟩

bolt/bəʊlt/ **I** [ov ww] • ziften • onderzoeken
• schrokken • grendelen **II** [on ww] • op hol slaan
• er vandoor gaan **III** [znw] • bout • pin • grendel
• bliksemschicht • rol ⟨stof⟩ • sprong * I've shot
my bolt ik heb mijn kruit verschoten * make a
bolt for it de benen nemen * shoot a bolt een
grendel dichtschuiven **IV** [bnw] * bolt upright
kaarsrecht **V** [bijw] * he walked bolt against me
hij liep pardoes tegen me aan

bolt-hole/'bəʊlthəʊl/ [znw] uitweg

bolus/'bəʊləs/ [znw] pil

bomb/bɒm/ **I** [ov ww] bombarderen **II** [on ww]
⟨AE⟩ totaal mislukken **III** [znw] bom • bomb
attack bomaanslag * make a bomb een bom
maken; een bom geld verdienen * the show went
like a bomb de show was een daverend succes

bombard/bɒm'bɑ:d/ [ov ww] bombarderen ⟨ook
fig.⟩

bombardier/bɒmbə'dɪə/ [znw] • korporaal bij de
artillerie • bommenrichter

bombardment/bɒm'bɑ:dmənt/ [znw]
bombardement

bombast/'bɒmbæst/ [znw] bombast

bombastic/bɒm'bæstɪk/ [bnw] bombastisch,
hoogdravend

bomber/'bɒmə/ [znw] bommenwerper

bombproof/'bɒmpru:f/ [bnw] bomvrij

bombshell/'bɒmʃel/ [znw] bom * like a ~ als een
donderslag

bona/'bəʊnə/ * bona fide betrouwbaar

bonanza/bə'nænzə/ **I** [znw] ⟨AE⟩ voorspoed
• grote productie ⟨v. mijn⟩ **II** [bnw] voorspoedig

bond/bɒnd/ **I** [ov ww] • in verband metselen • in
entrepot opslaan • verhypothekeren, borg staan
voor * bonded goods goederen in entrepot
II [znw] • band • contract • overeenkomst
• obligatie • entrepot • verband ⟨in metselwerk⟩

bondage/'bɒndɪdʒ/ [znw] slavernij

bondholder/'bɒndhəʊldə/ [znw] obligatiehouder

bonding/'bɒndɪŋ/ [bnw] * ~s pads⟨comp.⟩
aansluitpuntjes aan chip

bondsman/'bɒndzmən/ [znw] lijfeigene, slaaf

bone/bəʊn/ **I** [ww] • uitbenen • ontgraten
• gappen **II** [znw] • been, bot, kluif • graat
• trombone * ⟨SL⟩ penis * a bag of bones vel over
been * a bone to pick een appeltje te schillen
* bone of contention twistappel * bones
dobbelstenen; baleinen; castagnetten; gebeente
* bred in the bone erfelijk; aangeboren * make
no bones about/of geen been in zien; geen twijfel
laten aan * no bones broken! even goede
vrienden! * what is bred in the bone will come
out in the flesh een vos verliest wel zijn haren;
maar niet zijn streken * will not make old bones
leeft niet lang (meer) * work o.s. to the bone zich
dood werken **III** [bnw] van been

bone-dry[bnw] kurkdroog

bonehead/'bəʊnhed/ [znw] sufferd

boneheaded/'bəʊnhedɪd/ ⟨SL⟩ [bnw] stom, idioot

boneless/'bəʊnləs/ [bnw] • graatloos, zonder
bot(ten) • slap ⟨fig.⟩

bonfire/'bɒnfaɪə/ [znw] ⟨vreugde⟩vuur

bonkers/'bɒŋkəz/ [bnw] * raving/stark ~
stapelgek; volslagen idioot

bonnet/'bɒnɪt/ [znw] • handlanger, lokvogel
• Schotse baret • dameshoed • vonkenvanger • gek
⟨op schoorsteen⟩ • motorkap

bonny/'bɒnɪ/ [bnw] gezond uitziend, knap

bonus/'bəʊnəs/ [znw] • bonus • premie, extra
dividend • tantième • bijslag

bony/'bəʊnɪ/ [bnw] mager, benig

boo/bu:/ **I** [ov ww] uitjouwen **II** [znw] boegeroep
* he couldn't say boo to a goose hij is zo bang als
een wezel

boob/bu:b/ [znw] • tiet * ⟨SL⟩ domoor, ezel

booby/'bu:bɪ/ [znw] klungel, uilskuiken * ~ prize
poedelprijs

booby-trap/'bu:bɪtræp/ [znw] valstrikbom

boogie/'bu:gɪ/ [znw] langzame dans/foxtrot

boohoo/bu:'hu:/ **I** [on ww] blèren, huilen **II** [znw]
geblèr

book/bʊk/ **I** [on ww] • boeken • bespreken
• noteren • een kaartje geven * booked up vol;
bezet; besproken **II** [znw] • boek • libretto • boekje
⟨bridge⟩ • book learning boekengeleerdheid
* book token boekenbon * bring to book ter
verantwoording roepen * by the book volgens het
boekje * on the books ingeschreven * suit one's
book in zijn kraam te pas komen * the Book de
Bijbel * throw the books at ontslaan; de laan
uitsturen * without book zonder gezag; uit het
hoofd

bookable/'bʊkəbl/ [bnw] bespreekbaar, te
reserveren

bookbinding/'bʊkbaɪndɪŋ/ [znw] het
(boek)binden

bookcase/'bʊkkeɪs/ [znw] boekenkast

bookend/'bʊkend/ [znw] boekensteun

bookie/'bʊkɪ/ [znw] bookmaker, beroepswedder

booking/'bʊkɪŋ/ [znw] bespreking, reservering * ~
clerk kaartjesverkoper

booking-office/'bʊkɪŋɒfɪs/ [znw]
reserveringsbureau

bookish/'bʊkɪʃ/ [bnw] • geleerd • pedant

book-keeper/'bʊk ki:pə/ [znw] boekhouder

book-keeping[znw] boekhouding

booklet/'bʊklɪt/ [znw] boekje

bookmaker/'bʊkmeɪkə/ [znw] bookmaker,
beroepswedder

B

bookmark(er) /'bʊkmɑːk(ə)/ [znw] boekenlegger
bookplate /'bʊkpleɪt/ [znw] ex-libris
bookseller /'bʊksɛlə/ [znw] boekhandelaar
bookshelf /'bʊkʃɛlf/ [znw] boekenplank
bookshop /'bʊkʃɒp/ [znw] boekhandel
bookstall /'bʊkstɔːl/ [znw] boekenstalletje
bookworm /'bʊkwɜːm/ [znw] boekenwurm
boom /buːm/ I [ov ww] pousseren II [on ww]
  ● dreunen ● grote vlucht nemen ● plotseling stijgen
  ‹v. prijzen› III [znw] ● hausse ● (ge)dreun
  ● versperring ‹scheepv.› spier, laadboom ∗ boom
  town zeer snel gegroeide stad ∗ sonic boom
  supersone knal
boon /buːn/ I [znw] ● zegen ● geschenk ● verzoek
  II [bnw] ∗ boon companion vrolijke metgezel
boor /bʊə/ [znw] boerenkinkel
boorish /'bʊərɪʃ/ [bnw] lomp
boost /buːst/ I [ov ww] ● duwen ● verhogen
  ● pousseren, opjagen ● bekrachtigen ● aanzetten
  ∗ ∼ a battery de spanning v.e. batterij verhogen
  II [znw] ● duw ● verhoging ∗ a ∼ of confidence
  een oppepper voor het moreel
booster /'buːstə/ [znw] ● opduwraket ● aanjager
  ● stroomversterker
boot /buːt/ I [ov ww] trappen ‹inf.› get booted
  upstairs weggepromoveerd worden II [znw]
  ● laars ● hoge schoen ● laadbak, bagageruimte ‹v.
  auto› ∗ boot tree leest ∗ get the boot zijn congé
  krijgen ∗ get too big for o.'s boots naast zijn
  schoenen lopen ∗ hobnail boots stoere laarzen met
  spijkers ∗ lick s.o.'s boots iemands hielen likken
  ∗ over shoes over boots evengoed veel als weinig
  riskeren ‹inf.› put the boot in in elkaar trappen
  ∗ the boot is on the other foot het is precies
  andersom ∗ to boot op de koop toe ∗ wellington
  boots rubberlaarzen
bootblack /'buːtblæk/ [znw] schoenpoetser
booted /'buːtɪd/ [bnw] gelaarsd
bootee /buː'tiː/ [znw] (gebreid) laarsje v. baby
booth /buːð/ [znw] ● tent, kraam ● telefooncel,
  hokje
bootlace /'buːtleɪs/ [znw] veter
bootleg /'buːtlɛg/ [ov + on ww] ● smokkelen ‹v.
  drank› ● clandestien stoken
bootlegger /'buːtlɛgə/ [znw] smokkelaar
booty /'buːtɪ/ [znw] buit
booze /buːz/ ‹inf.› I [on ww] zuipen II [znw]
  ● drank ● zuippartij
boozer /'buːzə/ ‹inf.› [znw] zuiplap
booze-up /'buːzʌp/ ‹inf.› [znw] zuippartij
boozy /'buːzɪ/ ‹inf.› [bnw] dronken
bo-peep /bəʊ'piːp/ [znw] kiekeboe
boracic /bə'ræsɪk/ [bnw] boor- ∗ ∼ acid boorzuur
border /'bɔːdə/ I [ov + on ww] ● grenzen
  ● omzomen ● ‹on› grenzen aan, gelijkenis
  vertonen met II [znw] ● grens(streek) ● rand, zoom
  ● border ∗ north of the Border in Schotland of
  Noord-Ierland ∗ the Border grensstreek tussen
  Engeland en Schotland
borderland /'bɔːdəlænd/ [znw] ● grensgebied
  ● overgangsgebied
borderline /'bɔːdəlaɪn/ [znw] grens
bore /bɔː/ I [ww] o.v.t. → **bear II** [ov ww] ● boren
  ● kop vooruit steken ● v.d. baan dringen ● vervelen
  ∗ a boring subject een saai onderwerp ∗ be bored
  stiff z. kapot vervelen ∗ be bored to death/tears z.
  dood vervelen ∗ his eyes could bore right into
  you hij kon je zeer indringend aankijken III [znw]
  ● boorgat ● ziel ‹v. kanon› ● kaliber ● vervelende
  persoon/zaak ● vloedgolf ∗ a frightful bore een
  vreselijke ouwehoer ∗ what a bore! wat een
  zeurpiet!

boredom /'bɔːdəm/ [znw] verveling
borehole /'bɔːhəʊl/ [znw] boorgat
borer /'bɔːrə/ [znw] ● boor ● boorder ‹ook insect›
boric /'bɔːrɪk/ [bnw] boor- ∗ ∼ acid boorzuur
boring /'bɔːrɪŋ/ [bnw] vervelend
born /bɔːn/ I [ww] volt. deelw. → **bear** II [bnw]
  geboren ∗ I wasn't born yesterday! ik ben niet
  van gisteren! ∗ a born driver een uitstekende
  chauffeur ∗ a born loser een geboren verliezer
  ∗ born and bred geboren en getogen ∗ born
  handicapped gehandicapt vanaf de geboorte
  ∗ born of geboren uit ∗ born of experience door
  ervaring ∗ born tired liever lui dan moe ∗ born
  with a silver spoon in o.'s mouth van goede
  komaf zijn ∗ first-born de eerstgeborene; de oudste
  ∗ he was born to a title hij zou een titel erven ∗ in
  all my born days van mijn leven ∗ wish one had
  never been born wensen dat je nooit geboren was
borne /bɔːn/ [ww] ∗ an illness bravely ∼ een
  ziekte die moedig verdragen wordt ∗ ‹form.› ∼ in
  (up)on gerealiseerd volt. deelw. → **bear**
borough /'bʌrə/ [znw] ● stad ● gemeente
  ● kiesdistrict ∗ a ∼ councillor een
  gemeenteraadslid ∗ rotten ∼ fictief kiesdistrict
borrow /'bɒrəʊ/ [ov + on ww] ● lenen ● ontlenen
  ∗ living on ∼ed time nog leven terwijl je dood al
  voorspeld is ∗ (∼ from) lenen van, ontlenen aan
borrowing /'bɒrəʊɪŋ/ [znw] iets dat geleend is
borstal /'bɔːstl/ [znw] ∗ ∼ (institution)
  jeugdgevangenis; tuchthuis
bosh /bɒʃ/ [znw] onzin
bosom /'bʊzəm/ [znw] ● boezem, borst ● schoot ∗ a
  ∼ pal/friend een boezemvriend(in)
boss /bɒs/ I [ov ww] ● de baas spelen ● leiden
  ● commanderen II [znw] ● baas ● kopstuk
  ● uitsteeksel ● knop ∗ be o.'s own boss eigen baas
  zijn
bossy /'bɒsɪ/ [bnw] ● bazig ● eigenzinnig
bosun /'bəʊsən/ [znw] bootsman
botanic(al) /bə'tænɪk(l)/ [bnw] botanisch
  ∗ botanical gardens plantentuin; botanische tuin
botanist /'bɒtənɪst/ [znw] plantkundige
botanize /'bɒtənaɪz/ [on ww] botaniseren
botany /'bɒtənɪ/ [znw] plantkunde
botch /bɒtʃ/ ‹inf.› I [ov + on ww] ● verknoeien
  ● slordig verstellen ∗ a ∼ed job een verprutste klus
  ∗ (∼ up) ‹inf.› verknallen II [znw] slordige
  reparatie
botcher /'bɒtʃə/ ‹inf.› [znw] prutser, knoeier
both /bəʊθ/ [bnw + bijw] beide ∗ both ... and
  zowel ... als ∗ both of them zij beide(n)
bother /'bɒðə/ I [ov ww] lastig vallen, kwellen
  II [on ww] z. druk maken ∗ all hot and ∼ed
  geagiteerd ∗ can't be ∼ed dat is me teveel moeite
  ∗ don't ∼ doe geen moeite ∗ (∼ about) z. druk
  maken over III [znw] ● drukte ● gezeur, last ∗ a bit
  of ∼ een lastpak ∗ go to the ∼ (of) de moeite
  nemen (om) ∗ it's no ∼ het is een kleine moeite
  IV [tw] ∗ ∼! jasses!
botheration /bɒðə'reɪʃən/ → **bother**
bothersome /'bɒðəsəm/ [bnw] ergerlijk, vervelend
bottle /'bɒtl/ I [ov ww] bottelen ∗ (∼ up) oppotten,
  insluiten ∗ ∼ up o.'s anger zijn woede opkroppen
  II [on ww] ∗ (∼ out) ergens op het laatste moment
  van afzien III [znw] ● fles ● bos, bundel ∗ ∼ bank
  glasbak ∗ ∼ opener flesopener ∗ hit the ∼ het op
  een drinken zetten ∗ take to the ∼ naar de fles
  grijpen
bottle-feed /'bɒtlfiːd/ [ov ww] met de fles
  grootbrengen
bottle-green /bɒtl'griːn/ [bnw] donkergroen
bottleneck /'bɒtlnɛk/ [znw] ● wegversmalling

B

• knelpunt • nauwe in-/uitgang • stremmingspunt
bottom /'bɒtəm/ **I** [ov ww] • v. bodem voorzien
• peilen • doorgronden • ~ on baseren op
II [on ww] • (~ out) het laagste punt bereiken
III [znw] • bodem • zitvlak • zitting
• benedeneinde • laagste score, nul • basis • schip
* at rock – het dieptepunt bereikt hebben * at the
~ of the page onderaan de pagina * be at the ~
of s.th. de oorzaak zijn van iets * ~ of a hill voet
v.e. heuvel * ~ up ondersteboven * ~s up! ad
fundum!; proost! * from the ~ of o.'s heart
vanuit het diepst v. je hart * get to the ~ of s.th.
achter iets komen * pyjama ~s pyjamabroek * the
~ fell out of his world zijn wereld stortte in
* touch ~ het laagste punt bereiken **IV** [bnw]
• onderste • laatste • fundamenteel * ~ drawer
uitzet
bottomless /'bɒtəmləs/ [bnw] • bodemloos
• ongegrond * a ~ pit een bodemloze put
bottommost /'bɒtəmməʊst/ [bnw] onderste,
laagste
bough /baʊ/ [znw] grote dikke tak
bought /bɔːt/ verl. tijd + volt. deelw. → buy
boulder /'bəʊldə/ [znw] • grote steen • kei * ~
period ijstijd
boulter /'bəʊltə/ [znw] • zeef • zetlijn ‹vissen›
bounce /baʊns/ **I** [ov + on ww] • stuiteren
• opveren • naar binnen/buiten stuiven • snoeven
• donderen • (een cheque) terugkeren
wegens saldotekort • ~ a p. into s.th. iem. door
overrompeling tot iets brengen • (~ along) z.
levendig gedragen • (~ back) z. herstellen • (~
off) terugkaatsen **II** [znw] • sprong • opveering
• overdrijving • snoeverij * on the ~ druk in de
weer
bouncer /'baʊnsə/ [znw] • snoever
• onbeschaamde leugen • kanjer • uitsmijter ‹in
bar of disco›
bouncing /'baʊnsɪŋ/ [bnw] • flink, stevig
• luidruchtig * a ~ baby een levendige baby
bouncy /'baʊnsɪ/ [bnw] • levendig, druk • dat/die
goed kan stuiten
bound /baʊnd/ **I** [ww] * I'm ~ to say that ... het
moet gezegd worden dat ... * a book ~ in black
leather een in zwart leer gebonden boek * all ~ up
with s.th. ergens nauw bij betrokken zijn * duty ~
verplicht * he is ~ to come hij komt vast verl. tijd
+ volt. deelw. → **bind II** [ov ww] • beperken,
begrenzen **III** [on ww] • springen • stuiteren
IV [znw] • stuitering • grens • veerkrachtige
sprong * out of ~s verboden terrein * progress by
leaps and ~s met sprongen vooruit gaan **V** [bnw]
* ~ for Singapore met bestemming Singapore
* homeward ~ op thuisreis
boundary /'baʊndəri/ [znw] grens
boundless /'baʊndləs/ [bnw] onbegrensd
bounteous, bountiful /'baʊntiəs/ [bnw] mild,
overvloedig * ~ harvest rijke oogst * ‹iron.› lady
bountiful weldoenster
bounty /'baʊntɪ/ [znw] • gulheid • geschenk
• premie
bouquet /buːˈkeɪ/ [znw] • ruiker, boeket • geur (v.
wijn)
bourbon /'bɜːbən/ ‹AE› [znw] bourbon
bourgeois /'bʊəʒwɑː/ [bnw] burgerlijk
bourn /bɔːn/ [znw] beekje
bout /baʊt/ [znw] • beurt • tijdje • aanval * bout
of activity vlaag v. activiteit * bout of fever
koortsaanval * drinking bout drinkgelag
bovine /'bəʊvaɪn/ [bnw] • als 'n rund, runderachtig
• sloom, dom
bovver /'bɒvə/ ‹sl.› [znw] knokpartij, agressief

gedrag * ~ boys herrieschoppers
bowl [ov + on ww] /baʊ/ • buigen • knielen * I
have a bowing acquaintance with him ik ken
hem ternauwernood * be bowed down by gebukt
gaan onder * bow to s.o.'s wishes aan iemands
verlangens toegeven * (~ out) beleefd uitlaten
II [ov ww] /baʊ/ • strijken ‹met strijkstok›
III [znw] /baʊ/ • strijkstok • /baʊ/ strik • /baʊ/
beugel, hengsel • /baʊ/ buiging • /baʊ/ boeg
• boog * bow and arrow pijl en boog * bow tie
vlinderdas * down at the bows met de boeg diep
in 't water * draw the long bow overdrijven
* take o.'s bow v.h. toneel verdwijnen
bowdlerize /'baʊdləraɪz/ [ov ww] kuisen
bowels /baʊəlz/ [mv] • ingewanden • medelijden
* the ~ of the earth 't binnenste der aarde
bower /'baʊə/ ‹vero.› [znw] • boeganker • prieel
• verblijf
bowie-knife /'baʊnaɪf/ [znw] lang dolkmes
bowl /baʊl/ **I** [ov + on ww] • voortrollen • werpen,
opgooien ‹bij cricket› * he was bowled over by
the news het nieuws bracht hem geheel v. zijn stuk
* the car bowled along de auto reed zeer snel • (~
out) uitgooien ‹bij cricket› **II** [znw] • kom, schaal
• pijpenkop • bak ‹v. lepel› • bal ‹bij bowling,
kegelen› * finger bowl vingerkommetje
bow-legged /'baʊˈlegɪd/ [bnw] met o-benen
bowler /'baʊlə/ [znw] werper ‹bij cricket› * ~
(hat) bolhoed
bowling-alley /'baʊlɪnælɪ/ [znw] kegelbaan
bowling-green [znw] veld voor bowls
bowls /baʊlz/ [mv] spel met houten bal, kegelspel
bowsprit /'baʊsprɪt/ [znw] boegspriet
bow-tie /baʊˈtaɪ/ [znw] vlinderdas
bow-window /baʊˈwɪndəʊ/ [znw] • erkerraam
• dikke buik
box /bɒks/ **I** [ov + on ww] boksen * box s.o.'s ears
iem. om de oren slaan **II** [ov ww] in doos verpakken
• (~ in) insluiten, in-/opsluiten • (~ off)
afschermen ‹v. ruimte› • (~ up) opeenpakken
III [znw] • bus, doos • hokje, loge • jachtverblijf
• oorvijg • bok ‹v. rijtuig› • ‹luchtv.› black box
zwarte doos * box calf fijn ‹geaderd› kalfsleer
* box camera boxcamera * box number
antwoordnummer * box office reserveringsbureau;
kassa; opbrengst; ‹theater›bespreekbureau * box
office take bruto opbrengst * boxroom
bergruimte * telephone box telefooncel * ‹sl.› the
box de televisie * window box bloembak
* wooden box kist(je)
boxcar /'bɒkskɑː/ ‹AE› [znw] gesloten
goederenwagen
boxer /'bɒksə/ [znw] bokser
boxing /'bɒksɪŋ/ [znw] het boksen * ~ match
bokswedstrijd
boxwood /'bɒkswʊd/ [znw] palmhout, buxushout
boy /bɔɪ/ [znw] • jongen • bediende * one of the
boys behorend tot een groep mannen die zich stoer
gedraagt
boycott /'bɔɪkɒt/ **I** [ov ww] boycotten **II** [znw]
boycot
boyfriend /'bɔɪfrend/ [znw] vriendje
boyhood /'bɔɪhʊd/ [znw] jongensjaren
boyish /'bɔɪʃ/ [bnw] jongensachtig
boyscout /'bɔɪskaʊt/ [znw] padvinder, verkenner
B.R. [afk] • (British Rail(ways)) Britse Spoorwegen
bra /brɑː/ [znw] beha
brace /breɪs/ **I** [ov ww] • steunen, versterken
• spannen • opwekken • brassen • ~ o.s. z. schrap
zetten **II** [znw] • muuranker • beugel • paar,
koppel • booromslag • klamp, steun ‹scheepv.›
bras * ~ and bit booromslag * ~ of pheasants

koppel fazanten
bracelet/'breɪslət/ [znw] ● armband ● handboei
braces/'breɪsɪz/ [mv] bretels ★ belt and ~ dubbele
veiligheidsmaatregelen
bracing/'breɪsɪŋ/ [bnw] verkwikkend ★ ~ air
opwekkende lucht
bracken/'brækən/ [znw] (adelaars)varen(s)
bracket/'brækɪt/ I [ov ww] ● tussen haakjes zetten
● in één naam noemen ● samenkoppelen II [znw]
● plank aan de muur ● console ★ klamp ● haakje
● groep, klasse, categorie ● (archit.) karbeel
★ between ~s tussen haakjes
brackish/'brækɪʃ/ [bnw] brak
bract/brækt/ [znw] schutblad
brad/bræd/ [znw] stift
bradawl/'brædɔːl/ [znw] priem, els
brag/bræg/ I [ov + on ww] snoeven II [znw] ● bluf
★ soort kaartspel
braggart/'brægət/ I [znw] snoever II [bnw]
snoeverig
braid/breɪd/ I [ov ww] ● vlechten ● omboorden
II [znw] ● vlecht ● tres
brain/breɪn/ I [ov ww] de hersens inslaan II [znw]
hersenen, verstand, brein ★ ~ death hersendood
★ ~ drain uittocht v. intellectuelen ★ ~ fever
hersenvliesontsteking ★ have s.th. on the ~ ergens
voortdurend aan denken ★ pick s.o.'s ~s hulp
vragen aan iem. die er meer van weet ★ rack/beat
o.'s ~s z. het hoofd breken ★ the ~s of the
organisation de knappe kop(pen) v.d. organisatie
★ turn s.o.'s ~ iem. het hoofd op hol brengen
brainchild/'breɪntʃaɪld/ [znw] geesteskind
brainless/'breɪnləs/ [bnw] dom, stom
brains/breɪnz/ [mv] ★ ~ trust commissie v.
deskundigen
brainstorm/'breɪnstɔːm/ [znw] ● aanval, vlaag
(v. krankzinnigheid) ● hersenstoring ● lumineuze
inval
brainstorming/'breɪnstɔːmɪŋ/ [znw] het
brainstormen
brainwash/'breɪnwɒʃ/ [ov ww] hersenspoelen
brainwashing/'breɪnwɒʃɪŋ/ [znw] hersenspoeling
brainwave/'breɪnweɪv/ [znw] ingeving
brainy/'breɪnɪ/ (inf.) [bnw] knap
braise/breɪz/ [ov ww] smoren (v. vlees)
brake/breɪk/ I [ov + on ww] remmen II [ov ww]
vlas braken III [znw] ● rem ● kreupelhout ● egge
● varen ★ apply the ~s (iets af)remmen; (iets)
matigen ★ ~ fluid remvloeistof ★ ~ horsepower
rempaardenkracht ★ ~ lights remlichten ★ put a
~ on s.th. (iets af)remmen; (iets) matigen
bramble/'bræmbl/ [znw] braamstruik
bran/bræn/ [znw] zemelen
branch/brɑːntʃ/ I [on ww] z. vertakken ★ (~ off)
afslaan ★ (~ out) z. uitbreiden (v. zaken) II [znw]
● (zij)tak ● branche ● filiaal
brand/brænd/ I [ov ww] brandmerken ★ ~ upon
o.'s memory in het geheugen griffen ★ ~ed as a
liar gebrandmerkt als een leugenaar ★ ~ing iron
brandijzer II [znw] ● brandmerk ● merk, soort
★ fakkel, brandend stuk hout ★ ~ name merknaam
brandish/'brændɪʃ/ [ov ww] zwaaien met
brandnew/brænd'nju:/ [bnw] splinternieuw
brandy/'brændɪ/ [znw] ● cognac ● brandewijn
brash/bræʃ/ I [znw] ● steenslag ● oprisping van
(maag)zuur II [bnw] onverschrokken, brutaal
brass/brɑːs/ I [znw] ● geelkoper, brons ● centen
★ brutaliteit ● bronzen grafplaat ★ (muz.) koperen
instrumenten ★ as bold as ~ zo brutaal als de beul
★ (mil.) the ~ hats de hoge omes ★ the top ~ de
hoge omes II [bnw] koperen, bronzen ★ ~ band
fanfarekorps ★ ~ knuckles boksbeugel ★ ~ plate

naamplaat ★ get down to ~ tacks spijkers met
koppen slaan
brassie/'bræsɪ/ [znw] soort golfclub
brassière/'bræzɪə/ [znw] beha, bustehouder
brassy/'brɑːsɪ/ [bnw] ● koperachtig ● brutaal,
onbeschaamd ● aanmatigend ● opdringerig
brat/bræt/ [znw] blaag, jochie
bravado/brə'vɑːdəʊ/ [znw] vertoon van moed/lef
brave/breɪv/ I [ov ww] tarten, trotseren ★ ~ (it)
out geen krimp geven; z. er doorheen slaan ★ ~ a
difficult situation een moeilijke situatie
doorstaan II [znw] indianenkrijger III [bnw]
dapper, flink ★ put a ~ face on z. sterk houden
bravery/'breɪvərɪ/ [znw] ● praal ● dapperheid
brawl/brɔːl/ I [on ww] ruziën II [znw] ruzie
brawn/brɔːn/ [znw] ● spieren ● zult, hoofdkaas
brawny/'brɔːnɪ/ [bnw] gespierd
bray/breɪ/ I [ov ww] fijnstampen II [on ww]
● balken ● schetteren (v. trompet) III [znw]
● gebalk ● geschetter
braze/breɪz/ [ov ww] ● koperkleur geven ● solderen
brazen/'breɪzən/ I [ov ww] ★ ~ it out zich er
brutaal uit redden II [bnw] ● koperen ● schel
● brutaal
brazen-faced/breɪzən'feɪst/ [bnw] onbeschaamd
brazier/'breɪzɪə/ [znw] ● koperslager ● komfoor
Brazil/brə'zɪl/ [znw] Brazilië
Brazilian/brə'zɪlɪən/ I [znw] Braziliaan(se)
II [bnw] Braziliaans
breach/briːtʃ/ I [ov ww] bres maken II [on ww]
springen (v. walvis) III [znw] ● bres ● breuk
● stortzee ● sprong (v. walvis) ★ ~ of
promise/faith trouwbeloftebreuk; woordbreuk ★ ~
of the peace ordeverstoring ★ step into the ~ te
hulp komen
bread/bred/ [znw] ● brood ● voedsel ● (sl.) poen
★ (slice of) ~ and butter boterham ★ be the ~
and butter of an organisation het hoofdinkomen
v.e. organisatie vormen ★ ~ and butter Miss
bakvis ★ ~ and butter issues vitale kwesties ★ ~
and butter letter bedankbriefje na logeerpartij
★ ~ and milk broodpap ★ ~ basket broodmandje;
maag ★ ~winner of the family kostwinner v.h.
gezin ★ his ~ is buttered on both sides 't gaat
hem zeer goed ★ know which side o.'s ~ is
buttered on zijn eigen voordeel kennen ★ make
o.'s ~ zijn brood verdienen ★ on the ~line zeer
arm ★ ship's ~ scheepsbeschuit ★ (inf.) the best
thing since sliced ~ iets fantastisch ★ the ~ and
butter end het ondankbare werk
bread-crumb/'bredkrʌm/ [znw] ● kruimel
● paneermeel
breadth/bredθ/ [znw] ● breedte, breedheid ● baan
breadwinner/'bredwɪnə/ [znw] kostwinner
break/breɪk/ I [ov + on ww] ● (ver)breken
● aanbreken, afbreken, losbreken ● (laten) springen
(v. bank) ● temmen ● overtreden ● veranderen ★ a
~ in the weather een plotselinge weersomslag ★ ~
a bottle een fles (drank) openmaken ★ ~ a horse
een paard africhten ★ ~ a p.'s head iem. een gat in
het hoofd slaan ★ ~ even gutje spelen ★ ~
free/loose/out z. losrukken ★ ~ ground
baanbrekend werk doen ★ ~ ranks de gelederen
verbreken ● (mil.) ★ step/pace uit de pas/maat
gaan ★ ~ the ice het ijs breken ★ ~ the law de wet
overtreden ★ ~ the news 't nieuws voorzichtig
mededelen ★ ~ the surface aan de oppervlakte
komen (v. water) ★ ~ up a meeting een
vergadering besluiten ★ (sport) the ball ~s de bal
heeft effect ★ the quarry broke cover het wild
kwam uit zijn schuilplaats ★ you broke up het
raakte uit tussen jullie ● (~ away) zich losrukken,

B

onafhankelijk worden (v. land) • (~ **down**) tekortschieten, in tranen uitbarsten, afbreken, specificeren, bezwijken, defect raken, vast komen te zitten • (~ **in**) interrumperen, africhten (v. paard) • (~ **into**) aanbreken, aanspreken (v. geld), inbreken in • (~ **off**) pauzeren, onderbreken, beëindigen • (~ **through**) doordringen, ontdekt worden • (~ **with**) (band) verbreken met **II** [ov ww] • (~ **in**) africhten, inlopen (v. schoenen) **III** [on ww] • (~ **away**) wegrennen, ontsnappen, zich losmaken van (fig.) • (~ **in**) inbreken, interrumperen • (~ **off**) afbreken, pauzeren, zijn mond houden • (~ **through**) doorbreken **IV** [znw] • breuk • verandering • pauze • kans • serie (bij biljarten) • effect (bij cricket) • brik • (hand.) plotselinge prijsdaling ★ (mil.) a ~ in the line een verbreking van de linie ★ ~ of day dageraad ★ ~-even point evenwichtspunt; omslagpunt ★ (inf.) he never got a ~ hij heeft nooit een kans gehad ★ take a ~ er eens even tussenuit trekken ★ without a ~ onafgebroken

breakable /'breɪkəbl/ [bnw] breekbaar
breakage /'breɪkɪdʒ/ [znw] • breuk • gebroken waar
breakaway /'breɪkəweɪ/ [znw] afscheiding, afgescheiden groep
breakdown /'breɪkdaʊn/ [znw] • instorting • defect, storing • specificatie ★ a nervous ~ een zenuwinzinking
breaker /'breɪkə/ [znw] • vaatje • stortzee
breakers /'breɪkəz/ [mv] branding
breakfast /'brekfəst/ **I** [ov ww] ontbijten **II** [znw] ontbijt
break-in [znw] inbraak
breaking /'breɪkɪŋ/ [znw] ★ strained to ~ point tot het uiterste gespannen
breakneck /'breɪknek/ [bnw] halsbrekend ★ at ~ speed met razende snelheid
break-off [znw] (plotseling) einde v.d. aanval
breakout /'breɪkaʊt/ [znw] uitbraak
breakthrough /'breɪkθruː/ [znw] doorbraak
break-up [znw] opheffing, beëindiging
breakwater /'breɪkwɔːtə/ [znw] • golfbreker • havendam
bream /briːm/ [znw] brasem
breast /brest/ **I** [ov ww] • worstelen tegen • bestijgen • trotseren • doorklieven **II** [znw] • borst, boezem • voorkant ★ ~ pocket borstzak ★ make a clean ~ of s.th. iets opbiechten
breastbone /'brestbəʊn/ [znw] borstbeen
breast-feed [ov + on ww] borstvoeding geven
breastplate /'brestpleɪt/ [znw] borstschild
breast-stroke /'breststrəʊk/ [znw] borstslag
breastwork /'brestwɜːk/ [znw] borstwering
breath /breθ/ [znw] adem, zuchtje ★ a ~ of air een zuchtje ★ bad ~ slechte adem ★ below o.'s ~ fluisterend ★ ~ test ademtest ★ draw ~ inademen ★ get o.'s ~ back weer op adem komen ★ hold/catch o.'s ~ de adem inhouden ★ in the same ~ in één adem ★ it's a waste of ~ het heeft geen zin er over te praten ★ keep your ~ to cool your porridge hou je kalm ★ out of ~ buiten adem ★ short of ~ kortademig ★ take a ~ een luchtje scheppen ★ take away a p.'s ~ iem. de adem benemen ★ the ~ of life noodzaak ★ with bated ~ met ingehouden adem
breathalyse /'breθəlaɪz/ (inf.) [ov ww] ademproef afnemen
breathalyser /'breθəlaɪzə/ (inf.) [znw] blaaspijpje (voor alcoholcontrole)
breath-catching [znw] adembenemend

breathe /briːð/ [ov + on ww] • ademen, ademhalen • ruisen • blazen • fluisteren • ~ o.'s last de laatste adem(tocht) uitblazen ★ breathing down o.'s neck op de vingers kijken ★ breathing space adempauze ★ don't ~ a word geen woord erover ★ ~ in/out) in/uitademen
breather /'briːðə/ [znw] • flinke lichaamsbeweging • korte rust ★ (inf.) take a ~ een pauze nemen
breathing /'briːðɪŋ/ [znw] ademhaling
breathing-space /'briːðɪŋspeɪs/ [znw] adempauze
breathless /'breθləs/ [bnw] • ademloos, buiten adem • bladstil
breathtaking /'breθteɪkɪŋ/ [bnw] adembenemend ★ a ~ view een buitengewoon fraai uitzicht
bred /bred/ verl. tijd + volt. deelw. → **breed**
breech /briːtʃ/ [znw] • achterste, stuit • kulas • staartstuk (v. geweer) ★ (med.) ~ presentation stuitligging
breech-block [znw] sluitstuk
breechcloth /'briːtʃkloθ/ [znw] lendedoek
breeches /'brɪtʃɪz/ [mv] (rij)broek
breed /briːd/ **I** [ov + on ww] • voortbrengen • kweken, fokken • opvoeden • born and bred geboren en getogen • bred in the bone aangeboren ★ ~ bad blood kwaad bloed zetten **II** [znw] ras, soort
breeder /'briːdə/ [znw] fokker ★ ~ reactor kweekreactor
breeding /'briːdɪŋ/ [znw] opvoeding, manieren ★ ~ ground kweekplaats; broedplaats
breeze /briːz/ [znw] • afval van cokes • bries • ruzie ★ ~ block B2-blok
breezy /'briːzi/ [bnw] • joviaal • winderig, fris
brethren /'breðrən/ [mv] → **brother**
breve /briːv/ [znw] • (muz.) twee hele noten • (taalk.) boogje boven korte klinker
brevet /'brevɪt/ [znw] brevet
breviary /'briːvɪəri/ [znw] brevier (r.-k.)
brevity /'brevɪti/ [znw] kortheid, bondigheid
brew /bruː/ **I** [ov + on ww] • brouwen • broeien • uitbroeden ★ a storm is brewing er broeit wat (ook fig.) • (inf.) brew up thee zetten **II** [znw] brouwsel ★ home brew zelfgebrouwen bier
brewer /'bruːə/ [znw] brouwer
brewery /'bruːəri/ [znw] brouwerij
briar /'braɪə/ → **brier**
bribe /braɪb/ **I** [ov ww] omkopen **II** [znw] steekpenning
bribery /'braɪbəri/ [znw] omkoperij
bric-à-brac [znw] snuisterijen, curiosa
brick /brɪk/ **I** [ov ww] • (~ **in/up**) dichtmetselen • (~ **off**) ommuren **II** [znw] • blok (v. bouwdoos) • baksteen • (inf.) a real ~ een beste kerel/meid • come down on s.o. like a ton of ~s heftig tegen iem. uitvaren • drop a ~ zijn mond voorbijpraten **III** [bnw] van bakstenen
bricklayer /'brɪkleɪə/ [znw] metselaar
brick-red /brɪk'red/ [bnw] steenrood
brickwork /'brɪkwɜːk/ [znw] metselwerk
brickworks /'brɪkwɜːks/ [mv] steenbakkerij
brickyard /'brɪkjɑːd/ [znw] steenbakkerij
bridal /'braɪdl/ **I** [znw] bruiloft **II** [bnw] bruids-
bride /braɪd/ [znw] bruid ★ ~-to-be aanstaande bruid
bridegroom /'braɪdgruːm/ [znw] bruidegom
bridesmaid /'braɪdzmeɪd/ [znw] bruidsmeisje
bridge /brɪdʒ/ **I** [ov ww] overbruggen ★ ~ the gap between ... de kloof overbruggen tussen ... **II** [znw] • brug • rug (v. neus) • kam (v. viool) • bridge • burn o.'s ~s zijn schepen achter zich verbranden ★ cross that ~ when you come to it ga niet op de

zaken vooruit lopen ★ that is water under the ~
dat is verleden tijd

bridgedrive/ˈbrɪdʒdraɪv/ [znw] bridgewedstrijd

bridgehead/ˈbrɪdʒhed/ [znw] bruggenhoofd

bridle/ˈbraɪdl/ I [ov ww] beteugelen II [on ww] het
hoofd in de nek werpen III [znw] ● toom
● hoofdstel en bit ● beteugeling ★ ~ path/way
ruiterpad

brief/briːf/ I [ov ww] instrueren II [znw]
● pauselijk schrijven ● dossier ● instructie ● ⟨jur.⟩
hold a ~ een zaak behandelen; belangen
verdedigen III [bnw] kort, bondig ★ in ~ kortom;
in het kort

briefcase/ˈbriːfkeɪs/ [znw] aktetas

briefing/ˈbriːfɪŋ/ ● instructie(s) ● voorlichting

briefless/ˈbriːfləs/ [bnw] ★ ~ barrister advocaat
zonder praktijk

briefs/briːfs/ [mv] slip(je)

brier/braɪə/ [znw] ● wilde roos ● heidesoort
● doornstruik ★ ~ pipe pijp ★ sweet ~ egelantier

brig/brɪg/ [znw] brik

brigade/brɪˈgeɪd/ [znw] brigade

brigadier/brɪgəˈdɪə/ [znw] ★ ~ (general)
brigadegeneraal

brigand/ˈbrɪgənd/ [znw] bandiet, rover

bright/braɪt/ [bnw] ● helder, schitterend ● pienter
● levendig ★ ~ and early voor dag en dauw
● ⟨iron.⟩ ~ spark slimmerik ★ look on the ~ side
de dingen van de zonzijde bezien ★ the ~ lights
het uitgaanscentrum

brighten/ˈbraɪtn/ [ov + on ww] ● (~ up) opklaren,
opvrolijken, (doen) opleven, (doen) opfleuren

bright-eyed[bnw] met heldere/stralende ogen

brilliance/ˈbrɪliəns/ [znw] schittering, glans

brilliant/ˈbrɪliənt/ I [znw] briljant II [bnw]
briljant, schitterend

brim/brɪm/ I [ov ww] ● (~ over) overlopen
★ brim over with bruisen/overlopen van II [znw]
● boord ● rand ★ fill to the brim tot de rand vullen

brimful(l)/ˈbrɪmˈfʊl/ [bnw] boordevol

brimstone/ˈbrɪmstəʊn/ [znw] ● zwavel
● helleveeg ★ fire and ~ het hellevuur

brindle(d)/ˈbrɪndl(d)/ [bnw] bruingeel met strepen

brine/braɪn/ I [ov ww] pekelen II [znw] ● pekel
● het zilte nat

bring/brɪŋ/ [ov ww] ● (mee)brengen, aanvoeren
● indienen ★ ~ down the house geweldig applaus
veroorzaken ⟨econ.⟩ ~ forward an amount
transporteren ★ ~ home to doen beseffen ★ ~
influence to bear van invloed uitoefenen ★ ~ into
play erbij betrekken ★ ~ it home to a p. iem. iets
inpeperen ★ ~ low aan lager wal brengen;
vernederen ★ ~ to mind voor de geest halen ★ he
will ~ it of hij komt er wel ★ they brought up the
rear zij vormden de achterhoede ● (~ about) van
richting veranderen ⟨v. schip⟩, veroorzaken ★ (~
along) meebrengen, stimuleren in groei/bloei,
aanmoedigen ● (~ **back**) terugbrengen, in de
herinnering terugbrengen, opnieuw invoeren ● (~
down) neerhalen, verlagen, verslaan, doen vallen
● (~ **forth**) opleveren, baren, veroorzaken ● (~
forward) vervroegen, naar voren brengen ● (~ **in**)
binnenhalen ⟨v. oogst⟩, inbrengen, erbij halen,
introduceren/indienen ⟨v. wetsontwerp⟩ ● (~ **on**)
veroorzaken ● (~ **out**) doen uitkomen, uitgeven, in
de handel brengen ● (~ **over**) laten overkomen
● (~ **round**) overtuigen, meebrengen, bijbrengen
⟨v. bewusteloos iem.⟩ ● (~ **through**) er bovenop
helpen, er doorslepen ● (~ **to**) bijbrengen ● (~
together) samenbrengen ● (~ **under**)
bedwingen, onderdrukken ● (~ **up**) naar voren
brengen, opvoeden ★ ~ up to date moderniseren;

bijwerken ⟨v. boeken⟩

brink/brɪŋk/ [znw] rand

brinkman/ˈbrɪŋkmən/ [znw] waaghals

brinkmanship/ˈbrɪŋkmənʃɪp/ [znw] politieke
koorddanserij

briny/ˈbraɪnɪ/ I [znw] ⟨sl.⟩ zee II [bnw] zilt

brisk/brɪsk/ I [ov + on ww] versnellen ★ ~ up
levendig worden; opfleuren II [bnw] ● levendig,
kwiek ● opwekkend ★ a ~ walk een energieke
manier van lopen ★ doing ~ business levendige
handel drijven

brisket/ˈbrɪskɪt/ [znw] borststuk ⟨v. rundvlees⟩

bristle/ˈbrɪsəl/ I [ov + on ww] ● overeind gaan
staan ● nijdig worden ★ (~ **with**) vol zitten met,
wemelen van II [znw] ● borstel(haar) ● stoppel
★ make one ~ iem. nijdig maken

bristly/ˈbrɪslɪ/ [bnw] borstelig, stekelig

Britain/ˈbrɪtn/ [znw] Brittannië

Britannic, British/brɪˈtænɪk/ [bnw] Brits

Briton/ˈbrɪtn/ [znw] Brit

Brittany/ˈbrɪtənɪ/ [znw] Bretagne

brittle/ˈbrɪtl/ [bnw] bros, broos

broach/brəʊtʃ/ I [ov ww] ● aanbreken
● aansnijden ⟨v. onderwerp⟩ II [znw] ● braadspit
● boorstift ● torenspits

broad/brɔːd/ I [znw] ● slet ★ ⟨AE/sl.⟩ meisje, vrouw
II [bnw] ● breed, wijd ● plat ⟨v. taalgebruik⟩
● algemeen ● uitgestrekt ★ Broad Church
vrijzinnige vleugel v. Engelse Kerk ★ ~ accent
dialect ★ ~ hint duidelijke wenk ★ ~ jest grove
grap ● ⟨AE⟩ ~ jump versprong ★ in ~ daylight op
klaarlichte dag ★ in ~ outline in grote trekken

broadcast/ˈbrɔːdkɑːst/ I [ov + on ww]
● omroepen, uitzenden ● uitzaaien II [znw]
● uitzending III [bnw] ● verspreid gezaaid
● uitgezonden

broadcloth/ˈbrɔːdklɒθ/ [znw] zwart laken

broaden/ˈbrɔːdn/ [ov + on ww] ★ travel ~s the
mind door reizen verruimt men de blik ● (~ **out**)
verbreden, verruimen

broad-minded/ˈbrɔːdˈmaɪndɪd/ [bnw]
ruimdenkend

broadsheet/ˈbrɔːdʃiːt/ [znw] ● aan één kant
bedrukt groot blad papier ● vlugschrift

broadside/ˈbrɔːdsaɪd/ [znw] ● ⟨scheepv.⟩ breedzij
● ⟨vero.⟩ volle laag

brocade/brəˈkeɪd/ [znw] brokaat

broccoli/ˈbrɒkəlɪ/ [znw] broccoli

brock/brɒk/ [znw] ● das ⟨dier⟩ ● vieze vent

brogue/brəʊg/ [znw] ● zware schoen ● dialectisch
⟨Iers/Schots⟩ accent

broil/brɔɪl/ I [ov + on ww] ● braden ⟨in de zon⟩
● ⟨AE⟩ op rooster braden ★ ~ing day snikhete
dag II [znw] ● herrie ● ⟨AE⟩ geroosterd vlees

broiler/ˈbrɔɪlə/ [znw] ● herrieschopper
● braadrooster ● braadkip

broke/brəʊk/ I [ww] o.v.t. → **break** II [bnw]
geruïneerd, op zwart zaad ★ go ~ op de fles gaan;
blut raken ● ⟨inf.⟩ go for ~ je uit de naad werken

broken/ˈbrəʊkən/ I [ww] volt. deelw. → **break**
II [bnw] gebroken ★ a ~ man een gebroken man
★ ~ English gebrekkig Engels ★ ~ bread ★ ~
home éénoudergezin ★ ~ marriage stukgelopen
huwelijk ★ ~ meat kliekjes ★ ~ money kleingeld

broken-down[bnw] vervallen, kapot

broken-hearted[bnw] geslagen, gebroken ⟨v.
verdriet⟩

broken-winded[bnw] dampig ⟨v. paard⟩

broker/ˈbrəʊkə/ [znw] ● uitdrager ● makelaar

brokerage/ˈbrəʊkərɪdʒ/ [znw] ● makelaardij
● ⟨hand.⟩ courtage

bromide/ˈbrəʊmaɪd/ [znw] ● gemeenplaats

B

● ⟨chem.⟩ bromide
bromine/'brəʊmi:n/ [znw] broom
bronchi, bronchia/'brɒŋkaɪ/ [mv]
luchtpijpvertakkingen
bronchitis/brɒŋ'kaɪtɪs/ [znw] bronchitis
bronze/brɒnz/ **I** [ov + on ww] ● bronzen ● bruin
worden **II** [znw] ● brons ● kunstwerk in brons
● bronskleur * Bronze Age bronstijd * ~ medal
≈ derde prijs **III** [bnw] ● bronzen ● bronskleurig
brooch/brəʊtʃ/ [znw] broche
brood/bru:d/ **I** [on ww] broeden ● (~ on/over)
tobben over **II** [znw] broedsel, gebroed
broodmare/'bru:dmeə/ [znw] fokmerrie
broody/'bru:dɪ/ [bnw] broeds
brook/brʊk/ **I** [ov ww] dulden * he would ~ no
nonsense hij duldde geen flauwekul **II** [znw] beek
brooklet/'brʊklət/ [znw] beekje
broom/bru:m/ **I** [ov ww] bezemen **II** [znw]
● bezem ● brem * marry over the ~stick
ongehuwd samenwonen
broth/brɒθ/ [znw] bouillon * Scotch ~ Schotse
maaltijdsoep
brothel/'brɒθəl/ [znw] bordeel
brother/'brʌðə/ [znw] ● broer ● collega * big ~
instantie of autoriteit die teveel macht uitoefent
brotherhood/'brʌðəhʊd/ [znw] broederschap
brother-in-law/'brʌðərɪnlɔ:/ [znw] zwager
brotherly/'brʌðəlɪ/ [bnw + bijw] broederlijk
brougham/'bru:əm/ [znw] coupé ⟨met één paard⟩
brought/brɔ:t/ verl. tijd + volt. deelw. → **bring**
brow/braʊ/ [znw] ● voorhoofd ● wenkbrauw * top
⟨v. heuvel⟩ ● uitstekende rand ⟨scheepv.⟩
loopplank * highbrow intellectueel * knit o.'s
brows het voorhoofd fronsen * ⟨pej.⟩ lowbrow
niet-intellectueel
browbeat/'braʊbi:t/ [ov ww] intimideren
brown/braʊn/ **I** [ov + on ww] bruin
worden/maken, bruineren * ⟨inf.⟩ ~ed off
afgeknapt **II** [znw] ● bruin ● koperen munt
III [bnw] bruin * as ~ as a berry zeer bruin * ~
bread volkorenbrood * ~ paper pakpapier * ~
rice zilvervliesrijst * ~ sugar groene zeep * ~ sugar
bruine suiker * ~ ware bruin aardewerk * do ~
bedonderen * in a ~ study in gepeins verzonken
brownie/'braʊnɪ/ [znw] ● camera ● goedaardige
kabouter * kabouter (padvinder) ● gebak met
noten * ⟨AE⟩ chocolate ~ chocoladegebakje * ⟨inf.⟩
earn ~ points ergens lof voor krijgen
browning/'braʊnɪŋ/ [znw] gebruinde suiker of
meel om jus te kleuren
brownstone/'braʊnstəʊn/ [znw] roodbruine
zandsteen, gebruikt als bouwsteen
browse/braʊz/ **I** [ov + on ww] ● grazen
● knabbelen ● grasduinen ● rondneuzen **II** [znw]
twijgen, scheuten ⟨als veevoer⟩
B.R.S. [afk] ⟨British Road Services⟩ Britse
Wegenwacht
bruise/bru:z/ **I** [ov ww] ● fijnstampen ● kneuzen
● kwetsen **II** [znw] blauwe plek
brunch/brʌntʃ/ [znw] ontbijt en lunch ineen
brunt/brʌnt/ [znw] ● geweld ● schok * bear the ~
het 't hardst te verduren hebben
brush/brʌʃ/ **I** [ov + on ww] ● vegen ● borstelen
* ⟨inf.⟩ a ~ing down een uitbrander * he ~ed
past me hij liep vlak langs me ● (~ aside) opzij
schuiven, negeren ● (~ by) langssnellen ● (~
down) afborstelen ● (~ off) schoonvegen,
afwijzen ● (~ up) ⟨inf.⟩ opfrissen ⟨v. kennis⟩
II [ov ww] ● (~ off) afborstelen, afwijzen,
afschepen **III** [znw] ● borstel ● schermutseling
● vossenstaart ● kwast, penseel * give me a ~
borstel me even af

brush-off[znw] afscheping * give s.o. the ~ iem.
eruit kegelen
brushwood/'brʌʃwʊd/ [znw] ● kreupelhout
● sprokkelhout
brusque/brʊsk/ [bnw] bruusk, kortaf
brusqueness/'brʊsknəs/ [znw] bruuskheid
brutal/'bru:tl/ [bnw] ● wreed, beestachtig ● grof
brutality/bru:'tælɪt/ [znw] ● wreedheid
● beestachtigheid
brutalize/'bru:təlaɪz/ [ov ww] ● onmenselijk
behandelen ● verwilderen, verdierlijken
brute/bru:t/ **I** [znw] ● bruut ● beest **II** [bnw]
● redeloos ● woedend ● wreed * ~ strength/force
grof geweld
brutish/'bru:tɪʃ/ [bnw] dierlijk
bubble/'bʌbl/ **I** [on ww] ● bobbelen, borrelen ● (~
over with) overlopen van * ~ over with
excitement zijn mond niet kunnen houden van
opwinding ● (~ up) opborrelen **II** [znw]
● ⟨lucht⟩bel ● zeepbel ⟨ook fig.⟩ * ~ bath
badschuim; schuimbad * ~ car autootje met
doorzichtige (plastic) kap * ~ gum klapkauwgom
* the ~ burst de zeepbel spatte uiteen; men kwam
bedrogen uit
bubbly/'bʌblɪ/ [bnw] ● bruisend, sprankelend
● uitgelaten * ⟨inf.⟩ ~ champagne
bubonic/bju:'bɒnɪk/ [bnw] * ~ plague builenpest
buccaneer/bʌkə'nɪə/ **I** [on ww] zeeroverij plegen
II [znw] boekanier
buck/bʌk/ **I** [ov + on ww] ● bokken * ⟨inf.⟩ buck the
question de vraag vermijden ● bucking bronco
bokkend rodeopaard ● (~ up) ⟨inf.⟩ moed
houden/inspreken **II** [znw] ● (ree)bok ● rammelaar
⟨konijn⟩ * fat aalfuik ● praats * ⟨AE⟩ dollar * old
buck ouwe jongen * ⟨inf.⟩ pass the buck
verantwoordelijkheid op iem. anders afschuiven
* ⟨inf.⟩ the buck stops here de uiteindelijke
verantwoordelijkheid ligt bij mij
bucket/'bʌkɪt/ **I** [ov + on ww] ● doorjakkeren,
afjakkeren * ⟨inf.⟩ rain is ~ing down de regen
komt met bakken naar beneden **II** [znw] ● emmer
● schoep ● pompzuiger ● koker * ~ seat kuipstoel
⟨in auto⟩; harde bank ⟨v. vliegtuig⟩ * give the ~
iem. ontslaan * ⟨inf.⟩ kick the ~ het hoekje
omgaan * she cried ~s ze huilde tranen met tuiten
bucketful/'bʌkɪtfʊl/ [znw] emmer(vol)
bucket-shop[znw] kantoor voor beursspeculanten
buckish/'bʌkɪʃ/ [bnw] fatterig
buckle/'bʌkl/ **I** [ov + on ww] ● vastgespen
● kromtrekken, verbuigen ● in elkaar zakken * ~
in/on met een gesp vastmaken ● (~ down to)
⟨inf.⟩ z. er toe zetten **II** [znw] gesp
buckler/'bʌklə/ [znw] ● schild ● beukelaar
buckram/'bʌkrəm/ **I** [znw] ● grof, stijf linnen
● stijfheid **II** [bnw] stijf
buckshee/bʌk'ʃi:/ ⟨sl.⟩ **I** [bnw + bijw] extra, gratis
II [znw] ⟨mil.⟩ extra rantsoen
buckshot/'bʌkʃɒt/ [znw] grove hagel
buckskin/'bʌkskɪn/ [znw] hertenleer
buck-tooth/bʌk'tu:θ/ [znw] bovenste voortand
buckwheat/'bʌkwi:t/ [znw] boekweit
bucolic/bju:'kɒlɪk/ ⟨form.⟩ **I** [znw] ● buitenman
● ⟨lit.⟩ herdersgedicht **II** [bnw] ● landelijk
● herderlijk
bud/bʌd/ **I** [ov + on ww] ● uitbotten ● ontluiken
● z. ontwikkelen ● enten * budding in de dop
II [znw] ● knop ● kiem * in bud knoppen vormend
* nip in the bud in de kiem smoren * taste buds
smaakpapillen
Buddhism/'bʊdɪzəm/ [znw] boeddhisme
Buddhist/'bʊdɪst/ **I** [znw] boeddhist **II** [bnw]
boeddhistisch

B

buddy /'bʌdɪ/ ⟨AE/inf.⟩ [znw] broer, maat, vriend
● ~ seat dubbel motorzadel
budge /bʌdʒ/ [on ww] z. verroeren ● ⟨inf.⟩ ~ up opschuiven ● don't ~ geef niet toe
budgerigar, budgie /'bʌdʒərɪgaː/ [znw] grasparkiet
budget /'bʌdʒɪt/ I [ov + on ww] ★ ~ for post opnemen in de begroting II [znw] budget, begroting
budgetary /'bʌdʒɪtrɪ/ [bnw] budgettair
buff /bʌf/ I [ov ww] polijsten II [znw] ● bruingeel
● bruingeel leer ● enthousiasteling, fan ● dreun, stoot ★ a jazz buff een jazzliefhebber ★ in the buff spiernaakt III [bnw] bruingeel
buffalo /'bʌfələʊ/ [znw] ● bizon, buffel
● amfibietank
buffer /'bʌfə/ [znw] ● buffer ● stootkussen
● tussengeheugen ● ⟨comp.⟩ invoer- of uitvoergebied ★ old ~ ouwe baas
buffet I [ov ww] /'bʌfɪt/ ● worstelen ● slaan, stompen ★ a ~ing wind harde windstoten ★ the ship was ~ed by the waves de golven beukten tegen het schip II [znw] ● /'bʊfeɪ/ buffet ⟨v. station⟩ ● /'bʊfeɪ/ restauratie(wagon) ● /'bʊfeɪ/ koude maaltijd ● /'bʌfɪt/ klap ⟨met de hand⟩ ● /'bʊfeɪ/ buffet(kast) ★ a ~ lunch een lunch op feestje/receptie ★ ~ car wagon met buffet
buffoon /bʌ'fuːn/ ⟨vero.⟩ I [on ww] de pias spelen II [znw] clown, pias
buffoonery /bʌ'fuːnərɪ/ ⟨vero.⟩ [znw] hansworsterij
bug /bʌg/ I [ov ww] ● afluisteren ● hinderen, dwars zitten II [znw] ● wandluis ● insect ● ziektekiem, bacil, virus ● verborgen microfoon ● storing ★ be bitten by a bug ergens enthousiast voor worden
★ bedbug wandluis ★ big bug grote piet
bugaboo, bugbear /'bʌgəbuː/ [znw] ● boeman, schrikbeeld ● oorzaak van overlast
bugger /'bʌgə/ ⟨pej.⟩ I [ov ww] ★ ~ all geen sodemieter ● ⟨~ about/around⟩ pesten, sollen met ● ⟨~ up⟩ verknallen II [on ww] ★ ~ off! donder op ● ⟨~ about⟩ donderjagen, rondklooien III [znw] ● sodomiet ● viezerik ● poor ~ arme drommel
buggered /'bʌgəd/ [bnw] afgepeigerd
buggy /'bʌgɪ/ [znw] ● sportieve auto ● licht rijtuigje ★ baby ~ ⟨opvouwbare⟩ babywandelwagen
bugle /'bjuːgl/ I [ov + on ww] signaal blazen II [znw] signaalhoorn
bugle-call [znw] hoornsignaal
bugler /'bjuːglə/ [znw] hoornblazer
build /bɪld/ I [ov ww] ★ ~ing line rooilijn ● ⟨~ in⟩ inbouwen II [on ww] ● ⟨~ on⟩ vertrouwen op
builder /'bɪldə/ [znw] ● bouwer ● aannemer
building /'bɪldɪŋ/ [znw] gebouw ★ ~ block bouwsteen ⟨ook fig.⟩ ★ ~ society bouwfonds; hypotheekbank ★ ~-plot/-site bouwterrein; perceel
build-up /'bɪldʌp/ [znw] ● toename ● publiciteit
built /bɪlt/ verl. tijd + volt. deelw. → **build**
built-in [bnw] ingebouwd
built-up [bnw] ★ ~ area bebouwde kom
bulb /bʌlb/ I [on ww] bolvormig opzwellen II [znw]
● knol, (bloem)bol ● gloeilamp ● bulb farm bollenkwekerij ● bulb grower bollenkweker
bulbous /'bʌlbəs/ [bnw] ● bolvormig ● uitpuilend ⟨v. ogen⟩ ★ ~ nose dikke ronde neus
Bulgarian /bʌl'geərɪən/ I [znw] Bulgaar II [znw] Bulgaars
bulge /bʌldʒ/ I [ov + on ww] (doen) uitpuilen ● ⟨inf.⟩ bulging files uitpuilende dossiers II [znw] bobbel, uitzetting
bulgy /'bʌldʒɪ/ [bnw] ● uitpuilend ● opgezwollen
bulk /bʌlk/ I [ov ww] ● ⟨~ up⟩ optassen, aangroeien

II [on ww] ★ bulk large van groot belang/grote omvang lijken III [znw] ● partij ● het grootste deel
● lading ● massa, omvang ★ bulk buying in grote hoeveelheden kopen ★ bulk cargo lading stortgoederen ★ bulk goods goederen die in grote hoeveelheden verhandeld worden ★ buy/sell in bulk in grote hoeveelheden kopen/verkopen ★ load in bulk met stortgoederen laden
bulkhead /'bʌlkhed/ [znw] ● ⟨luchtv.⟩ scheidingswand ● ⟨scheepv.⟩ waterdicht schot
bulky /'bʌlkɪ/ [bnw] omvangrijk
bull /bʊl/ I [ov + on ww] à la hausse speculeren ★ bull the market de markt opdrijven II [znw]
● stier ⟨ook v. olifant, walvis⟩ ● haussier
● pauselijke bul ● ⟨AE smeris⟩ ● ⟨Irish⟩ bull grappige ongerijmdheid ★ a great bull of a man grote, onhandige, vaak agressieve kerel ● ⟨sl.⟩ a load of bull! een hoop onzin! ★ like a bull in a china shop buitengewoon onhandig ★ take a bull by the horns de stier bij de horens vatten
bull-calf [znw] ● stierkalf ● sufferd
bulldoze /'bʊldəʊz/ [ov ww] ● met een bulldozer bewerken ● intimideren ★ ~ s.o. into s.th. iem. ergens toe dwingen
bullet /'bʊlɪt/ [znw] ● geweerkogel ● loodkogeltje ★ bite the ~ de gevolgen onder ogen zien
bulletin /'bʊlətɪn/ [znw] bulletin ● ⟨AE⟩ ~ board mededelingenbord
bulletproof /'bʊlɪtpruːf/ [bnw] kogelvrij
bullfight /'bʊlfaɪt/ [znw] stierengevecht
bullfighter /'bʊlfaɪtə/ [znw] stierenvechter
bullfinch /'bʊlfɪntʃ/ [znw] goudvink
bullhead /'bʊlhed/ [znw] stommerd
bull-headed /bʊl'hedɪd/ [bnw] ● onbesuisd ● stom ● koppig
bullion /'bʊlɪən/ [znw] ● ongemunt goud of zilver ● franje v. goud of zilverdraad
bullish /'bʊlɪʃ/ [bnw] ● stierachtig ⟨hand.⟩ met neiging tot oplopen ⟨v. o.a. effecten⟩
bullock /'bʊlək/ [znw] os
bullring /'bʊlrɪŋ/ [znw] arena voor stierengevechten
bull's-eye /'bʊlzaɪ/ [znw] ● rond raam
● dievenlantaarn ● halfbolle lens ● roos ⟨v. schietschijf⟩
bullshit /'bʊlʃɪt/ ⟨vulg.⟩ [znw] kletskoek, onzin
bully /'bʊlɪ/ I [ov ww] ● kwellen ● tiranniseren ● pesten II [znw] ● laffe kwelgeest ● het kruisen v.d. sticks ⟨bij hockey⟩ ★ tiran ★ ~ boy(s) zware jongen(s) III [bnw] reuze ● ⟨iron.⟩ ~ for you! uitstekend!
bulrush /'bʊlrʌʃ/ [znw] ● mattenbies ● lisdodde
bulwark /'bʊlwək/ [znw] ● verschansing ⟨ook fig.⟩ ● bolwerk ● golfbreker
bum /bʌm/ ⟨sl.⟩ I [ov ww] bedelen, bietsen ★ bum s.th. off s.o. om iets schooien bij iem. II [on ww] rondzwerven ● ⟨~ around⟩ nutteloos rondhangen III [znw] ● achterste ● ⟨AE⟩ landloper ★ soft as a baby bum zacht als satijn IV [bnw] van slechte kwaliteit ★ a bum record een waardeloze plaat
bumble /'bʌmbl/ [on ww] ● stuntelen ● mompelen
bumblebee /'bʌmblbiː/ [znw] hommel
bumble-foot [znw] horrelvoet
bumf, bumph /bʌmf/ ⟨inf.⟩ [znw] ● saai (verplicht) reclame-/studiemateriaal ● ⟨vero.⟩ closetpapier ● ⟨pej.⟩ paperassen
bump /bʌmp/ I [ov + on ww] ● bonzen ● botsen ● stoten ★ bump up against s.o. tegen iem. aan botsen ★ our car bumped over rough ground onze auto hobbelde over het ongelijkmatige terrein
● ⟨~ into⟩ ⟨inf.⟩ bij toeval ontmoeten, botsen tegen
● ⟨~ off⟩ ⟨inf.⟩ vermoorden ● ⟨~ up⟩ ⟨inf.⟩ verhogen ⟨v. prijs⟩ II [ov ww] ● ⟨~ up⟩ opkrikken,

B

opvijzelen **III** [znw] • bons • botsing • buil
• knobbel **IV** [bijw] pats-boem * he ran bump
against ... hij knalde tegen ...
bumper /'bʌmpə/ [znw] • bumper • buffer (v.
spoorwagen) • vol glas * ~ crop recordoogst * ~
to ~ traffic verkeer in file
bumpkin /'bʌmpkɪn/ (inf.) [znw] * (country) ~
boerenpummel; boerenkinkel
bumptious /'bʌmpʃəs/ [bnw] verwaand
bumpy /'bʌmpɪ/ [bnw] bultig, hobbelig * ~
road/ride hobbelige weg/rit
bun /bʌn/ [znw] • broodje • haarwrong * (pej.)
have a bun in the oven in verwachting zijn
* take the bun alles overtreffen
bunch /bʌntʃ/ **I** [ov + on ww] een bos vormen
* people ~ing together/up mensen die
samenklitten **II** [znw] • bos • tros • troep * she
wears her hair in ~es ze heeft haar haar in twee
staartjes * the best of a bad ~ de minst kwade v.h.
stel * the pick of the ~ de beste persoon/ding uit
een groep
bunchy /'bʌntʃɪ/ [bnw] • bultig • proppig • trossen
enz. vormend
buncombe /'bʌnkəm/ (vero.) → **bunkum**
bundle /'bʌndl/ **I** [ov + on ww] • oprollen
• inpakken • (~ off) wegwerken (v. persoon) * he
was ~d off to school hij werd snel naar school
gewerkt • (~ up) samenvoegen, z. warm kleden
II [on ww] • (~ up) zich warm aankleden
III [znw] bundel, bos, pak * a ~ of fun/joy iem.
die een hoop lol/plezier heeft * a ~ of nerves een en
al zenuwen * (inf.) he didn't really go a ~ on the
idea hij was niet al te enthousiast over het idee
bung /bʌŋ/ **I** [ov ww] dichtstoppen * (inf.) just
bung a pizza in the oven gooi maar een pizza in
de oven * my nose is bunged up mijn neus is
verstopt • (~ up) [inf.] verstoppen **II** [znw] stop
bungful [bnw] * ~ of propvol met
bunghole /'bʌŋhəʊl/ [znw] spongat
bungle /'bʌŋgl/ **I** [ov + on ww] (ver)prutsen
II [znw] prutswerk
bungler /'bʌŋglə/ [znw] prutser
bunion /'bʌnjən/ [znw] eeltknobbel onder grote teen
bunk /bʌŋk/ **I** [on ww] er tussenuit knijpen **II** [znw]
• kooi, couchette • ~ **bunkum** * bunk beds
stapelbedden * (inf.) do a bunk er tussenuit
knijpen
bunker /'bʌŋkə/ **I** [on ww] kolen innemen **II** [znw]
• kolenruim • zandkuil als hindernis (bij golf)
• betonnen schuilplaats
bunkum /'bʌŋkəm/ [znw] • onzin, blabla
• idioterie
bunny /'bʌnɪ/ [znw] konijntje
bunt /bʌnt/ [znw] • buik in net/zeil • korenbrand
(tarwezíekte)
buoy /bɔɪ/ **I** [ov ww] • (~ up) aanmoedigen,
drijvende houden, kracht geven **II** [znw] ton, boei
buoyancy /'bɔɪənsɪ/ [znw] • opgewektheid
• levendigheid • drijfvermogen • veerkracht
buoyant /'bɔɪənt/ [bnw] • drijvend • opgewekt * a
~ economy een gezonde economie
burble /'bɜːbl/ [on ww] • babbelen • borrelen
burden /'bɜːdn/ **I** [ov ww] • belasten • drukken
II [znw] • vracht • last • tonnage • refrein
• hoofdthema * beast of ~ lastdier * (jur.) ~ of
proof bewijslast
burdensome /'bɜːdnsəm/ (form.) [bnw] drukkend
burdock /'bɜːdɒk/ [znw] klis, klit
bureau /'bjʊərəʊ/ [znw] • schrijfbureau • kantoor
bureaucracy /bjʊə'rɒkrəsɪ/ [znw] bureaucratie
bureaucrat /'bjʊərəkræt/ [znw] bureaucraat
bureaucratic /bjʊərə'krætɪk/ [bnw]

bureaucratisch
burgee /bɜː'dʒiː/ [znw] kleine wimpel
burgeon /'bɜːdʒən/ **I** [on ww] snel groeien,
uitbotten * a ~ing movement een snel groeiende
beweging **II** [znw] knop
burgess /'bɜːdʒɪs/ [znw] • afgevaardigde v.
stad/universiteit • burger
burglar /'bɜːglə/ [znw] inbreker * ~ alarm
alarminstallatie
burglar-proof /'bɜːgləpruːf/ [znw] inbraakvrij
burglary /'bɜːglərɪ/ [znw] inbraak
burgle /'bɜːgl/ [ov + on ww] inbreken bij/in
burgomaster /'bɜːgəmɑːstə/ [znw] burgemeester
(vooral in Nederland en Duitsland)
burial /'berɪəl/ [znw] begrafenis * ~ ground(s)
begraafplaats * ~ service lijkdienst
burin /'bjʊərɪn/ [znw] burijn, graveerstift
burl /bɜːl/ **I** [ov ww] noppen **II** [znw] nop
burlap /'bɜːlæp/ [znw] jute
burlesque /bɜː'lesk/ **I** [ov ww] parodiëren **II** [znw]
• klucht • parodie * (AE) ~ house revuetheater
III [bnw] koddig
burly /'bɜːlɪ/ [bnw] zwaar, stevig
burn /bɜːn/ [ov + on ww] • (~ out) uitbranden,
opbranden (ook fig.)
burner /'bɜːnə/ [znw] pit (v. fornuis), brander
burnet /'bɜːnɪt/ [znw] (plant.) pimpernel
burning /'bɜːnɪŋ/ [bnw] • gloeiend • vurig * ~ hot
gloeiend heet * it is a ~ shame het is een grof
schandaal
burnish /'bɜːnɪʃ/ [ov ww] • glanzen • polijsten
• bruineren * ~ed brass/copper gepoetst koper
burnt /bɜːnt/ verl. tijd + volt. deelw. → **burn**
burnt-out [bnw] • opgebrand, uitgeblust
• uitgebrand • dakloos (door brand)
burp /bɜːp/ (inf.) [ov + on ww] een boer(tje) laten
burr /bɜː/ **I** [ov ww] • brommen • brouwen,
met keel-r spreken **II** [znw] • kring om de maan
• braam (in metaal) • molensteen • slijpsteen
bur(r) /bɜː/ [znw] klit (ook fig.)
burrow /'bʌrəʊ/ **I** [ov + on ww] • een hol maken
• wroeten (ook fig.) * ~ into s.th. z. ergens
nestelen **II** [znw] hol
bursar /'bɜːsə/ [znw] • thesaurier (v. universiteit)
• beursstudent
bursary /'bɜːsərɪ/ [znw] • kantoor v.d.
penningmeester • studiebeurs
burst /bɜːst/ **I** [ov + on ww] • losbarsten,
openbarsten, barsten • doorbreken, openbreken,
breken • (open)springen * ~ in on a p. bij iem.
binnenvallen * ~ into tears in tranen uitbarsten
* ~ out laughing in de lach schieten * ~ing at
the seams overvol * he ~ his sides with
laughter hij lachte zich slap * the river ~ its
banks de rivier trad buiten haar oevers * (~ with)
overlopen van * ~ing with pride apetrots * ~ing
with energy blakend van energie **II** [znw] • barst,
scheur • vlaag • opwelling * ~ of fire salvo
bury /'berɪ/ [ov ww] • begraven • verbergen * bury
the hatchet de strijdbijl begraven • (~ away)
naar een afgelegen oord verplaatsen
bus /bʌs/ **I** [on ww] met de bus gaan **II** [znw] • bus
• (inf.) kist (vliegtuig) • (inf.) wagen (auto) * bus
driver buschauffeur * bus shelter wachthuisje
* miss the bus de boot missen (fig.)
busby /'bʌzbɪ/ [znw] kolbak, berenmuts
bush /bʊʃ/ [znw] • oerwoud • haarbos • naafbus
• struik • rimboe * beat about the bush om de
hete brij heendraaien * good wine needs no bush
goede wijn behoeft geen krans
bushed /bʊʃt/ [bnw] bekaf
bushel /'bʊʃəl/ [znw] schepel * hide o.'s light

under a ~ zijn talenten voor anderen verbergen
Bushman/'buʃmən/ [znw] Bosjesman
bush-ranger [znw] struikrover
bushy/'buʃɪ/ [bnw] ● ruig ● begroeid ● a ~ tail een
volle staart ● ~ eyebrows borstelige wenkbrauwen
business/'bɪznəs/ [znw] ● taak ● zaken ● zaak
● beroep ● bedrijf ● kwestie ● agenda
* arryingcarrying – expeditiezaak * ⟨inf.⟩ ~ end
het deel waar alles om draait * ~ hours
kantooruren * he means ~ het is hem ernst * it's
none of your ~ het gaat je niet aan * ⟨inf.⟩ like
nobody's ~ als geen ander * on ~ voor zaken
* out of ~ buiten bedrijf ⟨wegens faillissement⟩
* send a p. about his ~ iem. de laan uitsturen
* show ~ amusementswereld * you have no ~ to
ask him je hebt geen recht hem dat te vragen
businesslike/'bɪznəslaɪk/ [bnw] zakelijk
businessman/'bɪznəsmæn/ [znw] zakenman
businesswoman/'bɪznəswʊmən/ [znw]
zakenvrouw
busk/bʌsk/ I [on ww] optreden als straatmuzikant
II [znw] korsetbalein
busker/'bʌskə/ [znw] straatzanger
busman/'bʌsmən/ [znw] busbestuurder * ~'s
holiday vakantie waarin men doorwerkt
bus-stop [znw] bushalte
bust/bʌst/ I [ov ww] kapot maken ● (~ up) in de
war sturen, verknallen II [on ww] kapot gaan ● (~
out) ⟨inf.⟩ met geweld ontsnappen ● (~ up)
trammelant hebben, uit elkaar gaan III [znw]
buste * go bust failliet gaan; over de kop gaan
* go on the bust aan de zwier gaan
bustard/'bʌstəd/ [znw] trapgans
bustle/'bʌsəl/ I [ov ww] opjagen II [on ww] ● (~
about) druk in de weer zijn III [znw] ● queue
● drukte
busy/'bɪzɪ/ I [ov ww] * busy o.s. z. bezighouden; z.
bemoeien II [znw] detective III [bnw] ● druk bezig
● rusteloos ● bemoeiziek * as busy as a bee zo
bezig als een bij * he is busy writing hij is druk
aan het schrijven
busybody/'bɪzɪbɒdɪ/ [znw] bemoeial
but/bʌt/ [vw] ● maar ● behalve ● slechts * I would
have come but I was ill ik zou gekomen zijn,
maar ik was ziek * anything but allesbehalve
* but for this ... als dit niet gebeurd was ... * but
then, I like such things maar ik houd dan ook
van dergelijke dingen * but what a suprise! wat
een verrassing! * he was all but run over hij werd
bijna overreden * it never rains but it pours een
ongeluk komt nooit alleen * no buts! geen
gemaar! * not but that ondanks (het feit) dat
* not but that I saw through it niet, dat ik het
niet doorzag * one cannot but like him je moet
hem wel aardig vinden * she could not manage
anything but the simplest jobs ze kon enkel de
meest eenvoudige klusjes aan * ⟨scherts⟩ taking
everything but the kitchen sink alles meenemen
wat los en vast zit * the last but one de enerlaatste
butane/'bju:teɪn/ [znw] butaan(gas)
butch/bʊtʃ/ [znw] ● macho ● manwijf, lesbienne
butcher/'bʊtʃə/ I [ov ww] ● slachten ● vermoorden
II [znw] ● moordenaar ● slager
butchery/'bʊtʃərɪ/ [znw] slachting
butler/'bʌtlə/ [znw] hoofdbediende
butt/bʌt/ I [ov + on ww] stoten ⟨vooral met
hoofd⟩ * butt against met de uiteinden
verbinden/verbonden zijn * he butted his way
forward against the elements hij bokste op tegen
de elementen ● (~ in) in de rede vallen, z. ergens
mee bemoeien ● (~ up against) botsen tegen
II [znw] ● vat ● achtereind ● peukje ● geweerkolf

● stronk ● kogelvanger ● doel, mikpunt ● get off
your butt and do s.th.⟨ʌE/inf.⟩ kom van je luie
reet en ga iets doen * the butt of a joke het
mikpunt van een grap
butt-end/'bʌt'end/ [znw] ● dik uiteinde ● peukje
butter/'bʌtə/ I [ov ww] smeren * ⟨vero.⟩ fine
words – no parsnips praatjes vullen geen gaatjes
● (~ up) vleien II [znw] ● boter ● vleierij * lay on
the ~ stroop om de mond smeren * she looks as if
~ wouldn't melt in her mouth ze ziet er uit als
de geboren onschuld
buttercup /'bʌtəkʌp/ [znw] boterbloem
butterfingers/'bʌtəfɪŋgəz/ [mv] brokkenmaker
butterfly/'bʌtəflaɪ/ [znw] vlinder * butterflies in
the stomach vlinders in de buik
buttermilk/'bʌtəmɪlk/ [znw] karnemelk
butterscotch/'bʌtəskɒtʃ/ [znw] toffee
buttery/'bʌtərɪ/ I [znw] provisiekamer II [bnw]
als boter
buttock/'bʌtək/ [znw] ● bil ● heupzwaai
button/'bʌtn/ I [ov + on ww] ● (~ up)
dichtknopen, afronden II [znw] ● knoop ● knop * a
~ short niet goed wijs
buttonhole/'bʌtnhəʊl/ I [ov ww] knoopsgaten
maken ● ~ s.o. iem. aanklampen II [znw] ⟨bloem
in⟩ knoopsgat
buttonhook/'bʌtnhʊk/ [znw] knopenhaakje
buttons/'bʌtnz/ [mv] piccolo
buttress/'bʌtrɪs/ I [ov ww] * ~ a wall een muur
stutten met steun(beer) ● ~ an argument een
argument staven II [znw] steunbeer, stut
butts/bʌts/ [mv] schietbaan
butty/'bʌtɪ/ ⟨inf.⟩ [znw] ● makker ● ploegbaas
● boterham
buxom/'bʌksəm/ [bnw] ● knap ● mollig
buy/baɪ/ I [ov ww] ● (in)kopen ● omkopen
● slikken, geloven, pikken * buy time tijd winnen
* buying association inkoopcombinatie ● (~ in)
inkopen ● (~ into) z. inkopen ● (~ off) ⟨inf.⟩
afkopen, uitkopen ● (~ out) uitkopen ● (~ over)
omkopen ● (~ up) opkopen II [znw] aankoop
buyer/'baɪə/ [znw] ● (in)koper ● klant * ⟨econ.⟩ ~s'
market meer aanbod dan vraag
buzz/bʌz/ I [ov + on ww] gonzen * buzz off!
ophoepelen! * buzz s.o. in the building iem.
oppiepen in het gebouw * my ears are buzzing ik
heb oorsuizingen * my head is buzzing with
ideas ik zit vol ideeën ● (~ about) rondfluisteren,
ronddraven II [znw] ● telefoontje ● soort kever
● gezoem * ⟨ʌE⟩ cirkelzaag * a buzz of
conversation geroezemoes * a buzz of
excitement opgewonden sfeer * buzz word(s)
stopwoordje(s) * ⟨inf.⟩ give s.o. a buzz iem. bellen
buzzard/'bʌzəd/ [znw] buizerd
buzzer/'bʌzə/ [znw] ● seiner ● zoemer ● stoomfluit
● insect
by/baɪ/ [vz] ● door ● bij ● volgens ● langs ● van
● per ● via ● ten opzichte van ● mee ⟨v. kompas⟩ * I
knew him by his voice ik herkende hem aan zijn
stem * a play by Pinter een stuk van Pinter * all
by oneself geheel op eigen krachten * by 10
o'clock tegen tienen * by air per vliegtuig * by all
means! ga je gang! * by and by straks;
langzamerhand; weldra * by and large over het
algemeen * by birth van geboorte * by far
verreweg * by heart uit het hoofd * by my watch
volgens mijn horloge * by name van naam * by
now nu onderhand * by the by tussen twee
haakjes * by the hour uren achtereen * by the
river aan de rivier * by the way tussen twee
haakjes * it's his by right(s) het komt hem
rechtens toe * north-east by east noordoost ten

B

oosten • one by one een voor een ∗ required by
law wettelijk verplicht ∗ she is younger by a year
zij is een jaar jonger ∗ side by side zij aan zij ∗ the
years went by de jaren verstreken ∗ they were not
by zij waren er niet bij aanwezig

bye/baɪ/ **I** [znw] • extra run voor bal die
wicketkeeper passeert (bij cricket) • (sport) een
ronde vrijgesteld bij wedstrijden **II** [tw] tot ziens

bye-bye/baɪˈbaɪ/ [tw] tot ziens ∗ (kind.) go to ∼s
naar bed(je) gaan

by-election/baɪɪlekʃən/ [znw] tussentijdse
verkiezing

bygone/baɪgɒn/ [bnw] vroeger ∗ let ∼s be ∼s
geen oude koeien uit de sloot halen

by-law/baɪlɔ:/ [znw] (plaatselijke) verordening

bypass/baɪpɑ:s/ **I** [ov ww] • omleggen • overslaan
∗ ∼ s.o. in authority zonder toestemming stappen
ondernemen **II** [znw] • dagbrander (v. gas)
• rondweg • ∼ operation operatie waarbij
verstopping in hart of bloedvat omzeild wordt

by-product/baɪprɒdʌkt/ [znw] bijproduct

byre/baɪə/ (vero.) [znw] koestal

bystander/baɪstændə/ [znw] omstander

byte/baɪt/ [znw] byte

byway/baɪweɪ/ [znw] binnenweg

byword/baɪwɜ:d/ [znw] • spreekwoord • bijnaam
∗ his name is a ∼ for laziness zijn luiheid is
spreekwoordelijk

ca. [afk] • (circa) ongeveer

cab/kæb/ **I** [on ww] • cab (it) met het huurrijtuig of
de taxi gaan **II** [znw] • taxi • huurrijtuig • kap
• cabine ∗ cab rank rij taxi's ∗ cab stand
taxistandplaats

cabal/kəˈbæl/ **I** [on ww] complotteren **II** [znw]
intrige, kliek

cabbage/ˈkæbɪdʒ/ [znw] kool ∗ ∼ butterfly
koolwitje ∗ ∼ worm koolrups

cabby/ˈkæbɪ/ (vero.) [znw] koetsier

caber/ˈkeɪbə/ [znw] paal

cabin/ˈkæbɪn/ [znw] hut

cabined/ˈkæbɪnd/ [bnw] opeengepakt

cabinet/ˈkæbɪnət/ [znw] kabinet, ministerraad
∗ ∼ council ministerraad ∗ ∼ edition luxe-editie

cabinet-maker/ˈkæbɪnətmeɪkə/ [znw]
meubelmaker

cable/ˈkeɪbl/ **I** [ov + on ww] telegraferen **II** [znw]
• kabel, (anker)ketting • kabellengte (185,31
meter) • (kabel)telegram ∗ ∼ railway
kabelspoor(weg); kabelbaan

cable-car/ˈkeɪblkɑ:/ [znw] kabelwagen

cablegram/ˈkeɪblgræm/ [znw] telegram

cabman/ˈkæbmən/ [znw] koetsier, chauffeur

caboodle/kəˈbu:dl/ (sl.) [znw] • troep • groep
∗ the whole ∼ de hele zwik

caboose/kəˈbu:s/ [znw] • scheepskeuken
• veldkeuken • (AE) remwagen (v. spoorwegen)

cacanny/kɔ:ˈkænɪ/ **I** [on ww] een
langzaam-aan-actie voeren **II** [znw] lijntrekkerij
III [bnw] langzaam aan

cacao/kəˈkaʊ/ [znw] • cacaoboom • cacaoboon

cache/kæʃ/ **I** [ov ww] verbergen **II** [znw] verborgen
(voedsel)voorraad

cachet/ˈkæʃeɪ/ [znw] • zegel, merk • capsule

cachinnate/ˈkækɪneɪt/ [on ww] luid lachen

cacique/kəˈsi:k/ [znw] indiaans opperhoofd

cackle/ˈkækl/ **I** [ov + on ww] • snoeven • zwammen
II [znw] gekakel, gesnater ∗ cut the ∼! ter zake!

cacophony/kəˈkɒfənɪ/ [znw] • kakofonie
• wanklank

cactaceous/kækˈteɪʃəs/ [bnw] cactusachtig

cad/kæd/ (pej.) [znw] ploert

cadaver/kəˈdeɪvə/ [znw] lijk

cadaverous/kəˈdævərəs/ [bnw] lijkachtig,
lijkkleurig

caddie/ˈkædɪ/ **I** [on ww] als caddie optreden
II [znw] caddie ∗ ∼ car (trek)wagentje voor tas met
golfclubs

caddish/ˈkædɪʃ/ [bnw] ploertig

caddy/ˈkædɪ/ [znw] • theebusje • → **caddie**

cadence/ˈkeɪdns/ [znw] cadans, ritme

cadenza/kəˈdenzə/ [znw] cadens

cadet/kəˈdet/ [znw] • jongere zoon • cadet

cadge/kædʒ/ (inf.) **I** [ov ww] afbedelen **II** [on ww]
• bedelen • klaplopen

cadger/ˈkædʒə/ (inf.) [znw] • klaploper • bedelaar

cadre/ˈkɑ:də/ [znw] kader(lid)

caducity/kəˈdju:sətɪ/ [znw] vergankelijkheid

caducous/kəˈdju:kəs/ [bnw] • vergankelijk
• afvallend

caecal/ˈsi:kl/ [bnw] m.b.t. de blinde darm

caecum/ˈsi:kəm/ [znw] blinde darm

café/ˈkæfeɪ/ [znw] restaurantje, eethuisje

cafeteria/kæfɪˈtɪərɪə/ [znw] cafetaria

cage/keɪdʒ/ **I** [on ww] in een kooi opsluiten
II [znw] • kooi • gevangenis ∗ POW cage
krijgsgevangenenkamp

C

cagey /'keɪdʒɪ/ [bnw] • voorzichtig, omzichtig • gesloten, stiekem ∗ a ~ devil stiekemerd

cahoot /kə'hu:t/ [znw] ∗ ⟨AE⟩ be in ~(s) with onder een hoedje spelen met

caiman /'keɪmən/ → **cayman**

cairn /keən/ [znw] • steenhoop ⟨als grens- of grafteken⟩ • cairn terriër

cairngorm /'keəŋɡɔ:m/ [znw] rookkwarts, cairngorm

cajole /kə'dʒəʊl/ [ov ww] door vleien ompraten

cajolery /kə'dʒəʊlərɪ/ [znw] vleierij

cake /keɪk/ **I** [ov + on ww] samenkoeken **II** [znw] • gebak(je) • veekoek • ⟨Schots⟩ haverbrood ∗ a cake of soap een stuk zeep ∗ a piece of cake een makkie ∗ cakes and ale pret ∗ sell like hot cakes als zoete broodjes over de toonbank gaan ∗ take the cake de kroon spannen ∗ that takes the cake dat slaat alles ∗ you can't have your cake and eat it lekker is maar een vinger lang

cal. [afk] • (calibre) kaliber • (calorie(s)) calorie(ën)

calabash /'kæləbæʃ/ [znw] • kalebas, pompoen • pijp gemaakt van kalebas

calamitous /kə'læmɪtəs/ [bnw] rampzalig

calamity /kə'læmɪtɪ/ [znw] ramp(spoed), ellende

calash /kə'læʃ/ [znw] • rijtuigkap, kales ∗ kap over hoofddeksel van vrouw

calcareous /kæl'keərɪəs/ [bnw] kalkhoudend

calcification /kælsɪfɪ'keɪʃən/ [znw] verkalking

calcify /'kælsɪfaɪ/ [ov + on ww] verkalken

calcination /kælsɪ'neɪʃən/ [znw] verkalking(sproces)

calcine /'kælsɪn/ [ov ww] calcineren, tot kalk maken

calculable /'kælkjʊləbl/ [bnw] • berekenbaar • betrouwbaar

calculate /'kælkjʊleɪt/ **I** [ov + on ww] • (~ (up)on) rekenen op **II** [ov ww] • berekenen, uitrekenen • ⟨AE⟩ menen, geloven ∗ calculating machine rekenmachine

calculated /'kælkjʊleɪtɪd/ [bnw] bewust, opzettelijk ∗ ~ for geschikt voor; berekend op

calculating /'kælkjʊleɪtɪŋ/ [bnw] weloverwogen, berekend

calculation /kælkjʊ'leɪʃən/ [znw] berekening

calculative /'kælkjʊleɪtɪv/ [bnw] berekenend

calculator /'kælkjʊleɪtə/ [znw] • (be)rekenaar • rekenmachine • berekeningstafel

calculus /'kælkjʊləs/ [znw] • graveel, steen ⟨in het lichaam⟩ • berekening ∗ differential ~ differentiaalrekening

caldron /'kɔ:ldrən/ → **cauldron**

calendar /'kæləndə/ **I** [ov ww] registreren **II** [znw] • kalender • register • ⟨jur.⟩ rol

calender /'kæləndə/ **I** [ov + on ww] kalanderen **II** [znw] • glansmachine • stoommangel • oosterse bedelmonnik

calends /'kæləndz/ [mv] calendae ∗ on/till the Greek ~ met sint-juttemis

calf /kɑ:f/ [znw] • kalf • jong • kalfsleer • kuit ⟨v. been⟩ ∗ calf love kalverliefde ∗ calf's teeth melktanden ∗ in/with calf drachtig

calf-bound [bnw] in kalfsleren band

calfskin /'kɑ:fskɪn/ [znw] kalfsleer

caliber, calibre /'kælɪbə/ [znw] kaliber

calibrate /'kælɪbreɪt/ [ov ww] • het kaliber bepalen van ∗ van schaalverdeling voorzien, kalibreren

calibration /kælə'breɪʃən/ [znw] schaalverdeling

calico /'kælɪkəʊ/ [znw] • katoen • ⟨AE⟩ bedrukte katoen ∗ ⟨vero./AE⟩ vrouw, meisje

calif, caliph /'keɪlɪf/ [znw] kalief

caliphate /'kælɪfeɪt/ [znw] kalifaat

calk /kɔ:k/ **I** [ov ww] • calqueren ∗ op scherp zetten • dichtstoppen ⟨v. naden⟩ **II** [znw] ijsnagel

call /kɔ:l/ **I** [ov + on ww] • (~ back) terugbellen **II** [ov ww] (aan/af/op/toe)roepen, noemen, inviteren ⟨kaartspel⟩, bieden ⟨kaartspel⟩, opbellen ∗ call a halt besluiten halt te houden ∗ call a p. names uitschelden ∗ call attention to onder de aandacht brengen ∗ call into being in het leven roepen ∗ call it a day het welletjes vinden ⟨voor vandaag⟩; ophouden ∗ call the tune de wet voorschrijven ∗ call to account ter verantwoording roepen ∗ call to the bar als procureur toelaten ∗ call to witness als getuige oproepen • (~ down on) uitkafferen, afsmeken • (~ forth) te voorschijn roepen • (~ in) binnenroepen, inroepen, opvragen, opzeggen ⟨v. hypotheek⟩ ∗ call in question in twijfel trekken • (~ off) wegroepen, afgelasten, uitmaken ⟨v. verloving⟩ • (~ out) uitdagen, uitlokken • (~ over) afroepen, appel houden • (~ up) oproepen, wekken, doen denken aan, in ⟨zijn⟩ herinnering roepen, opbellen **III** [ov ww] (aan)komen ∗ call at bezoeken; aandoen • • (up)on) beroep doen op, bezoeken, aanmanen • (~ for) roepen, vragen om, vereisen • (~ out) uitroepen • (~ round) eens aankomen **IV** [znw] • kreet • premie te leveren • (op)roep, (oproep tot) telefoongesprek • bod ⟨kaartspel⟩ • aanmaning • beroep • aanleiding, noodzaak • vraag • kort bezoek • storting op aandelen ∗ call day promotiedag ∗ call loan lening die de onmiddellijk opvorderbaar is ∗ call money geleend geld dat onmiddellijk opvorderbaar is ∗ he was within call hij was binnen gehoorsafstand ∗ on call direct opvorderbaar ∗ pay a call een bezoek brengen ∗ take the call de telefoon beantwoorden ∗ vote by call hoofdelijk stemmen ∗ you had no call to interfere jij had er buiten moeten blijven

callable /'kɔ:ləbl/ [bnw] opvorderbaar

call-bird [znw] lokvogel

call-box /'kɔ:lbɒks/ [znw] telefooncel

call-boy [znw] • jongen die acteurs waarschuwt • boodschappenjongen • piccolo

caller /'kɔ:lə/ [znw] • bezoeker • beller

call-girl /'kɔ:lɡɜ:l/ [znw] prostituee ⟨v. klasse⟩

calligrapher, calligraphist /kə'lɪɡrəfə/ [znw] kalligraaf

calligraphic /kælɪ'ɡræfɪk/ [bnw] kalligrafisch

calligraphy /kə'lɪɡrəfɪ/ [znw] • schoonschrift • kalligrafie

calling /'kɔ:lɪŋ/ [znw] • beroep • roeping

callisthenics /kælɪs'θenɪks/ [mv] • ritmische gymnastiek • heilgymnastiek

callosity /kə'lɒsɪtɪ/ [znw] • eelt(knobbel) • ongevoeligheid

callous /'kæləs/ [bnw] ongevoelig

call-over /'kɔ:ləʊvə/ [znw] appel

callow /'kæləʊ/ [bnw] • kaal • groen ⟨fig.⟩, onervaren

call-sign /'kɔ:lsaɪn/ [znw] roepletters, zendercode

call-up [znw] oproep

callus /'kæləs/ [znw] eelt(plek)

calm /kɑ:m/ **I** [ov ww] kalmeren, bedaren **II** [on ww] • (~ down) kalmeren **III** [znw] windstilte, kalmte • calms windstilte ∗ the calm before the storm de stilte voor de storm **IV** [bnw] • kalm • vrijpostig

caloric /'kælərɪk/ [znw] warmte

calorie /'kælərɪ/ [znw] calorie

calotte /kə'lɒt/ [znw] kalotje

calumet /'kæljʊmet/ [znw] vredespijp

calumniate /kə'lʌmnɪeɪt/ [ov ww] belasteren

calumny /'kæləmnɪ/ [znw] laster

C

calvary/'kælvərɪ/ [znw] • kruisbeeld • kruisweg

calve/ka:v/ [ov + on ww] (af)kalven

calves/ka:vz/ [mv] → **calf**

calx/kælks/ [znw] metaalkalk

calyces/'keɪlɪsi:z/ [mv] → **calyx**

calyx/'keɪlɪks/ [znw] bloemkelk

cam/kæm/ [znw] • kam • tand ‹v. wiel›

camber/'kæmbə/ **I** [ov + on ww] schuin oplopen **II** [znw] • welving, rondte • klein dok • wielvlucht ‹v.e. motorvoertuig›

cambric/'kæmbrɪk/ **I** [znw] batist **II** [bnw] batisten

camcorder/'kæmkɔ:də/ [znw] camcorder

came/keɪm/ verl. tijd → **come**

camel/'kæml/ [znw] • kameel • scheepskameel

cameleer/kæmə'lɪə/ [znw] kameeldrijver

cameo/'kæmɪəʊ/ [znw] • camee • ‹lit.› karakterschets

camera/'kæmrə/ [znw] fotocamera, filmcamera, televisiecamera • in ~ met gesloten deuren

camion/'kæmɪən/ [znw] • platte wagen • vrachtauto

camisole/'kæmɪsəʊl/ [znw] kamizool

camomile/'kæməmaɪl/ [znw] kamille

camp/kæmp/ **I** [on ww] • (z.) legeren • kamperen **II** [znw] • kamp • ‹inf.› nichterig gedrag • POW camp krijgsgevangenenkamp • break camp (tenten) opbreken • camp fever vlektyfus • camp follower aanhanger; marketent(st)er; naloper • camp meeting godsdienstige bijeenkomst in tenten of open lucht • camp stool vouwstoeltje **III** [bnw] • homoseksueel • ‹inf.› bizar, overdreven • ‹inf.› verwijfd

campaign/kæm'peɪn/ **I** [on ww] • een campagne voeren, op campagne zijn • ‹mil.› een veldtocht voeren, op veldtocht zijn **II** [znw] • campagne • ‹mil.› veldtocht

campaigner/kæm'peɪnə/ [znw] campagnevoerder • an old ~ een oudgediende

campanile/kæmpə'ni:lɪ/ [znw] klokkentoren

camp-bed/'kæmp'bed/ [znw] veldbed

camp-chair/'kæmp't∫eə/ [znw] vouwstoel

camper/'kæmpə/ [znw] • kampeerder • kampeerwagen

campfire/'kæmpfaɪə/ [znw] kampvuur

campground/'kæmpgraʊnd/ [znw] kampeerterrein, camping

camphor/'kæmfə/ [znw] kamfer

campsite/'kæmpsaɪt/ [znw] kampeerterrein, camping

campus/'kæmpəs/ [znw] • universiteitsterrein • de academische wereld

camshaft/'kæm∫a:ft/ [znw] nokkenas

can/kæn/ **I** [ov ww] • inblikken • ‹AE/inf.› afdanken • ‹AE/inf.› in de gevangenis zetten • ‹AE/inf.› ophouden **II** [hww] kunnen • you cannot but know it u moet het wel weten **III** [znw] • kan • inmaakblik • ‹AE/inf.› bajes • ‹AE/inf.› wc • ‹inf.› carry/take the can ervoor opdraaien

Canadian/kə'neɪdɪən/ **I** [znw] Canadees **II** [bnw] Canadees

canal/kə'næl/ **I** [ov ww] • van kanalen voorzien • kanaliseren **II** [znw] • kanaal • vaart, gracht

canalize/'kænəlaɪz/ [ov ww] kanaliseren

canary/kə'neərɪ/ **I** [znw] • kanarie • ouderwetse dans • kanariewijn **II** [bnw] kanariegeel

cancel/'kænsəl/ **I** [ov ww] • schrappen, doorhalen • afstempelen • opheffen, intrekken • afgelasten, annuleren, teniet doen, afbestellen **II** [on ww] • (~ out) tegen elkaar wegvallen ‹v. factoren› **III** [znw] • annulering • doorhaling, het doorgehaalde, vervanging

cancellate/'kænsɪlət/ [bnw] • netvormig • poreus

cancellation/kænsə'leɪ∫ən/ → **cancel**

cancellous/'kænsɪləs/ [bijw] poreus

cancels/'kænsəlz/ [mv] • (a pair of) ~ kaartjestang

cancer/'kænsə/ [znw] kanker

Cancer/'kænsə/ [znw] Kreeft

cancerous/'kænsərəs/ [bnw] kankerachtig

candelabra(s)/kændə'lɑ:brə(z)/ [mv] → **candelabrum**

candelabrum/kændɪ'lɑ:brəm/ [znw] kroonkandelaar

candid/'kændɪd/ [bnw] • oprecht • onpartijdig • ~ (shot) foto waarvoor niet geposeerd is; ongedwongen tafereel

candidacy, candidature/'kændɪdəsɪ/ [znw] kandidatuur

candidate/'kændɪdeɪt/ **I** [on ww] ‹AE› kandidaat zijn **II** [znw] kandidaat

candied/'kændɪd/ [bnw] • geglaceerd • gekonfijt

candle/'kændl/ [znw] kaars • burn the ~ at both ends zijn energie verkwisten • he can't hold a ~ to hij kan het niet halen bij • he isn't fit to hold a ~ to hij kan het niet halen bij • not worth the ~ de moeite niet waard • sell by inch of ~/by the ~ verkopen tegen het laatste bod vóór het uitgaan van de kaars ‹op veiling›

candle-berry [znw] • mirtebes • bosbes

candle-end [znw] stompje v.e. kaars • ~s waardeloze rommel

candlelight/'kændllaɪt/ [znw] • kaarslicht • schemering

Candlemas/'kændlməs/ [znw] Maria-Lichtmis

candlestick/'kændlstɪk/ [znw] kandelaar

candlewick/'kændlwɪk/ [znw] kaarsenpit

candour/'kændə/ [znw] oprechtheid, openheid

candy/'kændɪ/ **I** [ov ww] • konfijten, glaceren • kristalliseren **II** [znw] • kandij • chocola • ‹AE› snoepgoed • ~ store snoepwinkel • ‹AE› cotton ~ suikerspin

candytuft/'kændɪtʌft/ [znw] scheefbloem

cane/keɪn/ **I** [ov ww] • ranselen • (stoel)matten **II** [znw] • rotan, riet, suikerriet, Spaans riet • wandelstok • smalle pijp/cilinder • stengel • scheut • cane chair rieten stoel

cane-sugar [znw] rietsuiker

canine/'keɪnaɪn/ [bnw] honds- • ~ (tooth) hoektand • ~ appetite/hunger geeuwhonger

canister/'kænɪstə/ **I** [ov ww] in een trommel of blik doen **II** [znw] • pyxis • trommeltje • ‹mil.› kartets

canker/'kæŋkə/ **I** [ov ww] aantasten met kanker, wegvreten **II** [znw] • bladruis • slechte invloed, kanker ‹fig.› • mondkanker • voetzeer • ‹plant.› kanker • ~-rose hondsroos

cankered, cankerous/'kæŋkəd/ [bnw] • aangetast • kwaadaardig • kankerachtig

canned/'kænd/ [bnw] • ingeblikt • ‹AE› dronken • ~ music grammofoonmuziek

cannery/'kænərɪ/ [znw] inleggerij, conservenfabriek

cannibal/'kænɪbl/ [znw] kannibaal

cannibalism/'kænɪbəlɪzəm/ [znw] kannibalisme

cannibalistic/kænɪbə'lɪstɪk/ [bnw] kannibaals

cannibalize/'kænɪbəlaɪz/ [ov ww] kannibaliseren ‹machine, voertuig›

cannikin/'kænɪkɪn/ [znw] kannetje

canning/'kænɪŋ/ [znw] inmaak, het inblikken

cannon/'kænən/ **I** [ov + on ww] caramboleren • (~ into) opbotsen tegen **II** [on ww] • kanon(nen) afschieten **III** [znw] • kanon(nen) • carambole

cannonade/kænə'neɪd/ **I** [ov ww] kanonneren **II** [znw] beschieting, trommelvuur

cannon-ball/'kænənbɔ:l/ [znw] kanonskogel

cannoneer/kænəˈnɪə/ [znw] kanonschutter
cannon-fodder/ˈkænənfɒdə/ [znw] kanonnenvlees
cannon-shot/ˈkænənʃɒt/ [znw] • kanonskogel(s) • kanonschot(salvo)
cannot/ˈkænɒt/ → can
canny/ˈkænɪ/ [bnw] • slim, handig, verstandig • zuinig • bedaard
canoe/kəˈnuː/ I [on ww] kanoën II [znw] kano
canon/ˈkænən/ [znw] • canon • kanunnik
canonic/kəˈnɒnɪk/ [bnw] • canoniek, kerkelijk • gezaghebbend
canonicals/kəˈnɒnɪklz/ [mv] priestergewaad * in full ~ pontificaal
canonization/kænənəˈzeɪʃən/ [znw] heiligverklaring
canonize/ˈkænənaɪz/ [ov ww] heilig verklaren
canoodle/kəˈnuːdl/ ‹inf.› [ov + on ww] knuffelen
can-opener [znw] blikopener
canopy/ˈkænəpɪ/ I [ov ww] overhuiven II [znw] • baldakijn, (troon)hemel • bedekking • stuurhutdak * ‹AE› under God's ~ op aarde
canorous/kəˈnɔːrəs/ [bnw] melodieus, zangerig
cant/kænt/ I [ov ww] op zijn kant zetten, kantelen II [on ww] • kwezelen • huichelachtige of boeventaal spreken • canting arms wapen met een toespeling op de naam v.d. drager III [znw] • schuine kant, helling • stoot • kanteling • jargon, boeventaal • sentimenteel of huichelachtig gepraat
can't/kɑːnt/ → can
cantankerous/kænˈtæŋkərəs/ [bnw] nors, knorrig
canteen/kænˈtiːn/ [znw] • kantine • eetketeltje • veldfles • cassette ‹v. bestek› * set kookgerei
canter/ˈkæntə/ I [ov ww] in handgalop laten gaan II [on ww] in handgalop gaan III [znw] • kwezelaar, huichelaar • handgalop * win in a ~ op zijn gemak winnen
canterbury/ˈkæntəbərɪ/ [znw] standaard ‹voor muziek, tijdschriften›
canticle/ˈkæntɪkl/ [znw] lofzang * Canticles Hooglied
cantilever/ˈkæntɪliːvə/ [znw] • console • modillon * ~ bridge cantileverbrug * ‹luchtv.› wing vrijdragende vleugel
cantle/ˈkæntl/ [znw] • stuk, brok • achterboog
canton/ˈkæntən/ I [ov ww] in kantons verdelen, kantonneren II [znw] kanton
cantonal/ˈkæntənəl/ [bnw] kantonnaal
cantonment/kænˈtuːnmənt/ [znw] • kantonnement • kampement
canvas/ˈkænvəs/ [znw] • zeildoek, tentdoek • linnen (schildersdoek) • schilderij * zeil ‹AE› and rubber shoes gymnastiekschoenen * under ~ onder zeil; in tenten
canvass/ˈkænvəs/ I [ov + on ww] • colporteren, werven, bewerken • onderzoeken, uitpluizen • bespreken * ~ for subscribers rondgaan om abonnees te werven * ~ing disqualifies sollicitanten wordt verzocht niet langs te komen II [znw] • opinieonderzoek • werving
canvasser/ˈkænvəsə/ [znw] • colporteur, acquisiteur, werver • propagandist
cany/ˈkeɪnɪ/ [bnw] vol riet, rieten, rietachtig
canyon, cañon/ˈkænjən/ [znw] diep ravijn
cap/kæp/ I [ov ww] • een muts opzetten • promotiegraad verlenen • van slaghoedje voorzien • bedekken • (be)dekken • voorzien v.e. dop • overtreffen, iets nog beter doen * cap an anecdote overtroeven met een betere anekdote * cap verses aanhaken; verzen beantwoorden met een ander dat begint met de laatste letter(greep)

van het voorafgaande II [znw] • muts, pet • hoed ‹v. paddestoel› • kap(je), dop(je), slaghoedje • wieldop • klappertje • speler in 1e elftal ‹inf.› pessarium * cap and bells narrenkap * cap in hand nederig * let him who the cap fits wear it wie de schoen past trekke hem aan * set one's cap at hengelen naar
capability/keɪpəˈbɪlətɪ/ [znw] bekwaamheid
capable/ˈkeɪpəbl/ [bnw] • bekwaam • begaafd • vatbaar * ~ of geschikt voor; in staat om; slecht genoeg om
capacious/kəˈpeɪʃəs/ [bnw] ruim
capacitate/kəˈpæsɪteɪt/ [ov ww] • geschikt maken • in staat stellen • kwalificeren
capacity/kəˈpæsətɪ/ [znw] • capaciteit • volume • hoedanigheid • bevoegdheid • inhoud, vermogen • (berg)ruimte * ~ house stampvolle zaal * diminished ~ verminderde toerekeningsvatbaarheid * filled/full to ~ (stamp)vol
cap-à-pie/ˈkæpəˈpiː/ [bijw] van top tot teen
cape/keɪp/ [znw] • kaap • pelerine, cape, kap
caper/ˈkeɪpə/ I [on ww] bokkensprongen maken II [znw] • bokkensprong, gril • (kwajongens)streek • kapperstruik
capers/ˈkeɪpəz/ [mv] kappertjes
capful/ˈkæpfʊl/ [bnw] • vleugje • petvol, mutsvol * a ~ of wind licht briesje
capias/ˈkæpɪæs/ [znw] • writ of ~ arrestatiebevel
capillary/kəˈpɪlərɪ/ I [znw] haarvat II [bnw] capillair, haarvormig
capital/ˈkæpɪtl/ I [znw] • hoofdletter • kapiteel • kapitaal • hoofdstad * ~ expenditure (kapitaal)investering * ~ gains sharing vermogensaanwasdeling II [bnw] • voornaamste, hoofd-, zeer belangrijk • prachtig, magnifiek * ~ error fatale fout * ~ levy heffing ineens * ~ offence/crime halsmisdaad * ~ punishment doodstraf * ~ ship slagschip * ~ sin hoofdzonde * ~ stock aandelenkapitaal III [tw] prima!
capitalism/ˈkæpɪtəlɪzəm/ [znw] kapitalisme
capitalization/kæpɪtələˈzeɪʃən/ [znw] kapitalisatie
capitalize/ˈkæpɪtəlaɪz/ [ov + on ww] • kapitaliseren • munt slaan uit
capitation/kæpɪˈteɪʃən/ [znw] • hoofdelijke belasting • premie per hoofd
capitular/kəˈpɪtjʊlə/ [znw] • kapittelheer • kapittelverordening(en) II [bnw] kapittel-
capitulate/kəˈpɪtjʊleɪt/ [on ww] capituleren
capitulation/kəpɪtjʊˈleɪʃən/ [znw] capitulatie
capon/ˈkeɪpən/ [znw] kapoen
caponize/ˈkeɪpənaɪz/ [ov ww] castreren ‹v. pluimvee›
capote/kəˈpəʊt/ [znw] • kapotjas • lange mantel
capping/ˈkæpɪŋ/ [znw] • dop ‹v. auto› • beslag
cappuccino/kæpʊˈtʃiːnəʊ/ [znw] cappuccino
caprice/kəˈpriːs/ [znw] gril(ligheid)
capricious/kəˈprɪʃəs/ [bnw] grillig
Capricorn/ˈkæprɪkɔːn/ [znw] Steenbok
capriole/ˈkæprɪəʊl/ [znw] bokkensprong
capsicum/ˈkæpsɪkəm/ [znw] Spaanse peper
capsize/kæpˈsaɪz/ I [ov ww] omwerpen II [on ww] omslaan III [znw] het omslaan, het omwerpen
capstan/ˈkæpstn/ [znw] • toonas ‹in bandrecorder› • ‹scheepv.› kaapstander
capstone/ˈkæpstəʊn/ [znw] deksteen
capsular/ˈkæpsjuːlə/ [bnw] • m.b.t. capsule • doosvruchtvormig
capsule/ˈkæpsjuːl/ [znw] • capsule • omhulsel • ‹plant.› doosvrucht, zaaddoos • ‹chem.› schaaltje
capsulize/ˈkæpsjəlaɪz/ [ov ww] • isoleren • in een

C

C

capsule opsluiten
captain/'kæptɪn/ I [ov ww] aanvoeren II [znw]
 • aanvoerder, leider • eerste piloot • ploegbaas
 • (scheepv.) kapitein • (AE) conducteur • (luchtv.)
 gezagvoerder ∗ ~ of industry grootindustrieel
caption/'kæpʃən/ I [ov ww] voorzien van
 onder-/opschrift II [znw] • arrestatie • inleiding
 (v. document) • opschrift, onderschrift
captious/'kæpʃəs/ [bnw] • bedrieglijk • listig
 • vitterig
captivate/'kæptɪveɪt/ [ov ww] boeien, betoveren
captive/'kæptɪv/ I [znw] gevangene II [bnw]
 gevangen ∗ ~ balloon kabelballon
captivity/kæp'tɪvəti/ [znw] gevangenschap
captor/'kæptə/ [znw] • vanger • kaper
capture/'kæptʃə/ I [ov ww] • innemen, veroveren
 • gevangen nemen II [znw] buit, prijs
capuchin/'kæpjʊtʃɪn/ [znw] capuchon ∗ ~
 (monkey) kapucijner aap ∗ ~ (pigeon) kapucijner
 duif
Capuchin/'kæpjʊtʃɪn/ [znw] kapucijn
car/ka:/ [znw] • auto • wagen, kar(retje) • schuitje,
 gondel • (AE) liftkooi • (AE) spoorwagen, tram ∗ car
 bomb bomauto ∗ car ferry overzetdienst voor
 auto's (per schip of vliegtuig) ∗ car park
 parkeerterrein; parkeerplaats ∗ (AE) car tracks
 tramrails • company car auto v.d. zaak
carabine/'kærəbaɪn/ [znw] karabijn
caracol/'kærəkɒl/ I [ov + on ww] een halve
 zwenking (laten) maken II [znw] • halve zwenking
 (v. paard) • wenteltrap
carafe/kə'ræf/ [znw] karaf
caramel/'kærəmel/ I [znw] karamel II [bnw]
 karamelkleurig
carat/'kærət/ [znw] karaat
caravan/'kærəvæn/ I [on ww] rondtrekken met een
 caravan II [znw] • woonwagen • kampeerwagen
 • karavaan
caravanning/'kærəvænɪŋ/ [znw] het trekken met
 de caravan
caravanserai/kærə'vænsəraɪ/ [znw]
 • karavanserai • wohnkazerne
caraway/'kærəweɪ/ [znw] karwij
carbide/'ka:baɪd/ [znw] carbid
carbine/'ka:baɪn/ → **carbine**
carbohydrate/ka:bə'haɪdreɪt/ [znw] koolhydraat
carbolic/ka:'bɒlɪk/ [bnw] carbol- ∗ ~ acid
 carbol(zuur)
carbon/'ka:bən/ [znw] • carbonpapier • koolspits
 • (chem.) kool(stof) ∗ ~ (copy) doorslag ∗ ~
 monoxide koolmonoxide; kolendamp ∗ ~ paper
 carbonpapier;(foto.) kooldrukpapier ∗ ~ point
 koolspits
carbonate/'ka:bənert/ I [ov ww] carboniseren
 II [znw] carbonaat
carbonated/'ka:bənertɪd/ [bnw]
 koolzuurhoudend
carbonic/ka:'bɒnɪk/ [bnw] ∗ ~ acid koolzuur
carboniferous, carbonaceous/ka:bə'nɪfərəs/
 [bnw] koolstofhoudend ∗ ~ age/period het
 Carboon
carbonization/ka:bənə'zeɪʃən/ [znw]
 carbonisatie
carbonize/'ka:bənaɪz/ [ov ww] • verkolen
 • carboniseren
carboy/'ka:bɔɪ/ [znw] mandfles
carbuncle/'ka:bʌŋkl/ [znw] • karbonkel
 • (steen)puist
carburettor/ka:bə'retə/ [znw] carburator
carcase, carcass/'ka:kəs/ [znw] • lijk • geraamte
 • geslacht dier ∗ save one's ~ zijn hachje redden
carcinogen/ka:'sɪnədʒən/ [znw]

kankerverwekkende stof
card/ka:d/ I [ov ww] kaarden ∗ card-index een
 kaartregister aanleggen II [znw] • kaart(je)
 • programma • kompasroos • (wol)kaarde • (inf.)
 vent, snoeshaan ∗ ID card identiteitskaart ∗ a
 sure/safe card attractie ∗ card index
 kaartregister ∗ card punch ponsmachine ∗ card
 vote referendum ∗ get o.'s cards ontslag krijgen
 ∗ have a card up o.'s sleeve nog iets in petto
 hebben ∗ it's in/on the cards het zit erin; het is
 niet uitgesloten ∗ knowing card gehaaide kerel
 ∗ speak by the card z. zeer nauwkeurig uitdrukken
cardboard/'ka:dbɔ:d/ I [znw] karton II [bnw]
 kartonnen
card-game[znw] kaartspel
cardholder/'ka:dhəʊldə/ [znw] bezitter van
 creditcard
cardiac/'ka:diæk/ I [znw] hartversterkend middel
 II [bnw] • hart- • maagmond-
cardigan/'ka:dɪgən/ [znw] wollen vest
cardinal/'ka:dɪnl/ I [znw] • kardinaal
 • kardinaalvogel • (schouder)manteltje II [bnw]
 • voornaamst, essentieel, belangrijk(st)
 • donkerrood ∗ ~ numbers hoofdtelwoorden ∗ ~
 points hoofdwindstreken
cardiologist/ka:dɪ'ɒlədʒɪst/ [znw] cardioloog
cardiology/ka:dɪ'ɒlədʒɪ/ [znw] cardiologie
cardsharp(er)[znw] valsspeler
card-table/'ka:dteɪbl/ [znw] speeltafeltje
care/keə/ I [on ww] • geven om • (wel) willen,
 (graag) willen ∗ I don't care a
 damn/pin/rap/straw dat kan mij geen steek
 schelen ∗ I don't care if you do ik heb er niets op
 tegen; dat is mij best ∗ I should care! wat kan mij
 dat schelen?; wat zou dat? ∗ who cares! wat zou
 dat?; wat kan mij dat schelen? ∗ (~ about) z.
 bekommeren om ∗ (~ about/for) houden van,
 geven om ∗ more than you care for meer dan je
 lief is ∗ (~ for) zorgen voor II [znw] • zorg,
 bezorgdheid ∗ (handle) with care voorzichtig
 (behandelen) ∗ care killed the cat geen zorgen
 voor morgen ∗ care of per adres ∗ have a care pas
 op ∗ take care pas op ∗ take care of zorgen voor;
 passen op ∗ take care of yourself! hou je taai!
careen/kə'ri:n/ [on ww] • (scheepv.) overhellen
 • (AE) voortdenderen
career/kə'rɪə/ I [on ww] snellen II [znw]
 • loopbaan • snelle vaart ∗ Careers Officer
 beroepskeuzeadviseur; schooldecaan ∗ ~ diplomat
 beroepsdiplomaat ∗ ~ girl carrièrevrouw
careerism/kə'rɪərɪzəm/ [znw] bezetenheid met
 carrière
careerist/kə'rɪərɪst/ [znw] • baantjesjager • streber
carefree/'keəfri:/ [bnw] zorgeloos
careful/'keəfʊl/ [bnw] • voorzichtig • zorgvuldig
 • nauwkeurig
careladen/'keəleɪdn/ [bnw] door zorgen gekweld
careless/'keələs/ [bnw] • onvoorzichtig
 • nonchalant, zorgeloos • onnauwkeurig
caress/kə'res/ I [ov ww] liefkozen, strelen II [znw]
 liefkozing
caressing/kə'resɪŋ/ [bnw] liefdevol, teder
caressive/kə'resɪv/ [bnw] aanhalig
caretaker/'keəteɪkə/ [znw] • conciërge
 • huisbewaarder • toezichthouder
careworn/'keəwɔ:n/ [bnw] door zorgen gekweld
cargo/'ka:gəʊ/ [znw] • vracht • scheepslading ∗ ~
 boat vrachtboot ∗ ~ hold laadruim ∗ ~ plane
 transportvliegtuig
Caribbean/kærɪ'bi:ən/ I [znw] ∗ the ~ het
 Caribisch gebied II [bnw] Caribisch
caricature/'kærɪkətjʊə/ I [ov ww] tot een

C

karikatuur maken II [znw] karikatuur
caricaturist /'kærɪkə'tʃʊərɪst/ [znw] karikatuurtekenaar
caries /'keəri:z/ [znw] cariës, tandbederf
carillon /kə'rɪljən/ [znw] • carillon • beiaard
carious /'keərɪəs/ [bnw] aangevreten
carmelite /'kɑ:məlaɪt/ [znw] fijne (grijze) wollen stof
Carmelite /'kɑ:məlaɪt/ [znw] karmeliet
carmine /'kɑ:maɪn/ I [znw] karmijn II [bnw] karmijnrood
carnage /'kɑ:nɪdʒ/ [znw] slachting, bloedbad
carnal /'kɑ:nl/ [bnw] vleselijk, zinnelijk * (jur.) ~ knowledge vleselijke gemeenschap
carnation /kɑ:'neɪʃən/ I [znw] • vleeskleur • anjer II [bnw] vleeskleurig
carnet /'kɑ:neɪ/ [znw] • carnet • internationaal vliegpaspoort
carnival /'kɑ:nɪvəl/ [znw] • carnaval • kermis • zwelgpartij
carnivore /'kɑ:nɪvɔ:/ [znw] carnivoor, vleeseter
carnivorous /kɑ:'nɪvərəs/ [bnw] vleesetend
carol /'kærəl/ I [ov + on ww] zingen, kwinkeleren II [znw] (kerst)lied, zang
caroller /'kærələ/ [znw] • zanger (v. kerstliederen) • zangvogel
carotid /kə'rɒtɪd/ I [znw] halsslagader II [bnw] halsslagaderlijk
carousal /kə'raʊzəl/ [znw] • braspartij • drinkgelag
carouse /kə'raʊz/ [on ww] zwelgen, brassen
carousel /kærə'sel/ (AD) [znw] • draaimolen • ‹luchtv.› draaiende bagageband
carp /kɑ:p/ I [on ww] • zeuren • vitten II [znw] karper
carpenter /'kɑ:pəntə/ I [ov + on ww] (in elkaar) timmeren II [znw] timmerman * the ~'s son Jezus
carpentry /'kɑ:pəntrɪ/ [znw] • timmerwerk • het timmerambacht
carpet /'kɑ:pɪt/ I [ov ww] • met tapijt bedekken • een uitbrander geven II [znw] tapijt, loper * bring/have on the ~ ter tafel brengen; op het matje roepen; in behandeling nemen • ~ knight saletjonker • ~ rods traproeden • ~ slipper pantoffel
carpet-bag /'kɑ:pɪtbæg/ [znw] valies
carpet-bagger /'kɑ:pɪtbægə/ [znw] • avonturier • verkiezingskandidaat van buiten het district
carpeting /'kɑ:pɪtɪŋ/ [znw] tapijt
carpet-sweeper [znw] rolveger
carpus /'kɑ:pəs/ [znw] handwortel
carriage /'kærɪdʒ/ [znw] • rijtuig • affuit • vervoer, vracht(prijs) • gedrag • houding • wagon, wagen • ‹techn.› slede • ~ and pair/four twee-/vierspan * ~ drive (op)rijlaan * ~ free/paid franco * ~ road rijweg; brugdek * ~ work carrosserie * dual ~ road weg met gescheiden rijbanen
carriage-dog [znw] dalmatiër
carriageway /'kærɪdʒweɪ/ [znw] rijweg, brugdek * dual ~ vierbaansweg
carrier /'kærɪə/ [znw] • mitrailleurwagen • vliegdekschip • postduif • vrachtrijder, expediteur, bode • vrachtvaarder • patroonhouder • bagagedrager • ‹med.› drager v.e. ziekte • ‹foto.› platenraampje, chassis * ~ bag draagtas * ~ pigeon postduif
cariole /'kærɪəʊl/ [znw] • rijtuigje • Canadese slee
carrion /'kærɪən/ I [znw] kadaver * ~ beetle aaskever * ~ crow zwarte kraai II [bnw] rottend, weerzinwekkend
carrot /'kærət/ [znw] wortel(tje)
carrots /'kærəts/ [mv] • rood haar • 'rooie'
carroty /'kærətɪ/ [bnw] met rood haar

carry /'kærɪ/ I [ov ww] • (ver)voeren, mee-/wegvoeren, (mee/over)brengen, bij z. hebben/dragen, dragen • verdragen, houden • (be)halen, erdoor halen * ~ a meeting een vergadering met z. meekrijgen * ~ a motion een motie aannemen/steunen * ~ a tune wijs houden * ~ all before one een totale overwinning behalen * ~ an election een verkiezing winnen * ~ authority invloedrijk zijn * ~ forward transporteren; overbrengen * ~ into effect ten uitvoer brengen * ~ it het 'halen' * ~ o.s. z. gedragen; z. houden; optreden * ~ the day zegevieren * ~ things too far de zaak te ver drijven * ~ weight gehandicapt zijn; gewicht in de schaal leggen * ~ x to the 3rd power x tot de 3e macht verheffen * ~ing agent expediteur * ~ing capacity laadvermogen * ~ing trade goederenvervoer; vrachtvaart; expeditiebedrijf * it carries a salary er is een salaris aan verbonden doorzetten, volhouden, uitoefenen, (actie) voeren • (~ about) ronddragen, met z. meedragen • (~ along) meedragen, meeslepen • (~ away) wegvoeren, wegdragen, meeslepen, verliezen, verspelen • (~ back) terugvoeren ‹ook fig.› • (~ off) wegdragen, af-/wegvoeren, ten grave slepen, (prijs) behalen, het eraf brengen • (~ out) uitvoeren, volbrengen, vervullen • (~ over) overhalen, transporteren, laten liggen • (~ through) volhouden, volvoeren, tot een goed einde brengen II [on ww] • dragen, reiken • pakken (v. sneeuw) • (~ on) zich aanstellen, het aanleggen met, doorgaan III [znw] • draagwijdte • saluut met de sabel
carry-cot /'kærɪkɒt/ [znw] reiswieg
carrying /'kærɪŋ/ [bnw] verdragend
carryings-on /kærɪŋz'ɒn/ ‹inf.› [mv] • streken • verdachte liefdesaffaires
carry-on [znw] • handtasje, koffertje • aanstellerij, drukte
carry-over /'kærɪəʊvə/ [znw] resontre
carsick /'kɑ:sɪk/ [bnw] wagenziek
cart /kɑ:t/ I [ov ww] per kar vervoeren II [znw] • kar • winkelwagentje * cart rut karrenspoor * leave a p. in the cart iem. met de gebakken peren laten zitten
cartage /'kɑ:tɪdʒ/ [znw] • sleeploon • vervoer per as
cartcover /'kɑ:tkʌvə/ [znw] huif
carte /kɑ:t/ [znw] * ~ blanche blanco volmacht
cartel /kɑ:'tel/ [znw] • (overeenkomst tot) uitwisseling v. gevangenen • uitdaging (tot tweegevecht) • ‹hand.› kartel
carter /'kɑ:tə/ [znw] voerman
cartilage /'kɑ:tɪlɪdʒ/ [znw] kraakbeen
cart-load /'kɑ:tləʊd/ [znw] karrenvracht
cartographer /kɑ:'tɒgrəfə/ [znw] kaarttekenaar
cartography /kɑ:'tɒgrəfɪ/ [znw] cartografie
cartomancy /'kɑ:təmænsɪ/ [znw] het kaartleggen
carton /'kɑ:tn/ I [znw] in karton verpakken II [znw] • karton(nen doos) • witte stip in roos op schietschijf * a ~ of 200 cigarettes een slof met 200 sigaretten
cartoon /kɑ:'tu:n/ I [ov ww] karikaturiseren II [on ww] tekenen van spotprent of tekenfilm III [znw] • modelblad • spotprent • tekenfilm
cartoonist /kɑ:'tu:nɪst/ [znw] spotprenttekenaar
cartridge /'kɑ:trɪdʒ/ [znw] • patroon • cassette
cart-track /'kɑ:træk/ [znw] karrenspoor
cartwheel /'kɑ:twi:l/ [znw] wagenrad * turn ~s radslagen maken
cartwright /'kɑ:traɪt/ [znw] wagenmaker
carve /kɑ:v/ I [ov + on ww] (voor)snijden) • (~ up) verdelen II [ov ww] • kerven, splijten

C

• beeldhouwen, beeldsnijden • graveren ★ ~ o.'s way z. een weg banen ★ ~ o.'s way up z. opwerken ★ carving knife voorsnijmes • (~ out) uitsnijden, bevechten ★ ~ out one's fortune zijn eigen fortuin scheppen

carver /'kɑːvə/ [znw] • houtsnijder, beeldhouwer • graveur • voorsnijder • voorsnijmes • armstoel

carvers /'kɑːvəz/ [mv] voorsnijmes en -vork

carving /'kɑːvɪŋ/ [znw] beeldhouwwerk, snijwerk

car-wash ⟨AE⟩ [znw] autowasplaats

cascade /kæs'keɪd/ I [on ww] bruisend/golvend neerstorten II [znw] (kleine) waterval

case /keɪs/ I [ov ww] • in een huls of andere verpakking doen • overtrekken II [znw] • huls, overtrek, foedraal, tas(je), etui, kist, koffer, kast, bus, bakblik, cakevorm, trommel, koker, schede • geval • staat, toestand • zaak • (rechts)zaak, proces, geding • naamval • patiënt ★ a lady in case een dame in het spel ★ a strong case een zaak die sterk staat ★ be in good/bad case er goed/slecht aan toe zijn ★ case clock staande klok ★ case history (beschrijving v.e.) praktijkgeval; ziektegeschiedenis ★ in case in geval dat ★ just in case als er eens iets mocht gebeuren ★ make out o.'s case for z. sterk maken voor ★ no case to geen aanleiding/(rechts)grond om ★ there is a good case to er is heel wat te zeggen om

casebook /'keɪsbʊk/ [znw] register met verslagen van rechtszaken, patiëntenregister

case-load [znw] het aantal te behandelen cliënten/patiënten , de totale praktijk van advocaat/arts

casemate /'keɪsmeɪt/ [znw] kazemat

casement /'keɪsmənt/ [znw] (klein) raam

caseous /'keɪsɪəs/ [bnw] kaasachtig

case-study /'keɪsstʌdɪ/ [znw] casestudy, beschrijving ⟨v.e. praktijkgeval⟩

casework /'keɪswɜːk/ [znw] sociaal werk ⟨vnl. psychologisch gericht⟩

caseworker /'keɪswɜːkə/ [znw] maatschappelijk werker ⟨vnl. psychologisch gericht⟩

cash /kæʃ/ I [ov ww] • incasseren • (~ in) verzilveren, te gelde maken, wisselen • (~ up) opdokken II [on ww] • (~ in) sterven • (~ in on) munt slaan uit III [znw] • kassa, kas (gereed) geld • contant(en) ★ cash account kasrekening ★ cash crop marktgewas ★ cash desk kassa ★ cash discount korting voor contant ★ cash dispenser geldautomaat ★ cash down (à) contant ★ cash expenditure betaling in contanten ★ cash on delivery onder rembours ★ cash register kasregister ★ cash resources kasmiddelen ★ cash till kasregister ★ cash with order vooruitbetaling ★ for cash (à) contant ★ hard cash baar geld ★ in cash bij kas ★ out of cash niet bij kas ★ ready cash contanten ★ short of cash slecht bij kas

cashew /'kæʃuː/ [znw] cashewnoot

cashier /kæ'ʃɪə/ I [ov ww] afdanken II [znw] kassier, caissière

cashmere /'kæʃmɪə/ [znw] • kasjmier • sjaal

cashpoint /'kæʃpɔɪnt/ [znw] geldautomaat

casing /'keɪsɪŋ/ [znw] omhulsel, overtrek, verpakking, bekleding, bekisting

cask /kɑːsk/ I [ov ww] op fust doen II [znw] vat, fust

casket /'kɑːskɪt/ I [ov ww] in een kistje doen II [znw] • kistje, cassette • ⟨AE/BE⟩ doodskist

casserole /'kæsərəʊl/ [znw] braadpan

cassock /'kæsək/ [znw] soutane

cast /kɑːst/ I [ov + on ww] • rekenen, optellen • (~ off) losgooien • (~ on) opzetten ⟨v. breiwerk⟩ II [ov ww] • werpen • cast a shadow slagschaduw geven ★ cast a shoe een hoefijzer verliezen ★ cast a skin

huid afstoten ★ cast accounts rekenen ★ cast calf ontijdig werpen ★ cast concrete beton storten ★ cast in one's lot with z. scharen aan de kant van ★ cast votes stemmen uitbrengen • (~ aside) aan de kant zetten, afdanken, wegwerpen • (~ away) verwerpen, verkwisten • be cast away schipbreuk lijden • (~ down) neerslaan ⟨v. ogen⟩, terneerdrukken • (~ off) verstoten, (van z.) afwerpen ★ cast off copy omvang van kopij uitrekenen • (~ out) verjagen, verdrijven • (~ up) optellen, berekenen, (iem.) opnemen, aan land werpen III [on ww] • af-/neer-/wegwerpen • afdanken, verwerpen, afwijzen, wegsturen • veroordelen • uitbraken • opwerpen ⟨v. twijfels⟩ • rangschikken, indelen, toewijzen ⟨v. rollen⟩ • werpen ⟨v. hengel⟩ • (techn.) gieten • (~ about) wenden • (~ about for) omzien naar • (~ back) teruggaan IV [znw] • worp • uitbraaksel ⟨v. vogels⟩ • berekening, optelling • rolbezetting • afgietsel, vorm • aard, type, soort • tint(je), zweem(pje) • kleurtje • casting vote beslissende stem ★ give a cast laten meerijden ⟨vero.⟩ ★ have a cast in one's eye loensen

castanet /kæstə'net/ [znw] castagnet

castaway /'kɑːstəweɪ/ I [znw] • schipbreukeling • verstotene II [bnw] • gestrand • verworpen

caste /kɑːst/ [znw] kaste ★ lose ~ in stand achteruitgaan

castellated /'kæstəleɪtɪd/ [bnw] • kasteelachtig • gekanteeld

castellation /kæstə'leɪʃən/ [znw] kanteel

caster /'kɑːstə/ [znw] • werper • gieter • rekenaar • rolverdeler • afgedankt dienstpaard • (zout)strooibus • wielstand ⟨v. auto⟩ ★ a set of ~s peper-en-zoutstel; olie-en-azijnstel ★ ~ sugar poedersuiker

castigate /'kæstɪgeɪt/ [ov ww] • kastijden • corrigeren

castigation /kæstɪ'geɪʃən/ [znw] • kastijding • correctie

casting /'kɑːstɪŋ/ [znw] • gietstuk • braaksel • wormhoopje

cast-iron /kɑːst'aɪən/ [bnw] • van gietijzer • ijzersterk • meedogenloos • onomstotelijk ⟨v. bewijs⟩

castle /'kɑːsəl/ I [ov + on ww] rokeren (met schaken) II [znw] kasteel

castle-builder [znw] fantast

cast-off /'kɑːstɒf/ I [znw] • afdankertje • afgedankt persoon II [bnw] afgedankt

castor /'kɑːstə/ [znw] • bevergeil • wieltje ⟨onder meubel⟩ • zwilwrat • (zout)strooibus • wielstand ⟨v. auto⟩ • ⟨vero.⟩ hoed ★ ~ oil wonderolie ★ ~ sugar strooisuiker

castrate /kæ'streɪt/ [ov ww] castreren

castration /kæ'streɪʃən/ [znw] castratie

casual /'kæʒʊəl/ I [znw] • tijdelijke kracht • toevallige gast • zwerver II [bnw] • nonchalant • toevallig, terloops • zonder vast plan • labourer tijdelijke kracht ★ ~ poor niet vast bedeelde ★ ~ sportsman zondagsjager

casualty /'kæʒʊəltɪ/ [znw] • ongeluk, ramp • gesneuvelde, getroffene ★ casualties doden en gewonden • ~ list verlieslijst ★ ~ ward zaal voor gewonden

casuist /'kæʒjuːɪst/ [znw] • casuïst • muggenzifter

cat /kæt/ I [ov ww] • (scheepv.) katten ⟨v. anker⟩ • ⟨sl.⟩ overgeven II [znw] • kat • kraanbalk • karwats • dubbele treeft • pinkerstok • ⟨inf.⟩ jongen, vent, knul • ⟨inf.⟩ jazzenthousiast ★ a cat may look at the king/queen kijken staat vrij ★ bell the cat de kat de bel aanbinden ★ care killed the cat *geen zorgen voor morgen* ∗ cat and dog *kastie* (balspel) ∗ cat *burglar geveltoerist* ∗ cat's foot *hondsdraf* ∗ cat's paw *kattenpoot; dupe; als werktuig gebruikt persoon; briesje* ∗ cat's tail *lisdodde* ∗ cats and chicks *jongens en meiden* ∗ enough to make a cat laugh *erg grappig* ∗ it's raining cats and dogs *het regent pijpenstelen* ∗ let the cat out of the bag *het geheim verklappen* ∗ like a cat on hot bricks *gejaagd; zenuwachtig* ∗ look like a thing the cat (has) brought in *er ellendig of afzichtelijk uitzien* ∗ no(t) room to swing a cat *bijna geen ruimte* ∗ see which way the cat jumps *de kat uit de boom kijken* ∗ turn cat in pan *overlopen naar de vijand* ∗ wait for the cat to jump *de kat uit de boom kijken*

cataclysm /ˈkætəklɪzəm/ [znw] • overstroming • aardbeving • geweldige beroering, omwenteling

cataclysmic /kætəˈklɪzmɪk/ [bnw] enorme beroering teweeg brengend

catacomb /ˈkætəkuːm/ [znw] catacombe

catafalque /ˈkætəfælk/ [znw] • katafalk • open lijkkoets

catalogue /ˈkætəlɒg/ I [ov ww] catalogiseren II [znw] • catalogus • lijst • reeks

catalyst /ˈkætəlɪst/ [znw] katalysator

catamount(ain) /kætəˈmaʊnt(ɪn)/ [znw] • lynx • ruziezoeker

catapult /ˈkætəpʌlt/ I [ov ww] met een katapult af-/beschieten II [on ww] afgeschoten worden

cataract /ˈkætərækt/ [znw] • waterval • (med.) grauwe staar

catarrh /kəˈtɑː/ [znw] ontsteking v.h. slijmvlies, neusloop

catastrophe /kəˈtæstrəfi/ [znw] • ramp • ontknoping (v. tragedie)

catastrophic /kætəˈstrofik/ [bnw] rampzalig

catbird /ˈkætbɜːd/ [znw] spotlijster

catcall /ˈkætkɔːl/ I [ov + on ww] uitfluiten II [znw] schel fluitje

catch /kætʃ/ I [ov + on ww] • (~ up) op-/overnemen, in de rede vallen, gelijk komen met, inhalen ∗ ~ up with (iem) doorhebben II [ov ww] • (op)vangen • (aan-/vast)grijpen, (vast)pakken • treffen (v. gelijkenis) • aansteken (ziekte) • halen (trein) • vatten, betrappen • aantreffen • (weg)grissen • 'door hebben', begrijpen, snappen • boeien, treffen ∗ I caught him on the nose *ik gaf hem een klap/er een op zijn neus* ∗ ~ a person's eye *iemands aandacht op z. vestigen* ∗ ~ cold *kou vatten* ∗ ~ fire *vlam vatten* ∗ ~ it *er flink van langs krijgen* ∗ ~ me! *dat kun je begrijpen!* • he caught his breath *zijn adem stokte/bleef steken* • (~ out) *betrappen, met een vangbal 'uit' spelen* III [on ww] • haken (aan een spijker) • pakken, sluiten (v. grendel) • aanbranden • (beginnen te) bevriezen • om z. heen grijpen • aanstekelijk zijn • populair worden, erin gaan • (~ at) *grijpen naar, aangrijpen, betrappen op* • (~ on) *aanslaan, ingang vinden, snappen* IV [znw] • vangst • vangbal • strikvraag, valstrik • haak • aanwinst • goede partij • lokmiddel • het stokken (v.d. stem) • het vangen, vang • (muz.) canon • drain *afwateringssloot*

catch-all /ˈkætʃɔːl/ [znw] vergaarbak

catch-as-catch-can [znw] • 'vrij' worstelen • grijp wat je (maar) kunt

catcher /ˈkætʃə/ [znw] grijper, vanger, knip

catching /ˈkætʃɪŋ/ [bnw] • besmettelijk • pakkend, aanlokkelijk

catchment /ˈkætʃmənt/ [znw]

afwateringsreservoir ∗ ~ area *neerslag-/stroomgebied*

catchpole, catchpoll /ˈkætʃpəʊl/ [znw] deurwaarder

catchup /ˈkætʃʌp/ → **ketchup**

catchword /ˈkætʃwɜːd/ [znw] • trefwoord • wachtwoord • leuze • (typ.) bladwachter

catchy /ˈkætʃi/ [bnw] • pakkend, aantrekkelijk • goed in het gehoor liggend • misleidend, bedrieglijk • onregelmatig bewegend (v. wind, ademhaling)

catechism /ˈkætɪkɪzəm/ [znw] catechismus

catechumen /kætɪˈkjuːmən/ [znw] geloofsleerling

categorical /kætəˈɡɒrɪkl/ [bnw] • categorisch • stellig

categorize /ˈkætəɡəraɪz/ [ov ww] categoriseren

category /ˈkætɪɡəri/ [znw] categorie

catena /kəˈtiːnə/ [znw] reeks, aaneenschakeling

catenary /kəˈtiːnəri/ [znw] ketting-

cater /ˈkeɪtə/ [on ww] provianderen, voedsel verschaffen/leveren • (~ for) *zorgen voor, leveren aan* ∗ ~ for the press *voor de pers werken*

caterer /ˈkeɪtərə/ [znw] • leverancier (v. maaltijden) • cuisinier • proviandmeester

catering /ˈkeɪtərɪŋ/ [znw] catering, proviandering, receptie-/dinerverzorging ∗ ~ corps *intendance*

caterpillar /ˈkætəpɪlə/ [znw] • rups • rupsband

caterwaul /ˈkætəwɔːl/ I [on ww] krollen II [znw] kattengejank

catfish /ˈkætfɪʃ/ [znw] zeewolf

catgut /ˈkætɡʌt/ [znw] • darmsnaar • snaarinstrumenten • stramien

cathedra /kəˈθiːdrə/ [znw] ∗ ex ~ *ex cathedra; met gezag; officieel*

cathedral /kəˈθiːdrəl/ [znw] kathedraal

cathode /ˈkæθəʊd/ [znw] kathode

catholic /ˈkæθəlɪk/ [bnw] • alles omvattend, algemeen • veelzijdig • ruimdenkend

Catholic /ˈkæθəlɪk/ [znw] katholiek ∗ ~ Church *Algemene Christelijke Kerk; r.-k. Kerk*

Catholicism /kəˈθɒlɪsɪzm/ [znw] katholicisme

catholicity /kæθəˈlɪsəti/ [znw] • ruimdenkendheid • algemeenheid • veelzijdigheid

catkin /ˈkætkɪn/ [znw] katje (aan wilg, hazelaar)

catnap, catsleep /ˈkætnæp/ [znw] hazenslaapje

cat's-eye /ˈkætsaɪ/ [znw] kattenoog

catsuit /ˈkætsuːt/ [znw] jumpsuit, bodystocking

catsup /ˈkætsəp/ → **ketchup**

cattle /ˈkætl/ [znw] (rund)vee ∗ black ~ *hufters; zwart rundvee* ∗ ~ leader *neusring* ∗ ~ lifter *veedief* • (AE) ~ *puncher veedrijver* ∗ ~ runner *veesmokkelaar*

cattle-breeder /ˈkætlbriːdə/ [znw] veefokker

cattle-grid /ˈkætlɡrɪd/ [znw] rooster in weg om vee tegen te houden, ≈ *wildrooster*

catty /ˈkæti/ [bnw] kattig

catwalk /ˈkætwɔːk/ [znw] loopgang (langs machine)

Caucasian /kɔːˈkeɪʒən/ I [znw] • blanke • Indo-Europeaan II [bnw] Indo-Europees

caucus /ˈkɔːkəs/ I [on ww] het kiessysteem gebruiken II [znw] • verkiezingsbijeenkomst van een partij • klick ∗ the ~(dom) *het kiesstelsel*

caudal /ˈkɔːdl/ [bnw] ∗ ~ fin *staartvin*

caught /kɔːt/ verl. tijd + volt. deelw. → **catch**

caul /kɔːl/ [znw] achterstuk v. vrouwenmuts ∗ born with a caul *met de helm geboren*

cauldron /ˈkɔːldrən/ [znw] • grote ketel • heksenketel

cauliflower /ˈkɒlɪflaʊə/ [znw] bloemkool

caulk /kɔːk/ [ov ww] breeuwen, dichtstoppen

causal /ˈkɔːzəl/ [bnw] causaal, oorzakelijk

causality/kɔ:'zælətɪ/ [znw] causaliteit
causation/kɔ:'zeɪʃən/ [znw] • veroorzaking
• oorzakelijkheidsleer
causative/'kɔ:zətɪv/ I [znw] causatief
(werkwoord) II [bnw] • veroorzakend • causatief
(v. werkwoord)
cause/kɔ:z/ I [ov ww] • veroorzaken,
teweegbrengen • laten • zorgen dat II [znw]
• reden • rechtszaak, proces • oorzaak • motief ★ to
make common – gemene zaak maken ★ to show
~ (rechts)gronden naar voren brengen III [vw]
→ **because**
causeless/'kɔ:zləs/ [bnw] ongemotiveerd
causeway, causey/'kɔ:zweɪ/ [znw] • verhoogde
weg • straatweg • dam
caustic/'kɔ:stɪk/ I [znw] bijtmiddel II [bnw]
• brandend • bijtend • sarcastisch
cauterize/'kɔ:təraɪz/ [ov ww] • schroeien
• uit-/dichtbranden (vnl. v. wond) • verharden
cautery/'kɔ:tərɪ/ [znw] • brandijzer, schroei-ijzer
• het (uit-/dicht)branden
caution/'kɔ:ʃən/ I [ov ww] waarschuwen II [znw]
• voorzichtigheid, omzichtigheid
• waarschuwing(scommando) • berisping • (sl.)
iets geks, afschrikwekkend voorbeeld • (sl.) een rare
snoeshaan ★ ~ money borgtocht
cautionary/'kɔ:ʃənərɪ/ [bnw] waarschuwend
cautious/'kɔ:ʃəs/ [bnw] omzichtig, voorzichtig
cavalcade/kævəl'keɪd/ [znw] • ruiterstoet
• (bonte) optocht
cavalier/kævə'lɪə/ I [znw ww] zich ridderlijk
gedragen II [znw] • begeleider (v. dame)
• (galante) ridder • ruiter • royalist (in de 17e
eeuw) • cavalier III [bnw] • zwierig • nonchalant
• aanmatigend, uit de hoogte • koningsgezind
cavalry/'kævəlrɪ/ [znw] cavalerie
cavalryman/'kævəlrɪmæn/ [znw] cavalerist
cave l [ov + on ww] /keɪv/ • uithollen, uitgraven
• z. afscheiden • (~ in) afkalven, instorten,
bezwijken, het opgeven, indeuken II [znw] /keɪv/
• hol, grot • deuk • (pol.) afgescheidenen v. partij
III [tw] /keɪ'vi/ • pas op!, daar heb je 'm!
caveat/'kæviæt/ [znw] • protest • voorbehoud
• (AE) patentaanvraag
cave-in [znw] instorting, verzakking
caveman/'keɪvmæn/ [znw] • holbewoner
• primitief/onbeschaafd persoon
cavendish/'kævəndɪʃ/ [znw] geperste tabak
cavern/'kævən/ [znw] hol, spelonk
cavernous/'kævənəs/ [bnw] vol holen,
spelonkachtig
caviar(e)/'kævɪɑ:/ [znw] ★ ~ to the
ignorant paarlen voor de zwijnen
cavil/'kævɪl/ I [on ww] vitten II [znw] onbenullige
tegenwerping
cavity/'kævɪtɪ/ [znw] holte ★ enter a ~ protesteren
cavort/kə'vɔ:t/ (AE) [on ww] steigeren, springen
cavy/'keɪvɪ/ [znw] cavia
caw/'kɔ:/ I [on ww] krassen (v. raaf, kraai) II [znw]
gekras (v. raaf/kraai)
cay/keɪ/ [znw] • zandbank • koraalrif
cayenne/keɪ'en/ [znw] ★ ~ (pepper) cayennepeper
cayman/'keɪmən/ [znw] kaaiman
cease/si:s/ I [ov + on ww] ophouden • (~ from)
ophouden met II [znw] het ophouden ★ ~fire
staakt-het-vuren
ceaseless/'si:sləs/ [bnw] onafgebroken,
aanhoudend
cedar/'si:də/ I [znw] ceder (boom), cederhout
II [bnw] ceder(houten)
cede/si:d/ [ov ww] afstaan
Ceefax/'si:fæks/ [znw] teletekst (v. BBC)

ceil/si:l/ [ov ww] plafond aanbrengen
ceiling/'si:lɪŋ/ [znw] • plafond • maximale hoogte
• prijslimiet, loonlimiet
celebrant/'seləbrənt/ [znw] priester die de mis
opdraagt
celebrate/'seləbreɪt/ [ov + on ww] • vieren
• verheerlijken • loven • de mis opdragen
celebrated/'seləbreɪtɪd/ [bnw] gevierd, beroemd
celebration/selə'breɪʃən/ [znw] • viering
• feestelijke herdenking • huldiging • het opdragen
v.d. mis
celebrity/sɪ'lebrətɪ/ [znw] roem, beroemdheid
(persoon)
celerity/sɪ'lerətɪ/ [znw] snelheid
celery/'selərɪ/ [znw] selderie
celeste/sɪ'lest/ [bnw] hemelsblauw
celestial/sɪ'lestɪəl/ I [znw] • Chinees • (vero.)
hemeling II [bnw] hemels • ~ body hemellichaam
★ the Celestial City de hemel ★ the Celestial
Empire het Hemelse Rijk; China
celibacy/'seləbəsɪ/ [znw] celibaat, ongehuwde
staat
celibate/'selɪbət/ [znw] • ongehuwde • ongehuwde
staat
cell/sel/ [znw] • cel • kluis ★ cells celstraf
★ condemned cell cel voor ter dood veroordeelde
cellar/'selə/ I [ov ww] in kelder opbergen/stoppen
II [znw] kelder ★ ~ flap/plate kelderluik
cellarage/'selərɪdʒ/ [znw] • kelderruimte
• kelderhuur
cellaret/selə'ret/ [znw] likeurkast
cellist/'tʃelɪst/ [znw] cellist
cello/'tʃeləʊ/ [znw] cello
cellophane/'seləfeɪn/ [znw] cellofaan
cellular/'seljʊlə/ [bnw] celvormig, met cellen ★ ~
shirt netjeshemd ★ ~ tissue celweefsel
celluloid/'seljʊlɔɪd/ [znw] celluloid
cellulose/'seljʊləʊz/ I [znw] cellulose II [bnw]
• celvormig • uit cellen bestaand
celt/kelt/ [znw] voorhistorische beitel
Celt/kelt/ [znw] Kelt
Celtic/'keltɪk/ [znw] Keltisch
cement/sɪ'ment/ I [ov ww] • met cement
verbinden • bevestigen • één worden II [znw]
• cement • bindmiddel • iets dat verbindt (fig.) ★ ~
mixer betonmolen
cementation/si:men'teɪʃən/ [znw] het cementeren
cemetery/'semɪtərɪ/ [znw] begraafplaats
cenotaph/'senətɑ:f/ [znw] monument voor elders
begravene(n) ★ the Cenotaph monument voor de
gesneuvelden in WO I te Londen
censer/'sensə/ [znw] wierookvat
censor/'sensə/ I [ov ww] censuur uitoefenen over,
censureren II [znw] • censor • zedenmeester
• criticus
censorious/sen'sɔ:rɪəs/ [bnw] • bedillerig • vol
kritiek
censorship/'sensəʃɪp/ [znw] • ambt v. censor
• censuur
censure/'senʃə/ I [ov ww] • berispen • afkeuren
• kritiseren II [znw] • berisping • afkeuring
census/'sensəs/ [znw] volkstelling
cent/sent/ [znw] cent • (vero.) cent per cent rente
gelijk aan hoofdsom; 100% ★ per cent procent
cent./sent/ [afk] • (centigrade) Celsius • (century)
eeuw
cental/'sentl/ [znw] 100 pond (Engels gewicht)
centaur/'sentɔ:/ [znw] centaur
centenarian/sentɪ'neərɪən/ I [znw] 100-jarige
II [bnw] 100-jarig
centenary, centennial/sen'ti:nərɪ/ I [znw]
eeuw(feest) II [bnw] 100-jarig

centigrade/'sentɪgreɪd/ [bnw] met/op schaal v.
100 graden Celsius
centimetre/'sentɪmiːtə/ [znw] centimeter
centipede/'sentɪpiːd/ [znw] duizendpoot
central/'sentrəl/ I [znw] centraal geheugen ⟨v.
computer⟩ • ⟨AE⟩ centrale II [bnw] • centraal,
midden- • voornaamste, hoofd- ★ ~ heating
centrale verwarming ★ ~ reservation wachtstrook
in middenberm
centrality/sen'trælətɪ/ [znw] centrale ligging
centralization/sentrəlar'zeɪʃən/ [znw]
centralisatie
centralize/'sentrəlaɪz/ [ov + on ww] centraliseren
centre/'sentə/ I [ov ww] • concentreren • in het
midden plaatsen • het midden zoeken/bepalen van
• ⟨sport⟩ voorzetten, naar het midden spelen
II [on ww] z. concentreren III [znw] • voorzet
• plaats v. samenkomst • basis • hoofdkwartier
• centrum • kern, bron, haard ⟨fig.⟩ ★ ~ (forward)
midvoor • ~ of gravity zwaartepunt ★ ~ of the
stage middelpunt v.d. belangstelling ★ day-care ~
kindercrèche
centreboard/'sentəbɔːd/ [znw] middenzwaard
⟨v. zeiljacht⟩
centremost/'sentəməʊst/ [znw] middelste
centre-piece[znw] • middenstuk • belangrijkste
ding
centricity/sen'trɪsətɪ/ [znw] centrale ligging
centrifugal/sentrɪ'fjuːgl/ [bnw]
middelpuntvliedend
centripetal/sen'trɪpɪtl/ [bnw] middelpuntzoekend
centrist/'sentrɪst/ I [znw] iem. met gematigde
politieke opvattingen II [bnw] centrum-, gematigd
centuplicate, centuple I [ov ww] /sen'tjuːplɪkeɪt
/ verhonderdvoudigen II [znw] /sen'tjuːplɪkət /
100-voud III [bnw] /sen'tjuːplɪkət / 100-voud(ig)
centurion/sen'tjʊərɪən/ [znw] honderdman
century/'sentʃərɪ/ [znw] • eeuw • 100 runs ⟨bij
cricket⟩ • Romeinse legereenheid v. 100 man • ⟨AE⟩
$100 • 100 pond
cephalic/sɪ'fælɪk/ [bnw] • van het hoofd • hoofd-,
hersen-
ceramic/sɪ'ræmɪk/ [bnw] pottenbakkers-
ceramics/sɪ'ræmɪks/ [mv] keramiek
cere/sɪə/ [znw] washuid
cereal/'sɪərɪəl/ I [znw] graan II [bnw] graan-
cereals/'sɪərɪəlz/ [mv] graanproduct ⟨als ontbijt⟩
cerebellum/serɪ'beləm/ [znw] kleine hersenen
cerebral/'serɪbrəl/ [bnw] hersen-
cerebrum/'serɪbrəm/ [znw] grote hersenen
cerement/'sɪəmənt/ [znw] lijkwade
ceremonial/serɪ'məʊnɪəl/ I [znw] ceremonieel,
ritueel II [bnw] plechtig, ceremonieel
ceremonious/serɪ'məʊnɪəs/ [bnw] • plechtstatig
• vormelijk
ceremony/'serɪmənɪ/ [znw] • ceremonie,
plechtigheid • vormelijkheid • formaliteit(en)
★ master of ceremonies ceremoniemeester,
conferencier ★ without ~ zonder plichtplegingen
CERN/sɜːn/ [afk] • ⟨European Organisation for
Nuclear Research⟩ Europese Raad voor
Kernonderzoek
ceroplastics/sɪərəʊ'plæstɪks/ [mv]
• wasboetseerkunst • modellen/beelden in was
cert/sɜːt/ ⟨sl⟩ I [znw] → certainty II [bnw]
→ certain
cert.[afk] • ⟨certificate⟩ certificaat • ⟨certified⟩
gewaarmerkt
certain/'sɜːtn/ [bnw] zeker ★ for ~ zeker; met
zekerheid ★ he is ~ to come hij komt zeker
certainty/'sɜːtntɪ/ [znw] zekerheid ★ for a ~ stellig
certifiable/sɜːtɪ'faɪəbl/ [bnw] • certificeerbaar

• krankzinnig (verklaard)
certificate I [ov ww] /sə'tɪfɪkeɪt/ • een verklaring
e.d. afgeven • met een verklaring e.d. machtigen
II [znw] /sə'tɪfɪkət/ • verklaring, bewijs, attest,
akte • diploma ★ be married by ~ huwen voor de
ambtenaar v.d. burgerlijke stand ★ ~ of
bankruptcy verklaring v. opheffing/faillissement
certification/sɜːtɪfɪ'keɪʃən/ [znw] • verklaring,
attestatie • verlening van diploma
certify/'sɜːtɪfaɪ/ [ov ww] • verzekeren, verklaren
• getuigen • waarmerken, attesteren • krankzinnig
verklaren ★ certified institution
krankzinnigengesticht ★ certified school erkende
school ★ certified teacher gediplomeerd
onderwijzer
certitude/'sɜːtɪtjuːd/ [znw] zekerheid
cerulean/sə'ruːlɪən/ [bnw] diep (hemels)blauw
cerumen/sə'ruːmen/ [znw] oorsmeer
ceruse/'sɪəruːs/ [znw] loodwit
cessation/se'seɪʃən/ [znw] • het ophouden
• stilstand
cession/'seʃən/ [znw] cessie, het afstand doen ★ ~
of rights overdracht van rechten
cesspit, cesspool/'sespɪt/ [znw] beerput ★ ~ of
iniquity poel v. ongerechtigheid
cetacean/sɪ'teɪʃən/ I [znw] walvis, walvisachtig
zoogdier II [bnw] walvisachtig
cf.[afk] • ⟨compare⟩ vergelijk
chad/tʃæd/ [znw] ponsafval ⟨computer⟩
chafe/tʃeɪf/ I [ov + on ww] • (warm) wrijven
• schuren (stuk)schaven • sarren • z. dood ergeren
• koken ⟨v. woede⟩ II [znw] • schaafwond
• ergernis
chafer/'tʃeɪfə/ [znw] (mei)kever
chaff/tʃɑːf/ I [ov + on ww] • voor de gek houden,
plagen • gekheid maken II [on ww] kort hakken
III [znw] • kaf • haksel • waardeloos spul • scherts
• plagerij • stroken aluminiumfolie ⟨tegen
radardetectie⟩ ★ caught with ~ gemakkelijk om
de tuin geleid
chaffer/'tʃæfə/ I [ov + on ww] • sjacheren, loven en
bieden • dingen II [znw] het loven en bieden
chafing-dish/'tʃeɪfɪŋdɪʃ/ [znw] komfoor
chagrin/'ʃægrɪn/ I [ov ww] • verdriet doen
• ergeren • kwellen II [znw] • teleurstelling
• verdriet
chain/tʃeɪn/ I [ov ww] • (aaneen)ketenen, aan de
ketting leggen • schakelen II [znw] • ketting
• reeks, keten • lengtemaat ⟨20,12 meter⟩
• kettingkogel • schering • syndicaat ★ ~ cable
ankerketting ★ ~ of office ambtsketen ★ ~
reaction kettingreactie ★ ~ store filiaal(zaak)
chain-armour[znw] maliënkolder
chain-gang[znw] ploeg kettinggangers
chain-letter[znw] kettingbrief
chain-mail[znw] maliënkolder
chain-saw[znw] kettingzaag
chain-smoke[on ww] kettingroken
chain-smoker[znw] kettingroker
chair/tʃeə/ I [ov ww] • in triomf ronddragen
• installeren als voorzitter • vóórzitten, presideren
II [znw] • zetel, stoel • voorzittersstoel,
voorzitterschap • leerstoel • professoraat
• burgemeesterschap • railschoen • ⟨AE⟩ de
elektrische stoel ★ appeal to the ~ beroep doen op
de voorzitter ★ be in the ~ voorzitter zijn ★ ~! ~!
orde! ★ take/leave the ~ de vergadering
openen/sluiten
chairman/'tʃeəmən/ [znw] • voorzitter • drager v.
draagstoel • stoelenverhuurder, stoelenzetter
Chairman/'tʃeəmən/ [znw] ★ ~ of Directors
president-commissaris

c

chairmanship/'tʃeəmənʃɪp/ [znw] voorzitterschap
chairperson/'tʃeəpɜ:sən/ [znw] voorzitter, voorzitster
chairwoman/'tʃeəwʊmən/ [znw] voorzitster
chaise/ʃeɪz/ [znw] sjees, vierwielig rijtuigje
chaldron/'tʃɔ:ldrən/ [znw] kolenmaat ‹13 hl›
chalet/'ʃæleɪ/ [znw] • chalet • vakantiehuisje
chalice/'tʃælɪs/ [znw] kelk
chalk/tʃɔ:k/ I [ov ww] • met krijt inwrijven
• tekenen, merken • (be)schrijven • (~ out) schetsen, aangeven • (~ up) opschrijven II [znw]
• krijt • kleurkrijt, kleurstift * as like as ~ and cheese hemelsbreed verschillend * by (a) long ~(s) verreweg * not by a long ~ op geen stukken na
chalk-stripe(d)/'tʃɔ:kstraɪp(t)/ [bnw] (met een) krijtstreepje ‹m.b.t. een stof›
chalky/'tʃɔ:kɪ/ [bnw] • krijtachtig • krijtwit • vol krijt
challenge/'tʃælɪndʒ/ I [ov ww] • eisen, vragen
• uitdagen • aanroepen ‹door schildwacht›
• betwisten • ontkennen • (jur.) wraken II [znw]
• uitdaging • opwekking • aanroeping ‹jur.› wraking • ~ cup wisselbeker
challenger/'tʃælɪndʒə/ [znw] uitdager
challenging/'tʃælɪndʒɪŋ/ [bnw] een uitdaging vormend
chamber/'tʃeɪmbə/ [znw] • kamer • ‹pol.› kamer
* Chamber of Commerce Kamer v. Koophandel
* ~ music kamermuziek • ~ of horrors gruwelkamer • ~ orchestra kamerorkest
chamberlain/'tʃeɪmbəlɪn/ [znw] • kamerheer
• kamerdienaar
chambermaid/'tʃeɪmbəmeɪd/ [znw] kamermeisje
chamber-pot/'tʃeɪmbəpɒt/ [znw] po
chambers/'tʃeɪmbəz/ [mv] • vertrekken
• (advocaten)kantoor • raadkamer
chameleon/kə'miːlɪən/ [znw] • kameleon
• onstandvastig iem., draaier
chamfer/'tʃæmfə/ I [ov ww] • afschuinen
• groeven II [znw] • schuine kant • groef
chamois [znw] • /'ʃæmwɑː/ gems • /'ʃæmɪ/ gemzenleer, zeemleer
chamomile/'kæməmaɪl/ [znw] kamille
champ/tʃæmp/ I [ov + on ww] • (hoorbaar) kauwen • knagen • bijten * ~ at the bit z. verbijten II [bnw + bijw] ‹inf.› fantastisch, prima
III [znw] • gekauw • ‹inf.› kampioen
champaign/ʃæm'peɪn/ [znw] open veld, vlakte
champion/'tʃæmpɪən/ I [bnw + bijw] prima
II [ov ww] verdedigen, krachtig opkomen voor
III [znw] • kampioen • voorvechter
championship/'tʃæmpɪənʃɪp/ [znw]
• kampioenschap • verdediging, krachtige steun
chance/tʃɑːns/ I [ov + on ww] wagen, riskeren
II [on ww] gebeuren * I ~d to see it ik zag het toevallig • (~ across/upon) toevallig tegenkomen III [znw] • toeval • geluk • kans, mogelijkheid, gelegenheid * by any ~ soms; misschien * by ~ toevallig * stand a fair ~ kans hebben * take one's ~ het erop wagen; de gelegenheid aangrijpen * the ~s are against it er is niet veel kans * the ~s are that er is veel kans dat * the main ~ eigen voordeel IV [bnw] toevallig
chancel/'tʃɑːnsəl/ [znw] (priester)koor
chancellery/'tʃɑːnsələrɪ/ [znw] • kanselierschap
• kanselarij
chancellor/'tʃɑːnsələ/ [znw] • kanselier • titulair hoofd v.e. universiteit * Chancellor of bishop/diocese officiaal * Chancellor of the Exchequer minister v. financiën * Lord Chancellor ≈ minister van justitie, voorzitter v.h.

Hogerhuis en opperste rechter
chancellorship/'tʃɑːnsələʃɪp/ [znw]
kanselierschap
chancery/'tʃɑːnsərɪ/ [znw] • kanselarij • hof v.d.
Lord Chancellor * (Court of) ~ afdeling v.h.
hooggerechtshof * Chancery division of the
High Court of Justice afdeling v.h.
hooggerechtshof
chancy/'tʃɑːnsɪ/ [bnw] gewaagd, riskant
chandelier/ʃændɪ'lɪə/ [znw] kroonluchter
chandler/'tʃɑːndlə/ [znw] • kaarsenhandelaar, kaarsenmaker • kruidenier
change/tʃeɪndʒ/ I [ov + on ww] • veranderen
• (ver)wisselen, verruilen, omruilen, ruilen
• omschakelen • overstappen • z. verkleden, z. verschonen • z. bekeren * ~ colour verschieten v. kleur * ~ front ander standpunt innemen * ~ gear overschakelen * ~ hands in andere handen overgaan; verhandeld worden * ~ one's clothes z. verkleden * ~ one's condition trouwen * ~ one's feet andere schoenen aantrekken * ~ one's linen z. verschonen * ~ one's mind z. bedenken * ~ one's note/tune een toontje lager (gaan) zingen * ~ step/foot/feet de pas veranderen • (~ down) terugschakelen • (~ into) overgaan in, z. verkleden * ~ into shorts een korte broek aantrekken • (~ over) omschakelen, omzwaaien
• (~ up) naar hogere versnelling schakelen
II [znw] • verandering • verwisseling, (ver)ruiling
• variatie • overgang • overstap • kleingeld, wisselgeld * ~ for the better/worse verandering ten goede/kwade * ~ of heart verandering van inzicht; bekering * get no ~ out of him bij hem aan het verkeerde adres zijn * give a p. ~ iem. van antwoord dienen * ring the ~s de klokken versteken; de klokken met variaties luiden; iets uit den treure herhalen * take one's ~ out of betaald zetten * take your ~ out of that! dat kun je in je zak steken!
Change[znw] de beurs
changeability/tʃeɪndʒə'bɪlətɪ/ [znw] veranderlijkheid
changeable, changeful/'tʃeɪndʒəbl/ [bnw] veranderlijk
changeless/'tʃeɪndʒləs/ [bnw] onveranderlijk
change-over/'tʃeɪndʒəʊvə/ [znw] • ommezwaai, omschakeling • overgang * ~ switch omschakelaar
channel/'tʃænl/ I [ov + on ww] • groef maken, uithollen • kanaliseren II [znw] • kanaal • waterloop
• stroombed • vaargeul * through the usual ~s via de gebruikelijke kanalen; langs de gewone weg
Channel[znw] Kanaal * the ~ Islands de Kanaaleilanden
chant/tʃɑːnt/ I [ov + on ww] zingen, reciteren
* ‹inf.› ~ (a horse) met bedrog (een paard) verkopen * ~ the praises of voortdurend prijzen
II [znw] • lied, melodie • koraal, psalm • deun, zangerige toon
chanter/'tʃɑːntə/ [znw] • voorzanger
• schalmeipijp (v. doedelzak) • straatzanger
• paardensjacheraar
chanticleer/'tʃæntɪ'klɪə/ [znw] haan, kantekleer
chanty/'tʃɑːntɪ/ [znw] matrozenlied
chaos/'keɪɒs/ [znw] chaos
chaotic/keɪ'ɒtɪk/ [bnw] chaotisch
chap/tʃæp/ I [ov + on ww] splijten, scheuren
II [znw] • kloof, spleet • kaak, kinnebak • kerel, vent
chap. [afk] • (chapter) hoofdstuk
chapbook/'tʃæpbʊk/ [znw] volksboek
chape/tʃeɪp/ [znw] • haak • beugel • ring, lus

chapel/'tʃæpl/ [znw] ● kapel ● kerk ● kerkdienst ● ⟨typ.⟩ (personeel v.e.) drukkerij ★ (the domestic) ~ of ease de beste kamer ★ ~ of ease hulpkerk ★ he's ~ hij hoort niet tot de Engelse staatskerk

chaperon/'ʃæpərəʊn/ I [ov ww] chaperonneren II [znw] chaperon(ne)

chap-fallen[bnw] ● met een lang gezicht ● ontmoedigd

chaplain/'tʃæplɪn/ [znw] ● veldprediker, aalmoezenier ● huiskapelaan

chaplet/'tʃæplɪt/ [znw] ● (bloemen)krans ● rozenkrans, rozenhoedje ● halssnoer ● ⟨bio.⟩ eierstreng

chapman/'tʃæpmən/ [znw] marskramer

chappy/'tʃæpɪ/ I [znw] chappie ● ventje ● fatje ● uitgaanstype II [bnw] gespleten, vol barsten

chapter/'tʃæptə/ I [ov ww] kapittelen II [znw] ● hoofdstuk ● kapittel ● ⟨AE⟩ afdeling v.e. studentenvereniging ★ ~ and verse tekst en uitleg ★ ~ house kapittelzaal; kapittelhuis ★ ~ of accidents reeks tegenslagen ★ to end of ~ eeuwig

char/tʃɑ:/ I [ov + on ww] ⟨doen⟩ verkolen, branden, schroeien II [znw] ● bergforel ● werkster ● klusje ● ⟨inf.⟩ a cup of char thee

character/'kærəktə/ [znw] ● reputatie, goede naam ● getuigschrift ● hoedanigheid, rol ● karakter ● kenmerk ● merkteken ● aard ● type ● persoon ● teken, letter ● (hand)schrift ★ all in the ~ naar den aard ★ be out of ~ uit zijn rol vallen ★ ~ actor karakterspeler; karakterkomiek ★ he's quite a ~ hij is me er eentje ★ in ~ passend bij zijn rol ● public ~ bekend persoon/type

characteristic/kærəktə'rɪstɪk/ I [znw] ● kenmerk ● ⟨wisk.⟩ index v. logaritme II [bnw] kenmerkend

characterization/kærəktəraɪ'zeɪʃən/ [znw] karakterisering

characterize/'kærəktəraɪz/ [ov ww] kenmerken

characterless/'kærəktələs/ [bnw] karakterloos

charade/ʃə'rɑ:d/ [znw] ● woordspelletje ● schertsvertoning

charcoal/'tʃɑ:kəʊl/ [znw] houtskool

chare/tʃeə/ I [on ww] als werkster werken II [znw] ● dagelijks werk in huis ● werkster ★ ~s karweitjes

charge/tʃɑ:dʒ/ I [ov + on ww] ● in rekening brengen, heffen ● gelasten, opdragen ● een mandement richten tot ● aanvallen, losstormen op ● laden ● vullen ● stoppen ⟨v. pijp⟩ ● verzadigen ★ ~ bayonets de bajonet vellen ★ ~ at a p. op iem. losstormen ★ ~ to a (person's) account (iemands) rekening debiteren voor ● (~ with) bezwaren met, beschuldigen, ten laste leggen ★ ~ a p. with liability iem. aansprakelijk stellen ★ ~ o.s. with z. belasten met; op z. nemen II [znw] ● uitgave(n), (on)kosten ● prijs ● belasting ● taak, plicht, hoede, zorg ● pleegkind, pupil ● mandement, opdracht, instructie ● parochie, kerk, gemeente ● vermaning ● last, lading ● aanval ● ⟨jur.⟩ beschuldiging, tenlastelegging ★ at my uncle's ~ op kosten van mijn oom ★ be in ~ of onder zijn hoede hebben; onder toezicht staan van ★ ~ sheet politieregister; strafregister ★ first ~ preferente schuld ● give in ~ toevertrouwen; laten arresteren ★ lay sth. to a person's ~ iem. iets ten laste leggen ★ no ~ gratis ● official in ~ dienstdoend beambte ★ take in ~ op z. nemen; in hechtenis nemen

chargeability/tʃɑ:dʒə'bɪlətɪ/ [znw] toerekenbaarheid, verwijtbaarheid ★ ~ to the parish armlastig

chargeable/'tʃɑ:dʒəbl/ [bnw] ● schuldig ● in rekening te brengen

charge-account ⟨AE⟩ [znw] klantenrekening

charged/tʃɑ:dʒd/ [bnw] ● geladen ● emotioneel

charger/'tʃɑ:dʒə/ [znw] ● platte schotel ● dienstpaard

chariness/'tʃeərɪnəs/ [znw] voorzichtigheid

chariot/'tʃærɪət/ [znw] zegekar

charioteer/tʃærɪə'tɪə/ [znw] ● wagenmenner ● koetsier

charitable/'tʃærɪtəbl/ [bnw] ● liefdadig ● welwillend ● mild

charity/'tʃærətɪ/ [znw] ● liefdadigheid ● aalmoes ● (naasten)liefde ● liefdadigheidsinstelling ● mildheid ★ ~ begins at home het hemd is nader dan de rok ★ ~ boy gestichtsjongen ★ ~ concert liefdadigheidsconcert ★ ~ school armenschool ★ in ~ uit liefdadigheid ★ out of ~ uit liefdadigheid

charivari/ʃɑ:rɪ'vɑ:rɪ/ [znw] kabaal, ketelmuziek

charlady/'tʃɑ:leɪdɪ/ → **charwoman**

charlatan/'ʃɑ:lətn/ [znw] ● kwakzalver ● beunhaas

Charles/tʃɑ:lz/ [znw] ★ ~'s Wain de Grote Beer

charlotte/'ʃɑ:lət/ [znw] vruchtenpudding

charm/tʃɑ:m/ I [ov ww] betoveren, bekoren ★ ~ sth. out of a p. iem. iets (weten te) ontlokken ● (~ away) wegtoveren II [znw] ● gelukshangertje aan horlogeketting ● betovering, bekoring, charme ● tovermiddel, toverwoord, toverspreuk ● amulet

charmer/'tʃɑ:mə/ [znw] ● tovenaar ● charmeur ● verlokker

charming/'tʃɑ:mɪŋ/ [bnw] betoverend, charmant, allerliefst

charnel-house/'tʃɑ:nlhaʊs/ [znw] knekelhuis

chart/tʃɑ:t/ I [ov ww] ● in kaart brengen ● grafisch voorstellen/nagaan II [znw] ● zeekaart ● grafiek ● tabel

charter/'tʃɑ:tə/ I [ov ww] ● octrooi/privilege/recht verlenen aan ● charteren, huren ★ ~ing agent/broker erkend scheepsbevrachter II [znw] ● contract ● octrooi ● voorrecht ● charter, oorkonde, handvest ★ Great Charter Magna Carta ★ ~ (party) chertepartij

chartered/'tʃɑ:tad/ [bnw] ★ ~ accountant beëdigd accountant ★ ~ libertine losbol die men wel mag

chartreuse/ʃɑ:'trɜ:z/ [znw] ● lichtgroen ● kartuizerklooster ● chartreuse ⟨likeur⟩

charwoman/'tʃɑ:wʊmən/ [znw] werkster

chary/'tʃeərɪ/ [bnw] voorzichtig ★ ~ of huiverig voor; karig met

chase/tʃeɪs/ I [ov ww] ● jagen ● achtervolgen, vervolgen ● drijven, ciseleren ● zetten ⟨v. juwelen⟩ II [znw] ● jacht ● jachtterrein ● bejaagd wild ● (vervolgd) schip ● mondstuk ⟨v. kanon⟩ ● groef ● vervolging, achtervolging ● ⟨typ.⟩ vormraam ★ give ~ achterna zitten ★ in ~ of op jacht naar

chaser/'tʃeɪsə/ [znw] ● jager ● achtervolger ● ciseleur, drijver

chasm/'kæzəm/ [znw] afgrond, kloof ⟨ook fig.⟩

chassis/'ʃæsɪ/ [znw] chassis

chaste/tʃeɪst/ [bnw] kuis

chasten/'tʃeɪsən/ [ov ww] kuisen

chastise/tʃæ'staɪz/ [ov ww] kastijden, tuchtigen

chastity/'tʃæstətɪ/ [znw] kuisheid

chasuble/'tʃæzjʊbl/ [znw] kazuifel

chat/tʃæt/ I [ov + on ww] keuvelen, babbelen ★ chat up a girl een meisje met een vlotte babbel proberen te versieren II [znw] ● geklets, gekeuvel ● roddel ★ chat show discussieprogramma; praatprogramma op tv ★ chats ongedierte

château/'ʃætəʊ/ [znw] kasteel, landhuis

chatelaine/'ʃætəleɪn/ [znw] ● burchtvrouwe ● stel kettinkjes aan ceintuur

chattel/'tʃætl/ [znw] ★ goods and ~s have en goed

chatter/'tʃætə/ I [on ww] ● kakelen, snateren

C

• klapperen • rammelen II [znw] • geklets
• geklapper
chatterbox/'tʃætəbɒks/ [znw] babbelkous
chatty/'tʃætɪ/ [bnw] babbelziek
chaw/tʃɔː/ I [ov ww] knauwen • (~ **up**) klop geven,
mollen II [znw] (tabaks)pruim
cheap/tʃiːp/ [bnw + bijw] • goedkoop • waardeloos
★ Cheap Jack venter ★ ~ and nasty prullerig
★ feel ~ z. niet lekker voelen ★ hold ~ verachten;
geringschatten ★ on the ~ voor een habbekrats
cheapen/'tʃiːpən/ [ov + on ww] • in prijs
verminderen • kleineren • afdingen, pingelen
cheaptripper/'tʃiːptrɪpə/ [znw] iem. die van
goedkope tarieven gebruik maakt
cheat/tʃiːt/ I [ov + on ww] • beetnemen • afzetten
• vals spelen • spieken • bedriegen ★ ~ the time de
tijd verdrijven • (~ (**out**) **of**) beroven van, door de
neus boren II [znw] • bedrog, zwendel, afzetterij
• bedrieger, afzetter • valse speler
check/tʃek/ I [ov + on ww] • beteugelen, intomen
• belemmeren • stopzetten • inhouden,
tegenhouden, ophouden • het spoor bijster raken en
blijven staan • schaak zetten • controleren,
verifiëren • (mil.) staande houden en berispen
• (AE) afgeven/ophalen tegen reçu ★ (AE) ~ with
kloppen met ★ ~! akkoord! • (~ **in**) aankomen, z.
melden • (~ **out**) vertrekken • (~ **up**) controleren
II [znw] • beteugeling, belemmering • fiche
• cheque • schaak (v. koning) • ruit(patroon),
geruite stof • (plotselinge) stilstand • remmende
factor • terechtwijzing • controle(merk)
• contrabak • reçu ★ (AE) rekening ★ (AE) hand in
o.'s ~s het hoekje om gaan • keep ~ on in toom
houden ★ keep in ~ in toom houden
checked/tʃekt/ [bnw] geruit
checker/'tʃekə/ [znw] controleur
check-in [znw] controle(post)
check-list [znw] controlelijst
checkmate/'tʃekmeɪt/ [znw] schaakmat
checkpoint/'tʃekpɔɪnt/ [znw] controlepost,
controlepunt • doorlaatpost
check-till [znw] kasregister
check-up/'tʃekʌp/ [znw] controle(beurt), algeheel
onderzoek
cheek/tʃiːk/ I [ov ww] brutaal zijn tegen II [znw]
• wang • brutaliteit • kaak (v. tang) ★ ~ by jowl
broederlijk naast elkaar ★ ~ tooth kies ★ give ~
brutaal zijn ★ to o.'s own ~ voor z. alleen
★ tongue-in-~ remark ironische opmerking
cheek-bone/'tʃiːkbəʊn/ [znw] jukbeen
cheeky/'tʃiːkɪ/ [bnw] brutaal
cheep/tʃiːp/ I [on ww] tjilpen II [znw] getjilp
cheer/tʃɪə/ I [ov + on ww] • opvrolijken
• aanmoedigen • (toe)juichen • (~ **up**) moed
scheppen ★ ~ up! kop op! II [znw] • hoera(atje)
• stemming • vrolijkheid • onthaal
• aanmoediging, bijval ★ ~ s prosit tot ziens
★ make good ~ het zich laten smaken ★ what ~?
hoe gaat het?
cheerful/'tʃɪəfʊl/ [bnw] vrolijk, opgeruimd
cheerfulness/'tʃɪəfʊlnəs/ [znw] vrolijkheid
cheerio(h)/tʃɪərɪ'əʊ/ [tw] • dag, tot ziens!
• succes! • prosit!
cheerless/'tʃɪələs/ [bnw] triest, somber
cheery/'tʃɪərɪ/ [bnw] vrolijk, opgewekt
cheese/tʃiːz/ I [ov ww] ★ ~ it! scei uit! II [znw]
kaas ★ a big ~ een hoge ome ★ ~ dairy
kaasmakerij ★ ~ scoop/taster kaasboor ★ ~ straw
kaasstengel ★ that's the ~ dat is je ware!
cheesecake/'tʃiːzkeɪk/ [znw] kwarktaart
cheese-paring/'tʃiːzpeərɪŋ/ I [znw] • kaaskorst
• schrielheid II [bnw] schriel

• klappeten • rammelen
cheesy/'tʃiːzɪ/ [bnw] • kaasachtig • (AE/sl.) chic
chef/ʃef/ [znw] chef-kok
chemical/'kemɪkl/ I [znw] scheikundige stof ★ ~s
chemicaliën II [bnw] scheikundig ★ ~
engineering chemische technologie ★ ~ warfare
chemische oorlogvoering
chemise/ʃə'miːz/ [znw] dameshemd
chemist/'kemɪst/ [znw] • scheikundige
• apotheker • drogist
chemistry/'kemɪstrɪ/ [znw] scheikunde
cheque/tʃek/ [znw] cheque ★ ~ card betaalpas(je)
chequer/'tʃekə/ [ov ww] • in ruiten/blokken
verdelen, blokken • afwisseling brengen in
chequered/'tʃekəd/ [bnw] • geblokt ★ ~ life
veelbewogen leven
chequers/'tʃekəz/ [mv] schaakbord als
uithangbord aan herberg
cherish/'tʃerɪʃ/ [ov ww] • koesteren • liefhebben
cherry/'tʃerɪ/ I [znw] • kersenboom, kersenhout
• kers ★ ~ bob twee kersen aan één steeltje ★ ~
stone kersenpit ★ take two bites at a ~ iets half
doen; knoeien II [bnw] kerskleurig, cerise
cherub/'tʃerəb/ [znw] • cherub(ijn) • engel
cherubic/tʃə'ruːbɪk/ [bnw] engelachtig
cherubim/'tʃerəbɪm/ [mv] cherub
chervil/'tʃɜːvɪl/ [znw] kervel
chess/tʃes/ [znw] schaakspel
chessboard/'tʃesbɔːd/ [znw] schaakbord
chessman/'tʃesmæn/ [znw] schaakstuk
chest/tʃest/ I [ov ww] in een kist of koffer doen ★ ~
of drawers ladekast • get s.th. off one's ~ iets
opbiechten; zijn hart uitstorten II [znw] • koffer,
kist • kas • borstkas
chesterfield/'tʃestəfiːld/ [znw] • soort overjas
• soort gestoffeerde bank
chestnut/'tʃesnʌt/ I [znw] • kastanje • bruin
paard • ouwe mop ★ ~ tree kastanjeboom
II [bnw] kastanjebruin
chevalier/ʃevə'lɪə/ [znw] ridder ★ ~ d'industrie
avonturier, zwendelaar
chevron/'ʃevrən/ [znw] (V-vormige) streep (op
mouw)
chevy/'ʃevɪ/ → chivvy
chew/tʃuː/ I [ov + on ww] • kauwen, pruimen
• overdenken ★ chew the cud herkauwen;
overpeinzen ★ chew the rag kankeren ★ chewing
gum kauwgom II [znw] tabakspruim
chic/ʃiːk/ I [znw] stijl, elegance II [bnw] chic
chicane/ʃɪ'keɪn/ I [ov + on ww] chicaneren
II [znw] chicane
chicanery/ʃɪ'keɪnərɪ/ [znw] chicane(s)
chichi/'ʃiːʃi:/ [bnw] gewild chic, opzichtig, protserig
chick/tʃɪk/ [znw] • kuiken(tje), jong vogeltje • (inf.)
jong grietje ★ the ~s de kinderen; de meisjes
chickabiddy/'tʃɪkə'bɪdɪ/ [znw] schatje (gezegd v.
kind)
chicken/'tʃɪkɪn/ I [on ww] ★ ~ out of s.th. iets uit
angst niet durven II [znw] • kuiken • kip • (inf.)
lafaard ★ count one's ~s before they are
hatched de huid verkopen voor de beer geschoten is
★ she is no ~ ze is niet zo jong meer
chicken-feed/'tʃɪkɪnfiːd/ [znw] • kleingeld • (AE)
kippenvoer
chicken-hearted/tʃɪkɪn'hɑːtɪd/ [bnw] laf,
kleinmoedig
chickenpox/'tʃɪkɪnpɒks/ [znw] waterpokken
chicken-wire/'tʃɪkɪnwaɪə/ [znw] kippengaas
chickling/'tʃɪklɪŋ/ [znw] lathyrus
chickpea/'tʃɪkpi:/ [znw] keker, kikkererwt
chicory/'tʃɪkərɪ/ [znw] • cichorei • Brussels lof
chide/tʃaɪd/ [ov + on ww] • berispen • tekeergaan
chief/tʃiːf/ I [znw] leider, hoofd, chef, commandant

commander in ~ opperbevelhebber ★ in ~ in de eerste plaats; voornamelijk **II** [bnw] voornaamste, leidend(e) ★ ~ constable (hoofd)commissaris v. politie ★ ~ mate eerste stuurman

chiefly/'tʃi:flɪ/ **I** [bnw] van of als een leider **II** [bijw] voornamelijk

chieftain/'tʃi:ftn/ [znw] aanvoerder, hoofdman, opperhoofd

chiffon/'ʃɪfɒn/ [znw] dun gaas ★ ~ velvet velours chiffon

chiffons/'ʃɪfɒnz/ [mv] garneringen

chilblain/'tʃɪlbleɪn/ [znw] winter(aandoening) ★ ~ed feet/hands wintervoeten/-handen

child/tʃaɪld/ [znw] kind ★ ~ benefit kinderbijslag ★ ~ prodigy wonderkind ★ ~'s play kinderspel ★ from a ~ van kindsbeen af ★ the burnt ~ dreads the fire een ezel stoot z. geen twee keer aan dezelfde steen ★ this ~ ik; ondergetekende; deze jongen ★ with ~ zwanger

childbearing/'tʃaɪldbeərɪŋ/ [znw] het baren

childbed/'tʃaɪldbed/ [znw] kraambed

childbirth/'tʃaɪldbɜ:θ/ [znw] bevalling

childhood/'tʃaɪldhʊd/ [znw] kinderjaren ★ second ~ kindsheid

childish/'tʃaɪldɪʃ/ [bnw] kinderachtig

childless/'tʃaɪldləs/ [bnw] kinderloos

childlike/'tʃaɪldlaɪk/ [bnw] kinderlijk

childminder/'tʃaɪldmaɪndə/ [znw] kinderoppas

children/'tʃɪldrən/ [mv] → child

chill/tʃɪl/ **I** [ov + on ww] ● afkoelen ● ontmoedigen ● door afkoeling doen beslaan **II** [znw] ● verkoudheid, kou ● kilte, koelheid ● koude rilling ★ cast a ~ over s.th. als een koude douche werken ★ catch a ~ kouvatten **III** [bnw] kil, koel

chilli/'tʃɪlɪ/ [znw] Spaanse peper

chilly/'tʃɪlɪ/ [bnw] ● kil ● huiverig

chim(a)era/kaɪ'mɪərə/ [znw] hersenschim, schrikbeeld

chime/tʃaɪm/ **I** [ov + on ww] ● luiden ● samenklinken, harmoniëren ● (~ in with) overeenstemmen met **II** [znw] ● klokkenspel ● samenklank, harmonie

chimerical/kaɪ'merɪkl/ [bnw] hersenschimmig

chimney/'tʃɪmnɪ/ [znw] ● schoorsteen ● lampenglas ● uitgang v.e. vulkaan ● rotskloof

chimney-jack[znw] gek (op schoorsteen)

chimney-piece/'tʃɪmnɪpi:s/ [znw] schoorsteenmantel

chimney-pot[znw] schoorsteenpijp ★ ~ hat hoge hoed

chimney-stack[znw] groep schoorstenen

chimney-stalk[znw] (fabrieks)schoorsteen

chimney-sweep(er)[znw] schoorsteenveger

chimp, chimpansee/tʃɪmp/[znw] chimpansee

chin/tʃɪn/ **I** [on ww] (AE kletsen **II** [znw] kin

china/'tʃaɪnə/ [znw] ● Chinese thee ● porselein ★ ~ clay porseleinaarde

chinaware/'tʃaɪnəweə/ [znw] porselein(werk)

chinch/tʃɪntʃ/ [znw] (AE wandluis

chine/tʃaɪn/ [znw] ● ravijn ● rugwervel(s), ruggengraat ● bergrug

Chinese/tʃaɪ'ni:z/ [znw] Chinees ★ ~ ink Oostindische inkt ★ ~ lantern lampion

chink/tʃɪŋk/ **I** [ov + on ww] rinkelen **II** [znw] ● spleet ● gerinkel

Chink(y)/tʃɪŋk(ɪ)/ (pej.) [znw] spleetoog, Chinees

chintz/tʃɪnts/ [znw] chintz, bedrukte katoenen stof

chip/tʃɪp/ **I** [ov ww] ● (af)hakken, (af)bikken, (af)kappen ● stukjes breken uit ● inkerven ● stukje van schaal breken ● iem. plagen ● (dial.) beentje lichten **II** [on ww] schilferen ● (~ in) in de rede vallen, meebetalen **III** [znw] ● spaan(der), schilfer,

splintertje, plakje, schijfje ● fiche ● werptruc (bij worstelen) ● (comp.) chip ★ a chip off the old block 'n aardje naar zijn vaartje ★ as dry as a chip uitermate saai of droog ★ you've had your chips! niet zeuren, je hebt je kans gehad!

chipboard/'tʃɪpbɔ:d/ [znw] spaanplaat

chipmunk/'tʃɪpmʌŋk/ (AE [znw] soort eekhoorntje

chipping/'tʃɪpɪŋ/ [znw] scherfje

chippings/'tʃɪpɪŋz/ [mv] steenslag

chippy/'tʃɪpɪ/ [bnw] ● katterig ● prikkelbaar ● saai, droog

chips/tʃɪps/ [mv] ● scheepstimmerman ● duiten ★ houtkrullen ★ patat ★ (AE chips

chiropodist/kɪ'rɒpədɪst/ [znw] pedicure

chirp/tʃɜ:p/ **I** [ov + on ww] ● tjilpen, kwelen ● opgewekt praten **II** [znw] getjilp

chirpy/'tʃɜ:pɪ/ [bnw] vrolijk

chirr/tʃɜ:/ **I** [on ww] sjirpen (v. insecten) **II** [znw] gesjirp

chirrup/'tʃɪrəp/ **I** [on ww] ● tjilpen ● aanmoedigen door met de tong te klakken **II** [znw] getjilp

chisel/'tʃɪzəl/ **I** [ov ww] ● beitelen, beeldhouwen ● bedriegen, beetnemen ★ ~ o.'s style z'n stijl polijsten **II** [znw] beitel

chit/tʃɪt/ [znw] ● hummel ● getuigschrift, briefje, bonnetje ● kattebelletje ★ chit of a girl jong ding

chit-chat/'tʃɪttʃæt/ [znw] gebabbel, gekeuvel

chitty/'tʃɪtɪ/ **I** [znw] getuigschrift, briefje, bonnetje **II** [bnw] klein, nietig

chivalric, chivalrous/'ʃɪvəlrɪk/ [bnw] ridderlijk, hoofs

chivalry/'ʃɪvəlrɪ/ [znw] ● ridderschap ● ridderlijkheid

chive(s)/tʃaɪv(z)/ [znw] bieslook

chivvy, chivy/'tʃɪvɪ/ [ov ww] achternazitten

chlorate/'klɔ:reɪt/ [znw] ★ ~ of potash kaliumchloraat

chloride/'klɔ:raɪd/ [znw] ★ ~ of lime chloorkalk ★ ~ of soda natriumchloride

chlorine/'klɔ:ri:n/ [znw] chloor

chlorophyll/'klɒrəfɪl/ [znw] bladgroen

choc/tʃɒk/ (inf.) → chocolate

choc-ice/'tʃɒkaɪs/ [znw] ijsje met laagje chocola erop

chock/tʃɒk/ **I** [ov ww] ● vastzetten ● volproppen **II** [znw] ● blok, klamp, klos ● startblok

chock-full/tʃɒkfʊl/ [bnw] propvol

chocolate/'tʃɒkələt/ **I** [znw] ● bonbon ● chocolaatje, chocolade **II** [bnw] chocoladebruin

choice/tʃɔɪs/ **I** [znw] ● keuze ● voorkeur ★ het puikje, het beste ★ Hobson's ~ graag of niet ★ at ~ naar keuze ★ for ~ bij voorkeur **II** [bnw] ● uitgelezen ● kieskeurig

choir/'kwaɪə/ **I** [ov + on ww] in koor zingen **II** [znw] koor

choirboy/'kwaɪəbɔɪ/ [znw] koorknaap

choirmaster/'kwaɪəmɑ:stə/ [znw] koordirigent

choir-stall/'kwaɪəstɔ:l/ [znw] koorbank

choke/tʃəʊk/ **I** [ov ww] ● smoren, doen stikken, verstikken ● verstoppen, afsluiten ● onderdrukken ● vernauwen ● geen lucht of licht geven ● (~ down) onderdrukken, inslikken, met moeite verwerken ● (~ off) (iem.) dwingen iets op te geven, (iem.) de mond snoeren ● (~ up) verstoppen **II** [on ww] ● verstopt raken ● zich verslikken **III** [znw] ● verstikking(sgevoel) ● snik ● verstopping ● vernauwing ● baard v. artisjok ● (techn.) smoorklep

choke-damp/'tʃəʊkdæmp/ [znw] mijngas

choker/'tʃəʊkə/ [znw] ● wurger ● dooddoener ● hoge stijve boord ● (strop)das ★ white ~ witte das; dominee; kelner

choky/'tʃəʊkɪ/ **I** [znw] *gevangenis, nor* **II** [bnw] *benauwd, verstikkend*

choler/'kɒlə/ [znw] *gal*

cholera/'kɒlərə/ [znw] *cholera*

choleric/'kɒlərɪk/ [bnw] *opvliegend*

choose/tʃuːz/ [ov + on ww] *kiezen, uitverkiezen* ∗ I couldn't ~ *but* ik moest wel ∗ nothing to ~ *between them* nagenoeg hetzelfde

chooser/'tʃuːzə/ [znw] ∗ beggars must not be ~s *men mag een gegeven paard niet in de bek zien*

choos(e)y/'tʃuːzɪ/ [bnw] *kieskeurig*

chop/tʃɒp/ **I** [ov + on ww] ● *kappen, (fijn)hakken* ● *ruilen* ● *draaien ⟨v. wind⟩* ∗ chop and change *steeds veranderen* ● (~ about/round) *omslaan* ● (~ back) *rechtsomkeert maken* ● (~ in) *ook wat zeggen* ● (~ out) *plotseling aan de oppervlakte komen, knippen ⟨in film⟩* ● (~ up) *knippen ⟨in film⟩, fijnhakken* **II** [znw] ● *slag, houw* ● *kotelet* ● *korte golfslag* ∗ chops and changes *wisselingen* ∗ first chop *eerste keus*

chophouse/'tʃɒphaʊs/ [znw] *eethuis*

chopper/'tʃɒpə/ [znw] ● *hakker* ● *hakmes* ● *helikopter*

chopping/'tʃɒpɪŋ/ [bnw] ● *kort* ● *woelig ⟨v. golven⟩* ● *veranderlijk, onvast*

choppy/'tʃɒpɪ/ [bnw] ● *vol kloven of barsten* ● → **chopping**

chops/tʃɒps/ [mv] *kaken*

chopsticks/'tʃɒpstɪks/ [mv] *eetstokjes*

chopsuey/tʃɒp'suːɪ/ [znw] *tjaptjoi*

choral/'kɔːrəl/ **I** [znw] → **chorale II** [bnw] ∗ ~ service *gezongen kerkdienst* ∗ ~ society *zangvereniging*

chorale/kɒ'rɑːl/ [znw] *kerkgezang*

chord/kɔːd/ [znw] ● *snaar* ● *streng* ● *koorde* ● ⟨muz.⟩ *akkoord* ∗ vocal ~s *stembanden*

chordal/'kɔːdl/ [bnw] *v.e. snaar*

chore/tʃɔː/ [znw] *karweitje*

chorea/kɒ'rɪə/ [znw] *sint-vitusdans*

choreographer/kɒrɪ'ɒgrəfə/ [znw] *choreograaf*

choreography/kɒrɪ'ɒgrəfɪ/ [znw] *choreografie*

chorister/'kɒrɪstə/ [znw] *koorzanger, koorknaap*

chortle/'tʃɔːtl/ [on ww] ● *schateren* ● *grinniken*

chorus/'kɔːrəs/ [znw] ● *koor, rei* ● *refrein* ∗ ~ girl *danseres ⟨in musical⟩*

chose/tʃəʊz/ *verl. tijd* → **choose**

chosen/'tʃəʊzən/ *volt. deelw.* → **choose**

chough/tʃʌf/ [znw] *kauw*

chow/tʃaʊ/ [znw] ● *chow-chow* ● ⟨sl.⟩ *eten*

chowder/'tʃaʊdə/ [znw] *stoofpot met vis*

chrism/'krɪzəm/ [znw] *chrisma*

Christ/kraɪst/ [znw] *Christus*

christen/'krɪsən/ [ov ww] *dopen*

Christendom/'krɪsəndəm/ [znw] *de christenheid*

christening/'krɪsnɪŋ/ [znw] *doop, het dopen*

Christian/'krɪstɪən/ **I** [znw] *christen* **II** [bnw] *christelijk* ∗ ~ name *voornaam*

Christianity/krɪstɪ'ænɪtɪ/ [znw] ● *christelijkheid* ● *het christendom*

Christianize/'krɪstʃənaɪz/ [ov + on ww] *kerstenen*

Christmas/'krɪsməs/ [znw] *Kerstmis* ∗ ~ Eve 24 *december* ∗ ~ carol *kerstlied* ∗ ~ tree *kerstboom*

Christmas-box[znw] ● *fooi met Kerstmis* ● *kerstgeschenk*

chromatic/krə'mætɪk/ [bnw] *chromatisch*

chrome/krəʊm/ [znw] *chroom*

chromium/'krəʊmɪəm/ [znw] *chroom* ∗ ~ plated *verchroomd* ∗ ~ tape *chroomdioxide cassettebandje*

chronic/'krɒnɪk/ [bnw] ● *chronisch* ● ⟨sl.⟩ *verschrikkelijk*

chronicle/'krɒnɪkl/ **I** [ov ww] *te boek stellen* **II** [znw] *kroniek, geschiedenis*

chronicler/'krɒnɪklə/ [znw] *kroniekschrijver*

chronograph/'krɒnəgrɑːf/ [znw] ● *precisietijdmeter* ● *stopwatch*

chronologic(al)/krɒnə'lɒdʒɪk(l)/ [bnw] *chronologisch*

chronology/krə'nɒlədʒɪ/ [znw] *chronologie*

chrysalis/'krɪsəlɪs/ [znw] ● *pop ⟨ook het omhulsel⟩* ● *onvolgroeid stadium*

chrysanthemum/krɪ'sænθəməm/ [znw] *chrysant*

chubby/'tʃʌbɪ/ [bnw] *mollig*

chuck/tʃʌk/ **I** [ov ww] ● *onder de kin strijken/aaien* ● *gooien, smijten* ● *de bons geven* ● *klikken ⟨met tong⟩* ∗ ~ it! *hou op!; hou je mond!* ● (~ away) *weggooien* ● (~ out) *eruit smijten* ● (~ up) *er de brui aan geven* **II** [znw] ● *aai, streek ⟨onder kin⟩* ● *worp, gooi, het van z. afsmijten* ● *klem, klauwplaat ⟨aan draaibank⟩* ● *geklik ⟨met tong⟩* ● *schat* ● ⟨inf.⟩ *eten* ∗ hard ~ *scheepsbeschuit* ∗ the ~ *de bons*

chucker-out/'tʃʌkər'aʊt/ [znw] *uitsmijter*

chuckle/'tʃʌkl/ **I** [on ww] ● *giffelen, grinniken* ● *z. verkneuteren* ● *tokken* **II** [znw] ● *lachje* ● *getok*

chucklehead/'tʃʌkəlhed/ [znw] *uilskuiken*

chuffed/tʃʌft/ [bnw] *verrast*

chug/tʃʌg/ **I** [on ww] ● *ronken* ● *puffen, draaien ⟨v. moter⟩* **II** [znw] *geronk*

chum/tʃʌm/ **I** [on ww] ● *bij elkaar op kamer(s) wonen* ● *dikke vrienden zijn* ∗ chum up with *bevriend raken met* **II** [znw] *goede vriend, gabber, maat* ∗ new chum *pas aangekomen immigrant ⟨in Australië⟩*

chummy/'tʃʌmɪ/ [bnw] *intiem*

chump/tʃʌmp/ [znw] ● *stomkop* ● *blok hout* ● *dik einde ⟨v. lendestuk⟩* ● *kop* ∗ off o.'s ~ *half gek*

chunk/tʃʌŋk/ **I** [ov ww] ⟨AD⟩ *gooien naar* **II** [znw] *homp, blok, bonk, stuk*

chunky/'tʃʌŋkɪ/ [bnw] ● *bonkig* ● *gezet*

church/tʃɜːtʃ/ **I** [ov ww] *de kerkgang laten doen* ∗ be ~ed *de kerkgang doen* **II** [znw] *kerk* ∗ Church of England *anglicaanse Kerk* ∗ Established ~ *staatskerk* ∗ ~ rate *kerkbelasting* ∗ ~ text *gotische letters* ∗ enter the ~ *geestelijke worden* ∗ go into the ~ *geestelijke worden*

churchgoer/'tʃɜːtʃgəʊə/ [znw] *kerkganger*

churching/'tʃɜːtʃɪŋ/ [znw] *kerkgang*

churchman/'tʃɜːtʃmən/ [znw] *lid v.e. kerkgenootschap*

churchmouse/'tʃɜːtʃmaʊs/ [znw] ∗ as poor as a ~ *zo arm als een kerkrat*

churchwarden/tʃɜːtʃ'wɔːdn/ [znw] ● *kerkmeester, kerkvoogd* ● *lange Goudse pijp*

churchy/'tʃɜːtʃɪ/ [bnw] *kerks*

churchyard/'tʃɜːtʃjɑːd/ [znw] *kerkhof* ∗ ~ cough *hoest die naderende dood aankondigt*

churl/tʃɜːl/ [znw] ● *vrek* ● *boerenkinkel*

churlish/'tʃɜːlɪʃ/ [bnw] *lomp*

churn/tʃɜːn/ **I** [on ww] ● *omwoelen* ● *kwaad maken* ● *karnen* ● *doen schuimen* **II** [znw] ● *karn* ● *melkbus* ● *schuimen* ● *zieden ⟨v. zee⟩* ● *stampen ⟨v. scheepsmotor⟩*

churr/tʃɜː/ **I** [on ww] *snorren* **II** [znw] *gesnor*

chute/ʃuːt/ [znw] ● *stroomversnelling* ● *glijbaan* ● *schudgoot* ● *helling* ● *parachute*

ciborium/sɪ'bɔːrɪəm/ [znw] *ciborie*

cicada, cicala/sɪ'kɑːdə/ [znw] *krekel*

cicatrice, cicatrix/'sɪkətrɪs/ [znw] *litteken*

cider/'saɪdə/ [znw] *cider*

C.I.F., c.i.f. [afk] ∗ (cost, insurance, freight) *kosten, verzekering, vracht*

cigala/sɪ'gɑːlə/ [mv] → **cicada**

cigar/sɪ'gɑː/ [znw] *sigaar* ∗ ~ case *sigarenkoker*

cigarette /sɪgəˈret/ [znw] sigaret ∗ ~ case sigarettenkoker ∗ ~ end peuk ∗ ~ lighter aansteker ∗ ~ paper vloei

cigarillo /sɪgəˈrɪləʊ/ [znw] sigaartje

cilia /ˈsɪliə/ [znw] • oogharen • trilharen

cinch /sɪntʃ/ I [ov ww] • singelen (v. paard) • te pakken krijgen II [znw] • iets dat zeker is • makkie • ⟨AE⟩ zadelriem

cinder /ˈsɪndə/ [znw] sintel ∗ ~ track sintelbaan

Cinderella /sɪndəˈrelə/ [znw] Assepoester

cinders /ˈsɪndəz/ [mv] as

cinema /ˈsɪnɪmaː/ [znw] bioscoop

cinematic /sɪnɪˈmætɪk/ [bnw] film-

cinnamon /ˈsɪnəmən/ I [znw] kaneel(boom) II [bnw] geelbruin

cipher /ˈsaɪfə/ I [ov + on ww] • cijferen • coderen II [znw] • nul • cijfer • monogram • geheimschrift, code • aanhouden van orgeltoon ∗ he is a mere ~ hij is een grote nul

circle /ˈsɜːkl/ I [ov ww] omcirkelen II [on ww] rondgaan, ronddraaien, rond(draaien) III [znw] • cirkel, (k)ring • (omme)zwaai ∗ ~ trains buurtspoorwegen ∗ come full ~ op beginpunt terugkeren ∗ dress/upper ~ balkon 1e/2e rang (in schouwburg)

circlet /ˈsɜːklɪt/ [znw] • cirkeltje, ring • band

circuit /ˈsɜːkɪt/ [znw] • omtrek, omsloten gebied • tournee, rondgang, rondreis • kringloop • omweg • ronde baan • schakeling • ⟨techn.⟩ stroombaan ∗ closed ~ gesloten tv-systeem ∗ put in/out the ~ stroom in-/uitschakelen ∗ short ~ kortsluiting

circuitous /sɜːˈkjuːɪtəs/ [bnw] omslachtig ∗ ~ route omweg

circuitry /ˈsɜːkɪtrɪ/ [znw] elektriciteitsnet, elektrische installatie, bedrading

circular /ˈsɜːkjʊlə/ I [znw] • circulaire • rondweg II [bnw] cirkelvormig, rond(gaand) ∗ ~ letter circulaire ∗ note reiskredietbrief ∗ ~ ticket rondreisbiljet ∗ ~ tour rondreis

circularize /ˈsɜːkjʊləraɪz/ [ov ww] circulaires zenden aan

circulate /ˈsɜːkjʊleɪt/ [ov + on ww] circuleren, laten circuleren, in omloop brengen ∗ circulating decimal repeterende breuk ∗ circulating library uitleenbibliotheek ∗ circulating medium ruilmiddel

circulation /sɜːkjʊˈleɪʃən/ [znw] • (bloeds)omloop • circulatie • oplage • omzet • betaalmiddel

circum- /ˈsɜːkəm/ [voorv] om-, cirkel-

circumcise /ˈsɜːkəmsaɪz/ [ov ww] besnijden

circumcision /sɜːkəmˈsɪʒən/ [znw] besnijdenis ∗ the Circumcision besnijdenis des Heren (1 jan)

circumference /sɜːˈkʌmfərəns/ [znw] omtrek v. cirkel

circumjacent /sɜːkəmˈdʒeɪsənt/ [bnw] (er)omheen liggend, in de omtrek liggend

circumlocution /sɜːkəmləˈkjuːʃən/ [znw] omhaal v. woorden

circumlocutory /sɜːkəmləˈkjuːtərɪ/ [bnw] omslachtig

circumscribe /ˈsɜːkəmskraɪb/ [ov ww] • omschrijven • begrenzen

circumscription /sɜːkəmˈskrɪpʃən/ [znw] • omschrijving • begrenzing

circumspect /ˈsɜːkəmspekt/ [bnw] omzichtig

circumspection /sɜːkəmˈspekʃən/ [znw] omzichtigheid

circumstance /ˈsɜːkəmstns/ [znw] • omstandigheid • bijzonderheid • praal, drukte ∗ without ~ zonder complimenten

circumstantial /sɜːkəmˈstænʃəl/ [bnw] uitvoerig

circumvent /sɜːkəmˈvent/ [ov ww] • omsingelen

∗ te slim af zijn

circumvention /sɜːkəmˈvenʃən/ [znw] • omsingeling • misleiding

circus /ˈsɜːkəs/ [znw] • circus • rond plein

cirque /sɜːk/ [znw] keteldal

cirrocumulus /sɪrəʊˈkjuːmjʊləs/ [znw] schapenwolkje(s)

cirrus /ˈsɪrəs/ [znw] • vederwolk • ⟨plant.⟩ hechtrank

cissy [znw] melkmuil, mietje

cistern /ˈsɪstən/ [znw] • waterreservoir • stortbak

citadel /ˈsɪtədl/ [znw] fort, bolwerk

citation /saɪˈteɪʃən/ [znw] • dagvaarding • eervolle vermelding

cite /saɪt/ [ov ww] • dagvaarden • aanhalen

citizen /ˈsɪtɪzən/ [znw] • burger • stedeling ∗ ~ of the world kosmopoliet

citizenry /ˈsɪtɪzənrɪ/ [znw] burgerij

citizenship /ˈsɪtɪzənʃɪp/ [znw] burgerschap

citric /ˈsɪtrɪk/ [bnw] citroen- ∗ ~ acid citroenzuur

citron /ˈsɪtrən/ [znw] soort citroen(boom)

city /ˈsɪtɪ/ [znw] (grote) stad ∗ city hall stadhuis; gemeentehuis

City /ˈsɪtɪ/ [znw] ∗ City article financieel artikel ∗ City editor financieel redacteur ∗ City man zakenman ∗ City news financieel nieuws; nieuws v.d. beurs ∗ the City het centrum v. Londen; de Beurs; de effectenbeurs

cityscape /ˈsɪtɪskeɪp/ [znw] • aanblik v.e. stad • stadsbeeld

civic /ˈsɪvɪk/ [bnw] stads-, burger-

civics /ˈsɪvɪks/ [znw] burgerlijk recht, staatsbestel

civies /ˈsɪvɪz/ ⟨sl.⟩ [mv] burgerkloffie

civil /ˈsɪvəl/ [bnw] • burgerlijk, burger- • privaatrechtelijk • beschaafd, beleefd ∗ ~ law burgerlijk recht ∗ ~ servant burgerambtenaar

civilian /sɪˈvɪliən/ I [znw] burger ∗ in ~s in burger(kleding) II [bnw] burger-

civility /sɪˈvɪlətɪ/ [bnw] beleefdheid

civilization /sɪvɪlaɪˈzeɪʃən/ [znw] • beschaving • beschaafde wereld

civilize /ˈsɪvɪlaɪz/ [ov ww] beschaven

civvy /ˈsɪvɪ/ [bnw] ∗ ~ street de burgermaatschappij ∗ in civvies in burger(kleding)

clack /klæk/ I [on ww] ratelen, kletteren II [znw] • klap • geratel, gekletter

clad /klæd/ volt. deelw. → clothe

claim /kleɪm/ I [ov ww] • vorderen • beweren • aanspraak maken op, (op)eisen II [znw] • aanspraak, recht, eis, vordering • claim • concessie (in mijnbouw) ∗ have a ~ on recht hebben op; een vordering hebben op ∗ lay ~ to aanspraak maken op

claimant /ˈkleɪmənt/ [znw] • eiser • pretendent

clairvoyance /kleəˈvɔɪəns/ [znw] helderziendheid

clairvoyant /kleəˈvɔɪənt/ [znw] helderziende

clam /klæm/ I [on ww] • (~ up) je mond houden II [znw] ≈ mossel

clamant /ˈkleɪmənt/ [bnw] • luidruchtig • dringend

clambake /ˈklæmbeɪk/ [znw] • picknick aan zee • fuif, festijn

clamber /ˈklæmbə/ I [on ww] klauteren II [znw] zware beklimming

clammy /ˈklæmɪ/ [bnw] • klam • kleverig, klef

clamorous /ˈklæmərəs/ [bnw] luidruchtig, schreeuwerig

clamour /ˈklæmə/ I [on ww] • schreeuwen • protesteren • eisen II [znw] • geschreeuw, misbaar • luid protest • eis

clamp /klæmp/ I [ov ww] • klampen, vastzetten, krammen • ophopen • inkuilen II [on ww] onderdrukken, de kop indrukken III [znw]

• klamp, klem, kram • (muur)anker • stapel
bakstenen • voorraad ingekuilde aardappelen
clan/klæn/ [znw] • stam ‹in Schotse Hooglanden›
• familie • kliek
clandestine/klæn'destɪn/ [bnw] clandestien
clang/klæŋ/ I [ov + on ww] • (laten) klinken
• bellen, rinkelen II [znw] • metalige klank
• klokgelui, belgerinkel
clanger/klæŋə/ ‹sl.› [znw] blunder ⋆ drop a ~ een
flater slaan
clangour/klæŋgə/ [znw] (voortdurend) gekletter
clank/klæŋk/ I [ov + on ww] rammelen, kletteren
II [znw] metaalgerinkel
clap/klæp/ I [ww] • klappen, klapperen ‹met
vleugels› • applaudisseren, toejuichen ⋆ clap eyes
on zien ⋆ clap in prison in de gevangenis zetten
⋆ clap on a hat haastig een hoed opzetten ⋆ clap
on all sail alle zeilen bijzetten ⋆ clap spurs to a
horse het paard de sporen geven • (~ up) gauw
even voor elkaar boksen II [znw] • klap, slag
• donderslag • applaus • ‹vulg.› druiper
clapped-out/klæpt'aʊt/ ‹inf.› [bnw] • doodop,
uitgeteld • gammel
clapper/klæpə/ [znw] • klepel • ratel ⋆ run like
the ~s als een haas ervandoorgaan
clapping/klæpɪŋ/ [znw] applaus
claptrap/klæptræp/ I [znw] • bombast • goedkope
show • geleuter, klets II [bnw] bombastisch
claret/klærət/ I [znw] • rode bordeaux(wijn)
• bloed ⋆ tap a p.'s ~ iem. een bloedneus slaan
II [bnw] wijnrood, bordeauxrood
clarification/klærəfɪ'kerʃən/ [znw] • opheldering
• zuivering
clarify/klærəfaɪ/ I [ov ww] • ophelderen,
verhelderen • helder/zuiver maken II [on ww]
helder/zuiver worden
clarion/klærɪən/ [znw] klaroen
clari(o)net/klærə'net/ [znw] klarinet
clarity/klærɪti/ [znw] zuiverheid, klaarheid
clash/klæʃ/ I [ov + on ww] botsen, kletteren ⋆ these
colours – deze kleuren vloeken • (~ with) in
botsing komen met II [znw] • botsing, conflict
• tegenstrijdigheid
clasp/klɑːsp/ I [ov + on ww] • sluiten • (aan)haken,
pakken • omhelzen • ~ hands de hand drukken
II [znw] • gesp, broche • slot • beugel • omhelzing
• handdruk
clasp-knife/klɑːspnaɪf/ [znw] knipmes
class/klɑːs/ I [znw] • klas(se) • stand • stijl
• klassestelsel • les(uur), cursus • lichting II [znw]
van stand, superieur ⋆ my ~ van mijn stand ⋆ no
~ niet veel zaaks; burgerlijk ⋆ take a ~ cum laude
slagen
class-conscious[bnw] klassebewust
classic/klæsɪk/ I [znw] • klassiek werk, klassieke
schrijver • classicus II [bnw] klassiek
classical/klæsɪkl/ [bnw] klassiek
classicism/klæsɪsɪzəm/ [znw] classicisme
classicist/klæsɪsɪst/ [znw] classicus
classifiable/klæsɪ'faɪəbl/ [bnw] classificeerbaar
classification/klæsɪfɪ'keɪʃən/ [znw] classificatie
classified/klæsɪfaɪd/ [bnw] • geclassificeerd • ‹AE›
geheim ⋆ ~ advertisements kleine annonces ⋆ ~
information geheime informatie
classify/klæsɪfaɪ/ [ov ww] rangschikken,
classificeren, in systeem onderbrengen
classman/klɑːsmən/ [znw] cum laude geslaagde
classmate/klɑːsmeɪt/ [znw] klasgenoot
classroom/klɑːsruːm/ [znw] leslokaal
classy/klɑːsi/ [bnw] superieur
clatter/klætə/ I [ov + on ww] kletteren, ratelen
II [znw] gekletter, geratel

clause/klɔːz/ [znw] • clausule • passage • bijzin
claustrophobia/klɔːstrə'fəʊbɪə/ [znw]
claustrofobie
claustrophobic/klɔːstrə'fəʊbɪk/ [bnw]
claustrofobisch
clavicle/klævɪkl/ [znw] sleutelbeen
claw/klɔː/ I [ov + on ww] • krabben • grissen,
grijpen II [znw] • klauw, poot • schaar ‹v. kreeft›
• (klem)haak • nagel ‹v. bloemblad›
claw-hammer/klɔː'hæmə/ [znw] klauwhamer
⋆ ~ coat pandjesjas
clay/kleɪ/ I [ov ww] met klei of leem bedekken
II [znw] • klei, leem • stof ⋆ stenen pijp ⋆ a yard of
clay lange stenen pijp ⋆ wet/moisten o.'s clay z.
de keel smeren III [bnw] van klei
clayey/kleɪɪ/ [bnw] kleiachtig
clean/kliːn/ I [ov + on ww] schoonmaken, reinigen
• (~ out) schoonmaken, leegmaken, opmaken,
blut maken • (~ up) schoonmaken, opruimen,
winst maken II [ov ww] ⋆ ~ing lady werkster
III [bnw] • schoon, zuiver, rein • zindelijk
• welgevormd • handig • glad, zonder
oneffenheden • van de drugs/drank af IV [bijw]
• totaal • schoon ⋆ come ~ bekennen ⋆ keep the
party ~! netjes houden, hè, geen vieze praatjes!
⋆ keep/stay ~ geen verdovende middelen meer
gebruiken
clean-bred[znw] volbloed, ras-
clean-cut/kliːn'kʌt/ [bnw] scherp omlijnd
cleaner/kliːnə/ [znw] • schoonmaker • stofzuiger
• wasserij ⋆ take s.o. to the ~'s iem. van al zijn
geld af helpen
clean-handed[znw] integer
cleaning/kliːnɪŋ/ [znw] schoonmaak
cleanliness/klenlɪnəs/ [znw] zindelijkheid
cleanly/kliːnlɪ/ [bnw] zindelijk
cleanse/klenz/ [ov ww] zuiveren, reinigen
cleanser/klenzə/ [znw] reinigingsmiddel
clean-shaven[bnw] gladgeschoren
clean-up/kliːnʌp/ [znw] schoonmaak
clear/klɪə/ I [ov + on ww] • verhelderen,
ophelderen, opklaren, verduidelijken • wegnemen
• vrijspreken, zuiveren • opruimen, afruimen ‹v.
tafel› • ledigen • verdwijnen • nemen ‹v.
hindernis› • verrekenen • (schoon) verdienen ⋆ ~ a
dish/plate een bord leegeten ⋆ ~
inward/outward inklaren/uitklaren ⋆ ~ land
terrein vrijmaken ⋆ ~ one's throat de keel
schrapen ⋆ ~ the land in volle zee blijven • (~
away) opruimen, afruimen, optrekken ‹v. mist›
• (~ off) afdoen, wegtrekken, verdwijnen • (~
out) wegdoen, opruimen, uitmesten, er tussenuit
knijpen • (~ up) opklaren, ophelderen, opruimen
II [bnw + bijw] • duidelijk, klaar, helder • zuiver,
onbezwaard • vrij • veilig • netto • totaal,
helemaal ⋆ I am ~ that ... het is mij duidelijk dat
... ⋆ I am quite ~ about it het is mij duidelijk ⋆ ~
of vrij van; buiten (bereik van) ⋆ ~ soup heldere
soep ⋆ in ~ niet in code ⋆ keep ~ of doors niet
tegen de deuren gaan staan ⋆ stand ~! uit de weg!
⋆ the coast is ~ de kust is veilig ⋆ three ~ days
drie volle dagen III [bijw] totaal, helemaal
clearance/klɪərəns/ [znw] • verrekening via het
verrekenkantoor ⋆ ~ sale opruiming
clear-cut/klɪə'kʌt/ [bnw] scherp omlijnd
clear-headed[bnw] helder denkend, verstandig
clearing/klɪərɪŋ/ [znw] • open plek in bos
• ontginning ⋆ Clearing House verrekenkantoor
⋆ ~-house doorgangshuis
clearly/klɪəlɪ/ [bijw] zonder twijfel
clear-sighted/klɪə'saɪtɪd/ [bnw] • scherpzinnig
• scherp v. gezicht

clearway /klɪəweɪ/ [znw] (soort) autoweg (met stopverbod)

cleat /kli:t/ [znw] • wig • klamp, klimblok • (scheepv.) kikker

cleavage /kli:vɪdʒ/ [znw] • kloof, kloving • (inf.) ≈ décolleté

cleave /kli:v/ I [ov + on ww] kloven, splijten II [on ww] (blijven) kleven

cleaver /kli:və/ [znw] hakmes

cleavers /kli:vəz/ [znw] kleefkruid

clef /klef/ [znw] sleutel

cleft /kleft/ I [ww] verl. tijd + volt. deelw.
→ **cleave** II [znw] spleet, barst III [bnw] ∗ in a ~ stick in de knel

cleg /kleg/ [znw] • paardenvlieg • daas

clemency /klemənsɪ/ [znw] • zachtheid • clementie

clement /klemənt/ [bnw] • zacht • tegemoetkomend

clench /klentʃ/ I [ov ww] • omklinken (v. spijker) • openklemmen (v. tanden) • ballen (v. vuist) • vastklemmen met ankersteek • vastpakken II [znw] omklemming

clergy /klɜ:dʒɪ/ [znw] geestelijkheid, geestelijken

clergyman, cleric /klɜ:dʒɪmən/ [znw] • geestelijke • dominee ∗ ~'s week vakantieweek met 2 zondagen

clerical /klerɪkl/ [bnw] • geestelijk • van dominee • administratief ∗ ~ collar priesterboord • ~ error schrijffout

clerk /klɑ:k/ I [on ww] als klerk/secretaris optreden ∗ ~ (it) voor klerk spelen II [znw] • kantoorbediende • secretaris, griffier • koster en voorlezer • (AE) winkelbediende • Town Clerk gemeentesecretaris ∗ ~ of the works opzichter

clever /klevə/ [bnw] • knap, goed bij • handig • (AE) aardig ∗ ~ Dick eigenwijs ventje ∗ ~ ~ eigenwijs ∗ too ~ by half eigenwijs

cleverness /klevənəs/ [znw] • slimheid • handigheid

clew /klu:/ I [ov ww] (~ up) (scheepv.) opgeien II [znw] • kluwen • draad (v. Ariadne) • touwen aan uiteinden van hangmat • (scheepv.) schoothoorn ∗ clew garnet/line geitouw

click /klɪk/ I [ov + on ww] • verliefd worden • het samen goed kunnen vinden • klikken, klakken • aanslaan (v. paard) • boffen • it ~ed het werkte; het ging II [znw] • klik, tik • pal • bof

client /klaɪənt/ [znw] cliënt

clientele /kli:ɒn'tel/ [znw] • clientèle • aanhang

cliff /klɪf/ [znw] steile rots(wand) aan zee, klif

cliff-hanger /klɪfhæŋə/ [znw] film/wedstrijd met spannend einde

cliff-hanging /klɪfhæŋɪŋ/ [bnw] • met onzekere afloop • sensatie-

climacteric /klaɪmæktərɪk/ [znw] climacterium

climactic /klaɪmæktɪk/ [bnw] wat een climax vormt, v.e./de climax

climate /klaɪmɪt/ [znw] klimaat

climatic /klaɪmætɪk/ [bnw] klimaat-

climax /klaɪmæks/ I [ov + on ww] • een hoogtepunt bereiken • klaarkomen II [znw] • toppunt • orgasme

climb /klaɪm/ I [ov + on ww] (be)klimmen, stijgen • (~ down) een toontje lager zingen II [znw] • klim • helling • stijgvermogen

climb-down /klaɪmdaʊn/ [znw] • vernedering • stap terug

climber /klaɪmə/ [znw] • (berg)klimmer • klimplant • streber

clime /klaɪm/ → **climate**

clinch /klɪntʃ/ I [ov ww] • klinken • beklinken

• vastmaken met ankersteek ∗ ~ it doorzetten II [on ww] elkaar vastgrijpen III [znw] • het vastgrijpen • klinknagel

clincher /klɪntʃə/ [znw] afdoend argument

cling /klɪŋ/ [on ww] • (aan)kleven • nauw aansluiten • (blijven) vasthangen • (~ to) z. vastklampen aan

clinging /klɪŋɪŋ/ [bnw] • klevend, nauwsluitend • aanhankelijk

clinic /klɪnɪk/ [znw] kliniek, verpleeginrichting

clinical /klɪnɪkl/ [bnw] • klinisch, geneeskundig • aan het ziekbed ∗ ~ thermometer koortsthermometer

clink /klɪŋk/ I [ov ww] doen klinken II [on ww] klinken III [znw] • het klinken • gevangenis, nor

clinker /klɪŋkə/ [znw] • klinker (steen) • sintel • slak • mislukking, fiasco

clinking /klɪŋkɪŋ/ [bnw] denderend (fig.)

clip /klɪp/ I [ov ww] • afknippen, kort knippen, uitknippen, knippen • scheren (v. schapen) • half uitspreken (v. woorden) • klemmen • hechten • een draai om de oren geven ∗ clip a p.'s wings iem. kortwieken II [znw] • hoeveelheid geschoren wol • klem • knip • (broek)veer • patroonhouder ∗ clip joint peperdure nachtclub

clipboard /klɪpbɔ:d/ [znw] klembord

clip-on [bnw] met een klem ∗ a ~ tie een nepdasje

clipper /klɪpə/ [znw] • knipper • schaar • snel paard • prachtexemplaar • patente kerel • (scheepv.) klipper

clippers /klɪpəz/ [mv] tondeuse

clippie /klɪpɪ/ [znw] conductrice

clipping /klɪpɪŋ/ I [znw] (kranten)knipsel II [bnw] prima

clique /kli:k/ [znw] kliek

cliquish /kli:kɪʃ/ [bnw] kliekjesachtig

cliquism /kli:kɪzm/ [znw] kliekjesgeest

clitoris /klɪtərɪs/ [znw] clitoris, kittelaar

cloak /kləʊk/ I [ov ww] omhullen II [znw] mantel ∗ a ~-and-dagger story mysterieus spionageverhaal

cloakroom /kləʊkru:m/ [znw] bagagedepot, garderobe

clobber /klɒbə/ I [ov ww] • een pak rammel geven • hard aanpakken • volkomen verslaan II [znw] • spullen, boeltje, zootje • kloffie, kleren

cloche /klɒʃ/ [znw] stolp

clock /klɒk/ I [ov ww] • (~ up) laten noteren (v. tijd/afstand), halen (v. snelheid) II [on ww] • (~ in/out) in-/uitklokken (op prikklok) III [znw] • klok • kaars (v. paardenbloem) • ingebreid patroon (in kous) ∗ ~ radio wekkerradio ∗ six o'~ 6 uur ∗ what o'~ hoe laat

clockwise /klɒkwaɪz/ [bijw] met de wijzers v.d. klok mee

clockwork /klɒkwɜ:k/ [znw] uurwerk ∗ ~ toys speelgoed met uurwerkmechanisme ∗ like a ~ met de regelmaat v.d. klok

clod /klɒd/ I [ov ww] met kluiten gooien II [znw] • klont, kluit • boerenpummel • rundvlees (v. nek) ∗ the clod de materie

clodhopper /klɒdhɒpə/ [znw] boerenpummel

clodpole /klɒdpəʊl/ [znw] lummel, boerenkinkel

clog /klɒg/ I [ov + on ww] • verstoppen, verstopt raken • klonteren, vastkoeken II [ov ww] • aan het blok leggen • belemmeren III [znw] • klompschoen, klomp • blok (aan been)

cloggy /klɒgɪ/ [bnw] • klonterig • kleverig

cloister /klɔɪstə/ I [ov ww] in een klooster (doen) opnemen II [znw] • klooster • kloostergang, kruisgang ∗ the ~ het kloosterleven

clone /kləʊn/ [znw] kloon

C

close I [ov + on ww] /kləuz/ • (~ **down**) sluiten, eindigen **II** [ov ww] /kləuz/ • besluiten, (af)sluiten • langszij komen ★ ~ one's days sterven ★ ~ ranks slaags raken; de gelederen sluiten ★ ~d shop bedrijf met verplicht vakbondslidmaatschap voor werknemers • (~ **up**) verstoppen, afsluiten **III** [on ww] /kləuz/ het slot vormen van ★ closing price slotkoers ★ closing time sluitingstijd • (~ **(up)on**) omsluiten, sluiten achter, het eens worden • (~ **in**) insluiten, naderen, korten ‹v.d. dagen› ★ ~ in upon omsingelen • (~ **up**) dichtgaan ★ he ~d up hij zei geen woord meer • (~ **with**) naderen, handgemeen worden, akkoord gaan met **IV** [znw] • /kləus/ binnenplaats • /kləus/ speelveld • /kləus/ erf • /kləus/ terrein • /kləus/ hofje • /kləus/ slopje • /kləuz/ besluit, einde, handgemeen **V** [bnw] /kləus/ • dichtbij • nauw • nauwsluitend • samenhangend • bondig • benauwd • geheim, verborgen • gierig • gesloten, dicht • nauwkeurig • innig, intiem ★ at ~ quarters van dichtbij; in gesloten gelederen ★ be at ~ quarters handgemeen zijn ★ ~ argument/reasoning waterdichte redenering ★ ~ attention gespannen aandacht ★ ~ by/to/(up)on dichtbij; vlakbij ★ ~ call/~ shave op het kantje af ★ ~ contest gelijkopgaande strijd; vinnige twist ★ ~ corporation gesloten maatschappij ★ ~ reasoning vgl. close argument ★ ~ resemblance sprekende gelijkenis ★ live at ~ quarters kleinbehuisd zijn

close-clipped, close-cropped [bnw] kort geknipt

closed-circuit [bnw] via een gesloten circuit ★ ~ television bewaking d.m.v. camera's

closedown /kləuzdaun/ [znw] sluiting, stopzetting

close-fisted /kləus'fɪstɪd/ [bnw] gierig

close-fitting [bnw] nauwsluitend

close-knit [bnw] hecht

close-set [bnw] dicht bij elkaar

closet /klozɪt/ [znw] • (privé)kamertje, kabinet • kast ★ ~ play leesdrama ★ ~ strategist kamerstrateeg

close-up /kləusʌp/ [znw] (film)opname v. dichtbij

closure /kləuʒə/ **I** [ov ww] afsluiten **II** [znw] • slot • sluiting

clot /klɒt/ **I** [ov + on ww] ★ clotted cream dikke room ★ clotted nonsense klinkklare onzin **II** [znw] kluit, klont(er) ★ clot of blood trombose

cloth /klɒθ/ [znw] • laken, stof • tafellaken • doek, stofdoek, dweil • American ~ kunstleer; zeildoek ★ ~ boards linnen omslag ★ ~ bound in linnen band ★ cut your coat according to your ~ zet de tering naar de nering ★ the ~ de geestelijkheid

clothe /kləuð/ [ov ww] (om)hullen, kleden, bekleden, inkleden, omkleden

clothes /kləuðz/ [mv] • kleding, goed • wasgoed ★ ~ hanger kleerhanger ★ ~ horse droogrek ★ ~ press kleerkast

clothes-peg /kləuðzpeg/ [znw] wasknijper

clothier /kləuðɪə/ [znw] handelaar in kleding

clothing /kləuðɪŋ/ [znw] kleding

cloud /klaud/ **I** [ov + on ww] • bewolken, verduisteren, een schaduw werpen over • vlammen ‹v. hout/stof› • (~ **over**) somber worden, betrekken **II** [znw] • wolk • menigte • bedekking • wollen sjaal ★ ~ of words gedaas in de ruimte ★ every ~ has a silver lining achter de wolken schijnt de zon ★ in the ~s in hoger sferen; duister; onzeker

cloudburst /klaudbɜːst/ [znw] wolkbreuk

cloud-capped [bnw] met de top in de wolken

cloud-castle [znw] luchtkasteel

Cloud-cuckoo-land [znw] droomwereld

cloud-land /klaudlænd/ [znw] droomwereld

cloudless /klaudləs/ [bnw] onbewolkt

cloudscape /klaudskeɪp/ [znw] wolkenpartij

cloudy /klaudɪ/ [bnw] • bewolkt • somber • troebel • duister, vaag

clough /klʌf/ [znw] ravijn

clout /klaut/ **I** [ov ww] een klap geven, slaan **II** [znw] • lap, doek ‹v. kleren› • invloed • slag, mep

clove /kləuv/ **I** [ww] o.v.t. → **cleave II** [znw] • kruidnagel • anjer • bijbol

cloven /kləuvən/ [ww] ★ show the ~ foot zijn ware aard tonen volt. deelw. → **cleave**

clover /kləuvə/ [znw] klaver ★ be/live in ~ een prinsheerlijk leven leiden; op rozen zitten

cloverleaf /kləuvəliːf/ [znw] • klaverblad • verkeersknooppunt

clown /klaun/ **I** [on ww] de clown spelen **II** [znw] • clown • boerenkinkel

clownish /klaunɪʃ/ → **clown**

cloy /klɔɪ/ [ov ww] (over)verzadigen ★ cloy with doen walgen van

club /klʌb/ **I** [ov ww] • met knuppel slaan • zijn steentje bijdragen **II** [znw] • (z.) verenigen **III** [znw] • klaverkaart • knuppel • golfstick • club, sociëteit • club moss wolfsklauw ★ in the club in verwachting

clubfoot /klʌbfut/ [znw] horrelvoet ★ ~ed met een horrelvoet

clubhouse /klʌbhaus/ [znw] clubhuis

clubs /klʌbz/ [mv] klaver ‹v. speelkaart›

cluck /klʌk/ **I** [on ww] klokken ‹als een hen› **II** [znw] • geklok ‹als v.e. hen› • stommeling

clue /kluː/ **I** [on ww] een tip geven ★ clue in/up informeren; een aanwijzing geven; helpen om antwoord te raden **II** [znw] • (lei)draad • aanwijzing • sleutel tot oplossing

clueless /kluːləs/ ‹inf.› [bnw] stom

clump /klʌmp/ **I** [ov ww] • bij elkaar doen/planten • van dubbele zolen voorzien **II** [on ww] klossen **III** [znw] • groep ‹v. bomen› • dubbele zool

clumsiness /klʌmzɪnəs/ [znw] onhandigheid

clumsy /klʌmzɪ/ [bnw] lomp, onhandig

clung /klʌŋ/ verl. tijd + volt. deelw. → **cling**

cluster /klʌstə/ **I** [ov ww] groeperen ★ ~ed column zuilenbundel **II** [on ww] • z. groeperen • in trossen/bosjes groeien **III** [znw] • groep • bos, tros • zwerm, troep

clutch /klʌtʃ/ **I** [ov ww] pakken, grijpen **II** [on ww] • (~ **at**) grijpen naar **III** [znw] • broed • broedsel • greep • koppeling • double ~ het overschakelen bij tweemaal ontkoppelen

clutter /klʌtə/ **I** [ov ww] • (~ **up**) rommelig maken ★ ~ up with volstoppen met **II** [znw] • bende, rommel • verwarring

co- /kəu/ [voorv] co-, mede-

c/o [afk] • (care of) p/a

coach /kəutʃ/ **I** [ov ww] • coachen • repetitie geven ‹aan student› **II** [on ww] ★ ~ (it) in koets/diligence rijden ★ old ~ing days dagen v.d. diligence **III** [znw] • koets, rijtuig • autobus • diligence • tweedeursauto ‹kapiteins›hut • coach • repetitor • ~ box bok ‹voor koetsier› ★ ~ dog dalmatiër

coachman /kəutʃmən/ [znw] koetsier

coachwork /kəutʃwɜːk/ [znw] carrosserie

coadjutor /kəuˈædʒutə/ [znw] • coadjutor • helper

coagulant /kəuˈægjulənt/ [znw] stollingsmiddel, stremmingsmiddel

coagulate /kəuˈægjuleɪt/ [on ww] stremmen, stollen

coagulation /kəuægjuˈleɪʃən/ [znw] stremming,

stolling

coal /kəʊl/ I [ov ww] kolen laden II [znw] (steen)kool, kolen ⋆ blow the coals aanwakkeren ⟨v. ruzie⟩ ⋆ carry coals to Newcastle water naar de zee dragen ⋆ coal gas lichtgas ⋆ coal heaver kolendrager ⋆ coal measure kolenmaat; kolenbedding ⋆ coal tar koolteer ⋆ haul/call over the coals geducht de waarheid zeggen ⋆ heap coals of fire on s.o. iem. berouw laten voelen door kwaad met goed te vergelden

coalesce /kəʊəˈles/ [on ww] samensmelten, samenvallen

coalition /kəʊəˈlɪʃən/ [znw] coalitie, verbond

coalmine /ˈkəʊlmaɪn/ [znw] kolenmijn

coalminer /ˈkəʊlmaɪnə/ [znw] mijnwerker

coalmining /ˈkəʊlmaɪnɪŋ/ [znw] kolenwinning

coalmouse /ˈkəʊlmaʊs/ [znw] koolmees

coal-scuttle /ˈkəʊlskʌtl/ [znw] kolenkit

coaltit /ˈkəʊltɪt/ [znw] koolmees

coalworks /ˈkəʊlwɜːks/ [znw] kolenmijn

coarse /kɔːs/ [bnw] grof, ruw ⋆ ~ fish zoetwatervis (behalve zalm en forel) ⋆ ~ remark grove opmerking

coarsen /ˈkɔːsən/ I [ov ww] ruw maken II [on ww] ruw worden

coast /kəʊst/ I [on ww] ● langs de kust varen ● glijden ● freewheelen II [znw] ● kust ● het freewheelen ⟨AE bobsleebaan ⟨AE het glijden

coastal /ˈkəʊstl/ [bnw] kust-

coaster /ˈkəʊstə/ [znw] ● kustvaartuig ● kustbewoner ● biervíltje ● voetrust ⟨aan fiets⟩ ⋆ ~ brake terugtraprem

coastline /ˈkəʊstlaɪn/ [znw] kustlijn

coat /kəʊt/ I [ov ww] ● (be)dekken ● bekleden ● vernissen ● van een laag(je) voorzien II [znw] ● jas, mantel ● bedekking, huid, pels ● laag(je) ⋆ coat and skirt mantelpak ⋆ coat armour familiewapen ⋆ coat of arms wapen ⋆ dust a p.'s coat iem. een pak slaag geven ⋆ wear the King's coat het vaderland dienen

coatee /kəʊˈtiː/ [znw] (kort) manteltje

coat-hanger [znw] kleerhanger

coating /ˈkəʊtɪŋ/ [znw] ● overtrek, bekleding ● laag(je) ● jasstof

coat-tail /ˈkəʊtteɪl/ [znw] jaspand ⋆ trail o.'s ~s provoceren

co-author [znw] medeauteur

coax /kəʊks/ [ov + on ww] vleien ⋆ (~ (in)to) vleiend overhalen om/tot

cob /kɒb/ [znw] ● mannetjeszwaan ● zware hit ● klomp ● rond brood ● grote hazelnoot ● maïskolf ● mengsel van klei, grind en stro

cobalt /ˈkəʊbɔːlt/ [znw] kobalt(blauw)

cobble /ˈkɒbl/ I [ov ww] ● bestraten (met keien) ● lappen (vnl. v. schoenen) ● samenflansen ● (~ up) oplappen II [znw] kinderkopje ● ~(stone) (straat)kei

cobbler /ˈkɒblə/ [znw] ● schoenlapper ● knoeier ● cobbler (gekoelde drank) ⋆ ~'s wax schoenmakerspek

cobbles /ˈkɒblz/ [mv] grote steenkool

cobby /ˈkɒbɪ/ [bnw] kort, gezet

cobweb /ˈkɒbweb/ I [znw] spinnenweb, rag II [bnw] ragfijn ⋆ blow away the ~s z. eens laten uitwaaien

cocaine /kəˈkeɪn/ [znw] cocaïne

cock /kɒk/ I [ov ww] ● scheef zetten/houden ● (op)steken ● (op)zetten ● de haan spannen ● hooi op oppers zetten ⋆ cock an eye knipogen ⋆ cock one's hat hoed scheef (op)zetten; de rand v.d. hoed opslaan ⋆ cock one's nose zijn neus optrekken ⋆ knock s.o. into a cocked hat iem. ver achter zich

laten; iem. volledig inmaken II [znw] ● haan ● mannetje ● haantje de voorste ● leider ● belhamel ● opwaartse buiging ● schuine stand ● opgezette rand ● (hooi)opper ● tuit, kraan ● tong v. weegschaal ● ⟨vulg.⟩ penis, pik ⋆ at half cock met half overgehaalde haan ⋆ cock crow(ing) dageraad ⋆ cock of the walk bazig persoon ⋆ cock-and-bull story kolderverhaal ⋆ every cock crows on his own dunghill in het land der blinden is éénoog koning ⋆ go off half cock overijld iets doen/zeggen ⋆ old cock ouwe jongen ⋆ that cock won't fight die vlieger gaat niet op

cock-a-doodle-doo /kɒkəduːˈdlˈduː/ [znw] kukeleku

cock-a-hoop /kɒkəˈhuːp/ [bnw] juichend

cock-a-leekie /kɒkəˈliːkɪ/ [znw] kippensoep met prei

cockalorum /kɒkəˈlɔːrəm/ [znw] potentaatje

cockatoo /kɒkəˈtuː/ [znw] kaketoe

cockchafer /ˈkɒktʃeɪfə/ [znw] meikever

cocker /ˈkɒkə/ I [ov ww] ● (~ up) vertroetelen II [znw] ● hanenfokker ● cocker-spaniel

cockerel /ˈkɒkərəl/ [znw] jonge haan

cock-eyed /ˈkɒkaɪd/ [bnw] ● scheel ● ⟨AE⟩ dronken

cock-fighting /ˈkɒkfaɪtɪŋ/ [znw] het houden van hanengevechten ⋆ that beats cockfighting dat is buitengewoon aardig

cockle /ˈkɒkl/ I [on ww] ● opbollen ● krullen, rimpelen II [znw] ● roest (in koren) ● rimpel, ribbel ● kokkelschelp ● straalkachel ● dolik

cocklebur /ˈkɒklbɜː/ [znw] klis van de stekelnoot

cockney /ˈkɒknɪ/ I [znw] ● geboren Londenaar ● Londens dialect II [bnw] cockney

cockpit /ˈkɒkpɪt/ [znw] ● cockpit ● stuurhut ● ziekenboeg ● hanemat ● strijdtoneel

cockroach /ˈkɒkrəʊtʃ/ [znw] kakkerlak

cockshot, cockshy /ˈkɒkʃɒt/ [znw] mikpunt

cocksure /kɒkˈʃɔː/ [bnw] ● stellig ● zelfbewust ● pedant

cocktail /ˈkɒkteɪl/ [znw] cocktail ⋆ ~ stick cocktailprikker

cock-up /ˈkɒkʌp/ [znw] rotzooi, bende

cocky /ˈkɒkɪ/ [bnw] verwaand, eigenwijs

coco /ˈkəʊkəʊ/ [znw] kokospalm

cocoa /ˈkəʊkəʊ/ [znw] cacao ● → **coco** ⋆ ~ powder (bruin) buskruit

coconut /ˈkəʊkənʌt/ [znw] kokosnoot ⋆ ~ matting kokosmat ⋆ ~ palm kokospalm ⋆ that accounts for the milk in the ~ dat verklaart alles

cocoon /kəˈkuːn/ I [ov ww] inspinnen II [on ww] z. inspinnen III [znw] cocon

cod /kɒd/ I [ov + on ww] bedotten II [znw] kabeljauw ⋆ cod-liver oil levertraan

C.O.D., c.o.d. [afk] ⟨cash/collect on delivery⟩ rembours, betaling bij ontvangst

coddle /ˈkɒdl/ I [ov ww] vertroetelen II [znw] ● troetelkindje ● iem. die zichzelf in de watten legt

code /kəʊd/ I [ov ww] ● coderen ● als wet of regel stellen II [znw] ● code ● wet(boek) ● reglement, gedragslijn ⋆ Highway code verkeersvoorschriften

codger /ˈkɒdʒə/ [znw] ouwe baas, ouwe knar

codification /kəʊdɪfɪˈkeɪʃən/ [znw] codificatie

codify /ˈkəʊdɪfaɪ/ [ov ww] codificeren

codswallop /ˈkɒdzwɒləp/ [znw] gezwam in de ruimte, kletskoek

co-ed /ˈkəʊed/ [znw] meisjesstudent

coeducation /kəʊedjuˈkeɪʃən/ [znw] co-educatie, gemengd onderwijs

coeducational /kəʊedjuˈkeɪʃənəl/ [bnw] co-educatie

coefficient /kəʊɪˈfɪʃənt/ [znw] coëfficiënt

coequal /kəʊˈiːkwəl/ [bnw] gelijk

C

coerce /kəʊˈɜːs/ [ov ww] (af)dwingen
coercion /kəʊˈɜːʃən/ [znw] dwang
coeval /kəʊˈiːvəl/ **I** [znw] tijdgenoot, leeftijdsgenoot **II** [bnw] ● even oud ● van gelijke duur
coexist /kəʊɪɡˈzɪst/ [on ww] naast elkaar leven, gelijktijdig bestaan
coexistence /kəʊɪɡˈzɪstəns/ [znw] coëxistentie
coexistent /kəʊɪɡˈzɪstənt/ [bnw] coëxistent
coffee /ˈkɒfɪ/ [znw] koffie ★ ~ bar koffiebar ★ ~ bean koffieboon ★ ~ break koffiepauze ★ ~ grounds koffiedik
coffee-mill /ˈkɒfɪmɪl/ [znw] koffiemolen
coffeepot /ˈkɒfɪpɒt/ [znw] koffiepot
coffee-shop [znw] café, koffiewinkel
coffee-table [znw] salontafel(tje)
coffer /ˈkɒfə/ [znw] (geld)kist
coffers /ˈkɒfəz/ [znw] schatkist
coffin /ˈkɒfɪn/ **I** [ov ww] kisten **II** [znw] doodskist
cog /kɒɡ/ **I** [on ww] ★ cog dice met vervalste dobbelstenen dobbelen **II** [znw] tand (v. wiel)
cogency /ˈkəʊdʒənsɪ/ [znw] overtuigingskracht
cogent /ˈkəʊdʒənt/ [bnw] overtuigend
cogged /kɒɡd/ [bnw] getand
cogitate /ˈkɒdʒɪteɪt/ [ov + on ww] overdenken
cogitation /kɒdʒɪˈteɪʃən/ [znw] overdenking
cognate /ˈkɒɡneɪt/ [znw] (bloed)verwant
cognition /kɒɡˈnɪʃən/ [znw] het (bewust) kennen
cognizance /ˈkɒɡnɪzəns/ [znw] ● kennis ● competentie ● onderscheidingsteken
cognizant /ˈkɒɡnɪzənt/ [bnw] ★ ~ of bekend met; op de hoogte van
cognomen /kɒɡˈnəʊmen/ [znw] ● familienaam ● bijnaam
cog-wheel /ˈkɒɡwiːl/ [znw] tandwiel, kamwiel
cohabit /kəʊˈhæbɪt/ [on ww] samenwonen
cohere /kəʊˈhɪə/ [on ww] samenhangen
coherence, cohesion /kəʊˈhɪərəns/ [znw] samenhang
coherent, cohesive /kəʊˈhɪərənt/ [bnw] samenhangend
coif /kɔɪf/ [znw] kap(je)
coign /kɔɪn/ [znw] ★ ~ of vantage geschikt(e) hoekje/waarnemingspost
coil /kɔɪl/ **I** [ov ww] oprollen, in bochten leggen **II** [on ww] (z.) kronkelen **III** [znw] ● spiraal(veer) ● tros ● kronkel ● rol ● inductie(klos), spoel (v. radio)
coin /kɔɪn/ **I** [ov ww] ● munten ● verzinnen ★ coin money geld verdienen als water ★ coin words nieuwe woorden maken **II** [znw] ● munt ● geld ★ pay s.o. in his own coin iem. met gelijke munt betalen
coinage /ˈkɔɪnɪdʒ/ [znw] ● munt(stelsel) ● het munten
coincide /kəʊɪnˈsaɪd/ [on ww] ● samenvallen ● overeenstemmen
coincidence /kəʊˈɪnsɪdns/ [znw] toeval
coincident /kəʊˈɪnsɪdnt/ [bnw] samenvallend
coincidental /kəʊɪnsɪˈdentl/ [bnw] toevallig
coiner /ˈkɔɪnə/ [znw] (valse)munter
coition /kəʊˈɪʃən/ [znw] coïtus
coitus /ˈkəʊɪtəs/ [znw] geslachtsdaad
coke /kəʊk/ **I** [ov ww] tot cokes maken **II** [znw] ● cokes ● cola ● ⟨inf.⟩ cocaïne ★ coke head verslaafde
col /kɒl/ [znw] (nauwe) bergpas
colander /ˈkʌləndə/ **I** [ov ww] door vergiet laten lopen **II** [znw] vergiet
cold /kəʊld/ **I** [znw] ● kou(de) ● verkoudheid ★ catch (a) cold verkouden worden ★ cold without koude grog zonder suiker ★ he was left out in the cold ze lieten hem buiten staan **II** [bnw] koud, koel

★ cold comfort schrale troost ★ cold front kou(de)front ★ cold news ontmoedigend nieuws ★ cold pig een straal koud water op iem. die slaapt ★ cold snap 'n paar koude dagen ★ cold store koeltuisslag ★ cold store koelhuis ★ ⟨AE⟩ cold turkey harde feiten/waarheid; meedogenloze ontwenning(skuur) ★ give the cold shoulder to met de nek aankijken ★ have cold feet 'm knijpen ★ inch of cold steel dolksteek ★ throw cold water on a plan een plan (be)kritiseren
cold-blooded /kəʊldˈblʌdɪd/ [bnw] koelbloedig
cold-hearted /kəʊldˈhɑːtɪd/ [bnw] koud, ongevoelig
cold-livered [bnw] onverstoorbaar
coleslaw /ˈkəʊlslɔː/ [znw] koolslaatje
colic /ˈkɒlɪk/ [znw] (darm)koliek
coll. [afk] ● college ⟨college⟩
collaborate /kəˈlæbəreɪt/ [on ww] ● collaboreren ● samenwerken
collaborator /kəˈlæbəreɪtə/ [znw] ● collaborateur ● medewerker
collapse /kəˈlæps/ **I** [on ww] ● invallen, in elkaar zakken ● mislukken **II** [znw] ● ineenstorting ● mislukking
collapsible /kəˈlæpsəbl/ [bnw] opvouwbaar
collar /ˈkɒlə/ **I** [ov ww] ● een halsband aandoen ● bij de kraag pakken ● tot rollade maken ● inpikken **II** [znw] ● kraag, boord ● (hals)keten, (hals)band ● sigarenbandje ● haam ● zwaar werk ● rollade ★ ~ beam dwarsbalk ★ ~ stud boordenknoopje ● pull against the ~ zwoegen
collar-bone /ˈkɒləbəʊn/ [znw] sleutelbeen
collar-stud /ˈkɒləstʌd/ [znw] boordenknoopje
collate /kəˈleɪt/ [ov ww] ● collationeren, vergelijken ● in geestelijk ambt benoemen ● invoegen (op computer)
collateral /kəˈlætərəl/ **I** [znw] bloedverwant in zijlinie **II** [bnw] ● zij aan zij ● zijdelings
colleague /ˈkɒliːɡ/ [znw] collega
collect /kəˈlekt/ **I** [ov ww] ● verzamelen ● innen ● innemen, ophalen ● inpikken ● ⟨vero.⟩ concluderen ★ ~ a horse een paard in toom houden ★ ~ o.s. moed verzamelen; zijn gedachten ordenen ★ ~ed bedaard **II** [on ww] z. verzamelen
collection /kəˈlekʃən/ [znw] ● zelfbeheersing ● buslichting ● verzameling
collective /kəˈlektɪv/ [bnw] ● samengesteld ● verzamelend ● gemeenschappelijk ★ ~ bargaining collectieve arbeidsonderhandelingen; overleg tussen vakbond en werkgever
collectivize /kəˈlektɪvaɪz/ [ov ww] tot collectief bezit maken
collector /kəˈlektə/ [znw] ● verzamelaar ● collectant ● controlebeambte ● ontvanger ★ ~'s item gezocht (verzamel)object
colleen /kɒˈliːn/ ⟨Iers⟩ [znw] meisje
college /ˈkɒlɪdʒ/ [znw] ● college ● zelfstandig universiteitsinstituut ● grote kostschool
colleger /ˈkɒlɪdʒə/ [znw] beursleerling
collegiate /kəˈliːdʒɪət/ **I** [znw] als college instellen **II** [bnw] als college ingesteld
collet /ˈkɒlɪt/ [znw] ● ring ● beugel ● kas
collide /kəˈlaɪd/ [on ww] botsen
collie /ˈkɒlɪ/ [znw] Schotse herdershond
collier /ˈkɒljə/ [znw] mijnwerker
colliery /ˈkɒljərɪ/ [znw] kolenmijn
collision /kəˈlɪʒən/ [znw] botsing ★ ~ course dreigende conflictsituatie
collocate /ˈkɒləkeɪt/ [ov ww] ordenen, plaatsen
collocation /kɒləˈkeɪʃən/ [znw] ⟨taalk.⟩ verbinding
colloid /ˈkɒlɔɪd/ [znw] lijmachtig, lijm-
collop /ˈkɒləp/ [znw] ● lapje vlees ● schnitzel

colloquial /kə'ləʊkwɪəl/ [bnw] tot de spreektaal behorend

colloquialism /kə'ləʊkwɪəlɪzəm/ [znw] alledaagse uitdrukking

colloquy /'kɒləkwɪ/ [znw] gesprek

collusion /kə'lu:ʒən/ [znw] geheime verstandhouding

collywobbles /'kɒlɪwɒblz/ [mv] buikpijn ⟨v. zenuwen/angst⟩

colon /'kəʊlən/ [znw] • dikke darm • dubbele punt

colonel /'kɜ:nl/ [znw] • kolonel • overste

colonial /kə'ləʊnɪəl/ [znw] koloniaal ∗ Colonial Office ministerie v. koloniën ∗ Colonial Secretary minister v. koloniën

colonialism /kə'ləʊnɪəlɪzəm/ [znw] kolonialisme

colonization /kɒlənaɪ'zeɪʃən/ [znw] kolonisatie

colonize /'kɒlənaɪz/ [ov + on ww] koloniseren

colonnade /kɒlə'neɪd/ [znw] zuilengalerij

colony /'kɒlənɪ/ [znw] kolonie

colophon /'kɒləfɒn/ [znw] colofon ∗ from title page to ~ van A tot Z

colossal /kə'lɒsəl/ [bnw] kolossaal

colossus /kə'lɒsəs/ [znw] kolos

colour /'kʌlə/ I [ov ww] • verkeerd voorstellen • kleuren, verven II [znw] • kleur • verf • blos • timbre • schijn, voorwendsel • aard, soort • stijl • insigne ∗ ~ bar rassenonderscheid; rassendiscriminatie ∗ ~ wash muurverf • gain ~ weer kleur krijgen • give no ~ for (saying) geen aanleiding geven voor • lose ~ bleek worden ∗ man of ~ kleurling; neger

colourblind /'kʌləblaɪnd/ [bnw] • kleurenblind • ⟨AD⟩ onpartijdig t.o.v. rassenonderscheid

coloured /'kʌləd/ [bnw] • ~ person kleurling

colourfast /'kʌləfɑ:st/ [bnw] kleurecht

colourful /'kʌləfʊl/ [bnw] kleurrijk ∗ ~ personality interessante persoonlijkheid

colouring /'kʌlərɪŋ/ [znw] • kleur(sel) • schijn

colourless /'kʌlələs/ [bnw] • kleurloos • oninteressant

colours /'kʌləz/ [mv] • vaandel • clubkleuren • sail under false ~ huichelen • show one's ~ kleur bekennen; zijn ware aard tonen • stick to one's ~ voet bij stuk houden • with flying ~ met vlag en wimpel • with the ~ bij het leger

colt /kəʊlt/ [znw] • (hengst)veulen • robbedoes • beginneling

coltish /'kəʊltɪʃ/ [bnw] dartel

column /'kɒləm/ [znw] • kolom, zuil • colonne • column

columnist /'kɒləmnɪst/ [znw] columnist

colza /'kɒlzə/ [znw] koolzaad ∗ ~ oil raapolie

coma /'kəʊmə/ [znw] • coma • zaadpluisje • nevelkring

comatose /'kəʊmətəʊs/ [bnw] • diep bewusteloos, comateus • slaperig

comb /kəʊm/ I [ov ww] • kammen • hekelen ⟨v. vlas⟩ ∗ comb a p.'s hair/head iem. de mantel uitvegen • (~ out) uitkammen ⟨ook fig.⟩, zuiveren II [znw] • kam • honingraat ∗ comb honey raathoning ∗ cut a p.'s comb iem. op zijn nummer zetten

combat /'kɒmbæt/ [znw] gevecht ∗ single ~ duel

combatant /'kɒmbətnt/ [znw] strijder

combative /'kɒmbətɪv/ [bnw] strijdlustig

combe /ku:m/ [znw] • diepe vallei • kloof

comber /'kəʊmə/ [znw] • omkrullende golf • kam(mer)

combination /kɒmbɪ'neɪʃən/ [znw] combinatie ∗ (motorcycle) ~ motor met zijspan ∗ ~ lock combinatieslot

combinations /kɒmbɪ'neɪʃənz/ [mv] hemdbroek

combine I [ov ww] /kəm'baɪn/ • verenigen • combineren II [on ww] /kəm'baɪn/ • z. verenigen • samenwerken, samenspelen III [znw] /'kɒmbaɪn / syndicaat ∗ ~ (harvester) oogstmachine

comb-out /'kəʊmaʊt/ [znw] nauwkeurig onderzoek

combust /kəm'bʌst/ [ov ww] verbranden

combustibility /kəmbʌstə'bɪlətɪ/ [znw] (ver)brandbaarheid

combustible /kəm'bʌstɪbl/ I [znw] brandbare stof II [bnw] brandbaar

combustion /kəm'bʌstʃən/ [znw] verbranding ∗ ~ engine verbrandingsmotor

come /kʌm/ [on ww] • (aan/neer/op)komen, erbij komen, terechtkomen • naderen • worden • meegaan • afleggen ⟨v. afstand⟩ • ⟨vulg.⟩ klaarkomen ∗ I have come to believe ik ben tot het besef gekomen ∗ ⟨AE⟩ come Christmas a.s. Kerstmis ∗ come into being/existence ontstaan ∗ come into money aan geld komen ∗ come into s.th. in bezit komen van ∗ come it strong het er dik bovenop leggen ∗ come near dicht(er)bij komen ∗ come near doing het bijna doen ∗ come of age meerderjarig worden ∗ come short te kort schieten ∗ come true uitkomen ∗ come what may wat er ook gebeure ∗ don't come that trick/dodge over me daar trap ik niet in ∗ flying comes natural to the Dutch vliegen zit de Nederlanders in het bloed ∗ he has come into a fortune hij heeft een fortuin geërfd ∗ how come? hoe zo? hoe zit dat (dan)? ∗ in days to come in de toekomst ∗ it has come to handy het is in goede orde ontvangen • (~ about) gebeuren, tot stand komen, richting veranderen, overstag gaan • (~ across) tegenkomen, aantreffen • (~ after) komen na, achterna komen • (~ along) eraan komen, voortmaken • (~ apart) losgaan, uit elkaar vallen • (~ around) ⟨AE⟩ langs komen, bijkomen ⟨na flauwte⟩, bijtrekken ⟨na ruzie⟩, overlopen, draaien ⟨v. wind⟩ • (~ at) aanvallen, verkrijgen • (~ away) losgaan, vandaan komen • (~ back) terugkomen, weer voor de geest komen, iets terugzeggen • (~ between) tussenbeide komen • (~ by) (ver)krijgen, voorbijkomen, komen aan • (~ down) naar beneden komen, kalmeren, rustig worden, komen te liggen • come down in the world aan lager wal raken • (~ down on) neerkomen op, straffen, krachtig eisen, uitvaren tegen • (~ down to) z. uitstrekken tot • (~ down with) krijgen ⟨v. ziekte⟩, dokken • (~ for) komen om, afhalen, (dreigend) afkomen op • (~ forth) te voorschijn komen • (~ forward) z. aanmelden, naar voren komen • (~ from) komen van/uit, het resultaat zijn van • (~ home to) duidelijk worden • (~ in) binnenkomen, thuiskomen, erin komen, aankomen ⟨v. posv⟩, opkomen ⟨getij⟩, beginnen, eraan te pas komen, aan de macht komen ∗ where do I come in? waar blijf ik (dan)? ∗ this comes in useful/handy dit komt me van pas • (~ in for) (als aandeel) krijgen • (~ off) eraf gaan/komen, afgeven, uitkomen, uit de strijd komen, lukken • (~ on) opkomen, naderen, gedijen, vorderen, op gang komen, komen opzetten • (~ out) (er) uitkomen, te voorschijn komen, aan 't licht komen, blijken, in staking gaan, debuteren • (~ over) komen over, overkomen, óverkomen, oversteken • (~ round) aankomen, vóórkomen, draaien ⟨wind⟩, bijkomen, weer goed worden • come round again weer verschijnen • (~ through) doorkomen, overleven, over de brug komen • (~ to) bijkomen, bijdraaien ∗ it comes to the same thing het komt op hetzelfde neer ∗ it comes to $ 5.50 het komt op $ 5,50 ∗ come to one's senses tot bezinning komen; bijkomen ● (~ **under**) vallen onder ● (~ **up**) opkomen, bovenkomen, aankomen ‹als student›, ter sprake komen ● (~ **up to**) erop af komen, de hoogte bereiken van, voldoen aan ● (~ **with**) inhalen, gelijk komen met ● (~ **upon**) overvallen, tegen 't lijf lopen, te binnen schieten, ten laste komen van, opkomen bij

comeback/'kʌmbæk/ [znw] terugkeer
comedian/kə'miːdɪən/ [znw] ● blijspelspeler
● blijspelschrijver
comedienne/kəmi:dɪ'en/ [znw] ● blijspelspeelster
● blijspelschrijfster
comedown/'kʌmdaʊn/ [znw] ● val, vernedering, achteruitgang ● tegenvaller
comedy/'kɒmɪdɪ/ [znw] blijspel
comely/'kʌmlɪ/ [bnw] knap, keurig
come-on/'kʌmɒn/ [znw] voorwendsel, smoes
∗ give the ~ avances maken
comer/'kʌmə/ [znw] ● aangekomene, bezoeker
● ‹inf./AE› veelbelovend iem. ∗ all ~s iedereen
comet/'kɒmɪt/ [znw] komeet
comeuppance/kʌm'ʌpəns/ ‹AE/inf.› [znw] verdiende loon, straf
comfit/'kʌmfɪt/ [znw] ● (vruchten)bonbon
● suikertje
comfort/'kʌmfət/ I [ov ww] troosten II [znw]
● troost, bemoediging ● gemak, gerief, comfort
● welstand
comfortable/'kʌmftəbl/ [bnw] geriefelijk, gemakkelijk
comforter/'kʌmfətə/ [znw] ● trooster ● fopspeen
● wollen sjaal ∗ the Comforter de Heilige Geest
comfortless/'kʌmfətləs/ [bnw] troosteloos
comfrey/'kʌmfrɪ/ [znw] smeerwortel
comic/'kɒmɪk/ I [znw] komiek II [bnw] komisch
∗ ~ book/strip stripboek; stripverhaal
comical/'kɒmɪkl/ [bnw] komisch
coming/'kʌmɪŋ/ I [znw] komst II [bnw]
● veelbelovend ● komend, aanstaand
comity/'kɒmətɪ/ [znw] ● wederzijds respect
● beleefdheid
command/kə'mɑːnd/ I [ov ww] ● bevelen, commanderen ● het commando voeren over
● beheersen ● beschikken over ● bestrijken
● opbrengen ‹v. prijs› ● bedingen, vragen ‹prijs›
∗ this post ~s a splendid view of vanhier ziet men prachtig uit over ∗ yours to ~ uw dienstwillige II [znw] ● bevel, order ● commando
● afdeling v.d. RAF ● beheersing ● beschikking
● gezichtsveld, uitzicht ∗ at ~ ter beschikking ∗ ~ post commandopost ∗ great ~ of language grote vaardigheid in taal ∗ in ~ of met commando belast
commandant/kɒmən'dænt/ [znw] commandant
commandeer/kɒmən'dɪə/ [ov ww] vorderen
commander/kə'mɑːndə/ [znw] ● commandant
● gezagvoerder ∗ ~ in chief opperbevelhebber
commanding/kə'mɑːndɪŋ/ [bnw]
● indrukwekkend ● met goed uitzicht
commandment/kə'mɑːndmənt/ [znw] gebod
commando/kə'mɑːndəʊ/ [znw] commando, stoottroep(er)
commemorate/kə'meməreɪt/ [ov ww] herdenken
commemoration/kəmemə'reɪʃən/ [znw] herdenking
commemorative/kə'memərətɪv/ [bnw] herdenkings-
commence/kə'mens/ [ov ww] ● beginnen
● promoveren
commencement/kə'mensmənt/ [znw] ● ‹AE›

plechtige opening v. schooljaar of collegejaar
● plechtige diploma-uitreiking
commend/kə'mend/ [ov ww] prijzen, aanbevelen
∗ Into Thy hands I ~ my spirit In Uwe handen beveel ik mijn geest
commendable/kə'mendəbl/ [bnw] prijzenswaardig, aanbevelenswaardig
commendation/kɒmen'deɪʃən/ [znw] aanbeveling, lof
commendatory/kə'mendətərɪ/ [bnw] aanbevelend ∗ ~ prayer(s) gebed(en) voor de stervenden
commensurable/kə'menʃərəbl/ [bnw]
● onderling meetbaar ● deelbaar ● evenredig
commensurate/kə'menʃərət/ [bnw] ● evenredig ● samenvallend
comment/'kɒment/ I [on ww] ● van commentaar voorzien ● aan- of opmerkingen maken II [znw] commentaar, kritiek
commentary/'kɒməntərɪ/ [znw] ● uiteenzetting, commentaar ● reportage
commentate/'kɒmənteɪt/ I [ov ww] een verslag geven van II [on ww] commentaar leveren
commentator/'kɒmənteɪtə/ [znw]
● commentator ● verslaggever ‹v. radio/tv›
commerce/'kɒmɜːs/ [znw] ● handel, verkeer
● soort kaartspel ● ‹vero.› (geslachtelijke) omgang
commercial/kə'mɜːʃəl/ I [znw]
● reclameboodschap ‹op radio›, reclamefilm/-spot ‹op tv› ● handelsreiziger II [bnw] ● voor de (klein)handel bestemd ● handels-, commercieel
commercialism/kə'mɜːʃəlɪzəm/ [znw] handelsgeest
commercialize/kə'mɜːʃəlaɪz/ [ov ww] tot handelsobject maken
commie/'kɒmɪ/ ‹inf./pej.› [znw] communist
commingle/kə'mɪŋgl/ I [ov ww] vermengen II [on ww] z. vermengen
comminute/'kɒmɪnjuːt/ [ov ww] verbrijzelen
commiserate/kə'mɪzəreɪt/ [ww] medelijden hebben/betuigen met
commiseration/kəmɪzə'reɪʃən/ [znw] medeleven
commissariat/kɒmɪ'seərɪət/ [znw] ● intendance
● voedselvoorziening
commissary/'kɒmɪsərɪ/ [znw] ● commissaris, gedelegeerde ● verplegingsofficier
commission/kə'mɪʃən/ I [ov ww] ● opdragen
● machtigen ● bestellen ● aanstellen II [znw]
● opdracht, last(geving), taak, ambt ● commissie
● provisie ● het plegen ‹v. misdaad› ∗ get one's ~ officier worden ∗ in ~ in actieve dienst
∗ lose/resign one's ~ ontslagen worden; ontslag nemen als officier ∗ out of ~ buiten dienst
commission-agent [znw] commissionair
commissionaire/kəmɪʃə'neə/ [znw] ● besteller
● portier
commissioned/kə'mɪʃənd/ [bnw] ∗ ~ officer officier
commissioner/kə'mɪʃənə/ [znw]
● gevolmachtigde ● commissaris ● gecommitteerde
commit/kə'mɪt/ [ov ww] ● toevertrouwen
● plegen, bedrijven ● (z.) compromitteren
● verwijzen ‹naar commissie› ● binden ∗ ~ for trial naar terechtzitting verwijzen ● (~ **to**) prijsgeven aan ∗ I wouldn't ~ myself to ik zou mij niet wagen aan ∗ ~ to memory van buiten leren ∗ ~ to prison gevangen zetten
commitment/kə'mɪtmənt/ [znw] ● verbintenis
● aangegane verplichting
committal/kə'mɪtl/ [znw] ● gevangenzetting
● bijzetting ‹v. overledene›
committed/kə'mɪtɪd/ [bnw] ● toegewijd

C

• geëngageerd
committee /kə'mɪtɪ/ [znw] • commissie, comité
• bestuur
commode /kə'məʊd/ [znw] • commode • ladekast
• haarstrik • stilletje
commodious /kə'məʊdɪəs/ [bnw] ruim en geriefelijk
commodity /kə'mɒdɪtɪ/ [znw] handelsartikel
commodore /'kɒmədɔ:/ [znw] • commodore
• kapitein ter zee, divisiecommandant • president
v. zeilclub • ‹luchtv.› gezagvoerder • ‹scheepv.›
oudste kapitein
common /'kɒmən/ I [znw] • onbebouwd (stuk)
land • gemeenschappelijke wei • (right of) ~
weiderecht • ~ of pasturage weiderecht • ~ of
piscary visrecht • in ~ gezamenlijk • in ~ with
evenals • out of the ~ ongewoon II [bnw]
• gemeenschappelijk • algemeen • openbaar
• gewoon • vulgair, ordinair • Common Prayer
anglicaanse eredienst • ~ council gemeenteraad
• ~ crier stadsomroeper • ~ -
divisor/factor/measure gemene deler • ~
ground iets waarover men het eens is • ~ land
meent; gemeenschapsgrond • ~ law gewoonterecht
• ~ measure twee- of vierkwartsmaat • ~
multiple kleinste gemene veelvoud • ~ or garden
huis-, tuin-, en keuken-; gewoon • ~ room
docentenkamer; gelagkamer • ~ sense gezond
verstand • ~weal algemeen welzijn • make ~
cause gemene zaak maken
commoner /'kɒmənə/ [znw] • rechthebbende op
gemeenschappelijke wei • ‹gewoon› burger • lid v.
House of Commons • niet-beursstudent
commonly /'kɒmənlɪ/ [bijw] • gewoonlijk,
gebruikelijk • ordinair
commonplace /'kɒmənpleɪs/ I [ov ww] een
treffende passage noteren II [on ww] clichés
gebruiken III [znw] • [mv] • treffende passage
• gemeenplaats IV [bnw] afgezaagd, banaal
commons /'kɒmənz/ [mv] • gewone volk, burgerij
• gemeenschappelijke maaltijd • portie • (House
of) Commons Lagerhuis
commonwealth /'kɒmənwelθ/ [znw]
• gemenebest • rijk • the (British)
Commonwealth (of Nations) Britse Gemenebest;
Britse Rijk • the Commonwealth Australië
commotion /kə'məʊʃən/ [znw] opschudding
communal /'kɒmjʊnl/ [bnw] gemeente-,
gemeenschaps- • ~ spirit gemeenschapszin
commune I [on ww] /kə'mju:n/ ‹AE de communie
ontvangen› (~ with) z. onderhouden met
II [znw] /'kɒmju:n/ • gemeente • kommune
communicant /kə'mju:nɪkənt/ [znw]
• communicant • deelnemer aan Avondmaal
• zegsman
communicate /kə'mju:nɪkeɪt/ I [ov ww] het
Avondmaal bedienen • (~ to) mededelen aan
II [on ww] • communiceren • het Avondmaal
ontvangen • (~ with) een goede relatie
aanknopen/hebben met, in verbinding staan met
communication /kəmju:nɪ'keɪʃən/ [znw]
• mededeling, het mededelen • verbinding(sweg)
• ~ cord noodrem
communicative /kə'mju:nɪkətɪv/ [bnw]
mededeelzaam
communion /kə'mju:nɪən/ [znw] • gemeenschap
• verbinding • omgang • kerkgenootschap
communiqué /kə'mju:nɪkeɪ/ [znw] communiqué,
bekendmaking
communism /'kɒmjʊnɪzəm/ [znw] communisme
communist /'kɒmjʊnɪst/ I [znw] communist
II [bnw] communistisch

communistic /kɒmjʊ'nɪstɪk/ [bnw]
communistisch
community /kə'mju:nətɪ/ [znw] genootschap,
gemeenschap • ~ centre buurthuis; wijkcentrum
• ~ lawyers wetswinkel • ~ singing samenzang
communize /'kɒmjʊnaɪz/ [ov ww] tot
gemeenschappelijk bezit maken
commutability /kəmju:tə'bɪlətɪ/ [znw]
verwisselbaarheid
commutable /kə'mju:təbl/ [bnw] verwisselbaar
commutation /kɒmju:'teɪʃən/ [znw] • ‹AE› ~
ticket trajectkaart
commutative /kə'mju:tətɪv/ [bnw] • ~ fine boete
i.p.v. hechtenis
commutator /'kɒmju:teɪtə/ [znw]
stroomwisselaar
commute /kə'mju:t/ I [ov ww] • veranderen,
verwisselen • afkopen en omzetten ‹v. schuld of
verplichting› • verzachten ‹v. straf› II [on ww]
forenzen
commuter /kə'mju:tə/ I [znw] • pendelaar, forens
• houder van treinabonnement II [bnw] • ~ train
forenzentrein
compact I [ov ww] /kəm'pækt/ • condenseren
• samenstellen • samenpakken • stevig verbinden
• ~ed of bestaand uit II [znw] /'kɒmpækt/
• verdrag, overeenkomst • poederdoosje III [bnw] /
kəm'pækt/ • compact, vast, stevig • bondig
• gedrongen
companion /kəm'pænjən/ I [ov ww] • vergezellen
• horen bij II [on ww] • (~ with) omgaan met
III [znw] • makker, metgezel, gezelschap • laagste
graad i.e. ridderorde • gezelschapsdame
• bijbehorende deel ‹scheepv.› kampanje
companionable /kəm'pænjənəbl/ [bnw] gezellig
companionship /kəm'pænjənʃɪp/ [znw]
kameraadschap
companionway /kəm'pænjənweɪ/ [znw] trap
naar kajuit
company /'kʌmpənɪ/ I [on ww] • ~ with omgaan
met II [znw] • gezelschap • vennootschap,
maatschappij • bedrijf • genootschap • compagnie
• bear/keep ~ gezelschap houden • ~ manners
gelegenheidsmanieren • joint-stock ~
maatschappij op aandelen • keep ~ with
(om)gaan met • part ~ uiteengaan • see little ~
weinig visite ontvangen • weep for ~ van de
weeromstuit meehuilen
comparable /'kɒmpərəbl/ [bnw] vergelijkbaar
comparative /kəm'pærətɪv/ I [znw] ‹taalk.›
vergrotende trap II [bnw] vergelijkend • he was
~ly small hij was betrekkelijk klein
compare /kəm'peə/ I [ov ww] vergelijken
II [on ww] vergeleken worden • nobody can ~
with niemand kan de vergelijking doorstaan met
comparison /kəm'pærɪsən/ [znw] vergelijking
• bear/stand ~ with de vergelijking kunnen
doorstaan met • degrees of ~ trappen v.
vergelijking
compartment /kəm'pɑ:tmənt/ [znw] • afdeling
• coupé
compartmentalize /kɒmpɑ:t'mentəlaɪz/
[ov ww] in vakken verdelen, onderverdelen
compass /'kʌmpəs/ I [ov ww] • beramen
• omvatten, insluiten • begrijpen • volvoeren
• gaan om II [znw] • kompas • gebied, terrein
• omvang, draagwijdte ‹v. stem› • omweg
• omtrek ‹muz.› toonomvang • ~ bearing
kompaspeiling • ~ window ronde erker
compasses /'kʌmpəsɪz/ [mv] • (pair of) ~ passer
compassion /kəm'pæʃən/ [znw] medelijden
compassionate /kəm'pæʃənət/ I [ov ww]

medelijden hebben **II** [bnw] *meelevend, medelijdend*

compatibility/kəmpætə'bɪlətɪ/ [znw]
• *verenigbaarheid* • *uitwisselbaarheid*

compatible/kəm'pætəbl/ [bnw] • *verenigbaar*
• *uitwisselbaar* (v. computerbestand) * ~ with *aangepast aan; verenigbaar met*

compatriot/kəm'pætrɪət/ [znw] *landgenoot*

compeer/kəm'pɪə/ [znw] • *gelijke* • *makker*

compel/kəm'pel/ [ov ww] (af)*dwingen, verplichten*

compelling/kəm'pelɪŋ/ [bnw] *onweerstaanbaar, boeiend, fascinerend*

compendium/kəm'pendɪəm/ [znw]
samenvatting

compensate/'kɒmpenseɪt/ [ov ww] *goedmaken, vergoeden*

compensation/kɒmpen'seɪʃən/ [znw]
compensatie

compere/'kɒmpeə/ **I** [ww] *presenteren, als presentator optreden* **II** [znw] *presentator*

compete/kəm'pi:t/ [on ww] • *wedijveren, concurreren* • *mededingen* * ~ for *mededingen naar*

competence/'kɒmpɪtns/ [znw] • *bevoegdheid*
• *competentie* • *welstand*

competent/'kɒmpɪtnt/ [bnw] • *geoorloofd*
• *bekwaam, bevoegd*

competition/kɒmpə'tɪʃən/ [znw] • *concurrentie*
• *competitie*

competitive/kəm'petɪtɪv/ [bnw] • *m.b.t. competitie* • *prestatiegericht* • John and his older brother are very ~ *John en zijn oudere broer wedijveren sterk met elkaar* * ~ examination *vergelijkend examen* * ~ prices *scherpe prijzen*

competitor/kəm'petɪtə/ [znw] *concurrent, mededinger*

compilation/kɒmpɪ'leɪʃən/ [znw] *samenstelling, verzameling*

compile/kəm'paɪl/ [ov ww] *compileren, bijeenbrengen*

compiler/kəm'paɪlə/ [znw] *compilator*

complacence, complacency/kəm'pleɪsəns/
[znw] (zelf)*voldaanheid*

complacent/kəm'pleɪsənt/ [bnw] (zelf)*voldaan, kalm*

complain/kəm'pleɪn/ [on ww] *klagen* • (~ of) (z. be)*klagen over* • (~ to) (z. be)*klagen bij*

complaint/kəm'pleɪnt/ [znw] *kwaal, (aan)klacht*

complaisance/kəm'pleɪzəns/ [znw]
minzaamheid, inschikkelijkheid

complaisant/kəm'pleɪzənt/ [bnw] *minzaam, inschikkelijk*

complement/'kɒmplɪmənt/ **I** [ov ww] *aanvullen* **II** [znw] *aanvulling, complement, vereist aantal*

complementary/kɒmplɪ'mentərɪ/ [bnw]
aanvullend

complete/kəm'pli:t/ **I** [ov ww] *maken, afmaken, invullen* **II** [bnw] *compleet, volkomen, voltallig*

completion/kəm'pli:ʃən/ [znw] *voltooiing*

complex/'kɒmpleks/ **I** [znw] *complex, samenstel, geheel* **II** [bnw] *samengesteld, ingewikkeld*

complexion/kəm'plekʃən/ [znw] • *aard*
• *gelaatskleur* • *voorkomen*

complexity/kəm'pleksətɪ/ [znw] *complexiteit*

compliance/kəm'plaɪəns/ [znw] *toestemming, nakoming, inwilliging* * in ~ with *overeenkomstig*

compliant/kəm'plaɪənt/ [bnw] *meegaand, soepel*

complicate/'kɒmplɪkeɪt/ [ov ww] *ingewikkeld maken*

complicated/'kɒmplɪkeɪtɪd/ [bnw] *ingewikkeld*

complication/kɒmplɪ'keɪʃən/ [znw] *complicatie*

complicity/kəm'plɪsətɪ/ [znw] *medeplichtigheid*

compliment/'kɒmplɪmənt/ **I** [ov ww]
complimenteren • (~ on) *gelukwensen met, vereren met* (geschenk) **II** [znw] *compliment* * ~s *complimenten; plichtplegingen* * ~s of the season *beste wensen voor Kerstmis en Nieuwjaar*

complimentary/kɒmplɪ'mentərɪ/ [bnw] *gratis*
* ~ copy *presentexemplaar* * ~ ticket *vrijkaart*

compline/'kɒmplɪn/ [znw] *completen*

comply/kəm'plaɪ/ [on ww] • (~ with) *handelen overeenkomstig, inwilligen, toestaan*

component/kəm'pəʊnənt/ **I** [znw] *bestanddeel*
II [bnw] *samenstellend*

comport/kəm'pɔːt/ [on ww] *in overeenstemming zijn* * ~ o.s. z. gedragen* • (~ with) z. *voegen naar*

comportment/kəm'pɔːtmənt/ [znw] *gedrag*

compose/kəm'pəʊz/ [ov + on ww] • *samenstellen*
• *zetten* (drukwerk) • *schikken* • *kalmeren*
• *componeren* • ~ o.s. *bedaren* * ~ o.s. to write z. zetten om te gaan schrijven*

composed/kəm'pəʊzd/ [bnw] *beheerst, bedaard*

composer/kəm'pəʊzə/ [znw] *componist*

composing/kəm'pəʊzɪŋ/ [ww] *tegenw. deelw.*
→ **compose**

composite/'kɒmpəzɪt/ [bnw] *gezamenlijk, samengesteld*

composition/kɒmpə'zɪʃən/ [znw]
• *samenstelling* • *compositie* • *mengsel*
• *schrijfvaardigheid, het stellen, opstel* • *aard*
• *schikking* * ~ billiard balls *synthetische biljartballen*

compositive/kɒm'pɒzətɪv/ [znw] *samengesteld, synthetisch*

compositor/kəm'pɒzɪtə/ [znw] (letter)*zetter*

compost/'kɒmpɒst/ **I** [ov ww] *bemesten met compost, mengen* **II** [znw] *mengsel, mengmest, compost* * ~ heap *composthoop*

composure/kəm'pəʊʒə/ [znw] *bedaardheid, kalmte*

compote/'kɒmpəʊt/ [znw] *vruchten op sap, compote*

compound I [ov ww] /kəm'paʊnd/ • *afkopen*
• *samenstellen, (ver)mengen* **II** [on ww] /kəm'paʊnd/ *schikken, tot een akkoord komen* **III** [znw] /'kɒmpaʊnd/ • *kamp* • *samenstelling, mengsel* **IV** [bnw] /'kɒmpaʊnd/ *samengesteld, gecompliceerd* * ~ animal feeds *mengvoeders*

comprehend/kɒmprɪ'hend/ [ov ww] • *insluiten*
• *begrijpen*

comprehensibility/kɒmprɪhensə'bɪlətɪ/ [znw]
begrijpelijkheid

comprehensible/kɒmprɪ'hensɪbl/ [bnw]
mentaal te bevatten, begrijpelijk

comprehension/kɒmprɪ'henʃən/ [znw]
• *omvang* • *begrip* • *toelating v. diverse richtingen in één kerkgenootschap of partij*

comprehensive/kɒmprɪ'hensɪv/ **I** [znw]
middenschool, scholengemeenschap **II** [bnw]
veelomvattend, uitgebreid * ~ faculty *bevattingsvermogen* * ~ school *scholengemeenschap*

compress I [ov ww] /kəm'pres/ *samendrukken, comprimeren* **II** [znw] /'kɒmpres/ *kompres*

compression/kəm'preʃən/ [znw] • *bondigheid*
• *samenpersing, compressie*

compressor/kəm'presə/ [znw] • *drukverband*
• *compressor*

comprise/kəm'praɪz/ [ov ww]
be-/om-/samenvatten • (~ of) *bestaan uit*

compromise/'kɒmprəmaɪz/ **I** [ov ww]
compromitteren **II** [on ww] *tot een akkoord komen* **III** [znw] *compromis, overeenkomst, middenweg*

comptroller/kən'trəυlə/ → **controller**
compulsion/kəm'pʌlʃən/ [znw] • dwangneurose • dwang
compulsive/kəm'pʌlsɪv/ [bnw] dwingend ∗ ~ habit dwangmatige gewoonte
compulsory/kəm'pʌlsərɪ/ [bnw] verplicht
compunction/kəm'pʌŋkʃən/ [znw] wroeging, spijt
computation/kɒmpju:'teɪʃən/ [znw] berekening
compute/kəm'pju:t/ [ov + on ww] (be)rekenen, calculeren
computer/kəm'pju:tə/ [znw] computer, elektronisch brein ∗ ~ science informatica
computerization/kəmpju:tərəɪ'zeɪʃən/ [znw] informatisering
computerize/kəm'pju:təraɪz/ **I** [ov + on ww] op de computer overgaan, computeriseren **II** [ov ww] met computer verwerken, in computer opslaan
comrade/kɒmreɪd/ [znw] kameraad
comradely/kɒmreɪdlɪ/ [bnw + bijw] kameraadschappelijk
comsat/kɒmsæt/ [znw] (afkorting voor) communicatiesatelliet
con/kɒn/ **I** [ov ww] ∗ con a ship roercommando's geven ∗ con man zwendelaar; oplichter ∗ con s.o. out of his/her money iem. geld aftroggelen m.b.v. bedrog ∗ conned into signing met mooie praatjes overgehaald om te tekenen **II** [on ww] ∗ conning tower commandotoren **III** [znw] • verlakkerij, zwendel • oplichter • → **contra** ∗ pros and cons voor en tegen
concatenate/kən'kætɪneɪt/ [ov ww] aaneenschakelen
concave/kɒnkeɪv/ **I** [znw] (hemel)gewelf **II** [bnw] hol
conceal/kən'si:l/ [ov ww] verbergen, geheim houden ∗ ~ed lighting indirecte verlichting
concealment/kən'si:lmənt/ [znw] het verborgen houden, verschuiling
concede/kən'si:d/ **I** [ov ww] toegeven, toestaan ∗ ~ a game verliezen **II** [on ww] z. gewonnen geven
conceit/kən'si:t/ [znw] • eigendunk, verwaandheid • (lit.) stijlfiguur ∗ I am out of ~ with ik vind er niets meer aan ∗ in his own ~ in zijn eigen ogen
conceited/kən'si:tɪd/ [bnw] een hoge dunk v. zichzelf hebbend, verwaand
conceivable/kən'si:vəbl/ [bnw] denkbaar
conceive/kən'si:v/ **I** [ov + on ww] • ontvangen • een idee vormen v. iets, z. voorstellen, bevatten (mentaal), begrijpen ∗ ~d in plain terms onomwonden uitgedrukt **II** [on ww] zwanger worden
concentrate/kɒnsəntreɪt/ **I** [ov ww] samen laten komen **II** [on ww] • samenkomen • (z.) concentreren **III** [znw] geconcentreerde stof
concentrated/kɒnsəntreɪtɪd/ [bnw] • geconcentreerd, onverdund • intens
concentration/kɒnsən'treɪʃən/ [znw] concentratie ∗ ~ camp concentratiekamp
concentric/kən'sentrɪk/ [bnw] concentrisch
concept/kɒnsept/ [znw] begrip
conception/kən'sepʃən/ [znw] • bevruchting • conceptie, voorstelling (mentaal) ∗ immaculate ~ onbevlekte ontvangenis
conceptual/kən'septʃυəl/ [bnw] conceptueel, begrips-
conceptualize/kən'septʃυəlaɪz/ [ov ww] zich een beeld vormen van
concern/kən'sɜ:n/ **I** [ov ww] betrekking hebben op, aangaan • be ~ed belang stellen; te maken hebben; betrokken zijn; bezorgd zijn **II** [wkd ww]

∗ ~ o.s. z. interesseren; z. inlaten; z. ongerust maken **III** [znw] • zaak, firma • bezorgdheid • deelneming • betrekking • (aan)deel ∗ have no ~ for z. niet bekommeren om ∗ have no ~ with niets te maken hebben met ∗ the whole ~ de hele zaak; het hele spul
concerning/kən'sɜ:nɪŋ/ [bijw] betreffende
concert I [ov ww] /kən'sɜ:t/ op touw zetten, arrangeren **II** [znw] /'kɒnsət/ • concert • overeenstemming ∗ ~ grand concertvleugel ∗ in ~ with overeenkomstig; in overleg met ∗ work in ~ samenwerken
concerted/kən'sɜ:tɪd/ [bnw] gezamenlijk
concertgoer/'kɒnsətgəυə/ [znw] concertganger
concertina/kɒnsə'ti:nə/ [znw] harmonica
concerto/kən'tʃeətəυ/ [znw] concert
concession/kən'seʃən/ [znw] toestemming, inwilliging, concessie
concessionary/kən'seʃənərɪ/ [znw] concessionair
concessive/kən'sesɪv/ [bnw] toegevend
conch/kɒŋk/ [znw] schelp(dier)
conciliate/kən'sɪlɪeɪt/ [ov ww] verzoenen, gunstig stemmen, winnen
conciliation/kənsɪlɪ'eɪʃən/ [znw] verzoening
conciliator/kən'sɪlɪeɪtə/ [znw] bemiddelaar
conciliatory/kən'sɪlɪətrɪ/ [bnw] verzoeningsgezind
concinnity/kən'sɪnətɪ/ [znw] sierlijkheid
concise/kən'saɪs/ [bnw] beknopt
concision/kən'sɪʒən/ [znw] mutilatie
conclave/kɒnkleɪv/ [znw] conclaaf
conclude/kən'klu:d/ **I** [ov ww] (be)sluiten, concluderen, beëindigen ∗ to be ~d slot volgt • (~ from) opmaken uit **II** [on ww] ten einde komen, aflopen
conclusion/kən'klu:ʒən/ [znw] besluit, conclusie ∗ in ~ tenslotte ∗ the ~ of this series de slotepisode van deze serie ∗ try ~s with z. meten met
conclusive/kən'klu:sɪv/ [bnw] beslissend, overtuigend ∗ (jur.) ~ evidence doorslaggevend bewijs
concoct/kən'kɒkt/ [ov ww] • verzinnen, beramen • bereiden, brouwen
concoction/kən'kɒkʃən/ [znw] • brouwsel • samenstelling
concomitant/kən'kɒmɪtnt/ **I** [znw] begeleidend verschijnsel **II** [bnw] bijbehorend, samengaand
concord/'kɒŋkɔ:d/ [znw] • verdrag • eendracht, overeenstemming
concordance/kən'kɔ:dns/ [znw] overeenstemming, concordantie
concordant/kən'kɔ:dnt/ [bnw] harmonieus
concordat/kən'kɔ:dæt/ [znw] concordaat
concourse/'kɒŋkɔ:s/ [znw] • trefpunt • op-/samen-/toeloop, menigte
concrete I [ov ww] /'kɒnkri:t/ v.e. laag beton voorzien, concretiseren ∗ /kən'kri:t/ hard/vast doen worden **II** [on ww] /kən'kri:t/ hard/vast worden **III** [znw] • /'ɒŋkri:t/ beton • /kən'kri:t/ concreet ding/woord **IV** [bnw] ∗ /kən'kri:t/ concreet ∗ /kən'kri:t/ vast ∗ /'kɒnkri:t/ v. beton ∗ /kən'kri:t/ hard
concrete-mixer/'kɒŋkri:tmɪksə/ [znw] betonmolen
concubine/'kɒŋkjυbaɪn/ [znw] bijzit
concupiscence/kən'kju:pɪsəns/ [znw] wellust
concupiscent/kən'kju:pɪsənt/ [bnw] wellustig
concur/kən'kɜ:/ [on ww] • samenvallen • mee-/samenwerken • 't eens zijn
concurrence/kən'kʌrəns/ [znw] overeenstemming
concurrent/kən'kʌrənt/ [bnw] samenwerkend, in samenwerking ∗ ~ lease aansluitende pacht

C

C

(overeenkomst)

concuss /kən'kʌs/ [ov ww] schudden, intimideren, schokken (ook fig.)

concussion /kən'kʌʃən/ [znw] • botsing • schol • hersenschudding ∗ ~ of the brain hersenschudding

condemn /kən'dem/ [ov ww] • afkeuren • veroordelen • onbruikbaar verklaren, onbewoonbaar verklaren

condemnation /kɒndem'neɪʃən/ [znw] • veroordelingsgrond • veroordeling

condemnatory /kən'demnertərɪ/ [bnw] afkeurenswaardig

condemned /kən'demd/ [bnw] veroordeeld, gedoemd ∗ ~ cell cel voor terdoodveroordeelde; dodencel

condensation /kɒnden'seɪʃən/ [znw] condensatie

condense /kən'dens/ [ov + on ww] condenseren, concentreren, bekorten

condenser /kən'densə/ [znw] condens(at)or

condescend /kɒndɪ'send/ [on ww] afdalen, z. verwaardigen

condescending /kɒndɪ'sendɪŋ/ [bnw] minzaam, neerbuigend

condescension /kɒndɪ'senʃən/ [znw] neerbuigendheid, minzaamheid

condign /kən'daɪn/ [bnw] verdiend (vnl. straf)

condiment /'kɒndɪmənt/ [znw] kruiderij, bijspijs

condition /kən'dɪʃən/ I [ov ww] • in goede staat brengen • naar zijn/haar hand zetten, manipuleren • als voorwaarde stellen, vereist zijn voor • bepalen • z. verbinden • keuren ∗ it is ~ed by het hangt af van II [znw] • staat, toestand • bepaling • voorwaarde • conditie • rang, stand ∗ change one's ~ trouwen ∗ ~s omstandigheden ∗ in/out of ~ in goede/slechte staat

conditional /kən'dɪʃənl/ [bnw] voorwaardelijk

condole /kən'dəʊl/ [on ww] de deelneming betuigen ∗ (~ on/with) condoleren met

condolence /kən'dəʊləns/ [znw] condoleantie ∗ my ~s! gecondoleerd!

condom /'kɒndɒm/ [znw] condoom

condominium /kɒndə'mɪnɪəm/ [znw] • (AE) (gebouw met) koopflat(s) • (jur.) (gebied onder) gemeenschappelijk bestuur

condonation /kɒndə'neɪʃən/ [znw] oogluiking

condone /kən'dəʊn/ [ov ww] • goedmaken • vergeven • gedogen, door de vingers zien

conduce /kən'djuːs/ [ov ww] leiden ∗ (~ to) bijdragen tot

conducive /kən'djuːsɪv/ [bnw] bevorderlijk

conduct I [ov + on ww] /kən'dʌkt/ geleiden (v. elektriciteit) II [ov ww] /kən'dʌkt/ • (aan)voeren, leiden • dirigeren III [wkd ww] /kən'dʌkt/ ∗ ~ o.s. z. gedragen IV [znw] /'kɒndʌkt/ • optreden, gedrag • leiding • behandeling

conductibility, conductivity /kɒndʌktə'bɪlətɪ/ [znw] geleidingsvermogen

conduction /kən'dʌkʃən/ [znw] geleiding

conductive /kən'dʌktɪv/ [bnw] geleidend

conductor /kən'dʌktə/ [znw] • dirigent • conducteur • gids, leider • bliksemafleider • geleider ∗ ~ rail stroomrail

conductress /kən'dʌktrəs/ [znw] conductrice

conduit /'kɒndjʊt/ [znw] • leiding • geleibuis • kanaal

cone /kəʊn/ I [ov ww] tot 'n kegel maken II [on ww] dennen-/pijnappels dragen III [znw] • kegel • sparappel, dennenappel, vrucht v. cederboom • (AE) ijshoorn

coney /'kəʊnɪ/ [znw] konijn(enbont)

confab(ulate) /kən'fæb(jʊleɪt)/ [on ww] keuvelen

confection /kən'fekʃən/ I [ov ww] bereiden II [znw] • jurk • suikergoed, snoepgoed • bereiding • mantel • (dames)confectie

confectioner /kən'fekʃənə/ [znw] suikerbakker, snoepgoedfabrikant

confectionery /kən'fekʃənərɪ/ [znw] suikergoed, snoepgoed, banket, suikerbakkerij

confederacy /kən'fedərəsɪ/ [znw] • complot • (ver)bond, statenbond, federatie

confederate I [on ww] /kən'fedəreɪt/ (z.) verbinden, samenspannen II [znw] /kən'fedərət/ • bondgenoot • medeplichtige III [bnw] / kən'fedərət/ in een federatie verenigd

confederation /kənfedə'reɪʃən/ [znw] (con)federatie

confer /kən'fɜː/ I [ov ww] verlenen II [on ww] beraadslagen

conference /'kɒnfərəns/ [znw] conferentie ∗ Mr. Jones is in ~ de heer Jones is in bespreking

conferment /kən'fɜːmənt/ [znw] verlening

confess /kən'fes/ I [ov + on ww] • bekennen • erkennen • (~ to) bekennen II [on ww] • biechten • (de) biecht horen

confessed /kən'fest/ [bnw] openlijk, erkend

confession /kən'feʃən/ [znw] • (geloofs)belijdenis • biecht, bekentenis

confessional /kən'feʃənl/ I [znw] biechtstoel ∗ ~ box/stall biechtstoel II [bnw] confessioneel, biecht-

confessor /kən'fesə/ [znw] belijder, biechtvader

confidant /kɒnfɪ'dænt/ [znw] • vertrouweling • deelgenoot (v.e. geheim)

confidante /kɒnfɪ'dænt/ [znw] vertrouwelinge

confide /kən'faɪd/ I [ov ww] vertrouwen • (~ in) vertrouwen op • (~ to) toevertrouwen aan

confidence /'kɒnfɪdns/ [znw] • vertrouwelijke mededeling • (zelf)vertrouwen, vrijmoedigheid ∗ ~ man oplichter ∗ ~ trick oplichterij; oplichterstruc

confident /'kɒnfɪdnt/ [bnw] vol zelfvertrouwen, vertrouwend, vrijmoedig

confidential /kɒnfɪ'denʃəl/ [bnw] vertrouwelijk ∗ ~ clerk procuratiehouder

confiding /kən'faɪdɪŋ/ [bnw] vertrouwend, vol vertrouwen

configuration /kənfɪgjʊ'reɪʃən/ [znw] • formatie • gedaante, vorm

confine I [ov ww] /kən'faɪn/ • opsluiten • begrenzen, beperken ∗ be ~d bevallen; in het kraambed liggen ∗ be ~d to one's bed het bed moeten houden II [znw] /'kɒnfaɪn/ grens ∗ ~s grenzen

confinement /kən'faɪnmənt/ [znw] beperking • bevalling, kraambed • opsluiting ∗ solitary ~ eenzame opsluiting

confirm /kən'fɜːm/ [ov ww] • bevestigen, bekrachtigen • het Heilig Vormsel toedienen • vormen

confirmation /kɒnfə'meɪʃən/ [znw] bevestiging

confirmatory /kən'fɜːmətərɪ/ [bnw] bevestigend

confirmed /kən'fɜːmd/ [bnw] overtuigd ∗ ~ bachelor verstokte vrijgezel ∗ ~ invalid chronisch zieke

confiscate /'kɒnfɪskeɪt/ [ov ww] • afnemen • in beslag nemen, verbeurd verklaren

confiscation /kɒnfɪ'skeɪʃən/ [znw] confiscatie

confiscatory /kɒnfɪ'skeɪtərɪ/ [bnw] confiscatoir

conflagration /kɒnflə'greɪʃən/ [znw] grote brand

conflate /kən'fleɪt/ [ov ww] één maken, samensmelten

conflation /kən'fleɪʃən/ [znw] samenvoeging, smelting

conflict I [on ww] /kən'flɪkt/ botsen • (~ with) in tegenspraak zijn met II [znw] /'kɒnflɪkt/ ruzie, strijd, conflict

conflicting /kənˈflɪktɪŋ/ [bnw] (tegen)strijdig

confluence /ˈkɒnfluəns/ [znw] • toeloop
• samenvloeiing

confluent /ˈkɒnfluənt/ I [znw] zijrivier II [bnw]
samenstromend/-vloeiend

conform /kənˈfɔːm/ I [ov ww] aanpassen • (~ to)
in overeenstemming brengen met * ~ o.s. to z.
aanpassen bij II [on ww] inschikkelijk zijn • (~
to) z. voegen naar, z. richten naar

conformable /kənˈfɔːməbl/ [bnw]
• gelijk(vormig) • meegaand • overeenkomend,
overeenkomstig

conformation /kɒnfɔːˈmeɪʃən/ [znw]
• gesteldheid • aanpassing • vorm, structuur

conformist /kənˈfɔːmɪst/ [znw] • iem. die z. schikt
naar regels • lid v.d. anglicaanse staatskerk

conformity /kənˈfɔːmətɪ/ [znw]
• overeenstemming • gelijkvormigheid
• onderwerping aan de anglicaanse ritus

confound /kənˈfaʊnd/ [ov ww] • verwarren
• beschamen • verijdelen * ~ it! verrek! * ~ed
verduiveld

confraternity /kɒnfrəˈtɜːnətɪ/ [znw]
• broederschap • kliek, bende

confront /kənˈfrʌnt/ [ov ww] • het hoofd bieden
• confronteren • tegenover elkaar staan/stellen

confrontation /kɒnfrʌnˈteɪʃən/ [znw] confrontatie

confuse /kənˈfjuːz/ [ov ww] • bedremmeld doen
staan • verwarren

confused /kənˈfjuːzd/ [bnw] • verward, beduusd
• rommelig

confusion /kənˈfjuːʒən/ [znw] • verwarring
• ondergang • verlegenheid

confutation /kɒnfjʊˈteɪʃən/ [znw] • weerlegging

confute /kənˈfjuːt/ [ov ww] • weerleggen • (iem.)
tot zwijgen brengen

congeal /kənˈdʒiːl/ [ov + on ww] • stremmen
• bevriezen • (doen) stollen

congenial /kənˈdʒiːnɪəl/ [bnw] • gezellig
• sympathiek, geschikt • ~ to (geest)verwant met

congenital /kənˈdʒenɪtl/ [bnw] aangeboren

congest /kənˈdʒest/ I [ov ww] verstoppen (v.
wegen) II [on ww] verstopt raken * ~ed overvol;
verstopt; overbevolkt; aan verstopping lijdend

congestion /kənˈdʒestʃən/ [znw] • verstopping (v.
wegen) • ophoping • verkeersopstopping

conglomerate /kənˈglɒməreɪt/ I [ov + on ww]
conglomereren II [znw] conglomeraat III [bnw]
opeengepakt

conglomeration /kənglɒməˈreɪʃən/ [znw]
conglomeraat

congrats /kənˈgræts/ (inf.) [mv] gefeliciteerd!

congratulate /kənˈgrætʃʊleɪt/ [ov ww] feliciteren
• (~ on) gelukwensen met

congratulation /kəngrætʃʊˈleɪʃən/ [znw]
felicitatie, gelukwens * ~s! gefeliciteerd!

congratulatory /kəngrætʃʊˈleɪtərɪ/ [bnw]
feliciterend

congregate /ˈkɒngrɪgeɪt/ I [ov ww] verzamelen
II [on ww] vergaderen, (z.) verzamelen

congregation /kɒngrɪˈgeɪʃən/ [znw] gemeente (v.
kerk), congregatie

congress /ˈkɒngres/ [znw] congres

Congress [znw] Amerikaans Staten-Generaal

congressional /kənˈgreʃənəl/ [bnw] v.h. congres

Congressman /ˈkɒngresmən/ [znw] lid v.h.
Congress

Congresswoman /ˈkɒngreswʊmən/ [znw] lid
v.h. Congress

congruence, congruity /ˈkɒngruəns/ [znw]
harmonie, overeenstemming

congruent /ˈkɒngruənt/ [bnw] congruent,
passend, overeenstemmend

congruous /ˈkɒngruəs/ [bnw] overeenstemmend

conic /ˈkɒnɪk/ I [znw] kegelsnede II [bnw]
kegelvormig * ~ section kegelsnede

conical /ˈkɒnɪkl/ [bnw] kegelvormig

conifer /ˈkɒnɪfə/ [znw] conifeer

coniform /ˈkəʊnɪfɔːm/ [znw] kegelvormig

conjectural /kənˈdʒektʃərəl/ [bnw] gegist

conjecture /kənˈdʒektʃə/ I [on ww] gissen,
vermoeden II [znw] gissing, vermoeden

conjoin /kənˈdʒɔɪn/ [ov + on ww] (z.) verenigen

conjoint /kənˈdʒɔɪnt/ [bnw] verenigd

conjugal /ˈkɒndʒʊgl/ [bnw] echtelijk * ~ rights
huwelijksrechten

conjugate I [ov ww] /ˈkɒndʒʊgeɪt/ vervoegen
II [on ww] /ˈkɒndʒʊgeɪt/ (bio.) z. verbinden
III [znw] /ˈkɒndʒʊgət/ woord v. dezelfde stam
IV [bnw] /ˈkɒndʒʊgət/ • verenigd • (taalk.) v.
dezelfde stam (woord)

conjugation /kɒndʒʊˈgeɪʃən/ [znw] vervoeging

conjunct /kənˈdʒʌŋkt/ I [znw] toegevoegde,
bijvoegsel II [bnw] toegevoegd

conjunction /kənˈdʒʌŋkʃən/ [znw] • samenstand
(v. sterren) • samenloop • vereniging, verbond
• (taalk.) voegwoord * in ~ with in samenwerking
met

conjunctive /kənˈdʒʌŋktɪv/ I [znw] verbindend
woord, conjunctivus II [bnw] verbindend * ~
tissue bindweefsel

conjunctivitis /kəndʒʌŋktɪˈvaɪtɪs/ [znw]
bindvliesontsteking

conjuncture /kənˈdʒʌŋktʃə/ [znw] • crisis
• samenloop (v. omstandigheden)

conjure I [ov + on ww] /ˈkʌndʒʊ/ aanroepen (v.
geest) • /ˈkʌndʒʊə/ toveren, goochelen • a name
to ~ with beroemde naam • (~ up) voor de geest
roepen II [ov ww] /kənˈdʒʊə/ bezweren

conjurer, conjuror /ˈkʌndʒərə/ [znw]
• slimmerik • goochelaar

conk /kɒŋk/ I [ov ww] een opdonder geven
II [on ww] 't opgeven III [znw] • kokkerd, harses
• stomp, dreun

connect /kəˈnekt/ I [ov ww] in verband brengen,
aansluiten II [on ww] in verband staan, (z.)
verbinden

connected /kəˈnektɪd/ [bnw] • aangesloten (v.
apparatuur) • samenhangend * well-~ van goede
familie

connecting-rod [znw] drijfstang

connection, connexion /kəˈnekʃən/ [znw]
• verbinding, aansluiting • koppeling • omgang
• (familie)relatie, familielid • klandizie
• (dokters)praktijk

connective /kəˈnektɪv/ I [znw] verbindingswoord
II [bnw] verbindend * ~ tissue bindweefsel

connivance /kəˈnaɪvəns/ [znw] samenspanning

connive /kəˈnaɪv/ [on ww] oogluikend toezien • (~
at) oogluikend toelaten • (~ with) in geheime
verstandhouding staan met

connoisseur /kɒnəˈsɜː/ [znw] fijnproever, kenner

connotation /kɒnəˈteɪʃən/ [znw] bijbetekenis

connotative /ˈkɒnəteɪtɪv/ [bnw] * ~ sense
bijbetekenis

connote /kəˈnəʊt/ [ov ww] • insluiten • (ook nog)
betekenen

connubial /kəˈnjuːbɪəl/ [bnw] echtelijk, huwelijks-

conquer /ˈkɒŋkə/ [ov + on ww] • veroveren
• overwinnen

conqueror /ˈkɒŋkərə/ [znw] veroveraar,
overwinnaar * William the Conqueror Willem de
Veroveraar

C

C

conquest/ˈkɒŋkwest/ [znw] verovering ∗ ‹gesch.› the Norman Conquest de verovering v. Engeland door de Normandiërs (1066)

consanguinity/ˌkɒnsæŋˈgwɪnɪtɪ/ [znw] bloedverwantschap

conscience/ˈkɒnʃəns/ [znw] geweten ∗ ~ clause bepaling krachtens welke gewetensbezwaren worden gerespecteerd ∗ for ~('?) sake in geweten; uit moreel plichtsgevoel ∗ have the ~ to de onbeschaamdheid hebben om ∗ in all ~ waarachtig ∗ upon my ~ waarachtig

conscientious/ˌkɒnʃɪˈenʃəs/ [bnw] gewetensvol, nauwgezet, scrupuleus ∗ ~ objector principiële dienstweigeraar

conscious/ˈkɒnʃəs/ [bnw] ● bij kennis ● ‹z.› bewust

consciousness/ˈkɒnʃəsnəs/ [znw] bewustzijn

conscript I [ov ww] /kənˈskrɪpt/ aanwijzen voor militaire dienst II [znw] /ˈkɒnskrɪpt/ dienstplichtige III [bnw] /ˈkɒnskrɪpt/ dienstplichtig ∗ Conscript Fathers de vroede vaderen

conscription/kənˈskrɪpʃən/ [znw] dienstplicht

consecrate/ˈkɒnsɪkreɪt/ [ov ww] heiligen, consacreren, wijden

consecration/ˌkɒnsɪˈkreɪʃən/ [znw] wijding

consecutive/kənˈsekjʊtɪv/ [bnw] ● (opeen)volgend ● gevolgaanduidend

consensus/kənˈsensəs/ [znw] consensus, eenheid v. gevoelens

consent/kənˈsent/ I [on ww] ∗ ~ing adults mensen die voor de wet volwassen en beslissingsbevoegd zijn ∗ ‹~ to› toestemmen in II [znw] toestemming ∗ age of ~ leeftijd waarop iem. wettelijk beslissingsbekwaam is ∗ by common/with one ~ éénstemmig

consequence/ˈkɒnsɪkwəns/ [znw] (logisch) gevolg ∗ in ~ dientengevolge ∗ in ~ of ten gevolge van ∗ man of ~ man van gewicht/invloed ∗ of no ~ van geen belang

consequent/ˈkɒnsɪkwənt/ I [znw] ● gevolg ● ‹wisk.› volgende term II [bnw] ● consequent ● daaruit volgend/voortvloeiend

consequential/ˌkɒnsɪˈkwenʃəl/ [bnw] ● consequent ● gewichtig(doend), verwaand

consequently/ˈkɒnsɪkwentlɪ/ [bijw] dus, derhalve

conservation/ˌkɒnsəˈveɪʃən/ [znw] milieubescherming, natuurbehoud

conservationist/ˌkɒnsəˈveɪʃənɪst/ [znw] natuur-/milieubeschermer

conservatism/kənˈsɜːvətɪzəm/ [znw] conservatisme

conservative/kənˈsɜːvətɪv/ I [znw] lid v.e. conservatieve partij, conservatief II [bnw] conservatief

conservatoire/kənˈsɜːvətwɑː/ [znw] conservatorium

conservator/kənˈsɜːvətə/ [znw] ● bewaarder ● inmaker

conservatory/kənˈsɜːvətərɪ/ I [znw] ● broeikas ● conservatorium II [bnw] conserverend

conserve/kənˈsɜːv/ [ov ww] bewaren, behouden, in stand houden, goed houden ‹v. voedsel›

conserves/kənˈsɜːvz/ [mv] ingemaakte groente(n)/fruit

consider/kənˈsɪdə/ I [ov ww] ● overwegen ● bedenken ● in aanmerking nemen ● v. mening zijn ● beschouwen (als) II [on ww] nadenken

considerable/kənˈsɪdərəbl/ [bnw] ● belangrijk ● aanzienlijk, veel

considerate/kənˈsɪdərət/ [bnw] attent

consideration/kənˌsɪdəˈreɪʃən/ [znw] ● inachtneming ● overweging ● consideratie

● beloning, compensatie ● welwillendheid
● achting ∗ in ~ of ter vergoeding van; met 't oog op ∗ it was sold for a ~ het werd verkocht met een zeer kleine winst ∗ on no ~ in geen geval ∗ out of ~ for met het oog op ∗ take into ~ in aanmerking nemen

considered/kənˈsɪdəd/ [bnw] geacht, weloverwogen ∗ all things ~ alles in aanmerking genomen

considering/kənˈsɪdərɪŋ/ [bijw] in aanmerking genomen/nemend

consign/kənˈsaɪn/ [ov ww] ● overleveren, overdragen ● consigneren ● zenden ● deponeren, storten ‹v. geld› ● ‹~ to› toevertrouwen aan ∗ ~ to oblivion aan de vergetelheid prijsgeven

consignation/ˌkɒnsɪgˈneɪʃən/ [znw] ● consignatie ● overdracht, storting ∗ to the ~ of geadresseerd aan

consignee/ˌkɒnsaɪˈniː/ [znw] geadresseerde

consignment/kənˈsaɪnmənt/ [znw] ∗ ~ note vrachtbrief

consignor/kənˈsaɪnə/ [znw] afzender

consist/kənˈsɪst/ [on ww] ● ‹~ in› bestaan in ● ‹~ of› bestaan uit ● ‹~ with› overeenkomen met

consistence, consistency/kənˈsɪstəns/ [znw] ● consequentie ● vaste lijn ● dichtheid, vastheid

consistent/kənˈsɪstnt/ [bnw] ● bestaanbaar ● samengaand ● consequent

consistorial/ˌkɒnsɪˈstɔːrɪəl/ [bnw] consistoriaal

consistory/kənˈsɪstərɪ/ [znw] consistorie, kerkenraad

consolable/kənˈsəʊləbl/ [bnw] troostbaar

consolation/ˌkɒnsəˈleɪʃən/ [znw] troost

consolatory/kənˈsɒlətərɪ/ [bnw] troostend

console I [ov ww] /kənˈsəʊl/ troosten II [znw] /ˈkɒnsəʊl/ ● speeltafel van orgel ● console, bedieningspaneel

consolidate/kənˈsɒlɪdeɪt/ I [ov ww] ● bevestigen, consolideren ● hecht maken ∗ ~d annuities Engelse staatsobligaties II [on ww] hechter worden

consolidation/kənˌsɒlɪˈdeɪʃən/ [znw] consolidatie

consolidator/kənˈsɒlɪdeɪtə/ [znw] hechtmaker

consols/ˈkɒnsɒlz/ [mv] Engelse staatsobligaties

consommé/kənˈsɒmeɪ/ [znw] heldere soep

consonance/ˈkɒnsənəns/ [znw] ● gelijkluidendheid, harmonie, overeenstemming ● ‹lit.› halfrijm

consonant/ˈkɒnsənənt/ I [znw] medeklinker II [bnw] welluidend ∗ ~ to in overeenstemming met

consonantal/ˌkɒnsəˈnæntl/ [bnw] consonantisch

consort I [ov ww] /kənˈsɔːt/ verbinden II [on ww] /kənˈsɔːt/ omgaan ● ‹~ with› (goed) passen bij, optrekken met, overeenstemmen III [znw] /ˈkɒnsɔːt/ ● gemalin, gemaal ● meeligger ‹fig.›

consortium/kənˈsɔːtɪəm/ [znw] consortium, syndicaat

conspicuous/kənˈspɪkjʊəs/ [bnw] in het oog springend, opvallend ∗ he was ~ by his absence hij schitterde door afwezigheid

conspiracy/kənˈspɪrəsɪ/ [znw] samenzwering

conspirator/kənˈspɪrətə/ [znw] samenzweerder

conspire/kənˈspaɪə/ [on ww] ● samenwerken ● samenzweren, beramen

constable/ˈkʌnstəbl/ [znw] politieagent ∗ Chief Constable (hoofd)commissaris v. politie

constabulary/kənˈstæbjʊlərɪ/ I [znw] politiekorps/-macht II [bnw] politie-

constancy/ˈkɒnstənsɪ/ [znw] standvastigheid

constant/ˈkɒnstnt/ [bnw] ● voortdurend ● standvastig, trouw ∗ ~ly steeds (maar); dikwijls

constellation/ˌkɒnstəˈleɪʃən/ [znw] ● sterrenbeeld

• constellatie

consternation /konstə'neɪʃən/ [znw]
consternatie, ontsteltenis

constipate /'konstɪpeɪt/ [on ww] verstopt raken,
last van constipatie hebben

constipation /konstɪ'peɪʃən/ [znw] verstopping
⟨darm⟩

constituency /kən'stɪtjʊənsɪ/ [znw] • de clientèle
• ⟨pol.⟩ kiesdistrict, de kiezers

constituent /kən'stɪtjʊənt/ I [znw] • lastgever
• bestanddeel • ⟨pol.⟩ kiezer II [bnw]
• constituerend • afvaardigend • samenstellend

constitute /'konstɪtjuːt/ [ov ww] • stichten
• samenstellen, vormen, uitmaken • instellen
• aanstellen (tot) ∗ ∼ o.s. z. opwerpen als

constitution /konstɪ'tjuːʃən/ [znw] • gestel
• staatsbestel, grondwet, reglement

constitutional /konstɪ'tjuːʃən/ I [znw] ⟨inf.⟩
wandeling(etje) voor de gezondheid II [bnw] m.b.t.
de grondwet

constitutionalize /konstɪ'tjuːʃənəlaɪz/ [ov ww]
grondwettelijk maken

constitutive /'konstɪtjuːtɪv/ [bnw] • wetgevend
• essentieel • samenstellend

constrain /kən'streɪn/ [ov ww] • gevangen zetten
• af-/bedwingen • noodzaken

constrained /kən'streɪnd/ [bnw] geremd,
geforceerd, onnatuurlijk

constraint /kən'streɪnt/ [znw] • (zelf)beheersing
• dwang • verlegenheid • beperking

constrict /kən'strɪkt/ [ov ww] samentrekken

constriction /kən'strɪkʃən/ [znw] samentrekking

construct /kən'strʌkt/ [ov ww] construeren,
(op)bouwen, aanleggen

construction /kən'strʌkʃən/ [znw] constructie,
opbouw, aanleg ∗ he put a good ∼ upon his
refusal hij gaf een goede reden/uitleg voor zijn
weigering ∗ under ∼ in aanleg

constructional /kən'strʌkʃənl/ [bnw] constructief

constructive /kən'strʌktɪv/ [bnw] • opbouwend
⟨vnl. v. kritiek⟩ • af te leiden, niet rechtstreeks

constructor /kən'strʌktə/ [znw] • technisch
opzichter • constructeur, bouwer

construe /kən'struː/ [ov ww] • construeren
• af-/uitleiden

consubstantial /konsəb'stænʃəl/ [bnw] van
dezelfde natuur ⟨vnl. m.b.t. Heilige
Drie-eenheid⟩

consuetude /'konswɪtjuːd/ [znw] gewoonterecht

consul /'kons(ə)l/ [znw] consul

consular /'konsjʊlə/ [bnw] consulair

consulate /'konsjʊlət/ [znw] consulaat

consulship /'konsəlʃɪp/ [znw] consulaat

consult /kən'sʌlt/ [ov ww] • raadplegen
• rekening houden met II [on ww] beraadslagen,
overleggen ∗ ∼ with one's pillow er een nachtje
over slapen

consultant /kən'sʌltnt/ [znw] • consulterend
geneesheer • raadpleger, adviseur ∗ ∼ engineer
technisch adviseur

consultation /konsəl'teɪʃən/ [znw] • consult ⟨bij
arts⟩ • beraadslaging

consultative /kən'sʌltətɪv/ [bnw] ∗ Joint
Consultative Committee ondernemingsraad

consulting-room [znw] spreekkamer

consumable /kən'sjuːməbl/ [bnw] eetbaar

consume /kən'sjuːm/ I [ov ww] verbruiken,
nuttigen II [on ww] ver-/wegteren

consumedly /kən'sjuːmɪdlɪ/ [bijw] buitengewoon

consumer /kən'sjuːmə/ [znw] verbruiker,
consument ∗ ∼s' association consumentenbond
∗ ∼s' panel geselecteerde groep consumenten voor

marktonderzoek e.d.

consumerism /kən'sjuːmərɪzəm/ [znw]
• maatschappelijke trend naar consumptiegericht
zijn • opkomen voor de consument, bescherming
van consumentenbelangen

consummate I [ov ww] /'konsəmeɪt/ voltooien,
de laatste hand leggen aan ∗ ∼ a marriage
huwelijk voltrekken door de bijslaap II [bnw] /
kən'sʌmət/ • doortrapt ⟨vooral leugen⟩
• volkomen, volmaakt

consumption /kən'sʌmpʃən/ [znw] • verbruik,
consumptie • tuberculose, tering ∗ ∼ goods
verbruiksgoederen

consumptive /kən'sʌmptɪv/ I [znw] teringlijder
II [bnw] • consumerend • teringachtig

cont. [afk] • (contents) inhoud • (continued)
voortgezet

contact /'kontækt/ I [ov ww] • in contact komen
met, z. in verbinding stellen met • aanklampen
II [znw] • contact, aanraking, raakpunt
• bacillendrager ∗ ∼ lens contactlens

contagion /kən'teɪdʒən/ [znw] • verderf
• besmetting, besmettelijke ziekte

contagious /kən'teɪdʒəs/ [bnw] besmettelijk
⟨m.b.t. ziekte⟩

contain /kən'teɪn/ [ov ww] • bevatten • z.
beheersen, bedwingen • vasthouden, binden
⟨vijand⟩ ∗ 24 ∼s 3 24 is deelbaar door 3

contained /kən'teɪnd/ [bnw] beheerst, ingehouden

container /kən'teɪnə/ [znw] • voorwerp dat iets
be-/omvat • laadkist • bus • (plastic) fles • doos
• reservoir • vat • (diepvries)kast

contaminate /kən'tæmɪneɪt/ [ov ww] bevuilen,
besmetten ∗ ∼d fish bedorven vis

contamination /kəntæmɪ'neɪʃən/ [znw]
• besmetting • contaminatie

contemn /kən'tem/ [ov ww] min-/verachten

contemplate /'kontəmpleɪt/ I [ov ww]
beschouwen, overpeinzen, overwegen II [on ww]
bespiegelen, peinzen

contemplation /kontəm'pleɪʃən/ [znw]
• overdenking, bespiegeling • overweging
• overpeinzing • (religieuze) bespiegeling

contemplative /kən'templətɪv/ [bnw]
• beschouwend, bespiegelend • contemplatief

contemporaneous /kəntempə'reɪnɪəs/ [bnw]
gelijktijdig

contemporary /kən'tempərərɪ/ I [znw]
• tijdgenoot • leeftijdgenoot • krant van deze/die
tijd II [bnw] van deze/dezelfde tijd, even oud

contempt /kən'tempt/ [znw] min-/verachting
∗ beneath ∼ beneden alle peil ∗ hold in ∼
min-/verachten

contemptible /kən'temptɪbl/ [bnw] verachtelijk

contemptuous /kən'temptjʊəs/ [bnw]
minachtend

contend /kən'tend/ I [ov ww] beweren II [on ww]
strijden, twisten, wedijveren

contender /kən'tendə/ [znw] mededinger

content I [ov ww] tevredenstellen II [znw]
• tevredenheid • inhoud ∗ ∼s inhoud; gehalte ∗ to
one's heart's ∼ naar hartenlust III [bnw] tevreden

contented /kən'tentɪd/ [bnw] tevreden

contention /kən'tenʃən/ [znw] geschil ∗ bone of
∼ twistappel

contentious /kən'tenʃəs/ [bnw] • betwistbaar
• twistziek

contentment /kən'tentmənt/ [znw] tevredenheid

contest I [ov ww] • dingen naar
• betwisten, debatteren ∗ ∼ a borough z.
kandidaat stellen voor ∗ (∼ for) wedijveren om,
strijden om II [znw] /'kontest/ • wedstrijd

• (woorden)twist, geschil

contestant/kən'testnt/ [znw] deelnemer (aan wedstrijd)

contestation/konte'sterʃən/ [znw] • dispuut • bewering • twist

context/'kontekst/ [znw] samenhang

contextual/kən'tekstju:əl/ [bnw] contextueel, contextgebonden

contiguity/kontɪ'gju:atɪ/ [znw] naburigheid

contiguous/kən'tɪgjʊəs/ [bnw] aangrenzend, naburig

continence/'kontɪnəns/ [znw] • (seksuele) onthouding • continentie • zelfbeheersing

continent/'kontɪnənt/ I [znw] • werelddeel • Europese vasteland II [bnw] • kuis • z. beheersend • continent

continental/kontɪ'nentl/ I [znw] bewoner v.h. Eur. vasteland * (AE) not worth a ~ geen cent waard II [bnw] continentaal

contingency/kən'tɪndʒənsɪ/ [znw] • samenloop • onvoorziene uitgave • toevallige omstandigheid, onzekere gebeurtenis

contingent/kən'tɪndʒənt/ I [znw] • bijkomendheid • eventualiteit • aandeel, bijdrage II [bnw] • bijkomend • onzeker, toevallig * ~ on afhankelijk van * ~ to als voorwaarde verbonden aan

continual/kən'tɪnjʊəl/ [bnw] • herhaaldelijk • voortdurend

continuance/kən'tɪnjʊəns/ [znw] verblijf

continuation/kəntɪnjʊ'eɪʃən/ [znw] voortzetting, vervolg, prolongatie * ~ rate prolongatierente * ~ school avondschool

continuative/kən'tɪnjʊətɪv/ I [znw] verbindende tekst II [bnw] voortzettend

continue/kən'tɪnju:/ I [ov ww] door (laten) gaan met, voortzetten II [on ww] blijven (bestaan)

continuity/kontɪ'nju:atɪ/ [znw] continuïteit, doorlopend verband

continuous/kən'tɪnjʊəs/ [bnw] onafgebroken * ~ current gelijkstroom

contort/kən'tɔ:t/ [ov ww] (ver)draaien

contortion/kən'tɔ:ʃən/ [znw] (ver)draaiing

contortionist/kən'tɔ:ʃənɪst/ [znw] slangenmens

contour/'kontʊə/ I [ov ww] • om een heuvel aanleggen (v.e. weg) • (geo.) v. hoogtelijnen voorzien II [znw] contour * ~ line hoogtelijn * ~ map kaart met hoogtelijnen

contra/'kontrə/ [znw] tegendeel * per ~ in tegenvordering

contra-/'kontrə/ [voorv] contra-, tegen-

contraband/'kontrabænd/ I [znw] smokkelhandel/-waar II [bnw] smokkel-

contrabass/'kontrabeɪs/ [znw] contrabas

contraception/kontrə'sepʃən/ [znw] anticonceptie

contraceptive/kontrə'septɪv/ I [znw] voorbehoedmiddel II [bnw] anticonceptioneel

contract I [ov ww] /kən'trækt/ • aangaan • sluiten • beperken • contracteren, aannemen • oplopen (v. ziekte) • (~ for) z. verbinden tot, aannemen, overeenkomen II [on ww] /kən'trækt/ inkrimpen, z. samentrekken * ~ed ideas bekrompen ideeën III [znw] /'kontrækt/ • contract, verdrag, overeenkomst • verloving • (AE) opdracht om iem. te vermoorden (georganiseerde misdaad) * by private ~ onderhands * ~ work aangenomen werk

contractible/kən'træktɪbl/ [bnw] samentrekbaar

contractile/kən'træktaɪl/ [bnw] samentrekbaar/-trekkend

contraction/kən'trækʃən/ [znw] samentrekking (ook in grammatica)

contractor/kən'træktə/ [znw] • (hand.) leverancier • (anat.) sluitspier • (archit.) aannemer

contractual/kən'træktʃʊəl/ [bnw] m.b.t. contract, contractueel

contradict/kontrə'dɪkt/ [ov ww] ontkennen, tegenspreken

contradiction/kontrə'dɪkʃən/ [znw] • tegenstrijdigheid • tegenspraak

contradictory/kontrə'dɪktərɪ/ [bnw] tegenstrijdig * ~ to in tegenspraak met

contradistinction/kontrədɪ'stɪŋkʃən/ [znw] tegenstelling

contradistinguish/kontrədɪ'stɪŋgwɪʃ/ [ov ww] onderscheiden door tegenstellingen

contralto/kən'træltəʊ/ [znw] alt

contraposition/kontrəpə'zɪʃən/ [znw] tegenstelling

contraption/kən'træpʃən/ [znw] raar apparaat/toestel, uitvindsel

contrariety/kontrə'raɪətɪ/ [znw] • onenigheid • inconsequentie • tegenstelling

contrary I [znw] /kən'treərɪ/ • tegengestelde * on the ~ integendeel * to the ~ van het tegenovergestelde II [bnw] • /kən'treərɪ/ ongunstig • /'kontrərɪ/ tegen(gesteld) • /kən'treərɪ/ tegen de draad in, dwars III [bijw] /'kontrərɪ/ • /kən'treərɪ/ * ~ to tegen(gesteld aan)

contrast I [ov ww] /kən'trɑ:st/ (laten) contrasteren • (~ with) afsteken bij/met II [znw] /'kontrɑ:st/ contrast

contrastive/kən'trɑ:stɪv/ [bnw] contrasterend

contravene/kontrə'vi:n/ [ov ww] • overtreden • in strijd zijn met

contravention/kontrə'venʃən/ [znw] overtreding

contribute/kən'trɪbju:t/ [ov + on ww] bijdragen • (~ to) bevorderen

contribution/kontrɪ'bju:ʃən/ [znw] bijdrage

contributor/kən'trɪbjʊtə/ [znw] bijdrager, medewerker

contributory/kən'trɪbjʊtərɪ/ I [znw] • medewerker • (hand.) medeaansprakelijke aandeelhouder (bij liquidatie) II [bnw] secundair

contrite/'kontraɪt/ [bnw] berouwvol

contrition/kən'trɪʃən/ [znw] berouw

contrivance/kən'traɪvəns/ [znw] • overleg • middel, toestel • vindingrijkheid, vernuft, list

contrive/kən'traɪv/ I [ov ww] het klaarspelen, uitdenken II [on ww] huishouden

contrived/kən'traɪvd/ [bnw] onnatuurlijk, gekunsteld

contriver/kən'traɪvə/ [znw] • uitvinder • intrigant * he is a good ~ hij weet zich goed te redden

control/kən'trəʊl/ I [ov ww] • controleren • beheersen • beheren, leiden, besturen II [znw] • toezicht, beheer • bediening (v. apparaat), besturing (v. voertuig) • bedwang • macht • controle • regelorgaan, stuurorgaan * birth ~ geboorteregeling * ~ column/lever/stick stuurknuppel * ~ panel bedieningspaneel; schakelbord * ~ room controlekamer * ~ tower verkeerstoren * ~s stuurinrichting * out of ~ onbestuurbaar

controllable/kən'trəʊləbl/ [bnw] • beheersbaar • controleerbaar

controller/kən'trəʊlə/ [znw] controleur, regulateur

controversial/kontrə'vɜ:ʃəl/ [bnw] controversieel

controversy/'kontrəvɜ:sɪ/ [znw] • polemiek • dispuut • geschil, twistpunt * beyond ~ buiten kijf

contumacious/kontju:'meɪʃəs/ [bnw]

weerspannig, ongehoorzaam

contumacy /'kɒntjʊməsɪ/ [znw]
ongehoorzaamheid

contumelious /kɒntjuːˈmiːlɪəs/ [bnw]
onbeschaamd

contumely /'kɒntjuːmlɪ/ [znw] smaad, hoon

contuse /kənˈtjuːz/ [ov ww] kneuzen

contusion /kənˈtjuːʒən/ [znw] kneuzing

conundrum /kəˈnʌndrəm/ [znw] woordraadsel

conurbation /kɒnɜːˈbeɪʃən/ [znw] agglomeratie

convalesce /kɒnvəˈles/ [on ww] herstellende zijn

convalescence /kɒnvəˈlesəns/ [znw]
herstel(periode)

convalescent /kɒnvəˈlesənt/ I [znw] herstellende
zieke II [bnw] herstellend (v. ziekte) ∗ ~ hospital
ziekenhuis voor herstellenden; sanatorium;
herstellingsoord

convection /kənˈvekʃən/ [znw] convectie,
warmtestuwing

convene /kənˈviːn/ [ov ww] oproepen, bijeenroepen

convener /kənˈviːnə/ [znw] iem. die vergaderingen
uitschrijft

convenience /kənˈviːnɪəns/ I [ov ww] gerieven
II [znw] gerief ∗ at your earliest ~ zo spoedig als
het u schikt ∗ consult your own ~ doe zoals u het
beste uitkomt ∗ ~ foods kant-en-klaarmaaltijden
∗ make a ~ of a p. iem. overal voor gebruiken;
misbruik maken v. iemands goedheid ∗ public ~
openbaar toilet

convenient /kənˈviːnɪənt/ [bnw] ● geschikt (v.
moment/plaats/tijdstip) ● gemakkelijk,
geriefelijk ∗ if it is ~ to you als het u gelegen komt

convent /'kɒnvənt/ [znw] klooster ∗ ~ school
zustersschool

convention /kənˈvenʃən/ [znw] I afspraak
● akkoord ● conventie, gebruik ● bijeenroeping,
vergadering

conventional /kənˈvenʃənl/ [bnw] ● vormelijk
● (stilzwijgend) overeengekomen, gebruikelijk

conventionality /kənvenʃəˈnælətɪ/ [znw]
● vormelijkheid ● gebruikelijkheid

conventionalize /kənˈvenʃənəlaɪz/ [ov ww]
aanpassen aan gebruikelijke ideeën/vormen

converge /kənˈvɜːdʒ/ I [ov ww] in één punt laten
samenkomen II [on ww] in één punt samenkomen

convergence /kənˈvɜːdʒəns/ [znw] convergentie

convergent /kənˈvɜːdʒənt/ [bnw] convergerend

conversant /kənˈvɜːsənt/ [bnw] bedreven ∗ ~
with goed op de hoogte van

conversation /kɒnvəˈseɪʃən/ [znw] het praten,
gesprek ∗ ~ piece gespreksstof;(kunst) genrestuk

conversational /kɒnvəˈseɪʃənl/ [bnw] gespreks-

converse I [on ww] /kənˈvɜːs/ converseren II [znw]
/'kɒnvɜːs/ het omgekeerde III [bnw] /'kɒnvɜːs/
omgekeerd

conversion /kənˈvɜːʃən/ [znw] ● conversie
● bekering ∗ fraudulent ~ verduistering (v.
gelden)

convert I [ov ww] /kənˈvɜːt/ ● bekeren ● omzetten,
converteren II [on ww] /kənˈvɜːt/ veranderen
III [znw] /'kɒnvɜːt/ bekeerling

converter /kənˈvɜːtə/ [znw] omvormer

convertible /kənˈvɜːtɪbl/ I [znw] cabriolet
II [bnw] omkeerbaar, in-/verwisselbaar ∗ ~ bed
opklapbed ∗ ~ top linnen kap (v. cabriolet)

convex /'kɒnveks/ [bnw] bol

convexity /kɒnˈveksətɪ/ [znw] bolheid

convey /kənˈveɪ/ [ov ww] ● mededelen, uitdrukken
● vervoeren

conveyance /kənˈveɪəns/ [znw] ● (huur)rijtuig
● (akte van) overdracht

conveyer, conveyor /kənˈveɪə/ [znw] ∗ ~ (belt)

lopende band; transport band; vervoerder

convict I [ov ww] /kənˈvɪkt/ ● overtuigen (v.
dwaling) ● schuldig bevinden, veroordelen
II [znw] /'kɒnvɪkt/ ● dwangarbeider ● gevangene
III [bnw] /'kɒnvɪkt/ straf-

conviction /kənˈvɪkʃən/ [znw] ● veroordeling
● overtuiging

convince /kənˈvɪns/ [ov ww] overtuigen

convincing /kənˈvɪnsɪŋ/ [bnw] overtuigend

convivial /kənˈvɪvɪəl/ [bnw] feestelijk, gezellig

convocation /kɒnvəˈkeɪʃən/ [znw] senaat, synode

convoke /kənˈvəʊk/ [ov ww] bijeenroepen

convolution /kɒnvəˈluːʃən/ [znw] winding,
kronkel(ing)

convoy /'kɒnvɔɪ/ I [ov ww] begeleiden II [znw]
konvooi

convulse /kənˈvʌls/ I [ov ww] in beroering brengen
II [on ww] (krampachtig) samentrekken,
stuiptrekken

convulsion /kənˈvʌlʃən/ [znw] stuiptrekking

convulsive /kənˈvʌlsɪv/ [bnw] ∗ ~ twitch
zenuwtrekking; driftaanval; lachbui

cony /'kəʊnɪ/ → **coney**

coo /kuː/ [on ww] kirren (v. baby) ∗ bill and coo
tortelen

cook /kʊk/ I [ov + on ww] koken, bereiden ● (~ up)
verwarmen II [ov ww] verzinnen, vervalsen ● (~
up) flatteren, verzinnen III [znw] kok, keukenmeid

cooker /'kʊkə/ [znw] ● kookfornuis-/pan/-toestel
● vervalser ● stoofpeer, moesappel

cookery /'kʊkərɪ/ [znw] kookkunst ∗ ~ book
kookboek

cookie /'kʊkɪ/ [znw] ● schat(je) ● broodje ● (sl./AΕ)
individu, vent ● (AΕ) koekje

cooking /'kʊkɪŋ/ [znw] het koken, kookkunst
∗ French ~ de Franse keuken

cool /kuːl/ I [ov + on ww] bekoelen ∗ cool it, man
rustig, kerel ∗ cool one's heels lang staan wachten
● (~ down/off) afkoelen II [znw] koelte ∗ keep
your cool houd je kalm III [bnw] ● koel, kalm
● brutaal ● ongeïnteresseerd ∗ a cool hand gladde
vent ∗ a cool hundred een slordige £100

coolant /'kuːlənt/ [znw] koelmiddel

cooler /'kuːlə/ [znw] ● koelkan-/kuip-/vat, koeler
● koeldrank ● (sl.) nor

cool-headed /kuːlˈhedɪd/ [bnw] koel

coolie, cooly /'kuːlɪ/ [znw] koelie

coolish /'kuːlɪʃ/ [bnw] vrij koel

coomb /kuːm/ → **combe**

coon /kuːn/ [znw] ● gladjanus ● (pej./AΕ) nikker
∗ → **raccoon** ∗ a coon's age een eeuwigheid
∗ you're a gone coon je bent de sigaar

coop /kuːp/ I [ov ww] opsluiten ● (~ in/up)
opsluiten II [znw] ● fuik ● kippenhok/-mand

co-op → **cooperation**

cooper /'kuːpə/ I [ov ww] ● beslaan
● inkuipen ● knoeien met II [znw] ● soort bier
● kuiper

cooperage /'kuːpərɪdʒ/ [znw] ● kuiploon ● kuiperij

cooperate /kəʊˈɒpəreɪt/ [on ww]
mede-/samenwerken

cooperation /kəʊɒpəˈreɪʃən/ [znw]
● samenwerking ● coöperatie

cooperative /kəʊˈɒpərətɪv/ [bnw] meewerkend
∗ ~ store coöperatiewinkel

coopery /'kuːpərɪ/ [znw] kuiperij

coordinate I [ov ww] /kəʊˈɔːdɪneɪt/ ● gelijk
stellen, op één lijn staan ● ordenen II [znw] /
kəʊˈɔːdɪnət/ coördinaat III [bnw] /kəʊˈɔːdɪnət/
● gelijkwaardig, van dezelfde rang ● nevengeschikt

coot /kuːt/ [znw] ● meerkoet ● (inf./AΕ) uilskuiken

cop /kɒp/ I [ov ww] ● op de kop tikken ● pakken,

C

inrekenen ★ cop it ervan*langs krijgen* II (on ww)
z. *terugtrekken* ● (~ **out**) *er tussenuit knijpen,
weglopen (van), terugkrabbelen* III (znw) ● *smeris*
● *kluwen garen* ● (laf) *gebrek aan doortastendheid,
uitvlucht*

copartner/kəʊˈpɑːtnə/ (znw) *compagnon*

copartnership/kəʊˈpɑːtnəʃɪp/ (znw)
● *medezeggenschap* ● *vennootschap*

cope/kəʊp/ I (ov ww) *van muurkap voorzien*
● *bedekken* II (on ww) *'t aankunnen* ● (~ **with**)
het hoofd bieden aan III (znw) ● *koorkap*
● *mantel, bedekking* ● *cope of heaven gewelf*

copestone/ˈkəʊpstəʊn/ (znw) ● *deksteen* ● *kroon
op 't werk*

copier/ˈkɒpɪə/ (znw) *kopieerapparaat*

co-pilot (znw) *tweede piloot*

copious/ˈkəʊpɪəs/ (bnw) *overvloedig, (woorden)rijk*

copiousness/ˈkəʊpɪəsnəs/ (znw) *overvloed*

copper/ˈkɒpə/ I (ov ww) *verkoperen* II (znw)
● *koperen ketel* ● *koperen geldstuk* ● *smeris* ● (rood)
koper ★ (cool one's) *hot* ~s (zijn) *nadorst (lessen)*
★ ~ *beech bruine beuk* III (bnw) *koperen*

copperas/ˈkɒpərəs/ (znw) *ijzervitriool, koperrood*

copper-bit (znw) *soldeerbout*

copperplate/ˈkɒpəpleɪt/ (znw) ● *koperplaat,
kopergravure* ★ ~ *writing schoonschrift*

coppersmith/ˈkɒpəsmɪθ/ (znw) *koperslager*

coppery/ˈkɒpərɪ/ (bnw) *koperachtig*

coppice, copse/ˈkɒpɪs/ (znw) *kreupelbosje*

copsewood/ˈkɒpswʊd/ (znw) *hakhout*

copter/ˈkɒptə/ (znw) *heli(kopter)*

copula/ˈkɒpjʊlə/ (znw) ● *verbinding, koppeling*
● *(taalk.) koppel(werk)woord*

copulate/ˈkɒpjʊleɪt/ (on ww) ● *paren* ● z. *koppelen*

copulation/kɒpjʊˈleɪʃən/ (znw) *geslachtsdaad,
paring*

copulative/ˈkɒpjʊlətɪv/ I (znw) *verbindingswoord*
II (bnw) *parings-*

copy/ˈkɒpɪ/ I (ov ww) ● *nabootsen* ● *overschrijven,
kopiëren, overnemen* ● (~ **out**) *letterlijk
overschrijven* II (on ww) ★ *do you copy, over?
heeft u dat begrepen, over?* (radio-communicatie)
III (znw) ● *exemplaar* ● *kopie, afschrift*
● *reclame-inhoud, kopij* ● *model*

copybook/ˈkɒpɪbʊk/ (znw) *schoonschrift met
voorbeelden* ★ ~ *maxims afgezaagde spreuken*

copyboy/ˈkɒpɪbɔɪ/ (znw) *jongste bediende (bij
een krant)*

copycat/ˈkɒpɪkæt/ (znw) ● *na-aper* ● *overschrijver
(schoolterm)*

copyhold/ˈkɒpɪhəʊld/ (znw) *(land in) erfpacht*

copyright/ˈkɒpɪraɪt/ I (ov ww) (z.) *verzekeren van
't copyright* II (znw) *auteursrecht, nadruk verboden*

copywriter/ˈkɒpɪraɪtə/ (znw) *tekstschrijver,
kopijschrijver*

coracle/ˈkɒrækl/ (znw) *boot van met waterdicht
materiaal overtrokken latten*

coral/ˈkɒrəl/ I (znw) ● *kreeftenkuit* ● *bijtring voor
kind* ● *koraal* ★ ~ *reef koraalrif* II (bnw)
● *koraalrood* ● *koralen*

coralline/ˈkɒrəlaɪn/ I (znw) *koraalmos* II (bnw)
koraalrood

corbie/ˈkɔːbɪ/ (znw) (Schots) *raaf, kraai* ★ ~-*steps
trapgevel*

cord/kɔːd/ I (ov ww) *(vast)sjorren, (vast)binden*
II (znw) ● *streng, koord* ● *vadem (inhoudsmaat v.
hout)* ● → **corduroy** ● *cords ribfluwelen broek*

cordage/ˈkɔːdɪdʒ/ (znw) *touwwerk*

cordate/ˈkɔːdeɪt/ (znw) *hartvormig*

corded/ˈkɔːdɪd/ (bnw) *geribd*

cordelier/kɔːdɪˈlɪə/ (znw) *franciscaan*

cordial/ˈkɔːdɪəl/ I (znw) ● *likeur* ● *hartversterkend*

middel II (bnw) *hartelijk, hartversterkend*

cording/ˈkɔːdɪŋ/ (znw) *touwwerk*

cordite/ˈkɔːdaɪt/ (znw) *cordiet*

cordon/ˈkɔːdn/ I (ov ww) *met een kordon afzetten*
● (~ **off**) *met een kordon afzetten* II (znw)
● *kordon* ● *muurrand* ● *leiboom* ● *ordelint,
sierkoord*

corduroy/ˈkɔːdərɔɪ/ (znw) *ribfluweel* ★ ~s
ribfluwelen broek

core/kɔː/ I (ov ww) *boren (klokhuis/pit/zaadlijst
uit fruit)* II (znw) ● *klokhuis* ● *binnenste, kern,
(comp.) kerngeheugen* ★ *be at the core of ten
grondslag liggen aan* ★ *rotten to the core door en
door rot*

corer/ˈkɔːrə/ (znw) *fruitboor*

co-respondent/kəʊrɪˈspɒndənt/ (znw) *als
medeplichtige gedaagde (bij
echtscheidingsproces)*

corf/kɔːf/ (znw) ● *mand* ● *beun, viskaar*

cork/kɔːk/ I (ov ww) *kurken, met gebrande kurk
zwart maken* ★ *cork jacket zwemvest* ● (~ **up**)
(dicht)*kurken* II (znw) *kurk(eik)* III (bnw) *kurken-*

corkage/ˈkɔːkɪdʒ/ (znw) ● *het (ont)kurken*
● *kurkengeld*

corker/ˈkɔːkə/ (znw) ● *prachtexemplaar* ● *afdoend
argument* ● *enorme leugen* ★ *that's a* ~! *dat doet
de deur dicht!*

corking/ˈkɔːkɪŋ/ (bnw) *reuze, enorm*

corkscrew/ˈkɔːkskruː/ I (on ww) z. *spiraalvormig
bewegen* II (znw) *kurkentrekker* ★ ~ *stairs
wenteltrap*

corky/ˈkɔːkɪ/ (bnw) ● *jolig* ● *kurkachtig, naar de
kurk smakend*

corm/kɔːm/ (znw) *knol*

cormorant/ˈkɔːmərənt/ (znw) ● *veelvraat*
● *aalscholver*

corn/kɔːn/ I (ov ww) *zouten* II (znw) ● *korrel*
● *likdoorn* ● *koren, graan* ★ (AE) *maïs* ● (AE) *whisky*
★ (AE) *acknowledge the corn ongelijk/schuld
bekennen* ● *corn poppy/rose klaproos* ★ *corn
salad veldsla* ★ *corn starch fijn maïsmeel* ★ *he
cannot carry his corn de broodkruimels steken
hem* ★ *tread upon a p.'s corns iem. op de tenen
trappen*

corn-chandler (znw) *graanhandelaar*

corn-cob (AE) (znw) *maïskolf (gebruikt als
pijpenkop)*

cornea/ˈkɔːnɪə/ (znw) *hoornvlies*

corned/kɔːnd/ (bnw) *gezouten, ingemaakt* ★ ~
beef blikvlees

cornel/ˈkɔːnl/ (znw) *kornoelje*

corner/ˈkɔːnə/ I (ov ww) ● v. *hoek voorzien* ● *in de
hoek drijven/zetten* ● *opkopen om prijzen op te
drijven* II (on ww) *de hoek nemen/omslaan*
III (znw) ● *hoek* ● *hoekschop* ★ *between/within
the four* ~s *binnen (de perken v.)* ★ ~ *man(hand.)
hoekman* ★ *hole and* ~ *heimelijk* ★ *in a* ~ *in het
geheim* ★ *turn the* ~ *de hoek omgaan; over het
kritieke punt heenkomen*

cornerstone/ˈkɔːnəstəʊn/ (znw) ● *hoeksteen*
● *essentieel deel* ● *fundament*

cornet/ˈkɔːnɪt/ (znw) ● *peperhuisje* ● *witte
nonnenkap* ● *cornet* ★ *ice cream-* ~ *ijshoorn*

cornfield/ˈkɔːnfiːld/ (znw) *koren-/maïsveld*

cornflower/ˈkɔːnflaʊə/ (znw) *korenbloem*

cornice/ˈkɔːnɪs/ (znw) ● *overhangende sneeuwrand*
● (kroon)*lijst, lijstwerk*

Cornish/ˈkɔːnɪʃ/ I (znw) *taal v. Cornwall* II (bnw)
m.b.t. Cornwall

cornstarch/ˈkɔːnstɑːtʃ/ (AE) (znw) *maïzena*

cornucopia/kɔːnjʊˈkəʊpɪə/ (znw) *hoorn des
overvloeds*

corny/'kɔ:nɪ/ [bnw] • sentimenteel • flauw ‹fig.›
• primitief • als koren, rijk aan koren
corolla/kə'rɒlə/ [znw] bloemkroon
corollary/kə'pɒrɪ/ [znw] gevolg ‹trekking›
corona/kə'rəʊnə/ [znw] • kring om zon of maan
• kroon • tonsuur
coronary/'kɒrənərɪ/ I [znw] ‹inf.› hartinfarct
II [bnw] kroonvormig ∗ ~ artery kransslagader
coronation/kɒrə'neɪʃən/ [znw] kroning
coroner/'kɒrənə/ [znw] • = rechter v. instructie
• lijkschouwer ∗ ~'s inquest gerechtelijk(e)
lijkschouwing/vooronderzoek
corpora/'kɔ:pərə/ [mv] → **corpus**
corporal/'kɔ:prəl/ I [znw] korporaal, corporale
II [bnw] lichamelijk ∗ ~ punishment lijfstraf
corporality/kɔ:pə'rælətɪ/ [znw] • stoffelijk
bestaan • lichaam ∗ corporalities stoffelijke
behoeften
corporate/'kɔ:pərət/ [bnw] gemeenschappelijk,
gezamenlijk ∗ ~ body rechtspersoonlijk lichaam
∗ ~ spirit teamgeest ∗ ~ town stedelijke gemeente
corporation/kɔ:pə'reɪʃən/ [znw]
• rechtspersoon(lijk lichaam) • onderneming,
corporatie, maatschappij • ‹AE› bedrijf • ‹inf.›
burgemeestersbuikje • municipal ~
gemeentebestuur/-raad
corporeal/kɔ:'pɔ:rɪəl/ [bnw] stoffelijk, lichamelijk
corposant/'kɔ:pəzænt/ [znw] sint-elmsvuur
corps/kɔ:/ [znw] (leger)korps, wapen, corps
corpse/kɔ:ps/ [znw] lijk
corpse-candle[znw] dwaallicht
corpulence/'kɔ:pjʊləns/ [znw] zwaarlijvigheid
corpulent/'kɔ:pjʊlənt/ [bnw] zwaarlijvig
corpus/'kɔ:pəs/ [znw] corpus, lichaam ‹fig.›
∗ Corpus Christi Sacramentsdag
corpuscle/'kɔ:pʌsəl/ [znw] • atomair deeltje
• (bloed)lichaampje
corral/kə'rɑ:l/ I [ov ww] • z. meester maken van
• in kraal drijven • wagens in kring opstellen
II [znw] • wagenkamp • omheining • kraal
correct/kə'rekt/ I [ov ww] • verbeteren
• terechtwijzen, afstraffen • verhelpen, reguleren
II [bnw] • goed, juist • correct, netjes, keurig,
verzorgd
correction/kə'rekʃən/ [znw] verbetering ∗ I speak
under ~ ik spreek onder voorbehoud
corrective/kə'rektɪv/ I [znw] verbeterend middel
II [bnw] verbeterend ∗ ~ surgery plastische
chirurgie
correlate/'kɒrəlert/ I [ov + on ww] in onderling
verband brengen/staan II [znw] wisselbegrip
correlation/kɒrə'leɪʃən/ [znw]
onderlinge/wederkerige verhouding
correlative/kə'relətɪv/ I [znw] • correlatief
• ‹taalk.› wederzijds betrekkelijk woord II [bnw]
wederzijds betrekkelijk, correlatief
correspond/kɒrɪ'spɒnd/ [on ww] corresponderen
• (~ to) beantwoorden aan
correspondence/kɒrɪ'spɒndəns/ [znw] ∗ ~
course schriftelijke cursus ∗ ~ school instituut
voor schriftelijk onderwijs
correspondent/kɒrɪ'spɒndənt/ I [znw]
• correspondent • zakenrelatie II [bnw]
overeenkomend
corresponding/kɒrɪ'spɒndɪŋ/ [bnw]
corresponderend, overeenkomstig
corridor/'kɒrɪdɔ:/ [znw] corridor, gang
corrigendum/kɒrɪ'gendəm/ [znw] (druk)fout
corrigible/'kɒrɪdʒɪbl/ [bnw] • verbeterbaar
• meegaand
corroborate/kə'rɒbəreɪt/ [ov ww] bekrachtigen,
bevestigen

corroboration/kərɒbə'reɪʃən/ [znw]
bekrachtiging, bevestiging
corroborative/kərɒbə'reɪtɪv/ [bnw] bevestigend
corrode/kə'rəʊd/ I [ov ww] aan-/wegvreten
II [on ww] wegteren, (ver)roesten, oxideren
corrosion/kə'rəʊʒən/ [znw] roest, corrosie
corrosive/kə'rəʊsɪv/ I [znw] • corrosie vormende
stof • ondermijning II [bnw] • corrosief
• ondermijnend
corrugate/'kɒrʊgeɪt/ [ov + on ww] rimpelen ∗ ~d
iron golfijzer
corrugation/kɒrə'geɪʃən/ [znw] rimpeling
corrupt/kə'rʌpt/ I [ov ww] • omkopen
• be-/verderven II [on ww] ontaarden III [bnw]
• corrupt, be-/verdorven, omkoopbaar • verknoeid,
vervalst ∗ ~ text (vaak oude) tekst die na
verschillende redacties en bewerkingen afwijkt van
het manuscript
corruptible/kə'rʌptəbl/ [bnw] • corrumpeerbaar
• omkoopbaar • bederfelijk
corruption/kə'rʌpʃən/ [znw] corruptie, omkoping
corsage/kɔ:'sɑ:ʒ/ [znw] • lijfje • corsage
corsair/'kɔ:seə/ [znw] • kaperschip • zeerover
corselet, corslet/'kɔ:slət/ [znw] • corselet
• borstharnas, borststuk
cortege/kɔ:'teɪʒ/ [znw] (rouw)stoet
cortex/'kɔ:teks/ [znw] • nierschors • hersenschors
• schors
cortical/'kɔ:tɪkl/ [bnw] m.b.t. de schors
coruscate/'kɒræskeɪt/ [on ww] flikkeren, schitteren
corvine/'kɔ:vaɪn/ [bnw] raafachtig
cosh/kɒʃ/ I [ov ww] slaan met een ploertendoder
II [znw] ploertendoder
cosher/'kɒʃə/ I [ov ww] vertroetelen II [on ww]
klaplopen
co-signatory/kəʊ'sɪgnətərɪ/ I [znw]
medeondertekenaar II [bnw] medeondertekenend
cosine/'kəʊsaɪn/ [znw] cosinus
cosmetic/kɒz'metɪk/ I [znw] schoonheidsmiddel
II [bnw] schoonheids- ∗ ~ surgery plastische
chirurgie
cosmetician/kɒzmə'tɪʃən/ [znw]
schoonheidsspecialist(e)
cosmic(al)/'kɒzmɪk(l)/ [bnw] kosmisch
cosmographer/kɒz'mɒgrəfə/ [znw] kosmograaf
cosmography/kɒz'mɒgrəfɪ/ [znw] kosmografie
cosmonaut/'kɒzmənɔ:t/ [znw] ruimtevaarder
cosmopolitan/kɒzmə'pɒlɪtn/ I [znw]
wereldburger II [bnw] kosmopolitisch
cosmos[znw] heelal
cosset/'kɒsɪt/ [ov ww] verwennen
cost/kɒst/ I [ov ww] onregelmatig kosten ∗ it cost
him dearly het kwam hem duur te staan II [znw]
• schade • prijs, kosten, uitgaven ∗ I know it to
my cost ik heb leergeld betaald ∗ at all costs tot
elke prijs ∗ cost price kostende prijs; kostprijs
∗ count the cost de voor- en nadelen overwegen
costal/'kɒstl/ [bnw] van de ribben
co-star/'kəʊstɑ:/ [znw] tegenspeler/-speelster ‹in
film/toneelstuk›
cost-effective/kɒstɪ'fektɪv/ [bnw] rendabel
costermonger/'kɒstəmʌŋgə/ [znw]
fruit-/visventer, marktkoopman
costing/'kɒstɪŋ/ [znw] (kost)prijsberekening
costive/'kɒstɪv/ [bnw] • krenterig • traag
• hardlijvig
costly/'kɒstlɪ/ [bnw] kostbaar, duur
costume/'kɒstju:m/ I [ov ww] kleden II [znw]
kostuum, klederdracht ∗ ~ jewellery
namaakjuwelen
cosy/'kəʊzɪ/ I [ov ww] sussen • (~ up to) z.
nestelen bij II [znw] theemuts III [bnw] gezellig,

C

knus

cot/kɒt/ **I** [ov ww] in-/opsluiten **II** [znw] • (licht) ledikant(je), krib • schaapskooi • (scheepv.) kooi

cot-death [znw] wiegendood

cote/kəʊt/ [znw] hok, kooi

coterie/ˈkəʊtərɪ/ (pej.) kliek

cotta/ˈkɒtə/ [znw] superplie

cottage/ˈkɒtɪdʒ/ [znw] huisje, villaatje, hut ★ ~ cheese Hüttenkäse; kwark ★ ~ industry huisnijverheid ★ ~ loaf boerenbrood ★ ~ pie soort jachtschotel

cottager/ˈkɒtɪdʒə/ [znw] (boeren)arbeider, dorpeling

cottar, cotter/ˈkɒtə/ [znw] keuterboer

cotter/ˈkɒtə/ [znw] spie ★ ~ pin splitpen

cotton/ˈkɒtn/ **I** [on ww] • (~ on) het snappen • (~ together) het goed kunnen vinden met, 't eens zijn met • (~ up to) z. bemind maken bij **II** [znw] katoen, garen ★ ~ wool watten (in Engeland); ruwe katoen (in Amerika) ★ ~s katoenstoffen **III** [bnw] katoenen

cottontail/ˈkɒt(ə)nteɪl/ (AE) konijn

couch/kaʊtʃ/ **I** [ov ww] • verwoorden, formuleren • neerleggen ★ ~ s.o.('s eye)/a cataract bij iem. de staar lichten **II** [on ww] gaan liggen, klaar liggen voor de sprong **III** [znw] • sofa • (rust)bed, divan

cougar/ˈkuːgə/ (AE) [znw] poema

cough/kɒf/ **I** [ov ww] ophoesten • (~ up) bloed opgeven, over de brug komen (fig.) **II** [on ww] hoesten, kuchen **III** [znw] hoest, kuch ★ ~ drop hoestbonbon ★ ~ lozenge hoestbonbon ★ ~ mixture hoestdrank

could/kʊd/, /kəd/ verl. tijd → **can**

coulée/ˈkuːlɪ/ [znw] • lavastroom • (AE) ravijn

coulisse/kuːˈliːs/ [znw] • sponning v. sluisdeur • coulisse

couloir/kuːlwɑː/ [znw] bergspleet

coulter/ˈkəʊltə/ [znw] ploegijzer

council/ˈkaʊnsl/ [znw] • concilie • (raads)vergadering ★ ~ school openbare lagere school ★ hold ~ with beraadslagen met

council-house [znw] • raadhuis • gemeentewoning

councillor/ˈkaʊnsələ/ [znw] raadslid

counsel/ˈkaʊnsl/ **I** [ov + on ww] adviseren **II** [znw] • advocaten, advocaat • adviseur • plan • beraadslaging, overleg, raad(geving) ★ Crown-ambtenaar OM ★ King's/Queen's Counsel titel voor uitmuntende advocaten ★ ~ for the defence verdediger ★ ~ for the prosecution ambtenaar OM ★ ~ of perfection moeilijk op te volgen raad; moeilijk te verwezenlijken ideaal ★ keep one's own/s.o.'s ~ een geheim bewaren ★ take ~ with te rade gaan bij; raadplegen

counselling/ˈkaʊnsəlɪŋ/ [znw] therapie (psychiatrie), counseling (psychiatrie)

counsellor/ˈkaʊnsələ/ [znw] • raadgever • welzijnswerker

count/kaʊnt/ **I** [ov ww] (mee-/op)tellen, rekenen ★ ~ sheep schaapjes tellen • (~ down) aftellen • (~ in) meerekenen • (~ out) uittellen, aftellen ★ ~ me out! op mij hoef je niet te rekenen!; ik doe niet mee! **II** [on ww] meetellen, gelden • (~ for) meetellen als • (~ on) rekenen op **III** [znw] • graaf • tel(ling), aantal • (jur.) punt v. aanklacht ★ Counts de (afdeling) boekhouding ★ (jur.) guilty on all ~s op alle punten schuldig bevonden ★ he had lost all ~ of time hij was elk besef van de tijd kwijt; hij had geen idee (meer) hoe laat het was ★ out of ~ ontelbaar

countable/ˈkaʊntəbl/ [bnw] telbaar

count-down/ˈkaʊntdaʊn/ [znw] het aftellen

countenance/ˈkaʊntɪnəns/ **I** [ov ww] • billijken, sanctioneren • steunen, aanmoedigen **II** [znw] • gelaat(suitdrukking) • steun, aanmoediging • kalmte ★ he kept his ~ hij hield zich goed; hij bewaarde zijn kalmte ★ his ~ fell zijn gezicht betrok ★ put a p. out of ~ iem. van zijn stuk brengen

counter/ˈkaʊntə/ **I** [ov ww] • weerleggen • weerstreven **II** [on ww] met tegenstoot/-zet beantwoorden **III** [znw] • tegendeel • toonbank, loket, balie • damsteen, fiche • teller • contrefort (v. schoen) • boeg (v. paard) • (scheepv.) wulf ★ sell over the ~ in het klein verkopen ★ sell under the ~ onder de toonbank verkopen **IV** [bnw] tegen(over)gesteld **V** [bijw] in tegengestelde richting, op tegengestelde wijze ★ go ~ to indruisen tegen • go/hunt/run ~ spoor in tegengestelde of verkeerde richting volgen

counter-/ˈkaʊntə/ [voorv] tegen-, contra-

counteract/kaʊntəˈrækt/ [ov ww] tegenwerken, neutraliseren

counteraction/kaʊntəˈrækʃən/ [znw] tegenactie

counter-agent [znw] tegenwerkend of neutraliserend middel

counter-attack/ˈkaʊntərətæk/ **I** [on ww] een tegenaanval doen **II** [znw] tegenaanval

counterbalance/ˈkaʊntəbæləns/ **I** [ov ww] opwegen tegen **II** [znw] tegenwicht

counterblast/ˈkaʊntəblɑːst/ [znw] • heftige reactie tegen • tegenstoot

countercharge/ˈkaʊntətʃɑːdʒ/ **I** [on ww] tegen(aan)klacht indienen **II** [znw] tegenaanklacht, tegenbeschuldiging

counter-clockwise/kaʊntəˈklɒkwaɪz/ [bijw] linksom, tegen de wijzers v.d. klok in

counterespionage/kaʊntəˈespɪənɑːʒ/ [znw] contraspionage

counterexample/kaʊntərˈɪgzɑːmpl/ [znw] tegenvoorbeeld

counterfeit/ˈkaʊntəfɪt/ **I** [ov ww] vervalsen **II** [on ww] huichelen **III** [znw] namaak **IV** [bnw] nagemaakt, vals

counterfeiter/ˈkaʊntəfɪtə/ [znw] valsemunter

counterfoil/ˈkaʊntəfɔɪl/ [znw] souche, strook

counterintelligence/kaʊntərɪnˈtelɪdʒəns/ [znw] contraspionage

countermand/kaʊntəˈmɑːnd/ **I** [ov ww] • afbestellen, annuleren • een tegenbevel geven **II** [znw] tegenbevel

countermeasure/ˈkaʊntəmeʒə/ [znw] tegenmaatregel

countermove/ˈkaʊntəmuːv/ [znw] tegenzet

counteroffensive/kaʊntərəˈfensɪv/ [znw] tegenoffensief

counterpane/ˈkaʊntəpeɪn/ [znw] gestikte deken, sprei

counterpart/ˈkaʊntəpɑːt/ [znw] • bijbehorend deel • duplicaat • tegenhanger

counterpoint/ˈkaʊntəpɔɪnt/ [znw] contrapunt

counterpoise/ˈkaʊntəpɔɪz/ **I** [ov ww] in evenwicht houden **II** [znw] tegenwicht

counterproductive/kaʊntəprəˈdʌktɪv/ [bnw] averechts werkend

countersign/ˈkaʊntəsaɪn/ **I** [ov ww] medeondertekenen **II** [znw] wachtwoord, teken

countersink/ˈkaʊntəsɪŋk/ **I** [ov ww] • verzinken • (techn.) inlaten **II** [znw] freesboor, verzinkboor

counter-tenor/ˈkaʊntətenə/ [znw] hoge tenor

countervail/kaʊntəˈveɪl/ **I** [ov ww] compenseren **II** [on ww] een tegenwicht vormen

counterweight/ˈkaʊntəweɪt/ [znw] tegenwicht

countess/ˈkaʊntɪs/ [znw] gravin

counting-house/'kauntɪŋhaus/ [znw]
boekhoudafdeling
countless/'kauntləs/ [bnw] talloos
countrified/'kʌntrɪfaɪd/ [bnw] ● boers ● landelijk
country/'kʌntrɪ/ [znw] ● land ● streek
● platteland, de provincie ● ⟨pol.⟩ appeal/go to
the ~ het parlement ontbinden ★ ⟨AE⟩ -'n'
western music genre volksmuziek ★ ~ club
buitensociëteit; vrijetijdsclub ★ ~ seat landgoed
★ in the ~ in de provincie; ver van de wickets ⟨bij
cricket⟩
countryman/'kʌntrɪmən/ [znw] ● landgenoot
● provinciaal, buitenman
countryside/'kʌntrɪsaɪd/ [znw] platteland,
landstreek ★ the ~ de provincialen;
plattelandsbevolking
countrywoman/'kʌntrɪwumən/ [znw]
● landgenote ● plattelandsvrouw
county/'kauntɪ/ [znw] ● graafschap ● ⟨AE⟩
provincie ★ ~ borough gemeente boven 50.000
inwoners ★ ~ council ≈ Provinciale Staten;
graafschapsraad ★ ~ court
≈ arrondissementsrechtbank ★ ~ family deftige
landelijke familie ★ ~ town hoofdstad v.e.
graafschap/provincie
coup/ku:/ [znw] ● coup ● goede slag/zet
coupé/ku:peɪ/ [znw] ● tweedeursauto ● coupé
● tweepersoonsrijtuig
couple/'kʌpl/ I [ov ww] koppelen ★ (~ with) paren
aan II [on ww] ● paren ● paren vormen III [znw]
paar(tje), tweetal ★ a ~ of twee; een paar
couplet/'kʌplət/ [znw] twee rijmende versregels
coupling/'kʌplɪŋ/ [znw] koppeling
coupon/'ku:pɒn/ [znw] coupon, (rantsoen)bon
courage/'kʌrɪdʒ/ [znw] moed ★ Dutch ~
jenevermoed
courageous/kə'reɪdʒəs/ [bnw] moedig
courier/'kurɪə/ [znw] koerier
course/kɔ:s/ I [ov ww] jagen op, najagen
II [on ww] snellen, stromen III [znw] ● loop,
(be-/ver)loop ● kuur ● laag (stenen) ● reeks
● cursus ● gang ⟨v. maaltijd⟩ ● weg, (ren)baan
● gedragslijn, koers ⟨ook fig.⟩ ● ⟨scheepv.⟩
onderzeil ★ by ~ of volgens ★ ~ of exchange
wisselkoers ★ in due ~ te zijner tijd; in goede orde
★ in the ~ of gedurende ★ let things take their ~
het op zijn beloop laten ★ of ~ natuurlijk
court/kɔ:t/ I [ov ww] ● streven naar ● uitlokken
● het hof maken ★ ~ danger het gevaar tarten
II [on ww] verkering hebben, vrijen III [znw] ● hof
● ontvangst aan het hof ● hofhouding
● vergadering, college ● ⟨jur.⟩ rechtszitting,
rechtbank, gerechtshof ★ High Court (of Justice)
Hoge Raad ★ at ~ aan 't hof ★ ~ capital residentie
★ ~ day zittingsdag; ontvangdag a.h. hof ★ ~ fool
hofnar ★ ~ of justice/law gerechtshof ★ ~ plaster
⟨Engelse⟩ wondpleister ★ ~ roll pachtregister ★ in
~ voor het gerecht ★ out of ~ niet gerechtigd zijn
gehoord te worden; erbuiten staan ★ pay ~ to het
hof maken ★ settle s.th. out of ~ in der minne
schikken
court-card [znw] heer, boer/vrouw in kaartspel
courteous/'kɜ:tɪəs/ [bnw] hoffelijk
courtesan/kɔ:tɪ'zæn/ [znw] courtisane
courtesy/'kɜ:təsɪ/ [znw] hoffelijkheid ★ ~ title uit
hoffelijkheid ⟨en niet rechtens⟩ verleende titel
courthouse/'kɔ:thaus/ [znw] gerechtsgebouw
courtier/'kɔ:tɪə/ [znw] hoveling
courtly/'kɔ:tlɪ/ [bnw] hoofs, vleierig
court-martial/kɔ:t'mɑ:ʃəl/ I [ov ww] voor de
krijgsraad brengen II [znw] krijgsraad
courtroom/'kɔ:tru:m/ [znw] rechtszaal

courtship/'kɔ:tʃɪp/ [znw] ● gunstbejag
● hofmakerij, vrijerij, verkering
courtyard/'kɔ:tjɑ:d/ [znw] binnenplaats
cousin/'kʌzən/ [znw] ● neef ⟨zoon v. oom en tante⟩,
nicht ⟨dochter v. oom en tante⟩ ★ call ~s with
beweren familie te zijn van ★ ~ german volle
neef/nicht ★ he would not call the King his ~ hij
was de koning te rijk ★ second ~ achterneef/-nicht
cove/kəuv/ I [ov ww] ● schuin doen lopen
● ⟨archit.⟩ welving maken tussen muur en plafond
II [znw] ● kreek ● inham ● ⟨archit.⟩ welving langs
plafondrand ● ⟨inf.⟩ kerel, vent
covenant/'kʌvənənt/ I [ov + on ww]
overeenkomen II [znw] verbond, verdrag
covenanter/'kʌvənəntə/ [znw] verbondene
cover/'kʌvə/ I [ov ww] ● v. toepassing zijn op
● overstelpen met ● bestrijken ⟨v. geschut⟩ ● z.
uitstrekken over ● be-/overdekken ● (z.) dekken
● beschermen ● insluiten ● verbergen ★ ~ a
meeting een vergadering verslaan ★ ~ed car
huifkar ★ (~ in) v.e. dak voorzien, een graf
dichtgooien ★ (~ over) geheel bedekken ★ (~ up)
verbergen, toedekken, in de doofpot stoppen
II [on ww] invallen ★ ~ing letter begeleidende
brief ● (~ for) invallen voor III [znw] ● bedekking,
deksel ● buitenband ● couvert ● dekmantel
● envelop ● boekomslag ● schuilplaats,
bescherming ★ ~ charge couvert(kosten) ★ ~ girl
vrouwelijk fotomodel op omslag ★ ~ story
omslagartikel ★ from ~ to ~ v. begin tot einde
⟨boek⟩; v. A tot Z ★ under ~ onder couvert
★ under ~ of beschut door
coverage/'kʌvərɪdʒ/ [znw] (pers)verslag
covering/'kʌvərɪŋ/ [znw] dekking
coverlet, coverlid/'kʌvəlɪt/ [znw] ● bedekking
● gestikte deken, sprei
covert/'kʌvət/ I [znw] ● schuilplaats, struikgewas
● ~ coat korte overjas II [bnw] ● impliciet
● heimelijk
coverture/'kʌvətʃə/ [znw] bedekking, beschutting
covet/'kʌvɪt/ [ov ww] begeren
covetous/'kʌvɪtəs/ [bnw] begerig, hebzuchtig
covey/'kʌvɪ/ [znw] ● troep(je) ● vlucht patrijzen
cow/kau/ I [ov ww] intimideren II [znw] ● koe
● wijfje ⟨bij zoogdieren⟩ ★ cow with the iron tail
pomp
coward/'kauəd/ [znw] lafaard
cowardice/'kauədɪs/ [znw] lafheid
cowardly/'kauədlɪ/ [bnw + bijw] lafhartig
cowboy/'kaubɔɪ/ [znw] cowboy, koeherder
cower/'kauə/ [on ww] (neer)hurken, ineenkrimpen
cowfish/'kaufɪʃ/ [znw] zeekoe
cowgrass/'kaugrɑ:s/ [znw] wilde klaver
cowherd/'kauhɜ:d/ [znw] koeherder
cowhide/'kauhaɪd/ I [ov ww] afranselen II [znw]
(zweep van) runderhuid
cowl/kaul/ [znw] ● watervat ● schoorsteengek
● monnikskap/-pij
cowlick/'kaulɪk/ [znw] spuuglok
cowling/'kaulɪŋ/ [znw] motorkap
cowman/'kaumən/ [znw] ● veehoeder ● ⟨AE⟩
veeboer
co-worker/kəu'wɜ:kə/ [znw] ● medewerker
● collega ● teamgenoot ● maat
cowpox/'kaupɒks/ [znw] koepokken
cowshed/'kauʃed/ [znw] koestal
cowslip/'kauslɪp/ [znw] sleutelbloem
cox/kɒks/ I [ov ww] (be)sturen II [znw]
→ coxswain
coxcomb/'kɒkskəum/ [znw] verwaande kwast
coxswain/'kɒkswein/ [znw] stuurman ⟨vnl. v.
roeiboot⟩

coy /kɔɪ/ [bnw] • afgezonderd • bedeesd, zedig
★ coy of karig met

coyness /ˈkɔɪnəs/ [znw] bedeesdheid, zedigheid

coyote /kɔɪˈəʊtɪ/ ⟨AD⟩ [znw] prairiewolf

cozen /ˈkʌzən/ I [ov ww] bedriegen, misleiden • (~ into) verleiden om te/tot II [on ww] konkelen

cozy /ˈkəʊzɪ/ → **cosy**

cp. [afk] ● (compare) vergelijk

crab /kræb/ I [ov ww] • afkammen • in de war sturen II [on ww] • mopperen • ⟨scheepv.⟩ krabben III [znw] • krab • zuurpruim • laagste worp ⟨bij dobbelspel⟩ • lier • platluis ★ catch a crab verkeerde manoeuvre maken met roeiriem ★ it turned out crabs het liep op niets uit

crab-apple [znw] wilde appel

crabbed /ˈkræbɪd/ [bnw] • kriebelig ⟨handschrift⟩ • gewrongen ⟨stijl⟩ • kribbig, nors

crabby /ˈkræbɪ/ [bnw] • krabachtig • → **crabbed**

crack /kræk/ I [ov ww] • doen barsten • laten knallen • kraken ⟨v. codes⟩, ontcijferen, een oplossing vinden ★ ~ a crib ergens inbreken ★ ~ a joke een mop vertellen • (~ up) ophemelen, het afleggen II [on ww] • knallen • breken/overslaan ⟨v. stem⟩ • geestelijk instorten ⟨onder druk⟩ • snoeven • scheuren, barsten, kraken III [znw] • inbraak • gekraak, (ge)knal, klap • kier, spleet, scheur, barst • eersteklas paard/schutter/speler, enz. • inbreker ★ ~ of doom Laatste Oordeel ★ do a ~ een kraak zetten • have a ~ at s.th. een poging wagen iets voor elkaar te krijgen • in a ~ in een wip IV [bnw] prima, eersteklas V [bijw] ★ ~ in the eye recht in zijn oog VI [tw] krak!

crack-brained /ˈkrækbreɪnd/ [znw] getikt

cracked /krækt/ [bnw] getikt

cracker /ˈkrækə/ [znw] • spetter ⟨aantrekkelijk persoon⟩ • giller • cracker, dun biskwietje • voetzoeker, knaller • knalbonbon ★ ~ jack

crackerjack, crackajack /ˈkrækədʒæk/ ⟨AD⟩ I [znw] eersteklas speler, enz. II [bnw] eersteklas

crackers /ˈkrækəz/ [mv] II [znw] notenkraker II [bnw] ★ he was ~ hij was stapelgek

cracking /ˈkrækɪŋ/ ⟨sl.⟩ [bnw] • uitstekend, geweldig • snel ★ ~ at a ~ pace stevige vaart

crack-jaw /ˈkrækdʒɔː/ [bnw] tongbrekend ★ ~-word moeilijk uit te spreken woord

crackle /ˈkrækl/ I [ov ww] craquelé veroorzaken in II [on ww] knetteren, knappen III [znw] • geknetter • craquelé IV [bnw] craquelé

crackleware /ˈkræklweə/ [znw] craquelé ⟨porselein⟩

crackling /ˈkræklɪŋ/ [znw] • geknetter • gebraden zwoerd

cracklings /ˈkræklɪŋz/ [mv] kaantjes

cracknel /ˈkræknl/ [znw] krakeling

crackpot /ˈkrækpɒt/ ⟨inf.⟩ [znw] zonderling

cracksman /ˈkræksmən/ [znw] inbreker

cracky /ˈkrækɪ/ [znw] • gebarsten • breekbaar • getikt

cradle /ˈkreɪdl/ I [ov ww] • wiegen • op de haak leggen ⟨hoorn v. telefoon⟩ II [znw] • wieg, bakermat • haak ⟨v. telefoon⟩ • slede ⟨v. scheepshelling⟩ • onderstel • stellage • goudwastrog • spalk

craft /krɑːft/ I [ov ww] maken, wrochten II [znw] • vaartuig(en) • sluwheid, list • vak, (kunst)vaardigheid, ambacht

craftsman /ˈkrɑːftsmən/ [znw] vakman, handwerksman

craftsmanship /ˈkrɑːftsmənʃɪp/ [znw] • vakmanschap • (vak)bekwaamheid

crafty /ˈkrɑːftɪ/ [bnw] listig

crag /kræg/ [znw] • steile rots • schelpzand

cragged /ˈkrægɪd/ [bnw] • steil • onregelmatig

craggy /ˈkrægɪ/ [bnw] • rotsig • woest • verweerd ⟨fig.⟩

crake /kreɪk/ I [on ww] schreeuwen II [znw] ⟨schreeuw v.d.⟩ kwartelkoning

cram /kræm/ I [ov ww] volproppen, inpompen ⟨kennis⟩ ★ cram s.th. down s.o.'s throat iem. iets met geweld opdringen II [on ww] • (z.) volstoppen • blokken ⟨op leerwerk⟩ III [znw] • gedrang • ingepompte kennis

crammer /ˈkræmə/ [znw] • repetitor • volstopper

cramp /kræmp/ I [ov ww] • kramp veroorzaken (in) • verankeren • belemmeren, vastklemmen • (~ up) in nauwe ruimte opsluiten II [znw] • kramp • muuranker, klemhaak

cramped /kræmpt/ [bnw] • bekrompen • met kramp • kriebelig, gewrongen

crampon /ˈkræmpən/ [znw] kram, ijsspoor

cranberry /ˈkrænbərɪ/ [znw] veenbes

crane /kreɪn/ I [ov ww] • met kraan ophijsen • (reikhalzend) uitstrekken II [on ww] uitstrekken ⟨v.d. hals⟩ • (~ at) terugdeinzen voor III [znw] • hevel • kraanvogel • (hef)kraan ★ ~ -fly langpootmug

cranesbill /ˈkreɪnzbɪl/ [znw] ooievaarsbek

cranium /ˈkreɪnɪəm/ [znw] schedel

crank /kræŋk/ I [ov ww] • v. slinger voorzien • rechthoekig buigen • (~ up) aanslingeren ⟨v. auto⟩ II [znw] • zonderling • tuimelaar ⟨aan bel⟩ • kruk(stang) • slinger • woordspeling ★ ~ -call telefoontje v.e. gek III [znw] zwak, wankel

crankaxle /ˈkræŋkæksəl/ [znw] trapas

crankcase /ˈkræŋkkeɪs/ [znw] carter

crankle /ˈkræŋkl/ I [ov + on ww] (z.) kronkelen II [znw] kronkel

crankshaft /ˈkræŋkʃɑːft/ [znw] krukas

cranky /ˈkræŋkɪ/ [bnw] • excentriek • humeurig • wankel • kronkelend

cranny /ˈkrænɪ/ [znw] scheur, spleet

crap /kræp/ ⟨vulg.⟩ I [on ww] schijten • (~ out) voor gezien houden, verliezen II [znw] • gelul • stront • rotzooi, troep ★ have a crap schijten

crape /kreɪp/ [znw] • crêpe • (rouw)floers, rouwband

crapulent /ˈkræpjʊlənt/ [bnw] • onmatig • katterig

crash /kræʃ/ I [ov ww] verbrijzelen II [on ww] • te pletter vallen • failliet gaan • daveren • galmen • go/fall ~ te pletter vallen • (~ against/into) aanbotsen tegen • (~ out) daveren, schetteren III [znw] • botsing • klap • grof linnen • ⟨econ.⟩ krach ★ ~ -barrier vangrail ★ ~ -course stoomcursus ★ ~ -helmet veiligheidshelm; valhelm IV [bijw] ★ ~ -dive snel (doen) duiken

crash-dive /ˈkræʃdaɪv/ [znw] snelle duik

crash-land /ˈkræʃlænd/ [on ww] buik-/noodlanding maken (met schade)

crashing /ˈkræʃɪŋ/ ⟨inf.⟩ [bnw] verpletterend, ongelofelijk

crass /kræs/ [bnw] grof, lomp

cratch /krætʃ/ [znw] ruif

crate /kreɪt/ [znw] • krat • tenen mand • ⟨inf.⟩ gammel vliegtuig

crater /ˈkreɪtə/ [znw] • krater • bomtrechter

cravat /krəˈvæt/ [znw] halsdoek, das

crave /kreɪv/ I [ov ww] smeken, verzoeken II [on ww] hunkeren • (~ for) vurig verlangen naar

craven /ˈkreɪvən/ I [znw] lafaard ★ cry ~ z. overgeven II [bnw] laf,hartig

craving /ˈkreɪvɪŋ/ [znw] • onweerstaanbare trek in een bepaald soort voedsel • verzoek, smeekbede

craw /krɔː/ [znw] krop

crawfish, crayfish/'krɔ:fɪʃ/ [znw] rivierkreeft, langoest

crawl/krɔ:l/ I [ov ww] een uitbrander geven II [on ww] • crawlen • (de) hielen likken • kruipen • langzaam bewegen/voortgaan, niet opschieten • (~ **with**) krioelen van III [znw] • schildpadvijver • crawl • viskaar

crawler/'krɔ:lə/ [znw] • kruippakje • luis • crawl • taxi/rijtuig op zoek n~ ~e een vrachtje

crawly/'krɔ:lɪ/ [bnw] griezelig

crayon/'kreɪən/ I [ov ww] tekenen met crayon II [znw] • koolspits • kleurpotlood, tekenkrijt • pastel(tekening)

craze/kreɪz/ I [ov ww] • krankzinnig maken • craqueleren II [on ww] gecraqueleerd zijn III [znw] manie, rage

crazy/'kreɪzɪ/ [bnw] • gek, krankzinnig • bouwvallig, onsolide • grillig, met onregelmatig patroon ∗ ~ about gek op ∗ ‹AE› ~ bone telefoonbeentje

creak/kri:k/ I [on ww] piepen, knarsen II [znw] geknars

creaky/'kri:kɪ/ [bnw] knarsend

cream/kri:m/ I [ov ww] • tot room maken • afromen ‹ook fig.› • room doen bij II [on ww] room/schuim vormen III [znw] • room • crème • crème de la crème, het puikje, de bloem • gerecht met room • roomkleurig paard ∗ ~ of lime kalkmelk ∗ ~ of the jest/joke het fijne/de kern van de grap ∗ ~ puff roomsoes ∗ ~ tea thee met scones, jam en dikke room

creamer/'kri:mə/ [znw] • koffiemelkpoeder • roomcentrifuge, ontromer • roomkan(netje)

creamery/'kri:mərɪ/ [znw] • melksalon • zuivelfabriek

creamy/'kri:mɪ/ [bnw] • smeuïg • zacht, vol

crease/kri:s/ I [ov + on ww] vouwen, kreukelen II [znw] • streep ‹bij cricket› • vouw, kreukel

create/kri:'eɪt/ I [ov ww] • scheppen, creëren, teweegbrengen • verheffen tot e benoemen II [on ww] drukte maken

creation/kri:'eɪʃən/ [znw] • schepping ∗ ‹comp.› aanmaken v.e. informatiebestand

creative/kri:'eɪtɪv/ [bnw] • creatief • scheppend ∗ ~ director artistiek leider

creativity/kri:ər'tɪvətɪ/ [znw] creativiteit

creator/kri:'eɪtə/ [znw] schepper

creature/'kri:tʃə/ [znw] • voortbrengsel • schepsel, dier ∗ ~ comforts materiële behoeften ∗ ‹inf.› the ~ whisky

credence/'kri:dns/ [znw] • geloof • credens(tafel)

credentials/krə'denʃəlz/ [mv] geloofsbrieven

credibility/kredə'bɪlətɪ/ [znw] geloofwaardigheid ∗ ~ gap vertrouwenscrisis

credible/'kredɪbl/ [bnw] geloofwaardig

credit/'kredɪt/ I [ov ww] • geloven • crediteren ∗ ~ a p. with iem. iets nageven II [znw] • meriete, verdienste, eer • invloed • goede naam • krediet • credit(zijde) • geloof, vertrouwen ∗ be a ~ to tot eer strekken ∗ ~ account rekening ‹bij een winkel› ∗ ~ card betaalpas ∗ ~ note tegoedbon ∗ ~ where ~ is due ere wie ere toekomt ∗ do ~ to tot eer strekken ∗ give a p. ~ for ... denken dat iem. ... is; crediteren; de eer geven ∗ take ~ for het z. als een verdienste aanrekenen

creditable/'kredɪtəbl/ [bnw] eervol, achtenswaardig, fatsoenlijk

creditor/'kredɪtə/ [znw] schuldeiser, crediteur

credits/'kredɪts/ [mv] aftiteling met vermelding v. medewerkers aan film/tv-productie

creditworthy/'kredɪtwɜ:ðɪ/ [bnw] kredietwaardig

credulity/krə'dju:lətɪ/ [znw] lichtgelovigheid

credulous/'kredjʊləs/ [bnw] lichtgelovig

creed/kri:d/ [znw] geloof(sbelijdenis)

creek/kri:k/ [znw] • kreek • inham ∗ ‹AE› riviertje

creel/kri:l/ [znw] visfuik-mand

creep/kri:p/ I [on ww] • dreggen • sluipen, kruipen ∗ make a person's flesh ~ iem. kippenvel bezorgen II [znw] ‹sl.› griezel ∗ the ~s de kriebels; kippenvel; kruipgat

creeper/'kri:pə/ [znw] • dreg • kruiper • kruipdier/-plant

creepy/'kri:pɪ/ [bnw] griezelig

creese/kri:s/ [znw] kris

cremate/krɪ'meɪt/ [ov ww] cremeren

cremation/krɪ'meɪʃən/ [znw] crematie, lijkverbranding

crematorium, crematory/kremə'tɔ:rɪəm/ [znw] crematorium

crenel(le)/'krenl/ [znw] schietgat

crenel(le)lated/krenə'leɪtɪd/ [bnw] met schietgaten, gekanteeld

creole/'kri:əʊl/ I [znw] Creool II [bnw] creools

crepe/kreɪp/ [znw] • crêpe, krip • flensje • rouwband

crepitate/'krepɪteɪt/ [on ww] knetteren

crepon/'krepɔ:n/ [znw] zware crêpe

crept/krept/ verl. tijd + volt. deelw. → **creep**

crescent/'krezənt/ I [znw] • maansikkel, halve maan • rij huizen in halve cirkel • halve cirkel II [bnw] • wassend ‹v. maan› • halvemaanvormig

cress/kres/ [znw] tuinkers, waterkers

cresset/'kresɪt/ [znw] bakenlicht

crest/krest/ I [ov ww] • kronen ∗ v.e. pluim voorzien II [on ww] koppen vormen ‹v. golven› III [znw] • hoogtepunt, top • (schuim)kop op golf • pluim • kuif, kam ∗ ‹her.› helm

crested/'krestɪd/ [bnw] met een kam/pluim/kuif

crestfallen/'krestfɔ:lən/ [bnw] terneergeslagen

cretin/'kretɪn/ [znw] • idioot • gedrochtje

cretinism/'kretɪnɪzəm/ [znw] • stompzinnigheid • ‹med.› kropziekte

crevasse/krə'væs/ [znw] • gletsjerspleet • dijkdoorbraak

crevice/'krevɪs/ [znw] spleet, scheur

crew/kru:/ I [on ww] o.v.t. → **crow** II [znw] • bemanning, personeel • zootje, troep ∗ crew cut stekeltjeshaar; kortgeknipt haar

crewel/'kru:əl/ [znw] borduur-/tapijtwol

crewman/'kru:mən/ [znw] bemanningslid

crib/krɪb/ I [ov ww] • gappen • opsluiten • van kribben voorzien II [on ww] • spieken • plagiaat plegen III [znw] • combinatie bij cribbage (kaartspel) • plagiaat, gespiekte vertaling, spiekbriefje • zoutbak • mijnhout • zalmfuik • hut • krib, kinderledikantje ∗ ‹AE› maïsbak

crib-biter [znw] kribbebijter

crick/krɪk/ [znw] kramp ∗ ~ in the back spit ∗ ~ in the neck stijve nek

cricket/'krɪkɪt/ I [on ww] cricketen II [znw] • krekel • cricket(spel) ∗ it's not ~ dat is niet eerlijk

cricketer/'krɪkɪtə/ [znw] cricketspeler

crier/'kraɪə/ [znw] • huiler • omroeper, schreeuwer ∗ town ~ stadsomroeper

crikey/'kraɪkɪ/ [tw] allemachtig!

crime/kraɪm/ I [ov ww] ‹mil.› aanklagen II [znw] misdaad

criminal/'krɪmɪnl/ I [znw] misdadiger II [bnw] • crimineel • misdadig • ‹jur.› strafrechtelijk ∗ Criminal Investigation Department recherche ∗ ~ connection/conversation overspel ∗ ~ law strafrecht

criminality/krɪmɪ'nælətɪ/ [znw] criminaliteit

criminate/'krɪmɪneɪt/ [ov ww] • beschuldigen

C

● laken
criminology /krımı'nɒlədʒı/ [znw] criminologie
crimp /krımp/ **I** [ov ww] ● krimp snijden ● ronselen
  ● krullen (v. haar), plooien **II** [znw] ronselaar
  III [bnw] bros
crimson /'krımzən/ **I** [ov ww] rood kleuren
  II [on ww] rood worden **III** [znw] karm(oz)ijnrood
  IV [bnw] karm(oz)ijnrood
cringe /krındʒ/ **I** [on ww] ineenkrimpen ● (~ to)
  kruipen voor **II** [znw] slaafse buiging
crinite /'krainait/ [bnw] behaard
crinkle /'krıŋkl/ **I** [ov + on ww] ● (doen) kronkelen
  ● rimpelen, kreukelen, (ver)frommelen **II** [znw]
  ● kronkel ● kreuk, rimpel
crinkly /'krıŋklı/ [bnw] ● kronkelend ● verkreukt,
  rimpelig
crinoline /'krınəlın/ [znw] ● hoepelrok
  ● paardenharen stof ● torpedonet
cripple /'krıpl/ **I** [ov ww] ● verminken ● mank
  gaan, verlammen (ook fig.), belemmeren **II** [znw]
  ● kreupele ● stellage
crises /'kraısi:z/ [mv] → **crisis**
crisis /'kraısıs/ [znw] crisis
crisp /krısp/ **I** [ov ww] ● friseren ● krokant maken
  II [on ww] ● krokant worden ● kroezen **III** [znw]
  bankbiljet(ten) **IV** [bnw] ● netjes en verzorgd (v.
  kleding en/of kapsel) ● levendig ● kroes, gekruld
  ● kort en bondig ● pittig, krachtig ● fris ● bros,
  knappend, krokant
crispate /'krıspeıt/ [bnw] ● gekruld ● golvend
crispbread /'krıspbred/ [znw] knäckebröd
crisps /krısps/ [mv] brosse zoutjes, chips
crispy /'krıspı/ [bnw] ● knapperig ● bondig
criss-cross /'krıskrɒs/ **I** [bnw + bijw] kriskras door
  elkaar **II** [ov ww] kriskras door elkaar doen gaan,
  doorkruisen **III** [on ww] kriskras door elkaar gaan
  IV [znw] wirwar, warnet
criterion /kraı'tıərıən/ [znw] criterium, maatstaf
critic /'krıtık/ [znw] ● vitter ● criticus, beoordelaar
  ★ everybody's a ~ iedereen heeft een oordeel klaar
critical /'krıtıkl/ [bnw] ● hachelijk, kritiek ● vitterig
  ● kritisch
criticism /'krıtısızəm/ [znw] ● kritiek ● kritische
  bespreking
criticize /'krıtısaız/ [ov ww] ● bespreken
  ● beoordelen ● aanmerkingen maken op
critique /krı'ti:k/ [znw] kunstkritiek
croak /krəʊk/ **I** [ov + on ww] ● (sl.) mollen **II** [on ww]
  ● ongeluk voorspellen ● krassen, kwaken ● (vulg.)
  creperen
croaker /'krəʊkə/ [znw] onheilsprofeet
croaky /'krəʊkı/ [bnw] schor
crochet /'krəʊʃeı/ **I** [ov + on ww] haken (met wol
  of garen) **II** [znw] haakwerk ★ ~ hook haaknaald
crock /krɒk/ **I** [ov ww] ● onderuit halen ● mollen
  II [on ww] aftakelen **III** [znw] ● oud meubelstuk
  ● oude knol ● sukkel ● pot(scherf)
crockery /'krɒkərı/ [znw] aardewerk, serviesgoed
crocket /'krɒkıt/ [znw] versiering in de vorm van
  een gekruld blad
crocodile /'krɒkədaıl/ [znw] ● krokodil
  ● meisjesschool op wandeling (twee aan twee) ★ ~
  tears krokodillentranen
croft /krɒft/ [znw] perceeltje bouwland, kleine
  pachtboerderij
crofter /'krɒftə/ [znw] keuterboer, pachtboertje
cromlech /'krɒmlek/ [znw] hunebed
crone /krəʊn/ [znw] ● oude ooi ● oud wijf
crony /'krəʊnı/ [znw] boezemvriend(in)
crook /krʊk/ **I** [on ww] buigen, z. krommen
  II [znw] ● kromstaf ● oplichter, boef ● kromte,
  bocht, haak ★ by hook or by ~ oneerlijk ★ on the

~ oneerlijk **III** [bnw] → **crooked**
crookback /'krʊkbæk/ [znw] bochel
crookbacked /'krʊkbækt/ [bnw] gebocheld
crooked /'krʊkıd/ [bnw] ● oneerlijk, onoprecht
  ● met krom handvat ● krom, gebogen
croon /kru:n/ **I** [ov + on ww] ● croonen ● neuriën
  II [znw] ● liedje ● zacht stemgeluid
crooner /'kru:nə/ [znw] crooner
crop /krɒp/ **I** [ov ww] ● bebouwen, oogsten,
  ● afknippen, afsnijden ● bijsnijden, couperen
  II [on ww] opbrengen ● (~ out/up) vóórkomen,
  aan de dag treden, (plotseling) opduiken **III** [znw]
  ● gewas, oogst, krop ● zeer kort geknipt haar
  ● rijzweepje, zweepstok ● gelooide dierenhuid ● het
  knippen, knipsel ★ crop dusting gewasbespuiting
  ★ in/under crop bebouwd ★ out of crop
  onbebouwd
cropper /'krɒpə/ [znw] ● produktieve boom/plant
  ● val ● kropduif ★ come a ~ (komen te) vallen; over
  de kop gaan; op niets uitlopen
crosier /'krəʊzıə/ [znw] staf (v. abt of bisschop)
cross /krɒs/ **I** [ov + on ww] ● oversteken, dwars gaan
  door ★ it ~ed my mind het kwam bij me op
  II [ov ww] ● strepen (v. cheque) ● dwarsbomen
  ● dwars over elkaar leggen ★ ~ a horse een paard
  berijden ★ ~ a saddle op een zadel zitten ★ ~ o.s.
  een kruis maken ★ ~ one's t's de puntjes op de i
  zetten ★ ~ with silver geld geven ● (~ out)
  doorhalen **III** [on ww] (elkaar) kruisen **IV** [znw]
  ● kruis(ing), kruisteken ● bedrog, zwendel ★ ~
  wind tegenwind; dwarswind ★ it was a ~
  between het hield het midden tussen ★ on the ~
  overhoeks; diagonaal **V** [bnw] ● oneerlijk
  ● gekruist ● tegengesteld, dwars ● uit zijn humeur
  ★ ~ with boos op
crossbar /'krɒsbɑ:/ [znw] dwarslat
crossbeam /'krɒsbi:m/ [znw] dwarsbalk
cross-bench /'krɒsbentʃ/ [znw] ★ ~ mind
  onafhankelijke of lauwe mentaliteit
cross-bencher [znw] onafhankelijke
crossbow /'krɒsbəʊ/ [znw] kruisboog
cross-breed /'krɒsbri:d/ **I** [ov ww] kruisen
  (genetisch) **II** [on ww] z. kruisen (gen. . . ch)
  III [znw] gekruist ras, kruising, bastaard
cross-buttock I [ov ww] met heupworp vloeren
  II [znw] heupworp (worstelen)
cross-country /krɒs'kʌntrı/ [bnw] over heg en steg
  ★ ~ race veldloop ★ ~ ride terreinrit
cross-examination [znw] kruisverhoor
cross-examine /krɒsıg'zæmın/ [ov + on ww] een
  kruisverhoor afnemen
cross-eyed /krɒs'aıd/ [bnw] scheel
cross-fertilization /krɒsfɜ:təlaı'zeıʃən/ [znw]
  kruisbevruchting
cross-fertilize /krɒs'fɜ:təlaız/ [ov ww] kruisen
crossfire /'krɒsfaıə/ [znw] kruisvuur
cross-grained /krɒs'greınd/ [bnw] tegen de draad
  in, dwars
crossing /'krɒsıŋ/ [znw] ● oversteekplaats
  ● overtocht ● kruising, kruispunt ● ~-sweeper
  straatveger
cross-legged /krɒs'legd/ [bnw] met gekruiste
  benen
crosslight /'krɒslaıt/ [znw] ● kruiselings vallend
  licht ● belichting v.e. onderwerp vanuit ander
  standpunt
crossness /'krɒsnəs/ [znw] ● slecht humeur
  ● dwars-/koppigheid
crossover /'krɒsəʊvə/ [znw] oversteekplaats
crosspatch /'krɒspætʃ/ [znw] nijdas
cross-ply /'krɒsplaı/ [bnw] met karkas van
  scheringkoorden ★ ~ tyres diagonaalbanden

cross-purpose/krɔs'pɜ:pəs/ [znw] misverstand ∗ be at ~s elkaar misverstaan; langs elkaar heen werken of praten

cross-question/krɔs'kwestʃən/ I [ov ww] met strikvragen ondervragen II [znw] strikvraag ∗ ~s and crooked answers protocollen (spel)

cross-reference/'krɔsrefərəns/ [znw] verwijzing

crossroad/'krɒsrəʊd/ [znw] zijweg ∗ ~s twee-, drie- enz. sprong

crossruff/'krɒsrʌf/ [znw] over en weer introeven (bridge)

cross-section/krɒs'sekʃən/ [znw] dwarsdoorsnede

cross-stitch/'krɒsstɪtʃ/ [znw] kruissteek

crosstalk/'krɒstɔːk/ [znw] • overspraak • flitsend woordenspel

crossways/'krɒsweɪz/ [bnw] kruiselings, dwars over

crossword/'krɒswɜːd/ [znw] kruiswoordpuzzel, cryptogram

crotch/krɒtʃ/ [znw] • kruis (v. menselijk lichaam) • vertakking

crotchet/'krɒtʃɪt/ [znw] • kaakje • gril • (muz.) kwartnoot

crotcheteer/krɒtʃɪ'tɪə/ [znw] fantast

crotchety/'krɒtʃətɪ/ [bnw] grillig, nukkig

crouch/kraʊtʃ/ I [ov ww] volproppen, samenpakken in ∗ ~ neerhurken, z. bukken • kruipen, het lichaam tegen de grond drukken

croup/kru:p/ [znw] • kruis (v. paard) • kroep

crow/krəʊ/ I [on ww] kraaien • (~ over) victorie kraaien II [znw] • koevoet • kraai, gekraai ∗ I have a crow to pluck with you ik heb een appeltje met jou te schillen ∗ as the crow flies hemelsbreed ∗ (AE) eat crow zoete broodjes bakken ∗ in a crow line hemelsbreed

crowbar/'krəʊbɑː/ [znw] koevoet

crowd/kraʊd/ I [ov ww] volproppen, samenpakken in ∗ ~ sail alle zeilen bijzetten • (~ into/out) naar binnen/buiten dringen II [on ww] (z. ver)dringen III [znw] menigte, gedrang, troep, gezelschap, hoop ∗ that would pass in a ~ dat kan er mee door ∗ the ~ de grote massa

crowded/'kraʊdɪd/ [znw] druk, gedrongen, vol, overladen

crowfoot/'krəʊfʊt/ [znw] • ranonkel • boterbloem • (mil.) voetangel

crown/kraʊn/ I [ov ww] • kroon zetten op, (be)kronen, alles overtreffen • een dam halen (bij damspel) II [znw] • kroon • bol (v. hoed) • krans, kruin, hoogste punt • papiermaat van 51x38 cm • (vero.) vijfshillingstuk ∗ ~ cases strafzaken ∗ ~ imperial keizerskroon ∗ ~ jewels kroonjuwelen ∗ ~ land kroondomein ∗ ~ law strafrecht

crow's-foot/'krəʊzfʊt/ [znw] • kraaiepootje • scheerlijn • (mil.) voetangel

crozier/'krəʊzɪə/ → **crosier**

crucial/'kru:ʃəl/ [bnw] cruciaal, beslissend, kritiek ∗ ~ test vuurproef

crucible/'kru:sɪbl/ [znw] • vuurproef (fig.) • smeltkroes

crucifix/'kru:sɪfɪks/ [znw] kruisbeeld

crucifixion/kru:sɪ'fɪkʃən/ [znw] kruisiging

crucify/'kru:sɪfaɪ/ [ov ww] • kruisigen • kastijden

crude/kru:d/ [bnw] onrijp, ruw, onafgewerkt, grof, rauw ∗ ~ oil ongeraffineerde/ruwe olie

crudeness, crudity/kru:dnəs/ → **crude**

cruel/'kru:əl/ [bnw] wreed

cruelty/'kru:əltɪ/ [znw] wreedheid

cruet/'kru:ɪt/ [znw] • ampul • azijn-/olieflesje

cruise/kru:z/ I [ov ww] bevaren II [on ww] • kruisen • varen • patrouilleren III [znw] • cruise • tocht • kruisvaart/-vlucht ∗ ~ missile kruisraket

∗ cruising speed kruissnelheid

cruiser/'kru:zə/ [znw] • kruiser • (AE) patrouilleerwagen, politieauto

cruiserweight [znw] middelgewicht

crumb/krʌm/ I [ov + on ww] kruimelen II [ov ww] paneren III [znw] kruim(el)

crumble/'krʌmbl/ I [ov ww] afkruimelen, (ver)kruimelen, (ver)brokkelen II [on ww] afbrokkelen, vergaan

crumbly/'krʌmblɪ/ [bnw] kruimelig

crummy/'krʌmɪ/ [znw] mollig, rijk

crump/krʌmp/ I [ov ww] meppen II [on ww] dreunen III [znw] • zware bom/granaat • knal • mep

crumpet/'krʌmpɪt/ [znw] • bol • kop • plaatkoek ∗ a nice piece of ~ een lekker stuk (vrouw)

crumple/'krʌmpl/ I [ov ww] kreuk(el)en, (op)frommelen II [on ww] in elkaar schrompelen, zakken

crunch/krʌntʃ/ I [ov ww] • doen knerpen • kapotkauwen, knauwen op II [on ww] knerpen, knarsen III [znw] geknars ∗ when it comes to the ~ als het erop aan komt

crunchy/'krʌntʃɪ/ [bnw] • bijtgaar, krokant • knappend

crusade/kru:'seɪd/ I [on ww] een kruistocht voeren II [znw] kruistocht

crusader/kru:'seɪdə/ [znw] kruisvaarder (ook fig.)

crush/krʌʃ/ I [ov + on ww] dringen, verfomfaaien • (~ into) (z.) dringen in II [ov ww] verpletteren, in elkaar persen, stampen, pletten, de kop indrukken • (~ out) uitroeien III [znw] • grote fuif • kooi om vee in te merken (Austr.) ∗ have a ~ on a p. verliefd zijn op iem.

crush-barrier/'krʌʃbærɪə/ [znw] dranghek

crusher/'krʌʃə/ [znw] • pletter, plethamer • stamper • iets verpletterends • kranig stuk werk • (sl.) mooie jongen • (sl.) politieagent

crushing/'krʌʃɪŋ/ [bnw] verpletterend, vernietigend

crush-room/'krʌʃru:m/ [znw] foyer

crushy/'krʌʃɪ/ [bnw] propvol

crust/krʌst/ I [ov ww] met een korst bedekken II [on ww] aankoeken, een koek vormen III [znw] korst

crustacean/krʌ'steɪʃən/ I [znw] schaaldier II [bnw] m.b.t. schaaldieren

crusted/'krʌstɪd/ [bnw] • aangezet (v. wijn) • verstokt • met een korst

crusty/'krʌstɪ/ [bnw] • knapperig • korzelig ∗ ~ bread brood met een knapperige korst

crutch/krʌtʃ/ I [ov ww] steunen II [znw] kruk, steun

crutched/'krʌtʃt/ [bnw] met een krukvormig handvat

crux/krʌks/ [znw] moeilijkheid, probleem

cry/kraɪ/ I [ov + on ww] • schreeuwen, (uit)roepen • huilen • venten • omroepen ∗ cry craven z. laf tonen ∗ cry for the moon het onmogelijke willen hebben ∗ cry halves zijn aandeel opeisen ∗ cry stinking fish zijn eigen zaak bederven ∗ it's no use crying over spilt milk gedane zaken nemen geen keer • (~ down) naar beneden halen • (~ for) schreeuwen om/van • (~ off) er van afzien • (~ out) het uitschreeuwen, luid protesteren • (~ up) ophemelen II [znw] • kreet, roep • huilbui • (ge)schreeuw, gehuil, gekijf, gejank, geluid (v. dier) • gerucht • publieke opinie ∗ a far cry een heel eind ∗ follow in the cry meelopen met de massa ∗ within cry binnen gehoorsafstand

cry-baby/'kraɪbeɪbɪ/ [znw] huilebalk

crying/'kraɪɪŋ/ [bnw] dringend, ten hemel schreiend

crypt/krɪpt/ [znw] crypte

C

cryptical/'krɪptɪkəl/ [bnw] geheim(zinnig)
cryptogram/'krɪptəgræm/ [znw] in geheimschrift geschreven stuk, cryptogram
cryptography/krɪp'tɒgrəfɪ/ [znw] geheimschrift
crystal/'krɪstl/ I [znw] kristal II [bnw] kristal-
crystal-gazing/'krɪstlɡeɪzɪŋ/ [znw] waarzeggerij ‹met glazen bol›
crystalline/'krɪstəlaɪn/ [bnw] kristallijn
crystallize/'krɪstəlaɪz/ I [ov ww] • doen kristalliseren • vaste vorm geven II [on ww] • kristalliseren • vaste vorm aannemen
crystals/'krɪstlz/ ‹sl.› [mv] heroïne
cub/kʌb/ I [on ww] jongen werpen II [znw] • welp, jong ‹v. beer, vos, grote kat› • ongelikte beer • ‹AE› beginner ∗ cub reporter leerling-journalist
cubage, cubature/'kju:bɪdʒ/ [znw] inhoud(sberekening)
Cuban/'kju:bən/ I [znw] Cubaan II [bnw] Cubaans
cubby/'kʌbɪ/ [znw] • gezellig hoekje • huisje • hok ∗ krot ∗ ~ hole gezellig hoekje
cube/kju:b/ I [ov ww] • bestraten met kubussen • ‹wisk.› tot de derde macht verheffen II [znw] • blok(je) • dobbelsteen • kubus ∗ cube root derde machtswortel
cubic(al)/'kju:bɪk(l)/ [bnw] • kubiek • kubusvormig
cubicle/'kju:bɪkl/ [znw] • hokje, stemhokje, slaaphokje • chambrette
cubism/'kju:bɪzəm/ [znw] kubisme
cubist/'kju:bɪst/ I [znw] kubist II [bnw] kubistisch
cubit/'kju:bɪt/ [znw] el ‹51 cm›
cuckold/'kʌkəʊld/ [znw] bedrogen echtgenoot
cuckoo/'kʊku:/ I [on ww] uitentreuren herhalen II [on ww] koekoek roepen III [znw] • koekoek • sul ∗ ~ clock koekoeksklok IV [bnw] gek, sullig ∗ go ~ niet meer weten hoe je 't hebt
cuckoopint/'kʊku:paɪnt/ [znw] aronskelk
cucumber/'kju:kʌmbə/ [znw] komkommer
cud/kʌd/ [znw] ∗ chew the cud nog eens overdenken
cuddle/'kʌdl/ I [ov ww] knuffelen II [on ww] z. nestelen, knus tegen elkaar gaan liggen III [znw] knuffel
cuddly/'kʌdlɪ/ [bnw] van knuffelen houdend, aanhalig ∗ ~ toy knuffel(dier)
cuddy/'kʌdɪ/ [znw] • kast • kamertje • kajuit, hut • ezel ‹dier› • jonge koolvis • stenenlichter
cudgel/'kʌdʒəl/ I [on ww] (neer)knuppelen ∗ ~ one's brains z. het hoofd breken II [znw] knuppel ∗ take up the ~s for het opnemen voor
cue/kju:/ [znw] • biljart-/pool-/snookerkeu • pruikstaart • stemming • wachtwoord ‹theater› • aanwijzing, wenk ∗ I took my cue ik wist wat me te doen stond en handelde
cuff/kʌf/ I [ov ww] klap/stomp geven II [znw] • manchet • stomp, klap ∗ off the cuff zo maar voor de vuist
cuff-links/'kʌflɪŋks/ [mv] manchetknopen
cuirass/kwɪ'ræs/ I [znw] pantseren II [znw] kuras, lijfje
cuirassier/kwɪrə'sɪə/ [znw] kurassier
cuisine/kwɪ'zi:n/ [znw] (hotel)keuken
cul-de-sac/'kʌldəsæk/ [znw] • impasse • doodlopend steeg/straat
culinary/'kʌlɪnərɪ/ [znw] keuken-, kook-
cull/kʌl/ I [ov ww] plukken, selecteren II [znw] • sukkel • uit de kudde verwijderd dier
cullender/'kʌləndə/ [znw] vergiet
culling/'kʌlɪŋ/ [znw] keur, keuze
cully/kʌlɪ/ [znw] • sul • gabber, maat
culm/kʌlm/ [znw] • kolengruis • halm, stengel
culminate/'kʌlmɪneɪt/ [on ww] op 't toppunt zijn, culmineren

culmination/ˌkʌlmɪ'neɪʃən/ [znw] hoogte-/toppunt
culpability/ˌkʌlpə'bɪlətɪ/ [znw] schuld
culpable/'kʌlpəbl/ [bnw] schuldig
culprit/'kʌlprɪt/ [znw] • schuldige • beschuldigde
cult/kʌlt/ [znw] • rage • eredienst • cultus ∗ a cult figure een idool ∗ a cult movie cultfilm
cultivable/'kʌltɪvəbl/ [bnw] bebouwbaar
cultivate/'kʌltɪveɪt/ [ov ww] • beoefenen • verzorgen, koesteren • veredelen, beschaven • kweken, bebouwen ∗ ~ a p.('s friendship) iemands vriendschap zoeken
cultivated/'kʌltɪveɪtɪd/ [bnw] beschaafd, ontwikkeld
cultivation/ˌkʌltɪ'veɪʃən/ [znw] • cultuur, ontginning • beschaving
cultivator/'kʌltɪveɪtə/ [znw] • kleine ploeg • kweker
cultural/'kʌltʃərəl/ [bnw] cultureel
culture/'kʌltʃə/ I [ov ww] → cultivate II [znw] • kweek • cultuur ∗ ~ shock cultuurschok
cultured/'kʌltʃəd/ [bnw] beschaafd, ontwikkeld
culvert/'kʌlvət/ [znw] • doorlaat • duiker • kabelbuis
cum/kʌm/ [vz] • met, inclusief • tevens
cumber/'kʌmbə/ I [ov ww] belasten, hinderen II [znw] hindernis, belasting
cumbersome, cumbrous/'kʌmbəsəm/ [bnw] moeilijk hanteerbaar, omslachtig
cum(m)in/'kʌmɪn/ [znw] komijn
cumulate/'kju:mjʊlət/ I [ov + on ww] ophopen II [bnw] op(een)gehoopt
cumulative/'kju:mjʊlətɪv/ [bnw] aangroeiend ∗ ~ preference shares cumulatief preferente aandelen
cumuli/'kju:mjʊlaɪ/ [mv] → cumulus
cumulus/'kju:mjʊləs/ [znw] stapel(wolk)
cuneate/'kju:nɪət/ [bnw] wigvormig
cuneiform/'kju:nɪfɔ:m/ I [znw] • spijkerschrift • wiggebeentje II [bnw] • wigvormig • m.b.t. spijkerschrift
cunning/'kʌnɪŋ/ I [znw] listigheid II [bnw] • listig, sluw • ‹AE› leuk
cunt/kʌnt/ ‹vulg.› [znw] kut
cup/kʌp/ I [ov ww] tot een kom vormen, koppen zetten ∗ cup one's ear de hand achter het oor zetten ∗ cupped palm holle hand II [znw] • kelk • kom • beker, bowl, kop(je) • holte • a bitter cup lijdenskelk ∗ cup final bekerfinale ∗ his cup was full zijn lijdenskelk was vol ∗ in one's cups dronken ∗ not my cup of tea niets voor mij
cupbearer/'kʌpbeərə/ [znw] schenker
cupboard/'kʌbəd/ [znw] kast ∗ ~ bed bedstee ∗ ~ love baatzuchtige liefde
cupful/'kʌpfʊl/ [znw] kop(je) ‹inhoudsmaat›
cupidity/kju:'pɪdətɪ/ [znw] hebzucht
cupola/'kju:pələ/ [znw] koepel
cuppa/'kʌpə/ ‹inf.› [znw] kop ‹thee›
cupreous/'kju:prɪəs/ [bnw] koper-, koperachtig
cup-tie/'kʌptaɪ/ [znw] bekerwedstrijd
cupule/'kju:pju:l/ [znw] • putje • napje • ‹eikel›dopje
cur/kɜ:/ [znw] straathond, hondsvot
curable/'kjʊərəbl/ [bnw] geneeslijk, te genezen
curate/'kjʊərət/ [znw] hulppredikant, kapelaan
curator/kjʊə'reɪtə/ [znw] • directeur • curator, conservator
curb/kɜ:b/ I [ov ww] • een kinketting aandoen • beteugelen II [znw] • trottoirband, randsteen • toom • kinketting • (be)teugel(ing) ∗ ride on the curb op de stang rijden
curbstone/'kɜ:bstəʊn/ [znw] stoeprand

C

curd /kɜːd/ I [ov + on ww] → **curdle** II [znw]
• lemon curd citroengelei ‹broodbeleg›

curdle /ˈkɜːdl/ I [ov ww] doen stremmen II [on ww]
stollen, stremmen III [znw] gestremde melk

cure /kjʊə/ I [ov + on ww] genezen, verhelpen
II [ov ww] • vulkaniseren • verduurzamen
‹voedsel› III [znw] • genezing • kuur
• vulkanisatie • zielzorg • geneesmiddel • ‹sl.› type
• the cure is worse than the disease het middel is
erger dan de kwaal

cure-all [znw] wondermiddel

curfew /ˈkɜːfjuː/ [znw] avondklok

Curia /ˈkjʊərɪə/ [znw] curie, pauselijk hof

curio /ˈkjʊərɪəʊ/ [znw] rariteit • ~ shop
rariteitenwinkel

curiosity /kjʊərɪˈɒsətɪ/ [znw] • rariteit
• nieuwsgierigheid • ~ killed the cat
nieuwsgierigheid kan je de das omdoen

curious /ˈkjʊərɪəs/ [bnw] • weetgierig, nieuwsgierig
• nauwgezet • merkwaardig, eigenaardig

curl /kɜːl/ I [ov ww] • doen krullen • smalend
optrekken ‹v.d. mondhoeken› • (~ up) oprollen,
in elkaar doen zakken II [on ww] • het balspel
curling spelen • krullen, kronkelen • (~ over)
omkrullen • (~ up) z. oprollen, knus gaan zitten of
liggen, in elkaar zakken III [znw] • krul • ‹plant.›
krulziekte

curler /ˈkɜːlə/ [znw] kruller, krulijzer/-speld

curlew /ˈkɜːljuː/ [znw] wulp ‹dierkunde›

curling /ˈkɜːlɪŋ/ I [znw] het balspel curling II [bnw]
• ~ irons krulijzer • ~ tongs krultang

curly /ˈkɜːlɪ/ [bnw] gekruld, met krullen • ~
pate/top krullenbol

curmudgeon /kəˈmʌdʒən/ [znw] • vrek • nurks
persoon

currant /ˈkʌrənt/ [znw] • krent • aalbes

currency /ˈkʌrənsɪ/ [znw] • (om)loop(tijd),
circulatie • valuta, koers, deviezen • algemene
geldigheid

current /ˈkʌrənt/ I [znw] • strekking • stroom,
richting, loop II [bnw] • actueel, lopend, huidig
• (algemeen) gangbaar • geldig, geldend • ~
account rekening-courant

currently /ˈkʌrəntlɪ/ [bijw] tegenwoordig, thans

curriculum /kəˈrɪkjʊləm/ [znw] leerplan, cursus
• ~ vitae levensbeschrijving/-loop; curriculum
vitae

currish /ˈkɜːrɪʃ/ [bnw] honds, laaghartig

curry /ˈkʌrɪ/ I [ov ww] • roskammen • met kerrie
kruiden • afrossen • bereiden ‹v. leer›, • ~ favour
with s.o. bij iem. in de gunst trachten te komen
II [znw] kerrie(schotel)

curry-comb /ˈkʌrɪkəʊm/ [znw] roskam

curry-powder [znw] kerrie(poeder)

curse /kɜːs/ I [ov + on ww] (uit)vloeken • ~ it!
vervloekt! • (~ with) bezoeken met II [znw]
(ver)vloek(ing) • I don't care a ~ het kan me geen
sikkepit schelen • not worth a ~ geen sikkepit
waard

cursed /ˈkɜːsɪd/ [bnw] vervloekt

cursive /ˈkɜːsɪv/ I [znw] lopend schrift II [bnw]
lopend ‹v. schrift›

cursor /ˈkɜːsə/ [znw] cursor, positieaanwijzer ‹op
beeldscherm v. computer›

cursorily /ˈkɜːsərəlɪ/ [bijw] terloops

cursory /ˈkɜːsərɪ/ [bnw] vluchtig

curt /kɜːt/ [bnw] kort(af), beknopt

curtail /kɜːˈteɪl/ I [ov ww] korten, beknotten,
beperken • (~ of) beroven van II [znw] • ~ step
onderste trede

curtailment /kɜːˈteɪlmənt/ [znw] • korting
• beperking

curtain /ˈkɜːtn/ I [ov ww] (als) met gordijn
afsluiten/bedekken II [znw] • gordijn • doek
‹toneel› • ~ lecture bedsermoen • draw the ~
doek ophalen ‹op toneel› • draw the ~ on niet
meer op ‹iets› ingaan • draw the ~(s) de gordijnen
dicht-/opentrekken • drop the ~ het doek laten
zakken ‹op toneel› • he got a ~ hij kreeg een open
doekje ‹op toneel› • he took his ~ hij nam een
open doekje in ontvangst ‹op toneel›

curtain-call /ˈkɜːtnkɔːl/ [znw] 't terugroepen ‹op
toneel›

curtness /ˈkɜːtnəs/ [znw] • bitsheid • beknoptheid

curts(e)y /ˈkɜːtsɪ/ I [on ww] een revérence maken
II [znw] • drop/make a ~ te een revérence maken
voor

curvaceous /kɜːˈveɪʃəs/ [bnw] met goed gevormde
rondingen ‹v. (vrouwelijk) lichaam›,
schoongewelfd

curvature /ˈkɜːvətʃə/ [znw] kromming, afbuiging

curve /kɜːv/ I [on ww] (z.) buigen II [znw] curve,
gebogen lijn • French ~ tekenmal; curvemal

cushion /ˈkʊʃən/ I [ov ww] • van kussen voorzien,
met kussen steunen • sussen, in de doofpot stoppen
• bij de band spelen ‹bij biljart› • ~ the blow de
klap verzachten II [znw] • kussen • rol ‹onder het
haar› • (biljart)band • bil ‹v.e. dier› • straal ‹v.
hoef›

cushy /ˈkʊʃɪ/ [bnw] • fijn, lekker • ‹sl.› gemakkelijk
• a ~ job een luizenbaantje

cusp /kʌsp/ [znw] • top(punt) • hoorn v.d. maan

cussedness /ˈkʌsɪdnəs/ [znw] dwarsheid

custard /ˈkʌstəd/ [znw] • custard • vla

custodial /kʌˈstəʊdɪəl/ [bnw] bevoogdend, hoedend

custodian /kʌˈstəʊdɪən/ [znw] bewaarder, voogd

custody /ˈkʌstədɪ/ [znw] • bewaring, hechtenis
• hoede

custom /ˈkʌstəm/ [znw] gebruik, gewoonte(recht),
usance • ~ tailor kleermaker

customary /ˈkʌstəmərɪ/ [bnw] gewoonlijk

custom-built [bnw] op bestelling gebouwd
‹huis/auto/enz.›

customer /ˈkʌstəmə/ [znw] klant

customize /ˈkʌstəmaɪz/ [ov ww] • aanpassen ‹aan
wensen v.d. gebruiker› • ‹comp.› opslaan v.
informatie voor apparatuur

custom-made /ˈkʌstəmˈmeɪd/ ‹AE› [bnw] naar/op
maat

customs /ˈkʌstəmz/ [mv] nering, douane(rechten),
klandizie • ~ officer douanebeambte

customs-house [znw] douanekantoor • ~ officer
douane(beambte)

cut /kʌt/ I [ov + on ww] • (~ back) snoeien,
bezuinigen, inkrimpen, filmgedeelte opnieuw
draaien II [ov ww] • cut a poor figure een
armzalig figuur slaan • cut a record een plaat
opnemen • cut and run! smeer 'm! • cut it fine
precies afpassen • cut short (be)korten;
onderbreken; de mond snoeren • cut teeth tanden
krijgen • cut the engine de motor afzetten • it
cuts no ice het is nutteloos/haalt niets uit • (~
back) snoeien, in flashback tonen • (~ down)
omhakken, beperken, bezuinigen • (~ off)
afsnijden, stopzetten, uitsluiten van, afsluiten van
• (~ out) verwijderen, uitschakelen, verdringen,
voorbijstreven, ophouden (met), uitsnijden,
uitknippen • (~ up) kapot snijden, uitroeien,
afkraken, erg aangrijpen, opsnijden, vernielen
III [on ww] • kapot hakken • verdelen • couperen
• grieven • modelleren • (bij)slijpen • bijknippen
• monteren ‹film› • verlagen • negeren
• doorsnijden, lossnijden, opensnijden, vóórsnijden,
bijsnijden, (af)snijden, aansnijden • versnijden

C

• (af)knippen * cut up rough nijdig worden; opspelen * he cut his eye er ging hem een licht op * (AE) oh, cut, please hou op, alsjeblieft! • (~ across) dwars doorsteken, ingaan tegen, doorbreken • (~ at) uithalen naar, inhakken op • (~ in) (plotseling) invallen, snijden (met auto), ertussen komen • (~ into) aansnijden, onderbreken, een aanslag doen op • (~ out) weigeren, afslaan (v. motor) • (~ up) waard zijn * cut up well aardig wat nalaten IV [znw] • geul * snit, coupe, stijl • snede • knip • het snijden • het (haar) knippen • slag, houw, jaap (wond) • steek (ook fig.) • afgesneden stuk, uitsnit • model • houtsnede • verlaging, vermindering, aftrek, besnoeiing • (aan)deel * I don't like the cut of your jib dat gezicht van jou staat me niet aan * a cut above een graadje hoger * a shilling for a cut knippen 1 shilling * draw cuts strootje trekken * give one the cut negeren * of the same cut van het zelfde soort * short cut kortere binnenweg V [bnw] • cut glass geslepen glas * cut prices sterk verlaagde prijzen; spotprijzen * cut-and-come-again overvloed; zoete inval * cut-and-dried/cut-and-dry pasklaar gemaakt

cutaway /'kʌtəweɪ/ [bnw] opengewerkt * ~ coat jacquet

cutback /'kʌtbæk/ [znw] • bezuiniging, inkrimping • flashback (in film) • scherpe draai

cute /kju:t/ [bnw] • bijdehand • schattig • (AE) leuk

cuticle /'kju:tɪkl/ [znw] • vlies • opperhuid • nagelriem

cutie /'kju:tɪ/ (AE) [znw] lief meisje

cutlass /'kʌtləs/ [znw] • kort zwaard • hartsvanger

cutler /'kʌtlə/ [znw] messenmaker

cutlery /'kʌtlərɪ/ [znw] • messenmakerij • (tafel)bestek, messen, scharen e.d.

cutlet /'kʌtlɪt/ [znw] kotelet

cut-off /'kʌtɒf/ [znw] • magazijnsper (v. geweer) • afkorting/-snijding, kortere weg

cut-out /'kʌtaʊt/ [znw] • schakelaar • uitlaat zonder demper

cutter /'kʌtə/ [znw] • sloep, kotter • montagetechnicus (film) • soort baksteen • snijder, snijmachine

cut-throat /'kʌtθrəʊt/ I [znw] meedogenloze moordenaar II [bnw] meedogenloos

cutting /'kʌtɪŋ/ I [znw] • holle weg • coupon • stek (v. plant) • af-/uitgeknipt stuk, uitsnit II [bnw] afgesneden, uitgesneden

cuttle, cuttlefish /'kʌtl/ [znw] inktvis

cut-up /'kʌtʌp/ [znw] afbrekende kritiek

c.w.o. [afk] • (cash with order) vooruitbetaling

cyanic /saɪˈænɪk/ [bnw] blauw * ~ acid blauwzuur

cyanosis /saɪəˈnəʊsɪs/ [znw] blauwzucht

cybernetics /saɪbəˈnetɪks/ [mv] cybernetica

cycle /'saɪkl/ I [on ww] • fietsen • in kring ronddraaien II [znw] • periode • (motor)fiets • kringloop • cyclus • (techn.) hertz * ~ track fietspad

cyclic(al) /'sɪklɪk(l)/ [bnw] cyclisch, tot een cyclus behorend

cyclist /'saɪklɪst/ [znw] fietser

cyclone /'saɪkləʊn/ [znw] cycloon

cyclopaedia /saɪkləˈpiːdɪə/ [znw] encyclopedie

cyclops /'saɪklɒps/ [znw] klein zoetwaterkreeftje

cyclostyle /'saɪkləstaɪl/ I [ov + on ww] stencilen II [znw] • stencilmachine • cyclostyle

cyder /'saɪdə/ [znw] cider, appelwijn

cygnet /'sɪgnɪt/ [znw] jonge zwaan

cylinder /'sɪlɪndə/ [znw] cilinder, rol

cylindrical /səˈlɪndrɪkl/ [bnw] cilindrisch

cymbal /'sɪmbl/ [znw] bekken

cynic /'sɪnɪk/ I [znw] cynicus II [bnw] cynisch

cynical /'sɪnɪkl/ [bnw] cynisch

cynicism /'sɪnɪsɪzəm/ [znw] cynisme

cypher /'saɪfə/ → **cipher**

cypress /'saɪprəs/ [znw] cipres

Cypriot /'sɪprɪət/ I [znw] Cyprioot II [bnw] Cyprisch

cyst /sɪst/ [znw] • cyste • vruchtvlies • blaas • abces

czar /zɑː/ [znw] tsaar

czarevitch /'zɑːrɪvɪtʃ/ [znw] zoon v.d. tsaar

czarina /zɑːˈriːnə/ [znw] keizerin (v. Rusland)

Czech /tʃek/ I [znw] Tsjech II [bnw] Tsjechisch

Czechoslovak /tʃekəˈsləʊvæk/ I [znw] Tsjecho-Slowaak II [bnw] Tsjecho-Slowaaks

D

D.A. /afk/ • (District Attorney) officier van justitie ⟨bij arrondissementsrechtbank⟩

dab /dæb/ **I** [ov + on ww] • betten • zachtjes tikken/kloppen tegen/op • (~ **at**) een tikje geven **II** [znw] • veeg(je), likje ⟨verf⟩ • tik(je) • schar ★ ⟨sl.⟩ dabs vingerafdrukken

dabble /dæbl/ [on ww] • plassen • ploeteren • (~ **at/in**) liefhebberen in

dabbler /dæblə/ [znw] • dilettant • beunhaas

dabster /dæbstə/ [znw] • kladschilder • kei ⟨fig.⟩

dachshund /dækshʊnd/ [znw] taks(hond)

dactyl /dæktɪl/ [znw] dactylus

dad /dæd/ [znw] pa

daddy /dædɪ/ [znw] papa ★ ~ longlegs langpootmug; hooiwagen ⟨spin⟩; Vadertje Langbeen

dado /deɪdəʊ/ [znw] • voetstuk • lambrisering

daffodil /dæfədɪl/ [znw] gele narcis

daft /dɑːft/ ⟨vulg.⟩ [bnw] dwaas, dol ★ don't be daft! doe niet zo raar!

dagger /dægə/ [znw] • dolk • (het teken) ++ ★ at ~s drawn op gespannen voet ★ double ~ (het teken) ++ ★ look ~s vernietigend kijken; venijnig kijken

dago /deɪgəʊ/ [znw] • spanjool • (pej.) Portugees • (pej.) Italiaan

Dail [znw] • Dail Eireann Ierse Lagerhuis

daily /deɪlɪ/ **I** [bnw + bijw] dagelijks **II** [znw] • dagblad • dagmeisje, ≈ hitje

dainty /deɪntɪ/ **I** [znw] lekkernij **II** [bnw] • kostelijk • fijn, tenger • kieskeurig • verwend

daiquiri /dækərɪ/ [znw] daiquiri

dairy /deərɪ/ [znw] • zuivelfabriek • melkwinkel, melksalon ★ ~ produce zuivelproducten ★ ~-cattle melkvee

dairying /deərɪɪŋ/ [znw] zuivelbereiding

dairymaid /deərɪmeɪd/ [znw] melkmeid, boter- en kaasmaakster

dairyman /deərɪmən/ [znw] • verkoper v. zuivel • zuivelbereider

dais /deɪɪs/ [znw] podium

daisy /deɪzɪ/ [znw] • prachtexemplaar • madeliefje ★ as fresh as a ~ zo fris als een hoentje ★ pop up like daisies als paddestoelen uit de grond schieten ★ push up daisies onder de groene zoden liggen

daisywheel /deɪzwiːl/ [znw] • margrietwiel, drukwiel • printer met margrietwiel

dak /dɑːk/ [znw] postvervoer van pleisterplaats tot pleisterplaats ⟨in voormalig Brits India⟩

dale /deɪl/ [znw] dal

dalliance /dælɪəns/ [znw] • getreuzel • tijdverspilling

dally /dælɪ/ [on ww] • dartelen, gek doen, spelen • treuzelen, talmen ★ ~ over one's food met lange tanden eten; kieskauwen • (~ **about**) verbeuzelen ⟨v. tijd⟩ • (~ **with**) flirten/spelen met

dalmatic /dælmætɪk/ [znw] dalmatiek

dam /dæm/ **I** [ov ww] • (~ **up**) afdammen, indijken, stuiten **II** [znw] • dam, dijk • opgestuwd water • moer ⟨v. dier⟩

damage /dæmɪdʒ/ **I** [ov ww] • beschadigen • in diskrediet brengen ★ a damaging report een vernietigend rapport **II** [znw] schade ★ to pay ~s schadevergoeding betalen ★ ⟨inf.⟩ what's the ~? wat kost 't?

damascene /dæməsiːn/ **I** [ov ww] damasceren **II** [znw] kwets ⟨soort pruim⟩

damask /dæmæsk/ **I** [ov ww] • figuren weven in • damasceren • rood kleuren **II** [znw] • damast

• lichtrood **III** [bnw] damasten

dame /deɪm/ [znw] • moedertje • vrouwe • ⟨AE⟩ griet

Dame [znw] adellijke titel

dammit /dæmɪt/ [tw] verdomme ★ as near as ~ zo goed als

damn /dæm/ **I** [bnw + bijw] vervloekt ★ that damn cat! die rotkat! ★ you know damn well je weet verrekte goed **II** [ov ww] • verdoemen • vervloeken • ruïneren, afmaken • damn it! ⟨wel⟩ verdomd! ★ damn the fellow die vervloekte kerel ★ damn with faint praise door schampere lof afkraken **III** [on ww] vloeken **IV** [znw] ≈ donder, moer ★ I don't give a damn het kan me geen donder schelen

damnable /dæmnəbl/ [bnw] vervloekt

damnation /dæmˈneɪʃən/ [znw] • vervloeking • verdoemenis

damned /dæmd/ **I** [znw] ★ the ~ de verdoemden **II** [bnw] • uiterst, totaal • verdomd ★ I'll be ~ if I know ik mag hangen als ik 't weet

damnify /dæmnɪfaɪ/ [ov ww] • benadelen • beschadigen

damp /dæmp/ **I** [ov ww] • bevochtigen • de kracht/moed eruit halen, doen verflauwen • smoren • dempen ⟨v. ⟨geluids⟩trilling⟩ **II** [on ww] • (~ **off**) ⟨ver⟩rotten en afvallen **III** [znw] • vocht(igheid) • neerslachtigheid ★ black damp mijngas **IV** [bnw] vochtig, klam ★ damp course vochtwerende laag ⟨bouwkunde⟩

dampen /dæmpən/ [ov ww] • bevochtigen • ontmoedigen • dempen

damper /dæmpə/ [znw] • domper ⟨fig.⟩ • ontmoediging • bevochtiger • demper • regelklep ⟨v. kachel⟩, sleutel ⟨v. kachel⟩ • ongezuurd brood ⟨Austr.⟩ ★ it acts as a ~ on het zet een domper op ★ it put a ~ on het zette een domper op

dampish /dæmpɪʃ/ [bnw] ietwat vochtig

damp-proof [bnw] bestand tegen vocht

damson /dæmzən/ **I** [znw] kwets ⟨soort pruim⟩ • donkere tint paars **II** [bnw] donkerpaars

dance /dɑːns/ **I** [ov ww] • (~ **to**) laten dansen op **II** [on ww] • dansen • wiegen ★ ~ in the dark ⟨geheime⟩ verhouding hebben met iem.; de kat in het donker knijpen ★ dancing girl danseres • (~ **to**) dansen op **III** [znw] bal ★ ~ band dansorkest ★ ~ music dansmuziek ★ lead s.o. a merry/pretty ~ iem. het leven zuur maken; iem. ervan laten lusten; iem. voor de gek houden ★ tea ~ thé dansant

dancehall /dɑːnshɔːl/ [znw] danszaal, dansgelegenheid, dancing

dancer /dɑːnsə/ [znw] danser ★ ⟨Schots⟩ merry ~s noorderlicht

dancing /dɑːnsɪŋ/ [znw] dancing

dandelion /dændɪlaɪən/ [znw] paardenbloem

dander /dændə/ [znw] kwaadheid ★ get one's ~ up kwaad worden; z. kwaad maken

dandify /dændɪfaɪ/ [ov ww] opsmukken

dandle /dændl/ [ov ww] • laten dansen op de knie • vertroetelen

dandruff /dændrʌf/ [znw] hoofdroos

dandy /dændɪ/ **I** [znw] • fat • draagstoel ⟨in India⟩ • soort sloep • ⟨AE⟩ prachtkerel **II** [bnw] • fatterig • chic • keurig, prima ★ ~-cart handwagen ★ ~-fever knokkelkoorts ★ ⟨vero.⟩ fine and ~ puikbest; prima; uitstekend ★ ⟨iron.⟩ well, that's just ~! dat is fraai!

dandy-brush [znw] roskam

Dane /deɪn/ [znw] • Deen • Noorman • Deense dog

danger /deɪndʒə/ [znw] gevaar ★ be in ~ in gevaar/nood zijn; onveilig zijn ★ ~ money gevarengeld

dangerous /deɪndʒərəs/ [bnw] gevaarlijk

D

dangle/'dæŋgl/ I [ov ww] laten bengelen * ~ s.th. before/in front of a p. iem. iets voorspiegelen; valse hoop wekken met een lokkertje * keep s.o. dangling iem. in het onzekere laten II [on ww] bengelen

Danish/'deɪnɪʃ/ [bnw] Deens * ~ roll koffiebroodje

dank/dæŋk/ [bnw] vochtig

dap/dæp/ I [ov ww] even onderdompelen, laten stuiten II [on ww] • even onderduiken, stuiten • vissen met dobberend aas

dapper/'dæpə/ [bnw] parmantig, kwiek

dapple/'dæpl/ I [ov ww] (be)spikkelen II [on ww] spikkels krijgen

dapple-grey I [znw] appelgrijs paard II [bnw] appelgrijs, appelgrauw (paard)

darbies/'dɑːbɪz/ ‹sl.› [znw] handboeien

dare/deə/ I [ov ww] iem. uitdagen, iem. tarten II [on ww] iets durven * I dare say dat zal wel; ik geloof zeker III [znw] * do s.th. for a dare z. niet laten kennen; iets doen omdat men wordt uitgedaagd

daredevil/'deədevəl/ [znw] waaghals

daring/'deərɪŋ/ I [znw] vermetelheid II [bnw] • driest, koen • vermetel • gewaagd

dark/dɑːk/ I [znw] het donker II [bnw] • donker • somber • duister, geheim(zinnig) * Dark Ages vroege Middeleeuwen * Dark Continent Afrika * dark horse persoon waarvan men geen hoogte krijgt * dark lantern dievenlantaarn * keep dark geheim houden; (z.) verborgen houden

darken/'dɑːkən/ [ov ww] donker maken, verduisteren * never ~ my door again! je komt bij mij de deur niet meer in!

dark(e)y/'dɑːkɪ/ ‹pej.› [znw] neger(in)

darkish/'dɑːkɪʃ/ [bnw] nogal donker

darkness/'dɑːknəs/ [znw] het donker, duisternis

darkroom/'dɑːkruːm/ [znw] donkere kamer, doka

darling/'dɑːlɪŋ/ I [znw] lieveling * ‹inf.› he is such a ~! 't is toch zo'n lieverd! II [bnw] geliefd * ‹inf.› that's a ~ dress! wat een snoezig jurkje!

darn/dɑːn/ I [on ww] stoppen (v. sokken) II [znw] stop * darning ball maasbal

darned/dɑːnd/ [bnw] verdraaid

dart/dɑːt/ I [ov ww] • (af)schieten, werpen • plotseling uitsteken • (~ out) razendsnel uitsteken II [on ww] • priemen, plotseling toestormen op • toe- of weg: ellen • een speer gooien, een pijl afschieten • ~ along) langssnellen • (~ away) wegstuiven • (~ out) naar buiten stormen III [znw] • schijf (bij darts) • pijl(tje), werpspies • angel • plotselinge sprong vooruit • worp

dash/dæʃ/ I [ov + on ww] smijten, smakken, kletsen, slaan • (~ against) (ergens) tegenaan smijten II [ov ww] • de bodem inslaan (v. hoop), ontmoedigen, verijdelen • besprenkelen, bespatten • (ver)mengen • onderstrepen * dash away tears haastig tranen wegpinken/-vegen * dash to pieces verpletteren * dash to the ground de bodem inslaan • (~ down) haastig opschrijven • (~ in) inslaan, binnenstuiven • (~ off) wegsnellen III [on ww] • snellen • branie schoppen • ‹vero.› dashed! dash it! wel verdraaid! • (~ at) (los)stormen op • (~ away) wegschieten, zich uit de voeten maken • (~ off) vlug weg schieten • (~ out) naar buiten snellen, (het huis) uit stuiven • (~ up) aan komen snellen, druk doen IV [znw] • gedachtestreepje • streep • pennenstreek • zwier * het smijten/slaan/smakken • scheutje, tintje, tikje • onstuimige aanval, vaart • ‹vero.› cut a dash indruk maken * make a dash for met één slag

trachten te krijgen of bereiken * with a dash of brandy met een scheutje cognac

dashboard/'dæʃbɔːd/ [znw] • spatscherm • dashboard, instrumentenbord

dashing/'dæʃɪŋ/ [bnw] • onstuimig • kranig, kloek • zwierig, chic

dashy/'dæʃɪ/ [bnw] zwierig, chic

dastardly/'dæstədlɪ/ ‹vero.› [bnw + bijw] laf

data/'deɪtə/ [mv] • informatie • gegevens, data * data bank databank; informatiebank * data flow informatiestroom * data processing informatieverwerking (op computer) * data transmission informatieoverdracht

date/deɪt/ I [ov ww] • dateren • ouderdom vaststellen van • afspraakjes hebben met • dagtekenen II [on ww] • dateren, uit de tijd raken • de kenmerken van de tijd dragen • ‹AE› afspraakjes hebben * date back to dateren van III [znw] • datum, jaartal • meisje • dadel(palm) • ‹AE› afspraak(je) * at an early date binnenkort * date palm dadelpalm * out of date verouderd; achterhaald; verlopen * to date tegenwoordig; huidig * up to date modern; bij(gewerkt); tot heden bijgewerkt

dated/'deɪtɪd/ [bnw] gedateerd, ouderwets

dateless/'deɪtləs/ [bnw] ongedateerd

date-line/'deɪtlaɪn/ [znw] • datumgrens • dagtekening (v. krantenartikel)

dative/'deɪtɪv/ [znw] dativus

datum/'deɪtəm/ [znw] • gegeven • uitgangspunt • nulpunt • aanvaardbare begroting

datumline/'deɪtəmlaɪn/ [znw] peil, nullijn

daub/dɔːb/ I [ov ww] • bepleisteren • bekladden, besmeren II [on ww] kliederen III [znw] pleisterkalk

daubery/'dɔːbərɪ/ [znw] broddelwerk

daubster/'dɔːbstə/ [znw] kladschilder

daughter/'dɔːtə/ [znw] dochter

daughter-in-law/'dɔːtərɪnlɔː/ [znw] schoondochter

daughterly/'dɔːtəlɪ/ [bnw] dochterlijk

daunt/dɔːnt/ [ov ww] • ontmoedigen, bang maken • in vat persen * nothing ~ed totaal niet ontmoedigd; onversaagd

dauntless/'dɔːntləs/ [bnw] onvervaard

davenport/'dævənpɔːt/ [znw] • schrijfbureautje • ‹AE› soort divan

davit/'dævɪt/ [znw] ‹scheepv.› davit

Davy/'deɪvɪ/ [znw] * Davy lamp mijnlamp; daviaan * go to Davy Jones's locker naar de haaien gaan * take one's Davy‹sl./vero.› een eed doen

daw/dɔː/ [znw] kauw

dawdle/'dɔːdl/ I [on ww] • (~ away) verbeuzelen (v. tijd) II [on ww] • beuzelen, lummelen • talmen

dawdler/'dɔːdlə/ [znw] beuzelaar

dawk/dɔːk/ → **dak**

dawn/dɔːn/ I [on ww] • dagen, licht worden • aanbreken • ontluiken (fig.) * it dawned (up)on me 't werd mij duidelijk; 't begon tot me door te dringen; 't begon me te dagen II [znw] • dageraad, het aanbreken • de eerste tekenen van

dawning/'dɔːnɪŋ/ [znw] * eerste ~ first ~s begin v.d. dageraad; de (aller)eerste tekenen van

day/deɪ/ [znw] • dag • jour, ontvangdag • overwinning * a ~ per day per dag * all (the) day de hele dag * by day overdag * call it a day het welletjes vinden (voor vandaag) * carry the day de overwinning behalen * day by day dag aan dag * day nursery kindercrèche * day of the Lord dag des Heren * day return dagretour * day shift dagploeg * dayrelease course (algem. vorm.)

onderwijs in werktijd * every other/second day om de andere dag * evil day ongeluksdag * (religie) great day/day of Judgement de dag des oordeels * he has had his day hij heeft zijn beste tijd gehad * lose the day de slag verliezen * one day op zekere dag; op een goede dag * one of these days vandaag of morgen * one of those days een pechdag * the other day onlangs * these days tegenwoordig * win the day de slag winnen

Day [znw] * All Saints' Day Allerheiligen * All Souls' Day Allerzielen * Boxing Day 2e kerstdag * Poppy/Remembrance Day oorlogsherdenkingsdag ⟨11 nov⟩ * ⟨AE⟩ Thanksgiving Day dankdag ⟨4de donderdag v. nov⟩

day-boarder [znw] half-interne leerling
daybook /ˈdeɪbʊk/ [znw] ● ⟨AE⟩ dagboek
● memoriaal
daybreak /ˈdeɪbreɪk/ [znw] het aanbreken v.d. dag
day-dream /ˈdeɪdriːm/ I [on ww] mijmeren
II [znw] dagdroom
daylight /ˈdeɪlaɪt/ [znw] ● daglicht ● publiciteit
* ~ strip ti-buis * ~s levenslicht * ⟨AE⟩ ~saving time zomertijd * let ~ into doorsteken; doodschieten * no ~s! volle glazen!
daylong /ˈdeɪlɒŋ/ [bnw + bijw] de hele dag durend
day-school [znw] dagschool
daystar /ˈdeɪstɑː/ [znw] Morgenster
daytime /ˈdeɪtaɪm/ [znw] * in the ~ overdag
day-to-day [bnw] dagelijks
day-trippers [mv] dagjesmensen
daze /deɪz/ I [ov ww] ● verbijsteren, doen duizelen
● verblinden II [znw] verbijstering * the day went by in a daze de dag ging als een waas aan me voorbij
dazzle /ˈdæzəl/ I [ov ww] ● verbijsteren
● verblinden * he ~d her with his charm zijn charme deed haar duizelen II [znw] schittering, pracht * ~ lamp/light schijnwerper(s) * ~ paint camouflageverf
dazzled /ˈdæzəld/ [bnw] verbijsterd
D.C.F. [afk] * (discounted cash flow) berekende kapitaalwaarde, berekende contante waarde
D-day /ˈdiːdeɪ/ [afk] * kritische begindag ● (gesch.) dag van invasie ⟨WO II⟩
de- /dɪ/ [voorv] de-, ont-, af-
deacon /ˈdiːkən/ [znw] ● diaken ● ouderling
deaconess /ˈdiːkəˈnes/ [znw] diacones
deaconry /ˈdiːkənrɪ/ [znw] ambt v. diaken
deactivate /diːˈæktɪvert/ [ov ww] onschadelijk maken, demonteren ⟨v. bom⟩
dead /ded/ I [znw] * at the dead of night in het holst v.d. nacht * in the dead of winter midden in de winter * the dead de dode(n) II [bnw] ● dood, gestorven, levenloos ● dof, mat ● uitgedoofd ● strikt, totaal, volstrekt * dead and gone dood en begraven * dead arch window; blind(e) boograam * dead as a doornail dood als een pier * dead beat aperiodisch; platzak; doodop; (techn.) zonder terugvering * dead calm volstrekte kalmte * dead centre dood punt; middelpunt * dead earnest dodelijke ernst * dead freight fout vracht * (mil.) dead ground dode hoek * dead hand 'dode hand'; onverbeterlijk speler * dead heat ronde met gelijke uitslag * dead hours nachtelijke uren * dead letter onbestelbare brief; dode letter * dead level volkomen vlak (land) * dead loss 100% verlies * dead men lege flessen * ⟨lit.⟩ dead men tell no tales doden spreken niet * dead reckoning gegist bestek * dead shot trefzeker(e) schot/schutter * dead spit evenbeeld * dead stock improductieve voorraad; dood kapitaal * dead

stop (plotselinge) volkomen stilstand * dead to ongevoelig voor * dead to the world in diepe slaap; bewusteloos * dead water stilstaand water; kielwater * dead weight inerte (trage) massa; blok aan het been (fig.) * dead wood dood hout; nutteloos materiaal; ballast; brandhout * flog a dead horse energie verspillen * waiting for dead men's shoes op opvolging zitten wachten
III [bijw] ● dodelijk, dood ● uiterst ● volkomen
* dead against mordicus tegen; vlak tegen * dead drunk stomdronken * dead slow zeer langzaam
* he was dead asleep hij sliep als een os
dead-(and-)alive [bnw] doods, saai
dead-colour I [ov ww] in de grondverf zetten
II [znw] grondverf
deaden /ˈdedn/ I [ov ww] ● van leven(skracht) beroven ● geestelijk doden ● krachteloos maken
II [on ww] ● glans verliezen ● krachteloos worden
dead-end I [znw] ● slop, doodlopende straat ● dood punt II [bnw] doodlopend * a ~ job een uitzichtloze baan
deadhead /ˈdedhed/ [znw] houder v. vrijkaart
dead-heat [on ww] gelijk eindigen
deadline /ˈdedlaɪn/ [znw] ● uiterste datum * grens, limiet ⟨v. veilige zone⟩
deadlock /ˈdedlɒk/ [znw] ● dood punt ● impasse
deadly /ˈdedlɪ/ [bnw + bijw] dodelijk * the seven ~ sins de zeven hoofdzonden
dead-nettle [znw] dovenetel
deadpan /ˈdedpæn/ [znw] met uitgestreken/stalen gezicht
deaf /def/ [bnw] doof * deaf and dumb † doofstom
* deaf mute doofstomme * deaf nut loze moer
* deaf to doof voor * deaf to his left (side) doof aan/in zijn linkeroor
deaf-aid [znw] gehoorapparaat
deafen /ˈdefn/ [ov ww] ● doof maken
● overstemmen ● geluiddicht maken
deafening /ˈdefnɪŋ/ [bnw] oorverdovend
deal /diːl/ I [ov ww] ● handelen ● uitdelen, bedélen
● geven (bij kaartspel) ● deal a blow to s.o. iem. een slag toebrengen ● (~ with) behandelen, afhandelen, handelen over, kopen bij, klant zijn bij
II [znw] ● (vuil) zaakje ● 't geven, gift (kaartspel)
● transactie ● varenhout(en plank) ● bepaalde formuliertaal * (pol.) New Deal economisch herstelplan v.d. VS (1932) * a good deal aardig wat * a great deal heel wat * big deal!⟨iron.⟩ geweldig! * fair/square deal eerlijke behandeling * my deal ik moet geven (bij kaartspel) * raw deal onheuse behandeling
dealer /ˈdiːlə/ [znw] ● dealer ● handelaar ● gever (bij kaartspel)
dealing /ˈdiːlɪŋ/ [znw] ● behandeling, aanpak ● manier v. zakendoen * have ~s with zaken doen met
dealt /delt/ verl. tijd + volt. deelw. → deal
dean /diːn/ [znw] ● decaan ● dal, vallei ● (religie) deken ● (jur.) deken
deanery /ˈdiːnərɪ/ [znw] ● decanaat ● ambtsgebied of woning v. deken
dear /dɪə/ I [znw] liefste II [bnw] ● duur, kostbaar * lief, dierbaar * Dear Sir geachte heer * dear me! hemeltjelief! * he ran for dear life hij liep alsof zijn leven ervan afhing * (iron.) my dear sir waarde heer III [tw] * dear, dear! goeie hemel! * oh dear! goeie hemel!; wel, wel!
dearest /ˈdɪərɪst/ [znw] ● s.o.'s nearest and ~ iemands naaste familie- en vriendenkring
dearie, deary /ˈdɪərɪ/ [znw] lieveling
dearly /ˈdɪəlɪ/ [bijw] ● duur ● zeer, dolgraag
dearness /ˈdɪənəs/ [znw] ● duurte ● dierbaarheid

D

D

dearth/dɜ:θ/ [znw] • schaarste • gebrek

death/deθ/ [znw] • sterfgeval • dood • 't sterven ⋆ be in at the ~ het einde meemaken ⋆ be the ~ of s.o. iem. z. dood laten lachen; iemands dood zijn ⋆ ~ certificate overlijdensakte ⋆ ~ duties successierechten ⋆ ~ penalty doodstraf ⋆ ~ rate sterftecijfer ⋆ ~ roll lijst van sterfgevallen/omgekomen ⋆ ⟨AE⟩ ~ row cel(len) voor ter dood veroordeelden ⋆ ~ sentence doodvonnis ⋆ ~ squad doodseskader ⋆ ⟨AE⟩ ~ tax successierechten ⋆ ~ throes doodsstrijd ⋆ ~ toll dodental • do/put to ~ ter dood brengen ⋆ fight to the ~ een gevecht op leven en dood ⋆ flog to ~ tot vervelens toe herhalen • it is punishable by ~ er staat de doodstraf op

deathbed/'deθbed/ [znw] doodsbed ⋆ ~ repentance berouw als het te laat is

deathblow/'deθbləʊ/ [znw] • nekslag (fig.) • doodklap, coup de grâce

death-grips[mv] ⋆ at ~ in strijd op leven en dood gewikkeld

deathless/'deθləs/ [bnw] onsterfelijk

deathlike/'deθlaɪk/ [bnw] doods, lijk-

deathly/'deθlɪ/ [bnw] • dodelijk • doods

death's-head[znw] doodshoofd

death-trap/'deθtræp/ [znw] ongezonde/gevaarlijke plaats

death-warrant/'deθwɒrənt/ [znw] executiebevel

death-watch[znw] ⋆ ~ beetle doodskloppertje

deb/deb/ ⟨inf.⟩ [znw] debutante

débâcle/deɪ'bɑ:kl/ [znw] • ijsgang • instorting • debacle

debar/dɪ'bɑ:/ [ov ww] • uitsluiten • verhinderen

debark/dɪ'bɑ:k/ I [ov ww] ontschepen II [on ww] z. ontschepen

debarkation/di:bɑ:'keɪʃən/ [znw] ontscheping

debase/dɪ'beɪs/ [ov ww] • ver:ederen • vervalsen

debasement/dɪ'beɪsmənt/ [znw] • vervalsing • ontering • ontwaarding

debatable/dɪ'beɪtəbl/ [bnw] betwistbaar

debate/dɪ'beɪt/ I [ov ww] • betwisten • overpeinzen II [on ww] debatteren III [znw] debat

debater/dɪ'beɪtə/ [znw] debater

debauch/dɪ'bɔ:tʃ/ I [ov ww] op 't slechte pad brengen II [znw] • liederlijkheid • ↓ slemppartij

debauched/dɪ'bɔ:tʃt/ [bnw] liederlijk

debauchery/dɪ'bɔ:tʃərɪ/ [znw] losbandigheid

debby/'debɪ/ [bnw] van/als een debutant

debenture/dɪ'bentʃə/ [znw] obligatie ⋆ ~ stock obligatiekapitaal

debilitate/dɪ'bɪlɪteɪt/ [ov ww] verzwakken

debility/dɪ'bɪlətɪ/ [znw] zwakte, zwakheid

debit/'debɪt/ I [ov ww] ⋆ ~ (a sum) against a person iem. (voor een bedrag) debiteren • (~ against) debiteren • (~ with) debiteren voor II [znw] debetpost, debetzijde

debonair/debə'neə/ [bnw] vriendelijk, goedig

debouch/dɪ'baʊtʃ/ [on ww] deboucheren • (~ in(to)) uitkomen in, uitkomen op, uitmonden in

debrief/di:'bri:f/ [ov ww] verslag laten uitbrengen

debris/'debri:/ [znw] • puin • resten

debt/det/ [znw] schuld (v. lening) ⋆ be in debt to verplichtingen hebben aan ⋆ debt of nature tol der natuur; de dood ⋆ owe a debt to a person bij iem. in 't krijt staan ⋆ run into/up debt(s) schulden maken

debt-collector/'detkəlektə/ [znw] incasseerder

debtor/detə/ [znw] schuldenaar, debiteur

debug/di:'bʌg/ [ov ww] • fouten opsporen en verwijderen ⟨in computerprogramma⟩ • afluisterapparatuur weghalen

debunk/di:'bʌŋk/ [ov ww] • ontmaskeren, van zijn voetstuk stoten • ⟨AE⟩ tot ware proporties terugbrengen (fig.)

debut/'deɪbju:/ I [on ww] debuteren II [znw] debuut

decad(e)/'dekeɪd/ [znw] • 10-tal • decennium • (religie) tientje (v. rozenkrans)

decadence/'dekədns/ [znw] decadentie

decadent/'dekədnt/ I [znw] decadent II [bnw] • decadent • in verval

decalcify/di:'kælsɪfaɪ/ [ov ww] ontka.ken

Decalogue/'dekələɡ/ [znw] de 10 geboden

decamp/dɪ'kæmp/ [on ww] opbreken, ervandoor gaan

decant/dɪ'kænt/ [ov ww] • voorzichtig uitschenken (v. wijn), overschenken • overdragen

decanter/dɪ'kæntə/ [znw] wijnkaraf

decapitate/dɪ'kæprteɪt/ [ov ww] onthoofden

decarbonization/di:kɑ:bənaɪ'zeɪʃən/ [znw] het ontkolen

decarbonize/di:'kɑ:bənaɪz/ [ov ww] ontkolen, van koolaanslag ontdoen

decathlete/də'kæθli:t/ [znw] tienkamper

decathlon/di'kæθlən/ [znw] tienkamp

decay/dɪ'keɪ/ I [ov ww] • bederven • doen vervallen II [on ww] vervallen, bederven, rotten III [znw] • bederf • verval

decease/dɪ'si:s/ I [on ww] overlijden II [znw] het overlijden

deceased/dɪ'si:st/ [bnw] overleden, pas gestorven ⋆ the ~ de overledene(n)

decedent/dɪ'si:dnt/ [znw] ⟨AE⟩ overledene

deceit/dɪ'si:t/ [znw] • misleiding • bedrieglijkheid

deceitful/dɪ'si:tfʊl/ [bnw] bedrieglijk

deceive/dɪ'si:v/ I [ov ww] bedriegen ⋆ ~ o.s. zichzelf voor de gek houden; z. vergissen II [on ww] bedriegen, bedrog plegen

deceiver/dɪ'si:və/ [znw] bedrieger

decelerate/di:'seləreɪt/ I [ov ww] vaart doen verminderen II [on ww] vaart minderen

deceleration/di:selə'reɪʃən/ [znw] snelheidsvermindering ⋆ ~ lane uitrijstrook

December/dɪ'sembə/ [znw] december

decency/'di:sənsɪ/ [znw] fatsoen ⋆ the decencies goede vormen; eisen v.e. behoorlijk bestaan

decent/'di:sənt/ [bnw] • behoorlijk, fatsoenlijk • (inf.) geschikt, aardig ⋆ you can't come in, I'm not ~ je kunt niet binnenkomen, ik ben niet aangekleed

decentralize/di:'sentrəlaɪz/ [ov + on ww] decentraliseren

deception/dɪ'sepʃən/ [znw] bedrog, misleiding

deceptive/dɪ'septɪv/ [bnw] bedrieglijk

decibel/'desɪbel/ [znw] decibel

decide/dɪ'saɪd/ I [ov ww] beslissen, uitmaken II [on ww] beslissen • (~ on) besluiten tot

decided/dɪ'saɪdɪd/ [bnw] • beslist • uitgesproken

deciduous/dɪ'sɪdjʊəs/ [bnw] • regelmatig afvallend • regelmatig uitvallend • vergankelijk ⋆ ~ tooth melktand

decimal/'desɪml/ I [znw] • decimaal • (wisk.) tiendelige breuk II [bnw] • tientallig • decimaal • (wisk.) tiendelig (v. breuk) ⋆ ~ point komma/punt in decimale breuk • (econ.) go ~ overgaan op het decimale stelsel

decimalize/'desɪməlaɪz/ [ov ww] tiendelig maken

decimate/'desɪmeɪt/ [ov ww] decimeren

decipher/dɪ'saɪfə/ I [ov ww] ontcijferen II [znw] ontcijferd document

decision/dɪ'sɪʒən/ [znw] • beslissing, besluit • vastberadenheid

decisive/dɪ'saɪsɪv/ [bnw] • beslissend • beslist

deck/dek/ **I** [ov ww] • van dek voorzien • ‹sl.› vloeren • (~ **out**) versieren **II** [znw] • dek • spel kaarten • ‹sl.› de grond • on deck‹AE/inf.› klaar; volgende ∗ upper deck bovenverdieping ‹v. bus, tram›

deck-chair/dektʃea/ [znw] dekstoel, opvouwbare ligstoel

deck-hand/ˈdekhænd/ [znw] dekmatroos

deckle/ˈdekl/ [znw] ∗ ~-edge(d) (met) kartel-/scheprand

declaim/dɪˈkleɪm/ **I** [ov ww] declameren **II** [on ww] • uitvaren, luid protesteren • declameren

declamation/deklə'meɪʃən/ [znw] • voordracht ‹v. poëzie› • hoogdravende rede

declamatory/dɪˈklæmətərɪ/ [bnw] gezwollen, hoogdravend

declaration/deklə'reɪʃən/ [znw] verklaring

declarative, declaratory/dɪˈklærətɪv/ [bnw] verklarend

declare/dɪˈkleə/ [ov ww] • verklaren • vaststellen • annonceren ‹bij bridge› • aangeven ‹bij douane› • ~ o.s. (to be s.th.) stelling nemen voor; z. nader verklaren; zijn aard tonen ∗ well, I ~! je nou ooit van je leven! • (~ **off**) afbreken, niet door laten gaan

declared/dɪˈkleəd/ [bnw] verklaard, erkend, overtuigd

declaredly/dɪˈkleərɪdlɪ/ [bijw] openlijk

declarer/dɪˈkleərə/ [znw] leider ‹bij bridge›

declassify/diːˈklæsɪfaɪ/ [ov ww] vrijgeven

declension/dɪˈklenʃən/ [znw] • helling, afwijking • verval • verbuiging

declinable/dɪˈklaɪnəbl/ [bnw] verbuigbaar

declination/deklɪ'neɪʃən/ [znw] • buiging, helling • declinatie • ‹AE› weigering

decline/dɪˈklaɪn/ **I** [ov ww] • verbuigen • afwijzen, weigeren **II** [on ww] • weigeren, afwijzen • afnemen tot • vervallen tot • achteruitgaan • hellen • buigen, neerhangen ∗ declining years levensavond; oude dag **III** [znw] afname ∗ be on the ~ afnemen ∗ ~ of life levensavond; oude dag ∗ moral ~ moreel verval

declivity/dɪˈklɪvətɪ/ [znw] hellend terrein

declutch/diːˈklʌtʃ/ [on ww] ontkoppelen

decoction/dɪˈkɒkʃən/ [znw] • afkooksel • het afkoken

decode/diːˈkəʊd/ [ov ww] omzetten uit code, decoderen

decoder/diːˈkəʊdə/ [znw] decoder, (geluids)kanalensplitser

décolletage/deɪkɒlˈtɑːʒ/ [znw] decolleté

décolleté(e)/deɪˈkɒlteɪ/ [bnw] gedecolleteerd

decolonize/diːˈkɒlənaɪz/ [ov ww] • dekoloniseren • onafhankelijk maken

decolorant/diːˈkʌlərənt/ [znw] bleekmiddel

decompose/diːkəmˈpəʊz/ **I** [ov ww] ontleden **II** [on ww] rotten

decomposition/diːkɒmpəzɪʃən/ [znw] • ontbinding, afbraak, desintegratie • ontleding

decompress/diːkəmˈpres/ [ov ww] druk verlagen, druk wegnemen

decongestant/diːkənˈdʒestnt/ [znw] anticongestiemiddel

decontaminate/diːkənˈtæmɪneɪt/ [ov ww] ontsmetten

decorate/ˈdekəreɪt/ [ov ww] • versieren • decoreren • schilderen, behangen

decoration/dekəˈreɪʃən/ [znw] decoratie ∗ Christmas ~ kerstversiering

decorative/ˈdekərətɪv/ [bnw] decoratief

decorator/ˈdekəreɪtə/ [znw] • decorateur • huisschilder, behanger ∗ interior ~ binnenhuisarchitect

decorous/ˈdekərəs/ [bnw] waardig, fatsoenlijk

decorum/dɪˈkɔːrəm/ [znw] • decorum • waardigheid, fatsoen

decoy I [ov ww] /ˈdiːkɔɪ/ • lokken • in de val lokken **II** /dɪˈkɔɪ/ lokeend, lokvogel, lokmiddel ∗ ~ man kooiker

decrease I [ov ww] /dɪˈkriːs/ doen afnemen, doen dalen **II** [on ww] /dɪˈkriːs/ afnemen, dalen **III** [znw] /ˈdiːkriːs/ afname

decree/dɪˈkriː/ **I** [ov ww] bepalen, verordenen **II** [znw] • bevel, decreet, gebod • vonnis

decrement/ˈdekrɪmənt/ [znw] vermindering

decrepit/dɪˈkrepɪt/ [bnw] vervallen, afgeleefd

decrepitude/dɪˈkrepɪtjuːd/ [znw] • afgeleefdheid • bouwvalligheid, verval • gebrekkigheid

decretal/dɪˈkriːtl/ **I** [znw] pauselijk decreet **II** [bnw] een decreet betreffend

decry/dɪˈkraɪ/ [ov ww] in diskrediet brengen, afkeuren ∗ ~ as uitmaken voor

decussate/dɪˈkʌseɪt/ **I** [on ww] kruisen, elkaar snijden **II** [bnw] • X-vormig, snijdend • ‹bio.› kruisstandig

dedicate/ˈdedɪkeɪt/ [ov ww] • (~ **to**) opdragen aan, toewijden aan

dedicated/ˈdedɪkeɪtɪd/ [bnw] • toegewijd • hardnekkig

dedication/dedɪˈkeɪʃən/ [znw] • toewijding • opdracht

deduce/dɪˈdjuːs/ [ov ww] nagaan • (~ **from**) afleiden uit

deducible/dɪˈdjuːsəbl/ [bnw] deduceerbaar

deduct/dɪˈdʌkt/ [ov ww] • aftrekken • in mindering brengen

deductible/dɪˈdʌktɪbl/ [bnw] aftrekbaar ‹v.d. belasting›

deduction/dɪˈdʌkʃən/ [znw] • aftrek, korting • deductie

deductive/dɪˈdʌktɪv/ [bnw] deductief

deed/diːd/ **I** [ov ww] ‹jur./AE› bij akte overdragen **II** [znw] • daad • akte ∗ deed of arms wapenfeit ∗ deed of conveyance/transfer akte v. overdracht ∗ deed poll eenzijdige akte

deem/diːm/ **I** [ov ww] achten **II** [on ww] oordelen

deep/diːp/ **I** [znw] diepte, zee **II** [bnw] • diepzinnig, verdiept • diep, hoog ‹sneeuw›, diepliggend • laag, snood • zwaar ‹drinker› ∗ go off the deep end uit zijn slof schieten; een onberaden stap doen ∗ he is a deep one hij is moeilijk te doorgronden ∗ in deep water in moeilijkheden • jump in at the deep end iets leren door z. er in te storten ∗ still waters run deep stille wateren hebben diepe gronden ∗ throw in at the deep end voor het blok zetten

deep-drawn[bnw] ∗ ~ sigh diepe zucht

deepen/ˈdiːpən/ **I** [ov ww] • dieper maken • lager stemmen • doen toenemen **II** [on ww] • dieper worden • lager worden • toenemen

deep-freeze/diːpˈfriːz/ **I** [ov ww] diepvriezen, invriezen **II** [znw] diepvries, diepvrieskist, diepvriesvak

deep-fry [ov ww] frituren

deep-laid [bnw] listig bedacht

deep-mouthed [bnw] met zwaar, hol geluid

deepness/ˈdiːpnəs/ [znw] diepte

deep-read [bnw] zeer belezen

deep-rooted [bnw] diep (in)geworteld

deep-sea [bnw] diepzee-

deep-seated [bnw] diepgeworteld, diepliggend

deep-set [bnw] diepliggend

deer/dɪə/ [znw] hert(en)

D

D

deer-forest/znw/ jachtgebied v. hertenjacht
deer-hound/znw/ ruwharige windhond
deerskin/'dɪəskɪn/ [znw] hertenhuid
deerstalker/'dɪəstɔ:kə/ [znw] • hertenjager
• jachtpet met klep voor en achter
deerstalking/'dɪəstɔ:kɪŋ/ [znw] sluipjacht op
herten
de-escalate/di:'eskəleɪt/ I [ov ww] doen afnemen
II [on ww] • verminderen • verkleinen
de-escalation[znw] deëscalatie
deface/dɪ'feɪs/ [ov ww] • schenden, ontsieren
• krassen • uitwissen
defacement/dɪ'feɪsmənt/ [znw] • schending
• bekladding
defamation/defə'meɪʃən/ [znw] smaad
defamatory/dɪ'fæmətərɪ/ [bnw] lasterlijk
defame/dɪ'feɪm/ [ov ww] belasteren, iemands
reputatie benadelen
default/dɪ'fɔ:lt/ I [znw] bij verstek veroordelen
II [on ww] • verstek laten gaan • in gebreke
blijven, nalatig zijn • niet verschijnen III [znw]
• gebrek • nalatigheid • verzuim • wanbetaling
• wanprestatie ★ in ~ of bij ontstentenis van
★ judgment went by ~ vonnis werd gewezen bij
verstek
defaulter/dɪ'fɔ:ltə/ [znw] • wanbetaler • niet
verschenen partij • ‹mil.› gestrafte
defeasance/dɪ'fi:zəns/ [znw] nietigverklaring
defeat/dɪ'fi:t/ I [ov ww] • verslaan • verijdelen
• nietig verklaren • verwerpen ★ ~ one's own
ends zijn doel voorbijstreven II [znw] nederlaag
★ ‹vero.› own one's ~ z. gewonnen geven
defeatism/dɪ'fi:tɪzəm/ [znw] defaitisme
defeatist/dɪ'fi:tɪst/ [znw] defaitist
defeature/dɪ'fi:tʃə/ [ov ww] onherkenbaar maken
defecation/defə'keɪʃən/ [znw] ontlasting
defect I [on ww] /dɪ'fekt/ overlopen ‹naar
tegenpartij› II [znw] /'di:fekt/ • gebrek, tekort
• mankement ★ he has the ~s of his qualities hij
heeft de gebreken van zijn deugden
defection/dɪ'fekʃən/ [znw] • afval(ligheid),
ontrouw • desertie
defective/dɪ'fektɪv/ I [znw] • zwakzinnige
• defectief II [bnw] • defect • half, gebrekkig
• zwakzinnig
defector/dɪ'fektə/ [znw] overloper/overloopster,
verrader/verraadster
defence, defense/dɪ'fens/ [znw] • verdediging
• afweermiddel • de verdedigers, de verdediging
• verweer ★ ~s verdedigingswerken
defenceless/dɪ'fensləs/ [bnw] weerloos
defend/dɪ'fend/ [ov ww] verdedigen, beschermen
★ God ~! God verhoede!
defendant/dɪ'fendənt/ [znw] gedaagde
defender/dɪ'fendə/ [znw] verdediger
defensible/dɪ'fensɪbl/ [bnw] verdedigbaar,
houdbaar ‹fig.›
defensive/dɪ'fensɪv/ [bnw] verdedigend, defensief
★ on the ~ in verdedigende houding
defer/dɪ'fɜ:/ I [ov ww] ‹AE› uitstel v. militaire dienst
verlenen, uitstellen II [on ww] dralen • (~ to) z.
onderwerpen aan
deference/'defərəns/ [znw] • eerbied
• eerbiediging
deferential/defə'renʃəl/ [bnw] eerbiedig,
onderdanig
deferment/dɪ'fɜ:mənt/ [znw] uitstel
defiance/dɪ'faɪəns/ [znw] • verzet • trotsering,
uitdaging ★ bid ~ to tarten ★ in ~ of in strijd met;
in weerwil van ★ set at ~ uitdagen
defiant/dɪ'faɪənt/ [bnw] • uitdagend, tartend
• trotserend

deficiency/dɪ'fɪʃənsɪ/ [znw] tekort
deficient/dɪ'fɪʃənt/ [bnw] • gebrekkig,
onvoldoende • zwakzinnig ★ be ~ in te kort
schieten in; arm zijn aan
deficit/'defɪsɪt/ [znw] • tekort • achterstand
defile I [ov ww] defileren II [on ww] • besmetten,
bevuilen • onteren, ontwijden III [znw] • (berg)pas
• defilé
definable/dɪ'faɪnəbl/ [bnw] definieerbaar
define/dɪ'faɪn/ I [ov ww] • afbakenen, bepalen
• beschrijven, omschrijven II [on ww] definiëren
definite/'defɪnɪt/ [bnw] • bepaald, (duidelijk)
omschreven ★ precies ★ ~ly! absoluut!; beslist!
definition/defɪ'nɪʃən/ [znw] • (beeld)scherpte
• definitie
definitive/dɪ'fɪnɪtɪv/ [bnw] beslissend,
onherroepelijk, definitief
deflate/dɪ'fleɪt/ I [ov ww] laten ontsnappen ‹v.
gas›, leeg laten lopen ★ ~d tyre lege/platte band
II [on ww] deflatie bewerken/veroorzaken
deflation/dɪ'fleɪʃən/ [znw] deflatie
deflationary/di:'fleɪʃənrɪ/ [bnw] ★ ~ policy
deflatiepolitiek
deflect/dɪ'flekt/ I [ov ww] opzij buigen, doen
afwijken • (~ from) af ketsen/schampen van,
afbrengen van II [on ww] afwijken
deflection/dɪ'flekʃən/ [znw] afbuiging
defloration/di:flɔ:'reɪʃən/ [znw] ontmaagding
deflower/di:'flaʊə/ [ov ww] • onteren, schenden
• van bloemen ontdoen • ‹dit.› ontmaagden
defoliant/di:'fəʊlɪənt/ [znw] ontbladeringsmiddel
defoliate/di:'fəʊlɪeɪt/ [ov + on ww] ontbladeren
defoliation/di:fəʊlɪ'eɪʃən/ [znw] ontbladering
deforest/di:'fɒrɪst/ [ov ww] ontbossen
deforestation/di:fɒrɪ'steɪʃən/ [znw] ontbossing
deform/dɪ'fɔ:m/ [ov ww] • ontsieren • deformeren
• misvormen • mismaken
deformation/di:fɔ:'meɪʃən/ [znw] • verbastering
• misvorming ★ professional ~ beroepsdeformatie
deformed/dɪ'fɔ:md/ [bnw] misvormd, mismaakt
deformity/dɪ'fɔ:mɪtɪ/ [znw] • mismaaktheid
• perversiteit • wangedrocht
defraud/dɪ'frɔ:d/ [ov ww] beroven • (~ of)
(onrechtmatig) onthouden van
defray/dɪ'freɪ/ [ov ww] • bekostigen • bestrijden ‹v.
uitgaven› ★ ~ a person's expenses iem.
vrijhouden
defrayal, defrayment/dɪ'freɪəl/ [znw] betaling,
bekostiging
defrock/di:'frɒk/ [ov ww] • van pij of jurk ontdoen
• uit ambt ontzetten
defrost/di:'frɒst/ [ov + on ww] ontdooien
defroster/di:'frɒstə/ [znw] voorruitverwarmer
deft/deft/ [bnw] • handig, behendig • vlug
deftness/'deftnəs/ [znw] behendigheid
defunct/dɪ'fʌŋkt/ I [znw] ‹jur.› overledene
II [bnw] niet meer bestaand
defuse/di:'fju:z/ [ov ww] • demonteren ‹v.
explosieven› • onschadelijk maken
defy/dɪ'faɪ/ [ov ww] trotseren, uitdagen (tot)
deg.[afk] • (degree(s)) gra(a)d(en)
degauss/di:'gaʊs/ [ov ww] demagnetiseren
degenerate I [on ww] /dɪ'dʒenəreɪt/ degenereren
II [znw] /dɪ'dʒenərət/ gedegenereerde, ontaarde
III [bnw] /dɪ'dʒenərət/ gedegenereerd, ontaard
degradation/degrə'deɪʃən/ [znw] • degradatie
• ontaarding
degrade/dɪ'greɪd/ [ov ww] • z. verlagen,
ontaarden • degraderen • verlagen
degrading/dɪ'greɪdɪŋ/ [bnw] vernederend
degree/dɪ'gri:/ [znw] • mate • trap • graad ‹ook
academisch›, stand, rang ★ by ~s langzamerhand

* difference of ~ *gradueel verschil* * take one's ~ *afstuderen*; *promoveren* * third ~ *meestergraad* ⟨vrijmetselarij⟩; *nijptangverhoor* * to a ~ *in zekere mate* * to a high ~ *in hoge mate*

degression /dɪ'ɡreʃən/ [znw] • *teruggang, daling*

dehumanize /di:'hju:mənaɪz/ [ov ww]
• *ontmenselijken* • *van menselijkheid ontdoen*

dehydrate /di:'haɪdreɪt/ I [ov ww] • *(uit)drogen*
• *ontwateren* (v. olie) * ~d milk *poedermelk*
II [on ww] • *vocht verliezen* • *drogen*

de-icer /di:'aɪsə/ [znw] *ijsbestrijder* ⟨vliegtuig⟩

deify /'di:ɪfaɪ/ [ov ww] *vergoddelijken*

deign /deɪn/ I [ov ww] *z. verwaardigen te geven*
II [on ww] *z. verwaardigen*

deism /'di:ɪzəm/ [znw] *deïsme*

deity /'di:ɪtɪ/ [znw] *godheid*

deject /dɪ'dʒekt/ [ov ww] • *terneerslaan*
• *ontmoedigen*

dejected /dɪ'dʒektɪd/ [bnw] ↓ down, *ontmoedigd, neerslachtig*

dejection /dɪ'dʒekʃən/ [znw] *neerslachtigheid*

dekko /'dekəʊ/ ⟨sl.⟩ [znw] * have a ~ *een kijkje nemen*

delate /dɪ'leɪt/ [ov ww] *aanbrengen, aangeven*

delay /dɪ'leɪ/ I [ov ww] *uitstellen, talmen* II [znw] *vertraging* * serious ~ *s on the roads ernstige vertragingen op de wegen* * without ~ *onverwijld*

delectable /dɪ'lektəbl/ [bnw] *verrukkelijk*

delectation /di:lek'teɪʃən/ [znw] *genot*

delegacy /'delɪɡəsɪ/ [znw] • *volmacht*
• *afvaardiging*

delegate I [ov ww] /'delɪɡeɪt/ *overdragen* II [znw] /'delɪɡət/ *afgevaardigde* • *gemachtigde*

delegation /delɪ'ɡeɪʃən/ [znw] • *delegatie*
• *machtiging*

delete /dɪ'li:t/ [ov ww] *wissen, schrappen*

deletion /dɪ'li:ʃən/ [znw] • *coupure* • *doorhaling*

deliberate I [on ww] /dɪ'lɪbəreɪt/ *overwegen, overleggen* II [bnw] /dɪ'lɪbərət/ • *opzettelijk*
• *weloverwogen* • *bedachtzaam*

deliberation /dɪlɪbə'reɪʃən/ [znw]
• *behoedzaamheid* • *bedachtzaamheid* • *overleg, afweging, overweging*

deliberative /dɪ'lɪbərətɪv/ [bnw] *beraadslagend*

delicacy /'delɪkəsɪ/ [znw] • *fijngevoeligheid*
• *delicatesse* • *teerheid*

delicate /'delɪkət/ [bnw] • *kies, fijn(gevoelig)*
• *zwak, teer, tenger* • *netelig, moeilijk*
• ⟨kies⟩keurig • *lekker* * it is a ~ *matter het is een netelige zaak; deze kwestie ligt gevoelig*

delicatessen /delɪkə'tesən/ [mv] • *delicatessezaak*
• *delicatessen, comestibles*

delicious /dɪ'lɪʃəs/ [bnw] *lekker, heerlijk*

delight /dɪ'laɪt/ I [on ww] *vermaak of behagen scheppen in, verheugen* * I shall be ~ed het zal mij aangenaam zijn; het zal mij een waar genoegen zijn* II [znw] • *genot, vreugde, genoegen* • *lust*
* take ~ in *genoegen scheppen in; zich amuseren met*

delightful /dɪ'laɪtfʊl/ [bnw] *verrukkelijk*

delimitate /dɪ'lɪmɪteɪt/ [ov ww] *afbakenen*

delimitation /dɪlɪmɪ'teɪʃən/ [znw] *grensregeling*

delimiter /dɪ'lɪmɪtə/ [znw] • *scheidingsteken*
• ⟨comp.⟩ *sluitteken*

delineate /dɪ'lɪnɪeɪt/ [ov ww] • *omlijnen*
• *schetsen, tekenen*

delineation /dɪlɪnɪ'eɪʃən/ [znw] *omlijning*

delinquency /dɪ'lɪŋkwənsɪ/ [znw] • *vergrijp*
• *misdadig gedrag, misdaad* • *schuld* ⟨m.b.t. wetsovertreding⟩ • ⟨jur.⟩ *juvenile ~ door minderjarige begane wetsovertreding; jeugdcriminaliteit*

delinquent /dɪ'lɪŋkwənt/ I [znw] *delinquent*
II [bnw] • *geneigd tot misdadigheid* • *schuldig* ⟨aan wetsovertreding⟩

delirious /dɪ'lɪrɪəs/ [bnw] • *ijlend* • *uitzinnig*
• *razend*

delirium /dɪ'lɪrɪəm/ [znw] • *delirium* • *het ijlen*
• *razernij*

deliver /dɪ'lɪvə/ I [ov ww] • *overhandigen, overdragen, leveren, afleveren, opleveren* • *bestellen*
• *indienen, aanbieden* • *verlossen, bevrijden* * be ~ed of bevallen van; het licht doen zien* * ~ a blow een slag toebrengen* * ~ a sermon een preek houden* * ~ a speech een rede houden* * ~ battle slag leveren* * ~ed price prijs franco huis* • (~ **up**) *afstaan, overgeven* II [on ww] • *afkomen*
• *bevallen*

deliverance /dɪ'lɪvərəns/ [znw] • *bevrijding*
• *uiting* • ⟨jur.⟩ *vonnis*

delivery /dɪ'lɪvərɪ/ [znw] • 't *werpen* (v. bal)
• *bestelling* • *het afleveren* • *verlossing* • (het houden v.e.) *toespraak* * ~ -room *verloskamer* * ~ -truck *bestelwagen* * ~ -van *bestelwagen* * take ~ of *in ontvangst nemen van*

dell /del/ [znw] *nauw bebost dal*

delouse /di:'laʊs/ [ov ww] *ontluizen*

delta /'deltə/ [znw] *delta* * (exam) mark ~ (examen/tentamen) *waardering 'zwak'; (examen/tentamen) cijfer beneden het gemiddelde; ≈ zes-min* * ~ wing *deltavleugel*

delude /dɪ'lu:d/ [ov ww] *misleiden* • (~ **into**) *verleiden tot*

deluge /'delju:dʒ/ I [ov ww] *overstromen, overstelpen* II [znw] • (zond)*vloed*
• (woorden)*stroom* • *wolkbreuk*

delusion /dɪ'lu:ʒən/ [znw] • *bedrog, valse voorspiegeling* • (zins)*begoocheling, waanidee*

delusive /dɪ'lu:sɪv/ [bnw] *bedrieglijk, misleidend*

delve /delv/ [on ww] *grondig doorvorsen*

demagnetize /di:'mæɡnɪtaɪz/ [ov ww] *ontmagnetiseren*

demagogical /demə'ɡodʒɪkl/ [bnw] *demagogisch*

demagogue /'deməɡoɡ/ [znw] *volksmenner*

demagogy /'deməɡodʒɪ/ [znw] *demagogie*

demand /dɪ'mɑ:nd/ I [ov ww] • *willen weten*
• *eisen, verlangen* II [znw] • *eis, verlangen*
• ⟨econ.⟩ *vraag* * ~ -note *aanslagbiljet* * in great ~ *zeer in trek* * make ~s on *beslag leggen op* ⟨fig.⟩
* much in ~ *zeer in trek* * payable on ~ *op zicht*
* second ~ -note *aanmaning* * supply and ~ *vraag en aanbod*

demanding /dɪ'mɑ:ndɪŋ/ [bnw] *veeleisend*

demarcate /di:'mɑ:keɪt/ [ov ww] • *demarqueren*
• *afbakenen*

demarcation /di:mɑ:'keɪʃən/ [znw] • *grens*
• *afbakening*

dematerialize /di:mə'tɪərɪəlaɪz/ I [ov ww] *onstoffelijk maken* II [on ww] *onstoffelijk worden*

demean /dɪ'mi:n/ [ov ww] • *verlagen* • *vernederen*
* ~ o.s. *z. vernederen* * that joke is ~ing to women die grap is vrouwonvriendelijk*

demeanour /dɪ'mi:nə/ [znw] *houding, gedrag*

demented /dɪ'mentɪd/ [bnw] • *krankzinnig*
• *dement*

dementia /dɪ'menʃə/ [znw] • *dementia*
• *zwakzinnigheid*

demerara /demə'reərə/ [znw] *bruine (riet)suiker*

demerit /di:'merɪt/ I [ov ww] *een strafpunt geven, een slechte aantekening geven* II [znw] • *gebrek*
• *strafpunt, fout* • *slechte aantekening, minpunt*

demeritorious /di:merɪtɔ:'rɪəs/ [bnw] *afkeurenswaardig*

demesne /dɪ'mi:n/ [znw] • *domein* • *gebied* ⟨in

D

D

eigendom⟩ ★ Royal ~ kroondomein ★ hold in
~⟨jur.⟩ in eigendom bezitten
demigod /ˈdemɪgɒd/ [znw] halfgod
demijohn /ˈdemɪdʒɒn/ [znw] grote (mand)fles
demilitarize /diːˈmɪlɪtəraɪˈzeɪʃən/ [znw]
demilitarisering
demilitarize /diːˈmɪlɪtəraɪz/ [ov ww]
demilitariseren
demise /dɪˈmaɪz/ I [ov ww] • overdragen
• vermaken II [on ww] • overerven • overlijden, ter
ziele gaan III [znw] • het vermaken, overdraging
• ⟨jur.⟩ overlijden
demission /dɪˈmɪʃən/ [znw] • ontslag • het
afstand doen (van)
demist /dɪˈmɪst/ [ov ww] ontwasemen
demit /dɪˈmɪt/ I [ov ww] neerleggen ⟨v. ambt⟩
II [on ww] ontslag nemen, aftreden
demo /ˈdemoʊ/ ⟨inf.⟩ → **demonstration**
demobilization /diːˌməʊbəlaɪˈzeɪʃən/ [znw]
demobilisatie
demobilize, demob /diːˈməʊbɪlaɪz/
[ov + on ww] ⟨mil.⟩ afzwaaien, demobiliseren
democracy /dɪˈmɒkrəsɪ/ [znw] democratie
democrat /ˈdeməkræt/ [znw] lid v.d. Amerikaanse
Democratische Partij, democraat ★ ⟨AE⟩ Democrat
wagon janplezier
democratic /deməˈkrætɪk/ [bnw] democratisch
democratize /dɪˈmɒkrətaɪz/ [ov + on ww]
democratiseren
demolish /dɪˈmɒlɪʃ/ [ov ww] • slopen
• omverwerpen • verorberen
demolition /deməˈlɪʃən/ [znw] • vernieling
• vernietiging • het slopen
demon /ˈdiːmən/ [znw] • boze geest, duivel
• bezetene, fanatiekeling • a ~ for work een echte
werkezel ★ drown the ~ vergetelheid zoeken in
drank
demoniac /dɪˈməʊnɪæk/ [znw] bezetene
demonic /dɪˈmɒnɪk/ [bnw] • duivels • (door hogere
machten) bezield, geïnspireerd
demonstrable /ˈdemɒnstrəbl/ [bnw]
aantoonbaar
demonstrate /ˈdemənstreɪt/ I [ov ww]
• demonstreren, bewijzen • aan de dag leggen
II [on ww] demonstreren, betoging houden
demonstration /demənˈstreɪʃən/ [znw]
• demonstratie • actie • protestmars • vertoon
• betoging ★ ⟨AE⟩ ~~agent ≈ landbouwconsulent
★ to ~ overtuigend; onweerlegbaar; afdoend
demonstrative /dɪˈmɒnstrətɪv/ I [znw]
aanwijzend voornaamwoord II [bnw]
• aanwijzend, bewijzend • z. uitend
• demonstratief
demonstrator /ˈdemənstreɪtə/ [znw]
• demonstrant • assistent • betoger
demoralize /dɪˈmɒrəlaɪz/ [ov ww]
• demoraliseren • ⟨mil.⟩ het moreel ondermijnen
demote /dɪˈməʊt/ [ov ww] degraderen
demotic /dɪˈmɒtɪk/ [bnw] volks-
demur /dɪˈmɜː/ I [on ww] • bezwaar maken,
protesteren • ⟨jur.⟩ excepties opwerpen II [znw]
• bedenking • aarzeling ★ without ~ ↓ zonder
tegenstribbelen
demure /dɪˈmjʊə/ [bnw] • zedig, ingetogen
• preuts
demurrage /dɪˈmʌrɪdʒ/ [znw] (over)liggeld,
(kosten v.h.) overliggen
demurrer /dɪˈmʌrə/ [znw] exceptie
den /den/ [znw] • hol • hok • (werk)kamer
denary /ˈdiːnərɪ/ [bnw] 10-tallig
denationalization /diːˌnæʃənələrˈzeɪʃən/ [znw]
• privatisering • denationalisering

denationalize /diːˈnæʃənəlaɪz/ [ov ww]
• privatiseren • vervallen verklaren v. nationaliteit
denature /diːˈneɪtʃə/ [ov ww] ongeschikt maken
voor consumptie ★ ~d alcohol
schoonmaakalcohol; gedenatureerde alcohol
dene /diːn/ [znw] ★ dene hole kalkgrot
dengue /ˈdeŋgɪ/ [znw] knokkelkoorts
deniable /dɪˈnaɪəbl/ [bnw] • ontkenbaar
• loochenbaar
denial /dɪˈnaɪəl/ [znw] • ontkenning
• zelfverloochening
denier /ˈdenjə/ [znw] ontkenner
denigrate /ˈdenɪgreɪt/ [ov ww] • denigreren
• zwart maken • belasteren
denigration /denɪˈgreɪʃən/ [znw] • kleinering
• laster
denim /ˈdenɪm/ I [znw] denim II [bnw] van denim
vervaardigd
denims /ˈdenɪmz/ [mv] spijkerkleding, spijkerbroek
denizen /ˈdenɪzən/ I [znw] semi-naturaliseren,
burgerrechten verlenen II [znw] • bewoner
• ingeburgerde • ingeburgerd gebruik, ingeburgerd
woord
denominate /dɪˈnɒmɪneɪt/ [ov ww] noemen,
betitelen
denomination /dɪnɒmɪˈneɪʃən/ [znw] • coupure,
(munt)eenheid • benaming • gezindte,
kerkgenootschap ★ coin of the lowest ~ kleinste
munteenheid ★ ~al education confessioneel
onderwijs ★ reduce to the same ~ onder één
noemer brengen; gelijknamig maken
denominative /dɪˈnɒmɪnətɪv/ I [znw] van
zelfstandig naamwoord afgeleid werkwoord
II [bnw] • benoemend • van zelfstandig
naamwoord afgeleid
denominator /dɪˈnɒmɪneɪtə/ [znw] ⟨wisk.⟩
noemer ⟨in breuk⟩ ★ lowest common ~ kleinste
gemene veelvoud
denotation /diːnəʊˈteɪʃən/ [znw] • teken
• betekenis
denotative /dɪˈnəʊtətɪv/ [bnw] • aanduidend
• expliciet
denote /dɪˈnəʊt/ [ov ww] • aanduiden • wijzen op
dénouement /deɪˈnuːmənt/ [znw] ontknoping ⟨v.
verhaal⟩
denounce /dɪˈnaʊns/ [ov ww] • aankondigen,
voorspellen • aanklagen • aan de kaak stellen
• opzeggen ⟨v. overeenkomst⟩ ★ he publicly ~d
his son hij heeft zijn zoon in het openbaar verstoten
denouncement /dɪˈnaʊnsmənt/ [znw]
• aanklacht • openlijke beschuldiging
dense /dens/ [bnw] • dicht • dom ★ a ~ly
populated area een dichtbevolkt gebied ★ ~ prose
compact proza
density, denseness /ˈdensətɪ/ [znw] • dichtheid
• opeenhoping
dent /dent/ I [ov ww] deuken ★ he dented his car
hij reed een deuk in zijn auto II [znw] deuk
dental /ˈdentl/ I [znw] ⟨taalk.⟩ dentaal II [bnw]
tand- ★ ~ plate tandprothese ★ ~ preparations
tandverzorgingsmiddelen ★ ~ surgeon
tandheelkundige; tandarts ★ ~ surgery
tandheelkunde
dentifrice /ˈdentɪfrɪs/ [znw] tandpoeder, tandpasta
dentine /ˈdentiːn/ [znw] tandbeen
dentist /ˈdentɪst/ [znw] tandarts
dentistry /ˈdentɪstrɪ/ [znw] tandheelkunde
dentures /ˈdentʃəz/ [mv] kunstgebit
denuclearize /diːˈnjuːklɪəraɪz/ [ov ww] kernvrij
maken
denudation /diːˈnjʊˈdeɪʃən/ [znw] • erosie
• ontbossing

denude/dɪˈnjuːd/ [ov ww] • bloetleggen
• leegroven • ontbossen • (~ **of**) ontdoen van
denunciation/dɪnʌnsɪˈeɪʃən/ → **denounce**
deny/dɪˈnaɪ/ [ov ww] • ontkennen • (ver)loochenen
• ontzeggen, weigeren • (inf.) niet thuis geven
deodorant/diːˈəʊdərənt/ [znw] deodorant
deodorize/diːˈəʊdəraɪz/ [ov ww] reuk/stank
verdrijven
depart/dɪˈpɑːt/ I [ov ww] • (~ **from**) afwijken
van, verlaten II [on ww] • vertrekken • heengaan,
doodgaan ★ ~ed greatness vergane glorie
department/dɪˈpɑːtmənt/ [znw] • sectie,
vakgroep • afdeling • departement ★ <AE>
Department of State ministerie v. buitenlandse
zaken ★ ~ store warenhuis
departmental/diːpɑːˈtmentl/ [bnw] • afdelings-
• <AE> ministerieel
departure/dɪˈpɑːtʃə/ [znw] vertrek ★ new ~
nieuwe koers
depauperate/dɪˈpɔːpərət/ [on ww] verarmen
depauperize/diːˈpɔːpəraɪz/ [ov ww] uit de
armoede halen, saneren
depend/dɪˈpend/ [on ww] (ervan op) aankunnen,
vertrouwen ★ ~ upon it! reken er maar op! ★ that
~s dat ligt eraan ★ (~ (**up)on**) afhangen van
dependable/dɪˈpendəbl/ [bnw] betrouwbaar
dependant/dɪˈpendənt/ [znw] afhankelijke,
onzelfstandige ★ my ~s de mij toevertrouwden
dependence/dɪˈpendəns/ [znw] afhankelijkheid
dependency/dɪˈpendənsɪ/ [znw] • dependance,
bijgebouw • afhankelijkheid • aanhangsel
dependent/dɪˈpendənt/ I [znw] → **dependant**
II [bnw] afhankelijk
depict/dɪˈpɪkt/ [ov ww] • uitbeelden, afbeelden
• afschilderen
depiction/dɪˈpɪkʃən/ [znw] afschildering
depilate/ˈdepɪlert/ [ov ww] ontharen
depilatory/dɪˈpɪlətərɪ/ I [znw] ontharingsmiddel
II [bnw] ontharend
deplane/diːˈpleɪn/ I [ov ww] uitladen (uit
vliegtuig) II [on ww] uitstappen (uit vliegtuig)
deplenish/dɪˈplenɪʃ/ [ov ww] leegmaken, leeghalen
deplete/dɪˈpliːt/ [ov ww] • ledigen • uitputten (v.
voorraad) • ontlasten
depletion/dɪˈpliːʃən/ [znw] het ledigen
deplorable/dɪˈplɔːrəbl/ [bnw] betreurenswaardig
deplore/dɪˈplɔː/ [on ww] betreuren
deploy/dɪˈplɔɪ/ I [ov ww] deployeren, opstellen
• ontplooien II [on ww] z. ontplooien
deployment/dɪˈplɔɪmənt/ [znw] opstelling
deplume/diːˈpluːm/ [ov ww] de veren uittrekken,
plukken
depolarize/diːˈpəʊləraɪz/ [ov ww] • depolariseren
• schokken (fig.)
depopulate/diːˈpɒpjʊleɪt/ [ov ww] ontvolken
deport/dɪˈpɔːt/ I [ov ww] • verbannen
• deporteren II [wkd ww] ★ ~ o.s. zich gedragen
deportation/diːpɔːˈteɪʃən/ [znw] deportatie
deportee/diːpɔːˈtiː/ [znw] gedeporteerde
deportment/dɪˈpɔːtmənt/ [znw] • houding
• gedrag
depose/dɪˈpəʊz/ I [ov ww] • afzetten • (onder ede)
verklaren II [on ww] • (~ **to**) (jur.) onder ede
getuigen
deposit/dɪˈpɒzɪt/ I [ov ww] • deponeren, in
bewaring geven • als waarborg storten
• (neer)leggen • afzetten II [ov ww] neerslaan
III [znw] • deposito • waarborgsom • storting
• afzetting, aanslibbing, geologische laag ★ a ~
bottle een statiegeldfles ★ ~ account
depositorekening ★ on ~ in deposito
depositary/dɪˈpɒzɪtərɪ/ [znw] • bewaarplaats

• bewaarder
deposition/diːpəˈzɪʃən/ [znw] • het deponeren
• bewaargeving • kruisafneming • afzetting
• onttroning • (aflegging v.) verklaring
• kruisafneming
depositor/dɪˈpɒzɪtə/ [znw] • inlegger
• bewaargever
depository/dɪˈpɒzɪtərɪ/ [znw] • opslagplaats
• schatkamer • bewaarder
depot/ˈdepəʊ/ [znw] • depot • <AE> station
depravation/deprɪˈveɪʃən/ [znw] ontaarding
deprave/dɪˈpreɪv/ [ov ww] slecht maken, bederven
depravity/dɪˈprævətɪ/ [znw] • verdorvenheid
• corrupte daad • slechtheid
deprecate/ˈdeprɪkeɪt/ [ov ww] • afkeuren
• kleineren • protesteren tegen
deprecation/deprəˈkeɪʃən/ [znw] • protest
• smeekbede
deprecatory/ˈdeprəkeɪtərɪ/ [bnw] (z.)
verontschuldigend
depreciate/dɪˈpriːʃeɪt/ I [ov ww] • in waarde
doen verminderen • afprijzen • kleineren
II [on ww] devalueren, in waarde verminderen
depreciation/dɪpriːʃˈeɪʃən/ [znw] • het afprijzen
• waardevermindering • kleinering • devaluatie,
ontwaarding • afschrijving(ssom)
depreciatory/dɪˈpriːʃɪətrɪ/ [bnw] minachtend
depredation/deprɪˈdeɪʃən/ [znw] plundering
depredations/deprəˈdeɪʃənz/ [mv] rooftochten,
verwoestingen
depress/dɪˈpres/ [ov ww] • neerslachtig maken
• (neer)drukken • verlagen ★ ~ a button
ingedrukte knop vrijmaken door nogmaals
indrukken en vervolgens loslaten ★ ~ed classes
onderdrukte klassen
depressant/dɪˈpresənt/ I [znw] kalmerend middel
II [bnw] kalmerend
depressing/dɪˈpresɪŋ/ [bnw] deprimerend
depression/dɪˈpreʃən/ [znw] • het neerdrukken
• inzinking • gedruktheid • slapte, malaise,
depressie • neerslachtigheid • gebied van lage
luchtdruk
depressive/dɪˈpresɪv/ [bnw] depressief
deprival/dɪˈpraɪvl/ [znw] • beroving • verlies
deprivation/deprɪˈveɪʃən/ [znw] • ontbering
• verlies
deprive/dɪˈpraɪv/ [ov ww] • beroven • ontzetten
(uit (geestelijk) ambt) ★ ~ s.o. of s.th. iem. iets
ontnemen; iem. iets onthouden
deprived/dɪˈpraɪvd/ [bnw] arm, achtergesteld,
achtergebleven
dep(t). [afk] • (deputy) plaatsvervanger
• (department) departement
depth/depθ/ [znw] • depths [mv] aspecten
• depths [mv] toppunt • depths [mv] diepst
• diepte ★ be out of one's ~ er niets (meer) van
snappen ★ go beyond one's ~ geen grond meer
onder de voeten voelen (fig.)
deputation/depjʊˈteɪʃən/ [znw] afvaardiging
depute/dɪˈpjuːt/ [ov ww] • overdragen,
(vol)machtigen • afvaardigen
deputize/ˈdepjʊtaɪz/ I [ov ww] aanstellen als
waarnemer II [on ww] waarnemen
deputy/ˈdepjʊtɪ/ I [znw] • plaatsvervanger • <AE>
hulpsheriff II [bnw] • waarnemend,
plaatsvervangend • gevolmachtigd • afgevaardigd
derail/dɪˈreɪl/ [ov ww] doen ontsporen ★ the train
was ~ed de trein ontspoorde
derailment/diːˈreɪlmənt/ [znw] ontsporing
derange/dɪˈreɪndʒ/ [ov ww] in de war sturen,
(ver)storen
deranged/dɪˈreɪndʒd/ [bnw] geestelijk gestoord

D

derangement/dɪ'reɪndʒmənt/ [znw] • waanzin
• verwarring

deration/dɪ'ræʃən/ [ov ww] de distributie opheffen
van, 'van de bon' doen

derby/'dɑːbɪ/ [znw] • wedstrijd tussen ploegen uit
dezelfde stad • ⟨AE⟩ bolhoed

deregulate/diː'regjuleɪt/ [ov ww] dereguleren

derelict/'derəlɪkt/ I [znw] • ↓ zwerver • onbeheerd
eigendom • verlaten schip II [bnw] • verlaten
• vervallen • ⟨AE⟩ plichtvergeten

dereliction/derɪ'lɪkʃən/ [znw] • plichtsverzuim
• het onbeheerd laten

deride/dɪ'raɪd/ [ov ww] uitlachen

derision/dɪ'rɪʒən/ [znw] spot * be in ~ bespot
worden * bring into ~ belachelijk maken * hold
in ~ bespotten

derisive, derisory/dɪ'raɪsɪv/ [bnw] • spottend
• bespottelijk

derivable/dɪ'raɪvəbl/ [bnw] afleidbaar

derivation/derɪ'veɪʃən/ [znw] • evolutietheorie
• afleiding • afkomst

derivative/də'rɪvətɪv/ I [znw] • derivaat
• afgeleid woord II [bnw] afgeleid, niet
oorspronkelijk

derive/dɪ'raɪv/ I [ov ww] • (~ from) afleiden van,
ontlenen aan II [on ww] voortkomen * well-~d
van goede afkomst • (~ from) voortkomen uit,
afstammen van

dermatologist/dɜːmə'tolədʒɪst/ [znw] huidarts

dermatology/dɜːmə'tolədʒɪ/ [znw]
dermatologie, leer der huidziekten

derogate/'derəgeɪt/ I [ov ww] kleineren
II [on ww] afwijken v.d. juiste weg ⟨fig.⟩,
verdwalen • (~ from) afbreuk doen aan

derogation/derə'geɪʃən/ [znw] • afbreuk
• afwijking

derogatory/dɪ'rogətərɪ/ [bnw] • afbreuk doend(e)
aan • vernederend • geringschattend

derrick/'derɪk/ [znw] • kraan, bok • boortoren

derring-do/derɪŋ'duː/ [znw] vermetelheid

derv/dɜːv/ [znw] dieselolie

descale/diː'skeɪl/ [ov ww] ontkalken

descant/'deskænt/ I [on ww] • zingen, kwelen
• ⟨muz.⟩ improviseren • (~ (up)on) uitweiden
over II [znw] • melodie • uitweiding • bovenstem,
sopraan

descend/dɪ'send/ I [ov ww] • afgaan, afkomen,
afdalen • neerdalen II [on ww] • neerkomen
• uitstappen • afstammen * a deep depression
~ed on him hem overviel een diep gevoel van
depressie • ⟨scherts⟩ every year my in-laws ~
upon my home ieder jaar strijken mijn
schoonouders op mijn huis neer • (~ on) overgaan
op ⟨volgende generatie⟩ • (~ to) overgaan op, z.
verlagen tot • (~ upon) neerdalen op/over,
overvallen

descendant/dɪ'sendənt/ I [znw] afstammeling
II [bnw] afstammend

descent/dɪ'sent/ [znw] • inval, aanval • het
neerdalen, afdaling • helling • afkomst, geslacht

describe/dɪ'skraɪb/ [ov ww] beschrijven

description/dɪ'skrɪpʃən/ [znw] • klasse, soort
• beschrijving

descriptive/dɪ'skrɪptɪv/ [bnw] beschrijvend

descry/dɪ'skraɪ/ [ov ww] bespeuren

desecrate/'desɪkreɪt/ [ov ww] ontwijden,
profaneren

desegregate/diː'segrɪgeɪt/ [ov ww]
rassenscheiding opheffen

desegregation/diː'segrɪ'geɪʃən/ [znw]
→ desegregate

deselect/diː'sɪ'lekt/ [on ww] v.d. verkiezingslijst

schrappen

desensitize/diː'sensɪtaɪz/ [ov ww] ongevoelig(er)
maken

desert I [ov ww] /dɪ'zɜːt/ in de steek laten, verlaten
II [on ww] /dɪ'zɜːt/ •⟨mil.⟩ deserteren III [znw] •/
'dezət/ woestijn • /dɪ'zɜːt/ verdienste • verdiende
loon IV [bnw] /'dezət/ woest-, woestijn-* ~
island onbewoond eiland

deserter/dɪ'zɜːtə/ [znw] deserteur

desertion/dɪ'zɜːʃən/ [znw] • desertie • verlatenheid

desertscape/'dezɑːtskeɪp/ [znw]
woestijnlandschap, woestijngebied

deserve/dɪ'zɜːv/ [ov ww] verdienen * ~ well of z.
verdienstelijk gemaakt hebben om

deservedly/dɪ'zɜːvɪdlɪ/ [bijw] verdiend, terecht

deserving/dɪ'zɜːvɪŋ/ [bnw] waardig * ~ of a
better cause een betere zaak waardig * he is ~ of
hij verdient

deshabillé/dezə'biːer/ → dishabille

desiccant/'desɪkənt/ I [znw] droogmiddel
II [bnw] drogend

desiccate/'desɪkeɪt/ [ov ww] drogen

desiderata/dɪzɪdə'rɑːtə/ [mv] → desideratum

desiderate/dɪ'zɪdəreɪt/ [ov ww] het gemis voelen
van

desideratum/dɪzɪdə'rɑːtəm/ [znw] • verlangen
• gemis

design/dɪ'zaɪn/ I [ov + on ww] ontwerpen
II [ov ww] • bestemmen • van plan zijn, konkelen
• schetsen III [znw] • schets, ontwerp(tekening)
• vormgeving • aanzien • plan, opzet * have ~s
(up)on iets in zijn schild voeren tegen * without ~
zonder bijbedoeling

designate/'dezɪgneɪt/ I [ov ww] • (be)noemen,
aanduiden • bestemmen II [bnw] benoemd maar
nog niet in functie

designation/dezɪg'neɪʃən/ [znw] • benoeming
• bestemming

designedly/dɪ'zaɪnɪdlɪ/ [bijw] opzettelijk

designer/dɪ'zaɪnə/ [znw] • intrigant • ontwerper

designing/dɪ'zaɪnɪŋ/ [bnw] intrigerend, sluw

desirability/dɪzaɪərə'bɪlətɪ/ [znw]
• begeerlijkheid • wenselijkheid

desirable/dɪ'zaɪərəbl/ [bnw] • begeerlijk
• wenselijk

desire/dɪ'zaɪə/ I [ov ww] • wensen • begeren
II [znw] • verlangen, wens • begeerte

desirous/dɪ'zaɪərəs/ [bnw] • verlangend • begerig

desist/dɪ'zɪst/ [on ww] stoppen • (~ from) afzien
van, ophouden met

desk/desk/ [znw] • schrijftafel, schrijfbureau,
lessenaar • afdeling • balie • ⟨AE⟩ preekstoel * ⟨AE⟩
desk clerk receptionist(e) * desk copy
recensie-exemplaar * desk pad sousmain

deskwork/'deskwɜːk/ [znw] kantoorwerk

desolate I [ov ww] /'desəleɪt/ • verwoesten
• ontvolken II [bnw] /'desələt/ • eenzaam
• verwaarloosd • troosteloos

desolation/desə'leɪʃən/ [znw] • eenzaamheid,
verlatenheid • verwoesting

despair/dɪ'speə/ I [on ww] wanhopen II [znw]
wanhoop

despairing/dɪ'speərɪŋ/ [bnw] wanhopig

desperate/'despərət/ [bnw] • hopeloos
• wanhopig • onberaden * I'm ~ for a cigarette ik
doe een moord voor een sigaret

desperation/despə'reɪʃən/ [znw] wanhoop,
vertwijfeling

despicable/'despɪkəbl/ [bnw] verachtelijk

despise/dɪ'spaɪz/ [ov ww] verachten

despite/dɪ'spaɪt/ [vz] ondanks, in weerwil van

despoil/dɪ'spɔɪl/ [ov ww] beroven, plunderen

despond/dɪ'spɒnd/ [on ww] wanhoop ∗ slough of ~ moeras der vertwijfeling

despondence/dɪ'spɒndəns/ [znw] • wanhoop, vertwijfeling • melancholie

despondent/dɪ'spɒndənt/ [bnw] • wanhopig, vertwijfeld • zwaarmoedig

despot/'despɒt/ [znw] despoot

despotic/dɪ'spɒtɪk/ [bnw] despotisch

despotism/'despətɪzəm/ [znw] despotisme, tirannie

dessert/dɪ'zɜ:t/ [znw] dessert, ↓ toetje

dessertspoon/dɪ'zɜ:tspu:n/ [znw] dessertlepel

destabilize/di:'sterbɪlaɪz/ [ov ww] destabiliseren

destination/destɪ'neɪʃən/ [znw] bestemming

destine/'destɪn/ [ov ww] bestemmen

destiny/'destɪnɪ/ [znw] (nood)lot

destitute/'destɪtju:t/ I [znw] noodlijdende II [bnw] behoeftig, noodlijdend ∗ ~ of verstoken van

destitution/destɪ'tju:ʃən/ [znw] • behoeftigheid • gebrek, armoede

destroy/dɪ'strɔɪ/ [ov ww] • vernietigen, vernielen • afmaken ⟨v. dier⟩ • ruïneren

destroyer/dɪ'strɔɪə/ [znw] • vernietiger, vernieler • ⟨mil.⟩ torpedojager

destructible/dɪ'strʌktɪbl/ [bnw] vernietigbaar

destruction/dɪ'strʌkʃən/ [znw] • ondergang • vernieling, vernietiging

destructive/dɪ'strʌktɪv/ I [znw] • vernielende kracht • anarchist II [bnw] • afbrekend • vernielzuchtig

destructor/dɪ'strʌktə/ [znw] vuilverbrandingsoven

desuetude/dɪ'sju:ɪtju:d/ [znw] onbruik ∗ fall into ~ in onbruik raken

desultory/'desəltərɪ/ [bnw] • zonder vaste lijn • onsamenhangend • vluchtig

detach/dɪ'tætʃ/ [ov ww] • detacheren • eraf halen, losmaken • los raken

detachable/dɪ'tætʃəbl/ [bnw] afneembaar

detached/dɪ'tætʃt/ [bnw] • objectief, onbevooroordeeld • los • emotieloos, afstandelijk • vrijstaand ⟨v. huis⟩

detachment/dɪ'tætʃmənt/ [znw] • het losmaken • detachement • gereserveerdheid

detail I [ov ww] /'di:teɪl/ • uitvoerig vertellen, in bijzonderheden vertellen • ⟨mil.⟩ voor speciale dienst aanwijzen ∗ ~ed account uitvoerig verslag II [znw] /'di:teɪl/ • bijzonderheid, detail • onderdeel • puntsgewijze opsomming • bijzaak • ⟨mil.⟩ uitgifte v. dagelijkse orders ⟨mil.⟩ kleine afdeling ∗ a matter of ~ bijzaak

detain/dɪ'teɪn/ [ov ww] • vasthouden • ophouden, aanhouden, tegenhouden • laten schoolblijven

detainee/di:teɪ'ni:/ [znw] gevangene

detainer/dɪ'teɪnə/ [znw] ⟨jur.⟩ ⟨bevel tot⟩ gevangenhouding

detect/dɪ'tekt/ [ov ww] • betrappen • bespeuren

detection/dɪ'tekʃən/ [znw] • waarneming • speurwerk ∗ Hercule Poirot is a master of ~ Hercule Poirot is een meesterspeurder

detective/dɪ'tektɪv/ I [znw] • detective • rechercheur II [bnw] recherche-

detector/dɪ'tektə/ [znw] detector

détente/'deɪtɒnt/ [znw] ontspanning

detention/dɪ'tenʃən/ [znw] • het voor straf moeten schoolblijven, strafuur • het vasthouden ∗ House of Detention Huis v. Bewaring ∗ ~ centre jeugdgevangenis

deter/dɪ'tɜ:/ [ov ww] afschrikken

detergent/dɪ'tɜ:dʒənt/ I [znw] • schoonmaakmiddel, chemisch reinigingsmiddel

• ⟨af⟩wasmiddel • oplosmiddel II [bnw] • zuiverend • ⟨chemisch⟩ reinigend, oplossings-, reinigings-

deteriorate/dɪ'tɪərɪəreɪt/ I [ov ww] slechter maken II [on ww] slechter worden, ontaarden

deterioration/dɪtɪərɪə'reɪʃən/ [znw] verslechtering

determinable/dɪ'tɜ:mɪnəbl/ [bnw] bepaalbaar

determinant/dɪ'tɜ:mɪnənt/ [znw] • beslissende factor • determinant

determinate/dɪ'tɜ:mɪnət/ [bnw] vast, bepaald

determination/dɪtɜ:mɪ'neɪʃən/ [znw] • bepaling, besluit • vastberadenheid • richting ∗ ~ of the blood bloedaandrang

determinative/dɪ'tɜ:mɪnətɪv/ [bnw] beslissend

determine/dɪ'tɜ:mɪn/ I [ov ww] • doen besluiten • beslissen • vaststellen, bepalen II [on ww] • ⟨jur.⟩ eindigen • besluiten

determined/dɪ'tɜ:mɪnd/ [bnw] vastberaden

determiner/dɪ'tɜ:mɪnə/ [znw] determinant, bepalende factor

determinism/dɪ'tɜ:mɪnɪzəm/ [znw] • determinisme • ontkenning v.d. vrije wil

determinist/dɪ'tɜ:mɪnɪst/ [znw] • determinist • iem. die de vrijheid v.d. wil ontkent

deterrent/dɪ'terənt/ I [znw] afschrikwekkend middel II [bnw] afschrikwekkend

detest/dɪ'test/ [ov ww] verafschuwen, haten

detestable/dɪ'testəbl/ [bnw] afschuwelijk

detestation/di:te'steɪʃən/ [znw] ⟨voorwerp v.⟩ afschuw

dethrone/di:'θrəʊn/ ⟨vero.⟩ [ov ww] onttronen

dethronement/dɪ'θrəʊnmənt/ [znw] onttroning, afzetting

detonate/'detəneɪt/ I [ov ww] doen ontploffen II [on ww] ontploffen

detonator/'detənertə/ [znw] • ontstekingsmechanisme, detonator • klappertje • mistsignaal

detour/'di:tʊə/ [znw] • omweg • omleiding

detract/dɪ'trækt/ [on ww] • (~ from) afbreuk doen aan, kleineren

detraction/dɪ'trækʃən/ [znw] laster

detrain/di:'treɪn/ I [ov ww] uitladen ⟨uit trein⟩ II [on ww] uitstappen ⟨uit trein⟩

detriment/'detrɪmənt/ [znw] nadeel

detrimental/detrɪ'mentl/ [bnw] schadelijk

detrital/dɪ'traɪtl/ [bnw] erosie-, ⟨geo.⟩ puin-, afgeschuurd

detrition/dɪ'trɪʃən/ [znw] ⟨geo.⟩ afslijting

detritus/dɪ'traɪtəs/ [znw] • afgeschuurd gesteente • gruis • bezinksel • drab

detruncate/di:'trʌŋkeɪt/ [ov ww] afknotten

deuce/dju:s/ [znw] • twee ⟨op dobbelstenen, speelkaarten⟩ • 40 gelijk ⟨tennis⟩ • du⟨i⟩vel, de donder ∗ ~ of a mess heidense bende ∗ there's the ~ to pay dan heb je de poppen aan 't dansen

deuced/'dju:sɪd/ [bnw] donders, verduveld

devaluate/di:'væljueɪt/ [ov + on ww] devalueren, depreciëren

devaluation/di:vælju:'eɪʃən/ [znw] waardevermindering

devalue/di:'vælju:/ [ov + on ww] in waarde (doen) dalen

devastate/'devəsteɪt/ [ov ww] verwoesten ∗ I was ~d when I heard the news ↓ toen ik het nieuws vernam, was ik er kapot van

devastating/'devəsteɪtɪŋ/ [bnw] • verwoestend • ontzettend

devastation/devə'steɪʃən/ [znw] verwoesting

develop/dɪ'veləp/ I [ov ww] • ontginnen • aan de dag komen • ontwikkelen • he ~ed pneumonia

D

hij kreeg longontsteking **II** [on ww] • z. ontwikkelen • aan de dag leggen

developer/dɪ'veləpə/ [znw] • uitwerker • ‹foto.› ontwikkelaar

development/dɪ'veləpmənt/ [znw] ontwikkeling

developmental/dɪveləp'mentl/ [bnw] ontwikkelings-

deviance/di:vɪəns/ [znw] afwijking, afwijkend gedrag

deviant/di:vɪənt/ **I** [znw] afwijkend persoon **II** [bnw] afwijkend, abnormaal

deviate/di:vɪeɪt/ **I** [ov ww] doen afwijken **II** [on ww] • afwijken • afdwalen

deviation/di:vɪ'eɪʃən/ [znw] afwijking

deviationist/di:vɪ'eɪʃənɪst/ [znw] gematigd communist

device/dɪ'vaɪs/ [znw] • middel • opzet, plan • list • uitvinding, toestel, apparaat • ontwerp • motto, devies ★ industrial actions are a powerful political ~ industriële acties vormen een krachtig politiek middel ★ left to his own ~s aan zijn lot overgelaten

devil/'devəl/ **I** [ov ww] • sterk kruiden • als duivelstoejager werken **II** [znw] • duivel • boze geest • loonslaaf, duivelstoejager • zandhoos ‹in Zuid-Afrika› • soort vuurwerk • ‹inf.› sterk gekruid gerecht ★ beat the ~'s tattoo ‹nerveus› op de tafel trommelen ★ better the ~ you know than the ~ you don't je weet wat je hebt, niet wat je krijgt ★ between the ~ and the deep (blue) sea tussen twee vuren ★ ~ a one geen donder ★ ~ dodger dominee ★ ~ on two sticks diabolo ★ ~ take the hindmost ieder voor zich ‹en God voor ons allen›; sauve-qui-peut! ★ ~'s advocate advocaat v.d. duivel; advocatus diaboli; iem. die alle fouten aanwijst; iem. die z. in de rol v.d. ‹kritische› tegenstander verplaatst ★ ~'s bedpost klaveren vier ‹kaartspel› ★ ~'s bones dobbelstenen ★ ~'s books des duivels prentenboek; kaartspel ★ give the ~ his due ieder het zijne geven ★ poor ~ arme donder ★ talk of the ~ (and he is sure to appear) als je over de duivel spreekt (trap je 'm op zijn staart) ★ the ~ and all alle mogelijke ellende ★ the ~! donders! ★ there's the ~ among the tailors een gruwelijke herrie; soort vuurwerk ★ there's the ~ to pay daar heb je de poppen aan het dansen ★ when you sleep with the ~, there's always hell to pay wie z'n gat (ver)brandt moet op de blaren zitten

devilfish/'devəlfɪʃ/ [znw] zeeduivel

devilish/'devəlɪʃ/ [bnw] • duivels • buitensporig

devilism/'devəlɪzm/ [znw] duivelcultus

devil-may-care‹inf.› [bnw] onverschillig, zorgeloos

devilment/'devəlmənt/ [znw] • duivels onheil • baldadigheid

devilry/'devɪlrɪ/ [znw] • duivelskunst • boosheid • baldadigheid

devious/di:vɪəs/ [bnw] • slinks • dwalend, afwijkend • kronkelend ★ ~ course/path/way omweg; slinkse wegen

devise/dɪ'vaɪz/ **I** [ov ww] • bedenken, beramen • legateren **II** [znw] legaat

devisee/devɪ'zi:/ [znw] legataris

deviser/dɪ'vaɪzə/ [znw] plannenmaker

devisor/dɪ'vaɪzə/ [znw] legator, erflater

devitalize/di:'vaɪtəlaɪz/ [ov ww] de levenslust ontnemen

devoid/dɪ'vɔɪd/ [bnw] verstoken ★ ~ of ontbloot van

devolution/di:və'lu:ʃən/ [znw] • verbastering • overdracht • delegatie • decentralisatie v.

bestuur, overdracht van bestuur‹sbevoegdheden›

devolve/dɪ'vɒlv/ **I** [ov ww] overdragen, afwentelen **II** [on ww] te beurt vallen ★ it ~s on me het komt op mij neer

devote/dɪ'vəʊt/ [ov ww] besteden ‹v. tijd, aandacht›, (toe)wijden, geheel geven ★ ~d to toegewijd aan; verknocht aan;‹vero.› ten dode opgeschreven

devotee/devə'ti:/ [znw] • dweper, kwezel • enthousiast liefhebber, ijveraar

devotion/dɪ'vəʊʃən/ [znw] • toewijding • godsvrucht ★ ~s gebeden; godsdienstplichten

devotional/dɪ'vəʊʃənl/ [bnw] • godsdienstig • devoot

devour/dɪ'vaʊə/ [ov ww] • verteren ‹fig.›, verkroppen • verslinden ★ she ~ed him with kisses zij smoorde hem met kussen

devout/dɪ'vaʊt/ [bnw] • vroom • toegewijd ★ I ~ly hope ik hoop van ganser harte

dew/dju:/ **I** [ov ww] bedauwen **II** [on ww] dauwen **III** [znw] dauw

dew-claw[znw] rudimentaire teen

dewdrop/'dju:drɒp/ [znw] • dauwdrop(pel) • ‹scherts› druppel aan de neus

dewlap/'dju:læp/ [znw] halskwab (bij runderen, honden)

dewy/'dju:ɪ/ [bnw] • vochtig • dauwachtig

dewy-eyed[bnw] jong en onschuldig

dexterity/dek'sterətɪ/ [znw] • handigheid • rechtshandigheid

dext(e)rous/'dekstərəs/ [bnw] handig

dextrose/'dekstrəʊs/ [znw] druivensuiker

diabetes/daɪə'bi:ti:z/ [znw] suikerziekte, diabetes

diabetic/daɪə'betɪk/ **I** [znw] iem. die aan suikerziekte lijdt, diabeticus/-ca **II** [bnw] m.b.t. suikerziekte

diabolic(al)/daɪə'bɒlɪk(l)/ [bnw + bijw] duivels

diachylon/daɪ'ækɪlən/ [znw] trekpleister

diaconate/daɪ'ækəneɪt/ [znw] • dekenaat • diakenschap ★ the ~ de deacons

diacritic(al)/daɪə'krɪtɪk(l)/ [bnw] ★ ~ marks/signs diakritische tekens

diadem/'daɪədem/ [znw] diadeem

diagnose/'daɪəgnəʊz/ [ov ww] • constateren • de diagnose opmaken van

diagnosis/daɪəg'nəʊsɪs/ [znw] diagnose

diagnostic/daɪəg'nɒstɪk/ [bnw] diagnostisch, constaterend ★ a ~ test een test om iets mee vast te stellen

diagnostics/daɪəg'nɒstɪks/ [mv] diagnostiek

diagonal/daɪ'ægənl/ **I** [znw] diagonaal **II** [bnw] diagonaal

diagram/'daɪəgræm/ [znw] • diagram • figuur • grafiek

diagrammatic/daɪəgrə'mætɪk/ [bnw] schematisch

dial/'daɪəl/ **I** [ov ww] • aangeven ‹op wijzerplaat› • ‹telecom.› draaien, kiezen ★ dialling code kengetal ★ dialling tone kiestoon **II** [znw] • zonnewijzer • wijzerplaat • kiesschijf ‹v. telefoon› • ‹techn.› (afstem)schaal • ‹sl.› facie, snuit

dialect/'daɪəlekt/ [znw] dialect

dialectal/daɪə'lektl/ [bnw] m.b.t. dialect(en)

dialectical/daɪə'lektɪkl/ [bnw] dialectisch

dialectics/daɪə'lektɪks/ [mv] dialectiek

dialogue/'daɪəlɒg/ [znw] dialoog

diameter/daɪ'æmɪtə/ [znw] middellijn

diametric(al)/daɪə'metrɪk(l)/ [bnw] lijnrecht

diamond/'daɪəmənd/ **I** [znw] • diamant • ruit • ‹sport/AE› honkbalveld ★ ~ jubilee diamanten/zestigjarig jubileum ★ ~ wedding *diamanten bruiloft* II [bnw] *diamanten*

diamond-cutting [znw] *diamantslijpen*

diamonds /'daɪəməndz/ /mv/ [bnw] *ruiten* ‹v. speelkaart› ∗ *ace of* ~ *ruitenaas*

diamond-shaped [bnw] *ruitvormig*

diaper /'daɪəpə/ I [ov ww] ● *ruitpatroon inweven* ● ‹AE› *een luier omdoen* II [znw] ● ‹(hand)doekenstof ● *handdoek, servet* ● ‹AE› *luier*

diaphanous /daɪˈæfənəs/ [bnw] *doorschijnend*

diaphragm /'daɪəfræm/ [znw] ● *membraan* ● *pessarium* ● *middenrif* ● ‹foto.› *diafragma*

diarist /'daɪərɪst/ [znw] *dagboekschrijver*

diarrh(o)ea /daɪəˈrɪə/ [znw] *diarree*

diary /'daɪərɪ/ [znw] ● *dagboek* ● *agenda*

diatribe /'daɪətraɪb/ [znw] *felle aanval* ‹met woorden›

dib /dɪb/ [znw] *bikkel* ● *dibs bikkelspel; poen* ∗ *have dibs on s.th. ergens recht op hebben*

dibble /'dɪbl/ I [ov ww] ● *planten, poten* ∗ *met pootijzer bewerken* ‹v. grond› II [znw] *pootijzer*

dice /daɪs/ I [on ww] ● *dobbelen* ● *in blokjes snijden* II [znw] ● *muntstempel* ● /mv/ *dobbelspel, dobbelstenen* ‹vero.› *kubusvormig deel v.e. voetstuk* ∗ *loaded dice doorgestoken kaart* ∗ ‹AE› *no dice vergeet het maar; dat gaat (mooi) niet door*

dicey /'daɪsɪ/ ‹inf.› [bnw] ● *riskant* ● *link* ∗ *it looks a bit* ~ *to me! ik vertrouw het voor geen meter!*

dichotomy /daɪˈkɒtəmɪ/ [znw] *tweedeling*

dick /dɪk/ [znw] ● *politieagent* ● ‹sl.› *lul, penis* ∗ *private dick* ‹AE/sl.› *privédetective* ∗ *up to dick in de puntjes*

dickens /'dɪkɪnz/ ‹inf.› [znw] ∗ *it hurts like the* ~ *'t doet verdomd veel pijn* ∗ *what the* ~ *are you up to? wat voor de donder voer jij in je schild?*

dicker /'dɪkə/ I [on ww] *handelen, sjacheren* II [znw] *ruilhandel, gesjacher*

dick(e)y /'dɪkɪ/ I [znw] ● *vogeltje* ● *ezel* ● *front(je)* ● *kattenbak* ‹v. rijtuig› ● *dickeyseat* ‹v. auto› ∗ *not say a* ~ *z'n mond houden* II [bnw] *niet solide, wankel, 'maar zozo'*

dicta /'dɪktə/ /mv/ → **dictum**

dictaphone /'dɪktəfəʊn/ [znw] *dicteerapparaat*

dictate /dɪk'teɪt/ [ov + on ww] ● *dicteren* ● *voorschrijven*

dictation /dɪk'teɪʃən/ [znw] ● *het dicteren* ● *dictee, dictaat* ● *voorschrift, wet*

dictator /dɪk'teɪtə/ [znw] *dictator* ● *dicteelezer*

dictatorial /dɪktə'tɔ:rɪəl/ [bnw] *dictatoriaal*

dictatorship /dɪk'teɪtəʃɪp/ [znw] *dictatuur*

diction /'dɪkʃən/ [znw] ● *zegging, voordracht* ● *manier v. uitdrukken*

dictionary /'dɪkʃənrɪ/ [znw] *woordenboek*

dictum /'dɪktəm/ [znw] ● *gezegde* ● *uitspraak*

did /dɪd/ *verl. tijd* → **do**

didactic /daɪ'dæktɪk/ [bnw] *didactisch*

didactics /daɪ'dæktɪks/ /mv/ *didactiek*

diddle /'dɪdl/ ‹inf.› [ov ww] ● *bedotten* ● *inpikken* ● *afzetten*

die /daɪ/ I [on ww] ● *sterven, omkomen* ● *kwijnen* ● ‹vulg.› *z. doodlachen* ∗ *die in one's bed natuurlijke dood sterven* ∗ *die in one's shoes gewelddadige dood sterven* ∗ *die in the last ditch z. tot het uiterste verzetten* ∗ *dying oath laatste wens; dure eed* ∗ *he died with his boots on hij stierf in het harnas; hij beoefende zijn vak tot aan zijn dood* ∗ *never say die! moed verloren, al verloren* ● (~ **away/down**) *wegsterven, wegkwijnen, bedaren* ● (~ **for**) *hevig verlangen naar* ● (~ **off/out**) *uitsterven, wegsterven* ● (~ **to**) *ongevoelig worden voor* II [znw] *dobbelsteen* ∗ *the die is cast de teerling is geworpen*

die-hard I [znw] ● *iem. die iedere verandering*

tegenhoudt ● *onverzettelijk persoon* II [bnw] *die-hard moeilijk te veranderen* ‹v. persoon›, *onverzettelijk* ‹v. persoon›

diesel /'di:z(ə)l/ [znw] *diesel* ∗ ~ *engine dieselmotor* ∗ ~ *oil dieselolie*

diet /'daɪət/ I [ov ww] ● *de kost geven* ● *op dieet stellen* II [on ww] *op dieet leven* III [znw] ● *voedsel, kost* ● *menu* ● *dieet* ● *rijksdag*

dietary /'daɪətrɪ/ [bnw] *dieet-*

dietetic /daɪə'tetɪk/ [bnw] *dieet- diëtetisch*

dietetics /daɪə'tetɪks/ /mv/ *diëtetiek, voedselleer*

dietician /daɪə'tɪʃən/ [znw] *diëtist(e)* ● *voedingsexpert*

differ /'dɪfə/ [on ww] *verschillen* ∗ *agree to* ~ *z. bij een meningsverschil neerleggen*

difference /'dɪfrəns/ [znw] *punt v. verschil* ∗ *it makes no* ~ *het is van geen belang* ∗ *split the* ~ *het verschil delen*

different /'dɪfrənt/ [bnw] *ander(e)* ∗ ~ *from/to anders dan*

differential /dɪfə'renʃəl/ I [znw] ● *differentiaal* ● *loonklasseverschil* II [bnw] ● *kenmerkend* ● *differentieel* ∗ ~ *calculus differentiaalrekening* ∗ ~ *duties differentiële rechten*

differentiate /dɪfə'renʃɪeɪt/ I [ov ww] ● *onderscheiden* ● *doen verschillen van* II [on ww] ● *onderscheid maken, z. onderscheiden* ● *z. anders ontwikkelen*

differentiation /dɪfərenʃɪ'eɪʃən/ [znw] ● *onderscheid* ● *differentiatie*

difficult /'dɪfɪkəlt/ [bnw] *moeilijk*

difficulties /'dɪfɪkltɪz/ /mv/ *bezwaren*

difficulty /'dɪfɪkəltɪ/ [znw] ● *probleem* ● *moeite*

diffidence /'dɪfɪdns/ [znw] *gebrek aan zelfvertrouwen*

diffident /'dɪfɪdnt/ [bnw] *bedeesd*

diffract /dɪ'frækt/ [ov + on ww] *buigen, breken* ‹v. licht›

diffraction /dɪ'frækʃən/ [znw] *breking* ‹v. licht›, *buiging*

diffuse I [ov ww] /dɪ'fju:z/ *verspreiden, uitstralen* II [on ww] /dɪ'fju:z/ *z. verspreiden* ∗ ~*d light diffuus licht* III [bnw] /dɪ'fju:s/ ● *diffuus* ● *verspreid, verstrooid* ● *omslachtig*

diffuseness /dɪ'fju:snəs/ [znw] ● *verstrooidheid* ● *verspreidheid*

diffusion /dɪ'fju:ʒən/ [znw] ● *verspreiding* ● *uitstraling*

dig /dɪg/ I [ov + on ww] ● *graven* ● *(om)spitten* ● (~ **down**) *ondergraven, ondermijnen* ● (~ **for**) *graven naar* ‹ook fig.›, *zoeken naar* II [on ww] ● *uitgraven, opgraven* ● *duwen, porren* ● ‹sl./AE› *iets/iem. leuk vinden, iets snappen, iets/iem. zien zitten* ∗ ‹AE› *I can't dig that dat gaat mij boven de pet* ∗ *I didn't dig it at all* ‹sl./AE› *ik vond het maar niks* ∗ *dig potatoes aardappelen rooien* ∗ *now, dig this!* ‹sl./AE› *nou moet je 't goed luisteren!* ● (~ **in**) ∗ *dig in one's feet z. schrap zetten* ∗ *dig in oneself zich ingraven; zijn positie versterken* ‹fig.› ● (~ **up**) *ondergraven, ondermijnen* III [on ww] *ploeteren, blokken* ● (~ **in**) *zich ingraven, aanvallen* ‹opeten› ● (~ **into**) *graven in, onderspitten, boren/prikken/slaan in, diepgaand onderzoeken* ● (~ **out**) *opgraven, uitgraven, opbreken, oprakelen* IV [znw] ● *por, stoot* ● *steek onder water*

digest I [ov ww] /daɪ'dʒest/ ● *verteren, slikken* ‹fig.›, *verkroppen, verwerken* ● *in z. opnemen* ● *rangschikken, ordenen* II [on ww] /daɪ'dʒest/ ● *voedsel opnemen* ● *verteren* III [znw] /'daɪdʒest/ ● *compendium* ● *overzicht*

digestibility /daɪdʒestə'brlətɪ/ [znw]

D

D

• verteerbaarheid • verwerkbaarheid
digestible/dar'dʒestəbl/ [bnw] • verteerbaar
• aanvaardbaar
digestion/dar'dʒestʃən/ [znw] • spijsvertering
• → **digest**
digestive/dar'dʒestɪv/ I [znw] spijsvertering
bevorderend middel II [bnw] *de spijsvertering
bevorderend* ★ ~ biscuits volkorenkoekjes
digger/'dɪgə/ [znw] ↑ excavateur
digging(s)/'dɪgɪn(z)/ [znw] • kamer(s), 'kast',
pension • ⟨AE⟩ plek waar men naar goud zoekt
digit/'dɪdʒɪt/ [znw] • vinger • teen • cijfer, geheel
getal onder de tien • vingerbreedte
digital/'dɪdʒɪtl/ [bnw] digitaal ★ ~ computer
digitale computer ★ ~ watch digitaal horloge
digitalis/dɪdʒɪ'teɪlɪs/ [znw] • vingerhoedskruid
• digitalis, van vingerhoedskruid gemaakt
medicijn tegen hartkwalen
digitizer/'dɪdʒɪtaɪzə/ [znw]
analoog-digitaalomzetter
dignified/'dɪgnɪfaɪd/ [bnw] deftig, waardig
dignify/'dɪgnɪfaɪ/ [ov ww] • waardigheid
toekennen • vereren • opluisteren • adelen ★ I
won't ~ this remark with a reply ≈ deze lage
opmerking is geen antwoord waardig
dignitary/'dɪgnɪtərɪ/ [znw] kerkelijk
waardigheidsbekleder
dignity/'dɪgnɪtɪ/ [znw] • waardigheid • deftigheid
digress/dar'gres/ [on ww] afdwalen • (~ on)
uitweiden over
digression/dar'greʃən/ [znw] uitweiding
digressive/dar'gresɪv/ [bnw] uitweidend
digs/dɪgz/ ⟨sl.⟩ [mv] kamers, kast ⟨fig.⟩
dike/daɪk/ I [ov ww] indijken, omwallen II [znw]
• dam, wal • obstakel • rotsader • wetering, sloot
• dijk • ⟨vulg.⟩ lesbienne
dilapidation/dɪlæpɪ'deɪʃən/ [znw] • verval • puin
dilate/dar'leɪt/ I [ov ww] wijder maken II [on ww]
• wijder worden • uitweiden • (z.) uitzetten
dilation, dilatation/dar'leɪʃən/ [znw]
• verwijding • uitweiding
dilatory/'dɪlətərɪ/ [bnw] • uitstellend • talmend
dilemma/dɪ'lemə/ [znw] dilemma
dilettant(e)/dɪlə'tæntɪ/ [znw] dilettant(e)
dilettanti/dɪlə'tæntɪ/ [mv] → **dilettant(e)**
dilettantism/dɪlə'tæntɪzəm/ [znw] dilettantisme
diligence/'dɪlɪdʒəns/ [znw] • toewijding, ijver
• postkoets
diligent/'dɪlɪdʒənt/ [bnw] ijverig
dill/dɪl/ [znw] dille
dilly-dally/'dɪlɪ'dælɪ/ ⟨inf.⟩ [on ww] treuzelen,
zeuren
diluent/'dɪljuənt/ I [znw] verdunnend middel
II [bnw] verdunnend
dilute/dar'lju:t/ I [ov ww] met water verdunnen
II [bnw] waterig
dilution/dar'lu:ʃən/ [znw] ★ ~ of labour verzwakt
arbeidspotentieel; het door ongeschoolde krachten
laten verrichten van geschoolde arbeid
dim/dɪm/ I [ov ww] • donker/mat/schemerig
maken • ontluisteren, doen beslaan • dim the
lights de lichten dimmen II [on ww] beslaan
III [bnw] • mat • donker, schemerig • flauw, vaag
dimension/dar'menʃən/ [znw] • dimensie
• afmeting • omvang
dimensional/dar'menʃənl/ [bnw] dimensionaal
★ three-~ driedimensionaal; stereoscopisch
⟨optiek⟩
diminish/dɪ'mɪnɪʃ/ I [ov ww] verminderen,
verkleinen ★ hide one's ~ed head in zijn schulp
kruipen II [on ww] verminderen, afnemen
diminution/dɪmɪ'nju:ʃən/ [znw] • verkleining

• afname
diminutive/dɪ'mɪnjʊtɪv/ I [znw] verkleinwoord
II [bnw] • verkleinend • miniatuur
dimmer/'dɪmə/ [znw] dimmer, dimschakelaar
dim-out [znw] verduistering
dimple/'dɪmpl/ I [ov ww] • rimpelen • kuiltje
maken in ★ ~d met kuiltje of rimpeltje II [on ww]
• rimpelen • kuiltjes vertonen III [znw] • kuiltje
• rimpeltje
dimwit/'dɪmwɪt/ ⟨inf.⟩ [znw] sufferd, onbenul
dimwitted/dɪm'wɪtɪd/ [bnw] traag van begrip
din/dɪn/ I [ov ww] • din s.th. into a p.('s ears)
ergens op blijven hameren; iem. iets in het hoofd
stampen II [on ww] dreunen, weerklinken
III [znw] • lawaai • gekletter
dine/daɪn/ I [ov ww] een (middag)maal verschaffen
II [on ww] dineren ★ ⟨sl.⟩ dine with Duke
Humphrey het zonder middageten stellen
★ dining table eettafel • (~ in) thuis dineren • (~
off/on) zijn (middag)maal doen met • (~ out)
buitenshuis dineren
diner/'daɪnə/ [znw] • restauratiewagen • eter • ⟨AE⟩
klein (weg)restaurant
ding-dong/dɪŋdɒŋ/ ⟨inf.⟩ I [on ww] zaniken, iets
uitentreuren herhalen, zeuren II [znw] • dieseltrein
• klok, bel, bimbam III [bnw] ★ a ~ fight een
vinnig gevecht
dinghy, dinghy/'dɪŋɪ/ [znw] • jol • roeiboot
• rubberboot
dinginess/'dɪndʒɪnəs/ [znw] smerigheid
dingle/'dɪŋgl/ [znw] vallei
dingo/'dɪŋgəʊ/ [znw] Australische wilde hond
dingy/'dɪndʒɪ/ [bnw] smerig, vuil
dining-car/'daɪnɪŋka:/ [znw] restauratierijtuig
dining-room/'daɪnɪŋru:m/ [znw] eetkamer,
eetzaal
dinkum/'dɪŋkəm/ ⟨sl.⟩ I [znw] • waarheid
• Australische soldaat ★ fair ~ de eerlijke
waarheid; wis en waarachtig II [bnw] geheid
dinky/'dɪŋkɪ/ [bnw] • leuk, aardig • ⟨AE⟩ klein
dinner/'dɪnə/ [znw] diner, middagmaal ★ ~ bell
etensbel ★ ~ party dineetje ★ ~ service eetservies
★ ~ set eetservies ★ ~ table eettafel
dinner-jacket/'dɪnədʒækɪt/ [znw] smoking
dinosaur/'daɪnəsɔ:/ [znw] dinosaurus
dint/dɪnt/ I [ov ww] deuken II [znw] deuk, indruk
★ by dint of hard work door hard werken
diocesan/dar'ɒsɪsən/ I [znw] • bisschop
• diocesaan II [bnw] m.b.t. een bisdom
diocese/'daɪəsɪs/ [znw] bisdom
dioptre, dioptric/dar'ɒptə/ I [znw] dioptrie
II [bnw] optisch
dioptrics/dar'ɒptrɪks/ [znw] optiek
dip/dɪp/ I [ov ww] • onderdompelen, (in)dompelen
• dimmen ⟨v. koplampen⟩ • soppen • middels
dompelbad verven • even neerlaten ⟨v. vlag⟩ ★ dip
candles kaarsen maken • dip sheep schapen
middels dompelbad v. parasieten ontdoen • dip
snuff snuiven ⟨v. tabak⟩ • (~ out) scheppen
• (~ up) opvissen II [on ww] (even) duiken ★ dip
into a book een boek vluchtig inzien/doorkijken
★ dip into one's pocket in de zak tasten • (~ in)
toetasten • (~ into) putten uit III [znw] • het
(onder)dompelen • bad • buiging • vetkaars
• zakkenroller • zakkenrollerij • (dip)saus
diphtheria/dɪf'θɪərɪə/ [znw] difterie
diphthong/'dɪfθɒŋ/ [znw] tweeklank
diploma/dɪ'pləʊmə/ [znw] • diploma • oorkonde,
document
diplomacy/dɪp'ləʊməsɪ/ [znw] diplomatie
diplomat, diplomatist/'dɪpləmæt/ [znw]
diplomaat

diplomatic/dıplə'mætık/ [bnw] diplomatisch * ~ corps corps diplomatique * ~ immunity diplomatieke onschendbaarheid

dip-net/znw/ schepnet

dipper/'dıpə/ [znw] • dompelaar • waterspreeuw • pollepel • wederdoper * ⟨AE⟩ klein zwembad * ⟨AE⟩ the Big Dipper achtbaan; de Grote Beer

dippy/'dıpı/ [bnw] getikt

dipsomania/dıpsə'meınıə/ [znw] drankzucht, alcoholisme

dipsomaniac/dıpsə'meınıæk/ [znw] alcoholist

dipstick/'dıpstık/ [znw] peilstok

dip-switch/znw/ dimschakelaar ⟨v. auto⟩

diptych/'dıptık/ [znw] tweeluik

dire/'daıə/ [bnw] gruwelijk * dire necessity droeve noodzaak

direct/daı'rekt/ I [ov ww] • regisseren • richten, adresseren ⟨v. post⟩ • aanwijzingen geven * ~ s.o. to the station iem. de weg wijzen naar het station II [on ww] • regisseren • leiden III [bnw] • rechtstreeks • zonder omwegen • oprecht * ~ action directe actie * ~ current gelijkstroom * ~ grant school door de regering rechtstreeks gesubsidieerde school * ~ hit voltreffer * ⟨taalk.⟩ ~ object lijdend voorwerp

direction/daı'rekʃən/ [znw] • richting • bestuur • regie • adres, adressering * ~ indicators richtingaanwijzers * ~ post wegwijzer

directional/daı'rekʃənl/ [bnw] richtings- * ~ aerial richtantenne

directions/də'rekʃənz/ [mv] instructies, aanwijzingen

directive/də'rektıv/ I [znw] richtlijn II [bnw] leidend

directly/daı'rektlı/ [bijw] • rechtstreeks • meteen, dadelijk

directness/də'rektnəs/ [znw] directheid, openhartigheid

director/daı'rektə/ [znw] • regisseur • commissaris ⟨v. NV⟩ • bestuurder • adviseur • directeur, hoofd ⟨v. afdeling⟩

directorate/daı'rektərət/ [znw] • directeurschap • raad v. commissarissen

directorial/daırek'tɔ:rıəl/ [bnw] • leidinggevend, leidend • directeurs- • regie-

directorship/daı'rektəʃıp/ [znw] directeurschap

directory/daı'rektərı/ I [znw] gids, adresboek II [bnw] adviserend

Directory/də'rektərı/ [znw] directoraat ⟨Franse Revolutie⟩

direful/'daıəful/ [bnw] verschrikkelijk

dirge/dɜ:dʒ/ [znw] klaagzang

dirigible/'dırıdʒıbl/ I [znw] bestuurbaar luchtschip II [bnw] bestuurbaar

dirk/dɜ:k/ [znw] lange dolk, ponjaard

dirt/dɜ:t/ [znw] • vuil • drek • modder, drab • grond, aarde * cut dirt⟨sl./AE⟩ 'm smeren * dirt cheap spotgoedkoop * dirt farmer boer die zelf en zonder hulp werkt * dirt road onverharde weg * eat dirt beledigingen slikken * they'd rather eat dirt than ... ze sterven liever dan ... * treat s.o. like dirt iem. als oud vuil behandelen * ⟨sl.⟩ yellow dirt slijk der aarde; goud

dirt-track/znw/ ⟨sport⟩ sintelbaan

dirty/dɜ:tı/ I [ov ww] bevuilen II [on ww] smerig worden III [znw] * do the ~ on s.o. iem. een streek leveren IV [bnw] • vuil • smerig • gemeen * ~ look afkeurende blik * ~ trick gemene streek * ~ work vuil werk; knoeierij * wash one's ~ linen in public de vuile was buiten hangen ⟨fig.⟩

dis-/dıs/ [voorv] dis-, af-, on-, ont- * disfavour afkeuren; afkeer

disability/dısə'bılatı/ [znw] • onbekwaamheid • belemmering, handicap • invaliditeit

disable/dıs'eıbl/ [ov ww] • onbekwaam maken, onbevoegd maken, onklaar maken • buiten gevecht stellen • diskwalificeren

disabled/dıs'eıbld/ [bnw] invalide

disabuse/dısə'bju:z/ ⟨form.⟩ [ov ww] uit de droom helpen * ⟨~ of⟩ genezen van ⟨waanidee⟩

disaccustom/dısə'kʌstəm/ [ov ww] ontwennen

disadvantage/dısəd'va:ntıdʒ/ I [ov ww] benadelen II [znw] nadeel * at a ~ in het nadeel * sell to ~ met verlies verkopen * take s.o. at a ~ iem. overrompelen

disadvantaged/dısəd'va:ntıdʒd/ [bnw] minder bevoorrecht

disadvantageous/dısædvən'teıdʒəs/ [bnw] nadelig

disaffected/dısə'fektıd/ [bnw] • vervreemd • afvallig • ontevreden • oproerig

disaffection/dısə'fekʃən/ [znw] • ⟨pol.⟩ afvalligheid • ontrouw

disaffiliate/dısə'fılıeıt/ [on ww] relaties verbreken * ~ from an organisation de relaties met een organisatie verbreken

disaffirm/dısə'fɜ:m/ [ov ww] • verwerpen • herroepen

disafforest/dısə'fɒrıst/ → **disforest**

disagree/dısə'gri:/ [on ww] • het oneens zijn • verschillen • niet passen bij * fish ~s with me ik kan geen vis verdragen

disagreeable/dısə'gri:əbl/ [bnw] onaangenaam

disagreement/dısə'gri:mənt/ [znw] • meningsverschil • verschil

disallow/dısə'laʊ/ [ov ww] niet toestaan

disappear/dısə'pıə/ [on ww] verdwijnen

disappearance/dısə'pıərəns/ [znw] verdwijning

disappoint/dısə'pɔınt/ [ov ww] teleurstellen * agreeably ~ed blij dat vrees ongegrond bleek * his expectations of success were ~ed het succes dat hij verwachtte bleef uit

disappointing/dısə'pɔıntıŋ/ [bnw] teleurstellend, tegenvallend

disappointingly/dısə'pɔıntıŋlı/ [bijw] teleurstellend * ~, he didn't turn up tot onze teleurstelling kwam hij niet opdagen

disappointment/dısə'pɔıntmənt/ [znw] teleurstelling

disapproval, disapprobation/dısə'pru:vəl/ [znw] afkeuring

disapprove/dısə'pru:v/ [ov + on ww] afkeuren, afwijzen * ⟨~ of⟩ afkeuren

disapprovingly/dısə'pru:vıŋlı/ [bijw] afkeurend

disarm/dıs'ɑ:m/ I [ov + on ww] ontwapenen II [ov ww] ontmantelen

disarmament/dıs'ɑ:məmənt/ [znw] ontwapening

disarrange/dısə'reındʒ/ [ov ww] in de war brengen

disarrangement/dısə'reındʒmənt/ → **disarrange**

disarray/dısə'reı/ I [ov ww] in wanorde brengen II [znw] wanorde

disassociate/dısə'səʊʃıeıt/ I [ov ww] • scheiden, afscheiden • ontbinden II [on ww] scheiden, uiteengaan

disaster/dı'zɑ:stə/ [znw] • ramp • narigheid * leads to ~ komt ⟨een hoop⟩ narigheid van

disastrous/dı'zɑ:strəs/ [bnw] rampzalig

disavow/dısə'vaʊ/ [ov ww] • ontkennen, loochenen • verwerpen

disavowal/dısə'vaʊəl/ [znw] verloochening, ontkenning

disband/dɪs'bænd/ I [ov ww] ontbinden
II [on ww] • z. ontbinden • ontbonden worden
disbandment/dɪs'bændmənt/ [znw] ontbinding
disbelief/dɪsbɪ'li:f/ [znw] ongeloof
disbelieve/dɪsbɪ'li:v/ [ov + on ww] niet geloven
disbeliever/dɪsbɪ'li:və/ [znw] ongelovige
disburden/dɪs'bɜ:dn/ I [ov ww] • ontdoen
• uitstorten II [on ww] z. ontdoen, ontlasten
disburse/dɪs'bɜ:s/ [ov + on ww] • (uit)betalen
• uitgeven
disbursement/dɪs'bɜ:smənt/ [znw] uitgave
disc/dɪsk/ [znw] • discus • schijf
• grammofoonplaat • parkeerschijf • rond bord
• schotelantenne • disc brake schijfrem ∗ slipped
disc hernia
disant/dɪs'skænt/ → **descant**
discard I [ov ww] /dɪs'kɑ:d/ • opzij zetten
• verwerpen • afdanken, afleggen • ontslaan
• bijspelen (v. kaart) II [znw] /'dɪskɑ:d/ • het
afdanken • afgedankte zaken • bijgespeelde
kaart(en)
discern/dɪ'sɜ:n/ [ov ww] • bespeuren, waarnemen
• onderscheiden
discernible/dɪ'sɜ:nəbl/ [bnw] waarneembaar
discerning/dɪ'sɜ:nɪŋ/ [bnw] scherpzinnig
discernment/dɪ'sɜ:nmənt/ [znw] • vermogen om
te onderscheiden • inzicht
discharge I [ov ww] /dɪs'tʃɑ:dʒ/ • afschieten
• ontlasten • lossen • betalen • ontheffen, loslaten,
ontslaan • lozen • etteren • vervullen (v. plicht)
• kwijten II [on ww] /dɪs'tʃɑ:dʒ/ • z. ontladen • z.
ontlasten, uitbarsten • lossen III [znw] /'dɪstʃɑ:dʒ
/ • schot • ontslag
discharger/dɪs'tʃɑ:dʒə/ [znw] ontlaadtang,
ontlader
disciple/dɪ'saɪpl/ [znw] leerling, volgeling
disciplinarian/dɪsɪplɪ'neərɪən/ [znw]
tuchtmeester
disciplinary/'dɪsɪplɪnərɪ/ [bnw] disciplinair
discipline/'dɪsɪplɪn/ I [ov ww] • onder discipline
brengen • tuchtigen II [znw] • afdeling
• discipline, zelfbeheersing • tucht(iging),
handhaving v. orde • tak v. wetenschap,
studierichting
discjockey/'dɪskdʒɒkɪ/ [znw] diskjockey,
radiopresentator
disclaim/dɪs'kleɪm/ [ov ww] • niet erkennen,
afwijzen • afstand doen van
disclaimer/dɪs'kleɪmə/ [znw] ontkenning,
afwijzing
disclose/dɪs'kləʊz/ [ov ww] onthullen
disclosure/dɪs'kləʊʒə/ [znw] disclosure
disco/'dɪskəʊ/ [znw] disco, disco muziek
discolour/dɪs'kʌlə/ I [ov ww] doen verkleuren
II [on ww] verkleuren, verschieten
discomfit/dɪs'kʌmfɪt/ [ov ww] • in verlegenheid
brengen • (vero.) verslaan
discomfiture/dɪs'kʌmfɪtʃə/ [znw] • verwarring
• (vero.) nederlaag
discomfort/dɪs'kʌmfət/ I [ov ww] • onbehagen
veroorzaken • hinderen II [znw]
• onbehaaglijkheid • ongemak
discompose/dɪskəm'pəʊz/ [ov ww] • (ver)storen
• verontrusten
discomposure/dɪskəm'pəʊʒə/ [znw] • wanorde
• verwarring
disconcert/dɪskən'sɜ:t/ [ov ww] • in de war sturen
• ontstellen
disconcerting/dɪskən'sɜ:tɪŋ/ [bnw] verontrustend
disconnect/dɪskə'nekt/ [ov ww] • verbinding
verbreken • verband verbreken • uitschakelen
∗ ~ed onsamenhangend

disconsolate/dɪs'kɒnsələt/ [bnw] • troosteloos
• ontroostbaar
discontent/dɪskən'tent/ I [ov ww] • mishagen
• teleurstellen II [znw] ontevredenheid
discontented/dɪskən'tentɪd/ [bnw] ontevreden
discontentment/dɪskən'tentmənt/ [znw]
ontevredenheid
discontiguous/dɪskən'tɪgjʊəs/ [bnw] niet
aansluitend
discontinuance/dɪskən'tɪnjuːəns/ [znw]
beëindiging
discontinue/dɪskən'tɪnjuː/ I [ov ww] • opzeggen
• opheffen II [on ww] • niet voortzetten
• ophouden
discontinuity/dɪskɒntɪ'njuːətɪ/ [znw]
• onderbreking • discontinuïteit
discontinuous/dɪskən'tɪnjʊəs/ [bnw]
onderbroken, niet doorgaand
discord, discordance/dɪs'kɔ:d/ I [on ww] • van
mening verschillen • afwijken II [znw]
• tweedracht • wanklank
discordance/dɪs'kɔ:dns/ → **discord**
discordant/dɪs'kɔ:dnt/ [bnw] • strijdig
• wanklanken producerend
discotheque, discothèque/'dɪskətek/ [znw]
discotheek, disco
discount I [ov ww] /dɪs'kaʊnt/ • (ver)disconteren
• korten • buiten beschouwing laten • weinig
geloof/belang hechten aan • het effect (enigszins)
bederven • vooruitlopen op ∗ ~ed cash flow
berekende kapitaalwaarde; berekende contante
waarde II [znw] /'dɪskaʊnt/ • disconto • korting
• rabat • disagio ∗ at a ~ voor een lagere prijs;
beneden pari; niet in tel ∗ ~ broker
wisselmakelaar ∗ ~ house discountzaak
discountable/dɪs'kaʊntəbl/ [bnw]
verdisconteerbaar
discountenance/dɪs'kaʊntɪnəns/ [ov ww] • niet
steunen • ontmoedigen • verlegen maken
discourage/dɪs'kʌrɪdʒ/ [ov ww] • ontmoedigen
• er van afhouden, afschrikken
discouragement/dɪs'kʌrɪdʒmənt/ [znw]
moedeloosheid
discourse I [on ww] /dɪs'kɔ:s/ converseren II [znw]
/'dɪskɔ:s/ • verhandeling • rede • preek
discourteous/dɪs'kɜ:tɪəs/ [bnw] onhoffelijk
discourtesy/dɪs'kɜ:təsɪ/ [znw] onbeleefdheid
discover/dɪs'kʌvə/ [ov ww] ontdekken ∗ ~ o.s. z.
bekend maken
discoverer/dɪs'kʌvərə/ [znw] ontdekker, uitvinder
discovery/dɪs'kʌvərɪ/ [znw] ontdekking ∗ (AE)
Discovery Day Columbusdag (12 okt)
discredit/dɪs'kredɪt/ I [ov ww] • niet geloven • in
diskrediet brengen II [znw] • schande, diskrediet
• opspraak
discreditable/dɪs'kredɪtəbl/ [bnw] schandelijk
discreet/dɪ'skri:t/ [bnw] • wijs, met tact • discreet,
kies, wetende te zwijgen • stemmig
discrepancy/dɪ'skrepənsɪ/ [znw] discrepantie
discrete/dɪ'skri:t/ [bnw] • afzonderlijk • zonder
samenhang
discretion/dɪ'skreʃən/ [znw] • discretie
• geheimhouding • wijsheid, beleid, tact,
voorzichtigheid ∗ it is at your own ~ het wordt
aan uw inzicht overgelaten ∗ surrender at ~ z. op
genade of ongenade overgeven ∗ use one's own ~
naar eigen goedvinden handelen
discretional, discretionary/dɪ'skreʃənl/ [bnw]
• overgelaten aan iemands oordeel • willekeurig
discriminate/dɪ'skrɪmɪnert/ I [ov ww]
onderscheiden, herkennen II [on ww] onderscheid
in acht nemen • (~ against) onderscheid maken

(ten nadele van)

discriminating /dɪ'skrɪmɪneɪtɪŋ/ [bnw]
scherpzinnig ∗ ~ duties/rates differentiële rechten

discrimination /dɪskrɪmɪ'neɪʃən/ [znw]
● onderscheidingsvermogen ● inzicht, doorzicht
● discriminatie

discriminatory /dɪ'skrɪmɪnətrɪ/ [bnw]
● discriminerend ● scherpzinnig

discursive /dɪ'skɜːsɪv/ [bnw] ● logisch ● uitweidend

discuss /dɪ'skʌs/ [ov ww] ● bespreken ● ‹vero.›
oppeuzelen, soldaat maken

discussion /dɪ'skʌʃən/ [znw] discussie

disdain /dɪs'deɪn/ I [ov ww] verachten II [znw]
minachting

disdainful /dɪs'deɪnful/ [bnw] minachtend,
hooghartig

disease /dɪ'ziːz/ [znw] ● ziekte ● kwaal ∗ ~d milk
besmette melk ∗ ~d mind/tree verziekte
geest/boom ∗ foot-and-mouth ~ mond- en
klauwzeer

disembark /dɪsɪm'bɑːk/ I [ov ww] ontschepen
II [on ww] z. ontschepen

disembarkation /dɪsembɑː'keɪʃən/ [znw]
ontscheping

disembarrass /dɪsɪm'bærəs/ [ov ww] ● bevrijden
‹v. lastig of overbodig iets› ● ontwarren

disembarrassment /dɪsɪm'bærəsmənt/ [znw]
bevrijding ‹v. lastig of overbodig iets›

disembodiment /dɪsɪm'bɒdɪmənt/ [znw]
● bevrijding van het lichaam ● ‹vero.› ontbinding

disembody /dɪsɪm'bɒdɪ/ [ov ww] ● van lichaam
of materie ontdoen ● ‹vero./mil.› ontbinden

disembowel /dɪsɪm'baʊəl/ [ov ww] ● ontweien, de
ingewanden halen uit ● openrijten

disembroil /dɪsɪm'brɔɪl/ [ov ww] ontwarren

disenchant /dɪsɪn'tʃɑːnt/ [ov ww] ontgoochelen

disenchantment /dɪsɪn'tʃɑːntmənt/ [znw]
● desillusie ● het verbreken v.e. betovering

disencumber /dɪsɪn'kʌmbə/ [ov ww] vrijmaken

disendow /dɪsɪn'daʊ/ [ov ww] ‹kerkelijke›
goederen afnemen

disenfranchise /dɪsɪn'fræntʃaɪz/ [ov ww] het
kiesrecht/de burgerrechten ontnemen

disengage /dɪsɪn'geɪdʒ/ I [ov ww] vrijmaken,
bevrijden II [on ww] z. vrijmaken ∗ ~d vrij;
onbezet

disengagement /dɪsɪn'geɪdʒmənt/ [znw]
● ongedwongenheid ● verbreking v. verloving
● bevrijding ● ‹chem.› vrijkoming

disentail /dɪsɪn'teɪl/ [ov ww] opheffen of
beëindigen van een fideï-commis

disentangle /dɪsɪn'tæŋgl/ I [ov ww] ontwarren,
bevrijden II [on ww] z. ontwarren

disentanglement /dɪsɪn'tæŋglmənt/ [znw]
ontwarring

disentomb /dɪsɪn'tuːm/ [ov ww] ● opgraven ‹uit
een graf› ● aan 't licht brengen

disestablish /dɪsɪs'tæblɪʃ/ [ov ww] ontbinden ∗ ~
the Church de Kerk van de Staat scheiden

disfavour /dɪs'feɪvə/ I [ov ww] ● ongunstig gezind
zijn ● afkeuren II [znw] ● ongenade ● afkeer,
tegenzin

disfigure, disfeature /dɪs'fɪgə/ [ov ww] ● lelijk
maken, ontsieren ● misvormen

disfigurement /dɪs'fɪgəmənt/ [znw] misvorming,
wanstaltigheid

disforest /dɪs'fɒrɪst/ [ov ww] ontbossen

disfranchise /dɪs'fræntʃaɪz/ [ov ww] vervallen
verklaren van burgerrechten

disfranchisement /dɪs'fræntʃɪzmənt/ [znw]
ontzetting uit een recht

disfrock /dɪs'frɒk/ [ov ww] uit de orde stoten

disgorge /dɪs'gɔːdʒ/ I [ov ww] ● overgeven
● teruggeven ● uitbraken, uitstorten II [on ww] z.
uitstorten

disgrace /dɪs'greɪs/ I [ov ww] ● in ongenade doen
vallen ● degraderen ● te schande maken ● ontsieren
∗ ~ o.s. z. schandelijk gedragen II [znw]
● ongenade ● schande

disgraceful /dɪs'greɪsful/ [bnw] schandelijk

disgruntled /dɪs'grʌntld/ [bnw] knorrig,
ontevreden

disguise /dɪs'gaɪz/ I [ov ww] vermommen,
onherkenbaar maken ∗ ~ one's feelings zijn
gevoelens verbergen ∗ ~d hand verdraaide hand
∗ ~d voice verdraaide stem II [znw] vermomming

disgust /dɪs'gʌst/ I [ov ww] doen walgen II [znw]
afschuw

disgusted /dɪs'gʌstɪd/ [bnw] walgend, vol afkeer

disgusting /dɪs'gʌstɪŋ/ [bnw] weerzinwekkend

dish /dɪʃ/ I [ov ww] ● opdienen ● te slim af zijn,
vloeren ‹~ out› opscheppen, uitdelen ‹~ up›
opdienen II [znw] ● schaal, schotel
● schotelantenne ● gerecht ∗ ‹inf.› she's a dish ze
is 'n mooie vrouw/fijne meid ∗ standing dish vast
tarief; vast onderdeel; nummer dat nooit ontbreekt

dishabille /dɪsə'biːl/ [znw] ● het informeel of
nonchalant gekleed zijn ● opzettelijke informele of
nonchalante houding ● négligé

disharmony /dɪs'hɑːmənɪ/ [znw] disharmonie

dishcloth /'dɪʃklɒθ/ [znw] vaatdoek

dishearten /dɪs'hɑːtn/ [ov ww] ontmoedigen

dished /dɪʃt/ ‹sl.› [bnw] naar de maan

dishes /'dɪʃɪz/ [mv] de afwas, tafelgerei

dishevel /dɪ'ʃevəl/ [ov ww] in de war brengen
∗ ~led slordig; haveloos

dishonest /dɪs'ɒnɪst/ [bnw] oneerlijk

dishonesty /dɪs'ɒnɪstɪ/ [znw] oneerlijkheid

dishonour /dɪs'ɒnə/ I [ov ww] onteren II [znw]
oneer, schande

dishonourable /dɪs'ɒnərəbl/ [bnw] schandelijk

dishouse /dɪs'haʊz/ [ov ww] dakloos maken

dishtowel /'dɪʃtaʊəl/ [znw] thee-/droogdoek

dishwasher /'dɪʃwɒʃə/ [znw] vaatwasmachine

dishwater /'dɪʃwɔːtə/ [znw] afwaswater,
slootwater ‹fig.›

dishy /'dɪʃɪ/ ‹sl.› [bnw] zeer aantrekkelijk ‹v.
persoon›

disillusion /dɪsɪ'luːʒən/ I [ov ww] ontgoochelen
II [znw] ontgoocheling

disillusionment /dɪsɪ'luːʒənmənt/ [znw]
ontgoocheling

disinclination /dɪsɪnklɪ'neɪʃən/ [znw] tegenzin

disincline /dɪsɪn'klaɪn/ [ov ww] afkerig maken

disinclined /dɪsɪn'klaɪnd/ [bnw] afkerig

disincorporate /dɪsɪn'kɔːpərət/ [ov ww]
ontbinden

disinfect /dɪsɪn'fekt/ [ov ww] ontsmetten

disinfectant /dɪsɪn'fektnt/ I [znw] ontsmettend
middel II [bnw] ontsmettend

disinfection /dɪsɪn'fekʃən/ [znw] ontsmetting

disinfest /dɪsɪn'fest/ [ov ww] ● van ongedierte
zuiveren ● ontluizen

disingenuous /dɪsɪn'dʒenjʊəs/ [bnw] onoprecht

disinherit /dɪsɪn'herɪt/ [ov ww] onterven

disinheritance /dɪsɪn'herɪtəns/ [znw] onterving

disintegrate /dɪs'ɪntɪgreɪt/ I [ov ww] doen
ontbinden, doen uiteenvallen II [on ww]
uiteenvallen, ontbinden

disintegration /dɪsɪntɪ'greɪʃən/ [znw]
ontbinding, desintegratie

disinter /dɪsɪn'tɜː/ [ov ww] ● opgraven ● ‹scherts›
(weer) aan het licht brengen, (weer) oprakelen

disinterest /dɪs'ɪntrəst/ [znw] ● belangeloosheid

D

• ongeïnteresseerdheid
disinterested/dɪs'ɪntrəstɪd/ [bnw] • belangeloos
• onbevooroordeeld • ongeïnteresseerd
disinterment/dɪsɪn'tɜːmənt/ [znw] • opgraving
• herontdekking
disinvest/dɪsɪn'vest/ [on ww] investeringen
terugtrekken
disjoint/dɪs'dʒɔɪnt/ [ov ww] ontwrichten, uit
elkaar nemen
disjointed/dɪs'dʒɔɪntɪd/ [bnw] onsamenhangend
disjunction/dɪs'dʒʌŋkʃən/ [znw] scheiding
dislike/dɪs'laɪk/ I [ov ww] een hekel hebben aan,
niet mogen II [znw] afkeer ∗ take a ~ to een hekel
krijgen aan
dislocate/'dɪsləkeɪt/ [ov ww] • ontwrichten
• verplaatsen
dislocation/dɪslə'keɪʃən/ [znw] • dislokatie
• ontwrichting
dislodge/dɪs'lɒdʒ/ I [ov ww] • loswrikken
• opjagen, (ver)drijven II [on ww] z. losmaken
dislodgement/dɪs'lɒdʒmənt/ → **dislodge**
disloyal/dɪs'lɔɪəl/ [bnw] trouweloos
disloyalty/dɪs'lɔɪəltɪ/ [znw] • trouweloze daad
• trouweloosheid
dismal/'dɪzml/ [mv] [bnw] akelig, naar, triest
dismals/'dɪzməlz/ [mv] ∗ the ~ neerslachtigheid
dismantle/dɪs'mæntl/ [ov ww] • ontmantelen,
aftakelen • ontwapenen ∗ ~ of ontdoen van
dismay/dɪs'meɪ/ I [ov ww] totaal ontmoedigen,
ontstellen II [znw] ontzetting, verslagenheid
dismayed/dɪs'meɪd/ [bnw] onthutst
dismember/dɪs'membə/ [ov ww] • aan stukken
hakken • scheuren • versnipperen
dismiss/dɪs'mɪs/ [ov ww] • wegzenden • ontslaan
• van z. afzetten • niet ontvankelijk verklaren ∗ ~
a subject van een onderwerp afstappen ∗ ~!
inrukken!
dismissal/dɪs'mɪsəl/ [znw] • verwerping • ontslag
• wegzending • verklaring van onontvankelijkheid
dismount/dɪs'maʊnt/ I [ov ww] • doen afstijgen
• demonteren • uit zadel lichten II [on ww]
afstijgen, afstappen
disobedience/dɪsə'biːdɪəns/ [znw]
ongehoorzaamheid
disobedient/dɪsə'biːdɪənt/ [bnw] ongehoorzaam
disobey/dɪsə'beɪ/ [ov + on ww] ongehoorzaam zijn
disoblige/dɪsə'blaɪdʒ/ [ov ww] • weigeren v. dienst
te zijn • onheus bejegenen
disorder/dɪs'ɔːdə/ I [ov ww] • in de war brengen
• van streek maken II [znw] • oproer • wanorde
• ongesteldheid, kwaal • ontregeling
disorderly/dɪs'ɔːdəlɪ/ [bnw] • wanordelijk
• aanstootgevend • oproerig • bandeloos ∗
house bordeel; berucht huis
disorders/dɪs'ɔːdəz/ [mv] ongeregeldheden
disorganization/dɪsɔːgənaɪˈzeɪʃən/ [znw]
• verstoring van de orde • wanorde
disorganize/dɪs'ɔːgənaɪz/ [ov ww] • ontwrichten
• ontredderen
disorientate/dɪs'ɔːrɪənteɪt/ [ov ww] het gevoel
voor richting ontnemen, stuurloos maken
disown/dɪs'əʊn/ [ov ww] • (ver)loochenen
• verwerpen • ontkennen • niet erkennen
disparage/dɪs'pærɪdʒ/ [ov ww] • kleineren
• afgeven op
disparaging/dɪs'pærɪdʒɪŋ/ [bnw]
geringschattend, kleinerend
disparate/'dɪspərət/ [bnw] • wezenlijk
verschillend • onvergelijkbaar
disparity/dɪs'pærətɪ/ [znw] (essentieel) verschil
dispassionate/dɪs'pæʃənət/ [bnw] • onpartijdig
• bedaard, koel

dispatch/dɪ'spætʃ/ I [ov ww] • uit de weg ruimen
• goed en snel afdoen • vlug opeten • (met spoed)
verzenden II [znw] • depêche • nota • spoed
• sterfgeval ∗ ~ goods ijlgoederen ∗ happy ~
harakiri
dispatch-bag/znw] aktetas
dispatch-box/dɪ'spætʃbɒks/ [znw] aktemap
dispatch-case/znw] aktetas
dispatcher/dɪ'spætʃə/ [znw] afzender, verzender
dispatch-rider/dɪ'spætʃraɪdə/ [znw]
motorordonnans, koerier
dispel/dɪ'spel/ [ov ww] verdrijven
dispensable/dɪ'spensəbl/ [bnw] waarin
vrijgesteld kan worden
dispensary/dɪ'spensərɪ/ [znw]
(fonds-/huis)apotheek, EHBO-afdeling
dispensation/dɪspen'seɪʃən/ [znw] • dispensatie
• (Gods)beschikking
dispense/dɪ'spens/ [on ww] • uitdelen • toedienen
• klaarmaken (v. recept, recepteren) ∗ ~ s.o. from
an obligation iem. van een plicht ontslaan ∗ (~
from) vrijstellen van ∗ (~ with) het (kunnen)
stellen zonder, niet eisen, overbodig maken
dispenser/dɪ'spensə/ [znw] • apotheker
• automaat • doseerbuisje, houder
dispeople/dɪs'piːpl/ [ov ww] ontvolken
dispersal/dɪ'spɜːsəl/ [znw] ∗ ~ of effort
versnippering v. energie ∗ the ~ of the crowd het
uiteendrijven van de menigte
disperse/dɪ'spɜːs/ I [ov ww] • verspreiden • uiteen
doen gaan • verjagen II [on ww] • z. verspreiden
• uiteen gaan
dispersion/dɪ'spɜːʃən/ [znw] • verspreiding • het
uiteenjagen ∗ the Dispersion (of the Jews)
diaspora (v.d. joden)
dispirit/dɪ'spɪrɪt/ [ov ww] • ontkrachten
• ontmoedigen
dispirited/dɪ'spɪrɪtɪd/ [bnw] moedeloos
displace/dɪs'pleɪs/ [ov ww] • verplaatsen
• verdringen • afzetten • vervangen ∗ ~d persons
ontheemden
displacement/dɪs'pleɪsmənt/ [znw]
• verplaatsing • vervanging ∗ ~ ton ton
waterverplaatsing (v. schip)
display/dɪ'spleɪ/ I [ov ww] • (ver)tonen
• ontplooien • aan de dag leggen II [znw]
• beeldtoestel • beeldscherm • uitstalling • visueel
hulpmiddel • toonstuk • beeld ∗ ~ piece toonstuk
∗ ~ value uitstallingswaarde ∗ on ~ te zien
displease/dɪs'pliːz/ [ov ww] mishagen
displeased/dɪs'pliːzd/ [bnw] ontevreden
displeasing/dɪs'pliːzɪŋ/ [bnw] onaangenaam
displeasure/dɪs'pleʒə/ (vero.) [znw] misnoegen
disport/dɪ'spɔːt/ [ov ww] vermaken ∗ ~ o.s. z.
vermaken
disposable/dɪ'spəʊzəbl/ I [znw] wegwerpartikel
II [bnw] • beschikbaar • wegwerp ∗ ~ income
besteedbaar/netto inkomen
disposal/dɪ'spəʊzəl/ [znw] regeling, stemming
∗ at your ~ te uwer beschikking
dispose/dɪ'spəʊz/ I [ov ww] • regelen
• rangschikken, plaatsen • stemmen ∗ be ~d for a
walk (wel) zin hebben in een wandeling II [on ww]
beschikken ∗ ~ of by will vermaken bij testament
• (~ of) verkopen, beschikken over, afdoen (met),
teniet doen ∗ ~ of a problem een moeilijkheid uit
de weg ruimen ∗ ~ of s.o. iem. uit de weg ruimen;
iem. doden ∗ ~ of a daughter een dochter
uithuwelijken ∗ ~ of s.th. iets van de hand doen;
iets weg doen
disposition/dɪspə'zɪʃən/ [znw] • voorbereiding •
maatregel • neiging, aard, gezindheid ∗ at your ~

te uwer beschikking ★ the ~ of the furniture *de opstelling van de meubels*

dispossess /dɪspəˈzes/ [ov ww] • *afnemen* • *onterven* • *onteigenen* • ⟨AD⟩ *dakloos maken*

disproof /dɪsˈpruːf/ [znw] • *weerlegging*

disproportion /dɪsprəˈpɔːʃən/ **I** [ov ww] *onevenredig maken* **II** [znw] • *wanverhouding* • *onevenredigheid*

disproportionate /dɪsprəˈpɔːʃənət/ [bnw] *onevenredig, disproportioneel*

disprovable /dɪsˈpruːvəbl/ [bnw] *weerlegbaar, te weerleggen*

disprove /dɪsˈpruːv/ [ov ww] *weerleggen*

disputable /dɪˈspjuːtəbl/ [bnw] *betwistbaar*

disputant /dɪˈspjuːtnt/ **I** [znw] *redetwister, partij ⟨in disputt⟩* **II** [bnw] *twistend*

disputation /dɪspjuːˈteɪʃən/ [znw] • *dispuut, twistgesprek, discussie* • *het disputeren*

disputatious /dɪspjuːˈteɪʃəs/ [bnw] *twistziek*

disputative /dɪˈspjuːtətɪv/ [bnw] *twistziek*

dispute /dɪˈspjuːt/ **I** [ov ww] *betwisten* **II** [on ww] *redetwisten* [znw] *geschil* ★ a ~ about/over/with *een geschil over/om/met* ★ *beyond/past/without* ~ *buiten kijf* ★ the matter in ~ *het geschilpunt; de kwestie*

disqualification /dɪskwɒlɪfɪˈkeɪʃən/ [znw] • *belemmering* • *diskwalificatie*

disqualify /dɪsˈkwɒlɪfaɪ/ [ov ww] • *uitsluiten* • *diskwalificeren* • *onbevoegd verklaren*

disquiet /dɪsˈkwaɪət/ **I** [ov ww] *onrustig maken* **II** [znw] • *ongerustheid* • *onrust* **III** [bnw] *onrustig*

disquietude /dɪsˈkwaɪətjuːd/ [znw] • *onrust* • *bezorgdheid*

disquisition /dɪskwɪˈzɪʃən/ [znw] *relaas, uiteenzetting, verhandeling*

disrate /dɪsˈreɪt/ [ov ww] *degraderen*

disregard /dɪsrɪˈɡɑːd/ **I** [ov ww] *negeren, z. niets aantrekken van* **II** [znw] *veronachtzaming*

disregulate /dɪsˈreɡjuleɪt/ [ov ww] *ontregelen*

disrelish /dɪsˈrelɪʃ/ **I** [ov ww] • *afkeer hebben van* • *niet houden van* **II** [znw] • *afkeer* • *onbehagen*

disrepair /dɪsrɪˈpeə/ [znw] *vervallen staat*

disreputable /dɪsˈrepjʊtəbl/ [bnw] • *berucht, schandelijk* • *onfatsoenlijk*

disrepute /dɪsrɪˈpjuːt/ [znw] *diskrediet* ★ *bring into* ~ *in opspraak brengen* ★ *fall into* ~ *in diskrediet raken*

disrespect /dɪsrɪˈspekt/ [znw] *gebrek aan eerbied*

disrespectful /dɪsrɪˈspektfʊl/ [bnw] *oneerbiedig, onbeschaamd*

disrobe /dɪsˈrəʊb/ **I** [ov ww] • *van het ambtsgewaad ontdoen* • *ontkleden* **II** [on ww] • *z. ontkleden* • *het ambtsgewaad afleggen*

disroot /dɪsˈruːt/ [ov ww] *ontwortelen*

disrupt /dɪsˈrʌpt/ [ov ww] • *ontwrichten* • *breuk of scheuring bewerken*

disruption /dɪsˈrʌpʃən/ [znw] • *ontwrichting* • *scheuring*

disruptive /dɪsˈrʌptɪv/ [bnw] *ontwrichtend*

dissatisfaction /dɪssætɪsˈfækʃən/ [znw] *ontevredenheid*

dissatisfy /dɪsˈsætɪsfaɪ/ [ov ww] • *niet tevreden stellen* • *niet voldoen* • *teleurstellen*

dissect /dɪˈsekt/ [ov ww] *ontleden* ★ a ~ *book/theory een boek/theorie grondig onderzoeken/analyseren* ★ ~ed map (puzzle) *legkaart*

dissecting-room [znw] *snijkamer*

dissection /dɪˈsekʃən/ [znw] • *ontleding* • *sectie*

dissector /dɪˈsektə/ [znw] *anatoom*

dissemble /dɪˈsembl/ **I** [ov ww] • *verhullen* • *veinzen* • *verbergen* **II** [on ww] *huichelen*

dissembler /dɪˈsemblə/ [znw] • *veinzer* • *huichelaar*

disseminate /dɪˈsemɪneɪt/ [ov ww] (uit)zaaien ⟨fig.⟩, *verspreiden*

dissemination /dɪsemɪˈneɪʃən/ [znw] • *verspreiding* • *uitzaaiing*

dissension /dɪˈsenʃən/ [znw] *onenigheid*

dissent /dɪˈsent/ **I** [on ww] • *verschillen v. mening* ⟨vnl. qua godsdienstige overtuiging⟩ • *z. afscheiden v.d. staatskerk* ★ ~ing minister *afgescheiden dominee* **II** [znw] • *verschil v. inzicht* • *afscheiding*

dissenter /dɪˈsentə/ [znw] *andersdenkende*

dissentient /dɪˈsenʃənt/ **I** [znw] *andersgezinde, andersdenkende* **II** [bnw] *andersgezind, andersdenkend*

dissertation /dɪsəˈteɪʃən/ [znw] *verhandeling*

disservice /dɪsˈsɜːvɪs/ [znw] *slechte dienst*

dissever /dɪˈsevə/ [ov ww] *scheiden, verdelen*

dissidence /ˈdɪsɪdns/ [znw] *onenigheid*

dissident /ˈdɪsɪdnt/ **I** [znw] *andersdenkende* **II** [bnw] • *andersdenkend* • *onenig* • *een andere mening toegedaan*

dissimilar /dɪˈsɪmɪlə/ [bnw] *ongelijk*

dissimilarity, dissimilitude /dɪsɪmɪˈlærətɪ/ [znw] • *verschil* • *ongelijkheid*

dissimulate /dɪˈsɪmjʊleɪt/ [ov + on ww] • *huichelen* • *verbergen*

dissimulation /dɪsɪmjʊˈleɪʃən/ [znw] *huichelarij*

dissipate /ˈdɪsɪpeɪt/ **I** [ov ww] • *verdrijven* • *doen verdwijnen* • *verspillen, verkwisten* **II** [on ww] *verdwijnen*

dissipated /ˈdɪsɪpeɪtɪd/ [bnw] *liederlijk*

dissipation /dɪsɪˈpeɪʃən/ [znw] *losbandigheid*

dissociate /dɪˈsəʊʃɪeɪt/ [ov ww] ★ ~ o.s. from *zich distantiëren van iets* (~ from) *los maken/zien van*

dissolubility /dɪsɒljʊˈbɪlətɪ/ [znw] *oplosbaarheid*

dissoluble /dɪˈsɒljʊbl/ [bnw] • *oplosbaar* • *ontbindbaar*

dissolute /ˈdɪsəluːt/ [bnw] *losbandig*

dissolution /dɪsəˈluːʃən/ [znw] • *ontbinding* • *dood*

dissolvable /dɪˈzɒlvəbl/ [bnw] *oplosbaar*

dissolve /dɪˈzɒlv/ **I** [ov ww] • *oplossen* • *ontbinden, opheffen* ★ ~ a problem *een probleem tot verdwijnen* ★ ~ into tears *in huilen uitbarsten* ★ *dissolving views in elkaar overgaande lichtbeelden* **II** [on ww] • *z. oplossen* • *z. ontbinden* **III** [znw] *in elkaar overgaande filmbeelden*

dissolvent /dɪˈzɒlvənt/ **I** [znw] *oplossend middel* **II** [bnw] *oplossend*

dissonance /ˈdɪsənəns/ [znw] • *wanklank* • *onenigheid*

dissonant /ˈdɪsənənt/ [bnw] • *schel, niet samenklinkend* • *niet overeenstemmend*

dissuade /dɪˈsweɪd/ [ov ww] *afraden* (~ from) *afbrengen van, weerhouden van*

dissuasion /dɪˈsweɪʒən/ [znw] *ontrading*

dissuasive /dɪˈsweɪsɪv/ [bnw] *ontradend*

distaff /ˈdɪstɑːf/ [znw] • *spinrok* • *vrouwenwerk* ★ ~ side of the family *vrouwelijke linie*

distance /ˈdɪstns/ **I** [ov ww] • *ver achter z. laten* • *op afstand plaatsen* ★ ~ o.s. from *afstand nemen van* **II** [znw] • *verte* • *afstand* ★ at a ~ *op afstand* ★ at this ~ *of time zo lang daarna* ★ at this ~ *of/in time zo lang daarna* ★ from a ~ *van een afstand* ★ go the ~ *de hele wedstrijd uitspelen/-vechten; het tot het einde volhouden* ★ keep one's ~ *afstand bewaren*

distant /ˈdɪstnt/ [bnw] • *ver (weg)* • *op een afstand* • *hautain*

distaste/dɪs'teɪst/ [znw] • afkeer • tegenzin
distasteful/dɪs'teɪstfʊl/ [bnw] • onaangenaam • onsmakelijk
distemper/dɪ'stempə/ I [ov ww] • tempera schilderen, met muurverf bewerken, verven • (vero.) storen • (vero.) ziek maken II [znw] • kwaal, ziekte • dierenziekte • tempera • muurverf
distend/dɪ'stend/ I [ov ww] doen opzwellen II [on ww] opzwellen
distension/dɪ'stenʃən/ [znw] zwelling
distil/dɪ'stɪl/ I [ov ww] • distilleren • concentreren • zuiveren II [on ww] sijpelen, druppelen
distillation/dɪstɪ'leɪʃən/ [znw] distillatie
distiller/dɪ'stɪlə/ [znw] • distillateur • distilleertoestel
distillery/dɪ'stɪləri/ [znw] distilleerderij, stokerij
distinct/dɪ'stɪŋkt/ [bnw] • duidelijk • apart • onderscheiden • as ~ from in tegenstelling tot • be ~ from niet hetzelfde zijn
distinction/dɪ'stɪŋkʃən/ [znw] • onderscheid(ing) • aanzien, voornaamheid • apartheid * a writer of ~ een vooraanstaand schrijver
distinctive/dɪ'stɪŋktɪv/ I [znw] kenteken II [bnw] • onderscheidend • kenmerkend
distinguish/dɪ'stɪŋgwɪʃ/ I [ov ww] onderscheiden * be ~ed by z. onderscheiden door • (~ from) onderscheiden van II [on ww] onderscheid maken • (~ among/between) onderscheid maken tussen III [wkd ww] zich onderscheiden • (~ by) onderscheiden door
distinguishable/dɪ'stɪŋgwɪʃəbl/ [bnw] • goed te onderscheiden • duidelijk waarneembaar • te onderscheiden
distinguished/dɪ'stɪŋgwɪʃt/ [bnw] • voortreffelijk • voornaam, gedistingeerd
distort/dɪ'stɔːt/ [ov ww] • vertrekken (v. gezicht) • vervormen, verwringen • verdraaien * ~ed face verwrongen gezicht * ~ing mirror lachspiegel
distortion/dɪ'stɔːʃən/ [znw] vervorming
distract/dɪ'strækt/ [ov ww] • afleiden • verwarren, verbijsteren
distracted/dɪ'stræktɪd/ [bnw] • afgeleid • verward • radeloos, gek
distraction/dɪ'strækʃən/ [znw] • afleiding • ontspanning • waanzin • verwarring * to ~ tot in 't absurde
distrain/dɪ'streɪn/ [ov ww] • (~ on) beslag leggen op
distraint/dɪ'streɪnt/ [znw] beslag(legging)
distraught/dɪ'strɔːt/ [bnw] uitzinnig, radeloos * ~ with grief radeloos van verdriet
distress/dɪ'stres/ I [ov ww] • benauwen • smart veroorzaken aan II [znw] • leed • pijn • angst • nood, ellende • uitputting • (jur.) beslaglegging * ~ sale executoriale verkoop
distressed/dɪ'strest/ [bnw] • ~ area noodlijdend gebied; gebied waar veel werkloosheid is * the ~ country Ierland
distressful/dɪ'stresfʊl/ [bnw] pijn/angst veroorzakend
distressing/dɪ'stresɪŋ/ [bnw] • pijn/angst veroorzakend • verontrustend
distress-signal [znw] noodsignaal
distribute/dɪ'strɪbjuːt/ [ov ww] • rangschikken • uitdelen, verdelen, distribueren • verspreiden
distribution/dɪstrɪ'bjuːʃən/ [znw] distributie, verspreiding
distributive/dɪ'strɪbjʊtɪv/ [bnw] * ~ trade handel met wederverkopers
distributor/dɪ'strɪbjʊtə/ [znw] • groothandelaar • (techn.) verdeler
district/'dɪstrɪkt/ I [ov ww] in districten verdelen

II [znw] • district, streek, gebied • wijk * (AE) ~ attorney officier v. justitie (bij arrondissementsrechtbank) * ~ nurse wijkverpleegster
distrust/dɪs'trʌst/ I [ov ww] wantrouwen II [znw] wantrouwen
distrustful/dɪs'trʌstfʊl/ [bnw] wantrouwig
disturb/dɪ'stɜːb/ [ov ww] • (ver)storen • in beroering brengen * a ~ed mind een gestoorde geest * ~ed zichzelf niet meer; uit het lood geslagen
disturbance/dɪ'stɜːbəns/ [znw] verstoring
disunite/dɪsjʊ'naɪt/ I [ov ww] scheiden II [on ww] z. scheiden, uiteengaan
disunity, disunion/dɪs'juːnəti/ [znw] onenigheid * political ~ politieke verdeeldheid
disuse I [ov ww] /dɪs'juːz/ niet meer gebruiken II [znw] /dɪs'juːs/ * ~ fall into ~ in onbruik raken
disused/dɪs'juːzd/ [bnw] niet meer gebruikt, oud
ditch/dɪtʃ/ I [ov ww] • achterlaten, in de steek laten • in de sloot gooien * be ~ed in sloot/zee terechtkomen * ~ s.o. iem. de bons geven; iem. in de steek laten II [on ww] • sloten graven • sloten schoonmaken • draineren III [znw] sloot, greppel * die in the last ~ vechten tot de laatste snik * drive into the ~ in de sloot rijden • driven to the last ~ met de rug tegen de muur (moeten vechten)
dither/'dɪðə/ I [on ww] • treuzelen • beven, trillen * go into a ~ van streek raken • (~ about) aarzelen II [znw] * be all of a ~ van slag zijn * be in a ~ van streek zijn
dithers/'dɪðəz/ [mv] * the ~ de zenuwen
ditto/'dɪtəʊ/ [znw] dezelfde, hetzelfde * ~ mark aanhalingsteken * ~ suit ... een het kostuum idem dito; heel kostuum v. zelfde stof * say ~ to ja en amen zeggen * suit of ~s heel kostuum v. zelfde stof
ditty/'dɪti/ [znw] deuntje, wijsje
diuretic/daɪjʊ'retɪk/ I [znw] diureticum II [bnw] diuretisch
diurnal/daɪ'ɜːnl/ I [znw] (vero.) dagelijks gebedenboek, diurnaal II [bnw] • overdag • gedurende de dag • dagelijks
divagate/'daɪvəgeɪt/ [on ww] afdwalen
divagation/daɪvə'geɪʃən/ [znw] (af)dwaling
divan/dɪ'væn/ [znw] • divan • Oosterse raad(kamer) • (vero.) (rooksalon bij) sigarenwinkel
divaricate/daɪ'værɪkeɪt/ [on ww] z. vertakken
dive/daɪv/ I [on ww] • duiken • z. verdiepen in * dive in! aanvullen! (bij maaltijd) • dive into one's pocket in de zak tasten II [znw] • zakkenroller • duik • hol, dievenhol, tent * make a dive for duiken naar; grijpen naar
dive-bomb [ov ww] in duikvlucht bombarderen
diver/'daɪvə/ [znw] duiker
diverge/daɪ'vɜːdʒ/ [on ww] • uiteenlopen • afwijken
divergence, divergency/daɪ'vɜːdʒəns/ [znw] divergentie
divergent/daɪ'vɜːdʒənt/ [bnw] • divergent • afwijkend
divers/'daɪvəz/ (vero.) [bnw] allerlei
diverse/'daɪvɜːs/ [bnw] verschillend
diversification/daɪvɜːsɪfɪ'keɪʃən/ [znw] diversificatie
diversify/daɪ'vɜːsɪfaɪ/ [ov ww] • variëren, afwisselen • wijzigen
diversion/daɪ'vɜːʃən/ [znw] • afleidingsmanoeuvre • omlegging • verstrooiing
diversity/daɪ'vɜːsəti/ [znw] • variatie • verscheidenheid
divert/daɪ'vɜːt/ [ov ww] • een andere richting of

wending geven • afleiden • vermaken
divest/daɪ'vest/ [ov ww] • ontkleden • afstand
doen van, ontdoen
divide/dɪ'vaɪd/ **I** [ov ww] • verdelen, (in)delen
• scheiden ∗ 15 ~d by 3 is 5 15 gedeeld door 3 is 5
∗ 2 ~s into 12 6 times 12 kan 6 keer door 2 gedeeld
worden • 5 will not ~ 12 5 is niet deelbaar op 12
∗ ~ 8 by 4 8 door 4 delen ∗ ~ the House de Kamer
laten stemmen ∗ ⟨AE⟩ ~d roadway weg met 2
gescheiden rijbanen **II** [on ww] z. verdelen
III [znw] ⟨AE⟩ the ∼ the Great Divide
(between life and death) de dood
dividend/'dɪvɪdend/ [znw] • dividend • deeltal
divider/dɪ'vaɪdə/ [znw] • kamerscherm • (ver)deler
dividers/dɪ'vaɪdəz/ [mv] verdeelpasser
divination/dɪvɪ'neɪʃən/ [znw] • voorspelling
• waarzeggerij
divine/dɪ'vaɪn/ **I** [ov ww] • raden • een voorgevoel
hebben van **II** [on ww] • voorspellen • waarzeggen
• een voorgevoel hebben ∗ divining-rod
wichelroede **III** [znw] • theoloog • geestelijke
IV [bnw] • goddelijk • godsdienstig • gewijd ∗ ~
service kerkdienst; godsdienstoefening
diviner/dɪ'vaɪnə/ [znw] • helderziende
• waarzegger • (water) ~ wichelroedeloper
diving-bell [znw] duikerklok
diving-board [znw] duikplank
diving-rod/dɪ'vaɪnɪŋrod/ [znw] wichelroede
divinity/dɪ'vɪnɪti/ [znw] • god(heid)
• goddelijkheid • godgeleerdheid
divisible/dɪ'vɪzɪbl/ [bnw] (ver)deelbaar
division/dɪ'vɪʒən/ [znw] • divisie • district, wijk
• stemming (voor of tegen) • afdeling • branche
• groep
divisional/dɪ'vɪʒənl/ [bnw] • deel- • divisie-
divisor/dɪ'vaɪzə/ [znw] deler
divorce/dɪ'vɔ:s/ **I** [ov ww] • scheiden van • z. laten
scheiden van **II** [znw] echtscheiding
divorcee/dɪvɔ:'si:/ [znw] gescheiden vrouw
divulge/daɪ'vʌldʒ/ [ov ww] openbaar (bekend)
maken
divulgence/daɪ'vʌldʒəns/ [znw] onthulling
divvy/'dɪvɪ/ ⟨sl.⟩ **I** [ov ww] (ver)delen **II** [znw]
dividend
Dixieland/'dɪksɪlænd/ [znw] jazzmuziek oude stijl
D.I.Y. [afk] • (do-it-yourself) doe-het-zelf
dizzy/'dɪzɪ/ **I** [ov ww] duizelig maken **II** [bnw]
duizelig ∗ ~ height duizelingwekkende hoogte
∗ ~ peak duizelingwekkend hoge bergtop
do I [ov ww] /du:/ • doen • maken • (gaar) koken,
bereiden • spelen (voor) • uitputten, moe maken
• ertussen nemen ∗ and so I did en dat deed ik ook
∗ do the polite thing beleefd willen zijn • do you
do hats? verkoopt u hoeden? ∗ he did 6 months
hij zat 6 maanden ∗ ⟨sl.⟩ he did me for £20 hij
boorde me £20 door de neus ∗ it isn't done dat
doet men niet ∗ these things do credit to deze
zaken strekken tot eer ∗ they do you well zij
zorgen goed voor je • we do them at $ 5 each wij
brengen ze voor $ 5 per stuk • we don't do
lunches now we serveren nu geen lunch ∗ (~ for)
⟨sl.⟩ ruïneren/doden ∗ ⟨inf.⟩ he is done for het is
met hem gedaan • (~ in) ⟨inf.⟩ ruïneren, te pakken
nemen, van kant maken ∗ ⟨sl.⟩ done in doodmoe
• (~ up) opknappen, opkalefateren, opruimen,
inpakken, uitpotten **II** [on ww] /du:/ • doen
• deugen, genoeg zijn, (ermee door) gaan ∗ ⟨sl.⟩ I'm
done ik ben klaar (met) ∗ do into English in het
Engels vertalen • have done! schei uit! ∗ he is
well-to-do hij is welgesteld/rijk • how do you
do? hoe maakt u het? ∗ it won't do to tell het
heeft geen zin als je het zegt ∗ let's have done

with it laten we er (nu maar) mee ophouden ∗ that
won't do dat is niet genoeg; dat gaat niet ∗ that's
done with dat is afgedaan • you have nothing
to do with it je hebt er niets mee te maken • (~
away with) afschaffen, wegdoen, eraf zien te
komen, van kant maken • (~ by/to) behandelen
• (~ for) dienen als • (~ without) ontberen, niet
nodig hebben **III** [hww] /du:/ ∗ I do wish she
would ik zou toch zo graag willen dat ze ... ∗ and
so did I en ik ook • but I did knock maar ik hèb
wel geklopt ∗ he sees it as clearly as I do hij ziet
het even duidelijk als ik **IV** [znw] • /du:/ fuif,
vrolijke bende, beetnemerij, zwendel • ⟨muz.⟩ /dəʊ
/ do ∗ a big 'do' een grote bende ∗ fair do's! eerlijk
delen!

dobbin/'dobɪn/ [znw] werkpaard
doc/dok/ ⟨sl.⟩ → **doctor**
doc. [afk] • (document) document
docile/'dəʊsaɪl/ [bnw] • gedwee • makkelijk te
vormen • volgzaam • ⟨vero.⟩ leergierig
docility/dəʊ'sɪlɪtɪ/ [znw] gedweeheid,
meegaandheid
dock/dok/ **I** [ov ww] • korten • dokken,
binnengaan **II** [on ww] meren, dokken **III** [znw]
• dok • haven • beklaagdenbank • zuring
• staartwortel
dockage/'dokɪdʒ/ [znw] dokgeld, havengeld
docker/'dokə/ [znw] dokwerker, havenarbeider
docket/'dokɪt/ **I** [ov ww] labelen ∗ ~ a parcel een
pakje voorzien van etiket **II** [znw] • korte
inhoudsaanduiding ⟨op document⟩
• kanttekening • bon, (geleide)briefje
• opdrachtformulier • dossier • ⟨AE/jur.⟩ rol
dockhand/'dokhænd/ [znw] dokwerker,
havenarbeider
dockland/'dokland/ [znw] havengebied/-kwartier
dockyard/'dokja:d/ [znw] scheepswerf
doctor/'doktə/ **I** [ov ww] • de graad van doctor
verlenen • behandelen • dokteren (aan) **II** [on ww]
dokteren **III** [znw] • dokter • doctor, geleerde
• kunstvlieg • ⟨sl.⟩ scheepskok • ⟨AE⟩ ~'s office
spreekkamer
doctoral/'doktərəl/ [bnw] ∗ ~ degree
doctorsgraad
doctorate I [ov ww] /'doktəreɪt/ promoveren
II [znw] /'doktərət/ doctoraat
doctrinaire/doktrɪ'neə/ **I** [znw] theoreticus
II [bnw] strikt, doctrinair
doctrinal/dok'traɪnl/ [bnw] leerstellig
doctrinarian/doktrɪ'neəriən/ [znw] theoreticus
doctrine/'doktrɪn/ [znw] • leer(stuk) • dogma
document/'dokjumənt/ **I** [ov ww] documenteren
II [znw] document, bewijsstuk
documentary/dokju'mentərɪ/ [znw]
documentair(e)
documentation/dokjumen'teɪʃən/ [znw]
documentatie
dodder/'dodə/ **I** [on ww] • beven • (voort)sukkelen
II [znw] warkruid
doddering/'dodərɪŋ/ [bnw] moeilijk lopend,
schuifelend, strompelend
doddle/'dodl/ [znw] makkie
dodge/dodʒ/ **I** [ov ww] • ontwijken • handig
ontduiken • heimelijk nagaan **II** [on ww]
• uitwijken • (z.) heen en weer bewegen • er omheen
draaien • slenteren **III** [znw] • ontwijkende
beweging • smoesje • truc, foefje • vernuftig toestel,
apparaat
dodgem/'dodʒəm/ [znw] botsauto
dodger/'dodʒə/ [znw] • slimme vos • ⟨AE⟩
strooibiljet ∗ tax ~ belastingontduiker
dodgy/'dodʒɪ/ [bnw] gehaaid, slinks ∗ ~ plan

D

D

riskant plan
dodo/'dəʊdəʊ/ [znw] dodo * as dead as a dodo zo dood als een pier
doe/dəʊ/ [znw] • hinde • wijfje (v. haas, konijn, hert)
doer/'du:ə/ [znw] • dader • man van de daad • degene die het werk doet
does/dʌz/ → **do**
doff/dɒf/ [ov ww] afnemen (v. hoed)
dog/dɒg/ I [ov ww] • ezelsoren maken in • iemands gangen nagaan • vervolgen • achtervolgen II [znw] • hond • mannetjeswolf, mannetjesvos • kerel • vuurbok (open haard) * dog Latin potjeslatijn * dog days hondsdagen * dog in the manger iem. die de zon niet in het water kan zien schijnen * dog's age een eeuwigheid * dog's ear ezelsoor * every dog has his day het zit iedereen wel eens mee * give a dog a bad name and hang him wee de wolf die in een kwaad gerucht staat * go to the dogs naar de haaien gaan * lead a dog's life een ellendig bestaan hebben * lead s.o. a dog's life iem. als een hond behandelen * like a dog's dinner opgedirkt * love me, love my dog laat mijn vrienden de uwe zijn * not a dog's chance geen schijn van kans * put on the dog opscheppen; airs aannemen * throw to the dogs opofferen; weggooien
dogcart/'dɒgka:t/ [znw] • hondenkar • dogkar, klein rijtuigje
dog-cheap[bnw] spotgoedkoop
dog-collar[znw] • halsband • hoge boord • priesterboord
dog-eared[znw] met ezelsoren
dogfight/'dɒgfaɪt/ [znw] • hondengevecht • luchtgevecht
dogfish/'dɒgfɪʃ/ [znw] • hondshaai • hondshaaien
dog-fox[znw] mannetjesvos
dogged/'dɒgɪd/ [bnw] • hardnekkig, koppig • nors
dogger/'dɒgə/ [znw] dogger, vissersboot
doggerel/'dɒgərəl/ I [znw] kreupel vers, rijmelarij II [bnw] kreupel (v. rijm)
doggie/'dɒgɪ/ [znw] hondje
doggo/'dɒgəʊ/ (inf.) [bijw] * lie ~ zich gedekt/koest houden
doggone/'dɒgɒn/ (inf.) [bnw + bijw] • verdomme • verdomd
doghouse/'dɒghaʊs/ [znw] • hondenhok • kennel
dogie/'dəʊgɪ/ [znw] (AE) moederloos kalf
dogleg/'dɒgleg/ [znw] scherpe bocht
dogma/'dɒgmə/ [znw] dogma
dogmatic/dɒg'mætɪk/ [bnw] • dogmatisch • autoritair
dogmatism/'dɒgmətɪzəm/ [znw] dogmatisme, dogmatiek
dogmatize/'dɒgmətaɪz/ [ov + on ww] dogmatiseren
do-gooder/du:'gʊdə/ (iron.) [znw] wereldverbeteraar
dog-paddle[on ww] op zijn hondjes zwemmen, rondspartelen
dogsbody/'dɒgzbɒdɪ/ [znw] • duivelstoejager • jongste officier (aan boord)
dogsleep/'dɒgsli:p/ [znw] hazenslaapje
dog-star[znw] Sirius
dog-tired[bnw] doodmoe
dogtrot/'dɒgtrɒt/ [znw] soepel drafje, sukkeldrafje
dog-watch[znw] (scheepv.) platvoetwacht, korte wacht van 4-6 en van 6-8 n.m.
doily/'dɔɪlɪ/ [znw] • (decoratief) onderleggertje (onder kopje, gebakje) • (vero.) vingerdoekje
doing/'du:ɪŋ/ [znw] * (inf.) nothing ~ 't haalt niets uit; niets te doen; nee, dat doe ik niet!

doings/'du:ɪŋz/ [mv] * s.o.'s ~ iemands doen en laten * there are to be great ~ here next week er is hier volgende week heel wat te doen
do-it-yourself[bnw] doe-het-zelf
dolby/dolbɪ/ [znw] ruisonderdrukker
doldrums/'dɒldrəmz/ [mv] • be in the ~ in de put zitten * the ~ windstille streken
dole/dəʊl/ I [ov ww] uitdelen (~ **out**) (karig) uitdelen II [znw] • bedeling, steun • aalmoes * be on the dole steun trekken
doleful/'dəʊlfʊl/ [bnw] • somber, akelig • smartelijk
doll/dɒl/ I [wkd ww] • (~ **up**) z. opdirken II [znw] pop * doll's house poppenhuis
dollar/'dɒlə/ [znw] • dollar • (gesch.) 5 shillingstuk, daalder * ~ area dollargebied
dollop/'dɒləp/ [znw] • homp, brok • kwak • scheut
dolly/'dɒlɪ/ I [on ww] • ~ in/up to camera naar onderwerp toe bewegen • ~ out from camera van onderwerp weg bewegen II [znw] camerawagen
dollybird, dolly/'dɒlɪbɜ:d/ [znw] leuk vrouwtje, schatje
dolmen/'dɒlmən/ [znw] dolmen, ≈ hunebed
dolorous/'dɒlərəs/ [bnw] treurig, droevig
dolphin/'dɒlfɪn/ [znw] • dolfijn • dukdalf
dolt/dəʊlt/ [znw] dommerd, stommeling
doltish/'dəʊltɪʃ/ [bnw] dom
domain/də'meɪn/ [znw] gebied, domein
dome/dəʊm/ [znw] • koepel • gewelf • (AE) hit s.o. on the dome iem. een tik op zijn 'test' geven
domed/'dəʊmd/ [bnw] koepelvormig
domestic/də'mestɪk/ I [znw] huisbediende II [bnw] • huiselijk • binnenlands • tam * ~ animal huisdier * ~ economy/science huishoudkunde * ~ politics binnenlandse politiek
domesticate/də'mestɪkeɪt/ [ov ww] • aan huiselijk leven wennen, beschaven • temmen * ~d animal huisdier; getemd dier * to be ~d huisvrouw zijn
domesticity/dɒmə'stɪsətɪ/ [znw] het huiselijke leven
domicile/'dɒmɪsaɪl/ I [ov ww] domiciliëren • vestigen • domiciliëren II [on ww] domiciliate z. vestigen III [znw] woonplaats, woonadres, domicilie * free ~ franco huis
domiciliary/dɒmɪ'sɪlɪərɪ/ [bnw] huis-, thuis-, woon- * ~ visit huisbezoek
dominance/'dɒmɪnəns/ [znw] dominantie
dominant/'dɒmɪnənt/ I [znw] (muz.) dominant II [bnw] dominant
dominate/'dɒmɪneɪt/ I [ov ww] domineren, beheersen, overheersen II [on ww] • heersen, domineren • de overhand hebben
domination/dɒmɪ'neɪʃən/ [znw] overheersing
domineer/dɒmɪ'nɪə/ I [ov ww] overheersen, tiranniseren II [on ww] • (~ **over**) heersen over
domineering/dɒmɪ'nɪərɪŋ/ [bnw] bazig
dominical/də'mɪnɪkl/ [bnw] * ~ letter zondagsletter * ~ prayer het Onze Vader * ~ year jaar na Christus
dominion/də'mɪnɪən/ [znw] • heerschappij • eigendomsrecht
Dominion/də'mɪnɪən/ [znw] deel v. Britse Rijk met zelfbestuur
domino/'dɒmɪnəʊ/ [znw] domino(steen) * set of ~es dominospel
dominoes/'dɒmɪnəʊz/ [mv] → **domino**
don/dɒn/ I [ov ww] (form.) aandoen (v. kleren), aantrekken II [znw] • Spaanse edelman • Spanjaard • docent aan een Universiteit
donate/dəʊ'neɪt/ [ov ww] • schenken • begiftigen
donation/dəʊ'neɪʃən/ [znw] schenking, gift

done/dʌn/ volt. deelw. → **do**
donjon/ˈdɒndʒən/ [znw] slottoren
donkey/ˈdɒŋki/ [znw] ezel * ~ jacket jekker * ~'s years heel lang; eeuwen; jaren
donkey-engine/ˈdɒŋki endʒɪn/ [znw] (scheepv.) hulpmachine
donkey-work/ˈdɒŋkiwɜ:k/ [znw] krullenjongenswerk
donor/ˈdəʊnə/ [znw] • donor • donateur, schenker * blood ~ bloeddonor * kidney ~ nierdonor
don't/dəʊnt/ → **do**
doodle/ˈdu:dl/ I [on ww] poppetjes tekenen II [znw] • krabbel • (vero.) sul
doom/du:m/ I [ov ww] doemen, veroordelen * doomed ten dode opgeschreven II [znw] • Laatste Oordeel • lot • ondergang
Doomsday/ˈdu:mzdeɪ/ [znw] dag des oordeels
door/dɔ:/ [znw] deur * answer the door opendoen * at death's door in stervensgevaar * from door to door van begin tot eindpunt (v. reis); alle deuren langs; huis aan huis * get in by the back door op oneigenlijke wijze binnenkomen of een baan krijgen * it lies at his door het is zijn schuld * lay s.th. at a p.'s door iem. iets in de schoenen schuiven * open the door (to) mogelijk maken * out of doors buiten * show s.o. the door iem. de deur wijzen; iem. uitlaten * two or three doors down twee of drie huizen verderop
doorbell/ˈdɔ:bel/ [znw] huisbel
door-case [znw] deurkozijn
do-or-die [bnw] erop-of-eronder
door-frame/ˈdɔ:freɪm/ [znw] deurkozijn
door-keeper/ˈdɔ:ki:pə/ [znw] portier
doorknob/ˈdɔ:nɒb/ [znw] deurknop
doorman/ˈdɔ:mən/ [znw] portier
doormat/ˈdɔ:mæt/ [znw] (voor)deurmat
doorpost/ˈdɔ:pəʊst/ [znw] deurstijl
doorscraper/ˈdɔ:skreɪpə/ [znw] voetenschraper
doorstep/ˈdɔ:step/ [znw] • stoep • dikke pil, snee brood
door-to-door [bnw] huis-aan-huis
doorway/ˈdɔ:weɪ/ [znw] • deuropening • ingang
dope/dəʊp/ I [ov ww] • toedienen • ingeven • doping toedienen, bedwelmen • dope s.o. iem. met een kluitje in het riet sturen * doping the day's horses de uitslag v.d. race voorspellen • (~ out) ontdekken • (~ up) behandelen met dope II [znw] • sufferd • vliegtuiglak • tip, inlichting • doping • verlakkerij • smeer, pap, brij • (sl./AE) aan dope verslaafde • (sl.) dope, heroïne
dopey/ˈdəʊpi/ [bnw] • (ver)suf(t) • dom
dormancy/ˈdɔ:mənsɪ/ [znw] slaaptoestand, tijdelijke inactiviteit
dormant/ˈdɔ:mənt/ [bnw] • latent • slapend, ongebruikt * ~ partner stille vennoot
dormer/ˈdɔ:mə/ [znw] dakkapel, koekoek(venster) * ~ (window) dakkapel; koekoek(venster)
dormitory/ˈdɔ:mɪtərɪ/ [znw] • slaapzaal • woonwijk * ~ town slaapstad
dormobile/ˈdɔ:məbi:l/ [znw] kampeerauto
dormouse, dormice/ˈdɔ:maʊs/ [znw] relmuis
dorsal/ˈdɔ:sl/ [bnw] van/aan de rug, rug-
dosage/ˈdəʊsɪdʒ/ [znw] • dosering • dosis
dose/dəʊs/ I [ov ww] • doseren • een dosis geven • mengen, vervalsen II [znw] dosis
doss/dɒs/ (inf.) I [on ww] overnachten in een (volks)logement • (~ down) (sl.) slapen, pitten II [znw] bed • doss-house (volks)logement
dossal/ˈdɒsl/ [znw] kleed achter altaar/kansel
dosser/ˈdɒsə/ [znw] logementsklant
dot/dɒt/ I [ov ww] • punten plaatsen op • stippelen * I dotted him one ik gaf hem 'n mep * a lake dotted with small boats een meer bezaaid met

bootjes * dot and carry (one) opschrijven één onthouden * dot and go one hinkepoot; kreupel(e); kreupelgang * dot your i's and cross your t's zet de puntjes op de i * a dotted line stippellijn * dotted minim halve noot met verlengingsteken * sign on the dotted line officieel akkoord gaan met iets; ook:(er maar) vlug mee akkoord gaan; maar heel gauw je zeggen * the year dot 't jaar nul II [znw] • stip, punt • kleine puk * on the dot of 3 precies om 3 uur
dotage/ˈdəʊtɪdʒ/ [znw] • kindse, verouderen * in his ~ kinds
dotard/ˈdəʊtəd/ [znw] • kindse oude man • sufferd
dote, doat/dəʊt/ [on ww] kinds zijn • (~ on) dol zijn op
doting/ˈdəʊtɪŋ/ [bnw] • overdreven gesteld op, dwepend • dement, seniel
dottle/ˈdɒtl/ [znw] propje halfverbrande tabak (in pijp)
dotty/ˈdɒti/ [bnw] • gespikkeld • niet goed snik * ~ about horses gek op paarden * ~ on his legs onvast op zijn benen
double/ˈdʌbl/ I [bnw + bijw] • dubbel • niet oprecht * (ride) met z'n tweeën op één paard/fiets rijden * do a ~ take een late reactie vertonen * ~ Dutch koeterwaals * ~ bed tweepersoonsbed * ~ bind dilemma * ~ chin onderkin * ~ entendre dubbelzinnigheid * ~ entry dubbele boekhouding * ~ figures getal van twee cijfers * ~ quick snel * ~ room tweepersoonskamer * ~ the size tweemaal zo groot * ~ vision dubbel zicht * in ~ quick time snel; in looppas * play ~ dubbel spel spelen * play ~s or singles dubbel of enkel spelen (bij tennis) * see ~ dubbel zien * sleep ~ met z'n tweeën in één bed slapen II [ov ww] • verdubbelen • dubbelslaan, dubbelvouwen • dubleren • een dubbelrol spelen • ballen (v. vuist) • (scheepv.) omvaren • (~ up) in elkaar (doen) krimpen, dubbel (doen) slaan III [on ww] • plotseling v. richting veranderen • in de looppas gaan • (~ back) omdraaien en terugkomen • (~ up) ineenkrimpen (v. pijn), een kamer delen IV [znw] • 't dubbele, dubbelganger, duplicaat, doublure • doublet (bij bridge) • dubbelspel • looppas • scherpe draai * at the ~ onmiddellijk * on the ~ in looppas V [bnw] * ~ feature bioscoopprogramma met twee hoofdfilms * ~ meaning dubbelzinnig(heid)
double-barrelled [bnw] • dubbelloops • dubbelzinnig • met dubbele naam
double-bass [znw] contrabas
double-breasted [znw] met 2 rijen knopen (v. kledingstuk)
double-check [ov ww] tweemaal controleren
double-cross I [ov ww] dubbelspel spelen, bedriegen II [znw] bedriegerij
double-dealer [znw] huichelaar, oplichter
double-dealing I [znw] • oplichterij • oplichterij II [bnw] oneerlijk
double-decker [znw] dubbeldekker, bus met bovenverdieping
double-declutch [on ww] tussengas geven
double-digit [bnw] met twee cijfers, in tientallen
double-dyed [bnw] door de wol geverfd
double-edged [bnw] tweesnijdend
double-faced [bnw] • huichelachtig • aan 2 kanten te dragen (v. stof)
double-hearted [bnw] gemeen, vals
double-jointed [bnw] dubbelgeleed, bijzonder lenig
double-line [znw] dubbel spoor
double-lock [ov ww] op nachtslot doen
double-minded [bnw] weifelend

D

double-over /'dʌbl'əʊvə/ [ww] dubbelvouwen
double-park [ov + on ww] dubbel parkeren
double-quick /dʌbl'kwɪk/ [bnw] als de gesmeerde bliksem
double-spread [bnw] over twee pagina's (advertentie)
doublet /'dʌblɪt/ [znw] • duplicaat • wambuis
double-talk [znw] dubbelzinnigheden
doubleton /'dʌbəltn/ [znw] tweekaart
double-tongued [bnw] onoprecht
doubly /'dʌblɪ/ [bijw] dubbel, extra
doubt /daʊt/ I [ov + on ww] twijfelen II [znw]
  • twijfel • onzekerheid * beyond ~ ongetwijfeld
  * ~ing Thomas ongelovige Thomas * have no ~
  that twijfel er niet aan of * no/without ~
  ongetwijfeld
doubtful /'daʊtfʊl/ [bnw] • weifelend
  • bedenkelijk, precair
doubtless /'daʊtləs/ [bijw] ongetwijfeld
douche /du:ʃ/ I [ov ww] een douche geven
  II [on ww] een douche nemen III [znw] douche
dough /dəʊ/ [znw] • deeg • ⟨sl.⟩ geld, ping-ping
doughboy /'dəʊbɔɪ/ [znw] • knoedel • ⟨AE⟩ soldaat
doughnut /'dəʊnʌt/ [znw] donut, soort oliebol
doughty /'daʊtɪ/ [bnw] flink
doughy /'dəʊɪ/ [bnw] • deegachtig, klef • pafferig
dour /dʊə/ [bnw] hard, koel, ongenaakbaar, streng
douse /daʊs/ → **dowse**
dove /dʌv/ [znw] duif(je)
dovecote, dove-house /'dʌvkɒt/ [znw]
  duiventil * flutter the ~s de knuppel in het
  hoenderhok gooien
dovetail /'dʌvteɪl/ I [ov + on ww] • met
  zwaluwstaarten verbinden • in elkaar sluiten
  * ~ed gezwaluwstaart; zwaluwstaartvormig
  II [znw] zwaluwstaart ⟨in timmervak⟩
dovish /'dʌvɪʃ/ [bnw] vredelievend
dowager /'daʊədʒə/ [znw] douairière
dowdy /'daʊdɪ/ I [znw] smakeloos geklede vrouw
  II [bnw] smakeloos gekleed
dowel /'daʊəl/ [znw] deuvel
dower /'daʊə/ I [ov ww] een bruidsschat geven
  * ~ed with talent begaafd II [znw] • voor
  weduwe bestemd goed, meestal land of huis
  • bruidsschat • gave, talent
down /daʊn/ I [ov ww] • eronder krijgen/houden
  • laten kelderen • naar beneden halen * down
  tools in staking gaan II [znw] • hooggelegen land
  • dons • tegenslag • have a down on de pik
  hebben op • the Downs Duins * the ups and
  downs of life de wisselvalligheden des levens
  III [bnw] benedenwaarts * down payment
  aanbetaling IV [bijw + vz] • (naar) beneden, af, neer,
  onder • stroomafwaarts * a long way down een
  heel eind weg * be down for ingeschreven zijn
  voor; op de agenda staan * be down on a person
  iem. niet mogen * be down on one's luck pech
  hebben * down in the mouth neerslachtig
  * down on the nail direct; onmiddellijk * down
  with ...! weg met ...! * down with fever met
  koorts in bed * from ... down to van ... tot (aan)
  * it suits me down to the ground 't komt me
  reuzegoed uit * tools down (parool tot) staken V
  [vz] van ... af, langs, (naar beneden) in * down the
  river stroomafwaarts * down the wind met de
  wind mee; van de wind af * throw down the well
  in de put gooien
down-and-out(er) /daʊnən'aʊt(ə)/ [znw]
  gesjochten jongen, mislukkeling
downcast /'daʊnka:st/ [bnw] terneergeslagen
downer /'daʊnə/ [znw] • depressieve bui
  • kalmerend middel

downfall /'daʊnfɔ:l/ [znw] • ondergang, val
  • stortbui
downgrade /'daʊngreɪd/ [znw] • helling ⟨bij
  spoorwegen⟩ • achteruitgang
downhearted /daʊn'ha:tɪd/ [bnw] moedeloos
downhill /daʊn'hɪl/ I [znw] helling II [bnw]
  hellend III [bijw] * go ~ bergafwaarts gaan ⟨ook
  fig.⟩
downpour /'daʊnpɔ:/ [znw] stortbui
downright /'daʊnraɪt/ [bnw + bijw] • bepaald
  • oprecht • echt • bot(weg), vierkant • door en door,
  absoluut
downstage /daʊn'steɪdʒ/ [bnw + bijw] vóór op het
  toneel
downstairs /daʊn'steəz/ [bnw + bijw] • (naar)
  beneden • in de keuken
downstream /daʊn'stri:m/ [bnw + bijw]
  stroomafwaarts
down-to-earth [bnw] praktisch, realistisch
downtown /daʊn'taʊn/ I [bnw + bijw] naar de
  binnenstad, de (binnen)stad in II [znw] binnenstad
downtrodden /'daʊntrɒdn/ [bnw] vertrapt
downturn /'daʊntɜ:n/ [znw] • neergang • daling,
  achteruitgang
downward /'daʊnwəd/ [bijw] naar beneden
downwards /'daʊnwədz/ [bnw + bijw]
  benedenwaarts
downwind /'daʊnwɪnd/ [bnw + bijw] met de wind
  mee
downy /'daʊnɪ/ [bnw] donzig
dowry /'daʊərɪ/ [znw] • bruidsschat • gave, talent
dowse /daʊz/ I [ov ww] • strijken ⟨v. zeil⟩
  • uitdoen ⟨v. licht⟩ • natgooien * ~ o.s. with
  perfume rijkelijk parfum opdoen * ⟨vero.⟩ ~ the
  glim licht uit! II [on ww] met de wichelroede lopen
dowser /'daʊzə/ [znw] wichelroedeloper
dowsing-rod [znw] wichelroede
doxology /dɒk'sɒlədʒɪ/ [znw] lofzang
doyen /'dɔɪən/ [znw] nestor, oudste
doyley /'dɔɪlɪ/ → **doily**
doz. [afk] (dozen) dozijn
doze /dəʊz/ I [on ww] dutten, soezen * (~ off)
  indutten II [znw] sluimering
dozen /'dʌzn/ [znw] dozijn * baker's ~ dertien
  * ⟨inf.⟩ daily ~ ochtendgymnastiek * talk
  nineteen ~ to the ~ honderduit praten
dozy /'dəʊzɪ/ ⟨inf.⟩ [bnw] soezerig, loom, slaperig
DP. [afk] • (displaced person) ontheemd persoon
dpt. [afk] • (department) departement
drab /dræb/ I [znw] • ⟨v.⟩ met sletten inlaten
  II [znw] slet III [bnw] • vaalbruin • saai, eentonig
draconian /drə'kaʊnɪən/ [bnw] draconisch
draff /dræf/ [znw] • grondsop • uitschot
draft /dra:ft/ I [ov ww] • ontwerpen, opstellen,
  schetsen • detacheren • inlijven II [znw] • trekking
  ⟨v. wissel⟩ • detachement • schets, ontwerp,
  concept, klad • het trekken ⟨v. wissel⟩ • wissel,
  chèque • tocht ⟨luchtstroom⟩ • ⟨AE⟩ dienstplicht
  * ⟨AE⟩ beer on ~ bier van 't vat • draughtboard
  dambord * draughts damspel • ⟨AE⟩ feel the ~
  nattigheid voelen
draft-horse [znw] trekpaard
draftsman /'dra:ftsmən/ [znw] ontwerper, opsteller
drafty /'dra:ftɪ/ [bnw] tochtig
drag /dræg/ I [ov ww] • trekken • afdreggen
  • eggen • afremmen * drag in ⟨by the head and
  shoulders⟩ er met de haren bijslepen ⟨fig.⟩ • drag
  in a subject een (niet relevant) onderwerp erbij
  halen • (~ down) omlaaghalen ⟨ook fig.⟩,
  deprimeren • (~ out) rekken, eruit trekken,
  ophalen met dreg • (~ up) op ruwe wijze
  grootbrengen II [on ww] • niet opschieten • slepen

• remmen • dreggen * drag one's feet/heels (met opzet) treuzelen • (~ on) (z.) voortslepen III [znw]
• dreg • sleepnet • eg • rem(schoen) • blok aan het been • groot rijtuig • slip (bij slipjacht)
• jachtclub (v. slipjacht) • zware slee

draggle/'drægl/ I [ov ww] bemodderen II [on ww]
• over de grond of door de modder slepen
• achteraankomen • rekken

draggy/'drægɪ/ [bnw] vervelend, saai, langdradig

dragnet [znw] sleepnet

dragoman/'drægəmən/ [znw] tolk

dragon/'drægən/ [znw] draak • ~ 's teeth
antitankversperring

dragonfly [znw] waterjuffer

dragoon/drə'gu:n/ I [ov ww] aan soldatenterreur
overlaten • ~ s.o. into s.t. iem. dwingen iets te
doen II [znw] dragonder, huzaar

drain/dreɪn/ I [ov ww] • afwateren, droogleggen,
draineren, rioleren • leegmaken, opmaken
• uitputten • doen wegtrekken • aftappen, afgieten
* ~ing board afdruiprek II [on ww] • leeglopen
• afdruipen • wegtrekken • afwateren III [znw]
• afvoerbuis, afvoerpijp, riool • sloot • slokje
* down the ~ naar de maan * it is a great ~ on
my purse het vergt veel van mijn beurs

drainage/'dreɪnɪdʒ/ [znw] afgevoerd water,
rioolwater

drainer/'dreɪnə/ [znw] • afdruiprek • vergiet

drainpipe/'dreɪnpaɪp/ [znw] rioolbuis * ~
slacks/trousers broek met nauwe pijpen

drake/dreɪk/ [znw] • woerd • eendagsvlieg

dram/dræm/ I [on ww] pimpelen II [znw]
• drachme, 1.8 gram • borrel(tje) * not a dram
geen greintje

drama/'drɑ:mə/ [znw] • toneel • toneelstuk
• drama

dramatic/drə'mætɪk/ [bnw] • veelzeggend,
aangrijpend • indrukwekkend • toneelachtig

dramatics/drə'mætɪks/ [mv] dramatiek

dramatis/'dræmətɪs/ * ~ personae (lijst van)
optredende acteurs

dramatist/'dræmətɪst/ [znw] toneelschrijver

dramatization/dræmətaɪ'zeɪʃən/ [znw]
• toneelbewerking • dramatisering • aanstellerij

dramatize/'dræmətaɪz/ I [ov ww] • voor toneel
bewerken • dramatiseren II [on ww] z. aanstellen

dram-drinker [znw] pimpelaar

dram-shop [znw] kroeg

drank/dræŋk/ verl. tijd → **drink**

drape/dreɪp/ [ov ww] • bekleden • draperen
• omfloersen

draper/'dreɪpə/ [znw] manufacturier

drapery/'dreɪpərɪ/ [znw] manufacturen(zaak)

drastic/'dræstɪk/ [bnw] • drastisch, doortastend
• ingrijpend • ~ measures/changes ingrijpende
maatregelen/veranderingen • ~ medicine
paardenmiddel

draught/drɑ:ft/ I [ov ww] ontwerpen, opstellen,
schetsen II [znw] • tocht, trek, zucht • teug, slok,
drankje • vangst (in één keer) • (scheepv.)
diepgang

draughtboard/'drɑ:ftbɔ:d/ [znw] dambord

draughts/drɑ:fts/ [mv] damspel

draughtsman/'drɑ:ftsmən/ [znw] • tekenaar
• damschijf • tekenaar

draughty/'drɑ:ftɪ/ [bnw] tochtig

draw/drɔ:/ I [ov + on ww] • putten uit • tekenen,
schetsen • trekken • open-/dichttrekken (v.
gordijnen) • (op)halen, binnenhalen, uithalen
• slepen, sleuren • met z. meebrengen • lot trekken,
winnen • draw a bead on mikken op • draw a
blank niet in de prijzen vallen; niets vinden

* draw it mild niet overdrijven * draw one's
sword against te lijf gaan (fig.) * draw the cloth
de tafel afruimen * draw the line at ophouden bij;
de grens trekken bij * draw the longbow
overdrijven * draw the winner het winnend lot
trekken • (~ (up)on) gebruik maken van * draw
on o.'s experience gebruik maken van ervaring
• (~ out) (uit)rekken, (een) contract opmaken,
uithoren, lengen (v.d. dagen) • (~ up) vóórrijden,
optrekken, opstellen, tot staan brengen/komen
* draw o.s. up z. oprichten II [ov ww] • klanten
trekken • uit hol trekken • aftappen • uithoren
• aan het praten krijgen • de ingewanden eruit
halen • doorzoeken op wild • rekken • opstellen
• diepgang hebben • aan/uittrekken • aftrekken
• aandacht trekken • draw a game/battle een
spel/strijd onbeslist laten • (~ forth) te voorschijn
halen III [on ww] • z. zetten rond
• pistool/zwaard trekken • (~ apart) uiteendrijven
• (~ away) terugwijken, op voorsprong komen,
wegtrekken, winnen op • (~ back) terugdeinzen,
terugwijken • (~ in) overhalen, ten einde lopen,
korten • (~ near) naderen • (~ off) de aftocht
blazen, (z.) terugtrekken IV [znw] • het trekken
• vangst • successtuk, succesnummer, succesartikel
• loterijtrekking • gelijkspel • opmerking om iem.
uit te horen • (AE) val v. ophaalbrug

drawback/'drɔ:bæk/ [znw] • nadeel, schaduwzijde
• gebrek • restitutie v. invoerrechten

drawbridge/'drɔ:brɪdʒ/ [znw] ophaalbrug

drawee/drɔ:'i:/ [znw] betrokkene (v. wissel)

drawer/'drɔ:ə/ [znw] • lade • (hand.) trekker

drawers/drɔ:z/ [mv] • ladekast, commode
• onderbroek • zwembroek

drawing/'drɔ:ɪŋ/ [znw] tekening

drawing-board [znw] tekenplank * go back to
the ~ (weer) van voren af aan beginnen

drawing-pin/'drɔ:ɪŋpɪn/ [znw] punaise

drawing-room/'drɔ:ɪŋru:m/ [znw] • salon
• ontvangkamer • receptie aan het hof • (AE)
privécompartiment voor 3 personen (in trein)

drawl/drɔ:l/ I [on ww] lijzig spreken II [znw]
lijzige manier van praten

drawn/drɔ:n/ I [ww] volt. deelw. → **draw**
II [bnw] * ~ face vertrokken gezicht; lang gezicht;
afgetobd gezicht

dray/dreɪ/ [znw] sleperswagen

drayage/'dreɪədʒ/ [znw] sleeploon

dread/dred/ I [ov ww] vrezen, duchten II [znw]
• ontzetting • angst III [bnw] geducht

dreadful/'dredful/ [bnw] vreselijk * penny ~
sensatieroman; sensatieverhaal

dream/dri:m/ I [ov + on ww] dromen * I never ~t
it was you ik had totaal geen idee dat jij het was
II [znw] droom

dreamer/'dri:mə/ [znw] dromer

dreamland/'dri:mlænd/ [znw] • droomwereld
• dromenland

dreamlike/'dri:mlaɪk/ [bnw] onwezenlijk

dreamy/'dri:mɪ/ [bnw] vaag

drear(y)/'drɪə(rɪ)/ [bnw] somber, akelig

dredge/dredʒ/ I [ov + on ww] • dreggen
• baggeren II [on ww] bestrooien III [znw]
• sleepnet • dreg • baggermachine

dredger/'dredʒə/ [znw] dredging-box • strooibus
• baggermachine • oestervisser

dreggy/'dregɪ/ [bnw] • drabbig • troebel

dregs/dregz/ [mv] • grondsop • bezinksel * the ~
heffe (des volks)

drench/drentʃ/ I [ov ww] • drenken • een drank
geven (aan dier) • doorweken, kletsnat maken
II [znw] • drank voor 'n dier • stortbui • nat pak

D

D

drenching/drentʃɪŋ/ [znw] plensbui

dress/dres/ **I** [ov ww] • kleden • kostumeren
• opmaken (v. haar) • optuigen • pavoiseren
• etaleren • bewerken • aanmaken (v.
etenswaren) • bereiden • schoonmaken,
vlakmaken, gladmaken • verbinden (v. wond)
• snoeien • bemesten (mil.) (z.) richten * ~ out
(z.) uitdossen • (~ **down**) roskammen, een
aframmeling/schrobbering geven • (~ **out**)
uitdossen • (~ **up**) opsmukken **II** [on ww] • toilet
maken • z. (aan)kleden • (mil.) z. richten • (~
down) z. zeer eenvoudig kleden • (~ **out**) z.
uitdossen • (~ **up**) z. verkleden, z. opdirken
III [znw] • kleding • avondkleding, rok • japon,
jurk * ~ circle 1e balkon (in schouwburg) * ~
clothes avondkleding * ~ coat rok * ~ guard
jasbeschermer * ~ rehearsal generale repetitie * ~
suit rokkostuum

dressage/dresɑ:ʒ/ [znw] dressuur

dresser/dresə/ [znw] • verple(e)g(st)er die de wond
verbindt bij operatie • aanrecht • (AE) toilettafel

dressing/dresɪŋ/ [znw] • appretuur • pak slaag,
schrobbering • (sla)saus • (op)vulsel
• verband(stoffen) • mest • hair ~ haarcrème;
haarolie; brillantine

dressing-gown/dresɪŋraʊm/ [znw] peignoir,
kamerjas

dressing-room/dresɪŋru:m/ [znw] kleedkamer

dressing-table/dresɪŋteɪbl/ [znw] toilettafel

dressmaker/dresmeɪkə/ [znw] naaister

dressmaking/dresmeɪkɪŋ/ [znw] kleermakerij

dressy/dresɪ/ [bnw] • chic • pronkziek

drew/dru:/ verl. tijd → **draw**

dribble/drɪbl/ **I** [ov ww] • druppelen • (sport)
dribbelen (met) **II** [on ww] • druppelen • kwijlen
• dribbelen (bij voetbal) • net nog de zak halen (v.
biljartbal) **III** [znw] • stroompje • dribbel (bij
voetbal)

driblet/drɪblɪt/ [znw] druppeltje

dribs/drɪbz/ [mv] met stukjes en beetjes * the food
came in ~ and drabs mondjesmaat

drier/draɪə/ **I** [znw] droger **II** [bnw] vergr. trap
→ **dry**

drift/drɪft/ **I** [ov ww] • door de wind op een hoop
geblazen • op zijn beloop laten • doen afdrijven
II [on ww] • afdrijven • afwijken • z. laten
meeslepen • (z.) ophopen • doelloos rondzwalken
* ~ by ongemerkt voorbijgaan • (~ **apart**) van
elkaar vervreemden **III** [znw] • stroom, koers
• bedoeling, strekking • neiging, hang • afwijking
• opeenhoping, drijvende massa • Diluvium
• doorwaadbare plaats • passieve, besluiteloze
houding • (scheepv.) drift

drifter/drɪftə/ [znw] • iem. die doelloos
rondzwalkt • patrouillevaartuig • mijnenveger

drift-ice/drɪftaɪs/ [znw] drijfijs

drift-net/drɪftnet/ [znw] drijfnet

driftwood/drɪftwʊd/ [znw] drijfhout

drill/drɪl/ **I** [ov ww] • drillen, africhten • doorboren
• (~ **in**(to)) erin stampen **II** [on ww] • boren
• stampen (v. leerstof) • oefenen **III** [znw]
• drilboor • schelpdiertje • exercitie, het africhten
• oefening • voor • zaaimachine • dril (stof)
• drilaap • Swedish ~ heilgymnastiek * ~
master instructeur; gymnastiekleraar

drily/draɪlɪ/ → **dry**

drink/drɪŋk/ **I** [ov ww] (op)drinken * ~ away
verdrinken; absorberen * ~ hard stevig aan de
drank zijn * ~ a p.'s health op iemands
gezondheid drinken * ~ away one's money zijn
geld verdrinken • deep een grote slok nemen * ~
one's sorrows away zijn verdriet verdrinken

* ~ing bout drinkpartij * ~ing fountain
drinkfonteintje * ~ing water drinkwater • (~
down) ineens opdrinken, onder de tafel drinken
• (~ **in**) gretig in z. opnemen • (~ **off**) ineens
opdrinken, ineens uitdrinken • (~ **up**) opdrinken
II [on ww] drinken * ~ like a fish drinken als een
tempelier • (~ **down**) verdrinken • (~ **to**) drinken
op • (~ **up**) leegdrinken **III** [znw] • dronk • borrel
• drank * in ~ dronken

drinkable/drɪŋkəbl/ [bnw] * ~s dranken

drinker/drɪŋkə/ [znw] • drinker • alcoholist * a
hard ~ een stevige drinker

drip/drɪp/ **I** [ov ww] laten druppelen **II** [on ww]
druppelen • (~ **with**) druipen van **III** [znw]
• druppel • infusie

drip-dry I [ov ww] kletsnat te drogen hangen
II [on ww] drogen (zonder kreuken) **III** [bnw]
* a ~ shirt een 'no-iron' overhemd

dripping/drɪpɪŋ/ [znw] braadvet

drippings/drɪpɪŋz/ [mv] afdruipend water of vet

drive/draɪv/ **I** [ov ww] • slaan (v. bal, paal)
• drijven, aandrijven, voortdrijven, (aan)jagen
• (be)sturen, mennen * ~ a bargain een transactie
sluiten * ~ a tunnel een tunnel boren * ~
crazy/mad gek maken * ~ home doorzetten; (iets)
duidelijk maken * ~ the quill de pen voeren;
schrijven • (~ **in**(to)) aanzetten tot/om te
II [on ww] • drijf/jacht houden • rijden * ~ away!
toe maar! * ~ to the last minute 't op de laatste
minuut aan laten komen * let ~ at slaan naar;
schieten naar • (~ **at**) bedoelen * what is he
driving at? waar wil hij naar toe? • (~ **up**)
vóórrijden, oprijden **III** [znw] • rit, tocht
• drijfjacht • slag • energie • rijweg, oprijlaan
• wedstrijd (kaartspel) • (AE) (liefdadigheids)actie
* driving test rijexamen

drive-in I [znw] drive-in (restaurant/bioscoop)
II [bnw] drive-in-

drivel/drɪvəl/ [on ww] • kwijlen • kletspraat
verkopen * ~ on verbeuzelen

driven/drɪvən/ [ww] * hard ~ gejaagd tegenw.
deelw. → **drive**

driver/draɪvə/ [znw] • koetsier, voerman,
chauffeur, bestuurder • machinist • soort golfstick
• drijfwiel

driveway/draɪvweɪ/ [znw] • (AE) rijweg
• oprijlaan, inrit

driving/draɪvɪŋ/ **I** [znw] het (auto)rijden **II** [bnw]
energiek, stimulerend * ~ door portier/deur aan de
kant v.d. chauffeur * ~ school autorijschool * ~
seat plaats/stoel achter het stuur

driving-licence/draɪvɪŋlaɪsəns/ [znw] rijbewijs

driving-mirror[znw] achteruitkijkspiegel

drizzle/drɪzəl/ **I** [onp ww] motregenen **II** [znw]
motregen

drizzly/drɪzlɪ/ [bnw] druilerig, miezerig

drogue/drəʊg/ [znw] • boei • windzak • doel voor
schietoefeningen (aan vliegtuig) • (scheepv.)
zeeanker * ~ parachute stabilisatiescherm bij
schietstoel; stabiliseerparachute

droll/drəʊl/ **I** [on ww] grappen maken **II** [znw]
komiek, grapjas **III** [bnw] grappig

drollery/drəʊlərɪ/ [znw] grap(pigheid)

dromedary/dromɪdərɪ/ [znw] dromedaris

drone/drəʊn/ **I** [ov ww] opdreunen **II** [on ww]
• dreunen, gonzen, brommen • luieren • (~ **on**)
steeds maar blijven zeuren, dreinzen, leuteren
III [znw] • gegons, gedreun • dar • luilak
• zeurpiet • baspijp

drool/dru:l/ (AE) [on ww] kwijlen

droop/dru:p/ **I** [ov ww] * ~ one's eyelids de ogen
neerslaan * ~ one's eyes de ogen neerslaan

II [on ww] • (neer)hangen, kwijnen • de moed verliezen **III** [znw] mismoedigheid
drop/drɒp/ **I** [ov ww] • druppelen • laten vallen • droppen • vergieten • niet doorzetten, laten verlopen • verliezen • afzetten ★ drop a curtsey een buiging of révérence maken ★ drop a hint een wenk geven ★ drop a remark z. een opmerking laten ontvallen ★ drop across tegenkomen ★ drop anchor ankeren ★ drop it! schei uit! ★ drop me a line schrijf me eens ★ drop on een uitbrander geven ★ drop one's eyelids de ogen neerslaan ★ drop one's eyes de ogen neerslaan ★ drop one's h's de h niet uitspreken ★ drop one's voice zijn stem laten zakken ★ drop upon een uitbrander geven **II** [on ww] • druppelen • vallen • verlopen • niet doorzetten • verliezen • (~ **away**) afvallen, één voor één weggaan • (~ **behind**) achter(op) raken • (~ **by**) even langskomen, binnenwippen • (~ **in**) eens komen aanlopen • (~ **off**) in slaap komen, insluimeren • (~ **out**) uitvallen, wegraken **III** [znw] • druppel • valluik (v. galg) • zuurtje • borreltje, slokje • helling naar beneden, (ver)val, daling, achteruitgang • scherm (v. toneel) • <inf.> get the drop on a p. zich snel in een betere positie plaatsen dan iem. • have a drop in one's eye • have had a drop too much te diep in het glaasje gekeken hebben
drop-head [znw] • linnen kap (v. auto) • cabriolet
droplet /'drɒplət/ [znw] • druppeltje
drop-out [znw] • uitval, korte onderbreking (v. weergave op computer) • gesjeesde student • iem. die genoeg heeft v.d. burgermaatschappij • uitvaller
droppings /'drɒpɪŋz/ [mv] • afdruipsel • uitwerpselen • uitgeworpen wapens of goederen (uit vliegtuig)
drop-shot [znw] dropshot, bal die loodrecht naar beneden komt
dropsical /'drɒpsɪkl/ [bnw] • waterzuchtig • gezwollen
dropsy /'drɒpsɪ/ [znw] waterzucht
dross /drɒs/ [znw] • metaalslak(ken) • verontreiniging • verontreinigingen
drought /draʊt/ [znw] droogte
drove /drəʊv/ **I** [ww] o.v.t. → drive **II** [znw] • samengedreven kudde, menigte • steenhouwersbeitel
drover /'drəʊvə/ [znw] veedrijver, veehandelaar
drown /draʊn/ **I** [ov ww] • verdrinken • overstromen • overstemmen • be ~ed verdrinken ★ ~ one's sorrows zijn verdriet/zorgen verdrinken • (~ **out**) overstemmen, met water verdrijven/uitdrijven, overschreuwen **II** [on ww] • verdrinken • overstromen
drowse /draʊz/ **I** [on ww] dutten, soezen **II** [znw] lichte slaap
drowsy /'draʊzɪ/ [bnw] • slaperig • slaapverwekkend
drub /drʌb/ [ov ww] ranselen, afrossen
drubbing /'drʌbɪŋ/ [znw] pak slaag
drudge /drʌdʒ/ **I** [on ww] zwoegen **II** [znw] werkezel, zwoeger
drudgery /'drʌdʒərɪ/ [znw] • 't zwoegen • saai werk
drug /drʌg/ **I** [ov ww] • een drug mengen in • bedwelmende middelen toedienen • <vero.> doen walgen **II** [on ww] bedwelmende middelen gebruiken **III** [znw] • kruid, drogerij • medicijn, drankje • bedwelmend middel ★ drug addict drugsverslaafde ★ drug in/on the market onverkoopbaar artikel ★ drug pusher handelaar in verdovende middelen ★ drug traffic handel in

verdovende middelen
drugget /'drʌgɪt/ [znw] grofwollen vloerbedekking
drum /drʌm/ **I** [on ww] gonzen **II** [znw] • trom • tamboer • getrommel • cilinder • grote bus • draadklos • (metalen) vat • olievat ★ beat the drum de trom roeren (fig.) ★ drum major tamboer-majoor ★ drum majorette majorette ★ drum of the ear trommelholte ★ eardrum trommelvlies
drumbeat /'drʌmbiːt/ [znw] drumbeat, (ritmisch) tromgeroffel
drumfire /'drʌmfaɪə/ [znw] trommelvuur
drumhead /'drʌmhed/ [znw] trommelvel, trommelvlies ★ ~ court martial krijgsraad te velde
drummer /'drʌmə/ [znw] • tromslager, tamboer • handelsreiziger
drumstick /'drʌmstɪk/ [znw] • kippenboutje, kalkoenenboutje • trommelstok
drunk /drʌŋk/ **I** [ww] volt. deelw. → drink **II** [znw] dronkenman **III** [bnw] dronken ★ ~ and disorderly in (kennelijke) staat v. dronkenschap
drunkard /'drʌŋkəd/ [znw] dronkaard
drunken /'drʌŋkən/ [bnw] dronken
dry /draɪ/ **I** [ov ww] • (~ **out**) door en door droog laten worden, laten afkicken, uitdrogen **II** [on ww] • it sort of dried out het leven is er uit • (~ **out**) uitdrogen, door en door droog worden, afkicken • (~ **up**) verdrinken, verdorren, vastzitten (v. toneelspeler) ★ dry up! hou je mond! **III** [bnw] • droog • sec, niet zoet • nuchter • saai ★ dry battery/cell batterij ★ dry death dood zonder verdrinken of bloedvergieten; dood zonder bloedvergieten ★ dry dock droogdok ★ dry goods manufacturen; droge waren ★ dry light onpartijdigheid ★ dry rot vuur (in hout); verborgen bederf; gezwam ★ the U.S. used to be dry in de VS bestond een drankverbod
dryasdust /'draɪəzdʌst/ **I** [znw] droogstoppel, droge geleerde **II** [bnw] gortdroog, saai, dor
dry-clean [ov ww] chemisch reinigen
dry-cure [ov ww] droog inmaken
dryer /'draɪə/ [znw] droger, (haar)droogkap
dry-eyed [bnw] met droge ogen
dry-nurse [znw] baker
dry-salt [ov ww] droog inmaken
drysalter /draɪ'sɔːltə/ [znw] drogist
dry-shod [bnw] droogvoets
D.S.O. [afk] • (Distinguished Service Order) ridderorde voor bijzondere verrichtingen
dual /'djuːəl/ [bnw] tweevoudig, tweeledig ★ dual carriageway weg met twee gescheiden rijbanen ★ dual citizenship/nationality het hebben van twee nationaliteiten ★ dual control dubbele bediening (v. auto) ★ dualchannel stereo
dub /dʌb/ **I** [ov ww] • tot ridder slaan • betitelen (met) • tweede geluidsband maken (in filmindustrie) • nasynchroniseren • invetten (v. leer) **II** [znw] • uilskuiken • <Schots> plas
dubbing /'dʌbɪŋ/ [znw] (leer)vet, leerwas
dubiety /dju:'baɪətɪ/ [znw] • dubieuze zaak • onzekerheid
dubious /'dju:brəs/ [bnw] twijfelachtig
dubitable /'dju:bɪtəbl/ [bnw] twijfelachtig
ducal /'dju:kl/ [bnw] hertogelijk
duchess /'dʌtʃɪs/ [znw] hertogin
duchy /'dʌtʃɪ/ [znw] hertogdom
duck /dʌk/ **I** [ov ww] onderdompelen **II** [on ww] • onderduiken • z. bukken • (~ **out**) eronderuit komen, ontkomen (aan) • (~ **out of**) er onderuit komen, ontduiken • (~ **with**) danig in de war sturen **III** [znw] • eend(en) • schat • zeildoek • duik • 'duck', amfibievoertuig • stevig linnen

D

D

★ (sport) break one's duck zijn eerste punt scoren
★ duck's egg nul (in cricket) ★ ducks linnen
broek ★ fine day for young ducks goed weer om
een erfenis te delen ★ lame duck sukkelaar ★ like a
(dying) duck in a thunderstorm de wanhoop
nabij ★ like a duck to water vlot; zonder moeite
★ play ducks and drakes keilen; geld verspillen
★ run like water off a duck's back niet het minste
effect hebben

duckboard/'dʌkbɔːd/ [znw] loopplank (over
modder, drassige grond)

ducker/'dʌkə/ [znw] ● duiker (vogel)
● eendenhouder

ducking/'dʌkɪŋ/ [znw] het onder water duwen

duckling/'dʌklɪŋ/ [znw] jonge eend

ducks/dʌks/ [mv] linnen broek

ducky/'dʌkɪ/ **I** [znw] schatje **II** [bnw] ● geweldig
fijn ● schattig

duct/'dʌkt/ [znw] (afvoer)kanaal, afvoerbuis
★ ductless gland endocriene klier

ductile/'dʌktaɪl/ [bnw] ● smeedbaar ● handelbaar

ductility/dʌk'tɪlətɪ/ [znw] handelbaarheid

dud/dʌd/ ⟨sl.⟩ **I** [znw] ● blindganger
● vogelverschrikker ● prul, fiasco ● valse cheque,
vals bankbiljet **II** [bnw] ★ a dud note vals
bankbiljet

dudgeon/'dʌdʒən/ [znw] ● kwaadheid ● wrok ★ in
(high) ~ nijdig ★ in ~ nijdig

duds/dʌdz/ [mv] vodden, kleren

due/dju:/ **I** [znw] wat iem. toekomt **II** [bnw]
● (ver)schuldig(d) ● behoorlijk, gepast ★ be due to
moeten ★ due reward verdiende loon ★ due to te
danken aan; te wijten aan; 't gevolg van ★ fall due
vervallen (v. wissel) ★ in due
course/season/time mettertijd; te zijner tijd ★ is
due in/out moet aankomen/vertrekken **III** [bijw]
★ due North pal Noord

duel/'dju:əl/ **I** [on ww] duelleren **II** [znw] duel

dues/dju:z/ [mv] gelden, rechten

duet/dju:'et/ [znw] ● duet ● paar

duff/dʌf/ [ov ww] ● vee stelen en brandmerk
vervalsen (in Australië) ● missen (bij golf) ● als
nieuw maken, oplappen

duffel, duffle/'dʌfəl/ [znw] duffel

duffer/'dʌfə/ [znw] ● sufferd, stomkop ● veedief (in
Australië) ● bedrieger

dug/dʌg/ **I** [ww] verl. tijd + volt. deelw. → **dig**
II [znw] ● uier (v. zoogdier) ● (pej.) tepel (v.
vrouw)

dugout I [znw] dugout ● (uitgegraven)
schuilplaats ● uitgeholde boomstam als kano
● (sport) dug-out ● (sl.) weer in dienst zijnd
gepensioneerd officier **II** [bnw] uitgegraven

duke/dju:k/ [znw] ● hertog ● (sl.) vuist

dukedom/'dju:kdəm/ [znw] hertogdom

dulcimer/'dʌlsɪmə/ [znw] hakkebord

dull/dʌl/ **I** [ov ww] somber maken ★ to dull pain de
pijn verzachten **II** [on ww] somber worden
III [bnw] ● saai ● dom ● stompzinnig, idioot ● bot,
stomp ● lusteloos ● somber ● dof ★ a dull boy een
domme jongen ★ as dull as ditchwater oersaai
★ dull ache doffe pijn ★ dull blade bot lemmet
★ dull dog slome duikelaar ★ dull grey dofgrijs
★ dull of hearing hardhorend ★ dull season
slappe tijd ★ dull weather bewolkt ★ never a dull
moment je verveelt je geen seconde

dullard/'dʌlad/ [znw] botterik

dullness/'dʌlnəs/ [znw] saaiheid

dull-witted [bnw] stom

dulse/dʌls/ [znw] (eetbaar) zeewier

duly/'dju:lɪ/ → **due**

dumb/dʌm/ **I** [ov ww] (vero.) doen verstommen
II [bnw] ● dom ● stom, sprakeloos ● zwijgzaam
● (AE) dumb actor pantomimespeler; stomme
clown ★ dumb animal ≈ stom dier; stom beest;
(hulpeloos) dier ★ dumb blonde dom blondje
★ dumb key lamme toets ★ dumb millions de
grote massa ★ dumb show pantomime ★ dumb
waiter serveertafel; etenslift; dientafeltje ★ to be
struck dumb met stomheid geslagen zijn

dumb-bell/'dʌmbel/ [znw] ● halter ● stommerik

dumbfound/dʌm'faʊnd/ [ov ww] sprakeloos doen
staan

dumbness/'dʌmnəs/ [znw] stilte

dummy/'dʌmɪ/ **I** [znw] ● lege verpakking
● fopspeen ● pop (op schietbaan) ● pop, modepop,
kostuumpop ● blinde (bij kaartspel) ● figurant,
stroman ● stommerd ● exercitiepatroon **II** [bnw]
namaak- ★ ~ run oefening; repetitie

dump/dʌmp/ **I** [ov ww] ● met bons neerzetten
● neergooien ● storten (v. vuil) ● (en masse)
exporteren beneden binnenlandse prijs, dumpen
★ dump computer data comparatief overzetten
van één informatiedrager naar een andere ★ dump
goods goederen dumpen op buitenlandse markt
★ dumping ground stortplaats **II** [znw] ● kort,
dik voorwerp ● gezet persoon ● loden fiche ● soort
kegel ● brok snoepgoed ● bons ● opslagplaats
● vuilnisbelt ● (sl.) huis, kamer ★ not worth a
dump geen cent waard ★ the place is a real
dump! wat een hok is dit!

dumper/'dʌmpə/ [znw] ★ ~ (truck) stortwagen

dump(ing)-cart [znw] stortkar

dumpling/'dʌmplɪŋ/ [znw] ● (appel)bol
● dikkerdje

dumps/dʌmps/ [mv] neerslachtige bui ★ (inf.)
down in the ~ in een neerslachtige bui

dumpy/'dʌmpɪ/ [bnw] ● kort, gezet ● dwars
● verdrietig

dun/dʌn/ **I** [ov ww] ● bruinzouten (v. vis) ● manen
II [znw] ● lastige schuldeiser ● aanmaning
● grijsbruin paard ● kunstvlieg **III** [bnw]
grijsbruin, vaal

dunce/dʌns/ [znw] ● domkop, uilskuiken,
stommeling

dunderhead/'dʌndəhed/ [znw] stommeling

dune/dju:n/ [znw] duin

dung/dʌŋ/ **I** [ov ww] bemesten **II** [znw] mest

dungarees/dʌŋgə'riːz/ [mv] (grof linnen) werkpak,
werkbroek

dungeon/'dʌndʒən/ [znw] ● kerker ● (vero.)
donjon

dunghill/'dʌŋhɪl/ [znw] mesthoop ★ cock on his
own ~ de baas in huis

dunk/dʌŋk/ [ov ww] soppen, dopen

dunno/də'nəʊ/ → **know**

duo/'dju:əʊ/ [znw] ● duo, paar ● duet

duodecimal/dju:əʊ'desɪml/ [bnw] 12-tallig

duodenal/dju:əʊ'di:nl/ [bnw] m.b.t. de
twaalfvingerige darm

duodenum/dju:əʊ'di:nəm/ [znw] twaalfvingerige
darm

dupe/dju:p/ **I** [ov ww] beetnemen **II** [znw] ● dupe,
gedupeerde ● onnozele hals

dupery/'dju:pərɪ/ [znw] bedriegerij

duplex/'dju:pleks/ [bnw] tweevoudig, dubbel

duplicate I [ov ww] /'dju:plɪkeɪt/ kopiëren,
dupliceren **II** [znw] /'dju:plɪkət/ ● viertallen (bij
bridge) ● duplicaat, kopie ★ in ~ in duplo
III [bnw] /'dju:plɪkət/ dubbel ★ ~ bridge/whist
vorm van bridge/whist waarbij verschillende
mensen met dezelfde kaarten moeten spelen

duplication/dju:plɪ'keɪʃən/ [znw] ● het kopiëren
● duplicaat

duplicator/'dju:plɪkeɪtə/ [znw] kopieermachine
duplicity/dju:'plɪsətɪ/ [znw] onbetrouwbaarheid
durability/djuərəbɪlətɪ/ [znw] duurzaamheid
durable/'djuərəbl/ [bnw] duurzaam
duration/djuə'reɪʃən/ [znw] duur ⋆ for the ~
voorlopig
duress(e)/djuə'res/ [znw] ⋆ vrijheidsberoving
⚫ dwang
during/'djuərɪŋ/ [vz] gedurende
dusk/dʌsk/ [znw] schemering
dusky/'dʌskɪ/ [bnw] duister, donker (v. kleur),
schemerig
dust/dʌst/ I [ov ww] ⚫ afstoffen, afkloppen
⚫ bestuiven, stoffig maken ⋆ ⟨inf.⟩ dust a p.'s
jacket iem. op zijn huid geven ⋆ dust lightly
(with powder) licht met poeder bestuiven ⋆ (~
down/off) afkloppen, afstoffen ⋆ (~ **off**)
afstoffen, afranselen II [znw] ⚫ stof ⚫ stuifmeel
⚫ pegels, geld ⋆ bite the dust in het zand bijten
⋆ dust bath zandbad (v. vogel) ⋆ ⟨AE⟩ dust bowl
verdorde streek; erosiegebied ⋆ dust brand roest (in
koren) ⋆ dust cart vuilniskar ⋆ dust cover
stofomslag ⋆ kick up/raise a dust about stof doen
opwaaien over (fig.) ⋆ let the dust settle
afwachten ⋆ make/raise a dust stof doen
opwaaien (ook fig.) ⋆ throw dust into a p.'s eyes
iem. zand in de ogen strooien ⋆ when the dust has
settled als de rust is weergekeerd
dustbin/'dʌstbɪn/ [znw] vuilnisbak
duster/'dʌstə/ [znw] ⚫ stofjas ⚫ stofdoek
dusting/'dʌstɪŋ/ [znw] ⚫ pak slaag ⚫ het slaan van
een boot bij ruw weer op zee
dusting-powder[znw] talkpoeder
dust-jacket, dust-cover[znw] stofomslag
dustman/'dʌstmən/ [znw] vuilnisman ⋆ the ~
Klaas Vaak
dustpan/'dʌstpæn/ [znw] blik
dust-sheet[znw] stoflaken
dust-shot[znw] fijne hagel
dust-trap[znw] stofnest
dust-up[znw] handgemeen, rel, herrie
dusty/'dʌstɪ/ [bnw] ⚫ stoffig ⚫ dor ⋆ ~ answer
vaag antwoord ⋆ (sl.) not so ~ nog zo gek niet
Dutch/dʌtʃ/ [bnw] Nederlands ⋆ ~ auction
veiling bij afslag ⋆ ~ barn open schuur; dak op
palen ⋆ ~ blue lakmoes ⋆ ~ brick klinker ⋆ ~
cheese Edammer kaas ⋆ ~ clock koekoeksklok ⋆ ~
comfort schrale troost ⋆ ~ concert hels lawaai
⋆ ~ courage dronkenmansmoed ⋆ ~ crossing
schuin oversteken ⋆ ~ drops Haarlemmer olie ⋆ ~
elm disease iepziekte ⋆ ~ gold klatergoud ⋆ ~
mirror spionnetje ⋆ ~ moment stilte voor
'bidden' ⋆ ~ nightingale kikker ⋆ ~ tile blauwe
tegel ⋆ ~ treat partijtje waarbij ieder voor zichzelf
betaalt ⋆ (vero.) High ~ Hoog-Duits ⋆ (vero.)
Low ~ Neder-Duits ⋆ go ~ overeenkomen dat
ieder voor zichzelf betaalt ⋆ my old ~ moeder de
vrouw ⋆ talk to a person like a ~ uncle iem.
vermanen ⋆ talk to a.p. like a ~ uncle iem. danig
op z'n kop geven ⋆ ⟨AE⟩ that beats the ~ dat slaat
alles; (wel,) heb je ooit van je leven! ⋆ the ~ de
Nederlanders
Dutchman, Dutchwoman/'dʌtʃmən/ [znw]
Nederlander, Nederlandse ⋆ I am a ~ (if) ik ben
een boon (als)
duteous, dutiful/'dju:tɪəs/ [bnw]
⚫ plichtsgetrouw, onderdanig ⚫ plichtmatig
dutiable/'dju:tɪəbl/ [bnw] belastbaar, onderhevig
aan rechten
duties/'dju:tɪz/ [mv] rechten, invoerrechten,
uitvoerrechten, accijnzen
duty/'dju:tɪ/ [znw] ⚫ plicht ⚫ functie, dienst ⋆ act

out of (a sense of) duty uit plichtsbesef handelen
⋆ do duty for fungeren als ⋆ duty call
beleefdheidsbezoek ⋆ duty roster dienstrooster
⋆ duty-bound moreel verplicht ⋆ heavy duty
extra sterk; zware uitvoering ⋆ off duty buiten
dienst ⋆ on duty in dienst ⋆ pay one's duty to
zijn opwachting maken bij ⋆ take duty for a p.
waarnemen
duty-free[bnw] ⚫ belastingvrij, vrij van rechten
⚫ belastingvrij ⋆ ~ shop winkel met belastingvrije
artikelen
duty-paid[znw] ⋆ ~ goods goederen in consumptie
duvet/'du:veɪ/ [znw] donzen dekbed
dwarf/dwɔ:f/ I [ov ww] ⚫ in groei belemmeren
⚫ nietig doen lijken II [znw] dwerg
dwarfish/'dwɔ:fɪʃ/ [bnw] dwergachtig
dwell/dwel/ [on ww] ⚫ wonen ⚫ verblijven ⋆ ~
(up)on uitweiden over
dwelling/'dwelɪŋ/ [znw] woning ⋆ ~ place
woonplaats
dwelling-house[znw] (woon)huis
dwelt/dwelt/ verl. tijd + volt. deelw. → **dwell**
dwindle/'dwɪndl/ [on ww] afnemen, kwijnen,
achteruitgaan
dwt.[afk] ⚫ (pennyweight) pennyweight ⚫ (dead
weight tonnage) bruto tonnage
dyad/'daɪæd/ I [znw] twee(tal) II [bnw] 2-waardig
dye/daɪ/ I [ov ww] verven ⋆ dyed in the wool
doortrapt ⋆ dyed-in-the-wool door en door;
onbuigzaam ⋆ it dyes well het laat z. goed verven
II [znw] ⚫ kleur, tint ⚫ verf(stof)
dyeworks/'daɪwɜ:ks/ [mv] textielververij
dying/'daɪɪŋ/ [bnw] stervend, sterf-
dyke/daɪk/ → **dike**
dynamic/daɪ'næmɪk/ I [znw] stuwkracht II [bnw]
dynamisch, energiek
dynamics/daɪ'næmɪks/ [mv] ⚫ dynamica ⚫ (muz.)
dynamiek
dynamism/'daɪnəmɪzəm/ [znw] ⚫ dynamisme
⚫ dynamiek
dynamitard[znw] anarchist die bommen werpt
dynamite/'daɪnəmaɪt/ I [ov ww] met dynamiet
vernielen II [znw] dynamiet
dynamiter/'daɪnəmaɪtə/ [znw] iem. die dynamiet
gebruikt om iets op te blazen
dynamo/'daɪnəməʊ/ [znw] dynamo
dynasty/'dɪnəstɪ/ [znw] dynastie
dysentery/'dɪsəntərɪ/ [znw] dysenterie
dyslexia/dɪs'leksɪə/ [znw] dyslexie, woordblindheid
dyspepsia/dɪs'pepsɪə/ [znw]
spijsverteringsstoornis
dyspeptic/dɪs'peptɪk/ I [znw] lijder aan indigestie
II [bnw] ⚫ met spijsverteringsklachten ⚫ chagrijnig

D

E

each/i:tʃ/ [onb vnw] elk ∗ 5 dollar each 5 dollar per stuk ∗ each other elkaar
eager/'i:gə/ [bnw] vurig, enthousiast ∗ ~ after/for begerig naar
eagerness/'i:gənəs/ [znw] enthousiasme
eagle/'i:gl/ [znw] ● adelaar ● ⟨AE⟩ tiendollarstuk ∗ ~ owl oehoe
eagle-eyed[bnw] met arendsogen
eaglet/'i:glɪt/ [znw] adelaarsjong
ear/ɪə/ [znw] ● oor ● gehoor ● aar ∗ I had his ear hij luisterde naar mij ∗ I would give my ears to ik heb er alles voor over om ∗ ear lobe oorlel ∗ give ear to luisteren naar ∗ it brought a storm about our ears het verwekte veel kritiek ∗ prick up one's ears de oren spitsen ∗ set by the ears tegen elkaar in het harnas jagen
earache/'ɪəreɪk/ [znw] oorpijn
eardrum/'ɪədrʌm/ [znw] trommelvlies
earful/'ɪəful/ [znw] ∗ he'll get an ~ from me ik zal 'm eens even de waarheid vertellen
earl/ɜ:l/ [znw] graaf ∗ Earl Marshal opperceremoniemeester
earldom/'ɜ:ldəm/ [znw] ● graafschap ● rang v. graaf
early/'ɜ:lɪ/ [bnw + bijw] ● vroeg ● spoedig ∗ at an ~ date spoedig ∗ ~ closing day dag waarop de winkels 's middags dicht zijn ∗ he was an hour ~ hij was een uur te vroeg ∗ keep ~ hours vroeg naar bed gaan en vroeg opstaan ∗ the ~ bird catches the worm de morgenstond heeft goud in de mond
earmark/'ɪəmɑ:k/ I [ov ww] ● merken ● een bepaalde bestemming geven II [znw] ● ezelsoor ● eigendomsmerk
earn/ɜ:n/ [ov ww] ● verdienen ● behalen ∗ earning power rentabiliteit
earnest/'ɜ:nɪst/ I [znw] ● ernst ● handgeld ● voorproefje ∗ be in ~ het menen II [bnw] ijverig, ernstig
earnings/'ɜ:nɪŋz/ [mv] verdiensten
earnings-related[bnw] op basis v.h. inkomen, inkomensgebonden, inkomensafhankelijk
earphones/'ɪəfəʊnz/ [mv] koptelefoon
earpiece/'ɪəpi:s/ [znw] ● oorklep ● oorschelp (v. koptelefoon) ● brilveer
earplug/'ɪəplʌg/ [znw] oordopje
earring/'ɪərɪŋ/ [znw] oorbel
earshot/'ɪəʃɒt/ [znw] gehoorsafstand ∗ within ~ binnen gehoorsafstand
ear-splitting/'ɪəsplɪtɪŋ/ [bnw] oorverdovend
earth/ɜ:θ/ I [ov ww] ● met aarde bedekken ● in hol jagen ● (techn.) aarden ∗ (~ up) poten, planten II [znw] ● aarde, grond ● hol (v. dieren) ∗ down to ~ eerlijk; ronduit ∗ why on ~ waarom in 's hemelsnaam; waarom toch eigenlijk
earthborn/'ɜ:θbɔ:n/ [bnw] ● sterfelijk ● uit de aarde geboren
earth-bound/'ɜ:θbaʊnd/ [bnw] ● gehecht aan materiële zaken ● aan de aarde gebonden
earthen/'ɜ:θən/ [bnw] van aarde(werk)
earthenware/'ɜ:θənweə/ [znw] aardewerk
earthling/'ɜ:θlɪŋ/ [znw] aardbewoner
earthly/'ɜ:θlɪ/ [bnw] aards ∗ he hadn't an ~ hij had geen schijn van kans ∗ no ~ reason absoluut geen reden
earthquake/'ɜ:θkweɪk/ [znw] aardbeving
earthwork/'ɜ:θwɜ:k/ [znw] ● aarden wal ● grondwerk
earthworm/'ɜ:θwɜ:m/ [znw] aardworm

earthy/'ɜ:θɪ/ [bnw] ● vuil (door aarde) ● laag-bij-de-gronds, platvloers
earwax/'ɪəwæks/ [znw] oorsmeer
earwig/'ɪəwɪg/ I [ov ww] ● beïnvloeden door kwaadsprekerij ● beïnvloeden door iets in het oor te fluisteren/blazen II [znw] oorworm
ease/i:z/ I [ov ww] ● op zijn gemak stellen, vergemakkelijken ● verlichten ● losser maken ● vieren ∗ ease of a p. of his purse iem. van zijn geld afhelpen ∗ (scheepv.) ease her! halve kracht! II [on ww] ∗ (~ off) gemakkelijker worden, afnemen (in ernst) III [znw] gemak ∗ at one's ease op zijn gemak ∗ ill at ease niet op zijn gemak ∗ stand at ease op de plaats rust
easel/'i:zəl/ [znw] (schilders)ezel
easement/'i:zmənt/ [znw] ● erfdienstbaarheid ● (vero.) bijgebouw
easily/'i:zəlɪ/ [bijw] → easy
easiness/'i:zɪnəs/ [znw] → easy
east/i:st/ I [znw] ● het oosten ● oostenwind II [bnw] oost ∗ east by north oost ten noorden (op kompas)
Easter/'i:stə/ [znw] Pasen ∗ ~ eve paaszaterdag
easterly/'i:stəlɪ/ [bnw + bijw] oostelijk
eastern/'i:stn/ [bnw] oosters ● oostelijk
easterner/'i:stənə/ [znw] oosterling ● Amerikaan(se) uit het oosten v.d. VS
easting/'i:stɪŋ/ [znw] oostelijke richting
eastward(s)/'i:stwəd(z)/ [bnw + bijw] oostwaarts
easy/'i:zɪ/ I [bnw + bijw] ● ongedwongen ● meegaand ● gemakkelijk ● op zijn gemak ● gerieflijk (hand.) flauw ∗ easy come, easy go zo gewonnen, zo geronnen ∗ easy does it kalm aan (dan breekt 't lijntje niet) ∗ easy on the eye leuk om te zien ∗ free and easy aardig in de omgang ∗ in easy circumstances in goeden doen ∗ of easy virtue van lichte zeden ∗ take it easy het gemakkelijk opnemen; je niet druk maken II [ov ww] doen stoppen met roeien III [on ww] stoppen met roeien IV [bnw] ∗ easy chair leunstoel
easy-going/i:zɪ'gəʊɪŋ/ [bnw] ● gemakzuchtig ● makkelijk, laconiek
eat/i:t/ I [ov + on ww] ● (op)eten ● verteren ∗ eat one's heart out door hartzeer verteerd worden ∗ eat one's terms rechten studeren ∗ eat one's words zijn woorden terugnemen ∗ the horse eats his head off het paard kost meer dan het opbrengt ∗ (~ up) helemaal opeten, verslinden (ook fig.) ∗ be eaten up with pride vergaan van trots II [on ww] ∗ (~ away) wegteren, verteren ∗ (~ into) wegvreten, invreten, uitbijten ∗ (~ out) buitenshuis eten
eatable/'i:təbl/ [bnw] eetbaar
eatables/'i:təblz/ [mv] etenswaren
eater/'i:tə/ [znw] ● handappel/-peer ● gast aan tafel ∗ eter ∗ a big ~ iem. die goed kan eten
eating-house/'i:tɪŋhaʊs/ [znw] restaurant
eats/i:ts/ [mv] hapjes, eten
eaves/i:vz/ [mv] onderste dakrand
eavesdrop/'i:vzdrɒp/ [on ww] (heimelijk) afluisteren
eavesdropper/'i:vzdrɒpə/ [znw] luistervink
ebb/eb/ I [on ww] teruglopen, afnemen II [znw] ● eb ● verval, het afnemen ∗ at a low ebb in de put (fig.)
ebonite/'ebənaɪt/ [znw] eboniet
ebony/'ebənɪ/ I [znw] ● ebbenhout, ebbenboom ● neger(slaaf) II [bnw] ● van ebbenhout ● zwart
ebullience/ɪ'bʌljəns/ [znw] ● het koken ● uitbundigheid
ebullient/ɪ'bʌljənt/ [bnw] kokend, (op)bruisend
eccentric/ɪk'sentrɪk/ I [znw] zonderling,

excentriekeling II [bnw] • *excentrisch* • *onregelmatig* • *zonderling*

eccentricity /eksen'trɪsɪti/ [znw] *excentriciteit*

ecclesiastic /ɪkli:zɪ'æstɪk/ [znw] *geestelijke*

ecclesiastical /ɪkli:zɪ'æstɪkl/ [bnw] *kerkelijk*

echelon /'eʃəlɒn/ [znw] • *echelon* • *rang, niveau, laag* • *(min of meer zelfstandig opererende) legergroepering*

echo /'ekəʊ/ I [ov + on ww] *napraten* ★ *echo a call op openingsbod ingaan (bij bridge)* II [on ww] *weerkaatsen* III [znw] *echo, weerklank*

éclair /ɪ'kleə/ [znw] *langwerpig roomtaartje* ★ *chocolate ~ moorkop; toffee met chocolade kern*

éclat /eɪklɑ:/ [znw] • *éclat* • *luister* • *aanzien*

eclectic /ɪ'klektɪk/ [bnw] *eclectisch, keusmakend, keus-*

eclipse /ɪ'klɪps/ I [ov ww] • *verduisteren* • *overschaduwen* II [znw] • *verduistering* • *verdwijning*

ecliptic /ɪ'klɪptɪk/ I [znw] *schijnbare baan v. de zon* II [bnw] *m.b.t. een eclips*

ecological /i:kə'lɒdʒɪkl/ [bnw] *ecologisch* • *lonend*

ecologist /ɪ'kɒlədʒɪst/ [znw] *milieubeschermer*

ecology /ɪ'kɒlədʒɪ/ [znw] *ecologie*

economic /i:kə'nɒmɪk/ [bnw] • *economisch* • *lonend*

economical /i:kə'nɒmɪkl/ [bnw] • *spaarzaam* • *voordelig*

economics /i:kə'nɒmɪks/ [mv] *economie*

economist /ɪ'kɒnəmɪst/ [znw] • *econoom* • *spaarzaam beheerder*

economize /ɪ'kɒnəmaɪz/ [ov ww] • *spaarzaam beheren* • *bezuinigen (op)*

economy /ɪ'kɒnəmɪ/ [znw] • *economie, huishoudkunde* • *(zuinig) beheer* • *spaarzaamheid* • *besparing, stelsel, gestel* ★ ~ *class/ticket goedkoop tarief/kaartje* ★ ~ *of truth halve waarheid* ★ ~ *size (groot) voordeelpak*

ecstasy /'ekstəsɪ/ [znw] *extase, geestvervoering*

ecstatic /ɪk'stætɪk/ [bnw] *in vervoering*

ecumenical /i:kju:'menɪkl/ [bnw] *oecumenisch*

eczema /'eksɪmə/ [znw] *eczeem, huiduitslag*

ed. [afk] [edited] *uitgegeven* • [edition] *uitgave* • [editor] *redacteur*

edacious /ɪ'deɪʃəs/ [bnw] *vraatzuchtig*

eddy /'edɪ/ I [ov + on ww] *dwarrelen* II [znw] • *draaikolk* • *dwarreling* • *opkringelende rook*

edge /edʒ/ I [ov ww] • *scherpen, slijpen* • *begrenzen* • *(in-/tussen-/ver)dringen* • *(~ out) verdringen* II [on ww] • *zich in (schuine) richting bewegen* • *langzaam vorderen* • *(~ away) (scheepv.) afhouden* • *(~ on) langzaam vooruitkomen, aanzetten* III [znw] • *scherpe kant* • *rand* • *sne(d)e* ★ *be on edge gespannen zijn; ongedurig zijn* ★ *give a p. the edge of one's tongue iem. flink op zijn nummer zetten* ★ ⟨AE⟩ *have the edge on vóór liggen op* ★ *set a p.'s teeth on edge iem. doen griezelen* ★ *take the edge off an argument een argument ontzenuwen* ★ *this knife has no edge dit mes is bot*

edging /'edʒɪŋ/ [znw] *rand, franje*

edgy /'edʒɪ/ [bnw] • *scherp* • *met scherpe contouren* • *zenuwachtig* • *ongedurig*

edible /'edɪbl/ I [znw] ★ ~*s etenswaren* II [bnw] *eetbaar* ★ ~ *fats spijs-/voedingsvetten*

edict /'i:dɪkt/ [znw] *edict, bevelschrift*

edifice /'edɪfɪs/ [znw] *gebouw*

edify /'edɪfaɪ/ [ov ww] *geestelijk verheffen*

edifying /'edɪfaɪɪŋ/ [bnw] *stichtelijk, verheffend*

edit /'edɪt/ [ov ww] • *bewerken en doen uitgeven* • *redactie voeren* • *monteren ⟨v. film of geluidsband⟩* • *verfraaien, aanpassen* • *(~ out)*

E

schrappen

edition /ɪ'dɪʃən/ [znw] *editie* ★ *third ~ 3e druk*

editor /'edɪtə/ [znw] • *bewerker* • *redacteur*

editorial /edɪ'tɔ:rɪəl/ I [znw] *hoofdartikel* II [bnw] *redactioneel*

editorialize /edɪ'tɔ:rɪəlaɪz/ [on ww] *in een hoofdartikel behandelen* ★ ~ *on kritisch beschouwen (in een hoofdartikel)*

editorship /'edɪtəʃɪp/ [znw] • *bewerking* • *redacteurschap*

E.D.P. [afk] • [electronic data processing] *elektronische informatieverwerking*

educate /'edjʊkeɪt/ [ov ww] • *onderwijzen* • *opvoeden* • *ontwikkelen* • *trainen, dresseren* ★ ~*d guess aan zekerheid grenzende gissing; een verantwoorde gissing*

education /edjʊ'keɪʃən/ [znw] *opleiding*

educational /edjʊ'keɪʃənl/ [bnw] • *m.b.t. de opleiding* • *leerzaam*

educationalist /edjʊ'keɪʃənəlɪst/ [znw] *onderwijsdeskundige*

educative /'edjʊkətɪv/ [bnw] *opvoedend*

educator /'edjʊkeɪtə/ [znw] *opvoeder*

educe /ɪ'dju:s/ [ov ww] • *naar buiten brengen* • *ontwikkelen*

eel /i:l/ [znw] *paling, aal(tje)* ★ *eel buck/pot paling fuik*

eely /'i:lɪ/ [bnw] *kronkelend*

eerie /'ɪərɪ/ [bnw] • *angstig* • *luguber*

efface /ɪ'feɪs/ [ov ww] • *uitwissen* • *in de schaduw stellen* ★ ~ *o.s. z. wegcijferen*

effacement /ɪ'feɪsmənt/ [znw] *uitwissing*

effect /ɪ'fekt/ I [ov ww] • *teweeg brengen* • *tot stand brengen* ★ ~ *an insurance een verzekering sluiten* II [znw] • *effect* • *gevolg, resultaat* • *uitwerking* • *invloed* ★ *bring/carry into ~ ten uitvoer brengen* ★ *date datum v. ingang* ★ ~*s bezittingen* ★ *give ~ to ten uitvoer brengen* ★ *in ~ van kracht* ★ *it had no ~ het was tevergeefs* ★ *it was of no ~ het was tevergeefs* ★ *take ~ uitwerking hebben; v. kracht worden*

effective /ɪ'fektɪv/ I [znw] ⟨AE⟩ *soldaat in werkelijke dienst* II [bnw] *doeltreffend, werkzaam* ★ ~ *range draagwijdte*

effectively /ɪ'fektɪvlɪ/ [bijw] *feitelijk, eigenlijk, in feite*

effectiveness /ɪ'fektɪvnəs/ [znw] • *doeltreffendheid* • *uitwerking*

effectual /ɪ'fektʃʊəl/ [bnw] • *doeltreffend* • *bindend*

effectuate /ɪ'fektʃʊeɪt/ [ov ww] *bewerkstelligen*

effeminacy /ɪ'femɪnəsɪ/ [znw] *verwijfdheid*

effeminate I [ov ww] /ɪ'femɪneɪt/ *verwijfd maken* II [bnw] /ɪ'femɪnət/ *verwijfd*

effervesce /efə'ves/ [on ww] *opbruisen*

effervescence /efə'vesəns/ [znw] • *het borrelen* • *het bruisen*

effervescent /efə'vesənt/ [bnw] • *borrelend* • *bruisend*

effete /ɪ'fi:t/ [bnw] *uitgeput, versleten*

efficacious /efɪ'keɪʃəs/ [bnw] • *werkzaam* • *probaat* • *krachtdadig*

efficacy /'efɪkəsɪ/ [znw] • *uitwerking* • *kracht* • *doeltreffendheid*

efficiency /ɪ'fɪʃənsɪ/ [znw] *efficiëntie*

efficient /ɪ'fɪʃənt/ I [znw] ⟨mil.⟩ *geoefend soldaat* II [bnw] • *doeltreffend, doelmatig* • *krachtig* • *economisch* • *bekwaam* • *voortvarend* ★ ~ *cause werkelijke oorzaak*

effigy /'efɪdʒɪ/ [znw] *(af)beeld(ing), beeldenaar*

effloresce /eflɔ:'res/ [on ww] • *bloeien* • *uitslaan ⟨v. muur⟩* • ⟨chem.⟩ *verweren*

efflorescence /eflə'resəns/ [znw] *bloei*

efflorescent/eflɔ'resənt/ [bnw] bloeiend
effluence/'efluəns/ [znw] • het uitstromen,
uitstraling • uitvloeisel
effluent/'efluənt/ I [znw] • zijtak • uitstromend
water II [bnw] uitstromend
efflux(ion)/e'flʌksən/ [znw] • uitstroming,
wegvloeiing • verloop
effort/'efət/ [znw] • inzet • prestatie • poging
• (krachts)inspanning
effortless/'efətləs/ [bnw] moeiteloos, ongedwongen
effrontery/ɪ'frʌntərɪ/ [znw] onbeschaamdheid
effulgence/ɪ'fʌldʒəns/ [znw] pracht
effulgent/ɪ'fʌldʒənt/ [bnw] stralend
effuse/ɪ'fju:s/ I [ov ww] uitgieten, uitstorten
II [on ww] z. verspreiden, uitstromen
effusion/ɪ'fju:ʒən/ [znw] uitstorting, ontboezeming
effusive/ɪ'fju:sɪv/ [bnw] • (z.) uitstortend
• overdreven hartelijk
E.F.T.A. [afk] • (European Free Trade
Association) EVA, Europese Vrijhandelsassociatie
e.g. [afk] • (exempli gratia) bijvoorbeeld
egalitarian/ɪgælɪ'teərɪən/ I [znw] gelijke II [bnw]
m.b.t. het gelijk zijn v. allen
egg/eg/ I [ov ww] • (~ on) aanzetten, ophitsen
II [znw] • ei • (sl.) bom • (sl.) vent * bad egg
persoon die/plan dat niet deugt * egg timer
zandloper * egg whisk eiergarde * in the egg in
de kiem * put all one's eggs in one basket alles
op één kaart zetten
eggbeater/'egbi:tə/ [znw] • eierklopper
• buitenboordmotor • ⟨inf.⟩ helikopter
eggcup/'egkʌp/ [znw] eierdopje
egg-flip [znw] advocaat ⟨drank⟩
egghead/'eghed/ [znw] intellectueel
eggplant/'egpla:nt/ [znw] aubergine
eggshell/'egʃel/ [znw] eierschaal * ~ china zeer
dun porselein
ego/'i:gəʊ/ [znw] • ego • ik-bewustzijn * ego trip
egotrip
egocentric/i:gəʊ'sentrɪk/ [bnw] • egocentrisch
• egoïstisch
egoism/'i:gəʊɪzəm/ [znw] zelfzucht
egoist/'i:gəʊɪst/ [znw] egoïst
egoistic/i:gəʊ'ɪstɪk/ [bnw] egoïstisch
egotism/'i:gətɪzəm/ [znw] • egocentrisme
• egoïsme
egotist/'egətɪst/ [znw] • egocentrisch persoon
• egoïst
egotistic/egə'tɪstɪk/ [bnw] egocentrisch, egoïstisch
egregious/ɪ'gri:dʒəs/ ⟨pej.⟩ [bnw] kolossaal
egress/'i:gres/ [znw] • (recht van) uitweg • uitgang
egret/'i:gret/ [znw] aigrette
Egypt/'i:dʒɪpt/ [znw] Egypte
Egyptian/ɪ'dʒɪpʃən/ I [znw] Egyptenaar II [bnw]
Egyptisch
eh/eɪ/ [tw] hè
eider/'aɪdə/ [znw] eidereend * ~ duck eidereend
eiderdown/'aɪdədaʊn/ [znw] ⟨dekbed van⟩
eiderdons
eight/eɪt/ I [znw] roeiploeg van acht * he had one
over the ~ hij had er eentje te veel op II [telw] acht
eighteen/eɪ'ti:n/ [telw] achttien
eighteenth/eɪ'ti:nθ/ [telw] achttiende
eightfold/'eɪtfəʊld/ [bnw + bijw] achtvoud(ig)
eighth/eɪtθ/ [telw] achtste
eightieth/'eɪtɪəθ/ [telw] tachtigste
eighty/'eɪtɪ/ [telw] tachtig * the eighties de jaren
tachtig
Eire/'eərə/ [znw] Ierland
either/'aɪðə/ [bnw + bijw] • elk ⟨v. beide⟩ • (één
van) beide(n) * ~ ... or of ... of; hetzij ... hetzij * if
you don't go, I shan't ~ als jij niet gaat, dan ga ik
ook niet * it's an ~-or decision het is of het één of

het ander
ejaculate/ɪ'dʒækjʊleɪt/ [ov ww] • ejaculeren
• uitroepen • eruit gooien • uitstorten
ejaculation/ɪdʒækjʊ'leɪʃən/ [znw] • uitroep
• schietgebedje • ejaculatie
ejaculatory/ɪdʒækjʊ'leɪtərɪ/ [bnw] • uitroepend
• ejaculatie-
eject/ɪ'dʒekt/ [ov ww] • per schietstoel verlaten
• uitwerpen • verdrijven • uitwijzen • uitstralen
ejection/ɪ'dʒekʃən/ [znw] • verdrijving
• uitwerping
ejector/ɪ'dʒektə/ [znw] * ~ seat schietstoel
eke/i:k/ [ov ww] aanvullen * (~ out) rekken * eke
out one's livelihood zich met moeite in leven
kunnen houden
elaborate I [on ww] /ɪ'læbəreɪt/ uitweiden
II [bnw] /ɪ'læbərət/ • nauwgezet • met zorg
uitgewerkt, uitgebreid
elaboration/ɪlæbə'reɪʃən/ [znw] verfijnde
uitwerking, precisering, detaillering
élan [znw] elan, vuur ⟨fig.⟩, enthousiasme
elapse/ɪ'læps/ [on ww] verstrijken ⟨v. tijd⟩
elastic/ɪ'læstɪk/ I [znw] elastiek * ~-sides
rijglaarzen II [bnw] • rekbaar • ruim
• veerkrachtig
elasticity/ɪlæ'stɪsətɪ/ [znw] elasticiteit
elate/ɪ'leɪt/ I [ov ww] in verrukking brengen
II [bnw] opgetogen
elated/ɪ'leɪtɪd/ [bnw] opgetogen
elation/ɪ'leɪʃən/ [znw] opgetogenheid
elbow/'elbəʊ/ I [ov ww] • (met de elleboog)
dringen • een bocht maken * ~ one's way z. een
weg banen II [znw] • elleboog • scherpe bocht * at
one's ~ vlakbij * out at ~s aan lager wal geraakt
iem.; zwerver; jas waar de ellebogen doorsteken;
haveloos iem. * up to the ~s tot over de oren
elbow-grease/'elbəʊgri:s/ [znw] zwaar werk
elbow-room/'elbəʊru:m/ [znw]
bewegingsruimte, armslag
elder/'eldə/ I [znw] • oudere, oudst • ouderling
• ⟨plant⟩ vlier * my ~s degenen die ouder zijn dan
ik II [bnw] • ouder, oudste • wijs en ervaren
elderberry/'eldəberɪ/ [znw] vlierbes
elderly/'eldəlɪ/ [bnw] op leeftijd
eldest/'eldɪst/ [bnw] oudste
elect/ɪ'lekt/ I [ov ww] (ver)kiezen II [znw]
uitverkorene III [bnw] uitverkoren * the
President ~ gekozen president, die nog niet in
functie is
election/ɪ'lekʃən/ [znw] verkiezing
electioneer/ɪlekʃə'nɪə/ [on ww] verkiezingsactie
voeren
elective/ɪ'lektɪv/ [bnw] • gekozen • kies- • met
kiesrecht • ⟨AB⟩ facultatief
elector/ɪ'lektə/ [znw] • kiezer, kiesman • ⟨gesch.⟩
keurvorst
electoral/ɪ'lektərəl/ [bnw] * ~ college
kiescollege; ⟨AB⟩ college van kiesmannen
electorate/ɪ'lektərət/ [znw] • alle kiezers
• keurvorstendom
electric/ɪ'lektrɪk/ I [znw] • stof die door wrijving
elektrisch wordt • ⟨AB⟩ elektrische auto II [bnw]
elektrisch * ~ blue staalblauw * ~-charge
elektrische lading * ~ eel sidderaal * ~ eye fotocel
* ~ jar Leidse fles * ~ sign lichtreclame * ~ torch
zaklantaarn
electrical/ɪ'lektrɪkl/ → **electric**
electrician/ɪlek'trɪʃən/ [znw] elektriciën
electricity/ɪlek'trɪsətɪ/ [znw] elektriciteit * ~
works elektriciteitscentrale
electrify/ɪ'lektrɪfaɪ/ [ov ww] • elektrificeren
• onder stroom zetten • schokken ⟨fig.⟩

electrocardiogram/ɪlektrəʊ'ka:dɪəgræm/ [znw] elektrocardiogram
electrocute/ɪ'lektrəkju:t/ [ov ww] elektrocuteren, terechtstellen op elektrische stoel
electrocution/ɪlektrə'kju:ʃən/ [znw] elektrocutie
electrode/ɪ'lektrəʊd/ [znw] elektrode
electrolier/ɪlektrə'lɪə/ [znw] elektrische kroonluchter
electrolyse/ɪ'lektrəlaɪz/ [ov ww] ontleden door elektriciteit
electrolysis/ɪlek'trɒləsɪs/ [znw] elektrolyse
electromagnet/ɪlektrəʊ'mægnɪt/ [znw] elektromagneet
electron/ɪ'lektrɒn/ [znw] elektron
electronic/ɪlek'trɒnɪk/ [bnw] elektronisch * ~ data processing verwerking v. gegevens of informatie per computer
electronics/ɪlek'trɒnɪks/ [mv] elektronica
electroplate/ɪ'lektrəpleɪt/ I [ov ww] elektrolytisch verchromen/verzilveren II [znw]
 • pleetzilver • verchroomd voorwerp
electroshock/ɪ'lektrəʊʃɒk/ [znw] * ~ therapy shocktherapie
elegance/'elɪgəns/ [znw] elegantie
elegant/'elɪgənt/ I [znw] fat II [bnw] • sierlijk, smaakvol • elegant • ‹sl.› prima
elegiac/elɪ'dʒaɪæk/ [bnw] elegisch * ~ poetry klaagzangen
elegy/'eladʒɪ/ [znw] treurdicht/-zang
element/'elɪmənt/ [znw] element
elemental/elɪ'mentl/ [bnw] • m.b.t. de elementen • natuur- • enorm • essentieel
elementary/elɪ'mentərɪ/ [bnw] eenvoudig, elementair * ~ school lagere school
elements/'elɪmənts/ [mv] beginselen
elephant/'elɪfənt/ [znw] olifant * see pink ~s schimmen zien * white ~ kostbaar maar nutteloos bezit of cadeau
elephantiasis/elɪfən'taɪəsɪs/ [znw] elefantiasis (huidziekte)
elephantine/elɪ'fæntaɪn/ [bnw] • als een olifant • plomp
elevate/'elɪveɪt/ [ov ww] • (op-/ver)heffen • veredelen * ~ a gun een kanon hoger richten * ~d verheven; aangeschoten * ~d railway luchtspoorweg
elevation/elɪ'veɪʃən/ [znw] • verhoging • hoogte
elevator/'elɪveɪtə/ [znw] • hoogteroer • elevator, silo • ‹AD› lift
eleven/ɪ'levən/ I [znw] elftal II [telw] elf
eleven-plus/ɪ'levən/ toelatingsexamen voor voortgezet onderwijs
elevenses/ɪ'levənzɪz/ [znw] hapje en/of koffie rond elf uur, elfuurtje
eleventh/ɪ'levənθ/ [telw] elfde
elf/elf/ [znw] • elf • kabouter • dwerg * elf lock(s) verward haar
elfish, elfin/'elfɪʃ/ [bnw] • elfachtig • ondeugend
elicit/ɪ'lɪsɪt/ [ov ww] • ontlokken • aan 't licht brengen
elide/ɪ'laɪd/ [ov ww] weglaten
eligibility/elɪdʒə'bɪlətɪ/ [znw] geschiktheid
eligible/'elɪdʒəbl/ [bnw] • verkiesbaar, verkieslijk • wenselijk * an ~ bachelor een begeerd vrijgezel
eliminate/ɪ'lɪmɪneɪt/ [ov ww] • uit-/verdrijven • verwijderen • elimineren • terzijde stellen
elimination/ɪlɪmɪ'neɪʃən/ [znw] eliminatie
elision/ɪ'lɪʒən/ [znw] weglating
elite/ɪ'li:t/ [znw] elite
elitism/ɪ'li:tɪzəm/ [znw] elitisme, voorkeur voor leiding door selecte groep
elitist/ɪ'li:tɪst/ I [znw] elitist, voorstander van

elitisme II [bnw] elitair
elixir/ɪ'lɪksɪə/ [znw] • toverdrank • elixer, bitter ‹drank›
elk/elk/ [znw] • eland • ‹AD› wapitihert
ell/el/ [znw] el * give him an inch and he'll take an ell geef 'm de vinger en hij neemt de hele hand
ellipse/ɪ'lɪps/ [znw] ellips, ovaal
ellipsis/ɪ'lɪpsɪs/ [znw] • ellips ‹taalk.› weglating
elliptic/ɪ'lɪptɪk/ [bnw] elliptisch
elm/elm/ [znw] iep * Dutch elm disease iepziekte
elocution/elə'kju:ʃən/ [znw] voordracht
elocutionist/elə'kju:ʃənɪst/ [znw]
 • voordrachtskunstenaar • spraakleraar
elongate/'i:lɒŋgeɪt/ [ov + on ww] • (uit)rekken • (z.) verlengen
elongation/i:lɒŋ'geɪʃən/ [znw] verlenging
elope/ɪ'ləʊp/ [on ww] (van huis) weglopen om te trouwen
elopement/ɪ'ləʊpmənt/ [znw] • schaking • → elope
eloquence/'eləkwəns/ [znw] welsprekendheid
eloquent/'eləkwənt/ [bnw] welbespraakt, welsprekend
else/els/ [bnw] anders
elsewhere/'elsweə/ [bijw] elders
elucidate/ɪ'lu:sɪdeɪt/ [ov ww] ophelderen, toelichten
elucidation/ɪlu:sɪ'deɪʃən/ [znw] • opheldering • toelichting
elucidatory/ɪ'lu:sɪdeɪtərɪ/ [bnw] • ophelderend • toelichtend
elude/ɪ'lu:d/ [ov ww] ontwijken, ontgaan
elusive, elusory/ɪ'lu:sɪv/ [bnw] • onvindbaar • ontwijkend
elves/elvz/ [mv] → elf
elvish/'elvɪʃ/ → elfish
em-/ɪm/ [voorv] em-, ver-, be-, in- * empower machtigen
emaciate/ɪ'meɪsɪeɪt/ [ov ww] doen vermageren, uitmergelen * ~d uitgeteerd
emanate/'eməneɪt/ I [ov ww] uitstralen II [on ww] • (~ from) (voort)komen uit
emanation/emə'neɪʃən/ [znw] uitstraling
emancipate/ɪ'mænsɪpeɪt/ [ov ww] vrij maken, emanciperen
emancipation/ɪmænsɪ'peɪʃən/ [znw] • vrijmaking v. slavernij • emancipatie
emasculate I [ov ww] /ɪ'mæskjʊleɪt/ • castreren • machteloos maken II [bnw] /ɪ'mæskjʊlət/ • gecastreerd • machteloos
embalm/ɪm'ba:m/ [ov ww] • balsemen • geurig maken
embalmment/ɪm'ba:mmənt/ [znw] balseming
embankment/ɪm'bæŋkmənt/ [znw] • kade • spoordijk • opgehoogde weg
embargo/em'ba:gəʊ/ I [ov ww] beslag leggen op II [znw] • belemmering • embargo • verbod v. in- of uitvoer
embark/ɪm'ba:k/ I [ov ww] aan boord nemen II [on ww] aan boord gaan • (~ in/upon) z. begeven/wagen in
embarkation/emba:'keɪʃən/ [znw] inscheping
embarrass/ɪm'bærəs/ [ov ww] in verlegenheid brengen, hinderen
embarrassing/ɪm'bærəsɪŋ/ [bnw] lastig, pijnlijk
embarrassment/ɪm'bærəsmənt/ [znw] verlegenheid
embassy/'embəsɪ/ [znw] gezantschap, ambassade
embattled/ɪm'bætld/ [bnw] • omringd door vijand(en) • belaagd, in moeilijkheden • met kantelen, gekanteeld
embed/ɪm'bed/ [ov ww] (vast)leggen, insluiten

E

E

* be ~ded in vastzitten in

embellish/ɪm'belɪʃ/ [ov ww] verfraaien, versieren
embellishment/ɪm'belɪʃmənt/ [znw] verfraaiing
ember/'embə/ [znw] gloeiend kooltje * ~ days
vastendagen * ~s sintels
embezzle/ɪm'bezəl/ [ov ww] verduisteren ‹v. geld›
* verergeren
embitter/ɪm'bɪtə/ [ov ww] * verbitteren
* verergeren
emblazon/ɪm'bleɪzən/ [ov ww] verheerlijken
emblem/'embləm/ [znw] * symbool * embleem
emblematic/emblə'mætɪk/ [bnw] * be ~ of
symboliseren
emblematize/ɪm'blematatɪz/ [ov ww]
zinnebeeldig voorstellen
embodiment/ɪm'bodɪmənt/ [znw] belichaming
embody/ɪm'bodɪ/ [ov ww] * belichamen * vorm
geven * uitdrukken * omvatten
embolden/ɪm'bəʊldn/ [ov ww] aanmoedigen
embolism/'embəlɪzəm/ [znw] embolie
embolus/'embələs/ [znw] bloedprop
embosom/ɪm'bʊzəm/ [ov ww] * omgeven
* omarmen
emboss/ɪm'bɒs/ [ov ww] * drijven ‹v. metaal› * in
reliëf maken
embowel/ɪm'baʊəl/ [ov ww] van de ingewanden
ontdoen
embower/ɪm'baʊə/ [ov ww] * omgeven
* beschutten
embrace/ɪm'breɪs/ I [ov ww] * omvatten
* (elkaar) omhelzen * ~ a party z. aansluiten bij
een partij * ~ an opportunity een gelegenheid
aangrijpen II [znw] omhelzing
embrasure/ɪm'breɪʒə/ [znw] * schietgat
* ‹archit.› neg
embrocation/embrəʊ'keɪʃən/ [znw] smeersel,
wrijfmiddel
embroider/ɪm'brɔɪdə/ [ov ww] * borduren
* opsmukken, versieren ‹v. verhaal›
embroidery/ɪm'brɔɪdərɪ/ [znw] borduurwerk
embroil/ɪm'brɔɪl/ [ov ww] * in de war brengen
* verwikkelen, brouilleren
embroilment/ɪm'brɔɪlmənt/ [znw] twist
embryo/'embrɪəʊ/ [znw] embryo, kiem * in ~ in
de dop; nog niet ontwikkeld
embryology/embrɪ'ɒlədʒɪ/ [znw] embryologie
embryonic/embrɪ'ɒnɪk/ [bnw] nog niet
ontwikkeld
embus/ɪm'bʌs/ I [ov ww] inladen II [on ww]
instappen
emend/ɪ'mend/ [ov ww] verbeteren
emendation/i:mɛn'deɪʃən/ [znw] * verbetering
* verbeterde tekst
emerald/'emərəld/ I [znw] smaragd II [bnw]
* smaragden * smaragdgroen * Emerald Isle
Ierland
emerge/ɪ'mɜ:dʒ/ [on ww] * (naar) boven komen
* naar buiten komen * z. vertonen * z. voordoen
* blijken
emergence/ɪ'm:dʒəns/ [znw] * uitwas * het
verschijnen
emergency/ɪ'mɜ:dʒənsɪ/ [znw]
* onverwachte/onvoorziene gebeurtenis
* nood(toestand) * ~ force noodleger * ~ meeting
spoedvergadering * in an ~ in geval van nood
emergent/ɪ'mɜ:dʒənt/ [bnw] z. los- of vrijmakend
emeritus/ɪ'merɪtəs/ [bnw] rustend
emery/'emərɪ/ [znw] amaril * ~ cloth/paper
schuurlinnen/-papier
emetic/ɪ'metɪk/ I [znw] braakmiddel II [bnw]
braakwekkend
emigrant/'emɪɡrənt/ [znw] emigrant * ~ bird
trekvogel

emigrate/'emɪɡreɪt/ [on ww] emigreren
emigration/emɪ'ɡreɪʃən/ [znw] emigratie
eminence/'emɪnəns/ [znw] * hoge positie
* eminentie * heuvel * éminence grise wijze
oud-staatsman
eminent/'emɪnənt/ [bnw] eminent, verheven,
uitstekend
eminently/'emɪnəntlɪ/ [bijw] * in hoge mate * bij
uitstek
emirate/'emɪərət/ [znw] emiraat
emissary/'emɪsərɪ/ [znw] * (geheim)agent * spion
* handlanger
emission/ɪ'mɪʃən/ [znw] * uitstraling, uitzending
* uitlaatgas ‹v. auto›
emit/ɪ'mɪt/ [ov ww] * uiten * uitgeven/-zenden
emollient/ɪ'mɒlɪənt/ [znw] verzachtend middel
emolument/ɪ'mɒljʊmənt/ [znw] emolumenten,
(bij)verdienste
emote/ɪ'məʊt/ [on ww] vreselijk te keer gaan
emotion/ɪ'məʊʃən/ [znw] emotie, ontroering,
gemoedsbeweging
emotional/ɪ'məʊʃənl/ [bnw] * gevoels-
* ontvankelijk, licht geroerd
emotionalist/ɪ'məʊʃənəlɪst/ [znw] gevoelsmens
emotive/ɪ'məʊtɪv/ [bnw] roerend
empanel/ɪm'pænl/ [ov ww] samenstellen ‹v. jury›
empathy/'empəθɪ/ [znw] het invoelen, medeleven
emperor/'empərə/ [znw] keizer
emphasis/'emfəsɪs/ [znw] * nadruk * overwicht
emphasize/'emfəsaɪz/ [ov ww] nadruk leggen op
emphatic/ɪm'fætɪk/ [bnw] nadrukkelijk
empire/'empaɪə/ [znw] * (keizer-/wereld)rijk
* heerschappij
empiric, empirical/ɪm'pɪrɪk/ I [znw]
* empiricus * kwakzalver II [bnw] * empirisch,
experimenteel * ervarings-
empiricism/ɪm'pɪrɪsɪzəm/ [znw] * ervaringsleer
* kwakzalverij
emplane/ɪm'pleɪn/ I [ov ww] inladen ‹in
vliegtuig› II [on ww] instappen ‹in vliegtuig›
employ/ɪm'plɔɪ/ I [ov ww] * gebruiken,
aanwaarden * in dienst hebben * be ~ed on bezig
zijn aan * capital ~ed geïnvesteerd
kapitaal/vermogen * ~ed in dienstbetrekking
II [znw] * bezigheid * dienst(betrekking) * out of
~ werkloos
employable/ɪm'plɔɪəbl/ [bnw] bruikbaar
employee/emplɔɪ'i:/ [znw] werknemer
employer/ɪm'plɔɪə/ [znw] werkgever * ~'s
liability act ongevallenwet
employment/ɪm'plɔɪmənt/ [znw] werk, beroep,
betrekking * ~ agency uitzendbureau * ~
exchange/office arbeidsbureau
emporium/em'pɔ:rɪəm/ [znw] * handelscentrum
* markt * grootwinkelbedrijf, warenhuis
empower/ɪm'paʊə/ [ov ww] * machtigen * in
staat stellen
empress/'emprɪs/ [znw] keizerin
emptiness/'emptɪnəs/ [znw] leegheid, leegte
empty/'emptɪ/ I [ov ww] * leeg worden * zich
ontlasten van II [on ww] leeg maken/raken
III [znw] lege kist of wagen IV [bnw] * leeg
* nietszeggend * met lege maag
empty-handed[bnw] met lege handen
empty-headed[bnw] leeghoofdig, dom,
stompzinnig, onnozel
emu/'i:mju:/ [znw] emoe
emulate/'emjʊlert/ [ov ww] * trachten voorbij te
streven * wedijveren met * navolgen
emulation/emjʊ'leɪʃən/ [znw] * wedijver
* rivaliteit
emulous/'emjʊləs/ [bnw] wedijverend

emulsify /ɪ'mʌlsɪfaɪ/ [ov ww] emulgeren
emulsion /ɪ'mʌlʃən/ [znw] emulsie ∗ ~ paint mat opdrogende lak
enable /ɪ'neɪbl/ [ov ww] ● in staat stellen ● machtigen ● ‹jur.› enabling legislature wetgeving die toetreding regelt
enact /ɪ'nækt/ [ov ww] ● bepalen ● spelen ‹v. rol op toneel›
enactment /ɪ'næktmənt/ [znw] verordening
enamel /ɪ'næml/ I [ov ww] emailleren II [znw] ● vernis ● email ● lak
enamour /ɪ'næmə/ [ov ww] ● verliefd maken ● bekoren ∗ ~ed of verliefd op
enamoured /ɪ'næməd/ [bnw] verliefd
encage /ɪn'keɪdʒ/ [ov ww] kooien
encamp /ɪn'kæmp/ [on ww] ● (zich) legeren ● kamperen
encampment /ɪn'kæmpmənt/ [znw] kamp(ement)
encase /ɪn'keɪs/ [ov ww] omhullen, omsluiten
encaustic /ɪn'kɔːstɪk/ I [znw] brandschilderwerk II [bnw] ingebrand
encephalitis /enkefə'laɪtɪs/ [znw] hersenontsteking
enchain /ɪn'tʃeɪn/ [ov ww] ● ketenen ● boeien ‹ook fig.›
enchant /ɪn'tʃɑːnt/ [ov ww] ● betoveren ● verrukken
enchanter /ɪn'tʃɑːntə/ [znw] tovenaar
enchanting /ɪn'tʃɑːntɪŋ/ [bnw] aantrekkelijk, verrukkelijk, charmant, betoverend
enchantment /ɪn'tʃɑːntmənt/ [znw] betovering
enchantress /ɪn'tʃɑːntrəs/ [znw] ● toverkol ● verleidster
encircle /ɪn'sɜːkl/ [ov ww] omringen, insluiten, omsingelen
encirclement /ɪn'sɜːklmənt/ [znw] ● omsingeling ● insluiting
enclasp /ɪn'klɑːsp/ [ov ww] omvatten
enclose /ɪn'kləʊz/ [ov ww] ● omgeven, omheinen ● insluiten ‹bij brief› ∗ please find ~d ingesloten moge u aantreffen
enclosure /ɪn'kləʊʒə/ [znw] ● eigen terrein, omheind gebied ● bijlage
encode /ɪn'kəʊd/ [ov ww] coderen
encomium /en'kəʊmɪəm/ [znw] lof(tuiting)
encompass /ɪn'kʌmpəs/ [ov ww] ● omgeven ● omsingelen ● omvatten, insluiten
encore /'ɒŋkɔː/ I [ov ww] bisseren II [znw] toegift III [tw] bis
encounter /ɪn'kaʊntə/ I [ov ww] ● ontmoeten, treffen ● slaags raken ● het hoofd bieden II [on ww] elkaar ontmoeten III [znw] ● ontmoeting ● confrontatie
encourage /ɪn'kʌrɪdʒ/ [ov ww] ● aanmoedigen ● bevorderen
encouragement /ɪn'kʌrɪdʒmənt/ [znw] aanmoediging
encouraging /ɪn'kʌrɪdʒɪŋ/ [bnw] bemoedigend
encroach /ɪn'krəʊtʃ/ [on ww] zich indringen ∗ (~ (up)on) inbreuk maken op
encroachment /ɪn'krəʊtʃmənt/ [znw] ● aantasting ● overschrijding
encrust /ɪn'krʌst/ I [ov ww] bedekken met korst II [on ww] korst vormen
encumber /ɪn'kʌmbə/ [ov ww] ● belemmeren, versperren ● belasten
encumbrance /ɪn'kʌmbrəns/ [znw] ● last ‹ook fig.› ● hypotheek ∗ without ~ zonder kinderen
encyclop(a)edia /ensaɪklə'piːdɪə/ [znw] encyclopedie
encyclop(a)edical /ensaɪklə'piːdɪkl/ [bnw] encyclopedisch
encyclop(a)edist /ensaɪklə'piːdɪst/ [znw] encyclopedist

end /end/ I [ov ww] ● beëindigen ● eind maken aan ∗ (~ off) beëindigen, afronden ∗ (~ up) eindigen II [on ww] eindigen ∗ (~ in) uitgaan op, uitlopen op, eindigen in III [znw] ● eind(je) ● doel ∗ ‹AD afdeling, filiaal ∗ at one's wits' end ten einde raad ∗ come to a bad end er slecht afkomen ∗ end product eindproduct ∗ end result eindresultaat ∗ end table bijzettafeltje ∗ end to end in de lengte achter elkaar ∗ for 3 weeks on end 3 weken achter elkaar ∗ for that end te dien einde ∗ from end to end van het begin tot het eind; helemaal ∗ go for end omslaan ∗ go off the deep end kwaad worden ∗ in the end tenslotte; op den duur ∗ keep one's end up z. handhaven; zich kranig weren ∗ make both ends meet rondkomen ∗ no end of money hopen geld ∗ no end of nonsense daverende onzin ∗ on end rechtop; overeind ∗ to no end vruchteloos; tevergeefs
endamage /ɪn'dæmɪdʒ/ → **damage**
endanger /ɪn'deɪndʒə/ [ov ww] in gevaar brengen
endear /ɪn'dɪə/ [ov ww] zich bemind maken
endearing /ɪn'dɪərɪŋ/ [bnw] sympathiek, vertederend
endearment /ɪn'dɪəmənt/ [znw] liefkozing ∗ terms of ~ liefkozende woorden; koosnaampjes
endeavour /ɪn'devə/ I [on ww] proberen ∗ (~ after) streven naar II [znw] ∗ ~ at poging tot
endemic /en'demɪk/ I [znw] inheemse ziekte II [bnw] inheems
ending /'endɪŋ/ [znw] ● einde ● ‹taalk.› uitgang ‹v. woord›
endive /'endaɪv/ [znw] andijvie
endless /'endləs/ [bnw] eindeloos
endlong /'endlɒŋ/ [bijw] in de lengte
endocrinology /endəʊkrɪ'nɒlədʒɪ/ [znw] hormonenleer
endorse /ɪn'dɔːs/ [ov ww] ● endosseren ● op de achterzijde van aantekening voorzien ● onderschrijven ∗ ~ a (driver's) licence achterop rijbewijs de overtreding(en) vermelden
endorsee /endɔː'siː/ [znw] geëndosseerde, gemachtigde
endorsement /ɪn'dɔːsmənt/ [znw] onderschrijving
endorser /ɪn'dɔːsə/ [znw] endossant
endow /ɪn'daʊ/ [ov ww] ● subsidiëren ● begiftigen
endowment /ɪn'daʊmənt/ [znw] talent, gave ∗ ~ insurance kapitaalverzekering
endpaper /'endpeɪpə/ [znw] schutblad
endue /ɪn'djuː/ [ov ww] ● voorzien van ● bekleden ● ‹vero.› aantrekken
endurable /ɪn'djʊərəbl/ [bnw] draaglijk
endurance /ɪn'djʊərəns/ [znw] ● lijdzaamheid, geduld ● uithoudingsvermogen ● duur(zaamheid)
endure /ɪn'djʊə/ I [ov ww] verdragen, uithouden II [on ww] (voort)duren, in stand blijven
enduring /ɪn'djʊərɪŋ/ [bnw] blijvend
endways, endwise /'endweɪz/ [bijw] ● met einde naar voren ● met einden tegen elkaar, in de lengte, achter elkaar ● haaks
enema /'enɪmə/ [znw] lavement, darmspoeling
enemy /'enəmɪ/ I [znw] vijand ∗ ‹inf.› how goes the ~? hoe laat is het? II [bnw] vijandelijk
energetic /enə'dʒetɪk/ [bnw] ● krachtig ● energiek
energetics /enə'dʒetɪks/ [mv] leer v.h. arbeidsvermogen
energize /'enədʒaɪz/ [ov ww] bezielen
energumen /enɜː'ɡjuːmen/ [znw] streber
energy /'enədʒɪ/ [znw] energie, werkkracht ∗ speak with ~ met nadruk spreken
enervate I [ov ww] /'enəveɪt/ ontkrachten

II [bnw] /'rnɜ:vət/ *slap, zwak*
enervation /enə'verʃən/ [znw] *ontkrachting*
enfeeble /ɪn'fi:bl/ [ov ww] *zwak maken*
enfeeblement /ɪn'fi:blmənt/ [znw] *verzwakking*
enfold /ɪn'fəʊld/ [ov ww] • *in-/omwikkelen, hullen in* • *omhelzen* • *plooien*
enforce /ɪn'fɔ:s/ [ov ww] • *(af)dwingen (tot)*
• *kracht bijzetten* • *streng handhaven* • (~ **upon**) *opleggen* (v. wil), *dwingen tot*
enforceable /ɪn'fɔ:səbl/ [bnw] *af te dwingen*
enforcement /ɪn'fɔ:smənt/ [znw] • *handhaving* • *dwang*
enfranchise /ɪn'fræntʃaɪz/ [ov ww] • *bevrijden, vrijlaten* • *kies-/stemrecht verlenen*
engage /ɪn'geɪdʒ/ **I** [ov ww] • *bespreken* (v. plaatsen) • *in dienst nemen* • *op z. nemen* • *voor zich innemen in het gevecht brengen* ★ ~ a p.'s attention *iemands aandacht voor z. opeisen* **II** [on ww] • (zich) *verbinden* • *zich verloven* • *slaags raken met* ★ are you ~d? *bent u bezet/bezig?* ★ be ~d *in/on bezig zijn met* ★ ~d couple *verloofd paar* • *engaging innemen* ★ number ~d *in gesprek* (v. telefoon) • (~ **for**) *garanderen, instaan voor* • (~ **in**) z. *begeven in* • (~ **upon**) *beginnen met* • (~ **with**) *in dienst gaan bij*
engagement /ɪn'geɪdʒmənt/ [znw] • *afspraak* • *verloving* ★ ~ ring *verlovingsring* ★ ~s (geldelijke) *verplichtingen* ★ under an ~ *gebonden* ★ without ~ *vrijblijvend*
engaging /ɪn'geɪdʒɪn/ [bnw] *charmant, aantrekkelijk*
engarland /ɪn'gɑ:lənd/ [ov ww] *bekransen, omkransen*
engender /ɪn'dʒendə/ [ov ww] *teweeg brengen, verwekken* ★ be ~ed *ontstaan*
engine /'endʒɪn/ [znw] • *machine, motor, locomotief* • *brandspuit* • *werktuig, middel* ★ caloric ~ *heteluchtmotor* ★ ~ - driver *machinist* ★ twin-~d *tweemotorig*
engineer /endʒɪ'nɪə/ **I** [ov ww] • *construeren* • *op touw zetten, bewerken* **II** [on ww] *ingenieur zijn* **III** [znw] • *ingenieur* • *technicus* • *geniesoldaat* • *aanstichter* • (scheepv.) *machinist* • (AE) (trein)*machinist*
engineering /endʒɪ'nɪərɪn/ [znw] • (machine)*bouwkunde* • *techniek* ★ ~ department *ingenieursbureau; technische dienst* ★ ~ development *apparatuurontwikkeling* ★ ~-works *machinefabriek*
engirdle /ɪn'gɜ:dl/, **engird** /ɪn'gɜ:d/ [ov ww] *omgorden, omringen*
English /'ɪnglɪʃ/ **I** [znw] *Engelsen* **II** [bnw] *Engels* ★ in plain ~ *ronduit* ★ the King's/Queen's ~ *correct Engels*
Englishman /'ɪnglɪʃmən/ [znw] • *Engelsman* • *Engels schip*
English-speaking [bnw] *Engelstalig*
Englishwoman /'ɪnglɪʃwʊmən/ [znw] *Engelse*
engorge /ɪn'gɔ:dʒ/ [ov ww] *verslinden, volproppen*
engraft /ɪn'grɑ:ft/ [ov ww] • *enten* • *inprenten* • *aaneen laten groeien*
engrain /ɪn'greɪn/ [ov ww] • *in de wol verven* • *diep doen doordringen in* ★ ~ed rogue *aartsschelm*
engrave /ɪn'greɪv/ [ov ww] • *graveren* • *inprenten*
engraver /ɪn'greɪvə/ [znw] *graveur*
engraving /ɪn'greɪvɪn/ [znw] *gravure*
engross /ɪn'grəʊs/ [ov ww] • *grosseren* (v. akte) • *voor zich opeisen, beslag leggen op* • (~**ed in**) *verdiept in*
engrossing /en'grəʊsɪn/ [bnw] *imposant*
engrossment /en'grəʊsmənt/ [znw] *het verdiept*

zijn in
engulf /ɪn'gʌlf/ [ov ww] *verzwelgen*
enhance /ɪn'hɑ:ns/ [ov ww] • *verhogen* • *versterken* • *vermeerderen* • *groter maken of voorstellen*
enigma /ɪ'nɪgmə/ [znw] *raadsel*
enigmatic(al) /enɪg'mætɪk(l)/ [bnw] *raadselachtig*
enjoin /ɪn'dʒɔɪn/ [ov ww] • *voorschrijven, bevelen* • (jur.) *verbieden*
enjoy /ɪn'dʒɔɪ/ **I** [ov ww] *genieten (van)* **II** [wkd ww] ★ ~ o.s. z. *vermaken; z. amuseren*
enjoyable /ɪn'dʒɔɪəbl/ [bnw] *prettig*
enjoyment /ɪn'dʒɔɪmənt/ [znw] *plezier*
enkindle /ɪn'kɪndl/ [ov ww] *aan-/ontsteken, in vuur en vlam zetten*
enlace /ɪn'leɪs/ [ov ww] *omstrengelen, ineenstrengelen*
enlarge /ɪn'lɑ:dʒ/ **I** [ov ww] *vergroten, verruimen* **II** [on ww] *groter worden* • (~ **(up)on**) *uitweiden over*
enlargement /ɪn'lɑ:dʒmənt/ [znw] *vergroting*
enlarger /ɪn'lɑ:dʒə/ [znw] *vergrotingsapparaat*
enlighten /ɪn'laɪtn/ [ov ww] *toe-/verlichten* • (~ **about/on**) *inlichten over*
enlightened /ɪn'laɪtnd/ [bnw] *verlicht*
enlightenment /ɪn'laɪtnmənt/ [znw] *verlichting* ★ the Enlightenment *de Verlichting*
enlist /ɪn'lɪst/ **I** [ov ww] • *voor z. winnen* • *te hulp roepen, gebruik maken van* • (mil.) *inlijven* ★ (AE) ~ed man *gewoon dienstplichtige* **II** [on ww] (z. laten) *inschrijven*
enlistment /ɪn'lɪstmənt/ [bnw] *dienst*
enliven /ɪn'laɪvən/ [ov ww] *verlevendigen*
enmesh /ɪn'meʃ/ [ov ww] *verwarren, verstrikken* ★ be ~ed *verstrikt raken*
enmity /'enmətɪ/ [znw] *vijandschap*
ennead /'enɪæd/ [znw] *negental, serie v. 9*
ennoble /ɪ'nəʊbl/ [ov ww] • *adelen* • *veredelen*
enormity /ɪ'nɔ:mətɪ/ [znw] • *enormiteit* • *gruweldaad*
enormous /ɪ'nɔ:məs/ [bnw] *enorm, kolossaal*
enough /ɪ'nʌf/ [bnw + bijw] *genoeg* ★ ~ is as good as a feast *genoeg is genoeg!* ★ fair ~ *akkoord; dat is niet onredelijk* ★ she sang well ~ *zij zong heel aardig* ★ sure ~ *zo goed als zeker; inderdaad*
enounce /ɪ'naʊns/ [ov ww] *uiten, verkondigen*
enquire /ɪn'kwaɪə/ → **inquire**
enquiry /ɪn'kwaɪərɪ/ → **inquiry**
enrage /ɪn'reɪdʒ/ [ov ww] *woedend maken*
enrapture /ɪn'ræptʃə/ [ov ww] *in verrukking brengen*
enravish /ɪn'rævɪʃ/ [ov ww] *in verrukking brengen*
enrich /ɪn'rɪtʃ/ [ov ww] *rijk(er) maken, verrijken*
enrichment /ɪn'rɪtʃmənt/ [znw] *verrijking* ★ ~ plant (uranium)*verrijkingsfabriek*
enrobe /ɪn'rəʊb/ [ov ww] *hullen, kleden, tooien*
enrol, enroll /ɪn'rəʊl/ **I** [ov ww] • *inschrijven* • *registreren* • (mil.) *inlijven* • (~**l in**) *opnemen in* **II** [wkd ww] ★ ~ o.s. *lid worden; dienst nemen*
enrol(l)ment /ɪn'rəʊlmənt/ [znw] *register, lijst*
ensconce /ɪn'skɒns/ **I** [ov ww] *verschansen* **II** [wkd ww] ★ ~ o.s. (behaaglijk) *nestelen*
ensemble /ɒn'sɒmbl/ [znw] *ensemble, groep*
enshrine /ɪn'ʃraɪn/ [ov ww] • (als *heiligdom*) *bewaren* • *in-/omsluiten* • *bevatten*
enshroud /ɪn'ʃraʊd/ [ov ww] *omhullen*
ensign [znw] • /'ensaɪn/ *vaandel* • /'ensaɪn/ *vlag* (met Union Jack in linker bovenhoek) • /'ensaɪn/ *teken, symbool* • /'ens(ə)n/ *vaandrig* • (AE) *luitenant ter zee derde klasse*
ensilage /'ensɪlɪdʒ/ [znw] *ingekuild* (vee)*voer*

ensile/ɪn'saɪl/ [ov ww] inkuilen, opslaan

enslave/ɪn'sleɪv/ [ov ww] • (doen) verslaven • tot slaaf maken

enslavement/ɪn'sleɪvmənt/ [znw] slavernij

enslaver/ɪn'sleɪvə/ [znw] charmeuse, bekoorlijke vrouw

ensnare/ɪn'sneə/ [ov ww] verstrikken

ensphere/ɪn'sfɪə/ [ov ww] omsluiten

ensue/ɪn'sju:/ [on ww] • volgen • intreden • (~ from) het gevolg zijn van

ensure/ɪn'ʃɔ:/ [ov ww] • verzekeren (van) • waarborgen • (~ from) vrijwaren van

enswathe/ɪn'sweɪð/ [ov ww] hullen in, inbakeren

E.N.T. [afk] • (ear, nose and throat) keel-, neus- en oor-

entail/ɪn'teɪl/ I [ov ww] • als gevolg/nasleep hebben • tot onvervreemdbaar erfgoed maken II [znw] • onvervreemdbaar erfgoed • erfenis

entangle/ɪn'tæŋgl/ [ov ww] verwikkelen ★ be ~d verstrikt/verward zitten

entanglement/ɪn'tæŋglmənt/ [znw] • intrige • (mil.) (prikkel)draadversperring

enter/'entə/ I [ov + on ww] binnendringen/-gaan/ -komen • (~ for) gaan deelnemen aan II [ov ww] • zadelmak maken ‹v. paard› • boeken ★ ~ protest protest indienen ★ ~ vote stem uitbrenging • (~ (up)on) aannemen, beginnen, ter hand nemen, ingaan, aanvaarden • (~ into) beginnen, aangaan, aanknopen, ingaan op, deelnemen aan ★ ~ into a p.'s feelings meevoelen met iem. III [on ww] • opkomen ‹op toneel› • (zich laten) inschrijven

enteric/en'terɪk/ [bnw] m.b.t. de ingewanden ★ ~ fever buiktyfus

enteritis/entə'raɪtɪs/ [znw] ingewandsontsteking

enterprise/'entəpraɪz/ [znw] • onderneming(sgeest), initiatief • waagstuk

enterprising/'entəpraɪzɪŋ/ [bnw] ondernemend

entertain/entə'teɪn/ [ov ww] • onderhouden • aangenaam bezig houden, vermaken • gastvrij onthalen/ontvangen • ~ a hope hoop koesteren ★ ~ a proposal ingaan op een voorstel

entertainer/entə'teɪnə/ [znw] conferencier, kleinkunstenaar

entertaining/entə'teɪnɪŋ/ [bnw] amusant

entertainment/entə'teɪnmənt/ [znw] amusement ★ ~ tax vermakelijkheidsbelasting

enthral, enthrall/ɪn'θrɔ:l/ [ov ww] • tot slaaf maken • boeien ‹fig.›

enthralling/ɪn'θrɔ:lɪŋ/ [bnw] betoverend

enthrone/ɪn'θrəʊn/ [ov ww] op de troon zetten, kronen • ~ a bishop bisschop wijden

enthronement/ɪn'θrəʊnmənt/ [znw] • kroning • installering

enthuse/ɪn'θju:z/ I [ov ww] enthousiast maken II [on ww] enthousiast zijn, dwepen

enthusiasm/ɪn'θju:zɪæzəm/ [znw] enthousiasme, geestdrift

enthusiast/ɪn'θju:zɪæst/ [znw] enthousiasteling, geestdriftig bewonderaar

enthusiastic/ɪnθju:zɪ'æstɪk/ [bnw] enthousiast

entice/ɪn'taɪs/ [ov ww] (aan-/ver)lokken

enticement/ɪn'taɪsmənt/ [znw] lokmiddel

enticing/ɪn'taɪsɪŋ/ [bnw] verlokkelijk

entire/ɪn'taɪə/ [bnw] • (ge)heel • compleet • zuiver • niet gecastreerd

entirely/ɪn'taɪəlɪ/ [bijw] helemaal, totaal

entirety/ɪn'taɪərətɪ/ [znw] geheel

entitle/ɪn'taɪtl/ [ov ww] betitelen • (~ to) het recht geven te/op ★ be ~d to recht hebben op

entitlement/ɪn'taɪtlmənt/ [znw] betiteling

entity/'entətɪ/ [znw] • iets bestaands • wezen

entomb/ɪn'tu:m/ [ov ww] • begraven • tot graf dienen voor

entombment/ɪn'tu:mmənt/ [znw] begrafenis

entomologist/entə'mɒlədʒɪst/ [znw] insectenkundige

entomology/entə'mɒlədʒɪ/ [znw] insectenleer

entourage/ɒntuə'ra:ʒ/ [znw] • gevolg, begeleiding • omgeving

entrails/'entreɪlz/ [mv] ingewanden, binnenste

entrain/ɪn'treɪn/ I [ov ww] inladen ‹in trein› II [on ww] instappen ‹in trein›

entrance I [ov ww] /ɪn'trɑ:ns/ in verrukking of trance brengen II [znw] /'entrəns/ • intocht • toegang, ingang • entree • aanvaarding • binnenkomst ★ ~ exam(ination) toelatingsexamen ★ ~ fee entreegeld

entrant/'entrənt/ [znw] • binnenkomende • deelnemer, inschrijver • nieuweling

entrap/ɪn'træp/ [ov ww] • vangen ‹in val› • in de val laten lopen

entreat/ɪn'tri:t/ [ov ww] dringend verzoeken

entreaty/ɪn'tri:tɪ/ [znw] smeekbede

entrée/ɒn'treɪ/ [znw] entree

entrench/ɪn'trentʃ/ [on ww] verschansen

entrenchment/ɪn'trentʃmənt/ [znw] verschansing

entrepôt/'ɒntrəpəʊ/ [znw] entrepôt, goederenopslagplaats

entrepreneur/ɒntrəprə'nɜ:/ [znw] ondernemer

entrust/ɪn'trʌst/ [ov ww] toevertrouwen ★ ~ a p. with s.th. iem. iets toevertrouwen ★ ~ s.th. to a p. iem. iets toevertrouwen

entry/'entrɪ/ [znw] • (binnen)komst • intocht • ingang • inschrijving, boeking, post ‹in boekhouding›, intekening, naam op lijst • notitie ‹in dagboek› ★ by double/single ~ dubbel/enkel ‹bij boekhouden› ★ ~ visa inreisvisum

entwine/ɪn'twaɪn/ [ov ww] ineenvlechten, ineenstrengelen

enumerate/ɪ'nju:məreɪt/ [ov ww] opnoemen/-sommen

enumeration/-'reɪʃən/ [znw] opsomming

enunciate/ɪ'nʌnsɪeɪt/ [ov ww] • uitspreken • verkondigen • stellen

enunciation/ɪnʌnsɪ'eɪʃən/ [znw] formulering

enure/ɪ'njʊə/ → **inure**

envelop/ɪn'veləp/ [ov ww] • (in-/om-)hullen, omgeven • (mil.) omsingelen

envelope/'envələʊp/ [znw] enveloppe

envelopment/ɪn'veləpmənt/ [znw] • omvatting • verpakkingsmateriaal

envenom/ɪn'venəm/ [ov ww] • vergiftigen • verbitteren

enviable/'envɪəbl/ [bnw] benijdenswaardig

envious/'envɪəs/ [bnw] ★ ~ of jaloers op

environ/ɪn'vaɪərən/ [ov ww] omgeven, insluiten

environment/ɪn'vaɪərənmənt/ [znw] milieu ★ Department of the Environment ministerie v. VROM

environmental/ɪnvaɪərən'mentl/ [bnw] milieu-

environmentalist/ɪnvaɪərən'mentəlɪst/ [znw] milieudeskundige

environs/ɪn'vaɪərənz/ [mv] omstreken

envisage/ɪn'vɪzɪdʒ/ [ov ww] • beschouwen • (vero.) onder ogen zien, trotseren

envoy/'envɔɪ/ [znw] (af)gezant

envy/'envɪ/ I [ov ww] benijden II [znw] (voorwerp van) afgunst

enwrap/ɪn'ræp/ [ov ww] omwikkelen

enzyme/'enzaɪm/ [znw] enzym

eon/'i:ən/ [znw] eeuwigheid

epaulet(te)/epə'let/ [znw] epaulet

ephemeral /ɪˈfemərəl/ [bnw] van één dag, kortstondig
epic /epɪk/ I [znw] episch gedicht II [bnw] episch
epicentre /ˈepɪsentə/ [znw] epicentrum
epicure /ˈepɪkjʊə/ [znw] lekkerbek
epicurean /epɪˈkjʊərɪən/ I [znw] lekkerbek II [bnw] genotzuchtig
epidemic /epɪˈdemɪk/ I [znw] epidemie II [bnw] epidemisch
epidermis /epɪˈdɜːmɪs/ [znw] opperhuid
epiglottis /epɪˈglotɪs/ [znw] strotklep
epigram /ˈepɪgræm/ [znw] puntdicht
epilepsy /ˈepɪlepsɪ/ [znw] epilepsie, vallende ziekte
epileptic /epɪˈleptɪk/ I [znw] epilepsiepatiënt II [bnw] epileptisch
epilogue /ˈepɪlog/ [znw] slotwoord, naschrift
Epiphany /ɪˈpɪfənɪ/ [znw] • Driekoningen • verschijning des Heren
episcopacy /ɪˈpɪskəpəsɪ/ [znw] bisschoppelijke hiërarchie/regering ★ the ~ de bisschoppen
episcopal /ɪˈpɪskəpl/ [bnw] m.b.t. bisschoppelijke hiërarchie
episcopalian /ɪpɪskəˈpeɪlɪən/ I [znw] lid van episcopale Kerk II [bnw] onder bisschoppelijke hiërarchie
episcopate /ɪˈpɪskəpət/ [znw] • bisdom • bisschoppelijke waardigheid ★ the ~ de bisschoppen
episodic /epɪˈsodɪk/ [bnw] episodisch, nu en dan voorkomend, sporadisch
epistle /ɪˈpɪsl/ [znw] epistel, brief
epistolary /ɪˈpɪstələrɪ/ [bnw] ★ ~ style briefstijl
epitaph /ˈepɪtaːf/ [znw] grafschrift
epithet /ˈepɪθet/ [znw] scheldwoord
epitome /ɪˈpɪtəmɪ/ [znw] • toonbeeld • korte samenvatting
epitomize /ɪˈpɪtəmaɪz/ [ov ww] • het toonbeeld zijn van • in het klein zijn • samenvatten, beknopt weergeven
epoch /ˈiːpok/ [znw] • tijdvak • tijdstip
epochal /ˈepokl/ [bnw] gewichtig, baanbrekend
epoch-making /ˈiːpokmeɪkɪŋ/ [bnw] baanbrekend, gewichtig
eponym /ˈepənɪm/ [znw] naamgever
eponymous /ɪˈponɪməs/ [bnw] naamgevend
epos /ˈepos/ [znw] epos, heldendicht
epoxy /ɪˈpoksɪ/ [znw] epoxyhars ★ ~ resin epoxyhars
equability /ekwəˈbɪlətɪ/ [znw] • gelijkvormigheid • evenwichtigheid
equable /ˈekwəbl/ [bnw] • gelijkvormig • evenwichtig
equal /ˈiːkwəl/ I [ov ww] • gelijk zijn aan • evenaren II [znw] gelijke III [bnw] • gelijk • dezelfde, hetzelfde ★ ~ fight gelijk opgaand gevecht ★ ~ to opgewassen tegen; berekend voor; in staat om ★ on ~ terms op voet van gelijkheid
equality /ɪˈkwolətɪ/ [znw] ★ on an ~ op gelijke voet
equalization /iːkwəlarˈzeɪʃən/ [znw] • het gelijkmaken • het evenredig verdelen
equalize /ˈiːkwəlaɪz/ [ov ww] gelijk maken/stellen
equalizer /ˈiːkwəlaɪzə/ [znw] • vereffenaar • gelijkmaker ★ ‹sl.› revolver, pistool
equally /ˈiːkwəlɪ/ [bijw] even
equanimity /ekwəˈnɪmətɪ/ [znw] • evenwichtigheid • berusting
equate /ɪˈkweɪt/ [ov ww] ★ (~ to) gelijkstellen aan • (~ with) gelijkstellen met
equation /ɪˈkweɪʒən/ [znw] • gelijkmaking, evenwicht • correctie ★ ‹wisk.› vergelijking
equator /ɪˈkweɪtə/ [znw] evenaar
equatorial /ekwəˈtɔːrɪəl/ [bnw] equatoriaal

equestrian /ɪˈkwestrɪən/ I [znw] ruiter II [bnw] ruiter-
equiangular /iːkwɪˈæŋɡjʊlə/ [bnw] met gelijke hoeken
equidistant /iːkwɪˈdɪstnt/ [bnw] op gelijke afstand
equilateral /iːkwɪˈlætərəl/ [bnw] gelijkzijdig
equilibrate /ɪˈkwɪlɪbreɪt/ I [ov ww] in evenwicht brengen II [on ww] in evenwicht zijn
equilibrist /ɪˈkwɪlɪbrɪst/ [znw] koorddanser
equilibrium /iːkwɪˈlɪbrɪəm/ [znw] evenwicht
equine /ˈiːkwaɪn/ [bnw] paarden-
equinoctial /iːkwɪˈnokʃəl/ [bnw] ★ ~ gale tropische storm
equinox /ˈiːkwɪnoks/ [znw] nachtevening
equip /ɪˈkwɪp/ [ov ww] • uit-/toerusten • installeren ‹v. machines›
equipage /ˈekwɪprdʒ/ [znw] • equipage • benodigdheden
equipment /ɪˈkwɪpmənt/ [znw] uitrusting
equipoise /ˈekwɪpɔɪz/ I [ov ww] • in evenwicht houden • opwegen tegen II [znw] • evenwicht • tegenwicht ‹ook fig.›
equitable /ˈekwɪtəbl/ [bnw] billijk
equitation /ekwɪˈteɪʃən/ [znw] rijkunst
equities /ˈekwɪtɪz/ [mv] gewone aandelen
equity /ˈekwɪtɪ/ [znw] • billijkheid • aandelenkapitaal ‹ netto› vermogen
equivalence /ɪˈkwɪvələns/ [znw] gelijkwaardigheid
equivalent /ɪˈkwɪvələnt/ I [znw] equivalent II [bnw] gelijkwaardig
equivocal /ɪˈkwɪvəkl/ [bnw] twijfelachtig, dubbelzinnig, verdacht
equivocate /ɪˈkwɪvəkeɪt/ [on ww] dubbelzinnig spreken, om de hete brij draaien
equivocation /ɪkwɪvəˈkeɪʃən/ [znw] • dubbelzinnigheid • het eromheen draaien
er /ɜː/ [tw] eh, uh
era /ˈɪərə/ [znw] • jaartelling • tijdperk
eradicate /ɪˈrædɪkeɪt/ [ov ww] • ontwortelen • uitroeien
eradication /ɪrædɪˈkeɪʃən/ [znw] • het ontwortelen • het uitroeien
erase /ɪˈreɪz/ [ov ww] doorhalen, raderen ★ ~ head wiskop
eraser /ɪˈreɪzə/ [znw] • radeermesje • vlakgum, radeergum • bordenwisser
erasure /ɪˈreɪʒə/ [znw] uitwissing
ere /eə/ [vz] ★ ere long weldra
erect /ɪˈrekt/ I [ov ww] • oprichten • stichten II [bnw] omhoog-/opgericht, overeind
erectile /ɪˈrektaɪl/ [bnw] oprichtbaar
erection /ɪˈrekʃən/ [znw] • erectie • gebouw • het oprichten
erectness /ɪˈrektnəs/ [znw] kaarsrechte houding
erector /ɪˈrektə/ [znw] • stichter • oprichtende spier
eremite /ˈerɪmaɪt/ [znw] kluizenaar
eristic /eˈrɪstɪk/ I [znw] polemicus II [bnw] polemisch
ermine /ˈɜːmɪn/ [znw] • hermelijn • embleem van waardigheid
erode /ɪˈrəʊd/ [ov ww] • uitbijten ‹door zuur› • uitschuren • wegvreten
erogenous /ɪˈrodʒɪnəs/ [bnw] seksueel gevoelig ‹v. lichaamsdelen› ★ ~ zone erogene zone
erosion /ɪˈrəʊʒən/ [znw] erosie
erosive /ɪˈrəʊsɪv/ [bnw] • erosief • uitschurend
erotic /ɪˈrotɪk/ [bnw] erotisch
erotica /ɪˈrotɪkə/ [mv] erotische literatuur
eroticism /ɪˈrotɪsɪzəm/ [znw] erotiek
err /ɜː/ [ov ww] • dwalen • z. vergissen • zondigen
errand /ˈerənd/ [znw] boodschap ★ run ~s

boodschappen doen/rondbrengen
errand-boy/'erəndbɔɪ/ [znw] loopjongen
errant/'erənt/ **I** [znw] dolende ridder **II** [bnw]
dolend
errata/ɪ'rɑːta/ [mv] → **erratum**
erratic/ɪ'rætɪk/ [bnw] • dwalende • onevenwichtig
• grillig
erratum/ɪ'rɑːtəm/ [znw] fout, vergissing
erroneous/ɪ'rəʊnɪəs/ [bnw] onjuist
error/'erə/ [znw] • fout, vergissing • dwaling
• overtreding
ersatz/'eəzæts/ [znw] surrogaat
erstwhile/'ɜːstwaɪl/ [bijw] voorheen
eructation/ɪ'rʌk'teɪʃən/ [znw] oprisping, boer
erudite/'eruːdaɪt/ [bnw] geleerd
erudition/erʊ'dɪʃən/ [znw] uitgebreide kennis
erupt/ɪ'rʌpt/ [on ww] • uitbarsten • oplaaien
• dóórbreken
eruption/ɪ'rʌpʃən/ [znw] (huid)uitslag
• uitbarsting
escalate/'eskəleɪt/ [on ww] • opvoeren • toenemen
• escaleren
escalation/eskə'leɪʃən/ [znw] verheviging (v.
geweld of spanning)
escalator/'eskəleɪtə/ [znw] roltrap
escalope/eskəlop/ [znw] schnitzel ★ ~ of veal
kalfsoester
escapade/'eskəpeɪd/ [znw] dolle streek
escape/ɪ'skeɪp/ **I** [ov ww] ontgaan **II** [on ww]
ontsnappen, ontkomen **III** [znw] brandladder
escapee/ɪsker'piː/ [znw] ontsnapte gevangene
escapement/ɪ'skeɪpmənt/ [znw] echappement
(in horloge)
escapism/ɪ'skeɪpɪzəm/ [znw] zucht om aan de
werkelijkheid te ontkomen
escapist/ɪ'skeɪpɪst/ [bnw] escapistisch
escarp/ɪ'skɑːp/ **I** [ov ww] afschuinen v.e. wal
II [znw] steile rotswand • (mil.) steile glooiing
onder wal
escarpment/ɪ'skɑːpmənt/ [znw] glooiing, talud
eschalot/'eʃəlot/ [znw] sjalot
eschew/ɪs'tʃuː/ [ov ww] schuwen, mijden
escort I [ov ww] /ɪ'skɔːt/ begeleiden **II** [znw]
/'eskɔːt/ escorte, geleide
escutcheon/ɪ'skʌtʃən/ [znw] wapenschild,
blazoen ★ blot on a p.'s ~ smet op iemands naam;
spiegel (v. schip)
esophagus/iː'sɒfəgəs/ [znw] slokdarm
esoteric/iːsəʊ'terɪk/ [bnw] esoterisch, geheim,
vertrouwelijk, voor ingewijden
esp. [afk] • (especially) speciaal
espalier/ɪ'spælɪə/ [znw] leiboom
especial/ɪ'speʃəl/ [bnw] bijzonder
especially [bijw] vooral
espial/ɪ'spaɪəl/ [znw] bespieding
espionage/'espɪənɑːʒ/ [znw] spionage
esplanade/esplə'neɪd/ [znw] esplanade • terras
espousal/ɪ'spaʊzəl/ [znw] hulp, steun (aan een
zaak)
espouse/ɪ'spaʊz/ [ov ww] • huwen
• uithuwelijken ★ ~ a cause geloof hechten aan een
zaak
espy/ɪ'spaɪ/ [ov ww] bespeuren
Esq. [afk] • (Esquire) de Weledele Heer ★ Jack
Collins Esq. de Weledele Heer Jan Klaassen
esquire/ɪ'skwaɪə/ [znw] • Weledele Heer • (AE)
rechter
E.S.R.O. [afk] • (European Space Research
Organisation) Europese Organisatie voor
Ruimteonderzoek
essay/'eseɪ/ **I** [ov ww] • beproeven • op de proef
stellen **II** [znw] • essay, korte studie • poging

essayist/'eseɪɪst/ [znw] essayschrijver
essence/'esəns/ [znw] • wezen, kern • extract
• parfum ★ of the ~ van (wezens)belang
essential/ɪ'senʃəl/ **I** [znw] • het wezenlijke • het
onontbeerlijke **II** [bnw] • wezenlijk • onontbeerlijk
★ ~ oil vluchtige olie
essentially/ɪ'senʃəlɪ/ [bijw] in wezen, essentieel
E.S.T. [afk] • (Eastern Standard Time) oostelijke
standaard tijd
establish/ɪ'stæblɪʃ/ [ov ww] • oprichten • vestigen
• instellen, vaststellen • bewijzen ★ Established
Church staatskerk ★ ~ a card een kaart vrijspelen
establishment/ɪ'stæblɪʃmənt/ [znw] • instelling,
organisatie • personeel • handelshuis, grote zaak
★ peace/war ~ vredes-/oorlogssterkte ★ the
Establishment de staatskerk; de gevestigde orde
estate/ɪ'steɪt/ [znw] • onroerend goed • boedel,
nalatenschap • landgoed • plantage • plaats/rang
i.d. maatschappij • stationcar ★ ~ agency
makelaarskantoor ★ ~ agent makelaar in
onroerend goed; rentmeester ★ fourth ~ de pers
★ real ~ onroerend goed ★ the Three Estates
geestelijke en wereldlijke Lords en het Lagerhuis
★ third ~ derde stand; burgerij
esteem/ɪ'stiːm/ **I** [ov ww] • achten • beschouwen
II [znw] achting
estimable/'estɪməbl/ [bnw] achtenswaardig
estimate I [ov ww] /'estɪmeɪt/ taxeren ★ (~ at)
begroten op, schatten op **II** [znw] /'estɪmət/
• raming • schatting ★ the Estimates de
Rijksbegroting
estimation/estɪ'meɪʃən/ [znw] • oordeel • mening
• achting
estimator/'estɪmeɪtə/ [znw] schatter, taxateur
estrange/ɪ'streɪndʒ/ [ov ww] vervreemden
estrangement/ɪ'streɪndʒmənt/ [znw]
vervreemding
estrogen/'iːstrədʒən/ [znw] oestrogeen
estuary/'estjʊərɪ/ [znw] trechtermonding (v. rivier)
et/et/ ★ et al. en anderen ★ et cetera enzovoort ★
seq. en volgende
etch/etʃ/ [ov + on ww] etsen
etching/'etʃɪŋ/ [znw] ets
eternal/ɪ'tɜːnl/ [bnw] eeuwig
eternity/ɪ'tɜːnətɪ/ [znw] eeuwigheid
ether [znw] ether
ethereal/ɪ'θɪərɪəl/ [bnw] • etherisch • vluchtig
• hemels
ethic/'eθɪk/ [bnw] ethisch
ethical/'eθɪkl/ [bnw] ethisch
ethics/'eθɪks/ [mv] ethica, zedenleer
ethnic/'eθnɪk/ [bnw] • etnisch, (vero.) heidens
• volkenkundig
ethnical/'eθnɪkl/ [bnw] volkenkundig
ethnography/eθ'nɒgrəfɪ/ [znw]
volkerenbeschrijving
ethnologist/eθ'nɒlədʒɪst/ [znw] etnoloog
ethnology/eθ'nɒlədʒɪ/ [znw] volkenkunde
ethos/'iːθɒs/ [znw] karakter (v. persoon)
etna/'etnə/ [znw] spiritusbrander
etymologist/etɪ'mɒlədʒɪst/ [znw] etymoloog
etymology/etɪ'mɒlədʒɪ/ [znw] etymologie,
(studie v.) woordafleiding
eucalyptus/juːkə'lɪptəs/ [znw] eucalyptus(boom)
Eucharist/'juːkərɪst/ [znw] • de Eucharistie
• Avondmaal
euchre/'juːkə/ [ov ww] te slim af zijn
eugenic/juː'dʒenɪk/ [bnw] eugenetisch
eugenics/juː'dʒenɪks/ [mv] eugenetiek
eulogize/'juːlədʒaɪz/ [ov ww] prijzen
eulogy/'juːlədʒɪ/ [znw] lof(rede)
eunuch/'juːnək/ [znw] eunuch, gesnedene

E

euphemism/'ju:fɪmɪzəm/ [znw] *eufemisme*
euphemistic/ju:fə'mɪstɪk/ [bnw] *eufemistisch*
euphonic, euphonious/ju:'fɒnɪk/ [bnw] *welluidend*
euphony/'ju:fənɪ/ [znw] *welluidendheid*
euphoria/ju:'fɔ:rɪə/ [znw] *euforie, gelukzalig gevoel*
euphuism/'ju:fju:ɪzəm/ [znw] *hoogdravende stijl*
Eurasian/juə'reɪʒən/ I [znw] *Euraziër* II [bnw] *Europees-Aziatisch*
eureka/juə'ri:kə/ [tw] *eureka, ik heb het (gevonden)!*
Eurocommunism/juərəʊ'kɒmjʊnɪzəm/ [znw] *eurocommunisme*
Eurocrat/'juərəʊkræt/ [znw] *eurocraat*
Europe/'juərəp/ [znw] *Europa*
European/juərə'pɪən/ I [znw] *Europeaan* II [bnw] *Europees*
euthanasia/ju:θə'neɪzɪə/ [znw] *euthanasie*
evacuant/ɪ'vækjʊənt/ I [znw] *purgerend middel* II [bnw] *purgerend*
evacuate/ɪ'vækjʊeɪt/ [ov ww] *ledigen • evacueren • ontruimen*
evacuation/ɪvækjʊ'eɪʃən/ [znw] *• evacuatie • ontruiming*
evacuee/ɪvækjʊ'i:/ [znw] *evacué*
evade/ɪ'veɪd/ [ov ww] *• ontduiken/-wijken • te boven gaan*
evaluate/ɪ'væljʊeɪt/ [ov ww] *de waarde bepalen van*
evaluation/ɪvæljʊ'eɪʃən/ [znw] *• waardebepaling • nabeschouwing*
evanesce/i:və'nes/ [on ww] *verdwijnen*
evanescence/i:və'nesəns/ [znw] *verdwijning*
evanescent/i:və'nesənt/ [bnw] *voorbijgaand*
evangelic(al)/i:væn'dʒelɪk(l)/ I [znw] *aanhanger van Evangelische leer* II [bnw] *evangelisch*
evangelicalism, evangelism/i:væn'dʒelɪkəlɪzəm/ [znw] *• Evangelische leer • evangelieprediking*
evangelist/ɪ'vændʒəlɪst/ [znw] *evangelist*
evangelize/ɪ'vændʒəlaɪz/ [ov ww] *het evangelie prediken • kerstenen*
evaporate/ɪ'væpəreɪt/ [ov + on ww] *• (doen) verdampen • drogen • uitwasemen ⋆ ~d milk melkpoeder*
evaporation/ɪvæpə'reɪʃən/ [znw] *uitwaseming*
evaporator/ɪ'væpəreɪtə/ [znw] *verdampingstoestel, droogtoestel*
evasion/ɪ'veɪʒən/ [znw] *ontwijking*
evasive/ɪ'veɪsɪv/ [bnw] *ontwijkend*
eve/i:v/ [znw] *• vóóravond • dag vóór*
even/'i:vən/ I [ov ww] *gelijk maken, gelijkstellen (~ out) gelijkmatig verdelen/-spreiden ⋆ (~ up) gelijk maken* II [on ww] *(~ up) gelijk worden* III [bnw] *• effen • even • vlak • gelijk-/regelmatig ⋆ I'll be/get even with you ik zal het je betaald zetten ⋆ even-tempered kalm ⋆ of even date van dezelfde datum* IV [bijw] *zelfs ⋆ even as op 't zelfde ogenblik (dat) ⋆ even so maar dan nog*
even-handed/i:vən'hændɪd/ [bnw] *onpartijdig*
evening/'i:vnɪŋ/ [znw] *avond ⋆ ~ dress avondkleding; smoking ⋆ ~ star Avondster*
evenly/'i:vənlɪ/ [bijw] *• gelijkmatig • rustig*
evens/'i:vənz/ [znw] *gelijke kansen ⋆ lood om oud ijzer*
evensong/'i:vənsɒŋ/ [znw] *avonddienst*
event/ɪ'vent/ [znw] *• gebeurtenis • geval • evenement • afloop • (sport) nummer, wedstrijd ⋆ at all ~s wat er ook moge gebeuren; in elk geval ⋆ in any/either ~ wat er ook moge gebeuren; in elk geval*
eventful/ɪ'ventfʊl/ [bnw] *veelbewogen*

eventual/ɪ'ventjʊəl/ [bnw] *• uiteindelijk • mogelijk te gebeuren*
eventuality/ɪventjʊ'ælətɪ/ [znw] *mogelijke gebeurtenis*
eventually/ɪ'ventjʊəlɪ/ [bijw] *tenslotte*
eventuate/ɪ'ventjʊeɪt/ [on ww] *aflopen ⋆ (~ in) uitlopen op*
ever/'evə/ [bijw] *ooit ⋆ as quick as you ever can zo vlug als je maar kunt ⋆ did you ever! heb je ooit van je leven! ⋆ ever after sindsdien ⋆ ever and anon nu en dan ⋆ ever since sindsdien ⋆ ever so much heel veel ⋆ ever yours/yours ever voor altijd de jouwe; je ... (onder brief) ⋆ for ever (and ever and a day) eeuwig ⋆ he may be ever so rich al is hij nog zo rijk ⋆ never ever nooit van mijn leven!*
everglade/'evəgleɪd/ (AB) [znw] *moerassteppe*
evergreen/'evəgri:n/ [znw] *• altijd groene plant • liedje dat populair blijft*
everlasting/evə'lɑ:stɪŋ/ I [znw] *• eeuwigheid • immortelle (plant) • wollen stof* II [bnw] *eeuwig(durend)*
Everlasting [znw] *⋆ the ~ God*
evermore/evə'mɔ:/ [bijw] *voor eeuwig*
every/'evrɪ/ [telw] *ieder ⋆ ~ now and then/again telkens ⋆ ~ other day om de andere dag ⋆ ~ so often nu en dan ⋆ ~ three days om de 3 dagen ⋆ he's his father, ~ bit hij is precies/volkomen zijn vader*
everybody/'evrɪbɒdɪ/ [onb vnw] *iedereen*
everyday/'evrɪdeɪ/ [bnw] *• alledaags • dagelijks*
everyone/'evrɪwʌn/ [onb vnw] *ieder(een)*
everything/'evrɪθɪŋ/ [onb vnw] *alles*
everywhere/'evrɪweə/ [bnw + bijw] *overal*
evict/ɪ'vɪkt/ [ov ww] *uitwijzen/-zetten*
eviction/ɪ'vɪkʃən/ [znw] *uitzetting, ontruiming*
evidence/'evɪdns/ I [on ww] *bewijzen • tonen • getuigen (van)* II [znw] *• aanwijzing, teken • bewijs, bewijsstuk/-materiaal • getuige(nis) ⋆ be called in ~ als getuige worden opgeroepen ⋆ give ~ getuigenis afleggen ⋆ in ~ opvallend*
evident/'evɪdnt/ [bnw] *duidelijk ⋆ ~ly blijkbaar; klaarblijkelijk ⋆ it was ~ that het lag voor de hand, dat*
evil/'i:vəl/ I [znw] *• het kwade • zonde • onheil • euvel • boosdoener ⋆ evil-tempered humeurig ⋆ evildoer boosdoener* II [bnw] *slecht, boos(aardig) ⋆ he had fallen on evil days hij maakte een slechte tijd door ⋆ the Evil one de duivel*
evil-minded [bnw] *kwaadaardig, slecht*
evil-smelling [bnw] *stinkend, kwalijk riekend*
evince/ɪ'vɪns/ [ov ww] *bewijzen, (aan)tonen*
eviscerate/ɪ'vɪsəreɪt/ [ov ww] *v. ingewanden ontdoen*
evocation/i:vəʊ'keɪʃən/ [znw] *• evocatie • oproeping*
evocative/ɪ'vɒkətɪv/ [bnw] *• oproepend • beeldend (v. taalgebruik)*
evoke/ɪ'vəʊk/ [ov ww] *• aanhalen • oproepen*
evolution/i:və'lu:ʃən/ [znw] *• evolutie • het worteltrekken • zwenking*
evolutionary/i:və'lu:ʃənərɪ/ [bnw] *evolutie-*
evolutionism/i:və'lu:ʃənɪzm/ [znw] *evolutieleer*
evolve/ɪ'vɒlv/ I [ov ww] *ontwikkelen* II [on ww] *• zich ontplooien • geleidelijk ontstaan*
evulsion/ɪ'vʌlʃən/ [znw] *het uitrukken/uittrekken*
ewe/ju:/ [znw] *ooi*
ewer/'ju:ə/ [znw] *• kruik • lampetkan*
exacerbate/ɪg'zæsəbeɪt/ [ov ww] *• verergeren • prikkelen*
exacerbation/ɪgzæsə'beɪʃən/ [znw] *• irritatie*

E

• *verergering*

exact /ɪɡ'zækt/ **I** [ov ww] *eisen* **II** [bnw] • *precies, nauwkeurig* • *juist* ★ ~*ly* (*so*)! *precies*! ★ *what is the* ~ *reason wat is de reden eigenlijk*

exacting /ɪɡ'zæktɪŋ/ [bnw] *veeleisend*

exaction /ɪɡ'zækʃən/ [znw] *afpersing*

exactitude /ɪɡ'zæktɪtjuːd/ [znw] *nauwkeurigheid*

exaggerate /ɪɡ'zædʒəreɪt/ [ov ww] *overdrijven*

exaggerated /ɪɡ'zædʒəreɪtɪd/ [bnw] *overdreven*

exaggeration /ɪɡzædʒə'reɪʃən/ [znw] *overdrijving*

exalt /ɪɡ'zɔːlt/ [ov ww] *verheffen* ★ ~*ed verheerlijkt*; *verheven*; *in vervoering*

exaltation /eɡzɔːl'teɪʃən/ [znw] • *verheerlijking* • *verrukking*

examination, exam /ɪɡzæmɪ'neɪʃən/ [znw] • *examen* • *onderzoek* • *verhoor* ★ ~ *paper examenopgave* ★ *sit for an* ~ *examen doen* ★ *take one's* ~ *examen doen* ★ *under* ~ *nog in onderzoek*

examine /ɪɡ'zæmɪn/ **I** [ov + on ww] • *ondervragen/-zoeken* • *examineren* • *visiteren* ★ *have your head* ~*d je moet je eens laten nakijken*; *je bent niet goed snik* **II** [ov ww] ★ *examining judge rechter v. instructie*

examinee /ɪɡzæmɪ'niː/ [znw] *examenkandidaat*

examiner /ɪɡ'zæmɪnə/ [znw] *examinator*

example /ɪɡ'zɑːmpl/ [znw] *voorbeeld* ★ *for* ~ *bij voorbeeld* ★ *make an* ~ *of een voorbeeld stellen*

exasperate /ɪɡ'zæspəreɪt/ [ov ww] • *ergeren* • *kwaad maken*

exasperating /ɪɡ'zæspəreɪtɪŋ/ [bnw] *ergerlijk*

exasperation /ɪɡzæspə'reɪʃən/ [znw] • *ergernis* • *verbittering*

excavate /'ekskəveɪt/ [ov ww] *op-/uitgraven*

excavation /ekskə'veɪʃən/ [znw] *opgraving*

excavator /'ekskəveɪtə/ [znw] *excavateur, graafmachine*

exceed /ɪk'siːd/ [ov ww] • (*zich*) *te buiten gaan* • *overschrijden/-treffen* • *uitmunten*

exceeding(ly) /ɪk'siːdɪŋ(lɪ)/ [bnw] *buitengewoon*

excel /ɪk'sel/ **I** [ov ww] *overtreffen* **II** [on ww] *uitmunten*

excellence /'eksələns/ [znw] *uitmuntende eigenschap*

excellency /'eksələnsɪ/ [znw] *excellentie*

excellent /'eksələnt/ [bnw] *uitstekend*

excelsior /ɪk'selsɪɔː/ : **I** [znw] (AE) *houtwol* **II** [tw] *hoger op!*

except /ɪk'sept/ **I** [ov ww] *uitzonderen* ★ ~*ing behalve*; *uitgezonderd* **II** [on ww] *bezwaar maken* **III** [vz] *uitgezonderd, behalve* ★ ~ *for behalve*; *uitgezonderd*

exception /ɪk'sepʃən/ [znw] *uitzondering* ★ *take* ~ *to zich ergeren aan*; *protesteren* ★ *the* ~ *to the rule de uitzondering op de regel*

exceptionable /ɪk'sepʃənəbl/ [bnw] • *berispelijk, verwerpelijk* • *betwistbaar*

exceptional /ɪk'sepʃənl/ [bnw] *uitzonderlijk*

excerpt [ov ww] /ek'sɜːpt/ • *ontlenen* • *aanhalen* **II** [znw] /'eksɜːpt/ *uittreksel*

excess /ɪk'ses/ [znw] *overmaat* • *exces* • *buitensporigheid* • *uitspatting* • *surplus* ★ ~ (*postage*) *strafport* ★ ~ (*weight*) *overwicht* ★ ~ *in drink overmaat aan drank* ★ ~ *profits tax overwinstbelasting* ★ *in* ~ *overmatig* ★ *in* ~ *of meer dan*

excessive /ɪk'sesɪv/ [bnw] *buitensporig*

exchange /ɪks'tʃeɪndʒ/ **I** [ov ww] • (*ver-/uit-/om*)*wisselen* • *ruilen* **II** [on ww] *geruild worden* **III** [znw] • *wisselkoers* • *beurs* • *telefooncentrale* ★ ~ *broker wisselmakelaar*

exchangeability /ɪkstʃeɪndʒə'bɪlətɪ/ [znw] *omwisselbaarheid*

exchangeable /ɪks'tʃeɪndʒəbl/ [bnw] *omwisselbaar*

exchequer /ɪks'tʃekə/ [znw] • *schatkist* • *kas* ★ *Chancellor of the Exchequer Minister v. Financiën*

excise /'eksaɪz/ **I** [ov ww] • *uitsnijden, wegnemen* • *accijns laten betalen* **II** [znw] *accijns* ★ ~ *duties accijnzen*

exciseman /'eksaɪzmæn/ [znw] *commies*

excision /ɪk'sɪʒən/ [znw] *uitsnijding*

excitable /ɪk'saɪtəbl/ [bnw] *prikkelbaar*

excite /ɪk'saɪt/ [ov ww] • (*op*)*wekken* • *prikkelen* • *opwinden* • *don't get* ~*d! maak je niet druk!*

excited /ɪk'saɪtɪd/ [bnw] *opgewonden*

excitement /ɪk'saɪtmənt/ [znw] • *opwinding* • *roes*

exciting /ɪk'saɪtɪŋ/ [bnw] *opwindend, spannend*

exclaim /ɪk'skleɪm/ **I** [ov ww] *uitroepen* **II** [on ww] • (~ *against*) ⟨vero.⟩ *uitvaren tegen*

exclamation /eksklə'meɪʃən/ [znw] *uitroep* ★ ⟨typ.⟩ ~ *mark uitroepteken*

exclamatory /ɪk'sklæmətərɪ/ [bnw] *uitroepend*

exclude /ɪk'skluːd/ [ov ww] *uitsluiten, onmogelijk maken*

excluding /ɪk'skluːdɪŋ/ [bnw] *met uitsluiting van, niet inbegrepen*

exclusion /ɪk'skluːʒən/ [znw] *uitsluiting*

exclusive /ɪk'skluːsɪv/ **I** [znw] *primeur* (*journalistiek*), *exclusief artikel/interview* **II** [bnw] • *apart* • *kieskeurig* ★ ~ *of exclusief*; *met uitsluiting van*

exclusively /ɪk'skluːsɪvlɪ/ [bijw] *uitsluitend*

excogitate /eks'kɒdʒɪteɪt/ [ov ww] • *uitdenken* • *verzinnen*

excogitation /ekskɒdʒɪ'teɪʃən/ [znw] • *uitdenking* • *plan*

excommunicate /ekskə'mjuːnɪkeɪt/ [ov ww] *in de kerkelijke ban doen*

excommunication /ekskəmjuːnɪ'keɪʃən/ [znw] *excommunicatie*

excoriate /eks'kɔːrɪeɪt/ [ov ww] • *schaven van de huid, ontvellen* • *afmaken* ⟨fig.⟩ • *villen*

excrements, excreta /'ekskrɪmənts/ [mv] • *afscheiding*(*sstoffen*) • *uitwerpselen*

excrescence /ɪk'skresəns/ [znw] *uitwas*

excrete /ɪk'skriːt/ [ov ww] *afscheiden*

excretion /ɪk'skriːʃən/ [znw] *uitscheiding*

excretory /ɪk'skriːtərɪ/ [bnw] *uitscheidings-*

excruciating /ɪk'skruːʃɪeɪtɪŋ/ [bnw] *folterend, ondraaglijk*

exculpate /'ekskʌlpeɪt/ [ov ww] • *rehabiliteren* • *vrijspreken*

excursion /ɪk'skɜːʃən/ [znw] • *excursie* • *uitstapje* • ⟨astron.⟩ *afwijking* ★ ~ *train pleziertrein*

excursionist /ɪk'skɜːʃənɪst/ [znw] *deelnemer aan excursie*

excursive /ɪk'skɜːsɪv/ [bnw] *afdwalend*

excuse /ɪk'skjuːz/ **I** [ov ww] • *excuseren, verontschuldigen* • *vrijstellen* ★ ~ *me for neemt u me niet kwalijk dat* **II** [znw] • *verontschuldiging* • *uitvlucht*

ex-directory /eksdər'rektərɪ/ [bnw] *geheim* ⟨v. telefoonnummer⟩

execrable /'eksɪkrəbl/ [bnw] *afschuwelijk*

execrate /'eksɪkreɪt/ **I** [ov ww] • *verafschuwen* ⟨vero.⟩ *vervloeken* **II** [on ww] ⟨vero.⟩ *vloeken*

execration /eksɪ'kreɪʃən/ [znw] • *vloek* • *gehaat iets* • *afschuw*

execute /'eksɪkjuːt/ [ov ww] • *uitvoeren, ten uitvoer brengen* • *vervullen* • *ter dood brengen* ★ ~ *a deed een akte passeren* ★ ~ *an estate een boedel overdragen*

E

execution/eksɪ'kju:ʃən/ [znw] • voordracht
• (dodelijke) uitwerking • beslag(legging)
∗ carry/put into ~ ten uitvoer brengen
executioner/eksɪ'kju:ʃənə/ [znw] beul
executive/ɪg'zekjʊtɪv/ I [znw] • directeur
• topambtenaar • President v.d. VS • uitvoerende
macht • lid v.d. directie • hoofd v. afdeling
• bewindsman • ‹AE› gouverneur ∗ ~ plane
directievliegtuig II [bnw] uitvoerend,
verantwoordelijk ∗ ~ order decreet v.d. President
v.d. VS
executor/ɪg'zekjʊtə/ [znw]
executeur-testamentair
executrix/ɪg'zekjʊtrɪks/ [znw] executrice
exegesis/eksɪ'dʒi:sɪs/ [znw] • exegese • bijbeluitleg
exemplar/ɪg'zemplə/ [znw] toon-/voorbeeld,
model
exemplary/ɪg'zemplərɪ/ [bnw] • voorbeeldig
• kenschetsend
exemplification/ɪgzemplɪfɪ'keɪʃən/ [znw]
voorbeeld, tot voorbeeldstelling
exemplify/ɪg'zemplɪfaɪ/ [ov ww] • als voorbeeld
dienen • met voorbeeld toelichten • gewaarmerkt
afschrift maken van
exempt/ɪg'zempt/ I [ov ww] vrijstellen II [znw]
vrijgestelde III [bnw] vrijgesteld
exemption/ɪg'zempʃən/ [znw] ∗ ~ from
taxation vrijstelling v. belasting
exequies/'eksɪkwɪz/ [znw] uitvaartplechtigheden,
begrafenis(plechtigheden)
exercise/'eksəsaɪz/ I [ov ww] • (be-/uit)oefenen
• in acht nemen • beweging laten nemen • gebruik
maken van • bezighouden • op de proef stellen
• ‹mil.› (laten) excerceren ∗ be ~d in mind tobben
over ∗ ~ the mind(s) de gemoederen verontrusten
II [on ww] • oefeningen doen/maken • sporten
III [znw] • oefening • (lichaams)beweging
• thema ∗ ~ book schrift
exert/ɪg'zɜ:t/ [ov ww] inspannen, uitoefenen
exertion/ɪg'zɜ:ʃən/ [znw] • inspanning
• krachtige poging
exeunt/'eksɪʌnt/ [ww] → exit
exhalation/ekshə'leɪʃən/ [znw] • uitademing
• damp
exhale/eks'heɪl/ [ov ww] • uitademen
• uitwasemen • ‹vero.› luchten ‹fig.›
exhaust/ɪg'zɔ:st/ I [ov ww] • uitputten
• verbruiken • luchtledig maken II [znw]
• uitlaatgassen • uitlaat (v. motor) ∗ ~ fumes
uitlaatgassen ∗ ~ pipe uitlaatpijp
exhaustible/ɪg'zɔ:stəbl/ [bnw] eindig
exhaustion/ɪg'zɔ:stʃən/ [znw] • uitstoting
• lediging • uitputting
exhaustive/ɪg'zɔ:stɪv/ [bnw] volledig, grondig
exhibit/ɪg'zɪbɪt/ I [ov ww] • aan de dag leggen
• (ver)tonen • indienen • tentoonstellen II [znw]
• bewijsstuk • inzending ‹op tentoonstelling›
• vertoon, vertoning
exhibition/eksɪ'bɪʃən/ [znw] • tentoonstelling
• studiebeurs ∗ make an ~ of o.s. zich aanstellen
exhibitioner/eksɪ'bɪʃənə/ [znw] beursstudent
exhibitionism/eksɪ'bɪʃənɪzəm/ [znw]
exhibitionisme
exhibitor/ɪg'zɪbɪtə/ [znw] exposant
exhibitory/ɪg'zɪbɪtrɪ/ [bnw] spectaculair
exhilarate/ɪg'zɪləreɪt/ [ov ww] opvrolijken
exhilarating/ɪg'zɪləreɪtɪŋ/ [bnw] opwekkend,
opbeurend
exhilaration/ɪgzɪlə'reɪʃən/ [znw] • opvrolijking,
verlevendiging, blijdschap, hart onder de riem
exhort/ɪg'zɔ:t/ [ov ww] aansporen, vermanen
exhortation/egzɔ:'teɪʃən/ [znw] vermaning

exhume/eks'hju:m/ [ov ww] opgraven
exigence, exigency/'eksɪdʒəns/ [znw]
• dringende nood(zaak) • noodtoestand • eis
exigent/'eksɪdʒənt/ [bnw] • dringend • veeleisend
exiguity/eksɪ'gju:ətɪ/ [znw] schaarste
exiguous/eg'zɪgjʊəs/ [bnw] gering
exile/'eksaɪl/ I [ov ww] verbannen II [znw]
• verbanning • ballingschap • balling
exist/ɪg'zɪst/ [on ww] bestaan ∗ (~ on) bestaan van
existence/ɪg'zɪstns/ [znw] het bestaan
existent/ɪg'zɪstnt/ [bnw] bestaand
existential/egzɪ'stenʃəl/ [bnw] existentieel
existentialism/egzɪ'stenʃəlɪzəm/ [znw]
existentialisme
exit/'eksɪt/ I [on ww] (v.h. toneel) verdwijnen ∗ exit
A. A. af II [znw] • uitgang • dood • vertrek ∗ exit
visa uitreisvisum
exodus/'eksədəs/ [znw] uittocht
exonerate/ɪg'zɒnəreɪt/ [ov ww] • ontlasten
• vrijstellen
exorbitance/ɪg'zɔ:bɪtns/ [znw] buitensporigheid
exorbitant/ɪg'zɔ:bɪtnt/ [bnw] buitensporig
exorcism/'eksɔ:sɪzəm/ [znw] duivelbezwering
exorcist/'eksɔ:sɪst/ [znw] duivelbezweerder
exorcize/'eksɔ:saɪz/ [ov ww] • uitdrijven ‹v.
duivel› • bevrijden
exoteric/eksəʊ'terɪk/ I [znw] niet-ingewijde
II [bnw] voor niet-ingewijden, populair
exotic/ɪg'zɒtɪk/ I [znw] uitheemse plant II [bnw]
uitheems
expand/ɪk'spænd/ I [ov ww]
• uitbreiden/-spreiden • uitwerken ‹v.
aantekeningen› II [on ww] • zich laten gaan
• toenemen • uitzetten • (z.) ontwikkelen ‹plant.›
opengaan ‹v. bloemen› ∗ (~ on) uitweiden over
expanse, expansion/ɪk'spæns/ [znw]
• uitgestrektheid • uitbreiding
expansive/ɪk'spænsɪv/ [bnw] • uitzettings- • wijd
• open ‹v. karakter›
expatiate/ɪk'speɪʃɪeɪt/ [on ww] (~ on)
uitweiden over
expatiatory/ek'speɪʃɪeɪtərɪ/ [bnw] breedvoerig
expatriate/eks'pætrɪeɪt/ I [ov ww] verbannen
II [wkd ww] ∗ ~ o.s. het land verlaten; uitwijken
expect/ɪk'spekt/ [ov ww] verwachten ∗ ~ing (a
baby) in verwachting
expectancy/ɪk'spektənsɪ/ [znw] verwachting,
afwachting, kans ∗ in ~ in het verschiet
expectant/ɪk'spektnt/ I [znw] vermoedelijke
opvolger, erfgenaam II [bnw] vermoedelijk ∗ ~
mother aanstaande moeder ∗ ~ of in afwachting
van
expectation/ekspek'teɪʃən/ [znw] vooruitzicht
∗ ~ of life vermoedelijke levensduur ∗ have ~s wat
te erven hebben
expectorant/ek'spektərənt/ I [znw]
slijmoplossend middel II [bnw] slijmoplossend
expectorate/ek'spektəreɪt/ [ov ww] opgeven,
spuwen
expectoration/ɪkspektə'reɪʃən/ [znw] sputum
expedience, expediency/ɪk'spi:dɪəns/ [znw]
middeltje
expedient/ɪk'spi:dɪənt/ I [znw] (red)middel
II [bnw] • doelmatig, raadzaam • opportunistisch
expedite/'ekspɪdaɪt/ [ov ww] • bespoedigen,
voorthelpen • vlot afdoen
expedition/ekspɪ'dɪʃən/ [znw] • expeditie
• vlotheid
expeditionary/ekspɪ'dɪʃənərɪ/ [bnw] ∗ ~ forces
expeditieleger
expeditious/ekspɪ'dɪʃəs/ [bnw] vlot
expel/ɪk'spel/ [ov ww] verdrijven, verjagen,

verwijderen
expend/ɪk'spend/ [ov ww] besteden, uitgeven
expendable/ɪk'spendəbl/ [bnw] ● te
verwaarlozen, waardeloos ● bestemd
expenditure/ɪk'spendɪtʃə/ [znw] uitgaven
expense/ɪk'spens/ [znw] uitgave(n), (on)kosten ∗ a
joke at s.o.'s ~ een grapje ten koste van iem. ∗ at
the ~ of ten koste van; op kosten van ∗ ~ account
onkostenrekening
expensive/ɪk'spensɪv/ [bnw] duur
experience/ɪk'spɪərəns/ I [ov ww] ervaren ∗ ~d
ervaren II [znw] ● mystieke ervaring
● ondervinding ● ervaring
experiential/ɪkspɪərɪ'enʃəl/ [bnw] empirisch
experiment I [on ww] /ɪk'sperɪment/ proeven
nemen II [znw] /ɪk'sperɪmənt/ proef
experimental/ɪksperɪ'mentl/ [bnw] ∗ ~
philosophy ervaringsfilosofie
experimentation/eksperɪmen'teɪʃən/ [znw]
proefneming
expert/'ekspɜ:t/ I [znw] deskundige ∗ ‹comp.› ~
system expertsysteem II [bnw] deskundig,
bedreven
expertise/eksp3:'ti:z/ [znw] ● expertise
● deskundigheid
expiate/'ekspɪeɪt/ [ov ww] boeten (voor)
expiation/ekspɪ'eɪʃən/ [znw] boetedoening
expiatory/'ekspɪətərɪ/ [bnw] boetend
expiration/ekspɪ'reɪʃən/ [znw] uitademing,
expiratie
expire/ɪk'spaɪə/ I [ov + on ww] uitademen
II [on ww] ● de laatste adem uitblazen, sterven
● aflopen, vervallen
expiry/ɪk'spaɪərɪ/ [znw] ● einde ● afloop
explain/ɪk'spleɪn/ I [ov ww] uitleggen, verklaren
● (~ away) wegredeneren, goedpraten
II [wkd ww] ∗ ~ o.s. z. nader verklaren
explanation/eksplə'neɪʃən/ [znw] uitleg,
verklaring
explanatory/ɪk'splænətərɪ/ [bnw] verklarend
expletive/ɪk'spli:tɪv/ I [znw] ● stopwoord
● verwensing ● vloekwoord, krachtterm II [bnw]
● aanvullend ● overtollig
explicable/ɪk'splɪkəbl/ [bnw] verklaarbaar
explicate/'eksplɪkeɪt/ [ov ww] ontvouwen,
uiteenzetten
explication/eksplɪ'keɪʃən/ [znw] uiteenzetting
explicit/ɪk'splɪsɪt/ [bnw] ● expliciet ● nauwkeurig
omschreven ● uitdrukkelijk ● stellig ● duidelijk
explode/ɪk'spləʊd/ I [ov ww] ontploffen
II [on ww] doen ontploffen ∗ ~ a theory een
theorie kraken
exploit I [ov ww] /ɪk'splɔɪt/ ● exploiteren
● uitbuiten II [znw] /'eksplɔɪt/ ● heldendaad
● prestatie
exploitation/eksplɔɪ'teɪʃən/ [znw] exploitatie
exploiter/ɪk'splɔɪtə/ [znw] uitbuiter
exploration/eksplə'reɪʃən/ [znw] verkenning
exploratory/ɪk'splɔrətərɪ/ [bnw] verkennend,
onderzoekend
explore/ɪk'splɔ:/ [ov ww] ● onderzoeken
● verkennen
explorer/ɪk'splɔ:rə/ [znw] ontdekkingsreiziger,
verkenner
explosion/ɪk'spləʊʒən/ [znw] explosie
explosive/ɪk'spləʊsɪv/ I [znw] springstof II [bnw]
● ontplofbaar ● ontploffend ● opvliegend
exponent/ɪk'spəʊnənt/ [znw] ● exponent ‹bij
algebra› ● vertolker, drager, type,
vertegenwoordiger ● vertolking
exponential/ekspə'nenʃəl/ [bnw] exponentieel
export I [ov ww] /ɪk'spɔ:t/ exporteren II [znw]

/'ekspɔ:t/ ● export ● exportartikel
exportation/ekspɔ:'teɪʃən/ [znw]
● export(handel) ● het exporteren
exporter/ɪk'spɔ:tə/ [znw] exporteur
expose/ɪk'spəʊz/ I [ov ww] ● tentoonstellen
● ontmaskeren ● uiteenzetten ∗ ~ a child een kind
te vondeling leggen ∗ ~ a film een film belichten
∗ ~d onbeschut ● (~ to) blootstellen aan
exposé/ek'spəʊzeɪ/ [znw] ● ontmaskering
● uiteenzetting
exposition/ekspə'zɪʃən/ [znw] uiteenzetting ∗ ~
of the Blessed Sacrament uitstelling v.h.
Allerheiligste Sacrament
expositor/ɪk'spɔzɪtə/ [znw] ● (verklarend)
woordenboek ● tolk
expository/ɪks'pɔzɪtərɪ/ [bnw] verklarend
expostulate/ɪk'spɔstjʊleɪt/ [on ww] ● protesteren
● opwerpingen maken
expostulation/ɪkspɔstjʊ'leɪʃən/ [znw] vermaning
exposure/ɪk'spəʊʒə/ [znw] ∗ death by ~ dood
door kou en ellende → **expose**
expound/ɪk'spaʊnd/ [ov ww] uiteenzetten,
verklaren
express/ɪk'spres/ I [bnw + bijw] ● expresse ‹post›
● uitdrukkelijk, stellig ● met opzet ∗ ~ delivery
expresbrief ∗ ~ly bepaald II [ov ww] ● uitdrukken
● uitpersen ● ‹AE› per verzendkantoor versturen ∗ ~
one's sympathy zijn deelneming betuigen
III [znw] ● expresse ● sneltrein ● ‹AE›
verzendkantoor
expression/ɪk'spreʃən/ [znw] uitdrukking
∗ beyond ~ onuitsprekelijk
expressionism/ɪk'spreʃənɪzəm/ [znw]
expressionisme
expressionist/ɪk'spreʃənɪst/ [znw] expressionist
expressionless/ɪk'spreʃənləs/ [bnw] wezenloos,
uitdrukkingsloos
expressive/ɪk'spresɪv/ [bnw] ● expressief
● veelzeggend ∗ ~ of uitdrukking gevend aan;
uitdrukkend
expressly/ɪk'spreslɪ/ [bijw] ● uitdrukkelijk, met
nadruk ● speciaal
expressway/ɪk'spresweɪ/ [znw] ‹AE› autosnelweg
expropriate/eks'prəʊprɪeɪt/ [ov ww]
● onteigenen ● afnemen
expropriation/ɪksprəʊprɪ'eɪʃən/ [znw]
onteigening
expulsion/ɪk'spʌlʃən/ [znw] verdrijving,
uitwijzing ∗ ~ order bevel tot uitwijzing
expunge/ɪk'spʌndʒ/ [ov ww] schrappen
expurgate/'ekspəgeɪt/ [ov ww] ● zuiveren
● kuisen ‹v. tekst› ● schrappen
expurgation/ekspə'geɪʃən/ [znw] zuivering
expurgatory/ek'sp3:gətərɪ/ [bnw] ∗ ~ index
kerkelijke index
exquisite/'ekskwɪzɪt/ I [znw] fat II [bnw]
● voortreffelijk, (ver)fijn(d) ● intens
ex-serviceman/eks's3:vɪsmən/ [znw]
oudgediende
extant/ek'stænt/ [bnw] (nog) bestaand
extemporaneous, extemporary/
ɪkstempə'reɪnɪəs/ [bnw] geïmproviseerd
extempore/ɪk'stempərɪ/ [bnw + bijw] voor de
vuist weg
extemporize/ɪk'stempəraɪz/ [ov ww]
improviseren
extend/ɪk'stend/ I [ov ww] ● uitbreiden/-strekken
● uitsteken ● rekken, verlengen ∗ ~ (shorthand)
notes steno uitwerken ∗ ~ a favour een gunst
bewijzen ∗ ~ lands land taxeren II [on ww]
● doen rekken ● zich uitstrekken
extensible/ɪk'stensəbl/ [bnw] (uit)rekbaar

E

extensile /ɪk'stensaɪl/ [bnw] uitzetbaar, rekbaar
extension /ɪk'stenʃən/ [znw] • uitgebreidheid
• omvang • bijkantoor, dependance ∗ ~ 132 toestel
132 ∗ ~ ladder uitschuifladder ∗ ~ telephone
neventoestel
extensive /ɪk'stensɪv/ [bnw] • groots opgezet
• veelomvattend
extent /ɪk'stent/ [znw] • omvang, mate
• schatting, beslaglegging ∗ to a certain ~ in
zekere mate ∗ to such an ~ that zozeer dat
extenuate /ɪk'stenjʊeɪt/ [ov ww] verzachten
extenuation /ɪkstenjʊ'eɪʃən/ [znw] vergoelijking
exterior /ɪk'stɪərɪə/ I [znw] buitenkant II [bnw]
• uiterlijk • uitwendig • buiten-
exteriorize /ɪk'stɪərɪəraɪz/ [ov ww] uiterlijke vorm
geven
exterminate /ɪk'stɜ:mɪneɪt/ [ov ww] • uitroeien
• verdelgen
extermination /ɪkstɜ:mɪ'neɪʃən/ [znw]
• uitroeiing • verdelging
exterminator /ɪk'stɜ:mɪneɪtə/ [znw] • verdelger
• uitroeier
external /ɪk'stɜ:nl/ [bnw] • uitwendig • van buiten
af • uiterlijk • buitenlands ∗ ~ student extraneus
externalize /ɪk'stɜ:nəlaɪz/ [ov ww] uiting geven
aan
externals /ɪk'stɜ:nlz/ [mv] uiterlijkheden
extinct /ɪk'stɪŋkt/ [bnw] uitgestorven ∗ ~ family
uitgestorven geslacht
extinction /ɪk'stɪŋkʃən/ [znw] het uitsterven
extinguish /ɪk'stɪŋgwɪʃ/ [ov ww] • (uit)blussen,
(uit)doven • in de schaduw stellen, overtroeven
• tot zwijgen brengen • teniet doen ∗ ~ a debt een
schuld delgen
extinguisher /ɪk'stɪŋgwɪʃə/ [znw] • blusapparaat
• dooddoener • domper
extirpate /'ekstɜ:peɪt/ → **exterminate**
extirpation /ekstɜ:'peɪʃən/ → **extermination**
extirpator /'ekstɜ:peɪtə/ [znw] wiedmachine
extol /ɪk'stəʊl/ [ov ww] prijzen, ophemelen
extort /ɪk'stɔ:t/ [ov ww] afdwingen/-persen
extortion /ɪk'stɔ:ʃən/ [znw] • afpersing • afzetterij
extortionate /ɪk'stɔ:ʃənət/ [bnw] buitensporig
extortioner /ɪk'stɔ:ʃənə/ [znw] afperser, uitzuiger
extra /'ekstrə/ I [znw] • extra nummer • extra
leervak • extraatje • figurant (in film) ∗ (special)
~ laatste editie v. avondblad II [bnw] extra
III [voorv] buiten-
extract I [ov ww] /ɪk'strækt/ • (uit)trekken
• afdwingen • uitpersen, aftrekken • een passage
aanhalen ∗ have a tooth ~ed een kies/tand laten
trekken II [znw] /'ekstrækt/ • extract • passage
(uit boek)
extraction /ɪk'strækʃən/ [znw] afkomst
extracurricular /ekstrəkə'rɪkjʊlə/ [bnw]
buitenschools
extraditable /'ekstrədaɪtəbl/ [bnw] uitleverbaar
extradite /'ekstrədaɪt/ [ov ww] uitleveren
extradition /ekstrə'dɪʃən/ [znw] uitlevering
extrajudicial /ekstrədʒu:'dɪʃəl/ [bnw] • buiten het
gerecht • wederrechtelijk
extramarital /ekstrə'mærɪtl/ [bnw] buitenechtelijk
extramundane /ekstrəmʌn'deɪn/ [bnw] niet v.
deze wereld
extramural /ekstrə'mjʊərəl/ [bnw] • (van) buiten
de stad • buiten de universiteit
extraneous /ɪk'streɪnɪəs/ [bnw] buiten de zaak
staand
extraordinary /ɪk'strɔ:dɪnərɪ/ [bnw]
buitengewoon
extrapolate /ɪk'stræpəleɪt/ [ov + on ww]
• extrapoleren • een berekening afleiden uit

gegevens
extrasensory /ekstrə'sensərɪ/ [bnw]
buitenzintuiglijk ∗ ~ perception
buitenzintuiglijke waarneming
extraterrestrial /ekstrətɪ'restrɪəl/ [bnw]
buitenaards
extraterritorial /ekstrəterɪ'tɔ:rɪəl/ [bnw] buiten
de landswet(ten) vallend
extravagance /ɪk'strævəgəns/ [znw]
• extravagantie • buitensporigheid
extravagant /ɪk'strævəgənt/ [bnw]
• buitensporig, overdreven • verkwistend
• ongerijmd
extravaganza /ɪkstrævə'gænzə/ [znw]
extravaganza, fantastische stijl of compositie
extreme /ɪk'stri:m/ I [znw] • (uit)einde • hoogste
graad • (wisk.) uiterste term ∗ in the ~ uitermate
II [bnw] • uiterst, laatst, hoogst
• buitengemeen/-gewoon • hevig ∗ Extreme
Unction H. Oliesel; ziekenzalving
extremely /ɪk'stri:mlɪ/ [bijw] buitengewoon,
uitermate
extremism /ɪk'stri:mɪzəm/ [znw] extremisme
extremist /ɪk'stri:mɪst/ I [znw] extremist II [bnw]
extremistisch
extremity /ɪk'stremətɪ/ [znw] • uiterste nood
• uiterste maatregel • uiterste • uitsteeksel ∗ a
tingling sensation in the extremities tintelende
vingers en tenen
extricable /ɪk'strɪkəbl/ [bnw] ontwarbaar
extricate /'ekstrɪkeɪt/ [ov ww] • uit de knoop halen
• bevrijden
extrication /ekstrɪ'keɪʃən/ [znw] • het ontwarren
• bevrijding
extrovert /'ekstrəvɜ:t/ [bnw] • extrovert • op de
buitenwereld gericht
extrude /ɪk'stru:d/ [ov ww] uitstoten/-werpen
extrusion /ɪk'stru:ʒən/ [znw] uitwerping
exuberance /ɪg'zju:bərəns/ [znw] • overdaad
• uitbundigheid
exuberant /ɪg'zju:bərənt/ [bnw] • overvloedig,
weelderig, kwistig • overdreven, hoogdravend
• uitbundig
exude /ɪg'zju:d/ [ov ww] uitzweten
exult /ɪg'zʌlt/ [on ww] juichen • (~ at) toejuichen
• (~ over) triomferen over
exultant /ɪg'zʌltənt/ [bnw] • juichend
• opgewonden • dol van blijdschap
exultation /egzʌl'teɪʃən/ [znw] opgetogenheid
exurb /'eksɜ:b/ [znw] villawijk
exurbanite /eks'ɜ:bənaɪt/ [znw] villabewoner
eye /aɪ/ I [ov ww] na-/aankijken II [znw] oog ∗ a
sight for sore eyes grappig/leuk om te zien ∗ all
my eye onzin ∗ clap/set eyes on zien ∗ do a p. in
the eye iem. een loer draaien • (mil.) eyes
left/right! hoofd links/rechts! ∗ have an eye for
oog hebben voor ∗ have an eye to op het oog
hebben; letten op ∗ keep an eye on in het oog
houden ∗ make eyes at lonken naar ∗ my eye(s)!
wel verdorie! ∗ one in the eye pech ∗ see eye to
eye with het geheel eens zijn met ∗ the mind's eye
verbeelding; gedachten ∗ up to the eyes tot over de
oren
eyeball /'aɪbɔ:l/ [znw] • oogappel • oogbal
eyebrow /'aɪbraʊ/ [znw] wenkbrauw ∗ up to
one's ~s tot over de oren
eye-catcher [znw] blikvanger
eye-catching /'aɪkætʃɪŋ/ [bnw] opvallend
eyeful /'aɪfʊl/ [znw] • lust voor het oog • iets in je
oog ∗ an ~ of mud een spatje modder in je oog
∗ get an ~ of heel goed bekijken
eyeglass /'aɪglɑ:s/ [znw] monocle

eyeglasses/'aɪglɑ:sɪz/ [mv] lorgnet, face-à-main
eyehole [znw] oogkas, kijkgat
eyelash/'aɪlæʃ/ [znw] wimper
eyelet/'aɪlət/ [znw] oogje, vetergaatje ★ ~ hole
  kijk-/schietgat
eyelid/'aɪlɪd/ [znw] ooglid
eye-opener/'aɪəʊpənə/ [znw] ● openbaring
  ● verrassing
eyepiece/'aɪpi:s/ [znw] oculair
eyeshot [znw] ★ out of ~ niet meer te zien
  ★ within ~ nog te zien
eyesight/'aɪsaɪt/ [znw] ● gezichtsvermogen ● zicht
  〈zintuig〉
eyesore/'aɪsɔ:/ [znw] onooglijk iets, doorn in 't oog
eyestrain/'aɪstreɪn/ [znw] vermoeidheid v.h.
  oog/de ogen, pijn aan de ogen
eyetooth/'aɪtu:θ/ [znw] hoek-/oogtand
eyewash/'aɪwɒʃ/ [znw] oogwater ★ all ~ allemaal
  smoesjes
eyewitness/'aɪwɪtnɪs/ [znw] ooggetuige
eyrie/'ɪərɪ/ 〈AE〉 [znw] ● roofvogelnest ● gebroed

F /ef/ **I** [znw] ★ F sharp fis **II** [afk] ● Fahrenheit
F.A. [afk] ● (Football Association) Voetbalbond
fab/fæb/ 〈inf.〉 → fabulous
Fabian/'feɪbɪən/ [bnw] ★ ~ tactics voorzichtige
  (uitputtings)tactiek
fable/'feɪbl/ [znw] ● fabel ● leugen, praatje
fabled/'feɪbld/ [bnw] ● legendarisch ● verzonnen
fabric/'fæbrɪk/ [znw] ● maaksel ● gebouw ● weefsel,
  geweven stof
fabricate/'fæbrɪkeɪt/ [ov ww] ● verzinnen
  ● namaken
fabrication/fæbrɪ'keɪʃən/ [znw] ● verzinsel
  ● namaak
fabulist/'fæbjʊlɪst/ [znw] ● fabeldichter ● leugenaar
fabulous/'fæbjʊləs/ [bnw] wonderbaarlijk,
  fabelachtig
facade/fə'sɑ:d/ [znw] ● vóórgevel ● schijn 〈fig.〉
face/feɪs/ **I** [ov ww] ● uitzicht geven op ● onder
  ogen (durven) zien ● liggen/staan tegenover
  ● openleggen 〈kaart bij kaartspel〉 ● afzetten
  〈kledingstuk met stof〉 ★ face it out! sla je er
  brutaal doorheen! ★ face off ★ face the music de
  consequenties aanvaarden; door de zure appel heen
  bijten ★ he was faced with the man hij werd
  geconfronteerd met de man ● (~ about) (doen)
  omdraaien ★ about face! rechtsomkeert! ● (~
  round) z. omkeren ● (~ **up to**) flink aanpakken,
  onder ogen zien **II** [znw] ● gelaat, gezicht
  ● voorkomen ● beeldzijde, voorkant ● oppervlakte
  ● zelfbeheersing ● brutaliteit ● prestige
  ● oorsprong, bron ● wijzerplaat ★ I threw it in her
  face ik gooide het haar voor de voeten ★ I told him
  to his face ik zei 'm ronduit ★ I was face to face
  with him ik stond tegenover hem ★ accept at its
  face value zonder nader onderzoek aanvaarden
  ★ face card boer; vrouw; heer ★ face down blind
  〈kaartspel〉 ★ face guard masker ★ face up met
  beeldzijde zichtbaar 〈kaartspel〉 ★ face value
  nominale waarde ★ he flies in the face of his
  superiors hij trotseert zijn meerderen ★ he had
  the face to hij had de onbeschaamdheid om ★ he
  praised her to her face hij prees haar in haar
  bijzijn ★ in (the) face of ondanks ★ in face of
  tegenover ★ in the face of day op klaarlichte dag
  ★ it was on the face of it 't lag er dik bovenop
  ★ make faces rare gezichten trekken ★ pull a long
  face 'n zuur gezicht trekken ★ save one's face zijn
  figuur redden ★ set one's face against z. verzetten
  tegen ★ wear two faces met twee monden spreken
face-cloth, face-flannel/'feɪsklɒθ/ [znw]
  washandje/-lapje
faceless/'feɪsləs/ [bnw] anoniem
face-pack/'feɪspæk/ [znw] schoonheidsmasker
face-powder/'feɪspaʊdə/ [znw] toiletpoeder
facer/'feɪsə/ [znw] ● klap in gezicht ● plotselinge
  lastige situatie
face-saving [bnw] zonder gezichtsverlies, zonder
  prestigeverlies
facet/'fæsɪt/ **I** [ov ww] facet slijpen aan **II** [znw]
  facet
facetiae/fə'si:ʃɪi:/ [mv] ● geestigheden ● boeken v.
  humoristisch of obsceen karakter
facetious/fə'si:ʃəs/ [bnw] schertsend
facia/'feɪʃə/ → fascia
facial/'feɪʃəl/ **I** [znw] gezichtsmassage **II** [bnw]
  gelaats-
facile/'fæsaɪl/ [bnw] ● oppervlakkig ● gemakkelijk,
  vlot ● meegaand

F

facilitate /fə'sɪlɪteɪt/ [ov ww] vergemakkelijken

facility /fə'sɪlɪtɪ/ [znw] • gemak • voorziening, faciliteit

facing /'feɪsɪŋ/ I [znw] • revers • (aanbrenging van) buitenlaag/dek (op muur en metaal) • garneersel, bekleding • (mil.) het exerceren, zwenking * he went through his ~s hij werd zwaar aan de tand gevoeld II [vz] (staande) tegenover

facings /'feɪsɪŋz/ [mv] boorden en manchetten

facsimile /fæk'sɪmɪlɪ/ I [ov ww] nauwkeurig kopiëren II [znw] • facsimile • kopie

fact /fækt/ [znw] • feit, gebeurtenis • daad • werkelijkheid * as a matter/in point of fact werkelijk; echt * fact-finding onderzoekend * in fact in feite; inderdaad * the fact of the matter de ware toedracht v.d. zaak

faction /'fækʃən/ [znw] • politieke partij • partijgeest

factious /'fækʃəs/ [bnw] • partijzuchtig • oproerig

factitious /fæk'tɪʃəs/ [bnw] nagebootst, kunstmatig, onecht

factor /'fæktə/ [znw] • factor • commissionair • (Schots) rentmeester

factorage /'fæktərɪdʒ/ [znw] commissieloon

factorize /'fæktəraɪz/ [ov ww] ontbinden in factoren

factory /'fæktərɪ/ [znw] • fabriek • (gesch.) factorij * ~ farming veeteelt op industriële basis * ~ hand fabrieksarbeider

factotum /fæk'təʊtəm/ [znw] manusje-van-alles

factual /'fæktʃʊəl/ [bnw] feitelijk, feiten-

facture /'fæktʃə/ [znw] de uitvoering van iets (m.b.t. schilderij), makelij

faculty /'fækəltɪ/ [znw] • vermogen • faculteit • dispensatie • handigheid

fad /fæd/ [znw] • liefhebberij • rage, gril

faddish /'fædɪʃ/ [bnw] • grillig • kieskeurig

faddy /'fædɪ/ [bnw] met bepaalde grillen of liefhebberijen

fade /feɪd/ I [ov ww] • doen verbleken • doen verwelken II [on ww] • wegzakken (v. radio-ontvangst) • verwelken • kwijnen, geleidelijk verdwijnen • afnemen (v. remkracht) • (~ in/up) langzaam zichtbaar worden (v. beeld in film), volume regelen, inregelen (v. beeld) • (~ away/out) wegkwijnen, (doen) verbleken • (~ into) overgaan in • (~ out) uitregelen (v. beeld/film)

fadeless /'feɪdləs/ [bnw] onvergankelijk

fading /'feɪdɪŋ/ [znw] • fading, sluitereffect (v. radio) • wegvallen (v. remkracht)

faeces /'fiːsiːz/ [znw] • uitwerpselen • bezinksel

fag /fæg/ I [ov ww] afmatten II [on ww] • diensten doen v. jongere voor oudere leerlingen op school • z. afbeulen III [znw] • vermoeiend en onaangenaam werk • afmatting • jongere leerling die diensten verricht voor oudere • werkezel • (inf.) sigaret • (pej.) homo

fag-end /fæg'end/ [znw] • rafelkant • peuk

fagged /fægd/ [bnw] doodop

fag(g)ot /fægət/ I [ov ww] samenbinden II [znw] • takkenbos • slons • bal gehakt

fail /feɪl/ I [ov ww] • verzuimen (v. verplichtingen), in gebreke blijven • teleurstellen • laten zakken (bij examen) II [on ww] • mislukken • zakken (bij examen) • failliet gaan • mankeren, falen • op raken • uit-/wegsterven * I fail to see this ik zie dit niet in III [znw] * without fail zonder mankeren

failing /'feɪlɪŋ/ I [znw] gebrek, zwak(te) II [vz] bij gebrek aan * ~ this als dit niet gebeurt

fail-safe /'feɪlseɪf/ [bnw] uitgerust met noodbeveiliging

failure /'feɪljə/ [znw] • mislukking • faillissement • gebrek • storing (v. elektriciteit)

fain /feɪn/ I [bnw] genoodzaakt * fain to bereid om II [bijw] * would fain zou graag

faint /feɪnt/ I [on ww] flauwvallen • ~ing fit flauwte • (~ away) flauwvallen II [znw] flauwte * ~ heart lafaard III [bnw] • zwak • vaag • bedeesd, laf • zwoel (lucht) • wee (v.d. honger) * he hasn't the ~est (idea) hij heeft er geen flauw benul van

fainthearted /feɪnt'hɑːtɪd/ [bnw] laf

fair /feə/ I [ov ww] in 't net schrijven II [on ww] opklaren (v.h. weer) III [znw] • beurs • kermis • jaarmarkt * the day after the fair te laat IV [bnw] • mooi • blond • zuiver • duidelijk • eerlijk, geoorloofd • tamelijk • gunstig * a fair field and no favour alleen evenveel kans * fair and square eerlijk * fair enough mooi; okay, jij gelijk; prima!; nou goed; niet gek! * fair readers lezeressen * in a fair way to fail mooi op weg om te mislukken * it bids fair to be a success het belooft een succes te worden * set fair op mooi weer staan (barometer) * the fair sex het schone/zwakke geslacht V [bijw] * copy it out fair schrijf het in 't net * fair and softly! kalm aan!

fair-faced /feə'feɪst/ [bnw] • met mooi gezicht • z. mooi voordoend

fairground /'feəgraʊnd/ [znw] kermisterrein

fair-haired /feə'heəd/ [bnw] blond

fairish /'feərɪʃ/ [bnw] tamelijk goed

fairly /'feəlɪ/ [bijw] • eerlijk • tamelijk • totaal • werkelijk

fair-minded /feə'maɪndɪd/ [bnw] eerlijk

fairness /'feənəs/ [znw] eerlijkheid

fair-spoken [znw] hoffelijk, innemend

fairway /'feəweɪ/ [znw] • verzorgde golfbaan • (scheepv.) vaargeul, vaarwater

fair-weather /feə'weðə/ [bnw] * ~ friends mensen die alleen in voorspoed vrienden zijn; vrienden die in nood niet helpen

fairy /'feərɪ/ I [znw] fee * ~ tale sprookje II [bnw] feeachtig, tover-

fairyland /'feərɪlænd/ [znw] sprookjesland, sprookjeswereld

faith /feɪθ/ [znw] • geloof, vertrouwen • erewoord • leer(stelling) * ~ healer gebedsgenezer * in ~ op m'n woord * in good ~ te goeder trouw * the ~ het ware geloof

faithful /'feɪθfʊl/ [bnw] • gelovig • trouw, betrouwbaar • nauwgezet * Yours ~ly Hoogachtend (onder formele brief) * the ~ de gelovigen

faithless /'feɪθləs/ [bnw] • trouweloos • ongelovig • onbetrouwbaar

fake /feɪk/ I [ov ww] • vervalsen, fingeren • opknappen, oplappen • (scheepv.) ronde tros v. touw maken II [on ww] simuleren, doen alsof III [znw] • namaak • bedrog, voorwendsel • slag v. touw IV [bnw] vals, nep

faker /'feɪkə/ [znw] • vervalser enz. • (AE) venter v. snuisterijen

fakir /'feɪkɪə/ [znw] fakir

falcon /'fɔːlkən/ [znw] valk

falconer /'fɔːlkənə/ [znw] valkenier

falconet /'fɔːlkənɪt/ [znw] • soort klauwier • oud licht kanon

falconry /'fɔːlkənrɪ/ [znw] • valkenjacht • valkendressuur

faldstool /'fɔːldstuːl/ [znw] • bidstoel • bisschopsstoel

fall /fɔːl/ **I** [on ww] • vallen • worden • afnemen ‹v. wind› • neerslaan ‹v.d. ogen› • betrekken ‹v. gezicht› • jongen werpen • bouwvallig worden • afdalen ★ fall flat mislukken ★ fall foul of slaags raken met;‹scheepv.› in aanvaring komen met ★ fall in love verliefd worden ★ fall short te kort schieten; op raken ★ fall short of niet beantwoorden aan ★ fall to pieces uiteenvallen ★ falling sickness vallende ziekte • (~ away) weg-/uit-/afvallen, vermageren, verminderen, verlaten, hellen, achteruitgaan, verdwijnen ★ fall away from ontrouw worden aan • (~ back) terugvallen, achterop raken ★ fall back upon zijn toevlucht nemen tot; achter de hand hebben • (~ behind) achterop raken • (~ down) neervallen, falen • (~ for) verliefd worden op • (~ from) ontvallen • (~ in) vervallen ‹v. schuld›, aflopen ‹v. contract›, instorten, laten aantreden, binnenkomen, z. aansluiten • (~ in with) aantreffen, toevallig in aanraking komen met, in overeenstemming zijn met • (~ into) vervallen tot, raken in, z. schikken naar ★ fall into disrepair bouwvallig raken ★ fall into line aantreden • (~ off) niet meer tot het bestaan, aangaan, aantreffen behoren, achteruitgaan, afvallen, z. verwijderen • (~ on) zich storten op • (~ out) uitvallen, ruzie krijgen, gebeuren, blijken ‹te zijn› • (~ out of) komen zonder, verleren • (~ over) omvallen, vallen over • (~ through) in duigen vallen, mislukken • (~ to) toetasten, slaags raken, z. toeleggen op, beginnen met, vervallen aan • (~ upon) vallen op, aanvallen ★ fall upon evil days slechte tijden beleven • (~ within) binnen het kader vallen **II** [znw] • val, 't vallen • daling • helling • verval, ondergang • waterval • worp ‹v. dieren› • gehakt hout • voile • ‹AE› herfst ★ fall from grace tot zonde vervallen; uit de gratie raken ★ take a fall vallen

Fall /fɔːl/ [znw] ★ the Fall de zondeval

fallacious /fəˈleɪʃəs/ [bnw] bedrieglijk

fallacy /ˈfæləsɪ/ [znw] • bedrog • drogreden

fall-back /ˈfɔːlbæk/ [znw] uitwijkmogelijkheid

fallen /ˈfɔːlən/ volt. deelw. → **fall**

fallibility /fæləˈbɪlətɪ/ [znw] feilbaarheid

fallible /ˈfæləbl/ [bnw] feilbaar

fallout /ˈfɔːlaʊt/ [znw] • onenigheid • radioactieve neerslag • uitvallers ‹naar, ongewenst› bijverschijnsel

fallow /ˈfæləʊ/ **I** [ov ww] omploegen **II** [znw] braakland **III** [bnw] • braak‹liggend› • vaalrood, geelbruin ★ ~ deer damhert

false /fɔːls/ [bnw] • vals, onjuist • onrechtvaardig, ontrouw • onecht ★ ~ alarm loos alarm ★ play s.o. ~ iem. bedriegen

falsehood /ˈfɔːlshʊd/ [znw] leugen(s)

falsies /ˈfɔːlsɪz/ ‹inf.› [mv] ↑ bustevulling

falsification /fɔːlsɪfɪˈkeɪʃən/ [znw] • vervalsing • verkeerde voorstelling

falsify /ˈfɔːlsɪfaɪ/ [ov ww] • vervalsen, verkeerd voorstellen • teleurstellen ‹v. hoop›

falsity /ˈfɔːlsɪtɪ/ [znw] • valsheid ‹in geschrifte› • oneerlijkheid • bedrog • onjuistheid

falter /ˈfɔːltə/ [on ww] • struikelen, wankelen • stotteren • weifelen

fame /feɪm/ [znw] • reputatie • faam, vermaardheid

famed /feɪmd/ [bnw] beroemd

familiar /fəˈmɪlɪə/ **I** [znw] • intieme vriend, huisgeest, goede kennis • huisbediende ‹v. hooggeplaatste geestelijken› **II** [bnw] • familiair • vertrouwd, bekend

familiarity /fəmɪlɪˈærətɪ/ [znw] • vertrouwdheid • familiariteit

familiarization /fəmɪlɪəraɪˈzeɪʃən/ [znw] het vertrouwd maken

familiarize /fəˈmɪlɪəraɪz/ [ov ww] bekend/vertrouwd maken met

family /ˈfæmlɪ/ [znw] • familie, gezin • kinderen • geslacht ★ ~ allowance kinderbijslag ★ ~ benefit gezinsuitkering ‹v. Soc. Zaken› ★ ~ circle huiselijke kring; tweede rang ‹in theater› ★ ~ doctor huisdokter ★ ~ man huiselijke man; huisvader ★ ~ planning geboorteregeling ★ ~ tree stamboom ★ he has a ~ of four hij heeft vier kinderen ★ in a ~ way eenvoudig; onder ons ★ in the ~ way in verwachting ★ we are four in ~ ons gezin bestaat uit vier personen

famine /ˈfæmɪn/ [znw] schaarste, hongersnood ★ ~ prices woekerprijzen; hoog opgedreven prijzen vanwege schaarste

famish /ˈfæmɪʃ/ **I** [ov ww] laten verhongeren **II** [on ww] verhongeren ★ I'm ~ed/~ing ik rammel van de honger

famous /ˈfeɪməs/ [bnw] vermaard, beroemd

fan /fæn/ **I** [ov ww] • wannen • aanwakkeren • koelte toewaaien • ‹sl.› fouilleren **II** [on ww] z. waaiervormig verspreiden **III** [znw] • waaier • wanmolen • blaasbalg, ventilator • fan, enthousiast(eling) • schroefblad ‹v. schip› ★ fan belt ventilatorriem ★ fan club fanclub ★ fan mail fanmail

fanatic /fəˈnætɪk/ **I** [znw] fanatiekeling **II** [bnw] fanatiek

fanatical /fəˈnætɪkl/ [bnw] fanatiek

fanaticism /fəˈnætɪsɪzəm/ [znw] fanatisme, dweepzucht

fancier /ˈfænsɪə/ [znw] • liefhebber • kweker ‹v. bloemen en planten›, fokker ‹v. vogels›

fanciful /ˈfænsɪfʊl/ [bnw] • ingebeeld, fantastisch • kieskeurig

fancy /ˈfænsɪ/ **I** [ov ww] • z. inbeelden, verbeelden • kweken, fokken ★ ~ o.s. hoge dunk van zichzelf hebben ★ just ~! stel je ‹toch› eens voor! **II** [znw] • in-/verbeelding‹skracht› • gril, zin, voorliefde, liefhebberij • schatje • 't fokken v. honden, enz. ★ catch/take a ~ to een voorliefde ontwikkelen voor; gaan houden van ★ catch/take the ~ of aantrekken; behagen ★ the ~ sportenthousiastelingen **III** [bnw] • fantastisch • luxe ‹brood e.d.› • chic • veelkleurig ‹bloem› • willekeurig, grillig ★ ~ articles/goods galanterieën; modeartikelen ★ ~ dress ball gekostumeerd bal ★ ~ fair liefdadigheidsbazaar ★ ~ man minnaar; souteneur ★ ~ needlework fraaie handwerken ★ ~ price buitensporige prijs ★ ~ woman minnares

fancy-free /ˈfænsɪˈfriː/ [bnw] ongebonden ★ footloose and ~ zorgeloos en ongebonden

fane /feɪn/ [znw] tempel ‹dichterlijk›

fang /fæŋ/ [znw] • tandwortel • slagtand, giftand • klauw ‹v. werktuig›

fanion /ˈfænjən/ [znw] vlaggetje, vaantje

fanlight /ˈfænlaɪt/ [znw] waaiervormig raam boven een deur

fanny /ˈfænɪ/ [znw] • ‹sl.› kut • ‹AE/sl.› kont

fantasize /ˈfæntəsaɪz/ [ov + on ww] fantaseren

fantastic /fænˈtæstɪk/ [bnw] • fantastisch • grillig, vreemd

fantasy /ˈfæntəsɪ/ [znw] fantasie, inval

far /fɑː/ [bnw + bijw] • ver, afgelegen • veel ★ a far cry ver weg ★ as far as tot ‹aan› ★ by far verreweg ★ far and near overal ★ far and near ‹wide› heinde en ver ★ far and wide wijd en zijd ★ far different heel anders ★ far off ver weg ★ far out afgelegen ★ go far succes hebben ★ go far towards

veel bijdragen tot ∗ houses were few and far
between er stond hier en daar een huis ∗ so far
zover; tot nog/nu toe ∗ so far so good tot zover
gaat/is 't goed ∗ the far side of the river de
overkant v.d. rivier

far-away /faː'rəweɪ/ [bnw] ● afgelegen ● afwezig
⟨v. blik⟩

farce /faːs/ I [ov ww] kruiden II [znw] ● klucht,
paskwil ● gehakt

farcical /'faːsɪkl/ [bnw] bespottelijk

fare /feə/ I [on ww] gaan ∗ fare well 't goed maken;
goed eten ∗ you may go further and fare worse 't
zou je nog wel eens slechter kunnen vergaan ● ⟨~
on⟩ z. voeden met II [znw] ● vrachttarief
● vrachtje ⟨taxi⟩ ● kost ⟨eten⟩

farewell /feə'wel/ [znw] vaarwel ∗ ~ dinner
afscheidsdiner

far-fetched /faː'fetʃt/ [bnw] vergezocht

far-flung /faː'flʌn/ [bnw] uitgebreid

farina /fə'riːnə/ [znw] ● bloem v. meel ● stuifmeel
● zetmeel

farinaceous /færɪ'neɪʃəs/ [bnw] ● zetmeelhoudend
● meel-

farm /faːm/ I [ov ww] ● (ver)pachten ● bebouwen
● verzorgen tegen betaling ⟨vooral kind⟩ ● ⟨~ out⟩
uitbesteden ⟨werk⟩ II [on ww] boerenbedrijf
uitoefenen III [znw] ● landerij, boerderij
● kwekerij, fokkerij ● kindertehuis ● pacht ∗ ⟨inf.⟩
the funny farm het gekkenhuis

farmer /'faːmə/ [znw] boer, pachter

farm-hand /'faːmhænd/ [znw] boerenknecht

farmhouse /'faːmhaʊs/ [znw] boerderij,
boerenhoeve

farming /'faːmɪŋ/ I [znw] landbouw II [bnw]
landbouw-

farmland /'faːmlænd/ [znw] bouwland

farmstead /'faːmsted/ [znw] boerderij

farmyard /'faːmjaːd/ [znw] boerenerf ∗ ~ manure
stalmest

far-off /faː'rɒf/ [bnw] ● afgelegen ● afwezig ⟨v. blik⟩

far-out /faː'raʊt/ ⟨sl.⟩ [bnw] ● te gek, prachtig
● uitzonderlijk

farrago /fə'raːgəʊ/ [znw] ● mengelmoes ● potpourri

far-reaching /faː'riːtʃɪŋ/ [bnw] vérstrekkend

farrier /'færɪə/ [znw] ● hoefsmid ● paardenarts

farrow /'færəʊ/ I [ov + on ww] biggen werpen
II [znw] worp ∗ in/with ~ drachtig

far-seeing [bnw] vooruitziend

far-sighted /faː'saɪtɪd/ [bnw] verziend

fart /faːt/ I [on ww] een scheet laten II [znw] scheet

farther /'faːðə/ [bnw + bijw] verg. trap → **far**

farthest /'faːðɪst/ [bnw] overtr. trap verst ∗ at
(the) ~ op z'n hoogst/laatst/meest/verst → **far**

farthing /'faːðɪŋ/ [znw] ● allerkleinste hoeveelheid
● ⟨vero.⟩ 1/4 penny

f.a.s. [afk] = (free alongside ship) vrij langs boord

fascia /'feɪʃə/ [znw] ● instrumentenpaneel
● naambord ⟨v. winkel⟩ ● strip ● band

fascinate /'fæsɪneɪt/ [ov ww] ● betoveren, bekoren
● fascineren, biologeren

fascinating /'fæsɪneɪtɪŋ/ [bnw] fascinerend,
boeiend, pakkend

fascination /fæsɪ'neɪʃən/ [znw] ● fascinatie
● betovering

fascinator /'fæsɪneɪtə/ [znw] tovenaar, charmeur

fascine /fæ'siːn/ I [znw] takkenbos II [bnw] ∗ ~
dwelling paalwoning

fascism /'fæʃɪzəm/ [znw] fascisme

fascist /'fæʃɪst/ [znw] fascist, nationaal-socialist

fashion /'fæʃən/ I [ov ww] vormen, pasklaar maken
II [znw] ● fatsoen ● mode ● aard, wijze ● vorm ∗ ~
designer modeontwerper ∗ ~ plate modeplaat

∗ he succeeded after a ~ hij slaagde tot op zekere
hoogte ∗ man of ~ een man v. standing ∗ set the
~ de toon aangeven ∗ the ~ mode; grote wereld

fashionable /'fæʃnəbl/ I [znw] chic persoon
II [bnw] ● deftig ● modieus ∗ the ~ world de grote
wereld

fast /faːst/ I [bnw + bijw] ● snel ● getrouw ● wasecht
● onbeweeglijk, vast ● los ⟨v. zeden⟩ ● vóór ⟨v.
klok⟩ ● geëmancipeerd ∗ ⟨sport⟩ a fast one snelle
bal ∗ fast food snacks ∗ fast goods ijlgoederen
∗ fast lane inhaalstrook ⟨v. snelweg⟩ ∗ life in the
fast lane een snel en roekeloos leven ∗ live fast
maar raak leven; snel leven ∗ play fast and loose
(with) 't niet zo nauw nemen ⟨vooral met
iemands gevoelens⟩ ∗ pull a fast one gemene
streek uithalen; ⟨iem.⟩ een loer draaien ∗ they are
fast friends zij zijn dikke vrienden II [on ww]
vasten III [znw] vastentijd

fast-dyed /faːst'daɪd/ [bnw] wasecht

fasten /'faːsən/ [ov ww] ● bevestigen, sluiten,
vastmaken ● vestigen op ⟨ogen⟩ ● geven ⟨naam⟩
∗ z. meester maken van ∗ the door will not ~ de
deur gaat niet dicht ● ⟨~ in⟩ opsluiten ● ⟨~ off⟩
afhechten ⟨draad⟩ ● ⟨~ on⟩ vasthouden aan,
uitkiezen ⟨voor kritiek e.d.⟩, overnemen ⟨plan⟩
● ⟨~ out⟩ buitensluiten ● ⟨~ up⟩ vastmaken
⟨japon⟩

fastener, fastening /'faːsnə/ [znw]
bevestigingsmiddel, sluiting

fastidious /fæ'stɪdɪəs/ [bnw] ● (kies)keurig
● moeilijk te voldoen

fastidiousness /fæ'stɪdɪəsnəs/ [znw]
● veeleisendheid ● kieskeurigheid

fastness /'faːstnɪs/ [znw] ● bolwerk ● → **fast**

fat /fæt/ I [ww] ● fatten II [znw] ● het vet(te)
● dankbare rol ⟨op 't toneel⟩ ∗ then the fat was
in the fire toen had je de poppen aan 't dansen
III [bnw] ● vet, dik, corpulent ● vruchtbaar ● dom
● harsachtig ● ⟨iron.⟩ a fat lot of money praktisch
geen geld ∗ a fat lot you know! en jij zou dat
weten! ∗ fat chance! weinig kans! ∗ fat guts
dikkerd; vetzak ∗ he cut up fat hij liet veel geld na

fatal /'feɪtl/ [bnw] ● noodlottig, rampspoedig
● fataal, dodelijk ● onvermijdelijk ∗ Fatal Sisters
schikgodinnen ∗ ~ thread levensdraad

fatalism /'feɪtəlɪzəm/ [znw] fatalisme

fatalist /'feɪtəlɪst/ [znw] fatalist

fatality /fə'tælətɪ/ [znw] ● noodlot, voorbeschikking
● ongeluk met dodelijke afloop, ramp

fatally /'feɪtlɪ/ [bijw] fataal, dodelijk

fate /feɪt/ [znw] dood, (nood)lot ∗ the Fates
schikgodinnen

fated /'feɪtɪd/ [bnw] ● voorbestemd ● gedoemd

fateful /'feɪtfʊl/ [bnw] ● profetisch noodlottig
● belangrijk

fat-head /'fæthed/ [znw] dwaas

father /'faːðə/ I [ov ww] ● voortbrengen ● z.
opwerpen als maker/vader van ● vaderschap op z.
nemen ● een vader zijn voor ● ⟨~ on⟩ auteurschap
toeschrijven aan, verantwoordelijk stellen voor
II [znw] ● vader ● voorvader ● nestor ● pater,
biechtvader ● kerkvader ● God ● leider ∗ Father
Christmas de kerstman ∗ ⟨vero.⟩ ~s of the city
vroede vaderen ∗ the child is ~ to the man in 't
kind is de volwassene reeds aanwezig

fatherhood /'faːðəhʊd/ [znw] vaderschap

father-in-law /faːðərɪnlɔː/ [znw] schoonvader

fatherly /'faːðəlɪ/ [bnw] vaderlijk

fathom /'fæðəm/ I [ov ww] doorgronden, peilen
II [znw] vadem, 3 voet (ca. 1.80 m)

fathomable /'fæðəməbl/ [bnw] peilbaar

fathomless /'fæðəmləs/ [bnw] peilloos,

ondoorgrondelijk
fathom-line/znw/ dieplood
fatigue/fəˈtiːg/ I [ov ww] vermoeien II [znw]
• vermoeidheid • corvee • vermoeiend werk
• politiemuts ★ ~ dress werkpak (v. soldaat) ★ ~
duty corvee ★ ~ party corveeploeg ★ metal ~
metaalmoeheid
fatstock/ˈfætstɒk/ [znw] slachtvee
fatten/ˈfætn/ I [ov ww] mesten II [on ww] dik/vet
worden
fatty/ˈfætɪ/ I [znw] ⟨inf.⟩ dikke(rd) II [bnw] vet(tig)
★ ~ acids vetzuren
fatuity/fəˈtjuːətɪ/ [znw] domheid
fatuous/ˈfætjʊəs/ [bnw] sullig, idioot
fault/fɔːlt/ I [ov ww] • breuk maken in aardlaag
• aanmerking maken II [on ww] breuk vertonen in
aardlaag III [znw] • fout • schuld • overtreding
• gebrek • verlies v.h. spoor bij de jacht • breuk in
aardlaag ★ verkeerd geserveerde bal ⟨tennis⟩
★ find ~ (with) aanmerking maken (op) ★ he is at
~ hij is 't spoor bijster ★ he is in ~ hij is schuldig
★ to a ~ buitengewoon; al te ... ★ ⟨hand.⟩ with all
~s op risico o' koper
fault-finding/ˈfɔːltfaɪndɪŋ/ I [znw] vitterij
II [bnw] bemoeiziek
faultless/ˈfɔːltləs/ [bnw] onberispelijk
faulty/ˈfɔːltɪ/ [bnw] • gebrekkig • onjuist
faun/fɔːn/ [znw] faun, bosgod
fauna/ˈfɔːnə/ [znw] fauna, dierenwereld
favour/ˈfeɪvə/ I [ov ww] • (willen) begunstigen,
bevoordelen • goedkeuren, steunen • vereren • bij
voorkeur dragen (v. kleren) • verkiezen • lijken op
⟨inf.⟩ ontzien II [znw] • gunst, begunstiging
• brief • aandenken • achting • genade,
vriendelijkheid ★ by ~ of/~ed by per vriendelijke
gelegenheid ⟨op brief⟩ ★ ~s don't come easily
voor wat hoort wat ★ in ~ of ten gunste van
favourable/ˈfeɪvərəbl/ [bnw] gunstig
favourite/ˈfeɪvərɪt/ I [znw] gunsteling, lieveling
II [bnw] lievelings-
favouritism/ˈfeɪvərɪtɪzəm/ [znw] (oneerlijke)
bevoorrechting
fawn/fɔːn/ I [on ww] • jongen werpen (v. herten)
• kwispelstaarten (v. hond) • vleien, kruipen voor
II [znw] • jong hert • geelbruin ★ in fawn
drachtig (v. hinde)
fay/feɪ/ I [ov ww] passen II [znw] fee ⟨dichterlijk⟩
faze/feɪz/ [ov ww] van zijn stuk brengen
fealty/ˈfiːəltɪ/ [znw] trouw (v. leenman aan heer)
fear/fɪə/ I [ov ww] vrezen, duchten, bang zijn voor
★ never fear! geen nood! • (~ for) bang zijn voor,
bezorgd zijn over II [znw] vrees, angst ★ fear of
vrees voor ★ for fear of uit vrees voor ★ for fear
that uit vrees dat
fearful/ˈfɪəfʊl/ [bnw] • vreselijk • bang • eerbiedig
fearless/ˈfɪələs/ [bnw] onbevreesd
fearsome/ˈfɪəsəm/ [bnw] vreselijk
feasibility/fiːzɪˈbɪlətɪ/ [znw] • uitvoerbaarheid
• waarschijnlijkheid
feasible/ˈfiːzɪbl/ [bnw] • uitvoerbaar, geschikt
• waarschijnlijk
feast/fiːst/ I [ov ww] trakteren II [on ww] feest
vieren • (~ on) z. te goed doen aan, z. verlustigen
in ★ ~ one's eyes on s.th. genieten v.d. aanblik v.
iets III [znw] • kerkelijk feest • feest(maal)
feat/fiːt/ [znw] heldendaad, prestatie
feather/ˈfeðə/ I [ov ww] • met veren bedekken,
voorzien v. veren • roeiriem platleggen • veren v.
vogel in vlucht afschieten ★ ~ one's nest zijn
schaapjes op 't droge brengen II [znw] markeren
(v. jachthond) III [znw] • veer, pluimen, kuif
• pluimvee • kop (v. golf) ★ birds of a ~ flock

together soort zoekt soort ★ ~ bed veren bed ★ ~
duster plumeau ★ in fine ~ in uitstekende
conditie ★ in full ~ in gala ★ in high ~ gezond;
opgewekt ★ show the white ~ laf zijn
featherbed/ˈfeðəbed/ I [ov ww] in de watten
leggen II [on ww] onnodig werk creëren om
overbodig personeel te kunnen houden
featherbrained/ˈfeðəbreɪnd/ [bnw] leeghoofdig
feathered/ˈfeðəd/ [bnw] gevederd, gevleugeld
feather-hearted/ˈfeðə-/ [bnw] leeghoofdig
featherweight/ˈfeðəweɪt/ [znw] • onbeduidend
iets/persoon • ⟨sport⟩ vedergewicht
feathery/ˈfeðəri/ [bnw] • veer- • zeer licht
• gevederd
feature/ˈfiːtʃə/ I [ov ww] • kenmerken, schetsen
• vertonen (v. film) • op de voorgrond laten treden,
speciaal onder de aandacht brengen II [znw]
• gelaatstrek • (hoofd)eigenschap, kenmerk(ende
trek), karakteristiek • 't meest opvallende v. iets
• hoofdartikel in krant • hoofdfilm ★ ~ film
hoofdfilm
featureless/ˈfiːtʃələs/ [bnw] • saai, vervelend
• niet interessant
febrile/ˈfiːbraɪl/ [bnw] koortsig, koorts-
February/ˈfebrʊəri/ [znw] februari ★ ~ fill-dike
de natte februari
feckless/ˈfekləs/ [bnw] • hulpeloos • zwak, ijdel
feculence/ˈfekjʊləns/ [znw] vuil(igheid)
fecund/ˈfekənd/ [bnw] overvloedig, vruchtbaar
fecundate/ˈfekəndeɪt/ [ov ww] vruchtbaar maken
fecundity/frˈkʌndətɪ/ [znw] vruchtbaarheid
fed/fed/ verl. tijd + volt. deelw. → feed
federal/ˈfedərəl/ [bnw] federaal, bonds-
federalize/ˈfedərəlaɪz/ [ov ww] verenigen
federate [ov + on ww] /ˈfedərət/ (z.) tot
(staten)bond verenigen II [bnw] /ˈfedərət/
verbonden
federation/fedəˈreɪʃən/ [znw] statenbond
federative/ˈfedərətɪv/ [bnw] verbonden, bonds-
fee/fiː/ I [ov ww] • betalen, honoreren • ⟨Schots⟩
huren (v. dienstbode) II [znw] • fooi • schoolgeld
• goed gehouden als onbeperkt eigendom • goed
gehouden als onvervreemdbare erfenis
• honorarium, loon
feeble/ˈfiːbl/ [bnw] futloos, zwak
feeble-minded/fiːblˈmaɪndɪd/ [bnw] zwakzinnig
feed/fiːd/ I [ov ww] voeden, voederen, instoppen
⟨computer⟩ ★ feeding stuffs veevoeders
II [on ww] • eten, z. voeden • weiden (v. vee) ★ I'm
fed up with it ik heb er (schoon) genoeg van ★ feed
one's eyes on zich verlustigen in ★ he feeds on
potatoes hij leeft van aardappelen • (~ off/up)
mesten III [znw] • veevoer • 't voeren ★ 't
aangevoerde materiaal • ⟨inf.⟩ maaltijd ★ be off
one's feed geen trek in eten hebben ★ feed loader
vrachtwagen voor veevoer; vreetzak; uitvreter
feedback/ˈfiːdbæk/ [znw] • feedback, reactie
• marktinformatie van de klant aan bedrijf
• ⟨techn.⟩ terugkoppeling
feeder/ˈfiːdə/ [znw] • voederbak • mestdier
• slabbetje • zijlijn/-tak • zuigfles
• aanvoerapparaat
feeding/ˈfiːdɪŋ/ [bnw] • voedend • in kracht
toenemend (storm) • ⟨sl.⟩ vervelend, hinderlijk,
lastig
feeding-bottle/znw/ zuigfles, flesje
feel/fiːl/ I [ov ww] voelen, gewaarworden
II [on ww] • gevoelens hebben, voelen,
gevoel/tastzin hebben • (be)tasten, verkennen • (~
after) zoeken naar • (~ for) zoeken naar, voelen
voor, voeling trachten te krijgen met (vijand) • (~
of) ⟨AE⟩ betasten) • (~ out) aan de tand voelen • (~

F

with) meevoelen met **III** [kww] z. (ge)voelen
IV [znw] gevoel ∗ get the feel of gewend raken
aan ∗ it is firm to the feel het voelt vast aan
feeler /'fi:lə/ [znw] ● voelhoorn/-spriet ● verkenner
∗ ~ gauge voelmaat(je); voelstrip
feeling /'fi:lɪŋ/ **I** [znw] ● gevoel(en) ● ergernis,
opwinding, ontstemming ● af-/goedkeuring
● medeleven, vriendelijkheid ∗ ~s emoties **II** [bnw]
meevoelend, gevoelig, diep gevoeld
feelingly /'fi:lɪŋlɪ/ [bijw] gevoelvol
feet /fi:t/ [mv] → **foot**
feign /feɪn/ [on ww] veinzen, doen alsof ∗ a ~ed
name valse naam; schuilnaam
feint /feɪnt/ **I** [on ww] doen alsof **II** [znw]
● schijnbeweging ● voorwendsel
felicitate /fə'lɪsɪteɪt/ ‹form.› [ov ww] ● (~ on)
feliciteren met
felicitation /fəlɪsɪ'teɪʃən/ [znw] gelukwens
felicitous /fə'lɪsɪtəs/ [bnw] goed (gevonden) en
toepasselijk
felicity /fə'lɪsətɪ/ [znw] ● groot geluk, zegen(ing)
● gelukkige vondst ● toepasselijkheid
feline /'fi:laɪn/ **I** [znw] katachtige ∗ the cougar is a
~ de poema behoort tot de katachtigen **II** [bnw]
katachtig
fell /fel/ **I** [ov ww] ● vellen ● plat naaien **II** [on ww]
o.v.t. → **fall III** [znw] ● vel, huid ● berg
● heidevlakte ‹N.-Engeland› ● hoeveelheid gehakt
hout ● zoom **IV** [bnw] wreed, dodelijk, woest
fellmonger /'felmʌŋgə/ [znw] huidenkoper
felloe, felly /'feləʊ/ [znw] velg
fellow /'feləʊ/ **I** [znw] ● makker ● kerel, vrijer, vent
● lid v. universiteitsbestuur of wetenschappelijk
genootschap ● afgestudeerde met toelage voor
onderzoekingswerk ∗ a shoe and its ~ een schoen
en die er bij hoort **II** [bnw] ● gelijke ●-genoot,
mede- ∗ ~ citizen medeburger ∗ ~ countryman
landgenoot ∗ ~ creature medemens ∗ ~ soldier
wapenbroeder
fellowship /'feləʊʃɪp/ [znw]
● kameraadschappelijke omgang, collegialiteit
● broederschap, genootschap ● studiebeurs,
betrekking van wetenschapper
felon /'felən/ **I** [znw] ● misdadiger ● ‹med.› fijt
II [bnw] wreed ‹dichterlijk›
felonious /fɪ'ləʊnɪəs/ [bnw] misdadig
felonry /'felənrɪ/ [znw] misdadigersklasse
felony /'felənɪ/ [znw] zware misdaad
felt /felt/ **I** [ov ww] samenpersen **II** [on ww] verl.
tijd + volt. deelw. → **feel III** [znw] vilt **IV** [bnw]
vilten
felt-tip [znw] ∗ ~ (pen) viltstift
fem /fem/ **I** [znw] ‹jur.› vrouw **II** [bnw] ‹AE›
vrouwelijk
female /'fi:meɪl/ **I** [znw] wijfje, vrouw(spersoon)
II [bnw] vrouwelijk, wijfjes- ∗ ~ screw moer
feminality /femɪ'nælətɪ/ [znw] vrouwelijke aard,
vrouwelijke snuisterij
feminine /'femɪnɪn/ [bnw] ● vrouwelijk, vrouwen-
● verwijfd
femininity /femə'nɪnətɪ/ [znw] ● vrouwelijkheid
● verwijfdheid ● de vrouwen ‹als bevolkingsgroep›
feminism /'femɪnɪzəm/ [znw] feminisme
feminist /'femɪnɪst/ [znw] feminist(e)
femur /'fi:mə/ [znw] dij(been)
fen /fen/ [znw] moeras, ondergelopen land ∗ fen
berry veenbes ∗ the Fens lage gebieden in
Cambridgeshire
fenagle /fɪ'næɡl/ → **finagle**
fence /fens/ **I** [ov ww] beschutten, omheinen ● (~
off) afschermen **II** [on ww] ● hindernissen nemen
‹door paard› ● handelen in gestolen goed ● ‹sport›

schermen ∗ fencing cully heler; opslagplaats v.
gestolen goed ● fencing foil schermdegen
∗ fencing pad borstleder **III** [znw] ● hek,
omheining ● schutting ∗ 't schermen ● ‹inf.›
heler(shuis) ∗ ~ season gesloten jachttijd; gesloten
vistijd ∗ he is/sits on the ~ hij blijft neutraal
∗ just over the ~ informeel; slechts oriënterend
fenceless /'fensləs/ [bnw] ● niet omsloten ‹lit.›
weerloos
fencer /'fensə/ [znw] ● schermer ● paard dat
hindernis neemt
fencing /'fensɪŋ/ [znw] ● omheining
● schermkunst/-sport
fend /fend/ [ww] ● (~ for) zorgen voor ∗ fend for
oneself voor zichzelf opkomen/zorgen ● (~ off)
afweren
fender /'fendə/ [znw] ● bescherming, haardhekje
● bumper ● ‹AE› spatbord ‹v. auto›
fend-off [znw] stootmat
fen-fire [znw] dwaallicht
fennel /'fenl/ [znw] venkel
fen-pole [znw] polsstok
feoff /fi:f/ [znw] leengoed
feoffment /'fi:fmənt/ [znw] ● overdracht v.
leengoed ● belening
feral /'ferəl/ [bnw] ● noodlottig ● verwilderd, wild,
dierlijk ● mistroostig
feretory /'feritərɪ/ [znw] ● reliekschrijn,
(reliekwieën) kapel ● graftombe ● baar
ferment I [ov ww] /fə'ment/ doen
fermenteren/gisten **II** [on ww] /fə'ment/
fermenteren, gisten **III** [znw] /'fɜ:mənt/ gist,
gisting
fermentation /fɜ:men'teɪʃən/ [znw] gisting
fern /fɜ:n/ [znw] varen(s)
fern-owl /'fɜ:naʊl/ [znw] nachtzwaluw
ferocious /fə'rəʊʃəs/ [bnw] ● woest, wild ● wreed
ferocity /fə'rosətɪ/ [znw] woestheid, wreedheid
ferreous /'ferəs/ [bnw] ijzerhoudend
ferret /'ferɪt/ **I** [ov ww] ● met fretten verdrijven
● opsporen ● (~ out) nagaan, uitvissen **II** [on ww]
● snuffelen ‹fig.› ● met fretten jagen **III** [znw]
● fret ● katoenen/zijden lint ● ‹sl.› detective
ferriage /'ferɪdʒ/ [znw] ● overvaart ● veergeld
ferric /'ferɪk/ [bnw] ijzer- ∗ ~ chrome tape
ferrochroomband ∗ ~ tape ijzeroxide (geluids)band
ferriferous /fe'rɪfərəs/ [bnw] ijzerhoudend
ferroconcrete /ferəʊ'kɒŋkri:t/ [znw] gewapend
beton
ferro-type /'ferəʊtaɪp/ [znw] foto op ijzeren plaat
ferrous /'ferəs/ [bnw] ● ‹techn.› ijzerhoudend
● ‹chem.› ferro-
ferruginous /fə'ru:dʒɪnəs/ [bnw] ● ijzerhoudend
● roestkleurig
ferrule /'feru:l/ [znw] metalen dop/ring om eind v.
stok
ferry /'ferɪ/ **I** [ov ww] ● overzetten ● vliegtuig v.
fabriek naar basis brengen **II** [on ww] oversteken
III [znw] veer(boot/-geld)
ferryboat /'ferɪbəʊt/ [znw] veerboot
ferryman /'ferɪmən/ [znw] veerman
fertile /'fɜ:taɪl/ [bnw] vruchtbaar, rijk (in/aan)
fertility /fɜ:'tɪlətɪ/ [znw] vruchtbaarheid
fertilization /fɜ:tɪlaɪ'zeɪʃən/ [znw] bevruchting
fertilize /'fɜ:tɪlaɪz/ [ov ww] ● bevruchten
● vruchtbaar maken ● met kunstmest behandelen
fertilizer /'fɜ:təlaɪzə/ [znw] (kunst)mest
ferule /'feru:l/ **I** [ov ww] met de plak geven **II** [znw]
plak
fervent /'fɜ:vənt/ [bnw] heet, vurig
fervid /'fɜ:vɪd/ [bnw] vurig, gloeiend
fervour /'fɜ:və/ [znw] hitte, drift

fescue /ˈfeskjuː/ [znw] ● *aanwijsstok* ● *zwenkgras*
festal /ˈfestl/ [bnw] ● *feestelijk, feest- ● vrolijk*
fester /ˈfestə/ I [ov ww] *doen zweren* II [on ww]
zweren III [znw] *woekering*
festival /ˈfestɪvəl/ I [znw] *feest, festival* II [bnw]
feestelijk, feest-
festive /ˈfestɪv/ [bnw] *feest-, feestelijk*
festivity /feˈstɪvətɪ/ [znw] *feestelijkheid,
feestvreugde*
festoon /feˈstuːn/ I [ov ww] ● *versieren met slingers*
● *festonneren* II [znw] *guirlande*
fetch /fetʃ/ I [ov ww] ● *indruk maken op,
aantrekken, charmeren ● slaken ⟨zucht⟩*
● *toebrengen ⟨slag⟩ ● halen ● opbrengen ⟨prijs⟩*
* ~ *and carry bediende zijn; apporteren* * *go and
~ gaan halen* ● (~ **up**) *braken, tot staan
brengen/komen* II [znw] ● *grote inspanning ● truc*
● *dubbelganger*
fetching /ˈfetʃɪŋ/ [bnw] ● *innemend ● aantrekkelijk
● pakkend*
fête /feɪt/ I [ov ww] *fêteren, feestelijk onthalen*
II [znw] ● *feest ● naamdag*
fetid /ˈfiːtɪd/ [bnw] *stinkend*
fetish /ˈfetɪʃ/ [znw] *fetisj*
fetishism /ˈfetɪʃɪzəm/ [znw] *fetisjisme*
fetishist /ˈfetɪʃɪst/ [znw] *fetisjist*
fetor /ˈfiːtə/ [znw] *stank*
fetter /ˈfetə/ I [ov ww] *boeien, belemmeren* II [znw]
● *voetboei ● belemmering*
fettle /ˈfetl/ I [ov ww] ● *schoonkrabben, in orde
maken ● pak slaag geven* II [on ww] *z. druk
maken* III [znw] *conditie*
fetus /ˈfiːtəs/ [znw] *foetus, vrucht, ongeboren kind*
feud /fjuːd/ [znw] ● *vete ● ⟨gesch.⟩ leen* * *at feud
with in vijandschap met*
feudal /ˈfjuːdl/ [bnw] *leen-* * ~ *system leenstelsel*
feudalism /ˈfjuːdlɪzəm/ [znw] *leenstelsel*
feudatory /ˈfjuːdətərɪ/ [znw] *leenman* II [bnw]
leenroerig, leenplichtig * ~ *state vazalstaat*
fever /ˈfiːvə/ I [ov ww] *koortsachtig maken* II [znw]
● *koorts ⟨koortsachtige⟩ opwinding* * ~ *pitch
hoogtepunt; kookpunt*
fevered /ˈfiːvəd/ [bnw] *koortsig*
feverish /ˈfiːvərɪʃ/ [bnw] *koorts(acht)ig*
fever-ridden [bnw] *geteisterd door koorts*
few /fjuː/ [onb vnw] *weinige(n)* * *a few enkele(n)*
* ⟨inf.⟩ *a good few 'n behoorlijk aantal* * *every
few days met tussenpozen van een paar dagen*
* *not a few velen* * *quite a few nogal enkele(n)*
* *some few niet vele(n)* * *the few de
uitverkorenen; de minderheid*
fewness /ˈfjuːnəs/ [znw] *het kleine aantal*
fey /feɪ/ [bnw] ● *overdreven opgewekt ⟨beschouwd
als voorteken v. spoedig sterven⟩ ● onpraktisch*
● ⟨Schots⟩ *ten dode opgeschreven*
ff. [afk] * ⟨ following ⟨pages⟩⟩ *volgende ⟨pagina's⟩*
● ⟨folios⟩ *folio's*
fiancé(e) /fiˈãːseɪ/ [znw] *verloofde*
fiasco /fɪˈæskəʊ/ [znw] *fiasco, afgang*
fiat /ˈfaɪæt/ I [ov ww] *goedkeuren* II [znw] ● *fiat,
goedkeuring ● ⟨regerings⟩besluit* * ⟨AE⟩ *fiat money
ongedekt papiergeld*
fib /fɪb/ I [on ww] ● *jokken ● afrossen* II [znw]
● *leugentje ● slag* * *tell fibs jokken*
fibber, fibster /ˈfɪbə/ [znw] *jokkebrok*
fibre /ˈfaɪbə/ [znw] ● *vezelachtige stof ● karakter*
● *worteltje, twijgje* * *vezel(s)* * ~ *optics
vezeloptiek* * ~ *silk kunstzijde ● man-made ~
kunstvezel*
fibreboard /ˈfaɪbəbɔːd/ [znw] *vezelplaat*
fibreglass /ˈfaɪbəɡlɑːs/ [znw] *fiberglas, glaswol*
fibril /ˈfaɪbrɪl/ [znw] ● *vezeltje ● ⟨anat.⟩ trilhaar*

fibrillose /ˈfaɪbrɪləʊs/ [bnw] ● *met vezels ● fijn
gestreept*
fibrin /ˈfaɪbrɪn/ [znw] *vezelstof*
fibroid, fibrous /ˈfaɪbrɔɪd/ [bnw] *vezelachtig*
fibula /ˈfɪbjʊlə/ [znw] ● *kuitbeen ● ⟨vero.⟩ fibula,
speld*
fichu /ˈfiːʃuː/ [znw] *omslagdoek*
fickle /ˈfɪkl/ [bnw] *wispelturig, grillig*
fictile /ˈfɪktaɪl/ [bnw] ● *aarden ● kneedbaar* * ~ *art
pottenbakkerskunst*
fiction /ˈfɪkʃən/ [znw] ● *fictie ● verdichtsel,
verdichting*
fictional /ˈfɪkʃənl/ [bnw] *gefingeerd*
fictitious /fɪkˈtɪʃəs/ [bnw] ● *onecht, aangenomen
⟨bijv. naam⟩ ● verdicht*
fid /fɪd/ [znw] ● *wig ● ⟨scheepv.⟩ slothout*
fiddle /ˈfɪdl/ I [ov ww] ● *knoeien ⟨vooral met de
boekhouding⟩, bedriegen* II [on ww]
● *vioolspelen ● beuzelen, knoeien* III [znw]
● ↑ *viool, vedel ● knoeierij, bedrog, geklungel*
● ⟨scheepv⟩ *slingerlat* * *a face as long as a ~
gezicht als 'n oorwurm* * *as fit as a ~ kiplekker* * ~
bow/stick strijkstok * ~ *string snaar* * ~-*bows
nonsens; flauwekul; smoesjes*
fiddle-faddle /ˈfɪdlfædl/ [znw] *onzin*
fiddler /ˈfɪdlə/ [znw] ● *vedelaar ● knoeier*
● *bedrieger ● ⟨bio.⟩ kleine krab* * ~*s! larie!*
fiddlesticks /ˈfɪdlstɪks/ [mv] [tw] *nonsens,
flauwekul, smoesjes*
fiddling /ˈfɪdlɪŋ/ [bnw] ● *onbetekenend ● prullerig*
fidelity /fɪˈdelətɪ/ [znw] *⟨ge⟩trouw⟨heid⟩*
fidget /ˈfɪdʒɪt/ I [on ww] ● ⟨z.⟩ *zenuwachtig
bewegen* ● *z. niet op z'n gemak voelen* ● (~ **about**)
niet stil kunnen zitten II [znw] ● *druk en nerveus
persoon ● zenuwachtige
beweeglijkheid/gejaagdheid ● geruis ⟨bijv. v.
japon⟩* * *he had the ~s hij was erg gejaagd; hij
kon niet stil zitten*
fidgety /ˈfɪdʒətɪ/ [bnw] *druk, gejaagd*
fiduciary /fɪˈdjuːʃərɪ/ I [znw] *vertrouweling*
II [bnw] *vertrouwens-*
fie /faɪ/ [tw] *foei!* * *fie ⟨up⟩on you! schaam je!*
fief /fiːf/ → **feoff**
field /fiːld/ I [ov ww] ● *bal vangen ⟨bij cricket⟩*
● *tegen favoriet wedden ● in 't veld brengen ⟨v.
team⟩* II [znw] ● *veld ● slagveld ● akker ● gebied,
terrein ● spelers ⟨v.e. wedstrijd⟩ ● jachtstoet*
● *partij die niet aan wicket is ⟨bij cricket⟩* * *bet
against the ~ op de favoriet wedden* * ~
conventicle hagenpreek * ~ *dressing
noodverband* * ~ *events technische nummers ⟨in
atletiek⟩* * ~ *hockey veldhockey* * ~ *kit
velduitrusting* * ~ *master jagermeester* * ~
officer hoofdofficier * ~ *ordnance veldgeschut*
* ~ *sports vnl. jagen en vissen* * *lead the ~ voorop
rijden ⟨bij jacht⟩* * *take the ~ optrekken tegen ⟨als
vijand⟩*
field-day [znw] ● *grote dag ⟨fig.⟩ ● sportdag*
● *manoeuvredag*
fielder /ˈfiːldə/ [znw] *balvanger ⟨bij cricket⟩*
fieldfare /ˈfiːldfeə/ [znw] *kramsvogel*
field-glass(es) /ˈfiːldɡlɑːsɪz/ [znw] *veldkijker*
fieldsman /ˈfiːldzmən/ [znw] *balvanger ⟨bij
cricket⟩*
fieldwork /ˈfiːldwɜːk/ [znw] *veldwerk, praktijk*
fiend /fiːnd/ [znw] ● *duivel ● maniak* * *an opium
~ een opiumverslaafde*
fiendish, fiendlike /ˈfiːndɪʃ/ [bnw] *duivels*
fierce /fɪəs/ [bnw] ● *woest, onstuimig, hevig ● erg*
fiery /ˈfaɪərɪ/ [bnw] ● *vurig, opvliegend ● gloeiend*
● *ontbrandbaar*
fife /faɪf/ I [on ww] *pijpen* II [znw] ● *fluit ● pijper*

F

fifteen/fɪfˈtiːn/ **I** [znw] vijftiental ‹bij rugby›
II [telw] vijftien
fifteenth/fɪfˈtiːnθ/ **I** [znw] vijftiende deel **II** [telw]
vijftiende
fiftieth/ˈfɪftiəθ/ [telw] vijftigste
fig/fɪg/ **I** [ov ww] ∗ fig out a person iem. uitdossen
∗ fig out/up a horse opkikkeren **II** [znw]
● vijgenboom ● kleding ● conditie ∗ I don't
care/give a fig het interesseert me geen laars ∗ in
full fig in vol ornaat ∗ in good fig in goede
conditie ∗ under one's vine and fig-tree veilig en
wel thuis
fight/faɪt/ **I** [ov ww] ● vechten tegen ● laten vechten
∗ ∼ a battle slag leveren ∗ ∼ a duel duelleren ∗ ∼
shy of z. niet inlaten met; terugschrikken voor ∗ ∼
off) verdrijven ‹vrees›, terugtrekken **II** [on ww]
vechten **III** [znw] ● gevecht, strijd ● vechtlust
∗ show ∼ de tanden laten zien ∗ there is ∼ in
him hij weert z. flink
fightback/ˈfaɪtbæk/ [znw] tegenaanval
fighter/ˈfaɪtə/ [znw] ● vechtersbaas ● ‹luchtv.›
jachtvliegtuig
fighting/ˈfaɪtɪŋ/ [bnw] ∗ ∼ chance met grote
inspanning kans op succes
fig-leaf[znw] vijgenblad
figment/ˈfɪgmənt/ [znw] verzinsel
figurant, figurante/fɪgjʊrənt/ [znw]
balletdanser(es)
figuration/fɪgəˈreɪʃən/ [znw] ● versiering
● vorm(ing), voorstelling
figurative/ˈfɪgərətɪv/ [bnw] ● figuurlijk,
zinnebeeldig ● beeld-
figure/ˈfɪgə/ **I** [ov ww] ● (z.) voorstellen ● versieren
in patroon ● prijzen ● ‹AE› geloven ∗ ∼ as de functie
vervullen van; doorgaan voor ∗ (∼ on) rekenen op,
vertrouwen op ∗ (∼ out) uitrekenen, bedenken
II [on ww] ● cijferen ● dansen ● verschijnen,
voorkomen **III** [znw] ● figuur, vorm, gestalte
● persoon ● patroon ● vogelverschrikker ● beeld
● prijs ● cijfer ∗ bad at ∼s slecht in rekenen ∗ cut a
poor ∼ 'n armzalig figuur slaan ∗ do ∼s cijferen
∗ it runs into three ∼s 't loopt in de duizenden
∗ she made a ∼ of herself ze takelde z. danig toe
figurehead/ˈfɪgəhed/ [znw] ● stropop ● ‹scheepv.›
boegbeeld ● ‹scherts› gezicht
figure-skating/ˈfɪgəskeɪtɪŋ/ [znw] kunstrijden
figurine/fɪgjʊˈriːn/ [znw] beeldje
filament/ˈfɪləmənt/ [znw] ● gloeidraad ● vezel
● ‹plant.› helmdraad
filamentous/fɪləˈmentəs/ [bnw] vezelig
filbert/ˈfɪlbət/ [znw] ● hazelaar ● hazelnoot
filch/fɪltʃ/ [ov ww] gappen
file/faɪl/ **I** [ov ww] ● indienen ‹v.
eis/klacht/verzoek› ● vijlen ● fatsoeneren ∗ in
archief opbergen ∗ filing clerk archiefbediende;
archiefambtenaar ∗ (∼ in/out) achter elkaar naar
binnen/buiten lopen ∗ (∼ off) (doen) afmarcheren
II [on ww] achter elkaar lopen **III** [znw] ● vijl
● handige jongen ● lias(pen) ● briefordner
● dossier, archief(exemplaar), oude jaargang ‹v.
tijdschrift› ● ‹sl.› vent ∗ ‹mil.› queue, gelid
∗ filing cabinet archiefkast ∗ in Indian/single
file achter elkaar ∗ march in file allemaal achter
elkaar marcheren; met tweeën marcheren ∗ rank
and file soldaten en onderofficieren; het gewone
volk; de gewone man
filial/ˈfɪliəl/ [bnw] ∗ v. dochter/zoon ● kinderlijk
filiation/fɪliˈeɪʃən/ [znw] kindschap, afstamming,
verwantschap, tak
filibuster/ˈfɪlɪbʌstə/ **I** [on ww] ● vrijbuiterij
bedrijven ● obstructie voeren **II** [znw] ● vrijbuiter
● obstructievoerder

filings/ˈfaɪlɪŋz/ [znw] vijlsel
Filipino/fɪlɪˈpiːnəʊ/ [znw] Filippijn
fill/fɪl/ **I** [ov ww] ● vullen ● uitvoeren ‹order›
● plomberen ● stoppen ‹pijp› ● verzadigen
● bekleden ‹ambt› ∗ filling station tankstation
∗ (∼ in) de plaats innemen/vervangen, invullen,
dempen, bij de lurven pakken, op z'n donder geven,
inlichten ∗ (∼ out) opvullen, (z.) vullen,
inschenken ∗ (∼ up) volproppen, invullen
‹formulier›, tanken, voltekenen ‹lening›, innemen
‹positie›, dempen, stoppen **II** [on ww] z. vullen
III [znw] vulling, bekomst ∗ gaze one's fill de
ogen uitkijken ∗ have one's fill of s.o./s.th. genoeg
iem./iets grondig zat zijn
filler/ˈfɪlə/ [znw] ● (op)vulsel ● ‹Schots› trechter
fillet/ˈfɪlɪt/ **I** [ov ww] ● binden/versieren met band
● fileren **II** [znw] ● haar-/hoofdband ● strook
● (ver)band ● filet ● opstand, verhoging
● lendestuk ‹archit.› lijst
fill-in/ˈfɪlɪn/ [znw] noodmaatregel
filling/ˈfɪlɪŋ/ [znw] vulling
fillip/ˈfɪlɪp/ **I** [ov ww] ● wegknippen/-schieten
● aanzetten, opfrissen ‹geheugen›, tikje geven
II [znw] ● aansporing, prikkel, knip ‹met duim
en vinger›, tikje ● nietigheid
fill-up/ˈfɪlʌp/ [znw] ● bladvulling ● tijdpassering
filly/ˈfɪlɪ/ [znw] ● merrieveulen ● levenslustig meisje
film/fɪlm/ **I** [ov ww] ● (als) met vlies bedekken
● (ver)filmen **II** [znw] ● film ● vlies, waas ● dunne
draad ∗ film star filmster
filmy/ˈfɪlmɪ/ [bnw] ● fijn ● wazig
filter/ˈfɪltə/ **I** [ov ww] filtreren, zuiveren **II** [on ww]
● filtreren, doorsijpelen ● voorsorteren ∗ (∼
through) door-/uitlekken **III** [znw] ● filter
● zeefkring ‹v. radio› ∗ ∼ tip filter(sigaret)
filter-tipped[bnw] met filter
filth/fɪlθ/ [znw] ● vuile taal ● vuiligheid
filthy/ˈfɪlθɪ/ [bnw] vuil ∗ ‹scherts› ∼ lucre slijk der
aarde ∗ ∼ rich stinkend rijk
filtrate/ˈfɪltreɪt/ **I** [ov ww] filtreren **II** [znw] filtraat
filtration/fɪlˈtreɪʃən/ [znw] het filtreren
fin/fɪn/ **I** [ov ww] vinnen verwijderen **II** [on ww]
zwemmen als een vis **III** [znw] ● vin ● ‹sl.› poot
● ‹luchtv.› kielvlak ∗ ‹AE/sl.› vijfdollarbiljet
finagle/fɪˈneɪgl/ [ov + on ww] knoeien, bedriegen
final/ˈfaɪnl/ **I** [znw] ● eindwedstrijd ● voornaamste
noot in toonschaal ● ‹inf.› laatste editie v. krant op
de dag **II** [bnw] ● definitief, afdoend ● eind-, slot-,
laatste ∗ ∼ cause vormkracht ‹in filosofie›;
doelmatigheid ‹vooral v. 't heelal›
finale/fɪˈnɑːlɪ/ [znw] finale
finalist/ˈfaɪnəlɪst/ [znw] ● eindexamenkandidaat
● speler in eindwedstrijd
finality/faɪˈnælətɪ/ [znw] ● eindoordeel ● laatste
daad/toestand/uitspraak ● doeleer ‹v.d. natuur›
∗ het afgelopen zijn ∗ he spoke with ∼ hij sprak
op besliste toon
finalize/ˈfaɪnəlaɪz/ [ov ww] besluiten, afmaken
finally/ˈfaɪnəlɪ/ [bijw] ∗ ten slotte ● afdoend,
voorgoed
finals/ˈfaɪnəlz/ [mv] eindexamen
finance/ˈfaɪnæns/ **I** [ov ww] financieren **II** [on ww]
geldzaken doen **III** [znw] ● financiën, financieel
beheer, financiewezen ∗ ∼ leasing
financierings(ver)huur
financial/faɪˈnænʃəl/ [bnw] financieel ∗ ∼ year
boekjaar
financier/faɪˈnænsɪə/ **I** [on ww] ● financieren
‹gew. ongunstig› ● zwendelen **II** [znw] financier
finch/fɪntʃ/ [znw] vink
find/faɪnd/ **I** [ov + on ww] oordelen, uitspreken
∗ find a verdict of guilty het schuldig uitspreken

II [ov ww] • (be)vinden • zien, ontdekken • (gaan) halen • verschaffen, bekostigen ★ all found alles inbegrepen ★ find o.s. z. bevinden; z. zelf bekostigen; z. zijn roeping bewust worden ★ go and find it ga het zoeken ★ he finds me in pocket-money hij voorziet me van zakgeld ★ he will find his way to escape 't zal 'm wel lukken te ontsnappen • you'll find him out one day eens zul je 'm betrappen; eens zul je 'm niet thuis aantreffen/vinden • you'll find out later je komt er later wel achter **III** [znw] vondst ★ a sure find plaats waar iets beslist gevonden wordt (vooral vos)

finder /faɪndə/ [znw] • zoeker (op fototoestel) • vinder

finding /faɪndɪŋ/ [znw] • vondst • resultaat, uitspraak ★ ~ is keeping wat men vindt mag men houden

fine /faɪn/ **I** [ov ww] • verfijnen, zuiveren • beboeten • betalen voor recht af benoeming ★ (~ away/down/off) geleidelijk verminderen ★ fine down to beperken tot **II** [znw] • geldboete • goed weer ★ in fine tenslotte; kort gezegd **III** [bnw] • fijn, mooi • verfijnd, subtiel, zuiver • mager • hard (potlood) • scherp (pen) • uitstekend (conditie) • goed, gelukkig, schoon, waardig • helder of droog (weer) • opzichtig (kleding) • complimenteus ★ fine feathers make fine birds de kleren maken de man • it's all fine and large alles goed en wel • one fine day op 'n goede dag **IV** [bijw] mooi

fine-drawn [bnw] zeer dun

fineness /faɪnnəs/ [znw] zuiverheid

finery /faɪnərɪ/ [znw] • opschik • (techn.) frishaard

fine-spoken [bnw] glad v. tong

finesse /fɪˈnes/ **I** [ww] • snijden • sluw te werk gaan • (~ away) weggoochelen • (~ into) op listige wijze brengen tot **II** [znw] • handigheid, spitsvondigheid • 't snijden (bij kaartspel)

fine-tooth [bnw] ★ ~ comb stofkam

finger /fɪŋgə/ **I** [ov ww] • met de vingers aanraken/bespelen (muziekinstrument) • (muz.) van vingerzetting voorzien **II** [znw] vinger ★ I have it at my ~'s ends/-tips ik ken 't op m'n duimpje ★ ~ disk kiesschijf v. telefoon ★ his ~s are all thumbs hij is erg onhandig ★ keep your ~s crossed duim er maar voor ★ little ~/pink ★ she has a ~ in the pie ze weet iets van de zaak af

finger-board [znw] klavier, toets(enbord)

fingering /fɪŋgərɪŋ/ [znw] • vingerzetting • breiwol

fingernail /fɪŋgəneɪl/ [znw] vingernagel

fingerprint /fɪŋgəprɪnt/ [znw] vingerafdruk

finial /fɪnɪəl/ [znw] bekroning (op iets)

finicky /fɪnɪkɪ/ [bnw] pietepeuterig, overdreven precies

finis /fɪnɪs/ [znw] einde (v. boek/film)

finish /fɪnɪʃ/ **I** [ov + on ww] • voltooien, eindigen, beëindigen • opeten/-drinken/-roken, enz. • garneren • uitlezen • afwerken, lakken v. kant maken ★ I am ~ed ik ben doodop; ik ben klaar ★ that ~es it all dat doet de deur toe ★ (~ off) eindigen, beëindigen, afmaken ★ (~ up) afwerken ★ (~ with) afmaken **II** [znw] • laatste laag, afwerkingslaag, glanslaag • vernis • finish, einde, afwerking • (sl.) nachtkroeg ★ a fight to the ~ gevecht tot één v.d. partijen verloren heeft ★ be in at the ~ bij 't dodden v.d. vos zijn; tegenwoordig zijn bij 't slot v. iets

finishing /fɪnɪʃɪŋ/ [bnw] ★ ~ coat bovenste laag (bijv. v. lak) ★ ~ line eindstreep ★ ~ stroke genadeslag ★ put the ~ touch to laatste hand

leggen aan

finishing-school [znw] eindonderwijs

finite /faɪnaɪt/ [bnw] begrensd, eindig ★ (taalk.) ~ verb persoonsvorm

fink /fɪŋk/ **I** [on ww] ★ (~ out) z. terugtrekken **II** [znw] • terugtocht, aftocht • verrader, aanbrenger

Finn /fɪn/ [znw] Fin

finner /fɪnə/ [znw] vinvis

Finnish /fɪnɪʃ/ [bnw] Fins

fiord /fjɔːd/ [znw] fjord

fir /fɜː/ [znw] den(nenboom), dennenhout, spar

fir-cone [znw] pijnappel

fire /faɪə/ **I** [ov ww] • in brand steken, aansteken • aanvuren • bakken (stenen) • drogen (thee) • stoken • afvuren • uitbranden (bij paarden) • ontslaan, de laan uitsturen ★ fire a salute saluutschoten lossen ★ (~ away) er op los schieten, v. leer trekken, beginnen ★ fire away! brand maar los! ★ (~ off) afvuren, afsteken (redevoering), in zee sturen (brief) ★ (~ up) in vuur geraken, vuur aanmaken **II** [znw] • vuur, brand, gloed, hitte • het afvuren • (vuur)haard • inspiratie ★ catch fire vlam vatten ★ fire and brimstone! wel alle duivels! ★ fire brigade brandweer(korps) ★ fire call brandalarm ★ fire chief brandweercommandant ★ fire cock brandkraan ★ fire company brandweer; brandassurantiemij ★ fire curtain brandscherm ★ fire department brandweer ★ fire extinguisher blusapparaat ★ fire hydrant brandkraan ★ fire insurance brandverzekering ★ fire irons haardstel ★ fire station brandweerkazerne ★ fire tube vlampijp ★ fire wall brandvrij schot ★ hang fire slecht afgaan (geweer); traag zijn; vertragen; uitstellen ★ he won't set the Thames on fire hij heeft 't buskruit niet uitgevonden • on fire in brand; brandend v. verlangen • out of the frying-pan into the fire van de regen in de drup ★ set fire to in brand steken ★ strike fire (from) vuur slaan (uit)

fire-alarm /faɪərəlɑːm/ [znw] brandalarm

firearm /faɪərɑːm/ [znw] vuurwapen

fireball /faɪəbɔːl/ [znw] vuurbal/-bol

firebrand /faɪəbrænd/ [znw] • brandend stuk hout • ruziestoker

fire-break /faɪəbreɪk/ [znw] brandgang

fire-bug /faɪəbʌg/ [znw] • glimworm • brandstichter

firecracker /faɪəkrækə/ [znw] voetzoeker

firedamp /faɪədæmp/ [znw] mijngas

fire-dogs [mv] haardijzer, steun (onder liggend haardstel)

fire-drill [znw] brandweeroefening

fire-eater [znw] vuurvreter

fire-engine /faɪərendʒɪn/ [znw] brandspuit

fire-escape /faɪərɪskeɪp/ [znw] brandtrap, reddingstoestel bij brand

fire-fighter [znw] brandweerman, brandbestrijder

fire-fighting [bnw] brandbestrijdings-

firefly /faɪəflaɪ/ [znw] • glimworm • soort vliegtuig

fireguard /faɪəgɑːd/ [znw] haardscherm

firelight /faɪəlaɪt/ [znw] vuurgloed

firelighter /faɪəlaɪtə/ [znw] aanmaakblokje

fireman /faɪəmən/ [znw] • stoker • brandweerman

firepan /faɪəpæn/ [znw] komfoor

fireplace /faɪəpleɪs/ [znw] open haard

fireproof /faɪəpruːf/ **I** [ov ww] brandvrij maken **II** [bnw] brandvrij, vuurvast

fire-raising /faɪəreɪzɪŋ/ [znw] brandstichting

fireside /faɪəsaɪd/ [znw] (hoekje bij de) haard

fire-trap [znw] gebouw waar men bij brand moeilijk uit kan

F

F

firewater /ˈfaɪəwɔːtə/ (scherts) [znw] sterke drank

fireworks /ˈfaɪəwɜːks/ [mv] vuurwerk

firing /ˈfaɪərɪŋ/ [znw] • brandstof • 't vuren

firing-line /ˈfaɪərɪŋlaɪn/ [znw] vuurlinie

firing-party, firing-squad [znw] vuurpeloton

firing-trench [znw] gevechtsloopgraaf

firm /fɜːm/ I [ov ww] • bevestigen, verstevigen • (~ up) vaster worden (v. prijzen) II [znw] firma III [bnw] • vast, hard • vastberaden, standvastig • vast in hand (v. bod)

firmament /ˈfɜːməmənt/ [znw] firmament, uitspansel

firmness /ˈfɜːmnəs/ → firm

first /fɜːst/ I [znw] eerste • at ~ in 't begin; aanvankelijk • ~ of exchange prima wissel • ~s prima kwaliteit • from ~ to last v. begin tot einde • from the ~ van meet af aan II [bnw] eerst, belangrijkst • First Cause God • First Lady vrouw v.d. President v.d. VS • ~ aid EHBO • ~ cousin volle neef • ~ floor (AE) parterre; eerste verdieping • ~ name vóórnaam • ~ night première • ~-foot eerste bezoeker v.h. nieuwe jaar III [bijw] • voor 't eerst • ten eerste • liever • ~ and foremost allereerst • ~ and last alles samengenomen; alles bijeen; alle(n); over het algemeen • ~ come, ~ go/served die 't eerst komt, 't eerst maalt • ~ in, ~ out nieuw-voor-oudmethode • ~ of all allereerst • ~ or last vroeg of laat; eens

first-born /ˈfɜːstbɔːn/ [znw] eerstgeborene

first-class [bnw + bijw] eersteklas, prima • ~ postage • expresspost

first-degree [bnw] eerstegraads • ~ burn eerstegraads verbranding

firsthand /ˈfɜːstˈhænd/ [bnw] uit de eerste hand

firstly /ˈfɜːstlɪ/ [bijw] ten eerste

first-rate /ˈfɜːstˈreɪt/ [bnw] eersteklas, prima

firth /fɜːθ/ (Schots) [znw] • zeearm • riviermond

fisc /fɪsk/ [znw] fiscus, schatkist

fiscal /ˈfɪskl/ [bnw] fiscaal, belasting-

fish /fɪʃ/ I [ov + on ww] • vissen • lassen • (~ out) leegvissen • (~ up) opvissen II [znw] • vis • las • fiche • I've other fish to fry ik heb nog meer/iel wat anders te doen • a loose fish losbol • a poor fish stumper (iron.) a pretty kettle of fish 'n mooie boel • all is fish that comes to his net hij kan alles gebruiken • (inf.) feed the fishes zeeziek zijn • fish auction visafslag • fish bone graat • fish eaters viscouvert • fish finger visstick • fish maw/sound zwemblaas • fish oil vistraan • fish story onmogelijk verhaal • he drinks like a fish hij zuipt als 'n ketter • neither fish, nor flesh, nor good red herring vis noch vlees

fisher /ˈfɪʃə/ [znw] • visser • vissersboot • (bio.) Canadese marter

fisherman /ˈfɪʃəmən/ [znw] • visser • vissersschuit

fishery /ˈfɪʃərɪ/ [znw] • visserij • visgrond/-plaats • visrecht

fishing /ˈfɪʃɪŋ/ [znw] • het vissen • visrecht • visplaats • ~ grounds visgronden

fishing-line /ˈfɪʃɪŋlaɪn/ [znw] vissnoer

fishing-rod /ˈfɪʃɪŋrɒd/ [znw] hengel

fishing-tackle /ˈfɪʃɪŋtækl/ [znw] vistuig

fish-knife [znw] vismes

fishmonger /ˈfɪʃmʌŋgə/ [znw] visverkoper

fish-plate [znw] lasplaat

fishpond /ˈfɪʃpɒnd/ [znw] visvijver

fishpot /ˈfɪʃpɒt/ [znw] tenen fuik

fish-slice /ˈfɪʃslaɪs/ [znw] vismes

fishwife /ˈfɪʃwaɪf/ [znw] viswijf

fishy /ˈfɪʃɪ/ [bnw] • naar vis smakend • visachtig • vol vis • ongeloofwaardig • (inf.) niet helemaal

pluis, verdacht • ~ eye schelvisoog (fig.)

fissile /ˈfɪsaɪl/ [bnw] splijtbaar (ook v. atoom)

fission /ˈfɪʃən/ [znw] splijting, celdeling, splitsing v. atoom

fissure /ˈfɪʃə/ I [ov ww] splijten II [znw] splijting, kloof, spleet • ~ needle hechtnaald

fist /fɪst/ I [ov ww] • slaan met de vuist • (scheepv.) aanpakken (v. riemen/zeil) II [znw] vuist • fist law 't recht v.d. sterkste

fistful /ˈfɪstfʊl/ [znw] • hele handvol • (AE/sl.) bom duiten • ~ of letters heel pak brieven

fisticuffs /ˈfɪstɪkʌfs/ (vero.) [mv] boksen, vuistvechten

fistula /ˈfɪstjʊlə/ [znw] • fistel • stoma • buis

fit /fɪt/ I [ov + on ww] • passen (bij), geschikt maken • monteren • fitted basin vaste wastafel • it fits me to a T 't past me precies • things don't fit together de zaken kloppen niet met elkaar • (~ in) inlassen • (~ in with) kloppen met • (~ on) (aan)passen • (~ out) uitrusten (bijv. schip) • (~ up) monteren, uitrusten • (~ with) voorzien van II [znw] • bui • aanval, stuip • beroerte • 't passen/zitten • by/in fits and starts bij vlagen • he went into fits hij kreeg 't op z'n zenuwen • it's a tight fit 't zit nauw; 't kan (er) nog net (in) • she gave me a fit ze joeg me 'n beroerte op 't lijf • (inf.) throw a fit boos/verontrust worden III [bnw] • geschikt, gepast • gezond, in goede conditie • I ran till I was fit to drop ik liep tot ik er bijna bij neerviel • as fit as a fiddle kiplekker • think fit 't raadzaam oordelen

fitch /fɪtʃ/ [znw] • vacht v. bunzing • penseel van bunzinghaar (vero.) prostituee

fitchew /ˈfɪtʃuː/ [znw] bunzing

fitful /ˈfɪtfʊl/ [bnw] afwisselend, bij vlagen • ~ winter kwakkelwinter

fitment /ˈfɪtmənt/ [znw] • meubel • inrichting • onderdeel

fitness /ˈfɪtnəs/ [znw] • fitness • geschiktheid, enz. • the ~ of things de fatsoenlijkheid van zaken; wat gepast is

fitter /ˈfɪtə/ [znw] • monteur • bankwerker • fitter

fitting /ˈfɪtɪŋ/ I [znw] • pasbeurt • armatuur II [bnw] passend

fitting-room [znw] paskamer

fittings /ˈfɪtɪŋz/ [mv] • bekleding • uitrusting • onderdelen • installatie

fitting-shop [znw] monteerwerkplaats

five /faɪv/ I [znw] • bankbiljet v. vijf dollar/pond • maat vijf • 5% papieren II [telw] vijf • five o'clock shadow (stoppel)baard, die tegen de avond verschijnt

fivefold /ˈfaɪvfəʊld/ [bnw] vijfvoudig

fiver /ˈfaɪvə/ (inf.) [znw] bankbiljet v. vijf pond

fix /fɪks/ I [ov ww] • vastleggen/-maken, bevestigen, vaststellen (v. datum) • monteren, installeren, fixeren • dronken maken • omkopen (jury) • straffen • thuisbrengen (fig.) • repareren • opmaken (v. haar) • aanleggen (vuur) • klaarspelen • genezen • I've fixed him with it ik heb 'm eraan geholpen • you've fixed it je hebt het gerepareerd/voor elkaar; je hebt 't verknoeid • (~ in) inprenten • (~ on) besluiten tot • (~ up) regelen, organiseren • I can't fix you up ik kan je niet te logeren hebben • we are fixed up we zijn bezet • fix up with voorzien van II [on ww] • concentreren, stollen III [znw] • moeilijkheid, dilemma • doorgestoken kaart • (scheepv.) kruispeiling • (sl.) shot (drugs), (heroïne)spuit • (AE/sl.) omkoperij

fixation /fɪkˈseɪʃən/ [znw] • obsessie • vastheid, vaststelling

fixative/'fɪksətɪv/ **I** [znw] fixeer **II** [bnw] fixerend
fixature/'fɪksətʃə/ [znw] haargel
fixed/fɪkst/ [bnw] • niet vluchtig (stof), vast
• bewezen (feit) ★ ~ charge vastrecht
fixedly/'fɪksɪdlɪ/ [bijw] vast
fixings/'fɪksɪŋz/ [mv] apparaat, uitrusting
fixity/'fɪksɪtɪ/ [znw] vastheid, stabiliteit
fixture/'fɪkstʃə/ [znw] • wat vast is • iem. die/iets
dat men geregeld ergens aantreft • datum v.
wedstrijd
fizz/fɪz/ **I** [on ww] sissen **II** [znw] • champagne
• ⟨inf.⟩ fut • ⟨inf.⟩ gesis
fizzle/'fɪzəl/ **I** [on ww] sissen, sputteren • (~ out)
met een sisser aflopen, mislukken, zakken voor
examen **II** [znw] mislukking
fizzy/'fɪzɪ/ [bnw] mousserend ★ ~ drink
koolzuurhoudende frisdrank; limonade met
belletjes
flabbergast/'flæbəga:st/ [ov ww] verstomd doen
staan, overdonderen
flabby, flaccid/'flæbɪ/ [bnw] • slap, zwak
• willoos
flaccidity/flæk'sɪdətɪ/ [znw] • zwakheid
• willoosheid
flack/flæk/ [znw] • perschef • (steeds herhaalde)
reclame
flag/flæg/ **I** [ov ww] • versieren/seinen met vlaggen
• bevloeren met platte vloerstenen • (~ down)
teken geven om te stoppen ⟨aan auto⟩ **II** [on ww]
kwijnen, verflauwen **III** [znw] • vlag • lis • plavuis
• slagveer ⟨v. vogel⟩ ★ flag feather slagveer ★ flag
of truce witte vlag ★ flag stop halte op verzoek
★ show the flag komen kijken; je gezicht laten zien
flag-day/'flægdeɪ/ [znw] speldjesdag
flagellant/'flædʒələnt/ [znw] zelfkastijder
flagellate/'flædʒəlent/ [ov ww] kastijden, geselen
flagellation/flædʒə'leɪʃən/ [znw] geseling
flagged/flægd/ [bnw] versierd met vlaggen, enz.
flaggy/'flægɪ/ [bnw] • vol vlaggen • grootbladig
• geplaveid • rietachtig • lusteloos, hangend
flagitious/flə'dʒɪʃəs/ [bnw] misdadig, schandelijk
flagman/'flægmən/ [znw] • vlagseiner
• baanwachter
flagon/'flægən/ [znw] • schenkkan • fles
flagpole/'flægpəʊl/ [znw] vlaggenstok
flagrant/'fleɪgrənt/ [bnw] • flagrant • opvallend
• schandelijk ⟨belediging⟩
flagship/'flægʃɪp/ [znw] vlaggenschip
flagstaff/'flægsta:f/ [znw] vlaggenstok
flag-station[znw] halte op verzoek
flagstone/'flægstəʊn/ [znw] • plavuis • soort
zandsteen
flag-waving[znw] vlagvertoon
flail/fleɪl/ **I** [ov + on ww] dorsen, ranselen **II** [znw]
dorsvlegel
flair/fleə/ [znw] • flair • fijne neus ⟨fig.⟩, bijzondere
handigheid
flak/flæk/ [znw] • luchtafweergeschut • kritiek
• meningsverschil
flake/fleɪk/ **I** [znw] • doen afschilferen **II** [on ww]
• als vlokken vallen • afschilferen • (~ out) 't
bewustzijn verliezen, weggaan **III** [znw]
• gestreepte anjelier • ⟨droog⟩rek • vlok
• wegspringend vuurdeeltje • schilfer • plakje
• laag • ijsschots • ⟨sl./AE⟩ excentriekeling ★ ~
white loodwit
flaky/'fleɪkɪ/ [bnw] • vlokkig • schilferachtig
• onconventioneel • ⟨sl./AE⟩ excentriek
flam/flæm/ [znw] verzinsel, bedotterij
flamboyant/flæm'bɔɪənt/ **I** [znw] gevlamde
bloem **II** [bnw] • flamboyant, opzichtig • al te
uitbundig

flame/fleɪm/ **I** [on ww] • schitteren • ontvlammen,
uitbarsten • uitgloeien • (~ up) vuurrood worden
II [znw] • vlam, vuur • hel licht • felle kleur(en)
• soort nachtvlinder
flame-thrower[znw] vlammenwerper
flaming/'fleɪmɪŋ/ [bnw] • zeer heet • felgekleurd
• overdreven ★ a ~ sun een verzengende zon
flamingo/flə'mɪŋgəʊ/ [znw] flamingo
flammable/'flæməbl/ [bnw] brandbaar
flan/flæn/ [znw] vlaai, jamgebak
Flanders/'fla:ndəz/ **I** [znw] Vlaanderen **II** [bnw]
Vlaams
flange/flændʒ/ **I** [ov ww] voorzien v. flens **II** [znw]
flens
flank/flæŋk/ **I** [ov ww] • aan de flank gelegen
zijn/staan, flankeren, in de flank bedreigen,
omtrekken • ontduiken, stelen **II** [znw] zijde, flank
★ in ~ van terzijde
flannel/'flænl/ **I** [znw] • met flanellen lap
(uit)wrijven • z. ergens uitreden **II** [znw] • flanel
• flanellen wrijflap, dweil, washandje • smoesjes
• ⟨sl.⟩ bedotterij ★ ~s flanel; flanellen broek
III [bnw] flanellen
flannelette/flænə'let/ [znw] katoenflanel
flap/flæp/ **I** [ov + on ww] • klapperen, fladderen
• schommelen • klapwieken • slaan • ⟨inf.⟩ in
paniek raken • (~ away/off) wegvliegen,
wegjagen • (~ down) neersmijten **II** [znw] • klep
• neerhangend deel ⟨v. tafelblad⟩ • slip ⟨jas⟩
• kieuwdeksel • oorlel • bakvis • klap, tik • paniek,
zenuwachtigheid • omslag ⟨v. boek of enveloppe⟩
★ be in a flap gejaagd/nerveus doen/zijn ★ flap
table klaptafel
flapdoodle/flæp'du:dl/ ⟨inf.⟩ [znw] onzin, klets
flapjack/'flæpdʒæk/ [znw] • ≈ drie-in-de-pan
• stevig koekje met haver en stroop • poederdoosje
flapper/'flæpə/ [znw] • vliegenmepper • klepper
• omslag • loshangend deel • vin, staart
• geheugenopfrisser • jonge wilde eend • ⟨sl.⟩ hand
• ⟨inf.⟩ bakvis
flare/fleə/ **I** [on ww] • flikkeren, gloeien • z.
buitenwaarts bollen, uitstaan ⟨v. rok⟩ • (~ up)
oplaaien, opstuiven, fuiven **II** [znw] • helle vlam
• lichtkogel ⟨met parachute⟩, signaalvlam
• ronding v. kiel v. schip ★ 't uitstaan v. rok
flared/fleəd/ [bnw] wijd uitlopend ★ ~ nostrils
opengesperde neusgaten ★ ~ trousers broek met
wijd uitlopende pijpen
flare-path/'fleəpa:θ/ [znw] verlicht
landingsterrein
flares/fleəz/ [mv] broek met wijd uitlopende pijpen
flare-up/'fleərʌp/ [znw] • opflikkering, vlaag, korte
maar grote populariteit • knalfuif
flash/flæʃ/ **I** [ov ww] • seinen • doen flitsen, laten
schijnen, schieten ⟨vuur v. ogen⟩ • ⟨sl.⟩ geuren
(met) **II** [on ww] • ⟨vloeibaar⟩ glas pletten of
bedekken met kleurlaag • flitsen, schijnen,
opvlammen • vliegen, voortsnellen ⟨v. water⟩ ★ it
~ed upon me het drong ineens tot me door; het
kwam ineens bij me op • (~ out/up) opvliegen
III [znw] • vlam • oogwenk • vertoon • vlaag
• kiekje • dieventaal • nieuwsflits • behaaglijk
gevoel na injectie v. drug • ⟨mil.⟩
onderscheidingsteken ★ ~ gun flitsapparaat ★ ~
in the pan ketsschot; fiasco ★ ~ of lightning
bliksemstraal ★ ~ point ontbrandingspunt ★ in a
~ in 't oogwenk **IV** [bnw] • opzichtig • vals ⟨geld⟩
• ⟨sl.⟩ uitgeslapen
flashback/'flæʃbæk/ [znw] • terugblik • flashback
flashbulb/'flæʃbʌlb/ [znw] flitslampje
flashcube/'flæʃkju:b/ [znw] flitsblokje
flasher/'flæʃə/ [znw] • exhibitionist, potloodventer

F

• knipperlicht (auto)
flashing/ˈflæʃɪŋ/ [bnw] ∗ ~ indicator richtingaanwijzer
flashlamp [znw] • flitslamp • zaklantaarn
flashlight/ˈflæʃlaɪt/ [znw] • flitslicht • zaklantaarn
flashy/ˈflæʃɪ/ [bnw] opzichtig, fatterig, poenig
flask/flɑːsk/ [znw] • (metalen of lederen) kruithoorn • veldfles, flacon
flat/flæt/ I [bnw + bijw] • vlak, plat • gelijkmatig • klinkklaar • bot • vierkant (fig.) • verschraald (wijn) • saai • mat (v. stem) • gedrukt (markt) • dom • (muz.) mol • (inf.) and that's flat! dat is duidelijke taal! ∗ fall flat mislukken; lek worden ∗ flat candlestick blaker ∗ flat rate uniform tarief ∗ flat tyre lekke band ∗ flatware tafelgerei • (sl.) in a flat spin in de war ∗ sing flat vals zingen II [ov ww] vlak maken III [on ww] te laag/vals zingen IV [znw] • moeras • flat • platboomd vaartuig • platte mand • vlak scherm (op toneel) • lekke band • schoen met platte hak • platte zijde • vlakke renbaan • vlak land • (sl.) sul • (muz.) mol • from the flat op/v.d. tekening (tegenover relief)
flat-bottomed [bnw] platboomd
flatfish/ˈflætfɪʃ/ [znw] platvis
flat-footed/ˈflætfʊtd/ [bnw] • met platvoeten • (inf.) bot, vastberaden
flat-iron/ˈflætaɪən/ [znw] strijkijzer
flatlet/ˈflætlət/ [znw] flatje
flatly/ˈflætlɪ/ [bijw] • uitdrukkingsloos • plat, botweg
flat-racing [znw] paardenrennen (op de vlakke baan)
flatten/ˈflætn/ I [ov ww] • plat maken • pletten • klein krijgen • met de grond gelijk maken • verschalen • verlagen (v. toon) • (~ out) plat maken, horizontaal trekken (v. vliegtuig), uiteenrafelen II [on ww] plat/vlak worden • (~ out) horizontaal gaan liggen, plat worden
flatter/ˈflætə/ I [ov ww] vleien, strelen (v. ego/ijdelheid), flatteren II [znw] pletter, plethamer
flatterer/ˈflætərə/ [znw] vleier
flattering/ˈflætərɪŋ/ [bnw] vleiend, geflatteerd
flattery/ˈflætərɪ/ [bnw] vleierij
flattie/ˈflætɪ/ [znw] (inf.) • schoen met platte hak • platvis
flatulence/ˈflætjʊləns/ [znw] • winderigheid • aanmatiging
flatulent/ˈflætjʊlənt/ [bnw] • winderig, met een opgeblazen gevoel • aanmatigend
flatways, flatwise/ˈflætweɪz/ [bnw + bijw] met/op de platte kant
flaunt/flɔːnt/ I [ov ww] • doen wapperen • te koop lopen met II [on ww] • pronken • wapperen III [wkd ww] pralen IV [znw] vertoon
flaunty/ˈflɔːntɪ/ [bnw] pronkziek, opzichtig
flautist/ˈflɔːtɪst/ [znw] fluitist
flavour, flavor/ˈfleɪvə/ I [ov ww] smakelijk maken, kruiden II [znw] • aroma, smaak en geur • tintje • ~s smaakstoffen ∗ there is an unpleasant ~ about it er zit een (onaangenaam) luchtje aan
flavouring/ˈfleɪvərɪŋ/ [znw] 't kruiden, kruiderij
flavourless/ˈfleɪvələs/ [bnw] zonder kraak of smaak, smakeloos
flavoursome, flavorous/ˈfleɪvəsəm/ [bnw] smakelijk, geurig
flaw/flɔː/ I [ov ww] doen barsten, ontsieren II [on ww] barsten III [znw] • leemte • barst, scheur • onvolkomenheid, fout • regen-/windvlaag ∗ (lit.) fatal flaw karakterfout in tragische held(in)

die zijn/haar ondergang veroorzaakt
flawless/ˈflɔːləs/ [bnw] perfect, onberispelijk, smetteloos
flax/flæks/ [znw] vlas
flax-comb [znw] vlashekel
flax-dressing [znw] vlasbereiding
flaxen/ˈflæksən/ [bnw] • v. vlas • vaal geelbruin ∗ ~ hair vlasblond haar
flax-seed [znw] lijnzaad
flay/fleɪ/ [ov ww] • bekritiseren • villen • plunderen • schillen
flea/fliː/ [znw] vlo ∗ flea louse bladluis ∗ flea market vlooienmarkt ∗ to send off with a flea in his ear met een botte weigering/standje afschepen
fleabag/ˈfliːbæg/ [znw] • hangmat • (inf.) slaapzak
fleabite/ˈfliːbaɪt/ [znw] • vlooienbeet • rood puntje • onbenulligheid
fleam/fliːm/ [znw] lancet, vlijm
flea-pit [znw] (inf.) vuil(e), smerig(e) bioscoop/theater
fleck/flek/ I [ov ww] flecker bevlekken, bespikkelen II [znw] vlek, sproet, spat, spikkel
fled/fled/ verl. tijd + volt. deelw. → **flee**
fledged/fledʒd/ [bnw] • kunnende vliegen (v. vogel) • volwassen
fledgeling, fledgling/ˈfledʒlɪŋ/ [znw] • vogel die pas kan vliegen • jong/onervaren persoon
flee/fliː/ I [ov ww] vluchten II [on ww] ontvluchten
fleece/fliːs/ I [ov ww] • scheren (schapen) • plukken, uitkleden • bedekken II [znw] • vacht • schapenwolkjes • kop met haar
fleecy/ˈfliːsɪ/ [bnw] wollig, vlokkig
fleer/flɪə/ I [on ww] spottend lachen II [znw] spotlach
fleet/fliːt/ I [ov ww] voorbijsnellen II [znw] • vloot • schare • wagenpark (auto's) • inham III [bnw] • snel, vergankelijk • ondiep
Fleet [bnw] ∗ ~ Street de Engelse dagbladpers ∗ ~ marriage clandestien (door geestelijke gesloten) huwelijk ∗ ~-streeter journalist
fleeting/ˈfliːtɪŋ/ [bnw] snel, vergankelijk, vluchtig ∗ catch a ~ glimpse of een glimp opvangen van
Fleming/ˈflemɪŋ/ [znw] Vlaming
Flemish/ˈflemɪʃ/ [bnw] Vlaams
flesh/fleʃ/ I [ov ww] • aan bloed gewennen • aanvuren • belichamen ∗ to v eerst iem. doden met zwaard • zijn eerste kritiek schrijven • (~ out) nader preciseren, uitwerken II [znw] • vlees • ~ and fell met huid en haar ∗ in ~ goed in 't vlees ∗ in the ~ in levenden lijve; in leven ∗ put on/lose ~ dik/mager worden
flesh-fly [znw] aasvlieg
fleshings/ˈfleʃɪŋz/ [mv] vleeskleurig maillot
fleshly/ˈfleʃlɪ/ [bnw] zinnelijk
fleshy/ˈfleʃɪ/ [bnw] vlezig • lichamelijk
flew/fluː/ verl. tijd → **fly**
flex/fleks/ I [ov ww] buigen II [znw] (elektrisch) snoer
flexibility/ˌfleksəˈbɪlətɪ/ [znw] flexibiliteit
flexible/ˈfleksɪbl/ [bnw] buigzaam, handelbaar
flexion/ˈflekʃən/ [znw] (ver)buiging, bocht
flexional/ˈflekʃənl/ [bnw] buigings-
flexitime/ˈfleksɪtaɪm/ [znw] systeem met variabele werktijden
flexor/ˈfleksə/ [znw] buigspier
flexuose, flexuous/ˈfleksjʊəs/ [bnw] kronkelend
flexure/ˈflekʃə/ [znw] buiging, bocht
flibbertigibbet/ˈflɪbətɪdʒɪbɪt/ [znw] • roddelaar(ster), kletskous • rusteloos iem.
flick/flɪk/ I [ov ww] tikken, rukken, knippen II [znw] tik(je), rukje, knip (met nagel)
flicker/ˈflɪkə/ I [ov ww] doen flikkeren II [on ww]

trillen, flikkeren, fladderen **III** [znw] • getril enz.
• opflikkering • film • specht

flick-knife [znw] stiletto

flicks /flɪks/ (vero./inf.) [mv] film

flier /ˈflaɪə/ → **flyer**

flies /flaɪz/ [mv] • gulp • dekstuk boven voortoneel

flight /flaɪt/ **I** [ov ww] vluchtende schieten
II [on ww] in zwermen vliegen **III** [znw] • vlucht
• zwerm • formatie (vliegtuigen) • haverkaf ∗ ~
lieutenant kapitein-vlieger; officier-vlieger 2e
klasse ∗ ~ of stairs trap ∗ ~ of steps bordes ∗ ~ of
wit geestige zet ∗ put to ~ op de vlucht drijven
∗ take to ~ op de vlucht slaan ∗ three ~s up drie
trappen hoog

flight-deck [znw] vliegdek

flight-feather [znw] slagpen

flight-recorder [znw] vluchtregistrator, zwarte
doos

flighty /ˈflaːtɪ/ [bnw] • grillig • wispelturig • niet
goed in 't hoofd

flimsy /ˈflɪmzɪ/ **I** [znw] • kopij • dun papier • (sl.)
bankbiljet(ten) **II** [bnw] onduidelijk, zwak,
nietig ∗ a ~ dress een dunne jurk die weinig bedekt

flinch /flɪntʃ/ [on ww] • wijken • ineenkrimpen (v.d.
pijn) ∗ he never ~ed hij vertrok geen spier ∗ (~
from) terugdeinzen voor

flinders /ˈflɪndəz/ [mv] brokstukken, flinters

fling /flɪŋ/ **I** [ov ww] • smijten • gooien
• neerwerpen (v. tegenstander bij gevecht)
II [on ww] • vliegen (de kamer in of uit)
• trappen (v. paard) • (laten aan)stormen ∗ ~ o.s.
upon zichzelf neersmijten op; z. geheel verlaten op;
beroep doen op ∗ (~ **off**) de bons geven, v. 't spoor
brengen ∗ (~ **out**) er uit gooien, uitspreiden (v.
armen), trappen (v. paard), uitvaren tegen
III [znw] • worp • hatelijkheid • onstuimige
Hooglandse dans • kortstondige, stormachtige
liefdesaffaire, uitspatting ∗ a bit of a ~ verzetje
∗ at full ~ met topsnelheid • have a ~ fuiven;
uitrazen ∗ have a ~ at it doe er eens een gooi naar

flint /flɪnt/ [znw] keisteen, vuursteen ∗ skin a ~ zeer
gierig zijn

flinty /ˈflɪntɪ/ [bnw] • steenachtig • hard

flip /flɪp/ **I** [ov + on ww] ∗ (~ **over**) omdraaien
II [on ww] • (weg)knippen, tikken • klappen
(zweep) • (om) laten kantelen ∗ (snel) omdraaien
∗ (~ **through**) doorbladeren **III** [on ww]
• flippen (door drugs), ongunstig reageren op,
door het dolle heen raken, wild enthousiast worden
• een salto maken ∗ (inf.) (vlieg)tochtje maken
IV [znw] • knip, tik • (vlieg)tochtje • salto
• advocaat (drank)

flip-flap /ˈflɪpflæp/ [znw] • buiteling • voetzoeker
• draaimolen met schuitjes • tochtje • salto
∗ ~side achterkant (v. grammofoonplaat)

flippancy /ˈflɪpənsɪ/ [znw] • spot • oneerbiedige
opmerking

flippant /ˈflɪpənt/ [bnw] ongepast luchthartig,
zonder de nodige ernst, spottend

flipper /ˈflɪpə/ [znw] • zwemvlies • vin • zwempoot
• (sl.) poot ∗ (sl.) vliegtuig

flipping /ˈflɪpɪŋ/ (inf.) [bnw] verdraaid, verdomd

flirt /flɜːt/ **I** [on ww] • fladderen, zwaaien, rukken
• flirten ∗ (~ **with**) niet de nodige aandacht
schenken aan (onderwerp), spelen (met de
gedachte) ∗ with danger met vuur spelen
II [znw] • ruk, zwaai • flirt

flirtation /flɜːˈteɪʃən/ [znw] • een affaire die niet
verder gaat dan geflirt • geflirt

flirtatious /flɜːˈteɪʃəs/ [bnw] koket(terend)

flit /flɪt/ **I** [on ww] • verhuizen • fladderen (v.
vleermuis) • voorbijgaan (v. tijd) **II** [znw]

• verhuizing • gefladder

flitch /flɪtʃ/ **I** [ov ww] aan plakken snijden (vlees en
vis), hakken (blok hout) **II** [znw] zij, spek, snee

flitter /ˈflɪtə/ **I** [on ww] fladderen **II** [znw] verhuizer

flivver /ˈflɪvə/ [znw] • goedkope auto • mislukking

float /fləʊt/ **I** [ov ww] • laten drijven, doen zweven
• uitschrijven (lening) • oprichten
(maatschappij) • inunderen, overstromen • in
omloop brengen (gerucht) **II** [on ww] • vlot
komen • drijven, zweven • doelloos rondtrekken
III [znw] • vlotter (v. stoomketel) • wat iets
drijvende houdt, drijvende massa • dobber • vlot
• voetlicht (theater) • schoep • lage wagen (in
optocht) • vijl met één snede

floatage /ˈfləʊtɪdʒ/ [znw] • stuwkracht • schip
boven de waterlijn ∗ 't drijven • aangespoelde
goederen • totaal aantal schepen

floatation /fləʊˈteɪʃən/ → **flotation**

float-board [znw] scheprad

floatel /fləʊˈtel/ [znw] drijvend hotel, (drijvend)
hotelplatform

floating /ˈfləʊtɪŋ/ [bnw] drijvend, vlottend
(kapitaal) ∗ ~ bridge pontonbrug; schipbrug ∗ ~
goods goederen per schip onderweg zijnde ∗ ~
light lichtschip; lichtboei ∗ ~ ribs zwevende ribben

flock /flɒk/ **I** [on ww] samenstromen **II** [znw]
• schare, kudde, troep • wolknipsel • vulling

floe /fləʊ/ [znw] drijvende ijsschots(en)

flog /flɒg/ [ov ww] • slaan • organiseren
• (in)pikken • versjacheren • verpatsen ∗ (sl.)
verslaan ∗ flog a dead horse z. vergeefs inspannen

flogging /ˈflɒgɪŋ/ [znw] pak slaag

flood /flʌd/ **I** [ov ww] • (doen) overstromen
• overvoeren (v.d. markt) **II** [on ww] overstromen
III [znw] • vloed • stroom, overstroming ∗ at the
~ op zijn gunstigst ∗ the Flood de zondvloed

floodgate /ˈflʌdgeɪt/ [znw] sluisdeur ∗ ~s sluizen
(ook fig. welsprekendheid) ∗ (inf.) the ~s were
opened de waterlanders kwamen

floodlight I [ov ww] verlichten met spreidlicht
II [znw] spreidlicht

flood-lit [bnw] verlicht met spreidlicht

floodtide [znw] vloed

floor /flɔː/ **I** [ov ww] • bevloeren • vloeren,
neerslaan • naar z'n plaats terugsturen (v. leerling
die les niet kent) • overdonderen, te machtig zijn
∗ (sl.) he got ~ed hij zakte; hij werd gevloerd
II [on ww] zeil leggen **III** [znw] • vloer, bodem
• verdieping • loonminimum • dweil ∗ first ~
eerste verdieping; (AE) begane grond ∗ ~ manager
afdelingschef (in warenhuis); opnameleider (op
televisie) ∗ ~ plan grondplan ∗ ~ show
nachtcluboptreden (v.e. amusementsartiest)
∗ ~cloth vloerzeil ∗ from the ~ uit het publiek
∗ he got the ~ hij kreeg het woord ∗ take the
~ (inf.) een dans beginnen; een vergadering
beginnen toe te spreken ∗ take to the ~ ten dans
leiden ∗ the ~ is yours je kunt beginnen; ga je
gang maar

floorboard /ˈflɔːbɔːd/ [znw] vloerplank

floorer /ˈflɔːrə/ [znw] • slag die iem. vloert
• ontstellende berichten • lastige kwestie, opgave

flooring /ˈflɔːrɪŋ/ [znw] vloer(materiaal)

floor-walker /ˈflɔːwɔːkə/ [znw] afdelingschef
(warenhuis)

floozy /ˈfluːzɪ/ (pej.) [znw] meisje/vrouw van lichte
zeden, slet, publieke vrouw

flop /flɒp/ **I** [on ww] • klossen • onhandig gaan
liggen/zitten, enz. • neerploffen/-smijten
• mislukking worden • overlopen • klapwieken
II [znw] • plof, plons • bed ∗ (inf.) flop, fiasco
III [bijw] ineens ∗ it came flop down het kwam

pardoes omlaag

floppy /'flɒpɪ/ [bnw] flodderig, zwak ∗ floppies terroristen ∗ ~ disc floppy disk; (flexibele) diskette

flora /'flɔːrə/ [znw] flora, plantenrijk

floral /'flɔːrəl/ [bnw] m.b.t. bloemen • ~ parade bloemencorso ∗ ~ tribute bloemstuk

Florentine /'florəntaɪn/ I [znw] • Florentijn • Florentijnse zijde II [bnw] Florentijns

florescence /flɔː'resəns/ [znw] • bloeitijd • 't bloeien

floriculture /'florɪkʌltʃə/ [znw] 't bloemen kweken

florid /'florɪd/ [bnw] • bloemrijk, bloeiend • opzichtig • blozend

florin /'florɪn/ [znw] • florijn • (gesch.) tweeshillingstuk

florist /'florɪst/ [znw] • bloemist, bloemkweker • bloemenkenner

floss /flɒs/ [znw] ∗ ~ (silk) vloszijde

flossy /'flɒsɪ/ [bnw] • vlokachtig • (inf.) opzichtig

flotation /fləʊ'teɪʃən/ [znw] oprichting bedrijf (door uitgifte v. aandelen), flotatie ∗ ~ device hulpmiddel om te blijven drijven

flotel /fləʊ'tel/ → **floatel**

flotilla /flə'tɪlə/ [znw] flottielje

flotsam /'flɒtsəm/ [znw] • aanspoelende wrakgoederen, rommel • zwervers ∗ ~ and jetsam rommel (vooral na ondergang)

flounce /flaʊns/ I [ov ww] voorzien v. stroken II [on ww] • wegstuiven • z. wringen, rukken, spartelen III [znw] • ruk • strook

flounder /'flaʊndə/ I [on ww] • ploeteren (door modder) • fouten maken • in de war raken • steigeren II [znw] • geploeter(-sukkel • bot

flour /'flaʊə/ I [ov ww] • bestrooien met meel • malen tot meel II [znw] bloem, meel

flourish /'flʌrɪʃ/ I [ov ww] • geuren met • wuiven met, gebaren II [on ww] • gedijen, in de bloeitijd leven/zijn • decoratieve krullen maken (in handschrift) • in beeldrijke taal spreken III [znw] • krul (als versiering) • stijlbloem • zwierig gebaar • fanfare • preludium ∗ ~ of trumpets trompetgeschal; drukte

floury /'flaʊərɪ/ [bnw] melig, bedekt met meel

flout /flaʊt/ I [ov ww] bespotten, geen acht slaan op (advies) II [znw] spot

flow /fləʊ/ I [on ww] • stromen, golven • opkomen (v. getij) • (~ from) (voort)vloeien uit II [znw] • overvloed • stroming, golving ∗ flow chart stroomschema; routeschema (luchtv.) ∗ flow sheet processchema; loopschema; stroomschema; organogram ∗ go with the flow iets ontspannen over z. heen laten komen

flower /'flaʊə/ I [ov ww] • met bloemen versieren • in bloei trekken II [on ww] (op)bloeien III [znw] • bloem • bloei • keur ∗ ~ dust stuifmeel ∗ ~ garden bloementuin ∗ ~ of speech stijlbloempje ∗ ~ people hippies ∗ ~ plot bloemperk

flowerbed /'flaʊəbed/ [znw] bloembed/-perk

flowered /'flaʊəd/ [bnw] gebloemd, versierd met bloemen

flowerpot /'flaʊəpot/ [znw] bloempot

flowery /'flaʊərɪ/ [bnw] bloemrijk, gebloemd, bloemen-

flowing /'fləʊɪŋ/ [bnw] • vloeiend • loshangend

flown /fləʊn/ I [ww] → **fly** II [bnw] opgeblazen (v. trots)

fluctuate /'flʌktjʊeɪt/ [on ww] • aarzelen • golven, op en neer gaan

fluctuation /flʌktjʊ'eɪʃən/ [znw] • fluctuatie • schommeling

flue /fluː/ I [ov ww] (z.) verwijden II [znw] • soort net • pluis • rookkanaal, vlampijp

flu(e) /fluː/ (inf.) [znw] griep

fluency /'fluːənsɪ/ [znw] • spreekvaardigheid • welbespraaktheid

fluent /'fluːənt/ [bnw] • vaardig (vnl. spreekvaardigheid), welbespraakt • vloeiend, sierlijk • veranderlijk

fluff /flʌf/ I [ov ww] • donzig maken, opschudden (v. bed) • rol verknoeien (~ out/up) laten uitstaan (haar) II [znw] • pluis, donzig spul • onhandige slag • (sl.) blunder, verspreking

fluffy /'flʌfɪ/ [bnw] • donzig (v. kussen), pluizig • (sl.) dronken

fluid /'fluːɪd/ I [znw] vloeistof II [bnw] vloeibaar, beweeglijk

fluidity /flʊ'ɪdətɪ/ [znw] vloeibaarheid

fluke /fluːk/ I [on ww] boffen II [znw] • bot (vis) • ankerhand • spits (v. lans) ∗ by a ~ door stom geluk

flukes /fluːks/ [mv] • staart v. walvis • bof

fluky /'fluːkɪ/ [bnw] • onzeker • geluks-

flume /fluːm/ I [ov ww] vervoeren door waterloop II [on ww] aanleggen v. waterloop III [znw] waterloop, ravijn ∗ he was up the ~ hij was de sigaar

flummox /'flʌməks/ [ov ww] versteld doen staan

flump /flʌmp/ I [ov ww] neersmijten II [on ww] (neer)ploffen

flung /flʌŋ/ verl. tijd + volt. deelw. → **fling**

flunk /flʌŋk/ (inf.) I [ov ww] laten zakken (bij examen) II [on ww] zakken (bij examen) • (~ out) (AE) weggestuurd worden (v. school/universiteit) III [znw] fiasco

flunkey /'flʌŋkɪ/ [znw] • lakei • vleier, strooplikker

fluorescent /flʊə'resənt/ [bnw] fluorescerend

fluoridate /'flʊərɪdeɪt/ [ov ww] fluorideren

fluorine /'flʊəriːn/ [znw] fluor

flurry /'flʌrɪ/ I [ov ww] zenuwachtig maken II [znw] • (wind)vlaag • vlucht (vogels) • gejaagdheid • doodsstrijd (v. walvis)

flush /flʌʃ/ I [ov ww] • doorspoelen • doen uitlopen • 't bloed naar 't gezicht doen stijgen, doen blozen • aanvuren • voegen (v. muur) • opjagen (v. vogels) II [on ww] • wegvliegen • uitlopen • blozen ∗ ~ed blozend; opgewonden; bedwelmd III [znw] • roes • jong opschietend gras enz. • opgejaagde vogels • kracht, frisheid • gesloten serie (poker) • doorspoeling • plotselinge stroom • opwinding, koortsgloed, blos IV [bnw] • overvloedig, boordevol • in één vlak liggend • goed bij kas zijnde

Flushing /'flʌʃɪŋ/ [znw] Vlissingen

fluster /'flʌstə/ I [ov ww] • benevelen (door drank) • gejaagd maken II [znw] gejaagdheid, zenuwachtigheid

flute /fluːt/ I [on ww] • fluit spelen, fluiten (v. vogel) • (archit.) canneleren II [znw] • fluit • fluitist • groef

flutist /'fluːtɪst/ [znw] fluitist

flutter /'flʌtə/ I [ov ww] zenuwachtig maken II [on ww] fladderen, trillen, vlug heen en weer bewegen III [znw] • trilling, gefladder • sensatie • gokkerij • zweving, vervorming (geluidstechniek)

fluvial /'fluːvɪəl/ [bnw] rivier-

flux /flʌks/ I [on ww] • vloeien • smelten II [znw] • stroom, voortdurende verandering • bloeding • buikloop ∗ flux and reflux eb en vloed (ook fig.)

fly /flaɪ/ I [ov ww] • oplaten (vlieger) • besturen (vliegtuig) • losgooien ∗ fly off the handle kwaad worden II [on ww] • vliegen • vluchten • springen over • voeren (v. vlag) ∗ fly high hoge aspiratie hebben • fly into a rage woedend worden

F

* fly-over junction bovenkruising (verkeer)
* flying boat vliegboot * flying display vliegdemonstratie * flying dog kalong * flying range actieradius (v. vliegtuig) * flying squad mobiele politiepatrouille * he will fly at/upon you hij zal op je aanvliegen; hij zal tegen je uitvaren * let fly afschieten • (~ off) v. koers veranderen • (~ out at) uitvaren tegen **III** [znw]
• vlieg • 't vliegen • klep (v. kledingstuk), gulp
• vigilante • lengte van vlag • onrust (v. uurwerk)
* a fly in the ointment iets wat de zaak bederft
* on the fly in beweging; vliegend; aan de zwier
* there are no flies on him hij is een slimme vent
IV [bnw] ⟨sl.⟩ slim, glad, handig, geslepen, vlug

flyaway /ˈflaɪəweɪ/ [bnw] • loshangend (v. haar, kleding) • wispelturig

fly-blow /ˈflaɪbləʊ/ **I** [ov ww] besmetten, bederven **II** [znw] vliegenei-larve

flyblown /ˈflaɪbləʊn/ [bnw] besmet, vuil

fly-by-night [znw] • voortvluchtige debiteur
• onverantwoordelijk mens

flycatcher /ˈflaɪkætʃə/ [znw] • vliegenvanger • snel gevechtsvliegtuig

flyer /ˈflaɪə/ [znw] • iem. die/iets dat vliegt, piloot
• (hoog)vlieger • bliksemtrein • snelvarend schip
• wiek v. molen • vliegwiel • sprong met aanloop

flying /ˈflaɪɪŋ/ [bnw] vliegend

flyleaf /ˈflaɪliːf/ [znw] schutblad

flypaper /ˈflaɪpeɪpə/ [znw] vliegenvanger

flypast /ˈflaɪpɑːst/ [znw] défilé v. vliegtuigen

flysheet /ˈflaɪʃiːt/ [znw] (reclame)blaadje

fly-spray /ˈflaɪspreɪ/ [znw] spuitbus (tegen insecten)

flyweight /ˈflaɪweɪt/ [znw] vlieggewicht

flywheel /ˈflaɪwiːl/ [znw] vliegwiel

foal /fəʊl/ [znw] veulen * in (with) foal drachtig

foam /fəʊm/ **I** [on ww] schuimen * foam at the mouth schuimbekken **II** [znw] schuim * foam rubber schuimrubber

foamy /ˈfəʊmɪ/ [bnw] schuimend

fob /fɒb/ **I** [ov ww] • in de zak steken • ⟨vero.⟩ bedriegen • (~ off) (met smoesjes) afschepen **II** [znw] horlogezakje

F.O.B., fob [afk] • (free on board) franco aan boord

focal /ˈfəʊkl/ [bnw] brandpunt(s)- * ~ point brandpunt

foci /ˈfəʊsaɪ/ [mv] → focus

fo'c's'le /ˈfəʊksl/ → forecastle

focus /ˈfəʊkəs/ **I** [ov + on ww] • concentreren (v. gedachten) • vestigen op (v. ogen) • instellen (v. camera) • samenvatten **II** [znw] • brandpunt, haard (v. ziekte) • scherpstelling * in ~ duidelijk * out of ~ verdraaid

fodder /ˈfɒdə/ **I** [ov ww] voederen **II** [znw] stalvoer

foe /fəʊ/ [znw] vijand (dichterlijk)

foetid /ˈfetɪd/ [bnw] stinkend

foetus /ˈfiːtəs/ [znw] vrucht, foetus, ongeboren kind

fog /fɒg/ **I** [ov ww] • in mist hullen • sluieren (foto) • vertroebelen, benevelen • voederen met nagroen **II** [on ww] mistsignalen uitzetten **III** [znw] • mist • sluier (op foto) • nagroen, lang wintergras

fog-bank [znw] mistbank

fog-bound /ˈfɒgbaʊnd/ [bnw] in mist gehuld, door mist opgehouden

fog(e)y /ˈfəʊgɪ/ [znw] ouderwets * old ~ ouwe versleten vent

foggy /ˈfɒgɪ/ [bnw] • mistig • vaag • gesluierd (foto) * not the foggiest idea helemaal geen idee (van)

foghorn /ˈfɒghɔːn/ [znw] misthoorn

fog-lamp [znw] mistlamp

fog-signal [znw] mistsignaal

foible /ˈfɔɪbl/ [znw] zwakke zijde

foil /fɔɪl/ **I** [ov ww] • 't spoor uitwissen (jacht)
• verijdelen, in de war brengen • overtreffen **II** [znw] • folie (v. spiegel, onder juweel)
• zilverpapier • achtergrond • spoor (v. wild)
• schermdegen

foist /fɔɪst/ [ov ww] iets ergens ongemerkt tussenschuiven • (~ on/upon) z. opdringen bij
• ~ s.th. upon a s.o. iem. iets aansmeren

fold /fəʊld/ **I** [ov ww] • vouwen • opsluiten, sluiten (in de armen), drukken (aan de borst) • folding money papiergeld • (~ up) ⟨inf.⟩ failliet gaan **II** [znw] • vouw, kronkel • kudde • schoot der Kerk
• schaapskooi

foldaway /ˈfəʊldəweɪ/ [bnw] in-/opklapbaar, opvouwbaar * ~ table klaptafel

folder /ˈfəʊldə/ [znw] folder, vouwblad, map (voor documenten)

folding /ˈfəʊldɪŋ/ [bnw] vouw-, klap-, opvouwbaar * ~ stool vouwbankje

fold-over [znw] omslag

foliage /ˈfəʊlɪɪdʒ/ [znw] gebladerte, loof

foliate **I** [ov ww] /ˈfəʊlɪeɪt/ met loofwerk/bladmotieven versieren **II** [on ww] /ˈfəʊlɪeɪt/ z. verdelen in bladen **III** [bnw] /ˈfəʊlɪət/ • als 'n blad • met bladeren

folio /ˈfəʊlɪəʊ/ **I** [ov ww] foliëren **II** [znw]
• folio(vel) • foliant

folk, folks /fəʊk/ [znw] ⟨inf.⟩ volk, luitjes, ouders, familieleden • folk music volksmuziek • the little folks 't jonge volkje • the old folks de oudjes

folk-dance [znw] volksdans

folklore /ˈfəʊklɔː/ [znw] folklore

folk-singer [znw] zanger(es) van volksliedjes

folksy /ˈfəʊksɪ/ [bnw] gezellig, plattelands-, eenvoudig

folk-tale [znw] volksverhaal

follicle /ˈfɒlɪkl/ [znw] • blaasje • cocon • (med.) (haar)zakje • (plant.) kokervrucht

follow /ˈfɒləʊ/ **I** [ov ww] uitoefenen (v. ambacht) **II** [on ww] • volgen (op/uit) • najagen • begrijpen * ~ suit kleur bekennen * ~ the plough boer zijn * ~ the sea matroos zijn • ~ing up ours of ... in vervolg op ons schrijven van • (~ after) volgen op • (~ on) blijven volgen, laten volgen, doorspelen (cricket) • (~ out) opvolgen (bevelen), volledig uitvoeren (plan) • (~ up) nagaan, benutten, werk maken van (meisje) **III** [znw] • doorstoot (biljart)
• tweede (kleinere) portie (in restaurant)
• volgende zet

follower /ˈfɒləʊə/ [znw] • volgeling • vrijer

following /ˈfɒləʊɪŋ/ **I** [znw] • aanhang
• volgelingen • het volgende **II** [bnw] volgend * ~ wind wind in de rug

follow-through, follow-up [znw]
• nabehandeling • vervolg(actie) • nazorg • nadere uitwerking

folly /ˈfɒlɪ/ [znw] • dwaasheid • duur maar nutteloos gebouw

foment /fəˈment/ [ov ww] • warm betten
• koesteren • aanstoken/-vuren

fomentation /fəʊmenˈteɪʃən/ [znw] • stimulering
• warme omslag

fond /fɒnd/ [bnw] • dwaas • innig, (al te) teder * be fond of veel houden van; verzot zijn op

fondle /ˈfɒndl/ **I** [ov ww] liefkozen **II** [on ww] spelen (met)

fondness /ˈfɒndnəs/ [znw] • genegenheid
• → fond

font /fɒnt/ [znw] • doopvont • wijwaterbakje
• oliereservoir (v. lamp) • (ae/typ.) letterfamilie

fontal /ˈfɒntl/ [bnw] • oorspronkelijk • doop-

food /fu:d/ [znw] *voedsel, eten, voedingsartikel* ∗ food dressing *saus* ∗ food for thought *stof tot nadenken* ∗ food poisoning *voedselvergiftiging* ∗ food value *voedingswaarde*

foodhoarder /fu:dhɔ:də/ ‹sl.› [znw] *hamsteraar*

foodstuff /fu:dstʌf/ [znw] *voedingsmiddel*

fool /fu:l/ **I** [ov ww] *bedriegen* **II** [on ww] ● *klungelen ∙ gek doen* ∗ fool away one's time *zijn tijd verdoen* ● (~ **about/around**) *rondhangen* ● (~ **into**) *wijsmaken* ● (~ **out of**) *(iets) aftroggelen* **III** [znw] ● *dwaas, gek, nar* ● *(kruisbessen)vla* ∗ April Fools' day *1 april* ∗ be a fool to *niet kunnen halen bij* ∗ fool's errand *dwaze onderneming* ∗ fool's paradise *droomwereld* ∗ he is a fool for his pains *hij doet vergeefse moeite* ∗ he makes a fool of himself *hij stelt z. dwaas aan* ∗ no fool like an old fool *hoe ouder, hoe gekker* **IV** [bnw] ‹AE/inf.› *dwaas*

foolery /fu:ləri/ [znw] *dwaas gedoe*

foolhardy /fu:lhɑ:di/ [bnw] *roekeloos*

foolish /fu:lɪʃ/ [bnw] ● *belachelijk* ∙ *dwaas*

foolproof /fu:lpru:f/ [bnw] *betrouwbaar, bedrijfszeker* ∗ it is ~ *'t is onfeilbaar; vergissingen zijn uitgesloten*

foolscap /fu:lskæp/ [znw] ● *narrenkap, papieren muts* ● *schrijfpapier (17 x 13,5 in.)*

foot /fut/ **I** [ov + on ww] ● *lopen ∙ dansen* **II** [ov ww] ● *aanbreien (voet aan kous)* ● *optellen* ● *betalen (rekening)* ‹inf.› *foot it de benenwagen nemen; dansen* ● (~ **up**) *bedragen* **III** [znw] ● *voet ∙ pas, tred* ● *infanterie* ● *voeteneinde* ● *versvoet* ∗ voet (< 30 1/2 cm) ● *bezinksel* ● *ruwe suiker* ∗ I know the length of his foot *ik weet wat hij waard is* ∗ at foot *onder aan (brief)* ∗ be on one's feet *een bestaan hebben; 't woord voeren; gezond zijn* ∗ found his feet *begon te staan ‹v. kind›; werd z. z'n kracht bewust* ∗ get to one's feet *gaan staan* ∗ he has put his foot in it *hij heeft z. lelijk vergaloppeerd* ∗ he was carried off his feet *hij werd meegesleept* ∗ he was on foot *hij was te voet; hij was bezig* ∗ she happy? my foot! *zij gelukkig? kom nou!*

footage /futɪdʒ/ [znw] *gefilmd materiaal, lengte ‹v. film›*

foot-and-mouth [znw] ∗ ~ disease *mond- en klauwzeer*

football /futbɔ:l/ [znw] ● *voetbal ∙ rugby* ∗ ~ pools *toto; voetbalpool*

footballer /futbɔ:lə/ [znw] ● *(prof)voetballer* ● *rugbyspeler*

footboard /futbɔ:d/ [znw] *treeplank*

footboy /futbɔɪ/ [znw] *livreiknechtje*

footbridge /futbrɪdʒ/ [znw] *voetbrug*

footer /futə/ ‹sl.› [znw] *voetbal*

footfall /futfɔ:l/ [znw] *(geluid v.) voetstap*

footgear /futgɪə/ [znw] *schoeisel*

foothill /futhɪl/ [znw] *heuvel onder aan berg*

foothold /futhəʊld/ [znw] ● *steunpunt* ∙ *steun voor voeten*

footing /futɪŋ/ [znw] ● *totaal* ● *voet* ● *'t plaatsen der voeten* ● *voetsteun* ● *vaste betrekking, vaste voet* ● *verhouding* ● *entreegeld ‹als lid›*

footle /fu:tl/ [on ww] ● *leuteren* ● *onhandig, dwaas doen* ● ‹sl.› *beuzelen*

footless /futləs/ [bnw] *nutteloos*

footlights /futlaɪts/ [mv] *voetlicht*

footling /fu:tlɪŋ/ ‹inf.› I [znw] *dwaasheid* II [bnw] *onbetekenend, dom*

footloose /futlu:s/ [bnw] *vrij (om te doen wat men wil)*

footman /futmən/ [znw] ● *infanterist* ● *lakei*

footmark /futmɑ:k/ [znw] *voetafdruk*

footnote /futnəʊt/ [znw] *voetnoot*

footpace /futpeɪs/ [znw] ● *wandelpas* ● *soort podium*

footpad /futpæd/ [znw] ● *steun(punt)* ● *(gesch.) struikrover*

footpath /futpɑ:θ/ [znw] *voetpad*

footprint /futprɪnt/ [znw] *voetspoor*

foot-race [znw] *wedstrijd in hardlopen*

footsie /futsi/ [znw] ∗ play ~ *voetjevrijen*

footslog /futslɒg/ [on ww] *voortsjokken*

footsore /futsɔ:/ [bnw] *met pijnlijke voeten*

foot-stall [znw] ● *onderstuk/voet v.e. zuil* ● *stijgbeugel voor vrouw*

footstep /futstep/ [znw] *voetstap* ∗ follow in s.o.'s ~s *in iemands voetspoor treden*

footstool /futstu:l/ [znw] *voetenbankje*

footway /futweɪ/ [znw] *trottoir, voetpad*

footwear /futweə/ [znw] *schoeisel*

footwork /futwз:k/ [znw] *voetenwerk*

foot-worn [bnw] *met pijnlijke voeten*

fop /fop/ [znw] *fat*

foppish /fopɪʃ/ [bnw] *fatterig*

for /fə/ **I** [znw] *voorstemmer* **II** [vz] ● *om, wegens* ● *wat aangaat* ● *naar* ● *gedurende* ● *niettegenstaande* ∗ I for one *ik voor mij* ∗ ‹inf.› be for it *bijna in moeilijkheden raken* ∗ for all I know *voor zover ik weet* ∗ for all he had come al was hij dan ook gekomen ∗ for all his learning al is hij nog zo geleerd ∗ for all that toch ∗ for fear of uit vrees voor ∗ for people to believe all he says is … dat men maar alles gelooft wat hij zegt is … ∗ for shame! 't is schande! ∗ ‹inf.› go for it aanvallen ∗ he wants for nothing 't ontbreekt hem aan niets ∗ he was hanged for a spy hij werd gehangen als spion ∗ now for it! or op los! ∗ oh, for a garden! ik wou dat ik een tuin had!; o, als ik maar een tuin had! ∗ so much for that zo ver wat dat aangaat ∗ take it for granted neem 't als waar aan ∗ there was nothing for it but er zat niets anders op dan ∗ there's a book for you! dat is nog eens een boek ∗ they sent for the doctor zij lieten de dokter halen* **III** [vw] *want, aangezien*

f.o.r. [afk] ● *(free on rail) franco spoor*

forage /forɪdʒ/ **I** [ov ww] *plunderen* **II** [on ww] ● *foerageren* ● *snuffelen in* **III** [znw] ● *voer* ● *'t foerageren* ● *plundering*

foray /foreɪ/ **I** [ov ww] *plunderen* **II** [znw] *rooftocht*

forbad(e) /fəbæd/ verl. tijd → **forbid**

forbear /fɔ:ˈbeə/ **I** [on ww] ● *z. onthouden van* ● *geduld hebben* **II** [znw] *voorvader*

forbearance /fɔ:ˈbeərəns/ [znw] ● *onthouding* ● *verdraagzaamheid* ∗ ~ is no acquittance *uitstel is geen afstel*

forbearing /fɔ:ˈbeərɪŋ/ [bnw] *verdraagzaam*

forbid /fəˈbɪd/ [ov ww] *voorkómen, verbieden* ∗ God ~! *God verhoede!*

forbidden /fəˈbɪdn/ **I** [ww] volt. deelw. → **forbid** **II** [bnw] *verboden*

forbidding /fəˈbɪdɪŋ/ [bnw] ● *weerzinwekkend* ● *onaanlokkelijk*

forbore /fɔ:ˈbɔ:/ verl. tijd → **forbear**

forborne /fɔ:ˈbɔ:n/ volt. deelw. → **forbear**

force /fɔ:s/ **I** [ov ww] ● *tot 't uiterste inspannen* ● *forceren, doorbreken* ● *klaarstomen ‹v. leerling›, trekken (planten)* ● *noodzaken, dwingen tot* ● *geweld aandoen, overweldigen* ● *(voort)drijven, iem. iets opdringen* ● *met geweld nemen* ● (~ **down**) *one's bread eten met moeite naar binnen werken* ∗ ~ the game *op risico spelen* ∗ he ~d my hand *hij dwong me het te doen* ∗ she ~d a smile *ze glimlachte gedwongen* ● (~ **from**) *afdwingen, ontwringen* **II** [znw] ● *kracht, macht* ● *invloed*

● strijdkracht ● overtuigingskracht ● noodzaak
● ploeg werklui ● waterval ● stoot ★ by – of
krachtens ● by main – uit alle macht ★ – of habit
macht der gewoonte ★ in – van kracht (wet) ★ in
great – in groten getale; vol vuur ★ put in – in
werking stellen ★ the – de politie ★ the –s de
legermacht

forced /fɔ:st/ [bnw] gedwongen ★ a – march een
geforceerde mars ★ – landing noodlanding ★ –
lubrication smering onder druk

force-feed [ov ww] dwingen te eten

forceful /ˈfɔ:sfʊl/ [bnw] krachtig

forcemeat /ˈfɔ:smi:t/ [znw] gehakt

forceps /ˈfɔ:seps/ [znw] tang (v. chirurg)

forcible /ˈfɔ:səbl/ [bnw] krachtig, gedwongen

forcibly /ˈfɔ:səblɪ/ [bijw] met geweld

forcing /ˈfɔ:sɪŋ/ [znw] ★ ~-bed broeibak
★ ~-house broeikas

ford /fɔ:d/ **I** [ov ww] doorwaden **II** [znw]
doorwaadbare plaats

fordable /ˈfɔ:dəbl/ [bnw] doorwaadbaar

fore /fɔ:/ **I** [znw] voorschip **II** [bnw] voor **III** [bijw]
voor(aan) **IV** [vz] ★ be to the fore nog in leven;
beschikbaar zijn; van z. doen spreken ★ come to
the fore op de voorgrond treden ★ fore George! bij
George! (eed)

fore- /fɔ:/ [voorv] voor-

forearm /ˈfɔ:rɑ:m/ **I** [ov ww] vooraf(be)wapenen
II [znw] voorarm

for(e)bear /fɔ:ˈbeə/ [znw] voorzaat ★ ~s
voorvaderen

forebode /fɔ:ˈbəʊd/ [ov ww] ● profeteren,
aankondigen ● 'n voorgevoel hebben van

foreboding /fɔ:ˈbəʊdɪŋ/ [znw] ● aankondiging
● (slecht) voorgevoel

forecast /ˈfɔ:kɑ:st/ **I** [ov ww] voorspellen **II** [znw]
● (weers)voorspelling ● prognose

forecastle /ˈfəʊksəl/ [znw] vooronder

foreclose /fɔ:ˈkləʊz/ [ov ww] ● verhinderen,
uitsluiten ● van tevoren regelen

forecourt /ˈfɔ:kɔ:t/ [znw] voorhof/-terrein

forefather /ˈfɔ:fɑ:ðə/ [znw] voorvader ★ (AE)
Forefathers Day Voorvadersdag (21 dec)

forefinger /ˈfɔ:fɪŋgə/ [znw] wijsvinger

forefoot /ˈfɔ:fʊt/ [znw] ● voorpoot ● voorsteven

forefront /ˈfɔ:frʌnt/ [znw] ● voorgevel ● voorste
deel, voorste geledereen

foregather /fɔ:ˈgæðə/ → **forgather**

forego /fɔ:ˈgəʊ/ [ov ww] voorafgaan (aan) ★ ~ne
conclusion uitgemaakte zaak

foregoing /fɔ:ˈgəʊɪŋ/ [bnw] ● bovenvermeld
● voorafgaand

foreground /ˈfɔ:graʊnd/ [znw] voorgrond

forehand /ˈfɔ:hænd/ **I** [znw] voorhand (v. paard)
II [bnw] ● vooraf gedaan ● bepaalde slag bij tennis

forehead /ˈfɒrɪd/ [znw] voorhoofd

forehold /ˈfɔ:həʊld/ [znw] (scheepv.) voorruim

foreign /ˈfɒrɪn/ [bnw] ● vreemd, buitenlands ● niet
ter zake dienende ● uitwendig ★ Foreign Office
ministerie van buitenlandse zaken ★ ~ bills
deviezen ★ ~ exchange deviezen ★ ~ paper
deviezen; dun schrijfpapier (voor luchtpost)

foreigner /ˈfɒrɪnə/ [znw] ● buitenlander ● artikel
uit 't buitenland

forejudge /fɔ:ˈdʒʌdʒ/ [ov ww] vooruit oordelen over

foreknow /fɔ:ˈnəʊ/ [ov ww] vooraf weten

foreknowledge /fɔ:ˈnɒlɪdʒ/ [znw] voorkennis

foreland /ˈfɔ:lænd/ [znw] ● kaap ● vóórliggend
land ● uiterwaard

foreleg /ˈfɔ:leg/ [znw] voorpoot/-been

forelock /ˈfɔ:lɒk/ **I** [ov ww] bevestigen met spie
II [znw] ● lok haar op voorhoofd ● spie ★ take

occasion/time by the ~ de gelegenheid aangrijpen

foreman /ˈfɔ:mən/ [znw] ● voorzitter v. jury
● meesterknecht, ploegbaas

foremast /ˈfɔ:mɑ:st/ [znw] fokkenmast

foremost /ˈfɔ:məʊst/ [bnw] voorste, eerste,
voornaamste

forename /ˈfɔ:neɪm/ [znw] voornaam

forenoon /ˈfɔ:nu:n/ [znw] voormiddag

forensic /fəˈrensɪk/ [bnw] gerechtelijk, rechts-

foreordain /fɔ:rɔ:ˈdeɪn/ [ov ww] voorbeschikken

forepart /ˈfɔ:pɑ:t/ [znw] voorste deel

foreplay /ˈfɔ:pleɪ/ [znw] voorspel (in de liefde)

fore-reach [ov + on ww] de loef afsteken

foreseeable /fɔ:ˈsi:əbl/ [bnw] te voorzien,
afzienbaar

foreshorten /fɔ:ˈʃɔ:tn/ [ov ww] in perspectief
afbeelden, verkort weergeven

foreskin /ˈfɔ:skɪn/ [znw] voorhuid

forest /ˈfɒrɪst/ **I** [ov ww] bebossen **II** [znw] woud,
bos

forestall /fɔ:ˈstɔ:l/ [ov ww] ● vooruitlopen op
● voorkómen

forester /ˈfɒrɪstə/ [znw] ● houtvester ● bosbewoner,
bosdier

forest-ranger /ˈfɒrɪstreɪndʒə/ [znw] ● houtvester
● bosbewoner (mens en dier)

forestry /ˈfɒrɪstrɪ/ [znw] ● boscultuur ● bosgrond

foretaste I [ov ww] /fɔ:ˈteɪst/ voorsmaak hebben
van **II** [znw] /ˈfɔ:teɪst/ voorsmaak

foretell /fɔ:ˈtel/ [ov ww] voorspellen

forethought /ˈfɔ:θɔ:t/ [znw] overleg

foretoken /fɔ:ˈtəʊkn/ **I** [ov ww] voorspellen
II [znw] voorteken

forever /fəˈrevə/ **I** [bijw] ● voor eeuwig/altijd,
voortaan ● de hele tijd, steeds maar (door) **II** [tw]
leve, hiep hiep hoera ★ Arsenal ~ leve Arsenal

forewarn /fɔ:ˈwɔ:n/ [ov ww] van te voren
waarschuwen ★ ~ed is forearmed een
gewaarschuwd man telt voor twee

forewoman /ˈfɔ:wʊmən/ [znw] ● presidente v. jury
● opzichteres (in bedrijf)

foreword /ˈfɔ:wɜ:d/ [znw] voorwoord

forfeit /ˈfɔ:fɪt/ **I** [ov ww] verspelen **II** [znw] ● boete
● 't verbeurde, pand ★ play at ~s pand verbeuren
III [bnw] verbeurd verklaard

forfeiture /ˈfɔ:fɪtʃə/ [znw] ● boete ● verlies
● verbeurdverklaring

forgather /fɔ:ˈgæðə/ [on ww] ● vergaderen
● omgaan (met)

forgave /fəˈgeɪv/ verl. tijd → **forgive**

forge /fɔ:dʒ/ **I** [ov + on ww] ● smeden ● verzinnen,
vervalsen **II** [on ww] langzaam met moeite
vorderen **III** [znw] ● smidse, smidsvuur
● smeltoven, smelterij ● vervalsing

forger /ˈfɔ:dʒə/ [znw] vervalser, falsaris,
valsemunter

forgery /ˈfɔ:dʒərɪ/ [znw] ● valsheid in geschrifte
● (lit.) verdichting

forget /fəˈget/ [ov + on ww] vergeten ★ I ~ ik ben
vergeten

forgetful /fəˈgetfʊl/ [bnw] vergeetachtig

forgetfulness /fəˈgetfʊlnəs/ [znw]
vergeetachtigheid

forget-me-not [znw] vergeet-mij-nietje

forgivable /fəˈgɪvəbl/ [bnw] vergeeflijk

forgive /fəˈgɪv/ [ov ww] vergeven, kwijtschelden

forgiven /fəˈgɪvən/ volt. deelw. → **forgive**

forgiveness /fəˈgɪvnəs/ [znw] vergeving,
vergevingsgezindheid

forgiving /fɔ:ˈgɪvɪŋ/ [bnw] vergevingsgezind

forgo /fɔ:ˈgəʊ/ [ov ww] ● z. onthouden van
● opgeven, afstand doen van

F

fork/fɔ:k/ **I** [ov ww] • (~ **out**) dokken, over de brug komen **II** [on ww] z. vertakken ∗ forked road z. splitsende weg **III** [znw] • vork, gaffel • vertakking • splitsing (in weg) • zigzag bliksem

forks/fɔ:ks/ (sl.) [mv] vingers

forlorn/fəˈlɔ:n/ [bnw] • wanhopig, hopeloos • verlaten, troosteloos • ellendig uitziend ∗ ~ hope stormtroep; wanhopige onderneming

forlornness/fəˈlɔ:nəs/ [znw] • wanhoop • hopeloosheid

form/fɔ:m/ **I** [ov ww] vormen **II** [on ww] zich vormen • (~ **after**) (z.) vormen naar • (~ **into**) (z.) vormen tot ∗ (~ **up**) (mil.) (z.) opstellen, (doen) aantreden **III** [znw] • vorm, gedaante • schoolbank • schoolklas • formaliteit • formulier • gedrag ∗ strafregister leger (v. haas) ∗ (sport) conditie ∗ a form of marriage een zgn. huwelijk ∗ in form in goede conditie; in de klas; formeel ∗ it's bad form het is niet gepast

formal/fɔ:ml/ [bnw] formeel, nadrukkelijk ∗ ~ call beleefdheidsbezoek

formalism/fɔ:məlızəm/ [znw] formalisme, vormelijkheid

formality/fɔ:ˈmælɪtɪ/ [znw] formaliteit

formalize/fɔ:məlaɪz/ [ov ww] formeel maken

format/fɔ:mæt/ **I** [ov ww] invoeren (in computer) **II** [znw] • formaat • invoering in computerprogramma

formation/fɔ:ˈmeɪʃən/ [znw] formatie, vorming

formative/fɔ:mətɪv/ **I** [znw] achter-/voorvoegsel **II** [bnw] • vormend • buigings-, afleidings-

former/fɔ:mə/ **I** [znw] • vormer, schepper • leerling v.e. klas **II** [bnw] • vroeger, voormalig • eerstgenoemde

formerly/fɔ:məlɪ/ [bijw] eertijds

formidable/fɔ:mɪdəbl/ [bnw] ontzagwekkend, geducht

formless/fɔ:mləs/ [bnw] vormloos

formula/fɔ:mjʊlə/ [znw] • formulier (bij doopsel) • regel • recept • formule • (AE) babyvoeding

formulae/fɔ:mju:li:/ [mv] → **formula**

formulate/fɔ:mjʊleɪt/ [ov ww] formuleren

formulation/fɔ:mjʊˈleɪʃən/ [znw] formulering

fornicate/fɔ:nɪkeɪt/ [on ww] ontucht plegen

fornication/fɔ:nɪˈkeɪʃən/ [znw] • ontucht • overspel (bijbels)

fornicator/fɔ:nɪkeɪtə/ [bnw] ontuchtige, overspelige

forsake/fəˈseɪk/ [ov ww] in de steek laten, verlaten

forsaken/fəˈseɪkən/ volt. deelw. → **forsake**

forsook/fəˈsʊk/ verl. tijd → **forsake**

forswear/fɔ:ˈsweə/ [ov ww] afzweren ∗ ~ o.s. 'n meineed doen

fort/fɔ:t/ [znw] • fort • (gesch.) factorij

forte/fɔ:teɪ/ [znw] • fort, sterke kant • bovenkling v. schermdegen • (muz.) forto

forth/fɔ:θ/ [bijw] voort, uit, weg, buiten ∗ from this time ~ van nu af aan

forthcoming/fɔ:θˈkʌmɪŋ/ [bnw] • aanstaande, komend • tegemoetkomend (v. personen)

forthright/fɔ:ˈθraɪt/ [bnw] • open, eerlijk, oprecht • direct, onmiddellijk

forthwith/fɔ:θˈwɪθ/ [bijw] onmiddellijk

fortieth/fɔ:tɪɪθ/ [telw] veertigste

fortification/fɔ:tɪfɪˈkeɪʃən/ [znw] versterking

fortify/fɔ:tɪfaɪ/ [ov ww] • versterking aanbrengen, (ver)sterken • bevestigen (bewering)

fortitude/fɔ:tɪtju:d/ [znw] vastberadenheid

fortnight/fɔ:tnaɪt/ [znw] twee weken ∗ a ~ today vandaag over veertien dagen

fortnightly/fɔ:tnaɪtlɪ/ **I** [znw] veertiendaags tijdschrift **II** [bijw] iedere twee weken

fortress/fɔ:trɪs/ [znw] vesting

fortuitous/fɔ:ˈtju:ɪtəs/ [bnw] • toevallig • fortuinlijk

fortuitousness/fɔ:ˈtju:ɪtəsnəs/ [znw] toevalligheid

fortunate/fɔ:tʃənət/ [bnw] gelukkig

fortune/fɔ:tʃən/ **I** [on ww] ∗ I ~d upon him ik trof hem toevallig **II** [znw] geluk, lot, fortuin (geld) ∗ by good ~ gelukkigerwijs ∗ ~ favours the bold wie waagt, die wint ∗ ~s lotgevallen ∗ tell ~s waarzeggen

fortune-hunter [znw] gelukzoeker

fortune-teller [znw] waarzegger, waarzegster

forty/fɔ:tɪ/ [telw] veertig ∗ take ~ winks 'n dutje doen

forum/fɔ:rəm/ [znw] • forum, discussiegroep • tribunaal, rechtbank

forward/fɔ:wəd/ **I** [ov ww] • bevorderen, vooruithelpen • (door)sturen, (ver)zenden **II** [znw] (sport) voorspeler **III** [bnw] • vooruitstrevend • voorwaarts, naar voren • vroegrijp, vroegtijdig • vrijpostig **IV** [bijw] voorwaarts, vooruit ∗ I look ~ to ik verlang naar ∗ bring ~ onder de aandacht brengen ∗ come ~ z. aanbieden voor (betrekking)

forwarder/fɔ:wədə/ [znw] expediteur

forwarding/fɔ:wədɪŋ/ **I** [znw] expeditie ∗ ~ agent expediteur **II** [bnw] ∗ ~ address nieuw adres, waar de post voortaan heen moet; tijdelijk adres

forward-looking [bnw] (met) vooruitziend(e blik), op de toekomst gericht

forwardness/fɔ:wədnəs/ → **forward**

forwards/fɔ:wədz/ [bijw] → **forward**

forwent/fɔ:ˈwent/ verl. tijd → **forego**

fossick/fɒsɪk/ [on ww] • goudzoeken (Austr.) • (inf.) rondscharrelen, snuffelen in

fossil/fɒsəl/ **I** [znw] fossiel **II** [bnw] • versteend • opgedolven ∗ ~ fuel fossiele brandstof

fossilization/fɒsəlaɪˈzeɪʃən/ [znw] verstening

fossilize/fɒsəlaɪz/ [on ww] verstenen

foster/fɒstə/ **I** [ov ww] koesteren **II** [znw] ∗ ~ brother pleegbroer ∗ ~ mother pleegmoeder; broedmachine; couveuse

fosterage/fɒstərɪdʒ/ [znw] • koestering • gebruik v. zoogmoeders

fosterer/fɒstərə/ [znw] • voedster • pleegvader

fought/fɔ:t/ verl. tijd + volt. deelw. → **fight**

foul/faʊl/ **I** [ov ww] • bezoedelen • in de war maken • versperren • opbotsen tegen ∗ the train fouled the points de trein liep uit de wissel • (~ **up**) verknoeien, verprutsen **II** [on ww] • vuil worden • verstopt raken • in de war raken **III** [znw] • iets dat ongeoorloofd is • botsing, aanvaring ∗ through fair and foul in voorspoed en tegenspoed **IV** [bnw] • verstopt (buis) • in de war (touw) • vuil, bedorven (lucht) • walgelijk, stinkend • onrein, gemeen, oneerlijk • smerig (weer) • (inf.) beroerd (gevoel) ∗ foul play vals spel; boze opzet; moord ∗ the foul fiend duivel **V** [bijw] oneerlijk ∗ fall foul of in aanvaring/conflict komen met

foully/faʊllɪ/ [bijw] op 'n gemene manier

foul-mouthed [bnw] vuile praat sprekend

foulness/faʊlnəs/ [znw] • vuilheid • bedorvenheid

foul-up [znw] zootje, janboel

foumart/fu:ma:t/ [znw] bunzing

found/faʊnd/ **I** [ww] verl. tijd + volt. deelw. → **find II** [ov ww] stichten ∗ Founding Fathers grondleggers van de Amerikaanse Republiek ∗ ~ing father stichter

foundation/faʊnˈdeɪʃən/ [znw] • basis, fundering • fonds • oprichting • stichting die inkomsten uit

legaten trekt * ~ garment foundation; korset; step-in * on the ~ uit beurs studerende
foundationer/faʊnˈdeɪʃənə/ [znw] beursstudent
foundation-stone[znw] eerste steen
founder/ˈfaʊndə/ I [ov ww] • in elkaar doen zakken • doen vergaan (schip) • kreupel maken II [on ww] • verzakken, (in elkaar) zakken • mislukken • vergaan (schip) • kreupel worden III [znw] • oprichter • gieter (v. metaal) • ~ member medeoprichter
foundling/ˈfaʊndlɪŋ/ [znw] vondeling
foundry/ˈfaʊndrɪ/ [znw] metaalgieterij
fount/faʊnt/ [znw] bron (dichterlijk)
fountain/ˈfaʊntɪn/ [znw] • waterstraal, fontein • bron • reservoir
fountain-head/ˈfaʊntɪnhed/ [znw] bron
fountain-pen/ˈfaʊntɪnpen/ [znw] vulpen
four/fɔ:/ I [znw] • viertal • boot met 4 riemen * within the four seas in Groot Brittannië II [telw] vier
four-in-hand[znw] • vierspan • strikdas
four-part[bnw] vierstemmig
four-poster[znw] • hemelbed, ledikant met vier stijlen • viermaster
fours/fɔ:z/ [mv] • handen en voeten • roeiwedstrijden met vierriemsboten • 4% obligaties • be/go on all ~ kloppen met; op één lijn staan met * creep on all ~ op handen en voeten kruipen
foursome/ˈfɔ:səm/ [znw] • (sport) dubbelspel (golf) • (inf.) gezelschap v. vier personen
four-square[bnw] • vierkant • potig, stevig
four-star[bnw] met vier sterren
fourteen(th)/fɔ:ˈti:n(θ)/ [telw] veertien(de)
fourth/fɔ:θ/ [telw] • vierde (man) • kwart
fourthly/ˈfɔ:θlɪ/ [bijw] ten vierde
fowl/faʊl/ I [znw] vogels vangen II [znw] • gevogelte (ook 't vlees) • kip, haan • fowl pest hoenderpest
fowler/ˈfaʊlə/ [znw] vogelaar
fowling-piece[znw] licht geweer, ganzenroer
fowl-run[znw] kippenren
fox/fɒks/ I [ov ww] • bedriegen • bevlekken (boek) • zuur maken • dronken voeren II [on ww] • listig te werk gaan • doen alsof • zuur worden III [znw] • vos • sluwaard * fox bat vliegende hond * fox hole schuttersputje; schuilplaats in de grond * set the fox to keep the geese de kat op 't spek zetten
foxhound/ˈfɒkshaʊnd/ [znw] jachthond (afgericht voor de vossenjacht)
fox-hunting[znw] vossenjacht
fox-terrier[znw] fox- terriër
foxtrot/ˈfɒkstrɒt/ [znw] • foxtrot • sukkeldraf
foxy/ˈfɒksɪ/ [bnw] • sluw • rossig • zuur (bier) • te warm v. kleur (v. schilderij) • schimmelig * a foxy lady (inf./AE een vlotte en aantrekkelijke dame
foyer/ˈfɔɪeɪ/ [znw] foyer
fracas/ˈfræka:/ [znw] herrie, vechtpartij
fraction/ˈfrækʃən/ [znw] • breuk • onderdeel • (religie) 't breken v. 't brood • vulgar ~ gewone breuk
fractional/ˈfrækʃənl/ [bnw] • gebroken, gedeeltelijk • onbeduidend
fractionate/ˈfrækʃəneɪt/ [ov ww] kraken (v. ruwe olie)
fractionize/ˈfrækʃənaɪz/ [ov ww] verdelen
fracture/ˈfræktʃə/ I [ov ww] breken II [znw] • barst • botbreuk
fragile/ˈfrædʒaɪl/ [bnw] broos, bros, zwak, teer, breekbaar
fragility/frəˈdʒɪlɪtɪ/ [znw] broosheid, breekbaarheid

fragment I [ov + on ww] /ˈfrægmənt/ • verdelen in (brok)stukken • versplinteren II [znw] /ˈfrægmənt/ • fragment • scherf, (brok)stuk
fragmental, fragmentary/ˈfrægmentl/ [bnw] fragmentarisch
fragmentation/frægmənˈteɪʃən/ [znw] fragmentatie * ~ bomb splinterbom
fragrance/ˈfreɪgrəns/ [znw] geur
fragrant/ˈfreɪgrənt/ [bnw] geurig
frail/freɪl/ I [znw] • biezen mand(je) • (AE/sl.) meisje, vrouw II [bnw] • broos, zwak • wuft (v. vrouwen)
frailty/ˈfreɪltɪ/ [znw] zwakheid
frame/freɪm/ I [ov ww] • vormen, in de goede stemming brengen • er voor staan • aanpassen • vals beschuldigen • omkopen (v. getuigen) • 'n complot smeden tegen II [znw] • montuur (v. bril), lijst, raam, gestel, geraamte • bouw • orde, plan, stelsel • broeibak • houten gebouw • beeldlijnkader (televisie) * ~ aerial raamantenne * ~ of mind gemoedstoestand * ~ of reference onderling verband
framer/ˈfreɪmə/ → frame
frame-saw[znw] spanzaag
frame-up[znw] complot
framework/ˈfreɪmwɜ:k/ [znw] • geraamte, omlijsting, kader • bouw
France/fra:ns/ [znw] Frankrijk
franchise/ˈfræntʃaɪz/ [znw] • burgerrecht • stemrecht • vrijstelling • recht • vergunning • (hand.) concessie, franchise
Franciscan/frænˈsɪskən/ I [znw] franciscaan II [bnw] franciscaans
Franco-German/ˈfrænkəʊˈdʒɜ:mən/ [bnw] Franco-Duits
Franconian/frænˈkəʊnɪən/ [bnw] Frankisch
frangible/ˈfrændʒɪbl/ [bnw] breekbaar, bros
frank/fræŋk/ I [ov ww] frankeren (brief) II [bnw] openhartig
Frank/fræŋk/ [znw] westerling (in de Levant)
frankfurter/ˈfræŋkfɜ:tə/ [znw] knakworstje
frankincense/ˈfræŋkɪnsens/ [znw] wierook
Frankish/ˈfræŋkɪʃ/ [bnw] Frankisch
frankly/ˈfræŋklɪ/ [bijw] • eerlijk gezegd • oprecht
frankness/ˈfræŋknəs/ [znw] openhartigheid
frantic/ˈfræntɪk/ [bnw] krankzinnig, razend
fraternal/frəˈtɜ:nl/ [bnw] broederlijk
fraternity/frəˈtɜ:nɪtɪ/ [znw] • broederschap • (AE) studentenclub/-corps
fraternization/frætənaɪˈzeɪʃən/ [znw] verbroedering
fraternize/ˈfrætənaɪz/ [on ww] z. verbroederen
fratricidal/frætrɪˈsaɪdl/ [bnw] als een broedermoord
fraud/frɔ:d/ [znw] • fraude, bedrog • bedrieger
fraudulence/ˈfrɔ:djʊləns/ [znw] bedrog, bedrieglijkheid
fraudulent/ˈfrɔ:djʊlənt/ [bnw] • frauduleus • bedrieglijk
fraught/frɔ:t/ [bnw] beladen, vol van * ~ with danger vol gevaar
fray/freɪ/ I [ov ww] • verslijten • gewei afschaven (v. hert) • aantasten II [znw] • gekrakeel, strijd • rafel, kale plek (in kleed)
frazzle/ˈfræzəl/ I [ov ww] rafelen, aan flarden scheuren II [znw] rafel, flard • worn to a ~ tot op de draad versleten; volslagen uitgeput
freak/fri:k/ I [on ww] • (~ out) hallucinaties krijgen (bij drugs) II [znw] • gril • gedrocht, rariteit • zonderling, hippie • fanaat • homo, flikker • (AE) verslaafde * ~ accident bizar en onwaarschijnlijk ongeluk * ~ of nature speling der natuur III [bnw] grillig

F

freaked /fri:kt/ [bnw] • grillig • gevlekt
freakish, freaky /'fri:kɪʃ/ [bnw] grillig, vreemd
freak-out [znw] trip ‹v. druggebruiker›
freckle /frekl/ I [on ww] met sproeten bedekt worden II [znw] sproet
freckled /frekld/ [bnw] sproeterig
free /fri:/ I [ov ww] • bevrijden, los/vrij maken • ontslaan ‹v. belofte› ∗ free your mind stort je hart uit II [bnw] • vrij, onbelemmerd • onafhankelijk • toegestaan • gunstig ‹wind› • vrijwillig • openhartig • plat ‹gepraat› • franco • ‹chem.› zuiver ∗ Free Church Kerk zonder staatsbemoeiing ∗ be free of the house vrij mogen ingaan en uitgaan ∗ free concert gratis concert ∗ free domicile franco huis ∗ free grace (onverdiende) genade v. God ∗ free of royaal met ∗ free of charge franco ∗ free on rail franco wagon ∗ free pardon gratie ∗ free quarters vrije huisvesting ∗ free speech 't vrije woord ∗ he is free of French hij is op de hoogte met de Franse taal ∗ he is free of that company hij is lid van dat genootschap ∗ he made free with hij veroorloofde z. ‹te grote› vrijheden met
freebie /'fri:bɪ/ [znw] weggevertje, wat je cadeau krijgt
freedom /'fri:dəm/ [znw] • vrijheid • te grote familiariteit • gemakkelijkheid • onbeperkt gebruik • rondborstigheid • ereburgerschap ‹v. stad› • lidmaatschap ‹v. vereniging›
free-floating [bnw] • vrij rondzwervend • ongebonden • ongecontroleerd • niet te vangen ‹fig.› • vaag, zweverig
free-for-all [znw] algemene ruzie
freehand /'fri:hænd/ [bnw + bijw] uit de vrije hand
freehold /'fri:həʊld/ I [znw] vrij bezit II [bnw] vrij
freeholder /'fri:həʊldə/ [znw] volle eigenaar
freehouse /'fri:haʊs/ [znw] onafhankelijke slijter
freelance /'fri:lɑ:ns/ [bnw] onafhankelijk, freelance
freelancer /'fri:lɑ:nsə/ [znw] iem. die freelance werkt
free-liver [znw] levensgenieter
freeloader /'fri:ləʊdə/ [znw] klaploper, profiteur
freely /'fri:lɪ/ [bijw] • overvloedig • vrijelijk, openlijk
freeman /'fri:mən/ [znw] • ereburger • lid v. vereniging • vrije/stemgerechtigde burger
freemason /'fri:meɪsən/ [znw] vrijmetselaar
freemasonry /'fri:meɪsənrɪ/ [znw] vrijmetselarij
free-spoken [bnw] vrijmoedig
freestyle /'fri:staɪl/ I [bnw + bijw] in/met vrije slag/stijl II [znw] vrije slag/stijl
freethinker /fri:'θɪŋkə/ [znw] vrijdenker
freeway /'fri:weɪ/ ‹AE› [znw] ‹auto›snelweg
freewheel /fri:'wi:l/ [on ww] rustig aan doen, je niet uitsloven
freeze /fri:z/ I [ov ww] • ‹doen› bevriezen ‹ook fig.› • laten stilstaan ‹beeldband of film› • stabiliseren ‹prijzen of lonen› • ‹doen› stollen ∗ ‹quick›frozen foods diepvriesartikelen ∗ ‹~ out› uitsluiten, boycotten, afgelasten vanwege de kou, uitschakelen II [on ww] • bevriezen ‹plotseling onbeweeglijk worden› • vriezen ∗ ‹AE› –! blijf staan of ik schiet! ∗ ‹~ over› dichtvriezen III [znw] • vorst • bevriezing ‹v. loon›
freeze-dry [ov ww] vriesdrogen
freezer /'fri:zə/ [znw] diepvries
freeze-up [znw] • lange vorstperiode • het door kou bevangen zijn
freezing /'fri:zɪŋ/ [bnw] ijskoud ∗ ~ mixture koudmakend mengsel
freezing-point /'fri:zɪŋpɔɪnt/ [znw] vriespunt
freight /freɪt/ I [ov ww] • verzenden, laden, bevrachten II [znw] • vracht(prijs), lading • ‹AE› goederentrein ∗ ‹AE› ~ car goederenwagon

freightage /'freɪtɪdʒ/ [znw] • vrachtprijs • lading
freighter /'freɪtə/ [znw] • bevrachter • vrachtboot/-vliegtuig
French /frentʃ/ I [znw] de Fransen II [bnw] Frans ∗ ~ bean snijboon; witte boon ∗ ~ curve tekenmal; curvemal ∗ ~ fries/fried potatoes patates frites ∗ ~ horn waldhoorn ∗ ~ kiss tongzoen ∗ ~ letter condoom ∗ ~ polish wrijfwas ∗ ~ roof gebroken dak ∗ ~ window openslaande glazen deur ∗ a glass of ~ een glas vermout ∗ he took ~ leave hij poetste de plaat
Frenchify /'frentʃɪfaɪ/ [ov + on ww] verfransen
Frenchman /'frentʃmən/ [znw] Fransman
Frenchwoman /'frentʃwʊmən/ [znw] Française
frenetic /frə'netɪk/ [bnw] dwaas, waanzinnig
frenzied /'frenzɪd/ [bnw] dol
frenzy /'frenzɪ/ I [ov ww] gek maken II [znw] waanzin, (aanval v.) razernij
frequency /'fri:kwənsɪ/ [znw] • herhaling, 't veelvuldig gebeuren • snelheid ‹v.d. pols› • trillingsgetal, frequentie
frequent I [ov ww] /frɪ'kwent/ regelmatig/vaak bezoeken II [bnw] /'fri:kwənt/ veelvuldig
frequentative /frɪ'kwentətɪv/ [znw] frequentatief werkwoord
frequenter /frɪ'kwentə/ [znw] geregelde bezoeker
frequently /'fri:kwəntlɪ/ [bijw] herhaaldelijk
fresco /'freskəʊ/ [znw] fresco
fresh /freʃ/ I [znw] • koelte • onervarenheid • vloed in rivier II [bnw] • nieuw, anders, fris, vers • onervaren • zoet ‹water› • tipsy • brutaal ∗ as ~ as a daisy zo fris als 'n hoentje ∗ ~ herring panharing ∗ ~ paint! nat!; geverfd!
fresh- [bnw] • vers- • fris- • nieuw
freshen /'freʃən/ [ov ww] • opfrissen, aanzetten • ontzouten ‹(~ up) ‹z.› opfrissen
freshener /'freʃnə/ [znw] • opfrissertje • breath ~ ademverfrissend middel/snoepje
fresher /'freʃə/ ‹inf.› → **freshman**
freshly /'freʃlɪ/ [bijw] • fris, krachtig • pas, zoëven
freshman /'freʃmən/ [znw] eerstejaars (student)
freshwater /'freʃwɔ:tə/ [bnw] • zoetwater- • onbevaren ‹matroos›
fret /fret/ I [ov ww] • versieren met snijwerk • knagen, in-/wegvreten • irriteren • ‹z.› ergeren • verdrietig zijn, kniezen • (doen) rimpelen ‹beek› ∗ fret o.s. piekeren II [znw] • (open) lijst(werk), Griekse rand • ergernis • toets ‹v. snaarinstrument› ∗ on the fret verdrietig
fretful /'fretfʊl/ [bnw] • verdrietig, gemelijk • gerimpeld ‹water› • stormachtig ‹weer›
fretsaw /'fretsɔ:/ [znw] figuurzaag
fretty /'fretɪ/ [bnw] ontstoken ‹wond›
fretwork /'fretwɜ:k/ [znw] • figuurzaagwerk, snijwerk • Griekse rand
friability /fraɪə'bɪlətɪ/ [znw] brosheid
friable /'fraɪəbl/ [bnw] bros
friar /'fraɪə/ [znw] • monnik • broeder ∗ ~'s lantern dwaallicht
friary /'fraɪərɪ/ [znw] klooster
fribble /'frɪbl/ I [on ww] zijn tijd verdoen, beuzelen II [znw] beuzelarij
fribbler /'frɪblə/ [znw] frivool figuur, beuzelaar
fricative /'frɪkətɪv/ I [znw] ‹taalk.› spirant II [bnw] wrijvend
friction /'frɪkʃən/ [znw] wrijving ‹ook fig.›
Friday /'fraɪdeɪ/ [znw] vrijdag ∗ man ~ trouwe dienaar
fridge /frɪdʒ/ [znw] koelkast
fridge-freezer [znw] koelkast met diepvriesvak
fried /fraɪd/ verl. tijd + volt. deelw. → **fry**
friend /frend/ [znw] • vriend(in), kennis • relatie

• secondant ★ (Society of) Friends quakers ★ a ~ in need is a ~ indeed *in de nood leert men zijn vrienden kennen* ★ ~s *familieleden* ★ my honourable ~ *de geachte afgevaardigde*
friendless/'frendləs/ [bnw] *zonder vrienden*
friendly/'frendlɪ/ **I** [znw] • *inboorling v. bevriende stam* • *vriendschappelijke wedstrijd* **II** [bnw] • *welwillend* • *vriendschappelijk, bevriend* (naties) ★ (mil.) killed by ~ fire *door vuur van eigen troepen (per abuis)* gedood
friendship/'frendʃɪp/ [znw] *vriendschap*
frier/'fraɪə/ → **fryer**
Friesian/'friːzɪən/ **I** [znw] *Friese koe* **II** [bnw] *Fries* (vee)
frieze/friːz/ [znw] *fries* (rand v. versiering)
frig/frɪg/ (vulg.) (on ww) • *neuken* • (z.) *aftrekken* ★ frigging! *verrekt(e)!* ★ ~ **around/about)** *rondhangen*
frigate/'frɪgɪt/ [znw] *fregat*
fright/fraɪt/ [znw] *schrik, vrees* ★ take ~ *bang worden* ★ you look a ~ *je ziet er verschrikkelijk uit*
frighten/'fraɪtn/ (ov ww) *doen schrikken* ★ ~ed at *verschrikt bij* ★ ~ed into surrender *door vrees tot onderwerping brengen* ★ ~ed of *bang voor* • (~ **away)** *verjagen*
frightful/'fraɪtfʊl/ [bnw] • *afschuwelijk* • (inf.) *ontzaglijk*
frightfulness/'fraɪtfʊlnəs/ [znw] • *afschuwelijkheid* • *angstaanjagendheid*
frigid/'frɪdʒɪd/ [bnw] • *frigide* • *koud, ijzig, kil* • *smakeloos*
frigidity/frɪ'dʒɪdətɪ/ [znw] • *koude* • *frigiditeit*
frill/frɪl/ [znw] • *geplooide strook v. krans v. veren* • (AE/sl.) *meisje* • ~s *liflafjes; opschepperig gedoe; opschik* ★ put on ~s *z. airs geven*
frilly/'frɪlɪ/ [bnw] *met kantjes/strookjes/prullaria*
fringe/frɪndʒ/ **I** (ov ww) • *met franje versieren* • *omzomen* **II** [znw] • *franje, zoom, buitenkant, zelfkant* • *ponyhaar*
frippery/'frɪpərɪ/ [znw] *opschik, snuisterijen*
frippet/'frɪpɪt/ [znw] *opzichtig meisje* ★ a (nice) bit of ~ *een lekker stuk*
Frisian/'frɪzɪən/ **I** [znw] • *Fries* • *Friese koe* **II** [bnw] *Fries*
frisk/frɪsk/ **I** (ov ww) • *fouilleren* • (AE) *zakkenrollen* **II** (on ww) • *springen* • *dartelen* **III** [znw] • *sprong* • *gril*
frith/frɪθ/ → **firth**
fritillary/frɪ'tɪlərɪ/ [znw] • *keizerskroon* • *paarlemoervlinder* • (plant.) *kievietsbloem*
fritter/'frɪtə/ **I** (ov ww) • (~ **away)** *verklungelen* **II** [znw] (appel)beignet
frivol/'frɪvəl/ (on ww) *beuzelen* • (~ **away)** *verkwisten, verknoeien (geld)*
frivolity/frɪ'vɒlətɪ/ [znw] *lichtzinnigheid*
frivolous/'frɪvələs/ [bnw] • *dwaas, beuzelachtig* • *lichtzinnig, wuft*
frizz/frɪz/ (on ww) • *sissen (bij braden)* • *krullen (haar)*
frizzle/'frɪzəl/ **I** (ov ww) • *friseren, krullen* • *(doen) sissen (bij braden)* • *braden* **II** [znw] *gekroesd haar*
frizzly/'frɪzlɪ/ [bnw] *krullend*
fro/frəʊ/ [bijw] ★ to and fro *heen en weer*
frock/frɒk/ **I** (ov ww) *met het priesterambt bekleden* **II** [znw] • *pij* • *kiel* • *japon, jurkje* • *geklede jas* • *priesterambt* • (mil.) *lange uniformjas*
frock-coat/frɒk'kəʊt/ [znw] *geklede jas*
frog/frɒg/ [znw] • *kruisstuk (bij kruising v. spoorrails)* • *kikker, kikvors* • (pej.) *fransoos* ★ frog in the throat *kikker in de keel; heesheid*
frogman/'frɒgmən/ [znw] *kikvorsman*

frog-march/ov ww/ *hardhandig opbrengen met de armen stevig in de greep* (gevangene)
frogspawn/'frɒgspɔːn/ [znw] *kikkerdril*
frolic/'frɒlɪk/ **I** (on ww) *rondspringen, pret maken* **II** [znw] *grap, fuif*
frolicsome/'frɒlɪksəm/ [bnw] *dartel, vrolijk*
from/frəm/ [vz] • *naar, volgens* • *als gevolg van, wegens, door* • *van, weg van, van … af, uit*
frond/frɒnd/ [znw] *varenblad*
frondage/'frɒndɪdʒ/ [znw] • *varenbladeren* • *loof*
front/frʌnt/ **I** (ov ww) • *z. geplaatst zien voor* • *staan tegenover, 't hoofd bieden aan* • (~ **upon/to/towards)** *uitzien op* **II** (on ww) • (~ **about)** *z. omkeren* **III** [znw] • *front* • *gezicht* • *voorgevel* • *voorhoofd* (dichterlijk) • *brutaliteit* • *strandboulevard* • *vals haar (op voorhoofd)* • *overhemdsfront* • *camouflage* ★ he came to the ~ *hij trad op de voorgrond* ★ he put a bold ~ on it *hij bood het moedig het hoofd* ★ in ~ *voorop; vooraan; en face* (v. foto) ★ in ~ of *vóór* ★ in the ~ of the house *vóór in het huis* ★ with a firm ~ *vastberaden* **IV** [bnw] *voorste, voor-* ★ ~ bench *bank (in Parlement) voor ministers en oppositieleiders* ★ ~ door *voordeur*
frontage/'frʌntɪdʒ/ [znw] *vóórgelegen terrein* • *front*
frontal/'frʌntl/ **I** [znw] *voorgevel, frontaal* (v. altaar) **II** [bnw] *front(en)-, voorhoofds-* ★ ~ barrier *crash frontale botsing (tegen stilstaand obstakel)*
frontier/'frʌntɪə/ [znw] *grens*
frontiersman/'frʌntɪəzmən/ [znw] • *grensbewoner* • (AE) *pionier*
frontispiece/'frʌntɪspiːs/ [znw] • *voorgevel* • *plaat tegenover titelblad (in boek)* • *gezicht*
frost/frɒst/ **I** (ov ww) • *doen bevriezen (planten)* • *glaceren (gebak)* • *berijpen* • *mat maken (glas)* • *op scherp zetten (paard)* ★ ~ed glass *matglas* ★ ~ed head *grijs hoofd* **II** [znw] • *vorst* • *ijsbloemen* • *koelheid* • (inf.) *mislukking* ★ hard ~ *strenge vorst*
frostbite/'frɒstbaɪt/ [znw] (beschadiging/verwonding als gevolg v.) *bevriezing*
frostbitten/'frɒstbɪtn/ [bnw] • *bevroren* • *koud* (fig.), *ongevoelig*
frostbound/'frɒstbaʊnd/ [bnw] *bevroren, ingevroren*
frosting/'frɒstɪŋ/ [znw] • *glazuur (voor gebak)* • *mat oppervlak*
frostwork/'frɒstwɜːk/ [znw] *ijsbloemen (op ramen)*
frosty/'frɒstɪ/ [bnw] • *vriezend, ijzig* • *berijpt* • *grijs*
froth/frɒθ/ [znw] • *geklets* • *schuim*
frothy/'frɒθɪ/ [bnw] • *leeg* • *schuimend* • *oppervlakkig*
frown/fraʊn/ **I** (ov ww) *afkeuren* ★ ~ upon s.o./s.th. *iem./iets afkeurend bekijken* **II** (on ww) *dreigend kijken, 't voorhoofd fronsen* • ~ing *somber* • (~ **down)** *de ogen doen neerslaan (door strenge blik)* **III** [znw] *frons, afkeurende blik*
frowst/fraʊst/ **I** (on ww) *bij 't vuur zitten te broeien* **II** [znw] (inf.) *benauwde warmte in kamer*
frowster/'fraʊstə/ [znw] *koukleum*
frowsty/'fraʊstɪ/ [bnw] *bedompt, benauwd*
frowzy/'fraʊzɪ/ [bnw] *bedompt, vuil*
froze/frəʊz/ verl. tijd → **freeze**
frozen/'frəʊzən/ **I** [ww] volt. deelw. → **freeze** **II** [bnw] *bevroren, ijzig* ★ ~ foods *diepvriesartikelen* ★ ~ zones *poolstreken*
fructification/frʌktɪfɪ'keɪʃən/ [znw] *bevruchting*
fructify/'frʌktɪfaɪ/ **I** (ov ww) *bevruchten* **II** (on ww)

F

vruchtdragen

frugal /ˈfruːɡl/ [bnw] matig, sober

frugality /fruːˈɡælɪt/ [znw] • soberheid
• matigheid

fruit /fruːt/ I [ov ww] vruchten doen dragen
II [on ww] vruchten dragen III [znw] • fruit,
vrucht(en) (ook fig.) • (pej.) nicht (verwijfde
man) ★ ~ knife fruitmesje ★ ~
machine gokautomaat ★ ~ salad vruchtensalade
★ ~ stand fruitschaal

fruitcake /ˈfruːtkeɪk/ [znw] vruchtencake

fruiter /ˈfruːtə/ [znw] • kweker • fruitboom • schip
dat fruit vervoert

fruiterer /ˈfruːtərə/ [znw] fruithandelaar

fruitful /ˈfruːtfʊl/ [bnw] vruchtbaar, resultaat
gevend

fruition /fruːˈɪʃən/ [znw] • genot • verwezenlijking
• vervulling

fruitless /ˈfruːtləs/ [bnw] • onvruchtbaar
• vruchteloos

fruity /ˈfruːtɪ/ [bnw] • vrucht- smakend naar
druiven • geurig, pikant, pittig • rijp, klankrijk, al
te luid (stem) • (sl.) wulps, wellustig

frump /frʌmp/ [znw] slons

frumpish /ˈfrʌmpɪʃ/ [bnw] slordig

frustrate /frʌˈstreɪt/ [ov ww] teleurstellen,
verijdelen

frustration /frʌˈstreɪʃən/ [znw] teleurstelling,
frustratie

fry /fraɪ/ I [ov ww] braden, bakken II [on ww]
(inf./AЕ op de elektrische stoel ter dood worden
gebracht III [znw] • jonge vissen • gebraden vlees
★ small fry jong volkje; onbetekenende mensen
★ the lesser fry de mindere goden

fryer /ˈfraɪə/ [znw] • braadpan • bakvis,
braadkuiken

frying-pan /ˈfraɪɪŋpæn/ [znw] braadpan

fry-up [znw] frituurgerecht

ft. [afk] • (feet/foot) voet

FTC [afk] • (Federal Trade Commission) Federale
Handelscommissie

fubsy /ˈfʌbzɪ/ [bnw] dik, mollig

fuchsia /ˈfjuːʃə/ [znw] fuchsia

fuck /fʌk/ (vulg.) I [ov + on ww] neuken ★ fuck off!
rot op! ★ (~ about/around) rotzooien,
aanklooien II [znw] ★ not care a fuck geen donder
kunnen schelen

fuck-all [znw] geen sodemieter, geen barst, niks

fucking /ˈfʌkɪŋ/ [bnw + bijw] verrekt, verdomd,
klote-

fuddle /ˈfʌdl/ I [ov ww] benevelen II [on ww] z.
bedrinken, drinken III [znw] ★ (AЕ on the ~ aan
de zwier

fuddled /ˈfʌdld/ [bnw] beneveld ★ a ~ idea een
vaag idee

fuddy-duddy /ˈfʌdɪdʌdɪ/ (inf.) [znw] iem. met
verouderde ideeën

fudge /fʌdʒ/ I [ov ww] in elkaar flansen II [on ww]
• bedriegen • onzin verkopen • er omheen draaien
III [znw] • onzin, bedotterij • zachte karamel
• laatste nieuws

fuel /ˈfjuːəl/ I [ov ww] voorzien v. brandstof ★ fuel
for thought stof tot nadenken II [on ww] tanken
III [znw] brandstof ★ add fuel to the fire olie op 't
vuur gooien ★ fuel gas kookgas ★ fuel injection
brandstofinjectie ★ fuel oil stookolie ★ fuel tank
brandstof-/benzinetank

fug /fʌɡ/ I [on ww] in bedompte atmosfeer zitten
II [znw] • stof (in hoeken) • bedompte atmosfeer
(in kamer)

fuggy /ˈfʌɡɪ/ [bnw] • muf • stoffig

fugitive /ˈfjuːdʒɪtɪv/ I [znw] • voortvluchtige

• vluchteling II [bnw] • kortstondig
• voortvluchtig

fugue /fjuːɡ/ [znw] fuga

fulcrum /ˈfʊlkrəm/ [znw] • steunpunt, draaipunt
(v. hefboom) • (plant.) aanhangsel

fulfil /fʊlˈfɪl/ [ov ww] • vervullen, beantwoorden aan
(doel) • uitvoeren

fulfilment /fʊlˈfɪlmənt/ [znw] bevrediging

fulgency /ˈfʌldʒənsɪ/ [znw] schittering

fulgent /ˈfʌldʒənt/ [bnw] prachtig (dichterlijk)

full /fʊl/ I [ov ww] • doen uitstaan (v. kledingstuk)
• vollen (laken) II [bnw] ★ in full ten volle ★ the
full of s.th. alle details over ★ to the full ten volle
III [bnw] • vol(ledig), verzadigd, overvloedig (v.
maal) • volslank • uitstaande (kleren)
• volmaakt, duidelijk • (inf.) dronken ★ a full
house full house (bij poker); uitverkochte zaal
★ full age meerderjarigheid ★ full of years v. hoge
leeftijd ★ full stop punt (leesteken) ★ (inf.) full
up vol ★ in full blast zeer actief ★ in full swing in
volle gang IV [bijw] ten volle ★ full out uit alle
macht ★ it's full high zeer hoog ★ she looked me
full in the face ze keek me vlak in 't gezicht

fullback /ˈfʊlbæk/ [znw] achterspeler, verdediger

full-blooded /fʊlˈblʌdɪd/ [bnw] • volbloed(ig)
• krachtig • luidruchtig

full-blown [bnw] in volle bloei, ontwikkeld, volledig

full-bodied [bnw] zwaar (vooral wijn)

full-born [bnw] voldragen (kind)

full-bottomed [bnw] • lang (pruik) • met veel
laadruimte (m.b.t. een schip)

full-colour [bnw] veelkleuren, vierkleuren

full-dress I [znw] avondtoilet II [bnw] gala- ★ ~
rehearsal generale repetitie

fuller /ˈfʊlə/ [znw] voller (ook v. laken)

full-face [bnw + bijw] van voren

full-fledged [bnw] • geheel met veren bedekt
• volledig ontwikkeld

full-grown [bnw] volwassen

full-hearted [bnw] • gevoelvol • moedig

full-length [bnw] levensgroot ★ ~ portrait
levensgroot schilderij; portret ten voeten uit

full-mouthed [bnw] • met volledig gebit (m.b.t.
vee) • luid blaffend, luid klinkend

fullness /ˈfʊlnəs/ [znw] vol(ledig)heid

full-page [bnw] over een hele pagina

full-scale [bnw] • op ware grootte • volledig

full-time [bnw] volletijds ★ ~ job volledige dagtaak

fully /ˈfʊlɪ/ [bijw] • volledig • v. ganser harte

fully-fledged [bnw] • volwassen • volleerd

fulminate /ˈfʌlmɪneɪt/ I [on ww] • uitvaren tegen
• met banvloek treffen II [on ww] ontploffen

fulmination /fʌlmɪˈneɪʃən/ [znw] • ontploffing
• afkondiging v. banvloek

fulminatory /ˈfʌlmɪneɪtərɪ/ [bnw] donderend

fulsome /ˈfʊlsəm/ [bnw] • walgelijk door
overlading • kruiperig vleiend • oververtzadigd
• vol

fumble /ˈfʌmbl/ I [ov ww] • (~ after/for) zoeken
naar • (~ up) verfrommelen II [on ww] knoeien,
prutsen

fumbler /ˈfʌmblə/ [znw] kluns, onhandig iem.

fume /fjuːm/ I [ov ww] bewieroken II [on ww]
• opstijgen (v. damp), uitwasemen • donker
kleuren met ammonia • koken (v. woede)
III [znw] • damp, uitwaseming • vlaag v. woede,
opwinding

fumigate /ˈfjuːmɪɡeɪt/ [ov ww] • ontsmetten
• doorgeuren

fumigation /fjuːmɪˈɡeɪʃən/ [znw] (wie)rook

fun /fʌn/ I [on ww] gekheid maken II [znw] grap,
pret ★ for/in fun voor de grap ★ like fun van je

welste ∗ make fun of *voor de gek houden* ∗ poke
fun at *voor de gek houden* ∗ what fun! *wat aardig!*
function /ˈfʌŋkʃən/ I [on ww] functioneren II [znw]
● functie, beroep ● plechtigheid, feest
functional /ˈfʌŋkʃənl/ [bnw] doelmatig, functioneel
functionary /ˈfʌŋkʃənəri/ I [znw] ● ambtenaar,
beambte ● functionaris II [bnw] → **functional**
fund /fʌnd/ I [ov ww] ● consolideren (schuld)
● funderen ● beleggen (in staatspapieren)
II [znw] fonds, voorraad ∗ his funds were low *hij
was slecht bij kas* ∗ in funds *contenten* ∗ the
funds *staatsfondsen*
fundamental /fʌndəˈmentl/ I [znw] basis,
grondbeginsel, grondtoon ∗ let's get down to ~s
laat ons ter zake komen II [bnw] grond-,
fundamenteel
fundamentally /fʌndəˈmentli/ [bijw]
fundamenteel, in wezen
funeral /ˈfjuːnərəl/ I [znw] ● begrafenis(stoet) ● ‹AE›
rouwdienst ∗ that's your ~! *daar blijf ik buiten!
dat is jouw zaak!* II [bnw] begrafenis-, lijk- ∗ ‹AE›
~ contractor/director *begrafenisondernemer* ∗ ~
oration *lijkrede* ∗ ~ parlo(u)r *rouwkamer* ∗ ~
pile/pyre *brandstapel (bij lijkverbranding)* ∗ ~
train *begrafenisstoet*
funerary /ˈfjuːnərəri/ [bnw] begrafenis-, lijk-
funereal /fjuːˈnɪəriəl/ [bnw] ● begrafenis- ● treur-,
somber ● diepzwart
fun-fair /ˈfʌnfeə/ [znw] kermis
fungi /ˈfʌŋgiː/ [mv] → **fungus**
fungicide /ˈfʌŋgɪsaɪd/ I [znw] fungicide,
schimmeldodend middel II [bnw] schimmeldodend
fungus /ˈfʌŋgəs/ [znw] ● paddestoel ● zwam
● uitwas
funicular /fjuːˈnɪkjʊlə/ I [znw] kabelspoor II [bnw]
kabel-
funk /fʌŋk/ I [ov ww] ● ontwijken (uit angst)
● bang maken II [on ww] bang zijn III [znw]
● bangerd ● ‹sl.› angst ● ‹muz.› funk ∗ I was in a
blue funk *ik zat lelijk in de rats* ∗ funk hole
schuilplaats; uitvlucht
funky /ˈfʌŋki/ [bnw] ● bang ● schijterig ● stinkend
● ‹muz.› vlak v. stijl (jazz), funky ● ‹sl.› reuzegoed,
geweldig
funnel /ˈfʌnl/ I [ov ww] ● afvoeren door schoorsteen,
enz. II [znw] ● trechter ● lichtkoker, luchtkoker
● schoorsteen
funnies /ˈfʌnɪz/ [mv] stripverhaal (in krant)
funnily /ˈfʌnəli/ [bijw] vreemd, eigenaardig
funny /ˈfʌni/ I [znw] bootje II [bnw] ● grappig, raar
● bedrieglijk
funny-bone /ˈfʌnibəun/ [znw] elleboogsknokkel
fur /fɜː/ I [ov ww] ● met bont afzetten (voeren)
● schoonmaken (stoomketel) II [on ww]
aanslaan, beslaan (v. tong) III [znw] ● bont(werk)
● aanzetsel (v. wijn), beslag (op de tong),
ketelsteen ∗ fur and feather *pelsdieren en
gevogelte* ∗ (inf.) make the fur fly *een conflict
uitlokken* IV [bnw] bonten, bont-
furbish /ˈfɜːbɪʃ/ [ov ww] ● (~ up) oppoetsen,
opknappen, vernieuwen
furcate /ˈfɜːkeɪt/ I [on ww] z. vertakken II [bnw]
gevorkt
furious /ˈfjuərɪəs/ [bnw] ● woedend ● wild
furl /fɜːl/ [ov ww] ● oprollen en vastbinden (zeil),
opvouwen ● laten varen (hoop)
furlong /ˈfɜːlɒŋ/ [znw] 1/8 Eng. mijl (201 m.)
furlough /ˈfɜːləu/ I [ov ww] verlof geven II [znw]
verlof
furnace /ˈfɜːnɪs/ I [ov ww] verhitten II [znw]
● oven, vuurhaard (ook fig.) ● vuurproef
furnish /ˈfɜːnɪʃ/ [ov ww] ● leveren ● meubileren (~

with) voorzien van
furnishing /ˈfɜːnɪʃɪŋ/ [znw] ● levering ● het
meubileren ● ~s stoffering
furnishment /ˈfɜːnɪʃmənt/ [znw] meubilering
furniture /ˈfɜːnɪtʃə/ [znw] ● meubilair, huisraad
● hang- en sluitwerk ● beslag (op kist) ● inhoud (v.
de zakken) ∗ ~ broker *uitdrager* ∗ ~ van
verhuiswagen
furore /fjuəˈrɔːri/ [znw] furore, opwinding
furrier /ˈfʌrɪə/ [znw] bontwerker, bonthandelaar
furring /ˈfɜːrɪŋ/ [znw] ● pelswerk ● aanzetsel
● (scheepv.) spijkerhuid
furrow /ˈfʌrəu/ I [ov ww] ● een voor maken ∗ plough
a lonely ~ *het alleen opknappen* II [znw] voor,
groef, rimpel
furry /ˈfɜːri/ [bnw] ● met bont bekleed ● zacht
further /ˈfɜːðə/ I [ov ww] bevorderen II [bnw] ∗ the
~ side *overkant* ∗ until ~ notice *tot nadere
aankondiging* III [bijw] ● verder ● meer ∗ I wish
you ~ *duvel op!* ∗ I'll see you ~ first! *dat kun je
net denken!*
furtherance /ˈfɜːðərəns/ [znw] hulp
furthermore /fɜːðəˈmɔː/ [bijw] bovendien
furthermost /ˈfɜːðəməust/ [bnw] verst
(verwijderd)
furthest /ˈfɜːðɪst/ [bnw] verst(e)
furtive /ˈfɜːtɪv/ [bnw] heimelijk, diefachtig
furtively /ˈfɜːtɪvli/ [bijw] heimelijk
furuncle /ˈfjuərʌŋkl/ [znw] zweer
fury /ˈfjuəri/ [znw] ● woeste vrouw, feeks, furie
● woede ∗ a fury of impatience *vreselijk
ongeduldig* ∗ in a fury *woedend* ∗ like fury als 'n
bezetene
fuse /fjuːz/ I [ov ww] ∗ v. lont voorzien
● (samen)smelten II [on ww] doorslaan (v.
zekeringen) III [znw] ● zekering (v. elektr.) ● lont
fuselage /ˈfjuːzəlɑːʒ/ [znw] romp v. vliegtuig
fusible /ˈfjuːzɪbl/ [bnw] smeltbaar
fusil /ˈfjuːzɪl/ [znw] musket
fusilier /fjuːzɪˈlɪə/ [znw] fuselier
fusillade /fjuːzɪˈleɪd/ I [ov ww] fusilleren II [znw]
fusillade
fusion /ˈfjuːʒən/ [znw] smelting, fusie ∗ ~ bomb
waterstofbom
fuss /fʌs/ I [on ww] ● druk maken ● zenuwachtig
maken ∗ he was fussing about *hij liep met veel
drukte rond* ∗ (~ over) z. druk maken over II [znw]
● drukte, ophef ● zenuwachtig persoon
fussbox /ˈfʌsbɒks/ [znw] druktemaker
fussed /fʌst/ [bnw] ● bemoeiziek ● opgedirkt
● gejaagd, druk ● pietluttig
fusspot /ˈfʌspɒt/ [znw] ● druktemaker ● zenuwpees
● bemoeial
fussy /ˈfʌsi/ [bnw] ● gejaagd, druk ● pietluttig
● bemoeiziek ● opgedirkt
fustian /ˈfʌstɪən/ I [znw] ● bombast ● bombazijn
II [bnw] ● bombastisch ● bombazijnen
fustigate /ˈfʌstɪgeɪt/ (scherts) [ov ww] afrossen,
ranselen
fusty /ˈfʌsti/ [bnw] muf
futile /ˈfjuːtaɪl/ [bnw] nutteloos, waardeloos, doelloos
futility /fjuːˈtɪlɪti/ [znw] ● nutteloosheid ● futiliteit
future /ˈfjuːtʃə/ I [znw] toekomst, toekomende tijd
II [bnw] toekomstig, aanstaand
futures /ˈfjuːtʃəz/ [mv] termijnzaken
futuristic /fjuːtʃəˈrɪstɪk/ [bnw] futuristisch
fuze /fjuːz/ ‹AE› → **fuse**
fuzz /fʌz/ I [ov ww] rafelen II [znw] ● dons ● (sl.)
politie
fuzzy /ˈfʌzi/ [bnw] ● beneveld, wazig ● vlokkig kroes
fylfot /ˈfɪlfət/ [znw] swastika, hakenkruis

F

G

gab/gæb/ I [on ww] praten, kletsen II [znw] * he has the gift of the gab hij kan praten als Brugman

gabble/'gæbl/ I [ov + on ww] ● opdreunen ● rebbelen, zwammen II [znw] geraffel, gekakel

gabby/'gæbɪ/ ⟨AE⟩ [znw] sprekende film II [bnw] praatziek

gable/'geɪbl/ [znw] gevelspits * ~ roof zadeldak

gabled/'geɪbld/ [bnw] met puntgevel

gaby/'geɪbɪ/ [znw] sukkel

gad/gæd/ I [on ww] ● (~ about/around) (rond)dolen, (rond)zwerven II [znw] * on the gad op pad III [tw] wel verdorie!

gadabout/'gædəbaʊt/ ⟨pej.⟩ [znw] uithuizig persoon

gadfly/'gædflaɪ/ [znw] steekvlieg, horzel, paardenvlieg

gadget/'gædʒɪt/ [znw] ● machine-onderdeel(tje), instrument(je) ● truc, foefje

gadgetry/'gædʒɪtrɪ/ [znw] allerlei spullen

Gael/geɪl/ [znw] (Ierse/Schotse) Kelt

Gaelic/'geɪlɪk/ I [znw] de Keltische taal II [bnw] Keltisch

gaff/gæf/ I [ov + on ww] vangen met de vissperr II [znw] ● visspeer ● derderangs toneelzaaltje ● ⟨scheepv.⟩ gaffel

gaffe/gæf/ [znw] blunder, ongepaste daad/opmerking

gaffer/'gæfə/ ⟨inf.⟩ [znw] ● oude baas ● ploegbaas

gag/gæg/ I [ov + on ww] ● knevelen, de mond snoeren ● bedriegen II [znw] ● kokhalzen ● woorden inlassen III [znw] ● prop ● door toneelspeler ingelast(e) woord(en) ● leugen, bedriegerij ● ⟨pol.⟩ vaststelling v. tijd waarop de stemming over (gedeelten v.) een wetsontwerp moet plaatshebben

gaga/'ɡɑːɡɑː/ [bnw] kinds, dement

gage/geɪdʒ/ I [ov ww] op 't spel zetten II [znw] ● onderpand ● (handschoen als) uitdaging ● → **gauge** * have the gage of profiteren van

gaggle/'gægl/ I [on ww] snateren II [znw] * het snateren ● vlucht ganzen

gaiety/'geɪətɪ/ [znw] ● vrolijkheid ● opschik * gaieties pret

gaily/'geɪlɪ/ [bijw] ● vrolijk ● fleurig

gain/geɪn/ I [ov ww] ● winnen, behalen, krijgen, verwerven ● bereiken ● toenemen (v. lichaamsgewicht) * gain ground terrein winnen * gain the ear of het gehoor vinden bij * the clock gains de klok loopt vóór ● (~ (up)on) inhalen II [znw] winst, voordeel

gainful/'geɪnfʊl/ [bnw] winstgevend

gainings/'geɪnɪŋz/ [mv] winst

gainsay/geɪn'seɪ/ [ov ww] tegenspreken, ontkennen

gait/geɪt/ [znw] manier v. lopen, pas

gaiter/'geɪtə/ [znw] ● slobkous ● ⟨AE⟩ bottine * ⟨vero.⟩ ready to the last ~-button kant en klaar

gal/gæl/ ⟨inf.⟩ [znw] meisje

gala/'ɡɑːlə/ [znw] gala

galactic/gə'læktɪk/ [bnw] ● v.d. melkweg ● schitterend ⟨fig.⟩

galaxy/'gæləksɪ/ [znw] ● de Melkweg ● schitterende groep/schare/stoet

gale/geɪl/ [znw] ● storm ● periodieke betaling v. huur ● ⟨plant.⟩ gagel

gall/ɡɔːl/ I [ov ww] ● schaven ● verbitteren, kwetsen, pijn doen II [znw] ● gal ● puist ● bitterheid ● schaafwond ● (oorzaak v.) verdriet ● kale/onvruchtbare plek ● ⟨AE⟩ arrogantie

gallant I [ov ww] ● het hof maken

● begeleiden, chaperonneren II [on ww] /gə'lænt/ koketteren III [znw] /gə'lænt/ ● fat ● galante ridder ⟨fig.⟩, minnaar IV [bnw] ● /'gælənt/ statig, fier ● /gə'lænt/ dapper ● /gə'lænt/ galant ● /'gælənt/ erotisch

gallantry/'gæləntrɪ/ [znw] ● dapperheid ● hoffelijkheid ● minnarij

gall-bladder/ɡɔːlblædə/ [znw] galblaas

galleon/'gælɪən/ [znw] galjoen

gallery/'gælərɪ/ [znw] ● galerij ● (schilderijen)museum ● toonzaal ● schellinkje ● ⟨AE⟩ veranda * play to the ~ populariteit najagen; (goedkoop) effect najagen

galley/'gælɪ/ [znw] ● galei ● sloep ● scheepskeuken

Gallic/'gælɪk/ [bnw] ● Gallisch ● Frans

gallicism/'gælɪsɪzəm/ [znw] gallicisme

gallicize/'gælɪsaɪz/ [ov + on ww] verfransen

gallimaufry/gælɪ'mɔːfrɪ/ [znw] ● ragout ● allegaartje

gallipot/'gælɪpɒt/ [znw] zalfpot

gallivant/'gælɪvænt/ [on ww] ● flaneren ● flirten

gallon/'gælən/ [znw] ● 4,5 liter ● ⟨AE⟩ 3,7 liter * 30 (miles) to the ~ één op tien

gallop/'gæləp/ I [ov + on ww] (laten) galopperen II [znw] galop * at a ~ in galop

gallows/'gæləʊz/ [mv] galg

gallstone/'gɔːlstəʊn/ [znw] galsteen

galop/'gæləp/ [znw] galop ⟨dans⟩

galore/gə'lɔː/ [bijw] in overvloed

galosh/gə'lɒʃ/ [znw] overschoen

galumph/gə'lʌmf/ [on ww] pralen

galvanic/gæl'vænɪk/ [bnw] galvanisch * ~ smile gedwongen glimlach

galvanism/'gælvənɪzəm/ [znw] galvanisme

galvanize/'gælvənaɪz/ [ov ww] ● galvaniseren ● opzwepen

gambade, gambado/gæm'bɑːd/ [znw] ● luchtsprong ● dolle streek

gambit/'gæmbɪt/ [znw] ● gambiet ● listige zet

gamble/'gæmbl/ I [ov + on ww] gokken, speculeren, dobbelen II [znw] gok

gambler/'gæmblə/ [znw] gokker

gambling/'gæmblɪŋ/ I [znw] het gokken * ~ den speelhol II [bnw] gok-, op de gok

gambol/'gæmbl/ I [on ww] dartelen II [znw] kuitenflikker, capriool

game/geɪm/ I [on ww] spelen, dobbelen II [znw] ● spel(letje) ● manche ⟨kaartspel⟩ ● stand, score ● pret ● wild * be off/on one's game in slechte/goede vorm zijn * fair game wild dat geschoten mag worden * forbidden game wild dat niet geschoten mag worden * game act jachtwet * game bag weitas * game cock/fowl kemphaan * he is fair game pak hem maar gerust aan * is that your little game? zo, dus dát voer jij in je schild? * it's all in the game dat hoort er nu eenmaal bij; zo gaat dat ⟨nu eenmaal⟩ * make game of voor de gek houden * none of your games! geen kunsten! * play the game eerlijk spel spelen; sportief zijn * the game is not worth the candle het sop is de kool niet waard * the game is up het spel is uit/voorbij * what a game! wat een mop! III [bnw] ● moedig ● kreupel, lam * I'm game! ik doe mee!; ik durf wel!; je kunt op mij rekenen!

gamekeeper/'geɪmkiːpə/ [znw] jachtopziener

gamesmanship/'geɪmzmənʃɪp/ [znw] gehaaidheid

gamester/'geɪmstə/ [znw] speler, dobbelaar

gam(e)y/'geɪmɪ/ [bnw] ● naar wild geurend, met wildgeur ● ⟨AE⟩ pikant, schandalig

gamma/'gæmə/ [znw] * ~ ray gammastraal

gammer/'gæmə/ [znw] vrouwtje, moedertje
gammon/'gæmən/ **I** [ov ww] • zouten en roken
  • smoesjes verkopen, bedotten • verslaan (bij
  triktrakspel) **II** [znw] • gerookte ham
  • achterstuk van zij spek • bedriegerij, onzin ∗ ~
  and spinach nonsens; smoesjes ∗ ~ steak hamlar
gammy/'gæmɪ/ ⟨vero.⟩ [bnw] kreupel, lam
gamut/'gæmət/ [znw] • het hele register
  • toonladder, toonschaal • (toon)omvang ∗ run
  the whole ~ of s.th. het volledige
  gamma/spectrum van iets doorlopen
gander/'gændə/ [znw] • gent • ⟨inf.⟩ stomme
  idioot ∗ have a ~ een kijkje nemen
gang/gæŋ/ **I** [ov + on ww] ⟨Schots⟩ gaan
  II [on ww] een bende vormen • ~ (~ up)
  samenklitten, een bende vormen • (~ up
  against/on) z. collectief keren tegen,
  samenspannen tegen **III** [znw] • troep, bende
  • ploeg ⟨werklui⟩ • stel ⟨gereedschappen⟩
ganger/'gæŋə/ [znw] voorman, ploegbaas
gangling/'gæŋglɪŋ/ [bnw] slungelig
gangplank/'gæŋplæŋk/ [znw] loopplank
gangrene/'gæŋgri:n/ **I** [ov + on ww] gangreen
  (doen) krijgen **II** [znw] • gangreen, koudvuur
  • pest ⟨fig.⟩
gangrenous/'gæŋgrɪnəs/ [bnw] gangreneus
gangster/'gæŋstə/ [znw] gangster, bendelid
gangue/gæŋ/ [znw] gangsgesteente ⟨mijnbouw⟩
gangway/'gæŋweɪ/ [znw] • doorgang
  • loopplank, loopbrug • dwarspad ⟨in Lagerhuis⟩
  ∗ ~! opzij!
gannet/'gænɪt/ [znw] Jan-van-Gent
gantry/'gæntrɪ/ [znw] stellage, seinbrug, rijbrug
  ⟨onder kraan⟩
gaol/dʒeɪl/ → **jail**
gaoler/dʒeɪlə/ → **jailer**
gap/gæp/ [znw] • bres • opening • hiaat • kloof
  ∗ credibility gap gebrek aan vertrouwen
  ∗ generation gap generatiekloof ∗ take the gap
  ertussendoor glippen; 'm smeren
gape/geɪp/ **I** [on ww] • gapen, geeuwen
  • openstaan • (~ after) snakken naar • (~ at)
  aangapen **II** [znw] • geeuw • scheur, opening
gapes/geɪps/ [mv] gaapziekte
gap-toothed [bnw] met uit elkaar staande tanden,
  met een diasteem
garage/'gærɑ:dʒ/ **I** [ov ww] binnenzetten **II** [znw]
  garage
garb/gɑ:b/ **I** [ov ww] kleden **II** [znw] • kledij
  • klederdracht ∗ in Nature's garb in
  adamskostuum
garbage/'gɑ:bɪdʒ/ [znw] afval, vuilnis ∗ ⟨AE⟩ ~
  can vuilnisemmer
garble/'gɑ:bl/ [ov ww] onvolledig/verkeerd
  weergeven, verminken ⟨v. feiten⟩
garden/'gɑ:dn/ **I** [on ww] tuinieren **II** [znw] tuin
  ∗ ~ engine tuinsproeier ∗ ~ frame broeibak ∗ ~
  party tuinfeest ∗ ~ white koolwitje ∗ lead s.o. up
  the ~ path iem. om de tuin leiden ∗ the Garden
  of England Kent
gardener/'gɑ:dnə/ [znw] tuinman, tuinier
gardening/'gɑ:dnɪŋ/ [znw] tuinbouw, tuinieren
gargantuan/gɑ:'gæntjʊən/ [bnw] reusachtig
gargle/'gɑ:gl/ **I** [ov + on ww] gorgelen **II** [znw]
  gorgeldrank
gargoyle/'gɑ:gɔɪl/ [znw] waterspuwer
garibaldi/gærɪ'bɔ:ldɪ/ [znw]
  • garibaldihoed/-bloes • krentenkoekje
garish/'geərɪʃ/ [bnw] opzichtig, bont
garland/'gɑ:lənd/ **I** [ov ww] bekransen **II** [znw]
  • bloemslinger, bloemkrans • bloemlezing
garlic/'gɑ:lɪk/ [znw] knoflook

garlicky/'gɑ:lɪkɪ/ [bnw] knoflookachtig
garment/'gɑ:mənt/ [znw] kledingstuk, gewaad
garner/'gɑ:nə/ **I** [ov ww] vergaren, oogsten
  II [znw] • vergaarsel • vergaarbak • graanschuur
garnet/'gɑ:nɪt/ **I** [znw] granaat⟨steen⟩ **II** [bnw]
  granaatrood
garnish/'gɑ:nɪʃ/ **I** [ov ww] • versieren, opmaken
  • dagvaarden • ⟨jur.⟩ beslag leggen op **II** [znw]
  versiering, garnering
garnishee/gɑ:nɪʃi:/ [znw] • gedaagde
  • executoriaal beslag
garniture/'gɑ:nɪtʃə/ [znw] • garnering, opmaak
  • garnituur • toebehoren
garret/'gærɪt/ [znw] • zolderkamer⟨tje⟩ • ⟨inf.⟩
  bovenkamer ⟨fig.⟩ ∗ ~ unfurnished niet helemaal
  snik ∗ wrong in the ~ niet helemaal goed snik
garrison/'gærɪsən/ **I** [ov ww] • garnizoen leggen
  in, bezetten • in garnizoen leggen **II** [znw]
  garnizoen ∗ ~ artillerie vestingartillerie
gar(r)otte/gə'rɒt/ [znw] ⟨AE⟩ wurgring, wurgsnoer
garrulous/'gærələs/ [bnw] praatziek
garter/'gɑ:tə/ **I** [ov ww] met kousenband
  vastmaken **II** [znw] kousenband ∗ ~ belt
  jarretellegordel ∗ the Garter Orde v.d. Kouseband
gas/gæs/ **I** [ov + on ww] ⟨AE⟩ tanken **II** [ov ww] gas
  uitstrooien over, met gas behandelen, vergassen
  III [on ww] zwammen, bluffen **IV** [znw] • gas
  • bluf, gezwam • ⟨AE⟩ benzine ∗ gas burner
  gaspit;⟨AE⟩ automobilist ∗ gas chamber gaskamer
  ∗ gas cooker gasfornuis ∗ gas fire gaskachel ∗ gas
  fitter gasfitter ∗ gas helmet gasmasker ∗ gas
  main hoofdgasleiding ∗ gas range gasfornuis
  ∗ gas ring gasstel ∗ ⟨AE⟩ gas station
  benzinepompstation ∗ gas tap gaskraan ∗ it's a
  gas!⟨AE/inf.⟩ da's hartstikke gaaf! ∗ step on the
  gas gas geven; voortmaken; een schepje erop doen
gasbag/'gæsbæg/ [znw] • gasreservoir • ⟨inf.⟩
  branieschopper, windbuil
gaseous/'gæsɪəs/ [bnw] gasachtig
gash/gæʃ/ **I** [ov ww] een jaap toebrengen **II** [znw]
  diepe snede, jaap
gasholder/'gæshəʊldə/ [znw] gashouder
gasket/'gæskɪt/ [znw] • pakking • ⟨scheepv.⟩
  beslagseizing
gaslight/'gæslaɪt/ [znw] gaslicht ∗ ⟨foto.⟩ ~ paper
  gaslichtpapier
gasman/'gæsmæn/ [znw] meteropnemer
gas-mask/'gæsmɑ:sk/ [znw] gasmasker
gasolene, gasoline/'gæsəli:n/ [znw] • gasoline
  • benzine
gasometer/gæ'sɒmɪtə/ [znw] gashouder
gasp/gɑ:sp/ **I** [ov ww] • (~ out) hijgend uiten
  ∗ gasp life out de laatste adem uitblazen
  II [on ww] • hijgen • naar adem snakken
  III [znw] ∗ at his last gasp bij zijn laatste snik
gassy/'gæsɪ/ [bnw] • gasachtig • pocherig
gastric/'gæstrɪk/ [bnw] v.d. maag, maag-
gastritis/gæ'straɪtɪs/ [znw] maagcatarre, gastritis
gastro-enteritis/gæstrəʊentə'raɪtɪs/ [znw]
  gastro-enteritis, maag-darmcatarre
gastrology/gæs'trɒlədʒɪ/ [znw] kookkunst
gastronome/'gæstrənəʊm/ [znw] gastronoom,
  fijnproever, lekkerbek
gastronomic/gæstrə'nɒmɪk/ [bnw]
  gastronomisch
gastronomy/gæ'strɒnəmɪ/ [znw] gastronomie
gasworks/'gæswɜ:ks/ [mv] gasfabriek
gate/geɪt/ **I** [ov ww] • huisarrest geven • ⟨AE⟩ de
  laan uit sturen **II** [znw] • poort • hek • deur ⟨ook
  v. sluis⟩ • afsluitboom ∗ gate money aantal
  betalende bezoekers; recette
gatecrash/'geɪtkræʃ/ [on ww] komen

G

binnenvallen ‹als ongenode gast›

gatecrasher/'geɪtkræʃə/ [znw] ● ongenode gast
● klaploper

gatehouse/'geɪthaʊs/ [znw] ● portierswoning
● ‹gesch.› gevangenpoort

gatekeeper/'geɪtki:pə/ [znw] ● portier
● baanwachter

gateleg[znw] ● ~ table uittrektafel

gatepost/'geɪtpəʊst/ [znw] deurpost

gatesman/'geɪtsmən/ [znw] ● portier
● baanwachter

gateway/'geɪtweɪ/ [znw] poort

gather/'gæðə/ [ov + on ww] ● (z.) verzamelen
● oogsten, plukken, oprapen ● rimpelen, plooien
● rijp worden ● afleiden * be ~ed to one's fathers
sterven * ~ force/momentum/speed vaart
krijgen * ~ o.s. up ineenkrimpen; moed
verzamelen ● (~ **from**) besluiten, v. iets afleiden

gathering/'gæðərɪŋ/ [znw] ● vergadering
● bijeenkomst ● verzwering

gathers/'gæðəz/ [mv] plooien, smokwerk

gauche/gəʊʃ/ [bnw] onhandig, lomp

gaud/gɔ:d/ [znw] ● opschik ● kitsch

gaudy/'gɔ:dɪ/ **I** [znw] reüniediner **II** [bnw]
opzichtig

gauge/geɪdʒ/ **I** [ov ww] ● meten, peilen
● normaliseren, ijken **II** [znw] ● standaard
(inhouds)maat ● omvang, inhoud ● kaliber, mal
● spoorwijdte ● diepgang ● regenmeter,
oliedrukmeter * take the ~ of schatten

gaugeglass/'geɪdʒglɑ:s/ [znw] peilglas

gauge-rod/geɪdʒrɒd/ [znw] peilstok

Gaul/gɔ:l/ [znw] ● Gallië ● Galliër

gaunt/gɔ:nt/ [bnw] ● mager, ingevallen ● naar

gauntlet/'gɔ:ntlɪt/ [znw] ● motorhandschoen,
sporthandschoen ● ijzeren handschoen * run the ~
spitsroeden lopen

gauze/gɔ:z/ [znw] ● tule, gaas ● waas

gauzy/'gɔ:zɪ/ [bnw] wazig

gave/geɪv/ verl. tijd → **give**

gavel/'gævəl/ [znw] (voorzitters)hamer

gawk/gɔ:k/ **I** [on ww] staan gapen **II** [znw]
lomperd

gawky/'gɔ:kɪ/ [bnw] onhandig, klungelig

gawp/gɔ:p/ [on ww] (aan)gapen

gay/geɪ/ [bnw] ● vrolijk ● luchtig ● los ● fleurig
● homo(seksueel), lesbisch

gaze/geɪz/ **I** [on ww] staren **II** [znw] starende blik

gazelle/gə'zel/ [znw] gazelle

gazette/gə'zet/ [znw] Staatscourant

gazetteer/gæzə'tɪə/ [znw] aardrijkskundig
woordenboek

gazump/gə'zʌmp/ [ov + on ww] oplichten door de
prijs van onroerend goed te verhogen na akkoord
omtrent bod

GCE [afk] ● (General Certificate of Education)
≈ middelbareschooldiploma

GCSE [afk] ● (General Certificate of Secondary
Education) ≈ diploma havo of mavo

G.D.R. [afk] ● (German Democratic Republic)
Duitse Democratische Republiek

gear/gɪə/ **I** [ov ww] ● (op)tuigen ● v. versnelling
voorzien ● inschakelen ● (~ **down/up**) naar een
lagere/hogere versnelling schakelen ● (~ **to**)
aanpassen aan, afstemmen op **II** [on ww] ● (~
into) grijpen in **III** [znw] ● gereedschappen,
spullen ● raderwerk, tandwieloverbrenging,
versnelling(smechanisme) ● vlotte kledij, snelle
kleren ● tuig * bottom/top gear laagste/hoogste
versnelling * gear case kettingkast; tandwielkast
* gear wheel tandwiel; kettingwiel * get into
gear op gang komen * in/out of gear

in-/uitgeschakeld * throw into/out of gear
in-/uitschakelen

gearbox/'grɪəbɒks/ [znw] versnellingsbak

gearing/'gɪərɪŋ/ [znw] ● tandwieloverbrenging
● ‹hand.› verhouding geleend geld en kapitaal

gear-lever, gearshift, gearstick[znw]
versnellingshendel, versnellingspook

geese/gi:s/ [mv] → **goose**

geezer/'gi:zə/ ‹inf.› [znw] ● gozer, vent ● ouwe sul

geisha/'geɪʃə/ [znw] geisha

gel/dʒel/ **I** [on ww] (meer) vaste vorm krijgen
II [znw] gel

gelatine/'dʒeləti:n/ [znw] gelatine * ~ paper
fotografisch papier

gelatinous/dʒɪ'lætɪnəs/ [bnw] gelatineachtig

geld/geld/ [ov ww] castreren (vnl. hengsten)

gelding/'geldɪŋ/ [znw] ruin

gelid/'dʒelɪd/ [bnw] (ijs)koud

gelt/gelt/ verl. tijd + volt. deelw. → **geld**

gem/dʒem/ **I** [ov ww] met edelstenen tooien
II [znw] edelsteen, kleinood, juweel

geminate I [ov ww] /'dʒemɪneɪt/ ● verdubbelen
● twee bij twee zetten **II** [bnw] /'dʒemɪnət/
● gepaard ● dubbel ● paarsgewijs

Gemini/'dʒemɪnaɪ/ [znw] Tweelingen

gemma/'dʒemə/ [znw] bladknop

gen/dʒen/ **I** [ov ww] ● (~ **up**) grondig van
informatie voorzien **II** [on ww] ● (~ **up**) zich
volledig laten inlichten

gender/'dʒendə/ [znw] geslacht

gene/dʒi:n/ [znw] gen

genealogic(al)/dʒi:nɪə'lɒdʒɪk(l)/ [bnw]
genealogisch

genealogist/dʒi:nɪ'ælədʒɪst/ [znw] genealoog

genealogy/dʒi:nɪ'ælədʒɪ/ [znw] ● stamboom
● genealogie

genera/'dʒenərə/ [mv] → **genus**

general/'dʒenərəl/ **I** [znw] ● generaal ● strateeg
* caviare to the ~ parels voor de zwijnen **II** [bnw]
algemeen, gewoon(lijk) * ~ cargo stukgoederen
* ~ delivery poste restante * ~ knowledge
algemene ontwikkeling * ~ practice
huisartsenpraktijk * ~ practitioner huisarts * ~
servant meid alleen * ~ shop warenhuis * in a ~
way in algemene zin

generality/dʒenə'rælətɪ/ [znw] algemeenheid

generalization/dʒenərələr'zeɪʃən/ [znw]
generalisatie

generalize/'dʒenərəlaɪz/ [ov + on ww]
generaliseren

generally/'dʒenərəlɪ/ [bijw] ● in 't algemeen
● meestal

general-purpose [bnw] voor algemeen gebruik,
voor alles geschikt

generalship/'dʒenərəlʃɪp/ [znw] ● generaalsrang
● strategie, tactiek

generate/'dʒenəreɪt/ [ov ww] ● genereren
● voortbrengen ● verwekken, opwekken
● ontwikkelen

generation/dʒenə'reɪʃən/ [znw] ● wording
● generatie, geslacht ● voortplanting * ~ gap
generatiekloof

generative/'dʒenərətɪv/ [bnw] ● generatief,
vruchtbaar ● voortplantings-

generator/'dʒenəreɪtə/ [znw] ● dynamo,
stoomketel ● generator

generic/dʒɪ'nerɪk/ [bnw] ● algemeen ● generisch,
kenmerkend voor de soort

generosity/dʒenə'rɒsətɪ/ [znw] vrijgevigheid

generous/'dʒenərəs/ [bnw] ● rijk, overvloedig,
ruim ● vruchtbaar ● gul ● aardig, mild, edelmoedig

genesis/'dʒenɪsɪs/ [znw] ontstaan, oorsprong

genetics /dʒɪˈnetɪks/ [mv] *erfelijkheidsleer*
geneva /dʒɪˈniːvə/ [znw] *jenever*
genial /dʒɪˈnɪəl/ [bnw] • *groeizaam, mild*
• *vriendelijk, gezellig, joviaal*
geniality /dʒɪˈnɪælətɪ/ [znw] *hartelijkheid*
genie /dʒɪˈnɪ/ [znw] *geest*
genii /dʒɪˈnɪaɪ/ [mv] → **genie, genius**
genital /dʒenɪtl/ [bnw] *m.b.t. de geslachtsdelen,*
voortplantings-
genitalia, genitals /dʒenɪˈteɪlɪə/ [mv]
geslachtsdelen
genitive /dʒenɪtɪv/ [znw] *genitief*
genius /dʒɪˈnɪəs/ [znw] • *genialiteit, talent, genie*
• *genius, geest*
genocide /dʒenəsaɪd/ [znw] *rassenmoord,*
genocide
genre /ˈʒɒnrə/ [znw] • *genre* • ‹kunst› *naar het*
leven
gent /dʒent/ ‹inf.› [znw] *meneer*
genteel /dʒenˈtiːl/ ‹iron.› [bnw] *chic, deftig*
gentile /dʒentaɪl/ I [znw] *niet-jood, heiden*
II [bnw] *niet-joods, heidens*
gentility /dʒenˈtɪlətɪ/ [znw] *deftigheid*
gentle /dʒentl/ I [znw] *made* ‹visaas› ⋆ *the* ~*s*
(plat) *de betere kringen* II [bnw] • *zacht, rustig,*
matig • *vriendelijk van goede afkomst* ⋆ ~
art/craft edele kunst ⋆ *gently does it!*
rustig/kalmpjes aan! ⋆ *the* ~ *sex het zwakke*
geslacht
gentlefolk(s) /dʒentlfəʊk(s)/ [mv] *mensen v.*
goede familie
gentleman /dʒentlmən/ [znw] *heer* ⋆ ~ *farmer*
heerboer ⋆ ~ *usher kamerheer* ⋆ ~'s *agreement*
overeenkomst op erewoord ⋆ ~'s ~ *bediende v. heer*
alleen ⋆ ~*-at-arms lid v. Koninklijke lijfwacht*
gentlemanlike, gentlemanly /dʒentlmənlaɪk/
[bnw] *zoals een heer betaamt*
gentlewoman /dʒentlwʊmən/ [znw] *dame*
gentrification /dʒentrɪfɪˈkeɪʃən/ [znw] *sociale*
opwaardering v.e. woonwijk door vestiging van
nieuwe bewoners uit een beter milieu
gentry /dʒentrɪ/ [znw] • *lagere adel* • *deftige*
burgerstand beneden adel • *ridders en baronets*
⋆ *landed* ~ *grondbezittende klasse*
gents /dʒents/ [mv] ⋆ *join the* ~ *zich even*
absenteren ⋆ *the* ~ *herentoilet*
genuflect /dʒenjʊflekt/ [on ww] *de knie buigen*
genuflection, genuflexion /dʒenjʊˈflekʃən/
[znw] *kniebuiging*
genuine /dʒenjʊɪn/ [bnw] • *onvervalst, echt*
• *oprecht*
genus /dʒɪːnəs/ [znw] *geslacht, soort, klasse*
geo- /dʒiːəʊ/ [voorv] *geo-, aard-* ⋆ *geopolitical*
geopolitiek
geodesy /dʒiːˈɒdəsɪ/ [znw] *landmeetkunde*
geodetic /dʒiːəʊˈdetɪk/ [bnw] *landmeetkundig*
geographer /dʒɪˈɒɡrəfə/ [znw] *aardrijkskundige*
geographic(al) /dʒiːəˈɡræfɪk(l)/ [bnw] *geografisch*
geography /dʒɪˈɒɡrəfɪ/ [znw] *aardrijkskunde*
geological /dʒiːəˈlɒdʒɪkl/ [bnw] *geologisch*
geologist /dʒɪˈɒlədʒɪst/ [znw] *geoloog*
geology /dʒɪˈɒlədʒɪ/ [znw] *geologie*
geometrical /dʒiːəˈmetrɪkl/ [bnw] *meetkundig*
geometry /dʒɪˈɒmətrɪ/ [znw] *meetkunde*
geophysical /dʒiːəʊˈfɪzɪkl/ [bnw] *geofysisch*
geophysics /dʒiːəʊˈfɪzɪks/ [znw] *geofysica*
Georgian /dʒɔːdʒən/ I [znw] • *Georgiër* • *inwoner*
van Georgia II [bnw] • *Georgisch* • *18e-eeuws*
geothermal /dʒiːəʊˈθɜːml/ [bnw] *geothermisch,*
m.b.t. aardwarmte
geranium /dʒəˈreɪnɪəm/ [znw] *geranium*
geriatric /dʒerɪˈætrɪk/ [bnw] *geriatrisch*

geriatrics /dʒerɪˈætrɪks/ [mv] *geriatrie*
germ /dʒɜːm/ I [ov ww] *doen ontkiemen* II [znw]
(ziekte)kiem ⋆ *germ warfare bacteriologische*
oorlogvoering
german /dʒɜːmən/ [bnw] ⋆ *cousin* ~ *volle*
neef/nicht
German /dʒɜːmən/ I [znw] *Duitser* II [bnw] *Duits*
germane /dʒɜːˈmeɪn/ [bnw] *verwant*
Germanic /dʒɜːˈmænɪk/ [bnw] *Germaans*
Germany /dʒɜːmənɪ/ [znw] *Duitsland*
germicide /dʒɜːmɪsaɪd/ [znw] *germicide,*
kiemendodend middel
germinal /dʒɜːmɪnl/ [bnw] *germinaal,*
ontluikend, in de kiem
germinate /dʒɜːmɪneɪt/ [ov + on ww] *(doen)*
ontkiemen
germination /dʒɜːmɪˈneɪʃən/ [znw] *ontkieming*
gerontology /dʒerɒnˈtɒlədʒɪ/ [znw] *gerontologie*
gerrymander /dʒerɪˈmændə/ I [ov ww] *vervalsen*
II [on ww] *knoeien* ‹met de indeling in*
*kiesdistricten› III [znw] *knoeierij bij verkiezingen*
gerund /dʒerənd/ [znw] • *zelfstandig ing-vorm*
v.e. ww • *gerundium*
gestation /dʒeˈsteɪʃən/ [znw] • *dracht*
• *groeiperiode*
gesticulate /dʒeˈstɪkjʊleɪt/ [on ww] *gebaren*
maken
gesticulation /dʒeˈstɪkjʊˈleɪʃən/ [znw] *het gebaren*
gesture /dʒestʃə/ I [on ww] *gebaren maken*
II [znw] • *gebaar* • *geste*
get /get/ I [ov ww] • *krijgen* • *(te) pakken (krijgen)*
• *(be)halen* • *verdienen* • *bezorgen* • *laten*
brengen • *snappen* • *laten worden* ⋆ *I haven't got*
a penny ik heb geen cent ⋆ *get a fall vallen* ⋆ *get*
by heart v. buiten leren ⋆ *get it ervan langs*
krijgen ⋆ *get one's way zijn zin krijgen* ⋆ *get s.th.*
under control iets onder controle krijgen ⋆ *got it?*
snap je? ⋆ *he got his arm broken hij brak zijn*
arm ⋆ *he got the worst of it hij kwam er heel*
slecht af ⋆ *it has got to be done het moet gedaan*
worden ⋆ *what have you got to say? wat heb jij te*
zeggen? ⋆ *you've got it jij hebt 't in je; jij hebt het*
• *(~ across) get across an idea een idee ingang*
doen vinden • *(~ back) terugkrijgen* • *(~ down)*
deprimeren, terneerdrukken, doorslikken, noteren
• *(~ in) erin/ertussen komen, instappen* • *(~ into)*
krijgen in • *(~ on) aantrekken* • *(~ out)*
uitbrengen, aan het licht brengen • *(~ out of)*
krijgen/halen uit • *(~ over) te boven komen,*
afleggen, afdoen ⋆ *let's get it over soon laten we*
gauw zorgen dat we het achter de rug hebben
• *(~ through) erdoor krijgen* • *(~ together)*
bijeenbrengen • *(~ up) opwekken, op touw zetten,*
opmaken ‹v. haar›, *bestuderen* II [on ww]
• *(ge)raken* • *bereiken* • *worden* • *terechtkomen*
• *als gewoonte aannemen* ⋆ *get there er komen;*
succes hebben ⋆ ‹AE› *get wise to in de gaten krijgen*
⋆ *you'll soon get to like it je gaat het spoedig leuk*
vinden • *(~ (a)round) bepraten, ontduiken,*
bijkomen, er bovenop komen • *(~ about) z.*
verspreiden, rondlopen • *(~ across) slagen,*
ergeren ⋆ *get across to overkomen bij/op*
• *(~ ahead) vooruitkomen* ⋆ *get ahead of a p.*
iem. voorbij streven; voor komen te liggen op iem.
• *(~ along) vorderen, 't maken* ⋆ ‹inf.› *get along*
with you loop heen!; schiet op! • *(~ around to)*
ertoe komen, tijd vinden om te • *(~ at) bereiken, er*
komen, ertussen komen • *(~ away) wegkomen, er*
onderuit komen ⋆ *get away with erdoor komen;*
het halen • *(~ back) terugkomen* • *(~ down)*
naar beneden komen ⋆ *get down to business tot*
zaken komen ⋆ *get down to work aan het werk*

G

gaan • (~ **in**) binnenhalen • (~ **into**)
komen/belanden in • (~ **off**) afstijgen, ophouden,
er afkomen, vertrekken, uitstappen • get off with
aanpappen met; het aanleggen met ∗ get off to
sleep in slaap vallen • (~ **on**) vooruitkomen,
opschieten, 't stellen ∗ she is getting on my
nerves ze werkt me op de zenuwen ∗ he is getting
on for forty hij loopt tegen de veertig ∗ (~ **out**)
eruit komen, uitlekken ∗ get out! loop heen! • (~
out of) afwennen • (~ **over**) begrepen worden,
overkomen • (~ **through**) erdoor komen,
afmaken, afdoen • (~ **to**) komen/krijgen te,
bereiken ∗ get to work aan het werk krijgen • (~
to-her) bijeenkomen • (~ **up**) opstaan, opsteken
⟨v. wind⟩
get-at-able/getˈætəbl/ [bnw] bereikbaar
getaway/ˈgetəweɪ/ [znw] ontsnapping ∗ make
o.'s ~ ertussenuit knijpen
get-together/ˈgettəgeðə/ [znw] • samenkomst
• reünie
get-up [znw] opmaak
get-up-and-go [znw] fut, enthousiasme
gewgaw/ˈgjuːɡɔː/ [znw] prul, snuisterij
geyser/ˈɡaɪzə/ natuurlijke hete bron, geiser
• /ˈɡiːzə/ geiser, heetwatertoestel
ghastly/ˈɡɑːstlɪ/ [bnw] • gruwelijk, afgrijselijk
• doodsbleek
ghee/ɡiː/ [znw] boter van buffelmelk
gherkin/ˈɡɜːkɪn/ [znw] augurk
ghetto/ˈɡetəʊ/ [znw] getto
ghost/ɡəʊst/ I [ov ww] werk doen voor een ander
∗ ~(-write) anoniem schrijven voor iem. anders
II [znw] • geest, spook • werker achter de schermen
• schijntje, zweem ∗ ~ town spookstad ∗ you
haven't got the ~ of a chance je hebt geen schijn
van kans
ghostly/ˈɡəʊstlɪ/ [bnw] spookachtig
ghost-writer/ˈɡəʊstraɪtə/ [znw] eigenlijke auteur
v.e. werk waar iem. anders de eer van krijgt
ghoul/ɡuːl/ [znw] • ⟨lugubere⟩ geest, monster
• lijkeneter, grafschender
ghoulish/ˈɡuːlɪʃ/ [bnw] walgelijk, gruwelijk
G.H.Q. [afk] • ⟨General Headquarters⟩ centraal
hoofdkwartier
giant/ˈdʒaɪənt/ I [znw] reus II [bnw] reusachtig
giantess/ˈdʒaɪəntəs/ [znw] reuzin
gibber/ˈdʒɪbə/ I [on ww] brabbelen II [znw]
gebrabbel
gibberish/ˈdʒɪbərɪʃ/ [znw] brabbeltaal
gibbon/ˈɡɪbən/ [znw] gibbon
gibbous/ˈɡɪbəs/ [bnw] • bol • met een bochel
• tussen half en vol ⟨v.d. maan⟩
gibe/dʒaɪb/ I [ov + on ww] ⟨be⟩spotten, honen
II [ov ww] bespotten, honen III [on ww] spotten
IV [znw] schimpscheut, spottende opmerking
giblets/ˈdʒɪblɪts/ [mv] ingewanden ⟨v. gevogelte⟩
giddy/ˈɡɪdɪ/ I [ov + on ww] duizelig (doen) worden
II [bnw] • duizelig • duizelingwekkend
• wispelturig, onbezonnen, dwaas ∗ play the ~
goat/ox de dwaas uithangen
gift/ɡɪft/ I [ov ww] begiftigen, schenken II [znw]
• gave • geschenk ∗ a gift horse een gegeven paard
∗ appointment is in his gift hij heeft het recht v.
benoeming ∗ at a gift voor niets • have a gift for
s.th. talent voor iets hebben
gifted/ˈɡɪftɪd/ [bnw] begaafd
gig/ɡɪɡ/ [znw] • kortlopend project, schnabbel,
⟨kort⟩ contract • sjees • sloep, gitek
gigantic/dʒaɪˈɡæntɪk/ [bnw] reusachtig
giggle/ˈɡɪɡl/ I [on ww] giechelen II [znw] gegiechel
gigolo/ˈdʒɪɡələʊ/ [znw] gigolo
gigot/ˈdʒɪɡət/ [znw] schapenbout ∗ ~ ⟨sleeve⟩

pofmouw
gild/ɡɪld/ I [ov ww] vergulden II [znw] → **guild**
gilded/ˈɡɪldɪd/ [bnw] verguld, rijk, luxueus ∗ ~
youth toonaangevende jongelui; jeunesse dorée
gill I [ov ww] /ɡɪl/ kaken, schoonmaken ⟨v. vis⟩
II [znw] • /ɡɪl/ lel • /ɡɪl/ ravijn • kaak, kieuw
• /dʒɪl/ 1/4 pint ⟨0,14 l.⟩ ∗ be green/pale/white
about the gills witjes om de neus zien
gillyflower/ˈdʒɪlɪflaʊə/ [znw] • anjer • muurbloem
gilt/ɡɪlt/ I [ww] verl. tijd + volt. deelw. → **gild**
II [znw] ⟨vero.⟩ jonge zeug ∗ gilt-edged goud op
snee ∗ the gilt is off the gingerbread de
aardigheid is er af III [bnw] verguld
gimcrack/ˈdʒɪmkræk/ I [znw] prul, snuisterij
II [bnw] prullerig
gimlet/ˈɡɪmlət/ [znw] handboor(tje)
gimme/ˈɡɪmɪ/ [samentr] /give me/ geef me
gimmick/ˈɡɪmɪk/ [znw] truc, foefje, vondst
gimmicky/ˈɡɪmɪkɪ/ [bnw] handig/met
handigheidjes inspelend op het publiek
gimp/ɡɪmp/ [znw] • gimp • vissnoer ⟨v. met
metaal versterkte zijde⟩
gin/dʒɪn/ I [ov ww] • vangen • ontkorrelen
II [znw] • jenever • val/strik • kraan, lier
• ontkorrelmachine ⟨katoenindustrie⟩ ∗ gin
⟨rummy⟩ rummy ⟨kaartspel⟩
ginger/ˈdʒɪndʒə/ I [ov ww] • animeren,
stimuleren, opjutten • met gember kruiden • (~
up) verlevendigen, wat leven in de brouwerij
brengen, animeren II [znw] • gember • fut, spirit
• rooie ⟨fig.⟩ ∗ ⟨pol.⟩ ~ group actiegroep
∗ ~-ale/-beer gemberbier III [bnw] rood ⟨v.
haarkleur⟩ ∗ ~ ⟨tom⟩cat rooie kater
gingerbread/ˈdʒɪndʒəbred/ I [znw] • peperkoek
• prullerij ∗ ~ nut pepernoot II [bnw] opzichtig,
prullig
gingerly/ˈdʒɪndʒəlɪ/ [bijw] behoedzaam
gingivitis/ˌdʒɪndʒɪˈvaɪtɪs/ [znw] gingivitis,
tandvleesontsteking
ginseng/ˈdʒɪnseŋ/ [znw] ginseng
gipsy/ˈdʒɪpsɪ/ I [on ww] kamperen, trekken
II [znw] • zigeuner(in) • zigeunertaal
giraffe/dʒɪˈrɑːf/ [znw] giraffe
girandole/ˈdʒɪrəndəʊl/ [znw] • draaiende fontein
• ⟨kroon⟩kandelaar • ⟨oor⟩hanger met diamenten
bezet
gird/ɡɜːd/ I [ov ww] • een gordel omdoen,
⟨aan⟩gorden • insluiten ∗ gird o.s./up one's loins
z. vermannen • (~ **with**) uitrusten met II [on ww]
• (~ **at**) honen/spotten met III [znw] hatelijkheid
girder/ˈɡɜːdə/ [znw] dwarsbalk
girdle/ˈɡɜːdl/ I [ov ww] • omsingelen • ringvormig
ontschorsen II [znw] • gordel, ring • ⟨religie⟩ singel
girl/ɡɜːl/ [znw] meisje ∗ girl guide/scout gids;
padvindster
girlhood/ˈɡɜːlhʊd/ [znw] meisjesjaren, meisjestijd
girlie/ˈɡɜːlɪ/ I [znw] meisje II [bnw] met veel
vrouwelijk naakt ∗ ~ magazine pin-upblaadje
girlish/ˈɡɜːlɪʃ/ [bnw] meisjesachtig
giro/ˈdʒaɪrəʊ/ [znw] giro
girt/ɡɜːt/ I [ww] verl. tijd + volt. deelw. → **gird**
II [ov + on ww] meten
girth/ɡɜːθ/ I [ov ww] • omgeven • singelen • meten
II [znw] • buikriem, gordel • omvang
gist/dʒɪst/ [znw] • kern, hoofdzaak • strekking
gittern/ˈɡɪtn/ [znw] citer
give/ɡɪv/ I [ov ww] • geven • opleveren ∗ give a
sigh of relief een zucht v. verlichting slaken ∗ give
as good as one gets v. z. afpraten ∗ give birth to
voortbrengen; bevallen van ∗ give chase to
achteraan gaan ∗ give ear to luisteren naar ∗ give
ground z. terugtrekken; terugkrabbelen ∗ give

him my regards *doe hem de groeten van mij*
★ give judgment *een oordeel vellen* ★ give me the
facts il wil de feiten horen ★ give me the old
times anyday! *geef mij maar die goeie oude tijd!*
★ give or take a minute *het kan een minuutje
schelen* ★ give rise to *veroorzaken; doen ontstaan*
★ give s.o. a piece of one's mind *iem. geducht de
waarheid zeggen* ★ give s.o. joy *iem. feliciteren*
★ give way *bezwijken; wijken; zwichten; losgaan;
goedkoper worden; krachtiger gaan roeien* ★ not
give s.o. the time of day *weigeren met iem. te
praten* ● (~ **away**) *verklappen, weggeven, verraden*
★ give away the bride *de bruid ten huwelijke geven*
● (~ **back**) *teruggeven* ● (~ **forth**) *afgeven,
verspreiden, bekend maken* ● (~ **in**) *inleveren, erbij
geven* ● (~ **off**) *afgeven* ● (~ **out**) *aankondigen,
bekend maken, opgeven, afgeven* ● (~ **over**)
opgeven, laten varen ★ be given over to *verslaafd
zijn aan; last hebben van* ● (~ **up**) *overleveren,
ophouden met, afleveren, opleveren* ★ give o.s. up
z. *overgeven* ★ give up the ghost *de geest geven*
II [on ww] ● *geven* ● *toegeven, meegeven, 't
begeven* ● come on, give! *vertel op!* ● (~ **in**)
toegeven, zwichten, z. gewonnen geven ● (~
onto/to) *uitkomen op* ● (~ **out**) ★ provisions
began to give out *de proviand begon op te raken*
● (~ **up**) *'t opgeven* **III** [znw] *'t meegeven,
elasticiteit*

give-and-take [znw] *geven en nemen, compromis*
★ the ~ of conversation *het woord en wederwoord
van de conversatie*

giveaway /ˈgɪvəweɪ/ [znw] ★ ~ *prices spotprijzen*

given /ˈgɪvn/ **I** [ww] ★ ~ that *aangenomen dat*
volt. deelw. → **give II** [znw] *gegeven* **III** [bnw]
bepaald ★ ~ name *voornaam*

giver /ˈgɪvə/ [znw] *schenker, gever*

gizzard /ˈgɪzəd/ [znw] *spiermaag* ★ fret one's ~ z.
verbijten ★ it sticks in my ~ *het zit me dwars*

glacé /ˈglæseɪ/ [bnw] ● *gekonfijt, geglaceerd (v.
fruit)* ● *glad* ● *geglansd*

glacial /ˈgleɪʃəl/ [bnw] ● *m.b.t. ijs, m.b.t. gletsjers*
● *gekristalliseerd* ★ ~ *epoch/era/period ijstijd*

glaciated /ˈgleɪsɪeɪtɪd/ [bnw] *met ijs bedekt*

glaciation /gleɪsɪˈeɪʃən/ [znw] *ijswerking*

glacier /ˈglæsɪə/ [znw] *gletsjer*

glacis /ˈglæsɪs/ [znw] *glooiing*

glad /glæd/ [bnw] *blij* ★ I should be glad to come
ik zou graag komen ★ give the glad eye *toelonken*
★ glad rags *zondagse kloffie/plunje* ★ we shall be
glad to *met genoegen zullen wij*

gladden /ˈglædn/ [ov ww] *blij maken*

glade /gleɪd/ [znw] ● *open plek in bos* ● ⟨AⒺ⟩ *wak in
ijs*

gladiator /ˈglædɪeɪtə/ [znw] *zwaardvechter,
gladiator*

gladly /ˈglædlɪ/ [bijw] *graag, met alle plezier*

glair /gleə/ **I** [ov ww] *met eiwit bestrijken* **II** [znw]
eiwit

glamorize /ˈglæməraɪz/ [ov ww] *verheerlijken,
vergulden (fig.)*

glamour /ˈglæmə/ **I** [ov ww] *begoochelen,
betoveren* **II** [znw] *betovering*

glance /glaːns/ **I** [on ww] ● *(vluchtig) kijken*
● *afschampen* ★ *schitteren, blinken* ● (~
aside/off) *afschampen* ★ (~ **at**) *een blik werpen
op, even aanroeren* ● (~ **down**) *de ogen neerslaan*
● (~ **over/through**) *dóórkijken* **II** [znw]
(vluchtige) blik ★ at a ~ *in één oogopslag*

glancing /ˈglaːnsɪŋ/ [bnw] *afschampend (in
cricket)*

glancingly /ˈglaːnsɪŋlɪ/ [bijw] *vluchtig*

gland /glænd/ [znw] *klier*

glanders /ˈglændəz/ [mv] *droes (paardenziekte)*

glandiform /ˈglændɪfɔːm/ [bnw] ● *eikelvormig*
● *klierachtig*

glandular /ˈglændjʊlə/ [bnw] *m.b.t. klier,
klierachtig* ★ ~ *fever ziekte van Pfeiffer*

glare /gleə/ **I** [on ww] ● *wild/woest kijken*
● *zinderen, fel schijnen of stralen* ★ **glaring**
blunder enorme fout **II** [znw] ● *felle gloed,
schittering, fel licht* ● *woeste blik*

glass /glaːs/ **I** [ov ww] ● *weerkaatsen, spiegelen*
● *glazig maken* **II** [znw] ● *glas(werk)* ● *raam,
ramen* ● *spiegel* ● *monocle* ● *lens, kijker*
● *barometer* ● *broeikas* ● *zandloper* ★ ~ *fibre
glasvezel* **III** [bnw] *glazen* ★ ~ *bell stolp* ★ ~
paper schuurpapier

glasscase /ˈglaːskeɪs/ [znw] *vitrine*

glasses /ˈglaːsɪz/ [mv] *bril, lorgnet*

glasshouse /ˈglaːshaʊs/ [znw] ● *broeikas* ● *nor*

glassware /ˈglaːsweə/ [znw] *glaswerk*

glassworks /ˈglaːswɜːks/ [mv] *glasfabriek*

glassy /ˈglaːsɪ/ [bnw] ● *glazen* ● *spiegelglad*

glaucoma /glɔːˈkəʊmə/ [znw] *groene staar*

glaucous /ˈglɔːkəs/ [bnw] ● *zeegroen* ● *bedauwd*

glaze /gleɪz/ **I** [ov ww] ● *van glas voorzien*
● *verglazen, glazuren, glaceren (v. gebak),
vernissen* ● *glazig maken* ● ~d *frost ijzel* ★ ~d
print hoogglansdruk **II** [on ww] *glazig worden*
III [znw] ● *glans, vernis, glacé, glazuur* ● *waas*

glazed /gleɪzd/ volt. deelw. → **glaze**

glazer /ˈgleɪzə/ [znw] ● *verglazer* ● *polijstschijf*

glazier /ˈgleɪzɪə/ [znw] *glazenmaker* ★ is your
father a ~? *ik kan jou niet peilen*

glazing /ˈgleɪzɪŋ/ [znw] ● *glazuur* ● *glaswerk (v.
ramen)*

gleam /gliːm/ **I** [on ww] *glimmen, glanzen,
schijnen* **II** [znw] *glans, schijnsel* ★ ~ *of hope
sprankje hoop*

glean /gliːn/ [ov ww] *lezen, bijeengaren*

gleanings /ˈgliːnɪŋz/ [mv] ● *het bijeengegaarde*
● *sprokkelingen*

glebe /gliːb/ [znw] ● *land, aarde, grond*
● *pastorieland*

glee /gliː/ [znw] ● *vrolijkheid* ● *meerstemmig lied*
★ glee club *zangvereniging*

gleeful /ˈgliːfʊl/ [bnw] *vrolijk*

gleeman /ˈgliːmən/ [znw] *minstreel*

gleet /gliːt/ **I** [on ww] *etteren* **II** [znw] *etter*

glen /glen/ [znw] *nauw dal*

glengarry /glenˈgærɪ/ [znw] *Schotse muts*

glib /glɪb/ [bnw] *vlot, rad v. tong, welbespraakt*

glide /glaɪd/ **I** [ov ww] *doen glijden* **II** [on ww]
glijden, sluipen **III** [znw] ● *glijvlucht* ● ⟨taalk.⟩
overgangsklank

glider /ˈglaɪdə/ [znw] *zweefvliegtuig*

gliding /ˈglaɪdɪŋ/ [znw] *het zweefvliegen,
zweefvliegsport*

glim /glɪm/ ⟨SⒽ⟩ [znw] *licht, kaars*

glimmer /ˈglɪmə/ **I** [on ww] *flikkeren, (zwak)
schijnen* **II** [znw] *zwak licht* ★ ~ *of hope sprankje
hoop* ★ not a ~ *of understanding geen greintje
benul*

glimmering /ˈglɪmərɪŋ/ [znw] *zwak licht*

glimpse /glɪmps/ **I** [ov + on ww] *even vluchtig
zien/kijken* **II** [znw] ● *glimp, vluchtige blik, kijkje*
● *schijn(sel)* ★ catch a ~ *of s.o./s.th. iem./iets even
zien*

glint /glɪnt/ **I** [on ww] *glinsteren, blinken* **II** [znw]
schijnsel

glisten /ˈglɪsən/ **I** [on ww] *glinsteren, fonkelen*
II [znw] *glinstering, glans*

glitter /ˈglɪtə/ **I** [on ww] *schitteren, flikkeren,
flonkeren, blinken* **II** [znw] *glans*

G

glittering /ˈglɪtərɪŋ/ [bnw] schitterend ‹ook fig.›
gloaming /ˈgləʊmɪŋ/ [znw] avondschemering
gloat /gləʊt/ **I** [on ww] • (~ on/over) met wellust/duivels vermaak bekijken **II** [znw] wellustige/wrede blik
global /ˈgləʊbl/ [bnw] globaal, wereldomvattend
globe /gləʊb/ [znw] • aarde • globe • (aard)bol • hemellichaam • rijksappel • viskom
globetrotter /ˈgləʊbtrɒtə/ [znw] globetrotter, wereldreiziger
globular /ˈglɒbjʊlə/ [bnw] • bolvormig • uit bol bestaand
globule /ˈglɒbjuːl/ [znw] • bolletje • pil • bloedlichaampje
gloom /gluːm/ **I** [ov + on ww] • donker/somber maken/worden/zijn • betrekken ‹v. lucht› **II** [znw] • duisternis • somberheid, somberte
gloomy /ˈgluːmɪ/ [bnw] • donker • somber • dreigend
glorify /ˈglɔːrɪfaɪ/ [ov ww] verheerlijken
gloriole /ˈglɔːrɪəʊl/ [znw] aureool
glorious /ˈglɔːrɪəs/ [bnw] • roemrijk • heerlijk, prachtig • a ~ mess een zalige bende
glory /ˈglɔːrɪ/ **I** [znw] • (~ in) prat gaan op, z. beroemen op **II** [znw] • glorie, roem, luister, heerlijkheid • aureool • go to ~ de eeuwigheid ingaan • send to ~ naar de andere wereld helpen
gloss /glɒs/ **I** [ov ww] • glanzend maken • commentariëren • wegredeneren • (~ over) met de mantel der liefde bedekken, verbloemen **II** [znw] • glans • valse schijn • kanttekening, glosse, tekstuitleg • verkeerde uitleg • ~ paint glansverf
glossarial /glɒˈseərɪəl/ [bnw] verklarend
glossary /ˈglɒsərɪ/ [znw] verklarende woordenlijst
glossographer /glɒˈsɒgrəfə/ [znw] commentator
glossology /glɒˈsɒlədʒɪ/ [znw] terminologie
glossy /ˈglɒsɪ/ [bnw] glanzend • ~ magazine duur uitgevoerd geïllustreerd tijdschrift • ‹foto.› ~ print afdruk op glanzend papier
glottis /ˈglɒtɪs/ [znw] stemspleet
glove /glʌv/ **I** [ov ww] • van handschoen voorzien • met handschoen bedekken **II** [znw] handschoen • ~ compartment handschoenenkastje • it fits like a ~ het zit als gegoten • take off the ~s in ernst beginnen • take up the ~ de uitdaging aanvaarden • throw down the ~ de handschoen toewerpen; uitdagen
glow /gləʊ/ **I** [on ww] gloeien, stralen **II** [znw] gloed
glower /ˈglaʊə/ [on ww] • (~ at) woedend kijken naar
glowing /ˈgləʊɪŋ/ [bnw] • gloeiend, vlammend • geestdriftig, levendig
glowworm /ˈgləʊwɜːm/ [znw] glimworm
glucose /ˈgluːkəʊs/ [znw] glucose, druivensuiker
glue /gluː/ **I** [ov ww] lijmen • with his ear glued to the keyhole met zijn oor onafgebroken aan het sleutelgat **II** [znw] lijm
glue-sniffing [znw] het lijmsnuiven
gluey /ˈgluːɪ/ [bnw] • kleverig • met lijm bedekt
glum /glʌm/ [bnw] • somber, triest • nors
glut /glʌt/ **I** [ov ww] verzadigen, overladen • glut one's eyes gretig/wellustig bekijken **II** [znw] • there is a glut of oil on the market de markt is met olie overvoerd
gluten /ˈgluːtn/ [znw] • kleefstof • gluten
glutinous /ˈgluːtɪnəs/ [bnw] lijmachtig, kleverig
glutton /ˈglʌtn/ [znw] gulzigaard, veelvraat
gluttonous /ˈglʌtnəs/ [bnw] vraatzuchtig, gulzig
gluttony /ˈglʌtənɪ/ [znw] vraatzucht
glycerol /ˈglɪsərɒl/ [znw] glycerol, glycerine
G-man /ˈdʒiːmæn/ [znw] • detective • ‹AE› agent

v.d. FBI
G.M.T. [afk] • (Greenwich Mean Time) Greenwichtijd
gnarl /nɑːl/ [znw] knoest
gnarled /nɑːld/ [bnw] • knoestig • misvormd
gnash /næʃ/ [ov + on ww] • ~ (one's) teeth) knarsetanden
gnat /næt/ [znw] mug • strain at a gnat muggenziften
gnaw /nɔː/ [ov + on ww] • knabbelen (aan), knagen (aan) • (uit)bijten
gnawing /ˈnɔːɪŋ/ [bnw] knagend, kwellend
gnome /nəʊm/ [znw] • zinspreuk • kabouter, aardmannetje • garden ~ tuinkabouter • the ~s of Zürich de grote Zwitserse bankiers
gnomic /ˈnəʊmɪk/ [bnw] gnomisch, in spreukvorm
G.N.P. [afk] • (Gross National Product) bnp, Bruto Nationaal Product
gnu /nuː/ [znw] gnoe, wildebeest
go /gəʊ/ **I** [ov ww] • go it er tegenaan gaan • go it alone op zijn eigen houtje handelen; het alleen doen • go it strong flink aanpakken; overdrijven • go it! toe maar! • go shares with gelijk opdelen (met) • go the pace met flinke vaart gaan • go the whole hog doorzetten **II** [on ww] • gaan • vertrekken • lopen • eropuit gaan, reizen • in elkaar zakken, eraan gaan • gelden • ‹AE› (coffee) to go (koffie) om mee te nemen • 20 shillings go to the pound er gaan 20 shilling in een pond • all systems go alles is in orde • as the phrase goes zoals het heet • go a long way lang toereikend zijn; lang meegaan • go and fetch it ga het eens halen • go armed (altijd) gewapend zijn • go back on s.o. iem. in de steek laten • go behind a p. 's back achter iemands rug handelen • go behind a p. 's words iets achter iemands woorden zoeken • go by/under the name of bekend staan als; heten • go cheap weinig kosten; weinig opbrengen • go far het ver brengen • go fetch! zoek! • go for a walk een wandeling maken • go halves delen; ieder de helft krijgen • go one better méér bieden; overtroeven • go to all lengths z. niet laten weerhouden • go west sneuvelen • how does the proverb go? hoe luidt het spreekwoord? • she is still going strong ze maakt het nog best; ze doet het nog goed • the rest can go de rest kan vervallen • where do the forks go? waar moeten de vorken liggen • ‹vero.› who goes there? wie daar? • (~ about) rondgaan, aanpakken; ter hand nemen • (~ after) achterna gaan, achter (iets/iem.) aangaan • (~ against) tegenin gaan, indruisen tegen, niet stroken met • (~ ahead) voortgaan, niet versagen • go ahead! ga uw/je gang! • (~ along) gaan, heengaan • go along with stroken met; gelijk opgaan met; akkoord gaan met; horen bij • (~ at) aanvliegen, aanpakken • (~ away) weggaan, er vandoor gaan, op reis gaan • go away! ga weg!; loop heen! • (~ back) teruggaan, teruglopen • go back to the Normans teruggaan tot op de Normandiërs • (~ back from) terugkomen op, niet houden • (~ beyond) overschrijden, verder gaan dan, te boven gaan • (~ by) voorbijgaan, afhangen van, afgaan op • it is not much to go by je hebt er niet veel aan; je kunt er niet veel uit opmaken • (~ down) ondergaan, verslagen worden, slinken • that won't go down with me dat wil er bij mij niet in • go down in history in de geschiedenis vermeld worden als • (~ far) toereikend zijn, goed blijven, het uithouden, kunnen volstaan met • (~ for) te lijf gaan, halen, geteld worden • (~ in) mee gaan doen, schuilgaan ‹v. zon› • (~ in at) lostrekken op

● (~ **in for**) gaan doen aan, z. ten doel stellen, doen in ● **go in for** an examination opgaan voor een examen ● go in for holy orders voor geestelijke (gaan) studeren ● (~ **into**) ingaan (op), deelnemen (aan), gaan op ● (~ **off**) weggaan, niet doorgaan, achteruitgaan, afnemen ● **go off** well goed verlopen ● (er) (uit)gaan, afnemen ● (~ **on**) doorgaan (met), volhouden, z. aanstellen ★ he goes on the parish hij komt ten laste van de parochie ★ going on for six tegen zessen lopen ● (~ **on at**) tekeer gaan tegen ● (~ **out**) (er) uitgaan, heengaan, staken ★ the water goes out het water loopt af ‹eb› ● (~ **over**) dóórlopen (v. thema/huis), nakijken, overlopen, omkantelen ★ go over the top overstag gaan (fig.) ● (~ **round**) voldoende zijn (voor allen) ● (~ **through**) nagaan, doorzoeken, doorstaan, beleven ● (~ **through with**) doorgaan (met), volhouden ● (~ **to**) gaan naar/tot ★ **go to seed** verleppen ★ go to blazes naar de haaien gaan ★ go to Bath/Jericho! loop naar de maan! ● (~ **together**) (bij elkaar) passen, samengaan, met elkaar gaan ● (~ **under**) ten onder gaan, te gronde gaan ● (~ **up**) opgaan, stijgen ★ go up the line naar 't front gaan ● (~ **upon**) afgaan op ● (~ **with**) passen bij, overeenkomen met, samengaan, het eens zijn met ● (~ **without**) het stellen zonder **III** [kww] worden ★ go bad bederven; zuur worden ★ go dry een alcoholverbod opgelegd krijgen ★ go fut op de fles gaan ★ go hungry honger krijgen ★ go mad gek worden ★ go phut=op de fut **IV** [znw] ● **gang** ● energie ● poging ● beurt ★ (sl.) zaak ★ a near go op 't kantje af ★ have a go 't proberen ★ have a go at a p. iem. te lijf gaan ★ it's all go (today) we moeten (hard) aanpoten (vandaag) ★ it's all the go dat doet iedereen tegenwoordig ★ (sl.) no go 't gaat (toch) niet ★ on the go in volle actie

goad/gəʊd/ **I** [ov ww] prikkelen **II** [znw] prikkel

go-ahead/'gəʊəhed/ **I** [znw] verlof, vergunning ★ give the ~ het startsein geven **II** [bnw] voortvarend

goal/gəʊl/ [znw] ● doel ● doelpunt ● bestemming

goalie/'gəʊlı/ ‹inf.› [znw] doelverdediger

goal-line [znw] doellijn

goalmouth/'gəʊlmaʊθ/ [znw] doelmond

goal-post/'gəʊlpəʊst/ [znw] doelpaal

go-as-you-please/gəʊəzjʊ'pli:z/ [bnw] zonder regels, vrij

goat/gəʊt/ [znw] geit, bok ★ act/play the (giddy) goat z. aanstellen ★ it gets my goat 't maakt me kregel ★ old goat oude bok (fig.)

goatee/gəʊ'ti:/ [znw] sikje

goatherd/'gəʊθɜ:d/ [znw] geitenhoeder

gobbet/'gɒbɪt/ [znw] brok, homp

gobble/'gɒbl/ **I** [ov ww] naar binnen schrokken **II** [on ww] ● schrokken ● klokken (v. kalkoen) **III** [znw] gekakel, geklok (v. kalkoen)

gobbledegook/'gɒbldɪgu:k/ [znw] stadhuistaal, protserige taal

gobbler/'gɒblə/ [znw] ● schrokker ● kalkoen

go-between/'gəʊbɪtwi:n/ [znw] tussenpersoon

goblet/'gɒblət/ [znw] ● glas met hoge voet ● drinkbeker

goblin/'gɒblɪn/ [znw] kabouter, plaaggeest

go-by/'gəʊbaɪ/ [znw] ★ give s.o. the ~ iem. links laten liggen

go-cart/'gəʊkɑ:t/ [znw] ● loopwagentje (voor peuter) ● karretje

god/gɒd/ [znw] god ★ a (little) tin god potentaatje

God/gɒd/ [znw] God ★ God's own country de VS

godchild/'gɒdtʃaɪld/ [znw] petekind

goddaughter/'gɒddɔ:tə/ [znw] peetdochter

goddess/'gɒdɪs/ [znw] godin

godfather/'gɒdfɑ:ðə/ [znw] peter, peetoom

God-fearing/'gɒdfɪərɪŋ/ [znw] godvrezend

god-forsaken/'gɒdfəserkən/ [bnw] ● van God verlaten ● ellendig

godhead/'gɒdhed/ [znw] godheid, het goddelijke

godless/'gɒdlɪs/ [bnw] goddeloos

godlike/'gɒdlaɪk/ [bnw] goddelijk

godliness/'gɒdlɪnəs/ [znw] godsvrucht

godly/'gɒdlɪ/ [bnw] godvruchtig

godmother/'gɒdmʌðə/ [znw] peettante, meter

godown/'gəʊdaʊn/ [znw] pakhuis

godparent/'gɒdpeərənt/ [znw] peet

gods/gɒdz/ [mv] ★ the gods engelenbak; schellinkje

godsend/'gɒdsend/ [znw] meevaller, buitenkansje

godson/'gɒdsʌn/ [znw] peetzoon

godspeed/gɒd'spi:d/ [znw] succes ★ wish a p. ~ iem. het beste wensen

goer/'gəʊə/ [znw] ★ iem. die gaat ● doorzetter ★ church-goer kerkganger ★ slow goer treuzelaar ★ theatre-goer theaterbezoeker

go-getter/'gəʊgetə/ [znw] doorzetter, doordouwer

goggle/'gɒgl/ **I** [on ww] rollen (v. ogen), uitpuilen (v. ogen) **II** [znw] draaiziekte (v. schapen) **III** [bnw] rollend (v. ogen), uitpuilend (v. ogen)

goggle-box/'gɒglbɒks/ [znw] kijkbuis, televisie(toestel)

goggles/'gɒglz/ [mv] duik-/motor-/ski-/stofbril

go-go [znw] het discodansen ★ ~ girls discomeisjes

going/'gəʊɪŋ/ **I** [znw] het vooruitkomen ● het gaan ★ you should go when the ~ is good je kunt beter weggaan nu het nog kan **II** [bnw] voorhanden ★ at the ~ rate als het zo doorgaat ★ be ~ gaan/zullen (doen); voornemens zijn; van plan zijn ● (~ **concern** gevestigde zaak ★ ~, ~, gone! éénmaal, andermaal, verkocht! ★ he is ~ on 15 hij wordt 15 jaar ★ set ~ aan (de gang) zetten ★ she has got everything ~ for her ze heeft alles mee ★ the best fellow ~ de beste kerel die er is ★ this will keep you ~ for a while hier kun je weer eventjes mee toe

going-over [znw] ● nacontrole, controlebeurt ● pak rammel

goings-on [znw] wederwaardigheden, voorvallen, gedoe ★ there are some strange ~ het gaat daar (wat) raar toe

goitre/'gɔɪtə/ [znw] kropgezwel

go-kart/'gəʊkɑ:t/ [znw] skelter

gold/gəʊld/ **I** [znw] goud ★ gold vein goudader **II** [bnw] gouden ★ gold dust stofgoud ★ gold foil bladgoud ★ gold lace goudgalon ★ gold tipped met gouden mondstuk

goldbrick/'gəʊldbrɪk/ [znw] zwendeltruc

gold-digger/'gəʊlddɪgə/ [znw] ● goudgraver ● vrouw die het op geld (v.e. man) heeft gemunt

golden/'gəʊldn/ [bnw] ★ ~ cup boterbloem ★ ~ fleece gulden vlies ★ ~ key geld (waarmee men een doel bereikt) ★ ~ mean gulden middenweg ★ ~ rule gulden regel ★ ~-mouthed welsprekend ★ three ~ balls lommerd

goldfinch/'gəʊldfɪntʃ/ [znw] puttertje

goldfish/'gəʊldfɪʃ/ [znw] goudvis

gold-mine [znw] goudmijn

gold-plate(d) [bnw] ● verguld ● doublé

gold-rush/'gəʊldrʌʃ/ [znw] trek naar de goudvelden

goldsmith/'gəʊldsmɪθ/ [znw] goudsmid

golf/gɒlf/ **I** [on ww] golfen **II** [znw] golf(spel) ★ ‹AE› golf ball golfbal; rotje ★ golf club golfstok; golfclub

golf-course/'gɒlfkɔ:s/ [znw] golfbaan

golfer/'gɒlfə/ [znw] ● golfspeler ● wollen vest

G

golf-links [znw] golfterrein
golliwog /'gɒlɪwɒg/ [znw] ● lappen pop met zwart gezicht en kroeshaar ● boeman
golly /'gɒlɪ/ [tw] ● by ~! potverdorie!
gondola /'gɒndələ/ [znw] ● gondel ● ⟨AE⟩ lichter
gondolier /gɒndə'lɪə/ [znw] gondelier
gone /gɒn/ **I** [ww] volt. deelw. → **go II** [bnw] ● weg, dood ● bedorven ● verloren, op ● 6 months gone (with child) 6 maanden zwanger ● be gone! maak dat je wegkomt! ● just gone twelve net 12 uur geweest; even over 12 ● stay gone niet meer terugkomen
gong /gɒŋ/ [znw] gong
go-no-point [znw] beslissingsmoment
goo /gu:/ [znw] ● slijmerig spul ● slijmerij
good /gʊd/ **I** [znw] ● goed, welzijn ● voordeel, nut ● bestwil ● £5 to the good £5 tegoed (hebben); £5 voordeel ● for good (and all) voorgoed ● he is up to no good hij heeft niets goeds in de zin ● no good van geen nut; niets waard ● what's the good of it? wat heeft het voor zin? **II** [bnw] ● goed ● braaf, zoet ● flink, best ● vriendelijk, aardig ● a good deal aardig wat ● all in good time alles op zijn tijd ● as good as gold zo zoet als suiker ● good at English goed in Engels ● good breeding welgemanierdheid ● good debts solvabele schulden ● good for you goed zo ● good gracious/God/heavens! goede genade!; goededehemel! ● good life gemakkelijke te verzekeren ⟨op het leven⟩ ● good looks aantrekkelijkheid ● good thing goed zaakje; goede inval ● good turn goede dienst ● good zo! good zo! ● have a good mind to veel zin hebben om ● he had the good sense to hij had de tegenwoordigheid van geest om te ● it is good for another 5 years 't gaat nog wel 5 jaar mee ● make good vergoeden; waarmaken; z. houden aan; slagen in; 't er afbrengen ● she has a good temper ze is altijd goed gemutst ● that holds good for dat gaat op voor ● your good lady mevrouw
good-bye /gʊd'baɪ/ [znw] vaarwel, (goeden)dag ● say ~ afscheid nemen
good-for-nothing /gʊdfə'nʌθɪŋ/ **I** [znw] nietsnut, deugniet **II** [bnw] ondeugdelijk
good-humoured /gʊd'hju:məd/ [bnw] ● goedgehumeurd
goodish /'gʊdɪʃ/ [bnw] ● goedig ● tamelijk veel/ver
good-looker /gʊd'lʊkə/ [znw] knap ding
good-looking /gʊd'lʊkɪŋ/ [bnw] knap ⟨v. uiterlijk⟩
goodly /'gʊdlɪ/ [bnw] ● knap, mooi ● flink
good-natured /gʊd'neɪtʃəd/ [bnw] goedhartig, aardig
goodness /'gʊdnəs/ [znw] ● (my) ~! goeie grutten! ● for ~' sake in 's hemelsnaam ● ~ (gracious)! goeie hemel! ● ~ knows! de hemel mag 't weten ● thank ~! Goddank!
goods /gʊdz/ [mv] goederen ● a nice bit/piece of ~ aardige verschijning; een lekker stuk ● ~ train goederentrein ● he felt the ~ hij voelde z. het heertje
good-tempered /gʊd'tempəd/ [bnw] met goed humeur
goodwill /gʊd'wɪl/ [znw] ● goede verstandhouding ● cliëntèle ● welwillendheid, goodwill ● goede reputatie
goody /'gʊdɪ/ **I** [znw] bonbon ● ⟨pej.⟩ ~~ sul; kwezel; brave ziel **II** [bnw] ● sullig ● sentimenteel ● braaf
goody-goody [znw] sul
gooey /'gu:ɪ/ [bnw] ● klef, kleverig ● mierzoet ● sentimenteel

goof /gu:f/ [znw] sufferd, halve gare
go-off /gu:fɪ/ [znw] start, begin
goofy /'gu:fɪ/ [bnw] niet goed wijs
gook /gu:k/ ⟨pej.⟩ ⟨AE⟩ [znw] spleetoog
goon /gu:n/ [znw] ● sul, sukkel ● boeman
goose /gu:s/ [znw] ● gans ● uilskuiken ● persijzer ● all his geese are swans hij ziet alles door een roze bril ● be sound on the ~⟨pol./AE⟩ zuiver/vast in de leer zijn ● cook s.o.'s ~ iem. een spaak in 't wiel steken ● get the ~ uitgefloten worden ● ~ quill ganzenveer; ganzenpen ● he can't say boo to a ~ hij kan niet tot 10 tellen ● kill the ~ that lays the golden eggs de gans met de gouden eieren slachten ● wild ~ chase een vergeefse zoektocht
gooseberry /'gʊzbərɪ/ [znw] ● kruisbes ● kruisbessenwijn ● play ~ chaperonneren
goose-egg [znw] nulscore
goose-flesh [znw] ● kippenvel ● ganzenvlees
goose-flesher [znw] griezelromannetje
gooseneck /'gu:snek/ [znw] zwanenhals ⟨v. afvoerbuis⟩
goose-pimples [mv] kippenvel
goose-step /'gu:sstep/ [znw] ganzenpas, paradepas
gopher /'gəʊfə/ **I** [on ww] wroeten **II** [znw] ● grondeekhoorn ● landschildpad ● ⟨inf.⟩ loopjongen ● ⟨AE⟩ buidelrat
gore /gɔ:/ **I** [ov ww] ● een geer zetten in, geren ● doorboren, priemen **II** [znw] ● geer, spie ● (geronnen) bloed
gorge /gɔ:dʒ/ **I** [ov + on ww] ⟨z.⟩ volproppen, gulzig (op)eten **II** [znw] ● keel, strot ● brok eten ● zwelgpartij ● maaginhoud ● visaas ● bergengte ● my ~ rises at it ik walg ervan
gorgeous /'gɔ:dʒəs/ [bnw] prachtig, schitterend
gorget /'gɔ:dʒɪt/ [znw] ● halsketting ● halsstuk ⟨v. harnas⟩ ● kraag ● keelvlek ⟨v. vogel⟩
gorgon /'gɔ:gən/ [znw] ● gorgoon ● ijzingwekkend persoon
gorilla /gə'rɪlə/ [znw] gorilla
gormandize /'gɔ:məndaɪz/ **I** [ov + on ww] (op)schrokken, gulzig (op)eten **II** [znw] gulzigheid
gormless /'gɔ:mləs/ [bnw] ● onnozel, stom ● rot
gorse /gɔ:s/ [znw] gaspeldoorn
gory /'gɔ:rɪ/ [bnw] bloedig
gosh /gɒʃ/ [tw] gossiemijne!, tjemig!
gosling /'gɒzlɪŋ/ [znw] jonge gans
go-slow /gəʊ'sləʊ/ [znw] langzaam-aan-actie
gospel /'gɒspl/ [znw] ● evangelie ● ⟨AE⟩ gospelmuziek ● take a thing as ~ iets voor waar aannemen
gossamer /'gɒsəmə/ **I** [znw] ● herfstdraad/-draden ● ragfijn weefsel **II** [bnw] vluchtig, ragfijn, teder
gossip /'gɒsɪp/ **I** [on ww] roddelen **II** [znw] ● kletskous, roddelaarster ● geklets, geroddel ● praatje ● a juicy bit of ~ een sappige roddel ● ~ column roddelrubriek; plaatselijke nieuwsrubriek
gossip-monger [znw] kletskous
gossipy /'gɒsɪpɪ/ [bnw] roddelachtig, praatziek ● ~ book boek vol roddel
gossoon /go'su:n/ [znw] ● jongen ● bediende
got /gɒt/ verl. tijd + volt. deelw. → **get**
Goth /gɒθ/ [znw] ● Goot ● barbaar
Gothic /'gɒθɪk/ **I** [znw] gotiek **II** [bnw] gotisch ● ~ novel griezelverhaal ⟨vnl. eind-19e eeuws⟩
gouge /gaʊdʒ/ **I** [ov ww] ● gutsen, uithollen ● ⟨AE/inf.⟩ bedriegen **II** [znw] ● groef ● guts ● ⟨inf./AE⟩ oplichterij
goulash /'gu:læʃ/ [znw] goulash
gourd /gʊəd/ [znw] kalebas, pompoen
gourmand /'gʊəmənd/ **I** [znw] ● gulzigaard

• bourgondiër, fijnproever, lekkerbek **II** [bnw]
bourgondisch ‹fig.›, gulzig
gourmet/'guəmeɪ/ [znw] fijnproever
gout/gaut/ [znw] • jicht • kleine hoeveelheid,
bloeddruppel/-spat
gouty/'gautɪ/ [bnw] jichtig
govern/'gʌvən/ [ov ww] • leiden • bepalen
• regeren • beheersen
governable/'gʌvənəbl/ [bnw] • bestuurbaar
• handelbaar
governance/'gʌvənəns/ [znw] bestuur,
heerschappij
governess/'gʌvənəs/ [znw] gouvernante
governess-cart[znw] brik
government/'gʌvənmənt/ [znw] • overheid,
regering • ministerie ★ Government paper
staatsobligatie
governmental/gʌvən'mentl/ [bnw] van
overheidswege, regerings-, m.b.t. de regering
governor/'gʌvənə/ [znw] • gouverneur • patroon
• meneer • regulateur ‹inf.› ouwe heer
Governor-General[znw] Gouverneur-Generaal
gown/gaun/ **I** [ov ww] kleden ★ gowned in toga
II [znw] • japon • toga ★ gowns man burger (t.o.
mil.); student
goy/gɔɪ/ [znw] niet-jood
goyim/'gɔɪɪm/ [mv] → goy
grab/græb/ **I** [ov ww] • grissen • inpikken ★ how
does that grab you? hoe lijkt je dat? **II** [on ww]
• (~ at) grijpen naar **III** [znw] • greep • roof
• vanghaak • lijkenrover • smeris • kaartspel voor
kinderen ★ have the grab on in zijn macht
hebben; ver vóór zijn op; eronder hebben ★ up for
grabs voor het grijpen
grabble/'græbl/ [on ww] (rond)tasten • (~ for)
grabbelen naar
grace/greɪs/ **I** [ov ww] (ver)sieren, opluisteren • (~
with) vereren met **II** [znw] • genade, gratie,
elegantie • gepastheid, fatsoen • gunst • versiering
• speling, uitstel, respijt ★ Her/His/Your Grace
aanspreektitel v. hertog(in) of aartsbisschop ★ act
of ~ gunst; amnestie ★ he had the ~ to hij was zo
beleefd om te ★ say ~ bidden (aan tafel) ★ with a
good ~ graag; van harte; zonder slecht figuur te
slaan ★ year of ~ 1950 jaar Onzes Heren 1950
graceful/'greɪsfʊl/ [bnw] elegant, sierlijk, gracieus
graceless/'greɪsləs/ [bnw] • onbeschaamd • slecht,
snood • lomp
gracious/'greɪʃəs/ [bnw] • genadig • goedgunstig
• minzaam, hoffelijk ★ ~ me! goeie genade! ★ my
~! goeie genade!
grad./græd/ [afk] • (graduate(d)) afgestudeerd(e)
gradate/grə'deɪt/ [ov ww] • trapsgewijs schikken
• graderen
gradation/grə'deɪʃən/ [znw] • gradatie,
onmerkbare overgang • nuance, trap, stadium
• ‹taalk.› ablaut
grade/greɪd/ **I** [ov ww] • sorteren, rangschikken
• veredelen (door kruising) • nivelleren (v. weg)
• inschalen (loonschaal) • ‹AE› beoordelen met
cijfer • (~ down) degraderen, (geleidelijk)
beperken, verlagen • (~ up) verbeteren, veredelen
II [znw] • graad • klasse • cijfer (op school)
• centigraad • gekruist ras • helling • loonschaal
• ‹AE› klas ★ ‹AE› ~ crossing overweg ★ ‹AE› ~
school lagere school ★ ‹AE› make the ~ slagen
grader/'greɪdə/ [znw] • nivelleerder • bulldozer
• sorteerder • sorteermachine • ‹AE› leerling uit de ...
klas ★ third ~ leerling uit de derde klas
gradient/'greɪdɪənt/ [znw] • helling • gradiënt
grading/'greɪdɪŋ/ [znw] classificatie
gradual/'grædʒʊəl/ [bnw] geleidelijk

gradually/'grædʒʊəlɪ/ [bijw] geleidelijk,
langzamerhand
graduate I [ov ww] /'grædʒʊeɪt/ • graad verlenen,
diplomeren • geleidelijk doen opklimmen, in
graden/klassen verdelen • indammen • (~ to)
aanpassen bij **II** [on ww] /'grædʒʊeɪt/ • graad
behalen • geleidelijk opklimmen **III** [znw] /
'grædʒʊət/ • afgestudeerde • gediplomeerde
IV [bnw] /'grædʒʊət/'grædʒʊət/ • gegradueerd,
afgestudeerd • ‹AE› gediplomeerd ★ ‹AE› ~ school
middelbare school ★ ~ student student voor een
postacademische graad
graduation/grædʒʊ'eɪʃən/ [znw]
• schaalverdeling • promotie • progressie
• buluitreiking, het afstuderen
graduator/'grædʒʊeɪtə/ [znw] graadmeter
graffiti/grə'fiːtɪ/ [mv] graffiti
graffito/grə'fiːtəʊ/ [znw] tekening, tekst, leuze
graft/grɑːft/ **I** [ov ww] enten **II** [on ww] • corruptie
bedrijven • hard werken **III** [znw] • entspleet
• transplantatie • entloot • enting • ‹AE›
(opbrengst van) politiek gekonkel
grafter/'grɑːftə/ [znw] • enter • chirurg die
transplanteert • ‹AE› corrupte politicus
Grail/greɪl/ [znw] Graal
grain/greɪn/ **I** [ov ww] • (tot) korrels maken,
graineren • aderen, vlammen, marmeren
• ontharen (v. leer) **II** [znw] • korrel • graan
• greintje • korrelstructuur, ruwe kant v. leer • nerf,
draad (v. hout) • aard, natuur ★ against the ~
tegen de draad in ★ in ~ aarts-; door en door ★ it
goes against the ~ with me 't stuit me tegen de
borst
grains/greɪnz/ [mv] afgewerkte mout
grainy/'greɪnɪ/ [bnw] • korrelig • geaderd
gram/græm/ [znw] • gram • kikkererwt
• peulvruchten
graminaceous/græmɪ'neɪʃəs/ [bnw] grasachtig
grammar/'græmə/ [znw] • grammatica
• spraakkunst • bad ~ onjuist taalgebruik ★ ~
school ≈ gymnasium; middelbare school
grammarian/grə'meərɪən/ [znw]
spraakkunstenaar, taalkundige
grammatical/grə'mætɪkl/ [bnw] grammaticaal
gramme/græm/ [znw] gram
gramophone/'græməfəʊn/ [znw] grammofoon
grampus/'græmpəs/ [znw] • stormvis
• puffende/snuivende persoon
gran/græn/ [znw] oma(atje)
granary/'grænərɪ/ [znw] graanschuur (ook fig.)
grand/grænd/ [bnw] • voornaam • groot(s), weids,
imposant • prachtig, prima ★ Grand Old Man
vereerde man ★ do the ~ de grote meneer
uithangen ★ ~ (piano) vleugel ★ ~ aunt oudtante
★ ~ duchess groothertogin ★ ~ staircase
staatsietrap ★ ~ total eindtotaal; uiteindelijk
resultaat ★ the ~ tour rondreis (langs voorname
cultuurcentra in Europa)
grandchild/'græntʃaɪld/ [znw] kleinkind
grand(d)ad/'grændæd/ [znw] opa(atje)
granddaughter/'grændɔːtə/ [znw] kleindochter
grandeur/'grændʒə/ [znw] pracht, staatsie
grandfather/'grænfɑːðə/ [znw] grootvader ★ ~
clock (grote) staande klok
grandiloquence/græn'dɪləkwəns/ [znw]
grootspraak
grandiloquent/græn'dɪləkwənt/ [bnw]
bombastisch, hoogdravend
grandiose/'grændɪəʊs/ [bnw] grandioos, groots
grand(ma)ma/'græn(mə)mɑː/ [znw] oma
grandmother/'grænmʌðə/ **I** [ov ww]
bemoederen ★ ~ the cups op de schoteltjes morsen

G

II [znw] *grootmoeder*
grand-nephew/'grænnefju:/ [znw] *achterneef*
grand-niece/'grænni:s/ [znw] *achternicht*
grandpapa/'grænpəpa:/ [znw] *opa*
grandparents/'grænpeərənts/ [mv] *grootouders*
grandsire/'grænsaɪə/ [znw] *voorvader* ‹vnl. v. dier›
grandson/'grænsʌn/ [znw] *kleinzoon*
grandstand/'grænstænd/ [znw] *overdekte tribune*
grange/greɪndʒ/ [znw] *landhuis met boerderij*
granite/'grænɪt/ [znw] *graniet* ★ *bite on ~ door de muur heen willen* ★ *~ City Aberdeen*
granny/'grænɪ/ [znw] *besje, (groot)moedertje* ★ *~ dress opoejurk* ★ *~'s bend/knot oud wijf* (verkeerde steek)
grant/gra:nt/ **I** [ov ww] • *vergunnen, toestaan, verlenen* • *toegeven* • *schenken* ★ *God ~ God geve* ★ *she takes everything for ~ed ze gelooft het wel* ★ *take for ~ed als vanzelfsprekend/waar aannemen* **II** [znw] *subsidie, concessie, uitkering, toelage, (studie)beurs, rijksbijdrage* ★ *home improvement ~ subsidie voor het opknappen v.d. woning*
grantee/gra:n'ti:/ [znw] *begiftigde*
grantor/gra:n'tə/ [znw] *schenker*
granular/'grænjʊlə/ [bnw] *korrelig*
granulate/'grænjʊleɪt/ [ov ww] • *korrelen* • *granuleren* ‹v. wond› ★ *~d sugar kristalsuiker*
granule/'grænju:l/ [znw] *korreltje*
grape/greɪp/ [znw] *druif* ★ *~ house druivenkas* ★ *~ stone druivenpit* ★ *juice of the ~ wijn* ★ *sour ~s hatelijke opmerking uit afgunst en nijd* ★ *sour ~s! de druiven zijn (hem te) zuur*
grapefruit/'greɪpfru:t/ [znw] *grapefruit*
grapery/'greɪpərɪ/ [znw] *druivenkwekerij, druivenkas*
grapes/greɪps/ [mv] *gezwel op paardenhiel*
grapevine/'greɪpvaɪn/ [znw] *wijnstok* • *hear s.th. on/through/via the ~ iets langs een omweg horen*
graph/gra:f/ [znw] *grafiek* ★ *~ paper millimeterpapier*
graphic/'græfɪk/ [bnw] *grafisch* ★ *~ description levendige beschrijving*
graphics/'græfɪks/ [mv] *grafiek*
graphite/'græfaɪt/ [znw] *grafiet*
graphology/grə'fɒlədʒɪ/ [znw] *handschriftkunde*
grapnel/'græpnl/ [znw] • *klein anker* • *enterhaak* • *dreg*
grapple/'græpl/ **I** [ov ww] • *enteren* • *aanpakken, beetpakken* ★ *~ with a problem een probleem aanpakken* **II** [znw] • *klein anker* • *(worstel)greep* • *worsteling*
grappling-iron [znw] *werpanker, dreg*
grasp/gra:sp/ **I** [ov ww] • *aangrijpen, vasthouden* • *begrijpen, inzien* ★ *~ all, lose all het onderste uit de kan wil, hebben krijgt het lid op de neus* ★ *~ the nettle de koe bij de hoorns vatten* **II** [on ww] • *(~ at) grijpen naar* **III** [znw] • *vat, houvast* • *bereik, volledig begrip* • *bevattingsvermogen*
grasping/'gra:spɪŋ/ [bnw] *hebberig, inhalig*
grass/gra:s/ **I** [ov ww] • *met gras(zoden) bedekken* • *tegen de grond slaan* • *aan land halen* ‹v. vis› • *neerschieten* ‹v. vogel› • *bleken* **II** [on ww] • *met gras bedekt worden* • ‹sl.› *verklikken* **III** [znw] • *gras* • *weiland* • *maaiveld* • ‹sl.› *marihuana, hasjiesj* ★ *be at ~ niets te doen hebben* ★ *go to ~ het onderspit delven; (Am.) doodgaan* ★ *~ cutter grasmaaimachine* ★ *~ snake ringslang* ★ *~ widow onbestorven weduwe* ★ *~ widower onbestorven weduwnaar* ★ *out of one's ~ van streek* ★ *send to ~ de laan uitsturen; tegen de vlakte slaan*

grasshopper/'gra:shɒpə/ [znw] *sprinkhaan*
grassland/'gra:slænd/ [znw] *grasland*
grassroots/gra:s'ru:ts/ [znw] • *het gewone volk* • *de achterban* • *het kiezersvolk* • *het elementaire, de basis*
grassy/'gra:sɪ/ [bnw] *grasachtig*
grate/greɪt/ **I** [ov ww] • *raspen* • *knarsen* ★ *~ one's teeth met zijn tanden knarsen* **II** [on ww] *knarsen* **III** [znw] • *rooster* • *open haard*
grateful/'greɪtfʊl/ [bnw] • *dankbaar* • *weldadig*
grater/'greɪtə/ [znw] *rasp*
gratification/grætɪfɪ'keɪʃən/ [znw] • *voldoening* • *gratificatie*
gratify/'grætɪfaɪ/ [ov ww] • *bevredigen* • *voldoening schenken, voldoen* • *belonen* (met gratificatie) ★ *~ing aangenaam*
grating/'greɪtɪŋ/ [znw] *tralies, traliewerk*
gratis/'grætɪs/ [bnw] *gratis*
gratitude/'grætɪtju:d/ [znw] *dankbaarheid*
gratuitous/grə'tju:ɪtəs/ [bnw] • *kosteloos* • *ongegrond* • *nodeloos*
gratuity/grə'tju:ətɪ/ [znw] • *fooi* • *gratificatie*
grave/greɪv/ **I** [ov ww] • *schoonmaken van scheepsromp* • *snijden, beitelen* • *graveren* ★ *~n image gesneden beeld* ★ *graving dock droogdok* **II** [znw] *graf* ★ *~ mound grafheuvel* ★ *~ slab grafsteen* **III** [bnw] *ernstig, gewichtig, somber*
grave-digger [znw] *doodgraver*
gravel/'grævəl/ **I** [ov ww] • *met grind bedekken* • *van zijn stuk brengen, vastzetten* (fig.) **II** [znw] • *grind, kiezel* • *graveel*
gravel-blind [bnw] *zo goed als blind*
gravelly/'grævəlɪ/ [bnw] • *grindachtig* • *grindhoudend*
graven/'greɪvən/ volt. deelw. → **grave**
gravestone/'greɪvstəʊn/ [znw] *grafsteen, zerk*
graveyard/'greɪvja:d/ [znw] *kerkhof*
gravid/'grævɪd/ [bnw] *zwanger*
gravitate/'grævɪteɪt/ [on ww] • *aangetrokken worden* • *(over)hellen, neigen* • *(be)zinken*
gravitation/grævɪ'teɪʃən/ [znw] • *neiging* • *zwaartekracht*
gravitational/grævɪ'teɪʃənl/ [bnw] *gravitatie-* ★ *~ force zwaartekracht*
gravity/'grævɪtɪ/ [znw] • *gewicht(igheid)* • *zwaartekracht*
gravy/'greɪvɪ/ [znw] • *jus* • ‹sl./AE› *mazzeltje, gauw verdiend geld*
gravy-boat/'greɪvɪbəʊt/ [znw] *juskom*
gray/greɪ/ → **grey**
grayish ‹AE› [bnw] *grijsachtig*
graze/greɪz/ **I** [ov + on ww] • *grazen* • *weiden* • *rakelings langs gaan* • *schaven, schampen* **II** [znw] *schaafwond, schram, schampschot*
grazier/'greɪzɪə/ [znw] *veeweider*
grease/gri:s/ **I** [ov ww] *insmeren, invetten* ★ *~ a p.'s hand/palm iem. omkopen* **II** [znw] *vet* ★ *~ gun vetspuit* ★ *in ~ geschikt voor de jacht*
grease-gun [znw] *vetspuit*
greasepaint/'gri:speɪnt/ [znw] *schmink*
greaseproof/'gri:spru:f/ [bnw] *vetvrij*
greaser/'gri:sə/ [znw] • *smeerder* • ‹sl./AE› *Mexicaan, Zuid-Amerikaan*
greasy/'gri:sɪ/ [bnw] *vettig*
great/greɪt/ [bnw] • *groot* • *gewichtig, voornaam* • *prachtig* ★ ‹vero.› *Great Scot! lieve hemel!* ★ *~ age hoge leeftijd* ★ *~ friends dikke vrienden* ★ *~ unwashed het plebs* ★ *that's ~! prima!* ★ *the ~ de voorname mensen; de groten der aarde* ★ *the ~ beyond het hiernamaals*
great-[voorv] *over-, achter-, oud-*

great-aunt [znw] oudtante
greatcoat /'greɪtkəʊt/ [znw] (militaire) overjas
great-grandfather [znw] overgrootvader
great-grandson [znw] achterkleinzoon
great-hearted [bnw] grootmoedig
greatly /'greɪtlɪ/ [bijw] zeer, grotelijks
greatness /'greɪtnəs/ [znw] grootheid
greaves /griːvz/ [znw] • scheenbeenplaten • kanen
grebe /griːb/ [znw] fuut
Grecian /'griːʃən/ [bnw] Grieks-
Greece /griːs/ [znw] Griekenland
greed /griːd/ [znw] begerigheid, hebzucht
greedy /'griːdɪ/ [bnw] • ~ guts gulzigaard
Greek /griːk/ I [znw] • Griek • sluwe vos II [bnw] Grieks
green /griːn/ I [ov ww] • groen maken • bij de neus nemen II [on ww] groen worden III [znw] • groenheid • grasveld • do you see any ~ in my eye? zie je me voor (zo) onnozel aan? • give a p. the ~ (light) iem. verlof geven om te beginnen/door te gaan • ~ wave 'groene golf'; ononderbroken verkeersstroom • ~s (blad)groente(n) • in the ~ of his youth in de bloei v. zijn jeugd IV [bnw] • groen • onrijp • vers • ~ cheese onrijpe kaas; weikaas; groene kaas • ~ eye jaloezie; 'schele ogen' • ~ old age krasse oude dag
greenback /'griːnbæk/ [znw] bankbiljet v.d. VS
greenery /'griːnərɪ/ [znw] plantentuin
green-eyed [bnw] jaloers
greenfly /'griːnflaɪ/ [znw] bladluis
greengage /'griːngeɪdʒ/ [znw] reine-claude
greengrocer /'griːngrəʊsə/ [znw] groenteman
greengrocery /'griːngrəʊsərɪ/ [znw] groente- en fruithandel
greenhorn /'griːnhɔːn/ [znw] nieuweling, broekje
greenhouse /'griːnhaʊs/ [znw] broeikas
greenish /'griːnɪʃ/ [bnw] groenachtig
Greenland /'griːnlənd/ [znw] Groenland
green-pea /'griːnpiː/ [znw] doperwt
greenroom /'griːnruːm/ [znw] artiestenkamer
greensickness /'griːnsɪknəs/ [znw] bleekzucht
greensward /'griːnswɔːd/ [znw] grasveld
Greenwich /'grenɪtʃ/ [znw] • ~ Mean Time Greenwichtijd
greenwood /'griːnwʊd/ [znw] loofbos(sen)
greeny /'griːnɪ/ [bnw] groenachtig
greet /griːt/ [ov ww] (be)groeten
greeting /'griːtɪŋ/ [znw] groet
gregarious /grɪ'geərɪəs/ [bnw] • in kudden levend • (op) gezellig(heid gesteld)
grenade /grɪ'neɪd/ [znw] handgranaat
grenadier /grenə'dɪə/ [znw] grenadier
grew /gruː/ verl. tijd → grow
grey /greɪ/ I [ov + on ww] grijs maken/worden II [znw] grijze schimmel III [bnw] • grijs • somber • vergrijsd, met rijpe ervaring • grey friars franciscanen • grey topper grijze hoge hoed • the grey mare is the better horse de vrouw heeft de broek aan
grey-haired [bnw] grijs, met grijs haar • go ~ grijze haren krijgen
greyhound /'greɪhaʊnd/ [znw] hazewind • ‹AE› Greyhound langeafstandsbus • ~ racing windhondenrennen
greyish → **grayish**
grid /grɪd/ [znw] • rooster • net(werk) • bagagerek • accuplaat
griddle /'grɪdl/ I [ov ww] zeven II [znw] • bakplaat • kolenzeef
gride /graɪd/ I [on ww] krassen, knarsen II [znw] gekras
gridiron /'grɪdaɪən/ [znw] • (braad)rooster

• takelwerk • traliewerk • compensatieslinger
• ‹AE› rugby(veld)
grief /griːf/ [znw] verdriet • bring to ~ in 't ongeluk storten; ten val brengen • come to ~ verongelukken
grievance /'griːvəns/ [znw] grief
grieve /griːv/ [on ww] bedroeven • ~ at/for treuren om/over
grievous /'griːvəs/ [bnw] • pijnlijk, smartelijk • ernstig, afschuwelijk • ~ bodily harm ernstig lichamelijk letsel
grig /grɪg/ [znw] • palinkje • krekel
grill, grille /grɪl/ I [ov + on ww] grillen, roosteren II [ov ww] stevig aan de tand voelen III [znw] • rooster • grill • geroosterd vlees • traliewerk • front (v. auto)
grill-room [znw] grillroom, eetzaal (in restaurant)
grim /grɪm/ [bnw] • grimmig, akelig • streng, meedogenloos, onverbiddelijk • the Grim Reaper magere Hein
grimace /grɪ'meɪs/ I [on ww] grijnzen II [znw] • grijns • grimas
grime /graɪm/ I [ov ww] vuil maken II [znw] (vettig) vuil, goorheid
grimy /'graɪmɪ/ [bnw] goor, vies
grin /grɪn/ I [on ww] grijnzen • grimas maken, 't gezicht vertrekken • grin and bear it z. goedhouden II [znw] brede glimlach
grind /graɪnd/ [ov ww] • (~ out) opdreunen, eruit draaien
grinder /'graɪndə/ [znw] • kies • slijpmachine • repetiteur
grindstone /'graɪndstəʊn/ [znw] slijpsteen • keep a p.'s nose on the ~ iem. afbeulen
gringo /'grɪŋgəʊ/ [znw] • gringo • (Engelssprekende) vreemdeling
grip /grɪp/ I [ov + on ww] grijpen, pakken II [on ww] vat hebben op, boeien III [znw] • greep • handvat • macht • beheersing • handdruk • come to grips handgemeen worden; aanpakken (geval) • he lost grip of his audience hij kon zijn gehoor niet meer boeien
gripe /graɪp/ I [ov + on ww] ‹vero.› pakken, aanpakken, vastpakken II [ov ww] onderdrukken, knijpen III [on ww] klagen, jammeren IV [znw] • greep, houvast • vat • ~s koliek
grippe /grɪp/ [znw] griep
griseous /'grɪzɪəs/ [bnw] blauwgrijs
grisly /'grɪzlɪ/ [bnw] griezelig
grist /grɪst/ [znw] • koren • mout • all is ~ that comes to his mill hij kan alles gebruiken • bring ~ to the mill voordeel opleveren
gristle /'grɪsəl/ [znw] kraakbeen
gristly /'grɪslɪ/ [bnw] kraakbeenachtig
grit /grɪt/ I [ov + on ww] knarsen II [ov ww] met zand bestrooien • grit slippery roads gladde wegen met zand bestrooien III [znw] • zand(korreltje) • (steen)gruis • structuur (v. steen) • pit, durf • grit (stone) grove zandsteen • grit blasting zandstralen • grits grutten • throw grit into the machine roet in 't eten gooien
gritty /'grɪtɪ/ [bnw] • korrelig • kranig
grizzle /'grɪzəl/ [ov + on ww] • grienen • (klagend) zeuren, lamenteren
grizzled /'grɪzəld/ [bnw] • grijs • 'peper en zout', grijzend
grizzly /'grɪzlɪ/ I [znw] grijze beer II [bnw] grijsachtig
groan /grəʊn/ I [on ww] kreunen • (~ for) verlangen naar • (~ under) zuchten onder II [znw] gekreun

G

groat/grəut/ [znw] ∗ I don't care a ~ 't kan me geen zier schelen

groats/grəuts/ [znw] havergrutten

grocer/grəusə/ [znw] kruidenier ∗ the ~'s de kruidenierswinkel

groceries/grəusərɪz/ [mv] kruidenierswaren

grocery/grəusərɪ/ [znw] • het kruideniersvak • ‹AE› kruidenier

grog/grɒg/ [znw] • grog • grogfuif

groggy/grɒgɪ/ [bnw] • beneveld, dronken • niet vast op de benen

groin/grɔɪn/ [znw] • lies • kruis • golfbreker • ‹archit.› graatrib

groom/gru:m/ I [ov ww] verzorgen ∗ well ~ed gesoigneerd; goed verzorgd II [znw] • stalknecht • kamerheer • bruidegom

groomsman/gru:mzmən/ [znw] bruidsjonker

groove/gru:v/ I [ov ww] een sleuf maken in II [znw] • sleuf, sponning • trek ‹v. loop› • sleur ∗ ‹sl.› in the ~ moeiteloos uitgevoerd ‹jazz›; in de stemming; in (top)vorm

groovy/gru:vɪ/ ‹sl.› [bnw] gaaf, in (de mode), tof, blits

grope/grəup/ [ov + on ww] • (~ **after/for**) (rond)tasten naar

gropingly/grəupɪŋlɪ/ [bijw] op de tast

gross/grəus/ I [ov ww] verdienen ∗ ~ s.o. out‹AE/inf.› iem. laten walgen II [znw] gros ∗ ‹AE› by the ~ in 't groot; in zijn geheel III [bnw] • grof, lomp, walgelijk, monsterlijk • vet • bruto ∗ ~ lease bruto verhuur ∗ ~ national product bruto nationaal product ∗ ~ tonnage/weight bruto gewicht

grotesque/grəu'tesk/ I [znw] groteske II [bnw] potsierlijk

grotto/grɒtəu/ [znw] grot

grotty/grɒtɪ/ [bnw] • akelig, beroerd • rot, gammel

grouch/grautʃ/ I [on ww] mopperen II [znw] • gemopper • mopperaar

grouchy/grautʃɪ/ [bnw] humeurig, met de bokkenpruik op

ground/graund/ I [ww] verl. tijd + volt. deelw. → grind II [ov ww] • gronden, baseren • (grondig) onderleggen • aan/op de grond zetten • aarden ‹v. elektriciteit› III [on ww] aan de grond lopen IV [znw] • terrein, park • grondkleur/-toon/-verf • ondergrond • reden • grond ∗ break fresh ~ van een heel nieuw standpunt uitgaan ∗ cover much ~ lange afstand afleggen; groot terrein bestrijken ∗ down to the ~ in alle opzichten ∗ go to ~ in hol kruipen ‹v. vos, das›; in zijn schulp kruipen ∗ ~ control grondpersoneel ∗ ~ crew grondpersoneel ∗ ~ floor benedenverdieping ∗ ~ rule grondregel ∗ ‹luchtv.› ~ staff grondpersoneel ∗ shift one's ~ standpunt veranderen ∗ stand one's ~ voet bij stuk houden ∗ touch ~ vaste grond onder de voeten krijgen

ground-colour[znw] • grondverf • grondkleur

groundfrost/graundfrost/ [znw] nachtvorst

groundgame/graundgeɪm/ [znw] klein wild

grounding/graundɪŋ/ [znw] basis, vooropleiding, grondbeginselen

groundless/graundləs/ [bnw] ongegrond

groundling/graundlɪŋ/ [znw] • kruipplant • grondvis, modderkruiper

groundlings/graundlɪŋz/ [mv] ∗ the ~ het schellinkje

groundnut/graundnʌt/ [znw] pinda, aardnoot

ground-plan/graundplæn/ [znw] plattegrond

ground-rent/graundrent/ [znw] grondpacht

grounds/graundz/ [mv] • terrein • drab, bezinksel

groundsheet/graundʃi:t/ [znw] grondzeil

groundsman/graundzmən/ [znw] • tuinman • terreinknecht

groundwork/graundwɜ:k/ [znw] • ondergrond • grondslag

group/gru:p/ I [ov + on ww] (z.) groeperen II [znw] groep ∗ ~ captain kolonel v.d. luchtmacht ∗ ~ practice groepspraktijk ∗ ~ therapy groepstherapie

grouping/gru:pɪŋ/ [znw] groepering

grouse/graus/ I [on ww] • kankeren, mopperen • op korhoenders jagen II [znw] • korhoen(deren) • gemopper, gekanker

grout/graut/ I [ov ww] • omwroeten • voegen II [on ww] wroeten III [znw] dunne mortel

grove/grəuv/ [znw] bosje

grovel/grɒvəl/ [on ww] z. vernederen, kruipen (fig.)

groveller/grɒvələ/ [znw] kruiper

grovelling/grɒvəlɪŋ/ [bnw] laag-bij-de-gronds

grow/grəu/ I [ov ww] • laten groeien • verbouwen, kweken ∗ grow a beard zijn baard laten staan II [on ww] • groeien • worden ∗ grow into one één worden; aaneengroeien ∗ it grows on you je went eraan • (~ **away from**) vervreemden van • (~ **downward**) afnemen, kleiner worden • (~ **up**) opgroeien, volwassen worden ∗ grown-up volwassen(e) • (~ **upon**) vat krijgen op

grower/grəuə/ [znw] kweker, verbouwer

growing/grəuɪŋ/ [bnw] m.b.t. de groei, groei- ∗ ~ pains groeistuipen

growl/graul/ I [on ww] • grommen • rommelen • (~ **out**) snauwen II [znw] • gegrom • snauw

growler/graulə/ [znw] • brompot • huurrijtuigje • ‹AE› bierkruik

grown/grəun/ volt. deelw. → grow

growth/grəuθ/ [znw] • groei • gewas • product • gezwel

groyne/grɔɪn/ [znw] golfbreker

grub/grʌb/ I [ov ww] • opgraven, uitgraven • wieden II [on ww] • graven, wroeten, schoffelen • zwoegen, ploeteren • schransen • (~ **on**) z. voeden met III [znw] • larve, engerling, made • zwoeger • sloddervos • eten ∗ his grub and his bub zijn natje en droogje

grubby/grʌbɪ/ [bnw] • vol maden • smerig, slonzig, smoezelig

grudge/grʌdʒ/ I [ov ww] misgunnen ∗ he ~s no effort geen werk is hem te veel II [znw] wrok ∗ bear/owe s.o. a ~ wrok koesteren jegens iem.

grudging/grʌdʒɪŋ/ [bnw] onwillig, schoorvoetend, met tegenzin

grudgingly/grʌdʒɪŋlɪ/ [bijw] met tegenzin

gruel/gru:əl/ [znw] • watergruwel • strenge straf ∗ get one's ~ er van langs krijgen

gruelling/gru:əlɪŋ/ I [znw] afstraffing II [bnw] hard, meedogenloos

gruesome/gru:səm/ [bnw] ijzingwekkend, akelig

gruff/grʌf/ [bnw] • bars, nurks, nors • grof

grumble/grʌmbl/ I [on ww] mopperen, grommen • (~ **about/at/over**) z. beklagen over II [znw] aanmerking

grumbler/grʌmblə/ [znw] mopperaar

grumpy/grʌmpɪ/ I [znw] brompot II [bnw] knorrig, gemelijk

Grundyism/grʌndɪɪzəm/ [znw] kleinburgerlijkheid

grunt/grʌnt/ I [on ww] • knorren • grommen II [znw] geknor • knorvis

grunter/grʌntə/ [znw] • varken • knorhaan (vis)

gruntle/grʌntl/ [on ww] grommen

G-string/dʒiː strɪŋ/ [znw] • tanga(slipje) • ⟨muz.⟩ g-snaar

guarantee/gærənˈtiː/ **I** [ov ww] garanderen * ~ a bill een wissel avaleren **II** [znw] • borg • waarborg, garantie • aval ⟨v. wissel⟩ • wie iets gegarandeerd is/wordt

guarantor/ˈgærəntɔː/ [znw] borg ⟨persoon⟩

guaranty/ˈgærənti/ [znw] borgtocht

guard/gɑːd/ **I** [ov ww] • beschermen, bewaken, hoeden • de controle hebben • niet uit het oog verliezen * ~ one's steps behoedzaam lopen/te werk gaan • (~ **against/from**) behoeden voor, beschermen tegen **II** [on ww] z. hoeden • (~ **against/from**) z. hoeden voor **III** [znw] • bescherming, wacht • hoede, waakzaamheid • garde, beschermer, bewaker • conducteur • verdediging(sstand) ⟨bij boksen en schermen⟩ • ⟨AE⟩ cipier • be on/off one's ~ (niet) op zijn hoede zijn * catch s.o. off ~ iem. ergens mee overvallen * ~ boat patrouilleboot * ~ dog waakhond * on ~ op wacht

guarded/ˈgɑːdɪd/ [bnw] voorzichtig * ~ terms bedekte termen

guardhouse/ˈgɑːdhaʊs/ [znw] wachtlokaal

guardian/ˈgɑːdɪən/ [znw] • beschermer • voogd • curator • gardiaan • Guardian (of the poor) armvoogd * ~ angel engelbewaarder; beschermengel

guardianship/ˈgɑːdɪənʃɪp/ [znw] voogdij, bescherming

guard-rail/ˈgɑːdreɪl/ [znw] balustrade, leuning

guardsman/ˈgɑːdzmən/ [znw] gardesoldaat, lid v.e. garderegiment

gudgeon/ˈgʌdʒən/ **I** [ov ww] bedotten **II** [znw] • grondeling, aasvisje • sul, lichtgelovige • roerhaak • pen

gudgeon-pin [znw] zuigerpen

guer(r)illa/gəˈrɪlə/ [znw] • guerrilla • franc-tireur

guess/ges/ **I** [ov + on ww] • (~ **at**) raden naar **II** [ov ww] * ⟨AE⟩ I ~ ik denk/geloof **III** [znw] gissing * educated ~ goed onderbouwde gissing * it's anybody's ~ dat weet geen mens

guesswork/ˈgeswɜːk/ [znw] gegis, veronderstelling

guest/gest/ [znw] • gast • introducé • parasiet * paying ~ betalend logé

guest-house/ˈgesthaʊs/ [znw] pension

guest-room/ˈgestruːm/ [znw] logeerkamer

guff/gʌf/ ⟨inf.⟩ [znw] geklets

guffaw/gʌˈfɔː/ **I** [on ww] schaterlachen **II** [znw] schaterlach

guidable/ˈgaɪdəbl/ [bnw] bestuurbaar, volgzaam

guidance/ˈgaɪdns/ [znw] • (bege)leiding • voorlichting • spiritual ~ geestelijke bijstand

guide/gaɪd/ **I** [ov ww] • (bege)leiden • besturen * ~d missile radiografisch bestuurd projectiel **II** [znw] • gids • (reis)leider • leidraad * ~ board wegwijzer

guidebook/ˈgaɪdbʊk/ [znw] reis-/stadsgids

guide-dog [znw] (blinden)geleidehond

guideline/ˈgaɪdlaɪn/ [znw] richtlijn

guidepost/ˈgaɪdpəʊst/ [znw] handwijzer, wegwijzer

guiding/ˈgaɪdɪŋ/ [znw] * ~ stick steunstok ⟨v. schilder⟩

guild/gɪld/ [znw] gilde

guilder/ˈgɪldə/ [znw] gulden

guildhall/ˈgɪldˈhɔːl/ [znw] • gildehuis • stadhuis

guile/gaɪl/ [znw] bedrog, list

guileful/ˈgaɪlfʊl/ [bnw] • bedrieglijk • arglistig

guileless/ˈgaɪlləs/ [bnw] argeloos

guillemot/ˈgɪlɪmɒt/ [znw] zeekoet

guillotine/ˈgɪlətiːn/ **I** [ov ww] onthoofden **II** [znw]

• guillotine • snijmachine • ⟨pol.⟩ vaststelling van tijd waarop stemming over (gedeelten v.) wetsontwerp moet plaatshebben

guilt/gɪlt/ [znw] schuld

guiltless/ˈgɪltləs/ [bnw] schuldloos * ~ of onschuldig aan

guilty/ˈgɪlti/ [bnw] schuldig * ~ of schuldig aan

guinea/ˈgɪni/ [znw] munt ter waarde van 21 shilling

guinea-pig [znw] • proefkonijn • cavia

guise/gaɪz/ [znw] • schijn, voorwendsel • uiterlijk, gedaante

guitar/gɪˈtɑː/ [znw] gitaar

guitarist/gɪˈtɑːrɪst/ [znw] gitarist

gulch/gʌltʃ/ [znw] ravijn

gulf/gʌlf/ **I** [ov ww] (mee)sleuren **II** [znw] • golf • afgrond, kloof • maalstroom

gull/gʌl/ **I** [ov ww] bedotten **II** [znw] • zeemeeuw • onnozele hals

gullet/ˈgʌlɪt/ [znw] slokdarm

gull(e)y/ˈgʌli/ **I** [ov ww] geul(en) maken in **II** [znw] • ravijn • geul, goot, afwatering • groot mes * ~ drain rioolbuis * ~ hole rioolgat * ~ trap stankafsluiter

gullible/ˈgʌlɪbl/ [bnw] goedgelovig, onnozel

gullish/ˈgʌlɪʃ/ [bnw] onnozel

gulp/gʌlp/ **I** [ov + on ww] (in)slikken, (op)slokken • (~ **down**) in één keer achteroverslaan/opslokken **II** [on ww] bijna stikken **III** [znw] • slikbeweging • slok

gum/gʌm/ **I** [ov + on ww] gom afscheiden, met gom plakken • (~ **down**) met gom vastplakken **II** [znw] • gom(boom) • kauwgom • dracht aan oog * by gum! wel verdikke!

gumboot/ˈgʌmbuːt/ [znw] gummilaars • ⟨AE⟩ politieman

gumboots/ˈgʌmbuːts/ [znw] rubberlaarzen

gumdrop/ˈgʌmdrɒp/ [znw] gomballetje

gummy/ˈgʌmi/ [bnw] • gomachtig • kleverig • gezwollen

gumption/ˈgʌmpʃən/ [znw] gehaaidheid

gums/gʌmz/ [mv] • tandvlees • ⟨AE⟩ overschoenen

gum-tree/ˈgʌmtriː/ [znw] gomboom * be up a ~ in de knoei zitten

gun/gʌn/ **I** [znw] • ⟨AE⟩ schieten, jagen • (~ **down**) dood-/neerschieten **II** [znw] • geweer • kanon • draagwijdte, schot • revolver • jager • sproeier (met insecticide) * blow great guns stormen * bring up one's big guns met grof geschut beginnen * gun case foedraal v. geweer; kraag v. Engelse rechter * gun dog jachthond * gun pit ingegraven artilleriestelling * gun room wapenkamer * jump the gun valse start maken; vóór z'n beurt beginnen * son of a gun stoere bink * stand/stick to one's guns voet bij stuk houden * sten gun stengun; automatisch machinepistool

gunboat/ˈgʌnbəʊt/ [znw] kanonneerboot * ~ law recht v. het geweld; sabelgekletter

gunfight/ˈgʌnfaɪt/ [znw] vuurgevecht

gunfire/ˈgʌnfaɪə/ [znw] kanonvuur, kanonschot(en)

gunge, gunk/gʌndʒ/ [znw] kleeftroep, viezigheid

gunman/ˈgʌnmən/ [znw] • geweerdrager, infanterist • bandiet

gunnel/ˈgʌnl/ [znw] dolboord

gunner/ˈgʌnə/ [znw] • artillerist • boordschutter • konstabel ⟨marine⟩ • jager

gunnery/ˈgʌnəri/ [znw] • ballistiek • artillerie(vuur) * ~ school artillerieschool

gunny/ˈgʌni/ [bnw] jute * ~ sack jutezak

gunpoint/ˈgʌnpɔɪnt/ [znw] uiteinde v. vuurwapen * at ~ met het geweer/pistool in de aanslag

gunpowder/ˈgʌnpaʊdə/ [znw] buskruit

G

* Gunpowder Plot Buskruitverraad (5 nov 1605)
gunrunner /'gʌnrʌnə/ [znw] wapensmokkelaar
gunrunning /'gʌnrʌnɪŋ/ [znw] wapensmokkelarij
gunshot /'gʌnʃɒt/ [znw] • geweer-/pistoolschot
• draagwijdte, schootsafstand ★ out of/within ~
buiten/binnen schootsbereik
gunsmith /'gʌnsmɪθ/ [znw] geweermaker
gunter /'gʌntə/ [znw] • logaritmeliniaal
• ‹scheepv.› topmast, maststeng ★ Gunter's scale
logaritmeliniaal
gunwale /'gʌnl/ → **gunnel**
gurgle /'gɜːgl/ I [on ww] • kirren • klokken
• rochelen • murmelen II [znw] • gekir • geklok
• gemurmel
guru /'guru/ [znw] goeroe
gush /gʌʃ/ I [ov ww] doen gutsen II [on ww]
• gutsen, stromen • dwepen, sentimenteel doen
III [znw] • stroom • opwelling • sentimentaliteit
gusher /'gʌʃə/ [znw] • dweper • petroleumbron
gushing /'gʌʃɪŋ/ I [znw] golf, stroom II [bnw]
• gutsend • dweperig
gushy /'gʌʃɪ/ [bnw] overdreven
gusset /'gʌsɪt/ [znw] geer, spie
gust /gʌst/ [znw] (wind)vlaag
gusto /'gʌstəʊ/ [znw] smaak, genot, animo
gusty /'gʌstɪ/ [bnw] stormachtig
gut /gʌt/ I [ov ww] • kaken ‹v. vis›, uithalen
• leeghalen, uitbranden ‹v. huis› • schrokken
II [znw] • darm • geul, engte ● ‹pej.› pens
gutless /'gʌtləs/ [bnw] laf, zonder ruggengraat ‹fig.›
guts /gʌts/ [mv] • pit, fut • ingewanden ★ have the
guts het lef hebben; de brutaliteit/moed hebben
gutsy /'gʌtsɪ/ [bnw] • gewaagd, gedurfd • dapper
gutter /'gʌtə/ I [ov ww] groeven II [on ww]
• stromen • druipen ‹v. kaars› III [znw] goot ★ ~
press riooljournalistiek; rioolpers ★ pick s.o. up
out of the ~ iem. v.d. straat oprapen
guttle /'gʌtl/ [ov + on ww] (op)schrokken
guttural /'gʌtərəl/ I [znw] ‹taalk.› keelklank
II [bnw] keel-
guv ‹inf.› [afk] ● (governor) meneer, (de) ouwe heer,
(de) baas, meester
guvnor /'gʌvnə/ ‹inf.› [znw] chef, baas
guy /gaɪ/ I [ov ww] • in afbeelding laten zien • voor
de gek houden • de plaat poetsen II [znw] • raar
opgedirkt persoon • stormlijn ‹v. tent› ● ‹AE› vent,
kerel • ‹scheepv.› topreep ★ ‹vero.› do a guy er
tussen uit knijpen
guzzle /'gʌzəl/ I [ov + on ww] (op)schrokken,
(op)zuipen II [znw] keel
guzzler /'gʌzlə/ [znw] zuiplap
gybe /dʒaɪb/ [on ww] gijpen
gym /dʒɪm/ [znw] • gymzaal • gymnastiekles
gymkhana /dʒɪm'kɑːnə/ [znw] gymkana,
ruiterwedstrijd/-show
gymnasium /dʒɪm'neɪzɪəm/ [znw]
• gymnastiekzaal, gymnastiekschool
• gymnasium ‹buiten GB›
gymnast /'dʒɪmnæst/ [znw] gymnast
gymnastic /dʒɪm'næstɪk/ [bnw] m.b.t. gymnastiek
gymnastics /dʒɪm'næstɪks/ [mv] gymnastiek
gymslip /'dʒɪmslɪp/ [znw] overgooier
gynaecologist /gaɪnɪ'kɒlədʒɪst/ [znw]
gynaecoloog
gynaecology /gaɪnɪ'kɒlədʒɪ/ [znw] gynaecologie
gyp /dʒɪp/ I [ov ww] oplichten, belazeren II [znw]
bediende ★ give s.o. gyp iem. er flink van langs
geven
gypsum /'dʒɪpsəm/ [znw] gips
gypsy /'dʒɪpsɪ/ [znw] zigeuner ★ ~ cart woonwagen
★ ~ table rond tafeltje op drievoet
gyrate /'dʒaɪəreɪt/ [on ww] (rond)draaien, wentelen

gyration /dʒaə'reɪʃən/ [znw] (spiraal)winding
gyratory /'dʒaɪə'reɪtərɪ/ [bnw] ★ ~ traffic in één
richting rondgaand verkeer
gyroplane /'dʒaɪərəʊpleɪn/ [znw] helikopter
gyroscope /'dʒaɪərəskəʊp/ [znw] gyroscoop
gyve /dʒaɪv/ I [ov ww] boei(en) II [znw] boei(en)

H

ha/ha/ **I** [on ww] kuchen **II** [znw] kuchje
habeas/'heɪbɪəs/ ✳ ⟨jur.⟩ (writ of) ~ corpus
bevelschrift tot voorgeleiding
haberdasher/'hæbədæʃə/ [znw]
● *fournituurenhandelaar* ● ⟨AE⟩ *verkoper van herenmode(artikelen)*
haberdashery/'hæbədæʃərɪ/ [znw]
● *fournituuren(zaak)-afdeling* ● ⟨AE⟩
herenmodezaak/-afdeling
habit/'hæbɪt/ **I** [ov ww] kleden **II** [znw] ● *gewoonte*
● *gesteldheid* ● *pij, habijt*
habitable/'hæbɪtəbl/ [bnw] *bewoonbaar*
habitat/'hæbɪtæt/ [znw] *verspreidingsgebied* ⟨v. dier/plant⟩, *woongebied*
habitation/hæbɪ'teɪʃən/ [znw] ● *woning*
● *bewoning*
habitual/hə'bɪtʃʊəl/ **I** [znw] *vaste klant, stamgast*
II [bnw] *gewoon(lijk)* ✳ ~ *smoker gewoonteroker*
habitually/hə'bɪtʃʊəlɪ/ [bijw] *gewoonlijk, doorgaans*
habituate/hə'bɪtʃʊeɪt/ ⟨form.⟩ [ov ww]
(ge)wennen
habitude/'hæbɪtjuːd/ ⟨vero.⟩ [znw] ● *gewoonte*
● *gesteldheid*
hack/hæk/ **I** [ov + on ww] *(af-/fijn)hakken*
II [ov ww] *tot vervelens toe herhalen* **III** [on ww]
● *computerkraken, met computer spelen* ● *kuchen*
● *(paard)rijden* **IV** [znw] ● *schop tegen de schenen*
● *houweel* ● *huurpaard, rijpaard* ● *knol* ● *loonslaaf*
● *broodschrijver* ● ⟨AE⟩ *taxi, huurrijtuig* ✳ hack
writer *broodschrijver* **V** [bnw] *afgezaagd*
hacker/'hækə/ [znw] *computerkraker, hacker, computerfreak*
hacking/'hækɪŋ/ [bnw] ✳ ~ cough *droge kuch/hoest*
hackle/'hækl/ **I** [ov ww] *hekelen* **II** [on ww] *hakken*
III [znw] ● *hekel* ● *kunstvlieg* ✳ ~s *nekharen;*
nekveren ✳ my ~s rose *de haren rezen mij te berge*
hackly/'hæklɪ/ [bnw] *hoekig, ongelijk*
hackney/'hæknɪ/ **I** [znw] ● *rijpaard, huurpaard*
● *loonslaaf* **II** [bnw] ✳ ~ cab/carriage *huurrijtuig*
hackney(ed)/'hæknɪ(d)/ [bnw] *afgezaagd*
hacksaw/'hæksɔː/ [znw] *ijzerzaag*
had/hæd/ verl. tijd + volt. deelw. → **have**
haddock/'hædək/ [znw] *schelvis*
hadn't/'hædnt/ → **have**
haem-/'hiːm/ [voorv] hemo-,
haemoglobin/hiːmə'gləʊbɪn/ [znw] *hemoglobine*
haemophilia/hiːmə'fɪlɪə/ [znw] *hemofilie,*
bloederziekte
haemophiliac/hiːmə'fɪlɪæk/ **I** [znw]
hemofiliepatiënt **II** [bnw] *bloeder-*
haemorrhage/'hemərɪdʒ/ [znw] *bloeding*
haemorrhoids/'hemərɔɪdz/ [znw] *aambeien*
haft/haːft/ **I** [ov ww] *van een handvat voorzien*
II [znw] *handvat*
hag/hæg/ [znw] *heks*
haggard/'hægəd/ **I** [znw] *ongetemde havik/valk*
II [bnw] *verwilderd uitziend, wild*
haggle/'hægl/ **I** [on ww] ● *(af)pingelen* ● *kibbelen*
II [znw] ● *gemarchandeer* ● *gekibbel*
hagiography/hægɪ'ɒgrəfɪ/ [znw] *hagiografie*
hagridden/'hægrɪdn/ [bnw] *door nachtmerrie(s) gekweld*
Hague/heɪg/ [znw] ✳ The ~ *Den Haag*
ha-ha/ha:ha:/ [znw] *droge sloot rond tuin of park*
hail/heɪl/ **I** [ov ww] ● *hagelen* ⟨fig.⟩ ● *begroeten*
● *aanroepen* ✳ hail a taxi *een taxi aanroepen* ✳ he

hails from *hij komt van* **II** [on ww] *hagelen*
III [znw] ● *hagel* ● *welkom, groet* ✳ be
hail-fellow-well-met *goede maatjes zijn* **IV** [tw]
heil!, hoezee!
hailstone/'heɪlstəʊn/ [znw] *hagelsteen*
hailstorm/'heɪlstɔːm/ [znw] *hagelbui*
hair/heə/ [znw] *haar, haren* ✳ hair shirt *haren boetehemd* ✳ have a hair of the dog that bit you
een borrel nemen om een kater te verdrijven ✳ keep
your hair on! *maak je niet dik!* ✳ let your hair
down *laat je gaan* ✳ not a hair out of place
bijzonder netjes gekleed ✳ not turn a hair (in a
difficult situation) *geen spier vertrekken (in een
moeilijke situatie)* ✳ s.o. gets in your hair *iem.
ergert je* ✳ s.th. makes your hair stand on end
iets zorgt ervoor dat je haren te berge rijzen ✳ tear
one's hair out *zich de haren uit het hoofd trekken*
✳ to a hair *haarfijn*
hairbreadth/'heəbredθ/ [znw] ✳ it
was a ~ escape *'t scheelde maar een haar*
hairbrush/'heəbrʌʃ/ [znw] *haarborstel*
haircloth/'heəklɒθ/ [znw] *haardoek*
haircut/'heəkʌt/ [znw] *het knippen*
hairdo/'heəduː/ [znw] *het kappen* ● *kapsel*
hairdresser/'heədresə/ [znw] *kapper*
hairless/'heələs/ [bnw] *onbehaard, kaal*
hairline/'heəlaɪn/ [znw] ● *zeer dunne lijn* ● *ophaal
bij het schrijven* ● *meetlijn op lens*
hairnet/'heənet/ [znw] *haarnetje*
hairpiece/'heəpiːs/ [znw] *haarstukje, toupet*
hairpin/'heəpɪn/ [znw] ● *haarspeld* ● *scherpe bocht*
✳ ~ bend *haarspeldbocht*
hair-raiser/'heəreɪzə/ [znw] *iets
huiveringwekkends*
hair-raising[bnw] *huiveringwekkend,
angstaanjagend*
hair-slide[znw] *haarspeld(je)*
hair-splitting/'heəsplɪtɪŋ/ [znw] *haarkloverij*
hairspray/'heəspreɪ/ [znw] *haarlak*
hairstyle/'heəstaɪl/ [znw] *kapsel*
hairstylist/'heəstaɪlɪst/ [znw]
(dames)kapper/-kapster
hairy/'heərɪ/ [bnw] ● *harig* ● *hachelijk*
hake/heɪk/ [znw] *heek, stokvis*
halberd/'hælbəd/ [znw] *hellebaard*
halcyon/'hælsɪən/ **I** [znw] *Alcyone, ijsvogel*
II [bnw] *voorspoedig, kalm* ✳ ~ days *vredige tijden*
hale/heɪl/ **I** [ov ww] *trekken, sleuren, slepen*
II [bnw] *gezond, kras* ✳ hale and hearty *fris en gezond*
half/haːf/ **I** [znw] ● *de helft* ● *een halve* ✳ a meal
and a half *dat was me nog eens een maaltje*
✳ one's better half *iemands partner* **II** [bnw] *half*
✳ half measures *halve maatregelen* ✳ two and a
half pounds *tweeëneenhalve pond* **III** [bijw] *half*
✳ I half wish *ik zou haast wensen* ✳ cut in half
doormidden snijden ✳ half (past) three *half vier*
✳ half a minute *een halve minuut* ✳ half as much
again *anderhalf maal zoveel* ✳ he didn't half
swear *hij vloekte danig* ✳ he is too clever by half
hij heeft meer hersens dan goed voor hem is ✳ not
half a bad fellow *lang geen kwade kerel* ✳ not
half bad *nog zo kwaad/gek niet* ✳ not half! *en of!*
half-baked/ha:f'beɪkt/ [bnw] *halfbakken, halfgaar*
half-board[znw] *halfpension*
half-breed/'ha:fbriːd/ **I** [znw] *halfbloed* **II** [bnw]
halfbloed
half-caste/'ha:fka:st/ [znw] *halfbloed*
half-hearted/ha:f'ha:tɪd/ [bnw] *halfslachtig,
lauw*
half-holiday/ha:f'hɒlədeɪ/ [znw] *vrije middag*
half-hourly[bnw + bijw] *om het halfuur, ieder*

halfuur
half-length /hɑ:fleŋθ/ **I** [znw] ‹kunst› kniestuk **II** [bnw] tot aan de knieën ‹v. portret›
half-life [znw] halveringstijd
half-light [znw] schemering
half-mast /hɑ:fmɑ:st/ **I** [ov ww] halfstok hangen **II** [bijw] halfstok
half-moon [znw] halvemaan
half-pay /hɑ:fpeɪ/ [znw] • non-activiteitssalaris • wachtgeld
halfpenny /heɪpnɪ/ [znw] halfpence[mv] halve stuiver ∗ ~ worth voor een halve stuiver ∗ three halfpence anderhalve stuiver
half-term /hɑ:ftɜ:m/ [znw] korte vakantie
half-timbered [bnw] ‹archit.› vakwerk-
half-time /hɑ:ftaɪm/ [znw] rust
half-tone /hɑ:ftəʊn/ [znw] • halftoon • halftint
half-truth [znw] halve waarheid
halfway /hɑ:fweɪ/ **I** [znw] compromis, middenweg, tussenstadium **II** [bijw] halfweg, halverwege
half-wit [znw] domoor, stommeling, halve gare
half-witted /hɑ:fwɪtɪd/ [bnw] niet goed wijs
half-yearly [bnw + bijw] om het halfjaar, halfjaarlijks
halibut /hælɪbət/ [znw] heilbot
hall /hɔ:l/ [znw] • zaal, eetzaal ∗ hal, vestibule, gang ∗ groot huis, gildehuis, kasteel • klein college ∗ hall man portier ∗ hall stand kapstok ∗ music hall het variététheater
hallmark /hɔ:lmɑ:k/ **I** [ov ww] stempelen, waarmerken **II** [znw] keur, waarmerk
hallo(a) /hə'ləʊ/ **I** [ov ww] aanhitsen **II** [on ww] hallo roepen • don't ~ before you are out of the wood men moet geen hei roepen voor men over de brug is **III** [znw] ho-geroep **IV** [tw] hallo, ho
halloo /hə'lu:/ **I** [znw] ho-geroep **II** [tw] hallo, ho
hallow /hæləʊ/ **I** [ov ww] heiligen, wijden **II** [znw] ‹vero.› heilige ∗ All Hallows Allerheiligen
hallowed /hæləʊd/ [bnw] gezegend, geheiligd
Halloween /hæləʊ'i:n/ [znw] allerheiligenavond
hallstand /hɔ:lstænd/ [znw] • staande kapstok • stander
hallucinate /hə'lu:sɪneɪt/ [ov + on ww] hallucineren
hallucination /həlu:sɪ'neɪʃən/ [znw] hallucinatie
hallucinatory /həlu:sɪ'neɪtərɪ/ [bnw] hallucinair
hallucinogenic /həlu:sɪnə'dʒenɪk/ [bnw] hallucinogeen
hallway /hɔ:lweɪ/ [znw] portaal
halo /heɪləʊ/ **I** [ov ww] met een halo omgeven **II** [znw] • halo • lichtkring ∗ krans, stralenkrans, nimbus
halogen /hælədʒən/ [znw] halogeen
halt /hɔ:lt/ **I** [ov ww] halt (laten/doen) houden **II** [on ww] • weifelen • mank gaan • met horten en stoten gaan ∗ halting French gebrekkig Frans **III** [znw] • halt(e) • rust
halter /hɔ:l-/ **I** [ov ww] • halster/strop aan-/omdoen • opknopen **II** [znw] • halster • bovenstukje ‹v. bikini›, topje ∗ strop
halterneck /hɔ:ltənek/ [bnw] in halterlijn ∗ ~ dress halterjurk
halve /hɑ:v/ [ov ww] halveren
halves /hɑ:vz/ [mv] • do things by ~ half werk leveren ∗ go – de kosten delen → **half**
ham /hæm/ [znw] • dij, bil ∗ ham • prulacteur • zendamateur
hamburger /hæmbɜ:gə/ [znw] hamburger
ham-fisted /hæm'fɪstɪd/ [bnw] lomp
hamlet /hæmlət/ [znw] gehucht
hammer /hæmə/ **I** [ov ww] hameren ∗ ~ s.th. into a p. iets bij iem. erin hameren • (~ out)

ontwerpen, verzinnen, uitwerken, (met moeite) bereiken/tot stand doen komen, er uit weten te slaan **II** [on ww] • hameren • smeden • diskwalificeren ‹op effectenbeurs› • klop geven • (~ (away) at) erop los kloppen, zwoegen op **III** [znw] hamer ∗ ~ and tongs uit alle macht
hammock /hæmək/ [znw] hangmat
hamper /hæmpə/ **I** [ov ww] • in een mand doen • belemmeren, verwarren **II** [znw] • pakmand, sluitmand • belemmering
hamster /hæmstə/ [znw] hamster
hamstring /hæmstrɪŋ/ **I** [ov ww] • de hakpees doorsnijden • lamleggen **II** [znw] • kniepees • hakpees ‹v. paard›
hand /hænd/ **I** [ov ww] • overhandigen, aangeven • toezenden, overmaken ∗ hand a p. into a car iem. in een auto helpen • (~ **down**) aan/doorgeven, overleveren • (~ **in**) inleveren, erin helpen, aanbieden • (~ **on**) doorgeven • (~ **out**) aanreiken, uitdelen, eruit helpen • (~ **over**) overhandigen, overleveren, overdragen • (~ **round**) uitdelen **II** [znw] • hand • voorpoot • arbeider • handtekening • handschrift • wijzer ‹v. klok› • handvol • vijf ∗ tros ‹bananen› • bundel ‹tabaksbladeren› • speler • beurt • handbreedte ⟨4 inch⟩ • (in) hands thuis op zijn dooie gemak ∗ I had him on my hands ik had hem onder mijn hoede; ik heb hem onder handen gehad ∗ a good hand at vaardig in ∗ all hands on deck alle hens aan dek ∗ an old hand een ouwe rot ∗ at first hand rechtstreeks ∗ at hand dichtbij; bij de hand; ophanden ∗ be dealt a bad hand een slechte kaart krijgen ∗ be hand in glove with nauw verbonden zijn met ∗ be no hand at geen verstand hebben van ∗ bear a hand in meewerken aan ∗ brought up by hand met de fles grootgebracht ∗ by hand met de hand ∗ by the hand of door ∗ by your hand uit uw hand; van u ∗ change hands in andere handen overgaan ∗ clean hands onschuld ∗ come to hand ter hand komen; ontvangen worden ∗ first hand uit de 1e hand ∗ for one's own hand voor eigen rekening ∗ get a hand het applaus krijgen ∗ give one's hand to in een huwelijk toestemmen met ∗ go hand in hand samengaan ∗ hand over hand/fist gestadig; snel ∗ hand to hand man tegen man ∗ hand to mouth van de hand in de tand ∗ hand-reared met de fles grootgebracht ∗ hands off! handen thuis!; niet aankomen! ∗ hands up! handen omhoog! ∗ he is a dab hand at pastry hij is een bekwaam banketbakker ∗ his hand is out zijn hand staat er niet meer naar; hij kan het niet meer ∗ in hand in de hand; in handen; onder handen; in bedwang; contant ∗ it got out of hand ik kon het niet meer aan; 't groeide me boven 't hoofd ∗ keep one's hand in zijn vaardigheid onderhouden; bijblijven ∗ lay hands on de hand leggen op; de hand slaan aan ∗ off hand voor de vuist weg; zomaar; ineens ∗ on hand voorhanden; ter beschikking ∗ on the one/other hand aan de ene/andere kant ∗ out of hand direct; op staande voet ∗ second hand tweedehands; uit de tweede hand ∗ seconds hand secondewijzer ∗ serve hand and foot slaafs dienen ∗ subject on hand onderwerp dat aan de orde is ∗ take a hand in ⟨z.⟩ gaan bemoeien met; aanpakken ∗ take in hand aanpakken; z. belasten met ∗ the matter in hand de zaak in behandeling ∗ time in hand nog ter beschikking staande tijd ∗ to hand binnen bereik; ter beschikking; klaar ∗ to one's hand klaar ∗ under his hand met zijn handtekening bekrachtigd; onder zijn verantwoordelijkheid

H

H

* with a heavy hand *moeilijk; drukkend* * with a high hand *uit de hoogte; aanmatigend* * work on (one's) hand(s) *nog te verrichten werk*
handbag /'hændbæg/ [znw] *handtas(je)*
handball /'hændbɔːl/ [znw] *handbal*
handbill /'hændbɪl/ [znw] *(strooi)biljet, pamflet*
handbook /'hændbʊk/ [znw] *handboek*
handbrake /'hændbreɪk/ [znw] *handrem*
hand-canter [znw] *korte galop*
handcart /'hændkɑːt/ [znw] *handkar*
handcuff /'hændkʌf/ **I** [ov ww] *de handboeien aandoen* **II** [znw] *handboei*
handful /'hændfʊl/ [znw] • *hand(je)vol* • *lastig kind*
hand-gallop [znw] *korte galop*
handglass /'hændglɑːs/ [znw] • *handspiegel* • *loep*
handhold /'hændhəʊld/ [znw] *houvast*
handicap /'hændɪkæp/ **I** [ov ww] • *nadelige invloed hebben op* • *belemmeren, hinderen* **II** [znw] • *handicap* • *extra belasting* • *belemmering*
handicapped /'hændɪkæpt/ [bnw] • *gehandicapt* • *(sport) met een handicap*
handicraft /'hændɪkrɑːft/ [znw] *handarbeid, handwerk*
handiness /'hændɪnəs/ → **handy**
handiwork /'hændɪwɜːk/ [znw] *werk, handwerk, schepping*
handkerchief /'hæŋkətʃɪf/ [znw] *zakdoek*
hand-knitted /hænd'nɪtɪd/ [bnw] *met de hand gebreid*
handle /'hændl/ **I** [ov ww] • *hanteren* • *bevoelen* • *onder handen nemen* • *behandelen* • *bedienen* • *aanraken* • *van handgreep enz. voorzien* **II** [znw] • *handgreep, handvat* • *kruk* • *knop* • *oor, heft* * stuur * fly off the – *niet meer te houden zijn* * give a – to *aanleiding geven tot; iem. de kans geven om* * (sl.) have a – to one's name *een titel hebben*
handlebars /'hændlbɑːz/ [mv] *stuur (v. fiets)*
handler /'hændlə/ [znw] • *africhter, trainer (v. honden)* • *afhandelaar (v. bagage)*
handling /'hændlɪŋ/ [znw] • *(af)handeling, behandeling* • *het hanteren*
hand-luggage [znw] *handbagage*
handmade /'hænd'meɪd/ [bnw] *met de hand gemaakt* * – paper *geschept papier*
handmaid(en) /'hændmeɪd(ən)/ [znw] *dienares*
hand-me-down [znw] *afdankertje* **II** [bnw] *afgedankt, gedragen (kleding)*
hand-out /'hændaʊt/ [znw] • *gift* • *communiqué*
handrail /'hændreɪl/ [znw] *leuning*
handsel /'hænsəl/ **I** [ov ww] • *handgeld geven* • *inwijden* **II** [znw] • *handgeld* • *geschenk, nieuwjaarsgeschenk* • *voorproefje*
handshake /'hændʃeɪk/ [znw] *handdruk*
handsome /'hænsəm/ [bnw] • *flink* • *royaal, overvloedig* • *mooi* • *knap* * (vero.) ~ is that ~ does *men moet niet op het uiterlijk afgaan*
handspike /'hændspaɪk/ [znw] • *koevoet* • *handspaak*
handstand /'hændstænd/ [znw] *handstand*
handwork /'hændwɜːk/ [znw] • *handwerk* • *handenarbeid*
handwriting /'hændraɪtɪŋ/ [znw] *handschrift*
handwritten /'hænd'rɪtn/ [bnw] *met de hand geschreven*
handy /'hændɪ/ [bnw] • *handig* • *bij de hand* * come in ~ (goed) *te pas komen* * ~man *manusje-van-alles; klusjesman; hulp; matroos*
hang /hæŋ/ **I** [ov ww] *hangen, ophangen, behangen* * I'll be hanged if *ik mag hangen als* * hang fire *te laat afgaan; niet opschieten (fig.)* * hang it

(all)! *verdikkeme!* * hang o.'s head *het hoofd laten hangen* – *hung over katterig; met een kater* • (~ **out**) *uithangen* • (~ **up**) *op de lange baan schuiven* **II** [on ww] • *hangen* • *niet opschieten* * time hangs heavy *de tijd valt lang* • (~ **about**) *(doelloos) rondhangen* * hang about! *wacht 'ns even!* • (~ **back**) *dralen, niet mee willen komen* • (~ **behind**) *achterblijven* • (~ **from/onto**) *hangen aan* • (~ **on**) *hangen aan, met aandacht luisteren naar, volhouden* * hang on! *wacht even!* • (telecom.) *hang on a minute blijf even aan het toestel* * hang on by the eye-brows *er maar bij hangen* • (~ **on/onto**) z. *vastklampen aan* • (~ **out**) *uithangen* • (~ **together**) *één lijn trekken, samenhangen* • (~ **up**) (telefoon) *ophangen* * she hung up on me *ze liet me niet uitspreken* • (~ **upon**) *steunen op, afhangen van* * the case hangs upon... *de zaak is afhankelijk van...* **III** [znw] • *wijze waarop iets hangt* * helling * I don't care a hang *het kan me geen zier schelen* * get the hang of s.th. *iets onder de knie krijgen*
hangdog /'hæŋdɒg/ [znw] • *gluiperd* * – look *gluiperige blik; boeventronie* **II** [bnw] *gluiperig* * look ~ *beschaamd kijken*
hanger /'hæŋə/ [znw] • *lus, haak, pothaak, spekhaak* • *kleerhanger* • *hartsvanger* • *bos (langs helling)*
hangglider /'hæŋglaɪdə/ [znw] *deltavlieger*
hanging /'hæŋɪŋ/ **I** [znw] • *death by – dood door ophanging* • ~(s) *wandtapijt(en); behang* **II** [bnw] *onopgelost* * – matter halszaak* * – question/issue *onopgeloste vraag/zaak*
hangman /'hæŋmən/ [znw] *beul*
hang-out /'hæŋaʊt/ [znw] *verblijf(plaats), stamkroeg*
hangover /'hæŋəʊvə/ [znw] *kater*
hang-up /'hæŋʌp/ (sl.) [znw] *complex, obsessie* * have a ~ about flying *vliegangst hebben*
hank /hæŋk/ [znw] *streng (garen)*
hanker /'hæŋkə/ [on ww] *hunkeren* * ~ after *hunkeren naar*
hankering /'hæŋkərɪŋ/ [znw] *hunkering, hang* * ~ for/after *hang/hunkering naar*
hanky /'hæŋkɪ/ (inf.) [znw] *zakdoek*
hanky-panky /'hæŋkɪ'pæŋkɪ/ (inf.) [znw] *hocus-pocus, slinksheid, kunsten*
hansom(cab) /'hænsəm(kæb)/ [znw] *tweewielig huurrijtuig*
haphazard /hæp'hæzəd/ **I** [znw] *toeval* **II** [bnw] *willekeurig, op goed geluk*
hapless /'hæpləs/ [bnw] *ongelukkig, onfortuinlijk*
happen /'hæpən/ [on ww] *gebeuren, voorvallen* * I ~ed to meet him *ik ontmoette hem toevallig* * it so ~ed that *het toeval wilde, dat* • (~ **(up)on**) *toevallig aantreffen*
happening /'hæpənɪŋ/ [znw] • *gebeurtenis* • *manifestatie*
happily /'hæpɪlɪ/ [bijw] • *gelukkig(erwijs)* • *met (veel) genoegen*
happiness /'hæpɪnəs/ [znw] *geluk*
happy /'hæpɪ/ [bnw] • *gelukkig* • *tevreden, blij* * I shall be ~ to *het zal mij een genoegen zijn (te)* * ~ medium *gulden middenweg*
happy-go-lucky /'hæpɪgəʊ'lʌkɪ/ [bnw] • *op goed geluk af* • *onbekommerd*
harangue /hə'ræŋ/ **I** [on ww] *een heftige toespraak houden* **II** [znw] *(heftige) rede, filippica*
harass /'hærəs/ [ov ww] *teisteren, bestoken, lastig vallen*
harbinger /'hɑːbɪndʒə/ [znw] *voorbode*
harbour /'hɑːbə/ **I** [ov ww] *voor anker gaan* **II** [on ww] • *herbergen* • *koesteren* **III** [znw]

• haven • (veilige) schuilplaats
harbourage /'ha:bərɪdʒ/ [znw] schuilplaats
hard /ha:d/ [bnw + bijw] • hard • moeilijk
• moeizaam • streng • onbuigzaam • ruw • sterk
‹v. drank en drugs› ∗ drive a hard bargain
onderhandelen met 't mes op tafel ‹fig.› ∗ hard
(up)on hard/meedogenloos voor; vlakbij; naderend
∗ hard by vlakbij ∗ hard case moeilijk geval;
netelig punt ∗ hard cash klinkende munt ∗ hard
core harde kern ∗ hard court gravelbaan ∗ hard
cover ingebonden ∗ hard facts nuchtere feiten
∗ hard frost strenge vorst ∗ hard labour
dwangarbeid ∗ hard luck pech; tegenslag ∗ hard
nut to crack moeilijke zaak ∗ hard of hearing
hardhorend ∗ hard row to hoe een moeilijke zaak
∗ hard sest vast/gestold; hongerig; bebroed ∗ hard
swearing meineed ∗ hard tack scheepsbeschuit
∗ hard up for money slecht bij kas; verlegen om
geld ∗ hard-and-fast rule regel waar niet v.
afgeweken wordt ∗ hard-hearted hardvochtig
∗ it's hard going het valt niet mee
hardbake /'ha:dbeɪk/ [znw] toffee
hard-bitten /ha:d'bɪtn/ [bnw] taai, hardnekkig
hard-boiled /ha:d'bɔɪld/ [bnw] • nuchter, zakelijk
• ongevoelig, hard
hard-core I [znw] • harde porno • harddrug,
heroïne • de harde kern **II** [bnw] • hard
‹drug/porno› • verstokt • aartsconservatief
hard-earned /ha:d'ɜ:nd/ [bnw] zuurverdiend
harden /'ha:dn/ [on ww] hard of vast worden,
stollen
hard-favoured, hard-featured [bnw]
afstotend, met norse trekken
hard-headed /ha:d'hedɪd/ [bnw] • zakelijk,
nuchter • koppig ∗ a ~ man een stijfkop
hard-hearted /ha:d'ha:tɪd/ [bnw] hardvochtig
hardihood, hardiness /'ha:dɪhʊd/ [znw]
onversaagdheid, gehardheid
hard-liner [znw] voorstander v.d. harde lijn
hardly /'ha:dlɪ/ [bijw] • met moeite • nauwelijks,
bijna niet, zelden ∗ ‹iron.› I need ~ remind you
... ik hoef je toch niet te herinneren aan ... ∗ ~ an
hour passed without ... er ging geen uur voorbij
zonder ... ∗ ~ had he finished when ... hij was
amper klaar of ... ∗ they ~ looked at her zij keken
nauwelijks naar haar ∗ they looked so ~ at her
zij namen haar met zoveel aandacht op
hard-mouthed [bnw] • hard in de bek ‹v. paard›
• koppig, onhandelbaar
hardness /'ha:dnəs/ [znw] hardheid
hard-pressed /ha:d'prest/ [bnw] • in 't nauw
gedreven • in verlegenheid ∗ be ~ for time in
tijdnood zitten
hardship /'ha:dʃɪp/ [znw] last, onbillijkheid,
ongemak, ontbering ∗ the ~ he has suffered de
ontberingen die hij doorstaan heeft
hardware /'ha:dweə/ [znw] • wapens • ijzerwaren
• apparatuur, hardware
hard-wearing /ha:d'weərɪŋ/ [bnw] duurzaam
hardwood /'ha:dwʊd/ [znw] hardhout
hardy /'ha:dɪ/ [bnw] • stoutmoedig • sterk, gehard
hare /heə/ **I** [on ww] rennen ∗ hare away/off hard
wegrennen **II** [znw] haas ∗ as mad as a March
hare stapelgek ∗ ‹vero.› first catch your hare
(then cook him) men moet de huid niet verkopen
voor de beer geschoten is ∗ hare and hounds
snipperjacht ∗ run with the hare and hunt with
the hounds schipperen
hare-brained /'heəbreɪnd/ [bnw] onbesuisd
harelip /'heəlɪp/ [znw] hazenlip
harem /'ha:ri:m/ [znw] harem
haricot /'hærɪkəʊ/ [znw] schapenragout ∗ ~

(bean) snijboon; witte boon
hark /ha:k/ [on ww] luisteren ∗ hark away/off! af!
∗ hark forward! vooruit! ∗ (~ at) met
verbijstering/ongeloof luisteren • (~ back) in
herinnering brengen, doen herinneren, teruggaan
om spoor te vinden, terugkomen ∗ hark back to
wartime days herinneringen ophalen aan de
oorlog
harken /'ha:kən/ → **hearken**
harlequin /'ha:lɪkwɪn/ [znw] harlekijn
harm /ha:m/ **I** [ov ww] kwaad doen, benadelen,
letsel toebrengen **II** [znw] kwaad, letsel ∗ out of
harm's way in veiligheid
harmful /'ha:mfʊl/ [bnw] schadelijk, nadelig
harmless /'ha:mləs/ [bnw] • argeloos
• onbeschadigd • onschadelijk
harmonic /ha:'mɒnɪk/ **I** [znw] flageolettoon
II [bnw] harmonisch ∗ ~ progression
harmonische reeks ∗ ~ tone flageolettoon
harmonica /ha:'mɒnɪkə/ [znw] • harmonica
• mondharmonica
harmonics /ha:'mɒnɪks/ [mv] harmonieleer
harmonious /ha:'məʊnɪəs/ [bnw] • eensgezind
• harmonisch • welluidend
harmonium /ha:'məʊnɪəm/ [znw] harmonium
harmonize /'ha:mənaɪz/ **I** [ov ww] harmoniseren
II [on ww] harmoniëren
harmony /'ha:mənɪ/ [znw] • harmonie
• overeenstemming • eensgezindheid
harness /'ha:nɪs/ **I** [ov ww] • inspannen • benutten
II [znw] • paardentuig • babytuigje ∗ get back in
~ weer aan het werk gaan
harp /ha:p/ **I** [on ww] op harp spelen • (~ on
(about)) over iets doorzeuren ∗ harp on the same
string op hetzelfde aanbeeld hameren **II** [znw]
harp
harper, harpist /'ha:pə/ [znw] harpist
harpoon /ha:'pu:n/ **I** [ov ww] harpoeneren
II [znw] harpoen
harpsichord /'ha:psɪkɔ:d/ [znw] klavecimbel
harpy /'ha:pɪ/ [znw] • harpij • boze vrouw, feeks
harridan /'hærɪdn/ [znw] feeks, oud wijf
harrier /'hærɪə/ [znw] • drijfhond • veldloper
• kiekendief • plunderaar
harrow /'hærəʊ/ **I** [ov ww] • eggen • openrijten
• pijnigen, kwellen ∗ the ~ing of hell de
plundering van de hel **II** [znw] eg ∗ be under the
~ diep bedroefd zijn
harrowing /'hærəʊɪŋ/ [bnw] aangrijpend,
schokkend
harry /'hærɪ/ [ov ww] • plunderen • teisteren
• martelen • ‹Schots› nesten uithalen
harsh /ha:ʃ/ [bnw] • hard(vochtig) • ruw • krassend
• wrang
hart /ha:t/ [znw] mannetjeshert
hartshorn /'ha:tshɔ:n/ [znw] • hertshoorn
• ammonia
harum-scarum I [bnw + bijw] onbesuisd, dol
II [znw] onbesuisd persoon, dolleman
harvest /'ha:vɪst/ **I** [ov ww] • oogsten
• bijeenbrengen **II** [znw] oogst ∗ ~ festival
oogstfeest; dankdienst voor oogst ∗ ~ home eind
van oogsttijd ∗ ~ moon volle maan omstreeks 22
sept ∗ ~ spider hooiwagen ‹insect›
harvester /'ha:vɪstə/ [znw] • oogster
• oogstmachine
has /hæz, əz/ → **have**
has-been /'hæzbi:n/ [znw] iem. die heeft afgedaan,
iets wat verleden tijd is
hash /hæʃ/ **I** [ov ww] fijn hakken • (~ out)
doorpraten, uitpraten • (~ up) in de war gooien
II [znw] • hachee • hasj(iesj) ∗ ‹AD› hash house

eethuis * make a hash of verknoeien

hashish/ˈhæʃɪʃ/ [znw] hasj(iesj)

hasp/hɑːsp/ **I** [ov ww] op de hing doen **II** [znw]
• knip, klamp, beugel (v. hangslot) • grendel

hassle/ˈhæsəl/ [znw] herrie, ruzie

hassock/ˈhæsək/ [znw] • knielkussen • graspol
• zachte zandsteen

haste/heɪst/ **I** [ov ww] verhaasten **II** [on ww] z.
haasten **III** [znw] haast * more ~, less speed
haastige spoed is zelden goed

hasten/ˈheɪsən/ **I** [ov ww] verhaasten **II** [on ww] z.
haasten

hasty/ˈheɪstɪ/ [bnw] • haastig • overhaast

hat/hæt/ [znw] • hoed • (mil.) helm * I'll eat my
hat if ... ik mag doodvallen als ... * at the drop of
a hat bij de minste aanleiding * bowler (hat)
bolhoed * brass hat hoge officier * hard hat
veiligheidshelm; honkbalhelm; bouwvakker * hat
guard stormband; hoedenkoord * hat in hand
onderdanig * hat rack kapstok * hat trick kunstje
met hoed; het nemen v. 3 wickets met 3
opeenvolgende ballen (bij cricket); het maken v. 3
goals door dezelfde speler * keep s.th. under your
hat iets geheim houden * my hat! nu breekt mijn
klomp! * old hat ouwe koek * opera hat
klak(hoed) * pass the hat round met de pet
rondgaan * red hat kardinaalschap;
kardinaalshoed * take off o.'s hat to s.o. voor iem.
zijn hoed afnemen * talk through o.'s hat
bluffen; zwetsen * (sl.) tin/bad hat gemeen sujet;
rotvent * top hat hoge hoed

hatband/ˈhætbænd/ [znw] lint, band om hoed

hatch/hætʃ/ **I** [ov ww] • (uit)broeden • arceren
II [on ww] uitkomen **III** [znw] • onderdeur
• luikgat • 5e deur (v. auto) • het broeden, broedsel
• arceerstreepje • down the ~! proost! * (sl.) ~es,
matches and dispatches familieberichten in de
krant * under ~es onderdeks; goed opgeborgen;
aan lager wal; dood

hatchback/ˈhætʃbæk/ [znw] (auto met) vijfde deur

hatchery/ˈhætʃərɪ/ [znw] kwekerij (vnl. vis)

hatchet/ˈhætʃɪt/ [znw] bijl(tje) * bury the ~ de
strijdbijl begraven * ~ face smal, scherp getekend
gelaat * take up the ~ de wapens opnemen

hatchway/ˈhætʃweɪ/ [znw] luik

hate/heɪt/ **I** [ov ww] • een hekel hebben aan
• haten * I hate to trouble you het spijt me dat ik
u moet lastig vallen **II** [znw] haat

hateful/ˈheɪtfʊl/ [bnw] • erg vervelend, akelig
• hatelijk • haatdragend

hatred/ˈheɪtrɪd/ [znw] haat * ~ for haat jegens

hatter/ˈhætə/ [znw] hoedenmaker/maakster * as
mad as a ~ stapelgek * ~'s hoedenzaak

hauberk/ˈhɔːbɜːk/ [znw] maliënkolder

haugh/hɔː/ [znw] • uiterwaard • (Schots) strook
rivierbezinking

haughty/ˈhɔːtɪ/ [bnw] uit de hoogte, hooghartig

haul/hɔːl/ **I** [ov ww] • (op)halen, slepen • vervoeren
• draaien (v. wind) * haul s.o. over the coals iem.
een uitbrander geven * (~ up) dagvaarden, aan
boord halen * be hauled up before a court of law
voor de rechter moeten verschijnen * haul a p. up
iem. een uitbrander geven **II** [on ww] • trekken
• (scheepv) wenden * haul (up)on the wind bij
de wind brassen/oploeven **III** [znw] • haal, trek
• illegale vangst, buitenkansje

haulage/ˈhɔːlɪdʒ/ [znw] • het slepen • sleeploon
• transport • vrachtvervoer

haulier/ˈhɔːliə/ [znw] transportbedrijf, vrachtrijder

ha(u)lm/hɔːm/ [znw] • halm • loof

haunch/hɔːntʃ/ [znw] lende(stuk), schoft, bil

haunt/hɔːnt/ **I** [ov ww] • (veelvuldig) bezoeken

• rondspoken in/om • z. ophouden in * ~ a p.'s
house de deur platlopen bij iem. * ~ed house
spookhuis * the idea ~s me het idee laat me niet
los **II** [on ww] • rondwaren • z. ophouden in
III [znw] • veel bezochte plaats • verblijf(plaats)
• hol

haunter/ˈhɔːntə/ [znw] trouwe bezoeker

hautboy/ˈəʊbɔɪ/ [znw] hobo

have/hæv/ **I** [ov ww] onregelmatig • hebben
• houden • kennen • krijgen • te pakken hebben
• beetnemen * I had rather be sent to the North
Pole ik zou nog liever naar de noordpool gestuurd
worden * I won't have you smoking here ik wil
niet hebben dat je hier rookt * I wouldn't have
had it happen to me for all the world ik had
voor geen geld gewild dat het mij gebeurd was * I'll
let you have it! ik zal je er van langs geven! * are
there any books to be had here? zijn hier ook
boeken te krijgen? * as Jones has it zoals bij Jones
staat * have a go at s.o. iem. te lijf gaan * have a
look (eens) kijken * have a smoke? roken? * have
a try! probeer het eens! * have it off with a p. een
nummertje maken met iem. * have it your own
way! zoals je wilt! * have no money about one
geen geld bij z. hebben * have to to go moeten gaan
* he had a house built hij liet een huis bouwen
* he had me build a house hij liet mij een huis
bouwen * he will have it that hij beweert dat
* he's had it hij greep ernaast; 't ging hem langs
de neus * not have to go niet hoeven gaan * what
have you en wat al niet * you've had it! nu is het
te laat; je hebt de boot gemist * (~ in) • have s.o.
in iem. binnenhalen/-laten * have s.th. in iets in
voorraad hebben; iets laten komen • (~ on)
belasten, plagen, aanhebben * he has nothing on
me hij kan me niets maken * you're having me
on! je neemt me in de maling! * he had on his
best suit hij had zijn beste pak aan • (~ out)
uitvechten, verwijderen * have it out with him
het uitvechten/afrekenen met hem * have a tooth
out een tand laten trekken • (~ over) beëindigen
* have s.th. over with ergens vanaf zijn • (~ up)
boven laten komen, voor laten komen, laten
aanrukken * have the wind up in de rats zitten
* have s.o. up to court iem. voor laten komen
II [hww] onregelmatig hebben * he has got it in
him to ... hij in staat om ... * you had better go
je moest maar liever gaan * you've been had je
bent beetgenomen **III** [znw] verlakkerij

havelock[znw] witte doek aan kepi

haven/ˈheɪvən/ [znw] haven, toevluchtsoord

have-nots/ˈhævnɒts/ [mv] armen

haven't/ˈhævənt/ → **have**

haver/ˈheɪvə/ **I** [on ww] zwetsen, zwammen
II [znw] • ~s kletspraat

haversack/ˈhævəsæk/ [znw] broodzak

haves/hævz/ [mv] * the ~ de rijken

havoc/ˈhævək/ [znw] plundering, verwoesting
* cry ~ het sein tot algemene vernietiging geven
* play ~ with geducht huishouden onder * the
earthquake wreaked ~ on the city de aardbeving
verwoestte de stad totaal

haw/hɔː/ **I** [on ww] hm zeggen **II** [znw]
hagendoorn **III** [tw] hm, ahum

Hawaiian/həˈwaɪən/ **I** [znw] • Hawaïaan
• Hawaïaans (taal) • Hawaïaanse muziek
II [bnw] Hawaïaans

haw-haw/ˈhɔːhɔː/ **I** [on ww] schaterlachen
II [znw] schaterlach **III** [tw] haha

hawk/hɔːk/ **I** [ov ww] leuren met, venten
II [on ww] • met valken jagen • op roof uit zijn
• de keel schrapen * hawk at jagen op **III** [znw]

H

• havik ‹ook fig.›, valk • haai ‹fig.› * know a hawk from a handsaw niet ‹zo› stom zijn

hawker /'hɔːkə/ [znw] • valkenier • venter

hawking /'hɔːkɪŋ/ [znw] • valkenjacht • het venten

hawse /hɔːz/ [znw] • boeg ‹Schots› kluis

hawser /'hɔːzə/ [znw] • kabel

hawthorn /'hɔːθɔːn/ [znw] hagendoorn

hay /heɪ/ I [on ww] hooien II [znw] • hooi • een volksdans ‹inf.› a roll in the hay een nummertje maken * hay fever hooikoorts * hit the hay gaan pitten * make hay of hooien; in de war gooien * make hay while the sun shines het ijzer smeden als het heet is

haycock /'heɪkɒk/ [znw] hooiopper

haymaker /'heɪmeɪkə/ [znw] • hooier • opstopper

haymaking /'heɪmeɪkɪŋ/ [znw] hooibouw

hayrick, haystack /'heɪrɪk/ [znw] hooiberg

hayward /'heɪwɔːd/ [znw] opzichter v. landerijen

haywire /'heɪwaɪə/ [bnw] in de war * go ~ van streek raken

hazard /'hæzəd/ I [ov ww] • riskeren, in de waagschaal stellen • wagen II [znw] • gevaar • kans • risico • hazardspel * at all ~s wat er ook gebeuren moge * at ~ in gevaar; op goed geluk af

hazardous /'hæzədəs/ [bnw] • onzeker • gewaagd

haze /heɪz/ I [ov ww] • benevelen, in nevel hullen • ‹scheepv.› het leven zuur maken, met rotklussen opzadelen • ‹AE› treiteren II [znw] • nevel, waas • zweem

hazel /'heɪzl/ I [znw] • hazelaar • ‹stok v.› hazelnotenhout II [bnw] lichtbruin

hazelnut /'heɪzlnʌt/ [znw] hazelnoot

hazy /'heɪzɪ/ [bnw] • vaag • aangeschoten • heiig

H-bomb /'eɪtʃbɒm/ [znw] waterstofbom

H.C. [afk] • (House of Commons) Lagerhuis

h.c.f. [afk] • (highest common factor) grootste gemene deler

he /hiː/ I [pers vnw] hij II [voorv] mannetjes-

H.E. [afk] • (His/Her Eminence) Zijne/Hare Eminentie • (His/Her Excellency) Zijne/Hare Excellentie

head /hed/ I [ov ww] • de leiding geven/nemen/hebben • vóór-/bovenaan staan • van kop voorzien • het hoofd bieden aan • ‹sport› koppen • (~ off) de pas afsnijden, verhinderen II [on ww] • gaan • ‹plant.› krop zetten • (~ for) aangaan op, onderweg zijn naar III [znw] • hoofd, kop • top • gewei • chef, directeur • rector • bovenstuk, bovenkant • hoofdeinde • voorste stuk, voorkant • voorgebergte • schuimkraag • beeldenaar • room ‹op melk› • hoogtepunt • hoofdpunt, kern • categorie, rubriek, post • mijngang • waterreservoir • stroomdruk • stuk ‹vee› • ‹vero.› hoofdpijn * I can't make head or tail of it ik kan er geen touw aan vastknopen * I could do it standing on my head ik kon 't op mijn sloffen af * ‹sl.› beat a p.'s head in iem. totaal verslaan * by the head‹scheepv.› koplastig; aangeschoten * drag in by the head and ears (shoulders) met de haren erbij slepen * give a horse/person his head paard/iem. de vrije teugel geven/zijn gang laten gaan * he's an old head on young shoulders hij is erg goed bij voor zijn jaren * head first/foremost voorover * head sea kopzee; hoge golf * head start voorsprong * head voice kopstem * heads or tails kruis of munt * ‹vero.› large head of game veel wild * lose one's head de kluts kwijtraken * make head/headway vooruitkomen * make headway against 't hoofd bieden aan * not have a head for figures slecht kunnen rekenen * off one's head niet goed bij zijn hoofd * on that head op dat punt

* over one's head tot over de oren * promote a p. over another's head iem. passeren bij bevordering * put s.th. into a p.'s head iem. iets aanpraten * talk one's head off veel praten/praatziek zijn * the head and front of de ziel/de kern; hoofdpunt * two heads are better than one twee weten meer dan een

headache /'hedeɪk/ [znw] hoofdpijn

headband /'hedbænd/ [znw] hoofdband(je)

headboard /'hedbɔːd/ [znw] (plank/schot aan het) hoofdeinde

head-dress /'heddres/ [znw] hoofdtooi, kapsel

headed /'hedɪd/ [bnw] met hoofd/kop

header /'hedə/ [znw] • duik met hoofd voorover • kopbal • kopsteen

headgear /'hedgɪə/ [znw] • hoofddeksel, paardenhoofdstel, hoofdtooi

head-hunter /'hedhʌntə/ [znw] • koppensneller • headhunter

headiness /'hedɪnəs/ [znw] koppigheid

heading /'hedɪŋ/ [znw] opschrift, titel, kop, rubriek

headland /'hedlənd/ [znw] voorgebergte

headless /'hedləs/ [bnw] zonder hoofd/kop

headlight, headlamp /'hedlaɪt/ [znw] koplamp

headline /'hedlaɪn/ [znw] krantenkop, voornaamste nieuws

headlong /'hedlɒŋ/ [bnw] • languit voorover • onbesuisd

headman /'hedmən/ [znw] • opperhoofd, dorpshoofd, hoofdman • voorman

headmaster /'hedmɑːstə/ [znw] • directeur • rector • hoofd v.e. school

headmistress /'hedmɪstrəs/ [znw] • directrice • rectrix

head-on [bnw] frontaal

headphones /'hedfəʊnz/ [mv] koptelefoon

headpiece /'hedpiːs/ [znw] • helm • bovenstuk • titelvignet

headquarters /hed'kwɔːtəz/ [mv] hoofdkwartier

headrest /'hedrest/ [znw] hoofdsteun(tje)

headroom /'hedruːm/ [znw] vrije hoogte

headset /'hedset/ [znw] koptelefoon en microfoon, hoor-spreekset

headshrinker /'hedʃrɪŋkə/ [znw] koppensneller

headsman /'hedzmən/ [znw] beul

headstone /'hedstəʊn/ [znw] • hoeksteen • grafzerk

headstrong /'hedstrɒŋ/ [bnw] koppig

headway /'hedweɪ/ [znw] • vaart, vooruitgang • doorvaarthoogte * make ~ vooruitkomen

headwind /'hedwɪnd/ [znw] tegenwind

headwork /'hedwɜːk/ [znw] hersenwerk

heady /'hedɪ/ [bnw] • onstuimig • koppig

heal /hiːl/ [ov + on ww] genezen

heal-all [znw] wondermiddel

healer [znw] genezer

health /helθ/ [znw] gezondheid * National Health Service Nationale Gezondheidszorg; ≈ ziekenfonds * drink (to) s.o.'s ~ drinken op iemands gezondheid * ~ centre gezondheidscentrum; consultatiebureau * ~ foods natuurvoeding * ~ officer ambtenaar v.d. gezondheidsdienst * ~ resort herstellingsoord * ~ service gezondheidsdienst * ~ visitor wijkverpleegster * your ~! op je gezondheid!

healthy, healthful /'helθɪ/ [bnw] gezond

heap /hiːp/ I [ov ww] • ophopen • laden, beladen, overladen II [znw] hoop

hear /hɪə/ I [ov + on ww] horen * hear, hear! bravo! * (~ of) I've often heard tell of ... ik heb vaak horen beweren dat ... II [ov ww] • horen, vernemen • luisteren naar, overhoren, verhoren

★ hear things *stemmen horen* ● (~ **of**) *horen over*
★ I won't hear of ... *daar wil ik niets over horen ...*
● (~ **out**) *aanhoren tot het einde*

hearer /'hɪərə/ [znw] *toehoorder*
hearing /'hɪərɪŋ/ [znw] ● *hoorzitting* ● *publiek*
● *gehoor* ★ *give a fair* ~ *onpartijdig*
aanhoren/luisteren naar ★ *good* ~ *een goed gehoor*
★ *hard of* ~ *hardhorend* ★ ~*aid* (ge)*hoorapparaat*
★ *in the* ~ *of s.o. binnen gehoorsafstand van iem.*
hearken /'hɑːkən/ [on ww] *luisteren*
hearsay /'hɪəseɪ/ [znw] *praatjes* ★ *by/from* ~ *v.*
horen zeggen
hearse /hɑːs/ [znw] *lijkkoets, lijkauto*
heart /hɑːt/ [znw] ● *hart* ● *gemoed* ● *moed* ● *kern*
★ *a* ~*to*~ *talk openhartig gesprek* ★ *at* ~ *in de*
grond (*v. zijn hart*) ★ *find it in o.'s* ~ *to het hart*
hebben om; over zijn hart verkrijgen ● *give/lose*
o.'s ~ *to verliefd worden op* ★ *have at* ~ *warm hart*
toedragen ★ *have o.'s* ~ *in o.'s mouth het hart in*
de keel voelen kloppen ● *have s.th. by* ~ *iets v.*
buiten kennen ● *have the* ~ *to over zijn hart*
verkrijgen; het hart hebben om ★ ~ *and soul met*
hart en ziel ● ~ *attack hartaanval* ● ~ *failure*
hartstilstand ⟨*vero.*⟩ ~ *of oak kernhout v. eik;*
ferme kerel ★ ~ *seizure hartverlamming* ★ *in o.'s*
~ *of* ~*s in het diepst v. zijn hart* ⟨*vero.*⟩ *lay to* ~
ter harte nemen ● *learn by* ~ *v. buiten leren* ★ *my*
~*s!*⟨*vero./scheepv.*⟩ *mannen!* ★ ⟨*vero.*⟩ *out of* ~
ontmoedigd; ontevreden; in slechte conditie ★ *take*
~ *moed vergaren* ⟨*vero.*⟩ *take* ~ *of grace moed*
scheppen ★ *wear o.'s* ~ *on o.'s sleeve het hart op*
de tong dragen
heartache, heartbreak /'hɑːteɪk/ [znw]
hartzeer
heartbeat /'hɑːtbiːt/ [znw] *hartslag*
heartbreaking /'hɑːtbreɪkɪŋ/ [bnw]
hartverscheurend
heartbroken /'hɑːtbrəʊkən/ [znw] *met gebroken*
hart, verpletterd
heartburn /'hɑːtbɜːn/ [znw] (*brandend maag*)*zuur*
heartburning /'hɑːtbɜːnɪŋ/ [znw] *afgunst, wrok*
hearten /'hɑːtn/ I [ov ww] *bemoedigen* II [on ww]
moedvatten
heartfelt /'hɑːtfelt/ [bnw] *innig, hartgrondig*
hearth /hɑːθ/ [znw] *haard*
hearthrug /'hɑːθrʌg/ [znw] *haardkleedje*
hearthstone /'hɑːθstəʊn/ [znw] *haardsteen,*
schuursteen
heartily /'hɑːtɪlɪ/ [bijw] ● *hartgrondig* ● *van harte*
● *flink*
heartiness /'hɑːtɪnəs/ [znw] ● *hartelijkheid* ● *vuur*
heartless /'hɑːtləs/ [bnw] ● *harteloos* ● *flauw*
● *moedeloos*
heart-rending /'hɑːtrendɪŋ/ [bnw]
hartverscheurend
heartsick /'hɑːtsɪk/ [bnw] *moedeloos*
heartsore /'hɑːtsɔː/ I [znw] *hartzeer* II [bnw] *diep*
bedroefd
heartstrings /'hɑːtstrɪŋz/ [mv] *diepste, innigste*
gevoelens
heartthrob /'hɑːtθrob/ [znw] ● *hartslag* ● ⟨inf.⟩
hartenbreker
heart-whole [bnw] ● *niet verliefd* ● *onversaagd*
● *oprecht*
hearty /'hɑːtɪ/ [bnw] ● *hartelijk* ● *grondig* ● *stevig*
● *gezond*
heat /hiːt/ I [ov ww] ● (~ **up**) ★ *heated/het up*
opgewonden II [on ww] ● *heet/warm*
maken/worden, warmlopen ● *opgewonden worden*
● *broeien* III [znw] ● *bronst* ● *uitslag* ● *pikantheid*
● *onderdeel v. wedstrijdtoernooi, loop, manche*
● *hitte, warmte* ● *drift* ★ *at a heat in één stuk*

★ *heat rash zonnebrand; uitslag van de hitte*
★ *in/on heat tochtig; loops*
heated /'hiːtɪd/ [bnw] ● *verhit, razend, woest*
heater /'hiːtə/ [znw] ● *verwarmer* ● *kacheltje*
● *vóórverwarmer* ● *strijkbout*
heath /hiːθ/ [znw] *heide* ★ ~ *cock korhaan* ★ ~ *hen*
korhoen
heath-berry [znw] *bosbes*
heathen /'hiːðn/ I [znw] *heiden* II [bnw] *heidens*
heathenish /'hiːðənɪʃ/ [bnw] *heidens*
heather /'heðə/ I [znw] *heide(struik)* II [bnw]
heidekleurig
heating /'hiːtɪŋ/ [znw] *verwarming(sinstallatie)*
heatspot /'hiːtspot/ [znw] *zomersproet, puistje*
heatstroke /'hiːtstrəʊk/ [znw] *zonnesteek*
heave /hiːv/ I [ov ww] ● (op)*heffen, optillen*
● *gooien* ● *ophijsen* ● *slaken* ● *verplaatsen* ⟨*v.*
aardlaag⟩ ★ ~ *anchor het anker lichten* ★ ~ *down*
kielen II [on ww] ● *op* (*en neer*) *gaan, deinen*
● *trekken* ★ *the ship hove in sight het schip kwam*
in zicht ● (~ **about**) ⟨*scheepv.*⟩ *stil gaan liggen,*
bijdraaien ● (~ **to**) ⟨*scheepv.*⟩ *stil gaan liggen,*
bijdraaien ● (~ **up**) *moeizaam omhoog brengen,*
overgeven, braken III [znw] *hijs, ruk*
heaven /'hevən/ [znw] *hemel* ★ *for* ~*'s sake ach,*
kom nou toch; toe nou, zeg; om 's hemelswil
★ ~*-born goddelijk; hemels*
heavenly /'hevnlɪ/ [bnw] *hemels*
heaven-sent [bnw] *uit de hemel, door de hemel*
gezonden
heaves /hiːvz/ [mv] *dampigheid*
heavies /'hevɪz/ [mv] *zware artillerie/cavalerie*
heavy /'hevɪ/ I [bnw + bijw] ● *zwaar* ● *moeilijk*
● *saai* ● *somber, zwaarmoedig* ● *lomp* ● *droevig*
● *slaperig* ● *klef* ★ *come the* ~ *father over 'preek'*
afsteken tegen ★ ~ *humour lompe humor* ★ *make*
~ *weather of s.th. zwaar aan iets tillen* ★ *with a*
~ *foot schoorvoetend* ★ *with a* ~ *heart droevig*
II [bijw] ★ *find s.th.* ~ *going iets saai/moeilijk*
vinden ★ *time hangs* ~ *on his hands de tijd valt*
hem lang
heavy-duty /hevɪ'djuːtɪ/ [bnw] ● *bestand tegen*
hoge belasting ● *zeer duurzaam*
heavy-handed /hevɪ'hændɪd/ [bnw] ● *onhandig*
● *lomp*
heavy-hearted /hevɪ'hɑːtɪd/ [bnw] *zwaarmoedig*
heavy-laden [bnw] ● *zwaarbeladen* ● *onder zorgen*
gebukt
heavyweight /'hevɪweɪt/ [znw] *zwaargewicht*
Hebrew /'hiːbruː/ I [znw] ● *Hebreeër* ● *Hebreeuws*
⟨*taal*⟩ II [bnw] *Hebreeuws*
heck /hek/ [tw] *verdomme!*
heckle /'hekl/ [ov ww] ● *hekelen* ● (*luidruchtig*)
interrumperen
heckler /'heklə/ [znw] *querulant*
hectare /'hektɑː/ [znw] *hectare*
hectic /'hektɪk/ I [znw] *teringlijder* II [bnw]
● *koortsachtig, opgewonden, hectisch* ● *tering-*
hector /'hektə/ I [ov ww] ● *intimideren,*
overdonderen ● *afblaffen* II [znw] ● *bullebak*
● *schreeuwer*
he'd /hiːd/ → **have, will**
hedge /hedʒ/ I [ov ww] ● *omheinen* ● *belemmeren*
II [on ww] ● *z. gedekt houden* ● *z. dekken* ● *een heg*
snoeien ● *heg, haag* ● *belemmering* III [znw] *heg,*
haag ★ *buying a house will be a* ~ *against*
inflation door een huis te kopen, heb je een
waarborg tegen inflatie ★ ~ *priest hagenprediker;*
ongeletterd geestelijke ★ ~ *school ongewijde school*
hedgehog /'hedʒhog/ [znw] ● *egel* ● ⟨AE⟩
stekelvarken ● ⟨mil.⟩ *egelstelling*
hedgehop /'hedʒhop/ [on ww] *laagvliegen*

H

hedgerow/'hedʒrəʊ/ [znw] haag
heebie-jeebies/hi:br'dʒi:bɪz/ [mv] de zenuwen, de griezels
heed/hi:d/ I [ov ww] z. bekommeren om, aandacht schenken aan II [on ww] ● aandacht ● zorg ✶ give/pay heed to z. bekommeren om; aandacht schenken aan ✶ take heed oppassen
heedful/'hi:dfʊl/ [bnw] behoedzaam
heedless/'hi:dləs/ [bnw] achteloos ✶ ~ of zonder te letten op
hee-haw/'hi:hɔ:/ I [on ww] luid lachen II [znw] ● ia ● luide lach
heel/hi:l/ I [ov ww] ● v. hielen/hakken voorzien ● met hiel v.d. stok spelen (bij golf) ● (scheepv.) (doen) overhellen ✶ ‹AE be well heeled er goed bij zitten ✶ heel back met de hakken trappen (bij rugby) II [on ww] de grond raken met hielen III [znw] ● hiel, hak ● eind(je) ● korstje ✶ ‹AE schlemiel ✶ be at a p.'s heels iem. op de hielen zitten ✶ bring s.o. to heel iem. klein krijgen ✶ clap/lay a p. by the heels iem. gevangen nemen/zetten ✶ click o.'s heels met de hakken klikken ✶ dig o.'s heels in zijn poot stijf houden ✶ down at heel (met) afgetrapt(e hakken) ✶ drag o.'s heels opzettelijk treuzelen ✶ he had the heels of us hij was ons véél te vlug ✶ head over heels halsoverkop; overijld ✶ heels hooggehakte schoenen; achterbenen ✶ kick/cool o.'s heels ongeduldig staan wachten ✶ out at heels met gaten in de kousen ✶ show a clean pair of heels er vandoor gaan ✶ take to o.'s heels er vandoor gaan
heelball/'hi:lbɔ:l/ [znw] ● was, schoenmakerswas ● (gekleurde) wasstift
heeltap/'hi:ltæp/ [znw] ● hakstuk ● staartje wijn ✶ no ~s! ad fundum!
heft/heft/ [ov ww] optillen
hefty/'heftɪ/ [bnw] ● stoer ● log ● ‹AE zwaar
hegemony/hɪ'dʒemənɪ/ [znw] hegemonie, suprematie, overwicht
heifer/'hefə/ [znw] vaars
height/haɪt/ [znw] hoogte(punt)
heighten/'haɪtn/ [ov ww] ● verhogen ● overdrijven
heinous/'heɪnəs/ [bnw] afschuwelijk
heir/eə/ [znw] erfgenaam ✶ heir apparent (troon)opvolger ✶ heir presumptive vermoedelijke (troon)opvolger
heir-at-law [znw] wettige erfgenaam
heiress/'eərɪs/ [znw] erfgename
heirloom/'eəlu:m/ [znw] erfstuk
held/held/ verl. tijd + volt. deelw. → **hold**
helicopter/'helɪkɒptə/ [znw] helikopter
heliport/'helɪpɔ:t/ [znw] helihaven
helium/'hi:lɪəm/ [znw] helium
helix/'hi:lɪks/ [znw] ● schroef ● rand v.d. oorschelp ● huisjesslak ● spiraal
hell/hel/ [znw] ● hel ● speelhol ● ‹AE dronkenmanslol ✶ come hell or high water wat er ook gebeurt ✶ for the hell of it zomaar; voor de gein ✶ give hell to op z'n falie geven ✶ go to hell! loop naar de bliksem! ✶ hell of a mess heidense bende ✶ ride hell for leather in vliegende vaart ✶ there was hell to pay! daar had je het gedonder!
he'll/hi:l/ → **will**
hellbent/'hel'bent/ [bnw] vastbesloten
hell-cat, hellhag/helkæt/ [znw] helleveeg
hellish/'helɪ/ [bnw] hels
hello/hə'ləʊ/ [tw] hallo ✶ ~-girl telefoniste; telefoonjuffrouw
helm/helm/ [znw] roer
helmet/'helmɪt/ [znw] helm
helmsman/'helmzmən/ [znw] roerganger
help/help/ I [ov + on ww] ● helpen, bijstaan ● (be)dienen ✶ I couldn't help it ik kon er niets aan doen ✶ I couldn't help seeing it ik moest 't wel zien ✶ don't be any longer than you can help blijf niet langer weg dan werkelijk nodig is ✶ if I can help it als ik er iets aan kan doen ✶ (~ along) voorthelpen ● (~ in) er in helpen ● (~ out) uit de brand helpen ● (~ to) helpen aan, bedienen van II [znw] portie ✶ there's no help for it er is niets aan te doen
helper/'helpə/ [znw] ● helper ● assistent
helpful/'helpfʊl/ [bnw] ● behulpzaam ● handig, nuttig
helping/'helpɪŋ/ [znw] portie
helpless/'helpləs/ [bnw] hulpeloos
helter-skelter/heltə'skeltə/ I [bnw] onbesuisd II [bijw] holderdebolder
helve/helv/ [znw] steel ✶ throw the ~ after the hatchet alles erbij neergooien
hem I [ov ww] omzomen ● (~ in) insluiten, omsingelen, beletten II [znw] zoom III [tw] hm
he-man/'hi:mæn/ [znw] stoere kerel, bink
hemi-/'hemɪ/ [voorv] half-
hemicrania/hemɪ'kreɪnɪə/ [znw] migraine
hemisphere/'hemɪsfɪə/ [znw] halve bol
hemline/'hemlaɪn/ [znw] zoom
hemlock/'hemlɒk/ [znw] dolle kervel ✶ ~ fir/spruce Canadese den
hemo-/'hi:məʊ/ → **haem-**
hemp/hemp/ [znw] ● hennep ● strop
hempen/'hempən/ [bnw] van hennep
hemstitch/'hemstɪtʃ/ I [ov ww] (om)zomen II [znw] (open) zoomsteek
hen/hen/ [znw] kip ✶ hen canary pop/wijfje van kanarie ✶ hen party dameskransje; geitenfuif ✶ hen roost nachthok ✶ like a hen with one chicken zenuwachtig druk
hence/hens/ [bijw] ● van hier, vandaar ● weg ✶ ~ it appears hieruit volgt ✶ the town was built near a bridge on the river Cam: ~ the name Cambridge
henceforth, henceforward/hens'fɔ:θ/ [bijw] voortaan
henchman/'hentʃmən/ [znw] ● edelman, page ● volgeling, trawant
hen-coop/'henku:p/ [znw] ● hoenderhok ● kippenmand
hen-hearted [bnw] laf
hen-house/'henhaʊs/ [znw] kippenhok
henna/'henə/ I [ov ww] met henna verven II [znw] henna
henpecked/'henpekt/ [bnw] onder de plak zittend ✶ ~ husband pantoffelheld
hepatitis/hepə'taɪtɪs/ [znw] hepatitis, geelzucht
hepta-/'heptə/ [voorv] zeven-
her/hɜ:/ [pers vnw] haar
herald/'herəld/ I [ov ww] aankondigen II [znw] ● heraut, (voor)bode ● functionaris van Herald's College ✶ Herald's College Hoge Raad v. Adel
heraldic/he'rældɪk/ [bnw] heraldisch
heraldry/'herəldrɪ/ [znw] heraldiek
herb/hɜ:b/ [znw] kruid
herbaceous/hɜ:'beɪʃəs/ [bnw] kruidachtig, met kruiden ✶ ~ border border met vaste planten
herbage/'hɜ:bɪdʒ/ [znw] ● kruiden ● (jur.) recht van weide
herbal/'hɜ:bl/ I [znw] kruidenboek II [bnw] kruiden-
herbalist/'hɜ:bəlɪst/ [znw] ● kruidenkenner ● kruidendokter
herbivorous/hɜ:'bɪvərəs/ [bnw] plantenetend
herborize/'hɜ:bəraɪz/ [on ww] botaniseren
herd/hɜ:d/ I [ov ww] hoeden, bijeendrijven (v. kudde) ● (~ together) samendrijven II [on ww]

in kudde/samen leven • (~ together)
samendrommen • (~ with) z. aansluiten bij,
omgaan met **III** [znw] • kudde • hoeder, herder
★ the herd de grote massa

herd-book/'hɜ:dbʊk/ ‹vero.› [znw] stamboek ‹v.
vee›

herdsman/'hɜ:dzmən/ [znw] veehoeder

here/hɪə/ [bijw] hier(heen) • hier! alstublieft! ★ here's luck! op je gezondheid!
★ here's to you! op je gezondheid! ★ neither here
nor there 't raakt kant noch wal; 't heeft er niets
mee te maken

hereabout(s)/hɪərə'baʊt(s)/ [bijw] hier in de
buurt

hereafter/hɪər'ɑ:ftə/ **I** [znw] het hiernamaals
II [bijw] hierna, in het hiernamaals

hereby/hɪə'baɪ/ [bijw] hierdoor

hereditary, hereditable/hɪ'redɪtərɪ/ [bnw]
erfelijk

heredity/hɪ'redɪtɪ/ [znw] erfelijkheid, overerving

herein/hɪər'ɪn/ [bijw] hierin

hereinafter/hɪərɪn'ɑ:ftə/ [bijw] ‹jur.› in het
vervolg

heresy/'herəsɪ/ [znw] ketterij

heretic/'herətɪk/ [znw] ketter

heretical/hɪ'retɪkl/ [bnw] • ketters • onrechtzinnig

hereto/hɪə'tu:/ [bijw] hiertoe, hieraan

heretofore/hɪətʊ'fɔ:/ [bijw] eertijds

hereupon/hɪərə'pɒn/ [bijw] hierop

herewith/hɪə'wɪð/ [bijw] hiermee, bij deze

heritable/'herɪtəbl/ [bnw] • erfgerechtigd • erfelijk

heritage/'herɪtɪdʒ/ [znw] erfenis, erfgoed, erfdeel
★ God's ~ het Heilige Land; de Heilige Kerk

hermaphrodite/hɜ:'mæfrədaɪt/ [znw]
hermafrodiet

hermetic/hɜ:'metɪk/ [bnw] hermetisch

hermit/'hɜ:mɪt/ [znw] kluizenaar

hermitage/'hɜ:mɪtɪdʒ/ [znw] kluis

hernia/'hɜ:nɪə/ [znw] (ingewands)breuk

hero/'hɪərəʊ/ [znw] • held • halfgod

heroic/hə'rəʊɪk/ [bnw] heldhaftig

heroics/hə'rəʊɪks/ [mv] • gezwollen taal • valse
pathos • heldhaftigheid/-heden

heroin/'herəʊɪn/ [znw] heroïne

heroine/'herəʊɪn/ [znw] • halfgodin • heldin

heroism/'herəʊɪzəm/ [znw] heldenmoed

heron/'herən/ [znw] reiger

herpes/'hɜ:pi:z/ [znw] • huiduitslag • gordelroos

herring/'herɪŋ/ [znw] haring ★ red ~
afleidingsmanoeuvre

herringbone/'herɪŋbəʊn/ **I** [ov ww] (in)
visgraatpatroon weven/bouwen **II** [znw]
• haringgraat • visgraatpatroon

herring-gull [znw] zilvermeeuw

herring-pond /'herɪŋpɒnd/ [znw] • haringvijver
• de Atl. Oceaan

hers/hɜ:z/ [bez vnw] • van haar • het/de hare

herself/hɜ:'self/ [wkd vnw] haar(zelf), zich(zelf)

he's/hi:z/ → be, have

hesitancy/'hezɪtənsɪ/ [znw] aarzeling

hesitant/'hezɪtnt/ [bnw] aarzelend

hesitate/'hezɪteɪt/ [on ww] • aarzelen • weifelen

hesitation/hezɪ'teɪʃən/ [znw] aarzeling

hessian/'hesɪən/ **I** [znw] zakkengoed, grove jute
II [bnw] Hessisch ★ ~ boot hoge laars (met
kwastjes)

hetero/'hetərəʊ/ [znw] hetero(seksueel)

heterodox/'hetərəʊdɒks/ [bnw] andersdenkend,
ketters

heterodoxy/'hetərədɒksɪ/ [znw] ketterij

heterogeneity/hetərədʒə'ni:ətɪ/ [znw]
heterogeniteit, ongelijksoortigheid

heterogeneous/hetərəʊ'dʒi:nɪəs/ [bnw]
heterogeen, ongelijksoortig

heterosexual/hetərəʊ'seksjʊəl/ [bnw]
heteroseksueel

hew/hju:/ [ov + on ww] • kappen, houwen
• hakken • hew one's way through a forest z.
een weg door een bos banen • (~ down)
omhakken, vellen • hew down a tree een boom
omhakken • (~ off) afhakken • hew off a branch
een tak afhakken

hewer/'hju:ə/ [znw] hakker ★ ~s of wood and
drawers of water zwoegers

hewn/hju:n/ volt. deelw. → hew

hexa-/'heksə/ [voorv] zes-

hexagon/'heksəgən/ [znw] zeshoek

hexagonal/hek'sægənl/ [bnw] zeshoekig

hexahedron/heksə'hi:drən/ [znw] zesvlak

hexameter/hek'sæmɪtə/ [znw] zesvoetig vers

hey/heɪ/ [tw] hei, hoera ★ hey presto! hocus pocus
pilatus pas! ★ hey there! hela!; ha!

heyday/'heɪdeɪ/ [znw] bloei, fleur

hi/haɪ/ [tw] • hé, hela • hallo

hiatus/haɪ'eɪtəs/ [znw] leemte, hiaat

hibernate/'haɪbəneɪt/ [on ww] • winterslaap
doen • winter doorbrengen

hibernation/haɪbə'neɪʃən/ [znw] winterslaap

Hibernia/haɪ'bɜ:nɪə/ [znw] Ierland

hiccough, hiccup/'hɪkʌp/ **I** [ov + on ww] hikken
II [znw] hik

hickory/'hɪkərɪ/ [znw] • Noord-Amerikaanse
notenboom • notenhout • notenhouten stok

hid/hɪd/ verl. tijd → hide

hide/haɪd/ **I** [ov ww] op zijn huid geven • hide
one's head z. van schaamte niet durven vertonen
• (~ from) verbergen voor **II** [on ww] (z.)
verbergen **III** [znw] • huid • hachje
• oppervlaktemaat (120 acres) • schuilplaats

hide-and-seek [znw] verstoppertje

hideaway/'haɪdəweɪ/ [znw] geheime schuilplaats

hidebound/'haɪdbaʊnd/ [bnw] • met
nauwsluitende huid/schors • bekrompen

hideous/'hɪdɪəs/ [bnw] afschuwelijk

hideout [znw] schuilplaats

hiding/'haɪdɪŋ/ [znw] pak rammel ★ a good ~
flink pak slaag ★ in ~ ondergedoken

hiding-place [znw] schuilplaats

hierarchic(al)/haɪə'rɑ:kɪk(l)/ [bnw] hiërarchisch

hierarchy/'haɪərɑ:kɪ/ [znw] hiërarchie

hieroglyph/'haɪərəglɪf/ [znw] hiëroglief

hieroglyphic/haɪərə'glɪfɪk/ [bnw] hiëroglifisch

hi-fi/'haɪfaɪ/ [znw] hifi geluidsinstallatie • (met)
getrouwe geluidsweergave

higgle/'hɪgl/ [on ww] • marchanderen • afdingen

higgledy-piggledy/'hɪgldɪ'pɪgldɪ/ **I** [bnw + bijw]
schots en scheef, overhoop **II** [znw] rommel

high/haɪ/ **I** [bnw + bijw] • hoog • verheven • duur
• op 't kantje van bederf • adellijk ‹v. vlees/wild›
• opgewekt • dronken • bedwelmd ★ high and dry
verlaten; alleen; buitenspel ★ high and low overal;
hoog en laag ★ high and mighty aanmatigend;
autoritair ★ high art kunst met een grote K ★ high
day klaarlichte dag; hoogtijdag; feestdag ★ high
feeding weelderig eten (en drinken) ★ high
life/society ('t leven van) de beau monde ★ ‹lit.›
high noon midden v.d. dag ★ high tea
uitgebreide theemaaltijd (met warme gerechten)
★ high water mark hoogtepunt; hoogwaterpeil
★ high words 'woorden'; ruzie ★ high-handed
autoritair ★ how is that for high! wat zeg je
daarvan! ★ on the high seas in volle zee ★ with a
high hand autoritair **II** [znw] • hogedrukgebied
• record, hoogtepunt ★ high school ≈ middelbare

school (havo/atheneum) ★ on high omhoog; in de hoogte; in de hemel III [bnw] ★ high jinks dolle pret ★ high spot hoogtepunt ★ high street hoofdstraat ★ high tide vloed

highborn /ˈhaɪbɔːn/ [bnw] van adellijke geboorte

highbrow /ˈhaɪbraʊ/ I [znw] (pedante) intellectueel II [bnw] ● intellectueel ● superieur

high-chair [znw] kinderstoel

high-class /haɪˈklɑːs/ [bnw] uitstekend, voornaam

highfalutin(g) /haɪfəˈluːtɪn(ŋ)/ [znw] hoogdravend

high-fidelity /haɪfˈdelətɪ/ [znw] hifi, getrouwe (geluids)weergave

high-flier [znw] iem. met aspiraties, hoogvlieger

high-flown /haɪˈfləʊn/ [bnw] hoogdravend

high-grade [bnw] (v.) uitstekende kwaliteit

highhanded /haɪˈhændɪd/ [bnw] ● laatdunkend ● autoritair

high-heeled [bnw] met hoge hakken

high-jump /ˈhaɪdʒʌmp/ [znw] ★ he will be for the high jump hij zal er van lusten

high-level [znw] op hoog niveau

highlights /ˈhaɪlaɪts/ [mv] hoogtepunten

highly /ˈhaɪlɪ/ [bijw] ● zeer, hoogst ● met lof

high(ly)-strung [bnw] ● hooggespannen, opgewonden ● geëxalteerd

high-minded /haɪˈmaɪndɪd/ [bnw] ● edelmoedig ● hoogmoedig

highness /ˈhaɪnəs/ [znw] ● hoogheid ● hoogte

high-pitched [bnw] ● hoog ● schel ● steil ● verheven

high-powered /haɪˈpaʊəd/ [bnw] ● (zeer) krachtig, met groot vermogen ● hooggekwalificeerd

high-pressure I [ov ww] onder hoge druk zetten II [bnw] hoge druk-

high-ranking [bnw] hoog(staand)

high-rise /ˈhaɪraɪz/ [bnw] hoog ★ ~ flat torenflat ★ ~ office wolkenkrabber

highroad /ˈhaɪrəʊd/ [znw] hoofdweg

high-sounding [bnw] ● hoogdravend ● holklinkend

high-speed [bnw] met grote snelheid, snel-

high-stepper [znw] ● trots persoon ● hoogbenig paard

hightail /ˈhaɪteɪl/ ‹sl.› [on ww] ● 'm smeren ● pal achter iem. rijden ● racen

high-tension [bnw] hoogspannings-

high-toned [bnw] ● hoog (v. toon) ● hooggespannen ● verheven ● ‹AE› deftig

high-up [znw] hoge piet

highway /ˈhaɪweɪ/ [znw] grote weg, verkeersweg ★ ~ code verkeersreglement ★ on the ~ to success het succes tegemoet

highwayman /ˈhaɪweɪmən/ [znw] struikrover

hijack /ˈhaɪdʒæk/ I [ov ww] ● kapen ● stelen ● buitmaken ● roven (v. smokkeldrank) II [znw] ● kaping ● beroving

hijacker /ˈhaɪdʒækə/ [znw] kaper

hike /haɪk/ I [ov ww] ophijsen II [on ww] rondtrekken III [znw] trektocht

hiker /ˈhaɪkə/ [znw] wandelaar, trekker

hilarious /hɪˈleərɪəs/ [bnw] vrolijk

hilarity /hɪˈlærətɪ/ [znw] hilariteit

hill /hɪl/ I [ov ww] ★ hill (up) ophogen; aanaarden II [znw] ● heuvel ● hoop

hill-billy /ˈhɪlbɪlɪ/ [znw] ‹AE› boertje, heikneuter

hillock /ˈhɪlək/ [znw] heuveltje

hillside /ˈhɪlsaɪd/ [znw] helling

hilltop /ˈhɪltɒp/ [znw] heuveltop ★ ~ village hooggelegen dorp

hilly /ˈhɪlɪ/ [bnw] heuvelachtig

hilt /hɪlt/ [znw] gevest ★ support s.o. (up) to the hilt iem. volledig ondersteunen ★ up to the hilt in

debts tot over zijn oren in de schuld

him /hɪm/ [pers vnw] hem

himself /hɪmˈself/ [wkd vnw] ● zich(zelf) ● zelf ★ all by ~ helemaal alleen ★ he's quite ~ again hij is weer helemaal de oude

hind /haɪnd/ I [znw] ● hinde ● boer(enknecht) ● rentmeester II [bnw] achter(ste) ★ talk the hind legs off a donkey iem. de oren van het hoofd praten

hinder /ˈhɪndə/ I [ov ww] (ver)hinderen, beletten II [bnw] achter(ste)

Hindi /ˈhɪndɪ/ [znw] Hindi

hindmost /ˈhaɪndməʊst/ [bnw] achterste

hindquarters /haɪndˈkwɔːtəz/ [znw] achterdeel, achterste

hindrance /ˈhɪndrəns/ [znw] obstakel, belemmering

hindsight /ˈhaɪndsaɪt/ [znw] ● vizier ● beschouwing achteraf ★ with ~ achteraf bekeken

Hindu /ˈhɪnduː/ I [znw] hindoe II [bnw] hindoes ● van het hindoeïsme

Hinduism /ˈhɪnduːɪzəm/ [znw] hindoeïsme

hinge /hɪndʒ/ I [ov ww] met scharnier vastmaken II [on ww] ● rusten op ● draaien III [znw] ● scharnier ● spil (fig.) ★ off the ~s in de war

hinny /ˈhɪnɪ/ [znw] ● muilezel ● (Schots) honing

hint /hɪnt/ I [ov ww] in bedekte termen te kennen geven II [on ww] ★ (~ at) zinspelen op III [znw] ● wenk, aanwijzing ● zinspeling

hinterland /ˈhɪntəlænd/ [znw] achterland

hip /hɪp/ I [ov ww] zwaarmoedig maken II [znw] ● heup ● rozenbottel ● zwaarmoedigheid ★ (vero.) have a p. on the hip iem. in zijn macht hebben ★ smite hip and thigh meedogenloos slaan III [bnw] hip IV [tw] hiep!

hip-bath [znw] zitbad

hippie, hippy /ˈhɪpɪ/ [znw] hippie, hippe vogel

hippo /ˈhɪpəʊ/ [znw] nijlpaard

hip-pocket [znw] achterzak

hippodrome /ˈhɪpədrəʊm/ [znw] ● renbaan ● circus

hippopotami [mv] → hippopotamus

hippopotamus /hɪpəˈpɒtəməs/ [znw] nijlpaard

hipster /ˈhɪpstə/ [znw] hippie ★ wear ~ trousers een heupbroek dragen

hire /ˈhaɪə/ I [ov ww] huren ★ (~ out) verhuren II [znw] ● huur ● loon ★ hire purchase huurkoop ★ on hire te huur

hireling /ˈhaɪəlɪŋ/ [znw] huurling

hirsute /ˈhɜːsjuːt/ [bnw] ● harig, ruig, borstelig ● (met) onverzorgd(e) baard/haar

his /hɪz/ [bez vnw] 't zijne, zijn, van hem

hiss /hɪs/ I [ov + on ww] sissen II [ov ww] (uit)fluiten ★ (~ off) van het podium fluiten III [znw] sissend geluid

hist /hɪst/ [tw] pst!, sst!

histology /hɪˈstɒlədʒɪ/ [znw] weefselleer

historian /hɪˈstɔːrɪən/ [znw] ● geschiedschrijver ● geschiedkundige

historic(al) /hɪˈstɒrɪk(l)/ [bnw] ● historisch ● geschiedkundig ● beroemd

history /ˈhɪstərɪ/ [znw] geschiedenis ★ make ~ geschiedenis maken; v. historisch belang zijn/worden

histrionic /hɪstrɪˈɒnɪk/ I [znw] acteur ★ ~s toneelkunst; theatraal gedaas II [bnw] ● toneel- ● huichelachtig

hit /hɪt/ I [ov + on ww] ● raken ● raden ● slaan ★ hit and run raken en uit de voeten maken; aanrijden en doorrijden ★ hit below the belt gemeen spelen ★ hit the nail on the head de spijker op de kop slaan ★ (~ (up)on) toevallig aantreffen/stoten op ● (~ back) terugslaan

H

II [ov ww] • toebrengen • treffen ✶ hard hit zwaar getroffen/geteisterd ✶ hit it off 't goed kunnen vinden met iem. ✶ hit list zwarte lijst ✶ hit man huurmoordenaar ✶ ‹AE› hit the hay/sack onder de wol kruipen ✶ hit the headlines de voorpagina halen ✶ hit the road (op) weg gaan ✶ hit the roof barsten van woede • (~ off) precies treffen **III** [on ww] ‹AE› (aan)komen (bij/op) ✶ hit home zijn doel treffen • (~ out) slaan naar, van z. afslaan **IV** [znw] • steek onder water • succes(nummer/-stuk)

hitch/hɪtʃ/ **I** [ov ww] • rukken • (z.) even verplaatsen • vastmaken, vast raken ✶ ter sprake brengen ✶ ‹sl.› get ~ed trouwen ✶ ~ a horse to a cart een paard voor een wagen spannen • (~ up) optrekken ✶ ~ up o.'s trousers z'n broek ophijsen **II** [on ww] • liften • ‹AE› goed samen opschieten **III** [znw] • hapering, kink in de kabel • ‹scheepv.› knoop ✶ by ~es met horten en stoten ✶ without a ~ zonder onderbreking

hitch-hike/hɪtʃhaɪk/ [on ww] • liften, liftend trekken door

hither/'hɪðə/ [bijw] hierheen ✶ ~ and t~ her en der

hitherto/hɪðə'tu:/ [bijw] tot dusver

hit-or-miss[bnw] lukraak

hive/haɪv/ **I** [ov ww] • korven • huisvesten • (~ off) uitbesteden **II** [on ww] samenwonen/-huizen • (~ off) uitzwermen **III** [znw] • bijenkorf • bijenzwerm

hives/haɪvz/ [mv] huiduitslag

H.L. [afk] • (House of Lords) Hogerhuis

H.M. [afk] • (Her/His Majesty) Hare/Zijne Majesteit

hoar/hɔ:/ [bijw] rijp **II** [bnw] grijs, wit

hoard/hɔ:d/ **I** [ov + on ww] hamsteren ✶ ~ up in one's heart koesteren; bewaren **II** [ov ww] vergaren **III** [znw] • voorraad • spaargeld • schat

hoarding/'hɔ:dɪŋ/ [znw] • het hamsteren • schutting, aanplakbord

hoar-frost/hɔ:'frɒst/ [znw] rijp

hoarse/hɔ:s/ [bnw] schor, hees

hoary/'hɔ:rɪ/ [bnw] • grijs • eerbiedwaardig

hoax/həuks/ **I** [ov ww] foppen, een poets bakken **II** [znw] grap, poets

hob/hɒb/ [znw] • haardplaat • pin

hobble/'hɒbl/ **I** [ov ww] • (doen) strompelen • kluisteren **II** [on ww] ✶ ~ skirt nauwe rok **III** [znw] • strompelgang • kluister • vervelende situatie

hobbledehoy/hɒbldɪ'hɔɪ/ [znw] slungel

hobby/'hɒbɪ/ [znw] • liefhebberij • boomvalk ✶ ~-horse stokpaardje; hobbelpaard

hobgoblin/hɒb'gɒblɪn/ [znw] • kabouter • kwelgeest

hobnail/'hɒbneɪl/ [znw] schoenspijker

hobnob/'hɒbnɒb/ [on ww] samen een glaasje drinken ✶ ~ with s.o. als dikke vrienden met iem. omgaan

hobo/'həubəu/ ‹AE› [znw] zwerver, landloper

hock/hɒk/ **I** [ov ww] • de hakpees doorsnijden van • ‹AE› verpanden **II** [znw] • hielgewricht ‹v. paard› • Rijnwijn • ‹AE› pand • ‹AE› in hock in de lommerd; in de gevangenis

hockey/'hɒkɪ/ [znw] hockey

hocus/'həukəs/ [ov ww] • voor de gek houden • bedwelmen

hocus-pocus/həukəs'pəukəs/ **I** [ov ww] voor de gek houden **II** [on ww] goochelen **III** [znw] hocus-pocus

hod/hɒd/ [znw] kalkbak

Hodge/hɒdʒ/ [znw] boerenarbeider

hodge-podge→ **hotchpotch**

hodman/'hɒdmæn/ [znw] • opperman • broodschrijver

hoe/həu/ **I** [ov + on ww] schoffelen **II** [znw] schoffel

hog/hɒg/ **I** [ov ww] • krommen ‹de rug› • kort knippen • zich inhalig gedragen **II** [znw] • (slacht)varken, zwijn ‹ook fig.›

hogget/'hɒgɪt/ [znw] éénjarig schaap

hoggish/'hɒgɪʃ/ [bnw] zwijnachtig

hogpen/'hɒgpen/ [znw] varkenskot

hogshead/'hɒgzhed/ [znw] okshoofd

hogwash/'hɒgwɒʃ/ [znw] • nonsens, larie • varkensvoer

hoi/hɔɪ/ ✶ hoi polloi de grote massa; het (gewone/domme) volk

hoist/hɔɪst/ **I** [ov ww] (op)hijsen **II** [znw] hijstoestel, lift, hijsinrichting

hoity-toity/hɔɪtɪ'tɔɪtɪ/ [tw] tut, tut, kom, kom

hokum/'həukəm/ [znw] kitsch ‹m.b.t. toneel/film›

hold/həuld/ **I** [ov ww] • in bezit/pacht hebben/houden • (hold at bay) op een afstand houden • (be)houden • in-/tegen-/vasthouden • erop na houden • (kunnen) bevatten • v. mening zijn • beledigende taal bezigen • ‹jur.› beslissen • ‹AE› gevangen houden ✶ be left holding the baby met de gebakken peren blijven zitten ✶ he can hold with the best hij kan met de besten wedijveren ✶ hold a p. to a promise iem. aan zijn belofte houden ✶ hold a place een betrekking bekleden ✶ hold cheap geen hoge dunk hebben van ✶ hold in esteem/repute hoogachten ✶ hold in hand aan 't lijntje houden ✶ hold it good to het raadzaam vinden om ✶ hold it! stop! blijf staan! ✶ hold one's head high z. fier gedragen ✶ hold one's own stand houden; z. goed houden; niet toegeven ✶ hold s.o. to an opinion iem. op zijn mening vastpinnen ✶ hold s.th. over a p. iem. dreigen met iets ✶ hold your noise! hou je gemak! ✶ hold your tongue! hou je mond! ✶ that story doesn't hold water dat verhaal houdt geen steek/klopt niet • (~ against) kwalijk nemen, verwijten • (~ back) aarzelen, z. onthouden • (~ down) ‹AE› bekleden, onderdrukken • (~ in) (z.) inhouden • (~ off) uitstellen, op een afstand houden, aanhouden • (~ on) niet loslaten • (~ out) uitsteken ✶ hold out an olive branch vrede sluiten • (~ over) uitstellen, aanhouden • (~ up) ophouden, tegenhouden, omhooghouden, aanhouden, vóórhouden, opsteken, overvallen ✶ hold up one's head with niet onderdoen voor ✶ hold up one's head moed houden; nieuwe moed scheppen **II** [on ww] • het (uit)houden • v. kracht zijn ✶ aanhouden ✶ hold to one's course doorzetten ✶ hold true blijken waar te zijn • (~ aloof) z. afzijdig houden • (~ back) achterhouden, tegenhouden, geheim houden, in bedwang houden • (~ by) blijven bij, z. houden aan • (~ forth) betogen, oreren • (~ off) wegblijven, z. op een afstand houden • (~ on) z. vasthouden, doorgaan, aanblijven ✶ hold on a minute! wacht even! • (~ on to) vasthouden aan, niet opgeven, niet loslaten, niet loskomen van • (~ out) het uithouden, toereikend zijn, achterhouden • (~ with) het houden bij/met, goedkeuren **III** [znw] • houvast, vat, greep • ‹scheepv.› ruim ✶ hold on/to macht over; vat op ✶ keep hold of vasthouden ✶ take/get/catch hold of vastpakken; aangrijpen

holdall/'həuldɔ:l/ [znw] • plunjezak • reistas

holder/'həuldə/ [znw] • huurder, pachter • sigarenpijpje, houder, sigarettenpijpje

H

holding/'həʊldɪŋ/ [znw] • pachthoeve
• goudvoorraad • ~(-company) maatschappij
met beheer over aandelen v. andere maatschappijen

hold-up [znw] • stremming, vertraging • overval

hole/həʊl/ **I** [ov + on ww] • (~ up) (zich)
verbergen, (zich) verschuilen **II** [ov ww] • gaten
maken in • graven • (door)boren • in hole plaatsen
(bij golf) **III** [znw] • hok, gat, holte, kuil • (sport)
hole • be in a hole in de knoei zitten • he is a
square peg in a round hole hij voelt z. als een kat
in een vreemd pakhuis • need s.th. like you need
a hole in the head iets kunnen missen als kiespijn
* not to see a hole in a ladder smoordronken zijn
* pick holes in an argument/theory spijkers op
laag water zoeken

hole-and-corner [bnw] heimelijk, steels, schalks,
geheim

holiday/'hɒlədeɪ/ [znw] vakantie(dag) • go on ~
op vakantie gaan * half ~ vrije middag

holidaymaker/'hɒlədeɪmeɪkə/ [znw]
vakantieganger

holiness/'həʊlɪnəs/ [znw] heiligheid

holler/'hɒlə/ [ov + on ww] schreeuwen

hollow/'hɒləʊ/ **I** [bnw + bijw] • hol • voos, slap,
geveinsd, ijdel • beat a p. ~ iem. totaal verslaan
II [ov ww] (uit)hollen, hol maken **III** [znw] • holte
• dal, laagte

hollow-hearted [bnw] vals

hollowness/'hɒləʊnəs/ [znw] • holheid • leegheid

hollowware/'hɒləʊweə/ [znw] potten en pannen

holly/'hɒlɪ/ [znw] hulst

hollyhock/'hɒlɪhɒk/ [znw] stokroos

holm/həʊm/ [znw] • eilandje • (uiter)waard
* holm-oak steeneik

holocaust/'hɒləkɔːst/ [znw] • holocaust
• slachting

holster/'həʊlstə/ [znw] (pistool)holster

holt/həʊlt/ [znw] • bosje • beboste heuvel

holy/'həʊlɪ/ [bnw] heilig * Holy Communion
heilige communie * Holy Father Heilige Vader
* Holy Office inquisitie * Holy Saturday
paaszaterdag * Holy See H. Stoel * Holy Spirit
Heilige Geest * Holy Thursday hemelvaartsdag;
Witte Donderdag * Holy Week Goede Week
* (vero.) Holy Willie schijnheilig persoon * (vero.)
Holy Writ de H. Schrift * holy Joe (vero./
scheepv.) brave ziel * holy day kerkelijke feestdag
* holy smoke! goeie genade! * holy terror schrik
(v.d. familie) * holy water wijwater

holystone/'həʊlɪstəʊn/ **I** [ov ww] schuren
II [znw] schuursteen

homage/'hɒmɪdʒ/ **I** [ov ww] huldigen **II** [znw]
hulde * pay/do ~ hulde betuigen

hombre/'ɒmbreɪ/ [znw] (AE) man, kerel

homburg/'hɒmbɜːɡ/ [znw] gleufhoed (met
omgekrulde rand)

home/həʊm/ **I** [ov ww] • naar huis
sturen/geleiden • huisvesten **II** [on ww] naar huis
gaan (v. duif) **III** [znw] • t(e)huis • huis
• geboortegrond, vaderland • verblijf • honk * a
home from a home als thuis * at home thuis; in
't (vader)land; hier te lande * be at home with/in
op de hoogte zijn van; goed bekend zijn met
* bring s.th. closer to home iets tastbaarder
maken * charity begins at home het hemd is
nader dan de rok * home ground van eigen
bodem * home sweet home oost, west, thuis best
* home truth harde waarheid * long/last home
laatste rustplaats * make a home zich vestigen
* make yourself at home doe alsof je thuis bent
IV [bnw] • huis(houd)elijk • eigen • binnenlands
• raak * a home thrust rake zet; één-nul

* homematch thuiswedstrijd **V** [bijw] • naar
huis, thuis • naar/op z'n plaats, raak • vast, dicht
* bring a charge home to a p. iemands schuld
bewijzen * bring s.th. home to a p. iem. iets aan
zijn verstand brengen • come home to duidelijk
worden • drive a nail home een spijker vastslaan
* hammer/sheet it home to a p. het iem.
inpeperen * it's coming home to me daar staat
me iets van voor • nothing to write home about
nauwelijks de moeite waard * tax a p. home iem.
vierkant de waarheid zeggen * the thrust went
home de stoot kwam aan * your doings will
come home to you je daden zullen op jezelf
worden verhaald

Home [znw] * Home Counties de graafschappen
rondom Londen * Home Office ministerie v.
binnenlandse zaken * Home Rule zelfbestuur
* Home Secretary Minister v. Binnenlandse Zaken

home-bird/'həʊmbɜːd/ [znw] huismus (fig.)

home-brew(ed)/həʊm'bruːd/ **I** [znw]
zelfgebrouwen bier **II** [bnw] zelfgebrouwen

home-coming/'həʊmkʌmɪŋ/ [znw] • thuiskomst
• repatriëring

home-felt [bnw] innig

home-grown [bnw] • eigen bouw/teelt • inlands

homeland/'həʊmlænd/ [znw] • geboorteland
• thuisland (in Zuid-Afrika)

home-made [bnw] • eigengemaakt • inlands

homer/'həʊmə/ [znw] duif op thuisreis

homespun/'həʊmspʌn/ [bnw] • zelf gesponnen
• onopgesmukt, eenvoudig

homestead/'həʊmsted/ [znw] hofstede

homeward(s)/'həʊmwəd(z)/ [bijw] huiswaarts
* ~ bound op thuisreis

homework/'həʊmwɜːk/ [znw] huiswerk

homey/'həʊmɪ/ → **homy**

homicidal/'hɒmɪ'saɪdl/ [bnw] moord-, moorddadig

homicide/'hɒmɪsaɪd/ [znw] • doodslag • pleger v.
doodslag * culpable ~ dood door schuld

homily/'hɒməlɪ/ [znw] preek, homilie, leerrede

homing/'həʊmɪŋ/ [znw] het naar huis gaan
* ~-device stuurorgaan v. geleide projectielen
* ~-instinct instinct dat de weg naar huis wijst
* ~-pigeon postduif

homo/'həʊməʊ/ [znw] homoseksueel

homoeopath/'həʊmɪəʊpæθ/ [znw] homeopaat

homoeopathic/'həʊmɪə'pæθɪk/ [bnw]
homeopathisch

homoeopathy/'həʊmɪ'ɒpəθɪ/ [znw] homeopathie

homogeneity/'həʊməʊdʒə'niːətɪ/ [znw]
gelijksoortigheid, homogeniteit

homogeneous/'həʊməʊ'dʒiːnɪəs/ [bnw]
gelijksoortig, homogeen

homologous/hə'mɒləgəs/ [bnw] overeenkomend,
overeenkomstig

homonym/'hɒmənɪm/ [znw] gelijkluidend
woord, homoniem

homosexual/həʊməʊ'sekʃʊəl/ [znw]
homoseksueel

homy/'həʊmɪ/ [bnw] huiselijk

hone/həʊn/ **I** [ov ww] aanzetten, slijpen **II** [znw]
wetsteen, oliesteen

honest/'ɒnɪst/ [bnw] • rechtschapen, braaf
• eerlijk • onvervalst, deugdelijk * make an ~
woman of trouwen na eerst verleid te hebben

honestly/'ɒnəstlɪ/ [bijw] eerlijk * ~ speaking
eerlijk gezegd

honest-to-goodness I [bnw] ongecompliceerd,
zuiver **II** [tw] echt

honesty/'ɒnɪstɪ/ [znw] • eerlijkheid, oprechtheid
• (plant.) judaspenning * ~ is the best policy
eerlijk duurt het langst

H

honey /ˈhʌnɪ/ [znw] • honing • schat, liefje ∗ ~ and pie rozengeur en maneschijn

honeybee /ˈhʌnɪbiː/ [znw] honingbij

honeycomb /ˈhʌnɪkəʊm/ I [ov ww] • gaatjes maken in, doorboren • ondermijnen • bewerken met honingraatpatroon II [znw] • honingraat • honingraatpatroon • raatvormige gietvout (in metaal)

honeydew /ˈhʌnɪdjuː/ [znw] • gesausde tabak • honingdauw

honeyed /ˈhʌnɪd/ [bnw] (honing)zoet ∗ ~ voice lieve stem ∗ ~ words lieve woordjes

honeymoon /ˈhʌnɪmuːn/ I [on ww] de huwelijksreis/wittebroodsweken doorbrengen II [znw] huwelijksreis, wittebroodsweken

honeysuckle /ˈhʌnɪsʌkl/ [znw] kamperfoelie

honk /hɒŋk/ I [ov ww] • toeteren • snateren II [znw] • getoeter • gesnater

honkie, honky /ˈhɒŋkɪ/ ‹AE/sl.› [znw] blanke

honky-tonk /ˈhɒŋkɪtɒŋk/ [bnw] tingeltangel

honorary /ˈɒnərərɪ/ [bnw] • ere- • honoris causa

honour /ˈɒnə/ I [ov ww] • eren • honoreren II [znw] • eer, eergevoel • eerbewijs, woord van eer ∗ Honours List lijst van personen die koninklijk onderscheiden worden; ≈ lintjesregen ∗ Your Honour Edelachtbare ∗ be on one's ~ to aan zijn eer verplicht zijn om ∗ bound in ~ to aan zijn eer verplicht zijn om ∗ do s.o. the ~ of ... iem. vereren met ... ∗ ~s cum laude; onderscheidingen; honneurs ∗ ~s degree graad na gespecialiseerde studie ∗ in ~ of ter ere van ∗ meet with due ~ behoorlijk gehonoreerd worden ∗ put a p. on his ~ op zijn eergevoel werken ∗ two by ~s twee honneurs

honourable /ˈɒnərəbl/ [bnw] • eervol • rechtschapen ∗ ~ edelachtbaar

hood /hʊd/ I [ov ww] met kap bedekken, van kap voorzien • hooded crow bonte kraai II [znw] • kap, capuchon • huif • ‹AE› motorkap • ‹sl.› gangster

hoodie /ˈhʊdɪ/ [znw] bonte kraai

hoodlum /ˈhuːdləm/ [znw] vandaal, relschopper

hoodoo /ˈhuːduː/ I [ov ww] ongeluk brengen II [znw] ongeluk III [bnw] ongeluks-

hoodwink /ˈhʊdwɪŋk/ [ov ww] misleiden, zand in de ogen strooien

hoof /huːf/ I [ov + on ww] ∗ ‹sl.› hoof (it) te voet gaan II [ov ww] trappen, slaan ‹v. paard› ∗ hoof out eruit trappen; de bons geven III [znw] • hoef • poot ∗ on the hoof levend; (nog) niet geslacht ∗ shake a hoof een dansje maken

hook /hʊk/ I [ov ww] • (z.) vasthaken, aanhaken • aan de haak slaan • inpikken • tot verslaafdheid brengen • haak it 'm smeren • (~ on) aanhaken, in elkaar haken • (~ up) vasthaken, aan de haak slaan II [on ww] blijven haken III [znw] • haak, vishaak • sikkel, snoeimes, kram • ‹scheepv.› bocht ∗ by hook or by crook eerlijk of oneerlijk; hoe dan ook ∗ drop off the hook de verbinding en tussen uit knijpen (sterven) ∗ keep a p. on the hook iem. aan 't lijntje houden ∗ let s.o. off the hook iem. uit de narigheid halen ∗ on one's own hook op z'n eigen houtje ∗ sling o.'s hook 'm smeren ∗ take the receiver off the hook de hoorn van de haak nemen

hookah /ˈhʊkə/ [znw] waterpijp

hooked /hʊkt/ [bnw] • haakvormig • met haak ∗ ~ on verslaafd aan

nooker /ˈhʊkə/ [znw] • hooker ‹bij rugby› • hoekwantvissersboot • ‹AE/sl.› hoer

hook-up [znw] onderlinge verbinding v. radiostations

hooky /ˈhʊkɪ/ ‹AE› [znw] het spijbelen ∗ play ~ spijbelen

hooligan /ˈhuːlɪɡən/ [znw] straatschender, vandaal

hooliganism /ˈhuːlɪɡənɪzəm/ [znw] vandalisme

hoop /huːp/ I [ov ww] • hoepelen • met hoepels beslaan II [znw] • hoepel • hoepelrok • ‹sport› basket ‹bij basketbal›, poortje ‹bij croquet› ∗ go/be put through the hoops het zwaar te verduren hebben

hooper /ˈhuːpə/ [znw] kuiper

hooray /hʊˈreɪ/ [tw] hoera

hoot /huːt/ I [ov ww] uitjouwen II [on ww] • krassen ‹v. uil› • toeteren, claxonneren • jouwen • (hard) lachen • loeien • (~ at) na-/uitjouwen III [znw] • gekras • getoeter ∗ not care a hoot about s.th. ergens geen snars om geven

hooter /ˈhuːtə/ [znw] • stoomfluit • sirene

hoover /ˈhuːvə/ I [ov + on ww] stofzuigen II [znw] stofzuiger

hooves /huːvz/ [mv] → hoof

hop /hɒp/ I [ov ww] hoppen ‹v. bier› ∗ ‹sl.› hop it! hoepel op! ∗ hop the twig het hoekje omgaan ∗ hopping mad pisnijdig ∗ the stick 't hoekje omgaan II [on ww] • springen (op), hinken, huppelen • hop dragen/plukken • (~ off) ophoepelen, afspringen (van), opstijgen III [znw] • etappe • dansje • sprong(etje) • ‹plant.› hop ∗ hops hard bellen ∗ on the hop druk in de weer

hope /həʊp/ I [ov + on ww] hopen ∗ hope against hope hopen tegen beter weten in ∗ (~ for) hopen op II [znw] hoop ∗ hope of hoop op

hopeful /ˈhəʊpfʊl/ [bnw] hoopvol

hopefully /ˈhəʊpfʊlɪ/ [bijw] hopelijk

hopeless /ˈhəʊpləs/ [bnw] hopeloos

hop-o'-my-thumb /hɒpəmaɪˈθʌm/ [znw] kleinduimpje, ukkepuk

hopper /ˈhɒpə/ [znw] • hoplukker/ster • springend beest/insect • (graan)schudder

hopple /ˈhɒpl/ [ov ww] kluisteren ‹v. paard›

hopscotch /ˈhɒpskɒtʃ/ [znw] hinkspel, het hinken

horde /hɔːd/ [znw] horde, bende

horizon /həˈraɪzən/ I [ov ww] begrenzen II [znw] horizon, einder

horizontal /hɒrɪˈzɒntl/ I [znw] horizontale lijn, rekstok II [bnw] horizontaal ∗ ~ bar rekstok

hormone /ˈhɔːməʊn/ [znw] hormoon

horn /hɔːn/ I [ov ww] van hoorns voorzien II [on ww] • (~ in) z. opdringen ∗ horn in on a conversation een gesprek onderbreken III [znw] • hoorn • horen, voelhoorn • trompet, kornet • claxon • punt v. maansikkel • riviertak ∗ English horn althobo; Engelse hoorn ∗ French horn waldhoorn ∗ draw in o.'s horns (z.) matigen; in zijn schulp kruipen ∗ take the bull by the horns de koe bij de hoorns vatten

horned /hɔːnd/ [bnw] met hoorns

hornet /ˈhɔːnɪt/ [znw] horzel ∗ bring ~'s nest about one's ears z. in een wespennest steken; z. vijanden op de hals halen ∗ stir up a ~'s nest z. in een wespennest steken

hornpipe /ˈhɔːnpaɪp/ [znw] horlepijp

horn-rimmed /hɔːnˈrɪmd/ [bnw] met hoornen montuur

horny /ˈhɔːnɪ/ [bnw] • hoornachtig, vereelt • ‹sl.› heet, geil

horoscope /ˈhɒrəskəʊp/ [znw] horoscoop

horrendous /həˈrendəs/ [bnw] gruwzaam, afgrijselijk

horrible, horrid /ˈhɒrɪbl/ [bnw] afschuwelijk

horrific /həˈrɪfɪk/ [bnw] afschuwelijk, weerzinwekkend

horrify /ˈhɒrɪfaɪ/ [ov ww] • met afschuw vervullen • ergernis wekken

H

horror/ˈhɔrə/ [znw] *afgrijzen, gruwel*
★ ~-stricken/struck *v. dodelijke angst vervuld*

horrors/ˈhɔrəz/ [mv] ● *angstaanval* ● *delirium tremens*

horse/hɔːs/ I [ov ww] *van paard(en) voorzien*
II [on ww] ● *afranselen* ● *afbeulen* ● *inspannen*
● (~ around) *ravotten* III [znw] ● *paard*
● *cavalerie* ● *rek, schraag* ● (inf.) *heroïne* ★ *a dark*
~ *onbekende mededinger* ★ *back the wrong* ~ *op*
't *verkeerde paard wedden* ★ *flog a dead* ~ *oude*
koeien uit de sloot halen ★ *hold your* ~s! *rustig*
aan! ★ ~ *car paardentram* ★ ~ *chestnut wilde*
kastanje ★ ~ *knacker paardenslachter;*
paardenvilder ★ ~ *meal maaltijd zonder drinken*
★ ~ *opera cowboyfilm* ★ ~ *track ruiterpad* ★ ~
trading paardenhandel; gemeen/sluw
(onder)handelen ★ *mount/ride the high* ~ *hoog*
van de toren blazen ★ *put the cart before the* ~
het paard achter de wagen spannen ★ *straight*
from the ~'s *mouth uit de eerste hand* ★ *to ride a*
dark ~ *iets in zijn schild voeren* ★ *you can lead a* ~
to water, but you can't make it drink met
onwillige honden is het slecht hazen vangen

horse-artillery [znw] *bereden artillerie*

horseback/ˈhɔːsbæk/ [znw] *paardenrug* ★ *on* ~ *te*
paard

horse-block[znw] *stijgblok*

horse-box[znw] ● *box (v. paard)* ● (scherts) *grote*
kerkbank

horse-breaker[znw] *pikeur*

horse-cloth[znw] *paardendeken*

horseflesh/ˈhɔːsfleʃ/ [znw] *paardenvlees, paarden*

horsefly/ˈhɔːsflaɪ/ [znw] *daas, paardenvlieg*

horsehair/ˈhɔːsheə/ [znw] *paardenhaar*

horse-laugh[znw] *ruwe schaterlach*

horseleech/ˈhɔːsliːtʃ/ [znw] ● *grote bloedzuiger*
● *uitzuiger*

horseman/ˈhɔːsmən/ [znw] *ruiter*

horsemanship/ˈhɔːsmənʃɪp/ [znw] *rijkunst*

horseplay/ˈhɔːspleɪ/ [znw] *dollen, ruw gestoei*

horsepower/ˈhɔːspaʊə/ [znw] *paardenkracht*

horse-race[znw] *wedren*

horse-racing[znw] *het paardenrennen*

horse-radish[znw] *mierikswortel*

horse-sense[znw] *boerenverstand*

horseshoe/ˈhɔːʃuː/ [znw] *hoefijzer*

horsewhip/ˈhɔːswɪp/ I [ov ww] *er van langs*
geven, met rijzweep afranselen II [znw] *rijzweep*

horsewoman/ˈhɔːswʊmən/ [znw] *paardrijdster*

horsey, horsy/ˈhɔːsɪ/ [bnw] ● *paardachtig*
● *jockeyachtig* ● *lomp, ongepast* ★ ~ *people*
paardenliefhebbers

hortative/ˈhɔːtətɪv/ [bnw] ● *aansporend*
● *aanmoedigend*

horticulture/ˈhɔːtɪkʌltʃə/ [znw] *tuinbouw*

horticulturist/hɔːtɪˈkʌltʃərɪst/ [znw] *hovenier,*
tuinbouwer

hortus/ˈhɔːtəs/ ★ ~ *siccus herbarium*

hose/həʊz/ I [ov ww] (schoon)spuiten ★ *behose*
afspuiten ★ (~ down) *schoonspuiten* ★ (~ out)
uitspuiten II [znw] ● *sokken, maillot, kousen*
● *slang, tuinslang, brandslang* ★ *half-hose sokken*
★ *hose tops kousen zonder voet*

hosepipe/ˈhəʊzpaɪp/ [znw] *brand-/tuinslang*

hosier/ˈhəʊzɪə/ [znw] *verkoper v. kousen/ondergoed*

hosiery/ˈhəʊzɪərɪ/ [znw] *kousen en gebreide*
artikelen

hospice/ˈhɒspɪs/ [znw] *gastenkwartier, gastenhuis*

hospitable/ˈhɒspɪtəbl/ [bnw] *gastvrij*

hospital/ˈhɒspɪtl/ [znw] ● *ziekenhuis* ● *hospitaal*

hospitality/hɒspɪˈtælɪtɪ/ [znw] *gastvrijheid*

hospitalize/ˈhɒspɪtəlaɪz/ [ov ww] *in ziekenhuis*
opnemen ★ *be* ~d *in het ziekenhuis liggen*

hospital(l)er/ˈhɒspɪtlə/ [znw] ● *geestelijke in*
ziekenhuis ● *liefdebroeder, liefdezuster*

host/həʊst/ I [ov ww] *gastheer/-vrouw zijn*
II [znw] ● *gastheer (ook biologisch)* ● *waard*
● *hostie* ● *menigte* ★ *Lord of Hosts Heer der*
heerscharen ● *host-country ontvangend land*
★ *reckon without o.'s host buiten de waard*
rekenen

hostage/ˈhɒstɪdʒ/ [znw] ● *gijzelaar* ● *onderpand*

hostel/ˈhɒstl/ [znw] *tehuis, jeugdherberg*

hostess/ˈhəʊstɪs/ [znw] ● *gastvrouw* ● *waardin*
● *stewardess*

hostile/ˈhɒstaɪl/ [bnw] *vijandig, vijandelijk*

hostility/hɒˈstɪlɪtɪ/ [znw] *vijandelijkheid*

hostler/ˈɒslə/ [znw] *stalknecht*

hot/hɒt/ I [ov ww] ● (~ up) *opvoeren (v. motor),*
op laten lopen ★ *hot up a car een auto opvoeren*
II [on ww] ● (~ up) *verhit raken* III [bnw] ● *heet,*
warm ● *driftig, heftig* ● *pikant* ● *kersvers,*
gloednieuw ● *gestolen* ● *radioactief* ★ *be hot on*
gebrand zijn op ★ *be hot on s.o.'s trail/track iem.*
op de hielen zitten ★ *get into hot water in*
moeilijkheden raken ★ *have a hot temper snel*
kwaad zijn ★ *hot air gebluf* ★ *hot and bothered*
geërgerd ★ *hot and hot recht van het vuur* ★ *hot*
and strong hevig ★ (AE) *hot dog hotdog;*
worstenbroodje ★ *hot flush opvlieging* ★ *hot issue*
precair/opwindend onderwerp; onderwerp dat vers
van de pers is ★ *hot money vluchtkapitaal* ★ *hot*
pants hotpants ★ *hot potato moeilijke/riskante*
zaak ★ (SL) *hot seat elektrische stoel* ★ *hot spot*
broeinest; onrustig gebied; uitgaanscentrum
★ *hot-water bottle bedkruik* ★ *make it/the place*
too hot for a p. iem. het leven onmogelijk maken

hotbed/ˈhɒtbed/ [znw] ● *broeibak* ● *broeinest*

hot-blooded/hɒtˈblʌdɪd/ [bnw] *heetgebakerd,*
driftig ★ *not so* ~ *niet zo best*

hotel/həʊˈtel/ [znw] *hotel*

hotelier/həʊˈtelɪə/ [znw] *hotelhouder*

hotfoot/ˈhɒtfʊt/ I [on ww] *zich haasten* II [bijw]
in (grote) haast

hothead/ˈhɒthed/ [znw] *heethoofd*

hotheaded/hɒtˈhedɪd/ [bnw] *onbesuisd, driftig*

hothouse/ˈhɒthaʊs/ [znw] *broeikas*

hotline/ˈhɒtlaɪn/ [znw] *hotline, directe telefoonlijn*
tussen staatshoofden

hotly/ˈhɒtlɪ/ [bijw] *vurig, fel*

hotpot/ˈhɒtpɒt/ [znw] *jachtschotel*

hotspur/ˈhɒtspɜː/ [znw] *driftkop*

hot-tempered[bnw] *opvliegend, heetgebakerd*

hound/haʊnd/ I [ov ww] ● *vervolgen* ● *aanhitsen*
★ ~ *on aanhitsen; aanvuren* ● (~ out) *verjagen,*
wegjagen II [znw] ● (jacht)hond ● *hond van een*
vent ★ *the* ~s *meute*

hour/aʊə/ [znw] *uur* ★ *after hours na*
sluitings-/kantoortijd ★ *hour glass zandloper*
★ *hours on end uren achtereen* ★ *in an evil hour*
te kwader ure ★ *keep early/late hours vroeg/laat*
naar bed gaan/opstaan ★ *keep regular hours op*
gezette tijden naar bed gaan/opstaan ★ *on the*
hour op het hele uur/de hele uren ★ *peak/rush*
hour spitsuur ★ *s.o.'s hour of need moment*
waarop de nood het hoogst is ★ *the small hours de*
kleine uurtjes ★ *till all hours tot diep in de nacht*
★ *zero hour uur nul*

hourglass/ˈaʊəglɑːs/ [znw] *zandloper*

hour-hand/ˈaʊəhænd/ [znw] *kleine wijzer*

hourly/ˈaʊəlɪ/ [bnw + bijw] ● *per uur* ● *van uur tot*
uur, voortdurend

house I [ov ww] /haʊz/ ● *huisvesten* ● *herbergen*
● *stallen* ● *binnenhalen* II [znw] /haʊs/ ● *huis*

H

• schouwburg(zaal) ∗ firma ★ bring down the ~ *stormachtig applaus verwekken* ∗ disorderly ~ *verdacht huis* ∗ drinks are on the ~ *rondje van de zaak* ★ ~ arrest *huisarrest* ∗ ~ party *partij; feest; de logeergasten* ∗ ~ physician *intern geneesheer* ∗ ~ surgeon *intern chirurg* ∗ keep ~ *huishouden* ∗ keep open ~ *zeer gastvrij zijn* ∗ the House *de (effecten)beurs; het Huis v. Afgevaardigden; het Hoger-/Lagerhuis; de Kamer; het armenhuis* ∗ they get on like a ~ *on fire ze zijn meteen de beste vrienden*

house-agent /'haʊseɪdʒənt/ [znw] *makelaar (in onroerend goed)*

houseboat /'haʊsbəʊt/ [znw] *woonboot*

housebound /'haʊsbaʊnd/ [bnw] *aan huis gebonden*

housebreaker /'haʊsbreɪkə/ [znw] ● *huizensloper* ● *inbreker*

housebreaking /'haʊsbreɪkɪŋ/ [znw] ● *inbraak* ● *sloop*

housecoat /'haʊskəʊt/ [znw] *duster*

housecraft /'haʊskrɑːft/ [znw] *huishoudkunde*

household /'haʊshəʊld/ I [znw] *gezin, huishouden* ∗ the House *koninklijke hofhouding* II [bnw] *huis-* ∗ Household brigade/troops/cavalry *koninklijke lijfwacht* ∗ ~ word *bekend gezegde*

householder /'haʊshəʊldə/ [znw] ● *hoofd v.h. gezin* ● *hoofdbewoner* ● *bewoner v. een eigen huis*

housekeeper /'haʊskiːpə/ [znw] *huishoudster*

housekeeping /'haʊskiːpɪŋ/ [znw] *het huishouden* ∗ ~'s knee *leewater*

housemaid /'haʊsmeɪd/ [znw] *werkmeid* ∗ (med.) ~'s knee *leewater*

houseman /'haʊsmən/ [znw] *(intern) assistent-arts*

housemaster /'haʊsmɑːstə/ [znw] *mentor van (afdeling van) internaat*

housemistress /'haʊsmɪstrəs/ [znw] ● *vr. huismeester* ● *lerares (op (afdeling v.e.) kostschool), surveillante*

houseproud /'haʊspraʊd/ [bnw] *gesteld op een keurig huis*

houseroom /'haʊsruːm/ [znw] ● *woonruimte* ● *onderdak* ∗ I would not give it ~ *ik zou het niet cadeau willen hebben*

house-to-house [bijw] *huis-aan-huis*

housetop /'haʊstɒp/ [znw] *dak* ∗ proclaim/shout from the ~s *van de daken schreeuwen*

house-warming /'haʊswɔːmɪŋ/ [znw] *fuif om huis in te wijden*

housewife [znw] ● /'haʊswaɪf/ *huisvrouw* ● /'hʌzɪf/ *naainecessaire*

housewifely /'haʊswaɪflɪ/ [bnw] *huishoudelijk, spaarzaam*

housework /'haʊswɜːk/ [znw] *huishoudelijk werk*

housing /'haʊzɪŋ/ [znw] ● *behuizing* ● *bijgebouwen* ● *huisvesting* ● (techn.) *(metalen) kast/ombouw* ∗ ~ association *bouwvereniging* ∗ ~ estate *bouwproject* ∗ ~ problem *huisvestingsprobleem*

hove /həʊv/ *verl. tijd + volt. deelw.* → **heave**

hovel /'hɒvəl/ [znw] *hut, krot*

hover /'hɒvə/ I [on ww] ● *rondhangen, zwerven, zweven* ● *bidden* (v. roofvogel) II [znw] *onzekere spanning*

hovercraft /'hɒvəkrɑːft/ [znw] *hovercraft*

how /haʊ/ [bijw] ● *hoe* ∗ wat ∗ how about ...? *hoe staat 't met ...?; wat zeg je van ...?* ∗ how come? *hoe komt dat?; hoe komt 't dat ...?* ∗ how is corn? *hoeveel doet het graan?* ∗ how much is corn selling at? *hoeveel doet het graan?*

however /haʊ'evə/ [bijw] ● *echter* ● *hoe ... ook*

howl /haʊl/ I [on ww] *brullen, huilen, janken* II [znw] *gehuil*

howler /'haʊlə/ [znw] ● *huilebalk* ● *brulaap* ● *enorme blunder* ∗ come a ~ *een zware pijp roken*

howling /'haʊlɪŋ/ I [znw] *gebrul* II [bnw] *enorm* ∗ a ~ success *een enorm succes* ∗ ~-shame *grof schandaal*

hoy /hɔɪ/ I [znw] *sloep, boeier* II [tw] *hola!*

hoyden /'hɔɪdn/ [znw] ● *robbedoes* ● *stoeipoes*

H.Q. [afk] ● (Headquarters) *hoofdkwartier*

H.R. [afk] ● (House of Representatives) *Huis van Afgevaardigden*

H.R.H. [afk] ● (Her/His Royal Highness) *Hare/Zijne Koninklijke Hoogheid*

hr(s). [afk] ● (hour(s)) *uur*

h.t. [afk] ● (high tension) *hoogspanning*

hub /hʌb/ [znw] ● *naaf* ● *middelpunt* ● *manlief*

hubbub /'hʌbʌb/ [znw] *kabaal, herrie*

hub-cap /'hʌbkæp/ [znw] *wieldop*

hubris /hjuː'brɪs/ [znw] *overmoed*

huckaback /'hʌkəbæk/ [znw] *badstof*

huckle /'hʌkl/ [znw] *heup* ∗ ~-backed *met een bochel* ∗ ~-bone *heupbeen*

huckleberry /'hʌkəlbərɪ/ [znw] *bosbes*

huckster /'hʌkstə/ I [ov ww] ● *leuren met* ● *vervalsen* ● *scharrelen in* II [on ww] *pingelen* III [znw] ● *venter* ● *sjacheraar* ● (AE) *schrijver van reclameteksten (voor radio/tv)*

huddle /'hʌdl/ I [ov ww] ● (slordig) op een hoop gooien ● (~ up) haastig tot stand brengen, in elkaar flansen II [on ww] in elkaar duiken ∗ ~ together/up *bijeen kruipen* ● (~ up) *zich zo klein mogelijk maken* III [znw] ● *dicht opeengepakte groep* ● *samenraapsel* ∗ go into a ~ *een menigte vormen*

hue /hjuː/ [znw] *tint, kleur* ∗ hue and cry *geschreeuw* (bv. 'houd de dief') ∗ raise the hue and cry *misbaar maken*

huff /hʌf/ I [ov ww] ● *treiteren* ● *razen/tieren tegen* ● (vero.) *blazen (bij damspel)* ∗ huff a p. into iem. zo lang treiteren tot hij ... II [on ww] ∗ ~ *nijdig maken* III [znw] ● *nijdige bui, lichtgeraaktheid* ● *razernij* ● (vero.) *het blazen (bij damspel)* ∗ be in a huff *gepikeerd zijn* ∗ take huff *z. boos maken* ∗ (sl.) take the huff *verontwaardigd zijn over*

huffy /'hʌfɪ/ [bnw] *lichtgeraakt*

hug /hʌg/ I [ov ww] ● *omhelzen* ● *omknellen* ● *knuffelen* ∗ hug a prejudice *een vooroordeel koesteren* ∗ hug o.s. *met zichzelf ingenomen zijn* ∗ hug the shore/coast *dicht bij de kust blijven* II [znw] *omhelzing*

huge /hjuːdʒ/ [bnw] *reusachtig*

hugeness /hjuːdʒnəs/ [znw] *reusachtigheid*

hugger-mugger /'hʌgəmʌgə/ I [znw + bijw] ● *heimelijk, in 't geniep* ● *verward* II [ov ww] in de doofpot stoppen III [on ww] *konkelen* IV [znw] ● *warboel* ● *heimelijkheid*

huh /hə/ [tw] *hm, hé, hè*

hulk /hʌlk/ [znw] ● *bonk (van een vent)* ● (romp v.) *afgetuigd schip* ● *log schip/gevaarte* ∗ the hulks *gevangenenschip*

hulking /'hʌlkɪŋ/ [bnw] *log, lomp*

hull /hʌl/ I [ov ww] ● *pellen* ● *torpederen* II [znw] ● *peul, schil* ● *omhulsel* ● (scheeps)romp

hullabaloo /'hʌləbə'luː/ [znw] *rumoer, drukte, kabaal*

hullo /hə'ləʊ/ [tw] *hallo* ∗ ~-girl *telefoonjuffrouw*

hum /hʌm/ I [ov + on ww] *neuriën* II [on ww] ● *zoemen, brommen* ● *stinken* ∗ hum and haw *aarzelen (zijn mening te zeggen)* ∗ make things hum *de zaak op dreef helpen; leven in de brouwerij brengen* ∗ the office was humming with activity *het kantoor gonsde van activiteit*

H

III [znw] • gezoem, gebrom • aarzelende toon, gehum IV [tw] tja, hm

human/'hju:mən/ [bnw] menselijk

humane/hju:'meɪn/ [bnw] humaan, menslievend ★ ~ killer slachtmasker ★ ~ studies humaniora

humanism/'hju:mənɪzəm/ [znw] humanisme

humanist/'hju:mənɪst/ [znw] humanist

humanitarian/hju:mænɪ'teərɪən/ I [znw] filantroop II [bnw] • filantropisch • humanitair

humanities/hju:'mænətɪz/ [mv] humaniora

humanity/hju:'mænətɪ/ [znw] • menselijkheid • mensdom • het mens zijn • menslievendheid

humanize/'hju:mənaɪz/ I [ov ww] beschaven II [on ww] beschaafd(er) worden

humankind/hju:mən'kaɪnd/ [znw] (de) mensheid

humanly/'hju:mənlɪ/ [bijw] menselijkerwijs gesproken

humble/'hʌmbl/ I [ov ww] vernederen II [bnw] • nederig, onderdanig • bescheiden ★ eat ~ pie zoete broodjes bakken

humbug/'hʌmbʌg/ I [ov ww] bedriegen II [on ww] zwendelen III [znw] • zwendel • kouwe drukte • nonsens • branieschopper

humdinger/'hʌmdɪŋə/ [znw] • kei ⟨fig.⟩, geweldenaar • meesterstukje • knaller

humdrum/'hʌmdrʌm/ I [on ww] in de oude sleur voortgaan II [znw] • alledaagsheid, saaiheid • sleur III [bnw] alledaags, saai

humid/'hju:mɪd/ [bnw] vochtig

humidify/hju:'mɪdɪfaɪ/ [ov ww] vochtig maken

humidity/hju:'mɪdətɪ/ [znw] vochtigheid

humiliate/hju:'mɪlɪeɪt/ [ov ww] vernederen

humiliation/hju:mɪlɪ'eɪʃən/ [znw] vernedering

humility/hju:'mɪlətɪ/ [bnw] nederigheid

humming/'hʌmɪŋ/ I [znw] gezoem II [bnw] • krachtig • → **hum**

hummingbird/'hʌmɪŋbɜ:d/ [znw] kolibrie

humming-top/'hʌmɪŋtop/ [znw] bromtol

hummock/'hʌmək/ [znw] heuveltje

humorist/'hju:mərɪst/ [znw] humorist

humorous/'hju:mərəs/ [bnw] geestig

humour/'hju:mə/ I [ov ww] • zijn zin geven • toegeven (aan) II [znw] • humeur • humor • stemming ★ out of ~ ontstemd

humoursome/'hju:məsəm/ [bnw] nukkig

hump/hʌmp/ I [ov ww] • krommen • iem. ergeren • ⟨AE⟩ z. inspannen II [znw] • bult • ⟨figuurlijk⟩ het land, de pest ★ ⟨sl.⟩ it gives me the hump ik heb er de balen van

humpback/'hʌmpbæk/ [znw] gebochelde

humpbacked/'hʌmpbækt/ [bnw] met een bochel

humph/hʌmf/ [tw] hm

humpty-dumpty/hʌmptɪ'dʌmptɪ/ [znw] kort dik ventje

humus/'hju:məs/ [znw] teelaarde

hunch/hʌntʃ/ I [ov ww] • ⟨~ up⟩ optrekken ★ don't sit with your shoulders ~ed up! zit niet met je schouders opgetrokken! II [on ww] krommen, krombuigen III [znw] • bult • homp • voorgevoel

hunchbacked/'hʌntʃbækt/ [bnw] met een bochel

hundred/'hʌndrəd/ [telw] honderd, honderdtal ★ a ~ to one ⟨chance⟩ ⟨kans van⟩ een op honderd ★ great/long ~ 120 ★ ~s een heleboel ★ like a ~ of bricks met verpletterende kracht ★ still a ~ and one things to do nog duizend en een dingen te doen

hundredfold/'hʌndrədfəʊld/ [bnw] honderdvoud(ig)

hundredth/'hʌndrədθ/ [telw] honderdste

hundredweight/'hʌndrədweɪt/ [znw] centenaar ⟨ong. 50kg⟩

hung/hʌŋ/ verl. tijd + volt. deelw. → **hang**

Hungarian/hʌŋ'geərɪən/ I [znw] • Hongaar(se) • het Hongaars II [bnw] Hongaars

Hungary/'hʌŋgərɪ/ [znw] Hongarije

hunger/'hʌŋgə/ I [ov ww] ★ ~ a p. into submission iem. door uithongeren tot onderwerping dwingen ★ ~ for/after s.th. hunkeren naar iets II [on ww] hongeren III [znw] • honger • verlangen ★ ~ march hongeroptocht; protestmars ★ ~ strike hongerstaking

hungry/'hʌŋgrɪ/ [bnw] • hongerig • hongerig makend ★ be ~ trek hebben ★ go ~ honger lijden; niet te eten krijgen

hunk/hʌŋk/ [znw] brok, homp

hunker/'hʌŋkə/ I [on ww] hurken II [znw] ★ on one's ~s op de hurken

hunks/hʌŋks/ [znw] • zuurpruim • vrek

hunky-dory/hʌŋkɪ'dɔ:rɪ/ ⟨sl./AE⟩ [bnw] prima

hunt/hʌnt/ I [ov ww] • najagen • jagen op • afzoeken • ⟨~ down⟩ in 't nauw drijven, achterna zitten • ⟨~ out⟩ opsporen, achterhalen II [on ww] • jagen ⟨met honden/paard⟩ • zoeken III [znw] • jacht • zoektocht • jachtstoet • jachtclub • jachtgebied

hunter/'hʌntə/ [znw] jager ⟨ook fig.⟩

hunting/'hʌntɪŋ/ [znw] • jacht • zoektocht ★ ~ ground ⟨jacht⟩terrein ★ ~-box/-lodge/-seat jachthuis ★ ~-crop jachtzweep ★ ~-kit jachtkostuum ★ the happy ~ ground de eeuwige jachtvelden

huntsman/'hʌntsmən/ [znw] jager

hurdle/'hɜ:dl/ [znw] horde ★ ~s hordeloop

hurdler/'hɜ:dlə/ [znw] hordelo(o)p(st)er

hurdy-gurdy/'hɜ:dɪgɜ:dɪ/ [znw] buik-/draaiorgel⟨tje⟩

hurl/hɜ:l/ I [ov ww] werpen, smijten II [znw] worp

hurly-burly/'hɜ:lɪbɜ:lɪ/ [znw] rumoer

hurrah, hurray/hʊ'rɑ:/ I [on ww] hoera roepen II [tw] hoera!

hurricane/'hʌrɪkən/ [znw] orkaan ★ ~ lamp stormlamp ★ ~-deck stormdek

hurried/'hʌrɪd/ [bnw] gehaast

hurry/'hʌrɪ/ I [ov ww] • overhaasten • tot haast aanzetten • ⟨~ along/on⟩ voortjagen, opjagen • ⟨~ away⟩ in haast wegbrengen II [on ww] ★ z. haasten • haast maken met • ⟨~ along/on⟩ voortijlen • ⟨~ away⟩ wegsnellen • ⟨~ up⟩ haast maken, aanporren, voortmaken III [znw] haast ★ I shall not ask again in a ~ ik zal het niet zo snel een tweede keer vragen ★ be in a ~ haast hebben ★ you won't beat that in a ~ dat doe je niet zo gemakkelijk beter

hurry-scurry/hʌrɪ'skʌrɪ/ ⟨vero.⟩ [bnw] • gehaast • paniekerig

hurst/hɜ:st/ [znw] • beboste heuvel • zandbank ⟨in rivier⟩

hurt/hɜ:t/ I [ov + on ww] pijn doen II [ov ww] • beschadigen • kwetsen ★ it doesn't hurt to try baat het niet, dan schaadt het niet III [on ww] IV [znw] • pijn • letsel • schade

hurtful/'hɜ:tfʊl/ [bnw] nadelig

hurtle/'hɜ:tl/ I [ov ww] slingeren, smakken II [on ww] snorren, kletteren III [znw] geslinger

husband/'hʌzbənd/ I [ov ww] zuinig beheren II [znw] man, echtgenoot ★ ~'s tea slappe ⟨koude⟩ thee

husbandry/'hʌzbəndrɪ/ [znw] • landbouw en veeteelt • ⟨zuinig⟩ beheer

hush/hʌʃ/ I [ov ww] • sussen • doen stilhouden, tot zwijgen brengen • ⟨~ up⟩ in de doofpot stoppen, verzwijgen II [on ww] zwijgen, stilhouden III [znw] • stilte • gesus IV [tw] sst!

hush-money/'hʌʃmʌnɪ/ [znw] zwijggeld
husk/hʌsk/ **I** [ov ww] v. schil enz. ontdoen, pellen
  II [znw] schil, peul, kaf, dop
husky/'hʌskɪ/ [bnw] ● vol peulen/schillen, enz.
  ● schor ● potig
hussar/hʊ'zɑː/ [znw] huzaar
hussy/'hʌsɪ/ [znw] brutale meid, feeks
hustings/'hʌstɪŋz/ [mv] ● verkiezingen ● ⟨gesch.⟩
  rechtbank in de Guildhall, Londen
hustle/'hʌsəl/ **I** [ov ww] ● haastig verwerken ● door
  elkaar schudden ● ⟨AE⟩ hoereren **II** [on ww]
  ● dringen ● stompen ● jachten **III** [znw] gedrang
  ★ ~ and bustle drukte; ('t) jachten en jagen
hustler/'hʌslə/ [znw] ● doorzetter ● oplichter ● ⟨AE⟩
  voortvarend mens ● ⟨inf.⟩ hoer
hut/hʌt/ **I** [ov ww] in hut/barak onderbrengen
  II [on ww] in hut/barak verblijven **III** [znw] ● hut
  ● barak
hutch/hʌtʃ/ [znw] ● (konijnen)hok ● hut
  ● kolenkarretje
hutment/'hʌtmənt/ [znw] barakkenkamp
hyacinth/'haɪəsɪnθ/ [znw] hyacint
hyaena/haɪ'iːnə/ [znw] hyena
hybrid/'haɪbrɪd/ **I** [znw] bastaard(vorm) **II** [bnw]
  bastaard-, hybridisch
hybridism/'haɪbrɪdɪzəm/ [znw] verbastering
hybridize/'haɪbrɪdaɪz/ [ov ww] kruisen
hydra/'haɪdrə/ [znw] waterslang
hydrangea/haɪ'dreɪndʒə/ [znw] hydrangea,
  hortensia
hydrant/'haɪdrənt/ [znw] brandslang, standpijp
hydrate/'haɪdreɪt/ [znw] hydraat
hydraulic/haɪ'drɔːlɪk/ [bnw] hydraulisch
hydraulics/haɪ'drɔːlɪks/ [mv] hydraulica
hydro-/'haɪdrəʊ/ [voorv] hydro-, water-
hydrocarbon/haɪdrəʊ'kɑːbən/ [znw]
  koolwaterstof
hydroelectric/haɪdrəʊr'lektrɪk/ [bnw]
  hydro-elektrisch
hydrofoil/'haɪdrəfɔɪl/ [znw] (draag)vleugelboot
hydrogen/'haɪdrədʒən/ [znw] waterstof ★ ~
  bomb H-bom ★ ~ peroxide waterstofperoxide
hydrophobia/haɪdrə'fəʊbɪə/ [znw] ● watervrees
  ● hondsdolheid
hydroplane/'haɪdrəpleɪn/ [znw] ● raceboot
  ● watervliegtuig ● horizontaal roer ⟨v. duikboot⟩
hydroponics/haɪdrə'pɒnɪks/ [mv] hydrocultuur
hygiene/'haɪdʒiːn/ [znw] hygiëne
hygienic/haɪ'dʒiːnɪk/ [bnw] hygiënisch
hymen/'haɪmen/ [znw] maagdenvlies
hymn/hɪm/ **I** [ov ww] (de lof) bezingen (van)
  II [on ww] hymnen zingen **III** [znw] lofzang,
  hymne
hymnal/'hɪmnl/ **I** [znw] hymneboek,
  gezangenboek **II** [bnw] hymnisch
hype/haɪp/ **I** [ov ww] ● opzwepen, opwinden,
  opjutten ● ⟨AE/sl.⟩ belazeren ★ hype up opzwepen
  II [znw] ● heroïnespuiter/ster, heroïnespuit ● truc
  ● foefje ● (misleidende) reclamestunt ● (vals)
  sensatiebericht ● nepfiguur
hyper-/'haɪpə/ [voorv] hyper-, over-
hyperaesthesia/haɪpəriːs'θiːzɪə/ [znw]
  overgevoeligheid
hyperbole/haɪ'pɜːbəlɪ/ [znw] hyperbool
hypercritical/haɪpə'krɪtɪkl/ [bnw] overkritisch
hypermarket/'haɪpəmɑːkt/ [znw] grote
  supermarkt
hypersensitive/haɪpə'sensɪtɪv/ [bnw]
  overgevoelig
hypertension/haɪpə'tenʃən/ [znw] verhoogde
  bloeddruk
hyphen/'haɪfən/ **I** [ov ww] met streepje verbinden

II [znw] verbindingsstreepje
hyphenate/'haɪfəneɪt/ [ov ww] met streepje
  verbinden ★ ~d American Amerikaan die land v.
  herkomst niet verloochent ⟨zoals
  'German-American'⟩ ★ ~d name dubbele naam
hypnosis/hɪp'nəʊsɪs/ [znw] hypnose
hypnotic/hɪp'nɒtɪk/ **I** [znw] slaapwekkend middel
  II [bnw] slaapwekkend
hypnotism/'hɪpnətɪzəm/ [znw] hypnotisme
hypnotist/'hɪpnətɪst/ [znw] hypnotiseur
hypnotize/'hɪpnətaɪz/ [ov ww] hypnotiseren
hypo/'haɪpəʊ/ [znw] fixeerzout
hypochondria/haɪpə'kɒndrɪə/ [znw]
  zwaarmoedigheid
hypocrisy/hɪ'pɒkrəsɪ/ [znw] huichelarij
hypocrite/'hɪpəkrɪt/ [znw] huichelaar
hypocritical/hɪpə'krɪtɪkl/ [bnw] huichelachtig
hypodermic/haɪpə'dɜːmɪk/ [bnw] onderhuids
  ★ ~ syringe injectiespuit
hypotenuse/haɪ'pɒtənjuːz/ [znw] hypotenusa,
  schuine zijde
hypothecate/haɪ'pɒθɪkeɪt/ [ov ww]
  verhypothekeren
hypothesis/haɪ'pɒθɪsɪs/ [znw] hypothese,
  veronderstelling
hypothesize/haɪ'pɒθɪsaɪz/ **I** [ov ww]
  veronderstellen **II** [on ww] een veronderstelling
  maken
hypothetical/haɪpə'θetɪkl/ [bnw] hypothetisch
hyssop/'hɪsəp/ [znw] ● wijwaterkwast ● ⟨plant.⟩
  hysop
hysterectomy/hɪstə'rektəmɪ/ [znw] verwijdering
  v.d. baarmoeder
hysteria/hɪ'stɪərɪə/ [znw] hysterie
hysteric/hɪ'sterɪk/ [bnw] hysterisch
hysterical/hɪ'sterɪkl/ **I** [znw] hysterisch persoon
  II [bnw] hysterisch
hysterics/hɪ'sterɪks/ [mv] hysterische aanval ★ go
  into ~ hysterische aanvallen krijgen
hysterotomy/hɪstə'rɒtəmɪ/ [znw]
  baarmoederincisie

H

I

I /aɪ/ [pers vnw] ik
iamb, iambus /'aɪæmb/ [znw] jambe
iambic /aɪ'æmbɪk/ [bnw] jambisch
Iberian /aɪ'bɪərɪən/ I [znw] Iberiër II [bnw] Iberisch
ibex /'aɪbeks/ [znw] steenbok
i/c /afk/ ● (in charge of) verantwoordelijk voor
ice /aɪs/ I [ov ww] ● (doen) bevriezen ● met ijs
bedekken ● koud maken ● glaceren (v. gebak)
● (AE/sl.) doden II [on ww] ● (~ over/up)
vastvriezen, ijs vormen (op vliegtuig), met ijs
bedekt worden III [znw] (portie) ijs ★ ice age ijstijd
★ ice cream (room)ijs(je) ★ ice cream soda sorbet
★ ice ferns ijsbloemen ★ ice floe ijsschots ★ ice
hockey ijshockey ★ ice lolly ijslolly ★ ice skate
schaats ★ it will cut no ice dit heeft geen invloed
★ on thin ice op glad ijs (fig.)
iceberg /'aɪsbɜːɡ/ [znw] ijsberg
ice-bound /'aɪsbaʊnd/ [znw] bevroren, ingevroren
icebox /'aɪsbɒks/ [znw] ● ijskast ● (AE) koelkast
icebreaker /'aɪsbreɪkə/ [znw] ijsbreker
ice-cold [bnw] ijskoud
ice-cube [znw] ijsblokje
Icelander /'aɪsləndə/ [znw] IJslander
Icelandic /aɪs'lændɪk/ I [znw] IJslands II [bnw]
IJslands
ice-rink /'aɪsrɪŋk/ [znw] kunstijsbaan
ice-skate I [on ww] schaatsen II [znw] schaats
icicle /'aɪsɪkl/ [znw] ijspegel
icily /'aɪsɪlɪ/ [bnw] ● ijzig ● ijs-
icing /'aɪsɪŋ/ [znw] ● ijsafzetting ● suikerglazuur
★ ~ sugar poedersuiker
icon /'aɪkɒn/ [znw] icoon
iconize /'aɪkənaɪz/ [ov ww] verafgoden
iconoclasm /aɪ'kɒnəklæzəm/ [znw] beeldenstorm
iconoclast /aɪ'kɒnəklæst/ [znw] beeldenstormer
icy /'aɪsɪ/ [bnw] ● ijsachtig, ijs- ● bevroren, met ijs
bedekt, vriezend ● kil, afstandelijk
I'd /aɪd/ → **have, shall, will**
idea /aɪ'dɪə/ [znw] ● idee, plan ● bedoeling
ideal /aɪ'diːəl/ I [znw] ideaal II [bnw] ● ideaal
● ideëel ● denkbeeldig
idealism /aɪ'dɪəlɪzəm/ [znw] idealisme
idealist /aɪ'dɪəlɪst/ [znw] idealist
idealistic /aɪdɪə'lɪstɪk/ [bnw] idealistisch
idealization /aɪdɪəlaɪ'zeɪʃən/ [znw] idealisering
idealize /aɪ'dɪəlaɪz/ [ov ww] idealiseren
ideally /aɪ'dɪəlɪ/ [bijw] ideaal, als ideaal
identic(al) /aɪ'dentɪk(l)/ [bnw] gelijkwaardig,
identiek
identifiable /aɪ'dentɪfaɪəbl/ [bnw] te identificeren
identification /aɪdentɪfɪ'keɪʃən/ [znw] ★ ~ tune
herkenningsmelodie ★ ~-plate nummerbord
★ means of ~ legitimatiebewijs
identify /aɪ'dentɪfaɪ/ I [ov ww] identificeren,
gelijkstellen ★ ~ flowers bloemen determineren
II [on ww] ● (~ with) zich identificeren met
identikit /aɪ'dentɪkɪt/ [znw] compositietekening,
montagefoto
identity /aɪ'dentɪtɪ/ [znw] identiteit,
persoonlijkheid ★ ~ card identiteitskaart;
persoonsbewijs ★ ~ plate nummerbord
ideological /aɪdɪə'lɒdʒɪkl/ [bnw] ideologisch
ideologist /aɪdɪ'ɒlədʒɪst/ [znw] ideoloog
ideology /aɪdɪ'ɒlədʒɪ/ [znw] ideologie
ides /aɪdz/ [znw] 15e/13e dag van de maand
idiocy /'ɪdɪəsɪ/ [znw] zwakzinnigheid, idioterie
idiom /'ɪdɪəm/ [znw] ● uitdrukking met eigen
betekenis ● taaleigen uitdrukking

idiomatic(al) /ɪdɪə'mætɪk(l)/ [bnw] idiomatisch
idiosyncrasy /ɪdɪəʊ'sɪŋkrəsɪ/ [znw] persoonlijke
eigenaardigheid/gesteldheid
idiosyncratic /ɪdɪəʊsɪŋ'krætɪk/ [bnw]
karakteristiek
idiot /'ɪdɪət/ [znw] idioot
idiotic(al) /ɪdɪ'ɒtɪk(l)/ [bnw] idioot
idle /'aɪdl/ I [ov ww] z'n tijd verluieren II [on ww]
● luieren ● stationair draaien III [bnw] ● nutteloos
● ongegrond ● ongebruikt, opgelegd (v. schepen)
● braak (v. land) ● lui ● niet aan 't werk zijnde
★ idle gossip kletspraat ★ idle story praatje voor
de vaak ★ idle wheel veiligheidswiel; tussenwiel
idleness /'aɪdlnəs/ [znw] nutteloosheid
idler /'aɪdlə/ [znw] leegloper
idly /'aɪdlɪ/ [bijw] ● terloops ● zonder bepaalde
bedoeling
idol /'aɪdl/ [znw] ● afgod(sbeeld) ● idool ● verkeerd
begrip
idolater /aɪ'dɒlətə/ [znw] afgodendienaar,
aanbidder
idolatress /aɪ'dɒlətrɪs/ [znw] aanbidster,
afgodendienares
idolatrous /aɪ'dɒlətrəs/ [bnw] m.b.t. afgoderij
idolatry, idolization /aɪ'dɒlətrɪ/ [znw] afgoderij
idolize /'aɪdəlaɪz/ [ov ww] verafgoden
idyl(l) /'ɪdl/ [znw] idylle
idyl(l)ic /ɪ'dɪlɪk/ [bnw] idyllisch
i.e. /afk/ ● (id est) d.w.z.
if /ɪf/ [vw] ● indien, als, ingeval ● of ★ as if he
didn't know also f hij het niet wist ★ he was not
successful, if he's ever so clever het zal hem niet
lukken al is hij nog zo slim ★ if anything wat je
ook doet ★ if he has not done this! daar heeft hij
zowaar dit gepresteerd! ★ if ifs and ands were
pots and pans as is verbrande turf ★ if not ... zo
niet, dan ... ★ if not well-to-do, he is not poor hij
mag dan niet rijk zijn, arm is hij ook niet ★ if only
als ... maar ★ if so ... zo ja, dan ... ★ (inf.) she's 30
if she's a day zij is minstens 30
iffy /'ɪfɪ/ (inf.) [bnw] twijfelachtig
igloo /'ɪgluː/ [znw] iglo
igneous /'ɪgnɪəs/ [bnw] vurig, vuur-
ignite /ɪɡ'naɪt/ I [ov ww] doen gloeien, in brand
steken II [on ww] in brand raken, ontbranden
ignition /ɪɡ'nɪʃən/ [znw] ● ontsteking (v. motor)
● ontbranding ★ ~ coil bobine ★ ~ key
contactsleuteltje
ignoble /ɪɡ'nəʊbl/ [bnw] ● v. lage komaf ● gemeen
ignominious /ɪɡnə'mɪnɪəs/ [bnw] ● schandelijk
● oneervol
ignominy /'ɪɡnəmɪnɪ/ [znw] schande, smaad
ignoramus /ɪɡnə'reɪməs/ [znw] domkop
ignorance /'ɪɡnərəns/ [znw] ● onervarenheid ● het
voorbijgaan aan ● het onbekend zijn met
● domheid
ignorant /'ɪɡnərənt/ [bnw] ● onontwikkeld
● onkundig ● onwetend ● onopgevoed, onbeleefd
★ ~ of onbekend met
ignore /ɪɡ'nɔː/ [ov ww] negeren
i.h.p. [afk] ● (indicated horse power) I.P.K.,
paardenkrachtindicateur
il- /ɪl/ [voorv] on-, niet
ilk /ɪlk/ [bnw] ● soort, slag ● zelfde ● (Schots) elk
★ of that ilk van die naam
ill /ɪl/ I [znw] ● kwaad ● ramp ● kwaal ★ do a p. an
ill turn iem. kwaad berokkenen ★ ills tegenslagen
★ (vero.) speak ill of a p. van iem. kwaadspreken
II [bnw] ● ziek, misselijk ● slecht ● met lichamelijk
letsel ● onbehoorlijk ★ ill blood kwaad bloed ★ ill
doers are ill deemers zo de waard is vertrouwt hij
z'n gasten ★ ill weeds grow apace onkruid

vergaat niet ∗ it is an ill wind that blows
nobody any good 't is 'n slecht land waar 't
niemand goed gaat III [bijw] slecht, kwalijk
∗ they were ill at ease zij voelden z. niet op hun
gemak ∗ you won't take it ill of me je zult ('t) me
niet kwalijk nemen

I'll /ail/ → shall, will

ill-advised /ɪləd'vaizd/ [bnw] • onverstandig
• onvoorzichtig

ill-affected [bnw] slecht gezind

ill-assorted /ɪlə'sɔ:tid/ [bnw] niet bij elkaar horend

illation /ɪ'leiʃən/ [znw] • afleiding • conclusie

ill-boding [bnw] onheilspellend

ill-bred /ɪl'bred/ [bnw] onopgevoed

ill-breeding /ɪl'bri:dɪŋ/ [znw] ongemanierdheid

ill-disposed [bnw] • slechtgezind • onwillig,
ongenegen

illegal /ɪ'li:gl/ [bnw] onwettig

illegality /ɪli:'gæləti/ [znw] onwettigheid

illegibility /ɪledʒə'bɪləti/ [znw] onleesbaarheid

illegible /ɪ'ledʒibl/ [bnw] onleesbaar

illegitimacy /ɪlədʒɪtəməsɪ/ [znw] onwettigheid,
illegitimiteit

illegitimate /ɪlɪ'dʒɪtɪmɪt/ I [znw] bastaard
II [bnw] • onwettig, onecht • abnormaal

ill-equipped [bnw] onvoldoende toegerust

ill-famed [bnw] berucht

ill-fated /ɪl'feitid/ [bnw] noodlottig

ill-favoured, ill-featured /ɪl'feivəd/ [bnw] lelijk

ill-gotten /ɪl'gɔtn/ [bnw] onrechtvaardig verkregen
∗ ~ gains gestolen goed

illiberal /ɪ'lɪbərəl/ [bnw] • bekrompen • gierig
• niet eerlijk

illiberality /ɪlɪbə'ræləti/ [znw] • bekrompenheid
• gierigheid

illicit /ɪ'lɪsɪt/ [bnw] onwettig, ongeoorloofd

illimitable /ɪ'lɪmɪtəbl/ [bnw] • onmeetbaar
• onbegrensd

illiteracy /ɪ'lɪtərəsɪ/ [znw] ongeletterdheid

illiterate /ɪ'lɪtərət/ I [znw] • analfabeet
• ongeletterde II [bnw] • niet kunnende lezen
• ongeletterd

ill-judged /ɪl'dʒʌdʒd/ [bnw] onverstandig

ill-mannered /il'mænəd/ [bnw] ongemanierd

ill-matched /ɪl'mætʃt/ [bnw] niet bij elkaar passend

ill-natured [bnw] onvriendelijk, nors

illness /'ɪlnəs/ [znw] ziekte

illogical /ɪ'lɔdʒɪkl/ [bnw] onlogisch

ill-omened /ɪl'əumənd/ [bnw] ongeluks-

ill-prepared [bnw] slecht voorbereid

ill-starred /ɪl'stɑ:d/ [bnw] ongelukkig,
rampspoedig

ill-tempered /ɪl'tempəd/ [bnw] humeurig

ill-timed /ɪl'taimd/ [bnw] ongelegen

ill-treat /ɪl'tri:t/ [ov ww] mishandelen, slecht
behandelen

illuminate, illumine /ɪ'lu:mɪneit/ [ov ww]
• verlichten, licht werpen op, illumineren
• verluchten (v. manuscript) ∗ <AE> mildly ~d
wat aangeschoten

illuminating /ɪ'lu:mɪneitɪŋ/ [bnw] verhelderend,
verduidelijkend

illumination /ɪlu:mɪ'neiʃən/ [znw] • illuminatie
• licht, verlichting, luister

illuminator /ɪ'lu:mɪneitə/ [znw]
• verlichtingsmiddel • verlichter

illusion /ɪ'lu:ʒən/ [znw] • illusie • visioen
• doorzichtige tule

illusionist /ɪ'lu:ʒənɪst/ [znw] • iem. die niet gelooft
aan de objectiviteit der dingen • goochelaar

illusive, illusory /ɪ'lu:sɪv/ [ov ww] bedrieglijk

illustrate /'ɪləstreit/ [ov ww] • illustreren

• verduidelijken ∗ ~d geïllustreerd blad

illustration /ɪlə'streiʃən/ [znw] illustratie

illustrative /'ɪləstrətɪv/ [bnw] illustratief

illustrator /'ɪləstreitə/ [znw] illustrator, tekenaar

illustrious /ɪ'lʌstrɪəs/ [bnw] • doorluchtig
• beroemd

I'm /aɪm/ → be

image /'ɪmɪdʒ/ I [ov ww] afbeelden, voorstellen
II [znw] • beeld, voorstelling, beeltenis, gelijkenis
• idee ∗ reputatie ∗ she is the (very) ~ of her
mother ze lijkt sprekend op haar moeder

imagery /'ɪmɪdʒərɪ/ [znw] • beelden • beeldspraak

imaginable /ɪ'mædʒɪnəbl/ [bnw] denkbaar

imaginary /ɪ'mædʒɪnərɪ/ [bnw] denkbeeldig,
imaginair(e)

imagination /ɪmædʒɪ'neiʃən/ [znw] verbeelding,
voorstellingsvermogen

imaginative /ɪ'mædʒɪnətɪv/ [znw] • fantasierijk
• fantastisch

imagine /ɪ'mædʒɪn/ [ov ww] z. voorstellen

imam /ɪ'mɑ:m/ [znw] imam

imbalance /ɪm'bæləns/ [znw] onevenwichtigheid

imbecile /'ɪmbɪsi:l/ [bnw] imbeciel

imbecility /ɪmbə'sɪlətɪ/ [znw] • geesteszwakheid
• dwaasheid

imbed /ɪm'bed/ [ov ww] insluiten, (vast)leggen
∗ be ~ded in vastzitten in

imbibe /ɪm'baɪb/ [ov ww] • drinken • in z.
opnemen

imbroglio /ɪm'brəʊljəʊ/ [znw] verwarde situatie

imbrue /ɪm'bru:/ [ov ww] • kleuren • bezoedelen

imbue /ɪm'bju:/ [ov ww] • drenken • verven
• bezielen

imburse /ɪm'bɜ:s/ [ov ww] van geld voorzien

imitate /'ɪmɪteit/ [ov ww] nabootsen, navolgen

imitation /ɪmɪ'teiʃən/ [znw] imitatie, namaak

imitative /'ɪmɪtətɪv/ [bijw] nabootsend ∗ ~ arts
beeldende kunsten

imitator /'ɪmɪteitə/ [znw] imitator

immaculate /ɪ'mækjʊlət/ [bnw] • onbevlekt
• onberispelijk

immanence /'ɪmənəns/ [znw] 't zijn in

immanent /'ɪmənənt/ [bnw] • inherent • innerlijk
• alomtegenwoordig

immaterial /ɪmə'tɪərɪəl/ [bnw] • onstoffelijk
• onbelangrijk

immature /ɪmə'tjʊə/ [bnw] onrijp, niet volwassen

immaturity /ɪmə'tjʊərətɪ/ [znw] onvolgroeidheid

immeasurable /ɪ'meʒərəbl/ [bnw] oneindig,
onmeetbaar

immediacy /ɪ'mi:dɪəsɪ/ [znw] • nabijheid
• dringendheid

immediate /ɪ'mi:dɪət/ [bnw] onmiddellijk ∗ ~
future nabije toekomst

immediately /ɪ'mi:dɪətlɪ/ I [bijw] • onmiddellijk
• rechtstreeks II [vw] meteen als, meteen toen, zodra

immemorial /ɪmɪ'mɔ:rɪəl/ [bnw] onheuglijk

immense /ɪ'mens/ [bnw] • onmetelijk • <sl.>
eersteklas, prima

immensely /ɪ'menslɪ/ [bijw] • immens
• onmetelijk

immensity /ɪ'mensətɪ/ [znw] oneindigheid

immerge /ɪ'mɜ:dʒ/ I [ov ww] ondergaan
II [on ww] onderdompelen

immerse /ɪ'mɜ:s/ [ov ww] onderdompelen, indopen
∗ ~d in verdiept in; tot over de oren in (schuld)

immersion /ɪ'mɜ:ʃən/ [znw] ∗ ~ heater dompelaar

immesh /ɪ'meʃ/ [ov ww] verwarren, verstrikken

immigrant /'ɪmɪgrənt/ I [znw] immigrant
II [bnw] immigrerend

immigrate /'ɪmɪgreit/ [on ww] immigreren

immigration /ɪmɪ'greiʃən/ [znw] immigratie

imminence/'ɪmɪnəns/ [znw] dreigend gevaar
imminent/'ɪmɪnənt/ [bnw] dreigend, op handen zijnde
immobile/ɪ'məʊbaɪl/ [bnw] onbeweeglijk
immobility/ɪməʊ'bɪlɪtɪ/ [znw] onbeweeglijkheid
immobilization/ɪməʊbəlaɪ'zeɪʃən/ [znw] immobilisatie
immobilize/ɪ'məʊbɪlaɪz/ [ov ww] • onbeweeglijk maken • immobiel maken (v. troepen) • aan de circulatie onttrekken (v. geld)
immoderate/ɪ'mɒdərət/ [bnw] buitensporig, onmatig
immoderation/ɪmɒdə'reɪʃən/ [znw] • onmatigheid • buitensporigheid
immodest/ɪ'mɒdɪst/ [bnw] • onbetamelijk • onbescheiden
immodesty/ɪ'mɒdəstɪ/ [znw] onbescheidenheid
immolate/'ɪmələt/ [ov ww] offeren
immolation/ɪmə'leɪʃən/ [znw] offer
immoral/ɪ'mɒrəl/ [bnw] • immoreel • onzedelijk
immorality/ɪmə'rælɪtɪ/ [znw] • immoraliteit • verdorvenheid
immortal/ɪ'mɔːtl/ I [znw] onsterfelijke II [bnw] • onsterfelijk • (inf.) onverslijtbaar
immortality/ɪmɔː'tælɪtɪ/ [znw] onsterfelijkheid
immortalize/ɪ'mɔːtəlaɪz/ [ov ww] onsterfelijk maken, vereeuwigen
immortelle/ɪmɔː'tel/ [znw] strobloem
immovable/ɪ'muːvəbl/ [bnw] • onbeweeglijk • onveranderlijk • niet geroerd • onroerend
immovables/ɪ'muːvəblz/ [mv] onroerende goederen
immune/ɪ'mjuːn/ [bnw] ∗ ~ against/to immuun voor
immunity/ɪ'mjuːnɪtɪ/ [znw] • immuniteit • ontheffing (v. belasting)
immunization/ɪmjʊnaɪ'zeɪʃən/ [znw] immunisering
immunize/'ɪmjuːnaɪz/ [ov ww] immuun maken
immure/ɪ'mjʊə/ [ov ww] (z.) opsluiten
immutability/ɪmjuːtə'bɪlɪtɪ/ [znw] onveranderlijkheid
immutable/ɪ'mjuːtəbl/ [bnw] onveranderlijk
imp/ɪmp/ I [ov ww] versterken II [znw] • kabouter • stout kind • duiveltje
impact I [ov ww]/ɪm'pækt/ indrijven II [znw] /'ɪmpækt/ • slag • stoot • botsing • invloed • uitwerking • doorwerking, effect
impair/ɪm'peə/ [ov ww] • beschadigen • verzwakken
impairment/ɪm'peəmənt/ [znw] • beschadiging • verzwakking
impale/ɪm'peɪl/ [ov ww] spietsen
impalpability/ɪmpælpə'bɪlɪtɪ/ [znw] • onvoelbaarheid • ongrijpbaarheid
impalpable/ɪm'pælpəbl/ [bnw] • ontastbaar • onvoelbaar • ongrijpbaar
impanel/ɪm'pænl/ [ov ww] samenstellen (v. jury)
imparity/ɪm'pærɪtɪ/ [znw] ongelijkheid
impart/ɪm'pɑːt/ [ov ww] mededelen
impartial/ɪm'pɑːʃəl/ [bnw] onpartijdig
impartiality/ɪmpɑːʃɪ'ælɪtɪ/ [znw] onpartijdigheid
impassability/ɪmpɑːsə'bɪlɪtɪ/ [znw] • onbegaanbaarheid • onoverkomelijkheid
impassable/ɪm'pɑːsəbl/ [bnw] • onoverkomelijk • onbegaanbaar
impasse/'æmpæs/ [znw] • doodlopende steeg • impasse
impassible/ɪm'pæstɪbl/ [bnw] • ongevoelig • onkwetsbaar
impassion/ɪm'pæʃən/ [ov ww] aanvuren
impassioned/ɪm'pæʃənd/ [bnw] hartstochtelijk

impassive/ɪm'pæstv/ [bnw] • ongevoelig • onverstoorbaar • gevoelloos • onbeweeglijk
impassivity/ɪmpæ'sɪvɪtɪ/ [znw] • onverstoorbaarheid • ongevoeligheid
impatience/ɪm'peɪʃəns/ [znw] • ongeduld • gretigheid • onverdraagzaamheid
impatient/ɪm'peɪʃənt/ [bnw] vurig, verlangend, ongeduldig ∗ I'm ~ of all this ik kan dit alles niet verdragen
impeach/ɪm'piːtʃ/ [ov ww] • in twijfel trekken • beschuldigen, in staat v. beschuldiging stellen • aanmerking maken op (iets)
impeachable/ɪm'piːtʃəbl/ [bnw] beschuldigbaar
impeachment/ɪm'piːtʃmənt/ [znw] • aanklacht en vervolging • beschuldiging • verwijt
impeccable/ɪm'pekəbl/ [bnw] zonder zonden, feilloos, smetteloos
impecunious/ɪmpɪ'kjuːnɪəs/ [bnw] • zonder geld • (altijd) arm
impedance/ɪm'piːdns/ [znw] variabele weerstand, impedantie
impede/ɪm'piːd/ [ov ww] verhinderen
impediment/ɪm'pedɪmənt/ [znw] beletsel ∗ speech ~ spraakgebrek
impedimenta/ɪmpedɪ'mentə/ [mv] • belemmerende last • (leger)bagage • legertros
impel/ɪm'pel/ [ov ww] • aanzetten • dringen
impellent/ɪm'pelənt/ I [znw] drijfkracht II [bnw] drijf-
impend/ɪm'pend/ [on ww] • dreigen • aanstaande zijn • boven 't hoofd hangen ∗ dangers are ~ing over them grote gevaren hangen hun boven het hoofd
impending/ɪm'pendɪŋ/ [bnw] dreigend, komend, ophanden zijnd
impenetrable/ɪm'penɪtrəbl/ [bnw] • ondoordringbaar • ondoorgrondelijk, onbegrijpelijk • onoplosbaar (v. moeilijkheid)
impenitent/ɪm'penɪtnt/ [bnw] niet berouwvol
imperative/ɪm'perətɪv/ I [znw] ∗ ~ mood gebiedende wijs II [bnw] • gebiedend • verplicht • noodzakelijk
imperceptible/ɪmpə'septɪbl/ [bnw] onmerkbaar
imperfect/ɪm'pɜːfɪkt/ I [znw] onvoltooid verleden tijd II [bnw] onvolkomen, onvolmaakt
imperfection/ɪmpə'fekʃən/ [znw] • onvolmaaktheid • zonde
imperforate/ɪm'pɜːfərət/ [bnw] ongeperforeerd
imperial/ɪm'pɪərɪəl/ I [znw] • lange sik • imperiaal • Russische munt • papierformaat II [bnw] • keizerlijk, keizer(s)- • rijks- ∗ ~ city rijksstad
imperialism/ɪm'pɪərɪəlɪzəm/ [znw] • regering v. keizer • imperialisme
imperialist/ɪm'pɪərɪəlɪst/ I [znw] • imperialist • keizersgezinde II [bnw] imperialistisch
imperialistic/ɪmpɪərɪə'lɪstɪk/ [bnw] imperialistisch
imperil/ɪm'perɪl/ [ov ww] in gevaar brengen
imperious/ɪm'pɪərɪəs/ [bnw] • heerszuchtig, gebiedend • dringend
imperishability/ɪmperɪʃə'bɪlɪtɪ/ [znw] onvergankelijkheid
imperishable/ɪm'perɪʃəbl/ [bnw] onvergankelijk
imperium/ɪm'pɪərɪəm/ [znw] imperium
impermeable/ɪm'pɜːmɪəbl/ [bnw] ondoordringbaar
impermissible/ɪmpə'mɪsɪbl/ [bnw] ongeoorloofd
impersonal/ɪm'pɜːsənl/ [bnw] onpersoonlijk
impersonality/ɪmpɜːsə'nælætɪ/ [znw] onpersoonlijkheid
impersonate/ɪm'pɜːsəneɪt/ [ov ww]

• verpersoonlijken • vertolken • nadoen, imiteren
impersonation/ɪmˌpɜːsəˈneɪʃən/ [znw]
verpersoonlijking
impersonator/ɪmˈpɜːsəneɪtə/ [znw] • vertolker
• imitator
impertinence/ɪmˈpɜːtɪnəns/ [znw]
onbeschaamdheid
impertinent/ɪmˈpɜːtɪnənt/ [bnw] • niet ter zake
• belachelijk • brutaal, ongepast
imperturbability/ɪmpətɜːbəˈbɪlətɪ/ [znw]
onverstoorbaarheid
imperturbable/ɪmpəˈtɜːbəbl/ [bnw]
onverstoorbaar
impervious/ɪmˈpɜːvɪəs/ [bnw] ondoordringbaar
* ~ to doof voor
impetuosity/ɪmpetjʊˈɒsətɪ/ [znw] onstuimigheid
impetuous/ɪmˈpetʃʊəs/ [bnw] onstuimig, heftig
impetus/ˈɪmpɪtəs/ [znw] • bewegingsstuwkracht
• stoot
impiety/ɪmˈpaɪətɪ/ [znw] • goddeloosheid
• oneerbiedigheid
impinge/ɪmˈpɪndʒ/ [ov + on ww] • (~ (up)on)
inbreuk maken op, beïnvloeden, treffen, botsen
impingement/ɪmˈpɪndʒmənt/ [znw] • botsing
• inbreuk
impious/ˈɪmpɪəs/ [bnw] • goddeloos • profaan
impish/ˈɪmpɪʃ/ [bnw] • ondeugend • duivelachtig
implacability/ɪmplækəˈbɪlətɪ/ [znw]
onverbiddelijkheid
implacable/ɪmˈplækəbl/ [bnw] onverzoenlijk
implant/ɪmˈplɑːnt/ [ov ww] • planten • inprenten
implausible/ɪmˈplɔːzɪbl/ [bnw] onwaarschijnlijk
implement I [ov ww] /ˈɪmplɪment• nakomen
(contract) • aanvullen • toerusten • (Schots)
uitvoeren (v. plan) **II** [znw] /ˈɪmplɪmənt/
• meubel • kledingstuk • werktuig • (jur./Schots)
uitvoering • ~s of war oorlogstuig
implicate I [ov ww] /ˈɪmplɪkeɪt/ insluiten,
omvatten • (~ in) betrekken bij **II** [znw]
/ˈɪmplɪkət/ wat is opgesloten in
implication/ɪmplɪˈkeɪʃən/ [znw] gevolgtrekking
* by ~ stilzwijgend
implicit/ɪmˈplɪsɪt/ [bnw] • erin begrepen
• onvoorwaardelijk
implied/ɪmˈplaɪd/ [bnw] impliciet
implore/ɪmˈplɔː/ [ov ww] (af)smeken
imply/ɪmˈplaɪ/ [ov ww] • insluiten • betekenen
• laten blijken
impolite/ɪmpəˈlaɪt/ [bnw] onbeleefd
impolitic/ɪmˈpɒlɪtɪk/ [bnw] onoordeelkundig
imponderability/ɪmpɒndərəˈbɪlətɪ/ [znw]
onberekenbaarheid
imponderable/ɪmˈpɒndərəbl/ [bnw]
• onweegbaar • niet te schatten
imponent/ɪmˈpəʊnənt/ **I** [znw] wat oplegt
II [bnw] opleggend (v. plicht, belasting)
import I [ov ww] /ɪmˈpɔːt/ • invoeren • betekenen
• v. belang zijn **II** [znw] /ˈɪmpɔːt/ • invoer
• betekenis • belang(rijkheid) * ~s invoer
importable/ɪmˈpɔːtəbl/ [bnw] invoerbaar
importance/ɪmˈpɔːtns/ [znw] • belang
• gewicht(igheid)
important/ɪmˈpɔːtnt/ [bnw] • belangrijk
• gewichtig (doende)
importation/ɪmpɔːˈteɪʃən/ [znw] invoer(ing)
importer/ɪmˈpɔːtə/ [znw] importeur
importunate/ɪmˈpɔːtjʊnət/ [bnw] lastig, (z.
op)dringend
importune/ɪmˈpɔːtjuːn/ [ov ww] lastig vallen
importunity/ɪmpəˈtjuːnətɪ/ [znw]
• opdringerigheid • bemoeiing
impose/ɪmˈpəʊz/ **I** [ov ww] in de hand stoppen

• (~ on) imponeren, z. opdringen • (~ upon)
opleggen (v. plicht, belasting), misbruik maken
van **II** [on ww] bedriegen
imposing/ɪmˈpəʊzɪŋ/ [bnw] • indrukwekkend
• veeleisend • bedrieglijk
imposition/ɪmpəˈzɪʃən/ [znw] • handoplegging,
wijding • belasting • strafwerk • bedriegerij
impossibility/ɪmpɒsɪˈbɪlətɪ/ [znw]
onmogelijkheid
impossible/ɪmˈpɒsɪbl/ [bnw] onmogelijk
impost/ˈɪmpəʊst/ [znw] • bovenstuk v. pijler • ‹sL›
belasting ‹v. renpaard bij race›
impostor/ɪmˈpɒstə/ [znw] bedrieger
imposture/ɪmˈpɒstʃə/ [znw] bedrog
impotence/ˈɪmpətns/ [znw] • onmacht,
onvermogen • impotentie
impotent/ˈɪmpətnt/ [bnw] • machteloos
• impotent
impound/ɪmˈpaʊnd/ [ov ww] • insluiten • in
beslag nemen ‹v. goederen›
impoverish/ɪmˈpɒvərɪʃ/ [ov ww] • uitputten ‹v.
land› • verarmen
impoverishment/ɪmˈpɒvərɪʃmənt/ [znw]
• verarming • uitputting
impracticability/ɪmpræktɪkəˈbɪlətɪ/ [znw]
• onuitvoerbaarheid • onhandelbaarheid
• onbegaanbaarheid
impracticable/ɪmˈpræktɪkəbl/ [bnw]
• onbegaanbaar • onuitvoerbaar • onhandelbaar
impractical/ɪmˈpræktɪkl/ [bnw] onpraktisch
imprecate/ˈɪmprɪkeɪt/ [ov ww] • (~ (up)on)
afroepen over
imprecation/ɪmprɪˈkeɪʃən/ [znw] vloek
imprecise/ɪmprɪˈsaɪs/ [bnw] onnauwkeurig
imprecision/ɪmprɪˈsɪʒən/ [znw]
onnauwkeurigheid
impregnable/ɪmˈpregnəbl/ [bnw] onneembaar
* ~ to bestand tegen
impregnate I [ov ww] /ˈɪmpregneɪt/ • bevruchten
• verzadigen • inspireren **II** [bnw] /ɪmˈpregnət/
zwanger * ~ with doortrokken van
impregnation/ɪmpregˈneɪʃən/ [znw] bevruchting
impresario/ɪmprɪˈsɑːrɪəʊ/ [znw] impresario
impress I [ov ww] /ɪmˈpres/ • stempelen,
inprenten, indruk maken op • ronselen • rekwireren
‹v. goederen› • z. bedienen van **II** [znw] /ˈɪmpres/
• stempel • ronselarij
impression/ɪmˈpreʃən/ [znw] • oplage • 't
indrukken • indruk
impressionable/ɪmˈpreʃənəbl/ [bnw]
ontvankelijk
impressionism/ɪmˈpreʃənɪzəm/ [znw]
impressionisme
impressionist/ɪmˈpreʃəˈnɪst/ [znw]
• impressionist • imitator
impressionistic/ɪmˈpreʃəˈnɪstɪk/ [bnw]
impressionistisch
impressive/ɪmˈpresɪv/ [bnw] indrukwekkend
imprint I [ov ww] /ɪmˈprɪnt/ • stempelen
• inprenten **II** [znw] /ˈɪmprɪnt/ • stempel • naam
v. drukker of uitgever in boek
imprison/ɪmˈprɪzən/ [ov ww] in de gevangenis
zetten
imprisonment/ɪmˈprɪzənmənt/ [znw]
gevangenschap
improbability/ɪmprɒbəˈbɪlətɪ/ [znw]
onwaarschijnlijkheid
improbable/ɪmˈprɒbəbl/ [bnw] onwaarschijnlijk
improbity/ɪmˈprəʊbətɪ/ [znw] oneerlijkheid
impromptu/ɪmˈprɒmptjuː/ **I** [znw] improvisatie
II [bnw] onvoorbereid
improper/ɪmˈprɒpə/ [bnw] • onjuist

• onwelvoeglijk, ongepast ★ ~ fraction onechte breuk

impropriate I [ov ww] /ɪm'prəuprɪeɪt/ seculariseren II [bnw] /ɪm'prəuprɪət/ aan leken toekomend ⟨m.b.t. kerkelijke inkomsten⟩

impropriation /ɪmprəuprɪ'eɪʃən/ [znw]
• secularisatie • geseculariseerde goederen

impropriety /ɪmprə'praɪətɪ/ [znw] ongepastheid, ongeschiktheid

improve /ɪm'pru:v/ [ov + on ww] • verhogen, verbeteren, ontwikkelen • goed gebruik maken van • (~ (up)on) verbeteren, 't beter doen

improvement /ɪm'pru:vmənt/ [znw]
• beterschap, vooruitgang • hoger bod
• (bodem)verbetering

improver /ɪm'pru:və/ [znw] • verbeteraar
• stagiair • ⟨AE⟩ vrijwilliger

improvidence /ɪm'prɒvɪdəns/ [znw] zorgeloosheid

improvident /ɪm'prɒvɪdnt/ [bnw] • zorgeloos
• niet vooruitziend

improvisation /ɪmprəvaɪ'zeɪʃən/ [znw] improvisatie

improvise /'ɪmprəvaɪz/ [ov ww] • onvoorbereid (iets) doen of maken • improviseren

imprudence /ɪm'pru:dns/ [znw] onvoorzichtigheid

imprudent /ɪm'pru:dnt/ [bnw] onvoorzichtig

impudence /'ɪmpjʊdns/ [znw] schaamteloosheid

impudent /'ɪmpjʊdnt/ [bnw] onbeschaamd, schaamteloos

impudicity /ɪmpjʊ'dɪsɪtɪ/ [znw]
• schaamteloosheid • ontucht

impugn /ɪm'pju:n/ [ov ww] betwisten

impuissant /ɪm'pju:ɪsənt/ [bnw] machteloos, zwak

impulse /'ɪmpʌls/ [znw] • stoot • prikkel
• opwelling ★ ~ buy impulsaankoop

impulsion /ɪm'pʌlʃən/ [znw] stuwkracht

impulsive /ɪm'pʌlsɪv/ [bnw] • aandrijvend, stuw- • impulsief

impunity /ɪm'pju:nətɪ/ [znw] straffeloosheid
★ with ~ ongestraft

impure /ɪm'pjʊə/ [bnw] • onrein • onkuis • vervalst

impurity /ɪm'pjʊərɪtɪ/ [znw] onreinheid

imputation /ɪmpjʊ'teɪʃən/ [znw] beschuldiging

impute /ɪm'pju:t/ [ov ww] • ten laste leggen
• toeschrijven, wijten (aan)

in /ɪn/ I [znw] • partij die aan de regering is
• spelende partij ★ ins and outs regering en oppositie; spelende en niet-spelende partij; bijzonderheden II [bnw] • ⟨vero⟩ an in place een populaire plek ★ in joke grapje alleen voor ingewijden ★ in patient interne patiënt III [vz]
★ 10 in 100 10 op de 100 ★ be in for s.th. naar iets mededingen ★ be in office een ambt bekleden; aan de regering zijn ★ come in binnenkomen ★ he has it in him daar is hij toe in staat ★ he is in with my neighbour hij is koek en ei tussen hem en mijn buurman ★ he is not in it hij is er niet bij betrokken ★ he's in hij is thuis ★ in a week over een week ★ in all alles bij elkaar; totaal ★ in between er tussen (in) ★ in doing so zodoende ★ in going there terwijl ... ★ in good health gezond ★ in honour of ter ere van ★ in my opinion naar mijn mening ★ in search of op zoek naar ★ in that it was omdat het betrof ★ in the daytime overdag ★ in the window voor het raam ★ in yellow shoes met gele schoenen aan ★ lock in opsluiten ★ rejoice in z. verheugen in/over ★ the latest in modern warfare het nieuwste op 't gebied van moderne oorlogvoering ★ these things are in now deze artikelen zijn nu erg in trek/in de mode ★ ⟨inf.⟩ they are in zij zijn aan de macht; zij zijn aan slag ⟨cricket⟩; zij zijn in de mode/populair ★ they were sold in scores ze werden met 20 tegelijk verkocht ★ trust in vertrouwen in/op ★ you are in for it! je bent er bij! ★ ⟨inf.⟩ you are not in with him je haalt niet bij hem

in. [afk] • (inch(es)) inch(es)

inability /ɪnə'bɪlətɪ/ [znw] onbekwaamheid

inaccessibility /ɪnəksesə'bɪlətɪ/ [znw] ontoegankelijkheid

inaccessible /ɪnæk'sesɪbl/ [bnw] ontoegankelijk, ongenaakbaar

inaccuracy /ɪn'ækjʊrəsɪ/ [znw] onnauwkeurigheid, fout(je)

inaccurate /ɪn'ækjʊrət/ [bnw] onnauwkeurig

inaction /ɪn'ækʃən/ [znw] • traagheid
• werkeloosheid

inactive /ɪn'æktɪv/ [bnw] • werkeloos • traag

inactivity /ɪnæk'tɪvətɪ/ [znw] werkeloosheid

inadequacy /ɪn'ædɪkwəsɪ/ [znw] onvolledigheid

inadequate /ɪn'ædɪkwət/ [bnw] ontoereikend

inadmissible /ɪnəd'mɪsɪbl/ [bnw] ontoelaatbaar

inadvertence /ɪnəd'vɜ:tns/ [znw] onoplettendheid

inadvertent /ɪnəd'vɜ:tnt/ [bnw] • onoplettend
• onbewust

inalienable /ɪn'eɪlɪənəbl/ [bnw] onvervreemdbaar

inane /ɪ'neɪn/ I [znw] ★ the ~ het ledig II [bnw]
• leeg • idioot • zinloos

inanimate /ɪn'ænɪmət/ [bnw] • levenloos
• ⟨hand.⟩ flauw

inanition /ɪnə'nɪʃən/ [znw] uitputting door voedselgebrek

inanity /ɪn'ænətɪ/ [znw] • ledigheid • zinloos gezegde

inappeasable /ɪnə'pi:zəbl/ [bnw] • onverzoenlijk
• onbedwingbaar

inappetence /ɪn'æpətns/ [znw] lusteloosheid

inapplicability /ɪnəplɪkə'bɪlətɪ/ [znw] het niet v. toepassing zijn

inapplicable /ɪn'æplɪkəbl/ [bnw] niet toepasselijk

inapposite /ɪn'æpəzɪt/ [bnw] • ongepast
• ongeschikt

inappreciable /ɪnə'pri:ʃəbl/ [bnw] • zeer weinig
• zeer gering

inappropriate /ɪnə'prəuprɪət/ [bnw] • ongepast
• ongeschikt

inapt /ɪn'æpt/ [bnw] • ongeschikt • onhandig
• ongepast

inaptitude /ɪn'æptɪtju:d/ [znw] • ongeschiktheid
• onhandigheid

inarticulate /ɪnɑ:'tɪkjʊlət/ [bnw] • niet verbonden
• onverstaanbaar • sprakeloos

inartificial /ɪnɑ:tɪ'fɪʃəl/ [bnw] • natuurlijk
• ongekunsteld • onartistiek

inartistic /ɪnɑ:'tɪstɪk/ [bnw] onartistiek

inasmuch /ɪnəz'mʌtʃ/ [bijw] ★ ~ as aangezien

inattention /ɪnə'tenʃən/ [znw] • onachtzaamheid
• onvoorzichtigheid

inattentive /ɪnə'tentɪv/ [bnw] • onoplettend
• onvoorzichtig

inaudible /ɪn'ɔ:dɪbl/ [bnw] onhoorbaar

inaugural /ɪ'nɔ:gjʊrəl/ I [znw] ⟨AE⟩ inaugurele rede II [bnw] inaugureel

inaugurate /ɪ'nɔ:gjʊreɪt/ [ov ww] • installeren
• inwijden • openen

inauguration /ɪnɔ:gjʊ'reɪʃən/ [znw] installatie

inauguratory /ɪ'nɔ:gjʊreɪtərɪ/ [bnw] inaugureel

inauspicious /ɪnɔ:'spɪʃəs/ [bnw] onheilspellend, ongunstig

inboard /'ɪnbɔ:d/ I [bnw] binnenboord- II [bijw] binnenboords

inborn, inbred /ɪn'bɔ:n/ [bnw] aangeboren

inbound /'ɪnbaʊnd/ [bnw] op huis aan
inbreeding /'ɪnbri:dɪŋ/ [znw] inteelt
Inc. /ɪŋk/ [afk] • (incorporated) ≈ NV
incalculable /ɪn'kælkjʊləbl/ [bnw] onberekenbaar
incandescence /ɪnkæn'desəns/ [znw] • het gloeien • gloeihitte
incandescent /ɪnkæn'desənt/ [bnw] gloeiend ∗ ~ (lamp) gloeilamp
incantation /ɪnkæn'teɪʃən/ [znw] • toverformule • toverij
incapable /ɪn'keɪpəbl/ [bnw] onbekwaam, dronken ∗ ~ of niet bij machte om
incapacitate /ɪnkə'pæsɪteɪt/ [ov ww] ongeschikt maken
incapacity /ɪnkə'pæsɪtɪ/ [znw] onbekwaamheid, ongeschiktheid, onbevoegdheid
incarcerate /ɪn'kɑːsəreɪt/ [ov ww] gevangenzetten
incarceration /ɪnkɑːsə'reɪʃən/ [znw] opsluiting
incarnate I [ov ww] /'ɪnkɑːneɪt/ belichamen **II** [bnw] /ɪn'kɑːnət/ vleselijk ∗ Christ is the ~ Son of God Christus is de mens geworden Zoon
incarnation /ɪnkɑː'neɪʃən/ [znw] verpersoonlijking
incautious /ɪn'kɔːʃəs/ [bnw] onvoorzichtig
incendiarism /ɪn'sendɪərɪzəm/ [znw] • brandstichting • opruiing
incendiary /ɪn'sendɪərɪ/ **I** [znw] • brandstichter • brandbom • opruier **II** [bnw] brandstichtend
incendive /ɪn'sendɪv/ [bnw] licht ontvlambaar, brandgevaarlijk
incense I [ww] /'ɪnsens/ bewieroken ∗ /ɪn'sens/ woedend maken **II** [znw] /'ɪnsens/ wierook
incense-boat, incensory [znw] wierookvat
incentive /ɪn'sentɪv/ **I** [znw] • prikkeling • motief • aansporing **II** [bnw] • prikkelend • aanmoediging(s)-
inception /ɪn'sepʃən/ [znw] aanvang
incertitude /ɪn'sɜːtɪtjuːd/ [znw] onzekerheid
incessant /ɪn'sesənt/ [bnw] onophoudelijk
incest /'ɪnsest/ [znw] incest
incestuous /ɪn'sestjʊəs/ [bnw] incestueus
inch /ɪntʃ/ **I** [on ww] z. zeer langzaam voortbewegen **II** [znw] • Engelse duim (2,54 cm) • (Schots) eilandje • a man of your inches iem. v. jouw grootte ∗ beat a man within an inch of his life iem. bijna doodslaan ∗ by inches heel langzaam ∗ give him an inch and he'll take an ell als je hem de vinger geeft, neemt hij de hele hand ∗ he is every inch a gentleman hij is op en top een heer ∗ inch rule duimstok
inchmeal /'ɪntʃmiːl/ [bijw] • voetje voor voetje • met kleine stukjes
inchoate /ɪn'kəʊət/ **I** [ov ww] beginnen **II** [bnw] • pas begonnen • onvolledig gevormd
inchoative /ɪn'kəʊətɪv/ [bnw] beginnend, aanvangs-
incidence /'ɪnsɪdns/ [znw] • het vallen, het treffen • het vóórkomen • invloed(ssfeer) • lichtinval ∗ angle of ~ invalshoek
incident /'ɪnsɪdnt/ **I** [znw] • incident, voorval, episode • rechten en plichten verbonden aan vaste goederen **II** [bnw] • gemakkelijk voor te vallen • invallend (v. licht) ∗ ~ to/(up)on voortvloeiend uit
incidental /ɪnsɪ'dentl/ [bnw] bijkomstig ∗ ~ (up)on het gevolg zijnde van ∗ ~ to eigen aan
incidentally /ɪnsɪ'dentəlɪ/ [bijw] • overigens • terloops
incinerate /ɪn'sɪnəreɪt/ [ov ww] verassen, verbranden
incineration /ɪnsɪnə'reɪʃən/ [znw] (vuil)verbranding
incinerator /ɪn'sɪnəreɪtə/ [znw] verbrandingsoven

incipience /ɪn'sɪpɪəns/ [znw] begin
incipient /ɪn'sɪpɪənt/ [bnw] aanvangs-
incise /ɪn'saɪz/ [ov ww] • insnijden • graveren
incision /ɪn'sɪʒən/ [znw] insnijding, kerf
incisive /ɪn'saɪsɪv/ [bnw] • scherp • snij-
incisor /ɪn'saɪzə/ [znw] snijtand
incite /ɪn'saɪt/ [ov ww] • aansporen • opruien
incivility /ɪnsɪ'vɪlɪtɪ/ [znw] onbeleefdheid
inclement /ɪn'klemənt/ [bnw] streng (v. weer), guur
inclination /ɪnklɪ'neɪʃən/ [znw] • neiging • aanleg • geneigdheid • genegenheid • helling • inclinatie
incline I [ov ww] /ɪn'klaɪn/ • buigen • geneigd maken • doen (over)hellen ∗ ~d hellend; geneigd; genegen ∗ (~ to) aanzetten tot **II** [on ww] /ɪn'klaɪn/ • (over)hellen • geneigd zijn, neiging vertonen **III** [znw] /'ɪnklaɪn/ • hellend vlak • helling
inclose /ɪn'kləʊz/ → **enclose**
inclosure /ɪn'kləʊʒə/ → **enclosure**
include /ɪn'kluːd/ [ov ww] insluiten, omvatten ∗ everything ~d alles inbegrepen
inclusion /ɪn'kluːʒən/ [znw] • insluitsel • insluiting
inclusive /ɪn'kluːsɪv/ [bnw] insluitend, omvattend ∗ all ~ alles inbegrepen ∗ ~ of met ... inbegrepen ∗ ~ terms prijs inclusief onkosten ∗ pages 5 to 7 ~ blz. 5 tot en met 7
incognito /ɪnkɒg'niːtəʊ/ [bijw] incognito
incoherence /ɪnkəʊ'hɪərəns/ [znw] onsamenhangendheid
incoherent /ɪnkəʊ'hɪərənt/ [bnw] • verward • onsamenhangend
incohesive /ɪnkəʊhi:'sɪv/ [bnw] onsamenhangend
incombustible /ɪnkəm'bʌstɪbl/ [bnw] on(ver)brandbaar
income /'ɪnkʌm/ [znw] inkomsten, inkomen ∗ ~ tax inkomstenbelasting
incomer /'ɪnkʌmə/ [znw] • binnenkomende • immigrant • indringer • opvolger
incoming /'ɪnkʌmɪŋ/ **I** [znw] aankomst ∗ ~s inkomsten **II** [bnw] • binnenkomend • opkomend (v. getij) • opvolgend
incommensurable /ɪnkə'menʃərəbl/ [bnw] • onmeetbaar • niet te vergelijken met
incommensurate /ɪnkə'menʃərət/ [bnw] ∗ ~ to/with niet evenredig met
incommode /ɪnkə'məʊd/ [ov ww] lastig vallen
incommodious /ɪnkə'məʊdɪəs/ [bnw] lastig
incommunicable /ɪnkə'mju:nɪkəbl/ [bnw] niet mededeelbaar
incommunicado /ɪnkəmju:nɪ'kɑːdəʊ/ [bnw] (v.d. buitenwereld) afgeschermd, geïsoleerd
incommutable /ɪnkə'mju:təbl/ [bnw] onveranderlijk
incomparable /ɪn'kɒmpərəbl/ [bnw] onvergelijkelijk
incompatibility /ɪnkəmpætə'bɪlɪtɪ/ [znw] • tegenstrijdigheid • onverenigbaarheid
incompatible /ɪnkəm'pætɪbl/ [bnw] • onverenigbaar • tegenstrijdig • niet consequent
incompetence /ɪn'kɒmpɪtns/ [znw] • onbekwaamheid • onbevoegdheid
incompetent /ɪn'kɒmpɪtnt/ [bnw] • onbevoegd • onbekwaam
incomplete /ɪnkəm'pli:t/ [bnw] • onvolledig • gebrekkig
incomprehensibility /ɪnkɒmprɪhensə'bɪlɪtɪ/ [znw] onbegrijpelijkheid
incomprehensible /ɪnkɒmprɪ'hensɪbl/ [bnw] onbegrijpelijk
incomprehension /ɪnkɒmprɪ'henʃən/ [znw] onbegrip
inconceivability /ɪnkənsi:və'bɪlɪtɪ/ [znw]

I

onvoorstelbaarheid
inconceivable/ɪnkən'siːvəbl/ [bnw]
• onbegrijpelijk • onvoorstelbaar • ‹inf.› zeer merkwaardig
inconclusive/ɪnkən'kluːsɪv/ [bnw] niet beslissend, niet overtuigend
incongruity/ɪnkɒŋ'gruːətɪ/ [znw]
• ongelijksoortigheid • inconsequentie
incongruous/ɪn'kɒŋgrʊəs/ [bnw]
• ongelijksoortig • inconsequent ★ ~ with niet passend bij
inconsecutive/ɪnkən'sekjʊtɪv/ [bnw] onlogisch
inconsequent/ɪn'kɒnsɪkwənt/ [bnw] • niet ter zake dienend • onsamenhangend
inconsequential/ɪnkɒnsɪ'kwenʃəl/ [bnw] • niet ter zake doend • onbelangrijk
inconsiderable/ɪnkən'sɪdərəbl/ [bnw] onbelangrijk
inconsiderate/ɪnkən'sɪdərət/ [bnw] onbedachtzaam, onattent
inconsistency/ɪnkən'sɪstənsɪ/ [znw]
• tegenstrijdigheid • inconsequentie
inconsistent/ɪnkən'sɪstnt/ [bnw] • tegenstrijdig
• inconsequent
inconsolable/ɪnkən'səʊləbl/ [bnw] ontroostbaar
inconspicuous/ɪnkən'spɪkjʊəs/ [bnw]
• onopvallend • onaanzienlijk
inconstancy/ɪn'kɒnstənsɪ/ [znw]
• veranderlijkheid • wispelturigheid
inconstant/ɪn'kɒnstnt/ [bnw] veranderlijk, wispelturig
inconsumable/ɪnkən'sjuːməbl/ [bnw] onverteerbaar, onvernietigbaar
incontestable/ɪnkən'testəbl/ [bnw] onbetwistbaar
incontinence/ɪn'kɒntɪnəns/ [znw] • gebrek aan zelfbeheersing • incontinentie • bedwateren • onkuisheid
incontinent/ɪn'kɒntɪnənt/ [bnw] • zonder zelfbeheersing, ongebonden • incontinent
incontinently/ɪn'kɒntɪnntlɪ/ [bnw] onmiddellijk
incontrovertibility/ɪnkɒntrɒvɜːtɪ'bɪlətɪ/ [znw] onbetwistbaarheid
incontrovertible/ɪnkɒntrə'vɜːtɪbl/ [bnw] onbetwistbaar
inconvenience/ɪnkən'viːnɪəns/ I [ov ww] in ongelegenheid brengen II [znw] ongemak, ongerief
inconvenient/ɪnkən'viːnɪənt/ [bnw]
• ongeriefelijk • lastig
inconvertibility/ɪnkənvɜːtə'bɪlətɪ/ [znw]
• onveranderlijkheid • oninwisselbaarheid
inconvertible/ɪnkən'vɜːtɪbl/ [bnw]
• onveranderlijk • oninwisselbaar
invincible/ɪn'kɒnvɪnsəbl/ [bnw] niet te overtuigen
incorporate I [ov ww] /ɪn'kɔːpəreɪt/ • verenigen
• indelen • als rechtspersoon erkennen ‹AE tot NV maken ★ ~d company NV • (~ in(to)/with) inlijven bij II [bnw] /ɪn'kɔːpərət/ • verenigd • als rechtspersoon erkend
incorporation/ɪnkɔːpe'reɪʃən/ [znw] • inlijving • NV
incorporator/ɪn'kɔːpəreɪtə/ [znw] lid of oprichter v. corporatie
incorporeal/ɪnkɔː'pɔːrɪəl/ [bnw] onstoffelijk
incorrect/ɪnkə'rekt/ [bnw] onjuist
incorrigible/ɪn'kɒrɪdʒɪbl/ [bnw] onverbeterlijk
incorruptible/ɪnkə'rʌptɪbl/ [bnw] • onkreukbaar
• onvergankelijk
increase I [ov + on ww] /ɪŋ'kriːs/ • (doen) toenemen, vermeerderen • vergroten, verhogen, versterken II [znw] /'ɪŋkriːs/ groei, aanwas ★ be on

the ~ toenemen
increasingly/ɪn'kriːsɪŋlɪ/ [bijw] steeds meer, steeds verder
incredible/ɪn'kredɪbl/ [bnw] ongelofelijk
incredulity/ɪnkrə'djuːlətɪ/ [znw] ongeloof
incredulous/ɪn'kredjʊləs/ [bnw] niet gelovende, ongelovig
increment/'ɪŋkrɪmənt/ [znw] • aanwas
• loonsverhoging • toename • differentiaal
incriminate/ɪn'krɪmɪneɪt/ [ov ww]
• beschuldigen ‹v. misdaad› • betrekken in aanklacht
incrimination/ɪnkrɪmɪ'neɪʃən/ [znw] aanklacht
incriminatory/ɪn'krɪmɪnətrɪ/ [bnw] bezwarend
incrust/ɪn'krʌst/ → **encrust**
incubate/'ɪŋkjʊbeɪt/ [ov + on ww] (uit)broeden
incubation/ɪŋkjʊ'beɪʃən/ [znw] incubatie
incubator/'ɪŋkjʊbeɪtə/ [znw] • broedmachine
• couveuse
incubus/'ɪŋkjʊbəs/ [znw] nachtmerrie
inculcate/'ɪŋkʌlkeɪt/ [ov ww] inprenten
inculcation/ɪnkʌl'keɪʃən/ [znw] inprenting
inculpate/'ɪnkʌlpeɪt/ [ov ww] • beschuldigen • in aanklacht betrekken
incumbency/ɪn'kʌmbənsɪ/ [znw] kerkelijk ambt
incumbent/ɪn'kʌmbənt/ I [znw] • bekleder v. kerkelijk ambt • parochiegeestelijke • lid v. bestuur II [bnw] • verplicht, moreel gebonden
• dienstdoende, aan de macht zijnde • liggend ★ ~ on rustend op ★ it is ~ on me het is mijn plicht
incur/ɪn'kɜː/ [ov ww] • oplopen • z. aandoen
• maken ‹v. schulden›
incurable/ɪn'kjʊərəbl/ [bnw] ongeneeslijk
incurious/ɪn'kjʊərɪəs/ [bnw] • niet nieuwsgierig
• onverschillig ★ not ~ nogal belangwekkend
incursion/ɪn'kɜːʃən/ [znw] vijandelijke inval, onverwachte aanval
incurvate/'ɪnkɜːveɪt/ [on ww] naar binnen, terug buigen
incurvation/ɪnkɜː'veɪʃən/ [znw] bocht ‹naar binnen›
incurved/ɪn'kɜːvd/ [bnw] teruggebogen
incuse/ɪn'kjuːz/ I [ov ww] inhameren, instempelen II [znw] stempelindruk III [bnw] gestempeld ‹v. munt›
indebted/ɪn'detɪd/ [bnw] • (ver)schuldig(d)
• verplicht
indebtedness/ɪn'detɪdnəs/ [znw] • het verschuldigd zijn • schuld(en) • verplichting
indecency/ɪn'diːsənsɪ/ [znw] • ongepastheid
• onfatsoenlijkheid
indecent/ɪn'diːsənt/ [bnw] • onzedelijk, onfatsoenlijk • ongepast ★ ~ assault aanranding
indecipherable/ɪndɪ'saɪfərəbl/ [bnw] niet te ontcijferen, onleesbaar
indecision/ɪndɪ'sɪʒən/ [znw] besluiteloosheid
indecisive/ɪndɪ'saɪsɪv/ [bnw] • besluiteloos
• onbeslist • niet beslissend
indeclinable/ɪndɪ'klaɪnəbl/ [bnw] onverbuigbaar
indecorous/ɪn'dekərəs/ [bnw] onwelvoeglijk
indecorum/ɪndɪ'kɔːrəm/ [znw] onwelvoeglijkheid
indeed/ɪn'diːd/ [bijw] trouwens, dan ook, zelfs, werkelijk, weliswaar, inderdaad ★ ~ and ~ wis en waarachtig ‹fam.› ★ thank you very much ~ dank u zeer
indefatigable/ɪndɪ'fætɪgəbl/ [bnw] onvermoeid, onvermoeibaar
indefeasible/ɪndɪ'fiːzɪbl/ [bnw] onschendbaar, onaantastbaar, onvervreemdbaar
indefectible/ɪndɪ'fektɪbl/ [bnw] onvergankelijk, onfeilbaar, feilloos
indefensibility/ɪndɪfensə'bɪlətɪ/ [znw]

onverdedigbaarheid

indefensible/ˌɪndɪˈfensɪbl/ [bnw] *onverdedigbaar*

indefinable/ˌɪndɪˈfaɪnəbl/ [bnw] *ondefinieerbaar, niet te bepalen*

indefinite/ɪnˈdefɪnɪt/ [bnw] • *onbepaald* • *voor onbep. tijd* • *vaag* • *onbepalend*

indelible/ɪnˈdelɪbl/ [bnw] *onuitwisbaar*

indelicacy/ɪnˈdelɪkəsɪ/ [znw] • *onbehoorlijkheid* • *smakeloosheid*

indelicate/ɪnˈdelɪkət/ [bnw] *onkies, niet fijnzinnig, grof*

indemnification/ɪnˌdemnɪfɪˈkeɪʃən/ [znw] • *vrijwaring* • *schadeloosstelling*

indemnify/ɪnˈdemnɪfaɪ/ [ov ww] • *vrijwaren* • *ontslaan v. verantwoordelijkheid* • *schadeloos stellen*

indemnity/ɪnˈdemnətɪ/ [znw] • *schadeloosstelling* • *vrijwaring* • *amnestie, kwijtschelding*

indent/ɪnˈdent/ I [ov + on ww] *inspringen (v. regel)* II [ov ww] • *vorderen (v. goederen)* • *stempelen* • *indrukken* • *insnijden* III [znw] • *insnijding* • *vordering (v. goederen)* • *(buitenlandse) bestelling* • *deuk, indeuking* • *akte, gezegeld contract*

indentation/ˌɪndenˈteɪʃən/ [znw] *inkeping, het inspringen, indruksel, deuk*

indenture/ɪnˈdentʃə/ I [ov ww] • *in de leer nemen of doen* • *groeven maken in* ⋆ *(vero.)* ~d *labour contractarbeid* II [znw] • *uittanding, deuk* • *gezegeld contract* ⋆ *take up one's* ~s *terug ontvangen van contract na verstrijken van geldigheid/leertijd*

independence/ˌɪndɪˈpendəns/ [znw] *onafhankelijkheid* ⋆ *(AE) Independence Day 4 juli* ⋆ ~ *of onafhankelijkheid van*

independency/ˌɪndɪˈpendənsɪ/ [znw] • *kerkelijk zelfbestuur* • *onafhankelijke staat*

independent/ˌɪndɪˈpendənt/ I [znw] *iem. die niet politiek gebonden is* II [bnw] • *onafhankelijk* • *strevend naar kerkelijk zelfbestuur* ⋆ *Mr. A.* ~ *de heer A, zonder beroep*

Independent/ˌɪndɪˈpendnt/ [znw] *voorstander van kerkelijk zelfbestuur*

indescribable/ˌɪndɪˈskraɪbəbl/ [bnw] *vaag, niet te beschrijven*

indestructibility/ˌɪndɪstrʌktəˈbɪlətɪ/ [znw] *onverwoestbaarheid*

indestructible/ˌɪndɪˈstrʌktɪbl/ [bnw] *onverwoestbaar*

indeterminable/ˌɪndɪˈtɜːmɪnəbl/ [bnw] *niet te bepalen, niet te beslissen*

indeterminate/ˌɪndɪˈtɜːmɪnət/ [bnw] • *vaag* • *twijfelachtig* • *niet te bepalen*

indetermination/ˌɪndɪtɜːmɪˈneɪʃən/ [znw] *besluiteloosheid*

index/ˈɪndeks/ I [ov ww] • *voorzien van index, plaatsen op index* • *aanwijzen* II [znw] • *index (v. kosten, prijzen)* • *wijzer (v. instrument)* • *leidraad* • *aanwijzing, teken* • *alfabetisch register* • *exponent (in algebra)* ⋆ ~ *finger wijsvinger; wijzer* ⋆ *the Index de Index (r.-k.)*

indexation/ˌɪndekˈseɪʃən/ [znw] *indexering*

index-linked/ˈɪndeksˈlɪŋkt/ [bnw] *geïndexeerd* ⋆ ~ *pension waardevast pensioen*

India/ˈɪndɪə/ [znw] • *India* • *Voor-Indië* ⋆ ~ *ink Oost-Indische inkt* ⋆ ~ *paper dun, ondoorschijnend papier* ⋆ ~ *rubber rubber; vlakgum* ⋆ ~ *rubber conscience ruim geweten*

Indiaman/ˈɪndɪəmən/ [znw] *Oost-Indiëvaarder*

Indian/ˈɪndɪən/ I [znw] • *Indiër* • *indiaan* II [bnw]

• *indiaans* • *Indisch* ⋆ ~ *club knots* ⋆ ~ *corn maïs* ⋆ ~ *file zie file* ⋆ ~ *hay/hemp (AE/sl.) marihuana* ⋆ ~ *ink Oost-Indische inkt* ⋆ ~ *oak teakhout* ⋆ ~ *summer nazomer; mooie oude dag* ⋆ ~ *weed tabak*

indicate/ˈɪndɪkeɪt/ [ov ww] • *aanwijzen* • *aangeven (v. richting)* • *tonen* • *wijzen op*

indication/ˌɪndɪˈkeɪʃən/ [znw] *aanwijzing*

indicative/ɪnˈdɪkətɪv/ I [znw] *aantonende wijs* II [bnw] *aantonend* ⋆ *be* ~ *of duiden op*

indicator/ˈɪndɪkeɪtə/ [znw] • *spanningmeter* • *richtingaanwijzer*

indices/ˈɪndɪsiːz/ [mv] → **index**

indicia/ɪnˈdɪʃɪə/ [mv] *tekens*

indict/ɪnˈdaɪt/ [ov ww] *beschuldigen, aanklagen*

indictable/ɪnˈdaɪtəbl/ [bnw] *vervolgbaar*

indictment/ɪnˈdaɪtmənt/ [znw] • *aanklacht* • *akte v. beschuldiging*

Indies/ˈɪndɪz/ [mv] ⋆ *the* ~ *Indië*

indifference/ɪnˈdɪfrəns/ [znw] *onverschilligheid, gebrek aan interesse*

indifferent/ɪnˈdɪfrənt/ I [znw] *onverschillig iem.* II [bnw] • *nogal slecht* • *onbelangrijk* • *onpartijdig, neutraal* • *onverschillig*

indifferently/ɪnˈdɪfrəntlɪ/ [bijw] *onpartijdig* ⋆ *you can use them* ~ *je kunt ze door elkaar gebruiken*

indigence/ˈɪndɪdʒəns/ [znw] *armoede, gebrek*

indigene/ˈɪndɪdʒiːn/ [znw] *inboorling*

indigenous/ɪnˈdɪdʒɪnəs/ [bnw] • *inheems* • *aangeboren*

indigent/ˈɪndɪdʒənt/ [bnw] *arm, behoeftig*

indigestible/ˌɪndɪˈdʒestɪbl/ [bnw] *onverteerbaar*

indigestion/ˌɪndɪˈdʒestʃən/ [znw] *indigestie*

indigestive/ˌɪndɪˈdʒestɪv/ [bnw] *lijdende aan indigestie*

indignant/ɪnˈdɪgnənt/ [bnw] *verontwaardigd*

indignation/ˌɪndɪgˈneɪʃən/ [znw] *verontwaardiging* ⋆ ~ *meeting protestvergadering*

indignity/ɪnˈdɪgnətɪ/ [znw] • *onwaardige behandeling* • *belediging*

indigo/ˈɪndɪgəʊ/ [znw] *indigo(blauw)*

indirect/ˌɪndaɪˈrekt/ [bnw] • *bedrieglijk* • *indirect, zijdelings* ⋆ ~ *costs indirecte kosten*

indirection/ˌɪndɪˈrekʃən/ [znw] • *omweg* • *bedrog* ⋆ *by* ~ *langs een omweg*

indiscernible/ˌɪndɪˈsɜːnɪbl/ [bnw] *niet te onderscheiden*

indiscipline/ɪnˈdɪsɪplɪn/ [znw] • *onhandelbaarheid* • *ontembaarheid* • *tuchteloosheid*

indiscreet/ˌɪndɪˈskriːt/ [bnw] • *onoordeelkundig* • *onbezonnen* • *onbescheiden*

indiscretion/ˌɪndɪˈskreʃən/ [znw] ⋆ *years of* ~ *kwajongensjaren*

indiscriminate/ˌɪndɪˈskrɪmɪnət/ [bnw] • *geen verschil makend* • *in het wilde weg, zo maar*

indiscrimination/ˌɪndɪskrɪmɪˈneɪʃən/ [znw] *gebrek aan onderscheiding(svermogen)*

indispensable/ˌɪndɪˈspensəbl/ [bnw] *onmisbaar*

indisposition/ˌɪndɪspəˈzɪʃən/ [znw] • *ongesteldheid* • *ongenegenheid, afkeer*

indisputability/ˌɪndɪˈspjuːtəbɪlətɪ/ [znw] *onbetwistbaarheid*

indisputable/ˌɪndɪˈspjuːtəbl/ [bnw] *onbetwistbaar*

indissolubility/ˌɪndɪˈsɒljʊbɪlətɪ/ [znw] • *onoplosbaarheid* • *onverbrekelijkheid*

indissoluble/ˌɪndɪˈsɒljʊbl/ [bnw] *onoplosbaar, onverbrekelijk*

indistinct/ˌɪndɪˈstɪŋkt/ [bnw] *onduidelijk*

indistinguishable/ˌɪndɪˈstɪŋgwɪʃəbl/ [bnw] *niet te onderscheiden*

I

individual/ˌɪndɪˈvɪdʒʊəl/ **I** [znw] individu, persoon **II** [bnw] • individueel, persoonlijk • eigenaardig

individualism/ˌɪndɪˈvɪdʒʊəlɪzəm/ [znw] • individualisme • zelfzucht

individualist/ˌɪndɪˈvɪdʒʊəlɪst/ **I** [znw] individualist **II** [bnw] individualistisch

individualistic/ˌɪndɪˈvɪdʒʊəˈlɪstɪk/ [bnw] individualistisch

individuality/ˌɪndɪˈvɪdʒʊˈælətɪ/ [znw] • eigen karakter en hoedanigheden • individualiteit

individualize/ˌɪndɪˈvɪdʒʊəlaɪz/ [ov ww] individualiseren

indivisibility/ˌɪndɪˌvɪzəˈbɪlətɪ/ [znw] ondeelbaarheid

indivisible/ˌɪndɪˈvɪzɪbl/ [bnw] ondeelbaar

indocile/ɪnˈdəʊsaɪl/ [bnw] • ongezeglijk • onhandelbaar

indoctrinate/ɪnˈdɒktrɪneɪt/ [ov ww] indoctrineren

indolence/ˈɪndələns/ [znw] • traagheid • luiheid

indolent/ˈɪndələnt/ [bnw] lui

indomitable/ɪnˈdɒmɪtəbl/ [bnw] ontembaar, onoverwinnelijk

Indonesian/ˌɪndəˈniːzɪən/ **I** [znw] Indonesiër, Indonesische **II** [bnw] Indonesisch

indoor/ɪnˈdɔː/ [bnw] binnenshuis, huis- ★ ~ games zaalsporten ★ ~ relief verzorgen v. armen in een inrichting

indoors/ɪnˈdɔːz/ [bijw] • binnenshuis • binnenskamers, geheim

indorse/ɪnˈdɔːs/ → **endorse**

indrawn/ɪnˈdrɔːn/ [bnw] ★ ~ breath ingehouden adem

indubitable/ɪnˈdjuːbɪtəbl/ [bnw] zonder twijfel

induce/ɪnˈdjuːs/ [ov ww] • bewegen, ertoe krijgen • afleiden • forceren • induceren ★ ~d current inductiestroom

inducement/ɪnˈdjuːsmənt/ [znw] • beweegreden • lokmiddel

induct/ɪnˈdʌkt/ [ov ww] • inleiden (v. bevalling) • inwijden • installeren, bevestigen (v. predikant)

induction/ɪnˈdʌkʃən/ [znw] • installatie • inleiding • gevolgtrekking • inductie • kunstmatig ingeleide bevalling

induction-coil[znw] inductieklos-spoel

inductive/ɪnˈdʌktɪv/ [bnw] aanleiding gevend, inductief

inductor/ɪnˈdʌktə/ [znw] • iem. die predikant bevestigt • <techn.> inductor

indue/ɪnˈdjuː/ → **endue**

indulge/ɪnˈdʌldʒ/ **I** [ov ww] • verwennen • toegeven (aan) ★ ~ s.o. with iem. iets toestaan **II** [on ww] ★ <inf.> he ~s too freely hij drinkt te veel ★ ~ in a journey abroad z. op een buitenlandse reis trakteren ★ (~ in) z. overgeven aan

indulgence/ɪnˈdʌldʒəns/ **I** [znw] aflaat • verbinden aan **II** [znw] • overdreven toegeeflijkheid • gunst • aflaat • bevrediging

indulgent/ɪnˈdʌldʒənt/ [bnw] (al te) toegeeflijk

indurate/ˈɪndjʊəreɪt/ [on ww] verharden, verstokt worden

industrial/ɪnˈdʌstrɪəl/ **I** [znw] • werker in de industrie • bedrijf • industrieel **II** [bnw] industrieel, bedrijfs-, nijverheids- ★ ~ art kunstnijverheid ★ ~ school gesticht waar aan verwaarloosde kinderen ook 'n vak wordt geleerd

industrialism/ɪnˈdʌstrɪəlɪzəm/ [znw] industrieel

industrialist/ɪnˈdʌstrɪəlɪst/ [znw] • industrieel • fabriekseigenaar

industrialization/ɪndʌstrɪələˈzeɪʃən/ [znw] industrialisatie

industrialize/ɪnˈdʌstrɪəlaɪz/ [ov ww] industrialiseren

industrious/ɪnˈdʌstrɪəs/ [bnw] hardwerkend, arbeidzaam

industry/ˈɪndəstrɪ/ [znw] • industrie, bedrijf • ijver

inebriate I [ov ww] /ɪˈniːbrɪeɪt/ dronken maken **II** [znw] /ɪˈniːbrɪət/ dronkaard ★ ~ home tehuis voor drankzuchtigen **III** [bnw] /ɪˈniːbrɪət/ (altijd) dronken

inebriation/ɪniːbrɪˈeɪʃən/ [znw] dronkenschap

inebriety/ɪniːˈbraɪətɪ/ [znw] • dronkenschap • drankzucht

inedible/ɪnˈedɪbl/ [bnw] oneetbaar

ineffable/ɪnˈefəbl/ [bnw] onuitsprekelijk

ineffaceable/ɪnɪˈfeɪsəbl/ [bnw] onuitwisbaar

ineffective/ɪnɪˈfektɪv/ [bnw] • ondoeltreffend • incompetent

ineffectual/ɪnɪˈfektjʊəl/ [bnw] • vruchteloos • futloos • ontoereikend

inefficacious/ɪnefɪˈkeɪʃəs/ [bnw] niet doelmatig

inefficacy/ɪnˈefɪkəsɪ/ [znw] onwerkzaamheid

inefficiency/ɪnɪˈfɪʃənsɪ/ [znw] ondoelmatigheid

inefficient/ɪnɪˈfɪʃənt/ [bnw] • onbekwaam • ondoelmatig

inelegant/ɪnˈelɪgənt/ [bnw] onelegant, niet fraai

ineligibility/ɪnelɪdʒəˈbɪlətɪ/ [znw] onverkiesbaarheid

ineligible/ɪnˈelɪdʒɪbl/ [bnw] niet te verkiezen, niet in aanmerking komend

ineluctable/ɪnɪˈlʌktəbl/ [bnw] onontkoombaar

inept/ɪˈnept/ [bnw] • ongerijmd, dwaas • ongeschikt

ineptitude, ineptness/ɪˈneptɪtjuːd/ [znw] • dwaasheid • ongerijmdheid

inequable/ɪnˈekwəbl/ [bnw] ongelijk (verdeeld)

inequality/ɪnɪˈkwɒlətɪ/ [znw] • verschil • ongelijkheid ★ ~ to 't niet opgewassen zijn tegen

inequitable/ɪnˈekwɪtəbl/ [bnw] onrechtvaardig, onbillijk

inequity/ɪnˈekwɪtɪ/ [znw] onrechtvaardigheid

ineradicable/ɪnɪˈrædɪkəbl/ [bnw] onuitroeibaar

inerrability, inerrancy/ɪnɜːrəˈbɪlətɪ/ [znw] onfeilbaarheid

inerrable, inerrant/ɪnˈɜːrəbl/ [bnw] onfeilbaar

inert/ɪˈnɜːt/ [bnw] traag, log ★ ~ gas edelgas

inertia/ɪˈnɜːʃə/ [znw] traagheid

inescapable/ɪnɪˈskeɪpəbl/ [bnw] onontkoombaar

inessential/ɪnɪˈsenʃəl/ [bnw] niet essentieel, bijkomstig

inestimable/ɪnˈestɪməbl/ [bnw] onschatbaar

inevitability/ɪnˈevɪtəbɪlətɪ/ [znw] onvermijdelijkheid

inevitable/ɪnˈevɪtəbl/ [bnw] onvermijdelijk

inexact/ɪnɪgˈzækt/ [bnw] onjuist

inexactitude/ɪnɪgˈzæktjuːd/ [znw] • onnauwkeurigheid • onjuistheid

inexcusable/ɪnɪkˈskjuːzəbl/ [bnw] onvergeeflijk, niet goed te praten

inexhaustible/ɪnɪgˈzɔːstɪbl/ [bnw] onuitputtelijk

inexhaustive/ɪnɪgˈzɔːstɪv/ [bnw] niet uitputtend

inexorable/ɪnˈeksərəbl/ [bnw] onverbiddelijk

inexpectant/ɪnɪkˈspektənt/ [bnw] niet (veel) verwachtend

inexpediency/ɪnɪkˈspiːdɪənsɪ/ [znw] ondoelmatigheid

inexpedient/ɪnɪkˈspiːdɪənt/ [bnw] ongeschikt, niet raadzaam, niet van pas

inexpensive/ɪnɪkˈspensɪv/ [bnw] goedkoop

inexperience/ɪnɪkˈspɪərɪəns/ [znw] onervarenheid

inexperienced/ɪnɪkˈspɪərɪənst/ [bnw] onervaren

inexpert/ɪnˈekspɜːt/ **I** [znw] ondeskundige, leek **II** [bnw] onbedreven, ondeskundig

inexpiable/ɪn'ekspɪəbl/ [bnw] • niet goed te maken • onverzoenlijk

inexplicable/ɪnɪk'splɪkəbl/ [bnw] onverklaarbaar

inexpressible/ɪnɪk'spresɪbl/ [bnw] onuitsprekelijk • ~s broek (scherts.)

inexpressive/ɪnɪk'spresɪv/ [bnw] uitdrukkingsloos

inextinguishable/ɪnɪk'stɪŋgwɪʃəbl/ [bnw] • onblusbaar • niet te lessen

inextricable/ɪn'ekstrɪkəbl/ [bnw] • onontkoombaar • onontwarbaar

infallibility/ɪnfælɪ'bɪlətɪ/ [znw] onfeilbaarheid

infallible/ɪn'fælɪbl/ [bnw] onfeilbaar

infamous/'ɪnfəməs/ [bnw] • schandelijk • eerloos

infamy/'ɪnfəmɪ/ [znw] • beruchtheid • schande • schanddaad

infancy/'ɪnfənsɪ/ [znw] • kindsheid • minderjarigheid ∗ it's still in its ~ het staat nog in de kinderschoenen

infant/'ɪnfənt/ I [znw] • zuigeling • kind beneden 7 jaar • minderjarige ∗ ~ school kleuterschool II [bnw] kinderlijk, kinder- ∗ ~ prodigy wonderkind

infanticide/ɪn'fæntɪsaɪd/ [znw] kindermoord

infantile/'ɪnfəntaɪl/ [bnw] kinder-, kinderlijk, kinderachtig

infantilism/ɪn'fæntɪlɪzəm/ [znw] infantilisme

infantry/'ɪnfəntrɪ/ [znw] infanterie

infantryman/'ɪnfəntrɪmən/ [znw] infanterist

infatuate/ɪn'fætjʊeɪt/ [ov ww] verdwazen, verblinden ∗ ~d by/with smoorverliefd op

infatuation/ɪnfætjʊ'eɪʃən/ [znw] • verdwazing • dwaze verliefdheid

infect/ɪn'fekt/ [ov ww] besmetten

infection/ɪn'fekʃən/ [znw] besmetting, aanstekelijkheid

infectious, infective/ɪn'fekʃəs/ [bnw] besmettelijk, aanstekelijk

infelicitous/ɪnfɪ'lɪsɪtəs/ [bnw] misplaatst (v. opmerking of voorbeeld)

infelicity/ɪnfɪ'lɪsətɪ/ [znw] • ongeluk • ongelukkige keuze

infer/ɪn'fɜ:/ [ov ww] • gevolg trekken • betekenen

inferable/ɪn'fɜ:rəbl/ [bnw] afleidbaar

inference/'ɪnfərəns/ [znw] gevolgtrekking

inferential/ɪnfə'renʃəl/ [bnw] afleidbaar

inferior/ɪn'fɪərɪə/ I [znw] ondergeschikte II [bnw] • lager • minder(waardig) • onder- ∗ he is ~ to none hij doet voor niemand onder

inferiority/ɪnfɪərɪ'ɒrətɪ/ [znw] ∗ ~ complex minderwaardigheidscomplex

infernal/ɪn'fɜ:nl/ [bnw] hels, duivels

inferno/ɪn'fɜ:nəʊ/ [znw] hel, onderwereld

infertile/ɪn'fɜ:taɪl/ [bnw] onvruchtbaar

infertility/ɪnfɜ:'tɪlətɪ/ [znw] onvruchtbaarheid

infest/ɪn'fest/ [ov ww] • teisteren • onveilig maken ∗ be ~ed with geteisterd worden door; vergeven zijn van

infestation/ɪnfe'steɪʃən/ [znw] teistering

infidel/'ɪnfɪdl/ I [znw] ongelovige II [bnw] ongelovig

infidelity/ɪnfɪ'delətɪ/ [znw] • ongeloof • ontrouw

infield/'ɪnfi:ld/ [znw] • erf/bouwland (bij boerderij) • gedeelte v. sportveld bij 't doel

infighting/'ɪnfaɪtɪŋ/ [znw] • gevecht op de korte afstand • bedekte onderlinge strijd

infiltrate/'ɪnfɪltreɪt/ [ov + on ww] • infiltreren • doórdringen

infiltration/ɪnfɪl'treɪʃən/ [znw] infiltratie (vóór vijandelijke aanval)

infiltrator/'ɪnfɪltreɪtə/ [znw] infiltrant

infinite/'ɪnfɪnɪt/ I [znw] ∗ the ~ de oneindigheid; de oneindige ruimte II [bnw] • oneindig • zeer veel

• (taalk.) niet beperkt door persoon/getal

infinitesimal/ɪnfɪnɪ'tesɪml/ I [znw] zeer kleine hoeveelheid II [bnw] zeer klein ∗ ~ calculus integraal-/differentiaalrekening

infinitive/ɪn'fɪnɪtɪv/ [znw] onbepaalde wijs

infinitude/ɪn'fɪnɪtju:d/ [znw] oneindige hoeveelheid

infinity/ɪn'fɪnətɪ/ [znw] • oneindigheid • oneindige hoeveelheid of uitgestrektheid

infirm/ɪn'fɜ:m/ [bnw] • onvast, zwak • besluiteloos

infirmary/ɪn'fɜ:mərɪ/ [znw] ziekenhuis, ziekenzaal

infirmity/ɪn'fɜ:mətɪ/ [znw] • zwakheid, zwakte • gebrek

infix I [ov ww] /ɪn'fɪks/ • inprenten • bevestigen (in) • inzetten, invoegen II [znw] /'ɪnfɪks/ (taalk.) tussenvoegsel

inflame/ɪn'fleɪm/ I [ov ww] • vlam doen vatten • opgewonden maken II [on ww] • vlam vatten • opgewonden raken

inflammability/ɪnflæmə'bɪlətɪ/ [znw] ontvlambaarheid

inflammable/ɪn'flæməbl/ I [znw] licht ontvlambare stof II [bnw] ontvlambaar

inflammation/ɪnflə'meɪʃən/ [znw] • ontbranding • ontsteking

inflammatory/ɪn'flæmətərɪ/ [bnw] • opwindend • ontstekings-

inflatable/ɪn'fleɪtəbl/ [bnw] opblaasbaar

inflate/ɪn'fleɪt/ [ov ww] • oppompen, opblazen • opdrijven, verhogen (v. prijzen) • te veel papiergeld in omloop brengen

inflated/ɪn'fleɪtɪd/ [bnw] • opgepompt • gezwollen, opgeblazen

inflation/ɪn'fleɪʃən/ [znw] • 't oppompen • opgeblazenheid • inflatie

inflator/ɪn'fleɪtə/ [znw] (fiets)pomp

inflect/ɪn'flekt/ [ov ww] • naar binnen buigen • (muz.) halve toon verhogen of verlagen • (taalk.) verbuigen

inflection, inflexion/ɪn'flekʃən/ [znw] • verbuiging, buigingsuitgang • stembuiging

inflexibility/ɪnfleksə'bɪlətɪ/ [znw] • standvastigheid • onbuigbaarheid

inflexible/ɪn'fleksɪbl/ [bnw] • standvastig • onbuigbaar, onbuigzaam

inflexional/ɪn'flekʃənl/ [bnw] • verbuigings- • vervoegings-

inflict/ɪn'flɪkt/ [ov ww] • toebrengen, toedienen (v. straf) • opleggen (v. straf) ∗ ~ s.th. (up)on a p. iets aan iem. opdringen

infliction/ɪn'flɪkʃən/ [znw] • straf • bezoeking

in-flight[bnw] tijdens de vlucht

inflow/'ɪnfləʊ/ [znw] • binnenstromende hoeveelheid • het binnenstromen

influence/'ɪnflʊəns/ I [ov ww] invloed hebben op, beïnvloeden II [znw] • invloed • projectie • (techn.) inductie

influent/'ɪnflʊənt/ I [znw] zijrivier II [bnw] instromend

influential/ɪnflʊ'enʃəl/ [bnw] invloedrijk

influenza/ɪnflʊ'enzə/ [znw] griep

influx/'ɪnflʌks/ [znw] • instroming • toevloed

inform/ɪn'fɔ:m/ I [ov ww] • bezielen • mededelen ∗ ~ of/about mededelen; op de hoogte brengen van ∗ ~ed goed op de hoogte; kundig; ontwikkeld; bevoegd II [on ww] (~ (up)on) (form.) aanklacht indienen tegen

informal/ɪn'fɔ:ml/ [bnw] • informeel, niet officieel • zonder veel drukte

informality/ɪnfɔ:'mælətɪ/ [znw] informaliteit

informant/ɪn'fɔ:mənt/ [znw] zegsman

informatics/ɪnfə'mætɪks/ [mv] informatica

information/ɪnfəˈmeɪʃən/ [znw] • mededeling • inlichtingen • nieuws • aanklacht
informative, informatory/ɪnˈfɔːmətɪv/ [bnw] • informatief • leerzaam
informer/ɪnˈfɔːmə/ [znw] aanklager
infra/ˈɪnfrə/ ∗ ~ dignitatem beneden iemands waardigheid
infraction/ɪnˈfrækʃən/ [znw] • schending • overtreding
infrangible/ɪnˈfrændʒɪbl/ [bnw] • onschendbaar • niet te verbreken
infrared/ɪnfrəˈred/ [bnw] infrarood
infrastructure/ˈɪnfrəstrʌktʃə/ [znw] infrastructuur
infrequency/ɪnˈfriːkwənsɪ/ [znw] zeldzaamheid
infrequent/ɪnˈfriːkwənt/ [bnw] niet vaak ∗ not ~ly nog al eens
infringe/ɪnˈfrɪndʒ/ [ov + on ww] • overtreden • schenden ‹v. eed›
infringement/ɪnˈfrɪndʒmənt/ [znw] • inbreuk • overtreding
infructuous/ɪnˈfrʌktjʊəs/ [bnw] • niet vruchtdragend • onvoordelig ‹fig.›
infundibular/ɪnfʌnˈdɪbjʊlə/ [bnw] trechtervormig
infuriate I [ov ww] /ɪnˈfjʊərɪeɪt/ woedend maken II [bnw] /ɪnˈfjʊərɪət/ razend
infuse/ɪnˈfjuːz/ I [ov ww] • laten trekken ‹v. thee› • ingieten • inprenten • doordrenken II [on ww] trekken ‹v. thee›
infusible/ɪnˈfjuːzɪbl/ [bnw] onsmeltbaar
infusion/ɪnˈfjuːʒən/ [znw] • 't inprenten • doordringen • infusie • aftreksel
ingathering/ˈɪnɡæðərɪŋ/ [znw] het ophalen, het binnenhalen ‹v. oogst›, het bijeenbrengen
ingeminate/ɪnˈdʒemɪneɪt/ [ov ww] herhalen, herhaaldelijk aandringen op
ingenious/ɪnˈdʒiːnɪəs/ [bnw] vernuftig
ingenuity/ɪndʒɪˈnjuːətɪ/ [znw] vernuft
ingenuous/ɪnˈdʒenjʊəs/ [bnw] onschuldig
ingest/ɪnˈdʒest/ [ov ww] opnemen ‹v. voedsel›
ingle/ˈɪŋɡl/ [znw] • haard • vuur ‹in haard› ∗ ~-nook hoekje bij de haard
inglorious/ɪnˈɡlɔːrɪəs/ [bnw] • roemloos • onbekend
ingoing/ˈɪnɡəʊɪŋ/ I [znw] 't binnengaan II [bnw] binnengaand
ingot/ˈɪnɡət/ [znw] staaf, baar ‹v. metaal›
ingraft/ɪnˈɡrɑːft/ → **engraft**
ingrained/ɪnˈɡreɪnd/ [bnw] • diepgeworteld • doortrapt, verstokt • aarts-, door en door
ingratiate/ɪnˈɡreɪʃɪeɪt/ [ov ww] ∗ an ingratiating smile een innemende glimlach ∗ ~ o.s. with z. bemind maken bij
ingratitude/ɪnˈɡrætɪtjuːd/ [znw] ondankbaarheid
ingredient/ɪnˈɡriːdɪənt/ [znw] bestanddeel
ingress/ˈɪnɡres/ [znw] • 't binnengaan • ingang, toegang
in-group/ˈɪnɡruːp/ [znw] • kliek • groep personen met gemeenschappelijke belangen
inhabit/ɪnˈhæbɪt/ [ov ww] wonen in
inhabitable/ɪnˈhæbɪtəbl/ [bnw] bewoonbaar
inhabitant/ɪnˈhæbɪtənt/ [znw] bewoner, inwoner
inhalation/ɪnhəˈleɪʃən/ [znw] inademing
inhale/ɪnˈheɪl/ [ov ww] inademen, inhaleren
inhaler/ɪnˈheɪlə/ [znw] inhaleerapparaat
inharmonious/ɪnhɑːˈməʊnɪəs/ [bnw] • tegenstrijdig • niet bij elkaar passend • onwelluidend
inhere/ɪnˈhɪə/ [on ww] bestaan in, inherent zijn aan
inherence, inherency/ɪnˈherəns/ [znw] • inherentie • het innig verbonden zijn

inherent/ɪnˈherənt/ [bnw] inherent ∗ ~ in eigen aan
inherently/ɪnˈherəntlɪ/ [bijw] als zodanig
inherit/ɪnˈherɪt/ [ov ww] erven
inheritable/ɪnˈherɪtəbl/ [bnw] erfelijk
inheritance/ɪnˈherɪtns/ [znw] erfenis, overerving
inheritor/ɪnˈherɪtə/ [znw] erfgenaam
inhesion/ɪnˈhiːʒən/ → **inherence**
inhibit/ɪnˈhɪbɪt/ [ov ww] • verbieden • beletten, in de weg staan • suspenderen ‹r.-k.›
inhibited/ɪnˈhɪbɪtɪd/ [bnw] verlegen, geremd
inhibition/ɪnhɪˈbɪʃən/ [znw] • verbod • ‹inf.› onderdrukking, het beletten
inhibitory/ɪnˈhɪbɪtərɪ/ [bnw] verbods-
inhospitable/ɪnhɒˈspɪtəbl/ [bnw] • ongastvrij • onherbergzaam
inhospitality/ɪnhɒspɪˈtælətɪ/ [znw] • ongastvrijheid • onherbergzaamheid
inhuman/ɪnˈhjuːmən/ [bnw] • onmenselijk • monsterlijk
inhumane/ɪnhjuːˈmeɪn/ [bnw] wreed
inhumanity/ɪnhjuːˈmænətɪ/ [znw] wreedheid
inhumation/ɪnhjʊˈmeɪʃən/ [znw] 't begraven, begrafenis
inhume/ɪnˈhjuːm/ [ov ww] begraven
inimical/ɪˈnɪmɪkl/ [bnw] • vijandig • schadelijk
inimitability/ɪnɪmɪtəˈbɪlətɪ/ [znw] onnavolgbaarheid
inimitable/ɪˈnɪmɪtəbl/ [bnw] onnavolgbaar, weergaloos
iniquitous/ɪˈnɪkwɪtəs/ [bnw] • zondig • onrechtvaardig
iniquity/ɪˈnɪkwətɪ/ [znw] • onrechtvaardigheid • zonde
initial/ɪˈnɪʃəl/ I [ov ww] paraferen II [znw] voorletter III [bnw] eerste, begin-, voor-
initially/ɪˈnɪʃəlɪ/ [bijw] eerst, aanvankelijk
initiate I [ov ww] /ɪˈnɪʃɪeɪt/ • beginnen • inwijden, inleiden II [znw] /ɪˈnɪʃɪət/ ingewijde III [bnw] /ɪˈnɪʃɪət/ ingewijd
initiation/ɪnɪʃɪˈeɪʃən/ [znw] • begin • inwijding
initiative/ɪˈnɪʃətɪv/ I [znw] • eerste stap, begin • initiatief II [bnw] aanvangs-
inject/ɪnˈdʒekt/ [ov ww] inspuiten
injection/ɪnˈdʒekʃən/ [znw] • injectie • 't in baan om aarde brengen ‹v. satelliet› ∗ ‹techn.› ~ moulding spuitgieten
injector/ɪnˈdʒektə/ [znw] injector
injudicial/ɪndʒʊˈdɪʃəl/ [bnw] onwettig
injudicious/ɪndʒʊˈdɪʃəs/ [bnw] onverstandig
injunction/ɪnˈdʒʌŋkʃən/ [znw] • dringend verzoek • bevel, verbod
injure/ˈɪndʒə/ [ov ww] • verwonden • onrecht aandoen, benadelen, krenken
injurious/ɪnˈdʒʊərɪəs/ [bnw] • beledigend • schadelijk
injury/ˈɪndʒərɪ/ [znw] • belediging • letsel, schade ∗ add insult to ~ iem. 'n trap na geven ∗ ~ time blessuretijd
injustice/ɪnˈdʒʌstɪs/ [znw] onrecht(vaardigheid)
ink/ɪŋk/ I [ov ww] met inkt insmeren II [znw] inkt
inkblot/ˈɪŋkblɒt/ [znw] inktvlek ∗ ~ test rorschachtest
inkkiller/ˈɪŋkkɪlə/ [znw] inktwisser
inkling/ˈɪŋklɪŋ/ [znw] flauw vermoeden
in-kneed/ˈɪnniːd/ [bnw] met x-benen
inkstand/ˈɪŋkstænd/ [znw] inktstel
ink-well/ˈɪŋkwel/ [znw] inktpot
inky/ˈɪŋkɪ/ [bnw] inktachtig ∗ inky (black) inktzwart
inlaid/ɪnˈleɪd/ [bnw] ingelegd
inland/ˈɪnlənd/ I [bnw + bijw] • binnenlands • in

of naar 't binnenland ∗ Inland Revenue
≈ belastingdienst ∗ ~ lake in 't binnenland
gelegen meer ∗ ~ navigation binnenvaart ∗ ~ sea
binnenzee **II** [znw] binnenland
in-law/'ɪnlɔː/ (inf.) [znw] ● aangetrouwd familielid
● schoonouder
inlay I [ov ww] /ɪn'leɪ/ inleggen **II** [znw] /'ɪnleɪ/
● mozaïek ● vulling ⟨v. kies⟩ ● ingang
inlet/'ɪnlet/ [znw] ● inham ● inzetsel
inly/'ɪnlɪ/ [bnw] ● inwendig ● intiem ● oprecht
inmate/'ɪnmeɪt/ [znw] medegevangene
inmost/'ɪnməʊst/ [bnw] ● binnenste ● meest
intieme, diep 'te
inn/ɪn/ [znw] ● herberg, taveerne ● (dorps)hotel
innards/'ɪnədz/ ⟨sl.⟩ [mv] maag, ingewanden
innate/ɪ'neɪt/ [bnw] aangeboren, natuurlijk
inner/'ɪnə/ **I** [znw] ● kring om roos ● schot net
naast de roos **II** [bnw] inwendig, innerlijk, binnen
… ∗ ~ office privékantoor ∗ ~ tube binnenband
inner-city[znw] binnenstad
innerman/ɪnə'mæn/ [znw] ● ziel ● eetlust ● (inf.)
inwendige mens
innermost/'ɪnəməʊst/ [bnw] binnenste
innings/'ɪnɪŋz/ [mv] ● ambtsperiode ● indijking,
ingedijkt land ● slagbeurt ⟨bij cricket, baseball⟩
∗ have a good ~ geluk hebben; lang leven
innkeeper/'ɪnkiːpə/ [znw] waard, hotelhouder,
kastelein, herbergier
innocence/'ɪnəsns/ [znw] ● onschuld
● onnozelheid
innocent/'ɪnəsnt/ **I** [znw] ● onschuldig iem.
(vooral klein kind) ● zwakzinnige ● onnozele
∗ Innocents' Day onnozele-kinderen(dag) (28 dec)
II [bnw] ● onschuldig ● onschadelijk ∗ ~ of niet
schuldig aan; totaal zonder
innocuous/ɪ'nɒkjʊəs/ [bnw] onschadelijk,
ongevaarlijk
innovate/'ɪnəveɪt/ [on ww] vernieuwen,
nieuwigheden aanbrengen
innovation/ɪnə'veɪʃən/ [znw] vernieuwing,
nieuwigheid
innovative/'ɪnəveɪtɪv/ [bnw] vernieuwend
innovator/'ɪnəveɪtə/ [znw] ● vernieuwer
● nieuwlichter
innuendo/ɪnjʊ'endəʊ/ [znw] ● beledigende
insinuatie ● verdachtmaking
innumerable/ɪ'njuːmərəbl/ [bnw] ontelbaar
inoculate/ɪ'nɒkjʊleɪt/ [ov ww] inenten
inoculation/ɪnɒkjʊ'leɪʃən/ [znw] inenting
inoffensive/ɪnə'fensɪv/ [bnw] ● geen aanstoot
gevend ● niet bezwaarlijk ● onschadelijk
inoperable/ɪn'ɒpərəbl/ [bnw] ● niet te opereren
● onuitvoerbaar
inoperative/ɪn'ɒpərətɪv/ [bnw] ● niet werkend
● ongeldig ⟨v. wet⟩
inopportune/ɪn'ɒpətjuːn/ [bnw] ● ontijdig
● ongelegen
inordinate/ɪn'ɔːdɪnət/ [bnw] buitensporig,
onmatig, ongeregeld
inorganic/ɪnɔː'gænɪk/ [bnw] anorganisch
input/'ɪnpʊt/ **I** [ov ww] ● computer voorzien v.
opdrachten ● programmeren **II** [znw] ● invoer van
gegevens ● (techn.) ingang
inquest/'ɪnkwest/ [znw] gerechtelijk onderzoek
∗ coroner's ~ gerechtelijke lijkschouwing ∗ grand
~ of the nation 't Lagerhuis
inquietude/ɪn'kwaɪɪtjuːd/ [znw] ● onrust(igheid)
● ongerustheid
inquire/ɪn'kwaɪə/ [ov + on ww] navragen,
informeren ∗ ~ within inlichtingen binnen/alhier
● (~ about/after) informeren naar ● (~ into)
onderzoeken ● (~ of) bij iem. informeren

inquirer/ɪn'kwaɪərə/ [znw] onderzoeker, enquêteur
inquiring/ɪn'kwaɪərɪŋ/ [bnw] onderzoekend,
weetgierig
inquiry/ɪn'kwaɪərɪ/ [znw] ● 't vragen
● (aan-/na-)vraag ● onderzoek ∗ court of ~
onderzoekscommissie; militair gerechtshof ∗ make
inquiries inlichtingen inwinnen
inquisition/ɪnkwɪ'zɪʃən/ [znw] ● onderzoek
● inquisitie
inquisitive/ɪn'kwɪzɪtɪv/ [bnw] nieuwsgierig
inquisitor/ɪn'kwɪzɪtə/ [znw] ● inquisiteur
● officieel onderzoeker
inquisitorial/ɪnkwɪzɪ'tɔːrɪəl/ [bnw]
● inquisitoriaal ● hinderlijk nieuwsgierig
inroad/'ɪnrəʊd/ [znw] ● vijandelijke inval
● inbreuk, aantasting
insalubrious/ɪnsə'luːbrɪəs/ [bnw] ● ongezond ⟨v.
omgeving⟩ ● onsmakelijk
insane/ɪn'seɪn/ [bnw] krankzinnig
insanitary/ɪn'sænɪtərɪ/ [bnw] ongezond,
onhygiënisch
insanity/ɪn'sænɪtɪ/ [znw] krankzinnigheid,
dwaasheid
insatiability/ɪnseɪʃə'bɪlətɪ/ [znw]
onverzadigbaarheid
insatiable/ɪn'seɪʃəbl/ [bnw] onverzadigbaar
insatiate/ɪn'seɪʃɪət/ [bnw] ● niet te verzadigen
● onverzadigd
inscribe/ɪn'skraɪb/ [ov ww] ● graveren
● inschrijven ● inprenten ● beschrijven in
● opdragen ⟨v. boek⟩
inscription/ɪn'skrɪpʃən/ [znw] ● inscriptie
● opdracht
inscrutability/ɪnskruːtə'bɪlətɪ/ [znw]
● ondoorgrondelijkheid ● geheimzinnigheid
inscrutable/ɪn'skruːtəbl/ [bnw]
● ondoorgrondelijk ● geheimzinnig
insect/'ɪnsekt/ [znw] insect
insecticide/ɪn'sektɪsaɪd/ [znw] insecticide
insection/ɪn'sekʃən/ [znw] insnijding, inkerving
insecure/ɪnsɪ'kjʊə/ [bnw] onveilig, onbetrouwbaar
insecurity/ɪnsɪ'kjʊərətɪ/ [znw] onveiligheid
inseminate/ɪn'semɪneɪt/ [ov ww] ● bevruchten,
insemineren ● (in)zaaien
insemination/ɪnsemɪ'neɪʃən/ [znw] bevruchting
∗ artificial ~ kunstmatige inseminatie
insensate/ɪn'senseɪt/ [bnw] ● gevoelloos
● onzinnig
insensibility/ɪnsensɪ'bɪlətɪ/ [znw]
● ongevoeligheid ● bewusteloosheid
insensible/ɪn'sensɪbl/ [bnw] ● niet te bemerken
● bewusteloos ● z. niet bewust ● ongevoelig
insensitive/ɪn'sensɪtɪv/ [bnw] ∗ ~ to onverschillig
voor
inseparability/ɪnsepərə'bɪlətɪ/ [znw]
onafscheidelijkheid
inseparable/ɪn'sepərəbl/ [bnw] onafscheidelijk,
niet te scheiden
insert I [ov ww] /ɪn'sɜːt/ ● invoegen, inzetten
● insteken ● plaatsen ⟨v. artikel, advertentie⟩
II [znw] /'ɪnsɜːt/ inlas
insertion/ɪn'sɜːʃən/ [znw] ● wijze v. inplanting ⟨v.
spier, orgaan⟩ ● tussenzetsel ⟨v. kant e.d.⟩ ● krasje
⟨bij inenting⟩ ● 't in een baan rond de aarde
brengen ⟨v. satelliet⟩
in-service/ɪn'sɜːvɪs/ [bnw] tijdens het werk
insel I [ov ww] /ɪn'set/ inzetten, inlassen **II** [znw]
/'ɪnset/ ● ingelaste bladen ● tussenzetsel ∗ ~
cupboard muurkast ∗ ~ map bijkaart ⟨in atlas⟩
inshore/ɪn'ʃɔː/ [bnw] naar of dichtbij de kust
inside I [znw] ● /'ɪnsaɪd/ binnenkant ● /'ɪnsaɪd/
kant die niet langs de weg loopt ⟨v. trottoir⟩

• /ɪnˈsaɪd/ ingewanden, inborst • /ˈɪnsaɪd/ passagier binnenin ★ ~ out binnenste buiten ★ the ~ of a week 't midden **II** [znw] /ˈɪnsaɪd/ binnen-, binnenste ★ ~ information inlichtingen uit de eerste hand ★ ~ manager bedrijfsleider **III** [bijw] /ɪnˈsaɪd/ van/naar binnen • ⟨sl.⟩ he's ~ hij zit ⟨in de gevangenis⟩ **IV** [vz] /ˈɪnsaɪd/ binnen, in

insider /ɪnˈsaɪdə/ [znw] • lid v. vereniging • ingewijde

insidious /ɪnˈsɪdɪəs/ [bnw] verraderlijk

insight /ˈɪnsaɪt/ [znw] inzicht

insignia /ɪnˈsɪgnɪə/ [mv] onderscheidingstekenen

insignificance /ɪnsɪgˈnɪfɪkəns/ [znw] onbeduidendheid

insignificant /ɪnsɪgˈnɪfɪkənt/ [bnw] • onbeduidend • verachtelijk • zonder betekenis

insincere /ɪnsɪnˈsɪə/ [bnw] bedrieglijk, oneerlijk

insincerity /ɪnsɪnˈserətɪ/ [znw] • oneerlijkheid • onoprechtheid

insinuate /ɪnˈsɪnjʊeɪt/ [ov ww] • insinueren • inleiden • inbrengen ★ in an insinuating way op vleierige manier

insinuation /ɪnsɪnjʊˈeɪʃən/ [znw] • insinuatie • 't ongemerkt binnendringen

insipid /ɪnˈsɪpɪd/ [bnw] • saai, oninteressant • smakeloos

insipidity /ɪnsɪˈpɪdətɪ/ [znw] flauwheid, smakeloosheid

insist /ɪnˈsɪst/ [ov + on ww] blijven bij, volhouden, met klem beweren ★ I ~ ⟨up⟩on your going ik sta erop dat je gaat

insistence /ɪnˈsɪstns/ [znw] aandrang

insistent /ɪnˈsɪstnt/ [bnw] • blijvend bij, aanhoudend • noodzakelijk • urgent

insobriety /ɪnsəˈbraɪətɪ/ [znw] onmatigheid

insofar /ɪnsəʊˈfɑ:/ [bijw] ★ ~ as voor zover ⟨als⟩

insolate /ˈɪnsəʊleɪt/ [ov ww] blootstellen aan zonlicht

insolation /ɪnsəʊˈleɪʃən/ [znw] straling van de zon

insole /ˈɪnsəʊl/ [znw] binnenzool

insolence /ˈɪnsələns/ [znw] onbeschaamdheid

insolent /ˈɪnsələnt/ [bnw] onbeschaamd

insolubility /ɪnsɒljʊˈbɪlətɪ/ [znw] onoplosbaarheid

insoluble /ɪnˈsɒljʊbl/ [bnw] onoplosbaar

insolvency /ɪnˈsɒlvənsɪ/ [znw] insolventie

insolvent /ɪnˈsɒlvənt/ **I** [znw] schuldenaar **II** [bnw] • insolvent ⟨scherts⟩ blut

insomnia /ɪnˈsɒmnɪə/ [znw] slapeloosheid

insomniac /ɪnˈsɒmnɪæk/ [znw] lijder aan slapeloosheid

insomuch /ɪnsəʊˈmʌtʃ/ [bijw] ★ ~ as zó zeer dat; aangezien ★ ~ that zó dat

insouciance /ɪnˈsuːsɪəns/ [znw] • totale onverschilligheid • zorgeloosheid

inspect /ɪnˈspekt/ [ov ww] onderzoeken, inspecteren, bezichtigen

inspection /ɪnˈspekʃən/ [znw] ★ for ⟨your⟩ ~ ter inzage ★ ~ copy exemplaar ter inzage

inspector /ɪnˈspektə/ [znw] • onderzoeker • inspecteur • opzichter

inspectorate /ɪnspekˈtərət/ [znw] • inspectie • inspecteurschap

inspiration /ɪnspɪˈreɪʃən/ [znw] • inademing • inspiratie, ingeving

inspirational /ɪnspəˈreɪʃənəl/ [bnw] • geïnspireerd • bezielend

inspire /ɪnˈspaɪə/ [ov ww] • inademen • inspireren, bezielen

inspired /ɪnˈspaɪəd/ [bnw] geïnspireerd

inst. [afk] • ⟨instant⟩ van de lopende maand

instability /ɪnstəˈbɪlətɪ/ [znw] onstandvastigheid

install /ɪnˈstɔ:l/ [ov ww] • installeren ⟨v. personen⟩

• plaatsen ⟨v. machines⟩

installation /ɪnstəˈleɪʃən/ [znw] • installatie • plaatsing

instalment /ɪnˈstɔ:lmənt/ [znw] • termijn ⟨v. betaling⟩ • aflevering • installatie ★ ~ plan huurkoop

instance /ˈɪnstns/ **I** [ov ww] aanhalen als voorbeeld **II** [znw] • voorbeeld • verzoek • ⟨jur.⟩ instantie ★ for ~ bijvoorbeeld ★ in the first ~ in de eerste plaats; in eerste instantie

instant /ˈɪnstnt/ **I** [znw] ogenblik ★ on the ~ direct **II** [bnw] • dringend • ogenblikkelijk • klaar voor ⟨direct⟩ gebruik ★ an ~ replay herhaling ⟨op tv⟩ ★ ~ coffee oploskoffie

instantaneous /ɪnstənˈteɪnɪəs/ [bnw] • ogenblikkelijk • moment-

instantly, instanter /ˈɪnstəntlɪ/ [bijw] onmiddellijk

instate /ɪnˈsteɪt/ [ov ww] installeren, vestigen

instead /ɪnˈsted/ [bijw] in plaats hiervan/daarvan ★ ~ of in plaats van

instep /ˈɪnstep/ [znw] wreef ⟨v. voet⟩

instigate /ˈɪnstɪgeɪt/ [ov ww] aansporen, aanzetten tot

instigation /ɪnstɪˈgeɪʃən/ [znw] ★ at the ~ of op aandringen van

instigator /ˈɪnstɪgeɪtə/ [znw] ophitser, aanzetter

instil(l) /ɪnˈstɪl/ [ov ww] • doordringen van gevoelens/ideeën • indruppelen

instinct /ˈɪnstɪŋkt/ **I** [znw] • instinct • intuïtie **II** [bnw] ★ ~ with doordrongen van

instinctive /ɪnˈstɪŋktɪv/ [bnw] instinctmatig

institute /ˈɪnstɪtjuːt/ **I** [ov ww] • stichten • installeren ⟨v. personen⟩ • aanstellen, bevestigen ⟨v. predikant⟩ **II** [znw] instelling, instituut

institution /ɪnstɪˈtjuːʃən/ [znw] • instituut, instelling • gesticht • wet • ⟨inf.⟩ bekend of vast voorwerp of persoon

institutional /ɪnstɪˈtjuːʃənl/ [bnw] • institutioneel • wets-- • gestichts- • gevestigd

instruct /ɪnˈstrʌkt/ [ov ww] • onderrichten • inlichtingen verstrekken, voorlichten • bevelen

instruction /ɪnˈstrʌkʃən/ [znw] • aanwijzing, instructie • bevel

instructional /ɪnˈstrʌkʃənl/ [bnw] • educatief, onderwijs- • inlichtingen bevattend

instructive /ɪnˈstrʌktɪv/ [bnw] leerzaam

instructor /ɪnˈstrʌktə/ ⟨AE⟩ [znw] • instructeur • docent ⟨aan universiteit⟩

instructress /ɪnˈstrʌktrəs/ [znw] instructrice

instrument /ˈɪnstrəmənt/ **I** [ov ww] instrumenteren **II** [znw] • instrument, werktuig • document ★ ~ panel instrumentenpaneel; dashboard

instrumental /ɪnstrəˈmentl/ **I** [znw] instrumentalis ⟨naamval⟩ **II** [bnw] • instrumentaal • behulpzaam ⟨bij⟩ • bevorderlijk ⟨voor⟩

instrumentalist /ɪnstrʊˈmentəlɪst/ [znw] bespeler v. instrument

instrumentality /ɪnstrʊmenˈtælətɪ/ [znw] • bemiddeling • middel

instrumentation /ɪnstrəmenˈteɪʃən/ [znw] • instrumentatie • operatie met instrumenten • bemiddeling

insubordinate /ɪnsəˈbɔ:dɪnət/ [bnw] ongehoorzaam

insubordination /ɪnsəbɔ:dəˈneɪʃən/ [znw] insubordinatie

insubstantial /ɪnsəbˈstænʃəl/ [bnw] • niet aanzienlijk • onbelangrijk • onwerkelijk • ondegelijk

insufferable/ɪn'sʌfərəbl/ [bnw] on(ver)draaglijk
insufficiency/ɪnsə'fɪʃənsɪ/ [znw] ontoereikendheid, gebrek
insufficient/ɪnsə'fɪʃənt/ [bnw] onvoldoende
insufflate/'ɪnsəflett/ [ov ww] inblazen, beademen
insufflator/'ɪnsəflettə/ [znw] beademingsapparaat
insular/'ɪnsjʊlə/ I [znw] eilandbewoner II [bnw]
 • geïsoleerd • bekrompen (v. geest)
insularism/'ɪnsjʊlərɪzəm/ [znw] bekrompenheid
insularity/ɪnsjʊ'lærətɪ/ [znw] • bekrompenheid
 • insulaire positie
insulate/'ɪnsjʊlett/ [ov ww] • isoleren • afscheiden
 ★ insulating tape isolatieband
insulation/ɪnsjʊ'leɪʃən/ [znw] isolatie(materiaal)
insulator/'ɪnsjʊlettə/ [znw] isolatie(middel)
insulin/'ɪnsjʊlɪn/ [znw] insuline
insult I [ov ww] /ɪn'sʌlt/ beledigen II [znw] /'ɪnsʌlt/ belediging
insuperable/ɪn'su:pərəbl/ [bnw] onoverkomelijk
insupportable/ɪnsə'pɔːtəbl/ [bnw] ondraaglijk
insurable/ɪn'ʃʊərəbl/ [bnw] verzekerbaar
insurance/ɪn'ʃʊərəns/ [znw] verzekering ★ ~ policy verzekeringspolis
insure/ɪn'ʃʊə/ [ov ww] verzekeren ★ the ~d de verzekerde(n)
insurer/ɪn'ʃʊərə/ [znw] verzekeraar, assuradeur
insurgent/ɪn'sɜːdʒənt/ I [znw] rebel II [bnw] oproerig
insurmountable/ɪnsə'maʊntəbl/ [bnw]
 • onoverkomelijk • onoverwinnelijk
insurrection/ɪnsə'rekʃən/ [znw] opstand
insurrectionary/ɪnsə'rekʃənərɪ/ I [znw] opstandeling II [bnw] opstandig
insurrectionist/ɪnsə'rekʃənɪst/ [znw] oproerling
insusceptible/ɪnsə'septɪbl/ [bnw] ★ ~ to niet ontvankelijk voor ★ ~ to disease niet vatbaar voor ziekte
intact/ɪn'tækt/ [bnw] intact, heel, ongeschonden
intake/'ɪnteɪk/ I [ov ww] ★ ~ valve inlaatklep II [znw] • inlaatopening • vernauwing • nieuwe instroom (v. personen) • opname • invoer (v. apparaat) • opgenomen hoeveelheid (v. energie, vermogen) • inkomsten • ontvangsten
 • drooggelegd of ontgonnen stuk land
intangible/ɪn'tændʒɪbl/ [bnw] • ongrijpbaar • onstoffelijk • vaag
integer/'ɪntɪdʒə/ [znw] geheel getal
integral/'ɪntɪɡrəl/ I [znw] integraal II [bnw]
 • essentieel deel uitmakend • volledig ★ ~ calculus integraalrekening
integrant/'ɪntɪɡrənt/ [bnw] samenstellend
integrate I [ov ww] /'ɪntɪɡreɪt/ • delen tot één geheel verenigen • de integraal vinden
 • gemiddelde waarde/het totaal aangeven (v. temperatuur, oppervlakte) ★ ~d circuit geïntegreerde schakeling II [bnw] /'ɪntɪɡrət/ geheel
integration/ɪntɪ'ɡreɪʃən/ [znw] integratie
integrationist/ɪntɪ'ɡreɪʃənɪst/ [znw] voorstander van rassenintegratie
integrity/ɪn'teɡrətɪ/ [znw] • eerlijkheid • onkreukbaarheid • volledigheid
integument/ɪn'teɡjʊmənt/ [znw] • omhulsel • huid • vel
intellect/'ɪntəlekt/ [znw] intellect, verstand
intellection/ɪntə'lekʃən/ [znw] 't begrijpen
intellectual/ɪntə'lektʃʊəl/ I [znw] intellectueel II [bnw] • intellectueel • verstandelijk • verstands-
intelligence/ɪn'telɪdʒəns/ [znw] • verstand, begrip • denkend wezen • nieuws, inlichtingen ★ ~ department inlichtingendienst
intelligent/ɪn'telɪdʒənt/ [bnw] intelligent

intelligential/ɪntəlɪ'dʒenʃəl/ [bnw]
 • verstandelijk • nieuws-
intelligently/ɪn'telɪdʒəntlɪ/ [bijw] met verstand
intelligentsia/ɪntelɪ'dʒentsɪə/ [znw] intellectuelen
intelligibility/ɪntelɪdʒə'bɪlətɪ/ [znw] begrijpelijkheid
intelligible/ɪn'telɪdʒɪbl/ [bnw] begrijpelijk
intemperance/ɪn'tempərəns/ [znw]
 • onmatigheid • dronkenschap
intemperate/ɪn'tempərət/ [bnw] • dronken • overdreven, hevig
intend/ɪn'tend/ [ov ww] • v. plan zijn
 • bestemmen ★ ~ed as bedoeld als
intendant/ɪn'tendənt/ [znw] intendant
intended/ɪn'tendɪd/ I [znw] verloofde II [bnw]
 • aanstaande • met opzet
intending/ɪn'tendɪn/ [bnw] aanstaande ★ ~ buyers eventuele kopers
intense/ɪn'tens/ [bnw] intens, krachtig, vurig, diep gevoeld
intensely/ɪn'tenslɪ/ [bijw] intens
intensification/ɪntensɪfɪ'keɪʃən/ [znw] verheviging, versterking
intensifier/ɪn'tensɪfaɪə/ [znw] versterker
intensify/ɪn'tensɪfaɪ/ [ov + on ww] • versterken • verhevigen
intensity/ɪn'tensətɪ/ [znw] • intensiteit • gespannenheid, gespannen toestand
intensive/ɪn'tensɪv/ [bnw] • intensief • grondig
intent/ɪn'tent/ I [znw] bedoeling ★ to all ~s and purposes feitelijk ★ with ~ to om te II [bnw]
 • (in)gespannen • doelbewust ★ be ~ (up)on uit zijn op ★ (~ (up)on) vastbesloten
intention/ɪn'tenʃən/ [znw] • voornemen • doel, bedoeling • intentie (in r.-k. Kerk) ★ ~s plannen voor huwelijksaanzoek (fam.)
intentional/ɪn'tenʃənl/ [bnw] opzettelijk
inter I [ov ww] /ɪn'tɜː/ begraven II [bnw] /'ɪntə/ tussen, onder ★ ~ alia o.a.
inter-/'ɪntə/ [voorv] inter-, tussen
 ★ intergovernmental intergouvernementeel
interact I [on ww] /ɪntər'ækt/ op elkaar inwerken II [znw] /'ɪntərækt/ tussenspel
interaction/ɪntər'ækʃən/ [znw] wisselwerking
interbreed/ɪntə'briːd/ I [ov ww] kruisen II [on ww] z. kruisen
intercalate/ɪn'tɜːkəleɪt/ [ov ww] • invoegen • toevoegen (v. tijdseenheid)
intercede/ɪntə'siːd/ [on ww] bemiddelen, tussenbeide komen ★ ~ on s.o.'s behalf een goed woordje voor iem. doen
intercept/ɪntə'sept/ [ov ww] onderscheppen
interception/ɪntə'sepʃən/ [znw] onderschepping
interceptor/ɪntə'septə/ [znw] klein, snel gevechtsvliegtuig, interceptor
intercession/ɪntə'seʃən/ [znw] tussenkomst, voorspraak (door gebed)
intercessor/ɪntə'sesə/ [znw] bemiddelaar
interchange I [ov ww] /ɪntə'tʃeɪndʒ/ (uit)wisselen, ruilen II [znw] /'ɪntətʃeɪndʒ/ • verandering • ruil, uitwisseling • (AE) oprit naar viaduct ★ ~ station overstapstation
interchangeable/ɪntə'tʃeɪndʒəbl/ [bnw] verwisselbaar
intercollegiate/ɪntəkə'liːdʒət/ [bnw] tussen colleges onderling (v. universiteiten)
intercom/'ɪntəkɒm/ [znw] intercom
intercommunicate/ɪntəkə'mjuːnɪkeɪt/ [on ww] contact onderhouden met elkaar
intercontinental/ɪntəkɒntɪ'nentl/ [bnw] intercontinentaal
intercourse/'ɪntəkɔːs/ [znw] (geslachts)verkeer,

omgang
intercurrent/ɪntəˈkʌrənt/ [bnw] • vallend tussen
• onregelmatig
interdenominational/ɪntədɪnɒmɪˈneɪʃənl/
[bnw] interconfessioneel
interdependence/ɪntədɪˈpendəns/ [znw]
onderlinge afhankelijkheid
interdependent/ɪntədɪˈpendənt/ [bnw]
onderling afhankelijk
interdict I [ov ww] /ɪntəˈdɪkt/ • verbieden
• suspenderen • vernietigen, nederlaag bezorgen
II [znw] /ˈɪntədɪkt/ • verbod • 't suspenderen (in
r.-k. Kerk)
interdiction/ɪntəˈdɪkʃən/ [znw] verbod
interest/ˈɪntrəst/ **I** [ov ww] • he is ~ed in hij stelt
belang in * ~ed marriage huwelijk uit berekening
* the ~ed parties de belanghebbenden • (~ in)
belangstelling wekken voor **II** [znw] • groep v.
belanghebbenden • belangstelling, (eigen)belang
• invloed • rente • recht, aandeel * by ~ door
protectie * have an ~ in s.th. belang hebben bij
iets * it's in the ~(s) of the whole community
het is in het belang van de hele gemeenschap * it's
of ~ 't is interessant * the rate of ~ rentevoet
interest-free/ɪntrəstˈfriː/ [bnw] renteloos
interesting/ˈɪntrəstɪŋ/ [bnw] interessant,
belangwekkend * in an ~ condition in
verwachting
interface/ˈɪntəfeɪs/ [znw] • raakvlak
• aansluiting • contact • (comp.) interface,
koppeling
interfere/ɪntəˈfɪə/ [on ww] • z. bemoeien met
• belemmeren • in botsing komen • tussenbeide
komen • (techn.) interfereren • (~ with) z.
bemoeien met, verstoren, belemmeren, z. vergrijpen
aan
interference/ɪntəˈfɪərəns/ [znw] • tussenkomst,
bemoeiing • hinder • interferentie, storing
• (sport) blokkeren
interfuse/ɪntəˈfjuːz/ **I** [ov + on ww] • (ver)mengen
• in elkaar overlopen **II** [ov ww] doordringen
interim/ˈɪntərɪm/ **I** [znw] tussenliggende tijd * in
the ~ ondertussen **II** [bnw] tussentijds
• voorlopig • tijdelijk * ~ report voorlopig
(gepubliceerd) rapport
interior/ɪnˈtɪərɪə/ **I** [znw] • 't inwendige, interieur
• binnenland • binnenste * (AE) Department of
the Interior ministerie v. binnenlandse zaken
II [bnw] • binnenlands • inwendig • innerlijk * ~
decorator binnenhuisarchitect
interjacent/ɪntəˈdʒeɪsənt/ [bnw] liggend
onder/tussen
interject/ɪntəˈdʒekt/ [ov ww] • tussen werpen
• tussen haakjes opmerken
interjection/ɪntəˈdʒekʃən/ [znw] • tussenwerpsel
• uitroep
interknit/ɪntəˈnɪt/ [ov ww] ineenstrengelen
interlace/ɪntəˈleɪs/ [ov ww] nauw verbinden, in
elkaar vlechten
interlard/ɪntəˈlɑːd/ [ov ww] doorspekken
interleave/ɪntəˈliːv/ [ov ww] met blanco pagina's
doorschieten
interline/ɪntəˈlaɪn/ [ov ww] tussen de regels
schrijven of drukken
interlinear/ɪntəˈlɪnɪə/ [bnw] interlineair
interlink/ɪntəˈlɪŋk/ [ov ww] onderling verbinden
interlock/ɪntəˈlɒk/ **I** [ov ww] (met elkaar)
verbinden **II** [on ww] • in elkaar sluiten of grijpen
• overlappen **III** [znw] interlock
interlocutor/ɪntəˈlɒkjʊtə/ [znw] • deelnemer aan
een gesprek • compère
interloper/ˈɪntələʊpə/ [znw] • indringer
• beunhaas, zwartwerker
interlude/ˈɪntəluːd/ [znw] • pauze • tussenspel,
intermezzo
intermarriage/ɪntəˈmærɪdʒ/ [znw] gemengd
huwelijk
intermarry/ɪntəˈmærɪ/ [on ww] huwen tussen
verschillende stammen of volkeren
intermediary/ɪntəˈmiːdɪərɪ/ **I** [znw]
• bemiddelaar • bemiddeling **II** [bnw]
bemiddelend
intermediate/ɪntəˈmiːdɪət/ **I** [znw]
• tussenpersoon • iets wat komt tussen
• bemiddelend optreden **II** [bnw] tussenkomend
* ~ education middelbaar onderwijs * ~
frequency middengolf * ~ range ballistic
missile middellangeafstandsraket
interment/ɪnˈtɜːmənt/ [znw] begrafenis
interminable/ɪnˈtɜːmɪnəbl/ [bnw] eindeloos
intermingle/ɪntəˈmɪŋgl/ [ov + on ww]
(ver)mengen
intermission/ɪntəˈmɪʃən/ [znw] • pauze
• onderbreking
intermit/ɪntəˈmɪt/ [on ww] ophouden
intermittent/ɪntəˈmɪtnt/ [bnw] periodiek * ~
fever intermitterende koorts
intermix/ɪntəˈmɪks/ [ov + on ww] (ver)mengen
internal/ɪnˈtɜːnl/ **I** [znw] • ~s intrinsieke waarden
II [bnw] • inwendig, innerlijk • binnenlands
• inwonend * ~ combustion engine
verbrandingsmotor * ~ evidence bewijs uit de
zaak zelf
internalize/ɪnˈtɜːnəlaɪz/ [ov ww] z. eigen maken
international/ɪntəˈnæʃənl/ **I** [znw] (sport)
(deelnemer aan) internationale wedstrijd * ~ date
line meridiaan waar de datum verspringt * ~ law
volkenrecht **II** [bnw] internationaal
internationalism/ɪntəˈnæʃənəlɪzəm/ [znw]
internationalisme
internationalization/ɪntənæʃənəlaɪˈzeɪʃən/
[znw] internationalisatie
internationalize/ɪntəˈnæʃənəlaɪz/ [ov ww]
internationaliseren
intern(e)/ɪnˈtɜːn/ **I** [ov ww] interneren **II** [znw]
(AE) coassistent
internecine/ɪntəˈniːsaɪn/ [bnw] • bitter (in
gevecht) • elkaar uitmoordend • bloederig
• intern * ~ war burgeroorlog
internee/ɪntɜːˈniː/ [znw] geïnterneerde
internist/ɪnˈtɜːnɪst/ [znw] internist
internment/ɪnˈtɜːnmənt/ [znw] internering
interpellate/ɪnˈtɜːpəleɪt/ [ov ww] interpelleren
interpellation/ɪntɜːpəˈleɪʃən/ [znw] interpellatie
interpersonal/ɪntəˈpɜːsənl/ [bnw] van mens tot
mens
interphone/ˈɪntəfəʊn/ [znw] intercom
interplanetary/ɪntəˈplænɪtərɪ/ [bnw]
interplanetair
interplay/ˈɪntəpleɪ/ [znw] wisselwerking
interpolate/ɪnˈtɜːpəleɪt/ [ov ww] tussenvoegen,
inlassen
interpolation/ɪntɜːpəˈleɪʃən/ [znw] interpolatie
interpose/ɪntəˈpəʊz/ **I** [ov ww] plaatsen tussen
II [on ww] • tussen beide komen • in de rede vallen
interposition/ɪntəpəˈzɪʃən/ [znw]
• tussenplaatsing • bemiddeling
interpret/ɪnˈtɜːprɪt/ **I** [ov ww] • verklaren,
uitleggen • vertolken **II** [on ww] als tolk fungeren
interpretation/ɪntɜːprəˈteɪʃən/ [znw]
• vertolking • uitleg, verklaring
interpretative/ɪnˈtɜːprɪtətɪv/ [bnw] verklarend
interpreter/ɪnˈtɜːprɪtə/ [znw] tolk
interracial/ɪntəˈreɪʃəl/ [bnw] tussen verschillende

rassen
interregnum/ɪntəˈregnəm/ [znw] interregnum, tussenregering
interrelate/ɪntərrɪˈleɪt/ [ov ww] onderling verbinden
interrogate/ɪnˈterəgeɪt/ [ov ww] ondervragen
interrupt/ɪntəˈrʌpt/ I [ov ww] onderbreken, afbreken II [znw] ingreep ‹v. computer›
interrupter/ɪntəˈrʌptə/ [znw] (stroom)onderbreker
interruption/ɪntəˈrʌpʃən/ [znw] interruptie, onderbreking
intersect/ɪntəˈsekt/ I [ov ww] • doorsnijden • verdelen II [on ww] elkaar snijden
intersection/ɪntəˈsekʃən/ [znw] snijpunt, kruispunt ‹v. wegen›
intersperse/ɪntəˈspɜːs/ [ov ww] verspreiden, sprenkelen
interstate/ˈɪntəsteɪt/ ‹AE› [bnw] tussen staten onderling ∗ ~ highway autoweg
interstellar/ɪntəˈstelə/ [bnw] tussen sterren
interstice/ɪnˈtɜːstɪs/ [znw] tussenruimte, opening, spleet
intertwine/ɪntəˈtwaɪn/ [ov ww] vlechten
intertwist/ɪntəˈtwɪst/ [ov ww] door elkaar draaien
interurban/ɪntəˈrɜːbən/ I [znw] interstedelijke spoorweg II [bnw] tussen verschillende steden bestaande ∗ ~ railway interstedelijke spoorweg
interval/ˈɪntəvəl/ [znw] • tussenruimte • pauze • ‹muz.› interval ∗ at ~s zo nu en dan
intervene/ɪntəˈviːn/ [on ww] • tussen beide komen • interveniëren • liggen tussen
intervention/ɪntəˈvenʃən/ [znw] interventie
interview/ˈɪntəvjuː/ I [ov ww] • interviewen • ondervragen II [znw] • onderhoud • sollicitatiegesprek • vraaggesprek
interviewee/ɪntəvjuːˈiː/ [znw] • geïnterviewde • ondervraagde
interviewer/ˈɪntəvjuːə/ [znw] • interviewer • ondervrager
interweave/ɪntəˈwiːv/ I [ov ww] vervlechten II [on ww] zich dooreen weven
intestate/ɪnˈtestət/ I [znw] zonder testament overledene II [bnw] zonder testament (overleden)
intestine/ɪnˈtestɪn/ I [znw] darm II [bnw] inwendig ∗ ~ war burgeroorlog ∗ ~s ingewanden ∗ large/small ~ dikke/dunne darm
intimacy/ˈɪntɪməsɪ/ [znw] intimiteit
intimate I [ov ww] /ˈɪntɪmeɪt/ • min of meer laten blijken • bekend maken II [znw] /ˈɪntɪmət/ boezemvriend III [bnw] /ˈɪntɪmət/ • intiem, vertrouwelijk • innerlijk • be ~ with boezemvriend zijn van; een (seksuele) verhouding hebben met
intimation/ɪntɪˈmeɪʃən/ [znw] • kennisgeving • wenk • teken
intimidate/ɪnˈtɪmɪdeɪt/ [ov ww] intimideren
intimidation/ɪntɪmɪˈdeɪʃən/ [znw] intimidatie
into/ˈɪntʊ/ [vz] in, tot ∗ he was beaten into submission hij werd geslagen tot hij z. onderwierp ∗ two into eight is four acht gedeeld door twee is vier ∗ well into the night tot diep in de nacht
intolerable/ɪnˈtɒlərəbl/ [bnw] on(ver)draaglijk
intolerance/ɪnˈtɒlərəns/ [znw] onverdraagzaamheid
intolerant/ɪnˈtɒlərənt/ [bnw] onverdraagzaam
intonation/ɪntəˈneɪʃən/ [znw] intonatie
intone/ɪnˈtəʊn/ [ov ww] • op één toon zingen/zeggen • aanheffen
intoxicant/ɪnˈtɒksɪkənt/ I [znw] bedwelmend middel, sterke drank II [bnw] bedwelmend
intoxicate/ɪnˈtɒksɪkeɪt/ [ov ww] • dronken maken • in extase brengen

intoxication/ɪntɒksɪˈkeɪʃən/ [znw] extase, dronkenschap, roes
intra-/ˈɪntrə/ [voorv] intra-, in-, binnen ∗ intravenous intraveneus
intractable/ɪnˈtræktəbl/ [bnw] weerspanning
intramural/ɪntrəˈmjʊərəl/ [bnw] • binnen de muren/grenzen • toegankelijk voor studenten van de eigen school/universiteit
intransigence/ɪnˈtrænsɪdʒəns/ [znw] onverzoenlijkheid
intransigent/ɪnˈtrænsɪdʒənt/ [bnw] onverzoenlijk
intransitive/ɪnˈtrænsɪtɪv/ [bnw] onovergankelijk
intravenous/ɪntrəˈviːnəs/ [bnw] • intraveneus • in de ader(en)
intrench/ɪnˈtrentʃ/ [ov + on ww] ‹z.› verschansen
intrepid/ɪnˈtrepɪd/ [bnw] onverschrokken, moedig
intrepidity/ɪntrəˈpɪdaɪ/ [znw] • moedigheid • onverschrokkenheid
intricacy/ˈɪntrɪkəsɪ/ [znw] ingewikkeldheid
intricate/ˈɪntrɪkət/ [bnw] • ingewikkeld, duister • moeilijk te begrijpen
intrigue/ɪnˈtriːg/ I [ov + on ww] • bevreemden • intrigeren II [on ww] 't aanleggen met III [znw] • intrige, kuiperij • liefdesaffaire
intriguer/ɪnˈtriːgə/ [znw] intrigant
intrinsic(al)/ɪnˈtrɪnsɪk(l)/ [bnw] • innerlijk • inherent
intro. [afk] • (introduction) inleiding • (introductory) inleidend
introduce/ɪntrəˈdjuːs/ [ov ww] • voorstellen ‹v. persoon› • ter sprake brengen • indienen ‹v. wetsvoorstel› • invoeren, inleiden
introduction/ɪntrəˈdʌkʃən/ [znw] • inleiding, voorwoord • invoering • het indienen
introductory/ɪntrəˈdʌktərɪ/ [bnw] inleidend
introspect/ɪntrəˈspekt/ [on ww] onderzoeken ‹v. eigen gedachten en gevoelens›
introspection/ɪntrəˈspekʃən/ [znw] zelfonderzoek
introspective/ɪntrəˈspektɪv/ [bnw] zelfbespiegelend
introvert/ɪntrəˈvɜːt/ I [ov ww] in zichzelf keren, zich sluiten II [bnw] introvert, naar binnen gekeerd
introverted/ɪntrəˈvɜːtɪd/ [bnw] introvert, naar binnen gekeerd
intrude/ɪnˈtruːd/ I [ov + on ww] • storen • z. indringen, z. opdringen ∗ I hope I'm not intruding ik stoor u toch niet, hoop ik II [on ww] z. binnen-/op-/indringen ∗ I'm not intruding, I hope Ik stoor toch niet, hoop ik
intruder/ɪnˈtruːdə/ [znw] indringer
intrusion/ɪnˈtruːʒən/ [znw] inbreuk
intrusive/ɪnˈtruːsɪv/ [bnw] • indringerig • ingelast
intrust/ɪnˈtrʌst/ [ov ww] toevertrouwen
intuition/ɪntjuːˈɪʃən/ [znw] intuïtie
intuitive/ɪnˈtjuːətɪv/ [bnw] intuïtief, als bij ingeving
intumesce/ɪntjuːˈmes/ [on ww] uitzetten
intumescence/ɪntjuːˈmesəns/ [znw] gezwel
inunction/ɪnˈʌŋkʃən/ [znw] • olie, zalf • inwrijving • ‹religie› zalving
inundate/ˈɪnʌndeɪt/ [ov ww] onder water zetten, overstromen
inundation/ɪnʌnˈdeɪʃən/ [znw] • stortvloed • inundatie
inurbane/ɪnɜːˈbeɪn/ [bnw] onbeleefd, ruw
inure/ɪˈnjʊə/ I [ov ww] • (~ to) gewennen aan, ten goede komen aan II [on ww] in werking treden
invade/ɪnˈveɪd/ [ov ww] • binnenvallen ‹v. vijand› • bestormen • aangrijpen ‹v. ziekte› • inbreuk maken ‹op rechten›
invader/ɪnˈveɪdə/ [znw] binnenvaller, binnendringer

invalid I /ɪn'væliːd/ • bedlegerig maken, invalide maken • (~ out) ⟨inf./med.⟩ afkeuren **II** [znw] /'ɪnvəliːd/ • zieke • invalide **III** [bnw] • /'ɪnvə.lɪd/ ziek • /'ɪnvəliːd/ invalide • /ɪn'vælɪd/ ongeldig

invalidate /ɪn'vælɪdeɪt/ [ov ww] ongeldig maken

invalidation /ɪnvælɪ'deɪʃən/ [znw] 't ongeldig maken

invalidism /'ɪnvælɪdɪzm/ [znw] • gesukkel • chronische ziekte

invalidity /ɪnvə'lɪdətɪ/ [znw] • ongeldigheid • invaliditeit

invaluable /ɪn'væljʊəbl/ [bnw] onschatbaar

invariable /ɪn'veərɪəbl/ [bnw] onveranderlijk

invariably /ɪn'veərɪəblɪ/ [bijw] altijd, steeds

invasion /ɪn'veɪʒən/ [znw] • inval • optreden ⟨v. ziekte⟩ • inbreuk

invasive /ɪn'veɪsɪv/ [bnw] • invallend • zich verspreidend ⟨v. ziekte⟩

invective /ɪn'vektɪv/ **I** [znw] scheldwoorden **II** [bnw] schimpend

inveigh /ɪn'veɪ/ [on ww] • (~ against) ⟨heftig⟩ uitvaren tegen, schelden op

inveigle /ɪn'veɪgl/ [ov ww] (ver)lokken ★ he ~d her into it hij verleidde haar ertoe

invent /ɪn'vent/ [ov ww] • uitvinden • verzinnen

invention /ɪn'venʃən/ [znw] uitvinding

inventive /ɪn'ventɪv/ [bnw] vindingrijk

inventor /ɪn'ventə/ [znw] uitvinder

inventory /'ɪnvəntərɪ/ **I** [ov ww] inventariseren **II** [znw] inventaris

inverness /ɪnvə'nes/ [znw] mouwloze jas met schoudercape

inverse /ɪn'vɜːs/ **I** [znw] 't omgekeerde **II** [bnw] omgekeerd

inversely /ɪn'vɜːslɪ/ [bijw] ★ ~ proportional to omgekeerd evenredig met

inversion /ɪn'vɜːʃən/ [znw] • omkering • homoseksualiteit • ⟨taalk.⟩ inversie

invert /ɪn'vɜːt/ **I** [ov ww] omkeren **II** [znw] • homoseksueel • ⟨archit.⟩ omgekeerde boog ★ ~ed commas aanhalingstekens

invertebrate /ɪn'vɜːtɪbrət/ **I** [znw] • ongewerveld dier • zwakkeling **II** [bnw] • ongewerveld • zwak

invest /ɪn'vest/ **I** [ov ww] • omsingelen, belegeren • beleggen ⟨v. geld⟩ • bekleden • installeren ★ ~ with an order 'n orde of onderscheiding verlenen **II** [on ww] investeren

investigate /ɪn'vestɪgeɪt/ [ov ww] onderzoeken

investigation /ɪnvestɪ'geɪʃən/ [znw] onderzoek(ing)

investigative, investigatory /ɪn'vestɪgətɪv/ [bnw] onderzoekend

investigator /ɪn'vestɪgeɪtə/ [znw] onderzoeker

investiture /ɪn'vestɪtʃə/ [znw] inhuldiging, bekleding

investment /ɪn'vestmənt/ [znw] • geldbelegging, investering • bekleding • omsingeling, blokkade

investor /ɪn'vestə/ [znw] • investeerder, belegger • iem. die installeert

inveteracy /ɪn'vetərəsɪ/ [znw] verstoktheid, het ingewortteld zijn

inveterate /ɪn'vetərət/ [bnw] verstokt, ingeworteld

invidious /ɪn'vɪdɪəs/ [bnw] • aanstootgevend • gehaat, hatelijk • jaloers

invigilate /ɪn'vɪdʒɪleɪt/ [on ww] surveilleren ⟨bij examen⟩

invigilation /ɪnvɪdʒə'leɪʃən/ [znw] surveillance

invigilator /ɪn'vɪdʒəleɪtə/ [znw] surveillant

invigorate /ɪn'vɪgəreɪt/ [ov ww] versterken, stimuleren, bezielen

invincibility /ɪnvɪnsə'bɪlətɪ/ [znw] onoverwinnelijkheid

invincible /ɪn'vɪnsɪbl/ [bnw] onoverwinnelijk

inviolability /ɪnvaɪələ'bɪlətɪ/ [znw] onschendbaarheid

inviolable /ɪn'vaɪələbl/ [bnw] onschendbaar

inviolate /ɪn'vaɪələt/ [bnw] ongeschonden

invisibility /ɪnvɪzə'bɪlətɪ/ [znw] onzichtbaarheid

invisible /ɪn'vɪzɪbl/ [bnw] • onzichtbaar • niet officieel bekend, zwart ⟨fig.⟩ ★ ⟨econ.⟩ ~ earnings onzichtbare in- of uitvoer ★ the Invisible God

invitation /ɪnvɪ'teɪʃən/ [znw] uitnodiging

invite /ɪn'vaɪt/ **I** [ov ww] • uitnodigen • beleefd vragen • aanlokken **II** [znw] ⟨inf.⟩ uitnodiging

inviting /ɪn'vaɪtɪŋ/ [bnw] aanlokkelijk

invocation /ɪnvə'keɪʃən/ [znw] • inroeping ⟨v. hulp⟩ • aanroeping ⟨v. God⟩ • oproeping ⟨v. geest⟩ • toverformule

invoice /'ɪnvɔɪs/ **I** [ov ww] factureren **II** [znw] factuur

invoke /ɪn'vəʊk/ [ov ww] inroepen

involuntary /ɪn'vɒləntərɪ/ [bnw] onwillekeurig

involve /ɪn'vɒlv/ [ov ww] • (in)wikkelen & draaien • verwikkelen • insluiten, met z. meebrengen • (~ in/with) betrekken bij

involvement /ɪn'vɒlvmənt/ [znw] • verwikkeling • (financiële) betrokkenheid • ingewikkelde zaak • (seksuele) verhouding

invulnerability /ɪnvʌlnərə'bɪlətɪ/ [znw] onkwetsbaarheid

invulnerable /ɪn'vʌlnərəbl/ [bnw] onkwetsbaar

inward /'ɪnwəd/ **I** [bnw] inwendig, innerlijk **II** [bijw] naar binnen

inwardly /'ɪnwədlɪ/ [bijw] • innerlijk • in zichzelf (sprekend) • binnen

inwardness /'ɪnwədnəs/ [znw] • innerlijkheid • 't essentiële, 't wezen

inwards /'ɪnwədz/ **I** [mv] ingewanden [mv] **II** [bijw] naar binnen

iodine /'aɪədiːn/ [znw] jodium

iodize /'aɪədaɪz/ [ov ww] met jodium behandelen

ion /'aɪən/ [znw] ion

Ionic /aɪ'ɒnɪk/ [bnw] Ionisch

iota /aɪ'əʊtə/ [znw] • jota • zeer kleine hoeveelheid • schijntje

IOU [afk] • (I owe you) schuldbekentenis

ir- /ɪ/ [voorv] on-, niet ★ irregular onregelmatig

Iranian /ɪ'reɪnɪən/ **I** [znw] Iraniër **II** [bnw] Iraans

Iraq /ɪ'rɑːk/ [znw] Irak

Iraqi /ɪ'rɑːkɪ/ [znw] Irakees

irascibility /ɪræsə'bɪlətɪ/ [znw] opvliegendheid

irascible /ɪ'ræsɪbl/ [bnw] opvliegend ⟨v. aard⟩

irate /aɪ'reɪt/ [bnw] woedend

ire /'aɪə/ [znw] toorn

ireful /'aɪəfʊl/ [bnw] toornig

Ireland /'aɪələnd/ [znw] Ierland

irenic(al) /aɪ'riːnɪk(l)/ [bnw] vredelievend

iridescence /ɪrɪ'desəns/ [bnw] kleurenspel

iridescent /ɪrɪ'desənt/ [bnw] • met de kleuren van de regenboog, regenboogkleurig • weerschijnend

iris /'aɪərɪs/ [znw] • iris ⟨v. oog⟩ • iris (plant) • soort kristal • regenboog • ⟨foto.⟩ diafragma

Irish /'aɪərɪʃ/ **I** [znw] het Iers ★ the ~ de Ieren **II** [bnw] Iers ★ ~ bridge open riool dwars over straat ★ ~ coffee koffie met whisky en slagroom ★ ~ stew stoofpot met schapen- of rundervlees

Irishman /'aɪərɪʃmən/ [znw] Ier ★ ~'s rise achteruitgang

Irishwoman /'aɪərɪʃwʊmən/ [znw] Ierse

irk /ɜːk/ **I** [ov ww] • vervelen • vermoeien **II** [znw] verveling

irksome /'ɜːksəm/ [bnw] vervelend

iron /'aɪən/ **I** [ov ww] strijken • (~ out)

gladstrijken, oplossing vinden voor **II** [znw] • ijzer
• beenbeugel • strijkijzer • bepaalde golfstok
• karaktervastheid • ‹AE/sl.› revolver ★ cast iron
gietijzer ★ he ruled with a rod of iron hij regeerde
met ijzeren hand ★ iron foundry ijzergieterij
★ iron ore ijzererts ★ wrought iron smeedijzer
III [bnw] • ijzeren • niet wijkend • stevig
• meedogenloos ★ ‹mil.› iron rations
noodrantsoenen ★ ‹vero.› the iron horse stalen ros
‹locomotief, fiets›

Iron/'aɪən/ [znw] ★ Iron Age ijzertijd

iron-bound/'aɪənbaʊnd/ [bnw] • beslagen met
ijzer • door rotsen ingesloten • krachtig ‹fig.›

ironclad/'aɪənklæd/ **I** [znw] pantserschip **II** [bnw]
gepantserd ★ ~ rations hoogwaardig voedsel;
rantsoenen

iron-hearted[bnw] hardvochtig

ironic(al)/aɪə'rɒnɪk(l)/ [bnw] ironisch

ironing/'aɪənɪŋ/ [znw] • het strijken • strijkgoed

ironing-board [znw] strijkplank

ironmonger/'aɪənmʌŋgə/ [znw] ijzerhandelaar

ironmongery/'aɪənmʌŋgərɪ/ [znw] • ijzerwaren
• ijzerwinkel

irons/'aɪənz/ [mv] • stijgbeugels • boeien ★ you've
too many ~ in the fire je neemt te veel hooi op je
vork

ironside/'aɪənsaɪd/ [znw] ijzervreter ★ the
Ironsides ruiterij v. Cromwell

ironware/'aɪənweə/ [znw] ijzerwaren

ironwork/'aɪənwɜːk/ [znw] ijzerwerk

ironworks/'aɪənwɜːks/ [mv] ijzergieterij

irony/'aɪ(ə)rənɪ/ [znw] ironie, spot

irradiant/ɪ'reɪdɪənt/ [bnw] helder stralend

irradiate/ɪ'reɪdɪeɪt/ **I** [ov ww] • helder (doen)
stralen • ophelderen • met röntgenstralen
behandelen **II** [bnw] • bestraald • stralend

irradiation/ɪreɪdɪ'eɪʃən/ [znw] • schijnsel
• verlichting

irrational/ɪ'ræʃnəl/ **I** [znw] onmeetbaar getal
II [bnw] • redeloos • irrationeel • onredelijk,
ongerijmd ★ ~ number onmeetbaar getal

irrationality/ɪræʃə'nælætɪ/ [znw] • onredelijkheid
• redeloosheid

irreconcilable/ɪ'rekənsaɪləbl/ [bnw]
onverzoenlijk

irrecoverable/ɪrɪ'kʌvərəbl/ [bnw] • niet te
herwinnen • onherstelbaar

irredeemable/ɪrɪ'diːməbl/ [bnw] • onherstelbaar
• onaflosbaar • niet inwisselbaar ‹v. geld›

irreducible/ɪrɪ'djuːsɪbl/ [bnw] • onherleidbaar
★ wat niet meer vereenvoudigd kan worden ★ ~
minimum wat niet meer vereenvoudigd kan
worden

irrefutable/ɪ'refjʊtəbl/ [bnw] onweerlegbaar

irregular/ɪ'regjʊlə/ [bnw] • ongeregeld
• onregelmatig ★ ~ troops ongeregelde troepen

irregularity/ɪregjʊ'lærætɪ/ [znw]
• onregelmatigheid • afwijking

irrelevance, irrelevancy/ɪ'reləvəns/ [znw]
irrelevantie

irrelevant/ɪ'relɪvənt/ [bnw] irrelevant, niet ter
zake doend

irreligion/ɪrɪ'lɪdʒən/ [znw] • ongodsdienstigheid
• ongeloof

irreligious/ɪrɪ'lɪdʒəs/ [bnw] niet gelovig

irremediable/ɪrɪ'miːdɪəbl/ [bnw] onherstelbaar

irremissible/ɪrɪ'mɪsɪbl/ [bnw] • onvergeeflijk
• bindend

irremovable/ɪrɪ'muːvəbl/ [bnw] niet te
verwijderen

irreparable/ɪ'repərəbl/ [bnw] onherstelbaar

irreplaceable/ɪrɪ'pleɪsəbl/ [bnw] onvervangbaar

irrepressible/ɪrɪ'presɪbl/ **I** [znw] ‹inf.› iem. die z.
teweer durft te stellen **II** [bnw] niet te onderdrukken

irreproachable/ɪrɪ'prəʊtʃəbl/ [bnw]
• onberispelijk, keurig • zonder gebreken

irresistible/ɪrɪ'zɪstɪbl/ [bnw] onweerstaanbaar

irresolute/ɪ'rezəluːt/ [bnw] aarzelend, besluiteloos

irresolution/ɪrezə'luːʃən/ [znw] • aarzeling
• besluiteloosheid

irresolvable/ɪrɪ'zɒlvəbl/ [bnw] • onoplosbaar
• onscheidbaar

irrespective/ɪrɪ'spektɪv/ [bnw] ★ ~ of ongeacht
★ ~ of persons zonder aanzien v. persoon

irresponsibility/ɪrɪsspɒnsə'bɪlətɪ/ [znw]
onverantwoordelijkheid

irresponsible/ɪrɪ'spɒnsɪbl/ [bnw]
• ontoerekenbaar • onverantwoordelijk

irretrievable/ɪrɪ'triːvəbl/ [bnw] reddeloos
(verloren) ★ ~ breakdown duurzame ontwrichting
‹v. huwelijk›

irreverence/ɪ'revərəns/ [znw] • oneerbiedigheid
• oneerbiedig gedrag

irreverent/ɪ'revərənt/ [bnw] oneerbiedig

irreversible/ɪrɪ'vɜːsɪbl/ [bnw] onomkeerbaar

irrevocable/ɪ'revəkəbl/ [bnw] onherroepelijk

irrigate/'ɪrɪgeɪt/ [ov ww] • bevloeien, irrigeren
• verfrissen • vochtig houden ‹v. wond›

irrigation/ɪrɪ'geɪʃən/ [znw] irrigatie

irritability/ɪrɪtə'bɪlətɪ/ [znw] prikkelbaarheid

irritable/'ɪrɪtəbl/ [bnw] prikkelbaar

irritant/'ɪrɪtnt/ **I** [znw] prikkelend middel **II** [bnw]
prikkelend

irritate/'ɪrɪteɪt/ [ov ww] • prikkelen • ergeren
• ‹med.› irriteren ‹v. huid›

irritation/ɪrɪ'teɪʃən/ [znw] • geprikkeldheid
• branderigheid

irruption/ɪ'rʌpʃən/ [znw] • inval
• binnendringing • uitbarsting

is /ɪz,z,s/ → **be**

isinglass/'aɪzɪŋglɑːs/ [znw] • vislijm • mica

Islamic/ɪz'læmɪk/ [bnw] islamitisch

island/'aɪlənd/ **I** [ov ww] isoleren **II** [znw] • eiland
• bovenbouw v. schip, brug ★ ‹traffic› ~
verkeersheuvel

islander/'aɪləndə/ [znw] eilandbewoner

isle/aɪl/ [znw] eiland

islet/'aɪlət/ [znw] eilandje

ism/'ɪzəm/ ‹scherts/inf.› [znw] theorie, filosofisch
systeem

isn't/'ɪznt/ → **be**

isolate/'aɪsəleɪt/ [ov ww] isoleren, afzonderen

isolated/'aɪsəleɪtɪd/ [bnw] • afgelegen
• afzonderlijk

isolation/aɪsə'leɪʃən/ [znw] • afzondering,
isolement • quarantaine ★ in ~ in afzondering; op
zichzelf ★ ~-ward quarantainebarak

isolationism/aɪsə'leɪʃənɪzəm/ [znw] 't z. niet
bemoeien met zaken v. andere staten

isolationist/aɪsə'leɪʃənɪst/ [znw] voorstander van
isolationisme

isopod/'aɪsəʊpɒd/ [znw] pissebed

isosceles/aɪ'sɒsɪliːz/ [bnw] ★ ~ triangle
gelijkbenige driehoek

Israeli/ɪz'reɪlɪ/ **I** [znw] inwoner van de staat Israël
II [bnw] van de tegenwoordige staat Israël

Israelite/'ɪzrɪəlaɪt/ [znw] Jood

issue/'ɪʃuː/ **I** [ov ww] • in circulatie brengen,
uitgeven • verstrekken • uitvaardigen ★ ~ bank
circulatiebank ★ (~ with) voorzien van **II** [on ww]
• uitgaan, uitkomen • uitlopen op • afstamming
• (~ forth) verschijnen • (~ from) 't gevolg zijn
van **III** [znw] • beslissing • uitstorting ‹v. bloed›
• uitgang • nakomelingen • geschilpunt, probleem

I

● kwestie ● fontanel ● resultaat, uitslag, consequentie ● uitgifte (v. bankbiljetten) ● emissie (v. aandelen) ● uitgave ● oplage ● verstrekking (in mil. dienst) ● 't uitgaan, uitstroming ● einde ★ at ~ aan de orde zijnde ● in the ~ uiteindelijk ★ join ~ debatteren over; zaak ter beslissing voorleggen ★ take ~ with ruzie maken met; de strijd aanbinden met ★ (vero.) without ~ kinderloos

issueless /ˈɪʃuːləs/ [bnw] kinderloos
isthmus /ˈɪsməs/ [znw] istmus, landengte
it /ɪt/ I [znw] (sl.) Italiaanse vermout II [pers vnw] het, hèt, het einde ● go it! vooruit!; zet 'm op! ★ he's got it hij heeft sex-appeal ★ he's it hij is de juiste man ★ it's it 't is je ware; hèt; het einde ★ stop it! hou op! ★ we had a hard time of it we hadden een moeilijke tijd ★ we've had it! we hebben geen kans meer
Italian /ɪˈtæljən/ I [znw] Italiaan II [bnw] Italiaans ★ ~ handwriting lopend schrift
Italianate /ɪˈtæljəneɪt/ [bnw] veritaliaanst
Italianize /ɪˈtæljənaɪz/ I [ov ww] Italiaans(achtig) maken II [on ww] Italiaans(achtig) worden
italic /ɪˈtælɪk/ [bnw] cursief ● Italic v. 't oude Italië, als afgescheiden v. Rome
italicize /ɪˈtælɪsaɪz/ [ov ww] cursief drukken
italics /ɪˈtælɪks/ [mv] cursieve druk ★ in ~ cursief gedrukt ★ the ~ are mine ik cursiveer
Italy [znw] Italië
itch /ɪtʃ/ I [on ww] ● jeuken ● hunkeren ★ my fingers itch to mijn vingers jeuken om ... II [znw] ● jeuk ● schurft ★ itch for hunkering naar
itching /ˈɪtʃɪŋ/ I [znw] ● jeuk ● hunkering II [bnw] jeukend ● he's ~ to do it hij zit te springen om het te doen ★ she has an ~ ear ze is tuk op nieuwtjes
itchy /ˈɪtʃɪ/ [bnw] ● jeukend ● schurft(acht)ig
it'd /ˈɪtəd/ → have, will
item /ˈaɪtəm/ I [znw] ● agendapunt, programmaonderdeel ● artikel ● post (op rekening) ● nieuwsbericht II [bijw] ook, eveneens
itemize /ˈaɪtəmaɪz/ [ov ww] ● artikelsgewijze noteren ● specificeren
iterate /ˈɪtəreɪt/ [ov ww] herhalen
iteration /ɪtəˈreɪʃən/ [znw] herhaling
iterative /ˈɪtərətɪv/ [bnw] ● herhalend ● herhaald
itinerant /aɪˈtɪnərənt/ [bnw] rondreizend ★ itinerant labour seizoenarbeid
itinerary /aɪˈtɪnərərɪ/ I [znw] ● route ● reisbeschrijving ● gids II [bnw] reis-
it'll /ˈɪtl/ → shall, will
its /ɪts/ [bez vnw] zijn, haar
it's /ɪts/ → be, have
itself /ɪtˈself/ [wkd vnw] zich(zelf) ★ by ~ alleen ★ in ~ op zichzelf ★ of ~ vanzelf
I've /aɪv/ → have
ivied /ˈaɪvɪd/ [bnw] met klimop begroeid
ivory /ˈaɪvərɪ/ I [znw] ivoor II [bnw] ivoren
Ivory [znw] ★ ~ Coast Ivoorkust
ivy /ˈaɪvɪ/ [znw] klimop
Ivy [znw] ★ Ivy League Ivy League (groep v. acht universiteiten in de VS)
ivy-clad [bnw] met klimop begroeid
ivy-mantled [bnw] met klimop begroeid
izard /ˈɪzɑːd/ [znw] soort antilope

J

jab /dʒæb/ I [ov ww] porren, steken II [znw] steek
jabber /ˈdʒæbə/ I [ww] ★ (~ away/out) ratelen, snateren, wauwelen II [znw] het ratelen, het snateren, het wauwelen
jack /dʒæk/ I [ov + on ww] ★ (~ in) eraan geven, opgeven II [ov ww] ★ (~ off) (vulg.) z. aftrekken ★ (~ up) opvijzelen, aanporren, opkrikken, omhoog krikken ★ he's jacked it up/in hij heeft de brui er aan gegeven III [znw] ● stekker ● (vrucht v.) broodvruchtboom ● aanroep voor kelner ● bediende ● smeris ● arbeider ● vent ● boer (in kaartspel) ● apparaat voor 't draaien van braadspit ● dommekracht, krik ● stellage ● bal als mikpunt bij bowling ● jonge snoek ● kauw ● (scheepv.) vlag die nationaliteit van schip aangeeft ● (sl./AE) geld ★ every man jack iedereen ★ jack towel handdoek op rol ★ jack tree broodvruchtboom ★ on one's jack in z'n eentje
Jack [znw] Jan met de pet ★ Jack (tar) Jantje (matroos) ★ Jack Frost Koning Winter ★ Jack Ketch de beul ★ Jack Pudding hansworst ★ Jack Sprat dreumes ★ Jack and Jill man en vrouw; jongen en meisje ★ Union Jack vlag van Groot-Brittannië ★ before you can say Jack Robinson in een ommezien
jackal /ˈdʒækl/ [znw] ● jakhals ● iem. die 't beroerde werk opknapt
jackaroo /dʒækəˈruː/ [znw] groentje
jackass /ˈdʒækæs/ [znw] ● ezel ● stommerik ★ laughing ~ reuzenijsvogel
jackboot /ˈdʒækbuːt/ [znw] waterlaars, kaplaars
jackdaw /ˈdʒækdɔː/ [znw] kauw
jacket /ˈdʒækɪt/ I [ov ww] ● voorzien v. een mantel/omslag ● (vero.) (iem.) aftuigen II [znw] ● jasje, buis, colbert ● mantel, bekleding (v. stoomketel) ● omslag (v. boek) ● hoes (v. plaat) ● huid, vacht, pels ● schil (v. aardappel) ● dust a man's ~ iem. een pak ransel geven ★ ~ potato in de schil gepofte aardappel
jackfish /ˈdʒækfɪʃ/ [znw] snoek, snoekbaars
jackhammer /ˈdʒækhæmə/ [znw] pneumatische boor
Jack-in-office [znw] drukdoend ambtenaartje
jack-in-the-box /ˈdʒækɪnðəbɒks/ [znw] ● duveltje in 'n doosje ● soort vuurwerk
jackknife /ˈdʒæknaɪf/ I [on ww] scharen, gehoekte sprong uitvoeren II [znw] ● groot zakmes ● gehoekte sprong (bij schoonspringen)
jackleg /ˈdʒæklɛg/ [znw] (AE) beunhaas
jack-of-all-trades /dʒækəvˈɔːltreɪdz/ [znw] manusje v. alles, factotum ★ ~ and master of none 12 ambachten, 13 ongelukken
jack-o'-lantern /dʒækəˈlæntən/ [znw] dwaallicht
jackpot /ˈdʒækpɒt/ [znw] ● pot (bij poker) ● groot succes ★ hit the ~ winnen; groot succes hebben
jackstraw /ˈdʒækstrɔː/ [znw] stroman (fig.)
jacobin [znw] kapduif
Jacobin /ˈdʒækəbɪn/ [znw] ● dominicaan ● jakobijn
jactation /dʒækˈteɪʃən/ [znw] ● spier-/zenuwtrekking ● opschepperij
jade /dʒeɪd/ I [ov ww] ★ jaded afgejakkerd; afgestompt II [znw] ● oude knol ● speelse deern ● jade
jaded /ˈdʒeɪdɪd/ [bnw] ● moe ● verveeld, beu, landerig
jag /dʒæg/ I [ov ww] kerven, ruw scheuren II [znw] ● uitsteeksel, punt ● hoeveelheid, hoop ● gat, scheur (in kledingstuk) ● (sl.) drinkgelag ● (dial.)

kleine vracht hooi
jagged, jaggy/'dʒæɡɪd/ [bnw] • hoekig, getand
• gekarteld • dronken
jaggery/'dʒæɡərɪ/ [znw] ruwe suiker
jaguar/'dʒæɡjʊə/ [znw] jaguar
jail/dʒeɪl/ **I** [ov ww] gevangen zetten **II** [znw]
gevangenis, gevangenisstraf
jailbird/'dʒeɪlbɜːd/ [znw] bajesklant
jailbreak/'dʒeɪl/ [znw] uitbraak
jailer/'dʒeɪlə/ [znw] cipier, gevangenbewaarder
jail-fever/'dʒeɪl/ [znw] vlektyfus
jalopy/dʒə'lɒpɪ/ ‹inf.› [znw] oude, versleten auto
jalousie/'ʒæluːzi:/ [znw] zonneblind, jaloezie
jam/dʒæm/ **I** [ov ww] • samendrukken, vastzetten,
versperren • met geweld (iets) wegslingeren • jam
maken (van) • ‹telecom.› storen • jam on the
brakes krachtig remmen • jammer stoorzender
★ jamming station stoorzender **II** [on ww]
• knellen • vastlopen (v. machine) • ‹muz.›
improviseren **III** [znw] • buitenkansje • jam
• klemming, gedrang, (verkeers)opstopping
• storing (op de radio) • he was in a jam hij zat
in de penarie • jam session jam sessie ★ money
for jam ongelofelijk geluk
jamb/dʒæm/ [znw] deur-/raamstijl
jamboree/dʒæmbə'ri:/ [znw] • concert v.
volksmuziek • jamboree • ‹sl.› fuif
jambs/dʒæmz/ [mv] stijl, zijwand
jam-full/dʒæm'fʊl/ [znw] propvol
jammy/'dʒæmɪ/ [bnw] • jamachtig, jam-
• gemakkelijk • geluk hebbend
jam-packed/dʒæm'pækt/ [bnw] propvol
jane/dʒeɪn/ [znw] ‹sl./AE› meisje, griet
jangle/'dʒæŋgl/ **I** [ov ww] • doen rinkelen • schril
doen klinken **II** [on ww] • onaangenaam lawaai
maken, ratelen, rinkelen • ‹vero.› ruzie maken
III [znw] • gerinkel • wanklank • kibbelarij,
onenigheid
janissary, janizary/'dʒænɪsərɪ/ [znw]
• janitsaar • handlanger • helper
janitor/'dʒænɪtə/ [znw] • portier • ‹AE› conciërge
January/'dʒænjʊərɪ/ [znw] januari
japan/dʒə'pæn/ **I** [ov ww] lakken **II** [znw]
• lakvernis • lakwerk • werk in Japanse stijl
Japanese/dʒæpə'ni:z/ **I** [znw] Japanner(s)
II [bnw] Japans
jape/dʒeɪp/ **I** [on ww] grapjes maken **II** [znw]
grap, aardigheid
jar/dʒɑ:/ **I** [ww] • onaangenaam aandoen • pijn
doen • in strijd zijn met • ruzie maken • knarsen,
krassen ★ it jars upon my ears het doet pijn aan
mijn oren **II** [znw] • geknars • schok • wanklank
• onenigheid • ontnuchtering • pot, kruik, fles
★ ‹inf.› the door stood on (a) jar/on the jar de
deur stond op een kier
jargon/'dʒɑ:gən/ **I** [ov + on ww] z. bedienen v.
jargon **II** [znw] • koeterwaals • Bargoens • jargon
• ‹vero.› gekwetter (v. vogels) • → **jargoon**
jargoon/dʒɑ:'gu:n/ [znw] zirkoon(steen)
jasmin(e)/'dʒæzmɪn/ [znw] jasmijn
jason/dʒeɪsən/ [znw] • vent • jaspis
jaundice/'dʒɔ:ndɪs/ **I** [ov ww] • geelzucht
veroorzaken • jaloers maken **II** [znw] • geelzucht
• vooringenomenheid, afgunst
jaundiced/'dʒɔ:ndɪst/ [bnw] • vooringenomen,
bevooroordeeld • verwrongen (beeld v. iets)
• wantrouwend
jaunt/dʒɔ:nt/ **I** [on ww] 'n uitstapje maken
II [znw] uitstapje ★ ~ing car open rijtuigje
jaunty/'dʒɔ:ntɪ/ **I** [znw] ‹sl./scheepv.›
provoost-geweldiger **II** [bnw] luchtig, vrolijk
Java/'dʒɑ:və/ [znw] Java, javakoffie

Javanese/dʒɑ:və'ni:z/ **I** [znw] Javaan **II** [bnw]
Javaans
javelin/'dʒævəlɪn/ [znw] speer
jaw/dʒɔ:/ **I** [ov ww] iem. 'n standje geven
II [on ww] ‹sl.› kletsen **III** [znw] • kaak • ‹inf.›
geklets, standje ★ hold your jaw! houd je snater!
★ jaw tooth kies ★ ‹sl.› pi jaw vroom gepraat
jawbone/dʒɔ:bəʊn/ [znw] kaakbeen
jaw-breaker/dʒɔ:breɪkə/ [znw] ‹inf.› moeilijk uit
te spreken woord
jaws/dʒɔ:z/ [mv] bek (v. bankschroef)
jay/dʒeɪ/ [znw] • Vlaamse gaai • kletskous
• onnozele • jay town boerendorp; provincieplaats
jaywalk/'dʒeɪwɔ:k/ [znw] gevaarlijk oversteken
jay-walker/'dʒeɪwɔ:kə/ [znw] voetganger die
rijweg oversteekt zonder acht te slaan op
verkeersregels
jazz/dʒæz/ **I** [on ww] jazz dansen/spelen • (~ up)
‹sl.› levendiger maken, opvrolijken, versieren ★ jazz
it up leven in de brouwerij brengen **II** [znw] • jazz
• lawaaierige boel • ‹sl.› onzinnig gedoe/geklets
III [bnw] jazz-
jazzy/'dʒæzɪ/ [bnw] lawaaierig, bont, druk, grillig
jealous/'dʒeləs/ [bnw] jaloers, afgunstig ★ ~ of
angstvallig wakend over
jealousy/'dʒeləsɪ/ [znw] • jaloezie, naijver,
afgunst • bezorgdheid
jeans/dʒi:nz/ [mv] spijkerbroek
jeep/dʒi:p/ [znw] • jeep • open legerauto
jeer/dʒɪə/ **I** [ww] honen • (~ at) spotten met
II [znw] hoon, spot
jejune/dʒɪ'dʒu:n/ [bnw] • onbelangrijk,
onvoldoening • onervaren • schraal, onvruchtbaar
(land) • pover (geschrift) • ‹AE› kinderlijk
jell/dʒel/ [on ww] • stollen • ‹inf.› vaste vorm
aannemen
jellied/'dʒelɪd/ [bnw] in gelei
jello®/'dʒe/ ‹AE› [znw] gelatinepudding
jelly/'dʒelɪ/ **I** [ww] (doen) stollen **II** [znw]
gelei(achtige stof), gelatinepudding ★ beat to a ~
tot moes slaan
jellyfish/'dʒelɪfɪʃ/ [znw] kwal
jellygraph/'dʒelɪgrɑ:f/ [znw] hectograaf
jemmy/'dʒemɪ/ **I** [ov ww] openbreken **II** [znw]
• breekijzer • schaapskop (als gerecht) • overjas
jenny/'dʒenɪ/ [znw] • loopkraan • spinmachine
• bepaalde biljartstoot
jeopard(ize)/'dʒepədaɪz/ [ov ww] in gevaar
brengen
jeopardy/'dʒepədɪ/ [znw] gevaar
jeremiad/dʒerɪ'maɪæd/ [znw] klaaglied
Jericho/'dʒerɪkəʊ/ [znw] ★ go to ~! loop naar de
duivel!
jerk/dʒɜ:k/ **I** [ov + on ww] • rukken, trekken,
schokken • (vlees) in repen snijden en in de zon
drogen • (~ off) ‹sl.› aftrekken **II** [znw] • ruk, trek,
schok, zenuwtrekking, spiertrekking • ‹sl.› stomme
meid/vent ★ ‹inf.› physical jerks gymn. oefeningen
jerkin/'dʒɜ:kɪn/ [znw] wambuis
jerky/'dʒɜ:kɪ/ [bnw] • met rukken, met horten en
stoten • krampachtig, dwaas, lomp
jerry/'dʒerɪ/ ‹sl.› [znw] po
Jerry/'dʒerɪ/ (pej.) **I** [znw] Duitser, mof **II** [bnw]
(pej./mil.) Duits
jerry-build[ov ww] slordig bouwen
jerry-builder/'dʒerɪbɪldə/ [znw] revolutiebouwer
jerrycan/'dʒerɪkæn/ [znw] jerrycan,
water-/benzineblik v. 20 l.
jerrymander/'dʒerɪmændə/ [znw] knoeierij bij
verkiezingen
jersey/'dʒɜ:zɪ/ [znw] • gebreide wollen trui
• borstrok • damesmanteltje

J

jess/dʒes/ I [ov ww] de poten vastbinden II [znw]
riempje, zijden draad om poten v. valk

jest/dʒest/ I [ov ww] schertsen, aardigheidjes
verkopen II [znw] scherts, spotternij, grap ∗ a
standing jest iem. die/iets dat voortdurend de
spotlust opwekt; risee ∗ in jest voor de grap

jester/'dʒestə/ [znw] grappenmaker, nar

Jesuit/'dʒezjʊɪt/ [znw] jezuïet

jet/dʒet/ I [ov + on ww] (uit)spuiten II [on ww] per
straalvliegtuig/jet reizen III [znw] ∗ (water)straal
∗ vlam ∗ git ∗ straalvliegtuig ∗ jet engine
straalmotor IV [bnw] gitzwart

jetsam/'dʒetsəm/ [znw] ∗ overboord gegooide
lading ∗ aangespoelde goederen

jet-set/'dʒetset/ [znw] ∗ jetset

jettison/'dʒetɪsən/ I [ov ww] werpen II [znw]
overboord gooien v. lading, afwerpen v. lading (in
de ruimtevaart)

jetty/'dʒetɪ/ I [znw] havenhoofd, steiger II [bnw]
gitzwart, gitachtig

Jew/dʒuː/ I [znw] jood II joden-

Jew-baiting/[znw] jodenvervolging

jewel/'dʒuːəl/ I [ov ww] ∗ versieren met juwelen
∗ horloge voorzien v. edelstenen II [znw]
(edel)steen, juweel

jewelled/'dʒuːəld/ [bnw] met juwelen bezet

jeweller/'dʒuːələ/ [znw] juwelier

jewel(le)ry, jewelry/'dʒuːəlrɪ/ [znw] ∗ juwelen
∗ juwelierswerk

Jewess/'dʒuːes/ [znw] jodin

Jewish/'dʒuːɪʃ/ [bnw] joods

Jewry/'dʒuərɪ/ [znw] ∗ jodenbuurt ∗ jodendom

Jezebel/'dʒezəbel/ [znw] ∗ schaamteloze vrouw
∗ vrouw die zich zwaar opmaakt

jib/dʒɪb/ I [ov ww] verleggen ⟨v. zeil⟩ II [on ww]
∗ koppig zijn ∗ achteruit en zijwaarts bewegen,
onverwachts stilstaan ⟨v. paard⟩ ∗ bezwaar maken
∗ (~ at) niets ophebben met III [znw] ∗ arm ⟨v.
kraan⟩ ∗ ⟨scheepv.⟩ kluiver ∗ jib door onzichtbare
deur in een muur ∗ ⟨inf.⟩ the cut of a man's jib
iemands gezicht/voorkomen

jibber/'dʒɪbə/ [znw] koppig paard

jibe/dʒaɪb/ → **gibe**

jiff(y)/'dʒɪf(ɪ)/ [znw] ogenblikje ∗ in a ~ in een wip

jig/dʒɪg/ I [ov + on ww] bepaalde Schotse dans
uitvoeren, huppelen, met korte rukjes bewegen,
hossen II [ov ww] ziften ⟨v. erts⟩ III [znw]
∗ muziek bij Schotse dans ∗ ertszeef ∗ trucje, foefje
∗ soort Schotse dans ∗ ⟨sl.⟩ the jig is up alle hoop is
vervlogen

jigger/'dʒɪgə/ I [on ww] spartelen ⟨v. vis⟩ ∗ I'm
~ed! wel verdraaid! ∗ ~ed doodop II [znw] ∗ korte
mantel ∗ takel ∗ jigger ⟨zeil⟩ ∗ vissersloep met
jiggerzeil ∗ ertszifter ∗ West-Indische vlo ∗ natte
maat ∗ trucje, foefje ∗ ⟨sl.⟩ machine, ding ∗ ⟨sl.⟩
steun voor biljartkeu

jiggery-pokery/'dʒɪgərɪ'pəʊkərɪ/ [znw]
achterbaks gedoe

jiggle/'dʒɪgl/ [ov ww] schudden, wiegelen, even
rukken aan, spartelen

jigsaw/'dʒɪgsɔː/ [ov ww] decoupeerzaag ∗ ~ puzzle
legpuzzel

jihad/dʒɪ'hæd/ [znw] heilige oorlog

jilt/dʒɪlt/ I [ov ww] de bons geven II [znw] meisje
dat haar minnaar de bons geeft

jiminy/'dʒɪmənɪ/ ⟨inf.⟩ [tw] wel verdraaid!

jimjams/'dʒɪmdʒæmz/ [mv] ∗ vrees
∗ eigenaardigheden ∗ ⟨sl.⟩ delirium tremens ∗ to
have the ~ in de rats zitten

jimmy/'dʒɪmɪ/ [ov ww] openbreken

jimp/dʒɪmp/ [bnw] ∗ schraal ∗ ⟨Schots⟩ slank,
gracieus

jingle/'dʒɪŋgl/ I [ov + on ww] ∗ (doen) klingelen,
(laten) rinkelen ∗ rijmelen II [znw] ∗ geklingel
∗ rijmelarij ∗ deuntje ∗ jingle

jingo/'dʒɪŋgəʊ/ I [znw] jingo ∗ by ~! verdorie!
II [bnw] chauvinistisch

jingoism/'dʒɪŋgəʊɪzm/ [znw] chauvinisme

jingoistic/dʒɪŋgəʊ'ɪstɪk/ [bnw] chauvinistisch

jink/dʒɪŋk/ [znw] ∗ ontwijkende beweging ∗ ⟨sl.⟩
het manoeuvreren met vliegtuig door
afweergeschut heen ∗ he has given me the jink
hij is me ontglipt ∗ high jinks reuzekeet; dolle pret

jinx/dʒɪŋks/ I [ov ww] beheksen ∗ be jinxed
(steeds) pech hebben; voor het ongeluk geboren zijn;
ongeluk brengen II [znw] doem, vloek

jitterbug/'dʒɪtəbʌg/ I [on ww] de jitterbug dansen
II [znw] ∗ zenuwpees ∗ soort dans

jittery/'dʒɪtərɪ/ ⟨sl.⟩ [bnw] gejaagd

jive/dʒaɪv/ I [on ww] de jive dansen II [znw] ∗ jive
⟨dans⟩ ∗ soort jazzmuziek ∗ ⟨sl.⟩ kletspraat

job/dʒɒb/ I [ov + on ww] ∗ verhandelen ⟨v.
effecten⟩ ∗ knoeien ⟨fig.⟩ ∗ misbruik v. vertrouwen
maken ∗ steken, por geven ∗ jobbing gardener
losse tuinman II [ov ww] (ver)huren ⟨v.
voertuigen⟩ III [on ww] karweitjes uitvoeren
IV [znw] ∗ werk, karwei ∗ klus ∗ baan(tje),
betrekking, arbeidsplaats, functie, vak ∗ knoeierij
∗ por, stoot, opdonder ∗ a bad job mislukking
∗ and that's a good job too! en dat is maar goed
ook! ∗ by the job per stuk ∗ ⟨sl.⟩ do the job on s.o.
iem. ruïneren; iem. v. kant maken ∗ have (quite) a
job to ⟨een hoop⟩ moeite hebben om ∗ he called it
a job hij vond 't al lang goed ∗ just the job net
wat ik hebben moet ∗ ⟨sl.⟩ on the job bezig met
∗ pull a job beroven ⟨vnl. bank⟩

Job/dʒəʊb/ [znw] ∗ Job's comforter trooster
die nog méér leed veroorzaakt ∗ Job's post
jobsbode ∗ Job's tears zaad v. grassoort, gebruikt
als kralen; traangras

jobber/'dʒɒbə/ [znw] ∗ stukwerker
∗ tussenhandelaar ∗ stalhouder ∗ sjacheraar

job-sharing[znw] het werken in deeltijd

jock/dʒɒk/ ⟨inf.⟩ [znw] jockey

Jock/dʒɒk/ [znw] ∗ Schot ∗ boerenkinkel
∗ ⟨mil./sl.⟩ Hooglandse soldaat

jockey/'dʒɒkɪ/ I [ov + on ww] beetnemen,
misleiden II [on ww] ∗ knoeien (met) ∗ (be)rijden
⟨v. renpaard⟩ ∗ he was ~ed out hij werd er
uitgewerkt ∗ ~ for position door oneerlijkheid
voordeel trachten te behalen; gunstige ligging
trachten te verkrijgen (bij zeilwedstrijd) ∗ ~ s.o.
out of his money iem. listig zijn gela af handig
maken III [znw] ∗ jockey ∗ iem. die machines
bedient

jockstrap/'dʒɒkstræp/ [znw] suspensoir

jocose, jocular/dʒə'kəʊs/ [bnw] grappig,
schertsend

jocosity/dʒəʊ'kɒsətɪ/ [znw] scherts, grap

jocularity/dʒɒkjʊ'lærətɪ/ [znw] grappigheid

jocund/'dʒɒkənd/ [bnw] vrolijk, opgewekt

jocundity/dʒə'kʌndətɪ/ [znw] vrolijkheid

jodhpurs/'dʒɒdpəz/ [mv] rijbroek

Joe/dʒəʊ/ ⟨inf.⟩ [znw] ∗ Joe Miller oude mop ∗ not
for Joe! om de weerga niet!

joey/'dʒəʊɪ/ [znw] ∗ jonge kangoeroe, jong dier
∗ driestuiverstukje ∗ ⟨sl.⟩ clown

jog/dʒɒg/ I [ov ww] ∗ (iem.) aanstoten ∗ opfrissen
⟨v. geheugen⟩ ∗ schudden ∗ we must be jogging
we moeten verder II [on ww] ∗ joggen, trimmen
∗ op een sukkeldrafje lopen ∗ (~ along)
voortsukkelen III [znw] ∗ herinnering ∗ duwtje,
klopje, schok ∗ sukkeldraf ∗ inkeping

jogger/'dʒɒgə/ [znw] ∗ afstandsloper ∗ trimmer

joggle/ʤɒgl/ **I** [ww] • schudden • (techn.) op bepaalde wijze verbinden **II** [znw] • schok(je) • (techn.) tandverbinding (uitsteeksel en inkeping)

joggly/ʤɒglɪ/ (inf.) [bnw] hortend en stotend

jog-trot/ʤɒgtrɒt/ **I** [on ww] sjokken **II** [znw] • sukkeldrafje • sleur **III** [znw] sleur-

john/ʤɒn/ ⟨AE/inf.⟩ [znw] wc

johnny/ʤɒnɪ/ [znw] vent, fat, groentje ⋆ Johnny-raw groentje; nieuweling

join/ʤɔɪn/ **I** [ov + on ww] • dienst nemen (in het leger), bij elkaar brengen, ontmoeten, (z.) aansluiten bij, meedoen aan/met, lid worden van ⋆ join battle de strijd aanbinden ⋆ join forces gezamenlijk optreden ⋆ join hands elkaar de hand geven; samenwerken ⋆ join ship aan boord gaan; monsteren • (~ **in**) meedoen • (~ **to/with**) (z.) verbinden met, (z.) verenigen met • (~ **up**) verbinden, in mil. dienst gaan ⋆ they got joined up zij trouwden • (~ **with**) z. aansluiten bij **II** [znw] • verbindingslijn/-punt/-las, enz. • naad

joiner/ʤɔɪnə/ [znw] • schrijnwerker, meubelmaker • iem. die z. graag ergens bij aansluit

joinery/ʤɔɪnərɪ/ [znw] vak/werk v. schrijnwerker

joint/ʤɔɪnt/ **I** [ov ww] • verbinden • voegen (muur) • verdelen **II** [znw] • verbinding(sstuk), voeg, naad, gewricht, stengelknoop, geleding • spleet in rotsmassa • stuk vlees ⟨op tafel opgediend⟩ • ⟨sl.⟩ tent, speelhol, dansgelegenheid • gebouw, sociëteit • ⟨AE/sl.⟩ opiumhol • ⟨AE/sl.⟩ clandestiene kroeg • ⟨sl.⟩ stickie • ⟨sl.⟩ clip – dure nachtclub ⋆ out of ~ ontwricht ⟨ook fig.⟩ **III** [bnw] • during their ~ lives zolang ze allen/beide in leven waren ⋆ ~ heir mede-erfgenaam ⋆ ~ tenancy gezamenlijk bezit ⋆ ~ venture gezamenlijke onderneming ⋆ on ~ account voor gezamenlijke rekening

jointed/ʤɔɪntəd/ [bnw] geleed

jointly/ʤɔɪntlɪ/ [bijw] gezamenlijk ⋆ ~ with in samenwerking met

jointure/ʤɔɪntʃə/ **I** [ov ww] v. weduwgeld verzekeren (echtgenote) **II** [znw] weduwgeld

joist/ʤɔɪst/ **I** [ov ww] voorzien v. dwarsbalken **II** [znw] bint

joke/ʤəʊk/ **I** [ov + on ww] • grappen maken • plagen ⋆ he always jokes it off hij maakt z. er altijd met een grapje van af **II** [znw] grap, kwinkslag, bespotting ⋆ a practical joke poets die men iem. bakt, waarbij 't slachtoffer belachelijk wordt gemaakt ⋆ in joke voor de grap ⋆ that is no joke dit is ernst ⋆ this goes/is beyond a joke daar kun je niet meer om lachen

joker/ʤəʊkə/ [znw] • grappenmaker • joker ⟨in kaartspel⟩ • ⟨sl.⟩ kerel

jokey, joky/ʤəʊkɪ/ [bnw] grappig

jokingly/ʤəʊkɪŋlɪ/ [bijw] als grap

jollification/ʤɒlɪfɪ'keɪʃən/ → **jolliness**

jollify/ʤɒlɪfaɪ/ **I** [ov ww] in 'n vrolijke stemming brengen **II** [on ww] fuiven

jolliness, jollity/ʤɒlɪnəs/ [znw] • jool • festiviteit

jolly/ʤɒlɪ/ **I** [ov ww] • overhalen, vleien • ⟨sl.⟩ voor de mal houden ⋆ ⟨vero.⟩ ~ a person along iem. zoet houden **II** [znw] • lolletje • jol • ⟨sl.⟩ marinier **III** [bnw] • vrolijk • 'n beetje aangeschoten • (inf.) buitengewoon aardig, verrukkelijk ⋆ Jolly Roger piratenvlag met doodshoofd **IV** [bijw] (inf.) heel, zeer ⋆ a ~ good fellow 'n moordvent

jolly-boat/ʤɒlɪbəʊt/ [znw] jol

jolt/ʤəʊlt/ **I** [ww] schokken, stoten **II** [znw] schok, stoot

jolty/ʤəʊltɪ/ [bnw] schokkend

jonathan/ʤɒnəθən/ [znw] ⋆ (Brother) Jonathan de Amerikaan; soort appel

jordan/ʤɔːdən/ ⟨sl.⟩ [znw] po, nachtspiegel

jorum/ʤɔːrəm/ [znw] • grote beker • (inf.) hele partij

josh/ʤɒʃ/ **I** [ww] plagen, voor de gek houden, grapjes maken **II** [znw] onschuldige grap

joskin/ʤɒskɪn/ ⟨sl.⟩ [znw] boerenpummel

joss/ʤɒs/ [znw] • Chinese afgod, Chinees afgodsbeeld • geluk, toeval ⋆ joss house Chinese tempel

josser/ʤɒsə/ ⟨sl.⟩ [znw] • dwaas, gek • kerel

joss-stick/ʤɒsstɪk/ [znw] (Chinees) wierookstaafje

jostle/ʤɒsəl/ **I** [ov + on ww] • duwen, (ver)dringen • ⟨AE/sl.⟩ zakkenrollen **II** [znw] • duw, botsing • drukte, gewoel

jot/ʤɒt/ **I** [ov ww] vlug opschrijven, noteren • (~ **down**) vlug opschrijven **II** [znw] • jota ⟨fig.⟩ • kleine hoeveelheid

jotter/ʤɒtə/ [znw] • aantekenboekje • iem. die noteert

jotting/ʤɒtɪŋ/ [znw] notitie

jotty/ʤɒtɪ/ [bnw] los, broksgewijze

joule/ʤuːl/ [znw] joule

jounce/ʤaʊns/ **I** [ov + on ww] stoten, hotsen **II** [znw] stoot

journal/ʤɜːnl/ [znw] • journaal ⟨bij boekhouden⟩ • dagboek • tijdschrift, dagblad • tap ⟨v. machine⟩

journalese/ʤɜːnəˈliːz/ (inf.) [znw] krantentaal

journalism/ʤɜːnəlɪzəm/ [znw] journalistiek

journalist/ʤɜːnəlɪst/ [znw] journalist

journalistic/ʤɜːnəˈlɪstɪk/ [bnw] journalistisch

Journals/ʤɜːnəlz/ [mv] ⋆ the ~ verslagen van handelingen v. 't Parlement

journey/ʤɜːnɪ/ **I** [on ww] reizen **II** [znw] reis

journeyman/ʤɜːnɪmən/ [znw] • knecht, handwerksman • handlanger

joust/ʤaʊst/ **I** [on ww] steekspel houden **II** [znw] steekspel

Jove/ʤəʊv/ [znw] Jupiter (god) ⋆ by Jove! lieve deugd!

jovial/ʤəʊvɪəl/ [bnw] gezelschaps-, opgewekt, joviaal

joviality/ʤəʊvɪˈælətɪ/ [znw] • joviale opmerking • jovialiteit

Jovian/ʤəʊvɪən/ [bnw] • (als) van Jupiter • majestueus

jowl/ʤaʊl/ [znw] • kaak, wang • kossem • krop • viskop ⋆ cheek by jowl dicht bij elkaar; intiem

joy/ʤɔɪ/ **I** [ww] ⟨lit.⟩ z. verblijden, z. verheugen **II** [znw] • succes • vreugde, genot ⋆ for joy uit vreugde

joyful, joyous/ʤɔɪfʊl/ [bnw] • heerlijk • blij

joyless/ʤɔɪləs/ [bnw] treurig

joyride/ʤɔɪraɪd/ ⟨sl.⟩ [znw] plezierritje in gestolen auto

joystick/ʤɔɪstɪk/ (inf.) [znw] • stuurknuppel • joystick, bedieningshendel

jubilant/ʤuːbɪlənt/ [bnw] juichend

jubilation/ʤuːbɪˈleɪʃən/ [znw] gejubel

jubilee/ʤuːbɪliː/ [znw] • jubeljaar • vijftigste gedenkdag • jubileum • gejubel

Judaism/ʤuːdeɪɪzəm/ [znw] judaïsme

judas/ʤuːdəs/ [znw] kijkgat in deur

judas-coloured/ʤuːdəskʌləd/ [bnw] rood, rossig

judder/ʤʌdə/ [on ww] hevig schudden

judge/ʤʌʤ/ **I** [ov ww] • be-/veroordelen • beslissen **II** [on ww] • rechtspreken • als scheidsrechter optreden **III** [znw] • rechter • iem. die beoordeelt, kenner • jurylid ⋆ Judge Advocate

General auditeur-generaal ∗ Judges Richteren (Oude Testament)

judge-made [bnw] ∗ ~ law recht gebaseerd op rechterlijke beslissingen

judg(e)ment /'dʒʌdʒmənt/ [znw] ● godsgericht ● mening, kritisch vermogen, verstand ● oordeel, uitspraak ∗ against one's (own) better judgement tegen beter weten in ∗ pass/pronounce ~ (against s.o.) een oordeel (over iem.) uitspreken ∗ sit in ~ beoordelen

judging-committee [znw] jury

judicature /'dʒuːdɪkətʃə/ [znw] ● rechtspleging ● rechtersambt ● rechterlijke macht, rechtbank

judicial /dʒuːˈdɪʃəl/ [bnw] ● rechterlijk, gerechtelijk ● kritisch ● onpartijdig

judiciary /dʒuːˈdɪʃɪərɪ/ **I** [znw] rechterlijke macht **II** [bnw] rechterlijk, gerechtelijk

judicious /dʒuːˈdɪʃəs/ [bnw] verstandig

judo /'dʒuːdəʊ/ [znw] judo

Judy /'dʒuːdɪ/ [znw] ⟨sl.⟩ meid, slons ∗ make a Judy of oneself z. belachelijk aanstellen ⟨fam.⟩

jug /dʒʌg/ **I** [ov ww] ● stoven, koken ⟨in pot⟩ ● ⟨sl.⟩ in de bak gooien ∗ jugged dronken ∗ jugged hare hazenpeper **II** [on ww] roepen ⟨v. merel, nachtegaal⟩ **III** [znw] kan, kruik ∗ jug-eared met uitstaande oren ∗ jug-jug roep ⟨v. merel of nachtegaal⟩ ∗ ⟨sl.⟩ stone jug gevangenis

juggernaut /'dʒʌgənɔːt/ [znw] ● moloch ● grote vrachtwagen

juggins /'dʒʌgɪnz/ ⟨inf.⟩ [znw] stommerik, dwaas

juggle /'dʒʌgl/ **I** [ov ww] ● jongleren met, goochelen met ● spelen met, bedriegen ∗ he has ~d me out of it hij heeft 't me ontfutseld ∗ ~ the books knoeien met de boekhouding **II** [on ww] jongleren, goochelen **III** [znw] goochelarij, bedriegerij

juggler /'dʒʌglə/ [znw] ● goochelaar, jongleur ● zwendelaar

jugglery /'dʒʌglərɪ/ [znw] ● goochelarij ● handige foefjes

jugular /'dʒʌgjʊlə/ **I** [znw] ∗ ~ vein halsader **II** [bnw] keel-, hals-

jugulate /'dʒʌgjʊleɪt/ [ov ww] ● tot stilstand brengen ⟨fig.⟩ ● doden, kelen

juice /dʒuːs/ **I** [ov ww] aftappen ● (~ up) oppeppen **II** [znw] ● sap, vocht, afscheiding ● fut ● benzine ⟨in motor⟩ ● ⟨sl.⟩ elektriciteit ● ⟨AE/sl.⟩ sterke drank ● ⟨AE/sl.⟩ lening met woekerwinst ● ⟨AE/sl.⟩ macht, invloed ∗ ~ man afzetter ∗ step on the ~ vol gas geven

juicy /'dʒuːsɪ/ [bnw] ● sappig ● nat ⟨weersgesteldheid⟩ ● pikant ● pittig ● ⟨inf.⟩ interessant

July /dʒuːˈlaɪ/ [znw] juli

jumble /'dʒʌmbl/ **I** [on ww] door elkaar gooien/rollen, verwarren **II** [znw] ● rommelboel, warboel ● schok ∗ ~ sale rommelmarkt; liefdadigheidsbazaar

jumbo /'dʒʌmbəʊ/ [znw] ● kolossaal mens of dier ● olifant ● geluksvogel

jump /dʒʌmp/ **I** [ov ww] ● doen springen ● springen over ● toespringen op ● overslaan ● sauteren ∗ in de steek laten ∗ he jumped his bill hij vertrok zonder te betalen ∗ jump the lights door rood licht rijden **II** [on ww] ● omhoogschieten ● springen ● derailleren ● boren ∗ he jumped at the proposal hij nam het voorstel met beide handen aan ∗ jump clear springen zonder zich te bezeren ∗ ⟨inf.⟩ jump down s.o.'s throat iem. streng terechtwijzen/tegenspreken ∗ jump into one's clothes z'n kleren aanschieten ∗ jump to conclusions overhaaste conclusies trekken ∗ jump to it z. haasten ∗ jump together overeenstemmen

● (~ upon) bespringen, uitvallen tegen ● (~ with) het eens zijn met **III** [znw] ● sprong ● plotselinge beweging ● stoot ● slag ⟨bij damspel⟩ ● ⟨sport⟩ hindernis ∗ all of a jump erg druk/zenuwachtig ∗ from the jump van meet af aan ∗ he gave a jump hij maakte 'n sprong; hij schrok op ∗ he gave me the jumps hij joeg me de schrik op 't lijf ∗ jump suit parachutistenpak ∗ long jump verspringen ∗ on the jump erg druk/zenuwachtig ∗ ⟨inf.⟩ the jumps zenuwtrekking; delirium tremens; sint-vitusdans

jumped-up [bnw] gewichtig, overdreven positiebewust

jumper /'dʒʌmpə/ [znw] ● boorbeitel ● matrozenkiel ● gebreide (dames)trui ● kruisverbindingsdraad ● springer, springpaard ● springend insect ● ⟨AE⟩ slipover ∗ counter ~ winkelbediende

jumping /'dʒʌmpɪŋ/ [bnw] ∗ ~ jack hansworst ⟨speelgoed⟩ ∗ ~-off place eindpunt; beginpunt

jumpy /'dʒʌmpɪ/ [bnw] zenuwachtig, opgewonden, stotend

junction /'dʒʌŋkʃən/ [znw] verbinding, punt v. samenkomst, knooppunt, kruispunt

juncture /'dʒʌŋktʃə/ [znw] ● verbindingsplaats ● samenloop v. omstandigheden ∗ at this ~ op dit ogenblik; toen (dit gebeurd was)

June /dʒuːn/ [znw] juni

jungle /'dʒʌŋgl/ [znw] rimboe ● warwinkel ∗ ~ fever malaria

junior /'dʒuːnɪə/ [znw] ● junior ● jongere, mindere ● zoon ● ⟨AE⟩ derdejaarsstudent ∗ he is ten years my ~ hij is tien jaar jonger dan ik ∗ ~ clerk jongste bediende ∗ ~ school onderbouw v.d. middelbare school ∗ the ~ service het leger

juniper /'dʒuːnɪpə/ [znw] jeneverbes(struik)

junk /dʒʌŋk/ **I** [on ww] slopen, afdanken **II** [znw] ● onzin ● drugs ⟨vooral heroïne⟩ ● jonk ● afval, rommel, oud roest ● brok, homp ● ⟨scheepv.⟩ pekelvlees ∗ junk food bocht; in elkaar geflanste maaltijd ∗ junk mail reclamedrukwerk ∗ junk shop⟨iron.⟩ antiekwinkel; uitdragerij; rommelwinkel

junket /'dʒʌŋkɪt/ **I** [on ww] ● fuiven ● picknicken **II** [znw] ● wrongel en wei met suiker en room ● fuif ● uitstapje ● snoepreisje ● picknick

junkie /'dʒʌŋkɪ/ ⟨sl.⟩ [znw] junkie, drugverslaafde

junta /'dʒʌntə/ [znw] ● junta ⟨raad⟩ ● partij, factie, kliek

jural /'dʒʊərəl/ [bnw] ● wettelijk ● recht(s)-

jurat /'dʒʊəræt/ [znw] ● schepen ● magistraat

juridical /dʒʊəˈrɪdɪkl/ [bnw] gerechtelijk

jurisdiction /dʒʊərɪsˈdɪkʃən/ [znw] ● jurisdictie ● rechtspraak ● rechtsbevoegdheid, rechtsgebied

jurisdictional /dʒʊərɪsˈdɪkʃənəl/ [bnw] m.b.t. jurisdictie

jurisprudence /dʒʊərɪsˈpruːdns/ [znw] jurisprudentie

jurist /'dʒʊərɪst/ [znw] jurist, rechtsgeleerde

juror /'dʒʊərə/ [znw] ● jurylid ● gezworene

jury /'dʒʊərɪ/ [znw] jury, gezworenen ∗ grand jury jury van 12-23 leden, die beschuldiging onderzoeken vóór berechting ∗ petty jury jury van 12 leden, die unaniem hun oordeel geven over bepaalde rechtszaken

jury-box /'dʒʊərɪbɒks/ [znw] jurybank

juryman /'dʒʊərɪmən/ [znw] jurylid

just /dʒʌst/ **I** [bnw] ● eerlijk, rechtvaardig ● verdiend **II** [bijw] ● juist, zoals past ● terecht ● gegrond ● precies, net ● alleen maar, gewoon(weg) ∗ I just managed it ik heb 't maar net klaargespeeld ∗ it's just possible het is niet

onmogelijk ★ just a bit nervous 'n klein beetje
zenuwachtig ★ just a minute! één minuutje!
★ just about maar net; op 't kantje; bijna ★ just
call me Peter noem me maar gewoon Peter ★ just
come here kom 'ns even hier ★ just now zo net;
daarstraks; nu ★ just on a week bijna 'n week
★ just so! juist!; precies! ★ not just yet (voorlopig)
nog niet ★ the music was just splendid de
muziek was gewoonweg schitterend ★ won't I just
give it to him! zal ik 't 'm niet geven!; nou!

justice/'dʒʌstɪs/ [znw] ● rechtvaardigheid, recht
● rechter (vooral in Engels hooggerechtshof)
★ Court of – Hof v. Justitie ★ Justice of the Peace
politierechter ★ do – to recht doen wedervaren; eer
aandoen ★ do o.s. – z'n goede naam ophouden
★ in –: rechtens; billijkheidshalve

justiciary/dʒʌ'stɪʃərɪ/ **I** [znw] gerechtsdienaar
II [bnw] gerechts-, gerechtelijk

justifiable/'dʒʌstɪfaɪəbl/ [bnw] gerechtvaardigd

justification/ˌdʒʌstɪfɪˈkeɪʃən/ [znw]
rechtvaardiging, verantwoording ★ in – als
rechtvaardiging

justify/'dʒʌstɪfaɪ/ [ov ww] ● rechtvaardigen
● verdedigen ● absolveren, ontslaan v. zonden
● verontschuldigen ● staven (v. bewering)
● uitvullen ★ he was justified in coming 't was
goed dat hij kwam ★ the end justifies the means
het doel heiligt de middelen

justly/'dʒʌstlɪ/ [bijw] terecht

jut/dʒʌt/ **I** [ov ww] uitsteken ● (– forth/out)
uitsteken **II** [znw] uitsteeksel

jute/dʒuːt/ [znw] jute

juvenesence/dʒuːvɪ'nesəns/ [znw] ● jeugd
● onvolwassenheid

juvenile/'dʒuːvənaɪl/ **I** [znw] ● jongeling ● jeune
premier, acteur v. jonge rol **II** [bnw] jong, jeugdig
★ – court kinderrechter ★ – delinquency
jeugdcriminaliteit

juveniles/'dʒuːvənaɪlz/ (sl.) [mv] kinderboeken

juvenilia/dʒuːvə'nɪlɪə/ [mv] jeugdwerken (v.
schrijver/kunstenaar

juxtapose/dʒʌkstə'pəʊz/ [ov ww] naast elkaar
plaatsen

juxtaposition/dʒʌkstəpə'zɪʃən/ [znw] ● het naast
elkaar plaatsen ● het naast elkaar geplaatst zijn

K

Kaf(f)ir/'kæfə/ [znw] ● kaffer
● niet-mohammedaan, ongelovige

kale, kail/keɪl/ [znw] ● (boeren)kool ● koolsoep
● (AE/sl.) geld ★ curled/curly/Scotch kale
boerenkool

kaleidoscope/kə'laɪdəskəʊp/ [znw] caleidoscoop

kangaroo/kæŋgə'ruː/ [znw] kangoeroe ★ – court
onwettige rechtbank ★ – rat buidelrat ★ –s
West-Australische mijnaandelen (sl.); handelaren
in die aandelen; selectieve behandeling van
amendementen (Parl.)

kaolin/'keɪəlɪn/ [znw] porseleinaarde

karate/kə'rɑːtɪ/ [znw] karate

kar(r)oo/kə'ruː/ [znw] dor hoogland in Z.-Afrika

kart/kɑːt/ [znw] kart, skelter

katydid/'keɪtɪdɪd/ [znw] sabelsprinkhaan

kayak/'kaɪæk/ [znw] kajak

kc.[afk] ● kilocycle(s)

K.C. [afk] ≈ advocaat van hogere rang

keck/kek/ [on ww] ● kokhalzen ● boeren

keckle/kekl/ [on ww] ● grinniken ● (Schots)
kakelen

kedge/kedʒ/ **I** [ww] ● verhalen ● verhaald worden
II [znw] keganker ★ –-anchor keganker

kedgeree/'kedʒərɪ/ [znw] gerecht van rijst en vis

keel/kiːl/ **I** [ov ww] keel over omduwen, doen
omslaan ● (– over) (scheepv.) kielen **II** [on ww]
omslaan, kapseizen **III** [znw] ● kiel (v. schip)
● (kolen)schuit ● hoeveelheid in kolenschuit ● (lit.)
schip ★ on an even keel vlak; in evenwicht; zonder
inspanning; gestadig; rustig

keelhaul/'kiːlhɔːl/ [ov ww] ● kielhalen ● streng
berispen

keen/kiːn/ **I** [ov ww] bewenen **II** [on ww]
weeklagen (over) **III** [znw] ● Ierse lijkzang
● klaagzang **IV** [bnw] scherp(zinnig),
doordringend, intens, levendig, vurig ★ be keen on
s.o. beetje verliefd op iem. zijn ★ he's as keen as
mustard hij is enthousiast ★ keen on doing it
erop gebrand om 't te doen

keen-edged [bnw] scherp

keener/'kiːnə/ [znw] ● rouwklager ● huilebalk

keen-set [bnw] ★ – for hongerig/verlangend naar

keen-witted [bnw] scherpzinnig

keep/kiːp/ **I** [ov ww] ● (z.) houden (aan) ● in acht
nemen, vervullen, vieren ● bewaren ● in orde
houden ● houden (het bed) ● bijhouden (v.
boeken) ● hebben (v. winkel/bedrijf) ● erop na
houden ● iem. onderhouden ● in voorraad hebben
● vasthouden, gevangen houden ● verbergen
● beschermen, behoeden ★ keep house het
huishouden doen ★ keep one's feet op de been
blijven ★ keep one's ground z. staande houden
★ keep s.o. waiting iem. laten wachten ● (–
away) uit de buurt houden ● (– back)
terug-/achterhouden ● (– down) (onder)drukken
★ keep it down a bit! kalm aan! ; rustig a.u.b.
● (– from) afhouden van, verzwijgen voor,
verhinderen te, weerhouden van ● (– in) inhouden,
binnen houden, school laten blijven ● (– off)
afweren, op afstand houden, afblijven van ● (– on)
ophouden, blijven houden, aanhouden (bijv. v.
huis) ● (– out) buiten houden ● (– over) bewaren
(tot later) ● (– together) bij elkaar houden, bij
elkaar blijven ● (– under) onderhouden,
onderdrukken, bedwingen ● (– up) de moed erin
houden, in stand houden, aanhouden (vuur), uit
bed houden, wakker houden, ophouden,

onderhouden ‹contact› * he will keep it up hij zal
z. eraan houden * keep it up! hou vol! II [on ww]
● goed houden, goed blijven ‹v. voedsel› ● blijven
doen, doorgaan met * that news will keep dat
nieuws kan wel zolang blijven liggen ● (~ at)
blijven werken aan ● (~ away) wegblijven ● (~
from) z. onthouden van ● (~ in) blijven branden
● (~ in with) ‹inf.› contact houden met ● (~ on)
doorgaan, blijven praten ● (~ on at) blijven
praten tegen, vragen aan, vitten, treiteren ● (~ to)
‹scheepv.› bij de wind houden, z. houden aan,
blijven in * keep oneself to oneself z. weinig met
anderen bemoeien ● (~ up) op dezelfde hoogte
blijven * keep up with a p. iem. bijhouden * be
kept up late laat opblijven III [znw] ● toren,
versterking, fort ● hoede, bewaring ● onderhoud,
kost * ‹sl.› for keeps voorgoed; om te houden * in
good keep in goede conditie

keeper/'ki:pə/ [znw] ● anker ‹v. magneet›
● bewaker, bewaarder, houder ● doelverdediger
● hoeder, opzichter * ~(ring) veiligheidsring

keeping/'ki:pɪŋ/ I [znw] ● overeenstemming
● hoede * in ~ with kloppen met * not out of/in
~ with niet passend bij II [bnw] * ~ apples
appels die men lang kan bewaren * ~-room
zitkamer; woonkamer

keepsake/'ki:pseɪk/ I [znw] aandenken, souvenir
II [bnw] sentimenteel

kef, keif/kef/ [znw] ● bedwelming ● opium,
cannabis

keg/keg/ [znw] vaatje

kelp/kelp/ [znw] ● zeewier ● kelpsoda

kempt/kempt/ [bnw] goed verzorgd, gekamd

ken/ken/ I [ov ww] ‹Schots› weten, herkennen
II [znw] ● gezichtskring, begrip ● obscure kroeg
* beyond our ken boven onze horizon; boven ons
begrip

kennel/'kenl/ I [ov + on ww] ● wonen, huizen
● onderbrengen in een kennel II [znw]
● hondenhok ● krot ● meute ● goot * ~s
hondenverblijf

kennel-club [znw] kynologenclub

Kenyan/'kenjən/ I [znw] Keniaan II [bnw]
Keniaans

kept/kept/ I [ww] verl. tijd + volt. deelw. → **keep**
II [bnw] (goed) onderhouden * kept woman
maîtresse

kerb/kɜ:b/ [znw] trottoirband * kerb crawler iem.
die langzaam langs het trottoir rijdt om prostituees
aan te spreken * kerb market verkoop v. niet op de
beurs verhandelde stukken; nabeurs

kerbstone/'kɜ:bstəʊn/ [znw] trottoirband * ~
broker makelaar die buiten de beurs opereert

kerchief/'kɜ:tʃɪf/ [znw] ● hoofddoek, halsdoek
● zakdoek

kerf/kɜ:f/ [znw] ● ‹zaag›snede ● gekapt deel v.
gevelde boom

kerfuffle/kə'fʌfəl/ [znw] drukte, opschudding,
commotie

kernel/'kɜ:nl/ [znw] pit, kern

kerosene/'kerəsi:n/ [znw] kerosine

kerry/'keri/ [znw] ● Ierse terriër ● Iers vee

kestrel/'kestrəl/ [znw] torenvalk

ketchup/'ketʃəp/ [znw] ketchup

kettle/'ketl/ [znw] ketel * a different ~ of fish heel
wat anders * a fine/pretty ~ of fish 'n mooie boel
* ~-drum pauk * put the ~ on theewater opzetten

kettleholder/'ketlhəʊldə/ [znw] pannenlap

key/ki:/ I [ov + on ww] ● vastmaken met spie
● sluiten ● stemmen, spannen ● aanpassen,
geschikt maken ● (~ down) afzwakken, 'n toontje
lager (doen) zingen ● (~ up) verhogen, opdrijven

* keyed up hooggespannen II [znw] ● sleutel ‹ook
fig.› ● spie, wig ● toets ● grondtoon, toonaard
● stemming ● rif * have the key of the street geen
onderdak hebben; niet in huis kunnen * he put me
in the key for it hij bracht me ervoor in de
stemming * in key with harmoniërend met * it's
out of key 't past er niet bij * key bit baard ‹v.
sleutel› * key screw ‹schroef›sleutel
* master/skeleton key loper III [bnw]
voornaamste-, sleutel- * key colour grondkleur

keyboard/'ki:bɔ:d/ [znw] toetsenbord, klavier

keyhole/'ki:həʊl/ [znw] sleutelgat

keynote/'ki:nəʊt/ I [ov ww] uiteenzetten II [znw]
● grondtoon ● leus ‹fig.› ● rede ter uiteenzetting v.
bepaalde politiek

key-ring[znw] sleutelring

keystone/'ki:stəʊn/ [znw] ● sluitsteen ● hoeksteen
‹ook fig.›

khaki/'ka:ki/ [znw] ● kaki ● soldaat in kaki
uniform * get into ~ in 't leger gaan

kibble/'kɪbl/ I [ov ww] ● verbrokkelen ● grof malen
II [znw] hijskooi in mijn

kibbutz/kɪ'bʊts/ [znw] kibboets

kibbutzim/kɪbʊt'si:m/ [mv] → **kibbutz**

kibe/kaɪb/ [znw] blaar ‹aan hiel› * tread on a p.'s
kibes iem. op de tenen trappen

kibosh/'kaɪbɒʃ/ ‹sl.› [znw] onzin * put the ~ on die
das omdoen; een eind maken aan

kick/kɪk/ I [ov ww] ● trappen, stoten,
achteruitslaan, z. verzetten tegen ● klagen * he
was kicking his heels hij stond te wachten * kick
against the pricks z. tot eigen schade verzetten
* kick downstairs eruit trappen * kick over the
traces uit de band springen * ‹sl.› kick the bucket
het hoekje omgaan * kick up a row/shindy ruzie
schoppen * they kicked up their heels ze
sprongen ‹van pret›; ze waren aan de zwier * ‹AE›
we can't kick any longer we hebben nu niets meer
te klagen ● (~ about) rondslingeren, rondtrekken,
't trappen met voetbal, ruw behandelen ● (~ off)
uitgooien ‹v. schoenen›, afkicken ● (~ out) eruit
trappen, doodgaan ● (~ up) tegenwerpingen
maken, ruzie veroorzaken II [on ww] ● (~
around) rondzwerven, rondslingeren III [znw]
● energie, fut ● stimulans ● terugslag ‹v. geweer
bij afgaan› ● ziel ‹v. fles› ● schop, trap ● ‹AE/sl.›
verzet, klacht * kick against s.th. z. verzetten
tegen * kick piece spektakelstuk * ‹sl.› that's the
kick dat is 't allernieuwste * ‹sl.› the kick ontslag
* they get a kick out of it dat geeft ze een kick

kickback/'kɪkbæk/ [znw] ● terugslag ● smeergeld

kicker/'kɪkə/ [znw] ● paard dat trapt ● ‹AE›
kankeraar

kick-off/'kɪkɒf/ [znw] ● aftrap ● ‹sl.› begin

kicks/'kɪks/ ‹AE/sl.› [mv] schoenen

kickshaw/'kɪkʃɔ:/ [znw] ● liflafje ‹etenswaar›
● onbenulligheid

kick-up/'kɪkʌp/ [znw] ● sprong ● herrie ● vrolijke
boel

kicky/'kɪki/ ‹sl./AE› [bnw] pittig, vurig, levendig

kid/kɪd/ I [ov + on ww] ● ‹inf.› bedotten * we'll kid
him out of it we zullen 't hem afhandig maken
* you're kidding! dat meen je niet! II [on ww]
geiten werpen III [znw] ● vaatje ● jonge geit
● geitenleer ● ‹sl.› bedriegerij ● ‹scheepv.› nap
● ‹sl.› jochie, kind IV [bnw] ● kinderlijk ● ‹sl.›
jongere broer of zus

kiddle/'kɪdl/ [znw] visnet

kiddy/'kɪdi/ [znw] ‹sl.› jochie * ~-cart
speelgoedwagentje

kid-glove I [znw] glacéhandschoen II [bnw] al te
kieskeurig, verwijfd

kidnap/'kɪdnæp/ [ov ww] ontvoeren

kidnapper/'kɪdnæpə/ [znw] kidnapper

kidney/'kɪdnɪ/ [znw] • nier • aard, gesteldheid * a man of a different ~ een man van een ander slag * ~ bean kievietsboon * ~ machine kunstnier * ~ potato muis (aardappel) * ~ stone niersteen

kilderkin/'kɪldəkɪn/ [znw] vat met inhoud van 16-18 gallons

kill/kɪl/ I [ov ww] • doden, laten doodgaan • slachten • overstelpen met • vernietigend oordeel uitspreken (over wetsontwerp) • stoppen (v. bal) • afzetten (v. motor) * kill devil soort rum; kunstaas dat in 't water ronddraait * kill o.s. laughing je dood lachen * kill two birds with one stone twee vliegen in één klap slaan * kill with kindness het graf in prijzen * she dances to kill zij danst verrukkelijk * she was dressed to kill ze zag eruit om door een ringetje te halen * six were killed zes man sneuvelden; zes mensen kwamen om * (~ off) afmaken (doden) II [znw] • 't doden (door jager) gedood dier • dier als lokmiddel gebruikt * kill or cure erop of eronder III [bnw] dodelijk

killer/'kɪlə/ [znw] • slachter • moordenaar * ~-whale orka

killing/'kɪlɪŋ/ I [znw] prooi • make a ~ ineens 'n bom duiten verdienen II [bnw] • dodelijk • overweldigend

killjoy/'kɪldʒɔɪ/ [znw] spelbreker, somber iem.

kill-time[znw] tijdverdrijf

kiln/kɪln/ I [ov ww] kiln-dry drogen (in oven) II [znw] kalkoven, stookoven (ook voor whisky)

kilo/'ki:ləʊ/ [znw] kilo

kilogramme/'kɪləgræm/ [znw] kilogram

kilometre/'kɪləmi:tə/ [znw] kilometer

kilt/kɪlt/ I [ov ww] opnemen, plooien (v. rok) II [znw] kilt, Schotse rok

kilted/'kɪltɪd/ [bnw] • geplooid • met kilt

kilter/'kɪltə/ [znw] in orde * out of ~ niet in orde

kiltie/'kɪltɪ/ [znw] • hooglandse soldaat * (inf.) hooglander

kin/kɪn/ I [znw] familie, bloedverwantschap * next of kin naaste familieleden • of kin verwant II [bnw] * kin to verwant aan

kinch/kɪntʃ/ (Schots) [bnw] lus, strik

kind/kaɪnd/ I [znw] soort, aard * (sl.) I kind of expected this ik heb dit zo halfen half verwacht * pay in kind in natura betalen; met gelijke munt betalen II [bnw] * kind to vriendelijk voor; goed voor * kind to animals vriendelijk tegen dieren

kinda/'kaɪndə/ (AE) [samentr] /kind of/ min of meer, best wel * I guess they're ~ mad at me ik geloof dat ze 'n beetje kwaad op mij zijn

kindergarten/'kɪndəga:tn/ [znw] kleuterschool

kind-hearted/kaɪnd'ha:tɪd/ [bnw] goedaardig, vriendelijk

kindle/'kɪndl/ [ov + on ww] ontsteken, aansteken, (doen) ontvlammen, aanvuren, vlam vatten, (doen) gloeien

kindliness/'kaɪndlɪnəs/ [znw] • vriendelijkheid • mildheid

kindling/'kɪndlɪŋ/ [znw] kindling-wood aanmaakhout

kindly/'kaɪndlɪ/ I [bnw] • gemoedelijk, vriendelijk, humaan • aangenaam of gunstig (v. klimaat) II [bijw] * ~ show me the book wees zo goed mij het boek te laten zien

kindness/'kaɪndnəs/ [znw] • vriendelijkheid • iets aardigs

kindred/'kɪndrɪd/ I [znw] • bloedverwantschap • verwanten * a ~ soul/spirit een geestverwant II [bnw] verwant

kinetic/kɪ'netɪk/ [bnw] bewegings-

kinetics/kɪ'netɪks/ [mv] • kinetica • bewegingsleer

king/kɪŋ/ I [ov ww] tot koning kronen * king it koning spelen/zijn II [znw] • koning, vorst • heer • magnaat • eerste soort • dam (bij damspel) • Eng. volkslied * crown king tot koning kronen * go to king 'n dam halen * the king in Council de koning en zijn raadslieden

King[znw] * King's Bench afdeling van het Engelse hooggerechtshof * King's Counsel (lid v.) hoge orde v. advocaten * (inf.) King's/Queen's head postzegel * King's/Queen's speech troonrede

kingcup/'kɪŋkʌp/ [znw] • boterbloem • dotterbloem

kingdom/'kɪŋdəm/ [znw] • (konink)rijk • terrein • gebied

kingfisher/'kɪŋfɪʃə/ [znw] ijsvogel

kingly, kinglike/'kɪŋlɪ/ [bnw] een koning betamend, koninklijk

kingmaker/'kɪŋmeɪkə/ [znw] iem. die benoeming tot hoge post kan beïnvloeden

kingpin/'kɪŋpɪn/ [znw] • hoofdbout • leider, spil waar alles om draait

kingship/'kɪŋʃɪp/ [znw] koningschap

kink/kɪŋk/ [znw] • kink, slag, knik, hersenkronkel, afwijking • trucje, foefje

kinky/'kɪŋkɪ/ [bnw] • kroezend • vreemd, ongewoon • pervers • kronkelig

kinsfolk/'kɪnzfəʊk/ [znw] verwanten

kinship/'kɪnʃɪp/ [znw] verwantschap

kinsman/'kɪnzmən/ [znw] mannelijke bloedverwant

kinswoman/'kɪnzwʊmən/ [znw] vrouwelijke bloedverwant

kiosk/'ki:ɒsk/ [znw] • stalletje • kiosk • telefooncel

kip/kɪp/ (inf.) I [on ww] maffen * (~ down) gaan maffen II [znw] • ongelooide huid v.e. jong dier • bed, slaap

kipper/'kɪpə/ I [ov ww] zouten en drogen/roken v. vis II [znw] • mannetjeszalm in paartijd • gerookte haring * (sl.) vent(je)

kirk/kɜːk/ (Schots) [znw] kerk

kiss/kɪs/ I [ov ww] • kussen • kloten (bij biljart) • (elkaar) even raken * kiss hands/the hand of ambt (v. iem.) met handkus aanvaarden * kiss of death genadestoot * kiss of life mond-op-mondbeademing * kiss one's hand to iem. 'n kushandje geven * kiss the dust z. slaafs onderwerpen; gedood worden * kiss the ground z. voor iem. in 't stof werpen; 't onderspit moeten delven * kiss the rod kastijding gedwee aanvaarden * kissing disease ziekte v. Pfeiffer II [znw] • kus • suikerboon • klots (bij biljart) * blow a kiss kushandje geven

kissable/'kɪsəbl/ [bnw] om te zoenen

kisser/'kɪsə/ [znw] (sl.) mond

kissing-kind[bnw] op zeer goede voet met elkaar

kiss-me-quick[znw] • soort plant • dameshoedje • spuuglok

kit/kɪt/ I [ov + on ww] * (~ out (with)) uitrusten (met), voorzien worden (v.) (vooral kleren) II [znw] • gereedschap, uitrusting • partij, stel • bouwpakket, kit * kit bag plunjezak

kitchen/'kɪtʃɪn/ [znw] keuken * ~ dresser aanrecht * ~ garden moestuin * ~ range keukenfornuis * ~ sink gootsteen; afwasbak * ~ utensils keukengerei

kitchener/'kɪtʃnə/ [znw] keukenfornuis

kitchenette/kɪtʃɪ'net/ [znw] keukentje

kite/kaɪt/ I [ov ww] • laten zweven • schoorsteenwissel trekken II [on ww] zweven III [znw] • vlieger • wouw • schoorsteenwissel • (sl.) vliegtuig * as high as a kite benevel (door

K

drank of drugs›; *erg opgewonden* ∗ **fly a kite** *vliegeren* ∗ **kite flying** *het oplaten van een proefballonnetje; 't oplaten v. vlieger; het vliegeren; wisselruiterij*

kites /karts/ [mv] *hoogste zeilen*

kith /kɪθ/ [znw] ∗ **kith and kin** *kennissen en familie; vrienden en verwanten*

kitsch /kɪtʃ/ [znw] *kitsch*

kitten /'kɪtn/ **I** [ww] ∗ *jongen* ‹v. poes› ∗ *koketteren (met)* **II** [znw] ∗ *katje* ∗ *kittig meisje* ∗ **have ∼s** *jongen krijgen* ‹v. poes›; *nerveus zijn*

kittenish /'kɪtənɪʃ/ [bnw] *speels*

kittle /'kɪtl/ [bnw] ∗ *lastig* ∗ *teer* ∗ **∼ cattle** *moeilijk mee om te gaan*

kitty /'kɪtɪ/ [znw] ∗ *poesje* ∗ *pot (bij kaartspel)* ∗ *(huishoud)potje* ∗ *kas, portemonnee*

kiwi /'ki:wi:/ [znw] ∗ *kiwi* ∗ ‹sl.› *Nieuw-Zeelander* ∗ ‹sl.› *iem. v.h. grondpersoneel v.d. luchtmacht*

K.K.K. [afk] ∗ *Ku-Klux-Klan*

kl. [afk] ∗ (kilolitre(s)) *kiloliter(s)*

klaxon /'klæksən/ [znw] *claxon*

kleptomania /kleptəʊ'meɪnɪə/ [znw] *kleptomanie*

kleptomaniac /kleptəʊ'meɪnɪæk/ [znw] *kleptomaan*

km. [afk] ∗ (kilometre(s)) *kilometer(s)*

kn. [afk] ∗ (knot(s)) *knoop, knopen*

knack /næk/ [znw] ∗ *handigheid, slag* ∗ *kunstgreep* ∗ *gewoonte* ∗ **get the ∼** *het trucje door krijgen*

knacker /'nækə/ [znw] ∗ *sloper* ‹v. huizen/schepen› ∗ *paardenslachter* ∗ ‹sl.› *testikel*

knackered /'nækəd/ ‹sl.› [bnw] ∗ *doodmoe, bekaf* ∗ *uitgeput*

knag /næg/ [znw] ∗ *kwast (in hout)* ∗ *ruwe rotspunt*

knaggy /'nægɪ/ [bnw] *knoestig, ruw*

knap /næp/ **I** [ov ww] ∗ *kloppen* ‹v. stenen› ∗ *slaan, breken* **II** [znw] *heuveltop*

knapsack /'næpsæk/ [znw] *ransel, rugzak*

knar /nɑ:/ [znw] *knoest (in hout)*

knave /neɪv/ [znw] ∗ *boer (in kaartspel)* ∗ ‹vero.› *schurk*

knavery /'neɪvərɪ/ [znw] *bedriegerij*

knavish /'neɪvɪʃ/ [bnw] *bedrieglijk*

knead /ni:d/ [ov ww] ∗ *kneden* ∗ *masseren* ∗ *vormen* ∗ **∼ing trough** *bakkerstrog*

knee /ni:/ **I** [ov ww] ∗ *een knietje geven* ∗ *met de knie aanraken* ∗ *met kniestuk bevestigen* ∗ *knieën krijgen (in broek)* ∗ **knee to knieval** *door voor* **II** [znw] ∗ *knie(stuk)* ∗ *kromhout* ∗ *knieval* ‹inf.› ∗ **gone at the knees** *afgeleefd* ∗ **knee breeches** *kniebroek* ∗ **on the knees of the gods** *nog onzeker*

kneecap /'ni:kæp/ [znw] ∗ *knieschijf* ∗ *kniebeschermer*

knee-deep /ni:'di:p/ [bijw] ∗ *tot aan de knieën* ∗ *tot over de oren (fig.)*

knee-high [bnw] *tot aan de knieën*

kneel /ni:l/ [on ww] *knielen* ∗ **∼ing chair** *bidstoel* ∗ **(∼ to)** *knielen voor* ∗ **(∼ up)** *v. liggende in knielende houding komen*

kneeler /'ni:lə/ [znw] ∗ *iem. die knielt* ∗ *knielkussen, knielbank*

knee-pan [znw] *knieschijf*

knees-up [znw] *fuif, feestje, viering*

knell /nel/ **I** [ov ww] *aankondigen (als) door een doodsklok* **II** [on ww] *(de doodsklok) luiden* **III** [znw] ∗ *(geluid v.) doodsklok* ∗ *aankondiging v. dood of onheil*

knelt /nelt/ *verl. tijd + volt. deelw.* → **kneel**

knew /nju:/ *verl. tijd* → **know**

knickerbockers /'nɪkəbɒkəz/ [mv] *wijde kniebroek*

knickers /'nɪkəz/ [mv] [tw] ∗ **oh, ∼!** *ach, verdikkeme!*

knick-knack /'nɪknæk/ [znw] ∗ *snuisterij* ∗ *lekkernij*

knife /naɪf/ **I** [ov ww] *steken ‹met mes›* **II** [znw] *mes* ∗ **get/have one's ∼ (in)to** *gebeten zijn op; de pik hebben op* ∗ ∼ *blade lemmet* ∗ ∼ **rest** *messenlegger* ∗ **play a good ∼ and fork** *smakelijk (kunnen) eten* ∗ **war to the ∼** *verbeten strijd*

knife-edge /'naɪfedʒ/ [znw] ∗ *snede v. mes* ∗ *mes* ‹v. balans› ∗ **on a ∼** *vreselijk gespannen*

knight /naɪt/ **I** [ov ww] *tot ridder slaan, ridderen* **II** [znw] ∗ *ridder* ∗ *paard (in schaakspel)* ∗ **Knight of Malta** *Maltezer ridder* ∗ ‹AØ› **Knights of Labor** *arbeidersvereniging* ∗ ∼ **bachelor** *ridder van laagste rang* ∗ ∼ **-errant(try)** *dolende ridder(schap)* ∗ ∼ **of the pestle** *apotheker* ‹vero.› ∗ ∼ **of the road** *struikrover* ‹gesch.› ∗ ∼ **of the shire** *parlementsvertegenwoordiger v. graafschap* ‹gesch.› ∗ ∼ **templar** *tempelier*

knighthood /'naɪthʊd/ [znw] ∗ *ridderschap* ∗ *titel v. ridder* ∗ *ridderlijkheid*

knightly /'naɪtlɪ/ [bnw] *ridderlijk*

knit /nɪt/ [ww] ∗ *knopen, breien* ∗ *z. verenigen* ∗ *versterken* ∗ *fronsen (v. wenkbrauwen)* ∗ **a well knit frame** *krachtig gebouwd lichaam* ∗ **knit together** *samenbinden* ∗ **(∼ up)** *stoppen (v. kousen), verbinden, eindigen* ∗ **knit up (in)** *verenigen met*

knitter /'nɪtə/ [znw] ∗ *brei(st)er* ∗ *breimachine*

knitting /'nɪtɪŋ/ [znw] ∗ *'t breien* ∗ *breiwerk*

knitting-machine [znw] *breimachine*

knitting-needle [znw] *breinaald*

knitwear /'nɪtweə/ [znw] *gebreide kleding*

knives /naɪvz/ [mv] → **knife**

knob /nɒb/ **I** [ov ww] *voorzien v. knop* ∗ **(∼ out)** *uitzetten, (op)zwellen* **II** [znw] ∗ *knobbel, knop* ∗ *brok, kluitje, klont(je)* ∗ *heuvel* ∗ ‹sl.› **with knobs on!** *en niet zo'n klein beetje ook!*

knobbly /'nɒblɪ/ [bnw] ∗ *bultig* ∗ *knobbelig*

knobby /'nɒbɪ/ [bnw] *knobbelig, knokig*

knobstick /'nɒbstɪk/ [znw] ∗ *knots* ∗ ‹sl.› *werkwillige*

knock /nɒk/ **I** [ov ww] ∗ *slaan* ∗ *pakken (v. publiek)* ∗ ‹sl.› *(iem.) verstomd doen staan* ∗ ‹sl./AØ› *bekritiseren* ∗ **he was ∼ed into a cocked hat** *hij werd tot moes geslagen* ∗ ‹sl.› ∼ **a s.o.'s head off** *iem. volkomen in z'n macht hebben; overtreffen* ∗ **the rooms were ∼ed into one** *de kamers werden bij elkaar getrokken* ∗ **(∼ about/around)** *toetakelen, afranselen* ∗ **(∼ back)** *achteroverslaan (borrel)* ∗ **how much did that car ∼ you back?** *wat heeft je die wagen gekost?* ∗ **(∼ down)** *neerslaan, afbreken, demonteren, verslaan, toewijzen (v. artikel op veiling), afprijzen, aanrijden, (aan elkaar) voorstellen* ∗ **(∼ off)** *afslaan, korting geven, iets vlug afwerken, uit de mouw schudden, naar de andere wereld helpen, achteroverdrukken, stelen, beroven, aftrekken (v. kosten), een beurt geven (fig.), naaien (fig.), eraan geven* ∗ ∼ **it off!** *hou ermee op!; duvel op!* ∗ **(∼ out)** *uitkloppen (pijp), k.o. slaan, verslaan, haastig in elkaar flansen* ∗ **∼ed out** *doodmoe* ∗ ‹sport› **he was ∼ed out of time** *hij werd uitgeteld* ∗ **(∼ over)** *overrijden, neerschieten, bezwijken, omslaan (een glas)* ∗ **(∼ together)** *haastig in elkaar zetten* ∗ **(∼ up)** *omhoog slaan, vlug in elkaar zetten (huis/plan), snel achter elkaar runs maken, (op)wekken, afmatten, bij elkaar verdienen (geld), zwanger maken* ∗ ∼ **up copy** *tekst persklaar maken* **II** [on ww] ∗ *kloppen (ook v. motor)* ∗ *botsen* ∗ **(∼ about/around)** *rondlenteren, ronddolen* ∗ **(∼ off)** *ophouden* ∗ **(∼ under)** *z. onderwerpen* ∗ **(∼**

up (sport) *vooraf inslaan* **III** [znw] ● *klop, duw, slag* ● (Schots) *klok* ● (sl.) *innings* (cricket) ★ *he gave me the ~ hij deed me paf staan* ★ (sl.) *take a ~ zware (financiële) klap(pen) krijgen*

knockabout/'nɒkəbaʊt/ **I** [znw] ● *lawaaierige voorstelling/acteur* **II** [bnw] ● *lawaaierig* ● *zwervend* ● *geschikt voor ruw gebruik* (v. kleding)

knockdown/'nɒkdaʊn/ **I** [znw] ● *zware slag* ● *vechtpartij* ● (AE/inf.) *'t voorstellen (aan elkaar)* **II** [bnw] ● *verpletterend* ● *gemakkelijk demonteerbaar* ★ *~ argument dooddoener* ★ *~ price zeer lage prijs*

knocker /'nɒkə/ [znw] ● *deurklopper* ● (inf.) *vitter* ★ *on the ~ direct* ★ *up to the ~ prima; in de perfectie*

knockers /'nɒkəz/ [mv] *tieten*

knocker-up /nɒkər'ʌp/ [znw] *porder*

knock-kneed [bnw] *met x-benen*

knock-knees [mv] *x-benen*

knockout/'nɒkaʊt/ [znw] ● *iem. die met anderen op veiling de prijzen opzettelijk drukt* ● *overweldigend iets/iem.* ● (sport) *stoot die bokser buiten gevecht stelt* ★ (sl.) *it's a ~ daar sta je paf van* ★ *~ blow genadeslag* ★ *~ drops bedwelmingsmiddel* ★ *look ~ er fantastisch uitzien* ★ *you're a ~! je bent 'n onweerstaanbaar iem.!*

knock-up I [on ww] *even wat oefenen* **II** [znw] *warming-up*

knoll/nəʊl/ **I** [ov + on ww] → **knell II** [znw] *heuveltje*

knot/nɒt/ **I** [ov ww] ● *in de knoop/war maken* ● *vast-/dichtknopen* **II** [on ww] *in de knoop/war raken* **III** [znw] ● *moeilijkheid* ● *knobbel* ● *kanoet* (soort strandloper) ● *knoest in hout* ● *strik, knoop* (in touw) ● *groep(je)* ● (scheepv.) *knoop*

knotty/'nɒti/ [bnw] *vol knopen, ingewikkeld*

know/nəʊ/ **I** [ov ww] ● (her)*kennen, weten, merken, bekend zijn met* ★ *he knows his beans hij weet z'n weetje* ★ *he knows what's what hij weet z'n weetje* ★ *not if I know it! dat zal niet gaan!; dat zal ik wel verhinderen!* ★ *not know a person from Adam iem. helemaal niet kennen* ★ *we never knew him to tell a lie we hebben nooit meegemaakt dat hij 'n leugen vertelde* **II** [on ww] *zich bewust zijn van, weten* ★ *I know better than to go ik ben niet zo gek om te gaan* ★ *run all you know! loop wat je kunt!* **III** [znw] ★ *I'll keep you in the know ik houd je op de hoogte* ★ *he is in the know hij weet er van*

knowable/'nəʊəbl/ [bnw] (her)*kenbaar*

know-all/'nəʊːl/ [znw] *weetal, wijsneus*

know-how/'nəʊhaʊ/ [znw] *knowhow, vakkennis, vaardigheid*

knowing/'nəʊɪŋ/ [bnw] *schrander, handig, geslepen* ★ *a ~ look 'n begrijpende blik* ★ *there's no ~ what may happen men kan niet weten wat er kan gebeuren*

knowingly/'nəʊɪŋlɪ/ [bijw] *bewust, met opzet*

knowledge/'nɒlɪdʒ/ [znw] ● *kennis, wetenschap* ● *'t weten, voorkennis* ★ (jur.) *carnal ~ geslachtsgemeenschap* ★ *common ~ iets dat algemeen bekend is* ★ *to my ~ voor zover ik weet*

knowledgeable/'nɒlɪdʒəbl/ [bnw] ● *slim* ● *goed ingelicht*

known/nəʊn/ **I** [ww] *volt. deelw.* → **know II** [bnw] *erkend, berucht, gereputeerd* ★ *well-~ bekend*

knuckle/'nʌkl/ **I** [ov ww] *met de knokkels slaan/wrijven* ★ (~ **down/under**) *toegeven aan, z. gewonnen geven* ★ (~ **to**) *hard aan 't werk gaan* **II** [znw] ● *schenkel, kluif, varkenskluif* ● *knokkel* ★ *near the ~ nogal pikant* ★ *rap over the ~s*

uitbrander

knuckle-duster/'nʌkldʌstə/ [znw] *boksbeugel*

knurl/nɜːl/ [znw] *ribbel*

knur(r)/nɜː/ [znw] ● *knoest, kwast, knobbel* ● *bal*

kohlrabi/kəʊl'rɑːbɪ/ [znw] *koolraap*

kook/kuːk/ (sl.) [znw] *eigenaardig persoon*

kooky/'kuːkɪ/ (sl.) [bnw] ● *verknipt* ● *geschift*

kopje/'kɒpɪ/ [znw] *heuveltje*

Korean/kə'riːən/ **I** [znw] ● *Koreaan* ● *het Koreaans* **II** [bnw] *Koreaans*

kowtow/kaʊ'taʊ/ **I** [on ww] ● *een Chinese voetval maken* ● *zich vernederen* ★ *~ to door het stof gaan voor* **II** [znw] ● *Chinese voetval* (uit diep respect) ● *mooipraterij* (fig.)

k.p.h. [afk] ● *kilometer per uur*

kudize/'kjuː daɪz/ (sl.) [ov ww] *verheerlijken*

kudos/'kjuːdɒs/ (sl.) [znw] *eer, roem*

kyle/kaɪl/ (Schots) [znw] *enge zeearm*

K

L

lab/læb/ ⟨inf.⟩ [znw] laboratorium
labefaction/læbɪˈfækʃən/ [znw] • omverwerping
• verzwakking • (ver)val
label/ˈleɪbl/ I [ov ww] • van etiket voorzien
• bestempelen (als), beschrijven (als) II [znw]
• etiket, plakzegel, label • ⟨vero.⟩ druiplijst
labial/ˈleɪbɪəl/ I [znw] labiaal II [bnw] lip-, labiaal
labiate/ˈleɪbɪət/ [bnw] • lipbloemig • labvormig
labile/ˈleɪbaɪl/ [bnw] labiel, wankelbaar
laboratory/ləˈbɒrətərɪ/ [znw] laboratorium ∗ ~
assistant laboratoriumassistent
laborious/ləˈbɔːrɪəs/ [bnw] • hardwerkend
• moeizaam • geforceerd ⟨v. stijl⟩
labour/ˈleɪbə/ [znw] • arbeid, taak, werk,
inspanning • arbeidskrachten • arbeiders
• barensweeën ∗ be in ~ in barensnood zijn ∗ hard
~ dwangarbeid ∗ it's ~ lost het is vergeefse moeite
∗ ~ force beroepsbevolking ∗ ~ of love werk
verricht uit naastenliefde ∗ ~ pains barensweeën
∗ ~ union vakbond
Labour[znw] ∗ ⟨AE⟩ – Day 1e maandag in sept
⟨vrije dag⟩
laboured/ˈleɪbəd/ [bnw] • moeizaam • geforceerd
⟨v. stijl⟩
labourer/ˈleɪbərə/ [znw] arbeider
labour-market[znw] arbeidsmarkt
labour-saving/ˈleɪbəseɪvɪŋ/ [bnw]
arbeidsbesparend
laburnum/ləˈbɜːnəm/ [znw] goudenregen
labyrinth/ˈlæbərɪnθ/ [znw] labyrint, doolhof
labyrinthine/læbəˈrɪnθaɪn/ [bnw] als een doolhof,
ingewikkeld, verward
lac/læk/ [znw] lak(werk)
lace/leɪs/ I [ov ww] • borduren • galonneren
• bekritiseren • scheutje sterke drank toevoegen
• rijgen • dooreenstrengelen • (~ in) inrijgen • (~
up) vastrijgen II [on ww] ∗ lace into a p. iem.
afranselen III [znw] • veter • galon • kant, vitrage
• toegevoegd scheutje sterke drank ∗ lace bobbin
kantklos ∗ lace boot rijglaars IV [bnw] kanten
lacerate/ˈlæsəreɪt/ [ov ww] • (ver)scheuren
• plagen, kwellen
laceration/læsəˈreɪʃən/ [znw] • scheur, rijtwond
• het scheuren • kwelling
lace-up[bnw] ∗ ~ boots rijglaarzen
laches/ˈlætʃɪz/ [znw] onachtzaamheid, nalatigheid
lachrymal/ˈlækrɪml/ [bnw] traan-
lachrymals/ˈlækrɪmlz/ [mv] traanklieren
lachrymose/ˈlækrɪməʊs/ [bnw] • huilend
• huilerig
lacing/ˈleɪsɪŋ/ → **lace**
lack/læk/ I [ov ww] gebrek hebben aan II [on ww]
ontbreken ∗ be lacking in money geen geld
hebben III [znw] behoefte, gebrek ∗ for lack of bij
gebrek aan
lackadaisical/læka'deɪzɪkl/ [bnw] lusteloos,
dromerig, traag, sentimenteel
lacker/ˈlækə/ [znw] • vernis • lakwerk
lackey/ˈlækɪ/ → **laquey**
lacking/ˈlækɪŋ/ [bnw] • ontbrekend, afwezig
• ⟨inf.⟩ dom
lacklustre/ˈlæklʌstə/ [bnw] dof ⟨v. oog⟩
laconic/ləˈkɒnɪk/ [bnw] kortaf, laconiek
laconicism, laconism/ləˈkɒnɪsɪzəm/ [znw]
• bondigheid • bondig gezegde
lacquer/ˈlækə/ I [ov ww] vernissen, lakken II [znw]
• vernis • lakwerk
laquey/ˈlækɪ/ I [ov ww] • lakei zijn • naar

iemands pijpen dansen II [znw] • lakei • kruiperig
iem.
lactation/lækˈteɪʃən/ [znw] • het zogen • het
afscheiden van melk
lacteal/ˈlæktɪəl/ [bnw] melk-
lactic/ˈlæktɪk/ [bnw] melk- ∗ ~ acid melkzuur
lactiferous/lækˈtɪfərəs/ [bnw] melkachtig sap
afscheidend
lactose/ˈlæktəʊs/ [znw] lactose
lacuna/ləˈkjuːnə/ [znw] • leemte, open ruimte,
hiaat • holte
lacunae/ləˈkjuːniː/ [mv] → **lacuna**
lacy/ˈleɪsɪ/ [bnw] • kanten • kantachtig
lad/læd/ [znw] knaap, jongeman, jongen ∗ ⟨inf.⟩ he
is a bit of a lad hij is een vrolijke Frans
ladder/ˈlædə/ I [ov ww] 'n ladder maken (in kous)
II [znw] ladder ∗ kick down the ~ oude vrienden
laten vallen ∗ ~ dredge baggermachine ∗ ~ stitch
dwarssteek ∗ ~ tower brandladder ∗ ~ truck
brandweerladderwagen
laddie/ˈlædɪ/ [znw] jochie
lade/leɪd/ [ov ww] • (be)laden • (water) scheppen
laden/ˈleɪdn/ [bnw] • beladen • geschept
• bezwaard • bezwangerd ∗ ~ with bezwaard
met/door
la-di-da/lɑːdɪˈdɑː/ ⟨inf.⟩ [bnw] • opschepperig,
gemaakt • bekakt
lading/ˈleɪdɪŋ/ [znw] lading ∗ bill of ~
cognossement
ladle/ˈleɪdl/ I [ov ww] • (~ out) opscheppen,
uitscheppen II [znw] • soeplepel • gietlepel
• schoep ⟨v. molenrad⟩
ladleful/ˈleɪdlfʊl/ [znw] lepelvol
lady/ˈleɪdɪ/ [znw] • dame • maîtresse • adellijke
titel • vrouw • geliefde ∗ a ladies' man charmeur
∗ lady in waiting hofdame ∗ lady of the
bedchamber hofdame ∗ lady's companion
werktasje ∗ lady's maid kamenier ∗ ⟨inf.⟩ the old
lady mijn oudje ∗ your good lady je vrouw
Lady[znw] ∗ First Lady presidentsvrouw ∗ Lady
Day feestdag v. Maria Boodschap; bepaalde
kwartaaldag; betaaldag ∗ Our Lady Onze Lieve
Vrouwe ∗ ⟨scherts⟩ the Old Lady of
Threadneedlestreet de Engelse bank
ladybird/ˈleɪdbɜːd/ [znw] lieveheersbeestje
lady-killer/ˈleɪdkɪlə/ [znw] Don Juan
ladylike/ˈleɪdɪlaɪk/ [bnw] • damesachtig • verwijfd
lady-love/ˈleɪdɪlʌv/ [znw] geliefde
ladyship/ˈleɪdɪʃɪp/ [znw] rang of waardigheid van
een adellijke dame ∗ her ~ mevrouw de gravin;
mevrouw de barones
lag/læg/ I [ov ww] • van bekleding voorzien ⟨v.
stoomketel⟩ • isoleren ∗ ⟨sl.⟩ arresteren, inrekenen
II [on ww] ∗ lag (behind) achterblijven; achter
raken III [znw] • achterstand • bekleding
• achterblijver • vertraging ∗ ⟨sl.⟩ recidivist
lager/ˈlɑːgə/ [znw] ∗ ~ (beer) lager; ≈ pils
laggard/ˈlægəd/ I [znw] treuzelaar II [bnw]
achterblijvend, achtergebleven
lagging/ˈlægɪŋ/ [znw] • isolatiemateriaal
• ⟨techn.⟩ bekisting • ⟨sl.⟩ gevangenisstraf
lagoon/ləˈguːn/ [znw] lagune
laic/ˈleɪɪk/ I [znw] leek II [bnw] → **laical**
laical/ˈleɪɪkl/ [bnw] • leken- • wereldlijk
laicize/ˈleɪɪsaɪz/ [ov ww] seculariseren
laid/leɪd/ [ww] → **lay** ∗ laid paper papier met
waterdruk ∗ ⟨inf.⟩ laid up bedlegerig
lain/leɪn/ volt. deelw. → **lie**
lair/leə/ I [ov + on ww] ⟨z.⟩ legeren II [znw] • leger
⟨v. dier⟩, hol • veeloods (voor vee op transport)
• ⟨inf.⟩ kamer
laissez-faire/leseɪˈfeə/ [bnw] ∗ ~ policy

niet-inmenging van de staat met particulier
initiatief

laity /'leɪətɪ/ [znw] • de leken • lekenpubliek

lake /leɪk/ [znw] • meer • roodachtige verfstof

lake-dweller [znw] paalbewoner

lam /læm/ ⟨sl.⟩ [on ww] * lam (into) afrossen * ⟨AE⟩ lam (it) er tussenuit knijpen * on the lam op de vlucht ⟨vnl. voor justitie⟩

lama /'lɑːmə/ [znw] lama ⟨priester⟩

lamaism /'lɑːmaɪzəm/ [znw] lamaïsme

lamaist /'lɑːmaɪst/ [znw] lamaïst

lamasery /'lɑːməsərɪ/ [znw] lamaklooster

lamb /læm/ I [ov ww] helpen bij het lammeren werpen II [on ww] lammeren werpen III [znw] • lam(svlees) • lammetje ⟨fig.⟩ * in lamb drachtig * lamb chop lamskotelet

lambaste /læm'beɪst/ [ov ww] * scherp kritiseren • ⟨inf.⟩ aftuigen, afranselen

lambency /'læmbənsɪ/ [znw] • het lekken ⟨v. vlammen⟩ • zachte glans • speelsheid

lambent /'læmbənt/ [bnw] • zacht stralend • lekkend ⟨v. vlammen⟩ • speels

lambkin /'læmkɪn/ [znw] • lieveling • lammetje

lambskin /'læmskɪn/ [znw] lamsvel

lamb's-wool [znw] lamswol

lame /leɪm/ I [ov ww] • verlammen ⟨fig.⟩ • kreupel of onbruikbaar maken, verminken II [bnw] • kreupel • stotend ⟨v. metrum⟩ • naïef • slapjes, niet overtuigend ⟨v. excuus⟩ • ⟨AE/sl.⟩ niet bij de tijd * lame duck zwakkeling; wanbetaler op de effectenbeurs; niet herkozen ambtenaar ⟨in de VS⟩; invalide

lamella /lə'melə/ [znw] • laagje • schilfer

lament /lə'ment/ I [ww] (be)treuren, lamenteren * the dear ~ed de betreurde dode(n) * (~ for/over) weeklagen over II [znw] klaaglied

lamentable /'læməntəbl/ [bnw] • jammerlijk • betreurenswaardig

lamentation /læmən'teɪʃən/ [znw] weeklacht, klaaglied

lamia /'leɪmɪə/ [znw] vrouwelijk monster, heks

laminate /'læmɪneɪt/ I [ov + on ww] splijten ⟨in dunne lagen⟩ * ~d wood tri-/multiplex II [ov ww] pletten

lamish /'læmɪʃ/ [bnw] • mank, kreupel • ontoereikend

lamming /'læmɪŋ/ ⟨inf.⟩ [znw] pak slaag

lamp /læmp/ I [ov ww] • voorzien v. lampen • ⟨AE/sl.⟩ kijken naar II [on ww] schijnen III [znw] lamp, lantaarn * lamp chimney lampenglas * smell of the lamp het resultaat zijn van ingespannen arbeid

lamplighter /'læmplɑːtə/ [znw] lantaarnopsteker * like a ~ bliksemsnel

lampoon /læm'puːn/ I [ov ww] aanvallen in een satirisch pamflet II [znw] satirisch pamflet

lampoonist /læm'puːnɪst/ [znw] pamfletschrijver

lamp-post /'læmppəʊst/ [znw] lantaarnpaal * between you and me and the ~ onder vier ogen

lampshade /'læmpʃeɪd/ [znw] lampenkap

lance /lɑːns/ I [ov ww] • met lancet doorprikken, met lans doorsteken • slingeren II [znw] lans, speer * break a ~ with argumenteren met * ~s lansiers

lance-corporal /lɑːns'kɔːpərəl/ [znw] rang tussen soldaat 1e klas en korporaal

lancer /'lɑːnsə/ [znw] • lancier • ⟨gewoon⟩ soldaat

lancers /'læmsəz/ [mv] lansiers ⟨dans⟩

lance-sergeant [znw] als sergeant fungerend korporaal

lancet /'lɑːnsɪt/ [znw] lancet * ~ arch spitsboog * ~ window spitsboogvenster

lancination /lɑːnsɪ'neɪʃən/ [znw] • snijdende pijn • het snijden met een lancet

land /lænd/ I [ov ww] • doen landen ⟨v. vliegtuig⟩ • lossen • afzetten ⟨uit rijtuig⟩ • toedienen ⟨v. klap of slag⟩ • ophalen ⟨v. vis⟩ • in de wacht slepen ⟨v. prijs⟩ • slaan • klap geven • doen belanden • (~ with) opschepen met II [on ww] • landen • aan land gaan • aankomen, bereiken, terechtkomen III [znw] • land(streek), grond, landerij(en) • veld ⟨v. vuurwapen⟩ * by land te land; over land * land abutment landhoofd ⟨v. brug⟩ * land reform landhervorming * land shark uitzuiger v. zeelui aan wal * land surveyor landmeter * land tax grondbelasting * land wash branding bij de kust; vloedlijn * make land land in zicht krijgen; land aandoen * my land! lieve deugd! * on land aan land; te land * see how the land lies zien hoe de zaken staan * the land of cakes Schotland * the land of the leal de hemel

land-agent /'lændeɪdʒənt/ [znw] • rentmeester • makelaar in landerijen

landau /'lændɔː/ [znw] landauer

landed /'lændɪd/ [bnw] • grond bezittend • ontscheept • ⟨inf.⟩ in moeilijkheden • grond-, land- * ~ property/estate grondbezit * ~ proprietary gezamenlijke landeigenaren * ~ weight uitgeleverd gewicht * the ~ interest(s) de landeigenaren en pachters

landfall /'lændfɔːl/ [znw] • het in 't zicht krijgen v. land • aardverschuiving

landgirl /'lændgɜːl/ [znw] landarbeidster ⟨vnl. tijdens 2e wereldoorlog⟩

landing /'lændɪŋ/ [znw] • landingsplaats, losplaats • overloop ⟨tussen twee trappen⟩ • vangst • aanvoer • landing

landing-craft /'lændɪŋkrɑːft/ [znw] landingsvaartuig

landing-gear /'lændɪŋgɪə/ [znw] landingsgestel

landing-net /'lændɪŋnet/ [znw] schepnet

landing-stage /'lændɪŋsteɪdʒ/ [znw] steiger

landjobber /'lænddʒɒbə/ [znw] grondspeculant

landlady /'lændleɪdɪ/ [znw] • hospita • waardin • grondbezitster • huiseigenares

land-locked /'lændlɒkt/ [znw] door land ingesloten

landlord /'lændlɔːd/ [znw] • landheer • hospes • herbergier • huisbaas

landlubber /'lændlʌbə/ [znw] landrot

landmark /'lændmɑːk/ [znw] • mijlpaal • grenspaal • bekend punt • herkenningsteken, baken

landowner /'lændəʊnə/ [znw] grondbezitter

landscape /'lændskeɪp/ [znw] landschap * ~ gardening tuinarchitectuur

landscapist /'lændskeɪpɪst/ [znw] landschapschilder

land-sick [bnw] • verlangend naar 't land • belemmerd door land ⟨m.b.t. schip⟩

landslide /'lændslaɪd/ [znw] • aardverschuiving • overweldigende verkiezingsoverwinning

landsman /'lændzmən/ [znw] landrot

landward(s) /'lændwəd(z)/ [bnw + bijw] land(in)waarts

lane /leɪn/ [znw] • landweg, weggetje • rijstrook • (gang)pad • steeg • route ⟨v. schepen, vliegtuigen⟩ • (kegel)baan * acceleration lane invoegstrook * deceleration lane uitrijstrook * form a lane zich opstellen in dubbele rij met tussenruimte * it is a long lane that has no turning het wordt nog wel eens anders * lane markings rijstrookmarkering * pedestrians lane oversteekplaats ⟨voor voetgangers⟩ * ⟨sl.⟩ red lane keel

language /'læŋgwɪdʒ/ [znw] taal, spraak * bad ~

vloeken; grove taal ✲ ~ *laboratory talenpracticum*
languid /ˈlæŋgwɪd/ [bnw] ● traag, lusteloos
● afmattend ● zwak, slap ⟨v. markt⟩
languish /ˈlæŋgwɪʃ/ [on ww] ● (weg)kwijnen,
verzwakken ● smachtend kijken ✲ ~ *for smachten
naar*
languishing /ˈlæŋgwɪʃɪŋ/ [bnw] ● smachtend
● kwijnend
languor /ˈlæŋgə/ [znw] ● slapheid, loomheid
● smachtende tederheid ● zwoele atmosfeer
languorous /ˈlæŋgərəs/ [bnw] ● slap, mat
● smachtend ● zwoel
lank /læŋk/ [bnw] ● mager en lang ● sluik ⟨v. haar⟩
lanky /ˈlæŋki/ [bnw] slungelachtig
lantern /ˈlæntən/ [znw] lantaarn ✲ ~ *jaws lange,
magere kaken* ✲ ~ *lecture lezing met lichtbeelden*
✲ ~ *slide toverlantaarnplaatje*
lanyard /ˈlænjəd/ [znw] ● koord om fluit/mes, enz.
aan te bevestigen ● draagriem ⟨v. kijker⟩
● ⟨scheepv.⟩ talreep
Laotian /ˈlaʊʃɪən/ I [znw] ● Laotiaans ⟨de taal⟩
● Laotiaan II [bnw] Laotisch
lap /læp/ I [ov + on ww] ● likken ● kabbelen
● lekken ⟨v. vlammen⟩ ● gretig drinken ● (~ *up*)
gretig luisteren of aannemen II [ov ww]
● omwikkelen, omgeven ● koesteren ● polijsten
● ronde vóórkomen ⟨bij wedstrijd⟩ III [on ww]
● (~ *over*) *uitsteken over* IV [znw] ● oorlel
● schoot ● heuveldal ● overstekend deel ● onderdeel
⟨v. plan⟩ ● polijstschijf ● vloeibaar hondenvoer
● ronde ⟨bij wedstrijd⟩ ● het kabbelen ⟨v. golven⟩
● slag ⟨v. touw om klos⟩ ● pand, slip ● ⟨sl.⟩ slappe
koffie of andere drank ● ⟨sl.⟩ sterke drank ✲ *in the
lap of luxury badend in weelde* ✲ *lap belt/strap
veiligheidsgordel* ⟨in vliegtuig⟩ ✲ *lap dog
schoothondje* ✲ *lap of honour ereronde*
lapel /ləˈpel/ [znw] revers ⟨v. jas⟩
lapidary /ˈlæpɪdəri/ I [znw] edelsteenbewerker
II [bnw] ● in steen gesneden, steen- ✲ ~ *style
bondige schrijftrant*
lapidate /ˈlæpɪdeɪt/ [ov ww] stenigen
lapidify /læˈpɪdɪfaɪ/ [on ww] verstenen
Lapp /læp/ I [znw] Laplander II [bnw] Laplands
lappet /ˈlæpɪt/ [znw] ● strook, klep ⟨v.
hoofddeksel⟩ ● oorlel ● afhangend lint v.
dameshoed
Lappish /ˈlæpɪʃ/ [bnw] Laplands
lapse /læps/ I [on ww] ● afvallen ● (ver)vallen
● glijden ● verlopen II [znw] ● verloop ⟨v. tijd⟩
● vergissing, misstap ● afval(ligheid) ● verval ● het
vervallen ⟨v. recht⟩ ● loop ⟨v. rivier⟩
lapsed /læpst/ [bnw] ● in onbruik geraakt
● ⟨religie⟩ niet meer praktiserend, afvallig ● ⟨jur.⟩
verlopen
lapwing /ˈlæpwɪŋ/ [znw] kieviet
larboard /ˈlaːbəd/ [znw] bakboord
larceny /ˈlaːsənɪ/ [znw] diefstal
larch /laːtʃ/ [znw] ● lariks ● larikshout
lard /laːd/ I [ov ww] ● larderen ● doorspekken
II [znw] varkensvet
larder /ˈlaːdə/ [znw] provisiekast, provisiekamer
lardy /ˈlaːdɪ/ [bnw] vetachtig
large /laːdʒ/ [bnw] ● grootmoedig ● onbevangen
● opschepperig ⟨v. praat⟩ ● groot, veelomvattend,
omvangrijk, fors ● vrijgevig ● breed of ruim ⟨v.
opvatting⟩ ✲ *as – as life levensgroot; in levende
lijve* ✲ *at – breedvoerig ⟨v. uitleg⟩; in het
algemeen; op vrije voeten; los(gebroken)*
✲ *gentleman at – rentenier; werkloze; iem. aan
het hof zonder speciale opdracht* ✲ *in – op grote
schaal* ✲ ~ *of limb fors* ✲ *the public at – het grote
publiek*

large-handed [bnw] royaal
large-hearted /laːˈdʒhaːtɪd/ [bnw] grootmoedig
largely /ˈlaːdʒli/ [bijw] ● op grote schaal ● met gulle
hand ● pompeus
large-minded /laːˈdʒmaɪndɪd/ [bnw] breed v.
opvatting
largeness /ˈlaːdʒnəs/ [znw] ● grootheid ● grootte
● ruime blik
large-scale [bnw] op grote schaal, grootschalig
largess(e) /laːˈdʒes/ [znw] ● overvloedige gave
● vrijgevigheid
largish /ˈlaːdʒɪʃ/ [bnw] nogal groot
lariat /ˈlærɪət/ [znw] touw waarmee paard wordt
vastgezet of lasso
lark /laːk/ I [ov ww] ● streken uithalen ● iem. voor
de gek houden II [on ww] ● (~ *about*) *keet
trappen, tekeer gaan* III [znw] ● leeuwerik ● dolle
grap, lolletje ● vermakelijk voorval ✲ *if the sky
falls, we shall catch larks als de hemel valt zijn
we allemaal dood* ✲ *what a lark! wat een giller!*
larker /ˈlaːkə/ [znw] grapjas
larrikin /ˈlærɪkɪn/ I [znw] ● (jeugdige)
straatschender ⟨Austr.⟩ ● apache II [bnw] baldadig
larrup /ˈlærəp/ ⟨inf.⟩ [ov ww] 'n pak slaag geven
larva /ˈlaːvə/ [znw] larve
laryngitis /lærɪnˈdʒaɪtɪs/ [znw] ontsteking v.h.
strottenhoofd
laryngologist /lærɪŋˈgɒlədʒɪst/ [znw] keelarts
larynx /ˈlærɪŋks/ [znw] strottenhoofd
lascivious /ləˈsɪvɪəs/ [bnw] wellustig, wulps
laser /ˈleɪzə/ [znw] laser, laserstraal
laservision /ˈleɪzəvɪʒən/ [znw] beeldplaat
lash /læʃ/ I [ov + on ww] ● slaan ● zwiepen
II [ov ww] ● geselen ● vastsjorren ✲ *lash o.s. into a
fury z. razend maken; z. opzwepen* III [on ww]
● achteruitslaan ⟨v.e. paard⟩ ● om z. heen slaan
● wild stromen ● uit de band springen ● (~ *at*)
slaan naar ● (~ *out*) *uitvaren tegen* IV [znw]
● (zweep)slag ● zweepkoord ● wimper ✲ *under the
lash of onder de plak van*
lasher /ˈlæʃə/ [znw] ● waterkering ● over een dam
stortend water ● watermassa beneden (rivier)dam
lashing /ˈlæʃɪŋ/ [znw] ● pak slaag ● bindtouw
● grote hoeveelheid
lashings /ˈlæʃɪŋz/ ⟨inf.⟩ [mv] hopen, massa's
lash-up /ˈlæʃʌp/ ⟨inf.⟩ [znw] vlugge improvisatie
lass, lassie /læs/ [znw] ● meisje ● liefje
lassitude /ˈlæsɪtjuːd/ [znw] moeheid, traagheid
lasso /ləˈsuː/ I [ov ww] met een lasso vangen
II [znw] lasso
last /laːst/ I [ov + on ww] ● duren ● 't uithouden
● goed blijven ⟨v. voedsel⟩ ● voldoende zijn ✲ *he
could not last out his opponent hij kon 't op den
duur niet van zijn tegenstander winnen* ✲ *it will
last you another week je zult er nóg wel een week
genoeg aan hebben* II [znw] ● leest ● last ⟨bep.
gewicht⟩ ● (de) laatste ● uithoudingsvermogen
✲ *at last tenslotte* ✲ *at long last uiteindelijk*
✲ *to/till the very last tot het allerlaatste ogenblik*
✲ *you will never see the last of her je zult nooit
van haar afkomen* III [znw] ● laatste ● verleden
● vorig ● uiterst ✲ *last but not least wel het laatst
genoemd, maar daarom niet minder belangrijk*
✲ *last night gisterenavond; vannacht; de
vorige/afgelopen nacht* ✲ *last week de vorige week*
✲ *s.th. of the last importance iets van het
grootste belang* ✲ *the Last Day de jongste dag; de
dag v.h. Laatste Oordeel* IV [bijw] het laatst
✲ *when I last saw him toen ik hem
laatst/kortgeleden zag*
lastage /ˈlaːstɪdʒ/ [znw] ● tonnenmaat of ⟨scheepv.⟩
haven-/tonnengeld

lasting/'lɑːstɪŋ/ **I** [znw] *evalist, sterke wollen/katoenen keperstof* **II** [bnw] • *voortdurend, blijvend* • *duurzaam*

lastly/'lɑːstlɪ/ [bijw] *ten slotte, uiteindelijk, laatst*

last-minute[bnw] *allerlaatst, uiterst* * a ~ *decision een op het allerlaatst genomen beslissing*

lat. [afk] • (*latitude*) *breedte*

latch/lætʃ/ **I** [ov en ww] *op de klink doen* **II** [on ww] • (~ **on**) *'t begrijpen* • (~ **on to**) *begrijpen, zich realiseren, niet loslaten, zich vastklampen aan* **III** [znw] • *klink* • *slot* (*in deur*)

latchkey/'lætʃkɪ:/ [znw] *huissleutel* * ~ *child sleutelkind*

late/leɪt/ **I** [bnw] • *laat* • *te laat* • *wijlen, overleden, gewezen, vorig, vroeger* • *van de laatste tijd* * Morrison, late Falconer Morrison, voorheen Falconer * Sunday at the latest *uiterlijk zondag* * of late years *in de laatste jaren* **II** [bijw] *onlangs* * as late as the 14th century *nog in de 14e eeuw* * later on *later* * of late (in) *de laatste tijd* * sooner or later *vroeg of laat* * that's rather late in the day *da's nogal laat*

latecomer/'leɪtkəmə/ [znw] *laatkomer*

lately/'leɪtlɪ/ [bijw] • *onlangs, kort tevoren* • *de laatste tijd*

latency/'leɪtnsɪ/ [znw] * ~ *period incubatietijd*

lateness/'leɪtnəs/ [znw] * he could not account for the ~ of the hour *hij kon geen verklaring geven voor het late uur*

latent/'leɪtnt/ [bnw] • *latent, verborgen* • *slapend*

lateral/'lætərəl/ **I** [znw] *zijtak* **II** [bnw] • *zijdelings* • *zij-* * ~ *control dwarsbesturing v. vliegtuig*

latest/'leɪtɪst/ **I** [znw] • *laatste nieuws* • *laatste mode* **II** [bnw] *overtr. trap* → **late**

latex/'leɪteks/ [znw] *latex, melksap v. rubberboom*

lath/lɑː θ/ **I** [ov ww] *voorzien van latten, beslaan met latten* **II** [znw] *lat*

lath-and-plaster[bnw] *ondeugdelijk* * ~ *wall binnenmuur*

lathe/leɪð/ [znw] • *draaibank* • *bestuurlijk district in Kent*

lather/'lɑːðə/ **I** [ov ww] • *inzepen* • *afranselen* **II** [on ww] • *schuimen* • *schuimend zweet afscheiden* (*v. paard*) **III** [znw] • *zeepsop* • *schuimend zweet* (*bij paard*) * ~ *brush scheerkwast*

Latin/'lætɪn/ **I** [znw] • *Latijn* • *Romaan* **II** [bnw] *Latijns*

Latin-American[bnw] *Latijns-Amerikaans*

Latinize/'lætɪnaɪz/ [ov + on ww] • *verlatijnsen* • *Latijnse vormen gebruiken*

latish/'leɪtɪʃ/ [bijw] *aan de late kant*

latitude/'lætɪtjuːd/ [znw] • *ruime opvatting* • *omvang* • *vrijheid* • (*geo.*) *breedte*

latitudinal/lætɪ'tjuːdɪnl/ [bnw] *breedte-*

latitudinarian/lætɪtjuːdɪ'neərɪən/ **I** [znw] *vrijzinnige* **II** [bnw] *vrijzinnig*

latrine/lə'triːn/ [znw] *latrine*

latter/'lætə/ [bnw] *laatstgenoemde* (*v.d. twee*) * ~ *end het einde* (*vnl. v.h. leven*); *achterste*

Latter/'lætə/ [bnw] * ~ *Day dag van het Laatste Oordeel* * ~ *Saints mormonen*

latter-day/'lætə'deɪ/ [bnw] *modern*

latterly/'lætəlɪ/ [bijw] • *tegen het eind van* • *de laatste tijd*

lattice/'lætɪs/ **I** [ov ww] *voorzien van traliewerk of latwerk* **II** [znw] *traliewerk* * ~(d) window *tralievenster; glas-in-loodraam*

Latvia/'lætvɪə/ [znw] *Letland*

Latvian/'lætvɪən/ [znw] *Lets*

laud/lɔːd/ **I** [ov ww] *loven* **II** [znw] *lof*(*lied*)

laudable/'lɔːdəbl/ [bnw] • *prijzenswaardig,*

lofwaardig • (*med.*) *gezond* (*v. afscheiding*)

laudative, laudatory/'lɔːdətɪv/ [bnw] *lovend*

laudator/lɔː'deɪtə/ [znw] *lofredenaar*

laugh/lɑːf/ **I** [ov + on ww] *lachen* * he ~ed his head off *hij schaterde van het lachen* * he ~s that wins *wie het laatst lacht lacht het best* * ~ *away! lach maar gerust!* * ~ in one's sleeve *in zijn vuistje lachen* * ~ in the face of *uitdagen; uitlachen* * ~ on the wrong side of one's face *lachen als een boer die kiespijn heeft* * ~ to scorn *spottend uitlachen* • (~ **at**) *lachen om/tegen, uitlachen* • (~ **away**) *z. met een lach ergens van afmaken, met een lach verdrijven, lachend doorbrengen* • (~ **off**) *z. met een lach ergens v. afmaken, door een lach verdrijven* • (~ **out**) *luid lachen* • (~ **out of**) *afleren door uitlachen* * I've ~ed him out of biting nails *ik heb 'm zo belachelijk gemaakt om zijn nagelbijten dat hij 't niet meer doet* • (~ **over**) *lachen om* **II** [znw] (*ge*)*lach* *for* ~s *voor de lol* * then I had the ~ of him *toen kon ik hem* (*op mijn beurt*) *uitlachen*

laughable/'lɑːfəbl/ [bnw] *belachelijk, lachwekkend*

laughing/'lɑːfɪŋ/ [bnw] * no ~ matter *een ernstige kwestie*

laughing-stock[znw] *mikpunt v. algemene spot*

laughter/'lɑːftə/ [znw] *gelach*

laughy/'lɑːfɪ/ [bnw] *goedlachs*

launch/lɔːntʃ/ **I** [ov ww] • *werpen, slingeren* • *afschieten, lanceren* • *uitbrengen, op de markt brengen* • *te water laten* • *uitzetten* (*v. boten*) • *loslaten, laten gaan* • *op touw zetten* • *ontketenen* * *fairly* ~ed *goed en wel op dreef* * ~ *into the world de wereld inzenden* • (~ **against/at**) *naar het hoofd slingeren* • (~ **out**) *uitwerpen* **II** [on ww] • (~ **forth**) *beginnen* • (~ **into**) *zich storten in, zich begeven in* * ~ *into expense onkosten maken* • (~ **out** (**into**)) *iets royaal aanpakken, royaal met zijn geld zijn, zich te buiten gaan* • (~ **out about/upon**) *uitpakken over, uitweiden over* **III** [znw] • *tewaterlating, lancering* • *sloep* • *boot* • *begin* * at the ~ *aanvankelijk*

launching/'lɔːntʃɪŋ/ [bnw] * ~ *pad lanceerplatform* * ~ *site lanceerterrein*

launder/'lɔːndə/ **I** [ov ww] *wassen* (*en strijken*) **II** [on ww] *wasecht zijn*

launderette/lɔːn'dret/ [znw] *wasserette*

laundress/'lɔːndrəs/ [znw] • *wasvrouw* • *huisbewaarster v.d. Inns of Court*

laundry/'lɔːndrɪ/ [znw] • *wasserij* • *was*(*goed*)

laureate/'lɒrɪət/ **I** [znw] *laureaat, prijswinnaar, hofdichter* **II** [bnw] *omkranst* * (*Poet*) Laureate *gelauwerde dichter; hofdichter in Engeland*

laurel/'lɒrəl/ [znw] • *laurier* • *lauwerkrans* * look to one's ~s *waken voor prestigeverlies* * win ~s *lauweren oogsten*

lavabo/lə'vɑːbəʊ/ [znw] • *lavabo* • *bak en handdoek voor handwassing v. priester* • *wasbak* * ~s *toilet*

lavatory/'lævətərɪ/ **I** [znw] • *wasvertrek* • *wc* **II** [bnw] *was-* * ~ *stand vaste wastafel*

lave/leɪv/ [ov ww] • *wassen* • *stromen langs* (*v. rivier*), *spoelen tegen*

lavender/'lævɪndə/ [znw] • *lavendel* • *zacht lila*

laver/'leɪvə/ [znw] • *wasbekken* • *zeesla*

laverock/'lævərɒk/ [znw] *leeuwerik*

lavish/'lævɪʃ/ **I** [ov ww] *kwistig geven* * ~ *upon verkwisten aan* **II** [bnw] *verkwistend* * ~ *of/in kwistig met*

law/lɔː/ [znw] • *wet* • *recht* • *justitie, politie* • *voorsprong* • *uitstel* * be at law *procederen* * canon law *kerkelijk recht* * go to law *gaan* procederen ∗ have/take the law of a person *iem. een proces aandoen* ∗ in law *volgens de wet* ∗ it is bad law *het is niet volgens de wet* ∗ law maker *wetgever* ∗ law merchant *handelsrecht* ∗ law of the jungle *recht v.d. sterkste* ∗ law writer *schrijver over juridische aangelegenheden; iem. die akten kopieert* ∗ lay down the law *de wet voorschrijven* ∗ necessity knows no law *nood breekt wet* ∗ read law *rechten studeren*

Law/znw/ ∗ Law Lord *lid v. Hogerhuis die daar rechtskundig advies kan verlenen*

law-abiding/'lɔːəbardɪŋ/ [bnw] ● *gehoorzaam* ● *ordelievend*

law-breaker/'lɔːbreɪkə/ [znw] ● *wetschender*

law-court/'lɔːkɔːt/ [znw] ● *rechtbank* ● *rechtszaal*

lawful/'lɔːfʊl/ [bnw] *rechtmatig, wettig*

lawless/'lɔːləs/ [bnw] ● *wetteloos* ● *losbandig*

lawn/lɔːn/ [znw] ● *gazon* ● *grasperk* ● *grasveld* ⟨om op te sporten⟩ ● *batist* ∗ lawn tennis *tennis(spel)*

lawny/'lɔːnɪ/ [bnw] ∗ v. batist *als 'n grasperk*

lawsuit/'lɔːsuːt/ [znw] *proces, rechtsgeding*

lawyer/'lɔɪə/ [znw] ● *advocaat* ● *jurist* ● *rechtsgeleerde*

lax/læks/ **I** [znw] *Noorse zalm* **II** [bnw] ● *laks* ● *slordig* ● *vaag, slap* ● *los*

laxative/'læksətɪv/ **I** [znw] *laxerend middel* **II** [bnw] *laxerend*

laxity/'læksɪtɪ/ [znw] ● *laksheid* ● *losheid*

lay/leɪ/ **I** [ww] o.v.t. → lie **II** [ov ww] ● *draaien* ⟨touw⟩ ● *ontwerpen* ⟨plan⟩ ● *smeden* ⟨samenzwering⟩ ● *bezweren* ⟨geest⟩ ● *leggen, zetten, plaatsen* ● *neerslaan* ● *doen bedaren* ● *(ver)wedden* ● *richten* ⟨v. kanon⟩ ● *aanbieden* ● *opleggen* ⟨straf⟩ ● *dekken* ⟨de tafel⟩ ● *aanleggen* ⟨vuur⟩ ● *beleggen, bekleden, bedekken* ● ⟨sl.⟩ *pak slaag geven* ∗ he was laid aside *hij kon wegens ziekte zijn werk niet doen* ∗ lay an information against a man *'n aanklacht tegen iem. indienen* ∗ lay by the heels *grijpen; gevangen zetten* ∗ lay s.th. upon a person *iets op iem. schuiven* ∗ they will lay it at his door *zij zullen hem ervan beschuldigen* ● (~ aside/by) *opzij leggen, sparen* ● (~ down) *neerleggen, voorschrijven, opgeven* ⟨hoop⟩, *in kaart brengen, grasland maken van, opslaan* ⟨wijn⟩ ∗ he laid down his life *hij offerde zijn leven* ∗ lay down collar *liggende boord* ● have a lay down *een dutje doen* ● (~ in) *voorraad inslaan* ● (~ low) *verslaan, neerslaan, vernederen, begraven* ● (~ off) *afleggen, aanleggen* ⟨straten⟩, *z. niet inlaten met, ontslaan* ● (~ on) *opleggen, toedienen* ⟨klappen⟩, *aanleggen* ∗ lay it on *overdrijven* ● (~ out) *klaarleggen/-zetten, laten zien, afleggen* ⟨v. lijk⟩, *aanleggen, ontwerpen, buiten gevecht stellen, om zeep brengen* ∗ lay o.s. out z. *veel moeite geven* ● (~ out on) *geld besteden aan* ● (~ to) *wijten aan* ∗ I lay it to *ik schrijf het toe aan* ● (~ up) *sparen, bewaren, uit de vaart nemen, 't bed doen houden* **III** [on ww] ● *wedden* ● *leggen* ∗ lay aboard *langszij komen* ● (~ about) *wild slaan* ∗ lay about one *om z. heen slaan* ● (~ over) *een reis onderbreken* ● (~ to) ⟨scheepv.⟩ *stilleggen* **IV** [znw] ● *lied* ● *stand van zaken* ⟨fig.⟩ ● *richting* ● *karweitje* ● *plan* ● leg ⟨v. kip⟩ ● *laag* ⟨v. metselwerk⟩ ● *weddenschap* ● *leger* ⟨v. dier⟩ ● ⟨sl.⟩ *strafbaar feit* ⟨geo.⟩ *ligging* ∗ ⟨sl.⟩ *an easy lay gemakkelijk in bed te krijgen* ● ⟨sl.⟩ in lay *aan de leg* **V** [bnw] *leken-, wereldlijk* ∗ lay baptism *nooddoop* ∗ lay brother *lekenbroeder* ∗ lay clerk *voorzanger; parochiebode* ∗ lay figure *ledenpop* ∗ lay sister *lekenzuster*

layabout/'leɪəbaʊt/ [znw] ● *landloper* ● *schooier*

● *nietsnut*

lay-by/'leɪbaɪ/ [znw] ● *ligplaats, parkeerplaats* ● *gespaard geld*

lay-day [znw] *ligdag*

layer/'leɪə/ **I** [ov ww] ⟨plant.⟩ *afleggen* **II** [on ww] *gaan liggen* ⟨v. koren⟩ **III** [znw] ● *gedeelte door de wind neergeslagen koren* ● *laag* ● *legger* ● *legkip* ● *bookmaker* ● *oesterbed* ● ⟨plant.⟩ *aflegger*

layered/'leɪəd/ [bnw] *gelaagd*

layette/leɪ'et/ [znw] *babyuitzet*

laying/'leɪɪŋ/ [znw] ● *laag* ● *gelegde eieren* ● *oesterbank*

layman/'leɪmən/ [znw] ● *leek* ● *oningewijde*

lay-off [znw] *tijdelijk ontslag*

layout/'leɪaʊt/ [znw] ● *plan* ● *schema* ● *lay-out, ontwerp* ● *opmaak*

laze/leɪz/ [on ww] ● *luilakken* ● *uitrusten*

lazy/'leɪzɪ/ [bnw] ● *lui* ● *traag* ● *loom*

lazybones/'leɪzɪbəʊnz/ [znw] *luilak*

lb(s). [afk] ∗ (libra(e)) *pond (gewicht)*

L-driver/'eldraɪvə/ [znw] *leerling-automobilist*

lea/liː/ [znw] *weide, landouw*

L.E.A. [afk] ● (Local Education Authority) ≈ *Gemeentelijke Dienst Onderwijs*

leach/liːtʃ/ **I** [ov ww] *logen* **II** [znw] *loog(vat)*

lead/liːd/ **I** [ov + on ww] ● *leiden, aanvoeren* ● *de eerste viool spelen, de toon aangeven* ● *vóórspelen* ⟨kaartspel⟩ ● (~ off) *beginnen, openen* ● (~ with) *uitkomen met* ● (~ out) *ten dans leiden, beginnen* ● (~ out of) *in directe verbinding staan met* ● (~ up to) *aansturen op* **II** [ov ww] ● *leiden, overreden* ∗ in lood vatten, verloden, verzwaren met lood, ⟨typ.⟩ interliniëren ∗ he will lead you to suppose *hij zal je doen geloven dat ...* ∗ lead by the nose *bij de neus nemen* ∗ ⟨vero.⟩ lead captive *in gevangenschap voeren* ∗ lead one a life *iem. 't leven zuur maken* ∗ lead s.o. a dance *iem. veel last veroorzaken om zijn doel te bereiken* ∗ lead the way *vóórgaan* ∗ leaded glass *glas in lood* ● (~ astray) *misleiden, verleiden* ∗ (~ away) *wegleiden, verleiden* ● (~ on) *verder leiden, aanmoedigen, uithoren* ● (~ on to) *brengen op, aansturen op* **III** [znw] ● *leiding, voorbeeld, 't uitkomen* ⟨kaartspel⟩ ● *waterloop, vaargeul* ⟨door ijsveld⟩, *hondenriem, hoofdrol*⟨vertolker⟩, *beknopte inhoud* ⟨v. reeds verschenen deel v. vervolgverhaal⟩, *hoofdartikel* ⟨v. krant⟩, ⟨techn.⟩ *toevoerleiding* ● *lood, peilloed, kachelpotlood,* ⟨typ.⟩ *interlinie* ∗ lead roof *loden dak/platen; loodstrip* ⟨waarin glas is gevat⟩ ∗ lead swinging *lijntrekker(ij)* ∗ lead work *loodgieterswerk* **IV** [bnw] *loden* ∗ lead foil *theelood* ∗ lead pencil *potlood*

leaden/'ledn/ [bnw] ● *loden* ● *drukkend* ● *loodkleurig*

leader/'liːdə/ [znw] ● *(ge)leider* ● *gids* ● *reclameartikel* ● *concertmeester* ● *pees* ● *hoofdartikel* ● *aanloopstrook* ⟨v. film⟩ ● *stippellijn als leidraad voor het oog* ● *voorste paard in een span* ● *advocaat die de leiding in bep. zaak heeft* ⟨Æ dirigent ⟩ ⟨plant.⟩ *hoofdscheut*

leaderette/liːdə'ret/ [znw] *kort hoofdartikel*

leadership/'liːdəʃɪp/ [znw] ● *leiding* ● *leiderschap*

lead-in/'liːdɪn/ [znw] ● *inleidende opmerkingen* ● *verbinding tussen antenne en radiotoestel*

leading/'liːdɪŋ/ **I** [znw] ● *men of light and* – *kopstukken* **II** [bnw] *leidend, voornaamste, hoofd-* ∗ ~ article *hoofdartikel; voornaamste artikel; reclameartikel* ∗ ~ case⟨jur.⟩ *proefproces precedent* ∗ ~ light *prominente figuur* ∗ ~ man/lady *eerste acteur/actrice* ∗ ~ question *suggestieve vraag* ∗ ~ time *productietijd*

leading-strings [mv] leiband
lead-off [znw] ● begin ● aansluiting op radiocentrale
leaf /li:f/ **I** [ov ww] doorbladeren **II** [on ww] bladeren krijgen **III** [znw] ● blad, gebladerte ● deurvleugel ● vizierklep ● leaf bridge ophaalbrug ● leaf mould bladaarde ★ turn over a new leaf een nieuw leven beginnen
leafless /'li:fləs/ [bnw] bladerloos
leaflet /'li:flət/ [znw] blaadje, circulaire
leafy /'li:fɪ/ [bnw] ● bladachtig ● bladerrijk ● ~ vegetables bladgroenten
league /li:g/ **I** [ov ww] verbinden **II** [on ww] z. verbinden **III** [znw] ● (ver)bond ● 4800 m (op land) ● 5500 m (op zee) ● (voetbal)competitie ★ be in ~ with samenspannen met
leak /li:k/ **I** [ov ww] ● lekken ● laten uitlekken **II** [on ww] ● lek zijn, lekken, uitlekken ● (sl.) pissen (~ **out**) uitlekken **III** [znw] lek(kage) ★ spring a leak lek slaan/raken
leakage /'li:kɪdʒ/ [znw] ● lek(kage) ● geldgebrek ● 't afluisteren (v. telefoongesprek)
leaky /'li:kɪ/ [bnw] ● lek ● loslippig
leal /li:l/ (Schots) [bnw] trouw
lean /li:n/ **I** [ov ww] laten steunen **II** [on ww] ● leunen ● schuin staan ● (~ **over**) overhellen ★ lean over backwards alle mogelijke moeite doen ● (~ **towards**) begunstigen, meegaan met ● (~ **upon**) steunen op **III** [znw] ● het magere gedeelte v. vlees ● schuine stand ★ it's on the lean het staat scheef **IV** [bnw] ● schraal ● mager
leaning /'li:nɪŋ/ [znw] neiging
leant /lent/ verl. tijd + volt. deelw. → **lean**
lean-to /'li:ntu:/ **I** [znw] aangebouwde schuur, afdak **II** [bnw] aangebouwd, leunend
leap /li:p/ **I** [on ww] ★ leaping pole polsstok **II** [znw] ★ leap year schrikkeljaar
leapfrog /'li:pfrɒg/ [znw] ★ to play at ~ haasje-over spelen
leapt /lept/ verl. tijd + volt. deelw. → **leap**
learn /lɜ:n/ [ov + on ww] ● leren ● vernemen, horen, erachter komen ● (vero.) onderwijzen
learned I [ww] /lɜ:nd/ verl. tijd + volt. deelw. → **learn II** [bnw] /lɜ:nɪd/ geleerd ★ (jur.) my~ friend/brother mijn hooggeachte confrater ★ the ~ member titel v. rechtsgeleerd parlementslid
learner /'lɜ:nə/ [znw] ● leerling, volontair ● leerling-automobilist
learner-driver [znw] leerling-automobilist
learning /'lɜ:nɪŋ/ [znw] geleerdheid, wetenschap ★ ~ permit voorlopig rijbewijs ★ the new ~ renaissance
learnt /lɜ:nt/ verl. tijd + volt. deelw. → **learn**
lease /li:s/ **I** [ov ww] (ver)huren, (ver)pachten **II** [znw] ● (ver)huur(contract), (ver)pacht(ing) ● kruising v. scheringdraden ★ ~ of life levensduur ★ let out on/by ~ verhuren; verpachten ★ put out to ~ verpachten; verhuren
leasehold /'li:shəʊld/ **I** [znw] pacht(goed) **II** [bnw] gepacht, pacht-
leaseholder /'li:shəʊldə/ [znw] huurder, pachter
leash /li:ʃ/ **I** [ov ww] koppelen **II** [znw] ● riem, band ● drietal (v. jachthonden, hazen) ● bep. draad bij 't weven ★ give full ~ to de vrije teugel laten ★ hold in ~ in bedwang houden
leasing /'li:sɪŋ/ [znw] (ver)pacht(ing), het leasen
least /li:st/ [bnw] kleinst, geringst, minst ★ at ~ ten minste ★ at the ~ minstens; op zijn minst ● (wisk.) ~ common multiple kleinste gemene veelvoud ★ ~ of all zeker niet ★ ~ said soonest mended hoe minder er over gesproken wordt des te beter het is ★ not in the ~ helemaal niet ★ not ~ in

belangrijke mate ★ to say the ~ of it op z'n zachtst gezegd
leastways, leastwise /'li:stweɪz/ [bijw] dat wil zeggen, tenminste
leather /'leðə/ **I** [ov ww] ● met leer bekleden ● ranselen (met riem) ● (~ **away**) erop los slaan, hard aan 't werk zijn **II** [znw] ● zeemlap ● riem v. stijgbeugel ● leder, leertje ● (sl.) huid ● (sl.) voetbal, cricketbal ★ ~ and prunella lood om oud ijzer ★ ~ head domkop ★ there's nothing like ~ eigen waar is de beste **III** [bnw] leren
leatherette /leðə'ret/ [znw] imitatieleer
leathering /'leðərɪŋ/ [znw] pak slaag
leather-neck [znw] ● matrozennaam voor soldaat ● (sl./AE) marinier
leatheroid /'leðərɔɪd/ [znw] imitatieleer
leathers /'leðəz/ [mv] leren broek of beenkappen
leathery /'leðərɪ/ [bnw] leerachtig, taai (v. vlees)
leave /li:v/ **I** [ov ww] ● verlaten, nalaten, laten, overlaten, achterlaten ● in de steek laten ★ vertrekken ★ has he left word? heeft hij een boodschap achtergelaten? ● (inf.) he got left hij werd aan zijn lot overgelaten ★ he ~s his books about hij laat zijn boeken slingeren ★ ~ for vertrekken naar ● (sl.) ~ go (of) loslaten ★ ~ her to herself bemoei je niet met haar ★ ~ him alone laat hem met rust; laat hem begaan ★ ~ hold (of) loslaten ★ ~ it at that laat het daarbij ★ ~ the house on the left laat het huis aan de linkerkant liggen ★ ~ well alone ga niet veranderen wat eenmaal goed is ● leaving shop lommerd ★ she is well left er is goed voor haar gezorgd ★ take it or ~ it graag of niet ★ the house was left away het huis werd aan een ander vermaakt ● (~ **behind**) achterlaten, achter zich laten, thuislaten, nalaten ● (~ **off**) afleggen, uitlaten (v. kleren), ophouden (met) ● (~ **on**) laten liggen (op), aan laten (staan) ● (~ **out**) overslaan ● (~ **over**) uitstellen **II** [znw] verlof, vakantie ★ French ~ afwezigheid zonder verlof ★ be on ~ met verlof zijn ★ by/with your ~ met uw verlof; mag ik er even langs? ★ he took (his) ~ hij nam afscheid ★ ~ of absence verlof ★ ~-off verlof om ergens mee op te houden ★ ~-out verlof om uit te gaan
leaven /'levən/ **I** [ov ww] ● zuren (v. deeg) ● doordringen **II** [znw] ● zuurdeeg, zuurdesem ● invloed op karakter
leaves /li:vz/ [mv] → **leaf**
leave-taking /'li:vteɪkɪŋ/ [znw] afscheid
leavings /'li:vɪŋz/ [mv] afval, kliekjes, wat overblijft
Lebanese /lebə'ni:z/ **I** [znw] Libanees **II** [bnw] Libanees
lecher /'letʃə/ [znw] geilaard
lecherous /'letʃərəs/ [bnw] wellustig, geil
lechery /'letʃərɪ/ [znw] ontucht, wellust
lectern /'lektɜ:n/ [znw] lezenaar, lessenaar
lection /'lekʃən/ [znw] ● bijbellezing ● versie, variant
lecture /'lektʃə/ **I** [ov ww] de les lezen **II** [on ww] college geven ● (~ **about/on**) een lezing houden over **III** [znw] ● lezing ● college ● berisping ★ read s.o. a ~ iem. de les lezen
lecturer /'lektʃərə/ [znw] ● spreker, conferencier ● lector
lectureship /'lektʃəʃɪp/ [znw] lectoraat, het ambt van lector
led /led/ verl. tijd + volt. deelw. → **lead**
ledge /ledʒ/ [znw] ● rif ● mijnader ● overstekende rand, lijst, richel
ledger /'ledʒə/ [znw] ● platte grafsteen ● grootboek ● liggende plank of balk v. steiger ● (AE) register ● ~ (bait) vastliggend aas ★ ~ line zetlijn; (muz.)

L

hulplijn

lee /li:/ I [znw] lijzijde, luwte ∗ lee board zwaard ∗ lee shore lagerwal ∗ lee side lijzijde ⟨v.⟩ ∗ under the lee of in de luwte van

leech /li:tʃ/ I [ov ww] aderlaten met bloedzuigers II [znw] ● bloedzuiger ● look ⟨fig.⟩ ● lijk ⟨v. zeil⟩ ∗ stick like a ~ aanhangen als een klit

leek /li:k/ [znw] look, prei ∗ eat the leek zich een belediging laten welgevallen

leer /lɪə/ I [on ww] ● (~ at) lonken naar II [znw] ● wellustige, sluwe blik ● koeloven

leery /'lɪərɪ/ [bnw] handig, sluw

lees /li:z/ [mv] bezinksel, droesem

leeward /'li:wəd/ I [bnw + bijw] lijwaarts II [znw] lijzijde

leeway /'li:weɪ/ [znw] koersafwijking ∗ make up ~ achterstand inhalen

left /left/ I [ww] → **leave** ∗ left luggage depot bagagedepot ∗ left luggage office bagagedepot, linkerhand, linkerkant III [bnw] links, linker IV [bijw] links

left-hand [bnw] links, linker ∗ ~ drive linkse besturing ⟨v. auto⟩

left-handed /left'hændɪd/ [bnw] ● dubbelzinnig, twijfelachtig ● links ⟨ook fig.⟩ ∗ ~ marriage morganatisch huwelijk

left-hander /left'hændə/ [znw] ● iem. die links is ● slag met de linkerhand

leftist /'leftɪst/ [znw] links

left-overs /'leftəʊvəz/ [mv] kliekje, restant

left-winger [znw] ● ⟨pol.⟩ lid v.d. linkervleugel ● ⟨sport⟩ linksbuiten

lefty /'leftɪ/ [znw] ● ⟨inf.⟩ linkshandige ● ⟨pol.⟩ lid v.d. linkervleugel

leg /leg/ I [ov ww] met voeten voortduwen ⟨v. boot⟩ ∗ leg it de benen nemen II [on ww] ● ⟨z.⟩ uit de naad lopen ● z. met de voeten voortduwen ⟨in boot⟩ III [znw] ● been, schenkel, poot ● broekspijp ● etappe ● uithoudingsvermogen ● vaart ● één spel v. een serie v. twee ● ⟨sl.⟩ oplichter ∗ give a leg ⟨up⟩ helpen ∗ he got on his legs hij stond op; hij nam het woord ∗ he walked us off our legs hij liet ons lopen tot we er bij neervielen ∗ he was off his legs hij was slecht ter been; hij was afgepeigerd ∗ he was on his legs hij voerde het woord; hij was op de been ∗ leg grinder kniezwaai ∗ pull s.o.'s leg iem. voor de gek houden ∗ shake a leg dansen; z. haasten ∗ stretch one's leg de benen strekken ∗ take to one's legs er vandoor gaan

legacy /'legəsɪ/ [znw] legaat ● erfenis, nalatenschap ∗ ~ aunt suikertante ∗ ~ duty successierecht

legal /'li:gl/ [bnw] ● wets- ● wettelijk, wettig ● rechtsgeldig ● rechterlijk ● rechtskundig ∗ ~ charges overschrijvingskosten ⟨bij koop v. huis⟩ ∗ ~ offence strafbaar feit ∗ ~ status rechtspositie ∗ ~ tender wettig betaalmiddel

legalism /'li:gəlɪzəm/ [znw] ● bureaucratie ● ⟨religie⟩ leer v.d. rechtvaardiging door de goede werken

legalistic /li:gə'lɪstɪk/ [bnw] ● bureaucratisch ● ⟨religie⟩ wettisch

legality /lɪ'gælətɪ/ [znw] ● wettigheid ● → **legalism**

legalization /li:gəlar'zeɪʃən/ [znw] legalisatie

legalize /'li:gəlaɪz/ [ov ww] ● legaliseren ● wettigen

legate /'legət/ I [znw] ● vermaken, nalaten II [znw] ● pauselijk legaat ● lid v. gezantschap

legatee /legə'ti:/ [znw] legataris

legation /lɪ'geɪʃən/ [znw] gezantschap, legatie

legator /lɪ'geɪtə/ [znw] erflater

legend /'ledʒənd/ [znw] ● legende ● inscriptie ● legenda

legendary /'ledʒəndərɪ/ I [znw] ● legendeverzameling ● schrijver van legenden II [bnw] legendarisch

legerdemain /ledʒədə'meɪn/ [znw] gegoochel

legging /'legɪŋ/ [znw] ● legging ● beenkap

leggings /'legɪŋz/ [mv] broek

legguard /'legga:d/ [znw] beenbeschermer

leggy /'legɪ/ [bnw] ● met lange of mooie benen ● hoog opgeschoten ⟨v. plant⟩ ● ⟨sl.⟩ met veel vertoon van benen

leghorn /le'gɔ:n/ [znw] ● leghorn ⟨kip⟩ ● Italiaanse stro⟨hoed⟩

legibility /ledʒə'bɪlətɪ/ [znw] leesbaarheid

legible /'ledʒɪbl/ [bnw] leesbaar

legion /'li:dʒən/ [znw] ● legioen ● enorm aantal, legio

legionary /'li:dʒənərɪ/ I [znw] legioensoldaat II [bnw] ● legioens- ● zeer talrijk

leg-iron /'legaɪən/ [znw] ● beenbeugel ● voetboei

legislate /'ledʒɪsleɪt/ [on ww] ● wetten maken ● maatregelen treffen

legislation /ledʒɪs'leɪʃən/ [znw] wetgeving

legislative /'ledʒɪslətɪv/ [bnw] wetgevend

legislator /'ledʒɪsleɪtə/ [znw] wetgever

legislature /'ledʒɪsleɪtʃə/ [znw] wetgevende macht

legist /'li:dʒɪst/ [znw] rechtsgeleerde

legit /lɪ'dʒɪt/ ⟨sl.⟩ I [znw] echt toneel ⟨tegenover film, musical⟩, klassiek stuk II [bnw] → **legitimate**

legitimacy /lɪ'dʒɪtɪməsɪ/ [znw] ● wettigheid ● geldigheid

legitimate I [ov ww] /lɪ'dʒɪtəmeɪt/ ● wettigen ● als echt erkennen II [znw] /lɪ'dʒɪtəmət/ ● wettig kind ● ⟨aanhanger v.⟩ wettig vorst III [bnw] / lɪ'dʒɪtəmət/ ● wettig, rechtmatig, gerechtvaardigd ● echt ● zoals het behoort, volgens standaardtype ● logisch ⟨v. gevolgtrekking⟩ ∗ ~ drama/theatre echt toneel; klassiek stuk

legitimize /lɪ'dʒɪtəmaɪz/ [ov ww] wettigen, als wettig erkennen ⟨v. kind⟩

leg-pulling /'legpʊlɪŋ/ ⟨inf.⟩ [znw] bedotterij

legroom /'legru:m/ [znw] beenruimte

legume /'legju:m/ [znw] ● peulvrucht ● groente

leguminous /lɪ'gju:mɪnəs/ [bnw] peul-

leg-up [znw] steuntje

leisure /'leʒə/ I [znw] vrije tijd ∗ at your ~ als het u schikt ∗ be at ~ niet bezet zijn; z. op zijn gemak voelen ∗ ~ clothes vrijetijdskleding II [bnw] onbezet, vrij

leisured /'leʒəd/ [bnw] met veel vrije tijd

leisurely /'leʒəlɪ/ [bnw + bijw] ● op zijn gemak ● bedaard, rustig

lemming /'lemɪŋ/ [znw] lemming

lemon /'lemən/ [znw] ● citroenkleur⟨ig⟩ ● citroen⟨boom⟩ ● tong ⟨vis⟩ ● gemene truc ● ⟨sl.⟩ onaantrekkelijk meisje ● ⟨sl.⟩ strop, tegenvaller ∗ ~ cheese/curd citroenpasta ∗ ~ drop citroenzuurtje ∗ ~ juice citroensap ∗ ~ squash citroenlimonade

lemonade /lemə'neɪd/ [znw] ⟨citroen⟩limonade

lemon-squeezer /'lemənskwi:zə/ [znw] citroenpers

lend /lend/ I [ov ww] ⟨uit⟩lenen, verlenen ∗ lend o.s. to z. lenen voor II [znw] ∗ lending library uitleenbibliotheek

lender /'lendə/ [znw] iem. die uitleent ⟨aan⟩

lend-lease /lendli:s/ ⟨AB⟩ [znw] wet betreffende wapenleveranties ⟨1941⟩

length /leŋθ/ [znw] ● lengte, duur ● grootte ● stuk ⟨vnl. v. touw⟩ ● ⟨sl.⟩ gevangenisstraf v. 6 maanden ∗ I will go to all/any ~s to succeed ik wil àlles doen om te slagen ∗ at ~ ten slotte; omstandig; uitvoerig ∗ he fell ⟨at⟩ full ~ hij viel languit neer

L

* he fell all his ~ *hij viel languit neer* * **keep at arm's** ~ *op een afstand houden*

lengthen/leŋθən/ **I** [ov ww] (ver)lengen * a ~ed stay *langdurig verblijf* **II** [on ww] *langer worden*

lengthways, lengthwise/leŋθweiz/ [bijw] *in de lengte*

lengthy/leŋθɪ/ [bnw] • *langdurig* • *langdradig, wijdlopig*

lenience, leniency/liːnɪəns/ [znw] *mildheid*

lenient/liːnɪənt/ [bnw] *toegevend, mild*

lenitive/lenɪtɪv/ **I** [znw] *verzachtend middel* **II** [bnw] *verzachtend*

lenity/lenɪtɪ/ [znw] *zachtheid, neerbuigende goedheid*

lens/lenz/ [znw] *lens*

lent/lent/ *verl. tijd + volt. deelw.* → **lend**

Lenten/lentən/ [bnw] • *vasten-* • *vleesloos, schraal (v. kost)* • *droevig (v. gelaat)*

lentil/lentɪl/ [znw] *linze*

leonine/liːənaɪn/ [bnw] *leeuwen-*

leopard/lepəd/ [znw] *luipaard* * **American ~** *jaguar* * **the ~ can't change his spots** *een vos verliest wel zijn haren, maar niet zijn streken*

leopardess/lepədəs/ [znw] *vrouwtjesluipaard*

leotard/liːətaːd/ [znw] *nauwsluitend tricot, gympak*

leotards/liːətaːdz/ [mv] *maillot*

leper/lepə/ [znw] *melaatse, lepralijder*

leprosy/leprəsɪ/ [znw] *melaatsheid, lepra*

leprous/leprəs/ [bnw] *melaats*

lesbian/lezbɪən/ **I** [znw] *lesbienne* **II** [bnw] *lesbisch*

lese-majesty/liːz 'mædʒɪstɪ/ [znw] *hoogvverraad*

lesion/liːʒən/ [znw] • *schade, nadeel* • (med.) *laesie, stoornis*

less/les/ **I** [bnw + bijw] *kleiner, minder* * **no less a person than** *niemand minder dan* * **none the less** *niettemin* * **not any the less** *helemaal niet minder* * **not the less** *niettemin* * **nothing less** *niets liever* * **this is no less true than what you say** *dit is niet minder waar dan wat jij zegt* **II** [vz] *min*

lessee/lesiː/ [znw] *huurder, pachter*

lessen/lesən/ **I** [ov ww] *doen afnemen* **II** [on ww] *verminderen, afnemen, kleiner worden*

lesser/lesə/ [bnw] *kleiner, minder* * **Lesser Asia** *Klein-Azië* * **Lesser Bear** *Kleine Beer*

lesson/lesən/ **I** [ov ww] • *de les lezen* • *onderwijzen* **II** [znw] • *les* • *schriftlezing* * **I hope you have learnt your** ~ *ik hoop dat je je lesje hebt geleerd* * **teach/give s.o. a** ~ *iem. een lesje geven*

lessor/lesɔː/ [znw] *verhuurder, verpachter*

lest/lest/ [vw] *opdat niet, uit vrees dat*

let/let/ **I** [ov ww] • *laten, toestaan* • *verhuren* • (vero.) *verhinderen* * **I wouldn't even think of it, let alone go there** *ik wil er niet eens aan denken, laat staan er heengaan* * **I've let an opening into the cupboard** *ik heb een opening in de kast aangebracht* * **let alone** *met rust laten; z. niet bemoeien met; laten staan* * **let be** *z. niet inlaten met; met rust laten* * **let blood** *aderlaten* * **let drive erop los slaan** * **let fall** *laten vallen; z. laten vallen* * **let go** *loslaten; losraken* * **let it be** *houd er mee op* * **let it go at that** *laat het daar maar bij* * **let loose** *loslaten; uitpakken (fig.)* * **let o.s. go** *z. laten gaan; z. verwaarlozen* * **let slip** *laten schieten; loslaten; missen* * **they let me into the secret** *ze deelden me het geheim mede* * **you were not present, let it go** *jij was er niet bij, goed (maar ...)* • (~ **down**) *neerlaten, in de steek laten, teleurstellen, moeten afzeggen, uitleggen (v. zoom), verminderen, vernederen, bedriegen,*

verwaarlozen, verraden • *let o.s. down z. laten zakken; z. verlagen* • (~ **from**) (be)letten om/te • (~ **in**) *binnenlaten, inlassen, ergens in aanbrengen, beetnemen* * **I won't let you in for it** *ik zal je er niet voor laten opdraaien* • (~ **off**) *afvuren, laten ontsnappen, vrijlaten, ontslaan van, verhuren* • (~ **out**) *uitlaten, verklappen, verhuren, uitleggen (kledingstuk), meer vaart geven (auto), aanbesteden* * **he let the cat out of the bag** *hij verklapte het geheim* **II** [on ww] * **the house lets well** *het huis is gemakkelijk te verhuren* • (~ **on**) (inf.) *iets verklappen, z. uitlaten, doen alsof* • (~ **out**) *opspelen, uitgaan (v. bioscoop)* * **let out at schoppen/slaan naar** • (~ **up**) *minder streng worden, ophouden* **III** [znw] • *'t verhuren* • *huurhuis/-flat* • *kaartenverkoop* • *verhindering* • (sport) *overgespeelde bal* * **without let or hindrance** *zonder tegenstand*

let-down[znw] • *teleurstelling* • *achteruitgang* • *nadeel*

let-go[znw] *'t loslaten*

lethal/liːtl/ [bnw] *dodelijk* * ~ **chamber** *gaskamer* * ~ **weapon** *moordwapen*

lethargic/ləθɑːdʒɪk/ [bnw] *loom, slaperig*

lethargy/leθədʒɪ/ [znw] • *loomheid* • *apathische toestand* • *onnatuurlijk lange slaap* • *slaperigheid*

let-off[znw] • *ontsnappingsmogelijkheid* • *kwijtschelding*

Lett/let/ **I** [znw] *Let(lander)* **II** [bnw] *Lets*

letter/letə/ **I** [ov ww] • (boekomslag) *voorzien v. titel* • *v. letters voorzien* **II** [znw] • *letter* • *brief* • *verhuurder* • *by ~ schriftelijk* • **dead~** *onbestelbare brief* * **follow instructions to the** ~ *instructies letterlijk opvolgen* * ~ **carrier** *brievenbesteller* * ~ **of attorney** *volmacht* * ~ **of credence** *geloofsbrief* * ~ **of credit** *kredietbrief* * ~ **of indication** *legitimatiebewijs* * ~ **of regret** *bericht v. verhindering; advies v. niet-toewijzing* * ~ **to the editor** *ingezonden stuk*

letter-box/letəbɒks/ [znw] *brievenbus*

lettered/letəd/ [bnw] • *geleerd* • *voorzien v. letters*

letterhead/letəhed/ [znw] *briefhoofd*

lettering/letərɪŋ/ [znw] *belettering, opschrift, titel*

letter-perfect[znw] *rolvast*

letterpress/letəpres/ [znw] • *tekst* • *presse-papier* • *kopieerpers*

letters/letəz/ [mv] • *officieel schrijven, volmacht* • *letteren* * ~ **patent** *octrooibrief* • **man of ~** *geleerde; schrijver*

letter-writer/letəraɪtə/ [znw] • *briefschrijver* • *brievenboek* • *kopieermachine*

Lettish/letɪʃ/ [bnw] *Lets*

lettuce/letɪs/ [znw] • *sla, latuw* • *krop sla*

let-up[znw] *vermindering, rust, onderbreking, 't ophouden*

leukaemia/luːkiːmɪə/ [znw] *leukemie*

levant/lɪvænt/ [on ww] *met de noorderzon vertrekken, er vandoor gaan zonder te betalen*

levee/levɪ/ [znw] • *receptie voor mannen aan het hof* • *bijeenkomst, partij, receptie* • *natuurlijke oeverwal, rivierdijk* • *aanlegsteiger*

level/levəl/ **I** [ov + on ww] • *waterpassen* • *aanleggen (geweer)* • (~ **at/against**) *richten tegen (v. kanon/beschuldiging)* • (~ **out**) *vlak maken/worden, horizontaal (gaan) vliegen* **II** [bnw + bijw] • *horizontaal* • *gelijk(elijk)* • *naast elkaar* • *uniform* • *evenwichtig* * **I played ~ with him** *ik speelde tegen hem zonder voorgift* * **come ~ with inhalen** * **draw ~ gelijk spelen** * **he did his ~ best** *hij deed zijn uiterste best* * **he drank ~ with his friend** *hij dronk tegen z'n vriend op* * **he has a ~ head** *hij is 'n evenwichtig*

L

iem. ★ he spoke in a ~ voice hij sprak op één toon
★ ~ spoonful afgestreken theelepel ★ **make ~**
with the ground slechten; met de grond gelijk
maken ★ we'll be ~ with eachother we zullen met
elkaar afrekenen **III** (ov ww) ● gelijkmaken, op
gelijke hoogte plaatsen ● nivelleren, met de grond
gelijkmaken ● (~ **down**) afronden naar beneden,
neerhalen (fig.) ● (~ **up**) ophogen, op hoger peil
brengen, verheffen **IV** (on ww) ● (~ **with**) (sl.)
open/eerlijk spreken **V** (znw) ● peil, stand, niveau
● horizontale mijngang ● waterpas ● vlak(te) ★ it
is above my head gaat m'n verstand te boven
★ on a ~ with op één hoogte met ● (inf.) on the ~
eerlijk; werkelijk ★ sea ~ zeespiegel **VI** (bnw) ★ ~
crossing overweg
level-headed/levəl'hedɪd/ (bnw) bezadigd,
evenwichtig
lever/'li:və/ **I** (ov ww) ● met een hefboom opheffen
● opvijzelen **II** (znw) ● hefboom ● versnellingspook
★ ~ watch ankerhorloge
leverage/'li:vərɪdʒ/ (znw) ● hefboomwerking,
hefboomkracht ● invloed, macht
leveret/'levərɪt/ (znw) jonge haas
leviable/'levɪəbl/ (bijw) invorderbaar
leviathan/lɪ'vaɪəθn/ **I** (znw) krachtpatser,
zeemonster, gevaarte **II** (bnw) reuzen-
levitate/'levɪteɪt/ **I** (ov ww) doen opstijgen
II (on ww) opstijgen
levitation/levɪ'teɪʃən/ (znw) levitatie
levity/'levɪtɪ/ (znw) ● onstandvastigheid,
lichtzinnigheid ● ongepaste vrolijkheid
levy/'levɪ/ **I** (ov ww) werven (v. soldaten) ★ levy
blackmail chantage plegen ● (~ **upon**) heffen op
★ levy a sum (up)on s.o.'s goods beslag leggen op
iemands goederen om bepaalde som betaald te
krijgen **II** (znw) ● heffing (v. gelden) ● (mil.)
lichting ★ (mil.) levy in mass levée en masse;
massalichting
lewd/lju:d/ (bnw) ● laaghartig ● ontuchtig ● wulps
● obsceen
lexicographer/leksɪ'kɒɡrəfə/ (znw) lexicograaf,
woordenboekschrijver
lexicographic(al)/leksɪkə'ɡræfɪk(l)/ (bnw)
lexicografisch
lexicography/leksɪ'kɒɡrəfɪ/ (znw) lexicografie
lexicon/'leksɪkən/ (znw) ● woordenboek ● lexicon
lexis/'leksɪs/ (znw) woordenschat
Leyden/'laɪdn/ **I** (znw) Leiden **II** (bnw) Leids ★ ~
Jar Leidse fles
liabilities/laɪə'bɪlətɪz/ (mv) passiva
liability/laɪə'bɪlətɪ/ (znw) ● betalingsverplichting
● blok aan het been ● aansprakelijkheid ● nadeel
★ limited ~ company naamloze vennootschap
liable/'laɪəbl/ (bnw) ★ accidents are ~ to happen
een ongeluk zit in een klein hoekje ★ ~ for
verantwoordelijk voor; aansprakelijk voor ★ ~ to
blootgesteld aan; onderhevig aan
liaise/lɪ'eɪz/ (on ww) z. in verbinding stellen,
verbinding onderhouden met
liaison/lɪ'eɪz(ə)n/ (znw) liaison ★ in close ~ in
nauwe samenwerking
liana/lɪ'ɑ:nə/ (znw) liaan
liar/'laɪə/ (znw) leugenaar ★ show me a liar and
I'll show you a thief wie liegt steelt ook
lib/lɪb/ (znw) ★ women's lib
emancipatie(beweging) van de vrouw
libation/laɪ'beɪʃən/ (znw) ● plengoffer ● (scherts)
drinkgelag
libber/'lɪbə/ (znw) vechter voor emancipatie
libel/'laɪbl/ **I** (ov ww) ● valselijk beschuldigen
● belasteren ● niet tot z'n recht doen komen
II (znw) ● smaadschrift ● (jur.) schriftelijke

aanklacht ★ the work is a ~ on human nature
het werk is een karikatuur v.d. menselijke natuur
libellous/'laɪbələs/ (bnw) lasterlijk
liberal/'lɪbərəl/ **I** (znw) liberaal **II** (bnw) ● mild,
overvloedig ● eerlijk, onbevooroordeeld ● van brede
opvatting ● (pol.) liberaal ★ ~ arts vrije kunsten;
alfawetenschappen (in de VS) ★ ~ education
brede ontwikkeling ★ ~ of royaal met
liberalism/'lɪbərəlɪzəm/ (znw) liberalisme
liberality/lɪbə'rælətɪ/ (znw) ● royale gift
● vrijgevigheid ● brede opvatting
liberalization/-'zeɪʃən/ (znw) liberalisatie
liberalize/'lɪbərəlaɪz/ (ov + on ww) verruimen
liberal-minded/lɪbərəl'maɪndɪd/ (bnw)
vrijzinnig
liberate/'lɪbəreɪt/ (ov ww) bevrijden, vrijmaken
liberated/'lɪbəreɪtɪd/ (bnw) ● bevrijd
● geëmancipeerd
liberation/lɪbə'reɪʃən/ (znw) bevrijding
liberator/'lɪbəreɪtə/ (znw) bevrijder
libertarian/lɪbə'teərɪən/ **I** (znw) voorstander v.
vrijheid **II** (bnw) gelovend in t leer v.d. vrije wil
liberties/'lɪbətɪz/ (mv) rechten, privileges ★ take ~
z. (ongepaste) vrijheden (met iem.) veroorloven
libertinage/lɪbətɪnɑ:dʒ/ (znw) ● vrijdenkerij
● losbandigheid
libertine/'lɪbəti:n/ **I** (znw) ● vrijdenker ● losbol
II (bnw) ● vrijdenkend ● losbandig
liberty/'lɪbətɪ/ (znw) vrijheid ★ Liberty Hall 'n
vrijgevochten bende ★ be at ~ vrij/onbezet zijn ★ ~
man passagierend matroos ★ set at ~ in vrijheid
stellen
libidinous/lɪ'bɪdɪnəs/ (bnw) wellustig
libra/'laɪbrə/ (znw) pond
Libra/'li:brə/ (znw) Weegschaal (sterrenbeeld)
librarian/laɪ'breərɪən/ (znw) bibliothecaris
library/'laɪbrərɪ/ (znw) bibliotheek
★ lending/circulating ~ uitleenbibliotheek
★ public ~ openbare leeszaal
librate/laɪ'breɪt/ (on ww) z. in evenwicht houden
● schommelen, trillen
Libyan/'lɪbɪən/ **I** (znw) Libiër **II** (bnw) Libisch
lice/laɪs/ (mv) → **louse**
licence/'laɪsəns/ (znw) ● verlof, vergunning (vnl.
om drank te verkopen) ● concessie ● vrijheid,
losbandigheid ● licentie ● diploma ● bewijs v.
voorwaardelijke invrijheidstelling ★ driving ~
rijbewijs ★ marriage ~ vergunning tot huwelijk
zonder voorafgaande afkondiging ★ off-~ met
tapvergunning of slijtvergunning ★ pilot's ~
vliegbrevet ★ poetic ~ dichterlijke vrijheid
license/'laɪsəns/ (ov ww) ● veroorloven
● vergunning geven, patenteren ★ licensing
act/laws drankwet
licensed/'laɪsənst/ (bnw) ● met officiële
vergunning, erkend ● bevoorrecht ★ ~ house café
met drankvergunning; toegelaten bordeel ★ ~
victualler vergunninghouder
licensee/laɪsən'si:/ (znw) ● vergunninghouder
● herbergier
licenser/'laɪsənsə/ (znw) ● vergunninggever,
patentgever ● censor
licentiate/laɪ'senʃɪət/ (znw) ● licentiaat,
gediplomeerde ● kandidaat-predikant
licentious/laɪ'senʃəs/ (bnw) ongebreideld,
losbandig
lichen/'laɪkən/ (znw) ● korstmos ● (med.) lichen
lichenous/'laɪkənəs/ (bnw) ● mosachtig
● aangetast door lichen
lich-owl/'lɪtʃaʊl/ (znw) kerkuil
licit/'lɪsɪt/ (bnw) wettig
lick/lɪk/ **I** (ov ww) ● likken ● lekken (v. vlammen)

• zacht overspoelen ‹v. golven› • overtreffen
• versteld doen staan • onder de knie hebben • ‹sl.›
afranselen • ‹sl.› overwinnen ★ lick into shape
fatsoeneren • lick platter klaploper • lick s.o.'s
shoes iem. de hielen likken ★ lick the dust in het
stof bijten; overwonnen worden; voor iem. kruipen
II ‹on ww› ‹sl.› rennen **III** ‹znw› • lik
• inspanning • veeg • snelheid, vaart • zoutlik ★ I
haven't worked a lick ik heb geen klap uitgevoerd
★ give it a lick and a promise het met de Franse
slag doen ‹i.h.b. schoonmaken›
lickerish /'lıkǝrɪʃ/ [bnw] • lekkerbekkig • gretig,
verlangend • wellustig, wulps
lickety-split /lıkǝtɪ'splıt/ [bnw] razend snel
licking /'lıkıŋ/ ‹sl.› [znw] pak slaag, nederlaag
lickspittle /'lıkspıtl/ [znw] vleier, slijmerd
licorice /'lıkǝrıs/ ‹AE› → **liquorice**
lid /lıd/ [znw] • deksel • ooglid • ‹AE› drankverbod
★ take the lid off de waarheid aan het licht
brengen ★ that puts the lid on it dat doet de deur
dicht ★ the lid is off het hek is v.d. dam ★ with the
lid off onverbloemd; open en bloot; in volle glorie
lidded /'lıdıd/ [bnw] voorzien van een deksel
lidless /'lıdlǝs/ [bnw] • zonder deksel • steeds
waakzaam
lido /'li:dǝʊ/ [znw] • lido, badstrand • openluchtbad
lie /laı/ **I** [on ww] • liegen • liggen • gaan/blijven
liggen • rusten • ‹jur.› geldig zijn, ontvankelijk
zijn ★ I don't want to be lied to ik wil niet worden
voorgelogen ★ lie in state opgebaard liggen ★ lie
like truth liegen alsof het gedrukt staat ★ lie low
(dood) terneer liggen; z. schuil houden ★ lie
out of one's money niet uitbetaald worden ★ lie
waste braak liggen ★ ⟨inf.⟩ lie-off rust ★ you
know how the land lies jij weet hoe de zaken
ervoor staan ★ you lie in your teeth/throat je
liegt! • (~ **about**) rondslingeren, lui zijn, niets
uitvoeren • (~ **away**) door leugens iets verliezen
• (~ **back**) achterover (gaan) liggen • (~ **by**) z.
rustig houden, ongebruikt liggen • (~ **down**) z.
iets laten welgevallen, liggen te rusten, lijntrekken,
gaan liggen, het opgeven • (~ **in**) in het kraambed
liggen, lang uitslapen • (~ **off**) afstand bewaren
‹tussen kust of ander schip›, z. terugtrekken • (~
over) blijven liggen • (~ **to**) ‹scheepv.› bijleggen,
bijgedraaid liggen • (~ **under**) gebukt gaan
onder • (~ **up**) z. terugtrekken, het bed houden, z.
verborgen houden, in dok gaan ‹v. schip›, buiten
dienst zijn • (~ **with**) liggen bij, slapen met, zijn
aan, berusten bij ★ the decision lies with you de
beslissing is aan jou **II** [znw] • leugen • leger ‹v.
dier› • ligging, richting ★ a white lie leugentje om
bestwil • don't tell lies lieg niet! ★ give the lie to
logenstraffen ★ lies have no legs al is de leugen
nog zo snel, de waarheid achterhaalt haar wel
★ the lie of the land toestand; stand van zaken
lie-detector [znw] leugendetector
lie-down ‹inf.› [znw] dutje
lief /li:f/ [bijw] gaarne, lief ★ I had/would as lief do
one thing as another ik zou net zo lief het ene als
het andere doen
liege /li:dʒ/ **I** [znw] • leenheer • leenman, trouw
onderdaan **II** [bnw] leenplichtig, leen- ★ ~ lord
leenheer; soeverein
liegeman /'li:dʒmæn/ [znw] • trouwe volgeling
• vazal
lie-in /laɪ'ın/ [znw] protestactie waarbij men op
straat gaat liggen om verkeer lam te leggen ★ have
a ~ uitslapen
lieu /lju:/ [znw] plaats ★ in lieu of in plaats van
lieutenancy /lu:'tenǝnsɪ/ ,/,lef'tenǝnsɪ/ [znw]
• rang of plaats v. luitenant • ambt v. gouverneur

lieutenant [znw] • /lef'tenǝnt/ luitenant ter zee • /
lef'tenǝnt/ plaatsvervanger • ‹AE› /lu:'tenǝnt/
inspecteur ‹v. politie› ★ ~s officieren
life /laıf/ [znw] • leven • levensbeschrijving •
levensduur • energie, levendigheid, bezieling
• kans • ‹AE/sl.› levenslang ⟨gevangenisstraf⟩
★ (up)on my life op mijn woord ★ Life Guards
Engels cavalerieregiment ★ a cat has nine lives
een kat komt altijd op zijn pootjes terecht ★ a
description to the life beschrijving naar het leven
★ as large as life levensgroot; in levenden lijve
★ drawn from (the) life naar het leven getekend
★ each player has two lives iedere speler heeft
twee kansen ★ for dear life of zijn/haar leven ervan
afhangt; in ernst ★ have the time of one's life z.
reusachtig amuseren ★ he took his life in his
hands hij waagde zijn leven ★ high life de
aristocratie ★ lease of life levensperiode ★ life
annuity lijfrente ★ life expectancy
levensverwachting ★ life imprisonment
levenslange gevangenisstraf ★ life insurance
levensverzekering ★ life peer Hogerhuislid alleen
voor het leven ★ life raft reddingsboot/-vlot ★ life
sentence veroordeling tot levenslang ★ life term
gevangenisstraf voor het leven ★ long life to him!
hij leve lang! ★ not for the life of me dat nooit!
★ see life levenservaring opdoen ★ she was
brought to life ze werd weer bijgebracht ★ sound
in life and limb gezond van lijf en leden ★ this
life dit (aardse) leven
life-and-death /laıfǝn'deθ/ [bnw] van
levensbelang
lifebelt /'laıfbelt/ [znw] reddingsgordel
lifeboat /'laıfbǝʊt/ [znw] reddingsboot
lifebuoy /'laıfbɔı/ [znw] reddingsboei
life-giving /'laıfgıvın/ [bnw] bezielend
lifeguard /'laıfga:d/ [znw] lijfwacht,
bad-/strandmeester
life-jacket /'laıfdʒækt/ [znw] reddingsvest
lifeless /'laıflǝs/ [bnw] • levenloos • saai, vervelend
lifelike /'laıflaık/ [bnw] naar het leven, levensecht
lifeline /'laıflaın/ [znw] • reddingslijn • vitale
verbindingslijn
lifelong /'laıflɒŋ/ [bnw] levenslang
life-preserver /'laıfprızз:vǝ/ [znw]
• ploertendoder • zakpistool • ‹AE› reddingstoestel
lifer /'laıfǝ/ ‹sl.› [znw] levenslang veroordeelde,
levenslange veroordeling
life-size(d) /'laıfsaız(d)/ [bnw] levensgroot
lifetime /'laıftaım/ [znw] • mensenleven
• levensduur ★ a ~ career een beroep voor het leven
★ the chance of a ~ de kans van je leven
lifework /'laıfwз:k/ [znw] levenswerk
lift /lıft/ **I** [ov ww] • verheffen • in de lucht slaan ‹v.
bal› • stelen, wegvoeren ‹v. vee› • opbreken ‹vnl. v.
kamp› • rooien ‹v. aardappelen› • aflossen ‹v.
lening› • opheffen, hijsen • opslaan ‹v. ogen›
• omhoog steken ★ I'll lift you down ik zal je wel
even v.d. wagen aftillen/uit de auto helpen ★ lift a
hand een hand uitsteken ‹om iets te doen› ★ lift
one's hand een eed afleggen ★ lift up one's heel
schoppen; trappen ★ lift up one's horn eerzuchtig
of trots zijn ★ lifting power hefvermogen
II [on ww] • omhoog getild worden • zich
verheffen • wegtrekken, optrekken ‹v. mist›
• kromtrekken ‹v. vloer› • (~ **off**) opstijgen ‹v.
vliegtuig› **III** [znw] • hulp, steun • laagje kaleer
• lift ‹terrein›verhoging • opwaartse druk,
stijgkracht ‹v. vliegtuigvleugel› • het (iem. laten)
meerijden ★ I'll give you a lift ik zal je een lift
geven; ik zal je een handje helpen ★ lift bridge
ophaalbrug ★ lift shaft liftkoker ★

lift-off/'lɪftɔf/ [znw] lancering
ligament/'lɪgəmənt/ [znw] gewrichtsband
ligate/lɪ'geɪt/ [ov ww] afbinden
ligature/'lɪgətʃə/ **I** [ov ww] afbinden **II** [znw]
• verbinding, verbindingsteken
• afbinding(sdraad) • ⟨muz.⟩ ligatuur • ⟨typ.⟩
koppelletter
light/laɪt/ **I** [bnw + bijw] • licht, verlicht, helder
• licht ⟨v. gewicht⟩ • te licht ⟨v. goud⟩ • v. lichte
kleur • sierlijk (gebouw) • tactvol • luchtig
• lichtzinnig * ~ fingers lange vingers ⟨fig.⟩ * ~
horse lichte cavalerie * ~ porter pakjesdrager;
huisbediende voor lichte werkzaamheden * ~
railway lokaalspoorweg; smalspoor * make ~ of a
matter een kwestie licht opvatten; z. weinig
aantrekken van een kwestie **II** [ov ww] • lichten,
verlichten, belichten, voorlichten • aansteken,
opsteken • (~ up) aansteken, verlichten,
verhelderen **III** [on ww] • vlam vatten • schitteren
• ⟨scheepv.⟩ helpen bij 't aanhalen v. touwen * the
flame ~ed/lit back de vlam sloeg naar binnen
• (~ (up)on) toevallig aantreffen • (~ up)
aangaan, opsteken, vlam vatten, opvrolijken ⟨v.
gezicht⟩ **IV** [znw] • (dag)licht
• gezichtsvermogen, ⟨lit.⟩ licht der ogen • kennis
• verstand • raam, venster, ruit • lichte partij ⟨op
schilderij⟩ • vonk • vuurtje • lucifer • verlichting,
lamp * according to one's ~s naar beste
vermogen * between the ~s tussen licht en donker
• ⟨inf.⟩ between two ~s gedurende de nacht * by
the ~ of nature bij intuïtie * don't stand in my
~ sta me niet in 't licht; verhinder me niet vooruit te
komen ⟨fig.⟩ * ~ meter belichtingsmeter * ~ pen
lichtpen ⟨bij computer⟩ * ~s ⟨sl.⟩ ogen; lichten
* reversing ~ achteruitrijlamp * see the ~ 't
levenslicht aanschouwen; de waarheid v. iets inzien
light-bulb [znw] (gloei)lamp
lighten/'laɪtn/ **I** [ov ww] • (ver)lichten • lossen
• verhelderen **II** [on ww] • lichter worden
• opklaren • flikkeren, bliksemen, weerlichten,
schijnen
lighter/'laɪtə/ **I** [ov ww] vervoeren per lichter
II [znw] • aansteker • ⟨scheepv.⟩ lichter
lighterage/'laɪtərɪdʒ/ [znw] (vracht betaald voor)
vervoer per lichter
light-fingered/laɪt'fɪŋgəd/ [bnw] met vlugge
vingers * ~ gentry de heren gauwdieven
light-footed [bnw] snelvoetig
light-handed [bnw] • tactvol • met onvoldoende
bemanning of personeel • licht beladen
light-headed/laɪt'hedɪd/ [bnw] • ijlend
• lichtzinnig
light-hearted/laɪt'hɑːtɪd/ [bnw] luchthartig
lighthouse/'laɪthaʊs/ [znw] vuurtoren
lighthouse-keeper [znw] vuurtorenwachter
lighting/'laɪtɪŋ/ [znw] verlichting * ~ shaft
lichtkoker
lightish/'laɪtɪʃ/ [bnw] nogal licht
lightly/'laɪtlɪ/ [bijw] • licht, luchtig • lichtvaardig,
gemakkelijk
light-minded [bnw] luchtig, lichtzinnig
lightness/'laɪtnəs/ [znw] lichtheid ⟨v. beweging,
gevoel⟩
lightning/'laɪtnɪŋ/ **I** [znw] bliksem * like ~ als de
bliksem **II** [bnw] bliksemsnel * ~ sketcher
sneltekenaar * ~ strike onverwachte staking
lightning-conductor, lightning-rod
/'laɪtnɪŋkəndʌktə/ [znw] bliksemafleider
lightning-proof [znw] beveiligd tegen
bliksemstslag
lightsome/'laɪtsəm/ [bnw] • sierlijk, elegant
• vrolijk, opgewekt • vlug • helder verlicht,

lichtgevend
lightweight/'laɪtweɪt/ [znw] lichtgewicht
lightwood/'laɪtwʊd/ [znw] • aanmaakhout
• harsachtig hout
light-year [znw] lichtjaar
ligneous/'lɪgnɪəs/ [bnw] • houtachtig • verhout
like/laɪk/ **I** [ov ww] • houden van • (graag) willen
* I like him to be so near ik vind het wel prettig
dat hij zo dicht in de buurt is * I like it, but it does
not like me ik vind het wel fijn, maar ik kan er niet
tegen * ⟨iron.⟩ I like that! die is goed! * ⟨iron.⟩ I
should like to know dat zou ik wel eens willen
weten * I'm shy if you like, but ... ik ben dan wel
verlegen, maar ... * how do you like your egg?
hoe wilt u uw ei? **II** [znw] • voorliefde • gelijke,
weerga • gelijk makende slag ⟨bij golf⟩ * and the
like en dergelijke * did you ever see the like of it?
heb je ooit zo iets gezien? * like will to like soort
zoekt soort * likes and dislikes sympathieën en
antipathieën * ⟨inf.⟩ the likes of me zulke
eenvoudige lui als ik * the likes of us mensen zoals
wij * ⟨inf.⟩ the likes of you zulke vooraanstaande
lui als jullie/u **III** [bnw] • gelijk(end) • dergelijk
• geneigd * ⟨inf.⟩ I had like to have gone ik was
bijna gegaan * how like a man! wat een echte
mannenredenering! * in like manner op dezelfde
wijze * just like dad net iets voor vader * nothing
like as good lang niet zo goed * s.th. like £10
ongeveer £10 * this is s.th. like! dit is je ware! * what is
she like? hoe ziet ze er uit?; wat is ze voor iem.?
IV [bijw] ⟨inf.⟩ * (as) like as not zeer
waarschijnlijk • ⟨vulg.⟩ by way of argument like
om zo te zeggen * like enough zeer waarschijnlijk
* very like zeer waarschijnlijk **V** [vz] (zo)als * a
fellow like that zo'n vent * don't talk like that
praat zo toch niet * feel like graag willen **VI** [vw]
zoals * ⟨inf.⟩ snow is falling like in January het
sneeuwt zoals in januari
likeable/'laɪkəbl/ [bnw] aangenaam,
aantrekkelijk, aardig, prettig
likelihood/'laɪklɪhʊd/ [znw] waarschijnlijkheid
likely/'laɪklɪ/ [bnw + bijw] • waarschijnlijk,
vermoedelijk • veelbelovend • knap ⟨v. uiterlijk⟩
• geschikt (lijkend) • aannemelijk * as ~ as not
misschien wel, misschien niet * he is not ~ to
come hij komt waarschijnlijk niet * that's a ~
story je kunt mij nog meer vertellen * they called
at every ~ house ze bezochten ieder huis dat hen
geschikt voorkwam
like-minded [bnw] gelijkgestemd
liken/'laɪkən/ [ov ww] vergelijken * ~ to
vergelijken met
likeness/'laɪknəs/ [znw] • gelijkenis • gedaante
• portret • getrouwe kopie • dubbelganger * an
enemy in the ~ of a friend een vijand in de
gedaante van een vriend
likewise/'laɪkwaɪz/ [bijw] eveneens, bovendien, ook
liking/'laɪkɪŋ/ [znw] voorkeur, zin, smaak * have a
~ for een voorliefde hebben voor; houden van
* take a ~ to op iujdens iem; zin krijgen in
lilac/'laɪlək/ **I** [znw] • sering • lila **II** [bnw] lila
lilo/'laɪləʊ/ [znw] luchtbed
lilt/lɪlt/ **I** [ov + on ww] (melodieus en ritmisch)
zingen **II** [znw] • wijsje • ritme • veerkrachtige tred
lily/'lɪlɪ/ **I** [znw] • lelies en roses witte
gelaatskleur * lily of the valley lelietje-v.-dalen
II [bnw] wit, leliebland, bleek
lily-livered/lɪlɪ'lɪvəd/ [bnw] laf
lily-white/lɪlɪ'waɪt/ [bnw] • leliebland • erg geliefd
• ⟨AE/pol.⟩ racistisch
limb/lɪm/ **I** [ov ww] v. elkaar trekken, ontleden

II [znw] • lid(maat) • tak • arm ‹v. kruis›
• uitloper ‹v. gebergte› • passage ‹in vonnis›
• rand • bladschijf

limber /'lɪmbə/ **I** [ov + on ww] • ~ (up) de spieren losmaken; soepel maken; vóórwagen verbinden aan kanon **II** [bnw] vóórwagen ‹v. kanon› • ~ chest munitiekist **III** [bnw] lenig, buigzaam, meegaand

limbo /'lɪmbəʊ/ [znw] • limbo (dans) • gevangenis (fig.) • toestand v. vergetelheid

lime /laɪm/ **I** [ov ww] • behandelen/bemesten met kalk • bestrijken met vogellijm • lijmen ‹ook fig.› **II** [znw] • vogellijm • kalk • limoen • linde • lime juice limoensap * quick lime ongebluste kalk * slaked lime gebluste kalk

limestone /'laɪmstəʊn/ [znw] kalksteen

limey /'laɪmɪ/ ‹AE› [znw] • Engelse matroos/schip • Engelsman

limit /'lɪmɪt/ **I** [ov ww] begrenzen, beperken **II** [znw] • grens(lijn) • eindpunt, limiet • beperking * go the ~ tot het uiterste gaan * isn't he the ~? heb je ooit zo'n onuitstaanbaar iem. gezien? * ‹AE› off ~s verboden gebied * set ~s to paal en perk stellen aan * superior ~ uiterste grens (waartoe men gaan kan) * that is the ~ dat is het toppunt

limitation /lɪmɪ'teɪʃən/ [znw] • begrenzing, grens • verjaringstermijn

limited /'lɪmɪtɪd/ [bnw] • bekrompen • begrensd, beperkt • schraal * ~ liability company NV; maatschappij met beperkte aansprakelijkheid v.d. aandeelhouders * ~ monarchy constitutionele monarchie * ~ partnership commanditaire vennootschap

limitless /'lɪmɪtləs/ [bnw] onbeperkt, grenzeloos

limn /lɪm/ [ov ww] • tekenen, schilderen ‹v. miniaturen› • beschrijven

limousine /lɪmə'ziːn/ [znw] • limousine, grote auto, slee • ‹AE› taxibusje

limp /lɪmp/ **I** [on ww] • kreupel/mank lopen, hinken • met moeite vooruitkomen ‹v. beschadigd schip of vliegtuig› • stoten ‹v. vers› **II** [znw] kreupele gang * he has a limp in his walk hij loopt mank **III** [bnw] • buigzaam • lusteloos

limpet /'lɪmpɪt/ [znw] • soort zeeslak • iem. die niet te bewegen is z'n post te verlaten * stick on like a ~ aanhangen als 'n klit

limpid /'lɪmpɪd/ [bnw] helder, doorschijnend

limpidity /lɪm'pɪdətɪ/ [znw] helderheid

limpsy /'lɪmpsɪ/ [bnw] lusteloos, slap

limy /'laɪmɪ/ [bnw] • met lijm bestreken, lijm bevattend • kleverig • kalk-

linage /'laɪnɪdʒ/ [znw] • aantal regels • aantal regels per bladzijde ‹bij drukwerk› • betaling per regel

linchpin /'lɪntʃpɪn/ **I** [znw] • splitpen, luns • belangrijkste deel **II** [bnw] belangrijk

linden /'lɪndən/ [znw] linde(boom)

line /laɪn/ **I** [ov ww] • liniëren • rimpelen • strepen • opgesteld staan langs, opstellen • afzetten ‹v. straat› • ‹v. binnen› bekleden, voeren, als voering dienen • beleggen • vullen (maag), spekken ‹v. beurs› • bespringen, dekken ‹v. honden› • (~ in) omlijnen • (~ through) ‹AE› doorstrepen **II** [on ww] • (~ up) z. opstellen, aantreden * line up with één lijn trekken met * line up behind steunen; helpen **III** [znw] • (stuk) touw, lijn, koord, snoer • linnen • fijn lang vlas • linie • grens(lijn) • rij tenten • rimpel ‹in gezicht› • draad • spoor • richting • streep • omtrek, contour • regel, versregel • lettertje, briefje • lijndienst • afkomst, familie • gedragslijn • gedachtegang • vak, branche • artikel ‹uit assortiment› • mooie

praatjes • reeks • ‹mil.› loopgraaf • ‹AE› queue * ~ by rule and line zeer precies * I take my own line ik ga m'n eigen gang * all along the line over de gehele linie * along conservative lines op conservatieve leest * as straight as a line kaarsrecht * be in line with op één lijn staan met; overeenkomen met * bring into line with in overeenstemming brengen met * draw the line paal en perk stellen * ‹sl.› get a line on er achter komen * ‹sl.› give a p. a line iem. een wenk geven * give a p. line enough iem. zo lang z'n gang laten gaan tot men hem kan betrappen * go up the line naar 't front gaan * hard lines tegenslag * he comes of a good line hij is van goede familie * he is in the tobacco line hij handelt (doet) in tabak * he went over the line hij ging te ver * hold the line, please blijft u even aan de lijn * it is out of my line het is mijn vak niet; het is niets voor mij * ‹sl.› keep a line on a p. iem. in 't oog houden * line abreast frontlinie * line by line langzaam maar zeker * line keeper baanwachter * line of battle slagorde * line of conduct gedragslijn * line of fortune/life handpalmlijn; levenslijn * line of thought gedachtegang * ‹mil.› line operator telefonist * line printer regeldrukker ‹bij computer› * lines gedicht; strafregels; tekst ‹v. toneelspeler› * marriage lines trouwakte * on the line tussen twee in; op de grens * read between the lines tussen de regels lezen * she took a high line with me ze deed erg vanuit de hoogte tegen me * ship of the line linieschip * shoot a line opscheppen * ‹AE› stand in line in de rij staan * that's in my line dat is mijn vak; net iets voor mij * the Line de equator * toe the line gehoorzamen; z. neerleggen bij; in de pas blijven (lopen) • (~ up) naast/achter elkaar (gaan) ‹v. schepen/vliegtuigen›

lineage /'lɪnɪɪdʒ/ [znw] • geslacht • nakomelingen

lineal /'lɪnɪəl/ [bnw] • rechtstreeks • afstammend in rechte lijn

lineament /'lɪnɪəmənt/ [znw] (gelaats)trek

linear /'lɪnɪə/ [bnw] • lineair • lang, smal en v. gelijke breedte • lengte-, lijn- * ~ equation vergelijking v.d. 1e graad

lineate /'lɪnɪeɪt/ [ov ww] liniëren

line-drawing /laɪn'drɔːɪŋ/ [znw] pentekening, potloodtekening

lineman /'laɪnmən/ [znw] lijnwerker

linen /'lɪnɪn/ [znw] • linnen • ondergoed

linen-draper [znw] winkelier in linnen/katoenen stoffen

liner /'laɪnə/ [znw] • lijnentrekker • lijnboot/-vliegtuig • voering ‹v. cilinder› • ‹inf.› broodschrijver ‹voor krant›

linesman /'laɪnzmən/ [znw] • liniesoldaat • lijnwerker • ‹sport› grensrechter

line-up [znw] 't aantreden, 't opstellen • lijst

ling /lɪŋ/ [znw] • soort kabeljauw • soort heide(plant)

linger /'lɪŋgə/ **I** [ov ww] • ~ away time tijd verknoeien **II** [on ww] • talmen, dralen, blijven zitten • blijven hangen • kwijnen • weifelen * ~ on s.th. uitweiden over iets * ~ over a report lang bij een rapport stilstaan

lingerer /'lɪŋgərə/ → **linger**

lingering /'lɪŋgərɪŋ/ [bnw] langzaam, slepend ‹v. ziekte›

lingo /'lɪŋgəʊ/ [znw] groepstaal, koeterwaals

lingual /'lɪŋgwəl/ **I** [znw] tongklank **II** [bnw] • tong- • taal-

linguist /'lɪŋgwɪst/ [znw] • talenkenner • taalkundige

L

linguistic /lɪŋ'gwɪstɪk/ [bnw] taal-, taalkundig
linguistics /lɪŋ'gwɪstɪks/ [mv] taalwetenschap
lingy /'lɪŋɪ/ [bnw] begroeid met heide
liniment /'lɪnɪmənt/ [znw] smeersel
lining /'laɪnɪŋ/ [znw] • voering • omlijning ✴ every cloud has a silver ~ achter de wolken schijnt de zon
link /lɪŋk/ I [ov ww] • schakelen, verbinden • ineenslaan (v. handen) • steken door (v. armen) II [on ww] zich verbinden, zich aansluiten III [znw] • schakel, verbinding, verband • fakkel • manchetknoop • (AE) voet (30 cm) ✴ the missing link de ontbrekende schakel
linkage /'lɪŋkɪdʒ/ [znw] verbinding
linkman /'lɪŋkmæn/ [znw] presentator (tussen programma's)
links /lɪŋks/ [mv] • golfterrein • (Schots) golvende zandvlakte bij de zee
link-up /'lɪŋkʌp/ [znw] verbinding
linnet /'lɪnɪt/ [znw] kneu
lino /'laɪnəʊ/ (inf.) [znw] linoleum
linseed /'lɪnsiːd/ [znw] lijnzaad
linsey-woolsey /lɪnzɪ'wʊlzɪ/ [znw] tiereteinn, weefsel uit wol en linnen
lint /lɪnt/ [znw] pluis, pluksel
lintel /'lɪntl/ [znw] kalf, latei
lion /'laɪən/ [znw] • leeuw • man v. grote moed • beroemdheid • merkwaardigheid, bezienswaardigheid • Engeland ✴ a lion in the way/path hinderpaal; gevaar ✴ lion hunter leeuwenjager; iem. die veel werk maakt v. beroemde personen ✴ lion's den leeuwenkuil
lioness /'laɪənɪs/ [znw] • leeuwin • vrouwelijke beroemdheid
lion-hearted /laɪən'hɑːtɪd/ [bnw] zeer moedig
lionhood /'laɪənhʊd/ [znw] 't als beroemdheid behandeld worden
lionize /'laɪənaɪz/ I [ov ww] • als beroemdheid behandelen • de bezienswaardigheden laten zien II [on ww] • de gevierde man uithangen • de bezienswaardigheden bezoeken
lip /lɪp/ I [ov ww] • murmelen, mompelen • aanraken met de lippen • even aanraken, kabbelen tegen of over (v. water) • (sl.) zingen II [znw] • lip • rand • (sl.) brutale praat, onbeschaamdheid ✴ hang one's lip beteuterd staan te kijken ✴ keep a stiff upper lip geen emotie tonen; van geen buigen weten; z. flink houden ✴ none of your lip! hou je grote mond! III [bnw] • lip(pen)- • schijn-
lip-deep [bnw] onoprecht
lip-read [on ww] liplezen
lip-service /'lɪpsɜːvɪs/ [znw] lippendienst ✴ pay/give ~ to lippendienst bewijzen aan; alleen met de mond belijden
lipstick /'lɪpstɪk/ [znw] lippenstift
liquefaction /lɪkwɪ'fækʃən/ [znw] vloeibaarheid
liquefy /'lɪkwɪfaɪ/ [ov + on ww] smelten, vloeibaar maken (v. gas)
liqueur /lɪ'kjʊə/ I [ov ww] mengen met likeur II [znw] likeur
liquid /'lɪkwɪd/ I [znw] • vloeistof • een v.d. klanken voorgesteld door de letters l/r/m/n/ng ✴ ~ measure inhoudsmaat voor vloeistoffen II [bnw] • waterig, vloeibaar • harmonieus of vloeiend (v. klanken) • onvast, vlottend (v. kapitaal) ✴ ~ fire vuur uit vlammenwerper ✴ ~ manure drijfmest; gier
liquidate /'lɪkwɪdeɪt/ [ov ww] • liquideren • vereffenen (v. schuld) • uit de weg ruimen
liquidation /lɪkwɪ'deɪʃən/ [znw] • liquidatie • vereffening

liquidator /'lɪkwɪdeɪtə/ [znw] liquidateur
liquidity /lɪ'kwɪdɪtɪ/ [znw] • onvastheid • vloeibaarheid • (econ.) liquiditeit
liquidize /'lɪkwɪdaɪz/ [ov ww] • uitpersen • vloeibaar maken
liquidizer /'lɪkwɪdaɪzə/ [znw] mengbeker
liquor /'lɪkə/ I [ov ww] insmeren, weken • (~ up) dronken voeren II [on ww] • (~ up) (sl.) borrelen III [znw] • vocht, nat • (sterke) drank • aftreksel, brouwsel • (sl.) borrel ✴ in ~ dronken ✴ (AE) ~ store slijterij ✴ spirituous ~ sterke drank ✴ the worse for ~ dronken
liquorice /'lɪkərɪs/ [znw] • zoethout • drop
lisp /lɪsp/ I [on ww] • lispelen • krompraten (v. kind) II [znw] gelispel
lissom(e) /'lɪsəm/ [bnw] lenig, buigzaam
list /lɪst/ I [ov ww] • lijst opmaken van, catalogiseren • v. zelfkant/tochtband voorzien • lust hebben (dichterlijk) • noteren ✴ a listed building op de monumentenlijst geplaatst gebouw ✴ a listed hotel een bondshotel II [on ww] • overhellen • slagzij maken III [znw] • lijst, catalogus • tochtband • slagzij • het overhellen (bijv. v. muur) • zelfkant, rand • (jur.) rol ✴ list price adviesprijs
listen /'lɪsən/ [on ww] luisteren • (~ in (to)) afluisteren, luisteren naar radiostation • (~ out) goed/aandachtig luisteren • (~ to) luisteren naar
listener /'lɪsənə/ [znw] • iem. die luistert • (sl.) oor
listless /'lɪstləs/ [bnw] lusteloos
lists /lɪsts/ [mv] strijdperk
lit /lɪt/ I [ww] verl. tijd + volt. deelw. → **light** II [bnw] ✴ (sl.) lit (up) wat aangeschoten; tipsy
litany /'lɪtənɪ/ [znw] litanie
literacy /'lɪtərəsɪ/ [znw] geletterdheid
literal /'lɪtərəl/ [bnw] • prozaïsch, nuchter • letterlijk • letter- ✴ ~ error drukfout
literary /'lɪtərərɪ/ [bnw] • letterkundig • geletterd
literate /'lɪtərət/ I [znw] • geletterde • iem. die kan lezen en schrijven • kandidaat-predikant die niet aan een universiteit heeft gestudeerd (in anglicaanse Kerk) II [bnw] • kunnende lezen en schrijven • geletterd
literature /'lɪtərətʃə/ [znw] • literatuur, letterkunde • de publicaties over een bep. onderwerp • (inf.) propaganda-/voorlichtingsmateriaal
lithe(some) /'laɪð(səm)/ [bnw] lenig, buigzaam
lithograph /'lɪθəɡrɑːf/ [znw] litho, steendruk(prent)
lithography /lɪ'θɒɡrəfɪ/ [znw] lithografie, steendrukkunst
Lithuania /lɪθjʊ'eɪnɪə/ [znw] Litouwen
Lithuanian /lɪθjʊ'eɪnɪən/ I [znw] Litouwer II [bnw] Litouws
litigant /'lɪtɪɡənt/ [znw] partij voor de rechtbank
litigate /'lɪtɪɡeɪt/ [ov + on ww] procederen, betwisten
litigation /lɪtɪ'ɡeɪʃən/ [znw] proces(voering)
litigious /lɪ'tɪdʒəs/ [bnw] • pleitziek, twistziek • betwistbaar • proces-
litmus /'lɪtməs/ [znw] lakmoes
litre /'liːtə/ [znw] liter
litter /'lɪtə/ I [ov ww] • van stro voorzien, bedekken met stro • jongen werpen • (scherts) van bed voorzien ✴ they ~ed the park ze lieten rommel in het park slingeren • (~ about/around/over) bezaaien, door elkaar gooien II [znw] • draagstoel, draagbaar • stalstro • stalmest • strobedekking • rommelboeltje • afval • worp (v. dieren) ✴ be in ~ drachtig zijn ✴ everything was in a ~ alles lag overhoop

litterbin /'lɪtəbɪn/ [znw] prullenbak
litterlout /'lɪtəlaʊt/ ⟨inf.⟩ [znw] sloddervos
little /'lɪtl/ [bnw + bijw] ● klein ● weinig ● beetje
● kleinzielig ● onbelangrijk ● laag, gemeen ★ a ~
milk een beetje melk ★ after a ~ na een tijdje ★ by
~ and ~ langzamerhand ★ for a ~ ⟨gedurende⟩
korte tijd ★ he did his ~ best hij deed wat hij kon
(al was het dan niet veel) ★ he ~ knows the story
hij kent het verhaal helemaal niet ★ in ~ op kleine
schaal ★ ~ by ~ langzamerhand ★ ~ finger pink
★ ~ things please ~ minds eenvoudige mensen
zijn met een beetje tevreden; een kinderhand is
gauw gevuld ★ make ~ of als onbelangrijk
behandelen; weinig begrip tonen voor ★ no(t a) ~
milk heel wat; niet weinig melk ★ not a ~ milk
★ the ~ de kleine luiden ★ the ~ ones de kleintjes;
de jongen
littleness /'lɪtlnəs/ [znw] klein(zielig)heid
littoral /'lɪtərəl/ I [znw] kuststreek II [bnw] kust-
liturgy /'lɪtədʒɪ/ [znw] liturgie
livable /'lɪvəbl/ [bnw] ● gezellig ⟨v. mens⟩
● draaglijk ⟨v. leven⟩ ● bewoonbaar
live [ov ww] /lɪv/ ● leven ● doorléven ● in praktijk
brengen ● (~ **down**) te boven komen ● (~ **out**)
zijn leven slijten ★ live out one's fantasies zijn
fantasie realiseren ★ he lived out his life in a
home for sailors hij sleet zijn leven in een tehuis
voor zeelieden ★ she did not live out the night ze
haalde de morgen niet ● (~ **over**) doorkomen ⟨tijd⟩
II [on ww] /lɪv/ ● leven, bestaan ● leven van, aan
de kost komen ● blijven leven ● wonen ★ as I live
zowaar ⟨ik leef⟩ ★ he lived to a great age hij
bereikte een zeer hoge leeftijd ★ if I live to see the
day als ik de dag nog beleef/meemaak ★ live again
herleven ★ live and learn! ondervind 't maar eens!
★ live close en zuinigjes van leven ★ live from
hand to mouth v.d. hand in de tand leven ★ live
well 'n goed leven leiden; er goed v. eten ★ they live
quietly zij leven teruggetrokken ● (~ **by**) leven van
● (~ **in**) inwonend zijn ★ the room was not lived
in de kamer werd niet bewoond ● (~ **off**) leven ⟨op
kosten⟩ van ★ he lives off her money hij leeft van
haar geld ● (~ **on**) blijven leven ★ he lives on
potatoes hij leeft van aardappelen ● (~ **out**)
uitwonend zijn ● (~ **through**) doormaken ● (~
up to) naleven, nakomen, waarmaken ★ live up
to a promise een belofte nakomen ★ live up to
one's principles in overeenstemming met z'n
principes leven ★ live up to one's name zijn naam
waar maken III [bnw] /laɪv/ ● levend, in leven
● krachtig ● in beweging ⟨v. wielen⟩ ● levendig
● gloeiend ⟨v. kolen⟩, onder stroom ⟨v.
elektriciteitsdraad⟩ ● pienter ● ⟨scherts⟩ echt
● ⟨telecom.⟩ rechtstreeks uitgezonden ★ live
capital bedrijfskapitaal ★ live cartridge scherpe
patroon ★ live question actuele kwestie ★ live
register ingeschreven werklozen ★ live wire draad
onder stroom; energiek persoon
liveable /'lɪvəbl/ [bnw] ● leefbaar ● bewoonbaar
livelihood /'laɪvlɪhʊd/ [znw] levensonderhoud
liveliness /'laɪvlɪnəs/ [znw] levendigheid,
vrolijkheid
livelong /'lɪvlɒŋ/ [bnw] ★ the ~ day de godganse
dag
lively /'laɪvlɪ/ [bnw] ● licht op het water liggend ⟨v.
boot⟩ ● levendig, krachtig ● vrolijk, opgewekt
● bedrijvig ● treffend helder, fris ⟨v. kleur⟩
● ⟨scherts⟩ moeilijk, opwindend, gevaarlijk ★ he
gave me a ~ time hij gaf me handen vol werk ★ ~!
vlug 'n beetje! ★ that's ~! dat ziet er fraai uit!
liven /'laɪvən/ [ov + on ww] ● (~ **up**) opvrolijken
liver /'lɪvə/ [znw] ● lever ● leverkwaal ● leverkleur

● iem. die leeft, levende ● bewoner ★ chopped ~
leverpastei ★ he is a good ~ hij leidt een
behoorlijk/goed leven; hij leeft er goed van ★ ~
sausage leverworst
liveried /'lɪvərɪd/ [bnw] in livrei
liverish /'lɪvərɪʃ/ [bnw] ● misselijk ● galachtig,
chagrijnig ● leverachtig
liverwort /'lɪvəwɜ:t/ [znw] levermos
livery /'lɪvərɪ/ [znw] ● livrei ● kledij ⟨fig.⟩ ● livrei
van Londens gilde ● ⟨jur.⟩ ⟨akte v.⟩ inbezitstelling
● ⟨gesch.⟩ rantsoen ★ keep horses at ~ paarden
verhuren; paarden onderhouden voor iem. anders
★ ~ stable stalhouderij
liveryman /'lɪvərɪmən/ [znw] ● lid v. Londens gilde
● stalhouder(sknecht)
lives /laɪvz/ [mv] → **life**
livestock /'laɪvstɒk/ [znw] vee, levende have
livid /'lɪvɪd/ [bnw] ● loodkleurig, lijkkleurig ● ⟨inf.⟩
razend, boos
living /'lɪvɪŋ/ I [znw] ● levensonderhoud
● predikantsplaats ⟨in anglicaanse Kerk⟩ ● leven
● woonkamer, woonruimte ★ good ~ lekker eten en
drinken ★ ~ wage voldoende loon ★ the ~ de
levenden II [bnw] levend ★ a ~ likeness 'n
sprekende gelijkenis ★ earn/make a ~ de kost
verdienen ★ ~ coal gloeiend kooltje ★ within ~
memory sedert mensenheugenis
living-room /'lɪvɪŋru:m/ [znw] huiskamer
lizard /'lɪzəd/ [znw] ● hagedis ● soort kanarie ★ ⟨sl.⟩
lounge ~ salonheld; betaalde danspartner; gigolo
ll. [afk] ⟨lines⟩ regels
llama /'lɑ:mə/ [znw] lama(wol)
lo /ləʊ/ ⟨vero.⟩ [tw] kijk!, zie! ★ ⟨scherts⟩ lo and
behold ⟨en⟩ zie!
load /ləʊd/ I [ov ww] ● laden, inladen, beladen,
verzwaren, belasten ● overladen ● vervalsen door
zwaarder/sterker te maken ⟨vnl. v. dobbelstenen⟩
● veel kopen ⟨op effectenbeurs⟩
● verzekeringspremie extra verhogen ● (~ **up**)
(be)laden, 'm raken II [on ww] vollopen/-raken ⟨v.
vervoermiddel⟩ III [znw] ● last, vracht, lading
● kracht ● hoeveelheid ● druk ● belasting ★ it took
a load off my mind het was een pak v. mijn hart
★ ⟨inf.⟩ loads of een overvloed aan; hopen van
loaded /'ləʊdɪd/ [bnw] dronken ★ air ~ with lucht
bezwangerd met ★ he's ~ hij barst van het geld; hij
is schatrijk ★ ~ tongue beslagen tong
loader /'ləʊdə/ [znw] ● lader v. geweer op de jacht
★ type geweer dat op bep. manier wordt geladen
loading /'ləʊdɪŋ/ [znw] ● vracht ● het laden ● extra
verhoging op verzekeringspremie
loadstar /'ləʊdstɑ:/ → **lodestar**
loadstone /'ləʊdstəʊn/ → **lodestone**
loaf /ləʊf/ I [ov + on ww] rondslenteren, lummelen
★ loaf away one's time z'n tijd verlummelen
II [znw] ● brood ● krop ⟨v. groente⟩ ● gelummel
★ half a loaf is better than no bread een half ei is
beter dan een lege dop ★ on the loaf aan het
slenteren; lummelen ★ use your loaf! gebruik je
hersens!
loafer /'ləʊfə/ [znw] ● leegloper ● ⟨comfortabele⟩
herenschoen
loam /ləʊm/ I [ov ww] met leem besmeren II [znw]
● leem ● potgrond ● bloemistenaarde
loamy /'ləʊmɪ/ [bnw] ● leem- ● leemachtig
loan /ləʊn/ I [ov ww] ● (~ **out**) uitlenen II [znw]
● lening ● het (ont)lenen ● het ontlende of
geleende ★ on loan te leen III [bnw] ● in bruikleen
● ontleend ★ a loan collection een in bruikleen
afgestane verzameling
loan-office [znw] ● bank van lening ● lommerd
loan-word /'ləʊnwɜ:d/ [znw] leenwoord

L

loath /ləʊθ/ [bnw] *afkerig, ongenegen, onwillig*
★ *nothing* ~ *helemaal niet afkerig; met alle plezier*
loathe /ləʊð/ [ov ww] *verafschuwen, walgen van*
loathing /ləʊðɪŋ/ [znw] *afschuw, walging*
loathsome /ləʊðsəm/ [bnw] *walgelijk*
loaves /ləʊvz/ [mv] → **loaf**
lob /lɒb/ **I** [ov ww] *gooien of slaan ‹v. bal›*
II [on ww] z. *log bewegen* **III** [znw] • *homp,
klomp* • *hooggeslagen bal ‹bij tennis›,
onderhands geslagen bal ‹bij cricket›* • ‹sl.›
geldlade
lobby /lɒbɪ/ **I** [ov + on ww] • *lobbyen, bewerken
van parlements- of congresleden in de
wandelgangen* • *druk uitoefenen op ‹politieke›
besluitvorming* **II** [znw] • *pressiegroep*
• *(wandel)gang* • *foyer* • *portaal, vestibule*
• *wachtkamer* • ‹AE› *conversatiezaal ‹in hotel›*
• ‹AE› *lobbyist*
lobbyist /lɒbɪɪst/ [znw] *lobbyist*
lobe /ləʊb/ [znw] • *(oor)lel* • *lob* • *kwab*
lobotomy /ləˈbɒtəmɪ/ [znw] *hersenoperatie*
lobster /lɒbstə/ [znw] • *zeekreeft* • *Engelse soldaat*
• *sul* ★ ‹sl.› *a raw* ~ *politieagent*
lobworm /lɒbwɜːm/ [znw] *aasworm*
local /ləʊkl/ **I** [znw] • *plaatselijke bewoner*
• *plaatselijk nieuws ‹in krant›* • *postzegel voor
bep. district* • *lokaaltrein* • ‹inf.› *(dorps)café*
II [bnw] • *plaatselijk, gewestelijk, plaats-* • *alhier
‹op brief›* ★ ~ *colour couleur locale* ★ ~
option/veto plaatselijke keuze ★ ~ *service
buurtverkeer* ★ ~ *time plaatselijke tijd*
locale /ləʊˈkɑːl/ [znw] *plaats van handeling, toneel*
localism /ləʊkəlɪzəm/ [znw] *plaatselijke
eigenaardigheid, gehechtheid aan bep. plaats*
locality /ləʊˈkælətɪ/ [znw] • *ligging* • *plaats, streek*
• *plaatsgeheugen, oriënteringsvermogen*
localize /ləʊkəlaɪz/ [ov ww] • *lokaliseren* • *een
plaatselijk karakter geven* • *decentraliseren* • ‹~
upon*› *(aandacht) concentreren op*
locate /ləʊˈkeɪt/ **I** [ov ww] • *in 'n plaats vestigen*
• *de plaats bepalen van* • *afbakenen* • *aanleggen
‹v. weg›* **II** [on ww] *gelegen zijn*
location /ləʊˈkeɪʃən/ [znw] • *plaats(bepaling)*
• *ligging* • *afbakening* • *afgebakend gebied*
• *aanleg ‹v. weg›* • *verblijfplaats* • *kraal ‹in
Zuid-Afrika›* ★ *on* — *waar (een gedeelte van) een
film wordt opgenomen buiten de studio*
loch /lɒx/ ‹Schots› [znw] • *meer* • *smalle zeearm*
loci /ləʊsaɪ/ [mv] → **locus**
lock /lɒk/ **I** [ov + on ww] *insluiten, omsluiten,
sluiten* **II** [ov ww] • *op slot doen* • *vastzetten ‹v.
kapitaal›* • *voorzien v. sluizen* • ‹~ **away**›
wegsluiten • ‹~ **down/in/out/through**›
schutten ‹v. boot› • ‹~ **in**› *insluiten, opsluiten,
omsluiten* • ‹~ **out**› *buitensluiten, uitsluiten* • ‹~
up› *wegsluiten, opsluiten ‹v. patiënt›, op
(nacht)slot doen, vastzetten ‹v. geld›, sluiten*
III [on ww] • *vastlopen ‹v. wiel›* • *klemmen* • *op
slot kunnen* • ‹~ **on**› *doel zoeken en automatisch
volgen ‹v. raket, radar›* **IV** [znw] • *slot*
• *houdgreep* • *dol ‹v. roeiboot›* • *(haar)lok* • *vlok
‹v. katoen of wol›* • *verkeersopstopping* • *sluis*
★ *lock gate sluisdeur* ★ *lock hospital ziekenhuis
voor geslachtsziekten* ★ *lock nut contramoer*
★ *lock, stock and barrel alles inbegrepen* ★ *under
lock and key achter slot en grendel*
lockage /lɒkɪdʒ/ [znw] • *verval in sluis* • *schutgeld*
• *sluiswerken*
locker /lɒkə/ [znw] • *doosje of kastje met slot*
• *bagagekluis* ★ *Davy Jones's* ~ *zeebodem*
locker-room [znw] *kleedkamer met kasten*
locket /lɒkɪt/ [znw] *medaillon*

lock-in [znw] *'t bezetten v. fabriek, enz. uit protest*
lockjaw /lɒkdʒɔː/ [znw] *tetanus*
lockout /lɒkaʊt/ [znw] *uitsluiting ‹v. personeel
bij dreigende staking›*
locksmith /lɒksmɪθ/ [znw] *slotenmaker*
lock-up /lɒkʌp/ [znw] • *iets dat op slot gedaan kan
worden* • *sluitingstijd* • *het vastzetten ‹v. geld›*
• *arrestantenlokaal* • *garagebox* ★ ~ *shop winkel
zonder woongelegenheid*
loco /ləʊkəʊ/ **I** [znw] *locomotief* **II** [bnw] ‹sl.› *niet
goed snik*
locomotion /ləʊkəˈməʊʃən/ [znw]
(voort)beweging, verkeer, vervoer
locomotive /ləʊkəˈməʊtɪv/ **I** [znw] *locomotief*
II [bnw] z. *(voort)bewegend, bewegings-, beweeg-*
★ *a* ~ *person iem. die altijd onderweg is* ★ ~
engine locomotief
locomotives /ləʊkəˈməʊtɪvz/ ‹sl.› [mv] *benen*
locum /ləʊkəm/ [znw] ★ ~ *(tenens)
plaatsvervanger*
locus /ləʊkəs/ [znw] *(meetkundige) plaats*
locust /ləʊkəst/ [znw] • *sprinkhaan* • *vrucht v.d.
broodboom* • *acacia*
locution /ləkˈjuːʃən/ [znw] *spreekwijze, manier v.
(z.) uitdrukken*
locutory /lɒkjʊtərɪ/ [znw] • *conversatiezaal ‹in
klooster›* • *traliewerk tussen bezoekers en
kloosterling*
lode /ləʊd/ [znw] • *afvoerkanaal* • *metaalader*
lodestar /ləʊdstɑː/ [znw] • *Poolster, leidster* • *iets
wat men najaagt*
lodestone /ləʊdstəʊn/ [znw] *magneet*
lodge /lɒdʒ/ **I** [ov ww] • *bevatten* • *indienen ‹v.
klacht›* • *inzenden* • *plaatsen, leggen ‹v. macht in
iemands handen›* • *logies verschaffen, onderbrengen*
★ ~ *an appeal in hoger beroep gaan* • ‹~ **with**›
deponeren ‹bij rechtbank› **II** [on ww] • *logeren*
• *zetelen* • *neerslaan ‹v. gewas door wind of
regen›* • *blijven steken, blijven zitten ‹v. splinter›*
• ‹~ **with**› *(in)wonen bij* **III** [znw]
• *vrijmetselaarsloge* • *woning v. hoofd v. college in
Cambridge* • *leger v. bever of otter* • *wigwam*
• *(schuil)hut* • *herberg* • *afdeling v. vakbond*
• *portierswoning, portierskamer* • *jachthuis*
lodge-keeper [znw] *portier*
lodgement /lɒdʒmənt/ [znw] • *ophoping*
• *huisvesting* • *vaste voet* • ‹jur.› *het deponeren*
lodger /lɒdʒə/ [znw] *kamerbewoner*
lodging /lɒdʒɪŋ/ [znw] *logies, verblijf*
lodging-house /lɒdʒɪŋhaʊs/ [znw] *logement*
lodgings /lɒdʒɪŋz/ [mv] *gehuurde kamer(s)* ★ *live
in* ~ *op kamers wonen*
loess /ləʊɪs/ [znw] *löss*
loft /lɒft/ **I** [ov ww] • *hoog slaan ‹v. bal bij golf›*
• *de ruimte inschieten ‹v. satelliet›* • *duiven in til
houden* **II** [znw] • *vliering, zolder* • *tribune, galerij*
• *duiventil* • *vlucht duiven*
lofter /lɒftə/ [znw] *golfclub*
lofty /lɒftɪ/ [bnw] • *hoog, verheven* • *hooghartig*
• *beboeten* • *afdeling v. sluis*
log /lɒg/ **I** [ov ww] • *in blokken kappen* • *optekenen
in 't logboek* • *beboeten* • *(scheepv.) afstand
afleggen, lopen* • ‹AE› *hout hakken en vervoeren*
II [znw] • *logaritme* • *blok hout* • *logboek* ★ *I
have no log to roll ik ben niet op eigen baat uit*
★ *in the log niet gekapt; onbehouwen* ★ *log cabin
blokhut* ★ *log canoe boot v. uitgeholde boomstam*
★ *log house/hut blokhut* ★ *log jam stremming ‹v.
houtvlotten›; sta-in-de-weg (fig.)* ★ *sleep like a
log slapen als een os/blok*
logarithm /lɒgərɪðəm/ [znw] *logaritme*
log-book /lɒgbʊk/ [znw] • *logboek* • *dagboek*
logged /lɒgd/ [bnw] • *vol water* • *stilstaand ‹v.*

water) • vastgelopen
logger/'lɔgə/ [znw] houthakker
loggerhead/'lɔgəhed/ [znw] • dikkoppige
schildpad of vogel • domkop, dwaas • apparaat
voor het smelten van teer ∗ be at ~s overhoop
liggen (met iem.)
logic/'lɔdʒɪk/ [znw] logica
logical/'lɔdʒɪkl/ [bnw] logisch
logically/'lɔdʒɪklɪ/ [bijw] logischerwijze
logician/lə'dʒɪʃən/ [znw] beoefenaar v.d. logica,
logicus
logistics/lə'dʒɪstɪks/ [mv] • logistiek
• verplaatsing en legering v. troepen • ⟨AE⟩
bevoorrading en onderhoud v.e. vloot • ⟨wisk.⟩
berekening
loin/lɔɪn/ [znw] lende(stuk) ∗ gird (up) one's loins
zich op de strijd voorbereiden ∗ one's loins zijn
eigen kroost
loincloth/'lɔɪnklɔθ/ [znw] lendedoek
loiter/'lɔɪtə/ [ov + on ww] dralen, talmen,
rondhangen • ∗ ~ away one's time z'n tijd
verbeuzelen • ⟨~ about/away⟩ rondslenteren
loiterer/'lɔɪtərə/ [znw] draler, slenteraar
loll/lɔl/ I [ov ww] uitsteken (v. tong) II [on ww] lui
liggen/hangen • ⟨~ about⟩ rondslenteren,
rondhangen
lollipop(s)/'lɔlɪpɔp(s)/ [znw] • (ijs)lolly
• stopbordje (v. klaar-over) • ⟨sl.⟩ geld, poen
lollipop(s)man/'lɔlɪpɔp(s)mæn/ [znw] klaar-over
lollop/'lɔləp/ ⟨inf.⟩ [on ww] • lui liggen/hangen
• slenteren • zwalken
lolly/'lɔlɪ/ [znw] lolly
lone/ləʊn/ [bnw] eenzaam, verlaten ∗ a lone wolf
eenzelvig iem. ∗ a lone woman
alleenstaande/ongetrouwde vrouw; weduwe ∗ lone
flight solovlucht • ⟨inf.⟩ on/by my lone
moederziel alleen ∗ play a lone hand met
niemand rekening houden
loneliness/'ləʊnlɪnəs/ [znw] eenzaamheid
loner/'ləʊnə/ [znw] eenzame, verlatene, eenzelvig
mens
long/lɔŋ/ I [on ww] • ⟨~ for⟩ verlangen naar
II [znw] • lange klinker/lettergreep • haussier ∗ at
(the) longest uiterlijk ∗ before long eer lang;
weldra; spoedig ∗ for long lange tijd ∗ longs
lange kleren ∗ the long de grote vakantie ∗ the
long and the short of it is het komt hierop neer
III [bnw] • lang(gerekt) • ver reikend • scherp (v.
gezichtsvermogen) • groot (v. getal of gezin)
• saai, vervelend • ⟨inf.⟩ hoog (v. prijs) ∗ a long
chance een zeer kleine kans ∗ a long dozen 13 ∗ a
long face een ongelukkig/lang gezicht ∗ a long
hundred 120 ∗ a long shot een ver schot; een
gewaagde onderneming of gissing; van veraf
genomen foto ∗ go to one's long home de eeuwige
rust in gaan ∗ in the long run op de lange duur
∗ it's a long bet tien tegen een ∗ long clay Goudse
pijp ∗ long in the tooth afstands ∗ long jump
verspringen ∗ long measure lengtemaat ∗ long
odds zeer ongelijke kansen ∗ long shot kleine
kans; lange afstandsopname ∗ long suit veel
kaarten v. dezelfde kleur (bij kaartspel); iets dat
men heel goed kent ∗ long-playing record
langspeelplaat ∗ longways in e.b. ∗ make a
long arm reiken naar iets IV [bijw] ∗ I will help
you, as long as you do what I tell you ik wil je
wel helpen, als je maar doet wat ik zeg ∗ all day
long de hele dag door ∗ no longer niet langer; niet
meer ∗ not any longer niet langer; niet meer
∗ ⟨inf.⟩ so long! tot ziens!
longbill/'lɔŋbɪl/ [znw] snip
longboat/'lɔŋbəʊt/ [znw] sloep

longbow/'lɔŋbəʊ/ [znw] handboog ∗ draw the ~
opscheppen
long-distance/lɔŋ'dɪstəns/ [bnw + bijw]
langeafstands- ∗ ⟨AE⟩ ~ call
interlokaal/internationaal telefoongesprek
longdrawn-out/lɔŋdrɔːn'aʊt/ [bnw] langdurig
long-eared/lɔŋ'ɪəd/ [bnw] • met lange oren • dom
longevity/lɔn'dʒevətɪ/ [znw] lang leven
longhand/'lɔŋhænd/ [znw] (gewoon) handschrift
longing/'lɔŋɪŋ/ [znw] verlangen
longitude/'lɔŋɡɪtjuːd/ [znw] geografische lengte
longitudinal/lɔŋɡɪ'tjuːdɪnl/ [bnw] lengte- ∗ ~
section overlangse doorsnede
long-lasting[bnw] langdurig
long-lived/lɔŋ'lɪvd/ [bnw] • lang levend
• langdurig
long-range/lɔŋ'reɪndʒ/ [bnw] op lange termijn
∗ ~ gun vérdragend kanon
longshoreman/lɔŋ'ʃɔːmən/ ⟨AE⟩ [znw]
havenarbeider, dokwerker
long-standing/lɔŋ'stændɪŋ/ [bnw] v. oude
datum, al lang bestaand
long-suffering/lɔŋ'sʌfərɪŋ/ [bnw] lankmoedig
long-term/lɔŋ'tɜːm/ [bnw] ∗ ~ planning
plannen maken op lange termijn
long-time/lɔŋ'taɪm/ [bnw] ∗ ~ friend oude vriend
long-winded/lɔŋ'wɪndɪd/ [bnw] • met lange
adem • langdradig
loo/luː/ I [ov ww] boete opleggen (bij lanterlu(i))
II [znw] • lanterlu(i) ⟨kaartspel⟩ • (het moeten
betalen van) boete bij lanterlu(i) • ⟨inf.⟩ wc
look/lʊk/ I [ov ww] • kijken (naar) • onderzoeken
• verbaasd/dreigend kijken • ⟨inf.⟩ zorgen, te
kennen geven ∗ he looks himself again hij is weer
de oude ∗ look s.o. down iem. de ogen doen
neerslaan • ⟨~ over⟩ doorkijken, onderzoeken, door
de vingers zien ∗ look a p. over iem. opnemen • ⟨~
up⟩ opzoeken (v. woord/persoon) ∗ look s.o. up
and down iem. van onder tot boven opnemen
II [on ww] • kijken, zien • ergens v. opkijken • een
bep. kant uitgaan ∗ look before you leap bezint
eer ge begint ∗ look into a shop een winkel
binnenlopen ∗ look into s.th. iets onderzoeken
∗ look sharp op zijn hoede zijn; vlug voortmaken
∗ ⟨inf.⟩ look towards a p. op iemands gezondheid
drinken ∗ look you! denk erom! • ⟨~ about⟩
rondkijken • he looked about him hij keek om z.
heen; hij was op zijn hoede • ⟨~ after⟩ zorgen voor,
waarnemen (v. dokterspraktijk) • ⟨~ ahead⟩
vooruitzien • ⟨~ at⟩ kijken naar, bezien,
beoordelen, bekijken, overwegen ∗ I won't look at
it ik wil er niet naar kijken; ik wil er niets mee te
maken hebben ∗ ⟨inf.⟩ he could not look at you
hij bleef ver bij je achter ∗ it is not much to look
at zo te zien lijkt 't niet veel zaaks ∗ to look at
him, you would not say so naar z'n uiterlijk te
oordelen zou je het niet zeggen • ⟨~ back⟩
achterom kijken, z. herinneren • ⟨~ down⟩
neerzien, de ogen neerslaan ∗ look down upon
neerkijken op ⟨ook fig.⟩ • ⟨~ for⟩ zoeken naar,
verwachten, vragen om ⟨moeilijkheden⟩ • ⟨~
forward to⟩ (verlangend) uitzien naar • ⟨~ in⟩
aanlopen ∗ look in on s.o. bij iem. aanlopen • ⟨~
on⟩ toekijken • ⟨~ out⟩ uitkijken • ⟨~ out
(up)on⟩ uitzicht geven op/over • ⟨~ out for⟩
uitzien naar, verwachten, zorgen voor • ⟨~ over⟩
uitzien op/over • ⟨~ round⟩ omkijken, om z. heen
zien • ⟨~ round for⟩ uitkijken naar • ⟨~
through⟩ kijken door, doorkijken, doorzien
∗ look through s.o. iem. met zijn blik doorboren
• ⟨~ to⟩ zorgen voor, denken om, nazien, tegemoet
zien, vertrouwen ∗ I look to her for help ik

verwacht/hoop dat zij me zal helpen ★ look to yourself! denk om jezelf! ● (~ **towards**) uitzien op, overhellen naar ● (~ **up**) opkijken, stijgen ⟨v. prijzen⟩, beter worden ⟨v. weer⟩, ★ look up to opkijken naar; opzien tegen ● (~ **upon as**) beschouwen als **III** [kww] lijken, uitzien, eruitzien ★ he looks it hij ziet ernaar uit ★ look alive! schiet op! ★ look small er dwaas/onbelangrijk uitzien ● (~ **like**) eruitzien als, lijken op ★ you look like winning het lijkt wel of jij zult winnen ★ it looks like a storm het ziet er uit alsof we storm krijgen **IV** [znw] 't kijken ● blik, gezicht ● uiterlijk ● uitzicht ● aanzien ★ I don't like the look of him hij staat me niet aan ★ by the look of it zo te zien ★ for the look of it voor de schijn ★ good looks knap uiterlijk ★ have a look at eens kijken naar ★ lose one's looks er niet knapper op worden ★ new look nieuwe mode; nieuwe zienswijze/aspect ⟨v. bep. zaak⟩ ★ take a look een kijkje nemen

look-alike ⟨AB⟩ [znw] evenbeeld, dubbelganger
looker /'lʊkə/ [znw] ● kijker ● stuk ⟨fig.⟩
looker-on /lʊkər'ɒn/ [znw] toeschouwer
look-in /'lʊkɪn/ [znw] ● kans om mee te doen ● kans op succes ● kort bezoek ● vlugge blik ★ he gave me a ~ hij kwam even bij me aanlopen
looking-glass /'lʊkɪŋɡlɑːs/ **I** [znw] ● spiegel ● ⟨sl.⟩ nachtspiegel **II** [bnw] ● tegenovergesteld(e) ● op z'n kop
look-out [znw] ● uitkijkpost ● (voor)uitzicht ★ on the ~ for uitziende naar ★ that's my ~ dat is mijn zaak
look-over /'lʊkəʊvə/ [znw] kort onderzoek
look-see /lʊkˈsiː/ ⟨sl.⟩ [znw] vluchtige blik, haastig onderzoek
loom /luːm/ **I** [on ww] opdoemen ★ the danger loomed large het gevaar doemde in al zijn omvang op **II** [znw] ● weefgetouw ● steel v. roeiriem ● vage verschijning ⟨v. land/zee door mist⟩ ● duikvogel
loon /luːn/ [znw] ● fuut ● (zee)duiker ⟨vogel⟩ ● leegloper, luilak ● vent ● jongen
loony /'luːnɪ/ ⟨inf.⟩ [bnw] gek
loony-bin /'luːnɪbɪn/ ⟨inf.⟩ [znw] gekkenhuis
loop /luːp/ **I** [ov ww] ● een lus maken in ● met een lus vastmaken ★ looping the loop een lus vliegen/maken ⟨door vliegtuig of fietsacrobaat⟩ **II** [znw] ● lus, strop ● bocht ● spiraaltje ★ loop(-line) ringlijn
loop-aerial [znw] raamantenne
looper /'luːpə/ [znw] ● spanrups ● lussenmaker ⟨in naaimachine⟩ ● lusvlieger
loophole /'luːphəʊl/ [znw] ● schietgat, kijkgat, lichtgat ● uitvlucht
loopy /'luːpɪ/ [bnw] ● bochtig ● ⟨inf.⟩ niet goed wijs
loose /luːs/ **I** [ov ww] ● losmaken, loslaten ● afschieten ★ ~ one's hold loslaten **II** [znw] vrije loop ★ ⟨sl.⟩ be on the ~ aan de boemel zijn ● give (a) ~ to de vrije loop laten; lucht geven aan **III** [bnw] ● los ● loslijvig ● losbandig ● ruim, vrij ● slap ● onnauwkeurig, vaag ● onjuist, oppervlakkig, slordig ⟨v. stijl⟩ ● ⟨chem.⟩ niet verbonden ★ a ~ build een onelegant figuur ★ a ~ fish een losbol ★ a ~ rein de vrije teugel ⟨fig.⟩ ★ be at a ~ end niets omhanden hebben ★ cut ~ er flink tegenaan gaan; z. losmaken van ★ he's at ~ ends hij is verbitterd ★ it was left at a ~ end het bleef onbeslist
loose-leaf [bnw] losbladig
loose-limbed /luːsˈlɪmd/ [bnw] lenig
loose-minded [bnw] lichtzinnig
loosen /'luːsən/ **I** [ov ww] ● los(ser) maken ● doen

verslappen **II** [on ww] ● los(ser) worden ● losraken ● verslappen ● (~ **up**) vrijuit praten, opdokken, opwarmen ⟨voor het sporten⟩
loosestrife /'luːsstraɪf/ [znw] ● wederik ● kattenstaart
loose-tongued [bnw] loslippig
loot /luːt/ **I** [ov ww] plunderen, (be)roven **II** [znw] ● buit, plundering ● ⟨sl.⟩ luitenant, luit
lop /lɒp/ **I** [ww] slap laten hangen ● (~ **away/off**) snoeien ● (~ **off**) afhakken **II** [on ww] ● slap hangen ● rondslenteren ● korte golven maken **III** [znw] ● dunne takken en twijgen ● hangoorkonijn ● golvende zee
lope /ləʊp/ **I** [ww] ● z. met grote sprongen voortbewegen ⟨v. dier⟩ ● draven **II** [znw] sprong
lop-eared /lɒpˈɪəd/ [bnw] met hangende oren
loppings /'lɒpɪŋz/ [mv] snoeisel
lopsided /lɒpˈsaɪdɪd/ [bnw] ● scheef ● onevenwichtig
loquacious /ləʊˈkweɪʃəs/ [bnw] ● babbelziek ● kwetterend ⟨v. vogels⟩ ● kabbelend ⟨v. water⟩
loquacity /ləˈkwæsɪtɪ/ [znw] babbelzucht
lord /lɔːd/ **I** [ov ww] in de adelstand verheffen ★ lord (it) de baas spelen **II** [znw] ● heer, meester ● (handels)magnaat ● eigenaar ● titel van een edelman ★ drunk as a lord dronken als een kanon ★ live like a lord royaal leven ★ ⟨scherts⟩ lord (and master) echtgenoot ★ lord of the manor ambachtsheer ★ lords spiritual/temporal geestelijke/wereldlijke leden v. het Hogerhuis ★ swear like a lord vloeken als een ketter
Lord [znw] ★ House of Lords Hogerhuis ★ Lord Chancellor voorzitter v. het Hogerhuis ★ Lord Chief Justice hoogste rechterlijke ambtenaar na de Lord Chancellor ★ Lord Lieutenant onderkoning; commissaris der koningin ★ Lord Mayor burgemeester ⟨v. grote stad in Groot-Brittannië⟩ ★ the Day of the Lord de Dag v.h. Laatste Oordeel ★ the Lord (God) ⟨God⟩ de Heer ★ the Lord's Prayer het Onze Vader ★ the Lord's Supper het Avondmaal ★ the Lord's day de dag des Heren; zondag
lordly /'lɔːdlɪ/ [bnw] ● hooghartig ● groots ● vorstelijk ★ als v. een heer
lordship /'lɔːdʃɪp/ [znw] ● landgoed, adellijk domein ● lordschap ● ⟨scherts⟩ mijnheer ★ Your ~! Heer! ★ ~ of/over heerschappij over
lore /lɔː/ [znw] traditionele kennis ⟨v. bep. onderwerp⟩
lorn /lɔːn/ [bnw] eenzaam, verlaten
lorry /'lɒrɪ/ [znw] ● lorrie ⟨op spoorweg⟩ ● vrachtwagen
lorry-load /'lɒrɪləʊd/ [znw] vrachtwagen vol
lory /'lɔːrɪ/ [znw] papegaai
lose /luːz/ [ov + on ww] ● (doen) verliezen, verspelen, verlies lijden ● verknoeien ⟨v. tijd⟩ ● missen ⟨v. kans, trein⟩ ● achterlopen ⟨v. uurwerk⟩ ★ lose ground terrein verliezen; terugtrekken ★ lose one's head de kluts kwijtraken ★ lose one's temper kwaad worden ★ the story does not lose in the telling het verhaal is nogal opgesmukt ★ they will lose their way ze zullen verdwalen ★ you will lose by/over it je zult eraan verliezen ● (~ **out (with)**) het afleggen ⟨tegen⟩
loser /'luːzə/ [znw] verliezer ★ he is a good ~ hij kan goed tegen zijn verlies
losing /'luːzɪŋ/ [bnw] ★ a ~ business niet renderende zaak ★ a ~ game 'n verloren spel
loss /lɒs/ [znw] ● verlies ● schade ★ at a loss (for) verlegen (om); het spoor bijster
loss-leader [znw] lokartikel ⟨onder kostprijs verkocht⟩

lost/lɒst/ /ww/ ∗ all this is lost upon you dit alles is aan jou niet besteed ∗ get lost! duvel op! ∗ he was lost in a storm hij kwam om/verongelukte in een storm ∗ he was lost in thought hij was in gedachten verdiept ∗ he will get lost hij zal verdwalen ∗ it was lost on him het ontging hem ∗ it will get lost het zal kwijt raken ∗ it's lost labour het is verspilde moeite ∗ the motion was lost de motie werd verworpen verl. tijd + volt. deelw. → **lose**

lot/lɒt/ I /ov ww/ ∗ (~ (up)on) ⟨AE⟩ rekenen op ∗ (~ out) verkavelen, verdelen II /znw/ ∗ heel wat, een boel ∗ aandeel ∗ partij ∗ stuk grond, perceel ∗ lot ∗ a lazy lot een luiwammes ∗ by lot bij loting ∗ cast/draw lots loten ∗ he cast in his lot with me hij sloot z. bij me aan ∗ lots and lots hopen; ontzettend veel ∗ lots of/a lot of friends een heleboel vrienden ∗ that's the lot dat is alles ∗ they are a bad lot het is een gemeen stel

lottery/ˈlɒtərɪ/ /znw/ loterij

lotus/ˈləʊtəs/ /znw/ ∗ lotusplant ∗ bep. waterlelie ∗ rolklaver

lotus-eater/ˈləʊtəsiːtə/ /znw/ zweefhommel

lotus-land[znw] luilekkerland

loud/laʊd/ /bnw/ ∗ luid, lawaaierig ∗ sterk ruikend ∗ opvallend, schreeuwend ⟨v. kleuren⟩, opzichtig

loudly/ˈlaʊdlɪ/ /bijw/ luid, krachtig

loudmouth/ˈlaʊdmaʊθ/ /znw/ luidruchtig iem., schreeuwer

loudness/ˈlaʊdnəs/ /znw/ ∗ kracht → **loud**

loudspeaker/laʊdˈspiːkə/ /znw/ luidspreker

lough/lɒk/ /znw/ ∗ meer ∗ zeearm

lounge/laʊndʒ/ I /on ww/ ∗ slenteren ∗ lui (gaan) liggen, luieren ∗ ~ away one's time de tijd verluieren II /znw/ ∗ zitkamer ∗ sofa ∗ tijd v. slenteren of luieren ∗ grote hal ⟨in huis/hotel⟩ ∗ ~ (chair/seat) gemakkelijke of luie stoel ∗ ~ bar (nette) bar ∗ ~ lizard salonheld; betaalde danspartner; gigolo ∗ ~ suit wandelkostuum

lounger/ˈlaʊndʒə/ /znw/ ∗ slenteraar ∗ iem. die z'n tijd verluiert

louring/ˈlaʊərɪŋ/ ⟨AE⟩ [bnw] somber, dreigend

louse/laʊs/ I /ov ww/ ontluizen ∗ (~ up) in de soep laten lopen, verknoeien II /znw/ ∗ luis ∗ ⟨AE⟩ ploert

lousy/ˈlaʊzɪ/ /bnw/ ∗ luizig ∗ beroerd, laag, gemeen ∗ armzalig ∗ ~ with vol van; bulkend ⟨v. geld⟩

lout/laʊt/ /znw/ lummel, boerenpummel

loutish/ˈlaʊtɪʃ/ /bnw/ lummelachtig

louver-boards[mv] ∗ jaloezieën ∗ glasjaloezie ∗ galmborden

louvre, louver/ˈluːvə/ /znw/ ventilatiekoepel

louvres/ˈluːvəz/ /mv/ jaloezieën

lovable/ˈlʌvəbl/ /bnw/ lief, beminnelijk

lovage/ˈlʌvɪdʒ/ /znw/ lavas ⟨maggiplant⟩

love/lʌv/ I /ov ww/ ∗ houden van, beminnen ∗ dol zijn op, dolgraag doen ∗ liefkozen ∗ ⟨iron.⟩ love that! die is goed! ∗ love me, love my dog als je mij mag, moet je mijn vrienden maar op de koop toe nemen II /znw/ ∗ liefde ∗ geliefde ∗ liefje, schat⟨je⟩ ∗ liefdegod, engeltje ⟨in schilderij⟩ ∗ iets heerlijks/verrukkelijks ∗ nul ⟨bij tennis⟩ ∗ groet(en) ∗ be in love with verliefd zijn op ∗ be out of love with niet meer verliefd op; niets meer op hebben met; ergens genoeg v. hebben ∗ fall in love verliefd worden ∗ for the love of God om Godswil ∗ labour of love werk v. naastenliefde; werk waarin men opgaat ∗ love affair liefdesaffaire ∗ ⟨sport⟩ love all nul-nul ∗ love for/of/to(wards) liefde voor ∗ love game game die wordt gewonnen zonder tegenpunten ⟨bij tennis⟩ ∗ love in a cottage liefde in een hutje op de hei ∗ love letter liefdesbrief ∗ love of order

ordelievendheid ∗ love story liefdesgeschiedenis ∗ love will find a way liefde zoekt list ∗ make love vrijen ∗ marry for love uit liefde trouwen ∗ not to be had for love or money voor geen geld of goede woorden te krijgen ∗ old love lies deep oude liefde roest niet ∗ out of love uit liefde ∗ play for love voor z. plezier spelen ∗ send one's love to de groeten doen ∗ there's no love lost between them ze hebben niet veel met elkaar op ∗ two love twee-nul ⟨bij tennis⟩

love-apple⟨vero.⟩ /znw/ tomaat

love-begotten[bnw] onecht

lovebird/ˈlʌvbɜːd/ /znw/ ∗ parkiet ∗ schat ⟨fig.⟩ ∗ couple of ~s dol verliefd paar

love-child[znw] buitenechtelijk kind

lovelorn/ˈlʌvlɔːn/ /bnw/ ∗ in de steek gelaten door geliefde ∗ hopeloos verliefd

love-making/ˈlʌvmeɪkɪŋ/ /znw/ vrijage

lover/ˈlʌvə/ /znw/ ∗ minnaar ∗ bewonderaar ∗ two ~s verliefd paar

lovesick/ˈlʌvsɪk/ /znw/ smoorverliefd

loving/ˈlʌvɪŋ/ /bnw/ liefhebbend, teder

loving-cup[znw] beker die rondgaat in gezelschap

low/ləʊ/ I /ov + on ww/ loeien ⟨v. koe⟩ II [bnw + bijw] ∗ laag ∗ diep ⟨v. buiging⟩ ∗ eenvoudig ∗ (laag) uitgesneden ⟨v. japon⟩ ∗ gemeen, ruw, plat ∗ neder- ⟨als in Neder-Duits⟩ ∗ schraal ⟨v. voedsel⟩ ∗ minnetjes ∗ bijna leeg ⟨v. beurs⟩ ∗ neerslachtig ∗ zacht ⟨v. stem⟩ ∗ ⟨religie⟩ van de Low Church ∗ Low Church calvinistisch getinte richting in de anglicaanse Kerk ∗ Low Latin volkslatijn ⟨v. 200-600 n. Chr.⟩ ∗ Low Sunday Beloken Pasen ∗ as low as that toen (zelfs) toen nog ∗ be at low water financieel aan de grond zitten ∗ be in low spirits neerslachtig zijn ∗ keep a low profile z. gedeisd houden; niet op de voorgrond treden ∗ live low er schraaltjes van leven ∗ low comedian komiek; kluchtspeler ∗ low latitudes gebieden om de evenaar ∗ low life 't leven v.d. lagere standen ∗ low mass stille mis ∗ low tide lage waterstand ∗ play low met kleine inzet spelen ∗ run low afnemen; verminderen; leegraken ∗ talk low op lage toon spreken ∗ the Low Countries de Nederlanden III [znw] ∗ geloei, gebulk ∗ laag terrein ∗ lagedrukgebied ∗ laag peil ∗ klein bedrag/getal ∗ eerste versnelling van auto IV [bnw] ∗ low season laagseizoen; slappe/stille tijd

low-born/ləʊˈbɔːn/ /bnw/ v. lage afkomst

low-bred[bnw] onbeschaafd

lowbrow/ˈləʊbraʊ/ I [znw] niet-intellectueel II [bnw] alledaags, gewoon, ordinair

low-budget/ləʊˈbʌdʒɪt/ /bnw/ economisch, goedkoop

low-class[bnw] ∗ van lage afkomst ∗ van inferieure kwaliteit

low-down/ˈləʊdaʊn/ I [znw] ∗ ware feiten ∗ juist inzicht, gemene streek ∗ ⟨sl.⟩ eerstehands kennis omtrent een zaak II [bnw] laag, gemeen, eerloos

lower I [ov ww] /ˈləʊə/ ∗ strijken ⟨v. vlag, zeil⟩ ∗ verlagen ⟨v. prijs⟩ ∗ verminderen ∗ doen vermageren ∗ neerlaten ∗ ⟨inf.⟩ drinken, achterover slaan ∗ ~ deck minderen v.d. bemanning II [on ww] /ˈləʊə/ afhellen, afdalen ∗ /ˈləʊə/ dreigend/somber kijken naar, dreigend eruit zien ⟨vnl. v. hemel⟩ III [znw] /ˈləʊə/ dreigende (aan)blik IV [bnw] /ˈləʊə/ onder-, onderste-, beneden- ∗ Lower House Lagerhuis ∗ ~ arm onderarm ∗ ~ date v. meer recente datum ∗ ⟨scheepv.⟩ ~ deck benedendek ∗ ~ school lagere klassen v. Public School ∗ ~ world aarde; hel ∗ the ~ orders het lagere volk ∗ the ~ regions de

onderwereld/hel
lower-case/[znw] onderkast, in/met kleine letters
lowermost/ˈləʊəməʊst/ [bnw] laagst
low-key/[bnw] rustig, ingehouden
lowland/ˈləʊlənd/ I [znw] laagland II [bnw] van 't laagland
lowly/ˈləʊlɪ/ [bnw] • nederig, bescheiden • laag
low-lying/[bnw] laag(gelegen)
low-minded/[bnw] gemeen
low-necked/[bnw] met lage hals, gedecolleteerd
lowness/ˈləʊnɪs/ → **low**
low-pitched/[bnw] • laag ⟨v. toon⟩, diep • laag ⟨niet stijl/hoog⟩
low-spirited/ˈləʊˈspɪrɪtəd/ [bnw] neerslachtig
loyal/ˈlɔɪəl/ I [znw] trouwe onderdaan of volgeling II [bnw] (ge)trouw, loyaal
loyalist/ˈlɔɪəlɪst/ [znw] regeringsgetrouwe
loyalty/ˈlɔɪəltɪ/ [znw] loyaliteit, trouw
lozenge/ˈlɒzɪndʒ/ [znw] • ruitvormig facet ⟨bijv. v. diamant⟩ • (hoest)tablet • glas-in-loodruit • ⟨her.⟩ ruit
L-plate/ˈelpleɪt/ [znw] L-plaat ⟨op lesauto⟩
l.s.d./[afk] • (librae, solidi, denarii) ponden, shillings, pence
Ltd./[afk] • (limited) NV
lubber/ˈlʌbə/ [znw] • lompe kerel • onbevaren matroos
lubberly/ˈlʌbəlɪ/ [bnw + bijw] lummelachtig
lubricant/ˈluːbrɪkənt/ I [znw] • smeermiddel • ⟨med.⟩ glijmiddel II [bnw] gladmakend
lubricate/ˈluːbrɪkeɪt/ I [ov ww] • smeren • omkopen • dronken voeren II [on ww] drinken
lubrication/-ˈkeɪʃən/ [znw] • het smeren, het oliën • omkoperij
lubricator/ˈluːbrɪkeɪtə/ [znw] • smeermiddel • smeerbus
lubricious/luːˈbrɪʃəs/ [bnw] • glad, glibberig • wulps
lubricity/luːˈbrɪsətɪ/ [znw] • gladheid, olieachtigheid • wellustigheid
lucent/ˈluːsənt/ [bnw] • schijnend, glanzend • transparant
lucid/ˈluːsɪd/ [bnw] helder, klaar, stralend ★ ~ interval helder ogenblik ⟨v. geestesziekte⟩
lucidity/luːˈsɪdətɪ/ [znw] helderheid, klaarheid
luck/lʌk/ [znw] geluk, toeval, succes ★ as luck would have it zoals het toeval wilde ★ bad luck pech; ongeluk ★ to be in luck boffen ★ be out of luck pech hebben ★ but, worse luck, I could not go maar - ongelukkig genoeg - kon ik niet gaan ★ good luck! geluk; succes ★ good luck to you! succes!, 't beste! ★ just my luck! zo'n pech heb ik nu altijd! ★ they do it for luck ze doen dit om geluk te hebben
luckily/ˈlʌkɪlɪ/ [bijw] • toevallig • gelukkig
luckless/ˈlʌkləs/ [bnw] onfortuinlijk
lucky/ˈlʌkɪ/ I [znw] ★ ⟨sl.⟩ cut one's ~ er vandoor gaan II [bnw] • gelukkig, fortuinlijk • geluk aanbrengend ★ ~ charm talisman ★ ~ dog geluksvogel ★ third time ~ driemaal is scheepsrecht
lucrative/ˈluːkrətɪv/ [bnw] winstgevend
lucre/ˈluːkə/ [znw] voordeel, gewin ★ ⟨iron.⟩ filthy ~ ⟨onrechtvaardig verkregen⟩ geld
ludic/ˈluːdɪk/ [bnw] speels, ludiek
ludicrous/ˈluːdɪkrəs/ [bnw] belachelijk, koddig
ludo/ˈluːdəʊ/ [znw] mens-erger-je-niet ⟨ongeveer⟩
lues/ˈluːiːz/ [znw] • pest • syfilis
luff/lʌf/ I [ov + on ww] • loeven • de loef afsteken ⟨met zeilen⟩ • zwenken II [znw] • loef(zijde) • ⟨inf.⟩ buitenkant
lug/lʌg/ I [ov ww] sleuren, slepen ⟨~ **along**⟩

meeslepen • ⟨~ **in**⟩ met de haren erbij slepen II [on ww] • ⟨~ **at**⟩ rukken aan III [znw] • zeepier • ruk ⟨aan iets⟩ • uitsteeksel, handvat ★ ⟨AE⟩ put on lugs verwaand doen
luge/luːʒ/ I [on ww] bobsleeën II [znw] slee
luggage/ˈlʌgɪdʒ/ [znw] bagage ★ ~ rack bagagerek; bagagenet
lugger/ˈlʌgə/ [znw] logger
lugubrious/luːˈguːbrɪəs/ [bnw] luguber, naargeestig, somber, treurig
lukewarm/luːkˈwɔːm/ I [znw] lauw persoon, onverschillige II [bnw] • lauw • onverschillig
lull/lʌl/ I [ov ww] in slaap wiegen/sussen II [on ww] • gaan liggen ⟨v. wind⟩ • kalm worden III [znw] • tijdelijke stilte • slapte in bedrijf ★ a lull in the fight een gevechtspauze
lullaby/ˈlʌləbaɪ/ I [ov ww] in slaap zingen II [znw] wiegeliedje
lumbago/lʌmˈbeɪgəʊ/ [znw] lendepijn, spit
lumbar/ˈlʌmbə/ [bnw] lumbaal, lende-
lumber/ˈlʌmbə/ I [ov ww] • volstoppen met rommel • opzadelen met II [on ww] • hout hakken, zagen en vervoeren • met logge tred gaan, botsen III [znw] • rommel • lastige situatie • overtollig vet • ruw timmerhout
lumbering/ˈlʌmbərɪŋ/ [bnw] lomp, voortsjokkend
lumberjack/ˈlʌmbədʒæk/ [znw] houthakker, houtvervoerder
lumberjacket/ˈlʌmbədʒækɪt/ [znw] stevige korte jekker
lumber-room/[znw] rommelkamer
lumberyard/ˈlʌmbəjɑːd/ [znw] houtwerf
lumbrical/ˈlʌmbrɪkl/ [bnw] wormvormig, wormachtig
luminary/ˈluːmɪnərɪ/ [znw] • lichtgevend hemellichaam • uitblinker
luminous/ˈluːmɪnəs/ [bnw] • lichtgevend, stralend • verlicht, helder ★ ~ paint lichtgevende verf
lump/lʌmp/ I [ov ww] • bij elkaar doen • over één kam scheren ★ if you don't like it, lump it als het je niet bevalt, pech gehad ⟨~ **in**⟩ erbij nemen ⟨~ **on**⟩ zetten op ⟨in weddenschap⟩ II [on ww] klonteren • ⟨~ **along**⟩ voortsjokken • ⟨~ **down**⟩ neerploffen III [znw] • brok, klont • partij, massa • lomperd, vleesklomp ⟨fig.⟩ • knobbel, gezwel, buil • in the lump in zijn geheel IV [bnw] ★ lump sum de som ineens; forfaitair bedrag
lumper/ˈlʌmpə/ [znw] • bootwerker • kleine aannemer
lumping/ˈlʌmpɪŋ/ ⟨inf.⟩ [bnw] zwaar, dik
lumpish/ˈlʌmpɪʃ/ [bnw] • lomp • traag
lumpy/ˈlʌmpɪ/ [bnw] • klonterig • met bulten of gezwellen • woelig ⟨v. water⟩ • ⟨sl.⟩ dronken
lunacy/ˈluːnəsɪ/ [znw] krankzinnigheid
lunar/ˈluːnə/ I [znw] • maansafstand • waarneming v.d. maan • sikkelvormig been II [bnw] v.d. maan, maanvormig, sikkelvormig ★ ~ eclipse maansverduistering ★ ~ module maanlander
lunarian/luːˈneərɪən/ [znw] maanbewoner
lunate/ˈluːneɪt/ [bnw] sikkelvormig
lunatic/ˈluːnətɪk/ I [znw] krankzinnige ★ ⟨pej.⟩ ~ asylum krankzinnigengesticht II [bnw] • krankzinnig • dwaas
lunation/luːˈneɪʃən/ [znw] maansomloop
lunch/lʌntʃ/ I [on ww] lunchen, koffiedrinken II [znw] • lunch • lichte maaltijd ★ ~ break lunchpauze ★ ~ hour lunchtijd
luncheon/ˈlʌntʃən/ [znw] • lunch • lichte maaltijd ★ ~ meat lunchworst ★ ~ voucher maaltijdbon
lune/luːn/ [znw] sikkel, halvemaan
lunette/luːˈnet/ [znw] • kijkglas, bril • oogklep

• plat horlogeglas

lung/lʌŋ/ [znw] long

lunge/lʌndʒ/ **I** [ov ww] longeren ⟨v. paard⟩
II [on ww] vooruitschieten • ⟨~ at⟩ slaan of stoten
naar • ⟨~ for⟩ grijpen naar • ⟨~ into⟩
binnenvallen • ⟨~ out⟩ achteruitslaan ⟨v. paard⟩
III [znw] • longe • terrein voor paardendressuur
• plotselinge voorwaartse beweging • stoot • uitval

lunger[znw] • /ˈlʌndʒə/ dresseur • ⟨inf.⟩ /ˈlʌŋə/
longlijder

luny/ˈluːnɪ/ ⟨inf.⟩ [bnw] gek

lupine/ˈluːpaɪn/ [bnw] wolfachtig

lurch/lɜːtʃ/ **I** [on ww] • slingeren • plotseling
overstag gaan ⟨fig.⟩ **II** [znw] • 't wankelen
• plotselinge slingerbeweging, plotselinge
zijwaartse beweging, ruk ★ at ⟨on the⟩ ~ op de loer
★ leave in the ~ in de steek laten

lurcher/ˈlɜːtʃə/ [znw] • dief, zwendelaar • spion
• stropershond

lure/ljʊə/ **I** [ov ww] (ver)lokken **II** [znw] lokaas,
lokstem

lurid/ˈljʊərɪd/ [bnw] • geelbruin • vaalbleek
• spookachtig, luguber, vreselijk • schril

lurk/lɜːk/ **I** [on ww] • z. schuil houden • verscholen
zijn • aan de aandacht ontsnappen ★ a lurking
rock blinde klip ★ a lurking suspicion vaag
vermoeden **II** [znw] ★ on the lurk op de loer

luscious/ˈlʌʃəs/ [bnw] • heerlijk • walgelijk zoet
• zinnelijk • met overdreven beeldspraak

lush/lʌʃ/ **I** [ov ww] dronken voeren **II** [on ww]
zuipen **III** [znw] • zuippartij • ⟨sl.⟩ sterke drank
• ⟨AE⟩ dronkenlap **IV** [bnw] • weelderig • mals ⟨v.
gras⟩

lust/lʌst/ **I** [on ww] • ⟨~ after/for⟩ haken naar,
begeren, hevig verlangen naar **II** [znw] (wel)lust
★ lust of zucht naar ★ lust of lucre winstbejag

lustful/ˈlʌstfʊl/ [bnw] wellustig

lustral/ˈlʌstrəl/ [znw] water ⟨voor
reinigingsritueel⟩, wijwater

lustrate/ˈlʌstreɪt/ [ov ww] reinigen

lustre/ˈlʌstə/ **I** [ov ww] doen glanzen, lustreren ⟨v.
aardewerk⟩ **II** [znw] • schittering, glans
• kroonluchter • lustre • lustrum **III** [bnw]
glanzend, geglazuurd ⟨v. aardewerk, keramiek⟩

lustreless/ˈlʌstrələs/ [bnw] glansloos, dof

lustrous/ˈlʌstrəs/ [bnw] glanzend, schitterend

lusty/ˈlʌstɪ/ [bnw] • krachtig, flink, vitaal
• zwaarlijvig • wellustig ★ deal ~ blows harde
klappen uitdelen

lutanist/ˈluːtənɪst/ [znw] luitspeler

lute/luːt/ **I** [ov ww] dichtsmeren met kit **II** [znw]
• luit • kit • gummiring

luxate/ˈlʌkseɪt/ [ov ww] ontwrichten

luxuriance/lʌgˈzʊərəns/ [znw] • luxe • rijkdom

luxuriant/lʌgˈzʊərɪənt/ [bnw] weelderig, welig

luxuriate/lʌgˈzʊərɪeɪt/ [on ww] • zijn gemak er
van nemen • welig tieren • ⟨~ in⟩ genieten van,
zwelgen in

luxurious/lʌgˈzʊərɪəs/ [bnw] • weelderig
• wellustig • v. alle gemakken voorzien

luxury/ˈlʌkʃərɪ/ [znw] • luxe, weelde • weeldeartikel
• genot(middel) • weelderigheid

lye/laɪ/ [znw] loog

lying/ˈlaɪɪŋ/ **I** [ww] tegenw. deelw. → **lie II** [bnw]
leugenachtig, vals

lying-in/laɪɪŋˈɪn/ [znw] bevalling ★ ~ hospital
kraamkliniek ★ ~ woman kraamvrouw

lymph/lɪmf/ [znw] lymf(e), weefselvocht ★ ~ gland
lymf(e)klier

lynch/lɪntʃ/ [ov ww] lynchen

lyre/laɪə/ [znw] lier

lyric/ˈlɪrɪk/ **I** [znw] lyrisch gedicht **II** [bnw] lyrisch

lyrical/ˈlɪrɪkl/ [bnw] lyrisch

lyricism/ˈlɪrɪsɪzəm/ [znw] • lyrisme • lyrische stijl

lyrics/ˈlɪrɪks/ [mv] songtekst

L

ma/mɑ:/ (inf.) [znw] ma(ma)
mac/mæk/ [znw] • → **macadam** • → **mackintosh**
macabre/məˈkɑ:br/ [bnw] griezelig
macadam/məˈkædəm/ [znw] macadam
macaroni/mækəˈrəʊnɪ/ [znw] • macaroni • 18e eeuwse dandy • (pej.) spaghettivreter, Italiaan
macaroon/mækəˈru:n/ [znw] bitterkoekje
macaw/məˈkɔ:/ [znw] • ara • soort palmboom
mace/meɪs/ I [ov ww] afzetten II [znw] • foelie • zwendel • scepter • keu (bij bagatelle) * mace bearer stafdrager; pedel • on mace op de pof
macerate/ˈmæsəreɪt/ [ov + on ww] • weken, week maken • uitteren, vermageren, verzwakken
maceration/mæsəˈreɪʃən/ → **macerate**
machete/məˈʃetɪ/ [znw] machete, kapmes
machiavellian/mækɪəˈvelɪən/ [bnw] geslepen, zonder scrupules
machinate/ˈmækɪneɪt/ [on ww] intrigeren, samenspannen
machination/mækɪˈneɪʃən/ [znw] kuiperij, intrige
machine/məˈʃi:n/ I [ov ww] machinaal vervaardigen II [znw] • machine, toestel • fiets • badkoets • automaat • auto • vliegtuig • (AE) partijorganisatie * ~ shop machinewerkplaats * ~ tool gereedschapswerktuig
machine-gun/məˈʃi:ngʌn/ I [ww] beschieten (met machinegeweer) II [znw] machinegeweer
machine-made/məʃi:nˈmeɪd/ [bnw] machinaal gemaakt
machinery/məˈʃi:nərɪ/ [znw] • machinerie • mechanisme • kunstgrepen
machinist/məˈʃi:nɪst/ [znw] • monteur • machineconstructeur • machinebediener • (AE) orthodox partijpoliticus
macho/ˈmætʃəʊ/ I [znw] macho II [bnw] (overdreven) viriel, macho
mackerel/ˈmækrəl/ [znw] makreel * ~ breeze/gale krachtige bries * ~ sky lucht met schapenwolkjes
mackintosh/ˈmækɪntɒʃ/ [znw] regenjas
macrocosm/ˈmækrəʊkɒzəm/ [znw] macrokosmos, heelal
macula/ˈmækjʊlə/ [znw] vlek
mad/mæd/ I [on ww] * the madding crowd de/het dolle jachtende maatschappij/leven II [bnw] gek, dwaas, krankzinnig * as mad as a hatter/March hare stapelgek * (vero.) mad doctor psychiater * mad hatter dolleman * they ran off like mad ze renden als bezetenen weg • (~ **about/at**) woest over • (~ **on**) dol op, verliefd op • (~ **with**) nijdig op
madam/ˈmædəm/ [znw] mevrouw, juffrouw
madcap/ˈmædkæp/ I [znw] dolleman II [bnw] dwaas
madden/ˈmædn/ [ov ww] dol/gek maken
maddening/ˈmædnɪŋ/ [bnw] gek makend
madder/ˈmædə/ [znw] meekrap
made/meɪd/ I [ww] verl. tijd + volt. deelw. → **make** II [bnw] • verzonnen • afgericht * a made man iem. die binnen/geslaagd is * made dish tot verschillende spijzen bestaande schotel
made-to-measure [bnw] maat- (v. kleding)
made-up [bnw] • verzonnen • opgemaakt (v. gezicht) • voorgewend
madhouse/ˈmædhaʊs/ [znw] gekkenhuis
madly/ˈmædlɪ/ [bijw] als een bezetene, heel erg * ~ in love waanzinnig verliefd

madman/ˈmædmən/ [znw] krankzinnige
madness/ˈmædnəs/ [znw] krankzinnigheid, razernij
Madonna/məˈdɒnə/ [znw] Onze Lieve Vrouw, madonnabeeld(je), madonna * ~ lily witte lelie
madrigal/ˈmædrɪgl/ [znw] madrigaal
madwoman/ˈmædwʊmən/ [znw] krankzinnige vrouw
maecenas/maɪˈsi:næs/ [znw] beschermer van kunst
maelstrom/ˈmeɪlstrəm/ [znw] maalstroom
maenad/ˈmi:næd/ [znw] bacchante
maffick/ˈmæfɪk/ [on ww] rumoerig en uitbundig juichen
mag/mæg/ I [on ww] kletsen II [znw] • kletskous • (sl.) halve stuiver • → **magpie** • → **magazine** • → **magneto**
magazine/mægəˈzi:n/ [znw] • actualiteitenrubriek op radio/tv • kruitmagazijn • tijdschrift
magenta/məˈdʒentə/ [znw] magenta
maggot/ˈmægət/ [znw] • gril • made * he has a ~ in his head hij ziet ze vliegen
maggoty/ˈmægətɪ/ [bnw] • wormstekig • grillig
Magi/ˈmeɪdʒaɪ/ [mv] de drie Wijzen uit het Oosten
magic/ˈmædʒɪk/ I [znw] toverkunst * I can't work ~ ik kan niet toveren • as if by ~ als bij toverslag * black ~ zwarte magie * white ~ witte magie II [bnw] toverachtig, betoverend, tover-
magical/ˈmædʒɪkl/ [bnw] magisch
magician/məˈdʒɪʃən/ [znw] • tovenaar • goochelaar
magisterial/mædʒɪˈstɪərɪəl/ [bnw] • magistraal • gezaghebbend, autoritair • magistraats-
magistracy/ˈmædʒɪstrəsɪ/ [znw] • magistratuur • magistraatswoning
magistrate/ˈmædʒɪstrət/ [znw] • magistraat • politierechter * (AE) the chief ~ de president
magnanimity/mægnəˈnɪmɪtɪ/ [znw] grootmoedigheid
magnanimous/mægˈnænɪməs/ [bnw] grootmoedig
magnate/ˈmægneɪt/ [znw] magnaat
magnesian/mægˈni:ʃən/ [bnw] magnesiumhoudend
magnesium/mægˈni:zɪəm/ [znw] magnesium
magnet/ˈmægnət/ [znw] • magneet • aantrekkingskracht
magnetic/mægˈnetɪk/ [bnw] magnetisch, onweerstaanbaar * ~ tape geluidsband
magnetics/mægˈnetɪks/ [mv] (leer v.h.) magnetisme
magnetism/ˈmægnɪtɪzəm/ [znw] magnetisme
magnetize/ˈmægnɪtaɪz/ [ov ww] • magnetiseren • biologeren
magneto/mægˈni:təʊ/ [znw] magneetontsteker
magnificat/mægˈnɪfɪkæt/ [znw] magnificat
magnification/mægnɪfɪˈkeɪʃən/ [znw] • verheerlijking • vergroting
magnificence/mægˈnɪfɪsəns/ [znw] • grootsheid • pracht, praal
magnificent/mægˈnɪfɪsənt/ [bnw] • prachtig, groots • (inf.) prima
magnifico/mægˈnɪfɪkəʊ/ [znw] • Venetiaans edelman • voornaam persoon
magnifier/ˈmægnɪfaɪə/ [znw] vergrootglas • vergroter
magnify/ˈmægnɪfaɪ/ [ov ww] • vergroten • overdrijven * ~ing glass vergrootglas
magniloquence/mægˈnɪləkwəns/ [znw] • gezwollen taal • grootspraak
magnitude/ˈmægnɪtju:d/ [znw] • grootte • belangrijkheid

magnum/'mægnəm/ [znw] ∗ ~ *bonum soort aardappel; soort pruim* ∗ ~ *bottle grote fles; 1,5 l*

magpie/'mægpaɪ/ [znw] ● ekster ● kletskous ● soort duif ● (schot in) op één na buitenste ring v. schietschijf ● dief ● (SL) halve stuiver ∗ ~ cattle bont vee

magus/'meɪgəs/ [znw] ● Perzisch priester ● tovenaar

Magyar/'mægjɑ:/ [znw] ● Hongaar ● het Hongaars

maharaja(h)/mɑ:hə'rɑ:dʒə/ [znw] maharadja

mahogany/mə'hogənɪ/ [znw] ● mahoniehout ● mahonieboom ∗ have one's feet under s.o.'s ~ bij iem. te gast zijn

mahout/mə'haʊt/ [znw] olifantendrijver

maid/meɪd/ [znw] ● meisje ● maagd ● ongetrouwde dame ● kwarttaart ∗ maid of all work meid alleen ∗ maid of honour ongetrouwde hofdame; (AE) bruidsmeisje; amandeltaartje ∗ old maid oude vrijster

maiden/'meɪdn/ I [znw] ● meisje ● maagd ● wedstrijd v. paarden die nog nooit een prijs hebben gewonnen ∗ Scottish ~ soort guillotine II [bnw] ● nieuw ● eerst(e) ● ongetrouwd ● ongedekt (v. dieren) ∗ ~ assize rechtszitting waarbij geen zaken ter berechting zijn ∗ ~ horse paard dat nog nooit een prijs heeft gewonnen ∗ ~ over cricketwedstrijd waarbij geen runs worden gescoord ∗ ~ soldier soldaat die de vuurdoop nog niet gehad heeft ∗ ~ speech eerste openbare redevoering ∗ ~ trip eerste reis

maidenhead/'meɪdnhed/ [znw] ● maagdelijkheid ● maagdenvlies

maidenhood/'meɪdnhʊd/ [znw] ● meisjesjaren ● maagdelijkheid

mail/meɪl/ I [ov ww] ● per post verzenden, op de post doen ● bepantseren ∗ the mailed fist de ijzeren vuist II [znw] ● maliënkolder ● postzak, posttrein, postwagen ● (brieven)post ● huur, bijdrage ● (Schots) belasting ∗ mailing list verzendlijst

mailbag/'meɪlbæg/ [znw] postzak

mailboat/'meɪlbəʊt/ [znw] mailboot, postboot

mailbox/'meɪlbɒks/ [znw] ● brievenbus ● postbus

mailman/'meɪlmən/ [znw] brievenbesteller

mail-order[znw] postorder ∗ the ~ed fist lichaamsgeweld

maim/meɪm/ I [ov ww] verminken II [znw] verminking

main/meɪn/ I [ov + on ww] inspuiten (v. drugs) II [znw] ● hanengevecht ● ogen door dobbelaar genoemd voor hij gooit (5,6,7,8 of 9) ● hoofdleiding ● kracht ∗ in the main over 't geheel ∗ the main sea de open zee ∗ with might and main uit alle macht III [bnw] hoofd-, voornaamste ∗ by main force door geweld ∗ have an eye to the main chance op eigen voordeel letten ∗ main deck eerste tussendek

mainframe/'meɪnfreɪm/ [znw] grote computer

mainland/'meɪnlənd/ [znw] vasteland

mainline/'meɪnlaɪn/ [ov + on ww] inspuiten (v. drugs)

mainly/'meɪnlɪ/ [bijw] voornamelijk, hoofdzakelijk

mainmast/'meɪnmɑ:st/ [znw] grote mast

mains/meɪnz/ [mv] hoofdnet ∗ be connected to the ~ aangesloten zijn op gas/elektriciteit/water ∗ be on the ~ aangesloten zijn op gas/elektriciteit/water

mainsail/'meɪnseɪl/ [znw] grootzeil

mainspring/'meɪnsprɪŋ/ [znw] drijfveer (fig.)

mainstay/'meɪnsteɪ/ [znw] ● voornaamste steun ● (scheepv.) grote stag

mainstream/'meɪnstri:m/ [znw] ● heersende stroming ● hoofdstroom

maintain/meɪn'teɪn/ [ov ww] ● volhouden, beweren, handhaven ● steunen, onderhouden, voeren

maintainable/meɪn'teɪnəbl/ [bnw] te handhaven, verdedigbaar

maintenance/'meɪntənəns/ [znw] onderhoud, alimentatie, handhaving

maison(n)ette/meɪzə'net/ [znw] ● maisonnette ● afzonderlijk verhuurd deel v. huis

maize/meɪz/ [znw] maïs

majestic/mə'dʒestɪk/ [bnw] majestueus

majestically/mə'dʒestɪklɪ/ [bijw] majestueus

majesty/'mædʒəstɪ/ [znw] ● Majesteit ● grootsheid

major/'meɪdʒə/ I [on ww] ● (~ in) (AE) als (hoofd)vak kiezen, als hoofdvak(ken) hebben II [znw] ● majoor ● sergeant-majoor ● meerderjarige ● hoofdpremisse ● hoofdvak ● harten/schoppen (bridge) ● (muz.) majeur ∗ ~ general generaal-majoor III [bnw] ● groter, grootste, hoofd- ● voornaam ● meerderjarig ● de oudere (v. twee) ● (muz.) majeur ∗ ~ road ahead u nadert een voorrangsweg ∗ (muz.) ~ third grote terts

majorette/meɪdʒə'ret/ [znw] majorette

majority/mə'dʒɒrɪtɪ/ [znw] ● meerderheid ● meerderjarigheid ● rang van majoor ∗ (AE) hoofdvak ∗ ~ of grootste gedeelte van ∗ (AE) ~ vote absolute meerderheid van stemmen

majuscule/'mædʒəskju:l/ [znw] grote letter

make/meɪk/ I [ov ww] ● benoemen tot ● zorgen dat, dwingen, laten ● maken, fabriceren, bereiden, zetten (v. thee, koffie), aanleggen (v. vuur), houden (v. toespraak) ● opmaken (v. bed) ● vaststellen ● aankomen te, bereiken, (scheepv.) in zicht komen, troef maken, bieden (bij kaarten) ● halen (v. trein, bus) ● varen, afleggen ● verdienen, vorderen ● schatten op ● verliefd worden op ∗ I couldn't make head nor tail of it ik kon er geen touw aan vastknopen ∗ I'll make him pay in time ik zal wel zorgen dat hij op tijd betaalt ∗ he made himself scarce hij maakte dat hij wegkwam ∗ he makes one of the party hij doet ook mee; hij hoort er ook bij ∗ he will not make a fool of himself hij zal zich niet belachelijk maken ∗ he'll make it hij zal 't wel halen/succes hebben ∗ make a fist verknoeien ∗ make a grandstand indruk willen maken ∗ make a stab at een poging doen ∗ make a touch diefstal plegen ∗ make hay while the sun shines smeed 't ijzer als 't heet is ∗ make the air blue vloeken als een ketter ∗ make the fur fly flink in de weer zijn ∗ make time with s.o. vreemd gaan met iem. ∗ make tracks er tussenuit knijpen ∗ make whoopee z. luidruchtig gedragen ∗ she'll make a good housewife ze zal een goede huisvrouw worden ∗ the ship made sail het schip voer uit ∗ they made friends ze werden bevriend ∗ they made fun of her ze hielden haar voor de gek ∗ they made much of him ze hadden een hoge dunk van hem ∗ they made much of the undertaking ze verdienden veel aan de onderneming ∗ they will make it or break it ze zullen het doen lukken of mislukken ∗ they're making headway/z ze schieten goed op ∗ three and three make six drie plus drie is zes ∗ we hope to make a good breakfast we hopen goed te ontbijten ∗ we'll make a night of it we feesten de hele nacht door ● (~ out) opmaken, uitschrijven, begrijpen, beweren ● (~ over) overdragen, vermaken, veranderen ● (~ up)

M

vergoeden, opmaken, bereiden, tot stand brengen, verzinnen, z. grimeren, bijleggen, aanvullen, inhalen * make up one's mind besluiten * he made it up to me hij vergoedde het mij **II** [on ww] * he made as if/though he was deaf hij deed alsof hij doof was * he made up to me hij probeerde bij me in de gunst te komen; hij kwam op me af * make as if op het punt staan te * make away with uit de weg ruimen; verorberen * make away with o.s. z. van kant maken * make do with tevreden zijn met * the flood is making de vloed komt op * we'll make sure we zullen ons ervan vergewissen * (~ **after**) achterna zitten * (~ **against**) schade berokkenen * (~ **at/towards**) afgaan op, afkomen op * (~ **away/off**) er vandoor gaan * (~ **for**) bijdragen tot, gaan naar, aansturen op * (~ **out**) 't redden, 't klaar spelen **III** [znw] • gesteldheid, aard, soort • (lichaams)bouw • fabrikaat, maaksel, merk • stroomsluiting • he is on the make hij is op eigen voordeel uit

make-believe/ˈmeɪkbəliːv/ **I** [znw] het doen alsof, aanstellerij, voorwendsel * a world of ~ fantasiewereld **II** [bnw] voorgewend, zogenaamd, schijn-

make-peace [znw] vredestichter

maker/ˈmeɪkə/ [znw] maker, fabrikant, schepper

makeshift/ˈmeɪkʃɪft/ **I** [znw] noodoplossing **II** [bnw] geïmproviseerd

make-up/ˈmeɪkʌp/ [znw] • samenstelling • gestelnis, gesteldheid • make-up, grime, cosmetiek • vermomming • opmaak, uiterlijke verzorging (v. pagina/boek) • verzinsel * ~ man grimeur

makeweight/ˈmeɪkweɪt/ [znw] • aanvulling (tot vereist gewicht) • waardeloos opvulsel • tegenwicht

making/ˈmeɪkɪŋ/ [znw] het maken, fabricage

makings/ˈmeɪkɪŋz/ [mv] • essentiële eigenschappen • papier en tabak om sigaret te rollen • verdiensten * he has the ~ of a lawyer er zit een advocaat in hem

mal-/mæl/ [voorv] slecht, mis- * maltreat mishandelen

malacca/məˈlækə/ [znw] wandelstok

maladjusted/ˌmæləˈdʒʌstɪd/ [bnw] • slecht geregeld • onaangepast • onevenwichtig

maladjustment/ˌmæləˈdʒʌstmənt/ → maladjusted

maladministration/ˌmælədmɪnɪˈstreɪʃən/ [znw] wanbeheer, wanbestuur

maladroit/ˌmæləˈdrɔɪt/ [bnw] onhandig

malady/ˈmælədɪ/ [znw] ziekte, kwaal

malaise/məˈleɪz/ [znw] • onbehaaglijk gevoel • malaise

malapropism/ˈmæləprɒpɪzəm/ [znw] komische verspreking

malapropos/ˌmæləprəˈpəʊ/ **I** [bnw + bijw] inopportuun, te onpas **II** [znw] inopportuun iets

Malay/məˈleɪ/ **I** [znw] • Maleis • Maleier **II** [bnw] * Federated ~ States Maleisië * ~ Peninsula schiereiland Maleisië

Malayan/məˈleɪən/ [bnw] Maleis

Malaysia/məˈleɪzɪə/ [znw] Maleisië

Malaysian/məˈleɪzɪən/ **I** [znw] Maleier, Maleisiër **II** [bnw] Maleis

malcontent/ˈmælkəntent/ **I** [znw] ontevredene **II** [bnw] ontevreden

male/meɪl/ **I** [znw] • mannelijk persoon • mannetje **II** [bnw] mannelijk, mannen- * male screw vaarschroef

malediction/ˌmælɪˈdɪkʃən/ [znw] • vervloeking • scherpe afkeuring

malefaction/ˌmælɪˈfækʃən/ [znw] misdaad

malefactor/ˈmælɪfæktə/ [znw] misdadiger

malefic/məˈlefɪk/ [bnw] verderfelijk

malevolence/məˈlevələns/ [znw] • kwaadwilligheid • onheilbrengende invloed

malevolent/məˈlevələnt/ [bnw] kwaadwillig

malformation/ˌmælfɔːˈmeɪʃən/ [znw] misvorming

malformed/mælˈfɔːmd/ [bnw] misvormd

malfunction/mælˈfʌŋkʃən/ [znw] • storing • verkeerde werking

malice/ˈmælɪs/ [znw] • kwaadwilligheid • plaagzucht • (jur.) boos opzet * bear ~ (to) haat toedragen * with ~ aforethought/prepense met voorbedachten rade

malicious/məˈlɪʃəs/ [bnw] • boosaardig, kwaadwillig • plaagziek (jur.) opzettelijk

malign/məˈlaɪn/ **I** [ov ww] belasteren **II** [bnw] • kwaadaardig (v. ziekte) • schadelijk • verderfelijk

malignancy/məˈlɪgnənsɪ/ [znw] kwaadaardigheid (ook v. ziekte), kwaadwilligheid

malignant/məˈlɪgnənt/ **I** [znw] (vero.) kwaadwillige **II** [bnw] boosaardig * a ~ tumor een kwaadaardige tumor

malignity/məˈlɪgnətɪ/ [znw] • kwaadaardigheid (v. ziekte) • kwaadheid, boosaardigheid

Malines/məˈliːn/ [znw] Mechelen

malinger/məˈlɪŋgə/ [on ww] ziekte voorwenden, simuleren

malingerer/məˈlɪŋgərə/ [znw] simulant

mall/mæl/ [znw] • beschutte wandelplaats • (gesch.) maliespel • (gesch.) maliebaan • (AE) winkelgebied

mallard/ˈmælɑːd/ [znw] wilde eend

malleability/ˌmælɪəˈbɪlətɪ/ [znw] • pletbaarheid • kneedbaarheid

malleable/ˈmælɪəbl/ [bnw] • pletbaar, smeedbaar • gedwee

mallet/ˈmælɪt/ [znw] houten hamer

mallow/ˈmæləʊ/ [znw] kaasjeskruid

malm/mɑːm/ [znw] leem

malnutrition/ˌmælnjuːˈtrɪʃən/ [znw] ondervoeding

malodorous/mælˈəʊdərəs/ [bnw] • ongepast • stinkend

malpractice/mælˈpræktɪs/ [znw] • kwade praktijk • (jur.) medische fout

malt/mɔːlt/ **I** [ov + on ww] mouten **II** [znw] mout * malt house mouterij * malt liquor bier

Maltese/mɔːlˈtiːz/ **I** [znw] Maltees, Maltezer **II** [bnw] Maltees

Malthusian/mælˈθjuːzɪən/ **I** [znw] aanhanger v.h. malthusianisme **II** [bnw] malthusiaans, geboorteregeling propagerend

maltreat/mælˈtriːt/ [ov ww] slecht behandelen, mishandelen

maltreatment/mælˈtriːtmənt/ [znw] • mishandeling • slechte behandeling

maltster/ˈmɔːltstə/ [znw] mouter

malversation/ˌmælvəˈseɪʃən/ [znw] malversatie, verduistering

mam/mæm/ [znw] (inf.) mam(s), moeder

mamilla/məˈmɪlə/ [znw] tepel

mamma/ˈmæmə/ [znw] vrouwenborst

mammae/ˈmæmiː/ [mv] → mamma

mammal/ˈmæməl/ [znw] zoogdier

mammalian/məˈmeɪlɪən/ **I** [znw] zoogdier **II** [bnw] zoogdier-

mammary/ˈmæmərɪ/ [bnw] m.b.t./van de borst, borst-

mammon/ˈmæmən/ [znw] (verpersoonlijking v.d.) rijkdom

mammoth/'mæməθ/ [znw] mammoet
mammy/'mæmɪ/ [znw] • mammie • ‹AE/pej.›
zwarte kindermeid
man/mæn/ **I** [ov ww] v. bemanning voorzien,
bemannen ★ man o.s. z. vermannen **II** [znw]
• mens, persoon • iem., men • bediende, knecht,
vazal, werkman • speelstuk • (all) to a man (allen)
zonder uitzondering ★ I'm my own man ik ben
m'n eigen baas ★ I'm your man ik neem je aanbod
aan ★ I've been here man and boy vanaf m'n
jongensjaren ben ik al hier ★ a Cambridge man
een (oud-)student van de universiteit van
Cambridge ★ a man about town man van de
wereld; bon-vivant ★ a man and a brother een
medemens ★ a man of men een buitengewoon
man ★ a man or a mouse of er op of er onder ★ as
one man to another op gelijke voet ★ be a man!
wees een man! ★ best man bruidsjonker; getuige
‹v. bruidegom› ★ man Friday toegewijd helper
★ man and wife man en vrouw ★ man by man
man voor man ★ man hater mensenhater;
mannenhaatster ★ man of colour kleurling
★ man of family iem. van hoge afkomst ★ man of
fashion dandy ★ man of figure man v. betekenis
★ man of means bemiddeld man ★ man of
property grondeigenaar ★ man of sense
verstandig iem. ★ man of straw stropop ★ man to
man man tegen man ★ ‹AE› men's room
herentoilet ★ my old man mijn vader ★ ‹inf.› old
man vader; echtgenoot; vaste vriend ★ the inner
man het geestelijke leven ★ the man on the street
de gewone man ★ the men de manschappen ★ the
outer man het stoffelijk leven ★ to refresh the
inner man de inwendige mens versterken
manacle/'mænəkl/ **I** [ov ww] boeien **II** [znw]
(hand)boei
manage/'mænɪdʒ/ **I** [ov ww] • hanteren,
omspringen met • naar zijn hand zetten, beheersen
• leiden, beheren, besturen, hoeden ‹v. vee›
• aankunnen **II** [on ww] • 't klaarspelen, z. redden
• rondkomen
manageability/mænɪdʒəˈbɪlətɪ/ [znw]
handelbaarheid
manageable/'mænɪdʒəbl/ [bnw] te hanteren,
handelbaar
management/'mænɪdʒmənt/ [znw]
• (bedrijfs)leiding, beheer • bestuur, directie
• handigheid • ‹med.› behandeling
manager/'mænɪdʒə/ [znw] • directeur,
bedrijfsleider, (partij)leider, bestuurder • beheerder
• impresario • ‹jur.› curator
manageress/mænɪdʒəˈres/ [znw] bestuurster,
beheerster, cheffin
managerial/mænəˈdʒɪərɪəl/ [bnw] directeurs-,
bestuur-
managing/'mænɪdʒɪŋ/ [bnw] • flink, handig
• beherend • overleggend ★ ~ clerk
procuratiehouder ★ ~ director directeur ★ ~
partner beherend vennoot
man-at-arms/mænət'ɑ:mz/ [znw] krijgsman te
paard
manciple/'mænsɪpl/ [znw] econoom ‹in klooster›
mandamus/mæn'deɪməs/ [znw] bevelschrift van
het hooggerechtshof
mandarin/'mændərɪn/ **I** [znw] • mandarijntje
‹vrucht› • mandarijn • Mandarijns • bureaucraat
II [bnw] ★ ~ English ambtenarenengels
mandate/'mændeɪt/ **I** [ov ww] onder mandaat
plaatsen ★ ~d territory mandaatgebied **II** [znw]
mandaat, bevel, opdracht
mandatory/'mændətərɪ/ **I** [znw] mandataris
II [bnw] • verplicht • bevel- ★ ~ territory

mandaatgebied
man-day [znw] mandag
mandible/'mændɪbl/ [znw] (onder)kaak
mandolin(e)/mændə'lɪn/ [znw] mandoline
mandrel, mandril/'mændrəl/ [znw] spil ‹v.
draaibank›
manducate/'mændjʊkeɪt/ [ov ww] kauwen, eten
mane/meɪn/ [znw] manen
man-eater/'mæni:tə/ [znw] • menseneter
• bijtend paard • mensenetende haai/tijger
man-eating [bnw] mensenetend
maneuver/mə'nu:və/ [AE] manoeuvre
manful/'mænfʊl/ [bnw] dapper
manganese/'mæŋgəni:z/ [znw] mangaan
mange/meɪndʒ/ [znw] schurft
manger/'meɪndʒə/ [znw] kribbe, voerbak
mangle/'mæŋgl/ **I** [ov ww] • mangelen
• verscheuren, verminken, verknoeien **II** [znw]
mangel
mangrove/'mæŋgrəʊv/ [znw] mangrove,
wortelboom
mangy/'meɪndʒɪ/ [bnw] • schurftig • sjofel
manhandle/'mænhændl/ [ov ww] • door
menskracht bewegen • ‹sl.› ruw behandelen,
toetakelen
manhole/'mænhəʊl/ [znw] mangat
manhood/'mænhʊd/ [znw] • mannelijkheid
• mannelijke leeftijd • manhaftigheid
• mannelijke bevolking • menselijke natuur
man-hour [znw] manuur
manhunt/'mænhʌnt/ [znw] mensenjacht,
achtervolging
mania/'meɪnɪə/ [znw] • manie, rage • ‹med.›
waanzin
maniac/'meɪnɪæk/ **I** [znw] • maniak
• waanzinnige **II** [bnw] maniakaal
maniacal/mə'naɪəkl/ [bnw] dollemans-,
waanzinnig
manic/'mænɪk/ [bnw] manisch
manic-depressive [bnw] manisch-depressief
manicurist/'mænɪkjʊərɪst/ [znw] manicure,
manicuurster
manifest/'mænɪfest/ **I** [ov ww] • openbaar maken
• bewijzen, aan de dag leggen • inschrijven in
scheepsmanifest **II** [on ww] verschijnen ‹v. geest›
III [znw] • passagierslijst • (scheepv.) manifest
IV [bnw] in 't oog vallend, klaarblijkelijk,
zichtbaar, duidelijk
manifestation/mænɪfe'steɪʃən/ [znw]
manifestatie
manifesto/mænɪ'festəʊ/ [znw] manifest
manifold/'mænɪfəʊld/ **I** [ov ww] verveelvoudigen
II [znw] verdeelstuk **III** [bnw] • geleed
• menigvuldig
manikin/'mænɪkɪn/ **I** [znw] • mannetje, dwerg
• paspop • mannequin • fantoom **II** [bnw]
• dwerg- • onbetekenend
manilla/mə'nɪlə/ [znw] • armring • hennep
manipulate/mə'nɪpjʊleɪt/ [ov ww] • hanteren
• behandelen, manipuleren • knoeien met ‹cijfers,
tekst› • speculeren in
manipulation/mənɪpjʊ'leɪʃən/ [znw]
• manipulatie • het betasten ‹v. lichaamsdeel›
manipulative/mə'nɪpjʊlətɪv/ [bnw]
manipulerend ★ ~ surgeon masseur
manipulator/mə'nɪpjʊleɪtə/ [znw] manipulator
★ ~ of speculant in
mankind [znw] • /mæn'kaɪnd/ het mensdom, de
mensheid • /'mænkaɪnd/ de mannen
manly/'mænlɪ/ [bnw] • mannelijk, manhaftig
• manachtig ‹v. vrouw›
man-made [bnw] door de mens gemaakt,

M

M

kunstmatig ∗ ~ fibres kunstvezels
manna/'mænə/ [znw] manna
manned/mænd/ [bnw] bemand
mannequin/'mænɪkɪn/ [znw] • mannequin
• etalagepop
manner/'mænə/ [znw] manier, wijze ∗ all ~ of
men mensen v. allerlei slag ∗ in a ~ of speaking
bij wijze v. spreken ∗ they did it in like ~ ze deden
het óók zo ∗ to the ~ born van nature er voor
bestemd/geschikt ∗ what ~ of man is he? wat
voor een man is hij? ∗ you have no ~ of right to it
je hebt er helemaal geen recht op
mannered/'mænəd/ I [bnw] geaffecteerd
II [in samenst] met ... manieren ∗ well~
goedgemanierd
mannerism/'mænərɪzəm/ [znw]
• gemaniëreerdheid • hebbelijkheid, aanwensel
mannerless/'mænələs/ [bnw] ongemanierd
mannerly/'mænəlɪ/ [bnw + bijw] beleefd
manners/'mænəz/ [mv] • zeden, gewoonten
• manieren ∗ it's bad ~ to do that het past niet
dat te doen ∗ where are your ~? heb je geen
manieren geleerd?
mannikin/'mænɪkɪn/ → **manikin**
mannish/'mænɪʃ/ [bnw] manachtig (v. vrouw)
manoeuvrability/mə'nu:vrə'bɪlətɪ/ [znw]
manoeuvreerbaarheid
manoeuvre/mə'nu:və/ I [ov ww] • manoeuvreren
• klaarspelen II [on ww] manoeuvreren III [znw]
• kunstgreep • manoeuvre
man-of-war [znw] oorlogsschip
manor/'mænə/ [znw] • ≈ heerlijkheid, riddergoed
• ⟨sl.⟩ politiedistrict
manor-house/'mænəhaus/ [znw] herenhuis
manorial/mə'nɔ:rɪəl/ [bnw] behorende tot
(ambachts)heerlijkheid
manpower/'mænpauə/ [znw] • mankracht
• arbeidskracht(en), personeel
mansard/'mænsɑ:d/ [znw] gebroken dak
manservant/'mænsɜ:vənt/ [znw] knecht
mansion/'mænʃən/ [znw] groot herenhuis ∗ ~
house herenhuis ∗ the Mansion House officieel
verblijf van de Lord-Mayor v. Londen
mansions/'mænʃənz/ [mv] flatgebouw
man-sized [bnw] mansgroot, voor één man
berekend
mantel, mantelpiece/'mæntl/ [znw]
schoorsteenmantel
mantle/'mæntl/ I [ov ww] bedekken, doen blozen
II [on ww] • blozen • schuimen III [znw]
• mantel, dekmantel • gloeikousje
mantlet/'mæntlət/ [znw] • manteltje (vero.)
kogelvrije borstwering
manual/'mænjʊəl/ I [znw] • handboek,
handleiding • ⟨muz.⟩ manuaal II [bnw] hand-,
handmatig ∗ ~ alphabet vingeralfabet ∗ ~ fire
engine handspuit ∗ ~ instruction onderwijs in
handenarbeid
manufactory/mænju'fæktərɪ/ [znw] fabriek
manufacture/mænju'fæktʃə/ I [ov ww]
• verzinnen • fabriceren ∗ ~d articles fabrikaten;
fabrieksproducten II [znw] • fabricage • fabrikaat
manufacturer/mænju'fæktʃərə/ [znw] fabrikant
manumission/mænju:'mɪʃən/ [znw] vrijlating
uit slavernij
manure/mə'njʊə/ I [ov ww] bemesten II [znw]
mest
manuscript/'mænjʊskrɪpt/ I [znw] handschrift,
manuscript II [bnw] handgeschreven
Manx/mæŋks/ I [znw] • bewoners v.h. eiland Man
• taal v.h. eiland Man II [bnw] Manx-

Manxman/'mæŋksmən/ [znw] bewoner van het
eiland Man
many/'menɪ/ I [onb vnw] vele(n) ∗ a good many
heel wat ∗ a great many heel veel ∗ as many as
ten wel tien ∗ he is one too many for us hij is ons
te slim af ∗ the many de menigte; de meerderheid
∗ there's one too many er is er een te veel II [telw]
veel, menige ∗ (so) many men, so many minds
zoveel hoofden, zoveel zinnen ∗ he's been here
this many a day hij is al vele dagen hier ∗ many a
man/one menigeen ∗ many a time (and oft)
menigmaal, steeds weer
many-sided [bnw] veelzijdig
Maori/'maurɪ/ [znw] • Maori • taal v.d. Maori
map/mæp/ I [ov ww] • (~ out) in kaart brengen,
arrangeren, indelen II [znw] (land)kaart ∗ off the
map onbereikbaar; onbelangrijk ∗ put on the
map bekend/beroemd maken
maple/'meɪpl/ [znw] esdoorn ∗ ~ leaf esdoornblad;
embleem van Canada
mar/mɑ:/ [ov ww] ontsieren, bederven
marathon/'mærəθən/ [znw] marathon(loop)
maraud/mə'rɔ:d/ [ov + on ww] plunderen, stropen
marauder/mə'rɔ:də/ [znw] plunderaar, stroper
marble/'mɑ:bl/ I [ov ww] marmeren II [znw]
• marmeren beeld • marmer • knikker III [bnw]
• marmeren, als marmer • gemarmerd ∗ ~ cake
marmercake
marbles/'mɑ:blz/ [mv] knikkerspel ∗ play at ~
knikkeren
marble-top(ped) [znw] met marmeren blad
marbling/'mɑ:blɪŋ/ [znw] het marmeren
march/mɑ:tʃ/ I [ov ww] • (~ away) wegvoeren
• (~ off) laten afmarcheren • (~ up) laten
aanrukken II [on ww] marcheren ∗ ~ing order
marsorde; veldtenue ∗ they ~ with the times ze
gaan met hun tijd mee ∗ (~ off) afmarcheren (~
on) voortmarcheren • (~ past) defileren • (~ up)
aanrukken • (~ upon/with) grenzen aan
III [znw] • grensgebied (vnl. tussen Engeland en
Wales/Schotland) • mars • loop, vooruitgang
• marsmuziek, marstempo ∗ ~ past defilé ∗ steal a
~ (up)on s.o. iem. te vlug af zijn; iem. een vlieg
afvangen
March/mɑ:tʃ/ [znw] maart
marchioness/mɑ:ʃə'nes/ [znw] markiezin
marchpane/'mɑ:tʃpeɪn/ [znw] marsepein
mare/meə/ [znw] merrie ∗ Shanks's mare de
benenwagen ∗ a mare's nest een denkbeeldige
ontdekking ∗ mare's tail lidsteng; lange vederwolk
margarine/mɑ:dʒə'ri:n/ [znw] margarine
marge/mɑ:dʒ/ [znw] ⟨inf.⟩ margarine
margin/'mɑ:dʒɪn/ I [ov ww] • v. marge/rand
voorzien • v. kanttekening voorzien • dekken ⟨op
effectenbeurs⟩ II [znw] • rand, kant, marge,
grens • overschot, saldo, winst • surplus
⟨effectenbeurs⟩ • speling ∗ buy on ~ op
prolongatie kopen ∗ ~ of profit winstmarge
marginal/'mɑ:dʒɪnl/ [bnw] • kant-, rand- • in
grensgebied gelegen, aangrenzend • bijkomstig,
ondergeschikt • weinig productief ∗ ~ notes
kanttekeningen
marginalia/mɑ:dʒɪ'neɪlɪə/ [znw] kanttekeningen
marginate(d)/'mɑ:dʒənət/ [bnw] gerand
margrave/'mɑ:greɪv/ [znw] markgraaf
marigold/'mærɪgəʊld/ [znw] goudsbloem
∗ African/French ~ afrikaantje
marijuana/mærɪ'wɑ:nə/ [znw] marihuana
marina/mə'ri:nə/ [znw] jachthaven
marinade/mærɪ'neɪd/ I [znw] marineren
II [znw] marinade
marine/mə'ri:n/ I [znw] marinier ∗ mercantile ~

handelsvloot * tell that to the ~s maak dat je
grootje wijs **II** [bnw] • marine- • zee-, marien-
• scheeps-
mariner /ˈmærɪnə/ [znw] matroos, zeeman
* master – kapitein v. koopvaardijvloot
Mariolatry /ˈmɛərɪˈɒlətrɪ/ [znw] Mariaverering
marionette /ˌmærɪəˈnet/ [znw] marionet
marital /ˈmærɪtl/ [bnw] • v.d. echtgeno(o)t(e)
• huwelijks-
maritime /ˈmærɪtaɪm/ [bnw] zee(vaart)-, kust-,
maritiem
marjoram /ˈmɑːdʒərəm/ [znw] marjolein
mark /mɑːk/ **I** [ov ww] • onderscheiden,
(ken)merken • laten blijken, aantonen • nakijken,
cijfer/punt toekennen • prijzen ‹v. goederen›,
noteren • bestemmen • opmerken, letten op
* mark my words! let op mijn woorden! * mark
time de pas markeren; geen vooruitgang boeken
‹fig.› • (~ **down**) opschrijven, afprijzen,
bestemmen • (~ **off**) onderscheiden, afscheiden
• (~ **out**) bestemmen, afbakenen, onderscheiden
• (~ **up**) noteren, krediet geven **II** [on ww]
markeren ‹bij jacht› * mark you! denk erom!
III [znw] • onderscheiding • mark ‹munt›
* startstreep • ‹eind›doel • maagkuil ‹boksen›
• blijk, aanwijzing, teken • zegel • stempel, merk,
litteken, vlek • cijfer, punt • kruisje ‹i.p.v.
handtekening› • ‹gesch.› mark, markgrond
* ‹God› save the mark! God betere het! * a man
of mark iem. die z. onderscheidt; iem. v. betekenis
* above the mark meer dan voldoende * beside
the mark mis * ‹inf.› easy mark gemakkelijke
prooi * feel up to the mark z. fit voelen * full
marks hoogste aantal punten * he has made his
mark hij heeft zich onderscheiden * keep up to
the mark op peil houden * mark up winstmarge
* up to the mark voldoende * you hit the mark
there nu sla je de spijker op de kop
marked /mɑːkt/ [bnw] • opvallend • gemerkt,
getekend ‹dier› * a ~ man ten dode opgeschreven
man; iem. die nagegaan wordt
marker /ˈmɑːkə/ [znw] • iem. die optekent
• merkstift • lichtkogel bij bombardement
• boekenlegger • fiche • scorebord • gedenksteen
• ‹mil.› vleugelman ‹AE/SL› schuldbekentenis
market /ˈmɑːkɪt/ **I** [ov ww] verkopen, verhandelen
II [on ww] inkopen doen **III** [znw] • markt
• handel, marktprijs * he brought his eggs/hogs
to the wrong ~ hij kwam van een koude kermis
thuis • make a ~ of versjacheren; voordeel trekken
uit * ~ dues marktgelden * ~ for vraag naar *
garden tuinderij; groentekwekerij * ~ gardener
groentekweker * ~ gardening groenteteelt;
tuinderij * ‹jur.› overt openbare markt * ~ rate
marktprijs * ~ research marktonderzoek * play
the ~ speculeren * they don't come into the ~ ze
komen niet aan de markt
marketable /ˈmɑːkɪtəbl/ [bnw] • verkoopbaar
• markt- * ~ value marktwaarde
marketing /ˈmɑːkɪtɪŋ/ [znw] • markthandel
• afzet, verkoop • marketing, commercieel beleid
• marktgoederen • inkoop, marktbezoek
market-place /ˈmɑːkɪtpleɪs/ [znw] marktplein
marking /ˈmɑːkɪŋ/ [znw] • tekening ‹v. dier›
• notering ‹v. effecten›
marking-ink /ˈmɑːkɪŋɪŋk/ [znw] merkinkt
marksman /ˈmɑːksmən/ [znw] ‹scherp›schutter
marksmanship /ˈmɑːksmənʃɪp/ [znw]
scherpschutterskunst
markup /ˈmɑːkʌp/ [znw] prijsstijging
marl /mɑːl/ **I** [ov ww] • bemesten ‹scheepv.›
marlen **II** [znw] mergel

marly /ˈmɑːlɪ/ [bnw] mergelachtig
marmalade /ˈmɑːməleɪd/ [znw] marmelade
marmoreal /mɑːˈmɔːrɪəl/ [bnw] • marmerachtig
• koud • als een beeld
marmot /ˈmɑːmət/ [znw] marmot
maroon /məˈruːn/ **I** [ov ww] • aan zijn lot
overlaten, op onbewoonde kust aan land zetten en
achterlaten • isoleren **II** [on ww] ‹ergens›
rondhangen **III** [znw] • verlatene, uitgestotene
• kastanjebruin • bosneger • vuurpijl
marquee /mɑːˈkiː/ [znw] • grote tent • ‹AE›
markies, luifel
marquis, marquess /ˈmɑːkwɪs/ [znw] markies
marquise /mɑːˈkiːz/ [znw] • ring met ovale
diamantversiering • markiezin ‹in buitenland›
• luifel, kap
marriage /ˈmærɪdʒ/ [znw] huwelijk * ask in ~ ten
huwelijk vragen * by ~ aangetrouwd * ~ articles
huwelijkscontract * ~ certificate/lines trouwakte
* ~ of convenience verstandshuwelijk * ~
settlement huwelijksvoorwaarden
marriageable /ˈmærɪdʒəbl/ [bnw] huwbaar
married /ˈmærɪd/ [bnw] • huwelijks- • gehuwd
* ~ up getrouwd; nauw verbonden
marrieds /ˈmærɪdz/ [mv] getrouwde mensen
marrow /ˈmærəʊ/ [znw] • merg • kern • (eetbare)
pompoen, (soort) courgette * he was chilled to the
~ hij was door en door verkleumd * ‹scherts› on
your ~s! op je knieën * the pith and ~ of it het
essentiële ervan
marrowbone /ˈmærəʊbəʊn/ [znw] mergpijp
marrow-fat [znw] kapucijner
marrowy /ˈmærəʊɪ/ [bnw] • mergachtig • vol
merg • flink, pittig ‹fig.›
marry /ˈmærɪ/ **I** [ov ww] • huwen (met), trouwen
• uithuwelijken • nauw verbinden * ~ off one's
daughters zijn dochters aan de man brengen • (~
up) samenbrengen **II** [on ww] • trouwen • z.
nauw verbinden * a ~ing salary een salaris om op
te trouwen * he is not a ~ing man hij is geen man
om te trouwen * ~ beneath o.s. beneden zijn stand
trouwen * ~ come up! ook kom!
marsh /mɑːʃ/ [znw] moeras * ~ fire dwaallicht
marshal /ˈmɑːʃəl/ **I** [ov ww] • rangschikken,
opstellen • aanvoeren, leiden * ~ one's thoughts
zijn gedachten verzamelen **II** [znw] • maarschalk
• ceremoniemeester • ≈ griffier • directeur v.
gevangenis • brandweercommandant • ‹AE› hoofd
v.d. politie * ~ling yard rangeerterrein
marshy /ˈmɑːʃɪ/ [bnw] moerassig
marsupial /mɑːˈsuːpɪəl/ **I** [znw] buideldier
II [bnw] buidelvormig, buideldragend
mart /mɑːt/ [znw] • verkooplokaal
• handelscentrum • ‹form.› markt
marten /ˈmɑːtɪn/ [znw] marter
martial /ˈmɑːʃəl/ [bnw] krijgs-, krijgshaftig,
krijgslustig * Martial v.d. planeet Mars * ~ arts
(Oosterse) vechtsport * ~ law staat van beleg
Martian /ˈmɑːʃən/ **I** [znw] Marsbewoner **II** [bnw]
v. Mars, Mars-
martin /ˈmɑːtɪn/ [znw] huiszwaluw * St. Martin's
summer mooie nazomer
martinet /ˌmɑːtɪˈnet/ [znw] strenge meester
Martinmas /ˈmɑːtɪnməs/ [znw]
Sint-Maarten(sdag)
martlet /ˈmɑːtlət/ [znw] gierzwaluw, huiszwaluw
martyr /ˈmɑːtə/ **I** [ov ww] • de marteldood doen
sterven • martelen **II** [znw] martelaar * be a ~ to
veel te lijden hebben van
martyrdom /ˈmɑːtədəm/ [znw] • martelaarschap
• marteldood • marteling
martyrize /ˈmɑːtəraɪz/ [ov ww] tot martelaar

M

maken

marvel /'maːvəl/ **I** [on ww] z. afvragen • (~ **at**) z. verwonderen over **II** [znw] wonder

marvellous /'maːvələs/ [bnw] • buitengewoon • wonderbaarlijk

Marxist /'maːksɪst/ **I** [znw] marxist **II** [bnw] marxistisch

marzipan /'maːzɪpæn/ [znw] marsepein

mascot /'mæskɒt/ [znw] mascotte, talisman

masculin(e) /'mæskjʊlɪn/ **I** [znw] ⟨taalk.⟩ mannelijk geslacht **II** [bnw] • mannelijk ⟨ook v. rijm⟩ • manachtig ⟨v. vrouw⟩ • krachtig

mash /mæʃ/ **I** [ov ww] • aanmengen • fijnstampen • ⟨vero.⟩ 't hoofd op hol brengen, voor Don Juan spelen • he is mashed on her hij is stapelgek op haar • mashed potatoes aardappelpuree **II** [znw] • beslag ⟨brouwerij⟩ • warm voer • aardappelpuree • warboel, mengelmoes • ⟨vero.⟩ liefje, vlam

masher /'mæʃə/ [znw] • stamper • ⟨vero./sl.⟩ versierder, Don Juan

mashie /'mæʃɪ/ [znw] golfstok met ijzeren kop

mask /maːsk/ **I** [ov ww] • vermommen, maskeren, verbergen * masked ball gemaskerd bal * masking tape afplakband **II** [on ww] z. vermommen **III** [znw] • masker, vermomming • bedrog • tekening ⟨op kop v. dier⟩

masochism /'mæsəkɪzəm/ [znw] masochisme

masochist /'mæsəkɪst/ [znw] masochist

mason /'meɪsən/ **I** [ov ww] metselen **II** [znw] • metselaar • steenhouwer

Mason /'meɪsən/ [znw] vrijmetselaar

masonic /mə'sɒnɪk/ [bnw] vrijmetselaars-

masonry /'meɪsənrɪ/ [znw] metselwerk

Masonry /'meɪsənrɪ/ [znw] vrijmetselarij

masquerade /maːskə'reɪd/ **I** [on ww] z. vermommen • (~ **as**) vermomd zijn als **II** [znw] • maskerade • valse schijn

mass /mæs/ **I** [ov ww] verzamelen, samentrekken ⟨v. troepen⟩ **II** [on ww] z. verzamelen **III** [znw] • merendeel • mis • massa, grote hoop • Low Mass stille mis * in the mass bij elkaar genomen * mass media massamedia * mass observation bestudering v.d. massa • say Mass de mis lezen * the amount in a mass het bedrag ineens * the masses het gewone volk

massacre /'mæsəkə/ **I** [ov ww] een slachting aanrichten onder **II** [znw] bloedbad, slachting ⟨ook fig.⟩ * ~ of St. Bartholomew Bartholomeusnacht

massage /'mæsaːʒ/ **I** [ov ww] masseren **II** [znw] massage

masseur /mæ'sɜː/ [znw] masseur

masseuse /mæ'sɜːz/ [znw] masseuse

massif /'mæsiːf/ [znw] berggroep

massive /'mæsɪv/ [bnw] • massief • zwaar, stevig • indrukwekkend, gigantisch

mass-produce [ov ww] in massa vervaardigen

massy /'mæsɪ/ [bijw] massief, zwaar

mast /maːst/ **I** [ov ww] v. mast voorzien **II** [znw] • mast • mast ⟨varkensvoer⟩

mastectomy /mæs'tektəmɪ/ [znw] borstamputatie, mastectomie

master /'maːstə/ **I** [ov ww] beheersen, overmeesteren, de baas worden, te boven komen, besturen **II** [znw] • patroon • meester, hoofd- • leermeester, meester, onderwijzer, leraar • directeur, hoofd ⟨v. college⟩ • kapitein ⟨v. koopvaardijschip⟩ • gezagvoerder • baas, werkgever • heer des huizes • jongeheer • mijnheer • moederblad, origineel • ⟨Schots⟩ erfgenaam v. adellijke titel lager dan 'earl' * Master of (the)

(Fox)Hounds jagermeester * Master of Arts/Science ≈ doctorandus in de letteren/wetenschappen * Master of the Horse opperstalmeester * Master of the Revels leider v. festiviteiten ⟨aan het Hof⟩ * Master of the Robes kamerheer voor de garderobe * Master of the Rolls eerste rechter bij Hof v. Beroep; rijksarchivaris/⟨scherts⟩ bakker * be ~ of ter beschikking hebben • he is his own ~ hij is zijn eigen baas • he is ~ of French hij beheerst het Frans; hij is leraar Frans • make o.s. ~ of onder de knie krijgen • ~ mariner gezagvoerder * ~ of ceremonies leider v. festiviteiten ⟨aan het Hof⟩; ceremoniemeester; spelleider ⟨op radio, tv/radio/tv⟩ * ~ spirit genie * ~ switch hoofdschakelaar * ~s and men werkgevers en werknemers

masterdom /'maːstədəm/ [znw] heerschappij

masterful /'maːstəful/ [bnw] • meesterlijk • bazig, meesterachtig

masterhood /'maːstəhud/ [znw] meesterschap

master-key /'maːstəkiː/ [znw] loper

masterly /'maːstəlɪ/ [bnw + bijw] meesterlijk

master-mind **I** [ov ww] in elkaar zetten ⟨v. plan⟩, uitwerken ⟨v. plan⟩, leiding geven aan **II** [znw] • genie • brein

masterpiece /'maːstəpiːs/ [znw] meesterwerk

mastership /'maːstəʃɪp/ [znw] • meesterschap • leraarschap, betrekking/waardigheid van leraar/meester

master-stroke /'maːstəstrəuk/ [znw] meesterlijke zet

mastery /'maːstərɪ/ [znw] meesterschap * ~ of beheersing van; heerschappij over

masticate /'mæstɪkeɪt/ [ov + on ww] kauwen

mastication /mæstɪ'keɪʃən/ [znw] het kauwen

masticator /'mæstɪkeɪtə/ [znw] • kauwer • vleesmolen • ~s⟨scherts⟩ kakement

mastiff /'mæstɪf/ [znw] buldog

mastodon /'mæstədon/ [znw] mastodont, reus(achtig dier)

masturbate /'mæstəbeɪt/ [ov + on ww] masturberen

mat /mæt/ **I** [ov ww] • met matten bedekken/beleggen • verwarren • matteren * matted hair verwarde haren **II** [on ww] in de war raken **III** [znw] • mat, kleedje • verwarde massa • matte rand • doffe kleur • matwerk * have s.o. on the mat iem. op het matje roepen * ⟨sl.⟩ on the mat in moeilijkheden **IV** [bnw] dof, mat

match /mætʃ/ **I** [ov ww] • laten concurreren • opgewassen zijn tegen, een partij zijn voor, de gelijke zijn van • in overeenstemming brengen met, iets bijpassends vinden • ⟨vero.⟩ in de echt verbinden, koppelen • ~ o.s. against z. meten met * they are well ~ed ze passen goed bij elkaar; ze zijn aan elkaar gewaagd * this colour is hard to ~ het is moeilijk iets te vinden dat bij deze kleur past • you can't ~ it dat doe je me niet na **II** [on ww] bij elkaar passen * hearthrug and carpet don't ~ haardkleedje en tapijt passen niet bij elkaar • (~ **up to**) opgewassen zijn tegen **III** [znw] • gelijke, tegenhanger, evenknie • paar • wedstrijd • huwelijk • partij • lucifer • lont * every man may meet his ~ ⟨er is⟩ altijd baas boven baas • find one's ~ zijns gelijke vinden * he has made a good ~ hij is goed getrouwd • he is a ~ for you hij is tegen je opgewassen • he is more than a ~ for you hij is je de baas • make a ~ of it trouwen * this material is a good ~ deze stof past er goed bij

matchbox /'mætʃbɒks/ [znw] lucifersdoosje

matchless/'mætʃləs/ [bnw] weergaloos, niet te
evenaren, onvergelijkelijk
matchmaker/'mætʃmeɪkə/ [znw] koppelaar(ster)
matchmaking/'mætʃmeɪkɪŋ/ [znw] • fabricage
van lucifers • het koppelen (voor huwelijk)
matchpoint/'mætʃpɔɪnt/ [znw] ⟨sport⟩
beslissende punt
matchstick/'mætʃstɪk/ [znw] lucifershoutje
matchwood/'mætʃwʊd/ [znw] • hout voor
lucifers • kleine splinters ∗ make ~ of tot
brandhout maken
mate/meɪt/ **I** [ov ww] • in de echt verbinden • doen
paren • mat zetten **II** [on ww] • trouwen • paren
III [znw] • gezel • kameraad • levensgezel(lin)
• mannetje, wijfje • stuurman • schaakmat
∗ running mate⟨lers/AE⟩ kandidaat voor
vice-president
material/mə'tɪərɪəl/ **I** [znw] • stof • materiaal,
bestanddeel ∗ raw ~s en huis
kopen voor afbraak ∗ raw ~ grondstof ∗ writing
~s schrijfbehoeften **II** [bnw] • stoffelijk, materieel,
lichamelijk • wezenlijk, essentieel, belangrijk ∗ ~
proof concreet bewijs ∗ ~ to van belang/relevant
voor
materialism/mə'tɪərəlɪzəm/ [znw] materialisme
materialist/mə'tɪərɪəlɪst/ [znw] materialist
materialistic/mə'tɪərə'lɪstɪk/ [bnw]
materialistisch
materialization/mətɪərɪəlaɪ'zeɪʃən/ [znw]
• verwezenlijking • materialisatie
materialize/mə'tɪərɪəlaɪz/ [on ww]
• resultaat/voordeel opleveren, verwezenlijkt
worden • verstoffelijken, verschijnen, materialiseren
matériel/mətɪərɪ'el/ [znw]
beschikbare middelen, materieel
maternal/mə'tɜːnl/ [bnw] moederlijk, moeder-, v.
moederszijde
maternity/mə'tɜːnəti/ [znw] • moederschap
• moederlijkheid ∗ ~ dress positiejurk ∗ ~
home/hospital kraamkliniek ∗ ~ ward
kraamafdeling
matey/'meɪti/ [bnw] kameraadschappelijk,
vriendschappelijk
mathematical/mæθə'mætɪkl/ [bnw] wiskundig,
wiskunde-
mathematician/mæθəmə'tɪʃən/ [znw]
wiskundige
mathematics, maths/mæθə'mætɪks/ [mv]
wiskunde
matin/'mætɪn/ **I** [znw] ∗ ~s metten; morgendienst
⟨anglicaanse Kerk⟩; matin(s);⟨lit.⟩ morgenzang v.
vogels **II** [bnw] morgen-
matinée/'mætɪneɪ/ [znw] matinee
matrass/'mætrəs/ [znw] distilleerkolf
matriarch/'meɪtrɑːk/ [znw] vrouwelijk
gezins-/stamhoofd
matriarchal/meɪtrɪ'ɑːkl/ [bnw] matriarchaal
matrices/'meɪtrɪsiːz/ [mv] → matrix
matricide/'meɪtrɪsaɪd/ [znw]
• moedermoordenaar • moedermoord
matriculate/mə'trɪkjʊleɪt/ **I** [znw] als student
inschrijven/toelaten **II** [on ww] • als student
toegelaten worden, z. als student inschrijven
• ⟨vero.⟩ toelatingsexamen afleggen
matriculation, matric/mətrɪkjʊ'leɪʃən/ [znw]
• inschrijving • ⟨vero.⟩ toelatingsexamen
matrimonial/mætrɪ'məʊnjəl/ [bnw] huwelijks-,
echtelijk ∗ ~ agency huwelijksbureau
matrimony/'mætrɪmənɪ/ [znw] • huwelijk,
huwelijke staat • mariage ⟨kaartspel⟩ • ⟨sl.⟩
mengsel ⟨v. wijnen e.d.⟩
matrix/'meɪtrɪks/ [znw] • voedingsbodem

• moedergesteente • gietvorm, matrijs • matrix
• ⟨vero.⟩ baarmoeder
matron/'meɪtrən/ [znw] • matrone, getrouwde
dame • directrice, hoofd, moeder ⟨v. instituut⟩
matronly/'meɪtrənlɪ/ [bnw] • matronenachtig
• aan de dikke kant
matt/mæt/ [bnw] dof, mat
matter/'mætə/ **I** [on ww] • v. belang zijn,
betekenen • etteren ∗ what does it ~? wat geeft 't?
II [znw] • materie, stof • zaak, aangelegenheid,
kwestie • etter • kopij ∗ (it is/makes) no ~ het
geeft niets ∗ a ~ of 20 years een jaar of twintig ∗ a
~ of course iets vanzelfsprekends ∗ ⟨jur.⟩ a ~ of
fact een feit; feitenkwestie ∗ a ~ of opinion
betwistbaar iets ∗ as a ~ of fact inderdaad; in
werkelijkheid; trouwens ∗ for that ~ wat dat
betreft ∗ in the ~ of wat betreft ∗ it is a ~ of £ 10
het gaat om £ 10 ∗ ~ for/of aanleiding/reden voor
∗ ⟨jur.⟩ ~ of law rechtskwestie ∗ no ~ who om 't
even wie ∗ no such ~ niets daarvan ∗ postal ~
poststukken ∗ what is the ~ with it? wat is er op
tegen? ∗ what is the ~ with you? wat scheelt je?
∗ what ~? wat doet 't er toe? ∗ what's the ~? wat
is er (aan de hand)?
matter-of-course [bnw] vanzelfsprekend
matter-of-fact/mætərəv'fækt/ [bnw] prozaïsch,
nuchter, zakelijk
matting/'mætɪŋ/ [znw] • het matteren • het v.
matten voorzien, het matten maken • matwerk
mattock/'mætək/ [znw] houweel
mattress/'mætrəs/ [znw] • vlechtwerk ⟨ter
versteviging⟩ • matras
maturation/mætʃʊ'reɪʃən/ [znw] • rijping
• ontwikkeling
mature/mə'tjʊə/ **I** [ov ww] rijpen **II** [on ww]
• volwassen worden, tot ontwikkeling komen,
rijpen, in vervulling gaan • vervallen ⟨v. wissel⟩
III [bnw] • volwassen, volledig ontwikkeld, rijp
• weloverwogen • vervallen ⟨v. wissel⟩ ∗ ~ gin
oude jenever ∗ ~ wine belegen wijn
maturity/mə'tʃʊərətɪ/ [znw] • rijpheid
• vervaltijd ⟨v. wissel⟩ ∗ arrive at ~ vervallen ⟨v.
wissel⟩ ∗ at ~ op de vervaldag
matutinal/mætjuː'taɪnl/ [bnw] vroeg, ochtend-,
morgen-
maty I [znw] maatje **II** [bnw]
kameraadschappelijk, gezellig
maud/mɔːd/ [znw] gestreepte plaid
maudlin/'mɔːdlɪn/ [bnw] overdreven sentimenteel
maul/mɔːl/ **I** [ov ww] • afkraken ⟨door recensent⟩
• bont en blauw slaan, toetakelen, ruw behandelen
II [znw] grote (houten) hamer
maulstick/'mɔːlstɪk/ [znw] schildersstok
maunder/'mɔːndə/ [on ww] • wauwelen, bazelen
• mompelen • (~ **about**) rondslenteren,
rondhangen
maundy/'mɔːndɪ/ [znw] voetwassing ∗ ~ money
geld gegeven aan een aantal armen door de
hofaalmoezenier op Maundy Thursday (Witte
Donderdag)
mauser/'maʊzə/ [znw] mausergeweer, pistool
mausoleum/mɔːsə'liːəm/ [znw] mausoleum
mauve/məʊv/ [bnw] mauve, zacht paars
maverick/'mævərɪk/ [znw] • non-conformist,
politiek dissident • ongemerkt kalf • eenling,
eenzame
mavis/'meɪvɪs/ [znw] zanglijster
maw/mɔː/ [znw] • pens, maag • bek, muil ⟨fig.⟩
mawkish/'mɔːkɪʃ/ [bnw] overdreven sentimenteel
• walgelijk ⟨v. smaak⟩
mawseed/'mɔːsiːd/ [znw] maanzaad
maw-worm [znw] • spoelworm • huichelaar

M

maxilla/mæk'sɪlə/ [znw] kaak
maxillae/mæk'sɪli:/ [mv] → **maxilla**
maxillary/mæk'sɪləri/ I [znw] kaak II [bnw] kaak-
maxim/'mæksɪm/ [znw] stelregel, spreuk, principe, gedragslijn • maximgeweer
maximal/'mæksɪml/ [bnw] maximaal
maximize/'mæksɪmaɪz/ [ov ww] maximaliseren, tot het uiterste vergroten
may/meɪ/ I [hww] • mogen • kunnen (mogelijkheid) * as one may say om zo te zeggen * be this as it may hoe 't ook zij * he may be at home hij is misschien thuis * may he succeed! moge hij slagen! * who may you be? wie bent u eigenlijk? * you may go now u kunt/mag nu gaan II [znw] • meidoorn(bloesem) • ‹form.› maagd
May/meɪ/ [znw] mei * May Day eerste mei
maybe/'meɪbi:/ [bijw] misschien
maybug/'meɪbʌɡ/ [znw] meikever
maybush/'meɪbʊʃ/ [znw] hagendoornstruik
mayday/'meɪdeɪ/ [znw] noodsein
mayest/'meɪɪst/ → **may**
mayfly/'meɪflaɪ/ [znw] eendagsvlieg, kokerjuffer
mayhem/'meɪhem/ [znw] • chaos, wanorde • ‹AE/jur.› verminking
mayn't/'meɪnt/ [samentr.] /may not/ * he can't come at all misschien komt hij wel helemaal niet → **may**
mayonnaise/meɪə'neɪz/ [znw] mayonaise
mayor/meə/ [znw] burgemeester * ~ of the palace hofmeier
mayoral/'meərəl/ [bnw] • burgemeesters- • burgemeesterlijk
mayoralty/'meərəltɪ/ [znw] • burgemeestersambt • ambtsperiode v.e. burgemeester
mayoress/'meəres/ [znw] • vrouw v.d. burgemeester • vrouwelijke burgemeester • dame die de honneurs van de burgemeester waarneemt
maypole/'meɪpəʊl/ [znw] • meiboom • bonenstaak (fig.)
mayst/meɪst/ → **may**
maytree/'meɪtri:/ [znw] meidoorn
mazarine/mæzə'ri:n/ [znw] donkerblauw
maze/meɪz/ I [ov ww] verbijsteren, verwarren II [znw] • doolhof ‹ook fig.› • verbijstering
mazuma/mə'zu:mə/ ‹sl./AE› [znw] geld, pegels
M.D.[afk] = ‹Doctor of Medicine› doctor in de geneeskunde
me/mi:/ [pers vnw] • mij • ‹inf.› ik * ah me! wee mij! * dear me! lieve hemel! * it's me ik ben het
mead/mi:d/ [znw] • mede ‹drank› • ‹vero.› weide, dreef
meadow/'medəʊ/ [znw] • weide, hooiland, grasland • uiterwaard * ~ mouse veldmuis
meagre/'mi:ɡə/ [bnw] mager, schraal
meal/mi:l/ I [ov ww] tot meel maken II [znw] • meel • maal(tijd) • ‹Schots› havermeel • ‹AE maïsmeel * make a meal of opeten; verslinden * we had to make a meal of it we moesten het er mee doen
mealtime/'mi:ltaɪm/ [znw] etenstijd
mealy/'mi:lɪ/ [bnw] • melig, meelachtig • wit gespikkeld ‹v. paard› • bleek ‹v. gelaatskleur› • zoetsappig
mealy-mouthed/mi:lɪ-maʊðd/ [znw] zoetsappig
mean/mi:n/ I [ov ww] • betekenen • bedoelen, ‹serieus› menen • willen • v. plan zijn * mean business het menen * mean mischief kwaad in de zin hebben * they mean me to stay ze staan erop dat ik blijf * what do you mean by it? wat bedoel je er mee?; waarom doe je zoiets? * ‹~ for› bestemmen voor II [on ww] bedoelen * he means

well by you hij heeft het goed met je voor III [znw] • midden(weg), middelevenredige • middelste term * the golden/happy mean de gulden middenweg IV [bnw] • gemiddeld, middelmatig • middelste, middel-, tussen- • gemeen, laag • gering, onbelangrijk • bekrompen, gierig • slechtgehumeurd • ‹AE onbehaaglijk • ‹inf.› beschaamd * feel mean z. beschaamd voelen; z. onwel voelen * mean proportional middelevenredige
mean-born/mi:n'bɔ:n/ [bnw] van lage komaf
meander/mɪ'ændə/ I [on ww] • z. slingeren • dolen II [on ww] • kronkeling, kronkelpad, doolhof • omweg [mv]
meandering/mɪ'ændərɪŋ/ [bnw] • onsamenhangend ‹v. toespraak, verhaal› • slingerend ‹v. pad, rivier›
meanderings/mɪ'ændərɪŋz/ [mv] • afdwaling • zwerftocht • gekronkel
meanie/'mi:nɪ/ [znw] • gemeen iem. • krent, pin * ‹AE old ~ kletskous
meaning/'mi:nɪŋ/ [znw] • bedoeling • betekenis
meaningful/'mi:nɪŋfʊl/ [bnw] veelbetekenend, belangrijk
meaningless/'mi:nɪŋləs/ [bnw] • nietszeggend • zinloos
meaningly/'mi:nɪŋlɪ/ [bijw] • veelbetekenend • opzettelijk
meanly/'mi:nlɪ/ [bijw] → **mean** * think ~ of geen hoge dunk hebben van
meanness/'mi:nəs/ → **mean**
means/mi:nz/ [znw] middel(en) • inkomsten * by all ‹manner of› ~ in ieder geval; beslist; zeker; natuurlijk; op alle mogelijke manieren * by ~ of door middel van * by no ~ in geen geval * man of ~ bemiddeld man * ~ of grace genademiddelen * not by any ‹manner of› ~ in geen geval * they live beyond their ~ ze leven boven hun stand
meant/ment/ verl. tijd + volt. deelw. → **mean**
meantime/'mi:ntaɪm/ [znw] * in the ~ ondertussen; inmiddels
meanwhile/'mi:nwaɪl/ [bijw] inmiddels, ondertussen
measles/'mi:zəlz/ [mv] • mazelen • blaaswormziekte ‹bij varkens›
measly/'mi:zlɪ/ [bnw] • aan de mazelen lijdend • ‹inf.› armzalig, min, waardeloos
measurable/'meʒərəbl/ [bnw] • meetbaar • gematigd
measure/'meʒə/ I [ov ww] • meten, de maat nemen, bep. lengte hebben, toemeten, afmeten, opmeten • onderzoekend aankijken, opnemen • beoordelen • deelbaar zijn op • afleggen ‹v. afstand› * he ~d his length hij viel languit op de grond * ~ swords de degens kruisen • ‹~ out› uitdelen II [on ww] meten • ‹~ up to› voldoen aan III [znw] • grootte, afmeting, maat • bedrag, hoeveelheid • beperking • metrum • maatstaf • maatregel • deler ‹muz.› maat * beyond ~ bovenmate * in a ~ tot op zekere hoogte; in zekere zin * keep ~ maat houden * made to ~ aangemeten ‹v. kostuum›; op maat gemaakt ‹v. kostuum› * ~ for ~ leer om leer * ~ of capacity inhoudsmaat * out of ~ buitenmate * set ~s to paal en perk stellen aan * take s.o.'s ~ iem. de maat nemen; onderzoeken wat men voor iem. men te doen heeft * they gave me a scolding for good ~ ik kreeg nog een uitbrander op de koop toe * within ~ binnen bepaalde grenzen; met mate
measured/'meʒəd/ [bnw] • gelijkmatig • weloverwogen • gematigd
measureless/'meʒələs/ [bnw] onmetelijk

measurement/'meʒəmənt/ [znw] (af)meting
* inside/outside ~ binnenmaat/buitenmaat
meat/mi:t/ [znw] • vlees • vruchtvlees • kern,
(diepere) inhoud • ‹vero.› voedsel, maaltijd * as
full as an egg is of meat eivol * green meat
groente; groenvoer * it is meat and drink to me
ik doe het ontzettend graag * meat head stomkop
* meat pie vleespastei * meat safe vliegenkast
* one man's meat is another man's poison is
een z'n dood is de ander z'n brood; wat goed is voor
de een is nog niet altijd goed voor de ander
* strong meat zware kost ‹fig.›
meat-and-potatoes I [znw] ‹sl.› het
allerbelangrijkste II [bnw] fundamenteel
meatball/'mi:tbɔ:l/ [znw] gehaktbal(letje)
meaty/'mi:tɪ/ [bnw] • vlezig, vleesachtig, vlees-
• degelijk, stevig, pittig
mechanic/mɪ'kænɪk/ [znw] • handwerksman
• werktuigkundige, mecanicien • monteur
mechanical/mɪ'kænɪkl/ [bnw] • handwerks-
machinaal, werktuiglijk • werktuigkundig
mechanician/mekə'nɪʃən/ [znw]
machineconstructeur, werktuigkundige
mechanics/mɪ'kænɪks/ [mv] werktuigkunde
mechanism/'mekənɪzəm/ [znw] • mechaniek
• mechanisme • techniek • mechanisme
mechanist/'mekənɪst/ [znw]
machineconstructeur, werktuigkundige
mechanistic/mekə'nɪstɪk/ [bnw] • mechanistisch
• mechanisch
mechanization/mekənar'zeɪʃən/ [znw]
mechanisatie
mechanize/'mekənaɪz/ [ov ww] mechaniseren
med. [afk] • (medical) medisch • (mediaeval)
middeleeuws • (medium) gemiddeld
medal/'medl/ [znw] medaille
medallion/mɪ'dæljən/ [znw] • grote medaille
• medaillon
medallist/'medəlɪst/ [znw] • medailleur,
medaillist • medaillewinnaar
meddle/'medl/ [on ww] • (~ in) z. mengen in • (~
with) z. bemoeien met
meddler/'medlə/ [znw] bemoeial
meddlesome, meddling/'medəlsəm/ [bnw]
bemoeiziek
media/'mi:dɪə/ [mv] • media, kranten, radio en tv
• → **medium**
mediaeval/medɪ'i:vəl/ → **medieval**
mediaevalism/medɪ'i:vəlɪzəm/
→ **medievalism**
medial/'mi:dɪəl/ [bnw] • gemiddeld • midden-,
tussen-, middel
median/'mi:dɪən/ I [znw] • mediaan • zwaartelijn
• mediaanader II [bnw] • midden-, middel-,
middelste • mediaan- • gemiddeld * ~ age de
leeftijd die evenveel mensen er onder als er boven telt
mediate I [ov + on ww] /'mɪdɪeɪt/ als bemiddelaar
optreden II [bnw] /'mɪːdɪət/ indirect
mediation/mi:dɪ'eɪʃən/ [znw] bemiddeling,
voorspraak
mediator/'mi:dɪeɪtə/ [znw] bemiddelaar
mediatory/'mi:dɪətərɪ/ [bnw] bemiddelend,
bemiddelings-
medic/'medɪk/ I [znw] • dokter • medisch student
• ‹AE› kliniekassistent II [bnw] geneeskundig
medical/'medɪkl/ I [znw] • medisch onderzoek
• medisch student II [bnw] geneeskundig * civil –
officer arts v.d. Geneeskundige Dienst * ~ man
medicus * ‹mil.› – officer officier v. gezondheid
* ~ orderly hospitaalsoldaat * ~ rehabilitation
revalidatie * ~ superintendent
geneesheer-directeur

medically/'medɪklɪ/ [bijw] door de dokter * ~
forbidden door de dokter verboden
medicament/mə'dɪkəmənt/ [znw] geneesmiddel
medicaster/'medɪkɑːstə/ ‹vero.› [znw]
kwakzalver
medicate/'medɪkeɪt/ [ov ww] • geneeskundig
behandelen • medicinaal bereiden
medicated/'medɪkeɪtɪd/ I [ww] verl. tijd + volt.
deelw. → **medicate** II [bnw] • gezondheids-
• sanitair, medicinaal * ~ cotton-wool
verbandwatten
medication/medɪ'keɪʃən/ [znw] • geneeskundige
behandeling • geneesmiddel
medicinal/mə'dɪsɪnl/ [bnw] • geneeskundig
• genezend, geneeskrachtig
medicine/'medsən/ [znw] • geneesmiddelen
• tovermiddel • geneeskunde • ‹sl.› borrel * ~ man
medicijnman; toverdokter
medico/'medɪkəʊ/ I [znw] • dokter, esculaap
• medisch student II [in samenst] medisch
medieval/medɪ'vəl/ [bnw] middeleeuws
medievalism/medɪ'vəlɪzəm/ [znw] studie van
de Middeleeuwen
mediocre/mi:dɪ'əʊkə/ [bnw] middelmatig
mediocrity/mi:dɪ'ɒkrətɪ/ [znw] middelmatigheid
meditate/'medɪteɪt/ I [ov ww] beramen,
overdenken II [on ww] mediteren • (~ on/over)
peinzen over
meditation/medɪ'teɪʃən/ [znw] • overdenking
• meditatie
meditative/'medɪtətɪv/ [bnw] nadenkend,
bespiegelend
Mediterranean/medɪtə'reɪnɪən/ I [znw]
Middellandse Zee, Middellandse-Zeegebied
II [bnw] mediterraan
medium/'mi:dɪəm/ I [znw] • tussenpersoon
• medium • voertaal • oplosmiddel • midden
• middenweg, middenstof, middenterm * the
happy – de gulden middenweg * through the ~
door bemiddeling van; door middel van II [bnw]
gemiddeld, middelmatig * ~ range middellange
afstands- * ~ wave middengolf
medium-sized [bnw] middelgroot
medlar/'medlə/ [znw] mispel(boom)
medley/'medlɪ/ I [ov ww] mengen II [znw]
mengelmoes, ‹muz.› potpourri III [bnw] gemengd,
bont
medulla/mɪ'dʌlə/ [znw] merg
medusa/mə'dju:zə/ [znw] kwal
meek/mi:k/ [bnw] • zachtmoedig • gedwee
• deemoedig
meet/mi:t/ I [ov ww] • ontmoeten, (aan)treffen,
kennis maken met • afhalen • 't hoofd bieden,
aanpakken • voldoen aan, voorzien in • betalen,
voldoen, bestrijden (v. onkosten) * I hope I have
met you ik hoop dat ik u voldoende tegemoet ben
gekomen * asking him doesn't meet the case
hem te vragen is in dit geval niet voldoende * meet
Mr A. mag ik u aan de heer A. voorstellen * meet
one's death de dood vinden * meet s.o.'s eye
onder iemands ogen komen; een blik van iem.
opvangen * more than meets the eye er steekt/zit
meer achter; meer dan men ziet * she will meet
the train ze komt u van de trein afhalen
II [on ww] • elkaar ontmoeten • samenkomen
* make ends meet de eindjes aan elkaar knopen
* ‹vero.› well met goed dat ik u tref!; welkom! • (~
up with) ontmoeten • (~ with) ervaren,
ondervinden, tegenkomen * meet with an
accident een ongeluk krijgen * meet with
approval goedkeuring wegdragen III [znw]
• samenkomst • plaats van samenkomst (v. jacht)

M

• (jacht)gezelschap **IV** [bnw] (vero.) passend, geschikt

meeting/'mi:tɪŋ/ [znw] • wedstrijd, ontmoeting • bijeenkomst, vergadering • godsdienstoefening • (vero.) duel ∗ ~ house bedehuis

mega-/'megə/ [voorv] • reuze(n)- • een miljoen (maal)

megabyte/'megəbaɪt/ [znw] megabyte, 1 miljoen bytes

megadeath/'megədeθ/ [znw] 1 miljoen doden (in kernoorlog)

megajet/'megədʒet/ [znw] zeer groot en snel straalvliegtuig

megalomania/megələ'meɪnɪə/ [znw] megalomanie

megalomaniac/megələ'meɪnɪæk/ [znw] megalomaan

megaphone/'megəfəun/ [znw] megafoon

megrim[znw] • /'megrɪm/ platvis ∗ (vero.) /'mi:grɪm/ migraine

megrims/'mi:grɪmz/ (vero./Schots) [mv] kuren, lusteloosheid

melancholia/melən'kəulɪə/ [znw] melancholie, zwaarmoedigheid

melancholic/melən'kɒlɪk/ **I** [znw] melancholicus **II** [bnw] melancholiek, melancholisch

melancholy/'melənkəlɪ/ **I** [znw] melancholie, zwaarmoedigheid, droefgeestigheid **II** [bnw] zwaarmoedig, droefgeestig

meld/meld/ **I** [ov ww] • roemen • (AE) (z.) (ver)mengen **II** [znw] roem (kaartspel)

melee/'meleɪ/ (AE) [znw] strijdgewoel

meliorate/'mi:lɪəreɪt/ [ov + on ww] verbeteren

mellifluous/mɪ'lɪfluəs/ [bnw] honingzoet, zoetvloeiend

mellow/'meləu/ **I** [ov + on ww] • rijpen, zacht maken/worden • benevelen **II** [bnw] • zacht, sappig, rijp • belegen (v. wijn) • zwaar (v. grond) • vol, zuiver (v. klank, kleur) • vriendelijk, hartelijk, joviaal • lichtelijk aangeschoten ∗ ~ age rijpere leeftijd

melodic/mɪ'lɒdɪk/ [bnw] melodisch, melodieus

melodious/mɪ'ləudɪəs/ [bnw] melodieus, welluidend

melodist/'melədɪst/ [znw] • zanger • componist

melodramatic/melədrə'mætɪk/ [bnw] melodramatisch

melody/'melədɪ/ [znw] melodie

melon/'melən/ [znw] • meloen • (sl.) buit

melon-cutting[znw] 't verdelen van de buit, 't uitkeren van extra dividend

melt/melt/ **I** [ov ww] • doen smelten • vertederen (~ **down**) versmelten **II** [on ww] • vertederd worden • smelten, z. oplossen • melting teder; week; zacht; aangenaam (v. stem) • (~ **away**) wegsmelten, verdwijnen ∗ the fog is melting away de mist trekt op • (~ **into**) langzaam overgaan in ∗ she melted into tears ze versmolt in tranen **III** [znw] • (hoeveelheid) gesmolten metaal • (hoeveelheid) te smelten metaal

meltdown/'meltdaun/ [znw] het afsmelten (bij kernreactor)

melting/'meltɪŋ/ [bnw] • smeltend • zacht, week, sentimenteel

melting-pot[znw] smeltkroes ∗ go into the ~ 'n algehele verandering ondergaan (ook fig.)

member/'membə/ [znw] • lid(maat) • lichaamsdeel, (mannelijk) lid • afdeling, onderdeel • afgevaardigde ∗ a rum ~ een eigenaardige heer ∗ the unruly ~ de tong

membership/'membəʃɪp/ [znw] • lidmaatschap • ledental

membrane/'membreɪn/ [znw] membraan, vlies, perkament

membranous/'membrənəs/ [bnw] vliezig

memento/mə'mentəu/ [znw] herinnering, aandenken

memo/'meməu/ [znw] (inf.) korte notitie, briefje ∗ memo pad notitieboekje

memoir/'memwɑ:/ [znw] • verhandeling • gedenkschrift, (auto)biografie

memoirs/'memwɑ:z/ [mv] • memoires • verhandelingen (v. geleerd genootschap)

memorabilia/memərə'bɪlɪə/ [mv] gedenkwaardigheden

memorable/'memərəbl/ [bnw] gedenkwaardig

memoranda/memə'rændə/ [mv] → **memorandum**

memorandum/memə'rændəm/ [znw] • memorandum • aantekening • diplomatieke nota • akte ∗ ~ of association akte van oprichting

memorial/mɪ'mɔ:rɪəl/ **I** [znw] • gedenkteken, aandenken • nota • adres, verzoekschrift **II** [bnw] • gedenk-, herinnerings- • geheugen- ∗ (AE) Memorial Day gedenkdag voor de gevallenen in actieve dienst ∗ (AE) ~ park begraafplaats

memorialist/mɪ'mɔ:rɪəlɪst/ [znw] • adressant • memoirenschrijver

memorialize/mɪ'mɔ:rɪəlaɪz/ [ov ww] • herdenken • een verzoekschrift indienen

memorize/'meməraɪz/ [ov ww] • memoriseren, in het geheugen prenten, v. buiten leren • memoreren

memory/'memərɪ/ [znw] • geheugen • herinnering • gedachtenis ∗ commit to ~ v. buiten leren ∗ in/to the ~ of ter gedachtenis aan ∗ quote from ~ uit het hoofd citeren ∗ to the best of my ~ zo goed als ik mij kan herinneren ∗ within living ~ bij mensenheugenis

men/men/ [mv] → **man**

menace/'menɪs/ **I** [ov + on ww] (be)dreigen **II** [znw] • bedreiging • vervelend iem., lastig iets

ménage, menage/me'nɑ:ʒ/ [znw] huishouden

menagerie/mɪ'nædʒərɪ/ [znw] menagerie

mend/mend/ **I** [ov ww] • verbeteren • herstellen, repareren, stoppen (v. kousen) ∗ mend one's pace zijn pas versnellen ∗ mend or end doe het beter of houd er mee op ∗ mend the fire het vuur aanmaken ∗ mended prices prijzen die opgelopen zijn **II** [on ww] • herstellen • z. (ver)beteren ∗ least said soonest mended hoe minder er over gezegd wordt des te beter is het **III** [znw] gerepareerde/verstelde plaats ∗ he is on the mend hij is aan de beterende hand

mendable/'mendəbl/ → **mend**

mendacious/men'deɪʃəs/ [bnw] leugenachtig

mendacity/men'dæsɪt/ [znw] leugen(achtigheid)

mender/'mendə/ [znw] hersteller, verbeteraar

mendicancy, mendicity/'mendɪkənsɪ/ [znw] • bedelstand • bedelarij

mendicant/'mendɪkənt/ **I** [znw] • bedelaar • bedelmonnik **II** [bnw] bedel-, bedelend ∗ ~ friar bedelmonnik

mending/'mendɪŋ/ [znw] • reparatie • verstelwerk • stopgaren ∗ ~ basket werkmandje

menfolk/'menfəuk/ [znw] manvolk, mannen

menial/'mi:nɪəl/ **I** [znw] (pej.) bediende, knecht **II** [bnw] • dienstbaar, dienst- • slaafs, ondergeschikt, laag ∗ ~ servant bediende; knecht

meningitis/menɪn'dʒaɪtɪs/ [znw] hersenvliesontsteking

menopause/'menəpɔ:z/ [znw] menopauze

menstrual/'menstruəl/ [bnw] • maandelijks • menstruatie-

menstruate/'menstrueɪt/ [on ww] menstrueren

mensurable /'menʃərəbl/ [bnw] • meetbaar • ‹muz.› met vast ritme

mensuration /menʃə'reɪʃən/ [znw] • theorie v. lengte-/inhoud-/oppervlakberekening • meting

mental /'mentl/ I [znw] ‹inf.› zwakzinnige II [bnw] • geestelijk, geest(es)-, verstandelijk • ‹inf.› zwakzinnig * ~ arithmetic hoofdrekenen * ~ breakdown zenuwinzinking * ~ faculties verstandelijke vermogens * ~ home tehuis voor verstandelijk gehandicapten * ~ hospital psychiatrische inrichting * ~ patient verstandelijk gehandicapte; zwakzinnige;‹vero.› zenuwpatiënt

mentality /men'tælɪt/ [znw] mentaliteit, denkwijze

mentally /'mentlɪ/ [bijw] • geestelijk • in gedachten * ~ deficient/defective verstandelijk gehandicapt * ~ deranged zwakzinnig; krankzinnig

mentation /men'teɪʃən/ [znw] • geestesgesteldheid • geesteswerkzaamheid

mention /'menʃən/ I [ov ww] noemen, (ver)melden, zeggen * don't ~ it! geen dank! * not to ~ om niet te spreken van II [znw] (ver)melding * honourable ~ eervolle vermelding

mentor /'mentɔ:/ [znw] • mentor, begeleider, raadgever, gids • ‹AE› trainer

menu /'menju:/ [znw] • menu • ‹inf.› program

mephitic /me'fɪtɪk/ [bnw] stinkend, verpestend

mercantile /'mɜːkəntaɪl/ [bnw] handels-, koopmans- * ~ doctrine/system mercantilisme * ~ marine handelsvloot

mercantilism /'mɜːkəntɪlɪzəm/ [znw] • mercantilisme • handelsgeest

mercenary /'mɜːsɪnərɪ/ I [znw] huurling II [bnw] • huur- • geldbelust * ~ marriage huwelijk uit berekening

mercer /'mɜːsə/ ‹vero.› [znw] handelaar in zijde, fluweel e.a. kostbare stoffen, manufacturier

merchandize /'mɜːtʃəndaɪz/ I [ov ww] aanprijzen v. waar II [on ww] nering uitoefenen III [znw] koopwaar, handelswaar

merchandizer /'mɜːtʃəndaɪzə/ [znw] • winkelverkoopadviseur • klantenbezoeker

merchandizing /'mɜːtʃəndaɪzɪŋ/ [znw] • koopactivering • productiestrategie

merchant /'mɜːtʃənt/ I [znw] • groothandelaar, koopman • ‹AE› winkelier • ‹sl.› vent • ‹sl.› maniak II [bnw] koopmans-, koopvaardij, handels- * ~ navy/service koopvaardij(vloot)

merchantable /'mɜːtʃəntəbl/ [bnw] verkoopbaar

merchantman /'mɜːtʃəntmən/ [znw] koopvaardijschip

merciful /'mɜːsɪful/ [bnw] • gelukkig, fortuinlijk • barmhartig, genadig

merciless /'mɜːsɪləs/ [bnw] genadeloos, meedogenloos

mercurial /mɜː'kjʊərɪəl/ I [znw] kwikmiddel II [bnw] • levendig • gevat • veranderlijk • kwikhoudend

mercurism /'mɜːkjʊrɪzəm/ [znw] kwikvergiftiging

mercury /'mɜːkjʊrɪ/ [znw] • kwikzilver • ‹scherts› bode

Mercury /'mɜːkjʊrɪ/ [znw] Mercurius

mercy /'mɜːsɪ/ [znw] • zegen(ing), weldaad • genade, barmhartigheid * at the ~ of in de macht van * at the tender mercies of overgeleverd aan de genade/ongenade van * have ~ (up)on us! wees ons genadig!; lieve hemel! * ~ killing euthanasie

mere /mɪə/ I [znw] ‹vero.› meer, vijver II [bnw] louter, alleen maar, niets anders dan, (nog) maar * mere right blote eigendom; eigendom zonder vruchtgebruik

merely /'mɪəlɪ/ [bijw] slechts, louter, enkel

meretricious /merɪ'trɪʃəs/ [bnw] • ontuchtig • opzichtig • bedrieglijk

merge /mɜːdʒ/ I [ov ww] doen opgaan in II [on ww] opgaan in • (~ into) (geleidelijk) overgaan in • (~ with) fuseren met

merger /'mɜːdʒə/ [znw] • fusie • samensmelting, vermenging

meridian /mə'rɪdɪən/ I [znw] • meridiaan • hoogtepunt II [bnw] • middag- • hoogte-, hoogste

meridional /mə'rɪdɪənl/ I [znw] zuiderling ‹vnl. v. Frankrijk› II [bnw] • meridiaan- • zuidelijk

meringue /mə'ræŋ/ [znw] • schuimpje • schuimgebakje

merit /'merɪt/ I [ov ww] verdienen II [znw] verdienste • make a ~ of z. als verdienste aanrekenen * the ~s and de~s of s.th. het voor en tegen v. iets * this must be judged on its own ~s dit moet op zijn eigen waarde worden beoordeeld

meritocracy /merɪ'tɒkrəsɪ/ [znw] meritocratie, prestatiemaatschappij

meritorious /merɪ'tɔːrɪəs/ [bnw] verdienstelijk

mermaid /'mɜːmeɪd/ [znw] ‹zee›meermin

merman /'mɜːmæn/ [znw] meerman

merriment /'merɪmənt/ [znw] vreugde, vrolijkheid

merry /'merɪ/ I [znw] zoete (wilde) kers II [bnw] • vrolijk • prettig, heerlijk, aangenaam • aangeschoten

Merry /'merɪ/ [bnw] * ~-Andrew clown * the ~ Monarch Karel II ‹v. Engeland›

merry-go-round /'merɪɡəʊraʊnd/ [znw] draaimolen

merry-makers [znw] feestgangers, pretmakers

merry-making /'merɪmeɪkɪŋ/ [znw] pret, feestelijkheid

merrymen /'merɪmen/ [znw] trawanten

mesh /meʃ/ I [ov ww] in een net vangen, verstrikken II [on ww] in elkaar grijpen III [znw] • maas, valstrik • net(werk) * in mesh werkend; ingeschakeld * meshes netwerk; (val)strik

mesmeric /mez'merɪk/ [bnw] hypnotisch

mesmerize /'mezməraɪz/ [ov ww] magnetiseren, hypnotiseren, biologeren

mesne /mi:n/ [bnw] midden, tussen

mess /mes/ I [ov ww] • bevuilen • te eten geven • (~ up) in de war sturen, verknoeien, vuil maken * they were messed up in it zz hadden er iets mee te maken II [on ww] • knoeien • (samen) eten • (~ about) (rond)scharrelen • (~ with) z. bemoeien met, (iem.) last veroorzaken, vervelend zijn III [znw] • spijs, voer • kantine, gemeenschappelijke tafel • knoeiboel • mengsel • (vuile) rommel * he was in a pretty mess hij zat lelijk in de knoei * his marriage was a mess zijn huwelijk was een mislukking * they made a mess of it ze maakten er een rotzooi van

message /'mesɪdʒ/ I [ov ww] overbrengen, seinen II [znw] bericht, boodschap * get the ~ begrijpen; doorhebben

messenger /'mesɪndʒə/ [znw] • bode, boodschapper • voorbode * ~ boy boodschappenjongen; telegrambesteller

Messiah /mɪ'saɪə/ [znw] Heiland, Messias

messuage /'meswɪdʒ/ [znw] opstal en grond

mess-up [znw] warboel

messy /'mesɪ/ [bnw] vuil, rommelig, verward

met /met/ verl. tijd + volt. deelw. → meet

metabolic /metə'bɒlɪk/ [bnw] • stofwisselings- • gedaanteverwisselend

metabolism /mɪ'tæbəlɪzəm/ [znw] metabolisme,

M

stofwisseling

metage /'mi:tɪdʒ/ [znw] • 't meten • meetgeld

metal /'metl/ **I** [ov ww] • met metaal bedekken • verharden ‹v. weg› ⋆ a ~led road steenslagweg **II** [znw] • oorlogstuig • metaal • steenslag • ‹techn.› glasspecie

metallic /mɪ'tælɪk/ [bnw] metaal-, metalen, metaalachtig ⋆ ~ currency baar geld

metalliferous /metə'lɪfərəs/ [bnw] metaalhoudend

metallurgy /mɪ'tælədʒɪ/ [znw] metallurgie, metaalkunde

metals /'metlz/ [mv] rails, spoorstaven ⋆ leave the ~ ontsporen

metalwork /'metlwɜːk/ [znw] • metaalwerk • metaalbewerking

metamorphosis /metə'mɔːfəsɪs/ [znw] metamorfose, gedaanteverwisseling

metaphor /'metəfə:/ [znw] beeldspraak

metaphoric(al) /metə'fɒrɪkl/ [bnw] figuurlijk

metaphysical /metə'fɪzɪkl/ [bnw] metafysisch, bovennatuurlijk

metaphysics /metə'fɪzɪks/ [znw] metafysica

metcast /'metkɑ:st/ [znw] weersvoorspelling

mete /mi:t/ **I** [ov ww] ‹vero.› meten • (~ out) toemeten, toedienen **II** [znw] • maat • grens(paal)

meteor /'mi:tɪə/ [znw] meteoor ⋆ ~(ic) shower sterrenregen

meteoric /mi:tɪ'ɒrɪk/ [bnw] • meteoor- • als een komeet, bliksemsnel

meteorite /'mi:tɪəraɪt/ [znw] meteoriet, meteoorsteen

meteorologist /mi:tɪə'rɒlədʒɪst/ [znw] meteoroloog, weerkundige

meteorology /mi:tɪə'rɒlədʒɪ/ [znw] meteorologie, weerkunde

meter /'mi:tə/ **I** [ov ww] meten **II** [znw] • meetinstrument • ‹AE› meter ⋆ ~ maid vrouwelijke parkeerwacht

meterage /'mi:tərɪdʒ/ [znw] • het meten • aantal meters

metered /'mi:təd/ [bnw] ⋆ ~ area straten, enz. voorzien van parkeerautomaten ⋆ ‹AE› ~mail machinaal gefrankeerde post(stukken)

methane /'mi:θeɪn/ [znw] methaan(gas)

method /'meθəd/ [znw] • methode • regelmaat ⋆ there is ~ in his madness hij is niet zo gek als hij lijkt

methodic(al) /me'θɒdɪk(l)/ [bnw] methodisch

methodist /'meθədɪst/ [znw] iem. die methodisch te werk gaat

Methodistical /meθə'dɪstɪkl/ [bnw] methodistisch

methodize /'meθədaɪz/ [ov ww] methodisch rangschikken

methodology /meθə'dɒlədʒɪ/ [znw] methodeleer, methodologie

meths /meθs/ [mv] brandspiritus

methyl /'meθəl/ [znw] methyl

meticulous /mə'tɪkjʊləs/ [bnw] • angstvallig nauwkeurig, pietluttig • nauwgezet

metre /'mi:tə/ [znw] • metrum • meter

metric /'metrɪk/ [mv] [bnw] metriek

metrical /'metrɪkl/ [bnw] metrisch

metricate /'metrɪkeɪt/ [ov + on ww] aanpassen aan het tientallig stelsel, overgaan op het tientallig stelsel

metrication /metrɪ'keɪʃən/ [znw] • versificatie • → **metricate**

metricize /'metrɪsaɪz/ [on ww] overschakelen op het metrieke stelsel

metrics /'metrɪks/ [mv] metriek

metrification /metrəfɪ'keɪʃən/ [znw] versificatie

metronome /'metrənəʊm/ [znw] metronoom

metropolis /mə'trɒpəlɪs/ [znw] • wereldstad, hoofdstad • zetel v. aartsbisschop/metropoliet ⋆ the Metropolis Londen; ‹AE› New York

metropolitan /metrə'pɒlɪtn/ **I** [znw] • aartsbisschop, metropoliet • bewoner v. hoofd-/wereldstad **II** [bnw] • tot het moederland behorend • tot hoofd-/wereldstad behorend • aartsbisschoppelijk, v.d. metropoliet ⋆ Metropolitan railway de metro

mettle /'metl/ [znw] • aard • vuur, moed ⋆ I'll try your ~ ik zal je op de proef stellen ⋆ he was on his ~ hij deed zijn uiterste best

mettlesome /'metlsəm/ [bnw] vurig, moedig

Meuse /mɜːz/ [znw] Maas

mew /mjuː/ **I** [ov ww] opsluiten **II** [on ww] miauwen, krijsen **III** [znw] • meeuw • kooi ‹v. valken› • schuilplaats • gemiauw

mewl /mjuːl/ [on ww] • grienen • miauwen

mews /mjuːz/ [mv] • stallen, garages • woning(en) in voormalige stallen • ‹gesch.› koninklijke stallen ⋆ The Royal Mews de koninklijke stallen

Mexican /'meksɪkən/ **I** [znw] Mexicaan(se) **II** [bnw] Mexicaans

mezzanine /'metsəniːn/ [znw] • tussenverdieping • (eerste) balkon ‹toneel›

miaow /mɪ'aʊ/ **I** [on ww] miauwen **II** [znw] miauw

miasma /mɪ'æzmə/ [znw] miasma, ongezonde uitwaseming

miasmata /maɪ'æzmətə/ [mv] → **miasma**

mica /'maɪkə/ [znw] mica

mice /maɪs/ [mv] → **mouse**

mickey /'mɪkɪ/ [znw] ⋆ take the ~ (out of s.o.) (iem.) voor de gek houden

micro- /'maɪkrəʊ/ [voorv] • zeer klein • micro-, een miljoenste

microbe /'maɪkrəʊb/ [znw] microbe

microbiology /maɪkrəʊbaɪ'ɒlədʒɪ/ [znw] microbiologie

microcosm /'maɪkrəkɒzəm/ [znw] microkosmos

microelectronics /maɪkrəʊelek'trɒnɪks/ [znw] micro-elektronica

micron /'maɪkrɒn/ [znw] micron, eenmiljoenste meter

micro-organism /maɪkrəʊ'ɔ:gənɪzəm/ [znw] micro-organisme

microphone /'maɪkrəfəʊn/ [znw] microfoon

microprocessor /maɪkrəʊ'prəʊsesə/ [znw] microprocessor, microcomputer

microscope /'maɪkrəskəʊp/ [znw] microscoop

microscopic /maɪkrə'skɒpɪk/ [bnw] microscopisch

microwave /'maɪkrəweɪv/ [znw] ⋆ ~ (oven) magnetron(oven)

micturition /mɪktjʊ'rɪʃən/ [znw] • het urineren, mictie • herhaalde drang tot urineren

mid /mɪd/ **I** [bnw] midden **II** [vz] ‹form.› temidden van

mid-air [znw] ⋆ in ~ tussen hemel en aarde

midday /mɪd'deɪ/ [znw] 12 uur 's middags

midden /'mɪdn/ [znw] mesthoop, vuilnishoop

middle /'mɪdl/ **I** [ov + on ww] batten ‹bij cricket› **II** [on ww] • in 't midden plaatsen • ‹scheepv.› dubbelvouwen **III** [znw] • midden • middel ⋆ he died in the ~ of his work hij stierf terwijl hij aan het werk was ⋆ kick s.o. into the ~ of next week iem. een ongeluk trappen • the ~ of the road de gulden middenweg **IV** [bnw] midden(-), middel-, middelst ⋆ Middle Ages Middeleeuwen ⋆ Middle English Middel-Engels ⋆ Middle Kingdom Middenrijk ‹China› ⋆ ~ age/life middelbare leeftijd ⋆ ~ class bourgeoisie; middenstand; v.d.

burgerstand; burgerlijk ∗ ~ *course/way middenweg* ∗ ⟨scheepv.⟩ ~ *watch hondenwacht*

middle-aged/'mɪdl'eɪdʒd/ [bnw] v. *middelbare leeftijd*

middlebrow/'mɪdlbraʊ/ [bnw] *semi-intellectueel*

middleman/'mɪdlmæn/ [znw] *tussenpersoon*

middle-sized [bnw] v. *middelbare grootte*

middleweight/'mɪdlweɪt/ I [znw] ⟨sport⟩ *middengewicht* II [bnw] ∗ ~ *champion kampioen in het middengewicht*

middling/'mɪdlɪŋ/ I [bnw] *middelmatig, vrij goed* II [bijw] *tamelijk*

middlings/'mɪdlɪŋz/ [mv] *middelmaat, middelste kwaliteit*

middy/'mɪdɪ/ [znw] ∗ *matrozenbloes* ∗ ⟨AE⟩ *cadet* ∗ ⟨inf.⟩ *adelborst*

midfield/'mɪdfiːld/ [znw] *middenveld*

midge/mɪdʒ/ [znw] ∗ *mug* ∗ *dwerg*

midget/'mɪdʒɪt/ I [znw] ∗ *dwerg* ∗ *klein voorwerp, kleine race-/sportwagen* II [bnw] *miniatuur*

midland/'mɪdlənd/ I [znw] *centrum v.e. land, binnenland* II [bnw] *binnenlands, in het centrum v.e. land*

Mid-lent/mɪd'lent/ [znw] *halfvasten*

midlife/'mɪdlaɪf/ [znw] *middelbare leeftijd*

midmost/'mɪdməʊst/ [bnw] *precies in het midden*

midnight/'mɪdnaɪt/ I [znw] *middernacht* II [bnw] *middernachtelijk*

midpoint/'mɪdpɔɪnt/ [znw] *middelpunt*

midriff/'mɪdrɪf/ [znw] *middenrif*

midshipman/'mɪdʃɪpmən/ [znw] ∗ *adelborst* ∗ ⟨AE⟩ *cadet*

midship(s)/'mɪdʃɪp(s)/ [bijw] *midscheeps*

midst/mɪdst/ ⟨form.⟩ [znw] *midden* ∗ *in the ~ of temidden van*

midsummer/mɪd'sʌmə/ [znw] *midzomer* ∗ *Midsummer('s) Day midzomerdag* ∗ ~ *holiday zomervakantie* ∗ ~ *madness volslagen krankzinnigheid*

midterm/'mɪdtɜːm/ [znw] *midden v.e. academisch trimester/politieke ambtstermijn*

midway/'mɪdweɪ/ I [znw] ⟨AE⟩ *amusementsafdeling ⟨op expositie⟩* II [bijw] *halverwege*

midweek/'mɪdwiːk/ [znw] *het midden v.d. week*

midwife/'mɪdwaɪf/ [znw] *vroedvrouw*

midwifery/'mɪdwɪfəri/ [znw] *verloskunde*

midwinter/mɪd'wɪntə/ [znw] *midwinter ⟨rond 21 dec⟩*

mien/miːn/ ⟨form.⟩ [znw] *houding, manier v. doen, gelaatsuitdrukking*

miff/mɪf/ I [ov ww] ∗ *be miffed de pest in hebben* ∗ *be miffed at/with z. nijdig maken over/op* II [znw] ∗ *ruzietje* ∗ *kwade bui*

might/maɪt/ I [hww] ∗ *what he said horrified me, as well it ~ wat hij zei vervulde mij met afschuw, en terecht o.v.t.* → **may** II [znw] *kracht, macht* ∗ *with ~ and main uit alle macht*

might-have-been/'maɪtəvbiːn/ [znw] *gemiste kans*

mightily/'maɪtɪli/ [bijw] *erg, geweldig, zeer*

mightiness/'maɪtɪnəs/ [znw] *macht* ∗ *your High Mightiness Uw Hoogmogende*

mighty/'maɪti/ I [bnw] *machtig, geweldig* ∗ ~ *works wonderwerken* II [bijw] ⟨inf.⟩ *zeer, verbazend* ∗ ~ *easy een peulenschil*

mignonette/mɪnjə'net/ [znw] ∗ *soort kant* ∗ ⟨plant⟩ *reseda*

migraine/'miːɡreɪn/ [znw] *migraine*

migrant/'maɪɡrənt/ I [znw] ∗ *migrant, zwerver* ∗ *trekvogel* II [bnw] *migrerend, zwervend, trek-*

migrate/maɪ'ɡreɪt/ [on ww] ∗ *migreren, verhuizen*

∗ *trekken ⟨v. vogels⟩*

migration/maɪ'ɡreɪʃən/ [znw] ∗ *verhuizing, migratie* ∗ *trek*

migratory/'maɪɡrətəri/ [bnw] *migrerend, trekkend, zwervend, trek-*

mike/maɪk/ I [on ww] *luieren* II [znw] ∗ *geluier* ∗ *microfoon* ∗ *Mike Michael;⟨scherts⟩ Ier* ∗ *on the mike luierend*

milady/mɪ'leɪdi/ [znw] *milady*

milage/'maɪlɪdʒ/ → **mileage**

milch/mɪltʃ/ [bnw] *melkgevend* ∗ ~ *cow melkkoe ⟨ook fig.⟩*

mild/maɪld/ [bnw] ∗ *mild, zacht* ∗ *zachtwerkend ⟨v. geneesmiddel⟩* ∗ *kalm en warm ⟨v. weer⟩* ∗ *licht ⟨v. bier, tabak⟩* ∗ *gematigd* ∗ *onschuldig ⟨v. ziekte⟩* ∗ *mild attempt zwakke poging* ∗ *put it mildly het zacht uitdrukken* ∗ *they were mildly amused ze waren lichtelijk geamuseerd*

mildew/'mɪldjuː/ I [ov + on ww] ⟨doen⟩ *schimmelen* II [znw] *meeldauw ⟨schimmel⟩, schimmel*

mildewy/'mɪldjuːɪ/ [bnw] *beschimmeld*

mild-spoken [bnw] *vriendelijk en verzachtend*

mile/maɪl/ [znw] ∗ *mijl ⟨1609 m.⟩* ∗ *wedloop over afstand van 1 mijl* ∗ ~ *miles away mijlen ver weg* ∗ *nautical mile zeemijl ⟨1853 m.⟩*

mileage/'maɪlɪdʒ/ [znw] ∗ *afgelegde afstand in mijlen* ∗ *kosten per mijl*

milepost, milestone/'maɪlpəʊst/ [znw] *mijlpaal ⟨ook fig.⟩*

militancy/'mɪlɪtnsɪ/ [znw] *strijd⟨lust⟩*

militant/'mɪlɪtnt/ I [znw] *militant persoon* II [bnw] *strijdend, strijdlustig, strijdbaar*

militarism/'mɪlɪtərɪzəm/ [znw] *militarisme*

militarize/'mɪlɪtəraɪz/ [ov ww] *militariseren*

military/'mɪlɪtəri/ I [znw] *soldaten, leger* II [bnw] *militair* ∗ *militarily this is impossible vanuit militair oogpunt bekeken kan dit niet* ∗ ~ *band militaire kapel* ∗ ~ *chest oorlogskas* ∗ ~ *fever buiktyfus* ∗ ~ *man soldaat* ∗ ~ *officer officier*

militate/'mɪlɪteɪt/ [on ww] *strijden* ∗ ⟨~ **against**⟩ *pleiten tegen*

militia/mɪ'lɪʃə/ [znw] ∗ *militie, burgerwacht* ∗ *landweer*

militiaman/mɪ'lɪʃəmən/ [znw] *lid v.d. burgerwacht*

milk/mɪlk/ I [ov ww] ∗ *melken* ∗ *onttrekken, ontlokken ⟨uit⟩melken* ∗ *aftappen ⟨v. telefoon⟩* ∗ *milk the ram/bull vergeefse moeite doen* II [on ww] *melk geven* III [znw] *melk* ∗ *it's no use crying over spilt milk gedane zaken nemen geen keer* ∗ *milk bar melksalon* ∗ *milk churn melkbus* ∗ *milk for babies kinderkost ⟨fig.⟩* ∗ *milk of human kindness menselijke goedheid* ∗ *milk tooth melktand*

milk-and-water [bnw] *zouteloos, zacht, week*

milker/'mɪlkə/ [znw] ∗ *melk(st)er* ∗ *melkkoe*

milk-float [znw] *melkwagen*

milkmaid/'mɪlkmeɪd/ [znw] *melkmeisje*

milkman/'mɪlkmən/ [znw] *melkboer*

milkshake [znw] *milkshake*

milksop/'mɪlksɒp/ [znw] *melkmuil*

milky/'mɪlkɪ/ [bnw] ∗ *melkachtig* ∗ *troebel* ∗ *verwijfd* ∗ *teder* ∗ *the Milky Way de Melkweg*

mill/mɪl/ I [ov ww] ∗ *vollen* ∗ *malen* ∗ *frezen* ∗ *kartelen* ∗ *kloppen* ∗ *slaan, afranselen* ∗ *milling machine freesbank* II [on ww] *steeds rondlopen* ∗ ⟨~ **about** krioelen, ⟨ordeloos⟩ rondlopen ∗ ⟨~ **about/around**⟩ krioelen III [znw] ∗ *molen* ∗ *fabriek* ∗ ⟨maal⟩machine ∗ ⟨inf.⟩ *bokswedstrijd* ∗ ⟨AE⟩ *1/1000 dollar* ∗ *mill hand molenaarsknecht; werknemer* ∗ *mill owner fabrikant* ∗ *put s.o.*

M

through the mill *iem. doorzagen* ★ *that's the run of the mill* zo gaat het nu eenmaal (altijd) ★ *they have been through the mill* ze kennen het klappen van de zweep

millenary/mɪˈlenəri/ I [znw] • millennium • tijd v. grote voorspoed • iem. die gelooft in het duizendjarig vrederijk II [bnw] • duizendjarig • gelovend in het duizendjarig vrederijk

millenial/mɪˈlenɪəl/ [znw] 1000-jarig Godsrijk

millennium/mɪˈlenɪəm/ [znw] • millennium • duizendjarig vrederijk

millepede/ˈmɪləpiːd/ [znw] • duizendpoot • pissebed

miller/ˈmɪlə/ [znw] • molenaar • meikever ★ *drown the ~ te veel geven; te veel doen*

millesimal/mɪˈlesɪml/ I [znw] 1000ste deel II [bnw] • 1000ste • 1000-delig

millet/ˈmɪlɪt/ [znw] gierst

milli-/ˈmɪlɪ/ [voorv] milli-, een duizendste

milliard/ˈmɪljəd/ [znw] • miljard • ⟨AE⟩ tien miljoen

milligram(me)/ˈmɪlɪgræm/ [znw] milligram

millilitre/ˈmɪlɪliːtə/ [znw] milliliter

millimetre/ˈmɪlɪmiːtə/ [znw] millimeter

milliner/ˈmɪlɪnə/ [znw] modiste ★ *he is a man ~ hij is met allerlei beuzelarijen bezig*

millinery/ˈmɪlɪnəri/ [znw] • hoedenmaken, hoedenzaak, dameshoeden • opschik

milling/ˈmɪlɪŋ/ [bnw] ★ *~ business (graan)maalderij*

million/ˈmɪljən/ [znw] miljoen ★ *the ~ het overgrote deel ⟨v.d. bevolking⟩; de massa*

millionaire/mɪljəˈneə/ [znw] miljonair

millionth/ˈmɪljənθ/ [telw] miljoenste

millipede/ˈmɪlɪpiːd/ [znw] duizendpoot

millrace/ˈmɪlreɪs/ [znw] molentocht ★ *like a ~ kalm (bijv. van de zee)*

millstone/ˈmɪlstəʊn/ [znw] molensteen ★ *between upper and nether ~ tussen twee vuren* ★ *you can see through/far into a ~ jij hebt de wijsheid in pacht*

millwright/ˈmɪlraɪt/ [znw] molenbouwer

milt/mɪlt/ I [ov ww] bevruchten II [znw] • milt • hom

milter/ˈmɪltə/ [znw] mannetjesvis

mime/maɪm/ I [ov ww] • door gebaren voorstellen • nabootsen II [znw] • gebarenspel • mimespeler • hansworst • nabootser

mimeograph/ˈmɪmɪəgrɑːf/ I [ov + on ww] stencilen, kopiëren II [znw] • mimeograaf, kopieer-/stencilmachine • stencil, kopie

mimetic/mɪˈmetɪk/ [bnw] • nabootsend • nagebootst

mimic/ˈmɪmɪk/ I [ov ww] nabootsen, na-apen II [znw] • mimespeler • nabootser, na-aper III [bnw] • nabootsend • nagebootst, schijn- ★ *~ art mimiek*

mimicry/ˈmɪmɪkri/ [znw] • mimiek • nabootsing, na-aperij • ⟨bio.⟩ mimicry

minacious/mɪˈneɪʃəs/ [bnw] dreigend

minar/mɪˈnɑː/ [znw] • vuurtoren • torentje

minatory/ˈmɪnətəri/ [bnw] dreigend

mince/mɪns/ I [ov ww] • fijnhakken • vergoelijken ★ *~d meat gehakt* ★ *mincing machine vleesmolen* ★ *they don't ~ matters ze nemen geen blad voor de mond* II [on ww] gemaakt lopen/spreken III [znw] gehakt ⟨vlees⟩

mincemeat/ˈmɪnsmiːt/ [znw] zoete pasteivulling ★ *make ~ of in mootjes hakken; ontzenuwen ⟨v. argumenten⟩*

mincer/ˈmɪnsə/ [znw] • vleesmolen • geaffecteerd iem.

mincing(ly)/ˈmɪnsɪŋ(li)/ [bnw + bijw]

• vergelijkend • geaffecteerd

mind/maɪnd/ I [ov ww] • geven om, er op tegen hebben • denken om, in acht nemen • zorgen voor, bedienen ⟨machine⟩ ★ *I shouldn't mind a cup of tea een kopje thee gaat er wel in* ★ *could you mind the shop? wil jij op de winkel letten?* ★ *mind your eye! pas op!* ★ *mind your own business bemoei je met je eigen zaken* ★ *never mind his friend maak je maar geen zorgen over zijn vriend; stoor je niet aan zijn vriend* ★ *would you mind telling me? zou je het me willen vertellen?* II [on ww] bezwaren hebben ★ *mind (you)! let wel; denk erom!* ★ *never mind dat doet er niet toe* • (*~ out* (for)) oppassen (voor) III [znw] • herinnering • mening, gedachten • geest, ziel, verstand • aandacht ★ *zin* ★ *I have given him a piece of my mind ik heb hem eens goed gezegd waar het op staat* ★ *I have told him my mind ik heb hem eens goed gezegd waar het op staat* ★ *I'll put you in mind of it ik zal je er wel aan herinneren* ★ *I'm in two minds about it ik twijfel nog; ik kan (nog) niet beslissen* ★ *call to mind z. herinneren; herinneren aan* ★ *ease s.o.'s mind iem. geruststellen* ★ *has he lost his mind? heeft hij zijn verstand verloren?* ★ *he is not in his right mind hij is niet helemaal bij zinnen* ★ *he's out of his mind hij is niet goed bij zijn verstand* ★ *she set her mind on becoming a nurse ze had haar zinnen erop gezet om verpleegkundige te worden* ★ *since time out of mind sinds onheuglijke tijden* ★ *that's a load off my mind dat is een pak van mijn hart* ★ *they are of one/like/the same mind zij zijn het met elkaar eens* ★ *to my mind volgens mij; naar mijn gevoel* ★ *we have no mind to go we hebben geen zin om te gaan* ★ *will you bear this in mind wil je hier om denken* ★ *with the mind's eye in de geest*

mind-blowing [bnw] • hallucinogeen • geestverruimend

mind-boggling/ˈmaɪndbɒglɪŋ/ [bnw] hoogst verwonderlijk

minded/ˈmaɪndɪd/ I [bnw] geneigd, van zins II [in samenst] aangelegd, -bewust, -gezind, georiënteerd ★ *be theatre-~ veel v.h. toneel houden*

mindending/ˈmaɪndendɪŋ/ [bnw] • hallucinogeen • absoluut onbegrijpelijk

minder/ˈmaɪndə/ [znw] • bediener ⟨v. machine⟩ • verzorger, oppas

mind-expanding [bnw] bewustzijnsverruimend

mindful/ˈmaɪndfʊl/ [bnw] • indachtig • voorzichtig ★ *be ~ of goed in gedachten houden*

mindless/ˈmaɪndləs/ [bnw] • dwaas • onbedachtzaam • ⟨form.⟩ geestloos ★ *~ of niet lettend op*

mindlower/ˈmaɪndləʊə/ [znw] • druggebruiker • extatische ervaring

mine/maɪn/ I [ov ww] ondermijnen, winnen, ontginnen II [on ww] • graven ⟨v. onderaardse gang⟩ • mijnen leggen • in mijn werken III [znw] • mijn • bron ⟨fig.⟩ • ijzererts IV [bez vnw] • de/het mijne, van mij • de mijnen ★ *me and mine ik en mijn familie*

minefield/ˈmaɪnfiːld/ [znw] mijnenveld

minelayer/ˈmaɪnleɪə/ [znw] mijnenlegger

mineral/ˈmɪnərəl/ I [znw] mineraal, delfstof II [bnw] mineraal ★ *~ jelly vaseline* ★ *~ kingdom delfstoffenrijk* ★ *~ water mineraalwater*

mineralogy/mɪnəˈrælədʒi/ [znw] mineralogie

minesweeper/ˈmaɪnswiːpə/ [znw] mijnenveger

mingle/ˈmɪŋgl/ [ov + on ww] ⟨z.⟩ (ver)mengen • (*~ with*) meedoen met, z. begeven onder

mingy/ˈmɪndʒi/ [bnw] gierig, krenterig

mini/'mını/ I [znw] • klein voorwerp • minirok
• mini ‹auto› II [in samenst] kort, miniatuur-,
klein

miniate/'mınıeıt/ [ov ww] • meniën • verluchten

miniature/'mınıtʃə/ I [ov ww] in miniatuur
voorstellen II [znw] miniatuurportret • in ~ op
kleine schaal III [bnw] klein, op kleine schaal

miniaturist/'mınatʃərıst/ [znw] miniatuurschilder

minibus/'mınıbʌs/ [znw] minibus

minicab/'mınıkæb/ [znw] alleen telefonisch te
bestellen taxi

minicar/'mınıka:/ [znw] miniauto

minify/'mınıfaı/ [ov ww] verkleinen

minikin/'mınıkın/ I [znw] schepseltje II [bnw]
• klein • geaffecteerd, gemaakt

minim/'mınım/ [znw] • druppel • halve noot
• klein/zeer nietig wezen

minima/'mınımə/ [mv] minima

minimal/'mınıml/ [bnw] minimaal

minimize/'mınımaız/ [ov ww] • vergoelijken
• onderwaarderen • verkleinen

minimum/'mınıməm/ [znw] minimum ∗ bare ~
het allernoodzakelijkste

mining/'maınıŋ/ [znw] mijnbouw ∗ ~ engineer
mijnbouwkundig ingenieur ∗ ~ industry
mijnindustrie

minion/'mınjən/ [znw] • lieveling, gunsteling
• slaafse volgeling • mignon ∗ ~ of fortune
gelukskind ∗ ~s of the law gerechtsdienaren

miniskirt/'mınıskз:t/ [znw] minirok(je)

minister/'mınıstə/ I [ov ww] • toedienen
• verschaffen II [on ww] • (~ to) hulp verlenen,
bedienen, bijdragen tot, bevredigen III [znw]
• minister • dienaar • gezant ‹beneden rang v.
ambassadeur› • predikant ∗ Minister of State
onderminister; staatssecretaris

ministerial/mını'stıərıəl/ [bnw] • uitvoerend
• predikants- • ministerieel

ministration/mını'streıʃən/ [znw] • geestelijke
bijstand • hulp, bijstand

ministry/'mınıstrı/ [znw] • geestelijkheid
• bediening, verzorging • ministerschap
• ministerie, kabinet

minium/'mınıəm/ [znw] menie

miniver/'mınıvə/ [znw] hermelijnbont, wit bont

mink/mıŋk/ [znw] • nerts • nerts-/bontmantel

minnow/'mınəʊ/ [znw] witvis, voorn

minor/'maınə/ I [on ww] • (~ in) als bijvak
nemen II [znw] • minderjarige • minor ‹in
sluitrede› • minderbroeder • mineur ∗ ‹AD bijvak,
keuzevak III [bnw] • minder, klein(er),
minderjarig, junior • klaveren/ruiten ‹bridge›,
lage kleur ‹bridge› ∗ ‹muz.› mineur ∗ in a ~ key
in mineurstemming

Minorite/'maınəraıt/ [znw] minderbroeder

minority/maı'norıtı/ [znw] • minderheid
• minderjarigheid

minster/'mınstə/ [znw] • kloosterkerk
• kathedraal

minstrel/'mınstrəl/ [znw] • minstreel
• negerzanger

minstrelsy/'mınstrəlsı/ [znw] • minstreelkunst
• minstreelgroep • minstreelpoëzie

mint/mınt/ I [ov ww] • munten & uitvinden,
fabriceren ∗ he is minting money hij verdient
geld als water II [znw] • munt
‹gebouw/instelling› • ‹plant.› munt ∗ a mint of
money een bom geld ∗ mint of pepermuntje
∗ mint sauce kruizemuntsaus III [bnw]
• ongeschonden • volmaakt ∗ in mint condition
zo goed als nieuw

minuend/'mınjʊend/ [znw] aftrektal

minuet/'mınjʊ'et/ [znw] menuet

minus/'maınəs/ I [znw] minteken II [bnw]
• min(us), negatief • ‹scherts› zonder ∗ ~ sign
minteken

minuscule/'mınəskju:l/ I [znw] kleine letter
II [bnw] piepklein

minute I [ov ww] /'mınıt/ • notuleren • ontwerpen,
'n concept maken van, noteren II [znw] /'mınıt/
• minuut • ogenblik • memorandum, concept ∗ ~
hand grote wijzer ∗ punctual to the ~ op de
minuut af ∗ the ~ (that) I arrived zodra ik
aankwam III [bnw] /maı'nju:t/ • zeer klein, nietig
• zeer nauwkeurig, minutieus

minutely [bijw] • /maı'nju:tlı/ zeer klein,
minutieus • /'mınıtlı/ iedere/per minuut

minuteness/maı'nju:tnəs/ [znw] • nietigheid
• uiterste nauwkeurigheid, pietluttigheid

minutes/'mınıts/ [mv] notulen

minutia(e)/maı'nju:ʃi:/ [mv] • bijzonderheden
• kleinigheden

minx/mıŋks/ [znw] brutale meid

miracle/'mırəkl/ [znw] wonder ∗ I can't work ~s
ik kan geen wonderen doen ∗ he succeeded to a ~
hij slaagde wonderbaarlijk goed ∗ ~ monger zgn.
wonderdoener ∗ ~ play mirakelspel

miraculous/mı'rækjʊləs/ [bnw] miraculeus,
wonderbaarlijk

mirage/'mıra:ʒ/ [znw] • luchtspiegeling • waan

mire/maıə/ I [ov ww] • in de modder laten zakken
• in moeilijkheden brengen • besmeuren
II [on ww] • in de modder zakken • in
moeilijkheden komen III [znw] modder, slijk
∗ find o.s. in the mire z. in moeilijkheden
bevinden

mirky/'mз:kı/ [bnw] duister, somber

mirror/'mırə/ I [ov ww] afspiegelen, weerkaatsen
II [znw] • spiegel • afspiegeling ∗ ~ image
spiegelbeeld

mirth/mз:θ/ [znw] vrolijkheid

mirthful/'mз:θʊl/ [bnw] vrolijk

mirthless/'mз:θləs/ [bnw] vreugdeloos, triest,
somber

miry/'maıərı/ [bnw] modderig, smerig

mis-/mıs/ [voorv] mis-, slecht ∗ misunderstand
verkeerd begrijpen

misadventure/mısəd'ventʃə/ [znw] tegenspoed,
ongeluk ∗ death/homicide by ~ onwillige
manslag

misalliance/mısə'laıəns/ [znw] mesalliance,
ongelukkige verbintenis

misanthrope/'mısənθrəʊp/ [znw] misantroop,
mensenhater, mensenschuw persoon

misanthropic/mısən'θropık/ [bnw]
misantropisch

misanthropy/mı'sænθrəpı/ [znw] misantropie

misapplication/mısæplı'keıʃən/ [znw]
verkeerde/onjuiste toepassing

misapply/mısə'plaı/ [ov ww] • verkeerd gebruiken
• malversatie plegen

misapprehend/mısæprı'hend/ [ov ww] verkeerd
begrijpen

misapprehension/mısæprı'henʃən/ [znw]
misverstand

misappropriate/mısə'prəʊprıeıt/ [ov ww] z.
wederrechtelijk toe-eigenen, verduisteren

misbegotten/mısbı'gotn/ [bnw] • gemeen, slecht
• onecht, bastaard-

misbehave/mısbı'heıv/ [ov + on ww] z.
misdragen

misbehaviour/mısbı'heıvjə/ [znw] wangedrag

misbelief/mısbı'li:f/ [znw] • ketterij • misvatting

misbeliever/'mısbəli:və/ [znw] ketter, ongelovige

misc. /[afk] • (miscellaneous) *gemengd*

miscalculate /mɪsˈkælkjʊleɪt/ **I** [ov ww] *verkeerd berekenen* **II** [on ww] *z. misrekenen*

miscalculation /mɪskælkjʊˈleɪʃən/ [znw] *misrekening, rekenfout*

miscarriage /ˈmɪskærɪdʒ/ [znw] • *het verloren gaan* ‹v. verzendingen› • *miskraam* • *mislukking* ∗ ~ *of justice rechterlijke dwaling*

miscarry /mɪsˈkærɪ/ [on ww] • *mislukken, niet slagen* • *een miskraam krijgen* • *verloren gaan* ‹v. verzendingen›

miscast /mɪsˈkɑːst/ [ov ww] *een niet-passende rol geven* ‹bij film/theater›

miscegenation /mɪsɪdʒɪˈneɪʃən/ [znw] *rassenvermenging*

miscellanea /mɪsəˈleɪnɪə/ [mv] • *gemengde collectie* • *gemengde berichten* ‹in krant›, *letterkundige mengeling*

miscellaneous /mɪsəˈleɪnɪəs/ [bnw] • *gemengd* • *veelzijdig*

miscellany /mɪˈselənɪ/ [znw] • *mengeling* • *verhandelingen op allerlei gebied*

mischance /mɪsˈtʃɑːns/ [znw] *ongeluk* ∗ by ~ *ongelukkigerwijs*

mischief /ˈmɪstʃɪf/ [znw] • *streken* • *plaaggeest, rakker, onheilstoker* • *ondeugendheid* • *onheil, kwaad* • ‹inf.› *duivel* ∗ do ~ *kattenkwaad uithalen* ∗ make ~ *onrust stoken* ∗ out of ~ *uit moedwil* ∗ the ~ *of it is 't vervelende van het geval is* ∗ what the ~ *are you driving at? wat voor de drommel wil je toch?*

mischief-maker [znw] *onruststoker*

mischievous /ˈmɪstʃɪvəs/ [bnw] • *ondeugend* • *boosaardig*

miscible /ˈmɪsɪbl/ [bnw] (ver)mengbaar

misconceive /mɪskənˈsiːv/ [ov + on ww] • *verkeerd begrijpen* • *een verkeerde opvatting hebben* ∗ their whole plan was ~d *hun plan deugde niet*

misconception /mɪskənˈsepʃən/ [znw] *verkeerd begrip, dwaling*

misconduct I [ov ww] /mɪskənˈdʌkt/ *slecht beheren* **II** [on ww] /mɪskənˈdʌkt/ • *z. misdragen* • *overspel plegen* **III** [znw] /mɪsˈkɒndʌkt/ • *wangedrag* • *wanbeheer* • *overspel*

misconstruction /mɪskənˈstrʌkʃən/ [znw] *verkeerde interpretatie*

misconstrue /mɪskənˈstruː/ [ov ww] *verkeerd interpreteren*

miscount I [ov ww] /mɪsˈkaʊnt/ *verkeerd tellen* **II** [on ww] /mɪsˈkaʊnt/ *z. vertellen* **III** [znw] /ˈmɪskaʊnt/ *verkeerde telling*

miscreant /ˈmɪskrɪənt/ **I** [znw] *onverlaat* **II** [bnw] *verdorven*

misdeal /mɪsˈdiːl/ [ov ww] *fout delen* ‹bij kaartspel›

misdeed /mɪsˈdiːd/ [znw] *wandaad, misdaad*

misdemeanour /mɪsdɪˈmiːnə/ [znw] • *misdrijf* • *wangedrag*

misdirect /mɪsdaɪˈrekt/ [ov ww] • *verkeerd leiden/richten* • *verkeerd inlichtingen geven*

misdoing /mɪsˈduːɪŋ/ [znw] *misdaad, onrecht*

miser /ˈmaɪzə/ [znw] • *potboor* • *gierigaard, vrek*

miserable /ˈmɪzərəbl/ [bnw] *ellendig, miserabel, armzalig*

miserly /ˈmaɪzəlɪ/ [bnw + bijw] *gierig, vrekkig*

misery /ˈmɪzərɪ/ [znw] • *ellende* • *misère* ‹kaartspel› • *zeurpiet*

misfeasance /mɪsˈfiːzəns/ [znw] • *overtreding* • *machtsmisbruik*

misfire /mɪsˈfaɪə/ **I** [on ww] • *ketsen* ‹v. geweer› • *weigeren* ‹v. motor› ∗ things ~d *het mislukte* **II** [znw] *ketsschot*

misfit I [on ww] /mɪsˈfɪt/ *niet passen* **II** [znw] /ˈmɪsfɪt/ • *niet passend kledingstuk* • *buitenbeentje, mislukkeling in de maatschappij* **III** [bnw] /ˈmɪsfɪt/ • *niet passend* ‹v. kledingstuk› • *ongeschikt*

misfortune /mɪsˈfɔːtʃən/ [znw] • *ongeluk, tegenslag* • *buitenbeentje* ‹onecht kind› ∗ ~s never come singly *een ongeluk komt nooit alleen*

misgiving /mɪsˈgɪvɪŋ/ [znw] *twijfel, angstig voorgevoel, wantrouwen*

misgovern /mɪsˈgʌvən/ [ov ww] *slecht besturen*

misguide /mɪsˈgaɪd/ [ov ww] *misleiden* ‹fig.›, *op een dwaalspoor brengen* ‹fig.›

misguided /mɪsˈgaɪdɪd/ [bnw] • *misleid* • *misplaatst*

mishap /ˈmɪshæp/ [znw] *ongeluk(je)*

mishear /mɪsˈhɪə/ [ov ww] *verkeerd horen*

mishmash /ˈmɪʃmæʃ/ [znw] *mengelmoes*

misinform /mɪsɪnˈfɔːm/ [ov ww] *verkeerd inlichten*

misinterpret /mɪsɪnˈtɜːprɪt/ [ov ww] *verkeerd interpreteren, verkeerd uitleggen*

misinterpretation /mɪsɪntɜːprɪˈteɪʃən/ [znw] *verkeerde interpretatie*

misjudge /mɪsˈdʒʌdʒ/ [ov + on ww] • *verkeerd (be)oordelen* • *z. vergissen (in)*

mislay /mɪsˈleɪ/ [ov ww] *op verkeerde plaats leggen, zoek maken*

mislead /mɪsˈliːd/ [ov ww] *misleiden*

misleading /mɪsˈliːdɪŋ/ [bnw] • *misleidend* • *bedrieglijk*

mismanage /mɪsˈmænɪdʒ/ [ov ww] *verkeerd besturen, verkeerd beheren, verkeerd aanpakken*

mismanagement /mɪsˈmænɪdʒmənt/ [znw] *wanbestuur, wanbeheer*

mismatch I [ov ww] /mɪsˈmæts/ *verkeerd samenvoegen, een ongeschikt huwelijk doen aangaan* ∗ ~ed *colours slecht passende/vloekende kleuren* **II** [znw] /ˈmɪsmætʃ/ • *verkeerde combinatie* ‹bij huwelijk› • *wanverhouding*

misname /mɪsˈneɪm/ [ov ww] *een verkeerde naam geven*

misnomer /mɪsˈnəʊmə/ [znw] *verkeerde benaming* ∗ by ~ *called abusievelijk genoemd*

misogynist /mɪˈsɒdʒənɪst/ [znw] *vrouwenhater*

misplace /mɪsˈpleɪs/ [ov ww] *misplaatsen*

misprint I [ov ww] /mɪsˈprɪnt/ *foutief drukken* **II** [znw] /ˈmɪsprɪnt/ *drukfout*

misprision /mɪsˈprɪʒən/ [znw] *verzuim* ∗ ~ of treason *verheling v. hoogverraad*

misprize /mɪsˈpraɪz/ [ov ww] • *minachten* • *onderschatten*

mispronounce /mɪsprəˈnaʊns/ [ov ww] *verkeerd uitspreken*

mispronunciation /mɪsprənʌnsɪˈeɪʃən/ [znw] *verkeerde uitspraak*

misproportion /mɪsprəˈpɔːʃən/ [znw] *wanverhouding*

misquote /mɪsˈkwəʊt/ [ov + on ww] *onjuist aanhalen*

misread /mɪsˈriːd/ [ov ww] • *verkeerd lezen* • *verkeerd interpreteren*

misrepresent /mɪsreprɪˈzent/ [ov ww] • *een verkeerde voorstelling geven van* • *slecht vertegenwoordigen*

misrepresentation /mɪsreprɪzenˈteɪʃən/ [znw] *onjuiste voorstelling*

misrule /mɪsˈruːl/ **I** [ov ww] *verkeerd besturen* **II** [znw] *wanbestuur*

miss /mɪs/ **I** [ov ww] *missen* ∗ I just missed arriving in time *ik kwam net te laat* ∗ you're missing my point *je begrijpt niet wat ik bedoel* • (~ out) *overslaan* **II** [on ww] *falen, weigeren* ‹v.

motor⟩ • (~ **out** (on)) mislopen [znw]
• misstoot, misslag • gemis • (me)juffrouw • ⟨inf.⟩
miskraam ★ **Miss** Inquisitive nieuwsgierig Aagje
★ **Miss Nancy** verwijfd ventje ★ **a miss is as good
as a mile** net mis is ook mis ★ **a near miss** net
naast; op het kantje af ★ **a pert miss** ⟨een⟩
brutaaltje ★ **he gave the party a miss** hij ging
niet naar het feest ★ **missy** juffie ★ **the Miss
Macleans** de dames Maclean ★ ⟨vero.⟩ **the Misses
Maclean** de dames Maclean

missal /'mɪsəl/ [znw] missaal, misboek
misshapen /mɪs'ʃeɪpən/ [bnw] mismaakt,
misvormd
missile /'mɪsaɪl/ **I** [znw] • raket • projectiel
II [bnw] werp-
missing /'mɪsɪŋ/ [bnw] ontbrekend ★ ~ **link**
ontbrekende schakel ★ **the** ~ de vermisten ★ **there
is one leaf** ~ één blad is zoek/ontbreekt
mission /'mɪʃən/ [znw] • missie • roeping • ⟨AE⟩
gezantschap • ⟨AE⟩ **foreign** ~ ambassade
missionary /'mɪʃənəri/ **I** [znw] missionaris,
zendeling **II** [bnw] zend(el)ings-
missis /'mɪsɪz/ [znw] Mevrouw ⟨dienstbodentaal⟩
missive /'mɪsɪv/ ⟨form.⟩ [znw] schrijven, brief,
formeel bericht
misspell /mɪs'spel/ [ov ww] verkeerd spellen
misspend /mɪs'spend/ [ov ww] verkwisten
mist /mɪst/ **I** [ov ww] benevelen **II** [on ww]
• beneveld worden • misten **III** [znw] • mist, nevel
• waas ★ **Scotch mist** motregen ★ **he is in a mist**
hij is de kluts kwijt
mistake /mɪ'steɪk/ **I** [ov ww] verkeerd begrijpen ★ **I
mistook you for Mary** ik dacht dat je Marie was
★ **there's no mistaking this fact** dit staat nu
eenmaal vast **II** [on ww] z. vergissen **III** [znw]
fout, vergissing, dwaling ★ **and no** ~ daar kun je
van op aan; en of! ★ **by** ~ per abuis ★ **my** ~ mijn
fout; ik heb me vergist
mistaken /mɪ'steɪkən/ [bnw] • verkeerd, onjuist
• misplaatst ★ **be** ~ verkeerd begrepen worden; z.
vergissen
mistakenly /mɪ'steɪkənlɪ/ [bijw] abusievelijk
mister /'mɪstə/ **I** [ov ww] met meneer aanspreken
II [znw] • mijnheer • man zonder titel ★ **Mr Right**
de ware Jacob ★ **Mr Speaker!** Mijnheer de
voorzitter! ⟨v.h. Lagerhuis⟩
mistime /mɪs'taɪm/ [ov ww] op het verkeerde
ogenblik doen/zeggen
mistletoe /'mɪsəltəʊ/ [znw] maretak, vogellijm
mistook /mɪ'stʊk/ verl. tijd → **mistake**
mistreat /mɪs'triːt/ [ov ww] mishandelen
mistress /'mɪstrəs/ [znw] • meesteres • mevrouw
• vrouw des huizes • baas, hoofd • geliefde,
maîtresse • lerares, onderwijzeres ★ **Mistress of
the Robes** hofdame voor de garderobe
mistrial /mɪs'traɪəl/ [znw] nietig geding ⟨wegens
procedurefout⟩
mistrust /mɪs'trʌst/ **I** [ov ww] wantrouwen
II [znw] wantrouwen
mistrustful /mɪs'trʌstfʊl/ [bnw] wantrouwend
misty /'mɪstɪ/ [bnw] • mistig • vol tranen • vaag
• wazig, beslagen
misunderstand /mɪsʌndə'stænd/ [ov ww] • niet
begrijpen • verkeerd begrijpen
misunderstanding /mɪsʌndə'stændɪŋ/ [znw]
misverstand
misunderstood /mɪsʌndə'stʊd/ verl. tijd + volt.
deelw. → **misunderstand**
misusage /mɪs'juːsɪdʒ/ [znw] • mishandeling
• verkeerd gebruik ⟨vnl. taalgebruik⟩
misuse I [ov ww] /mɪs'juːz/ • misbruiken • verkeerd
gebruiken • mishandelen **II** [znw] /mɪs'juːs/

• misbruik • verkeerd gebruik • mishandeling,
slechte behandeling
mite /maɪt/ [znw] • penning • beetje, zier
• dreumes • kaasmijt ★ **a mite of a child** een
kleine dreumes ★ **he will also contribute his mite**
hij zal ook een duit in het zakje doen • ⟨inf.⟩ **not a
mite** helemaal niet; geen zier
miter, mitre /'maɪtə/ **I** [ov ww] • met mijter
tooien • in verstek maken, afschuinen **II** [znw]
• mijter • verstek ⟨timmerwerk⟩ • schoorsteenkap
mitigate /'mɪtɪgeɪt/ [ov ww] • kalmeren
• verlichten, verzachten • matigen ⟨v. straf⟩
mitigation /mɪtɪ'geɪʃən/ → **mitigate**
mitt /mɪt/ [znw] • handschoen • ⟨inf.⟩ hand
mitt(en) /mɪt(n)/ [znw] • want • vuisthandschoen
⟨als bij honkbal⟩ • ⟨sl./AE⟩ hand ★ **he got
the mitten** hij liep een blauwtje; hij kreeg zijn congé
★ ⟨sl.⟩ ~**s** bokshandschoenen
mix /mɪks/ **I** [ov ww] • (ver)mengen • kruisen ⟨v.
dieren⟩ ★ **mix a drink** een drankje klaarmaken
• (~ **in**) (goed) vermengen • (~ **up**) verwarren,
door elkaar gooien **II** [on ww] z. (ver)mengen
★ **they don't mix well** ze kunnen niet goed met
elkaar overweg • (~ **with**) omgaan met, z.
aansluiten bij **III** [znw] mengeling, mengsel
mixed /mɪkst/ [bnw] gemengd, vermengd ★ **he got
~ up in it** hij raakte erbij betrokken ★ ~ **up in the
war**
mixer /'mɪksə/ [znw] • (keuken)mixer • menger
★ **he is a bad** ~ hij past zich niet gemakkelijk aan
mixture /'mɪkstʃə/ [znw] mengsel, mengeling
mix-up [znw] • mengsel • warboel • vechtpartij
miz(z)en /'mɪzn/ [znw] bezaan(smast)
mizzle /'mɪzəl/ **I** [on ww] • motregenen • er
tussenuit knijpen **II** [znw] motregen
mizzly /'mɪzlɪ/ [bnw] druilerig
mnemonic /nɪ'mɒnɪk/ [znw] geheugensteuntje,
ezelsbruggetje
moan /məʊn/ **I** [ov ww] betreuren **II** [on ww]
kreunen, jammeren **III** [znw] gekreun
moat /məʊt/ **I** [ov ww] met een gracht omgeven
II [znw] slotgracht
mob /mɒb/ **I** [ov ww] • opdringen naar • 't lastig
maken **II** [on ww] samenscholen **III** [znw]
• gepeupel • (wanordelijke) menigte • ⟨inf.⟩ kring,
kliek ★ **mob law** volksjustitie ★ **mob orator**
volksredenaar ★ **the mob** de maffia ★ **the swell
mob** de chique zakkenrollers
mob-cap /'mɒbkæp/ [znw] ⟨kanten⟩ muts
mobile I [znw] /məʊ'biːl/ mobile **II** [bnw]
/'məʊbaɪl/ • beweeglijk, mobiel • vlottend ⟨v.
kapitaal⟩ ★ ~ **police** motorpolitie
mobility /məʊ'bɪlɪtɪ/ [znw] mobiliteit,
beweeglijkheid
mobilization /məʊbɪlaɪ'zeɪʃən/ [znw] mobilisatie
mobilize /'məʊbɪlaɪz/ [ov ww] • mobiel maken,
mobiliseren • te gelde maken, in omloop brengen
⟨v. aandelen⟩
mobster /'mɒbstə/ ⟨AE⟩ [znw] bendelid, gangster
mock /mɒk/ **I** [ov ww] • de spot drijven met
• bedriegen • uitdagen • na-apen **II** [on ww] • (~
at) spotten met **III** [znw] • imitatie • ⟨vero.⟩
voorwerp v. spot • ⟨vero.⟩ bespotting **IV** [bnw]
zogenaamd, schijn-, onecht, vals ★ **mock combat**
spiegelgevecht ★ **mock exam(ination)**
proefexamen ★ **mock fight** spiegelgevecht ★ **mock
turtle** imitatie schildpadsoep
mocker /'mɒkə/ [znw] spotter
mockery /'mɒkərɪ/ [znw] • bespotting
• schijnvertoning
mockingbird /'mɒkɪŋbɜːd/ [znw] spotvogel
mockingly /'mɒkɪŋlɪ/ [bijw] spottend

M

mod /mod/ **I** [znw] • modieus persoon • jeugdige bandiet **II** [bnw] modern ∗ mod cons modern comfort

modal /ˈməʊdl/ [bnw] modaal

mode /məʊd/ [znw] • manier • gebruik • ⟨muz.⟩ toonaard/-geslacht

model /ˈmodl/ **I** [ov ww] modelleren, vormen, boetseren • (~ after/upon) vormen naar ∗ he ~led himself upon her hij nam haar tot voorbeeld **II** [on ww] als mannequin fungeren **III** [znw] • type • maquette, model • mannequin ∗ she stood ~ ze poseerde als model **IV** [bnw] • model- • voorbeeldig

modeller /ˈmodlə/ [znw] modelleur

moderate I [ov ww] /ˈmodəreɪt/ matigen **II** [on ww] /ˈmodəreɪt/ • bedaren, z. matigen • bemiddelen **III** [znw] /ˈmodərət/ gematigde **IV** [bnw] /ˈmodərət/ gematigd, matig

moderation /modəˈreɪʃən/ [znw] • matiging • matigheid, gematigdheid • in ~ met mate

moderator /ˈmodəreɪtə/ [znw] • voorz. v. universitaire examencommissie • bemiddelaar • moderator ⟨presbyteriaanse Kerk⟩

modern /ˈmodn/ **I** [znw] iem. v.d. moderne tijd **II** [bnw] modern, nieuw

modern-day [bnw] modern, hedendaags

modernism /ˈmodənɪzəm/ [znw] • modernisme • neologisme

modernist /ˈmodənɪst/ [znw] nieuwlichter

modernization /modənaɪˈzeɪʃən/ [znw] modernisering

modernize /ˈmodənaɪz/ **I** [ov ww] moderniseren **II** [on ww] z. aan de moderne tijd aanpassen

modest /ˈmodɪst/ [bnw] • bescheiden • ingetogen, zedig

modesty /ˈmodɪstɪ/ [znw] • bescheidenheid • zedigheid

modicum /ˈmodɪkəm/ [znw] een beetje, een weinig

modifiable /ˈmodɪfaɪəbl/ [bnw] te matigen, wijzigbaar

modification /modɪfɪˈkeɪʃən/ [znw] • wijziging • aanpassing

modify /ˈmodɪfaɪ/ [ov ww] • matigen • wijzigen • ⟨taalk.⟩ bepalen

modish /ˈməʊdɪʃ/ [bnw] modieus

modiste /məʊˈdiːst/ [znw] modiste

mods /modz/ [mv] eerste openbare kandidaatsexamen ⟨Oxford⟩

modulate /ˈmodjʊleɪt/ [ov ww] regelen, moduleren • (~ to) in overeenstemming brengen met

modulation /modjʊˈleɪʃən/ [znw] • modulatie • aanpassing

module /ˈmodjuːl/ [znw] • maatstaf, standaardmaat • onderdeel v. ruimtevaartuig • modulus

Mogul /ˈməʊgl/ **I** [znw] • Mongool • mogol • mogul invloedrijk persoon **II** [bnw] Mongools

Mohammedan /məˈhæmɪdən/ **I** [znw] mohammedaan **II** [bnw] mohammedaans

moiety /ˈmɔɪətɪ/ [znw] helft

moil /mɔɪl/ **I** [on ww] zwoegen **II** [znw] gezwoeg

moist /mɔɪst/ [bnw] vochtig, klam

moisten /ˈmɔɪsən/ **I** [ov ww] bevochtigen **II** [on ww] vochtig worden

moistness /ˈmɔɪstnəs/ [znw] vochtigheid

moisture /ˈmɔɪstʃə/ [znw] vocht(igheid)

moisturize /ˈmɔɪstʃəraɪz/ [ov ww] bevochtigen ∗ moisturizing cream vochtregulerende crème

moke /məʊk/ [znw] • ezel • artiest die diverse instrumenten bespeelt

molar /ˈməʊlə/ **I** [znw] kies **II** [bnw] • m.b.t. de maaltanden, maal- • massaal

molasses /məˈlæsɪz/ [znw] melasse, stroop

mold /məʊld/ → **mould**

mole /məʊl/ [znw] • moedervlek • haven(dam), pier • mol • ⟨inf.⟩ spion ∗ as blind as a mole stekeblind ∗ mole cast molshoop ∗ mole cricket veenmol

molecular /məˈlekjʊlə/ [bnw] moleculair

molecule /ˈmolɪkjuːl/ [znw] molecule

mole-eyed [bnw] • bijziende • blind

molehill /ˈməʊlhɪl/ [znw] molshoop ∗ make a mountain out of a ~ van een mug een olifant maken

moleskin /ˈməʊlskɪn/ [znw] • mollenvel • Engels leer ∗ ~s broek v. Engels leer

molest /məˈlest/ [ov ww] • lastig vallen • aanranden

molestation /məʊleˈsteɪʃən/ [znw] • het molesteren • hinder

moll /mol/ [znw] • snol • ⟨sl.⟩ vriendin/handlangster v.e. gangster ∗ Moll Mieke

mollification /molɪfɪˈkeɪʃən/ → **mollify**

mollify /ˈmolɪfaɪ/ [ov ww] vertederen, bedaren, matigen

mollusc /ˈmoləsk/ [znw] weekdier

mollycoddle /ˈmolɪkodl/ **I** [ov ww] vertroetelen **II** [znw] moederskindje

molt /məʊlt/ → **moult**

molten /ˈməʊltn/ **I** [ww] volt. deelw. → **melt** **II** [bnw] gesmolten

moment /ˈməʊmənt/ [znw] • ogenblik • belang ∗ I've seen him this ~ ik heb hem zoëven gezien ∗ a matter of great ~ een zaak van groot belang ∗ do it this ~ doe het onmiddellijk ∗ half a ~ een ogenblik(je) ∗ it is the ~ for it het is er het juiste ogenblik voor ∗ to the ~ op de seconde af

momentarily /ˈməʊməntərəlɪ/ [bijw] voor een ogenblik

momentary /ˈməʊməntərɪ/ [bnw] • gedurende een ogenblik • vluchtig

momently /ˈməʊməntlɪ/ [bijw] • ieder ogenblik • gedurende 'n ogenblik

momentous /məˈmentəs/ [bnw] gedenkwaardig, gewichtig, belangrijk

momentum /məˈmentəm/ [znw] • stuwkracht • ⟨techn.⟩ moment ∗ gather ~ aan kracht winnen

mom(ma) /momə/ ⟨AE⟩ [znw] ma(ma)

monarch /ˈmonək/ [znw] monarch, vorst

monarchic(al) /məˈnɑːkɪk(l)/ [bnw] monarchaal, vorstelijk

monarchy /ˈmonəkɪ/ [znw] monarchie

monastery /ˈmonəstərɪ/ [znw] klooster

monastic /məˈnæstɪk/ [bnw] klooster-

monasticism /məˈnæstɪsɪzəm/ [znw] kloosterleven, kloosterwezen

Monday /ˈmʌndɪ/ [znw] maandag

monetary /ˈmʌnɪtərɪ/ [bnw] monetair, financieel-, munt-

money /ˈmʌnɪ/ **I** [ov ww] te gelde maken **II** [znw] geld ∗ ⟨inf.⟩ A for my ~! geef mij maar A! ∗ I was out of ~ ik was blut ∗ cheap at the ~ goedkoop voor 't geld ∗ coin ~ geld munten; geld als water verdienen ∗ for ~ contant ∗ he wanted his ~'s worth hij wilde waar voor zijn geld ∗ in the ~ rijk ∗ make ~ geld verdienen ∗ ~ makes the mare to go geld is de ziel v.d. negotie; geld doet alle deuren open ∗ ~ market geldmarkt ∗ ~ order postwissel ∗ ~ talks je kunt zien waar het geld zit ∗ put ~ into investeren in ∗ that's not my ~ dat is niets voor mij ∗ they are made of ~ ze bulken van het geld ∗ this business is ~ for jam gauw/gemakkelijk verdiend geld

money-box /znw/ ● spaarpot ● collectebus
moneyed /'mʌnɪd/ [bnw] ● vermogend ● geldelijk, geld-
money-grubber /'mʌnɪɡrʌbə/ [znw] duitendief
money-grubbing /'mʌnɪɡrʌbɪŋ/ I [znw] inhaligheid II [bnw] schraperig
moneylender /'mʌnɪlendə/ [znw] geldschieter
money-maker [znw] winstgevende zaak, goudmijn(tje)
money-spinner [znw] goudmijntje
monger /'mʌŋɡə/ [znw] handelaar
mongrel /'mʌŋɡrəl/ I [znw] bastaard(hond), mormel II [bnw] bastaard-, v. gemengd ras
monies /'mʌnɪz/ [mv] gelden
moniker /'mɒnɪkə/ ‹sl.› [znw] naam
monition /mə'nɪʃən/ [znw] ● waarschuwing, vermaning ● dagvaarding
monitor /'mɒnɪtə/ I [ov ww] ● controleren ● verzorgen II [znw] ● mentor ● vermaner ● varaan ● iem. die radio-uitzendingen afluistert ● monitor ● begeleider, verpleger ‹in inrichting/tehuis› ● ‹scheepv.› monitor ● oudere leerling die de zorg heeft voor een jongere
monitory /'mɒnɪtərɪ/ I [znw] vermanend herderlijk schrijven, mandement II [bnw] waarschuwend, vermanend
monk /mʌŋk/ [znw] monnik
monkey /'mʌŋkɪ/ I [ov ww] ● na-apen ● bespotten, voor de gek houden II [on ww] ● (~ about) donderjagen, klooien ● (~ about/around) streken uithalen ● ~ about/around with rotzooien met III [znw] ● aap ● deugniet ● heiblok ∗ have a ~ on one's back verslaafd zijn aan drugs; 'n afkeer hebben van ∗ ~ business gesjoemel ∗ ~ jacket matrozenjekker ∗ ~ puzzle/tree apenboom ∗ ~ wrench bahco; Engelse sleutel ∗ she put his ~ up ze maakte hem nijdig ∗ suck the ~ uit de fles drinken
monkish /'mʌŋkɪʃ/ [bnw] monniken-, monnikachtig
mono /'mɒnəʊ/ [bnw] mono
monochromatic /mɒnəkrə'mætɪk/ [bnw] eenkleurig, monochromatisch
monochrome /'mɒnəkrəʊm/ I [znw] ● monochromie ● computerbeeldscherm/schilderij in verschillende tinten v. dezelfde kleur II [bnw] zwart-wit, monochroom
monocle /'mɒnək(ə)l/ [znw] monocle
monocular /mə'nɒkjʊlə/ [bnw] ● voor/van één oog ● eenoglig
monodial /'mɒnədaɪəl/ [bnw] met één knop ‹radio›
monody /'mɒnədɪ/ [znw] ● solozang ● klaagzang
monogamous /mə'nɒɡəməs/ [bnw] monogaam
monogamy /mə'nɒɡəmɪ/ [znw] monogamie
monogram /'mɒnəɡræm/ [znw] monogram
monograph /'mɒnəɡrɑːf/ [znw] monografie
monolith /'mɒnəlɪθ/ [znw] monoliet
monolithic /mɒnə'lɪθɪk/ [bnw] monolithisch
monologist, monologuist /mə'nɒlədʒɪst/ [znw] iem. die een monoloog houdt
monologue /'mɒnəlɒɡ/ [znw] monoloog, alleenspraak
monophonic /mɒnə'fɒnɪk/ [bnw] ● mono ● ‹muz.› homofoon
monoplane /'mɒnəpleɪn/ [znw] eendekker
monopolization /mənɒpəlaɪ'zeɪʃən/ [znw] monopolisering
monopolize /mə'nɒpəlaɪz/ [ov ww] ● monopoliseren ● totaal in beslag nemen
monopoly /mə'nɒpəlɪ/ [znw] monopolie
monosyllabic /mɒnəsɪ'læbɪk/ [bnw] eenlettergrepig

monosyllable /'mɒnəsɪləbl/ [znw] eenlettergrepig woord
monotone /'mɒnətəʊn/ I [ov ww] op één toon spreken/zingen II [znw] ● eentonigheid ● op één toon geuite achtereenvolgende klanken III [bnw] monotoon, eentonig
monotonous /mə'nɒtənəs/ [bnw] eentonig
monotony /mə'nɒtənɪ/ [znw] eentonigheid
monsoon /mɒn'suːn/ [znw] moesson
monster /'mɒnstə/ [znw] monster
monstrosity /mɒn'strɒsɪtɪ/ [znw] monster(achtigheid)
monstrous /'mɒnstrəs/ [bnw] gedrochtelijk, kolossaal, monsterlijk
month /mʌnθ/ [znw] maand ∗ a ~ from today vandaag over een maand ∗ a ~ of Sundays een eeuwigheid ∗ ‹religie› ~'s mind maandstond
monthly /'mʌnθlɪ/ I [bnw + bijw] maandelijks ∗ ~ nurse kraamverzorgster die gedurende een maand na de geboorte komt II [znw] maandelijks tijdschrift
monument /'mɒnjʊmənt/ [znw] monument
monumental /mɒnjʊ'mentl/ [bnw] ● gedenk-, monumentaal ● kolossaal, enorm ∗ ~ mason ‹graf›steenhouwer
moo /muː/ I [on ww] loeien II [znw] geloei
mooch /muːtʃ/ I [ov ww] ● gappen ● klaplopen, schooien II [on ww] slenteren ● (~ about) rondhangen, lummelen III [znw] ∗ on the ~ aan het lummelen/schooien
mood /muːd/ [znw] ● stemming ● ‹taalk.› wijs ● ‹muz.› modus, toonschaal ∗ follow the mood of the moment met de tijd meegaan ∗ he is in one of his moods hij heeft weer een van zijn buien ∗ in no mood for helemaal niet in de stemming om ∗ in the mood in de stemming
moody /'muːdɪ/ [bnw] humeurig, somber gestemd, ontstemd, zwaarmoedig
moola /muːlə/ ‹AE/sl.› [znw] poen, geld
moon /muːn/ I [ov ww] ∗ moon away one's time zijn tijd versuffen II [on ww] rondhangen ● (~ about) rondhangen, rondslenteren ● (~ over) dagdromen over, nalopen III [znw] ● maan ● ‹vero.› (maan)maand ∗ be over the moon in de wolken zijn ∗ cry for the moon naar de maan reiken ∗ once in a blue moon heel zelden ∗ promise s.o. the moon iem. gouden bergen beloven ∗ you can't make him believe that the moon is made of green cheese je kunt hem niets wijs maken
moonbeam /'muːnbiːm/ [znw] manestraal
moonboot /'muːnbuːt/ [znw] ‹gewatteerde› sneeuwlaars
mooncalf /'muːnkɑːf/ [znw] domkop
moonlight /'muːnlaɪt/ [znw] maanlicht ∗ ~ flitting vertrek met noorderzon
moonlighter /'muːnlaɪtə/ [znw] ● beunhaas ● schnabbelaar
moonlit /'muːnlɪt/ [bnw] door de maan verlicht
moonscape /'muːnskeɪp/ [znw] maanlandschap
moonshine /'muːnʃaɪn/ [znw] ● hersenschim, onzin ● ‹AE› illegale sterke drank
moonshiner /'muːnʃaɪnə/ ‹AE› [znw] ● dranksmokkelaar ● illegale stoker ‹v. sterke drank›
moonshiny /'muːnʃaɪnɪ/ [bnw] ● door de maan beschenen ● ingebeeld
moonstone /'muːnstəʊn/ [znw] maansteen
moonstruck /'muːnstrʌk/ [bnw] maanziek, gek
moony /'muːnɪ/ [bnw] ● maan-, vollemaans- ● dromerig
moor /mʊə/ I [ov + on ww] aan-/afmeren II [znw]

M

• heide • veen, veengrond

moorage /'muərɪdʒ/ [znw] • meerplaats • ankergeld

moorfowl /'muəfaul/ [znw] korhoen(ders)

moorgame /'muəgeɪm/ [znw] korhoender

mooring /'muərɪŋ/ [znw] • ligplaats (voor schepen) • dukdalf • ~s meerkettingen; meertouwen

Moorish /'muərɪʃ/ [bnw] Moors

moorland /'muələnd/ [znw] heide

moorstone /'muəstəun/ [znw] soort graniet

moose /mu:s/ [znw] Amerikaanse eland

moot /mu:t/ **I** [ov ww] • debatteren • opperen, te berde brengen **II** [znw] • casusdiscussie (v. rechtenstudenten) • (gesch.) volksvergadering **III** [bnw] betwistbaar ★ a moot point een geschilpunt

mop /mɔp/ **I** [ov ww] zwabberen, dweilen, betten ★ mop the floor with s.o. de vloer met iem. aanvegen • (~ up) opvegen, opzuipen, verslinden, afmaken (werk), oprollen, uit de weg ruimen **II** [on ww] gezichten trekken **III** [znw] • zwabber • vaatkwast • (sl.) zuiplap ★ mop head ragebol (fig.) ★ mop of hair ragebol • mops and mows grimassen

mopboard /'mɔpbɔ:d/ [znw] plint

mope /məup/ **I** [on ww] kniezen **II** [znw] kniesoor ★ the mopes neerslachtigheid

moped /'məuped/ [znw] bromfiets

mope-eyed [bnw] bijziende

moppet /'mɔpɪt/ [znw] • lappenpop • dreumes, wurm • schoothondje

moppy /'mɔpɪ/ [bnw] ruig (haar), dik

mopy /'məupɪ/ [bnw] kniezerig

moral /'mɔrəl/ **I** [znw] moraal • ~s zeden; zedelijkheid; zedelijk gedrag **II** [bnw] moreel, zedelijk, zedelijkheids- ★ a certainty zo goed als zeker ★ it is ~ly impossible het is feitelijk onmogelijk ★ ~ law moreel recht ★ ~ sense moraal

morale /mə'rɑ:l/ [znw] moreel

moralist /'mɔrəlɪst/ [znw] moralist, zedenmeester ★ aanhanger van het moralisme

morality /mə'rælətɪ/ [znw] • zedenleer • zedelijk gedrag, moraliteit ★ moralities zedelijke beginselen ★ ~ play zinnespel

moralize /'mɔrəlaɪz/ **I** [ov ww] • zedenles trekken uit • hervormen, zedelijk verbeteren **II** [on ww] moraliseren

morass /mə'ræs/ [znw] moeras

moratorium /mɔrə'tɔ:rɪəm/ [znw] • moratorium, algemeen uitstel van betaling • (tijdelijke) verbod/uitstel

morbid /'mɔ:bɪd/ [bnw] • morbide, ziek(elijk) • somber ★ ~ anatomy pathologische anatomie

morbidity /mɔ:'bɪdətɪ/ [znw] • morbiditeit, ziekelijkheid • ziektecijfer

mordacious /mɔ:'deɪʃəs/ [bnw] bijtend, sarcastisch, scherp

mordacity /mɔ:'dæsətɪ/ [znw] vinnigheid

mordant /'mɔ:dnt/ **I** [znw] bijtmiddel, etszuur, fixeermiddel **II** [bnw] scherp, bijtend

more /mɔ:/ **I** [onb vnw] meer ★ I've seen no more of him ik heb hem niet meer gezien ★ more is the pity jammer genoeg ★ no more niet(s) meer ★ one more difficulty nog een moeilijkheid ★ some more please nog wat alstublieft **II** [bijw] meer, verder ★ he didn't like it, and no more did I hij vond het maar niets en ik evenmin ★ he is no more a wealthy man than I am hij is evenmin een rijk man als ik ★ he is no more keen on it than his friend hij is er even happig op als zijn vriend ★ more and more steeds meer ★ more or less min

of meer

morel /mə'rel/ [znw] • morielje • nachtschade

morello /mə'reləu/ [znw] morel

moreover /mɔ:'rəuvə/ [bijw] bovendien

morgue /mɔ:g/ [znw] • lijkenhuis, morgue • hooghartigheid

moribund /'mɔrɪbʌnd/ [bnw] stervend, zieltogend

morion /'mɔrɪən/ [znw] stormhelm

Mormon /'mɔ:mən/ **I** [znw] mormoon **II** [bnw] mormoons

morn /mɔ:n/ [znw] dageraad, morgen, ochtend(stond)

morning /'mɔ:nɪŋ/ [znw] morgen, voormiddag ★ ~ call voormiddagbezoek ★ ~ coat jacquet ★ ~ dress jacquet; colbertkostuum ★ ~ performance matinee

Moroccan /mə'rɔkən/ **I** [znw] Marokkaan **II** [bnw] Marokkaans

morocco /mə'rɔkəu/ [znw] marokijn(leder)

Morocco /mə'rɔkəu/ [znw] Marokko

moron /'mɔ:rɔn/ [znw] • zwakzinnige • (pej.) imbeciel, zuind

morose /mə'rəus/ [bnw] • gemelijk, knorrig • somber

morphia, morphine /'mɔ:fɪə/ [znw] morfine

morphology /mɔ:'fɔlədʒɪ/ [znw] morfologie, vormleer

morris /'mɔrɪs/ [znw] ★ ~ dance gekostumeerde dans

morrow /'mɔrəu/ (form.) [znw] volgende dag ★ on the ~ of the war direct na de oorlog

morse /mɔ:s/ [znw] walrus ★ ~ code morse(alfabet)

morsel /'mɔ:səl/ [znw] hapje, stukje

mort /mɔ:t/ [znw] • hoorngeschal als 't wild gedood is • zalm in 't derde jaar • (sl.) vrouw, meisje

mortal /'mɔ:tl/ **I** [znw] • sterveling • (scherts) persoon, mens **II** [bnw] • sterfelijk • dodelijk • (inf.) verschrikkelijk, vreselijk vervelend ★ any ~ thing we do alles is goed ★ ~ agony doodsangst ★ ~ sin doodzonde ★ ~ly afraid doodsbang

mortality /mɔ:'tælətɪ/ [znw] • sterfelijkheid • sterfte(cijfer) • stoffelijk overschot

mortar /'mɔ:tə/ **I** [ov ww] • metselen • met mortieren bestoken **II** [znw] • vijzel • mortier • metselkalk ★ ~ board speciepank

mortgage /'mɔ:gɪdʒ/ **I** [ov ww] • verhypothekeren • verpanden (fig.) **II** [znw] hypotheek ★ ~ bond pandbrief

mortgagee /mɔ:gɪ'dʒi:/ [znw] hypotheekhouder

mortgager, mortgagor /'mɔ:gɪdʒə/ [znw] hypotheekgever

mortician /mɔ:'tɪʃən/ (AE) [znw] begrafenisondernemer

mortification /mɔ:tɪfɪ'keɪʃən/ [znw] • kastijding, versterving • vernedering • ergernis • koudvuur

mortify /'mɔ:tɪfaɪ/ **I** [ov ww] • kastijden • vernederen, ergeren **II** [on ww] door gangreen afsterven

mortise, mortice /'mɔ:tɪs/ **I** [ov ww] • inlaten • voorzien van tapgat **II** [znw] tapgat ★ ~ lock insteekslot

mortmain /'mɔ:tmeɪn/ [znw] dode hand

mortuary /'mɔ:tjuərɪ/ **I** [znw] lijkenhuisje **II** [bnw] • graf- • begrafenis- • sterf- • lijk-

mosaic /məu'zeɪɪk/ [znw] mozaïek

mosey /'məuzɪ/ (AE/inf.) [on ww] • ervandoor gaan • (voort)slenteren ★ ~ along rondslenteren/-hangen

Moslem /'mɔzləm/ **I** [znw] mohammedaan, moslim **II** [bnw] mohammedaans

mosque /mɔsk/ [znw] moskee

mosquito /mə'ski:təu/ [znw] • muskiet • mug ★ ~ net klamboe; muskietennet

moss/mɒs/ I [ov ww] met mos bedekken II [znw]
● mos ● moeras ● ⟨sl.⟩ poen ∗ a rolling stone
gathers no moss een rollende steen vergaart geen
mos ∗ moss litter turfstrooisel

moss-grown [bnw] met mos bedekt

mossy/'mɒsɪ/ [bnw] ● met mos bedekt ● mosachtig

most/məʊst/ I [onb vnw] meest, grootst, meeste(n)
∗ at (the) most op zijn meest/hoogst ∗ he made
the most of it hij buitte het zoveel mogelijk uit
II [bijw] meest, hoogst, zeer ∗ we were received
most charmingly we werden allercharmantst
ontvangen

mostly/'məʊstlɪ/ [bijw] meestal, voornamelijk

mote/məʊt/ [znw] ● splinter ● stofje

moth/mɒθ/ [znw] ● mot ● nachtvlinder ● iem. die
de verleiding zoekt ∗ hoes voor kanonnen en
machinerieën op schip ∗ mothball motbal

moth-eaten [bnw] ● aangetast door de mot
● aftands

mother/'mʌðə/ I [ov ww] ● het leven schenken
aan, in het leven roepen ● als een moeder zorgen
voor ● z. uitgeven als moeder van ∗ ~ s.th. on iets
toeschrijven aan II [znw] ● moeder ● kunstmoeder
∗ every ~'s son iedereen ∗ ~ country vaderland;
geboorteland; moederland; land van oorsprong ∗ ~
of vinegar azijnmoer ∗ ~ tongue moedertaal;
stamtaal ∗ ~'s mark moedervlek ∗ ~s vallende
sneeuwvlokken

mothercraft/'mʌðəkrɑːft/ [znw] deskundig
moederschap

motherhood/'mʌðəhʊd/ [znw] moederschap

mother-in-law/[znw] schoonmoeder

motherless/'mʌðələs/ [bnw] moederloos

motherlike, motherly/'mʌðəlaɪk/ [bnw]
moederlijk

mother-of-pearl [znw] paarlemoer

mother-to-be [znw] aanstaande moeder

mother-wit [znw] ● gezond verstand ● aangeboren
gevatheid

mothproof/'mɒθpruːf/ [bnw] motecht, motvrij

motif/məʊ'tiːf/ [znw] motief, thema

motion/'məʊʃən/ I [ov + on ww] ● wenken ● door
gebaar te kennen geven II [znw] ● beweging
● tempo ● gebaar ● voorstel, motie ● stoelgang
● mechanisme ∗ go through the ~s
ongeïnteresseerd iets doen; doen alsof ∗ ⟨AE⟩ ~
picture film

motionless/'məʊʃənləs/ [bnw] onbeweeglijk

motivate/'məʊtɪveɪt/ [ov ww] motiveren,
ingeven, aanzetten

motivation/məʊtɪ'veɪʃən/ [znw] motivatie

motive/'məʊtɪv/ I [ov vw] → **motivate** II [znw]
motief, beweeggrond III [bnw] beweging
veroorzakend

motiveless/'məʊtɪvləs/ [bnw] ongemotiveerd,
zonder motief

motley/'mɒtlɪ/ I [znw] ● bonte mengeling
● narrenpak ∗ war ∗ wear ~ voor nar spelen
II [bnw] bont ⟨ook fig.⟩

motocross/'məʊtəʊkrɒs/ [znw] motorcross

motor/'məʊtə/ I [ov + on ww] in auto
rijden/vervoeren II [on ww] ● motorwagen ● motor
● auto ● beweegkracht ● motorische zenuw ∗ ~
cade autocolonne ∗ ~ car auto ∗ ~ cycle
motorfiets ∗ ~ cyclist motorrijder ∗ ~ patrol
'Wegenwacht' ∗ ~ spirit benzine ∗ ~ squadron
motorafdeling III [bnw] beweging-, motorisch

motorbike/'məʊtəbaɪk/ [znw] motorfiets

motoring/'məʊtərɪŋ/ [znw] (rond)toeren met de
auto, het autorijden

motorist/'məʊtərɪst/ [znw] automobilist

motorize/'məʊtəraɪz/ [ov ww] motoriseren

motorway/'məʊtəweɪ/ [znw] autosnelweg

mottle/'mɒtl/ I [ov ww] vlekken, spikkelen,
marmeren, schakeren II [znw] vlek

mottled/'mɒtld/ [bnw] gevlekt, gespikkeld

motto/'mɒtəʊ/ [znw] ● devies, spreuk ● rijmpje

mould/məʊld/ I [ov ww] ● gieten, kneden ● met
teelaarde bedekken ∗ ~ed glass geperst glas ● ⟨~
on⟩ vormen naar II [on ww] beschimmelen
III [znw] ● losse teelaarde ● ⟨giet⟩vorm, mal,
bekisting ● gesteldheid, aard ● schimmel
● roestvlek ∗ he is cast in heroic ~ hij is
heldhaftig ∗ man of ~ sterveling

mould-candle [znw] gegoten kaars

moulder/'məʊldə/ I [on ww] rotten, vermolmen
● vervallen II [znw] ● vormer ● maker v.
gietvormen

moulding/'məʊldɪŋ/ [znw] ● (kroon)lijst, fries
● afdruk

mouldy/'məʊldɪ/ I [znw] ⟨sl./scheepv.⟩ torpedo
II [bnw] ● beschimmeld ● muf ● saai, afgezaagd,
vervelend

moult/məʊlt/ I [ov ww] veranderen II [on ww]
verharen, vervellen, ruien III [znw] het ruien

mound/maʊnd/ I [ov ww] ● ophopen ● met een
wal omringen II [znw] ● aardverhoging,
(graf)heuveltje, terp ● wal ● werpheuvel ⟨honkbal⟩
● ⟨her.⟩ rijksappel

mount/maʊnt/ I [ov ww] ● opstellen, plaatsen
● zetten ⟨v. juwelen⟩ ● bestijgen ● te paard zetten,
v.e. paard voorzien ● prijken met ● monteren ⟨v.
toneelstuk⟩ ● opplakken ∗ he was badly ~ed hij
had een slecht paard ∗ ~ guard de wacht betrekken
∗ ~ed artillery veldartillerie ∗ they ~ed an
offensive zij ontketenden een offensief II [on ww]
stijgen, opstijgen ∗ ~ed police bereden politie ∗ ⟨~
up⟩ oplopen III [znw] ● berg ● muis ⟨v.d. hand⟩
● omlijsting, montuur ● rijpaard ● fiets ● rit ⟨v.
jockey⟩

mountain/'maʊntɪn/ [znw] berg ∗ ~ ash
lijsterbes ∗ ~ chain bergketen ∗ ~ dew whisky ∗ ~
range bergketen ∗ ~ slide lawine

mountaineer/maʊntɪ'nɪə/ I [on ww]
bergbeklimmen II [znw] ● bergbewoner
● bergbeklimmer ∗ ~s bergtroepen

mountaineering/maʊntɪ'nɪərɪŋ/ [znw] bergsport

mountainous/'maʊntɪnəs/ [bnw] bergachtig

mountainside/'maʊntɪnsaɪd/ [znw] berghelling

mountebank/'maʊntɪbæŋk/ [znw] ● kwakzalver,
bedrieger ● clown

mounting/'maʊntɪŋ/ [znw] montering, montuur,
beslag ⟨op kist⟩

mourn/mɔːn/ I [ov ww] betreuren II [on ww]
rouw dragen, rouwen ∗ ~ for/over treuren/rouwen
om

mourner/'mɔːnə/ [znw] ● treurende, rouwdrager
● huilebalk ∗ ~s' bench zondaarsbankje

mournful/'mɔːnfʊl/ [bnw] treurig, droevig

mourning/'mɔːnɪŋ/ [znw] ● het treuren
● weeklacht ● rouw(kleding) ∗ be in ~ in de rouw
zijn ∗ ~ coach rouwkoets

mouse I [on ww] /maʊz/ ● muizen vangen
● snuffelen ● ⟨~ about⟩ rondsnuffelen II [znw]
/maʊs/ ● muis ⟨ook fig.⟩ ● ⟨sl.⟩ blauw oog

mousetrap/'maʊstræp/ [znw] muizenval

moustache/mə'stɑːʃ/ [znw] snor, knevel

mousy/'maʊsɪ/ I [znw] muisje II [bnw]
● muisachtig, muizen-, muisstil ● verlegen, schuw
● muisgrijs

mouth/maʊθ/ I [ov ww] ● in de mond nemen
● aan 't bit wennen ⟨paard⟩ ∗ ~ the words de
woorden met de lippen vormen II [on ww] ● op
hoogdravende toon spreken, oreren ● grijnzen,

gezichten trekken • (~ **away**) maar raak
schreeuwen **III** [znw] • woordvoerder • mond, bek,
muil • opening • monding • by the ~ of bij
monde van • by word of ~ mondeling • he was
very down in the ~ hij was zeer terneergeslagen
• laugh on the wrong side of one's ~ jammeren;
lamenteren • make ~s at gezichten trekken tegen
• my ~ waters at it het doet me watertanden
• she is a useless ~ ze werkt niet maar ze moet wel
te eten hebben

mouthed /mauðd/ [bnw] met mond(stuk)

mouthful /'mauθful/ [bnw] • mond(je)vol • kleine
hoeveelheid • ⟨inf.⟩ hele mond vol, moeilijk uit te
spreken woord • you've said a ~ dat heb je goed
gezegd

mouth-organ /'mauθɔːgən/ [znw]
mondharmonica

mouthpiece /'mauθpiːs/ [znw] • spreekbuis ⟨fig.⟩
• sigarenpijpje • mondstuk • hoorn ⟨v. telefoon⟩
• ⟨sl.⟩ advocaat

mouthwash /'mauθwɒʃ/ [znw] mondspoeling

mouthy /'mauðɪ/ [bnw] bombastisch

movability /muːvə'bɪlətɪ/ [znw] verplaatsbaarheid

movable /'muːvəbl/ [bnw] beweegbaar, beweeglijk
• ~ feast veranderlijke feestdag; op ongeregelde
tijden gebruikte maaltijd • ~ property roerend
goed

movables /'muːvəbəlz/ [mv] roerende goederen,
meubels

move /muːv/ **I** [ov ww] • bewegen • verhuizen,
verzetten, vervoeren • afnemen ⟨v. hoed⟩
• aanzetten tot, opwekken ⟨v. gevoelens⟩,
ontroeren z. wenden tot • move heaven and
earth hemel en aarde bewegen • move one's
bowels z. ontlasten • (~ **down**) naar een lagere
klas terugzetten, in rang terugzetten **II** [on ww]
• z. bewegen, in beweging komen • optreden,
stappen nemen • een voorstel doen • opschieten
• verhuizen • I'll move about it ik zal er werk van
maken • has she moved up? is ze overgegaan?
• move on, please doorlopen a.u.b. • they have
moved in ze hebben een huis betrokken • they
moved off ze gingen weg; ze werden verkocht
⟨goederen⟩; ze gingen het hoekje om • (~ **about**)
heen en weer trekken • (~ **down**) naar een lagere
klas teruggezet worden, in rang teruggezet worden
• (~ **out**) verhuizen, vertrekken **III** [znw] • zet,
beurt • beweging • maatregel • verhuizing • het
opstaan ⟨v. tafel⟩, het opstappen • het verhuizen
• get a move on! schiet eens op! • make a move
een stap doen; vertrekken • on the move in
beweging; en route

movement /'muːvmənt/ [znw] • opwelling
• mechaniek • deel v.e. compositie • stoelgang
• beweging • ⟨hand.⟩ omzet • ~ cure
heilgymnastiek

mover /'muːvə/ [znw] • iem. die iets voorstelt
• drijfveer • verhuizer • prime ~ eerste oorzaak

movie /'muːvɪ/ [znw] film • blue ~ pornofilm

moviegoer /'muːvɪɡəʊə/ [znw] bioscoopbezoeker

moving /'muːvɪŋ/ [bnw] • beweeg-, bewegend
• ontroerend, aandoenlijk • ~ force drijfkracht
• ~ picture film • ~ staircase roltrap • ~ van
verhuiswagen

mowl [ov ww] /məʊ/ • maaien • (~ **down/off**)
wegmaaien **II** [on ww] /məʊ/ gezichten trekken
III [znw] /məʊ/ • hooiberg • plaats in schuur voor
hooi • grimas

mowburnt /'məʊbɜːnt/ [bnw] door hooibroei
bedorven

mower /'məʊə/ [znw] maaier

mown /məʊn/ volt. deelw. → **mow**

m.p.h. [afk] • (miles per hour) mijl per uur

Mr /'mɪstə/ [afk] • (Mister) dhr., meneer

Mrs [afk] • (Mistress) Mevrouw

Ms [afk] • (Miss/Mrs) Mejuffrouw/Mevrouw

ms(s). /mɪz/ [afk] • (manuscript(s)) manuscript(en)

Mt., **mt.** [afk] • (mount(ain)) berg

much /mʌtʃ/ **I** [onb vnw] zeer, ten zeerste, veel • I
believe that he said as much ik geloof dat hij iets
dergelijks heeft gezegd • he is not much of a
writer hij is geen goede schrijver • it is just so
much idle talk het is niets dan leeg gepraat • it
was as much as to say that he ... het was alsof hij
wilde zeggen dat hij ... • much will have more
hoe meer men heeft, hoe meer men wil hebben • not
much! dat kun je net denken! • so much the
more des te meer • we thought as much dat
dachten we wel • well, so much for that! zo, dat
is klaar; zo, dat was dat! **II** [bijw] veel, zeer • it's
not so much impudence as lack of manners het
is niet zo zeer brutaliteit dan wel onopgevoedheid
• much as we regret it, we can't help you
hoezeer wij het ook betreuren, wij kunnen u niet
helpen • she never so much as looked at him ze
keek hem niet eens aan • they are much about as
ignorant as the others ze zijn bijna even
onwetend als de anderen • they made much of
her zij gaven hoog van haar op • what you say is
much the same wat jij zegt komt vrijwel op
hetzelfde neer

muchness /'mʌtʃnəs/ [znw] grootte • that's much
of a ~ dat is lood om oud ijzer

muck /mʌk/ **I** [ov ww] • bemesten • bevuilen • (~
out) uitmesten • (~ **up**) bederven, verknoeien
II [on ww] • (~ **about/around**) rondhangen
• (~ **in**) ⟨inf.⟩ meehelpen, een handje helpen • (~
in (with)) samen eten van, een handje helpen,
samenwonen met **III** [znw] • mest • vuile boel
• smeerlapperij • ⟨AE⟩ turf • muck heap mesthoop
• you have made a muck of it je hebt de zaak
verknoeid

mucker /'mʌkə/ **I** [ov ww] komen te vallen, failliet
gaan, een flater slaan **II** [on ww] bederven
III [znw] lelijke val • he came a ~ hij kwam te
vallen; hij sloeg een flater; hij ging failliet • he
came/went a ~ hij ging aan de river

muckle /'mʌkl/ **I** [znw] grote hoeveelheid **II** [bnw]
veel

muckraker /'mʌkreɪkə/ [znw] iem. die altijd uit is
op schandaaltjes

muckraking /'mʌkreɪkɪŋ/ [znw] vuilspuiterij

muckworm /'mʌkwɜːm/ [znw] • mestworm • vrek
• kwajongen

mucky /'mʌkɪ/ [bnw] • vuil, smerig • slecht ⟨v.
weer⟩

mucous /'mjuːkəs/ [bnw] slijm- • ~ membrane
slijmvlies

mucus /'mjuːkəs/ [znw] slijm

mud /mʌd/ **I** [ov ww] • vertroebelen • bemodderen
II [znw] • leem, slijk • modder • mud pie
zandtaartje

mudcrusher /'mʌdkrʌʃə/ ⟨sl.⟩ [znw] zandhaas,
infanterist

muddle /'mʌdl/ **I** [ov ww] • benevelen • door elkaar
gooien • verknoeien **II** [on ww] • (~ **along**)
aanmodderen • (~ **through**) z. er doorheen
scharrelen **III** [znw] warboel, wanorde • you've
made a ~ of it je hebt de boel verknoeid; je hebt het
in de war gestuurd

muddled /'mʌdld/ [bnw] beneveld

muddle-headed [bnw] • beneveld • warhoofdig

muddy /'mʌdɪ/ **I** [ov ww] • troebel maken
• bemodderen **II** [bnw] • modderig • wazig,

troebel • diep (v. stem) • beneveld
mudflat/'mʌdflæt/ [znw] wad, slik
mudguard/'mʌdgɑːd/ [znw] spatbord
mud-head [znw] domkop
mudlands/'mʌdlənds/ [znw] wadden
mudlark/'mʌdlɑːk/ **I** [on ww] in de modder
spelen/werken **II** [znw] • straatjongen
• geniesoldaat • rioolwerker
mudpack/'mʌdpæk/ [znw] kleimasker
mudsill/'mʌdsɪl/ [znw] • laagste maatschappelijke
klasse • onderste drempel
mud-slinging/'mʌdslɪŋɪŋ/ [znw] laster
muesli/'muːzlɪ/ [znw] müsli
muff/mʌf/ **I** [ov ww] verknoeien * don't muff it,
boys! bederf het niet, jongens! * muff a ball een
bal/slag missen **II** [znw] • mof • sufferd, prul
• knoeiboel, fiasco * he has made a muff of
himself hij heeft z. belachelijk gemaakt * muff
cuff bontomslag (aan mouw)
muffin/'mʌfɪn/ [znw] licht, plat en rond gebakje
* ~ face wezenloos gezicht
muffle/'mʌfəl/ **I** [ov ww] • instoppen • iem. een
doek voor de mond binden • omfloersen, dempen (v.
geluid) * a ~d curse een gemompelde vloek
II [znw] • snoet (v. dier) • bokshandschoen
• moffel(oven) • geluiddemper
muffler/'mʌflə/ [znw] • das • (boks)handschoen
• (geluid)demper
mufti/'mʌftɪ/ [znw] moefti * in ~ in burger
mug/mʌg/ **I** [ov ww] gewelddadig beroven * (~
up) erin stampen, dronken voeren **II** [on ww]
gezichten trekken * (~ at) blokken **III** [znw]
• kroes • smoel • sul • blokker (voor examen)
* cut mugs gezichten trekken
mugger/'mʌgə/ [znw] straatrover
muggins/'mʌgɪnz/ [znw] • onnozele hals
• kinderkaartspel • dominospel
muggy/'mʌgɪ/ [bnw] benauwd (v. weer), drukkend
(v. weer)
mugwump/'mʌgwʌmp/ [znw] (z.) belangrijk
(makend) persoon
Muhammadan/mə'hæmədn/
→ **Mohammedan**
mulberry/'mʌlbərɪ/ [znw] moerbei
mulch/mʌltʃ/ **I** [ov ww] bedekken met mulch
II [znw] mulch, muls
mulct/mʌlkt/ **I** [ov ww] beboeten * (~ of) beroven
van **II** [znw] boete
mule/mjuːl/ [znw] • muildier • dwarskop
• bastaard • fijnspinmachine • muiltje
muleteer/mjuːlɪ'tɪə/ [znw] muilezeldrijver
mulish/'mjuːlɪʃ/ [bnw] • (als) v.e. muildier
• weerspannig
mull/mʌl/ **I** [ov ww] • verknoeien • warm maken,
zoeten en kruiden * mulled wine bisschopwijn
• (~ over) overdenken **II** [on ww] piekeren
III [znw] • fijne mousseline • knoeiboel • (Schots)
kaap • (Schots) snuifdoos * he made a mull of it
hij verknoeide het
muller/'mʌlə/ [znw] • maal-/wrijfsteen (zoals v.
apotheker) • ketel voor warme wijn
mullet/'mʌlɪt/ [znw] • harder • zeebarbeel
mulligan/'mʌlɪgən/ (AE) [znw] • ratjetoe • hutspot
mulligrubs/'mʌlɪgrʌbz/ [znw] • gedruktheid,
gedrukte stemming • buikpijn
mullion/'mʌljən/ [znw] verticale raamstijl
mullioned/'mʌljənd/ [bnw] met verticale
raamstijlen
multi-/'mʌltɪ/ [voorv] veel-, meervoudig, multi-
multicoloured/'mʌltɪkʌləd/ [bnw] veelkleurig,
bont gespikkeld
multifarious/mʌltɪ'feərɪəs/ [bnw] veelsoortig,

verscheiden
multilateral/mʌltɪ'lætərəl/ [bnw] • multilateraal
• veelzijdig * ~ treaty multilateraal verdrag
multilingual/mʌltɪ'lɪŋgwəl/ [bnw] • meertalig
• veeltalig
multinational/mʌltɪ'næʃənl/ **I** [znw]
multinational **II** [bnw] • multinationaal
• internationaal
multiple/'mʌltɪpl/ **I** [znw] veelvoud * lowest
common ~ kleinste gemene veelvoud **II** [bnw]
• veelvoudig • veelsoortig * ~ choice test
meerkeuze toets * ~ shop/store grootwinkelbedrijf
multiplex/'mʌltɪpleks/ [bnw] veelvoudig
multipliable, multiplicable/'mʌltɪplærəbl/
[bnw] vermenigvuldigbaar * ~ by
vermenigvuldigbaar met
multiplicand/mʌltɪplɪ'kænd/ [znw]
vermenigvuldigtal
multiplication/mʌltɪplɪ'keɪʃən/ [znw]
vermenigvuldiging * ~ table tafel van
vermenigvuldiging
multiplicity/mʌltɪ'plɪsətɪ/ [znw] • veelheid,
menigte • verscheidenheid
multiplier/'mʌltɪplaɪə/ [znw] vermenigvuldiger
multiply/'mʌltɪplaɪ/ **I** [ov ww] vergroten • (~ by)
vermenigvuldigen met **II** [on ww] z. voortplanten,
z. vermenigvuldigen **III** [znw] multiplex (hout)
multipurpose/mʌltɪ'pɜːpəs/ [bnw] voor meerdere
doeleinden te gebruiken
multiracial/mʌltɪ'reɪʃl/ [bnw] multiraciaal
multistorey/mʌltɪ'stɔːrɪ/ [bnw] met meerdere
verdiepingen * multi-storey carpark
parkeergarage met verdiepingen
multitude/'mʌltɪtjuːd/ [znw] • menigte • groot
aantal * the ~ de grote hoop; de massa
multitudinous/mʌltɪ'tjuːdɪnəs/ [bnw] • talrijk
• veelsoortig
mum/mʌm/ **I** [on ww] • in een pantomime
optreden • z. vermommen **II** [znw] • stilte,
stilzwijgen • (vero.) Brunswijks bier • (inf.)
mamma, mammie * mum's the word! mondje
dicht! **III** [bnw] stil
mumble/'mʌmbl/ [ov + on ww] mompelen,
prevelen, mummelen
mumbo-jumbo/mʌmbəʊ'dʒʌmbəʊ/ [znw]
• onzin • afgoderij, afgod
mummer/'mʌmə/ [znw] • gemaskerde • (pej.)
toneelspeler • (gesch.) pantomimespeler
mummery/'mʌmərɪ/ [znw] • hol ritueel
• maskerade
mummification/mʌmɪfɪ'keɪʃən/ [znw]
mummificatie
mummify/'mʌmɪfaɪ/ [ov + on ww] • mummificeren
• laten verschrompelen
mummy/'mʌmɪ/ **I** [ov ww] mummificeren
II [znw] • mummie • pulp • bruine verf
• mammie, moedertje
mump/mʌmp/ **I** [ov ww] afschooien **II** [on ww]
• bedelen • een uitgestreken gezicht zetten
mumps/mʌmps/ [mv] • de bof (ziekte)
• landerigheid * he has the ~ hij heeft een kwade
bui
munch/mʌntʃ/ **I** [ov + on ww] (hoorbaar) kauwen
(op), knabbelen (aan) **II** [znw] gekauw, geknabbel
mundane/mʌn'deɪn/ [bnw] • kosmisch
• mondain, werelds
municipal/mjuː'nɪsɪpl/ [bnw] gemeentelijk,
gemeente-, stads- * Municipal Corporation Act
gemeentewet * (jur.) ~ law staatsrecht
municipality/mjuːnɪsɪ'pælətɪ/ [znw]
• gemeentebestuur • gemeente
municipalization/mjuːnɪsɪpələr'zeɪʃən/

M

→ **municipalize**

municipalize/mju:'nɪsɪpəlaɪz/ [ov ww] in gemeentebeheer brengen/nemen, bij een gemeente inlijven

munificence/mju:'nɪfɪsəns/ [znw] gulheid, vrijgevigheid

munificent/mju:'nɪfɪsənt/ [bnw] gul, mild(dadig)

muniment/'mju:nɪmənt/ [znw] akte, oorkonde, archief

munition/mju:'nɪʃən/ I [ov ww] v. munitie voorzien II [znw] • munitie • krijgsvoorraad

mural/'mjʊərəl/ I [znw] muurschildering II [bnw] muur-, wand-

murder/'mɜːdə/ I [ov ww] • (ver)moorden • totaal verknoeien ∗ ~ the King's English het Engels de nek omdraaien II [znw] • moord • hels karwei, een hel, gruwel ∗ ~ will out een moord komt altijd aan het licht ∗ scream blue ~ moord en brand schreeuwen ∗ the ~ is out het geheim is verklapt

murderer/'mɜːdərə/ [znw] moordenaar

murderess/'mɜːdərəs/ [znw] moordenares

murderous/'mɜːdərəs/ [bnw] moorddadig

mure/mjʊə/ [ov ww] ommuren • (~ **up**) opsluiten

murine/'mjʊəraɪn/ [bnw] muisachtig

murk/mɜːk/ [znw] duisternis

murky/'mɜːkɪ/ [bnw] • donker, somber • (inf.) schandelijk ∗ ~ fog dichte mist

murmur/'mɜːmə/ [ov + on ww] • murmelen, ruisen • mompelen • brommen • (~ **at**) mopperen op/over

murrain/'mʌrɪn/ [znw] (vee)pest

muscle/'mʌsəl/ I [on ww] • (~ **in**) z. indringen II [znw] • spier • (spier)kracht ∗ she did not move a ~ ze vertrok geen spier

muscle-bound/'mʌsəlbaʊnd/ [bnw] met stijve spieren (door te veel trainen)

muscleman/'mʌsəlmæn/ [znw] krachtpatser

Muscovite/'mʌskəvaɪt/ I [znw] Moskoviet II [bnw] Russisch, Moskovisch

muscular/'mʌskjʊlə/ [bnw] • spier- • gespierd

musculature/'mʌskjʊlətʃə/ [znw] spierstelsel

muse/mju:z/ I [on ww] peinzen • (~ **(up)on**) peinzen over, peinzend kijken naar II [znw] • afwezige bui • muze

musette/mju:'zet/ [znw] • soort doedelzak • doedelzakdans • orgelregister

museum/mju:'zi:əm/ [znw] ∗ ~ piece museumstuk

mush/mʌʃ/ I [on ww] een tocht met de hondenslede maken II [znw] • pulp • sentimentaliteit • tocht met een hondenslede • voetreis • (AE) maïsmeelpap ∗ (telecom.) mush area storingsgebied

mushroom/'mʌʃrʊm/ I [on ww] • plat uitzetten (v. kogel) • paddestoelen zoeken • z. snel verspreiden, als paddestoelen verrijzen II [znw] • (eetbare) paddestoel, champignon • parvenu • atoomwolk • explosieve groei ∗ dameshoed met neergeslagen rand ∗ ~ cloud atoomwolk ∗ ~ growth snelle ontwikkeling III [bnw] • nieuwbakken • ineens opgekomen

mushy/'mʌʃɪ/ [bnw] • papperig • slap, sentimenteel

music/'mju:zɪk/ [znw] • muziek • bladmuziek • (AE) leven, pret ∗ he faced the ~ hij trotseerde de kritiek ∗ ~ stand muziekstandaard ∗ ~ stool pianokruk ∗ rough ~ lawaai

musical/'mju:zɪkl/ I [znw] • musical • muziekavondje II [bnw] • muzikaal • muziek- • melodieus ∗ ~ box speeldoos ∗ ~ comedy/play operette

musicale/mju:zɪ'ka:l/ (AE) [znw] muziekavondje

musicality/mju:zɪ'kælətɪ/ [znw] • welluidendheid • muzikaliteit

music-hall[znw] • variététheater • concertzaal

musician/mju:'zɪʃən/ [znw] musicus, muzikant

musicianship/mju:'zɪʃənʃɪp/ [znw] bekwaamheid als musicus

musk/mʌsk/ I [ov ww] met muskus parfumeren II [znw] muskusplant, muskus

musket/'mʌskɪt/ [znw] musket

musketeer/mʌskɪ'tɪə/ [znw] musketier

musketry/'mʌskɪtrɪ/ [znw] • geweren • behandeling v. 't geweer • met geweren gewapende troepen • schietoefeningen • geweervuur

muskrat/'mʌskræt/ [znw] bisamrat

musky/'mʌskɪ/ [bnw] muskusachtig

Muslim/'mʊzlɪm/ I [znw] mohammedaan, moslim II [bnw] mohammedaans

muslin/'mʌzlɪn/ [znw] • mousseline • (AE) katoen ∗ a bit of ~ een vrouw; een meisje

musquash/'mʌskwɒʃ/ [znw] muskusrat

muss/mʌs/ I [ov ww] • (~ **up**) in de war brengen, bederven, verknoeien II [znw] • warboel • herrie

mussel/'mʌsəl/ [znw] mossel

mussy/'mʌsɪ/ [bnw] • in de war, slordig • vuil, vies

must/mʌst/ I [hww] moet(en) • he said that he must go hij zei dat hij moest gaan ∗ you must go at once je moet direct vertrekken ∗ you must not go in je mag niet naar binnen gaan II [znw] • most • mufheid • schimmel • razernij (bij mannetjesolifant/kameel) • (inf.) noodzaak III [bnw] razend

mustache/mə'sta:ʃ/ [znw] snor

mustang/'mʌstæŋ/ [znw] mustang, prairiepaard

mustard/'mʌstəd/ [znw] • mosterd • mosterdplant • (AE) iets pikants ∗ keen as ~ enthousiast

mustee/mʌs'ti:/ [znw] kleurling

muster/'mʌstə/ I [ov ww] bijeenbrengen (voor inspectie) ∗ he ~ed up what courage he had hij verzamelde al de moed die hij had II [on ww] aantreden (voor inspectie), z. verzamelen ∗ he wanted to ~ into service hij wilde aanmonsteren III [znw] • inspectie • verzameling • monsterrol • (hand.) monster ∗ in full ~ voltallig ∗ pass ~ de toets (kunnen) doorstaan

muster-book[znw] (mil.) stamboek

muster-book-roll[znw] (scheepv.) monsterrol

mustn't/'mʌsənt/ → **must**

musty/'mʌstɪ/ [bnw] • schimmelig • muf • verouderd

mutability/mju:tə'bɪlətɪ/ → **mutable**

mutable/'mju:təbl/ [bnw] • veranderlijk • wispelturig

mutate/mju:'teɪt/ I [ov ww] doen veranderen II [on ww] • veranderen • (bio.) mutatie ondergaan

mutation/mju:'teɪʃən/ [znw] • verandering • (taalk.) 'umlaut' • (bio.) mutatie

mute/mju:t/ I [ov ww] • tot zwijgen brengen • (muz.) dempen II [on ww] poepen (v. vogels) • (~ **(up)on**) bevuilen III [znw] • (doof)stomme • figurant • bidder (bij begrafenis) • uitwerpselen v. vogel • plofklank • (muz.) demper IV [bnw] • zwijgend, stom • sprakeloos ∗ mute swan knobbelzwaan ∗ (jur.) stand mute of malice opzettelijk weigeren te verdedigen

mutilate/'mju:tɪleɪt/ [ov ww] • verminken • bederven

mutilation/'mju:tɪleɪʃən/ [znw] verminking

mutineer/mju:tɪ'nɪə/ I [on ww] muiten II [znw] muiter

mutinous/'mju:tɪnəs/ [bnw] opstandig, muitend, oproerig

mutiny/'mju:tɪnɪ/ I [on ww] muiten, in opstand komen II [znw] muiterij, opstand

mutism/'mju:tɪzəm/ [znw] stomheid, stilzwijgen
mutt/mʌt/ [znw] • dwaas, sukkel • mormel
mutter/'mʌtə/ I [ov + on ww] mompelen • (~
against/at) mopperen over/tegen II [znw]
• gemompel • gemopper
mutterer/'mʌtərə/ [znw] mopperaar
mutton/'mʌtn/ [znw] • schapenvlees • (scherts)
schaap ∗ as dead as ~ zo dood als een pier ∗ he
eats his ~ with us hij dineert bij ons ∗ (scherts)
let's return to ~ laat ons op ons chapiter
terugkomen ∗ ~ chop schaapskotelet ∗ ~ dressed
as lamb vrouw die zich te jeugdig kleedt ∗ ~ fist
grote/grove hand
mutton-head [znw] domoor
mutual/'mju:tʃʊəl/ [bnw] wederzijds, wederkerig
∗ a ~ friend een wederzijdse vriend ∗ ~ insurance
company onderlinge verzekering maatschappij
∗ on ~ terms au pair
mutuality/mju:tʃʊ'ælɪtɪ/ [znw] wederkerigheid
muzak/'mju:zæk/ [znw] achtergrondmuziek
muzzle/'mʌzl/ I [ov ww] • muilkorven (ook fig.)
• besnuffelen • innemen (v. zeil) • (sl.) kussen
II [znw] • bek, snuit • mond (v. vuurwapen)
• muilkorf ∗ ~ velocity aanvangssnelheid (v.
projectiel)
muzzle-loader [znw] vóórlader
muzzy/'mʌzɪ/ [bnw] • saai, vervelend • beneveld
(door drank) • wazig
my/maɪ/ [bez vnw] mijn ∗ my eye! kletskoek!
∗ my! lieve hemel!
mylord/mɪ'lɔ:d/ [tw] aanspreektitel voor bep.
personen
myopia/maɪ'əʊpɪə/ [znw] bijziendheid
myopic/maɪ'ɒpɪk/ [bnw] bijziend
myosotis/maɪə'səʊtɪs/ [znw] vergeet-mij-nietje
myriad/'mɪrɪəd/ I [znw] • tienduizend(tal) • groot
aantal II [bnw] ontelbaar
myriapod/'mɪrɪəpɒd/ I [znw] duizendpoot
II [bnw] duizendpotig
myrmidon/'mɜ:mɪdn/ [znw] handlanger ∗ ~ of
the law politieman; deurwaarder
myrrh/mɜ:/ [znw] mirre
myrtle/'mɜ:tl/ [znw] • mirt(e) • gagel • (AE)
maagdenpalm
myself/maɪ'self/ [wkg vnw] mijzelf ∗ (ik)zelf ∗ I
did it ~ ik heb het zelf gedaan
mysterious/mɪ'stɪərɪəs/ [bnw] mysterieus,
geheimzinnig
mystery/'mɪstərɪ/ [znw] • geheim
• geheimzinnigheid • gilde • detectiveroman
• (vero.) beroep ∗ ~ play mysterie(spel)
mystic/'mɪstɪk/ I [znw] mysticus II [bnw]
mystical verborgen, mystisch, mystiek
mysticism/'mɪstɪsɪzəm/ [znw] • mystiek
• mysticisme
mystification/mɪstɪfɪ'keɪʃən/ [znw] mystificatie,
bedotterij
mystify/'mɪstɪfaɪ/ [ov ww] • voor een raadsel
stellen • bedotten
mystique/mɪ'sti:k/ [znw] mystiek,
wereldbeschouwing
myth/mɪθ/ [znw] mythe
mythic(al)/'mɪθɪk(l)/ [bnw] mythisch
mythological/mɪθə'lɒdʒɪkl/ [bnw] mythologisch
mythology/mɪ'θɒlədʒɪ/ [znw] mythologie

N

nab/næb/ I [ov ww] (sl.) betrappen II [znw] • kaap
• (sl.) politieagent
nabber (sl.) [znw] smeris
nacelle/nə'sel/ [znw] • gondel v. luchtschip
• motorgondel (v. vliegtuig)
nadir/'neɪdɪə/ [znw] • laagste punt • voetpunt,
dieptepunt
naevus/'ni:vəs/ [znw] wijnvlek, geboortevlek
nag/næg/ I [ov + on ww] treiteren • (~ at) vitten op
II [znw] • gevit • (AE) oude auto • (inf.) hit, paard
nagger/'nægə/ [znw] treiteraar
naiad/'naɪæd/ [znw] waternimf
nail/neɪl/ I [ov ww] • (vast)spijkeren • grijpen,
betrappen • aan z'n woord houden • aan de kaak
stellen • (inf.) z. verzekeren van ∗ nail one's
colours to the mast openlijk kleur bekennen
∗ nail to the barn-door/counter aan de kaak
stellen ∗ nail together in elkaar spijkeren ∗ nailed
up drama losjes in elkaar zittend toneelstuk • (~
down) vastspijkeren, dichtspijkeren, vastleggen,
houden aan (belofte) • (~ up) vastspijkeren,
dichtspijkeren II [znw] • nagel, hoornachtig
gezwel op bek v. sommige vogels, klauw • spijker
• lengtemaat (=2 1/4 inches) ∗ as hard as nails in
uitstekende conditie; ijzersterk; onverbiddelijk;
door en door hard ∗ as right as a nail in orde
∗ nail polish/varnish nagellak ∗ on the nail
contant (v. betaling); direct ∗ to a/the nail tot in
de perfectie
nail-brush [znw] nagelborsteltje
nailer/'neɪlə/ [znw] • spijkermaker, nagelsmid
• fijne kerel • (sl.) prachtexemplaar ∗ (sl.) ~ at
kraan in
nail-file [znw] nagelvijl
nail-headed [bnw] ∗ ~ characters spijkerschrift
nail-scissors [znw] nagelschaartje
nainsook/'neɪnsʊk/ [znw] katoenen weefsel
naïve/naɪ'i:v/ [bnw] naïef, ongedwongen
naïveté/naɪ'i:vəteɪ/ [znw] naïviteit
naked/'neɪkɪd/ [bnw] • naakt, bloot • weerloos
• kaal, onopgesmukt • niet geïsoleerd (v.
stroomdraad) ∗ ~ of zonder
namby-pamby/næmbɪ'pæmbɪ/ I [znw]
sentimenteel gedoe II [bnw] gemaakt, zoetelijk
name/neɪm/ I [ov ww] • (be)noemen • lid v. 't
Parlement tot de orde roepen door z'n naam te
noemen ∗ name the day de (huwelijks)dag
bepalen II [znw] naam, benaming ∗ I can't put a
name to it ik kan 't niet precies aanduiden ∗ a
nice name to go to bed with! dat is me ook 'n
naam! ∗ a treatise over my name een
verhandeling over mijn naam ∗ all these books
are to his name al deze boeken staan op zijn naam
∗ call a p. names iem. uitschelden ∗ (inf.) give it a
name zeg maar wat je hebben wilt ∗ he goes by
the name of hij is bekend als ∗ he had not a book
to his name hij had niet één boek in eigendom
∗ in the name of in naam van; onder de naam van
∗ it stands in your name 't staat op uw naam
∗ mention by name met name noemen ∗ put
your name to it zet je naam eronder (op
document)
name-child/'neɪmtʃaɪld/ [znw] naamgenoot
name-day [znw] naamdag
name-dropping [znw] dikdoenerij met namen v.
bekende personen
nameless/'neɪmləs/ [bnw] • naamloos, onbekend
• onuitsprekelijk • niet (nader) te noemen

N

• walgelijk • who shall remain ~ die ik niet nader zal noemen

namely /'neɪmlɪ/ [bijw] namelijk, dat wil zeggen

name-part /znw/ titelrol

name-plate /'neɪmpleɪt/ [znw] naambordje

namesake /'neɪmseɪk/ [znw] naamgenoot

nancy /'nænsɪ/ ‹sl.› [znw] ★ ~ (boy) mietje; homoseksueel

nankeen /næŋ'ki:n/ [znw] gele katoen

nankeens /næŋ'ki:nz/ [mv] gele katoenen broek

nanna /'nænə/ ‹inf.› [znw] oma

nanny /'nænɪ/ [znw] kinderjuffrouw ★ ~ goat geit

nap /næp/ **I** [ov ww] • betrappen • noppen ‹sl.› gappen **II** [on ww] dutten, soezen ★ I caught him napping ik betrapte hem ‹op verzuim of fout› **III** [znw] • dutje • nop, dons • soort kaartspel ★ go nap grof spelen; alles riskeren; alles op één kaart zetten ★ go nap on voor de zekerheid van iets instaan ★ take a nap dutje doen

napalm /'neɪpɑ:m/ [znw] napalm

nape /neɪp/ [znw] ★ nape of the neck nek

napkin /'næpkɪn/ [znw] • servet • kleine handdoek • luier

napkin-ring [znw] servetring

napper /'næpə/ ‹sl.› [znw] kop, hoofd

nappie /'næpɪ/ **I** [znw] ‹inf.› luier ★ nappy change schone luier **II** [bnw] sterk, koppig ‹v. bier›

nappy /'næpɪ/ [znw] ★ ~ rash rode billetjes →**nappie**

narcissus /nɑ:'sɪsəs/ [znw] narcis

narcosis /nɑ:'kəʊsɪs/ [znw] narcose

narcotic /nɑ:'kɒtɪk/ **I** [znw] verdovend middel **II** [bnw] verdovend

narcotist /'nɑ:kətɪst/ [znw] • drugsverslaafde • narcotiseur

narcotize /'nɑ:kətaɪz/ [ov ww] narcotiseren

nard /nɑ:d/ [znw] nardusolie

nark /nɑ:k/ ‹sl.› **I** [on ww] • bespioneren • verlinken • pesten **II** [on ww] • spioneren • klagen **III** [znw] politiespion

narrate /nə'reɪt/ [ov + on ww] vertellen

narration /nə'reɪʃən/ [znw] verhaal

narrative /'nærətɪv/ **I** [znw] verhaal **II** [bnw] • verhalend • praatziek

narrator /nə'reɪtə/ [znw] verteller

narrow /'nærəʊ/ **I** [ov + on ww] • vernauwen • verminderen • minderen (bij breien) ★ it ~s down to this uiteindelijk komt 't hier op neer **II** [ov ww] z. vernauwen **III** [bnw] • nauw, smal • klein • bekrompen • nauwkeurig ‹v. onderzoek› ★ I had a ~ escape ik ontsnapte ternauwernood ★ ~ gauge smalspoor ★ ~ goods lint; band ★ the ~ bed/cell/house 't graf ★ the ~ seas Het Kanaal en de Ierse Zee ★ the ~ way 't smalle pad ‹naar het Eeuwige Leven›

narrowish /'nærəʊɪʃ/ [bnw] vrij nauw

narrowly /'nærəʊlɪ/ [bijw] • onderzoekend • ternauwernood

narrow-minded /nærəʊ'maɪndɪd/ [bnw] bekrompen ‹v. opvatting›

narrows /'nærəʊz/ [znw] zee-engten

nary /'neərɪ/ ‹inf.› [bnw] niet één

nasal /'neɪzəl/ **I** [znw] • neusklank • neusbeen **II** [bnw] nasaal, neus- ★ ‹scherts› ~ organ reukorgaan

nasality /neɪ'zælətɪ/ [znw] neusgeluid

nasalize, nasalise /'neɪzəlaɪz/ **I** [ov ww] door de neus uitspreken **II** [on ww] door de neus spreken

nascency /'næsnsɪ/ [znw] oorsprong, ontstaan

nascent /'næsnt/ [znw] wordend, ontluikend

nasturtium /nə'stɜ:ʃəm/ [znw] • waterkers • Oost-Indische kers

nasty /'nɑ:stɪ/ [bnw] • beroerd ‹v. o.a. weer› • hatelijk • lastig • vies, vuil • onsmakelijk • lelijk, gemeen • ernstig ★ a ~ bit of work een onaangenaam karwei/persoon ★ a ~ one hatelijke zet; lelijke oplawaai ★ he turned ~ hij begon op te spelen

natal /'neɪtl/ [bnw] geboorte-

natality /nə'tælətɪ/ [znw] geboortecijfer

natation /nə'teɪʃən/ [znw] • 't zwemmen • 't drijven

natatorial /neɪtə'tɔ:rɪəl/ [bnw] zwem-

natatorium /neɪtə'tɔ:rɪəm/ ‹AE› [znw] zwembassin

nates /'neɪti:z/ [znw] zitvlak, billen

nation /'neɪʃən/ [znw] • natie, volk • ‹inf.› partij

national /'næʃənl/ [bnw] nationaal, volks-, staats- ★ National Assistance ≈ de bijstand ★ National Gallery (London) ≈ Rijksmuseum ★ National Health Service nationale gezondheidszorg

nationalism /'næʃənəlɪzəm/ [znw] • vaderlandsliefde • streven naar nationale onafhankelijkheid • nationalisatiepolitiek

nationalist /'næʃənəlɪst/ **I** [znw] nationalist **II** [bnw] nationalistisch

nationality /næʃə'nælətɪ/ [znw] • nationaliteit • volkskarakter • vaderlandsliefde • natie

nationalize /'næʃənəlaɪz/ [ov ww] • onteigenen (door de Staat) • naturaliseren

nationals /'næʃənlz/ [znw] (in het buitenland verblijvende) landgenoten

nationhood /'neɪʃənhʊd/ [znw] bestaan als natie

nationwide /neɪʃən'waɪd/ [bnw] landelijk, nationaal

native /'neɪtɪv/ **I** [znw] • iem. uit het land of de plaats zelf • inboorling, inlander • inheems(e) dier of plant • in Britse wateren gekweekte oester • ‹pej.› boerenpummel ★ he speaks French like a ~ hij spreekt Frans als een geboren Fransman **II** [bnw] • inheems • gedegen ‹v. metaal› • geboorte- • natuurlijk, aangeboren ★ go ~ verwilderen ★ ~ country vaderland ★ ~ forest oerwoud ★ ~ heat natuurlijke warmte ★ ~ language moedertaal ★ the ~ rock 't vaste rotsgesteente

nativism /'neɪtɪvɪzəm/ [znw] begunstiging van inheemse bevolking

nativity /nə'tɪvətɪ/ [znw] • geboorte • horoscoop • ‹religie› geboortedag v. Christus/Maria/Johannes de Doper ★ cast a p.'s ~ iemands horoscoop trekken ★ ~ play kerstspel

NATO [afk] ★ (North Atlantic Treaty Organization) NAVO, Noord-Atlantische Verdragsorganisatie

natter /'nætə/ ‹inf.› [on ww] pruttelen, mopperen

natty /'nætɪ/ [bnw] • keurig • handig

natural /'nætʃərəl/ **I** [znw] • zwakzinnige ‹inf.› herstellingsteken • ‹inf.› leven(sdagen) • ‹muz.› witte toets ‹v. piano› ★ ‹AE› be a ~ for geknipt zijn voor **II** [bnw] • natuurlijk, aangeboren • gewoon, normaal • eenvoudig, ongekunsteld • tastbaar • onwettig ‹v. kind› • natuur- • ‹muz.› zonder kruisteken of molteken ★ ~ beauty natuurschoon ★ ~ day etmaal ★ ~ gas aardgas ★ ~ key/scale natuurlijke toonladder ★ ~ philosopher natuurkundige

naturalism /'nætʃərəlɪzəm/ [znw] naturalisme

naturalist /'nætʃərəlɪst/ [znw] • naturalist • bioloog **II** [bnw] →**naturalistic**

naturalistic /nætʃərə'lɪstɪk/ [bnw] • naturalistisch • natuurhistorisch

naturalize /'nætʃərəlaɪz/ **I** [ov ww] • naturaliseren • natuurlijk maken ★ become ~d ingeburgerd raken ‹v. gebruik/woord› **II** [on ww] • (z.)

inburgeren ● de natuurhistorie beoefenen ● (plant.) acclimatiseren

naturally/næfərəlɪ/ [bijw] ● van nature ● op natuurlijke wijze ● uit de aard der zaak ● vanzelfsprekend ★ it comes ~ to him dat is heel vanzelfsprekend bij/voor hem

nature/neɪtʃə/ [znw] ● (de) natuur ● aard, soort ● (mil.) kaliber ★ against/contrary to ~ wonderbaarlijk ● debt of ~ de dood ★ draw from ~ tekenen naar de natuur ★ he is timid by ~ hij is van nature bedeesd ★ in a state of ~ naakt; zondig ★ in ~'s garb in adamskostuum ★ in the ~ of things uit de aard der zaak ★ ~ trail natuurpad ★ true to ~ natuurgetrouw

naturism/neɪtʃərɪzəm/ [znw] naturisme, nudisme

naturist/neɪtʃərɪst/ [znw] nudist, naturist

naught/nɔːt/ **I** [znw] ● nul ● niets ★ set at ~ in de wind slaan **II** [bnw] waardeloos

naughty/nɔːtɪ/ **I** [znw] ● ondeugd! ~! jij ondeugd! **II** [bnw] ● ondeugend, stout ● onwelvoeglijk, slecht, zondig

nausea/nɔːzɪə/ [znw] ● (gevoel v.) misselijkheid ● zeeziekte ● walging

nauseate/nɔːzɪeɪt/ **I** [ov ww] misselijk maken **II** [on ww] ● misselijk worden ● walgen

nauseous/nɔːzɪəs/ [bnw] walgelijk

nautical/nɔːtɪkl/ [bnw] ● de zeevaart betreffende ● zee- ● scheepvaart- ★ ~ mile zeemijl (1852 m)

naval/neɪvəl/ [bnw] ● zee- ● scheeps- ● vloot- ● marine- ★ ~ cadet adelborst ★ ~ captain kapitein ter zee ★ ~ college marine-instituut ★ ~ officer zeeofficier ★ ~ stores scheepsbenodigdheden ★ ⟨AE⟩ ~ yard marinewerf

nave/neɪv/ [znw] ● naaf (v. wiel) ● schip (v. kerk)

navel/neɪvəl/ [znw] ● navel ● centrum

navigability/nævɪgəˈbɪlətɪ/ [znw] ● zeewaardigheid ● bestuurbaarheid ● bevaarbaarheid

navigable/nævɪgəbl/ [bnw] ● bevaarbaar (v. rivier) ● zeewaardig (v. schip) ● bestuurbaar (v. ballon)

navigate/nævɪgeɪt/ **I** [ov ww] ● bevaren ● besturen **II** [on ww] ● varen ● sturen (v. schip, vliegtuig)

navigating-bridge[znw] commandobrug

navigation/nævɪˈgeɪʃən/ [znw] ● zeereis ● (scheep)vaart ● navigatie, stuurmanskunst

navigational/nævɪˈgeɪʃənəl/ [bnw] van/voor de scheepvaart

navigator/nævɪgeɪtə/ [znw] ● zeevaarder ● navigator (v. vliegtuig)

navvy/nævɪ/ [znw] ● polderjongen, grondwerker ● excavateur, graafmachine

navy/neɪvɪ/ **I** [znw] ● vloot, zeemacht ● marine ★ ⟨AE⟩ navy yard marinewerf **II** [bnw] marineblauw

nay/neɪ/ **I** [znw] neen, weigering ★ say nay weigeren; tegenspreken **II** [bijw] ja zelfs

naze/neɪz/ [znw] landtong, voorgebergte

Nazism/nɑːtsɪzəm/ [znw] nazisme

neap/niːp/ **I** [ov ww] ● the ship was neaped het schip zat bij eb aan de grond **II** [on ww] ● aflopen (v. getij) ● hoogste stand v. doodtij bereiken **III** [znw] ● neap(-tide) doodtij

near/nɪə/ **I** [bnw] ● nauw (verwant) ● intiem ● linker-, bijdehands (v. paard) ● dichtbij zijnd ● rechtstreeks ● nauwkeurig (v. vertaling) ● krenterig ● zogenaamd, schijn- ● ⟨AE⟩ grenzend aan **II** [bijw] ● dichtbij ● nabij ● bijna, zuinig, schriel ★ far and near overal ★ ⟨vero.⟩ he lives near hij leeft krenterig ★ it lies near his heart het ligt 'm na aan 't hart ★ near at hand dichtbij; bij de hand ★ near by dichtbij ★ near upon binnenkort ★ they drew near ze kwamen dichterbij

nearby/nɪəˈbaɪ/ [bnw + bijw] in de buurt

nearly/nɪəlɪ/ [bijw] ● innig ● van nabij, na(verwant) ● nauwkeurig ● bijna, haast ★ he was ~ dead hij was bijna dood ★ it concerns us ~ wij zijn er nauw bij betrokken ★ not ~ as big lang niet zo groot

nearness/nɪənəs/ [znw] nabijheid

nearside/nɪəsaɪd/ [bnw] ★ ~ traffic lane linkerrijbaan (in Eng.); rechterrijbaan (in Am.)

nearsighted/nɪəˈsaɪtɪd/ [bnw] bijziend

neat/niːt/ **I** [znw] rund, vee **II** [bnw] ● compact ● knap, handig ● keurig ● onvermengd (v. drank)

neb/neb/ [znw] ● neus, snoet ● tuit, punt ● (Schots) snavel

nebula/nebjʊlə/ [znw] ● vlek op hoornvlies ● nevelvlek

nebule/nebjʊli/ [mv] → nebula

nebulizer/nebjʊlaɪzə/ [znw] verstuiver

nebulous/nebjʊləs/ [bnw] nevelachtig, vaag

necessaries/nesəsərɪz/ [mv] ★ ~ of life levensbehoeften

necessarily/nesəsərəlɪ/ [bijw] noodzakelijk(erwijs), onvermijdelijk

necessary/nesəsərɪ/ **I** [znw] ● noodzaak ● wc ★ the ~ het nodige geld **II** [bnw] noodzakelijk

necessitate/nɪˈsesɪteɪt/ [ov ww] noodzaken

necessitous/nɪˈsesɪtəs/ [bnw] ● behoeftig, noodlijdend, arm ● arm

necessity/nɪˈsesɪtɪ/ [znw] noodzaak, noodzakelijkheid ★ from ~ uit nood ★ ~ for behoefte aan ★ ~ knows no law nood breekt wet ★ of ~ noodzakelijkerwijze

neck/nek/ [znw] nek, hals ★ neck victory overwinning met één halslengte

neckerchief/nekətʃɪf/ [znw] halsdoek

necking/nekɪŋ/ ⟨AE⟩ vrijage

necklace/nekləs/ [znw] ● halssnoer ● (sl.) strop

necklet/neklət/ [znw] ● boa ● halssnoer

neckline/neklaɪn/ [znw] halslijn

necktie/nektaɪ/ [znw] ● das ● (scherts) strop ★ ~ party lynchpartij

neckwear/nekweə/ [znw] ★ ~ shop boorden- en dassenwinkel

necrologist/neˈkrɒlədʒɪst/ [znw] schrijver v. necrologie

necrology/neˈkrɒlədʒɪ/ [znw] ● necrologie ● lijst v. gestorvenen

necromancer/nekrəʊmænsə/ [znw] tovenaar

necromancy/nekrəʊmænsɪ/ [znw] zwarte kunst

necropolis/neˈkrɒpəlɪs/ [znw] ● dodenstad ● (grote) begraafplaats

nectar/nektə/ [znw] ● nectar ● honingsap

nectarine/nektərɪn/ [znw] nectarine(perzik)

neddy/nedɪ/ [znw] ● (inf.) ezeltje ● (sl.) ploertendoder

née/neɪ/ [bnw] ★ Mrs. Smith, née Jones Mevr. Smith, geboren Jones

need/niːd/ **I** [ov ww] ● nodig hebben, vereisen ● moeten ★ she needs knowing moet men haar kennen **II** [on ww] ● gebrek hebben ● ⟨vero.⟩ nodig zijn ★ it needs to be done 't moet gebeuren **III** [hww] hoeven ★ as gay as need be zo vrolijk als 't maar kan ★ if need be zo nodig ★ why need he have come? waarom heeft hij moeten komen? ★ you need not have done it je had het niet hoeven doen **IV** [znw] ● nood(zaak) ● armoede, tekort ★ at need in geval v. nood ★ be in need of nodig hebben ★ have need of nodig hebben ★ need of behoefte aan

needfire/niːdfaɪə/ [znw] ● vuur verkregen door

N

wrijving v. droog hout ● bakenvuur

needful/'ni:dfʊl/ **I** [znw] ∗ (sl.) the ~ 't nodige geld **II** [bnw] nodig ∗ the one thing ~ het éne nodige

neediness/'ni:dɪnəs/ [znw] gebrek, behoefte

needle/'ni:dl/ **I** [ov ww] ● naaien ● doorprikken ● een weg banen door ● ergeren, prikkelen, lastig maken ● (inf.) drank met alcohol aanlengen **II** [on ww] ● naaien ● prikken ● naaldvormige kristallen vormen **III** [znw] ● aansporing, stimulans ● sarcastische opmerking ● naald (ook v. naaldboom of magneet) ● rotspunt ∗ as sharp as a ~ scherp (v. verstand); slim ∗ it gives me the ~ 't ergert me ∗ look for a ~ in a haystack (naar) een speld in een hooiberg zoeken; onbegonnen werk verrichten ∗ ~ case naaldenkoker ∗ ~ match gemoederen opwindende wedstrijd ∗ (sl.) the ~ zenuwachtige toestand; heroïne ∗ to thread the ~ moeilijke taak volbrengen

needle-point [znw] ● fijne punt ● borduurwerk

needless/'ni:dləs/ [bnw] nodeloos

needlewoman/'ni:dlwʊmən/ [znw] naaister

needlework/'ni:dlwɜːk/ [znw] naaldwerk, naaiwerk

needments/'ni:dmənts/ [znw] reisbenodigdheden

needn't/'ni:dnt/ → need

needy/'ni:dɪ/ [bnw] behoeftig, armoedig

nefarious/nɪ'feərɪəs/ (form.) [bnw] zondig, slecht, schandelijk

negate/nɪ'geɪt/ [ov ww] ● teniet doen ● ontkennen

negation/nɪ'geɪʃən/ [znw] ● ontkenning ● weigering ● iets negatiefs, iets zonder positieve waarde of betekenis

negative/'negətɪv/ **I** [ov ww] ● verwerpen (v. voorstel) ● weerspreken ● ongedaan maken ● ontkennen **II** [znw] ● ontkenning ● negatieve grootheid (in algebra) ● vetorecht ● (techn.) negatieve pool ● (foto.) negatief ∗ answer in the ~ ontkennend antwoorden ∗ it was decided in the ~ het voorstel werd verworpen **III** [bnw] ● ontkennend ● verbods- ● weigerend ● negatief ∗ (inf.) ~ quantity niets ∗ ~ sign minteken ∗ ~ voice recht v. veto ∗ ~ vote stem tegen

negativity/negə'tɪvətɪ/ [znw] negativiteit

neglect/nɪ'glekt/ **I** [ov ww] ● veronachtzamen, verwaarlozen ● over 't hoofd zien **II** [znw] ● verzuim ● verwaarlozing

neglectful/nɪ'glektfʊl/ [bnw] ● nalatig ● verwaarloosd ∗ be ~ of veronachtzamen

negligence/'neglɪdʒəns/ [znw] ● nalatigheid ● achteloosheid, ongedwongenheid

negligent/'neglɪdʒənt/ [bnw] nalatig, achteloos ∗ be ~ of verwaarlozen

negligible/'neglɪdʒɪbl/ [bnw] te verwaarlozen

negotiable/nɪ'gəʊʃəbl/ [bnw] ● verhandelbaar (v. effecten) ● oplosbaar ● bespreekbaar ● begaanbaar

negotiate/nɪ'gəʊʃɪeɪt/ **I** [ov ww] ● nemen (v. hindernis) ● onderhandelen over ● tot stand brengen ● sluiten (v. lening) ● verhandelen (v. effecten) ● uit de weg ruimen (v. moeilijkheden) ∗ he ~d me in hij loodste me naar binnen **II** [on ww] onderhandelen ∗ negotiating table onderhandelingstafel

negotiation/negəʊʃɪ'eɪʃən/ [znw] onderhandeling

negotiator/nɪ'gəʊʃɪeɪtə/ [znw] onderhandelaar

negress/'ni:grəs/ [znw] negerin

negro/'ni:grəʊ/ **I** [znw] neger **II** [bnw] zwart

neigh/neɪ/ **I** [on ww] hinniken **II** [znw] gehinnik

neighbour, neighbor/'neɪbə/ **I** [ov ww] grenzen aan **II** [on ww] grenzen, benaderen ∗ (~ **on**) grenzen aan **III** [znw] ● buurman, buurvrouw ● (religie) naaste ● (hand.) concurrent ∗ ~ over the way overbuur ∗ next-door ~ naaste buur

∗ this lake is smaller than its ~ dit meer is kleiner dan dat wat er naast ligt **IV** [bnw] naburig

neighbourhood, neighborhood/'neɪbəhʊd/ [znw] ● buurt ● omtrek

neighbouring, neighboring/'neɪbərɪŋ/ **I** [ww] tegenw. deelw. → **neighbour II** [bnw] naburig

neighbourly, neighborly/'neɪbəlɪ/ [bnw] ● een goede buur betamend, als buren ● gezellig ● vriendelijk

neighbour-proof/'neɪbəpru:f/ [bnw] geluiddicht ∗ ~ house niet gehorig huis

neighbourship/'neɪbəʃɪp/ [znw] ● nabijheid ● nabuurschap

neither/'naɪðə/ [bnw + bijw] ● noch, en ... ook niet ● evenmin ● geen v. beide ● (religie) zelfs niet ∗ ~ ... nor ... noch ... noch ...

nellie/'nelɪ/ [bnw] ● vrouwelijk ● verwijfd ∗ (sl.) not on your ~ geen sprake van

neo-/'ni:əʊ/ [voorv] neo-, nieuw ∗ neofascism neofascisme

neocolonialism/ni:əʊkə'ləʊnɪəlɪzəm/ [znw] neokolonialisme

neolithic/ni:ə'lɪθɪk/ [bnw] neolithisch

neologism/ni:'ɒlədʒɪzəm/ [znw] ● neologisme, nieuw woord ● nieuwe leerstelling

neon/'ni:ɒn/ [znw] neon ∗ neon light neonlicht; neonlamp; tl-buis

neophyte/'ni:əfaɪt/ [znw] ● nieuweling ● nieuwbekeerde ● pas gewijd priester

nepenthe(s)/nɪ'penθɪ:(z)/ [znw] ● bekerplant ● (lit.) drank der vergetelheid

nephew/'nevju:/ [znw] neef (zoon v. broer of zuster), oom-/tantezegger

nepotism/'nepətɪzəm/ [znw] nepotisme ● begunstiging v. familieleden

nerts/nɜːts/ (sl./AD) [znw] onzin

nerve/nɜːv/ **I** [ov ww] kracht of moed geven ∗ he ~d himself hij vermande z. **II** [znw] ● pees ● spierkracht ● zenuw ● moed, zelfbeheersing ● (bio.) middennerf (v. blad) ● (inf.) brutaliteit ∗ ~ strain zenuwinspanning; zenuwoverspanning ∗ strain every ~ zich tot het uiterste inspannen ∗ you've got a ~! jij durft!

nerve-centre/'nɜːvsentə/ [znw] zenuwknoop

nerveless/'nɜːvləs/ [bnw] ● krachteloos, lusteloos, zwak ● wijdlopig (v. stijl) ● zonder nervatuur ● zonder zenuwen

nerve-racking [bnw] zenuwslopend

nerve-ridden/'nɜːvrɪdn/ [bnw] gekweld door de zenuwen

nerves/nɜːvz/ [mv] zenuwachtigheid ∗ he got into a state of ~ hij kreeg 't op de zenuwen ∗ it gets on my ~ 't maakt me zenuwachtig

nervine/'nɜːvaɪn/ [znw] zenuwkalmerend middel, zenuwsterkend middel

nervous/'nɜːvəs/ [bnw] ● pezig, gespierd (ook v. stijl) ● zenuwachtig ● zenuw- ● bang ∗ he is ~ of all the work hij ziet tegen al het werk op ∗ ~ system zenuwstelsel

nervure/'nɜːvjʊə/ [znw] ● rib (op insectenvleugel) ● hoofdbladnerf

nervy/'nɜːvɪ/ [bnw] ● zenuwachtig ● (sl.) koel, brutaal ● (lit.) sterk ● (sl.) zenuwslopend

nescience/'nesɪəns/ [znw] ● onwetendheid ● 't niet weten

nescient/'nesɪənt/ **I** [znw] agnosticus **II** [bnw] ● onwetend ● agnostisch

ness, nesse/nes/ [znw] kaap, voorgebergte, landtong

nest/nest/ **I** [ov ww] nesten **II** [on ww] ● z. nestelen ● z. vestigen ● nesten uithalen **III** [znw] ● nest ● broeinest, haard ● verzameling ∗ nest egg nestei;

appeltje voor de dorst ● nest of drawers *ladekastje*
★ nest of tables *stel minitafeltjes*

nested /'nestɪd/ **I** [ww] verl. tijd + volt. deelw.
→ **nest II** [bnw] ● *gevestigd* ● *genesteld* ● *in
elkaar passend* (v. o.a. dozen)

nestle /'nesl/ **I** [ov ww] *vlijen* **II** [on ww] ● *z.
(neer)vlijen* ● *half verborgen liggen* ★ – (o.s.) *zich
nestelen*

nestling /'neslɪŋ/ [znw] ● *nestvogel* ● *de benjamin*

net /net/ **I** [ov ww] ● (als) *met een net
bedekken/omgeven/vangen/afvissen, voorzien v.
netwerk* ● *in de wacht slepen* ● *netto opbrengen of
verdienen* **II** [on ww] *knopen* (v. o.a. hangmat)
III [znw] ● *net* ● *valstrik* ● *spinnenweb* ● *vitrage,
netwerk* ● *netto bedrag/prijs* ★ casting net
werpnet **IV** [bnw] *nett netto*

netball /'netbɔ:l/ [znw] ≈ *korfbal*
Netherlander /'neðəlændə/ [znw] *Nederlander*
Netherlands /'neðələndz/ [znw] ★ the –
Nederland

nett /net/ **I** [ov ww] → **net II** [bnw] *netto, schoon*
★ nett price *minimumprijs* ★ nett profit
nettowinst

netting /'netɪŋ/ [znw] *gaas, netwerk,
camouflagenet*

nettle /'netl/ **I** [ov ww] ● *branden* (met
brandnetels) ● *ergeren, prikkelen* **II** [znw]
brandnetel ★ grasp the – *de koe bij de hoorns
vatten*

nettle-rash /'netlræʃ/ [znw] *netelroos*
network /'netwз:k/ [znw] ● *netwerk*
● radio-/tv-station

neural /'njʊərəl/ [bnw] *zenuw-, ruggenmergs-*
neuralgia /njʊə'rældʒə/ [znw] *zenuwpijn*
neuralgic /njʊ'rældʒɪk/ [bnw] *neuralgisch*
neurologist /njʊə'rolədʒɪst/ [znw] *neuroloog*
neurology /njʊə'rolədʒɪ/ [znw] *neurologie*
neurosis /njʊə'rəʊsɪs/ [znw] *neurose*
neurosurgery /njʊərəʊ'sɜ:dʒərɪ/ [znw]
neurochirurgie

neurotic /njʊə'rotɪk/ **I** [znw] *zenuwlijder* **II** [bnw]
neurotisch, zenuwziek

neuter /'nju:tə/ **I** [znw] ● *neutraal iem.*
● *geslachtsloos dier* ● *gecastreerd dier* **II** [bnw]
● *onzijdig* ● *onovergankelijk* ● *neutraal*
● *onvruchtbaar* ● (bio.) *geslachtloos*

neutral /'nju:trəl/ [bnw] ● *neutraal* ● *onbepaald,
vaag* ● *v.e. grijze kleur* ● *geslachtsloos* ● *indifferent*
(v. gewicht) ★ – (gear) *vrijloopstand v.e.
(auto)motor*

neutrality /nju:'trælətɪ/ [znw] *neutraliteit*
neutralization /nju:trəlaɪ'zeɪʃən/ → **neutralize**
neutralize /'nju:trəlaɪz/ [ov ww] ● *opheffen,
neutraliseren* ● *neutraal verklaren*

neutron /'nju:tron/ [znw] *neutron*

never /'nevə/ [bijw] ● *nooit* ● *helemaal niet, toch
niet* ★ – a one *niet één* ● *ever nooit of te nimmer*
★ – is a long word *je kunt nooit weten* ★ – *mind!
maak je daar niet druk over; dat doet er niet toe* ★ –
yet *nog nooit* ★ –! dat *meen je toch niet!; nee toch!*
★ she – *so much as looked at me ze keek niet eens
naar me* ★ well, I –! *heb ik ooit van m'n leven!*
★ you – *took the book! je hebt het boek toch niet
meegenomen*

nevermore /nevə'mɔ:/ [bijw] *nooit weer,
nimmermeer*

nevertheless /nevəðə'les/ [bijw]
● *niettegenstaande dit/dat* ● *toch*

never-to-be-forgotten [bnw] *onvergetelijk*
new /nju:/ [bnw] ● *nieuw, onbekend* ● *vers* (v.
brood) ★ New Learning *Renaissance* ★ New
Year's Day *nieuwjaarsdag* ★ New Year's Eve

oudejaarsavond ★ New Zealand *Nieuw-Zeeland*
★ new birth *wedergeboorte* ★ new hand
beginneling ★ the new woman *de moderne vrouw*

newborn /nju:'bɔ:n/ [bnw] ● *pasgeboren*
● *wedergeboren*

newcomer /'nju:kʌmə/ [znw] ● *nieuweling* ● *iem.
die juist is aangekomen*

newel /'nju:əl/ [znw] ● *middenstijl v. draaitrap*
● *bovenste/onderste stijl v. trapleuning*

new-fangled (pej.) [bnw] *nieuwerwets*
newish /'nju:ɪʃ/ [bnw] *vrij nieuw*
new-laid [bnw] ★ – eggs *verse eieren*
newly /'nju:lɪ/ [bijw] ● *onlangs* ● *(op)nieuw* ★ –
wed *pas getrouwd*

newness /'nju:nəs/ [znw] *nieuw(ig)heid*
news /nju:z/ [mv] *nieuws, bericht* ● he is in the
news *hij staat in de publieke belangstelling*
★ news agency *persbureau; persagentschap*
★ news desk *nieuwsdienst; perskamer* ★ news
room *redactiekamer; kranten- en tijdschriftenzaal*

newsagent /'nju:zeɪdʒənt/ [znw] *agent voor of
verkoper van nieuwsbladen*

newsboy /'nju:zbɔɪ/ [znw] ● *krantenjongen,
krantenbezorger*

newscast /'nju:zkɑ:st/ [znw] *nieuwsberichten* (op
radio/tv)

newscaster /'nju:zkɑ:stə/ [znw] *nieuwslezer*
newsflash /'nju:zflæʃ/ [znw] *korte
nieuwsmededeling, nieuwsflits*

newshawk /'nju:zhɔ:k/ [znw] (AE) *verslaggever*
newsletter /'nju:zletə/ [znw] ● *mededelingenblad*
● *nieuwsbrief/-blaadje*

newsmonger /'nju:zmʌŋɡə/ [znw] *roddelaar*
newspaper /'nju:speɪpə/ [znw] ● *krant*
● *krantenpapier* ★ –-dom *de pers* ★ –man
journalist

newsprint /'nju:zprɪnt/ [znw] ● *krant*
● *krantenpapier*

newsreader /'nju:zri:də/ [znw] *nieuwslezer*
newsreel /'nju:zri:l/ [znw] (bioscoop)*journaal*
news-sheet /'nju:zʃi:t/ [znw] *nieuwsblad/bulletin*
news-stand [znw] *krantenkiosk*
news-vendor [znw] *krantenverkoper*
newsworthy /'nju:zwз:ðɪ/ [bnw] *met voldoende
nieuwswaarde, actueel*

newsy /'nju:zɪ/ **I** [znw] (AE) *krantenjongen* **II** [bnw]
(inf.) *vol nieuws*

newt /nju:t/ [znw] *watersalamander*
next /nekst/ **I** [znw] ● I'll tell you in my next *dat
zal ik je in m'n volgende brief vertellen* ★ next of
kin *naaste bloedverwant* ★ next please! *de
volgende!* ★ to be continued in our next *wordt
vervolgd* **II** [bnw] ● *naast* ● *(eerst)volgende,
aanstaande* ★ I am as energetic as the next
fellow *ik ben even energiek als wie dan ook* ★ not
till next time *pas de volgende keer* ★ the next
man I see *de eerste de beste die ik zie* ★ the next
world *het hiernamaals* **III** [bijw] ● *naast*
● *daarna, de volgende keer, vervolgens* ★ it is next
to murder *'t staat bijna gelijk met moord* ★ next
after seeing him, I ... *direct nadat ik hem gezien
had ...* ★ next best *op één na de beste* ★ next came
a farmer *daarna kwam er een boer* ★ next to
impossible *zo goed als onmogelijk* ★ next to
nothing *bijna niets* ★ the next in size *die er op
volgt in grootte* ★ the woman next (to) him *de
vrouw naast hem* ★ what next? *wat gaat/moet er
nu gebeuren?* **IV** [vz] *naast* ★ wear flannel next
one's skin *flanel op de blote huid dragen*

next-door /nekst'dɔ:/ [bnw] ★ the – neighbours
de buren van hiernaast

nexus /'neksəs/ [znw] *band, schakel, verbinding*

N

N.H.S. [afk] • (National Health Service) Nationale Gezondheidszorg

nib /nɪb/ I [ov ww] • aanslijpen • 'n pen doen in II [znw] • punt (v. ganzenpen, gereedschap) • pen • snavel

nibble /'nɪbl/ I [ov ww] niet onmiddellijk toegeven (aan o.a. verleiding) II [on ww] • interesse tonen • knabbelen • (~ at) vitten op III [znw] • mondjevol • gegadigde • geknabbel • 't bijten v. vis aan aas ★ not a ~ niet éens beet

nibs /nɪbz/ [mv] • vervelend persoon • gebroken (koffie/cacao)bonen ★ (iron.) his nibs zijne hoogheid

nice /naɪs/ [bnw] • teer • kieskeurig, moeilijk te voldoen • genuanceerd, subtiel • nauwgezet, nauwkeurig, aandachtig • kies • aardig, prettig, leuk • lekker • fatsoenlijk ★ a nice long way behoorlijke afstand ★ don't be nice about going schaam je maar niet om te gaan ★ no nice girl should do this geen fatsoenlijk meisje zou dit doen ★ that's not nice dat is niet netjes/gepast ★ the car went nice and fast de auto ging lekker hard ★ the house stands nice and high het huis staat aardig hoog

nice-looking /naɪs'lʊkɪŋ/ [bnw] aardig uitziend

nicely /'naɪslɪ/ [bijw] uitstekend

nicety /'naɪsətɪ/ [znw] • nauwgezetheid, nauwkeurigheid • kieskeurigheid • finesse • lekkernij ★ niceties zeer kleine details ★ to a ~ heel precies; tot op de millimeter nauwkeurig

niche /nɪtʃ/ I [ov ww] in nis plaatsen • ~ o.s. z. nestelen II [znw] • leuke baan • nis • passend plaatsje

nick /nɪk/ I [ov ww] • inkepen, kerven • angliseren (v. paard) • raden • (sl.) arresteren, snappen • (sl.) gappen ★ in the nick of time (net) op tijd ★ we've nicked it we hebben 't nog net gehaald; we hebben 't gejat II [znw] • hoge worp (bij dobbelen) • inkeping, kerf • (sl.) bajes, nor

nickel /'nɪkl/ I [ov ww] vernikkelen II [znw] • nikkel • nikkelen munt • Amerikaans vijfcentstuk III [bnw] nikkelen

nickel-plated /nɪkl'pleɪtɪd/ [bnw] vernikkeld

nicker /'nɪkə/ [znw] • gehinnik • (sl.) pond sterling

nick-nack /'nɪknæk/ [znw] • liflafje • snuisterij

nickname /'nɪkneɪm/ I [ov ww] bijnaam geven ★ ~d bijgenaamd II [znw] • bijnaam • roepnaam

nicy /'naɪsɪ/ [znw] (inf.) snoep(goed), lekkers

niddle-noddle /'nɪdlnɒdl/ I [on ww] • knikkebollen • wankelen II [bnw] • knikkebollen(d) • wankelen(d)

nid-nod /'nɪdnɒd/ [on ww] knikkebollen

niece /niːs/ [znw] nicht (oom-/tantezegger)

niff /nɪf/ (inf.) [znw] lucht, stank

niffy /'nɪfɪ/ (inf.) [bnw] stinkend

nifty /'nɪftɪ/ I [znw] • handigheidje • geestigheid, geintje II [bnw] sjiek, handig

Nigerian /naɪ'dʒɪərɪən/ I [znw] Nigeriaan II [bnw] Nigeriaans

niggard /'nɪgəd/ [znw] vrek

niggardly /'nɪgədlɪ/ [bnw + bijw] gierig, karig ★ ~ of krenterig met

nigger /'nɪgə/ (pej./AE) [znw] • nikker • zwarte rups ★ a ~ in the fence/woodpile (AE/sl.) een addertje onder het gras ★ ~ heaven engelenbak

niggle /'nɪgl/ [on ww] beuzelen, vitten

niggling /'nɪglɪŋ/ I [znw] peuterig gedoe, gemier II [bnw] peuterig, pietluttig ★ ~ handwriting kriebelig schrift

night /naɪt/ [znw] avond, nacht ★ a dirty ~ stormachtige regennacht ★ at ~ 's avonds; 's nachts ★ by ~ 's nachts ★ good-~! wel te rusten! ★ in the

~ gedurende de nacht ★ ~ cellar nachtkroeg ★ ~ out avondje uit; vrije avond (v. dienstbode) ★ ~ porter nachtportier ★ ~ school avondschool ★ ~ shift nachtploeg ★ ~ watch nachtwacht ★ (vero.) o'~s gedurende de nacht ★ they made a ~ of it ze fuisden de hele nacht door

night-bird /'naɪtbɜːd/ [znw] nachtvogel (ook fig.)

nightcap /'naɪtkæp/ [znw] • slaapmuts • slaapmutsje (drank)

nightclothes /'naɪtkləʊðz/ [mv] nachtgoed/-kleding

nightclub /'naɪtklʌb/ [znw] nachtclub

nightdress /'naɪtdres/ [znw] nachthemd/japon

night-duty [znw] nachtdienst

nightfall /'naɪtfɔːl/ [znw] 't vallen v.d. avond

night-fighter /'naɪtfaɪtə/ [znw] nachtjager (vliegtuig)

nighthawk /'naɪthɔːk/ [znw] nachtbraker/-mens

night-heater /'naɪthiːtə/ [znw] heetwatertoestel ★ electrical ~ warmwaterreservoir

nightie /'naɪtɪ/ (inf.) [znw] nachtjapon, nachtgoed

nightingale /'naɪtɪŋgeɪl/ [znw] nachtegaal

nightjar /'naɪtdʒɑː/ [znw] nachtzwaluw

nightlife /'naɪtlaɪf/ [znw] nachtleven

nightly /'naɪtlɪ/ I [bnw] nachtelijk, avond- II [bijw] • iedere nacht/avond • 's avonds/nachts

nightmare /'naɪtmeə/ [znw] nachtmerrie

night-owl [znw] • nachtuil • nachtbraker/-mens

nights /naɪts/ (AE) [bijw] 's avonds laat, 's nachts

nightshade /'naɪtʃeɪd/ [znw] nachtschade

nightshirt /'naɪtʃɜːt/ [znw] nachthemd

night-soil [znw] fecaliën

nightstick /'naɪtstɪk/ (AE) [znw] gummistok

night-walker /'naɪtwɔːkə/ [znw] prostituees

nighty /'naɪtɪ/ → **nightie**

nihilism /'naɪɪlɪzəm/ [znw] nihilisme

nihilist /'naɪɪlɪst/ [znw] nihilist

nil /nɪl/ [znw] niets, nul ★ three goals to nil drie-nul

Nile /naɪl/ [znw] Nijl

nimble /'nɪmbl/ [bnw] vlug, handig

nimble-witted /nɪmbl'wɪtɪd/ [bnw] gevat, schrander

nimbus /'nɪmbəs/ [znw] • stralenkrans • (vero.) regenwolk

nincompoop /'nɪŋkəmpuːp/ [znw] lomperd, domoor, stommeling

nine /naɪn/ [telw] negen ★ he was dressed up to the nines prachtig uitgedost ★ nine days' wonder modeverschijnsel; kortstondige rage

ninepins /'naɪnpɪnz/ [mv] kegels, kegelspel

nineteen /naɪn'tiːn/ [telw] negentien ★ talk ~ to the dozen honderduit praten

nineteenth /naɪn'tiːnθ/ [bnw] negentiende ★ (scherts) the ~ hole bar in golfclubgebouw

nineties /'naɪntɪz/ [mv] ★ the ~ de negentiger jaren

ninetieth /'naɪntɪəθ/ [bnw] negentigste

nine-to-fiver /naɪntə'faɪvə/ [znw] iem. met een vaste baan

ninety /'naɪntɪ/ [telw] negentig

ninny /'nɪnɪ/ [znw] onnozele hals, sukkel

ninth /naɪnθ/ I [znw] (muz.) none II [bnw] negende ★ (inf.) ~ part of a man kleermaker

nip /nɪp/ I [ov ww] • doen verkleumen • rennen, snellen • beschadigen • belemmeren (v. groei door kou) • bijten • knijpen • (sl.) gappen ★ nip in the bud in de kiem smoren II [on ww] • een slokje nemen • (inf.) snellen, rennen • (~ in) binnenwippen • (~ out) vlug ervandoor gaan III [znw] • sarcastische opmerking • kneep • beet • belemmering van groei van planten door kou, beschadiging van planten door kou • klein beetje • borreltje, hartversterking ★ (AE) nip and tuck nek aan nek

nipped /nɪpt/ [bnw] • stijf van de kou (vingers) • bevroren (plant)

nipper /'nɪpə/ [znw] • (klein) ventje • straatjongen • schaar (v. kreeft) • snijtand (v. paard) • gierigaard

nippers /'nɪpəz/ [mv] • buigtangetje • (vero.) pince-nez • (sl.) handboeien

nipping /'nɪpɪŋ/ [bnw] bijtend, vinnig

nipple /'nɪpl/ [znw] • verhoging • tepel • speen • (techn.) nippel • (vero.) tepelbeschermer

Nippon /'nɪpɒn/ [znw] Japan

nippy /'nɪpɪ/ I [znw] (vero.) serveerster in een Lyons restaurant II [bnw] scherp, vinnig • look ~! schiet op 'n beetje!

nisi /'naɪsaɪ/ [bnw] * decree nisi voorlopig vonnis van echtscheiding

nit /nɪt/ [znw] • luizenei, neet • stommeling, leeghoofd • miezerig kereltje • (AE) niks

nitpicking /'nɪtpɪkɪŋ/ (inf.) [znw] muggenzifterij, vitterij

nitrate /'naɪtreɪt/ [znw] • nitraat, salpeterzuurzout • nitraatmeststof

nitrogen /'naɪtrədʒən/ [znw] stikstof

nitty-gritty /nɪtɪ'grɪtɪ/ [znw] detail, bijzonderheid

nitwit /'nɪtwɪt/ [znw] leeghoofd

nix /nɪks/ I [znw] watergeest • (sl.) niks, niemand * he kept nix hij stond op de loer * nixes! 't zit er niet aan! II [tw] pas op, daar komt de baas aan!

nixie /'nɪksɪ/ [znw] watergeest

no /nəʊ/ [bijw] • geen • niet • neen * I did not come, and no more did he ik kwam niet en hij ook niet * I won't take no ik wil geen weigering horen * a no 'n nul; iem. v. niets * he is no more hij is dood; hij is niet meer * he is no more a rich man than I am hij is evenmin rijk als ik * in no time heel gauw * it's no better 't is helemaal niet beter * no bon (mil./sl.) 't geeft niets * (sl.) no can do onmogelijk * no compree (mil./sl.) 'k snap er niets van * no less than ten people have told me wel tien mensen hebben me verteld * no more niet(s) meer * no one man can lift it niemand kan 't alleen optillen * no sooner ... than nauwelijks ... of ... * pleasant or no, you'll have to do it of je het prettig vindt of niet, je zult het moeten doen * the noes have it de tegenstemmers zijn in de meerderheid * there's no saying onmogelijk te zeggen

no-account /nəʊə'kaʊnt/ (AE) I [znw] prul II [bnw] prullerig

nob /nɒb/ (sl.) I [ov ww] op 't hoofd raken (met boksen) II [znw] • kop, hoofd • troefboer • hoge piet

no-ball /nəʊ'bɔːl/ [znw] bal gebowld in strijd met de regels (bij cricket)

nobble /'nɒbl/ (sl.) [ov ww] • omkopen • gappen • inrekenen (v. crimineel) • (sport) een paard ongeschikt maken om een race te winnen

nobility /nəʊ'bɪlətɪ/ [znw] adel (ook fig.), adelstand

noble /'nəʊbl/ I [znw] • edelman • oude Engelse gouden munt II [bnw] • adellijk • edel, grootmoedig • statig, indrukwekkend * the ~ art/science of self-defence de bokssport

nobleman /'nəʊblmən/ [znw] edelman

noble-minded /nəʊbl'maɪndɪd/ [bnw] grootmoedig

nobleness /'nəʊblnəs/ → **noble**

noblewoman /'nəʊblwʊmən/ [znw] vrouw van adel, edelvrouw

nobly /'nəʊblɪ/ [znw] * ~ born van adellijke geboorte

nobody /'nəʊbədɪ/ [onb vnw] niemand

nocturnal /nɒk'tɜːnl/ [bnw] nacht-, nachtelijk

nocturne /'nɒktɜːn/ [znw] • (muz.) nocturne • (kunst) nachttafereel

nocuous /'nɒkjʊəs/ [bnw] giftig, schadelijk

nod /nɒd/ I [on ww] knikken, knikkebollen, slaperig zijn * I have a nodding acquaintance with him ik ken 'm oppervlakkig * he nodded assent hij knikte toestemmend * nod to its fall op 't punt staan in te storten (ook fig.) * (~ off) in slaap vallen II [znw] knik * a nod is as good as a wink 'n goed verstaander heeft maar 'n half woord nodig * (sl.) buy on the nod op de pof kopen * she is at his nod ze is totaal van hem afhankelijk * the land of Nod de slaap; het rijk der dromen

nodal /'nəʊdl/ [bnw] knoestig, knobbelig

noddle /'nɒdl/ I [ov + on ww] knikken of schudden met hoofd II [znw] (inf.) hoofd, kop

node /nəʊd/ [znw] • knooppunt • knoest, knobbel

nodular /'nɒdjʊlə/ [bnw] knoestig, knobbelig

nodule /'nɒdjuːl/ [znw] • knoestje • knobbeltje, klein gezwel • knolletje

Noel /nəʊ'el/ [znw] Kerstmis

nog /nɒg/ I [ov ww] vastmaken met houten pennen II [znw] • houten pen, blokje • knoest (v. boom) • zwaar bier * ≈ advocaat (drank)

noggin /'nɒgɪn/ [znw] • kroesje, bekertje • inhoudsmaat (1/4 pint) • (AE) emmer

nogging /'nɒgɪŋ/ [znw] metselwerk in houten raam

no-go /nəʊ'gəʊ/ I [znw] mislukking, fiasco II [bnw] • verboden voor bepaalde personen • verboden zonder speciale vergunning * ~ area verboden buurt/gebied; verboden gebied/wijk

no-good /nəʊ'gʊd/ (AE/sl.) I [znw] nietsnut II [bnw] waardeloos

nohow /'nəʊhaʊ/ [bijw] van geen kant, helemaal niet • look ~ er slordig/akelig uitzien

noise /nɔɪz/ I [ov ww] * it is ~d abroad that het gerucht doet de ronde dat ... * ~ abroad (iets) publiek maken II [znw] • lawaai, leven, geroep • gerucht, geluid • ruis • brom (in geluidsweergave) * he made a ~ about it hij maakte er veel drukte over * (inf.) he's a big ~ hij is 'n belangrijk personage * make a ~ in the world stof doen opwaaien; beroemd worden

noiseless /'nɔɪzləs/ [bnw] • zonder lawaai • geruisloos

noisome /'nɔɪsəm/ [bnw] • schadelijk • walgelijk

noisy /'nɔɪzɪ/ [bnw] • luidruchtig, druk • gehorig • schreeuwend (v. kleuren)

nomad /'nəʊmæd/ [znw] nomade

nomadic /nəʊ'mædɪk/ [bnw] nomadisch, nomaden-, zwervend

nomenclature /nəʊ'menklətʃə/ [znw] • naamlijst/-register • naam • terminologie

nominal /'nɒmɪnl/ [bnw] • naamwoordelijk • nominaal, in naam * at a ~ amount voor zo goed als geen bedrag/geld * ~ capital maatschappelijk kapitaal * ~ definition woordverklaring * ~ price spotprijs * ~ share aandeel op naam

nominate /'nɒmɪneɪt/ [ov ww] • benoemen • kandidaat stellen, voordragen

nomination /nɒmɪ'neɪʃən/ [znw] • benoeming • voordracht, kandidaatstelling

nominative /'nɒmɪnətɪv/ [znw] nominatief, eerste naamval

nominator /'nɒmɪneɪtə/ [znw] (be)noemer

nominee /nɒmɪ'niː/ [znw] • benoemde • kandidaat

non- /nɒn/ [voorv] non-, niet-, -vrij

non-abstainer /nɒnəb'steɪnə/ [znw] niet-onthouder (i.h.b. v. drank)

N

non-acceptance/nɒnək'septns/ [znw] 't
niet-aanvaarden

nonage/'nəʊnɪdʒ/ [znw] • minderjarigheid
• onrijpheid

nonagenarian/nəʊnədʒɪ'neərɪən/ [znw]
negentigjarige, negentiger

non-aggression/nɒnə'greʃən/ [znw] ∗ ~ pact
niet-aanvalsverdrag

non-alcoholic/nɒnælkə'hɒlɪk/ [bnw]
niet-alcoholisch, alcoholvrij

non-aligned/nɒnə'laɪnd/ [bnw] ∗ ~ countries
niet-gebonden/neutrale landen

non-appearance/nɒnə'pɪərəns/ [znw] (jur.)
afwezigheid, verstek

nonce/nɒns/ [znw] ∗ for the ~ voor deze
gelegenheid ∗ ~ word gelegenheidswoord

non-coll(egiate)/nɒnkə'li:dʒɪət/ [bnw] • niet
inwonend (student) • niet volgens 't
collegesysteem ingericht (universiteit)

non-combatant/nɒn'kɒmbətnt/ [znw] iem. die
niet bij de gevechtshandelingen betrokken is

non-com(missioned)/nɒnkə'mɪʃənd/ [bnw]
zonder officiersbenoeming ∗ non-com(missioned
officer) onderofficier

noncommittal/nɒnkə'mɪtl/ [bnw] vrijblijvend,
een slag om de arm houdend

nonconformist/nɒnkən'fɔ:mɪst/ I [znw]
• non-conformist • iem. die afgescheiden van de
staatskerk II [bnw] niet-anglicaans protestant,
afgescheiden (v. staatskerk)

nonconformity/nɒnkən'fɔ:mətɪ/ [znw]
• non-conformisme • 't afgescheiden zijn (v.
staatskerk)

non-content/nɒnkəntent/ [znw] tegenstemmer
(in Hogerhuis)

nondescript/'nɒndɪskrɪpt/ I [znw] moeilijk te
beschrijven ding/persoon/zaak II [bnw] • moeilijk
te beschrijven • onbepaald • vaag

none/nʌn/ [bnw + bijw] niemand, niet een, totaal
niet, niets ∗ he is none the less for his
experience hij is er door z'n ervaring niet slechter
op geworden ∗ it's none of my concern ik heb er
niets mee te maken ∗ none of your nonsense! hou
je onzin bij je! ∗ none the less he succeeded
niettemin slaagde hij ∗ the pay is none too high
't loon is nou niet bepaald hoog ∗ they are none so
fond of her ze zijn verre van dol op haar

nonentity/nɒ'nentətɪ/ [znw] • niet-bestaan(d
iets) • onbeduidend iem. of iets • prul

nonesuch/'nʌnsʌtʃ/ → **nonsuch**

nonetheless/nʌnðə'les/ [bijw] niettemin, toch

non-event/nɒnɪ'vent/ [znw] flop

non-ferrous/nɒn'ferəs/ [bnw] niet ijzerhoudend
∗ ~ metals non-ferrometalen

non-human/nɒn'hju:mən/ [bnw] niet menselijk

no-nonsense[bnw] zakelijk, nuchter, praktisch

nonpareil/'nɒnpərəl/ I [znw] • nonpareille
(drukletter) • Noord-Amerikaanse vogel II [bnw]
weergaloos, onvergelijkelijk ∗ ~ rated man
gewoon marinier

nonplus/nɒn'plʌs/ I [ov ww] in verlegenheid
brengen II [znw] verlegenheid

non-provided/nɒnprə'vaɪdɪd/ [bnw] niet
gesubsidieerd ∗ ~ school niet gesubsidieerde school

non-quoted/nɒn'kwəʊtɪd/ [bnw] (hand.) niet
genoteerd ∗ ~ shares incourante fondsen

non-resident/nɒn'rezɪdnt/ I [znw] • buiten zijn
gemeente wonend predikant • forens, externe
II [bnw] niet inwonend, extern

non-resistance/nɒnrɪ'zɪstns/ [znw]
• geweldloosheid • passieve gehoorzaamheid

nonsense/'nɒnsəns/ [znw] onzin ∗ it's only his ~

hij zegt/doet 't maar voor de grap ∗ there is no ~
about him hij is 'n ernstige vent

nonsensical/nɒn'sensɪkl/ [bnw] onzinnig

non-skid/nɒn'skɪd/ [bnw] ∗ ~ tyre antislipband

non-smoker/nɒn'sməʊkə/ [znw] • niet-roker
• niet-rokencoupé

non-stop/nɒn'stɒp/ [bnw + bijw] ∗ ~ express
doorgaande trein ∗ ~ flight vlucht zonder
tussenlanding

nonsuch/'nɒnsʌtʃ/ [znw] • niet te evenaren persoon
of zaak • hopklaver

non-U/nɒn'ju:/ (inf.) [bnw] niet gebruikelijk bij de
hogere standen (m.b.t. taalgebruik/gedrag)

non-unionist/nɒn'ju:nɪənɪst/ [znw] niet bij
vakvereniging aangesloten arbeider

noodle/'nu:dl/ [znw] • lomperd, uilskuiken • soort
mie, soort vermicelli

nook, nookery/nʊk/ [znw] (gezellig) hoekje

noon/nu:n/ I [znw] • (AE) 't middagmaal
gebruiken • (AE) 's middags rusten II [znw] • 12
uur 's middags • hoogtepunt

noonday, noontide/'nu:ndeɪ/ [znw] middag

no-one[znw] niemand

noose/nu:s/ I [ov ww] • (ver)strikken • opknopen
II [znw] • hinderlaag, val • huwelijksband • lus,
schuifknoop, strop

nope/nəʊp/ (AE/inf.) [bijw] nee

nor/nɔ:/ [bijw] • noch, (en) ook niet • evenmin ∗ I
told him I hadn't gone there: nor had I ik zei
hem dat ik er niet heen was gegaan; en dat was ook
zo ∗ neither he nor she noch hij, noch zij ∗ nor
must we forget to realize ... ook mogen wij niet
vergeten te bedenken ... ∗ you haven't seen it, nor
have I jij hebt het niet gezien en ik ook niet

Nordic/'nɔ:dɪk/ I [znw] Noord-Europeaan
II [bnw] Noord-Europees

norm/nɔ:m/ [znw] standaard, norm, patroon

normal/'nɔ:ml/ I [znw] • normale temperatuur
• gemiddelde • (wisk.) loodlijn II [bnw]
• normaal • (wisk.) loodrecht

normality/nɔ:'mælətɪ/ [znw] normaliteit

normalization/nɔ:məlar'zeɪʃən/ [znw]
normalisatie

normalize/'nɔ:məlaɪz/ [ov ww] normaliseren

Norman/'nɔ:mən/ I [znw] Normandiër II [bnw]
Normandisch ∗ ~ style of architecture
Normandische rondboogstijl

normative/'nɔ:mətɪv/ [bnw] volgens bepaalde
standaard, normatief

Norse/nɔ:s/ [znw] Noors

Norseman/'nɔ:smən/ [znw] Noor(man)

north/nɔ:θ/ I [bnw + bijw] noordwaarts,
noordelijk, noord(en)-, noorder- ∗ (to the) ~ of ten
noorden van ∗ he's too far ~ hij is te handig/slim
II [on ww] omlopen naar 't noorden (v. wind)
III [znw] noorden(wind)

northbound/'nɔ:θbaʊnd/ [bnw] die/dat naar het
noorden gaat (weg/verkeer)

Northman/'nɔ:θmən/ [znw] • Noorman • Noor
• Scandinaviër

northward/'nɔ:θwəd/ [bnw] noord(waarts),
noordelijk

northwester/nɔ:θ'westə/ [znw]
• noordwestenwind • oorlam

Norway/'nɔ:weɪ/ [znw] Noorwegen

Norwegian/nɔ:'wi:dʒən/ I [znw] Noor II [bnw]
Noors

nor'wester/nɔ:'westə/ [znw] • noordwestenwind
• zuidwester (hoed)

nos.[afk] • (numbers) nummers

nose/nəʊz/ I [ov ww] • ruiken (aan), (be)snuffelen
• ontdekken (fig.) • met de neus wrijven tegen

• **brutaliseren** ∗ ⟨sl.⟩ nose on aanbrengen ⟨bij politie⟩ • ⟨~ **out**⟩ ⟨inf.⟩ ontdekken, erachter komen **II** ⟨on ww⟩ zijn weg zoeken ⟨v. schip⟩ • ⟨~ **about**⟩ rondneuzen, rondsnuffelen **III** ⟨znw⟩ • reuk, geur • neus, neusstuk ⟨v. instrument⟩ • verklikker ⟨bij de politie⟩ • I kept my nose clean ik heb netjes opgepast; ik heb me er niet mee ingelaten ∗ bite a person's nose off iem. afsnauwen ∗ bite/cut off one's nose to spite one's face z'n eigen glazen ingooien ∗ blow one's nose z'n neus snuiten ∗ follow one's nose z'n ingeving volgen ∗ he pokes his nose into everything hij bemoeit zich overal mee ∗ ⟨inf.⟩ he put my nose out of joint hij bracht me van mijn stuk; hij maakte me jaloers ∗ he turns up his nose at it hij trekt er de neus voor op ∗ hold one's nose neus dichtknijpen ∗ lead by the nose bij de neus nemen ∗ make a p.'s nose swell iem. de ogen uitsteken ∗ nose of wax stropop ∗ pay through the nose (for) moeten bloeden (voor); zich laten afzetten (voor)

nosebag/ˈnəʊzbæg/ [znw] voederzak ⟨v. paard⟩

nosebleed /ˈnəʊzbliːd/ [znw] neusbloeding

nose-dive /ˈnəʊzdaɪv/ **I** [on ww] • duiken ⟨v. vliegtuig⟩ • kelderen ⟨v. prijzen⟩ **II** [znw] duikvlucht

nosegay /ˈnəʊzgeɪ/ [znw] boeketje

nose-rag /ˈnəʊzræg/ [znw] ⟨sl.⟩ zakdoek

nosey /ˈnəʊzɪ/ **I** [znw] • persoon met grote neus • nieuwsgierig iem. **II** [bnw] • met grote neus • met een bepaalde ⟨goede of slechte⟩ geur • geurig ⟨v. thee⟩ • met fijne neus • nieuwsgierig ⟨inf.⟩ bemoeizuchtig ∗ ⟨inf.⟩ Nosey Parker bemoeial

nosh /nɒʃ/ ⟨sl.⟩ **I** [ww] eten **II** [znw] eten, voedsel, hapje

nosing /ˈnəʊzɪŋ/ [znw] • ronde kant v. traptrede • metalen bescherming hiervoor

nostalgia /nɒˈstældʒə/ [znw] nostalgie, heimwee

nostalgic /nɒˈstældʒɪk/ [bnw] • heimwee- • nostalgisch, vol verlangen

nostril /ˈnɒstrɪl/ [znw] • neusvleugel • neusgat

nostrum /ˈnɒstrəm/ [znw] • drankje • huismiddeltje

nosy /ˈnəʊzɪ/ → **nosey**

not /nɒt/ [bijw] niet ∗ I going? not I! ik gaan? dat kun je niet denken! ∗ he is not my cousin hij is m'n neef niet ∗ not only ... but also niet alleen ..., maar ook ∗ she is not at all pretty ze is helemaal niet knap ∗ was he angry? not half! was hij kwaad? nou en of!

notability /nəʊtəˈbɪlətɪ/ [znw] • vooraanstaand persoon • merkwaardigheid

notable /ˈnəʊtəbl/ **I** [znw] vooraanstaand persoon, notabele • ⟨gesch.⟩ Assembly of Notables niet verkozen noodparlement **II** [bnw] • merkwaardig, opvallend • merkbaar ⟨v. o.a. hoeveelheid⟩ • bedrijvig, flink ⟨v. huisvrouw⟩

notably /ˈnəʊtəblɪ/ [bijw] in 't bijzonder, speciaal

notarial /nəʊˈteərɪəl/ [bnw] notarieel

notary /ˈnəʊtərɪ/ [znw] notaris

notation /nəʊˈteɪʃən/ [znw] schrijfwijze

notch /nɒtʃ/ **I** [ov ww] • inkepen, kerven • behalen ⟨v. punten⟩, scoren ⟨v. runs bij cricket⟩ • ⟨~ **down/up**⟩ aantekenen d.m.v. inkepingen **II** [znw] • inkeping • graad, peil • ⟨berg⟩pas

notched /nɒtʃt/ [bnw] • ingekeept • getand

note /nəʊt/ **I** [ov ww] • notitie nemen van, opmerken • aantekenen • annoteren • note a bill for protest 'n wissel protesteren **II** [znw] • teken, kenmerk • aantekening • ⟨order⟩briefje • nota • bankbiljet • aandacht • reputatie, aanzien • toon • toets ⟨v. piano⟩ • noot • geluid, gezang ⟨v. vogels⟩ ∗ note of charges onkostennota ∗ ⟨vero.⟩

note of exclamation uitroepteken ∗ note of hand promesse ∗ ⟨vero.⟩ note of interrogation vraagteken

notebook /ˈnəʊtbʊk/ [znw] aantekenboekje

note-case /ˈnəʊtkeɪs/ [znw] ⟨zak⟩portefeuille

noted /ˈnəʊtɪd/ [bnw] beroemd ∗ ~ for bekend om

notelet /ˈnəʊtlət/ [znw] briefje

notepaper /ˈnəʊtpeɪpə/ [znw] postpapier

noteworthy /ˈnəʊtwɜːðɪ/ [bnw] opmerkenswaardig

nothing /ˈnʌθɪŋ/ [bnw + bijw] niets, nul, niet bestaan ⟨d iets⟩ ∗ ⟨AD⟩ Is it ready? Ready ~! Klaar? Niks hoor! ∗ dance on ~ opgehangen worden ∗ he is ~ if not critical hij is zeer kritisch ∗ he is ~ near like so old as you think hij is lang niet zo oud als je denkt ∗ he makes ~ of doing it hij pakt dit onmiddellijk aan ∗ it differs ~ from 't is helemaal niet anders ∗ it's ~ to me 't interesseert me niets ∗ make ~ of bagatelliseren ∗ ⟨inf.⟩ no milk, no water, no ~ van alles niets ∗ ~ daunted helemaal niet bang ∗ ~ doing niets gaande; 't gaat niet door; 't mislukt ∗ ~ s onbenulligheden ∗ there is ~ in it 't is onbelangrijk; 't is niet waar ∗ there was ~ for it but er zat niets anders op dan

nothingness /ˈnʌθɪŋnəs/ [znw] • nietigheid • 't niets ⟨zijn⟩

notice /ˈnəʊtɪs/ **I** [ov ww] • opmerken • recenseren • melding maken van • dienst/huur opzeggen • met de nodige beleefdheid behandelen ∗ don't ~ him doe maar alsof hij er niet is **II** [znw] • aankondiging, waarschuwing • aandacht • bekendmaking, mededeling • opzegging ⟨v. contract⟩ • convocatie • recensie ⟨v. boek⟩ ∗ at a moment's ~ ogenblikkelijk ∗ at short ~ op korte termijn ∗ baby takes ~ already baby begint al begrip te tonen ∗ be under ~ to leave ontslagen zijn tegen bep. tijd ∗ come into ~ onder de aandacht vallen ∗ give ~ to quit de huur/dienst opzeggen ∗ he gave short ~ of hij kondigde kort v. tevoren aan ∗ he took no ~ of it hij schonk er geen aandacht aan ∗ it was brought to my ~ het werd onder mijn aandacht gebracht ∗ ~ of assessment aanslagbiljet ∗ ~ of marriage ondertrouw ∗ on ~ ⟨AD⟩ ingelicht; met opzegging ∗ until further ~ tot nadere aankondiging

noticeable /ˈnəʊtɪsəbl/ [bnw] • merkbaar • opmerkelijk

notice-board /ˈnəʊtɪsbɔːd/ [znw] aanplakbord, prikbord

notifiable /ˈnəʊtɪfaɪəbl/ [bnw] die/dat aangegeven moet worden, met aangifteplicht ⟨v. ziekten⟩

notification /nəʊtɪfɪˈkeɪʃən/ [znw] • bekendmaking • aankondiging

notify /ˈnəʊtɪfaɪ/ [ov ww] aankondigen, verwittigen, aangeven ⟨v. ziekte⟩, bekendmaken

notion /ˈnəʊʃən/ [znw] • notie • idee, begrip • neiging ∗ ⟨AD⟩ ~ store winkel van kleine artikelen

notional /ˈnəʊʃənl/ [bnw] • denkbeeldig, begrips- • grillig

notions /ˈnəʊʃənz/ ⟨AD⟩ [mv] kleine ⟨naai⟩artikelen

notoriety /nəʊtəˈraɪətɪ/ [znw] • beruchtheid • bekende persoonlijkheid • beruchtheid • bekende persoonlijkheid

notorious /nəʊˈtɔːrɪəs/ [bnw] • berucht • bekend ∗ it is ~ that 't is algemeen bekend dat

notwithstanding /nɒtwɪðˈstændɪŋ/ **I** [bijw] ondanks dat **II** [vz] niettegenstaande

nougat /ˈnuːgɑː/ [znw] noga

nought /nɔːt/ [znw] niets, nul

noun /naʊn/ [znw] zelfstandig naamwoord

nourish /ˈnʌrɪʃ/ [ov ww] • koesteren ⟨v. o.a. hoop⟩ • grootbrengen, voeden • hoog houden ⟨v. traditie⟩

nourishing /ˈnʌrɪʃɪŋ/ [bnw] voedzaam

N

nourishment /ˈnʌrɪʃmənt/ [znw] onderhoud, voedsel, voeding

nous /naʊs/ [znw] gezond verstand

novel /ˈnɒvəl/ I [znw] • roman • (vero./jur.) wijzigingswet II [bnw] nieuw, ongebruikelijk

novelette /ˌnɒvəˈlet/ [znw] novelle

novelist /ˈnɒvəlɪst/ [znw] romanschrijver

novelistic /ˌnɒvəˈlɪstɪk/ [bnw] roman-

novella /nəˈvelə/ [znw] vertelling, novelle

November /nəˈvembə/ [znw] november

novena /nəˈviːnə/ [znw] noveen

novice /ˈnɒvɪs/ [znw] • novice • nieuweling

noviciate, novitiate /nəˈvɪʃɪət/ [znw] • noviciaat • novice

now /naʊ/ I [znw] heden II [bijw] nu, op 't ogenblik ★ I don't believe it. Do you, now? ik geloof het niet. Jij wel? ★ I remember it now ik herinner het me nu nog ★ I've seen him just now ik heb hem zo pas nog gezien ★ Isn't that grand, now? zeg, vind je dat niet geweldig? ★ by now we saw our mistake nu zagen we onze fout in ★ every now and then nu en dan ★ no nonsense now! geen onzin asjeblieft! ★ now ..., now/then/again ... nu eens ..., dan weer ... ★ now and again nu en dan ★ now for the story en nu 't verhaal ★ now really! nee maar zeg! ★ now what do you mean by it? wat bedoel je er eigenlijk mee? ★ now your brother was ignorant of it welnu, je broer wist er niets van ★ you don't mean it, now kom, dat bedoel je toch niet III [vw] ★ now (that) I am a man, I think otherwise nu ik 'n man ben, denk ik er anders over

nowaday(s) /ˈnaʊədeɪ(z)/ I [bnw + bijw] tegenwoordig II [znw] 't heden

nowhere /ˈnəʊweə/ [bijw] nergens ★ be ~ achteraan komen; niet in tel zijn ★ you'll get ~ je zult niets bereiken

nowt /naʊt/ (dial.) [znw] niets

noxious /ˈnɒkʃəs/ [bnw] • schadelijk • ongezond

nozzle /ˈnɒzəl/ I [ov ww] besnuffelen II [znw] • pijp, tuit • (techn.) mondstuk • (sl.) neus

nozzle-man /ˈnɒzəlmæn/ [znw] spuitgast

N.P.T. [afk] • (Non-Proliferation Treaty) NPV, non-proliferatieverdrag

nr. [afk] • (near) dichtbij

N.S.P.C.C. [afk] • (National Society for the Prevention of Cruelty to Children) Kinderbescherming

n't /ənt/ [samentr] /not/ niet → not

nuance /ˈnjuːɑːns/ [znw] nuance, schakering

nub /nʌb/ [znw] • knobbel • pointe, kernpunt • noot(je) (m.b.t. stukkolen) • brok(je) ★ the nub of the matter de kern van de zaak

nubile /ˈnjuːbaɪl/ [bnw] huwbaar

nubility /njuːˈbɪlətɪ/ [znw] huwbare leeftijd

nuclear /ˈnjuːklɪə/ [bnw] nucleair, atoom-, kern- ★ ~ armament kernbewapening ★ ~ fission atoomsplitsing ★ ~ fuel kernbrandstof ★ ~ power kernenergie; kernmogendheid

nuclei /ˈnjuːklɪaɪ/ [mv] → nucleus

nucleus /ˈnjuːklɪəs/ [znw] kern

nude /njuːd/ I [znw] naakt(model) II [bnw] • naakt, bloot • eenzijdig (v. contract) ★ in the nude naakt ★ nude stockings vleeskleurige kousen ★ the nude het naaktmodel

nudge /nʌdʒ/ I [ov ww] even aanstoten m.d. elleboog II [znw] duwtje

nudism /ˈnjuːdɪzəm/ [znw] nudisme

nudist /ˈnjuːdɪst/ [znw] nudist

nudity /ˈnjuːdɪtɪ/ [znw] naaktheid

nugatory /ˈnjuːɡətərɪ/ (form.) [bnw] • onbenullig, waardeloos • niet v. kracht

nugget /ˈnʌɡɪt/ [znw] • juweel(tje) (fig.) • goudklomp

nuisance /ˈnjuːsəns/ [znw] overlast, onaangenaam iets, lastpost ★ commit no ~ verboden hier te wateren ★ ~ act hinderwet ★ ~ commercial steeds terugkerende tv-reclame ★ what a ~! wat 'n vervelend iem.!; wat vervelend!

nuke /njuːk/ I [ov ww] met kernwapen aanvallen of uitschakelen, een kernbom gooien op II [znw] • kernwapen • atoombom

null /nʌl/ [bnw] • nietszeggend • niet bindend, ongeldig, nietig • karakterloos, uitdrukkingsloos ★ null and void v. nul en gener waarde

nullification /ˌnʌlɪfɪˈkeɪʃən/ [znw] • annulatie • nietigverklaring • opheffing

nullify /ˈnʌlɪfaɪ/ [ov ww] opheffen, annuleren, nietig verklaren

nullity /ˈnʌlətɪ/ [znw] ongeldigheid → null

numb /nʌm/ I [ov ww] • verdoven, verzachten (v. pijn) • doen verstijven • verlammen (fig.) • verstommen II [bnw] verdoofd, verstijfd, verkleumd • (sl.) a numb hand onhandig iem. ★ numb with cold verstijfd van de kou

number /ˈnʌmbə/ I [ov ww] • tellen, nummeren • bedragen • (~ among/in/with) rekenen onder II [znw] • nummer • versmaat • aantal • (inf.) mens, meid • (inf.) I've got your ~ ik heb je door ★ back ~ oud nummer van een krant of tijdschrift; ouderwets iem. ★ by force of ~s door overmacht ★ he is one of our ~ hij is een v. ons; hij hoort bij ons ★ he looks after ~ one hij zorgt eerst voor zichzelf ★ his ~ is up hij is er geweest/erbij; hij is geruïneerd ★ (kind.) ~ one/two kleine/grote boodschap ★ ~s muzieknoten; verzen; getal(sterkte) ★ ~s game roulette • published in ~s in afleveringen ★ to the ~ of ten ten getale van 10; 10 in getal ★ without ~ talloos

numberless /ˈnʌmbələs/ [bnw] talloos

number-plate [znw] nummerplaat/-bord

numb-fish /ˈnʌmfɪʃ/ [znw] sidderrog

numbskull /ˈnʌmskʌl/ → numskull

numerable /ˈnjuːmərəbl/ [bnw] telbaar, te tellen

numeral /ˈnjuːmərəl/ I [znw] • telwoord • getalteken • nummer II [bnw] getal-

numerate /ˈnjuːmərət/ [bnw] • bekend met wis- en natuurkundige grondbegrippen • kunnende tellen en rekenen

numerator /ˈnjuːməreɪtə/ [znw] • teller (v. breuk) • iem. die telt

numeric /njuːˈmerɪk/ [bnw] getal- ★ ~ code cijfercode

numerical, numeric /njuːˈmerɪkl/ [bnw] getallen-, numeriek

numerous /ˈnjuːmərəs/ [bnw] • talrijk • (vero.) harmonisch, ritmisch

numinous /ˈnjuːmɪnəs/ [bnw] • ontzagwekkend • goddelijk

numskull /ˈnʌmskʌl/ [znw] domkop

nun /nʌn/ [znw] • non • non (duif, nonvlinder

nunciature /ˈnʌnʃətjʊə/ [znw] nuntiatuur

nuncio /ˈnʌnʃɪəʊ/ [znw] nuntius

nunnery /ˈnʌnərɪ/ [znw] nonnenklooster

nuptial /ˈnʌpʃəl/ I [znw] ★ ~(s) bruiloft; huwelijk II [bnw] bruilofts-, huwelijks-

nurse /nɜːs/ I [ov ww] • zogen, voeden (v. baby) • zorgen voor, letten op • grootbrengen • koesteren • verzorgen (v. zieke) • strelen • biljartballen bij elkaar houden • zuinig beheren, sparen (v. krachten) • handen om knieën slaan ★ he was ~d into going met wat gevlei kregen ze 'm weg ★ ~ a cold verkoudheid uitvieren ★ ~ a grievance wrok koesteren ★ ~ a secret 'n geheim zeer zorgvuldig

bewaren ★ ~ an eye oog betten ★ ~ the fire vlakbij
het vuur zitten **II** [znw] • grote boom om kleinere
te beschermen • werkbij • verpleegster
• kraamverzorgster • kindermeisje, kinderjuffrouw
• bakermat • ⟨bio.⟩ bakerhaai • male ~ verpleger;
broeder

nurse-child/nɜːstʃaɪld/ [znw] pleegkind
nurse-girl, nursemaid/nɜːs/ [znw] kindermeisje
nursery/nɜːsərɪ/ [znw] • pootvijver • kinderkamer
• (kinder)bewaarplaats, crèche • bakermat,
kweekschool • kwekerij • bij elkaar liggende
biljartballen ★ ~ governess kinderjuffrouw ★ ~
rhyme kinderrijmpje/liedje ★ ~ school
kleuterschool ★ ~ slopes skipiste v. beginners
nurseryman/nɜːsərɪmən/ [znw] boomkweker
nursing/nɜːsɪŋ/ [znw] ★ ~ cadet
leerling-verpleegkundige ★ ~ home
verpleeginrichting
nurture/nɜːtʃə/ **I** [ov ww] • verzorgen, koesteren
• grootbrengen, voeden **II** [znw] • 't grootbrengen,
verzorging • voeding, voedsel
nut/nʌt/ **I** [on ww] noten plukken ★ go nutting
noten plukken **II** [znw] • (hazel)noot • gek, ezel
• moer ⟨v. schroef⟩ • slof van strijkstok • ⟨sl.⟩
hoofd, kop ★ a hard nut to crack 'n moeilijk op te
lossen geval ★ a nut in the handkerchief 'n knoop
in de zakdoek ⟨fig.⟩ ★ a tough nut resolute kerel;
lastige vent ★ ⟨sl.⟩ be off one's nut gek zijn ★ ⟨sl.⟩
do one's nut z. als een krankzinnige aanstellen
★ nut grater nootmuskaatrasp
nut-brown/nʌtbraʊn/ [bnw] lichtbruin
nutcase/nʌtkeɪs/ ⟨sl.⟩ [znw] idioot
nutcracker(s)/nʌtkrækə(z)/ [znw] notenkraker
★ ~ face gezicht met vooruitstekende neus en kin
nut-house/nʌthaʊs/ ⟨AE⟩ [znw] gekkenhuis
nutmeg/nʌtmeg/ [znw] nootmuskaat
nutrient/njuːtrɪənt/ **I** [znw] voedingsstof/-middel
II [bnw] voedingswaarde hebbend, voedend
nutriment/njuːtrɪmənt/ [znw] voedsel
nutrition/njuːtrɪʃən/ [znw] voedsel,
voeding(swaarde)
nutritional/njuːtrɪʃnəl/ [bnw] voedings-
nutritious/njuːtrɪʃəs/ [bnw] voedzaam
nutritive/njuːtrɪtɪv/ **I** [znw] voedingsartikel
II [bnw] voedzaam
nuts/nʌts/ [mv] • nootjeskolen • tuimelaar ⟨v.
geweer⟩ ★ I wouldn't do it for nuts ik zou 't voor
geen geld doen ★ ⟨sl.⟩ go nuts gek worden ★ ⟨sl.⟩
he's (dead) nuts on hij is smoorverliefd op; hij is
tuk op; hij is een kei in ★ ⟨AE⟩ nuts! onzin! ★ play
nuts doen of men gek is ★ that's nuts to him dat
is 'n kolfje naar zijn hand
nutshell/nʌtʃel/ [znw] notendop ★ in a ~ in enkele
woorden; in kort bestek
nutter/nʌtə/ [znw] • notenplukker • ⟨sl.⟩ halve
gare
nutty/nʌtɪ/ [bnw] • nootachtig • vol noten
• geurig, pittig ★ ⟨sl.⟩ verliefd ★ ⟨AE/sl.⟩ niet goed bij
't hoofd ★ ~ about/on enthousiast over ★ ~ as a
fruitcake stapelgek
nuzzle/nʌzəl/ [on ww] • met de neus wrijven
tegen, besnuffelen • z. nestelen, lekker (gaan)
liggen ★ ~ into de neus steken in ★ ~ o.s. lekker
(gaan) liggen; z. nestelen
nymph/nɪmf/ [znw] • nimf • onvolwassen vorm v.
lager insect
nymphlike/nɪmflaɪk/ [bnw] als een nimf
nymphomania/nɪmfəˈmeɪnɪə/ [znw] manziekte,
nymfomanie
nymphomaniac/nɪmfəˈmeɪnɪæk/ [znw]
nymfomane, manzieke vrouw

O

o'/ə/ [vz] • → **on** • → **of** • it's ten o'clock het is
tien uur
oaf/əʊf/ [znw] pummel
oafish/əʊfɪʃ/ [bnw] dom, onnozel
oak/əʊk/ **I** [znw] • eik, eikenhout, eikenloof
• ⟨form.⟩ houten schepen ★ sport one's oak zijn
deur op slot houden ⟨op campus⟩ **II** [bnw]
eikenhouten
oaken/əʊkən/ [bnw] eiken ★ ⟨sl.⟩ ~ towel knuppel
oakum/əʊkəm/ [znw] werk voor kalfaten ★ pick ~
touwpluizen
oar/ɔː/ **I** [on ww] ⟨form.⟩ roeien **II** [znw] • roeiriem
• roeier • vin, arm, zwempoot ★ be chained to the
oar zwaar werk moeten doen ★ he has an oar in
every man's boat hij bemoeit zich overal mee
★ lie/rest on one's oars op z'n lauweren rusten
★ pull a good oar goed kunnen roeien
oarlock/ɔːlɒk/ [znw] dol
oarsman/ɔːzmən/ [znw] roeier
oarsmanhip/ɔːzmənʃɪp/ [znw] roeikunst
oarswoman/ɔːzwʊmən/ [znw] roeister
oases/əʊˈeɪsiːz/ [mv] → **oasis**
oasis/əʊˈeɪsɪs/ [znw] oase
oast/əʊst/ [znw] ★ oast house hopdrogerij
oat/əʊt/ [znw] • haver • herdersfluit • herderspoëzie
oath/əʊθ/ [znw] • eed • vloek ★ make/swear/take
an oath een eed doen ★ on my oath! ik zweer het!
★ on oath onder ede
oatmeal/əʊtmiːl/ [znw] havermout
oats/əʊts/ [mv] haver ★ feel one's oats⟨inf./AE⟩
zich gewichtig voelen ★ he's sown his wild oats
hij is zijn wilde haren kwijt ★ rolled oats
havermout
O.A.U. [afk] • (Organisation of African Unity)
OAE, Organisatie van Afrikaanse Eenheid
ob. [afk] • (obiit) hij/zij is overleden
obduracy/ɒbdjʊrəsɪ/ [znw] • onverbeterlijkheid
• onverzettelijkheid
obdurate/ɒbdjʊrət/ [bnw] verhard, verstokt
obedience/əʊˈbiːdɪəns/ [znw] • gehoorzaamheid
• kerkelijk gezag of gebied ★ in ~ to
gehoorzamende aan
obedient/əʊˈbiːdɪənt/ [bnw] gehoorzaam ★ yours
~ly uw dienstwillige dienaar
obeisance/əʊˈbeɪsəns/ [znw] • diepe buiging
• eerbetoon
obese/əʊˈbiːs/ [bnw] corpulent
obesity/əʊˈbiːsɪtɪ/ [znw] zwaarlijvigheid
obey/əʊˈbeɪ/ [ov + on ww] gehoorzamen (aan)
obfuscate/ɒbfʌskeɪt/ [ov ww] benevelen,
verwarren
obit/əʊbɪt/ [znw] • doodsbericht
• herdenkingsdienst
obituary/əˈbɪtʃʊərɪ/ **I** [znw] • levensschets v.
overledene, necrologie • dodenlijst ★ ~ notice in
memoriam **II** [bnw] • doods- • doden-
object I [on ww] /əbˈdʒekt/ bezwaar
hebben/maken ★ (~ against/to) bezwaar maken
tegen **II** [znw] /ɒbdʒɪkt/ • voorwerp • doel ★ he
looked an ~ hij zag er uit om van te schrikken
★ salary no ~ op salaris zal minder gelet worden;
salaris speelt geen rol
object-glass/ɒbdʒɪktglɑːs/ [znw] objectief
objectify/əbˈdʒektɪfaɪ/ [ov ww] objectief
voorstellen, belichamen
objection/əbˈdʒekʃən/ [znw] bezwaar
objectionable/əbˈdʒekʃənəbl/ [bnw] • laakbaar
• onaangenaam • aan bezwaar onderhevig

objective/əb'dʒektɪv/ I [znw]
• voorwerpsnaamval • (foto.) objectief • (mil.)
(operatie)doel (fig.) II [bnw] • objectief
• voorwerps- * (mil.) ~ point operatiedoel
objectivity/obdzek'tɪvɪtɪ/ [znw] objectiviteit
object-lens/'obdʒɪktlenz/ [znw] objectief
object-lesson/'obdʒɪktlesən/ [znw]
• aanschouwelijk onderwijs • praktische les (fig.)
objector/əb'dʒektə/ [znw] opponent
* conscientious ~ principiële dienstweigeraar
objurgate/'obdʒəgeɪt/ [ov ww] • berispen
• schelden op
oblate/'obleɪt/ I [znw] oblaat II [bnw] (wisk.) aan
de polen afgeplat
oblation/əʊ'bleɪʃən/ [znw] • offerande, gave
• Avondmaal (r.-k.), Eucharistie
obligate/'obligeɪt/ I [ov ww] verplichten,
verbinden II [bnw] • onontbeerlijk • verplicht
obligation/oblɪ'geɪʃən/ [znw] • contract
• verbintenis • (zware) verplichting
obligatory/ə'blɪgətərɪ/ [bnw] • bindend
• verplicht * ~ military service dienstplicht
oblige/ə'blaɪdʒ/ I [ov + on ww] iets ten beste geven
(nummertje) * further details will ~ gaarne
verdere bijzonderheden * we are ~d to go we
moeten gaan II [ov ww] (ver)binden, (aan zich)
verplichten * ~d for dankbaar voor
obligee/oblɪ'dʒi:/ [znw] (jur.) schuldeiser
obliging/ə'blaɪdʒɪŋ/ [bnw] voorkomend, gedienstig
obligor/oblɪ'gɔ:/ [znw] schuldenaar
oblique/ə'bli:k/ I [on ww] (mil.) in schuine
richting oprukken II [znw] schuine streep
III [bnw] schuin, scheef, indirect * ~ case verbogen
naamval * ~ narration/speech indirecte rede * ~
plane hellend vlak
obliterate/ə'blɪtəreɪt/ [ov ww] • stempelen (v.
postzegels) • vernietigen • uitwissen * ~ o.s.
zichzelf wegcijferen
obliteration/oblɪtə'reɪʃən/ [znw] • uitwissing
• afstempeling
oblivion/ə'blɪvɪən/ [znw] vergetelheid,
veronachtzaming * Act/Bill of Oblivion amnestie
* fall/sink into ~ in vergetelheid raken
oblivious/ə'blɪvɪəs/ [bnw] vergeetachtig * ~ of/to
zich niet bewust van
oblong/'oblɒŋ/ I [znw] rechthoek II [bnw]
langwerpig
obloquy/'oblǝkwɪ/ [znw] laster, schande
obnoxious/əb'nɒkʃəs/ [bnw] • gehaat,
onaangenaam • aanstotelijk
oboe/'əʊbəʊ/ [znw] hobo
oboist/'əʊbəʊɪst/ [znw] hoboïst
obscene/əb'si:n/ [bnw] vuil, onzedelijk
obscenities/əb'senɪtɪz/ [mv] • lelijke woorden
• obscene handelingen
obscenity/əb'senɪtɪ/ [znw] iets obsceens
obscure/əb'skjʊə/ I [ov ww] verduisteren,
verdoezelen, verbergen, in de schaduw stellen
II [znw] duisternis, vaagheid III [bnw] • donker,
duister • obscuur, onbekend, onduidelijk * they
live very ~ly ze leven zeer teruggetrokken
obscurities/əb'skjʊərɪtɪz/ [mv] onbekende
grootheden
obscurity/əb'skjʊərɪtɪ/ [znw] duisternis
obsequies/'obsəkwɪz/ [znw] uitvaart
obsequious/əb'si:kwɪəs/ [bnw] overgedienstig,
kruiperig
observable/əb'zɜ:vəbl/ [bnw] • waarneembaar
• opmerkenswaardig
observance/əb'zɜ:vəns/ [znw] • inachtneming
• viering • voorschrift, regel • waarneming
observant/əb'zɜ:vənt/ I [znw] observant II [bnw]

• opmerkzaam • de hand houdend aan, streng
nalevend, orthodox * be ~ of naleven; in acht
nemen
observation/obzə'veɪʃən/ [znw] • aandacht,
waarneming • opmerking * ~ post observatiepost
observational/obzə'veɪʃnəl/ [bnw] waarnemings-
observatory/əb'zɜ:vətərɪ/ [znw] sterrenwacht
observe/əb'zɜ:v/ [ov ww] • in acht nemen • vieren
• nakomen • waarnemen • opmerken,
opmerkingen maken * the ~d of all ~rs degene op
wie aller aandacht is gevestigd
observer/əb'zɜ:və/ [znw] waarnemer
observing/əb'zɜ:vɪŋ/ [bnw] opmerkzaam
obsess/əb'ses/ [ov ww] vervolgen (v. idee),
kwellen, geheel vervullen * ~ed by/with bezeten
door
obsession/əb'seʃən/ [znw] • obsessie
• nachtmerrie (fig.)
obsessional/əb'seʃnəl/ I [znw] iem. met waanidee
II [bnw] bezeten door
obsessive/əb'sesɪv/ [bnw] • obsederend • bezeten
obsidian/əb'sɪdɪən/ [znw] lavaglas, obsidiaan
obsolescence/obsə'lesəns/ [znw] • veroudering
• (med.) atrofie • (bio.) het geleidelijk verdwijnen
obsolescent/obsə'lesənt/ [bnw] • in onbruik
gerakend • (bio.) langzaam verdwijnend
obsolete/'obsəli:t/ [bnw] • verouderd
• rudimentair
obstacle/'obstəkl/ [znw] hindernis, beletsel * ~
race hindernisren
obstetric(al)/əb'stetrɪk(l)/ [bnw] verloskundig
* ~ nurse kraamverpleegster
obstetrician/obstə'trɪʃən/ [znw] verloskundige
obstetrics/əb'stetrɪks/ [mv] verloskunde
obstinacy/'obstɪnəsɪ/ [znw] koppigheid
obstinate/'obstɪnət/ [bnw] koppig, hardnekkig
obstreperous/əb'strepərəs/ [bnw] lawaaierig,
weerspannig
obstruct/əb'strʌkt/ [ov ww] • belemmeren
• obstructie voeren
obstruction/əb'strʌkʃən/ [znw] • beletsel
• obstructie
obstructionism/əb'strʌkʃənɪzəm/ [znw] het
voeren van obstructie
obstructive/əb'strʌktɪv/ I [znw] obstructionist
II [bnw] • hinderlijk • obstructievoerend * ~ of/to
belemmerend voor
obstructor/əb'strʌktə/ [znw] tegenstrever
obtain/əb'teɪn/ I [ov ww] verkrijgen, verwerven
II [on ww] heersen, algemeen in gebruik zijn * it
~s with most people 't geldt voor de meesten
obtainable/əb'teɪnəbl/ [bnw] verkrijgbaar
obtrude/əb'tru:d/ I [ov ww] opdringen II [on ww]
• (~ (up)on) z. opdringen aan
obtrusion/əb'tru:ʒən/ [znw] 't opdringen
obtrusive/əb'tru:sɪv/ [bnw] • opdringerig
• opvallend
obtuse/əb'tju:s/ [bnw] • stomp, bot • traag v.
begrip
obverse/'obvɜ:s/ I [znw] • voorzijde
• tegengestelde II [bnw] • smaller aan voet dan
aan top • tegengesteld
obversely/ob'vɜ:slɪ/ [bijw] omgekeerd
obviate/'obvɪeɪt/ [ov ww] verhelpen, uit de weg
ruimen
obvious/'obvɪəs/ [bnw] klaarblijkelijk,
vanzelfsprekend, duidelijk, opvallend
obviously/'obvɪəslɪ/ [bnw] duidelijk, kennelijk
obviousness/'obvɪəsnəs/ [znw] • duidelijkheid
• klaarblijkelijkheid
occasion/ə'keɪʒən/ I [ov ww] aanleiding geven
tot, veroorzaken II [znw] • plechtige gelegenheid

• gelegenheid • grond, aanleiding, reden ∗ I have no ~ for it ik heb het niet nodig; ik kan 't niet gebruiken ∗ I've done it for/on your ~ ik heb 't gedaan ter wille van jou ∗ he has no ~ to be informed of it hij behoeft er niet v. op de hoogte gesteld te worden ∗ on ~ zo nodig/nu en dan ∗ on ~ of naar aanleiding van ∗ on that – bij die gelegenheid ∗ on the ~ of bij gelegenheid van ∗ one's lawful ~s (wettige) bezigheden/zaken ∗ rise to the ~ 'n zaak flink aanpakken; tegen een situatie opgewassen zijn ∗ take ~ to go de gelegenheid aangrijpen om te gaan

occasional /əˈkerʒənl/ **I** [znw] • noodhulp • los werkman ∗ ⟨AE⟩ niet vaste klant **II** [bnw] • toevallig • af en toe plaatsvindend ∗ an ~ visit zo nu en dan 'n bezoek ∗ ~ cause aanleidende oorzaak ∗ ~ help noodhulp ∗ ~ poem gelegenheidsgedicht ∗ ~ table bijzettafeltje

occasionally /əˈkerʒənli/ [bijw] nu en dan

accident /ˈɒksɪdənt/ ⟨form.⟩ [znw] westen, Avondland

occidental /ɒksɪˈdentl/ **I** [znw] westerling **II** [bnw] westelijk, westers

occiput /ˈɒksɪpʌt/ [znw] achterhoofd

occlude /əˈkluːd/ [ov ww] • af-/in-/om-/uitsluiten • absorberen ⟨gas⟩

occlusion /əˈkluːʒən/ [znw] afdichting/-sluiting

occult /ɒˈkʌlt/ **I** [ov ww] verduisteren, verbergen ∗ ~ing light onderbroken vuurtorenlicht **II** [znw] het occulte **III** [bnw] • occult • geheim, verborgen

occupancy /ˈɒkjupənsɪ/ [znw] • bezit • bewoning • bezitneming

occupant /ˈɒkjupənt/ [znw] • opvarende • bezitter, bekleder ⟨v. ambt⟩ • bewoner, inzittende • bezitnemer

occupation /ɒkjuˈpeɪʃən/ [znw] • bezit • beroep, bezigheid • bezetting ⟨ook mil.⟩ • bewoning ∗ army of ~ bezettingsleger ∗ he is a teacher by ~ hij is leraar v. beroep

occupational /ɒkjuˈpeɪʃənl/ [bnw] beroeps- ∗ ~ disease/illness beroepsziekte ∗ ~ hazard beroepsrisico

occupy /ˈɒkjupaɪ/ [ov ww] • bezetten, bekleden ⟨v. ambt⟩ • bewonen • innemen, in beslag nemen ⟨v. tijd⟩, bezighouden ∗ be occupied with bezig zijn met ∗ ~ o.s. with bezig zijn met

occur /əˈkɜː/ [on ww] gebeuren ∗ (~ to) in gedachte komen bij, opkomen bij

occurrence /əˈkʌrəns/ [znw] gebeurtenis ∗ of frequent ~ veel voorkomend

ocean /ˈəʊʃən/ [znw] oceaan ∗ German Ocean Noordzee ∗ ~s of ... een zee van ... ⟨fig.⟩

oceanic /əʊʃɪˈænɪk/ [bnw] • oceaan- • onmetelijk

oceanography /əʊʃəˈnɒgrəfɪ/ [znw] oceanografie

ocelot /ˈɒsɪlɒt/ [znw] ocelot, wilde tijgerkat

ochre /ˈəʊkə/ [znw] • oker • ⟨sl.⟩ duiten, poen

octagon /ˈɒktəgən/ [znw] achthoek

octagonal /ɒkˈtægənl/ [bnw] achthoekig

octane /ˈɒkteɪn/ [znw] octaan

octave /ˈɒktɪv/ [znw] octaaf, achttal

October /ɒkˈtəʊbə/ [znw] oktober

octogenarian /ɒktəʊdʒɪˈneərɪən/ [znw] tachtigjarige

octosyllabic /ɒktəʊsɪˈlæbɪk/ [bnw] achtlettergrepig

ocular /ˈɒkjulə/ **I** [znw] oculair **II** [bnw] • oog- • zichtbaar

oculist /ˈɒkjulɪst/ [znw] oogarts

odd /ɒd/ **I** [znw] ∗ the odd slag die men meer heeft dan een ander ⟨bij golf⟩ **II** [bnw] • overblijvend • oneven ⟨getal⟩ • ongeregeld • vreemd, eigenaardig ∗ an odd number een oneven getal;

losse aflevering ⟨v. tijdschrift⟩ ∗ and odd en zoveel ∗ at odd times zo nu en dan ∗ be an odd man out 'n buitenbeentje zijn; de klos zijn; over/te veel zijn ∗ odd and even een en oneven ∗ odd hand noodhulp ∗ odd job karweitje ∗ odd job man klusjesman; manusje v. alles ∗ the odd man de derde; man met beslissende stem ∗ the odd shilling de shilling die over is ∗ the odd trick winnende slag ∗ thirty odd in de dertig

oddball /ˈɒdbɔːl/ ⟨inf.⟩ ⟨AE⟩ [znw] zonderling

oddity /ˈɒdɪtɪ/ [znw] eigenaardig iem./iets

odd-jobber /ˈɒdˈdʒɒbə/ ⟨inf.⟩ [znw] klusjesman

odd-looking /ˈɒdˈlʊkɪŋ/ [bnw] vreemd uitziend

oddly /ˈɒdlɪ/ [bijw] vreemd

oddments /ˈɒdmənts/ [znw] restanten, ongeregelde goederen

oddness /ˈɒdnəs/ [znw] eigenaardigheid

odds /ɒdz/ [znw] • ongelijkheden, verschil • geschil, onenigheid • voordeel • overmacht • voorgift • statistische kans/waarschijnlijkheid ∗ ⟨AE⟩ I ask no odds ik vraag geen gunst ∗ be at odds ruzie hebben ∗ by long odds verreweg ∗ give/lay odds on wedden op ∗ it's long odds 't is tien tegen één ∗ it's no odds 't maakt geen verschil ∗ long odds groot verschil; grote overmacht ∗ odds and ends rommel; allerlei karweitjes ∗ over the odds meer dan verwacht ∗ set at odds tegen elkaar opzetten ∗ the odds are in his favour zijn kansen zijn 't best; hij staat er 't best voor ∗ the odds are that he ... waarschijnlijk zal hij ... ∗ what's the odds? wat doet dat er toe?

odds-on /ɒdzˈɒn/ [znw] meer kans vóór dan tegen

ode /əʊd/ [znw] ode

odious /ˈəʊdɪəs/ [bnw] hatelijk, verfoeilijk, uit den boze

odium /ˈəʊdɪəm/ [znw] haat, afschuw, blaam

odometer /əʊˈdɒmɪtə/ [znw] kilometer-/mijlenteller

odontologist /ɒdɒnˈtɒlədʒɪst/ ⟨AE⟩ [znw] ↓ tandarts

odoriferous /əʊdəˈrɪfərəs/ ⟨inf.⟩ [bnw] geurig, welriekend

odour /ˈəʊdə/ [znw] • geur • stank • luchtje ⟨ook fig.⟩

odourless /ˈəʊdələs/ [bnw] geur-/reukloos

odyssey /ˈɒdɪsɪ/ [znw] lange, avontuurlijke reis

oecumenical /iːkjuˈmenɪkl/ [bnw] • wereldomvattend • oecumenisch

O.E.E.C. [afk] ⟨Organization for European Economic Cooperation⟩ OEES, Organisatie voor Europese Economische Samenwerking

o'er /ˈəʊə/ [vz] → over

oesophagus /iːˈsɒfəgəs/ [znw] slokdarm

oestrogen /ˈiːstrədʒən/ [znw] oestrogeen

oestrus /ˈiːstrəs/ [znw] paardrift ⟨v. vrouwelijke zoogdieren⟩

of /ɒv/ , /əv/ [vz] van ∗ I heard nothing of him ik hoorde niets over hem ∗ ⟨AE⟩ a quarter of ten kwart voor tien ∗ as of January first met ingang v./per 1 januari ∗ as of now nu ∗ ⟨AE⟩ back of achter ∗ battle of A. de slag bij A. ∗ ⟨AE⟩ be of a stripe met hetzelfde sop overgoten zijn ∗ forsaken of God door God verlaten ∗ he died of fever hij stierf aan de koorts ∗ north of ten noorden van ∗ of an evening op 'n avond ∗ of late (in) de laatste tijd ∗ she of all people zij ∗ ⟨AE⟩ smell of ruiken aan ∗ the city of W. de stad W. ∗ the two of us wij samen/tweetjes ∗ think of denken aan/over

off /ɒf/ **I** [ov ww] • afbreken ⟨v. onderhandelingen⟩ • afnemen ⟨v. hoed⟩ • ⟨scheepv.⟩ afhouden **II** [on ww] weggaan **III** [znw] ∗ from the off vanaf het begin **IV** [bnw] • ver(der), verst • rechts

O

* an off year for wheat *een ongunstig jaar voor tarwe* ★ be off for *gaan naar* ★ he is off *hij slaapt; hij staat klaar om te gaan; hij is (al) weg; hij is op zijn stokpaardje* ★ it's off 't *is van de baan/voorbij* ★ off moments *vrije ogenblikken* ★ the gas is off 't *gas is afgesloten* ★ the meat is a bit off 't *vlees is niet helemaal fris* **V** [bijw] ★ *weg, (er)af* ★ *af, uit* ★ are well off *for zijn goed voorzien van* ★ beat off an attack *een aanval afslaan* ★ comfortably off *in goeden doen* ● go off *vervallen; in slaap vallen* ★ make off *er vandoor gaan* ★ off and on *steeds weer; nu en dan* ★ off with you! *maak dat je wegkomt!* ★ ride off *wegrijden* ★ take off one's coat *zijn jas uittrekken* ★ they are well off *zij zijn goed af* ★ we have a day off *we hebben 'n vrije dag* **VI** [vz] ★ *van(af)* ★ *naast, op de hoogte van* ★ I'm off smoking *ik rook niet meer; ik heb 't roken verleerd; 't roken is me tegen gaan staan* ★ a street off the Strand *een straat uitkomende op de Strand* ★ be off limits *op verboden terrein zijn; niet op de juiste plaats zijn* ★ buy off the nail *op de pof kopen* ★ he fell off the ladder *hij viel v. de ladder (af)* ★ he plays off 5 *hij speelt met 5 punten voorsprong* ★ off colour *in de war; niet lekker* ★ off duty *vrij* ★ off the map *totaal verdwenen; vernietigd* ★ off the record *vertrouwelijk; niet voor publicatie bestemd* ★ off the stage *niet op 't toneel; achter de coulissen* ★ take the ball off the red *de bal over rood spelen (biljart)* ★ you're off it *je hebt 't mis*

offal /'ɒfəl/ **I** [znw] ● *afval* ● *bedorven vlees* ● *kreng* **II** [znw] *inferieure kwaliteit (oogst of vangst)*

offbeat /'ɒfbiːt/ ⟨inf.⟩ [bnw] *onconventioneel, ongewoon*

off-chance /ɒftʃɑːns/ [znw] *kleine kans*

off-colour(ed) /ɒfˈkʌlə(d)/ [bnw] ● *zonder de juiste kleur (steen)* ● ⟨AE schuin (fig.)⟩ I feel ~ *ik voel me niet lekker*

off-day /ɒfˈdeɪ/ [znw] *pech-/rotdag*

offence, offense /əˈfens/ [znw] ● *aanval* ● *belediging* ● ⟨jur.⟩ *overtreding, vergrijp* ★ no ~! 't *was niet kwaad/persoonlijk bedoeld!* ★ take no ~ *geen aanstoot nemen; iets niet (als) beledigend/persoonlijk opvatten* ★ take ~ (at) *aanstoot nemen (aan)*

offend /əˈfend/ **I** [ov ww] *beledigen, ergeren* ● be ~ed at/by s.th. *kwaad zijn over iets* ● be ~ed by/with s.o. *kwaad zijn op iem.* **II** [on ww] *zondigen* ● (~ **against**) *inbreuk maken op*

offender /əˈfendə/ → **offend**

offensive /əˈfensɪv/ **I** [znw] *offensief* ● act/take on the ~ *aanvallend optreden* **II** [bnw] ● *aanvals-, aanvallend* ● *beledigend* ● *weerzinwekkend, kwalijk riekend*

offer /'ɒfə/ **I** [ov ww] ● *(aan)bieden* ● *aanvoeren (v. bewijs)* ★ I'll ~ to go if ... *ik wil wel gaan als ...* ★ he ~ed to strike *hij was v. plan te slaan* ★ the first chance that ~s *de eerste gelegenheid die z. voordoet* ● (~ **up**) *huwelijksaanzoek doen, aanstalten maken, z. aandienen, offeren* **II** [znw] ● *aanbod, offerte* ● *bod* ● *huwelijksaanzoek* ★ be on ~ *aangeboden worden*

offering /'ɒfərɪŋ/ [znw] ● *offerande, aanbieding* ● *gift* ★ ~s *aangeboden iets*

offertory /'ɒfətərɪ/ [znw] ● *offertorium* ● *collecte*

offhand /ɒfˈhænd/ **I** [bnw] ● *hooghartig* ● *onvoorbereid* **II** [bijw] ● *nonchalant* ● *voor de vuist weg*

offhanded /ɒfˈhændɪd/ [bnw] *onvoorbereid*

office /'ɒfɪs/ [znw] ● *ambt, taak* ● *dienst* ● *kerkdienst, mis, officie* ● *kantoor* ● *ministerie* ● ⟨AE spreekkamer⟩ ● ⟨sl.⟩ *teken, wenk* ★ Holy Office *de inquisitie* ★ be in ~ *aan 't bewind zijn; openbaar ambt bekleden* ★ friendly ~ *vriendendienst* ★ ~ boy *loopjongen; kantoorjongen* ★ ~ for the dead *lijkdienst* ★ perform the last ~s *to laatste eer bewijzen aan* ★ say ~ *de mis lezen*

office-bearer /ɒfɪsbeərə/ /AE [znw] ● *ambtsbekleder* ● *ambtenaar*

officer /'ɒfɪsə/ **I** [ov ww] ● v. *officieren voorzien* ● *aanvoeren* **II** [znw] ● *ambtenaar, beambte* ● *dienaar* ● *politieagent* ● *deurwaarder* ● *officier* ★ ~ at/of arms *heraut*

offices /'ɒfɪsɪz/ [mv] *keuken-/provisiekamers*

official /əˈfɪʃəl/ **I** [znw] *ambtenaar, beambte* ★ ~ principal *officiaal* **II** [bnw] ● *officieel, ambtelijk* ● *officinal officieel erkend* ★ ~ duties *ambtsbezigheden*

officialdom /əˈfɪʃəldəm/ [znw] ● *de ambtenarij* ● 't *ambtenarenkorps*

officialese /əfɪʃəˈliːz/ [znw] *ambtelijke taal*

officiate /əˈfɪʃɪeɪt/ [on ww] ● *godsdienstoefening leiden* ● *fungeren als*

officious /əˈfɪʃəs/ [bnw] ● *overgedienstig* ● *opdringerig* ● *officieus (in diplomatie)*

offing /'ɒfɪŋ/ [znw] *volle zee* ★ in the ~ *in het verschiet*

offish /'ɒfɪʃ/ ⟨inf.⟩ [bnw] *op 'n afstand, gereserveerd*

off-key /ɒfˈkiː/ [bnw] *vals*

off-licence /ɒflaɪsəns/ [znw] *winkel met slijtvergunning*

off-load [ov ww] *v.d. hand doen* ● *afladen*

off-night /ɒfˈnaɪt/ [znw] *vrije avond*

off-peak [bnw] *tijdens de daluren, buiten het hoogseizoen*

offprint /'ɒfprɪnt/ [znw] *overdruk*

off-putting [bnw] ● *ontmoedigend* ● *afstotelijk*

offscourings /ɒfskaʊrɪŋz/ [mv] *afval, uitvaagsel*

off-season /ɒfˈsiːzən/ [znw] *tijd buiten (hoog)seizoen, slappe tijd*

offset /'ɒfset/ **I** [ov ww] *opwegen tegen, neutraliseren, compenseren* **II** [znw] ● *begin* ● *tegenhanger, compensatie* ● *knik (in buis)* ● *(plant.) uitloper (v. plant), spruit, tak* ★ ~ printing *offsetdruk*

offshoot /'ɒfʃuːt/ [znw] *zijtak*

offshore /'ɒfˌʃɔː/ [bijw] ● *vóór de kust* ● *buitengaats, in open zee* ● *op de hoogte v.d. kust*

off-side /ɒfˈsaɪd/ [znw] ● *verste zijde* ● *rechterkant* ● *buitenspel bij voetbal*

off-size /ɒfˈsaɪz/ [znw] *incourante maat*

offspring /'ɒfsprɪŋ/ [znw] ● *kroost, nakomeling(schap)* ● *resultaat*

off-the-peg [bnw] *confectie- (v. kleding)*

off-time /ɒfˈtaɪm/ [znw] *vrije tijd*

off-white /ɒfˈwaɪt/ [znw] *gebroken wit*

often /'ɒfən/ [bijw] *vaak, dikwijls* ★ as ~ as not *dikwijls genoeg* ★ every so ~ *nu en dan* ★ more ~ than not *meestal* ★ ~ and ~ *heel vaak*

ogival /əʊˈdʒaɪvəl/ [bnw] *als 'n spitsboog*

ogive /'əʊdʒaɪv/ [znw] ● *graatrib* ● *spitsboog*

ogle /'əʊgl/ **I** [ov ww] *toelonken* **II** [znw] *verliefde blik*

ogre /'əʊgə/ [znw] ● *boeman* ● *menseneter*

ogress /'əʊgrɪs/ [znw] ● *menseneetster, angstaanjagende vrouw*

oh /əʊ/ [tw] *o!, och!, ach!*

oho /əʊˈhəʊ/ [tw] *haha!*

oil /ɔɪl/ **I** [ov ww] ● *smeren, oliën* ● *olie innemen* ● *met olie bereiden* ★ oil a man('s hand) *iem. omkopen* ★ oil one's tongue *vleien* **II** [znw] ● *olieverf* ● *vleierij* ● *omkoperij* ● *olie* ● *petroleum* ★ burn the midnight oil *tot diep in de nacht werken* ★ crude oil *ruwe olie* ★ it smells of oil 't riekt naar de lamp ∗ **oil and vinegar** water en vuur ⟨fig.⟩ ∗ **oil cake** lijnkoek ∗ **oil colour(s)** olieverf ∗ **oil engine** petroleummotor; dieselmotor ∗ **oil gland** vetklier ∗ **oil heater** petroleumkachel ∗ **oil paint** olieverf ∗ **oil tanker** olietanker ∗ **oil well** oliebron ∗ **oils** olieverf ⟨schilderijen⟩ olie waarden ∗ **strike oil** olie aanboren; grote ontdekking doen; rijk worden

oilcan /'ɔɪlkæn/ [znw] oliekan-busje, smeerbus
oilcloth /'ɔɪlklɒθ/ [znw] zeildoek
oiled /'ɔɪld/ [bnw] tipsy, in de olie ⟨fig.⟩
oiler /'ɔɪlə/ [znw] ∗ olieman ⟨op boot⟩ • oliekan • oliegoot ∗ met olie gestookte boot ∗ ⟨AE⟩ oliejas • ⟨AE⟩ petroleumbron ∗ ⟨sl.⟩ vleier
oil-fired [bnw] met olie gestookt
oil-painting /'ɔɪlpeɪntɪŋ/ [znw] olieverfschilderij
oilrig /'ɔɪlrɪg/ [znw] booreiland
oilskin /'ɔɪlskɪn/ [znw] ∗ olie jas • geolied doek ∗ ~s oliepak
oil-slick /'ɔɪlslɪk/ [znw] olievlek ⟨op water⟩
oil-stock /'ɔɪlstɒk/ [znw] oliewaarden
oily /'ɔɪlɪ/ I [znw] oliejas II [bnw] ∗ olieachtig, olie- • vleiend, glad v. tong
ointment /'ɔɪntmənt/ [znw] smeersel, zalf
okay /əʊ'keɪ/ ⟨inf.⟩ [bnw + bijw] in orde
old /əʊld/ I [znw] ∗ in days of old in vroeger tijd ∗ of old weleer II [bnw] ∗ oud, versleten, ouderwets • ervaren • vroeger • verstokt • vervallen ∗ Old Glory de Am. vlag ∗ ⟨inf.⟩ any old book will do ieder boek is goed ∗ as old as the hills zo oud als de weg naar Rome ∗ ⟨inf.⟩ good old ...! goeie ouwe ...! ∗ ⟨inf.⟩ have a good old time zich ontzettend amuseren ∗ ⟨inf.⟩ in any old place waar dan ook ∗ my old bones ik die al oud ben ∗ ⟨inf.⟩ my old man vader; echtgenoot ∗ my old woman moeder de vrouw ∗ old Tom soort jenever ∗ old age ouderdom ∗ old age pensioner AOW'er ∗ old bachelor verstokte vrijgezel ∗ old bird oude rot ∗ old boy ouwe jongen; oud-leerling ∗ old maid oude vrijster; Pietje Secuur; soort kaartspel ∗ old man ouwe baas/jongen; ouweheer ∗ old man of the sea iem. die men niet kwijt kan raken ∗ old man's beard wilde clematis ∗ old wives' tale oude wijvenpraat ∗ old woman oud wijf ⟨gezegd v. man⟩ ∗ old-boy network solidariteit onder oud-leerlingen; vriendjespolitiek ∗ the old country Engeland; 't moederland ∗ ⟨sl.⟩ the old man kapitein
olden /'əʊldn/ I [ov + on ww] ⟨doen⟩ veranderen II [bnw] ⟨vero.⟩ oud, vroeger
old-established /əʊldr'stæblɪʃt/ [znw] gevestigd
old-fashioned /əʊld'fæʃənd/ [bnw] ouderwets
oldie /'əʊldɪ/ ⟨inf.⟩ [znw] oudje, ouwetje
oldish /'əʊldɪf/ [bnw] oudachtig
old-time /əʊld'taɪm/ [bnw] oud⟨erwets⟩
old-timer /'əʊld'taɪmə/ [znw] ∗ oldtimer • iem. of iets v.d. oude stempel
old-world /'əʊld'wɜːld/ [bnw] ∗ v.d. Oude Wereld ⟨niet Amerikaans⟩ • ouderwets
O-level /'əʊlevəl/ [afk] • ⟨ordinary level⟩ laagste eindexamenniveau van de middelbare school
olfactory /ɒl'fæktərɪ/ [bnw] reuk- ∗ ~ sense reukzin
oligarch /'ɒlɪgɑːk/ [znw] lid v. een oligarchie
oligarchic(al) /ɒlr'gɑːkɪk(l)/ [bnw] oligarchisch
oligarchy /'ɒlɪgɑːkɪ/ [znw] oligarchie
olive /'ɒlɪv/ I [znw] ∗ olijf • olijfgroen, olijfstak • ovale knoop ∗ ~ ⟨branch⟩ kind; spruit ∗ ~ oil olijfolie II [bnw] olijfkleurig
olives /'ɒlɪvz/ [mv] ∗ ~ ⟨of veal⟩ blinde vinken
ology /'ɒlədʒɪ/ ⟨scherts⟩ [znw] wetenschap
Olympiad /ə'lɪmpiæd/ [znw] Olympiade

olympian /ə'lɪmpɪən/ I [znw] olympiër II [bnw] • Olympisch • verheven • nederbuigend
Olympic /ə'lɪmpɪk/ [bnw] Olympisch ∗ ~ Games Olympische spelen ∗ ~s Olympische Spelen
omelet(te) /'ɒmlət/ [znw] omelet ∗ you cannot make an ~ without breaking eggs de kost gaat voor de baat
omen /'əʊmən/ I [ov ww] voorspellen II [znw] voorteken
ominous /'ɒmɪnəs/ [bnw] onheilspellend, dreigend
omission /ə'mɪʃən/ [znw] weglating, 't weglaten, verzuim ∗ sins of ~ zonden door verzuim
omissive /əʊ'mɪsɪv/ [bnw] • weglatend • nalatig
omit /ə'mɪt/ [ov ww] • weglaten • verzuimen
omni- /'ɒmnɪ/ [voorv] omni-, al-, alom-
omnibus /'ɒmnɪbəs/ I [znw] • boek • ⟨vero.⟩ omnibus ⟨voertuig⟩ ∗ ~ book verzameling verhalen ∗ ~ train boemeltrein II [bnw] allerlei zaken omvattend
omnipotence /ɒm'nɪpətəns/ [znw] almacht
omnipotent /ɒm'nɪpətnt/ [bnw] almachtig
omnipresence /ɒmnɪ'prezəns/ [znw] alomtegenwoordigheid
omnipresent /ɒmnɪ'prezənt/ [bnw] • overal verbreid • alomtegenwoordig
omniscience /ɒm'nɪsɪəns/ [znw] alwetendheid
omniscient /ɒm'nɪsɪənt/ [bnw] alwetend ∗ the Omniscient God
omnivorous /ɒm'nɪvərəs/ [bnw] • verslindend ⟨vnl. v. boeken⟩ • ⟨bio.⟩ allesetend
on /ɒn/ I [bijw] • ⟨er⟩op • aan ∗ I've a large sum on ik heb een grote som ingezet ∗ and so on enzovoort ∗ from then on van toen af • go on ga door/verder ∗ he was looking on hij keek toe ∗ on and off af en toe ∗ the gas is on het gas is aan⟨gelegd⟩ ∗ we are getting on well we vorderen goed ∗ well on in the fifties een eind in de 50 II [vz] ∗ over, aangaande ∗ op ∗ aan ∗ I met him on the train ik ontmoette hem in de trein ∗ be on fire in brand staan ∗ ⟨AE⟩ be on to s.o. iem. door/in de gaten hebben ∗ cash on delivery rembours ∗ have you any money on you? heb je geld bij je? ∗ he is on the staff hij behoort bij 't personeel ∗ it's on me ik trakteer ∗ ⟨AE⟩ on easy street in goede doen ∗ on his arrival bij zijn aankomst ∗ ⟨AE⟩ on the lam aan de haal ∗ ⟨AE⟩ on the thumb liftend ∗ on the toot⟨inf./AE⟩ aan de zwier ∗ on three o'clock tegen drieën ∗ on time op tijd ∗ take pity on him heb medelijden met hem
on-and-offish /ɒnənd'ɒfɪʃ/ ⟨inf.⟩ [bnw] op en af, ongedurig
once /wʌns/ I [znw] ∗ for this once voor deze ene keer II [bijw] • eens, een keer • al at once plotseling; allen tegelijk • at once onmiddellijk; tegelijk • once and again v. tijd tot tijd • once bit⟨ten⟩, twice shy een ezel stoot z. geen tweemaal aan dezelfde steen ∗ once for all ééns voor altijd ∗ once in a way/while een enkele keer ∗ once more nog eens ∗ once or twice een enkele keer ∗ once upon a time there was er was eens ∗ when once he understands, he ... als hij 't eenmaal begrijpt, dan ... III [vw] zodra
once-over /'wʌnsəʊvə/ [znw] ∗ kort bezoek • ⟨inf./AE⟩ voorlopig onderzoek ∗ he gave her the ~ hij nam haar vluchtig op
oncoming /'ɒnkʌmɪŋ/ I [znw] nadering II [bnw] • aanstaande • ⟨sl.⟩ vriendschappelijk
oncost /'ɒnkɒst/ [znw] extra kosten
one /wʌn/ I [znw] een II [onb vnw] • iem. • men • a nasty one een flinke opstopper • a one een rare/mooie • a white rose and a red one een witte en een rode roos • many a one menigeen • one

should do one's duty men behoort zijn plicht te
doen ★ one up on een slag voor ★ that one/the
one there die/dat daar ★ that's a good one dat is
een goede bak ★ that's one on you! dat/die kun je
in je zak steken! ★ the Evil One de duivel ★ the
Holy One God ● the little ones were put to bed
de kleintjes werden naar bed gebracht ● you're a
nice one! je bent me er eentje! **III** [telw] ● één,
enige ● een, dezelfde ★ I for one don't believe it ik
voor mij geloof 't niet ★ Mr. A. for one de heer A.
o.a./bijvoorbeeld ★ at one (o'clock) om 1 uur ★ for
one thing, he gambles om te beginnen gokt hij
★ he was one too many for him hij was hem te
slim af ★ it's all one to me het maakt mij niet uit
★ one Peterson een zekere Peterson ★ one and all
allen tezamen ★ one another elkaar ★ one by one
een voor een ★ one day op zekere dag ★ one with
another gemiddeld ★ the one and only truth de
alleenzaligmakende waarheid ★ they are at one ze
zijn 't eens

one-armed/wʌn'ɑ:md/ [bnw] eenarmig ★ ~
bandit fruitautomaat

one-eyed/wʌn'aɪd/ [bnw] ● eenogig ★ (sl.)
partijdig

one-horse[bnw] ● met één paard ● derderangs
⟨fig.⟩, armoedig ⟨fig.⟩ ★ ~ town gat

one-man/wʌn'mæn/ [bnw] eenmans-

oneness/'wʌnnəs/ [znw] ● het één zijn, eenheid
● onveranderlijkheid

one-off[bnw] eenmalig, exclusief, uniek

one-piece[bnw] uit één stuk, eendelig ★ ~
bathing suit badpak

oner/wʌnə/ [znw] ● uitblinker ● grove leugen
● flinke klap ★ ⟨inf.⟩ slag die voor één telt ⟨bij
cricket⟩ ★ oner at kei/kraan in

onerous/'ɒnərəs/ [bnw] drukkend ★ ~ property
bezwaard eigendom

oneself/wʌn'self/ [wkd vnw] (zich)zelf ★ by ~
alleen ★ of ~ vanzelf; uit zichzelf

one-sided/wʌn'saɪdɪd/ [bnw] eenzijdig ★ ~ street
straat met aan één kant huizen

one-storeyed, one-storied/wʌn'stɔ:rɪd/
[bnw] v. één verdieping

one-time/wʌntaɪm/ [bnw] ● voormalig, eens,
vroeger ● slechts eenmaal

one-to-one[bnw] een op een, punt voor punt

one-track/wʌn'træk/ [bnw] eenzijdig
geïnteresseerd ⟨fig.⟩

one-upmanship[znw] de kunst een ander steeds
een slag voor te zijn

one-way/wʌn'weɪ/ [bnw] ★ ~ ticket enkele reis
★ ~ traffic eenrichtingsverkeer

onflow/'ɒnfləʊ/ [znw] (voortdurende) stroom

ongoing/'ɒngəʊɪŋ/ [bnw] lopend, voortdurend,
aanhoudend

onion/'ʌnjən/ [znw] ● ui ● afweerraket ● ⟨pej.⟩
bewoner v.d. Bermuda eiland ● ⟨sl.⟩ hoofd, kop
★ he is off his ~ hij is niet goed snik

onlooker/'ɒnlʊkə/ [znw] toeschouwer

only/'əʊnlɪ/ **I** [bnw] enig **II** [bijw] ● (alleen) maar
★ pas, eerst ★ if only I knew als ik maar wist
★ only not zo goed als ★ only too true maar al te
waar **III** [vw] maar, alleen ★ he always says he
will do it, only he never does hij zegt altijd dat
hij het zal doen, maar hij doet het nooit ★ he does
well, only that he always hesitates to begin hij
doet het goed, alleen weet hij nooit goed hoe te
beginnen

onrush/'ɒnrʌʃ/ [znw] toeloop, toestroom, stormloop

onrush(ing)/'ɒnrʌʃ(ɪŋ)/ [znw] stormloop, 't
aansnellen

onset/'ɒnset/ [znw] ● aanval ● begin, eerste

symptomen

onshore/'ɒnʃɔ:/ **I** [bnw] aanlandig ★ ~ fishing
kustvisserij ★ ~ wind zeewind **II** [bijw]
● land(in)waarts ● aan land

onslaught/'ɒnslɔ:t/ [znw] woeste aanval

onto/'ɒntu/ [vz] naar ... toe

onus/'əʊnəs/ [znw] ● (bewijs)last, plicht ● schuld

onward/'ɒnwəd/ [bnw] voorwaarts

onwards/'ɒnwədz/ [bijw] voorwaarts

oodles/'u:dlz/ [mv] ★ ~ of money hopen geld

oof/u:f/ ⟨sl.⟩ [znw] geld, duiten

oofy/'u:fɪ/ [bnw] rijk

oomph/ʊmf/ ⟨inf.⟩ [znw] energie,
(aantrekkings)kracht

oops/u:ps/ [tw] oeps!, jeetje!, verdorie!

ooze/u:z/ **I** [ov ww] ontzinken ⟨v. moed⟩ ★ (~ out)
uitlekken ⟨ook v. geheim⟩ **II** [on ww] druppelen,
doorsijpelen ⟨v. dikkere vloeistoffen⟩ **III** [znw]
● slib, slijk ● lek ● het sijpelen ⟨v. dikkere
vloeistoffen⟩

oozy/'u:zɪ/ [bnw] modderig

opacity/ə'pæsɪtɪ/ [znw] duisternis

opal/'əʊpl/ [znw] opaal

opalescence/əʊpə'lesns/ [znw] opaalglans

opalescent, opaline/əʊpə'lesənt/ [bnw]
opaalachtig

opaque/əʊ'peɪk/ **I** [znw] duisternis **II** [bnw] ● mat
● ondoorschijnend, duister ● dom ● onduidelijk ★ ~
colour dekverf

open/'əʊpən/ [on ww] ★ opening night première
★ opening time openingstijd

open-air[bnw] openlucht-, buiten-

open-and-shut/əʊpənən'ʃʌt/ ⟨AE⟩ [bnw]
(dood)eenvoudig

opencast/'əʊpənkɑ:st/ [bnw] bovengronds ★ ~
mining dagbouw

open-ended/əʊpən'endɪd/ [znw] open,
vrij(blijvend)

opener/'əʊpənə/ [znw] ● blik-/flesopener
● openingsnummer/-ronde

open-eyed[bnw] ● met de ogen wijd open,
aandachtig ● met grote ogen, verbaasd

open-field/əʊpən'fi:ld/ [bnw] ★ ~ system stelsel
van gemeenschappelijke bouwlanden

open-grown/əʊpən'grəʊn/ [bnw] ★ ~ salad sla
v.d. koude grond

open-handed/əʊpən'hændɪd/ [bnw] vrijgevig,
royaal

open-hearted/əʊpən'hɑ:tɪd/ [bnw]
● ontvankelijk ● hartelijk ● openhartig

opening/'əʊpənɪŋ/ **I** [znw] ● opening, begin
● kans ● vacante betrekking **II** [bnw] openend,
inleidend

openly/'əʊpənlɪ/ [bijw] ● openlijk ● openbaar
● openhartig

open-minded/əʊpən'maɪndɪd/ [bnw]
onbevooroordeeld

open-mouthed/əʊpən'maʊðd/ [bnw]
● stomverbaasd ● vrijuit sprekend

openness/'əʊpənəs/ [znw] openheid, eerlijkheid,
onpartijdigheid

open-plan[bnw] met weinig tussenmuren ★ ~
kitchen open keuken

opera/'ɒprə/ [znw] opera ★ ~ cloak sortie;
avondmantel

operable/'ɒpərəbl/ [bnw] ● operationeel,
bruikbaar ● uitvoerbaar ● ⟨med.⟩ te opereren

opera-glasses/'ɒprəgla:sɪz/ [znw] toneelkijker

opera-house/'ɒprəhaʊs/ [znw] operagebouw

operate/'ɒpəreɪt/ **I** [ov ww] ● bewerken,
teweegbrengen ● ⟨AE⟩ exploiteren, leiden ★ he has
been ~d on for hij is geopereerd aan ★ operating

system besturingssysteem II [on ww] • opereren
• werken, uitwerking hebben III [znw]
* operating theatre operatiezaal
operatic /ɔpəˈrætɪk/ [bnw] • opera- • theatraal
⟨fig.⟩ * an ~ character schertsfiguur
operating /ˈɔpəreɪtɪŋ/ [bnw] • werkzaam
• bedrijfs-
operating-theatre /ˈɔpəreɪtɪŋθɪətə/ [znw]
operatiekamer
operation /ɔpəˈreɪʃən/ [znw] • operatie
• financiële transactie • geldigheid • exploitatie
• werking, handeling * come into ~ in werking
treden
operational /ɔpəˈreɪʃənl/ [bnw] operatief
operations /ɔpəˈreɪʃənz/ [mv] werkzaamheden
* animal ~ lichamelijke functies
operative /ˈɔpərətɪv/ I [znw] • werkman,
fabrieksarbeider • ⟨AE⟩ detective II [bnw] • in
werking • van kracht • doeltreffend, praktisch
* become ~ v. kracht worden
operator /ˈɔpəreɪtə/ [znw] • (be)werker
• operateur • iem. die machine bedient
• telegrafist(e), telefonist(e) • speculant • ⟨AE⟩
werkgever, eigenaar v. bedrijf
operetta /ɔpəˈretə/ [znw] operette
ophthalmia /ɔfˈθælmɪə/ [znw] oogontsteking
ophthalmic /ɔfˈθælmɪk/ [bnw] oogheelkundig
ophthalmologist /ɔfθælˈmɔlədʒɪst/ [znw]
oogarts
ophthalmology /ɔfθælˈmɔlədʒɪ/ [znw]
oogheelkunde
opiate /ˈəupɪət/ I [ov ww] • met opium mengen
• bedwelmen ⟨ook fig.⟩ II [znw]
pijnstillend/slaapverwekkend middel
opine /əʊˈpaɪn/ [on ww] v. mening zijn
opinion /əˈpɪnjən/ [znw] • overtuiging, opinie,
mening, gedachte • advies • a matter of ~ 'n
kwestie v. opvatting * ~ poll opiniepeiling;
enquête * take counsel's ~ rechtskundig advies
inwinnen
opinionated /əˈpɪnjəneɪtɪd/ [bnw] • dogmatisch
• eigenzinnig
opium /ˈəupɪəm/ [znw] opium * ⟨sl.⟩ ~ den
opiumkit
opossum /əˈpɔsəm/ ⟨AE⟩ [znw] ⟨bont v.⟩ buidelrat
opponent /əˈpəunənt/ I [znw]
tegenpartij/-stander II [bnw] tegengesteld, strijdig
opportune /ˈɔpətju:n/ [bnw] gelegen, geschikt
opportunism /ɔpəˈtju:nɪzəm/ [znw]
opportunisme
opportunist /ˈɔpətju:nɪst/ [znw] opportunist
opportunistic /ɔpətju:ˈnɪstɪk/ [bnw]
opportunistisch
opportunity /ɔpəˈtju:nətɪ/ [znw] ⟨gunstige⟩
gelegenheid, kans * ~ knocks een goede
gelegenheid/kans dient zich aan; talentenjacht
voor amateurs ⟨op televisie⟩
oppose /əˈpəuz/ [ov ww] z. verzetten (tegen) • (~
to) stellen tegenover
opposed /əˈpəuzd/ [bnw] vijandig * ~ to gekant
tegen; tegengesteld aan
opposing /əˈpəuzɪŋ/ [bnw] • tegenoverstaand
• tegen-, vijandig • the ~ team de tegenpartij
opposite /ˈɔpəzɪt/ I [znw] tegen(over)gestelde,
tegenpool II [bnw] tegenovergelegen, overstaand
⟨v. blad of hoek⟩, ander(e), tegen-, over- * ~
from/to tegen(over)gesteld aan * ~ number
tegenspeler/-stander III [bijw] • aan de overkant
• tegenover IV [vz] • tegenover • aan de overkant
* he plays ~ to me hij is mijn tegenspeler
opposition /ɔpəˈzɪʃən/ [znw] • verzet, oppositie
⟨ook politiek⟩ • tegenstelling, plaatsing tegenover

* in ~ to in strijd met
oppositionist /ɔpəˈzɪʃənɪst/ [znw] lid v.d.
oppositie
oppress /əˈpres/ [ov ww] • onderdrukken,
verdrukken • bezwaren, drukken op
oppression /əˈpreʃən/ [znw] verdrukking,
onderdrukking
oppressive /əˈpresɪv/ [bnw] verdrukkend,
onderdrukkend
oppressor /əˈpresə/ [znw] onderdrukker, tiran
opprobrious /əˈprəubrɪəs/ [bnw] honend,
smaad-, scheld-
opprobrium /əˈprəubrɪəm/ [znw] schande, smaad
oppugn /əˈpju:n/ [ov ww] bestrijden
oppugnance /əˈpʌgnəns/ [znw] tegenstand,
weerzin
opt /ɔpt/ [on ww] optéren, keuze doen • (~ out)
niet meer (willen) meedoen, z. terugtrekken
optative /ɔpˈteɪtɪv/ I [znw] optatief II [bnw]
wensend * ~ mood optatief
optic /ˈɔptɪk/ I [znw] • klein maatglas aan hals v.
fles bevestigd • ⟨scherts⟩ oog II [bnw] gezichts-
* ~ nerve oogzenuw
optical /ˈɔptɪkl/ [bnw] gezichts-, ^ptisch * ~
illusion gezichtsbedrog
optician /ɔpˈtɪʃən/ [znw] opticien
optics /ˈɔptɪks/ [mv] • leer v. het zien, leer v. het
licht • onderdelen van optische uitrusting
optimism /ˈɔptɪmɪzəm/ [znw] optimisme
optimize /ˈɔptɪmaɪz/ I [ov ww] • perfectioneren
• optimaal benutten II [on ww] optimistisch zijn
optimum /ˈɔptɪməm/ [znw] optimum, beste,
meest begunstigde
option /ˈɔpʃən/ [znw] • keus • premieaffaire ⟨op
effectenbeurs⟩ • optie * I have no ~ but to go ik
moet wel gaan * he was imprisoned without
the ~ hij mocht geen geldboete betalen i.p.v.
gevangenisstraf uitzitten
optional /ˈɔpʃənl/ [bnw] naar keuze, facultatief
* it is ~ on/with you het staat u vrij te
opulence /ˈɔpjuləns/ [znw] • rijkdom
• weelderigheid
opulent /ˈɔpjulənt/ [bnw] rijk, weelderig,
overvloedig
opus /ˈəupəs/ [znw] opus
or /ɔ:/ I [znw] ⟨her.⟩ goud(kleur) II [vw] of
oracle /ˈɔrəkl/ [znw] orakel * ⟨sl.⟩ work the ~
achter de schermen werken; geld loskrijgen
oracular /əˈrækjulə/ [bnw] • als een orakel
• dubbelzinnig
oral /ˈɔ:rəl/ I [znw] ⟨inf.⟩ mondeling examen
II [bnw] mondeling, mond-
orange /ˈɔrɪndʒ/ I [znw] • de kleur oranje
• sinaasappel * Orangeman protestantse Ier;
orangist * ~ juice sinaasappelsap; jus d'orange
II [bnw] oranje * squeezed ~ uitgeknepen citroen
orangeade /ɔrɪndʒˈeɪd/ [znw]
sinaasappellimonade
orate /ɔ:ˈreɪt/ [on ww] oreren
oration /ɔ:ˈreɪʃən/ [znw] • redevoering • ⟨taalk.⟩
rede
orator /ˈɔrətə/ [znw] redenaar
oratorical /ɔrəˈtɔrɪk(l)/ [bnw] oratorisch
oratorio /ɔrəˈtɔ:rɪəu/ [znw] oratorium
oratory /ˈɔrətərɪ/ [znw] • (huis)kapel • r.-k. Kerk
• welsprekendheid
orb /ɔ:b/ I [ov ww] insluiten II [znw] • bol
• hemellichaam • rijksappel • georganiseerd
geheel • ⟨form.⟩ oog(bal)
orbit /ˈɔ:bɪt/ I [ov + on ww] • in baan brengen ⟨om
een hemellichaam⟩ • wentelen, draaien II [znw]
• oogkas • oogrand ⟨v. vogel⟩ • ⟨gebogen⟩ baan v.

O

hemellichaam • lichaam in de ruimte • sfeer (fig.)
orbital /ˈɔːbɪtl/ [znw] verkeersweg om voorsteden heen
orbiter /ˈɔːbɪtə/ [znw] satelliet
orch. [afk] • (orchestra) orkest
orchard /ˈɔːtʃəd/ [znw] • boomgaard • fruittuin
orchestra /ˈɔːkɪstrə/ [znw] • orkest • (AE) stalles ∗ – pit orkestbak ∗ – seats/stalls stalles
orchestral /ɔːˈkestrəl/ [bnw] orkest-
orchestrate /ˈɔːkɪstreɪt/ [ov ww] voor orkest bewerken
orchestration /ɔːkɪsˈtreɪʃən/ [znw] orkestratie
orchid, orchis /ˈɔːkɪd/ [znw] orchidee
ordain /ɔːˈdeɪn/ [on ww] • (tot priester) wijden • beschikken, voorschrijven
ordeal /ɔːˈdiːl/ [znw] • godsgericht • beproeving ∗ – by fire vuurproef
order /ˈɔːdə/ **I** [ov ww] • bestellen, ordenen, regelen • verordenen, bevelen ∗ he was –ed home hij werd naar huis/'t vaderland gezonden ∗ – s.o. about iem. commanderen ∗ she –ed me up zij liet me boven komen • (~ **out**) wegsturen, laten uitrukken **II** [znw] • rang • klasse, stand • volgorde • order, bevel • soort • kerkelijk formulier • bestelling • bouwstijl • (mil.) tenue ∗ (holy) –s de geestelijke staat ∗ Order in Council Algemene Maatregel v. Bestuur ∗ Order! Orde!; tot de orde! ∗ a day to ~ uitgezochte (prachtige) dag ∗ (AE) a large – een lastig karweitje ∗ as per – enclosed volgens ingesloten order ∗ be in ~s geestelijk zijn ∗ be on ~ in bestelling zijn ∗ be under doctor's ~s (door arts) voorgeschreven leefregel volgen ∗ by – op bevel ∗ in ~ aan de orde;(AE) gepast; toelaatbaar (v. bewijs of verklaring tijdens rechtszaak); in orde; in volgorde; de orde niet te buiten gaande ∗ in – that opdat ∗ in ~ to ten einde; om te ∗ in short – in kort geding;(AE) snel ∗ (AE) on the ~ of ongeveer zoals ∗ ~ book orderboek; dagorde (v. vergadering v. Engelse Lagerhuis) ∗ ~ of knighthood ridderorde ∗ ~ sheet bestelformulier ∗ (mil.) ~ word parool ∗ out of ~ niet in/op orde; v. streek; buiten de orde zijnde (v. spreker) ∗ put in ~ of importance volgens belangrijkheid rangschikken ∗ take ~s gewijd worden (tot priester) ∗ the ~ of the day aan de orde v.d. dag ∗ to ~ op bestelling; naar maat; aan order (cheque) ∗ what's your ~? wat wilt u gebruiken?
order-form /ˈɔːdəfɔːm/ [znw] bestelformulier
orderly /ˈɔːdəlɪ/ **I** [znw] • ordonnans • hospitaalsoldaat • ziekenoppasser • straatveger • (mil.) facteur ∗ (mil.) ~ book orderboek ∗ (mil.) ~ officer officier v.d. dag ∗ ~ room compagniesbureau **II** [bnw] ordelijk, geregeld
order-paper /ˈɔːdəpeɪpə/ [znw] agenda
ordinal /ˈɔːdɪnl/ **I** [znw] boek gebruikt bij wijding v. geestelijken ∗ ~ numbers rangtelwoorden **II** [bnw] • rangschikkend • van natuurlijk historische orde
ordinance /ˈɔːdɪnəns/ [znw] • verordening • godsdienstige ritus
ordinand /ˈɔːdɪnænd/ [znw] wijdeling ‹r.-k. Kerk›
ordinaries /ˈɔːdɪnərɪz/ [mv] gewone aandelen
ordinarily /ˈɔːdɪnərəlɪ/ [bijw] gewoonlijk
ordinary /ˈɔːdɪnərɪ/ **I** [znw] • gewone misgebeden • gaarkeuken • dagschotel • velocipède • (inf.) gewone toestand (v. zaken of gezondheid) • the Ordinary (aarts)bisschop als jurisdictie hebbende in provincie of dioces **II** [bnw] • opgelegd (v. schepen) • regelmatig • alledaags, normaal, gewoon ∗ a physician in ~ lijfarts; hofarts ∗ ambassador in ~ gewoon gezant ∗ nothing

out of the ~ niets buitengewoons ∗ ~ debts boekschulden ∗ ~ seaman lichtmatroos
ordination /ɔːdɪˈneɪʃən/ [znw] • classificatie, ordening • wijding (tot geestelijke) • beschikking (v. voorzienigheid)
ordnance /ˈɔːdnəns/ [znw] • geschut • tak v. openbare dienst voor mil. voorraden en materieel ∗ ~ survey topografische verkenning
ordure /ˈɔːdjʊə/ [znw] • mest, gier • vuile taal • uitwerpselen, drek
ore /ɔː/ [znw] • erts • (form.) metaal (vnl. goud)
organ /ˈɔːgən/ [znw] • menselijke stem • orgaan (ook fig.) • orgel
organ-grinder /ˈɔːgəngraɪndə/ [znw] orgeldraaier
organic /ɔːˈgænɪk/ [bnw] • organisch • fundamenteel, structureel • georganiseerd
organism /ˈɔːgənɪzəm/ [znw] organisme
organist /ˈɔːgənɪst/ [znw] organist
organizable /ɔːgəˈnaɪzəbl/ [bnw] wat georganiseerd kan worden
organization /ɔːgənaɪˈzeɪʃən/ [znw] organisatie
organizational /ɔːgənaɪˈzeɪʃnəl/ [bnw] organisatorisch, organisatie-
organize /ˈɔːgənaɪz/ [ov ww] organiseren
organized /ˈɔːgənaɪzd/ [bnw] georganiseerd, aangesloten (v. vakbondsleden)
organizer /ˈɔːgənaɪzə/ [znw] • systematische agenda • organisator
organ-loft /ˈɔːgənlɒft/ [znw] oksaal
organ-stop /ˈɔːgənstɒp/ [znw] orgelregister
orgasm /ˈɔːgæzəm/ [znw] orgasme
orgiastic /ɔːdʒɪˈæstɪk/ [bnw] • orgiastisch • als een orgie
orgy /ˈɔːdʒɪ/ [znw] orgie, drinkgelag, uitspatting
oriel /ˈɔːrɪəl/ [znw] erker
orient /ˈɔːrɪənt/ **I** [ov ww] → **orientate** **II** [znw] • oosten • glans v. parel • ~ pearls schitterende parels **III** [bnw] • (form.) oosters, oostelijk • opgaande zon
oriental /ɔːrɪˈentl/ **I** [znw] oosterling **II** [bnw] • oosters • schitterend (v. parel)
orientalism /ɔːrɪˈentəlɪzəm/ [znw] • oosters karakter • kennis v. 't oosten
orientalist /ɔːrɪˈentəlɪst/ [znw] oriëntalist
orientate /ˈɔːrɪənteɪt/ [ov ww] • z. naar de omstandigheden richten • z. naar het oosten richten • oriënteren • z. naar een bepaald punt richten
orientation /ɔːrɪənˈteɪʃən/ [znw] • richtingsgevoel • oriëntering
orifice /ˈɒrɪfɪs/ [znw] opening, mond(ing)
origin /ˈɒrɪdʒɪn/ [znw] afkomst, oorsprong, begin ∗ office of ~ kantoor v. afzending
original /əˈrɪdʒɪnl/ **I** [znw] origineel **II** [bnw] aanvankelijk, oorspronkelijk, origineel, eerste ∗ ~ sin erfzonde
originality /ərɪdʒɪˈnælɪtɪ/ [znw] oorspronkelijkheid
originate /əˈrɪdʒɪneɪt/ [on ww] voortkomen uit • (~ from) voortkomen uit • (~ with) opkomen bij
originator /əˈrɪdʒɪneɪtə/ [znw] schepper, bewerker
orison /ˈɒrɪzən/ [znw] gebed
orlop /ˈɔːlɒp/ [znw] koebrug
ornament /ˈɔːnəmənt/ **I** [ov ww] versieren, tooien **II** [znw] ornament, sieraad, versiersel ∗ by way of ~ als versiering
ornamental /ɔːnəˈmentl/ [bnw] decoratief, ornamenteel, sier- ∗ ~ painter decoratieschilder
ornamentation /ɔːnəmenˈteɪʃən/ [znw] versiering
ornate /ɔːˈneɪt/ [bnw] • sierlijk, bloemrijk (v. taal) • ornaat
ornithologist /ɔːnɪˈθɒlədʒɪst/ [znw] ornitholoog, vogelkenner

ornithology /ɔːnɪˈθɒlədʒɪ/ [znw] vogelkunde
orotund /ˈɒrətʌnd/ [bnw] • gezwollen, bombastisch • indrukwekkend
orphan /ˈɔːfən/ I [ov ww] tot wees maken II [znw] wees III [bnw] wees-, ouderloos
orphanage /ˈɔːfənɪdʒ/ [znw] • het wees zijn • (de) wezen • weeshuis
orphanhood /ˈɔːfənhud/ [znw] het wees zijn
orris /ˈɒrɪs/ [znw] • goud- of zilverkant op borduursel • ‹plant.› lis
orthodontic /ɔːθəˈdɒntɪk/ [bnw] orthodontisch
orthodontics /ɔːθəˈdɒntɪks/ [znw] orthodontie
orthodox /ˈɔːθədɒks/ [bnw] • orthodox • algemeen aangenomen • gepast • ouderwets, v.d. oude stempel ★ the Orthodox Church de Grieks-katholieke Kerk
orthodoxy /ˈɔːθədɒksɪ/ [znw] orthodoxie
orthography /ɔːˈθɒɡrəfɪ/ [znw] orthografie, spellingsleer
orthopaedic /ɔːθəˈpiːdɪk/ [bnw] orthopedisch
orthopaedics /ɔːθəˈpiːdɪks/ [znw] orthopedie
orthopaedist /ɔːθəˈpiːdɪst/ [znw] orthopedist, orthopeed
oscillate /ˈɒsɪleɪt/ [on ww] • schommelen, slingeren • oscilleren ‹v. radio› • aarzelen
oscillation /ɒsɪˈleɪʃən/ [znw] • radiostoring • trilling • besluiteloosheid
oscillatory /ɒsɪˈleɪtərɪ/ [bnw] schommelend
oscular /ˈɒskjʊlə/ [bnw] • v.d. mond • ‹scherts› kussend, kus-
osculate /ˈɒskjʊleɪt/ [on ww] • ‹scherts› kussen • ‹bio.› karaktertrekken gemeen hebben ‹v. soorten› • ‹wisk.› osculeren
osculation /ɒskjʊˈleɪʃən/ [znw] • aanraking, osculatie • ‹scherts› kus
osier /ˈəʊzɪə/ I [znw] • soort wilg • rijs II [bnw] tenen
osmosis /ɒzˈməʊsɪs/ [znw] osmose
osprey /ˈɒspreɪ/ [znw] • visarend • pluim, veer ‹op dameshoed›
osseous /ˈɒsɪəs/ [bnw] beenachtig, been-
ossicle /ˈɒsɪkl/ [znw] beentje
ossification /ɒsɪfɪˈkeɪʃən/ [znw] • het verstenen • ‹med.› beenvorming
ossify /ˈɒsɪfaɪ/ I [ov ww] (doen) verstenen II [on ww] • in been veranderen • verharden (fig.)
ossuary /ˈɒsjʊərɪ/ [znw] beenderurn, graf, knekelhuis
ostensible /ɒˈstensɪbl/ [bnw] ogenschijnlijk, zogenaamd
ostensive /ɒˈstensɪv/ [bnw] ogenschijnlijk
ostentation /ɒstenˈteɪʃən/ [znw] uiterlijk vertoon
ostentatious /ɒstənˈteɪʃəs/ [bnw] opzichtig, in 't oog lopend
osteopath /ˈɒstɪəpæθ/ [znw] osteopaat, (onbevoegd) orthopedist
ostler /ˈɒslə/ [znw] stalknecht in herberg
ostracism /ˈɒstrəsɪzəm/ [znw] • schervengerecht • uitbanning
ostracize /ˈɒstrəsaɪz/ [ov ww] • verbannen • boycotten
ostrich /ˈɒstrɪtʃ/ [znw] struisvogel
other /ˈʌðə/ I [znw] de/het andere II [bnw] • anders, verschillend • nog ★ every ~ day om de andere dag ★ he of all ~s juist hij! ★ ‹inf.› if you don't want it, do the ~ thing als je het niet wilt, laat het dan ★ on the ~ hand daarentegen ★ s.o. or ~ de een of ander ★ some time or ~ een of andere keer ★ the ~ day onlangs ★ the ~ morning onlangs op een morgen ★ the ~ world het hiernamaals
otherwise /ˈʌðəwaɪz/ I [bnw] ★ ~ minded

andersdenkend II [bijw] • anders • (of) anders • verder ★ I would rather go than ~ ik zou liever wel gaan dan niet ★ Mr. Simister, ~ Grossman de Heer S., alias G. ★ go, ~ you'll be late ga, (of) anders kom je te laat ★ he is unruly, but not ~ blameworthy hij is wel onhandelbaar, maar overigens valt er niets op hem aan te merken ★ his ~ equals in andere opzichten zijns gelijken ★ the merits or ~ of his conduct de verdiensten of de fouten van zijn gedrag
other-world /ˈʌðəwɜːld/ [znw] • bovennatuurlijke wereld • hiernamaals
other-worldly /ˈʌðəˈwɜːldlɪ/ [bnw] niet van deze aarde, niet aardsgezind
otiose /ˈəʊʃɪəʊs/ [bnw] overbodig, v. geen nut
otter /ˈɒtə/ [znw] • (bont v.d.) otter
otto /ˈɒtəʊ/ [znw] rozenolie
Ottoman /ˈɒtəmən/ I [znw] Turk II [bnw] Turks
oubliette /uːblɪˈet/ [znw] kerker met valluik
ouch /aʊtʃ/ I [znw] ‹vero.› broche, gesp II [tw] au!
ought /ɔːt/ I [hww] moet(en)/moest(en) eigenlijk, behoor(t), behoren, behoorde(n) ★ you ~ to stop talking like that je moest eigenlijk met dergelijke praat ophouden II [znw] iets
ounce /aʊns/ [znw] • los (dichterlijk) • 283 gram • sneeuwpanter, lynx ★ an ~ of practice is worth a pound of theory 'n klein beetje praktijk is evenveel waard als veel theorie ★ ~ of lead blauwe boon
our /ˈaʊə/ [bez vnw] ons
ours /ˈaʊəz/ [bez vnw] het onze, de onze(n)
ourselves /aʊəˈselvz/ [wkd vnw] ons(zelf), wij(zelf), zelf
ousel /ˈuːzəl/ [znw] soort lijster
oust /aʊst/ [ov ww] ontnemen • (~ of/from) verdringen uit
out /aʊt/ I [ov ww] • eruit gooien • k.o. slaan • ‹AE› uit de weg ruimen II [on ww] een uitstapje maken III [znw] • extra grote maat ‹kledingstuk› • uitweg • gewezen politicus • ‹AE› nadeel ★ at outs with overhoop liggend met ★ the ins and outs of the matter de details v.d. zaak ★ the outs de partij die niet aan het bewind/spelen is IV [bnw] in staking ★ an out match een uitwedstrijd ★ out size buitengewoon grote maat • outsize abnormaal groot V [bijw] • weg, (er)uit, (er)buiten • niet meer aan 't bewind • uit de mode • voorbij, afgelopen, om • verschenen, publiek • zonder betrekking, af ‹in spel› ★ I am ten guilders out ik kom er ƒ 10 aan te kort ★ a reward was out 'n beloning werd uitgeloofd ★ all out af; totaal mis; met de grootste inspanning ★ be out for er op uit zijn om ★ be out of it er buiten staan; in de weer zijn; 't mis hebben; verkeerd ingelicht zijn; ten einde raad zijn ★ changed out of recognition niet meer te herkennen ★ from this out van nu af ★ he is out and about again hij is weer hersteld ★ he is out in A. hij zit helemaal in A. ★ my arm is out mijn arm is uit 't lid ★ out and away the largest verreweg de grootste ★ out and out Conservatives aartsconservatieven ★ out of buiten; uit; niet inbegrepen; zonder; geboren uit ★ out on the town aan de boemel ★ out there daarginds ★ out with him! gooi 'm eruit! ★ out with it! voor de dag ermee! ★ she is out and away the better zij is verreweg de beste ★ the girl has come out 't meisje heeft haar debuut gemaakt ★ they went all out ze gaven z. geheel aan 't werk ★ you are far out je zit er ver naast VI [vz] langs, uit ★ from out of uit VII [voorv] out- meer, groter, beter, harder
out-act /aʊtˈækt/ [ov ww] overtreffen
out-and-out /aʊtnˈaʊt/ [bnw] volledig,

voortreffelijk

out-and-outer /aʊtənd'aʊtə/ [znw] ● uiterst radicaal ● aartsschelm ● ⟨inf.⟩ uitblinker
outback /'aʊtbæk/ [znw] binnenland ⟨v. Australië⟩
outbalance /aʊt'bæləns/ [ov ww] zwaarder wegen dan, overtreffen
outbid /aʊt'bɪd/ [ov ww] meer bieden dan
outboard /'aʊtbɔ:d/ [bnw] buitenboord
outbound /'aʊtbaʊnd/ [bnw] op de uitreis
outbrave /aʊt'breɪv/ [ov ww] ● uitdagen ● overtreffen
outbreak /'aʊtbreɪk/ [znw] ● het uitbreken ● oproer
outbuilding /'aʊtbɪldɪŋ/ [znw] bijgebouw
outburst /'aʊtbɜ:st/ [znw] uitbarsting
outcast /'aʊtkɑ:st/ I [znw] verschoppeling II [bnw] verbannen
outcaste I [ov ww] /aʊt'kɑ:st/ uit zijn kaste stoten II [znw] /'aʊtkɑ:st/ paria III [bnw] /'aʊtkɑ:st/ paria
outclass /aʊt'klɑ:s/ [on ww] de meerdere zijn van
outcome /'aʊtkʌm/ [znw] resultaat
outcrop I [on ww] te voorschijn komen II [znw] te voorschijn komende aardlaag
outcry I [ov ww] overschreeuwen II [znw] ● geschreeuw ● verontwaardiging
outdated /aʊt'deɪtɪd/ [bnw] ● ouderwets ● verouderd, achterhaald
outdistance /aʊt'dɪstns/ [ov ww] achter zich laten
outdo /aʊt'du:/ [ov ww] ● overtreffen ● verstomd doen staan van
outdoor /'aʊtdɔ:/ [bnw] ● openlucht-, buiten(shuis) ● buiten't parlement ★ ~ department polikliniek ★ ~ relief hulp aan armen buiten inrichting
outdoors /aʊt'dɔ:z/ I [znw] openlucht II [bijw] buiten(shuis)
outer /'aʊtə/ [bnw] buiten-, uitwendig ★ ~ man uiterlijk; kleding ★ ~ office kantoor van 't personeel ★ ~ space de (kosmische) ruimte ★ ~-garments bovenkleren
outermost /'aʊtəməʊst/ [bnw] buitenste
outface /aʊt'feɪs/ [ov ww] ● in verlegenheid brengen ● trotseren
outfall /'aʊtfɔ:l/ [znw] mond(ing)
outfield /'aʊtfi:ld/ [znw] ● afgelegen veld ⟨v. boerderij⟩ ● ⟨sport⟩ verre veld, buitenveld
outfielder /'aʊtfi:ldə/ [znw] buitenvelder, verre velder
outfit /'aʊtfɪt/ [znw] ● kleding ● zaakje ● organisatie, systeem ● uitrusting ● ⟨inf.⟩ gezelschap, troep, stel ⟨mensen⟩, ploeg ⟨werklui⟩, bataljon
outfitter /'aʊtfɪtə/ [znw] leverancier v. uitrustingen ★ gentlemen's ~ herenmodezaak
outflank /aʊt'flæŋk/ [ov ww] ● beetnemen ⟨fig.⟩ ● ⟨mil.⟩ omtrekken
outflow /'aʊtfləʊ/ [znw] ● af-/uitvloeiing ● vlucht ⟨v. goud⟩
outfox /aʊt'fɒks/ [ov ww] te slim af zijn
outgiving /aʊt'ɡɪvɪŋ/ [znw] ⟨AE⟩ verklaring
outgo I [ov ww] /aʊt'ɡəʊ/ overtreffen II [znw] / 'aʊtɡəʊ/ uitgave(n)
outgoing /aʊt'ɡəʊɪŋ/ [bnw] ● vertrekkend, aftredend ● eb
outgoings /'aʊtɡəʊɪŋz/ [mv] onkosten
outgrow /aʊt'ɡrəʊ/ [ov ww] ● boven 't hoofd groeien, ontgroeien ⟨aan⟩, groeien uit ⟨kleren⟩, harder groeien dan ● te boven komen
outgrowth /'aʊtɡrəʊθ/ [znw] ● uitwas ● product, resultaat
outgun /aʊt'ɡʌn/ [ov ww] overtreffen
outhouse /'aʊthaʊs/ [znw] ● wc buiten ● schuurtje,

bijgebouw

outing /'aʊtɪŋ/ [znw] uitstapje
outlandish /aʊt'lændɪʃ/ [bnw] vreemd, afgelegen
outlast /aʊt'lɑ:st/ [ov ww] langer duren dan
outlaw /'aʊtlɔ:/ I [ov ww] ● vogelvrij verklaren ● buiten de wet stellen II [znw] vogelvrij verklaarde
outlawry /'aʊtlɔ:rɪ/ [znw] ● ballingschap ● het vogelvrij verklaren
outlay /'aʊtleɪ/ I [ov ww] besteden, uitgeven II [znw] uitgave(n)
outlet /'aʊtlet/ [znw] ● uitgang-/weg ● afvoerbuis ● afzetgebied ● afnemer ● verkooppunt ● ⟨AE⟩ stopcontact
outlier /'aʊtlaɪə/ [znw] ● afzonderlijk deel ● forens
outline /'aʊtlaɪn/ I [ov ww] schetsen, in grote lijnen aangeven ● (~ against) aftekenen tegen II [znw] (om)trek, schets
outlive /aʊt'lɪv/ [ov ww] langer leven dan, overleven ⟨iem. anders⟩
outlook /'aʊtlʊk/ [znw] uitkijk-/zicht, kijk ★ ~ on life levensopvatting
outlying /'aʊtlaɪɪŋ/ [bnw] ● afgelegen ● bijkomstig ⟨fig.⟩
outmanoeuvre /aʊtmə'nu:və/ [ov ww] te slim af zijn
outmatch /aʊt'mætʃ/ [ov ww] overtreffen, de loef afsteken
outmoded /aʊt'məʊdɪd/ [bnw] ouderwets, verouderd
outmost /'aʊtməʊst/ I [znw] uitwendigheid II [bnw] uiterste, buitenste
outnumber /aʊt'nʌmbə/ [ov ww] overtreffen in aantal ★ we were ~ed two to one by our opponents de tegenpartij had twee keer zoveel mensen
out-of-date /aʊtəv'deɪt/ [bnw] verouderd
out-of-door(s) I [bnw] → outdoor II [bijw] → outdoors
out-of-the-way /aʊtəvðə'weɪ/ [bnw] ● ongewoon ● afgelegen
out-of-work /aʊtəv'wɜ:k/ [bnw] werkloos ★ the ~ de werklozen
out-patient /'aʊtpeɪʃənt/ [znw] poliklinisch patiënt ★ ~(s') clinic polikliniek
outplay /aʊt'pleɪ/ [ov ww] beter spelen dan, overspelen
outpost /'aʊtpəʊst/ [znw] buiten-/voorpost
outpouring /'aʊtpɔ:rɪŋ/ [znw] uitstorting ⟨ook fig.⟩
output /'aʊtpʊt/ [znw] ● output ⟨v. computer⟩ ● productie, prestatie, vermogen ⟨v. elektriciteit⟩ ● uitkomst, opbrengst ● uitvoer ● wat uitgevoerd/voltooid is ● uitgang ⟨in elektronica⟩
outrage /'aʊtreɪdʒ/ I [ov ww] ● geweld aandoen, verkrachten ● grof beledigen II [znw] ● grove belediging ● verontwaardiging ● aanranding, verkrachting, gewelddaad
outraged /'aʊtreɪdʒd/ [bnw] diep verontwaardigd
outrageous /aʊt'reɪdʒəs/ [bnw] ● beledigend, ergerlijk, afschuwelijk ● gewelddadig ● schandalig, verschrikkelijk ● extravagant, buitensporig
outrange /aʊt'reɪndʒ/ [ov ww] verder dragen ⟨v. geschut⟩, verder reiken dan
outrank /aʊt'ræŋk/ [ov ww] ● hogere rang hebben ● overtreffen
outré /'u:treɪ/ [bnw] onbehoorlijk, buitenissig
outreach /aʊt'ri:tʃ/ I [ov ww] ● overtreffen ● verder reiken dan II [on ww] z. uitstrekken
outride /aʊt'raɪd/ [ov ww] ● sneller rijden dan ● ⟨scheepv.⟩ doorstaan ⟨v. storm⟩
outrider /'aʊtraɪdə/ [znw] ● achter-/voorrijder ⟨bij

koets/rijtuig) • handelsreiziger

outright/'aʊtraɪt/ **I** [bnw] totaal **II** [bijw] • ineens
• helemaal • ronduit

outrun/aʊt'rʌn/ [ov ww] • harder lopen dan
• voorbij streven • ontlopen ∗ ~ the constable te
royaal leven

outrunner/aʊt'rʌnə/ [znw] • extra paard buiten 't
lamoen • handelsreiziger

outsell/aʊt'sel/ [ov ww] • meer verkopen dan
• meer verkocht worden dan

outset/'aʊtset/ [znw] begin ∗ from the very ~
vanaf 't allereerste begin

outshine/aʊt'ʃaɪn/ [ov ww] uitblinken, overtreffen
in luister, overschaduwen

outside I [znw] /aʊt'saɪd/ • buiten(kant), uiterlijk
• op z'n hoogst ∗ turn it ~ in keer 't binnenste
buiten **II** [bnw] /aʊt'saɪd/ • buitenste • uiterste
prijs ∗ ~ work thuiswerk (voor fabriek) **III** [bijw]
/aʊt'saɪd/ naar/van buiten ∗ ~ of his family
buiten zijn gezin **IV** [vz] /aʊt'saɪd/ • buiten • (AE)
behalve

outsider/aʊt'saɪdə/ [znw] • buitenstaander
• niet-lid • (sport) mededinger met weinig kans
om te winnen (vnl. paard)

outskirts/'aʊtskɜːts/ [znw] zoom, buitenwijken
∗ on the ~ of society aan de zelfkant van de
maatschappij

outsmart/aʊt'smɑːt/ [ov ww] te slim af zijn

outspoken/aʊt'spəʊkən/ [bnw] openhartig,
ronduit

outspread I [ov ww] /aʊt'spred/ uitspreiden
II [bnw] /'aʊtspred/ uitgespreid

outstanding/aʊt'stændɪŋ/ [bnw] • uitstaand
• uitstekend, voortreffelijk • onbeslist ∗ ~ debts
onbetaalde schulden

outstare/aʊt'steə/ [ov ww] iem. v. z'n stuk
brengen • brutaal blijven kijken naar

outstation/'aʊtsteɪʃən/ [znw] buitenpost (in
koloniën)

outstay/aʊt'steɪ/ [ov ww] langer blijven dan ∗ ~
one's welcome te lang blijven hangen; langer
blijven dan je welkom bent

outstrip/aʊt'strɪp/ [ov ww] overtreffen/-vleugelen

outtalk/aʊt'tɔːk/ [ov ww] omverpraten

outturn/aʊt'tɜːn/ [znw] productie

outvie/aʊt'vaɪ/ [ov ww] overtreffen

outvote/aʊt'vəʊt/ [ov ww] meer stemmen behalen
dan

outward/'aʊtwəd/ **I** [znw] uiterlijk(e verschijning)
II [bnw] • buitenwaarts • uiterlijk, uitwendig ∗ ~
bound op de uitreis ∗ ~ man uiterlijke
verschijning (kleding); de uitwendige mens ('t
lichaam, niet de ziel) ∗ ~ things de wereld om ons
heen ∗ to ~ seeming ogenschijnlijk

outwardly/'aʊtwədlɪ/ [bijw] ogenschijnlijk,
klaarblijkelijk

outwards/'aʊtwədz/ **I** [mv] uiterlijkheden [mv]
II [bijw] naar buiten, buitenwaarts

outwear/aʊt'weə/ [ov ww] • verslijten, op raken
• te boven komen • langer duren dan (vero.)
doorbrengen

outweigh/aʊt'weɪ/ [ov ww] • belangrijker zijn
dan • compenseren • tenietdoen • zwaarder wegen
dan

outwit/aʊt'wɪt/ [ov ww] te slim af zijn

outwork I [ov ww] meer werk verzetten dan
II [znw] werk buitenshuis gedaan

outworn/aʊt'wɔːn/ [bnw] • versleten • verouderd,
afgezaagd

ouzel/'uːzəl/ [znw] soort lijster

ova/'əʊvə/ [mv] → **ovum**

oval/'əʊvəl/ **I** [znw] de voetbal (bij Am. voetbal)
∗ the Oval cricketterrein in Londen **II** [bnw] ovaal

ovarian/əʊ'veərɪən/ [bnw] • v.d. eierstok • v.h.
vruchtbeginsel

ovary/'əʊvərɪ/ [znw] • eierstok • vruchtbeginsel

ovate/'əʊveɪt/ [bnw] ovaal, eivormig

ovation/əʊ'veɪʃən/ [znw] ovatie

oven/'ʌvən/ [znw] oven, fornuis

ovenware/'ʌvənweə/ [znw] vuurvaste schalen

over/'əʊvə/ **I** [znw] • surplus • over (bij cricket)
II [bnw] • al te groot/veel, enz. • klaar, beëindigd
• over, opper- ∗ it is all over now 't is allemaal
afgelopen **III** [bijw] • voorbij • om, over • (AE)
z.o.z. • do you see the people going over there?
zie je die mensen daarginds gaan? ∗ he is not over
particular hij neemt 't niet zo precies ∗ it's all over
with him 't is met hem gedaan ∗ it's him all over
hij is 't precies; dat is nu precies iets voor hem (om te
doen) ∗ over again opnieuw ∗ over against this
you can put ... hiertegenover kun je ... stellen
∗ over and over (again) telkens weer • (AE) over
there in Europa ∗ school is over de school is uit
∗ we shall tide over the difficulties we zullen de
moeilijkheden te boven komen **IV** [vz] • over,
boven • bij, aangaande • over ∗ ~ heen ∗ all over
the world over de hele wereld ∗ he went asleep
over his work hij viel bij z'n werk in slaap ∗ my
neighbour over the way mijn overbuur ∗ over
and above this you get also behalve dit krijg je
ook nog ... ∗ over the way aan de overkant ∗ we
stayed over Wednesday we bleven (er) tot en met
woensdag ∗ we talked about the matter over a
bottle of wine we bespraken de zaak bij 'n fles
wijn **V** [voorv] over-, te

overabundant/əʊvərə'bʌndənt/ [bnw] al te
overvloedig/overdadig

overact/əʊvər'ækt/ [ov + on ww] overdrijven

overall I [znw] /'əʊvərɔːl/ • overall
• huishoudschort ∗ ~s overall; monteurspak; broek
v. officier in groottenue **II** [bnw] /əʊvər'ɔːl/ geheel,
totaal, globaal

over-anxious/əʊvər'æŋkʃəs/ [bnw] overbezorgd

overarm/əʊvərɑːm/ [bnw + bijw] bovenarms

overawe/əʊvər'ɔː/ [ov ww] • ontzag inboezemen
• intimideren

overbalance/əʊvə'bæləns/ **I** [ov ww] 't evenwicht
doen verliezen **II** [on ww] 't evenwicht verliezen
III [znw] overwicht, meerderheid

overbid I [ov + on ww] /əʊvə'bɪd/ • hoger bieden
dan • overtreffen **II** [znw] /'əʊvəbɪd/ hoger bod

overboard/'əʊvəbɔːd/ [bijw] • overboord • uit de
trein • (AE) overdreven ∗ they went ~ with their
expenses zij zijn zich met de onkosten behoorlijk te
buiten gegaan ∗ they were lost ~ ze sloegen
overboord en verdronken

overbuild/əʊvə'bɪld/ [ov ww] • vol bouwen • te
veel bouwen

overburden/əʊvə'bɜːdn/ [ov ww] overbelasten

overbusy/əʊvə'bɪzɪ/ [bnw] al te druk

overcall/əʊvə'kɔːl/ → **overbid**

overcast/əʊvə'kɑːst/ [ov ww] • bedekken
• overhands naaien ∗ an ~ sky een betrokken
hemel

overcautious/əʊvə'kɔːʃəs/ [bnw] te voorzichtig

overcharge/əʊvə'tʃɑːdʒ/ **I** [ov ww] • te sterk
laden (v. batterij) • overdrijven • overvragen, te
veel in rekening brengen **II** [znw] • het overvragen
• te grote lading

overcoat/'əʊvəkəʊt/ [znw] overjas

overcome/əʊvə'kʌm/ [ov ww] te boven komen
∗ they were ~ ze werden overwonnen/overmand
(moeilijkheden); zij kwamen onder de indruk; ze
werden bevangen door (de hitte)

overconfident/əʊvəˈkɒnfɪdnt/ [bnw] overmoedig

overcrop/əʊvəˈkrɒp/ [ov ww] uitputten door roofbouw

overcropping/əʊvəˈkrɒpɪŋ/ [znw] roofbouw

overcrowd/əʊvəˈkraʊd/ [ov ww] te vol maken

overcrowded/əʊvəˈkraʊdɪd/ [bnw] overvol

overdo/əʊvəˈduː/ [ov ww] • overdrijven • te gaar koken/worden • uitputten

overdose/əʊvədəʊs/ I [ov ww] te grote dosis geven (v.) II [on ww] een overdosis nemen III [znw] te grote dosis

overdraft/əʊvədrɑːft/ [znw] • overdispositie, debetstand, bankschuld • voorschot in rekening courant

overdraw/əʊvədrɔː/ I [ov ww] te sterk afschilderen, overdrijven II [on ww] overdisponeren * be ~n debet staan (bij de bank) * ~ one's account debet staan (bij de bank)

overdress/əʊvədres/ [on ww] • z. te feestelijk/formeel kleden voor de gelegenheid • zich al te opzichtig kleden

overdrive/əʊvədraɪv/ I [ov ww] afjakkeren/-matten II [znw] overversnelling * (inf.) his nerves went into ~ zijn zenuwen gingen in de turbostand

overdue/əʊvəˈdjuː/ [bnw] • over tijd • te laat, niet op tijd, achterstallig

overeat/əʊvəˈriːt/ [on ww] * ~ o.s. te veel eten

overestimate/əʊvərˈestɪmeɪt/ I [ov ww] te hoog schatten, overschatten II [znw] overschatting, te hoge raming

overexpose/əʊvərɪkˈspəʊz/ [ov ww] te lang blootstellen, overbelichten (v. foto)

overfeed/əʊvəˈfiːd/ [ov ww] te sterk voeden

overflow [on ww] /əʊvəˈfləʊ/ overstromen II [znw] /əʊvəfləʊ/ • overloop(pijp) • overstroming • overvloed

overground/əʊvəˈɡraʊnd/ [bnw] bovengronds

overgrow/əʊvəˈɡrəʊ/ I [ov ww] • verstikken • te buiten gaan (de perken) • begroeien * ~ s. uit z'n kracht groeien II [on ww] te groot worden

overgrown/əʊvəˈɡrəʊn/ [bnw] • overwoekerd, verwilderd • uit zijn krachten gegroeid

overgrowth/əʊvəɡrəʊθ/ [znw] • te sterke groei • overvloed

overhand/əʊvəhænd/ [bnw] bovenhands

overhang/əʊvəhæŋ/ [ov ww] • hangen boven of over • bedreigen

overhaul I [ov ww] /əʊvəˈhɔːl/ • demonteren, reviseren, grondig onderzoeken • (scheepv.) inhalen II [znw] /əʊvəhɔːl/ • grondig onderzoek, demontage • revisie • 't inhalen

overhead I [znw] over charges II [bnw] boven 't hoofd, bovengronds (geleiding) * ~ charges/costs/expenses vaste bedrijfskosten * ~ price prijs met inbegrip van alle kosten * ~ sector niet-productief personeel III [bijw] boven 't hoofd

overhear/əʊvəˈhɪə/ [ov ww] • toevallig horen • afluisteren

overheat/əʊvəˈhiːt/ I [ov ww] oververhitten II [on ww] warmlopen

overjoyed/əʊvəˈdʒɔɪd/ [bnw] opgetogen, dolblij

overkill/əʊvəkɪl/ [znw] • overdreven gebruik • een teveel aan doden (bij kernoorlog) • onvoorziene vernietigende uitwerking

overladen/əʊvəˈleɪdn/ [bnw] overladen, overbelast

overlap I [ov ww] overlappen, gedeeltelijk bedekken II [on ww] gedeeltelijk samenvallen (met) III [znw] overlap

overlay I [ov ww] /əʊvəˈleɪ/ bedekken II [znw] /əʊvəleɪ/ • bedekking • tafelkleedje • bovenmatras

overleaf/əʊvəˈliːf/ [bijw] aan de andere kant v.d.

bladzijde * see – z.o.z

overleap/əʊvəˈliːp/ [ov ww] springen over, overslaan

overload I [ov ww] /əʊvəˈləʊd/ te zwaar (be)laden II [znw] /əʊvələʊd/ te zware last

overlook/əʊvəˈlʊk/ [ov ww] • uitzien op • over het hoofd zien • door de vingers zien • toezicht houden op • beheksen met het kwade oog

overlord/əʊvəlɔːd/ [znw] opperheer

overly/əʊvəlɪ/ [bijw] al te, te zeer

overman/əʊvəmæn/ [znw] • baas • übermensch

overmanned/əʊvəmænd/ [bnw] overbezet

overmany/əʊvəmenɪ/ [bnw] al te veel

overmaster/əʊvəmɑːstə/ [ov ww] overweldigen

overmatch/əʊvəmætʃ/ I [ov ww] overtreffen, verslaan II [znw] meerdere (bij mededinging)

overmuch/əʊvəmʌtʃ/ [znw] te veel/zeer

overnice/əʊvənaɪs/ [bnw] al te kieskeurig

overnight/əʊvənaɪt/ I [znw] de vorige avond II [bnw] v. de avond/nacht tevoren III [bijw] • de avond/nacht tevoren • gedurende de nacht • in 'n wip • zo maar, ineens * stay ~ blijven slapen

overpass I [ov ww] /əʊvəˈpɑːs/ • oversteken • afleggen (v. afstand) • uitsteken over • te boven komen II [znw] /əʊvəpɑːs/ viaduct

overpay/əʊvəˈpeɪ/ [ov + on ww] te veel betalen

overplay/əʊvəˈpleɪ/ [ov ww] overdreven acteren * ~ one's hand te veel wagen

overpopulated/əʊvəˈpɒpjʊleɪtɪd/ [bnw] overbevolkt

overpopulation/əʊvəpɒpjʊˈleɪʃən/ [znw] overbevolking

overpower/əʊvəˈpaʊə/ [ov ww] overmannen/-weldigen

overpowering/əʊvəˈpaʊərɪŋ/ [bnw] • overweldigend • onweerstaanbaar

overpraise/əʊvəˈpreɪz/ [znw] overdreven lof

overprice/əʊvəˈpraɪs/ [ov ww] te veel vragen voor

overprint I [ov ww] /əʊvəˈprɪnt/ (foto.) te donker afdrukken II [znw] /əʊvəprɪnt/ opdruk (op postzegel)

overrate/əʊvəˈreɪt/ [ov ww] overschatten

overreach/əʊvəˈriːtʃ/ [ov ww] • verder reiken dan • bedriegen * ~ o.s. al te slim willen zijn; te ver reiken; z. verrekken

override/əʊvəˈraɪd/ [ov ww] • te paard trekken door • z. niet storen aan • tenietdoen • afjakkeren

overriding/əʊvəˈraɪdɪŋ/ [bnw] v. het allergrootste belang

overrule/əʊvəˈruːl/ [ov ww] • verwerpen • overstemmen • overreden

overrun/əʊvəˈrʌn/ I [ov ww] • voorbijlopen • overstromen • geheel begroeien • aflopen/-stropen II [wkd ww] * ~ o.s. z. een ongeluk lopen

overseas/əʊvəˈsiːz/ [bnw + bijw] overzee(s)

oversee/əʊvəˈsiː/ [ov ww] • controleren • (vero.) overzien

overseer/əʊvəsiːə/ [znw] • opzichter, inspecteur • armenvoogd

oversell/əʊvəˈsel/ [ov ww] meer verkopen dan afgeleverd kan worden

overset/əʊvəˈset/ I [ov ww] • doen omslaan • in de war brengen II [on ww] omslaan

overshadow/əʊvəˈʃædəʊ/ [ov ww] • overschaduwen (ook fig.) • beschutten

overshoe/əʊvəʃuː/ [znw] overschoen

overshoot/əʊvəˈʃuːt/ [ov ww] voorbijschieten/-streven

overside/əʊvəsaɪd/ [bnw + bijw] over de zijde, over de verschansing (v.e. schip)

oversight/əʊvəsaɪt/ [znw] • onoplettendheid,

vergissing • toezicht

oversimplify /əʊvə'sɪmplɪfaɪ/ [ov ww]
oversimplificeren, al te eenvoudig voorstellen

oversize(d) /əʊvə'saɪz(d)/ [bnw] te groot, extra groot

oversleep /əʊvə'sliːp/ [on ww] te lang doorslapen, zich verslapen ★ ~ oneself zich verslapen

oversleeve /'əʊvəsliːv/ [znw] morsmouw

overspend /əʊvə'spend/ I [ov + on ww] te veel uitgeven II [ov ww] meer uitgeven dan

overspill I [on ww] /əʊvə'spɪl/ overlopen II [znw] /'əʊvəspɪl/ • overloop, gemorst water • overbevolking

overstaff /əʊvə'stɑːf/ [ov ww] te veel personeel aanstellen

overstate /əʊvə'steɪt/ [ov ww] overdrijven, te veel beweren

overstay /əʊvə'steɪ/ [ov ww] langer blijven dan, te lang blijven

overstep /əʊvə'step/ [ov ww] overschrijden ★ ~ the mark over de schreef gaan

overstock I [ov ww] /əʊvə'stɒk/ overladen, overvoeren (v. markt) II [znw] /'əʊvəstɒk/ te grote voorraad

overstrain /əʊvə'streɪn/ I [ov ww] overspannen II [on ww] • overdrijven • zich te zeer inspannen

overstrung /'əʊvəstrʌŋ/ [bnw] • overspannen • kruissnarig (v. piano)

overt /əʊ'vɜːt/ [bnw] • publiek, open(lijk) • (jur.) openbaar

overtake /əʊvə'teɪk/ [ov ww] • inhalen (i.h. verkeer) • overvallen

overtax /əʊvə'tæks/ [ov ww] • overbelasten • te zwaar belasten

overthrow I [ov ww] /əʊvə'θrəʊ/ omverwerpen, ten val brengen II [znw] /'əʊvəθrəʊ/ nederlaag, val

overthrowal /əʊvə'θrəʊəl/ [znw] nederlaag, val

overtime /'əʊvətaɪm/ [znw] overuren/-werk ★ work ~ overwerken

overtone /'əʊvətəʊn/ [znw] • bijbetekenis, ondertoon (fig.) • (muz.) boventoon

overtop /əʊvə'tɒp/ [ov ww] • overtreffen • z. verheffen boven

overtrump /əʊvə'trʌmp/ [ov ww] overtroeven

overture /'əʊvətjʊə/ [znw] • (eerste) voorstel • inleiding v. gedicht • (muz.) ouverture ★ make ~s to toenadering zoeken tot

overturn I [ov ww] /əʊvə'tɜːn/ • doen omslaan, omgooien, omverwerpen • ten val brengen II [on ww] /əʊvə'tɜːn/ kantelen, omslaan ★ the boat was ~ed de boot sloeg om III [znw] /'əʊvətɜːn/ het kantelen, het omverwerpen

overvalue I [ov ww] /əʊvə'væljuː/ overschatten II [znw] /əʊvəˈvæljuː/ overwaarde

overview /'əʊvəvjuː/ [znw] overzicht

overweening /əʊvə'wiːnɪŋ/ [bnw] • verwaand • overdreven

overweight I [ov ww] /əʊvə'weɪt/ te zwaar belasten II [znw] /'əʊvəweɪt/ te zware last, over(ge)wicht III [bnw] /əʊvə'weɪt/ te zwaar (in lichaamsgewicht)

overwhelm /əʊvə'welm/ [ov ww] overstelpen

overwhelming /əʊvə'welmɪŋ/ [bnw] overweldigend, verpletterend

overwind /əʊvə'waɪnd/ [ov ww] te hard opwinden (v. horloge)

overwork I [ov ww] /əʊvə'wɜːk/ • te hard laten werken • uitputten ★ ~ o.s. z. overwerken II [znw] /'əʊvəwɜːk/ over(matig) werk

overworn /əʊvə'wɔːn/ [bnw] • afgedragen • doodop • afgezaagd

overwrite /əʊvə'raɪt/ I [ov ww] beschrijven (v. oppervlakte) II [on ww] te veel schrijven

overwrought /əʊvə'rɔːt/ [bnw] • overwerkt • te gedetailleerd

oviduct /'əʊvɪdʌkt/ [znw] eileider

oviform /'əʊvɪfɔːm/ [bnw] eivormig

ovine /'əʊvaɪn/ [bnw] • schaaps-, schapen- • schaapachtig

oviparous /əʊ'vɪpərəs/ [bnw] eierleggend

ovipositor /əʊvɪ'pɒzɪtə/ [znw] legboor

ovoid /'əʊvɔɪd/ [bnw] eivormig lichaam/oppervlak

ovoids /'əʊvɔɪdz/ [mv] eierkolen

ovulate /'ɒvjʊleɪt/ [on ww] ovuleren

ovule /'əʊvjuːl/ [znw] • eierkiem • onbevrucht ei

ovum /'əʊvəm/ [znw] ei(cel)

ow /aʊ/ [tw] au

owe /əʊ/ [ov ww] • schuldig/verschuldigd zijn • te danken hebben ★ I owe for some goods enkele artikelen moet ik nog betalen ★ he owes me a grudge hij koestert een wrok tegen me ★ we owe you much for your help wij zijn u zeer verplicht voor uw hulp

owing /'əʊɪŋ/ I [bnw + bijw] schuldig, verschuldigd, te betalen ★ ~ to als gevolg van; te danken/wijten aan II [znw] ★ ~s schulden

owl /aʊl/ [znw] uil ★ (AE) owl-car na middernacht rijdende tram

owlet /'aʊlət/ [znw] uiltje

owlish /'aʊlɪʃ/ [bnw] uilachtig

own /əʊn/ I [ov ww] • bezitten, (in eigendom) hebben • toegeven, erkennen ★ British owned Brits eigendom ★ own to s.th. iets bekennen (vooral een fout) ★ (~ up) (inf.) opbiechten II [znw] • eigendom • eigen familie ★ (inf.) get one's own back z. wreken; 't te als gevolg betaald zetten ★ he came into his own hij kreeg wat hem toekwam • houses of one's own eigen huizen ★ my time is my own ik heb de tijd aan mezelf ★ my very own helemaal van mij alleen; mijn allerliefste ★ on one's own op eigen houtje; voor eigen rekening; onafhankelijk; zelfstandig ★ one has to take care of one's own het hemd is nader dan de rok ★ these qualities are all its own de eigenschappen (ervan) zijn zeer karakteristiek ★ we could not hold our own wij wisten ons niet staande te houden III [bnw] eigen ★ an own cousin volle neef ★ be one's own man onafhankelijk zijn ★ in one's own right krachtens erfrecht (niet door huwelijk) ★ my very own room een kamer die helemaal voor mezelf is ★ truth for its own sake waarheid omwille v. de waarheid

owner /'əʊnə/ [znw] • eigenaar • eigenaar • (sl./scheepv.) kapitein ★ ship ~ reder

owner-occupier [znw] eigenaar-bewoner, bewoner van eigen woning

ownership /'əʊnəʃɪp/ [znw] eigendom(srecht)

ox /ɒks/ [znw] • os • rund

ox-bow /'ɒksbəʊ/ [znw] • gareel v. ossenjuk • (AE) U-bocht (in rivier)

oxcart /'ɒkskɑːt/ [znw] ossenkar

oxen /'ɒksən/ [mv] → ox

oxer, oxfence /'ɒksə/ [znw] sterke omheining met haag en/of sloot

oxidate, oxidize /'ɒksɪdeɪt/ [ov + on ww] oxideren

oxidation, oxidization /ɒksɪ'deɪʃən/ [znw] oxidatie

oxide /'ɒksaɪd/ [znw] oxide

oxlip /'ɒkslɪp/ [znw] primula

oxtail /'ɒksteɪl/ [znw] ossenstaar

oxyacetylene /ɒksɪə'setɪliːn/ [bnw] met acetyleen

O

en zuurstof * ~ burner snijbrander
oxygen/'ɔksɪdʒən/ [znw] zuurstof * ~ mask
zuurstofmasker * ~ tent zuurstoftent
oxygenate, oxygenize/'ɔksɪdʒənert/ [on ww]
oxideren, verbinden met zuurstof
oyster/'ɔɪstə/ [znw] ● oester ● iem. die gesloten is,
zwijger * ~ bed oesterbed * ~ farm oesterkwekerij
* ~ mushroom oesterzwam
oyster-catcher/'ɔɪstəkætʃə/ [znw] scholekster
oz [afk] ● (ounce(s)) ons (28,3 gram)
ozone/'əʊzəʊn/ [znw] ● ozon ● (inf.) frisse lucht

P

pace/peɪs/ **I** [ov + on ww] ● stappen ● met
afgemeten pas door een ruimte lopen ● gangmaken
● in telgang lopen ● (~ **out**) afpassen, afmeten
II [znw] ● stap, pas ● gang, tempo ● telgang
* going the pace met 'n flinke vaart erin; er op los
levend * put one through one's pace iem. op de
proef stellen * set the pace het tempo of de toon
aangeven * they keep pace with him ze houden
hem bij; ze houden gelijke tred met hem * they
walked a great distance at a pace ze liepen een
grote afstand achtereen
pacemaker/'peɪsmeɪkə/ [znw] ● pacemaker
● gangmaker
pacer/'peɪsə/ [znw] ● telganger ● gangmaker
pacific/pə'sɪfɪk/ [bnw] vreedzaam, vredelievend
Pacific/pə'sɪfɪk/ [znw] * ~ (Ocean) Stille Zuidzee
pacification/pæsɪfɪ'keɪʃən/ [znw] ● het vrede
sluiten ● vredesverdrag
pacifier/'pæsɪfaɪə/ [znw] ● vredestichter ● (AE)
fopspeen
pacifism/'pæsɪfɪzəm/ [znw] pacifisme
pacify/'pæsɪfaɪ/ [ov ww] tot bedaren/rust/vrede
brengen
pack/pæk/ **I** [ov ww] ● inpakken, verpakken
● omwikkelen ● inmaken (vnl. v. vlees) ● beladen
● partijdig samenstellen (vnl. v. jury) ● (AE)
dragen * he was packed away/off hij werd de
laan uitgestuurd * it was packed away/off het
werd opgeborgen * pack on all sail! zet alle zeilen
bij! * packing case pakkist ● (~ **up**) (in)pakken
II [on ww] ● tot troep verenigen (v. honden) ● zijn
biezen pakken ● z. laten inpakken * he was sent
packing hij werd aan de dijk gezet ● (~ **up**) (sl.)
tot stilstand komen (v. machine), (moeten)
stoppen, ophouden **III** [znw] ● pak(je) ● last ● 'n
zekere hoeveelheid (v. goederen) ● meute (v.
jachthonden) ● bende ● kaartspel ● veld drijfijs
● bepakking (v. soldaat) ● stel, partij * a pack of
fools 'n stelletje idioten * pack animal lastdier
* pack ice pakijs
package/'pækɪdʒ/ **I** [ov ww] 'n pak maken van * ~
deal koppeltransactie * ~ tour volledige verzorgde
reis * three ~s drie colli **II** [znw] ● emballage
● verpakking ● pak * ~ holiday geheel verzorgde
vakantie
pack-drill [znw] strafexercitie
packed/pækt/ [bnw] ● opeengepakt ● volgepropt,
overvol ● a ~ house een volle/uitverkochte zaal
packer/'pækə/ [znw] ● emballeur ● pakmachine
packet/'pækɪt/ **I** [ov ww] inpakken **II** [znw]
● pakje (vnl. v. sigaretten) ● pakketboot ● (sl.)
grote som geld * he caught a ~ hij werd ernstig
gewond door 'n kogel ● (inf.) they sold him a ~ ze
namen 'm beet
packhorse/'pækhɔ:s/ [znw] lastpaard
packing/'pækɪŋ/ [znw] (ver)pakking
pack-jammed/pæk'dʒæmd/ [bnw] propvol
packman/'pækmæn/ [znw] marskramer
pact/pækt/ [znw] verbond, verdrag
pad/pæd/ **I** [ov ww] ● bekleden ● aflopen
● opvullen ● pad it te voet gaan; zwerven * (AE)
pad one's pocket zijn beurs spekken * pad the
hoof te voet gaan; zwerven **II** [znw] ● (stoot)kussen
● vulsel ● zacht zadel ● onderlegger
● aandruk-viltje (v. cassetterecorder) ● kladblok,
blocnote ● poot (v. vos of haas) ● mand (als
inhoudsmaat voor fruit) ● telganger ● (vero.)
weg * a gentleman/knight of the pad

struikrover ∗ on the pad *bij de weg*

padding/'pædɪŋ/ [znw] • vulsel • bladvulling

paddle/'pædl/ I [ov + on ww] zachtjes roeien, pagaaien ∗ he ~s his own canoe *hij redt zich wel* II [ov ww] afranselen III [on ww] • met onzekere pasjes lopen ‹v. kind› • pootje baden IV [znw] • pagaai • blad ‹v. roeiriem› • schoep • vin • bladvormig werktuig ∗ ~ boat *raderboot* ∗ ~ wheel *scheprad*

paddling-pool/'pædlɪŋpu:l/ [znw] pierenbad

paddock/'pædək/ [znw] omheind veld ‹bij paardenstoeterij of renbaan›

paddy/'pædɪ/ [znw] ‹rijst op› rijstveld ∗ ⟨inf.⟩ ~‹whack› *boze bui*

padlock/'pædlɒk/ I [ov ww] v. hangslot voorzien II [znw] hangslot

padre/'pɑ:drɪ/ ‹sl.› aalmoezenier

paean/'pi:ən/ [znw] lofzang, danklied

paediatrician, paediatrist/pi:dɪə'trɪʃən/ ⟨AE⟩ [znw] kinderarts

paedobaptism/pi:dəʊ'bæptɪzəm/ [znw] kinderdoop

paedobaptist/pi:də'bæptɪst/ [znw] voorstander v. kinderdoop

paeony/'pi:ənɪ/ → **peony**

pagan/'peɪgən/ I [znw] heiden II [bnw] ∗ ~‹ish› *heidens*

pagandom, paganism/'peɪgəndəm/ [znw] heidendom

page/peɪdʒ/ I [ov ww] pagineren • ⟨AE⟩ page a person *iemands naam laten omroepen* II [on ww] page *zijn* III [znw] • page • piccolo, bruidsjonkertje • bladzijde

pageant/'pædʒənt/ [znw] • ⟨historische⟩ optocht/vertoning • opzienbarend schouwspel

pageantry/'pædʒəntrɪ/ [znw] praal

page-boy/'peɪdʒbɔɪ/ [znw] piccolo

pager/'peɪdʒə/ [znw] pieper ‹proepapparaatje›

paginal/'pædʒɪnl/ [bnw] • van bladzijden • bladzijde voor bladzijde

paginate/'pædʒɪneɪt/ [ov ww] pagineren

pagination/pædʒɪ'neɪʃən/ [znw] paginering

pagoda/pə'gəʊdə/ [znw] pagode

paid/peɪd/ [ww] verl. tijd + volt. deelw. → **pay**

pail/peɪl/ [znw] • emmer • ⟨AE⟩ eetketeltje

paillasse/'pælɪæs/ [znw] stromatras

pain/peɪn/ I [ov ww] • pijn doen, pijnigen • leed aandoen II [znw] • pijn, lijden • lastpost ∗ he had his labour for his pains *hij deed alle moeite voor niets* ∗ he took great pains *hij gaf zich veel moeite* ∗ he's a pain in the neck *hij is onuitstaanbaar* ∗ it gives pain *het doet pijn* ∗ on pain of death *op straffe des doods* ∗ pains *weeën; moeite*

pained/peɪnd/ [bnw] gepijnigd, pijnlijk, bedroefd

painful/'peɪnfʊl/ [bnw] • pijnlijk • moeizaam

painkiller/'peɪnkɪlə/ [znw] pijnstillend middel

painless/'peɪnləs/ [bnw] pijnloos

painstaking/'peɪnzteɪkɪŋ/ I [znw] • ijver • nauwkeurigheid II [bnw] • zorgvuldig, nauwkeurig • onverdroten, ijverig • angstvallig

paint/peɪnt/ I [ov ww] • (be)schilderen, ⟨z.⟩ verven ‹vero.⟩ veel drinken ∗ he ~ed the town red *hij zette de bloemetjes buiten* ∗ ‹~ out› overschilderen II [znw] verf ∗ ⟨facial⟩ ~ *rouge; schmink*

paintbox/'peɪntbɒks/ [znw] kleurdoos, verfdoos

paintbrush/'peɪntbrʌʃ/ [znw] verfkwast, penseel

painter/'peɪntə/ [znw] • vanglijn • schilder ∗ cut the ~ *er tussenuit trekken; z. afscheiden ‹vnl. v. kolonie›* ∗ ~'s colic *loodkoliek*

painting/'peɪntɪŋ/ [znw] • schilderij, schildering • schilderkunst

painting-room/'peɪntɪŋru:m/ [znw] schildersatelier

paintwork/'peɪntwɜ:k/ [znw] verfwerk, verflaag, lak

pair/peə/ I [ov + on ww] • ⟨z.⟩ paren • twee aan twee rangschikken • verenigen tot 'n paar ∗ ⟨~ off⟩ in paren heengaan, één medestander vinden in 't onthouden v. stemming, koppelen ∗ ⟨~ off ⟨with⟩⟩ ⟨inf.⟩ trouwen ⟨met⟩ II [znw] • paar • tweede van paar ∗ a carriage and pair *'n rijtuig met twee paarden* ∗ a nice pair of shoes *'n mooie boel* ∗ a pair of steps *een stoep* ∗ a pair of tongs *een tang* ∗ au pair *au pair; tegen kost en inwoning* ∗ ⟨pol.⟩ he found a pair *hij vond iem. die hem bijviel door z. ook te onthouden v. stemming* ∗ pair and pair *met tweeën* ∗ pair royal *drie kaarten v. dezelfde waarde; drie dobbelstenen met gelijk aantal ogen* ∗ that's another pair of boots altogether! *dat is heel wat anders!* ∗ there's a pair of you! *jullie zijn aan elkaar gewaagd!* ∗ two pair(s) of compasses *twee passers* ∗ up two pairs (of stairs) *twee hoog* ∗ where is the pair to this glove? *waar is de andere handschoen?*

pair-oar/'peər.ɔ:/ [znw] tweeriemsboot

paisley/'peɪzlɪ/ [znw] paisley ‹stof›

pajamas/pə'dʒɑ:məz/ ⟨AE⟩ [mv] pyjama

Pakistani/pɑ:kɪ'stɑ:nɪ/ I [znw] Pakistaan, Pakistani II [bnw] Pakistaans

pal/pæl/ ‹sl.⟩ I [on ww] ∗ ⟨~ up (to/with)⟩ vrienden zijn/worden ⟨met⟩ II [znw] ⟨goeie⟩ vriend

palace/'pæləs/ [znw] paleis ∗ the Palace of Westminster *de parlementsgebouwen*

palaeo-/'pælɪəʊ/ → **paleo-**

palaeontology/pælɒn'tɒlədʒɪ/ [znw] paleontologie, fossielenleer

palais/'pæleɪ/ ⟨inf.⟩ [znw] grote danszaal

palatability/pælətə'bɪlətɪ/ [znw] smakelijkheid

palatable/'pælətəbl/ [bnw] • smakelijk • aangenaam

palatal/'pælətl/ I [znw] palatale klank II [bnw] verhemelte-

palatalize/'pælətəlaɪz/ [ov ww] palataal maken

palate/'pælət/ [znw] • verhemelte • smaak

palatial/pə'leɪʃəl/ [bnw] paleisachtig

palatinate/pə'lætɪneɪt/ [znw] paltsgraafschap ∗ The (Rhine) Palatinate *de Palts*

palatine/'pælətaɪn/ I [znw] • paltsgraaf • damespelskraag ∗ ~ bones *verhemeltebeenderen* II [bnw] ∗ v. een paltsgraaf • verhemelte- ∗ Count Palatine *paltsgraaf*

palatines/'pælətaɪnz/ [mv] verhemeltebeenderen

palaver/pə'lɑ:və/ I [ov ww] vleien II [on ww] • confereren • wauwelen III [znw] • over-en-weergepraat • gewauwel • vleitaal ‹sl.⟩ affaire

pale/peɪl/ I [ov ww] • bleek maken • insluiten, omsluiten II [on ww] bleek worden, verbleken ∗ pale before verbleken bij; niet in de schaduw kunnen staan bij III [znw] • paal, lat, staak • omsloten ruimte • gebied ∗ beyond the pale *onaanvaardbaar; ongeoorloofd* ∗ within the pale *geoorloofd; behoorlijk; binnen de grenzen* IV [bnw] bleek, mat, dof, licht

paleface/'peɪlfeɪs/ [znw] bleekgezicht, blanke

pale-faced/'peɪlfeɪst/ [bnw] bleek

paleo-/'pælɪəʊ-/ ⟨in samenst⟩ prehistorisch, oud

Palestinian/pælɪ'stɪnɪən/ I [znw] Palestijn II [bnw] Palestijns

palette/'pælɪt/ [znw] palet

palfrey/'pɔ:lfrɪ/ [znw] rijpaard ‹vnl. voor dames›

paling(s)/'peɪlɪŋ(z)/ [znw] afzetting, omheining

palisade/pælɪ'seɪd/ I [ov ww] • met palen

P

omgeven • *afzetten* II [znw] • *palissade* • (mil.)
schanspaal

palish/'peɪlɪʃ/ [bnw] *wat bleek*
pall/pɔ:l/ I [ov + on ww] • *doen walgen*
• *verzadigen* ★ *it palls upon him het gaat hem*
tegenstaan II [znw] • *pallium • sluier • lijkkleed*
palladium/pə'leɪdɪəm/ [znw] • *Pallasbeeld*
• *bescherming, waarborg, schild • palladium*
pall-bearer/'pɔ:lbeərə/ [znw] *slippendrager*
pallet/'pælət/ [znw] • *palet • windklep (v. orgel)*
• *strozak, stromatras • laadbord*
palliasse/'pælɪæs/ [znw] *stromatras*
palliate/'pælɪeɪt/ [ov ww] *verlichten, vergoelijken*
palliation/pælɪ'eɪʃən/ [znw] • *vergoelijking*
• *verzachting*
palliative/'pælɪətɪv/ I [znw] • *verzachtend middel*
• *lapmiddel • uitvlucht* II [bnw] *verzachtend*
pallid/'pælɪd/ [bnw] *bleek*
pall-mall/'pæl'mæl/ [znw] *maliespel* ★ *Pall Mall*
straat in Londen; ministerie van oorlog
pallor/'pælə/ [znw] *bleekheid*
pally/'pælɪ/ (inf.) [bnw] *bevriend*
palm/pɑ:m/ I [ov ww] • *omkopen • verbergen (in*
de hand) • *betasten* ★ *he palms himself off as a*
teacher hij geeft z. voor onderwijzer uit ★ *they*
palmed it (off) on me ze smeerden het me aan
II [znw] • *palm(tak) • handpalm (ook als maat)*
• *blad v. roeiriem* ★ *Palm Sunday palmzondag*
★ *bear the palm de overwinning behalen* ★ *grease*
a man's palm iem. omkopen ★ *palm (oil)*
palmolie; smeergeld; steekpenningen ★ *palm tree*
palmboom ★ *yield the palm to onderdoen voor*
palmer/'pɑ:mə/ [znw] • *pelgrim • bedelmonnik*
★ *(-worm) soort rups*
palm-greasing/'pɑ:mgri:sɪŋ/ [znw] *omkoperij*
palmist/'pɑ:mɪst/ [znw] *handlijnkundige*
palmistry/'pɑ:mɪstrɪ/ [znw] • *handlijnkunde*
• (inf.) *vingervlugheid, ontfutseling*
palmreader/'pɑ:mri:də/ [znw] *handlijnkundige*
palmy/'pɑ:mɪ/ [bnw] • *palm- • vol palmen*
• *bloeiend* ★ *~ days bloeiperiode*
palooka/pə'lu:kə/ (sl.) [znw] • *slechte speler*
• *lomperik*
palpable/'pælpəbl/ [bnw] *tastbaar*
palpate/'pælpeɪt/ [ov ww] *betasten*
palpation/pæl'peɪʃən/ [znw] *'t betasten*
palpitate/'pælpɪteɪt/ [on ww] • *kloppen (v. hart)*
• *trillen*
palpitation/pælpɪ'teɪʃən/ [znw] • *hartklopping*
• *trilling*
palsgrave/'pɔ:lzgreɪv/ [znw] *paltsgraaf*
palsied/'pɔ:lzɪd/ [bnw] *verlamd, lam*
palsy/'pɔ:lzɪ/ I [znw] *lam leggen, verlammen*
II [znw] *verlamming*
palter/'pɔ:ltə/ [on ww] • *om iets heen draaien*
• *uitvlucht zoeken* ★ (~ *with*) *spelen met*
paltry/'pɔ:ltrɪ/ [bnw] *verachtelijk, armetierig,*
armzalig, nietig
pamper/'pæmpə/ [ov ww] • *te veel geven,*
verwennen • verzadigen
pamphlet/'pæmflət/ [znw] *vlugschrift, brochure*
pamphleteer/pæmflə'tɪə/ I [on ww] *brochures*
schrijven II [znw] *brochureschrijver*
pan/pæn/ I [ov ww] (AE) *afkammen, vitten op* ★ (~
off/out) in de wacht slepen, wassen (v.
goudaarde) II [on ww] ★ (~ *out) goed uitvallen,*
uitwerken, zich ontwikkelen, goud opleveren, succes
hebben, uitvallen III [znw] • *harde ondergrond*
• *kruitpan, duinpan, koekenpan • ketel, schaal,*
toiletpot • ijsschots • (AE) *gezicht*
panacea/pænə'sɪə/ [znw] *panacee, wondermiddel*
panache/pə'næʃ/ [znw] • *vederbos, pluim • zwier,*

verve
panama/'pænəmɑ:/ [znw] ★ ~ (*hat*)
panama(hoed)
pancake/'pænkeɪk/ I [on ww] (sl.) *dalen* II [znw]
pannenkoek ★ *Pancake Day Vastenavond* ★ ~
landing buiklanding ★ ~ *roll loempia*
pancreas/'pænkrɪəs/ [znw] *alvleesklier*
pancreatic/pænkrɪ'ætɪk/ [bnw] *van de alvleesklier*
pandemic/pæn'demɪk/ [bnw] *over 'n heel land/de*
hele wereld verspreid (v. ziekte)
pandemonium/pændɪ'məʊnɪəm/ [znw]
• *pandemonium • totale verwarring • hels kabaal*
pander/'pændə/ I [on ww] *koppelen* ★ (~ *to) in de*
hand werken, uitbuiten, toegeven aan II [znw]
• *koppelaar • handlanger*
pandit/'pændɪt/ → **pundit**
pandoor, pandour/'pændʊə/ [znw] *pandoer*
pane/peɪn/ [znw] • *(glas)ruit • vak of indeling in*
muur • paneel
paned/peɪnd/ [bnw] *gemaakt uit stroken v.*
verschillende kleur (v. kleren)
panegyric/pænɪ'dʒɪrɪk/ I [znw] *lofrede* II [bnw]
★ ~(*al) prijzend*
panegyrist/pænɪ'dʒɪrɪst/ [znw] *lofredenaar*
panel/'pænl/ I [ov ww] • *tussenzetsel in jurk zetten*
• *lambrisering aanbrengen • in vakken verdelen (v.*
muur, plafond) II [znw] • *paneel • tussenzetsel*
(in jurk) • schakelbord en lijst • zadelkussen • grote
langwerpige foto • panel • (Schots) *beklaagde*
★ *he is on the ~ hij zit in de*
beoordelingscommissie ★ ~ *doctor ziekenfondsarts*
★ ~ *of judges jury vml. bij wedstrijd)* ★ ~
patient ziekenfondspatiënt ★ (AE) ~ *truck*
bestelwagen
panelist/'pænlɪst/ [znw] *panellid*
panelling/'pænəlɪŋ/ [znw] *paneelwerk,*
lambrisering
pang/pæŋ/ [znw] *pijnscheut*
panhandle/'pænhændl/ I [ov + on ww] (AE)
bedelen II [znw] • *steel v. pan* • (AE) *smalle strook*
van een land tussen twee andere landen
panhandler/'pænhændlə/ (AE) [znw] *bedelaar*
panic/'pænɪk/ I [ov ww] (AE) *amuseren* II [on ww]
in paniek raken III [znw] • *paniek • panische*
schrik IV [bnw] *panisch*
panicky/'pænɪkɪ/ (inf.) [bnw] • *alarmerend • door*
paniek aangegrepen
panicle/'pænɪkl/ [znw] *pluim*
panic-monger/'pænɪkmʌŋgə/ [znw]
paniekzaaier
panic-stricken, panic-struck/'pænɪkstrɪkən/
[bnw] *door paniek bevangen*
panjandrum/pæn'dʒændrəm/ [znw] • *potentaat*
• (iron.) *hoge ome*
pannage/'pænɪdʒ/ [znw] • *recht tot/betaling voor*
't weiden van varkens • mast (varkensvoer)
panner/'pænə/ (AE) [znw] *vitter*
pannier/'pænɪə/ [znw] • *(draag)mand*
• *inwendige steun of uitstaand gedeelte van*
hoepelrok • (inf.) *bediende in Inner Temple*
pannier-bags/'pænɪəbægz/ [znw] *dubbele fietstas*
pannikin/'pænɪkɪn/ [znw] *kroes*
panoplied/'pænəplɪd/ [bnw] • *in volle*
wapenrusting • volledig toegerust
panoply/'pænəplɪ/ [znw] • *volle wapenrusting*
• *praal*
panorama/pænə'rɑ:mə/ [znw] *panorama*
panoramic/pænə'ræmɪk/ [bnw] *panorama-*
pan-pipes/'pænpaɪps/ [mv] *panfluit*
pansy/'pænzɪ/ [znw] • *driekleurig viooltje* • (inf.)
verwijfd persoon • (inf.) *mietje*
pant/pænt/ I [ov ww] ★ *pant (out) hijgend*

uitbrengen II [on ww] • hijgen • hevig kloppen
• (~ **after/for**) snakken naar III [znw] • hijging
• klopping
pantaloon/pæntə'lu:n/ [znw] hansworst
pantaloons/pæntə'lu:nz/ [mv] nauwsluitende
broek
pantechnicon/pæn'teknɪkən/ [znw]
meubelopslagplaats ∗ ~ van verhuiswagen
pantheism/pæn'θiɪzəm/ [znw] pantheïsme
pantheist/pæn'θiɪst/ [znw] pantheïst
pantheon/pæn'θiən/ [znw] pantheon
panther/pænθə/ [znw] panter
panties/pæntɪz/ ⟨inf.⟩ [mv] • kinderbroekje
• (dames)onderbroek, slipje
pantile/pæntaɪl/ • gewelfde dakpan
• scheepsbeschuit
panto, pantomime/pæntəʊ/ I [ov + on ww]
door gebaren kenbaar maken II [ov ww] mimen
III [on ww] z. door gebaren uitdrukken IV [znw]
• pantomime, gebarenspel • mimespeler
• kindermusical
pantograph/pæntəgra:f/ [znw] tekenaap
pantomimist/pæntəmaɪmɪst/ [znw]
pantomimespeler
pantry/pæntrɪ/ [znw] provisiekast, provisiekamer
∗ butler's/housemaid's ~ kamer voor glaswerk,
tafelzilver, tafellinnen
pants/pænts/ ⟨inf.⟩ [mv] • onderbroek • ⟨AE⟩ broek
pap/pæp/ [znw] • pap • ⟨AE⟩ geleuter • ⟨dial.⟩ borst,
tepel • paps naast elkaar gelegen kegelvormige
heuveltoppen
papacy/peɪpəsɪ/ [znw] • pausdom • pausschap
papal/peɪpl/ [bnw] pauselijk ∗ Papal States
Kerkelijke Staat
papaya/pə'paɪə/ [znw] papaja
paper/peɪpə/ I [ov ww] • in papier pakken
• behangen • ⟨sl.⟩ met vrijkaartjes vullen • ⟨AE/sl.⟩
met hypotheek bezwaren II [znw] • papier
• papiergeld • wissels • examenopgave • krant,
blad • document • agenda • opstel • scriptie
• voordracht • zakje • papillot • (iem. met)
vrijkaartjes voor een voorstelling • ⟨sl.⟩ (mensen
met) vrijkaartjes voor een voorstelling ∗ I
committed it to ~ ik schreef het op ∗ do this ~
maak deze oefening ∗ he sent in his ~s hij zond
zijn stukken in; hij diende zijn ontslag in ∗ ~ case
schrijfmap ∗ ~ chase snipperjacht ∗ ~ currency
papiergeld ∗ ~ hangings behangsel ∗ ~ mill
papierfabriek ∗ ~ profits denkbeeldige winst ∗ ~
rush papyrus ∗ ~s papieren; stukken ∗ test ~
proefwerk III [bnw] • van papier • op papier ∗ ~
money papiergeld ∗ ~ tiger papieren tijger;
schijnmacht
paperback/peɪpəbæk/ [znw] ingenaaid boek,
pocket(boek)
paper-boy/peɪpəbɔɪ/ [znw] krantenjongen
papercover/peɪpəkʌvə/ [znw] boekomslag
paperhanger/peɪpəhæŋə/ [znw] behanger
paper-knife/peɪpənaɪf/ [znw] briefopener
paperweight/peɪpəweɪt/ [znw] presse-papier
paperwork/peɪpəwɜ:k/ [znw] papierwerk,
administratief werk
papery/peɪpərɪ/ [bnw] papierachtig
papilla/pə'pɪlə/ [znw] papil
papillae/pə'pɪli:/ [mv] → papilla
papist/peɪpɪst/ [znw] papist, paap
papistry/peɪpɪstrɪ/ [znw] paaps gedoe
pappus/pæpəs/ [znw] zaadpluis, zaaddons
pappy/pæpɪ/ [bnw] • papachtig, zacht • futloos
papyrus/pə'paɪərəs/ [znw] • papyrus
• papyrus(rol) • papyrus(plant)
par/pa:/ [znw] • gelijkheid • pari • gemiddelde

• ⟨inf.⟩ krantenberichtje ∗ above par boven 't
gemiddelde; boven pari; zeer goed ∗ at par à pari
∗ below par niet veel zaaks; beneden pari; beneden
't gemiddelde ∗ it's up to par het is voldoende
∗ on a par (with) gemiddeld; op één lijn (met)
para/pærə/ [znw] para(chutist)
parable/pærəbl/ [znw] parabel, gelijkenis
parabola/pə'ræbələ/ [znw] paraboot
parabolic/pærə'bolɪk/ [bnw] • van/zoals een
parabool • (bij wijze) van parabel
parachute/pærəʃu:t/ I [ov ww] met parachute
neerlaten II [on ww] met parachute afdalen
III [znw] valscherm ∗ ~ flare lichtkogel
paraclete/pærəkli:t/ [znw] bemiddelaar
parade/pə'reɪd/ I [ov + on ww] • paraderen
• doortrekken, laten marcheren • optocht houden
• pronken (met) • (laten) aantreden II [znw]
• parade • appèl • menigte (v. wandelaars)
• paradeplein • promenade, boulevard • vertoon
• optocht ∗ ~ ground paradeplaats
paradigm/pærədaɪm/ [znw] paradigma
paradigmatic/pærədɪg'mætɪk/ [bnw]
paradigmatisch
paradise/pærədaɪs/ [znw] • paradijs • dierenpark
• ⟨sl.⟩ engelenbak ∗ fool's ~ ingebeelde vreugde
paradisiac(al)/pærə'dɪzɪæk(l)/ [bnw]
paradijsachtig, paradijs-
paradox/pærədoks/ [znw] paradox, schijnbare
tegenstrijdigheid
paradoxical/pærə'doksɪkl/ [bnw] paradoxaal,
tegenstrijdig
paraffin/pærəfɪn/ [znw] kerosine ∗ ~ wax (harde)
paraffine
paragon/pærəgən/ I [ov ww] vergelijken II [znw]
• toonbeeld (v. volmaaktheid) • diamant v. meer
dan 100 karaat
paragraph/pærəgra:f/ I [ov ww] • in alinea's
verdelen • krantenberichtje schrijven over II [znw]
• krantenartikeltje • alinea • paragraafteken
parakeet/pærəki:t/ [znw] parkiet
parallel/pærəlel/ I [ov ww] • op één lijn stellen
• vergelijken • evenaren • evenwijdig zijn met
II [znw] • evenwijdige loopgraaf • gelijke ∗ ~ (of
latitude) breedtecirkel III [bnw] • evenwijdig
• analoog, gelijk ∗ ~ bars brug met gelijke leggers
parallelism/pærəlelɪzəm/ [znw] • evenwijdigheid
• overeenkomst
parallelogram/pærə'leləgræm/ [znw]
parallellogram
paralyse/pærəlaɪz/ [ov ww] verlammen, lam
leggen
paralysis/pə'rælɪsɪs/ [znw] verlamming
paralytic/pærə'lɪtɪk/ I [znw] lamme, verlamde
II [bnw] • verlamd • ⟨inf.⟩ straalbezopen
paramedic/pærə'medɪk/ [znw] paramedicus
parameter/pə'ræmɪtə/ [znw] parameter
paramilitary/pærə'mɪlɪtərɪ/ [bnw] paramilitair
paramount/pærəmaʊnt/ [bnw] opper-, hoogst,
overwegend, opperst ∗ ~ to belangrijker/hoger dan
paramountcy/pærəmaʊntsɪ/ [znw]
opperheerschappij
paramour/pærəmʊə/ [znw] • minnares
• minnaar
paranoia/pærə'nɔɪə/ [znw] paranoia,
vervolgingswaanzin
paranoid/pærənɔɪd/ [bnw] • paranoïde • dwaas,
krankzinnig
paranymph/pærənɪmf/ [znw] • paranimf
• bruidsmeisje, bruidsjonker • verdediging,
voorspraak
parapet/pærəpɪt/ [znw] • borstwering • muurtje,
stenen leuning

P

paraph/'pæræf/ **I** [ov ww] *paraferen* **II** [znw]
• *paraaf* • *krul onder handtekening*

paraphernalia/pærəfə'neɪlɪə/ [mv] • *persoonlijk eigendom* • *spullen, uitrusting, rompslomp*

paraphrase/'pærəfreɪz/ **I** [ov ww] *in andere woorden weergeven* **II** [znw] *parafrase*

parapsychology/pærəsaɪ'kɒlədʒɪ/ [znw] *parapsychologie*

paras /'pærəz/ ⟨inf.⟩ [mv] *para's, paratroepen*

parasite/'pærəsaɪt/ [znw] • *parasiet* • *klaploper*

parasitic(al)/pærə'sɪtɪk(l)/ [bnw] • *parasitair, parasitisch* • *profiterend* ⟨fig.⟩

paratrooper/'pærətru:pə/ [znw] *para(chutist), paratroeper*

paratroops/'pærətru:ps/ [mv] *valschermtroepen*

paratyphoid/pærə'taɪfɔɪd/ [znw] *paratyfus*

parboil/'pɑ:bɔɪl/ [ov ww] *blancheren, even aan de kook brengen*

parcel/'pɑ:səl/ **I** [ov ww] ⟨scheepv.⟩ *omwinden met* • ⟨~ out⟩ *verdelen, uitdelen, kavelen* • ⟨~ up⟩ *inpakken* **II** [znw] • *partij* ⟨v. goederen⟩ • *hoop geld* • *pak(je)* • *perceel, kaveling* • ~ *post pakketpost* ★ ~s *bestelgoederen*

parcelling/'pɑ:səlɪŋ/ [znw] *geteerd zeildoek*

parch/pɑ:tʃ/ [ov + on ww] • *opdrogen, versmachten, verdorren* • *roosteren*

parchment/'pɑ:tʃmənt/ **I** [znw] • *perkament* • *hoornschil* ⟨v. koffieboon⟩ • *diploma* **II** [bnw] *van perkament*

pard/pɑ:d/ [znw] • ⟨vero.⟩ *luipaard* • ⟨AE/sl.⟩ *deelgenoot, compagnon*

pardon/'pɑ:dn/ **I** [ov ww] *vergiffenis schenken, vergeven* **II** [znw] • *vergiffenis, vergeving, gratie, pardon* • *aflaat* • *kerkelijk feest waaraan aflaat is verbonden* • ⟨general⟩ ~ *amnestie* ★ **I** beg your ~ *neem me niet kwalijk; pardon?; wat zegt u?*

pardonable/'pɑ:dnəbl/ [bnw] *vergeeflijk*

pardoner/'pɑ:dənə/ [znw] *handelaar in aflaten*

pare/peə/ [ov ww] • *besnoeien, beknibbelen* • *schillen* • *afknippen, afsnijden* • ⟨~ away/off⟩ *afsnijden*

parent/'peərənt/ [znw] • *ouder* • *vader, moeder* • *bron* ★ ~-teacher association *oudercommissie*

parentage/'peərəntɪdʒ/ [znw] *afkomst*

parental/pə'rentl/ [bnw] *ouderlijk*

parentheses/pə'renθɪsi:z/ [mv] ★ by way of ~ *tussen twee haakjes* • in ~ *tussen haakjes* (geplaatst)

parenthesis/pə'renθəsɪs/ [znw] • *inlassing* • *tussenzin* • *tussenruimte* • *haakje*

parenthetic/pærən'θetɪk/ [bnw] *tussen haakjes, verklarend* ★ he said it –ally *hij zei het langs zijn neus weg*

parenthood/'peərənthʊd/ [znw] *ouderschap*

parer/'peərə/ [znw] • *schilmachine* • *snoeier*

pariah/pə'raɪə/ [znw] *paria, uitgestotene*

parietal/pə'raɪətl/ [bnw] • *wand-* • ⟨plant.⟩ *wandstandig* • ⟨AE⟩ *universiteits-*

paring/'peərɪŋ/ [znw] *schil*

parish/'pærɪʃ/ [znw] • *parochie, kerspel, kerkelijke gemeente* • ⟨gesch.⟩ ⟨civil⟩ ~ *district* ★ he is on the ~ *hij is armlastig* ★ ~ clerk *koster; kerkbode* ★ ~ priest *plaatselijke dominee/pastoor* ★ ~ register *kerkregister* ★ ~ relief *armenzorg* ★ he was buried by the ~ *ze werd v.d. armen begraven*

parishioner/pə'rɪʃənə/ [znw] • *parochiaan* • *gemeentelid*

parish-pump/'pærɪʃpʌmp/ [bnw] • *alleen van plaatselijk belang* • *bekrompen*

Parisian/pə'rɪzɪən/ **I** [znw] • *Parijzenaar* • *Parisienne* **II** [bnw] *van Parijs*

parity/'pærətɪ/ [znw] • *gelijkheid, overeenkomst*

• ⟨hand.⟩ *pariteit* ★ by ~ of reasoning *aldus redenerende* ★ ~ value *nominale waarde*

park/pɑ:k/ **I** [ov + on ww] *parkeren* **II** [ov ww] • *als park aanleggen* • *deponeren* • ⟨~ in⟩ *omsluiten als in een park* **III** [znw] • ⟨artillerie⟩park • *parkeerterrein* • *oesterbank* ★ park keeper *parkwachter*

parka/'pɑ:kə/ [znw] *parka, anorak*

parking/'pɑ:kɪŋ/ [znw] *het parkeren, parkeergelegenheid* ★ ~ area/lot *parkeerplaats* ★ ~ ticket *parkeerbon*

parkingway/'pɑ:kɪŋweɪ/ ⟨AE⟩ [znw] *fraaie autoweg*

parky/'pɑ:kɪ/ **I** [znw] ⟨sl.⟩ *parkwachter* **II** [bnw] • *parkachtig* • ⟨sl.⟩ *kil*

parlance/'pɑ:ləns/ [znw] *wijze v. zeggen, taal* ★ in common ~ *zoals men dat in alledaagse taal weergeeft* ★ in legal ~ *in wetstermen uitgedrukt*

parley/'pɑ:lɪ/ **I** [ov ww] *brabbelen* **II** [on ww] *onderhandelen* **III** [znw] • *onderhandeling* • ⟨AE⟩ *conferentie* ★ beat/sound a ~ *met trommel of trompet om onderhandelingen vragen*

parliament/'pɑ:ləmənt/ [znw] *parlement* ★ ~ (cake) *knappende gemberkoek*

parliamentarian/pɑ:ləmen'teərɪən/ [znw] • *parlementariër* • *aanhanger v. 't parlement in de Eng. burgeroorlog* ⟨17e eeuw⟩

parliamentary/pɑ:lə'mentərɪ/ [bnw] • *parlements-* • *parlementair* • ⟨inf.⟩ *beleefd* ★ he is an old ~ hand *hij is doorkneed in zaken betreffende het parlement*

parlour/'pɑ:lə/ [znw] • *zitkamer* • *conversatiekamer* ⟨in herberg of klooster⟩ • ⟨AE⟩ *salon* ★ ~ car *salonrijtuig* ★ ~ game *gezelschapsspel; woordspel* ★ ~ socialist *salonsocialist*

parlourmaid/'pɑ:ləmeɪd/ [znw] *dienstmeisje*

parlous/'pɑ:ləs/ ⟨scherts⟩ [bnw] • *gevaarlijk* • *verbazend slim of handig*

parochial/pə'rəʊkɪəl/ [bnw] • *parochiaal, gemeente-* • *kleinsteeds*

parochialism/pə'rəʊkɪəlɪzəm/ [znw] *bekrompenheid*

parodist/'pærədɪst/ [znw] *iem. die parodieën maakt*

parody/'pærədɪ/ **I** [ov ww] *parodiëren* **II** [znw] *parodie*

parole/pə'rəʊl/ **I** [ov ww] *op erewoord vrijlaten* **II** [znw] • *parool, erewoord* • *wachtwoord* • ⟨AE⟩ *voorwaardelijke invrijheidstelling* ★ on ~ *voorwaardelijk vrijgelaten*

paroquet/'pærəkɪt/ [znw] *parkiet*

parotitis/pærə'taɪtɪs/ [znw] *bof*

paroxysm/'pærəksɪzəm/ [znw] *hevige aanval*

parquet/'pɑ:keɪ/ **I** [ov ww] *v. parketvloer voorzien* **II** [znw] • *parketvloer* • ⟨AE⟩ *parket in schouwburg*

parquetry/'pɑ:kɪtrɪ/ [znw] *parketwerk, parketvloer*

parricide/'pærɪsaɪd/ [znw] • *vadermoord(enaar), moordenaar v. of moord op naaste verwanten* • *landverrader*

parrot/'pærət/ **I** [ov ww] • *nadoen, napraten* • *drillen* **II** [znw] *papegaai* ★ ~ cry *afgezaagde leus*

parrot-fashion [bnw + bijw] *onnadenkend, uit het hoofd*

parrotry/'pærətrɪ/ [znw] *na-aperij*

parry/'pærɪ/ [ov ww] • *pareren, afweren* ⟨v. slag⟩ • *ontwijken* ⟨v. vraag⟩

parse/pɑ:z/ [ov ww] *taal-/redekundig ontleden*

parsimonious/pɑ:sɪ'məʊnjəs/ [bnw] • *spaarzaam* • *gierig*

parsimony/'pɑ:sɪmənɪ/ [znw] *spaarzaamheid,*

gierigheid

parsley /'pɑ:slɪ/ [znw] peterselie

parsnip /'pɑ:snɪp/ [znw] pastinaak ∗ fine words
butter no ~s praatjes vullen geen gaatjes

parson /'pɑ:sən/ [znw] dominee ∗ ~'s nose stuit ⟨v.
gebraden gevogelte⟩

parsonage /'pɑ:sənɪdʒ/ [znw] pastorie

part /pɑ:t/ **I** [ov ww] ● verdelen ● van elkaar
scheiden, scheiding maken ⟨in haar⟩ ● losraken ⟨v.
schip⟩ ∗ part company uiteen gaan **II** [on ww]
● z. verdelen ● uit elkaar gaan ● ⟨sl.⟩ betalen ∗ he
won't part hij schuift niet af; hij wil niet betalen
∗ the cord parted het touw brak ∗ they parted
friends ze gingen als vrienden uiteen ● (~
from/with) afscheid nemen van, scheiden van
● (~ **with**) opgeven, v.d. hand doen, afgeven ⟨vnl.
v. hitte⟩ **III** [znw] ● (aan)deel ● gedeelte,
aflevering ⟨vnl. v. letterkundig werk⟩, gelijke
hoeveelheid ● toneelrol ● plige ● partij ● ⟨muz.⟩
stem ∗ I've neither part nor lot in it ik heb er part
noch deel aan ∗ for my part wat mij betreft ∗ for
the most part voor 't grootste deel ∗ he is
playing/acting a part hij speelt/vervult een rol;
hij speelt komedie; hij bedriegt de zaak ∗ he took
the part of his brother hij nam 't op voor z'n broer
∗ in part gedeeltelijk ∗ it was not my part to
intervene het was niet aan mij om tussenbeide te
komen ∗ on my part van mijn kant; mijnerzijds
∗ on the part of his sister van de kant v. zijn
zuster ∗ part and parcel 'n essentieel deel ∗ part
author medeauteur ∗ part of speech woordsoort
∗ part owner mede-eigenaar ∗ take part in
deelnemen aan ∗ the nasty part of it is, that ...
het vervelende is, dat ... . ∗ the private parts de
geslachtsdelen ∗ they took it in good part ze
namen het goed op ∗ three parts drie kwart

partake /pɑ:'teɪk/ [on ww] deel hebben aan ∗ ~ of
eten ⟨van⟩; drinken ⟨van⟩; gebruiken

parterre /pɑ:'teə/ [znw] ● bloemperken ● parterre

partial /'pɑ:ʃəl/ [bnw] ● partijdig ● gedeeltelijk
∗ be ~ to veel houden van; vooringenomen zijn met

partiality /pɑ:ʃɪ'ælətɪ/ [znw] ● voorliefde
● partijdigheid

partially /'pɑ:ʃəlɪ/ [bijw] gedeeltelijk

participant /pɑ:'tɪsɪpənt/ **I** [znw] deelgenoot,
deelnemer **II** [bnw] deelhebbend, deelnemend

participate /pɑ:'tɪsɪpeɪt/ [on ww] delen ⟨in⟩,
deelnemen aan, deel hebben in ∗ his work ~s of
the nature of melancholy zijn werk heeft iets
droefgeestigs

participation /pɑ:tɪsɪ'peɪʃən/ [znw] ● aandeel,
deelneming, deelname ● inspraak

participator /pɑ:'tɪsɪpeɪtə/ [znw] deelnemer

participatory /pɑ:'tɪsɪpeɪtərɪ/ [bnw] deelnemend

participial /pɑ:tɪ'sɪpɪəl/ [bnw] deelwoord-

participle /'pɑ:tɪsɪpl/ [znw] deelwoord

particle /'pɑ:tɪkl/ [znw] ● deeltje ● partikel

particoloured /'pɑ:tɪkʌləd/ ⟨vero.⟩ [bnw]
bontgekleurd

particular /pə'tɪkjʊlə/ **I** [znw] bijzonderheid
∗ London ~ dikke mist **II** [bnw] ● veeleisend
● speciaal, afzonderlijk ● nauwkeurig, precies
∗ Mr. Particular Pietje precies ∗ he is not ~ to
such an amount op zo'n bedrag kijkt hij niet ∗ he
is very ~ in/about his dinner hij is erg kieskeurig
op zijn eten ∗ in ~ in 't bijzonder

particularity /pətɪkjʊ'lærətɪ/ [znw]
● nauwkeurigheid, precisie ● bijzonderheid

particularize /pə'tɪkjʊlərɪaɪz/ [ov ww]
● specificeren ● in details treden

particularly /pə'tɪkjʊləlɪ/ [bijw] vooral

particulars /pə'tɪkjʊltz/ [mv] ● agendapunten

● posten ⟨op rekening⟩ ● signalement

parting /'pɑ:tɪŋ/ [znw] ● afscheid ● scheiding ⟨v.
haar⟩ ∗ ~ shot laatste schot; uitsmijter ⟨fig.⟩

partisan, partizan /'pɑ:tɪzæn/ **I** [znw]
● aanhanger, voorstander ● soort hellebaard
● guerrilla **II** [bnw] ● partijdig ● partijgangers-

partisanship /'pɑ:tɪzænʃɪp/ [znw] partijgeest

partition /pɑ:'tɪʃən/ **I** [ov ww] ● (ver)delen ● (~ **off**)
afscheiden **II** [znw] ● (ver)deling ● tussenschot
● afscheiding

partitive /'pɑ:tɪtɪv/ [bnw] ● delend ● delings-

partly /'pɑ:tlɪ/ [bijw] gedeeltelijk

partner /'pɑ:tnə/ **I** [ov ww] ● tot (levens)gezel(lin)
geven ● de deelgenoot zijn van **II** [znw]
● deelgenoot, (levens)gezel(lin) ● partner ● vennoot,
compagnon ● ⟨scheepv.⟩ vissingstuk ∗ sleeping ~
stille vennoot

partnership /'pɑ:tnəʃɪp/ [znw] ● deelgenootschap,
vennootschap ∗ he has entered into ~ with me
hij heeft z. met mij geassocieerd

partook /pɑ:'tʊk/ verl. tijd → **partake**

part-payment /pɑ:t'peɪmənt/ [znw] afbetaling

partridge /'pɑ:trɪdʒ/ [znw] patrijs

parts /pɑ:ts/ [mv] gebied, streek ∗ in foreign ~ in
den vreemde

part-time /pɑ:t'taɪm/ [bnw] in deeltijd ∗ ~
worker parttime werker ∗ ~r parttime werker

parturition /pɑ:tjʊ'rɪʃən/ [znw] het voortbrengen
⟨v. jongen, kinderen⟩

party /'pɑ:tɪ/ [znw] ● partij ● fuif, feestje
● gezelschap ● ⟨scherts⟩ persoon, mens ∗ A. and ~
A. en consorten ∗ he is a ~ to it hij doet eraan mee
∗ ⟨vero.⟩ he is a queer ~ hij is 'n rare snoeshaan
∗ ~ dress avondjapon ● ~ line partijlijn;
partijprogramma; partylijn ∗ ~ politics
partijpolitiek ∗ ~ pooper ⟨AE/sl.⟩ spelbreker ∗ ~
rally partijdag

parvenu /'pɑ:vənu:/ [znw] parvenu

paschal /'pæskl/ [bnw] paas-

pash /pæʃ/ ⟨sl.⟩ [znw] sentimentele verering

pass /pɑ:s/ **I** [ov ww] ● inhalen, passeren,
voorbijgaan ● doorgeven, aangeven, geven, in
circulatie brengen ⟨vnl. vals geld⟩ ● laten gaan
over ⟨v. oog, hand⟩, strijken over ● doorbrengen
● slagen voor ● overtreffen, te boven gaan
● goedkeuren, aangenomen worden, toelaten
● uitspraak doen, berispen, vellen ⟨v. vonnis⟩,
uitoefenen ⟨v. kritiek⟩ ∗ he passed me a goodday
hij zei me goedendag ∗ pass a dividend geen
dividend uitkeren ∗ pass a rope round it doe er
een touw omheen ∗ pass across to doorgeven aan
∗ pass criticism on kritiek uitoefenen op ∗ pass
sentence on vonnissen ∗ pass water urineren ● (~
away) verdrijven ● (~ **by**) weglaten, geen
aandacht besteden aan ∗ he could not pass a
woman by hij kon geen vrouw met rust laten ● (~
down) doorgeven, aflopen ● (~ **in**) ter betaling
aanbieden ● (~ **off**) de aandacht afleiden van,
laten doorgaan ∗ pass off as/for uitgeven voor
∗ she passed it off with a laugh ze maakte z. er
met 'n lachje vanaf ● (~ **on**) doorgeven, verder
vertellen ∗ the cost could not be passed on(to)
him de kosten konden niet op hem worden
verhaald ● (~ **over**) voorbijgaan, overslaan, over 't
hoofd zien, passeren ⟨bij promotie⟩ ∗ pass s.th.
over in silence iets in stilte laten passeren ● (~
round) de ronde laten doen, laten rondgaan ● (~
up) achterwege laten, weigeren, alle connecties
⟨met iem.⟩ verbreken, verwaarlozen **II** [on ww]
● doorgaan, overgaan, heengaan, vergaan ● z.
bewegen, in omloop zijn, vervoerd worden, er
doorheen gaan ● sterven ● voldoende zijn

passable – patent

• gebeuren • laten lopen, laten gaan, onbenut laten, achterlaten • gewisseld worden, wisselen • passen ★ bring to pass tot stand brengen; uitvoeren • come to pass gebeuren ★ it could not pass muster het kon d. toets v.d. kritiek niet doorstaan • (~ away) heengaan, sterven • (~ by) voorbijgaan ★ he passed by the name of A. hij was bekend onder de naam A. • (~ for) doorgaan voor • (~ off) vervagen • (~ on) verder gaan ★ let us pass on to s.th. else laat ons tot iets anders overgaan • (~ out) weggaan, verlaten, flauwvallen • (~ over) overlijden • (~ through) ervaren, meemaken, doormaken • (~ to) overgaan tot ★ pass to a p.'s credit in iemands krediet boeken • (~ upon) rechtspreken over **III** [znw] • 't slagen voor examen • gewone graad • crisis, kritieke toestand • verlofpas, paspoort, vrijkaartje, toegangsbewijs • uitval ‹schermen› • handbeweging ‹v. magnetiseur›, goocheltoer • pass • ‹berg›pas • vaargeul ★ a pretty pass een mooie boel • free pass vrijkaartje • make a pass at proberen aan de haak te slaan

passable /'pɑːsəbl/ [bnw] • tamelijk, vrij behoorlijk • toelaatbaar • begaanbaar, doorwaadbaar • gangbaar

passage /'pæsɪdʒ/ **I** [ov ww] zijwaarts laten bewegen ‹v. paard› **II** [on ww] z. zijwaarts bewegen ‹v. paard› **III** [znw] • gang, passage, overgang, doorgang • recht v. doorgang • overtocht • stoelgang • 't aannemen ‹v.e. wet› • passage ‹in boek› • bird of ~ trekvogel ★ ~ at/of arms strijd ★ ~ boat veerboot ★ ~s uitwisseling ‹vnl. v. gedachten›

passageway /'pæsɪdʒweɪ/ [znw] gang

passbook /'pɑːsbʊk/ [znw] rekening-courantboekje

passenger /'pæsɪndʒə/ [znw] • passagier • ‹inf.› slappe speler of roeier in team

passenger-pigeon /'pæsɪndʒə/ [znw] trekduif

passer-by /pɑːsə'baɪ/ [znw] voorbijganger

passing /'pɑːsɪŋ/ **I** [znw] ★ 't voorbijgaan • overlijden • it be said in ~ in 't voorbijgaan zij opgemerkt **II** [bnw] • voorbijgaand • terloops • oppervlakkig ★ ~ bell doodsklok ★ ~ lane inhaalstrook **III** [bijw] ‹vero.› zeer, buitengewoon ★ ~ fair zeer schoon

passion /'pæʃən/ **I** [ov ww] v. hartstocht vervullen **II** [on ww] v. hartstocht vervuld zijn **III** [znw] • hartstocht, passie • woede, toorn ★ ~ fruit passievrucht ★ she flew into a ~ ze werd plotseling woedend

passionate /'pæʃənət/ [bnw] • hartstochtelijk • driftig

passionless /'pæʃənləs/ [bnw] koel, koud

passive /'pæsɪv/ **I** [znw] ‹taalk.› lijdende vorm **II** [bnw] • lijdend • lijdelijk ★ ~ debt rentenloze schuld ★ ~ resistance lijdelijk verzet

passivity /pæ'sɪvətɪ/ [znw] lijdelijkheid

passkey /'pɑːskiː/ [znw] • huissleutel • loper • privésleutel

passman /'pɑːsmæn/ [znw] gewoon geslaagde

pass-out /'pɑːsaʊt/ [znw] • sortie • contramerk • ‹AE› flauwte • ~ examination eindexamen

P **Passover** /'pɑːsəʊvə/ [znw] • joods paasfeest • Paaslam ‹Christus›

passport /'pɑːspɔːt/ [znw] • paspoort • toegang

password /'pɑːswɜːd/ [znw] wachtwoord

past /pɑːst/ **I** [znw] verleden (tijd) **II** [bnw] • voorbij(gegaan) • verleden • vroeger • gewezen ★ he has been here for many weeks past hij is al vele weken hier **III** [bijw] voorbij ★ he hastened past hij spoedde z. voorbij **IV** [vz] • langs, voorbij • over, na ★ it's half past one het is half twee ★ it's

past looking into het kan niet meer onderzocht worden ★ past hope hopeloos ★ past recovery onherstelbaar ★ she is past her childhood ze is geen kind meer ★ that's past my comprehension dat gaat m'n begrip te boven ★ the child is past its sleep het kind is over zijn slaap heen

paste /peɪst/ **I** [ov ww] • (be)plakken • ‹sl.› afranselen • (~ up) aanplakken, dichtplakken **II** [znw] • deeg ‹v. gebak› • ‹amandel›spijs • pastei ‹stijfsel›pap, plaksel • simili-, namaakdiamanten

pasteboard /'peɪstbɔːd/ **I** [znw] • karton • rolplank ‹voor deeg› • ‹sl.› visitekaartje, spoorkaartje **II** [bnw] ‹bord›kartonnen

pastel /'pæstl/ [znw] • pastel ‹tekening› • pastelkleur

pasteurize /'pɑːstjəraɪz/ [ov ww] pasteuriseren

pastiche /pæ'stiːʃ/ [znw] • nabootsing • potpourri

pastille /'pæst(ə)l/ [znw] pastille

pastime /'pɑːstaɪm/ [znw] tijdverdrijf

pasting /'peɪstɪŋ/ ‹inf.› [znw] flink pak slaag

pastor /'pɑːstə/ [znw] • zielenherder • geestelijke leider • ‹AE› pastoor

pastoral /'pɑːstərəl/ **I** [znw] • pastorale • herderlijk schrijven **II** [bnw] • herderlijk, herders- • landelijk ★ ~ care zielzorg

pastorale /pæstə'rɑːl/ [znw] pastorale

pastorate /'pɑːstərət/ [znw] • geestelijkheid • herderlijk ambt

pastry /'peɪstrɪ/ [znw] gebak(jes), (korst)deeg ★ puff ~ bladerdeeg

pastry-cook /'peɪstrɪkʊk/ [znw] banketbakker

pasturage /'pɑːstjərɪdʒ/ [znw] • 't weiden ‹v. vee› • gras ‹als voer› • weiland

pasture /'pɑːstʃə/ **I** [ov ww] laten grazen **II** [on ww] (af)grazen **III** [znw] • gras • weide

pasty I [znw] /'pæstɪ/ vleespastei **II** [bnw] /'peɪstɪ/ deegachtig ★ ~-faced bleek

pat /pæt/ **I** [bnw + bijw] • klaar • precies v. pas, toepasselijk ★ can you say it off pat? kun je het vlot achter elkaar opzeggen? ★ he has his answer pat hij heeft zijn antwoord onmiddellijk klaar ★ his story came pat to the purpose zijn verhaal kwam wel juist v. pas ★ pat to time precies op tijd ★ play a pat hand sterke kaarten hebben ★ stand pat bij zijn besluit blijven **II** [ov ww] • zachtjes slaan/kloppen op • aaien • strelen ★ he is always patting himself on the back hij is altijd over zichzelf tevreden **III** [znw] • tikje • klompje, kluitje ‹vnl. v. boter›

patch /pætʃ/ **I** [ov ww] • (op)lappen • samenflansen • ‹comp.› corrigeren • (~ up) oplappen, bijleggen ‹v. geschil›, slordig in elkaar zetten **II** [znw] • lap, pleister • plek • stukje grond • restant ★ not a ~ on niet te vergelijken bij ★ scraps and ~es stukken en brokken ★ strike a bad ~ tegenslag hebben

patcher /'pætʃə/ [znw] • lapper • knoeier

patch-up /'pætʃʌp/ [znw] • geknoei • lapmiddel

patchwork /'pætʃwɜːk/ [znw] lapwerk

patchy /'pætʃɪ/ [bnw] • onregelmatig • met vlekken • in elkaar geflanst • ‹dial.› humeurig

pâté [znw] vlees-/vis-/wildpastei, paté

patella /pə'telə/ [znw] • knieschijf • schoteltje

paten /'pætn/ [znw] • pateen • dunne, ronde metalen plaat

patent /'peɪtnt/ **I** [ov ww] • patenteren • patent nemen op **II** [znw] • patent • octrooi • gepatenteerd artikel • recht ★ take out a ~ for patent nemen op **III** [bnw] • gepatenteerd • voortreffelijk, patent • open, zichtbaar ★ letters ~ octrooibrieven ★ ~ leather verlakt leer; lakleer • ‹inf.› ~ leathers lakschoenen ★ ~ office octrooibureau

patentee/pertən'ti:/ [znw] patenthouder
pater/'pertə/ ⟨sL⟩ [znw] ouwe heer ⟨vader⟩
paterfamilias/pertəfə'mɪlɪæs/ [znw] huisvader
paternal/pə'tɜ:nl/ [bnw] • vaderlijk, vader- • van vaderszijde
paternalism/pə'tɜ:nəlɪzəm/ [znw] overdreven vaderlijke zorg
paternalist(ic)/pə'tɜ:nəlɪs(tɪk)/ [bnw] paternalistisch
paternity/pə'tɜ:nətɪ/ [znw] • vaderschap • bron ⟨fig.⟩
paternoster/pætə'nostə/ [znw] • paternosterlift • Onze Vader • rozenkrans • zetlijn ★ devil's ~ gemompelde vloek
path/pɑ:θ/ [znw] pad, weg, baan
pathetic/pə'θetɪk/ [bnw] • aandoenlijk • gevoelvol • zielig • bedroevend
pathetics/pə'θetɪks/ [mv] • studie v.d. emoties • vertoon v. sentimentaliteit
pathfinder/'pɑ:θfaɪndə/ [znw] • verkenner • verkenningsvliegtuig • pionier ⟨fig.⟩
pathless/'pɑ:θləs/ [bnw] ongebaand
pathological/pæθə'lodʒɪkl/ [bnw] pathologisch, ziekelijk
pathologist/pə'θolədʒɪst/ [znw] patholoog
pathology/pə'θolədʒɪ/ [znw] pathologie
pathos/'peɪθos/ [znw] • pathos • aandoenlijkheid • medelijden
pathway/'pɑ:θweɪ/ [znw] • pad • weg ⟨fig.⟩
patience/'peɪʃəns/ [znw] • patience ⟨kaartspel⟩ • geduld, lijdzaamheid, volharding ★ he has no ~ with her hij kan haar niet uitstaan ★ he is out of ~ with her hij kan haar niet meer uitstaan; hij is boos op haar
patient/'peɪʃənt/ I [znw] patiënt, zieke II [bnw] geduldig, lijdzaam, volhardend ★ ⟨vero.⟩ be ~ of verdragen; vatbaar zijn voor ★ it is ~ of more than one interpretation het kan op meer dan één manier worden verklaard
patina/'pætɪnə/ [znw] • schijn, waas • glans ⟨op meubels⟩ • kopergroen
patio/'pætɪəʊ/ [znw] patio, binnenhof
patriarch/'peɪtrɪɑ:k/ [znw] • eerbiedwaardige oude man • grondlegger • nestor • patriarch, aartsvader
patriarchy/'peɪtrɪɑ:kɪ/ [znw] patriarchaat
patrician/pə'trɪʃən/ I [znw] patriciër II [bnw] patricisch
patriciate/pə'trɪʃət/ [znw] aristocratie
patricide/'pætrɪsaɪd/ → **parricide**
patrimonial/pætrɪ'məʊnjəl/ [bnw] erf-, overgeërfd
patrimony/'pætrɪmənɪ/ [znw] vaderlijk erfdeel, erfgoed
patriot/'peɪtrɪət/ I [znw] patriot II [bnw] patriottisch
patriotic(ally)/pætrɪ'otɪk(əlɪ)/ [bnw] vaderlandslievend
patriotism/'pætrɪətɪzəm/ [znw] patriottisme, vaderlandsliefde
patrol/pə'trəʊl/ I [ov + on ww] patrouilleren, de ronde doen II [znw] patrouille, ronde ★ ~ boat patrouilleboot ★ ~ car politiewagen ★ ⟨AE⟩ member verkeersbrigadiertje ★ ~ wagon politiebusje ★ school crossing ~ klaar-over
patrolman/pə'trəʊlmən/ ⟨AE⟩ [znw] • politieagent ★ A.A. ~ wegenwachter
patron/'peɪtrən/ [znw] • beschermheilige • beschermheer • klant, begunstiger • iem. die 'n geestelijk ambt heeft te vergeven ⟨gesch.⟩ patroon ⟨tegenover cliënt⟩ ★ ~ saint schutspatroon
patronage/'pætrənɪdʒ/ [znw] • minzame bejegening • beschermheerschap • recht v.

patronal/'pætrənl/ [bnw] v.e. beschermheilige
patroness/peɪtrə'nes/ [znw] • beschermheilige • beschermvrouw
patronize/'pætrənaɪz/ [ov ww] • beschermen, begunstigen • minzaam bejegenen ★ a well-~d shop een winkel met veel klanten
patronizing/'pætrənaɪzɪŋ/ [bnw] neerbuigend
patsy/'pætsɪ/ ⟨sL⟩ ⟨AE⟩ [znw] lomperd, sul
patten/'pætn/ [znw] • voet van pilaar • overschoen met houten zool op ijzeren band
patter/'pætə/ I [ov ww] • afratelen ⟨v. gebed⟩ • doen kletteren II [on ww] • trippelen, ritselen • babbelen, praten • kletteren III [znw] • taaltje ⟨v. bep. groep personen⟩ • praats • tekst ⟨v. lied of blijspel⟩ • schommeling ⟨v. vliegtuig⟩ ★ he gave the ~ hij deed het woord ★ ~ ⟨song⟩ snel uitgesproken woorden ingelast in lied
pattern/'pætn/ I [ov ww] schakeren ★ ⟨~ after/upon⟩ vormen naar II [znw] • tekening, patroon • toonbeeld, voorbeeld, staal • ⟨AE⟩ lap stof • ⟨mil.⟩ trefbeeld ★ ~ book stalenboek ★ willow ~ ⟨Chinees porselein met⟩ wilgenpatroon III [bnw] model-
patty/'pætɪ/ [znw] pasteitje
paucity/'pɔ:sətɪ/ [znw] ★ ~ of schaarste aan; gebrek aan
paunch/pɔ:ntʃ/ I [ov ww] ontweien II [znw] • buik • pens • ⟨scheepv.⟩ stootmat
paunchy/'pɔ:ntʃɪ/ [bnw] dikbuikig
pauper/'pɔ:pə/ [znw] • armlastige, minder bedeelde • iem. die pro deo kan procederen
pauperism/'pɔ:pərɪzəm/ [znw] • pauperisme, 't armlastig zijn • armlastigen
pauperize/'pɔ:pəraɪz/ [ov ww] • verpauperen • armlastig maken • verarmen
pause/pɔ:z/ I [on ww] • even ophouden, pauzeren • nadenken ★ ⟨~ upon⟩ nadenken over, aanhouden ⟨v. noot⟩ II [znw] • pauze, onderbreking, rust • ⟨muz.⟩ orgelpunt ★ he gave me ~ hij stemde me tot nadenken
pavage/'peɪvɪdʒ/ [znw] • bestrating • straatbelasting
pave/peɪv/ I [ov ww] • bestraten • bevloeren ★ pave the way de weg banen II [znw] pavement • trottoir • ⟨AE⟩ wegdek, plaveisel • ⟨AE⟩ rijweg
paved/peɪvd/ [bnw] • geplaveid, bestraat • vol ⟨v.⟩
pavement/'peɪvmənt/ [znw] ★ ~ artist trottoirtekenaar
pavilion/pə'vɪljən/ I [ov ww] v. tenten voorzien II [znw] • tent • paviljoen • clubhuis
paving/'peɪvɪŋ/ [znw] bestrating, plaveisel, bevloering ★ ~ stone straatsteen
paw/pɔ:/ I [ov + on ww] • slaan ⟨met klauw⟩ • krabben ⟨met hoef⟩ II [ov ww] ⟨inf.⟩ • betasten • ⟨inf.⟩ ruw of onhandig aanpakken III [znw] • poot ⟨met klauw⟩ • ⟨vero.⟩ handschrift • ⟨inf.⟩ 'poot', hand
pawky/'pɔ:kɪ/ ⟨Schots⟩ [bnw] geslepen, sluw
pawl/pɔ:l/ I [ov ww] bevestigen met pal II [znw] pal
pawn/pɔ:n/ I [ov ww] belenen, verpanden II [znw] • onderpand • pion ⟨fig.⟩, gemanipuleerd persoon • pion ⟨in schaakspel⟩ ★ pawn ticket lommerdbriefje
pawnbroker/'pɔ:nbrəʊkə/ [znw] lommerdhouder
pawnshop/'pɔ:nʃop/ [znw] lommerd
pax/pæks/ [znw] • Christusbeeld • vredeskus • ⟨kind.⟩ kalm!, genoeg!
pay/peɪ/ I [ov + on ww] • ⟨~ down⟩ een aanbetaling doen II [ov ww] • ⟨uit⟩betalen • vergelden • vergoeden • schenken ⟨v. aandacht⟩

P

P

• teren • ⟨sl.⟩ *afranselen* ∗ paid-up shares *volgestorte aandelen* ∗ pay claim *looneis* ∗ pay for an article *een artikel betalen* ∗ pay phone ⟨publiek⟩ *telefooncel; munttelefoon(toestel)* ∗ ⟨AE⟩ pay station *telefooncel* ∗ paying-in slip *stortingsbewijs* ∗ *the business pays its way de zaak kan z. zelf bedruipen* ∗ they will pay me a call/visit *ze zullen me bezoeken* ∗ (~ **away**) *uitgeven* ⟨v. geld⟩ • (~ **away/out**) ⟨scheepv.⟩ *vieren* ⟨v. kabel⟩ • (~ **back**) *betaald zetten, terugbetalen* • (~ **into**) *storten* ⟨v. geld⟩ ∗ paid into your account *op uw rekening gestort* • (~ **off**) *(af)betalen, afrekenen, betaald zetten* • (~ **out**) *(uit)betalen, betaald zetten* • (~ **towards**) *bijdragen voor* • (~ **up**) *betalen, volstorten* ⟨v. aandelen⟩ **III** [on ww] • *betalen, boeten* • *renderen* ⟨v. zaak⟩ ∗ *pay through the nose afgezet/overvraagd worden* ∗ (~ **off**) *afzakken* ⟨naar lijzijde⟩, *afmonsteren* **IV** [znw] *betaling, loon, soldij* ∗ no pay, no play *geen geld, geen Zwitsers* ∗ on pay *met behoud v. salaris* ∗ take-home pay *netto loon* ∗ *this affair is good pay deze aangelegenheid is lonend*

payable/ˈpeɪəbl/ [bnw] • *te betalen* • *betaalbaar* • *lonend*
pay-bed [znw] *ziekenhuisbed ⟨betaald door particulier verzekerde patiënt⟩*
pay-book [znw] *zakboekje*
pay-box [znw] *loket*
paycheck/ˈpeɪtʃek/ ⟨AE⟩ [znw] *looncheque, salaris*
pay-day /ˈpeɪdeɪ/ • *betaaldag* ∗ *dag v. afrekening bij beursspeculaties*
pay-desk /ˈpeɪdesk/ [znw] *kassa*
payee /peɪˈiː/ [znw] *iem. aan wie betaald wordt*
payer /ˈpeɪə/ [znw] *betaler*
paying /ˈpeɪɪŋ/ [bnw] *lonend* ∗ ~ guest *betalende logé, logee*
payload /ˈpeɪləʊd/ [znw] *nuttige last*
paymaster /ˈpeɪmɑːstə/ [znw] • *betaalmeester* • *degene die betalen moet*
payment /ˈpeɪmənt/ [znw] • *betaling • beloning* ∗ make ~ *betalingen doen*
pay-off /ˈpeɪɒf/ ⟨AE⟩ [znw] *resultaat*
payola /peɪˈəʊlə/ ⟨inf.,AE⟩ [znw] • *steekpenningen* • *omkoperij*
pay-packet /ˈpeɪpækɪt/ [znw] *loonzakje*
pay-rise /ˈpeɪraɪz/ [znw] *loonsverhoging*
payroll /ˈpeɪrəʊl/ [znw] *loonlijst*
pd. [afk] • (paid) *betaald*
P.E. [afk] • (Physical Education) *lichamelijke opvoeding*
pea /piː/ [znw] *erwt* ∗ *they're like two peas in a pod zij lijken precies op elkaar*
peace /piːs/ [znw] • *vrede • rust* ∗ be at ~ with in *vrede leven met* ∗ hold your ~! *zwijg!* ∗ make ~ *vrede sluiten* ∗ *may his ashes rest in ~ hij ruste in vrede* ∗ the Queen's/King's ~ *de openbare orde*
peaceable /ˈpiːsəbl/ [bnw] • *vreedzaam • vredig*
peaceful /ˈpiːsfʊl/ [bnw] *vredig*
peacemaker /ˈpiːsmeɪkə/ [znw] • *vredestichter* • ⟨scherts⟩ *revolver, oorlogsschip*
peacetime /ˈpiːstaɪm/ [znw] *vredestijd*
peach /piːtʃ/ **I** [on ww] • *klikken* • ⟨sl.⟩ ⟨iem.⟩ *aanklagen,* (iem.) *aanbrengen* **II** [znw] • *perzik* • ⟨inf.⟩ *schat* ⟨v.e. meisje⟩, *snoes* • ⟨inf.⟩ we had a ~ of a time *we hadden echt een heerlijke tijd*
peacock /ˈpiːkɒk/ **I** [ov ww] *trots zijn op* **II** [on ww] *stappen als een pauw* **III** [znw] • (mannetjes)pauw • *dagpauwoog*

peacockery /ˈpiːkɒkrɪ/ [znw] *opschik*
peak /piːk/ **I** [ov ww] • *omhoog steken* ⟨v. roeiriemen⟩ • *overeind zetten* ⟨scheepv.⟩ *toppen* ⟨v. ra⟩ **II** [on ww] • *peak (and pine) wegkwijnen; er magertjes uitzien* **III** [znw] • *piek, spits* • *hoogtepunt* • *klep* ⟨v. pet⟩ • *gaffel* ⟨scheepv.⟩ *piek* **IV** [bnw] *hoogste* ∗ peak hour *spitsuur* ∗ peak year *topjaar*
peaked /piːkt/ [bnw] *puntig, scherp* ∗ ~ cap *pet*
peaky /ˈpiːkɪ/ ⟨inf.⟩ [bnw] *mager* ⟨v. gezicht⟩, *pips*
peal /piːl/ **I** [ov ww] *doen klinken* **II** [on ww] • *klinken, weergalmen • rollen* ⟨v.d. donder⟩ **III** [znw] • *gelui* ⟨v. klokken⟩ • *gerommel* ⟨v.d. donder⟩ • *(donder)slag • geschater • klokkenspel*
peanut /ˈpiːnʌt/ [znw] *pinda* ∗ ~ butter *pindakaas* ∗ ~s ⟨AE/inf.⟩ *kleinigheid; onzin* ∗ *this problem is ~s compared to what is awaiting us dit probleem stelt niets voor, vergeleken bij wat ons nog te wachten staat*
pear /peə/ [znw] *peer*
pearl /pɜːl/ **I** [ov ww] • *met parelen bezetten of behangen* • *parelen* ⟨vnl. v. gerst⟩ **II** [on ww] *naar parels vissen* **III** [znw] • *parel • juweel* ⟨fig.⟩ • *kleine drukletter* • *picootje • paarlemoer* ∗ ~ barley *parelgerst*
pearl-diver /ˈpɜːldaɪvə/ [znw] *parelvisser*
pearly /ˈpɜːlɪ/ [bnw] • *parelachtig • vol parels*
pear-shaped /ˈpeəʃeɪpt/ [bnw] *peervormig*
peasant /ˈpezənt/ [znw] *boer*
peasantry /ˈpezəntrɪ/ [znw] • *boerenbevolking* • *boerenstand*
pease-pudding /piːzˈpʊdɪŋ/ [znw] *erwtenstamppot*
pea-souper /ˈpiːˈsuːpə/ ⟨inf.⟩ [znw] *dikke, gele mist*
peat /piːt/ [znw] • *veen • turf* ∗ peat bog *veenland* ∗ peat dust *turfmolm* ∗ peat litter *turfstrooisel*
peaty /ˈpiːtɪ/ [bnw] *turfachtig, veenachtig*
pebble /ˈpebl/ [znw] • *kiezelsteen* ⟨lens v.⟩ *bergkristal • agaat*
pebbly /ˈpeblɪ/ [bnw] *met of vol kiezelstenen*
peccability /pekəˈbɪlətɪ/ [znw] *zondigheid*
peccable /ˈpekəbl/ [bnw] *zondig*
peccadillo /pekəˈdɪləʊ/ [znw] • *pekelzonde, kleine zonde*
peck /pek/ **I** [ov + on ww] • *pikken • knabbelen* ∗ *he only pecked at his food hij at maar een klein hapje* • (~ **at**) *pikken naar/in, in kleine hapjes verorberen, vitten op* **II** [ov ww] *oppervlakkig een kus geven* • (~ **up**) *oppikken* **III** [on ww] ∗ pecking order *pikorde; rangorde* **IV** [znw] • *maat voor droge waren* ⟨9 liter⟩ • *partij, hoop • pik* ⟨met snavel⟩ • *vluchtige kus* • ⟨sl.⟩ *eten* ∗ *a peck of trouble 'n hoop last*
pecker /ˈpekə/ [znw] • *snavel • schoffel • vitter* • ⟨sl.⟩ *neus* • ⟨sl.⟩ *penis* • ⟨inf.⟩ *moed* ∗ (wood)~ *specht* ∗ *keep your ~ up hou je taai*
peckish /ˈpekɪʃ/ ⟨inf.⟩ [bnw] *hongerig*
pectoral /ˈpektərəl/ **I** [znw] *borstschild, borstvin, borstspier* **II** [bnw] *borst-*
peculate /ˈpekjʊleɪt/ **I** [ov ww] *verduisteren* ⟨v. geld⟩ **II** [on ww] *frauderen*
peculation /pekjʊˈleɪʃən/ [znw] *verduistering*
peculiar /pɪˈkjuːlɪə/ [bnw] • *bijzonder, speciaal* • *eigenaardig* ∗ ~ to *eigen aan*
peculiarity /pɪkjuːlɪˈærətɪ/ [znw] *eigenaardigheid*
peculiarly /pɪˈkjuːlɪəlɪ/ [bnw] • *individueel* • *ongewoon, uitzonderlijk • eigenaardig, vreemd*
pecuniary /pɪˈkjuːnɪərɪ/ [bnw] *geldelijk, geld(s)-*
pedagogic(al) /pedəˈɡɒdʒɪk(l)/ [bnw] *pedagogisch, opvoedkundig*
pedagogue /ˈpedəɡɒɡ/ [znw] *pedagoog*
pedagogy /ˈpedəɡɒdʒɪ/ [znw] *pedagogie*

pedal /pedl/ I [ov + on ww] • peddelen, fietsen • v. pedaal gebruik maken II [znw] • pedaal • ‹muz.› orgelpunt ★ ~ bin pedaalemmer ★ soft/loud ~ zachte/harde pedaal ‹v. piano› III [bnw] voet-

pedal(l)o /ˈpedələʊ/ [znw] waterfiets

pedant /ˈpednt/ [znw] • schoolmeester, boekengeleerde • muggenzifter

pedantic(al) /prˈdæntɪk(l)/ [bnw] • schoolmeesterachtig, eigenwijs, pedant • ‹louter› theoretisch

pedantry /ˈpedntrɪ/ [znw] muggenzifterij

peddle /pedl/ [ov + on ww] • venten • uitventen • rondstrooien ‹v. praatjes› • beuzelen

peddling /pedlɪŋ/ [bnw] • beuzelachtig • onbeduidend

pedestal /ˈpedɪstl/ I [ov ww] op een voetstuk plaatsen II [znw] • voetstuk, basis • onderstuk v. schrijfbureau ★ ~ cupboard nachtkastje ★ ~ writing-table schrijfbureau

pedestrian /prˈdestrɪən/ I [znw] voetganger ★ ~ crossing oversteekplaats voor voetgangers II [bnw] • voet- • wandel- • prozaïsch, laag bij de grond

pedestrianize /pəˈdestrɪənaɪz/ [ov ww] verkeersvrij maken

pediatrician /piːdɪəˈtrɪʃən/ ‹AE› [znw] kinderarts

pediatrics /piːdɪˈætrɪks/ [mv] pediatrie, kindergeneeskunde

pedicure /ˈpedɪkjʊə/ [znw] pedicure

pedigree /ˈpedɪgriː/ [znw] • stamboom • afkomst ★ ~ cattle stamboekvee ★ ~ dog rashond

pedigreed /ˈpedɪgriːd/ [bnw] stamboekvee-

pedlar /ˈpedlə/ [znw] • marskramer • handelaar in verdovende middelen • rondstrooier ‹v. praatjes› ★ ~'s French dieventaal

pee /piː/ ‹sl.› I [on ww] plassen II [znw] plasje

peek /piːk/ [on ww] gluren, kijken

peel /piːl/ I [ov ww] • (af)schillen • villen, (af)stropen • door een poortje slaan ‹bij croquet› II [on ww] • vervellen ‹sl.› z. uitkleden III [znw] • schieter ‹v. bakker› • schil ‹gesch.› versterkte vierkante toren ★ candied peel sukade

peeler /ˈpiːlə/ [znw] • schilmachine, schilmesje • politieagent

peelings /ˈpiːlɪŋz/ [mv] schillen

peep /piːp/ I [ov ww] • z. vertonen • heimelijk 'n blik werpen op • piepen ★ peeping Tom bespieder; voyeur • ‹~ at› gluren naar II [znw] • gepiep • kijkje • steelse blik ★ at peep of day bij 't krieken v.d. dag

peep-bo /piːpˈbəʊ/ [znw] kiekeboe

peeper /ˈpiːpə/ [znw] • piepend jong • bespieder • ‹sl.› oog

peephole /ˈpiːphəʊl/ [znw] kijkgaatje

peepshow /ˈpiːpʃəʊ/ [znw] peepshow, kijkkast

peer /pɪə/ I [ov ww] • evenaren • in de adelstand verheffen II [on ww] z. vertonen, in zicht komen, verschijnen • ‹~ at/in(to)› turen naar • ‹~ with› evenaren, van dezelfde rang of stand zijn als III [znw] • weerga, gelijke • edelman ★ his physical development is far behind his peer group zijn lichamelijke ontwikkeling ligt ver achter bij zijn leeftijdgenoten ★ life peer iem. met niet-erfelijke adellijke titel ★ peer group groep van gelijken ★ peers of the realm/the United Kingdom degenen die zitting mogen hebben in het Hogerhuis

peerage /ˈpɪərɪdʒ/ [znw] • adel(stand) • boek v. edelen en hun stamboom

peeress /ˈpɪəres/ [znw] • vrouw v. een edelman • vrouw met adellijke titel

peerless /ˈpɪələs/ [bnw] ongeëvenaard

peeve /piːv/ [ov ww] ‹z.› ergeren ★ get ~d quickly lichtgeraakt zijn; snel op z'n teentjes getrapt zijn

peevish /ˈpiːvɪʃ/ [bnw] knorrig, gemelijk

pe(e)wit /ˈpiːwɪt/ [znw] kieviet ★ ~ gull kapmeeuw

peg /peg/ I [ov ww] • verkopen van effecten om stijging te voorkomen, opkopen van effecten om daling te voorkomen • slaan/doorboren met pen • pennen/bouten slaan in • met pennen vastmaken/steunen • ‹~ at› ‹sl.› (stenen) gooien naar • ‹~ down (to)› binden (aan) • ‹~ out› afpalen, afbakenen, tent opslaan, wasgoed ophangen II [on ww] • ‹~ along/away/on› ploeteren op • ‹~ out› ‹sl.› zijn laatste adem uitblazen, 't afleggen, het hoekje omgaan, er tussenuit knijpen, doodgaan III [znw] • kapstok • schroef ‹v. snaarinstrument› • bep. sterke drank • houten nagel, pen • haring ‹v. tent› • ‹inf.› houten been ★ I'll take him down a peg or two ik zal 'm wel 'n toontje lager laten zingen ★ a peg to hang a talk on iets om over te praten ★ a round peg in a square hole iem. of iets dat niet op zijn plaats is ★ off the peg confectie (kleding)

pegleg /ˈpegleg/ [znw] houten been

pejorative /prˈdʒɒrətɪv/ [bnw] • ongunstig • kleinerend

pelf /pelf/ [znw] geld, duiten

pelican /ˈpelɪkən/ [znw] pelikaan ★ ~ crossing oversteekplaats

pelisse /prˈliːs/ [znw] • damesmantel, kindermantel • huzarenjas

pellet /ˈpelɪt/ I [ov ww] met proppen schieten naar II [znw] • hagelkorrel • balletje, propje • pil(letje)

pell-mell /pelˈmel/ I [znw] • schermutseling • verwarring II [bnw] verward III [bijw] • roekeloos • halsoverkop • door elkaar

pellucid /prˈluːsɪd/ [bnw] helder, doorschijnend

pelt /pelt/ I [ov ww] beschieten II [on ww] • kletteren • rennen III [znw] • vacht, huid • slag(regen) • ‹sl.› boze bui ★ at full pelt zo hard als maar kan

peltmonger /ˈpeltmʌŋə/ [znw] huidenhandelaar

peltry /ˈpeltrɪ/ [znw] pelterijen

pelvic /ˈpelvɪk/ [bnw] bekken-

pelvis /ˈpelvɪs/ [znw] bekken

pen /pen/ I [ov ww] • opsluiten • (op)schrijven, neerpennen II [znw] • schaapskooi, hok • looprek • plantage ‹op Jamaica› • pen • wijfjeszwaan ★ pen name schrijversnaam ★ submarine pen bunker voor duikboten

pen. [afk] • (peninsula) schiereiland

penal /ˈpiːnl/ I [znw] ‹inf.› dwangarbeid II [bnw] straf(baar), straf- ★ ~ colony strafkolonie ★ ~ servitude dwangarbeid

penalization /piːnəlarˈzeɪʃən/ [znw] (het opleggen van) straf

penalize /ˈpiːnəlaɪz/ [ov ww] • strafbaar stellen • benadelen, handicappen

penalty /ˈpenltɪ/ [znw] straf, boete ★ on ~ of op straffe van ★ ~ area strafschopgebied ★ ~ box strafbank (bij ijshockey) ★ ‹jur.› ~ clause (paragraaf met) strafbepaling; boeteclausule

penance /ˈpenəns/ I [ov ww] laten boeten II [znw] boetedoening

pen-and-ink [bnw] pen- ★ ~ drawing pentekening

pence /pens/ [mv] → **penny**

penchant /ˈpɒ̃ʃɒ̃/ [znw] neiging

pencil /ˈpensl/ I [ov ww] • met stiftje aanstippen ‹v. wond› • met potlood merken/(op)schrijven • tekenen, schilderen, uitbeelden • in schrijven ‹v. naam v. paard door bookmaker› II [znw] • potlood • meetkundig figuur • stiftje • griffel • convergerende stralenbundel • ‹vero.› penseel

P

pencil-case/'pensɪkeɪs/ [znw] • potlooddoos, griffeldoos • schooletui

penciller/'pensɪlə/ [znw] ‹sl.› (helper v.) bookmaker

pencil-sharpener[znw] puntenslijper

pendant, pendent/'pendənt/ I [znw]
• ‹oor›hanger • horlogering • luchter • wimpel
• tegenhanger, pendant • ‹scheepv.› hanger
II [bnw] ‹over›hangend, hangende, onbeslist

pendency/'pendnsɪ/ [znw] onzekerheid

pending/'pendɪn/ I [bnw] hangende, onbeslist
II [vz] • hangende, gedurende • tot, in afwachting
van * ~ his return tot/in afwachting v. zijn
terugkeer

pendulate/'pendjʊleɪt/ [on ww] • slingeren
• zweven ‹fig.›

pendulous/'pendjʊləs/ [bnw] • hangend ‹vnl. v.
nest of bloem› • schommelend

pendulum/'pendjʊləm/ [znw] • slinger
• weifelaar * the swing of the ~ wisseling v.d.
macht tussen politieke partijen

pendy/'pendɪ/ ‹inf.› [znw] blinde darm

penetrability/penətrə'bɪlətɪ/ [znw]
• doordringbaarheid • ontvankelijkheid

penetrable/'penətrəbl/ [bnw] doordringbaar * ~
to ontvankelijk voor

penetrate/'penətreɪt/ [ov + on ww] • doordringen
• doorgronden

penetrating/'penətreɪtɪn/ [bnw] • doordringend
• scherpzinnig

penetration/penə'treɪʃən/ [znw]
• scherpzinnigheid • 't doordringen
• doordringingsvermogen • doorzicht

penetrative/'penətreɪtɪv/ [bnw] • doordringend
• scherpzinnig

pen-friend/'penfrend/ [znw] penvriend(in)

penguin/'pengwɪn/ [znw] pinguïn

penicillin/penɪ'sɪlɪn/ [znw] penicilline

peninsula/pə'nɪnsjʊlə/ [znw] schiereiland * the
Peninsula het Pyreneese schiereiland

peninsular/pə'nɪnsjʊlə/ I [znw]
schiereilandbewoner II [bnw] v. een schiereiland

penis/'piːnɪs/ [znw] penis

penitence/'penɪtns/ [znw] berouw

penitent/'penɪtnt/ I [znw] • boetvaardige zondaar
• biechteling • boeteling II [bnw] boetvaardig

penitential/penɪ'tenʃəl/ [bnw] boete-,
boetvaardig * the ~ psalms de boetpsalmen

penitentiary/penɪ'tenʃərɪ/ I [znw]
• verbeteringsgesticht • penitentiarie II [bnw]
straf-, boete-

penknife/'pennaɪf/ [znw] zakmes

penman/'penmən/ [znw] schrijver

penmanship/'penmənʃɪp/ [znw] • manier v.
schrijven • schrijfkunst

pennant/'penənt/ [znw] wimpel

pennies/'penɪz/ [mv] → penny

penniless/'penlɪs/ [bnw] arm, zonder geld

pennon/'penən/ [znw] • vaantje, vlag
• ‹scheepv.› wimpel

P

penny/'penɪ/ I [znw] * ‹AE/inf.› cent * a ~
for your thoughts een dubbeltje voor je gedachten
* a ~ plain and twopence coloured 't lijkt heel
wat, maar 't is niet veel zaaks * a pretty ~ een
aardige cent * he turned an honest ~ hij
verdiende er 'n centje bij * in for a ~, in for a
pound wie A zegt, moet ook B zeggen * ~
dreadful sensatieverhaal * ~ post stuiversporto
* ~ whistle (speelgoed)fluitje * take care of the
pence (and the pounds will take care of
themselves) let op de kleintjes * ‹inf.› the ~
dropped de zaak werd duidelijk * to spend a ~

naar het toilet gaan II [bnw] goedkoop, prul-

penny-a-liner/penɪə'laɪnə/ [znw] broodschrijver

penny-in-the-slot[znw] * ~ machine
(munt)automaat

penny-pinching/'penɪpɪntʃɪn/ [bnw] schriel,
vrekkig

pennyweight/'penɪweɪt/ [znw] 1,5 gram

penny-wise[bnw] * ~ and pound-foolish zuinig
in kleine zaken en royaal in grote

pennyworth/'penɪwɜːθ/ [znw] (voor de) waarde v.
een penny * a good/bad ~ een koopje/strop * a ~
of this stuff voor 'n stuiver van dit goedje * not a
~ totaal niets/geen

pen-pal[znw] correspondentievriend(in)

pen-pusher/'penpʊʃə/ ‹AE/inf.› [znw]
pennenlikker, klerk

pension/'penʃ(ə)n/ I [ov ww] 'n jaarwedde
verlenen * he was ~ed off hij werd gepensioneerd
II [on ww] ‹ergens› in pension zijn III [znw]
• pensioen • jaargeld • pension * I wouldn't go
for a ~ ik zou voor geen geld willen gaan * old age
~ ouderdomspension * ~ scheme
pensioenregeling

pensionable/'penʃənəbl/ [bnw]
• pensioengerechtigd • recht gevend op pensioen

pensionary/'penʃənərɪ/ I [znw] • gepensioneerde
• huurling ‹gesch.› pensionaris II [bnw]
• pensioens- • omgekocht

pensioner/'penʃənə/ [znw] • pensioentrekker
• gepensioneerde huurling • inwonend
niet-beursstudent op Cambridge University
• ‹gesch.› pensionaris

pensive/'pensɪv/ [bnw] • peinzend • zwaarmoedig

penstock/'penstok/ [znw] sluispoort

pent/pent/ I [ww] volt. deelw. → **pen** II [znw]
volle vorm → **penthouse**

pentagon/'pentəgən/ [znw] vijfhoek

pentagonal/pen'tægənl/ [bnw] vijfhoekig

pentameter/pen'tæmɪtə/ [znw] vijfvoetig vers

pentathlete/pen'tæθliːt/ [znw] vijfkamper

pentathlon/pen'tæθlən/ [znw] vijfkamp

Pentecost/'pentɪkɒst/ [znw] • joods Pinksteren
• pinksterzondag

Pentecostal/pentɪ'kɒstl/ [bnw] pinkster-

penthouse/'penthaʊs/ [znw] • hellend dak,
afdak, luifel • ‹AE› hoogste verdieping van
wolkenkrabber

pent-up[bnw] • in-/opgesloten • opgekropt

penultimate/pə'nʌltɪmət/ I [znw] voorlaatste
lettergreep II [bnw] voorlaatste

penurious/pə'njʊərɪəs/ [bnw] • behoeftig, schraal
• gierig

penury/'penjʊrɪ/ [znw] armoede * ~ of gebrek aan

peony/'piːənɪ/ [znw] pioen(roos)

people/'piːpl/ I [ov ww] • bevolken • bevolkt
worden II [znw] • parochie, gemeente • mensen
• men • volk • naaste familie • ouders

pep/pep/ ‹sl.› I [ov ww] * pep (up) oppeppen;
opkikkeren II [znw] elan, fut, vuur, pit * pep pill
stimulerend middel * pep talk praatje om het
moreel te verhogen; aanmoedigende toespraak

pepper/'pepə/ I [ov ww] • peperen • beschieten,
bombarderen • ranselen II [znw] peper * ~ mill
pepermolen

pepper-and-salt/pəpərən'sɔːlt/ I [znw]
peper-en-zoutkleurige stof II [bnw]
peper-en-zoutkleurig

pepperbox/'pepəbɒks/ [znw] • peperbus
• driftkop

peppercorn/'pepəkɔːn/ I [znw] peperkorrel
II [bnw] nietig

peppermint/'pepəmɪnt/ [znw] pepermunt * ~

drop pepermuntje

peppery /'pepərɪ/ [bnw] • peperachtig, gepeperd • scherp • driftig

peppy /'pepɪ/ [bnw] vurig, pittig

pepsin /'pepsɪn/ [znw] pepsine

peptic /'peptɪk/ [bnw] spijsverterings- ★ ~ glands maagsapklieren

peptics /'peptɪks/ ⟨scherts⟩ [mv] spijsverteringsorganen

per /pɜː/ [vz] per ★ per annum per jaar ★ per capita/caput per hoofd ★ per cent procent ★ pro(c) per procuratie ★ per se per se

perambulate /pə'ræmbjʊleɪt/ [ov + on ww] rondlopen, aflopen, afreizen

perambulation /pəræmbjʊ'leɪʃən/ [znw] • rondgang, voetreis • inspectie • omtrek, grens

perambulator /pə'ræmbjʊleɪtə/ [znw] kinderwagen

perceivable /pə'siːvəbl/ [bnw] waarneembaar

perceive /pə'siːv/ [ov ww] (be)merken, waarnemen

percentage /pə'sentɪdʒ/ [znw] percentage

percept /'pɜːsept/ [znw] geestelijke voorstelling v. wat men heeft waargenomen

perceptible /pə'septɪbl/ [bnw] • waarneembaar • merkbaar

perception /pə'sepʃən/ [znw] • waarneming • gewaarwording • ⟨jur.⟩ het incasseren

perceptive /pə'septɪv/ [bnw] • opmerkzaam • waarnemend • ⟨iron.⟩ you're ~! dat heb je snel gemerkt!

perch /pɜːtʃ/ I [ov ww] gaan zitten of plaatsen op iets hoogs • the town was ~ed on a hill de stad was op een heuvel gelegen II [on ww] neerstrijken III [znw] • baars • roest ⟨v. vogel⟩ • hoge plaats • roede ⟨lengte-/oppervlaktemaat⟩ ★ be off to ~ naar kooi (bed) gaan ★ ⟨sl.⟩ hop the ~ 't hoekje omgaan ★ the bird took its ~ de vogel streek neer ★ they knocked him off his ~ ze brachten 'm van zijn stuk; ze versloegen hem totaal

percher /'pɜːtʃə/ [znw] roestvogel

percipient /pə'sɪpɪənt/ I [znw] medium, ziener II [bnw] kunnende waarnemen, opmerkzaam, bewust

percolate /'pɜːkəleɪt/ [ov + on ww] • filtreren • sijpelen, dóórdringen, doordringen

percolator /'pɜːkəleɪtə/ [znw] filter

percuss /pə'kʌs/ [ov ww] (be)kloppen

percussion /pə'kʌʃən/ [znw] • slag ★ ⟨med.⟩ beklopping ★ ~ cap slaghoedje ★ ~ instrument slaginstrument

percussionist /pə'kʌʃənɪst/ [znw] slagwerker

percussive /pə'kʌsɪv/ [bnw] • schokkend • slag-

perdition /pə'dɪʃən/ [znw] verderf, verdoemenis

peregrination /perəgrɪ'neɪʃən/ [znw] zwerftocht

peremptory /pə'remptərɪ/ [bnw] • gebiedend, dictatoriaal • onvoorwaardelijk • dogmatisch • ⟨jur.⟩ beslissend

perennial /pə'renɪəl/ I [znw] overblijvende plant • hardy ~ steeds terugkerend probleem/gebeuren II [bnw] • 't hele jaar durend • eeuwigdurend • ⟨plant.⟩ overblijvend

perfect I [ov ww] /pə'fekt/ • voltooien, volvoeren • perfectioneren, verbeteren II [znw] /'pɜːfɪkt/ voltooid tegenwoordige tijd III [bnw] /'pɜːfɪkt/ • volmaakt, volledig, perfect • volslagen • voortreffelijk • ⟨taalk.⟩ voltooid ⟨v. tijd⟩

perfectibility /pəfektə'bɪlətɪ/ [znw] voltooibaarheid

perfection /pə'fekʃən/ [znw] • volmaaktheid, voltooiing, volledige ontwikkeling • perfectie, toppunt

perfectionism /pə'fekʃənɪzəm/ [znw]

perfectionisme

perfectionist /pə'fekʃ(ə)nɪst/ [znw] perfectionist

perfervid /pə'fɜːvɪd/ [bnw] • fervent • vurig

perfidious /pə'fɪdɪəs/ [bnw] trouweloos, verraderlijk

perfidy /'pɜːfɪdɪ/ [znw] verraad

perforate /'pɜːfəreɪt/ I [ov ww] perforeren, doorboren II [on ww] • (~ into) doordringen in • (~ through) doordringen door

perforation /pɜːfə'reɪʃən/ [znw] • doorboring, perforatie • gaatje

perforce /pə'fɔːs/ [bijw] noodzakelijkerwijs

perform /pə'fɔːm/ I [ov ww] • volbrengen, verrichten, doen, uitvoeren • opvoeren ⟨v. toneelstuk⟩ II [on ww] • iets ten beste geven • kunsten vertonen

performable /pə'fɔːməbl/ [bnw] uitvoerbaar

performance /pə'fɔːməns/ [znw] • ⟨toneel⟩voorstelling, optreden • prestatie ★ ~ anxiety faalangst

performer /pə'fɔːmə/ [znw] iem. die iets doet of presteert, toneelspeler, zanger, gymnast

performing /pə'fɔːmɪŋ/ [bnw] • gedresseerd, afgericht • uitvoerend, dramatisch ★ ~ arts uitvoerende kunsten ★ ~ right(s) recht van uit-/opvoering

perfume /pɜː'fjuːm/ I [ov ww] parfumeren II [znw] geur, parfum

perfumery /pə'fjuːmərɪ/ [znw] parfumerie(ën)

perfunctory /pə'fʌŋktərɪ/ [bnw] oppervlakkig, nonchalant

perhaps /pə'hæps/ [bijw] misschien

peril /'perɪl/ I [ov ww] in gevaar brengen of stellen • gevaar ★ at your ~ op uw (eigen) verantwoording ★ he is in ~ of his life hij verkeert in levensgevaar

perilous /'perɪləs/ [bnw] hachelijk, gevaarlijk

perimeter /pə'rɪmɪtə/ [znw] omtrek

period /'pɪərɪəd/ I [znw] • (vol)zin • punt ⟨na zin⟩ • menstruatie • periode • omlooptijd ⟨v. planeet⟩ • duur • lesuur ★ he's put a ~ to it hij heeft er een eind aan gemaakt II [bnw] behorend tot 'n bepaalde tijd/stijl ★ the ~ girl het moderne meisje

periodic /pɪərɪ'ɒdɪk/ [bnw] • periodiek • kring- • retorisch

periodical /pɪərɪ'ɒdɪkl/ I [znw] periodiek, tijdschrift II [bnw] periodiek

periodicity /pɪərɪə'dɪsətɪ/ [znw] geregelde terugkeer

periods /'pɪərɪədz/ [mv] retorische taal

peripatetic /perɪpə'tetɪk/ I [znw] ⟨scherts⟩ zwerver, marskramer II [bnw] rondtrekkend

peripheral /pə'rɪfərəl/ [bnw] • perifeer • de buitenkant rakend

periphery /pə'rɪfərɪ/ [znw] • omtrek, buitenkant, oppervlak

periphrasis /pə'rɪfrəsɪs/ [znw] omschrijving

periphrastic(al) /perɪ'fræstɪk(l)/ [bnw] omschrijvend

periscope /'perɪskəʊp/ [znw] periscoop

perish /'perɪʃ/ I [ov ww] doen omkomen of vergaan II [on ww] omkomen of vergaan ★ we ~ed with cold we vergingen v.d. kou

perishable /'perɪʃəbl/ [bnw] • vergankelijk • aan bederf onderhevig

perishables /'perɪʃəblz/ [mv] aan bederf onderhevige waren

perished /'perɪʃt/ ⟨inf.⟩ [bnw] uitgeput, 'op'

perisher /'perɪʃə/ ⟨sl.⟩ [znw] • knaap • mispunt

perishing /'perɪʃɪŋ/ [bnw + bijw] • vergankelijk • ⟨sl.⟩ beestachtig ⟨vnl. v. kou⟩

peritonitis /perɪtə'naɪtɪs/ [znw] buikvliesontsteking

P

periwig/ˈperɪwɪg/ [znw] pruik
perjure/ˈpɜːdʒə/ [wkd ww] * ~ o.s. 'n meineed doen
perjured/ˈpɜːdʒəd/ [bnw] meinedig
perjurer/ˈpɜːdʒərə/ [znw] meinedige
perjurious/pəˈdʒʊəriəs/ [bnw] meinedig
perjury/ˈpɜːdʒərɪ/ [znw] meineed
perk/pɜːk/ I [ov ww] • (~ up) opvrolijken, opdirken II [on ww] een hoge borst opzetten * perked (up) rechtop; opgemonterd • (~ up) z. oprichten, opfleuren III [bnw] → **perky**
perkiness/ˈpɜːkɪnəs/ [znw] • verwaandheid • zwierigheid
perky/ˈpɜːkɪ/ [bnw] • verwaand, zelfbewust, brutaal • zwierig
perm/pɜːm/ [znw] permanent (in haar)
permanence, permanency/ˈpɜːmənəns/ [znw] • duurzaamheid, bestendigheid • vaste betrekking
permanent/ˈpɜːmənənt/ [bnw] blijvend, duurzaam, permanent * ~ wave blijvende haargolf * ~ way spoorbaan
permanently/ˈpɜːmənəntlɪ/ [bijw] voorgoed, blijvend
permeability/ˌpɜːmɪəˈbɪlətɪ/ [znw] doordringbaarheid
permeable/ˈpɜːmɪəbl/ [bnw] doordringbaar
permeant/ˈpɜːmɪənt/ [bnw] doordringend
permeate/ˈpɜːmɪeɪt/ [ov + on ww] doordringen • (~ through) dringen door
permeation/ˌpɜːmɪˈeɪʃən/ [znw] doordringing
permissible/pəˈmɪsɪbl/ [bnw] toelaatbaar, geoorloofd
permission/pəˈmɪʃən/ [znw] verlof, vergunning
permissive/pəˈmɪsɪv/ [bnw] • veroorlovend • (al te) toegeeflijk * ~ society tolerante maatschappij
permissiveness/pəˈmɪsɪvnəs/ [znw] • toegeeflijkheid • tolerantie
permit I [ov + on ww] /pəˈmɪt/ toestaan * ~ of toelaten * weather ~ting als 't weer het toelaat II [znw] /ˈpɜːmɪt/ • permissiebiljet (voor uitvoer) • vergunning, verlof
permutation/ˌpɜːmjuːˈteɪʃən/ [znw] omzetting, verwisseling
permute/pəˈmjuːt/ [ov ww] verwisselen
pernicious/pəˈnɪʃəs/ [bnw] • verderfelijk • kwaadaardig
pernickety/pəˈnɪkətɪ/ (inf.) [bnw] • bedillerig • moeilijk • pietepeuterig • kieskeurig
perorate/ˈperəreɪt/ [on ww] • peroreren • uitweiden over
peroration/ˌperəˈreɪʃən/ [znw] • slotwoord • oratie
peroxide/pəˈrɒksaɪd/ [znw] peroxide
perpendicular/ˌpɜːpənˈdɪkjʊlə/ I [znw] • loodlijn • schietlood • loodrechte stand * ‹sl.› staande maaltijd II [bnw] • loodrecht, steil, recht(op) • ‹scherts› staande
perpetrate/ˈpɜːpɪtreɪt/ [ov ww] • bedrijven, begaan • (inf.) z. bezondigen aan
perpetration/ˌpɜːpəˈtreɪʃən/ [znw] het plegen, het bedrijven
perpetrator/ˈpɜːpətreɪtə/ [znw] dader
perpetual/pəˈpetʃʊəl/ [bnw] • eeuwig • levenslang • vast * (inf.) geregeld, herhaaldelijk
perpetuate/pəˈpetʃʊeɪt/ [ov ww] • bestendigen • vereeuwigen
perpetuation/pəˌpetʃʊˈeɪʃən/ [znw] het bestendigen
perpetuity/ˌpɜːpɪˈtjuːətɪ/ [znw] • eeuwigheid • levenslang bezit • levenslange lijfrente * in/for/to ~ voor altijd
perplex/pəˈpleks/ [ov ww] verwarren, verlegen

maken
perplexed/pəˈplekst/ [bnw] verward, verlegen, verslagen
perplexity/pəˈpleksətɪ/ [znw] verwarring
perquisite/ˈpɜːkwɪzɪt/ [znw] neveninkomsten, fooi * ~s verval
perse/pɜːs/ [bnw] grijsblauw
persecute/ˈpɜːsɪkjuːt/ [ov ww] • vervolgen • lastig vallen
persecution/ˌpɜːsɪˈkjuːʃən/ [znw] vervolging
persecutor/ˈpɜːsɪkjuːtə/ [znw] vervolger
perseverance/ˌpɜːsɪˈvɪərəns/ [znw] volharding * ~ kills the game de aanhouder wint
persevere/ˌpɜːsɪˈvɪə/ [on ww] volharden, volhouden
persevering/ˌpɜːsɪˈvɪərɪŋ/ [bnw] volhardend, hardnekkig
Persia/ˈpɜːʃə/ [znw] Perzië
Persian/ˈpɜːʃən/ I [znw] • 't Perzisch • Pers II [bnw] Perzisch * ~ blinds jaloezieën
persiennes/ˌpɜːsɪˈenz/ [mv] jaloezieën
persist/pəˈsɪst/ [on ww] • blijven volhouden • voortduren • overleven • (~ in) doorgaan met
persistence, persistency/pəˈsɪstəns/ [znw] • volharding • koppigheid
persistent/pəˈsɪstnt/ [bnw] • hardnekkig • blijvend
person/ˈpɜːsən/ [znw] • persoon • iem. • uiterlijk, voorkomen • minderwaardig iem. * a young ~ 'n jong meisje * ‹jur.› artificial ~ corporatief lichaam * for our ~s wat ons betreft * in ~ persoonlijk; in levende lijve * ‹jur.› natural ~ menselijk wezen
persona/pəˈsəʊnə/ [znw] • personage • persona, imago
personable/ˈpɜːsənəbl/ [bnw] • knap (v. uiterlijk) • innemend
personage/ˈpɜːsənɪdʒ/ [znw] • personage • persoon
personal/ˈpɜːsənl/ I [znw] * ~s persoonlijk eigendom II [bnw] persoonlijk * ~ column familieberichten in krant * ~ estate roerend goed
personality/ˌpɜːsəˈnælətɪ/ [znw] persoonlijkheid * no personalities! niet persoonlijk worden!
personalize/ˈpɜːsənəlaɪz/ [ov ww] verpersoonlijken
personally/ˈpɜːsənəlɪ/ [bijw] persoonlijk, wat mij betreft
personalty/ˈpɜːsənəltɪ/ [znw] roerend goed
personate/ˈpɜːsəneɪt/ [ov ww] • voorstellen • z. uitgeven voor
personator/ˈpɜːsəneɪtə/ [znw] personificatie, vertolker
personification/pəˌsɒnɪfɪˈkeɪʃən/ [znw] verpersoonlijking
personify/pəˈsɒnɪfaɪ/ [ov ww] verpersoonlijken
personnel/ˌpɜːsəˈnel/ [znw] • personeel • manschappen
perspective/pəˈspektɪv/ I [znw] • perspectief • perspectivische tekening • vooruitzicht II [bnw] perspectivisch
perspex/ˈpɜːspeks/ [znw] perspex, plexiglas
perspicacious/ˌpɜːspɪˈkeɪʃəs/ [bnw] scherpzinnig, schrander
perspicacity/ˌpɜːspɪˈkæsətɪ/ [znw] schranderheid, scherpzinnigheid
perspicuity/ˌpɜːspɪˈkjuːətɪ/ [znw] • duidelijkheid • scherpzinnigheid
perspicuous/pəˈspɪkjuəs/ [bnw] scherpzinnig, duidelijk
perspiration/ˌpɜːspɪˈreɪʃən/ [znw] uitwaseming, zweet, transpiratie

perspire/pə'spaɪə/ I [ov ww] uitwasemen
 II [on ww] transpireren
persuade/pə'sweɪd/ [ov ww] overreden,
 overtuigen • he ~d himself of not having meant
 it hij maakte z. zelf wijs dat hij het niet v. plan was
 geweest • ~d of overtuigd van
persuader/pə'sweɪdə/ [znw] overreder ★ ⟨sl.⟩ he
 clapped in the ~s hij gaf het paard de sporen
persuasible/pə'sweɪsəbl/ [bnw] te overreden
persuasion/pə'sweɪʒən/ [znw] • godsdienstige
 sekte • overreding(skracht) • overtuiging • geloof
 • ⟨scherts⟩ ras, soort, geslacht ★ of the male ~ v. 't
 mannelijk geslacht
persuasive/pə'sweɪsɪv/ I [znw] beweegreden
 II [bnw] overredend, overredings-
persuasiveness/pə'sweɪsɪvnəs/ [znw]
 overredingskracht
pert/pɜːt/ [bnw] vrijpostig, brutaal ★ Miss Pert
 brutaaltje
pertain/pə'teɪn/ [on ww] • (~ to) betrekking
 hebben op, behoren tot
pertinacious/pɜːtɪ'neɪʃəs/ [bnw] hardnekkig,
 volhardend
pertinacity/pɜːtɪ'næsɪtɪ/ [znw] volharding,
 hardnekkigheid
pertinence/'pɜːtɪnəns/ [znw] toepasselijkheid
pertinent/'pɜːtɪnənt/ [bnw] toepasselijk, ter zake,
 ad rem ★ ~ to betrekking hebbend op
pertinents/'pɜːtɪnənts/ [mv] toebehoren
perturb/pə'tɜːb/ [ov ww] verontrusten, van streek
 brengen
perturbation/pɜːtə'beɪʃən/ [znw] verontrusting
perturbed/pə'tɜːbd/ [bnw] ontdaan
peruke/pə'ruːk/ [znw] pruik
perusal/pə'ruːzəl/ [znw] ★ for your ~ ter inzage
peruse/pə'ruːz/ [ov ww] onderzoeken, aandachtig
 bekijken, (nauwkeurig) lezen
Peruvian/pə'ruːvɪən/ I [znw] Peruviaan II [bnw]
 Peruviaans ★ ~ bark kinabast
pervade/pə'veɪd/ [ov ww] doordringen
pervasion/pə'veɪʒən/ [znw] 't doordringen
pervasive/pə'veɪsɪv/ [bnw] doordringend
perverse/pə'vɜːs/ [bnw] • pervers, verdorven,
 verkeerd • onhandelbaar
perversion/pə'vɜːʃən/ [znw] • verdraaiing ⟨vnl. v.
 woorden⟩ • afvalligheid • verdorvenheid
perversity/pə'vɜːsɪtɪ/ [znw] verdorvenheid,
 perversiteit
pervert I [ov ww] /pə'vɜːt/ • verdraaien ⟨vnl. v.
 woorden⟩ • bederven, op 't verkeerde pad brengen
 • afvallig maken of worden II [znw] /'pɜːvɜːt/
 • verdorvene • afvallige
perverted/pə'vɜːtɪd/ [bnw] pervers, ontaard
pervious/'pɜːvɪəs/ [bnw] • doordringbaar
 • toegankelijk ★ ~ to ontvankelijk voor; doorlatend
pesky/'peskɪ/ ⟨ʌE/inf.⟩ [bnw] vervelend, lastig
pessary/'pesərɪ/ [znw] pessarium
pessimism/'pesɪmɪzəm/ [znw] pessimisme
pest/pest/ [znw] • plaag • lastig mens • schadelijk
 dier • pest ★ pest control ongediertebestrijding
 ★ pests ongedierte ★ the common (house) pest de
 huisvlieg
pester/'pestə/ [ov ww] plagen • (~ for) lastig
 vallen om
pesterer/'pestərə/ [znw] kwelgeest
pesticide/'pestɪsaɪd/ [znw] pesticide,
 verdelgingsmiddel
pestiferous, pestilential/pe'stɪfərəs/ [bnw]
 • verpestend • verderfelijk • schadelijk
pestilence/'pestɪləns/ [znw] dodelijke epidemie
pestilent/'pestɪlənt/ [bnw] • verderfelijk,
 verpestend • ⟨inf.⟩ lastig

pestle/'pesəl/ [znw] stamper
pet/pet/ I [ov ww] • liefkozen, vertroetelen • ⟨sl.⟩
 vrijen II [znw] • lieveling(sdier) • boze bui
 ★ ⟨vero.⟩ he took the pet at it hij maakte z. er
 kwaad over ★ pet shop dierenwinkel III [bnw]
 lievelings- • John owns a pet rabbit John heeft
 een konijn als huisdier ★ it is his pet aversion
 daar heeft hij het meest het land aan
petal/'petl/ [znw] bloemblad
petard/pɪ'tɑːd/ [znw] • springbus • voetzoeker
 ★ he was hoist with his own ~ hij viel in de kuil
 die hij groef voor een ander
Pete/piːt/ [znw] ★ for Pete's sake in 's hemelsnaam
petebox/'piːtbɒks/ ⟨sl./ʌD⟩ [znw] brandkast
peter/'piːtə/ [on ww] • (~ out) uitgeput raken ⟨v.
 mijn⟩, doodlopen ⟨v. spoor⟩, mislukken, verlopen,
 uitsterven
Peter/'piːtə/ [znw] Petrus ★ blue ~ vertrekvlag ⟨v.
 schip⟩ ★ rob ~ to pay Paul het ene gat met het
 andere dichten
petersham/'piːtəʃəm/ [znw] • geribd zijden lint
 • zware overjas • ruwe wollen stof
petite/pə'tiːt/ [bnw] klein en tenger
petition/pɪ'tɪʃən/ I [ov + on ww] een verzoek
 richten tot • (~ for) smeken om II [znw]
 verzoek(schrift), smeekschrift, adres
petitionary/pə'tɪʃənərɪ/ [bnw] verzoek-, smekend
petitioner/pə'tɪʃənə/ [znw] verzoeker, adressant,
 eiser
petrel/'petrəl/ [znw] stormvogel
petrifaction/petrɪ'fækʃən/ [znw] • verstening
 • versteende massa
petrify/'petrɪfaɪ/ I [ov ww] • doen verstenen
 • versteend doen staan II [on ww] versteen
petrochemical/petrəʊ'kemɪkl/ I [znw]
 petrochemische stof II [bnw] petrochemisch
petrol/'petrəl/ [znw] benzine • ~ gauge
 benzinemeter ★ ~ pump benzinepomp ★ ~
 station benzinestation; pompstation
petroleum/pə'trəʊlɪəm/ [znw] petroleum ★ ~
 jelly vaseline
petrology/pə'trɒlədʒɪ/ [znw] leer der gesteenten
petticoat/'petɪkəʊt/ I [znw] • (onder)rok • vrouw,
 meisje ★ ~ affair liefdesgeschiedenis • ~s het
 vrouwelijk geslacht II [bnw] vrouwen- ★ he is
 under ~ government hij zit onder de plak ★ ~
 government vrouwenregering
pettifog/'petɪfɒɡ/ [on ww] chicaneren,
 muggenziften
pettifoggery/'petɪfɒɡərɪ/ [znw] kleinzieligheid
pettifogging/'petɪfɒɡɪŋ/ [bnw] kleinzielig
pettish/'petɪʃ/ [bnw] • humeurig • lichtgeraakt
petty/'petɪ/ [bnw] • onbeduidend, netelig
 • kleinzielig • klein ★ ~ cash kleine uitgaven
 ★ ⟨scheepv.⟩ ~ officer onderofficier
petulance/'petjʊləns/ [znw] prikkelbaarheid
petulant/'petjʊlənt/ [bnw] • prikkelbaar
 • humeurig
pew/pjuː/ I [ov ww] van kerkbanken voorzien
 II [znw] • kerkbank • kerkgangers • ⟨inf.⟩ zitplaats
pewage, pewrent/'pjuːɪdʒ/ [znw] plaatsengeld
 ⟨in kerk⟩
pewter/'pjuːtə/ I [znw] • tinlegering • tinnen kan
 • ⟨sl.⟩ geld of beker ⟨als prijs⟩ II [bnw] tinnen
phalange/fæ'lændʒiːz/ [mv] → **phalanx**
phalanx/'fælæŋks/ [znw] • slagorde • dicht
 aaneengesloten menigte • bundel meeldraden
 • teen-/vingerkootje
phallic/'fælɪk/ [bnw] fallisch
phallus/'fæləs/ [znw] fallus, penis
phantasm/'fæntæzəm/ [znw] • verschijning,
 schim • illusie, hersenschim

P

phantasmagoria /fæntæzmə'gɔ:rɪə/ [znw] schimmenspel

phantasmal /fæn'tæzməl/ [bnw] fantastisch

phantasy /'fæntəsɪ/ → **fantasy**

phantom /'fæntəm/ I [znw] • spook, geestverschijning • schijn II [bnw] • schijnbaar • onbekend • geheim • spook-

pharaoh /'feərəʊ/ [znw] farao

pharmaceutical /fɑ:mə'sju:tɪkl/ [bnw] farmaceutisch

pharmaceutics /fɑ:mə'sju:tɪks/ [mv] farmacie

pharmacist /'fɑ:məsɪst/ [znw] farmaceut, apotheker

pharmacology /fɑ:mə'kɒlədʒɪ/ [znw] farmacologie

pharmacy /'fɑ:məsɪ/ [znw] apotheek, farmacie

pharos /'feərɒs/ [znw] vuurtoren, baken

pharyngitis /færɪn'dʒaɪtɪs/ [znw] keelholteontsteking

pharynx /'færɪŋks/ [znw] keelholte

phase /feɪz/ I [ov ww] • (~ in) geleidelijk invoeren II [znw] • schijngestalte ‹v.d. maan› • stadium, fase

Ph.D. [afk] • (Doctor of Philosophy) doctor in de wijsbegeerte

pheasant /'fezənt/ [znw] fazant ⋆ ~-eyed als oog v. fazant

phenomena /fə'nɒmɪnə/ [mv] → **phenomenon**

phenomenal /fə'nɒmɪnl/ [bnw] • v.d. verschijnselen • waarneembaar • enorm, buitengewoon

phenomenon /fə'nɒmɪnən/ [znw] • verschijnsel • fenomeen • wonderbaarlijk iem./iets

phew /fju:/ [tw] foeil, hè!

phial /'faɪəl/ [znw] medicijnflesje

Phil. [afk] • (Philosophy) wijsbegeerte

philander /fɪ'lændə/ [on ww] verliefd doen, flirten

philanderer /fɪ'lændərə/ [znw] flirt(er)

philanthropic /fɪlən'θrɒpɪk/ [bnw] filantropisch, menslievend

philanthropist /fɪ'lænθrəpɪst/ [znw] filantroop, mensenvriend

philanthropy /fɪ'lænθrəpɪ/ [znw] filantropie, menslievendheid

philatelist /fɪ'lætəlɪst/ [znw] filatelist, postzegelverzamelaar

philately /fɪ'lætəlɪ/ [znw] filatelie, het verzamelen van postzegels

philharmonic /fɪlhɑ:'mɒnɪk/ [bnw] filharmonisch, muziekminnend

Philippi /fɪ'lɪpaɪ/ [znw] ⋆ thou shalt see/meet me at ~! dat zal ik je betaald zetten!

philippic /fɪ'lɪpɪk/ [znw] filippica, strafrede

philistine /'fɪlɪstaɪn/ I [znw] • niet-student • platvloers iem. ⋆ ‹scherts› iem. aan wie men is overgeleverd II [bnw] • onbeschaafd • prozaïsch

Philistine /'fɪlɪstaɪn/ I [znw] Filistijn II [bnw] Filistijns

Philistinism /'fɪlɪstɪnɪzəm/ [znw] onbeschaafdheid, platvloersheid

philolog(ial) /fɪlə'lɒdʒɪk(l)/ [bnw] taalkundig, filologisch

philologist /fɪ'lɒlədʒɪst/ [znw] filoloog

philology /fɪ'lɒlədʒɪ/ [znw] filologie

philosopher /fɪ'lɒsəfə/ [znw] wijsgeer ⋆ ~'s stone steen der wijzen

philosophic(al) /fɪlə'sɒfɪk(l)/ [bnw] wijsgerig

philosophize /fɪ'lɒsəfaɪz/ [on ww] filosoferen

philosophy /fɪ'lɒsəfɪ/ [znw] • wijsbegeerte • levensbeschouwing

philtre /'fɪltə/ [znw] liefdesdrank

phiz /fɪz/ ‹vero./inf.› [znw] gezicht, tronie

phlegm /flem/ [znw] • fluim, slijm • apathie • onverstoorbaarheid

phlegmatic /fleg'mætɪk/ [bnw] flegmatisch, nuchter

phobia /'fəʊbɪə/ [znw] ziekelijke vrees, afkeer

phobic /'fəʊbɪk/ I [znw] iem. met een fobie II [bnw] fobisch

Phoenicia /fə'nɪʃə/ [znw] Fenicië

Phoenician /fə'nɪʃən/ I [znw] Feniciër II [bnw] Fenicisch

phoenix /'fi:nɪks/ [znw] feniks

phone /fəʊn/ [znw] • spraakklank • ‹inf.› telefoon

phone-in [znw] radio-/tv-programma, waarbij luisteraars/kijkers deelnemen via de telefoon

phonetic /fə'netɪk/ [bnw] fonetisch, klank-

phonetics /fə'netɪks/ [mv] klankleer

phon(e)y /'fəʊnɪ/ ‹AE/sl.› [bnw] • nagemaakt • onecht, vals ⋆ ~ talk‹AE/inf.› bedriegerij

phonic /'fɒnɪk/ [bnw] klank-, akoestisch

phonograph /'fəʊnəgrɑ:f/ I [znw] opnemen/reproduceren per fonograaf II [znw] • fonograaf • ‹AE› grammofoon

phonography /fə'nɒgrəfɪ/ [znw] • fonetische stenografie • klankopname

phonology /fə'nɒlədʒɪ/ [znw] klankleer

phooey /'fu:ɪ/ [tw] poe, bah

phosphate /'fɒsfeɪt/ [znw] fosfaat

phosphor /'fɒsfə/ [znw] fosfor

phosphorate /'fɒsfəreɪt/ [ov ww] met fosfor verbinden

phosphoresce /fɒsfə'res/ [on ww] fosforesceren

phosphorescence /fɒsfə'resəns/ [znw] fosforescentie

phosphorescent /fɒsfə'resənt/ [bnw] fosforescerend

phosphoric, phosphorous /fɒs'fɒrɪk/ [bnw] fosfor-

phosphorus /'fɒsfərəs/ [znw] fosforus

photo /'fəʊtəʊ/ [znw] foto

photochromy /fəʊ'təkrəmɪ/ [znw] kleurenfotografie

photocopier /'fəʊtəʊkɒpɪə/ [znw] fotokopieerapparaat

photocopy /'fəʊtəʊkɒpɪ/ [znw] fotokopie

photoelectric /fəʊtəʊɪ'lektrɪk/ [bnw] foto-elektrisch

photo-finish /'fəʊtəʊfɪnɪʃ/ [znw] fotografische opname v. einde v. race ‹om te zien wie de winnaar is›

Photofit /'fəʊtəʊfɪt/ [znw] compositiefoto

photogenic /fəʊtəʊ'dʒenɪk/ [bnw] • lichtgevend • fotografeerbaar, fotogeniek

photograph /'fəʊtəgrɑ:f/ I [ov + on ww] fotograferen ⋆ she ~s well ze fotografeert goed; ze laat z. goed fotograferen II [znw] foto, portret ⋆ I've had my ~ taken ik heb me laten fotograferen

photographer /fə'tɒgrəfə/ [znw] fotograaf

photographic /fəʊtə'græfɪk/ [bnw] • fotografisch • fotografie-

photography /fə'tɒgrəfɪ/ [znw] fotografie

photogravure /fəʊtəʊgrə'vjʊə/ [znw] fotogravure

photometer /fəʊ'tɒmɪtə/ [znw] belichtingsmeter

photon /'fəʊtɒn/ [znw] lichtdeeltje

photosensitive /fəʊtəʊ'sensɪtɪv/ [bnw] lichtgevoelig

photosensitize /fəʊtəʊ'sensɪtaɪz/ [ov ww] lichtgevoelig maken

photostat /'fəʊtəstæt/ [znw] • fotokopieerapparaat • fotokopie

phototype /'fəʊtəʊtaɪp/ [znw] lichtdruk

phrase /freɪz/ I [ov ww] onder woorden brengen

II [znw] • uitdrukking, gezegde • bewoording, woorden • frase ★ ~ book taalgids

phrasemonger/'freɪzmʌŋɡə/ [znw]
• praatjesmaker • fraseur

phraseology/freɪzɪ'ɒlədʒɪ/ [znw] • manier v. zeggen of uitdrukken • woordkeus

phrasing/'freɪzɪŋ/ [znw] • bewoording, uitdrukking • ‹muz.› frasering

phrenetic/frɪ'netɪk/ **I** [znw] krankzinnige
II [bnw] dwaas, dol, fanatiek

phthisis/'fθaɪsɪs/ [znw] longtuberculose

phut/fʌt/ [bijw] ★ go phut in elkaar zakken; 't opgeven

physic/'fɪzɪk/ **I** [ov ww] • geneesmiddelen toedienen • ‹sl.› iem. geld afnemen **II** [znw] • geneeskunde • ‹inf.› geneesmiddel

physical/'fɪzɪkl/ **I** ‹AE› lichamelijk onderzoek
II [bnw] • natuurkundig • materieel, natuur-
• natuurfilosofisch • lichamelijk ★ ~ exercise lichaamsbeweging; lichamelijke oefening ★ ~ force natuurkracht ★ ~ geography natuurkundige aardrijkskunde • ‹inf.› ~ jerks gymnastische oefeningen ★ ~ therapy fysiotherapie

physician/fɪ'zɪʃən/ [znw] geneesheer, dokter

physicist/'fɪzɪsɪst/ [znw] natuurkundige

physics/'fɪzɪks/ [mv] natuurkunde

physiognomist/fɪzɪ'ɒnəmɪst/ [znw] gelaatkundige

physiognomy/fɪzɪ'ɒnəmɪ/ [znw] • gelaatkunde
• gelaat, voorkomen • aanblik v. iets

physiography/fɪzɪ'ɒɡrəfɪ/ [znw]
• natuurbeschrijving • natuurkundige aardrijkskunde

physiology/fɪzɪ'ɒlədʒɪ/ [znw] fysiologie

physiotherapist/fɪzɪəʊ'θerəpɪst/ [znw] fysiotherapeut(e)

physiotherapy/fɪzɪəʊ'θerəpɪ/ [znw] fysiotherapie

physique/fɪ'zi:k/ [znw] lichaamsbouw, gestel

pi/paɪ/ **I** [znw] • ‹wisk.› pi • ‹sl.› brave Hendrik **II** [bnw] prekerig • ‹sl.› pi jaw vroom gepraat; zedenpreek

pianette/pi:ə'net/ [znw] kleine piano

pianist/'pi:ənɪst/ [znw] pianist

piano/[bnw + bijw] /'pjɑ:nəʊ/ ‹muz.› piano
II [znw] /'pɪænəʊ/ piano

pianoforte/pɪænəʊ'fɔ:tɪ/ [znw] piano

pianola/pɪ:ə'nəʊlə/ [znw] pianola

piano-player/[znw] • pianist • pianola

piazza/pɪ'ætsə/ [znw] • plein (in Italië) • ‹AE› veranda

pibroch/'pi:brɒx/ [znw] (krijgs)muziek op doedelzak

pic/pɪk/ ‹AE› [znw] film

picaresque/pɪkə'resk/ [bnw] schurken-, schurkachtig ★ ~ novel schelmenroman

picayune/pɪkɪ'ju:n/ **I** [znw] • Spaans muntstukje t.w.v. 5 cent • kleinigheid • ‹inf.› onbeduidend iem. **II** [bnw] minnetjes, armzalig

piccaninny/pɪkə'nɪnɪ/ **I** [znw] (neger)kindje
II [bnw] heel klein

piccolo/'pɪkələʊ/ [znw] piccolo

pick/pɪk/ **I** [ov + on ww] • bikken • plukken
• (op)pikken • (uit)kiezen • bekritiseren • ‹inf.› eten • I've not yet picked up with him ik heb nog geen kennis met hem gemaakt • he has picked himself up hij is weer overeind gekomen (na een val) • he picked my pocket hij rolde mijn zakken • he's always picking holes hij is altijd aan 't vitten • pick a lock een slot openpeuteren ★ pick and choose met zorg kiezen ★ pick and steal gappen • she has picked up flesh considerably ze is flink aangekomen (in gewicht)

★ they picked up courage ze vatten weer moed
• (~ at) trekken aan • (~ at/on) ‹AE› vitten/afgeven op • (~ on) uitkiezen • (~ out) uitkiezen, op 't gehoor spelen, uithalen (v. naaiwerk), laten afsteken • (~ up) oprapen, opnemen, (aan)leren, meenemen (in voertuig), toevallig ontmoeten, opknappen, beter worden, gezondheid hervinden, terechtwijzen, terugvinden (v. spoor), ontdekken, aanwakkeren (v. wind), aanslaan (v. motor), ontvangen/krijgen (v. inlichtingen) **II** [ov ww] • uiteenrafelen, pluizen
• (open)hakken • schoonmaken, plukken (v. gevogelte) • peuteren ★ pick a quarrel ruzie zoeken ★ pick to pieces afkammen; uit elkaar halen • (~ off) afplukken, uitpikken, de een na de ander neerschieten **III** [znw] • houweel • keuze • 't beste • pluk ★ the pick of the bunch/basket 't neusje v.d. zalm

pick-a-back/'pɪkəbæk/ [bijw] ★ carry ~ op de rug dragen

pickax(e)/'pɪkæks/ **I** [ov ww] met houweel openbreken **II** [on ww] een houweel gebruiken **III** [znw] houweel

picker/'pɪkə/ [znw] • plukker • houweel
• tandenstoker

picket/'pɪkɪt/ **I** [ov ww] • posten (v. stakers)
• posteren • omheinen met palen • ‹mil.› piket stationeren **II** [znw] • paal, staak • ‹mil.› piket ★ ~ line groep posters (bij staking) ★ ~ ship patrouilleschip ★ ~ post (v. stakers)

picking/'pɪkɪŋ/ [znw] • pluk • kleine diefstal
• oneerlijke winst

pickings/'pɪkɪŋz/ [mv] • voordeeltjes • restantjes
★ he was on the lookout for ~ hij keek of er wat te halen viel

pickle/'pɪkl/ **I** [ov ww] • pekelen • inmaken ★ ‹AE› ~d dronken **II** [znw] • pekel • azijn • I was in a fine ~ ik zat lelijk in de klem • ~s tafelzuur; beits; benarde situatie; rakker • there's a rod in ~ for you er staat je nog wat te wachten

picklock/'pɪklɒk/ [znw] inbreker

pick-me-up/'pɪkmɪʌp/ [znw] hartversterkertje

pickpocket/'pɪkpɒkɪt/ [znw] zakkenroller

picksome/'pɪksəm/ [bnw] kieskeurig

pick-up/'pɪkʌp/ [znw] • pick-up • toevallige kennis • versnelling (v. auto) • bestelwagentje • ‹AE› verbetering • ‹inf.› vondst, koopje

pickwick/'pɪkwɪk/ [znw] stinkstok (sigaar)

picky/'pɪkɪ/ ‹AE› [bnw] kieskeurig

picnic/'pɪknɪk/ **I** [on ww] picknicken **II** [znw]
• picknick • iets wat gemakkelijk is te volbrengen of meevalt • ‹inf.› iets aangenaams

picnicker/'pɪknɪkə/ [znw] picknicker

picnicky/'pɪknɪkɪ/ ‹inf.› [bnw] prettig, aangenaam

pictorial/pɪk'tɔ:rɪəl/ **I** [znw] geïllustreerd blad
II [bnw] • beeld- • geïllustreerd • schilderachtig
★ ~ art schilderkunst

picture/'pɪktʃə/ **I** [ov ww] afbeelden, schilderen ★ ~ to o.s. z. voorstellen **II** [znw] portret, beeld, voorstelling, plaat, toonbeeld, schilderij • I'll put you in the ~ ik zal je op de hoogte brengen/houden • he has been made a ~ of hij is lelijk toegetakeld; hij heeft er flink v. langs gekregen • ‹sl.› he has slipped from the ~ hij is van 't toneel verdwenen • he is out of the ~ hij heeft geen kans; hij telt niet mee • it came into the ~ het begon belangrijk te worden; het ging 'n rol spelen • it entered the ~ het begon belangrijk te worden; het ging 'n rol spelen • ~ postcard prentbriefkaart ★ ~ puzzle rebus • she is not in the ~ ze hoort er niet bij; ze doet niet mee ★ the (moving) ~s de bioscoop; de film(s)

P

picture-book/ˈpɪktʃəbʊk/ [znw] prentenboek
picture-gallery [znw] schilderijenmuseum
picture-goer [znw] bioscoopbezoeker
picture-house, picture-palace/ˈpɪktʃəhaʊs/ [znw] bioscoop
picturesque/pɪktʃəˈresk/ [bnw] • schilderachtig • beeldend, levendig
picture-writing [znw] beeldschrift
piddle/ˈpɪdl/ I [on ww] • zijn tijd verdoen • ‹inf.› een plasje doen II [znw] ‹inf.› plasje
piddling/ˈpɪdlɪŋ/ ‹inf.› [bnw] onbenullig
pidgin/ˈpɪdʒɪn/ I [znw] pidgin(taal) • ‹sl.› that's my ~ dat is mijn zaak II [bnw] * Pidgin English op Engels gebaseerd pidgin; steenkolenengels
pie/paɪ/ I [ov ww] in de war sturen II [znw] • pastei(tje) • taart, gebak • chaos, warboel • ekster • koperen munt in India • kletskous * he has a finger in every pie hij heeft overal wat in de melk te brokkelen • he'll eat humble pie hij zal wel zoete broodjes bakken • it has fallen into pie het is in de war gelopen * pie chart cirkeldiagram * ‹sl.› pie in the sky gelukzaligheid na de dood * you've made a precious pie of things je hebt de zaak lelijk in de war geschopt
piebald/ˈpaɪbɔːld/ [bnw] bont, gevlekt (v. paard)
piece/piːs/ I [ov ww] lappen, samenvoegen, in elkaar zetten • ~ a thing out ergens geleidelijk aanachter komen • (~ onto) vastmaken aan, verbinden aan • (~ out) verlengen, vergroten • (~ together) aaneenvoegen, met elkaar in verband brengen • (~ up) (op)lappen II [znw] • wicht, nest, nare meid/vent • stuk (v. grond, werk, geschut), schaakstuk, geldstuk, muziekstuk, toneelstuk • bep. hoeveelheid • vat (brande)wijn • staaltje (v. brutaliteit) • eindje (afstand) • I could give you a ~ of advice ik zou je wel raad kunnen geven * I have given her a ~ of my mind ik heb haar flink de waarheid gezegd * a ~ of eight 'n Spaanse dollar * a ~ of good luck 'n buitenkansje * a ~ of work een stuk werk; drukte * ‹inf.› a pretty ~ (of goods) 'n lekker stuk * it broke to ~s het viel kapot • it fell to ~s het viel in stukken • it will come/go to ~s het zal kapot gaan; het zal mislukken • paid by the ~ per stuk betaald * ~ by ~ stuk voor stuk * ‹sl.› ~ of cake gemakkelijk karweitje • these are one shilling a ~ deze kosten een shilling per stuk * they are all of a ~ ze zijn allen uit één stuk (gemaakt); ze zijn v. hetzelfde slag * various ~s of news verschillende nieuwtjes * you can take it to ~s je kunt 't uit elkaar halen
piece-goods [mv] geweven stoffen
piecemeal/ˈpiːsmiːl/ I [bnw] stuk voor stuk gedaan, in gedeelten gedaan II [bijw] stukje voor stukje
piecework/ˈpiːswɜːk/ [znw] stukwerk
pieceworker/ˈpiːswɜːkə/ [znw] stukwerker
piecrust/ˈpaɪkrʌst/ [znw] pasteikorst * ~ promises waardeloze beloften
pied/paɪd/ [bnw] • bont (gekleed, gekleurd) • gevlekt
pie-eyed/ˈpaɪˈaɪd/ ‹AE/sl.› [znw] stomdronken
pieman/ˈpaɪmən/ [znw] pasteitjesverkoper
pieplant/ˈpaɪplɑːnt/ ‹AE› [znw] rabarber
pier/pɪə/ [znw] • pijler (v. brug) • penant • havenhoofd, pier
pierce/pɪəs/ I [ov + on ww] doordringen, doorboren II [ov ww] • prikken • z. een weg banen • doorgronden
piercer/ˈpɪəsə/ [znw] • priem • angel
piercing/ˈpɪəsɪŋ/ [bnw] doordringend
pietistic/paɪəˈtɪstɪk/ [bnw] devoot, vroom

piety/ˈpaɪətɪ/ [znw] piëteit, vroomheid
piffle/ˈpɪfəl/ ‹inf.› I [on ww] leuteren, beuzelen, kletsen II [znw] • onzin • waardeloze rommel
piffling/ˈpɪflɪŋ/ ‹inf.› [bnw] • pietluttig, onbeduidend • beuzelachtig • nutteloos
pig/pɪg/ I [ov ww] • biggen werpen • bij elkaar stoppen II [on ww] * pig (it) bij elkaar hokken III [znw] • varken(svlees) • (wild) zwijn • lammeling • schrokop • smeerlap • stijfkop • klomp ruw ijzer * I'm the pig in the middle ik zit tussen twee vuren * be in pig drachtig zijn * bleed like a pig bloeden als een rund * buy a pig in a poke een kat in de zak kopen * he has brought his pigs to the wrong market het is 'm tegengelopen; hij heeft op 't verkeerde paard gewed * pigs might fly de wonderen zijn de wereld nog niet uit * ‹scherts› please the pigs als 't de hemel behaagt * when pigs fly met sint-juttemis
pigboat/ˈpɪgbəʊt/ ‹sl.› [znw] onderzeeër
pigeon/ˈpɪdʒɪn/ I [ov ww] voor de gek houden II [znw] • duif • sul • → pidgin * carrier/homing ~ postduif * clay ~ kleiduif * ~ pair tweeling v. verschillend geslacht; jongen en meisje als enige kinderen
pigeon-breast(ed)/ˈpɪdʒənˈbrestɪd/ [bnw] (met een) kippenborst
pigeon-fancier/ˈpɪdʒənfænsɪə/ [znw] duivenmelker
pigeon-hearted/ˈpɪdʒənˈhɑːtɪd/ [bnw] bang, laf
pigeon-hole/ˈpɪdʒənhəʊl/ I [ov ww] • opbergen • in 't geheugen prenten • in vakjes verdelen II [znw] • opening voor duiven in hok • loket • (post)vakje
piggery/ˈpɪgərɪ/ [znw] • varkensfokkerij, varkensstal • zwijnerij • koppigheid
piggish/ˈpɪgɪʃ/ [bnw] • varkensachtig • schrokkerig • koppig • schriel
piggy/ˈpɪgɪ/ I [znw] varkentje * ~ bank spaarvarken II [bnw] varkens-
piggyback/ˈpɪgɪbæk/ ‹AE› I [znw] ritje op de rug/schouders II [bnw] op de rug/schouders * ~ car platte spoorwagen voor opleggers III [bijw] * carry ~ op de rug dragen
pig-headed/ˈpɪgˈhedɪd/ ‹pej.› [bnw] • stijfkoppig • eigenwijs
pig-iron [znw] ruw ijzer
piglet/ˈpɪglət/ [znw] big
pigment/ˈpɪgmənt/ [znw] kleurstof, verfstof
pigmentation/pɪgmənˈteɪʃən/ [znw] huidkleur
pigmy/ˈpɪgmɪ/ → **pygmy**
pigskin/ˈpɪgskɪn/ [znw] • varkensleer • ‹sl.› zadel • ‹sl.›‹AE› voetbal(ler)
pigsticker/ˈpɪgstɪkə/ [znw] • wildezwijnenjager • bajonet
pigsty/ˈpɪgstaɪ/ [znw] • varkenshok • zwijnenstal ‹fig.›
pigtail/ˈpɪgteɪl/ [znw] • rolletje tabak • vlecht, paardenstaart
pike/paɪk/ I [ov ww] met een piek doorboren II [on ww] ‹sl.› lopen, wandelen III [znw] • piek, spies • heuveltop • snoek • tol(boom) • tolweg
pilchard/ˈpɪltʃəd/ [znw] soort kleine haring
pile/paɪl/ I [ov ww] • heien • opstapelen * a pile-up kettingbotsing; opeenstapeling * he piled on the agony hij vertelde het verhaal met alle griezelige bijzonderheden * ‹inf.› now you're piling it on nu overdrijf je toch * pile arms de geweren aan rotten zetten • (~ up) laten vastlopen (v. schip), op elkaar botsen • (~ with) beladen met, belasten (met gewicht) II [on ww] * they piled in ze kwamen met drommen naar binnen • (~ up) rijkdom vergaren III [znw] • hoop, stapel

• groot gebouw • elektrisch element • kernreactor • pool, nop (op stof) • vacht (v. schaap) • aambei • (hei)paal • blok huizen • brandstapel • rot (v. geweren) • dons • (inf.) fortuin, geld ∗ **pile house** paalwoning

pile-driver/'paɪldraɪvə/ [znw] • heier, heimachine • (inf.) trap, klap

pile-dwelling [znw] paalwoning

pilfer/'pɪlfə/ [ov ww] gappen

pilferage/'pɪlfərɪdʒ/ [znw] gapperij

pilferer/'pɪlfərə/ [znw] kruimeldief

pilgrim/'pɪlgrɪm/ **I** [on ww] • pelgrimstocht maken • zwerven **II** [znw] pelgrim ∗ **Pilgrim Fathers** Engelse puriteinen, die in 1620 de kolonie Plymouth (Massachusetts) stichtten

pilgrimage/'pɪlgrɪmɪdʒ/ **I** [on ww] op een pelgrimstocht gaan **II** [znw] • bedevaart • levensreis • go on a ~ op een pelgrimstocht gaan

piling/'paɪlɪŋ/ [znw] paalwerk

pill/pɪl/ **I** [ov ww] • pillen geven (sl.) met (kanons)kogels beschieten **II** [on ww] pluizen **III** [znw] • pil • bittere pil • (tennis)bal • akelige kerel • (sl./scherts) (kanons)kogel

pillage/'pɪlɪdʒ/ **I** [ov ww] plunderen, roven **II** [znw] plundering

pillar/'pɪlə/ **I** [ov ww] ondersteunen (als) met pilaren **II** [znw] (steun)pilaar, zuil ∗ he was driven from ~ to post hij werd v. 't kastje naar de muur gezonden

pillar-box [znw] ronde brievenbus (op straat)

pillbox/'pɪlbɒks/ [znw] • pillendoosje • rijtuigje, gebouwtje • kleine bunker

pilled/pɪld/ (sl.) [bnw] gezakt (voor examen)

pillion/'pɪljən/ [znw] • duozitting • (gesch.) vrouwenzadel • (gesch.) kussen voor vrouw achter 't zadel ∗ ride ~ duo rijden

pillmonger/'pɪlmʌŋgə/ [znw] pillendraaier

pillory/'pɪlərɪ/ **I** [ov ww] ∗ put in the ~ belachelijk maken **II** [znw] schandpaal

pillow/'pɪləʊ/ **I** [ov ww] op een kussen (laten) rusten • (~ up) met kussens steunen **II** [znw] • hoofdkussen • (techn.) kussenblok ∗ ~ talk intiem gesprek (in bed) ∗ take counsel of your ~ slaap er eens 'n nacht over

pillowcase, pillowslip/'pɪləʊkeɪs/ [znw] kussensloop

pillow-lace [znw] kloskant

pillroller/'pɪlrəʊlə/ [znw] • pillendraaier • hospitaalsoldaat

pills/pɪlz/ [mv] (biljart)ballen

pilot/'paɪlət/ **I** [ov ww] • besturen, loodsen • geleiden **II** [znw] • leidsman, gids • piloot • controlelampje • loods ∗ (vero.) he's dropped his ~ hij luistert niet meer naar zijn vertrouwde raadsman ∗ ~ burner/light waakvlam **III** [bnw] ∗ ~ scheme proefmodel

pilotage/'paɪlətɪdʒ/ [znw] • loodsgelden • loodswezen

pilule/'pɪljuːl/ [znw] pil(letje)

pimp/pɪmp/ **I** [on ww] koppelen **II** [znw] • koppelaar • souteneur, madam

pimpernel/'pɪmpənel/ [znw] guichelheil

pimping/'pɪmpɪŋ/ [bnw] • klein, nietig • ziekelijk • → **pimp**

pimple/'pɪmpl/ [znw] puistje

pimpled, pimply/'pɪmpld/ [bnw] puistig

pin/pɪn/ **I** [ov ww] • (op)prikken • vastspelden • opsluiten (sl.) gappen ∗ are you pinned (down) to it? zit je er aan vast?; heb je het beloofd? ∗ he always pinned his faith on/to her hij had altijd het volste vertrouwen in haar ∗ he was pinned against the wall hij werd tegen de muur

gedrukt ∗ **pin-up board** prikbord • (~ **on**) schuld schuiven op • (~ **up**) stutten, opprikken (v. insecten), opspelden, opsluiten **II** [znw] • speld • pen • bout • kegel • vat (20 liter) • schroef (v. snaarinstrument) ∗ I've got pins and needles in my leg mijn been slaapt ∗ he doesn't care a pin het interesseert 'm geen zier

pinafore/'pɪnəfɔː/ [znw] schortje

pinball/'pɪnbɔːl/ [znw] ∗ ~ (machine) flipperkast

pincers/'pɪnsəz/ [mv] • schaar (v. kreeft, krab) • nijptang

pinch/pɪntʃ/ **I** [ov ww] • knijpen • gebrek laten lijden • krap houden • bekrimpen • paard aansporen (tijdens race) • (iem.) bestelen • in verzekerde bewaring stellen • (sl.) jatten ∗ he knows where the shoe –es hij weet waar de schoen wringt ∗ –ed face mager gezicht ∗ they were –ed with cold ze waren verkleumd v.d. kou ∗ we were greatly –ed for room we waren zeer klein behuisd; we hadden erg gebrek aan ruimte • (~ **from**) afpersen van **II** [on ww] • gierig zijn • scherp aan de wind zeilen **III** [znw] • kneep • druk • nood • kritieke toestand • heel klein beetje, snuifje ∗ at a ~ als 't kritiek wordt

pinched-up/pɪntʃˈʌp/ [bnw] verfomfaaid

pinchroller, pinchwheel/'pɪntʃrəʊlə/ [znw] aandrukrol (in bandapparaat)

pine/paɪn/ **I** [on ww] • (~ **after/for**) smachten naar • (~ **away**) wegkwijnen **II** [znw] grenenhout, vurenhout • pine (tree) pijnboom

pineal/'pɪnɪəl/ [bnw] pijnappelvormig

pineapple/'paɪnæpl/ [znw] • ananas • (sl.) handgranaat

pinecone/'paɪnkəʊn/ [znw] dennenappel

pine-needle [znw] dennennaald

pinewood/'paɪnwʊd/ [znw] • dennebos • dennenhout, vurenhout

pinfold/'pɪnfəʊld/ [znw] schutstal

ping/pɪŋ/ **I** [on ww] fluiten **II** [znw] • ping • kort, fluitend geluid

ping-pong/'pɪŋpɒŋ/ **I** [on ww] tafeltennissen **II** [znw] tafeltennis

pinhead/'pɪnhed/ [znw] • speldenknop • zeer onbetekenend iem. of iets

pinion/'pɪnjən/ **I** [ov ww] • kortwieken • vastbinden (v.d. armen) **II** [znw] • vleugelpunt • slagpen • pignon (lit.) vleugel

pink/pɪŋk/ **I** [ov ww] • roze maken • doorboren, perforeren • versieren • toetakelen **II** [on ww] • roze worden • kloppen (v. motor) **III** [znw] • anjelier • jonge zalm • roze • rode jagersjas • stof voor jagersjas • vossenjager • perfectie, puikje • geelachtige lakverf • pink (vaartuig) ∗ (sl.) I'm in the pink met mij gaat 't prima ∗ he was in the pink of health hij was lichamelijk in uitstekende conditie **IV** [bnw] • roze • chic • (pol.) met 'rood' sympathiserend

pink-eye/'pɪŋkaɪ/ [znw] • bep. koorts (bij paard) • oogontsteking (bij mens)

pinkie/'pɪŋkɪ/ [znw] (scheepv.) pink • (AE/Schots) pink

pinkish/'pɪŋkɪʃ/ [bnw] rozeachtig

pinko/'pɪŋkəʊ/ (AE) [znw] gematigde liberaal/radicaal

pinkster/'pɪŋkstə/ [znw] ∗ ~ flower roze azalea

pinnacle/'pɪnəkl/ **I** [ov ww] • kronen • v. torentjes voorzien **II** [znw] • torentje • top • hoogtepunt

pinny/'pɪnɪ/ [znw] schortje

pinpoint/'pɪnpɔɪnt/ **I** [ov ww] • nauwkeurig aanwijzen, vaststellen, mikken • nauwkeurig plaats bepalen bij bombarderen **II** [znw] • speldenpunt • zeer klein voorwerp

P

pinprick/'pɪnprɪk/ I [ov ww] • prikken met speld • irriteren II [znw] speldenprik

pins/pɪnz/ ⟨inf.⟩ [mv] benen ∗ he is quick on his pins hij is vlug ter been

pint/paɪnt/ [znw] • pint ⟨6 dl⟩ • glas bier

pinta/'paɪntə/ ⟨inf.⟩ [znw] pint

pin-table/'pɪntebl/ [znw] • trekspel, trekbiljart • flipperkast

pint-size(d)⟨inf.⟩ [bnw] nietig, klein

pioneer/paɪə'nɪə/ I [ov ww] • de weg bereiden • leiden II [on ww] pionierswerk doen III [znw] pionier, baanbreker

pious/'paɪəs/ [bnw] vroom, godsdienstig

pip/pɪp/ I [ov ww] • uitsluiten ⟨v.⟩ • verslaan • raken II [on ww] piepen ∗ ⟨sl.⟩ pipped gezakt ⟨voor examen⟩ • ⟨~ out⟩ ⟨sl.⟩ het hoekje omgaan III [znw] • bloempje • schub ⟨v. ananas⟩ • pit • letter P bij 't seinen • biepje ⟨tijdsignaal⟩ • pip • oog ⟨op dobbel- of dominosteen⟩ • ster ⟨op uniform⟩ • ⟨sl.⟩ depressie, verveling ∗ he has the pip hij heeft 'n kwade bui

pipa⟨?⟩/'paɪpɪdʒ/ ⟨'t aanleggen v.⟩ buizen

pipe/paɪp/ I [ov + on ww] • ⟨~ down⟩ ⟨scheepv.⟩ vrijaf geven II [ov ww] • fluiten, op pijp spelen • door fluitsignaal aangeven • oproepen door fluitsignaal • piepen • stekken • met biezen versieren • v. buizen voorzien • door buizen laten lopen • ⟨inf.⟩ pipe (one's eyes) huilen • ⟨~ up⟩ beginnen te zingen of spelen III [on ww] • ⟨~ down⟩ ⟨sl.⟩ rustig worden IV [znw] • pijp • buis • cilindrische ertsader • bootsmansfluitje • fluitsignaal • gefluit • stem • vat wijn (47 liter) ∗ pipe cleaner pijpenrager ∗ ⟨AE⟩ pipe dream waandenkbeeld • pipe fitter loodgieter • pipe major eerste doedelzakspeler ⟨in regiment⟩ ∗ put that in your pipe and smoke it dat kun je in je zak steken

pipeclay/'paɪpkleɪ/ I [ov ww] met pijpaarde wit maken II [znw] • pijpaarde • overdreven aandacht aan uniform

pipeline/'paɪplaɪn/ [znw] pijpleiding ∗ in the ~ op stapel

pipeman/'paɪpmən/ ⟨AE⟩ brandweerman

piper/'paɪpə/ [znw] • doedelzakspeler, pijper, fluitspeler • soorten vis • dampig paard ∗ pay the ~ 't gelag betalen

pipes/paɪps/ [mv] • doedelzak • ademhalingsorganen

pipette/pɪ'pet/ [znw] pipet

piping/'paɪpɪŋ/ I [bnw + bijw] • sissend, kokend • fluitend ∗ ~ hot kokend heet II [znw] • pijpen, buizen • biesversiering • stek ⟨v. plant⟩

pippin/'pɪpɪn/ [znw] • soort appel • ⟨AE/sl.⟩ jofele vent

pipsqueak/'pɪpskwi:k/ ⟨sl.⟩ [znw] • kleine granaat • onbetekenend/verachtelijk iem./iets • praatjesmaker

piquant/'pi:kənt/ [bnw] pikant, prikkelend

pique/pi:k/ I [ov ww] • prikkelen • opwekken • kwetsen ∗ he ~s himself on his learning hij gaat prat op zijn geleerdheid II [znw] wrok

piquet[znw] • /pɪ'ket/ piketspel • ⟨mil.⟩ /'pɪkɪt/ piket

piracy/'paɪrəsɪ/ [znw] • zeeroverij • plagiaat

pirate/'paɪərət/ I [ov ww] • zeeroof plegen • ongeoorloofd boeken e.d. nadrukken • plunderen II [znw] • zeerover⟨sschip⟩ • plagiaris • bus die passagiers v. andere bus afkaapt ∗ ~ transmitter clandestiene zender; etherpiraat

pirn/pɜ:n/ [znw] • katrol van hengel • ⟨Schots⟩ bobine, klosje

piscary/'pɪskərɪ/ [znw] visplaats ∗ (common of) ~ visrecht

piscatorial/pɪskə'tɔ:rɪəl/ [bnw] vissers-, hengelaars-, vis-

piscine I [znw] /'pɪ'si:n/ zwembad, vijver II [bnw] /'pɪsaɪn/ vis-, visachtig

pish/pɪʃ/ I [on ww] foei zeggen II [tw] bah!, foei!

piss/pɪs/ ⟨sl.⟩ I [ov + on ww] (be)pissen ∗ it's pissing (down) het regent bakstenen ∗ pissed dronken • ⟨~ off⟩ wegwezen ∗ piss off! sodemieter op! II [znw] pis

pistachio/pɪ'sta:ʃɪəʊ/ [znw] pistache

pistil/'pɪstɪl/ [znw] stamper ⟨v. bloem⟩

pistol/'pɪstl/ I [ov ww] met pistool neerknallen II [znw] pistool

piston/'pɪstn/ [znw] • zuiger • klep in kornet • zuigernap ∗ ~ rod zuigerstang

piston-ring[znw] zuigerring

pit/pɪt/ I [ov ww] • inkuilen • putjes of kuiltjes maken in • ⟨~ against⟩ opzetten tegen, stellen tegenover II [on ww] putjes/kuiltjes krijgen in III [znw] • kuil, groeve, schacht • putje, kuiltje • diepte • pits • parterre ⟨in schouwburg⟩ • bezoekers v. schouwburg die parterre zitten • ⟨AE⟩ gedeelte v. Beurs waar bep. soort artikel wordt verhandeld • ⟨AE⟩ pit ⟨v. vrucht⟩ ∗ (bottomless) pit hel

pit-(a)-pat/pɪtə'pæt/ [znw] klopklop, rikketik ⟨v. 't hart⟩

pitch/pɪtʃ/ I [ov ww] • in bep. stijl uitdrukken • bestraten • gooien, werpen • pekken • opslaan ⟨v. tent⟩, kamperen • stellen, plaatsen • uitstallen • ⟨muz.⟩ aangeven v. toon • ⟨sl.⟩ vertellen, opdissen ∗ a ~ed battle een vooraf in elkaar gezette veldslag II [on ww] • voorover vallen, z. storten • stampen ⟨v. schip⟩ • schuin aflopen • ⟨~ (up) on⟩ kiezen, ergens opkomen • ⟨~ in⟩ ⟨inf.⟩ de hand aan de ploeg slaan, 'm van katoen geven • ⟨~ into⟩ ⟨inf.⟩ te lijf gaan III [znw] • hoogte • graad • toonhoogte • helling • steilheid ⟨v. dak⟩ • afstand ⟨v. tanden bij tandrad⟩ • pek • het stampen ⟨v. schip⟩ • worp • hoeveelheid op de markt gebrachte waren • standplaats • terrein tussen 2 wickets ⟨bij cricket⟩ ∗ fly a high ~ hoog vliegen; een hoge vlucht nemen ∗ ~ sticks wie met pek omgaat wordt ermee besmeurd ∗ who touches ~ will be defiled wie met pek omgaat wordt er mee besmeurd

pitch-and-toss/pɪtʃən'tɒs/ [znw] ≈ kruis of munt

pitch-black[bnw] pikzwart

pitch-dark[bnw] pikdonker

pitcher/'pɪtʃə/ [znw] • straatventer ⟨met vaste plaats⟩ • straatsteen • houweel • kruik, kan • golfstok • werper ⟨bij honkbal⟩

pitchfork/'pɪtʃfɔ:k/ I [ov ww] • omhoog gooien (als) met hooivork • met geweld 'n baantje bezorgen II [znw] • hooivork • stemvork

pitching/'pɪtʃɪŋ/ [znw] • bestrating • → pitch

pitch-pine/'pɪtʃpaɪn/ [znw] Amerikaans grenenhout

pitchwheel/'pɪtʃwi:l/ [znw] tandrad

piteous/'pɪtɪəs/ [bnw] treurig, droef, beklagenswaardig

pitfall/'pɪtfɔ:l/ [znw] • valkuil • valstrik ⟨fig.⟩

pith/pɪθ/ I [ov ww] ⟨dier⟩ doden door 't ruggenmerg door te snijden/steken II [znw] • pit • (ruggen)merg • essentie, kern • pit, energie ∗ a thing of pith and moment iets v. zeer veel belang

pithead/'pɪthed/ [znw] mijningang

pithy/'pɪθɪ/ [bnw] pittig, krachtig

pitiable/'pɪtɪəbl/ [bnw] meelijwekkend

pitiful/'pɪtɪfʊl/ [bnw] • medelijdend • armzalig • verachtelijk

pitiless/'pɪtɪlɪs/ [bnw] meedogenloos
pitman/'pɪtmən/ [znw] • mijnwerker • ⟨AÐ⟩ drijfstang
pittance/'pɪtns/ [znw] • klein loon, kleine toelage • kleine hoeveelheid • ⟨gesch.⟩ legaat aan klooster voor o.a. extra voedsel • a mere ~ een schijntje
pitted/'pɪtɪd/ [bnw] met putjes ★ ~ with the smallpox pokdalig
pitter-patter[znw] tiktik, (ge)tikketak
pituitary/pɪ'tjuːɪtərɪ/ I [znw] hypofyse II [bnw] slijm-, slijmafscheidend ★ ~ body/gland hypofyse
pity/'pətɪ/ I [ov ww] medelijden hebben met, beklagen II [znw] medelijden • a thousand pities vreselijk jammer * for pity's sake in 's hemels naam • more's the pity des te erger is het • take pity on medelijden hebben met ★ what a pity! wat jammer!
pitying/'pɪtɪɪŋ/ [bnw] medelijdend, vol medelijden
pivot/'pɪvət/ I [ov ww] voorzien v. spil II [on ww] • (~ over) hellen over • (~ upon) draaien om III [znw] • spil ⟨ook fig.⟩ • stift ★ ~ joint draaigewricht
pivotal/'pɪvətl/ [bnw] hoofd-, centraal ★ ~ industry sleutelindustrie
pivotbridge/'pɪvətbrɪdʒ/ [znw] draaibrug
pix/pɪks/ ⟨AÐ⟩ [mv] • films • bioscoop
pixie, pixy/'pɪksɪ/ [znw] fee
placable/'plækəbl/ [bnw] verzoenlijk, vergevingsgezind
placard/'plæka:d/ I [ov ww] • aanplakken • aankondigen, bekend maken II [znw] aanplakbiljet
placate/plə'keɪt/ [ov ww] • tevredenstellen, verzoenen • ⟨AÐ⟩ omkopen
placatory/plə'keɪtərɪ/ [bnw] verzoenend, verzoenings-
place/pleɪs/ I [ov ww] • plaatsen • arrangeren • herinneren, thuisbrengen ⟨fig.⟩ • plaatsen ⟨v. order⟩, verkopen • stellen ⟨v. vertrouwen in⟩ • aanstellen, benoemen • in betrekking stellen voor ★ he was ~d hij behoorde tot de eerste drie ⟨bij race⟩ • (~ out) beleggen ⟨v. geld⟩ II [on ww] ⟨sport⟩ geklasseerd worden III [znw] • plaats, woonplaats • passage ⟨in boek⟩ • zitplaats • huis, gebouw, buitengoed • pleintje, hofje • plek, rang • ruimte • betrekking, positie ★ at your ~ bij u thuis ★ calculated to 5 decimal ~s berekend tot in 5 decimalen nauwkeurig • ⟨AÐ⟩ go ~s hier en daar heengaan • he is out of ~ hij is werkloos • it is not my ~ to do this het ligt niet op mijn weg om dit te doen ★ it's all over the ~ iedereen/de hele stad weet ervan • ~ card tafelkaartje • ~ of worship bedehuis • she was all over the ~ ze was totaal in de war • take ~ gebeuren; plaatsvinden ★ what you said was out of ~ wat jij zei was misplaatst
placebo/plə'si:bəʊ/ [znw] placebo, neppil
place-hunter[znw] baantjesjager
placeman/'pleɪsmən/ [znw] ambtenaar die uit partijbelang is aangesteld
placement/'pleɪsmənt/ [znw] plaatsing
placid/'plæsɪd/ [bnw] vredig, rustig, kalm
placidity/plə'sɪdətɪ/ [znw] rust, kalmte, vredigheid
plagiarism/'pleɪdʒərɪzəm/ [znw] plagiaat
plagiarist/'pleɪdʒərɪst/ [znw] plagiaris
plagiarize/'pleɪdʒəraɪz/ [ov ww] plagiaat plegen
plague/pleɪg/ I [ov ww] • bezoeken ⟨fig.⟩ • ⟨inf.⟩ pesten, treiteren II [znw] • pest • plaag • vervelend/lastig iem./iets ★ straf ★ ~ on him! laat 'm naar de hel lopen! ★ ~ on it! beroerd geval!
plaguy/'pleɪgɪ/ ⟨inf.⟩ [bnw + bijw] ellendig
plaice/pleɪs/ [znw] schol

plaid/plæd/ [znw] • plaid • ⟨geruite⟩ reisdeken • Schotse omslagdoek • ⟨geruite⟩ wollen stof
plain/pleɪn/ I [on ww] ⟨lit.⟩ klagen, klagend uiten II [znw] vlakte III [bnw] • duidelijk • eenvoudig • onversierd • niet gekleurd ⟨v. tekening⟩ • niet machtig/gekruid ⟨v. voedsel⟩ • openhartig • alledaags, gewoon • lelijk ⟨v. meisje⟩ • vlak, glad ⟨v. ring⟩ ★ I will be ~ with you ik zal je precies zeggen waar 't op staat ★ as ~ as a pikestaff zo klaar als een klontje • in ~ clothes in burger(kleren) ★ it is all ~ sailing 't loopt als vanzelf; 't is allemaal doodeenvoudig ★ ~ card kaart onder boer ★ ~ cooking burgerpot ★ ~ needle-work nuttige handwerken ★ ~ speaking onomwonden spreken ★ ~ tea theemaaltijd zonder vlees ★ ~ water alleen maar water; (dood)gewoon water IV [bijw] duidelijk
plain-clothes/pleɪn'kləʊðz/ [bnw] in burgerkleren
plainclothesman/pleɪnkləʊðsmæn/ [znw] politieman in burger, rechercheur
plainly/'pleɪnlɪ/ [bijw] ronduit, zonder meer
plainsman/'pleɪnzmən/ [znw] vlaktebewoner
plain-spoken/pleɪn'spəʊkən/ [bnw] openhartig
plaint/pleɪnt/ [znw] • weeklacht • ⟨jur.⟩ beschuldiging, aanklacht
plaintiff/'pleɪntɪf/ [znw] eiser, aanklager
plaintive/'pleɪntɪv/ [bnw] klagend
plait/plæt/ I [ov ww] • vouwen • vlechten II [znw] • vouw • vlecht
plan/plæn/ I [ov ww] • schetsen, ontwerpen • een plan maken • regelen ★ planning permission bouwvergunning II [znw] • plan • schema, ontwerp • schets, tekening • plattegrond • methode • plan of action plan de campagne • plan of site situatietekening • the best plan is to stay we kunnen maar beter blijven
plane/pleɪn/ I [ov ww] schaven II [on ww] • glijden ⟨v. vliegtuig⟩ • vliegen ⟨met vliegtuig⟩ III [znw] • plataan • schaaf • vlak • hoofdweg in mijn • niveau, peil, plan • ⟨inf.⟩ vliegtuig ★ ~ sailing 't vaststellen v. positie v. schip op bep. manier; makkelijk ⟨v. karwei⟩ IV [bnw] vlak
planet/'plænɪt/ [znw] • planeet • kazuifel
planetarium/plænə'teərɪəm/ [znw] planetarium
planetary/'plænɪtərɪ/ [bnw] • planetarisch, planeet- • aards • zwervend
plangent/'plændʒənt/ [bnw] • luid (klinkend) • klagend • aanhoudend
planish/'plænɪʃ/ [ov ww] • pletten • polijsten • glanzen ⟨v. foto's⟩
plank/plæŋk/ I [ov ww] met planken beleggen • (~ down) ⟨sl.⟩ neerleggen, direct betalen II [znw] • programmapunt • plank ★ ~ bed brits
planking/'plæŋkɪŋ/ [znw] • bevloering • planken
planner/'plænə/ [znw] ontwerper
planning/'plænɪŋ/ [znw] planning, regeling, opzet, 't ontwerpen
plant/pla:nt/ I [ov ww] • planten, poten, uitzetten ⟨v. vis⟩ • plaatsen, posteren • koloniseren • vestigen, stichten • beplanten • toebrengen ⟨v. slag⟩ • begraven • opzetten • ⟨sl.⟩ verbergen ⟨v. gestolen goederen⟩ ★ ~ o.s. z. opstellen; z. posteren ★ ~ o.s. on z. opdringen aan • (~ out) vanuit pot in de open grond zetten, uitpoten II [znw] • plant • installatie, materieel • (opslagplaats voor) gestolen goederen • manier v. neerzetten • houding • ⟨sl.⟩ zwendel, bedotterij • ⟨AÐ⟩ fabriek • in ~ groeiend • lose ~ afsterven ★ ~ engineer onderhoudstechnicus
plantain/'plæntɪn/ [znw] weegbree
plantation/plæn'teɪʃən/ [znw] • (be)planting, aanplanting • plantage • ⟨gesch.⟩ vestiging ⟨v.

P

kolonie⟩ ⋆ ~ song negerliedje
planter/plɑːntə/ [znw] • planter • stichter
plantlike/plɑːntlaɪk/ [bnw] als 'n plant
plaque/plæk/ [znw] • (gedenk)plaat • (wand)bord
• ster (v. ridderorde) • ruwe plek ⟨op de huid⟩
plash/plæʃ/ I [ov + on ww] plonzen, (doen) spatten
II [ov ww] ineenstrengelen, vlechten III [znw]
(modder)poel, plas
plashy/plæʃɪ/ [bnw] • vol plassen • klotsend
plasm/plæzəm/ [znw] plasma
plaster/plɑːstə/ I [ov ww] • bepleisteren
• besmeren • met eer overladen, ophemelen • een
pleister leggen op ⟨ook fig.⟩ • ⟨scherts⟩ betaald
zetten • ⟨sl.⟩ beschieten • ~ed dronken II [znw]
• pleister • pleisterkalk ⋆ ~ cast gipsverband;
gipsafgietsel ⋆ ~ of Paris gips III [bnw] gipsen
⋆ ~ saint heilig boontje
plasterboard/plɑːstəbɔːd/ [znw] gipsplaat
plasterer/plɑːstərə/ [znw] stukadoor, gipswerker
plastic/plæstɪk/ I [ov ww] in kaart brengen II [bnw]
• beeldend, vormend • kneedbaar • ~ bomb
kneedbom • ~ clay pottenbakkersaarde ⋆ ~
surgery plastische chirurgie
plasticine/plæstəsiːn/ [znw] plasticine
plasticity/plæstɪsətɪ/ [znw] kneedbaarheid
plastics/plæstɪks/ [mv] kunststoffen
plastron/plæstrən/ [znw] • front, voorstuk
• plastron • buikschild (v. schildpad) • ⟨sport⟩
borststuk
plat/plæt/ I [ov ww] in kaart brengen II [znw]
• stukje grond • ⟨AE⟩ plattegrond • → **plait**
plate/pleɪt/ I [ov ww] • pantseren • plateren
• vervaardigen v. drukplaat II [znw] • naamplaat,
pantserplaat, fotografische plaat • afdruk
• gravure • bord • tafelzilver, metalen vaatwerk
• collecteschaal • opbrengst v. collecte • ⟨race om⟩
zilveren beker of andere prijs • ⟨AE⟩ dinner
maaltijd waarbij alle gerechten op één bord worden
opgediend ⋆ ~r glass spiegelglas ⋆ we have
enough on our ~ we hebben (al) genoeg te doen;
er hoeft niet meer bij III [bnw] ⋆ ~ armour
pantser ⋆ ~ glass spiegelglas
plateau/plætəʊ/ [znw] • presenteerblad • plateau
• stilstand ⟨in groei⟩
plateful/pleɪtfʊl/ [znw] bordvol
platform/plætfɔːm/ I [ov ww] (als) op een podium
plaatsen II [on ww] spreken vanaf podium
III [znw] • podium, spreekgestoelte • sprekers
• verhoging • perron • balkon ⟨v. tram⟩ • ⟨AE⟩
program v. politieke partij
plating/pleɪtɪŋ/ [znw] • verguldsel • pantsering
platinum/plætɪnəm/ [znw] platina
platitude/plætɪtjuːd/ [znw] gemeenplaats
platonic/plətɒnɪk/ [bnw] platonisch
platoon/plətuːn/ [znw] peloton
platter/plætə/ [znw] • plat bord of schaal
• broodplank • plateau • langspeelplaat
plaudit/plɔːdɪt/ [znw] (goedkeurend) applaus
plausibility/plɔːzəbɪlətɪ/ [znw]
• geloofwaardigheid • schone schijn
plausible/plɔːzəbl/ [bnw] • aannemelijk,
geloofwaardig • z. mooi(er) voordoend (dan men is)
play/pleɪ/ I [ov ww] • spelen, bespelen • uithalen
⟨v. grap⟩ • spelen, uitspelen ⟨v. kaart⟩ • spuiten,
afgevuurd worden, afvuren ⋆ don't play things
low doen je moet niet gemeen zijn ⋆ he has
played away all his money hij heeft al z'n geld
verspeeld ⋆ he plays a good knife and fork hij
kan flink eten ⋆ he plays a good stick/sword hij
schermt goed ⋆ play both sides against the
middle de een tegen de ander uitspelen ⋆ play
hook(e)y spijbelen ⋆ play it cool zich onverschillig

voordoen ⋆ play it on iem. op lage wijze
behandelen ten eigen bate ⋆ play nuts doen alsof
men gek is ⋆ play the fool voor gek spelen ⋆ play
the game eerlijk handelen ⋆ play the market
speculeren ⋆ they played him up ze namen 'm in
't ootje ⋆ you can't play them against each other
je kunt ze niet tegen elkaar uitspelen ⋆ you should
play the game by him je moet eerlijk tegenover
hem zijn ⋆ (~ **back**) terugspelen van geluidsband
• (~ **down**) bagatelliseren, kleineren • (~ **off**)
uithalen ⟨v. grap⟩, pronken met ⋆ play off
⟨against⟩ uit spelen tegen ⋆ play off as laten
doorgaan voor • (~ **out**) uit spelen ⋆ played out
op; geruïneerd; uitgeput II [on ww] • spuiten • z.
vrij (kunnen) bewegen • spelen • bespeelbaar zijn
⟨v. terrein⟩ • niet werken, staken ⋆ he played at
the plan hij deed zo maar half met het plan mee
⋆ he plays about with her hij houdt haar voor de
gek ⋆ he plays at gardening hij tuiniert zo'n
beetje voor z'n plezier ⋆ play at cards kaarten
⋆ play fair eerlijk spel spelen ⋆ play for love voor
zijn plezier spelen ⋆ play for time tijd proberen te
winnen ⋆ play on words woordspelingen maken
⋆ play round the law de wet ontduiken ⋆ ⟨sport⟩
play! los! ⋆ play-or-pay bet weddenschap die van
kracht blijft ⋆ two can play at this game! dat kan
ik ook! • (~ (**up**)**on**) bespelen, beïnvloeden,
misbruik maken van • (~ **off**) de beslissende
wedstrijd spelen • (~ **up**) beginnen te spelen,
handelen/spelen zo goed men kan, last bezorgen
• (~ **up to**) vleien, helpen, steunen III [znw] • spel
• toneelstuk • speling, bewegingsvrijheid • manier
v. spelen • activiteit, werking • werk(e)loosheid,
staking ⋆ I'll keep him in play ik zal 'm wel
bezighouden ⋆ bring into play laten gelden
⋆ don't bring him into play haal hem er niet bij
⋆ everything was in full play alles was volop in
werking ⋆ fair play eerlijke behandeling ⋆ give
full play de vrije loop laten ⋆ he said it in play hij
zei 't voor de grap ⋆ it was as good as a play 't was
net een film ⋆ play of words woordenspel ⋆ play
on words woordspeling ⋆ the boys were at play
de jongens waren aan 't spelen ⋆ they will make
great play with what he said ze zullen wel erg
schermen met wat hij zei
playable/pleɪəbl/ [bnw] • (be)speelbaar • te
maken (v. bal)
play-act/pleɪækt/ [on ww] komedie spelen, doen
alsof
play-actor/pleɪæktə/ [znw] komediant (ook fig.)
playback/pleɪbæk/ [znw] • het playbacken • het
afspelen van een band in opnameapparatuur
playbill/pleɪbɪl/ [znw] affiche voor toneelstuk
playboy/pleɪbɔɪ/ [znw] rijk uitgaanstype, playboy
player/pleɪə/ [znw] (beroeps)speler
player-piano/pleɪəpræːnəʊ/ [znw] pianola
playful/pleɪfʊl/ [bnw] speels, schertsend
playgame/pleɪɡeɪm/ [znw] • kinderspel (fig.)
• spelletje
playgoer/pleɪɡəʊə/ [znw] schouwburgbezoeker
playground/pleɪɡraʊnd/ [znw] • speelplaats
• recreatiegebied
playgroup/pleɪɡruːp/ [znw] kleutercrèche
playhouse/pleɪhaʊs/ [znw] • schouwburg
• poppenhuis
playing-card/pleɪɪŋkɑːd/ [znw] speelkaart
playing-field/pleɪɪŋfiːld/ [znw] sportveld
playlet/pleɪlət/ [znw] kort toneelstuk
playmate/pleɪmeɪt/ [znw] speelmakker
play-off/pleɪɒf/ [znw] beslissende wedstrijd
playpen/pleɪpen/ [znw] babybox
playroom/pleɪruːm/ [znw] speelkamer

plaything/'pleɪθɪŋ/ [znw] • stuk speelgoed
• speelbal ⟨fig.⟩
playtime/'pleɪtaɪm/ [znw] speelkwartier/-tijd
playwright/'pleɪraɪt/ [znw] toneelschrijver
plaza/'plɑːzə/ [znw] • plein • ⟨AE⟩ modern
winkelcomplex
plea/pliː/ [znw] • pleidooi, betoog
• verontschuldiging • voorwendsel, motief
• ⟨gesch.⟩ proces
pleach/pliːtʃ/ [ov ww] vlechten, ineenstrengelen
plead/pliːd/ I [ov ww] • bepleiten, verdedigen • als
verontschuldiging aanvoeren • voorwenden
II [on ww] z. verdedigen, pleiten • he ~ed
guilty/not guilty hij bekende/ontkende schuld
∗ he ~ed with me to have patience hij smeekte
me om geduld te hebben
pleader/'pliːdə/ [znw] pleiter
pleading/'pliːdɪŋ/ [znw] • pleidooi • smeking
pleasance/'plezəns/ ⟨vero.⟩ [znw] lusthof, genot
pleasant/'plezənt/ [bnw] aangenaam, prettig
pleasantry/'plezəntrɪ/ [znw] grap, scherts
please/pliːz/ [ov + on ww] • bevallen, behagen
• believen ∗ His Majesty has been graciously ~d
to come het heeft Zijne Majesteit behaagd te
komen ∗ if you ~ alstublieft; als ik zo vrij mag
zijn; zowaar; nota bene ∗ ~ God als het God/de
hemel behaagt • ~ yourself doe zoals je wilt ∗ we
were very ~d with it we waren er zeer mee
ingenomen ∗ you were ~d to doubt what I said
het beliefde je te betwijfelen wat ik zei
pleasing/'pliːzɪŋ/ [bnw] • aangenaam
• behaaglijk • innemend
pleasurable/'pleʒərəbl/ [bnw] prettig,
aangenaam
pleasure/'pleʒə/ I [ov ww] een genoegen doen
II [on ww] behagen scheppen in III [znw]
• plezier, genoegen, genot • verkiezing ∗ a man of
~ 'n bon-vivant ∗ at ~ naar believen ∗ during his
~ zolang hij het wil; zolang het hem behaagt ∗ it
is Our ~ ... o.s. z. borg stellen ∗ ~ take
~ in behagen scheppen in ∗ we have ~ in
sending you ... we hebben het genoegen u ... te
zenden
pleasure-loving/'pleʒəlʌvɪŋ/ [bnw] genotziek
pleat/pliːt/ I [ov ww] plooien II [znw] plooi
pleb/pleb/ ⟨sl.⟩ [znw] plebejer
plebby/'plebɪ/ ⟨sl.⟩ [bnw] plebejisch
plebeian/plɪ'biːən/ I [znw] plebejer II [bnw]
plebejisch
pled/pled/ ⟨dial.⟩ verl. tijd + volt. deelw. → plead
pledge/pledʒ/ I [ov ww] • in pand geven, belenen
• verpanden • plechtig beloven • drinken op de
gezondheid van ∗ ~ o.s. z. borg stellen ∗ ~ the
future een wissel trekken op de toekomst II [znw]
• onderpand • belofte, gelofte • heildronk ∗ he
took the ~ hij werd geheelonthouder
pledgee/ple'dʒiː/ [znw] pandnemer
pledger/'pledʒə/ [znw] pandgever
plenary/'pliːnərɪ/ [bnw] • geheel • volledig,
voltallig ∗ ~ powers volmachten
plenipotentiary/plenɪpə'tenʃərɪ/ I [znw]
• gevolmachtigde, gevolmachtigde minister
• ambassadeur II [bnw] gevolmachtigd
plenitude/'plenɪtjuːd/ [znw] overvloed
plenteous/'plentɪəs/ [bnw]
overvloedig
plenty/'plentɪ/ I [znw] overvloed II [bnw] ⟨AE⟩
overvloedig III [bijw] ⟨inf.⟩ ruimschoots • ⟨inf.⟩
it's ~ large enough het is meer dan groot genoeg
pleonasm/'pliːənæzəm/ [znw] pleonasme
pleonastic/pliːə'næstɪk/ [bnw] pleonastisch
plethora/'pleθərə/ [znw] • volbloedigheid

• oververzadigdheid
plethoric/ple'θɒrɪk/ [bnw] • volbloedig
• oververzadigd
pleurisy/'plʊərəsɪ/ [znw] pleuris
pleuritic/plʊə'rɪtɪk/ [bnw] aan pleuris lijdend
pliability/plaɪə'bɪlətɪ/ [znw] • plooibaarheid
• volgzaamheid
pliable/'plaɪəbl/ [bnw] plooibaar, volgzaam
pliancy/'plaɪənsɪ/ [znw] kneedbaarheid,
plooibaarheid
pliant/'plaɪənt/ [bnw] • plooibaar, gedwee
plied/plaɪd/ verl. tijd + volt. deelw. → ply
pliers/'plaɪəz/ [mv] buigtang
plight/plaɪt/ I [ov ww] verpanden ∗ ~ one's faith
zijn woord geven ∗ ~ed lovers gelieven die elkaar
trouw hebben gezworen II [znw] • verbintenis,
trouwbelofte • conditie, (hopeloze) toestand
• (onaangename) situatie ∗ they were in a sorry
~ ze waren er slecht aan toe
plimsolls/'plɪmsɒlz/ [mv] gymnastiekschoenen
plinth/plɪnθ/ [znw] plint
plod/plɒd/ I [on ww] • plodding moeizaam • (~
along/on) voortsukkelen • (~ at) zwoegen aan,
ploeteren aan, zwaar werken aan II [znw] gezwoeg
plodder/'plɒdə/ [znw] zwoeger, ploeteraar
plonk/plɒŋk/ I [ov ww] met 'n smak neergooien
II [znw] • plof, smak • goedkope wijn
plop/plɒp/ I [znw] plons, plof II [bijw] pardoes
plot/plɒt/ I [ov ww] • intrigeren, plannen
smeden/beramen • ontwerpen • in kaart brengen
• indelen ⟨v. tijd⟩ II [znw] • stukje grond • plot,
intrige • samenzwering • ⟨AE⟩ plattegrond
∗ radar-plot radarbaken
plotter/'plɒtə/ [znw] samenzweerder
plough/plaʊ/ I [ov ww] • (door)ploegen • ploeteren
• ⟨sl.⟩ afwijzen voor examen • (~ back)
onderploegen • (~ out) uitroeien • (~ up)
omwoelen II [on ww] • (~ through)
doorworstelen III [znw] • ploeg • omgeploegd land
• ⟨sl.⟩ 't afwijzen voor examen ∗ put one's hand to
the ~ de hand aan de ploeg slaan
Plough/plaʊ/ [znw] ∗ the ~ de Grote Beer
ploughboy/'plaʊbɔɪ/ [znw] boerenkinkel ⟨fig.⟩
plough-land/'plaʊlænd/ [znw] bouwland
ploughman/'plaʊmən/ [znw] ploeger, boer ∗ ~'s
lunch (stevige) broodmaaltijd (met bier)
ploughshare/'plaʊʃeə/ [znw] ploegschaar ∗ at
the ~-tail achter de ploeg ⟨fig.⟩
plover/'plʌvə/ [znw] • pluvier • ⟨inf.⟩ kieviet
plow/plaʊ/ → plough
ploy/plɔɪ/ ⟨inf.⟩ [znw] • tactische zet • karweitje
pluck/plʌk/ I [ov ww] • plukken ⟨ook v.
gevogelte⟩, trekken (aan) • ⟨vero.⟩ laten zakken
⟨voor examen⟩ ∗ ~ a pigeon een onnozele ertussen
nemen • ~ up courage zich vermannen; moed
verzamelen II [znw] • ruk, trek • hart, longen en
lever v. dier ⟨als voedsel⟩ • durf, moed • ⟨vero.⟩ 't
zakken ⟨voor examen⟩
plucked, plucky/'plʌkɪ/ [bnw] moedig
plug/plʌg/ I [ov ww] • dichtstoppen, vullen ⟨v.
tand⟩ • tamponneren • een oplawaai geven
• (liedje) populair trachten te maken door het veel
te spelen/zingen • ophemelen • ⟨sl.⟩ neerschieten
• (~ in) contact maken, de stekker insteken
II [on ww] ⟨inf.⟩ ploeteren, zwoegen • (~ away)
doorploeteren, doorzwoegen III [znw] • radio- of
televisiereclame • bougie • stuk pruimtabak
• propje ⟨v. tabak⟩ • vulling, stop, plug, stekker
• ⟨sl.⟩ oplawaai • ⟨AE⟩ hoge hoed • ⟨med.⟩ tampon
• ⟨AE⟩ plug-in vulling IV [bnw] ⟨AE⟩ doodgewoon
plughole/'plʌghəʊl/ [znw] gootsteengat
plug-ugly/'plʌgʌglɪ/ ⟨AE⟩ [znw] lawaaischopper

P

plum/plʌm/ [znw] • rozijn • pruim • ‹sl.› £100.000 ★ French plum neusje v.d. zalm; iets fijns ★ plum cake rozijnencake; krentencake

plumage/'plu:mɪdʒ/ [znw] gevederte

plumb/plʌm/ I [ov ww] • peilen ‹ook fig.› • loodrecht plaatsen of maken II [on ww] loodgieterswerk verrichten III [znw] schietlood ★ out of ~ uit 't lood ★ ~ line schietlood IV [bnw] • loodrecht, verticaal • volkomen, volslagen

plumber/'plʌmə/ [znw] loodgieter

plumbery/'plʌmərɪ/ [znw] • loodgietersbedrijf • loodgieterswerk

plumbing/'plʌmɪŋ/ [znw] loodgieterswerk, sanitair

plumb-rule[znw] waterpas

plume/plu:m/ I [ov ww] • met veren versieren • v. veren voorzien • met andermans veren pronken ★ ~ o.s. on z. laten voorstaan op; de veren gladstrijken II [znw] pluim, vederbos ★ borrowed ~s andermans veren

plummet/'plʌmɪt/ [znw] • schietlood • gewichtje aan vislijn

plummy/'plʌmɪ/ [bnw] • pruimachtig, vol pruimen ‹inf.› voortreffelijk

plump/plʌmp/ I [ov ww] • opschudden • neerkwakken • (~ for) als één man stemmen op, z. verklaren voor • (~ out) eruit flappen • (~ up) vetmesten • (~ upon) overvallen II [on ww] neerploffen • (~ down) neerploffen • (~ out/up) aankomen ‹in gewicht› III [znw] zware val, plof IV [bnw] • mollig, vol, vlezig, dik • onomwonden, vierkant, bot V [bijw] • met een smak • botweg ★ they came ~ upon me ze overvielen me

plumy/'plu:mɪ/ [bnw] • vederachtig • met veren versierd

plunder/'plʌndə/ I [ov ww] plunderen, (be)roven II [znw] • plundering • buit, roof • ‹sl.› winst • ‹AE› huisraad, bagage

plunderer/'plʌndərə/ [znw] plunderaar

plunge/plʌndʒ/ I [ov ww] • in de grond zetten ‹v. plant› • onderdompelen • storten II [on ww] • kelderen ‹v. prijzen› • stampen ‹v. schip› • z. storten • binnenstormen • duiken • vooruitschieten ‹v. paard› • ‹sl.› gokken • ‹sl.› grote schulden maken • ‹mil.› plongeren ★ ~d in thought in gedachten verzonken III [znw] • kritiek ogenblik ★ take the ~ de sprong wagen

plunger/'plʌndʒə/ [znw] • duiker • ontstopper • springend paard • ‹sl.› cavalerist • ‹sl.› gokker

plunk/plʌŋk/ I [ov + on ww] • tokkelen • wegschieten • neerploffen • ‹AE/inf.› onverwachts raken II [znw] • zware slag, plof • ‹AE/sl.› dollar

pluperfect/plu:'pɜ:fɪkt/ [znw] voltooid verleden tijd

plural/'plʊərəl/ [bnw] meervoudig, meervoud(s)-

pluralism/'plʊərəlɪzəm/ [znw] cumulatie v. ambten

pluralist/'plʊərəlɪst/ [znw] iem. die meer dan één ambt tegelijk vervult

plurality/plʊə'rælɪtɪ/ [znw] • meervoudigheid • groot aantal • menigte • meerderheid v. stemmen • 't bekleden v. meer dan één ambt tegelijk • ambt vervuld met een ander

pluralize/'plʊərəlaɪz/ I [ov ww] meervoudig maken II [on ww] meer dan één ambt bekleden

plus/plʌs/ I [znw] • plusteken • positieve of toegevoegde hoeveelheid II [bnw] • extra ‹wisk.› positief ★ plus sign plus(teken) III [vz] plus

plush/plʌʃ/ I [znw] pluche II [bnw] piekfijn

plushes/plʌʃɪz/ [mv] pluche lakeibroek

plushy/'plʌʃɪ/ [bnw] • plucheachtig • ‹inf.› chic, luxueus

plutarchy/'plu:tɑ:kɪ/ [znw] plutocratie

plutocracy/plu:'tɒkrəsɪ/ [znw] plutocratie

plutocratic/'plu:tɒkrætɪk/ [bnw] plutocratisch

pluvial/'plu:vɪəl/ I [znw] ‹gesch.› pluviale, koorkap II [bnw] regenachtig, regen-

ply/plaɪ/ I [ov + on ww] • (krachtig) hanteren ‹v. wapen› • bezig zijn met • lastig vallen met, overstelpen met ★ ply the bottle geducht de fles aanspreken ★ ply with drink dronken voeren II [on ww] • laveren • klanten proberen te krijgen • (~ between) pendelen tussen III [znw] • vouw • laag • streng • neiging ★ take a ply z. richten naar

plywood/'plaɪwʊd/ [znw] multiplex, triplex

p.m. [afk] • (post meridiem) 's middags, p.m.

P.M. [afk] • (Prime Minister) premier

P.M.G. [afk] • (Paymaster-General) minister van financiën • (Postmaster-General) minister van posterijen

pneumatic/nju:'mætɪk/ I [znw] • luchtband • fiets met luchtbanden II [bnw] • pneumatisch, lucht(druk)- • geestelijk ★ ~ tyre luchtband

pneumatics/nju:'mætɪks/ [mv] pneumatiek

pneumonia/nju:'məʊnɪə/ [znw] longontsteking

P.O. [afk] • (Petty Officer) onderofficier ‹marine› • (Postal Order) postwissel • (Post Office) postkantoor

poach/pəʊtʃ/ I [ov ww] • pocheren • steken, duwen • vertrappen, omwoelen • stropen, afstropen • op oneerlijke manier verkrijgen • oneerlijke voorsprong op iem. of iets krijgen II [on ww] 'n overtreding begaan

poacher/'pəʊtʃə/ [znw] • stroper • indringer • pocheerpan

pock/pɒk/ [znw] pok

pocked/pɒkt/ [bnw] pokdalig, vol gaten

pocket/'pɒkɪt/ I [ov ww] • in de zak steken • potten ‹bij poolbiljart› • insluiten, hinderen • z. toe-eigenen, inpalmen • z. laten welgevallen • onderdrukken ‹v. gevoelens›, verbergen II [znw] • zak • pocketboek • met erts gevulde holte in aarde • ‹mil.› geïsoleerd gebied ★ I am 5 shilling in ~ ik heb vijf shilling ★ I am 5 shilling in ~ by this transaction ik heb 5/- verdiend aan deze transactie ★ an empty ~ iem. zonder geld III [bnw] in zakformaat, miniatuur ★ ~ battleship slagschip v. vestzakformaat ★ ~ calculator zakrekenmachine ★ ~ expenses kleine, persoonlijke uitgaven ★ ~ glass zakspiegeltje ★ ~ handkerchief zakdoek ★ ~ money zakgeld

pocketable/'pɒkɪtəbl/ [bnw] handzaam

pocketbook/'pɒkɪtbʊk/ [znw] • pocketboek • portefeuille, (dames)portemonnee • ‹AE› damestas

pocketful/'pɒkɪtfʊl/ [znw] heel veel

pockmark/'pɒkmɑ:k/ [znw] • pokputje • put, gat

pockmarked, pockpitted/'pɒkmɑ:kt/ [bnw] pokdalig

pod/pɒd/ I [ov ww] • peulen dragen • doppen • bijeen drijven v. robben • (~ up) ‹sl.› dik worden bij zwangerschap II [znw] • pens • dop, peul • cocon • fuik • kleine school robben/walvissen ★ ‹sl.› in pod zwanger

podge/pɒdʒ/ ‹inf.› [znw] dikzak

podgy/'pɒdʒɪ/ [bnw] dik, rond

podia/'pəʊdɪə/ [mv] → **podium**

podiatry/pə'daɪətrɪ/ ‹AE› [znw] pedicure

podium/'pəʊdɪəm/ [znw] • podium • voetstuk • bank langs kantoormuur

poem/'pəʊɪm/ [znw] gedicht

poesy/'pəʊəzɪ/ [znw] poëzie

poet/'pəʊɪt/ [znw] • dichter • ‹scherts› gedichtenrubriek in krant

poetaster/'pəʊɪtæstə/ [znw] rijmelaar

poetess/'pəʊˈtes/ [znw] dichteres
poetic(al)/pəʊˈetɪk(l)/ [bnw] dichterlijk
poetics/pəʊˈetɪks/ [mv] • poëzie • verskunst
poetry/'pəʊətrɪ/ [znw] dichtkunst, poëzie
po-faced/pəʊˈfeɪst/ ⟨SL.⟩ [bnw] met dom-plechtige blik
pogrom/'pɒgrəm/ [znw] pogrom, razzia tegen joden
poignancy/'pɔɪnjənsɪ/ [znw] • scherpheid • pikantheid
poignant/'pɔɪnjənt/ [bnw] • scherp, pijnlijk, schrijnend • pikant
point/pɔɪnt/ I [ov ww] • richten • aanslijpen
• doen uitkomen • voegen ⟨v. muur⟩ • (~ at) richten op • (~ out) wijzen op, aanwijzen, aanduiden • (~ up) benadrukken, plamuren II [on ww] • gericht zijn • de aandacht vestigen op • staan ⟨v. jachthond⟩ • (~ at) wijzen op • (~ to) wijzen op, aangeven III [znw] • punt, decimaalteken, stip ⟨kompas⟩streek • spits, naald, geweitak • (doel)punt • zin, nut • het voornaamste, kern • aanwijzing • karakteristiek • ⟨AE⟩ station ★ I don't see the – ik zie de aardigheid er niet van in; ik zie het nut er niet van in ★ a case in – een toepasselijk geval ★ a policeman on ~ (duty) verkeersagent ★ at all –s in alle opzichten ★ at last he had carried his – tenslotte had hij zijn doel bereikt ★ at the – of death op sterven ★ break-even – positief keerpunt ★ brief and to the – kort en zakelijk ★ check-out – kassa ★ give ~ to doen uitkomen ★ give ~s to overtreffen ★ he is selfsufficient to the – of pride hij is zó zelfverzekerd dat je hem bijna trots zou kunnen noemen ★ he made a ~ of hij stond er op om ★ he was very much to the ~ hij was zeer ad rem ★ his remarks lack ~ zijn opmerkingen zijn niet scherp ★ in ~ of fact in feite; werkelijk ★ it is off the – het is niet ter zake doende ★ it is without ~ 't heeft geen zin ★ not to put too fine a ~ (up)on it het maar botweg zeggen ★ ~ duty politiepost; verkeersregeling ★ ~ of view gezichtspunt ★ ~ to – wedren met hindernissen ★ possession is nine ~s of the law hebben is hebben, krijgen is de kunst ★ stick to the ~ voet bij stuk houden ★ stretch a ~ door de vingers zien ★ take ~s punten vóór krijgen ★ the case in – het onderhavige geval ★ the case you take is not in – het geval dat jij aanhaalt is niet ter zake dienend ★ there are ~s in your proposal er zit wel wat goeds in uw voorstel ★ to the ~ ter zake ★ what is the ~? waar gaat 't over? ★ when it comes to the ~ als puntje bij paaltje komt ★ with great ~ met grote nadruk
point-blank/pɔɪnt'blæŋk/ [bnw + bijw] • bot(weg) • horizontaal afgevuurd ★ at ~ range botweg; op de man af
pointed/'pɔɪntɪd/ [bnw] • puntig • doordringend • nadrukkelijk • scherp, ad rem • ~ly opvallend
pointer/'pɔɪntə/ [znw] • wijzer • aanwijsstok • staande hond • etsnaald • ⟨inf.⟩ aanwijzing, wenk
pointing/'pɔɪntɪŋ/ [znw] • punctuatie • voegwerk
pointless/'pɔɪntləs/ [bnw] • stomp • doelloos • zonder betekenis • onopvallend • flauw ⟨v. grap⟩ • niet ad rem
point-policeman/pɔɪntpəli:smən/ [znw] verkeersagent
points/pɔɪnts/ [mv] • wissel ⟨v. spoor⟩ • goede kwaliteiten ⟨v. paard⟩ • benen ⟨v. paard⟩
pointsman/'pɔɪntsmən/ ⟨vero.⟩ [znw] • verkeersagent • wisselwachter
poise/pɔɪz/ I [ov ww] • balanceren, in evenwicht houden • ondersteunen • op bep. manier houden ⟨vooral v. hoofd⟩ ★ ~d in evenwicht II [on ww] • in evenwicht zijn • hangen, zweven III [znw] • zelfbeheersing • houding ⟨v. hoofd⟩ • onzekerheid • evenwicht ★ at ~ in evenwicht; in onzekerheid
poison/'pɔɪzən/ I [ov ww] • vergiftigen • verpesten, bederven • vervuilen ★ ~ed cup gifbeker II [znw] • vergif • ⟨inf.⟩ sterke drank ★ I hate it like ~ ik heb er een vreselijke hekel aan ★ ~ gas gifgas ★ slow ~ langzaam werkend vergif
poisoner/'pɔɪzənə/ [znw] gifmenger
poisonous/'pɔɪzənəs/ [bnw] • vergiftig • verderfelijk • verontreinigend • ⟨inf.⟩ erg onprettig
poke/pəʊk/ I [ov ww] oppoken • poke fun at de draak steken met • poke one's nose into z'n neus steken in • (~ up) opsluiten II [on ww] • snuffelen • (met het hoofd) voorover lopen • ⟨AE⟩ spuiten ⟨v. heroïne⟩ • poke about and pry nieuwsgierig rondsnuffelen • (~ at) stoten naar, duwen naar III [znw] • stoot, duw, por • weibok • vooruitstekende rand v. dameshoed • pot, inzet • ⟨AE⟩ luilak
poker/'pəʊkə/ I [ov ww] versieren met brandwerk II [znw] • pook • stijf mens • poker • ⟨SL.⟩ pedel • ⟨scherts⟩ by the holy ~! de duivel hale me ⟨als ...⟩! ★ ~ face pokergezicht; onbewogen gezicht
poker-faced/'pəʊkəfeɪst/ [bnw] met een onbewogen gezicht
pokey/'pəʊkɪ/ ⟨AE/SL⟩ [znw] gevangenis
poky/'pəʊkɪ/ [bnw] • bekrompen • onbetekenend • slonzig • obscuur
Poland/'pəʊlənd/ [znw] Polen
polar/'pəʊlə/ [bnw] polair, pool- ★ ~ bear ijsbeer
polarity/pə'lærətɪ/ [znw] polariteit
polarization/pəʊləraɪ'zeɪʃən/ [znw] polarisatie
polarize/'pəʊləraɪz/ [ov ww] • in dezelfde richting leiden • willekeurige, afwijkende betekenis geven • polariseren
pole/pəʊl/ I [ov ww] • v. palen voorzien • bomen ⟨v. schuit⟩ II [znw] • paal, stok, staak, mast • dissel • roede (5 meter) • pool ★ (as the) poles apart een hemelsbreed verschil ★ ⟨SL.⟩ up the pole in de knel; niet goed wijs; dronken
Pole/pəʊl/ [znw] Pool
poleaxe/'pəʊlæks/ [znw] strijdbijl, bijl v. beul
polecat/'pəʊlkæt/ [znw] bunzing
polemic/pə'lemɪk/ [znw] polemiek
polestar/'pəʊlsta:/ [znw] • Poolster • iets dat leidt/aantrekt
pole-vault I [on ww] polsstokspringen II [znw] • het polsstokspringen • polsstoksprong
police/pə'li:s/ I [ov ww] • onder politietoezicht stellen • van politie voorzien • toezicht houden op II [znw] politie ★ ~ constable politieagent ★ ~ force politie ★ ~ office hoofdbureau v. politie ★ ~ officer politieagent ★ ~ scout motoragent ★ ~ state politiestaat ★ ~ station politiebureau ★ ~ van gevangenenwagen
policeman/pə'li:smən/ [znw] politieagent
policy/'pɒlɪsɪ/ [znw] • (staats)beleid, omzichtigheid • politiek, gedragslijn • polis • ⟨Schots⟩ park om landgoed • ⟨AE⟩ soort gokspel ★ honesty is the best ~ eerlijk duurt het langst
polio/'pəʊlɪəʊ/ [znw] polio, kinderverlamming
polish/'pɒlɪʃ/ I [ov ww] • polijsten, poetsen • slijpen ⟨v. glas⟩ • beschaven ★ ~ed gepolijst; beschaafd • (~ off) ⟨inf.⟩ afmaken, verorberen, ervan langs geven • (~ up) verfraaien, oppoetsen II [on ww] gaan glimmen III [znw] • glans, politoer, poets • beschaving ★ give it a ~ poets 't

P

wat op
Polish/'pəʊlɪʃ/ [bnw] Pools
polisher/'pɒlɪʃə/ [znw] poetsmiddel
polite/pə'laɪt/ [bnw] • beleefd • beschaafd ★ ~ arts
schone kunsten ★ ~ letters schone letteren
politeness/pə'laɪtnəs/ [znw] • beleefdheid
• beschaving
politic/'pɒlɪtɪk/ [bnw] politiek, geslepen, handig
★ the body — de staat
political/pə'lɪtɪkl/ I [znw] staatsgevangene
II [bnw] staatkundig, politiek ★ ~ economist
staathuishoudkundige ★ ~ science
staatswetenschappen
politician/pɒlɪ'tɪʃən/ [znw] • politicus • (AE)
politieke intrigant
politicize/pə'lɪtɪsaɪz/ I [ov ww] politiseren
II [on ww] • als politicus optreden • z. bezig
houden met de politiek, praten over de politiek
politico-/pə'lɪtɪkəʊ/ [in samenst] politiek-
★ ~economical politiek-economisch ★ ~religious
politiek-godsdienstig
politics/'pɒlɪtɪks/ [mv] politiek, staatkunde
polity/'pɒlətɪ/ [znw] • staatsinrichting • staat
polka/'pɒlkə/ [znw] polka ★ ~ dot stip; nop
poll/pəʊl/ I [ov ww] • toppen, knotten • de hoorns
afsnijden • stemmen behalen • ondervragen
II [on ww] zijn stem uitbrengen ★ polling booth
stemhokje ★ polling station stembureau • (~ for)
stemmen op III [znw] ★ 't stemmen • stembus
• aantal stemmen • kiesregister • opiniepeiling
• ongehoornd dier • (scherts) hoofd, kop ★ Gallup
poll opinieonderzoek ★ he goes out in the poll hij
studeert voor gewone graad • he was at the head
of the poll hij behaalde de meeste stemmen ★ poll
degree gewone universitaire graad ★ poll of the
people volksstemming ★ poll tax personele
belasting
pollard/'pɒləd/ I [ov ww] knotten ★ ~ willow
knotwilg II [znw] • ongehoornd dier • geknotte
boom • zemelen
pollen/'pɒlən/ I [ov ww] bedekken met stuifmeel,
bestuiven II [znw] stuifmeel ★ ~ count
stuifmeelgehalte
pollinate/'pɒlɪneɪt/ [ov ww] bestuiven
polling/'pəʊlɪŋ/ [znw] stemming
polling-day [znw] verkiezingsdag
pollster/'pəʊlstə/ [znw] enquêteur
pollutant/pə'lu:tənt/ [znw] vervuiler
pollute/pə'lu:t/ [ov ww] • bezoedelen, besmetten
• verontreinigen (vnl. v. milieu) • ontheiligen
pollution/pə'lu:ʃən/ [znw] verontreiniging,
vervuiling
polo/'pəʊləʊ/ [znw] polo
polo-neck/'pəʊləʊnek/ [znw] col, rolkraag
poltroon/pɒl'tru:n/ [znw] lafaard
poltroonery/pɒl'tru:nərɪ/ [znw] lafheid
poly/'pɒlɪ/ I [znw] ≈ hoger beroepsonderwijs
II [voorv] poly-, veel-, meer-
polyandry/'pɒlɪændrɪ/ [znw] polyandrie,
veelmannerij
polyethylene/pɒlɪ'eθɪli:n/ [znw] polytheen,
polyetheen, polyethyleen
polygamist/pə'lɪgəmɪst/ [znw] polygame
man/vrouw
polygamous/pə'lɪgəməs/ [bnw] polygaam
polygamy/pə'lɪgəmɪ/ [znw] polygamie
polyglot/'pɒlɪglɒt/ [znw] polyglot, iem. die veel
talen beheerst
polygon/'pɒlɪgən/ [znw] polygon, veelhoek
polyp/'pɒlɪp/ [znw] poliep
polystyrene/pɒlɪ'staɪəri:n/ [znw] polystyreen,
plastic

polysyllabic/pɒlɪsɪ'læbɪk/ [bnw] veellettergrepig
polytechnic/pɒlɪ'teknɪk/ [znw] ≈ hoger
beroepsonderwijs
polytheism/'pɒlɪθi:ɪzəm/ [znw] polytheïsme,
veelgodendom
polythene/'pɒlɪθi:n/ [znw] polytheen,
polyethyleen
pom/pɒm/ (pej.) [znw] Engelsman
pomander/pə'mændə/ [znw] reukbal
pomegranate/'pɒmɪgrænɪt/ [znw]
granaatappel(boom)
pommel/'pʌml/ I [ov ww] slaan, beuken II [znw]
• degenknop • oplopend voorgedeelte v. zadel
pomology/pə'mɒlədʒɪ/ [znw] • fruitteelt
• ooftkunde
pomp/pɒmp/ [znw] pracht, luister ★ pomp and
circumstance pracht en praal
Pompeian/-'pi:ən/ [bnw] Pompejisch
pom-pom/'pɒmpɒm/ [znw] • pompon, kwastje
• verdragend automatisch snelvuurkanon
pomposity/pɒm'pɒsətɪ/ [znw] • statigheid, praal
• gewichtigheid
pompous/'pɒmpəs/ [bnw] • hoogdravend
• statig, gewichtig
ponce/pɒns/ [znw] • pooier • (sl.) verwijfd type,
nicht
pond/pɒnd/ I [ov ww] • (~ back/up) afdammen
II [on ww] een plas vormen III [znw] • vijver
• (scherts) zee ★ a horse pond paardensdrenk
ponder/'pɒndə/ I [ov ww] overpeinzen II [on ww]
• (~ on) peinzen over
ponderable/'pɒndərəbl/ [bnw] weegbaar
ponderous/'pɒndərəs/ [bnw] • zwaar, log • saai,
vervelend (v. stijl) • zwaarwichtig
pong/pɒŋ/ I [on ww] stinken II [znw] stank
poniard/'pɒnjəd/ I [ov ww] met dolk steken
II [znw] dolk
pontiff/'pɒntɪf/ [znw] ★ sovereign ~ opperpriester
pontifical/pɒn'tɪfɪkl/ I [znw] ceremonieboek voor
bisschoppen ★ in full ~s pontificaal ★ ~s gewaad
en waardigheidstekenen v. bisschop II [bnw]
pontificaal, pauselijk ★ Pontifical States
Kerkelijke Staat
pontificate/pɒn'tɪfɪkət/ I [ov ww] /pɒn'tɪfɪkeɪt/
gewichtig doen, orakelen II [znw] /pɒn'tɪfɪkət/
• pontificaat • pauselijke waardigheid, pontificate
regering
pontoon/pɒn'tu:n/ I [ov ww] in pontons
oversteken II [znw] • ponton • caisson
• eenentwintigen
pony/'pəʊnɪ/ [znw] • pony, hit • (sl.) £25 • (sl.)
klein likeurglas
ponytail/'pəʊnɪteɪl/ [znw] paardenstaart
(haardracht)
poodle/'pu:dl/ I [ov ww] knippen als een poedel
II [znw] poedel
poof, poofter/puf/ [znw] flikker, mietje
poofy/'pufɪ/ [bnw] flikkerachtig
pooh/pu:/ [tw] bah!
pooh-pooh/pu:'pu:/ [ov ww] • niets willen weten
(vnl. v. plan) • geringschatten
pool/pu:l/ I [ov ww] • poolen • samenbundelen
(fig.) • bijeenbrengen en verdelen • verenigen
• gemene zaak maken II [znw] • poel, plas
• zwembad • reservoir • pot (bij spel)
• gezamenlijke inzet • gemeenschappelijk fonds
• gemeenschappelijke levering (uit voorraad)
• syndicaat, trust • combinatie • diep stil deel v.
rivier ★ car pool carpooling ★ pool petrol benzine
uit depot ★ pool table biljarttafel ★ the Pool de
Theems tussen London Bridge en Tower Bridge
poolroom/'pu:lru:m/ (AE) [znw] biljartlokaal,

goklokaal

poop/puːp/ **I** [ov ww] • over achtersteven slaan ⟨v. golf⟩ • knallen • uitgeput raken ★ poop a sea de golven over of tegen de achtersteven krijgen ★ pooped out uitgeput • (~ off) afvuren **II** [znw] • achtersteven • achterdek • klap, knal ⟨sl.⟩ sul • ⟨AE/sl.⟩ inlichtingen

poor/pɔː/ **I** [znw] ★ poor relief armenzorg **II** [bnw] • behoeftig, arm • onvoldoende • schraal ⟨grond⟩ • vermagerd • slecht ⟨v. gezondheid⟩ • pover, armzalig • stumperig ★ in my poor opinion naar mijn bescheiden mening ★ my poor mother mijn moeder zaliger ★ the poor de armen

poorhouse/ˈpɔːhaʊs/ [znw] armenhuis

poorly/ˈpɔːlɪ/ **I** [bnw] ★ he is very ~ hij is erg minnetjes **II** [bijw] → **poor**

poorness/ˈpɔːnəs/ → **poor**

poor-spirited/ˈpɔːˈspɪrɪtəd/ [bnw] • lafhartig • stumperig

pop/pɒp/ **I** [ov ww] • laten knallen • afvuren • (pop upon) toevallig vinden/ontmoeten, overvallen • ⟨AE⟩ poffen ⟨v. maïs⟩ • ⟨sl.⟩ naar de lommerd brengen • he popped a question hij kwam ineens met een vraag ★ ⟨inf.⟩ he popped the question hij vroeg haar ten huwelijk • (~ at) schieten op • (~ **down**) neerschieten, gauw opschrijven • (~ **off**) neerschieten, gappen • (~ **on**) haastig aantrekken, aanschieten ⟨v. kleren⟩ • (~ **out**) ineens met iets voor de dag komen **II** [on ww] • knallen • smakken • snel of plotseling gaan of komen • glippen • wippen • (~ **down**) even naar beneden gaan • (~ **in** (on)) even binnenlopen (bij) • (~ **off**) wegglippen, de pijp uit gaan ★ pop off the books de pijp uit gaan • (~ **out**) ineens doven ⟨v. licht⟩ • (~ **over/round**) even aanwippen, even binnenlopen • (~ **up**) weer boven water komen, opduiken • pop up like daisies als paddestoelen uit de grond schieten • (~ **with**) popelen van **III** [znw] • knal, plof, klap • plek, stip • gemberbier • pistool • lommerd • populair concert • liefje • popmuziek ⟨inf.⟩ champagne • ⟨AE/inf.⟩ papa ★ my watch is in pop mijn horloge is bij de lommerd ★ pop group popgroep ★ pop music popmuziek **IV** [bnw] populair **V** [bijw] paf, floep ★ go pop failleren; springen ⟨v. fiets/band⟩

pop. [afk] • (popular(ly)) populair • (population) bevolking

popcorn/ˈpɒpkɔːn/ ⟨AE⟩ [znw] • gepofte maïs • pofmaïs

pope/pəʊp/ [znw] • paus • pope ★ pope's eye gedeelte van schapenbout

popery/ˈpəʊpərɪ/ [znw] papisme ★ no ~! weg met de papen!

pop-eyed/ˈpɒpaɪd/ ⟨AE/inf.⟩ [bnw] • met uitpuilende ogen • met grote ogen ⟨v. verbazing⟩

popgun/ˈpɒpɡʌn/ [znw] proppenschieter, (slecht) vuurwapen

popinjay/ˈpɒpɪndʒeɪ/ [znw] • verwaand persoon • ⟨vero.⟩ papegaai

popish/ˈpəʊpɪʃ/ [bnw] paaps

poplar/ˈpɒplə/ [znw] populier

poplin/ˈpɒplɪn/ [znw] popeline

poppa/ˈpɒpə/ ⟨AE/inf.⟩ [znw] pa

popper/ˈpɒpə/ ⟨inf.⟩ [znw] • drukknoop • schietijzer • knaller

poppet/ˈpɒpɪt/ ⟨inf.⟩ [znw] popje, lieverd

popple/ˈpɒpl/ **I** [on ww] borrelen ⟨v. water⟩, woelen **II** [znw] • geborrel • ⟨AE⟩ populier

poppy/ˈpɒpɪ/ [znw] • papaver, klaproos • opium

poppycock/ˈpɒpɪkɒk/ ⟨sl.⟩ [znw] onzin

pop-shop [znw] pandjeshuis

populace/ˈpɒpjʊləs/ [znw] • gewone volk • gepeupel

popular/ˈpɒpjʊlə/ [bnw] • populair, volks- • gewoon

popularity/pɒpjʊˈlærətɪ/ [znw] populariteit

popularization/pɒpjʊlərarˈzeɪʃən/ [znw] popularisatie

popularize/ˈpɒpjʊləraɪz/ [ov ww] populariseren

popularly/ˈpɒpjʊləlɪ/ [bijw] populair ★ he is ~ known as ... hij is algemeen bekend als ...

populate/ˈpɒpjʊleɪt/ [ov ww] bewonen, bevolken

population/pɒpjʊˈleɪʃən/ [znw] bevolking

populous/ˈpɒpjʊləs/ [bnw] dichtbevolkt, volkrijk

porcelain/ˈpɔːsəlɪn/ **I** [znw] porselein **II** [bnw] porseleinen

porch/pɔːtʃ/ [znw] • portiek • ⟨AE⟩ veranda

porcupine/ˈpɔːkjʊpaɪn/ [znw] • stekelvarken • hekel

pore/pɔː/ **I** [on ww] ★ pore one's eyes out zijn ogen te veel inspannen • (~ over) z. verdiepen in ⟨vnl. boek⟩, peinzen over **II** [znw] porie

pork/pɔːk/ [znw] • subsidie uit partijoverwegingen • varkensvlees • ⟨sl.⟩ seks • ⟨AE⟩ gift aan partijkas ★ pork pie varkensvleespastei ★ pork pie hat platte hoed

porker/ˈpɔːkə/ [znw] slachtvarken ★ he's a bit of a ~ het is wel een dikke bullebak

porkling/ˈpɔːklɪŋ/ [znw] big

porky/ˈpɔːkɪ/ [bnw] • varkensvleesachtig • ⟨inf.⟩ vet

porn(o)/pɔːn(əʊ)/ [znw] porno ★ ~-shop sekswinkel

pornography/pɔːˈnɒɡrəfɪ/ [znw] pornografie

porosity/pɒˈrɒsɪtɪ/ [znw] poreusheid

porous/ˈpɔːrəs/ [bnw] poreus

porpoise/ˈpɔːpəs/ [znw] • bruinvis • dolfijn

porridge/ˈpɒrɪdʒ/ [znw] • pap • nor • doing ~ brommen ⟨in de gevangenis⟩ ★ keep your breath to cool your ~ hou je gemak!

porringer/ˈpɒrɪndʒə/ [znw] papbordje, papkommetje

port/pɔːt/ **I** [ov + on ww] ★ port arms het geweer schuin voor en dichtbij 't lichaam houden ★ port the helm de helmstok naar bakboord draaien **II** [znw] • bakboord • port • patrijspoort • haven(plaats) • port ⟨v. ommuurde stad⟩ • houding ★ Port of London Authority Bestuur v.d. Londense havens ★ a close port aan een rivier gelegen haven ★ a port of call een aanloophaven ★ port dues havengelden

portable/ˈpɔːtəbl/ [bnw] • draagbaar • roerend ⟨v. goed⟩ ★ ⟨vero.⟩ – gramophone koffergrammofoon ★ ~ – kitchen veldkeuken ★ ~ – loo draagbaar toilet ★ ~ – set draagbaar radiotoestel ★ ~ – soup bouillonblokje

portage/ˈpɔːtɪdʒ/ **I** [ov ww] dragen ⟨v. goederen of boten⟩ **II** [znw] • vervoer • vervoerkosten • draagplaats (voor goederen of boten)

portal/ˈpɔːtl/ **I** [znw] ingang, poort **II** [bnw] ★ ~ vein poortader

portcullis/pɔːtˈkʌlɪs/ [znw] valpoort

portend/pɔːˈtend/ [ov ww] voorspellen

portent/ˈpɔːtent/ [znw] • voorteken • wonder

portentous/pɔːˈtentəs/ [bnw] • onheilspellend • plechtig • veelbetekenend • ontzaglijk

porter/ˈpɔːtə/ [znw] • portier • drager, besteller, kruier • donker bier

porterage/ˈpɔːtərɪdʒ/ [znw] ★ 't werk v. kruier • bestelloon

porterhouse/ˈpɔːtəhaʊs/ [znw] eethuis, bierhuis ★ ~ steak entrecote

portfolio/pɔːtˈfəʊlɪəʊ/ [znw] • map, portefeuille • ⟨AE⟩ waardepapieren

P

porthole/'pɔ:thəʊl/ [znw] patrijspoort, geschutspoort

portico/'pɔ:tɪkəʊ/ [znw] zuilengang, portiek

portion/'pɔ:ʃən/ I [ov ww] • verdelen, uitdelen
• toewijzen • bruidsschat geven • (~ off) afschermen • (~ out) uitdelen, verdelen II [znw] • (aan)deel, portie • lot • erfdeel • bruidsschat • a ~ of enkele

portliness/'pɔ:tlɪ/ [bijw] welgedaanheid, deftigheid

portly/'pɔ:tlɪ/ [bnw] • gezet (v. persoon) • deftig

portmanteau/pɔ:'mæntəʊ/ [znw] koffer
★ (taalk.) ~ word samentrekking

portrait/'pɔ:trɪt/ [znw] • portret • beeld
• levendige beschrijving

portraitist/'pɔ:trɪtɪst/ [znw] portretschilder

portraiture/'pɔ:trɪtʃə/ [znw] • portret • levendige beschrijving • portretschilderkunst

portray/pɔ:'treɪ/ [ov ww] schilderen

portrayal/pɔ:'treɪəl/ [znw] schildering

portress/'pɔ:trɪs/ [znw] portierster

Portuguese/pɔ:tjʊ'gi:z/ I [znw] Portugees, Portugezen II [bnw] Portugees

portwarden/pɔ:'twɔ:dn/ [znw] ⟨AE⟩ havenmeester

pose/pəʊz/ I [ov ww] • plaatsen, opstellen • stellen (v. vraag of stelling) • zetten (v. domino)
II [on ww] • z. aanstellen, 'n houding aannemen
• z. uitgeven voor • voorstellen, poseren III [znw] pose, houding, aanstellerij

poser/'pəʊzə/ [znw] • aansteller • moeilijke vraag, moeilijk probleem • poseur

posh/pɒʃ/ ⟨sl.⟩ [bnw] • chique ⟨vero.⟩ eersteklas

posing/'pəʊzɪŋ/ [znw] • houding • aanstellerij

posit/'pɒzɪt/ [ov ww] • poneren, veronderstellen
• plaatsen

position/pə'zɪʃən/ I [ov ww] • plaatsen • plaats bepalen II [znw] • stelling, bewering • houding, plaats(ing) • 't stellen • bevestiging • stand, rang
• toestand • post, betrekking • in ~ op zijn plaats

positive/'pɒzətɪv/ I [znw] • stellende trap
• positief getal • iets werkelijks • positief (v. foto)
II [bnw] • positief • volstrekt • beslist
• dogmatisch • ⟨inf.⟩ echt, volslagen ★ ~ degree stellende trap

posse/'pɒsɪ/ [znw] • groep gewapende mannen
• troep

possess/pə'zes/ [ov ww] bezitten, hebben, beheersen ★ be ~ed of bezitten ★ he carries on like one ~ed hij gaat te keer als een bezetene ★ ~ o.s. of in bezit nemen ★ ~ed by/with bezeten door, vervuld van; behept met ★ what ~es you? wat bezielt je?

possession/pə'zeʃən/ [znw] bezit, bezitting ★ in ~ of in het bezit van ★ ~ is nine points of the law hebben is hebben, krijgen is de kunst ★ ~s onderworpen gebied ★ the bailiffs are in ~ er is beslag gelegd op de inboedel ★ with immediate ~ dadelijk te aanvaarden

possessive/pə'zesɪv/ I [znw] • tweede naamval
• bezittelijk voornaamwoord II [bnw] • bezit-, bezittelijk • aanmatigend • ~ case tweede naamval ★ ~ pronoun bezittelijk voornaamwoord

possessor/pə'zesə/ [znw] bezitter

possibility/pɒsɪ'bɪlətɪ/ [znw] mogelijkheid

possible/'pɒsɪbl/ I [znw] • hoogst mogelijke aantal punten • mogelijke kandidaat (voor sportploeg, elftal) II [bnw] • mogelijk • redelijk, begrijpelijk ★ come if ~ kom zo mogelijk ★ there are two ~ reasons er zijn twee redenen mogelijk ★ there is only one ~ man among them er is onder hen maar een waar je iets mee beginnen kunt

possibly/'pɒsɪblɪ/ [bijw] mogelijkerwijs ★ he

could not ~ come hij kon onmogelijk komen ★ how could you ~ do this? hoe heb je in 's hemelsnaam dit kunnen doen

possum/'pɒsəm/ ⟨inf.⟩ [znw] buidelrat ★ play ~ z. ziek/dood houden

post/pəʊst/ I [ov ww] • (aan)plakken, bekend maken • aankondigen als afgewezen voor examen, aankondigen als overtijd (v. schip) • beplakken
• op de post doen • posten • inboeken • plaatsen, posteren • aanstellen tot ★ he was posted to this regiment hij werd ingedeeld bij dit regiment ★ keep me posted hou me op de hoogte ★ well posted goed ingelicht • (~ up) bijhouden (v. boeken) II [on ww] snellen III [znw] • post, staak, paal • verticale kolenmassa in mijn • laag zandsteen • post(kantoor) • brievenbus
• pleisterplaats voor postpaarden • afstand tussen twee pleisterplaatsen • papierformaat (50 X 40 cm) • koerier • postwagen, postbode • post, (stand)plaats • betrekking, post ★ (trading) post factorij ★ by post per post ★ post office postkantoor ★ post office box postbus ★ post office order postwissel ★ post office savingsbank postspaarbank ★ the Post Office de Post(erijen)
★ you are on the wrong side of the post je hebt 't bij 't verkeerde eind; je staat er lelijk voor
IV [voorv] na, post– ★ post-industrial postindustrieel

postage/'pəʊstɪdʒ/ [znw] porto ★ ~ paid franco ★ ~ stamp postzegel

postal/'pəʊstl/ I [znw] ⟨AE⟩ briefkaart II [bnw] post– ★ ⟨AE⟩ ~ car postrijtuig ★ ⟨AE⟩ ~card briefkaart ★ ~ order postwissel ★ ~ parcel postpakket ★ ~ van postrijtuig

postbag/'pəʊstbæg/ [znw] postzak

postbox/'pəʊstbɒks/ [znw] brievenbus

postboy/'pəʊstbɔɪ/ [znw] postbode

postcard/'pəʊstkɑ:d/ [znw] briefkaart

postdate/pəʊst'deɪt/ I [ov ww] later dateren
II [znw] latere datering

poster/'pəʊstə/ [znw] • affiche, aanplakbiljet
• postpaard

posterior/pɒ'stɪərɪə/ I [znw] zitvlak II [bnw]
• later • volgend op

posterity/pɒ'sterətɪ/ [znw] nakomelingschap, nageslacht

post-free/'pəʊst'fri:/ [bnw] franco

postgraduate/pəʊst'grædjʊət/ I [znw] postdoctorale student II [bnw] postuniversitair

post-haste[bijw] in vliegende vaart

posthumous/'pɒstjʊməs/ [bnw] na de dood, postuum

postiche/pɒ'sti:ʃ/ I [znw] • pruik • imitatie
• (overbodige) toevoeging II [bnw] kunstmatig, vals

posting/'pəʊstɪŋ/ [znw] stationering, (over)plaatsing, standplaats

postman/'pəʊstmən/ [znw] postbode ★ ~'s knock dubbele klop

postmark/'pəʊstmɑ:k/ I [ov ww] stempelen
II [znw] poststempel

postmaster/'pəʊstmɑ:stə/ [znw] postdirecteur ★ Postmaster General directeur-generaal v.d. posterijen

postmeridiem/pəʊstmə'rɪdɪəm/ [bijw] • 's middags ★ 's avonds

postmistress/'pəʊstmɪstrəs/ [znw] directrice van postkantoor

post-mortem/pəʊst'mɔ:təm/ [bnw + bijw] (van) na de dood ★ ~ examination lijkschouwing

post-natal/'pəʊst'neɪtl/ [bnw] (van) na de geboorte

postpaid/'pəʊstpeɪd/ [bnw] franco

postpone/pəʊst'pəʊn/ [ov ww] uitstellen • (~ to) achterstellen bij

postponement/pəʊst'pəʊnmənt/ [znw] uitstel • achterstelling

postscript/'pəʊstskrɪpt/ [znw] postscriptum

postulate I [ov ww] /'pɒstjʊleɪt/ • (ver)eisen • zonder bewijs aannemen • (~ for) bedingen **II** [znw] /'pɒstjʊlət/ stelling waarvan wordt uitgegaan

postulation/pɒstjʊ'leɪʃən/ [znw] • eis • verzoek • veronderstelling

posture/pɒstʃə/ **I** [ov ww] een zekere houding geven, plaatsen **II** [on ww] poseren **III** [znw] • houding • toestand

post-war/pəʊst'wɔ:/ [bnw] naoorlogs

posy/pəʊzɪ/ [znw] • (bloemen)ruiker(tje) • dichtbundel

pot/pɒt/ **I** [ov ww] • inmaken ‹in pot› • potten ‹v. plant› • stoppen ‹bij biljart› • neerschieten • bemachtigen, z. verzekeren van **II** [on ww] • (~ at) schieten op **III** [znw] • kan, beker, pot • prijs ‹bij wedstrijd› • fuik • grote som • favoriet • persoon ‹sl.› hoge inzet ‹sl.› cannabis, hasj, marihuana • a big pot 'n belangrijk persoon • a watched pot never boils wachten duurt altijd lang ★ go to pot op de fles gaan ★ keep the pot boiling de schoorsteen laten roken; iets gaande houden • make the pot boil de kost verdienen ★ pot roast gestoofd rundvlees ★ the pot is calling the kettle black de pot verwijt de ketel dat hij zwart ziet

potable/'pəʊtəbl/ [bnw] drinkbaar

potables/'pəʊtəbəlz/ [mv] drinkwaren

potash/'pɒtæʃ/ [znw] potas, kaliumcarbonaat

potassium/pə'tæsɪəm/ [znw] kalium

potation/pə'teɪʃən/ [znw] het drinken, drank

potato/pə'teɪtəʊ/ [znw] aardappel ★ - crisps chips ‹inf.› small –es niet veel zaaks

potbellied/pɒt'belɪd/ [bnw] met dikke buik

pot-belly/pɒt'belɪ/ [znw] buikje, dikke buik

pot-boiler/'pɒtbɔɪlə/ [znw] • literair of ander kunstwerk, enkel gemaakt om het geld • broodschrijver

potence, potency/pəʊtns/ [znw] • macht, invloed • potentie • kracht

potent/'pəʊtnt/ [bnw] • potent • machtig, overtuigend ‹v. bewijs› • sterk ‹v. medicijn›

potentate/'pəʊtənteɪt/ [znw] vorst

potential/pə'tenʃəl/ **I** [znw] • potentieel • mogelijkheid **II** [bnw] potentieel, mogelijk, eventueel, latent • (taalk.) ~ (mood) potentialis

potentiality/pətenʃɪ'ælətɪ/ [znw] mogelijkheid

pother/'pɒðə/ **I** [ov ww] plagen **II** [on ww] herrie/drukte maken **III** [znw] • verstikkende rook of stofwolk • herrie, lawaai

pothole/'pɒthəʊl/ [znw] • gat in een weg • gat in rivierbedding

potholer/'pɒthəʊlə/ [znw] speleoloog

pothouse/'pɒthaʊs/ [znw] bierhuis

potion/'pəʊʃən/ [znw] drankje ‹v. medicijn of vergif›

potluck/pɒt'lʌk/ ‹inf.› [znw] • take ~ eten wat de pot schaft

potman/'pɒtmən/ [znw] kelner

potpie/'pɒtpaɪ/ [znw] hutspot ‹fig.›

potpourri/pəʊ'pʊərɪ/ [znw] • mengsel van gedroogde bloembladen en kruiden • potpourri, mengelmoes

pot-shot/'pɒtʃɒt/ [znw] • schot uit hinderlaag • schot in 't wilde weg

potted/'pɒtɪd/ [bnw] • ingemaakt • gekunsteld, onnatuurlijk • verkort • in 't kort ‹v. nieuws›

• (AD) dronken ★ - meat geconserveerd vlees; vleespastei ★ - music grammofoonmuziek

potter/'pɒtə/ **I** [on ww] beuzelen, liefhebberen • (~ about) rondscharrelen • (~ along) boemelen ‹v. trein› • (~ away) verknoeien ‹v. tijd› **II** [znw] pottenbakker ★ -'s wheel pottenbakkersschijf

Potteries/'pɒtərɪz/ [mv] • the ~ pottenbakkersstreek in N.-Staffordshire

pottery/'pɒtərɪ/ [znw] • aardewerk • pottenbakkerij

potting-shed/pɒtɪŋʃed/ [znw] tuinschuurtje

potty/'pɒtɪ/ **I** [znw] ★ - training 't zindelijk maken ‹v. kind› **II** [bnw] • klein, nietig • gek ★ - on verkikkerd op ~ to drive ~ gek maken

potty-trained[bnw] zindelijk ‹v. kind›

pot-valour/'pɒtvælə/ [znw] jenevermoed

pouch/paʊtʃ/ **I** [ov ww] in een/de zak steken **II** [on ww] uitzakken ‹v. kledingstuk› **III** [znw] • zak • patroontas • wangzak • buikje • buidel ‹v. buideldier› • wal ‹onder ogen› • zaaddoos

pouf, pouffe/pu:f/ [znw] • poef, zitkussen • ‹sl.› flikker

poult/pəʊlt/ [znw] kuiken

poulterer/'pəʊltərə/ [znw] poelier

poultice/'pəʊltɪs/ **I** [ov ww] pappen **II** [znw] pap ‹voor wond›

poultry/'pəʊltrɪ/ [znw] pluimvee

pounce/paʊns/ **I** [ov ww] • bestrooien • gladmaken **II** [on ww] met klauwen grijpen • (~ on) zich werpen op **III** [znw] • klauw • plotselinge beweging/sprong • fijn poeder ★ make a ~ at/on neerschieten op

pound/paʊnd/ **I** [ov ww] • 't gewicht v. munten controleren • fijnstampen, beuken • opsluiten, insluiten ‹v. vee› **II** [on ww] • bonzen ‹v. hart› • zwaar onder vuur nemen • moeilijk lopen • zwoegen ★ - the field niet te nemen zijn ‹v. hindernis bij jacht›; hindernis nemen ‹die anderen niet kunnen nemen› • (~ away) losbeuken op, vuren op • (~ along) voortsjokken **III** [znw] • gevangenis • schutstal • moeilijke situatie ‹bij de jacht› • bons, slag, klap • getrappel • pond ‹454 gram of 373 gram› • pond sterling • omsloten ruimte ‹om vee, goederen te bewaren› ★ ‹vero.› he paid 5 shilling in the ~ hij betaalde 25%

poundage/'paʊndɪdʒ/ [znw] • provisie, tantième per pond sterling • winstdeling • pondsprijs • schutgeld, bewaarloon

pounder/'paʊndə/ [znw] • vijzel, stamper • balans • ten-- tienponder; bankbiljet v. £ 10

pounding/'paʊndɪŋ/ [znw] • (ge)dreun, (ge)bons • afstraffing, pak slaag

pour/pɔ:/ **I** [ov + on ww] • gieten, schenken, storten • stortregenen • bestoken 'met kanonvuur› ★ it never rains but it pours 'n ongeluk komt nooit alleen ★ pour cold water on ontmoedigen ★ pour me out a cup of tea schenk me 'n kop thee in ★ pour oil upon troubled waters kalmeren • (~ forth/out) uitstromen, uitstorten ‹v. hart› • (~ in) binnenstromen **II** [znw] • stortregen • gietsel • 't gieten

pout/paʊt/ **I** [ov + on ww] pruilen **II** [znw] • puitaal • gepruil • 't vooruitsteken v.d. lippen ★ he is in the pouts hij pruilt; hij mokt

poverty/'pɒvətɪ/ [znw] • schraalheid ★ - in armoede aan ★ - of gebrek aan

poverty-stricken/'pɒvətɪstrɪkən/ [bnw] arm

P.O.W.[afk] • (prisoner of war) krijgsgevangene

powder/'paʊdə/ **I** [ov ww] • poederen • besprenkelen • tot poeder maken • ‹inf.› rennen

P
—

* ~ed milk melkpoeder II [znw] • poeder
• buskruit • kracht * food for ~ kannonnenvoer * it is not worth ~ and shot het is de moeite niet waard * ~ magazine kruitmagazijn • ~ puff poederdons
powder-blue/paʊdəˈbluː/ [bnw] blauwsel
powder-horn/ˈpaʊdəhɔːn/ [znw] kruithoorn
powder-keg [znw] kruitvat
powder-room [znw] damestoilet
powdery/ˈpaʊdərɪ/ [bnw] poederachtig, gepoederd
power/ˈpaʊə/ I [ov ww] • drijfkracht verschaffen (aan motor) II [znw] • macht • kracht • volmacht • gezag • invloed • mogendheid • vermogen • energie • kunnen • drijfkracht • sterkte (v. lens) • stroom • net(spanning) • (inf.) partij, hoop * a ~ of people 'n macht mensen * all ~ to you! succes!; sterkte! * by all the ~s wis en waarachtig! * mechanical ~s machines * merciful ~! lieve hemel! * more/all ~ to your elbow! (vero./lers) succes!; sterkte! * ~ cut stroomuitval * ~ of attorney volmacht * ~ point stopcontact * ~ steering stuurbekrachtiging * ~ stroke werkslag (v. 4-taktmotor) * the party in ~ de regerende partij * the ~ that be de overheid * under its own ~ op eigen kracht * with the ~ on vol gas III [bnw] machinaal gedreven
powerboat/ˈpaʊəbəʊt/ ᴬᴱ [znw] motorboot
powered/ˈpaʊəd/ [bnw] v. (bep.) capaciteit
powerful/ˈpaʊəfʊl/ [bnw] • krachtig, machtig, invloedrijk • indrukwekkend
powerhouse/ˈpaʊəhaʊs/ [znw] • machinekamer • energiek mens • ~ station elektrische centrale
powerless/ˈpaʊələs/ [bnw] machteloos
powerplant/ˈpaʊəplɑːnt/ [znw] krachtinstallatie
powwow/ˈpaʊwaʊ/ [znw] • indiaanse tovenaar, medicijnman • indianenbijeenkomst • (inf.) lange conferentie, rumoerige bespreking
pox/pɒks/ [znw] • pokken • (vulg.) syfilis
P.P., pp [afk] • (parcel post) pakketpost • (post-paid) port betaald
practicability/ˌpræktɪkəˈbɪlətɪ/ [znw] • uitvoerbaarheid • begaanbaarheid
practicable/ˈpræktɪkəbl/ [bnw] • uitvoerbaar, doenlijk • begaanbaar • doorwaadbaar • te gebruiken (v. rekwisieten), echt
practical/ˈpræktɪkl/ [bnw] praktisch, werkelijk * ~ engineer werktuigkundige * ~ joke poets die men iem. bakt door (iem.) iets te (laten) doen * ~ man man van de praktijk
practicality/ˌpræktɪˈkælətɪ/ [znw] praktische zaak
practically/ˈpræktɪkəlɪ/ [bijw] bijna, zo goed als
practice/ˈpræktɪs/ [znw] • praktijk • gewoonte • toepassing • (uit)oefening * he is out of ~ hij is uit vorm * in ~ in de praktijk; in vorm; geoefend * ~ makes perfect al doende leert men * put in(to) ~ in praktijk brengen
practician/prækˈtɪʃən/ [znw] practicus
practise/ˈpræktɪs/ I [ov ww] • studeren (op muziekinstrument) • uitoefenen (v. beroep) • zijn godsdienstplichten waarnemen * a ~d businessman een ervaren zakenman * (~ in) zich oefenen op II [on ww] beetnemen * (~ (up)on) misbruik maken
practitioner/prækˈtɪʃənə/ [znw] praktiserend geneesheer/advocaat * general ~ huisarts
pragmatic(al)/prægˈmætɪk(l)/ [bnw] • bemoeiziek • pragmatisch, feitelijk, zakelijk
pragmatism/ˈprægmətɪzəm/ [znw] • zakelijkheid, praktische zin • bemoeizucht, pedanterie
pragmatist/ˈprægmətɪst/ [znw] pragmaticus
praise/preɪz/ I [ov ww] loven, prijzen II [znw]

lof(spraak) * beyond all ~ boven alle lof verheven * sing s.o.'s ~s de loftrompet over iem. steken
praiseworthy/ˈpreɪzwɜːðɪ/ [bnw] lofwaardig
pram [znw] • (on ww) • steigeren • trots stappen • z. arrogant gedragen II [znw] • 't steigeren • trotse loop
prance/prɑːns/ I [on ww] • steigeren • trots stappen • z. arrogant gedragen II [znw] • 't steigeren • trotse loop
prang/præŋ/ (sl.) I [ov ww] met succes bombarderen II [znw] succesvol bombardement
prank/præŋk/ I [ov ww] * (~ out) tooien, uitdossen II [on ww] pronken III [znw] (dolle) streek, poets * play ~s streken uithalen * play ~s upon a p. iem. ertussen nemen
prankish/ˈpræŋkɪʃ/ [bnw] olijk, schalks
prankster/ˈpræŋkstə/ [znw] snaak
prat/præt/ [znw] • achterwerk, kont • eikel (fig.)
prate/preɪt/ I [ov + on ww] bazelen, babbelen II [znw] gebazel
prattle/ˈprætl/ I [ov + on ww] babbelen II [znw] gebabbel
prattler/ˈprætlə/ [znw] babbelaar
prawn/prɔːn/ [znw] steurgarnaal
praxis/ˈpræksɪs/ [znw] • gewoonte, gebruik • verzameling (taalkundige) oefeningen
pray/preɪ/ [ov + on ww] * pray! toe! * pray, be seated ga zitten, alsjeblieft * what's the good of it, pray? waar dient dat dan voor? * (~ for) bidden om, smeken om
prayer/preə/ [znw] • /preə/ gebed • /preə/ verzoek • /preə/ godsdienstoefening • /preə/ het bidden • /ˈpreə/ iem. die bidt * Book of Common Prayer openbare eredienst v.d. anglicaanse Kerk * ~ mat bidmatje * ~ meeting bidstond * say your ~s maak je testament maar * tell one's ~s de rozenkrans bidden
prayer-book/ˈpreəbʊk/ [znw] kerkboek
pre-/prɪ/ [voorv] vooraf, voor-, pre- * pre-school onder de schoolleeftijd
preach/priːtʃ/ I [ov + on ww] preken * (~ at/to) een preek houden tegen * (~ down) afgeven op (iem.) * (~ up) ophemelen II [znw] (inf.) (zeden)preek
preacher/ˈpriːtʃə/ [znw] prediker, predikant
preachify/ˈpriːtʃɪfaɪ/ [ov ww] 'n preek houden
preachy/ˈpriːtʃɪ/ [bnw] prekerig
preamble/ˌpriːˈæmbl/ I [on ww] v. een inleiding voorzien II [znw] • inleiding • preambule (v. wet)
preambula(to)ry/prɪˈæmbjʊlə(t)rɪ/ [bnw] inleidend
preamplifier/priːˈæmplɪfaɪə/ [znw] voorversterker
prearrange/priːəˈreɪndʒ/ [ov ww] van te voren regelen
prebendary/ˈprebəndərɪ/ [znw] kanunnik met vaste toelage
precarious/prɪˈkeərɪəs/ [bnw] precair, wisselvallig, onzeker
precaution/prɪˈkɔːʃən/ I [znw] • voorzorgsmaatregelen treffen • vooraf waarschuwen II [znw] voorzorgsmaatregel
precautionary/prɪˈkɔːʃənərɪ/ [bnw] voorzorgs-
precede/prɪˈsiːd/ [ov + on ww] (laten) voorafgaan, voorgaan
precedence/ˈpresɪdns/ [znw] prioriteit, (recht v.) voorrang * take ~ of voorrang hebben; gaan vóór
precedent I [znw] /ˈpresɪdənt/ • precedent • traditie II [bnw] /prɪˈsiːdənt/ voorafgaand
precedented/ˈpresɪdentɪd/ [bnw] precedent hebbend, gesteund door precedent
preceding/prɪˈsiːdɪŋ/ [bnw] voorafgaand
precept/ˈpriːsept/ [znw] • voorschrift, bevel • lering

preceptor/prɪ'septə/ [znw] *leermeester*

precession/prɪ'seʃən/ [znw] *voorrang*

precinct/'pri:sɪŋkt/ [znw] • *ingesloten ruimte* ‹vooral om kerk› • *gebied* • *grens* • ‹AE› *politiedistrict, kiesdistrict*

preciosity/preʃɪ'ɒsətɪ/ [znw] *overdreven verfijning*

precious/'preʃəs/ I [znw] ∗ my ~! *schat!* II [bnw] • *kostbaar* • *edel* ‹v. steen of metaal› • *dierbaar* • *gekunsteld* • ‹inf.› *geweldig* • ‹iron.› *mooi* • ‹inf.› *totaal* ∗ a ~ *sight more heel wat meer* ∗ *he has made a ~ mess of it hij heeft de zaak mooi bedorven* ∗ *they are a ~ lot 't is 'n mooi stelletje* III [bijw] • *verduiveld* • ‹inf.› *buitengewoon*

precipice/'presɪpɪs/ [znw] • *steile rotswand* • *afgrond* ‹fig.›

precipitance, precipitancy/prə'sɪpətəns/ [znw] *haast*

precipitant/prɪ'sɪpɪtnt/ I [znw] ‹chem.› *reagens dat neerslag geeft* II [bnw] • *steil* • *neerstortend*

precipitate I [ov ww] /prɪ'sɪpɪteɪt/ • *z. overhaasten* • ‹neer› *werpen* • *aanzetten*, ‹ver›*haasten* • ‹chem.› *neerslaan* II [znw] /prɪ'sɪpɪtət/ ‹chem.› *neerslag* III [bnw] /prɪ'sɪpɪtət/ • *steil, neerstortend* • *onbezonnen* • *overhaast*

precipitation/prɪsɪpɪ'teɪʃən/ [znw] • 't *neerwerpen* • *verhaasting* • *onbezonnenheid* • ‹chem.› *neerslag*

precipitous/prɪ'sɪpɪtəs/ [bnw] *steil*

précis/'preɪsi:/ [znw] *beknopte samenvatting*

precise/prɪ'saɪs/ [bijw] • *juist* ‹v. tijdstip›, *nauwkeurig* • ‹al te› *precies*

precisian/prɪ'sɪʒən/ [znw] • *Pietje precies* • *streng orthodox gelovige*

precision/prɪ'sɪʒən/ [znw] *nauwkeurigheid* ∗ ~ *instruments precisie-instrumenten*

preclude/prɪ'klu:d/ [ov ww] • *uitsluiten* • *beletten, voorkómen, verhinderen*

preclusion/prɪ'klu:ʒən/ [znw] • *uitsluiting* • 't *beletten*

precocious/prɪ'kəʊʃəs/ [bnw] *vroegrijp, voorlijk*

precocity/prɪ'kɒsətɪ/ [znw] *voorlijkheid*

preconceive/pri:kən'si:v/ [ov ww] *z. van te voren voorstellen*

preconceived/pri:kən'si:vd/ [bnw] *vooraf gevormd* ∗ a ~ *opinion een vooroordeel*

preconception/pri:kən'sepʃən/ [znw] *vooroordeel, vooropgezette mening*

precondition/pri:kən'dɪʃən/ [znw] *eerste vereiste/voorwaarde*

precook/pri:'kʊk/ [ov ww] *van tevoren bereiden/(even) koken*

precursor/prɪ'kɜ:sə/ [znw] *voorloper*

precursory/prɪ'kɜ:sərɪ/ [bnw] *inleidend* ∗ ~ *of voorafgaand aan*

predacious/prɪ'deɪʃəs/ [bnw] *v. roof levend, roof-*

predator/'predətə/ [znw] • *roofdier* • *plunderaar*

predatory/'predətərɪ/ [bnw] *plunderend, roof-, roofzuchtig* ∗ ~ *raid strooptocht*

predecessor/'pri:dɪsesə/ [znw] • *voorganger* • *voorvader*

predestinate, predestine/pri:'destɪneɪt/ [ov ww] *voorbeschikken, voorbestemmen*

predestination/pri:destɪ'neɪʃən/ [znw] • *bestemming* • *voorbeschikking*

predetermination/pri:dɪtɜ:mɪ'neɪʃən/ [znw] • *voorbestemming* • *bepaling vooraf*

predetermine/pri:dɪ'tɜ:mɪn/ [ov ww] • *vooraf bepalen* • *voorbeschikken*

predicament/prɪ'dɪkəmənt/ [znw] • *categorie* • *netelige of moeilijke positie of kwestie*

predicant/'predɪkənt/ I [znw] *predikant, predikheer* II [bnw] *prekend*

predicate I [ov ww] /'predɪkeɪt/ • *beweren* • *toekennen, insluiten* ‹~ **upon**› ‹AE› *baseren op* II [znw] /'predɪkət/ • *eigenschap* • ‹taalk.› *gezegde*

predicative/prɪ'dɪkətɪv/ [bnw] • *toekennend* • ‹taalk.› *als* ‹deel v.› *gezegde (gebruikt)*

predict/prɪ'dɪkt/ [ov ww] *voorspellen*

predictable/prɪ'dɪktəbl/ [bnw] *voorspelbaar*

prediction/prɪ'dɪkʃən/ [znw] *voorspelling*

predictive/prɪ'dɪktɪv/ [bnw] *voorspellend*

predictor/prɪ'dɪktə/ [znw] *predictor* ‹op afweergeschut›

predilection/pri:dɪ'lekʃən/ [znw] *voorliefde, voorkeur*

pre-dinner/pri:'dɪnə/ [znw] *voorafje* ∗ ~ *drink aperitief*

predispose/pri:dɪ'spəʊz/ [ov ww] • *aanleg hebben* ‹vnl. voor ziekte› • *vermaken (bij testament)* • ‹~ **to**› *vatbaar maken voor*

predisposition/pri:dɪspə'zɪʃən/ [znw] *aanleg, neiging*

predominance/prɪ'dɒmɪnəns/ [znw] *overheersing, overhand, heerschappij*

predominant/prɪ'dɒmɪnənt/ [bnw] *overheersend*

predominantly/prɪ'dɒmɪnəntlɪ/ [bijw] *overwegend, hoofdzakelijk*

predominate/prɪ'dɒmɪneɪt/ [ov ww] *overheersen, de overhand hebben*

predomination/prɪdɒmɪ'neɪʃən/ [znw] *heerschappij, overheersing, overhand*

pre-eminence/prɪ'emɪnəns/ [znw] • *superioriteit* • *voorrang*

pre-eminent/prɪ'emɪnənt/ [bnw] *uitblinkend, uitstekend boven* ∗ ~*-ly bij uitstek*

pre-empt/prɪ'empt/ [ov ww] • *verkrijgen door voorverkoop* • *zich toe-eigenen* • *overbodig maken*

pre-emptive/prɪ'emptɪv/ [bnw] *voorkomend, preventief*

preen/pri:n/ [ov ww] *gladstrijken* ‹v. veren› ∗ ~ *o.s. z. mooi maken* ∗ ~ *o.s. on prat gaan op*

pref. [afk] • ‹preface› *voorwoord* • ‹preference› *voorkeur* • ‹prefix› *voorvoegsel*

prefab/'pri:fæb/ [znw] *montagewoning*

prefabricate/pri:'fæbrɪkeɪt/ [ov ww] *prefabriceren*

prefabrication/pri:fæbrɪ'keɪʃən/ [znw] *montagebouw*

preface/'prefəs/ I [ov ww] • *v. een inleiding voorzien, inleiden* • *leiden tot* II [znw] • *voorbericht, inleiding* • *prefatie*

prefatorial, prefatory/prefə'tɔ:rɪəl/ [bnw] *inleidend*

prefect/'pri:fekt/ [znw] • *prefect* • *raadgever* ‹op Katholieke kostschool›

prefecture/'pri:fektʃə/ [znw] *prefectuur*

prefer/prɪ'fɜ:/ [ov ww] • *indienen, voorleggen* • *prefereren* ∗ ~*-red shares preferente aandelen* • ‹~ **to**› *bevorderen tot, verkiezen boven*

preferable/'prefərəbl/ [bnw] *te verkiezen*

preferably/'prefərəblɪ/ [bijw] *bij voorkeur*

preference/'prefərəns/ [znw] *voorkeur* ∗ *for* ~ *bij voorkeur* ∗ ~ *shares preferente aandelen*

preferential/prefə'renʃəl/ [bnw] *voorkeur gevend/hebbend*

preferment/prɪ'fɜ:mənt/ [znw] *bevordering*

prefiguration/pri:fɪgə'reɪʃən/ [znw] *voorafschaduwing*

prefigure/pri:'fɪgə/ [ov ww] ‹z.› *vooraf voorstellen*

prefilter/pri:'fɪltə/ [ov ww] *voorsorteren*

prefix/'pri:fɪks/ I [ov ww] *vóór plaatsen, voorvoegen* II [znw] • *voorvoegsel* • *titel, voornaam*

P

pregnancy/'pregnənsı/ [znw] • zwangerschap • belang ★ ~ test zwangerschapstest

pregnant/'pregnənt/ [bnw] • veelzeggend • drachtig, zwanger • vruchtbaar ★ ~ with zwanger van; vol van

prehensile/prı'hensaıl/ [bnw] wat grijpen kan ★ ~ tail grijpstaart

prehension/prı'henʃən/ [znw] • 't grijpen • begrip

prehistoric/pri:hı'storık/ [bnw] voorhistorisch

prehistory/pri:'hıstərı/ [znw] prehistorie

pre-ignition/pri:ıg'nıʃən/ [znw] voorontsteking

prejudge/pri:'dʒʌdʒ/ [ov ww] • van te voren beoordelen • vooruitlopen op

prejudgement/pri:'dʒʌdʒmənt/ [znw] vooroordeel

prejudice/'predʒudıs/ I [ov ww] schaden, nadeel berokkenen ★ ~ (in favour of) innemen voor • (~ against) innemen tegen II [znw] • vooroordeel • nadeel, schade ★ to the ~ of ten nadele van ★ without ~ onder voorbehoud

prejudiced/'predʒudıst/ [bnw] bevooroordeeld

prejudicial/predʒu'dıʃəl/ [bnw] ★ ~ to schadelijk voor; nadelig voor

prelacy/'prelası/ [znw] • bisschoppelijke waardigheid • episcopaat

prelate/'prelət/ [znw] prelaat

prelatize/'prelətaız/ [ov ww] onder bisschoppelijk gezag brengen

prelim/'pri:lım/ ⟨inf.⟩ [znw] tentamen

preliminary/prı'lımınərı/ I [znw] voorbereidende maatregel(en) II [bnw] • inleidend • voorlopig ★ ~ examination tentamen

prelude/'prelju:d/ I [ov ww] • inleiden, aankondigen • 'n voorspel spelen II [znw] voorspel, inleiding

premarital/pri:'mærıtl/ [bnw] voor het huwelijk

premature/'premətjuə/ [bnw] • vroegtijdig • ontijdig • voorbarig

premeditate/pri:'medıteıt/ [ov ww] vooraf overleggen, beramen ★ ~d murder moord met voorbedachten rade

premeditation/pri:medı'teıʃən/ [znw] opzet

premier/'premjə/ I [znw] • premier • Eerste Minister • ⟨AE⟩ minister van buitenlandse zaken II [bnw] ⟨sl.⟩ voornaamste, eerste

première/'premıeə/ [znw] première

premiership/'premıəʃıp/ [znw] ambt v. Eerste Minister

premise/'premıs/ I [ov ww] vooropstellen, vooraf laten gaan II [znw] premisse

premises/'premısız/ [mv] • huis en erf ⟨jur.⟩ 't bovengenoemde ⟨pand, landgoed⟩ ★ he lives on the ~ hij woont bij de zaak

premiss/'premıs/ [znw] premisse

premium/'pri:mjəm/ [znw] • agio • premie • meerprijs • beloning • leergeld • toegiftartikel • super- ★ at a ~ boven pari; in trek ★ he sold it at a ~ hij verkocht het met winst ★ ~ bond premieobligatie

premonition/premə'nıʃən/ [znw] • waarschuwing • voorgevoel

premonitory/prı'monıtərı/ [bnw] waarschuwend

prenatal/pri:'neıtl/ [bnw] prenataal

preoccupation/pri:okju'peıʃən/ [znw] • vooringenomenheid • vooroordeel • vroeger bezit • hoofdbezigheid • verstrooidheid

preoccupied/pri:'okjupaıd/ [bnw] in gedachten verzonken

preoccupy/pri:'okjupaı/ [ov ww] geheel of vooraf in beslag nemen

preordain/pri:ɔ:'deın/ [ov ww] vooraf bepalen, voorbeschikken

prep/prep/ ⟨sl.⟩ [znw] ⟨AE⟩ leerling v. voorbereidende school ★ be at prep zijn lessen bestuderen ★ prep school voorbereidingsschool

prep. [afk] • (preposition) voorzetsel

prepack/pri:'pæk/ [ov ww] verpakken ★ ~ed goods (voor)verpakte goederen

prepaid/pri:'peıd/ [bnw] franco

preparation/prepə'reıʃən/ [znw] • huiswerk • preparaat • voorbereiding • toebereidsel • bestudering, studie

preparative/prı'pærətıv/ I [znw] toebereidsel II [bnw] voorbereidend

preparatory/prı'pærətərı/ [bnw] voorbereidend ★ ~ school school die voorbereidt op 'public school' ⟨kostschool⟩; school voor voorbereidend hoger onderwijs in Amerika ★ ~ to alvorens

prepare/prı'peə/ [ov + on ww] • bereiden ⟨v. voedsel⟩ • prepareren • voorbereidingen treffen • instuderen ★ I am not ~d to go ik ben niet bereid te gaan; ik ben niet klaar om te gaan • (~ for) ⟨z.⟩ voorbereiden op/voor

preparedness/prı'peərıdnəs/ [znw] • bereidheid • het voorbereid zijn

prepay/pri:'peı/ [ov ww] • frankeren • vooruitbetalen

prepayment/pri:'peımənt/ [znw] • frankering • vooruitbetaling

preponderance/prı'pondərəns/ [znw] • groter gewicht • overwicht

preponderant/prı'pondərənt/ [bnw] overwegend

preponderate/prı'pondəreıt/ [on ww] • zwaarder wegen • overtreffen • de overhand hebben

preposition/prepə'zıʃən/ [znw] voorzetsel

prepositional/prepə'zıʃənəl/ [bnw] voorzetsel-

prepossess/pri:pə'zes/ [ov ww] doordringen, bezielen ★ ~ in one's favour voor zich innemen

prepossessing/pri:pə'zesıŋ/ [bnw] ★ a ~ face een innemend gezicht

prepossession/pri:pə'zeʃən/ [znw] vooringenomenheid

preposterous/prı'postərəs/ [bnw] • onnatuurlijk • dwaas, belachelijk

prerequisite/pri:'rekwızıt/ I [znw] eerste vereiste II [bnw] allereerst vereist

prerogative/prı'rogətıv/ I [znw] • (voor)recht • recht om 't eerst te stemmen ★ the royal ~ de koninklijke onschendbaarheid II [bnw] bevoorrecht

presage/prı'sıdʒ/ I [ov ww] • voorspellen • een voorgevoel hebben van II [znw] • voorteken • voorgevoel

presbyter/'prezbıtə/ [znw] • geestelijke tussen bisschop en diaken ⟨in de anglicaanse Kerk⟩ • presbyter • ouderling

Presbyterian/prezbı'tıərıən/ I [znw] presbyteriaan II [bnw] presbyteriaans

Presbyterianism/prezbı'tıərıənızəm/ [znw] presbyteriaanse leer

presbytery/'prezbıtərı/ [znw] • presbyterium • raad v. ouderlingen ⟨in de presbyteriaanse Kerk⟩ • pastorie ⟨v. r.-k. pastoor⟩

preschool/pri:'sku:l/ [znw] onder de schoolleeftijd, peuter-

preschooler/pri:'sku:lə/ [znw] nog niet schoolgaand kind

prescience/'presıəns/ [znw] vooruitziende blik

prescient/'presıənt/ [bnw] vooruitziend

prescribe/prı'skraıb/ [ov + on ww] • voorschrijven • ⟨jur.⟩ protesteren tegen • (~ for/to) aanspraak maken op

prescript/'pri:skrıpt/ [znw] • voorschrift • bevel

prescription/prı'skrıpʃən/ [znw] • voorschrijving

P

• recept ‹v. dokter› • ‹jur.› aanspraak ‹door verjaring›

prescriptive/prɪˈskrɪptɪv/ [bnw] • voorschrijvend • verkregen door verjaring

presence/ˈprezəns/ [znw] • tegenwoordigheid, aanwezigheid • audiëntie • voorkomen, houding ∗ he was admitted to the ~ of ... hij werd ter audiëntie bij ... toegelaten ∗ ~ chamber audiëntiezaal

present I [ov ww] /prɪˈzent/ • vertonen, bieden ‹v. aanblik› • indienen ‹v. klacht› • opleveren ‹v. moeilijkheden› • opvoeren ‹v. toneelstuk› • aanleggen of presenteren ‹v. geweer› • ‹aan 't hof› voordragen ‹v. predikantsplaats› • aanbieden ‹v. wissel of cheque› ∗ he ~ed me with it hij deed me dit cadeau ∗ ~ o.s. z. aanbieden; z. voordoen; z. aanmelden **II** [znw] /ˈprez(ə)nt/ geschenk • /ˈprez(ə)nt/ het heden • /ˈprez(ə)nt/ de tegenwoordige tijd • ‹mil.› /prɪˈzent/ aanslag ‹v. geweer› ∗ at ~ op 't ogenblik ∗ at the ~ in de aanslag ‹v. geweer›; met geweer gepresenteerd ∗ for the ~ voorlopig ∗ know all men by these ~s‹jur./scherts› bij deze wordt ter algemene kennis gebracht ∗ up to the ~ tot op heden **III** [bnw] /ˈprez(ə)nt/ • aanwezig, tegenwoordig • onderhavig, huidig ∗ ~ to the mind duidelijk voor de geest staande ∗ the people ~ de aanwezigen ∗ the ~ volume het boek dat voor me ligt ‹ter bespreking› ∗ the ~ writer schrijver dezes ∗ those ~ de aanwezigen

presentable/prɪˈzentəbl/ [bnw] • presentabel • geschikt als geschenk, geschikt om voorgedragen of voorgesteld te worden

presentation/prezənˈteɪʃən/ [znw] • 't voorstellen • aanbieding • voordracht • schenking ∗ on ~ bij aanbieding

present-day [bnw] hedendaags, modern

presentee/prezənˈtiː/ [znw] • voorgedragene voor ambt ‹ook geestelijk› • aan 't hof voorgestelde • begiftigde

presenter/prɪˈzentə/ [znw] presentator

presentiment/prɪˈzentɪmənt/ [znw] ‹angstig› voorgevoel

presently/ˈprezəntlɪ/ [bijw] • dadelijk, aanstonds • weldra, kort daarop • ‹AE› nu, tegenwoordig

preservable/prɪˈzɜːvəbl/ [bnw] houdbaar

preservation/prezəˈveɪʃən/ [znw] • onderhoud, toestand • behoud ∗ in fair ~ in behoorlijke staat

preservative/prɪˈzɜːvətɪv/ **I** [znw] • conserverend middel • middel om ziekte te voorkomen **II** [bnw] conserverend

preserve/prɪˈzɜːv/ **I** [ov ww] • bewaren, beschermen, redden • goed houden, conserveren, inmaken • voor eigen gebruik houden ‹v. wildpark of viswater› ∗ well ~d goed geconserveerd ∗ ~ from behoeden voor **II** [znw] • wildpark, eigen viswater • eigen gebied ∗ ~s jam; confiture

preserver/prɪˈzɜːvə/ [znw] conserverend middel ∗ ~s zonnebril; stofbril

preset/priːˈset/ [ov ww] vooraf instellen ‹v. apparatuur›

preshrunk/priːˈʃrʌnk/ [bnw] voorgekrompen

preside/prɪˈzaɪd/ [on ww] voorzitten, de leiding hebben ∗ ~ over a meeting een vergadering presideren

presidency/ˈprezɪdənsɪ/ [znw] presidentschap

president/ˈprezɪdnt/ [znw] • hoofd v. bep. colleges • voorzitter • president • ‹AE› directeur ‹v. bank of bedrijf›

presidential/prezɪˈdenʃəl/ [bnw] presidents-, voorzitters-

press/pres/ **I** [ov + on ww] • drukken, de hand drukken • uitpersen, oppersen • pressen, aandringen ‹op› • bestoken ‹v. vijand› • dringen • z. verdringen • ronselen • rekwireren ∗ I was much ~ed for time ik verkeerde in tijdnood ∗ he ~ed the question hij drong aan op 't beantwoorden v.d. vraag ∗ he was ~ed hard 't vuur werd hem na aan de schenen gelegd ∗ ~ for an answer op antwoord aandringen ∗ ~ into service in dienst stellen; z. bedienen van ∗ ~ on, boys! schiet op, jongens! ∗ ~ sail alle zeilen bijzetten ∗ ~ up speed de snelheid opvoeren ∗ ~ed beef vlees in blik ∗ they were hard ~ed ze werden erg in 't nauw gedreven ∗ time ~es de tijd dringt **II** [znw] • gedrang, menigte • druk(te) • de jachtigheid ‹v.h. bestaan› • pers • (linnen)kast • ronselarij ‹voor vloot of leger› ∗ at/in (the) ~ ter perse ∗ correct the ~ de drukproeven corrigeren ∗ ~ agency persbureau ∗ ~ agent publiciteitsagent ∗ ~ box perstribune ∗ ~ conference persconferentie ∗ ~ cutting krantenknipsel ∗ ~ of sail alle zeilen bij ∗ ~ release persbericht; perscommuniqué ∗ see through the ~ voor de druk bezorgen ‹v. boek› ∗ when going to ~ bij het ter perse gaan

presser/ˈpresə/ [znw] • perser • drukker

pressing/ˈpresɪn/ **I** [znw] (aan)drang **II** [bnw] (aan)dringend ∗ I'll go, since you are so ~ ik zal gaan omdat je zo aanhoudt ∗ time is ~ de tijd dringt

pressman/ˈpresmən/ [znw] • iem. die geprest wordt • ronselaar • journalist • drukker

pressreader/ˈpresriːdə/ [znw] corrector

press-stud/ˈpresstʌd/ [znw] drukknoop, druksluiting

press-up [znw] opdrukoefening ∗ do twenty ~s je twintig keer opdrukken

pressure/ˈpreʃə/ [znw] • druk(king) • nood, moeilijkheid • dwang, pressie ∗ ~ gauge manometer ∗ ~ group pressiegroep ∗ to bring ~ to bear upon pressie uitoefenen op

pressure-cooker/ˈpreʃəkʊkə/ [znw] hogedrukpan

pressurize/ˈpreʃəraɪz/ [ov ww] vliegtuigcabine geschikt maken voor vliegen op grote hoogte

prestige/preˈstiːʒ/ [znw] • prestige • gezag, invloed

prestigious/preˈstɪdʒəs/ [bnw] • met overwicht • gezaghebbend

prestressed/priːˈstrest/ [bnw] voorgespannen ∗ ~ concrete spanbeton

presumable/prɪˈzjuːməbl/ [bnw] vermoedelijk, waarschijnlijk

presumably/prɪˈzjuːməblɪ/ [bijw] vermoedelijk, waarschijnlijk

presume/prɪˈzjuːm/ **I** [ov ww] • aannemen, vermoeden, geloven • 't wagen **II** [on ww] ∗ ~ (up)on misbruik maken van, z. laten voorstaan op

presuming/prɪˈzjuːmɪn/ [bnw] aanmatigend

presumption/prɪˈzʌmpʃən/ [znw] • aanmatiging • het voor waar aannemen • vermoeden • veronderstelling

presumptive/prɪˈzʌmptɪv/ [bnw] vermoedelijk ∗ heir ~ vermoedelijke erfgenaam ∗ ~ evidence aanwijzing(en)

presumptuous/prɪˈzʌmptʃʊəs/ [bnw] aanmatigend

presuppose/priːsəˈpəʊz/ [ov ww] vóóronderstellen, insluiten

presupposition/priːsʌpəˈzɪʃən/ [znw] vóóronderstelling

P

pretence/pri'tens/ [znw] • voorwendsel, 't doen alsof • uiterlijk vertoon ★ devoid of all ~ zonder enige pretentie ★ on the slightest ~ bij de geringste aanleiding ★ ~ to aanspraak op

pretend/pri'tend/ I [ov ww] • voorwenden, doen alsof • komedie spelen • (valselijk) beweren II [on ww] z. aanmatigen (~ to) aanspraak maken op, dingen naar (de hand van)

pretended(ly)/pri'tendɪd(lɪ)/ [bnw] zogenaamd

pretender/pri'tendə/ [znw] • pretendent • komediant

pretending/pri'tendɪŋ/ [bnw] • aanmatigend • zogenaamd

pretension/pri'tenʃən/ [znw] aanmatiging ★ ~ to aanspraak op

pretentious/pri'tenʃəs/ [bnw] • aanmatigend • ostentatief

preter-/'pri:tə/ [voorv] meer dan, boven

preterit(e)/'pretərɪt/ I [znw] ⟨taalk.⟩ onv. verleden tijd II [bnw] ⟨scherts⟩ afgelopen, voorbij

preternatural/pri:tə'nætʃərəl/ [bnw] • onnatuurlijk • bovennatuurlijk • buitennatuurlijk

pretext/'pri:tekst/ I [ov ww] voorwenden II [znw] • voorwendsel • excuus ★ on/under the ~ of/that onder voorwendsel van

prettify/'prɪtɪfaɪ/ [ov ww] aardig of leuk maken

prettily/'prɪtɪlɪ/ [bijw] aardig, leuk, mooi ★ eat ~ (tegen kind:) eet behoorlijk!

prettiness/'prɪtɪnəs/ → **pretty**

pretty/'prɪtɪ/ I [ov ww] ★ ~ (o.s.) up z. opmaken II [znw] ★ my ~! schat! ★ pretties mooie dingen III [bnw] aardig, mooi ★ a ~ mess 'n mooie boel ★ a ~ penny een aardig centje IV [bijw] nogal, tamelijk ★ he came, and ~ quick hij kwam, en maar wat gauw ★ this is ~ much the same dat is zo goed als/vrijwel hetzelfde

pretty-pretty/'prɪtɪprɪtɪ/ I [znw] ★ ⟨vero.⟩ pretty-pretties snuisterijen II [bnw] popperig, zoetelijk

pretzel/'pretsəl/ [znw] zoute krakeling

prevail/pri'veɪl/ [on ww] • de overhand krijgen of hebben • (over)heersen • zegevieren • overreden, overhalen

prevailing/pri'veɪlɪŋ/ [bnw] heersend, gangbaar

prevalence/'prevələns/ [znw] ★ 't (over)heersen • overwicht • invloed

prevalent/'prevələnt/ [bnw] heersend

prevaricate/pri'værɪkeɪt/ [on ww] liegen, er omheen draaien

prevarication/prɪværɪ'keɪʃən/ [znw] dubbelzinnigheid

prevaricator/pri'værɪkeɪtə/ [znw] bedrieger

prevent/pri'vent/ [ov ww] • (ver)hinderen • ⟨religie⟩ voorgaan, leiden ★ ~ a p. from doing s.th. iem. verhinderen iets te doen

preventable/pri'ventəbl/ [bnw] te voorkomen

preventative, preventive/pri'ventətɪv/ I [znw] middel om ziekte te voorkomen II [bnw] • preventief • kustwacht- ★ Preventive Service kustwacht • preventive of verhinderend

prevention/pri'venʃən/ [znw] 't voorkómen ★ ~ is better than cure voorkomen is beter dan genezen

preview/'pri:vju:/ [znw] • beoordeling vooraf ⟨v. film of boek⟩ • bezichtiging

previous/'pri:vɪəs/ I [bnw] voorafgaand ★ ~ examination tentamen ★ put the ~ question de prealabele kwestie stellen II [bijw] ★ ~ to vóór

previously/'pri:vɪəslɪ/ [bijw] vroeger, tevoren

prevision/pri:'vɪʒən/ [znw] 't vooruit zien

prewar/pri:'wɔ:/ [bnw] vooroorlogs

prey/preɪ/ I [on ww] ★ (~ upon) azen op,

aantasten II [znw] prooi ★ bird of prey roofvogel

price/praɪs/ I [ov ww] • prijzen ⟨v. goederen⟩ • schatten ★ high-~d tegen hoge prijs II [znw] • prijs • koers ★ above/beyond ~ onschatbaar ★ at a low ~ tegen lage prijs ★ at a ~ tegen een behoorlijke prijs ★ every man has his ~ iedereen is om te kopen ★ not at any ~ voor geen geld ★ ~ bracket prijsklasse ★ ~ range prijsklasse ★ ~ tag prijskaartje ★ ⟨sl.⟩ what ~ this mass-meeting die massabetoging is ook niet veel zaaks geweest

priceless/'praɪsləs/ [bnw] • onschatbaar • ⟨sl.⟩ vermakelijk, kostelijk

price-list/'praɪslɪst/ [znw] prijslijst

pricey/'praɪsɪ/ ⟨inf.⟩ [bnw] duur, prijzig

prick/prɪk/ I [ov ww] • (door)prikken • knagen ⟨v. geweten⟩ • aanstippen ⟨v. naam op lijst⟩ • benoemen ⟨als sheriff⟩ ★ ~ a bladder de onbeduidendheid van iets/iem. aantonen ★ ~ up one's ears z'n oren spitsen ★ (~ in/out/off) uitpoten ⟨v. zaailingen⟩ II [znw] • prik • punt • stekel • spoor ⟨v. haas⟩ • ⟨vulg.⟩ pik, lul ★ ~s of conscience gewetenswroeging

pricker/'prɪkə/ [znw] • instrument met scherpe punt • priem

prickle/'prɪkl/ I [ov + on ww] prikk(el)en II [znw] • stekel • tenen mandje • ⟨inf.⟩ doorntje

prickly/'prɪklɪ/ [bnw] • stekelig • kriebelig

pride/praɪd/ I [wkd ww] ★ ~ o.s. (up)on z. beroemen op II [znw] • prima conditie • trots, hoogmoed ★ ~ of place voorrang; aanmatiging ★ ~ of the morning mist(bui) bij zonsopgang ★ ~ will have a fall hoogmoed komt voor de val ★ take ~ in trots zijn op

priest/pri:st/ I [ov ww] tot priester wijden II [znw] • geestelijke • priester • ⟨iers⟩ hamer om afgematte vis te doden

priestess/pri:'stes/ [znw] priesteres

priesthood/'pri:sthʊd/ [znw] priesterschap

priestlike, priestly/'pri:stlaɪk/ [bnw] als 'n priester

priest-ridden/'pri:strɪdn/ [bnw] door priesters onderworpen

prig/prɪg/ I [ov ww] ⟨sl.⟩ stelen II [znw] • pedant iem. • ⟨sl.⟩ dief ★ a conceited prig een verwaande kwast

priggery/'prɪgərɪ/ [znw] pedanterie

priggish/'prɪgɪʃ/ [bnw] pedant

prim/prɪm/ I [ov + on ww] stijf gezicht opzetten, samentrekken ⟨v. mond of lippen⟩ II [ov ww] opsmukken III [on ww] gemaakt doen IV [bnw] vormelijk, stijf

prima/'pri:mə/ [bnw] ★ ~ donna prima donna

primacy/'praɪməsɪ/ [znw] • primaatschap • voorrang

prim(a)eval/praɪ'mi:vəl/ [bnw] oorspronkelijk ★ ~ forest oerwoud

primal/'praɪml/ [bnw] • oorspronkelijk • voornaamst

primarily/'praɪmərəlɪ/ [bijw] allereerst

primary/'praɪmərɪ/ I [znw] • hoofdzaak • ⟨AE⟩ voorverkiezing voor presidentschap II [bnw] • eerst • voornaamste • oorspronkelijk ★ ~ colour primaire kleur ★ ~ education lager onderwijs

primate/'praɪmeɪt/ [znw] • primaat • aartsbisschop • mens(aap) ★ ~ of England aartsbisschop v. York ★ ~ of all England aartsbisschop v. Canterbury

prime/praɪm/ I [ov ww] • inspuiten • op gang brengen ⟨v. motor⟩ • voorbereiden, inlichten • dronken voeren • in de grondverf zetten ★ ⟨vero.⟩ laden ⟨v. vuurwapen⟩ II [znw] • hoogste volmaaktheid • 't beste • bloeitijd • begin • metten

• priemgetal • bep. positie bij schermen III [bnw]
• hoofd- • voornaamste • prima • oorspronkelijk
• grond- ★ Prime Minister minister-president
★ in the ~ of life in de bloei der jaren ★ ~ cost
inkoopsprijs ★ ~ number priemgetal ★ ~ rate
laagste bankdisconto

primer/'praɪmə/ [znw] • boek voor beginners,
inleiding • slaghoedje • grondverf ⟨gesch.⟩
gebeden voor leken

priming/'praɪmɪŋ/ [znw] • kruit • loopvuur
• grondverf • suikerpreparaat ⟨om bij bier te
voegen⟩ • ingepompte kennis • 't drillen
• vervroeging v. 't getij

primitive/'prɪmɪtɪv/ I [znw] • kunstenaar
behorende tot de primitieven • kunstwerk van vóór
de Renaissance II [bnw] • primitief, grond- • oer-
• vroeg, eerste, primair • ouderwets • eenvoudig,
ruw, oorspronkelijk

primogeniture/praɪməʊˈdʒenɪtʃə/ [znw]
eerstgeboorterecht

primordial/praɪˈmɔːdɪəl/ [bnw] oer-,
oorspronkelijk ★ ~ duty eerste plicht

primp/prɪmp/ [ov ww] • versieren • zich opdoffen

primrose/'prɪmrəʊz/ [znw] sleutelbloem ★ the ~
path 't najagen v. genot

primus/'praɪməs/ [znw] • oudste, senior ⟨op
school⟩ • primus ⟨Schots⟩ leidinggevend bisschop

prince/prɪns/ [znw] • vorst • voornaamste
• grootste • prins ★ Prince Consort prins-gemaal
★ ~ royal kroonprins

princedom/'prɪnsdəm/ [znw] • vorstendom,
prinsdom • prinselijke waardigheid

princeling/'prɪnslɪŋ/ [znw] prinsje

princely/'prɪnslɪ/ [bnw] • prinselijk • vorstelijk

princess/prɪn'ses/ [znw] prinses, vorstin ★ ~
dress/petticoat onderjurk ★ ~ royal kroonprinses

principal/'prɪnsɪpl/ I [znw] • kapitaal
• hoofdpersoon • directeur • rector • principaal,
chef • hoofdbalk • iem. die borgstelling heeft
• duellist • hoofdschuldige ★ lady ~ directrice ★ ~
in the first degree hoofdschuldige ★ ~ in the
second degree handlanger II [bnw] voornaamste,
hoofd-

principality/prɪnsɪˈpælətɪ/ [znw] • prinsdom,
vorstendom • prinselijke/vorstelijke waardigheid
★ the Principality Wales

principally/'prɪnsɪpəlɪ/ [bijw] hoofdzakelijk

principle/'prɪnsɪpl/ [znw] • principe,
grondbeginsel • ⟨chem.⟩ bestanddeel
★ Archimedean ~ wet v. Archimedes ★ on ~
principieel

principled/'prɪnsɪpld/ [bnw] met (hoogstaande)
principes

prink/prɪŋk/ [ov + on ww] • (z.) mooi maken, (z.)
tooien • gladstrijken ⟨v. vogelveren⟩

print/prɪnt/ I [ov ww] • (laten) drukken
• stempelen, bestempelen • inprenten • achterlaten
⟨v. indruk⟩ • in druk uitgeven • bedrukken ★ ~ed
matter drukwerk ★ ~ed ware bedrukt aardewerk
• ⟨~ off/out⟩ afdrukken ⟨v. foto's⟩ II [znw]
• afdruk, stempel, teken, merk • bedrukte stof
• drukwerk, gedrukt werk, druk • reproductie,
gravure, plaat, prent • ⟨AE⟩ krant ★ a ~ dress 'n
katoenen jurkje ★ in ~ – nog niet uitverkocht; in
druk ★ rush into ~ naar de pen grijpen; maar raak
publiceren

printable/'prɪntəbl/ [bnw] geschikt om te drukken

printer/'prɪntə/ [znw] • drukker • eigenaar v.
drukkerij • drukpers • printer ★ ~'s devil
drukkersjongen

printing/'prɪntɪŋ/ I [ww] tegenw. deelw.
→ print II [znw] (boek)drukkunst ★ ⟨gesch.⟩ ~

house/works drukkerij

printing-press/'prɪntɪŋpres/ [znw] drukpers

print-out[znw] uitdraai

prior/'praɪə/ I [bnw + bijw] vroeger ★ ~ to
voorafgaande aan; vóór II [znw] prior

priorate/'praɪərɪt/ [znw] • prioraat • priorij

prioress/'praɪəres/ [znw] priores

priority/praɪ'ɒrətɪ/ [znw] voorrang

priory/'praɪərɪ/ [znw] priorij

prise/praɪz/ I [ov ww] openbreken II [znw]
hefkracht

prism/'prɪzəm/ [znw] • prisma • spectrum ★ ~s
prismatische kleuren

prismatic/prɪz'mætɪk/ [bnw] • prismatisch
• schitterend

prison/'prɪzən/ I [ov ww] in de gevangenis werpen,
gevangen houden II [znw] gevangenis ★ ~ bird
recidivist ★ ~ camp gevangenkamp ★ ~ yard
gevangenisbinnenplaats

prisoner/'prɪznə/ [znw] gevangene ★ ~ (at the
bar) verdachte ★ ~ of war krijgsgevangene

prissy/'prɪsɪ/ ⟨inf.⟩ [bnw] gemaakt, preuts

pristine/'prɪstiːn/ [bnw] • oorspronkelijk, vroeger,
goed ⟨v. vroeger tijd⟩ • ongerept, zuiver

privacy/'prɪvəsɪ/ [znw] • afzondering
• geheimhouding

private/'praɪvət/ I [znw] gewoon soldaat ★ (the)
~s (de) geslachtsdelen ★ in ~ in 't geheim; achter
gesloten deuren; alleen; in 't particuliere leven
II [bnw] • geheim • privé, persoonlijk,
vertrouwelijk • afgelegen, afgezonderd
• particulier • by ~ contract onderhands ★ ~ bill
wetsontwerp betreffende particulier of corporatie
★ ~ box postbus ★ ~ company
familievennootschap ★ ~ hotel familiehotel ★ ~
member gewoon parlementslid (niet-minister)
★ ~ ownership privébezit ★ ~ parts
geslachtsdelen ★ ~ soldier soldaat

privateer/praɪvə'tɪə/ [znw] kaper(schip) ★ ~s
bemanning v. kaperschip

privately/'praɪvətlɪ/ [bijw] • privé • in stilte
• particulier

privation/praɪ'veɪʃən/ [znw] • ontbering, gebrek
• verlies

privative/'prɪvətɪv/ [bnw] • berovend
• ontkennend • ⟨taalk.⟩ privatief

privet/'prɪvɪt/ [znw] liguster

privilege/'prɪvɪlɪdʒ/ I [ov ww] • bevoorrechten
• vrijstellen II [znw] • (voor)recht, privilege
• onschendbaarheid ★ your ~! dat is uw goed recht!

privily/'prɪvəlɪ/ [bijw] heimelijk

privy/'prɪvɪ/ I [znw] • toilet, privaat
• belanghebbende II [bnw] • verborgen • geheim
★ Lord Privy Seal grootzegelbewaarder ★ Privy
Council kroonraad ★ ~ councillor/counsellor lid
van kroonraad ★ ~ purse civiele lijst ★ ~ to
ingewijd in

prize/praɪz/ I [ov ww] • waarderen • prijs maken
• opbrengen ⟨v. schip⟩ • openbreken ⟨vnl. v.
deksel⟩ II [znw] • prijs, beloning • meevaller
• koop • buit • hefkracht III [bnw] bekroond ⟨op
tentoonstelling⟩

prizefight/'praɪzfaɪt/ [znw] bokswedstrijd ⟨voor
geld⟩

prizefighter/'praɪzfaɪtə/ [znw] (beroeps)bokser

prizeman, prizewinner/'praɪzmən/ [znw]
prijswinnaar

pro/prəʊ/ [bnw] • pro, vóór ⟨inf.⟩
→ **professional** ★ the pros and cons de voors en
tegens

pro-/prəʊ/ [voorv] pro-, voor ★ pro-American
pro-Amerikaans

P

probability/probə'bɪlətɪ/ [znw]
waarschijnlijkheid ∗ in all ~ hoogst waarschijnlijk
∗ ⟨AE⟩ probabilities weersvoorspelling

probable/'probəbl/ I [znw] vermoedelijke winnaar
of kandidaat II [bnw] waarschijnlijk

probably/'probəblɪ/ [bijw] ● waarschijnlijk,
vermoedelijk ● ongetwijfeld

probate/'prəubeɪt/ [znw] geverifieerd afschrift v.
een testament ∗ ~-duty successierecht

probation/prə'beɪʃən/ [znw] ● proef(tijd),
onderzoek ● voorwaardelijke veroordeling
● reclassering ∗ on ~ proeftijd of noviciaat
doormakend ∗ ~ officer reclasseringsambtenaar

probationary/prə'beɪʃənərɪ/ [bnw] proef-

probationer/prə'beɪʃənə/ [znw] ● proefleerling
● leerling-verpleegster ● voorwaardelijk
veroordeelde ● proponent

probe/prəub/ I [ov ww] ● sonderen ● onderzoeken,
doordringen in II [znw] ● sonde ● onderzoek

probic/'prəubɪk/ ⟨AE/inf.⟩ [bnw] op proef
aangesteld

probity/'prəubətɪ/ [znw] oprechtheid, eerlijkheid

problem/'probləm/ [znw] probleem, vraagstuk

problematic(al)/problə'mætɪk(l)/ [bnw]
twijfelachtig, onzeker

proboscis/prəu'bɒsɪs/ [znw] ● slurf ⟨scherts⟩
neus

procedural/pəsi:'dʒərəl/ [bnw] betreffende een
procedure

procedure/prə'si:dʒə/ [znw] ● methode,
handeling, procedure ● rechtspleging

proceed/prə'si:d/ [on ww] ● verder (voort)gaan,
vorderen, vervolgen ⟨v. rede⟩ ● (~ against)
gerechtelijk vervolgen ● (~ from) komen uit,
uitgegeven worden door ● (~ to) behalen ⟨v.
graad⟩ ● (~ upon) tewerkgaan volgens ● (~
with) verder gaan

proceeding/prə'si:dɪŋ/ [znw] ● handeling
● handelwijze ● maatregel ∗ institute (legal) ~s
rechtsvervolging instellen ∗ ~s gebeurtenissen;
werkzaamheden; handelingen; notulen

proceeds/'prəusi:dz/ [mv] opbrengst

process/'prəuses/ I [ov ww] ● gerechtelijk
vervolgen ● behandelen ⟨vnl. v. stof⟩ ● conserveren
⟨v. voedsel⟩ ● verwerken ● ontwikkelen ⟨v. foto,
film⟩ II [on ww] 'n processie/optocht houden
III [znw] ● proces ● (ver)loop ● verrichting,
methode, werkwijze ● praktijk ∗ in ~ of
construction in aanbouw ∗ in ~ of time na
verloop van tijd

procession/prə'seʃən/ I [on ww] 'n
processie/optocht houden II [znw] ● defilé, stoet,
processie ● wedstrijd waarbij deelnemers elkaar de
voorrang niet (kunnen) betwisten ● opeenvolging,
reeks

processional/prə'seʃənl/ [bnw] processie-

processor/'prəusesə/ [znw] ● bewerker
● computer, verwerkingseenheid

process-server/'prəusess3:və/ [znw] deurwaarder

proclaim/prə'kleɪm/ [ov ww] ● afkondigen,
bekend maken ● uitroepen tot in staat v. beleg
verklaren ● verbieden ⟨v. vergadering⟩ ∗ ~ a
traitor tot verrader verklaren ∗ ~ the banns een
huwelijk kerkelijk afkondigen

proclamation/proklə'meɪʃən/ [znw]
● proclamatie ● verkondiging

proclivity/prə'klɪvətɪ/ [znw] neiging

procrastinate/prəu'kræstɪneɪt/ [on ww] talmen

procrastination/prəkræstɪ'neɪʃən/ [znw] getalm,
uitstel

procreate/'prəukrɪeɪt/ [ov ww] voortplanten

procreation/prəukrɪ'eɪʃən/ [znw] voortplanting

proctor/'prɒktə/ [znw] ● universiteitsambtenaar
die toezicht houdt op handhaving v. orde en tucht
● procureur ⟨bij kerkelijke rechtbank⟩
∗ Queen's/King's ~ vertegenwoordiger v.d. kroon
die mag interveniëren bij echtscheidingsprocessen
en onregelmatigheden bij testamenten; procureur

procumbent/prə'kʌmbənt/ [bnw]
● vooroverliggend ● langs de grond groeiend

procurable/prɒ'kjuərəbl/ [bnw] verkrijgbaar

procuration/prokju'reɪʃən/ [znw] ● het
verkrijgen, bezorging ● volmacht ● maaltijd of
geld, aangeboden aan bisschop bij diens bezoek
● makelaarsloon

procurator/'prokjuəreɪtə/ [znw] ● gevolmachtigde
● landvoogd ∗ ~ fiscal officier van justitie van
district in Schotland

procure/prə'kjuə/ [ov ww] ● verkrijgen, bezorgen
● koppelen

procurement/prə'kjuəmənt/ [znw] ● 't
verkrijgen ● bemiddeling

procurer/prə'kjuərə/ [znw] ● bezorger ● koppelaar
● souteneur

procuress/prə'kjuəres/ [znw] ● bordeelhoudster,
koppelaarster

prod/prod/ I [ov + on ww] ● prikken, porren
● prikkelen ● (aan)sporen II [znw] ● por
● ⟨vlees⟩pen ● ~ Ierse Protestant

prodigal/'prodɪgl/ I [znw] doordraaier, verkwister
II [bnw] verkwistend ∗ ~ of kwistig met ∗ the ~
son de verloren zoon

prodigality/prodɪ'gælətɪ/ [znw] verkwisting

prodigious/prə'dɪdʒəs/ [bnw] wonderbaarlijk,
enorm, abnormaal

prodigy/'prodɪdʒɪ/ [znw] wonder(kind)

produce I [ov ww] /prə'dju:s/ ● opleveren ● te
voorschijn halen ● opbrengen ● aanvoeren ⟨v.
bewijs⟩ ● opvoeren ⟨v. toneelstuk⟩ ● verlengen ⟨v.
lijn⟩ ● produceren ● ontwerpen ⟨v. kleding⟩
● veroorzaken II [znw] /'prodju:s/ ● opbrengst
● producten ⟨v.d. bodem⟩ ● resultaat ∗ ~ trade
goederenhandel ∗ raw ~ land- en
tuinbouwproducten

producer/prə'dju:sə/ [znw] ● producent
● productieleider ⟨v. film, toneel⟩ ● ontwerper
● regisseur ∗ ~ gas persgas

product/'prodʌkt/ [znw] ● product ● resultaat

production/prə'dʌkʃən/ [znw] ● productie
● product ● on ~ of op vertoon van ∗ ~ line
lopende band

productive/prə'dʌktɪv/ [bnw] ● producerend
● productief ● be ~ of opleveren

productivity/prodʌk'tɪvətɪ/ [znw] productiviteit

proem/'prəuɪm/ [znw] inleiding, voorwoord

profanation/profə'neɪʃən/ [znw] ● profanatie
● ontheiliging ● heiligschennis

profane/prə'feɪn/ I [ov ww] ● profaneren
● ontheiligen ● schenden II [bnw] ● profaan
● heidens ● godslasterlijk

profanity/prə'fænətɪ/ [znw] ● goddeloosheid
● heiligschennis

profess/prə'fes/ I [ov + on ww] ● college geven
● professorale plichten vervullen II [ov ww]
● betuigen ⟨v. gevoelens⟩ ● doen alsof ● openlijk
verklaren ● beweren ● belijden ⟨v. rel.⟩ ● uitoefenen
⟨v. beroep⟩ ∗ a ~ing Catholic praktiserend
katholiek III [on ww] de kloostergelofte afleggen

professed/prə'fest/ [bnw] ● overtuigd, openlijk
● zogenaamd ● beroeps-

professedly/prə'fesɪdlɪ/ [bijw] ● openlijk
● ogenschijnlijk

profession/prə'feʃən/ [znw] ● kloostergelofte
● beroep ● verklaring, betuiging ● belijdenis

• *professie* (v. kloosterling) • *stand* ★ *by ~ van beroep* ★ *the* (learned) *~s de geleerde beroepen: godgeleerdheid, rechten, medicijnen*
professional/prə'feʃənl/ **I** [znw] • *beroepsspeler* • *vakman* • (sl.) *acteur* **II** [bnw] • *beroeps-, vak- tot de gestudeerde stand behorend* ★ *~ man dokter, advocaat of ander afgestudeerde; man van 't vak*
professionalism/prə'feʃənəlɪzəm/ [znw] *professionalisme, vakbekwaamheid*
professor/prə'fesə/ [znw] • *professor* • *belijder* • (sl.) *beroeps*
professorate/prə'fesərɪt/ [znw] • *professoraat* • *wetenschappelijke staf*
professorial/profə'sɔːriəl/ [bnw] *professoraal*
professorship/prə'fesəʃɪp/ [znw] *professoraat*
proffer/'profə/ **I** [ov ww] *aanbieden* **II** [znw] *aanbod*
proficiency/prə'fɪʃənsɪ/ [znw] *bedrevenheid, bekwaamheid*
proficient/prə'fɪʃənt/ **I** [znw] *bedrevene, meester* **II** [bnw] *bekwaam* ★ *~ at/in bedreven in*
profile/'prəʊfaɪl/ **I** [ov ww] *in profiel tekenen* **II** [znw] • *profiel* • *doorsnede* • *omtrek* • *korte levensbeschrijving, karakterschets* (in de journalistiek)
profit/'profɪt/ **I** [ov ww] *van nut zijn, helpen* **II** [on ww] *profiteren* ★ *~ by z'n nut doen met; profiteren van* **III** [znw] *voordeel, nut* • *winst* ★ *at a ~ met winst* ★ *~ and loss account winst- en verliesrekening*
profitable/'profɪtəbl/ [bnw] • *winstgevend* • *nuttig*
profitably/'profɪtəblɪ/ [bnw] *met winst*
profiteer/profɪ'tɪə/ **I** [on ww] *woekerwinst maken* **II** [znw] (pej.) *iem. die woekerwinst maakt*
profitless/'profɪtləs/ [bnw] *nutteloos, zonder resultaat*
profligacy/'proflɪgəsɪ/ [znw] *losbandigheid*
profligate/'proflɪgət/ **I** [znw] *losbol* **II** [bnw] *losbandig*
profound/prə'faʊnd/ **I** [znw] *afgrond* **II** [bnw] *diep(gaand), grondig*
profundity/prə'fʌndɪtɪ/ [znw] *diepte*
profuse/prə'fjuːs/ [bnw] • *kwistig, verkwistend* • *overvloedig*
profusion/prə'fjuːʒən/ [znw] • *kwistigheid, verkwisting* • *overvloed*
prog/prog/ **I** [ov ww] *student onderwerpen aan gezag van proctor* **II** [znw] • (sl.) *proctor aan universiteit* • (sl.) *zwervende bedelaar*
progenitor/prəʊ'dʒenɪtə/ [znw] • *voorvader* • *geestelijke vader, voorganger* • *origineel*
progeniture/prəʊ'dʒenɪtjʊə/ [znw] • *verwekking* • *afkomst* • *nakomelingschap*
progeny/'prodʒɪnɪ/ [znw] • *nageslacht* • *resultaat*
prognosis/prog'nəʊsɪs/ [znw] *prognose*
prognostic/prog'nostɪk/ **I** [znw] *voorteken, voorspelling* **II** [bnw] *voorspellend* ★ *~ of wijzend op*
prognosticate/prog'nostɪkeɪt/ [ov ww] • *voorspellen* • *wijzen op*
program(me)/'prəʊgræm/ **I** [ov ww] *een bep. plan opstellen* ★ *programmed course geprogrammeerde cursus* **II** [znw] • *program(ma)* • (AE) *agenda* ★ *~ picture bijfilm*
progress/'prəʊgres/ **I** [on ww] /prə'gres/ • *vooruitgaan, vorderen* • *aan de gang zijn* **II** [znw] /'prəʊgres/ • *voortgang, vordering(en)* • *stand v. zaken* ★ *in ~ aan de gang*
progression/prə'greʃən/ [znw] • *vooruitgang, vordering* • *progressie* • *reeks*

progressive/prə'gresɪv/ **I** [znw] *voorstander v. progressieve politiek* **II** [bnw] • *vooruitgaand* • *vooruitstrevend* • *progressief*
prohibit/prə'hɪbɪt/ [ov ww] • *verbieden* • *verhinderen*
prohibition/prəʊhɪ'bɪʃən/ [znw] *verbod*
Prohibition/prəʊhɪ'bɪʃən/ [znw] *drankverbod in Amerika*
prohibitionist/prəʊhɪ'bɪʃənɪst/ [znw] *voorstander v. drankverbod*
prohibitive, prohibitory/prəʊ'hɪbɪtɪv/ [bnw] • *verbiedend* • *belemmerend* • *enorm hoog* (vnl. v. prijs) ★ *~ terms onaannemelijke voorwaarden*
project I [ov ww] /prə'dʒekt/ • *ontwerpen* • *projecteren* • *slingeren* • *belichamen* (v. gedachte) ★ *~ o.s. z. geestelijk verplaatsen in* **II** [on ww] /prə'dʒekt/ *vooruitsteken* **III** [znw] /'prodʒekt/ • *project, plan, schema* • *ontworpen onderneming of onderzoek* • (school)taak
projectile/prəʊ'dʒektaɪl/ **I** [znw] *projectiel* **II** [bnw] *voortdrijvend* ★ *~ force drijfkracht*
projection/prə'dʒekʃən/ [znw] • *uitsteeksel* • *ontwerp, 't ontwerpen* • *projectie* (in meetkunde) ★ *~ room (film)cabine*
projectionist/prə'dʒekʃənɪst/ [znw] *filmoperateur*
projective/prə'dʒektɪv/ [bnw] *projectie-, projecterend*
projector/prə'dʒektə/ [znw] • *promotor v. zwendelmaatschappij* • *projectietoestel* • *ontwerper*
prolapse I [on ww] /prə'læps/ *verzakken* **II** [znw] /'prəʊlæps/ *verzakking*
prole/prəʊl/ (inf.) [znw] *proletariër*
proletarian/prəʊlɪ'teəriən/ **I** [znw] *proletariër* **II** [bnw] *proletarisch*
proletariat(e)/prəʊlɪ'teəriət/ [znw] *proletariaat*
proliferate/prə'lɪfəreɪt/ [on ww] *zich snel vermenigvuldigen, z. verspreiden*
proliferation/prəʊlɪfə'reɪʃən/ [znw] *snelle toename*
proliferous/prə'lɪfərəs/ [bnw] *snel in aantal toenemend*
prolific/prə'lɪfɪk/ [bnw] *overvloedig* ★ *~ in rijk aan* ★ *~ of vruchtbaar in*
prolix/'prəʊlɪks/ [bnw] • *uitvoerig* • *langdradig*
prolixity/prəʊ'lɪksɪtɪ/ [znw] *uitvoerigheid, langdradigheid*
prologue/'prəʊlog/ [znw] • *proloog, inleiding* • *voorspel*
prolong/prə'lon/ [ov ww] *verlengen, aanhouden* (v. noot)
prolongation/prəʊlon'geɪʃən/ [znw] *verlenging*
prom/prom/ (inf.) [znw] • *promenadeconcert* • (AE) *schoolfeestje*
promenade/promə'naːd/ **I** [ov + on ww] • *wandelen* • *rondrijden* • *rondleiden* **II** [znw] • *wandeling, wandelrit* • *wandelplaats* ★ *~ concert zomerconcert*
promenader/promə'naːdə/ [znw] *wandelaar*
prominence/'prominəns/ [znw] • *uitsteeksel, verhevenheid* • *onderscheiding* ★ *give ~ to op de voorgrond plaatsen*
prominent/'prominənt/ [bnw] • *vooraanstaand* • *voornaam* • *vooruitstekend* • *opvallend*
promiscuity/promɪs'kjuːətɪ/ [znw] • *gemengdheid, vermenging* • *vrije liefde*
promiscuous/prə'mɪskjʊəs/ [bnw] • *veel relaties hebbend* • *gemengd, zonder onderscheid* • (inf.) *toevallig*
promise/'promɪs/ **I** [ov + on ww] *beloven, toezeggen* ★ *~ o.s. verlangen naar* ★ *~ well veel beloven* ★ *the ~d land 't beloofde land* **II** [znw] *belofte* ★ *a man of ~ 'n veelbelovend man*

P

promising/'prɒmɪsɪŋ/ [bnw] *veelbelovend*

promissory/'prɒmɪsərɪ/ [bnw] *belovend* ∗ ~ *note promesse*

promontory/'prɒmantərɪ/ [znw] • *voorgebergte* • *kaap* • ‹anat.› *uitsteeksel*

promote/prə'məʊt/ [ov ww] • *bevorderen, vooruithelpen* • *aanmoedigen* • *oprichten* (v. maatschappij) ∗ ~ *a bill de aanneming v. wetsontwerp bevorderen*

promoter/prə'məʊtə/ [znw] • *bevorderaar, begunstiger* • *oprichter van maatschappij* ∗ *company* ~ *oprichter van maatschappij*

promotion/prə'məʊʃən/ [znw] • *promotie, bevordering* • *reclameactie* ∗ ~ *examination overgangsexamen*

promotional/prəʊ'məʊʃənəl/ [bnw] *bevorderend, hulpverlenend*

prompt/prɒmpt/ **I** [ov ww] • *aanzetten, aanmoedigen* • *souffleren, voorzeggen* **II** [znw] • *betalingstermijn, ontvangsttermijn* • *'t souffleren* • *'t gesouffleerde* **III** [bnw] *onmiddellijk, vlug, vlot, prompt* ∗ ~ *cash contant* **IV** [bijw] *precies*

prompt-box/'prɒmptbɒks/ [znw] *souffleurshokje*

prompter/'prɒmptə/ [znw] • *iem. die aanmoedigt* • *souffleur*

prompting/'prɒmptɪŋ/ [znw] • *aanmoediging* • *'t souffleren* ∗ *the* ~ *of conscience de stem v. 't geweten*

promptitude, promptness/'prɒmptɪtjuːd/ [znw] *promptheid, vlugheid*

promulgate/'prɒməlgeɪt/ [ov ww] • *bekend maken* • *uitvaardigen* • *verbreiden*

promulgation/prɒməl'geɪʃən/ [znw] • *bekendmaking* • *uitvaardiging* • *verbreiding*

prone/prəʊn/ [bnw] • *naar voren gebogen* • *voorover(liggend), plat* • *steil* ∗ ~ *to geneigd tot; vatbaar voor*

prong/prɒŋ/ **I** [ov ww] *(door)steken* (met vork) **II** [znw] • *(hooi)vork* • *tand* (v. vork)

pronominal/prəʊ'nɒmɪnl/ [bnw] *voornaamwoordelijk*

pronoun/'prəʊnaʊn/ [znw] *voornaamwoord*

pronounce/prə'naʊns/ [ww] • *uitspreken, uiten* • *uitspraak doen* ∗ ~ *for* (z.) *verklaren voor*

pronounceable/prə'naʊnsəbl/ [bnw] *uit te spreken*

pronounced/prə'naʊnst/ [bnw] ∗ *he has a* ~ *tendency to ... hij heeft een uitgesproken neiging om ...*

pronouncement/prə'naʊnsmənt/ [znw] *verklaring*

pronto/'prɒntəʊ/ ‹inf.› [bijw] *meteen, onmiddellijk*

pronunciation/prənʌnsɪ'eɪʃən/ [znw] *uitspraak*

proof/pruːf/ **I** [ov ww] *ondoordringbaar maken, waterdicht maken* **II** [znw] • *normaal gehalte* • *drukproef* • *reageerbuis* • *niet afgesneden kanten v. blad v. boek* • *bewijs* • *proef* ‹Schots› *verhoor voor rechter i.p.v. jury* ‹AE› *86 – 43% (alcohol)* ∗ *in* ~ *ter perse* ∗ *in* ~ *of ten bewijze van* ∗ *put to the* ~ *op de proef stellen* ∗ *the* ~ *of the pudding is in the eating de praktijk zal het leren* **III** [bnw] *beproefd* ∗ ~ *against bestand tegen*

proofread/'pruːfriːd/ [ov ww] *proeflezen, corrigeren* (v. drukproeven)

proof-reader/'pruːfriːdə/ [znw] *corrector*

proof-sheet/'pruːfʃiːt/ [znw] *drukproef*

prop/prɒp/ **I** [ov ww] • *steunen, schragen* (~ *against*) *zetten tegen* • (~ *up*) *overeind houden, ondersteunen* **II** [on ww] *plotseling stilstaan met gestrekte voorpoten* (v. paard) **III** [znw]

• *decorstuk* • *stut, steunpilaar* • ‹inf.› *voorstel*

propagandize/prɒpə'gændaɪz/ **I** [ov ww] *propageren* **II** [on ww] *propaganda maken*

propagate/'prɒpəgeɪt/ **I** [ov ww] • *propageren* • *voortplanten* • *verbreiden, verspreiden* **II** [on ww] • z. *verspreiden* • z. *voortplanten*

propagation/prɒpə'geɪʃən/ [znw] • *verbreiding* • *voortplanting*

propane/'prəʊpeɪn/ [znw] *propaan*

propel/prə'pel/ [ov ww] *(voort)drijven*

propellant/prə'pelənt/ [znw] *drijfkracht*

propellent/prə'pelənt/ [bnw] *voortstuwend*

propeller/prə'pelə/ [znw] *propeller, schroef*

propensity/prə'pensətɪ/ [znw] *geneigdheid, neiging*

proper/'prɒpə/ [bnw] • *eigen(lijk)* • *juist, goed* • *gepast, netjes, fatsoenlijk* • *onvervalst, echt* • ‹her.› *in de natuurlijke kleur* ∗ *a* ~ *row 'n flinke ruzie* ∗ ~ *name eigennaam* ∗ *the story* ~ *het eigenlijke verhaal*

properly/'prɒpəlɪ/ [bijw] • *totaal, volkomen* • *correct, juist* • *terecht*

propertied/'prɒpətɪd/ [bnw] ∗ ~ *classes bezittende klassen*

property/'prɒpətɪ/ [znw] • *bezit(ting), land(goed)* • *eigendom(srecht)* • *eigenschap* ∗ *lost* ~ *gevonden voorwerpen* • *properties toneelrekwisieten* ∗ ~ *master rekwisiteur* ∗ ~ *settlement boedelscheiding* ∗ ~ *tax grondbelasting* ∗ *real* ~ *land in eigen bezit*

prophecy/'prɒfəsɪ/ [znw] *profetie, voorspelling*

prophesy/'prɒfɪsaɪ/ [ov + on ww] *profeteren, voorspellen*

prophet/'prɒfɪt/ [znw] • *profeet* • *voorstander* • ‹sl.› *iem. die tips geeft bij wedstrijden*

prophetess/'prɒfɪtes/ [znw] *profetes*

prophetic(al)/prə'fetɪk(l)/ [bnw] *profetisch*

propinquity/prə'pɪŋkwətɪ/ [znw] • *nabijheid* • *nauwe verwantschap* • *gelijkheid, overeenkomst*

propitiate/prə'pɪʃɪeɪt/ [ov ww] • *gunstig stemmen* • *verzoenen*

propitiation/prəpɪʃɪ'eɪʃən/ [znw] *verzoening, boetedoening*

propitiatory/prə'pɪʃɪətərɪ/ **I** [znw] *genadetroon* ‹Christus› **II** [bnw] *verzoenend, zoen-*

propitious/prə'pɪʃəs/ [bnw] *genadig, gunstig*

proponent/prə'pəʊnənt/ **I** [znw] *voorstander, verdediger* **II** [bnw] *ponerend, voorstellend*

proportion/prə'pɔːʃən/ **I** [ov ww] *evenredig maken* ∗ *well-* ~ *ed goed geproportioneerd* (~ *to*) *afmeten naar* **II** [znw] • *evenredigheid* • *deel* • *verhouding* ∗ *in* ~ *as naarmate* ∗ *in* ~ *to in verhouding tot* ∗ *out of* ~ *niet in verhouding* ∗ ~*s afmetingen*

proportionable/prə'pɔːʃənəbl/ [bnw] *evenredig*

proportional/prə'pɔːʃənl/ **I** [znw] *evenredige* **II** [bnw] ∗ ~ *representation evenredige vertegenwoordiging* ∗ ~ *to evenredig aan*

proportionate/prə'pɔːʃənət/ [bnw] ∗ ~ *to evenredig aan*

proposal/prə'pəʊzəl/ [znw] • *voorstel* • *huwelijksaanzoek* • *voordracht* (als lid)

propose/prə'pəʊz/ **I** [ov ww] • *voorstellen, van plan zijn* • *voordragen* (als lid) ∗ ~ *a p.'s health op iemands gezondheid drinken* **II** [on ww] *huwelijksaanzoek doen* ∗ *man* ~*s, God disposes de mens wikt, God beschikt*

proposition/prɒpə'zɪʃən/ [znw] • *bewering* • *stelling* • *voorstel* • ‹sl.› *karweitje, zaak(je), geval, kwestie, ding*

propositional/prɒpə'zɪʃənl/ [bnw] *gegrond op een stelling*

propound/prə'paʊnd/ [ov ww] • voorstellen
• laten verifiëren ‹v. testament›

propr.[afk] • (proprietor) eigenaar

proprietary/prə'praɪətərɪ/ I [znw] • bezit(srecht)
• (groep van) eigenaar(s) II [bnw] • eigendoms-,
particulier • bezittend ‹v. klasse› • gepatenteerd

proprietor/prə'praɪətə/ [znw] eigenaar ★ ~'s
capital aandelenkapitaal

proprietorial/prəpraɪə'tɔ:rɪəl/ [bnw] v. eigenaar

proprietress/prə'praɪətrəs/ [znw] eigenares

propriety/prə'praɪətɪ/ [znw] • juistheid • fatsoen,
welvoeglijkheid • proprieties beleefde manieren

props/prɒps/ ‹sl.› [mv] (toneel)rekwisieten

propulsion/prə'pʌlʃən/ [znw] • voortstuwing
• stuwkracht ★ jet ~ straalaandrijving

propulsive/prə'pʌlsɪv/ [bnw] • voortdrijvend
• stuw-

prorogation/prəʊrə'geɪʃən/ [znw] • verdaging
• reces

prorogue/prə'rəʊg/ [ov ww] verdagen

prosaic(al)/prəʊ'zeɪk(l)/ [bnw] prozaïsch

proscenium/prə'si:nɪəm/ [znw] • toneel ‹in de
Oudheid› • ruimte tussen gordijn en orkest (bij
toneel)

proscribe/prə'skraɪb/ [ov ww] • vogelvrij
verklaren, verbannen • verwerpen ‹v. bep.
praktijk›

proscription/prəʊ'skrɪpʃən/ [znw] • verbod
• verbanning

prose/prəʊz/ I [ov ww] in proza overbrengen
II [on ww] prozaïsch schrijven/spreken III [znw]
• proza • 't prozaïsche • saaie of vervelende
uiteenzetting

prosecutable/'prɒsɪkju:təbl/ [bnw] strafbaar,
vervolgbaar

prosecute/'prɒsɪkju:t/ [ov ww] • (ver)volgen,
voortzetten • uitoefenen ‹v. vak› • klacht indienen
tegen ★ trespassers will be ~d overtreders zullen
worden gestraft

prosecution/prɒsɪ'kju:ʃən/ [znw] • vervolging
• uitoefening • eiser

prosecutor/'prɒsɪkju:tə/ [znw] • beoefenaar
• aanklager ★ public ~ Officier v. Justitie

proser/'prəʊzə/ [znw] • saaie spreker
• prozaschrijver

prospect I [ov ww] /prə'spekt/ zoeken naar
olie/erts ★ the mine ~s well de mijn belooft veel
op te leveren ● (~ **for**) zoeken naar II [znw] /
'prɒspekt/ • verwachting, verschiet • vermoedelijke
vindplaats v. erts of olie ertsonderzoek,
ertsopbrengst • gegadigde • vermoedelijke koper
★ in ~ in 't vooruitzicht ★ ~ of (voor)uitzicht op

prospective/prə'spektɪv/ [bnw] • vooruitziend
• aanstaande, toekomstig, vermoedelijk ★ ~ buyer
gegadigde

prospector/prə'spektə/ [znw] • mijnonderzoeker
• goudzoeker

prosper/'prɒspə/ I [ov ww] begunstigen
II [on ww] voorspoed genieten, gedijen

prosperity/prɒ'sperɪt/ [znw] voorspoed, bloei

prosperous/'prɒspərəs/ [bnw] voorspoedig,
welvarend

prostate/'prɒsteɪt/ [znw] ★ ~ (gland) prostaat

prostitute/'prɒstɪtju:t/ I [ov ww] prostitueren
• vergooien, verlagen, misbruiken II [znw]
prostituee ★ male ~ schandknaap

prostitution/prɒstɪ'tju:ʃən/ [znw] • prostitutie
• misbruik

prostrate I [ov ww] /prɒs'treɪt/ • ter aarde werpen
• verslaan • (lichamelijk) uitputten ★ ~ o.s. before
z. in 't stof buigen voor II [bnw] /'prɒstreɪt/
• vooroverliggend, uitgestrekt • verslagen,

gebroken ‹v. smart› • (lichamelijk) uitgeput ★ lay
~ machteloos maken

prostration/prɒs'treɪʃən/ [znw] • (voorover)
liggende houding • voetval • ootmoedige
aanbidding • (lichamelijke) uitputting
• machteloosheid

prosy/'prəʊzɪ/ [bnw] vervelend, saai, langdradig

protagonist/prəʊ'tægənɪst/ [znw]
• hoofdpersoon • kopstuk • kampioen, voorvechter

protean/'prəʊtɪən/ [bnw] voortdurend
veranderend

protect/prə'tekt/ [ov ww] • beveiligen • honoreren
‹v. wissel› ● (~ **against**) beschermen tegen ● (~
from) beschutten tegen, beschermen tegen

protection/prə'tekʃən/ [znw] • bescherming
• gunst • 't honoreren ‹v. wissel› • vrijgeleide ● ⟨AE⟩
bewijs v. Am. burgerschap, verstrekt aan uitvarende
zeelieden

protective/prə'tektɪv/ [bnw] beschermend

protector/prə'tektə/ [znw] beschermer

protectorate/prə'tektərət/ [znw] • protectoraat
• beschermheerschap

protectress/prə'tektrəs/ [znw] beschermster

protein/'prəʊti:n/ [znw] proteïne, eiwit

protest I [ov ww] /prə'test/ plechtig verklaren,
betuigen II [on ww] /prə'test/ protesteren
III [znw] /'prəʊtest/ • protest • plechtige
verklaring ★ supra ~ na protest ‹v. wissel›

protestant I [znw] /'prɒtɪstənt/ protestant
• /prə'testənt/ protesterende II [bnw]
• /'prɒtɪstənt/ protestants • /prə'testənt/
protesterend

Protestantism/'prɒtɪstəntɪzəm/ [znw]
protestantisme

protestation/prɒtɪ'steɪʃən/ [znw] • plechtige
verklaring, betuiging • protest

protester/prə'testə/ [znw] iem. die protesteert of
plechtige verklaring aflegt

protonotary/prəʊtə'nəʊtərɪ/ [znw] • eerste
griffier • geheimschrijver v.d. paus

prototype/'prəʊtətaɪp/ [znw] prototype

protract/prə'trækt/ [ov ww] • rekken, verlengen
• op schaal tekenen ★ a ~ed stay een langdurig
verblijf

protractile/prə'træktaɪl/ [bnw] rekbaar

protraction/prə'trækʃən/ [znw] • verlenging
• getalm

protractor/prə'træktə/ [znw] • gradenboog
• strekspier

protrude/prə'tru:d/ I [ov ww] opdringen
II [on ww] (voor)uitsteken • uitpuilen

protrusion/prə'tru:ʒən/ [znw] • het vooruitsteken
• uitsteeksel • het uitpuilen

protrusive/prə'tru:sɪv/ [bnw] • stuwend
• (voor)uitstekend • opdringerig

protuberance/prə'tju:bərəns/ [znw] • gezwel,
opzwelling • protuberans ‹in astron.›

protuberant/prə'tju:bərənt/ [bnw] • uitpuilend
• gezwollen

proud/praʊd/ I [bnw] • fier • prachtig,
indrukwekkend • gezwollen ‹v. rivier› ★ it was a ~
day for him het was een mooie dag voor hem ★ ~
flesh wild vlees ‹om wond› ★ ~ of trots op
II [bijw] ★ you do me ~ u doet me een grote eer
aan

provable/'pru:vəbl/ [bnw] bewijsbaar

prove/pru:v/ I [ov ww] • bewijzen • verifiëren
• onderzoeken • 'n afdruk nemen • inschieten ‹v.
kanon› • op de proef stellen • ondervinden ★ ~
yourself laat zien wat je kunt ★ proving ground
proefterrein II [on ww] blijken ‹te zijn› ★ it ~d
true het bleek waar te zijn

P

proven/'pru:vən/ [bnw] ∗ ‹Schots› not ~ niet bewezen

provenance/'prɒvɪnəns/ [znw] ‹plaats v.› herkomst

provender/'prɒvɪndə/ I [ov ww] ‹vero.› voeren II [znw] ● ‹droog›voer ● ‹scherts› kost

proverb/'prɒvɜ:b/ [znw] ● spreekwoord ● gezegde ∗ he is a ~ for inaccuracy zijn slordigheid is spreekwoordelijk

proverbial/prə'vɜ:bɪəl/ [bnw] spreekwoordelijk

provide/prə'vaɪd/ I [ov ww] bepalen (bij de wet) ∗ ~ a back bok gaan staan; op zijn rug laten rijden ∗ ~ for o.s. aan de kost komen ‹gesch.› ~ to a benefice tot een geestelijk ambt benoemen ∗ ~d school openbaar lagere school ∗ ~d/providing (that) op voorwaarde dat; mits ● (~ for) zorgen voor ∗ she was well ~d for er was goed voor haar gezorgd ● (~ with) voorzien van II [on ww] ● (~ against) maatregelen treffen tegen

providence/'prɒvɪdns/ [znw] ● vooruitziendheid, voorzorg ● zuinigheid ● ‹special› ~ goddelijke voorzienigheid

provident/'prɒvɪdnt/ [bnw] ● vooruitziend, zorgzaam ● zuinig

providential/prɒvɪ'denʃəl/ [bnw] ∗ v.d. voorzienigheid ● geschikt, te juister tijd, gelukkig

provider/prə'vaɪdə/ [znw] ● kostwinner ● verzorger ● leverancier ∗ universal ~ houder v. warenhuis

province/'prɒvɪns/ [znw] ● provincie, gewest ● gebied ∗ the ~s het platteland

provincial/prə'vɪnʃəl/ I [znw] ● provinciaal ● plattelander II [bnw] ● provinciaal ● kleinsteeds

provincialism/prə'vɪnʃəlɪzəm/ [znw] provincialisme

provision/prə'vɪʒən/ I [ov ww] provianderen II [znw] ● voorziening ● (mond)voorraad ● wetsbepaling ● remise ‹v. geld› ∗ make ~ for voorzien in; zorgen voor ∗ ~ dealer handelaar in levensmiddelen ∗ ~s proviand

provisional/prə'vɪʒənl/ [bnw] voorlopig

Provisional/prə'vɪʒənl/ [znw] extremist v.d. IRA

proviso/prə'vaɪzəʊ/ [znw] ● bepaling ● voorbehoud ∗ with a ~ onder voorbehoud

provisory/prə'vaɪzərɪ/ [bnw] ● voorwaardelijk ● voorlopig

Provo [znw] ● provo ● lid van extremistische vleugel v.d. IRA

provocation/prɒvə'keɪʃən/ [znw] ● provocatie ● prikkel, terging ● aanleiding

provocative/prə'vɒkətɪv/ I [znw] ● prikkel, aanleiding ● uitdaging II [bnw] ● provocerend ● prikkelend ∗ it is ~ of ... het stimuleert/prikkelt tot ...

provoke/prə'vəʊk/ [ov ww] ● (op)wekken ● uitlokken, tarten, verlokken ● veroorzaken

provoking/prə'vəʊkɪŋ/ [bnw] ellendig, ergerlijk, tergend

provost [znw] ● /'prɒvəst/ hoofd v. sommige colleges ● ‹mil.› /prə'vəʊ/ provoost ● ‹Schots› /'prɒvəst/ burgemeester ● ‹gesch.› /'prɒvəst/ proost ∗ ~ marshal hoofd v.d. militaire politie

prow/praʊ/ [znw] boeg, voorsteven

prowess/'praʊɪs/ [znw] dapperheid

prowl/praʊl/ I [ov + on ww] ● rondzwerven, rondsluipen ● patrouilleren II [on ww] ∗ ‹AⒺ› ~ car surveillance wagen III [znw] ∗ be on the ~ op roof uit zijn; snorren

prowler/'praʊlə/ [znw] ● dief ● roofdier op jacht ● loerder, sluiper

proximate/'prɒksɪmət/ [bnw] nabij zijnd, naburig

proximity/prɒk'sɪmɪtɪ/ [znw] nabijheid ∗ ~ of blood bloedverwantschap

proximo/'prɒksɪməʊ/ [bnw] v.d. volgende maand

proxy/'prɒksɪ/ [znw] (ge)volmacht(igde), procuratie(houder) ∗ marry by ~ met de handschoen trouwen

prude/pru:d/ [znw] preutse vrouw of meisje

prudence/'pru:dəns/ [znw] voorzichtigheid, omzichtigheid

prudent/'pru:dnt/ [bnw] voorzichtig, omzichtig

prudential/pru:'denʃəl/ [bnw] ● voorzichtigheids-● verstandig

prudentials/pru:'denʃəlz/ [mv] verstandelijke overwegingen

prudery, prudishness/'pru:dərɪ/ [znw] preutsheid

prudish/'pru:dɪʃ/ [bnw] preuts

prune/pru:n/ I [ov ww] ∗ ~d of ontdaan van ● (~ down) (be)snoeien II [znw] ● pruimedant ● roodpaars ∗ ~s and prisms geaffecteerde manieren

prurience/'prʊərɪəns/ [znw] wellust

prurient/'prʊərɪənt/ [bnw] wellustig

Prussia/'prʌʃə/ [znw] Pruisen

Prussian/'prʌʃən/ I [znw] Pruis II [bnw] Pruisisch

prussic/'prʌsɪk/ [bnw] pruisisch-blauw ∗ ~ acid blauwzuur

pry/praɪ/ I [ov ww] openbreken II [on ww] gluren ● (~ about) rondloeren ● (~ into) zijn neus steken in III [znw] breekijzer

psalm/sɑ:m/ [znw] psalm

psalmist/'sɑ:mɪst/ [znw] psalmist

psalmody/'sɑ:mədɪ/ [znw] ● psalmgezang ● psalmen

psalter/'sɔ:ltə/ [znw] psalmboek

psaltery/'sɔ:ltərɪ/ [znw] dertiensnarige harp

psephology/se'fɒlədʒɪ/ [znw] bestudering v.h. kiezersgedrag

pseud/sju:d/ [znw] snoever, opgeblazen figuur

pseudo-/'sju:dəʊ/ [voorv] onecht, pseudo-, schijn-∗ ~democratic pseudo-democratisch

pseudonym/'sju:dənɪm/ [znw] pseudoniem

pshaw/pʃɔ:/ I [on ww] ● (~ at) de neus ophalen voor II [tw] bah!

psych/saɪk/ I [ov ww] ● (~ out) hoogte krijgen van, uitdenken, door krijgen, begrijpen, intimideren II [on ww] ● (~ out) in de war raken

psyche/'saɪkɪ/ [znw] ● ziel ● geest ● bep. vlinder

psychedelic/saɪkɪ'delɪk/ I [znw] bewustzijnsverruimende drug II [bnw] bewustzijnsverruimend

psychiatric/saɪkɪ'ætrɪk/ [bnw] psychiatrisch

psychiatrist/saɪ'kaɪətrɪst/ [znw] psychiater

psychiatry/saɪ'kaɪətrɪ/ [znw] psychiatrie

psychic/'saɪkɪk/ I [znw] medium II [bnw] ● psychisch ● spiritistisch

psychics/'saɪkɪks/ [mv] parapsychologie

psycho/'saɪkəʊ/ [znw] psychoot, psychopaat

psychoanalyse/saɪkəʊ'ænəlaɪz/ [ov ww] psychoanalytisch behandelen

psychoanalysis/saɪkəʊə'næləsɪs/ [znw] psychoanalyse

psychoanalyst/saɪkəʊ'ænəlɪst/ [znw] psychoanalyticus

psychological/saɪkə'lɒdʒɪkl/ [bnw] psychologisch

psychologist/saɪ'kɒlədʒɪst/ [znw] psycholoog

psychology/saɪ'kɒlədʒɪ/ [znw] psychologie

psychopath/'saɪkəpæθ/ [znw] psychopaat

psychosis/saɪ'kəʊsɪs/ [znw] psychose

psychosomatic/saɪkəʊsə'mætɪk/ [bnw] psychosomatisch

psychotherapist/saɪkəʊ'θerəpɪst/ [znw]

psychotherapeut
psychotherapy/ˌsaɪkəʊˈθerəpɪ/ [znw]
psychotherapie
psychotic/saɪˈkɒtɪk/ [bnw] psychotisch
pt. [afk] • (part) deel • (payment) betaling • (pint)
pint • (point) punt • (port) haven
P.T. [afk] • (Physical Training) lichamelijke
oefening
P.T.A. [afk] • (Parent-Teacher Association)
oudercommissie
ptarmigan/ˈtɑːmɪɡən/ [znw] soort sneeuwhoen
pto [afk] • (please turn over) z.o.z.
pub/pʌb/ ⟨inf.⟩ café, kroeg
pub-crawl [znw] kroegentocht
puberty/ˈpjuːbətɪ/ [znw] puberteit
pubescence/pjuːˈbesəns/ [znw]
• puberteitsleeftijd • zacht dons
pubescent/pjuːˈbesnt/ [bnw] • geslachtsrijp
• donzig
pubic/ˈpjuːbɪk/ [bnw] schaam- • ~ hair
schaamhaar
public/ˈpʌblɪk/ I [znw] • publiek ⟨inf.⟩ herberg,
café • in ~ in 't openbaar II [bnw] • publiek,
openbaar, algemeen staats- • universiteits- * at
the ~ cost op rijkskosten * ~ address system
geluidsinstallatie * ~ affairs staatszaken;
openbare aangelegenheden * ~ dinner banket * ~
education schoolonderwijs; schoolopvoeding * ~
good algemeen welzijn * ~ health
volksgezondheid * ~ house herberg; café * ~ man
bekleder v. openbaar ambt; iem. die rol speelt in 't
openbare leven * ~ opinion poll opiniepeiling * ~
place openbaar gebouw * ~ property
staatseigendom * ~ prosecutor Officier v. Justitie
* ~ relations officer voorlichtingsambtenaar * ~
school particuliere kostschool; openbare school
(buiten Eng.) * ~ servant rijksambtenaar * ~
spirit vaderlandsliefde * ~-minded de belangen
van het publiek behartigend * the ~ purse de
schatkist
publican/ˈpʌblɪkən/ [znw] • herbergier • (gesch.)
pachter v. belastingen • (religie) tollenaar
publication/ˌpʌblɪˈkeɪʃən/ [znw] • afkondiging
• publicatie, uitgave
publicist/ˈpʌblɪsɪst/ [znw] • journalist • schrijver
over/kenner v. volkenrecht
publicity/pʌbˈlɪsətɪ/ [znw] • openbaarheid,
bekendheid • reclame * give ~ to bekend maken
* ~ agency reclamebureau * ~ agent
publiciteitsagent
publicize/ˈpʌblɪsaɪz/ [ov ww] reclame maken voor
publicly/ˈpʌblɪklɪ/ [bijw] • v. rijkswege • in 't
openbaar
public-spirited [bnw] maatschappelijk/sociaal
ingesteld
publish/ˈpʌblɪʃ/ [ov ww] • publiceren, uitgeven
• afkondigen, verkondigen • bekend maken
* ~ing house uitgeverij
publisher/ˈpʌblɪʃə/ [znw] • uitgever • ⟨AE⟩
eigenaar v. een krant
publishing/ˈpʌblɪʃɪŋ/ [znw] het uitgeversbedrijf
publishment/ˈpʌblɪʃmənt/ • ⟨AE⟩ [znw]
huwelijksafkondiging
puck/pʌk/ [znw] • kabouter • rakker • (sport) puck
pucker/ˈpʌkə/ I [ov + on ww] • rimpelen, (z.)
plooien • samentrekken * ~ up o.'s mouth een
pruimenmondje trekken II [znw] • rimpel, plooi,
kreuk • ⟨inf.⟩ opwinding, zenuwachtigheid
puckish/ˈpʌkɪʃ/ [bnw] schalks, ondeugend
pudding/ˈpʊdɪŋ/ [znw] • pudding • toetje, dessert
• bloedworst • balkenbrij • stootkussen • black ~
bloedworst * more praise than ~ meer lof dan

materiële beloning
pudding-face/ˈpʊdɪŋfeɪs/ [znw] pafferig,
uitdrukkingsloos gezicht
pudding-head/ˈpʊdɪŋhed/ [znw] domkop
pudding-heart/ˈpʊdɪŋhɑːt/ [znw] lafaard
puddle/ˈpʌdl/ I [ov ww] • puddelen • troebel
maken, bevuilen • met klei waterdicht maken
II [on ww] knoeien (in of met water) III [znw]
• poel, plas • mengsel v. klei en water voor
waterdichte bekleding • ⟨inf.⟩ warboel
pudency/ˈpjuːdənsɪ/ [znw] ingetogenheid,
bescheidenheid
pudenda/pjuːˈdendə/ [mv] schaamdelen
pudgy/ˈpʌdʒɪ/ [bnw] • kort en dik • pafferig
puerile/ˈpjʊəraɪl/ [bnw] kinderachtig
puerility/pjʊəˈrɪlɪtɪ/ [znw] • kinderachtigheid
• kinderleeftijd
puerperal/pjuːˈɜːpərəl/ [bnw] kraam(vrouwen)-
puff/pʌf/ I [ov ww] • poederen • reclame maken
• prijs opjagen ⟨bij verkoping⟩ • I was perfectly
puffed ik was totaal buiten adem * puff out the
candle blaas de kaars uit * she puffed up her
cheeks ze blies haar wangen op II [on ww]
• puffen, snuiven, blazen, hijgen • opbollen,
opzwellen • he puffed away at his pipe hij nam
trekjes aan zijn pijp • he puffed with anger hij
brieste v. woede III [znw] • rookwolkje • pof
• poederdonsje • luchtig gebak • reclamemakerij
⟨vooral in krant⟩ • windstoot, ademstoot • trekje,
pufje
puff-ball/ˈpʌfbɔːl/ [znw] • poederdonsje
• stuifzwam
puff-box/ˈpʌfbɒks/ [znw] poederdoos
puffer/ˈpʌfə/ [znw] • reclamemaker • snoever
• opjager (op veiling)
puffin/ˈpʌfɪn/ [znw] papegaaiduiker
puffy/ˈpʌfɪ/ [bnw] • kortademig • dik, opgeblazen,
pafferig • vlaagsgewijs • dof • reclameachtig
pug/pʌɡ/ I [ov ww] • kneden ⟨v. klei⟩ • opsporen
• opvullen met zaagsel of klei II [znw] • eerste
bediende • leem, klei • rangeerlocomotief • Reintje
(de vos) • voetspoor (in India) • ⟨sl.⟩ bokser * pug
(dog) mopshond
puggy, pug-nosed/ˈpʌɡɪ/ [bnw] met mopsneus
pugilist/ˈpjuːdʒɪlɪst/ [znw] • bokser • vechtjas
pugilistic/ˌpjuːdʒɪˈlɪstɪk/ [bnw] boks-
pugnacious/pʌɡˈneɪʃəs/ [bnw] strijdlustig,
twistziek
pugnacity/pʌɡˈnæsətɪ/ [znw] vechtlust
pug-nose [znw] mopsneus
puisne/ˈpjuːnɪ/ [bnw] • jonger • v. lagere rang
• later
puke/pjuːk/ ⟨inf.⟩ I [ov + on ww] (uit)braken
II [znw] • braakmiddel • braking
pule/pjuːl/ [on ww] • drenzen • piepen
pull/pʊl/ I [ov ww] • trekken (aan), rukken
• afdrukken • verrekken • een inval doen in • een
paard inhouden • he pulled his weight hij gaf z.
geheel; hij roeide met volle kracht * pull
caps/wigs ruzie maken * pull devil hard tegen
hard gaan * pull it er vandoor gaan * pull o.s.
together z. vermannen * pull s.o.'s leg iem. voor
de gek houden * pull the long bow overdrijven
* pull the strings/wire aan de touwtjes trekken
* pull up stakes verhuizen * pull up the right
lane op de rechter rijstrook gaan rijden • (~
about) ruw behandelen, naar alle kanten trekken,
overhoop halen • (~ back) (doen) terugtrekken
• (~ down) neerhalen, afbreken, klein krijgen,
omverwerpen, aanpakken, behalen ⟨v. cijfers⟩
* pulled down afgetobd; neerslachtig • (~ in) z.
inhouden, inrekenen • (~ off) uittrekken, afnemen

P

‹v. hoed›, prijs behalen, klaarspelen • ⟨~ **on**⟩
aantrekken • ⟨~ **out**⟩ uittrekken, erbij trekken • ⟨~
up⟩ optrekken, uitroeien, erbij trekken, opbreken
‹v. weg›, inhouden, tot nadenken/staan brengen,
onder handen nemen **II** [on ww] • trekken (aan),
rukken • scheuren • roeien • ⟨~ **at**⟩ trekken aan,
een flinke teug nemen • ⟨~ **back**⟩ ⟨zich⟩
terugtrekken, terugkrabbelen • ⟨~ **in**⟩ binnenlopen
‹v. trein›, naar de kant v.d. weg uithalen • ⟨~ **off**⟩
aftrekken • ⟨~ **out**⟩ vertrekken ‹v. trein›, uitvaren,
wegrijden, z. uit iets terugtrekken ★ pull out to
one's right naar rechts gaan ⟨om in te halen⟩ • ⟨~
over⟩ ⟨naar de kant rijden en⟩ stoppen, opzij gaan
• ⟨~ **round/through**⟩ ⟨er doorheen
komen ⟩ • ⟨~ **together**⟩ één lijn trekken,
samenwerken • ⟨~ **up**⟩ stilhouden ★ pull up! stop!
III [znw] • teug • aantrekkingskracht • trekkracht
• roeitochtje • zwaai ⟨cricket⟩ • voordeel, protectie
• handvat, kruk • trek, ruk ★ a stiff pull 'n heel
karwei • he has a pull on her hij heeft iets vóór op
haar ★ pull with invloed bij

pull-back/'pʊlbæk/ [znw] nadeel, belemmering
pullet/'pʊlɪt/ [znw] • jonge kip • jong meisje
pulley/'pʊlɪ/ **I** [ov ww] ophijsen met katrol,
voorzien v. katrol **II** [znw] • katrol • riemschijf
pullover/'pʊləʊvə/ [znw] pullover
pullulate/'pʌljʊleɪt/ [on ww] • ontspruiten • welig
tieren
pull-up/'pʊlʌp/ [znw] • 't stilhouden
• oprtkoefening • pleisterplaats • bestelkantoor
voor vrachtrijders
pulmonary/'pʌlmənərɪ/ [bnw] long-
pulp/pʌlp/ **I** [ov ww] • tot pulp maken • van bast
ontdoen ‹v. koffiebonen› **II** [on ww] pappig
worden ‹v. papier› **III** [znw] • vruchtvlees • merg • houtpap,
pulp ★ beat s.o. to pulp iem. tot moesterd slaan
pulpit/'pʊlpɪt/ [znw] • kansel, preekstoel • de
predikers
pulpiteer/pʊlpɪ'tɪə/ **I** [on ww] een donderpreek
houden **II** [znw] hemeldragonder
pulpous, pulpy/'pʌlpəs/ [bnw] slap, futloos
pulpwood/'pʌlpwʊd/ [znw] pulphout
pulsate/pʌl'seɪt/ [on ww] kloppen, slaan, trillen
pulsation/pʌl'seɪʃən/ [znw] klopping, (hart)slag,
trilling
pulse/pʌls/ **I** [on ww] kloppen, slaan, trillen, tikken
II [znw] • pols(slag), slag • peulvrucht • I've
felt/taken his ~ ik heb 'm gepolst; ik heb zijn
hartslag opgenomen
pulverization/pʌlvərəɪ'zeɪʃən/ [znw]
• vergruizing • vernietiging
pulverize/'pʌlvəraɪz/ [ov ww] • fijnwrijven, doen
verstuiven, tot poeder/stof maken • volkomen
afkraken
pulverous/'pʌlvərəs/ [bnw] poederachtig
puma/'pju:mə/ [znw] poema
pumice/'pʌmɪs/ **I** [ov ww] met puimsteen reinigen
II [on ww] met puimsteen schuren **III** [znw] ★ ~
(stone) puimsteen
pumiceous/pjʊ'mɪʃəs/ [bnw] puimsteenachtig
pummel/'pʌml/ [ov ww] afrossen, toetakelen
pump/pʌmp/ **I** [ov ww] • pompen • bonzen
‹v. hart› **II** [ov ww] • krachtig schudden ‹v. hand›
• uithoren • ⟨~ **out**⟩ buiten adem maken ★ he was
pumped out hij was buiten adem; hij werd
uitgehoord **III** [znw] • gebons • 't uithoren • iem.
die een ander uithoort • pump • pantoffel • pomp
pumper/'pʌmpə/ [znw] • pomper ★ ⟨AE⟩
petroleumbron waaruit olie wordt gepompt
pumpernickel/'pʌmpənɪkl/ [znw] roggebrood
pump-handle/[znw] pompslinger
pumpkin/'pʌmpkɪn/ [znw] • pompoen

• verwaande kwast ★ ⟨AE⟩ some ~s een hele Piet;
iets v. belang
pump-room/'pʌmpru:m/ [znw] kuurzaal
pun/pʌn/ **I** [ov ww] aanstampen **II** [on ww]
woordspelingen maken **III** [znw] woordspeling
punch/pʌntʃ/ **I** [ov ww] • stompen • porren
• ponsen ‹v. kaartjes› • ⟨AE⟩ met stok voortdrijven
‹v. vee› ★ ⟨~ **card**⟩ ponskaart • ⟨~ **in/out**⟩ intoetsen
II [znw] • punch • feest waarop men punch drinkt
• ronde laagte of kom tussen heuvels • pons
• (munt)stempel • slag, por • rake opmerking
• ⟨sl.⟩ fut, flink optreden ★ ⟨Suffolk⟩ ~ gedrongen
werkpaard ★ ~ bowl punch kom • ~ing ball
boksbal
Punch/pʌntʃ/ [znw] ★ ~ and Judy Jan Klaassen en
Katrijn ★ ~ and Judy show poppenkast ★ he was
as pleased as ~ hij was erg in zijn sas ★ he was as
proud as ~ hij was zo trots als een pauw
punchball/'pʌntʃbɔ:l/ ⟨AE⟩ [znw] boksbal
punch-drunk[bnw] • versuft • verward
puncher/'pʌntʃə/ [znw] • ponser • ⟨AE⟩ veedrijver
punch-line/[znw] clou
punch-up/'pʌntʃʌp/ [znw] knokpartij
punchy/'pʌntʃɪ/ [bnw] • gedrongen • slagvaardig,
pittig
punctilious/pʌŋk'tɪləs/ [bnw] overdreven precies
punctual/'pʌŋktjʊəl/ [bnw] • punctueel, precies op
tijd • ‹wisk.› van een punt
punctuality/pʌŋktjʊ'ælətɪ/ [znw] stiptheid
punctuate/'pʌŋktjʊeɪt/ [on ww] • interpungeren
• onderbreken ‹v. redevoering› • kracht bijzetten
(aan)
punctuation/pʌŋktjʊ'eɪʃən/ [znw] punctuatie
★ ~ mark leesteken
puncture/'pʌŋktʃə/ **I** [ov ww] • (door)prikken
• een lekke band krijgen **II** [znw] prik, gaatje, lek
(in fietsband)
pundit/'pʌndɪt/ [znw] • geleerde Hindoe
• ‹scherts› geleerde
pungency/'pʌndʒənsɪ/ [znw] scherpheid
pungent/'pʌndʒənt/ [bnw] • scherp • bijtend
• prikkelend • pikant
Punic/'pju:nɪk/ [znw] Punisch
punish/'pʌnɪʃ/ [ov ww] • straffen, kastijden
• krachten v. tegenstander beproeven • geducht
aanspreken ‹v. reserve of voorraad› • ⟨inf.⟩
toetakelen ‹v. bokser› ★ a ~ing match een felle
wedstrijd
punishable/'pʌnɪʃəbl/ [bnw] strafbaar
punishment/'pʌnɪʃmənt/ [znw] straf, bestraffing
punitive/'pju:nətɪv/ [bnw] • straffend • straf-
punk/pʌŋk/ **I** [znw] • punker • verrot hout • zwam
⟨op hout⟩ • (waardeloze) rommel • ‹sl.› prostituee
• ‹sl.› homoseksueel **II** [bnw] • rot-, waardeloos,
beroerd, snert- • punk-
punnet/'pʌnɪt/ [znw] spanen mandje
punster/'pʌnstə/ [znw] iem. die woordspelingen
maakt
punt/pʌnt/ **I** [ov ww] • in een punter vervoeren
• bomen ‹v. vaartuig› **II** [ov ww] voetbal trappen
terwijl hij valt **III** [on ww] • tegen de bank spelen
(bij kaartspel) • ⟨inf.⟩ wedden op paarden
IV [znw] • punter • trap tegen vallende voetbal
• speler tegen de bank • ponto ★ punting pole
vaarboom
punter/'pʌntə/ [znw] • bomer • visser in een punter
• speler tegen de bank • beroepsspeler • speculant
puny/'pju:nɪ/ [bnw] klein, zwak, nietig
pup/pʌp/ **I** [ov ww] jongen **II** [znw] • jonge hond
• kwajongen • ⟨AE⟩ worstje ★ in pup drachtig ‹v.
hond› ★ sell a person a pup iem. erin laten lopen
pupa/'pju:pə/ [znw] pop

pupae/pju:pi:/ [mv] → **pupa**
pupal/pju:pəl/ [bnw] pop-
pupate/pju:'peɪt/ [on ww] z. verpoppen
pupil/pju:pɪl/ [znw] • leerling, scholier • pupil • oogappel ∗ ~ teacher kwekeling
puppet/pʌpɪt/ [znw] marionet ∗ ~ show poppenspel; poppenkast (voorstelling) ∗ ~ state vazalstaat
puppeteer/pʌpɪ'tɪə/ [znw] poppenspeler
puppetry/pʌpɪtrɪ/ [znw] schijnvertoning
puppy/pʌpɪ/ [znw] • jonge hond • pedant ventje ∗ ~ love kalverliefde
puppyfat/pʌpɪfæt/ [znw] babyvet
puppyhood/pʌpɪhʊd/ [znw] • jeugd • pedanterie
purblind/pɜ:blaɪnd/ I [ov ww] bijziend maken
II [bnw] • slecht v. gezicht • kortzichtig
purchasable/pɜ:tʃɪsəbl/ [bnw] te koop
purchase/pɜ:tʃɪs/ I [ov ww] • (aan)kopen • opheffen (door hefboom) • lichten (v. anker)
II [znw] • inkoop, aankoop • verwerving (door eigen kracht) • hefkracht • boom • steun, macht • takel, katrol, kaapstander ∗ I've made some ~s ik heb wat inkopen gedaan ∗ he sold it at 20 years' ~ hij verkocht 't tegen 20 keer de jaarlijkse huur(opbrengst) ∗ life is not worth an hour's ~ men is nooit zeker v. zijn leven ∗ ~ deed koopakte ∗ ~ tax omzetbelasting ∗ purchasing power koopkracht
purchaser/pɜ:tʃɪsə/ [znw] koper
pure/pjʊə/ ,/pjɔ:/ [bnw] • zuiver, kuis • harmoniërend (v. klanken) • louter ∗ prejudice pure and simple louter vooroordeel ∗ pure mathematics zuiver theoretische wiskunde
purebred/pjʊəbred/ [bnw] rasecht, volbloed-
purée/pjʊəreɪ/ [znw] puree, moes
purely/pjʊəlɪ/ [bijw] uitsluitend ∗ a ~ businesslike proposal een zuiver zakelijk voorstel
purgation/pɜ:'geɪʃən/ [znw] • zuivering, loutering (in vagevuur) • purgatie
purgative/pɜ:gətɪv/ I [znw] purgeermiddel
II [bnw] • purgerend • zuiverend
purgatorial/pɜ:gə'tɔ:rəl/ [bnw] van het vagevuur
purgatory/pɜ:gətərɪ/ I [znw] vagevuur II [bnw] reinigend, louterend
purge/pɜ:dʒ/ I [ov ww] • zuiveren • purgeren • uitwissen • boeten voor II [znw] • zuivering • purgeermiddel
purification/pjʊrɪfɪ'keɪʃən/ [znw] • zuivering, reiniging, loutering • kerkgang (in de r.-k. Kerk) ∗ the Purification Maria-Lichtmis
purify/pjʊərɪfaɪ/ [ov ww] • reinigen, zuiveren, louteren • klaren (v. vloeistof)
purism/pjʊərɪzəm/ [znw] purisme
purist/pjʊərɪst/ [znw] taalzuiveraar
Puritan/pjʊərɪtən/ I [znw] puritein II [bnw] puriteins
puritanic(al)/pjʊərɪ'tænɪk(l)/ [bnw] puriteins
puritanism/pjʊərɪtənɪzəm/ [znw] puritanisme
purity/pjʊərɪtɪ/ [znw] zuiverheid, reinheid
purl/pɜ:l/ I [ov + on ww] (inf.) omslaan, kantelen, tuimelen ∗ the car got purled de auto sloeg over de kop II [ov ww] • met goud- of zilverboordsel omzomen • averechts breien III [on ww] • murmelen (v. beek) IV [znw] • heet bier met jenever • goudboordsel, zilverboordsel • lusje • averechtse steek • gemurmel (v. beek) • alsembier ∗ 't kantelen • (v.) val, smak
purler/pɜ:lə/ (inf.) [znw] tuimeling ∗ come a ~ vooroverslaan
purloin/pə'lɔɪn/ [ov ww] stelen, gappen
purple/pɜ:pl/ I [ov + on ww] paars kleuren
II [znw] • purper, violet • purperen mantel ∗ ~s

purperen tinten ∗ the ~ 't purper (als waardigheid v. vorsten en kardinalen)
III [bnw] • purper, violet • vorstelijk • briljant • bombastisch ∗ ~ sin doodzonde
purplish/pɜ:plɪʃ/ [bnw] paarsachtig
purport I [ov ww] /pə'pɔ:t/ beweren, voorwenden
II [znw] /pɜ:pət/ strekking, betekenis
purpose/pɜ:pəs/ I [ov ww] van plan zijn II [znw] • doel, plan, opzet • vastberadenheid • strekking ∗ a novel with a ~ tendensroman ∗ for that ~ met dat doel ∗ it serves my ~ het beantwoordt aan mijn doel ∗ v of set ~ welbewust; opzettelijk ∗ on ~ opzettelijk ∗ to no ~ zonder resultaat ∗ to some ~ met enig succes ∗ to the ~ ter zake doende; toepasselijk
purpose-built [bnw] speciaal gebouwd/vervaardigd
purposeful/pɜ:pəsfʊl/ [bnw] • met een bepaald doel • vol betekenis • doelbewust
purposeless/pɜ:pəsləs/ [bnw] doelloos
purposely/pɜ:pəslɪ/ [bijw] met opzet
purr/pɜ:/ I [on ww] /pə'pɔ:t/ • spinnen (v. kat) • gonzen, murmelen II [znw] • gespin • gegons • gemurmel
purse/pɜ:s/ I [ov + on ww] • (z.) samentrekken (vooral v. lippen) • rimpelen II [znw] • geldprijs • wal (onder ogen) • fondsen, gelden, beurs, zak(je) • (AE) damestas ∗ have a light/heavy ~ arm/rijk zijn ∗ privy ~ civiele lijst ∗ ~ bearer financier; thesaurier ∗ the public ~ de schatkist
pursenet, purse-seine/pɜ:snet/ [znw] sleepnet
purser/pɜ:sə/ [znw] administrateur (vooral op schip)
purse-strings/pɜ:sstrɪŋz/ [znw] • financieel beheer • geldbeheer • beurs-/buidelkoordjes ∗ hold the ~ de financiën beheren ∗ loosen the ~ het geld laten rollen
pursuance/pə'sju:əns/ [znw] • uitvoering • 't najagen ∗ in ~ of overeenkomstig; t ∗ ~ of streven naar
pursue/pə'sju:/ [ov ww] • najagen (v. genot) • achtervolgen, vervolgen • voortzetten (vnl. v. gedragslijn) • volgen (v. plan) • uitoefenen, beoefenen
pursuer/pə'sju:ə/ (Schots) [znw] eiser
pursuit/pə'sju:t/ [znw] • vervolging • beoefening ∗ ~ of jacht op; streven naar ∗ ~ of profit winstbejag
pursy/pɜ:sɪ/ [bnw] • dik, gezet • rijk, patserig • kortademig • gerimpeld
purulence/pjʊərʊləns/ [znw] 't etteren
purulent/pjʊ:rʊlənt/ [bnw] etterend, etter-
purvey/pə'veɪ/ [ov + on ww] • leveren (v. voedsel) • verschaffen
purveyance/pə'veɪəns/ [znw] • levering • verschaffing • recht v. koning(in) tot 't opkopen v. levensmiddelen/gebruik v. paarden, enz.
purveyor/pə'veɪə/ [znw] • leverancier (v. levensmiddelen) • verschaffer ∗ ~ to the Royal Household hofleverancier
purview/pɜ:vju:/ [znw] • bepalingen v. een wet • omvang • draagwijdte • gebied, sfeer, gezichtsveld
pus/pʌs/ [znw] etter
push/pʊʃ/ I [ov + on ww] • handelen in heroïne • duwen, stoten • schuiven • steken • aanzetten • z. inspannen, doorzetten • uitbreiden (v. handelsrelaties) • pousseren (v. handelsartikel) ∗ I am pushed for time ik heb bijna geen tijd ∗ I pushed off the boat ik zette de boot af ∗ he is pushing 80 hij loopt naar de 80 ∗ he pushed her for payment hij maande haar om 't geld ∗ push one's way z. een weg banen ∗ push roots wortel

P

schieten ∗ the ship pushed out *het schip koos zee*
∗ they pushed him hard *ze legden hem het vuur
na aan de schenen* ∗ they've pushed it upon me
ze hebben het me opgedrongen ∙ (~ **inf.**) we pushed
off at 8 *we stapten om 8 uur op* ∗ you will push it
over *je zult 't omverstoten* ∙ (~ **on**) (inf.) *verder
gaan, zijn weg vervolgen* ∙ (~ **through**)
doorzetten, zich een weg banen, uit de grond komen
II [on ww] ∙ (~ **in**) *in gesprek ruw onderbreken,
voordringen* **III** [znw] ∙ *duw* ∙ *stoot, zetje*
∙ *protectie* ∙ *aanval* ∙ *nood, crisis* ∙ *energie*
∙ *drukknop* ∙ (sl.) *bende* ∙ (v. criminelen) ∗ make a
push *z. inspannen* ∗ matters came to a push *'t
werd kritiek* ∗ push bell *drukbel* ∗ pusher *iem. die
duwt; handelaar in (illegale) drugs; vliegtuig met
propeller achter; streber* ∙ (sl.) they gave him the
push *ze stuurden hem de laan uit* ∗ was it a hard
push? *kostte het veel moeite?*
push-bike /ˈpʊʃbaɪk/ [znw] *fiets*
push-button [znw] *drukknop/-toets*
push-cart /ˈpʊʃkɑːt/ [znw] ∙ *handkar* ∙ (AE)
kinderwagen
pushchair /ˈpʊʃtʃeə/ [znw] *(opvouwbaar)
wandelwagentje*
pushful /ˈpʊʃfʊl/ [bnw] ∙ *energiek* ∙ *opdringerig*
pushing /ˈpʊʃɪŋ/ [bnw] ∙ *energiek* ∙ *eerzuchtig*
pushover /ˈpʊʃəʊvə/ [znw] *gemakkelijk karweitje*
push-pin /ˈpʊʃ/ [znw] ∙ *kinderspel* ∙ (AE) *punaise*
pushy /ˈpʊʃɪ/ [bnw] ∙ *voortvarend* ∙ *opdringerig*
pusillanimity /ˌpjuːsɪləˈnɪmətɪ/ [znw]
lafhartigheid
pusillanimous /pjuːsɪˈlænɪməs/ [bnw] *lafhartig*
puss /pʊs/ [znw] ∙ *poes* ∙ *wilgenkatje* ∙ (AE) *kop,
tronie* ∙ (inf.) *jong meisje* ∗ puss in boots *de
Gelaarsde Kat*
pussy /ˈpʊsɪ/ [znw] ∙ *lekker stuk* ∙ *wilgenkatje*
∙ (vulg.) *kutje* ∗ ~ willow *(kat)wilg*
pussycat /ˈpʊsɪkæt/ [znw] ∙ *poesje* ∙ *liefje*
pussyfoot /ˈpʊsɪfʊt/ **I** [on ww] *voorzichtig te werk
gaan* **II** [znw] ∙ *geheelonthouder* ∙ (sl.)
alcoholverbod
pustule /ˈpʌstjuːl/ [znw] ∙ *puistje* ∙ *wrat*
put /pʊt/ **I** [ov ww] ∙ *brengen, doen, plaatsen,
leggen, zetten* ∙ *stellen* ∙ *zeggen, onder woorden
brengen* ∙ *in stemming brengen* ∗ I don't want to
put you to any inconvenience *ik wil u niet
derangeren* ∗ I put him up to it *ik heb hem ertoe
aangezet* ∗ I put it to you that *beken nu maar dat*
∗ I was hard put to it *ik had het zwaar te
verantwoorden* ∗ I was put to it *ik moest wel* ∗ I'll
put it in hand at once *ik neem het direct onder
handen* ∗ he put a trick upon her *hij bakte haar
een poets* ∗ he put it (up)on me *hij schoof 't op mij*
∗ he was put to death *hij werd ter dood gebracht*
∗ put a mark against s.o.'s name *een teken
achter/voor iemands naam zetten* ∗ put it on
overdrijven; overvragen ∗ put it to the test
probeer het eens ∗ put the sleeve on s.o. *iem.
arresteren* ∗ the horses were put to de paarden
werden ingespannen ∗ they put up a fight *zij
verweerden zich* ∗ will you put me on to number
... *wilt u me verbinden met nummer ...* ∙ (~ **about**)
*uit z'n humeur brengen, rondstrooien (praatjes),
beweren, lastig vallen, van streek maken* ∙ (~
across) *succes hebben* ∗ he put it across to her *hij
was haar de baas; hij zei haar de waarheid* ∙ (~
aside) *opzij leggen/zetten, uitschakelen* ∙ (~ **at**)
de prijs stellen op, schatten op ∗ put him at ease
breng/stel hem op z'n gemak ∙ (~ **away**) *naar 't
pandhuis brengen, wegleggen, opzijleggen, sparen,
verorberen, gevangen zetten* ∗ put o.s. away *z. van
kant maken* ∙ (~ **back**) *vertragen, terugvertalen,*

achteruitzetten ∙ (~ **by**) *opzijleggen, overleggen,
ontwijken, negeren, afschepen* ∙ (~ **down**)
*afschaffen, neerzetten, neerleggen, onderdrukken
(v. opstand), een eind maken aan, op zijn plaats
zetten* (fig.), *wegdoen* ∗ put a dog down *een hond
laten inslapen* ∗ what do you put him down for?
*wat denk jij dat hij voor iem. is?; voor welk bedrag
noteer je hem?* ∗ I put her down at 30 *ik schat
haar op 30* ∗ I put it down to pride *ik schrijf het
toe aan trots* ∙ (~ **forth**) *inspannen, verkondigen,
uitgeven, uitvaardigen* ∙ (~ **forward**) *naar voren
brengen, komen met, verkondigen* ∗ don't put
yourself forward *dring je niet op* ∙ (~ **in**) *poten,
inspannen (v. paard), installeren, indienen (v.
vordering), overleggen, voorleggen,
binnenloodsen, inzetten, insteken* ∗ an execution
was put in *er werd beslag gelegd (op de boedel)*
∗ he put in an appearance *hij kwam even kijken*
∗ will you put in a word for me? *wil je een goed
woordje voor me doen?* ∗ how much time have
you got to put in? *hoeveel tijd heb je beschikbaar?*
∗ how have you put in your time? *hoe heb je je
tijd doorgebracht?* ∗ are you going to put in for
the post? *solliciteer je naar de betrekking?* ∗ he
put in £ 100 *hij heeft er £ 100 ingestoken* ∙ (~
into) *erin zetten* ∗ put into circulation *in
omloop brengen* ∗ put into effect *van kracht doen
worden* ∗ put it into Russian *vertaal het in 't
Russisch* ∗ put it into words *onder woorden
brengen* ∙ (~ **off**) *uittrekken, afleggen, afraken
van, uitstellen, afzeggen, afschrijven, tegenmaken,
misselijk maken, ontwijken, v.d. wijs brengen* ∗ he
could hardly be put off *je kon 'm bijna niet
afschepen* ∙ (~ **on**) *voorwenden, aannemen (een
houding), er boven op zetten, uitoefenen,
arrangeren, opvoeren (v. toneelstuk), aantrekken,
opzetten, vooruitzetten (v. klok), wedden, opleggen*
∗ put on weight *aankomen* ∙ (~ **out**)
*ontwrichten, irriteren, uitlenen, investeren,
uitbesteden, buitenshuis laten doen, uitblazen,
uitdoen, in de war brengen, inspannen, uitgeven,
uitvaardigen, uitzetten, uitsteken (v. hand),
blussen* ∗ I hope I don't put you out *ik hoop dat
ik u niet stoor* ∗ put o.s. out *z. uitsloven; z. boos
maken* ∗ he is easily put out *hij is gauw kwaad;
hij is gauw de kluts kwijt* ∙ (~ **over**) *overzetten,
overbrengen, uitstellen* ∗ put over a play
waardering weten te krijgen voor een stuk ∗ he put
himself over *hij maakte indruk bij het publiek*
∙ (~ **through**) *uitvoeren, doorverbinden* ∙ (~
together) *samenstellen, samenvoegen, in elkaar
zetten, punten maken* (cricket) ∗ put two and
two together *de dingen met elkaar in verband
brengen* ∙ (~ **up**) *opsteken, logies verlenen, stallen
(v. paard), in de schede doen, opbergen,
aanplakken, aanbieden, opzenden, opjagen (v.
wild), opvoeren (v. toneelstuk), als jockey laten
rijden, opstellen, opslaan, ophangen, verhogen (v.
prijs), beschikbaar stellen, voordragen (als lid), te
koop aanbieden, samenstellen, bouwen* ∗ the
goods were put up for sale *de goederen werden te
koop aangeboden* ∗ put up for *solliciteren naar*
II [on ww] ∗ he is easily put upon *hij laat z.
gemakkelijk beetnemen* ∗ they will put upon you
ze zullen teveel van je vergen ∙ (~ **about**) *draaien,
de steven wenden* ∙ (~ **forth**) *uitbotten,
uitschieten* ∙ (~ **in**) *binnenlopen (v. schip)* ∙ (~
off) *de zee kiezen* ∙ (~ **out**) *vertrekken* ∙ (~ **up**)
logeren ∗ put up at *zijn intrek nemen in* ∙ (~ **up
with**) *tolereren, verdragen* ∗ you'll have to put
up with it *je zult je ermee moeten behelpen; je zult
het je moeten laten welgevallen* **III** [znw] ∙ *worp*

van gewicht • optie van verkoop (effectenbeurs)
• → **putt**
putative/'pju:tətɪv/ [bnw] vermeend ★ the ~
father de vermoedelijke vader
put-down [znw] terechtwijzing, schampere
opmerking, vernedering
putrefaction/pju:trɪ'fækʃən/ [znw] (ver)rotting,
bederf
putrefy/'pju:trɪfaɪ/ I [ov ww] (moreel) bederven
II [on ww] etteren, rotten
putrescence/pju:'tresns/ [znw] rotting
putrescent/pju:'tresənt/ [bnw] rottend, rottings-
putrid/'pju:trɪd/ [bnw] • (ver)rot, vuil • verpestend
• corrupt • onsmakelijk • (sl.) voos ★ ~ fever
vlektyfus
putridity/pju:'trɪdətɪ/ [znw] • rotheid • rotte
massa
putsch/potʃ/ [znw] staatsgreep
putt/pʌt/ I [on ww] (zachtjes) met golfstok tegen
bal slaan • putting-green golfterrein II [znw]
zachte slag met golfstok
puttee/'pʌtɪ/ [znw] beenwindsel
putter/'pʌtə/ I [on ww] knutselen, sukkelen
II [znw] golfstick
putty/'pʌtɪ/ I [ov ww] • met stopverf dichtstoppen
• plamuren II [znw] • tinas stopverf, plamuur
put-up [bnw] afgesproken ★ ~ job doorgestoken
kaart
put-upon [bnw] misbruikt
puzzle/'pʌzəl/ I [ov ww] verbijsteren, in de war
brengen • be ~d onzeker zijn; in de war zijn ★ ~ a
thing out iets uitpuzzelen ★ ~ o.s. about/over z.
't hoofd breken over II [on ww] piekeren III [znw]
• moeilijkheid, probleem • verlegenheid • raadsel,
puzzel
puzzlement/'pʌzəlmənt/ [znw] verwarring,
verlegenheid
puzzle-picture/'pʌzəlpɪktʃə/ [znw] rebus
puzzler/'pʌzlə/ [znw] • puzzelaar • probleem,
moeilijke vraag
puzzling/'pʌzlɪŋ/ [bnw] onbegrijpelijk,
raadselachtig
Pvt. [afk] • (Private) gewoon soldaat
pygmy/'pɪgmɪ/ I [znw] pygmee, dwerg II [bnw]
dwergachtig
pyjama/pə'dʒɑ:mə/ [bnw] pyjama- ★ ~ trousers
pyjamabroek
pyjamas/pɪ'dʒɑ:məz/ [mv] pyjama
pylon/'paɪlən/ [znw] • ingang (als) v. Egyptische
tempel • (ere)poort • elektriciteitsmast, pilaar
pyramid/'pɪrəmɪd/ [znw] piramide
pyre/paɪə/ [znw] brandstapel
pyromania/paɪərəʊ'meɪnɪə/ [znw] pyromanie
pyromaniac/paɪərəʊ'meɪnɪæk/ [znw] pyromaan
pyrotechnic/paɪərəʊ'teknɪk/ [bnw] vuurwerk-
pyrotechnics/paɪərəʊ'teknɪks/ [mv] vuurwerk
python/'paɪθ(ə)n/ [znw] python
pyx/pɪks/ I [ov ww] • (munten) in genoemde kist
doen • keuren II [znw] • pyxis, hostiedoosje • kist
met gouden en zilveren munten die jaarlijks op hun
waarde worden beproefd

Q

q. [afk] • (question) vraag
Q-boat, Q-ship/'kju:bəʊt/ [znw] als koopvaarder
gecamoufleerd oorlogsschip
Q-car/'kju:kɑ:/ [znw] gewone auto als politieauto
gebruikt
qt. [afk] • (quantity) hoeveelheid • (quart(s)) kwart
gallon
quack/kwæk/ I [ww] • kwaken • kwakzalven
II [znw] • gekwaak • kwakzalver
quackery/'kwækərɪ/ [znw] kwakzalverij
quad/kwod/ → **quadrangle, quod**
quadragesima/kwodrə'dʒesɪmə/ [znw] ★ ~
Sunday eerste zondag van de vasten
quadrangle/'kwodræŋgl/ [znw] • vierhoek
• (vierkant) binnenplein
quadrangular/kwo'dræŋgjʊlə/ [bnw] vierhoekig
quadrant/'kwodrənt/ [znw] kwadrant
quadrat/'kwodrat/ [znw] kwadraat
quadrate/kwo'dreɪt/ [znw] • vierkant • rechthoek
quadratic/kwo'drætɪk/ [bnw] vierkant
quadrature/'kwodrətʃə/ [znw] kwadratuur
quadrennium/kwo'drenɪəm/ [znw] (periode v.) 4
jaar
quadrilateral/kwodrɪ'lætərəl/ I [znw] vierhoek
II [bnw] vierzijdig
quadroon/kwo'dru:n/ [znw] kind v. blanke en
mulat(tin)
quadruped/'kwodruped/ [znw] viervoetig dier
quadruple/'kwodrupl/ I [ov + on ww] (z.)
verviervoudigen II [znw] viervoud III [bnw]
viervoudig ★ ~ time vierkwartsmaat
quadruplet/'kwodruplɪt/ [znw] • vierling
• combinatie v. 4
quadruplicate/kwo'dru:plɪkɪt/ I [ov ww]
verviervoudigen II [znw] • viervoud
• verviervoudiging III [bnw] viervoudig
quaere/'kwɪərɪ/ (vero.) I [ov ww] • de vraag is • ik
zou graag weten II [znw] vraag
quaestor/'kwi:stə/ [znw] • quaestor • thesaurier
quaff/kwof/ I [ww] drinken met grote teugen
II [znw] teug
quag/kwæg/ [znw] moeras
quaggy/'kwægɪ/ [bnw] • moerassig • drassig
quagmire/'kwogmaɪə/ [znw] poel, moeras
quail/kweɪl/ I [on ww] • de moed verliezen • wijken
II [znw] kwartel
quaint/kweɪnt/ [bnw] • vreemd, eigenaardig,
typisch • ouderwets
quake/kweɪk/ I [on ww] beven II [znw]
(aard)beving, trilling
quaky/'kweɪkɪ/ [bnw] beverig
qualification/kwolɪfɪ'keɪʃən/ [znw] • matiging
• wijziging • geschiktheid • voorwaarde, vereiste
• kwalificatie
qualified/'kwolɪfaɪd/ [bnw] • bevoegd, bekwaam
• getemperd (v. optimisme)
qualifier/'kwolɪfaɪə/ [znw] • beperking • bepalend
woord
qualify/'kwolɪfaɪ/ I [ov ww] • een eed afnemen
• bevoegd maken • verzachten • kwalificeren,
kenschetsen, bepalen II [on ww] • een eed afleggen
• zich kwalificeren ★ ~ as a teacher zijn
onderwijsbevoegdheid behalen
qualitative/'kwolɪtətɪv/ [bnw] kwalitatief
quality/'kwolatɪ/ [znw] • eigenschap, kwaliteit
• deugd • bekwaamheid • (inf.) de hogere stand
★ ~ control kwaliteitscontrole ★ ~ paper
vooraanstaande krant

qualm /kwɑːm/ [znw] • gevoel v. misselijkheid • angstig voorgevoel • wroeging

quandary /ˈkwɒndəri/ [znw] moeilijke situatie

quant /kwɒnt/ **I** [ov + on ww] bomen **II** [znw] boom (v. schip)

quanta /ˈkwɒntə/ [mv] → **quantum**

quantify /ˈkwɒntɪfaɪ/ [ov ww] kwantificeren, meten, bepalen

quantitative /ˈkwɒntɪtətɪv/ [bnw] kwantitatief, de hoeveelheid betreffende

quantity /ˈkwɒntəti/ [znw] • hoeveelheid • aantal • omvang • gewicht • maat ★ ~ surveyor kostendeskundige (in de bouw) ★ ~-production (~-output) massaproductie

quantum /ˈkwɒntəm/ [znw] kwantum, hoeveelheid

quarantine /ˈkwɒrəntiːn/ **I** [ov ww] afzonderen in quarantaine **II** [znw] quarantaine ★ (to be) in ~ in quarantaine liggen

quarrel /ˈkwɒrəl/ **I** [on ww] • ruzie hebben, ruzie maken • kritiek hebben ★ ~ with one's bread and butter zijn eigen glazen ingooien **II** [znw] • ruzie, twist • pijl voor kruisboog • glas in lood raampje ★ pick a ~ ruzie zoeken ★ she fought his ~s zij nam het voor hem op

quarrelsome /ˈkwɒrəlsəm/ [bnw] twistziek

quarry /ˈkwɒri/ **I** [ww] • (uit)graven • vorsen **II** [znw] • prooi, slachtoffer • achtervolgd wild • (steen)groeve • tegel

quart /kwɔːt/ [znw] 1/4 gallon (ruim 1 l) ★ ~ jug kan met die inhoud

quarter /ˈkwɔːtə/ **I** [ov ww] • in vieren delen • inkwartieren • afzoeken (v. terrein door jachthonden) **II** [znw] • kwart, vierde deel • kwartier (v. maan) • 1/4 cwt (12 1/2 kg) • 1/4 dollar • kwartaal • (wind)streek • wijk (v. stad) ★ he cried for ~ hij smeekte om genade ★ ~ of an hour kwartier ★ ~s kamers; huisvesting ★ take up one's ~s zijn intrek nemen ★ (vero.) we know it from a good ~ we weten het uit goede bron

quarterage /ˈkwɔːtərɪdʒ/ [znw] driemaandelijkse betaling

quarter-deck /ˈkwɔːtədek/ [znw] achterdek

quarterly /ˈkwɔːtəli/ **I** [bnw + bijw] driemaandelijks ★ ~ sessions driemaandelijkse rechtszitting **II** [znw] driemaandelijks tijdschrift

quartermaster /ˈkwɔːtəmɑːstə/ [znw] • (mil.) intendant • (scheepv.) kwartiermeester ★ Quartermaster Corps intendance ★ Quartermaster Sergeant foerier

quartet /kwɔːˈtet/ [znw] kwartet, viertal

quartz /kwɔːts/ [znw] kwarts

quash /kwɒʃ/ [ov ww] • een einde maken aan, verijdelen, onderdrukken • (jur.) vernietigen

quasi /ˈkweɪzaɪ/ [bijw] quasi, zogenaamd

quatercentenary /ˌkwætəsenˈtiːnəri/ [znw] vierhonderdste gedenkdag

quaternary /kwəˈtɜːnəri/ [bnw] • viertallig • quartair

quatrain /ˈkwɒtreɪn/ [znw] vierregelig vers

quaver /ˈkweɪvə/ **I** [on ww] trillen, beven **II** [znw] • trilling • 1/8 noot

quavery /ˈkweɪvəri/ [bnw] beverig

quay /kiː/ [znw] kade

queasy /ˈkwiːzi/ [bnw] • misselijk makend • misselijk, zwak (v. maag) • teergevoelig

queen /kwiːn/ **I** [ov ww] • tot koningin maken (v. pion, bij schaken), tot koningin kronen ★ ~ it de koningin spelen **II** [znw] • koningin • vrouw (in kaartspel) • (AE) dame • (sL) homo, flikker ★ Queen of Grace de Heilige Maagd ★ Queen's speech troonrede ★ ~ Anne is dead! oud nieuws! ★ ~ consort gemalin (v. koning) ★ ~ of clubs

schoppenvrouw ★ (inf.) ~'s carriage gevangeniswagen

queenlike, queenly /ˈkwiːnlaɪk/ [bnw] als een koningin

queer /kwɪə/ **I** [ov ww] verknoeien ★ ~ one's pitch zijn kans verknoeien **II** [znw] homoseksueel **III** [bnw] • vreemd, eigenaardig • verdacht • misdadig • homoseksueel ★ be in Queer Street in moeilijkheden of schulden zitten

queer-bashing [znw] potenrammen

queerish /ˈkwɪərɪʃ/ [bnw] enigszins vreemd

quell /kwel/ [ov ww] • onderdrukken • met kracht een einde maken aan

quench /kwentʃ/ [ov ww] • lessen (v. dorst) • blussen • smoren • afkoelen

quenchless /ˈkwentʃləs/ [bnw] onlesbaar, niet te blussen

quern /kwɜːn/ [znw] handmolen (voor koren)

querulous /ˈkwerʊləs/ [bnw] klagend

query /ˈkwɪəri/ **I** [ww] • een vraag stellen • betwijfelen **II** [znw] • vraag • vraagteken • twijfel • bezwaar ★ ~, was he right de vraag is: had hij gelijk

quest /kwest/ **I** [ov + on ww] • zoeken • speuren (naar) • zoeken **II** [znw] speurtocht, het zoeken • onderzoek • wat wordt gezocht ★ in ~ of op zoek naar

question /ˈkwestʃən/ **I** [ov ww] • (onder)vragen • betwijfelen **II** [znw] • vraag • (examen)opgave • twijfel • kwestie • probleem ★ Question, gentlemen! ter zake, heren! ★ beg the ~ wat bewezen moet worden als zodanig aannemen; de vraag ontwijken ★ beyond (all) ~ boven alle twijfel verheven ★ call for the ~ stemming vragen ★ call in ~ betwijfelen ★ come into ~ ter sprake komen ★ out of the ~ geen sprake van ★ pop the ~ ten huwelijk vragen ★ put the ~ over iets gaan stemmen ★ (vero.) put to the ~ pijnigen om bekentenis af te dwingen ★ ~ mark vraagteken ★ ~ master quizmaster ★ ~ time vragenuurtje (voor leden v.h. Lagerhuis) ★ that is the ~ daar gaat het om

questionable /ˈkwestʃənəbl/ [bnw] twijfelachtig

questionary /ˈkwestʃənəri/ [bnw] vragend

questioner /ˈkwestʃənə/ [znw] ondervrager

questioning /ˈkwestʃənɪŋ/ [bnw] vragend

questionnaire /ˌkwestʃəˈneə/ [znw] vragenlijst

queue /kjuː/ **I** [ov ww] haar in vlecht dragen **II** [on ww] een rij vormen **III** [znw] • vlecht • staart (haardracht) • rij, queue ★ jump the ~ voordringen

quibble /ˈkwɪbl/ **I** [on ww] • woordspeling maken • spitsvondig redeneren • chicaneren **II** [znw] • woordspeling • spitsvondigheid

quibbler /ˈkwɪblə/ [znw] chicaneur

quiche /kiːʃ/ [znw] (hartige) taart

quick /kwɪk/ **I** [znw] levend vlees ★ bite one's nails to the ~ z'n nagels afbijten tot op 't leven ★ cut to the ~ diep krenken ★ he is a conservative to the ~ hij is door en door conservatief ★ (mil.) ~ time snelle pas ★ the ~ and the dead de levenden en de doden **II** [bnw] • vluchtig • levendig • vrolijk • scherp • gevoelig • vlug ★ he is ~ at figures hij kan goed rekenen ★ ~ hedge levende haag ★ ~ temper opvliegende aard ★ (vero.) ~ with child zwanger en al leven voelend ★ ~ wits gevatheid ★ ~-lime ongebluste kalk **III** [bijw] vlug, snel

quicken /ˈkwɪkən/ [ww] • leven vertonen (v. ongeborene) • versnellen, versnellen (v. pas) • levend maken • aanvuren • bezielen • leven voelen (v. zwangere vrouw)

quick-firer /ˈkwɪkfaɪərə/ [znw] snelvuurkanon

quick-freeze /ov ww/ diepvriezen
quickie /'kwɪkɪ/ [znw] ● iets dat zeer snel of in korte tijd gebeurt ● vluggertje
quicklime /'kwɪklaɪm/ [znw] ongebluste kalk
quickness /'kwɪknəs/ [znw] snelheid
quicksand /'kwɪksænd/ [znw] drijfzand
quickset /'kwɪkset/ [bnw] ★ ~ hedge haag van levende planten
quicksilver /'kwɪksɪlvə/ [znw] kwik(zilver)
quickstep /'kwɪkstep/ [znw] quickstep, snelle foxtrot
quick-tempered [bnw] opvliegend, lichtgeraakt
quick-witted /kwɪk'wɪtɪd/ [bnw] gevat, vlug v. begrip
quid /kwɪd/ [znw] ● tabakspruim ● ‹sl.› pond sterling ★ quid pro quo vergoeding; tegenprestatie
quiddity /'kwɪdətɪ/ [znw] ● 't voornaamste v. iets ● chicane
quiescence /kwɪ'esəns/ [znw] rust
quiescent /kwɪ'esənt/ [bnw] ● berustend ● rustend ● beweginglos, stil, vredig
quiet /'kwaɪət/ I [ww] ● tot rust brengen, kalmeren ● rustig worden II [znw] ● rust ● vrede ★ at ~ rustig III [bnw] ● rustig, kalm ● stil ● mak ‹v. paard› ● zonder veel omhaal ‹v. diner› ● stemmig ‹v. kleding› ● geheim ★ be ~! stil! ★ let me be ~ laat me met rust ★ on the ~ heimelijk; stiekem ★ ~, please stilte, a.u.b.
quieten /'kwaɪətn/ I [ov ww] kalmeren, tot bedaren brengen II [on ww] rustig worden, bedaren
quietude /'kwaɪtju:d/ [znw] rust, vrede
quietus /kwaɪ'i:təs/ [znw] genadeslag, dood
quiff /kwɪf/ [znw] lok op voorhoofd
quill /kwɪl/ I [ov ww] ● vouwen ● op spoel winden II [znw] ● schacht ● slagpen ● ganzenpen ● dobber ● stekel ‹v. stekelvarken› ● spoel ● drive the ~ de pen voeren ★ ~ driver pennenlikker; schrijver ‹v. krantenartikel›
quilt /kwɪlt/ I [ov ww] watteren, doorstikken II [znw] ● gewatteerde deken ● sprei
quin /kwɪn/ ‹inf.› [znw] → **quintuplet**
quince /kwɪns/ [znw] kwee(peer)
quinine /'kwɪni:n/ [znw] kinine
quintessence /kwɪn'tesəns/ [znw] ● het zuiverste ● het wezenlijke ● het voornaamste
quintessential /kwɪntɪ'senʃəl/ [bnw] wezenlijk
quintet /kwɪn'tet/ [znw] kwintet, ‹groep v.› vijf musici
quintuplet /'kwɪntjʊplɪt/ [znw] één v.e. vijfling
quip /kwɪp/ I [on ww] ● bespotten ● spottend opmerken II [znw] ● sarcastische opmerking ● geestigheid ● spitsvondigheid
quire /'kwaɪə/ [znw] ‹vier› vellen papier, tot bladzijden in boek gevouwen
quirk /kwɜ:k/ [znw] ● eigenaardigheid ● krul in handschrift ★ ~ of fate speling van het lot
quirt /kwɜ:t/ I [ov ww] slaan met rijzweep II [znw] rijzweep
quisling /'kwɪzlɪŋ/ [znw] landverrader
quit /kwɪt/ I [ov ww] ● ophouden ● opgeven ● verlaten ● huis ontruimen ‹door huurder› ● er vandoor gaan ● weggaan ● ontslag nemen ● vereffenen ● give notice to quit de huur/dienst opzeggen ★ quit business z. uit de zaken terugtrekken ★ quit hold of loslaten II [bnw] vrij ‹v.›
quite /kwaɪt/ [bijw] ● geheel, volkomen ● zeer ● absoluut ● grotendeels ★ he isn't~"~" hij is nu niet precies 'n heer ★ it is ~ the thing now 't is nu zeer in de mode ★ ~ a few heel wat ★ ~ a girl nog maar een meisje ★ ~ a lady een hele dame ★ ~ another een heel andere ★ ~ frankly eerlijk gezegd

★ ~ other heel anders ★ ~ so juist!; zo is het! ★ ~ tired nogal vermoeid ★ ~ too delightful gewoonweg verrukkelijk ★ there were ~ a hundred er waren er wel 100
quits /kwɪts/ [bnw] quitte ● call it ~ we staan nu quitte
quittance /'kwɪtns/ [znw] ● kwijting ● kwitantie ● vergelding ● beloning ★ omittance is no ~ uitstel is geen afstel
quitter /'kwɪtə/ [znw] iem. die bij moeilijkheden ervandoor gaat
quiver /'kwɪvə/ I [on ww] trillen, beven II [znw] ● trilling ● pijlkoker
quiz /kwɪz/ I [ov ww] ● examineren ● ‹vero.› nieuwsgierig aankijken ● ‹vero.› voor de gek houden II [znw] ● ondervraging ● vraagwedstrijd, quiz ● tentamen
quiz-master /'kwɪzmɑ:stə/ [znw] spelleider
quizzical /'kwɪzɪkl/ [bnw] ● vragend ● spottend
quod /kwɒd/ ‹sl.› [znw] gevangenis
quoin /kɔɪn/ I [ov ww] spie drijven in II [znw] ● hoeksteen ● wig ● spie
quoit /kɔɪt/ [znw] werpring ★ ‹game of› ~s ringwerpen
quorum /'kwɔ:rəm/ [znw] quorum, aantal leden vereist voor het geldig zijn v.e. vergadering
quota /'kwəʊtə/ [mv] ● aandeel ● contingent ★ ~ system contingentering
quotable /'kwəʊtəbl/ [bnw] wat aangehaald/genoteerd kan worden
quotation /kwəʊ'teɪʃən/ [znw] ● aanhaling ‹v. passage› ● notering ‹v. prijs›, prijsopgave ★ ~ marks aanhalingstekens
quote /kwəʊt/ I [ov ww] ● citeren ● noteren ‹v. prijs› II [znw] citaat ★ ~s aanhalingstekens
quoth /kwəʊθ/ ‹vero.› [on ww] zei
quotidian /kwɒ'tɪdɪən/ I [znw] ‹med.› alledaagse koorts II [bnw] ● alledaags ● dagelijks
quotient /'kwəʊʃənt/ [znw] quotiënt
q.v. [afk] ● (quod vide) zie (dit)

Q

R

rabbet/'ræbɪt/ I [ov ww] een sponning maken in
  II [znw] sponning
rabbit/'ræbɪt/ I [on ww] op konijnen jagen ● (~
  on) wauwelen II [znw] ● konijn ● slechte speler,
  kruk ★ Welsh ~ warme toast met gesmolten kaas
  ★ buck ~ toast met gesmolten kaas en gepocheerd
  ei ★ ~ hutch konijnenhok ★ ~ punch nekslag ★ ~
  warren konijnenberg; konijnengebied; doolhof
  (fig.)
rabble/'ræbl/ [znw] ● gepeupel ● tuig, gespuis
rabble-rouser[znw] volksmenner, demagoog
rabble-rousing[bnw] opruiend
rabid/'ræbɪd/ [bnw] ● woest, dolzinnig ● verbeten
  ● hondsdol
rabies/'reɪbiːz/ [znw] hondsdolheid
R.A.C./ɑːreɪˈsiː/ [afk] ● (Royal Automobile Club)
  Koninklijke Automobilistenvereniging
raccoon/rəˈkuːn/ ⟨AE⟩ [znw] wasbeer(bont)
race/reɪs/ I [ov ww] ● laten snellen ● om 't hardst
  laten rijden/lopen, enz. ● (~ away) een fortuin
  verspelen (met wedrennen) II [on ww] ● snellen,
  jagen ● om 't hardst rijden/lopen, enz. ● doorslaan
  (~ with) in snelheid wedijveren met III [znw]
  ● wedloop ● baan ● sterke stroming ● molentocht
  ● ras ● afkomst ● gemberwortel ★ race meeting
  paardenrennen
racecourse/'reɪskɔːs/ [znw] renbaan
racehorse/'reɪshɔːs/ [znw] renpaard, harddraver
racer/'reɪsə/ [znw] ● hardloper ● renpaard,
  renwagen, renfiets
racetrack/'reɪstræk/ [znw] renbaan
racial/'reɪʃl/ [bnw] ras(sen)-
racing/'reɪsɪŋ/ [znw] ● het wedrennen ● de rensport
racism/'reɪsɪzəm/ [znw] racisme, rassenhaat
rack/ræk/ I [ov ww] ● uitmergelen ● klaren ⟨v.
  wijn, bier⟩ ● op/in rek, enz. plaatsen ● folteren,
  pijnigen, afbeulen ● rack one's brains z. het hoofd
  breken II [on ww] (voort)jagen III [znw]
  ● ondergang ● arak ● draf uit mekaar ● rek
  ● (bagage)net ● ruif ● rooster ● hengel ● tandrail
  ● pijnbank ● beproeving ● voortjagende wolken
  ★ go to rack and ruin naar de maan gaan ★ live
  at rack and manger onbezorgd leven ★ on the
  rack op de pijnbank; in angstige spanning ★ rack
  railway tandradspoor(weg)
racket/'rækɪt/ I [on ww] lawaai maken ● (~
  about) boemelen II [znw] ● (tennis)racket
  ● sneeuwschoen ● herrie, lawaai, drukte ● rage
  ● losbandigheid, zwier ● foefje, truc ● zwendel ★ on
  the ~ aan de zwier ★ ~s raketspel ★ stand the ~
  de vuurproef doorstaan; het gelag betalen
racketeer/rækəˈtɪə/ I [ov ww] onder bedreiging
  geld (trachten) af te persen II [znw]
  zwarthandelaar, bandiet, geldafperser
racketeering/rækəˈtɪərɪŋ/ [znw]
  gangsterpraktijken ⟨afpersing, chantage,
  omkoperij⟩
rackety/'rækɪtɪ/ [bnw] lawaaierig
rack-wheel[znw] tandrad
racoon/rəˈkuːn/ → **raccoon**
racquet/'rækɪt/ [znw] (tennis)racket
racy/'reɪsɪ/ [bnw] pittig, pikant ★ racy of the soil
  rasecht; typisch; primitief
raddle/'rædl/ I [ov ww] (met) rood
  kleuren/schminken/verven II [znw] rode oker, rood
radial/'reɪdɪəl/ [bnw] straal- ● stervormig
  ● spaakbeen- ● radium- ★ ~ tyres radiaalbanden
  ★ ~s radiaalbanden

radiance/'reɪdɪəns/ [znw] straling, schittering
radiant/'reɪdɪənt/ [bnw] stralend
radiate I [ov ww] /'reɪdɪeɪt/ ● uitstralen
  ● draadloos uitzenden II [on ww] /'reɪdɪeɪt/
  ● stralen ● straalsgewijs uitlopen III [znw]
  /'reɪdɪət/ straaldier IV [bnw] /'reɪdɪət/
  ster-/straalvormig
radiation/reɪdɪˈeɪʃən/ [znw] straling ★ ~ sickness
  stralingsziekte
radiator/'reɪdɪeɪtə/ [znw] ● radiator ● koeler
  ● uitstralend lichaam
radical/'rædɪkl/ I [znw] ● wortel(teken)
  ● stam(woord) ● ⟨pol.⟩ radicaal ● ⟨chem.⟩ radicaal
  II [bnw] ● radicaal ● grond-, grondig, wezenlijk,
  fundamenteel ● wortel-
radicalism/'rædɪkəlɪzəm/ [znw] radicalisme
radii/'reɪdɪaɪ/ [mv] → **radius**
radio/'reɪdɪəʊ/ I [ov + on ww] uitzenden
  ● draadloos overbrengen II [znw]
  ● radiotelegrafie ★ ~ play hoorspel ★ ~ set
  radiotoestel ★ ~ telescope radiotelescoop
radioactive/reɪdɪəʊˈæktɪv/ [bnw] radioactief
radioactivity/reɪdɪəʊækˈtɪvɪtɪ/ [znw]
  radioactiviteit
radiogram/'reɪdɪəʊɡræm/ [znw]
  ● röntgenbeeld/-foto ● radiotelegram
  ● radio-grammofoon(meubel)
radiograph/'reɪdɪəʊɡrɑːf/ I [ov ww] een
  röntgenfoto maken II [znw] röntgenfoto
radiography/reɪdɪˈɒɡrəfɪ/ [znw] röntgenologie
radioisotope/reɪdɪəʊˈaɪsətəʊp/ [znw]
  radio-isotoop
radiolocation/reɪdɪəʊləˈkeɪʃən/ [znw] radar
radiologist/reɪdɪˈɒlədʒɪst/ [znw] radioloog
radiology/reɪdɪˈɒlədʒɪ/ [znw] radiologie
radiotherapy/reɪdɪəʊˈθerəpɪ/ [znw] behandeling
  met radioactieve stralen
radish/'rædɪʃ/ [znw] radijs ★ (black) ~ rammenas
radius/'reɪdɪəs/ [znw] ● straal ● spaak(been)
radix/'reɪdɪks/ [znw] ● grondtal ● ⟨wisk.⟩ wortel
R.A.F.[afk] ● (Royal Air Force) Britse Koninklijke
  Luchtmacht
raffish/'ræfɪʃ/ [bnw] liederlijk
raffle/'ræfl/ I [ov ww] verloten II [on ww] loten
  III [znw] ● loterij ● rommel
raft/rɑːft/ I [ov ww] vlotten II [znw] vlot
rafter/'rɑːftə/ [znw] ● dakspar, balk ● vlotter
rag/ræɡ/ I [ov ww] ● plagen, treiteren, ontgroenen
  ● herrie schoppen bij ● een standje geven II [znw]
  ● soort zandsteen ● daklei ● vod, lomp(en) ● doek,
  lap ● zakdoek ● vlag ● herrie, keet ● ⟨pej.⟩ krant
  ★ cooked to rags tot vezels gekookt ★ in rags in
  lompen; aan flarden ★ not a rag of evidence geen
  zweem v. bewijs ★ not a rag to cover o.s. geen
  kleren aan 't lijf ★ rag doll lappenpop ★ rag paper
  lompenpapier ★ rag trade confectie-industrie
  ★ rags of cloud wolkenflarden
ragamuffin/'ræɡəmʌfɪn/ [znw] schooiertje
ragbag/'ræɡbæɡ/ [znw] ● voddenzak ● allegaartje
  ● ⟨inf.⟩ slons
rage/reɪdʒ/ I [on ww] woeden, razen ● (~ at) tekeer
  gaan tegen II [znw] ● woede ● rage, manie
  ● geestdrift ★ be in a rage woedend zijn ★ have a
  rage for wild zijn op; niet kunnen zonder
ragfair/'ræɡfeə/ [znw] voddenmarkt
rag-gatherer/'ræɡɡæðərə/ [znw] voddenraper
ragged/'ræɡɪd/ [bnw] ● haveloos, gerafeld,
  onverzorgd ● ruig, ruw, rauw ● ongelijk ★ ~ school
  armenschool
raglan/'ræɡlən/ I [znw] kledingstuk zonder
  schoudernaad II [bnw] raglan, zonder
  schoudernaad

ragman /'rægmən/ [znw] voddenman
ragtag /'rægtæg/ [znw] * ~ (and bobtail) uitschot;
tuig * ~ and bobtail uitschot v.d. maatschappij
raid /reɪd/ **I** [ov ww] teisteren, afstropen **II** [on ww]
een inval doen **III** [znw] • inval, overval • razzia
• rooftocht • (lucht)aanval
raider /'reɪdə/ [znw] • kaper, stroper • vijandelijk
vliegtuig in actie
rail /reɪl/ **I** [ov ww] • van dwarsbalk/rails voorzien
• per spoor verzenden **II** [on ww] schelden * rail it
per spoor gaan • (~ **at**) tekeer gaan tegen **III** [znw]
• dwarsbalk, stang, staaf, lat • hek(werk), leuning,
reling • rail, spoorstaaf • kwartelkoning • by rail
per spoor * off the rails gederailleerd; van streek
railhead /'reɪlhed/ [znw] begin-/eindpunt v.
spoorweg
railing /'reɪlɪŋ/ [znw] hek, leuning, reling
raillery /'reɪlərɪ/ [znw] scherts, grappen
railroad /'reɪlrəʊd/ **I** [ov ww] • sporen • haastig
afdoen, jagen **II** [znw] ⟨AE⟩ spoorweg
railway /'reɪlweɪ/ **I** [on ww] sporen **II** [znw]
spoorweg * ~ embankment spoordijk * ~ guard
conducteur * ~ guide spoorboekje * ~ line
spoorlijn * ~ rates spoorwegtarieven * ~ sleeper
dwarsligger; biels * ~ yard spoorwegemplacement
railwayman /'reɪlweɪmən/ [znw]
spoorwegbeambte
raiment /'reɪmənt/ [znw] kleding(stuk)
rain /reɪn/ **I** [ov + on ww] regenen, (doen)
neerstromen • (~ **down**) (doen) neerkomen/-dalen
* stones were raining down on his head het
regende stenen op zijn hoofd **II** [on ww] regenen
* it never rains but it pours een ongeluk komt
zelden alleen **III** [znw] regen * rain belt regenzone
* rain forest regenwoud * rain or shine weer of
geen weer
rainbow /'reɪnbəʊ/ [znw] regenboog * chasing ~s
hersenschimmen najagen
raincheck /'reɪntʃek/ [znw] nieuw kaartje ⟨voor
afgelaste wedstrijd⟩ * take a ~ tegoed houden
raincoat /'reɪnkəʊt/ [znw] regenjas
raindrop /'reɪndrop/ [znw] regendruppel
rainfall /'reɪnfɔːl/ [znw] regen, neerslag
rain-gauge /'reɪngeɪdʒ/ [znw] regenmeter
rainless /'reɪnləs/ [bnw] zonder regen
rainproof /'reɪnpruːf/ [bnw] regendicht, waterdicht
rains /reɪnz/ [mv] • the ~ regentijd
rainstorm /'reɪnstɔːm/ [znw] stortbui
raintight /'reɪntaɪt/ [bnw] regenbestand,
waterdicht
rainwater /'reɪnwɔːtə/ [znw] regenwater
rainy /'reɪnɪ/ [bnw] regenachtig * save up for a ~
day 'n appeltje voor de dorst bewaren
raise /reɪz/ **I** [ov ww] • rechtop zetten • doen
opstaan/rijzen • verhogen, aan-/op-/verheffen
• doen ontstaan • oprichten, stichten • lichten
• grootbrengen • planten, kweken, fokken
• (ver)wekken * ~ Cain/the devil/hell
tekeergaan; de boel op stelten zetten * ~ a blister
'n blaar trekken * ~ a dust stof doen opwaaien * ~
a loan een lening aangaan/sluiten * ~ a p.'s
spirits iem. opbeuren * ~ a question een vraag
opwerpen * ~ an army een leger op de been
brengen * ~ money/the wind geld ontvreemden; geld
loskrijgen * ~ objections tegenwerpingen maken
* ~ one's glass to drinken op * ~ one's hat to
(be)groeten **II** [znw] verhoging, opslag
raisin /'reɪzən/ [znw] rozijn
rake /reɪk/ **I** [ov ww] • bijeenharken, aanharken,
krabben, rakelen, (bijen)schrapen, verzamelen
• (door)snuffelen, doorzoeken • enfileren
• bestrijken • doen overhellen * rake one's

memory zijn geheugen pijnigen • (~ **in**) (met
hopen) binnenhalen • (~ **up**) oprakelen,
optrommelen, opscharrelen **II** [on ww] • er op los
leven • hellen **III** [znw] • hark • krabber • losbol,
boemelaar • helling
rake-off [znw] (illegale) provisie
rakish /'reɪkɪʃ/ [bnw] • liederlijk, lichtzinnig • chic
• slank gebouwd ⟨schip⟩
rally /'rælɪ/ **I** [ov ww] • groeperen • verzamelen
• plagen • (~ **round**) z. scharen om • (~ **to**) z.
aansluiten bij **II** [on ww] • zich hergroeperen
• zich verzamelen • zich herstellen • schertsen
III [znw] • bijeenkomst • reünie • (signaal tot)
verzamelen • sterrit • demonstratie (op)tocht
• ⟨sport⟩ slagenwisseling
ram /ræm/ **I** [ov ww] • rammen, heien
• aan-/vaststampen • stoten • (~ **in(to))** erin
heien ⟨ook fig.⟩ **II** [znw] • ram • stormram
• ramschip • heimachine
R.A.M. [afk] • (Royal Academy of Music)
Koninklijk Conservatorium
ramble /'ræmbl/ **I** [on ww] • afdwalen • zwerven,
rondtrekken, ronddolen • tieren, welig groeien • (~
on) raaskallen **II** [znw] zwerftochtje
rambler /'ræmblə/ [znw] • zwerver • klimroos
rambling /'ræmblɪŋ/ [bnw] • onregelmatig
gebouwd • systeemloos, onsamenhangend
rambunctious /ræm'bʌŋkʃəs/ [bnw] onstuimig,
uitgelaten
ramification /ræmɪfɪ'keɪʃən/ [znw] vertakking
ramify /'ræmɪfaɪ/ [ov + on ww] (z.) vertakken
rammer /'ræmə/ [znw] • straatstamper • heiblok
ramp /ræmp/ **I** [ov ww] afzetten, bedriegen
II [on ww] • schuin (af)lopen • tieren, tekeergaan
• op de achterpoten (gaan) staan • klimmen
III [znw] • glooiing, talud • zwendel, zwarte
handel • oneffenheid, drempel • bocht • oprit
• loopplank • vliegtuigtrap
rampage /ræm'peɪdʒ/ [znw] • be on the ~ tieren;
tekeergaan
rampancy /'ræmpənsɪ/ [znw] • wildheid
• weelderigheid
rampant /'ræmpənt/ [bnw] • klimmend • alom
heersend • (te) weelderig • onbeheerst, wild,
dolzinnig
rampart /'ræmpɑːt/ [znw] wal, bolwerk
ramrod /'ræmrod/ [znw] laadstok
ramshackle /'ræmʃækl/ [bnw] bouwvallig,
gammel
ran /ræn/ verl. tijd → run
ranch /rɑːntʃ/ ⟨AE⟩ **I** [on ww] vee houden **II** [znw]
• (vee)boerderij • zaak, bedrijf
rancher /'rɑːntʃə/ ⟨AE⟩ [znw] veeboer
rancid /'rænsɪd/ [bnw] • ranzig • sterk
rancorous /'ræŋkərəs/ [bnw] haatdragend,
rancuneus
rancour /'ræŋkə/ [znw] wrok, rancune
rand /rænd/ [znw] • rand ⟨munt(eenheid)⟩
randan /ræn'dæn/ [znw] roeiboot voor drie man
random /'rændəm/ **I** [znw] * at ~ zo maar; in 't
wilde weg **II** [bnw] willekeurig
randy /'rændɪ/ **I** [znw] • ⟨Schots⟩ schooier, schurk
• ⟨Schots⟩ feeks **II** [bnw] • wellustig, wulps
• ⟨Schots⟩ luidruchtig
rang /ræŋ/ verl. tijd → ring
range /reɪndʒ/ **I** [ov ww] • opstellen, rangschikken,
plaatsen • dragen ⟨v. vuurwapen⟩ • laten gaan
langs/over • (~ **among/with**) indelen bij
II [on ww] • zich opstellen • zich uitstrekken,
reiken, bestrijken * ~ far from afdwalen * ~ from
... to variëren van ... tot • (~ **among/with**)
behoren tot • (~ **between**) z. bewegen tussen,

R

gevonden worden **III** [znw] ● rij, serie
● assortiment, reeks ● (berg)keten ● richting
● verspreiding(sgebied), sector ● bereik, gebied,
draagwijdte, omvang ● sfeer ● (schoots)afstand,
schootsveld ● schietbaan ● weide-/jachtgebied
● (kook)fornuis ★ at close ~ van dichtbij ★ free ~
eggs scharreleieren

range-finder /'reɪndʒfaɪndə/ [znw] afstandsmeter

ranger /'reɪndʒə/ [znw] ● speurhond ● koninklijk
boswachter/parkopzichter ● oudere padvindster
● (bereden) politieman te velde ★ ⟨AE⟩ boswachter

rangers /'reɪndʒəz/ [mv] bereden politie

rangy /'reɪndʒɪ/ [bnw] rank, slank

rank /ræŋk/ **I** [ov ww] ● opstellen, in gelid plaatsen
● een plaats geven ★ rank next to in rang volgen
op ● (~ among) rekenen tot **II** [on ww] ● een
plaats hebben ● voorkeurspositie innemen ● (~
among) behoren tot **III** [znw] ● rang ● stand
● gelid ● rij ● taxistandplaats ★ keep rank in 't
gelid blijven ★ rank and fashion de elite ★ rise
from the ranks uit de troep voortkomen; zich
opwerken ★ take rank with gelijk staan met ★ the
rank and file manschappen; het gewone volk; de
achterban ★ the ranks manschappen **IV** [bnw]
● te weelderig, te vet ● grof ● overwoekerd ● vuil,
walgelijk ● ranzig, sterk ● gemeen ★ rank
nonsense klinkklare onzin ★ rank poison puur
vergif

ranker /'ræŋkə/ [znw] ● gewoon soldaat ● officier
uit de troep voortgekomen

ranking /'ræŋkɪŋ/ [bnw] ★ ~ officer hoogste officier

rankle /'ræŋkl/ [on ww] knagen, (blijven) pijn doen

rankness /'ræŋknəs/ [znw] ● weelderigheid
● ranzigheid

ransack /'rænsæk/ [ov ww] ● plunderen
● doorzoeken

ransom /'rænsəm/ **I** [ov ww] ● loskopen, vrijkopen
● verlossen ● geld afpersen **II** [znw] losgeld ★ hold
to ~ losgeld eisen voor ★ worth a king's ~ met
geen goud te betalen

rant /rænt/ **I** [ov ww] declameren **II** [on ww]
● fulmineren ● bombastische taal uitslaan ● (~
against) uitvaren tegen **III** [znw] bombast,
hoogdravende taal

ranter /'ræntə/ [znw] volksredenaar

rap /ræp/ **I** [ov ww] (scherp) bekritiseren, op de
vingers tikken ● (~ out) er uit flappen, door
kloppen te kennen geven, ruw in de mond zijn
II [on ww] rappen **III** [znw] tik, klop(teken)
★ beat the rap zijn straf ontlopen ★ give a p. a rap
on the knuckles iem. op de vingers tikken ★ not a
rap geen zier

rapacious /rə'peɪʃəs/ [bnw] roofzuchtig

rapacity /rə'pæsətɪ/ [znw] roofzucht

rape /reɪp/ **I** [ov ww] ● onteren, verkrachten
● ⟨form.⟩ (be)roven, schaken **II** [znw]
● verkrachting ● koolzaad ★ rape cake raapkoek
★ rape oil raapolie

rapid /'ræpɪd/ **I** [znw] stroomversnelling **II** [bnw]
● snel ● steil

rapidity /rə'pɪdətɪ/ [znw] snelheid

rapier /'reɪpɪə/ [znw] rapier ★ ~ thrust rake/fijne
zet

rapist /'reɪpɪst/ [znw] verkrachter

rapport /ræ'pɔː/ [znw] ● relatie ● verstandhouding

rapt /ræpt/ [bnw] ● verzonken in ● in vervoering, in
hoger sferen ★ with rapt attention met
onverdeelde belangstelling

rapture /'ræptʃə/ [znw] vervoering, extase

rapturous /'ræptʃərəs/ [bnw] verrukt,
hartstochtelijk

rare /reə/ [bnw] ● zeldzaam ● dun, ijl

● voortreffelijk ● niet gaar ★ rare-show rarekiek

rarebit /'reəbɪt/ → **rabbit**

rarefied /'reərɪfaɪd/ [bnw] ● verheven, geëxalteerd
● exclusief, esoterisch, select ★ ~ air ijle lucht

rarefy /'reərɪfaɪ/ **I** [ov ww] verdunnen, verfijnen
II [on ww] zich verdunnen

rarely /'reəlɪ/ [bijw] zelden

raring /'reərɪŋ/ ⟨inf.⟩ [bnw] dolgraag, enthousiast
★ ~ to go staan te trappelen van ongeduld

rarity /'reərətɪ/ [znw] zeldzaamheid

rascal /'rɑːskl/ **I** [znw] ● schelm ● kwajongen
II [bnw] ★ the ~ rout het schorem

rascally /'rɑːskəlɪ/ [bnw] schelmachtig

rash /ræʃ/ **I** [znw] huiduitslag **II** [bnw] ● overhaast
● onbezonnen ● stoutmoedig

rasher /'ræʃə/ [znw] plakje spek of ham

rasp /rɑːsp/ **I** [ov ww] ● onaangenaam aandoen
● raspen **II** [on ww] krassen, schrapen, raspen
III [znw] rasp

raspberry /'rɑːzbərɪ/ [znw] framboos ★ ~ cane
frambozenstruik

rat /ræt/ **I** [ov ww] ● ratten vangen ● overlopen,
onderkruipen ● (~ on) verraden, in de steek laten
II [znw] ● rat ● onderkruiper, overloper ★ rat race
concurrentiestrijd; onderlinge rivaliteit ★ rat's tail
rattenstaart; vijl ★ rats! onzin! ★ smell a rat lont
ruiken

ratability /reɪtə'bɪlətɪ/ → **rateability**

ratable /'reɪtəbl/ → **rateable**

ratcatcher /'rætkætʃə/ [znw] ● rattenvanger ● ⟨sl.⟩
jachtkleding

ratchet /'rætʃɪt/ [znw] ratel

ratch(et) /'rætʃ(ɪt)/ [znw] pal ★ ~(-wheel) palrad

rate /reɪt/ **I** [ov ww] ● achten, schatten, aanslaan
● rekenen tot, waarderen, een waarde toekennen
● de kast uitvegen, uitvaren tegen ● (~
among/with) rekenen tot **II** [on ww] gerekend
worden ● (~ among/with) behoren tot **III** [znw]
● standaard, maatstaf ● tarief, prijs ● koers ● cijfer
● snelheid ● plaatselijke belasting ★ at a/the rate
of met een snelheid van; ten getale van; ★ at an
easy rate gemakkelijk ★ at any rate in ieder geval
★ at that rate als dit uitgangspunt juist is; als het
zo doorgaat ★ first rate eersteklas; prima ★ second
rate inferieur; pover

rateability /reɪtə'bɪlətɪ/ [znw] ● taxeerbaarheid
● belastbaarheid

rateable /'reɪtəbl/ [bnw] ● te schatten ● belastbaar

rate-collector /'reɪtkəlektə/ [znw]
gemeenteontvanger

ratepayer /'reɪtpeɪə/ [znw] ● belastingbetaler ⟨v.
onroerend goed⟩ ● huiseigenaar

rather /'rɑːðə/ **I** [bijw] ● liever (nog), eerder (nog)
● vrij(wel), een beetje, tamelijk, nogal ★ I would ~
stay ik zou liever blijven ★ the ~ that te meer daar
II [tw] nou en of!, (heel) graag!

ratification /rætɪfɪ'keɪʃən/ [znw] bekrachtiging,
ratificatie

ratify /'rætɪfaɪ/ [ov ww] bekrachtigen, ratificeren

rating /'reɪtɪŋ/ [znw] ● taxering ● klasse,
classificatie ● aanslag ● matroos

ratings /'reɪtɪŋz/ [mv] ● kijkcijfers ● personeel
★ ranks and ~ officieren en manschappen

ratio /'reɪʃɪəʊ/ [znw] ● verhouding ● reden

ration /'ræʃən/ **I** [ov ww] rantsoeneren
● distribueren ★ meat is ~ed vlees is op de bon ★ ~
book bonboekje ★ ~ing distributie **II** [znw]
rantsoen

rational /'ræʃənl/ [bnw] ● redelijk, verstandelijk
● rationeel ● rationalistisch ★ ~ dress broekrok
★ ~s broekrok

rationale /ræʃə'nɑːl/ [znw] ● basis, grond(reden)

• redenering • argument

rationalism/'ræʃənəlɪzəm/ [znw] rationalisme

rationalist/'ræʃ(ə)nəlɪst/ [znw] rationalist

rationalistic/ˌræʃənə'lɪstɪk/ [bnw] rationalistisch

rationality/ˌræʃə'nælətɪ/ [znw] rede(lijkheid)
• rationaliteit

rationalization/ˌræʃənəlaɪ'zeɪʃən/ [znw] rationalisatie

rationalize/'ræʃənəlaɪz/ [ov + on ww]
• verstandelijk verklaren • rationaliseren
• rationalistisch beschouwen

rattan/ræ'tæn/ [znw] rotan, rotting

rat-tat/ˌræt'tæt/ [znw] klopklop

rattle/'rætl/ I [ov ww] • doen rammelen, rammelen (met) • opjagen, op stang jagen, nerveus maken
• jachten ★ – a fox 'n vos op de hielen zitten ★ –
up the anchor het anker snel ophalen ★ (~ off)
afraffelen • (~ up) opporren II [on ww]
• rammelen • kletteren • reutelen ★ (~ along/
away/on) er op los kletsen, maar door ratelen
III [znw] • geklets • gerammel • ratel • kletskous

rattlebag/'rætlbæg/ [znw] rammelaar

rattle-brain, rattle-head, rattle-pate
/'rætlbreɪn/ [znw] leeghoofd ★ –ed onbezonnen

rattler/'rætlə/ [znw] • rammelkast • daverende
slag, stoot • vloek, leugen • ⟨AE⟩ ratelslang

rattles/'rætlz/ [mv] ★ the – kroep

rattlesnake/'rætlsneɪk/ [znw] ratelslang

rattletrap/'rætltræp/ I [znw] rammelkast
II [bnw] gammel, wrak

rattling/'rætlɪŋ/ [bnw + bijw] denderend ★ –good
verdraaid goed

rattrap/'rættræp/ [znw] • rattenval • getande
fietspedaal

ratty/'rætɪ/ [bnw] • schunnig • vol ratten
• prikkelbaar, nijdig

raucous/'rɔːkəs/ [bnw] rauw, schor

raunchy/'rɔːntʃɪ/ [bnw] • slonzig • geil

ravage/'rævɪdʒ/ I [ov ww] verwoesten • teisteren
• plunderen II [znw] ★ –s vernielingen

rave/reɪv/ I [on ww] razen, ijlen, dazen ★ raving
mad stapelgek • (~ about) dwepen met • (~ out)
uitkramen II [znw] • housefeest • wagenladder
★ raves zijschotten

ravel/'rævəl/ I [ov ww] in de war maken • (~ out)
ontwarren II [on ww] in de war raken III [znw]
• warboel • rafel

raven I [ov ww] /'rævn/ verslinden, schrokken
II [on ww] /'rævn/ roven, plunderen III [znw] /
'reɪvn/ raaf IV [bnw] /'reɪvn/ ravenzwart

ravenous/'rævənəs/ [bnw] • uitgehongerd
• roofzuchtig • hongerend ★ – for hongerend naar

raver/'reɪvə/ [znw] • bon-vivant, versierder, losbol
• stoeipoes

rave-up⟨sl.⟩ [znw] wild (dans)feest

ravine/rə'viːn/ [znw] ravijn

ravish/'rævɪʃ/ [ov ww] • (ont)roven • wegslepen,
meeslepen (ook fig.) • verkrachten

ravishing/'rævɪʃɪŋ/ [bnw] verrukkelijk

ravishment/'rævɪʃmənt/ [znw] • ontvoering
• verkrachting • verrukking

raw/rɔː/ I [znw] rauwe plek ★ in the raw rauw; in
ruwe staat ★ touch a p. on the raw iem. tegen het
zere been schoppen II [bnw] • rauw • ruw,
onbewerkt, puur • onervaren, ongeoefend
• pijnlijk, gevoelig • feel raw een gekrenkt zijn ★ raw
head and bloody bones boeman;
zeeversdoodskop ★ raw materials grondstoffen

rawboned/'rɔːbəʊnd/ [bnw] mager als een lat

rawhide/'rɔːhaɪd/ [znw] ongelooide huid

ray/reɪ/ I [ov + on ww] ★ rayed animals
straaldieren • (~ forth) uitstralen II [on ww]

straalsgewijs uitlopen III [znw] • straal • rog ⟨vis⟩

rayon/'reɪɒn/ [znw] rayon, kunstzijde

raze/reɪz/ [ov ww] • met de grond gelijk maken
• uitwissen, uitkrabben • (~ out) doorhalen

razor/'reɪzə/ [znw] scheermes ★ – strop scheerriem

razor-back[znw] vinvis

razor-backed[bnw] met scherpe rug

razor-bill[znw] alk

razor-edge/ˌreɪzə'redʒ/ [znw] scherpe kant ★ it's
on a – 't is hoogst kritiek

razzle(-dazzle)/ræzl('dæzl)/ [znw] • herrie • de
'rups' ⟨kermisattractie⟩ • drukte ★ be on the –
aan de zwier zijn

Rd., rd.[afk] • [road] weg, straat

re/reɪ/ I [znw] ⟨muz.⟩ re II [vz] betreffende

re-/riː/ [voorv] her-, weer-, opnieuw, terug-

reach/riːtʃ/ I [ov + on ww] ⟨z.⟩ uitstrekken • (~
down) (af)pakken, afnemen • (~ for) grijpen
naar • (~ out) de hand uitstrekken II [on ww]
• aanreiken • pakken • bereiken, komen bij ★ – a
p.'s conscience iemands geweten treffen ★ the
news has not –ed here 't nieuws is hier nog niet
binnengekomen III [on ww] reiken ★ – forward
to streven naar • (~ forward) vooraer
reiken/leunen IV [znw] • bereik • uitgestrektheid
• kring, invloedssfeer • rak ⟨v.e. rivier⟩ ★ man of
high/deep – een knappe kop ★ within easy –
gemakkelijk te bereiken

reach-me-down/'riːtʃmɪdaʊn/ I [znw]
confectiepak, confectiekleding II [bnw] confectie-

react/rɪ'ækt/ [on ww] • terugwerken • reageren
• tegenaanval doen

reaction/rɪ'ækʃən/ [znw] reactie

reactionary/rɪ'ækʃənərɪ/ [znw] reactionair

reactivate/rɪ'æktɪveɪt/ [ov ww] reactiveren, nieuw
leven inblazen

reactive/rɪ'æktɪv/ [bnw] reagerend

reactor/rɪ'æktə/ [znw] reactor

read/riːd/ I [ov ww] • lezen, oplezen, voorlezen,
aflezen • uitleggen, begrijpen, (kunnen) verstaan,
horen • studeren • ontvangen (v. radio) • read a
lecture een lezing houden; college geven; de les
lezen ★ read a paper een lezing houden ★ read the
clock op de klok kijken • she read him right ze
had hem door ★ the thermometer reads 33° de
thermometer wijst 33° aan ★ (~ into) (een
betekenis) willen leggen in • (~ off) aflezen, à vue
lezen • (~ out) voorlezen, royeren • (~ to)
voorlezen • (~ up) (grondig) bestuderen
II [on ww] • lezen • studeren ★ a telegram
reading een telegram dat luidt ★ read for the
press (druk)proeven corrigeren ★ read with a p.
iem. bij de studie helpen III [znw] ★ have a read
(even) lezen

readability/ˌriːdə'bɪlətɪ/ [znw] leesbaarheid

readable/'riːdəbl/ [bnw] lezenswaard

readdress/ˌriːə'dres/ [ov ww] doorsturen

reader/'riːdə/ [znw] • (voor)lezer • corrector • lector
• opnemer • leesboek

readership/'riːdəʃɪp/ [znw] • lectoraat • de lezers

readily/'redɪlɪ/ [bijw] gaarne

readiness/'redɪnəs/ [znw] gevatheid ★ – of mind
tegenwoordigheid v. geest ★ – of wit gevatheid

reading/'riːdɪŋ/ I [znw] • lezing • lectuur
• (meter)stand • first/second/third –
behandeling in de Kamer II [bnw] van lezen of
studeren houdend ★ ––case leesportefeuille
★ ––clerk griffier ★ ––desk/-stand lezenaar
★ ––room leeszaal

readjust/ˌriːə'dʒʌst/ [ov + on ww] ⟨z.⟩ weer
aanpassen

readjustment/ˌriːə'dʒʌstmənt/ [znw]

R

heraanpassing

readmission/ri:əd'mɪʃən/ [znw] het opnieuw
toelaten

readmit/ri:əd'mɪt/ [ov ww] herbekennen

ready/'redɪ/ I [znw] * the ~ contanten * to the ~
in de aanslag II [bnw] * klaar * bereid(willig)
* vaardig, vlug * he was ~ to swear with rage hij
kon wel vloeken van woede * ~ money/cash
contant geld * ~ to klaar om; op 't punt om * ~ to
hand bij de hand * ~ wit gevatheid * she is very
~ at excuses ze staat direct klaar met een excuus

ready-made/redɪ'meɪd/ [znw] confectie

ready-to-wear/redɪtə'weə/ [znw] confectie

reaffirm/ri:ə'fɜ:m/ [ov ww] opnieuw bevestigen

reafforest/ri:ə'fɒrɪst/ [ov ww] herbebossen

reafforestation/ri:əfɒrɪ'steɪʃən/ [znw]
herbebossing

real/rɪːl/ [bnw + bijw] * echt, werkelijk * reëel
* onroerend * a real life scene een levensecht
tafereel * real estate/property onroerend goed;⟨AE⟩
huizen * real money baar geld * that's the real
thing dat is 't pas; dat is je van het

realism/'rɪəlɪzəm/ [znw] realisme

realist/'rɪəlɪst/ [znw] realist

realistic/rɪə'lɪstɪk/ [bnw] realistisch

reality/rɪ'ælətɪ/ [znw] werkelijkheid, realiteit

realizable/rɪə'laɪzəbl/ [bnw] realiseerbaar, te
verwezenlijken

realization/rɪələr'zeɪʃən/ [znw] * bewustwording,
besef * realisatie, verwezenlijking

realize/'rɪəlaɪz/ [ov ww] * verwezenlijken
* beseffen, inzien, z. realiseren * (te gelde) maken
* opbrengen

really/'rɪəlɪ/ I [bijw] werkelijk II [tw] inderdaad,
heus * not ~! och kom! * ~? o ja?

realm/relm/ [znw] (konink)rijk

realty/'rɪːəltɪ/ [znw] huizen-/grondbezit

ream/rɪːm/ I [ov ww] verwijden, uitboren II [znw]
riem ⟨papier⟩

reanimate/ri:'ænɪmeɪt/ [ov ww] reanimeren

reanimation/ri:ænɪ'meɪʃən/ [znw] reanimatie

reap/ri:p/ I [ov + on ww] oogsten, maaien II [znw]
* reaping hook sikkel

reaper/'ri:pə/ [znw] * the grim ~ Magere Hein

reappear/ri:ə'pɪə/ [on ww] weer verschijnen

reappearance/ri:ə'pɪərəns/ [znw] herverschijning

reappoint/ri:ə'pɔɪnt/ [ov ww] heraanwijzen,
opnieuw aanstellen

reappointment/ri:ə'pɔɪntmənt/ [znw]
heraanwijzing

reappraisal/ri:ə'preɪzəl/ [znw] herwaardering

rear/rɪə/ I [ov ww] * bouwen, oprichten * verheffen,
opheffen * kweken, fokken, grootbrengen
II [on ww] steigeren * rearer steigerend paard
III [znw] * achterkant, achterste gedeelte
* achterhoede * be in the rear of the times zijn
tijd ten achter zijn * bring up the rear de
achterhoede vormen; achteraan komen * rear rank
achterste gelid * take in the rear van achter
aanvallen IV [bnw] achter-, achterste

rear-admiral/rɪər'ædmɪrəl/ [znw] schout bij nacht

rearguard/'rɪəgɑ:d/ [znw] achterhoede

reargunner/'rɪəgʌnə/ [znw] staartschutter

rearm/ri:'ɑ:m/ [ov + on ww] herbewapenen

rearmament/ri:'ɑ:məmənt/ [znw]
herbewapening

rearmost/'rɪəməʊst/ [bnw] achterste

rearrange/ri:ə'reɪndʒ/ [ov ww] herschikken

rearrangement/ri:ə'reɪndʒmənt/ [znw]
herschikking

rearward(s)/'rɪəwəd(z)/ [bnw + bijw] * achterste,
achteraan * achterwaarts

reason/'ri:zən/ I [ov ww] beredeneren II [on ww]
redeneren * (~ from) uitgaan van III [znw]
* reden * verstand, rede * redelijkheid, billijkheid
* by ~ of wegens * for obvious ~s om redenen die
voor de hand liggen * in ~ redelijkerwijs * it
stands to ~ 't spreekt vanzelf * talk ~ verstandig
praten * with good ~ terecht

reasonable/'ri:zənəbl/ [bnw] * redelijk * billijk

reasonably/'ri:zənəblɪ/ [bijw] * redelijkerwijs
* vrij, tamelijk

reasoning/'ri:zənɪŋ/ [znw] redenering

reassemble/ri:ə'sembl/ I [ov ww] opnieuw
samenvoegen II [on ww] opnieuw verzamelen

reassert/ri:ə'sɜ:t/ [ov ww] opnieuw beweren

reassertion/ri:ə'sɜ:ʃən/ [znw] herhaalde bewering

reassess/ri:ə'ses/ [ov ww] * opnieuw schatten
* opnieuw belasten

reassessment/ri:ə'sesmənt/ [znw] nieuwe
belasting/aanslag

reassign/ri:ə'saɪn/ [ov ww] opnieuw toewijzen

reassume/ri:ə'sju:m/ [ov ww] weer aannemen

reassurance/ri:ə'ʃɔ:rəns/ [znw] geruststelling

reassure/ri:ə'ʃɔ:/ [ov ww] * geruststellen
* herverzekeren

reassuring/ri:ə'ʃɔ:rɪŋ/ [bnw] geruststellend

rebate/'ri:beɪt/ [znw] rabat, korting

rebel I [on ww] /rɪ'bel/ in opstand komen II [znw]
/'rebl/ opstandeling, oproerling III [bnw] /'rebl/
opstandig

rebellion/rɪ'beljən/ [znw] opstand, oproer

rebellious/rɪ'beljəs/ [bnw] * opstandig
* hardnekkig

rebind/ri:'baɪnd/ [ov ww] opnieuw inbinden

rebirth/ri:'bɜ:θ/ [znw] wedergeboorte

reborn/ri:'bɔ:n/ [bnw] herboren

rebound I [on ww] /ri:'baʊnd/ terugspringen * (~
(up)on) (weer) neerkomen op II [znw] /'rɪbaʊnd/
* take a p. on/at the ~ iemands reactie gebruiken
om hem te overreden

rebuff/rɪ'bʌf/ I [ov ww] * voor 't hoofd stoten
* afwijzen, onheus bejegenen II [znw] afwijzing

rebuild/ri:'bɪld/ [ov ww] herbouwen

rebuke/rɪ'bju:k/ I [ov ww] berispen II [znw]
berisping

rebut/rɪ'bʌt/ [ov ww] weerleggen

rebuttal/rɪ'bʌtl/ [znw] weerlegging

recalcitrance/rɪ'kælsɪtrəns/ [znw] verzet

recalcitrant/rɪ'kælsɪtrənt/ I [znw]
recalcitrant/weerspannig iem. II [bnw]
recalcitrant, weerspannig

recall/rɪ'kɔ:l/ I [ov ww] * terugroepen * weer in 't
geheugen/voor de geest roepen * herinneren aan
* herroepen, intrekken, terugnemen II [znw] ⟨AE⟩
dwang om af te treden * beyond/past ~
onherroepelijk

recant/rɪ'kænt/ [ov ww] (openlijk) herroepen

recapitulate, recap/ri:kə'pɪtjʊleɪt/
[ov + on ww] kort samenvatten

recapitulation/ri:kəpɪtjʊ'leɪʃən/ [znw]
recapitulatie

recapture/ri:'kæptʃə/ I [ov + on ww] * heroveren,
terugnemen * oproepen II [znw] terugname,
herovering

recast/ri:'kɑ:st/ I [ov ww] * omwerken * omgieten
II [znw] * in een nieuwe vorm gegoten voorwerp
* hervorming

recd. [afk] * (received) ontvangen

recede I [on ww] /'ri:si:d/ weer afstaan II [on ww]
/rɪ'si:d/ achteruitgaan, (terug)wijken * (~ from)
terugkomen van, z. terugtrekken uit

receipt/rɪ'si:t/ I [ov ww] kwiteren II [znw]
* ontvangst * kwitantie, reçu * ⟨vero.⟩ recept * on

R

~ of na ontvangst van

receivable/rɪ'siːvəbl/ [bnw] geldig ‹vnl. v. betaalmiddel›

receive/rɪ'siːv/ I [ov + on ww] • verwelkomen • communiceren ✶ ~ stolen goods helen II [ov ww] • ontvangen, krijgen • bevatten • opnemen, (als waar) aannemen ✶ generally ~d algemeen geldend; algemeen erkend ✶ receiving home asiel; tehuis

receiver/rɪ'siːvə/ [znw] • heler • curator • ontvangtoestel, telefoonhoorn • reservoir

recency/'riːsənsɪ/ [znw] 't recente, nieuwheid

recension/rɪ'senʃən/ [znw] • revisie • herziene uitgave

recent/'riːsənt/ [bnw] • kortgeleden • van onlangs • nieuw

recently/'riːsəntlɪ/ [bijw] • onlangs • de laatste tijd

receptacle/rɪ'septəkl/ [znw] • bloembodem, vruchtbodem • vergaarbak, bak, vat

reception/rɪ'sepʃən/ [znw] • ontvangst • receptie • erkenning ✶ ~ clerk chef de réception ✶ ~ desk hotelreceptie ✶ ~ order bevel tot opneming in krankzinnigengesticht ✶ ~ room ontvangkamer

receptionist/rɪ'sep(ə)nɪst/ [znw] receptionist

receptive/rɪ'septɪv/ [bnw] ontvankelijk, vatbaar

receptivity/rɪsep'tɪvɪtɪ/ → **receptive**

receptor/rɪ'septə/ [znw] receptor

recess/rɪ'ses/ [znw] • nis, alkoof • schuilhoek • reces, vakantie

recession/rɪ'seʃən/ [znw] achteruitgang, recessie ✶ ~al hymn slotgezang

recessive/rɪ'sesɪv/ [bnw] terugwijkend

recharge/riː'tʃɑːdʒ/ I [ov ww] herladen II [znw] nieuwe lading

rechristen/riː'krɪsən/ [ov + on ww] omdopen

recidivism/rɪ'sɪdɪvɪzəm/ [znw] recidive, herhaling van misdrijf

recidivist/rɪ'sɪdɪvɪst/ [znw] recidivist

recipe/'resɪpɪ/ [znw] recept

recipient/rɪ'sɪpɪənt/ I [znw] ontvanger, belanghebbende II [bnw] ontvankelijk

reciprocal/rɪ'sɪprəkl/ I [znw] het omgekeerde II [bnw] wederzijds, wederkerig, als tegenprestatie

reciprocate/rɪ'sɪprəkeɪt/ [ov ww] • wederdienst bewijzen, wederkerig van dienst zijn • uitwisselen

reciprocity/resɪ'prosətɪ/ [znw] • gelijke behandeling v. weerskanten • wisselwerking

recital/rɪ'saɪtl/ [znw] • concert, recital • verhaal • voordracht

recitation/resɪ'teɪʃən/ [znw] • voordracht • verhaal

recitative/resɪtə'tiːv/ [bnw] recitatief

recite/rɪ'saɪt/ I [ov + on ww] voordragen, opzeggen II [ov ww] opnoemen

reckless/'rekləs/ [bnw] roekeloos

reckon/'rekən/ I [ov ww] • houden voor, beschouwen ‹vero.› berekenen, uitrekenen ✶ ~ without one's host buiten de waard rekenen • (~ in) meetellen • (~ with) rekening houden met II [on ww] menen

reckoner/'rekənə/ [znw] • rekenaar • rekenboekje

reckoning/'rekənɪŋ/ [znw] • berekening • verrekening, vergelding ✶ be out in one's ~ z. misrekenen

reclaim/rɪ'kleɪm/ I [ov ww] • terugwinnen • weer op 't goede pad brengen, beschaven • cultiveren • droogmaken II [znw] ✶ beyond ~ niet voor verbetering vatbaar

reclamation/reklə'meɪʃən/ [znw] • terugwinning • ontginning • terugvordering

recline/rɪ'klaɪn/ I [ov ww] doen leunen II [on ww] • leunen • liggen • steunen

recluse/rɪ'kluːs/ I [znw] kluizenaar II [bnw] afgezonderd

recognition/rekəg'nɪʃən/ [znw] • herkenning • erkenning

recognizable/rekəg'naɪzəbl/ [bnw] herkenbaar • waarborgsom

recognize/'rekəgnaɪz/ [ov ww] • herkennen • erkennen

recoil/rɪ'kɔɪl/ I [on ww] • terugdeinzen • terugstoten ‹v. vuurwapen› • (~ from) terugdeinzen voor • (~ on) z. wreken op II [znw] • terugslag • reactie

recollect I [ov + on ww] /rekə'lekt/ zich (weten te) herinneren II [ov ww] /riːkə'lekt/ ✶ ~ o.s./the mind z. bezinnen

recollection/rekə'lekʃən/ [znw] herinnering

recolonize/riː'kɒlənaɪz/ [ov ww] herkoloniseren

recommence/riːkə'mens/ [ov + on ww] opnieuw beginnen

recommencement/riːkə'mensmənt/ [znw] hervatting

recommend/rekə'mend/ [ov ww] aanbevelen, adviseren

recommendable/rekə'mendəbl/ [bnw] aanbevelenswaardig

recommendation/rekəmen'deɪʃən/ [znw] aanbeveling

recommendatory/rekəmen'deɪtərɪ/ [bnw] aanbevelend

recompense/'rekəmpens/ I [ov ww] • vergoeden, vergelden • belonen II [znw] vergoeding

recompose/riːkəm'pəʊz/ [ov ww] opnieuw samenstellen

reconcile/'rekənsaɪl/ [ov ww] • verzoenen, overeenbrengen • bijleggen ✶ ~ o.s. to z. schikken in • (~ to/with) verzoenen met

reconcilement/rekən'saɪlmənt/ → **reconcile**

recondite/'rekəndaɪt/ [bnw] obscuur, diep(zinnig)

recondition/riːkən'dɪʃən/ [ov ww] opkalefateren, opknappen

reconnaissance/rɪ'kɒnɪsəns/ [znw] • verkenning • verkenningspatrouille

reconnoitre/rekə'nɔɪtə/ I [ov ww] verkennen II [znw] verkenning

reconquer/riː'kɒŋkə/ [ov ww] heroveren

reconsider/riːkən'sɪdə/ [ov + on ww] heroverwegen

reconsideration/riːkənsɪdə'reɪʃən/ [znw] heroverweging

reconstruct/riːkən'strʌkt/ [ov ww] • opnieuw opbouwen • reconstrueren

reconstruction/riːkən'strʌkʃən/ [znw] • reconstructie • wederopbouw

reconstructive/riːkən'strʌktɪv/ [bnw] reconstruerend

record I [ov + on ww] /rɪ'kɔːd/ • registreren, te boek stellen, optekenen, aantekenen • vastleggen ‹op geluidsdrager›, een geluidsopname maken van • vermelden II [znw] /'rekɔːd/ • verslag, verhaal • reputatie, antecedenten • opname, grammofoonplaat • record, hoogste prestatie • afschrift, document • getuigenis ✶ bear ~ of getuigenis afleggen van ✶ beat/break/cut a ~ een record breken ✶ keep a ~ of aantekeningen houden van ✶ keep to the ~ voet bij stuk houden ✶ leave its ~ on zijn stempel drukken op ✶ off the ~ vertrouwelijk ✶ on ~ geboekstaafd ✶ ~ level opnameniveau ✶ ~ library platenuitleen ✶ travel out of the ~ van 't onderwerp afdwalen

record-breaking [bnw] die/dat een record breekt, record-

recorder /rɪˈkɔːdə/ [znw] ● *griffier* ● *archivaris* ● *rechter* ● *(band)recorder* ● *blokfluit*

recording /rɪˈkɔːdɪŋ/ [znw] *opname*

record-player [znw] *platenspeler, grammofoon*

records /ˈrekɔːdz/ [mv] *archieven*

recount I [ov ww] /rɪˈkaʊnt/ *uitvoerig vertellen* **II** [znw] /ˈriːkaʊnt/ *nieuwe telling*

re-count /ˈriːkaʊnt/ [ov ww] *opnieuw tellen*

recoup /rɪˈkuːp/ **I** [ov ww] ● *terugwinnen* ● *vergoeden* ● ‹jur.› *inhouden* ★ ~ *s.o. for iem. iets vergoeden* ● (~ **from**) *verhalen op* **II** [on ww] z. *herstellen*

recourse /rɪˈkɔːs/ [znw] *toevlucht* ★ *have* ~ *to zijn toevlucht nemen tot*

recover /rɪˈkʌvə/ **I** [ov ww] ● *terugwinnen, terugkrijgen, terugvinden* ● *schadevergoeding krijgen* ● *inhalen* ● *bijkomen, genezen* ★ ~ *debts betaald krijgen* ★ ~ *o.s./one's senses bijkomen; tot bezinning komen* ★ ~ *one's feet/legs weer op de been komen* ★ ~ *sword degen terugtrekken* ‹schermen› **II** [on ww] *genezen, herstellen, bijkomen, er weer bovenop komen* **III** [znw] *herstel* ‹schermen›

recoverable /rɪˈkʌvərəbl/ [bnw] ● *terug te krijgen* ● ‹jur.› *verhaalbaar*

recovery /rɪˈkʌvərɪ/ [znw] *herstel* ★ *best wishes for your* ~*! beterschap!* ★ *beyond/past* ~ *onherstelbaar; ongeneeslijk*

recreate /ˈrekrɪeɪt/ [ov + on ww] *ontspanning geven/nemen*

re-create /riːkrɪˈeɪt/ [ov ww] *herscheppen*

recreation /rekrɪˈeɪʃən/ [znw] ● *speelkwartier* ● *ontspanning, recreatie* ● *vermaak*

recreational /rekrɪˈeɪʃənəl/ [bnw] *recreatie-, recreatief*

recreation-ground [znw] *speelterrein, speeltuin*

recriminate /rɪˈkrɪmɪneɪt/ **I** [ov ww] *met tegenbeschuldiging beantwoorden* **II** [on ww] *elkaar beschuldigen*

recrimination /rɪkrɪmɪˈneɪʃən/ [znw] *tegenverwijt*

recross /riːˈkrɒs/ [ov ww] *opnieuw oversteken*

recrudesce /riːkruːˈdes/ [on ww] *weer uitbreken, weer oplaaien, weer opleven*

recrudescence /riːkruːˈdesəns/ [znw] *opleving*

recrudescent /riːkruːˈdesənt/ [bnw] *weer uitbrekend*

recruit /rɪˈkruːt/ **I** [ov ww] ● *weer aanvullen* ● *aanwerven, rekruteren* **II** [on ww] ● *rekruten (aan)werven* ● ‹vero.› *herstellen, herstel zoeken* **III** [znw] ● *rekruut* ● *nieuweling*

recruitment /rɪˈkruːtmənt/ [znw] ● *rekrutering* ● ‹vero.› *herstel*

rectangle /ˈrektæŋgl/ [znw] *rechthoek*

rectangular /rekˈtæŋgʊlə/ [bnw] *rechthoekig*

rectification /rektɪfɪˈkeɪʃən/ [znw] *rectificatie*

rectify /ˈrektɪfaɪ/ [ov ww] ● *recht zetten, verbeteren, herstellen* ● *opnieuw distilleren* ● *gelijkrichten*

rectilinear /rektɪˈlɪnɪə/ [bnw] *rechtlijnig*

rectitude /ˈrektɪtjuːd/ [znw] ● *rechtschapenheid* ● *correctheid*

rector /ˈrektə/ [znw] ● *rector* ● *predikant (v. anglicaanse Kerk)*

rectorship /ˈrektəʃɪp/ [znw] *ambt v. rector*

rectory /ˈrektərɪ/ [znw] ● *predikantsplaats* ● *pastorie*

recumbent /rɪˈkʌmbənt/ [bnw] *(achterover)liggend*

recuperate /rɪkuːˈpəreɪt/ **I** [ov ww] *doen herstellen, er weer bovenop brengen* **II** [on ww] *herstellen, er weer bovenop komen*

recuperation /rɪkjuːpəˈreɪʃən/ [znw] *herstel*

recuperative /rɪˈkjuːpərətɪv/ [bnw] *herstellend, herstellings-*

recur /rɪˈkɜː/ [on ww] *terugkeren, terugkomen, z. herhalen* ★ ~*ring decimals repeterende decimalen* ● (~ **to**) *terugkomen op, zijn toevlucht nemen tot*

recurrence /rɪˈkʌrəns/ [znw] ● *herhaling* ● *toevlucht*

recurrent /rɪˈkʌrənt/ [bnw] *telkens terugkerend*

recusant /ˈrekjʊzənt/ [znw] ● *weigeraar* ● ‹gesch.› *iem. die anglicanisme afwijst*

recycle /riːˈsaɪkl/ [ov ww] *opnieuw in omloop brengen, verwerken tot nieuw product*

recycling /riːˈsaɪklɪŋ/ [znw] ★ *container* ~ *inleveren v. verpakkingsmateriaal/flessen tegen statiegeld*

red /red/ **I** [znw] *rood, (de) rode* ★ *be in/get into the red rood (komen te) staan* ★ *the red verlies* **II** [bnw] *rood* ★ *a red carpet reception een vorstelijke ontvangst* ★ *be red on fel zijn op* ★ *red ensign Britse koopvaardijvlag* ★ *red hat kardinaal(shoed); Britse stafofficier* ★ *red herring gerookte bokking; afleidingsmanoeuvre* ★ *red man roodhuid* ★ *red ribbon rood lint van Orde van Bath* ★ *red tape bureaucratie; bureaucratisch* ★ *red triangle of YMCA* ★ *redhead(ed) met rode kop; roodharig* ★ *the red carpet de rode loper*

Red /red/ **I** [znw] ★ *the Reds de rooien/rooien; communisten* **II** [bnw] ★ *Red Cross Kruis v. St.-George; Rode Kruis*

redact /rɪˈdækt/ [ov ww] *redigeren, bewerken*

redaction /rɪˈdækʃən/ [znw] ● *nieuwe uitgave* ● *bewerking*

redbreast /ˈredbrest/ [znw] *roodborstje*

redbrick /ˈredbrɪk/ [znw] ★ ~ *(university) universiteit v. betrekkelijk recente datum*

redcoat /ˈredkəʊt/ [znw] *Eng. soldaat*

redden /ˈredn/ [ov + on ww] *rood maken/worden*

reddish /ˈredɪʃ/ [bnw] *roodachtig, rossig*

redecorate /riːˈdekəreɪt/ [ov + on ww] *opknappen, opnieuw schilderen en behangen*

redeem /rɪˈdiːm/ [ov ww] ● *terugkopen, afkopen, vrijkopen, aflossen, inlossen* ● *loskopen, verlossen* ● *goedmaken* ● ~*ing feature verzachtende omstandigheid*

redeemable /rɪˈdiːməbl/ [bnw] ● *aflosbaar* ● *inwisselbaar* ● *uitlootbaar*

redeemer /rɪˈdiːmə/ [znw] *verlosser*

redemption /rɪˈdempʃən/ [znw] ● *aflossing* ● *verlossing* ★ *coupon* ~ *couponinlossing; couponuitbetaling*

redemptive /rɪˈdemptɪv/ [bnw] *reddend*

redeploy /riːdɪˈplɔɪ/ [ov ww] *hergroeperen*

redevelop /riːdɪˈveləp/ [ov ww] ● *opnieuw ontwikkelen* ● *saneren* ● *renoveren*

red-handed /redˈhændɪd/ [bnw] *op heterdaad*

red-hot /redˈhɒt/ [bnw] ● *roodgloeiend* ● *woedend* ● *vurig*

rediffusion /riːdɪˈfjuːʒən/ [znw] *radio/tv-distributie*

redingote /ˈredɪŋgəʊt/ [znw] *overjas, mantel*

redirect /riːdaɪˈrekt/ [ov ww] ● *opnieuw richten* ● *doorsturen*

rediscover /riːdɪˈskʌvə/ [ov ww] *herontdekken*

rediscovery /riːdɪˈskʌvərɪ/ [znw] *herontdekking*

redistribute /riːdɪˈstrɪbjuːt/ [ov ww] *opnieuw distribueren*

redistribution /riːdɪstrɪˈbjuːʃən/ [znw] *herdistributie*

red-letter [znw] ★ ~ *day (kerkelijke) feestdag; geluksdag*

red-light [bnw] ★ ~ *district rosse buurt*

redo /riːˈduː/ [ov ww] *overdoen*

redolence/'redələns/ [znw] geur, welriekendheid
redolent/'redələnt/ [bnw] (wel)riekend ∗ ~ of
  herinnerend aan; ruikend naar
redouble/rɪ'dʌbl/ [ov + on ww] (z.) verdubbelen
redoubtable/rɪ'daʊtəbl/ [bnw] geducht
redound/rɪ'daʊnd/ [on ww] • grotelijks bijdragen
  • toevloeien
redraft/ri:'drɑːft/ I [ov ww] opnieuw ontwerpen
  II [znw] gewijzigd ontwerp
redraw/ri:'drɔː/ [ov ww] opnieuw tekenen
redress/rɪ'dres/ I [ov ww] weer goedmaken,
  herstellen, vergoeden II [znw] herstel, vergoeding
redskin/'redskɪn/ [znw] roodhuid
red-tapism/'redteɪpɪzəm/ [znw] bureaucratie
reduce/rɪ'djuːs/ [ov ww] • verlagen, verminderen,
  verzwakken • degraderen, verarmen
  • (terug)brengen, herleiden • tot inkeer doen
  komen, onderwerpen • zetten (v. ledematen) ∗ ~
  to powder fijn maken ∗ ~ to practice in praktijk
  brengen ∗ ~d officials afgedankte ambtenaren
reducible/rɪ'djuːsəbl/ [bnw] reduceerbaar,
  herleidbaar
reduction/rɪ'dʌkʃən/ [znw] vermindering
reductive/rɪ'dʌktɪv/ [bnw] verminderend
redundancy/rɪ'dʌndənsɪ/ [znw] • overtolligheid
  • weelderigheid
redundant/rɪ'dʌndənt/ [bnw] • pleonastisch
  • weelderig • overtollig
reduplicate/rɪ'djuːplɪkeɪt/ I [ov + on ww]
  • verdubbelen • redupliceren II [ov ww] herhalen
reduplication/rɪdjuːplɪ'keɪʃən/ [znw] • herhaling
  • verdubbeling
reduplicative/rɪ'djuːplɪkətɪv/ [bnw] • herhalend
  • verdubbelend
redwood/'redwʊd/ [znw] sequoia(boom)
re-echo/riː'ekəʊ/ [ov + on ww] weerklinken
reed/riːd/ I [ov ww] • riet maken van • tongetje
  zetten in • (met riet) dekken II [znw] • riet
  • tongetje (v. muziekinstrument) • weverskan
reedbunting/'riːdbʌntɪŋ/ [znw] rietmus
re-edit/riː'edɪt/ [ov ww] opnieuw wijzigen
reedsparrow/'riːdspærəʊ/ [znw] rietmus
re-educate/riː'edjʊkeɪt/ [ov ww] herscholen
re-education [znw] herscholing
reed-warbler/riː'dwɔːblə/ [znw] rietzanger
reedy/'riːdɪ/ [bnw] schel
reef/riːf/ I [ov ww] reven II [znw] • reef (zeilen)
  • rif • goudhoudende kwartsader ∗ reef knot
  platte knoop
reefer/'riːfə/ [znw] • platte knoop • (sl.) stickie
reek/riːk/ I [on ww] • stinken, rieken (ook fig.)
  • dampen, roken II [znw] • stank • damp, rook
reel/riːl/ I [ov ww] • opwinden • doen wankelen
  ∗ reel up ophalen; inhalen • (~ off) afrollen,
  afrafelen II [on ww] • duizelen • wankelen,
  waggelen • de 'reel' dansen ∗ my head reels 't
  duizelt me III [znw] • film(strook) • waggelende
  gang • Schotse dans • klos(je), haspel, spoel ∗ off
  the reel vlot; zonder haperen
re-elect/riː'lekt/ [ov ww] herkiezen
re-election/riːɪ'lekʃən/ [znw] herverkiezing
re-eligible/riː'elɪdʒəbl/ [bnw] herkiesbaar
re-embark/riːɪm'bɑːk/ [on ww] weer aan boord
  gaan
re-embarkation/riːembɑː'keɪʃən/ [znw] het
  opnieuw inschepen
re-emerge/riːɪ'mɜːdʒ/ [on ww] opnieuw
  verschijnen
re-enact/riːɪ'nækt/ [ov ww] • weer opvoeren • weer
  instellen
re-enactment/riːɪ'næktmənt/ [znw] vernieuwing
  van wet

re-enforce/riːɪn'fɔːs/ [ov ww] versterken
re-enter/riː'entə/ I [ov ww] weer inschrijven
  II [on ww] weer binnenkomen
re-entrance/riː'entrəns/ [znw] herintreding
re-entry/riː'entrɪ/ [znw] herintreding
re-establish/riːɪ'stæblɪʃ/ [ov ww] opnieuw vestigen
re-establishment/riːɪ'stæblɪʃmənt/ [znw]
  • nieuwe vestiging • herstelling
reeve/riːv/ I [ov ww] inscheren II [znw] baljuw
re-examination/riːɪgzæmɪ'neɪʃən/ [znw]
  • nieuw onderzoek • herexamen
re-examine/riːɪg'zæmɪn/ [ov ww] opnieuw
  onderzoeken
re-export/riːɪk'spɔːt/ [ov + on ww] herexporteren
ref./ref/ [afk] • (referee) scheidsrechter • (reference)
  verwijzing
reface/riː'feɪs/ [ov ww] van een nieuwe buitenlaag
  voorzien
refashion/riː'fæʃən/ [ov ww] een nieuwe vorm
  geven
refection/rɪ'fekʃən/ [znw] kleine maaltijd,
  versersing
refectory/rɪ'fektərɪ/ [znw] refter
refer/rɪ'fɜː/ I [ov ww] • in handen stellen van,
  overdragen • toeschrijven • verwijzen ∗ ~ o.s. to
  onderwerpen aan; z. toevertrouwen aan II [on ww]
  ∗ ~ring to onder verwijzing naar • (~ to)
  raadplegen, betrekking hebben op, zich wenden tot,
  een beroep doen op, zinspelen op, vermelden
referable/rɪ'fɜːrəbl/ [bnw] toe te schrijven
referee/refə'riː/ [znw] scheidsrechter
reference/'refərəns/ [znw] • bevoegdheid • het
  naslaan • verwijzingsteken • referentie • (jur.)
  renvooi • book of ~ naslagwerk ∗ in/with ~ to
  met betrekking tot; naar aanleiding van ∗ on ~ to
  bij 't naslaan van ∗ ~ book naslagwerk ∗ ~
  library handbibliotheek ∗ without ~ to zonder te
  letten op
referendum/refə'rendəm/ [znw] volksstemming
referral/rɪ'fɜːrəl/ [znw] (door)verwijzing
refill/'riːfɪl/ I [ov ww] opnieuw vullen II [znw]
  vulling
refine/rɪ'faɪn/ I [ov ww] zuiveren, verfijnen,
  raffineren, veredelen II [on ww] zuiver worden,
  edel(er) worden • (~ (up)on) uitspinnen,
  verbeteren
refined/rɪ'faɪnd/ [bnw] verfijnd, elegant,
  geraffineerd
refinement/rɪ'faɪnmənt/ [znw] raffinement
refiner/rɪ'faɪnə/ [znw] raffinadeur
refinery/rɪ'faɪnərɪ/ [znw] raffinaderij
refit I [ov ww] /riː'fɪt/ herstellen II [znw] /'riːfɪt/
  herstel
reflate/riː'fleɪt/ [ov ww] reflatie veroorzaken ∗ a
  plan to ~ the economy een economisch
  herstelplan
reflect/rɪ'flekt/ I [ov ww] weerspiegelen, weergeven,
  terugkaatsen ∗ ~ credit (up)on tot eer strekken
  II [on ww] bedenken, (over)peinzen • (~ (up)on)
  nadenken over, hekelen, aanmerkingen maken op,
  een blaam werpen op
reflection, reflexion/rɪ'flekʃən/ [znw]
  • weerschijn, (spiegel)beeld • blaam • overdenking,
  't nadenken, gedachte ∗ on ~ bij nader inzien
reflective/rɪ'flektɪv/ [bnw] nadenkend, peinzend
reflector/rɪ'flektə/ [znw] reflector
reflex/'riːfleks/ I [znw] • weerkaatst beeld of licht,
  spiegelbeeld, weerkaatsing • terugslag,
  afspiegeling • reflex(beweging) II [bnw] • vanzelf
  reagerend • reflex-
reflexive/rɪ'fleksɪv/ [bnw] wederkerend
refloat/riː'fləʊt/ [on ww] weer vlot komen

R

reform/rɪ'fɔːm/ **I** [ov ww] ● hervormen, verbeteren, bekeren, tot inkeer brengen ● afschaffen **II** [on ww] zich bekeren **III** [znw] beterschap, herziening ★ Reform Act/Bill (ontwerp-)kieswet van 1832 ★ ~ school verbeteringsgesticht

re-form/ri:'fɔːm/ [ov + on ww] (z.) opnieuw vormen

reformal/rɪ'fɔː.məl/ [bnw] hervormings-

reformation/refə'meɪʃən/ [znw] ● hervorming ● reformatie

Reformation/refə'meɪʃən/ [znw] Hervorming

reformative/rɪ'fɔː.mətɪv/ [bnw] ‹AE› ~ school verbeteringsgesticht

reformatory/rɪ'fɔː.mətərɪ/ **I** [bnw] hervormend ★ ‹AE› ~ school verbeteringsgesticht

reformer/rɪ'fɔː.mə/ [znw] hervormer

refract/rɪ'frækt/ [ov ww] breken ‹v. licht›

refraction/rɪ'frækʃən/ [znw] (straal)breking

refractive/rɪ'fræktɪv/ [bnw] brekend

refractor/rɪ'fræktə/ [znw] ● brekende stof ● lens, kijker

refractory/rɪ'fræktərɪ/ [bnw] ● onhandelbaar ● moeilijk te bewerken

refrain/rɪ'freɪn/ **I** [on ww] z. onthouden ● (~ from) afzien van **II** [znw] refrein

refresh/rɪ'freʃ/ [ov + on ww] (z.) opfrissen, (z.) verfrissen, (z.) weer jong/sterk, enz. maken ★ ~ one's inner man wat gebruiken

refresher/rɪ'freʃə/ [znw] ● hartversterking ● opfrisser ● extra honorarium ★ ~ course bijscholingscursus

refreshing/rɪ'freʃɪŋ/ [bnw] ● verfrissend ● aangenaam, verrassend

refreshment/rɪ'freʃmənt/ [znw] ● verversing ● verfrissing ★ ~ room restauratie; koffiekamer

refrigerant/rɪ'frɪdʒərənt/ **I** [znw] koelmiddel **II** [bnw] verkoelend

refrigerate/rɪ'frɪdʒəreɪt/ [ov + on ww] (af)koelen

refrigeration/rɪfrɪdʒə'reɪʃən/ [znw] (af)koeling

refrigerator/rɪ'frɪdʒəreɪtə/ [znw] koelapparaat, koeler, koelkast, koelwagen

refrigeratory/rɪ'frɪdʒərətərɪ/ [bnw] verkoelend

refuel/ri:'fjuːəl/ [ov + on ww] tanken

refuge/'refjuːdʒ/ [znw] toevlucht(soord) ● redmiddel ● vluchtheuvel ★ central ~ vluchtheuvel ★ take ~ in zijn toevlucht nemen tot

refugee/refjʊ'dʒiː/ [znw] vluchteling

refund **I** [ov + on ww] /rɪ'fʌnd/ terugbetalen **II** [znw] /'riː.fʌnd/ terugbetaling

refurbish/ri:'fɜːbɪʃ/ [ov ww] ● renoveren, weer (als) nieuw maken, opknappen ● weer doen (op)leven

refurnish/ri:'fɜːnɪʃ/ [ov ww] opnieuw meubileren

refusal/rɪ'fjuːzəl/ [znw] weigering ★ first ~ optie ★ meet with ~ geweigerd worden

refuse I [ov + on ww] /rɪ'fjuːz/ weigeren ★ the horse ~s the fence het paard weigert te springen **II** [on ww] /rɪ'fjuːz/ renonceren, verzaken (kaartspel) **III** [znw] /'refjuːs/ afval ★ ~ dump vuilnisbelt **IV** [bnw] /'refjuːs/ waardeloos, weggegooid ★ ~ iron oud roest

refuser/'refjuːzə/ [znw] weigeraar

refutable/'rɪfjuːtəbl/ [bnw] weerlegbaar

refutation/refjʊ'teɪʃən/ [znw] weerlegging

refute/rɪ'fjuːt/ [ov ww] weerleggen

regain/rɪ'geɪn/ [ov ww] herkrijgen, terugwinnen ★ ~ one's feet weer op de been komen

regal/'riː.gl/ [bnw] koninklijk

regale/rɪ'geɪl/ **I** [ov ww] onthalen ● (~ with) vergasten op **II** [on ww] ● (~ on) z. vergasten op **III** [znw] ● feestmaal ● verfijndheid

regalia/rɪ'geɪlɪə/ [znw] regalia, koninklijke attributen, kroonjuwelen

regality/rɪ'gælətɪ/ [znw] koninklijke waardigheid

regard/rɪ'gaːd/ **I** [ov ww] ● bekijken, aankijken, beschouwen ● in acht nemen ★ as ~s wat betreft ★ ~ing betreffende **II** [znw] ● aandacht, zorg ● achting ‹vero.› blik ★ have ~ to in aanmerking nemen ★ in/with ~ to met betrekking tot ★ pay no ~ to niet letten op ★ without ~ to zonder te letten op

regardful/rɪ'gaːdful/ [bnw] ● oplettend ● attent, eerbiedig

regardless/rɪ'gaːdləs/ **I** [bnw] onattent, onachtzaam **II** [vz] ★ ~ of zonder te letten op

regards/rɪ'gaːdz/ [mv] ★ give my ~ to doe van mij de groeten aan

regatta/rɪ'gætə/ [znw] roeiwedstrijd, zeilwedstrijd

regd. [afk] ★ (registered) geregistreerd

regency/'riː.dʒənsɪ/ [znw] regentschap

regenerate I [ov ww] /rɪ'dʒenəreɪt/ doen herboren worden, nieuw leven inblazen **II** [on ww] /rɪ'dʒenəreɪt/ ● herboren worden ● regenereren **III** [bnw] /rɪ'dʒenərət/ herboren

regeneration/rɪdʒenə'reɪʃən/ [znw] regeneratie

regent/'riː.dʒənt/ [znw] regent

regicide/'redʒɪsaɪd/ [znw] ● koningsmoord ● koningsmoordenaar

regie/reɪ'ʒiː/ [znw] staatsmonopolie v. tabak

regime/reɪ'ʒiːm/ [znw] regime

regimen/'redʒɪmen/ [znw] leefregel, dieet

regiment/'redʒɪmənt/ **I** [ov ww] indelen in regimenten **II** [znw] regiment

regimental/redʒɪ'mentl/ [bnw] regiments-

regimentals/redʒɪ'mentlz/ [mv] militair uniform

regimented/'redʒɪmentɪd/ [bnw] geregionteerd geglementeerd

region/'riː.dʒən/ [znw] streek, gebied ★ lower ~s onderwereld ★ upper ~s hemel

regional/'riː.dʒənl/ [bnw] gewestelijk

register/'redʒɪstə/ **I** [ov + on ww] registreren (drukkerij) **II** [ov ww] ● (laten) inschrijven, aangeven ● uitdrukken, tonen ● (laten) aantekenen (v. brief) ★ ~ o.s. z. laten inschrijven op kiezerslijst ★ ~ed trademark gedeponeerd handelsmerk **III** [on ww] ● z. (laten) inschrijven ● in zich opnemen **IV** [znw] ● register, lijst ● teller, (snelheids)meter ● schuif (v. kachelpijp) ★ ~ (office) bureau v.d. burgerlijke stand; inschrijvingskantoor ★ ~ stove reguleerkachel

registrar/redʒɪ'strɑː/ [znw] ● griffier ● ambtenaar v.d. burgerlijke stand ● bewaarder der registers

registration/redʒɪ'streɪʃən/ [znw] registratie ★ ~ number registratienummer; autokenteken

registry/'redʒɪstrɪ/ [znw] ● registratie ● archief ★ married at a ~ office getrouwd voor de wet ★ ~ office (bureau van de) burgerlijke stand

regnant/'regnənt/ [bnw] regerend

regress I [on ww] /rɪ'gres/ achteruitgaan **II** [znw] /'riː.gres/ teruggang, achteruitgang

regression/rɪ'greʃən/ [znw] terugkeer, verval, malaise

regressive/rɪ'gresɪv/ [bnw] regressief

regret/rɪ'gret/ **I** [ov ww] betreuren ★ I ~ to say het spijt mij te moeten zeggen **II** [znw] spijt, berouw

regretful/rɪ'gretful/ [bnw] spijtig, treurig

regretfully/rɪ'gretfulɪ/ [bijw] met spijt/leedwezen

regrets/rɪ'grets/ [mv] berouw, verontschuldigingen

regrettable/rɪ'gretəbl/ [bnw] betreurenswaardig

regrettably/rɪ'gretəblɪ/ [bijw] ● betreurenswaardig ● jammer genoeg, helaas ★ ~, few of them attended the meeting bedroevend weinig van hen bezochten de vergadering

regroup/ri:'gruːp/ [ov + on ww] (z.) hergroeperen

regular/'regjʊlə/ **I** [znw] ● vaste afnemer, vaste klant, stamgast ● ordegeestelijke **II** [bnw]

• beroeps-, gediplomeerd • regulier
⟨geestelijkheid⟩ regelmatig, geregeld, vast
⟨klant⟩ • correct, zoals het hoort • ⟨inf.⟩ echt,
doortrapt • ⟨AE⟩ gewoon, normaal ∗ keep ~ hours
zich aan vaste ⟨werk⟩uren houden ∗ ~ battle
formeel gevecht ∗ ~ fellow prima vent ∗ ~ treat
waar genot

regularity /regjʊˈlærətɪ/ [znw] regelmatigheid
regularization /regjʊlərərˈzeɪʃən/ [znw]
   regularisatie
regularize /ˈregjʊləraɪz/ [ov ww] regulariseren
regulate /ˈregjʊleɪt/ [ov ww] regelen, reguleren,
   reglementeren
regulation /regjʊˈleɪʃən/ [znw] • voorschrift
   • voorgeschreven ∗ ~ speed maximum snelheid
   ∗ ~ uniform modelkleding; dienstkleding
regulative /ˈregjʊlətɪv/ [bnw] regulatief
regulator /ˈregjʊleɪtə/ [znw] regulateur
regurgitate /rɪˈgɜːdʒɪteɪt/ [I ww] • uitbraken
   • na-apen [II on ww] terugstromen
regurgitation /rɪgɜːdʒɪˈteɪʃən/ [znw] het (doen)
   terugstromen
rehabilitate /riːhəˈbɪlɪteɪt/ [ov ww] • rehabiliteren
   • revalideren • renoveren
rehabilitation /riːhəbɪləˈteɪʃən/ [znw]
   rehabilitatie, revalidatie ∗ ~ of prisoners
   reclassering
rehash /riːˈhæʃ/ [I ov ww] weer uit de kast halen,
   opnieuw brengen [II znw] herbewerking, oude kost
   ⟨fig.⟩
rehearsal /rɪˈhɜːsəl/ [znw] • repetitie, oefening
   • ⟨form.⟩ relaas ∗ dress ~ generale repetitie
rehearse /rɪˈhɜːs/ [ov ww] • herhalen, weer
   opzeggen • opsommen • repeteren ⟨toneel⟩
rehouse /riːˈhaʊz/ [ov ww] een nieuw onderdak
   geven
rehumanize /riːˈhjuːmənaɪz/ [on ww] opnieuw
   beschaafd worden
reign /reɪn/ [I on ww] regeren, heersen [II znw]
   regering
reimburse /riːɪmˈbɜːs/ [ov ww] terugbetalen,
   vergoeden
reimbursement /riːɪmˈbɜːsmənt/ [znw]
   terugbetaling
reimport /riːɪmˈpɔːt/ [ov ww] weer importeren
reimpose /riːɪmˈpəʊz/ [ov ww] opnieuw invoeren,
   opnieuw opleggen
rein /reɪn/ [I ov ww] • besturen • beteugelen • (~
   back/in) inhouden [II znw] teugel ∗ draw rein
   stil houden; opgeven; zich intomen ∗ give (the)
   rein(s) de vrije teugel laten
reincarnate /riːɪnkɑːˈneɪt/ [ov ww] reïncarneren
reindeer /ˈreɪndɪə/ [znw] rendier
reinforce /riːɪnˈfɔːs/ [I ov ww] versterken ∗ ~d
   concrete gewapend beton [II znw] versterking
reinsert /riːɪnˈsɜːt/ [ov ww] opnieuw tussenvoegen
reinstate /riːɪnˈsteɪt/ [ov ww] herstellen
reinstatement /riːɪnˈsteɪtmənt/ [znw] herstel
reinter /riːɪnˈtɜː/ [ov ww] opnieuw begraven
reinterment /riːɪnˈtɜːmənt/ [znw] herbegrafenis
reinvest /riːɪnˈvest/ [ov ww] herinvesteren
reinvestment /riːɪnˈvestmənt/ [znw]
   herinvestering
reinvigorate /riːɪnˈvɪgəreɪt/ [ov ww] opnieuw
   (ver)sterken
reissue /riːˈɪʃuː/ [ov ww] opnieuw uitgeven
reiterate /riːˈɪtəreɪt/ [ov ww] herhalen
reiteration /riːɪtəˈreɪʃən/ [znw] herhaling
reiterative /riːˈɪtərətɪv/ [bnw] herhalend
reject /rɪˈdʒekt/ [ov ww] • verwerpen, afwijzen
   • uitbraken, uitwerpen, opgeven
rejectable /rɪˈdʒektəbl/ [bnw] verwerpelijk

rejection /rɪˈdʒekʃən/ [znw] afwijzing
rejoice /rɪˈdʒɔɪs/ [I ov ww] verheugen, vieren
   [II on ww] zich verheugen, feesten • (~ at) zich
   verheugen over
rejoicings /rɪˈdʒɔɪsɪŋz/ [mv] feestvreugde
rejoin [I ov + on ww] /riːˈdʒɔɪn/ ⟨z.⟩ weer verenigen,
   z. weer vervoegen bij [II ov ww] /rɪˈdʒɔɪn/ ⟨bits⟩
   antwoorden
rejoinder /rɪˈdʒɔɪndə/ [znw] ⟨bits⟩ antwoord
rejuvenate /rɪˈdʒuːvɪneɪt/ [ov + on ww] weer jong
   maken/worden
rekindle /riːˈkɪndl/ [ov + on ww] opnieuw ontsteken
relabel /riːˈleɪbl/ [ov ww] opnieuw etiketteren
relapse /rɪˈlæps/ [I on ww] (weer) instorten, (weer)
   terugvallen [II znw] terugval, instorting
relate /rɪˈleɪt/ [I ov ww] • vertellen • (onderling)
   verband leggen • (~ to/with) in verband brengen
   met [II on ww] in verband staan
related /rɪˈleɪtɪd/ [bnw] verwant
relation /rɪˈleɪʃən/ [znw] • betrekking, verhouding
   • (bloed)verwantschap • familielid ∗ be out of ~
   to in geen betrekking of verhouding staan tot
   ∗ bear no ~ to in geen verhouding staan tot ∗ in ~
   to in verhouding tot
relational /rɪˈleɪʃənl/ [bnw] verwant
relationship /rɪˈleɪʃənʃɪp/ [znw] • verhouding
   • verwantschap
relative /ˈrelətɪv/ [I znw] • familielid • betrekkelijk
   voornaamwoord [II bnw] • betrekkelijk • in
   betrekking staand ∗ ~ to evenredig aan/tot
relativity /reləˈtɪvətɪ/ [znw] • betrekkelijkheid
   • relativiteit
relax /rɪˈlæks/ [ov + on ww] • ⟨z.⟩ ontspannen
   • verslappen, verzachten ∗ ~ the bowels laxeren
   ∗ ~ed throat lichte keelaandoening; heesheid
relaxation /riːlækˈseɪʃən/ [znw] ontspanning
relay [I ov ww] • /rɪˈleɪ/ aflossen • /rɪˈleɪ/ relayeren
   [II znw] • /riːˈleɪ/ aflossing ⟨v. wacht, paarden⟩
   • /rɪˈleɪ/ relais • /rɪˈleɪ/ heruitzending ∗ ~ race
   estafette
re-lay /riːˈleɪ/ [ov ww] opnieuw leggen
release /rɪˈliːs/ [I ov ww] • loslaten, bevrijden,
   vrijlaten • vrijgeven • voor 't eerst vertonen ⟨film⟩,
   op de markt brengen • ⟨jur.⟩ afstand doen van,
   overdragen, kwijtschelden • (~ from) ontheffen
   van [II znw] • bevrijding, vrijgeving • nieuwe
   film/lp • uitlaat • ⟨foto.⟩ ontspanner
relegate /ˈrelɪgeɪt/ [ov ww] • verbannen • ⟨sport⟩
   degraderen, overplaatsen • overdragen, verwijzen
relegation /relɪˈgeɪʃən/ [znw] • verbanning
   • overplaatsing, ⟨sport⟩ degradatie
relent /rɪˈlent/ [on ww] medelijden tonen, z. laten
   vermurwen
relentless /rɪˈlentləs/ [bnw] meedogenloos
relevance, relevancy /ˈreləvəns/ [znw]
   relevantie
relevant /ˈrelɪvənt/ [bnw] relevant, toepasselijk
   ∗ be ~ op zijn plaats zijn; (ermee) te maken hebben
   ∗ ~ to betrekking hebbend op
reliability /rɪlaɪəˈbɪlətɪ/ [znw] betrouwbaarheid
reliable /rɪˈlaɪəbl/ [bnw] betrouwbaar
reliance /rɪˈlaɪəns/ [znw] • vertrouwen • hoop
reliant /rɪˈlaɪənt/ [bnw] vertrouwend ∗ ~ on
   afgaand op
relic /ˈrelɪk/ [znw] • reliek, relikwie • overblijfsel
relics /ˈrelɪks/ [mv] overblijfselen, stoffelijk overschot
relict /ˈrelɪkt/ [znw] weduwe
relief /rɪˈliːf/ [znw] • verlichting, opluchting,
   welkome afwisseling • steun, hulp • ontzet,
   ontslag, ontheffing • aflossing, extra bus/trein
   • reliëf, plastiek ∗ ~ fund rampenfonds;
   steunfonds ∗ ~ train extra trein ∗ ~ work

R

werkverschaffing(sobject) ★ throw into ~ doen uitkomen

relieve/rɪ'liːv/ [ov ww] ★ ~ a p. of ontheffen van; ontslaan van; beroven van ★ ~ nature zijn behoefte doen ★ ~ one's feelings lucht geven aan zijn gevoelens ★ ~d opgelucht

religion/rɪ'lɪdʒən/ [znw] ● godsdienst ● godsvrucht ★ enter into ~ in het klooster gaan ★ (inf.) get ~ 'fijn' worden

religious/rɪ'lɪdʒəs/ [bnw] ● religieus ● klooster- ● kerkelijk ★ with ~ care met de uiterste zorg

religiously/rɪ'lɪdʒəslɪ/ [bijw] ● godsdienstig ● gewetensvol, nauwgezet

reline/riː'laɪn/ [ov ww] van een nieuwe voering voorzien

relinquish/rɪ'lɪŋkwɪʃ/ [ov ww] ● opgeven, afstand doen van ● loslaten

relinquishment/rɪ'lɪŋkwɪʃmənt/ [znw] het opgeven, afstand

reliquary/'relɪkwərɪ/ [znw] reliekschrijn

relish/'relɪʃ/ I [ov ww] ● smakelijk(er) maken, kruiden ● genoegen scheppen in, houden van, waarderen II [on ww] smaken ● (~ of) zwemen naar III [znw] ● kruiderij ● smaak ● aantrekkelijkheid ● scheutje, tikje ★ Worcester ~ worcestersaus

relive/riː'lɪv/ [ov ww] opnieuw beleven

reload/riː'ləʊd/ [ov ww] herladen

relocate/riː'ləʊˌkeɪt/ [ov ww] verhuizen, verplaatsen

relocation/riːləʊ'keɪʃən/ [znw] verplaatsing, verhuizing, vestiging elders

reluctance/rɪ'lʌktns/ [znw] tegenzin

reluctant/rɪ'lʌktnt/ [bnw] onwillig ★ ~ly met tegenzin

rely/rɪ'laɪ/ [ov ww] ★ you may rely (up)on it wees daar maar zeker van ● (~ (up)on) vertrouwen op, afgaan op, rekenen op

remain/rɪ'meɪn/ [on ww] (over)blijven, nog over zijn

remainder/rɪ'meɪndə/ I [ov ww] opruimen II [znw] ● overblijfsel, rest(ant) ● (jur.) recht van erven

remains/rɪ'meɪnz/ [mv] ● overblijfselen ● nagelaten werken ● stoffelijk overschot

remake/riː'meɪk/ [ov ww] overmaken

remand/rɪ'maːnd/ I [ov ww] ~ (in custody) terugzenden in voorarrest ★ ~ on bail onder borgstelling vrijlaten II [znw] ● voorarrest ● preventief gedetineerde ★ ~ centre verbeteringsgesticht; huis van bewaring (voor jeugdige delinquenten)

remark/rɪ'maːk/ I [ov ww] opmerken II [on ww] opmerkingen maken III [znw] opmerking

remarkable/rɪ'maːkəbl/ [bnw] merkwaardig

remarkably/rɪ'maːkəblɪ/ [bijw] merkwaardig, opmerkelijk

remarriage/riː'mærɪdʒ/ [znw] nieuw huwelijk

remarry/riː'mærɪ/ [on ww] hertrouwen

remediable/rɪ'miːdɪəbl/ [bnw] te verhelpen

remedial/rɪ'miːdɪəl/ [bnw] verbeterend ★ ~ measures maatregelen tot herstel

remedy/'remɪdɪ/ I [ov ww] verhelpen, genezen II [znw] ● (genees)middel ● (rechts)herstel

remember/rɪ'membə/ I [ov + on ww] (z.) herinneren, nog weten, niet vergeten, onthouden ★ ~o.s. tot bezinning komen II [on ww] ● denken aan ● bedenken (met fooi, legaat) ★ ~ me to your parents doe mijn groeten aan je ouders

remembrance/rɪ'membrəns/ [znw] ● geheugen ● aandenken

remembrancer/rɪ'membrənsə/ (vero.) [znw]

iem. of iets dat aan iets herinnert

remembrances/rɪ'membrənsɪz/ [mv] groeten

remind/rɪ'maɪnd/ [ov ww] herinneren ★ that ~s mel dat is waar ook! ● (~ of) doen denken aan

reminder/rɪ'maɪndə/ [znw] ● waarschuwing ● aanmaning

remindful/rɪ'maɪndfʊl/ [bnw] indachtig ★ ~ of herinnerend aan

reminisce/remɪ'nɪs/ [on ww] herinneringen ophalen, mijmeren

reminiscence/remɪ'nɪsəns/ [znw] herinnering

reminiscent/remɪ'nɪsənt/ [bnw] met plezier terugdenkend ★ be ~ of (zich) herinneren (aan)

remiss/rɪ'mɪs/ [bnw] nonchalant, lui

remissible/rɪ'mɪsɪbl/ [bnw] vergeeflijk

remission/rɪ'mɪʃən/ [znw] ● vermindering ● vergeving

remit/rɪ'mɪt/ I [ov ww] ● vergeven ● kwijtschelden ● matigen, doen afnemen ● overmaken ● toezenden ● (jur.) verwijzen II [on ww] afnemen

remittance/rɪ'mɪtns/ [znw] geldzending, remise ★ ~ man kolonist die bestaat v. uit moederland toegezonden geld

remittee/rɪmɪ'tiː/ [znw] belanghebbende (bij geldzending)

remittent/rɪ'mɪtnt/ [bnw] op- en afgaand (v. koorts)

remitter/rɪ'mɪtə/ [znw] afzender

remnant/'remnənt/ [znw] ● rest, restant ● coupon

remodel/riː'mɒdl/ [ov ww] opnieuw modelleren

remonstrance/rɪ'mɒnstrəns/ [znw] ● protest ● officieel bezwaarschrift

remonstrant/rɪ'mɒnstrənt/ I [znw] ● protesteerder ● remonstrant II [bnw] ● protesterend ● remonstrants

remonstrate/'remənstreɪt/ I [ov ww] tegenwerpen II [on ww] protesteren

remorse/rɪ'mɔːs/ [znw] wroeging, berouw ★ without ~ meedogenloos

remorseful/rɪ'mɔːsfʊl/ [bnw] berouwvol

remorseless/rɪ'mɔːsləs/ [bnw] meedogenloos

remote/rɪ'məʊt/ [bnw] ● ver weg ● afgelegen ★ not the ~st idea geen flauw idee ★ ~ ages/antiquity grijze verleden/oudheid ★ ~ control afstandsbediening ★ ~ from ver weg van

remould I [ov ww] /riː'məʊld/ omvormen II [znw] /'riː'məʊld/ coverband

removable/rɪ'muːvəbl/ I [znw] afzetbaar rechter II [bnw] ● afneembaar ● afzetbaar

removal/rɪ'muːvəl/ [znw] verwijdering, verplaatsing ★ ~ van verhuiswagen

remove/rɪ'muːv/ I [ov ww] ● verwijderen, afnemen, wegnemen, er af doen ● opruimen, uit de weg ruimen ★ first cousin once ~d achterneef ★ ~ furniture z. met verhuizingen belasten ★ ~ the cloth de tafel afruimen II [on ww] verhuizen III [znw] ● bevordering (naar hogere klas) ● tussenklas ● status, trap, graad

remover/rɪ'muːvə/ [znw] verhuizer ● vlekkenwater, afbijtmiddel, remover (v. nagellak)

remunerate/rɪ'mjuːnəreɪt/ [ov ww] (be)lonen

remuneration/rɪmjuːnə'reɪʃən/ [znw] beloning

remunerative/rɪ'mjuːnərətɪv/ [bnw] lonend

renal/'riːnl/ [bnw] v.d. nieren, nier-

rename/riː'neɪm/ [ov ww] hernoemen

renascence/rɪ'næsəns/ [znw] wedergeboorte ★ the Renascence de Renaissance

renascent/rɪ'næsənt/ [bnw] weer oplevend

rend/rend/ [ov ww] ● verscheuren, stukscheuren ● klieven ★ rend one's hair z. de haren uitrukken

render/'rendə/ I [ov ww] ● teruggeven ● weergeven ● betuigen, betonen ● verlenen ● ~ good for evil kwaad met goed vergelden ★ ~ possible mogelijk maken ● (~ **down**) smelten ‹v. vet› II [znw] vergoeding

rendering /ˈrendərɪŋ/ [znw] weergave

rendezvous /ˈrɒndɪvuː/ I [on ww] samenkomen II [znw] ● afgesproken plaats v. ontmoeting ● samenkomst

rendition /renˈdɪʃən/ [znw] uitvoering, weergave, vertaling

renegade /ˈrenɪɡeɪd/ [znw] afvallige, overloper

renege /rɪˈniːɡ/ [ov ww] herroepen, intrekken

renew /rɪˈnjuː/ [ov ww] ● vernieuwen, hernieuwen ● doen herleven ● hervatten ● vervangen, verversen ● verstellen ● prolongeren, verlengen

renewable /rɪˈnjuːəbl/ [bnw] ● vernieuwbaar ● verlengbaar

renewal /rɪˈnjuːəl/ [znw] vernieuwing ● verlenging

rennet /ˈrenɪt/ [znw] ● stremsel ● renet ‹appel›

renounce /rɪˈnaʊns/ I [ov ww] ● afstand doen van, afzien van ● verwerpen, niet meer erkennen, verloochenen, verzaken ★ ~ the world zich uit de wereld terugtrekken II [on ww] renonceren III [znw] renonce ‹kaartspel›

renouncement /rɪˈnaʊnsmənt/ → renounce

renovate /ˈrenəveɪt/ [ov ww] vernieuwen, herstellen

renovation /renəˈveɪʃən/ [znw] renovatie

renown /rɪˈnaʊn/ [znw] roem

renowned /rɪˈnaʊnd/ [bnw] vermaard

rent /rent/ I [ww] verl. tijd + volt. deelw. → rend II [ov ww] (ver)huren, (ver)pachten, in huur of pacht hebben III [znw] ● kloof, scheur ● huur, pacht ★ rent charge canon ‹v. erfpacht›

rental /ˈrentl/ [znw] huursom, pachtsom ★ ~ value huurwaarde

renter /ˈrentə/ [znw] huurder, pachter

rent-free [bnw] vrij van huur, pachtvrij

rentier /ˈrɒntɪeɪ/ [znw] rentenier

rent-roll /ˈrentrəʊl/ [znw] ● register ● pachtopbrengst

renumber /riːˈnʌmbə/ [ov ww] vernummeren

renunciation /rɪnʌnsɪˈeɪʃən/ [znw] ● het afstand doen ● akte v. afstand

reoccupation /riːɒkjuˈpeɪʃən/ [znw] herbezetting

reoccupy /riːˈɒkjʊpaɪ/ [ov ww] opnieuw bezetten

reopen /riːˈəʊpən/ [ov ww] heropenen

reorder /riːˈɔːdə/ I [ov ww] ● nabestellen ● weer op orde brengen II [znw] nabestelling

reorganization /riːˌɔːɡənaɪˈzeɪʃən/ [znw] reorganisatie

reorganize /riːˈɔːɡənaɪz/ [ov + on ww] reorganiseren

rep /rep/ I [znw] ● trijp ● losbol ● → repertory, representative, repetition II [afk] ● (representative) vertegenwoordiger ● (repetition) herhaling ● (repertory) reprisetheater

repaint /riːˈpeɪnt/ [ov ww] overschilderen

repair /rɪˈpeə/ I [ov ww] ● herstellen ● vergoeden, weer goedmaken II [on ww] ● (~ **to**) z. begeven naar III [znw] onderhoud ★ in good ~ goed onderhouden ★ out of ~ slecht onderhouden ★ ~ shop reparatiewerkplaats ★ under ~ in reparatie

repairable /rɪˈpeərəbl/ [bnw] herstelbaar

repairer /rɪˈpeərə/ [znw] hersteller

repairman /rɪˈpeəmæn/ [znw] (onderhouds)monteur

repaper /riːˈpeɪpə/ [ov ww] opnieuw behangen

reparable /ˈrepərəbl/ [bnw] goed te maken, te herstellen

reparation /repəˈreɪʃən/ [znw]

● schadeloosstelling, herstelbetaling ● reparatie

repartee /repɑːˈtiː/ [znw] ● gevat antwoord ● gevatheid

repass /riːˈpɑːs/ [ov + on ww] opnieuw voorbijgaan

repast /rɪˈpɑːst/ ‹form.› [znw] maaltijd

repatriate /riːˈpætrɪeɪt/ [ov + on ww] naar 't vaderland terugkeren/-zenden

repay /riːˈpeɪ/ [ov ww] ● terugbetalen ● vergelden, vergoeden ● nog eens betalen

repayable /riːˈpeɪəbl/ [bnw] aflosbaar

repayment /riːˈpeɪmənt/ → repay

repeal /rɪˈpiːl/ I [ov ww] herroepen II [znw] herroeping

repeat /rɪˈpiːt/ I [ov ww] ● herhalen ● nadoen, imiteren ● opzeggen, navertellen II [on ww] ● repeteren ● opbreken ‹v. voedsel› III [znw] ● herhaling ● bis ● ‹muz.› reprise, herhalingsteken ★ ~ (order) nabestelling

repeated /rɪˈpiːtɪd/ [bnw] herhaald

repeater /rɪˈpiːtə/ [znw] ● repeteergeweer ● repetitiehorloge ● recidivist

repel /rɪˈpel/ [ov ww] afslaan, terugdrijven, afstoten, terugslaan

repellent /rɪˈpelənt/ I [znw] afweermiddel II [bnw] weerzinwekkend, onprettig

repent /rɪˈpent/ [ov + on ww] berouw hebben

repentance /rɪˈpentəns/ [znw] berouw

repentant /rɪˈpentənt/ [bnw] berouwvol

repeople /riːˈpiːpl/ [ov ww] opnieuw bevolken

repercussion /riːpəˈkʌʃən/ [znw] ● reactie ● weerklank

repertoire /ˈrepətwɑː/ [znw] ● repertoire, gehele werk ● lijst van mogelijkheden ‹computer›

repertory /ˈrepətərɪ/ [znw] ● schat, verzameling ● repertoire ★ ~ theatre repertoiretheater

repetition /repɪˈtɪʃən/ [znw] ● herhaling ● opgegeven les ● voordracht ● kopie, duplicaat

repetitious, repetitive /repɪˈtɪʃəs/ [bnw] (zich) herhalend

rephrase /riːˈfreɪz/ [ov ww] opnieuw formuleren

repine /rɪˈpaɪn/ [on ww] klagen ● (~ **against/at**) ontevreden zijn over

replace /rɪˈpleɪs/ [ov ww] ● terugzetten ● vervangen

replaceable /rɪˈpleɪsəbl/ [bnw] vervangbaar

replacement /rɪˈpleɪsmənt/ [znw] vervanging

replant /riːˈplɑːnt/ [ov ww] herplanten

replay /riːˈpleɪ/ I [ov + on ww] ● overspelen ● opnieuw laten zien/horen, herhalen II [znw] ● overgespeelde wedstrijd ● herhaling ‹v. beeldscène/geluidsfragment›

replenish /rɪˈplenɪʃ/ [ov ww] bijvullen, aanvullen

replenished /rɪˈplenɪʃt/ [bnw] vol

replenishment /rɪˈplenɪʃmənt/ [znw] aanvulling

replete /rɪˈpliːt/ [bnw] vol, verzadigd

repletion /rɪˈpliːʃən/ [znw] verzadiging

replica /ˈreplɪkə/ [znw] ● duplicaat ● model ● kopie v. d. kunstenaar zelf

replicate /ˈreplɪkeɪt/ [ov ww] een kopie maken van

replication /replɪˈkeɪʃən/ [znw] ● repliek ● 't maken van kopie(ën) ● kopie ● echo

reply /rɪˈplaɪ/ I [ov + on ww] antwoorden ● (~ **to**) beantwoorden II [znw] antwoord

repoint /riːˈpɔɪnt/ [ov ww] opnieuw voegen

repopulate /riːˈpɒpjʊleɪt/ [ov ww] opnieuw bevolken

report /rɪˈpɔːt/ I [ov ww] ● verslag doen van, rapport uitbrengen van ● melden, van z. laten horen, rapporteren, opgeven ● vertellen, overbrengen ★ it is ~ed men zegt ★ ~ed speech indirecte rede II [on ww] ● verslag doen/uitbrengen, rapport uitbrengen ● verslaggever zijn ● (~ **to**) zich melden bij

III [znw] • verslag • gerucht • roep, reputatie
• knal, schot ★ by common ~ naar algemeen
gezegd wordt ★ of common ~ algemeen besproken
★ of good ~ met goede reputatie; goed bekend
staand ★ ~ and accounts jaarstukken; jaarverslag
en jaarrekening ★ ⟨AE⟩ ~ card (school)rapport
reportedly /rɪ'pɔːtdlɪ/ [bijw] naar verluidt
reporter /rɪ'pɔːtə/ [znw] • verslaggever
• rapporteur
reposal /rɪ'pəʊzəl/ [znw] kalmte
repose /rɪ'pəʊz/ **I** [ov ww] • stellen • laten
(uit)rusten ★ ~ trust in vertrouwen stellen in
II [on ww] • rusten • berusten **III** [znw] rust
reposeful /rɪ'pəʊzfʊl/ [bnw] rustig
repository /rɪ'pɒzɪtərɪ/ [znw] • opslagplaats,
bewaarplaats • magazijn, depot • schat(kamer)
⟨fig.⟩
repossess /riːpə'zes/ [ov ww] weer in bezit nemen,
de huur of pacht opzeggen van
repossession /riːpə'zeʃən/ → **repossess**
repot /riː'pɒt/ [ov ww] verpotten
reprehend /reprɪ'hend/ [ov ww] berispen
reprehensible /reprɪ'hensɪbl/ [bnw] laakbaar
reprehension /reprɪ'henʃən/ [znw] berisping
represent /reprɪ'zent/ [ov ww] • voorstellen
• voorhouden, wijzen op • vertegenwoordigen
representation /reprɪzen'teɪʃən/ [znw]
• voorstelling • vertoog, bezwaar(schrift)
• vertegenwoordiging, inspraak ★ make ~s to
stappen doen bij; een vertoog richten tot
representative /reprɪ'zentətɪv/ **I** [znw]
(volks)vertegenwoordiger ★ House of
Representatives Huis v. Afgevaardigden **II** [bnw]
• vertegenwoordigend, op vertegenwoordiging
gebaseerd • representatief • kenmerkend, typisch
repress /rɪ'pres/ [ov ww] onderdrukken, bedwingen
repressed /rɪ'prest/ [bnw] onderdrukt, niet geuit,
gefrustreerd
repression /rɪ'preʃən/ [znw] • onderdrukking
• verdringing
repressive /rɪ'presɪv/ [bnw] onderdrukkend
reprieve /rɪ'priːv/ **I** [ov ww] gratie verlenen
II [znw] gratie
reprimand /'reprɪmɑːnd/ **I** [ov ww] berispen
II [znw] officiële berisping
reprint I [ov ww] /riː'prɪnt/ herdrukken **II** [znw]
/'riːprɪnt/ herdruk
reprisal /rɪ'praɪzəl/ [znw] vergelding, represaille
★ take ~(s) against represaillemaatregelen nemen
tegen
reproach /rɪ'prəʊtʃ/ **I** [ov ww] • verwijten
• berispen **II** [znw] • verwijt • blaam, schande
reproachful /rɪ'prəʊtʃfʊl/ [bnw] verwijtend
reprobate /'reprəbeɪt/ **I** [ov ww] verwerpen
II [znw] verworpene **III** [bnw] verworpen,
verdoemd, goddeloos
reprobation /reprə'beɪʃən/ → **reprobate**
reprocess /riː'prəʊses/ [ov ww] weer in productie
brengen, opnieuw verwerken, van oud nieuw
maken, hergebruiken
reproduce /riːprə'djuːs/ **I** [ov ww] • weergeven,
reproduceren, kopiëren • (opnieuw) voortbrengen
II [on ww] zich voortplanten
reproducible /riːprə'djuːsəbl/ [bnw]
reproduceerbaar
reproduction /riːprə'dʌkʃən/ [znw] reproductie
reproductive /riːprə'dʌktɪv/ [bnw]
• reproducerend • voortplantings-
reproof /rɪ'pruːf/ [znw] • verwijt • berisping
• afkeuring
reprove /rɪ'pruːv/ [ov ww] • afkeuren • berispen
reptile /'reptaɪl/ **I** [znw] • (laaghartige) kruiper

• reptiel **II** [bnw] kruiperig ★ the ~ press slaafse
pers
reptilian /rep'tɪlɪən/ **I** [znw] • reptiel • kruiper
⟨fig.⟩ **II** [bnw] • kruipend, reptiel- • gemeen,
kruiperig, laag
republic /rɪ'pʌblɪk/ [znw] republiek
republican /rɪ'pʌblɪkən/ **I** [znw] republikein
II [bnw] republikeins
republication /riːpʌblɪ'keɪʃən/ [znw] heruitgave
republish /riː'pʌblɪʃ/ [ov ww] heruitgeven
repudiate /rɪ'pjuːdɪeɪt/ [ov ww] • verwerpen,
afwijzen, niet (meer) erkennen • verstoten
repudiation /rɪpjuːdɪ'eɪʃən/ [znw] • verwerping
• verstoting
repugnance /rɪ'pʌgnəns/ [znw] • afkeer, weerzin
• onverenigbaarheid
repugnant /rɪ'pʌgnənt/ [bnw] • weerzinwekkend
• (tegen)strijdig
repulse /rɪ'pʌls/ **I** [ov ww] • afslaan, terugslaan
• afwijzen **II** [znw] nederlaag
repulsion /rɪ'pʌlʃən/ [znw] • tegenzin • afstoting
repulsive /rɪ'pʌlsɪv/ [bnw] weerzinwekkend
repurchase /riː'pɜːtʃɪs/ [ov ww] terugkopen
repurify /riː'pjʊərɪfaɪ/ [ov ww] opnieuw zuiveren
reputable /'repjʊtəbl/ [bnw] fatsoenlijk, goed
bekend staand
reputation /repjʊ'teɪʃən/ [znw] (goede) naam,
reputatie
repute /rɪ'pjuːt/ [znw] vermaardheid, (goede)
naam, roep ★ I know him by ~ ik heb veel over
hem gehoord ★ by ~ bij gerucht ★ in bad ~ slecht
aangeschreven
reputed /rɪ'pjuːtɪd/ [bnw] ★ be ~ bekend staan
(als) ★ his ~ father zijn vermeende vader
reputedly /rɪ'pjuːtɪdlɪ/ [bijw] naar men zegt
request /rɪ'kwest/ **I** [ov ww] verzoeken **II** [znw]
verzoek ★ at your ~ op uw verzoek ★ in great ~
zeer gezocht ★ ~ stop halte op verzoek
requiem /'rekwɪem/ [znw] requiem, uitvaartdienst
require /rɪ'kwaɪə/ [ov ww] • eisen • nodig hebben,
vereisen ★ ~d vereist; verplicht
requirement /rɪ'kwaɪəmənt/ [znw] eis, vereiste
★ meet the ~s aan de gestelde eisen voldoen
requisite /'rekwɪzɪt/ **I** [znw] vereiste ★ ~s
benodigdheden **II** [bnw] vereist
requisition /rekwɪ'zɪʃən/ **I** [znw] vordern
II [znw] (op)vordering ★ be in/under ~ gevorderd
worden ★ bring into/call into/put in ~ vorderen
requital /rɪ'kwaɪtl/ [znw] vergelding
requite /rɪ'kwaɪt/ [ov ww] • beantwoorden
• vergelden, betaald zetten ★ ~ like for like met
gelijke munt betalen
reread /riː'riːd/ [ov ww] herlezen
reroute /riː'ruːt/ [ov ww] omleiden ⟨v. verkeer⟩
rerun /riː'rʌn/ **I** [ov ww] herhalen **II** [znw]
herhaling
resaddle /riː'sædl/ [ov ww] opnieuw zadelen
resale /riː'seɪl/ [znw] wederverkoop
rescind /rɪ'sɪnd/ [ov ww] opheffen, intrekken,
herroepen, tenietdoen, nietig verklaren
rescript /riː'skrɪpt/ [znw] • edict • kopie
rescue /'reskjuː/ **I** [ov ww] • gewelddadig
terugnemen • redden, bevrijden **II** [znw] ★ come
to the ~ te hulp komen
rescuer /'reskjuːə/ [znw] redder
research /rɪ'sɜːtʃ/ [znw] (wetenschappelijk)
onderzoek ★ ~ paper onderzoeksrapport; scriptie
researcher /rɪ'sɜːtʃə/ [znw] onderzoeker,
wetenschapper
reseat /riː'siːt/ [ov ww] v. nieuwe zitplaatsen
voorzien
resell /riː'sel/ [ov ww] opnieuw verkopen

resemblance/rɪˈzembləns/ [znw] gelijkenis

resemble/rɪˈzembl/ [ov ww] lijken op

resent/rɪˈzent/ [ov ww] kwaad zijn over, kwalijk nemen

resentful/rɪˈzentfʊl/ [bnw] • kwaad, boos
• lichtgeraakt

resentment/rɪˈzentmənt/ [znw] rancune, wrevel

reservation/rezəˈveɪʃən/ [znw] • voorbehoud
• indianenreservaat • reservatie • ⟨AE⟩ reservering
• central ~ middenberm

reserve/rɪˈzɜːv/ I [ov ww] • reserveren, achterhouden, bewaren, wegleggen, sparen
• voorbehouden II [znw] • voorbehoud
• gereserveerdheid • ~ price vastgestelde minimumprijs (bij afslag); vastgestelde minimumprijs ⟨bij afslag⟩

reserved/rɪˈzɜːvd/ [bnw] gesloten, gereserveerd, zwijgzaam

reservist/rɪˈzɜːvɪst/ [znw] reservist

reservoir/ˈrezəvwaː/ [znw] • reservoir
• reservevoorraad

reset/riːˈset/ [ov ww] ⟨comp.⟩ opnieuw zetten
• opnieuw opstarten

resettle/riːˈsetl/ [ov ww] opnieuw vestigen

resettlement/riːˈsetlmənt/ [znw] nieuwe vestiging

reshape/riːˈʃeɪp/ [ov ww] een nieuwe vorm geven

reshipment/riːˈʃɪpmənt/ [znw] hernieuwde inscheping

reshuffle/ˈʃʌfəl/ I [ov ww] herschikken, opnieuw schudden (kaartspel) II [znw] herverdeling ∗ a Cabinet ~ portefeuillewisseling

reside/rɪˈzaɪd/ [on ww] wonen, zijn standplaats hebben • ⟨~ in⟩ berusten bij

residence/ˈrezɪdns/ [znw] • woning • woonplaats, standplaats • residentie • have/take up one's ~ (gaan) wonen • ~ required functionaris moet ter standplaats wonen

residency/ˈrezɪdənsɪ/ [znw] residentie ⟨Indië⟩

resident/ˈrezɪdnt/ I [znw] • inwoner, vaste bewoner • resident ⟨Indië⟩ II [bnw] (in)wonend
∗ ~ in berustend bij

residential/rezɪˈdenʃəl/ [bnw] ∗ ~ district woonwijk ∗ ~ hotel familiehotel ∗ ~ qualification stemrecht als ingezetene(n) ∗ ~ street straat met woonhuizen

residentiary/rezɪˈdenʃərɪ/ I [znw] (geestelijke) die ter standplaats woont of moet wonen II [bnw] residentieplichtig, resident ∗ ~ house ambtswoning

residual/rɪˈzɪdjʊəl/ I [znw] rest II [bnw] resterend

residuary/rɪˈzɪdjʊərɪ/ [bnw] overblijvend ∗ ~ legatee universeel erfgenaam

residue/ˈrezɪdjuː/ [znw] rest, (netto) overschot

resign/rɪˈzaɪn/ I [ov ww] • afstand doen van, overgeven • opgeven ∗ ~ o.s. to z. onderwerpen aan; berusten in II [on ww] ontslag nemen, aftreden

re-sign/riːˈsaɪn/ [ov + on ww] opnieuw tekenen

resignation/rezɪgˈneɪʃən/ [znw] • ontslag
• berusting • send in one's ~ zijn ontslag indienen

resigned/rɪˈzaɪnd/ [bnw] gelaten

resilience/rɪˈzɪlɪəns/ [znw] veerkracht

resilient/rɪˈzɪlɪənt/ [bnw] veerkrachtig

resin/ˈrezɪn/ I [ov ww] met hars bestrijken II [znw] hars

resinous/ˈrezɪnəs/ [bnw] harsig

resist/rɪˈzɪst/ I [ov ww] • weerstand bieden aan, weren, bestand zijn tegen • z. verzetten tegen II [on ww] weerstand bieden, z. verzetten

resistance/rɪˈzɪstns/ [znw] • verzet ⟨techn.⟩ weerstand

resistant/rɪˈzɪstnt/ [bnw] weerstand biedend, bestand, immuun ∗ shock ~ stootvast

resistible/rɪˈzɪstəbl/ [bnw] weerstaanbaar

resistor/rɪˈzɪstə/ [znw] weerstand(je)

resoluble/rɪˈzɒljʊbl/ [bnw] oplosbaar, ontleedbaar

resolute/ˈrezəluːt/ [bnw] vastberaden, vastbesloten, ferm

resolution/rezəˈluːʃən/ [znw] • besluit • resolutie
• ontknoping • vastberadenheid

resolvable/rɪˈzɒlvəbl/ [bnw] • oplosbaar
• ontleedbaar

resolve/rɪˈzɒlv/ I [ov ww] • (doen) besluiten, beslissen • oplossen • ontbinden, herleiden
• scheiden II [on ww] • besluiten, beslissen • zich oplossen, vanzelf verdwijnen ⟨v. gezwel⟩ III [znw] besluit

resolved/rɪˈzɒlvd/ [bnw] vastbesloten

resonance/ˈrezənəns/ [znw] resonantie

resonant/ˈrezənənt/ [bnw] • holklinkend
• weerklinkend

resort/rɪˈzɔːt/ I [on ww] • (~ to) zijn toevlucht nemen tot, dikwijls bezoeken II [znw] • geregeld bezoek • druk bezochte plaats • toevlucht
∗ redmiddel ∗ in the last ~ als niets meer helpt; in laatste instantie ∗ seaside ~ badplaats aan zee

resound/rɪˈzaʊnd/ [ov + on ww] (doen) weerklinken, galmen

resounding/rɪˈzaʊndɪŋ/ [bnw] • luid klinkend, galmend • eclatant, daverend

resource/rɪˈzɔːs/ [znw] • hulpbron • middel, toevlucht, uitweg • vindingrijkheid • ontspanning
∗ a man of ~ iem. die zich goed weet te redden
∗ he is full of ~ hij weet altijd raad

resourceful/rɪˈzɔːsfʊl/ [bnw] inventief

resources/rɪˈzɔːsɪz/ [mv] (financiële) middelen
∗ I'm at the end of my ~ ik zie geen uitweg meer; ik heb gedaan wat ik kon ∗ a man of no ~ iem. die zich niet bezig kan houden

respect/rɪˈspekt/ I [ov ww] • eerbiedigen • ontzien
• betrekking hebben op ∗ ~ o.s. zelfrespect hebben
∗ ~ persons de persoon aanzien II [znw] • eerbied, achting, respect • opzicht • have ~ to betrekking hebben op; in aanmerking nemen ∗ human ~ menselijk opzicht ∗ in every/some ~ in alle/zekere opzichten ∗ in ~ of met betrekking tot ∗ ~ of persons aanzien des persoons ∗ with ~ to met betrekking tot ∗ without ~ to zonder aandacht te schenken aan

respectability/rɪspektəˈbɪlətɪ/ [znw] fatsoen, fatsoenlijkheid

respectable/rɪˈspektəbl/ [bnw] • te eerbiedigen
• fatsoenlijk • behoorlijk

respectful/rɪˈspektfʊl/ [bnw] eerbiedig ∗ yours ~ly hoogachtend

respecting/rɪˈspektɪŋ/ [vz] wat betreft

respective/rɪˈspektɪv/ [bnw] onderscheidenlijk, respectief

respectively/rɪˈspektɪvlɪ/ [bijw] respectievelijk

respects/rɪˈspekts/ [mv] ∗ in all ~ in alle opzichten ∗ pay one's ~ komen begroeten

respiration/respɪˈreɪʃən/ [znw] ademhaling

respirator/ˈrespɪreɪtə/ [znw]
• ademhalings-/zuurstofmasker • gasmasker

respiratory/ˈrespɪrətərɪ/ [bnw] ∗ ~ organs ademhalingsorganen

respire/rɪˈspaɪə/ I [ov ww] inademen II [on ww] herademen

respite/ˈrespaɪt/ I [ov ww] uitstel verlenen, opschorten II [znw] uitstel, opschorting, pauze

resplendence, resplendency/rɪˈsplendəns/ [znw] luister

resplendent/rɪˈsplendənt/ [bnw] schitterend

R

respond /rɪ'spɒnd/ [on ww] • antwoorden • ⟨AE⟩ aansprakelijk zijn • (~ to) reageren op

respondent /rɪ'spɒndənt/ I [znw] • verdediger • gedaagde II [bnw] gedaagd

response /rɪ'spɒns/ [znw] • antwoord • reactie, weerklank • tegenzang, responsorium

responsibility /rɪspɒnsɪ'bɪlətɪ/ [znw] verantwoordelijkheid

responsible /rɪ'spɒnsɪbl/ [bnw] • verantwoordelijk • aansprakelijk

responsive /rɪ'spɒnsɪv/ [bnw] • antwoordend, als antwoord • reagerend • sympathiek

responsory /rɪ'spɒnsərɪ/ [znw] responsorium, antifoon

rest /rest/ I [ov ww] • laten rusten, rust geven • steunen, liggen II [on ww] • uitrusten, berusten • blijven ∗ it rests with you to decide het is aan u om te beslissen ∗ rest assured that u kunt er van op aan dat ∗ resting place rustplaats III [znw] • steun, houder, statief • onderkomen • inventarisatie en balans, rest, reservefonds • rust ∗ at rest in rust ∗ lay to rest te ruste leggen; begraven ∗ put at/set at rest geruststellen; regelen; een einde maken aan

restamp /ri:'stæmp/ [ov ww] opnieuw stempelen

restart /ri:'stɑːt/ [ov + on ww] opnieuw beginnen/starten

restate /ri:'steɪt/ [ov ww] herformuleren

restatement /ri:'steɪtmənt/ [znw] herformulering

restaurant /'restərɒnt/ [znw] restaurant ∗ ~ car restauratiewagen

restful /'restful/ [bnw] • rustig • kalmerend

restitution /restɪ'tjuːʃən/ [znw] schadeloosstelling

restive /'restɪv/ [bnw] koppig, prikkelbaar, onhandelbaar

restless /'restləs/ [bnw] • ongedurig • rusteloos

restock /riː'stɒk/ [ov + on ww] (opnieuw) aanvullen

restoration /restə'reɪʃən/ [znw] restauratie

restorative /rɪ'stɒrətɪv/ I [znw] herstellend middel II [bnw] herstellend

restore /rɪ'stɔː/ [ov ww] • herstellen, restaureren • teruggeven • weer op zijn plaats zetten ∗ ~ to health genezen

restorer /rɪ'stɔːrə/ [znw] restaurateur ⟨v. kunstwerken⟩

restrain /rɪ'streɪn/ [ov ww] • inhouden, weerhouden, in bedwang houden, bedwingen • gevangen zetten • beperken

re-strain /ri:'streɪn/ [ov ww] opnieuw zeven

restrained /rɪ'streɪnd/ [bnw] beheerst, rustig, kalm

restrainedly /rɪ'streɪnɪdlɪ/ [bijw] gematigd

restraint /rɪ'streɪnt/ [znw] • beperking • terughoudendheid ∗ head – hoofdsteun ∗ under ~ in hechtenis; verpleegd in inrichting ∗ without ~ onbeperkt

restrict /rɪ'strɪkt/ [ov ww] beperken

restricted /rɪ'strɪktɪd/ [bnw] • beperkt • vertrouwelijk ∗ ~ area gebied met snelheidslimiet ∗ ~ document geheim document

restriction /rɪ'strɪkʃən/ [znw] beperking

restrictive /rɪ'strɪktɪv/ [bnw] beperkend

rest-room /'restruːm/ [znw] ⟨AE⟩ toilet ⟨in openbare gelegenheden⟩

result /rɪ'zʌlt/ I [on ww] • (~ from) volgen uit • (~ in) uitlopen op II [znw] • gevolg, resultaat • afloop, uitkomst

resultant /rɪ'zʌltənt/ I [znw] resultante II [bnw] voortvloeiend

resumable /rɪ'zjuːməbl/ [bnw] hervatbaar

resume /rɪ'zjuːm/ I [ov + on ww] weer aanknopen/beginnen, hervatten, hernemen II [ov ww] resumeren

résumé /'rezjuːmeɪ/ [znw] resumé, samenvatting

resumption /rɪ'zʌmpʃən/ [znw] hervatting

resumptive /rɪ'zʌmptɪv/ [bnw] hervattend

resurface /ri:'sɜːfɪs/ I [ov ww] van nieuw wegdek voorzien II [on ww] bovenkomen

resurgence /rɪ'sɜːdʒəns/ [znw] heropleving

resurgent /rɪ'sɜːdʒənt/ [bnw] terugkerend, herlevend

resurrect /rezə'rekt/ I [ov ww] weer ophalen II [on ww] weer levend worden

resurrection /rezə'rekʃən/ [znw] • verrijzenis • opgraving ∗ ~ man grafschender

resurrectionist /rezə'rekʃənɪst/ [znw] grafschender

resuscitate /rɪ'sʌsɪteɪt/ I [ov ww] weer opwekken, bijbrengen, reanimeren II [on ww] weer opleven, bijkomen

resuscitation /rɪsʌsɪ'teɪʃən/ → resuscitate

resuscitator /rɪ'sʌsɪteɪtə/ → resuscitate

ret., retd. [afk] • (retired) gepensioneerd • (returned) teruggezonden

retail I [ov ww] • in 't klein verkopen • uitvoerig vertellen, oververtellen II [on ww] /ri:'teɪl/ in 't klein verkocht worden III [znw] /'ri:teɪl/ kleinhandel, en detail ∗ ~ dealer kleinhandelaar

retailer /'ri:teɪlə/ [znw] kleinhandelaar

retain /rɪ'teɪn/ [ov ww] • behouden, onthouden • tegenhouden, vasthouden • nemen ⟨v. advocaat⟩ ∗ ~ing fee vooruitbetaald honorarium

retainer /rɪ'teɪnə/ [znw] • vooruitbetaald honorarium • vazal • ⟨jur.⟩ retentie

retake /ri:'teɪk/ [ov ww] opnieuw nemen

retaliate /rɪ'tælɪeɪt/ I [ov ww] vergelden, wreken II [on ww] • wraak nemen • retorsierechten heffen ∗ ~ s.th. upon a p. iets ⟨als beschuldiging⟩ terugwerpen op iem. ∗ ~ with a counter-accusation ⟨upon a p.⟩ iets op iem. terugwerpen

retaliation /rɪtælɪ'eɪʃən/ [znw] vergelding

retaliative, retaliatory /rɪ'tælɪeɪtɪv/ [bnw] vergeldings-

retard /rɪ'tɑːd/ [ov ww] • later stellen, vertragen • vertraging hebben, later komen

retardation /rɪtɑː'deɪʃən/ [znw] • achterlijkheid • vertraging

retarded /rɪ'tɑːdɪd/ [bnw] achterlijk

retardment /rɪ'tɑːdmənt/ [znw] • achterlijkheid • vertraging

retch /retʃ/ I [on ww] kokhalzen II [znw] 't kokhalzen

retell /ri:'tel/ [ov ww] navertellen

retention /rɪ'tenʃən/ [znw] • behoud • geheugen • retentie

retentive /rɪ'tentɪv/ [bnw] vasthoudend ∗ ~ memory sterk geheugen

rethink /ri:'θɪŋk/ I [ov + on ww] heroverwegen, nog eens bekijken II [on ww] heroverweging

reticence /'retɪsəns/ [znw] • zwijgzaamheid • terughoudendheid

reticent /'retɪsnt/ [bnw] zwijgzaam, gesloten

reticular, reticulate /rɪ'tɪkjʊlə/ [bnw] netvormig

retina /'retɪnə/ [znw] netvlies

retinue /'retɪnjuː/ [znw] gevolg

retire /rɪ'taɪə/ I [ov ww] • terugtrekken, intrekken • ontslaan II [on ww] • met pensioen gaan, ontslag nemen • zich terugtrekken, naar bed gaan ∗ ~ into o.s. eenzelvig zijn; tot zichzelf inkeren III [znw] ∗ sound the ~ de aftocht blazen

retired /rɪ'taɪəd/ [bnw] • eenzaam • gepensioneerd ∗ ~ allowance/pay pensioen ∗ ~ list pensioenlijst

retirement /rɪ'taɪəmənt/ [znw] • pensionering

• eenzaamheid
retiring /rɪ'taɪərɪŋ/ [bnw] • pensioen- • bescheiden ★ ~ age pensioengerechtigde leeftijd ★ ~ room toilet

retort /rɪ'tɔːt/ I [ov ww] • met gelijke munt betalen • vinnig antwoorden • in retort zuiveren II [on ww] tegenbeschuldiging doen III [znw] • weerwoord • retort

retouch /riː'tʌtʃ/ [ov ww] retoucheren, bijwerken
retrace /rɪ'treɪs/ [ov ww] volgen, (weer) nagaan ★ ~ one's steps op zijn schreden terugkeren
retract /rɪ'trækt/ I [ov ww] intrekken, terugtrekken II [on ww] ingetrokken (kunnen) worden
retractable /rɪ'træktəbl/ [bnw] intrekbaar
retractile /rɪ'træktaɪl/ [bnw] intrekbaar
retraction /rɪ'trækʃən/ [znw] intrekking, herroeping
retractor /rɪ'træktə/ [znw] terugtrekker ‹spier›
retrain /riː'treɪn/ [ov ww] omscholen
retread /riː'tred/ I [ov ww] van nieuw loopvlak voorzien, coveren II [znw] gecoverde band
retreat /rɪ'triːt/ I [ov ww] terugwijken, (zich) terugtrekken II [znw] • terugtocht • signaal tot terugtocht • taptoe • afzondering • retraite(huis) • wijkplaats ‹asiel ★ beat a ~ er vandoor gaan ★ in ~ gepensioneerd
retreatant /rɪ'triːtənt/ [znw] retraitant
retrench /rɪ'trentʃ/ I [ov ww] • besnoeien, verkorten • verschansen II [on ww] bezuinigen
retrenchment /rɪ'trentʃmənt/ [znw] • verschansing • bezuiniging
retribution /retrɪ'bjuːʃən/ [znw] vergelding, genoegdoening
retributive /rɪ'trɪbjʊtɪv/ [bnw] vergeldend
retrieval /rɪ'triːvəl/ [znw] het terughalen
retrieve /rɪ'triːv/ I [ov ww] • terugkrijgen, terugvinden, terechtbrengen • herstellen • apporteren II [znw] herstel ★ beyond/past ~ onherstelbaar
retriever /rɪ'triːvə/ [znw] retriever ‹hond›
retro /'retrəʊ/ [voorv] terug-
retro- /'retrəʊ/ [voorv] retro-, terug-
retroactive /retrəʊ'æktɪv/ [bnw] met terugwerkende kracht
retrogradation /retrəʊgrə'deɪʃən/ [znw] teruggang
retrograde /'retrəgreɪd/ I [on ww] achteruitgaan II [bnw] • achteruitgaand • omgekeerd
retrogress /retrə'gres/ [on ww] achteruitgaan
retrogression /retrə'greʃən/ [znw] achteruitgang
retrogressive /retrəʊ'gresɪv/ [bnw] achteruitgaand
retrospect, retrospection /'retrəspekt/ [znw] terugblik
retrospective /retrə'spektɪv/ [bnw] terugziend ★ ~ effect terugwerkende kracht
retrovirus /'retrəʊvaɪərəs/ [znw] retrovirus
return /rɪ'tɜːn/ I [ov ww] • terugplaatsen, teruggeven, terugzetten, terugsturen • beantwoorden, terugbetalen • opleveren • afvaardigen • naspelen (bij kaartspel) ★ ~ a ball/blow terugslaan ★ ~ guilty schuldig bevinden ★ ~ like for like met gelijke munt betalen ★ ~ thanks danken; dank brengen ★ ~ the compliment wederkerig v. dienst zijn; het compliment beantwoorden ★ ~ing officer leider van het stembureau ★ the liabilities were ~ed at £5000 volgens 't accountantsrapport bedroegen de passiva £5000 II [on ww] terugkomen, teruggaan, terugkeren III [znw] • omzet, opbrengst • terugkomst • tegenprestatie • retour(biljet) • opgave, rapport, aangifte ★ by ~ mail/post per

omgaande ★ in ~ als tegenprestatie; in ruil ★ on ~ in commissie ★ ~ match revanchewedstrijd ★ ~ ticket retourbiljet

returnable /rɪ'tɜːnəbl/ I [znw] fles e.d. met statiegeld II [bnw] ★ is ~ kan/moet ingeleverd worden
returns /rɪ'tɜːnz/ [mv] • omzet, opbrengst • teruggezonden goederen • (statistische) cijfers • lichte pijptabak ★ many happy ~ (of the day)! nog vele jaren!
reunion /riː'juːnjən/ [znw] • hereniging • reünie
reunite /riːju:'naɪt/ [ov ww] herenigen
rev /rev/ [ov ww] ★ rev up the engine de motor sneller laten lopen
Rev. /rev/ [afk] • (Revelation) het boek der Openbaring • (Reverend) Eerwaarde
revaluation /revælju:'eɪʃən/ [znw] revaluatie
revalue /riː'vælju:/ [ov ww] revalueren, herwaarderen
revamp /riː'væmp/ [ov ww] vernieuwen, herschrijven
rev-counter [znw] toerenteller
reveal /rɪ'viːl/ [ov ww] • openbaren, bekendmaken • verraden ★ ~ o.s. z. tonen; z. ontpoppen als
revealing /rɪ'viːlɪŋ/ [bnw] (veel) onthullend, veelzeggend ★ ~ outfit kleding die niets te raden laat
revel /'revəl/ I [on ww] fuiven, boemelen, feesten ★ (~ in) genieten van, groeien in ‹fig.› II [znw] ★ ~(s) feest(en); braspartij
revelation /revə'leɪʃən/ [znw] onthulling, openbaring
reveller /'revələ/ [znw] pretmaker
revelry /'revəlrɪ/ [znw] pretmakerij
revenge /rɪ'vendʒ/ I [ov ww] wreken II [znw] • wraak • revanche
revengeful /rɪ'vendʒful/ [bnw] wraakzuchtig
revenue /'revənju:/ [znw] (staats)inkomen, inkomsten, baten ★ ~ cutter recherchevaartuig ★ ~ officer belastingambtenaar ★ ~ tax fiscaal recht ★ the ~ de fiscus
reverberate /rɪ'vɜːbəreɪt/ [ov + on ww] terugkaatsen, weerkaatsen
reverberation /rɪvɜːbə'reɪʃən/ [znw] • weerkaatsing • nagalm
reverberator /rɪ'vɜːbəreɪtə/ [znw] reflector
revere /rɪ'vɪə/ [ov ww] (ver)eren, met eerbied opzien tegen
reverence /'revərəns/ I [ov ww] eerbied hebben voor, verering hebben voor II [znw] eerbied, verering
reverend /'revərənd/ I [znw] geestelijke II [bnw] eerwaard(ig) ★ (the) Reverend Father de weleerw. pater ★ the Most Reverend Zijne Hoogwaardige Excellentie (aartsbisschop) ★ the Reverend John Smith de weleerw. heer J.S. ★ the Right Reverend Zijne Hoogwaardige Excellentie (bisschop) ★ the Very Reverend Hoogeerwaarde
reverent, reverential /'revərənt/ [bnw] eerbiedig
reverie /'revərɪ/ [znw] mijmering
reversal /rɪ'vɜːsəl/ [znw] het wisselen, ommekeer
reverse /rɪ'vɜːs/ I [ov ww] • omkeren, omschakelen • achteruitrijden • herroepen, intrekken ★ ~ a sentence een vonnis vernietigen II [on ww] • achteruitrijden • linksom gaan dansen ★ ~ light achteruitrijlamp III [znw] • tegenovergestelde, omgekeerde • achterkant • tegenslag • achteruit (v. auto) IV [bnw] tegenovergesteld, omgekeerd ★ (mil.) ~ fire rugvuur ★ ~ gear de achteruit (v. auto) ★ ~ side achterkant ★ ~ turn inzet voor luchtaanval

R

reverser /rɪ'vɜ:sə/ [znw] stroomwisselaar
reversible /rɪ'vɜ:səbl/ [bnw] omkeerbaar
reversion /rɪ'vɜ:ʃən/ [znw] • terugkeer v. opvolging
revert /rɪ'vɜ:t/ [on ww] • terugkeren, terugkomen • terugvallen (v.e. erfgoed aan oorspr. schenker of diens erfgenamen) ✱ ~ one's eyes omzien
revictual /ri:'vɪtl/ [ov ww] bevoorraden
review /rɪ'vju:/ I [ov ww] • nog eens onder de loep nemen, opnieuw bekijken • inspecteren • recenseren • herzien II [znw] • recensie • inspectie, parade • tijdschrift • overzicht • herziening ✱ pass in ~ de revue laten passeren ✱ ~ order groot tenue ✱ under ~ in kwestie
reviewer /rɪ'vju:ə/ [znw] recensent
revile /rɪ'vaɪl/ I [ov ww] uitschelden, tekeergaan tegen II [on ww] schelden
revise /rɪ'vaɪz/ I [ov ww] nazien, herzien, reviseren ✱ Revised Version herziene uitgave v.d. bijbel (1870-'84) II [znw] revisie
reviser /rɪ'vaɪzə/ [znw] herziener, corrector
revision /rɪ'vɪʒən/ [znw] • herziening • herziene uitgave
revitalize /ri:'vaɪtəlaɪz/ [ov ww] nieuwe kracht geven
revival /rɪ'vaɪvl/ [znw] • herstel • reprise (toneel) ✱ ~ of learning renaissance
revive /rɪ'vaɪv/ [ov + on ww] (doen) herleven, (doen) bijkomen ✱ ~ a p.'s memory iemands geheugen opfrissen
revocable /'revəkəbl/ [bnw] herroepbaar
revocation /revə'keɪʃən/ [znw] herroeping
revoke /rɪ'vəʊk/ I [ov ww] herroepen II [on ww] verzaken (kaartspel)
revolt /rɪ'vəʊlt/ I [ov ww] doen walgen II [on ww] • in opstand komen • walgen III [znw] opstand
revolting /rɪ'vəʊltɪŋ/ [bnw] • opstandig • weerzinwekkend
revolution /revə'lu:ʃən/ [znw] • omwenteling, toer, omloop • ommekeer, revolutie ✱ (gesch.) the Revolution de Revolutie van 1688 (Engeland); de opstand v.d. Eng. kolonisten van 1775-'83 (in de VS)
revolutionary /revə'lu:ʃənərɪ/ I [znw] revolutionair II [bnw] revolutionair
revolutionize /revə'lu:ʃənaɪz/ [ov ww] 'n ommekeer teweegbrengen in
revolve /rɪ'vɒlv/ [ov ww] • omwentelen, (om)draaien • overpeinzen
revolver /rɪ'vɒlvə/ [znw] revolver
revolving /rɪ'vɒlvɪŋ/ [bnw] ✱ ~ door draaideur ✱ ~ winds dwarrelwinden
revulsion /rɪ'vʌlʃən/ [znw] • walging • ommekeer • (med.) afleiding
reward /rɪ'wɔ:d/ I [ov ww] belonen II [znw] beloning, vergelding
rewarding /rɪ'wɔ:dɪŋ/ [bnw] lonend, de moeite waard
rewind /ri:'waɪnd/ [ov ww] opnieuw opwinden, terugspoelen
reword /ri:'wɜ:d/ [ov ww] anders stellen
rewrite /ri:'raɪt/ [ov ww] omwerken
R.F., r.f. [afk] • (radio frequency) radiofrequentie
rhabdomancer /'ræbdəmænsə/ [znw] wichelroedeloper
rhapsody /'ræpsədɪ/ [znw] rapsodie
Rhenish /'ri:nɪʃ/ [znw] ✱ ~(wine) rijnwijn
rhetoric /'retərɪk/ [znw] retorica • retoriek
rhetorical /rɪ'tɒrɪkl/ [bnw] retorisch
rheum /ru:m/ [znw] slijm, speeksel, tranen
rheumatic /ru:'mætɪk/ I [znw] reumalijder II [bnw] reumatisch

rheumatics, rheumatism /ru:'mætɪks/ [znw] reumatiek
rheumatoid /'ru:mətɔɪd/ [bnw] reumatoïde, reumatisch
Rhine /raɪn/ [znw] (de) Rijn
rhino /'raɪnəʊ/ [znw] neushoorn ✱ (sl.) ready ~ contant geld
rhinoceros /raɪ'nɒsərəs/ [znw] neushoorn
rhododendron /rəʊdə'dendrən/ [znw] rododendron
rhombic /'rɒmbɪk/ [bnw] ruitvormig
rhomboid /'rɒmbɔɪd/ [znw] parallellogram
rhomb(us) /'rɒmbəs/ [znw] ruit
rhubarb /'ru:bɑ:b/ [znw] rabarber
rhyme /raɪm/ I [ov ww] laten rijmen II [on ww] rijmen III [znw] rijm(pje), poëzie ✱ without ~ or reason zonder slot of zin; zonder enige reden
rhymer, rhymester /'raɪmə/ [znw] rijmer, rijmelaar
rhyming /'raɪmɪŋ/ [bnw] rijmend ✱ ~ couplet tweeregelig (rijmend) vers ✱ ~ slang rijmend slang
rhythm /'rɪðəm/ [znw] ritme
rhythmic(al) /'rɪðmɪk(əl)/ [bnw] ritmisch
rib /rɪb/ I [ov ww] • van ribben voorzien • (inf.) plagen II [znw] • rib • nerf • richel • balein • (scherts) vrouw ✱ rib(s) of beef ribstuk
ribald /'rɪbld/ [bnw] onbehoorlijk, schunnig
ribaldry /'rɪbldrɪ/ [znw] schunnige taal
ribbed /rɪbd/ [bnw] gerib(bel)d ✱ ~ vault kruisgewelf
ribbing /'rɪbɪŋ/ [znw] ribwerk
ribbon /'rɪbən/ [znw] lint, strook ✱ ~ development lintbebouwing
ribbonism /'rɪbənɪzəm/ [znw] handelswijze van geheim Iers genootschap in 19e eeuw
ribbons /'rɪbənz/ (vero.) [mv] teugels, flarden
ribcage /'rɪbkeɪdʒ/ [znw] ribbenkast
rice /raɪs/ [znw] rijst ✱ rice milk rijstepap ✱ rice paper rijstpapier ✱ rice pudding rijstebrij
rich /rɪtʃ/ [bnw] • rijk • vruchtbaar • kostbaar • machtig (v. spijzen) • vol, warm (v. kleur, klank) ✱ rich in rijk aan
riches /'rɪtʃɪz/ [znw] rijkdom(men)
richly /'rɪtʃlɪ/ [bijw] ✱ deserve a thing – iets dubbel en dwars verdienen
richness /'rɪtʃnəs/ → **rich**
rick /rɪk/ I [ov ww] optassen II [znw] hoop hooi, hooimijt
rickets /'rɪkɪts/ [znw] Engelse ziekte
rickety /'rɪkətɪ/ [bnw] • wankel, gammel • lijdend aan Eng. ziekte
ricochet /'rɪkəʃeɪ/ I [ov ww] doen terugstuiten, keilen II [on ww] terugstuiten III [znw] ✱ by ~ v.d. weeromstuit
rid /rɪd/ [ov ww] bevrijden ✱ be/get rid of af zijn/komen van • (~ of) ontdoen van
ridable /'rɪdəbl/ [bnw] berijdbaar
riddance /'rɪdns/ [znw] ✱ good ~ to him te zijn we gelukkig kwijt
ridden /'rɪdn/ volt. deelw. → **ride**
riddle /'rɪdl/ I [ov ww] • raadsel oplossen • zeven • doorzeven • ontzenuwen ✱ ~ me ra, ra wat is dat? II [on ww] in raadsels spreken • raadsel opgeven III [znw] • raadsel • grove zeef
riddled /'rɪdld/ [bnw] vol, bezaaid ✱ ~ with gunshot met de volle lading hagel (erin)
ride /raɪd/ I [ov ww] • laten rijden • berijden, te paard doortrekken • kwellen, verdrukken, tiranniseren ✱ ride 150 lbs 150 lbs wegen in 't zadel ✱ ride a p. on a rail iem. op een stang dragen (als marteling) ✱ ride one's horse at af–inrijden op ✱ ride the whirlwind de opstand in de hand

hebben ∗ ride to death tot in 't oneindige
doorvoeren; overdrijven • (~ **down**) afjakkeren,
omverrijden, inhalen, uit de weg ruimen • (~ **out**)
doorstaan **II** [on ww] • rijden • drijven, varen
∗ voor anker liggen ∗ let (the jack) ride (de boer)
laten doorlopen (kaartspel) ∗ let it ride! laat
maar lopen! ∗ ride at anchor voor anker liggen
∗ ride bodkin tussen twee personen in te paard
zitten ∗ ride for a fall roekeloos handelen/rijden
∗ ride off on a side issue een zijweg inslaan (fig.)
∗ the moon is riding high de maan staat hoog
aan de hemel ∗ the ship rides on the wind het
schip gaat voor de wind • (~ **at**) afrijden op
III [znw] • rit, reis, tocht • ruiterpad • (mil.)
afdeling rekruten te paard ∗ take a p. for a ride
iem. er tussen nemen

rider /'raɪdə/ [znw] • ruiter, (be)rijder • toegevoegde
clausule, toevoeging • (wisk.) vraagstuk ∗ ~less
zonder ruiter

ridge /rɪdʒ/ [znw] • heuvelrug, bergkam • richel
• vorst, nok

ridged /rɪdʒd/ [bnw] • kamvormig • ribbelig

ridicule /'rɪdɪkju:l/ **I** [ov ww] belachelijk maken
II [znw] spot

ridiculous /rɪ'dɪkjʊləs/ [bnw] belachelijk

riding /'raɪdɪŋ/ [znw] district ∗ Little Red Riding
Hood Roodkapje ∗ ~-breeches rijbroek
∗ ~-habit rijkleed (v. dames)

riding-school [znw] ruiterschool, manege

rife /raɪf/ [bnw] algemeen heersend ∗ rife with vol
van

riffle /'rɪfəl/ [ov + on ww] • schudden (bij
kaartspel), snel doorbladeren • riffelen

riff-raff [znw] gepeupel, tuig

rifle /'raɪfəl/ **I** [ov ww] • plunderen • trekken (v.
geweerloop) • (~ **through**) doorzoeken **II** [znw]
• geweer • trek (in geweerloop) ∗ ~ range
schietbaan; draagwijdte

rifleman /'raɪfəlmən/ [znw] infanterist

rifle-pit [znw] dekkingsgat

rifling /'raɪflɪŋ/ [znw] trek(ken) (in geweerloop)

rift /rɪft/ [znw] spleet, scheur ∗ there is a little rift
within the lute er is een kleine wanklank; er loopt
een streep door

rig /rɪg/ **I** [ov ww] • slinks bewerken, manipuleren
• uitrusten ∗ rig the market kunstmatig
prijsdaling of prijsstijging bewerken • (~ **out**)
optuigen • (~ **up**) in elkaar flansen **II** [znw]
• tuigage • boortoren, boorlokatie, booreiland,
boorplatform • aankleding, kledij • foef, streek,
zwendel • hoek (beurs) • (AD span ∗ I'm up to
your rig ik heb jou door

rigged /rɪgd/ [bnw] opgetuigd

rigging /'rɪgɪŋ/ [znw] tuigage

right /raɪt/ **I** [ov ww] • rechtzetten, herstellen, weer
in orde brengen • recht doen wedervaren,
rehabiliteren ∗ it will ~ itself het komt vanzelf
weer in orde ∗ the ship ~ed itself het schip kwam
weer recht **II** [znw] • recht • rechterkant
∗ Bill/Declaration of Rights Constitutie v. 1689
(Eng. gesch.) ∗ be in the ~ de zaak bij het juiste
eind hebben; in zijn recht staan ∗ by ~ of
krachtens • by/of ~ rechtens • do s.o. ~ billijk zijn
jegens iem. ∗ have a ~ to recht hebben op • in ~ of
vanwege • on your ~ rechts van je ∗ put/set to ~s
rechtzetten; in orde brengen ∗ the ~s of the case
de juiste toedracht v.d. zaak ∗ to the ~ rechts
III [bnw] • recht(s) • rechtmatig, rechtvaardig • in
orde • juist, goed, waar ∗ (that's) ~! dat is juist!;
gelijk heb je! ∗ Mr Right de ware Jacob ∗ are you
~ now? zit je goed?; ben je weer (helemaal)
opgeknapt? ∗ on the ~ side of forty nog geen

veertig (jaar oud) ∗ ~ side up niet kantelen ∗ ~
whale Groenlandse walvis ∗ ~ you are!
natuurlijk; gelijk heb je ∗ set/put ~ verbeteren; in
orde brengen/maken; terecht wijzen; gelijk zetten
IV [bijw] • rechts • precies • juist, goed • helemaal
• direct ∗ (all) ~ goed!; afgesproken; in orde
∗ Right Honourable Zeer Geachte ∗ be/get in ~
with s.o. bij iem. in een goed blaadje staan/komen
∗ ~ across dwars over ∗ ~ away/off direct ∗ serves
you ~! net goed!; je verdiende loon!

right-about /'raɪtəbaʊt/ [bnw] • do a ~ turn
rechtsomkeert maken ∗ ~ face totale ommekeer
∗ send to the ~ de laan uitsturen; laten inrukken

right-and-left [bnw + bijw] • aan/naar/van beide
kanten • aan/naar/van alle kanten ∗ (~ (shot)
schot uit beide lopen

right-angled /'raɪtæŋgld/ [bnw] rechthoekig

right-down [bijw] • echt • door en door

righteous /'raɪtʃəs/ [bnw] • rechtschapen
• rechtmatig

rightful /'raɪtfʊl/ [bnw] • rechtmatig • rechtvaardig

right-hand /raɪt'hænd/ [bnw] rechts ∗ ~
man (mil.) rechterman; rechterhand

right-handed /raɪt'hændɪd/ [bnw] rechts, met de
rechterhand, voor de rechterhand gemaakt

right-hander /raɪt'hændə/ [znw] • iem. die rechts
is • klap met de rechterhand

rightist /'raɪtɪst/ **I** [znw] rechts georiënteerde
II [bnw] rechts(georiënteerd)

rightly /'raɪtlɪ/ [bnw] • terecht, juist • rechtvaardig

right-minded /raɪt'maɪndɪd/ [bnw] rechtgeaard

rightness /raɪtnɪs/ → **right**

right-wing [bnw] rechts, tot de rechtervleugel
behorend

right-winger [znw] lid v.d. rechtervleugel

rigid /'rɪdʒɪd/ [bnw] • stijf • onbuigzaam, streng

rigidity /rɪ'dʒɪdətɪ/ [znw] starheid

rigmarole /'rɪgmərəʊl/ **I** [znw] • rompslomp
• gezwam, onzinnig verhaal **II** [bnw]
onsamenhangend

rigor /'rɪgə/ [znw] koortsrilling ∗ ~ mortis
lijkstijfheid

rigorous /'rɪgərəs/ [bnw] streng, hard

rigour /'rɪgə/ [znw] strengheid, hardheid ∗ ~s
verschrikkingen

rile /raɪl/ [ov ww] kwaad maken

rill /rɪl/ [znw] beekje

rim /rɪm/ **I** [ov ww] van een rand voorzien **II** [znw]
• rand • velg • (bril)montuur

rime /raɪm/ **I** [ov ww] • met rijp bedekken • rijmen
II [znw] • rijm • rijp

rimless /'rɪmləs/ [bnw] zonder rand

rind /raɪnd/ **I** [ov ww] van de schors ontdoen
II [znw] • (kaas)korst, schors, schil • (spek)zwoerd
∗ a thick rind 'n huid als een olifant

rinderpest /'rɪndəpest/ [znw] veepest

ring /rɪŋ/ **I** [ov ww] • bellen, laten klinken, luiden
• opbellen • ringen, ring aandoen • omringen
∗ does that ring a bell? zegt dat je iets?; gaat je
een licht op? ∗ ring (the curtain) down eindigen,
beëindigen ∗ ring the bell bellen **II** [znw] • ring
• kring • kliek, combinatie • circus, (ren)baan
• klank • geluid, gebel ∗ give a ring bellen;
opbellen ∗ ring finger ringvinger ∗ ring road
rondweg ∗ run rings round a p. iem. ver achter z.
laten ∗ the ring het boksen; de bookmakers; de
bookmakers; het circus ∗ there's a ring er wordt
gebeld ∗ three rings driemaal bellen

ringbark /'rɪŋbɑ:k/ [ov ww] ringen (v. bomen)

ring-binder [znw] ringband, multomap

ringer /'rɪŋə/ [znw] • klokkenluider • werpring die
om pin valt

R

ringleader/'rɪŋliːdə/ [znw] raddraaier
ringlet/'rɪŋlɪt/ [znw] haarkrulletje
ringleted/'rɪŋlətɪd/ [bnw] gekruld ‹v. haar›, krullend • ringlety
ringman/'rɪŋmən/ [znw] bookmaker
ringmaster/'rɪŋmɑːstə/ [znw] pikeur
ringside/'rɪŋsaɪd/ [bnw] aan de kant v.d. ring ‹bij boksen›
ringtail/'rɪŋteɪl/ [znw] • kiekendief • jonge steenarend • buidelrat
ringworm/'rɪŋwɜːm/ [znw] ringworm
rink/rɪŋk/ I [on ww] (rol)schaatsen II [znw] • ijs(hockey)baan • rolschaatsbaan
rinse/rɪns/ I [ov ww] (om)spoelen II [znw] spoeling
riot/'raɪət/ I [ov ww] ★ riot out one's life er op los leven ★ (~ away) verbrassen II [on ww] • oproer maken, samenscholen • de beest uithangen, een los leventje leiden III [znw] • oproer, rel • vrolijke bende, losbandigheid • a riot of colour bonte kleurenpracht • run riot de vrije loop laten; wild opgroeien/worden; doorslaan
rioter/'raɪətə/ [znw] oproermaker
riotous/'raɪətəs/ [bnw] oproerig
rip/rɪp/ I [ov ww] • losscheuren, openscheuren, openrijten • tornen • splijten ★ let it/things rip de boel maar laten waaien ★ the storm ripped the roof off door de storm waaiden alle pannen van het dak ★ (~ up) openrijten II [on ww] • zich laten gaan • snellen • met de draad mee zagen ★ let her rip laat haar maar gaan III [znw] • scheur, torn • oude knol • losbol, slet
riparian/raɪ'peərɪən/ [bnw] aan/op de oever
rip-cord/'rɪpkɔːd/ [znw] trektouw ‹v. parachute›
ripe/raɪp/ [bnw] rijp, belegen ★ ripe lips volle rode lippen
ripen/'raɪpən/ [ov + on ww] rijp maken/worden
rip-off/znw] afzetterij, zwendel
riposte/rɪ'pɒst/ I [ov + on ww] ad rem antwoorden II [on ww] riposteren (schermen) [znw] gevat antwoord
ripper/'rɪpə/ [znw] • tornmesje • prima vent/meid, prachtexemplaar
ripping/'rɪpɪŋ/ [bnw] fantastisch, reuze ★ ~ panel noodluik ‹v. vliegtuig›
ripple/'rɪpl/ I [ov ww] repelen II [on ww] • rimpelen • kabbelen, murmelen III [znw] • rimpeling, golfje(s) • gekabbel, geroezemoes • repel ★ it excited ~s of interest het wekte hier en daar/nu en dan wat belangstelling
ripplecloth/'rɪplklɔθ/ [znw] peignoirstof
rip-roaring[bnw] luidruchtig, oorverdovend
ripsaw/'rɪpsɔː/ [znw] schulpzaag
riptide/'rɪptaɪd/ [znw] tijstroom
rise/raɪz/ I [ov ww] ★ he did not rise a fish all day hij heeft de hele dag geen beet gehad II [on ww] • groter/hoger worden, opkomen, (ver)rijzen, stijgen, wassen • (zich) opsteken, (zich) verheffen • boven komen • hoog zijn • uiteengaan ‹v. vergadering› • opstaan • opgaan, omhooggaan • opgroeien ★ her colour rose zij kreeg (meer) kleur ★ rise and shine op en monter ★ rise at a p. iem. staande hulde brengen ★ rise in arms de wapens opnemen ★ rise in rebellion in opstand komen ★ rise in the world carrière maken ★ rise upon the view in 't zicht komen ★ spirits rose de stemming werd beter ★ (~ from) ontspringen uit, voortkomen uit ★ (~ to) 't aankunnen ★ he did not rise to the occasion hij wist niet wat hem te doen stond ★ (~ up) in opstand komen III [znw] • helling, verhoging • opslag • oorsprong, aanleiding • 't bovenkomen • stootbord ★ get/take

a rise out of a p. iem. nijdig maken ★ give rise to aanleiding geven tot ★ have/take its rise in zijn oorsprong vinden in ★ prices are on the rise de prijzen gaan omhoog
risen/rɪzn/ volt. deelw. → **rise**
riser/'raɪzə/ [znw] ★ an early ~ iem. die (altijd) vroeg opstaat
risibility/rɪzəbɪlətɪ/ [znw] • lachlust • gelach
risible/'rɪzɪbl/ [bnw] • lachlustig • lach-
rising/'raɪzɪŋ/ I [znw] • opstand • gezwel, puist II [bnw] opkomend ★ he is ~ 14 hij wordt 14 ★ ~ ground oplopend terrein
risk/rɪsk/ I [ov ww] riskeren, wagen II [znw] risico, gevaar ★ at the risk of voor risico van; op gevaar van ★ run risks gevaar lopen ★ run the risk of het risico lopen te/van
risky/'rɪskɪ/ [bnw] gewaagd
rissole/'rɪsəʊl/ [znw] rissole
rite/raɪt/ [znw] • plechtigheid • ritus
ritual/'rɪtʃʊəl/ I [znw] • ritueel • rituaal II [bnw] ritueel
ritzy/'rɪtsɪ/ [bnw] chic, luxueus
rival/'raɪvəl/ I [ov ww] wedijveren met, trachten te evenaren II [znw] mededinger, medeminnaar ★ without a ~ ongeëvenaard III [bnw] mededingend, concurrerend
rivalry/'raɪvəlrɪ/ [znw] rivaliteit, wedijver
rive/raɪv/ [ov ww] (vaneen) scheuren, rukken, splijten
river/'rɪvə/ [znw] • rivier • stroom
riverbank/'rɪvəbæŋk/ [znw] rivieroever, waterkant
river-bed/'rɪvəbed/ [znw] rivierbedding
riverhorse/'rɪvəhɔːs/ [znw] nijlpaard
riverine/'rɪvəraɪn/ [bnw] rivier-
riverside/'rɪvəsaɪd/ I [znw] oever II [bnw] aan de oever
rivet/'rɪvɪt/ I [ov ww] • (vast)klinken • boeien ‹ook fig.›, vestigen (de ogen), concentreren (de aandacht) ★ be ~ed vastgenageld zijn; vastzitten II [znw] klinknagel
riveting/'rɪvɪtɪŋ/ [bnw] betoverend, meeslepend, fantastisch
rivulet/'rɪvjʊlət/ [znw] riviertje, beekje
rixdollar/rɪks'dɒlə/ [znw] rijksdaalder
rms. [afk] ★ (rooms) kamers
R.N. [afk] ★ (Royal Navy) Koninklijke Marine ★ (registered nurse) gediplomeerd verpleegkundige
roach/rəʊtʃ/ [znw] • voorn • ‹scheepv.› gilling ★ as sound as a ~ zo gezond als een vis
road/rəʊd/ [znw] • (straat)weg • ‹scheepv.› rede ★ get out of one's/the road uit de weg gaan ★ give a p. the road iem. laten passeren ★ in one's/the road in de weg ★ on the road op/bij de weg; op weg; op de baan; op tournee ★ one for the road afzakkertje ★ road roller wegwals ★ road sense verkeersinzicht ★ road test proefrit ★ take the road of voorrang hebben boven ★ (gesch.) take to the road struikrover worden
roadblock/'rəʊdblɒk/ [znw] wegversperring
roadbook/'rəʊdbʊk/ [znw] reiswijzer
roadhog/'rəʊdhɒg/ [znw] wegpiraat
road-holding[znw] wegligging
road-house/'rəʊdhaʊs/ [znw] groot restaurant aan hoofdweg
roadpricing/'rəʊdpraɪsɪŋ/ [znw] tol
road-service[znw] wegenwacht
roadside/'rəʊdsaɪd/ I [znw] kant v.d. weg II [bnw] aan de kant v.d. weg
roadsign/'rəʊdsaɪn/ [znw] verkeersbord
roadstead/'rəʊdsted/ [znw] rede
roadster/'rəʊdstə/ [znw] • rijpaard • toerauto

R

• **toerfiets**
road-stud[znw] verkeersspijker
roadway/'rəudweɪ/ [znw] rijweg
roadworks/'rəudwɜːks/ [mv] werk aan de weg(en), werk in uitvoering
roadworthy/'rəudwɜːðɪ/ [bnw] geschikt voor het verkeer
roam/rəum/ I [ov + on ww] zwerven (door) II [znw] zwerftocht ‹te voet›
roamer/'rəumə/ [znw] zwerver
roan/rəun/ I [znw] vos (paard), bonte koe II [bnw] bont
roar/rɔː/ I [ov + on ww] brullen, bulderen • (~ **again**) weergalmen II [on ww] • loeien, razen • rollen ‹v. donder› • snuiven III [znw] • set the table in a roar de gasten doen schateren
roaring/'rɔːrɪŋ/ [bnw] • ~ forties onstuimig gedeelte v. Atlantische Oceaan (40° - 50° NB) • ~ health blakende welstand • ~ night stormachtige/luidruchtige avond/nacht
roast/rəust/ I [ov + on ww] • braden, roosteren • branden II [ov ww] in de maling nemen III [znw] gebraad • rule the ~ de lakens uitdelen IV [bnw] geroosterd
roaster/'rəustə/ [znw] • braadoven, roostoven • koffiebrander • braadvarken • aardappel om te bakken
roasting/'rəustɪŋ/ [znw] uitbrander • give s.o. a ~ iem. de mantel uitvegen
rob/rɒb/ [ov + on ww] (be)roven, (be)stelen • rob Peter to pay Paul een gat maken om het andere te stoppen • (~ **of**) stelen van
robber/'rɒbə/ [znw] dief, rover
robbery/'rɒbərɪ/ [znw] roof, diefstal
robe/rəub/ I [ov ww] (be)kleden, zich kleden II [znw] • kamerjas • toga, ambtsgewaad • robe, gewaad • lange babyjurk • gentlemen of the robe rechtsgeleerden • the long robe (toga van) rechtsgeleerden of geestelijkheid
robin/'rɒbɪn/ [znw] roodborstje • ~'s egg blue turquoise • round ~ verzoekschrift met handtekeningen in een cirkel
robot/'rəubɒt/ [znw] • robot • onbemand projectiel
robust/rəu'bʌst/ [bnw] • fors, niet kinderachtig • inspannend
rochet/'rɒtʃɪt/ [znw] rochet, superplie
rock/rɒk/ I [ov + on ww] • schommelen, wieg(el)en • (doen) wankelen II [znw] • rots(blok), steen • kandij, suikerstok • rock(muziek) • on the rocks op zwart zaad; met ijs ‹v. drankje›; wankel; op springen • rock climbing het bergbeklimmen • rock face rotswand • rock salmon koolvis
rock-bottom/rɒk'bɒtəm/ [bnw] rotsbodem • ~ prices laagst mogelijke prijzen
rocker/'rɒkə/ [znw] • nozem (in zwart leer) • gebogen hout onder wieg • ‹AE› schommelstoel • off one's ~ gek; niet goed wijs
rockery/'rɒkərɪ/ [znw] rotspartij
rocket/'rɒkɪt/ I [on ww] omhoog schieten II [znw] • raket • damastbloem • uitbrander • ~ bomb V2-raket • ~ launcher raketwerper; bazooka
rock-garden[znw] rotstuin
Rockies/'rɒkɪz/ [znw] de Rocky Mountains, het Rotsgebergte
rocking/'rɒkɪŋ/ [bnw] • ~ chair schommelstoel • ~ horse hobbelpaard
rock-'n-roll[znw] rock-'n-roll
rock-oil[znw] petroleum
rocky/'rɒkɪ/ [bnw] • rotsachtig • gammel, wankel • the Rocky Mountains de Rocky Mountains; het Rotsgebergte
rod/rɒd/ [znw] • staf, staaf, stang • hengelroede,

hengelaar • roede ‹ 5 m.› • a rod in pickle for you een appeltje met jou te schillen • angling rod hengel • kiss the rod zijn straf gelaten ondergaan; de roede kussen • make a rod for one's own back zijn eigen graf graven
rode/rəud/ verl. tijd → ride
rodent/'rəudnt/ I [znw] knaagdier II [bnw] knagend
rodeo/rəu'deɪəu/ [znw] rodeo
roe/rəu/ [znw] ree • hard roe kuit • soft roe hom
roebuck/'rəubʌk/ [znw] reebok
roentgenogram/rɒnt'genəgræm/ [znw] röntgenfoto
rogation/rəu'geɪʃən/ [znw] • Rogation Sunday zondag voor hemelvaartsdag • Rogation days kruisdagen • Rogation week week voor hemelvaartsdag • Rogations litanie v.d. kruisdagen
roger/'rɒdʒə/ [tw] • begrepen • akkoord
rogue/rəug/ [znw] • gladjanus, fielt, schelm • guit • uitgestoten buffel/olifant
roguery/'rəugərɪ/ [znw] schelmenstreken
roguish/'rəugɪʃ/ [bnw] schurkachtig
roisterer/'rɔɪstərə/ [znw] branieschopper
role/rəul/ [znw] rol
roll/rəul/ I [ov ww] • (op)rollen, wentelen, doen kronkelen • pletten, walsen • (~ **along/on**) voortrollen • (~ **over**) omver rollen, omver gooien • (~ **up**) oprollen II [on ww] • rollen, rijden • woelen • wentelen, kronkelen, golven • roffelen • he is rolling in money hij zwemt in 't geld • the bill is rolling up de rekening loopt op • the mule tried to roll de muilezel probeerde de last af te werpen • (~ **along/on**) voortrollen • (~ **out**) eruit rollen, zich ontrollen • (~ **over**) omdraaien III [znw] • rol • wals • krul • broodje • lijst • tonneau
roll-back[znw] prijsverlaging
roll-call/'rəulkɔːl/ [znw] appel
rolled/rəuld/ [bnw] • ~ beef rollade • ~ gold doublé • ~ oats havermout
roller/'rəulə/ [znw] roller, rol(letje), wals • ~ coaster roetsjbaan • ~-bearing rollager • ~-skate rolschaats • ~-towel handdoek op rol
rollick/'rɒlɪk/ [on ww] dartelen, pret maken • ~ing dartel; uitgelaten
rolling/'rəulɪŋ/ [bnw] golvend, deinend • ~ stock rijdend materieel • ~ stone zwerver
rolling-pin[znw] deegrol
roll-on[znw] • ~ roll-off ferry rij-op-rij-af veerboot
roll-top[bnw] • ~ desk cilinderbureau
roly-poly/rəulɪ'pəulɪ/ I [znw] • (~ **pudding**) vruchtenpudding II [bnw] mollig
Romaic/rəu'meɪɪk/ I [znw] Nieuw-grieks II [bnw] Nieuw-grieks
Roman/'rəumən/ I [znw] • rooms-katholiek • Romein II [bnw] • Romeins • rooms(-katholiek) • ~ balance/beam/steelyard unster • ~ collar priesterboord • ~ letter(s) type romein; staande drukletter • ~ nose arendsneus • ~ numerals Romeinse cijfers
romance/rəu'mæns/ I [on ww] • fantaseren • romantisch doen II [znw] • romantisch verhaal • romance • 't romantische
Romanesque/rəumə'nesk/ I [znw] Romaanse stijl II [bnw] Romaans
Romania/rəu'meɪnɪə/ [znw] Roemenië
Romanian/rəu'meɪnɪən/ I [znw] • Roemeen(se) • Roemeens II [bnw] Roemeens
Romanic/rəu'mænɪk/ I [znw] romaans II [bnw] romaans

R

Romanist/'rəʊmənɪst/ [znw] • roomsgezinde
• romanist

romantic/rəʊ'mæntɪk/ **I** [znw] romanticus
II [bnw] romantisch

romanticism/rəʊ'mæntɪsɪzəm/ [znw] romantiek

romanticist/rəʊ'mæntɪsɪst/ [znw] romanticus

romanticize/rəʊ'mæntɪsaɪz/ **I** [ov ww]
romantisch maken **II** [on ww] romantisch doen

Romany/'romənɪ/ **I** [znw] zigeunertaal **II** [bnw]
zigeuner-

romp/romp/ **I** [on ww] stoeien, ravotten ★ romp
past/in/home op zijn sloffen inhalen/winnen
II [znw] • robbedoes, wildebras ★ stoeipartij

romper(s)/'rompə(z)/ [znw] kruippakje

rompy/'rompɪ/ [bnw] wild

rood/ru:d/ [znw] ★ kruisbeeld ⟨op koorhek⟩ ★ roede
⟨1/4 acre= 10 are⟩

rood-screen/ru:dskri:n/ [znw] koorhek

roof/ru:f/ **I** [ov ww] onder dak brengen, overdekken
II [znw] dak ★ be under a p.'s roof iemands gast
zijn ★ roof garden daktuin ★ roof of the mouth
verhemelte ★ roof rack imperiaal

roofage/'ru:fɪdʒ/ [znw] dakwerk

roofer/'ru:fə/ [znw] • dakwerker • bedankbrief v.
vertrokken gast

roofing/'ru:fɪŋ/ [znw] • dakbedekking
• dekmateriaal

roofless/'ru:fləs/ [bnw] • zonder dak • dakloos

rooftop/'ru:ftop/ [znw] dak

rook/rʊk/ **I** [ov ww] • afzetten, afleggen • vals
spelen **II** [znw] • roek • toren ⟨schaakspel⟩
• valsspeler

rookery/'rʊkərɪ/ [znw] • roekennesten • kolonie ⟨v.
pinguïns, zeehonden e.d.⟩ • krottenbuurt

rookie/'rʊkɪ/ [znw] rekruut

room/ru:m/ **I** [on ww] ⟨AE⟩ op ⟨een⟩ kamer(s) wonen
★ room together met iem. op één kamer wonen
★ room with a p. met iem. op één kamer wonen
II [znw] • kamer, zaal • ruimte, plaats
• gelegenheid, aanleiding ★ I prefer his room to
his company ik zie hem liever gaan dan komen
★ changing room kleedkamer ★ he came in my
room/in the room of his father hij kwam in
mijn/zijn vaders plaats; hij volgde mij/zijn vader
op ★ no room for hope geen hoop meer ★ no
room to swing a cat je kunt je er niet wenden of
keren ★ room service bediening op de ⟨hotel⟩kamer
★ there's room for improvement er kan nog wel
wat verbeterd worden

roomer/'ru:mə/ [znw] kamerbewoner

roomie/'ru:mɪ/ [znw] kamergenoot

rooming-house ⟨AE⟩ [znw] pension

room-mate/'ru:mmeɪt/ [znw] kamergenoot

roomy/'ru:mɪ/ [bnw] ruim, breed

roost/ru:st/ **I** [on ww] • op stok gaan • huizen
II [znw] roest, ⟨kippen⟩stok, nachthok ★ at ~ op
stok; in bed ★ go to ~ op stok gaan ★ he had his
chickens come home to ~ hij kreeg zijn trekken
thuis ★ his curses came home to ~ zijn vloeken
kwamen op zijn eigen hoofd neer

rooster/'ru:stə/ [znw] haan

root/ru:t/ **I** [ov ww] • doen wortelschieten • doen
grondvesten • omhoogwroeten, omwroeten
★ rooted to the ground/spot als aan de grond
genageld • (~ out) te voorschijn brengen,
opscharrelen, opsnorren • (~ up) omwroeten
II [on ww] • inwortelen, wortelschieten • zich
grondvesten • schuffelen ⟨AE⟩ steunen • (~ for)
zich inzetten voor **III** [znw] • wortel • biet • kern,
bron, grondslag ★ be/lie at the root of ten
grondslag liggen aan ★ have its root(s) in
wortelen in ★ pull up by the roots met wortel en

tak uitroeien ★ root and branch grondig; totaal
★ root crop wortelgewas;
wortel-/rapen-/knollenoogst ★ root idea
kerngedachte; grondgedachte ★ square root
vierkantswortel ★ strike/take root wortel schieten
★ third etc. root 3e enz. machtswortel

rootless/'ru:tləs/ [bnw] • ontworteld, ontheemd
• zonder voorgeslacht

rootstock/'ru:tstok/ [znw] wortelstok

rope/rəʊp/ **I** [ov ww] • ⟨vast⟩binden • met 'n lasso
vangen • (~ in) binnenlokken, omsluiten,
insluiten, afperken met touw, inpalmen,
binnenhalen • (~ up) vastbinden **II** [on ww]
• opzettelijk verliezen ⟨paardenrennen⟩
• draderig worden **III** [znw] • ⟨dik⟩ touw, kabel,
koord • snoer • lasso • give a p. rope ⟨to hang
himself⟩ iem. de vrije hand laten ⟨om zijn eigen
ondergang te bewerken⟩ ★ know the ropes weten
waar men zijn moet; van wanten weten ★ on the
high ropes opgewonden; woedend; hautain ★ put
a p. up to the ropes iem. op de hoogte brengen
★ rope of sand zijden draadje ★ the rope de strop
★ the ropes de touwen ⟨v. boksring⟩ ★ twist a
rope of sand monnikenwerk doen

rope-ladder [znw] touwladder

rope-railway [znw] kabelspoor

rope-walk [znw] lijnbaan

ropy/'rəʊpɪ/ [bnw] • als ⟨dik⟩ touw • draderig,
slijmerig

ro-ro [znw] rij-op-rij-af ⟨veerboot⟩

rosary/'rəʊzərɪ/ [znw] • rozenkrans • rozenpark,
rozentuin

rose/rəʊz/ **I** [ww] o.v.t. → rise **II** [znw] • roos
• rozet⟨venster⟩ • roze • sproeidop ★ gather roses
vreugde scheppen in 't leven ★ rose of May witte
narcis ★ under the rose onder ons gezegd
III [bnw] roze

roseate/'rəʊzɪət/ [bnw] rooskleurig, roze

rosebay/'rəʊzbeɪ/ [znw] • azalea • oleander
• wilgenroosje • rododendron

rosebed/'rəʊzbed/ [znw] rozenperk

rosebud/'rəʊzbʌd/ [znw] • rozenknopje • fris jong
meisje • ⟨AE⟩ debutante

rose-chafer [znw] rozenkevertje

rose-coloured [bnw] rooskleurig ⟨ook fig.⟩

rose-drop [znw] huiduitslag

rose-hip [znw] rozenbottel

rosemary/'rəʊzmərɪ/ [znw] rozemarijn

roseola/rəʊ'zi:ələ/ [znw] • rode uitslag bij mazelen
• rode hond

rose-rash [znw] • rode uitslag bij mazelen • rode
hond

rosette/rəʊ'zet/ [znw] rozet

rose-water [znw] rozenwater ★ he got a ~
treatment hij werd in de watten gelegd

rose-window [znw] roosvenster

rosewood/'rəʊzwʊd/ [znw] rozenhout

Rosicrucian/rəʊzɪ'kru:ʃən/ **I** [znw] Rozenkruiser
II [bnw] van de Rozenkruisers

rosin/'rozɪn/ **I** [ov ww] met hars bestrijken **II** [znw]
⟨viool⟩hars

roster/'rostə/ [znw] dienstrooster

rostra/'rostrə/ [mv] → rostrum

rostrum/'rostrəm/ [znw] • spreekgestoelte,
podium, publieke tribune • snavel

rosy/'rəʊzɪ/ [bnw] • roze • rooskleurig

rot/rot/ **I** [ov ww] • doen rotten, bederven • er
tussen nemen **II** [on ww] • rotten, verrotten,
bederven • onzin verkopen **III** [znw] • rotheid,
rotte plek • onzin • pech • leverziekte ⟨bij schapen⟩

rota/'rəʊtə/ [znw] ⟨dienst⟩rooster

Rota/'rəʊtə/ [znw] Rota ⟨hoogste kerkelijke

rechtbank〉

rotary /'rəʊtərɪ/ **I** [znw] rotatiepers **II** [bnw]
• roterend; volgens rooster * Rotary (Club)
Rotary club

rotate /rəʊ'teɪt/ [ov + on ww] • draaien, wentelen
• rouleren

rotation /rəʊ'teɪʃən/ [znw] → **rotate** * ~ of
crops wisselbouw

rote /rəʊt/ [znw] * say by rote van
buiten/machinaal opzeggen

rotogravure /rəʊtəgrə'vjʊə/ [znw] rotogravure

rotor /'rəʊtə/ [znw] (draai)wiek v.e. helikopter

rotten /'rɒtn/ [bnw] • (ver)rot • corrupt
• waardeloos, beroerd, slecht * ~ borough
vervallen stad die nog in Parlement
vertegenwoordigd was (voor 1832/Engeland)

rotten-ripe [bnw] beurs

rotten-stone [znw] poets-/polijstpoeder

rotter /'rɒtə/ [znw] mispunt, vent/vrouw van niks

rotund /rəʊ'tʌnd/ [bnw] • mollig, gezet
• gezwollen, hoogdravend

rotunda /rəʊ'tʌndə/ [znw] rotonde

rouble /'ru:bl/ [znw] roebel

roué /'ru:eɪ/ [znw] losbol

rouge /ru:ʒ/ [znw] • rouge • rood poetspoeder

rough /rʌf/ **I** [ov ww] • ruw maken • op scherp
zetten * ~ it 't nemen zoals 't valt; z. ontberingen
getroosten; 't hard te verduren hebben * ~ it out 't
uithouden * ~ s.o. up iem. in het harnas jagen
II [znw] • oneffen terrein • ruwe klant • ijsnagel
• voorlopige opzet, ruwe schets, klad * in the ~
globaal genomen; in ruwe staat * take the ~ with
the smooth 't nemen zoals 't valt * the ~(s) and
the smooth(s) de aangename en onaangename
kanten v.h. leven **III** [bnw] • ruw, ruig • guur,
stormachtig • onbeschaafd • hard, drastisch
• globaal * give a p. a lick with the ~ side of
one's tongue iem. een veeg uit de pan geven * ~
copy klad * ~ luck pech

roughage /'rʌfɪdʒ/ [znw] • ruwvoer • vezelrijk
voedsel

rough-and-ready /rʌfən'redɪ/ [bnw]
• onafgewerkt, praktisch, bruikbaar • ongedegeneerd

rough-and-tumble /rʌfən'tʌmbl/ **I** [znw]
gebakkelei, kloppartij **II** [bnw] onordelijk, in 't
wilde weg, ongeregeld

rough-cast /'rʌfkɑːst/ **I** [ov ww] ruw pleisteren
II [znw] ruwe pleisterkalk **III** [bnw] • ruw
gepleisterd • niet nader uitgewerkt, in grove trekken

rough-dry /'rʌfdraɪ/ **I** [ov ww] ongestreken laten
opdrogen (v. was) **II** [bnw] * ~ laundry
onopgemaakte was

roughen /'rʌfən/ [ov + on ww] ruw maken/worden

rough-hew /rʌf'hjuː/ [ov ww] een ruw ontwerp
maken * ~n ruw; grof

rough-house /'rʌfhaʊs/ **I** [on ww] ongenadig op de
kop geven **II** [on ww] keet/heibel maken **III** [znw]
keet, heibel

roughly /'rʌflɪ/ [bijw] zowat, ongeveer * ~
speaking globaal genomen

roughneck /'rʌfnek/ [znw] ruwe klant

rough-rider [znw] pikeur

roughshod /'rʌfʃɒd/ [bnw] op scherp gezet * ride ~
over met voeten treden; ringeloren

rough-spoken [bnw] ruw in de mond

roulette /ru:'let/ [znw] roulette

round /raʊnd/ **I** [ov ww] • rond maken, ronden,
afronden • varen om, komen om * (~ **down**)
afronden • (~ **up**) bijeendrijven, razzia houden,
oppakken **II** [on ww] • rond worden, z. ronden • z.
omdraaien • (~ **out**) boller worden **III** [znw]
• ronde, rondte, omvang, kring, reeks • sport (v.

ladder) • snee, schijf, plak • canon • toer (breien)
* go/make the ~ de ronde doen * in all the ~ of
Nature in de hele natuur * in the ~ open en bloot
* ~ of ammunition patroon; granaat * ~ of fire
salvo **IV** [bnw] • rond • afgerond • ~ trip
rondreis; heen- en terugreis **V** [bijw] • rond, om
• in 't rond, rondom * I'll be ~ at 6 ik kom om 6
uur * ~ all ~ overal; in alle opzichten * order the
car ~ de wagen laten voorkomen * ~ about in 't
rond; langs een omweg * show s.o. ~ iem.
rondleiden **VI** [vz] * ~ the world de wereld rond

roundabout /'raʊndəbaʊt/ **I** [znw] • omweg
• omhaal • draaimolen • verkeersrotonde **II** [bnw]
• gezet • omslachtig, wijdlopig * ~ traffic
rondlopend verkeer; éénrichtingsverkeer

rounded /'raʊndɪd/ [bnw] (af)gerond, met ronde
hoeken

roundel /'raʊndl/ [znw] • schijfje, rond plaatje
• medaillon • rondeau

rounder /'raʊndə/ [znw] • zatlap • run (bij
'rounders')

rounders /'raʊndəz/ [mv] soort honkbal

round-eyed /raʊnd'aɪd/ [bnw] met grote ogen

roundhouse /'raʊndhaʊs/ [znw] • (AE)
locomotiefloods • (gesch.) gevangenis

roundly /'raʊndlɪ/ [bijw] botweg, rondweg, ronduit

roundsman /'raʊndzmən/ [znw] • bezorger • (AE)
controleur v. wachtposten

round-the-clock [bnw + bijw] de klok rond, de
hele nacht door

roundup /'raʊndʌp/ [znw] • razzia • 't
bijeendrijven (v. vee)

rouse /raʊz/ **I** [ov ww] • prikkelen • wakker maken,
(op)wekken, opschrikken • (~ **up**) opjagen,
aanporren, wakker schudden **II** [on ww] wakker
worden * ~ o.s. wakker worden

rouser /'raʊzə/ [znw] • kraan (fig.) • iets waar je
van omvalt (fig.)

rousing /'raʊzɪŋ/ [bnw] kolossaal

roust /raʊst/ (AE) [ov ww] • (~ **out**) verdrijven,
uitroeien

roustabout /'raʊstəbaʊt/ [znw] • (los) werkman,
ongeschoolde arbeider • landarbeider (Austr.)
• (AE) dokwerker, dekknecht

rouster /'raʊstə/ [znw] dekknecht, dokwerker

rout /raʊt/ **I** [ov ww] totaal verslaan **II** [znw]
• vlucht • bende * put to rout totaal verslaan

route /ru:t/ [znw] • route • marsorder • en –
onderweg

route-march /'ru:tmɑːtʃ/ [znw] (oefen)mars

routine /ru:'ti:n/ [znw] • routine • vaste regel
• sleur * ~ duties dagelijkse plichten

rove /rəʊv/ **I** [ov + on ww] rondzwerven (door),
ronddolen (door), dwalen (door) * have a roving
eye (steeds) naar andere vrouwen/mannen kijken
II [znw] zwerftocht

rover /'rəʊvə/ [znw] • zwerver • zeeschuimer

row /rəʊ/ **I** [ov + on ww] • roeien (tegen) • (~ **down**)
inhalen bij het roeien **II** [on ww] /raʊ/ een standje
maken **III** [on ww] /raʊ/ ruzie hebben, opspelen
IV [znw] • /rəʊ/ rij • /rəʊ/ huizenrij, straat • /rəʊ/
/ roeitochtje • /raʊ/ herrie, drukte • /raʊ/ ruzie
* be in a row with ruzie hebben met * make/kick
up a row herrie schoppen * what's the row wat is
er aan de hand

row-de-dow /'raʊdɪdaʊ/ [znw] herrie

rowdy /'raʊdɪ/ **I** [znw] lawaaischopper, ruwe klant
II [bnw] lawaaierig

rower /'rəʊə/ [znw] roeier

rowing [znw] • /'raʊɪŋ/ uitbrander • /'rəʊɪŋ/ 't
roeien

rowlock /'rɒlək/ [znw] dol(pin)

R

royal/ˈrɔɪəl/ **I** [znw] lid v. Koninklijk huis **II** [bnw]
• konings-, koninklijk • schitterend, heerlijk
★ Royal Academy/Society Koninklijk Academie v.
Schone Kunsten/Wetenschappen ★ ~ blue
diepblauw ★ ~ evil klierziekte ★ ~ fern
koningsvaren ⟨gesch.⟩ ~ oak eik waarin Karel II
v. Engeland zich verborgen hield na de slag bij
Worcester in 1651 ★ there's no ~ road to virtue de
weg naar de volmaaktheid gaat niet over rozen

royalism/ˈrɔɪəlɪzəm/ [znw] koningsgezindheid

Royalist/ˈrɔɪəlɪst/ **I** [znw] royalist, koningsgezinde
★ ⟨AE⟩ economic ~ aan eigen principes verbeten
vasthoudend econoom **II** [bnw] koningsgezind

Royals/ˈrɔɪəlz/ [mv] ★ the ~ 1e Regiment
Infanterie; mariniers

royalty/ˈrɔɪəltɪ/ [znw] • koningschap, koninklijke
waardigheid • vergunning v.d. Kroon • vorstelijke
personen • royalty • royalties leden v. koninklijke
familie; rechten door Kroon verleend

r.p.m./ɑ:pi:ˈem/ [afk] • (revolutions per minute)
omwentelingen per minuut

R.R. [afk] • (railroad) spoorlijn

R.S. [afk] • (Royal Society) Academie voor
Wetenschappen

R.S.P.C.A. [afk] • (Royal Society for the
Protection of Cruelty to Animals)
dierenbescherming

Rt.Hon. [afk] • (Right Honourable) Zeer Geachte

Rt.Rev. [afk] • (Right Reverend) zeereerwaarde

rub/rʌb/ **I** [ov ww] • poetsen, boenen • inwrijven,
afwrijven • schuren ★ rub a p. up the wrong way
iem. prikkelen; iem. kwaad maken ★ rub
elbows/shoulders with in aanraking komen met
★ rub noses de neuzen tegen elkaar wrijven ★ rub
one's hands zich in de handen wrijven • (~
down) afwrijven, stevig afdrogen, roskammen
• (~ **in**) inwrijven, er in stampen ⟨v. les⟩, (blijven)
doorzagen over • rub it in (to a p.) het iem.
inpeperen • (~ **off**) eraf wrijven • (~ **out**) eruit
wrijven, om zeep helpen • (~ **together**) tegen
elkaar wrijven • (~ **up**) opwrijven, opfrissen,
fijnwrijven, door elkaar mengen/wrijven
II [on ww] • (~ **along**) voortsukkelen, goed op
kunnen schieten • (~ **off**) er langzaam af gaan, er
af slijten • (~ **out**) door wrijven verdwijnen
III [znw] • poetsbeurt • moeilijkheid, hindernis
• robber ★ I've given him a rub (down) ik heb 'm
eens even onder handen genomen • give it a rub
het eens opwrijven ★ there's the rub daar zit 'm de
kneep ★ those who play at bowls must look for
rubs wie kaatst moet de bal verwachten

rub-a-dub/ˈrʌbədʌb/ [znw] tromgeroffel

rubber/ˈrʌbə/ **I** [ov ww] met rubber overtrekken,
met rubber voeren **II** [znw] • masseur
• badhanddoek • wrijflap, wrijfkussen • rubber,
gummi, elastiek • robber ★ ~ plant rubberplant;
ficus ★ ⟨AE⟩ ~s overschoenen ★ the ~ de winnende
robber **III** [bnw] ★ ~ band elastiekje ★ ~ sheath
condoom ★ ~ stamp stempel

rubberneck/ˈrʌbənek/ ⟨AE⟩ [znw] nieuwsgierige

rubber-stamp [znw] stempel

rubbery/ˈrʌbərɪ/ [bnw] rubberachtig

rubbing/ˈrʌbɪŋ/ [znw] wrijfsel, rubbing ★ brass ~
het maken van een afdruk van een koperen reliëf

rubbish/ˈrʌbɪʃ/ [znw] • rommel • onzin ★ ~ bin
vuilnisemmer

rubbishy/ˈrʌbɪʃɪ/ [bnw] • waardeloos, rijp voor de
vuilnishoop, voor de vullis • vol rommel

rubble/ˈrʌbl/ [znw] • puin • brokken natuursteen
• gletsjerpuin

rubicund/ˈru:bɪkʌnd/ [bnw] blozend

rubric/ˈru:brɪk/ [znw] rubriek

ruby/ˈru:bɪ/ **I** [znw] • robijn • vurige steenpuist
• robijnrood • rode wijn, bloed **II** [bnw] • robijnen
• robijnrood

ruche/ru:ʃ/ [znw] ruche

ruck/rʌk/ **I** [ov ww] plooien • (~ **up**) (ver)kreukelen
II [on ww] verkreukelen **III** [znw] • kreukel • (de)
massa

rucksack/ˈrʌksæk/ [znw] rugzak, ransel

ruction/ˈrʌkʃən/ [znw] herrie, ontevredenheid

rudder/ˈrʌdə/ [znw] • roer • richtsnoer

rudder-fish [znw] loodsmannetje ⟨vis⟩

rudderless/ˈrʌdələs/ [bnw] stuurloos

ruddy/ˈrʌdɪ/ [bnw] • verdomd(e) • rood, blozend
• rossig

rude/ru:d/ [bnw] • ruw • lomp • primitief,
onbeschaafd, woest • hard, streng • krachtig,
robuust ★ be rude to beledigen ★ rude things
grofheden

rudeness/ˈru:dnəs/ → **rude**

rudiment/ˈru:dɪmənt/ [znw] rudimentair orgaan

rudimentary/ru:dɪˈmentərɪ/ [bnw] • rudimentair
• in een beginstadium

rudiments/ˈru:dɪmənts/ [mv] • eerste beginselen,
kern • aanvangsstadium

rue/ru:/ [ov ww] berouw hebben over/van, treuren
om ★ rue for treuren om

rueful/ˈru:fʊl/ [bnw] verdrietig, treurig ★ knight of
the ~ countenance ridder van de droeve figuur

ruff/rʌf/ **I** [ov + on ww] (telkens) introeven **II** [znw]
• Spaanse plooikraag • verenkraag • kapduif
• kemphaan

ruffian/ˈrʌfɪən/ [znw] bullebak, schurk, woesteling

ruffianism/ˈrʌfɪənɪzəm/ [znw] gewelddadigheid

ruffianly/ˈrʌfɪənlɪ/ [bnw] bruut

ruffle/ˈrʌfəl/ **I** [ov ww] • verfrommelen, verstoren, in
de war brengen, verwarren • rimpelen • uit zijn
humeur brengen ★ ~ one's feathers zijn veren
opzetten; zich kwaad maken ★ ~ s.o. up iem.
kwaad maken ★ ~ the leaves of a book een boek
doorbladeren ★ ~ up a p.'s spirits iemands
gemoed in vuur en vlam zetten **II** [znw]
• rimpeling • kanten manchet, (geplooide) kraag,
jabot

rug/rʌg/ [znw] • (haard)kleedje • (reis)deken

rugby/ˈrʌgbɪ/ [znw] rugby

rugged/ˈrʌgɪd/ [bnw] • ruw, hobbelig • hoekig
• hard, stotend, nors • ⟨AE⟩ krachtig

rugger/ˈrʌgə/ ⟨inf.⟩ [znw] rugby

ruin/ˈru:ɪn/ **I** [ov ww] verleiden, te gronde richten,
vernielen, ruïneren **II** [znw] • ondergang • wrak
⟨fig.⟩ ★ bring to ruin te gronde richten
★ come/run to ruin te gronde gaan ★ ruin(s)
ruïne

ruination/ru:ɪˈneɪʃən/ [znw] • vernieling
• ondergang

ruinous/ˈru:ɪnəs/ [bnw] • verderfelijk
• bouwvallig, in puin

rule/ru:l/ **I** [ov ww] • heersen • trekken, liniëren
★ be ruled by z. laten leiden door ★ rule the roast
de lakens uitdelen • (~ **out**) uitsluiten **II** [on ww]
• heersen, regeren ★ the prices ruled high de prijzen
lagen hoog **III** [znw] • regel • streepje • liniaal,
duimstok • heerschappij, bestuur ★ as a rule in de
regel ★ bear rule de scepter zwaaien ★ by rule
volgens vaste regels; machinaal ★ rule book
reglement ★ rule of action gedragsregel ★ rule of
the road verkeersregels; het rechts/links houden
★ rule of thumb vuistregel ★ work to rule
modelactie houden

ruler/ˈru:lə/ [znw] • regeerder, heerser • liniaal

rulership/ˈru:ləʃɪp/ [znw] heerschappij

ruling/ˈru:lɪŋ/ **I** [znw] • beslissing, rechterlijke

uitspraak • liniëring **II** [bnw] leidend, heersend
rum/rʌm/ **I** [znw] • rum • ⟨AE⟩ sterke drank
II [bnw] vreemd, raar * a rum go een gek/raar
geval
Rumania/ru:ˈmeɪnɪə/ [znw] Roemenië
Rumanian/ru:ˈmeɪnɪən/ **I** [znw] • Roemeen(se)
• het Roemeens **II** [bnw] Roemeens
rumble/rʌmbl/ **I** [ov ww] doorhebben **II** [on ww]
rommelen • (~ **out**) opdreunen **III** [znw]
• kattenbak ⟨v. auto⟩ • storend signaal, brom
⟨elektronica⟩ • gerommel
rumbling/ˈrʌmblɪŋ/ [znw] • gemopper • gerommel
* there were ~s of a war er deden geruchten de
ronde over een oorlog
rumbustious/rʌmˈbʌstʃəs/ [bnw] lawaaierig, druk
ruminant/ˈruːmɪnənt/ **I** [znw] herkauwer **II** [bnw]
overdenkend, bezinnend
ruminate/ˈruːmɪneɪt/ **I** [ov ww] (nog eens)
overdenken **II** [on ww] herkauwen
rumination/ruːmɪˈneɪʃən/ [znw] bezinning
ruminative/ˈruːmɪnətɪv/ [bnw] peinzend
rummage/ˈrʌmɪdʒ/ **I** [ov ww] • doorsnuffelen
• overhoop halen, rommel maken • (~ **out**)
opscharrelen **II** [on ww] rommelen, snuffelen
III [znw] rommel • ~ sale vlooienmarkt;
rommelmarkt
rummy/ˈrʌmɪ/ **I** [znw] kaartspel **II** [bnw]
• rumachtig • raar
rumour/ˈruːmə/ [znw] gerucht
rumoured/ˈruːməd/ [bnw] * it is ~ that het
gerucht gaat dat
rump/rʌmp/ [znw] • overschot(je) • staart(stuk),
achterste * ⟨gesch.⟩ the Rump het Engelse
Rompparlement (midden 17e eeuw)
rumple/ˈrʌmpl/ **I** [ov ww] in de war maken
II [znw] rimpel, kreukel
rumpsteak/ˈrʌmpsteɪk/ [znw] biefstuk
rumpus/ˈrʌmpəs/ [znw] hooglopende ruzie,
tumult, herrie * make/kick up a ~ lawaai
schoppen
run/rʌn/ **I** [ov ww] • lopen over • laten lopen, laten
gaan, rijden, laten stromen • (na)jagen, achterna
zitten • leiden, aan 't hoofd staan van, sturen
• brengen ⟨v. artikel, toneelstuk⟩, verkopen
• laten meedoen • halen (door), strijken met, snel
laten gaan • rijgen • (binnen)smokkelen * run a
race deelnemen aan een wedstrijd; een wedstrijd
organiseren * run a thing free/close iets er net
afbrengen * run blood bloed verliezen; bloeden
* run errands boodschappen doen * run in one's
head door 't hoofd spelen * run its course gewoon
doorgaan * run one's head against met het hoofd
lopen tegen * run s.o. close iem. vlak op de hielen
zitten * run s.o. home iem. thuis brengen; doen
wie er het eerste thuis is * run the show de
touwtjes in handen hebben * run to ground
vervolgen tot in 't hol; te pakken krijgen ⟨fig.⟩ • (~
down) inhalen, overrijden, afgeven op * he was
much run down hij was zo goed als op • (~ **in**)
inrijden ⟨v. auto⟩, erin brengen, inrekenen • (~
into) laten vervallen tot, steken in • (~ **off**) laten
weglopen, uit de mouw schudden * run s.o. off his
legs iem. v.d. sokken lopen * run off a race de
eindwedstrijd houden • (~ **out**) afrollen * run o.s.
out z. buiten adem lopen • (~ **over**) overrijden,
laten gaan over * run over an account een
rekening nalopen • (~ **through**) doorsteken,
doorhalen, en door brengen • (~ **up**) doen oplopen,
opdrijven, haastig bouwen, optellen **II** [on ww]
• hardlopen • z. haasten • doorlopen, uitlopen, z.
snel verspreiden • een run maken ⟨bij cricket⟩
* feeling ran high de gemoederen raakten verhit

* he who runs may read dat zie je zo * it runs in
the family het zit in de familie * my blood ran
cold 't bloed stolde me in de aderen * run dry
opdrogen; op raken * run for it 't op een lopen
zetten * run high hoog oplopen/zijn;
hooggespannen zijn * run low op raken * run on
the rocks te pletter lopen * run smooth gesmeerd
gaan * run strong komen opzetten * run too far
te ver dóórdrijven * run wild in 't wild opgroeien
• (~ (**up**)**on**) steeds terugkomen op, gaan over,
tegen 't lijf lopen * run (up)on a bank een bank
bestormen • (~ **about**) heen en weer lopen,
rondsjouwen • (~ **across**) (toevallig) tegenkomen
• (~ **after**) achternalopen * much run after zeer
gezocht • (~ **at**) inrennen op • (~ **away**) weglopen,
er vandoor gaan, op hol slaan * run away with a
lot of money een hoop geld (gaan) kosten * run
away with voetstoots aannemen; z. laten
meeslepen door • (~ **back**) teruglopen * run back
over s.th. iets nog eens nagaan • (~ **down**)
aflopen, leeglopen, op raken, uitgeput raken,
vervallen • (~ **for**) kandidaat zijn voor • (~ **in**)
binnenlopen * run in to inlopen op • (~ **into**) in
botsing komen met, vervallen tot, binnenlopen
* run into debt schulden maken * it runs into
millions 't loopt in de miljoenen * run into five
editions vijf drukken beleven • (~ **off**) de benen
nemen, weglopen • (~ **on**) doordraven, verbonden
zijn, doorlopen, doorgaan • (~ **out**) aflopen, op
raken, op z'n eind raken, lekken/lopen uit,
verlopen, ongeldig worden * run out of gebrek
krijgen aan * we have run out of tobacco onze
tabak is op • (~ **over**) even overlopen, overlopen
• (~ **through**) doorlopen, lopen door, doornemen
• (~ **to**) (op)lopen tot, gaan tot, toereikend zijn
voor, z. kunnen permitteren • (~ **together**) in
elkaar lopen • (~ **up**) oplopen, opschieten,
krimpen **III** [znw] • school ⟨v. vissen⟩
• (kippen)ren • vrije toegang, vrij gebruik • run
⟨bij cricket⟩ • (ver)loop • looptijd • gang, toeloop
• stroompje • ritje • uitstapje • soort, stel * I
cannot get the run of it ik kan de slag niet te
pakken krijgen * a run on een plotselinge vraag
naar * a run on the continent een uitstapje over
't Kanaal * at a run op een drafje * common run
of men gewone slag mensen * get the run on a p.
iem. bij de neus nemen * had a long run of power
ze was lang aan de macht * have a run for one's
money waar voor z'n geld krijgen * have a run of
bad luck de wind tegen hebben ⟨fig.⟩ * have the
run of one's teeth de kost voor niets hebben * in
the long run op den duur * on the run op de
loop; in de weer; aan de gang * run of office
ambtsperiode * run of the mill gewoon; normaal
* she was allowed the run of their house zij
mocht overal komen * the play has a run of 50
nights het stuk werd 50 maal achter elkaar
gespeeld * the run of the market verloop v.d.
prijzen * there was a run on the bank de bank
werd bestormd * with a run snel
runabout/ˈrʌnəbaut/ **I** [znw] • ~(-car)
toerwagentje **II** [bnw] zwervend
runaround/ˈrʌnəraund/ [znw] * he'll give me
the ~ hij zal me met een kluitje in het riet sturen
runaway/ˈrʌnəweɪ/ **I** [znw] • vluchteling • op hol
geslagen paard **II** [bnw] op de vlucht, op hol * ~
marriage/match huwelijk waarbij bruid
geschaakt is
run-down[bnw] vervallen, scheefgelopen
rung/rʌŋ/ **I** [ww] volt. deelw. → **ring II** [znw]
• sport ⟨v. ladder⟩ • spijl
run-in/ˈrʌnɪn/ [znw] • aanvaring ⟨fig.⟩ • einde ⟨v.

R

wedstrijd⟩
runlet/'rʌnlɪt/ [znw] stroompje
runnel/'rʌnl/ [znw] • goot • beekje
runner/'rʌnə/ [znw] • hardloper • renpaard
• loopvogel • snel schip • wisselloper, ordonnans, colporteur • gleuf, glijring • uitloper, scheut ⟨v. plant⟩ • ~(-bean) klimboon
runner-up[znw] in laatste ronde verslagen mededinger
running/'rʌnɪŋ/ I [znw] (verloop van de) wedstrijd ★ be in the ~ kans hebben ★ be out of the ~ er uit liggen ★ make the ~ aan de kop liggen ★ take up the ~ de leiding nemen II [bnw] • doorlopend, achter elkaar • strekkend ★ ~ commentary ooggetuigenverslag
running-board[znw] • treeplank • loopplank
run-of-the-mill[bnw] doodgewoon, alledaags, van dertien in een dozijn
runt/rʌnt/ [znw] • klein rund • dwerg, kriel • uilskuiken ★ runts kleingoed
run-through/'rʌnθruː/ [znw] • herhaling • doorstoot ⟨biljart⟩
run-up[znw] • aanloop • het op-gang-komen
runway/'rʌnweɪ/ [znw] • sponning, groef • startbaan • dierenlooppad
rupee/ruː'piː/ [znw] roepie
rupture/'rʌptʃə/ I [ov ww] • een breuk veroorzaken • doorbreken, verbreken II [on ww] een breuk hebben III [znw] • breuk, scheuring • doorbraak
rural/'ruərəl/ [bnw] landelijk, plattelands-
ruse/ruːz/ [znw] list
rush/rʌʃ/ I [ov ww] • meeslepen • opjagen, overrompelen • bestormen, stormenderhand nemen • matten ⟨met biezen⟩ ★ refuse to be rushed z. niet laten haasten ★ rush a bill through een wetsontwerp erdoor jagen ★ rush a p. iem. met iets op het lijf vallen ★ rush a p. out of 2 pounds iem. 2 pond afzetten ★ rush the fences overijld te werk gaan II [on ww] • (zich) haasten, jachten • overijld te werk gaan • stormen • (zich) dringen, z. een weg banen ⟨door⟩ • z. storten, stromen ★ rush into one's memory plotseling voor de geest komen ★ rush into print naar de pen grijpen voor de krant • (~ in) binnenvallen • (~ on) voortsnellen • (~ out) naar buiten stormen III [znw] • haast • toeloop, 't aanstormen, stormloop • plotselinge snelle aanval • aandrang • drukte • trek • bies • greintje • ⟨AE⟩ studentengevecht ⟨om de vlag⟩ ★ a rush for/on plotselinge vraag naar ★ be in the rush meedoen ★ not worth a rush geen ⟨rooie⟩ cent waard ★ rush of tears tranenvloed ★ rush order spoedorder IV [bnw] biezen
rush-hour/'rʌʃaʊə/ [znw] spitsuur
rushlight/'rʌʃlaɪt/ [znw] • nachtpitje • flauw glimpje
rushy/'rʌʃɪ/ [bnw] vol biezen
rusk/rʌsk/ [znw] (scheeps)beschuit
russet/'rʌsɪt/ [znw] • roodbruin • goudrenet
Russia/'rʌʃə/ [znw] Rusland
Russian/'rʌʃən/ I [znw] • Rus(sin) • het Russisch II [bnw] Russisch ★ ~ boot wijde laars ★ ~ salad gemengde salade met mayonaise
rust/rʌst/ I [ov ww] doen roesten II [on ww] roesten, verroesten, waardeloos worden III [znw] roest
rustic/'rʌstɪk/ I [znw] buitenman, boer(enkinkel) II [bnw] • landelijk • boers
rusticate/'rʌstɪkeɪt/ I [ov ww] • schorsen • er landelijk doen uitzien II [on ww] buiten (gaan) wonen
rustication/rʌstɪ'keɪʃən/ → **rusticate**
rustle/'rʌsəl/ I [ov ww] • doen ritselen • ⟨AE⟩ flink

aanpakken, snel afhandelen II [on ww] • ruisen, ritselen • ⟨AE⟩ vee stelen III [znw] geritsel, geruis
rustproof/'rʌstpruːf/ [znw] roestvrij
rusty/'rʌstɪ/ [bnw] • roestig • (vaal)bruin • stram • ranzig ★ his French is ~ zijn Frans moet opgehaald worden ★ ~ voice kraakstem ★ turn ~ nijdig worden
rut/rʌt/ I [on ww] bronstig zijn II [znw] • karrenspoor • groef • (oude) sleur • bronst
ruthless/'ruːθləs/ [bnw] meedogenloos
rutted, rutty/'rʌtɪd/ [bnw] (vol) met karrensporen/groeven
rutting/'rʌtɪŋ/ [bnw] bronstig
rye/raɪ/ [znw] • rogge • whisky

S

S

sabbath/'sæbəθ/ [znw] • sabbat • rustdag, zondag
sabbatical/sə'bætıkl/ I [znw] sabbatsjaar
II [bnw] * ~ leave/term verlofjaar voor professor
voor studiereizen enz. ⟨bij Amerikaanse
universiteit⟩ * ~ year sabbatsjaar
saber/'seıbə/ → **sabre**
sable/'seıbl/ I [znw] • sabeldier • sabelbont • zwart
II [bnw] • zwart • duister
sables/'seıblz/ [mv] rouwkleren
sabot/'sæbəʊt/ [znw] klomp
sabotage/'sæbətɑ:ʒ/ I [ov + on ww] saboteren
II [znw] sabotage
saboteur/sæbə'tɜ:/ [znw] saboteur
sabre/'seıbə/ I [ov ww] neersabelen II [znw]
• cavalariesabel * cavalerist
saccharin/'sækərın/ [znw] sacharine
saccharine/'sækərı:n/ [bnw] • suikerhoudend
• zoet⟨sappig⟩
sacerdotal/sæsə'dəʊtl/ [bnw] priesterlijk
sachet/'sæʃeı/ [znw] parfumkussentje * tea ~
theezakje
sack/sæk/ I [ov ww] • in zak(ken) doen • de bons
geven • plunderen II [znw] • zak • ruime
jas/mantel • Spaanse wijn * get the sack zijn
congé krijgen; de bons krijgen * give the sack de
bons geven; zijn congé geven * hit the sack naar
bed gaan
sackcloth/'sækkloθ/ [znw] jute, zakkengoed * in
~ and ashes in zak en as
sackful/'sækful/ [znw] zak * a ~ of peat een zak
turf * in ~s met zakken vol
sacking/'sækıŋ/ [znw] paklinnen
sack-race/'sækreıs/ [znw] zaklopen
sacral/'seıkrəl/ [bnw] heilig
sacrament/'sækrəmənt/ [znw] sacrament * the ~
het Avondmaal
sacramental/sækrə'mentl/ I [znw] sacramentale
* ~s sacramentaliën II [bnw] sacramenteel
sacred/'seıkrıd/ [bnw] • heilig • gewijd
• onschendbaar * ~ service godsdienstoefening
sacrifice/'sækrıfaıs/ I [ov + on ww] met verlies
verkopen II [ov ww] (op)offeren III [on ww]
offeren IV [znw] • (op)offering • offerande * be
sold at a ~ met verlies van de hand gaan * make
the great/last ~ voor zijn vaderland sterven
sacrificial/sækrə'fıʃəl/ [bnw] offer-
sacrilege/'sækrılıdʒ/ [znw] heiligschennis
sacrilegious/sækrı'lıdʒəs/ [bnw] heiligschennend
sacrist, sacristan/'seıkrıst/ [znw] koster
sacristy/'sækrıstı/ [znw] sacristie
sacrosanct/'sækrəʊsæŋkt/ [bnw] • onschendbaar
• heilig
sacrosanctity/sækrəʊ'sæŋktatı/ [znw]
• onschendbaarheid • heiligheid
sacrum/'seıkrəm/ [znw] heiligbeen
sad/sæd/ [bnw] • droevig, treurig • hopeloos
• somber ⟨kleur⟩, vaal • klef ⟨brood⟩ * sad stuff
prulwerk
sadden/'sædn/ I [ov ww] droevig maken
II [on ww] droevig worden
saddle/'sædl/ I [ov ww] • zadelen • belasten, in de
schoenen schuiven II [on ww] opzadelen III [znw]
• zadel • beugel • lendestuk * ~ cover zadeldek
saddlebacked/'sædlbækt/ [bnw] • met holle rug
• met zadeldak
saddlebag/'sædlbæg/ [znw] zadeltas • tapijtstof
saddler/'sædlə/ [znw] zadelmaker
saddlery/'sædlərı/ [znw] zadelmakerswaren
• zadelmakerij
sadism/'seıdızəm/ [znw] sadisme
sadist/'seıdıst/ [znw] sadist
sadistic/sə'dıstık/ [bnw] sadistisch
sadly/'sædlı/ [bijw] droevig, jammer genoeg
sadness/'sædnəs/ [znw] • verdriet • droevigheid
sadomasochism/seıdəʊ'mæsəkızəm/ [znw]
sadomasochisme
s.a.e. [afk] • (stamped addressed envelope)
antwoordenvelop • (self addressed envelope)
retourenvelop
safe/seıf/ I [znw] • brandkast • vliegenkast
II [bnw] • veilig • gerust • betrouwbaar * be on
the safe side het zekere voor 't onzekere nemen * it
is safe to touch je kunt er gerust aankomen * safe
and sound gezond en wel * safe from beveiligd
tegen
safe-conduct/seıf'kɒndʌkt/ [znw] vrijgeleide
safe-deposit[znw] kluis * ~ box safeloket
safeguard/'seıfgɑ:d/ I [ov ww] beschermen,
beveiligen II [znw] • vrijgeleide • bescherming
• beveiliging
safety/'seıftı/ [znw] veiligheid * ~ catch/lock
veiligheidspal * ~ curtain brandscherm * ~ net
vangnet
safety-belt[znw] veiligheidsgordel
safety-pin[znw] veiligheidsspeld
saffron/'sæfrən/ I [ov ww] • kruiden met saffraan
• saffraan(geel) kleuren II [znw] saffraan(geel)
III [bnw] saffraan(geel)
sag/sæg/ I [ov ww] doen doorbuigen/-zakken
II [on ww] • doorbuigen/-zakken • afnemen
• minder worden ⟨scheef⟩ hangen • ⟨hand.⟩
goedkoper worden III [znw] • verzakking
• doorhanging
saga/'sɑ:gə/ [znw] • (lang) verhaal • sage
• familiekroniek
sagacious/sə'geıʃəs/ [bnw] • schrander • wijs
• spitsvondig
sagacity/sə'gæsətı/ [znw] • scherpzinnigheid
• spitsvondigheid
sage/seıdʒ/ I [znw] • wijze • salie II [bnw] wijs
Sagittarius/sædʒı'teərıəs/ [znw] Boogschutter
sago/'seıgəʊ/ [znw] sago(palm)
said/sed/ I [ww] verl. tijd + volt. deelw. → **say**
II [bnw] voornoemd(e)
sail/seıl/ I [ov ww] • besturen • zweven (door) * sail
the seas de zeeën doorkruisen II [on ww]
• (uit)varen • zweven • zweilen • zeilen * it is
smooth sailing de zaak gaat vlot * it's plain
sailing het gaat van een leien dakje; er is niets aan
* sail close to/near the wind scherp bij de wind
varen; iets doen/zeggen wat op 't kantje af is * sail
in the same boat in 't zelfde schuitje varen
* sailing ship zeilschip * (~ into) aanpakken
III [znw] • zeil • schip, schepen • zeiltochtje
• molenwiek * 10 days' sail 10 dagen varen
* make sail (meer) zeilen bijzetten * take in sail
zeil minderen; z. matigen
sailable/'seıləbl/ [bnw] bevaarbaar
sailcloth/'seılkloθ/ [znw] zeildoek
sailer/'seılə/ [znw] • zeiler • zeilschip
sailing/'seılıŋ/ [znw] • het zeilen • bootreis
• afvaart * ~ master schipper
sailor/'seılə/ [znw] • zeeman • matroos * be a
good ~ zeebenen hebben; weinig last v. zeeziekte
hebben
sailorly/'seıləlı/ [bnw] • zoals het een zeeman
betaamt • zeemanachtig
saint/seınt/ I [ov ww] heilig verklaren * ~ it vroom
doen II [znw] • heilige, sint • heilig boontje
* provoke a ~ iem. 't bloed onder de nagels
uithalen * ~'s day naamdag; heiligedag * try

(the patience of) a ~ iem. 't bloed onder de nagels uithalen

sainted/'seɪntɪd/ [bnw] ∗ my ~ father vader zaliger

sainthood/'seɪnthʊd/ [znw] heiligheid

saintlike, saintly/'seɪntlaɪk/ [bnw] • vroom • volmaakt

sake/seɪk/ [znw] ∗ for God's/goodness'/heaven's sake om 's hemelswil ∗ for my sake om mijnentwil ∗ for old time's sake uit oude vriendschap ∗ for the sake of ... om wille van ...

sal/sɑːl/ [znw] ∗ sal volatile vlugzout

salable/'seɪləbl/ → **saleable**

salacious/sə'leɪʃəs/ [bnw] wellustig, wulps

salacity/sə'læsɪti/ [znw] wellustigheid

salad/'sæləd/ [znw] salade, sla ∗ ~ cream slasaus ∗ ~ dressing slasaus ∗ ~ oil slaolie ∗ your ~-days de tijd dat je nog groen was

salamander/'sæləmændə/ [znw] • salamander • vuurgeest • roosterplaat • vuurijzer

salami/sə'lɑːmɪ/ [znw] salami

salaried/'sælərɪd/ [bnw] bezoldigd

salary/'sælərɪ/ I [ov ww] bezoldigen II [znw] salaris

sale/seɪl/ [znw] • verkoop • uitverkoop • verkoping, veiling ∗ for sale te koop ∗ on sale in de uitverkoop ∗ on sale or return in commissie ∗ put up for sale in veiling brengen ∗ sales uitverkoop ∗ sales talk verkooppraatje(s); verkoopverhaal

saleable/'seɪləbl/ [bnw] verkoopbaar ∗ ~ value verkoopwaarde

saleroom/'seɪlruːm/ [znw] verkoopruimte/-lokaal

sales/seɪlz/ [mv] ∗ ~ manager verkoopleider ∗ ~ resistance gebrek aan kooplust ∗ ~ tax omzetbelasting ∗ ~ volume omzet

salesgirl/'seɪlzɡɜːl/ [znw] • verkoopster • vertegenwoordigster • zakenvrouw

salesgirlship/'seɪlzɡɜːlʃɪp/ [znw] bekwaamheid als verkoopster

saleslady/'seɪlzleɪdɪ/ [znw] • verkoopster

salesman/'seɪlzmən/ [znw] • verkoper • vertegenwoordiger • zakenman

saleswoman/'seɪlzwʊmən/ [znw] • verkoopster • vertegenwoordigster • zakenvrouw

salient/'seɪlɪənt/ I [znw] saillant II [bnw] • (voor)uitspringend • in 't oog vallend

saline/'seɪlaɪn/ I [znw] • zoutoplossing • zoutmeer/-pan II [bnw] zout(houdend)

salinity/sə'lɪnətɪ/ [znw] zoutgehalte

saliva/sə'laɪvə/ [znw] speeksel

salivary/'sælɪvərɪ/ [znw] speeksel- ∗ ~ glands speekselklieren

salivate/'sælɪveɪt/ [on ww] kwijlen

sallow/'sæləʊ/ I [ov ww] vaalgeel maken II [on ww] vaalgeel worden III [znw] • wilg • wilgenscheut IV [bnw] vaal/ziekelijk geel

sally/'sælɪ/ I [on ww] een uitstapje maken ∗ (~ forth/out) er op uit trekken II [znw] • uitval • uitstapje • geestige zet

salmon/'sæmən/ [znw] • zalm • zalmkleurig ∗ ~ steak moot zalm

salon/'sælɒn/ [znw] • salon • foto-/schilderijententoonstelling

saloon/sə'luːn/ [znw] • zaal • salon • grote luxe kajuit ∗ ⟨AD⟩ bar ∗ ⟨AD⟩ sedan ∗ upper ~ bovenste dek v. dubbeldekkerbus

salsify/'sælsɪfɪ/ [znw] schorseneer

salt/sɔːlt/ I [ov ww] • zouten, pekelen • pittig maken ∗ (~ away) wegzetten als appeltje voor de dorst • (~ down) inpekelen, wegzetten als appeltje voor de dorst II [znw] • zout • geestigheid ∗ above the salt aan 't hoofd van de tafel ∗ an old

salt zeerob ∗ eat a person's salt iemands gast zijn; bij iem. in dienst zijn ∗ in salt gepekeld ∗ not to be worth one's salt zijn kost niet waard zijn III [bnw] ∗ salt beef warm pekelvlees ∗ salt cod zoutevis ∗ salt junk pekelvlees ∗ salt tears bittere tranen

S.A.L.T. [afk] • (Strategic Arms Limitation Talks) besprekingen over de vermindering van strategische wapens

saltation/sæl'teɪʃən/ [znw] • 't springen, 't dansen • sprong ⟨ook fig.⟩

saltcellar/'sɔːltselə/ [znw] zoutvaatje

salted/'sɔːltɪd/ [bnw] • gezouten • gehard • geestig • pittig

saltern/'sɔːltn/ [znw] zoutziederij

saltpetre/sɒlt'piːtə/ [znw] salpeter

saltwater/'sɔːltwɔːtə/ [znw] zeewater ∗ ~ crocodile zoutwaterkrokodil

salty/'sɔːltɪ/ [bnw] • zout(ig) • pittig • pikant

salubrious/sə'luːbrɪəs/ [bnw] gezond

salubrity/sə'luːbrɪtɪ/ [znw] gezondheid

salutary/'sæljʊtərɪ/ [bnw] heilzaam

salutation/sælju'teɪʃən/ [znw] • (be)groet(ing) • aanhef ⟨in brief⟩ ∗ the Angelic Salutaion het weesgegroet

salutatory/sə'lju:tətərɪ/ [bnw] begroetende, openende

salute/sə'luːt/ I [ov ww] begroeten, huldigen ∗ the sight that ~d him het schouwspel dat z. aan hem voordeed ∗ you may ~ the bride u mag de bruid kussen II [on ww] salueren, groeten III [znw] • groet • saluut(schot) • kus

salvage/'sælvɪdʒ/ I [ov ww] • bergen, redden • achterover drukken ⟨door Amerikaans leger⟩ II [znw] • berging(sloon) • redding • geborgen of geredde goederen

salvation/sæl'veɪʃən/ [znw] • behoudenis, redding • zaligheid ∗ Salvation Army Leger des Heils

salvationist/sæl'veɪʃənɪst/ I [znw] soldaat v.h. Leger des Heils II [bnw] m.b.t. Leger des Heils

salve/sælv/ I [ov ww] • insmeren • sussen • verbloemen • helen II [znw] • zalf • pleister ⟨fig.⟩

salver/'sælvə/ [znw] presenteerblad

salvo/'sælvəʊ/ [znw] • salvo • beding, voorbehoud • uitvlucht • applaus

salvor/'sælvə/ [znw] • berger • bergingsvaartuig

S.A.M. [afk] • (surface-to-air missile) grondluchtraket

Samaritan/sə'mærɪtn/ I [znw] Samaritaan(se) II [bnw] Samaritaans, uit Samaria

same/seɪm/ [vnw] • dezelfde • hetzelfde ∗ all the same precies 't zelfde; toch; niettemin ∗ at the same time tegelijk(ertijd); tevens ∗ just the same in ieder geval; toch wel ∗ much the same nagenoeg 't zelfde ∗ one and the same precies de/het zelfde ∗ same here! ik ook zo! ∗ same to you van hetzelfde; insgelijks

sameness/'seɪmnəs/ [znw] • gelijkheid • eentonigheid

samlet/'sæmlət/ [znw] jonge zalm

samovar/'sæməvɑː/ [znw] samowaar, Russische theeketel

sample/'sɑːmpl/ I [ov ww] • proeven ⟨v. voedsel⟩ • een monster geven/nemen v. iets • keuren • ondervinding opdoen van II [znw] monster, staal(tje)

sampler/'sɑːmplə/ [znw] merklap

sanatorium/sænə'tɔːrɪəm/ [znw] • sanatorium • gezondheidsoord

sanctification/sæŋktɪfɪ'keɪʃən/ [znw] • heiliging • wijding

sanctify/'sæŋktɪfaɪ/ [ov ww] heiligen, wijden

∗ sanctified airs schijnheiligheid

sanctimonious/sæŋktɪˈməʊnɪəs/ [bnw]
schijnheilig

sanction/ˈsæŋkʃən/ I [ov ww] • bekrachtigen
• sanctie geven aan II [znw] sanctie

sanctity/ˈsæŋktɪtɪ/ [znw] • heiligheid
• onschendbaarheid

sanctuary/ˈsæŋktjʊərɪ/ [znw] • heiligdom, kerk
• allerheiligste • priesterkoor • vrijplaats
• vluchtheuvel

sanctum/ˈsæŋktəm/ [znw] heiligdom ∗ ∼
sanctorum het heilige der heiligen

sand/sænd/ I [ov ww] • met zand bedekken
• verzanden • (∼ **down**) polijsten, schuren
II [znw] • zand • zandbank • ⟨AE⟩ fut ∗ sand
dune duin ∗ sands zandkorrels; zandvlakte;
strand; woestijn ∗ the sands are running out de
tijd is bijna om

sandal/ˈsændl/ [znw] • sandaal • sandelhout

sandbag/ˈsændbæg/ I [ov ww] • met zandzakken
versterken • ⟨vero.⟩ aftuigen, neerslaan II [znw]
zandzak

sandbank/ˈsændbæŋk/ [znw] zandbank

sandblast/ˈsændblɑːst/ [znw] zandstralen

sandblind/ˈsændblaɪnd/ [znw] bijna blind

sandboy/ˈsændbɔɪ/ ⟨vero.⟩ [znw] ∗ as jolly as a ∼
zo vrolijk als een vogeltje

sandcastle/ˈsændkɑːsəl/ [znw] zandkasteel

sander/ˈsændə/ [znw] schuurmachine

sand-glass/ˈsændglɑːs/ [znw] zandloper

sandman/ˈsændmæn/ [znw] Klaas Vaak

sandpaper/ˈsændpeɪpə/ I [ov ww] schuren
II [znw] schuurpapier

sandpiper/ˈsændpaɪpə/ [znw] oeverloper ⟨vogel⟩

sandpit/ˈsændpɪt/ [znw] zandkuil

sandspout/ˈsændspaʊt/ [znw] zandhoos

sandstone/ˈsændstəʊn/ [znw] zandsteen

sandstorm/ˈsændstɔːm/ [znw] zandstorm

sandwich/ˈsænwɪdʒ/ I [ov ww] • inklemmen
(tussen) • inschuiven II [znw] • dubbele boterham
• ⟨vulg.⟩ triootje • ride/sit ∼ tussen twee anderen
te paard zitten ∗ ∼ course cursus afgewisseld met
praktijkstages

sandwich-board/ˈsænwɪdʒbɔːd/ [znw]
advertentiebord

sandy/ˈsændɪ/ I [znw] ∗ ⟨scherts⟩ Sandy Schot
II [bnw] • zanderig • rossig

sane/seɪn/ [bnw] • gezond • verstandig

sang/sæŋ/ verl. tijd → **sing**

sanguinary/ˈsæŋgwɪnərɪ/ [bnw] bloedig

sanguine/ˈsæŋgwɪn/ I [znw] ⟨vero.⟩ (tekening in)
rood krijt II [bnw] • optimistisch • opgewekt • fris,
gezond • bloedrood

sanguineous/sæŋˈgwɪnɪəs/ [bnw] • sanguinisch,
temperamentvol • bloed-, bloedrood

sanitary/ˈsænɪtərɪ/ [bnw] gezondheids-,
hygiënisch ∗ ∼ cup papieren drinkbeker ∗ ∼
department gezondheidsdienst ∗ ∼ towel
maandverband

sanitation/sænɪˈteɪʃən/ [znw] • sanering
• volksgezondheid ∗ ∼ department ministerie van
volksgezondheid

sanity/ˈsænɪtɪ/ [znw] geestelijke gezondheid

sank/sæŋk/ verl. tijd → **sink**

sap/sæp/ I [ov + on ww] • ondergraven/-mijnen
• zwoegen III [on ww] • uitputten • 't sap
onttrekken aan • 't spint(hout) verwijderen van
III [znw] • (levens)sap • kracht • spint(hout)
• (overdekte) loopgraaf • ondermijning • zwoeger
• sul

sapid/ˈsæpɪd/ [bnw] • smakelijk • niet smakeloos

sapience/ˈseɪpɪəns/ [znw] (schijn)wijsheid

sapient/ˈseɪpɪənt/ [bnw] (waan)wijs

sapiential/seɪpɪˈenʃəl/ [bnw] ∗ ∼ books enige
boeken v.d. bijbel ⟨Prediker/Spreuken⟩

sapless/ˈsæpləs/ [bnw] • zonder sap • zouteloos
⟨fig.⟩, zonder pit

sapling/ˈsæplɪŋ/ [znw] jonge boom

sapper/ˈsæpə/ ⟨vero.⟩ [znw] sappeur

sapphire/ˈsæfaɪə/ I [znw] saffier II [bnw]
saffierblauw

sappy/ˈsæpɪ/ [bnw] • sappig • krachtig

sapwood/ˈsæpwʊd/ [znw] spint

sarcasm/ˈsɑːkæzm/ [znw] sarcasme

sarcastic/sɑːˈkæstɪk/ [bnw] sarcastisch

sarcophagi/sɑːˈkɒfəgɪ/ [mv] → **sarcophagus**

sarcophagus/sɑːˈkɒfəgəs/ [znw] sarcofaag

sardine/sɑːˈdiːn/ [znw] sardientje ∗ like ∼s als
haring in een ton

sardonic/sɑːˈdɒnɪk/ [bnw] sardonisch, cynisch,
bitter ∗ ∼ laughter hoongelach

sarge/sɑːdʒ/ ⟨inf.⟩ [znw] sergeant

sartorial/sɑːˈtɔːrɪəl/ [bnw] kleermakers-,
(maat)kledings-

sash/sæʃ/ [znw] • sjerp • schuifraam

sash-cord/ˈsæʃkɔːd/ [znw] raamkoord

sash-pulley[znw] raamkatrol

sash-weight[znw] raamlood

sash-window/sæsˈwɪndəʊ/ [znw] schuifraam

sat/sæt/ verl. tijd + volt. deelw. → **sit**

satanic(al)/səˈtænɪk(l)/ [bnw] satanisch

satchel/ˈsætʃəl/ [znw] • pukkel ⟨schooltas⟩
• geldtas

sate/seɪt/ [ov ww] verzadigen ∗ be sated with
genoeg hebben van ∗ my appetite was sated mijn
eetlust was bevredigd; ik was voldaan

satellite/ˈsætəlaɪt/ [znw] • satelliet • aanhanger
∗ ∼ dish schotelantenne ∗ ∼ state vazalstaat

satiable/ˈseɪʃəbl/ [bnw] verzadigbaar, te
bevredigen

satiate/ˈseɪʃɪeɪt/ I [ov ww] (over)verzadigen
II [bnw] verzadigd, zat

satiation/seɪʃɪˈeɪʃən/ [znw] verzadiging

satiety/səˈtaɪətɪ/ ⟨form.⟩ [znw] oververzadiging
∗ to ∼ te overvloedig

satin/ˈsætɪn/ I [ov ww] satineren, het glanzig
maken op papier II [znw] satijn ∗ white ∼
judaspenning; jenever III [bnw] satijnen

satinette/sætɪˈnet/ [znw] satinet

satire/ˈsætaɪə/ [znw] satire, hekeldicht

satiric(al)/səˈtɪrɪk(l)/ [bnw] satirisch

satirist/ˈsætərɪst/ [znw] • satiricus • hekeldichter

satirize/ˈsætəraɪz/ [ov ww] hekelen

satisfaction/sætɪsˈfækʃən/ [znw] • tevredenheid
• voldoening • voldaanheid • genoegen
• genoegdoening ∗ in ∼ of ter voldoening van

satisfactory/sætɪsˈfæktərɪ/ [bnw] • bevredigend
• voldoende

satisfied/ˈsætɪsfaɪd/ [bnw] • tevreden • voldaan
• overtuigd ∗ ∼ with tevreden met

satisfy/ˈsætɪsfaɪ/ I [ov ww] • overtuigen • tevreden
stellen • bevredigen • stillen ⟨v. honger⟩ ∗ ∼ o.s.
of z. overtuigen van II [on ww] • voldoen(de zijn)
• genoegdoening geven

saturate/ˈsætʃəreɪt/ I [ov ww] • verzadigen
• doordrenken II [bnw] • verzadigd • intensief

saturation/sætʃəˈreɪʃən/ [znw] (over)verzadiging

Saturday/ˈsætədeɪ/ [znw] zaterdag

saturnine/ˈsætənaɪn/ [bnw] somber, zwaarmoedig

satyr/ˈsætə/ [znw] sater

sauce/sɔːs/ I [ov ww] • saus doen bij • kruiden,
pittig of geurig maken • brutaliseren II [znw]
• saus • ⟨AE/dial.⟩ groente • ⟨AE⟩ moes, compote
∗ give a p. ∼ iem. brutaliseren ∗ none of your ∼!

S

houd je brutale mond! ∗ ~ for the goose is ~ for the gander *gelijke monniken, gelijke kappen* ∗ serve with the same – *met gelijke munt betalen*

sauce-boat /ˈsɔːsbəʊt/ [znw] *sauskom*

saucebox /ˈsɔːsbɒks/ [znw] *brutale kerel, brutaal nest*

saucepan /ˈsɔːspən/ [znw] *steelpan*

saucer /ˈsɔːsə/ [znw] *schotel(tje)*

saucy /ˈsɔːsɪ/ [bnw] ● *brutaal* ● *sjiek*

sauerkraut /ˈsaʊəkraʊt/ [znw] *zuurkool*

sauna /ˈsɔːnə/ [znw] *sauna*

saunter /ˈsɔːntə/ I [on ww] ● *slenteren* ● *kuieren* II [znw] *wandelingetje*

saunterer /ˈsɔːntərə/ [znw] *slenteraar(ster)*

sausage /ˈsɒsɪdʒ/ [znw] ● *worst(je)* ● (mil.) *kabelballon* ∗ ~ roll *worstenbroodje*

sausage-grinder [znw] *worstmachine*

sauté /ˈsəʊteɪ/ I [ov ww] *licht (en snel) bakken, sauteren* II [znw] *gerecht van licht gebakken hapjes* III [bnw] *licht gebakken*

savage /ˈsævɪdʒ/ I [ov ww] ● *bijten* (v. paard), *vertrappen* II [znw] ● *wilde* ● *woesteling, barbaar* III [bnw] ● *wild, primitief* ● *wreed, fel* ● *woest*

savagery /ˈsævɪdʒərɪ/ [znw] ● *wreedheid* ● *wilde staat*

savanna(h) /səˈvænə/ [znw] *savanne, (sub)tropische grasvlakte*

savant /ˈsævənt/ [znw] *(hoog)geleerde*

save /seɪv/ I [ov ww] ● *redden* ● *(be-/uit)sparen* ● *voorkómen* ∗ *be saved zalig worden* ∗ *save hay hooien* ∗ *save me from ... praat me niet van ...* ∗ *save o.s. ontzien* ∗ *save one's bacon/skin zijn hachje redden* ∗ *save the tide met 't getij binnen-of uitvaren* II [on ww] *sparen* ∗ *a stitch in time saves nine een steek op zijn tijd voorkomt negen andere* III [znw] ∗ *that was a save! mooie redding!* IV [vz] *behalve* ∗ *save for behoudens*

saveloy /ˈsævəlɔɪ/ [znw] *cervelaatworst*

saver /ˈseɪvə/ [znw] ● *spaarder* ● *gedekte weddenschap*

saving /ˈseɪvɪŋ/ I [znw] *bésparing* II [bnw] *karig* ∗ ~ *clause voorbehoud* III [vz] *behoudens* ∗ ~ *your presence/reverence met uw welnemen*

savings /ˈseɪvɪŋz/ [mv] *spaargeld(en)* ∗ ~-*account spaarrekening* ∗ ~-*bank spaarbank*

saviour /ˈseɪvjə/ [znw] *verlosser*

savour /ˈseɪvə/ I [ov ww] ● *proeven* ● *genieten (van)* II [on ww] ● (~ *of) smaken naar, rieken naar* III [znw] ● *smaak* ● *aroma* ● *zweem* ● *aantrekkelijk tintje*

savoury /ˈseɪvərɪ/ I [znw] ● *(pikant) tussengerecht* ● *open tosti* II [bnw] ● *smakelijk* ● *hartig, pikant*

savoy /səˈvɔɪ/ [znw] *savooiekool*

savvy /ˈsævɪ/ (sl.) I [ov + on ww] *snappen, begrijpen* ∗ *no – 't gaat mij/hem, enz. boven de pet*

saw /sɔː/ I [ov ww] o.v.t. → **see** II [ov ww] ● *(door)zagen* ● *(door)snijden* ∗ *saw the air de arm op en neer bewegen* III [on ww] *zagen* IV [znw] ● *zaag* ● *gezegde, spreuk*

sawbones /ˈsɔːbəʊnz/ [znw] (sl.) *chirurg*

sawdust /ˈsɔːdʌst/ [znw] *zaagsel*

sawhorse /ˈsɔːhɔːs/ [znw] *zaagbok*

sawmill /ˈsɔːmɪl/ [znw] *houtzagerij*

sawn /sɔːn/ volt. deelw. → **saw**

sawyer /ˈsɔːjə/ [znw] *houtzager*

sax, saxophone /ˈsæks/ [znw] *saxofoon*

Saxon /ˈsæksən/ I [znw] *Angelsakser* II [bnw] *Angelsaksisch*

Saxony /ˈsæksənɪ/ [znw] *Saksen*

saxophonist /ˈsæksəfənɪst/ [znw] *saxofonist*

say /seɪ/ I [ov ww] *opzeggen* II [on ww] *zeggen* ∗ I *say! zeg!* ∗ *it says in the paper in de krant staat* ∗ *it says much for het pleit ten zeerste voor* ∗ *say grace dankgebed uitspreken voor/na de maaltijd* ∗ *say on! zeg op!* ∗ *say one's prayers bidden* ∗ *say when! zeg maar ho!; zeg maar tot hoe ver!* ∗ *says you volgens jou, dan* ∗ *that's to say dat wil zeggen; tenminste* ∗ *well, I say nou, nou* ∗ *what do you say to ... wat zou je ervan zeggen als we eens ...* ∗ *what does the letter say? wat staat er in de brief?* ∗ *when all is said and done al met al* ∗ *you don't say so! je meent het!* ● (~ *over) opzeggen* III [znw] ● *wat men te zeggen heeft* ● *zeggenschap*

saying /ˈseɪɪŋ/ [znw] *gezegde* ∗ *as the ~ goes/is zoals 't spreekwoord zegt*

say-so [znw] ● *woord(en)* ● *toestemming* ● *opdracht* ∗ *on his ~ op zijn zeggen; op zijn woord; met zijn toestemming*

sc. [afk] ● (scilicet (that is to say)) *d.w.z.*

scab /skæb/ [znw] ● *korstje, roofje* ● *schurft* ● *onderkruiper*

scabbard /ˈskæbəd/ [znw] *schede* ∗ *throw away the ~ de zaak helemaal uitvechten*

scabby /ˈskæbɪ/ [bnw] ● *met korsten bedekt* ● *schurftig*

scabies /ˈskeɪbiːz/ [znw] *schurft*

scabious /ˈskeɪbɪəs/ [bnw] *schurftig*

scabrous /ˈskeɪbrəs/ [bnw] ● *ruw, oneffen* ● *delicaat* ● *schunnig, op 't kantje af*

scaffold /ˈskæfəʊld/ [znw] ● *stellage, steiger* ● *schavot*

scaffolding /ˈskæfəʊldɪŋ/ [znw] *steigers, stellage*

scald /skɔːld/ I [ov ww] ● *branden* (aan hete vloeistof of stoom) ● *met heet water uitwassen* ● *tegen de kook aan brengen* II [znw] *brandwonden en/of blaren*

scalding /ˈskɔːldɪŋ/ [bnw] *kokend (heet)* ∗ ~ *tears hete tranen*

scale /skeɪl/ I [ov ww] ● *op schaal voorstellen* ● *van schaal, enz. ontdoen* ● *beklimmen* ● (~ *down/up) evenredig verlagen/-hogen* II [on ww] ● *afschilferen* ● *wegen* III [znw] ● *talstelsel* ● *schaal* ● *schub, schilfer* ● *ketelsteen* ● *tandsteen* ● (med.) *toonladder* ∗ (pair of) ~s *weegschaal* ∗ *binary ~ tweetallig stelsel* ∗ ~ *of notation talstelsel*

scallawag /ˈskæləwæg/ [znw] *deugniet, schobbejak, rakker, robbedoes → scallywag*

scallion /ˈskæljən/ [znw] *sjalot*

scallop /ˈskæləp/ I [ov ww] ● *in een schelp bakken* ● *uitschulpen* II [znw] ● *sint-jakobsschelp, kamschelp* ● *schulp*

scallops /ˈskæləps/ [mv] *schulprand*

scallywag /ˈskælɪwæg/ [znw] *apenkop*

scalp /skælp/ I [ov ww] ● *scalperen* ● *afmaken* (met kritiek) II [on ww] (AE/sl.) *zwart handelen in toegangskaartjes* III [znw] ● *scalp* ● *hoofdhuid* ● *kale heuveltop*

scalpel /ˈskælpl/ [znw] *scalpel, ontleedmes*

scaly /ˈskeɪlɪ/ [bnw] *geschubd*

scamp /skæmp/ I [ov ww] ∗ ~ *one's work zijn werk afraffelen* II [znw] *rakker, deugniet*

scamper /ˈskæmpə/ I [on ww] *hollen* II [znw] *drafje* ∗ *take a ~ through snel doornemen* (boek)

scampi /ˈskæmpɪ/ [znw] ● *garnalengerecht* ● *grote garnalen*

scan /skæn/ I [ov ww] ● *scherp opnemen, aandachtig/kritisch bekijken* ● *aftasten* (d.m.v. radar) ● *scanderen* II [znw] *het (snel) onderzoeken*

scandal /ˈskændl/ [znw] ● *schandaal* ● *opspraak, laster* ● *ergernis*

scandalize /ˈskændəlaɪz/ [ov ww] *ergernis wekken bij, choqueren*

S

scandalmonger /'skændlmʌŋgə/ [znw] kwaadspreker, roddelaar

scandalous /'skændələs/ [bnw] • ergerlijk, schandelijk • lasterlijk

Scandinavian /skændɪ'neɪvɪən/ I [znw] • Scandinaviër • Scandinavisch II [bnw] Scandinavisch

scanner /'skænə/ [znw] • aftaster • radarantenne

scansion /'skænʃən/ [znw] scandering

scant /skænt/ I [ov ww] • karig toemeten • krap houden II [bnw] gering, karig * ~ of breath kortademig

scantling /'skæntlɪŋ/ [znw] • standaardafmeting • kleine hoeveelheid

scanty /'skæntɪ/ [bnw] • krap • schaars

scapegoat /'skeɪpgəʊt/ [znw] zondebok

scapegrace /'skeɪpgreɪs/ [znw] • deugniet • guit

scapula /'skæpjʊlə/ [znw] schouderblad

scapular /'skæpjʊlə/ I [znw] scapulier II [bnw] v.d. schouder(bladen)

scar /skɑ:/ I [ov ww] • een litteken bezorgen (ook emotioneel) • met littekens bedekken * scarred vol met littekens II [on ww] een litteken vormen III [znw] • litteken • steile rotswand

scarab /'skærəb/ [znw] mestkever, scarabee

scarce /skeəs/ I [bnw] • schaars • zeldzaam II [bijw] nauwelijks

scarcely /'skeəslɪ/ [bijw] • nauwelijks • haast niet * ~ any bijna geen

scarceness, scarcity /skeəsnəs/ [znw] schaarste

scare /skeə/ I [ov ww] bang maken, verschrikken • (~ away) wegjagen • (~ off) wegjagen door bangmaken, doen afschrikken van II [on ww] bang worden * she ~s easily ze schrikt erg gauw III [znw] • schrik, vrees, angst • bangmakerij * ~ story ijzingwekkend verhaal; sensatieverhaal

scarecrow /'skeəkrəʊ/ [znw] • vogelverschrikker • boeman

scared /skeəd/ [bnw] bang

scaremonger /'skeəmʌŋgə/ [znw] onrustzaaier

scarf /skɑ:f/ I [ov ww] lassen (v. hout) II [znw] • sjaal • sjerp • das • houtverbinding (pen en gat)

scarfskin /'skɑ:fskɪn/ [znw] opperhuid

scarify /'skærɪfaɪ/ [ov ww] • omwerken (v. aarde/grond) • meedogenloos hekelen • (med.) insnijdingen maken in

scarlatina /skɑ:lə'ti:nə/ [znw] roodvonk

scarlet /'skɑ:lət/ I [znw] scharlaken, vuurrood II [bnw] scharlaken, (vuur)rood * ~ fever roodvonk * ~ hat kardinaalshoed * ~ runner pronkboon

scarp /skɑ:p/ I [ov ww] een steile helling/talud maken II [znw] • escarpe, binnentalud v.e. gracht • steile rotswand

scarper /'skɑ:pə/ [on ww] weglopen, 'm smeren

scarves /skɑ:vz/ [mv] → scarf

scary /'skeərɪ/ [bnw] • schrikachtig • eng, schrikaanjagend

scathe /skeɪð/ I [ov ww] • kwetsen • verpletteren (fig.) II [znw] * without ~ ongedeerd

scathing /'skeɪðɪŋ/ [bnw] vernietigend, bijtend

scatter /'skætə/ I [ov ww] • verspreiden II [znw] • (uit)strooien, verstrooien, bestrooien • (ver)spreiding * ~ hope hoop doen vervliegen

scatterbrain /'skætəbreɪn/ [znw] warhoofd

scatterbrained /'skætəbreɪnd/ [bnw] warhoofdig

scattered /'skætəd/ [bnw] sporadisch

scatty /'skætɪ/ [bnw] getikt

scavenge /'skævɪndʒ/ I [ov ww] • doorzoeken (v. afval) • reinigen (v. straat) II [on ww] • vuil ophalen • afval doorzoeken op zoek naar eten, enz

scavenger /'skævɪndʒə/ [znw] • afvaleter • straatveger • aasdier • aaskever

scenario /sɪ'nɑ:rɪəʊ/ [znw] • scenario • draaiboek

scend /send/ [znw] • (stuw)kracht • (scheepv.) het naar beneden schieten

scene /si:n/ [znw] • decor • landschap • tafereel, toneel • scène * behind the ~s achter de coulissen * it's not my ~ het ligt mij niet; dat is niets voor mij * quit the ~ v. het toneel verdwijnen * ~ of action plaats v. handeling * the ~ is laid/set in 't stuk speelt in

scenery /'si:nərɪ/ [znw] • natuurschoon, landschap • decor(s)

scenic /'si:nɪk/ [bnw] • in beeld • schilderachtig • verhalend, dramatisch * ~ route toeristische route

scent /sent/ I [ov ww] • vermoeden • ruiken • met geur vervullen • parfumeren II [on ww] snuffelen III [znw] • geur, lucht • parfum • reuk • spoor * be off the ~ twijfelen; onzekerheid voelen * get ~ of de lucht krijgen van * he has a wonderful ~ for hij heeft een fijne neus voor * put off the ~ misleiden

scentless /'sentləs/ [bnw] reukloos, zonder geur

sceptic /'skeptɪk/ I [znw] scepticus II [bnw] sceptisch

scepticism /'skeptɪsɪzəm/ [znw] scepticisme

sceptre /'septə/ [znw] scepter

schedule /'ʃedju:l/ I [ov ww] • een tabel, enz. maken van • in een tabel, enz. opnemen * is ~d to leave now moet volgens de dienstregeling nu vertrekken II [znw] • tabel • aanhangsel • bijlage • (AE) dienstregeling, rooster * on ~ precies op tijd

schema /'ski:mə/ [znw] schets, opzet, diagram, schema

schematic /skɪ'mætɪk/ [bnw] schematisch

scheme /ski:m/ I [ov ww] • beramen • intrigeren (tegen) II [on ww] konkelen III [znw] • plan • schema • stelsel • (gemeen) spelletje, intrige

schemer /'ski:mə/ [znw] intrigant

scheming /'ski:mɪŋ/ [bnw] listig, uit op slinkse streken

schism /'sɪzəm/ [znw] • schisma • (kerkelijke) afscheiding • sekte

schismatic /sɪz'mætɪk/ I [znw] iem. die een schisma veroorzaakt II [bnw] schismatiek

schizophrenia /skɪtsə'fri:nɪə/ [znw] schizofrenie

schizophrenic /skɪtsə'frenɪk/ I [znw] schizofreen persoon II [bnw] • schizofreen • gespleten

schmuck /ʃmʌk/ (sl.) [znw] schlemiel, mafkees

scholar /'skɒlə/ [znw] • leerling • geleerde • beursstudent

scholarship /'skɒləʃɪp/ [znw] • geleerdheid • studiebeurs

scholastic /skə'læstɪk/ I [znw] • scholasticus • jezuïetengraad in noviciaat II [bnw] • schools • school-, academisch • schoolmeesterachtig • scholastisch

school /sku:l/ I [ov ww] • scholen • trainen • africhten II [on ww] (bio.) in scholen gaan zwemmen III [znw] • faculteit • school, universiteit (inf./AE) * at ~ op school * ~ age leerplichtige leeftijd * ~ bag schooltas * ~ patrol verkeersbrigadiertje; klaar-over

schoolboy /'sku:lbɔɪ/ [znw] schooljongen

schooldays /'sku:ldeɪz/ [mv] schooljaren/-tijd

schoolfellow /'sku:lfeləʊ/ [znw] schoolkameraad

schoolgirl /'sku:lgɜ:l/ [znw] schoolmeisje

schoolhouse /'sku:lhaʊs/ [znw] • schoolgebouw • schoolhuis • directeurswoning als kosthuis

schooling /'sku:lɪŋ/ [znw] • onderwijs • scholing • dressuur

school-leaver [znw] schoolverlater

S

school-ma'am/-mɑːm/ [znw] schooljuffrouw
schoolman/ˈskuːlmən/ [znw] scholasticus
schoolmaster/ˈskuːlmɑːstə/ [znw] • onderwijzer • leraar • hoofd v.e. school
schoolmate/ˈskuːlmeɪt/ [znw] schoolkameraad/-makker
schoolmiss/ˈskuːlmɪs/ [znw] bakvis
schoolmistress/ˈskuːlmɪstrəs/ [znw] • onderwijzeres • lerares • hoofd v.e. school
schoolroom/ˈskuːlruːm/ [znw] • leslokaal • leskamer ∗ ~ English schoolengels
schools/skuːlz/ [mv] • de scholastieken • universitaire examens ∗ be in for one's ~ voor zijn examen zitten
school-ship [znw] opleidingsschip
schoolteacher/ˈskuːltiːtʃə/ [znw] onderwijzer(es), leraar, lerares
schoolwork/ˈskuːlwɜːk/ [znw] schoolwerk
schooner/ˈskuːnə/ [znw] schoener
sciatic/saɪˈætɪk/ [bnw] heup-
sciatica/saɪˈætɪkə/ [znw] ischias
science/ˈsaɪəns/ [znw] • wetenschap • natuurwetenschap(pen) • ⟨sport⟩ geoefendheid, techniek ∗ man of ~ natuurfilosoof ∗ ~ and art theoretische en praktische vaardigheid ∗ ⟨lit.⟩ ~ fiction toekomstfantasie ∗ the (noble) ~ schermen; boksen
scientific/saɪənˈtɪfɪk/ [bnw] wetenschappelijk
scientist/ˈsaɪəntɪst/ [znw] • natuurkundige • bioloog • scheikundige • natuurfilosoof
sci-fi/ˈsaɪfaɪ/ [znw] science fiction
scintillate/ˈsɪntɪleɪt/ I [ov ww] uitstralen II [on ww] fonkelen
scion/ˈsaɪən/ [znw] • ent • spruit, telg
scissors/ˈsɪzəz/ [znw] schaar ∗ ~ and paste compileerwerk; schaar en lijmpot ⟨fig.⟩
sclerosis/skləˈrəʊsɪs/ [znw] sclerose
scoff/skɒf/ I [ov ww] • bespotten • gulzig opeten II [on ww] schrokken ∗ (~ at) spotten met III [znw] • spot • vreten ∗ the ~ of the risee van
scoffer/ˈskɒfə/ [znw] spotter
scold/skəʊld/ I [ov ww] 'n uitbrander geven II [on ww] schelden III [znw] feeks
scolding/ˈskəʊldɪŋ/ [znw] uitbrander
scollop/ˈskɒləp/ → scallop
sconce/skɒns/ I [ov ww] beboeten ⟨bij studenten in Oxford⟩ II [znw] • blaker • kop • bolwerk, schans ∗ bep. boete ⟨bij studenten in Oxford⟩
scone/skɒn/ [znw] klein afgeplat broodbolletje
scoop/skuːp/ I [ov ww] • (uit)scheppen • hozen ∗ naar z. toe halen ⟨in één beweging⟩ • opstrijken • te slim/vlug af zijn ∗ (~ out) uithollen ∗ (~ up) opscheppen II [znw] • schop • schep(je) • lepel • hoos • spatel • kaasboor • kolenbak • baggeremmer • schoep ∗ 't scheppen ⟨in één beweging⟩ • buitenkansje • winstje • primeur ∗ at one ~ in één slag ∗ with a ~ in één keer
scooper/ˈskuːpə/ [znw] • soort guts • kluut • schepper
scoopful/ˈskuːpfʊl/ [znw] schep, lepel ∗ a ~ of sugar een schep suiker
scoop-wheel [znw] scheprad
scoot/skuːt/ [on ww] • rennen • 'm smeren
scooter/ˈskuːtə/ [znw] • step • scooter
scope/skəʊp/ [znw] • gebied, (draag)wijdte, bereik, strekking, omvang • gelegenheid ⟨tot ontplooiing⟩ • free/full ~ vrij spel
scorbutic/skɔːˈbjuːtɪk/ I [znw] scheurbuiklijder II [bnw] scheurbuik-, lijdend aan scheurbuik
scorch/skɔːtʃ/ I [ov ww] • (ver)schroeien • bijtend bekritiseren II [on ww] • (ver)schroeien • woest rijden, scheuren III [znw] • schroeiplek • dolle rit

scorcher/ˈskɔːtʃə/ [znw] • snikhete dag • ⟨sl.⟩ moordvent
scorching/ˈskɔːtʃɪŋ/ [bnw] • snikheet, bloedheet • gloeiend (heet)
score/skɔː/ I [ov ww] • orkestreren, arrangeren • opschrijven, aantekenen • door-/onderstrepen II [on ww] • een punt maken • ⟨succes⟩ behalen • winnen • boffen • scoren ⟨drugs⟩ ∗ ~ s.th. against/to a p. iets op iemands rekening schrijven • (~ off) bakzeil doen halen • (~ out) doorhalen, wegstrepen • (~ under) onderstrepen III [znw] • partituur • rake opmerking/zet • bof • streep • rekening • stand v. spel • twintigtal • filmmuziek • aantal punten • kerf • kras • schram, striem ∗ by ~s bij hopen ∗ go off at ~ het op een lopen zetten; van leer (beginnen te) trekken ∗ know the ~ weten hoe de vork in de steel zit ∗ on that ~ wat dat betreft ∗ on the ~ of wat betreft; op het punt van ∗ pay off old ~s even afrekenen (met iem.) ∗ ~s of times honderden keren
scoreboard/ˈskɔːbɔːd/ [znw] scorebord
scorecard/ˈskɔːkɑːd/ [znw] scorekaart
scorer/ˈskɔːrə/ [znw] • (doel)puntenmaker, scorer
scorn/skɔːn/ I [ov ww] verachten II [on ww] smalen III [znw] (voorwerp v.) verachting ∗ think ~ of min-/verachten
scornful/ˈskɔːnfʊl/ [bnw] minachtend
Scorpio/ˈskɔːpɪəʊ/ [znw] Schorpioen ⟨sterrenbeeld⟩
scorpion/ˈskɔːpɪən/ [znw] schorpioen
Scot/skɒt/ [znw] ∗ great Scot! goeie genade! ∗ the Scots de Schotten
Scotch/skɒtʃ/ I [ov ww] • onschadelijk maken • vastzetten met blok II [znw] • de Schotten • Schotse whisky • streep ⟨bij hinkspel⟩ • blok ⟨aan wiel⟩ III [bnw] Schots ∗ ~ broth vleesnat gebonden met gerst ∗ ~ cap schotse muts/baret ∗ ~ fir grove den ∗ ~ mist zeer fijne motregen ∗ ~ tape plakband
Scotchman, Scotsman/ˈskɒtʃmən/ [znw] Schot
Scotchwoman, Scotswoman/ˈskɒtʃwʊmən/ [znw] Schotse
scot-free/skɒtˈfriː/ [bnw] • ongestraft • ongedeerd ∗ go ~ vrijuit gaan
Scotland/ˈskɒtlənd/ [znw] Schotland ∗ ~ Yard ⟨hoofdbureau v.⟩ Londense politie
Scots, Scottish/skɒts/ I [znw] • het Schots • [mv] Schotten II [bnw] Schots
scoundrel/ˈskaʊndrəl/ [znw] schurk
scoundrelly/ˈskaʊndrəlɪ/ [znw] schurkachtig
scour/ˈskaʊə/ I [ov ww] • (op)wrijven, (uit)schuren • reinigen • schoonkrabben/-vegen, doórspoelen ∗ ~ the shops de winkels aflopen II [on ww] • snellen door/langs ⟨rond⟩trekken (door) III [znw] • poetsbeurt • dysenterie ⟨bij vee⟩
scourer/ˈskaʊərə/ [znw] • pannenspons • vagebond
scourge/skɜːdʒ/ I [ov ww] teisteren II [znw] gesel ∗ the white ~ tering
scout/skaʊt/ I [ov ww] • verkennen • minachtend afwijzen, verwerpen II [on ww] op verkenning zijn ∗ (~ around) for) speuren naar III [znw] • verkenningsvaar-/vliegtuig • verkenner • padvinder • wegenwacht • verkenning • oppasser ⟨in Oxford⟩ • ⟨AD⟩ vent • talent ~ talentenjager
scoutmaster/ˈskaʊtmɑːstə/ [znw] • patrouilleleider ⟨verkennerij⟩ • hopman
scow/skaʊ/ [znw] schouw
scowl/skaʊl/ I [ov ww] laten blijken II [on ww] dreigend kijken III [znw] dreigende blik
scrabble/ˈskræbl/ I [ov ww] bijeengraaien

II [on ww] • krabbelen • stoeien • graaien
III [znw] het scrabblespel
scrag/skræg/ I [ov ww] • ophangen • de nek
omdraaien • om de nek vastgrijpen (bij rugby)
II [znw] • mager scharminkel • spichtige plant
• halsstuk • hals
scraggy/'skrægɪ/ [bnw] mager, schriel
scram/skræm/ [on ww] opkrassen • go ~ 'm
smeren • ~! donder op!
scramble/'skræmbl/ I [ov ww] te grabbel gooien
* ~d eggs roereieren II [on ww] • klauteren
• scharrelen, grabbelen • ~ through one's exam
door een examen rollen III [znw] • gedrang,
wedloop • motorcross • klimpartij
scrambling/'skræmblɪŋ/ [bnw] slordig, verward
scranny/'skrænɪ/ [bnw] spichtig
scrap/skræp/ I [ov ww] • afdanken • aan de kant
zetten • slopen II [on ww] • herrie/ruzie hebben
III [znw] • ruzie, herrie • stukje • zweem, zier
• (kranten)knipsel, uitgeknipt plaatje • on the ~
nijdig * ~ iron schroot; oud roest * ~ of paper
vodje papier
scrapbook/'skræpbʊk/ [znw] plakboek
scrape/skreɪp/ I [ov ww] • schuren (langs)
• (af)krabben, schrap(p)en • krassen * ~
acquaintance with z. opdringen aan * ~ one's
boots/shoes zijn schoenen schoonmaken * ~ one's
chin z. scheren * ~ one's plate zijn bord helemaal
leegeten * ~ **away/off** (er) afkrabben,
wegkrabben * (~ **down**) afschrap(p)en * (~ **out**)
uithollen/-krabben * (~ **together/up**)
bijeenschrapen II [on ww] • schuifelen • schuren
(langs) • zuinig doen/leven • krassen * ~ through
an exam met de hakken over de sloot slagen * (~
through) het nèt halen III [znw] • het krassen
• schaafwond • krabbel(tje) • be in/get into a ~
in de knel zitten/raken
scraper/'skreɪpə/ [znw] voetschrapper
scrap-heap/'skræphiːp/ [znw] hoop oud roest, enz.
* go on the ~ afgedankt worden
scraping/'skreɪpɪŋ/ I [znw] gekras II [bnw]
krassend
scrapings/'skreɪpɪŋz/ [mv] • afschrapsel, krullen
(v. hout), restjes, kliekjes • afkrabsel
scrappy/'skræpɪ/ [bnw] • onsamenhangend • ⟨AE⟩
vechtlustig
scraps/skræps/ [mv] • afval • kaantjes • schroot,
oud roest
scratch/skrætʃ/ I [ov ww] • (z.) krabben • krassen
• schrammen • schrappen • afgelasten * ~ a
Russian and you find a Tartar = al draagt een
aap een gouden ring, het is en blijft een lelijk ding
* ~ cat kat ⟨fig.⟩ * ~ my back and I'll ~ yours de
ene dienst is de andere waard * ~ one's head z.
achter 't oor krabben * ~ paper kladpapier * (~
out) doorhalen, wegschrappen * (~
together/up) bij elkaar schrapen II [on ww]
krassen III [znw] • krabbel(tje) • schermutseling
• pruikje • schram • kras ⟨sport⟩ startlijn
• ⟨sport⟩ mededinger die geen voorgift krijgt • Old
Scratch de duivel * bring (up) to ~ klaar maken;
aan de eisen laten voldoen * keep a p. up to ~ een
achter de vodden zitten * ~ of the pen krabbel(tje)
* ~ pad kladblok * ~ race wedstrijd waaraan
iedereen mag meedoen * start from ~ helemaal
aan 't begin beginnen; zonder voorbereiding
beginnen * ⟨sport⟩ to come (up) to ~ aan de start
verschijnen; klaar zijn; aan de eisen/voorwaarden
voldoen IV [bnw] bij elkaar geraapt
scratchy/'skrætʃɪ/ [bnw] • krassend • krabbelig
• samengeraapt • ongelijk • a ~ record een
gekraste grammofoonplaat

scrawl/skrɔːl/ I [ov + on ww] (be)krabbelen
II [znw] krabbel(tje)
scrawny/'skrɔːnɪ/ [bnw] broodmager
scream/skriːm/ I [ov + on ww] tieren II [on ww]
• gillen • krijsen • gieren III [znw] • dolkomisch
iets of iem. • (ge)krijs, (ge)gil
screamer/'skriːmə/ [znw] • krijser • gierzwaluw
• iets dolkomisch • iets geweldig goeds • ⟨inf.⟩
uitroepteken
scree/skriː/ [znw] (berghelling met) steenslag
screech/skriːtʃ/ I [on ww] • krijsen • knarsend
piepen II [znw] • krijs • gil
screed/skriːd/ [znw] • lange en vervelende
brief/toespraak • waslijst met klachten
screen/skriːn/ I [ov ww] • doorlichten • vertonen
⟨v. film⟩ • verfilmen • af-/beschermen • maskeren
• ziften • iemands antecedenten nagaan II [znw]
• bescherming, scherm • schot • ruit ⟨v. auto⟩
• koorhek • 't witte doek • kolenzeef • rooster • hor
* ~ of indifference masker v. onverschilligheid
screening/'skriːnɪŋ/ [znw] doorlichting
screenplay/'skriːnpleɪ/ [znw] scenario, script
screenstar/'skriːnstɑː/ [znw] filmster
screenwasher/'skriːnwɒʃə/ [znw] ruitensproeier
screenwiper/'skriːnwaɪpə/ [znw] ruitenwisser
screenwriter/'skriːnraɪtə/ [znw] scenarioschrijver
screes/skriːz/ [mv] puin
screw/skruː/ I [ov ww] • vastdraaien/-schroeven,
aandraaien, opschroeven • omdraaien • onder
pressie zetten • afpersen • effect geven ⟨bij
biljarten⟩ * ~ (up) one's face z'n gezicht
vertrekken * ~ home vastschroeven * ~ up one's
courage z. vermannen * (~ **down**) dichtschroeven
• (~ **up**) nerveus maken, samenknijpen, verzieken,
verfrommelen, verkreukelen, verpesten II [on ww]
• met draaiende beweging lopen, enz. • vrekkig
zijn • ⟨vulg.⟩ neuken • (~ **up**) het verknallen
III [znw] • schroef, bout • kurkentrekker
• draai(ing) • effect ⟨bij biljarten⟩ • vrek,
uitzuiger • knol • ⟨sl.⟩ loon, salaris • he has a ~
loose hij is niet helemaal snik • put the ~(s) on
s.o. iem. de duimschroeven aanzetten • ~ cap
schroefdop • ~ clamp sergeant (lijmklem) • ~
cutter draadsnijder • ~ propeller schroef ⟨v.
schip/vliegtuig⟩ • there's a ~ loose de zaak zit
niet (helemaal) goed
screwauger/'skruːˈɔːɡə/ [znw] schroefboor
screwball/'skruːbɔːl/ [znw] ⟨sl./AE⟩ halve gare
screwdriver/'skruːdraɪvə/ [znw] schroevendraaier
screwed/skruːd/ [bnw] aangeschoten
screwed-up[bnw] • verfrommeld • verpest • van
streek • he is ~ about his exam hij zit in zijn rats
over zijn examen
screw-spanner, screw-wrench[znw] Engelse
sleutel
screwy/'skruːɪ/ [bnw] • kronkelend • krenterig
• afgejakkerd ⟨v. paard⟩ • getikt
scribal/'skraɪbl/ [bnw] m.b.t. het schrijven * ~
error schrijffout
scribble/'skrɪbl/ I [ov ww] • pennen
• (be)krabbelen II [on ww] • een beetje aan
schrijven doen • krabbelen III [znw] • gekrabbel
• kattebelletje • scribbling block kladblok
* scribbling-block-paper kladpapier
scribbler/'skrɪblə/ [znw] (prul)schrijver
scribe/skraɪb/ I [ov ww] ritsen II [on ww] ⟨vero.⟩
schrijven III [znw] • kraspen • (af)schrijver • klerk,
secretaris • schriftgeleerde
scrimmage/'skrɪmɪdʒ/ I [ov ww] in de scrimmage
brengen ⟨rugby⟩ II [on ww] vechten, worstelen
III [znw] • scrimmage ⟨bij rugby⟩ • vechtpartij
scrimp(y)/'skrɪmp(ɪ)/ I [on ww] bezuinigen, karig

S

zijn II [bnw] karig, krenterig

scrimshank/'skrımʃæŋk/ [on ww] zich drukken, lijntrekken

scrip/skrıp/ [znw] • recepis, voorlopig aandeel • waardebon • ‹vero.› reistas

script/skrıpt/ I [ov ww] (uit)schrijven II [znw] • origineel geschrift • (blok)schrift • tekst, draaiboek • 't ingeleverde (examen)werk ★ ~ girl regieassistente

scriptorium/skrıp'tɔ:rəm/ [znw] schrijfzaal

scriptural/'skrıptʃərəl/ [bnw] m.b.t. de bijbel

scripture/'skrıptʃə/ [znw] • de bijbel • bijbeltekst • heilig boek ★ Holy Scripture de Bijbel

Scriptures/'skrıptʃəz/ [mv] de Bijbel

scriptwriter/'skrıptraıtə/ [znw] scenarioschrijver

scrivener/'skrıvənə/ [znw] • schrijver • secretaris • notaris • geldschieter

scroll/skrəʊl/ I [ov ww] op (boek)rol schrijven II [znw] • (boek)rol • lijst • krul • volute

scrotum/'skrəʊtəm/ [znw] scrotum, balzak

scrounge/skraʊndʒ/ I [ov ww] bietsen II [on ww] achterover drukken, organiseren III [znw] scharrelaar

scrounger/'skraʊndʒə/ [znw] bedelaar

scrub/skrʌb/ I [ov ww] • wassen • schrappen • schrobben II [on ww] • schrobben • ploeteren • (~ up) schrobben tot het steriel is ‹v. handen v. chirurg› III [znw] • snorretje • schrobber • in de groei belemmerd(e) dier/plant • dwerg • stakker • (terrein met) struikgewas ★ a good ~ een flinke beurt ★ give a p. a good ~ iem. eens goed onder handen nemen

scrubber/'skrʌbə/ [znw] • schrobber ‹vulg.› slet, lellebel

scrubbing/'skrʌbɪŋ/ [znw] schrobbeurt ★ a good ~ een flinke beurt

scrubbing-brush/'skrʌbɪŋbrʌʃ/ [znw] schrobber

scrubby/'skrʌbɪ/ [bnw] • klein, nietig • bedekt met struikgewas • borstelig

scruff/skrʌf/ [znw] ★ seize/take by the ~ of the neck bij 't nekvel pakken

scruffy/'skrʌfɪ/ [bnw] smerig, min

scrum(mage)/'skrʌm(ıdʒ)/ [znw] worsteling om de bal ‹rugby›

scrumptious/'skrʌmpʃəs/ [bnw] verrukkelijk ‹vnl. eten›

scrunch/skrʌntʃ/ → **crunch**

scruple/'skru:pl/ I [on ww] aarzelen, schromen II [znw] gewetensbezwaar, angstvalligheid ★ have no ~s about er geen been in zien om ★ make no ~ to er geen been in zien om

scrupulous/'skru:pjʊləs/ [bnw] • scrupuleus • angstvallig • (al te) puntueel

scrutinize/'skru:tınaız/ [ov ww] nauwkeurig onderzoeken

scrutiny/'skru:tınɪ/ [znw] • kritisch onderzoek • officieel onderzoek inzake (betwijfelde) juistheid v.e. stemming

scuba/'sku:bə/ [znw] zuurstofapparaat/-flessen ★ ~ diving onderwaterzwemmen; scubaduiken

scud/skʌd/ I [on ww] • (voort)jagen, snellen ★ voor de wind gaan II [znw] ★ het snellen • wolkenjacht

scuff/skʌf/ I [ov + on ww] sloffen, schuifelen II [ov ww] schaven, schuren

scuffle/'skʌfəl/ I [on ww] vechten, elkaar afrossen II [znw] handgemeen

scull/skʌl/ I [ov + on ww] • roeien • wrikken II [znw] • roeiriem • wrikriem

scullery/'skʌlərɪ/ [znw] bijkeuken

scullion/'skʌljən/ [znw] keukenjongen

sculpt/skʌlpt/ → **sculpture**

sculptor/'skʌlptə/ [znw] beeldhouwer

sculptress/'skʌlptrəs/ [znw] beeldhouwster

sculptural/'skʌlptʃərəl/ [bnw] • (als) gebeeldhouwd • beeldhouwers-

sculpture/'skʌlptʃə/ I [ov + on ww] beeldhouwen II [znw] • beeldhouwwerk • beeldhouwkunst

scum/skʌm/ I [ov ww] afschuimen II [on ww] schuimen III [znw] ★ schuim • uitschot ★ scum of the earth slijk der aarde

scummy/'skʌmɪ/ [bnw] • schuimachtig • gemeen

scunner/'skʌnə/ I [ov ww] doen walgen II [on ww] walgen III [znw] afkeer

scupper/'skʌpə/ I [ov ww] overrompelen en afmaken II [znw] spuigat

scurf/skɜ:f/ [znw] • korst • hoofdroos

scurrility/skə'rılətı/ [znw] • schunnigheid • gemeenheid

scurrilous/'skʌrıləs/ [bnw] • gemeen, schunnig • grof

scurry/'skʌrı/ I [on ww] • vlug trippelen • snellen II [znw] • het getrippel • draf • holletje ★ a ~ of snow sneeuwjacht ★ ~ of dust stofwolk

scurvy/'skɜ:vɪ/ I [znw] scheurbuik II [bnw] gemeen, vuil

scut/skʌt/ [znw] kort staartje

scutcheon/'skʌtʃən/ [znw] • wapenschild • naam-/sleutelplaatje

scuttle/'skʌtl/ I [ov ww] ★ ~ a p.'s nob iem. een gat in de kop slaan ★ ~ a ship een gat boren in een schip om 't te laten zinken II [on ww] • gejaagd (weg)lopen ★ z. ijlings uit de voeten maken III [znw] • kolenbak • (scheeps)luik • (luik)gat • haastig geren • vlucht

scythe/saıð/ I [ov + on ww] maaien II [znw] zeis

sea/si:/ [znw] zee ★ Sea Lord hoge marineautoriteit ★ be at sea de kluts kwijt zijn; varen ★ find/get one's sea legs zeebenen krijgen ★ put to sea uitvaren ★ sea air zeelucht ★ sea bass zeebaars ★ sea bird zeevogel ★ sea breeze zeewind ★ sea calf zeehond ★ sea chest scheepskist ★ sea cock buitenboordskraan ★ sea cook scheepskok ★ ‹AE› sea horse zeepaard(je); walrus; zeerob ★ sea legs zeebenen ★ sea level zeespiegel ★ sea lion zeeleeuw ★ sea mile geografische mijl; zeemijl (1854 m.) ★ sea needle geep ★ sea nettle kwal ★ sea pay gage ★ sea power zeemacht; marine; zeemogendheid ★ sea rover zeerover ★ sea tangle zeewier ★ sea urchin zee-egel ★ son of a sea-cook lamstraal ★ take the sea uitvaren ★ the high seas zee buiten territoriale 3-mijl strook ★ the sea het zeeleven; de grote vaart ★ within the four seas in Groot-Brittannië

seabed/'si:bed/ [znw] zeebedding/-bodem

seaboard/'si:bɔ:d/ [znw] kustlijn

seaborne/'si:bɔ:n/ [bnw] • over zee vervoerd • overzees

sea-dog[znw] • zeehond • zeerob, zeebonk

seafarer/'si:feərə/ [znw] zeeman/-vaarder

seafaring/'si:feərɪŋ/ I [znw] 't varen II [bnw] varend ★ ~ man varensgezel

seafood/'si:fu:d/ [znw] zeevis ‹als gerecht›, schaal-/schelpdieren ‹als gerecht›

seafront/'si:frʌnt/ [znw] • boulevard aan zee • zeekant

sea-gauge/znw] • diepgang • peilinrichting

sea-going/'si:gəʊɪŋ/ [bnw] • voor de grote vaart • zee- ★ ~-gull zeemeeuw

seal/si:l/ I [ov ww] • be-/verzegelen • (dicht)plakken • stempelen • sluiten ★ my lips are sealed ik mag niets zeggen • (~ up) sluiten, dichten, dichtsolderen II [on ww] op robben jagen III [znw] • (lak)zegel • bezegeling • stempel • afsluiter, sluiting • zeehond, rob ★ given under my hand and seal door mij getekend en gezegeld ★ receive the seals minister worden ★ return the seals afireden als minister ★ set one's seal to sanctioneren

sealawyer/'si:lɔːɹə/ [znw] querulant
sealer/'si:lə/ [znw] robbenjager ● ijker
sealing-wax/'si:lɪŋwæks/ [znw] zegelwas
sealskin/'si:lskɪn/ [znw] robbenbont
seam/si:m/ I [ov ww] ● groeven ● met littekens bedekken II [znw] ● naad ● litteken ● ⟨geo.⟩ dunne tussenlaag ★ come apart at the seams bij de naden losraken
seaman/'si:mən/ [znw] ● zeeman ● matroos
seamanlike, seamanly/'si:mənlaɪk/ [bnw] als een zeeman
seamanship/'si:mənʃɪp/ [znw] bekwaamheid als zeeman, zeevaartkunde
sea-mark[znw] baken
seamless/'si:mləs/ [bnw] naadloos
seamstress/'semstrəs/ [znw] naaister
seamy/'si:mɪ/ [bnw] met na(a)d(en) ★ the ~ side de verkeerde kant; de keerzijde; de zelfkant v. 't leven
seance/seɪɑ̃s/ [znw] ● seance ● zitting
seapiece/'si:pi:s/ [znw] zeestuk ⟨schilderij⟩
seaplane/'si:pleɪn/ [znw] watervliegtuig ★ ~ carrier vliegdekschip
seaport/'si:pɔːt/ [znw] zeehaven
sear/sɪə/ I [on ww] ● schroeien ● verzengen ● (doen) afstompen II [bnw] → **sere**
search/sɜːtʃ/ I [ov ww] ● doorzoeken ● nasporen ● doordringen in ● doorgronden ★ ~ a wound sonderen ● (~ out) grondig nasporen II [znw] ● zoekactie ● huiszoeking ● visitatie ★ in ~ of op zoek naar ★ ~ warrant huiszoekingsbevel
searching/sɜːtʃɪŋ/ I [znw] grondig onderzoek ★ ~s of heart wroeging II [bnw] ● onderzoekend ● streng ● diepgaand, doordringend
searchlight/'sɜːtʃlaɪt/ [znw] zoeklicht
search-party/'sɜːtʃpɑːtɪ/ [znw] opsporingsexpeditie
searing/'sɪərɪŋ/ [bnw] ● heet ● hitsig
seascape/'si:skeɪp/ [znw] zeegezicht
seashell/'si:ʃel/ [znw] ⟨zee⟩schelp
seashore/'si:ʃɔː/ [znw] ● kust, strand ● strook tussen hoog- en laagwaterlijn
seasick/'si:sɪk/ [bnw] zeeziek
seasickness/'si:sɪknəs/ [znw] zeeziekte
seaside/'si:saɪd/ [znw] de kust ★ go to the ~ naar (een badplaats aan) de kust gaan ★ ~ resort badplaats
season/'si:zən/ I [ov ww] ● geschikt maken ● kruiden ● toebereiden II [on ww] ● geschikt worden ● rijper worden ⟨vooral personen⟩ III [znw] ● jaargetijde ● seizoen ● moesson ● (geschikte) tijd ★ close ~ gesloten jacht-/vistijd ★ in ~ op zijn plaats; verkrijgbaar ⟨v. seizoengevoelige goederen⟩ ★ out of ~ niet op zijn plaats; niet te krijgen ★ oysters are in ~ nu is het de tijd voor oesters ★ ~ ticket trajectkaart; abonnement ★ should be laid up to ~ ... moet nog (wat) liggen ★ the dead/off ~ de slappe tijd
seasonable/'si:zənəbl/ [bnw] ● geschikt ● gelegen ● op de juiste tijd (komend) ● overeenkomstig de tijd v.h. jaar
seasonal/'si:zənl/ [bnw] ● seizoen- ● volgens de wisseling v.d. jaargetijden ● van een bepaald jaar
seasoned/'si:zənd/ [bnw] ● gekruid ● gedroogd ● belegen ● uitgewerkt ⟨v. hout⟩ ● gehard, doorgewinterd ● verstokt ● geroutineerd
seasoning/'si:zənɪŋ/ [znw] ● het kruiden ● kruiderij

seat/si:t/ I [ov ww] ● doen zitten, plaatsen, een plaats geven ● v. zitting of zitvlak voorzien ● een zetel bezorgen ⟨in het Parlement⟩ ★ a church seated for 5000 'n kerk met 5000 zitplaatsen ★ be seated zitten; gelegen zijn ★ seat o.s. gaan zitten II [znw] ● zetel ● zitting ● zitvlak ● houding ⟨te paard⟩ ● ⟨zit⟩plaats, stoel, bank ● ⟨vero.⟩ buiten(goed) ★ keep your seats! zitten blijven! ★ seat of war toneel v.d. strijd ★ take a seat gaan zitten ★ the seat of the disease de haard v.d. ziekte
seat-belt/'si:tbelt/ [znw] veiligheidsgordel
seating/'si:tɪŋ/ [znw] ★ ~ accomodatie zitplaatsen
S.E.A.T.O. [afk] ● (South East Asia Treaty Organization) Zuidoost-Aziatische Verdragsorganisatie
seawall/'si:wɔːl/ [znw] ● zeedijk ● strandmuur
seaward(s)/'si:wəd(z)/ [bnw + bijw] zeewaarts
seaway/'si:weɪ/ [znw] ● ruwe zee ● vaarroute naar zee
seaweed/'si:wi:d/ [znw] zeewier
seaworthy/'si:wɜːðɪ/ [znw] zeewaardig
sec/sek/ I [znw] seconde, ogenblikje II [bnw] droog ⟨v. wijn⟩ III [afk] ● (secant) snijlijn ● (second(s)) seconde(n) ● (secretary) secretaris
secateurs/sekəˈtɜːz/ [znw] snoeischaar
secede/sɪˈsiːd/ [on ww] z. terugtrekken, z. afscheiden
secession/sɪˈseʃən/ [znw] ★ War of Secession Am. Burgeroorlog
seclude/sɪˈkluːd/ [ov ww] afzonderen, uitsluiten
secluded/sɪˈkluːdɪd/ [bnw] afgezonderd ★ live a ~ life een teruggetrokken leven leiden ★ ~ spot eenzaam plekje
seclusion/sɪˈkluːʒən/ [znw] ● afzondering ● uitsluiting
second I [ov ww] ● /'sekənd/ (onder)steunen, helpen ● ⟨mil.⟩ /sɪˈkɒnd/ detacheren II [znw] /'sekənd/ ● de tweede ● seconde ● begeleiding ● secondant ● ⟨AE⟩ tweede portie ● ⟨muz.⟩ tweede stem ★ be a good ~ niet ver na no. 1 binnenkomen ★ ~ hand secondewijzer III [bnw] /'sekənd/ ● ander ● op tweede plaats komend ● op één na ★ be ~ to none voor niemand onderdoen ★ every ~ day om de andere dag ★ on ~ thoughts bij nader inzien ★ ~ ballot herstemming ★ ~ birth wedergeboorte ★ ~ childhood kindsheid ★ ~ cousin achterneef/-nicht ★ ~ self tweede ik; rechterhand ⟨fig.⟩ ★ ~ sight helderziendheid ★ ~ string reserve; slag om de arm ★ ~ teeth blijvend gebit IV [bijw] /'sekənd/ ten tweede V [telw] /'sekənd/ tweede
secondary/'sekəndərɪ/ [bnw] ● bij- ● bijkomend ● secundair ● voortgezet ⟨v. onderwijs⟩ ★ ~ modern school ≈ mavo/havo
second-best/sekəndˈbest/ [znw] tweederangs, inferieur
second-class[bnw] ● tweede klas ● tweederangs
seconder/səˈkɒndə/ [znw] voorstander
second-hand/sekəndˈhænd/ I [bnw + bijw] tweedehands ★ ~ news nieuws uit de tweede hand II [znw] secondewijzer III [bijw] uit de tweede hand
second-in-command[znw] ● onderbevelhebber ● eerste officier ⟨bij marine⟩ ● ⟨luchtv.⟩ tweede piloot
secondly/'sekəndlɪ/ [bijw] ten tweede
second-rate/sekəndˈreɪt/ → **second-best**
seconds/'sekəndz/ [mv] ● tweede portie ⟨bij maaltijd⟩ ● tweede soort
secrecy/'si:krəsɪ/ [znw] geheimhouding ★ in ~ in 't geheim

S

S

secret/'si:krɪt/ **I** [znw] ● geheim ● ‹religie› secreta (in Heilige Mis) ∗ in ~ in 't geheim ∗ in the ~ ingewijd ∗ open ~ publiek geheim **II** [bnw] ● geheim ● bedekt ● vertrouwelijk ● verborgen ∗ ~ service geheime inlichtingendienst

secretarial/sekrəˈteərɪəl/ [bnw] van 'n secretaris/secretaresse

secretariat/sekrəˈteərɪət/ [znw] secretariaat

secretary/'sekrətərɪ/ [znw] ● secretaresse ● secretaris ● minister ∗ ‹AE› Secretary of State minister v. Buitenlandse Zaken

secretary-general[znw] secretaris-generaal

secretaryship/'sekrətərɪʃɪp/ [znw] secretariaat

secrete/sɪˈkri:t/ [ov ww] ● verbergen ● helen ● afscheiden

secretion/sɪˈkri:ʃən/ [znw] afscheiding, uitscheiding(sproduct)

secretive/'si:krətɪv/ [bnw] terughoudend, gesloten

secretly/'si:krɪtlɪ/ [bijw] geheim, in het geheim

secretory/sɪˈkri:tərɪ/ [bnw] de afscheiding bevorderend, afscheidend

sect/sekt/ **I** [znw] sekte **II** [afk] ● (section) sectie

sectarian/sekˈteərɪən/ **I** [znw] (fanatiek) lid v.e. sekte **II** [bnw] ● sektarisch ● fanatiek

sectarianism/sekˈteərɪənɪzəm/ [znw] ● hokjesgeest ● sektegeest

section/'sekʃən/ [znw] ● partje ‹v. citrusvrucht› ● snede ● sectie ● paragraaf ● afdeling ● (ge)deel(te) ● lid ● vak ● ‹AE› vierkante mijl ● ‹AE› district, (stads)wijk ∗ ~ mark paragraafteken

sectional/'sekʃənl/ [bnw] ● in secties, enz. verdeeld ● sectie-

sector/'sektə/ [znw] sector

secular/'sekjʊlə/ **I** [znw] ● wereldgeestelijke ● leek **II** [bnw] ● seculier ● wereldlijk ● eeuwenlang durend ● onvergankelijk ● seculair

secularism/'sekjʊlərɪzəm/ [znw] secularisme

secure/sɪˈkjʊə/ **I** [ov ww] ● versterken ● beveiligen ● vastleggen/-zetten ● op-/wegbergen ● bemachtigen ‹te pakken› krijgen ● waarborgen ∗ ~ arms 't geweer met grendel onder oksel dragen (tegen regen) **II** [bnw] ● veilig ● zeker ● vast

securities/sɪˈkjʊərɪtɪz/ [mv] fondsen, waardepapieren

security/sɪˈkjʊərɪtɪ/ [znw] ● veiligheid ● zelfverzekerdheid ● waarborg ● onderpand ∗ ~ risk veiligheidsrisico

sedan/sɪˈdæn/ [znw] ● draagstoel ● sedan ∗ ~ chair draagstoel

sedate/sɪˈdeɪt/ **I** [ov ww] kalmeren ‹d.m.v. kalmeringsmiddel› **II** [bnw] bedaard, rustig, stil

sedation/sɪˈdeɪʃən/ [znw] verdoving, slaaptoestand ∗ under ~ onder kalmerende medicijnen; onder verdoving

sedative/'sedətɪv/ **I** [znw] kalmeringsmiddel **II** [bnw] kalmerend ‹medicijn›

sedentary/'sedəntərɪ/ **I** [znw] ● iem. die een zittend leven leidt ● huismus ‹persoon› ● webspin **II** [bnw] zittend ∗ ~ bird standvogel ∗ ~ spider webspin

sedge/sedʒ/ [znw] moerasgras, zegge

sediment/'sedɪmənt/ [znw] neerslag, bezinksel

sedimentary/sedɪˈmæntərɪ/ [bnw] sedimentair

sedimentation/sedɪmənˈteɪʃən/ [znw] sedimentatie, bezinking

sedition/sɪˈdɪʃən/ [znw] opruiing

seditious/sɪˈdɪʃəs/ [bnw] oproerig

seduce/sɪˈdju:s/ [ov ww] verleiden

seducer/sɪˈdju:sə/ [znw] verleider

seduction/sɪˈdʌkʃən/ [znw] verleiding

seductive/sɪˈdʌktɪv/ [bnw] verleidelijk, verlokkend

sedulous/'sedjʊləs/ [bnw] ijverig, naarstig

see/si:/ **I** [ov + on ww] ● zorg dragen ● oppassen ● zien ● inzien, snappen ∗ I see oh, juist ∗ he can see through a brick wall hij heeft zijn ogen niet in de zak ∗ mind you see the lights out zorg dat 't licht uit is ∗ see a thing done zorgen dat iets gedaan wordt ∗ see eye to eye with het volkomen eens zijn met ∗ see fit/good to het raadzaam achten om ∗ see if I don't reken er op! ∗ see into a millstone de wijsheid in pacht hebben ∗ see red bloed (willen) zien ∗ see things dingen zien die er niet zijn ∗ see to bed naar bed brengen ∗ seeing is believing ik moet 't eerst zien ∗ you see zie je ∗ (~ into) onderzoeken, inzicht hebben in ● (~ over) bezichtigen **II** [ov ww] ● brengen ● bezoeken, spreken, naar ... gaan ● toelaten, ontvangen ∗ I have seen better days ik heb betere dagen gekend ∗ I'll be seeing you tot kijk ∗ I'll see him damned/hanged first! hij kan doodvallen! ∗ I'll see him further first! hij kan doodvallen! ∗ he will never see fifty again hij is over de vijftig ∗ see a p. home iem. thuisbrengen ∗ see a p. through iem. er door heen helpen ∗ see it through tot 'n goed einde brengen; doorzetten ∗ see you (soon) tot ziens ● (~ off) wegbrengen ● (~ out) uitlaten, overleven, doorzetten ● (~ through) doorzien ● (~ to) zorgen voor, zorg dragen voor **III** [on ww] ∗ ('ns) kijken ∗ I will see about it ik zal nog wel eens zien ● (~ about) zorgen voor **IV** [znw] (bisschops)zetel ∗ the Holy See de H. Stoel

seed/si:d/ **I** [ov ww] ● ‹sport› selecteren ● ontpitten **II** [on ww] zaad vormen **III** [znw] zaad ∗ go/run to seed verlopen; in 't zaad schieten; de beste jaren gehad hebben ∗ raise from seed kroost verwekken ∗ sow the good seed het H. Evangelie prediken

seed-bed/'si:dbed/ [znw] ● zaaibed ● broeinest

seed-cake[znw] ● kruidkoek ● lijnkoek

seed-corn[znw] ● zaaigraan ● ‹AE› maïs

seedless/'si:dləs/ [bnw] zonder pit(ten)

seedling/'si:dlɪŋ/ [znw] kiemplant

seed-potato/'si:dpətetəu/ [znw] pootaardappel

seedsman/'si:dzmən/ [znw] zaadhandelaar

seedy/'si:dɪ/ [bnw] ● vol zaad ● sjofel, verlopen ∗ feel ~ z. niet erg lekker voelen

seeing/'si:ɪŋ/ **I** [bnw] ziend **II** [vw] aangezien

seek/si:k/ **I** [ov ww] trachten te bereiken/verkrijgen ∗ (much) sought after (zeer) gewild ∗ seek a p.'s life iem. naar 't leven staan ∗ seek dead! zoek! ‹op jacht› ● (~ out) (op)zoeken **II** [on ww] ● (~ after/for) (af)zoeken naar

seem/si:m/ [on ww] schijnen ∗ it should/would seem naar het schijnt

seeming/'si:mɪŋ/ [bnw] schijnbaar

seemingly/'si:mɪŋlɪ/ [bijw] schijnbaar

seemly/'si:mlɪ/ [bnw + bijw] betamelijk

seen/si:n/ volt. deelw. → see

seep/si:p/ [on ww] sijpelen

seepage/'si:pɪdʒ/ [znw] lekkage

seer/'si:ə/ [znw] ● ziener ● profeet

seeress/sɪəˈres/ [znw] zieneres

seesaw/'si:sɔ:/ **I** [on ww] ● wippen ● weifelen ● afwisselen **II** [znw] ● op- en neergaande beweging ● schommeling ● wip **III** [bnw] op- en neergaand

seethe/si:ð/ [on ww] zieden, koken ‹v. woede›

see-through[bnw] doorkijk-, doorschijnend

segment/'segmənt/ **I** [ov ww] ● verdelen ● delen **II** [znw] ● lid ‹v.insect› ● segment, deel, stukje

segmentation/segmənˈteɪʃən/ [znw] ● segmentatie ● celdeling

segregate/'segrɪgeɪt/ **I** [ov ww] ● scheiden

• afzonderen • sorteren **II** [on ww] z. splitsen
III [bnw] *gescheiden*
segregation/segrɪˈɡeʃən/ [znw] • *(af)scheiding*
• *segregatie*
seigneur/serˈnjɑː/ [znw] *(land)heer,*
grootgrondbezitter
seine/sern/ [znw] *zegen(net)*
seise, seize/siːz/ **I** [ov ww] • *grijpen, pakken,*
nemen • *confisqueren* • *begrijpen* • *in 't bezit*
stellen • ‹scheepv.› *sjorren* ★ seized by/with
aangegrepen door; getroffen door ★ seized of in 't
wettig bezit van **II** [on ww] *vastlopen* **★ (seize**
(up)on) *aangrijpen, afkomen op* • **(seize up)** *het*
begeven
seismic/ˈsaɪzmɪk/ [bnw] *aardbevings-*
seismograph/ˈsaɪzməɡrɑːf/ [znw] *seismograaf*
seismology/saɪzˈmɒlədʒɪ/ [znw] *seismologie*
seizing/ˈsiːzɪŋ/ [znw] *afstraffing met karwats*
seizure/ˈsiːʒə/ [znw] • *inbeslagname*
• *(machts)greep* • *aanval, vlaag*
seldom/ˈseldəm/ [bijw] *zelden*
select/sɪˈlekt/ **I** [ov ww] *uitkiezen* **II** [on ww]
kiezen **III** [bnw] • *gedistingeerd* • *chic, select,*
uitgelezen
selection/sɪˈlekʃən/ [znw] • *keuze, keur*
• *bloemlezing* ★ natural ~ *teeltkeus*
selective/sɪˈlektɪv/ [bnw] • *(uit)kiezend* • *op keuze*
gebaseerd • *selectie*
selectivity/sɪlekˈtɪvətɪ/ [znw] *selectiviteit*
selector/sɪˈlektə/ [znw] • *lid van keuzecommissie,*
selecteur • *keuzeschakelaar*
• *versnellingshendel/-pook*
self/self/ **I** [znw] • *(eigen) ik* • *persoon* • *(eigen) ik*
• *persoon* ★ cheque drawn to self cheque aan
eigen order **II** [bnw] *effen* **III** [voorv] *zelf-*
• *eigen-* • *van/voor zichzelf*
self-abasement [znw] *zelfvernedering*
self-absorbed/selfabˈsɔːbd/ [bnw] • *geobsedeerd*
door de eigen emotionele ervaringswereld • *totaal*
in zichz. gekeerd
self-abuse/selfəˈbjuːs/ [znw] • *zelfverwijt*
• *zelfbevrediging ‹moralistisch beschreven›*
self-acting/selfˈæktɪŋ/ [bnw] *automatisch*
self-addressed [bnw] *aan zichzelf geadresseerd*
★ ~ envelope *antwoordenvelop; retourenvelop*
self-advertise [on ww] *reclame maken voor eigen*
zaak
self-appointed/selfəˈpɔɪntɪd/ [bnw] • *zonder*
autoriteit • *zichz. opgelegd* • *zich opwerpend (als)*
self-assertion/selfəˈsɜːʃən/ [znw] • *geldingsdrang*
• *aanmatiging*
self-assertive [bnw] *assertief*
self-assurance [znw] *zelfverzekerdheid*
self-assured [bnw] *zelfverzekerd*
self-cent(e)red/selfˈsentəd/ [bnw] *egocentrisch*
self-collected [bnw] *bedaard*
self-coloured/selfˈkʌləd/ [bnw] *effen*
self-command/selfkəˈmɑːnd/ [znw]
zelfbeheersing
self-complacency [znw] *zelfvoldaanheid*
self-complacent/selfkəmˈpleɪsənt/ [bnw]
zelfvoldaan
self-conceit/selfkənˈsiːt/ [znw] *verwaandheid*
self-conceited [bnw] *verwaand*
self-confessed [bnw] • *openlijk* • *onverholen*
self-confidence/selfˈkɒnfɪdns/ [znw]
zelfvertrouwen
self-confident [bnw] *vol zelfvertrouwen*
self-conscious/selfˈkɒnʃəs/ [bnw] • *verlegen*
• *zelfbewust*
self-contained/selfkənˈteɪnd/ [bnw] • *autonoom*
• *eenzelvig* • *vrij(staand)* • *afzonderlijk*

self-contradictory [bnw] *tegenstrijdig, met*
zichzelf in tegenspraak
self-control/selfkənˈtrəʊl/ [znw] *zelfbeheersing*
self-controlled [bnw] *beheerst*
self-defeating/selfdɪˈfiːtɪŋ/ [bnw] *zichzelf in de*
weg staand
self-defence, self-defense/selfdɪˈfens/ [znw]
zelfverdediging, noodweer ★ the (noble) art of ~
boksen
self-denial/selfdɪˈnaɪəl/ [znw] • *zelfverloochening,*
zelfopoffering
self-dependence/selfdɪˈpendəns/ [znw]
zelfstandigheid
self-destruction/selfdɪˈstrakʃən/ [znw]
zelfvernietiging, zelfmoord
self-determination [znw]
• *zelfbeschikking(srecht)* • *vrije wil*
self-determined [bnw] *onafhankelijk*
self-discipline/selfˈdɪsɪplɪn/ [znw] *zelfdiscipline*
self-distrust/selfdɪˈstrast/ [znw] *gebrek aan*
zelfvertrouwen
self-distrustful [znw] *niet zeker v. zichzelf*
self-drive/selfˈdraɪv/ [bnw] *zonder chauffeur*
self-educated/selfˈedjuːkeɪtɪd/ [bnw]
• *autodidact* • *ontwikkeld zonder scholing*
self-effacement [znw] *wegcijfering v. zichzelf,*
bescheidenheid
self-effacing/selfˈfeɪsɪŋ/ [bnw] *bescheiden*
self-employed/selfɪmˈplɔɪd/ [bnw] *zelfstandig,*
zijn eigen baas
self-esteem/selfɪˈstiːm/ [znw] *zelfrespect*
self-evident/selfˈevɪdnt/ [bnw] *vanzelfsprekend*
self-explanatory/selfɪkˈsplænətərɪ/ [bnw]
onmiskenbaar, (zonder meer) duidelijk ★ the
phrase is ~ *de uitdrukking verklaart zichzelf*
self-forgetful/selfˈfəˈɡetful/ [bnw] *zichz.*
wegcijferend, onbaatzuchtig
self-fulfilling/selfful'fɪlɪŋ/ [bnw] *vanzelf in*
vervulling gaand
self-governing [bnw] *onafhankelijk, autonoom*
self-government [znw] *zelfbestuur*
self-help/selfˈhelp/ [znw] • *onafhankelijkheid,*
zelfstandigheid
self-importance/selfɪmˈpɔːtns/ [znw] *eigendunk*
self-important [bnw] *gewichtig (doend)*
self-imposed/selfɪmˈpaʊzd/ [bnw] *zichz. opgelegd*
self-indulgence [znw] *genotzucht*
self-indulgent/selfɪnˈdʌldʒənt/ [bnw]
gemak-/genotzuchtig
self-inflicted/selfɪnˈflɪktɪd/ [bnw] *zichzelf*
toegebracht
self-interest/selfˈɪntrəst/ [znw] *eigenbelang*
self-interested [bnw] *uit eigenbelang, zelfzuchtig*
selfish/ˈselfɪʃ/ [bnw] *egoïstisch*
selfless/ˈselfləs/ [bnw] *onbaatzuchtig*
self-made/selfˈmeɪd/ [bnw] ★ ~ man *iem. die*
zichz. opgewerkt heeft
self-mastery/selfˈmɑːstərɪ/ [znw] *zelfbeheersing*
self-pity/selfˈpɪtɪ/ [znw] *zelfbeklag/-medelijden*
self-portrait/selfˈpɔːtrɪt/ [znw] *zelfportret*
self-possessed/selfpəˈzest/ [bnw] *bedaard*
self-possession [znw] *zelfverzekerdheid,*
zelfbeheersing
self-praise/selfˈpreɪz/ [znw] *eigenroem*
self-preservation/selfprezəˈveɪʃən/ [znw]
zelfbehoud
self-raising/selfˈreɪzɪŋ/ [bnw] *zelfrijzend*
self-recording/selfrɪˈkɔːdɪŋ/ [bnw]
zelfregistrerend
self-regard/selfrɪˈɡɑːd/ [znw] *egoïsme,*
eigenbelang
self-regarding [bnw] *egoïstisch*

self-reliance/selfrɪˈlaɪəns/ [znw] zelfvertrouwen
self-reliant[bnw] onafhankelijk
self-respect/selfrɪˈspekt/ [znw] zelfrespect
self-respecting[bnw] zichzelf respecterend, met zelfrespect
self-restraint/selfrɪˈstreɪnt/ [znw] zelfbeheersing
self-righteous/selfˈraɪtʃəs/ [bnw] eigengerechtig
self-rule/selfˈruːl/ [znw] autonomie
self-sacrifice/selfˈsækrɪfaɪs/ [znw] zelfopoffering
self-sacrificing[bnw] zelfopofferend
selfsame/selfseɪm/ [bnw] precies de-/hetzelfde
self-satisfaction/selfsætɪsˈfækʃən/ [znw] eigendunk, zelfvoldaanheid
self-satisfied[bnw] zelfvoldaan
self-seeker[znw] egoïst
self-seeking/selfsiːkɪŋ/ I [znw] egoïsme II [bnw] egoïstisch
self-service[znw] zelfbediening(s-)
self-starter/selfˈstɑːtə/ [znw] • starter • startmotor
self-styled/selfstaɪld/ [bnw] zichz. aangemeten
self-sufficiency[bnw] autarkie
self-sufficient, self-sufficing/selfsəˈfɪʃənt/ [bnw] • autarkisch • zelfgenoegzaam, verwaand
self-supporting/selfsəˈpɔːtɪŋ/ [bnw] zichzelf bedruipend, in eigen behoeften voorziend
self-will[znw] eigenzinnigheid
self-willed/selfwɪld/ [bnw] eigenzinnig
sell/sel/ I [ov ww] • verkopen • verraden • er tussen nemen ★ sell a p. a gold brick knollen voor citroenen verkopen ★ sell s.o. a pup knollen voor citroenen verkopen ★ sell short te kort doen; onderschatten ★ sell up a p. de bezittingen van iem. (laten) verkopen ★ they sell like hot cakes/wild fire ze gaan als warme broodjes over de toonbank • (~ off) uitverkopen II [on ww] verkocht worden ★ selling price verkoopprijs; winkelprijs • (~ out) de idealen voor geld of roem laten varen, al zijn aandelen verkopen, (uit)verkopen, zijn officiersplaats verkopen
seller/selə/ [znw] verkoper, handelaar
selling/selɪŋ/ [in samenst] ★ ~-agency verkoopbureau ★ ~-rates laatkoersen
selling-point[znw] aanbeveling, positief aspect ★ is a ~ strekt tot aanbeveling
sellotape/seləteɪp/ [znw] doorzichtig plakband, sellotape
sell-out[znw] • uitverkochte voorstelling • verraad
seltzer/seltsə/ [znw] ★ ~ water mineraalwater
selvage/selvɪdʒ/ I [ov ww] voorzien v.e. zelfkant ★ ~d met een zelfkant II [znw] zelfkant
selvedge/selvɪdʒ/ → **selvage**
selves/selvz/ [mv] → **self**
semantics/sɪˈmæntɪks/ [znw] semantiek, betekenisleer
semaphore/seməfɔː/ I [ov + on ww] met vlaggen seinen II [znw] • seinsysteem met vlaggen • seinpaal • het seinen
semblance/sembləns/ [znw] • gedaante • schijn
semen/siːmən/ [znw] sperma
semester/səˈmestə/ [znw] semester
semi/semɪ/ I [znw] semidetached half vrijstaand II [voorv] half
semi-/semɪ/ [voorv] • half- • gedeeltelijk
semibreve/sembriːv/ [znw] hele noot
semicentennial/semɪsenˈtenɪəl/ [bnw] vijftigjaarlijks
semicircle/semɪsɜːkl/ [znw] halve cirkel
semicircular/semɪˈsɜːkjələ/ [bnw] halfrond
semicolon/semɪˈkəʊlən/ [znw] puntkomma
semiconductor/semɪkənˈdʌktə/ [znw] halfgeleider

semiconscious/semɪˈkɒnʃəs/ [bnw] halfbewust
semi-detached/semɪdɪˈtætʃt/ [bnw] half vrijstaand
semifinal/semɪˈfaɪnl/ [znw] halve finale
semimanufactured/semɪmænjʊˈfæktʃəd/ [bnw] ★ ~ article halffabrikaat
seminal/semɪnl/ [bnw] • primitief • kiem-, zaad-
seminar/semɪnɑː/ [znw] • cursus, studiegroep, groep studenten • congres
seminary/semɪnərɪ/ [znw] • seminarie • broeinest
semi-official/semɪəˈfɪʃəl/ [znw] officieus
semiotics/siːmɪˈɒtɪks/ [znw] • semiotiek, betekenisleer • semiologie, symptomatologie
semiprecious/semɪˈpreʃəs/ [bnw] halfedel- ★ ~ stone halfedelsteen
Semite/siːmaɪt/ [znw] Semiet
Semitic/sɪˈmɪtɪk/ [bnw] Semitisch
semitone/semɪtəʊn/ [znw] halve toon
semivowel/semɪvaʊəl/ [znw] halfvocaal
semolina/seməˈliːnə/ [znw] griesmeel
sempstress/sempstrəs/ → **seamstress**
senate/senɪt/ [znw] senaat
senator/senətə/ [znw] • lid v.d. Am. Senaat
senatorial/senəˈtɔːrɪəl/ [bnw] senaats-
send/send/ I [ov + on ww] uitzenden II [ov ww] • verzenden, op-/versturen • doen gaan/worden • gooien • schieten ★ God send that it may not be so God geve dat het niet waar is ★ have one's name sent in z. laten aandienen ★ send a p. about his business iem. de laan uit sturen ★ send a p. away/packing iem. de laan uit sturen ★ send a p. crazy/mad iem. gek maken ★ send a p. flying iem. op de vlucht jagen ★ send a p. spinning iem. een klap geven dat hij ervan duizelt ★ send a p. to Coventry iem. negeren; iem. gezamenlijk boycotten ★ send a p. to the right-about iem. de laan uit sturen ★ send forth leaves bladeren krijgen ★ send him victorious! schenke hem de zege! ★ send in one's card zijn kaartje afgeven ★ send word berichten • (~ down) degraderen ‹wegens wangedrag›, wegzenden ‹wegens wangedrag›, naar beneden doen gaan/zenden • (~ for) laten komen • (~ forth) uitgeven/-zenden, afgeven • (~ in) inzenden • (~ off) af-/wegzenden, afgeven, uitgeleide doen • (~ on) doorsturen • (~ out) uitzenden, verspreiden III [znw] • (stuw)kracht • ‹scheepv.› het naar beneden schieten
sender/sendə/ [znw] afzender
send-off/sendɒf/ [znw] • uitgeleide • afscheid • gunstige recensie
send-up/sendʌp/ [znw] parodie
senile/siːnaɪl/ [bnw] seniel, ouderdoms-
senility/səˈnɪlətɪ/ [znw] seniliteit
senior/siːnɪə/ I [znw] • oudere • superieur • ‹AE› vierde jaars-student ★ he is my ~ hij heeft langere diensttijd dan ik; hij is ouder dan ik ★ he is my ~ by two years hij is twee jaar ouder dan ik II [bnw] • oudere, oudste • senior ★ he is two years my ~ hij heeft twee dienstjaren meer dan dan ik; hij is twee jaar ouder dan ik ★ ~ partner oudste vennoot ★ ~ school topklassen v. het basisonderwijs ★ ~ service marine ★ ~ wrangler met de beste resultaten geslaagde in hoogste mathematisch examen ‹in Cambridge›
seniority/siːnɪˈɒrətɪ/ [znw] • hogere leeftijd • anciënniteit
sennight/senaɪt/ ‹vero.› [znw] (over een) week
sensation/senˈseɪʃən/ [znw] • gewaarwording

• sensatie ∗ cause/make a ~ opschudding
verwekken ∗ he had no ~ in his left hand hij had
geen gevoel meer in zijn linkerhand ∗ ~ among
the audience grote reactie bij het publiek
sensational/sen'seɪʃənl/ [bnw] sensationeel
sensationalism/sen'seɪʃənəlɪzəm/ [znw]
sensatiezucht
sensationalist/sen'seɪʃənəlɪst/ [znw]
• sensatiezoeker • sensualist
sensation-monger [znw] sensatieverwekker
sense/sens/ I [ov ww] • (aan)voelen, bespeuren
• ⟨AE begrijpen II [znw] • verstand • zintuig
• betekenis • zin • besef • gevoel(en) ∗ are you out
of your ~s? ben je gek (geworden)? ∗ common ~
gezond verstand ∗ frighten s.o. out of his ~s iem.
de doodsschrik op het lijf jagen ∗ have you taken
leave of your ~s? ben je niet goed bij je hoofd? ∗ it
does not make ~ 't kan niet juist zijn; 't heeft geen
betekenis ∗ man of ~ verstandig man ∗ ~ of
gevoel van/voor; besef van ∗ ~ of duty plichtsbesef
∗ ~ of locality oriëntatievermogen ∗ ~ organ
zintuig ∗ take the ~ of the meeting de algemene
stemming bij een vergadering peilen ∗ talk ~
verstandig praten
senseless/'sensləs/ [bnw] • bewusteloos • zinloos
• onwijs
sensibility/sensə'bɪlətɪ/ [znw] • gevoeligheid ⟨v.
kunstenaar⟩, ontvankelijkheid • lichtgeraaktheid
sensible/'sensɪbl/ [bnw] • verstandig • z. bewust
van • erkentelijk • bij bewustzijn • voelbaar
sensitive/'sensətɪv/ [bnw] gevoelig ∗ ~ plant
kruidje-roer-mij-niet
sensitivity/sensə'tɪvətɪ/ [znw] gevoeligheid
sensitize/'sensətaɪz/ [ov ww] gevoelig maken
sensor/'sensə/ [znw] sensor, voeler, aftaster
sensorial, sensory/sen'sɔ:rɪəl/ [bnw] zintuiglijk
sensual/'sensjʊəl/ [bnw] • zinnelijk • lichtzinnig
sensualist/'sensjʊəlɪst/ [znw] zinnelijk iem.
sensuality/sensjʊ'ælətɪ/ [znw] sensualiteit
sensuous/'sensjʊəs/ [bnw] ∗ tot de zinnen
sprekend ∗ zins- ∗ de zinnen strelend
sent/sent/ verl. tijd + volt. deelw. → **send**
sentence/'sentəns/ I [ov ww] ⟨jur.⟩ veroordelen,
vonnissen II [znw] ∗ zin ∗ ⟨jur.⟩ vonnis, oordeel
sententious/sen'tenʃəs/ [bnw] • kernachtig,
bondig • vol spreuken • gewichtig • waanwijs
sentience/'senʃəns/ [znw] waarnemingsvermogen
sentient/'senʃənt/ [bnw] met
waarnemingsvermogen/gevoel
sentiment/'sentɪmənt/ [znw] • weekhartigheid
∗ toast ∗ gevoel(en) ∗ sentimentaliteit
sentimental/sentɪ'mentl/ [bnw] • gevoelvol, wat
tot 't hart spreekt • weekhartig • sentimenteel
sentimentalism, sentimentality
/sentɪ'mentəlɪzəm/ [znw] sentimentaliteit
sentimentalist/sentɪ'mentəlɪst/ [znw]
sentimenteel iem.
sentinel, sentry/'sentɪnəl/ [znw] wacht(post),
schildwacht ∗ keep sentry op wacht staan
sentry-box/'sentrɪbɒks/ [znw] schildwachthuisje
sentry-go[znw] ∗ do ~ ijsberen
separable/'sepərəbl/ [bnw] scheidbaar
separate I [ov ww] /'sepəreɪt/ • sorteren
• (af)scheiden • afzonderen • ontbinden (in
factoren) ∗ ~d milk taptemelk II [on ww]
/'sepəreɪt/ • uiteengaan • zich afscheiden
III [znw] /'seprət/ afzonderlijk combineerbare
kledingstukken IV [bnw] /'seprət/ gescheiden,
afzonderlijk, apart ∗ ~ estate eigen vermogen v.d.
echtgeno(o)t(e) ∗ ~ maintenance alimentatie
separation/sepə'reɪʃən/ [znw] • het uit elkaar
gaan/zijn van twee partners zonder officiële

scheiding • het uiteengaan ∗ judicial ~ scheiding
van tafel en bed ∗ ~ allowance/pay
kostwinnersvergoeding
separatism/'sepərətɪzəm/ [znw] separatisme
separatist/'sepərətɪst/ [znw] separatist
separative/'sepərətɪv/ [znw] scheidend
separator/'sepəreɪtə/ [znw] • centrifuge
• roomafscheider
sepia/'si:pɪə/ [znw] • sepia • inktvis
sepsis/'sepsɪs/ [znw] • infectie • bloedvergiftiging
September/sep'tembə/ [znw] september
septenary/'septi:nərɪ/ [bnw] zeventallig,
zevenjarig
septennial/sep'tenɪəl/ [bnw] zevenjarig,
zevenjaarlijks
septic/'septɪk/ [bnw] • septisch, infecterend
• geïnfecteerd ∗ ~ matter pus ∗ ~ tank
afvalcontainer
septicaemia/septɪ'si:mɪə/ [znw] bloedvergiftiging
septuagenarian/septjʊədʒə'neərɪən/ I [znw]
zeventigjarige II [bnw] zeventigjarig
sepulchral/sɪ'pʌlkrəl/ [bnw] • graf- • begrafenis-
sepulchre/'sepəlkə/ I [ov ww] • begraven • tot
graf dienen voor II [znw] graf ∗ white ~
witgepleisterd graf; huichelaar
sepulture/'sepəltʃə/ [znw] begrafenis
sequel/'si:kwəl/ [znw] • vervolg • gevolg, resultaat
∗ in the ~ in de vervolgaflevering; later
sequence/'si:kwəns/ [znw] • volgorde
• opeenvolging • reeks • gevolg • suite (in
kaartspel⟩ • toneel ⟨v. film⟩ • ⟨religie⟩ sequentia
• ⟨muz.⟩ sequens ∗ in ~ achter elkaar
sequent/'si:kwənt/ [bnw] • (opeen)volgend
• logisch volgend uit
sequential/sɪ'kwenʃəl/ [bnw] • (erop)volgend • als
gevolg, als complicatie
sequester/sɪ'kwestə/ I [ov ww] • afzonderen
• ⟨jur.⟩ beslag leggen op II [on ww] ⟨chem.⟩
sekwestreren
sequestrate/sɪ'kwestreɪt/ [ov ww] • in beslag
nemen • ⟨jur.⟩ beslag leggen op
sequestration/si:kwəs'treɪʃən/ [znw]
• afzondering • ⟨jur.⟩ beslaglegging
sequin/'si:kwɪn/ [znw] lovertje, paillet
sequoia/sɪ'kwɔɪə/ [znw] sequoia, reuzenpijnboom
seraglio/se'rɑ:lɪəʊ/ [znw] serail, harem
seraph/'seræf/ [znw] seraf
seraphic/sə'ræfɪk/ [bnw] serafijns
seraphim/'serəfɪm/ [mv] → **seraph**
Serb/sɜ:b/ I [znw] Serviër II [bnw] Servisch
Serbia/'sɜ:bɪə/ [znw] Servië
Serbo-Croat/sɜ:bəʊ'krəʊæt/ I [znw]
• Servo-Kroaat • Servo-Kroatisch II [bnw]
Servo-Kroatisch
sere/sɪə/ [bnw] dor, verdroogd
serenade/serə'neɪd/ I [znw + on ww] een serenade
brengen II [znw] • serenade • pastorale cantate
serene/sɪ'ri:n/ [bnw] • rustig, bedaard, helder
• doorluchtig
serenity/sɪ'renətɪ/ [znw] • sereniteit
• doorluchtigheid
serf/sɜ:f/ [znw] slaaf, lijfeigene
serfdom/'sɜ:fdəm/ [znw] • slavernij
• lijfeigenschap
sergeant/'sɑ:dʒənt/ [znw] • sergeant,
wachtmeester • brigadier ⟨v. politie⟩ ∗ Sergeant at
Arms deurwaarder in Hoger en Lager Huis
sergeant-major/sɑ:dʒənt'meɪdʒə/ [znw]
sergeant-majoor
serial/'sɪərɪəl/ I [znw] tv-serie, feuilleton II [bnw]
• serie- • opeenvolgend ∗ ~ story feuilleton;
seriehoorspel

S

serialize /'sɪərɪəlaɪz/ [ov ww] in afleveringen publiceren/uitzenden

seriatim /sɪərɪ'eɪtɪm/ [bnw + bijw] punt voor punt

series /'sɪərɪ:z/ [znw] • serie(s) • reeks(en)

serio-comic /stərɪəʊ'kɒmɪk/ [bnw] • half ernstig, half grappig • quasi-ernstig

serious /'sɪərɪəs/ [bnw] ernstig ★ are you ~? meen je dat?

seriously /'sɪərɪəslɪ/ [bijw] in ernst, zonder gekheid ★ ~? meen je dat?; werkelijk?

seriousness /'sɪərɪəsnəs/ [znw] ernst

serjeant /'sɑːdʒənt/ [znw] • advocaat v.d. hoogste rang • sergeant ★ Common Serjeant rechtskundig adviseur v.d. City of London

sermon /'sɜːmən/ [znw] preek ★ Sermon on the Mount Bergrede (Matt. V-VII)

sermonize /'sɜːmənaɪz/ [ov + on ww] preken

serpent /'sɜːpənt/ [znw] • slang • soort blaasinstrument • voetzoeker • (pej.) kruiper ★ ~ charmer slangenbezweerder ★ the Old Serpent de duivel

serpentine /'sɜːpəntaɪn/ I [on ww] (z.) kronkelen, slingeren II [znw] • slinger • serpentijn(steen) • een schaatsfiguur III [bnw] • slangachtig • kronkelend

serrated, serrated [bnw] • getand als een zaag • gezaagd

serried /'serɪd/ [bnw] ★ ~ ranks gesloten gelederen

serum /'sɪərəm/ [znw] serum

servant /'sɜːvənt/ [znw] • bediende, knecht, dienstbode • diena(a)r(es) ★ civil ~ ambtenaar ★ public ~ politieagent; brandweerman

serve /sɜːv/ I [ov + on ww] • bedienen • opdienen • (sport) serveren II [ov ww] • voldoende zijn (voor) • behandelen • in dienst zijn (bij) • baten ★ as the tide ~s wanneer 't getij gunstig is ★ if memory ~s als ik me goed herinner ★ it has ~d its turn 't heeft zijn dienst gedaan ★ nothing would ~ him but the best hij was niet tevreden voor hij het beste had ★ ~ a need in een behoefte voorzien ★ ~ a purpose beantwoorden aan een doel ★ ~ a sentence een straf uitzitten ★ ~ a summons 'n dagvaarding betekenen ★ ~ an office een ambt bekleden ★ ~ as dienst doen als; dienen tot ★ ~ on a committee zitting hebben in een comité ★ ~ one's apprenticeship als leerling in dienst zijn; het vak leren ★ ~ one's purpose in de kraam te pas komen ★ ~ one's time zijn tijd uitdienen; zijn straf uitzitten ★ ~ s.o. a trick iem. een poets bakken ★ ~ s.o. a turn iem. een dienst bewijzen ★ ~ s.o. out even afrekenen met iem. ★ ~ s.o. with iem. bedienen van ★ ~ the purpose of dienst doen als ★ ~ time (in de gevangenis) zitten ★ ~s you right het goed! ★ when occasion ~s als de gelegenheid z. voordoet ★ (~ out) uitdelen, verstrekken ★ (~ up) opdienen III [znw] (sport) serve, service

server /'sɜːvə/ [znw] • ober, serveerster • misdienaar, koorknaap • (serveer)lepel/-vork

servers [mv] bestek

service /'sɜːvɪs/ I [znw] • dienst • dienstbetrekking • dienstbetoon • correcte behandeling • vakkundige verzorging • kerkdienst, kerkformulier • liturgische muziek • betekening (v. vonnis) • servies • (sport) service, opslag ★ On Her Majesty's ~ Dienst (op poststuk) ★ (mil.) active ~ actieve dienst ★ at your ~ tot uw dienst ★ can I be of ~ to you? kan ik u van dienst zijn? ★ can this be of any ~ to you? heb je hier (nog) wat aan? ★ civil ~ overheidsdienst ★ divine ~ kerkdienst; godsdienstoefening ★ have seen ~ een ervaren soldaat/zeeman zijn; veel gebruikt zijn

★ plain ~ stille (niet gezongen) kerkdienst ★ ~ area stopplaats (aan autoweg) ★ ~ charge administratiekosten; behandelingskosten ★ ~ dress diensttenue ★ ~ flat verzorgingsflat ★ ~ pipe gasleiding; waterleiding ★ ~ road ventweg ★ ~ station benzinestation; servicestation ★ take ~ with in betrekking gaan bij II [bnw] • dienst- • militair

serviceable /'sɜːvɪsəbl/ [bnw] • dienstig • bruikbaar

serviceman /'sɜːvɪsmən/ [znw] • (onderhouds)monteur • militair

serviette /sɜːvɪ'et/ [znw] servet

servile /'sɜːvaɪl/ [bnw] • slaafs • kruiperig • slaven-

servility /sɜː'vɪlətɪ/ [znw] • kruiperigheid • slaafsheid

serving /'sɜːvɪŋ/ [znw] • portie • bediening ★ ~ spoon/fork opscheplepel/-vork

servitor /'sɜːvɪtə/ [znw] • dienaar • beursstudent

servitude /'sɜːvɪtjuːd/ [znw] • slavernij • dienstbaarheid

servo /'sɜːvəʊ/ [voorv] servo-

sesame /'sesəmɪ/ [znw] sesamzaad

sesquipedalian /seskwɪpɪ'deɪlɪən/ [bnw] I 1/2 voet (45 cm) lang ★ ~ words lange, pedante woorden

session /'seʃən/ [znw] • zitting • periode waarin (de) zittingen gehouden worden • (Schots/AE) trimester ★ (Schots) Court of Session Hoge Raad ★ (jur.) petty ~ niet voltallige zitting voor behandeling van kleine zaken

sessional /'seʃənəl/ [bnw] zittings-

sestet /ses'tet/ [znw] sextet

set /set/ I [ov ww] • poten, planten • te broeden zetten • aanzetten, scherpen • ophitsen • richten • opprikken (v. vlinders) • bezetten, versieren • z. vestigen, post vatten (v. mening) • zetten, stellen, plaatsen • instellen • uitzetten (v. wacht) • openklemmen (v. tanden) • vaststellen, opstellen • opgeven • gelijk zetten ★ he will not set the river on fire hij heeft het buskruit niet uitgevonden ★ set about rumours geruchten verspreiden ★ set at ease op zijn gemak stellen ★ set at rest kalmeren; tot bedaren brengen ★ set bounds to paal en perk stellen aan ★ set eyes on zien; aanschouwen ★ set fire to in brand steken ★ set foot on betreden ★ set free bevrijden; vrijlaten ★ set going op gang brengen ★ set little/much by weinig/veel waarde hechten aan ★ set loose vrijlaten; loslaten ★ set on edge prikkelen; irriteren ★ set on fire in brand steken ★ set one's cap at hengelen naar (fig.) ★ set one's face against stelling nemen tegen ★ set right in orde brengen; verbeteren; rechtzetten; rehabiliteren ★ set sail uitvaren ★ set spurs to de sporen geven ★ set store by grote waarde hechten aan ★ set the table in an uproar iedereen aan tafel doen schateren • (~ against) stellen tegenover, opzetten tegen • (~ apart) reserveren, scheiden, opzij leggen/zetten • (~ aside) aan de kant zetten, afschaffen • (~ at) aanvallen, ophitsen tegen • (~ back) terugzetten, achteruit zetten, hinderen • (~ before) voorleggen • (~ by) terzijde leggen, reserveren • (~ down) neerzetten, opschrijven ★ set down as beschouwen als; houden voor ★ set down to toeschrijven aan • (~ forth) uiteenzetten • (~ forward) vooruit helpen, vooruit zetten, verkondigen • (~ off) doen uitkomen, contrasteren, doen afgaan, aan '... brengen, aanpassen, compenseren ★ set off against stellen tegenover • (~ on) ophitsen tegen • (~ out) uitstallen, klaarzetten, uiteenzetten • (~ over) (aan)stellen *over* ● (~ **up**) rechtop zetten, opstellen, beginnen, instellen, aanheffen, aanvoeren, aan komen (dragen) met, z. aanschaffen, (er op na) gaan houden, er bovenop helpen, installeren, trots maken, veroorzaken, klaarzetten, onthalen op ★ set up type zetten (v. drukwerk) ● be set up with trots zijn op ★ set s.o. up in business iem. in een zaak zetten ● (~ **upon**) aanvallen **II** [on ww] ● ondergaan (v. zon, maan) ● vast worden, stollen, vrucht zetten ● (blijven) staan (v. hond) ● staan (v. kleren), vallen (v. kleren) ● (~ **about**) beginnen, aanpakken ● (~ **forth**) op weg gaan ● (~ **in**) inzetten ● (~ **off**) vertrekken ● (~ **on**) oprukken ● (~ **out**) vertrekken, beginnen, z. ten doel stellen ★ set out on a journey op reis gaan ● (~ **to**) beginnen, aanvallen ★ set to work aan 't werk gaan ● (~ **up**) er bovenop komen ★ set up for z. opwerpen als ★ set up in business een zaak beginnen **III** [znw] ● richting, loop ● stand ● het vallen (v. kleding), snit ● toestel, installatie, apparatuur ● servies ● ligging ● rij, stel, serie ● stek, loot ● filmlokatie ★ make a set at aanval doen op ★ set of partners (bridge)paar ★ set of teeth gebit ★ set screw stelschroef **IV** [bnw] ● bestendig ● gestold ● vast(gesteld), formeel ● opgesteld ● rustig, zelfverzekerd ● eigengereid ● strak, opeengeklemd ● be set on s.th. ergens zijn zinnen op gezet hebben; verzot zijn op iets ★ fair bestendig ★ set in his ways eigengereid

set-back/'setbæk/ [znw] ● tegenslag ● inzinking

setdown/'setdaʊn/ [znw] ● standje ● veeg uit de pan

set-out [znw] ● begin ● zaak(je) ● spul ● drukte

settee/se'tiː/ [znw] canapé, bank

setter/'setə/ [znw] ● setter ● (jacht)hond ● → **set**

setting/'setɪŋ/ [znw] ● arrangement ● opzet ● montering ● montuur ● omlijsting, omgeving ● achtergrond ● → **set** ★ ~-pole (schippers)boom

settle/'setl/ **I** [ov + on ww] ● vaststellen ● afspreken ● ophelderen ● (doen) bedaren ● bedaren ★ to sleep gaan liggen om te slapen ● (~ **down**) tot bedaren/rust komen ● (~ **up**) (definitief) in orde brengen, vereffenen, afrekenen **II** [ov ww] ● regelen ● vestigen ● installeren ● stichten ● koloniseren ● afdoen ● vereffenen ● beslissen, besluiten ★ ~ one's children zijn kinderen te paard zetten (fig.) **III** [on ww] ● vaste voet krijgen ● gaan zitten ● rustig worden ● geregeld gaan leven ● z. installeren/vestigen, vaste woonplaats kiezen ● bezinken ● neerslaan (in vloeistof) ● z. vastzetten ★ ~ o.s. op z'n gemak gaan zitten; z. nestelen ★ stand beer to ~ bier neerzetten om helder te laten worden ● (~ **down**) geregeld gaan leven, wennen, vast worden ● (~ **in**) zich installeren/vestigen ● (~ **out**) neerslaan (in vloeistof)

settled/'setld/ [bnw] ● verrekend ● bedaard ● gevestigd ● vast ● bezadigd ★ ~ habit vaste gewoonte ★ ~ matter uitgemaakte zaak ★ ~ weather rustig, bestendig weer

settlement/'setlmənt/ [znw] ● zich vestigen ● kolonie, nederzetting ● sociaal centrum in armenwijk ● lijfrente ● verrekening ● het bedaren ★ in ~ of ter vereffening van ★ make a ~ with een schikking treffen met

settlement-worker [znw] maatschappelijk werk(st)er

settler/'setlə/ [znw] ● kolonist ● beslissend woord ● dooddoener ● afzakkertje

settling/'setlɪŋ/ [znw] ★ ~ day tweewekelijkse afrekendag (op effectenbeurs)

settlings/'setlɪŋz/ [mv] bezinksel, neerslag

set-to/'setu:/ [znw] ● bokswedstrijd ● ruzie ★ they had ~'s zij hadden woorden

set-up I [znw] ● structuur ● regeling ● organisatie **II** [bnw] ● gevestigd ● gebouwd ● verwaand

seven/'sevən/ **I** [znw] het getal zeven **II** [telw] zeven

sevenfold/'sevənfəʊld/ [bnw] zevenvoudig

seventeen(th)/sevən'tiːn(θ)/ [telw] zeventien(de)

seventh/'sevənθ/ [telw] zevende

seventieth/'sevəntɪəθ/ [telw] zeventigste

seventy/'sevəntɪ/ **I** [znw] het getal zeventig **II** [telw] zeventig

sever/'sevə/ [ov ww] ● (af)scheiden ● afhouwen ● verbreken ★ ~ o.s. from breken met

several/'sevrəl/ [bnw] ● verscheiden(e) ● afzonderlijk ● ~ly ieder voor zich; afzonderlijk ★ they went their ~ ways ieder ging zijn eigen weg

severance/'sevərəns/ [znw] ● verbreking ● scheiding ★ ~ pay uitkering bij ontslag; gouden handdruk

severe/sɪ'vɪə/ [bnw] ● streng ● sober ● hevig ● ruw (v. weer) ● meedogenloos, hard ★ leave ~ly alone zijn handen afhouden van

severity/sɪ'verətɪ/ [znw] ● soberheid ● strengheid ● hevigheid

sew/səʊ/ [ov ww] ★ sewing maid huisnaaister; meisje voor het naaiwerk ★ sewn up doodop; kapot; stomdronken

sewage/'suːɪdʒ/ **I** [ov ww] bemesten/bevloeien met riool water **II** [znw] riool vuil/-water ★ ~ farm vloeiveld (v. rioolwaterzuivering)

sewer [znw] ● /'səʊə/ naai(st)er ● /'suːə/ riool

sewerage/'suːərɪdʒ/ [znw] riolering

sewing/'səʊɪŋ/ [znw] ● naaiwerk ● het naaien

sewing-machine/'səʊɪŋməʃiːn/ [znw] naaimachine

sewn/səʊn/ volt. deelw. → **sew**

sex/seks/ [znw] ● seks ● geslacht ● het seksuele ★ sex appeal seksuele aantrekkingskracht ★ sex education seksuele voorlichting ★ the fairer sex het zwakke geslacht

sexagenarian/seksədʒə'neərɪən/ **I** [znw] zestigjarige **II** [bnw] zestigjarig

sexism/'seksɪzəm/ [znw] seksisme

sexist/'seksɪst/ [znw] seksist

sexless/'seksləs/ [bnw] ● geslachtloos ● seksueel ongevoelig

sextet(te)/seks'tet/ [znw] ● sextet ● zestal

sexton/'sekstn/ [znw] ● koster ● doodgraver

sextuple/'sekstjuːpl/ **I** [znw] zesvoud **II** [bnw] zesvoudig

sexual/'seksjʊəl/ [bnw] geslachtelijk, seksueel ★ ~ selection teeltkeus

sexuality/seksjʊ'ælətɪ/ [znw] seksualiteit

sexy/'seksɪ/ [bnw] sexy, pikant

sez/sez/ [ww] ★ sez you wat u zegt!; u zei?

S.F. [afk] ● (Science Fiction) science fiction

sgd. [afk] ● (signed) getekend

sgt. [afk] ● (sergeant) sergeant

sh/ʃ/ [tw] sst!

sh. [afk] ● (shilling(s)) shilling(s)

shabby/'ʃæbɪ/ [bnw] ● haveloos ● onverzorgd ● gemeen ● vunzig ● krenterig

shabby-genteel/'ʃæbɪ/ [bnw] kale chic

shack/ʃæk/ **I** [on ww] ● (~ **up** (**with**)) samen (gaan) wonen (met), hokken (met) **II** [znw] ● hut, keet ● huisje

shackle/'ʃækl/ **I** [ov ww] ● boeien ● kluisteren ● belemmeren ● koppelen **II** [znw] ● boei ● kluister ● belemmering ● beugel ● sluiting ● isolator

shad/ʃæd/ [znw] elft (vis)

shaddock/'ʃædək/ [znw] grapefruit

S

shade/ʃeɪd/ **I** [ov ww] ● beschaduwen, (over)schaduwen ● afschermen ● arceren ● contrast bijstellen ⟨v. tv⟩ ★ ~ one's eyes zijn hand boven de ogen houden **II** [on ww] (langzaam) donkerder worden ● (~ **into**) overgaan in **III** [znw] ● schaduw ● schim ● schakering, tint ● nuance ● lampenkap ● scherm ● stolp ● zweem(pje), schijntje ★ I feel a ~ better ik voel me een klein beetje beter

shadiness/ʃeɪdɪnəs/ [znw] ● onbetrouwbaarheid ● schaduwrijkheid

shading/ʃeɪdɪŋ/ [znw] ● schaduw(partij) ● het schaduwen ⟨in tekeningen⟩ ● nuance, nuancering

shadow/ʃædəʊ/ **I** [ov ww] schaduwen ● (~ **forth/out**) zijn schaduw vooruitwerpen, aanduiden **II** [znw] ● beeld ● schim ● schijn(tje), zweem ● schaduw(beeld) ★ he's worn to a ~ hij ziet er uit als een lijk ★ may your ~ never grow less! dat het je maar goed mag gaan!

shadowy/ʃædəʊɪ/ [bnw] ● onduidelijk, schaduwrijk ● onbetrouwbaar ● twijfelachtig

shady/ʃeɪdɪ/ [bnw] ● schaduwrijk ● duister ● onbetrouwbaar ● twijfelachtig

SHAEF/ʃerf/ [afk] ● ⟨Supreme Headquarters Allied Expeditionary Forces⟩ hoofdkwartier van het Geallieerde Expeditieleger

shaft/ʃɑːft/ [znw] ● schacht ● stang ● steel ● pijl, schicht ● zuil ● disselboom

shag/ʃæg/ [znw] ● (bosje) ruig haar ● shag ⟨tabak⟩ ● aalscholver

shaggy/ʃægɪ/ [bnw] ruig(harig)

shagreen/ʃægriːn/ **I** [znw] segrijnleer **II** [bnw] van segrijnleer

shah/ʃɑː/ [znw] sjah

shake/ʃeɪk/ **I** [ov + on ww] ● (doen) schudden ● schokken ● trillen, beven ● wankelen ● vibreren ★ ~ a foot dansen ⟨AΞ⟩ ~ a hoof dansen ★ ~ hands (with a p.) (iem.) een hand geven ★ ~ in one's shoes beven v. schrik ★ ~ one's fist at a p. iem. dreigen met de vuist ★ ⟨AΞ⟩ ~! geef me de vijf!; je hand erop! ● (~ **down**) af-/uitschudden, uitspreiden, tot een schikking komen, afpersen, (beginnen te) wennen, op orde komen ● (~ **off**) (van z.) afschudden ● (~ **out**) leeg-/uitschudden, leegschudden, uitspreiden ● (~ **up**) door elkaar schudden, wakker maken **II** [znw] ● geklutst ei/vruchtensap met melk ● schok, ruk ● (t)rilling ● congé ● ⟨AΞ⟩ transactie ★ he was all of a ~ hij stond te rillen als een rietje ★ in a ~/two ~s/a brace of ~s in een wip

shake-down/ʃeɪkdaʊn/ [znw] ● kermisbed ● proefvaart/-vlucht

shake-hands/ʃeɪkhændz/ [znw] handdruk

shaken/ʃeɪkən/ volt. deelw. → **shake**

shaker/ʃeɪkə/ [znw] shaker ⟨voor cocktails⟩

shaky/ʃeɪkɪ/ [bnw] ● gammel ● onbetrouwbaar ● zwak ● niet veel waard ★ ~ tree boom vol scheuren

shale/ʃeɪl/ [znw] zachte leisteen ★ ~ oil schalieolie; leisteenolie

shall/ʃæl/ [hww] zal, zullen, zult

shallop/ʃæləp/ [znw] sloep

shallot/ʃəˈlɒt/ [znw] sjalot

shallow/ʃæləʊ/ **I** [ov ww] ondiep, enz. maken **II** [on ww] ondiep, enz. worden **III** [znw] ● ondiepte ● zandbank **IV** [bnw] ● oppervlakkig ● ondiep ● laag

shallow-brained[bnw] leeghoofdig

shallows/ʃæləʊz/ [mv] ondiepe plaats, ondiepte

shalt/ʃælt/ [ww] (gij) zult

sham/ʃæm/ **I** [on ww] simuleren, voorwenden ★ sham dead/ill/sleep z. dood/ziek/slapend houden **II** [znw] ● namaak, schijn ● verlakkerij ● kitsch ● komediant **III** [bnw] ● vals ● niet echt ● voorgewend

shamble/ʃæmbl/ **I** [on ww] sloffen, schuifelen **II** [znw] schuifelende gang

shambles/ʃæmblz/ [znw] ● slachthuis ● bloedbad ● janboel, bende, rotzooi

shame/ʃeɪm/ **I** [ov ww] ● beschamen ● schande aandoen **II** [on ww] z. schamen **III** [znw] ● schaamte ● schande ★ for ~! foei!; schaam je! ★ put to ~ beschamen ★ ~ on you! foei!; schaam je!

shamefaced/ʃeɪmˈfeɪst/ [bnw] bedeesd, schuchter

shamefacedly/ʃeɪmˈfeɪsɪdlɪ/ [bijw] beschaamd

shameful/ʃeɪmfʊl/ [bnw] schandelijk

shameless/ʃeɪmləs/ [bnw] schaamteloos

shammy/ʃæmɪ/ [znw] gemzenleer

shampoo/ʃæmˈpuː/ **I** [ov ww] 't haar wassen **II** [znw] ● shampoo, haarwasmiddel ● haarwassing, wasbeurt

shamrock/ʃæmrɒk/ ⟨lers⟩ [znw] embleem van Ierland, klaverblad

shandy/ʃændɪ/ [znw] bier gemengd met limonade

shank/ʃæŋk/ **I** [on ww] ● (~ **off**) afvallen ⟨v. bloem⟩ **II** [znw] ● schacht ● steel ● ⟨anat.⟩ (scheen)been ★ on Shanks' mare/pony met de benenwagen

shan't/ʃɑːnt/ [samentr] /shall not/ → **shall**

shantung/ʃænˈtʌŋ/ [znw] sjantoeng

shanty/ʃæntɪ/ [znw] ● hut, keet ● matrozenlied ★ ~ town sloppen; krotten

shape/ʃeɪp/ **I** [ov ww] ● modelleren ● vormen ● scheppen ● regelen ★ ~ course for koers zetten naar ★ ~ one's course accordingly dienovereenkomstig handelen ● (~ **to**) aanpassen **II** [on ww] z. ontwikkelen ★ it is shaping (up) well het begint er aardig op te lijken ★ ~ well er goed voorstaan **III** [znw] ● vorm, gedaante ● (lichamelijke) conditie ★ take ~ vaste vorm aannemen

SHAPE[afk] ● ⟨Supreme Headquarters Allied Powers in Europe⟩ NAVO-hoofdkwartier in Europa

shaped/ʃeɪpt/ [bnw] gevormd ★ egg-~ eivormig

shapeless/ʃeɪpləs/ [bnw] vormeloos ● wanstaltig

shapely/ʃeɪplɪ/ [bnw] goedgevormd, mooi, knap

shard/ʃɑːd/ [znw] scherf

share/ʃeə/ **I** [ov + on ww] (ver)delen ★ ~ and ~ alike gelijk opdelen **II** [znw] ● (aan)deel, portie ● ploegschaar ★ go ~s samen delen ★ ~s! samen delen!

shareholder/ʃeəhəʊldə/ [znw] aandeelhouder

share-out[znw] uitdeling

shark/ʃɑːk/ **I** [on ww] ● afzetten ● woekeren ● (~ **up**) bij elkaar schrapen **II** [znw] ● haai ● afzetter ● inhalig mens ● ⟨AΞ⟩ bolleboos

sharp/ʃɑːp/ **I** [ov + on ww] (be)zwendelen, oneerlijk doen **II** [bnw + bijw] ● scherp ● puntig ● goed bij, pienter ● bits, vinnig ● hevig ● vlug ● gehaaid ● gemeen ● vals ● ⟨muz.⟩ te hoog ★ ⟨muz.⟩ C ~ Cis kruis ★ look ~! vlug, opschieten! ★ ~ at sums vlug in 't rekenen ★ ~ practices oneerlijke praktijken ★ ~'s the word opschieten geblazen, dus **III** [ov ww] ⟨muz.⟩ halve toon verhogen **IV** [znw] ● lange, dunne naald ● noot met kruis ● zwendelaar, bedrieger ● ⟨muz.⟩ kruis ● ⟨AΞ⟩ expert, kei

sharpen/ʃɑːpən/ [ov ww] ● scherp maken, slijpen ● halve toon verhogen

sharpener/ʃɑːpənə/ [znw] (punten-/messen)slijper

sharper/ʃɑːpə/ [znw] ● bedrieger ● oplichter ● valsspeler

sharp-eyed [bnw] • scherpziend • oplettend
sharp-set [bnw] • hongerig • begerig
sharpshooter /ˈʃɑːpʃuːtə/ [znw] scherpschutter
sharp-witted /ˈʃɑːpˈwɪtɪd/ [ov ww] gevat, scherpzinnig, ad rem
shat /ʃæt/ verl. tijd + volt. deelw. → **shit**
shatter /ˈʃætə/ [ov ww] • verbrijzelen • vernietigen (ook fig.) • (in stukken) breken • schokken (v. zenuwen) • de bodem inslaan
shatterproof /ˈʃætəpruːf/ [bnw] onsplinterbaar
shave /ʃeɪv/ I [ov + on ww] • (z.) scheren • scheven • (~ off) afscheren • (~ through) er net nog doorglippen II [on ww] • scheren • shaving brush scheerkwast • shaving cream scheercrème III [znw] • het scheren • schaafmes • afzetterij, bedriegerij • have a ~ z. (laten) scheren • it was a close ~ 't was op 't nippertje; 't was op 't kantje af
shaver /ˈʃeɪvə/ [znw] • scheerapparaat • jongmens
shaving- /ˈʃeɪvɪŋ/ [bnw] scheer- • shaving stick staafscheerzeep • shavings (hout)krullen
shawl /ʃɔːl/ [znw] • sjaal • omslagdoek
she /ʃiː/ I [pers vnw] zij II [in samenst] • vrouwelijk • wijfjes-
sheaf /ʃiːf/ I [ov ww] • tot schoven binden • bundelen II [znw] schoof, bundel
shear /ʃɪə/ [ov ww] • scheren (v. wol) • villen • (kaal) plukken • knippen (v. metaal) • shorn of beroofd van
shears /ʃɪəz/ [mv] grote schaar • pinking ~ kartelschaar
sheath /ʃiːθ/ [znw] • schede • basaltbeschoeiing • condoom • knife dolk
sheathe /ʃiːð/ [ov ww] • in de schede steken • steken in • intrekken (v. klauwen)
sheathing /ˈʃiːðɪŋ/ [znw] neusbeslag
sheaves /ˈʃiːvz/ [mv] → **sheaf**
shed /ʃed/ I [ov ww] • vergieten • afwerpen • verliezen (v. haar) • wisselen (v. tanden) • ruien • z. ontdoen van II [znw] • schuur, keet • afdak
she'd /ʃiːd/ [samentr] /she would/ /she had/ → **will, have**
sheen /ʃiːn/ [znw] glans, pracht
sheep /ʃiːp/ [znw] • schaap, schapen • schapenleer • you might as well be hanged for a ~ as a lamb als je 't toch doet, doe het dan maar goed
sheepcot(e) /ˈʃiːpkəʊt/ [znw] schaapskooi
sheepdog /ˈʃiːpdɒg/ [znw] herdershond
sheepfold /ˈʃiːpfəʊld/ [znw] schaapskooi
sheephook /ˈʃiːphʊk/ [znw] herdersstaf
sheepish /ˈʃiːpɪʃ/ [bnw] schaapachtig, stom(pzinnig)
sheepmaster /ˈʃiːpmɑːstə/ [znw] schapenhouder
sheep-pen [znw] schaapskooi
sheep-run /ˈʃiːprʌn/ [znw] schaapsweide
sheepskin /ˈʃiːpskɪn/ [znw] • schapenleer • perkament • vacht • (AE) diploma
sheepstation /ˈʃiːpsteɪʃən/ [znw] schapenfokkerij
sheer /ʃɪə/ I [bnw + bijw] • pardoes • zo maar • louter, puur • niets anders dan • klinkklaar • loodrecht, steil • ijl, doorschijnend II [on ww] uit de koers lopen (v. schip) • (~ off) uit de weg gaan III [znw] (scheepv.) zeeg
sheers /ʃɪəz/ [mv] mastbok, mastkraan
sheet /ʃiːt/ I [ov ww] met een laken, enz. bedekken • ~ (home) met schoot vastzetten (v. zeil) II [znw] • vel (papier) • blad • krantje • (glas)plaat • vlak(te) • laken • doodskleed • (scheepv.) schoot • be a ~/three ~s in the wind een (behoorlijk) stuk in de kraag hebben • rain came down in ~s de regen kwam in stromen neer • ~ anchor plechtanker; laatste redmiddel (fig.) • ~ lightning weerlicht • ~ metal gewalst metaal;

plaatstaal/-ijzer • ~ music bladmuziek • the book is in ~s het boek is gedrukt maar (nog) niet gebonden
sheeting /ˈʃiːtɪŋ/ [znw] lakenstof, bekleding
sheik(h) /ʃeɪk/ ,/ˈʃiːk/ [znw] sjeik
sheik(h)dom /ˈʃeɪkdəm/ [znw] sjeikdom
shekel /ˈʃekl/ [znw] sikkel (munt/gewicht)
shekels /ˈʃeklz/ (inf.) [mv] poen, geld
shelf /ʃelf/ [znw] • plank, schap • vak • (rots)rand • klip, zandbank • continental ~ continentaal plat • on the ~ aan de kant (gezet)
shell /ʃel/ I [ov ww] • schillen, pellen, uit dop/schaal halen • (mil.) beschieten, onder artillerievuur nemen II [on ww] • (~ off) afschilferen • (~ out) opdokken III [znw] • schelp, schaal • dop, peul • (om)huls(el) • granaat • geraamte, romp • (AE) patroon • come out of one's ~ loskomen (fig.) • in the ~ in de dop • ~ crater granaattrechter • ~ lime schelpkalk
she'll /ʃiːl/ [samentr] /she will/ → **will**
shellac /ʃəˈlæk/ I [ov ww] met schellak vernissen II [znw] schellak
shellfire /ˈʃelfaɪə/ [znw] granaatvuur
shellfish /ˈʃelfɪʃ/ [znw] schaal- en schelpdier(en)
shellproof /ˈʃelpruːf/ [bnw] bomvrij
shell-shock /ˈʃelʃɒk/ [znw] (mil.) schoktoestand ten gevolge van oorlogshandelingen
shelter /ˈʃeltə/ I [ov ww] beschutten • ~ed life onbezorgd leven • ~ed trades beschermde bedrijven II [on ww] z. (ver)schuilen III [znw] • doorgangshuis, asiel • ligtent • beschutting, bescherming, onderdak • schuilplaats • tram-/wachthuisje
shelve /ʃelv/ [ov ww] • op de plank zetten, wegzetten • aan de kant zetten, afdanken, pensioneren • van planken/schappen voorzien • glooien
shelves /ʃelvz/ [mv] → **shelf**
shelving /ˈʃelvɪŋ/ [znw] • (kast)planken, schappen • materiaal voor planken
shenanigan /ʃɪˈnænɪɡən/ [znw] foefje
shenanigans /ʃɪˈnænɪɡənz/ [mv] • verlakkerij • uitgelaten, dolzinnig gedoe, keet
shepherd /ˈʃepəd/ I [ov ww] hoeden, (ge)leiden II [znw] herder • ~'s crook herdersstaf • ~'s pie (lams)gehakt met puree • ~'s plaid wollen stof met zwarte en witte ruiten
sherbet /ˈʃɜːbət/ [znw] • sherbet, bruispoeder (voor maken v. frisdrank) • bier (Austr.) • (AE) sorbet
sheriff /ˈʃerɪf/ [znw] ≈ baljuw • High Sheriff ≈ lid v. hoge vierschaar; (districts)politieofficier (in Amerika)
she's /ʃiːz/ [samentr] /she has/ /she is/ → **have, be**
shew /ʃuː/ verl. tijd → **show**
shield /ʃiːld/ I [ov ww] • beschermen • de hand boven 't hoofd houden II [znw] • schild • wapenschild • bescherming, beschermer • the other side of the ~ de andere kant v.d. zaak
shier /ˈʃaɪə/ vergr. trap → **shy**
shiest /ˈʃaɪɪst/ overtr. trap → **shy**
shift /ʃɪft/ I [ov + on ww] • veranderen (van), wisselen (van) • verschuiven, verleggen, (z.) verplaatsen • z. (zien te) redden • draaien • he can ~ his food hij weet wel raad met zijn eten • ~ one's ground 't over een ander boeg gooien • the cargo ~ed de lading begon te werken • (~ away) wegwerken, er tussenuit knijpen II [ov ww] • ~ key verstelletoets; hoofdlettertoets (v. typemachine) III [znw] • hulp-/redmiddel • truc, list • ploeg (v. arbeiders) • verband (v. metselwerk) • by ~s afwisselend • make (a) ~ to het zo aanleggen, dat

* make ~ with/without z. (zien te) redden
met/zonder * ~ of crops wisselbouw * the ~s and
changes of life de wederwaardigheden des levens

shifter/'ʃɪftə/ [znw] • draaier • toneelknecht
shifting/'ʃɪftɪŋ/ [bnw] * ~ sands drijfzand
shiftless/'ʃɪftləs/ [bnw] • zonder initiatief
• onbeholpen
shifty/'ʃɪftɪ/ [bnw] louche, onbetrouwbaar
shilling/'ʃɪlɪŋ/ [znw] shilling (1/20£) * cut off a p.
with a ~ iem. onterven * take King's/Queen's ~
dienst nemen
shilly-shally/'ʃɪlɪʃælɪ/ I [on ww] weifelen, aarzelen
II [znw] besluiteloosheid III [bnw] besluiteloos
shimmer/'ʃɪmə/ I [on ww] glinsteren II [znw]
glinstering
shimmy/'ʃɪmɪ/ I [on ww] • de shimmy dansen
• abnormaal slingeren (v. voorwielen), trillen
II [znw] • hemdje • abnormale slingering (v.
voorwielen) • (AE) shimmy (dans)
shin/ʃɪn/ I [ov ww] tegen de scheen trappen
II [on ww] klauteren III [znw] scheen * shin of
beef runderpoot
shinbone/'ʃɪnbəʊn/ [znw] scheenbeen
shindy/'ʃɪndɪ/ [znw] ruzie, herrie, kabaal
shine/ʃaɪn/ I [ov ww] • (~ up) (op)poetsen
II [on ww] • schijnen • (uit)blinken • schitteren
III [znw] • zonneschijn • (sl.) ruzie * rain or ~
weer of geen weer * ~, sir? schoenen poetsen,
meneer? * (AE) take a ~ to aardig/leuk beginnen te
vinden * take the ~ out of van zijn glans beroven;
in de schaduw stellen
shiner/'ʃaɪnə/ [znw] • munt • sovereign • uitblinker
shiners/'ʃaɪnəz/ (inf.) [mv] geld
shingle/'ʃɪŋgl/ I [ov ww] • dekken (met
dekspanen) • (z.) een jongenskop (laten) knippen
II [znw] • dekspaan, plank (v. dak) • jongenskop
(kapsel) • kiezelste(e)n(en) • (AE) naambord
* hang out one's ~ z. vestigen als o.a. advocaat
shingles/'ʃɪŋglz/ [mv] gordelroos
shingly/'ʃɪŋglɪ/ [bnw] vol kiezel(s)
shin-guard/'ʃɪŋgɑːd/ [znw] scheenbeschermer
shining/'ʃaɪnɪŋ/ [bnw] * ~ light lichtend voorbeeld
shiny/'ʃaɪnɪ/ [bnw] glimmend
ship/ʃɪp/ I [ov ww] • aan boord nemen • verzenden,
expediëren • plaatsen (v. mast, roer) • ship a sea
'n stortzee overkrijgen * ship the oars de riemen
inhalen II [on ww] • aanmonsteren • aan boord
gaan III [znw] schip * line-of-battle ship
linieschip * ship breaker scheepssloper * ship
broker scheepsmakelaar; cargadoor * ship's
agency scheepsagentuur * when one's ship
comes home als 't schip met geld binnenkomt
shipboard/'ʃɪpbɔːd/ [znw] (scheeps)boord * on ~
aan boord
shipbuilding/'ʃɪpbɪldɪŋ/ [znw] scheepsbouw
shipload/'ʃɪpləʊd/ [znw] scheepslading,
scheepsvracht
shipmaster/'ʃɪpmɑːstə/ [znw] • kapitein
• kapitein-reder
shipmate/'ʃɪpmeɪt/ [znw] • scheepsmaat
• kameraad
shipment/'ʃɪpmənt/ [znw] • (ver)zending • lading
shipowner/'ʃɪpəʊnə/ [znw] reder
shipper/'ʃɪpə/ [znw] • verscheper • importeur,
exporteur
shipping/'ʃɪpɪŋ/ I [znw] • scheepvaart • de schepen
II [bnw] • scheeps- • expeditie- * ~ agent
expediteur * ~-articles monsterrol * ~-bill
scheepsmanifest * ~-sample uitvalmonster
shipshape/'ʃɪpʃeɪp/ [bnw + bijw] netjes, in orde
shipwreck/'ʃɪprek/ I [ov ww] schipbreuk doen
lijden II [on ww] schipbreuk lijden * ~ed

verongelukt * the ~ed schipbreukelingen
III [znw] schipbreuk * make ~ schipbreuk lijden
shipwright/'ʃɪpraɪt/ [znw] scheepsbouwer
shipyard/'ʃɪpjɑːd/ [znw] scheepswerf
shire/ʃaɪə/ [znw] graafschap
shirk/ʃɜːk/ [ov ww] • z. onttrekken aan • verzuimen
• ontduiken • spijbelen • lijntrekken
shirker/'ʃɜːkə/ [znw] • z. onttrekken aan • verzuimen
shirt/ʃɜːt/ [znw] • (over)hemd • overhemdbloes
* get a p.'s ~ off iem. nijdig maken * give a p. a
wet ~ iem. z. in het zweet laten werken * keep
one's ~ on z. kalm houden * near is my ~, but
nearer is my skin het hemd is nader dan de rok
* put one's ~ (up)on s.th. zijn laatste cent zetten
op * tee ~ T-shirt
shirt-front/'ʃɜːtfrʌnt/ [znw] front (kledingstuk)
shirt-tail/znw] hemdslip
shirty/'ʃɜːtɪ/ (sl.) [bnw] nijdig
shit/ʃɪt/ (vulg.) I [on ww] schijten II [znw]
• hasjiesj • stront • rotzooi • onzin * (the) shits
diarree III [tw] verrek!
shitty/'ʃɪtɪ/ [bnw] (vulg.) kloterig, klote-
shiver/'ʃɪvə/ I [on ww] • killen (zeilen) • aan
(duizend) stukken gaan/slaan, verbrijzelen * ~ my
timbers ik mag doodvallen ... II [on ww] rillen,
trillen III [znw] • rilling • scherf, splinter * ~s
gruzelementen
shivery/'ʃɪvərɪ/ [bnw] rillerig
shoal/ʃəʊl/ I [on ww] • samenscholen • ondiep(er)
worden II [znw] • school (v. vissen) • zandbank
* in ~s bij de vleet III [bnw] ondiep
shock/ʃɒk/ I [ov ww] • ergernis wekken • aanstoot
geven • hevig ontstellen * be ~ed at z. ergeren
aan; hevig ontsteld zijn door/over II [znw] • schok
• ergernis, ontzetting • zenuwinstorting
• shock(toestand) • bos (haar) * ~ absorber
schokbreker * ~ therapy shocktherapie * ~ wave
schokgolf; (lucht)drukgolf
shocker/'ʃɒkə/ [znw] gruwelroman/-film, enz.
shock-headed/ʃɒk'hedɪd/ [bnw] met ruige
haarbos
shocking/'ʃɒkɪŋ/ [bnw] • schokkend
• ergerniswekkend • gruwelijk • zeer onbehoorlijk
shockproof/'ʃɒkpruːf/ [bnw] tegen schokken
bestand
shod/ʃɒd/ volt. deelw. → **shoe**
shoddy/'ʃɒdɪ/ I [znw] • kunstwol (uit lompen)
• imitatiegoed, prullen, kitsch • parvenu II [bnw]
• prullerig, goedkoop-mooi • parvenuachtig
shoe/ʃuː/ I [ov ww] • schoeien • beslaan II [znw]
• schoen • hoefijzer * die in one's shoes een
gewelddadige dood sterven (vooral aan de galg)
* shoe polish schoensmeer * that's another pair
of shoes dat is een andere zaak * wait for dead
men's shoes de een z'n dood is de ander z'n brood
* where the shoe pinches waar de schoen wringt
shoeblack/'ʃuːblæk/ [znw] schoenpoetser
shoe-blacking/'ʃuːblækɪŋ/ [znw] schoensmeer
shoehorn/'ʃuːhɔːn/ [znw] schoenlepel
shoelace/'ʃuːleɪs/ [znw] schoenveter
shoemaker/'ʃuːmeɪkə/ [znw] schoenmaker * ~'s
end pekdraad
shoeshine/'ʃuːʃaɪn/ [znw] • poetsbeurt • (AE)
schoensmeer
shone/ʃɒn/ verl. tijd → **shine**
shoo/ʃuː/ I [ov ww] • (~ away) verjagen, wegjagen
II [on ww] 'ksj' roepen III [tw] ksj!
shook/ʃʊk/ I [ww] o.v.t. → **shake** II [ov ww]
verpakken in losse open krat III [znw] stel
duigen/planken, losse krat
shoot/ʃuːt/ I [ov ww] • (af-/uit-/ver)schieten
• doodschieten • aanschieten • uitbotten

● (pijnlijk) steken ● uitsteken, vooruitsteken
● storten ● leeggooien ● jagen, afjagen ● opnemen
● te water laten ● spuiten *v.* heroïne> ● <foto.>
filmen, kieken ★ I'll be shot if ik mag hangen als
★ a fool's bolt is soon shot *een gek zijn kruit is*
gauw verschoten ★ a ~ing star *vallende ster*
★ <vulg.> ~ a cat *braken* ★ ~ a film *een film maken*
★ ~ a line *een heel rek bommen ineens loslaten;*
opscheppen ★ ~ crystals (heroïne) *spuiten* ★ ~ off
one's mouth zijn mond voorbij praten; zwetsen
★ ~ one's linen *z'n manchetten laten zien* ★ ~ out
one's lips de lippen minachtend krullen ★ ~
straight goed (kunnen) schieten ★ ~ the bolt
home de grendel dichtschuiven ★ ~ the moon *met*
de noorderzon vertrekken ★ ~ up a town *een stad*
terroriseren ★ <AЕ> ~! *spreek op!* ★ ~ing match
schietwedstrijd ★ ~ the whole ~ing match *de hele*
santenkraam ● (~ ahead of) *voorbijschieten* ● (~
up) *omhoog schieten* II [on ww] *een*
geweer/pistool, enz. afvuren, schieten ● (~ ahead
of) *voorbijschieten* III [znw] ● *jacht* ● *scheut, loot*
● *stroomversnelling* ● *stortplaats* ● *vuilnisbelt*
● *goot, kanaal* ● *glijbaan* ● *stortkoker* ★ the whole
~ *de hele zwik*
shooter /ˈʃuːtə/ [znw] ● *schutter, jager* ● *vuurwapen*
shooting /ˈʃuːtɪŋ/ I [znw] *jachtrecht, jacht(gebied)*
II [bnw] ★ ~ pains *pijnlijke scheuten*
III [in samenst] ● *jacht-* ● *schiet-* ★ ~ stick
jachtstoeltje ★ ~-box *jachthuis(je)* ★ ~-gallery
schiettent ★ ~-iron *vuurwapen; blaffer*
shooting-range [znw] *schietbaan*
shoot-out [znw] *schietpartij, vuurgevecht*
shop /ʃɒp/ I [ov ww] ● *inrekenen* ● *verlinken*
II [on ww] *winkelen, boodschappen doen* III [znw]
● *winkel* ● *werkplaats* ● *kortingsbedrijf/-zaak*
● <AЕ> *handenarbeid* (schoolvak) ★ all over the
shop *overal* ● be all over the shop *de kluts kwijt*
zijn ● come to the wrong shop *aan 't verkeerde*
kantoor zijn ● mind the shop *op de winkel*
passen; (de zaak) waarnemen ● shop assistant
winkelbediende ● shop steward
vakbondsgedelegeerde ● shop! *volk!* ● shut up
shop *de zaak sluiten; z. terugtrekken uit de zaak;*
zijn mond (erover) dichthouden ● talk shop *over 't*
vak praten ● the other shop *(onze) concurrent*
★ the shop *de zaak; 't kantoor; de school; de Mil.*
Academie <v. Woolwich>
shop-floor /ʃɒpˈflɔː/ [znw] ● management
arbeiderszelfbestuur; de arbeiders/bedrijfspersoneel
shop-gazing [on ww] ★ be ~ *winkels kijken*
shop-hand [znw] *winkelbediende*
shopkeeper /ˈʃɒpkiːpə/ [znw] *winkelier*
shoplifter /ˈʃɒplɪftə/ [znw] *winkeldief*
shoplifting /ˈʃɒplɪftɪŋ/ [znw] *winkeldiefstal*
shopman /ˈʃɒpmən/ [znw] ● *winkelier*
● *winkelbediende*
shopper /ˈʃɒpə/ [znw] *koper, klant*
shopping /ˈʃɒpɪŋ/ [znw] *boodschappen, inkopen*
★ ~ bag *boodschappentas* ★ ~ centre
winkelcentrum
shop-soiled, shop-worn /ˈʃɒpsɔɪld/ [bnw]
verschoten (showmodel)
shop-walker [znw] ≈ *winkelchef*
shop-window [znw] *etalage* ★ he has everything
in the ~ *hij is oppervlakkig*
shore /ʃɔː/ I [ww] o.v.t. → **shear** II [ov ww]
stutten III [znw] ● *kust* ● *oever* ● *strand, schoor,*
stut ★ in ~ (dichter) *bij de kust* ★ off ~
buitengaats; vóór de kust ★ on ~ *aan land*
shoreline /ˈʃɔːlaɪn/ [znw] *kustlijn, oever, waterkant*
shoreward(s) /ˈʃɔːwəd(z)/ [bnw + bijw]
landwaarts

shorn /ʃɔːn/ volt. deelw. → **shear**
short /ʃɔːt/ I [znw] ● *korte voorfilm* ● *borrel*
● *kortsluiting* II [bnw] ● *kort, klein* ● *kortaf* ★ te
kort, bekrompen, karig ● *brokkelig, bros* ★ at ~
range van dichtbij; op korte afstand ★ be a penny
~ *een stuiver te weinig hebben* ● be on ~
commons 't karig hebben ● be ~ of s.th. *gebrek*
hebben aan iets; zonder iets zitten ● be very ~
with s.o. erg kortaf zijn tegen iem. ● for one ~
hour een uurtje ★ for ~ *kortweg; in 't kort* ● give ~
shrift to korte metten maken met ★ in ~ *in 't kort;*
kortom ★ in ~ *supply beperkt leverbaar* ● make ~
work of kort metten maken met ● nothing ~ of a
miracle alleen een wonder (nog) ★ ~ 15 ~ *een*
borrel ★ ~ bill kortzichtwissel* ★ ~ circuit
kortsluiting ★ ~ cut *korte weg (binnendoor);*
kortere (binnen)weg ook fig.) ★ ~ drink *borrel;*
cocktail; aperitief ★ ~ mark v <boven kort
klinkerteken> ★ ~ measure/weight (te) *krappe*
maat/gewicht ★ ~ mile *zowat een mijl* ★ ~ of six
nog geen zes ★ ~ paper *korte zichtwissel(s)* ★ ~ rib
valse rib; kotelet ★ ~ sight *kortzichtigheid;*
bijziendheid ★ ~ story *novelle* ★ ~ time *verkorte*
werktijd ★ ~ wind *kortademigheid* ★ ~ somewhere
~ of London *ergens in de buurt van Londen* ★ take
~ views *niet verder kijken dan z'n neus lang is*
III [bijw] ● *niet genoeg* ● *plotseling, opeens* ● be
taken ~ *plotseling naar de wc moeten* ★ come/fall
~ (of) *te kort schieten (in); niet voldoen (aan)* ★ cut
it ~ 't *kort maken* ★ cut ~ *besnoeien; een eind*
maken aan; afbreken; onderbreken ★ jump ~ *niet*
ver genoeg springen ● little/nothing ~ of
marvellous bijna/beslist wonderbaarlijk ★ run ~
op raken ★ run ~ of *gebrek krijgen aan; zonder*
komen te zitten ★ ~ of lying *I'll see what I can do*
for you ik zal mijn uiterste best voor je doen, maar
ik ga me niet wagen aan een leugen ★ stop ~
opeens stilstaan ★ take s.o. up ~ *iem. onderbreken*
★ turn ~ (round) *z. plotseling omdraaien*
shortage /ˈʃɔːtɪdʒ/ [znw] *tekort* ★ ~ of *schaarste*
aan
shortbread, shortcake /ˈʃɔːtbred/ [znw] *sprits*
short-change [ov ww] ● *afzetten* ● *te weinig*
wisselgeld geven aan ● *bedriegen* ★ be
shortchanged afgezet worden; te weinig geld
terugkrijgen
short-circuit /ʃɔːtˈsɜːkɪt/ I [ov ww] ● *kortsluiting*
veroorzaken in ● *verijdelen* ● *bekorten* II [znw]
kortsluiting
shortcoming /ˈʃɔːtkʌmɪŋ/ [znw] *tekortkoming*
shorten /ˈʃɔːtn/ [ov ww + on ww] *(ver)minderen*
shortening /ˈʃɔːtənɪŋ/ [znw] ● *verkorting, verkorte*
vorm ● *bakvet*
shorthand /ˈʃɔːthænd/ [znw] *steno* ★ ~ typist
stenotypiste
short-handed /ʃɔːtˈhændɪd/ [bnw] *met te weinig*
personeel
shortish /ˈʃɔːtɪʃ/ [bnw] *nogal klein*
short-list [ov ww] *op voordracht plaatsen,*
nomineren II [znw] *voordracht, lijst van*
genomineerden
short-lived [bnw] ● *van korte duur* ● *kortlevend*
shortly /ˈʃɔːtlɪ/ [bijw] ● *binnenkort* ● *kort daarna*
● *in 't kort* ● *kortaf*
shortness /ˈʃɔːtnəs/ [znw] *gebrek*
short-range /ʃɔːtˈreɪndʒ/ [bnw] ● *op korte termijn,*
korteafstands-
shorts /ʃɔːts/ [mv] *korte broek*
short-set [bnw] *gezet, gedrongen*
short-sighted /ʃɔːtˈsaɪtɪd/ [bnw] ● *kortzichtig*
● *bijziend*
short-spoken [bnw] ● *kort aangebonden* ● *kort*

S

van stof

short-staffed [bnw] onderbezet, met te weinig personeel • be ~ te weinig mensen hebben (hebben); personeelstekort hebben

short-tempered [bnw] kortaangebonden, opvliegend

short-term /ʃɔːˈtɜːm/ [bnw] op korte termijn

short-wave [bnw] korte golf

short-winded /ʃɔːˈwɪndɪd/ [bnw] kortademig

shorty /ˈʃɔːtɪ/ [znw] kleintje (persoon)

shot /ʃɒt/ **I** [ww] verl. tijd + volt. deelw. → **shoot** **II** [znw] • stoot • slag • hagel • kogel(s) • schutter • borrel • injectie • spuitje ‹v. heroïne› • schot • ‹foto.› opname, beeldje ★ ‹AE› a big shot 'n hoge piet ★ be out of/within shot buiten/binnen schootsafstand zijn ★ have a shot at het (ook 'ns) proberen; schieten op; een slag slaan naar ★ like a shot grif; als de wind ★ make/take/try a shot at een slag slaan naar ★ not by a long shot bij lange na niet ★ pay one's shot zijn (gedeelte v.d.) rekening betalen ★ put the shot kogelstoten ★ shot cartridge hagelpatroon ★ take shots opnamen maken **III** [bnw] changeant (geweven)

shotgun /ˈʃɒtɡʌn/ [znw] jachtgeweer

shot-put [znw] kogelstoten

should /ʃʊd/ [hww] → **shall** ★ I wonder whether he ~ know ik ben benieuwd of hij 't wel weten moet

shoulder /ˈʃəʊldə/ **I** [ov + on ww] duwen (met de schouder), dringen **II** [ov ww] op de schouder(s) nemen ‹ook fig.› ★ ‹mil.› ~ arms! schouder 't geweer! **III** [znw] schouder • drag it in by the head and ~s het er met de haren bijslepen • hard ~ vluchtstrook; verharde berm • have broad ~s 'n brede rug hebben • put/set one's ~s to the wheel zijn schouders eronder zetten; (flink) aanpakken ★ ~ flash epaulet met distinctief ★ straight from the ~ op de man af

shoulder-blade /ˈʃəʊldəbleɪd/ [znw] schouderblad

shoulder-strap /ˈʃəʊldəstræp/ [znw] • schouderband(je) • schouderbedekking, schouderklep

shout /ʃaʊt/ **I** [ov + on ww] • schreeuwen • juichen • trakteren ★ all is over but the ~ing de zaak is (zo goed als) beslist • (~ at) schreeuwen tegen, uitjouwen • (~ down) overschreeuwen **II** [znw] schreeuw ★ my ~! ik trakteer!

shove /ʃʌv/ **I** [ov + on ww] • duwen • schuiven • (z.) dringen • ~ in one's pocket in de zak steken • ~ it! duvel op • (~ off) opduvelen **II** [znw] zet, duw

shovel /ˈʃʌvl/ **I** [ov ww] • scheppen • schransen **II** [znw] schop ★ ~ hat schuithoed van anglicaanse geestelijken

shovelboard /ˈʃʌvlbɔːd/ [znw] soort sjoelbak

shovelful /ˈʃʌvlfʊl/ [znw] schop(vol)

shoveller /ˈʃʌvlə/ → **shovel**

show /ʃəʊ/ **I** [ov ww] • (aan)tonen, tentoonstellen, uitstallen, laten zien, vertonen • wijzen, bewijzen • blijk geven van • show a leg uit bed komen; een beetje voortmaken ★ show one's hand/cards zijn kaarten op tafel leggen (fig.) • show s.o. over the house iem. het huis laten zien • (~ down) de kaarten op tafel leggen (ook fig.) • (~ in) binnenlaten • (~ off) pronken met • (~ out) uitlaten • (~ round) rondleiden • (~ up) boven laten komen, rapport uitbrengen over, aan het licht brengen **II** [on ww] z. laten zien, te zien zijn, vertoond worden • your slip is showing je onderjurk komt er onderuit; je loopt in de gaten • (~ off) z. aanstellen, branie maken • (~ up) z. vertonen, verschijnen • show up well een goed figuur slaan **III** [znw] • zweem(pje) • (uiterlijk)

vertoon, de buitenkant, schijn • tentoonstelling • schouwspel, optocht • revue, variété • (inf.) organisatie, zaak(je), spul ★ give away the show de boel verklappen • give s.o. a fair show iem. een eerlijke kans geven ★ he has no show at all hij heeft geen schijn van kans ★ make a brave show goed voor de dag komen; een fraai schouwspel bieden ★ make a poor show een armzalig figuur slaan ★ make a show of doen alsof; voorwenden; te koop lopen met • on show te zien; tentoongesteld • only for show voor 't oog ★ run the show de baas zijn; de touwtjes in handen hebben ★ what's the show wat is hier gaande ★ with some show of reason met enige grond

showbiz /ˈʃəʊbɪz/ → **showbusiness**

showboat /ˈʃəʊbəʊt/ [znw] showboot, drijvend theater

showbusiness /ˈʃəʊbɪznəs/ [znw] amusementsbedrijf/-industrie

showcase /ˈʃəʊkeɪs/ [znw] vitrine

showdown /ˈʃəʊdaʊn/ [znw] • onthulling, ontknoping • confrontatie • → **show**

shower /ˈʃaʊə/ **I** [ov ww] • doen neerstorten, doen dalen • z. uitstorten ★ ~ s.th. upon a p. iem. met iets overstelpen **II** [on ww] douchen **III** [znw] • bui • (stort)regen (ook fig.) • douche

showery /ˈʃaʊərɪ/ [bnw] buiig

showgirl /ˈʃəʊɡɜːl/ [znw] • figurante • mannequin

showing /ˈʃəʊɪŋ/ [znw] • voorstelling • opgave ★ on your own ~ zoals u zelf zegt

showman /ˈʃəʊmən/ [znw] spullenbaas

showmanship /ˈʃəʊmənʃɪp/ [znw] kunst om zijn nummer te verkopen

shown /ʃəʊn/ volt. deelw. → **show**

show-off /ˈʃəʊɒf/ [znw] • opschepper • branie • vertoon

show-piece /ˈʃəʊpiːs/ [znw] 'paradepaard', pronkstuk

show-place /ˈʃəʊpleɪs/ [znw] bezienswaardigheid

show-room /ˈʃəʊruːm/ [znw] toonzaal

show-window /ˈʃəʊwɪndəʊ/ [znw] etalage(kast)

showy /ˈʃəʊɪ/ [bnw] • opzichtig • schitterend • praalziek

shrank /ʃræŋk/ verl. tijd → **shrink**

shrapnel /ˈʃræpnl/ [znw] • granaatsplinters • granaatkartets

shred /ʃred/ **I** [ov ww] • aan flarden/repen scheuren/snijden • rafelen ★ ~ded wheat gesponnen tarwe (ontbijtgerecht met melk) **II** [znw] reep, flard ★ not a ~ of evidence geen spoor v. bewijs

shredder /ˈʃredə/ [znw] shredder, papierversnipperaar

shrew /ʃruː/ [znw] • feeks • spitsmuis

shrewd /ʃruːd/ [bnw] • schrander • gewiekst • scherp • vinnig ★ ~ guess een gissing die dicht bij de waarheid is

shriek /ʃriːk/ **I** [ov + on ww] • gieren • krijsen, gillen **II** [znw] • krijs • gil

shrift /ʃrɪft/ [znw] ★ give short ~ to korte metten maken met; te kort doen

shrill /ʃrɪl/ **I** [on ww] schel/schril klinken **II** [bnw] • schril, schel • gieren, gillen

shrimp /ʃrɪmp/ [znw] • klein kereltje • garnaal

shrine /ʃraɪn/ [znw] • graf v.e. heilige • reliekschrijn • heiligdom

shrink /ʃrɪŋk/ **I** [ov ww] doen krimpen **II** [on ww] • (in elkaar) krimpen • verschrompelen • verminderen • ~ on a tyre (round a wheel) een band heet om een wiel leggen • (~ back) from terugdeinzen voor, huiveren voor **III** [znw] (AE) zielenknijper

shrinkage/'ʃrɪŋkɪdʒ/ [znw] be-/inkrimping

shrive/ʃraɪv/ [ov ww] • biechten • biecht horen

shrivel/'ʃrɪvəl/ I [ov ww] doen ineenschrompelen
II [on ww] ineenkrimpen

shriven/'ʃrɪvən/ volt. deelw. → **shrive**

shroud/ʃraʊd/ I [ov ww] • in doodskleed wikkelen
• hullen • (~ from) verbergen voor II [znw]
• doodskleed • waas, sluier • Holy Shroud
lijkwade van Christus

shrove/ʃraʊv/ verl. tijd → **shrive**

Shrove/ʃraʊv/ znw] * ~ Tuesday Vastenavond

shrub/ʃrʌb/ [znw] • heester • punch

shrubbery/'ʃrʌbərɪ/ [znw] heesters

shrug/ʃrʌg/ I [ov ww] * ~ one's shoulder de
schouders ophalen • (~ off) naast zich neerleggen,
negeren II [znw] het schouderophalen

shrunk(en)/ʃrʌŋk(ən)/ volt. deelw. → **shrink**

shuck/ʃʌk/ I [ov ww] doppen II [znw] dop, peul,
schil • not worth a ~ geen cent waard • (AE) ~s!
verdorie!; waardeloos!

shudder/'ʃʌdə/ I [on ww] huiveren, rillen II [znw]
* give the ~s doen huiveren

shuffle/'ʃʌfəl/ I [ov ww] • schuiven • (eromheen)
draaien * ~ (the cards) de kaarten schudden; de
taken anders verdelen * ~ off the responsibility
de verantwoordelijkheid van z. afschuiven
II [on ww] • niet stil (kunnen) zitten • schuifelen,
sloffen III [znw] • schuifelende loop, geschuifel
• verwisseling • draaierij

shuffle-board/'ʃʌfəlbɔ:d/→ **shovelboard**

shun/ʃʌn/ [ov ww] • (ver)mijden, ontlopen • links
laten liggen

shunt/ʃʌnt/ [ov ww] • aftakken • (op zijspoor)
rangeren of gerangeerd worden • op de lange baan
schuiven

shunter/'ʃʌntə/ [znw] rangeerder

shush/ʃʊʃ/ I [ov ww] sussen II [on ww] stil
zijn/worden III [tw] sst

shut/ʃʌt/ I [ov ww] • (z.) sluiten • dicht doen * shut
the door upon de deur sluiten voor * shut up
shop de zaak sluiten • the fog shut down (up)on
us de mist sloot ons helemaal in • (~ down)
stopzetten • (~ in) klemmen, in-/opsluiten, het
uitzicht belemmeren • (~ off) af-/uitsluiten • (~
to) dicht doen • (~ up) (helemaal) sluiten,
opsluiten, insluiten, afsluiten, de mond snoeren, tot
zwijgen brengen II [on ww] dicht gaan * shut up!
hou je mond! • (~ down) stil gaan liggen • (~
up) z. (helemaal) sluiten III [bnw] dicht

shut-down/'ʃʌtdaʊn/ [znw] stopzetting,
stillegging

shut-eye/'ʃʊtaɪ/ [znw] dutje

shutter/'ʃʌtə/ [znw] • blind (voor raam) • (foto.)
sluiter

shuttle/'ʃʌtl/ [znw] • schietspoel • schuitje (v.
naaimachine) * ~ service pendeldienst * ~ train
pendeltrein * space ~ ruimtependel

shuttlecock/'ʃʌtlkɒk/ [znw] • pluimbal • (sport)
shuttle

shy/ʃaɪ/ I [on ww] gooien II [on ww] • schichtig
worden • opzij springen • (~ away from)
(terug)schrikken voor III [znw] zijsprong * give a
shy at (iem.) een steek onder water geven; een gooi
doen naar IV [bnw] • verlegen • schuw • verdacht
• obscuur • be shy verlegen zijn; te kort komen
* be shy of z. niet inlaten met; vies zijn van

Siamese/saɪə'mi:z/ I [znw] Siamees II [bnw]
Siamese

Siberian/saɪ'bɪərɪən/ I [znw] Siberiër II [bnw]
Siberisch

sibilant/'sɪbɪlənt/ I [znw] sisklank II [bnw] sissend

sibling/'sɪblɪŋ/ [znw] • broer • zuster

sibyl/'sɪbɪl/ [znw] waarzegster, profetes

sice/saɪs/ [znw] • zes (op dobbelsteen)
• ≈ huisknecht-chauffeur (in India)

sick/sɪk/ I [on ww] braken • (~ up) uitbraken
II [znw] braaksel III [bnw] • misselijk • naar
• zeeziek • ziek * be sick misselijk zijn; overgeven
* be sick at heart wee om 't hart zijn * it makes
him sick (to think about it) hij is er kapot van
* (AE) sick call ziekenrapport; ziekenbezoek * sick
headache hoofdpijn met misselijkheid * sick
humour wrange/zwarte humor * sick of beu;
hunkerend naar * sick parade ziekenrapport * the
Sick Man 't Turkse Rijk * turn sick misselijk
worden

sickbay/'sɪkbeɪ/ [znw] ziekenboeg

sickbed/'sɪkbed/ [znw] ziekbed

sicken/'sɪkən/ I [ov ww] • ziek maken • doen
walgen * be ~ing (for s.th.) iets onder de leden
hebben • ~ing walgelijk II [on ww] • ziek worden
• walgen

sickish/'sɪkɪʃ/ [bnw] een beetje ziek

sickle/'sɪkl/ [znw] sikkel

sick-leave/'sɪkli:v/ [znw] ziekteverlof

sick-list/'sɪklɪst/ [znw] ziekenlijst * be on the ~
onder behandeling v.d. dokter zijn

sickly/'sɪklɪ/ [bnw] • ziekelijk • ongezond • wee,
weeïg • bleek • is sicklied o'er verliest zijn kleur;
wordt vaal * ~ smile flauw lachje * ~ sweet
mierzoet

sickness/'sɪknəs/ [znw] • ziekte • misselijkheid * ~
benefit ziekengeld

sick-ward [znw] ziekenzaal

side/saɪd/ I [on ww] • (~ with) partij kiezen voor
II [znw] • kant, zijde • zijkant • wand • helling
• aspect • partij • elftal, team • effect (bij biljart)
• gewichtigheid, air • by the side of naast * fault
on the right side geluk bij een ongeluk * on the
right side of 40 nog geen 40 jaar * on the side of
op de hand van * put on side effect geven; z. airs
geven • side by side naast elkaar * take sides
(with) partij kiezen (voor)

side-arms/'saɪdɑ:mz/ [znw] sabels, degens

sideboard/'saɪdbɔ:d/ [znw] • dressoir • buffet

sideburn/'saɪdbɜ:n/ (AE) [znw] bakkebaardje

sidecar/'saɪdkɑ:/ [znw] • zijspaan • soort cocktail

side-dish/'saɪddɪʃ/ [znw] tussengerecht

side-effect/'saɪdɪfekt/ [znw] neveneffect

side-issue/'saɪdɪʃu:/ [znw] nevenprobleem, bijzaak

sidekick(er)/'saɪdkɪkə/ [znw] (AE) makker,
kameraad

sidelight/'saɪdlaɪt/ [znw] • zijlicht, parkeerlicht
• nevenaspect • bijkomstige informatie

sideline/'saɪdlaɪn/ [znw] • zijlijn • bijbaantje
• nevenartikel • pensioen

sidelong/'saɪdlɒŋ/ [bijw] • van terzijde • zijdelings

side-saddle/'saɪdsædl/ [znw] dam>adel

side-show/'saɪdʃəʊ/ [znw] • nevenattractie
• bijzaak

side-slip/'saɪdslɪp/ I [ov ww] (luchtv.) dwars laten
afglijden II [on ww] • slippen • (luchtv.) dwars
afglijden III [znw] het slippen, enz.

side-splitting/'saɪdsplɪtɪŋ/ [bnw] om je dood te
lachen (grap) * a ~ fit of laughter een lachbui
waar je pijn van in de zij krijgt

side-step/'saɪdstep/ I [ov ww] opzij gaan,
ontwijken II [znw] * stap opzij • ontwijking

sidestroke/'saɪdstrəʊk/ [znw] • zijslag • zijstoot

side-track/'saɪdtræk/ I [ov ww] • op een zijspoor
zetten (ook fig.) • op de lange baan schuiven
II [znw] zijspoor

sidewalk/'saɪdwɔ:k/ [znw] (AE) trottoir

S

sideward(s)/'saɪdwəd(z)/ [znw] zijwaarts
siding/'saɪdɪŋ/ [znw] • rangeerspoor • ⟨AE⟩ zijplanken v.e. houten gebouw
sidle/'saɪdl/ [on ww] • zijdelings lopen • met eerbied/schuchter naderen
siege/si:dʒ/ [znw] • belegering • beleg ★ lay ~ to belegeren ★ raise the ~ het beleg opheffen
sieve/sɪv/ I [ov ww] zeven II [znw] • zeef • loslippig iem.
sift/sɪft/ [ov ww] • zeven, ziften • strooien (v. o.a. suiker) • nauwkeurig uitpluizen, uithoren
sifter/'sɪftə/ [znw] zeef(je)
sigh/saɪ/ I [on ww] zuchten • (~ for) smachten naar II [znw] zucht
sight/saɪt/ I [ov ww] • in 't oog krijgen • observeren • (het vizier) stellen (van) II [znw] • (ge)zicht • schouwspel • bezienswaardigheid • vizier • (inf.) heleboel ★ at first ~ à vue ★ at/on ~ op 't eerste gezicht; à vue ★ catch ~ of beginnen te zien; in 't oog krijgen ★ her hat is a perfect ~ ze heeft een vreselijk idiote hoed op ★ in ~ in ('t ge)zicht ★ know a p. by ~ iem. kennen van gezicht ★ lose ~ of uit 't oog verliezen ★ out of ~ uit 't oog ★ ~ bill/draft wisselbrief ★ what a ~ you look! wat zie je eruit! ★ you're a ~ for sore eyes! ik ben blij dat ik je (eens) zie
sighted/'saɪtɪd/ [bnw] ziende
sighting/'saɪtɪŋ/ [znw] waarneming
sightless/'saɪtləs/ [bnw] blind
sightly/'saɪtlɪ/ [bnw] fraai
sight-read [ov + on ww] van het blad spelen/zingen
sightseer/'saɪtsi:ə/ [znw] toerist
sightseeing/'saɪtsi:ɪŋ/ [znw] bezichtiging van bezienswaardigheden ★ ~ bus bus voor rondritten • ~ tour rondrit voor toeristen
sign/saɪn/ I [ov + on ww] ondertekenen II [ov ww] door een teken aanduiden ★ sign assent toestemmend knikken ★ sign one's name (to) ondertekenen III [on ww] in gebarentaal spreken • (~ away) schriftelijk afstand doen van • (~ in) de presentielijst tekenen • (~ off) stopbod doen • (~ on) stempelen bij de sociale dienst • (~ on/up (for/to)) aanmonsteren (bij), tekenen ⟨als o.a. lid⟩ IV [znw] • teken • uithangbord • bordje • reclameplaat • ⟨AE⟩ spoor ★ in sign of ten teken van ★ make a sign een teken geven ★ sign and countersign geheime tekens v. verstandhouding ★ sign language gebarentaal
signal/'sɪgnl/ I [ov ww] • seinen • door signalen/tekens te kennen geven • aankondigen • (~ to) een wenk geven om II [znw] • verkeerslicht • sein, signaal ★ ~ book/code seinregister ⟨AE⟩ ~ cord noodrem III [bnw] • schitterend • buitengewoon • opmerkelijk ★ a ~ villain aartsschurk
signal-box/'sɪgnlbɔks/ [znw] seinhuis
signalize/'sɪgnəlaɪz/ I [ov ww] • doen uitblinken • opluisteren • te kennen geven II [wkd ww] ★ ~ o.s. z. onderscheiden
signaller/'sɪgnələ/ [znw] seiner
signalman/'sɪgnlmən/ [znw] seinhuiswachter
signatory/'sɪgnətərɪ/ I [znw] ondertekenaar II [bnw] ★ the ~ Powers de mogendheden die (het verdrag) ondertekend hebben
signature/'sɪgnətʃə/ [znw] • handtekening • signatuur • ⟨muz.⟩ vóórtekening ★ ~ tune herkenningsmelodie
signboard/'saɪnbɔ:d/ [znw] • (uithang)bord • ⟨AE⟩ aanplakbord
signet/'sɪgnɪt/ [znw] zegel
signet-ring/'sɪgnɪtrɪŋ/ [znw] zegelring
significance/sɪg'nɪfɪkəns/ [znw] • betekenis

• gewichtigheid
significant/sɪg'nɪfɪkənt/ [bnw] veelbetekenend ★ ~ figure elk cijfer behalve 0
signification/sɪgnɪfɪ'keɪʃən/ [znw] betekenis
signify/'sɪgnɪfaɪ/ [ov ww] • betekenen • aanduiden • te kennen geven
signpost/'saɪnpəʊst/ [znw] • handwijzer, wegwijzer • stok v. uithangbord
silage/'saɪlɪdʒ/ I [ov ww] inkuilen II [znw] ingekuild veevoer
silence/'saɪləns/ I [ov ww] tot zwijgen brengen II [znw] • stilte • het zwijgen • vergetelheid ★ put to ~ tot zwijgen brengen ★ ~ gives consent wie zwijgt, stemt toe
silencer/'saɪlənsə/ [znw] • geluiddemper • knalpot • dooddoener
silent/'saɪlənt/ [bnw] • stil • zwijgend • zwijgzaam ★ ⟨gesch.⟩ William the Silent Willem de Zwijger ★ be ~ zwijgen ★ ~ film stomme film ★ the Silent Service de Britse Marine
silhouette/sɪlu:'et/ I [ov ww] ★ be ~d against z. aftekenen tegen II [znw] silhouet, schaduwbeeld
silica/'sɪlɪkə/ [znw] kiezelzuur
silicate/'sɪlɪkərt/ [znw] silicaat
silicon/'sɪlɪkən/ [znw] silicium
silicone/'sɪlɪkəʊn/ [znw] silicone
silk/sɪlk/ I [znw] • zijde ★ King's Counsel II [bnw] ★ you can't make a silk purse out of a sow's ear je kunt geen ijzer met handen breken; je kunt van een boer geen heer maken
silken, silky/'sɪlkən/ [bnw] zijdeachtig, zijdezacht
silks/sɪlks/ [mv] zijden stoffen
silkworm/'sɪlkwɜ:m/ [znw] zijderups
sill/sɪl/ [znw] • drempel • vensterbank
silly/'sɪlɪ/ I [znw] onnozele hals II [bnw] • dwaas, idioot • flauw, kinderachtig ★ become ~ gek/seniel worden ★ knock a p. ~ iem. suf slaan ★ spoil s.o. ~ iem. schandalig verwennen ★ the ~ season augustus en september, wanneer de kranten wegens gebrek aan nieuws met beschouwingen komen
silo/'saɪləʊ/ I [ov ww] inkuilen II [znw] • (graan)silo • kuil voor groenvoer
silt/sɪlt/ I [ov + on ww] • (~ up) dichtslibben II [ov ww] doen dichtslibben III [on ww] dichtslibben IV [znw] slib
silvan/'sɪlvən/ → **sylvan**
silver/'sɪlvə/ I [ov ww] • foeliën • verzilveren • zilverwit maken II [on ww] zilverwit worden III [znw] • zilver • (z.)geld • tafelzilver ★ ~ leaf bladzilver IV [bnw] • zilveren • zilverachtig ★ ~ foil bladzilver ★ ~ paper fijn wit zijdepapier; zilverpapier ★ ~ plate zilver servieswerk
silver-plated/'sɪlvə'pleɪtɪd/ [bnw] verzilverd
silverside/'sɪlvəsaɪd/ [znw] beste stuk v. ossenhaas
silversmith/'sɪlvəsmɪθ/ [znw] zilversmid
silverware/'sɪlvəweə/ [znw] tafelzilver, zilverwerk
silvery/'sɪlvərɪ/ [bnw] • met zilveren klank • zilverachtig
simian/'sɪmɪən/ I [znw] aap II [bnw] aap-, apen-
similar/'sɪmɪlə/ I [znw] gelijke II [bnw] ★ ~ to gelijk(vormig) aan; gelijkend op
similarity/sɪmɪ'lærɪtɪ/ [znw] • gelijkvormigheid • overeenkomst
similarly/'sɪmɪlərlɪ/ [bijw] evenzo, op dezelfde manier, gelijk
simile/'sɪmɪlɪ/ [znw] vergelijking ⟨stijlfiguur⟩
similitude/sɪ'mɪlɪtju:d/ [znw] • gelijkenis • evenbeeld
simmer/'sɪmə/ I [ov ww] laten sudderen II [on ww] • sudderen • koken (v. woede) • zich verkneukelen III [znw] gesudder

simony /'saɪmənɪ/ [znw] *simonie*
simper /'sɪmpə/ I [on ww] *gemaakt/onnozel lachen* II [znw] *onnozele glimlach*
simple /'sɪmpl/ [bnw] ● *eenvoudig, enkelvoudig* ● *ongekunsteld* ● *gewoon* ● *onnozel* ★ it's ~ *madness het is gewoonweg dwaasheid*
simple-hearted /sɪmpl'hɑːtɪd/ [bnw] *oprecht, eenvoudig*
simple-minded /sɪmpl'maɪndɪd/ [bnw] ● *eenvoudig* ● *zwakzinnig*
simpleton /'sɪmpltn/ [znw] ● *imbeciel* ● *sul*
simplicity /sɪm'plɪsətɪ/ [znw] ● *eenvoud* ● *ongekunsteldheid*
simplify /'sɪmplɪfaɪ/ [ov ww] *vereenvoudigen*
simplistic /sɪm'plɪstɪk/ [bnw] *simplistisch, oppervlakkig*
simply /'sɪmplɪ/ [bijw] *simpel(weg), eenvoudig(weg), domweg*
simulate /'sɪmjʊleɪt/ [ov ww] ● *veinzen* ● *nabootsen*
simulation /sɪmjʊ'leɪʃən/ [znw] *simulatie*
simulator /'sɪmjʊleɪtə/ [znw] ● *simulant* ● *simulator*
simultaneity /sɪməltə'neɪətɪ/ [znw] *gelijktijdigheid*
simultaneous /sɪməl'teɪnɪəs/ [bnw] *gelijktijdig*
sin /sɪn/ I [ov ww] ★ sin one's mercies z. *ondankbaar gedragen* II [on ww] *zondigen* III [znw] *zonde* ★ like sin *van je welste* ★ original sin *erfzonde* ★ seven deadly sins *zeven hoofdzonden* ★ ugly as sin *spuuglelijk*
since /sɪns/ I [bijw] ● *geleden* ● *long ~ al lang; lang geleden* II [vz] *sinds, sedert* III [vw] *(aan)gezien*
sincere /sɪn'sɪə/ [bnw] *oprecht* ★ yours ~ly *met vriendelijke groeten*
sincerity /sɪn'serətɪ/ [znw] ● *eerlijkheid* ● *oprechtheid*
sinew /'sɪnjuː/ [znw] *pees*
sinews /'sɪnjuːz/ [mv] *spieren, spierkracht* ★ the ~ of war *dat waar de oorlog op drijft: geld*
sinewy /'sɪnjuːɪ/ [bnw] ● *pezig* ● *gespierd, sterk*
sinful /'sɪnfʊl/ [bnw] *zondig*
sing /sɪŋ/ I [ov + on ww] *zingen* II [ov ww] *bezingen* ★ sing another tune *uit een andere vaatje tappen* ★ sing s.o.'s praises *iem. ophemelen* III [on ww] *zoemen, suizen* ★ sing flat/sharp *vals zingen* ★ sing small *een toontje lager zingen* ★ to sing for one's supper *moeten werken voor de kost* ★ (~ of) *bezingen* ★ (~ out) *uitzingen, brullen* IV [znw] ‹AE› *bijeenkomst om te zingen*
singe /sɪndʒ/ [ov ww] *afschroeien, (ver)schroeien* ★ have one's hair ~d *het haar laten onduleren* ★ one's feathers/wings *de vingers branden ‹fig.›*
singer /'sɪŋə/ [znw] *zanger(es)*
Singhalese /sɪŋə'liːz/ [bnw] *Singalees*
singing /'sɪŋɪŋ/ [znw] ● *het zingen* ● *gezang* ● *zang(kunst)* ★ had a fine ~ voice *kon mooi zingen*
single /'sɪŋgl/ I [ov ww] ● (~ out) *uitkiezen, eruit pikken* II [znw] ● *single ‹grammofoonplaat of cd›* ● *enkelspel* ● *enkele reis* ● *enkele bloem* ● *één punt ‹taak.›* III [bnw] ● *enkel, afzonderlijk* ● *ongetrouwd* ● *oprecht, rechtdoorzee* ★ ~ bed *eenpersoonsbed* ★ ~ combat/fight *tweegevecht* ★ ~ room *eenpersoonskamer* ★ with a ~ eye *doelbewust*
single-breasted /sɪŋgl'brestɪd/ [bnw] *met één rij knopen*
single-handed /sɪŋgl'hændɪd/ [bnw] ● *eigenhandig* ● *zonder hulp v. anderen*
single-hearted /sɪŋgl'hɑːtɪd/ [bnw] *oprecht, eerlijk*

single-minded /sɪŋgl'maɪndɪd/ [bnw] *doelbewust*
singleness /'sɪŋglnəs/ [znw] ★ ~ of heart *eenvoud des harten* ★ ~ of mind/purpose *doelbewustheid*
single-seater /sɪŋgl'siːtə/ [znw] *éénpersoonsauto/-vliegtuig*
singlet /'sɪŋglət/ [znw] ● *interlockje* ● *borstrok*
singleton /'sɪŋgltn/ [znw] ● *kaart die men kaal heeft* ● *éénling*
singly /'sɪŋglɪ/ [bijw] ● *apart* ● *één voor één*
singsong /'sɪŋsɒn/ [znw] ● *dreun* ● *zangavondje*
singular /'sɪŋgjʊlə/ I [znw] ‹taalk.› *enkelvoud(ig woord)* II [bnw] ● *zonderling, vreemd* ● *uniek* ● *enkelvoudig* ★ all and ~ *allen en ieder in 't bijzonder* ★ ~ly *bij uitstek*
singularity /sɪŋgjʊ'lærətɪ/ → **singular**
sinister /'sɪnɪstə/ [bnw] ● *sinister* ● *onheilspellend* ● *kwaadaardig* ● *onguur* ● *linker-*
sink /sɪŋk/ I [ov ww] ● *inlaten* ● *investeren, steken in* ● *amortiseren* ● *doen zinken* ● *laten zakken* ● *in de grond boren* ● *torpederen ‹ook fig.›* ● *onder water aanbrengen* ● *graveren* ★ sink differences *geschilpunten laten rusten* ★ sink o.s./one's own interests *de eigen belangen opzij zetten* ★ sink one's name/title *tijdelijk afstand doen van naam/titel; onbekend willen blijven* ★ sink or swim *pompen of verzuipen; erop of eronder* ★ sunken cheeks *ingevallen wangen* ★ sunken eyes *diepliggende ogen* ★ we're sunk *we zijn verloren* II [on ww] ● *zinken, dalen, zakken* ● *boren, graven* ● *achteruitgaan, bezwijken* ● *gaan liggen ‹wind›* ★ (~ in) *tot iem. doordringen, bezinken, inzinken* III [znw] *gootsteen* ★ sink of iniquity *poel v. ongerechtigheid* ★ the sink of Europe *Port Said*
sinker /'sɪŋkə/ [znw] ● *zinklood* ● ‹AE› *donut*
sinking /'sɪŋkɪŋ/ [znw] *beklemd gevoel*
sinless /'sɪnləs/ [bnw] *zonder zonde*
sinner /'sɪnə/ [znw] *zondaar* ★ as I am a ~ *zowaar ik leef*
sinology /saɪ'nɒlədʒɪ/ [znw] *sinologie*
sinuosity /sɪnjʊ'ɒsətɪ/ [znw] *bocht(igheid)*
sinuous /'sɪnjʊəs/ [bnw] *bochtig, kronkelend*
sinus /'saɪnəs/ [znw] ● *holte* ● *schedelholte*
sip /sɪp/ I [ov + on ww] *nippen, met kleine teugjes drinken* II [znw] *teugje, slokje*
siphon /'saɪfən/ [znw] ● *hevel* ● *sifon*
sir /sɜː/ I [ov ww] *met 'sir' aanspreken* II [znw] *mijnheer* ★ down, sir! koest! ‹tot hond›*
Sir /sɜː/ [znw] *Sir ‹titel›*
sire /'saɪə/ I [ov ww] *de vader zijn van ‹bij dieren›* II [znw] ● *stamvader, (voor)vader* ● *Sire*
siren /'saɪərən/ [znw] ● *sirene* ● *zeekoe*
sirloin /'sɜːlɔɪn/ [znw] *lendestuk v. rund*
sis /sɪs/ [znw] *zus(je)*
sisal /'saɪs(ə)l/ [znw] *sisal* ★ ~ grass *sisal*
sissy /'sɪsɪ/ I [znw] *mietje, fatje* II [bnw] *slap, laf, week*
sister /'sɪstə/ [znw] *zuster* ★ the ~ three *Schikgodinnen* ★ the three ~s *Schikgodinnen*
sisterhood /'sɪstəhʊd/ [znw] ● *zusterschap* ● *congregatie*
sister-in-law /'sɪstərɪnlɔː/ [znw] *schoonzuster*
sisterly /'sɪstəlɪ/ [bnw] *zusterlijk*
sit /sɪt/ I [on ww] ● *zitten* ● *blijven zitten* ● *zitten ‹op o.a. paard›* ● *liggen, zich bevinden* ● *zitten te broeden* ★ don't be sat on *laat je niet op de kop zitten* ★ sit at home *werkeloos thuis zitten* ★ sit down before *het beleg slaan vóór* ★ sit down under an insult *een belediging slikken* ★ sit for an examination *examen doen* ★ sit heavy on *bezwaren; zwaar zijn* ★ sit ill on *niet passen bij*

S

* sit in for *vervangen; de plaats innemen van* * sit in judgment *stem in 't kapittel hebben* * sit on a p.'s head *iem. onder de duim houden of negeren* * sit on the fence *van twee walletjes eten; geen partij kiezen* * sit slight/loosely on *van weinig betekenis zijn voor* * sit tight *stevig in 't zadel zitten (ook fig.)* * sit well on *goed passen bij* * sits the wind there? *waait de wind uit die hoek?* * that will make him sit up *daar zal hij van opfrissen/-kijken* * (~ (up)on) *blijven, behandelen, beraadslagen over, zitting hebben in, op z'n nummer zetten, op de kop zitten* * (~ back) *achterover gaan zitten* * (~ down) *gaan zitten* * (~ for) *poseren, vertegenwoordigen* * (~ in) *bezetten, aan bezetting deelnemen* * (~ out) *niet deelnemen aan, buiten blijven, tot het eind toe blijven (bij), langer blijven dan* * (~ under) *(geregeld) onder het gehoor zijn van* * (~ up) *rechtop gaan zitten* **II** [znw] *houding te paard*
sitcom /'sɪtkɒm/ [znw] *komische tv-serie*
sit-down /sɪt'daʊn/ [znw] *staking*
site /saɪt/ **I** [ov en ww] *plaatsen* **II** [znw] *terrein, perceel, kavel* * *plaats, ligging* * *zetel*
sit-in /'sɪtɪn/ [znw] *bezetting*
sitter /'sɪtə/ [znw] *model* * *oppas*
sitter-in [znw] *babysitter*
sitting /'sɪtɪŋ/ [znw] * *zittingsperiode* * *vaste plaats in de kerk* * *broedsel*
sitting-room [znw] *zitkamer*
situate /'sɪtjʊeɪt/ [ov ww] *plaatsen*
situated /'sɪtjʊeɪtɪd/ [bnw] *gelegen* * *be ~ on liggen aan/op* * *thus ~ in deze positie*
situation /sɪtjʊ'eɪʃən/ [znw] *ligging, stand* * *toestand, situatie* * *gelegenheid* * *betrekking* * *~ comedy komische tv-serie*
six /sɪks/ [telw] *zes* * *at sixes and sevens in 't honderd* * *six of one and half a dozen of the other lood om oud ijzer*
sixfold /'sɪksfəʊld/ [bnw] *zesvoudig*
six-footer /sɪks'fʊtə/ [znw] *iem. die 1.80 m lang is*
sixpence /'sɪkspəns/ [znw] *zesstuiverstuk*
sixpenny /'sɪkspənɪ/ [bnw] * *van zes stuivers* * *kwartjes- * *'t pat/piece zesstuiverstuk*
sixpennyworth /'sɪkspənɪwɜːθ/ [bnw] *voor zes stuivers*
sixteen /sɪks'tiːn/ [telw] *zestien*
sixteenth /sɪks'tiːnθ/ [telw] *zestiende*
sixth /sɪksθ/ [telw] *zesde* * *~ form bovenbouw v. middelbare school*
sixthly /'sɪksθlɪ/ [telw] *ten zesde*
sixtieth /'sɪkstɪəθ/ [bnw] *zestigste*
sixty /'sɪkstɪ/ [telw] *zestig* * *like ~ als de donder* * *~ percent stevig procent; woekeraar*
sizable /'saɪzəbl/ [bnw] * *nogal groot* * *aanzienlijk*
sizar /'saɪzə/ [znw] *beursstudent*
size /saɪz/ **I** [ov ww] * *appreteren* * *naar grootte of maat sorteren* * *passend maken* * *lijmen* * *(~ up) taxeren, schatten, een beeld vormen van* **II** [znw] * *grootte* * *maat* * *lijmwater* * *appretpap* * *is the size of is zo groot als* * *of a size even groot* * *of some size behoorlijk groot* * *what size do you take? welke maat hebt u?*
sizzle /'sɪzəl/ **I** [on ww] *sissen* **II** [znw] * *gesis* * *onaangenaam persoon*
sizzler /'sɪzlə/ [znw] * *sisser* * *bloedhete dag* * *(sl.) lekker stuk* * *(sl.) knoert*
skald /skɔːld/ → **scald**
skate /skeɪt/ **I** [on ww] *schaatsen* * *~ over thin ice een gevoelig onderwerp behandelen* **II** [znw] * *schaats* * *vleet (vis)*
skateboard /'skeɪtbɔːd/ [znw] *rol-/schaatsplank, skateboard*

skater /'skeɪtə/ [znw] *schaatser*
skating-rink /'skeɪtɪŋrɪŋk/ [znw] * *ijsbaan* * *rolschaatsbaan*
skeandhu /'skiːnðuː/ (Schots) [znw] *dolk (mes)*
skeet /skiːt/ [znw] *het kleiduivenschieten*
skein /skeɪn/ [znw] * *knot, streng* * *vlucht wilde ganzen* * *warboel*
skeletal /'skelɪtəl/ [bnw] * *skelet-, v.h. skelet* * *broodmager* * *schematisch*
skeleton /'skelɪtn/ [znw] * *geraamte, skelet* * *schema, kern* * *~ (crew/regiment) kader* * *~ key loper* * *~ service zeer beperkte dienst* * *the ~ in the closet/cupboard geheim schandaal(tje) v.d. familie* * *there's a ~ in every cupboard ieder huis heeft zijn kruis*
skeptic(al) /'skeptɪk(əl)/ [bnw] *sceptisch*
skerry /'skerɪ/ [znw] * *klip* * *rif*
sketch /sketʃ/ **I** [ov + on ww] *schetsen* **II** [znw] *schets*
sketchbook /'sketʃbʊk/ [znw] *schetsboek*
sketchy /'sketʃɪ/ [bnw] * *oppervlakkig, niet afgewerkt* * *~ meal haastige maaltijd*
skew /skjuː/ **I** [on ww] * *opzij gaan* * *hellen* * *van opzij kijken* * *skewed vision scheef beeld* **II** [znw] *schuinte* **III** [bnw] *schuin*
skewbald /'skjuːbɔːld/ [bnw] *met witte vlekken*
skewer /'skjuːə/ **I** [ov ww] *doorsteken* **II** [znw] * *vleespen* * *spit* * *sabel* * *hoenderpen*
skew-eyed [bnw] *scheel*
ski /skiː/ **I** [on ww] *skiën* **II** [znw] *ski* * *ski lift skilift*
skid /skɪd/ **I** [on ww] * *slippen* * *remmen* * *(AE) vervoeren over weg van boomstammen* **II** [znw] * *remblok* * *remschoen* * *'t slippen, slip* * *(AE) weg v. boomstammen voor houttransport*
skidlid /'skɪdlɪd/ [znw] *veiligheidshelm*
skier /'skiːə/ [znw] *skiër* * *skyer hoge slag/bal (bij cricket)*
skiff /skɪf/ [znw] *skiff*
ski-jump [znw] *skischans*
skilful /'skɪlfʊl/ [bnw] *bedreven, bekwaam*
skill /skɪl/ [znw] *vaardigheid, (verworven) bedrevenheid*
skilled /skɪld/ [bnw] *geschoold, vakkundig* * *~ labour geschoold werk*
skillet /'skɪlɪt/ [znw] *koekenpan*
skilly /'skɪlɪ/ [znw] * *gortwater* * *watersoep*
skim /skɪm/ **I** [ov + on ww] *vluchtig doornemen* **II** [ov ww] * *afromen* * *afschuimen* * *skimmed milk magere melk* * *skimmed money ondergedoken, zwart geld* * *skimming dish zeiljacht met platte bodem; licht snel motorbootje* **III** [on ww] *scheren (over (water)oppervlak)*
skimmer /'skɪmə/ [znw] *schuimspaan*
skimp /skɪmp/ [on ww] * *kort houden, karig bedelen* * *zuinig zijn, bekrimpen*
skimpy /'skɪmpɪ/ [bnw] *krap, karig, krenterig*
skin /skɪn/ **I** [ov + on ww] *met (een) vel/vliesje bedekken/bedekt worden* **II** [ov ww] * *villen (ook fig.)* * *ontvellen, stropen* * *pellen* * *keep your eyes skinned kijk goed uit je doppen* * *skin a flint op een cent doodblijven* * *(~ off) uittrekken (v. kleren)* * *(~ over) helen* **III** [znw] * *huid* * *scheepshuid* * *vlies* * *schil* * *leren wijnzak* * *I would not be in your skin ik zou niet graag in jouw schoenen staan* * *by/with the skin of one's teeth op 't kantje af; ternauwernood* * *get under a p.'s skin iem. in zijn macht hebben; iem. irriteren; iem. fascineren; iem. gruwelijk ergeren* * *inner/true skin innerlijk* * *jump out of one's skin buiten zichzelf zijn; z. doodschrikken* * *keep a whole skin het er levend afbrengen* * *outer skin opperhuid* * *save one's skin het er levend*

S

afbrengen ★ ⟨AE⟩ skin game oplichterij; afzetterij
★ thick skin een dikke huid ★ wear s.th. next to
the skin iets op 't blote lijf dragen
skin-deep/skɪn'di:p/ [bnw] oppervlakkig ★ beauty
is but ~ schoonheid zit alleen maar aan de
buitenkant
skin-dive/'skɪndaɪv/ [on ww] snorkelen
skin-diver/'skɪndaɪvə/ [znw] onderwaterzwemmer
skin-diving[znw] onderwatersport
skinflick/'skɪnflɪk/ ⟨AE⟩ seksfilm
skinflint/'skɪnflɪnt/ [znw] vrek, gierigaard
skinful/'skɪnfʊl/ [znw] leren (wijn)zak vol ★ when
he's got his ~ als hij flink wat op heeft
skinhead/'skɪnhed/ [znw] ● kaalkop ● skinhead
skinny/'skɪnɪ/ [bnw] ● vel over been ● broodmager
skint/skɪnt/ ⟨sl.⟩ [bnw] blut, platzak
skin-tight/skɪn'taɪt/ [bnw] strak over het lichaam
skip/skɪp/ **I** [ov ww] overslaan ★ my heart skipped
a beat mijn hart sloeg over ★ skip the formalities
de formaliteiten laten voor wat ze zijn **II** [on ww]
● huppelen ● (touwtje)springen ★ skip (it) er
tussenuit knijpen ● (~ over) overslaan **III** [znw]
● sprong(etje) ● dat wat overgeslagen is/moet
worden/wordt ● mand ● bak ● kooi ⟨in
mijnschacht⟩ ● kiepkar ● aanvoerder ⟨bij bowlen⟩
skipper/'skɪpə/ **I** [ov ww] aanvoeren, bevel voeren
(over) ⟨als kapitein⟩ **II** [znw] ● schipper,
(scheeps)kapitein ● (sport) aanvoerder ● ⟨AE⟩
commanderend onderofficier, sergeant
skipping-rope/'skɪpɪŋrəʊp/ [znw] springtouw
skirl/skɜ:l/ **I** [on ww] geluid maken v.e. doedelzak
II [znw] geluid v.e. doedelzak
skirmish/'skɜ:mɪʃ/ **I** [on ww] schermutselen
II [znw] schermutseling
skirt/skɜ:t/ **I** [ov ww] ● bewegen langs de rand van
● grenzen aan ● vermijden ● ontgaan **II** [znw]
● rok ● slip, pand ● rand, buitenwijk, zoom ⟨v. bos⟩
● ⟨sl.⟩ meid, griet ★ divided ~ broekrok
skit/skɪt/ **I** [ov ww] hekelen, afgeven op **II** [znw]
● schimpscheut ● steek ● parodie
skits/skɪts/ [znw] hopen
skitter/'skɪtə/ [on ww] ● rennen, snel bewegen, gaan
als lopend vuur
skittish/'skɪtɪʃ/ [bnw] ● dartel, frivool ● schichtig
skittle/'skɪtl/ **I** [on ww] ● (~ out) snel één voor één
eruit spelen **II** [znw] kegel
skittles/'skɪtlz/ [mv] ● kegelspel ● beer and ~
vreugde en plezier ★ ~! nonsens!
skive/skaɪv/ [on ww] zich drukken, niet komen
werken
skivvy/'skɪvɪ/ ⟨sl.⟩ [znw] dienstmeisje
skulk/skʌlk/ [on ww] ● sluipen ● op de loer liggen
● z. verschuilen ● z. onttrekken aan ● lijntrekken
skull/skʌl/ [znw] ● schedel ● doodskop
skullcap/'skʌlkæp/ [znw] kalotje
skunk/skʌŋk/ **I** [ov ww] ⟨AE⟩ totaal verslaan
II [znw] ● bunzing ● skunk ● ⟨sl.⟩ vuns, schoft
sky/skaɪ/ **I** [ov ww] ● hoog slaan ● hoog hangen
II [znw] ● lucht, hemel ● klimaat, streek ★ sky
sign lichtreclame
sky-blue[bnw] hemelsblauw
skydiver/'skaɪdaɪvə/ [znw] parachutist in vrije val
skyey/'skaɪɪ/ [bnw] ● hemelhoog ● hemelsblauw
sky-high[bnw] hemelhoog
skyjack/'skaɪdʒæk/ [ov ww] kapen ⟨v. vliegtuig⟩
skyjacking/'skaɪdʒækɪn/ [znw] vliegtuigkaping
skylab/'skaɪlæb/ [znw] ruimtelaboratorium
skylark/'skaɪlɑ:k/ **I** [on ww] ● lol maken ● de boel
op stelten zetten **II** [znw] leeuwerik
skylight/'skaɪlaɪt/ [znw] dakraam, bovenlicht
skyline/'skaɪlaɪn/ [znw] silhouet ⟨v. stadsgezicht⟩
skyriding/'skaɪraɪdɪŋ/ [znw] zeilvliegen

sky-rocket/'skaɪrɒkɪt/ **I** [on ww] snel de hoogte
ingaan **II** [znw] vuurpijl
skysail/'skaɪseɪl/ [znw] vliegend zeil
skyscape/'skaɪskeɪp/ [znw] schilderij met veel lucht
skyscraper/'skaɪskreɪpə/ [znw] wolkenkrabber
skyward(s)/'skaɪwəd(z)/ [bnw + bijw] ●
hemelwaarts
skywriting/'skaɪraɪtɪŋ/ [znw] luchtschrijven,
luchtschrift
slab/slæb/ **I** [ov ww] met tegels plaveien **II** [znw]
● sectietafel ● platte steen ● trottoirtegel ● plak
slack/slæk/ **I** [ov + on ww] ● treuzelen, lijntrekken
● nalatig zijn (in) ● lessen ● (~ away/off) vieren
● (~ off) verslappen, kalmpjes aan (gaan) doen
● (~ up) vaart minderen, het rustiger aandoen
II [znw] ● slap hangend deel v. touw of zeil ● dood
tij ● slapte ● kolengruis ★ I'm going to have a
good ~ this afternoon vanmiddag neem ik het er
eens van **III** [bnw] ● slap ● los ● lui, traag, laks,
loom ★ ~ water dood tij
slacken/'slækən/ **I** [ov ww] ● laten vieren ● slap
doen worden **II** [on ww] ● vieren ● vaart minderen
● afnemen ● slap worden
slacker/'slækə/ [znw] lijntrekker
slacks/slæks/ [mv] loszittende broek
slag/slæg/ **I** [on ww] slakken vormen **II** [znw]
● slons ● slak(ken) ● sintel(s)
slain/sleɪn/ volt. deelw. → **slay**
slake/sleɪk/ [ov ww] ● lessen ● koelen ● blussen ⟨v.
kalk⟩
slalom/'slɑ:ləm/ [znw] slalom
slam/slæm/ **I** [ov + on ww] hard dichtslaan
II [ov ww] ● verslaan ● slem maken ⟨bij
kaartspel⟩ ● ⟨AE/sl.⟩ op de kop geven **III** [znw]
● harde klap ● slem **IV** [bijw] ● met een harde klap
● pardoes
slander/'slɑ:ndə/ **I** [on ww] (be)lasteren **II** [znw]
laster
slanderer/'slɑ:ndərə/ [znw] lasteraar,
kwaadspreker
slanderous/'slɑ:ndərəs/ [bnw] lasterlijk
slang/slæŋ/ **I** [ov ww] uitkafferen **II** [znw]
● groeptaal ● Bargoens ● (taalk.) slang
slangy/'slæŋɪ/ [bnw] slangachtig
slant/slɑ:nt/ **I** [ov ww] schuin houden/zetten
II [on ww] schuin lopen/staan ★ ~ed eyes
schuinstaande ogen **III** [znw] ● helling ● steelse
blik ● steek onder water ● kans ● schuine streep
● ⟨AE⟩ kijk ⟨op de zaak⟩ ★ on a/the ~ schuin
slanting, slantwise/'slɑ:ntɪŋ/ [bnw] schuin
slap/slæp/ **I** [ov ww] ● slaan ● klappen, kletsen
★ she slapped him in the face ze sloeg hem met de
vlakke hand in het gezicht **II** [znw] ● klap ⟨met de
vlakke hand⟩ ● slag ★ a slap in the face een klap
in het gezicht ⟨ook fig.⟩ ★ a slap on the wrist een
tik op de vingers ⟨ook fig.⟩ **III** [bijw] ● pardoes
● met een klap ★ slap in the eye recht in m'n z'n
oog
slap-bang/slæp'bæŋ/ **I** [znw] eethuis **II** [bnw]
● nonchalant ● met de Franse slag **III** [bijw]
● pats, boem ● zo maar ● holderdebolder
slapdash/'slæpdæʃ/ **I** [ov ww] ● maar raak doen
● met de pet ernaar gooien **II** [znw] ● nonchalance
● geklodder **III** [bnw] ● pardoes, zo maar ineens
● lukraak
slapstick/'slæpstɪk/ **I** [znw] ● lat v. harlekijn
● platvloerse komiekerij **II** [bnw] ● lawaaierig
● boertig
slap-up/'slæpʌp/ [bnw] ● picobello ● sjiek ★ ~
meal gemakkelijk en snel klaargemaakte maaltijd
slash/slæʃ/ **I** [ov ww] ● houwen ● een jaap geven
● snijden ● striemen ★ ~ed sleeve splitmouw

S

slat/slæt/ [znw] • dun latje (v. o.a. jaloezie)
• ‹luchtv.› neusvleugel
slate/sleıt/ **I** [ov ww] • met leien dekken • uitvaren
tegen • scherp kritiseren, met kritiek afmaken
• bestemmen (als) • ‹AE› kandidaat stellen **II** [znw]
• lei(steen) • leikleur • ‹AE› voorlopige
kandidatenlijst * clean the ~ schoon schip maken
* ~ club onderlinge spaarkas **III** [bnw] leien
slate-pencil [znw] griffel
slater/sleıtə/ [znw] leidekker
slating/sleıtıŋ/ [znw] dakwerk v. lei
slattern/slætn/ **I** [znw] • slons • slet **II** [bnw]
slonzig
slatternly/slætnlı/ [bnw] slordig
slaty/sleıtı/ [bnw] leiachtig
slaughter/slɔ:tə/ **I** [ov ww] (af)slachten * ~ed
cabinetmaker tegen hongerloon werkende
meubelmaker * ~ed prices afbraakprijzen
II [znw] • slachting • 't slachten • bloedbad
slaughterer/slɔ:tərə/ [znw] • slachter
• ‹massa›moordenaar
slaughterhouse/slɔ:təhaʊs/ [znw] slachthuis
Slav/sla:v/ **I** [znw] Slaaf **II** [bnw] Slavisch
slave/sleıv/ **I** [on ww] z. afbeulen **II** [znw] • slavin
• slaaf * ~ labour slavenwerk ‹ook fig.›
slave-driver [znw] slavendrijver ‹ook fig.›
slaver/sleıvə/ **I** [on ww] kwijlen **II** [znw]
• slavenhandelaar • slavenschip • kwijl
• strooplikkerij
slavery/sleıvərı/ [znw] slavernij
slave-trade [znw] slavenhandel
slavey/sleıvı/ [znw] daghitje
Slavic/sla:vık/ **I** [znw] Slaaf **II** [bnw] Slavisch
slavish/sleıvıʃ/ [bnw] slaafs
Slavonian/slə'vəʊnıən/ [bnw] Slavisch
slavonic/slə'vonık/ [bnw] slavisch
slay/sleı/ ‹vero.› [ov ww] doden * be slain
sneuvelen
sleazy/sli:zı/ [bnw] • vies • louche en verlopen
• vodderig • slonzig
sled/sled/ **I** [on ww] • sleeën • per slee vervoeren
• ‹AE› have a hard sledding een zware dobber (aan
iets) hebben; tobben **II** [znw] slee
sledge/sledʒ/ [znw] slee
sledge-hammer [znw] voorhamer
sleek/sli:k/ **I** [ov ww] glad maken, gladstrijken
II [bnw] • glad ‹ook fig.› • glanzend
sleep/sli:p/ **I** [ov ww] • inslapen • logies geven
• (kunnen) bergen • laten slapen * ~ away/off
one's headache zijn hoofdpijn door slapen
kwijtraken * ~ it off zijn roes uitslapen * the
hotel can ~ 300 het hotel heeft 300 bedden
II [on ww] slapen * ~ like a log/top slapen als een
os * ~ over/(up)on a matter (nog eens) 'n nachtje
slapen over een kwestie * the top ~s de tol staat
• (~ in) in huis slapen (v. dienstbode), lang door
blijven slapen, z. verslapen • (~ out) niet thuis
overnachten, niet intern zijn **III** [znw] slaap * go
to ~ in slaap vallen
sleeper/sli:pə/ [znw] • dwarsligger • slaper
• slaapwagen • heavy ~ iem. die vast slaapt
sleeping/sli:pıŋ/ [bnw] * Sleeping Beauty
Doornroosje; Schone Slaapster * ~ partner stille
vennoot * ~-bag slaapzak * ~-car(riage)
slaapwagen * ~-draught slaapdrankje
* ~-sickness slaapziekte
sleeping-pill [znw] slaappil
sleepless/sli:pləs/ [bnw] slapeloos
sleepwalker/sli:pwɔ:kə/ [znw] slaapwandelaar

sleepwalking/sli:pwɔ:kıŋ/ [znw] het
slaapwandelen
sleepy/sli:pı/ [bnw] • slaperig • dromerig • melig
sleepyhead/sli:pıhed/ [znw] slaapkop
sleet/sli:t/ **I** [onp ww] hagelen, sneeuwen **II** [znw]
hagel met regen, natte sneeuw
sleety/sli:tı/ → **sleet**
sleeve/sli:v/ [znw] • mouw • hoes • windzak
* have s.th. up one's ~ iets achter de hand hebben
* laugh in one's ~ heimelijk lachen * ~ links
manchetknopen * wear one's heart upon one's ~
het hart op de tong dragen
sleeveless/sli:vləs/ [bnw] zonder mouwen,
mouwloos
sleigh/sleı/ [znw] slee
sleight/slaıt/ [znw] goocheltruc
sleight-of-hand [znw] • vingervlugheid
• handigheid, truc
slender/slendə/ [bnw] • slank • dun • mager
• zwak • karig * ~ abilities beperkte vermogens
slept/slept/ verl. tijd + volt. deelw. → **sleep**
sleuth/slu:θ/ [znw] speurder, detective
* ~(-hound) bloedhond; speurhond
slew/slu:/ **I** [ww] • → **slay** • → **slue**
II [ov + on ww] omdraaien, zwenken **III** [znw]
• draai, zwenking • poel, moeras
slice/slaıs/ **I** [ov ww] • in sneetjes snijden
• afsnijden **II** [on ww] ‹sport› onhandige slag
maken met golfclub/roeiriem **III** [znw] • punt
(pizza of taart) • snee, plak(je) • deel • stuk
• visschep • spatel * ~ of bread and butter
boterham
slicer/slaısə/ [znw] • schaar (voor o.a. kool)
• eier-/tomatensnijder
slick/slık/ **I** [ov ww] • glad maken • polijsten • (~
down) gladkammen (v. haar), plakken **II** [znw]
• olievlek • race-baan zonder profiel • ‹AE›
geïllustreerd tijdschrift **III** [bnw] • vlot • handig
• glad ‹ook fig.› • geslepen **IV** [bijw] * precies
• pardoes
slicker/slıkə/ [znw] • schietmot • gladjanus • ‹AE›
olie-/regenjas
slide/slaıd/ **I** [on ww] • schuiven • (uit)glijden * let
things ~ Gods water over Gods akker laten lopen
* ~ into sin tot zonde vervallen **II** [znw] • het
glijden, enz. • glijbaan/-plank • hellend vlak
• glijbank • geleider • dia(positief) • objectglaasje
(v. microscoop) • schuifje • schuifraampje
• aardverschuiving • (stoom)schuif • ‹foto.› chassis
sliding/slaıdıŋ/ [bnw] * ~ door schuifdeur * ~
keel kielzwaard * ~ rule rekenliniaal * ~ scale
variabele schaal * ~ seat glijbankje
slight/slaıt/ **I** [ov ww] met geringschatting
behandelen, kleineren **II** [znw] • geringschatting
• kleinering **III** [bnw] • tenger • gering • klein
• vluchtig • zwak • licht * not the ~est absoluut
niet
slightly/slaıtlı/ [bijw] enigszins
slim/slım/ **I** [ov ww] inkorten (v. programma)
II [on ww] aan de lijn doen **III** [bnw] • slank
• dun • zwak • slim • sluw
slime/slaım/ **I** [ov ww] • met slijm bedekken
• glippen **II** [znw] • slijk • pek • slijm
slimming/slımıŋ/ [znw] • vermageringskuur • 't
slank worden * ~ diet vermageringsdieet
slimy/slaımı/ [bnw] • vies, walgelijk • kruiperig
• glibberig • (zo) glad (als een aal)
sling/slıŋ/ **I** [ov ww] • slingeren • gooien • sjorren
• in takel hangen * ~ arms aan de schouder ...
geweer! * ~ ink in de krant schrijven **II** [znw]
• (werp)slinger • lus, strop • mitella, draagverband
• geweerriem • ‹AE› grog

S

slinger/'slɪŋə/ [znw] slingeraar
slink/slɪŋk/ I [ov ww] ontijdig werpen II [on ww] sluipen III [znw] (vlees v.) te vroeg geboren kalf
slip/slɪp/ I [ov ww] • in de hand stoppen • loslaten • vieren • laten glijden * she slipped him a note ze stopte hem een briefje toe * slip a coat on/off een jas aanschieten/uitgooien * slip s.th. over s.o. iem. ergens mee de das omdoen II [on ww] • los-/wegschieten, van zijn plaats schieten • onder 't rijden afkoppelen • ontijdig werpen • (uit)glijden • 'n fout maken • zich vergissen * it has slipped (from) memory/mind het is me ontschoten * let slip the dogs of war de oorlog ontketenen * slip carriage treinrijtuig dat tijdens rijden wordt losgelaten; slipwagen * slip into another suit vlug even een ander pak aanschieten * the car is slipping along splendidly de wagen loopt prima • (~ away/out) er tussenuit knijpen • (~ by) ongemerkt voorbijgaan • (~ over) overslaan • (~ up) zich vergissen, wegstoppen (vooral in mouw) III [znw] • scheepshelling • veldspeler die schampfout moet pakken (bij cricket) • stek • loot • vergissing • stukje (v. papier), strook, reep(je) • onderjurk • onderlijfje • broekje • kussensloop • riem • (AE) ligplaats (v. schip) * give a p. the slip iem. ontglippen * in the slips achter 't wicket (bij cricket) * make a slip misstap begaan * slip of a boy tenger jongetje * slip of a room klein kamertje * slip of the pen schrijffoutje * slip of the tongue verspreking * slip road af-/oprit * there's many a slip 'twixt the cup and the lip men moet de huid niet verkopen vóór de beer geschoten is
slip-cover/'slɪpkʌvə/ [znw] hoes
slip-knot/'slɪpnɒt/ [znw] schuifknoop
slip-on/'slɪpɒn/ [znw] * ~ shoe instapschoen
slipover/'slɪpəʊvə/ [znw] slipover, spencer
slipper/'slɪpə/ I [ov ww] met de pantoffel geven * in ~ed feet met pantoffels aan II [znw] • pantoffel • remschoen • starter v.d. honden in wedren • onderskate
slipper-wort[znw] pantoffeltje (plant)
slippery/'slɪpərɪ/ [bnw] • glad • glibberig • onbetrouwbaar • gewetenloos
slippy/'slɪpɪ/ [bnw] • vlug • glad
slipshod/'slɪpʃɒd/ [bnw] slordig
slipslop/'slɪpslɒp/ I [znw] • slootwater (fig.), slap goedje • weeig gedaas/geschrijf • geroddel II [bnw] • slap • weeig • waardeloos
slipstream/'slɪpstriːm/ [znw] zucht, luchtstroom (v. racewagen of reactiemotor)
slip-up/'slɪpʌp/ [znw] vergissing, misrekening
slipway/'slɪpweɪ/ [znw] scheepshelling
slit/slɪt/ I [ov ww] • af-/opensnijden • scheuren II [znw] spleet, split
slither/'slɪðə/ [on ww] glibberen, glijden
slithery/'slɪðərɪ/ [bnw] glibberig
sliver/'slɪvə/ I [ov ww] • splijten • een splinter/stukje afhalen van • in reepjes snijden of breken II [znw] • splinter • stuk(je) • reepje vis (als aas)
slob/slɒb/ [znw] luiwammes, vetzak
slobber/'slɒbə/ I [ov ww] • haastig afroffelen • bekwijlen II [on ww] • knoeien • kwijlen • huilen III [znw] • kwijl • dom, aanstellerig gepraat
slobbery/'slɒbərɪ/ [bnw] • kwijlerig • nat v. kwijl • slordig
sloe/sləʊ/ [znw] sleedoorn • sleepruim
slog/slɒg/ I [ov ww] • goed raken • hard slaan • (~ away at) hard werken aan • (~ on) ploeteren aan II [znw] harde klap

slogan/'sləʊgən/ [znw] • strijdkreet • leuze • slagzin
slogger/'slɒgə/ [znw] • iem. die hard slaat • zwoeger
sloop/sluːp/ [znw] sloep
slop/slɒp/ I [ov ww] • bekladden • bemorsen II [on ww] morsen, met water knoeien, kladden • (~ over) overlopen, sentimenteel doen III [znw] • gemorst water e.d. • confectie(goed) • plunje * slop clothes matrozenplunje; confectiekleding
slop-basin[znw] spoelkom
slop-bucket, **slop-pail**[znw] toiletemmer
slope/sləʊp/ I [ov ww] • doen hellen • schuin zetten * (mil.) ~ arms! geweer op schouder! II [on ww] • hellen • schuin liggen/staan • (~ about) rondhangen • (~ off) er vandoor gaan III [znw] • helling • talud * on the ~ schuin
sloping/'sləʊpɪŋ/ [bnw] schuin
sloppy/'slɒpɪ/ [bnw] • nat e drassig • slap • soppig • slordig • flodderig • sentimenteel
slops/slɒps/ [mv] • spoel-/waswater • slappe dranken • halfvloeibaar voedsel, pap, soep
slosh/slɒʃ/ I [ov ww] • (~ on) er dik opkwakken/-smeren II [znw] (sl.) klap, bons
sloshed/slɒʃt/ [bnw] dronken
slot/slɒt/ I [ov ww] • gleuf maken in • ploegen (v. planken) II [znw] • gleuf • spoor (vooral v. hert)
sloth/sləʊθ/ [znw] • lui-/traagheid • luiaard (dier)
slothful/'sləʊθfʊl/ [bnw] lui, traag
slot-machine/'slɒtməʃiːn/ [znw] automaat
slouch/slaʊtʃ/ I [on ww] • slungelachtig doen • (slap) naar beneden hangen • (~ about) rondlummelen II [znw] slungelige gang/houding * ~ hat flambard
slough I [ov ww] /slaʊ/ • (~ off) de huid afwerpen (v. slang, reptiel), weg-/afvallen, laten vallen, opgeven II [on ww] /slʌf/ • afstoten • eraf vallen • vervellen * ~ a habit breken met een gewoonte III [znw] • /slaʊ/ moeras • /slʌf/ afgestoten slangenhuid • /slʌf/ (wond)roof • /slʌf/ korst • /slʌf/ afgelegde gewoonte * Slough of Despond Moeras der Vertwijfeling
sloven/'slʌvən/ [znw] sloddervos, slons
slovenliness/'slʌvənlɪnəs/ [znw] slonzigheid
slovenly/'slʌvənlɪ/ [bnw] slordig
slow/sləʊ/ I [bnw + bijw] • saai • slap • langzaam • traag (v. begrip) * be not slow to er vlug bij zijn (om) * be slow in geen haast maken met; niet correct zijn in of met * be slow to niet vlug reageren op * go slow niet overijld te werk gaan; achter lopen * he is slow to anger hij wordt niet gauw kwaad * slow and sure langzaam maar zeker * slow march paradepas * slow poison langzaam werkend vergif * the clock is (ten minutes) slow de klok loopt (tien minuten) achter II [on ww] • (~ down/ up) vertragen, langzamer gaan, rijden of laten werken, kalm(er) aan (gaan) doen
slowcoach/'sləʊkəʊtʃ/ [znw] • treuzelaar • slome
slow-down/'sləʊdaʊn/ [znw] * ~ strike langzaam-aan-actie
slow-motion/sləʊ'məʊʃən/ I [znw] * in ~ in een vertraagde opname II [bnw] vertraagd
slowness/'sləʊnəs/ → **slow**
slow-worm/'sləʊwɜːm/ [znw] hazelworm
sludge/slʌdʒ/ [znw] • slik • drab • sneeuwmodder
slue/sluː/ → **slew**
slug/slʌg/ I [ov ww] • (ver)luieren • een klap geven II [on ww] slakken doden III [znw] • (naakt)slak • made • luilak • kogel, prop • regel zetwerk • klap, opstopper • pak slaag
sluggard/'slʌgəd/ [znw] luiwammes, leegloper

sluggish/'slʌgɪʃ/ [bnw] • lui • traag(werkend) • flauw ⟨v. markt⟩

sluice/slu:s/ **I** [ov ww] • sluizen aanbrengen in • bevloeien • af-/doorspoelen • wassen • (~ **out**) laten uitstromen **II** [on ww] vrij doorstromen • it is sluicing down het regent pijpenstelen • (~ **out**) uitstromen **III** [znw] • sluis • sluiswater • waterkering • goudwastrog • bad • have a ~ z. 'ns lekker afspoelen

sluice-gate/'slu:sgeɪt/ [znw] sluisdeur

slum/slʌm/ **I** [on ww] • go slumming de sloppen intrekken ⟨om de sfeer te proeven⟩ **II** [znw] slop, achterbuurt ⋆ slum brat boefje

slumber/'slʌmbə/ **I** [on ww] • slapen • sluimeren • (~ **away**) met slapen verdoen **II** [znw] • slaap • sluimering

slumb(e)rous/'slʌmbərəs/ [bnw] • slaperig • slaperig makend

slummer/'slʌmə/ [znw] bezoeker v. achterbuurt

slummy/'slʌmɪ/ [bnw] • vervallen • vuil

slump/slʌmp/ **I** [on ww] • plotseling sterk dalen • kelderen **II** [znw] • plotselinge (sterke) prijsdaling • malaise • achteruitgang in populariteit

slung/slʌŋ/ verl. tijd + volt. deelw. → **sling**

slungshot/'slʌŋʃɒt/ [znw] soort ploertendoder

slunk/slʌŋk/ verl. tijd + volt. deelw. → **slink**

slur/slɜ:/ **I** [ov + on ww] onduidelijk/slordig schrijven/uitspreken • (~ **over**) onduidelijk/slordig schrijven/uitspreken **II** [ov ww] • tot één lettergreep verbinden • in elkaar laten lopen • verdoezelen • (~ **over**) (losjes) over (iets) heen praten [on ww] ⟨muz.⟩ legato spelen/zingen, slepen • (~ **over**) vervagen **IV** [znw] ⟨muz.⟩ verbindingsboogje, legatoteken ⋆ cast a slur upon een smet werpen op

slurp/slɜ:p/ **I** [ov + on ww] slurpen **II** [znw] geslurp

slurring/'slɜ:rɪŋ/ [bnw] slecht gearticuleerd

slush/slʌʃ/ [znw] • modder • sneeuwdrab/-modder • vals sentiment • waardeloos geklets

slushy/'slʌʃɪ/ [bnw] • vals sentimenteel • modderig

slut/slʌt/ ⟨pej.⟩ [znw] • slons • slet

sluttish/'slʌtɪʃ/ [bnw] hoerig

sly/slaɪ/ **I** [bnw] • on the sly in het geniep **II** [bnw] • link • geniepig • geslepen, sluw ⋆ sly dog sluwe vos

slyboots/'slaɪbu:ts/ [znw] gannef

smack/smæk/ **I** [on ww] • kletsen • klappen • smakken • (~ **one's** lips (over)) likkebaarden (bij); smakken met de lippen • (~ **of**) rieken/smaken naar, doen denken aan **II** [znw] • smaak(je) • geur(tje) • tikje, tikkeltje • smak • klap ⋆ 't smakken ⟨v. o.a. tong⟩ • klapzoen • smak (schip) ⋆ ~ in the eye klap in 't gezicht ⟨fig.⟩ **III** [bijw] ⋆ I had the wind ~ against me ik had de wind pal tegen

smacker/'smækə/ [znw] • pond • klapzoen • kanjer • iets waar je van achterover valt • ⟨AE⟩ dollar

small/smɔ:l/ **I** [znw] • smal, dun gedeelte • kleine kaart ⋆ in ~ in 't klein • literary ~ talkers kletsmeiers in de literatuur ⋆ the ~ of the back onder in de rug **II** [bnw] • klein • kleingeestig, flauw • onbenullig • zwak ⟨v. stem⟩ • he thinks no ~ beer of himself hij heeft een hoge dunk v. zichzelf • live in a ~ way bescheiden leven • look ~ beteuterd kijken • on the ~ side nogal klein ⋆ sing ~ een toontje lager zingen ⋆ ~ ad kleine advertentie ⋆ ~ arms individuele wapens ⋆ ~ beer dun bier; onbenulligheid/-heden ⋆ ~ blame to him hij had groot gelijk ⋆ ~ change kleingeld ⋆ ~ coal kolen in kleine stukjes ⋆ ~ fry katvis; jong volkje; klein grut ⋆ ~ hand gewoon handschrift ⋆ ~ hours eerste uren na middernacht ⋆ ~ print de kleine lettertjes ⋆ ~ talk oppervlakkige conversatie ⋆ ~ whisky kleintje whisky ⋆ ~ wonder! wat een wonder!

smallholder/'smɔ:lhəʊldə/ [znw] kleine boer

smallholding/'smɔ:lhəʊldɪŋ/ [znw] klein (boeren)bedrijf

smallish/'smɔ:lɪʃ/ [bnw] vrij klein

small-minded/smɔ:l'maɪndɪd/ [bnw] kleingeestig

smallness/'smɔ:lnəs/ → **small**

smallpox/'smɔ:lpɒks/ [znw] pokken

smalls/smɔ:lz/ [mv] kniebroek

small-scale[bnw] op kleine schaal, kleinschalig, miniatuur-

small-time/smɔ:l'taɪm/ [bnw] derderangs, onbelangrijk

smallwares/'smɔ:lweəz/ [znw] garen en band

smarmy/'sma:mɪ/ [bnw] flemerig

smart/sma:t/ **I** [on ww] • pijn doen • z. gekwetst voelen • lijden • (~ **for**) boeten voor ⋆ you shall ~ for this! daar zul je voor bloeden! **II** [znw] • pijn • smart **III** [bnw] • behoorlijk • pijnlijk • vinnig • handig • vlug • bijdehand • gevat ⟨goedkoop⟩ geestig • keurig • chic ⟨kleding⟩ ⋆ a ~ few een behoorlijk aantal ⋆ as ~ as threepence/a new pin om door een ringetje te halen ⋆ ⟨AE⟩ ~ aleck wijsneus ⋆ ~ blow gevoelige slag ⋆ ~ weapons precisiewapens ⋆ the ~ set de chic

smarten/'sma:tn/ **I** [ov ww] • opknappen • verbeteren • (~ **up**) mooi worden **II** [on ww] opleven

smartness/'sma:tnəs/ → **smart**

smash/smæʃ/ **I** [ov ww] • vernielen • kapot vallen • slaan • verpletteren • te pletter slaan • botsen • keihard slaan ⟨bij tennis⟩ • vals geld maken ⋆ ~ into a tree tegen een boom botsen • (~ **up**) things op de boel kort en klein slaan • (~ **up**) kapot slaan **II** [on ww] op de fles gaan **III** [znw] • soort cocktail • smak • hevige klap of slag • vernieling • verpletterende nederlaag • botsing • ongeluk • catastrofe • smash ⟨bij tennis⟩ ⋆ come/go (to) ~ op de fles gaan **IV** [bijw] • met een klap • pardoes

smash-and-grab[bnw] ⋆ ~ raid snelle overval

smashed/smæʃt/ [bnw] • laveloos, stomdronken • onder de drugs

smasher/'smæʃə/ [znw] • iem. die alles breekt/kapot maakt • vernietigend(e) argument/slag • prachtexemplaar • kanjer • toffe vent

smash-hit/smæʃ'hɪt/ [znw] reuzesucces

smashing/'smæʃɪŋ/ [bnw] denderend, mieters

smash-up/smæʃʌp/ [znw] harde botsing/klap

smattering/'smætərɪŋ/ [znw] ⋆ have a ~ of een beetje weten van ⋆ speak a ~ of French een heel klein beetje Frans spreken

smear/smɪə/ **I** [ov ww] • besmeren, (in)smeren (met) • vuil maken ⋆ ~ campaign lastercampagne **II** [znw] • veeg • ⟨med.⟩ uitstrijkje

smeary/'smɪərɪ/ [bnw] vuil, vettig

smell/smel/ **I** [ov + on ww] ruiken ⋆ ~ a rat lont ruiken ⋆ ~ of the lamp naar de lamp rieken • (~ **about**) rondsnuffelen • (~ **at**) ruiken aan • (~ **of**) ruiken naar • (~ **out**) opsporen, uitvissen **II** [znw] • reuk • lucht • geur, stank • take a ~ at ruiken aan

smelling-bottle[znw] reukzoutflesje

smelling-salts/'smelɪŋsɔ:lts/ [znw] reukzout

smelly/'smelɪ/ [bnw] vies ruikend

smelt/smelt/ **I** [ww] verl. tijd + volt. deelw. → **smell II** [ov ww] smelten **III** [znw] spiering

smelter/'smeltə/ [znw] smelter ⟨v. metaal⟩

smile/smaɪl/ **I** [ov ww] met een lach uitdrukken **II** [on ww] glimlachen • (~ at) lachen om, toelachen • (~ away) stil voor z. heen lachen **III** [znw] glimlach

smirch/smɜːtʃ/ **I** [ov ww] • vuil maken • bezoedelen **II** [znw] smet

smirk/smɜːk/ **I** [on ww] gemaakt/hautain lachen **II** [znw] gemaakt lachje

smite/smaɪt/ **I** [ov ww] • slaan • treffen (ook fig.) • doden • kwellen **II** [on ww] • (~ upon) treffen, slaan op **III** [znw] • have a ~ at een gooi doen naar

smith/smɪθ/ [znw] smid

smithereens/smɪðəˈriːnz/ [mv] • smash to ~ kort en klein slaan

smithy/smɪðɪ/ [znw] smederij

smitten/smɪtn/ [ww] • I am suddenly ~ with a desire for ik krijg opeens zin in • be ~ by onder de indruk zijn van; verliefd zijn op; aangegrepen zijn door volt. deelw. → **smite**

smock/smɒk/ **I** [ov ww] smokken **II** [znw] • kiel • mouwschort

smocking/smɒkɪŋ/ [znw] smokwerk

smog/smɒg/ [znw] smog, dikke, verontreinigde mist

smoke/sməʊk/ **I** [ov + on ww] • roken • walmen • be-/uitroken • wijs maken • ~d glasses zonnebril • the milk has been ~d de rook is op de melk geslagen • (~ out) (AE) uitvissen, op-/uitroken **II** [znw] • rook • walm • damp • sigaar, sigaret • rookpauze • a cigar is a good ~! een sigaar is (toch maar) je ware! • (vero.) from ~ into smother van de wal in de sloot • go up in ~ in rook opgaan • have a ~ • steek eens op • long for a ~ naar een pijp/sigaar/sigaret verlangen • no ~ without fire waar rook is, is vuur • put that in your pipe and ~ it dat kun je in je zak steken! • ~ screen rookgordijn

smoke-bomb/sməʊkbɒm/ [znw] rookbom

smoke-consumer [znw] rookverbrander

smoke-dried/sməʊkdraɪd/ [bnw] gerookt

smokeless/sməʊkləs/ [bnw] rookloos

smoker/sməʊkə/ [znw] • roker • rookcoupé • concert waar gerookt mag worden

smokestack/sməʊkstæk/ [znw] schoorsteen

smoking/sməʊkɪŋ/ [bnw] • ~ – carriage/compartment rookcoupé • ~ concert concert waar gerookt mag worden • ~ jacket huisjasje; (so.) de feu • ~ room rooksalon; rookkamer • ~ stand rooktafel

smoky/sməʊkɪ/ [bnw] rokerig

smolder/sməʊldə/ → **smoulder**

smolt/sməʊlt/ [znw] jonge zalm

smooch/smuːtʃ/ **I** [on ww] vrijen bij het dansen, minnekozen **II** [znw] vrijpartijtje

smooth/smuːð/ **I** [ov + on ww] • (~ down) bedaren, kalmeren **II** [bnw + bijw] • vloeiend, vlot • kalm (v. zee of water) • zacht (v. smaak) • vleiend • glad, effen • vlak • everything went ~(ly) alles ging gesmeerd • ~ face uitgestreken gezicht • ~ tongue mooiprater • ~ words mooie praatjes **III** [ov ww] glad maken • (~ away/out) glad-/wegstrijken, uit de weg ruimen • (~ down) vergoelijken, goed praten **IV** [on ww] glad worden • (~ down) rust komen **V** [znw] • give one's hair a ~ zijn haar gladstrijken • take the rough with the ~ het leven nemen zoals het is

smooth-bore/smuːðbɔː/ [znw] gladloopsgeweer

smooth-faced [bnw] • met uitgestreken gezicht • gladgeschoren

smoothie/smuːðɪ/ [znw] gladjanus, gladde prater

smoothing-plane [znw] gladschaaf

smoothness/smuːðnəs/ → **smooth**

smote/sməʊt/ verl. tijd → **smite**

smother/smʌðə/ **I** [ov ww] • in de doofpot stoppen • smoren, doven • verstikken, doen stikken • onderdrukken • ~ a p. in blankets iem. inpakken in dekens • ~ed in smoke in rook gehuld • (~ by/with) overladen met **II** [on ww] stikken **III** [znw] • verstikkende rook/stoom, walm • stof(wolk)

smothery/smʌðərɪ/ [bnw] verstikkend

smoulder/sməʊldə/ **I** [on ww] smeulen **II** [znw] smeulend vuur

smudge/smʌdʒ/ **I** [ov ww] • vuil maken • bevlekken • vlakken **II** [znw] • veeg, vlek • vuile vlek • rokend, walmend vuur

smudgy/smʌdʒɪ/ → **smudge**

smug/smʌg/ **I** [znw] • net persoon • studiebol, blokker • degelijke **II** [bnw] • (burgerlijk) netjes, precies, braaf • bekrompen • zelfingenomen

smuggle/smʌgl/ [ov ww] smokkelen

smuggler/smʌglə/ [znw] smokkelaar

smuggling/smʌglɪŋ/ [znw] smokkel, het smokkelen

smugness/smʌgnəs/ → **smug**

smut/smʌt/ **I** [ov ww] • bevuilen • brand veroorzaken **II** [on ww] • vuil worden • brand krijgen **III** [znw] • roetdeeltje • (zwarte) vlek • vuil(igheid) • pornografie • talk smut vieze praatjes verkopen

smutty/smʌtɪ/ [bnw] vuil

snack/snæk/ [znw] • snelle hap • hapje • go ~s samen delen

snackbar/snækbɑː/ [znw] snelbuffet

snaffle/snæfəl/ **I** [ov ww] • de trens aanleggen • (sl.) gappen, mee-/wegpikken **II** [znw] trens • ride on the ~ met zachte hand regeren

snag/snæg/ **I** [ov ww] • meepikken • in de wacht slepen **II** [on ww] • op een stronk varen • vast komen te zitten • van stronken zuiveren **III** [znw] • knoest • stronk • stomp • moeilijkheid

snagged, snaggy/snægd/ [bnw] vol knoesten, enz.

snail/sneɪl/ **I** [on ww] langzaam aan doen • ~ it langzaam aan doen **II** [znw] • slak • treuzelaar • snekrad • at a ~'s pace met een slakkengang

snailfish/sneɪlfɪʃ/ [znw] zeeslak

snail-paced [bnw] met een slakkengang

snail-wheel [znw] snekrad

snake/sneɪk/ **I** [ov ww] slepen, sleuren **II** [on ww] kronkelen **III** [znw] slang • a ~ in the grass een addertje onder 't gras • raise/wake ~s enorme herrie veroorzaken • see ~s delirium tremens hebben • (AE) ~ fence zigzag lopende afrastering

snake-bite/sneɪkbaɪt/ [znw] slangenbeet

snake-charmer/sneɪktʃɑːmə/ [znw] slangenbezweerder

snake-lizard [znw] hazelworm

snaky/sneɪkɪ/ [bnw] • slangachtig • kronkelend

snap/snæp/ **I** [ov + on ww] • happen, bijten • snauwen • (doen) afknappen, breken • klikken • klappen • ketsen • knippen (met) • pakken • op de kop tikken • kieken • snap a p. up iem. bits in de rede vallen; iem. de mond snoeren • snap into it er opaf vliegen • snap out of it abrupt uit een roes ontwaken; abrupt van gewoonte/stemming veranderen • snap shut met een klik dichtgaan • (~ at) happen naar, toehappen, snauwen tegen • (~ off) afbijten/-knappen/-snauwen • snap a p.'s head/nose off iem. bits in de rede vallen; iem. afsnauwen • (~ up) mee-/wegpikken, gretig aannemen **II** [znw] • 't knappen • klik, tik • knipje, slot • fut, pit • korte periode • (knapperig)

S

gemberbroodje • momentopname • kaartspelletje
III [bnw] haastig **IV** [bijw] • knap • krak • klik
• pang ∗ snap it went knap zei 't

snap-cap/'snæpkæp/ [znw] klappertje

snapdragon/'snæpdrægən/ [znw] • spelletje met
Kerstmis • ⟨plant.⟩ leeuwenbek

snap-fastener/'snæpfɑ:snə/ [znw] drukknoop

snapper/'snæpə/ [znw] • bits antwoord
• knalbonbon

snappish/'snæpɪʃ/ [bnw] • bijterig ⟨v. hond⟩
• vinnig

snappy/'snæpɪ/ [bnw] pittig ∗ make it ~ vlug,
opschieten!

snapshot/'snæpʃɒt/ **I** [ov ww] een kiekje nemen
II [znw] • op aanslag gericht schot
• momentopname

snare/sneə/ **I** [ov ww] • strikken • vangen **II** [znw]
• strik • verleiding • snaar ⟨v. trom⟩ ∗ ~ drum
kleine trom

snarl/snɑ:l/ **I** [ov ww] • verwarren • uitkloppen
• (~ up) vastlopen, in de knoop raken **II** [on ww]
• grommen • grauwen, snauwen • in de war raken
III [znw] kwaadaardige grijns ∗ in a ~ in de war

snarl-up [znw] • verkeerschaos, verkeersopstopping
• warboel

snatch/snætʃ/ **I** [ov ww] • pakken • grissen
• pikken • happen • ⟨AE⟩ kidnappen ∗ ~ a kiss
kusje roven • (~ away) wegrukken • (~ up)
bemachtigen, oppikken **II** [on ww] • (~ at) grijpen
naar, aangrijpen **III** [znw] • greep • korte periode
• hapje • (brok)stuk ⟨vulg.⟩ kut ∗ by ~es bij
vlagen; te hooi en te gras ∗ ~ of song brokken melodie
∗ ~es of sleep kort slaapje

snatchy/'snætʃɪ/ [bnw] • ongeregeld • zo nu en dan

snazzy/'snæzɪ/ [bnw] geweldig, fantastisch

sneak/sni:k/ **I** [ov ww] gappen **II** [on ww]
• sluipen • ongemerkt of heimelijk gaan • klikken
• (~ up on) besluipen **III** [znw] • gluiperd
• klikspaan • gauwdief • schoen met zachte zool
• rollende bal ⟨bij cricket⟩ ∗ ~ attack onverhoedse
aanval

sneaker/'sni:kə/ [znw] • gluiperd • schoen met
zachte zool

sneaking/'sni:kɪŋ/ [bnw] • stiekem • gluiperig
∗ have a ~ sympathy for s.o. iem. diep in z'n hart
wel mogen

sneer/snɪə/ **I** [on ww] • spottend lachen • grijnzen
• (~ at) sarcastische opmerkingen maken over,
bespotten, honen **II** [znw] • uitdrukking van
minachting • sarcasme • schimpscheut
• hatelijkheid

sneerer/'snɪərə/ [znw] sarcast

sneeze/sni:z/ **I** [on ww] niezen ∗ not to be ~d at
niet mis; de moeite waard; niet te versmaden
II [znw] nies(geluid)

snick/snɪk/ **I** [ov ww] • inkepen • insnijding maken
• afknippen • even aantikken met bat ⟨v. bal bij
cricket⟩ **II** [znw] • tikje met bat ⟨bij cricket⟩
• (kleine) insnijding, keep

snicker/'snɪkə/ [on ww] zacht grinniken

snide/snaɪd/ [bnw] • gemeen • spottend, sarcastisch

sniff/snɪf/ **I** [ov ww] • opsnuiven • in de gaten
krijgen **II** [on ww] • snuiven • de neus ophalen
• (~ at) ruiken aan, de neus optrekken voor
III [znw] ∗ take a ~ of fresh air een frisse neus
(gaan) halen

sniffle/'snɪfəl/ **I** [on ww] snotteren **II** [znw]
gesnotter

sniffy/'snɪfɪ/ [bnw] • hautain • smalend • niet in
zijn hum • met een luchtje (eraan)

snigger/'snɪgə/ **I** [on ww] ⟨gemeen⟩ grinniken
II [znw] gegrinnik

snip/snɪp/ **I** [ov ww] • (af-/door)knippen
• (af)knijpen ⟨met de nagels⟩ **II** [znw] • knip
• stukje, snippertje • kleermaker • koopje

snipe/snaɪp/ **I** [ov + on ww] uit hinderlaag
(dood)schieten **II** [on ww] op snippen jagen
III [znw] snip(pen)

sniper/'snaɪpə/ [znw] sluipschutter

snippet/'snɪpɪt/ [znw] • snipper(tje), stuk(je)
• fragment

snipping/'snɪpɪŋ/ [znw] • knipsel • fragment

snitch/snɪtʃ/ **I** [ov ww] • klikken • gappen **II** [znw]
• verklikker • snufferd

snivel/'snɪvəl/ **I** [on ww] • (huichelend) jammeren
• grienen • jengelen • snotteren **II** [znw]
huichelarij

snob/snɒb/ [znw] • parvenu • snob ⟨dial.⟩
schoenlapper

snobbery/'snɒbərɪ/ [znw] snobisme

snobbish/'snɒbɪʃ/ [bnw] snobachtig, snobistisch

snog/snɒg/ **I** [on ww] knuffelen, vrijen **II** [znw]
vrijpartijtje

snook/snu:k/ [znw] snoek ∗ cock a ~ een lange
neus maken ∗ ~s! loop heen!

snooker/'snu:kə/ [znw] jonge cadet ∗ ~(-pool)
snooker; poulepiramide

snoop/snu:p/ **I** [on ww] • rondneuzen • de neus in
andermans zaken steken **II** [znw] bemoeial

snooper/'snu:pə/ [znw] bemoeial

snooty/'snu:tɪ/ ⟨inf.⟩ [bnw] verwaand

snooze/snu:z/ **I** [on ww] dutten • (~ away)
(ver)luieren **II** [znw] • sluimerknop op elektrische
wekker • dutje

snore/snɔ:/ **I** [on ww] snurken **II** [znw] (ge)snurk

snorkel/'snɔ:kl/ **I** [on ww] met de snorkel
zwemmen/duiken **II** [znw] snorkel

snort/snɔ:t/ **I** [ov + on ww] snuiven ∗ ~ cocaine
cocaïne snuiven **II** [on ww] • briesen • ronken ∗ ~
with laughter 't uitproesten • (~ out) briesend
uiten **III** [znw] (ge)snuif

snorter/'snɔ:tə/ [znw] • iets geweldigs
• geweldenaar • bulderende storm • scherp verwijt,
donderpreek

snorty/'snɔ:tɪ/ [bnw] snuivend, briesend

snot/snɒt/ ⟨vulg.⟩ [znw] • snot • snotneus

snot-rag [znw] snotlap

snotty/'snɒtɪ/ **I** [znw] adelborst **II** [bnw]
• snotterig • verwaand

snout/snaʊt/ [znw] • snuit • kokkerd • ⟨sl.⟩ sigaret
• ⟨sl.⟩ tabak

snow/snəʊ/ **I** [ov ww] • besneeuwen • ⟨inf.⟩ vleien
II [on ww] sneeuwwit worden ∗ be snowed under
overstelpt worden **III** [onp ww] sneeuwen
IV [znw] • sneeuw • sneeuwval • ⟨sl.⟩ cocaïne
• ⟨sl.⟩ heroïne ∗ snow goose sneeuwgans ∗ snow
line sneeuwgrens ∗ snows sneeuw;
sneeuwbuien/-massa's

snowball/'snəʊbɔ:l/ **I** [ov + on ww] sneeuwballen
gooien (naar) **II** [znw] sneeuwbal

snowbird/'snəʊbɜ:d/ [znw] sneeuwvink

snowblink/'snəʊblɪŋk/ [znw] verblindende
sneeuwvlakte

snowbound/'snəʊbaʊnd/ [bnw] • ingesneeuwd
• door sneeuwval opgehouden

snow-capped/'snəʊkæpt/ [bnw] met besneeuwde
top

snow-clad/'snəʊklæd/ [bnw] besneeuwd

snowdrift/'snəʊdrɪft/ [znw] • sneeuwjacht
• sneeuwbank

snowdrop/'snəʊdrɒp/ [znw] sneeuwklokje

snowfall/'snəʊfɔ:l/ [znw] sneeuwval

snowfield/'snəʊfi:ld/ [znw] sneeuwvlakte

snowflake/'snəʊfleɪk/ [znw] • sneeuwvlok

• sneeuwvink
snowman /ˈsnəʊmæn/ [znw] *sneeuwpop*
snowplough /ˈsnəʊplaʊ/ [znw] *sneeuwploeg*
snowshed /ˈsnəʊʃed/ [znw] *afdak boven spoorlijn (tegen lawines)*
snowshoe /ˈsnəʊʃuː/ [znw] *sneeuwschoen*
snowslide /ˈsnəʊslaɪd/ [znw] *sneeuwlawine*
snowstorm /ˈsnəʊstɔːm/ [znw] • *hevige sneeuwbui* • *sneeuwstorm*
snow-white [bnw] *sneeuwwit*
S.N.P. [afk] • (Scottish National Party) *Nationale Schotse Partij*
snub /snʌb/ I [ov ww] • *op z'n nummer zetten, neerzetten* • *bits/hooghartig afwijzen* • *vastleggen* • (scheepv) *vaart (doen) inhouden* ‹door tros om paal te leggen› II [znw] • *terechtwijzing* • *hatelijke opmerking* III [bnw] *stomp*
snuff /snʌf/ I [ov ww] *snuiten* (v. kaars) • (~ out) *uitdoven, een eind maken aan, uit de weg ruimen* (v. persoon) II [on ww] • (~ out) *er tussenuit knijpen, doodgaan* III [znw] • *stuk verbrande pit* • *snuif* • *snufje* • *take ~ snuiven* • *up to ~ niet van gisteren*
snuffbox /ˈsnʌfbɒks/ [znw] *snuifdoos*
snuff-coloured [bnw] *geelbruin*
snuffer /ˈsnʌfə/ [znw] *snuiver*
snuffers /ˈsnʌfəz/ [mv] *snuiter*
snuffle /ˈsnʌfl/ I [ov ww] *snuffelen aan* II [on ww] • *sniuven* • *snuffelen* • *door de neus praten, met neusgeluid praten/zingen* III [znw] • *gesnuffel* • *neusgeluid* • *the ~(s) verstopte neus*
snug /snʌg/ I [on ww] z. *behaaglijk nestelen, lekker (knus) gaan liggen* II [znw] *gezellig plekje* III [bnw] • *behaaglijk, knus, gezellig* • *goed gedekt* • *be as snug as a bug in a rug een leventje hebben als een prins* • *he has a snug income hij verdient een aardig sommetje* • *lie snug lekker (warm) liggen; z. gedekt houden*
snuggery /ˈsnʌgərɪ/ [znw] • *gezellig plekje* • *knus hokje*
snuggle /ˈsnʌgl/ I [ov ww] *knuffelen* II [on ww] *lekker (knus) gaan liggen, z. behaaglijk nestelen*
snugness /ˈsnʌgnəs/ → **snug**
so /səʊ/ I [bijw] • *zo, aldus* • *dus* • *het, dat* • I hope so dat hoop ik • *and so on, and so forth enzovoorts* • *five or so n stuk of vijf; ongeveer vijf* • *if so zoja; als dat zo is* • *it's so kind of you dat is heel vriendelijk van u* • *just/quite so precies* • *so I am/did dat ben/heb ik ook* • *so am/did I ik ook* • *so and so Dinges; je-weet-wel* • *so as to om* • *so far, so good tot dusver gaat het goed* • *so long tot ziens* • *so much zo zeer; zo veel* • *so much for him en nu praten we niet meer over hem* • *so much for today en hier laten we 't bij voor vandaag* • *so so (maar) zozo* • *so that op-/zodat* • *so what? en wat dan nog?*
soak /səʊk/ I [ov ww] • *zuipen* • *zat voeren* • *drenken* • (door)weken • *soppen* • *doordringen* • *soak o.s. z. verdiepen* • *soaked doornat; dronken* • *soaked through (with) doornat (van)* • (~ in) *opzuigen, absorberen* • (~ into) *doordringen in* • (~ off) *afweken, losweken* • (~ through) *doorsijpelen* • (~ up) *(doen) opzuigen, opnemen, gretig in z. opnemen, laten intrekken* II [on ww] • (~ in) *doordringen in* III [znw] • *plensbui* • *regen* • *zatlap* • *zuippartij*
soaker /ˈsəʊkə/ [znw] • *plensbui* • *weekmiddel*
soaking /ˈsəʊkɪŋ/ [bnw] • *~ wet doornat*
soap /səʊp/ I [ov ww] • *inzepen* • *zeep gebruiken* • *soap a p. down iem. stroop om de mond smeren* • *soap one's hands zich in de handen wrijven* II [znw] *zeep* • ‹AE› *no soap! gaat niet!* • *soap*

bubble zeepbel • *soap dish zeepbakje* • *soap opera melodramatische radio/tv-feuilleton* • *soft soap vleierij; zachte zeep*
soap-boiler [znw] *zeepfabrikant, zeepzieder*
soapbox /ˈsəʊpbɒks/ [znw] • *zeepbakje* • *zeepkist* • *~ orator zeepkistredenaar*
soapstone /ˈsəʊpstəʊn/ [znw] *speksteen*
soapsuds /ˈsəʊpsʌdz/ [znw] *zeepsop*
soapy /ˈsəʊpɪ/ [bnw] • *zeep-, vol zeep* • *zeepachtig* • *vleierig, zalvend* • *~ water zeepwater*
soar /sɔː/ [ov ww] • *zich verheffen* • *zweven*
sob /sɒb/ I [ov ww] *snikken* II [on ww] • *sob story sentimenteel verhaal* III [znw] *snik*
sober /ˈsəʊbə/ I [ov ww] • *ontnuchteren* • *doen bedaren* • (~ up) *nuchter maken* II [on ww] • *bedaren* • *nuchter worden* • (~ up) *nuchter worden* III [bnw] • *nuchter* • *matig* • *sober* • *stemmig* • *as ~ as a judge volkomen nuchter*
soberize /ˈsəʊbəraɪz/ [on ww] *nuchter worden*
sober-minded /ˈsəʊbəˈmaɪndɪd/ [bnw] *bezadigd*
soberness /ˈsəʊbənɪs/ [znw] • *nuchterheid* • *matigheid*
sobersides /ˈsəʊbəsaɪdz/ [znw] • *bezadigd man* • *nuchterling*
sobriety /səˈbraɪətɪ/ [znw] • *nuchterheid* • *gematigdheid*
sobriquet /ˈsəʊbrɪkeɪ/ [znw] *bij-/scheldnaam*
sob-stuff [znw] *sentimentele kost*
so-called /ˈsəʊˈkɔːld/ [bnw] *zogenaamd*
soccer /ˈsɒkə/ [znw] *voetbal*
sociability /ˌsəʊʃəˈbɪlətɪ/ [znw] *gezelligheid*
sociable /ˈsəʊʃəbl/ I [znw] • *gezellige bijeenkomst* • *tweepersoonsbrik-/driewieler* • *S-vormige canapé* II [bnw] • *vriendelijk* • *prettig in de omgang* • *gezellig*
social /ˈsəʊʃl/ I [znw] *gezellig avondje* II [bnw] • *sociaal, maatschappelijk* • *levend in maatschappij* • *gezellig* • *~ evil prostitutie* • *~ science sociologie* • *~ security bijstandsuitkering; sociale zekerheid* • *~ service overheidsvoorziening* • *~ studies sociale wetenschappen; gamma-vakken; maatschappijleer* • *~ work maatschappelijk werk* • *~ worker maatschappelijk werkende*
socialism /ˈsəʊʃəlɪzəm/ [znw] *socialisme*
socialist(ic) /ˈsəʊʃəlɪst(ɪk)/ [bnw] *socialistisch*
socialite /ˈsəʊʃəlaɪt/ [znw] *iem. die tot de grote wereld behoort*
sociality /ˌsəʊʃɪˈælətɪ/ [znw] *gemeenschapsgevoel*
socialization /ˌsəʊʃəlaɪˈzeɪʃən/ [znw] *socialisatie*
socialize /ˈsəʊʃəlaɪz/ I [ov + on ww] • *socialiseren* • *nationaliseren* II [ov ww] *socialistisch inrichten*
society /səˈsaɪətɪ/ I [znw] • (de) *maatschappij* • *vereniging* • *genootschap* • *de grote wereld* II [bnw] • *van de grote wereld* • *mondain* • *~ column rubriek met mondain nieuws*
sociological /ˌsəʊʃɪəˈlɒdʒɪkəl/ [bnw] *sociologisch*
sociologist /ˌsəʊʃɪˈɒlədʒɪst/ [znw] *socioloog*
sociology /ˌsəʊʃɪˈɒlədʒɪ/ [znw] *sociologie*
sock /sɒk/ I [ov ww] *slaan, raken* II [znw] • *sok* • *zooltje* ‹los in schoen› • *toneellaars* • *het blijspel* • *snoepgoed* • *mep* III [bijw] • *sock in the eye recht in/op zijn oog*
sockdologer, sockdolager /sɒkˈdɒlədʒə/ [znw] • *laatste klap/slag* • *genadeslag*
socket /ˈsɒkɪt/ I [ov ww] *in holte/kas, enz. plaatsen/zetten* II [znw] • *gat* • *koker* • *stopcontact* • (oog)kas • *holte* • *her arm had come out of its ~ haar arm was uit de kom (geschoten)* • *~ joint kogelgewricht*
sod /sɒd/ I [ov ww] *met zoden bedekken* II [on ww] • ‹vulg.› *sod him! hij kan de boom in!* • ‹vulg.›

S

sod it! de pot op (ermee)! ∗ sod off! rot op!;
oplazeren! III [znw] ● rotzak ● graszode ● grasveld
∗ silly sod maskees ∗ under the sod onder de
groene zoden
soda/'səʊdə/ [znw] ● soda ● spuitwater ● (AE)
ijssorbet ∗ soda fountain sifon;(AE) apparaat voor
ijssorbets;(AE) ijsbar-/salon ∗ soda pop(AE)
koolzuurhoudende frisdrank ∗ soda water
sodawater
sodality/səʊˈdæləti/ [znw] broederschap
sodden/'sɒdn/ I [ww] volt. deelw. → **seethe**
II [znw] ● klef ● stomdronken ● afgestompt (door
drankmisbruik)
sodium/'səʊdiəm/ [znw] natrium
sodomize/'sɒdəmaɪz/ [on ww] sodomie bedrijven
sodomy/'sɒdəmi/ [znw] ● anaal geslachtsverkeer,
homoseksueel geslachtsverkeer (moralistisch
beschreven) ● sodomie
sofa/'səʊfə/ [znw] sofa, canapé ∗ sofa bed divanbed
soft/sɒft/ I [bnw + bijw] ● zacht, week
● zachtaardig, verwijfd, sentimenteel ● getikt,
onnozel ∗ a soft option een makkie ∗ be soft with
met zachtheid behandelen ● have a soft spot for
een zwak hebben voor ∗ soft Johnny halve gare;
hals ∗ soft coal vette kolen ∗ soft corn zachte
likdoorn ∗ soft drink niet-alcoholische drank;
frisdrank ∗ soft goods manufacturen ∗ soft in the
head niet goed snik ∗ soft job peulenschilletje
∗ soft money papiergeld ∗ soft nothings lieve
woordjes ∗ soft rain gezapig buitje regen ∗ soft
sawder/soap mooie woorden ∗ soft tack
wittebrood ∗ soft thing kinderspel; voordelig
zaakje; gemakkelijk baantje ∗ soft wood zachte
houtsoort; vurenhout ∗ soft word vriendelijk
woord II [znw] halve gare
softball/'sɒftbɔːl/ [znw] softbal
soft-boiled[bnw] zachtgekookt
soften/'sɒfən/ I [ov ww] ● vermurwen ● zacht(er)
maken ● (~ up) murw maken II [on ww]
● zacht(er) worden ● z. laten vermurwen
softener/'sɒfnə/ [znw] ● wasverzachter
● zachtmakend middel
softening/'sɒfnɪŋ/ [znw] het zacht(er)
maken/worden ∗ ~ of the brain hersenverweking
softhead/'sɒfthed/ [znw] onnozele hals
soft-headed[bnw] onnozel
soft-hearted/sɒftˈhɑːtɪd/ [bnw] ● weekhartig
● toegeeflijk
softish/'sɒftɪʃ/ [bnw] nogal zacht
softness/'sɒftnɪs/ [znw] zachtheid
soft-pedal[on ww] ● zachte pedaal gebruiken
● inbinden ● kalmeren
soft-spoken[bnw] ● zacht gezegd ● vriendelijk,
sympathiek
softy/'sɒfti/ [znw] ● sukkel ● doetje
soggy/'sɒgi/ [bnw] ● drassig, nat ● klef (brood of
cake) ● sullig
soil/sɔɪl/ I [ov ww] ● vuil maken ● met groenvoer
voeren II [on ww] vuil worden III [znw] ● vlek,
veeg ● grond ● vuil, drek ● bodem ∗ native soil
geboortegrond
soil-pipe[znw] rioolbuis
soirée/swɑːˈreɪ/ [znw] soirée ∗ musical ~
muziekavond
sojourn/'sɒdʒən/ I [on ww] verblijven II [znw]
verblijf(plaats)
sol/sɒl/ [znw] sol
sola/'səʊlə/ [znw] ∗ sola topi zonnehelm
solace/'sɒləs/ I [ov ww] troosten II [znw]
(ver)troost(ing)
solar/'səʊlə/ [bnw] m.b.t. de zon, zonne-, zons- ∗ ~
system zonnestelsel

sold/səʊld/ verl. tijd + volt. deelw. → **sell**
solder/'səʊldə/ I [ov ww] solderen II [znw] soldeer
soldering-iron/ [znw] soldeerbout
soldier/'səʊldʒə/ I [on ww] dienen (als soldaat)
● (~ on) moedig volhouden, volharden, stoer
doorsjouwen II [znw] ● soldaat ● lijntrekker (bij
de marine) ● bokking ∗ come the old ~ over
(proberen te) overdonderen ∗ go for a ~ dienst
nemen ∗ old ~ lege fles; sigarenpeukje; veteraan
∗ (med.) red ~ varkensziekte ∗ she's a brave little
~ zij houdt moedig vol ondanks alle tegenslag ∗ ~-
crab heremietkreeft ∗ ~ of fortune avonturier
soldierlike/'səʊldʒəlaɪk/ [bnw] krijgshaftig,
soldatesk
soldierly/'səʊldʒəli/ [bnw] krijgshaftig, soldatesk
soldiership/'səʊldʒəʃɪp/ [znw] krijgskunst
soldiery/'səʊldʒəri/ [znw] ● de militairen
● soldatenbende
sole/səʊl/ I [ov ww] (ver)zolen II [znw] ● zool
● tong (vis) ∗ Dover sole tong III [bnw] enig,
enkel
solecism/'sɒlɪsɪzəm/ [znw] ● ongemanierdheid
● taalfout
solely/'səʊlli/ [bijw] ● alleen ● enkel
solemn/'sɒləm/ [bnw] ● plechtig ● plechtstatig
● ernstig ∗ a ~ ass een idioot die belangrijk wil zijn
solemnity/səˈlemnəti/ [znw] plechtigheid
solemnize/'sɒləmnaɪz/ [ov ww] ● plechtig vieren
● inzegenen ● plechtig maken
sol-fa/'sɒlfɑː/ I [ov ww] zingen op do-re-mi, enz.
II [znw] solfège
solicit/səˈlɪsɪt/ I [ov ww] ● dringend vragen (om)
● lastig vallen (in ongunstige zin) ● aanspreken
(door prostituee) ● (jur.) uitlokken (als strafbaar
feit) II [on ww] (jur.) z. prostitueren
solicitation/sɒlɪsɪˈteɪʃən/ [znw] ● dringend
verzoek ● sollicitatie ● het aanspreken op straat
(als strafbaar feit) ● (jur.) uitlokking (als
strafbaar feit)
solicitor/səˈlɪsɪtə/ [znw] ≈ advocaat-procureur
● juridisch adviseur ≈ notaris ● (AE) colporteur
Solicitor-General/səlɪsɪtəˈdʒenrəl/ [bnw]
≈ Advocaat-Generaal
solicitous/səˈlɪsɪtəs/ [bnw] ● begerig ● bezorgd
∗ ~ to er op uit om
solicitude/səˈlɪsɪtjuːd/ [znw] ● zorg ● aandacht
solid/'sɒlɪd/ I [znw] ● vast lichaam
● stereometrische figuur II [bnw] ● stevig
● degelijk ● gezond (principes) ● eensgezind
● kubiek ● vast ● massief ∗ a ~ hour een heel uur
lang ∗ be/go ~ for eensgezind zijn in/voor ∗ (AE)
the Solid South het Democratische Zuiden
solidarity/sɒlɪˈdærəti/ [znw] solidariteit,
saamhorigheidsgevoel
solidify/səˈlɪdɪfaɪ/ I [ov ww] ● in vaste toestand
brengen ● stevig/vast, enz. maken II [on ww] ● in
vaste toestand komen ● stevig/vast, enz. worden
solidity/səˈlɪdəti/ [znw] het solide/vast, enz. zijn
solidus/'sɒlɪdəs/ [znw] ● het shillingteken
● solidus (Romeinse of Frankische munt)
soliloquize/səˈlɪləkwaɪz/ [on ww] ● alleenspraak
houden ● in zichz. praten
soliloquy/səˈlɪləkwi/ [znw] ● alleenspraak ● 't in
zichzelf praten
solitaire/'sɒlɪteə/ [znw] ● solitairspel ● patience
solitary/'sɒlɪtəri/ [bnw] ● eenzaam ● enkel
● alleenlevend ∗ ~ confinement eenzame
opsluiting; cellulaire gevangenisstraf ∗ take a ~
walk alleen gaan wandelen
solitude/'sɒlɪtjuːd/ [znw] eenzaamheid
solo/'səʊləʊ/ I [znw] solo II [in samenst] alleen-
soloist/'səʊləʊɪst/ [znw] solist(e)

S

solstice/'solstɪs/ [znw] zonnewende
solubility/solju'bɪlɪtɪ/ [znw] oplosbaarheid
soluble/'soljʊbl/ [bnw] oplosbaar ∗ ~ glass
  waterglas ∗ ~ tablets oplostabletten
solution/sə'lu:ʃən/ [znw] ● oplossing ● solutie
solvable/'solvəbl/ [bnw] oplosbaar
solve/solv/ [ov ww] oplossen ∗ ~ a vow een gelofte
  inlossen
solvent/'solvənt/ **I** [znw] ● oplossingsmiddel
  ● tinctuur ● iets dat verduidelijkt **II** [bnw]
  ● oplossend ● (hand.) solvabel
somatic/sə'mætɪk/ [bnw] ● lichamelijk
  ● lichaams-
sombre/'sombə/ [bnw] somber
sombreness/'sombənəs/ [znw] somberheid
some/sʌm/ **I** [bnw] ● sommige ● ongeveer, een
  ● nogal wat, heel wat ● een of ander(e), een zeker(e)
  ● wat, een paar, enige ∗ he is some scholar dat is
  me nog eens een geleerde ∗ some 40 people
  ongeveer 40 mensen ∗ some chap or other een of
  andere vent ∗ some day te eniger tijd; op een
  (goeie) dag ∗ some few een paar ∗ some little
  way een eindje ∗ some time op een (goeie) keer;
  nog wel 'ns (in de toekomst) ∗ take some one
  subject neem een bepaald onderwerp/vak ∗ you'll
  need some courage je zult behoorlijk wat moed
  nodig hebben **II** [vnw] ● enige(n), sommige(n), een
  stuk of wat ● een beetje, wat **III** [bijw] ● een beetje,
  een tikje
somebody/'sʌmbədɪ/ **I** [znw] ∗ a ~ een heel iem.
  II [vnw] iem.
somehow/'sʌmhaʊ/ [bijw] ● op één of andere
  manier ● om de één of andere reden ∗ ~ or other op
  de één of andere manier
someone/'sʌmwʌn/ [vnw] één of andere persoon,
  iemand
someplace/'sʌmpleɪs/ [bijw] ergens
somersault/'sʌməsɔlt/ **I** [on ww] duikelen
  II [znw] ● duikeling ● salto mortale
something/'sʌmθɪŋ/ [vnw] iets, wat ∗ or ~ of
  zoiets ∗ ~ dreadful iets vreselijks ∗ ~ like
  ongeveer; zo iets als ∗ ~ of iets van; zo'n soort ∗ ~
  or other 't een of ander
sometime/'sʌmtaɪm/ [bijw] ● te zijner tijd, wel 'ns
  een keer (in de toekomst) ● te eniger tijd ● vroeger,
  voorheen ∗ ~ or other te zijner tijd; wel 'ns een keer
  (in de toekomst)
sometimes/'sʌmtaɪmz/ [bijw] soms
somewhat/'sʌmwɒt/ [bijw] enigszins, een beetje
somewhere/'sʌmweə/ [bijw] ergens
somnambulist/som'næmbjʊlɪst/ [znw]
  slaapwandelaar
somnolence/'somnələns/ [znw] slaperigheid
somnolent/'somnələnt/ [bnw] ● slaperig
  ● slaapwekkend
son/sʌn/ [znw] zoon ∗ old son ouwe jongen ∗ son
  et lumière klank- en lichtshow ∗ son of a bitch
  klootzak
sonar/'səʊnɑ/ [znw] sonar, echopeiling
sonata/sə'nɑ:tə/ [znw] sonate
sonatina/sonə'ti:nə/ [znw] sonatine
song/soŋ/ [znw] ● lied(je) ● gezang ● 't zingen
  ● poëzie ● lyriek ∗ I got it for a song ik kreeg 't
  voor een appel en een ei ∗ Song of Songs 't
  Hooglied ∗ burst into song beginnen te zingen
  ∗ make a song (and dance) about een hoop
  drukte/ophef maken over
songbird/'soŋbɜ:d/ [znw] zangvogel
songbook/'soŋbʊk/ [znw] zangbundel
songful/'soŋfʊl/ [bnw] ● melodieus ● gaarne
  zingend
songster/'soŋstə/ [znw] ● zanger, zangvogel

  ● lyrisch dichter
songstress/'soŋstrəs/ [znw] ● zangeres
  ● zangvogel
sonic/'sonɪk/ [bnw] m.b.t. geluid ∗ ~ barrier
  geluidsbarrière
son-in-law [znw] schoonzoon
sonnet/'sonɪt/ [znw] sonnet
sonneteer/sonɪ'tɪə/ [znw] sonnettendichter
sonny/'sʌnɪ/ [znw] ventje, kereltje
sonority/sə'norɪtɪ/ [znw] sonoriteit
sonorous/'sonərəs/ [bnw] ● geluidgevend
  ● klankvol, sonoor ● melodieus ● schoon klinkend
soon/su:n/ [bijw] spoedig, weldra, gauw ∗ I would
  just as soon not go ik ging net zo lief niet ∗ as (so)
  soon as zodra
sooner/'su:nə/ [bijw] ● eerder ● liever ∗ no ~ ...
  than nauwelijks ... of ∗ ~ or later vroeg of laat;
  vandaag of morgen ∗ the ~ the better hoe eerder
  hoe beter
soot/sʊt/ **I** [ov ww] ● beroeten ● met roet bemesten
  II [znw] roet
sooth/su:θ/ [znw] ∗ in ~ waarlijk
soothe/su:ð/ [ov ww] ● sussen, kalmeren ● vleien
soothsayer/'su:θseɪə/ [znw] waarzegger/-ster
sooty/'sʊtɪ/ [bnw] ● roetig ● roetkleurig
sop/sop/ **I** [ov ww] ● soppen ● drenken ● doornat
  maken ∗ (~ up) opnemen/-zuigen **II** [znw]
  ● stukje brood in jus/melk, enz. gedrenkt ● aanbod
  (om iem. mee om te kopen) ● concessie
  ● melkmuil ∗ sop to Cerberus concessie
sophism/'sofɪzəm/ [znw] sofisme, drogreden
sophist/'sofɪst/ [znw] sofist, drogredenaar
sophistic(al)/sə'fɪstɪk(l)/ [bnw] sofistisch
sophisticate/sə'fɪstɪkeɪt/ **I** [ov ww] ● beredeneren
  (met drogredenen) ● vervalsen, bederven
  ● dokteren aan (fig.) ● (iron.) wijs doen **II** [znw]
  geraffineerd persoon
sophisticated/sə'fɪstɪkeɪtɪd/ [bnw]
  ● intellectualistisch ● waanwijs,
  pseudo-intellectueel ● gekunsteld, onnatuurlijk
  ● modern ● geavanceerd, geraffineerd, subtiel
sophistication/səfɪstɪ'keɪʃən/ [znw]
  ● pseudo-intellect ● geavanceerdheid, subtiliteit,
  raffinement ● drogreden
sophistry/'sofɪstrɪ/ [znw] ● drogreden(ering)
  ● sofisterij
soporific/sopə'rɪfɪk/ **I** [znw] ● slaapmiddel,
  slaapverwekkend middel/medicijn/enz. **II** [bnw]
  slaapverwekkend (middel)
sopping/'sopɪŋ/ **I** [ww] tegenw. deelw. → sop
  II [bnw] doorweekt
soppy/'sopɪ/ [bnw] ● kletsnat ● drassig ● futloos,
  week ● sentimenteel
soprani/sə'prɑ:nɪ/ [mv] → soprano
soprano/sə'prɑ:nəʊ/ [znw] sopraan
sorbet/'sɔ:beɪ/ [znw] sorbet, vruchten(room)ijs met
  limonade
sorcerer/'sɔ:sərə/ [znw] tovenaar
sorceress/'sɔ:sərəs/ [znw] tovenares, heks
sorcery/'sɔ:sərɪ/ [znw] toverij, hekserij
sordid/'sɔ:dɪd/ [bnw] ● onverkwikkelijk (kwestie)
  ● vuil ● laag ● gemeen
sordidness/'sɔ:dɪdnəs/ [znw] gemeenheid
sore/sɔ:/ **I** [znw] ● zeer ● pijnlijke plek ● smart ∗ an
  open sore een open wond (ook fig.) ∗ old sores
  oude wonden **II** [bnw] ● zeer, pijnlijk ● gevoelig
  ● bedroefd ● gekrenkt ● ernstig, dringend ∗ he was
  like a bear with a sore head hij had gruwelijk de
  pest in ∗ sore head hoofd met builen en
  schrammen ∗ sore point/subject gevoelige
  kwestie; teer punt ∗ sore throat keelpijn **III** [bijw]
  zeer

S

sorehead/'sɔ:hed/ [znw] *mopperaar*
sorely/'sɔ:lɪ/ [bijw] *erg*
soreness/'sɔ:nəs/ [znw] → **sore**
sorrel/'sɒrəl/ I [znw] • *vos (paard)* • *zuring*
• *roodbruin* II [bnw] *roodbruin, rossig*
sorrow/'sɒrəʊ/ I [on ww] *bedroefd zijn, treuren*
II [znw] • *verdriet, droefheid* • *leed(wezen), berouw*
• *lijden*
sorrowful/'sɒrəʊful/ [bnw] • *treurig* • *bedroefd*
sorrow-stricken [bnw] *onder smart gebukt*
sorry/'sɒrɪ/ [bnw] • *bedroefd* • *treurig* ★ (I'm) (so)
~ 't spijt me; neem me niet kwalijk ★ a ~ *excuse*
een pover excuus ★ be ~ for *spijt hebben van; 't*
vervelend vinden voor ★ be ~ for oneself *met*
zichzelf te doen hebben; in de put zitten
sort/sɔːt/ I [ov ww] • *sorteren* • *indelen* • (~ out)
uitzoeken, sorteren II [on ww] ★ you're well
sorted *jullie passen goed bij elkaar* ★ (~ with)
passen bij III [znw] *soort* ★ a good sort *een goede*
vent ★ a meal of sorts *schamele maaltijd* ★ a
writer of some sort een soort (van) schrijver ★ all
sorts and conditions of men mensen van allerlei
slag ★ all sorts of *allerlei* ★ he is a bad sort *hij*
deugt niet ★ he sort of refused *hij weigerde zo'n*
beetje ★ he's not my sort *ik moet 'm niet* ★ it's
sort of moist 't lijkt wel vochtig; 't is wat vochtig,
geloof ik ★ nothing of the sort *geen kwestie van*
★ out of sorts *niet lekker; uit zijn humeur;*
verdrietig
sorter/'sɔːtə/ [znw] *sorteerder*
sortie/'sɔːtɪ/ [znw] • *uitje, het even uitgaan*
• (luchtv.) *operatie* • (mil.) *uitval*
so-so/'səʊ-səʊ/ [bnw + bijw] (maar) *zozo*
sot/sɒt/ [znw] *zatlap*
sottish/'sɒtɪʃ/ [bnw] • *bezopen* • *idioot*
souffle/'su:fəl/ [znw] • *souffle* • *hartruis*
soufflé/'su:fleɪ/ [znw] *soufflé*
sough/saʊ/ I [on ww] *suiz(el)en* II [znw] *gesuis*
• *zucht*
sought/sɔːt/ *verl. tijd + volt. deelw.* → **seek**
soul/səʊl/ I [znw] • *ziel* • *geest* ★ he has a soul
above ... hij heeft hogere aspiraties dan ... ★ he was
the life and the soul of hij was het middelpunt
van ★ not a soul *geen levend mens; geen sterveling*
★ not for the soul of me *met geen mogelijkheid*
★ upon/'pon my soul! *wel, heb ik van m'n leven!*
II [bnw] ★ soul brother (mijn) *zwarte broeder*
★ soul music *soul*
soul-destroying [bnw] *geestdodend*
soulful/'səʊlful/ [bnw] • *zielvol* • *met vuur*
• *gevoelvol*
soulless/'səʊlləs/ [bnw] *zielloos, dood(s)*
soul-searching [znw] *gewetensonderzoek*
sound/saʊnd/ I [ov + on ww] • *laten horen*
• *uitbazuinen* • *loden, sonderen* • *polsen*
• *onderzoeken* • *onderduiken* (v. walvis) • *klinken*
• *luiden* • *doen klinken* • *blazen op* • *peilen* ★ ~
the retreat *de aftocht blazen* • (~ off) (AE) *zijn*
mening zeggen, z. laten horen II [znw] • *geluid,*
klank • *sonde* • *peiling* • *zee-engte* • *zwemblaas*
★ ~ barrier *geluidsbarrière* ★ ~ box *weergever* (in
grammofoon) ★ ~ effects *geluidseffecten* ★ ~
wave geluidsgolf III [bnw] • *gezond, degelijk,*
flink • *solide* • *betrouwbaar* • *rechtmatig* ★ a
thrashing een flink pak slaag ★ of ~ mind *bij zijn*
volle verstand ★ safe and ~ gezond en wel;
behouden ★ ~ asleep *vast in slaap* ★ ~ sleep *vaste*
slaap IV [bijw] ★ ~ asleep *vast in slaap*
sound-board [znw] *klankbord*
sounder/'saʊndə/ [znw] • *jong wild zwijn, kudde*
wilde zwijnen • *dieplood* • (telecom.) *sounder*
sounding/'saʊndɪŋ/ I [znw] • *peiling* • *gepeilde/te*
peilen plaats • *zee-engte* ★ take ~s *peilen; loden*
II [bnw] (hol)*klinkend*
sounding-board/'saʊndɪŋbɔːd/ [znw] *klankbord*
(ook fig.), *klankbodem*
soundless/'saʊndləs/ [bnw] *geluidloos*
soundly/'saʊndlɪ/ [bijw] *gezond, degelijk* ★ ~
asleep vast in slaap
soundness/'saʊndnɪs/ → **sound**
soundproof/'saʊndpruːf/ [bnw] *geluiddicht*
soundtrack/'saʊndtræk/ [znw] *geluidsband* (v.
film)
soup/suːp/ I [ov ww] • (~ up) *opvoeren* II [znw]
soep ★ in the soup *in moeilijkheden*
soup-kitchen/'suːpkɪtʃɪn/ [znw] • *gaarkeuken,*
centrale keuken • (mil.) *veldkeuken*
sour/saʊə/ I [ov ww] *zuur maken* II [on ww] *zuur*
worden • (~ on) *afkerig maken van* ★ the
whole affair soured on me de hele kwestie ging
me danig tegenstaan III [znw] 't *zure* (ook fig.)
IV [bnw] • *zuur, wrang* • *nors* • *be sour*
on(AE/*inf.*) *een hekel hebben aan*
source/sɔːs/ [znw] *bron*
sourdough/'saʊədəʊ/ [znw] *doorgewinterde,*
veteraan
sourish/'saʊərɪʃ/ [bnw] *nogal zuur*
souse/saʊs/ I [ov ww] • *pekelen* • *onder water*
houden II [on ww] *onder water worden* III [znw]
• *pekel* • *haring/varkenspoten, enz. in de pekel*
• *onderdompeling* ★ get a thorough ~ *doornat*
worden ★ give s.o. a ~ iem. *kopje onder houden*
IV [bijw] ★ fall ~ into the water *(pardoes) in 't*
water vallen
soused/saʊst/ [bnw] • *bezopen, dronken* • *doornat*
soutane/suː'tɑːn/ [znw] *toog, soutane*
south/saʊθ/ I [on ww] • *naar 't zuiden varen*
• *door de meridiaan gaan* II [znw] *zuiden* ★ (to
the) ~ of *ten zuiden van* III [bnw] • *zuid-*
• *zuiden-* • *op 't zuiden* ★ South Sea(s) *Stille*
Zuidzee
South/saʊθ/ I [znw] ★ ~ Pole *Zuidpool* II [bnw]
★ ~ African *Zuid-Afrikaan*
southbound/'saʊθbaʊnd/ [bnw] (*op weg*) *naar*
het zuiden, zuidwaarts
south-east I [znw] *zuidoost(en)* II [bnw]
zuidoostelijk
south-easter [znw] *zuidooster* (wind)
south-easterly [bnw + bijw] *zuidoostelijk*
south-eastern [bnw] *zuidoostelijk*
south-eastward(s) [bnw + bijw] *zuidoosten-,*
(in) *zuidoostelijk(e richting)*
southerly/'sʌðəlɪ/ [bnw + bijw] • *zuidelijk,*
zuiden- • *van 't zuid*
southern/'sʌðn/ [bnw] • *zuidelijk* • *zuider-*
southerner/'sʌðənə/ [znw] *zuiderling*
southernmost/'sʌðnməʊst/ [bnw] *meest*
zuidelijk, zuidelijkst
southward(s)/'saʊθwəd(z)/ [bnw + bijw]
zuidwaarts
south-west I [znw] *zuidwest(en)* II [bnw]
zuidwestelijk
south-wester [znw] *zuidwester, zuidwestenwind*
south-westerly [bnw + bijw] *zuidwestelijk*
south-western/saʊθ'westən/ [bnw]
• *zuidwestelijk* • *zuidwestelijk*
south-westward(s) [bnw + bijw] *zuidwesten-,*
(in) *zuidwestelijk(e richting)*
souvenir/suː'vəˈnɪə/ I [ov ww] (sl.) *als*
'souveniertje' *meepikken* II [znw] *souvenir*
souwester/saʊ'westə/ [znw] *zuidwester*
sovereign/'sɒvrɪn/ I [znw] • *soeverein* • *gouden*
munt • 20 *shilling* II [bnw] • *soeverein* • *hoogst*
• *onovertroffen*

sovereignty /'sɒvrənti/ [znw] • soevereiniteit • oppergezag

soviet /'səʊvɪət/ [znw] sovjet

sow I [ov ww] /səʊ/ • zaaien • poten ★ sow one's wild oats z'n wilde haren nog niet kwijt zijn ★ sow the wind and reap the whirlwind wind zaaien en storm oogsten II [znw] /saʊ/ • zeug • grote gietgoot, gieteling, blok ⟨metaal⟩ ★ as drunk as a sow stomdronken • have the wrong sow by the ear de verkeerde te pakken hebben; 't bij 't verkeerde eind hebben ★ sow bug pissebed

sower /'səʊə/ [znw] • zaaier • zaaimachine

sowing /'səʊɪŋ/ [znw] zaaisel ★ ~ machine zaaimachine

sown /səʊn/ volt. deelw. → sow

soy /sɔɪ/ [znw] soja

soybean /'sɔɪbi:n/ [znw] sojaboon

sozzled /'sɒzəld/ [bnw] dronken

spa /spa:/ [znw] • badplaats, kuuroord • geneeskrachtige bron

space /speɪs/ I [ov ww] • op gelijke afstanden opstellen • spatiëren ★ ~d payments termijnbetaling(en) II [znw] • ruimte • tijdsruimte, poos ★ ⟨typ.⟩ spatie ★ ~ age ruimtetijdperk ★ ~ capsule ruimtecapsule ★ ~ probe ruimtesonde ★ ~ shuttle ruimtependel ★ ~ suit ruimtepak ★ ~ travel ruimtevaart ★ ~ writer journalist die per afgedrukt woord wordt betaald

space-bar, spacer [znw] spatiebalk

spacecraft /'speɪskra:ft/ [znw] ruimtevaartuig

spaceman /'speɪsmæn/ [znw] ruimtevaarder, kosmonaut

spaceship /'speɪsʃɪp/ [znw] ruimteschip

spacing /'speɪsɪŋ/ [znw] spatiëring, tussenruimte, spatie

spacious /'speɪʃəs/ [bnw] • ruim, uitgestrekt • veelzijdig

spade /speɪd/ I [ov ww] ⟨om⟩spitten II [znw] • spade, schop • schoppenkaart • ⟨pej.⟩ nikker ★ call a ~ a ~ 't kind bij de naam noemen

spadework /'speɪdwɜ:k/ [znw] • grondig werk • pionierswerk

Spain /speɪn/ [znw] Spanje

spake /speɪk/ ⟨vero.⟩ verl. tijd → speak

spam /spæm/ [znw] gekookte ham in blik

span /spæn/ I [ww] ⟨vero.⟩ o.v.t. → spin II [ov ww] • ⟨om-/over⟩spannen, overbruggen • vastsjorren III [on ww] lopen ⟨v. spanrups⟩ IV [znw] • span ⟨23 cm⟩ • reik-/spanwijdte • vleugelbreedte • sjortouw ⟨AD span⟩ ★ bridge of four spans brug met vier spanningen ★ our life is but a span ons leven is maar kort

spangle /'spæŋgl/ I [ov ww] • met pailletje versieren • bezaaien ★ star-~d banner Amerikaanse vlag; met sterren bezaaide vlag II [znw] • pailletje, lovertje • glinsterend spikkeltje • ⟨plant.⟩ gal ⟨op blad⟩

Spaniard /'spænjəd/ [znw] Spanjaard, Spaanse

spaniel /'spænjəl/ [znw] spaniel, patrijshond ★ tame ~ laaghartige vleier

Spanish /'spænɪʃ/ [znw] m.b.t. Spanje, Spaans ★ ~ castle luchtkasteel ★ ~ main kust- en zeegebied N.O. v. Zuid-Amerika

Spanish-American I [znw] Spaans-Amerikaan II [bnw] Spaans-Amerikaans

spank /spæŋk/ I [ov ww] slaan ⟨met platte hand⟩, op achterwerk slaan II [on ww] ★ ⟨~ along⟩ voortsnellen III [znw] klap

spanker /'spæŋkə/ [znw] • draver • prachtkerel, pracht exemplaar • bezaan

spanking /'spæŋkɪŋ/ I [znw] • billenkoek, pak voor de broek II [bnw] • straf ⟨wind⟩ • prima • flink

• knaap van een …

spanner /'spænə/ [znw] • moersleutel ⟨pej.⟩ studiebol ★ the school ~ beste leerling die ook het pispaaltje v.d. klas is ★ throw a ~ into the works roet in 't eten gooien

spar /spa:/ I [on ww] • masten/palen plaatsen • bomen • boksen • twisten, (be)vechten • ⟨~ at⟩ slaan/stompen (naar) II [znw] • paal, mast • spaat • bokspartij • (woorden)twist • hanengevecht

spare /speə/ I [ov ww] • (be)sparen • niet of weinig gebruiken • over hebben • missen ★ can you ~ me … kun je … even missen; kan ik … van je hebben/krijgen ★ enough and to ~ in overvloed; meer dan genoeg ★ ~ o.s. z. ontzien ★ ~ the rod and spoil the child wie zijn kind lief heeft, kastijdt het II [znw] reserveonderdeel/-wiel III [bnw] • mager, schraal • reserve- • extra- ★ ~ cash geld over; spaargeld ★ ~ part reserveonderdeel ★ ~ part surgery transplantatie v. organen ★ ~ room logeerkamer ★ ~ time vrije tijd; tijd over ★ ~ wheel reservewiel

sparerib /'speərɪb/ [znw] rib, krabbetje ⟨varkensvlees⟩

sparing /'speərɪŋ/ [bnw] • matig • karig, zuinig

spark /spa:k/ I [on ww] • vonken (uitslaan) • uitgaan & fuiven • versieren & flirten II [znw] • vonk • sprankje • greintje • vrolijke Frans • zwierbol • druif ⟨fig.⟩

spark(ing)-plug /'spa:kɪŋplʌg/ [znw] bougie

sparkle /'spa:kl/ I [on ww] • bruisen • sprankelen • schitteren • vonken schieten II [znw] • sprankje • schittering

sparkler /'spa:klə/ [znw] • sprankelende geest • diamant

sparkling /'spa:klɪŋ/ [bnw] ★ ~ water spuitwater ★ ~ wines mousserende wijnen

Sparks /'spa:ks/ ⟨sl.⟩ [mv] marconist

sparring /'spa:rɪŋ/ [bnw] ★ ~ match bokswedstrijd ★ ~ partner tegenstander bij oefenwedstrijd

sparrow /'spærəʊ/ [znw] mus

sparrowbill /'spærəʊbɪl/ [znw] schoenspijkertje

sparse /spa:s/ [bnw] • dun gezaaid ⟨fig.⟩ • schaars

sparseness, sparsity /'spa:snəs/ [znw] schaarsheid

Spartan /'spa:tn/ /ˌ'spa:tən/ I [znw] Spartaan II [bnw] Spartaans

spasm /'spæzəm/ [znw] • kramp • scheut • opwelling ★ ~s of laughter lachstuip

spasmodic /spæz'mɒdɪk/ [bnw] • krampachtig • met vlagen, onregelmatig

spastic /'spæstɪk/ [bnw] • kramp- • spastisch

spat /spæt/ I [ww] verl. tijd + volt. deelw. → spit II [on ww] • zaad schieten ⟨v. oester⟩ • kibbelen III [znw] • slobkous • broed/zaad v. oesters, enz. • geschil, ruzie, controverse

spatchcock /'spætʃkɒk/ [ov ww] nog even/vlug inlassen

spate /speɪt/ [znw] • overstroming • stroom, (toe)vloed ⟨fig.⟩ ★ river is in ~ de rivier is hoog/sterk gezwollen

spatial /'speɪʃəl/ [bnw] • ruimtelijk • m.b.t. ruimte

spatted /'spætɪd/ [bnw] met slobkousen aan

spatter /'spætə/ I [ov ww] • besprenkelen, bespatten • bekladden ⟨fig.⟩ II [on ww] • sprenkelen, kladden III [znw] • het bekladden, enz. • spat(je) ⟨neerslag⟩, buitje

spatula /'spætjʊlə/ [znw] spatel

spawn /spɔ:n/ I [ov ww] voortbrengen II [on ww] • kuit schieten • eieren leggen III [znw] • kuit • gebroed • zwamdraden/-vlok

spawning-season [znw] rijtijd ⟨paartijd v.

S

vissen)

spay/spei/ [ov ww] *steriliseren (v. dieren)*

speak/spi:k/ [ov + on ww] ● *spreken* ● *zeggen*
● *tegen elkaar spreken* ● *praaien* ● *getuigen van*
● *geluid geven* ★ (this is) B. ~ing u spreekt met B.
★ B. ~ing? *spreek ik met B?* ★ so to ~ *om zo te*
zeggen ★ ~ a p. fair *voorkomend zijn tegen iem.*
★ ~ one's mind *oprecht zijn mening zeggen; geen*
blad voor de mond nemen ★ strictly ~ing *eigenlijk*
gezegd ● (~ for) *spreken namens/voor, bespreken,*
getuigen van, pleiten voor ★ ~ well for *pleiten voor*
★ that ~s for itself *dat behoeft geen nader betoog;*
dat is vanzelfsprekend ● (~ of) *spreken over*
★ nothing to ~ of *niets noemenswaards* ● (~ out)
hardop spreken, uitspreken, vrijuit spreken ● (~ to)
aan-/toespreken, getuigen van ● (~ up) *duidelijk*
zeggen, zijn mond niet meer houden, harder spreken
speaker/'spi:kə/ [znw] *luidspreker* ● *spreker*
Speaker/'spi:kə/ [znw] *voorzitter v. Huis v.*
Afgevaardigden

speakership/'spi:kəʃɪp/ [znw] *voorzitterschap*

speaking/'spi:kɪŋ/ [bnw] *spreek-* ★ be no longer
on ~ terms *niet meer spreken tegen* ★ be on ~
terms with a p. *iem. goed kennen* ★ have a ~
knowledge of English *Engels kunnen spreken* ★ ~
acquaintance *oppervlakkige kennis*

speaking-trumpet [znw] ● *spreektrompet*
● *(scheeps)roeper*

speaking-tube [znw] *spreekbuis*

spear/spɪə/ I [ov ww] ● *doorboren* ● *spietsen* ● *aan*
de speer rijgen II ● *speer* ● *piek* ● *lansknecht*
★ ~ side *mannelijke linie*

spearhead/'spɪəhed/ I [on ww] *de spits afbijten*
II [znw] ● *speerpunt* ● *spits (ook v. leger)*

spearmint/'spɪəmɪnt/ [znw] *kruizemunt*

spec/spek/ [znw] ★ on spec *op de bonnefooi*

special/'speʃəl/ I [znw] ● *special* ● *extra-editie,*
extra prijs, extra trein ● *documentaire* ● *hulpagent*
II [bnw] ● *speciaal* ● *bijzonder* ● *extra-* ★ ~ areas
noodgebieden ★ ~ committee *commissie v.*
gedelegeerden ★ ~ constable *(burger)hulpagent;*
politievrijwilliger ★ ~ delivery *expressebestelling*
★ ~ licence *machtiging om huwelijk te sluiten*
zonder afkondiging, enz. ★ ~ pleading *'t naar*
voren brengen v. extra bewijsmateriaal;
spitsvondig geredeneer ★ ~ school *school voor b.l.o.*
★ (jur.) ~ verdict *vonnis bij bijzondere*
rechtspleging

specialism/'speʃəlɪzəm/ [znw] ● *specialisatie*
● *specialisme*

specialist/'speʃəlɪst/ [znw] *specialist* ★ ~ service
afdeling voor adviezen en diensten

speciality/speʃɪ'ælətɪ/ [znw] ● *specialiteit*
● *bijzondere eigenschap* ● *speciaal onderwerp/vak*

specialization/speʃəlaɪ'zeɪʃən/ [znw] *specialisatie*

specialize/'speʃəlaɪz/ [on ww] ● *specialiseren*
● *nader bepalen* ● *voor bijzondere functie*
bestemmen ● *speciaal karakter aannemen* ● (~ in)
z. speciaal gaan toeleggen op

specially/'speʃəlɪ/ [bijw] *speciaal, (in het) bijzonder*

specialty/'speʃəltɪ/ [znw] ● *verpakt geneesmiddel*
● *(jur.) gezegeld contract*

specie/'spi:ʃi:/ [znw] *baar geld*

species/'spi:ʃiz/ [znw] ● *soort(en) (levensvormen)*
● *vorm*

specific/spə'sɪfɪk/ I [znw] *specifiek geneesmiddel*
II [bnw] ● *specifiek* ● *soortelijk, soort-* ● *bepaald*

specifically/spə'sɪfɪkəlɪ/ [bijw] ● *specifiek* ● *wat je*
noemt

specification/spesɪfɪ'keɪʃən/ [znw] ● *bestek*
● → **specify**

specificity/spesə'fɪsətɪ/ [znw] ● *het specifiek zijn*

● *specifieke eigenschap*

specifics/spə'sɪfɪks/ [mv] *details*

specify/'spesəfaɪ/ [ov + on ww] ● *specificeren*
● *nader bepalen*

specimen/'spesəmɪn/ [znw] ● *staaltje, (voor)proef*
● *voorbeeld, exemplaar* ★ ~ copy *present*
exemplaar ★ what a ~! *wat een nummer/vent!*

specious/'spi:ʃəs/ [bnw] ● *schoonschijnend* ● *(op 't*
oog) aanvaardbaar

speck/spek/ I [ov ww] *(be)spikkelen* II [znw]
● *stippeltje* ● (AE) *spek* ● *vlekje, stip* ★ ~ of dust
stofje

speckle/'spekl/ I [ov ww] *(be)spikkelen* II [znw]
spikkeltje

speckless/'spekləs/ [bnw] *smetteloos*

specs/speks/ → **spectacles**

spectacle/'spektəkl/ [znw] ● *tafereel, schouwspel*
● *tafereel* ● *gezicht* ★ he is a sad ~ *je krijgt*
medelijden als je hem ziet ★ make a ~ of o.s. *zich*
(belachelijk) aanstellen; voor schut staan ★ ~ case
brillendoos

spectacled/'spektəkld/ [bnw] *met een bril op* ★ ~
cobra/snake brilslang

spectacle-frame [znw] *montuur*

spectacles/'spektəklz/ [mv] *bril*

spectacular/spek'tækjələ/ I [znw] ● *schouwspel*
● *show* II [bnw] ● *opzienbarend, spectaculair*
● *opvallend* ● *sensationeel* ★ ~ play *kijkstuk*

spectator/spek'teɪtə/ [znw] *toeschouwer*

spectra/'spektrə/ [mv] → **spectrum**

spectral/'spektrəl/ [bnw] ● *spookachtig* ● *spook-*
● *spectraal*

spectre/'spektə/ [znw] *spook(verschijning)*

spectrum/'spektrəm/ [znw] *spectrum*

specula/'spekjələ/ [mv] → **speculum**

speculate/'spekjəleɪt/ [on ww] ● *beschouwen*
● *peinzen, mediteren* ● *speculeren*

speculation/spekjə'leɪʃən/ [znw] ● *beschouwing*
● *speculatie*

speculative/'spekjələtɪv/ [bnw] *speculatief* ★ ~
market termijnmarkt

speculator/'spekjəleɪtə/ [znw] *speculant*

speculum/'spekjələm/ [znw] *speculum*

sped/sped/ *verl. tijd + volt. deelw.* → **speed**

speech/spi:tʃ/ [znw] ● *spraak* ● *taal* ● *toespraak,*
rede ● *geluid* ● *(taalk.) parole* ★ Queen's ~
troonrede ★ figure of ~ *stijlfiguur* ★ have ~ with
spreken met ★ hold one's ~ *zijn mond houden*
★ part of ~ *woordsoort* ★ ~ day *prijsuitreiking (op*
school) ★ ~ therapist *logopedist* ★ ~ therapy
logopedie

speechify/'spi:tʃɪfaɪ/ [on ww] *speechen*

speechless/'spi:tʃləs/ [bnw] ● *sprakeloos*
● *onuitsprekelijk* ● *stom* ● *stomdronken*

speed/spi:d/ I [on ww] ● *z. haasten, spoeden* ● (te)
snel rijden ● *vooruitkomen* ● *aanvuren* ★ 't tempo
opvoeren ★ God ~! *het ga u goed!; God moge met u*
zijn! ★ ~ a guest *iem. het beste wensen* ● ~ing
ticket boete voor te snel rijden ● (~ up) *het tempo*
opvoeren II [znw] ● *snelheid* ● *spoed* ● *versnelling*
● *amfetamine* ★ at full ~ *met/op topsnelheid* ★ ~
limit maximumsnelheid ★ ~ trap *autoval*

speedboat/'spi:dbəʊt/ [znw] *raceboot*

speeder/'spi:də/ [znw] *snelheidsregulateur*

speeding/'spi:dɪŋ/ [znw] *te hard rijden*

speedometer/spi:'dɒmɪtə/ [znw] *snelheidsmeter*

speedway/'spi:dweɪ/ [znw] ● *motorracebaan,*
modderbaan

speedy/'spi:dɪ/ [bnw] ● *met spoed* ● *spoedig* ● *snel*

spell/spel/ I [ov + on ww] ● *spellen* ● *ontcijferen*
● *betekenen* ● *aflossen* ● *schaften* ★ o-n-e ~s one
o-n-e is de spelling van one ● (~ out) (voluit)

spellen II [znw] • toverspreuk • betovering
• (korte) periode • tijdje • beurt ★ cold ~ periode v.
koud weer; periode van kou ★ ~ for ~ beurtelings
★ ~ of rain tijdje regen ★ take a ~ at the oars 'n
tijdje roeien
spellbinding /'spelbaɪndɪŋ/ [bnw] *fascinerend*
spellbound /'spelbaʊnd/ [bnw] • als aan de grond
genageld • betoverd • gefascineerd
spelling /'spelɪŋ/ [znw] spelling ★ ~ bee
spelwedstrijd ★ ~ book spelboek
spelt /spelt/ I [ww] verl. tijd + volt. deelw.
→ **spell** II [znw] spelt (soort tarwe)
spencer /'spensə/ [znw] • korte overjas • slipover
• gaffelzeil
spend /spend/ I [ov ww] • ten koste leggen
• doorbrengen • verbruiken • verspelen uitgeven
• besteden ★ ~ing money zakgeld ★ the night is
far spent de avond/nacht is bijna om II [wkd ww]
★ ~ o.s. z. uitputten/-sloven ★ the storm has
spent itself de storm is uitgeraasd III [znw]
uitgave
spendable /'spendəbl/ [bnw] • te besteden
spend-all [znw] verkwister
spender /'spendə/ [znw] • uitgever (v. geld)
• opmaker ★ be a lavish ~ royaal met geld omgaan
spendthrift /'spendθrɪft/ I [znw] opmaker
II [bnw] verkwistend
spent /spent/ I [ww] verl. tijd + volt. deelw.
→ **spend** II [bnw] uitgeput, op, versleten, leeg
(huls)
sperm /spɜːm/ [znw] spermatozoön, sperma,
dierlijk zaad
spermaceti /spɜːmə'setɪ/ [znw] walschot
sperm-whale [znw] potvis
spew /spjuː/ [ov + on ww] omsluiten (in sfeer
opnemen II [znw] • bol • hemellichaam • sfeer
• terrein
spheric(al) /'sferɪk(l)/ [bnw] • bolvormig • bol-
sphinx /sfɪŋks/ [znw] sfinx
spice /spaɪs/ I [ov ww] • kruiden (ook fig.)
• prepareren II [znw] • vleugje, tikje • specerij
spiciness /'spaɪsɪnəs/ [znw] kruidigheid
spick-and-span /spɪkən'spæn/ [bnw] • piekfijn
• spiksplinternieuw • kant en klaar
spicy /'spaɪsɪ/ [bnw] • kruidig, geurig • pikant,
pittig
spider /'spaɪdə/ [znw] • spin • hoge treeft
• braadpan (op hoge poten) • brik op hoge wielen
★ ~ line kruisdraad (v. kijker)
spidery /'spaɪdərɪ/ [bnw] • spinachtig • spichtig
spiel /ʃpiːl/ I [ov ww] • afdraaien (v. speech)
• ophangen (v. verhaal) II [znw] • speech • (AE)
verhaal
spiffing /'spɪfɪŋ/ [bnw] magnifiek
spigot /'spɪgət/ [znw] • stop • tap
spike /spaɪk/ I [ov ww] • van nagelen, enz. voorzien
• vastspijkeren, vernagelen ★ ~ a p.'s guns iem. 's
plannen verijdelen ★ ~d helmet zgn. pickelhaube
II [znw] • (ijzeren) punt • schoennagel • lange
bout/spijker • piek • pen • aar • maïskolf • (pej.)
aanhanger v.d. High Church ★ ~ lavender
(smalbladige) lavendel
spiky /'spaɪkɪ/ [bnw] • met scherpe punten • stekelig
(ook v. personen) • fanatiek voor High Church
spill /spɪl/ I [ov ww] • morsen • omgooien • gemorst
worden • overlopen • uit 't zadel werpen ★ don't ~
your nonsense on me houd je onzin maar voor je
★ ~ blood bloed vergieten ★ ~ the beans de boel
verraden II [znw] fidibus, lont v. hout of papier om
pijp, enz. aan te steken ★ ~ of milk beetje gemorste
melk ★ the horse gave me a ~ 't paard wierp me af

spillage /'spɪlɪdʒ/ [znw] • lozing (v. olie) • gemors
spillway /'spɪlweɪ/ [znw] (water)overlaat
spilt /spɪlt/ [ww] ★ (it's) no use crying over ~ milk
gedane zaken nemen geen keer ★ be ~ afvallen;
uitvallen volt. deelw. → **spill**
spin /spɪn/ I [ov + on ww] spinnen II [ov ww]
• laten zakken (voor examen) • in vrille doen
gaan • snel doen draaien • spin a coin een munt
opgooien • spin a top een tol laten draaien • spin
a yarn een sterk verhaal vertellen • (~ off) uit de
mouw schudden, afdraaien (ook fig.), (af)dalen
• (~ out) uitrekken/-spinnen III [on ww]
• rondtollen • in vrille gaan • vissen met draaiend
aas • fietsen • snel lopen/rijden • zakken (voor
examen) • snel draaien • send a p. spinning iem.
doen duizelen/tollen • (~ along) voortrollen,
voortpeddelen/-rollen IV [znw] • spinsel
• draaiing • vrille • effect (bij biljarten) • tochtje,
ritje, dans ★ get into a spin lelijk in de knoei zitten
★ go for a spin een eindje gaan fietsen/rijden
spinach /'spɪnɪdʒ/ [znw] spinazie
spinal /'spaɪnl/ I [znw] • stekel • ruggengraat
II [bnw] m.b.t. de ruggengraat ★ ~ column
ruggengraat ★ ~ cord ruggenmerg
spindle /'spɪndl/ I [on ww] • in de lengte groeien
• hoog opschieten (v. plant) II [znw] • spoel, klos
• spil, as, stang • spicht ★ dead ~ niet-draaiende
spoel ★ live ~ draaiende spoel ★ ~ side vrouwelijke
linie
spindlelegs /'spɪndllegz/ [znw] spillebeen
spindly /'spɪndlɪ/ [bnw] spichtig
spin-drier [znw] centrifuge
spindrift /'spɪndrɪft/ [znw] nevel v. spattend
zeewater ★ ~ clouds vederwolken
spin-dry [ov ww] centrifugeren
spine /spaɪn/ [znw] • stekel, doorn • ruggengraat
• rug (v.e. boek)
spineless /'spaɪnləs/ [bnw] zonder ruggengraat
(vooral fig.), futloos
spinet /spɪ'net/ [znw] spinet
spinnaker /'spɪnəkə/ [znw] ballonfok
spinner /'spɪnə/ [znw] • spinmachine • vormer
(aardewerkindustrie) • tolletje • propellerdop
• kunstvlieg (als aas bij vissen)
spinney /'spɪnɪ/ [znw] bosje, struikgewas
spinning /'spɪnɪŋ/ I [ww] tegenw. deelw. → **spin**
II [bnw] ★ ~ house spinhuis ★ ~ wheel spinnewiel
spinster /'spɪnstə/ [znw] • jongedochter • oude
vrijster
spiny /'spaɪnɪ/ [bnw] • stekelig • netelig
spiral /'spaɪərəl/ I [on ww] spiraalvormig maken
II [on ww] spiraalvormig lopen III [znw] spiraal
IV [bnw] spiraalvormig, spiraal- ★ ~ staircase
wenteltrap
spire /spaɪə/ [znw] • (toren)spits • punt
• (gras)spriet • top • spiraal
spirit /'spɪrɪt/ I [ov ww] • bezielen • opmonteren
• (~ away/off) heimelijk doen verdwijnen,
wegtoveren II [znw] • geest • spook
• (levens)moed, energie, pit, fut • spiritus, alcohol
★ ~ lamp spiritusbrander ★ the poor in ~ de
armen van geest
spirited /'spɪrɪtɪd/ [bnw] • levendig, vurig
• geanimeerd • pittig
spiritism /'spɪrɪtɪzəm/ [znw] spiritisme
spiritless /'spɪrɪtləs/ [bnw] • levenloos • apathisch
• zonder geest
spirit-level /'spɪrɪtlevəl/ [znw] waterpas
spirits /'spɪrɪts/ [mv] • gedistilleerde dranken, sterke
drank • levensgeesten, gemoedsstemming ★ in
high ~ opgeruimd; opgewekt ★ in low ~
neerslachtig ★ out of ~ neerslachtig

S

spiritual/'spɪrɪtʃʊəl/ I [znw] godsdienstig lied II [bnw] • geestelijk • intellectueel • spiritueel • fijnbesnaard ★ Lords Spiritual bisschoppen in 't Hoger Huis

spiritualism/'spɪrɪtʃʊəlɪzəm/ [znw] • spiritualisme • spiritisme

spiritualist/'spɪrɪtʃʊəlɪst/ [znw] • spiritualist • spiritist

spiritualities/spɪrɪtʃʊ'ælətɪz/ [mv] • kerkelijke inkomsten • kerkelijk recht • kerkelijk gezag

spirituality/spɪrɪtʃʊ'ælətɪ/ [znw] • spiritualiteit • geestesleven

spiritualize/'spɪrɪtʃʊəlaɪz/ [ov ww] • in geestelijke zin uitleggen • vergeestelijken

spirituous/'spɪrɪtʃʊəs/ [bnw] • alcoholisch • geestrijk

spirt/spɜːt/ → **spurt**

spit/spɪt/ I [ov + on ww] blazen ⟨v. kat⟩, sputteren, spuwen II [ov ww] doorboren, aan spit steken ★ spit it out! kom/zeg op! III [on ww] ★ it is just spitting er valt maar een druppeltje ⟨regen⟩ • she's the spitting image of her grandmother ze lijkt sprekend op haar grootmoeder • (~ upon) verachten, spugen op ⟨ook fig.⟩ IV [znw] • (braad)spit • landtong • steek ⟨met spade⟩ • speeksel • spuug • schuim ⟨v. schuimwesp⟩ ★ spit of rain buitje/spatje regen ★ the dead/very spit of his father het evenbeeld v. zijn vader

spite/spaɪt/ I [ov ww] • dwars zitten • kwellen, pesten, plagen II [znw] • wrevel, rancune, wrok • boosaardigheid ★ (in) ~ of in weerwil van; ondanks ★ have a ~ against a p. iets tegen iem. hebben ★ out of ~ uit wraak

spiteful/'spaɪtfʊl/ [bnw] • rancuneus • hatelijk • uit haat

spitfire/'spɪtfaɪə/ [znw] • nijdas • driftkop • type jachtvliegtuig

spittle/'spɪtl/ [znw] speeksel

spittoon/spɪ'tuːn/ [znw] kwispedoor

spitz/spɪts/ [znw] spitshond

spiv/spɪv/ [znw] zwarthandelaar

splash/splæʃ/ I [ov + on ww] • ploeteren • (be)spatten • rondspatten • kletsen ⟨met water⟩ • klateren • plenzen ★ ~ a story over the front page een verhaal met vette koppen op de voorpagina zetten • (~ in (to)) binnen (komen) vallen II [znw] • plas • klets • kwak • plek • poeder • sensatie ★ make a ~ opzien baren; sensatie verwekken ★ ~ of rye slokje whisky ★ ~ of soda scheutje spuitwater

splashdown/'splæʃdaʊn/ [znw] • landing in zee ⟨v. ruimtecapsule⟩ • plons

splatter/'splætə/ I [ov ww] • doen klateren/plassen • doen (op)spatten II [on ww] • klateren, plassen • (op)spatten • sputteren

splay/spleɪ/ I [ov ww] • afschuiven • schuin zetten ★ ~ed ontwricht; boeglam II [znw] afschuining III [bnw] schuin, wijd uitstaand

spleen/spliːn/ [znw] • Weltschmerz • milt • zwaarmoedigheid • gemelijkheid ★ vent one's ~ zijn gemoed luchten

spleenless/'spliːnləs/ [bnw] opgeruimd v. geest

splendid/'splendɪd/ [bnw] • prachtig • groots • prima • schitterend

splendour/'splendə/ [znw] • pracht • luister • glans

splenetic/splɪ'netɪk/ I [znw] zwaartillend iem. II [bnw] • humeurig • droevig/slecht gehumeurd

splenic/'splenɪk/ [bnw] m.b.t. de milt ★ ~ fever miltvuur

splice/splaɪs/ I [ov ww] • splitsen ⟨touw⟩ • in elkaar vlechten • verbinden ⟨hout⟩ • ⟨inf.⟩ trouwen ★ ~ the main brace een borrel drinken/schenken II [znw] • las • houtverbinding

splicer/'splaɪsə/ [znw] plakapparaat ⟨voor beeld-/geluidsband⟩

splint/splɪnt/ I [ov ww] het spalken II [znw] • spaan • spat ⟨paardenziekte⟩ • spalk

splint-bone[znw] kuitbeen

splinter/'splɪntə/ I [ov ww] versplinteren II [znw] • splinter • scherf ★ ~ group splintergroep

splinter-bar[znw] • lamoen • disselboom ⟨met twee armen⟩, v. auto

splinter-proofI [znw] scherfvrije schuilplaats II [bnw] scherfvrij

splintery/'splɪntərɪ/ [bnw] schilferig

split/splɪt/ I [ov + on ww] • splijten • (z.) splitsen • uiteengaan • (z. ver)delen • samen doen (met) • klikken • aanbrengen ★ a ~ second een fractie v.e. seconde ★ ~ (one's sides) with laughter barsten v. 't lachen ★ ~ hairs/words muggenziften ★ ⟨taalk.⟩ ~ infinitive gedeeld infinitief ★ ~ personality meervoudige persoonlijkheid ⟨psychose⟩ ★ ~ ring sleutelring ★ ~ soda half flesje spuitwater ★ ~ the difference 't verschil delen ★ ~ vote stem(ming) op meer dan één kandidaat ★ this is the rock on which we ~ hier zullen we het nooit over eens worden; dit doet ons de das om II [ov ww] ★ ~ level ⟨house⟩ woning met vloeren op verschillend niveau III [znw] • scheur • split • scheuring, breuk • afgescheiden groep/partij • ⟨glas⟩ whisky m. spuitwater • aanbrenger, politiespion

splitting/'splɪtɪŋ/ [bnw] ★ ~ headache barstende hoofdpijn

split-up[znw] verbreking v.d. relatie, scheiding, breuk

splodge, splotch/splɒdʒ/ [znw] • bles • veeg, vlek • smet, spat

splosh/splɒʃ/ [znw] ping-ping

splurge/splɜːdʒ/ I [on ww] met geld smijten II [znw] • (kouwe) drukte • vertoon

splutter/'splʌtə/ I [on ww] • vochtig praten • sputteren II [znw] • gesputter • tumult

spoil/spɔɪl/ I [ov ww] • schaden • in de war sturen • verwennen • 'n ongeluk slaan • bederven • (vero.) beroven, plunderen ★ be ~ing for hunkeren naar II [znw] • roof • buit • (AE) politieke protectie

spoiled/spɔɪld/ [bnw] verwend ★ ~ paper ongeldig (gemaakt) stembiljet

spoiler/'spɔɪlə/ [znw] • spoiler ⟨auto⟩ • vangscherm • (stabilisatie)scherm ⟨auto⟩ • → **spoil**

spoils/spɔɪlz/ [mv] opbrengst, buit

spoil-sport[znw] spelbederver

spoilt/spɔɪlt/ volt. deelw. → **spoil**

spoke/spəʊk/ I [ww] o.v.t. → **speak** II [ov ww] • v. spaken voorzien • met spaken tegenhouden III [znw] spaak

spoken/'spəʊkən/ I [ww] volt. deelw. → **speak** II [bnw] spreek-

spokesman/'spəʊksmən/ [znw] woordvoerder

spokesperson/'spəʊkspɜːsən/ [znw] woordvoerder

spokeswoman/'spəʊkswʊmən/ [znw] woordvoerster

spoliation/spəʊlɪ'eɪʃən/ [znw] • plundering • roof

spondaic/spɒn'deɪɪk/ [bnw] spondeïsch

spondee/'spɒndiː/ [znw] spondeus

spondulicks/spɒn'djuːlɪks/ [znw] duiten

sponge/spʌndʒ/ I [ov ww] afsponsen • (~ down) afsponsen • (~ out) uitwissen • (~ up) opnemen/-zuigen met een spons II [on ww] *parasiteren* • ⟨~ **off**⟩ op ⟨iemands⟩ zak teren **III** [znw] • *spons* • *sponsdeeg* • *Moskovisch gebak* • *klaploper* • *parasiet* ∗ *give it a ~ spons het even af* ∗ ~ *bag toilettas* ∗ ~ *cake Moskovisch gebak* ∗ *throw in the ~ z. gewonnen geven*

sponge-diver [znw] *sponzenduiker*

sponge-finger [znw] *lange vinger ⟨koekje⟩*

sponger /'spʌndʒə/ [znw] • *klaploper* • *sponzenduiker*

spongy /'spʌndʒɪ/ [bnw] *sponsachtig*

sponsor /'spɒnsə/ **I** [ov ww] • *borg staan voor* • *financieel steunen* ∗ ~ed by *aangeboden door; onder auspiciën van* ∗ ~ed *programme ⟨door derden⟩ gefinancierd programma* **II** [znw] • *peetoom/-tante* • *borg* • *sponsor* ∗ *stand ~ for meter/peter zijn bij; borg staan voor*

sponsorship /'spɒnsəʃɪp/ [znw] • *auspiciën* • *het sponsor zijn* • *peetschap*

spontaneity /spɒntə'neɪɪtɪ/ [znw] *spontaniteit*

spontaneous /spɒn'teɪnɪəs/ [bnw] • *spontaan* • *vanzelf, uit zichzelf* ∗ ~ *combustion zelfontbranding* ∗ ~ *generation ontstaan v. leven uit levenloze stof*

spoof /spu:f/ **I** [ov ww] *bij de neus nemen* **II** [znw] • *parodie, satire* • *boerenbedrog*

spook /spu:k/ **I** [ov ww] *bang maken* ∗ *he is easily ~ed er is niet veel voor nodig om hem te laten schrikken; hij is schrikachtig* ∗ *his horse was ~ed by the thunder zijn paard schrok van de donder en sloeg op hol* **II** [znw] *spook*

spooky /'spu:kɪ/ [bnw] *spookachtig*

spool /spu:l/ **I** [ov + on ww] • ⟨~ **back**⟩ *terugspoelen ⟨v. film-/geluidsband⟩* • ⟨~ **forward**⟩ *vooruitspoelen ⟨v. film-/geluidsband⟩* **II** [ov ww] *op spoel winden* **III** [znw] *spoel*

spoon /spu:n/ **I** [ov ww] *lepelen, scheppen* **II** [on ww] *vrijen, verliefd doen/zijn* **III** [znw] • *sul, halve pacht* • *verliefde kwast* • *vrijerij* • *lepel* • *soort golfstick* • *roeiriem met gebogen blad* ∗ *be born with a silver ~ in one's mouth van rijke ouders zijn; een gelukskind zijn* ∗ *get the wooden ~ onderaan staan* ∗ *he needs a long ~ who sups with the devil met grote heren is 't slecht kersen eten* ∗ *on the ~ aan de vrijerij* ∗ *wooden ~ paplepel; houten lepel die in Cambridge aan laatste op examenranglijst gegeven werd*

spoonbill /'spu:nbɪl/ [znw] *lepelaar*

spoon-fed [bnw] *met de lepel gevoerd* ∗ ~ *industries industrieën die met steun op de been gehouden worden*

spoon-feed [ov ww] • *voeren ⟨met lepel⟩* • *voorkauwen ⟨fig.⟩*

spoonful /'spu:nfʊl/ [znw] *lepel ⟨hoeveelheid⟩*

spoons /spu:nz/ [mv] *verliefd paartje* ∗ *be ~ on dolverliefd zijn op*

spoony /'spu:nɪ/ [bnw] *verliefd⟨erig⟩*

spoor /spʊə/ **I** [on ww] *'t spoor volgen* **II** [znw] *spoor*

sporadic /spə'rædɪk/ [bnw] *sporadisch*

sporadically /spə'rædɪklɪ/ [bijw] *sporadisch*

spore /spɔ:/ [znw] • *spore ⟨v. plant of zwam⟩* • *kiem*

sport /spɔ:t/ **I** [ov ww] • *dragen, pronken met* • *erop na houden* **II** [on ww] *spelen, z. vermaken* **III** [znw] • *sport* • *spel* • *vermaak* • *jacht* • *fideel/sportief persoon* • *speelbal ⟨fig.⟩* • *speling der natuur* ∗ *a regular ~ een toffe knul; een beste vent* ∗ *be a good ~ fideel/sportief zijn* ∗ *have good ~ flink wat schieten ⟨bij de jacht⟩* ∗ *in ~ voor de grap* ∗ *make ~ of voor de gek houden* ∗ *old ~ ouwe jongen* ∗ ~s *jacket sportjasje*

sporting /'spɔ:tɪŋ/ [bnw] • *sport-, jacht-* • *sportief* • *royaal* ∗ ~ *chance eerlijke kans* ∗ ~ *column sportrubriek*

sportingly /'spɔ:tɪŋlɪ/ [bijw] *schertsend*

sportive /'spɔ:tɪv/ [bnw] • *speels* • *voor de grap* • *om te plagen*

sports /spɔ:ts/ [mv] • *takken v. sport* • *sportwedstrijden* ∗ *athletic ~ atletiek⟨wedstrijden⟩* ∗ ~ *car sportwagen*

sportsman /'spɔ:tsmən/ [znw] • *sportliefhebber* • *jager* • *sportieve kerel*

sportsmanlike /'spɔ:tsmənlaɪk/ [bnw] *sportief*

sportsmanship /'spɔ:tsmənʃɪp/ [znw] *sportiviteit*

sportswear /'spɔ:tsweə/ [znw] *sportkleding, vrijetijdskleding*

sportswoman /'spɔ:tswʊmən/ [znw] *sportliefhebster*

sporty /'spɔ:tɪ/ [bnw] *sportief⟨uitziend⟩*

spot /spɒt/ **I** [ov ww] • *vlekken krijgen* • *in de gaten krijgen* • *bevlekken* • *bekladden* • *spikkelen* • *ontdekken* **II** [znw] • *plek, plaats* • *spikkeltje* • *puistje* • *beetje, tikje* • *acquit⟨bal⟩ ⟨bij biljarten⟩* • *reclameboodschap/-film/-tijd* • *neutje, drankje* • *vlek* ⟨hand.⟩ *loco* ∗ *be on the spot er als de kippen bij zijn; bijdehand zijn* ∗ *in a spot in de knoei* ∗ *in a spot of trouble in de narigheid* ∗ *knock the spots off glansrijk de baas zijn* ∗ *let's have a spot of lunch laten we wat gaan eten* ∗ *on the spot ter plaatse; direct er bij; op staande voet* ∗ *spot cash contant* ∗ *spot check steekproef* ∗ *the people on the spot de mensen die daar wonen*

spot-ball [znw] *stipbal*

spotless /'spɒtləs/ [bnw] *smetteloos*

spotlight /'spɒtlaɪt/ **I** [ov ww] • *met zoeklichten beschijnen, in 't volle licht zetten* • *aller ogen richten op* **II** [znw] • *spotlight ⟨op toneel⟩* • *zoeklicht* ∗ *in the ~ in 't middelpunt v.d. belangstelling*

spot-on ⟨inf.⟩ [bnw] *precies juist, accuraat* ∗ ~, *Dick spijker op de kop, Dick!*

spot-price [znw] *locoprijs*

spotted /'spɒtɪd/ [bnw] • *gevlekt, bont* • *met puistjes* • *verdacht* ∗ ~ *dick jan-in-de-zak; rozijnenpudding* ∗ ~ *fever nekkramp*

spotter /'spɒtə/ [znw] • *artillerieverkenner ⟨vliegtuig⟩* • *rechercheur, stille* • *spion* • *controleur*

spotting /'spɒtɪŋ/ [znw] *vlekken*

spotty /'spɒtɪ/ [bnw] • *geschakeerd* • *verdacht*

spouse /spaʊz/ [znw] • *echtgenoot, echtgenote* • *bruid⟨egom⟩* • *gade*

spout /spaʊt/ **I** [ov ww] • *spuiten, gutsen, stromen* • *opzeggen* • *verkondigen* **II** [znw] • *tuit* • *spuit⟨gat⟩* • *goot, waterpijp* • *straal* • *lommerd* ∗ *up the ~ in de lommerd; in de knoei*

sprain /spreɪn/ **I** [ov ww] *verstuiken* **II** [znw] *verstuiking*

sprang /spræŋ/ *verl. tijd → spring*

sprat /spræt/ [znw] *sprot* ∗ *throw a ~ to catch a herring/mackerel/whale een spiering uitgooien om een kabeljauw te vangen*

sprawl /sprɔ:l/ **I** [ov ww] *doen spartelen* **II** [on ww] • *languit ⟨gaan⟩ liggen* • *naar alle kanten uitsteken ⟨v. ledematen⟩* • *wijd uitlopen* • *spartelen* **III** [znw] • *luie houding* • *'t wijd uitlopen* • *spreiding*

spray /spreɪ/ **I** [ov ww] • *besproeien* • *verstuiven* **II** [znw] • *stuifwolk* • *wolk ⟨parfum⟩* • *sproeier* • *verstuiver* • *vaporisator* • *twijgje ⟨met bloemen⟩* • *bloemtakje* • *aigrette* ∗ *carnation ~ trosanjer* ∗ ~ *can spuitbus*

spray-gun [znw] *verstuiver*

spread /spred/ **I** [ov ww] • *verspreiden* • *verbreiden*

S

• (uit)spreiden • uitstrekken • smeren • dekken
• wijd uit zetten ★ ~ one's wings zijn vleugels
uitslaan ★ ~ over 10 jaar over 10 jaar
uitsmeren/verdelen • (~ **out**) uitspreiden
II [on ww] • wijd uit (gaan) staan • z. verbreiden,
z. verspreiden **III** [wkd ww] ★ ~ o.s. z. uitstrekken;
z. uitsloven; z. verbreiden; glunderend uitweiden
IV [znw] • smeerbeleg • het spreiden, enz.
• omvang, wijdte • breedte • fuif, traktatie ★ a
nice ~ een rijkgedekte tafel ★ sandwich ~
broodbeleg
spread-eagle I [znw] • opengesneden gevogelte
• adelaar met uitgespreide vleugels, embleem v.d.
VS ★ ⟨AE⟩ chauvinisme **II** [znw] ⟨AE⟩ chauvinistisch
III [bijw] met ledematen uitgestrekt naar alle
kanten
spreader /'spredə/ [znw] • spatel
• (water)verspreider
spread-over [znw] (vakantie-/werktijd)spreiding
spree /spri:/ **I** [on ww] boemelen **II** [znw] ★ on the
~ aan de zwier ★ shopping ~ winkelen met royale
beurs
sprig /sprɪg/ [znw] • twijgje, takje • aigrette • telg,
spruit • spijkertje (zonder kop) • jongmens
sprigged /sprɪgd/ [bnw] met takjes en loofwerk
versierd
spright /spraɪt/ → **sprite**
sprightly /'spraɪtlɪ/ [bnw] • vrolijk • dartel
spring /sprɪŋ/ **I** [ov ww] • doen springen
• plotseling aankomen met • opjagen ⟨v. wild⟩ ★ ~
a leak lek beginnen te worden ★ ~ s.th. on a p.
iem. met iets op het lijf vallen **II** [on ww]
• springen • ontspringen • ontstaan, voortkomen
• kromtrekken, werken ⟨v. hout⟩ • barsten ⟨v.
hout⟩ • uitkomen, opschieten ★ ~ at a p.
op iem. afspringen ★ ~ to fame ineens beroemd
worden ★ ~ to one's feet plotseling opstaan
★ tears sprang (in)to her eyes tranen sprongen
haar in de ogen ★ the trap sprang shut de val
sprong dicht ★ where do you ~ from? waar kom
jij ineens vandaan? • (~ **up**) opspringen, opveren,
plotseling ontstaan, z. plotseling voordoen,
opschieten ⟨v. plant⟩ **III** [znw] • sprong • lente
• bron, oorsprong • veer, veerkracht • weerstand
• 't werken, werking ⟨v. hout⟩ • lek, spleet, kier,
barst • meerkabel ★ ~ bed springveren matras ★ ~
gun geweer dat vanzelf afgaat bij aanraking ★ ~
mattress springverenmatras ★ ~ roll loempia
★ ~s periode v. springvloeden
springboard /'sprɪŋbɔ:d/ [znw] springplank
springbok /'sprɪŋbɒk/ [znw] gazelle
spring-clean I [ov ww] • grondig schoonmaken
• grote schoonmaak houden **II** [znw] grote
schoonmaak
springer /'sprɪŋə/ [znw] • gazelle • stormvis
• oorsprong v. boog • ribbe v. gewelf • kleine
patrijshond
springhead /'sprɪŋhed/ [znw] bron, oorsprong
springlike /'sprɪŋlaɪk/ [bnw] • lente-
• voorjaars(achtig)
springtide /'sprɪŋtaɪd/ [znw] • voorjaar • springtij
springtime /'sprɪŋtaɪm/ [znw] voorjaar
springy /'sprɪŋɪ/ [bnw] • veerkrachtig • springerig
sprinkle /'sprɪŋkl/ **I** [ov ww] (be)sprenkelen,
(be)strooien **II** [on ww] motregenen **III** [znw] klein
beetje, tikje ★ chocolate ~s hagelslag ★ ~ of snow
licht sneeuwbuitje
sprinkler /'sprɪŋklə/ [znw] strooier, sproeiwagen
sprinkling /'sprɪŋklɪŋ/ [znw] → **sprinkle** ★ ~-can
gieter
sprint /sprɪnt/ **I** [ov + on ww] sprinten **II** [znw]
sprint

sprinter /'sprɪntə/ [znw] sprinter
sprit /sprɪt/ [znw] zeilspriet
sprite /spraɪt/ [znw] • kabouter • fee • (bos)geest
spritsail /'sprɪtsəl/ [znw] sprietzeil
sprocket-wheel /'sprɒktwi:l/ [znw] kettingwiel
sprog /sprɒg/ ⟨sl.⟩ [znw] • rekruut • broekie,
groentje
sprout /spraʊt/ **I** [ov ww] ★ ~ horns/hair
hoorns/haar beginnen te krijgen **II** [on ww]
uitbotten, uitlopen **III** [znw] scheut, loot
★ (Brussels) ~s spruitjes
spruce /spru:s/ **I** [ov ww] ★ ~ (up) netjes maken;
opdirken **II** [znw] spar(renhout) ★ ~ fir spar
III [bnw] keurig, netjes
sprung /sprʌŋ/ **I** [ww] volt. deelw. → **spring**
II [bnw] • gebarsten • aangeschoten
spry /spraɪ/ [bnw] vlug, kwiek, kittig ★ look spry!
vlug!
spud /spʌd/ **I** [on ww] • rooien • wieden, uitsteken
II [znw] • kort dikkertje • wiedijzer • pieper
⟨aardappel⟩
spume /spju:m/ **I** [on ww] schuimen **II** [znw]
schuim
spun /spʌn/ **I** [ww] verl. tijd + volt. deelw. → **spin**
II [bnw] ★ spun glass glaswol ★ spun silk
zijdegaren ★ ⟨scheepv.⟩ spun yarn
schiemansgaren
spunk /spʌŋk/ [znw] • pit, moed, lef • drift • tonder
spunky /'spʌŋkɪ/ [bnw] • vurig, moedig
• opvliegend
spur /spɜ:/ **I** [ov ww] de sporen geven ★ spurred met
sporen aan • (~ on) aansporen, aanvuren
II [on ww] spoorslags rijden **III** [znw]
• verbindingsweg tussen twee autosnelwegen
• spoor • prikkel • uitstekende punt of tak
• uitloper • autosnelweg ★ on the spur of the
moment direct; zo maar voor de vuist weg ★ win
one's spurs (ge)ridder(d) worden; zijn sporen
verdienen
spurge /spɜ:dʒ/ [znw] wolfsmelk (plant)
spurious /'spjʊərɪəs/ [bnw] vals, niet echt
spurn /spɜ:n/ [ov ww] • (weg)trappen • verachten
• versmaden **II** [on ww] ★ ~ at) zich schamper
verzetten tegen **III** [znw] • verachting
• versmading
spurt /spɜ:t/ **I** [ov + on ww] • spuiten • spatten ⟨v.
pen⟩ **II** [on ww] • spurten • alles op alles zetten
III [znw] ★ by ~s bij vlagen
sputter /'spʌtə/ **I** [ov ww] brabbelen **II** [on ww]
sputteren, spetteren, knetteren **III** [znw]
• gesputter • gestamel
sputum /'spju:təm/ [znw] • speeksel • sputum
spy /spaɪ/ **I** [ov + on ww] • (be)spioneren
• (be)loeren • in 't oog krijgen ★ I spy with my
little eye ik zie, ik zie wat jij niet ziet ★ (~ (up)on)
bespioneren • (~ out) proberen achter ... te komen
II [ov ww] • (~ out) (stiekem) opnemen,
verkennen ★ spy out the land terrein verkennen;
poolshoogte nemen **III** [znw] spion
spy-glass /'spaɪglɑ:s/ [znw] kijker
spy-hole /'spaɪhəʊl/ [znw] kijkgaatje
squab /skwɒb/ **I** [znw] • dikkertje • mollig meisje
• nestjong ⟨v. duif of roek⟩ • (zacht dik) kussen
II [bnw] • plomp • kort en dik
squabble /'skwɒbl/ **I** [on ww] kibbelen, ruzie
maken **II** [znw] • kibbelpartij • pastei
squad /skwɒd/ [znw] • groep, ploeg
• (politie)patrouille • ⟨mil.⟩ rot ★ awkward ~
rekruten in opleiding ★ ⟨AE⟩ car overvalwagen;
politieauto
squadron /'skwɒdrən/ [znw] • eskadron ⟨bij de
cavalerie⟩ • eskader ⟨bij de marine⟩ • escadrille

S

⟨bij de luchtmacht⟩
squalid /'skwɒlɪd/ [bnw] ● vunzig, smerig ● gemeen
squall /skwɔ:l/ **I** [ov + on ww] ● gillen ● brallen
II [znw] ● windstoot ● vlaag ★ look out for ~s pas
op dat je geen herrie (met hem) krijgt; weest op uw
hoede
squally /'skwɔ:lɪ/ [bnw] winderig, stormachtig
squalor /'skwɒlə/ [znw] ● vunzigheid, smerigheid
● ellende
squander /'skwɒndə/ [ov ww] verkwisten,
vergooien
squandermania /skwɒndə'meɪnɪə/ [znw]
geldsmijterij
square /skweə/ **I** [ov ww] ● in kwadraat brengen
● omkopen ● bewerken ● vierkant maken,
recht/haaks maken ● in orde maken, afrekenen ★ ~
accounts afrekenen ● ~ one's shoulders z. schrap
zetten ★ ~ the circle de oppervlakte v.d. cirkel
berekenen; 't onmogelijke proberen ● (~ **to/with**) in
overeenstemming brengen met, aanpassen aan
● (~ **up**) vereffenen, afrekenen, betalen ★ ~ up to
zich gerechtvaardigd voelen ● recht/haaks staan op
● overeenstemmen ★ ~ up
at s.o. z. schrap zetten tegen iem.; een vechtlustige
houding aannemen tegen iem. ★ ~ up to energiek
aanpakken ● (~ **with**) kloppen met **III** [znw]
● vierkant ● kwadraat ● plein, exercitieterrein
● huizenblok ● carré ● winkelhaak, tekenhaak
● vlaktemaat (9 m) ● conservatief ● be on the ~
vrijmetselaar zijn ● be out of ~ niet with the rest niet
in overeenstemming met de rest zijn; uit de toon
vallen ● by the ~ precies ● on the ~ in de haak;
eerlijk ● out of ~ niet in de haak; niet haaks ●
dance quadrille **IV** [bnw] ● vierkant ● stoer, stevig
● eerlijk, oprecht, betrouwbaar ● ondubbelzinnig
● gelijk, quitte, in orde, in de haak ● conservatief
★ get a ~ deal eerlijk behandeld worden ★ get
things ~ with s.o. het in orde maken met iem.;
met iem. afrekenen ★ ~ addict verslaafde uit betere
kringen ★ ~ measure vlaktemaat ★ ~ root
vierkantswortel **V** [bijw] ● vierkant ● oprecht
● vlak, ronduit
square-built /skweə'bɪlt/ [bnw] met brede
schouders
squarely /'skweəlɪ/ [bijw] vierkant
square-shouldered [bnw] met vierkante
schouders
square-toed /skweə'təʊd/ [bnw] ● met vierkante,
brede neus (schoeisel) ● preuts ● bekrompen
square-toes [znw] preuts iem.
squash /skwɒʃ/ **I** [ov ww] ● kneuzen ● plat drukken
● tot moes maken/slaan ● de mond snoeren
● dringen **II** [on ww] geplet worden **III** [znw]
● gedrang ● pulp, moes ● limonade, kwast
● vruchtvlees v.e. kalebas (als groente) ★ ~ hat
slappe hoed
squashy /'skwɒʃɪ/ [bnw] ● zacht ● sentimenteel
squat /skwɒt/ **I** [ov ww] kraken (v. huis, stuk
land) **II** [on ww] ● hurken ● (gaan) zitten, gaan
liggen ● kruipen met lichaam tegen de grond
III [znw] hurkende houding **IV** [bnw] kort,
gedrongen
squatter /'skwɒtə/ [znw] ● kolonist ● squatter
● kraker
squaw /skwɔ:/ [znw] (indiaanse) vrouw
squawk /skwɔ:k/ **I** [on ww] krijsen **II** [znw]
schreeuw
squeak /skwi:k/ **I** [on ww] piepen ★ (sl.) ~ (on)
(iem.) verraden **II** [znw] gepiep ★ it was a narrow
~ 't scheelde maar een haar
squeaker /'skwi:kə/ [znw] ● piepertje ● jong
vogeltje ● verrader

squeaky /'skwi:kɪ/ [bnw] ● piepend ● krakend
squeal /skwi:l/ **I** [on ww] ● gillen ● gieren
● tekeergaan ● een keel opzetten ● (sl.) verraden
II [znw] gil
squealer /'skwi:lə/ [znw] ● schreeuwlelijk ● jonge
duif ● aanbrenger ● querulant
squeamish /'skwi:mɪʃ/ [bnw] ● (gauw) misselijk
● kieskeurig ● pijnlijk nauwgezet ● overgevoelig
squeegee /'skwi:dʒi:/ [znw] ● zwabberen
● rollen **II** [znw] ● vloertrekker ● ⟨foto.⟩ rolstrijker
squeeze /skwi:z/ **I** [ov ww] ● knijpen, uitknijpen
● kneden ● uitpersen, afpersen ● pressen
● uitzuigen ⟨fig.⟩ ● (tegen z. aan)drukken ● (bridge)
eruit dwingen ★ ~ a p.'s hand iem. een stevige
hand geven ● ~ o.s. in z. nestelen in ★ ~ to death
dooddrukken **II** [on ww] (z.) dringen ● (~
through) 't met moeite halen **III** [znw]
● kneep(je) ● gedrang ● (hand)druk ● afdruk (v.
munt) ● hartelijke omhelzing ● afpersing ★ at a ~
als 't er om gaat ★ it was a ~ 't was 'n hele toer
★ put the ~ on a p. iem. onder druk zetten;
chantage plegen op iem.
squeezer /'skwi:zə/ [znw] ● (citroen)pers ● uitzuiger
squelch /skweltʃ/ **I** [ov ww] ● de mond snoeren
● verpletteren ● de kop indrukken **II** [on ww]
zuigend geluid maken (als bij lopen door
modder) **III** [znw] ● gevat antwoord ● zuigend
geluid
squib /skwɪb/ **I** [ov ww] hekelen **II** [on ww]
voetzoeker of ontsteking afsteken **III** [znw]
● voetzoeker ● ontstekingspatroon ● schotschrift
squid /skwɪd/ [znw] ● pijlinktvis ● kunstaas
squiffy /'skwɪfɪ/ [bnw] aangeschoten
squiggle /'skwɪɡl/ **I** [on ww] ● krullen ● kronkelen
II [znw] golvend lijntje, slangetje
squint /skwɪnt/ **I** [on ww] ● loensen, scheel kijken
● (even) kijken ● overhellen ⟨fig.⟩ ● (~ **at**) blikken
naar **II** [znw] ● neiging ● opening om van zijbeuk
op altaar te kunnen zien ● have a fearful ~
vreselijk scheel kijken ★ have a ~ at eventjes kijken
naar **III** [bnw] scheel
squint-eyed /skwɪnt'aɪd/ [bnw] ● scheel ● scheef
squire /skwaɪə/ **I** [ov ww] escorteren, attent/galant
zijn voor **II** [znw] ● landjonker ● ⟨gesch.⟩
schildknaap ★ ~ of dames galante ridder ★ the ~
de (land)heer v.h. dorp
squirm /skwɜ:m/ **I** [on ww] ● wriemelen, kronkelen
● iets op z'n hart hebben ● niet op z'n gemak zijn
II [znw] (lichaamsge)kronkel
squirrel /'skwɪrəl/ [znw] eekhoorn
squirt /skwɜ:t/ **I** [ov + on ww] ● spuiten ● sprietsen
II [znw] ● straal ● spuitje ● braniehopper
squish /skwɪʃ/ [znw] marmelade
St. /sənt/ [afk] ● (Saint) Sint ● (Street) straat
ST /sənt/ [afk] ● (sanitary towel) maandverband
stab /stæb/ **I** [ov + on ww] ● steken ⟨vnl. met dolk,
of v. wond⟩ ● de doodsteek geven ● afbikken ★ stab
in the back in de rug aanvallen **II** [znw]
dolkstoot, doodsteek ● have a stab at 'n gooi doen
naar ★ stab in the dark slag in de lucht; gok
stabber /'stæbə/ [znw] ● messensteker
● moordenaar ● dolk
stability, stableness /stə'bɪlətɪ/ [znw]
bestendigheid, evenwichtigheid
stabilization /steɪbəlar'zeɪʃən/ [znw] stabilisatie
stabilize /'steɪbəlaɪz/ [ov + on ww] stabiliseren
stable /'steɪbl/ **I** [ov ww] op stal zetten **II** [on ww]
op stal staan **III** [znw] stal **IV** [bnw] ● hecht, vast
● standvastig ● stabiel
stable-boy, stableman /'steɪblbɔɪ/ [znw]
stalknecht
stabling /'steɪblɪŋ/ [znw] ● stallen ● stalling

S

staccato/stə'ka:təʊ/ [bnw + bijw] staccato

stack/stæk/ I [ov ww] • stapelen • opdracht geven met landen te wachten en op bepaalde hoogte te blijven ∗ ~ arms de geweren aan rotten zetten ∗ (~ up) opstapelen, optassen II [znw] • stapel, hoop • groep schoorstenen (op dak) • (schoorsteen)pijp • steile kale rots • (hooi)mijt • bepaalde houtmaat (4.86 m3)

stacked/stækt/ [bnw] welgevormd

stack-funnel [znw] ventilatiepijp in hooimijt

stackyard/'stækja:d/ [znw] erf waar hooimijten staan

stadium/'steɪdɪəm/ [znw] • stadion • stadium

staff/sta:f/ I [ov ww] van personeel e.d. voorzien II [znw] • staf (leidinggevend) personeel • stut • notenbalk • soort gips ∗ editorial ~ redactie ∗ ~ college Hogere Krijgsschool ∗ ~ of life brood

stag/stæg/ I [ov ww] ∗ (AE) stag it z'n vrouw thuis laten II [on ww] speculeren III [znw] • (mannetjes)hert • os • beursspeculant ∗ stag beetle vliegend hert ∗ stag party hengstenbal; bokken-/herenfuif

stage/steɪdʒ/ I [ov ww] • opvoeren • ten tonele/voor 't voetlicht brengen • ensceneren • op touw zetten II [znw] • fase, stadium • objecttafel (v. microscoop) • stage, leertijd • diligence • tonel • podium • steiger • etappe, traject • stopplaats ∗ go on the ~ bij het toneel gaan ∗ ~ direction toneelaanwijzing ∗ ~ door artiesteningang ∗ ~ fever vurige bewondering voor toneel ∗ ~ fright plankenkoorts ∗ ~ whisper hoorbaar gefluister

stagecoach/'steɪdʒkəʊtʃ/ [znw] diligence

stagecraft/'steɪdʒkra:ft/ [znw] • toneelkunst • dramatiek

stage-manage [ov ww] ensceneren

stage-manager/steɪdʒ'mænɪdʒə/ [znw] regisseur

stager/'steɪdʒə/ [znw] ∗ old ~ ouwe rot in 't vak

stagewright/'steɪdʒraɪt/ [znw] toneelschrijver

stagger/'stægə/ I [ov ww] • doen wankelen • ontstellen • (doen) duizelen • zigzagsgewijs of om en om plaatsen (v. spaken in fietswiel) ∗ ~ holidays vakanties/vakantiedagen spreiden over werktijd II [on ww] • wankelen • waggelen III [znw] • wankeling • schok v. ontsteltenis • blind ~s kolder (paardenziekte) ∗ the ~s duizeling; duizeligheid

staggerer/'stægərə/ [znw] vraag/gebeurtenis waar men van ondersteboven is

staggering/'stægərɪŋ/ [bnw] schrikbarend ∗ ~ blow klap waar je van rondtolt

staghound/'stæghaʊnd/ [znw] jachthond

staging/'steɪdʒɪŋ/ [znw] • mise-en-scène • stellage, steiger(werk)

stagnancy/'stægnənsɪ/ [znw] stagnatie

stagnant/'stægnənt/ [bnw] • stilstaand • lui, traag, dood (fig.)

stagnate/stæg'neɪt/ [on ww] • stilstaan • alle fut kwijt zijn of kwijtraken • op 'n dood punt staan of komen • afstompen

stagnation/stæg'neɪʃən/ [znw] stagnatie

stagy/'steɪdʒɪ/ [bnw] theatraal

staid/steɪd/ [bnw] • bedaard, bezadigd • degelijk

stain/steɪn/ I [ov ww] • vlek(ken) maken op • kleuren, verven • beitsen • onteren, bezoedelen ∗ ~ed glass windows gebrandschilderde ramen II [on ww] • vlekken geven • afgeven (v. stoffen) III [znw] • vlek, smet • blaam • kleurstof, verfstof, beits

stainless/'steɪnləs/ [bnw] • vlekkeloos • vlekvrij, roestvrij

stair/steə/ [znw] • trede • trap ∗ (flight of) ~s trap

∗ below ~ (in het) souterrain; (onder 't) personeel ∗ ~ carpet traploper

staircase, stairway/'steəkeɪs/ [znw] trap

stairwell/'steəwel/ [znw] trappenhuis

stake/steɪk/ I [ov ww] • aan paal/staak (op)binden • afpalen • met palen omheinen ∗ (~ off/out) afpalen, inzetten, (bij 't spel) zetten ∗ (~ out) (AE) onder bewaking stellen II [znw] • brandstapel • klein aandeeltje • inzet • aandeel, belang(en) • paal, staak ∗ be at ~ op 't spel staan ∗ he has a ~ in the country hij heeft belang bij het welzijn van 't land ∗ ~s hele inzet; pot; wedren ∗ the ~ de dood op de brandstapel

stale/steɪl/ I [ov ww] • oud maken • doen verschalen II [on ww] • oud worden • verschalen • urineren (v. paard) III [znw] • gier (v. vee) IV [bnw] • niet fris meer, muf • verschaald • oud(bakken) • verlegen (v. goederen) • (sport) go ~ overtraind raken ∗ one's mind gets ~ by ... je wordt suf van ... ∗ ~ joke ouwe mop

stalemate/'steɪlmeɪt/ I [ov ww] pat zetten II [znw] • pat(stelling) • schaakmat

stalk/stɔ:k/ I [ov ww] (be)sluipen (v. prooi) ∗ ~ the land in 't land rondwaren II [on ww] • (statig) schrijden • voortschrijden (ook fig.) • op sluipjacht gaan, aan sluipjacht doen III [znw] • stengel • steel • schacht (v. veer) • hoge schoorsteen ∗ 't (statig) schrijden ∗ 't (be)sluipen • sluipjacht

stalker/'stɔ:kə/ [znw] • sluiper • sluipjager

stalking-horse/'stɔ:kɪŋhɔ:s/ [znw] • dekmantel, voorwendsel • namaakpaard waar sluiper zich achter dekt

stall/stɔ:l/ I [ov ww] • stallen • op stal houden, vetmesten • in boxen verdelen • afzetten ∗ I'll ~ her ik zal haar aan de praat houden II [on ww] • vastrijden, vastlopen • afslaan (v. motor) • snelheid verliezen en afglijden III [znw] • 't afglijden • afdeling in stal • box • koorbank • koorstoel • stalletje, kiosk, kraam • stallesplaats • plaats (v. mijnwerker) • handlanger (die bestolene aan de praat houdt) • smoesje

stallage/'stɔ:lɪdʒ/ [znw] staangeld

stall-fed/'stɔ:lfed/ [bnw] vetgemest

stallholder/'stɔ:lhəʊldə/ [znw] • geestelijke die recht heeft op koorstoel • kanunnik • kraamhouder

stallion/'stæljən/ [znw] hengst

stalwart/'stɔ:lwət/ I [znw] getrouwe, trawant II [bnw] • robuust, stoer, struis • trouw

stamen/'steɪmən/ [znw] meeldraad

stamina/'stæmɪnə/ [znw] • (innerlijke) kracht • pit • energie • uithoudingsvermogen ∗ moral ~ karaktervastheid

stammer/'stæmə/ I [ov + on ww] • stotteren • stamelen II [znw] het stotteren

stammerer/'stæmərə/ [znw] stotteraar

stammering/'stæmərɪŋ/ [bnw] stotterend

stamp/stæmp/ I [ov + on ww] stampen II [ov ww] • (be)stempelen • frankeren, zegelen • stampen • karakteriseren, kenmerken ∗ ~ flat plattrappen ∗ ~ed addressed envelope gefrankeerde retourenvelop ∗ ~ed paper gezegeld papier • (~ out) uittrappen, vernietigen, verdelgen, uitroeien III [on ww] ∗ ~ing ground lievelingsplek(je) IV [znw] • stempel, merk • postzegel • (ge)stamp • stamper • soort, karakter ∗ bear the ~ het stempel dragen (fig.) ∗ set one's ~ (up)on zijn stempel drukken op ∗ ~ machine hamermolen; postzegelautomaat

stamp-collector/'stæmpkəlektə/ [znw] postzegelverzamelaar

stampede/stæm'pi:d/ I [ov ww] paniek/vlucht veroorzaken II [on ww] massaal op hol slaan

III [znw] • massale plotselinge vlucht v. paarden/vee • paniek • sauve-qui-peut • toeloop, stormloop • ⟨AE⟩ bal

stamper/'stæmpǝ/ [znw] breekmachine ⟨v. erts of steen⟩

stance/sta:ns/ [znw] houding ⟨bij golf⟩

stanch/sta:ntʃ/ [ov ww] stelpen

stanchion/'sta:nʃǝn/ **I** [ov ww] • stutten • aan paal binden **II** [znw] • stut • paal • ⟨scheepv.⟩ dekstijl

stand/stænd/ **I** [ov ww] • plaatsen, zetten • uithouden, verdragen, uitstaan • bestand zijn tegen • trakteren (op) * he can ~ a good deal hij kan heel wat hebben * ~ fire vijandelijk vuur trotseren; kritiek trotseren * ~ s.o. in good stead iem. goed van pas komen • (~ **off**) tijdelijk ontslaan • (~ **up**) (rechtop) zetten, opstellen, uitsteken **II** [on ww] • staan, gaan staan • blijven staan, er (nog) staan • liggen • standhouden, geldig zijn, steek houden, gehandhaafd blijven * it ~s to reason het spreekt vanzelf * ~ (one's) trial terechtstaan * ~ a chance kans hebben * ~ accused beschuldigd zijn * ~ alone bovenaan staan; alleen staan * ~ at ease op de plaats rust staan * ~ candidate kandidaat zijn * ~ corrected erkennen dat men schuld heeft * ~ in awe of ontzag hebben voor; respecteren * ~ off and on kusthavens langsvaren * ~ one's ground standhouden; niet toegeven; niet wijken * ~ pat vasthouden aan partijprincipes * ~ six feet 1 m 80 lang zijn * ~ to lose/win op verliezen/winnen staan * ~ well with goed aangeschreven staan bij; op goede voet staan met • (~ **aside**) aan de kant staan, zich afzijdig houden • (~ **at**) aangeven ⟨v. meter⟩ • (~ **away**) weg gaan staan • (~ **back**) achteruit gaan staan • (~ **by**) erbij (blijven/gaan) staan, lijdelijk toezien, klaar (gaan) staan om te helpen, een handje helpen, in de buurt blijven • (~ **by**) one's friend zijn vriend bijstaan • (~ **by**) one's promise z. houden aan zijn belofte • (~ **down**) teruggaan naar zijn plaats, z. terugtrekken • (~ **for**) steunen, voorstaan, betekenen, symboliseren, kandidaat zijn voor, peter/meter zijn voor, verdragen * I won't ~ for that dat neem ik niet • (~ **in**) kosten, komen (te staan) op, meedoen, niet achterblijven, zijn steentje bijdragen, naar land koersen * ~ in with één lijn trekken met * ~ in for waarnemen voor; invallen voor • (~ **off**) aan de kant gaan staan, op een afstand blijven, z. afzijdig houden, afhouden • (~ **on**) staan op, aanhouden, dezelfde koers houden * ~ on 't oog vallen, volhouden, niet toegeven, standvastig zijn, zee kiezen * ~ out against afsteken tegen; uitkomen tegen * ~ out for staan op; eisen; op de bres staan voor • (~ **over**) blijven liggen • (~ **to**) blijven bij, trouw blijven aan * ~ to one's guns bij zijn standpunt blijven; niet toegeven * ~ to one's word woord houden • (~ **up**) opstaan, rechtop blijven/gaan staan * ~ up against z. weren tegen * ~ up for steunen; opkomen voor * ~ up to niet opzij gaan voor; 't hoofd bieden • (~ **upon**) staan op, afgaan op **III** [znw] • tribune • standaard, rek, tafeltje, statief • gewas te velde • stand, stilstand, oponthoud • standplaats • standpunt • kraam, kiosk * be at a ~ stil staan * be at a ~ for verlegen zitten om * come to a ~ tot stand komen * make a ~ (against) stelling nemen (tegen) * one-night ~ één enkele voorstelling; korte affaire ⟨fig.⟩ * ~ of arms bewapening v. één soldaat * ~ of colours regimentsvaandel * take one's ~ post vatten; z. op 't standpunt stellen * take one's ~ on uitgaan

van; z. baseren op

standard/'stændǝd/ **I** [znw] • stamroos • standaard • vaandel • standaardmaat • maatstaf, norm • stelregel • stander • paal • heester op hoge stam * raise the ~ of revolt het sein tot revolutie geven **II** [bnw] • standaard, normaal • algemeen erkend/gewaardeerd • op hoge stam * ~ English algemeen beschaafd Engels * ~ joke stereotiepe mop * ~ lamp staande (schemer-/lees-)lamp

standard-bearer/'stændǝdbeǝrǝ/ [znw] • vaandrig • leider

standardization/stændǝdǝr'zeɪʃǝn/ [znw] standaardisering

standardize/'stændǝdaɪz/ [ov ww] • normaliseren • als normaal vaststellen • algemeen erkennen

stand-by/'stændbaɪ/ **I** [znw] • steun • troost • hulp in nood **II** [bnw] • nood- • reserve-

stand-in/'stændɪn/ [znw] • invaller • plaatsvervanger

standing/'stændɪŋ/ **I** [znw] • duur, ouderdom • reputatie, aanzien * of long ~ wat al lang bestaat; van oudsher gevestigd * ~ room staanplaats(en) **II** [bnw] • staand • te velde staand • blijvend, voortdurend, permanent * ~ joke stereotiepe mop * ~ jump sprong zonder aanloop * ~ orders reglement

stand-offish/stænd'ɒfɪʃ/ [bnw] • terughoudend, gereserveerd • hautain

standpatter/'stænd'pætǝ/ [znw] politicus die vasthoudt aan partijpolitiek

standpoint/'stændpɔɪnt/ [znw] standpunt

standstill/'stændstɪl/ [znw] stilstand * be at a ~ stilstaan; stilliggen * come to a ~ stil komen te liggen

stand-to/'stændtu:/ [znw] appel

stand-up/'stændʌp/ **I** [znw] • staande boord • staande lunch **II** [bnw] staand * ~ fight geregeld gevecht * ~ row flinke ruzie

stank/stæŋk/ verl. tijd → **stink**

stannic/'stænɪk/ [bnw] tin-

stanza/'stænzǝ/ [znw] couplet

staple/'steɪpl/ **I** [ov ww] • (vast)nieten, krammen • sorteren ⟨v. wol⟩ **II** [znw] • hoofdmiddel van bestaan • hoofdproduct, hoofdexportartikel • kern, hoofdschotel ⟨fig.⟩ • grondstof • vezel • kram • hechtnietje • stapelplaats **III** [bnw] • hoofd- • kern-

stapler/'steɪplǝ/ [znw] nietmachine

star/sta:/ **I** [ov ww] • met sterren tooien/versieren • sterretjes zetten bij • als ster laten optreden * star it als ster optreden; de hoofdrol spelen * starring met in de hoofdrol **II** [on ww] • de hoofdrol spelen • als ster optreden **III** [znw] • ster(retje) • gesternte • bles * star shell lichtkogel * stars and stripes vlag van de VS **IV** [bnw] • ster- • hoofd- • eerste

starboard/'sta:bǝd/ [znw] stuurboord

starch/sta:tʃ/ **I** [ov ww] stijven **II** [znw] • zetmeel • stijfsel • stijfheid, stijve vormelijkheid

starched/sta:tʃt/ [bnw] • in de plooi • stijf, vormelijk

starchy/'sta:tʃɪ/ [bnw] • zetmeelrijk • gesteven • vormelijk * ~ food meelkost

star-crossed/[bnw] niet voor het geluk geboren, ongelukkig

stardom/'sta:dǝm/ [znw] de status van ster

stardust/'sta:dʌst/ [znw] • kosmisch stof • sterrenhoop

stare/steǝ/ **I** [ov + on ww] • grote ogen opzetten • staren • (nieuwsgierig) kijken * it ~s you in the face 't ligt vlak voor je neus; 't is overduidelijk * ~

S

a p. out of countenance *iem. de ogen doen
neerslaan* ★ that will make him ~ *dat zal hem
doen opkijken* ● (~ at) *aangapen* II [znw] ● (hol)
starende blik ● blik

starfish /'sta:fɪʃ/ [znw] *zeester*
stark /sta:k/ I [bnw] ● *absoluut, volkomen*
● *spiernaakt* ★ star, stijf ● grimmig ★ ~ nonsense
klinkklare onzin II [bijw] *volkomen* ★ ~ blind
stekeblind ★ ~ mad *stapelgek* ★ ~ naked
spiernaakt
starkers /'sta:kəz/ [bnw] *spiernaakt*
starlet /'sta:lət/ [znw] *sterretje*
starlight /'sta:laɪt/ [znw] *sterrenlicht*
starling /'sta:lɪŋ/ [znw] ● *spreeuw* ● *paalbeschoeiing*
starlit /'sta:lɪt/ [bnw] ● *door sterren verlicht* ● *met
sterren*
starred /sta:d/ [bnw] ● *met ster/sterretje(s)*
● *gesternd*
starry /'sta:rɪ/ [bnw] ● *met sterren bezaaid*
● *schitterend* ★ ~ sky *sterrenlucht*
starry-eyed [bnw] *in vervoering, euforisch*
star-spangled /'sta:spæŋgld/ [bnw] *met sterren
bezaaid* ★ ~ banner *vlag v. VS; (woorden uit)
volkslied v. VS*
star-studded [bnw] ● *bezaaid met sterren* ● *met
veel sterren (fig.)*
start /sta:t/ I [ov + on ww] ● *beginnen (met)*
● *starten* ● *startsein geven* ★ ~ to work *beginnen te
werken* ★ ~ working *beginnen te werken*
II [ov ww] ● *aan de gang krijgen* ● *op gang/weg
helpen* ● *aanzetten* ● *opjagen (v. wild)* ● *opperen*
● *doen losraken* ★ ~ another hare *een nieuw
onderwerp aansnijden* ● (~ up) *starten, aanzetten*
III [on ww] ● *(op)springen* ● *(op)schrikken*
● *vertrekken* ● *aan de gang gaan* ● *aanslaan (v.
motor)* ● *doen losraken* ★ his eyes ~ed *zijn ogen
puilden uit* ★ ~ into existence *plotseling ontstaan*
★ ~ing block *startblok* ★ to ~ with *om te
beginnen* ● (~ at) *schrikken van* ● (~ for)
vertrekken naar ● (~ from/with) *uitgaan van*
● (~ off) *van start/op weg gaan, beginnen* ● (~
off/out) *beginnen, aan 't werk gaan* ● (~ up)
*opspringen, opschrikken, plotseling ontstaan,
aanslaan, starten* IV [znw] ● *vertrekpunt,
beginpunt, start* ● *voorsprong* ★ by fits and ~s *op
ongeregelde tijden; onregelmatig* ★ from ~ to
finish *van 't begin tot 't eind* ★ get a ~ on a p. *iem.
vóór zijn* ● give a p. a ~ *iem. op weg helpen* ● give
a p. a ~ in life *iem. een opstapje geven (fig.)* ★ it
gave me a ~ *het deed me schrikken* ★ make an
early ~ *(te) vroeg beginnen; vroeg op pad gaan*
★ wake up with a ~ *wakker schrikken*
starter /'sta:tə/ [znw] ● *starter* ● *deelnemer (aan
wedstrijd)* ● *begin* ● *voorgerecht*
starting /'sta:tɪŋ/ [bnw] ★ ~ price *inzet vlak voor
de start* ★ ~-gate *startbox* ★ ~-point
uitgangspunt ★ ~-post *startpaal*
startle /'sta:tl/ [ov ww] ● *opschrikken, doen
schrikken* ● *opjagen* ● be ~d *schrikken*
startling /'sta:tlɪŋ/ [bnw] ● *verrassend*
● *ontstellend* ● *alarmerend*
starvation /sta:'veɪʃən/ I [znw] *voedselgebrek*
II [bnw] *honger-*
starve /sta:v/ I [ov ww] ● *uithongeren* ● *honger
laten lijden* ★ ~ a p. into submission *iem. door
uithongeren tot toegeven dwingen* II [on ww]
● *honger lijden, honger/trek hebben* ● *niet eten,
vasten* ● *verhongeren* ● (~ for) *hunkeren naar,
dorsten naar*
starveling /'sta:vlɪŋ/ I [znw] ● *hongerlijder*
● *uitgehongerd dier* II [bnw] ● *uitgehongerd*
● *ondervoed*

stash /stæʃ/ [ov ww] *verbergen, verborgen houden*
state /steɪt/ I [ov ww] ● *verklaren, beweren*
● *uiteenzetten* ● *formuleren* ● *opgeven* II [znw]
● *staat* ● *toestand* ● *stand* ● *staatsie, praal* ★ be in
a terrible ~ *vreselijk opgewonden/overstuur zijn*
★ in ~ *in pracht en praal* ★ lie in ~ *opgebaard
liggen* ★ ~ of affairs *toestand; stand v. zaken*
III [bnw] *staats- ● staatsie-*
State /steɪt/ [znw] ★ ~ Department *ministerie v.
buitenlandse zaken der VS* ★ ~ Registered nurse
gediplomeerd verpleegster ★ ⟨AE⟩ ~ attorney *officier
v. justitie in een staat* ★ ~ of the Union *jaarlijkse
toespraak v. president v.d. VS tot Congress* ★ the ~s
de VS
statecraft /'steɪtkra:ft/ [znw] ● *staatkunde*
● *staatkundig beleid*
stated /'steɪtɪd/ [bnw] ● *gegeven* ● *vastgesteld* ★ at
~ intervals *op gezette tijden*
stateless /'steɪtləs/ [bnw] *staatloos*
stately /'steɪtlɪ/ [bnw] ● *statig* ● *imposant*
statement /'steɪtmənt/ [znw] *verklaring* ★ ~ of
affairs *balansstaat*
state-of-the-art [bnw] *actueel, volgens de huidige
stand van zaken, modern*
state-owned [bnw] *staats-, overheids-,
genationaliseerd*
stateroom /'steɪtru:m/ [znw] ● *staatsiezaal* ● *luxe
hut*
statesman /'steɪtsmən/ [znw] ● *staatsman*
● *kleine vrije boer (in New England)*
statesmanlike, statesmanly /'steɪtsmənlaɪk/
[bnw] *als (van) een goed staatsman*
statesmanship /'steɪtsmənʃɪp/ [znw] *(goed)
staatsmanschap, staatkunde*
static /'stætɪk/ [bnw] ● *statisch* ● *in evenwicht*
statics /'stætɪks/ [mv] ● *statica* ● *luchtstoringen (op
radio)*
station /'steɪʃən/ I [ov ww] ● *opstellen* ● *stationeren*
● *post vatten* II [znw] ● *station* ● *(stand)plaats*
● *positie* ● *post* ● *depot* ● *politiebureau*
● *veeboerderij* ● *statie* ● *statiekerk* ★ above one's ~
boven zijn stand ★ men of ~ *hooggeplaatste
personen* ★ naval ~ *marinebasis* ★ ~ house
politiebureau ★ ~s of the Cross *kruiswegstaties*
stationary /'steɪʃənərɪ/ I [znw] ⟨mil.⟩
stationaries vaste bezetting II [bnw] ● *stationair*
● *stilstaand* ● *vast* ● *onveranderd*
station-call [znw] *(officieel geregistreerde) naam
(v. radiostation)*
stationer's, stationary /'steɪʃənəz/ [znw]
kantoorboekhandel
stationery /'steɪʃənərɪ/ [znw]
● *kantoorboekhandel* ● *postpapier* ★ Her
Majesty's Stationery Office *de landsdrukkerij*
stationmaster /'steɪʃənma:stə/ [znw] *stationschef*
station-wagon /'steɪʃənwægən/ [znw] *stationcar*
statistic(al) /stə'tɪstɪk(l)/ [bnw] *statistisch*
★ statistics *statistiek*
statuary /'stætjʊərɪ/ I [znw] ● *beeldhouwkunst*
● *beeldhouwwerk(en)* ● *beeldhouwer* II [bnw]
beeldhouw-
statue /'stætju:/ [znw] *standbeeld*
statuesque /stætjʊ'esk/ [bnw] *statig*
statuette /stætjʊ'et/ [znw] *beeldje*
stature /'stætʃə/ [znw] *gestalte, postuur* ★ man of
~ *man v. formaat*
status /'steɪtəs/ [znw] ● *status* ● *positie*
● *rechtspositie* ★ ~ symbol *statussymbool*
statute /'stætju:t/ [znw] ● *wet* ● *statuut*
● *verordening* ● *reglement* ★ ~ law *geschreven recht*
statute-book /'stætju:tbʊk/ [znw] ≈ *Staatsblad*
statutory /'stætjʊtərɪ/ [bnw] ● *statutair* ● *volgens*

de wet

staunch/stɔːntʃ/ **I** [ov ww] *stelpen* **II** [bnw]
• betrouwbaar • hecht • sterk • trouw • stoer
• waterdicht • stelpend

stave/sterv/ **I** [ov ww] ★ ~ a cask *een vat/ton maken* • (~ in) *in duigen slaan, uit het slaan*
• (~ off) *afwenden, opschorten* **II** [znw] • duig
• sport ⟨v. ladder⟩ • couplet • notenbalk

staves/stervz/ [mv] → **staff**

stay/ster/ **I** [ov ww] • (stay one's hand) *zijn hand(en) afhouden* • tegenhouden, terughouden
• vertragen • uitstellen ★ stay one's appetite *zijn eetlust/honger stillen* ★ stay out *the play blijven tot het stuk uit is* ★ stay the course *'t uithouden; volhouden* **II** [on ww] • blijven • logeren • come and stay *kom(en) logeren* ★ it's come to stay *het is van blijvende aard gebleken* ★ stay to/for dinner *blijven eten* • (~ for) *wachten op* **III** [kww] ★ stay gone/away *weggbijven* ★ stay put *daar blijven*
• (~ in) *binnenblijven* **IV** [znw] • verblijf • uitstel
• uithoudingsvermogen • stut • steun ⟨scheepv.⟩ stag ★ make a stay *blijven; z. ophouden* ★ put a stay on *een halt toeroepen aan; bedwingen* ★ the ship is in stays *'t schip gaat overstag*

stay-at-home/'sterəθəʊm/ **I** [znw] • huishen
• iem. die 't liefst thuis zit **II** [bnw] hokvast

stayer/'sterə/ [znw] • volhouder • wielrenner *achter motor*

staying-power/'sterɪŋpaʊə/ [znw] *uithoudingsvermogen*

stay-maker [znw] *korsetmaker*

stays/sterz/ [mv] *korset*

staysail/'sterserl/ [znw] *stagzeil*

stead/sted/ [znw] *plaats* ★ it stood me in good ~ *'t is mij goed van pas gekomen*

steadfast/'stedfɑːst/ [bnw] • standvastig, *onwrikbaar* • strak ⟨v. blik⟩

steading/'stedɪŋ/ [znw] *boerenhoeve*

steady/'stedɪ/ **I** [ov ww] ★ ~ the helm *'t roer in zelfde stand houden* **II** [on ww] • (~ down) *rustig/kalm worden* **III** [znw] • steun • ⟨sl.⟩ *vaste vrijer* **IV** [bnw] • stevig, vast • gestadig • bedaard, rustig, oppassend ★ steady ~ go! *rustig aan!* ★ go ~ *vaste verkering hebben* ⟨scheepv.⟩ keep her ~ *rechtzo die gaat* ★ ⟨scheepv.⟩ ~ as you go *rechtzo die gaat* ★ ~ does the trick *kalmpjes aan, dan breekt 't lijntje niet* ★ ~! *rustig (aan)!; maak je niet zo druk!*

steady-going [bnw + bijw] *bedaard, bezadigd*

steak/sterk/ [znw] • runderlap, plat stuk vlees
• filet • moot *vis* ★ T-bone ~ *biefstuk v.d. rib*

steal/stiːl/ **I** [ov + on ww] *stelen* • one may ~ a horse, another may not look over the hedge *ene mag alles en de andere niets* ★ ~ a glance at *een steelse blik werpen op* ★ ~ a march on *vóór komen* **II** [on ww] • sluipen, glijden • onmerkbaar *gaan of komen* • (~ away) *ongemerkt voorbij gaan*
• (~ out) *er stilletjes vandoor gaan*

stealth/stelθ/ [znw] • by ~ *heimelijk; in stilte*

stealthy/'stelθɪ/ [bnw] • heimelijk • steels

steam/stiːm/ **I** [ov ww] *doen beslaan* • ~ed (up) *nijdig; opgewonden* **II** [on ww] *beslaan* • (~ up) *beslaan* **III** [znw] • stoom • damp • wasem ★ on/under one's own ~ *op eigen kracht; zonder hulp v. anderen* ★ ~ gauge *manometer* ★ ~ iron *stoomstrijkijzer* ★ ~ tug *sleepboot(je)* ★ to get up ~ *moed verzamelen; de mouwen opstropen* ⟨fig.⟩

steamboat/'stiːmbəʊt/ [znw] *stoomboot*

steamer/'stiːmə/ [znw] • stoomboot • stoomkoker

steamship/'stiːmʃɪp/ [znw] *stoomschip*

steamy/'stiːmɪ/ [bnw] • beslagen • nevelig

stearin/'stɪərɪn/ [znw] *stearine*

steed/stiːd/ [znw] • paard • strijdros

---

steel/stiːl/ **I** [ov ww] • stalen • harden **II** [znw]
• staal, wetstaal • balein ⟨in korset⟩ • vuurstaal
★ a foe worthy of his ~ *een waardig tegenstander*
★ cold ~ *stalen wapens (zoals sabel, bajonet)* ★ ~ wool *staalwol* **III** [bnw] *stalen* • ~ band *olievatenorkest*

steel-clad/'stiːlklæd/ [bnw] • geharnast
• gepantserd

steelhead/'stiːlhed/ [znw] *forel*

steelify/'stiːlɪfaɪ/ [ov ww] *tot staal maken*

steel-plated/stiːl'pleɪtɪd/ [bnw] *gepantserd*

steels/stiːlz/ [mv] *staalfondsen*

steelwork/'stiːlwɜːk/ [znw] *staalwaren*

steely/'stiːlɪ/ [bnw] • van staal • staalachtig

steelyard/'stiːljɑːd/ [znw] *unster*

steep/stiːp/ **I** [ov + on ww] *weken* **II** [ov ww] *(in)dompelen* ★ in ~ *in de week* ★ ~ o.s. in z. *verdiepen in* ★ ~ed in debts *tot over de oren in de schuld* ★ ~ed in history *doordrenkt van het verleden* ★ ~ed in liquor *smoordronken* **III** [znw]
• steile helling • steile weg, steil pad • bad • loog
IV [bnw] • steil • abnormaal (hoog) • overdreven
★ ~ story *kras verhaal*

steepen/'stiːpən/ → **steep**

steeple/'stiːpl/ [znw] • spitse toren • torenspits

steeplechase/'stiːpltʃeɪs/ [znw] • wedren met hindernissen • terreinrit ★ ~r *deelnemer aan steeplechase*

steeplejack/'stiːpldʒæk/ [znw] • man die *schoorstenen e.d. repareert* • torenbeklimmer

steer/stɪə/ [ov ww] ★ ~ing committee *stuurgroep; beleidscommissie* ★ ~ing gear *stuurinrichting; stuurorganen*

steerage/'stɪərɪdʒ/ [znw] • bestuurbaarheid
• achtersteven • achterdek • tussendek

steering-wheel/'stɪərɪŋwiːl/ [znw] *stuur(wiel)*

steersman/'stɪəzmən/ [znw] *stuurman* ★ ~ship *bekwaamheid als stuurman*

stein/stam/ [znw] • bierkan, bierkroes

stele/stiːl/ [znw] • (graf)zerk, grafzuil

stellar/'stelə/ [bnw] *sterren-*

stem/stem/ **I** [ov ww] • strippen ⟨v. tabak⟩ • van *takken ontdoen* • stremmen • stelpen • ingaan *tegen* ★ ~ 't hoofd bieden aan ★ stem the tide *'t tij doodzeilen; (moedig) optornen tegen* **II** [on ww] *afstammen* • (~ from) *teruggaan op* **III** [znw]
• stengel • stam (ook v. woord) • steel ⟨v. pijp⟩
• schacht • boeg, voorsteven ★ from stem to stern *van voor tot achter*

stemmer/'stemə/ [znw] *stripper*

stench/stentʃ/ [znw] *stank, (onaangename) lucht*

stencil/'stensɪl/ **I** [ov ww] *stencilen* **II** [znw]
• stencil • sjabloon • mal

stenographer/stə'nɒgrəfə/ [znw] *stenograaf*

stenography/stə'nɒgrəfɪ/ [znw] *steno*

stentorian/sten'tɔːrɪən/ [bnw] ★ ~ voice *stentorstem*

step/step/ **I** [ov ww] *stappen* ★ step it *te voet gaan*
• (~ off/out) *afpassen* • (~ up) *opvoeren*
II [on ww] *stappen, treden, trappen, opstappen*
★ step high *steppen ⟨v. paard⟩* ★ step on it *voortmaken* ★ step on the gas *gas geven* ★ step short *met kleine(re) stappen lopen; de pas verkorten* ★ step this way *wilt u maar volgen*
★ step up to *er op af gaan* ★ step up to a girl *avances maken bij een meisje* ★ won't you step inside? *kom je er niet even in?* • (~ aside) *opzij gaan staan, afdwalen, een misstap doen* • (~ aside/down) *af-/terugtreden* • (~ back) *teruggaan* ⟨fig.⟩, z. *terugtrekken* • (~ between) *tussenbeide komen* • (~ in) *er in stappen, naar binnen gaan, er even tussen komen* • (~ off)

S

aantreden, stom doen • (~ **out**) uitrijden, de pas verlengen, uitstappen, naar buiten gaan ∗ step out briskly flink/stevig doorstappen • (~ **outside**) naar buiten stappen, eruit gaan III [znw] • interval • ‹mil.› promotie • ‹scheepv.› spoor‹gat› • ‹voet›stap, pas • tred ∗ tree, sport ∗ fall into step in de pas gaan lopen ∗ false step domme/verkeerde maatregel ∗ get one's step(s) promotie maken ∗ in step in de pas ∗ keep (in) step with gelijke tred houden met ∗ keep step in de pas blijven ∗ keep step to lopen op ‹de maat v.› ∗ make/take a step een stap doen ∗ out of step uit de pas ∗ step by step stap voor stap ∗ turn one's steps to zijn schreden richten naar ∗ watch one's steps behoedzaam/voorzichtig te werk gaan

stepbrother /'stepbrʌðə/ [znw] stiefbroer
stepdaughter /'stepdɔːtə/ [znw] stiefdochter
stepfather /'stepfɑːðə/ [znw] stiefvader
step-ladder /'steplædə/ [znw] trapje
stepmother /'stepmʌðə/ [znw] stiefmoeder
stepparent /'steppeərənt/ [znw] stiefouder
steppe /step/ [znw] steppe
stepped /stept/ [bnw] ∗ ~ gable trapgevel
stepped-up [bnw] opgevoerd
stepping-stone /'stepɪŋstəʊn/ [znw] • steen om op te stappen ‹vnl. in beek› • eerste stap/sport v.d. ‹maatschappelijke› ladder
steps /steps/ [mv] • stoep • trapje ∗ flight/pair of ~ trap; stoep; bordes
stepsister /'stepsɪstə/ [znw] stiefzuster
stepson /'stepsʌn/ [znw] stiefzoon
stereo /'steriəʊ/ I [znw] • stereotype • foto, driedimensionale foto/film • stereo II [bnw] • stereo‹fonisch› • driedimensionaal ∗ ~ recording geluidsopname in stereo
stereophonic /steriə'fonɪk/ [bnw] stereofonisch
stereoscope /'steriəskəʊp/ [znw] stereoscoop
stereoscopic /steriə'skopɪk/ [bnw] stereoscopisch
stereotype /'steriətaɪp/ I [ov ww] • stereotype maken van • drukken van stereotype II [znw] stereotype
stereotyped /'steriətaɪpt/ [bnw] stereotiep
sterile /'steraɪl/ [bnw] • onvruchtbaar • onproductief • steriel
sterility /stə'rɪlətɪ/ [znw] steriliteit
sterilization /sterəlaɪ'zeɪʃən/ [znw] sterilisatie
sterilize /'sterɪlaɪz/ [ov ww] • onvruchtbaar maken • steriliseren
sterling /'stɜːlɪŋ/ [bnw] • van standaardgehalte • onvervalst, echt • degelijk ∗ pound ~ pond sterling ∗ ~ area sterlinggebied
stern /stɜːn/ I [znw] • achtersteven, 'hek' • achterste ‹v. dier› • staart II [bnw] • streng • hard
sternmost /'stɜːnməʊst/ [bnw] achterst
sternum /'stɜːnəm/ [znw] borstbeen
stethoscope /'steθəskəʊp/ I [ov ww] met stethoscoop onderzoeken II [znw] stethoscoop
stevedore /'stiːvədɔː/ [ov ww] stuwadoor
stew /stjuː/ I [ov + on ww] stoven II [on ww] 't benauwd hebben ∗ let him stew in his own juice/grease laat hem maar in zijn eigen vet gaar smoren ∗ the tea is stewed de thee heeft gekookt III [znw] • badinrichting • bordeel • stamppot ‹met vlees of vis› • visvijver • viskwekerij ∗ Irish stew Ierse stoofpot met aardappels, vlees en uien ∗ be in a ‹regular› stew ‹behoorlijk› in de rats zitten
steward /'stjuːəd/ I [ov ww] beheren II [znw] • ‹orde›commissaris • rentmeester • beheerder • kelner ‹aan boord› • hofmeester • administrateur
stewardess /stjuː'ɑːdes/ [znw] • stewardess • hofmeesteres

stewardship /'stjuːədʃɪp/ [znw] beheer
stg. [afk] • sterling
stick /stɪk/ I [ov ww] • steken, zetten • vastplakken • uithouden, uitstaan ∗ I can't ~ him ik kan hem niet zetten ∗ I won't ~ that dat neem ik niet ∗ ~ bills affiches aanplakken ∗ ~ down an envelope een envelop dichtplakken ∗ ~ pigs varkens kelen; op wilde zwijnen jagen ‹met speer› • (~ **in**) inplakken, inlassen • (~ **on**) plakken op, opplakken ∗ ~ it on een overdreven prijs vragen; overdrijven • (~ **out**) naar buiten/voren steken ∗ ~ it out het uitzingen; het uithouden • (~ **up**) overeind zetten, bedreigen, beroven, in de war brengen, in verlegenheid brengen ∗ ~ 'em up! handen omhoog! ∗ that will ~ him up daar zal hij geen raad mee weten II [on ww] • blijven hangen/steken/zitten, vast blijven zitten • klitten, kleven, plakken ∗ ~ at home thuis blijven ∗ ~ in the mud treuzelen; niet opschieten; niet van 't tijd meegaan ∗ ~ where you are blijf waar je bent ∗ the nickname stuck hij hield de bijnaam • (~ **around**) in de buurt blijven • (~ **at**) blijven bij, doorgaan met, volhouden, terugdeinzen voor ∗ ~ at nothing staan voor niets ∗ ~ at no scruples geen gewetensbezwaren kennen • (~ **by**) trouw blijven, z. houden aan • (~ **in**) blijven steken in, binnen blijven • (~ **out**) naar buiten/voren steken ∗ it ~s out a mile dat ligt er dik bovenop • (~ **out for** better terms/a higher price het been strak houden; niet toegeven • (~ **to**) trouw blijven aan, blijven bij, volhouden, blijven hangen aan ∗ ~ to one's guns z. niet van zijn apropos laten brengen; voet bij stuk houden • (~ **up**) overeind staan, aanhouden • ~ up for opkomen voor; in de bres springen voor ∗ ~ up out of the water boven 't water uitsteken III [znw] • pijpje • tak • stok, staaf, steel • dirigeerstok • lippenstift • zethaak • kruk, hannes, rare snijboon ∗ a few ~s of furniture een paar meubeltjes ∗ be in a cleft ~ in een moeilijk parket zitten ∗ cut one's ~ ‹gaan› vertrekken • drop a ~ of bombs een heel stel bommen achter elkaar laten vallen ∗ get hold of the wrong end of the ~ 't bij 't verkeerde eind hebben • give the ~ met de stok geven ∗ go to ~s naar de knoppen gaan ∗ not a ~ was left standing er werd geen steen op de andere gelaten ∗ want the ~ met de stok moeten hebben
sticker /'stɪkə/ [znw] • varkensslachter • volhouder • plakker ‹ook fig.› • lang mes • plakstrookje, etiket • → **stick**
sticking /'stɪkɪŋ/ [bnw] ∗ ~-place/point hoogtepunt; uiterste ‹punt› ∗ ~-plaster hechtpleister
stick-in-the-mud /'stɪkɪnðəmʌd/ I [znw] dooie diender II [bnw] • treuzelig • sullig • achterlijk
stickleback /'stɪklbæk/ [znw] stekelbaarsje
stickler /'stɪklə/ [znw] ∗ be a ~ for erg staan op; een voorstander zijn van
stick-on [bnw] zelfklevend
stick-up /'stɪkʌp/ I [znw] staande boord ∗ ~ man gewapende rover II [bnw] ‹AE› staand
sticky /'stɪkɪ/ [bnw] • lastig, penibel • kleverig • klitterig • taai • aarzelend ∗ he was very ~ about giving his consent hij maakte veel bezwaren voordat hij toestemde ∗ he'll come to a ~ end het zal slecht met hem aflopen ∗ ~ fingers rappe handjes ∗ ~ tape plakband ∗ ~-back plaatje met gom er achterop
stiff /stɪf/ I [znw] • waardepapier • geld • lijk • onhandelbaar sujet • hannes, lummel ∗ a big ~ een enorme kluns II [bnw] • stijf • onbuigzaam • stram • vormelijk • moeilijk • stroef • stevig

S

• kras • he bores me ~ hij verveelt me gruwelijk
★ it scared me — het joeg me de doodsschrik op het
lijf ★ keep a ~ expression ernstig blijven; z. goed
houden ★ keep a ~ upper lip z. flink houden ★ ~
climb hele klim ★ ~ demand forse eis ★ ~ denial
hardnekkige ontkenning ★ ~ market vaste markt
★ ~ price gepeperde prijs ★ ~ subject
(onderwerp/vak waar men) een hele kluif (aan heeft)
stiffen/'stɪfən/ **I** [ov ww] • stijf maken • meer
ruggengraat geven **II** [on ww] verstijven
stiffener/'stɪfənə/ [znw] hartversterking
stiff-necked/stɪf'nekt/ [bnw] koppig, halsstarrig,
hardnekkig
stifle/'staɪfəl/ **I** [ov ww] • doen stikken • smoren
• de kop indrukken • onderdrukken • inhouden
• blussen, doven **II** [on ww] (ver)stikken **III** [znw]
• achterkniegewricht (v. dier) • ziekte aan
achterkniegewricht
stifle-joint [znw] achterste kniegewricht (v.
hond/paard)
stifling/'staɪflɪŋ/ [bnw] • verstikkend • zwoel
• benauwd
stigma/'stɪgmə/ [znw] • brandmerk • schandvlek
• stigma, wondteken v. Christus • ademopening v.
insect • bloedvin • huidvlek of huidplek • stempel
(v. bloem)
stigmatic/stɪg'mætɪk/ [bnw] gestigmatiseerd
stigmatize/'stɪgmətaɪz/ [ov ww] • brandmerken
• stigmatiseren
stile/staɪl/ [znw] • overstap • deurstijl • help a
lame dog over a ~ een arme tobber een handje
helpen
stiletto/stɪ'letəʊ/ [znw] • stiletto • schoen met
naaldhak ★ ~ heel naaldhak
still/stɪl/ **I** [ov ww] • distilleren • stillen • kalmeren
II [znw] • stilte • distilleerketel • filmfoto
III [bnw] • stil, rustig • niet mousserend (v. wijn)
★ ~ life stilleven ★ ~ waters run deep stille
wateren hebben diepe gronden **IV** [bijw] • nog
• nog altijd • toch, nog nog
still-birth/'stɪlbɜːθ/ [znw] geboorte v. dood kind
still-born/'stɪlbɔːn/ [bnw] doodgeboren
stilling/'stɪlɪŋ/ [znw] opstand, stellage
stilt/stɪlt/ [znw] stelt ★ on ~s hoogdravend;
bombastisch
stilted/'stɪltɪd/ [bnw] • op stelten • hoogdravend
stimulant/'stɪmjʊlənt/ **I** [znw] • prikkel
• opwekkend middel **II** [bnw] prikkelend
stimulate/'stɪmjʊleɪt/ [ov ww] • prikkelen
• (op)wekken • stimuleren • aansporen
stimulation/stɪmjʊ'leɪʃən/ [znw] • stimulatie
• prikkeling
stimulative/'stɪmjʊlətɪv/ [bnw] • stimulerend
• prikkelend
stimuli/'stɪmjʊlaɪ/ [mv] → **stimulus**
stimulus/'stɪmjʊləs/ [znw] stimulans
sting/stɪŋ/ **I** [ov + on ww] • steken • prikken
II [ov ww] afzetten, 't vel over de neus halen
III [on ww] • pijn doen • knagen **IV** [znw] • steek,
beet • angel • wroeging • (plant.) brandhaar
★ the breeze has a ~ in it de wind is verkwikkend
sting-bull, sting-fish [znw] pieterman (vis)
stinger/'stɪŋə/ [znw] • klap die aankomt of pijn
doet • vinnig antwoord
stinging/'stɪŋɪŋ/ [bnw] • stekend • grievend ★ ~
blow gevoelige slag ★ ~-nettle brandnetel
stingless/'stɪŋləs/ [bnw] zonder angel
stingy/'stɪndʒɪ/ [bnw] gierig, vrekkig
stink/stɪŋk/ **I** [ov ww] ★ you can ~ it a mile off het
stinkt een uur in de wind **II** [on ww] ★ it ~s in my
nostrils ik kan 't niet luchten of zien ★ (~ of)
stinken naar **III** [znw] • stank • lucht ★ ~ trap

stankafsluiter
stinker/'stɪŋkə/ [znw] • rotvent, mispunt
• stinkstok • stinkerd
stinking/'stɪŋkɪŋ/ [bnw] rot, gemeen
stinks/'stɪŋks/ ⟨sl.⟩ [mv] scheikunde
stint/stɪnt/ **I** [ov ww] • karig zijn met • karig
toebedelen ★ don't ~ money spaar geen kosten
★ ~ a p. for money iem. kort houden **II** [znw]
• beperking • taak • opgelegde portie werk
• strandloper (vogel)
stipend/'staɪpend/ [znw] • salaris • bezoldiging
stipendiary/staɪ'pendjəri/ **I** [znw] bezoldigd
politierechter **II** [bnw] bezoldigd ★ stipendary
magistrate bezoldigd politierechter
stipple/'stɪpl/ **I** [ov ww] punteren **II** [znw]
• punteerets • punteerswerk
stipulate/'stɪpjʊleɪt/ **I** [ov ww] • bepalen
• bedingen • erop staan **II** [on ww] (~ for)
bedingen
stipulation/stɪpjʊ'leɪʃən/ [znw] • stipulatie
• bepaling • beding
stir/stɜː/ **I** [ov ww] • verroeren • bewegen • poken
• roeren • in beweging brengen • (op)wekken
• werken op ⟨de verbeelding⟩ ★ she did not stir
an eyelid ze verroerde geen vin ★ stir a p.'s blood
iemands bloed sneller doen stromen; iem.
aansporen ★ stir your stumps! opschieten!;
doorlopen! • (~ up) door elkaar roeren, omhoog
roeren, omhoog doen komen, opwekken, opruien
(tot), doen oplaaien **II** [on ww] • z. verroeren • z.
bewegen • wakker worden ★ be deeply stirred diep
getroffen zijn; diep onder de indruk zijn ★ no news
stirring er is geen nieuws ★ nobody stirring yet?
is er nog niemand op?; is er nog niemand bij de
hand? ★ stir out (of the house) buiten komen; 't
huis uit komen **III** [znw] • beweging • beroering
• sensatie, herrie • roerstaafje • bajes • give it a
stir er in roeren; er in poken ★ make a great stir
grote sensatie verwekken ★ not a stir of air bladstil
stirrer/'stɜːrə/ [znw] roerapparaat ★ an early ~
iem. die altijd vroeg op is
stirring/'stɜːrɪŋ/ [bnw] • emotioneel • sensationeel
• (veel)bewogen • druk, bedrijvig
stirrup/'stɪrəp/ [znw] stijgbeugel
stirrup-cup [znw] glaasje op de valreep
stitch/stɪtʃ/ **I** [ov + on ww] • vastnaaien,
(dicht)naaien • hechten • borduren, bestikken
• stikken • (~ up) dichtnaaien, vastnaaien
II [znw] • steek • hechting • steek in de zij ★ a ~ in
time saves nine werk op tijd maakt welbereid
★ drop a ~ een steek laten vallen ★ not a ~ on
zonder een draad aan 't lijf ★ put a ~ in (een wond)
hechten • without a ~ of clothing zonder een
draad aan 't lijf
stitching/'stɪtʃɪŋ/ [znw] • borduursel • naaisel
stiver/'staɪvə/ [znw] • stuiver ★ not worth a ~ geen
cent waard
stoat/stəʊt/ [znw] • hermelijn • wezel
stock/stok/ **I** [ov ww] • inslaan • bevoorraden,
voorzien van, uitrusten (met) • in voorraad hebben
• v. lade voorzien (geweer) • in 't blok slaan
• bezaaien, betelen **II** [on ww] z. bevoorraden,
voorraad inslaan **III** [znw] • bouillon, aftreksel v.
beenderen • stam, (wortel)stronk • blok, voet(stuk),
ankerstok • lade (v. geweer) • afkomst, geslacht
• 't geheel • voorraad, inventaris, materieel
• grondstof, materiaal • obligatie, fonds,
aandelenkapitaal • violier • stomkop
• leren/stijf-zijden stropdas, plastron, opstaande
boord ★ dead ~ gereedschappen/werktuigen v.e.
boerderij ★ fat ~ slachtvee ★ in ~ in voorraad
★ lay/take in ~ voorraad inslaan ★ live~ paarden

S

en vee • out of ~ niet meer voorhanden;
uitverkocht ★ ~ company repertoiregezelschap;
maatschappij op aandelen (BV of NV) ★ ~ cube
bouillonblokje ★ ~ market effectenmarkt
★ subject to ~ being unsold zolang de voorraad
strekt ★ take ~ inventaris opmaken; de stand v.
zaken opnemen (fig.) ★ take ~ of s.o. iem.
opnemen; nagaan wat men voor zich heeft
IV [bnw] • voorhanden, voorraad- • gewoon, vast,
stereotiep, afgezaagd

Stock /stɔk/ [znw] ★ ~ Exchange effectenbeurs
stockade /stɔˈkeɪd/ **I** [ov ww] palissaderen
II [znw] palissade
stockbreeder /ˈstɔkbriːdə/ [znw] veefokker
stockbroker /ˈstɔkbrəʊkə/ [znw] effectenmakelaar
stockbroking /ˈstɔkbrəʊkɪŋ/ [znw] effectenhandel
stock-car /ˈstɔkkɑː/ [znw] • veewagen (aan trein)
• seriemodel auto met speciale voorzieningen voor
races
stock-farm [znw] (vee)fokbedrijf
stock-farmer [znw] veefokker
stockfish /ˈstɔkfɪʃ/ [znw] stokvis
stockholder /ˈstɔkhəʊldə/ [znw] houder v.
aandelen/effecten
stocking /ˈstɔkɪŋ/ [znw] • kous • sok (v. paard)
stockinged /ˈstɔkɪŋd/ [bnw] ★ ~ feet kousenvoeten
stock-in-trade /ˈstɔkɪnˈtreɪd/ [znw]
• bedrijfsinventaris • goederenvoorraad
• gereedschappen ★ that's his ~ daar weet hij wel
weg mee
stockist /ˈstɔkɪst/ [znw] leverancier
stockjobber /ˈstɔkdʒɔbə/ [znw] • hoekman
• beursspeculant
stockjobbing /ˈstɔkdʒɔbɪŋ/ [znw]
• effectenhandel • speculatie
stocklist /ˈstɔklɪst/ [znw] beursnotering
stockpile /ˈstɔkpaɪl/ **I** [ov + on ww] hamsteren
II [znw] (hamster)voorraad
stockpiling /ˈstɔkpaɪlɪŋ/ [znw] voorraadvorming
stockrider /ˈstɔkraɪdə/ [znw] Australische
veehouder te paard, Australische cowboy
stockroom /ˈstɔkruːm/ [znw] magazijn
stocks /stɔks/ [mv] • effecten • stapel (v. schip in
aanbouw) • blok (historisch strafwerktuig)
★ have money in the ~ staatsobligaties hebben
★ in the ~ op stapel ★ the Stocks nationale schuld
stock-still /ˈstɔkˈstɪl/ [bnw] doodstil
stock-taking /ˈstɔkteɪkɪŋ/ [znw] • inventarisatie
• opmaken v. tussentijdse balans
stocky /ˈstɔkɪ/ [bnw] • stevig • gezet • kort en dik
stockyard /ˈstɔkjɑːd/ [znw] omsloten ruimte voor
vee op veemarkt
stodge /stɔdʒ/ **I** [ov ww] volproppen **II** [on ww]
• gulzig eten • z. volproppen **III** [znw] • machtige
of zware kost (ook fig.) • zware maaltijd
stodgy /ˈstɔdʒɪ/ [bnw] • zwaar, machtig • moeilijk
verteerbaar
stoic /ˈstəʊɪk/ **I** [znw] stoïcijn **II** [bnw] stoïcijns
stoical /ˈstəʊɪkl/ [bnw] stoïcijns
stoicism /ˈstəʊɪsɪzəm/ [znw] stoïcisme
stoke /stəʊk/ **I** [ov ww] • stoken • brandstof/kolen
bijgooien **II** [on ww] ★ ~ (up) schransen
stokehold /ˈstəʊkhəʊld/ [znw] stookplaat
stoker /ˈstəʊkə/ [znw] stoker
stole /stəʊl/ **I** [ww] o.v.t. → **steal II** [znw] stola
stolen /ˈstəʊlən/ [ww] volt. deelw. → **steal**
stolid /ˈstɔlɪd/ [bnw] • bot • flegmatisch
• onaandoenlijk
stolidity /stɔˈlɪdɪtɪ/ [znw] • flegmatisme
• onaandoenlijkheid
stomach /ˈstʌmək/ **I** [ov ww] • verteren
• verdragen • (voor lief) nemen **II** [znw] • buik

• (eet)lust • zin • maag ★ it turns my ~ ik word er
misselijk van
stomach-ache /ˈstʌməkeɪk/ [znw] • maagpijn
• buikpijn
stomp /stɔmp/ [znw] • stomp (soort jazzdans)
• (AE) hospartij, gehos
stone /stəʊn/ **I** [ov ww] • stenigen • met stenen
gooien naar • ontpitten • plaveien **II** [znw] • steen
• kei • natuursteen • pit • Eng. gewichtseenheid
★ leave no ~ unturned geen middel onbeproefd
laten; overal zoeken ★ mark with a white ~ met
een krijtje aan de balk schrijven ★ operation for ~
operatie voor gal-, nier- en andere stenen ★ ~ coal
antraciet ★ (AE) ~ fence cocktail v. whiskey en cider
★ ~ pit steengroeve ★ ~'s throw steenworp
★ throw ~s at met stenen gooien; bekladden
III [bnw] Stone Age stenen tijdperk
stone-blind /stəʊnˈblaɪnd/ [bnw] stekeblind
stone-cold /stəʊnˈkəʊld/ steenkoud ★ ~ sober
broodnuchter
stoned /stəʊnd/ [bnw] • ontpit • zonder pit
• stomdronken • onder de (invloed van) drugs
stone-dead /stəʊnˈded/ [bnw] morsdood
stone-deaf /stəʊnˈdef/ [bnw] stokdoof
stoneless /ˈstəʊnləs/ [bnw] zonder pit
stonemason /ˈstəʊnmeɪsən/ [znw] steenhouwer
stonewalling /stəʊnˈwɔːlɪŋ/ [znw] • niet actief
genoeg batten (cricket) • obstructiepolitiek
stoneware /ˈstəʊnweə/ [znw] (extra hard)
aardewerk
stonework /ˈstəʊnwɜːk/ [znw] metselwerk,
steenwerk
stony /ˈstəʊnɪ/ [bnw] (steen)hard, hardvochtig ★ ~
broke op zwart zaad; blut
stony-faced [bnw] uiterlijk onbewogen, zonder een
spier te vertrekken
stood /stud/ verl. tijd + volt. deelw. → **stand**
stooge /stuːdʒ/ **I** [on ww] ★ ~ (around)
rondlummelen **II** [znw] • zondebok • zwarte
schaap • stroman • leerling-vlieger • (AE) mikpunt,
aangever (v. conferencier)
stool /stuːl/ **I** [on ww] (uit)stoelen (v. plant)
II [znw] • kruk • knielbankje • voetbankje
• stilletje • stoelgang • ontlasting • wortelstoel
★ knoest ★ go to ~ stoelgang hebben ★ he fell
between two ~s hij miste zijn kans door te lang
aarzelen ★ ~ of repentance zondaarsbankje
stool-pigeon /ˈstuːlpɪdʒən/ [znw] (AE) lokvogel
(fig.)
stoop /stuːp/ **I** [on ww] ★ ~ one's head het hoofd
buigen **II** [on ww] • voorover houden (z.
vernederen/verwaardigen • voorover
lopen/staan/zitten ★ (z.) bukken **III** [znw]
• kromme rug • (AE) stoep ★ he has a shocking ~
hij loopt vreselijk voorover
stooping /ˈstuːpɪŋ/ [bnw] voorovergebogen
stop /stɔp/ **I** [ov ww] • ophouden met, neerleggen
(werk) • aanhouden, afzetten, stilleggen, beletten,
weerhouden, doen ophouden, stil doen staan
• afsluiten, verstoppen, dichtstoppen • versperren,
stelpen, tegenhouden, (muz.) dempen • de
leestekens plaatsen ★ stop a cheque een cheque
blokkeren ★ stop a gap als noodhulp/stoplap
dienen ★ stop a tooth een kies/tand vullen ★ stop
it! hou op! ★ stop one's ears zijn oren
dichtstoppen; niet willen luisteren ★ stop payment
ophouden te betalen; (uit)betaling staken ★ stop
s.o. from iem. beletten te ★ stop s.o.'s mouth iem.
de mond snoeren ★ stop s.o.'s salary iemands
salaris inhouden ★ stop the way de weg versperren
★ stop wages loon inhouden ★ stopped trumpet
gedempte trompet • (~ down) diafragmeren • (~

out) *afstoppen* ‹etsen, fotografie› • (~ **up**) *doen
verstoppen, dichtstoppen* ∗ *be stopped up verstopt
raken* **II** [on ww] • *stoppen, ophouden, niet meer
werken/gaan* • *stil (blijven) staan* • *logeren,
blijven* ∗ *stop dead plotseling stilstaan* ∗ *stop
short ineens stilstaan; plotseling ophouden* • (~
at) *logeren bij/te* • (~ **in**) *binnenblijven* • (~ **out**)
uitblijven • (~ **up**) *opblijven* **III** [znw] • *stijl, toon*
• *diafragma* • *pin, stopblikje, pal* • ‹taalk.› *ploffer*
• *punt* ‹leesteken› • *stilstand* • *stopplaats, halte*
• *register* ‹v. orgel›, *klep, dempter* ∗ *come to a
(full) stop (helemaal) vast komen te zitten;
(volkomen) tot stilstand komen* ∗ *full stop punt*
∗ *make a stop stilstaan; halt houden; de reis/het
programma onderbreken; pauzeren* ∗ *pull out
another stop uit een ander vaatje (beginnen te)
tappen* ∗ *pull out the sympathetic stop
sympathiek worden; op 't gevoel werken* ∗ *put a
stop to blokkeren; vasthouden; een eind maken
aan* ∗ *stop order gelimiteerde order* ∗ *without a
stop zonder ophouden; zonder tussenstop*
stop-cock/'stɒpkɒk/ [znw] *afsluitkraan*
stopgap/'stɒpgæp/ [znw] • *stoplap* • *noodhulp*
• *noodmaatregel* • *bladvulling* • *stopwoord*
stop-go [znw] *hollen of stilstaan-beleid*
stopover/'stɒpəʊvə/ [znw] ‹AE› *reisonderbreking*
stoppage/'stɒpɪdʒ/ [znw] *inhouding, blokkering*
∗ *there is a ~ somewhere de zaak stokt ergens*
stopper/'stɒpə/ **I** [ov ww] *stop op een fles doen*
II [znw] • *stop* • *stopper* ‹om tabak in pijp te
stoppen› • *meertouw* • *landvast* ∗ *put a ~ on een
eind maken aan*
stopping/'stɒpɪŋ/ [znw] *vulling* ‹v. tand, kies›
∗ *~-knife stopmes; plamuurmes* ∗ *~-train
stoptrein*
stop-press/stɒp'pres/ [znw] *laatste nieuws,
nagekomen berichten*
storage/'stɔːrɪdʒ/ [znw] • *opslag, 't opslaan*
• *opslagruimte* • *pakhuis* • *opslagkosten* ∗ *in cold
~ in koelhuis/-cel opgeslagen*
store/stɔː/ **I** [ov ww] • *bevoorraden* • *voorzien van
't nodige* • *opdoen* • *opslaan* • *kunnen bergen* ∗ *~
cattle mestvee* ∗ *~ the mind with knowledge de
nodige kennis opdoen* • (~ **up**) *opslaan, bewaren*
• (~ **with**) *voorzien van* **II** [znw] • *voorraad*
• *hoeveelheid* • *goederen* • *opslagplaats*
• *magazijn, depot* • ‹AE› *winkel* ∗ *Army/Navy
Store dump* ‹winkel›*; leger-/marinemagazijnen of
-voorraden* ∗ *have/hold in ~ in petto hebben*
∗ *lay in ~s voorraden vormen; reserves kweken*
∗ *marine ~s gebruikt scheepsmateriaal dat
verkocht wordt* ∗ ‹AE› *mind the ~ op de winkel
passen; (de zaak) waarnemen* ∗ *set great ~ by veel
waarde hechten aan* ∗ *~ of information
vraagbaak* ∗ *~ of knowledge schat(kamer) v.
kennis/wetenschap* ∗ *~s warenhuis; mestvee*
∗ *what the future may have in ~ for us wat de
toekomst voor ons in petto heeft*
storehouse/'stɔːhaʊs/ [znw] • *pakhuis*
• *voorraadschuur* • *schatkamer*
storekeeper/'stɔːkiːpə/ [znw] • ‹mil.›
magazijnmeester • ‹AE› *winkelier*
storeroom/'stɔːruːm/ [znw] *provisiekamer*
storey/'stɔːrɪ/ [znw] • *verdieping* • *etage* ∗ *first ~
begane grond* ∗ *second ~ eerste etage* ∗ ‹sl.› *the
upper ~ het hoofd*
storeyed/'stɔːrɪd/ [bnw] *met verdiepingen*
storied/'stɔːrɪd/ [bnw] • *met historische taferelen
of opschriften versierd* • *befaamd*
stork/stɔːk/ [znw] *ooievaar*
storm/stɔːm/ **I** [ov ww] *bestormen* ∗ *~ing party
stormtroep* **II** [on ww] • *woeden, razen* • ‹AE›

stormen • (~ **at**) *tekeer gaan tegen* **III** [znw]
• ‹hevige› *bui* • *noodweer* • *storm* • *regen* ∗ *Storm
and stress Sturm und Drang* ∗ *~ cloud donkere
wolk; naderend onheil* ‹scheepv.› *~ drum
stormtrommel* ∗ *~ in a tea-cup storm in een glas
water* ∗ *~ of applause stormachtig applaus* ∗ *~
troops stormtroepen* ∗ *take by ~ stormenderhand
veroveren*
stormbound/'stɔːmbaʊnd/ [znw] *door
storm/noodweer opgehouden*
storm-cock [znw] *grote lijster*
storm-cone [znw] *stormkegel* ‹aan seinmast›
storm-stricken [bnw] ∗ *~ area door
natuurramp/noodweer/storm getroffen gebied*
storm-tossed/'stɔːmtɒst/ [bnw] *door de
storm(en) geslingerd* ‹ook fig.›
stormy/'stɔːmɪ/ [bnw] • *stormachtig* • *storm-*
• *woelig* • *heftig*
story/'stɔːrɪ/ [znw] • *verdieping* • *etage* • *verhaal*
• *geschiedenis* • *legende* • *gerucht* • *leugentje*
• ‹stof voor› *artikel* • *mop* ∗ *but that's another ~
maar dat is weer een ander verhaal; maar dat staat
erbuiten* ∗ *oh you ~! jij jokkebrok!* ∗ *short ~
novelle* ∗ *that's quite another/a different ~ now
nu liggen de zaken heel anders* ∗ *to cut/make a
long ~ short om kort te gaan*
storybook/'stɔːrɪbʊk/ [znw] *verhalenboek*
storyteller/'stɔːrɪtelə/ [znw] • *verteller* • *fantast,
jokker*
stoup/stuːp/ [znw] • *kan* • *beker* • *wijwaterbak(je)*
stout/staʊt/ **I** [znw] *donker bier* **II** [bnw] • *dapper*
• *krachtig* • *stoer* • *stevig* • *dik, gezet*
stout-hearted/staʊt'hɑːtɪd/ [bnw] • *dapper*
• *resoluut*
stoutness/'staʊtnəs/ [znw] • *stout*
stove/stəʊv/ **I** [ww] o.v.t. → **stave** **II** [ov ww] *in
broeikas kweken* **III** [znw] • *kachel* • *brander*
• *broeikas* • *oil ~ petroleumstel*
stove-pipe/'stəʊvpaɪp/ [znw] *kachelpijp* ∗ *~ (hat)
hoge hoed*
stow/stəʊ/ [ov ww] • *pakken* • *inpakken*
• ‹vakkundig› *laden* • *opbergen, wegbergen* ∗ *stow
it! houd je mond!; laat 't!* ∗ *stow that nonsense!
houd op met die onzin!* • (~ **away**) *opbergen,
wegstoppen*
stowage/'stəʊɪdʒ/ [znw] • *stuwage(geld)*
• → **stow** ∗ *in safe ~ veilig opgeborgen*
stowaway/'stəʊəweɪ/ [znw] *verstekeling*
straddle/'strædl/ **I** [ov ww] • *op de wip zitten* (fig.)
• *de kat uit de boom kijken* ∗ *he stood straddling
the ditch hij stond schrijlings over de sloot* ∗ *~ a
horse schrijlings te paard zitten* ∗ *~ a ship een
schip inschieten* ∗ *~ the white line midden op de
weg rijden* **II** [on ww] *wijdbeens (gaan)
lopen/staan/zitten* **III** [znw] *spreidstand*
strafe/strɑːf/ **I** [ov ww] • *bombarderen* • *beschieten*
• *danig op de kop geven* **II** [znw] • *bombardement*
• *beschieting* • *afstraffing*
straggle/'strægl/ [on ww] • *slenteren*
• *achterblijven* • *langzaam trekken of gaan,
treuzelen, sjokken* • *verspreid of verward
groeien/hangen/liggen* • *zwerven, afdwalen* ∗ *the
town ~s out into the country de stad breidt z. uit*
• (~ **behind**) *achterblijven, niet meekomen* • (~
in/out) *in groepjes naar binnen/buiten komen*
straggler/'stræglə/ [znw] *achterblijver*
straggling/'stræglɪŋ/, **straggly**/'stræglɪ/ [bnw] • (in
groepjes) *verspreid* • *onsamenhangend*
• *loshangend* • *onregelmatig* (gegroeid)
straight/streɪt/ **I** [znw] • *recht stuk of traject*
• *straatje* ‹bij pokeren› ∗ *out of the ~ krom*
II [bnw] • *eerlijk, oprecht* • *betrouwbaar* • *in orde,*

s

op orde • puur, onvermengd • recht • rechtstreeks • recht op de man af ✶ get a thing ~ iets recht zetten; iets goed begrijpen • keep one's face ~ geen spier vertrekken ✶ put o.s. ~ with the world z. rehabiliteren ✶ put ~ in orde brengen ✶ ~ hair sluik haar ✶ ~ jet straalvliegtuig zonder schroef ✶ ~ thinking logisch denken ✶ ⟨AB vote the ~ ticket voor 't partijprogram stemmen • whisky ~ whisky puur **III** [bijw] • recht(streeks) • rechtop • direct • zonder omhaal/omwegen • ronduit ✶ I'd better come ~ to the point ik val maar meteen met de deur in huis ✶ go ~ goed/netjes oppassen ✶ hit ~ from the shoulder met een rechte treffen (bij boksen) ✶ ride ~ dwars door 't terrein rijden ✶ run ~ rechtschapen leven ✶ shoot ~ gericht schieten ✶ ~ off rechtstreeks; direct ✶ ~ on rechtdoor; rechttoe, rechtaan ✶ ~ out ronduit

straightaway /ˈstreɪtəweɪ/ [bijw] • meteen • zonder omhaal

straighten /ˈstreɪtn/ **I** [ov ww] • rechtmaken/-zetten/-leggen • strekken • in orde brengen ✶ ~(out) ontwarren ✶ (~ **up**) in orde brengen **II** [on ww] • recht worden • rechttrekken ✶ (~ **up**) rechtop gaan staan

straightforward /streɪtˈfɔ:wəd/ [bnw] • oprecht • ronduit • ongekunsteld, eenvoudig

straightness /ˈstreɪtnəs/ → **straight**

strain /streɪn/ **I** [ov + on ww] • zeven • filteren • (~ **off/out**) uitzeven, filtreren **II** [ov ww] • spannen • (op)rekken • inspannen • zwoegen • overspannen • (te) veel vergen van • forceren • op de spits drijven • verdraaien • verrekken ✶ ~ a point een soepel standpunt innemen; een oogje toedoen ✶ ~ every nerve alle krachten inspannen; alle middelen te baat nemen ✶ ~ one's ears de oren spitsen ✶ ~ the law de wet verkrachten ✶ ~ to o.s./one's heart tegen z. aan/aan 't hart drukken **III** [on ww] • z. inspannen • turen ✶ ~ swallow a camel and ~ at a gnat; de mug uitzijgen en de kameel verzwijgen ✶ (~ **after**) streven naar, krachtig (na)streven ✶ (~ **at**) rukken aan, trekken aan, moeite hebben met • (~ **through**) doorsijpelen, turen door **IV** [znw] • streven • lied • melodie • toon • druk • afkomst, geslacht • aard • karakter, (karakter)trek • stijl ✶ trant ✶ a ~ of melancholy iets droevigs ✶ in the same ~ op dezelfde toon; in dezelfde trant ✶ is a ~ on vergt heel wat van ✶ of good ~ v. goede afkomst ✶ put a ~ on o.s. z. geweld aandoen

strained /streɪnd/ [bnw] • onnatuurlijk • geforceerd, gedwongen • gewrongen

strainer /ˈstreɪnə/ [znw] • zeef • teems • vergiet

strait /streɪt/ [znw] ✶ Straits of Dover Nauw v. Calais ✶ be in a ~ in moeilijkheden zitten ✶ be in great ~s in grote moeilijkheden zitten ✶ ~(s) zeestraat ✶ the Straits Straat v. Malakka

straitened /ˈstreɪtnd/ [bnw] ✶ be in ~ circumstances 't niet breed hebben; er moeilijk voorzitten ✶ be ~ for gebrek hebben aan

strait-jacket /ˈstreɪtdʒækɪt/ [znw] dwangbuis

strait-laced /streɪtˈleɪst/ [bnw] streng, stipt

strand /strænd/ **I** [ov ww] • aan de grond doen lopen, stranden • twijnen ✶ be ~ed (hulpeloos) vastzitten; stranden; aan de grond zitten (fig.) **II** [on ww] vastlopen, stranden **III** [znw] • streep (in haar) • strand • vezel • streng • lok, wrong

stranded /ˈstrændɪd/ [bnw] • getwijnd • vastgelopen ✶ hair ~ with grey haar met grijs erdoor

strange /streɪndʒ/ [bnw] • raar • eigenaardig ✶ be ~ to vreemd staan tegenover ✶ ~ to say vreemd genoeg

stranger /ˈstreɪndʒə/ [znw] vreemde(ling) ✶ I spy

~s ik verzoek de tribunes te doen ontruimen (in het Lagerhuis) ✶ he is no ~ to sorrow hij weet wat verdriet is ✶ ~ to onbekend met; onbekende voor

strangle /ˈstræŋgl/ [ov ww] • worgen • knellen (om de nek) • onderdrukken • stikken

stranglehold /ˈstræŋglhəʊld/ [znw] wurggreep, macht

strangler /ˈstræŋglə/ [znw] wurger

strangulate /ˈstræŋgjʊleɪt/ [ov ww] dichtknijpen, dichtknellen ✶ ~d hernia beklemde breuk

strangulation /stræŋgjʊˈleɪʃən/ [znw] • wurging • economische druk

strap /stræp/ **I** [ov ww] afranselen ✶ ~ (up) met riem vastmaken; met hechtpleister hechten ✶ (~ **together**) bij elkaar gespen **II** [znw] • riem(pje) • band(je) • lus (in tram of v. laars) • metalen band, beugel ✶ ⟨mil.⟩ schouderbedekking ✶ the ~ aframmeling met riemen

straphanger /ˈstræphæŋgə/ [znw] passagier die aan de lus hangt

strapless /ˈstræpləs/ **I** [znw] japon of bh zonder schouderbandjes **II** [bnw] zonder schouderbandjes

strap-oil [znw] billenkoek, pak slaag

strapped /stræpt/ [bnw] ✶ ~ trousers broek met souspied

strapper /ˈstræpə/ [znw] struise kerel of vrouw

strapping /ˈstræpɪŋ/ **I** [znw] • riemen, riemleer • pleister **II** [bnw] • potig • struis

straps /stræps/ [mv] souspieds

strata /ˈstrɑ:tə/, /ˈstreɪtə/ [mv] → **stratum**

stratagem /ˈstrætədʒəm/ [znw] list

strategic /strəˈti:dʒɪk/ [bnw] strategisch

strategics /strəˈti:dʒɪks/ [mv] krijgstactiek

strategist /ˈstrætədʒɪst/ [znw] strateeg

strategy /ˈstrætədʒɪ/ [znw] strategie

stratification /strætɪfɪˈkeɪʃən/ [znw] gelaagdheid ✶ social ~ maatschappelijke gelaagdheid

stratify /ˈstrætɪfaɪ/ [ov ww] laag voor laag (op elkaar) leggen

stratocruiser /ˈstrætəʊkru:zə/ [znw] type stratosfeervliegtuig

stratoplane /ˈstrætəʊpleɪn/ [znw] stratosfeervliegtuig

stratosphere /ˈstrætəsfɪə/ [znw] stratosfeer

stratum /ˈstrɑ:təm/ [znw] (geologische) laag

stratus /ˈstreɪtəs/ [znw] stratus

straw /strɔ:/ **I** [znw] • stro(halm) • rietje • strootje • strohoed ✶ catch at a ~ z. aan een strohalm vastgrijpen ✶ it's the last ~ that breaks the camel's back de laatste loodjes wegen het zwaarst ✶ man of ~ stroman; stropop; karakterloos iem. ✶ not worth a ~ geen rooie cent waard ✶ ~ poll opiniepeiling ✶ ~s which show the way the wind blows tekenen van de naderende storm ✶ that's the last ~ dat is de druppel die de emmer doet overlopen **II** [bnw] • strooien • nietszeggend

strawberry /ˈstrɔ:bərɪ/ [znw] aardbei ✶ ~ mark aardbeivlek (op huid) ✶ the ~ leaves de hertogskroon

strawboard /ˈstrɔ:bɔ:d/ [znw] strobord, karton

stray /streɪ/ **I** [on ww] • (af)dwalen • zwerven • weglopen • de verkeerde kant opgaan (fig.) **II** [znw] • verdwaald persoon of dier • zwerver, dakloze **III** [bnw] • verdwaald • sporadisch • verspreid • los(lopend) • toevallig

strays /streɪz/ [mv] atmosferische storingen

streak /stri:k/ **I** [ov ww] strepen **II** [on ww] • snellen, ijlen • (inf.) naakt over plein e.d. rennen • (~ **off**) z. uit de voeten maken **III** [znw] • streep • flits • beetje • tik(keltje) ✶ he has a ~ of humour in him hij heeft gevoel voor humor ✶ like a ~ als de weerlicht ✶ ~ of lightning *bliksemstraal* ∗ *the silver* ~ *het Kanaal*

streaker/'stri:kə/ [znw] *iem. die naakt over plein e.d. rent*

streaky/'stri:kɪ/ [bnw] ● *gestreept* ● *geaderd* ● *doorregen*

stream/stri:m/ I [ov ww] *doen stromen* II [on ww] ● *stromen* ● *wapperen* ● *lopen* (v. ogen) ∗ ~*ing cold hevige verkoudheid* III [znw] ● *stroom* ● *beek(je)* ● *groep met zelfde leerprogram* ∗ *down-/up*~ *stroomaf-/-opwaarts*

streamer/'stri:mə/ [znw] ● *loshangende veer* ● *serpentine* ● *wimpel* ● *(lang) lint*

streamlet/'stri:mlət/ [znw] *stroompje*

streamline/'stri:mlaɪn/ [znw] *stroomlijn* ∗ ~*d gestroomlijnd*

street/stri:t/ [znw] *straat* ∗ *go on the* ~*s gaan tippelen; in de prostitutie gaan* ∗ *he's not in the same* ~ *with you hij kan niet bij jou in de schaduw staan* ∗ *in/on the* ~ *op straat; op de nabeurs* ∗ *man in the* ~ *de gewone man* ∗ ~ *corner work straathoekwerk* ∗ ~ *lighting straatverlichting* ∗ ~ *refuge vluchtheuvel* ∗ ~ *value handelswaarde* ∗ *that's exactly up my* ~ *dat is net iets voor mij* ∗ *the Street Fleet Street;*⟨AE⟩ *Wall Street*

streetlamp/'stri:tlæmp/ [znw] *straatlantaarn*

streetwalker/'stri:twɔ:kə/ [znw] *prostituee*

streetwise/'stri:twaɪz/ [bnw] *opgewassen tegen het stadsgewoel*

strength/streŋθ/ [znw] ● *kracht(en)* ● *sterkte* ● ⟨mil.⟩ *sterktelijst* ∗ *in great* ~ *in groten getale* ∗ *on the* ~ *of krachtens; op grond van* ∗ *up to* ~ *op volle sterkte*

strengthen/'streŋθən/ I [ov ww] *versterken* ∗ ~ *a p.'s hands iem. kracht geven* II [on ww] *sterker worden*

strenuous/'strenjʊəs/ [bnw] ● *inspannend* ● *krachtig* ● *energiek* ∗ ~ *life leven van zwoegen en strijd*

stress/stres/ I [ov ww] *de nadruk leggen op* II [znw] ● *nadruk* ● *gewicht* ● *accent* ● *spanning* ● *druk* ∗ ~ *mark accentteken* ∗ *under* ~ *of weather in zwaar weer*

stressful/'stresfʊl/ [bnw] *vermoeiend, zorgelijk, zwaar*

stretch/stretʃ/ I [ov ww] ● *(uit)pletten* ● *afleggen* ⟨v. lijk⟩ ● *(uit)strekken* ● *uitrekken, (op)rekken* ● *spannen* ● *(uit)leggen* ● *overdrijven* ● ⟨sl.⟩ *ophangen* ∗ ~ *a p. on the floor iem. vloeren* ∗ ~ *o.s. zich uitrekken* ∗ ~ *the law/truth de wet/waarheid geweld aandoen* ∗ *(*~ *forth) uitsteken* II [on ww] ● *zich (uit)strekken* ● *(zich) uitrekken* ● *reiken (tot)* ● *lopen tot* ∗ *(*~ *down to) z. uitstrekken tot, lopen tot* ∗ *(*~ *out) flink aanpakken* III [znw] ● *uitgestrektheid* ● *stuk* ● *periode, duur* ● *traject* ● *afstand* ● *wandeling* ● *overdrijving* ● *misbruik* ∗ *een jaar dwangarbeid/gevangenisstraf* ⟨scheepv.⟩ *slag* *(bij laveren)* ∗ *at a* ~ *aan één stuk* ∗ *at full* ~ *helemaal gestrekt; tot 't uiterste gespannen* ∗ *by a* ~ *of language door de taal geweld aan te doen* ∗ *give a* ~ *zich uitrekken* ∗ *on the* ~ *in spanning; gespannen*

stretcher/'stretʃə/ [znw] ● *spanner* ● *spanraam* ● *kampeerbed* ● *brancard* ● *spoorstok* (in roeiboot) ∗ *strekse steen* ● *overdreven/sterk verhaal* ● *leugen* ∗ ~*-bearer ziekendrager*

stretchy/'stretʃɪ/ [bnw] ● *elastisch* ● *langgerekt*

strew/stru:/ [ov ww] ● *bezaaien* ● *verspreid liggen op* ● *(be)strooien*

strewn/stru:n/ volt. deelw. → **strew**

stricken/'strɪkən/ [bnw] ● *getroffen* ● *geteisterd*

● *geslagen, verslagen* ∗ ~ *field veldslag; slagveld* ∗ *in years hoogbejaard*

strickle/'strɪkl/ [znw] ● *strekel* ● *strijkbout*

strict/strɪkt/ [bnw] ● *strikt* ● *stipt* ● *nauwgezet* ● *streng*

strictly/'strɪktlɪ/ [bijw] ∗ ~ *speaking strikt genomen*

stricture/'strɪktʃə/ [znw] ● *vernauwing* ● *kritiek* ∗ *pass* ~*s on kritiek uitoefenen op*

stride/straɪd/ I [ov ww] *schrijlings staan of zitten op* II [on ww] ● *grote stappen nemen* ● *schrijden* ● *(*~ *over) stappen over* III [znw] *(grote) stap* (ook fig.) ∗ *get into one's* ~ *op dreef komen* ∗ *take s.th. in one's* ~ *iets en passant doen meenemen/afdoen*

stridency/'straɪdnsɪ/ [znw] *schelheid*

strident/'straɪdnt/ [bnw] ● *knarsend* ● *schel*

strife/straɪf/ [znw] ● *vijandige rivaliteit* ● *strijd* ● *conflict*

strike/straɪk/ I [ov ww] ● *afbreken* ⟨v. tent⟩, *strijken* ⟨v. vlag, zeil⟩ ● *zetten, stekken* ● *afstrijken* ⟨v. zand in een maat⟩ ● *slaan* (met), *raken* ● *toevallig tegenaan lopen, aantreffen, stoten op, komen aan/bij* ● *aanslaan* ● *aan de haak slaan* ● *aanstrijken, aangaan* ● *opvallen* ● *opkomen bij* ∗ *be struck dumb verstomd staan* ∗ *how does his playing* ~ *you? wat denk je van zijn spel?* ∗ ~ *a balance balans opmaken* ∗ ~ *a bargain een koop sluiten* ∗ ~ *a blow een slag toebrengen* ∗ ~ *a blow for vechten voor* ∗ ~ *a different note een andere toon aanslaan* ∗ ~ *a pose poseren* ∗ ~ *an attitude een houding aannemen* ∗ ~ *an average een gemiddelde nemen* ∗ ~ *camp opbreken* ∗ ~ *cuttings stekken nemen* ∗ ~ *hands de hand erop geven; met handslag bekrachtigen* ∗ ~ *into a waltz een wals inzetten* ∗ ~ *it lucky boffen* ∗ ~ *me dead/handsome/ugly if ... ik mag doodvallen als ...* ∗ ~ *oil fortuin maken; olie aanboren* ∗ ~ *one's flag z. overgeven; het onderspit delven* ∗ ~ *root(s) wortel schieten* ∗ ~ *s.o. all of a heap iem. volkomen uit 't veld slaan/van de wijs brengen* ∗ ~ *s.o. dumb iem. met stomheid slaan* ∗ ~ *spurs into a horse een paard de sporen geven* ∗ ~ *terror into every heart alle harten met schrik vervullen* ∗ ~ *upon an idee een idee krijgen* ∗ ~ *work 't werk neerleggen/staken* ∗ *(*~ *down) neerslaan, vellen* ∗ *be struck down tegen de vlakte gaan* ● *(*~ *off) afslaan, drukken, afdraaien, doorhalen* ∗ ~ *s.o. off (the list) iem. royeren* ● *(*~ *out) doorhalen* ∗ ~ *out a new idea een nieuw denkbeeld ontwikkelen* ∗ ~ *out a new line nieuwe wegen inslaan* ● *(*~ *through) doorhalen* ∗ ~ *through the darkness door de duisternis dringen* ● *(*~ *up) aanheffen, sluiten* ∗ ~ *up the band! muziek!* ∗ ~ *up a friendship vriendschap aanknopen* II [on ww] ● *toeslaan, treffen* ● *staken* ● *afslaan* ● *wortel schieten, z. vastzetten, z. vasthechten* ∗ *his hour has struck zijn laatste uur heeft geslagen* ∗ ~ *home raak slaan* ● *(*~ *into a street een straat inslaan* ● *(*~ *at) slaan naar* ∗ ~ *at the root of in het hart/de kern aantasten* ● *(*~ *in) naar binnen slaan* ⟨v. ziekte⟩, *er tussen komen, invallen* ∗ ~ *in with meegaan met; z. aansluiten bij* ● *(*~ *out) armen en benen uitslaan* ∗ ~ *out for krachtige pogingen doen om te bereiken* ● *(*~ *up) inzetten, beginnen te spelen/zingen* III [znw] ● *staking* ● *vangst* ● *slag* (honkbal) ● *strijkbout* ∗ ⟨AE⟩ *succes, bof* ∗ ~ *fund stakingskas* ∗ ~ *pay stakingsuitkering*

strike-a-light/'straɪkəlaɪt/ [znw] *vuurslag*

strikebound/'straɪkbaʊnd/ [bnw] *lamgelegd, gesloten, dicht* (wegens staking)

S

strike-breaker /ˈstraɪkbreɪkə/ [znw] • werkwillige • onderkruiper

striker /ˈstraɪkə/ [znw] • staker • slagpin • harpoen • strijkbout • ‹sport› spitsspeler

striking /ˈstraɪkɪŋ/ [bnw] • opvallend • markant, treffend

string /strɪŋ/ I [ov ww] • besnaren • bespannen • aan snoer rijgen • ‹AE› bij de neus nemen ★ highly strung hypernerveus; overgevoelig ★ ~ facts together feiten met elkaar in verband brengen • strung up overgevoelig; hypernerveus • (~ along) aan het lijntje houden, beduvelen • (~ out) in rij of reeks plaatsen • (~ up) aan (elkaar) knopen, binden, spannen, overspannen maken, opknopen II [on ww] draderig worden • (~ along) meedoen/-gaan • (~ out) uitgespreid zijn III [znw] • touw(tje) • koord • lijn • lint • band • veter • pees • snaar • vezel • draad ‹v. boon› • snoer, rij, reeks, file ★ I have a second ~ ik heb nog iets achter de hand ★ first ~ voornaamste troef ‹fig.› ★ harping on the same ~ op 't zelfde aanbeeld hameren ★ have two ~s to one's bow twee pijlen op zijn boog hebben ★ on a ~ aan een touwtje ★ pull ~s invloed aanwenden ★ pull the ~s achter de schermen zitten; de eigenlijke macht hebben • ~ band strijkorkest met gitaren en/of banjo's ★ ~ bass contrabas ★ ~ bean snijboon ★ ~ of horses renstal ★ ~ of the tongue tongriem ★ touch the ~s de snaren roeren; bespelen

stringed /strɪŋd/ [bnw] besnaard, snaar-

stringency /ˈstrɪndʒənsɪ/ [znw] (geld)schaarste

stringent /ˈstrɪndʒənt/ [bnw] • bindend • streng • strikt • krap, moeilijk

stringer /ˈstrɪŋə/ [znw] • correspondent ‹v. krant› • verbindingsbalk • verbindingsstijl

strings /strɪŋz/ [mv] ‹AE› beperkingen, bepaalde voorwaarden • the ~ de strijkers ‹v. orkest›

stringy /ˈstrɪŋɪ/ [bnw] • draderig • pezig

strip /strɪp/ I [ov ww] • uitkleden • uittrekken • ontbloten • (af)stropen • (af)schillen • (er) afhalen • leeghalen • ~ a cow een koe leegmelken ★ ~ a p. naked iem. totaal uitschudden ★ ~ a sergeant een sergeant degraderen ★ ~ a tree een boom kaalvreten • (~ of) ontdoen van II [on ww] • zich uitkleden • doldraaien ‹v. schroef› III [znw] • strook • lat • reep • landingsbaan • clubkleuren • comic ~ beeldverhaal ★ ~ cartoon stripverhaal ★ ~ of garden tuintje ★ ~ of gravel grindpaadje ★ ~ of ornamental water vijvertje

stripe /straɪp/ [znw] • streep • chevron • striem

striped /straɪpt/ [bnw] gestreept

stripes /straɪps/ ‹inf.› [mv] tijger

striplighting /ˈstrɪplaɪtɪŋ/ [znw] • tl-buis • tl-verlichting

stripling /ˈstrɪplɪŋ/ [znw] jongmens, jongeman

stripper /ˈstrɪpə/ [znw] • ontschorser • stripteasedanser(es)

striptease /ˈstrɪptiːz/ [znw] striptease

stripy /ˈstraɪpɪ/ [bnw] met strepen

strive /straɪv/ [on ww] • z. inspannen, vechten • strijden • (~ after/for) streven naar

striven /ˈstrɪvn/ volt. deelw. → strive

strode /strəʊd/ verl. tijd → stride

stroke /strəʊk/ I [ov ww] strijken, aaien, strelen ★ ~ a p. down iem. kalmeren II [znw] • aanval • slagroeier • aai • klap • slag • haal, streek • beroerte • be off one's ~ zijn draai niet hebben; de kluts kwijt zijn • on the ~ of five op slag van vijven ★ paralytic ~ verlamming ★ row ~ als achterste man roeien; 't tempo aangeven ★ ~ of genius geniale zet ★ ~ of luck buitenkansje; bof ★ ~ of the pen pennenstreek

stroll /strəʊl/ I [on ww] • slenteren • op z'n gemak lopen • wandelen • zwerven II [znw] wandeling(etje) • take a ~ wandeling maken

stroller /ˈstrəʊlə/ [znw] • wandelwagentje • zwerver ‹bij voetbal›

strolling /ˈstrəʊlɪŋ/ [bnw] rondtrekkend

strong /strɒŋ/ I [bnw] • sterk • krachtig • zwaar ‹v. tabak, bier› • vast ‹v. geldkoers, prijzen› • overdreven • be ~ on/for zeer gesteld zijn op ★ mathematics is not my ~ point ik ben niet sterk in wiskunde ★ ~ language krachttermen ★ ~ room kluis II [bijw] ★ I feel so ~ly about it mijn mening staat vast ★ come it ~ overdrijven ★ he's going it ~! hij overdrijft behoorlijk! ★ still going ~ nog in de beste conditie; nog steeds en vogue

strong-arm [bnw] hardhandig

strongbox /ˈstrɒŋbɒks/ [znw] • geldkist • documentenkist • brandkast

strongheaded /strɒŋˈhedɪd/ [bnw] koppig

stronghold /ˈstrɒŋhəʊld/ [znw] • fort • burcht • bolwerk

strongman /ˈstrɒŋmæn/ [znw] sterke man, leider

strong-minded /strɒŋˈmaɪndɪd/ [bnw] • zelfbewust • resoluut

strong-willed [bnw] vastberaden, wilskrachtig

strop /strɒp/ I [ov ww] slijpen op scheerriem II [znw] scheerriem

strophe /ˈstrəʊfɪ/ [znw] • couplet • strofe

stroppy /ˈstrɒpɪ/ [bnw] • tegendraads • dwars, koppig

strove /strəʊv/ verl. tijd → strive

struck /strʌk/ verl. tijd + volt. deelw. → strike

structural /ˈstrʌktʃərəl/ [bnw] structureel

structure /ˈstrʌktʃə/ [znw] • (op)bouw • bouwwerk • structuur

struggle /ˈstrʌgl/ I [on ww] • worstelen • vechten • tegenspartelen • ~ into one's coat zich met moeite in zijn jas werken • ~ to one's feet met moeite opstaan • (~ to) moeite hebben om II [znw] ★ ~ for life/existence strijd om 't bestaan

strum /strʌm/ I [ov + on ww] trommelen, tjingelen II [znw] getrommel, getjingel

strumpet /ˈstrʌmpɪt/ [znw] hoer

strung /strʌŋ/ verl. tijd + volt. deelw. → string

strut /strʌt/ I [ov + on ww] trots stappen II [ov ww] stutten III [znw] • schoor • trotse stap of gang • stut

stub /stʌb/ I [ov ww] • de stronken verwijderen (uit) • stoten ★ stub out a cigarette een sigarettenpeukje uitdoven II [znw] • stronk • stobbe • stompje • peukje

stubble /ˈstʌbl/ [znw] stoppels

stubbly /ˈstʌblɪ/ [bnw] stoppelig

stubborn /ˈstʌbən/ [bnw] • hardnekkig • onverzettelijk • koppig • moeilijk te bewerken

stubby /ˈstʌbɪ/ → stub

stucco /ˈstʌkəʊ/ I [ov ww] stukadoren II [znw] pleisterkalk, stuc

stuck /stʌk/ verl. tijd + volt. deelw. → stick

stuck-up /stʌkˈʌp/ [bnw] verwaand

stud /stʌd/ I [ov ww] met knopjes beslaan/versieren • verspreiden over • bezaaien ★ plain studded with trees vlakte met overal bomen II [znw] • renstal • fokstal • knop(je), spijker • trats • boordenknoopje • manchetknoopje • verbindingsbout • tapeinde • staande lat in pleisterwerk • studs beslag

studbook /ˈstʌdbʊk/ [znw] paardenstamboek

studding /ˈstʌdɪŋ/ [znw] pleisterbeschot

studding-sail /ˈstʌnsəl/ [znw] lijzeil

student /ˈstjuːdnt/ [znw] • student • leerling • wetenschapsman ★ ~ in/of iem. die studeert in;

iem. die z. interesseert voor ★ ~ nurse leerling-verpleegkundige

studentship /'stju:dntʃɪp/ [znw] • 't student zijn • studiebeurs

stud-farm /'stʌdfɑːm/ [znw] paardenfokbedrijf

studied /'stʌdɪd/ [bnw] • bestudeerd • gemaakt • gekunsteld

studio /'stju:dɪəʊ/ [znw] • atelier • studio

studious /'stju:dɪəs/ [bnw] • vlijtig, ijverig • studerend • vastbesloten • opzettelijk nauwgezet ★ ~ of verlangend naar

study /'stʌdɪ/ **I** [ov ww] • (be)studeren • opnemen • rekening houden met • streven naar • (~ out) uitvissen, uitpuzzelen • (~ to) z. beijveren om • (~ up) erin pompen, blokken **II** [on ww] studeren ★ ~ for the Bar voor rechtbankadvocaat studeren ★ ~ for the Church voor geestelijke studeren **III** [znw] • studie • etude • studieobject • studeerkamer • streven ★ be a quick ~ gemakkelijk (toneel)rollen leren ★ his face was a perfect ~ zijn gezicht was volkomen de moeite v. 't studeren waard ★ in a brown ~ verstrooid; afwezig ★ it shall be my ~ to ik zal het tot mijn plicht rekenen; ik zal ernaar streven

stuff /stʌf/ **I** [ov ww] • (vol)stoppen • opvullen • stofferen • farceren • volproppen • opzetten (v. dier) ★ he can get ~ed! hij kan barsten! ★ ~ a p. (up) iem. wat op de mouw spelden ★ ~ o.s. te veel eten ★ ~ed nose verstopte neus ★ (AE) ~ed shirt opgeblazen idioot **II** [on ww] • schransen • schrokken **III** [znw] • heroïne • cocaïne • stof, materiaal • wol(len stof) • spul, goedje • waardeloze rommel • onzin • hasj ★ (sl.) do your ~ ga je gang ★ green ~ groente ★ man with plenty of good ~ in him man met een hart van goud ★ poor/sorry ~ niet veel soeps ★ ~ and nonsense klinkklare onzin ★ that's the (right) ~! dat is 't; zo moet 't ★ that's the ~ to give them zo moet je ze aanpakken **IV** [bnw] wollen ★ ~ gown toga van gewoon advocaat

stuffing /'stʌfɪŋ/ [znw] • vulling • pakking ★ knock the ~ out of s.o. iem. van zijn stuk brengen; iem. zwak maken; iem. verzwakken; iem. uitmergelen; iem. murw slaan

stuffy /'stʌfɪ/ [bnw] • nijdig • benauwd, bedompt • verstopt (v. neus) • bot, stom, suf

stultification /stʌltɪfɪ'keɪʃən/ [znw] bespotting

stultify /'stʌltɪfaɪ/ [ov ww] • belachelijk maken • teniet doen

stumble /'stʌmbl/ **I** [on ww] • struikelen • stuntelen • hakkelen ★ ~ through one's speech zijn speech stuntelig afdraaien ★ stumbling block struikelblok; handicap ★ stumbling stone steen des aanstoots • (~ across/(up)on) toevallig aantreffen, tegen 't lijf lopen • (~ along) voortstrompelen • (~ at) z. niet kunnen verenigen met, in dubio staan wat betreft • (~ over) zich ergens niet overheen kunnen zetten, vallen over (fig.) **II** [znw] misstap, struikeling

stump /stʌmp/ **I** [ov + on ww] • (~ up) (sl.) betalen, dokken **II** [ov ww] • in verlegenheid brengen • vastzetten • af-/uitgooien (bij cricket) • doezelen • (AE) uitdagen ★ be ~ed for an answer niet weten wat te zeggen ★ (pol.) ~ it campagne voeren ★ (pol.) ~ the country/constituency campagne voeren **III** [on ww] • klossen • onbehouwen lopen **IV** [znw] • stomp(je) • (boom)stronk • peukje • wicketpaaltje (bij cricket) • doezelaar ★ (pol.) go on the ~ campagne voeren ★ ~ oratory bombast; retoriek

stumper /'stʌmpə/ [znw] • lastig probleem • moeilijke taak

stumps /stʌmps/ [mv] benen ★ stir your ~! doorlopen!

stumpy /'stʌmpɪ/ [bnw] • dik en kort, gezet • met stompjes, afgesleten

stun /stʌn/ [ov ww] • versuft doen staan, doen duizelen • verdoven • versteld doen staan

stung /stʌŋ/ verl. tijd + volt. deelw. → **sting**

stunk /stʌŋk/ verl. tijd + volt. deelw. → **stink**

stunner /'stʌnə/ [znw] • iets waar je van achterover slaat • kanjer • (sl.) stuk, kei, reuzevent

stunning /'stʌnɪŋ/ [bnw] • versuffend • oorverdovend • fantastisch • (sl.) denderend ★ ~ blow geweldige slag (ook fig.)

stunsail /'stʌnsəl/ → **studding-sail**

stunt /stʌnt/ **I** [on ww] • (acrobatische) toeren doen • (luchtv.) stunten **II** [znw] • (kracht)toer • kunstje • sensatie(verhaal) • reclamestunt • sensationeel experiment • (luchtv.) stunt ★ ~ man stuntman ★ ~ woman stuntvrouw

stunted /'stʌntɪd/ [bnw] • achtergebleven (in groei) • klein gebleven • dwerg-

stupefaction /stju:pɪ'fækʃən/ [znw] • verdoving • verbijstering

stupefy /'stju:pɪfaɪ/ [ov ww] • verdoven • afstompen • versuffen • stomverbaasd doen staan

stupendous /stju:'pendəs/ [bnw] • verbluffend • enorm • kolossaal

stupid /'stju:pɪd/ **I** [znw] sufferd, stommerik **II** [bnw] • dom • stom • suf

stupidity /stju:'pɪdətɪ/ [znw] domheid

stupor /'stju:pə/ [znw] • verdoving • coma • apathie

sturdy /'stɜ:dɪ/ **I** [znw] draaiziekte **II** [bnw] • struis • fors • flink • stoer ★ ~ beggar bedelaar die best kan werken

sturgeon /'stɜ:dʒən/ [znw] steur

stutter /'stʌtə/ **I** [ov + on ww] • stotteren • stamelen • (~ out) stamelend uitbrengen **II** [znw] gestotter

stutterer /'stʌtərə/ [znw] stotteraar(ster)

sty /staɪ/ [znw] • strontje (op oog) • stal, kot

style /staɪl/ **I** [ov ww] • adresseren als • aanspreken als • noemen • betitelen ★ be ~d as de titel dragen van **II** [znw] • firmanaam • stijl • distinctie • trant • model • schrijfstift • etsnaald • aanspreekvorm • titulatuur • titel ★ Old/New Style Juliaanse/Gregoriaanse kalender ★ that's the right ~ zo moet 't

stylish /'staɪlɪʃ/ [bnw] • gedistingeerd • chic

stylist /'staɪlɪst/ [znw] stilist

stylistic /staɪ'lɪstɪk/ [bnw] stilistisch

stylize /'staɪlaɪz/ [ov ww] stileren

stylus /'staɪləs/ [znw] • schrijfstift • naald (v. platenspeler)

stymie /'staɪmɪ/ **I** [ov ww] dwarsbomen, lamleggen (fig.), buiten spel zetten **II** [znw] (sport) moeilijke situatie

styptic /'stɪptɪk/ **I** [znw] • bloedstelpend middel • aluinstift **II** [bnw] bloedstelpend

Styx /stɪks/ [znw] ★ cross the Styx sterven

suave /swɑːv/ [bnw] • hoffelijk • minzaam

sub- /sʌb/ [voorv] • onder-, sub- • adjunct- • bij- • enigszins

subaltern /'sʌbəltn/ **I** [znw] subalterne officier **II** [bnw] ondergeschikt

subclass /'sʌbklɑːs/ [znw] onderklasse

subcommittee /'sʌbkəmætɪ/ [znw] subcommissie

subconscious /sʌb'kɒnʃəs/ **I** [znw] onderbewustzijn **II** [bnw] onderbewust

subcontract I [on ww] een toeleveringscontract sluiten **II** [znw] toeleveringscontract

subcontractor /sʌbkən'træktə/ [znw]

S

onderaannemer

subculture /'sʌbkʌltʃə/ [znw] subcultuur

subdivide /'sʌbdɪvaɪd/ I [ov ww] onderverdelen
II [on ww] z. splitsen

subdivision /'sʌbdɪvɪʒən/ [znw] onderverdeling, afdeling

subdue /səb'dju:/ [ov ww] • temperen
• verzwakken • onderwerpen • bedwingen
• matigen ★ ~d gedempt; ingetogen; stemmig

subeditor /sʌb'edɪtə/ [znw] redacteur, ander dan hoofdredacteur

subgroup /'sʌbgru:p/ [znw] subgroep(ering)

subheading /'sʌbhedɪŋ/ [znw] kopje, ondertitel

subhuman /sʌb'hju:mən/ [bnw] niet menselijk, dierlijk

subject I [bnw + bijw] /'sʌbdʒekt/ ★ ~ to
afhankelijk van ★ ~ to the consent of behoudens
toestemming van II [ov ww] /səb'dʒekt/
onderwerpen ● (~ to) blootstellen aan III [znw]
/'sʌbdʒekt/ • lijk • patiënt • onderdaan
• onderwerp • vak • reden, oorzaak • voorwerp
• subject (in de logica) • (muz.) thema ★ ~ for
aanleiding tot IV [bnw] /'sʌbdʒekt/ ★ ~ to
onderworpen aan; onderhevig aan

subjection /səb'dʒekʃən/ [znw] • afhankelijkheid
• onderwerping

subjective /səb'dʒektɪv/ [bnw] • subjectief
• onderwerps-

subjectivity /sʌbdʒek'tɪvətɪ/ → **subjective**

subject-matter /'sʌbdʒektmætə/ [znw]
(behandelde) stof, onderwerp

subjoin /sʌb'dʒɔɪn/ [ov ww] toevoegen

subjugate /'sʌbdʒʊgeɪt/ [ov ww] onderwerpen

subjugation /sʌbdʒʊ'geɪʃən/ [znw] onderwerping

subjunctive /səb'dʒʌŋktɪv/ I [znw] aanvoegende
wijs II [bnw] ★ ~ mood aanvoegende wijs

sublease /sʌb'li:s/ I [ov ww] onderverhuren
II [znw] onderverhuur(contract)

sublet /sʌb'let/ [ov ww] onderverhuren

sub-lieutenant /sʌblef'tenənt/ [znw] luitenant ter
zee tweede klasse

sublimate I [ov ww] /'sʌblɪmeɪt/ • sublimeren
• zuiveren • veredelen II [znw] /'sʌblɪmət/
sublimaat III [bnw] /'sʌblɪmət/ gesublimeerd

sublime /sə'blaɪm/ I [ov ww] • sublimeren
• zuiveren • veredelen II [bnw] • verheven
• subliem • hooghartig

subliminal /sʌb'lɪmɪnl/ [bnw] • in een (zeer korte)
flits • onder de bewustzijnsdrempel

sublimity /sʌ'blɪmətɪ/ → **sublime**

submachine /sʌbmə'ʃi:n/ [znw] ★ ~ gun
machinegeweer

submarine /sʌbmə'ri:n/ I [ov ww] torpederen
vanuit submarine II [znw] onderzeeër III [bnw]
onderzees

submerge /səb'mɜ:dʒ/ I [ov ww] • onder water
zetten • (onder)dompelen ★ ~d rock blinde klip
★ ~d tenth de paupers II [on ww] • onder water
gaan • onderduiken

submergence, submersion /səb'mɜ:dʒəns/
[znw] • onderdompeling • het onder water gaan

submersible /səb'mɜ:sɪbl/ [bnw] overstroombaar
★ ~ boat onderzeeër

submission /səb'mɪʃən/ [znw] • onderdanigheid
• nederigheid ★ with all due ~ met alle respect;
met uw welnemen

submissive /səb'mɪsɪv/ [bnw] onderdanig

submit /səb'mɪt/ I [ov + on ww] (z.) onderwerpen
II [ov ww] • vóórleggen • in het midden brengen
• (menen te mogen) opmerken

subnormal /sʌb'nɔ:ml/ [bnw] beneden de norm,
achterlijk

subordinate I [ov ww] /sə'bɔ:dɪneɪt/ • (~ to)
ondergeschikt maken aan II [znw] /sə'bɔ:dɪnət/
ondergeschikte III [bnw] /sə'bɔ:dɪnət/
ondergeschikt ★ ~ clause bijzin

subordination /səbɔ:dɪ'neɪʃən/ [znw]
• ondergeschiktheid • onderschikking

subpoena /səb'pi:nə/ I [ov ww] dagvaarden
II [znw] dagvaarding

subscribe /səb'skraɪb/ I [ov + on ww]
• ondertekenen • intekenen • inschrijven
• inschrijven voor ★ ~ one's name (to)
ondertekenen II [ov ww] bijeenbrengen (v. geld)
• (~ to) z. abonneren op, onderschrijven

subscriber /səb'skraɪbə/ [znw] • intekenaar
• inschrijver • abonnee

subscription /səb'skrɪpʃən/ [znw] ★ ~ fee
abonnementsprijs

subsection /'sʌbsekʃən/ [znw] onderafdeling

subsequent /'sʌbsɪkwənt/ [bnw]
• (daarop)volgend • later ★ ~ to volgend op ★ ~
upon volgend uit

subsequently /'sʌbsɪkwəntlɪ/ [bijw] daarna, later

subserve /səb'sɜ:v/ [ov ww] • dienen • bevorderlijk
zijn voor

subservience /səb'sɜ:vɪəns/ [znw] • kruiperigheid
• onderdanigheid

subservient /səb'sɜ:vɪənt/ [bnw] • onderdanig
• kruiperig ★ ~ to ondergeschikt aan

subside /səb'saɪd/ [ov ww] • inzakken, (ver)zakken
• (be)zinken • afnemen (in hevigheid) • bedaren
★ ~ into a chair z. in een stoel laten zakken

subsidence /səb'saɪdns/, /'sʌbsɪdəns/ [znw]
• bezinksel • afname • bedaring

subsidiaries /səb'sɪdɪərɪz/ [mv] hulptroepen

subsidiary /səb'sɪdɪərɪ/ I [znw] • hulpmiddel
• dochtermaatschappij II [bnw] • hulp- • bij-
• ondergeschikt ★ ~ company
dochtermaatschappij ★ ~ stream zijrivier

subsidization /sʌbsɪdaɪ'zeɪʃən/ [znw] subsidiëring

subsidize /'sʌbsɪdaɪz/ [ov ww] subsidiëren,
geldelijk steunen

subsidy /'sʌbsɪdɪ/ [znw] subsidie

subsist /səb'sɪst/ I [ov ww] provianderen
II [on ww] • bestaan • (voort)leven

subsistence /səb'sɪstns/ [znw]
• bestaansminimum • bestaan • middel(en) van
bestaan • kost(winning) ★ ~ money
onderhoudstoelage

subsoil /'sʌbsɔɪl/ [znw] grond onder de oppervlakte,
ondergrond

subspecies /'sʌbspi:ʃi:z/ [znw] subspecies,
onderklasse, ondersoort

substance /'sʌbstns/ [znw] • wezen • essentie • stof
• substantie • hoofdzaak, kern • stevigheid
• degelijkheid • vermogen ★ some ~ in your
argument iets gezonds in je betoog

substandard /sʌb'stændəd/ [bnw] • substandaard
• dialectisch, dialect-

substantial /səb'stænʃəl/ [bnw] • essentieel
• stevig • gegrond • flink • aanzienlijk
• vermogend

substantials /səb'stænʃəlz/ [mv] 't wezenlijke, de
hoofdzaken

substantiate /səb'stænʃɪeɪt/ [ov ww] • de
deugdelijkheid aantonen van • bewijzen
• verwerkelijken

substantiation /səbstænʃɪ'eɪʃən/ [znw]
verwerkelijking

substantive /'sʌbstəntɪv/ I [znw] zelfstandig
naamwoord II [bnw] • zelfstandig • (mil.) effectief
★ the ~ verb het werkwoord 'zijn'

substitute /'sʌbstɪtju:t/ I [ov ww] • vervangen • in

de plaats stellen • substitueren II [znw]
• vervanger • vervangmiddel • surrogaat
substitution/sʌbstɪˈtjuːʃən/ [znw] vervanging,
substitutie
substratum/ˈsʌbstrɑːtəm/ [znw] • onderlaag
• grond(slag)
substructure/ˈsʌbstrʌktʃə/ [znw] onderbouw,
grondslag, fundament
subsume/səbˈsjuːm/ [ov ww] onder één noemer
brengen, opnemen
subtenant/ˈsʌbtenənt/ [znw] onderhuurder
subtend/sʌbˈtend/ [ov ww] • staan tegenover (een
hoek) • onderspannen (v. boog)
subterfuge/ˈsʌbtəfjuːdʒ/ [znw] • uitvlucht
• draaierij om eruit te komen
subterranean/ˌsʌbtəˈreɪnɪən/ [bnw]
• ondergronds • heimelijk
subtilize/ˈsʌtɪlaɪz/ I [ov ww] • fijn uitspinnen • ijl
maken, vervluchtigen II [on ww] spitsvondig
redeneren
subtitle/ˈsʌbtaɪtl/ I [ov ww] ondertitelen II [znw]
• ondertitel (v. film) • lagere titel
subtle/ˈsʌtl/ [bnw] • ijl, teer, (ver)fijn(d) • subtiel
• zeer kritisch • spitsvondig • geraffineerd • sluw
★ ~ distinction uiterst fijne onderscheiding
subtlety/ˈsʌtəltɪ/ [znw] subtiliteit
subtopia/sʌbˈtəupɪə/ [znw] saaie,
onaantrekkelijke woonwijk(en)
subtract/səbˈtrækt/ [ov + on ww] • aftrekken
• afdoen
subtraction/səbˈtrækʃən/ [znw] aftrekking
subtrahend/ˈsʌbtrəhend/ [znw] aftrekker
subtropical/sʌbˈtrɒpɪkl/ [bnw] subtropisch ★ ~
fruit zuidvruchten
suburb/ˈsʌbɜːb/ [znw] voorstad
suburban/səˈbɜːbən/ I [znw] inwoner v. voorstad
II [bnw] • van/wonend in een voorstad
• kleinsteeds ★ ~ line/service lokaaldienst;
openbaar vervoer verbinding met voorstad
suburbia/səˈbɜːbɪə/ [znw] de (mensen in/v.d.)
buitenwijken
subvention/səbˈvenʃən/ I [ov ww] subsidiëren
II [znw] subsidie
subversion/səbˈvɜːʃən/ [znw] omverwerping
subversive/səbˈvɜːsɪv/ [bnw] subversief
subvert/səbˈvɜːt/ [ov ww] omverwerpen
subway/ˈsʌbweɪ/ [znw] • tunnel • ⟨AE⟩ metro,
ondergrondse
subzero/sʌbˈzɪərəu/ [bnw] onder nul
succeed/səkˈsiːd/ I [ov + on ww] opvolgen • (~ to)
volgen op ★ ~ to the throne of opvolger als vorst
van II [on ww] • slagen • succes hebben ★ he ~ed
in escaping hij slaagde erin te ontkomen
success/səkˈses/ [znw] • succes • goed gevolg
successful/səkˈsesful/ [bnw] • geslaagd
• succesrijk • voorspoedig ★ be ~ in persuading
s.o. erin slagen iem. over te halen
succession/səkˈseʃən/ [znw] • erfgenamen
• nakomelingen • op(een)volging • serie • reeks
• successie ★ in ~ achter elkaar ★ in ~ to als
opvolger van
successive/səkˈsesɪv/ [bnw] • achtereenvolgend
• successievelijk
successively/səkˈsesɪvlɪ/ [bijw] achtereenvolgens
successor/səkˈsesə/ [znw] opvolger
succinct/səkˈsɪŋkt/ [bnw] beknopt, bondig
succory/ˈsʌkərɪ/ [znw] cichorei
succour/ˈsʌkə/ I [ov ww] • helpen, te hulp komen
• bevrijden II [znw] • helper • schuilplaats
succulence/ˈsʌkjuləns/ [znw] sappigheid
succulent/ˈsʌkjulənt/ [bnw] sappig

succumb/səˈkʌm/ [on ww] bezwijken • (~ to)
sterven aan
such/sʌtʃ/ I [bnw] • zulk (een) • zo'n ★ zo
• zodanig, zo groot • degenen • zulks ★ another
such nog zo een ★ in such and such a house in
dat en dat huis ★ no such thing niets v. dien aard;
geen kwestie van ★ such as zoals; zoals
bijvoorbeeld ★ such is life zo is 't leven ★ we note
your remarks and in reply to such wij hebben
nota genomen van uw opmerkingen en in antwoord
daarop II [bijw] ★ such as zoals
suchlike/ˈsʌtʃlaɪk/ [bnw] dergelijk, van dien aard
suck/sʌk/ I [ov + on ww] • opnemen • zuigen (op)
★ suck a p.'s brains de ideeën van iem. anders
overnemen ★ suck dry uitzuigen; leegzuigen
★ suck one's underlip op z'n lippen bijten ★ suck
up to a p. strooplikken bij iem. • (~ from) halen
uit • (~ in) inzuigen, in zich opnemen • (~ out
of) halen uit • (~ up) opzuigen, opnemen, doen
verdwijnen II [znw] • slokje • ⟨SL⟩ sof ★ sucks
snoep; mispoes ★ take a suck at nippen aan; 'n
slokje nemen van ★ what a suck! lekker mis; wat
een sof
sucker/ˈsʌkə/ [znw] • groentje • sukkel
• stommeling • zuigvis • zuignap, zuigleer,
zuigbuis • spruit • loot • speenvarken • walvisjong
• ⟨AE⟩ domme beursspeculant ★ Sucker State
Illinois
suckle/ˈsʌkl/ [ov ww] • zogen • grootbrengen
suckling/ˈsʌklɪŋ/ [znw] • zuigeling • nog zuigend
dier
suction/ˈsʌkʃən/ [znw] zuiging
suction-pump/ˈsʌkʃənpʌmp/ [znw] zuigpomp
sudarium/sjuːˈdeərɪəm/ [znw] zweetdoek (met
afbeelding v. 't gelaat v. Christus)
sudatorium/sjuːdəˈtɔːrɪəm/ [znw] zweetbad
sudden/ˈsʌdn/ I [znw] ★ (all) of a ~ plotseling
II [bnw] • plotseling • overijld
suddenly/ˈsʌdnlɪ/ [bijw] plotseling
suds/sʌdz/ [mv] zeepsop
sue/suː/ I [ov + on ww] • (~ for) smeken om
II [ov ww] een proces aandoen
suede/sweɪd/ [bnw] suède
suet/ˈsuːɪt/ [znw] niervet
suffer/ˈsʌfə/ I [ov ww] • ondergaan (toe)laten
• verdragen • uitstaan ★ ~ fools gladly laat de
gekken in vreugde leven II [on ww] • beschadigd
worden • de marteldood sterven • te lijden hebben
• lijden • boeten ★ Charles I ~ed on Jan. 30th
Karel I werd ter dood gebracht op 30 januari • (~
by) schade lijden door, geschaad worden door • (~
from) lijden aan
sufferance/ˈsʌfərəns/ [znw] • stilzwijgende
toestemming, instemming • toelating • ⟨vero.⟩
lijdzaamheid ★ be admitted on ~ ergens geduld
worden ★ bill of ~ voorlopige invoervergunning
sufferer/ˈsʌfərə/ [znw] • lijder • slachtoffer
suffering/ˈsʌfərɪŋ/ [znw] beproeving, ellende
suffice/səˈfaɪs/ [ov + on ww] • voldoende zijn (voor)
• tevreden stellen ★ ~ it to say wij mogen volstaan
met te zeggen
sufficiency/səˈfɪʃənsɪ/ [znw] • 't voldoende zijn
• voldoende hoeveelheid • voldoende om (van) te
bestaan
sufficient/səˈfɪʃənt/ [bnw] voldoende, genoeg
suffix/ˈsʌfɪks/ I [ov ww] • als suffix hechten aan
• achtervoegen II [znw] achtervoegsel
suffocate/ˈsʌfəkeɪt/ I [ov ww] • doen stikken
• verstikken ★ suffocating zeer benauwd
II [on ww] stikken
suffocation/sʌfəˈkeɪʃən/ [znw] verstikking
suffragan/ˈsʌfrəgən/ I [znw] suffragaanbisschop

S

II [bnw] suffragaan
suffrage /'sʌfrɪdʒ/ [znw] • stem • stemrecht • suffragium, bede
suffragette /sʌfrə'dʒet/ [znw] suffragette
suffuse /sə'fju:z/ [ov ww] • overdekken • overgieten ★ eyes ~d with tears ogen vol tranen ★ sky ~d with light verlichte hemel
suffusion /sə'fju:ʒən/ [znw] • verspreiding • schijnsel • blos
sugar /'ʃʊgə/ **I** [ov ww] • (be)suikeren • stroop om de mond smeren • verbloemen ★ ~ the pill de pil vergulden **II** [znw] • suiker • mooie woorden, strooplikkerij • ⟨sl.⟩ heroïne ★ ~ basin/bowl suikerpot ★ ~ beet suikerbiet ★ ~ estate suikerplantage ★ ~ gum eucalyptus ★ ~ mill suikerfabriek
sugar-candy /'ʃʊgəkændɪ/ [znw] kandij
sugarcane /'ʃʊgəkeɪn/ [znw] suikerriet
sugarplum /'ʃʊgəplʌm/ [znw] suikerboontje
sugary /'ʃʊgərɪ/ [bnw] • suikerachtig • suikerzoet
suggest /sə'dʒest/ [ov ww] • suggereren • opperen • wijzen op • doen denken aan • voorstellen ★ I don't ~ that ik wil niet zeggen dat ★ I ~ that is het niet zo, dat ★ does the name ~ anything to you? zegt de naam u iets? ★ ~ an idea een idee aan de hand doen; op een idee brengen ★ ~ed list price adviesprijs ★ the idea ~s itself 't idee komt vanzelf bij je op
suggestible /sə'dʒestɪbl/ [bnw] gemakkelijk onder suggestie te brengen
suggestion /sə'dʒestʃən/ [znw] • indruk • werk • idee • suggestie • insinuatie • zweem, spoor ★ at/on the ~ of op voorstel van ★ that is full of ~ daar zit heel wat in
suggestive /sə'dʒestɪv/ [bnw] • waar veel inzit, met veel stof tot nadenken • vol ideeën • suggestief ★ ~ of wat doet denken aan
suicidal /su:ɪ'saɪdl/ [bnw] zelfmoord-
suicide /'su:ɪsaɪd/ [znw] zelfmoord(enaar)
suit /su:t/ **I** [ov + on ww] • conveniëren • passen (bij/voor) • staan • schikken • gelegen komen ★ the part doesn't suit him de rol ligt hem niet **II** [ov ww] • naar de zin maken • ⟨vero.⟩ verzoeken ★ suit the action to the word de daad bij 't woord voegen ★ (~ to) aanpassen aan • (~ with) voorzien van **III** [znw] • aanzoek • aanklacht • proces • pak • mantelpak • reeks • stel • ameublement • kleur ⟨in kaartspel⟩ • ⟨form.⟩ verzoek ★ follow suit kleur bekennen ★ long/short suit lange/korte kleur ⟨bij kaartspel⟩ ★ suit of armour wapenrusting ★ suit of clothes pak ★ suit of harness tuig ⟨v. paard⟩
suitability /su:tə'bɪlətɪ/ [znw] • geschiktheid • gepastheid
suitable /'su:təbl/ [bnw] • geschikt, gepast • passend
suitcase /'su:tkeɪs/ [znw] (platte) koffer
suite /swi:t/ [znw] • suite ⟨kamer⟩ • gevolg ⟨vnl. v. koning⟩ • rij, serie, ameublement • ⟨muz.⟩ suite
suited /'su:tɪd/ [bnw] • be ~ to each other bij elkaar passen • ~ for/to geschikt voor
suiting /'su:tɪŋ/ [znw] kostuumstof
suitor /'su:tə/ [znw] • minnaar • ⟨vero.⟩ verzoeker • ⟨jur.⟩ eiser
sulfa /'sʌlfə/ [znw] sulfapreparaten
sulk /sʌlk/ [znw] • be in the sulks de pee in hebben
sulky /'sʌlkɪ/ **I** [znw] sulky **II** [bnw] • gemelijk • chagrijnig • bokkig • ongewillig • somber • pruilend
sullen /'sʌlən/ [bnw] • uit zijn/haar humeur, knorrig, nors • somber
sullens /'sʌlənz/ [mv] ★ the ~ boze bui; slecht humeur

sully /'sʌlɪ/ [ov ww] • een smet zijn op, bevlekken • vuil maken, bezoedelen
sulphate /'sʌlfeɪt/ [znw] sulfaat ★ magnesium ~ epsomzout
sulphur /'sʌlfə/ [znw] • zwavel • soort gele vlinder
sulphuretted /sʌlfjʊ'retɪd/ [bnw] ★ ~ hydrogen zwavelwaterstof
sulphuric /sʌl'fjʊərɪk/ [bnw] ★ ~ acid zwavelzuur
sulphurize /'sʌlfjʊəraɪz/ [ov ww] • zwavelen • vulkaniseren
sulphurous /'sʌlfərəs/ [bnw] • heftig • geladen ⟨fig.⟩ • zwavelachtig • hels
sultan /'sʌltn/ [znw] sultan
sultana /sʌl'ta:nə/ [znw] • sultane • maîtresse ⟨v. vorst⟩ • soort rozijn
sultry /'sʌltrɪ/ [bnw] drukkend, zwoel ⟨ook fig.⟩
sum /sʌm/ **I** [ov ww] ★ sum a p. up z. 'n oordeel vormen over iem. • (~ up) opsommen, optellen, samenvatten **II** [znw] • som • totaal • kern, waar 't op neerkomt • do sums sommen maken ★ good at sums goed in rekenen ★ in sum in totaal ★ sum total totaal ★ sums rekenen ★ the sum (and substance) of ... de essentie van ...; waar ... op neerkomt; in één woord
summarily /'sʌmərəlɪ/ [bijw] summier, beknopt
summarize /'sʌmərɑɪz/ [ov + on ww] samenvatten
summary /'sʌmərɪ/ **I** [znw] samenvatting **II** [bnw] • kort • beknopt • summier ★ deal ~ with korte metten maken met ★ do ~ justice/punishment to standrechtelijk vonnissen/straffen
summation /sʌ'meɪʃən/ [znw] optelling, totaal
summer /'sʌmə/ **I** [ov ww] weiden gedurende de zomer **II** [on ww] de zomer doorbrengen **III** [znw] • zomer • schoorbalk ★ ~ house zomerverblijf; zomerhuisje ★ ~ lightning weerlicht ★ ~ school zomercursus ★ ~ time zomertijd
summersault /'sʌməsɔ:lt/ → **somersault**
summertime /'sʌmətaɪm/ [znw] zomerseizoen
summery /'sʌmərɪ/ [bnw] zomerachtig
summing-up /sʌmɪŋ'ʌp/ [znw] samenvatting
summit /'sʌmɪt/ [znw] top(punt) ★ ~ level hoogste punt
summon /'sʌmən/ [ov ww] • dagvaarden • (op)roepen • bijeenroepen • verzamelen • bekeuren • (~ up) vergaren, bijeenrapen, optrommelen
summoner /'sʌmənə/ [znw] deurwaarder
summons /'sʌmənz/ [mv] **I** [ov ww] • bekeuren • dagvaarden **II** [znw] • oproep(ing) • dagvaarding ★ answer a p.'s ~ gevolg geven aan iemands oproep
sump /sʌmp/ [znw] • mijnput • oliereservoir • karter
sumpter /'sʌmptə/ [znw] ★ ~ horse lastpaard; pakpaard
sumptuary /'sʌmptjʊərɪ/ [bnw] ★ ~ law weeldewet
sumptuous /'sʌmptjʊəs/ [bnw] • kostbaar • overdadig • weelderig
sun /sʌn/ **I** [ov + on ww] • (zich) in de zon koesteren • zonnen **II** [znw] zon ★ against the sun tegen de klok in ★ his sun is set hij heeft zijn tijd gehad ★ ⟨scheepv.⟩ shoot the sun de zon schieten ★ sun drawing water waterig zonnetje ★ sun lounge serre ★ sun visor doorzichtig zonnescherm ★ the sun's eyelashes zonnestralen door een wolk ★ with the sun met de klok mee
sunbaked /'sʌnbeɪkt/ [bnw] zonovergoten, uitgedroogd
sunbather /'sʌnbeɪðə/ [znw] zonnebader
sunbeam /'sʌnbi:m/ [znw] zonnestraal
sunblind /'sʌnblaɪnd/ [znw] markies

sunbow/'sʌnbəʊ/ [znw] regenboogeffect
sunburn/'sʌnbɜ:n/ [znw] zonnebrand, zonnebruin
★ ~ed/~t (ge)bruin(d) door de zon ★ ~er lichtkroon
Sunday/'sʌndeɪ/ [znw] zondag ★ Low ~ Beloken
Pasen ★ Refreshment/Mothering ~ Zondag
Laetare; halfvasten ★ ~ Observance
zondagsheiliging ★ look two ways to find ~
loensen ★ one's ~ best z'n zondagse kleren; z'n
paasbest ★ when two ~s come together met
sint-juttemis
sun-deck[znw] zonneterras, boven-/zonnedek
sunder/'sʌndə/ I [ov + on ww] scheiden, splijten
II [znw] scheiding ★ in ~ in tweeën; van elkaar;
gescheiden
sundial/'sʌndaɪəl/ [znw] zonnewijzer
sundown/'sʌndaʊn/ [znw] zonsondergang
sundowner/'sʌndaʊnə/ [znw] borrel
sun-dried/sʌn'draɪd/ [bnw] in de zon gedroogd
sundry/'sʌndrɪ/ I [znw] ★ all and ~ allemaal en
iedereen ★ sundries diversen II [bnw] ● diverse,
verscheiden(e) ● allerlei
sunfish/'sʌnfɪʃ/ [znw] koningsvis
sunflower/'sʌnflaʊə/ [znw] zonnebloem
sung/sʌŋ/ volt. deelw. → **sing**
sunglare/'sʌngleə/ [znw] ● verblindende
weerschijn v. de zon ● verblindend zonlicht
sun-glasses/'sʌnglɑ:sɪz/ [znw] zonnebril
sunk/sʌŋk/ [ww] ★ now we're sunk nu zijn we
eraan; nu zijn we verloren volt. deelw. → **sink**
sunken/'sʌŋkən/ [bnw] ● ingevallen ● diepliggend
● hol ★ ~ rock blinde klip
sun-lamp[znw] ● hoogtezon ● zonlichtlamp (voor
filmopnames)
sunlight/'sʌnlaɪt/ [znw] zonlicht
sunlit/'sʌnlɪt/ [bnw] door de zon verlicht
sunny/'sʌnɪ/ [bnw] ★ ~ side zonnige kant (ook fig.)
sunproof/'sʌnpru:f/ [znw] lichtecht
sun-rays/'sʌnreɪz/ [znw] ● UV-stralen
● zonnestralen
sunrise/'sʌnraɪz/ [znw] zonsopgang
sun-roof[znw] open dak (v. auto)
sunset/'sʌnset/ [znw] zonsondergang ★ ~ of life
levensavond ★ ~ slow avondrood
sunshade/'sʌnʃeɪd/ [znw] parasol ● zonnescherm
sunshine/'sʌnʃaɪn/ [znw] ● zonneschijn ● 't
zonnige ★ ~ roof schuifdak ★ sunshiny zonnig
(ook fig.)
sunspot/'sʌnspɒt/ [znw] ● zonnevlek ● sproet
sunstroke/'sʌnstrəʊk/ [znw] zonnesteek
suntan/'sʌntæn/ I [on ww] bruinen, bruin branden
II [znw] gebruinde huid
suntanned/'sʌntænd/ [bnw] bruin, gebruind
sunwise/'sʌnwaɪz/ [bijw] met de klok mee
sup/sʌp/ I [ww] ● souperen ● tafelen
II [ov + on ww] → **sip** III [ov ww] een souper
aanbieden IV [znw] ● klein slokje ★ I have had no
bite nor sup ik heb nog niets te eten of drinken
gehad
super/'su:pə/ [bnw] (sl.) grandioos, prima
super-/'su:pə/ [voorv] super-, over-
superable/'su:pərəbl/ [bnw] te overkomen
superabundance/su:pərə'bʌndəns/ [znw] grote
overvloed
superabundant/su:pərə'bʌndənt/ [bnw] ● meer
dan overvloedig ● in rijke mate
superannuate/su:pər'ænjʊeɪt/ [ov ww] ontslaan
wegens leeftijd, pensioneren ★ ~ a pupil een
leerling v. school verwijderen omdat hij/zij niet mee
kan komen ★ ~d niet meer gangbaar; oud(erwets)
superannuation/su:pərænjʊ'eɪʃən/ [znw]
pensionering

indrukwekkend ● groots ● meesterlijk ● kolossaal
supercargo/su:pəkɑ:gəʊ/ [znw] supercarga
supercharger/su:pətʃɑ:dʒə/ [znw] compressor
supercilious/su:pə'sɪlɪəs/ [bnw] verwaand
super-duper/su:pə'du:pə/ [bnw] geweldig,
grandioos
supererogation/su:pərerə'geɪʃən/ [znw]
★ works of ~ overdadige goede werken
superfatted/su:pə'fætɪd/ [bnw] ★ ~ soap
overvette zeep
superficial/su:pə'fɪʃəl/ [bnw] oppervlakkig
superficiality/su:pəfɪʃɪ'ælətɪ/ [znw]
oppervlakkigheid
superficies/su:pə'fɪʃi:z/ [znw] oppervlakte(n)
superfine/su:pəfaɪn/ [bnw] ● voortreffelijk
● allerfijnst ● haarfijn ● uiterst geraffineerd
superfluity/su:pəflu:ətɪ/ [znw] overtolligheid
superfluous/su:'pɜ:flʊəs/ [bnw] overbodig,
overtollig
supergrass/'su:pəgrɑ:s/ [znw] verrader, verklikker
superheat/su:pə'hi:t/ [ov ww] oververhitten
superhuman/su:pə'hju:mən/ [bnw]
bovenmenselijk
superimpose/su:pərɪm'pəʊz/ [ov ww] (er)
bovenop plaatsen ★ (~ (up)on) plaatsen op,
bouwen op
superinduce/su:pərɪn'dju:s/ [ov ww] ● (eraan)
toevoegen ● (er nog bij) veroorzaken
superintend/su:pərɪn'tend/ [ov + on ww]
● toezicht houden op ● met controle belast zijn op
superintendence/su:pərɪn'tendəns/ [znw]
toezicht
superintendent/su:pərɪn'tendənt/ [znw]
● inspecteur ● opzichter ● directeur
● hoofdinspecteur (v. politie)
superior/su:'pɪərɪə/ I [znw] ● meerdere ● overste
★ Mother Superior eerwaarde moeder;
moeder-overste II [bnw] ● uitmuntend
● voortreffelijk ● bijzonder goed ● hoogstaand
● ongenaakbaar ● autoritair ● (bio.) bovenstandig
★ be ~ to de meerdere zijn van; verheven zijn
boven; staan boven ★ ~ force overmacht ★ ~
letter/figure letter/cijfer boven de lijn ★ ~ person
hautain iem. ★ ~ seminary groot seminarie ★ ~ to
hoger/beter dan; voortreffelijker dan; machtiger
dan
superiority/su:pɪərɪ'ɒrətɪ/ [znw] ● overmacht
● superioriteit ★ ~ over voorrang boven
superlative/su:'pɜ:lətɪv/ I [znw] overtreffende trap
II [bnw] ● allervoortreffelijkst ● grandioos
● buitengewoon ★ ~ degree overtreffende trap
supermarket/'su:pəmɑ:kɪt/ [znw] supermarkt
supernal/su:'pɜ:nl/ [bnw] bovenaards
supernatural/su:pə'nætʃərəl/ I [znw] ★ ~ism
geloof in het bovennatuurlijke ★ the ~ het
bovennatuurlijke II [bnw] ● buitennatuurlijk
● bovennatuurlijk
supernumerary/su:pə'nju:mərərɪ/ I [znw]
● boventallige ● surnumerair ● figurant II [bnw]
● boventallig ● extra
superpose/su:pə'pəʊz/ [ov ww] er boven(op)
plaatsen ● (~ on) plaatsen op
superposition/su:pəpə'zɪʃən/ [znw] superpositie
superpower/'su:pəpaʊə/ [znw] supermacht
superscription/su:pə'skrɪpʃən/ [znw] opschrift
● inscriptie
supersede/su:pə'si:d/ [ov ww] ● vervangen ● in de
plaats stellen of komen van
supersensitive/su:pə'sensɪtɪv/ [bnw]
● overgevoelig ● hypersensitief
supersession/su:pə'seʃən/ [znw] vervanging
supersonic/su:pə'sɒnɪk/ [bnw] supersonisch

S

superstar/'su:pəsta:/ [znw] superster, superstar
superstition/su:pə'stɪʃən/ [znw] bijgeloof
superstitious/su:pə'stɪʃəs/ [bnw] bijgelovig
superstructure/'su:pəstrʌktʃə/ [znw]
• bovenbouw • (op grondstelling opgebouwde)
theorie
supertax/'su:pətæks/ I [ov ww] extra belasten
II [znw] extra belasting boven bepaald inkomen
supervene/su:pə'vi:n/ [on ww] er (nog) bij/tussen
komen
supervention/su:pə'venʃən/ [znw] tussenkomst
supervise/'su:pəvaɪz/ [ov + on ww] • met toezicht
belast zijn • controleren • surveilleren • toezicht
houden op
supervision/su:pə'vɪʒən/ [znw] • supervisie
• controle
supervisor/'su:pəvaɪzə/ [znw] • inspecteur
• (afdelings)chef • controleur • surveillant
supervisory/su:pə'vaɪzərɪ/ [bnw]
• toezichthoudend • controle- • toeziend
supine/su:paɪn/ I [znw] supinum II [bnw]
• achteroverliggend • traag, lui
supper/'sʌpə/ [znw] souper, avondmaal(tijd)
★ have ~ souperen ★ the Last Supper het Laatste
Avondmaal ★ the Lord's Supper de eucharistie;
het Avondmaal
supplant/sə'pla:nt/ [ov ww] • (listig) verdringen
• eruit werken
supple/'sʌpl/ I [ov + on ww] versoepelen II [bnw]
• buigzaam • soepel • lenig • gedwee • gewillig
• kruiperig • sluw
supplement I [ov ww] /'sʌpliment/ • aanvullen
• toevoegen II [znw] /'sʌplimənt/ supplement
supplementary/sʌplɪ'mentərɪ/ [bnw] aanvullend
suppleness/'sʌplɪnəs/ [znw] gratie, soepelheid,
souplesse
suppliant/'sʌplɪənt/ I [znw] • smekeling
• verzoeker II [bnw] smekend
supplicate/'sʌplɪkeɪt/ [ov + on ww] • nederig
verzoeken of vragen • een nederig verzoek richten
tot • (~ for) smeken om
supplication/sʌplɪ'keɪʃən/ [znw] smeekbede
supplier/sə'plaɪə/ [znw] leverancier
supplies/sə'plaɪz/ [mv] gevoteerde gelden, budget
★ vote ~ gelden voteren
supply I [ov ww] /sə'plaɪ/ • voorzien in • (kunnen)
leveren • geven • aanvullen • vervullen ★ ~ a want
in een lacune voorzien ★ ~ line toevoerlijn ★ ~ the
demand voldoen aan de (aan)vraag • (~ with)
voorzien van II [on ww] /sə'plaɪ/ waarnemen
III [znw] • voorraad • aanvullend artikel,
bijbehorend artikel • vervanger • (mil.)
proviandering, verpleging ★ ~ and demand vraag
en aanbod ★ ~ teacher vervanger IV [bijw]
/'sʌpli/ → **supple**
support/sə'pɔ:t/ I [ov ww] • steunen • stutten
• staan achter (fig.) • in stand houden
• onderhouden • staande houden • volhouden
• verdragen • uithouden • met succes weergeven,
spelen II [znw] ★ in ~ of ter ondersteuning van
supportable/sə'pɔ:təbl/ [bnw] • draaglijk • uit te
houden
supporter/sə'pɔ:tə/ [znw] • aanhanger
• partijgenoot • donateur • supporter • (her.)
schilddrager
supportive/sə'pɔ:tɪv/ [bnw] (onder)steunend,
hulpvaardig
suppose/sə'pəuz/ [ov ww] • veronderstellen
• menen • aannemen ★ always supposing mits ★ be
~d to moeten ★ not be ~d to niet mogen ★ ~ he
knew (en) als hij 't nu eens wist ★ ~dly naar men
mag aannemen; vermoedelijk ★ supposing als;

indien ★ the ~d teacher de vermeende leraar
supposition/sʌpə'zɪʃən/ [znw] veronderstelling
suppositional/sʌpə'zɪʃənəl/ [bnw] verondersteld,
hypothetisch
suppositious/sʌpə'zɪʃəs/ [bnw] • vals, niet echt
• onwettig (v. kind)
suppository/sə'pɒzɪtərɪ/ [znw] zetpil
suppress/sə'pres/ [ov ww] • de kop indrukken
• verbieden (v. krant, boek) • schrappen
• achterhouden
suppression/sə'preʃən/ [znw] onderdrukking
suppressive/sə'presɪv/ [bnw] onderdrukkend
suppressor/sə'presə/ [znw] onderdrukker
suppurate/'sʌpuərət/ [on ww] etteren
suppuration/sʌpuə'reɪʃən/ [znw] ettering
supra-/'su:prə/ [voorv] • vóór– • boven–
supremacy/su'preməsɪ/ [znw] • suprematie
• hoogste gezag of macht
supreme/su'pri:m/ [bnw] • hoogste, opperste
• laatst, uiterst • voortreffelijk ★ Supreme Court
≈ de Hoge Raad ★ Supreme Pontiff de paus ★ ~
fidelity trouw tot in de dood ★ the Supreme
Being de Allerhoogste (God)
supremely/su'pri:mlɪ/ [bijw] • tot in de hoogste
graad • → **supreme**
surcharge/sɜ:tʃɑ:dʒ/ I [ov ww] • extra laten
betalen • v. opdruk voorzien • overvragen
• overbelasten • overladen II [znw] • toeslag
• boetesom • strafport • opcenten • opdruk (op
postzegel) • overbelasting • overvraging
surcoat/'sɜ:kəut/ [znw] wapenrok
surd/sɜ:d/ I [znw] • onmeetbaar getal • stemloze
medeklinker II [bnw] • onmeetbaar (v. getal)
• stemloos (v. medeklinker)
sure/ʃɔ:/ I [bnw] • zeker • verzekerd ★ I'm sure I
didn't mean to het was heus mijn bedoeling niet
om ★ be sure er zeker van zijn ★ be sure to denk
eraan dat je ★ feel sure ervan overtuigd zijn ★ for
sure zeker ★ he is sure to die hij komt zeker
★ make sure niet vergeten; eraan denken; nagaan
of het werkelijk zo is; zich overtuigen ★ make sure
of zich verzekeren van ★ to be sure weliswaar; nog
wel ★ well, I'm sure! nee, nou zullen we 't krijgen,
zeg! ★ well, to be sure! nee, nou zullen we 't
krijgen, zeg! II [bijw] (AB) (ja)zeker ★ as sure as
eggs is eggs zo zeker als 2 x 2 vier is ★ sure
enough zeker; nou en of
sure-fire [bnw] onfeilbaar, zeker ★ ~ winner
geheide winnaar
sure-footed/ʃɔ:'futɪd/ [bnw] • stevig op de benen
• betrouwbaar
surely/'ʃɔ:lɪ/ [bijw] • gerust • zeker ★ ~ not beslist
niet
surety/'ʃɔ:rətɪ/ [znw] borg
surf/sɜ:f/ I [on ww] surfen II [znw] branding
surface/'sɜ:fɪs/ [znw] • oppervlakte • buitenkant
★ of/on the ~ aan de oppervlakte; oppervlakkig
★ ~ mail post over land/zee; niet per luchtpost
surfboard/'sɜ:fbɔ:d/ [znw] surfplank
surfeit/'sɜ:fɪt/ I [ov ww] oververzadigen II [on ww]
zich overeten III [znw] • overlading,
oververzadiging • walging
surfer/'sɜ:fə/ [znw] surfer, windsurfer
surfing/'sɜ:fɪŋ/ [znw] surfen
surf-riding [znw] surfen
surge/sɜ:dʒ/ I [on ww] • (hoog) golven • deinen
• opwellen, opbruisen II [znw] • hoge golven
• stortzee
surgeon/'sɜ:dʒən/ [znw] • chirurg • arts
surgery/'sɜ:dʒərɪ/ [znw] • chirurgie • operatieve
ingreep • spreekkamer • spreekuur • apotheek (v.
arts)

surgical /'sɜːdʒɪkl/ [bnw] chirurgisch ⋆ ~ case instrumententas
surly /'sɜːlɪ/ [bnw] • humeurig • knorrig • nors
surmise /sə'maɪz/ I [ov + on ww] • gissen • vermoeden II [znw] • gissing • vermoeden
surmount /sə'maʊnt/ [ov ww] • overtrekken ‹v. berg› • te boven komen • staan op ⋆ ~ed by a crown met een kroon erop
surmountable /sə'maʊntəbl/ [bnw] overwinbaar
surname /'sɜːneɪm/ I [ov ww] • bijnaam geven • bij achternaam noemen II [znw] • achternaam • bijnaam
surpass /sə'pɑːs/ [ov ww] overtreffen
surpassing /sə'pɑːsɪŋ/ [bnw] weergaloos
surplice /'sɜːplɪs/ [znw] superplie ⋆ ~-fee stipendium voor doop/huwelijk
surplus /'sɜːpləs/ I [znw] teveel, overschot II [bnw] overtollig ⋆ ~ goods legergoederen die niet meer gebruikt en daarom verkocht worden ⋆ ~ population overbevolking ⋆ ~ value meerwaarde
surprise /sə'praɪz/ I [ov ww] • verwonderen • verrassen • overrompelen ⋆ I should not be ~d if het zou me niet verwonderen als ⋆ I'm ~d at you ik sta van je te kijken ‹als verwijt› ⋆ be ~d at z. verwonderen/verbazen over ⋆ ~ a p. into iem. onverhoeds brengen tot II [znw] ⋆ take by ~ overrompelen; bij verrassing (in)nemen ⋆ to my ~ tot mijn verwondering III [bnw] ⋆ ~ visit onverwacht bezoek
surprising /sə'praɪzɪŋ/ [bnw] • verwonderlijk • wonderbaarlijk
surreal /sə'rɪəl/ [bnw] surrealistisch
surrealism /sə'rɪəlɪzəm/ [znw] surrealisme
surrealist /sə'riːəlɪst/ [znw] surrealist
surrender /sə'rendə/ I [ov ww] • overgeven • opgeven • afstand doen van ⋆ ~ a policy een polis afkopen II [on ww] • z. overgeven • capituleren III [znw] overgave
surreptitious /sʌrəp'tɪʃəs/ [bnw] heimelijk (verkregen), clandestien
surrogate /'sʌrəgət/ [znw] • gedelegeerde ‹v. bisschop› • ‹AE› rechter voor verificatie v. testamenten ⋆ ~ mother draagmoeder
surround /sə'raʊnd/ I [ov ww] • omringen • omsingelen • omgeven II [znw] vloerbedekking tussen tis kleed en wanden
surrounding /sə'raʊndɪŋ/ [bnw] naburig
surroundings /sə'raʊndɪŋz/ [mv] omgeving
surtax /'sɜːtæks/ I [znw] extra belasten II [znw] extra belasting
surveillance /sɜː'veɪləns/ [znw] toezicht
survey I [ov ww] /sə'veɪ/ • inspecteren • opmeten • taxeren • in ogenschouw nemen, bekijken • opnemen II [znw] /'sɜːveɪ/ • overzicht • rapport • onderzoek • expertise
surveying /sə'veɪɪŋ/ [znw] • landmeting, landmeter • landmeetkunde
surveyor /sə'veɪə/ [znw] • opzichter • inspecteur • landmeter • taxateur ⋆ ~ship inspecteurschap
survival /sə'vaɪvl/ [znw] • het overleven • overblijfsel ⋆ ~ kit overlevingsuitrusting ⋆ ~ of the fittest het blijven voortbestaan van de sterksten
survive /sə'vaɪv/ [ov + on ww] • overleven • nog (voort)leven of bestaan
survivor /sə'vaɪvə/ [znw] • langst levende • overlevende • geredde ⋆ he was among the ~s hij behoorde tot degenen die niet omgekomen waren
susceptibility /səseptə'bɪlətɪ/ [znw] ontvankelijkheid
susceptible /sə'septɪbl/ [bnw] • ontvankelijk • gemakkelijk te beïnvloeden • lichtgeraakt • gauw verliefd ⋆ ~ of vatbaar voor ⋆ ~ to

gevoelig voor
suspect I [ov ww] /səs'pekt/ • verdenken • wantrouwen II [on ww] /səs'pekt/ • vermoeden • geloven • argwaan koesteren III [znw] /'sʌspekt/ verdachte IV [bnw] /'sʌspekt/ verdacht
suspend /sə'spend/ [ov ww] • opschorten • verdragen • uitstellen • schorsen • tijdelijk intrekken ⋆ be ~ed zweven ⋆ ~ payments de betalingen staken ⋆ ~ed animation schijndood • (~ from) ophangen aan, ontheffen van
suspender /sə'spendə/ [znw] • sokophouder • jarretelle
suspenders /sə'spendəz/ ‹AE› [mv] bretels
suspense /sə'spens/ [znw] • spanning • onzekerheid • schorsing ⋆ ~ account voorlopige rekening
suspension /sə'spenʃən/ [znw] ⋆ ~ bridge hangbrug ⋆ ~ lamp hanglamp
suspensive /sə'spensɪv/ [bnw] • onzeker • hangende • opschortend
suspensory /sə'spensərɪ/ [bnw] opschortend ⋆ ~ bandage draagverband; suspensoir
suspicion /sə'spɪʃən/ [znw] • argwaan • wantrouwen • verdenking • (flauw) vermoeden • spoortje • tikkeltje
suspicious /sə'spɪʃəs/ [bnw] • verdacht • achterdochtig ⋆ be ~ of wantrouwen
sustain /sə'steɪn/ [ov ww] • steunen • verdragen • doorstaan • lijden • in stand houden, staande of gaande houden • volhouden • aanhouden • staven, bevestigen ⋆ ~ing food versterkend voedsel
sustainable /sə'steɪnəbl/ [bnw] houdbaar
sustained /sə'steɪnd/ I [bnw] aanhoudend, volhoudend II [tw] ⋆ ‹AE› ~! (door rechter) toegewezen!
sustenance /'sʌstɪnəns/ [znw] voeding, voedsel
sustentation /sʌstən'teɪʃən/ [znw] ⋆ ~ fund ondersteuningsfonds (voor geestelijken)
sutler /'sʌtlə/ [znw] marketentster
suture /'suːtʃə/ I [ov ww] hechten II [znw] • naad • hechting
svelte /svelt/ [bnw] • soepel, slank • welgevormd
swab /swɒb/ I [ov ww] • zwabberen • ‹med.› uitstrijken II [znw] • zwabber • vaatdoek • wrijfdoek • uilskuiken • dweil (fig.) • (sl.) epaulet v. zeeofficier
swaddle /'swɒdl/ [ov ww] • inbakeren • inpakken (v. baby)
swaddling-bands, swaddling-clothes /'swɒdlɪŋbændz/ [znw] windsels, luiers ⋆ he is just out of ~ hij komt pas kijken
swag /swæg/ [znw] • guirlande • (sl.) buit
swagger /'swægə/ I [on ww] • branieachtig lopen • opscheppen • pronken ⋆ ~ cane rottinkje ⋆ ~ coat ruime damesmantel; swagger II [znw] • branie • opschepperij • verbeelding • zwierigheid, gepronk III [bnw] chic
swain /sweɪn/ [znw] • boerenzoon • aanbidder
swallow /'swɒləʊ/ I [ov ww] • (in)slikken • verslinden ⋆ be ~ed up by opgaan aan ⋆ ~ one's words zijn woorden terugnemen ⋆ ~ the bait erin vliegen • (~ **down**) inslikken • (~ **up**) verzwelgen II [on ww] slikken III [znw] • slok • slikbeweging • slokdarm • keelgat • zwaluw ⋆ one ~ does not make a summer één zwaluw maakt geen lente ⋆ ~ dive zwaluwsprong
swallowtail /'swɒləʊteɪl/ [znw] zwaluwstaart • koninginnenpage (vlinder) • rok ⋆ ~ed gevorkt; in rok ⋆ ~ed coat rok
swam /swæm/ verl. tijd → **swim**
swamp /swɒmp/ I [ov ww] vol of onder water doen

lopen • be ~ed with overstelpt worden met
II [on ww] overstromen **III** [znw] moeras

swampy /'swɒmpɪ/ [bnw] moerassig, drassig

swan /swɒn/ [znw] zwaan ★ Swan of Avon
Shakespeare ★ black swan witte raaf

swank /swæŋk/ **I** [on ww] • opscheppen • branie
maken **II** [znw] branie

swanky /'swæŋkɪ/ [bnw] • opschepperig • piekfijn,
chic

swansdown /'swɒnzdaʊn/ [znw] zwanendons

swanskin /'swɒnskɪn/ [znw] molton

swansong /'swɒnsɒŋ/ [znw] zwanenzang

swap /swɒp/ → **swop**

sward /swɔːd/ [znw] grasveld

swarm /swɔːm/ **I** [on ww] zwermen • (~ **with**)
wemelen van **II** [znw] • zwerm • troep • hoop

swarthy /'swɔːðɪ/ [bnw] • donker(bruin)
• gebruind • zwart

swash /swɒʃ/ **I** [on ww] • klotsen • kletsen
• plonzen **II** [znw] geklots

swashbuckler /'swɒʃbʌklə/ [znw] ijzervreter,
vuurvreter

swashbuckling /'swɒʃbʌklɪŋ/ **I** [znw]
branie(schopperij), bluf **II** [bnw] branieachtig,
blu](bluf)fig

swastika /'swɒstɪkə/ [znw] swastika, hakenkruis

swat /swɒt/ [ov ww] (dood)slaan ‹v. vlieg›

swath /swɔːθ/ [znw] • pol gras • strook gemaaid
gras ★ cut a wide ~ een spoor van vernieling achter
zich laten

swathe /sweɪð/ [ov ww] • inbakeren • zwachtelen
• omhullen

sway /sweɪ/ **I** [ov + on ww] • zwaaien • zwiepen
• slingeren **II** [on ww] • beïnvloeden • bewerken
• (be)heersen • be swayed by z. laten beïnvloeden
door **III** [znw] • zwaai • invloed • overwicht
• macht • heerschappij • hold sway over heersen
over

swear /sweə/ **I** [ov + on ww] • onder ede verklaren
• beëdigen • zweren ★ not enough to ~ by een
schijntje • ~ against onder ede beschuldigen ★ ~
to secrecy onder ede geheimhouding laten beloven
• (~ **by**) zweren bij • (~ **in**) beëdigen • (~ **off**)
afzweren • (~ **to**) zweren op **II** [on ww] vloeken
• (~ **at**) vloeken op

swear-word /'sweəwɜːd/ [znw] vloek

sweat /swet/ **I** [ov + on ww] zweten **II** [ov ww]
• doen zweten • afbeulen • uitbuiten **III** [znw]
• zweet • het uitzweten • zweetkuur • lastig werk
★ be in a ~ in de rats zitten ★ in/by the ~ of one's
brow in het zweet des aanschijns ★ it's an awful ~
't is een heel karwei ★ no ~ geen probleem ★ ~
gland zweetklier ★ ~ shirt trainingsbloes

sweat-band /'swetbænd/ [znw] zweetband

sweated /'swetɪd/ [bnw] • onderbetaald • tegen
hongerloon gemaakt ★ ~ labour tegen hongerloon
verrichte arbeid; slavenarbeid

sweater /'swetə/ [znw] • uitbuiter, slavendrijver
‹fig.› • wollen trui

sweating /'swetɪŋ/ [bnw] ★ ~ bath zweetbad ★ ~
iron zweetmes ★ ~ system uitbuitsysteem

sweatshop /'swetʃɒp/ [znw] slavenbedrijf,
uitzuigersbedrijf

sweaty /'swetɪ/ [bnw] bezweet

Swede /swiːd/ [znw] Zweed

Sweden /'swiːdn/ [znw] Zweden

Swedish /'swiːdɪʃ/ [bnw] Zweeds ★ ~ drill zweedse
gymnastiek

sweep /swiːp/ **I** [ov ww] • vegen • snellen door,
slaan over, woeden over, teisteren • bestrijken
• afzoeken, afdreggen • wegvagen, drijven, voeren,
meeslepen, in vervoering brengen ★ be swept

along meegesleept worden ★ ~ a constituency alle
stemmen v.e. kiesdistrict op zich verenigen ★ ~
one's eyes over zijn ogen laten gaan over ★ ~
one's hand over one's forehead met de hand over
't voorhoofd strijken ★ ~ the board met de hele
inzet gaan strijken ★ ~ the enemy before one de
vijand voor z. uit drijven ★ ~ the horizon with
one's eyes zijn ogen langs de horizon laten gaan
★ ~ the keys/strings zijn vingers over de
toetsen/snaren laten glijden • (~ **away**) wegvagen
• (~ **off**) wegvoeren, met één streek wegvagen ★ ~
one's hat off (one's head) gracieus zijn hoed
afnemen ★ be swept off one's feet onderstebowen
geworpen worden; overdonderd worden • (~ **up**)
opvegen, aanvegen • (~ **with**) meeslepen
II [on ww] • gaan, snellen, woeden • strijken over
• vegen • statig schrijden ★ z. uitstrekken, met een
wijde bocht lopen ★ a new broom ~s clean nieuwe
bezems vegen schoon ★ ~ down on neerschieten op
★ ~ out of the room statig de kamer uitschrijden;
de kamer uit vliegen ★ the cavalry swept down
the valley de ruiters snelden door het dal • (~
along) voortsnellen • the wind swept along the
windows de wind suiste langs de ramen • (~ **by**)
voorbij schrijden/snellen • (~ **over**) razen over,
slaan over • (~ **through**) gaan/snellen door
★ fear swept through his limbs angst voer hem
door de leden **III** [znw] • koers • schoorsteenveger
• smeerpoets, smeerlap • lange roeiriem • het vegen
• bocht • draai, zwaai, slag • streek • omvang,
bereik, sector • stroming, beweging ★ give the
room a ~ de kamer vegen ★ make a clean ~ of
flink opruiming houden onder

sweeper /'swiːpə/ [znw] • veger • straatveger,
schoorsteenveger • veegmachine

sweeping /'swiːpɪŋ/ [bnw] • overweldigend
• radicaal • (te) veelomvattend • (te) algemeen
• kolossaal ★ z. uitstrekkend over een (grote)
oppervlakte

sweeping-brush [znw] stoffer

sweepings /'swiːpɪŋz/ [mv] • opveegsels
• uitvaagsel

sweepstake(s) /'swiːpsteɪk(s)/ [znw] sweepstake,
wedren

sweet /swiːt/ **I** [bnw + bijw] • lief • leuk • zoet
• fris • heerlijk ruikend • fijn • zacht ★ ‹sl.› a ~
one behoorlijke mep ★ at one's own ~ will net zo
als je wilt; zo maar aanstalt ★ be ~ on verliefd zijn
op ★ clean and ~ netjes ★ have a ~ tooth van zoet
houden ★ ~ one lieve schat **II** [znw] • bonbon,
snoepje • dessert • lieveling • het aangename ★ ‹AE›
~ corn suikermaïs ★ ~s snoep; dessert; aangename
dingen; emolumenten **III** [bnw] ★ ~ pea lathyrus
★ ~ pepper paprika ★ ~ potato bataat

sweet-and-sour [bnw] zoetzuur

sweetbread /'swiːtbred/ [znw] zwezerik

sweeten /'swiːtn/ **I** [ov ww] • verzachten,
veraangenamen, verlichten • zoet maken ★ you
like it ~ed? suiker erin? **II** [on ww] zoet worden

sweetener /'swiːtənə/ [znw] • zoetstof(tabletje)
• douceurtje

sweetening /'swiːtnɪŋ/ [znw] • suiker • zoetstof

sweetheart /'swiːthɑːt/ **I** [ov + on ww] ★ go ~ing
uit vrijen gaan **II** [znw] • meisje • liefste • jongen
• vrijer

sweeting /'swiːtɪŋ/ [znw] zoete appel

sweetish /'swiːtɪʃ/ [bnw] • zoetig • vrij zoet

sweetly /'swiːtlɪ/ [bijw] ★ the bike runs ~ de fiets
loopt lekker

sweetmeat /'swiːtmiːt/ [znw] bonbon, snoepje

sweetness /'swiːtnəs/ [znw] zoetheid ★ ~ and
light poeslief gedrag

S

sweetroot /'swiːtruːt/ [znw] zoethout
sweet-scented /swiːt'sentɪd/ [bnw] • aromatisch
• geurend • geparfumeerd
sweetshop /'swiːtʃɒp/ [znw] snoepwinkel, kiosk
sweet-tempered /swiːt'tempəd/ [bnw] zacht, lief
sweety, sweetie /'swiːtɪ/ [znw] • koekje, snoepje,
bonbon • liefje
swell /swel/ I [ov ww] • doen zwellen • opblazen
★ to ~ the chorus of admiration in 't koor v.
bewonderaars meezingen II [on ww] • zwellen
• aanzwellen, opzetten, uitzetten • omhoog komen
• uitdijen • bol gaan staan • zich opblazen
III [znw] • crescendo • crescendo-diminuendo
• zwelkast • dandy • chique meneer • hoge piet
• deining • ⟨sl.⟩ kei ⟨in bep. (school)vak⟩
IV [bnw] • eersteklas, prima • grandioos • chic
• prachtig
swell-box /swelbɒks/ [znw] zwelkast
swelldom /'sweldəm/ [znw] de chic
swelling /'swelɪŋ/ I [znw] • gezwel • verhevenheid
• heuveltje • buik ⟨v. vat⟩ II [bnw] • bolstaand
• golvend
swelter /'sweltə/ [on ww] stikken v. de hitte
sweltering /'sweltərɪŋ/ I [znw] drukkende hitte
II [bnw] snikheet
swept /swept/ verl. tijd + volt. deelw. → **sweep**
swerve /swɜːv/ I [ov + on ww] • afbuigen, afwijken
• zwenken II [znw] • afbuiging • afwijking
swift /swɪft/ I [bnw + bijw] snel ★ ~ to take offence
gauw op zijn teentjes getrapt II [znw]
• gierzwaluw • hagedis • soort witte nachtvlinder
• klos
swift-footed /swɪft'fʊtɪd/ [bnw] snel ter been
swig /swɪg/ I [ov + on ww] ⟨sl.⟩ drinken, zuipen
II [znw] teug
swill /swɪl/ I [ov ww] • (~ out) uitspoelen
II [on ww] zuipen III [znw] • spoeling • drank v.
slechte kwaliteit, spoelwater • swell ~⟨AE/sl.⟩ fijne,
chique spullen of kleding; heerlijkheden
swim /swɪm/ I [ov + on ww] • zwemmen
• overzwemmen, laten zwemmen • drijven ★ eyes
swimming with tears ogen vol tranen ★ she
swam into the room zij kwam de kamer binnen
zweven ★ swim a p. a 100 yards 100 yards tegen
iem. zwemmen ★ swim with the tide meedoen
met de rest II [on ww] • zweven • duizelen
III [znw] • zwempartij • kuil (in rivier) waar veel
vis zit ★ be in the swim meedoen; op de hoogte
zijn van wat er zoal gebeurt ★ go for a swim
(gaan) zwemmen ★ have a swim (gaan) zwemmen
swimmer /'swɪmə/ [znw] • zwemmer • zwemvogel
swimming /'swɪmɪŋ/ [bnw] zwem- ★ ~ly van een
leien dakje; gesmeerd
swimming-costume [znw] badpak, zwempak
swimming-trunks [znw] badpak, zwempak
swindle /'swɪndl/ I [ov ww] ★ ~ money out of a p.
iem. geld afzetten II [znw] • zwendel • oplichterij
★ it's a ~ het is zwendel
swindler /'swɪndlə/ [znw] oplichter
swine /swaɪn/ [znw] • zwijn(en) ★ ~ plague
varkenspest ★ ~'s snout paardenbloem
swinebread /'swaɪnbred/ [znw] truffel
swineherd /'swaɪnhɜːd/ [znw] varkenshoeder
swinepox /'swaɪnpɒks/ [znw] waterpokken
swing /swɪŋ/ I [ov + on ww] • zwaaien • slingeren
• schommelen • kwiek lopen • lustig marcheren
• swingen ★ ~ a child onto one's shoulder een
kind op zijn schouder wippen ★ ~ a hammock een
hangmat ophangen ★ ~ into line in linie brengen
of komen ★ ~ the lead zijn snor drukken;
lijntrekken ★ the door swung to de deur sloeg
dicht ★ there was no room to ~ a cat (in) je kon je

er niet wenden of keren • (~ for) ⟨sl.⟩ opgehangen
worden voor ★ (~ from) hangen aan, bengelen
aan ★ (~ on) draaien om • (~ round) (zich)
omdraaien, omzwenken II [znw] • kwieke gang
• schommel • vaart, gang • vlot ritme • slag ⟨bij
golfspel⟩ ⟨muz.⟩ swing ★ get into ~ op dreef
komen; zijn draai krijgen ★ in full ~ in volle gang;
bruisend van activiteit ★ ~ of the pendulum
wisseling van de macht tussen politieke partijen;
het heen en weer gaan ⟨v.d. publieke opinie⟩
swing-door /swɪŋ'dɔː/ [znw] tochtdeur
swinge /swɪndʒ/ [ov ww] afranselen
swingeing /'swɪndʒɪŋ/ [bnw] formidabel
swinger /'swɪŋə/ [znw] • levensgenieter
• bon-vivant
swinging /'swɪŋɪŋ/ [bnw] • actief, lustig, kwiek
• bruisend ⟨fig.⟩
swinish /'swaɪnɪʃ/ [bnw] beestachtig
swipe /swaɪp/ I [ov + on ww] • hard slaan • flink
raken • ⟨sl.⟩ gappen, wegpikken II [znw] harde
slag, mep
swirl /swɜːl/ I [ov + on ww] warrelen, wervelen
II [znw] snelle beweging v. vis
swish /swɪʃ/ I [ov + on ww] zwiepen II [on ww]
• ruisen • suizen • fluiten ⟨v. kogel⟩ III [znw]
gesuis IV [bnw] • exclusief • ⟨sl.⟩ reuzechic
Swiss /swɪs/ I [znw] Zwitser(s) II [bnw] Zwitsers
★ ~ guards pauselijke lijfwacht ★ ~ roll Zwitserse
rol ⟨gebak⟩
switch /swɪtʃ/ I [ov + on ww] • aan de knop
draaien, (over)schakelen • op ander spoor leiden,
rangeren • slaan, zwiepen (met) • vlug omdraaien
• grissen • (~ on/over) to) overgaan op • (~
off) uit-/afdraaien, uitschakelen, verbinding
verbreken, andere richting geven, afleiden • (~ on)
aandraaien, inschakelen, aansluiten, verbinden
★ ~ed on met de ogen open; onder de invloed van
drugs II [ov ww] ★ ~ yard rangeeremplacement
III [znw] • schakelaar • knop • (spoor)wissel
• twijg • roe • rijzweep • haarrol, valse haarlok
switchback /'swɪtʃbæk/ [znw] • zigzagspoorlijn
⟨tegen helling⟩ • roetsjbaan
switchblade /'swɪtʃbleɪd/ [znw] ★ ~ knife stiletto
switchboard /'swɪtʃbɔːd/ [znw] schakelbord
switchman /'swɪtʃmən/ [znw] wisselwachter
Switzerland /'swɪtsələnd/ [mv] Zwitserland
swivel /'swɪvəl/ I [ov + on ww] draaien (als) om een
wervel II [on ww] ★ ~ chair draaistoel III [znw]
• wervel • draaibank • wartel
swivel-eye [znw] scheel oog
swivel-eyed [bnw] scheel
swizzle /'swɪzəl/ [znw] cocktail
swizzle-stick /'swɪzəlstɪk/ [znw] swizzlestick,
stokje om dranken te roeren
swob /swɒb/ → **swab**
swollen /'swəʊlən/ volt. deelw. → **swell**
swollen-headed /'swəʊlən'hedɪd/ [bnw]
verwaand
swoon /swuːn/ I [on ww] • flauwvallen, in zwijm
vallen • langzaam wegsterven II [znw] flauwte
swoop /swuːp/ I [on ww] • (~ down upon)
neerschieten op ⟨als 'n roofvogel⟩, aanvallen • (~
up) (weg)grissen, (plotseling) klimmen II [znw]
forse ruk, slag
swop /swɒp/ I [ov + on ww] • verwisselen,
(uit)wisselen • verruilen, (om)ruilen ★ never swop
horses while crossing the stream voer geen
nieuwe maatregelen in op een kritiek moment
★ swop places van plaats verwisselen ★ swop
yarns elkaar verhalen vertellen II [znw] • ⟨hand.⟩
make a swop een klap krijgen
sword /sɔːd/ [znw] • zwaard • degen • sabel • ⟨sl.⟩

S

bajonet ∗ Sword of State Rijkszwaard
∗ cross/measure ~s de degens kruisen ∗ put to
the ~ over de kling jagen ∗ ~ arm rechterarm ∗ ~
belt koppel ∗ ~ cane degenstok; wandelstok met
degen erin ∗ ~ cut (litteken v.) sabelhouw; Schmiss
∗ ~ hand rechterhand ∗ ~ law militaire dictatuur
∗ ~ lily gladiool ∗ ~ of the spirit 't Woord Gods
swordbill/'sɔ:dbɪl/ [znw] kolibrie
swordfish/'sɔ:dfɪʃ/ [znw] zwaardvis
swordgrass/'sɔ:dgrɑ:s/ [znw] rietgras
swordplay/'sɔ:dpleɪ/ [znw] • schermen • debat
swordsman/'sɔ:dzmən/ [znw] geoefend schermer
∗ ~ship schermkunst
swore/swɔ:/ verl. tijd → **swear**
sworn/swɔ:n/ **I** [ww] volt. deelw. → **swear**
II [bnw] • gezworen • beëdigd
swot/swɒt/ **I** [on ww] • blokken • zwoegen
II [znw] serieuze student, blokker
swum/swʌm/ volt. deelw. → **swim**
swung/swʌŋ/ verl. tijd + volt. deelw. → **swing**
sybarite/'sɪbəraɪt/ [znw] (verwijfde) genieter
sycamore/'sɪkəmɔ:/ [znw] • esdoorn • wilde
vijgenboom • (AE) plataan
syce/saɪs/ [znw] koetsier
sycophancy/'sɪkəfənsɪ/ [znw] • pluimstrijkerij
• hielenlikkerij
sycophant/'sɪkəfænt/ [znw] • sycofant, aanbrenger
• vleier
sycophantic/sɪkə'fæntɪk/ [bnw] kruiperig, als een
hielenlikker
syllabic/sɪ'læbɪk/ [bnw] ∗ ~ sound klank die
lettergreep kan vormen
syllable/'sɪləbl/ [znw] lettergreep ∗ not a ~! geen
woord!; geen kik!
syllabus/'sɪləbəs/ [znw] • lijst • rooster, program
• syllabus (in de r.-k Kerk) • overzicht
syllogism/'sɪlədʒɪzəm/ [znw] syllogisme, sluitrede
sylph/sɪlf/ [znw] • luchtgeest • slank(e)
meisje/vrouw
sylvan/'sɪlvən/ [bnw] woud-
symbol/'sɪmbl/ [znw] • symbool • teken • letter,
cijfer • geloofsbelijdenis
symbolic(al)/sɪm'bɒlɪk(l)/ [bnw] zinnebeeldig
• be ~ of 't teken zijn van
symbolism/'sɪmbəlɪzəm/ [znw] symboliek
symbolize/'sɪmbəlaɪz/ [ov ww] • symbool zijn
van • symboliseren
symmetric(al)/sɪ'metrɪk(l)/ [bnw] symmetrisch
symmetry/'sɪmətrɪ/ [znw] symmetrie
sympathetic/sɪmpə'θetɪk/ **I** [znw] sympathische
zenuw **II** [bnw] • hartelijk • prettig • sympathisch
∗ ~ ink inkt die pas zichtbaar wordt bij verhitting
sympathize/'sɪmpəθaɪz/ [on ww] • meevoelen
• sympathiseren • deelneming voelen • (~ with)
condoleren
sympathizer/'sɪmpəθaɪzə/ [znw] • aanhanger
• sympathiserende • deelnemende
sympathy/'sɪmpəθɪ/ [znw] • medegevoel
• medeleven • gelijkgestemde gevoelens
• eensgezindheid • solidariteit(sgevoel)
• sympathie • deelneming • medelijden
• condoleantie • aantrekkingskracht • correlatie
symphonic/sɪm'fɒnɪk/ [bnw] symfonisch
symphony/'sɪmfənɪ/ [znw] symfonie ∗ ~
orchestra symfonieorkest
symposium/sɪm'pəʊzɪəm/ [znw] • discussie
• reeks artikelen van verschillende schrijvers over
zelfde onderwerp • drinkgelag • kring, bijeenkomst
v. filosofen
symptom/'sɪmptəm/ [znw] • symptoom • teken
symptomatic/sɪmptə'mætɪk/ [bnw] ∗ be ~ of
wijzen op

synagogue/'sɪnəgɒg/ [znw] synagoge
sync/sɪŋk/ [znw] ∗ be out of sync niet gelijklopen
synchromesh/'sɪŋkrəʊmeʃ/ [znw] synchromesh
synchronic/sɪŋ'krɒnɪk/ [bnw] gelijktijdig,
synchroon
synchronism/'sɪŋkrənɪzəm/ [znw]
• gelijktijdigheid • synchronische tabel
synchronization/sɪŋkrənaɪ'zeɪʃən/ [znw]
synchronisatie
synchronize/'sɪŋkrənaɪz/ [ov + on ww]
• gelijktijdig (laten) gebeuren • samenvallen
• synchroniseren • gelijk zetten
synchronizer/'sɪŋkrənaɪzə/ [znw] flitscontact
(aan camera)
synchronous/'sɪŋkrənəs/ → **synchronic**
syncom/'sɪŋkɒm/ [znw] communicatiesatelliet
syncopate/'sɪŋkəpeɪt/ [ov ww] syncoperen
syncopation/sɪŋkə'peɪʃən/ [znw] • gesyncopeerde
muziek • (pseudo-)jazz
syncope/'sɪŋkəpɪ/ [znw] • flauwte • (muz.)
syncope
syndic/'sɪndɪk/ [znw] • magistraat • senaatslid v.
universiteit (in Cambridge) ∗ the Syndics De
Staalmeesters
syndicalism/'sɪndɪkəlɪzəm/ [znw] syndicalisme
syndicalist/'sɪndɪkəlɪst/ [znw] syndicalist
syndicate I /'sɪndɪkət/ [ov ww] ∗ ~, 'sɪndɪkeɪt/ ∗ tot syndicaat e.d.
verenigen • gelijktijdig in verschillende kranten
publiceren **II** [znw] /'sɪndɪkət/ • consortium
• vakbond • perssyndicaat • syndicaat • senaat v.
universiteit (in Cambridge)
syndrome/'sɪndrəʊm/ [znw] syndroom
synod/'sɪnəd/ [znw] • synode • kerkvergadering
synonym/'sɪnənɪm/ [znw] synoniem
synonymous/sɪ'nɒnɪməs/ [bnw] synoniem
synopsis/sɪ'nɒpsɪs/ [znw] overzicht, korte
samenvatting
synoptic(al)/sɪ'nɒptɪk(əl)/ [bnw] beknopt
∗ Synoptic Gospels Evangeliën v. Mattheus,
Marcus en Lucas
syntactic(al)/sɪn'tæktɪk(l)/ [bnw] syntactisch
syntax/'sɪntæks/ [znw] syntaxis
synthesis/'sɪnθəsɪs/ [znw] synthese
synthesize/'sɪnθəsaɪz/ [ov ww] synthetisch
bereiden
synthesizer/'sɪnθəsaɪzə/ [znw] synthesizer,
elektronisch muziekinstrument
synthetic(al)/sɪn'θetɪk(l)/ [bnw] • kunst-
• gekunsteld • onoprecht • synthetisch
synthetize/'sɪnθetaɪz/ → **synthesize**
syphilis/'sɪfəlɪs/ [znw] syfilis
syphilitic/sɪfə'lɪtɪk/ **I** [znw] syfilislijder **II** [bnw]
syfilitisch
Syria/'sɪrɪə/ [znw] Syrië
Syrian/'sɪrɪən/ **I** [znw] • Syriër • Syrisch **II** [bnw]
Syrisch
syringe/sɪ'rɪndʒ/ **I** [ov ww] inspuiten, bespuiten
II [znw] • injectiespuit • spuit(je)
syrup/'sɪrəp/ [znw] • stroop • siroop
syrupy/'sɪrəpɪ/ [bnw] stroperig, weeïg (fig.)
system/'sɪstəm/ [znw] • systeem • stelsel • gestel
• formatie (in geologie) • (AE) maatschappij
∗ nervous ~ zenuwgestel; zenuwstelsel ∗ read on
~ volgens werkschema studeren
systematic(al)/sɪstə'mætɪk(l)/ [bnw] systematisch
systematization/sɪstəmətaɪ'zeɪʃən/ [znw]
systematische inrichting, organisatie
systematize/'sɪstəmətaɪz/ [ov ww] systematiseren
systemic/sɪ'stemɪk/ [bnw] het (hele)
gestel/lichaam betreffende
systems/'sɪstəmz/ [mv] (comp.) ~ analyst
systeemanalist

T

ta /tɑː/ [tw] dank u, dank je

tab /tæb/ **I** [ov ww] v. bandje, enz. voorzien **II**
• bandje • lus ‹v. jas, enz.› • metalen vetereind
• oorklep • kraaginsigne v. stafofficier ∗ keep
tab(s) on in het oog houden; controleren ∗ ‹AE›
run/throw up a tab op de pof kopen

tabard /ˈtæbəd/ [znw] • tabberd • herautenmantel

tabby /ˈtæbɪ/ **I** [ov ww] moireren **II** [znw] • tabijn
• cyperse kat • poes • roddelaarster
• schelpencement • soort vlinder **III** [bnw] gestreept

tabernacle /ˈtæbənækl/ **I** [ov ww] voorzien van
koepel of hemel **II** [on ww] tijdelijk verblijven
III [znw] • tabernakel • tent • bedehuis ‹o.a. bij
methodisten› • mastkoker • Feast of
Tabernacles Loofhuttenfeest

table /ˈteɪbl/ **I** [ov ww] • rangschikken • indienen
‹v. voorstel, motie, enz.› • ‹AE› voor kennisgeving
aannemen **II** [on ww] eten **III** [znw] • tafel ‹ook
v. vermenigvuldiging› • het eten • plateau
• tabel • handpalm ∗ go to ~ aan tafel gaan ∗ go
to the ~ aan het Avondmaal deelnemen ∗ he
turned the ~ upon his opponent hij versloeg
zijn tegenstander met diens eigen argumenten
∗ lay an account on the ~ een verslag bespreken/
opschorten/uitstellen; opschorten; uitstellen ∗ ~
linen tafellinnen ∗ ~ manners tafelmanieren ∗ ~
of contents inhoudsopgave ∗ ~ talk tafelgesprek
∗ ~ tennis tafeltennis ∗ the ~s are turned de
rollen zijn omgedraaid

tableau /ˈtæbləʊ/ [znw] • tableau • tableau vivant

tablecloth /ˈteɪblklɒθ/ [znw] tafelkleed

table-cover [znw] tafelkleed

table-lamp [znw] staande lamp

table-land [znw] plateau

tablemat /ˈteɪblmæt/ [znw] placemat

table-plate [znw] • tafelbord • tafelzilver

table-service [znw] • eetservies • bediening aan
tafel

tablespoon /ˈteɪblspuːn/ [znw] eetlepel

tablet /ˈtæblət/ [znw] • tablet • gedenkplaat
• wastafeltje ∗ ~ of soap stuk zeep ∗ ~s
aantekenboekje

tabletop /ˈteɪbltɒp/ [znw] tafelblad

tableware /ˈteɪblweə/ [znw] tafelgerei

tabloid /ˈtæblɔɪd/ [znw] • bepaald geconcentreerd
geneesmiddel • blad met sensationeel nieuws en
societyroddels

taboo, tabu /təˈbuː/ **I** [ov ww] • in de ban doen
• verbieden **II** [znw] • verbod • 't heilig verklaren
∗ put under ~ verbieden; in de ban doen **III** [bnw]
• verboden, taboe • heilig

tabor /ˈteɪbə/ **I** [ov ww] trommelen **II** [znw] trom

tabular /ˈtæbjʊlə/ [bnw] • tafelvormig
• tabellarisch

tabulate /ˈtæbjʊleɪt/ [ov ww] rangschikken in
tabellen ∗ ~d vlak

tachometer /təˈkɒmɪtə/ [znw] snelheidsmeter,
toerenteller

tacit /ˈtæsɪt/ [bnw] stilzwijgend

taciturn /ˈtæsɪtɜːn/ [bnw] zwijgend, stil ∗ William
the Taciturn Willem de Zwijger

taciturnity /ˌtæsɪˈtɜːnɪtɪ/ [znw] zwijgzaamheid

tack /tæk/ **I** [ov ww] • vastspijkeren • rijgen ‹~
on› losjes rijgen, terloops toevoegen ‹fig.› ∗ tack
onto toevoegen **II** [on ww] • v. koers veranderen
‹fig.› • laveren, overstag gaan **III** [znw]
• kopspijker • rijgsteek • gedragslijn • richting
waarin schip vaart • kleverigheid ‹v. vernis› • kost

‹eten› • ‹scheepv.› hals ∗ change one's tack het
over een andere boeg gooien ∗ hard tack
scheepsbeschuit • soft tack lekkere kost ∗ they got
down to hard tacks ze sloegen spijkers met koppen

tackle /ˈtækl/ **I** [ov ww] • optuigen ‹v. paard›
• ‹flink/met kracht› aanpakken • beginnen met
• aanvallen ‹aan tafel› **II** [on ww] tegenstander
bij voetballen hinderen **III** [znw] • takel • tuig,
gerei • ‹sl.› eten, drinken

tacky /ˈtækɪ/ **I** [znw] ‹AE› schooier **II** [bnw]
• kleverig • ‹AE› haveloos • ‹inf.› smakeloos,
onhandig

tact /tækt/ [znw] • tact • tastzin

tactful /ˈtæktfʊl/ [bnw] tactvol

tactical /ˈtæktɪkl/ [bnw] tactisch

tactician /tækˈtɪʃən/ [znw] tacticus

tactics /ˈtæktɪks/ [mv] tactiek

tactile /ˈtæktaɪl/ [bnw] • tactiel • tastbaar ∗ ~
sense tastzin

tactless /ˈtæktləs/ [bnw] tactloos, ontactisch

tactual /ˈtæktjʊəl/ [bnw] • tactiel • met de tastzin
verbonden

tadpole /ˈtædpəʊl/ [znw] • amfibielarve
• kikkervisje, dikkopje

ta'en /teɪn/ → take

Taffy /ˈtæfɪ/ ‹inf.› [znw] bijnaam voor inwoner van
Wales

tag /tæg/ **I** [ov ww] • van labels/lusjes, enz. voorzien
• etiketteren • samenflansen • (af)tikken ‹bij
krijgertje spelen› • ‹AE› bestempelen als
II [on ww] op de voet volgen **III** [znw] • rafel
• aanhangsel • refrein • aanhaling
• gemeenplaats • punt ‹v. staart› • krijgertje
‹spel› • etiket, insigne, kenteken • metalen punt ‹v.
veter› • lus • label, etiket ∗ ‹AE/sl.› naam

tail /teɪl/ **I** [ov ww] • voorzien v. staart • v. steel
ontdoen ‹fruit› • verbinden • in 't oog houden
• schaduwen • de achterhoede vormen • ‹~ to›
vastmaken, z. voegen bij **II** [on ww] achter geraken
• ‹~ after› op de voet volgen • ‹~ away/off›
geleidelijk afnemen **III** [znw] • staart • (uit)einde
• pand ‹v. jas› • aanhang • (na)sleep • queue
• steel ‹v. hark› • achterste ∗ keep your tail up!
kop op! ∗ tail of the eye buitenooghoek ∗ the tail
wags the dog de minst belangrijke persoon/partij
neemt de beslissing ∗ turn tail er vandoor gaan

tailback /ˈteɪlbæk/ [znw] file

tailboard /ˈteɪlbɔːd/ [znw] laadklep

tailcoat /ˈteɪlkəʊt/ [znw] • jacquet • rok

tail-end /ˈteɪlˈend/ [znw] (uit)einde

tailgate /ˈteɪlgeɪt/ [znw] • benedensluisdeur
• achterklep, laadklep ‹v. vrachtauto›

tail-gunner [znw] hekschutter

tailings /ˈteɪlɪŋz/ [mv] afval

tail-lamp, tail-light /ˈteɪllæmp/ [znw] achterlicht

tailless /ˈteɪlləs/ [bnw] zonder staart

tailor /ˈteɪlə/ **I** [ov ww] maken ‹kleren› **II** [on ww]
• kleermaker zijn • werken als kleermaker
III [znw] kleermaker ∗ nine ~s go to a man de
kleren maken de man

tailoring /ˈteɪlərɪŋ/ [znw] • kleermakersbedrijf
• kleermakerswerk

tailor-made [bnw] op maat gemaakt

tails /teɪlz/ [mv] • jacquet • rok • muntzijde
• beperking v. eigendom tot bep. persoon of diens
nageslacht

tailskid /ˈteɪlskɪd/ [znw] staartsteun ‹v. vliegtuig›

tailwise /ˈteɪlwaɪz/ [bijw] • bij wijze v. staart
• achteruit

taint /teɪnt/ **I** [ov ww] • bevlekken, bezoedelen
• aantasten ∗ of a ~ed stock erfelijk belast
II [znw] • smet • bederf • vlek ∗ hereditary ~

T

erfelijke belasting ∗ with no ~ of met geen
spoor/zweem van

taintless /'teɪntləs/ [bnw] vlekkeloos, smetteloos

take /teɪk/ **I** [ov ww] nemen, gebruiken (v. eten,
drinken), maken, doen, inwinnen, kopen
● aannemen ● afnemen ● betrappen, innemen
● opnemen ● meenemen ● oplopen, vatten (kou)
● behalen ● treffen ● begrijpen, beschouwen,
opvatten, opnemen ● aanvaarden ∗ I take it that
ik neem aan dat ∗ I'm sometimes taken like this
ik krijg soms zo'n bevlieging; ik heb soms dat
gevoel ∗ have your photo taken je laten
fotograferen ∗ he took his final exam hij deed
eindexamen ∗ he was taken with a fever hij kreeg
koorts ∗ it takes a chemist to see this je moet
chemicus zijn om dit te begrijpen ∗ not to be
taken voor uitwendig gebruik ∗ she is taken with
him zij is verrukt van hem ∗ take (up)on o.s. op z.
nemen ∗ take comfort z. (ge)troosten ∗ take it
easy! kalm aan! ∗ take it or leave it kiezen of
delen ∗ take your time! kalm aan! ∗ that takes
little doing 't valt nogal mee ∗ the actor takes
the audience with him de toneelspeler sleept het
publiek mee ∗ they were taken ill ze werden ziek
∗ we take you at your word we geloven je op je
woord ● (~ **about**) rondleiden ● (~ **apart**) uit
elkaar halen, demonteren, kritisch analyseren,
volledig afkraken ● (~ **away**) wegnemen,
meenemen, afnemen ● take o.s. away er vandoor
gaan ● (~ **back**) terugnemen, terugbrengen ● (~
down) 'n toontje lager doen zingen, afnemen,
neerhalen, afbreken, voorbijstreven, opschrijven
● (~ **for**) houden voor ● (~ **from**) aftrekken,
afnemen van, slikken van ● (~ **in**) ontvangen (v.
geld), binnendringen, inademen, in z. opnemen,
omheinen, beetnemen, bezoeken, bijwonen,
innemen, binnenkrijgen ● (~ **off**) uittrekken, van 't
repertoire nemen, afnemen, afzetten, opheffen,
wegbrengen, ten grave slepen, afdruk maken,
karikaturiseren ● take o.s. off weggaan; z. v. kant
maken ● (~ **on**) aannemen, op z. nemen,
overnemen ● (~ **out**) uitnemen, verwijderen,
aanvragen ∗ he takes her out hij gaat met haar
uit; hij leidt haar ten dans ∗ take it out in goods
laten betalen met goederen ∗ such a thing takes it
out of you zoiets grijpt je aan ● (~ **over**)
overnemen, overbrengen ∗ take s.o. over the shop
iem. de zaak laten zien ∗ take over to verbinden
met ● (~ **round**) rondleiden ● (~ **through**)
doornemen ● (~ **up**) opnemen, afhalen, opbreken
(straat), opgraven, afbinden, betalen, inschrijven
op (lening), snappen, arresteren, standje geven,
ingaan op, reageren op, z. bemoeien met, bekleden,
innemen, in beslag nemen, beginnen ∗ take up
duties een ambt aanvaarden **II** [on ww] worden
∗ the vaccine didn't take de pokken kwamen niet
op ● (~ **after**) aarden naar ● (~ **off**) afnemen,
opstijgen ● (~ **on**) opgang maken, tekeer gaan
∗ take on with 't aanleggen met ● (~ **over**)
overnemen ● (~ **to**) z. begeven naar, vluchten naar,
beginnen te, z. toeleggen op ∗ he takes to her hij
voelt z. tot haar aangetrokken ∗ take to drinking
aan de drank raken ● (~ **up**) beter worden (v.
weer) ∗ take up for 't opnemen voor ∗ take up
with 't aanleggen met **III** [znw] ● opname
● ontvangst(en) ● vangst ● kopij ∗ he was on the
take hij liet z. omkopen

takeaway /'teɪkəweɪ/ [znw] ● afhaalmaaltijd
● afhaalrestaurant

take-down [znw] vernedering

take-home [bnw] ∗ ~ pay/wages nettoloon

take-in [znw] bedrieger(ij)

taken /'teɪkən/ volt. deelw. → **take**

take-off [znw] ● vermindering ● parodie ● vertrek,
start

take-over [znw] overname

taker /'teɪkə/ [znw] aannemer (v. weddenschap)
∗ no ~s for this article geen kopers voor dit artikel

take-up [znw] plooi

taking /'teɪkɪŋ/ **I** [znw] ● het nemen, ontvangst
● (inf.) drukte **II** [bnw] ● aantrekkelijk, boeiend
● besmettelijk

takings /'teɪkɪŋz/ [mv] recette

talc /tælk/ **I** [znw] ● behandelen met talk **II** [znw]
talcum ● talk(poeder) ● mica

tale /teɪl/ [znw] ● verhaal ● sprookje ● geschiedenis
● smoesje ● (vero.) getal ∗ tale bearer klikspaan
∗ tale of a tub praatje voor de vaak ∗ tale teller
verklikker; verteller ∗ tell tales kletsen; uit de
school klappen; klikken

talent /'tælənt/ [znw] ● talent ● iem. met talent
● (vero.) talent (Oud-Griekse munt), bep.
gewicht in zilver

talented /'tæləntɪd/ [bnw] begaafd

talents /'tælənts/ [mv] ● begaafdheid ● (sport)
wedder (tegenover bookmaker)

talent-scout [znw] talentenjager

talesman /'teɪlɪzmən/ [znw] aanvullend jurylid

talisman /'tælɪzmən/ [znw] talisman

talk /tɔːk/ **I** [ov ww] spreken over ∗ I'll talk him out
of it ik zal 't hem uit het hoofd praten ∗ talk U.S.
Amerikaans praten ∗ talk business spijkers met
koppen slaan; over zaken praten ∗ talk it out het
uitpraten ∗ talk nineteen to the dozen
honderduit praten ∗ talk out a bill discussie over
wetsontwerp rekken tot verdaging ∗ talk s.o.'s
head off iem. de oren v.h. hoofd praten ∗ talk shop
over je vak praten ∗ talk things over de zaken
bespreken ● (AE) talk turkey ronduit spreken; mooi
praten ● (~ **away**) verpraten (v. tijd) ● (~ **down**)
tot zwijgen brengen ● (~ **into**) overreden ● (~ **up**)
II [on ww] praten, spreken ∗ talk big/tall
opscheppen ● (~ **about/of**) praten over ∗ get
talked about over de tong gaan ● (~ **at**)
onaangename dingen zeggen over iem. in diens
bijzijn, maar niet tégen hem/haar ● (~
at/round) iem. bepraten ● (~ **away**) urenlang
praten ● (~ **back**) brutaal antwoord geven ● (~
down) neerbuigend praten ∗ talk down to one's
audience afdalen tot het niveau v. zijn gehoor ● (~
to) spreken tegen, ernstig praten ● (~ **up**)
ophemelen, bespreken (Amerikaans) **III** [znw]
● gepraat ● gesprek ● radiopraatje ● bespreking
● praatjes, gerucht ∗ he is the talk of the town
iedereen praat over hem ∗ it made plenty of talk
't gaf veel stof tot praten ∗ talk show
praatprogramma

talkative /'tɔːkətɪv/ [bnw] praatziek

talker /'tɔːkə/ [znw] ● prater ● bluffer

talkie /'tɔːkɪ/ [znw] geluidsfilm, sprekende film

talking /'tɔːkɪŋ/ [bnw] sprekend (v. ogen) ∗ ~ shop
praatcollege

talking-point [znw] onderwerp van gesprek,
discussiepunt

talking-to [znw] ∗ he got a sound ~ er werd een
hartig woordje met hem gesproken

tall /tɔːl/ [bnw] ● groot ● hoog ● (sl.) hoogdravend
● (sl.) prima ∗ a tall story 'n sterk/kras verhaal
∗ talk tall opschergpen

tallboy /'tɔːlbɔɪ/ [znw] ● hoge latafel ● schoorsteen

tallish /'tɔːlɪʃ/ [bnw] nogal hoog/lang

tallow /'tæləʊ/ **I** [ov ww] besmeren met talk
● mesten (schaap) **II** [znw] ● talk ● kaarsvet ∗
candle vetkaars

T

tally /'tælɪ/ **I** [ov ww] ● aanstrepen ● controleren ● etiketteren ● optellen **II** [on ww] ● (in)kerven ● aanstrepen ● kloppen, stroken met **III** [znw] ● overeenstemming ● duplicaat ● merk ● bordje ⟨bij plant⟩ ● inkeping ● kerfstok ● rekening ● aantal ● buy goods by the ~ kopen bij 't dozijn, de honderd, enz. ● ⟨sl.⟩ he lives – with her hij hokt met haar ● they fit like two tallies ze passen precies bij elkaar

talon /'tælən/ [znw] ● talon ⟨geldswaarde⟩ ● klauw ⟨v. roofvogel⟩ ● stok ⟨kaarten⟩ ● ⟨archit./vero.⟩ talaan

talus /'teɪləs/ [znw] ● kootbeen ● talud ● helling ● horrelvoet

T.A.M. [afk] ● ⟨television audience measurement⟩ kijkcijfers

tamable, tameable /'teɪməbl/ [bnw] te temmen

tambour /'tæmbʊə/ **I** [ov ww] borduren op tamboereerraam **II** [znw] ● trom ● tamboereerraam ● borduurwerk

tambourine /tæmbə'riːn/ [znw] tamboerijn

tame /teɪm/ **I** [ov ww] temmen **II** [bnw] ● tam, getemd ● saai ● tame cat lobbes; goedbloed

tamer /'teɪmə/ [znw] temmer

tamp /tæmp/ [ov ww] ● opvullen ⟨v. mijngang vóór ontploffing⟩ ● aanstampen ⟨v. grond⟩ ● (~ out) uitdoven ⟨v. sigaret⟩

tamper /'tæmpə/ **I** [on ww] ● (~ with) heulen met, (met de vingers) zitten aan, z. bemoeien met, knoeien aan, omkopen, vervalsen **II** [znw] stamper

tampon /'tæmpɒn/ **I** [ov ww] tamponneren, bloed stelpen ⟨met watten of gaas⟩ **II** [znw] tampon

tan /tæn/ **I** [ov ww] ● looien ● ⟨sl.⟩ afranselen **II** [on ww] bruin worden ⟨v. huid⟩ **III** [znw] ● run, fijngemalen eikenschors/-hout ● geelbruine kleur ● ⟨sl.⟩ the tan hen't circus **IV** [bnw] geelbruin

tandem /'tændəm/ [znw] tandem ● drive ~ met twee of meer paarden achter elkaar rijden

tang /tæŋ/ **I** [ov ww] ● voorzien v. arend ● sterke smaak geven ● klinken **II** [znw] ● arend ⟨v. vijl⟩ ● sterke smaak ● lucht ● soort zeewier ● zweem ● tikje ● (onaangename) klank

tangent /'tændʒənt/ **I** [znw] ● raaklijn ⟨wisk.⟩ tangens ● fly off at a ~ plotseling v. koers veranderen ⟨fig.⟩ **II** [bnw] rakend

tangential /tæn'dʒenʃəl/ [bnw] ● tangentiaal ● overijld ● oppervlakkig

tangibility /tændʒə'bɪlətɪ/ [znw] tastbaarheid

tangible /'tændʒɪbl/ [bnw] tastbaar

tangle /'tæŋgl/ **I** [ov ww] verwikkelen **II** [on ww] in de war maken/raken/zijn ● get ~d in de war raken ● ~d ingewikkeld ⟨v. proces⟩ ● (~ with) ⟨sl.⟩ omarmen, in conflict raken met **III** [znw] ● verwarring ● verwarde toestand ● wirwar ● all knots and ~s totaal in de war ● in a ~ in de war ⟨haar⟩

tangly /'tæŋglɪ/ [bnw] ● ingewikkeld, verward ● bedekt met zeewier

tangy /'tæŋɪ/ [bnw] ● met scherpe, zurige smaak ⟨bijv. citroen⟩ ● met onaangename smaak

tank /tæŋk/ **I** [ov ww] ● be tanked up afgeladen zijn ● tanked up dronken **II** [on ww] ● vloeistof innemen ⟨bijv. benzine⟩ ● ⟨sl.⟩ zuipen **III** [znw] ● reservoir ● bassin ● plas ● tank ● ⟨AE⟩ poel

tankard /'tæŋkəd/ [znw] (bier)pul

tanked /tæŋkt/ [bnw] ⟨AE/sl.⟩ dronken

tanker /'tæŋkə/ [znw] tankschip

tankette /tæŋket/ [znw] kleine tank

tanner /'tænə/ [znw] ● looier ● zestuiverstuk

tannery /'tænərɪ/ [znw] looierij

tannic /'tænɪk/ [bnw] looi- ● ~ acid looizuur

tannin /'tænɪn/ [znw] tannine, looizuur

tanning /'tænɪŋ/ ⟨sl.⟩ [znw] pak slaag

tannoy /'tænɔɪ/ [znw] intercom

tantalize /'tæntəlaɪz/ [ov ww] doen watertanden

tantamount /'tæntəmaʊnt/ [bnw] gelijkwaardig ● it is ~ to het komt neer op

tantrum /'tæntrəm/ [znw] vervelende bui ⟨humeur⟩, woedeaanval ● get into/throw a ~ een driftbui krijgen; uit zijn hum raken ● she went into one of her ~s ze kreeg weer een woedeaanval

tap /tæp/ **I** [ov ww] ● v. kraan voorzien ● schroefdraad snijden in ● aftappen ● aansteken ⟨v. vat⟩ ● aanbreken ⟨v. fles⟩ ● exploiteren ● handel vestigen ● verzoeken, (iem. om iets) vragen ● beginnen met ⟨onderwerp⟩ ● uithoren ● ⟨sl.⟩ bloedneus slaan ● ⟨AE⟩ lappen ⟨schoenen⟩ ● tap a till geldlade lichten ● (~ out) uitzenden **II** [on ww] zacht tikken, zacht kloppen **III** [znw] ● tikje, klopje ● kraan ● spon ● gelagkamer ● spul, goedje ● ⟨AE⟩ (leren) lap ⟨voor schoenreparatie⟩ ● on tap aangestoken ⟨vnl. v. biervat⟩; altijd ter beschikking ● radio on tap radiodistributie ● tap water leidingwater

tap-dancing [znw] het tapdansen

tape /teɪp/ **I** [ov ww] ● opnemen ⟨op geluids- of beeldband⟩ ● met lint verbinden ● ⟨inf.⟩ she got him taped zij had hem door **II** [znw] ● lint ● geluidsband ● strook papier ⟨v. telegraaftoestel⟩ ● telegrafische koersberichten ● ⟨sl.⟩ sterke drank ● red tape bureaucratie ● tape deck tapedeck ● tape recorder bandrecorder ● tape recording bandopname

tape-head [znw] opneemkop, wiskop

tape-measure [znw] rolmaat, meetlint

tape-price /-praɪs/ [znw] telegrafische koersnotering

taper /'teɪpə/ **I** [ov ww] taps/spits doen toelopen ● (~ down/off) uitlopen in punt, scherp toelopen ● ~ed off to a point spits/in 't punt uitlopend **II** [on ww] taps/spits toelopen ● ~ing fingers spits toelopende vingers **III** [znw] ● kaars ● waspit ● zwak licht ● iets dat taps toeloopt ● geleidelijke vermindering **IV** [bnw] ● taps ● afnemend

tapestry /'tæpɪstrɪ/ **I** [ov ww] met tapijt behangen **II** [znw] ● tapijtwerk ● wandtapijt

tapeworm /'teɪpwɜːm/ [znw] lintworm

tap-house [znw] gelagkamer

tapioca /tæpɪ'əʊkə/ [znw] tapioca

tapir /'teɪpə/ [znw] tapir

tapis /'tæpiː/ [znw] ● be on the ~ besproken (zullen) worden

tapping /'tæpɪŋ/ [znw] aftakking ⟨v. elektriciteit⟩ ● ~ -key seinsleutel

taproom /'tæpruːm/ [znw] gelagkamer

taps /tæps/ [mv] bep. signaal

tapster /'tæpstə/ [znw] tapper

tar /tɑː/ **I** [ov + on ww] ● teren ● zwart maken ⟨fig.⟩ ● they are tarred with the same brush/stick ze zijn met 't zelfde sop overgoten **II** [znw] ● teer ● ⟨inf.⟩ pikbroek

taradiddle /'tærədɪdl/ ⟨inf.⟩ **I** [ov ww] bedotten **II** [on ww] jokken **III** [znw] leugentje

tarantula /tə'ræntjʊlə/ [znw] tarantel, vogelspin, wolfsspin

tardy /'tɑːdɪ/ [bnw] ● laat ● langzaam, traag ● achterlijk ● ⟨AE⟩ te laat

tare /teə/ [znw] ● voederwikke ● tarra(gewicht)

target /'tɑːgɪt/ [znw] ● schietschijf ● seinschijf ⟨bij spoorweg⟩ ● mikpunt ● doel ● productiecijfer ● off the ~ ernaast ● ~ area doelgebied

tariff /'tærɪf/ **I** [ov ww] tarief maken ● belasten **II** [znw] (tol)tarief ● ~ duty invoerrecht; uitvoerrecht

T

tarmac/'tɑ:mæk/ [znw] asfalt(weg)
tarn/tɑ:n/ [znw] bergmeertje
tarnish/'tɑ:nɪʃ/ I [ov ww] • bezoedelen • mat/dof maken II [on ww] • mat/dof worden • aanslaan III [znw] • matheid • aanslag
tarot/'tærəʊ/ [znw] tarot
tarpaulin/tɑ:'pɔ:lɪn/ [znw] • zeildoek • dekkleed • hoed v. matroos • ‹inf.› pikbroek, matroos
tarragon/'tærəgən/ [znw] dragon, slangenkruid
tarry/'tɑ:rɪ/ I [ov ww] • (~ for) wachten op II [on ww] III [znw] ‹AE› verblijf IV [bnw] • teerteerachtig • geteerd • ~ fingered met lange vingers; diefachtig
tart/tɑ:t/ I [ov ww] • (~ up) opdirken II [znw] • taart(je) • ‹SL› slet • cherry tart kersenvlaai III [bnw] wrang, zuur, scherp ∗ a tart old woman zuurpruim
tartan/'tɑ:tn/ [znw] • Schotse ruit • plaid • Schotse Hooglander • ‹scheepv.› soort éénmaster
tartar/'tɑ:tə/ [znw] • wijnsteen • tandsteen
Tartar/'tɑ:tə/ I [znw] • Tartaar • woesteling ∗ ‹inf.› catch a ~ z'n mannetje vinden II [bnw] tartaars
tartaric/tɑ:'tærɪk/ [bnw] ∗ ~ acid wijnsteenzuur
task/tɑ:sk/ I [ov ww] • taak opgeven • veel vergen van II [znw] • taak • huiswerk ∗ take s.o. to task iem. onder handen nemen ∗ ‹AE› task force strijdmacht met speciale opdracht
taskmaster/'tɑ:skmɑ:stə/ [znw] • opdrachtgever • opzichter • leermeester
taskmistress/'tɑ:skmɪstrəs/ [znw] • leermeesteres • opdrachtgeefster • opzichteres
taskwork/'tɑ:skwɜ:k/ [znw] • opgelegd werk • stukwerk
tassel/'tæsəl/ I [ov ww] v. kwastje voorzien II [znw] • kwastje • katje ‹v. wilg› • bloesem • lint ‹als bladwijzer›
taste/teɪst/ I [ov ww] proeven • tasting knife kaasboor II [on ww] smaken ‹ook fig.› III [znw] • smaak(je) • slokje • ‹inf.› 'n weinig ∗ I have lost my sense of ~ m'n smaak is weg ∗ everyone to his ~ ieder z'n meug ∗ remark in bad ~ onkiese/onbehoorlijke opmerking ∗ she has a ~ for drawing ze tekent graag ∗ ~ bud smaakpapil ∗ there is no accounting for ~ over smaak valt niet te twisten
tasteful/'teɪstfʊl/ [bnw] smaakvol, v. goede smaak getuigend
tasteless/'teɪstləs/ [bnw] • v. slechte smaak getuigend, smakeloos • smaakloos
taster/'teɪstə/ [znw] • proever • proefje • voorproever • beoordelaar, criticus
tasty/'teɪstɪ/ [bnw] • kieskeurig • smakelijk • interessant • ‹SL› smaakvol
tat/tæt/ I [ov + on ww] frivolitéwerk maken II [znw] • pony • hit • ‹SL› vod
tater/'teɪtə/ [znw] ‹AE› aardappel
tatter/'tætə/ I [ov ww] aan flarden scheuren II [on ww] • aftakelen • aan flarden gaan III [znw] vod, lap
tattered/'tætəd/ [bnw] haveloos
tattle/'tætl/ I [on ww] • babbelen • klappen, klikken II [znw] • gebabbel • geklik
tattler/'tætlə/ [znw] • babbelaar • klikspaan • ruiter ‹vogel› • ‹SL› horloge
tattle-tale[znw] • klikspaan • ‹AE› babbelaar
tattoo/tə'tu:/ I [ov ww] II [on ww] trommelen III [znw] • taptoe • militair schouwspel • tatoeëring ∗ beat the devil's ~ nerveus met de vingers trommelen ∗ beat/sound the ~ taptoe slaan/blazen
tatty/'tætɪ/ [bnw] kitscherig, smerig, sjofel,

verward, slordig
taught/tɔ:t/ verl. tijd + volt. deelw. → **teach**
taunt/tɔ:nt/ I [ov ww] beschimpen II [on ww] • honen • schimpen III [znw] smaad, hoon IV [bnw] hoog ‹mast›
taut/tɔ:t/ [bnw] • strak, gespannen • goed in orde • nauwgezet
tauten/'tɔ:tn/ I [ov ww] spannen II [on ww] z. spannen
tautology/tɔ:'tɒlədʒɪ/ [znw] tautologie
tavern/'tævən/ [znw] taveerne, café, restaurant, herberg
taw/tɔ:/ I [ov + on ww] looien II [znw] • knikkerspel • knikker • eindstreep bij knikkerspel
tawdry/'tɔ:drɪ/ I [znw] goedkope opschik II [bnw] • opzichtig • opgedirkt • smakeloos
tawny/'tɔ:nɪ/ [bnw] taankleurig
tax/tæks/ I [ov ww] • belasten • veel vergen van • op de proef stellen • vaststellen ‹kosten› • berekenen ‹prijs› • ‹AE› vragen • (~ with) beschuldigen van II [znw] • belasting • proef ∗ tax collector belastingontvanger ∗ tax haven belastingparadijs
taxability/tæksə'bɪlətɪ/ [znw] belastbaarheid
taxable/'tæksəbl/ [bnw] belastbaar
taxation/tæk'seɪʃən/ [znw] belasting
tax-deductible[bnw] aftrekbaar v.d. belastingen
tax-dodger[znw] belastingontduiker
tax-free[bnw] belastingvrij
taxi/'tæksɪ/ I [ov + on ww] • rijden, vervoeren in taxi • taxiën ‹v. vliegtuig› II [on ww] ∗ taxi strip/way startbaan III [znw] taxi ∗ taxi rank taxistandplaats
taxicab/'tæksɪkæb/ [znw] taxi
taxidermist/'tæksɪdɜ:mɪst/ [znw] iem. die dieren opzet
taxidermy/'tæksɪdɜ:mɪ/ [znw] taxidermie
taxi-driver/'tæksɪdraɪvə/ [znw] taxichauffeur
taximeter/'tæksɪmi:tə/ [znw] taximeter
taxing-master[znw] vaststeller v. gerechtskosten
taxman/'tæksmæn/ [znw] belastingambtenaar
taxpayer/'tækspeɪə/ [znw] belastingbetaler
tax-taker[znw] belastingontvanger
tbsp.[afk] • ‹tablespoonful› eetlepel ‹maat›
tea/ti:/ I [ov ww] onthalen op thee II [on ww] theedrinken ∗ we tea at four om vier uur drinken we thee III [znw] • thee • theemaaltijd • hoofdmaaltijd • ‹SL› sterke drank ∗ at tea bij de thee • have tea theedrinken ∗ high tea uitgebreide theemaaltijd ∗ make tea thee zetten ∗ not for all the tea in China geen sprake van; al kon ik er een miljoen mee verdienen; nooit van mijn leven ∗ tea bag theezakje ∗ tea caddy theebus ∗ tea chest theekist; verhuis-/pakkist ∗ tea towel theedoek; droogdoek ∗ that's not my cup of tea daar moet ik niets van hebben ∗ we gave him some tea we gaven hem wat thee; we gaven hem wat te eten
teacake/'ti:keɪk/ [znw] theebroodje
teach/ti:tʃ/ [ov + on ww] onderwijzen, leren • ‹AE› she —es school ze is onderwijzeres
teachability/ti:tʃə'bɪlətɪ/ [znw] ontvankelijkheid voor onderricht
teachable/'ti:tʃəbl/ [bnw] • bevattelijk • leerzaam
teacher/'ti:tʃə/ [znw] leraar, onderwijzer
teach-in[znw] • kritische beschouwing v. groep belangstellenden over politiek en sociale problemen • forum op het gebied v.d. politiek en sociale problemen
teaching/'ti:tʃɪŋ/ I [znw] • het onderwijs • leer II [bnw] ∗ ~ hospital academisch ziekenhuis ∗ the ~ profession het ambt van leraar; de leraarsstand

tea-cosy [znw] theemuts

teacup /'ti:kʌp/ [znw] theekopje ★ storm in a ~ storm in een glas water

tea-gown [znw] middagjapon

teak /ti:k/ [znw] teakboom • teakhout

tea-kettle [znw] theeketel

teal /ti:l/ [znw] taling (wilde eend)

tea-leaf [znw] • blad v. theeplant • (sl.) dief

team /ti:m/ • I [on ww] • (~ up) (inf.) samen een team vormen • (~ up with) (inf.) samenwerken met II [znw] • span (paarden, enz.), ploeg • werkgroep • elftal • bediening (v. kanon) • vlucht (vogels) ★ team spirit teamgeest

team-race [znw] estafetteloop

teamster /'ti:mstə/ [znw] voerman, transportarbeider

teamwork /'ti:mwɜ:k/ [znw] • gezamenlijk verricht werk • samenwerking

tea-party [znw] theevisite, theepartij

teapot /'ti:pɒt/ [znw] theepot

tear I [ov ww] /teə/ • (ver)scheuren • trekken (aan) • uitrukken (v. haren) • openrijten ★ he could not tear himself away hij kon zich niet losmaken/vrijmaken ★ tear in(to) the house het huis binnenrennen ★ (sl.) tear it de boel bederven ★ torn between good and evil in tweestrijd tussen goed en kwaad • (~ apart) overhoop halen, verscheuren, kapotscheuren, afkraken • (~ at) rukken aan • (~ down) afbreken (v. gebouw), afscheuren • (~ up) verscheuren, uitroeien ★ tear up the stairs de trap opstormen II [on ww] /teə/ • razen, tekeergaan • rennen, vliegen, snellen • trekken • scheuren • (~ about) zich wild rondvliegen • (~ along) voortslepen, scheuren (v. auto), voortrennen III [znw] • /tɪə/ traan • /tɪə/ druppel • /teə/ scheur • /teə/ woest geren • /teə/ woede • (AE) /teə/ fuif ★ she's never in a tear ze heeft nooit haast; ze is nooit kwaad

teardrop /'tɪədrɒp/ [znw] traan

tearful /'tɪəful/ [bnw] • vol tranen • betraand

tear-gas [znw] traangas

tearing /'teərɪŋ/ [bnw] woest ★ a ~ adherent vurige aanhanger ★ a ~ pain vlijmende pijn

tear-jerker /'tɪədʒɜ:kə/ [znw] smartlap, tranentrekker

tearless /'tɪələs/ [bnw] zonder tranen

tear-off /'teərɒf/ [bnw] ★ ~ calendar scheurkalender

tea-room [znw] lunchroom

tear-stained [bnw] ★ ~ face behuild gezicht

tease /ti:z/ • I [ov ww] • plagen • kwellen • kammen, kaarden (wol) • (vulg.) opgeilen • (~ for) lastig vallen om • (~ out) ontwarren II [znw] • plaaggeest • vrouw die beurtelings met een man flirt en hem afwijst

teasel /'ti:zəl/ • I [ov ww] kaarden II [znw] • kaarde • kaardmachine

teaser /'ti:zə/ [znw] • plager • kaarder • kaardmachine • advertentie • (inf.) moeilijk geval

tea-service, tea set /'ti:sɜ:vɪs/ [znw] theeservies

tea-shop [znw] • theewinkel • lunchroom

teaspoon /'ti:spu:n/ [znw] theelepel

teaspoonful /'ti:spu:nful/ [znw] theelepel ★ two ~s of vinegar twee theelepels azijn

tea-strainer [znw] theezeefje

teat /ti:t/ [znw] tepel (v. dier), uier, speen

tea-tray [znw] theeblad

tea-trolley [znw] theetafel op wielen, theeboy

teazle /'ti:zəl/ → teasel

tec /tek/ (inf.) [znw] detective

tech /tek/ (inf.) [znw] technische school, ≈ Hogere Technische School

Tech. [afk] • (Technical (College)) Hogere Technische School, hts

technical /'teknɪkl/ [bnw] • technisch • vaktechnisch ★ ~ offence belediging volgens de wet ★ ~ school technische school

technicality /teknɪ'kælətɪ/ [znw] • technische term • technisch karakter ★ only technicalities slechts formaliteiten

technically /'teknɪklɪ/ [bijw] technisch

technicals /'teknɪkəlz/ [mv] technische details

technician /tek'nɪʃən/ [znw] technicus

technicoloured /teknɪ'kʌləd/ [bnw] • met felle kleuren • overdreven

technique /tek'ni:k/ [znw] • techniek, werkwijze • manier v. optreden, handelen

technocracy /tek'nɒkrəsɪ/ [znw] technocratie

technocrat /'teknəkræt/ [znw] technocraat

technological /teknə'lɒdʒɪkl/ [bnw] technologisch ★ ~ unemployment werkloosheid door gebruik/invoering v. machines

technologist /tek'nɒlədʒɪst/ [znw] technoloog

technology /tek'nɒlədʒɪ/ [znw] technologie

tectonic /tek'tɒnɪk/ [bnw] • de bouwkunde betreffend • aardverschuiving betreffend

tectonics /tek'tɒnɪks/ [mv] bouwkunde

teddybear /'tedɪbeə/ [znw] teddybeer

tedious /'ti:dɪəs/ [bnw] saai, vervelend

tedium /'ti:dɪəm/ [znw] • saaiheid • verveling

tee /ti:/ I [ov ww] klaarleggen • (~ off) wegslaan II [znw] • afslagpuntje • steunvoetje ★ to a tee perfect

teem /ti:m/ I [ov ww] (techn.) storten (v. gesmolten metaal, e.d.) II [on ww] vol zijn • (~ with) wemelen van

teeming /'ti:mɪŋ/ [bnw] • vruchtbaar • wemelend

teen-age /'ti:neɪdʒ/ [bnw] tiener-

teen-ager /'ti:neɪdʒə/ [znw] tiener

teens /ti:nz/ [mv] ★ he's in his ~ hij is tussen de 13 en de 19 ★ out of his ~ reeds 19 jaar geweest

teeter /'ti:tə/ [on ww] wankelen

teeth /ti:θ/ [mv] ★ he spoke through his ~ hij sprak binnensmonds ★ he's cut his eye-~ hij weet v. wanten ★ in the ~ of the wind met de wind pal tegen ★ in the ~ of these objections niettegenstaande deze bezwaren ★ they cast it in my ~ ze verweten het mij ★ they escaped by the skin of their ~ ze ontsnapten ternauwernood → tooth

teethe /ti:ð/ [on ww] tanden krijgen

teething /'ti:ðɪŋ/ [znw] het tanden krijgen ★ ~-rash uitslag aan tandvlees ★ ~-ring bijtring ★ ~-troubles kinderziekten (fig.); eerste moeilijke periode

teetotal /ti:'təʊtl/ [bnw] • geheelonthouders-, alcoholvrij • (inf.) geheel

teetotalism /ti:'təʊtlzəm/ [znw] geheelonthouding

teetotaller /ti:'təʊtələ/ [znw] geheelonthouder

tegument /'tegjʊmənt/ [znw] • vlies • huid • bedekking

tele- /'telɪ/ [voorv] tele-, ver-, afstand-

telecamera /'telɪkæmrə/ [znw] televisiecamera

telecast /'telɪkɑ:st/ [znw] televisie-uitzending

telecommunications /telɪkəmju:nɪ'keɪʃənz/ [mv] telecommunicatieverbinding(en)

telegram /'telɪgræm/ [znw] telegram

telegraph /'telɪgrɑ:f/ I [on ww] telegraferen II [znw] • telegraaf • seintoestel • (sl.) spion

telegrapher /tə'legrəfə/ [znw] telegrafist

telegraphese /telɪgrə'fi:z/ [znw] telegramstijl

telegraphic /telɪ'græfɪk/ [bnw] ★ ~ address

T

telegramadres

telegraph-messenger /znw/ telegrambesteller

telegraphy /tɪˈlegrəfɪ/ /znw/ telegrafie

telemeter /telɪˈmiːtə/ /znw/ afstandsmeter

telepathy /tɪˈlepəθɪ/ /znw/ telepathie

telephone /ˈtelɪfəʊn/ I /ov + on ww/ telefoneren II /znw/ telefoon • *a message on the ~ telefonische boodschap* • *is he on the ~? is hij aangesloten?; is hij aan de telefoon/lijn?* • *~ call telefoongesprek; telefonische oproep* • *~ directory telefoongids* • *~ exchange telefooncentrale*

telephonic /telɪˈfɒnɪk/ /bnw/ telefonisch, telefoon-

telephonist /tɪˈlefənɪst/ /znw/ telefonist(e)

telephony /tɪˈlefənɪ/ /znw/ telefonie

telephoto /telɪˈfəʊtəʊ/ /znw/ • *~ lens* telelens

teleprinter /ˈtelɪprɪntə/ /znw/ telex

telerecording /telɪrɪkɔːdɪŋ/ /znw/ • weergave • *het (op beeldband) opnemen en hervertonen v. tv-programma('s)* • opname

telescope /ˈtelɪskəʊp/ I /ov + on ww/ • *in elkaar schuiven* • *inschuifbaar zijn* II /znw/ verrekijker

telescopic /telɪˈskɒpɪk/ /bnw/ telescopisch

telethon /ˈtelɪθɒn/ ⟨AE⟩ /znw/ tv-marathon

Teletype /ˈtelɪtaɪp/ I /ov + on ww/ telexen II /znw/ telex

teletypewriter /telɪˈtaɪpraɪtə/ /znw/ telex

teleview /ˈtelɪvjuː/ /on ww/ televisie kijken

televise /ˈtelɪvaɪz/ /ov ww/ per televisie overbrengen

television /ˈtelɪvɪʒən/ /znw/ televisie • *~ set* televisietoestel

telex /ˈteleks/ I /ov + on ww/ telexen II /znw/ telex

tell /tel/ I /ov ww/ • *(op)tellen (v. stemmen in Parlement)* • *uit elkaar houden* • zeggen • vertellen • *can you tell them apart/one from the other? kun je ze uit elkaar houden?* • *don't tell tales klap niet uit de school; je mag niet jokken* • *she will tell my fortune ze zal mij de toekomst voorspellen* • *tell a person good-bye afscheid nemen van iem.* • *tell the beads de rozenkrans bidden* • ⟨inf.⟩ *you're telling me! wat je (toch) zegt!* • *(~ off) een nummer geven, (na)tellen, aanwijzen (voor bep. werk)* • *I've told him off ik heb hem goed gezegd waar het op stond* II /on ww/ • vertellen • zeggen • klikken • effect hebben, indruk maken • *I will not tell on you ik zal het niet (van je) verklappen* • *blood will tell bloed kruipt waar 't niet gaan kan* • *every shot told elk schot was raak* • *his work tells on him je kunt 't hem aanzien dat hij hard werkt* • *it did not tell in the least with him 't maakte helemaal geen indruk op hem* • *never tell me! dat maak je me niet wijs!* • *stupid past telling onbeschrijfelijk dom* • *that would be telling! dat verklap ik je lekker niet!* • *time will tell de tijd zal 't leren* • *you never can tell je kunt nooit weten* • *(~ against) pleiten tegen* • *(~ of) getuigen van*

teller /ˈtelə/ /znw/ • kassier • stemopnemer ⟨lid v.h. Parlement⟩ • ⟨inf.⟩ flinke klap

telling /ˈtelɪŋ/ /bnw/ indrukwekkend • tekenend

telling-off /telɪŋˈɒf/ /znw/ uitbrander

telltale /ˈtelteɪl/ I /znw/ • kletskous • verklikker ⟨ook waarschuwingsinstrument⟩ II /bnw/ verraderlijk ⟨bijv. houding⟩ • *watch out for those ~ signs! let op die veelzeggende tekenen!*

telluric /teˈljʊərɪk/ /bnw/ aards

telly /ˈtelɪ/ /znw/ tv

temerarious /teməˈreərɪəs/ /bnw/ • roekeloos • onbezonnen • vermetel

temerity /tɪˈmerətɪ/ /znw/ • onbezonnenheid • roekeloosheid

temp /temp/ I /on ww/ werken als uitzendkracht II /znw/ uitzendkracht

temp. [afk] • (temperature) temperatuur • (tempore) ten tijde van

temper /ˈtempə/ I /ov ww/ • bereiden, aanmaken • harden ⟨v. staal⟩ • matigen, verzachten • *in toom houden* • ⟨muz.⟩ temperen • *justice with mercy genade voor recht laten gelden* II /znw/ • mengsel • bep. hardheid v. staal • aard, aanleg, natuur • stemming, humeur • boze bui • *he has a ~ hij is zeer humeurig* • *lose one's ~ kwaad worden* • *what a ~ he is in! wat heeft hij een boze bui!*

temperament /ˈtemprəmənt/ /znw/ • temperament, aard • ⟨muz.⟩ temperatuur

temperamental /temprəˈmentl/ /bnw/ • aangeboren • onbeheerst

temperamentally /temprəˈmentəlɪ/ /bijw/ • *~ he is lazy van nature is hij lui*

temperance /ˈtempərəns/ /znw/ • matigheid • (geheel)onthouding • *~ drinks alcoholvrije dranken*

temperate /ˈtempərət/ /bnw/ matig, gematigd • *~ zone gematigde luchtstreek*

temperature /ˈtemprɪtʃə/ /znw/ temperatuur • *he had a ~ hij had verhoging*

tempered /ˈtempəd/ /bnw/ • bereid • gehard

tempest /ˈtempɪst/ I /ov ww/ beroeren II /znw/ storm ⟨ook fig.⟩ • *~ in a teapot storm in een glas water*

tempest-tossed /bnw/ • *a ~ vessel een door storm heen en weer geslingerd vaartuig*

tempestuous /temˈpestjʊəs/ /bnw/ onstuimig, stormachtig

templar /ˈtemplə/ /znw/ jurist, rechtenstudent ⟨wonende in de Temple, Londen⟩

Templar /ˈtemplə/ /znw/ • tempelier • *Amerikaanse vrijmetselaar* • → **templar** • *Good ~s drankbestrijdingsvereniging*

template /ˈtempleɪt/ /znw/ mal, patroon

temple /ˈtempl/ /znw/ • apparaat in weefgetouw • slaap ⟨v.h. hoofd⟩ • tempel, kerk • *Inner/Middle Temple ben. voor twee v.d. gebouwen v.d. zgn. Inns of Court, Londen*

tempo /ˈtempəʊ/ /znw/ tempo

temporal /ˈtempərəl/ I /znw/ slaapbeen • *~s wereldlijk bezit* II /bnw/ • tijdelijk • wereldlijk • *de slaap v.h. hoofd betreffende* • *the Lords Temporal wereldlijke leden v. Hogerhuis*

temporality /tempəˈrælətɪ/ /znw/ tijdelijkheid • *temporalities wereldlijk bezit*

temporary /ˈtempərɪ/ I /znw/ noodhulp, tijdelijk aangestelde kracht II /bnw/ tijdelijk • *~ officer reserveofficier*

temporization /tempərarˈzeɪʃən/ /znw/ uitstel

temporize /ˈtempəraɪz/ /on ww/ • trachten tijd te winnen • slag om de arm houden • z. schikken naar omstandigheden • *tot 'n overeenkomst geraken*

temporizer /ˈtempəraɪzə/ /znw/ opportunist

tempt /tempt/ /ov ww/ verleiden, bekoren • *I am ~ed to discontinue this ik voel er veel voor hiermee op te houden*

temptation /tempˈteɪʃən/ /znw/ verleiding, bekoring

tempter /ˈtemptə/ /znw/ • de duivel • verleider

tempting /ˈtemptɪŋ/ /bnw/ verleidelijk • *~ offer verleidelijk aanbod*

temptress /ˈtemptrəs/ /znw/ verleidster

ten /ten/ I /znw/ • tiental • boot met tien riemen II /telw/ tien

tenability /tenəˈbɪlətɪ/ /znw/ • houdbaarheid ⟨bijv. v. argument⟩ • verdedigbaarheid

tenable /ˈtenəbl/ /bnw/ houdbaar, te verdedigen

tenacious /tɪˈneɪʃəs/ /bnw/ • vasthoudend

T

• kleverig * a ~ memory 'n sterk geheugen * be ~ of life taai zijn ‹fig.›

tenacity/tɪ'næsətɪ/ [znw] • vasthoudendheid • kleverigheid

tenancy/'tenənsɪ/ [znw] • huur, pacht • bekleden v. ambt • verblijf

tenant/'tenənt/ **I** [ov ww] pachten, huren **II** [znw] • huurder, pachter • bewoner • bezitter * ‹vero.› feudal ~ leenman * ~ at will naar willekeur opzegbare huurder

tenantless/'tenəntləs/ [bnw] • niet verhuurd • niet bewoond

tenantry/'tenəntrɪ/ [znw] • gezamenlijke pachters • pacht • huizen in gezamenlijk bezit

tend/tend/ **I** [ov ww] • bedienen ‹v. machine› • hoeden ‹dieren› • oppassen ‹op zieke› • zorgen voor * ‹AE› they will tend the meeting ze zullen de vergadering bijwonen * (~ (up)on) (be)dienen **II** [on ww] • z. uitstrekken • in de richting gaan van • geneigd zijn * (~ to) neigen tot

tendance/'tendəns/ [znw] • verzorging, zorg • gezamenlijke bedienen

tendency/'tendənsɪ/ [znw] • neiging, aanleg • tendens • stemming ‹op beurs›

tendentious/ten'denʃəs/ [bnw] tendentieus

tender/'tendə/ **I** [ov ww] aanbieden * he ~ed his resignation hij diende z'n ontslag in * ~ an oath to s.o. iem. 'n eed opleggen **II** [on ww] * (~ for) inschrijven op ‹werk› **III** [znw] • oppasser • tender ‹v. locomotief› • politieauto • geleideschip • aanbod, offerte • inschrijving(sbiljet) • betaalmiddel * the work will be put up for ~ het werk zal worden aanbesteed **IV** [bnw] • teder, zacht • gevoelig • pijnlijk • liefhebbend * his ~ years prille jeugd * ~ of bezorgd voor * the ~ passion liefde

tenderfoot/'tendəfʊt/ ‹inf.› [znw] nieuweling

tender-hearted [bnw] teergevoelig

tenderize/'tendəraɪz/ [ov ww] mals maken ‹v. vlees›

tender-loin [znw] • filet van vlees • ‹AE› rosse buurt

tendon/'tendən/ [znw] • pees • spanwapening ‹betonbouw›

tendril/'tendrɪl/ [znw] scheut, rank, dunne twijg

tenebrous/'tenɪbrəs/ [bnw] somber, duister

tenement/'tenɪmənt/ [znw] • woning • pachtgoed • als woning verhuurd deel v.e. huis * huurflat * ~ house huurkazerne

tenet/'tenɪt/ [znw] dogma, leerstelling

tenfold/'tenfəʊld/ [bnw] tienvoudig, tiendelig

tenner/'tenə/ ‹inf.› [znw] • bankbiljet van tien pond • ‹AE› tiendollarbiljet

tennis/'tenɪs/ [znw] tennis

tennis-court/'tenɪskɔːt/ [znw] tennisbaan

tenon/'tenən/ [znw] ‹houten› pen * ~-and-mortise joint pen-en-gatverbinding

tenor/'tenə/ [znw] • gang ‹v. zaken› • geest, strekking, bedoeling • afschrift • tenor • altviool

tenpin/'tenpɪn/ [znw] kegel * ~ bowling bowlingspel; bowlen

tenpins/'tenpɪnz/ [mv] kegelspel met tien kegels

tense/tens/ **I** [ov ww] spannen * all ~d up helemaal over zijn toeren **II** [znw] ‹taalk.› grammaticale tijd **III** [bnw] • gespannen, strak * those were ~ days dat waren dagen v. spanning

tenseness/'tensnəs/ [znw] spanning

tensible [bnw] ‹zeldz.› [bnw] rekbaar

tensile/'tensaɪl/ [bnw] rekbaar, elastisch * ~-strength treksterkte

tension/'tenʃən/ [znw] • (in)spanning • spankracht

tensity/'tensətɪ/ [znw] spanning

tensive/'tensɪv/ [bnw] spannend

tensor/'tensə/ [znw] strekspier

tent/tent/ **I** [ov ww] bedekken als een tent **II** [on ww] kamperen in tent **III** [znw] • tent • wondijzer • donkerrode Spaanse wijn

tentacle/'tentəkl/ [znw] • voelhoorn • vangarm • ‹plant.› klierhaar

tentative/'tentətɪv/ **I** [znw] poging, proef **II** [bnw] • experimenteel • voorlopig • voorzichtig • weifelend

tenth/tenθ/ **I** [znw] • tiende ‹deel› • tiend(e) ‹belasting› • ‹muz.› decime **II** [telw] tiende

tenuity/tɪ'njuːətɪ/ [znw] • slapheid • onbeduidendheid • dunheid

tenuous/'tenjʊəs/ [bnw] • (te) subtiel, vaag • onbeduidend

tenure/'tenjə/ [znw] • eigendomsrecht • ‹periode v.› bezit • (ambts)periode * during his ~ of office gedurende zijn ambtsperiode

tepee, tipi/'tiːpiː/ [znw] wigwam

tepefy/'tepɪfaɪ/ [ov + on ww] lauw maken/worden

tepid/'tepɪd/ [bnw] lauw

tepidity/te'pɪdətɪ/ [znw] lauwheid

tercentenary/tɜːsen'tiːnərɪ/ [bnw] driehonderdste gedenkdag

tercet/'tɜːsɪt/ [znw] drieregelig vers

tergiversate/'tɜːdʒɪvɜːseɪt/ [on ww] • proberen te ontwijken • weifelen • afvallig worden

tergiversation/tɜːdʒɪvɜː'seɪʃən/ [znw] • afvalligheid • draaierij

term/tɜːm/ **I** [ov ww] (be)noemen **II** [znw] • beperkte periode • trimester • vastgestelde dag • woord(en) • zittingsduur ‹v. rechtbank› • ‹vero.› grens • ‹wisk.› term * I'm on good terms with him ik sta op goede voet met hem * be on Christian/first name terms elkaar bij de voornaam noemen * come to terms het eens worden; toegeven * flattering terms vleiende bewoordingen * for a term of years voor een aantal jaren * he only thinks in terms of money hij denkt alleen maar aan geld * his term of office expired zijn ambtsperiode liep af * keep terms college lopen ‹hand.› landed term vrij wal * marry on equal terms huwen in gemeenschap v. goederen * surrender on terms z. voorwaardelijk overgeven * term has not yet started de scholen/colleges zijn nog niet begonnen * terms verhouding; voorwaarden * they are in terms with one another ze voeren onderhandelingen * they are not on speaking terms ze praten niet (meer) met elkaar * they met on equal terms ze gingen op voet v. gelijkheid om met elkaar * they were brought to terms ze werden overtuigd

termagant/'tɜːməgənt/ **I** [znw] feeks **II** [bnw] feeksachtig

terminable/'tɜːmɪnəbl/ [bnw] • wat beëindigd kan worden • opzegbaar ‹bijv. contract›

terminal/'tɜːmɪnl/ **I** [znw] • einde • (pool)klem ‹elektriciteit› • ‹comp.› eindstation, terminal **II** [bnw] • slot-, eind- • periodiek • ‹plant.› eindstandig * ~ account driemaandelijkse rekening * ~ examination examen tijdens of aan 't einde van een trimester * ~ station eindstation

terminate/'tɜːmɪneɪt/ **I** [ov + on ww] beëindigen • opzeggen of aflopen ‹v. contract› **II** [bnw] * tot einde komend • opgaand * a ~ decimal opgaande tiendelige breuk

termination/tɜːmɪ'neɪʃən/ [znw] • afloop • einde, slot • besluit

terminative/'tɜːmɪnətɪv/ [bnw] • eind- • afdoende

terminology/tɜːmɪ'nɒlədʒɪ/ [znw] terminologie

T

terminus /'tɜːmɪnəs/ [znw] • kopstation • eind(punt) • ‹vero.› grensbeeld

termite /'tɜːmaɪt/ [znw] termiet

tern /tɜːn/ [znw] • stern • drietal

terrace /'terəs/ I [ov ww] • vormen tot terras • voorzien v. terras II [znw] • bordes • terras • huizenrij op helling * ~ house rijtjeshuis; eengezinswoning

terraced /'terəst/ [bnw] terrasvormig * ~ roof terrasdak; plat dak ‹v. Oosters huis›

terrain /te'reɪn/ [znw] terrein

terrestrial /tə'restrɪəl/ I [znw] aardbewoner II [bnw] • aards, ondermaans • land- * ~ globe aardbol; globe

terrible /'terɪbl/ [bnw] verschrikkelijk, ontzettend

terribly /'terɪblɪ/ [bijw] • vreselijk, verschrikkelijk, erg • geweldig

terrier /'terɪə/ [znw] • kadaster • terriër • ‹inf.› soldaat v.d. vrijwillige landweer

terrific /tə'rɪfɪk/ [bnw] ontzettend (goed), schrikbarend

terrifically /tə'rɪfɪklɪ/ [bijw] verschrikkelijk

terrified /'terɪfaɪd/ [bnw] * ~ at ontsteld over * ~ of doodsbang voor

terrify /'terɪfaɪ/ [ov ww] • (doods)bang maken • doen schrikken • he was terrified into signing the contract hij werd zo geïntimideerd dat hij het contract tekende

terrifying /'terɪfaɪɪŋ/ [bnw] • afschuwelijk • geweldig

territorial /terɪ'tɔːrɪəl/ I [znw] soldaat van de vrijwillige landweer II [bnw] • territoriaal • land-, grond betreffende

territory /'terɪtərɪ/ [znw] • gebied ‹ook fig.› • rayon v. handelsreiziger * ‹AE› gebied dat nog niet alle rechten v.e. staat heeft

terror /'terə/ [znw] • angst • paniek • schrik • verschrikking • terreur * King of Terrors de dood * here comes that ~ again daar komt die vreselijke vent weer * reign of ~ periode v.d. Franse revolutie; schrikbewind

terrorism /'terərɪzəm/ [znw] • terrorisme • schrikbewind

terrorist /'terərɪst/ [znw] terrorist

terrorize /'terəraɪz/ [ov ww] terroriseren

terror-stricken /'terə/ [bnw] dodelijk verschrikt

terse /tɜːs/ [bnw] kort, beknopt

tertian /'tɜːʃən/ [bnw] * ~ fever derdendaagse koorts; anderdaagse koorts

tertiary /'tɜːʃərɪ/ I [znw] • het tertiaire tijdvak • lid v.d. Derde Orde II [bnw] • tertiair • v.d. Derde Orde

terylene /'terəliːn/ [znw] synthetische textielvezel

tessellated /'tesəleɪtɪd/ [bnw] met mozaïek(en) ingelegd, ingelegd

tessellation /tesə'leɪʃən/ [znw] mozaïekwerk

test /test/ I [ov ww] • beproeven, op de proef stellen • overhoren • bekrachtigen II [znw] • schaal ‹v. bep. dieren› • proef • beproeving • proefwerk • eed ‹gevorderd door de Test Act› • drijfkaart • ‹inf.› wedstrijd • ‹chem.› reagens • mental test intelligentietest * put to the test op de proef stellen * test ban internationale overeenkomst tegen kernproeven * test case proefproces; test case * test flight proefvlucht * test glass(tube) reageerbuisje * test match testmatch ‹bij cricket en rugby› * test paper handschrift als bewijsstuk ‹Amerikaans›; proefwerk * test pilot testpiloot

testament /'testəmənt/ [znw] testament

testamentary /testə'mentərɪ/ [bnw] • testamentair • betrekking hebbende op Oude en Nieuwe Testament

testator /te'steɪtə/ [znw] erflater

testatrix /te'steɪtrɪks/ [znw] erflaatster

tester /'testə/ [znw] • klankbord • baldakijn • iem. die test • hemel ‹v. ledikant›

test-fly [ov + on ww] proefvlucht maken, invliegen v. vliegtuig

testicle /'testɪkl/ [znw] testikel, zaadbal

testification /testɪfɪ'keɪʃən/ [znw] getuigenis

testify /'testɪfaɪ/ I [ov ww] • verklaren • getuigen van • (~ to) getuigen van, getuigenis afleggen van II [on ww] getuigen

testimonial /testɪ'məʊnɪəl/ [znw] • getuigschrift • huldeblijk

testimony /'testɪmənɪ/ [znw] • bewijs, verklaring onder ede • de Tien Geboden, decalogus * bear ~ against getuigen tegen * bear ~ to getuigen van

test-tube [znw] reageerbuisje * ~ baby reageerbuisbaby

testy /'testɪ/ [bnw] prikkelbaar

tetanus /'tetənəs/ [znw] tetanus, stijfkramp

tetchy /'tetʃɪ/ [bnw] gemelijk, prikkelbaar

tether /'teðə/ I [ov ww] vastbinden * she ~ed him by a short rope ze hield hem kort II [znw] • touw, ketting ‹v. grazend dier› • gebied dat men kan bestrijken * he is at the end of his ~ hij is uitgepraat; hij is ten einde raad * it is beyond my ~ het gaat m'n begrip te boven

tetrarch /'tetrɑːk/ [znw] onderkoning, tetrarch

Teuton /'tjuːtn/ ‹vero.› [znw] • Teutoon • Germaan, Duitser

Teutonic /tjuː'tɒnɪk/ ‹vero.› [bnw] • Teutoons • Germaans • Duits

Texan /'teksən/ I [znw] inwoner v. Texas II [bnw] v. Texas, Texaans

text /tekst/ [znw] • tekst • onderwerp * he stuck to his text hij wilde v. geen wijken weten

textbook /'tekstbʊk/ [znw] • leerboek • tekstboek

textile /'tekstaɪl/ I [znw] textiel II [bnw] geweven

textual /'tekstʃʊəl/ [bnw] • letterlijk • m.b.t. de tekst

texture /'tekstʃə/ [znw] • weefsel • structuur ‹ook fig.›, bouw

Thai /taɪ/ I [znw] • Thai • Thailander II [bnw] Thais, Thailands

thalidomide /θə'lɪdəmaɪd/ [znw] * ~ baby softenonkind

Thames /temz/ [znw] Theems * he won't set the ~ on fire hij heeft het buskruit niet uitgevonden

than /ðən/ [vw] dan * larger than groter dan

thane /θeɪn/ [znw] leenheer

thank /θæŋk/ [ov ww] (be)danken * I'll ~ you to mind your own business bemoei je alsjeblieft met je eigen zaken * no, ~ you nee, dank u ‹bij weigering› * ~ you dank u ‹bij aanneming›; alstublieft; ga uw gang * ‹iron.› ~ you for nothing! daar hebben we veel aan (gehad)! * ‹iron.› ~ you for the potatoes wil je me de aardappels even aangeven

thankee /'θæŋ'kiː/ [tw] bedankt!

thankful /'θæŋkfʊl/ [bnw] dankbaar

thankless /'θæŋkləs/ [bnw] ondankbaar

thanks /θæŋks/ [mv] dank * give/ return ~ danken ‹aan tafel› * many ~! dank je wel! * small ~ we had for it we kregen stank voor dank * ~ to your stupidity als gevolg v. jouw domheid * we received your letter with ~ in dank ontvangen wij uw schrijven

thanksgiving /'θæŋksgɪvɪŋ/ [znw] dankzegging

Thanksgiving ‹AE› [znw] nationale dankdag

that /ðæt/ I [aanw vnw] dat, die * don't talk like that zó moet je niet praten * go, that's a good boy ga maar, dan ben je een brave jongen * he has

T

that trust in you *hij heeft zoveel vertrouwen in je* ∗ put that and that together *breng de dingen met elkaar in verband* ∗ that's right! *in orde!* ∗ there was that in his manner *hij had iets in zijn optreden* ∗ they did that much (at least) *zóveel hebben ze (in ieder geval) gedaan* ∗ who is that lady? *wie is die dame?* **II** [betr vnw] *die, dat, welke, wat* ∗ Mrs. Smith, Helen Burns that was *Mevr. Smith, geboren Helen Burns* ∗ the book that I sent you *het boek dat ik je gezonden heb* **III** [vw] • *opdat* • *dat*

thatch/θætʃ/ **I** [ov ww] *met riet dekken* **II** [znw] • (dak)stro • *rieten dak* ⟨inf.⟩ *dik hoofdhaar*

thatcher/ˈθætʃə/ [znw] *rietdekker*

Thatcherite/ˈθætʃərait/ [znw] *aanhanger/volgeling van Margaret Thatcher*

thatching/ˈθætʃɪŋ/ [znw] *dekriet*

thaw/θɔ:/ **I** [ov + on ww] (doen) (ont)dooien **II** [znw] *dooi*

the/ðɪ/ [lw] *de, het* ∗ all the better *des te beter* ∗ he is the man for it *hij is dé man ervoor* ∗ the more ..., the less ... *hoe meer ..., des te minder ...* ∗ the more so as *te meer omdat* ∗ the stupidity! *wat stom!*

theatre, theater/ˈθɪətə/ [znw] • *theater* • *aula* • *operatiezaal* • *toneel* • *dramatische literatuur/kunst* ∗ ~ of war *front*

theatre-goer/ˈθɪətəgəuə/ [znw] *schouwburgbezoeker*

theatre-seat [znw] *klapstoel*

theatrical/θɪˈætrɪkl/ **I** [znw] *acteur* **II** [bnw] *theatraal, toneel-*

theatricals/θɪˈætrɪklz/ [mv] • *toneel(zaken)* • *vertoning* ⟨fig.⟩ ∗ private ~ *amateurtoneel*

thee/ðɪ:/ ⟨vero.⟩ [pers vnw] U

theft/θeft/ [znw] *diefstal*

their/ðeə/ [bez vnw] *hun, haar*

theirs/ðeəz/ [bez vnw] *de/het hunne, hare* ∗ it is not ~ to judge *het is niet aan hen om te oordelen* ∗ she was a friend of ~ *zij was één v. hun vrienden*

theist/ˈθɪ:ɪst/ [znw] *theïst*

theistic(al)/θɪˈɪ:stɪk(l)/ [bnw] *theïstisch*

them/ðəm/ [pers vnw] *hen, hun, haar, ze, zich*

thematic/θɪˈmætɪk/ [bnw] *thematisch, naar onderwerp gerangschikt* ∗ ~ vowel *themavocaal*

theme/θɪ:m/ [znw] • *onderwerp* • *oefening, thema* • (taalk.) *thema, stam* ∗ ~ song *weerkerende melodie in revue of film; leus*

themselves/ðəmˈselvz/ [wkd vnw] *zich(zelf)* ⟨mv⟩

then/ðen/ **I** [znw] ∗ by then *tegen die tijd* ∗ every now and then *nu en dan* ∗ not till then *toen pas* ∗ till then *tot die tijd* **II** [bnw] ∗ the then King *de toenmalige koning* **III** [bijw] *daarop, dan, toen, daarna, vervolgens* ∗ then and there *direct; op staande voet* **IV** [vw] *dan* ∗ if you didn't like it, then you should have gone *als je 't niet leuk vond, dan had je (maar) moeten gaan*

thence/ðens/ [bijw] *vandaar, om die reden*

thenceforth, thenceforward/ðensˈfɔ:θ/ [bijw] *van die tijd af*

theocracy/θɪˈɒkrəsɪ/ [znw] *theocratie*

theocratic/θɪəˈkrætɪk/ [bnw] *theocratisch*

theologian/θɪəˈləudʒɪən/ [znw] *godgeleerde*

theologic(al)/θɪəˈlɒdʒɪk(l)/ [bnw] *theologisch*

theology/θɪˈɒlədʒɪ/ [znw] *godgeleerdheid*

theorem/ˈθɪərəm/ [znw] *theorema, stelling*

theoretic(al)/θɪəˈretɪk(l)/ [bnw] *theoretisch*

theoretician/θɪərəˈtɪʃən/ [znw] *theoreticus*

theoretics/θɪəˈretɪks/ [mv] *theorie*

theorist/ˈθɪərɪst/ [znw] *theoreticus*

theorize/ˈθɪəraɪz/ [on ww] *theoretiseren*

theory/ˈθɪərɪ/ [znw] *theorie*

therapeutic/θerəˈpju:tɪk/ [bnw] *geneeskrachtig, gezond*

therapeutics/θerəˈpju:tɪks/ [mv] *therapie, therapeutiek*

therapist/ˈθerəpɪst/ [znw] *therapeut*

therapy/ˈθerəpɪ/ [znw] *therapie, behandeling*

there/ðeə/ **I** [znw] ∗ from ~ *daarvandaan* ∗ near ~ *in de buurt* **II** [bijw] • *daar, er* • *daarheen* ∗ ⟨inf.⟩ I've been ~ *ik weet er alles van* ∗ he's not all ~ *hij is niet goed wijs* ∗ it's a nuisance, but ~ it is *'t is vervelend, maar 't is niet anders* ∗ it's neither here nor ~ *'t raakt kant noch wal* ∗ ~ and then *op staande voet* ∗ ~, you are! *precies!; zo! gezien?* ∗ ~'s a dear *je bent een beste meid* ∗ ~'s a game! *dat is nog eens spel!* ∗ ~, ~! *kom, kom, rustig maar!*

thereabouts/ðeərəbauts/ [bijw] • *in de buurt* • *daaromtrent*

thereafter/ðeərˈɑ:ftə/ ⟨vero.⟩ [bijw] *daarna(ar)*

thereat/ðeərˈæt/ [bijw] *daarop, daarnaar, bovendien*

thereby/ðeəˈbai/ [bijw] • *daarbij* • *daardoor*

therefor/ðeəˈfɔ:/ ⟨vero.⟩ [bijw] *daarvoor*

therefore/ˈðeəfɔ:/ [bijw] • *daarom* • *bijgevolg, dus*

therein/ðeərˈɪn/ [bijw] *daarin, erin*

thereof/ðeərˈɒv/ [bijw] *daarvan, ervan*

thereupon/ðeərəˈpɒn/ [bijw] *daarna*

therm/θɜ:m/ [znw] *bepaalde warmte-eenheid*

thermal/ˈθɜ:ml/ **I** [znw] *thermiek* **II** [bnw] *warmte-* ⟨luchtv.⟩ ∗ ~ barrier *warmtebarrière; warmtegrens* ∗ ~ underwear *warmte-isolerend ondergoed*

thermic/ˈθɜ:mɪk/ [bijw] *warmte-* ∗ ~ heet ⟨bron⟩

thermionic/θɜ:mɪˈɒnɪk/ [bnw] ∗ ~ valve *radiolamp*

thermodynamics/θɜ:məudaiˈnæmɪks/ [mv] *thermodynamica*

thermograph/ˈθɜ:məgrɑ:f/ [znw] *zelfregistrerende thermometer*

thermometer/θɜ:ˈmɒmɪtə/ [znw] *thermometer*

thermonuclear/θɜ:məuˈnju:klɪə/ [bnw] *thermonucleair* ∗ ~ bomb *waterstofbom*

thermoplastic/θɜ:məuˈplæstɪk/ [bnw] *thermoplast(isch)*

thermos/ˈθɜ:məs/ [znw] *thermosfles*

thermostat/ˈθɜ:məstæt/ [znw] *thermostaat*

thermostatic/θɜ:məˈstætɪk/ [bnw] ∗ ~ control *(regeling met een) thermostaat*

thesaurus/θɪˈsɔ:rəs/ [znw] • *thesaurus, lexicon* • *schatkamer* ⟨fig.⟩

these/ðɪ:z/ [aanw vnw] *deze* ∗ I've lived here ~ 3 years *ik woon hier al 3 jaar*

thesis/ˈθɪ:sɪs/ [znw] • *dissertatie* • *te verdedigen stelling* ⟨lit.⟩ *onbeklemtoond deel v.e. versvoet* ∗ ~ novel *strekkingsroman*

thews/θju:z/ [mv] *(spier)kracht, spieren*

thewy/ˈθju:ɪ/ [bnw] *gespierd*

they/ðei/ [pers vnw] *zij* ⟨mv⟩, *men* ∗ as they say *naar men zegt*

thick/θɪk/ **I** [bnw + bijw] • *dik, intiem* • *dicht begroeid* • *onduidelijk klinkend door slechte articulatie* • *dom* ∗ *sterk* ⟨fig.⟩, *kras* ∗ *schuin* ⟨fig.⟩ ∗ ⟨inf.⟩ lay it on ~ *drukte maken over; overdrijven* ∗ speak ~/with a ~ tongue *moeilijk spreken* ∗ that's rather ~ *dat is (nogal) kras; dat is nogal schuin* ∗ they are very ~ together *ze zijn dikke vrienden* ∗ ~ type *vette letter* ∗ ~ with bushes *vol struiken* ∗ ⟨sl.⟩ ~'un/~ one *soeverein* ⟨munt⟩ **II** [znw] • *dikte* • *hoogtepunt* • *kritieke deel van* • ⟨inf.⟩ *domoor* ∗ the ~ of the battle *'t heetst v.d.*

T

strijd
thicken /'θɪkən/ [ov ww] • verdikken • dikker, talrijker worden • binden (v. saus, jus, soep) ★ ~ing of the arteries slagaderverkalking
thickener /'θɪkənə/ [znw] bindmiddel
thicket /'θɪkɪt/ [znw] struikgewas
thick-faced /θɪk'feɪst/ [znw] vette letter (type)
thickhead /'θɪkhed/ [znw] domoor
thickheaded /θɪk'hedɪd/ [bnw] • dikkoppig • dom
thickly /'θɪklɪ/ [bijw] met zware tong sprekend, moeilijk sprekend
thickness /'θɪknəs/ [znw] • dikte • laag
thickset /θɪk'set/ I [znw] • dichte haag • soort stof II [bnw] • dicht beplant • gedrongen (v. figuur) • sterk gebouwd
thick-skinned [bnw] • dikhuidig (ook fig.) • met brede rug (fig.)
thief /θi:f/ [znw] • dief • pit (v. kaars)
thief-proof /θi:fpru:f/ [znw] inbraakvrij
thieve /θi:v/ [on ww] stelen
thievery /'θi:vərɪ/ [znw] dieverij
thieving /'θi:vɪŋ/ [znw] diefstal
thievish /'θi:vɪʃ/ [bnw] diefachtig
thigh /θaɪ/ [znw] dij
thimble /'θɪmbl/ [znw] • vingerhoed • dopmoer
thimbleful /'θɪmblful/ [znw] vingerhoedje, heel klein beetje
thin /θɪn/ I [ov + on ww] • dunner worden, verdunnen • vermageren • (~ off) langzaam minder worden II [bnw] • dun • ijl (lucht) • mager • doorzichtig • a thin attendance geringe opkomst ★ a thin joke flauwe grap ★ that's too thin dat is al te doorzichtig ★ thin excuse pover excuus ★ thin ice gevaarlijk terrein (fig.) ★ we had a thin time we hadden het niet breed
thine /ðaɪn/ (vero.) [bez vnw] • uw • de/het uwe
thing /θɪŋ/ [znw] • ding, zaak, iets • wezen(tje) ★ (inf.) I am not feeling at all the ~ ik voel me niet in orde/goed ★ dear old ~ (beste) jongen/meid ★ dumb ~s stomme dieren ★ first ~s first wat 't zwaarst is moet 't zwaarst wegen ★ for one ~ ... for another ... enerzijds ... anderzijds ... ★ for one ~ he is stupid, for another he is clumsy ten eerste is hij dom, ten tweede is hij onhandig ★ he knows a ~ or two hij is bij de tijd ★ he takes ~s too seriously hij neemt het te zwaar op ★ how are ~s at home? hoe gaat 't thuis? ★ it is not quite the ~ 't is niet zoals het hoort ★ neither one ~ nor another noch dit, noch dat ★ (inf.) no great ~s niet veel zaaks ★ poor ~ arm schepsel/schaap ★ see ~s hallucinaties hebben ★ she had done any old ~ ze had v. alles bij de hand gehad ★ that ~ Smith die S.; die vent van Smith ★ the first ~ we did het eerste dat we deden ★ the latest ~ in shoes 't laatste snufje op 't gebied v. schoenen ★ they made a good ~ of it ze verdienden er een aardige duit aan ★ ~s English wat op Engels betrekking heeft ★ ~s real eigendom
think /θɪŋk/ I [ov ww] • vinden, achten • geloven • z. herinneren • nadenken over • bedenken • denken ★ I ~ you're right ik geloof dat je gelijk hebt ★ ~ no harm geen kwaad vermoeden • (~ out) uitdenken, ontwerpen (plan), overwegen • (~ over) overdenken • (~ up) (AD bedenken, verzinnen II [on ww] • denken • z. bedenken • (erover) nadenken • z. voorstellen ★ just ~! stel je 'ns voor!; denk je 'ns even in! ★ ~ (alike) with s.o. het met iem. eens zijn ★ ~ hard ingespannen denken ★ ~ to o.s. bij zichzelf denken ★ ~ing power denkvermogen ★ we ~ not we denken/vinden v. niet • (~ about) denken over

• (~ of) denken aan/over/van ★ ~ little of s.o. niet veel op hebben met; geen hoge dunk hebben v. iem. ★ ~ little of s.th. ergens de hand niet voor omdraaien III [znw] ★ just have a ~ about it denk er 'ns even over na
thinkable /'θɪŋkəbl/ [bnw] denkbaar
thinker /'θɪŋkə/ [znw] denker
thinking /'θɪŋkɪŋ/ I [znw] het denken ★ put on your ~ cap denk eens goed na ★ ~s gedachten ★ way of ~ zienswijze II [bnw] (na)denkend
thinner /'θɪnə/ [znw] thinner, verdunner
thin-skinned [bnw] overgevoelig
third /θɜ:d/ I [znw] • derde deel • zestigste deel v. seconde • (muz.) terts • (jur.) derde deel v. nalatenschap voor weduwe II [telw] derde ★ ~ root derde machtswortel ★ ~ time (is) lucky (time) driemaal is scheepsrecht
third-class [bnw] • derderangs • v.d. derde klas(se)
thirdly /'θɜ:dlɪ/ [bijw] ten derde
third-party [bnw] (jur.) m.b.t. derden ★ ~ risks WA-risico
third-rate [bnw] derderangs, inferieur
thirst /θɜ:st/ I [on ww] • (~ after/for) dorsten naar II [znw] ★ ~ after/for/of dorst naar
thirsty /'θɜ:stɪ/ [bnw] dorstig ★ be ~ dorst hebben
thirteen /θɜ:'ti:n/ [telw] dertien
thirteenth /θɜ:'ti:nθ/ [telw] dertiende
thirtieth /'θɜ:tɪəθ/ [telw] dertigste
thirty /'θɜ:tɪ/ [telw] dertig
this /ðɪs/ [aanw vnw] dit, deze (enkelvoud) ★ John this and John that John vóór en John na ★ before this vroeger ★ for all this niettegenstaande dit alles ★ from this to A. v. hier naar A. ★ he can put this and that together hij kan verband leggen tussen de dingen ★ it is like this 't zit zo ★ they'll be ready by this time ze zullen nu wel klaar zijn ★ this is to you! op je gezondheid! ★ this many a day al vele dagen ★ this much is true dit is waar ★ this terrible zo vreselijk ★ this, that and the other van alles en nog wat ★ to this day tot nu toe
thistle /'θɪsəl/ [znw] distel, nationaal embleem v. Schotland
thistly /'θɪslɪ/ [bnw] distelachtig, vol distels
thither /'ðɪðə/ I [bnw] gene, verste II [bijw] derwaarts
tho /ðəʊ/ → **though**
thole /θəʊl/ [znw] roeipen
thong /θɒŋ/ I [ov ww] voorzien v. riem, slaan met riem II [znw] riem ★ ~s teenslippers
thorax /'θɔ:ræks/ [znw] • borstkas • borststuk (v. insect) • (gesch.) kuras
thorn /θɔ:n/ I [ov ww] • doorn, stekel • oud-Eng. letter voor th ★ it is a ~ in my flesh het is mij 'n doorn in het oog ★ sit on ~s op hete kolen zitten
thorny /'θɔ:nɪ/ [bnw] • doornachtig, stekelachtig • netelig
thorough /'θʌrə/ I [bnw] • volkomen • grondig • degelijk • echt • doortrapt (bijv. schurk) ★ a ~ policy politiek die van geen compromis wil weten II [bijw] door III [vz] door
thoroughbred /'θʌrəbred/ I [znw] • volbloed paard • zeer beschaafd persoon • eersteklas auto, enz. II [bnw] • volbloed, rasecht • beschaafd
thoroughfare /'θʌrəfeə/ [znw] (hoofd)straat, hoofdweg ★ no ~ afgesloten voor verkeer; geen doorgaand verkeer
thoroughgoing /'θʌrəɡəʊɪŋ/ [bnw] grondig, flink
thoroughly /'θʌrəlɪ/ [bijw] door en door, grondig
those /ðəʊz/ [aanw vnw] • die (mv), zij (mv) • degenen ★ there are ~ who say er zijn er die zeggen
thou /ðaʊ/ (vero.) [pers vnw] gij (ev)

though/ðəʊ/ I [bijw] maar toch, evenwel ∗ I wish you had told me ~ ik wou toch maar dat je 't me gezegd had II [vw] ofschoon, niettegenstaande ∗ as ~ alsof

thought/θɔːt/ I [ww] verl. tijd + volt. deelw. → think II [znw] • gedachte • oordeel • het denken • 'n klein beetje • a ~ wider 'n tikje breder ∗ at a ~ ineens ∗ at the ~ bij die gedachte ∗ on second ~s bij nader inzien ∗ she gave the matter a ~ ze dacht er eens over na; ze dacht over het geval na ∗ take ~ against waken voor ∗ take ~ for zorgen voor ∗ there's a ~! dat een idee!; daar zeg je wat!

thoughtful/θɔːtfʊl/ [bnw] • nadenkend, bedachtzaam • rijk aan oorspronkelijke gedachten • attent, tactvol

thoughtless/θɔːtləs/ [bnw] • gedachteloos, onnadenkend, nonchalant

thought-out [bnw] weloverwogen ⟨plan⟩

thought-reader [znw] gedachtelezer

thousand/θaʊzənd/ [telw] duizend ∗ a ~ thanks duizendmaal dank ∗ a ~ to one duizend tegen één ∗ one in a ~ één op de duizend ∗ the upper ten ~ de elite

thousandfold/θaʊzəndfəʊld/ [bnw + bijw] duizendvoudig

thousandth/θaʊzənθ/ [telw] duizendste

thraldom/θrɔːldəm/ [znw] slavernij

thrall/θrɔːl/ I [ov ww] tot slaaf maken II [znw] slavernij ∗ ~ of/to slaaf van III [bnw] ∗ ~ to verslaafd aan

thrash/θræʃ/ I [ov ww] • slaan, afranselen • verpletteren • dorsen II [on ww] • stampen ⟨v. schip⟩ • slaan • rollen • (~ about) wild om zich heen slaan, (zich in allerlei bochten) kronkelen, woelen

thrashing/θræʃɪŋ/ [znw] pak slaag

thread/θred/ I [ov ww] • v. schroefdraad voorzien • aanrijgen ⟨kralen⟩, een draad doen door • doorboren ∗ ~ the narrows moeilijkheden te boven komen II [on ww] • draden spannen III [znw] draad, garen ∗ he had not a dry ~ on him hij had geen droge draad aan z'n lijf ∗ his coat was worn to a ~ zijn jas was tot op de draad versleten ∗ his life hangs by a ~ z'n leven hangt aan een zijden draadje ∗ ~ and thrum alles/goed en slecht bij elkaar ∗ ~s⟨AE/sl.⟩ kleren

threadbare/θredbeə/ [bnw] • (tot op de draad) versleten • afgezaagd ⟨fig.⟩

thready/θredɪ/ [bnw] • draderig • dun, zwak, versleten

threat/θret/ [znw] bedreiging

threaten/θretn/ [ov ww] • (be)dreigen • dreigen met

threateningly/θretnɪŋlɪ/ [bijw] dreigend

three/θriː/ I [znw] drietal II [telw] drie ∗ Three in One Drie-eenheid ∗ play the part of a man of ~ letters 'n gemene rol spelen; de slechteris spelen/zijn ∗ ⟨sl.⟩ ~ vowels schuldbekentenis

three-cocked [znw] ∗ ~ hat steek

three-cornered [bnw] • driehoekig • onbeholpen ∗ ~ hat steek ∗ ~ rip/tear winkelhaak

three-decker [znw] • driedekker • trilogie

three-dimensional [bnw] • driedimensionaal • stereoscopisch • naar het leven, net echt

threefold/θriːfəʊld/ [bnw] drievoudig, in drieën, driedelig

three-legged [bnw] met drie poten ∗ ~ race driebeenswedloop (in paren: linkerbeen v.d. één vastgebonden aan rechterbeen v.d. ander)

threepence/θrepəns/ [znw] driestuiver(stuk)

threepenny/θrepənɪ/ [bnw] • driestuivers-

• goedkoop ⟨fig.⟩, sjofel

three-phase [bnw] ∗ ~ current draaistroom

three-piece [bnw] driedelig

three-ply [bnw] triplex, driedubbel dik

three-quarter [bnw] driekwart

threescore/θriːskɔː/ [telw] zestig

threesome/θriːsəm/ [znw] • drietal • spel met drieën ⟨golf⟩, twee tegen één

threnody/θrenədɪ/ [znw] klaagzang, lijkzang

thresh/θreʃ/ [ov ww] dorsen ∗ I'll try to ~ it out ik zal er achter zien te komen ∗ ~ out a question een kwestie grondig bespreken

thresher/θreʃə/ [znw] • dorser • dorsmachine

threshold/θreʃəʊld/ [znw] • drempel • grens(gebied) ∗ on the ~ of aan de vooravond van

thrice/θraɪs/ ⟨vero.⟩ [bijw] driemaal, driewerf

thrice-told [bnw] versleten, afgezaagd

thrift/θrɪft/ I [ov + on ww] opsparen, besparen, zuinig zijn II [znw] • zuinigheid, spaarzaamheid • ⟨plant.⟩ Engels gras, strandkruid

thriftless/θrɪftləs/ [bnw] verkwistend

thrifty/θrɪftɪ/ [bnw] • zuinig • voorspoedig

thrill/θrɪl/ I [ov ww] aangrijpen II [on ww] • aangegrepen/ontroerd worden • verrukt, zeer enthousiast zijn • huiveren • (~ through) doordringen, doortrillen III [znw] • ontroering, huivering • vertoning waar men koud van wordt ⟨vnl. v. film⟩ • sensatie • spanning

thriller/θrɪlə/ [znw] sensatiefilm/-stuk/-verhaal

thrilling/θrɪlɪŋ/ [bnw] • sensationeel • spannend

thrive/θraɪv/ [on ww] gedijen, voorspoed hebben

thriven/θrɪvən/ volt. deelw. → thrive

thriving/θraɪvɪŋ/ [bnw] • voorspoedig • bloeiend

thro/θruː/ → through

throat/θrəʊt/ I [ov ww] groef maken in II [znw] keel(gat), strot ∗ I have it up to my ~ 't hangt me de keel uit ∗ cut one's own ~ z'n eigen glazen ingooien ∗ full to the ~ stampvol ∗ it sticks in my ~ 't zit me dwars ∗ lie in one's ~ verschrikkelijk liegen ∗ thrust s.th. down s.o.'s ~ iem. iets opdringen

throaty/θrəʊtɪ/ [bnw] • keel- • schor ∗ met vooruitstekend strottenhoofd

throb/θrɒb/ I [on ww] • pulseren, kloppen ⟨vnl. v.h. hart⟩, bonzen ⟨vnl. v.h. hart⟩ • ronken ⟨v. machine⟩ II [znw] • (ge)bons • (ge)klop

throe/θrəʊ/ I [on ww] in barensnood verkeren II [znw] • hevige pijn • (barens)weeën • doodsstrijd

thrombosis/θrɒmˈbəʊsɪs/ [znw] trombose

throne/θrəʊn/ I [ov ww] op de troon plaatsen II [znw] • troon • soevereine macht

throng/θrɒŋ/ I [on ww] ∗ z. verdringen • opdringen, toestromen II [znw] • menigte • gedrang

throstle/θrɒsəl/ [znw] • lijster • spinmachine

throttle/θrɒtl/ I [ov ww] • verstikken, smoren, worgen • lam leggen ⟨fig.⟩ II [on ww] • (~ back/down) gas minderen III [znw] • strot, keel, luchtpijp • smoorklep • gaspedaal ∗ open the ~ gas geven ⟨motorfiets⟩

throttle-lever [znw] gasmanette

through/θruː/ I [bnw] doorgaand, door- II [bijw] • klaar, er door • overal • helemaal ∗ I am ~ ik ben er door; ik ben klaar ⟨telecom.⟩ ik heb verbinding ∗ ⟨AE⟩ I am ~ with you met jou heb ik niets meer te maken hebben ∗ it lasted all ~ 't duurde de hele tijd ∗ wet ~ doornat III [vz] • via ⟨personen, instanties, enz.⟩ • door • door ... heen • door bemiddeling van ∗ it's all ~ them 't komt door hen

throughout/θruːˈaʊt/ [vz] door ∗ ~ the day de hele dag door

T

T

throughput/'θru:pʊt/ [znw] productie
throve/θrəʊv/ verl. tijd → **thrive**
throw/θrəʊ/ **I** [ov + on ww] (uit)werpen, (weg)gooien, dobbelen • verslaan • twijnen, draaien (hout), vormen (aardewerk) • geven (feest), krijgen (toeval), maken (scène) • (AE) met opzet verliezen ★ they were much ~n together ze waren vaak bij elkaar ★ they were ~n idle ze raakten werkloos; ze kwamen stil te liggen (fabrieken) ★ ~ a kiss een kushandje toewerpen ★ ~ a vote een stem uitbrengen • ~ feathers ruien • ~ idle stilleggen; werkloos maken • ~ into French vertalen in 't Frans ★ ~ into gear inschakelen ★ ~ o.s. at a woman een vrouw nalopen ★ ~ o.s. into z. met hart en ziel geven aan ★ ~ o.s. upon s.o.'s mercy een beroep doen op iemands medelijden ★ (AE) ~ the bull onzin vertellen ★ ~ the skin vervellen ★ ~ two houses into one twee huizen bij elkaar trekken • (~ **about**) heen en weer gooien, smijten (met geld) • (~ **away**) voorbij laten gaan, weggooien ★ he ~s himself away on that woman hij vergooit z. aan die vrouw ★ it's all ~n away on him niets is aan hem besteed • (~ **back**) achteruitwerpen, terugzetten (met web), kenmerken v. voorouders vertonen ★ he was ~n back on his own resources hij was helemaal op zichzelf aangewezen • (~ **by**) weggooien • (~ **down**) neerwerpen, slopen, vernederen, verwerpen • (~ **in**) ingooien, er tussen gooien (opmerking) ★ ~ in one's hand 't opgeven • (~ **off**) uitgooien (kleren), opleveren, produceren, uit de mouw schudden, de bons geven, afdanken • (~ **on**) aanschieten (kleren) ★ ~ on the brakes krachtig remmen • (~ **open**) openstellen • (~ **out**) er uitgooien, schieten (bladeren), afgeven (hitte), opperen, verwerpen, in de war brengen ★ ~ out of gear uitschakelen ★ ~n out of work werkloos • (~ **over**) in de steek laten • (~ **to**) dichtgooien • (~ **up**) opgooien, opschuiven, uitbraken, omhoog steken (hand), er aan geven ★ ~ up one's cards z. gewonnen geven **II** [on ww] gooien ★ ~ in with z'n lot verbinden met • (~ **up**) braken **III** [znw] • worp, gooi • pottenbakkersschijf • breuk in aardlaag ★ let me have a ~ at it laat me 't eens proberen
throwaway/'θrəʊəweɪ/ [znw] wegwerpartikel
throw-away [bnw] wegwerp- ★ ~ remark opmerking in het wilde weg
throwback/'θrəʊbæk/ [znw] • tegenslag • voorbeeld v. atavisme
thrower/'θrəʊə/ [znw] • twijnder • vormer (in pottenbakkerij)
throw-in [znw] inworp
thrown/θrəʊn/ [ww] ★ ~-outs ontslagen arbeiders (in de industrie); strooibiljetten; uitschot volt. deelw. → **throw**
throw-off [znw] begin v. jacht/wedstrijd
thru/θru:/ (AE) → **through**
thrum/θrʌm/ **I** [ov + on ww] • trommelen • krassen (v. viool) • neuriën, ronken **II** [ov ww] bedekken/versieren met franje **III** [znw] • drom • einde(n) v. draden v. weefsel • draad • rafel • franje
thrush/θrʌʃ/ [znw] • lijster • spruw
thrust/θrʌst/ **I** [ov + on ww] • duwen • werpen • steken ★ ~ o.s. in tussenbeide komen ★ ~ o.s. upon z. opdringen • (~ **from**) ontzetten uit (rechten) • (~ **through**) doorworstelen **II** [znw] • stoot • steek (ook fig.) • aanval • (vero.) zijwaartse druk
thruster/'θrʌstə/ [znw] • gevaarlijk opdringend jager • (inf.) streber

thud/θʌd/ **I** [on ww] ploffen, dreunen **II** [znw] doffe slag, plof
thug/θʌg/ [znw] • worger (in India) • gangster
thuggery/'θʌgərɪ/ [znw] ruw optreden, geweld(dadigheid)
thumb/θʌm/ **I** [ov ww] • beduimelen (v. boek) • onhandig bespelen (v. piano) • liften ★ ~ a lift een lift (proberen te) krijgen ★ ~ a ride liften **II** [znw] duim • by rule of ~ volgens de praktische methode ★ (inf.) ~s up goed zo!
thumb-fingered [bnw] onhandig
thumbnut/'θʌmnʌt/ [znw] vleugelmoer
thumbtack, thumb-pin/'θʌmtæk/ [znw] punaise
thump/θʌmp/ **I** [ov + on ww] beuken, stompen, erop slaan **II** [znw] • zware slag • stomp
thumper/'θʌmpə/ [znw] iets ontzaglijks (vooral een leugen)
thumping/'θʌmpɪŋ/ [bnw] geweldig
thunder/'θʌndə/ **I** [on ww] donderen **II** [znw] donder, (ban)bliksem ★ blood-and-~ novel sensatieroman ★ ~s of applause donderend applaus
thunderbolt/'θʌndəbəʊlt/ [znw] • bliksemstraal • (ban)bliksem • dondersteen
thunderclap/'θʌndəklæp/ [znw] donderslag
thundercloud/'θʌndəklaʊd/ [znw] onweerswolk
thunderer/'θʌndərə/ [znw] donderaar ★ (inf.) the Thunderer de Times
thundering/'θʌndərɪŋ/ [bnw] kolossaal
thunderous/'θʌndərəs/ [bnw] donderend
thunderstorm/'θʌndəstɔ:m/ [znw] onweersbui
thunderstruck/'θʌndəstrʌk/ [bnw] (als) door bliksem getroffen
thundery/'θʌndərɪ/ [bnw] dreigend (ook fig.) ★ ~ sky onweerslucht
thurible/'θjʊərɪbl/ [znw] wierookvat
Thursday/'θɜ:zdeɪ/ [znw] donderdag
thus/ðʌs/ [bijw] • op deze/die manier, zo, aldus • als gevolg van ★ thus far tot zo ver
thwack/θwæk/ **I** [ov ww] een dreun geven **II** [znw] (harde) klap, dreun
thwart/θwɔ:t/ **I** [bnw + bijw] dwars(liggend) (ook fig.) **II** [ov ww] • dwarsbomen • verijdelen **III** [znw] • tegenwerking • roeiersbank
thy/ðaɪ/ (vero.) [bez vnw] uw
thyme/taɪm/ [znw] tijm
thyroid/'θaɪrɔɪd/ [bnw] schildvormig ★ ~ (gland) schildklier
thyself/ðaɪ'self/ (vero.) [wkd vnw] u zelf
tiara/tɪ'ɑ:rə/ [znw] tiara, diadeem ★ ~ night gala-avond (v. opera)
tibia/'tɪbɪə/ [znw] scheenbeen
tic/tɪk/ [znw] tic
tick/tɪk/ **I** [ov + on ww] op de pof kopen **II** [ov ww] • (~ **off**) aanstrepen (op lijst), een standje geven **III** [on ww] tikken • (~ **over**) stationair lopen (v. motor) **IV** [znw] • (ge)tik • tekentje (om aan te strepen) • krediet • (bedden)tijk • teek • mispunt • ogenblik ★ to the tick op de seconde af
ticker/'tɪkə/ [znw] • strook papier (v. telegraaftoestel) • (sl.) horloge, klok • (scherts) hart
ticker-tape [znw] serpentine, ticker-tape ★ ~ parade ticker-tape parade
ticket/'tɪkɪt/ **I** [ov ww] • v. etiket voorzien • prijzen (v. goederen) • v. kaartje voorzien • bekeuren **II** [znw] • kaartje • briefje • biljet • bon • bekeuring • paspoort • (sl.) diploma, brevet • (AE) kandidatenlijst v. politieke partij, partijprogram • (mil.) ontslag • (sl.) the ~ wat men hebben moet; je ware ★ ~ collector conducteur;

kaartjescontroleur * ~ night benefietvoorstelling * ~ office plaatskaartenbureau * ~ window loket

ticking/'tɪkɪŋ/ [znw] beddentijk

tickle/'tɪkl/ I [ov ww] • kietelen • amuseren • (~ up) aanzetten, opsmukken II [on ww] • jeuken • aangenaam aandoen

tickler/'tɪklə/ [znw] • moeilijke kwestie • pook • hoeveelheid sterke drank • zakmes • aantekenboekje • herinnering

ticklish/'tɪklɪʃ/ [bnw] • kittelig • netelig, teer, lastig

tidal/'taɪdl/ [bnw] • m.b.t. het getij • onder invloed v. getij, getij- • ~ wave vloedgolf (ook fig.); golf van emotie

tidbit/'tɪdbɪt/ → **titbit**

tiddler/'tɪdlə/ [znw] (klein) visje

tiddly/'tɪdlɪ/ [bnw] • aangeschoten, beetje tipsy • nietig, klein

tiddlywinks/'tɪdlɪwɪŋks/ [mv] vlooienspel

tide/taɪd/ I [ov ww] (~ off) meevoeren op de stroom • (~ over) te boven komen (v. tegenslag) II [on ww] door de stroom meegevoerd worden III [znw] • getij • stroom (ook fig.) • (vero.) tijd * he goes with the tide hij gaat met de stroom mee (fig.) * the tide is in 't is hoog water * the tide is out 't is laag water * the tide of events loop der gebeurtenissen * they worked double tides ze werkten dag en nacht

tidewater/'taɪdwɔːtə/ [bnw] aan de zeekust gelegen

tideway/'taɪdweɪ/ [znw] eb (in stroombed), vloed

tidings/'taɪdɪŋz/ [mv] nieuws, bericht(en)

tidy/'taɪdɪ/ I [ov ww] • opruimen • in orde brengen • (~ up) (z.) opknappen II [znw] • sponsbakje en zeepbakje • antimakassar, kleedje • iets om allerlei spullen in op te bergen, werkmandje • papierbak op straat • (dial.) schortje III [bnw] • netjes, proper • flink (v. bedrag) • (dial.) gezond * tidy unit(AE/sl.) knappe meid

tie/taɪ/ I [ov ww] • (vast)binden (ook fig.) • verbinden • afbinden (v. slagader) * tie a knot knoop leggen * tie the knot huwelijk sluiten * tied to time gebonden aan tijd • (~ in) (techn.) aansluiten • (~ up) vastmaken, vastmeren, vastzetten (v. geld), verbinden, afbinden * tied up druk(bezet) II [on ww] gelijk aantal punten/stemmen behalen • (~ up with) (AE) intiem zijn met • (~ with) gelijk staan in wedstrijd met, kunnen wedijveren met III [znw] • onbesliste wedstrijd, gelijke stand in wedstrijd • knoop • band • das • verbinding, iets dat bindt • (muz.) boogje (in notatie) • (AE) lage schoen * black tie smoking; smokingstrikje * he is such a tie hij is zo'n handenbinder; hij is zo'n dwarsligger

tied/taɪd/ [bnw] gebonden * tied cottage boerderijtje waarvan de huur wordt betaald met werken * tied house café v.d. brouwerij

tie-dye[ov ww] verven van geknoopte stof

tie-on[bnw] aangeknoopt * ~ label aanhangetiket

tiepin/'taɪpɪn/ [znw] dasspeld

tier I [ov ww] /tɪə/ in rijen boven elkaar zetten II [znw] • /tɪə/ rij, rang • /tɪə/ band • /tɪə/ medespeler in wedstrijd • (AE) /'taɪə/ schort

tierce/tɪəs/ [znw] • terts • wijnmaat, vat • driekaart • derde positie bij schermen • officie van derde uur

tie-up/'taɪʌp/ [znw] • verwikkeling • stilstand • (AE) staking • (sl.) eindeloze verbinding

tiff/tɪf/ I [on ww] • slurpen • kwaad zijn II [znw] • slok • kwade bui • lichte onenigheid • ruzietje * he was in a tiff hij voelde z. beledigd

tig/tɪg/ I [ov ww] tikken (bij krijgertje) II [znw] • tik • krijgertje

tiger/'taɪgə/ [znw] • tijger • formidabele tegenstander • opschepper • losbol • palfrenier

tigerish/'taɪgərɪʃ/ [bnw] tijgerachtig

tight/taɪt/ [bnw + bijw] • stevig • dicht • vast • vol, overladen (v. programma) • krap • proper • gespannen (v. touw) • schaars (v. geld) • moeilijk (v. situatie) • zuinig • gierig • dronken • flink * a ~ match wedstrijd met twee even sterke ploegen * hij zal voet bij stuk houden * hold on ~! hou je goed vast! • it was as ~ as wax er was geen speld tussen te krijgen * she kept her son ~ ze hield haar zoon kort * this coat is a ~ fit deze jas zit vrij krap * ~ spot netelige situatie

tighten/'taɪtn/ I [ov ww] • aanhalen • aandraaien (v. schroef) • verscherpen (v. maatregelen) • (inf.) z. inrijgen * ~ one's belt de buikriem aanhalen II [on ww] krap worden (v. geldmarkt)

tight-fitting[bnw] strak zittend, nauwsluitend

tightknit/taɪt'nɪt/ [bnw] hecht verweven

tight-lipped[bnw] niet bereid een woord los te laten, met gesloten lippen, zwijgend

tightness/'taɪtnəs/ [znw] gevoel v. beklemming

tightrope/'taɪtrəʊp/ [znw] strakke koord

tights/taɪts/ [mv] maillot, tricot, panty

tigress/'taɪgrəs/ [znw] tijgerin

tike/taɪk/ → **tyke**

tile/taɪl/ I [ov ww] • met pannen dekken • plaveien • draineren • dekken (in vrijmetselaarsloge) • tot geheimhouding binden II [znw] • dakpan • tegel • draineerbuis • (sl.) hoed * be on the tiles aan de zwier zijn * he has a tile loose hij heeft ze niet allemaal op een rijtje * tile yard pannenbakkerij

tiler/'taɪlə/ [znw] • pannendekker • dekker (v.d. vrijmetselaarsloge)

tiling/'taɪlɪŋ/ [znw] • het (be)tegelen • pannen • tegels

till/tɪl/ I [ov ww] bebouwen (v. land) II [znw] • geldlade • leem met steen * till tapper ladelichter III [vz] tot, tot aan • (AE) ten till nine tien voor negen IV [vw] tot(dat)

tillage/'tɪlɪdʒ/ [znw] • 't bebouwen • landbouw • gewas • geestelijk toezicht

tiller/'tɪlə/ I [on ww] uitlopen II [znw] • landbouwer • roerpen • scheut, jonge tak

tilt/tɪlt/ I [ov ww] • doen wippen, doen hellen, kantelen • zeil spannen • smeden * your hat is tilted je hoed staat schuin tilt over III [on ww] • hellen • ringsteken, aan steekspel deelnemen • (~ at) aanstormen op • (~ at/with) lans breken met, aanval doen op III [znw] • aanval • huis • tent • overhelling, neiging • steekspel • ringrijden • (AE) loonsverhoging * at a tilt schuin • full tilt met volle vaart

tilth/tɪlθ/ → **tillage**

tilt-yard[znw] toernooi

timber/'tɪmbə/ I [ov ww] beschoeien II [znw] • hout • bomen • woud • balk • spant (v. schip) • beschoeiing • hekken (bij wedren) • (sl.) lucifers * shiver my/me ~s! ik mag in de grond zakken! * ~ yard houtloods; houttuin III [bnw] houten

timbered/'tɪmbəd/ [bnw] • van hout • begroeid met hout

timbering/'tɪmbərɪŋ/ [znw] beschoeiing

timbre/'tæmbə/ [znw] timbre

timbrel/'tɪmbrəl/ [znw] tamboerijn

time/taɪm/ I [ov ww] • controleren • regelen, vaststellen • controleren (v. horloge) • (~ out) indelen II [on ww] • (~ with) harmoniëren met III [znw] • tijd • periode • keer • gelegenheid • maat * I had a good time ik amuseerde me uitstekend * any time tot uw dienst; graag gedaan * at one time eens * at one time I thought

T

vroeger dacht ik ★ at the same time tegelijkertijd ★ at this time of day zo laat ★ at times nu en dan ★ beat time de maat slaan ★ behind the times zijn tijd ten achter ★ by that time you will see ... tegen die tijd zul je inzien ... ★ close time besloten jacht-/vistijd ★ doing time in de gevangenis zitten ★ for some time to come voorlopig ★ for the time being voorlopig ★ he knows the time of day hij kent de kneepjes van het vak ★ he talked against time hij praatte zo lang mogelijk om tijd te winnen ★ he was behind his time hij was te laat ★ in due time te zijner tijd ★ in the nick of time net op tijd ★ in time op tijd; na verloop v. tijd; in de maat ★ in time to the music op de maat van ★ it will be ready by this time 't zal nu wel klaar zijn ★ it's your time now nu heb je de gelegenheid ★ keep time maat houden; in de pas blijven; op tijd lopen ★ many a time vaak ★ mean time gemiddelde tijd ★ on time precies op tijd ★ out of time te laat; te onpas; uit de maat ★ serve one's time in de gevangenis zitten ★ she didn't give him the time of day ze liet hem volkomen links liggen ★ so that's the time of day! dus zo zit 't! ★ the time of my life de prettigste tijd v. mijn leven ★ (AE) they came to time zij gaven toe ★ they had a hot time of it ze zaten lelijk in de klem ★ those were the times! dat was nog eens 'n tijd! ★ time after time keer op keer ★ time and again steeds weer ★ time and tide wait for no man neem de gunstige gelegenheid waar ★ time bomb tijdbom ★ time clock prikklok ★ time immemorial onheuglijke tijden ★ time is up 't is tijd; de tijd is om ★ time out pauze; korte onderbreking; time-out ★ time out of mind onheuglijke tijden ★ time payment betaling in termijnen ★ time sheet tijdkaart (v. werkuren); rooster ★ time signal tijdsein; tijdsignaal ★ time switch tijdschakelaar ★ time zone tijdzone ★ to time precies op tijd ★ two at a time twee tegelijk ★ what a time I had getting it done! wat een moeite kostte het me dat gedaan te krijgen! ★ what is the time? hoe laat is het?

time-consuming [bnw] tijdrovend
time-fuse [znw] tijdontsteker
time-honoured /ˈtaɪmɒnəd/ [bnw] ● eerbiedwaardig ● aloud
timekeeper /ˈtaɪmkiːpə/ [znw] ● uurwerk ● tijdwaarnemer
time-lag /ˈtaɪmlæg/ [znw] vertraging
timeless /ˈtaɪmləs/ [bnw] ● oneindig ● tijdloos
time-limit [znw] tijdslimiet
timely /ˈtaɪmlɪ/ [bnw] ● te juister tijd ● actueel
timepiece /ˈtaɪmpiːs/ [znw] ● klok, horloge
timer /ˈtaɪmə/ [znw] tijdklokje, (keuken)wekkertje
time-server /ˈtaɪmsɜːvə/ [znw] opportunist
time-spirit [znw] tijdgeest
timetable /ˈtaɪmteɪbl/ I [ov ww] indelen volgens rooster II [znw] ● dienstregeling ● rooster
time-work /ˈtaɪmwɜːk/ [znw] werk op tijdloonbasis
time-worn /ˈtaɪmwɔːn/ [bnw] ● versleten ● afgezaagd
timid, timorous /ˈtɪmɪd/ [bnw] bedeesd, verlegen
timidity, timidness /tɪˈmɪdətɪ/ [znw] bedeesdheid, verlegenheid
timing /ˈtaɪmɪŋ/ [znw] ● de keuze v.h. juiste tijdstip ● 't tijd opnemen ● 't maat houden
timpani /ˈtɪmpənɪ/ [mv] pauken
timpanist /ˈtɪmpənɪst/ [znw] paukenist
tin /tɪn/ I [ov ww] ● vertinnen ● inblikken ● (muz.) op band of plaat vastleggen II [znw] ● tin ● blik(je) ● trommel ● (sl.) geld ★ tin plate blik III [bnw] ★ little tin god afgod ★ put the tin

hat/lid on s.th. iets plotseling afbreken ★ tin can blik(je); torpedojager ★ tin fish (AE/sl.) torpedo ★ (sl.) tin hat helm ★ (sl.) tin hats dronken ★ tin pot duikboot; pantserschip ★ tin tack vertind spijkertje ★ tin wedding anniversary tienjarige bruiloft
tin-clad [znw] gepantserd schip
tincture /ˈtɪŋktʃə/ I [ov ww] kleuren, verven II [znw] ● tinctuur ● tikje ● smaakje ● kleur, tint
tinder /ˈtɪndə/ [znw] tondel ● be like ~ opvliegen als buskruit
tine /taɪn/ [znw] ● tand (v. vork) ● tak (v. gewei)
tinfoil /ˈtɪnfɔɪl/ I [ov ww] bedekken met bladtin II [znw] ● bladtin ● zilverpapier ● aluminiumfolie
ting /tɪŋ/ I [ov + on ww] tingelen II [znw] getingel
tinge /tɪndʒ/ I [ov ww] een tintje geven II [znw] ● tint, kleur (ook fig.) ● zweem
tingle /ˈtɪŋgl/ [on ww] ● prikkelen, jeuken ● tuiten (v. oren)
tingling /ˈtɪŋglɪŋ/ [znw] getuit, oorsuizen
tinhorn /ˈtɪnhɔːn/ [bnw] ● (sl.) ordinair ● (AE) opschepperig
tinker /ˈtɪŋkə/ I [ov ww] oplappen II [on ww] liefhebberen ● ~ing measures lapmiddelen ● (~ at/with) prutsen aan III [znw] ● ketellapper ● prutser ● geknoei
tinkerer /ˈtɪŋkərə/ [znw] knoeier
tinkle /ˈtɪŋkl/ [ov + on ww] tingelen, rinkelen
tinny /ˈtɪnɪ/ [bnw] ● blikkerig, schel ● derderangs ★ ~ car rammelkast
tin-opener [znw] blikopener
tinsel /ˈtɪnsəl/ I [ov ww] versieren met klatergoud II [znw] klatergoud (ook fig.) III [bnw] ● opzichtig ● schijn-, vals
tint /tɪnt/ I [ov ww] een tint geven II [znw] tint
tinted /ˈtɪntɪd/ [bnw] getint, gekleurd
tinware /ˈtɪnweə/ [znw] tinwaren, blikwaren
tiny /ˈtaɪnɪ/ I [znw] klein kind, kleintje II [bnw] (zeer) klein
tip /tɪp/ I [ov ww] ● fooi geven ● schrijven (v. briefje) ● voorspellen ● doen hellen, kantelen ● doen doorslaan (v. weegschaal) ● wippen (met stoel) ● even aanraken ● inlichtingen in 't geheim verstrekken, wenk geven ● (sl.) toegooien (v. geldstuk) ● (sl.) achteroverslaan (v. glas drank) ● (sl.) tip a man the wink iem. 'n wenk geven ★ tip the balance de doorslag geven ● (sl.) tip us a yarn vertel eens wat ● (~ off) voor iets waarschuwen, van kant maken ● (~ up) schuin zetten II [on ww] hellen III [znw] ● eind(je) ● punt ● topje (v. vingers) ● mondstuk (v. sigaret) ● pomeras ● oorbel ● verguld penseel ● fooi ● in 't geheim verstrekte inlichtingen, wenk ● lichte duw of slag ● vuilnisbelt ● schuine stand ● kiepkar ● foefje ★ she missed her tip ze miste haar doel
tip-and-run /tɪpən'rʌn/ [znw] bepaalde vorm v. cricket ● ~-and-run raid pijlsnelle luchtaanval
tip-cart /ˈtɪpkɑːt/ [znw] kiepkar
tip-off [znw] waarschuwing
tipper /ˈtɪpə/ [znw] kiepauto
tippet /ˈtɪpɪt/ [znw] pelerine
tipple /ˈtɪpl/ I [ov + on ww] pimpelen II [znw] ● sterke drank ● (AE) kiepkar voor kolen
tippler /ˈtɪplə/ [znw] pimpelaar
tippy /ˈtɪpɪ/ [bnw] ● woelig (v. zee) ● met veel bladknoppen ● vernuftig ● keurig
tipster /ˈtɪpstə/ [znw] iem. die tips geeft
tipsy /ˈtɪpsɪ/ [bnw] aangeschoten, dronken
tiptoe /ˈtɪptəʊ/ I [on ww] op de tenen lopen/staan II [znw] punt(en) v.d. tenen ● on ~ in spanning III [bnw] ● op de tenen lopend ● gespannen IV [bijw] op de tenen

tip-top/bnw/ uitstekend, prima

tip-up/'tɪpʌp/ [bnw] ★ ~ seat klapstoel

tirade/tar'reɪd/ [znw] tirade, scheldkanonnade

tire/'taɪə/ **I** [ov ww] ● vermoeien ● vervelen ● tooien ★ I (got) tired of it ik werd 't beu ★ it makes me tired ik kan 't niet uitstaan ★ tire to death dodelijk vervelen; vermoeien; (~ out) afmatten ★ tired out doodop **II** [on ww] ● (~ with) iets/iem. beu worden, vermoeid worden van **III** [znw] ● band (om wiel) ● (vero.) (hoofd)tooi ● (AE) dichtst

tireless/'taɪələs/ [bnw] onvermoeibaar

tiresome/'taɪəsəm/ [bnw] vervelend

tiro/'taɪərəʊ/ [znw] beginneling

tissue/'tɪʃu:/ [znw] weefsel (v. stof of organisme)

tissue-paper[znw] ● zijdepapier ● zacht vloeipapier ● toiletpapier

tit/tɪt/ [znw] ● mees (vero.) hit, knol (vero.) meisje ● (vulg.) tiet, tepel ★ tit for tat leer om leer

titan/'taɪtn/ [znw] reus **II** [znw] → **titanic**

Titan/'taɪtn/ [znw] titaan

titanic/tar'tænɪk/ [bnw] reusachtig, titanisch

titbit/'tɪtbɪt/ [znw] ● lekker hapje ● interessants, juweeltje (fig.), iets moois

tithe/taɪð/ **I** [ov ww] tienden betalen/heffen **II** [znw] tiende deel, tiend ★ take ~s tienden heffen **III** [znw] tiende ★ ~ pig elk tiende varken (als belasting)

tithing/'taɪðɪŋ/ [znw] ● het heffen v. tienden ● tien gezinshoofden ● plattelandsdistrict

titillate/'tɪtɪleɪt/ [ov ww] strelen, kietelen, prikkelen

titillating/'tɪtɪleɪtɪŋ/ [znw] amusant

titillation/tɪtɪ'leɪʃən/ [znw] prikkeling

titivate/'tɪtɪveɪt/ [ov ww] (z.) opsmukken

title/'taɪtl/ **I** [ov ww] ● betitelen ● titel verlenen ★ ~d getiteld; met titel **II** [znw] ● (eigendoms)recht ● gehalte (v. goud) ● titel ★ ~ page titelpagina ★ ~ role titelrol

title-deed/'taɪtldi:d/ [znw] eigendomsakte

title-holder[znw] titelhouder

titmouse/'tɪtmaʊs/ [znw] mees

titter/'tɪtə/ **I** [znw] giechelen **II** [znw] gegiechel

tittle/'tɪtl/ [znw] klein deel ★ not one jot or ~ geen tittel of jota

tittle-tattle/'tɪtltætl/ **I** [on ww] babbelen **II** [znw] gebabbel **III** [znw] babbelachtig

titular/'tɪtjʊlə/ **I** [znw] titularis ★ ~ (saint) schutspatroon **II** [bnw] titulair, titel- ★ ~ character titulaire rol

tizzy/'tɪzɪ/ [znw] ● opwinding ● (inf.) warboel ● (sl.) zesstuiverstukje in a ~ nerveus; gejaagd

T-junction/'ti:dʒʌŋkʃən/ [znw] ● T-stuk ● T-kruising

to/tə/ **I** [bijw] ★ the door is to de deur is dicht ★ to and fro heen en weer **II** [vz] ● naar, tot, aan, tot aan ● bij ● tegen ● in ● op ● van ● om te ★ 3 is to 9 as 9 to 27 3 staat tot 9 als 9 tot 27 ★ I should like to go, but I have no time to ik zou graag gaan, maar ik heb (er) geen tijd (voor) ★ I told him to his face ik heb 'm ronduit gezegd dat ★ he is equal to the occasion hij kan 't wel aan ★ he was appointed to the post hij werd benoemd voor de betrekking ★ here's to you! op je gezondheid! ★ hold it to the light houd het tegen 't licht ★ it fits you to a T 't zit je als gegoten ★ it was hot to suffocation 't was om te stikken ★ it's drawn to scale 't is op schaal getekend ★ shall we talk to that later on? zullen we daar later 'ns over praten? ★ she sang to the piano ze zong begeleid op de piano ★ still one week to the end nog één week vóór we aan 't einde zijn ★ ten to one tien tegen één; tien (minuten) voor één ★ that's nothing to

him dat stelt voor hem niets voor; dat interesseert hem niets ★ the room looks to the south de kamer ziet uit op het zuiden ★ there's nothing to him er zit niet veel bij ★ there's nothing to it dit klusje stelt niets voor; er steekt geen kwaad in; er is niets van waar ★ they had the room to themselves ze hadden de kamer voor z. alleen ★ they rose to a man ze stonden als één man op ★ three to the minute drie per minuut ★ to Chapman's⟨AE/dial.⟩ bij Chapman (in de winkel) ★ to arms! te wapen! ★ to the day op de dag af ★ when I come to think of it wanneer ik er aan denk ★ your letter came to hand ik heb uw brief ontvangen

toad/təʊd/ [znw] ● pad (dier) ● walgelijk persoon, vuilak

toadstool/'təʊdstu:l/ [znw] paddestoel

toady/'təʊdɪ/ **I** [ov + on ww] vleien **II** [znw] gemene vleier **III** [bnw] padachtig

toast/təʊst/ **I** [ov ww] ● roosteren ● verwarmen ● dronk instellen op **II** [znw] ● heildronk ● persoon op wie men toast ● geroosterd brood ★ as warm as a ~ lekker warm ★ she has him on ~ zij heeft hem totaal in haar macht ★ she was the ~ of the town zij werd alom gevierd ★ ~ rack rekje voor geroosterd brood

toaster/'təʊstə/ [znw] broodrooster

toasting-fork[znw] roostervork

toastmaster/'təʊstmɑ:stə/ [znw] ceremoniemeester (bij een diner)

tobacco/tə'bækəʊ/ [znw] tabak

tobacconist/tə'bækənɪst/ [znw] ● sigarenwinkelier ● sigarenfabrikant

toboggan/tə'bɒgən/ **I** [on ww] met slede helling afgaan, rodelen **II** [znw] bobslee

tocsin/'tɒksɪn/ [znw] ● alarmbel ● alarmsignaal (ook fig.)

tod/tɒd/ [znw] ● klimop ● gebladerte ● wolgewicht ● grog met suiker ● (dial.) vos

today/tə'deɪ/ [bijw] ● vandaag ● op de dag v. vandaag, tegenwoordig

toddle/'tɒdl/ **I** [ov ww] ★ ~ one's way kuierend afleggen (v. afstand) **II** [on ww] ● onzeker lopen (v. kind) ● waggelen ● (inf.) kuieren ● (~ round) komen aanlopen **III** [znw] slakkengangetje

toddler/'tɒdlə/ [znw] peuter, dreumes

toddy/'tɒdɪ/ [znw] ● palmwijn ● (cognac-/whisky-)grog

to-do/tə'du:/ [znw] ↓ poeha, drukte

toe/təʊ/ **I** [ov ww] ● aanraken met tenen ● teen aanbreien ● neus aanzetten ● (sl.) trappen ★ he was toed out hij werd eruit geschopt ★ toe the line met tenen aan de lijn gaan staan (op wedstrijdterrein); program v. politieke partij aanvaarden **II** [znw] ● punt ● neus (v. schoen) ★ (scherts) the light fantastic toe 't dansen ★ toe to toe man tegen man ★ (vulg.) toes up dood ★ (vulg.) turn up one's toes 't hoekje omgaan

toecap/'təʊkæp/ [znw] versterkte neus, neus (v. schoen)

toehold/'təʊhəʊld/ [znw] greep, houvast

toenail/'təʊneɪl/ [znw] teennagel

toff/tɒf/ [on ww] ● (~ up) opdirken **II** [znw] fijne mijnheer

toffee/'tɒfɪ/ [znw] toffee ★ he couldn't sing for ~ hij kon absoluut niet zingen

toffee-nosed/'tɒfɪnəʊzd/ [bnw] snobistisch

toffy/'tɒfɪ/ (sl.) [bnw] piekfijn

tog/tɒg/ [ov ww] ● (~ out) uitdossen

toga/'təʊgə/ [znw] toga

together/tə'geðə/ [bijw] ● samen, tegelijk

T

• aaneen ★ for days ~ dagenlang ★ ~ with met; benevens; alsmede

togetherness /təˈɡeðənəs/ [znw] saamhorigheid, solidariteit

toggery /ˈtɒɡərɪ/ [znw] • tuig (v. paard) • ⟨sl.⟩ plunje ★ ⟨AE⟩ klerenwinkel

toggle /ˈtɒɡl/ **I** [ov ww] vastmaken (met een dwarshoutje in een lus e.d.), knevelen **II** [znw] dwarshoutje, knevel(tje)

togs /tɒɡz/ ⟨sl.⟩ [mv] plunje ★ long togs burgerkleding v. matroos

toil /tɔɪl/ **I** [on ww] hard werken • (~ along) z. met moeite voortbewegen • (~ at) zwoegen aan **II** [znw] zware arbeid, inspanning

toiler /ˈtɔɪlə/ [znw] zwoeger

toilet /ˈtɔɪlɪt/ [znw] • toilet ★ toilettafel, toiletartikelen, toiletnécessaire ★ ~ paper toiletpapier ★ ~ roll closetrol ★ ~ set toiletgarnituur; wastel ★ ~ train zindelijk maken (v.e. kind)

toilful, toilsome /ˈtɔɪlful/ [bnw] • afmattend • zwoegend

toils /tɔɪlz/ [mv] netten, strikken (ook fig.)

toil-worn [znw] afgesloofd

token /ˈtəʊkən/ **I** [znw] • teken • bewijs • aandenken • (boeken-/cadeau-/platen)bon ★ by this ~ evenzo; als bewijs waarvan ★ in ~ of ten teken van ★ more by ~ te meer ★ payment symbolische betaling; nominale betaling **II** [bnw] • symbolisch • obligaat ★ ~ black symbolische neger; zwarte werknemer die aangenomen is vanwege 't personeelsbeleid m.b.t. etnische minderheden ★ ~ payment symbolisch bedrag ter betaling

told /təʊld/ [ww] ★ 25 all told 25 alles bij elkaar ★ told out blut; (dood)op verl. tijd + volt. deelw. → **tell**

tolerable /ˈtɒlərəbl/ [bnw] • draaglijk • tamelijk

tolerably /ˈtɒlərəblɪ/ [bijw] draaglijk, redelijk

tolerance /ˈtɒlərəns/ [znw] • verdraagzaamheid • 't dulden • speling (v. machine)

tolerant /ˈtɒlərənt/ [bnw] verdraagzaam

tolerate /ˈtɒləreɪt/ [ov ww] verdragen, toelaten

toleration /tɒləˈreɪʃən/ [znw] verdraagzaamheid

toll /təʊl/ **I** [ov + on ww] • tol heffen • luiden (v. klok) **II** [ov ww] ⟨AE/dial.⟩ lokken **III** [znw] • tol(geld) • staangeld • schatting • aandeel • geluid • slag (v. klok) ★ death toll aantal dodelijke slachtoffers ★ road toll verkeersongelukken op de weg ★ take toll tol heffen ★ toll call interlokaal gesprek

tollhouse /ˈtəʊlhaʊs/ [znw] tolhuis

Tom /tɒm/ [znw] mannetjesdier ★ Long Tom scheepskanon ★ Tom Long iem. die lang v. stof is ★ Tom Thumb Klein Duimpje; tompouce (paraplu) ★ Tom Tiddler's ground luilekkerland; niemandsland ★ Tom, Dick and Harry Jan en alleman; Jan, Piet en Klaas

tomahawk /ˈtɒməhɔːk/ **I** [ov ww] • doden • de grond in boren **II** [znw] indiaanse strijdbijl

tomato /təˈmɑːtəʊ/ [znw] • tomaat • ⟨AE⟩ lekker stuk • ⟨sl.⟩ gestolen auto

tomb /tuːm/ **I** [ov ww] begraven **II** [znw] • graf • grafgewelf • graftombe ★ the Tombs gevangenis; (staats)gevangenis of New York ★ tomb house grafkelder

tombola /tɒmˈbəʊlə/ [znw] tombola, loterij

tomboy /ˈtɒmbɔɪ/ [znw] robbedoes, wildebras

tombstone /ˈtuːmstəʊn/ [znw] grafsteen

tomcat /ˈtɒmkæt/ [znw] kater

tome /təʊm/ [znw] boekdeel

tomfool /tɒmˈfuːl/ **I** [on ww] z. dwaas aanstellen

II [znw] • hansworst • domkop

tomfoolery /tɒmˈfuːlərɪ/ [znw] • gekke streken • flauw gedoe

tommy /ˈtɒmɪ/ [znw] • commiesbrood • levensmiddelen i.p.v. loon, gedwongen winkelnering

Tommy /ˈtɒmɪ/ ⟨inf.⟩ [znw] ★ ~ (Atkins) (bijnaam voor) de Engelse soldaat

tommy-gun /ˈtɒmɪɡʌn/ [znw] machinepistool

tommyrot /ˈtɒmɪrɒt/ ⟨sl.⟩ [znw] onzin

tommy-shop /ˈtɒmɪʃɒp/ [znw] • winkel in fabriek waar arbeiders kunnen kopen • bakkerswinkel • tinsoldeer

tomorrow /təˈmɒrəʊ/ [bijw] morgen ★ ~ come never met sint-juttemis ★ ~ is another day morgen komt er weer een dag ★ ~ morning morgenochtend

tom-tom /ˈtɒmtɒm/ [znw] tamtam ⟨handtrom⟩

ton /tʌn/ [znw] • 2240 Eng. pond (1016 kg) • ⟨AE⟩ 2000 Eng. pond (907 kg) • (register) ton scheepston; 2,8 kubieke meter

tonal /ˈtəʊnl/ [bnw] de toon betreffend

tonality /təˈnælɪtɪ/ [znw] • toonaard • toonzetting • (kunst) toon

tone /təʊn/ **I** [ov ww] • kleuren (v. foto) • stemmen (v. instrument) • de juiste toon aangeven • (~ down) temperen • (~ up) bezielen **II** [on ww] • (~ down) verflauwen **III** [znw] • tonus • toon • klank • klemtoon • gemoedstoestand • stemming, geest ★ tint • cachet ★ (telecom.) engage tone bezettoon ★ fundamental tone grondtoon

tone-deaf [bnw] zonder muzikaal gehoor

toneless /ˈtəʊnlɪs/ [bnw] • toonloos, kleurloos • slap

tongs /tɒŋz/ [mv] ★ (pair of) ~ tang

tongue /tʌŋ/ **I** [ov ww] • voorzien van tong • messing schaven aan plank ★ ~ it kletsen **II** [on ww] • aanslaan (v. hond) • likken **III** [znw] • tong • spraak • taal • geblaf • klepel • messing (v. plank) • dissel ★ her ~ is too long for her teeth ze kletst maar raak ★ hold your ~! hou je mond! ★ keep a civil ~ in your head! hou je brutale mond! ★ she found her ~ ze kon weer spreken ★ the dog gave ~ de hond sloeg aan ★ ~ in cheek ironisch; spottend (v. opmerking) ★ wag one's ~ (te veel) kletsen

tongue-tied /ˈtʌŋtaɪd/ [bnw] • met te korte tongriem • met een mond vol tanden (fig.)

tongue-twister /ˈtʌŋtwɪstə/ [znw] lastig uit te spreken woord(en)

tongue-wagging [znw] gekwebbel

tonic /ˈtɒnɪk/ **I** [znw] • tonic (frisdrank) • tonicum, versterkend middel • (muz.) grondtoon **II** [bnw] • toon- • versterkend • opwekkend • spankracht gevend ★ ~ accent klemtoon

tonight /təˈnaɪt/ [bijw] • vanavond • vannacht, komende nacht

tonnage /ˈtʌnɪdʒ/ [znw] • tonnenmaat, laadruimte in schip • vracht per ton

tonometer /təˈnɒmɪtə/ [znw] stemvork

tonsil /ˈtɒnsl/ [znw] amandel (klier)

tonsure /ˈtɒnʃə/ [znw] tonsuur, kruinschering

too /tuː/ [bijw] ★ (al) te • ook, nog wel ★ bad too! en ook nog slecht! ★ she is too too ze is overdreven (sentimenteel) ★ too bad erg jammer ★ ⟨inf.⟩ your frock is too too! je japon is oogverwekkend schattig!

took /tʊk/ verl. tijd → **take**

tool /tuːl/ **I** [ov ww] • (boek) voorzien van ingeperste versieringen • bewerken **II** [on ww] ⟨inf.⟩ rijden, voortrollen (v. voertuig) **III** [znw] • werktuig (ook fig.), gereedschap, instrument, hulpmiddel

T

• stempel (versiering op boek) • ‹sl.› knoeier, kruk

toolbox, tool-locker /'tuːlbɒks/ [znw]
gereedschapskist

tooling /'tuːlɪŋ/ [znw] sierdruk

toot /tuːt/ **I** [on ww] • toeteren • aan de zwier zijn
• ‹AE› drinken **II** [znw] • getoeter • braspartij
• dwaas • ‹AE› slok

tooth /tuːθ/ **I** [ov ww] v. tanden voorzien **II** [znw]
tand, kies • he has a sweet ~ hij is een zoetekauw;
hij houdt van zoetigheid • they fought ~ and
nail ze vochten uit alle macht; ze vochten op leven
en dood

toothache /'tuːθeɪk/ [znw] tandpijn, kiespijn

toothbrush /'tuːθbrʌʃ/ [znw] tandenborstel

tooth-comb [znw] stofkam

toothed /'tuːθt/ [bnw] getand

toothful /'tuːθfʊl/ [znw] scheutje, klein beetje

toothless /'tuːθləs/ [bnw] tandeloos

toothpaste /'tuːθpeɪst/ [znw] tandpasta

toothpick /'tuːθpɪk/ • tandenstoker • ‹sl.›
bajonet

toothpowder /'tuːθpaʊdə/ [znw] tandpoeder

toothsome /'tuːθsəm/ [bnw] smakelijk

toothy /'tuːθɪ/ [bnw] getand

tootle /'tuːtl/ **I** [on ww] toeteren **II** [znw] getoeter

top /tɒp/ **I** [ov ww] • bedekken • v. top voorzien
• voltooien • groter zijn dan • overtreffen • de top
bereiken • v. boven raken ‹v. bal› • he has topped
it off hij heeft 't voltooid • to top it all he failed
tot overmaat v. ramp lukte het hem niet • (~ up)
opladen ‹v. accu›, bijvullen **II** [znw] • top • kruin
• deksel • dop ‹v. vulpen› • oppervlakte
• tafelblad • bovenleer ‹v. schoen› • hoofd ‹v.h.
gezin› • kap ‹v. rijtuig› • mars ‹v. schip› • 't
beste/hoogste van iets • tol (speelgoed) • at the
top of the page bovenaan de bladzijde • go over
the top vanuit loopgraaf ten aanval stormen; iets
op extravagante/overdreven wijze aanpakken; de
beslissende stap nemen; het erop wagen • on (the)
top of the bus boven in de bus • on top of it all
tot overmaat v. ramp • shout at the top of one's
voice roepen zo hard men kan • sleep like a top
slapen als een roos • the tops het allerbeste • top
hat hoge hoed • without top or tail zonder kop of
staart **III** [bnw] • bovenste • voornaamste • top
dog de sterkste; degene die de overhand heeft

topaz /'təʊpæz/ [znw] • topaas • topaaskolibrie
• false ~ gele kwarts

topcoat /'tɒpkəʊt/ [znw] overjas

top-drawer I [znw] • bovenste la • de hogere
kringen **II** [bnw] hooggeplaatst, vooraanstaand,
van goeden huize

tope /təʊp/ ‹vero.› [on ww] pimpelen

topee, topi /'təʊpi:/ [znw] tropenhelm

toper /'təʊpə/ [znw] pimpelaar

top-flight [bnw] eersteklas, beste, hoogste

top-heavy /tɒp'hevɪ/ [bnw] topzwaar ‹ook fig.›

top-hole /tɒp'həʊl/ [bnw] prima

topiary /'təʊpɪərɪ/ [bnw] • ~ work 't figuren
knippen in heggen

topic /'tɒpɪk/ [znw] onderwerp v. gesprek

topical /'tɒpɪkl/ [bnw] • actueel • plaatselijk
• uitwendig ‹v. geneesmiddel› • ~ song lied met
toespelingen op de actualiteit; lied met plaatselijke
toespelingen

topicality /tɒpɪ'kælətɪ/ [znw] actualiteit

top-knot /'tɒpnɒt/ [znw] haarknot/strik boven op
hoofd

topless /'tɒpləs/ [bnw] met onbedekt bovenlichaam

topman /'tɒpmən/ [znw] • hoge piet • ‹scheepv.›
marsgast

topmost /'tɒpməʊst/ [bnw] bovenste

top-notch /'tɒp'nɒtʃ/ [znw] toppunt

topnotcher /'tɒpnɒtʃə/ [znw] pracht exemplaar

topography /tə'pɒgrəfɪ/ [znw] topografie

topper /'tɒpə/ [znw] • ‹inf.› hoge hoed • ‹inf.› 'n
goeie vent • ‹sl.› klap op hoofd • ‹sl.› peukje van
sigaar

topping /'tɒpɪŋ/ **I** [znw] toplaag • ‹AE› ~s dessert
II [bnw] • tiptop, verrukkelijk • ‹AE› uit de hoogte

topple /'tɒpl/ **I** [ov ww] • (~ **down/over**)
omvergooien **II** [on ww] • (~ **down/over**)
omvallen

top-ranking [bnw] hooggeplaatst

top-sawyer [znw] • bovenste v. twee zagers • hoge
piet

top-secret [bnw] strikt geheim

topside /'tɒpsaɪd/ [znw] deel v. scheepszij boven
waterlijn

topsoil /'tɒpsɔɪl/ [znw] bovengrond, toplaag

topsy-turvy /tɒpsɪ'tɜːvɪ/ **I** [znw] verwarring
II [bnw] • omgekeerd • in de war **III** [bijw] op z'n
kop

top-up /'tɒpʌp/ ‹sl.› [znw] afzakkertje

toque /təʊk/ [znw] • dameshoed, dopje

tor /tɔː/ [znw] • spitse heuvel • rotsachtige piek

torch /tɔːtʃ/ [znw] fakkel, toorts • carry a/the ~ for
s.o. (onbeantwoorde) liefde voor iem. koesteren
• electric ~ elektrische zaklantaarn

torchlight /'tɔːtʃlaɪt/ [znw] • licht v.e. zaklantaarn
• fakkel • ~ procession fakkeloptocht

tore /tɔː/ verl. tijd → **tear**

torment I [ov ww] /tɔː'ment/ martelen, kwellen
II [znw] /'tɔːment/ marteling (emotioneel,
psychologisch), kwelling, plaag

tormentor /tɔː'mentə/ [znw] beul, kwelgeest
• ‹inf.› ~s sporen

torn /tɔːn/ volt. deelw. → **tear**

tornado /tɔː'neɪdəʊ/ [znw] wervelstorm

torpedo /tɔː'pi:dəʊ/ **I** [ov ww] torpederen **II** [znw]
• torpedo • sidderrog

torpedo-boat [znw] • ~ destroyer
torpedo(boot)jager

torpedo-tube [znw] torpedolanceerbuis

torpid /'tɔːpɪd/ [bnw] • verstijfd • in de winterslaap
verkerend • traag

torpidity, torpor /tɔː'pɪdətɪ/ [znw] • traagheid
• verdoving • apathie • gevoelloosheid

torque /tɔːk/ [znw] • halssnoer van gevlochten
metaal • ‹techn.› torsie

torrent /'tɒrənt/ [znw] stroom, stortvloed ‹ook fig.›
• it's coming down in ~s 't regent dat 't giet

torrential /tə'renʃəl/ [bnw] als een stortvloed

torrid /'tɒrɪd/ [bnw] • door de zon verzengd • zeer
heet • ~ zone tropische zone; hete luchtstreek

torsion /'tɔːʃən/ [znw] torsie, draaiing

torsional /'tɔːʃənl/ [bnw] gedraaid

torso /'tɔːsəʊ/ [znw] torso, tors

tortoise /'tɔːtəs/ [znw] landschildpad

tortoiseshell /'tɔːtəʃel/ [znw] schildpad(den)

tortuous /'tɔːtʃʊəs/ [bnw] • gedraaid, verwrongen
• slinks

torture /'tɔːtʃə/ **I** [ov ww] • martelen, folteren,
kwellen • verdraaien ‹v. woorden› **II** [znw]
foltering, marteling, kwelling • death by ~
marteldood

torturer /'tɔːtʃərə/ [znw] • folteraar ‹iem. die
martelt›, kwelgeest • verdraaier

Tory /'tɔːrɪ/ [znw] • conservatief • lid v.d. Engelse
Conservatieve Partij • ‹AE› Britsgezinde

Toryism /'tɔːrɪɪzəm/ [znw] conservatisme

tosh /tɒʃ/ ‹sl.› [znw] • rommel • kletspraat
• gemakkelijke bal ‹bij cricket›

tosher /'tɒʃə/ ‹sl./vero.› [znw] externe student

T

toss/tɔs/ I ⟨ov + on ww⟩ • slingeren • dobberen • ⟨~ about⟩ heen en weer slingeren, woelen ⟨in bed⟩ II ⟨ov ww⟩ • de lucht in gooien • om iets opgooien, tossen * she tossed her head ze wierp 't hoofd in de nek * toss oars riemen v. boot opsteken in de groet • ⟨~ down/off⟩ ⟨inf.⟩ achterover slaan ⟨v. glas drank⟩ • ⟨~ up⟩ opgooien III ⟨znw⟩ ⟨op⟩gooi
tosspot/tɔspɔt/ ⟨vero.⟩ ⟨znw⟩ zuiplap
toss-up/tɔsʌp/ ⟨znw⟩ ⟨op⟩gooi * it's a ~ 't is 'n twijfelachtig geval
tot/tɔt/ I ⟨ov ww⟩ ⟨inf.⟩ optellen • ⟨~ up⟩ optellen II ⟨on ww⟩ ⟨inf.⟩ bedragen • ⟨~ up⟩ oplopen tot III ⟨znw⟩ • klein kind, hummeltje • borreltje, glaasje • optelsom
total/təʊtl/ I ⟨on ww⟩ bedragen * the men ~led one hundred het aantal mannen bedroeg honderd II ⟨znw⟩ totaal III ⟨bnw⟩ totaal, volslagen
totalitarian/təʊtælɪ'teərən/ ⟨bnw⟩ totalitair ⟨vnl. v. regime⟩
totalitarianism/təʊtælɪ'teərənɪzəm/ ⟨znw⟩ totalitarisme, eenpartijstelsel
totality/təʊ'tælətɪ/ ⟨znw⟩ • totaliteit • totaal bedrag
totalizator/'təʊtəlaɪzeɪtə/ ⟨znw⟩ toto
totalize/'təʊtəlaɪz/ ⟨ov ww⟩ het totaal opmaken van
tot-book/'tɔtbʊk/ ⟨vero.⟩ ⟨znw⟩ rekenboek
tote/təʊt/ I ⟨ov ww⟩ ⟨AE⟩ brengen, dragen, vervoeren * tote fair eerlijk handelen * tote tales uit de school klappen II ⟨znw⟩ ⟨inf.⟩ totalisator
totem/'təʊtəm/ ⟨znw⟩ totem
tother/'tʌðə/ ⟨inf.⟩ [samentr] /the other/ → other
totter/'tɔtə/ ⟨on ww⟩ waggelen, wankelen * he ~ed to his feet hij stond wankelend op
tottery/'tɔtərɪ/ ⟨bnw⟩ wankel
totty/'tɔtɪ/ I ⟨znw⟩ • hummeltje • liefje • schatje II ⟨bnw⟩ • klein • lief
touch/tʌtʃ/ I ⟨ov ww⟩ • (aan)raken, (aan)roeren • aandoen ⟨v. haven⟩, loskrijgen, stelen • uitwerking hebben op • betreffen • aankunnen, aantasten ⟨v. metaal⟩ • toetsen ⟨v. goud⟩ * he's ~ed hij is 'n beetje getikt * now you ~ the spot nu leg je de vinger op de wond; nu is 't raak * the flowers were ~ed with the wind de bloemen hadden geleden van de wind • ~ glasses klinken * ~ the King's/Queen's coin uit de staatsruif eten * ~ wood afkloppen • ~ed with pity door medelijden bewogen * we couldn't ~ the sums we konden de sommen onmogelijk maken * you always ~ lucky jij boft altijd • ⟨~ off⟩ ruw schetsen, afvuren • ⟨~ up⟩ afmaken, bijwerken, retoucheren, met zweep aanraken, opfrissen ⟨v. geheugen⟩ II ⟨on ww⟩ raken • ⟨~ at⟩ aandoen ⟨v. haven⟩ • ⟨~ down⟩ neerkomen, landen • ⟨~ on⟩ even aanroeren ⟨v. onderwerp⟩ III ⟨znw⟩ • aanraking, betasting • contact • gevoel • tikkertje • wijze van iets aan te pakken • aanslag ⟨op instrument⟩, penseelstreek • deel v. voetbalveld buiten zijlijnen • kleine hoeveelheid, ietsje ⟨vero.⟩ gehalte, proef, waarmerk • ⟨inf.⟩ diefstal * I'm no ~ to him ik kan 't niet halen bij hem * a ~ and go undertaking 'n riskante onderneming * it was a near ~ hij ontsnapte ternauwernood * it's warm to the ~ 't voelt warm aan * put the finishing ~ to de laatste hand leggen aan * put to the ~ op de proef stellen * ~ of nature natuurlijke trek
touchable/'tʌtʃəbl/ ⟨bnw⟩ • tastbaar • te treffen
touch-and-go/tʌtʃən'gəʊ/ I ⟨znw⟩ riskante zaak II ⟨bnw⟩ riskant ⟨v. kwestie, zaak⟩
touch-down/'tʌtʃdaʊn/ ⟨znw⟩ • landing ⟨v.

vliegtuig, ruimteschip⟩ • ⟨sport⟩ het door een verdediger neerdrukken v.d. bal in eigen doelgebied • ⟨sport⟩ doelpunt ⟨bij Amerikaans voetbal⟩
toucher/'tʌtʃə/ ⟨znw⟩ treffer • ⟨sl.⟩ it was a near ~ 't was op 't nippertje
touching/'tʌtʃɪŋ/ I ⟨bnw⟩ treffend, roerend II ⟨vz⟩ aangaande, betreffende
touch-judge/'tʌtʃdʒʌdʒ/ ⟨znw⟩ grensrechter ⟨rugby⟩
touch-line⟨znw⟩ zijlijn
touch-me-not⟨znw⟩ • kruidje-roer-mij-niet • taboe
touchstone/'tʌtʃstəʊn/ ⟨znw⟩ toetssteen
touch-type⟨on ww⟩ blind typen
touchy/'tʌtʃɪ/ ⟨bnw⟩ • (over)gevoelig • lichtgeraakt • teer
tough/tʌf/ I ⟨znw⟩ ⟨AE⟩ misdadiger II ⟨bnw⟩ • taai • hardnekkig • moeilijk • lastig ⟨v. werk, opdracht⟩ • ⟨AE⟩ gemeen, misdadig • ⟨AE⟩ a ~ guy 'n zware jongen ⟨fig.⟩ * ~ luck tegenslag; pech ⟨gehad⟩
toughen/'tʌfən/ ⟨ov + on ww⟩ hard (doen) worden
toughness/'tʌfnəs/ → tough
toupee, toupet/tu:'peɪ/ ⟨znw⟩ toupet, haarstukje
tour/tʊə/ I ⟨ov + on ww⟩ een ⟨rond⟩reis maken ⟨door⟩ II ⟨znw⟩ • ⟨rond⟩reis • uitstapje • tournee • ploeg ⟨v. werklieden in dienst⟩ * tour of duty detachering
tourism/'tʊərɪzəm/ ⟨znw⟩ toerisme
tourist/'tʊərɪst/ ⟨znw⟩ toerist * the Spanish Tourist Board het Spaans verkeersbureau * ~ office VVV-kantoor * ~ ticket rondreisbiljet * ~ traffic vreemdelingenverkeer
touristy/'tʊərɪstɪ/ ⟨bnw⟩ toeristisch
tournament/'tʊənəmənt/ ⟨znw⟩ toernooi
tourney/'tʊənɪ/ I ⟨on ww⟩ deelnemen aan toernooi II ⟨znw⟩ toernooi
tousle/'taʊzl/ ⟨ov ww⟩ • heen en weer trekken • stoeien • in de war brengen ⟨v. haar⟩
tout/taʊt/ I ⟨on ww⟩ • klandizie trachten te krijgen • handelen ⟨in informatie over renpaarden⟩ • lastig vallen • ⟨AE⟩ stemmen zien te bepalen II ⟨znw⟩ klantenlokker • ⟨sl.⟩ keep the tout op de loer liggen
tow/təʊ/ I ⟨ov ww⟩ slepen, trekken II ⟨znw⟩ • (sleep)touw • sleepboot • werk ⟨hennep- en vlasvezels⟩ • take in tow op sleeptouw nemen
towage/'təʊɪdʒ/ ⟨znw⟩ sleeploon
toward/'təʊəd/ ⟨vero.⟩ ⟨bnw + bijw⟩ • leerzaam • gewillig • aanstaande • aan de hand
towards/tə'wɔ:dz/ ⟨vz⟩ • in de richting van, naar • jegens • voor • om te • tegen
tow-car⟨znw⟩ sleepwagen
towel/'taʊəl/ I ⟨ov + on ww⟩ ⟨z.⟩ afdrogen II ⟨ov ww⟩ ⟨sl.⟩ afranselen III ⟨znw⟩ handdoek * ⟨sl.⟩ ⟨lead⟩ ~ kogel * throw in the ~ de handdoek in de ring werpen; z. gewonnen geven
towel-horse, towel-rack⟨znw⟩ handdoekrek
towelling/'taʊəlɪŋ/ ⟨znw⟩ • badstof * 't afdrogen • ⟨sl.⟩ pak slaag
towel-roller⟨znw⟩ handdoek op rol
tower/'taʊə/ I ⟨on ww⟩ hoog uitsteken boven, z. hoog verheffen II ⟨znw⟩ • verdediger • toren * the Tower (of London) de Tower * ~ block torenflat; kantoorflat
towered/'taʊəd/ ⟨bnw⟩ met torens
towering/'taʊərɪŋ/ ⟨bnw⟩ • verheven • torenhoog • geweldig ⟨v. woede⟩
tow(ing)-line/'təʊ(ɪŋ)laɪn/ ⟨znw⟩ • jaaglijn • sleepkabel/-touw
tow(ing)-path/'təʊ(ɪŋ)pɑ:θ/ ⟨znw⟩ jaagpad
towing-vessel⟨znw⟩ sleepboot

town/taʊn/ [znw] • stad • (dichtstbijzijnde) grote
gemeente ★ (inf.) go to town de bon vivant
uithangen ★ he's on the town hij gaat veel uit; hij
is een zakkenroller; hij is armlastig ★ man about
town bon-vivant ★ she's come to town ze heeft
naam gemaakt ★ she's on the town zij leeft van
prostitutie ★ town clerk gemeentesecretaris
★ town crier stadsomroeper ★ (AD) town hall
raadhuis; stadhuis; gebouw voor publieke
vermakelijkheden; cultureel centrum ★ town
house huis in de stad; rijtjeshuis
townee/taʊˈniː/ [znw] stedeling
town-major [znw] plaatselijke commandant
townscape/ˈtaʊnskeɪp/ [znw] stadsgezicht
townsfolk, townspeople/ˈtaʊnzfəʊk/ [znw]
stedelingen
township/ˈtaʊnʃɪp/ [znw] • kerspel, gemeente
• dorp • stad(je)
townsman/ˈtaʊnzmən/ [znw] stedeling
toxaemia/tɒkˈsiːmɪə/ [znw] bloedvergiftiging
toxic/ˈtɒksɪk/ [bnw] giftig, vergiftigings-
toxicology/tɒksɪˈkɒlədʒɪ/ [znw] toxicologie
toxin/ˈtɒksɪn/ [znw] toxine
toy/tɔɪ/ I [on ww] • spelen • beuzelen • liefkozen
• (~ with) lichtvaardig omspringen met, z.
vermaken met, spelen met ★ I toyed with the idea
for a while ik heb even met de gedachte gespeeld
II [znw] • (stuk) speelgoed • beuzelarij • speelbal
toyshop/ˈtɔɪʃɒp/ [znw] speelgoedwinkel
trace/treɪs/ I [ov ww] • volgen • ontwerpen
• afbakenen (v. gebied) • nasporen • (~ back)
terugvoeren ★ he ~s his family back to zijn
familie gaat terug tot • (~ out) opsporen • (~
over) calqueren II [znw] • (voet)spoor • ontwerp
• streng (v. paardentuig) • kleine hoeveelheid ★ a
~ of water 'n klein beetje water ★ kick over the ~s
opstandig worden
traceable/ˈtreɪsəbl/ [bnw] na te gaan ★ to terug
te brengen tot
tracer/ˈtreɪsə/ [znw] • (mil.) lichtspoorkogel
• → trace
tracery/ˈtreɪsərɪ/ [znw] • op traceerwerk lijkende
lijnen (vnl. op insectenvleugel) • (archit.)
traceerwerk in gotiek
trachea/trəˈkiːə/ [znw] luchtpijp
tracheae/trəˈkiːɪ/ [mv] → trachea
tracing/ˈtreɪsɪŋ/ [znw] • schets • → trace
tracing-paper/ˈtreɪsɪŋpeɪpə/ [znw]
calqueerpapier
track/træk/ I [ov ww] slepen (v. boot) ★ ~ing
station waarnemingsstation; volgstation
(ruimtevaart) • (~ down/out) volgen, opsporen
II [on ww] sporen (v. wielen) III [znw] • spoor
• weg, pad, baan • spoorbaan • spoorwijdte
• uitgestrektheid ★ I am on his ~ ik ben hem op 't
spoor • cinder ~ sintelbaan • (inf.) he dropped
off in his ~s hij viel ter plekke neer ★ keep ~ of in
't oog houden ★ (inf.) make ~s er vandoor gaan
★ off the ~ het spoor bijster ★ the beaten ~ de
gebruikelijke weg ★ ~ suit trainingspak
tracked/trækt/ [bnw] voorzien v. rupsbanden
tracker/ˈtrækə/ [znw] • opspoorder • speurhond
• sleepboot
trackless/ˈtræklɪs/ [bnw] • spoorloos • ongebaand
track-road [znw] jaagpad
track-rope [znw] jaaglijn
trackway/ˈtrækweɪ/ [znw] • gebaande weg
• jaagpad
tract/trækt/ [znw] • gebied, uitgestrektheid
• verhandeling • (anat.)
ademhalings-/spijsverteringsstelsel • (vero.)
periode

tractability/træktəˈbɪlətɪ/ [znw] handelbaarheid
tractable/ˈtræktəbl/ [bnw] gemakkelijk te
behandelen, volgzaam, gedwee
Tractarian/trækˈteərɪən/ [znw] aanhanger v.h.
Tractarianisme
tractate/ˈtrækteɪt/ [znw] verhandeling
traction/ˈtrækʃən/ [znw] • tractie, 't
(voort)getrokken worden • (samen)trekking (v.
spier) • aantrekking(skracht) • (AD) stedelijke
openbare vervoermiddelen
tractional/ˈtrækʃənl/ [bnw] trek-
traction-engine [znw] • locomobiel
• landbouwmachine (op stoom), landbouwtrekker
tractor/ˈtræktə/ [znw] • tractor, trekker • vliegtuig
met motor vóór
trad/træd/ (sl.) [znw] New Orleansstijl in jazz
trade/treɪd/ I [ov ww] ruilen, verhandelen • (~
away/off) (AD) verhandelen • (~ in) (AD) inruilen
II [on ww] handel drijven • (~ on) misbruik
maken van (iemands goedheid) • (~ to) handel
drijven met (vnl. bep. land) III [znw]
• passaatwind • (ruil)handel • ambacht • beroep,
vak • bedrijf, zaken • by ~ van beroep • he is in
the ~ hij doet zaken ★ the ~ het drankbedrijf;
onderzeedienst v.d. Marine ★ ~ craft kennis v.
zakendoen ★ ~ list prijscourant ★ ~ mark
handelsmerk ★ ~ name handelsnaam v. artikel;
firmanaam ★ ~ return handelsstatistiek ★ ~
union vakbond ★ ~ unionist vakbondslid
★ ~-craft guild handelsgilde ★ two of a ~ never
agree vaklui hebben altijd verschil van mening
trade-in [bnw] inruil-
trader/ˈtreɪdə/ [znw] • koopman
• koopvaardijschip
tradesfolk, tradespeople/ˈtreɪdzfəʊk/ [znw]
neringdoenden
tradesman/ˈtreɪdzmən/ [znw] winkelier
trading/ˈtreɪdɪŋ/ [znw] ★ ~ company
handelsonderneming ★ ~ station
handelsnederzetting; factorij
tradition/trəˈdɪʃən/ [znw] traditie, overlevering
traditional/trəˈdɪʃənl/ [bnw] traditioneel, volgens
overlevering, aloud
traditionally/trəˈdɪʃənlɪ/ [bijw] traditioneel,
traditiegetrouw
traduce/trəˈdjuːs/ [ov ww] • kwaadspreken
• lasteren
traducer/trəˈdjuːsə/ [znw] lasteraar
traffic/ˈtræfɪk/ I [ov + on ww] • handeldrijven
• verkwanselen II [znw] • (koop)handel • verkeer
★ ~ block/jam verkeersopstopping ★ ~ control
verkeersregeling ★ ~ island vluchtheuvel ★ ~ light
verkeerslicht ★ ~ sign verkeersbord ★ ~ warden
parkeerwacht(er)
trafficker/ˈtræfɪkə/ [znw] handelaar
trafficking/ˈtræfɪkɪŋ/ [znw] handel
tragedian/trəˈdʒiːdɪən/ [znw] treurspeldichter
• treurspelspeler
tragedienne/trədʒiːdɪˈen/ [znw] treurspelspeelster
tragedy/ˈtrædʒədɪ/ [znw] treurspel, tragedie
tragic(al)/ˈtrædʒɪk(l)/ [bnw] tragisch
tragicomedy/trædʒɪˈkɒmɪdɪ/ [znw] tragikomedie
trail/treɪl/ I [ov ww] • slepen • (uit)rekken
• opsporen, volgen • plattrappen (v. gras) • (inf.)
voor de gek houden II [on ww] • (z.) slepen
• kruipen (v. plant) • (~ along) (z.) voortslepen
• (~ away/off) wegsterven (v. geluid) • (~ off)
afdruipen III [znw] • gebaand pad • spoor
• aanhangsel • sleep • staart • reeks • kruipende
tak v. plant • sleepnet • (Schots) slons ★ off the ~
't spoor bijster ★ on the ~ op 't spoor ★ vapour ~
condensatiestreep v. vliegtuig

trailer/'treɪlə/ [znw] • speurhond • voorfilmpje
• aanhangwagen • oplegger • kruipplant • ⟨AΕ⟩
caravan • ⟨AΕ⟩ truck trekker met oplegger

trailing/'treɪlɪŋ/ [bnw] ⋆ ~ wheel sleepwiel

train/treɪn/ **I** [ov ww] • opvoeden, grootbrengen
• leiden ⟨v. plant in bep. richting⟩ • vormen,
trainen • richten ⟨v. kanon⟩ • ⟨vero.⟩ lokken • ~ it
per trein gaan • (~ **up**) inwerken **II** [on ww]
trainen • (~ **down/off**) vermageren door trainen
• (~ **for**) trainen voor, studeren voor • (~ **off**)
afwijken ⟨v. kogel⟩ • (~ **with**) ⟨AΕ⟩ z. aansluiten
bij **III** [znw] • sleep • nasleep • lange staart
• staart ⟨v. komeet⟩ • gevolg • reeks • rij • trein
• lont • raderwerk ⋆ by ~ met de trein ⋆ in ~ aan
de gang ⋆ miss the ~ te laat komen; achter het net
vissen ⋆ on the ~ in de trein ⋆ ~ of thought
gedachtegang

train-bearer [znw] sleepdrager

trained/'treɪnd/ [bnw] ervaren, geschoold ⋆ ~
nurse gediplomeerd verpleegster

trainee/treɪ'ni:/ [znw] iem. die getraind wordt,
leerling

trainer/'treɪnə/ [znw] trainer, oefenmeester,
africhter

training/'treɪnɪŋ/ [znw] opleiding ⋆ he is in ~ hij
oefent z.; hij wordt opgeleid ⋆ in good ~ goed
getraind

training-camp [znw] opleidingskamp

training-college/'treɪnɪŋkɒlɪdʒ/ [znw]
pedagogische academie

training-school ⟨vero.⟩ [znw] opleidingsschool

trainman/'treɪnmæn/ ⟨AΕ⟩ [znw] spoorwegbeambte

train-rat [znw] treindief

traipse/treɪps/ [on ww] doelloos rondslenteren,
zwerven, (rond)zwalken • (~ **off to**) verzeild raken
in

trait/treɪ/ [znw] • (karakter)trek • (penseel)streek

traitor/'treɪtə/ [znw] verrader

traitorous/'treɪtərəs/ [bnw] verraderlijk

traitress/'treɪtrəs/ [znw] verraadster

trajectory/trə'dʒektərɪ/ [znw] baan ⟨v. projectiel⟩

tram/træm/ **I** [ov ww] per kolenwagen vervoeren
II [on ww] met de tram rijden **III** [znw] • tramlijn
• kolenwagen ⟨in mijn⟩ • tram • inslag ⟨zijden
draad⟩

tramline/'træmlaɪn/ [znw] tramlijn

tramlines/'træmlaɪnz/ [mv] • tramrails • dubbele
zijlijnen op tennisveld • principes

trammel/'træml/ **I** [ov ww] • belemmeren
• vangen ⟨in net⟩ **II** [znw] • passer voor ellips,
stangpasser • visnet • ⟨AΕ⟩ haak in schoorsteen voor
ketel ⋆ ~s belemmering

tramp/træmp/ **I** [ov + on ww] • trappen (op)
• stampen • lopen • sjouwen • voetreis doen
• ronddolen, zwerven (langs) • (~ **down**)
vertrappen **II** [znw] • zware stap • voetreis
• landloper • slet • wild vaartuig ⋆ on the ~ de
boer op; zwervend

trample/'træmpl/ **I** [ov ww] vertrappen, met
voeten treden ⋆ ~ out the fire het vuur uittrappen
• (~ **down/under**) vertrappen **II** [znw]
gestamp, getrappel

trampoline/'træmpəli:n/ [znw] trampoline

tramway/'træmweɪ/ [znw] tramweg

trance/trɑ:ns/ **I** [ov ww] in vervoering brengen
II [znw] • extase, geestvervoering • toestand v.
schijndood • hypnotische toestand

tranny/'trænɪ/ [znw] draagbare transistorradio

tranquil/'træŋkwɪl/ [bnw] kalm, rustig

tranquillity/træŋ'kwɪlətɪ/ [znw] kalmte

tranquillize/'træŋkwɪlaɪz/ [ov ww] kalmeren,
verzachten

tranquillizer/'træŋkwɪlaɪzə/ [znw] kalmerend
middel

trans-/træns/ [voorv] trans-, over- ⋆ transmission
overbrenging

transact/træn'zækt/ [ov ww] • verrichten
• onderhandelen • zaken doen

transaction/træn'zækʃən/ [znw] • transactie
• handeling • schikking

transatlantic/trænzət'læntɪk/ [bnw]
transatlantisch

transcend/træn'send/ [ov ww] te boven gaan,
overtreffen

transcendence, transcendency/træn'sendəns/
[znw] uitmuntendheid

transcendent/træn'sendənt/ [bnw]
• overtreffend • voortreffelijk

transcendental/trænsen'dentl/ [bnw]
bovenzinnelijk

transcribe/træn'skraɪb/ [ov ww] • overschrijven
• in bepaald schrift overbrengen • ⟨muz.⟩ bewerken

transcript/'trænskrɪpt/ [znw] afschrift

transcription/træns'krɪpʃən/ [znw] • 't
overschrijven • afschrift • ⟨muz.⟩ arrangement

transection/træn'sekʃən/ [znw] dwarsdoorsnede

transfer I [ov ww] /træns'fɜ:/ • overdrukken
• vervoeren • overdragen, overbrengen
• overmaken, overschrijven ⟨op rekening⟩
II [on ww] /træns'fɜ:/ overstappen **III** [znw] /
'trænsfɜ:/ • remise • plakplaatje • overdracht,
overbrenging • vervoer • iem. die overgeplaatst is
• overstapkaartje ⋆ ~ value overdrachtswaarde

transferability/trænsfɜ:rə'brlətɪ/ [znw]
overdraagbaarheid

transferable/træns'fɜ:rəbl/ [bnw] over te dragen
⋆ not ~ persoonlijk ⟨v. kaart⟩

transferal, transference/træns'fɜ:rəl/ [znw]
overdracht

transferee/trænsfɜ:'ri:/ [znw] iem. aan wie
overgedragen wordt

transfer-man ⟨vero.⟩ [znw] witkiel

transferor/træns'fɜ:rə/ [znw] overdrager

transfer-paper/'trænspeɪpə/ [znw]
calqueerpapier

transfiguration/trænsfɪgjʊ'reɪʃən/ [znw]
verheerlijking v. Christus, gedaanteverandering

transfigure/træns'fɪgə/ [ov ww] • veranderen v.
gedaante • verheerlijken

transfix/træns'fɪks/ [ov ww] doorboren ⋆ we were
~ed we stonden als aan de grond genageld

transform/træns'fɔ:m/ **I** [ov ww] • vervormen,
omvormen • van gedaante doen veranderen
• ⟨wisk.⟩ herleiden **II** [on ww] van gedaante
veranderen

transformable/træns'fɔ:məbl/ [bnw]
vervormbaar

transformation/trænsfə'meɪʃən/ [znw]
• gedaanteverandering • vervorming • valse
haartooi

transformer/træns'fɔ:mə/ [znw] • hervormer
• transformator

transformism/træns'fɔ:mɪzəm/ [znw] evolutieleer

transfuse/træns'fju:z/ [ov ww] • overbrengen
• overgieten • inprenten

transfusion/træns'fju:ʒən/ [znw] • 't overbrengen
• transfusie ⟨v. bloed⟩

transgress/trænz'gres/ [ov ww] • overtreden,
schenden • zondigen

transgression/trænz'greʃən/ [znw] • overtreding
• schending

transgressor/trænz'gresə/ [znw] overtreder

transience, transiency/'trænzɪəns/ [znw]
vergankelijkheid

transient/'trænzɪənt/ I [znw] ⟨AB⟩ passant
II [bnw] vergankelijk, v. korte duur
transillumination/trænsɪlu:mɪ'neɪʃən/ [znw]
⟨med.⟩ doorlichting
transistor/træn'zɪstə/ [znw] • transistor
• transistor(radio)
transit/'trænzɪt/ I [ov + on ww] gaan door/over
II [znw] • doorgang door meridiaan • doortocht,
doorvoer • vervoer • in ~ tijdens het vervoer
transit-circle [znw] meridiaancirkel
transition/træn'zɪʃən/ [znw] overgang(speriode)
transitive/'trænsətɪv/ [bnw] overgankelijk
transitory/'trænsətərɪ/ [bnw] • niet blijvend
• vergankelijk, tijdelijk
transit-trade [znw] doorvoerhandel
translatable/træns'leɪtəbl/ [bnw] vertaalbaar
translate/træn'sleɪt/ [ov ww] • vertalen • z. laten
vertalen • omzetten • verklaren, uitleggen,
duidelijk zeggen • opnemen in de hemel
• doorseinen (v. telegram) • ⟨sl.⟩ oplappen
★ kindly ~ zeg het me duidelijk ★ ~ from old to
new weer nieuw maken
translation/træns'leɪʃən/ [znw] • vertaling
• overdracht (v. goederen) • gravure (v. schilderij)
translator/træns'leɪtə/ [znw] • vertaler
• seinapparaat • oplapper (v. kleren, schoenen)
transliterate/træns'lɪtəreɪt/ [ov ww] overzetten in
lettertekens v. andere taal
translucence, translucency/træns'lu:səns/
[znw] • doorschijnendheid • doorzichtigheid
translucent/træns'lu:sənt/ [bnw] • doorschijnend
• doorzichtig (fig.)
transmigrate/trænzmar'greɪt/ [on ww] • in
ander lichaam overgaan (v. ziel) • verhuizen
transmigration/trænzmar'greɪʃən/ [znw]
(ziels)verhuizing
transmissible/trænz'mɪsəbl/ [bnw]
• overbrengbaar • overerfelijk
transmission/trænz'mɪʃən/ [znw] • uitzending,
overbrenging • transmissie
transmit/trænz'mɪt/ [ov ww] • overbrengen,
overzenden • overmaken (v. geld) • overleveren
• doorlaten (v. licht) • ⟨techn.⟩ geleiden
transmittal/trænz'mɪtl/ [znw] • overbrenging
• overdracht
transmitter/træns'mɪtə/ [znw] radiozender
transmutable/trænz'mju:təbl/ [bnw]
veranderbaar, verwisselbaar
transmutation/trænzmju:'teɪʃən/ [znw]
transmutatie
transmute/trænz'mju:t/ [ov ww] • veranderen
• verwisselen
transom/'trænsəm/ [znw] (raam met) dwarsbalk
transparence, transparency/træns'pærəns/
[znw] • doorzichtigheid, doorschijnendheid
• transparant, lichtbak
transparent/træns'pærənt/ [bnw] • doorzichtig
(ook fig.) • oprecht
transpiration/trænspɪ'reɪʃən/ [znw] transpiratie
transpire/træn'spaɪə/ I [ov ww] uitzweten
II [on ww] • ontsnappen • uitlekken • ⟨inf.⟩
gebeuren
transplant/træns'plɑ:nt/ I [ov ww] • verplanten,
overplanten • overbrengen II [znw] • ~
(operation) transplantatie
transplantation/trænsplɑ:n'teɪʃən/ [znw]
• transplantatie • verplanting
transport I [ov ww] /træns'pɔ:t/ • vervoeren,
transporteren • deporteren • verrukken II [znw]
/'trænspɔ:t/ • transport • gedeporteerde
• vervoering • vlaag van emotie • transportschip
• verkeersvliegtuig • in ~s in vervoering

transportable/træns'pɔ:təbl/ [bnw]
• vervoerbaar • met deportatie strafbaar
transportation/trænspɔ:'teɪʃən/ [znw]
• transport • deportatie • reiskosten • openbaar
vervoer • ⟨AB⟩ middelen v. vervoer
transporter/træns'pɔ:tə/ [znw] • vervoerder
• transportbedrijf
transposal/træns'pəʊzəl/ [znw] • verplaatsing
• omzetting
transpose/træns'pəʊz/ [ov ww] • verplaatsen
• omzetten • ⟨wisk.⟩ overbrengen v. het ene lid v.
een vergelijking naar het andere • ⟨muz.⟩
transponeren
transposition/trænspə'zɪʃən/ [znw] verplaatsing
transship/træns'ʃɪp/ [ov ww] in ander schip laden,
óverladen → tranship
transshipment [znw] overlading
transudation/trænsju:'deɪʃən/ [znw]
doorsijpeling
transude/træn'sju:d/ [on ww] doorsijpelen
transversal/trænzvз:sl/ I [znw] dwarslijn,
transversaal II [bnw] dwars
transverse/'trænzvз:s/ I [znw] dwarsspier
II [bnw] dwars ★ ~ section dwarsdoorsnede
transversely/trænz'vз:slɪ/ [bnw] • (over)dwars
• dwars
transvestite/trænz'vestaɪt/ [znw] travestiet
trap/træp/ I [ov ww] • in de val laten lopen • 'n val
zetten • voorzien v. vallen • opsmukken II [znw]
• valdeur • stankafsluiter • ladder • soort dogkar
• strikvraag • spion • bedotterij • val(strik) • ⟨sl.⟩
radar waarmee overtreders van de snelheidslimiet
gesignaleerd worden • ⟨sl.⟩ mond
trapdoor/'træpdɔ:/ [znw] valluik ★ ~ spider
valdeurspin
trapeze/trə'pi:z/ [znw] trapeze
trapper/'træpə/ [znw] • strikkenzetter, pelsjager
• bediener v. valdeur in mijn • ⟨inf.⟩ rijtuigpaard
trappings/'træpɪŋz/ [mv] • sieraad • vertoon
• versierd paardentuig
trappy/'træpɪ/ [znw] verraderlijk
traps/træps/ [mv] • losse ladder • ⟨inf.⟩ spullen,
boeltje
trash/træʃ/ I [ov ww] v. buitenste bladen ontdoen
(v. suikerriet) II [znw] • snoeisel • uitgeperst
suikerriet, als brandstof gebruikt • rommel, afval,
tuig, bocht ★ ⟨AB⟩ white ~ arme blanken in de
zuidelijke staten v.d. VS
trashy/'træʃɪ/ [bnw] prullerig
trauma/'trɔ:mə/ [znw] (psychisch) trauma,
ziekelijke toestand door wond
traumatic/trɔ:'mætɪk/ [bnw] traumatisch
travail/'træveɪl/ I [on ww] zwoegen II [znw]
⟨vero.⟩ barensnood
travel/'trævəl/ I [ov + on ww] • reizen • (z.)
bewegen • (laten) gaan • afleggen (v. afstand)
• vliegen • z. voortplanten (v. (geluids)golven)
• vervoeren ★ these things ~ badly deze artikelen
kunnen slecht tegen vervoer ★ ~ out of the record
v. het onderwerp afdwalen II [znw] • 't reizen
• beweging (v. machineonderdeel) • slag (v.
zuiger) ★ ~ agency reisbureau ★ ~ agent
reisagent; chef van reisbureau ★ ~ warrant vrij
reisbiljet
travelled/'trævəld/ [bnw] bereisd ★ ~ blocks
zwerfblokken
traveller/'trævələ/ [znw] • reiziger • loopkraan
★ ~'s cheque travellers cheque; reischeque
travelling/'trævəlɪŋ/ I [znw] het reizen II [bnw]
• reizend • verplaatsbaar ★ ~ companion
reisgenoot ★ ~ crane loopkraan ★ ~ post-office
postrijtuig

T

T

travels/'trævəlz/ [mv] ● reizen ● reisverhaal
travel-sick[bnw] reisziek
travel-worn[bnw] verreisd
traverse/ I [ov ww] /'trævɜːs/ ● doortrekken
● oversteken ● tegenwerken ● ‹jur.› ontkennen
II [on ww] /'trævɜːs/ dwarslopen ‹v. paard›
III [znw] /'trævɜːs/ ● doorgang ● dwarsbalk
● ‹scheepv.› koppelkoers ● ‹wisk.› transversaal
● ‹jur.› ontkenning IV [bnw] dwars
travesty/'trævəstɪ/ I [ov ww] parodiëren II [znw]
parodie, karikatuur
trawl/trɔːl/ I [on ww] treilen II [znw] sleepnet
trawler/'trɔːlə/ [znw] treiler
tray/treɪ/ [znw] ● presenteerblad ● bak(je)
treacherous/'tretʃərəs/ [bnw] ● verraderlijk
● trouweloos
treachery/'tretʃərɪ/ [znw] ● verraad ● bedrog
● trouweloosheid
treacle/'triːkl/ I [ov ww] ● besmeren met stroop
● stroop voeren II [on ww] vangen met stroop
III [znw] stroop
treacly/'triːklɪ/ [bnw] ● stroopachtig ● stroperig
tread/tred/ I [ov + on ww] ● stappen ● (be)treden
● heen en weer lopen ‹in kamer› ★ he ~s the stage
hij is toneelspeler ★ ~ in s.o.'s footsteps iem.
navolgen ★ ~ lightly iets omzichtig behandelen
★ ~ on air verrukt zijn ★ ~ on eggshells
voorzichtig te werk gaan ★ ~ underfoot met
voeten treden ★ ~ water watertrappen ‹(~
down) vertrappen ★ (~ **out**) uittrappen ‹v. vuur›,
dempen ‹v. opstand› ★ ~ out a path pad maken
★ (~ **over**) scheef lopen ‹v. schoenen› II [znw]
● stap, tred ● zool ‹ook v. autoband› ● loopvlak ‹v.
wiel, lijn› ● trede, sport ‹v. ladder›
treadle/'tredl/ I [on ww] trappen II [znw]
● trapper ‹v. naaimachine› ● pedaal
treadmill/'tredmɪl/ [znw] tredmolen
treason/'triːzən/ [znw] verraad
treasonable, treasonous/'triːzənəbl/ [bnw]
verraderlijk
treasure/'treʒə/ I [ov ww] ● waarderen ● bewaren
als een schat II [znw] schat(ten) ● schat ‹fig.›
treasure-house/'treʒəhaʊs/ [znw] schatkamer
‹vooral fig.›
treasurer/'treʒərə/ [znw] ● thesaurier
● penningmeester
treasure-trove/'treʒətrəʊv/ [znw] gevonden
schat, waarvan eigenaar onbekend
treasury/'treʒərɪ/ [znw] ● schatkist, schatkamer
● kas ● ministerie v. Financiën ★ First Lord of the
Treasury minister-president van Engeland ★ ‹AE›
Treasury Secretary minister v. Financiën ★ ~
note muntbiljet
treat/triːt/ I [ov ww] behandelen ● (~ **to**) trakteren
op II [on ww] ● (~ **for**) onderhandelen ● (~ **of**)
handelen over III [znw] ● traktatie ● feest ★ stand
a ~ trakteren ★ ‹inf.› you look a ~ je ziet er beeldig
uit
treatise/'triːtɪs/ [znw] verhandeling
treatment/'triːtmənt/ [znw] behandeling
treaty/'triːtɪ/ [znw] verdrag, overeenkomst ★ by
private ~ onderhands
treble/'trebl/ I [ov ww] verdrievoudigen
II [on ww] z. verdrievoudigen III [znw] ● het
drievoudige ● sopraan IV [bnw] ● drievoudig
● sopraan- ● hoge tonen ‹v. audioapparatuur›
★ ‹muz.› ~ clef g-sleutel
trebly/'treblɪ/ [bijw] drievoudig
tree/triː/ I [ov ww] ● op leest zetten ‹v. schoen› ● in
moeilijkheden brengen ● in een boom jagen ‹vnl. v.
kat› II [znw] ● boom ● galg ● kruis ‹v. Christus›
● stamboom ● stuk hout of houten geraamte

★ they are up a tree ze zitten in de knel
trefoil/'trefɔɪl/ [znw] klaver, klaverblad
trek/trek/ I [on ww] ● reizen ‹met ossenwagen›
● trekken ‹v. ‹inf.› vertrekken II [znw] ● uittocht
● lange tocht
trellis/'trelɪs/ I [ov ww] voorzien v. latten II [znw]
traliewerk
tremble/'trembl/ I [on ww] trillen, rillen, beven
★ he ~d with fear hij beefde van angst ★ his life
~s in the balance z'n leven hangt aan een zijden
draad II [znw] trilling ★ ‹inf.› I was all of a ~ ik
rilde over mijn hele lijf ★ there was a ~ in her
voice haar stem beefde
trembler/'tremblə/ [znw] ● bangerik ● sidderaal
● ‹techn.› onderbreker
trembles/'tremblz/ [mv] rillingen, bibberatie
tremendous/trɪ'mendəs/ [bnw] ● verschrikkelijk
● reusachtig
tremor/'tremə/ [znw] ● beving ● (t)rilling
● huivering
tremulous/'tremjʊləs/ [bnw] ● bevend ● bedeesd
trench/trentʃ/ I [ov ww] ● loopgraven of greppels
graven ● omspitten II [on ww] ● inbreuk maken op
● raken aan III [znw] ● sloot ● greppel ● loopgraaf
● groef ★ ~ boot hoge rubberlaars ★ ~ coat
trenchcoat; regenjas ‹met ceintuur›
trenchancy/'trentʃənsɪ/ [znw] ● scherpzinnigheid
● kracht
trenchant/'trentʃənt/ [bnw] ● scherp, snijdend
● krachtig
trencher/'trentʃə/ [znw] ● graver ‹v. loopgraven›
● broodplank ★ lick the ~ klaplopen ★ ~
companion/mate disgenoot
trencherman/'trentʃəmən/ [znw] ● eter
● klaploper
trend/trend/ I [on ww] gaan ‹in bep. richting›
II [znw] ● strekking ● loop ‹v. gebeurtenissen›
● richting ★ ~ of thought gedachtegang
trendiness/'trendɪnəs/ [znw] modieusheid
trendsetter/'trendsetə/ [znw] toonaangever
trendy/'trendɪ/ [bnw] ● modern, van deze tijd
● modieus
trepidation/trepɪ'deɪʃən/ [znw] ● opwinding,
verwarring ● beverigheid
trespass/'trespəs/ I [on ww] ● overtreding begaan,
overtreden ● zondigen ● lastig vallen ● beslag
leggen op ★ he ~ed against the law hij overtrad
de wet ★ you ~ (up)on his hospitality je maakt
misbruik van zijn gastvrijheid II [znw] overtreding
trespasser/'trespəsə/ [znw] overtreder ★ ~s will
be prosecuted verboden toegang
tress/tres/ I [ov ww] vlechten II [znw] ● tak, rank
● haarvlecht, haarlok
trestle/'tresl/ [znw] schraag, bok ★ ~ table
schraagtafel
tri-/traɪ/ [voorv] drie-, tri-
triable/'traɪəbl/ [bnw] ● te proberen ● te berechten
triad/'traɪæd/ [znw] ● drietal, trits ★ Drie-éénheid
● ‹muz.› drieklank
trial/'traɪəl/ I [znw] ● proef(neming) ● proefvlucht,
proeftocht ● beproeving, last ● gerechtelijk
onderzoek, verhoor ● oefenwedstrijd ★ I'll give you
a ~ ik zal 't eens met je proberen ★ bring to ~ voor
de rechter brengen ★ commit for ~ naar openbare
terechtzitting verwijzen ★ he stood his ~ hij stond
terecht ★ he'll move for a new ~ hij zal in hoger
beroep gaan ★ make ~ of beproeven ★ on ~ op
proef; voor het gerecht ★ ~ and error met vallen en
opstaan ★ ~ heat demi-finale ★ ~ trip proefvaart
II [bnw] ★ ~ run proefrit
triangle/'traɪæŋgl/ [znw] ● driehoek ● driepotige
takel ● triangel

Triangle/'traɪæŋgl/ [znw] Driehoek (sterrenbeeld)
triangular/traɪ'æŋgjʊlə/ [bnw] • driehoekig
• drievoudig
tribal/'traɪbl/ [bnw] stam-
tribalism/'traɪbəlɪzəm/ [znw] stamverband
tribe/traɪb/ [znw] • onderorde (bij dier- en
plantkunde) • stam • geslacht • klasse • (pej.)
troep
tribesman/'traɪbzmən/ [znw] lid van stam
tribulation/trɪbjʊ'leɪʃən/ [znw] tegenspoed,
beproeving
tribunal/traɪ'bju:nl/ [znw] rechterstoel, rechtbank
tribune/'trɪbju:n/ [znw] • tribune, spreekgestoelte
• tribuun
tributary/'trɪbjʊtəri/ I [znw] • schatplichtige
staat • zijrivier II [bnw] • bijdragend
• schatplichtig • bij-, zij-
tribute/'trɪbju:t/ [znw] • bijdrage, schatting
• huldeblijk • floral ~s bloemen als huldeblijk
★ pay the last ~ to laatste eer bewijzen aan ★ pay
the ~ of nature de tol der natuur betalen
trice/traɪs/ I [ov ww] (scheepv.) ophijsen en
vastsjorren • (~ up) (scheepv.) ophijsen en
vastsjorren II [znw] ogenblik ★ in a ~ in 'n wip
trick/trɪk/ I [ov ww] • grapjes uithalen • versieren
• bedotten, bedriegen • (~ out/up) versieren
II [znw] • truc, list • handigheid • aanwensel,
hebbelijkheid • poets, grap • slag (bij kaartspel)
• (werk)beurt ★ a ~ of thumb handigheid ★ do
the ~ 't klaarspelen; 't gewenste resultaat
opleveren ★ he knows a ~ or two hij is niet v.
gisteren ★ learn the ~ de slag beetkrijgen ★ play a
~ upon s.o. iem. 'n poets bakken ★ she was
playing ~s ze haalde streken uit ★ ~s of the trade
knepen v. 't vak
tricker/'trɪkə/ [znw] • bedrieger • grappenmaker
trickery/'trɪkərɪ/ [znw] bedotterij
trickle/'trɪkl/ I [ov ww] doen druppelen II [on ww]
• druppelen • druipen • sijpelen • the news ~d in
het nieuws kwam langzaam binnen III [znw]
straaltje
trickster/'trɪkstə/ [znw] • bedrieger
• grappenmaker
tricksy/'trɪksɪ/ [bnw] schalks, speels
tricky/'trɪkɪ/ [bnw] • gewaagd • bedrieglijk • vol
streken • (inf.) lastig
tricycle/'traɪsɪkl/ [znw] driewieler
trident/'traɪdnt/ [znw] drietand
tried/traɪd/ [bnw] beproefd
triennial/traɪ'enɪəl/ I [znw] • driejarige
plant/periode • driejaarlijkse gebeurtenis II [bnw]
• driejarig • driejaarlijks
trier/'traɪə/ [znw] volhouder, beproever
trifle/'traɪfl/ I [ov ww] • he ~s away his time hij
verknoeit zijn tijd II [on ww] • beuzelen • spelen
(met potlood of ander klein voorwerp)
• lichtvaardig behandelen • she is not to be ~d
with en valt niet met haar te spotten III [znw]
• kleinigheid, beetje • cake in vla • siertin
trifler/'traɪflə/ [znw] beuzelaar
trifling/'traɪflɪŋ/ [bnw] onbeduidend
trig/trɪg/ I [ov ww] • remmen (v. wiel) • vastzetten
(v. wiel) ★ trig (up) opdirken; mooi maken
II [znw] • remblok • (inf.) trigonometrie III [bnw]
keurig, netjes
trigger/'trɪgə/ I [ov ww] • (~off) teweegbrengen,
de stoot geven aan II [znw] trekker (v. geweer)
★ pull the ~ de trekker overhalen; vuren
trigger-happy/'trɪgəhæpɪ/ [bnw] schietgraag
trigonometric(al)/trɪgənə'metrɪk(l)/ [bnw]
trigonometrisch
trigonometry/trɪgə'nɒmətrɪ/ [znw]
driehoeksmeting
trike/traɪk/ (inf.) [znw] driewieler
trilby/'trɪlbɪ/ [znw] slappe hoed, flambard
trill/trɪl/ I [ov + on ww] trillen, vibreren II [znw]
• trilling • (muz.) triller
trillion/'trɪljən/ [znw] triljoen • (AE) biljoen
trilogy/'trɪlədʒɪ/ [znw] trilogie
trim/trɪm/ I [ov ww] • in orde brengen
• opknappen, versieren • garneren • snuiten (v.
kaars) • bijknippen (v. haar) • snoeien • tremmen
(v. kolen) • (sl.) afzetten (scheepv.) lading gelijk
verdelen, stuwen • (inf.) uitbrander geven ★ trim
s.o.'s jacket iem. afranselen ★ trim the fire vuur
oppoken • (~ in) inpassen • (~out) uitdossen
• (~ up) opdirken II [on ww] • zeilen naar de
wind zetten • met alle winden meewaaien • (~ to)
z. voegen naar (vnl. omstandigheden) III [znw]
• orde • stuwage • stand v.d. zeilen • kostuum
• opschik • (AE) winkeluitstalling • (AE) houtwerk v.
huis • get the room into trim maak de kamer in
orde ★ in trim in goede conditie; goed gestuwd
• out of trim in slechte toestand; slecht gestuwd
★ they were in fighting trim ze waren klaar voor
de strijd IV [bnw] • netjes, goed onderhouden
• goed passend
trimeter/'trɪmɪtə/ [znw] drievoetige versregel
trimmer/'trɪmə/ [znw] • snoeier • snoeimes
• opmaakster (vnl. v. hoeden) • politieke
weerhaan • zware concurrent • aframmeling
• uitbrander
trimming/'trɪmɪŋ/ [znw] • geschipper • garneersel
• pak slaag
trimmings/'trɪmɪŋz/ [mv] • snoeisel • versierselen
• toebehoren
trine/traɪn/ [bnw] drievoudig
trinitarian/trɪnə'teərɪən/ I [znw] • belijder v. de
leer van de Drie-eenheid • student v. Trinity
College II [bnw] • betreffende de leer v.d.
Drie-eenheid • drievoudig
trinity/'trɪnɪtɪ/ [znw] • drietal • (religie)
drie-eenheid
trinket/'trɪŋkɪt/ [znw] • sieraad (aan 't lichaam
gedragen) • kleinood • ~ box bijouteriedoosje
trio/'tri:əʊ/ [znw] trio, drietal
trip/trɪp/ I [ov ww] doen struikelen, beentje lichten
• (~ up) betrappen II [on ww] • trippelen
• dansen • huppelen • uitstapje maken • struikelen
• misstap begaan ★ I caught him tripping ik
betrapte hem op een fout ★ het tongue tripped ze
viel over haar woorden; ze versprak z. ★ trip (it)
dansen ★ trip the anchor anker lichten III [znw]
• trippelpas • reis(je) • hallucinatieperiode
• struikeling • fout • ontkoppeling (v. machine)
• (AE) (vis)vangst
tripartite/traɪ'pɑ:taɪt/ [bnw] • drieledig
• driezijdig (v. contract) • in drieën
tripe/traɪp/ [znw] • (rol)pens (als voedsel) • onzin
• (sl.) rommel, snert
tripes/traɪps/ (sl.) [mv] ingewanden, buik
triplane/'traɪpleɪn/ [znw] driedekker (vliegtuig)
triple/'trɪpl/ I [ov ww] verdrievoudigen II [on ww]
z. verdrievoudigen III [bnw] drievoudig, driedelig
★ ~ crown pauselijke kroon/tiara ★ ~ jump
hink-stap-sprong ★ ~ time drieslagsmaat
triplet/'trɪplət/ [znw] • drieregelig vers • drietal
• één v. drieling • (muz.) triool
triplets/'trɪpləts/ [mv] drieling
triplex/'trɪpleks/ [bnw] drievoudig
triplicate I [ov ww] /'trɪplɪkeɪt/ verdrievoudigen
II [znw] /'trɪplɪkət/ triplo III [bnw] /'trɪplɪkət/
drievoudig, in drievoud
tripod/'traɪpɒd/ [znw] • drievoet • statief (v.

fototoestel) • altaar van Delf'sich orakel
tripper/'trɪpə/ [znw] toerist • ~s dagjesmensen
triptych/'trɪptɪk/ [znw] triptiek, drieluik
triptyque/trɪp'tiːk/ [znw] triptiek (voor auto)
trite/traɪt/ [bnw] afgezaagd, versleten, alledaags
triton/'traɪtn/ [znw] watersalamander
triturate/'trɪtjʊreɪt/ [ov ww] tot poeder maken
triumph/'traɪəmf/ I [on ww] • triomferen
• zegetocht houden II [znw] • triomf • zegetocht
triumphal/traɪ'ʌmfəl/ [bnw] triomferend, triomf-
• ~ arch erepoort • ~ chariot zegewagen
triumphant/traɪ'ʌmfənt/ [bnw] triomfantelijk, triomferend
trivet/'trɪvɪt/ [znw] driepoot
trivia/'trɪvɪə/ [mv] onbelangrijke dingen/zaken
trivial/'trɪvɪəl/ [bnw] • alledaags • onbeduidend
• the ~ name of that plant is ... de populaire naam van die plant is ... ★ the ~ round of life dagelijkse routine v. het leven
triviality/trɪvɪˈælətɪ/ [znw] trivialiteit
trivialize/'trɪvɪəlaɪz/ [ov ww] bagatelliseren
trod/trod/ verl. tijd + volt. deelw. → **tread**
trodden/'trodn/ volt. deelw. → **tread**
troglodyte/'troglədaɪt/ [znw] • holbewoner
• kluizenaar
Trojan/'trəʊdʒən/ I [znw] Trojaan II [bnw] Trojaans
troll/trəʊl/ I [ov + on ww] • zingen (v. canon)
• luiden (v. klokken) • vissen • slenteren • the melody ~s in my head het wijsje speelt me door 't hoofd II [znw] trol
trolley/'trolɪ/ [znw] • theeboy • wagentje, karretje, serveerwagen, winkelwagentje • shopping ~ winkelwagentje
trollop/'troləp/ [znw] • slons • prostituee
trombone/trom'bəʊn/ [znw] trombone
troop/truːp/ I [ov ww] in troepen formeren
II [on ww] • bijeenkomen • in troepen marcheren
• wegtrekken III [znw] • troep, menigte • afdeling v. cavalerie • (mil.) marssignaal op de trom • he got his ~ hij werd tot ritmeester bevorderd
troop-carrier/'truːpkærɪə/ [znw] troepentransportvliegtuig
trooper/'truːpə/ [znw] • cavalerist
• cavaleriepaard • troepentransportschip • (AE) staatspolitieagent • swear like a ~ vloeken als een ketter
trooping/'truːpɪŋ/ [znw] ★ ~ the colour(s) vaandelparade
troop-sergeant/znw] wachtmeester
troopship/'truːpʃɪp/ [znw] troepentransportschip
trophy/'trəʊfɪ/ [znw] overwinningsteken, trofee
tropic/'tropɪk/ [znw] keerkring ★ Tropic of Cancer kreeftskeerkring ★ Tropic of Capricorn steenbokskeerkring ★ the ~s de tropen
tropical/'tropɪkl/ [bnw] • tropisch • zinnebeeldig
• hartstochtelijk ★ ~ outfit tropenuitrusting ★ ~ year zonnejaar
trot/trot/ I [ov ww] • laten draven of lopen • laten rijden (op de knie) ★ he trotted me off hij ging er vandoor; hij jaagde (me) weg; hij draafde weg ★ he trotted me round the town hij nam me mee door de hele stad ★ they trot you off your legs ze laten je je dood lopen ★ trot it out! zeg op! ★ trot up an affair 'n kwestie weer op 't tapijt brengen ★ (~ out) pronken met, verkering hebben met II [on ww] • draven, lopen ★ trot along! maak dat je wegkomt! III [znw] • draf • dreumes • zetlijn • (inf.) tippel
• (AE) dans • (AE) spiekbriefje ★ at a trot op 'n draf ★ at full trot in volle galop ★ shall we go for a trot zullen we 'n eindje gaan lopen ★ they'll keep you on the trot ze zullen je wel aan de gang

houden
troth/trəʊθ/ (vero.) [znw] • erewoord • trouw
trotter/'trotə/ [znw] • voet • varkenspoot, schapenpoot • (sl.) loopjongen, loopmeisje
trouble/'trʌbl/ I [ov ww] • in beroering brengen
• kwellen • lastig vallen • storen • we'll ~ you to do this wilt u zo goed zijn dat voor ons te doen?
II [on ww] z. bekommeren, z. moeite geven
III [znw] • last, pech • lastig persoon • kleine breuk (in mijnader) • onrust • kwaal, ongemak
• zorg • verdriet • (AE) openbare feestelijkheid ★ get into ~ z. moeilijkheden op de hals halen ★ make ~ last veroorzaken ★ no ~ (at all)! graag gedaan!; geen moeite! ★ ~s onlusten
troubled/'trʌbld/ [bnw] • verontrust • verdrietig
• verstoord • be ~ about zich zorgen maken over
• be ~ with last hebben van • fish in ~ waters in troebel water vissen • what a ~ look you wear! wat zie je er bezorgd uit!
troublemaker/'trʌblmeɪkə/ [znw] onruststoker
troublesome/'trʌblsəm/ [bnw] lastig, vervelend
trough/trof/ [znw] • trog • pijp(leiding) • laagte tussen twee golven • dieptepunt
trounce/traʊns/ [ov ww] afranselen, afstraffen
trouncing/'traʊnsɪŋ/ [znw] afstraffing, pak slaag
troupe/truːp/ [znw] troep (v. toneelspelers, acrobaten)
trouper/'truːpə/ [znw] lid v. een troep
trouser/'traʊzə/ [znw] broek- ★ (pair of) ~s lange broek ★ ~ pocket broekzak
trousered/'traʊzəd/ [bnw] met broek aan
trouserettes/traʊzə'rets/ (vero.) [mv] damespantalon
trousseau/'truːsəʊ/ [znw] uitzet (v. bruid)
trout/traʊt/ [znw] forel(len) ★ ~ farm forelkwekerij
trove/trəʊv/ → **treasure-trove**
trowel/'traʊəl/ I [ov ww] • werken met troffel
• pleisteren II [znw] • troffel • schopje (voor planten) ★ lay it on with a ~ 't er dik opleggen
troy/trɔɪ/ [znw] • troy (weight) gewichtsstandaard voor goud, zilver en edelstenen ★ troy ounce 31.1 gram
truancy/'truːənsɪ/ [znw] 't spijbelen
truant/'truːənt/ I [on ww] • spijbelen
• rondslenteren II [znw] spijbelaar • play ~ spijbelen III [bnw] • spijbelend • rondslenterend
truce/truːs/ [znw] wapenstilstand ★ ~ of God godsvrede
truck/trʌk/ I [ov + on ww] • (ver)ruilen, (ruil)handel drijven • in natura betalen II [ov ww] vervoeren per vrachtwagen III [znw] • omgang
• onderstel v. spoorwagen • knop v. vlaggenstok of mast ★ (ruil)handel, ruil • gedwongen winkelnering • vrachtauto • open goederenwagen
• rolwagentje • (AE) groente(n) • (inf.) rommel
★ (AE) ~ farm groentekwekerij; tuinbouwbedrijf
★ (AE) ~ farmer/gardener groentekweker; warmoezenier ★ (gesch.) ~ shop winkel van werkgever waar werknemers verplicht klant waren ★ ~ system gedwongen winkelnering
truckage/'trʌkɪdʒ/ [znw] • transportkosten
• goederenvervoer per vrachtwagen
trucker/'trʌkə/ [znw] • ruiler • sjacheraar
• vrachtwagenchauffeur • (AE) marktkweker
trucking/'trʌkɪŋ/ [bnw] ★ ~ business (company) transportbedrijf
truckle/'trʌkl/ I [on ww] • (~ for) bedelen om • (~ to) kruipen voor II [znw] wieltje ★ ~(-bed) laag bed op wieltjes
truckload/'trʌkləʊd/ [znw] (vracht)wagenlading
truckman/'trʌkmən/ [znw] • kruier
• ruilhandelaar

truculence, truculency/'trʌkjʊləns/ [znw]
• wreedheid • bitterheid • vechtlust

truculent/'trʌkjʊlənt/ [bnw] • wreed
• vernietigend

trudge/trʌdʒ/ I [ov ww] sjokkend afleggen ‹v. afstand› II [on ww] • sjokken ‹inf.› opstappen • (~ out) op pad gaan III [znw] gesjok ★ on the ~ aan de tippel

true/tru:/ I [bnw + bijw] • waar • juist • zuiver • recht • vast • bestendig ★ my watch goes true m'n horloge loopt goed ★ true copy gelijkluidend afschrift ★ true to facts volgens de feiten ★ true to life naar het leven ★ true to nature natuurgetrouw ★ true to type rasecht ★ (~ to) (ge)trouw aan II [ov ww] • gelijk maken • in juiste stand brengen ‹v. wiel, paal of balk›

true-blue/tru:'blu:/ I [znw] betrouwbare kerel II [bnw] • eerlijk • echt

true-born/tru:'bɔːn/ [bnw] echt

true-bred/tru:'bred/ [bnw] • rasecht • gemanierd

true-love[znw] • geliefde ‹plant.› eenbes

truffle/'trʌfəl/ [znw] truffel

truffled/'trʌfld/ [bnw] getruffeerd

truism/'tru:izəm/ [znw] • onbetwiste waarheid • gemeenplaats

trull/trʌl/ [znw] prostituee

truly/'tru:lɪ/ [bijw] • waarlijk • goed • juist • terecht ★ this won't do for yours ~ dit is niet genoeg voor ondergetekende ★ yours ~ hoogachtend ‹bij ondertekening v. brieven›

trump/trʌmp/ I [ov ww] • aftroeven • overtroeven • (~ up) verzinnen ‹v. verhaal› II [znw] • troef‹kaart› • trompet‹geschal› • ‹inf.› fijne vent • ‹Schots› mondharmonica ★ he was put to his ~s werd tot 't uiterste gedreven ★ it's turned up ~s 't is goed uitgevallen; 't is meegevallen ★ no ~(s) atout ‹bij bridge› ★ the last ~ bazuin v. 't laatste oordeel — the doom bazuin v. 't laatste oordeel

trumpery/'trʌmpərɪ/ I [znw] • rommel • onzin II [bnw] prullerig, onbeduidend

trumpet/'trʌmpɪt/ I [ov ww] uitbazuinen, met trompetgeschal aankondigen ★ ~ forth s.o.'s praise iemands loftrompet steken II [on ww] trompetteren III [znw] • trompet, bazuin • scheepsroeper • trompetgeschal ★ the last ~ bazuin v. 't laatste oordeel

trumpeter/'trʌmpɪtə/ [znw] • trompetter • loftuiter • trompetvogel

truncal/'trʌŋkl/ [znw] • stam- • romp-

truncate/'trʌŋkeɪt/ I [ov ww] besnoeien, afknotten II [bnw] afgeknot

truncation/trʌŋˈkeɪʃən/ [znw] beknotting

truncheon/'trʌntʃən/ [znw] • (gummi)stok ‹v. politieagent› • maarschalksstaf

trundle/'trʌndl/ I [ov ww] • doen rollen of rijden • iem. ontslag geven ★ ~ a hoop hoepelen II [on ww] rollen, rijden III [znw] • wieltje • rolwagentje • rolbed • lantaarnrad

trunk/trʌŋk/ [znw] • boomstam • romp • schacht ‹v. zuil› • hoofdkanaal, hoofdlijn ‹vnl. v. spoorweg› • slurf ‹v. olifant› • koffer • fooienpot • ‹AE› kofferruimte ‹v. auto› • ‹sl.› neus ★ ~ call telefoongesprek op kosten van degene die gebeld wordt ★ ~ call conversation interlokaal telefoongesprek ★ ~ line hoofdlijn ★ ~ road hoofdweg

trunks/trʌŋks/ [mv] • zwembroek • gymbroek

truss/trʌs/ I [ov ww] • (vast)binden, armen langs lichaam binden • versterken ‹v. (dak)constructie› • opmaken ‹v. gevogelte, voor het bereiden› II [znw] • spant, steun • bep. hoeveelheid ‹v. stro

of hooi› • bos • ‹scheepv.› rak

trust/trʌst/ I [ov ww] • op goed geloof aannemen • toevertrouwen • krediet verschaffen • vertrouwen (op) • ‹v. harte› hopen ★ they ~ed it to me ze vertrouwden het mij toe ★ they ~ed me with it ze vertrouwden het mij toe ★ ~ him for it! laat dat gerust aan hem over! II [on ww] ★ ~ to o.s. op eigen krachten vertrouwen • (~ in) vertrouwen op III [znw] • stichting • trust • vertrouwen, hoop • krediet • voor ander beheerde goederen • pand ★ I don't take it on ~ ik neem 't niet op goed geloof aan ★ goods on ~ goederen op krediet ★ he is in my ~ hij is onder mijn hoede ★ they were committed to my ~ ze werden toevertrouwd aan mijn zorgen ★ ~ fund (beheer)stichting

trustee/trʌsˈtiː/ [znw] • beheerder, curator, executeur, regent ‹v. instelling›

trustful/'trʌstfʊl/ [bnw] vertrouwend

trusting/'trʌstɪŋ/ [bnw] goedgelovig

trustworthy/'trʌstwɜːðɪ/ [bnw] • te vertrouwen, betrouwbaar • betrouwbaar

trusty/'trʌstɪ/ I [znw] bevoorrechte, z. goed gedragende gevangene II [bnw] → **trustworthy**

truth/tru:θ/ [znw] • waarheid • nauwkeurigheid • echtheid • waarheidsliefde, oprechtheid ★ in ~ inderdaad ★ out of ~ niet zuiver; scheef

truthful/'tru:θfʊl/ [bnw] • waarheidlievend • getrouw ‹v. afbeelding›

truthless/'tru:θləs/ [znw] vals

try/traɪ/ I [ov + on ww] • beproeven, op de proef stellen • gerechtelijk onderzoeken • verhoren • don't try your hand at it probeer 't maar niet • try-on room paskamer • (~ out) (uit)proberen, proefrit of proefvlucht maken met ★ try the matter out! laat door! III [on ww] ★ try it on with him! kijk eens of hij het pikt! • (~ back) terugkomen op, teruggaan op 't spoor te vinden ‹v. jachthonden› • (~ for) solliciteren naar • (~ on) passen ‹v. kleren› IV [znw] poging ★ have a try probeer 't eens ★ let me have a try for it laat mij eens proberen het te krijgen

trying/'traɪɪŋ/ [bnw] • lastig ‹v. gedrag› • smartelijk • vermoeiend

try-on/'traɪɒn/ [znw] • 't passen ‹v. kleren› • poging tot bedrog

try-out/'traɪaʊt/ [znw] • proef • proefuitvoering ‹v. toneel, film› • ‹AE› wedstrijd

tryst/trɪst/ I [ov + on ww] • een afspraak maken • een afspraak vaststellen II [znw] • (plaats v.) samenkomst • afspraak • ‹Schots› markt

tsar/za:/ [znw] tsaar

tsarina/za:ˈriːnə/ [znw] tsarina

T-square/'tiːskweə/ [znw] winkelhaak, tekenhaak

T.U.[afk] • (Trade Union) vakbond

tub/tʌb/ I [ov ww] • kuipen in vaten doen ‹v. boter› • een bad geven II [on ww] • een bad nemen • ‹sl.› oefenen voor roeiwedstrijd III [znw] • tobbe • vaatje, ton • badkuip • bad • schuit • ‹inf.› preekstoel • ‹inf.› auto

tuba/tju:bə/ [znw] tuba

tubby/'tʌbɪ/ [bnw] • rond, corpulent • hol klinkend

tube/tju:b/ I [ov + on ww] • tube (it) met de ondergrondse gaan II [ov ww] • voorzien van pijp • in tube doen III [znw] • pijp, buis • tube • binnenband • ondergrondse spoorweg • ‹AE› radio- of tv-buis

tubeless/'tju:bləs/ I [znw] band zonder binnenband II [bnw] tubeless, zonder binnenband

tuber/'tju:bə/ [znw] • knol ‹v. plant› • gezwel • ‹inf.› aardappel

tubercle/'tju:bəkl/ [znw] • uitwas • knolletje

T

• ‹med.› knobbel ★ ~d met knolletje
tubercular, tuberculous/tju'bɔ:kjʊlə/[bnw]
tuberculeus ~ consumption long-tbc
tuberculosis/tju:bɔ:kjʊ'ləʊsɪs/[znw] tbc
tuberose, tuberous/tju:bərəʊz/[bnw]
gezwelachtig
tubing/tju:bɪŋ/[znw] • buizenstelsel
• (gummi)slang
tub-thumping/tʌbθʌmpɪŋ/[znw] bombast
tubular/tju:bjʊlə/[bnw] buisvormig ★ ~ boiler
vlampijpketel ★ ~ steel furniture (stalen)
buismeubelen
tubule/tju:bju:l/[znw] buisje
T.U.C.[afk] • (Trade Unions Congress) Centrale
Organisatie van Vakverenigingen
tuck/tʌk/ I [ov ww] • plooien • omslaan
• opstropen ‹v. mouw› • instoppen
• samentrekken, optrekken • (~ away) verstoppen
• (~ in) instoppen, verorberen • (~ up) instoppen,
ophangen ‹v. misdadiger› ★ ‹sl.› tucked up
doodop; vermagerd II [znw] • plooi • omslag
• lekkers, snoep
tucker/tʌkə/ I [ov ww] ‹AE› vermoeien II [znw]
• kanten kraag ★ ‹sl.› kost, eten
tuck-shop/tʌkʃɒp/[znw] snoepwinkel
Tuesday/tju:zdeɪ/[znw] dinsdag
tufa/tju:fə/[znw] • tuf(steen) • sedimentgesteente
tuff/tʌf/[znw] tuf(steen)
tuft/tʌft/ I [ov ww] • versieren met bosje
• doorsteken ‹v. matras› II [on ww] groeien in
bosjes III [znw] • bosje, groepje bomen • pool
• student v. adel
tuft-hunter[znw] snob, iem. die 't gezelschap v.
voorname personen zoekt
tug/tʌg/ I [ov + on ww] • rukken (aan), trekken
• zwoegen ★ he tugged him in hij sleepte 'm met
de haren erbij II [znw] • ruk • grote inspanning
• felle strijd • sleepboot • streng ‹v.
trekpaardentuig› • ‹sl.› beursleerling in Eton ★ I
felt a great tug at parting scheiden viel me zwaar
tugboat/tʌgbəʊt/[znw] sleepboot
tug-of-war/tʌgəvwɔ:/[znw] • touwtrekken
• krachtmeting
tuition/tju:'ɪʃən/[znw] • lesgeld • onderricht
tulip/tju:lɪp/[znw] tulp ★ ‹inf.› my ~! schat!;
baasje!
tumble/tʌmbl/ I [on ww] • ondersteboven gooien
• neerschieten ‹v. wild› • ‹sl.› naar bed gaan met
• (~ over) omvergooien • (~ to) ‹sl.› iets snappen
II [on ww] • tuimelen • woelen ‹in bed› • (in
elkaar) vallen • duikelen • I ~d across on him ik
liep hem tegen 't lijf ★ everything ~d about him
't was alsof alles om hem heen instortte ★ it has ~d
down 't is ingestort ★ ~ into bed het bed inrollen
★ ~ out/up! opstaan! • (~ in) instorten,
binnenvallen III [znw] • tuimeling • warboel
• val ★ everything was in a ~ alles was in de war
tumbledown/tʌmbldaʊn/[bnw] bouwvallig
tumbler/tʌmblə/[znw] • tuimelaar ‹duif›
• duikelaartje • bekerglas • acrobaat
tumbly/tʌmblɪ/[znw] bouwvallig
tumbrel, tumbril/tʌmbrəl/[znw]
• munitiewagen • mestkar
tumefaction, tumescence/tju:mɪ'fækʃən/
[znw] opzwelling
tumid/tju:mɪd/[bnw] gezwollen
tummy/tʌmɪ/[znw] buikje
tumour/tju:mə/[znw] gezwel
tumuli/tju:mjʊlaɪ/[mv] → **tumulus**
tumult/tju:mʌlt/[znw] • verwarring • lawaai,
opschudding, beroering • oploop
tumultuous/tju'mʌltʃʊəs/[bnw] • lawaaierig

• verward • oproerig
tumulus/tju:mjʊləs/[znw] grafheuvel
tun/tʌn/ I [ov ww] kuipen II [znw] ton, kuip
tuna/tju:nə/[znw] tonijn
tundra/tʌndrə/[znw] toendra
tune/tju:n/ I [ov ww] • in bep. stemming brengen
• zingen • afstemmen, stemmen • afstellen • (~
to) afstemmen op, aanpassen aan II [on ww] (~
in) woordje gaan meespreken, afstemmen ‹bij
radio› ★ tune in for your work! maak je gereed
voor je werk! ★ ‹AE› tune in! voor de dag ermee!
• (~ up) stemmen ‹v. instrument›, beginnen met
spelen of zingen, afstellen ‹v. apparaat›, zich
voorbereiden • (~ with) harmoniëren met
III [znw] • toon • wijsje • stemming • melodie
• harmonie ★ I'll make her change her tune ik
zal haar 'n toontje lager doen zingen ★ be in tune
zuiver gestemd zijn; in goede conditie zijn ★ be out
of tune with niet in overeenstemming zijn met
★ he gave us a tune hij speelde een deuntje voor
ons ★ he had to pay to the tune of £ 100 hij
moest maar liefst £ 100 betalen ★ she sang in
tune ze hield goed wijs ★ she sang out of tune ze
zong vals
tuneful/tju:nfʊl/[bnw] • welluidend • muzikaal
tuneless/tju:nləs/[bnw] onwelluidend
tuner/tju:nə/[znw] • stemmer • radio-ontvanger
tungsten/tʌŋstn/[znw] wolfraam
tunic/tju:nɪk/[znw] • tunica • uniformjas • rok ‹v.
bolgewas› • vlies dat orgaan omsluit
tuning-coil/tju:nɪŋkɔɪl/[znw] afstemspoel
tuning-fork/tju:nɪŋfɔ:k/[znw] stemvork
tuning-knob/tju:nɪŋnɒb/[znw] afstemknop
tuning-peg, tuning-pin[znw] stemschroef ‹v.
piano›
Tunisian/tju'nɪzɪən/ I [znw] Tunesische, Tunesiër
II [bnw] Tunesisch
tunnel/tʌnl/ I [ov ww] tunnel maken II [znw]
• tunnel • (mollen)gang ★ ~ shaft tunnelschacht
tunny/tʌnɪ/[znw] tonijn
tuny, tuney/tju:nɪ/[bnw] welluidend
tup/tʌp/ I [ov ww] dekken II [znw] ram
tuppence/tʌpəns/[znw] twee pence ★ I don't care
~ het kan me geen lor schelen; ik geef er nog geen
stuiver voor
tuppenny/tʌpənɪ/[bnw] van twee pence ★ I don't
care a ~ damn het kan me geen flikker schelen
turban/tɜ:bən/[znw] tulband
turbaned/tɜ:bənd/[bnw] met tulband
turbid/tɜ:bɪd/[bnw] troebel, dik • verward
turbidity/tɜ:'bɪdətɪ/[znw] • troebelheid
• verwardheid
turbine/tɜ:baɪn/[znw] turbine
turbo/tɜ:bəʊ/[znw] ★ ~(-)jet
turbinestraalvliegtuig
turboprop/tɜ:bəʊprɒp/[znw]
• turbopropvliegtuig • schroefturbine
turbot/tɜ:bət/[znw] tarbot
turbulence/tɜ:bjʊləns/[znw] onstuimigheid,
beroering
turbulent/tɜ:bjʊlənt/[bnw] onstuimig
turd/tɜ:d/[znw] • mesthoop • drol • rotkerel,
rotmeid
tureen/tjʊə'ri:n/[znw] soepterrine
turf/tɜ:f/ I [ov ww] • turf steken • graszoden leggen
• begraven • (~ out) ‹sl.› (iem.) eruit gooien
II [znw] • gras(tapijt) • graszode • ‹ers› turf ★ he
is on the turf hij is betrokken bij de rensport ★ the
turf de renbaan ★ turf accountant bookmaker
turf-man[znw] iem. die aan rensport doet
turfy/tɜ:fɪ/[bnw] • rensport- • veenachtig
• houdend v. rensport

turgid /ˈtɜːdʒɪd/ [bnw] gezwollen, hoogdravend ‹v. taal›

turgidity /tɜːˈdʒɪdətɪ/ [znw] hoogdravendheid

Turk /tɜːk/ [znw] • woesteling • Turk • rakker ★ Turk's head ragebol; knoop ★ turn Turk afvallig worden

turkey /ˈtɜːkɪ/ [znw] • kalkoen • ‹AE› fiasco ★ talk ~ serieus praten

Turkey /ˈtɜːkɪ/ [znw] Turkije

turkeycock /ˈtɜːkɪkɒk/ [znw] • banier ‹fig.› • kalkoense haan

Turkish /ˈtɜːkɪʃ/ [bnw] Turks ★ ~ delight mierzoet, zacht snoepgoed ★ ~ towel ruwe handdoek

turmoil /ˈtɜːmɔɪl/ [znw] verwarring, herrie, opwinding

turn /tɜːn/ **I** [ov ww] • omploegen • in één stuk afschillen • afwenden • omgaan, omtrekken • wegsturen, voeren, leiden • vormen • doen draaien, doen keren, omslaan, naar 't hoofd doen stijgen • richten, aanwenden • doen worden, veranderen, vertalen ★ he turned his hand to anything hij deed van alles ★ it turned the day het deed de kansen keren ★ she didn't turn a hair ze vertrok geen spier ★ they turned me a compliment ze maakten me een compliment ★ turn a penny een eerlijk stuk brood verdienen ★ turn loose afvuren ★ turn screw schroevendraaier • (~ **back**) omslaan • (~ **down**) indraaien, de bons geven, verwerpen, omslaan • (~ **in**) inleveren, naar binnen draaien, ergens in jagen/sturen • (~ **into**) veranderen in • (~ **off**) uitdraaien, uitzetten, wegsturen, produceren, ophangen, in de echt verbinden, trouwen ★ turn it off! hou op! • (~ **on**) opendraaien, aanzetten, (seksueel) opwinden/prikkelen, afhangen van • (~ **out**) uitdraaien, naar buiten draaien, eruit gooien, binnenstebuiten keren, beurt geven ‹v. kamer›, produceren, presteren, uitschenken ★ a well turned-out man een net gekleed man • (~ **over**) kantelen, doorbladeren, omzetten ‹handel› ★ I'll turn it over ik zal er over denken ★ the boat was turned over de boot sloeg om • (~ **up**) opslaan, opzetten, omslaan, aan de oppervlakte brengen, openleggen ‹v. kaart›, doen overgaan, mogelijk maken, aan dek roepen, opgeven **II** [on ww] • draaien, z. keren • z. richten • veranderen, worden, geel worden, zuur worden ★ he has turned off 70 hij is al over de 70 ★ he turns after his mother hij aardt naar zijn moeder ★ this made my head turn dit deed me duizelen ★ turn colour verschieten v. kleur • (~ **about**) ronddraaien ★ turn about! rechtsomkeert! • (~ **aside/away/from**) z. afwenden van • (~ **back**) terugkeren • (~ **down**) inslaan • (~ **in**) naar bed gaan • (~ **into**) inslaan, veranderen in • (~ **off**) z. afkeren, afslaan • (~ **on**) z. keren tegen • (~ **out**) te voorschijn komen, blijken te zijn, opstaan, in staking gaan • (~ **over**) z. omkeren • (~ **round**) z. omdraaien • (~ **to**) z. wenden tot, raadplegen, z. toeleggen op ★ turn to account zijn voordeel mee doen; benutten • (~ **up**) z. voordoen, gebeuren **III** [znw] • letter op de kop • draai, wending, richting, bocht • keerpunt, verandering • slag ‹in touw› • wandelingetje, ritje • schok • vlaag ‹v. woede, ziekte› • beurt • nummer ‹v. voorstelling›, toer ‹v. acrobaat› • artiest • doel, betekenis • stijl, aanleg, aard • (muz.) dubbelslag teken ★ a friendly turn een vriendendienst ★ a turn for the better 'n gunstige wending ★ by/in turns achtereenvolgens ★ he took his turn het was nu zijn beurt ★ he will do you a good turn

hij zal je 'n goede dienst bewijzen ★ in the turn of a hand in 'n ommezien ★ it came to my turn 't werd mijn beurt ★ it gave me a turn 't bracht me totaal in de war ★ on the turn verzurend ‹v. melk›; vergelend ‹v. bladeren›; aan 't omslaan ‹v. weer› ★ one good turn deserves another de ene dienst is de andere waard ★ the meat was done to a turn het vlees was precies gaar genoeg ★ they took turns ze wisselden elkaar af ★ turn and turn about om beurten ★ turn of the tide verandering in de algemene toestand ★ turn of work werkje ★ turns menstruatie

turnabout /ˈtɜːnəbaʊt/ [znw] • ommekeer • ‹AE› draaimolen

turnback /ˈtɜːnbæk/ **I** [znw] lafaard **II** [bnw] omgeslagen rand

turncoat /ˈtɜːnkaʊt/ [znw] overloper

turn-down /ˈtɜːndaʊn/ ‹inf.› [znw] omgeslagen boord

turner /ˈtɜːnə/ [znw] • draaier • tuimelaar ‹duif› • ‹AE› gymnast, turner

turnery /ˈtɜːnərɪ/ [znw] draaiwerk ‹op draaibank›

turning /ˈtɜːnɪŋ/ [znw] • 't kunstdraaien • turnen • vouw • omslag • bocht • (zij)straat ★ ~-lathe/loom draaibank ★ ~-point keerpunt ★ ~-table draaischijf

turnip /ˈtɜːnɪp/ [znw] raap, knol ★ he got ~s hij kreeg de bons

turnkey /ˈtɜːnkiː/ [znw] cipier

turn-off /ˈtɜːnɒf/ [znw] productie

turn-on ‹sl.› [znw] • opwinding • stimulans

turn-out /ˈtɜːnaʊt/ [znw] • opmars, 't uittrekken • staking • verzamelde menigte • opkomst ‹op vergadering› • wisselspoor • (weg)verbreding • schoonmaakbeurt • productie • uitrusting ★ coffee and ~ koffie en iets erbij

turnover /ˈtɜːnəʊvə/ **I** [znw] • omzet • omverwerping • verandering v. politiek • omslag ‹v. envelop, kous› • appelflap **II** [bnw] omgeslagen

turnpike /ˈtɜːnpaɪk/ [znw] tolhek, tolweg

turn-round /ˈtɜːnraʊnd/ [znw] binnenvaren, lossen, laden en wegvaren v. schip

turnstile /ˈtɜːnstaɪl/ [znw] tourniquet

turntable /ˈtɜːnteɪbl/ [znw] draaischijf, draaitafel ★ ~ ladder brandladder

turn-tail [znw] • overloper • lafaard

turn-up /ˈtɜːnʌp/ **I** [znw] • opstaande rand • omgeslagen deel ‹vnl. v. broekspijp› • worp ‹v. dobbelsteen› • iets onverwachts • ruzie **II** [bnw] • opstaand • omgeslagen

turpentine /ˈtɜːpəntaɪn/ [znw] terpentijn

turpitude /ˈtɜːpɪtjuːd/ [znw] verdorvenheid

turps /tɜːps/ ‹inf.› [znw] terpentijn

turquoise /ˈtɜːkwɔɪz/ [bnw] turquoise

turret /ˈtʌrɪt/ [znw] • torentje • geschuttoren

turreted /ˈtʌrɪtɪd/ [bnw] • voorzien v. torentjes • torenvormig • spits ‹v. schelp›

turtle /ˈtɜːtl/ **I** [on ww] omslaan ★ turn ~ omslaan; kapseizen **II** [znw] • schildpadsoep • zeeschildpad

turtle-collar [znw] • opstaande rolkraag, col

turtle-dove /ˈtɜːtldʌv/ [znw] tortelduif

turtleneck /ˈtɜːtlnek/ [znw] • col • coltrui

turtle-shell [znw] schildpad ‹stof›

turves /tɜːvz/ [mv] → turf

Tuscan /ˈtʌskən/ **I** [znw] Toscaner **II** [bnw] Toscaans

Tuscany /ˈtʌskənɪ/ [znw] Toscane

tusk /tʌsk/ [znw] (slag)tand

tusked /tʌskt/ [znw] met slagtanden

tussle /ˈtʌsəl/ **I** [on ww] vechten **II** [znw] worsteling, strijd

T

tussock/'tʌsək/ [znw] • (gras)pol • (haar)lok

tut, tut-tut/tʌt/ I [on ww] 'kom, kom' roepen II [znw] vermanende uitroep III [tw] kom, kom!

tutelage/'tju:tɪlɪdʒ/ [znw] voogdij(schap)

tutelary/'tju:tɪlərɪ/ [bnw] beschermend

tutor/'tju:tə/ I [ov ww] • onderwijzen • discipline uitoefenen II [on ww] als onderwijzer de kost verdienen III [znw] • huisonderwijzer • iem. met graad aan Engelse universiteit, die toezicht houdt op studie v. studenten • voogd • private ~ privéleraar

tutorial/tju:'tɔ:rɪəl/ I [znw] werkcollege II [bnw] van 'n huisonderwijzer

tuxedo/tʌk'si:dəʊ/ (Aε) [znw] smoking • ~ed in smoking

twaddle/'twɒdl/ I [on ww] kletsen II [znw] kletspraat

twaddler/'twɒdlə/ [znw] wauwelaar

twain/tweɪn/ [znw] twee(tal)

twang/twæŋ/ I [ov + on ww] • tjingelen, tokkelen (op instrument) • door de neus spreken • ~ a bow pijl afschieten • ~ on a fiddle zagen op viool II [on ww] snorren (v. pijl) III [znw] getokkel

twangy/'twæŋɪ/ [bnw] tjingelend

tweak/twi:k/ I [ov ww] • (draaien en) trekken aan • knijpen II [znw] • ruk • (sl.) truc

tweaker/'twi:kə/ (inf.) [znw] katapult

twee/twi:/ (inf.) [bnw] lief, mooi

tweed/twi:d/ [znw] tweed (wollen stof)

tweedledum/twi:dl'dʌm/ [znw] • ~ and tweedledee lood om oud ijzer

tweedy/'twi:dɪ/ [bnw] gekleed in kostuum v. tweed

tweeny/'twi:nɪ/ [znw] (tweede) dienstmeisje

tweet/twi:t/ [znw] getjilp

tweezer/'twi:zə/ I [ov ww] uittrekken met pincet II [znw] • pair of ~s pincet

twelfth/twelfθ/ I [znw] twaalfde deel II [telw] twaalfste

Twelfth/twelfθ/ [bnw] • ~ Night Driekoningen

twelve/twelv/ [telw] twaalf

twelvemonth/'twelvmʌnθ/ [znw] jaar • this day ~ vandaag een jaar terug

twen/twen/ [znw] iem. tussen 20 en 30 jaar

twentieth/'twentɪəθ/ [telw] twintigste

twenty/'twentɪ/ [telw] twintig

twerp/twɜ:p/ [znw] • vervelende vent, rotvent • (sl.) geld, poen

twice/twaɪs/ [bijw] twee keer • I'll think ~ before ... ik zal me nog wel eens bedenken voordat ... • in ~ in twee keer

twicer/'twaɪsə/ [znw] drukker-letterzetter

twice-told[bnw] • ~ tale bekend verhaal

twiddle/'twɪdl/ I [ov + on ww] spelen met (klein voorwerp) • ~ one's thumbs met de duimen draaien; niets uitvoeren II [znw] draai

twig/twɪg/ I [ov ww] (inf.) begrijpen, snappen II [znw] • twijg • wichelroede • (inf.) hop the twig sterven • in prime twig netjes uitgedost

twiggy/'twɪgɪ/ [bnw] • als een twijg • vol twijgen

twilight/'twaɪlaɪt/ I [ov ww] zwak verlichten II [znw] schemering

twin/twɪn/ I [ov ww] z. innig verbinden met II [znw] • tweelingbroer/zus • één v. een paar • tegenhanger III [bnw] • tweeling- • gepaard

twin-beds[mv] lits jumeaux

twine/twaɪn/ I [ov ww] • twijnen • vlechten (v. krans) II [on ww] (z.) slingeren III [znw] • getwijnd garen • draai • warboel • omstrengeling

twin-engined/twɪn'endʒɪnd/ [bnw] tweemotorig (v. vliegtuig)

twinge/twɪndʒ/ I [on ww] • pijn doen • knagen (v. geweten) II [znw] steek, pijnscheut

twinkle/'twɪŋkl/ I [ov ww] • knipperen (met ogen) • uitzenden (v. licht) II [on ww] • flikkeren • snel heen en weer/op en neer gaan • fonkelen III [znw] twinkling • knip (met oogleden) • trilling • in a ~ in een ommezien • in the twinkling of an eye in een ommezien

twins/twɪnz/ [mv] tweeling

twinset/'twɪnset/ [znw] trui met jasje (voor dames)

twirl/twɜ:l/ I [ov + on ww] (rond)draaien II [znw] • (snelle) draai • krul (v. letter)

twirp/twɜ:p/ → **twerp**

twist/twɪst/ I [ov ww] • (in elkaar) draaien • twijnen • vlechten • wringen • trekken (bij biljart) • verorberen • (sl.) bedriegen • ~ drill spiraalboor • ~ the lion's tail Groot-Brittannië tergen • ~ed intestine kronkel in de darm II [on ww] • draaien • kronkelen • z. wringen • vertrekken (v. gezicht) III [znw] • katoenen/zijden garen • koord, snoer • roltabak • gedraaid broodje • bedriegerij • draaiing • afwijking • gril • gemengde drank • erge trek in eten • kromming • trekbal (bij biljart) • poetskatoen • pressie die men uitoefent • (sl./AE) vrouw v. verdacht allooi • give it a ~ geef er een draai aan • the tube has got a ~ de pijp is krom • ~ of the wrist handigheidje

twister/'twɪstə/ [znw] • twijnder • bedrieger • trekbal (bij biljart) • (Aε) cycloon • (sl.) kolossale leugen

twisty/'twɪstɪ/ [bnw] • kronkelig • achterbaks

twit/twɪt/ I [ov ww] verwijten, berispen II [znw] • verwijt, berisping • onbetekenend mannetje

twitch/twɪtʃ/ I [ov ww] rukken of trekken (aan mouw, om aandacht te trekken) II [on ww] trekken (v. spier) III [znw] • pijnscheut • ruk • zenuwtrekking

twitter/'twɪtə/ I [ov ww] piepen II [on ww] • sjilpen • met piepstem spreken III [znw] • gesjilp • zenuwachtigheid • they were all in a ~ ze waren allemaal erg opgewonden

two/tu:/ [telw] twee(tal) • divide into two in tweeën delen • he knows how to put two and two together hij weet hoe de vork aan de steel zit • in two twos in 'n oogwenk • two or three enkele

two-dimensional[bnw] tweedimensionaal

two-edged/tu:'edʒd/ [bnw] tweesnijdend

two-faced/tu:'feɪst/ [bnw] • met twee gezichten • oneerlijk

twofold/'tu:fəʊld/ [bnw] tweevoudig

two-handed/tu:'hændɪd/ [bnw] • tweehandig • voor twee handen (v. zwaard) • voor twee personen • handig

twopence/'tʌpəns/ [znw] dubbeltje • he doesn't care a ~ hij geeft er geen zier om

twopenny/'tʌpənɪ/ I [znw] • bepaalde biersoort • hummeltje • (sl.) hoofd • tuck in your ~! kop in! (bij haasje-over) II [bnw] • onbeduidend • ter waarde v. twee stuivers • ~ halfpenny van 12 1/2 cent

two-piece[bnw] tweedelig

two-ply/'tu:plaɪ/ [bnw] tweelagig

twosome/'tu:səm/ I [znw] tweetal II [bnw] gedaan door twee personen (vnl. v. dans)

two-speed[znw] met twee versnellingen

two-stroke/'tu:strəʊk/ [bnw] • ~ motor tweetakt motor

two-time/'tu:taɪm/ (AE/sl.) [ov ww] bedriegen

two-tone[bnw] • tweekleurig • tweetonig

two-way/'tu:weɪ/ [bnw] • ~ cock tweewegskraan • ~ radio apparaat met zendinrichting en ontvanginrichting • ~ switch hotelschakelaar

tycoon/taɪˈkuːn/ ⟨AΞ⟩ [znw] *groot zakenman, magnaat*

tying/ˈtaɪɪŋ/ tegenw. deelw. → **tie**

tyke/taɪk/ [znw] • *straathond* • *gemene kerel*

tympanic/tɪmˈpænɪk/ [bnw] * ~ membrane *trommelvlies*

tympanum/ˈtɪmpənəm/ [znw] *trommelvlies*

type/taɪp/ I [ov + on ww] *typen* II [ov ww]
• *symboliseren* • *onderzoeken v. bloed voor transfusie* III [znw] • *voorbeeld, type, model*
• ⟨zinne⟩beeld • *beeldenaar* • *gegoten letter* ∗ *zetsel*
• *lettervorm* ∗ type foundry *lettergieterij*

typecast/ˈtaɪpkɑːst/ [ov ww] *typecasten* ⟨film/tv⟩, *acteur/actrice steeds hetzelfde soort rol laten spelen*

typeface/ˈtaɪpfeɪs/ [znw] *lettertype, letterbeeld*

typescript/ˈtaɪpskrɪpt/ [znw] *getypte kopij*

type-set[bnw] *gezet*

type-setter/taɪp/ • *letterzetter* • *zetmachine*

typewrite/ˈtaɪpraɪt/ [ov + on ww] *tikken, typen*

typewriter/ˈtaɪpraɪtə/ [znw] *schrijfmachine*

typewritten/ˈtaɪprɪtn/ [bnw] *getypt*

typhoid/ˈtaɪfɔɪd/ I [znw] *tyfus* II [bnw] *tyfeus*

typhoon/taɪˈfuːn/ [znw] *wervelstorm*

typhus/ˈtaɪfəs/ [znw] *vlektyfus*

typical/ˈtɪpɪkl/ [bnw] *typisch, kenmerkend* ∗ it is ~ of him 't typeert hem

typify/ˈtɪpɪfaɪ/ [ov ww] *typeren*

typing/ˈtaɪpɪŋ/ [bnw] ∗ ~ pool *typekamer*

typist/ˈtaɪpɪst/ [znw] *typiste*

typo/ˈtaɪpəʊ/ ⟨sl.⟩ [znw] • *typefout* • *drukker*

typographer/taɪˈpɒɡrəfə/ [znw] *drukker*

typographic/taɪpəˈɡræfɪk/ [bnw] *typografisch*

typographical/taɪpəˈɡræfɪkl/ [bnw] *typografisch*

typography/taɪˈpɒɡrəfɪ/ [znw] *typografie*

typology/taɪˈpɒlədʒɪ/ [znw] *symboliek*

tyrannic(al), tyrannous/tɪˈrænɪk(l)/ [bnw] *tiranniek*

tyrannize/ˈtɪrənaɪz/ [ov + on ww] *tiranniseren*

tyranny/ˈtɪrənɪ/ [znw] *tirannie*

tyrant/ˈtaɪərənt/ [znw] *tiran*

tyre/taɪə/ I [ov ww] *band leggen om* II [znw]
• *geschifte melk en room* • *band* ⟨v. wiel⟩

tyred/taɪəd/ [bnw] *voorzien v. band(en)*

tyre-lever[znw] *bandenlichter*

tyre-valve[znw] *ventiel*

Tyrian/ˈtɪrɪən/ [bnw] • *uit Tyrus* • *purperkleurig*

tyro/ˈtaɪərəʊ/ → **tiro**

Tyrrhenian/tɪˈriːnɪən/ [bnw] *Etruskisch*

tzar/zɑː/ [znw] *tsaar*

Tzigane/tsɪˈɡɑːn/ I [znw] *Hongaarse zigeuner* II [bnw] *zigeuner-*

U

U.A.R. [afk] • ⟨United Arab Republic⟩ *VAR, Verenigde Arabische Republiek*

ubiquitous/juːˈbɪkwɪtəs/ [bnw] *alomtegenwoordig*

ubiquity/juːˈbɪkwətɪ/ [znw] *alomtegenwoordigheid*

udder/ˈʌdə/ [znw] *uier*

ufology/juːˈfɒlədʒɪ/ [znw] *literatuur/wetenschap omtrent ufo's*

ugh/ʌx/ [tw] *bah!*

uglify/ˈʌɡlɪfaɪ/ [ov ww] *lelijk maken*

ugliness/ˈʌɡlɪnəs/ [znw] *lelijkheid*

ugly/ˈʌɡlɪ/ I [znw] • *lelijk persoon, lelijkerd*
• ⟨vero.⟩ *scherm aan dameshoed* II [bnw]
• *verdacht, bedenkelijk* • *vervelend* • *dreigend*
• *kwaadaardig* • *lelijk* ⟨v. aanzien⟩ ∗ an ugly customer *een lastpak* ∗ ugly duckling *lelijk eendje* ∗ ugly tongues *boze tongen*

U.H.F. [afk] • ⟨Ultra High Frequency⟩ *ultrahoge frequentie*

U.K. [afk] • ⟨United Kingdom⟩ *Verenigd Koninkrijk, Groot-Brittannië*

ulcer/ˈʌlsə/ [znw] • *etterende zweer* • *smet* ⟨fig.⟩

ulcerate/ˈʌlsəreɪt/ [ww] • *etteren* • *slechte invloed uitoefenen op, verbitteren* ∗ ~d stomach *maagzweer*

ulceration/ʌlsəˈreɪʃən/ [znw] *zweer, verzwering*

ulcerative, ulcerous/ˈʌlsərətɪv/ [bnw] *zwerend, bedekt met zweren*

ulna/ˈʌlnə/ [znw] *ellepijp*

ult. [afk] • ⟨ultimo (of last month)⟩ *van de vorige maand*

ulterior/ʌlˈtɪərɪə/ [bnw] • *aan de andere zijde, verderop* • *in de toekomst* • *heimelijk* ∗ ~ motive/purpose *bijbedoeling*

ultimate/ˈʌltɪmət/ I [znw] • *uiterste*
• *grond(principe)* • *eind-/slotresultaat* II [bnw]
• *uiterste* • *ultieme, laatste* • *definitief*

ultimately/ˈʌltɪmətlɪ/ [bijw] *ten slotte*

ultimatum/ʌltɪˈmeɪtəm/ [znw] • *ultimatum*
• *besluit* • *grondbeginsel*

ultimo/ˈʌltɪməʊ/ ⟨form.⟩ [bnw] *v.d. vorige maand*

ultra/ˈʌltrə/ I [znw] *extremist, radicaal* II [bnw] *extremistisch, uiterst(e)* III [voorv] *ultra-, hyper-*

ultraist/ˈʌltraɪst/ [znw] *iem. met geavanceerde ideeën over godsdienst/politiek*

ultramarine/ʌltrəməˈriːn/ I [znw] *ultramarijn* II [bnw] • *overzees* • *ultramarijn*

ultramodern/ʌltrəˈmɒdən/ [bnw] *hypermodern*

ultramontane/ʌltrəˈmɒnteɪn/ [bnw] *aan de zuidzijde v.d. Alpen gelegen, Italiaans, Rooms*

ultramundane/ʌltrəˈmʌndeɪn/ [bnw] • *buiten de wereld of 't zonnestelsel gelegen* • *tot het andere leven behorend*

ultra-red/ʌltrəˈred/ → **infra-red**

ultrasonic/ʌltrəˈsɒnɪk/ [bnw] *ultrasoon, boven de menselijke gehoorgrens*

ultraviolet/ʌltrəˈvaɪələt/ [bnw] *ultraviolet*

ululate/ˈjuːlʊleɪt/ [on ww] • *schreeuwen*
• *jammeren*

ululation/juːljʊˈleɪʃən/ [znw] *geweeklaag, geschreeuw*

umbel/ˈʌmbl/ [znw] *bloemscherm*

umbelliferous/ʌmbəˈlɪfərəs/ [bnw] *schermdragend*

umber/ˈʌmbə/ I [ov ww] *bruinen* II [znw] • *omber* ⟨kleur v. aarde⟩ • *ombervogel* III [bnw] *omberkleurig*

umbilical/ʌmˈbɪlɪkl/ I [znw] • *verbinding*

• schakel **II** [bnw] • navel- • centraal ★ ~ ancestor voorouder v.d. kant v.d. moeder ★ ~ cord navelstreng
umbilicus /ʌmˈbɪlɪkəs/ [znw] navel
umbra, umbrae /ˈʌmbrə/ [znw] • schaduwkegel • kernschaduw • door gast meegebrachte ongenode gast • schim
umbrage /ˈʌmbrɪdʒ/ [znw] • aanstoot • ‹lit./vero.› schaduw, lommer • give ~ to aanstoot geven aan; ergeren ★ take ~ aanstoot nemen ★ take ~ at aanstoot nemen aan
umbrella /ʌmˈbrelə/ [znw] • paraplu • bedekking ‹v. kwal› • zonnescherm • tuinparasol • parachute • overkoepeling(sorgaan) ★ ~ stand paraplubak; paraplustander
umph /ʌmf/ [tw] hm!
umpire /ˈʌmpaɪə/ **I** [ov + on ww] optreden als scheidsrechter **II** [znw] scheidsrechter
umpteen /ʌmpˈtiːn/ ‹inf.› [telw] • heel wat ≈ zoveel
umpteenth /ʌmpˈtiːnθ/ [bnw] zoveelste
un- /ʌn/ [voorv] on-, niet • unfair oneerlijk
unabashed /ʌnəˈbæʃt/ [bnw] • niet verlegen • schaamteloos • onbeschaamd
unabated /ʌnəˈbeɪtɪd/ [bnw] onverzwakt, onverminderd
unable /ʌnˈeɪbl/ [bnw] niet in staat, onbekwaam
unabridged /ʌnəˈbrɪdʒd/ [bnw] onverkort
unacceptable /ʌnəkˈseptəbl/ [bnw] • onaanvaardbaar • onaannemelijk • niet welkom
unaccommodating /ʌnəˈkɒmədeɪtɪŋ/ [bnw] niet inschikkelijk
unaccompanied /ʌnəˈkʌmpənɪd/ [bnw] zonder begeleiding
unaccomplished /ʌnəˈkʌmplɪʃt/ [bnw] • onvoltooid • onbeschaafd • onbegaafd
unaccountable /ʌnəˈkaʊntəbl/ [bnw] • onverklaarbaar • niet verantwoordelijk • ontoerekenbaar
unaccounted /ʌnəˈkaʊntɪd/ [bnw] onverantwoord ★ ~ for onverklaard; onverantwoord
unaccustomed /ʌnəˈkʌstəmd/ [bnw] • ongewoon • niet gewend ★ ~ to ongewend aan
unacquainted /ʌnəˈkweɪntɪd/ [bnw] • onbekend • elkaar niet kennende
unadopted /ʌnəˈdɒptɪd/ [bnw] niet geadopteerd ★ ~ road weg die niet onder beheer van plaatselijk bestuur valt
unadulterate(d) /ʌnəˈdʌltərətɪd/ [bnw] zuiver, echt ★ an unadulterated villain een doortrapte schurk
unadvised /ʌnədˈvaɪzd/ [bnw] ondoordacht, onberaden
unadvisedly /ʌnədˈvaɪzɪdlɪ/ [bijw] • ondoordacht, onverstandig • niet bijgestaan
unaffected /ʌnəˈfektɪd/ [bnw] • eerlijk, open, natuurlijk, ongedwongen • niet beïnvloed
unafraid /ʌnəˈfreɪd/ [bnw] niet bang, onversaagd
unaided /ʌnˈeɪdɪd/ [bnw] zonder hulp ★ the ~ eye het blote oog
unalarmed /ʌnəˈlɑːmd/ [bnw] onbevreesd
unalienable /ʌnˈeɪlɪənəbl/ [bnw] onvervreemdbaar
unalive /ʌnəˈlaɪv/ [bnw] zonder leven ★ ~ to ongevoelig voor
unallied /ʌnəˈlaɪd/ [bnw] • niet verwant • zonder bondgenoten
unalloyed /ʌnəˈlɔɪd/ [bnw] onvermengd, zuiver
unalterable /ʌnˈɔːltərəbl/ [bnw] onveranderlijk
unaltered /ʌnˈɔːltəd/ [bnw] ongewijzigd
unambiguous /ʌnæmˈbɪgjʊəs/ [bnw] ondubbelzinnig, helder
unambitious /ʌnæmˈbɪʃəs/ [bnw] bescheiden, niet

eerzuchtig
unamenable /ʌnəˈmiːnəbl/ [bnw] • onhandelbaar • onverantwoordelijk • niet vatbaar ★ ~ to criticism niet vatbaar voor kritiek
unanimity /juːnəˈnɪmɪtɪ/ [znw] eenstemmigheid
unanimous /juːˈnænɪməs/ [bnw] eenstemmig
unannounced /ʌnəˈnaʊnst/ [bnw] onaangekondigd
unanswerable /ʌnˈɑːnsərəbl/ [bnw] • niet te beantwoorden • onweerlegbaar • niet verantwoordelijk
unanswered /ʌnˈɑːnsəd/ [bnw] • onbeantwoord • niet weerlegd
unappalled /ʌnəˈpɔːld/ [bnw] onvervaard
unappeased /ʌnəˈpiːzd/ [bnw] niet bevredigd
unappreciated /ʌnəˈpriːʃɪeɪtɪd/ [bnw] • niet gewaardeerd • miskend
unapproachable /ʌnəˈprəʊtʃəbl/ [bnw] • ontoegankelijk • weergaloos
unappropriated /ʌnəˈprəʊprɪeɪtɪd/ [bnw] • niet toegewezen • onbeheerd ★ ‹scherts› an ~ blessing oude vrijster
unapt /ʌnˈæpt/ [bnw] • ongeschikt • ongepast • onbekwaam • niet geneigd
unarguable /ʌnˈɑːgjʊəbl/ [bnw] ontegenzeggelijk
unarmed /ʌnˈɑːmd/ [bnw] ongewapend
unashamed /ʌnəˈʃeɪmd/ [bnw] • schaamteloos • onbeschroomd
unasked /ʌnˈɑːskt/ [bnw] ongevraagd
unaspiring /ʌnəˈspaɪərɪŋ/ [bnw] bescheiden
unassailable /ʌnəˈseɪləbl/ [bnw] onaantastbaar
unassertive /ʌnəˈsɜːtɪv/ [bnw] bescheiden
unassisted /ʌnəˈsɪstɪd/ [bnw] • zonder hulp • ongewapend, bloot ‹oog›
unassuming /ʌnəˈsjuːmɪŋ/ [bnw] niet aanmatigend, bescheiden
unattached /ʌnəˈtætʃt/ [bnw] • niet gebonden, verbonden, los • alleenstaand, ongebonden • extern
unattended /ʌnəˈtendɪd/ [bnw] • niet vergezeld, zonder gevolg • onbeheerd • verwaarloosd
unattractive /ʌnəˈtræktɪv/ [bnw] onaantrekkelijk
unauthorized /ʌnˈɔːθəraɪzd/ [bnw] • niet gemachtigd • onwettig, niet echt
unavailable /ʌnəˈveɪləbl/ [bnw] • niet geldig • niet beschikbaar
unavailing /ʌnəˈveɪlɪŋ/ [bnw] vergeefs
unavoidable /ʌnəˈvɔɪdəbl/ [bnw] onvermijdelijk
unaware /ʌnəˈweə/ [bnw] • wereldvreemd • z. niet bewust van
unawares /ʌnəˈweəz/ [bijw] • onbewust, ongemerkt • onverhoeds ★ they were taken ~ ze werden (er door) overvallen/verrast
unbalance /ʌnˈbæləns/ **I** [ov ww] uit 't evenwicht brengen **II** [znw] onevenwichtigheid
unbalanced /ʌnˈbælənst/ [bnw] • uit 't evenwicht • onevenwichtig • ‹hand.› niet sluitend/vereffend ‹rekening›
unbated /ʌnˈbeɪtɪd/ → **unabated**
unbearable /ʌnˈbeərəbl/ [bnw] ondraaglijk, onduldbaar
unbeaten /ʌnˈbiːtn/ [bnw] • ongeslagen • onovertroffen
unbecoming /ʌnbɪˈkʌmɪŋ/ [bnw] • ongepast ‹gedrag› • niet goed staand ★ an ~ hat een onflatteuze hoed
unbeknown /ʌnbɪˈnəʊn/ ‹inf.› [bnw] onbekend ★ ~ to zonder medeweten van
unbelief /ʌnbɪˈliːf/ [znw] ongeloof
unbelievable /ʌnbɪˈliːvəbl/ [bnw] ongelofelijk
unbeliever /ʌnbɪˈliːvə/ [znw] ongelovige
unbelieving /ʌnbɪˈliːvɪŋ/ [bnw] ongelovig
unbend /ʌnˈbend/ [ov + on ww]

● rechtbuigen/maken ● (z.) ontspannen, losmaken, verslappen ● z. laten gaan

unbending/ʌnˈbendɪŋ/ [bnw] ● ontspannend ● onbuigzaam, hardnekkig

unbent/ʌnˈbent/ [bnw] ● niet gebogen, recht ● niet onderworpen ● slap (v. boog)

unbeseeming/ʌnbɪˈsiːmɪŋ/ [bnw] ongepast

unbias(s)ed/ʌnˈbaɪəst/ [bnw] onbevooroordeeld

unbidden/ʌnˈbɪdn/ [bnw] ongenood

unbind/ʌnˈbaɪnd/ [ov ww] losmaken

unbleached/ʌnˈbliːtʃt/ [bnw] ongebleekt ★ (pej.) ~ American neger(in)

unblenched/ʌnˈblentʃt/ [bnw] onverschrokken, niet wijkend

unblenching/ʌnˈblentʃɪŋ/ [bnw] onversaagd

unblushing/ʌnˈblʌʃɪŋ/ [bnw] schaamteloos

unbolt/ʌnˈbəʊlt/ [ov ww] ● ontgrendelen ● bout(en) losdraaien

unborn/ʌnˈbɔːn/ [bnw] ongeboren

unbosom/ʌnˈbʊzəm/ [ov ww] ● ontboezemen ● uiten

unbottle/ʌnˈbɒtl/ [ov ww] uitgieten ★ ~ one's feelings uiting geven aan z'n gevoelens

unbound/ʌnˈbaʊnd/ [bnw] niet gebonden

unbounded/ʌnˈbaʊndɪd/ [bnw] ● onbegrensd ● teugelloos

unbridle/ʌnˈbraɪdl/ [ov ww] ● aftomen ● de teugel vieren

unbridled/ʌnˈbraɪdld/ [bnw] ongebreideld

unbroken/ʌnˈbrəʊkən/ [bnw] ● ononderbroken ● ongeschonden ● (nog) niet gebroken

unbuckle/ʌnˈbʌkl/ [ov ww] losgespen

unbuilt/ʌnˈbɪlt/ [bnw] ● ongebouwd ● onbebouwd ★ ~ site onbebouwd terrein

unburden/ʌnˈbɜːdn/ [ov ww] ● ontlasten ● z. bevrijden van ★ ~ o.s. zijn hart uitstorten

unbutton/ʌnˈbʌtn/ [ov ww] ● losknopen ● uiten ★ ~ o.s. zijn hart uitstorten

uncalled/ʌnˈkɔːld/ [bnw] ● niet geroepen ● on(op)gevraagd ● ongestoord (kapitaal) ● niet beroepen (predikant) ★ ~ for ongevraagd/opdringerig; niet afgehaald (pakje); onnodig; ongemotiveerd

uncanny/ʌnˈkænɪ/ [bnw] ● geheimzinnig ● angstwekkend, griezelig ● (Schots) onvoorzichtig

uncaring/ʌnˈkeərɪŋ/ [bnw] z. niet bekommerend om

unceasing/ʌnˈsiːsɪŋ/ [bnw] onophoudelijk

unceremonious/ʌnseəˈməʊnɪəs/ [bnw] zonder complimenten, familiair

uncertain/ʌnˈsɜːtn/ [bnw] onzeker, twijfelachtig, onbetrouwbaar

uncertainty/ʌnˈsɜːtəntɪ/ [znw] twijfelachtigheid, onbetrouwbaarheid, onzekerheid

unchain/ʌnˈtʃeɪn/ [ov ww] ontketenen, loslaten

unchallengeable/ʌnˈtʃælɪndʒəbl/ [bnw] onbetwistbaar

unchallenged/ʌnˈtʃælɪndʒd/ [bnw] ongewraakt, onbetwist

unchangeable/ʌnˈtʃeɪndʒəbl/ [bnw] onveranderlijk, niet te veranderen

unchanged/ʌnˈtʃeɪndʒd/ [bnw] onveranderd

unchanging/ʌnˈtʃeɪndʒɪŋ/ [bnw] onveranderlijk, niet veranderend

uncharitable/ʌnˈtʃærɪtəbl/ [bnw] liefdeloos, onbarmhartig

uncharted/ʌnˈtʃɑːtɪd/ [bnw] niet in kaart gebracht

unchaste/ʌnˈtʃeɪst/ [bnw] onkuis

unchecked/ʌnˈtʃekt/ [bnw] ● niet gecontroleerd ● onbelemmerd

uncivic/ʌnˈsɪvɪk/ [znw] getuigend v. weinig burgerzin

uncivil/ʌnˈsɪvɪl/ [bnw] onbeleefd

uncivilized/ʌnˈsɪvəlaɪzd/ [bnw] onbeschaafd

unclaimed/ʌnˈkleɪmd/ [bnw] ● onopgevraagd ● niet opgehaald

unclassified/ʌnˈklæsɪfaɪd/ [bnw] ● niet geclassificeerd, niet geregistreerd ● niet (meer) geheim

uncle/ˈʌŋkl/ [znw] ● oom ● ⟨sl.⟩ ome Jan ● ⟨AE⟩ oude neger ★ Bob's your ~! klaar is Kees! ★ ⟨inf.⟩ Uncle Sam de Verenigde Staten ★ at my ~'s op de lommerd ★ become the ~ over a p. iem. op 'n vriendelijke manier de les lezen ★ ⟨AE⟩ say ~ zich gewonnen geven ★ talk like a Dutch ~ iem. op een vriendelijke wijze de les lezen ★ ⟨AE⟩ your ~ ondergetekende

unclean/ʌnˈkliːn/ [bnw] ● onrein, smerig ● onkuis

uncleanly/ʌnˈklenlɪ/ I [bnw] ● vuil ● onkuis ● onrein II [bijw] vuil

unclear/ʌnˈklɪə/ [bnw] onduidelijk

unclose/ʌnˈkləʊz/ [ov + on ww] openen, bekend maken/worden

unclouded/ʌnˈklaʊdɪd/ [bnw] onbewolkt ★ ~ happiness onverdeeld geluk

uncoil/ʌnˈkɔɪl/ [ov + on ww] ● afwikkelen ● (z.) ontrollen

uncoloured/ʌnˈkʌləd/ [bnw] ongekleurd

uncome-at-able/ʌnkʌmˈætəbl/ [znw] ● onbereikbaar ● onverkrijgbaar

uncomfortable/ʌnˈkʌmftəbl/ [bnw] ● ongemakkelijk ● verontrustend ● niet op zijn gemak

uncommitted/ʌnkəˈmɪtɪd/ [bnw] niet gebonden, neutraal

uncommon/ʌnˈkɒmən/ [bnw] ongewoon ★ not ~ly nogal eens

uncommunicative/ʌnkəˈmjuːnɪkətɪv/ [bnw] gesloten, gereserveerd

uncompromising/ʌnˈkɒmprəmaɪzɪŋ/ [bnw] onverzoenlijk, niets ontziend, niet tot schikking bereid, niet inschikkelijk

unconcealed/ʌnkənˈsiːld/ [bnw] openlijk, onverholen

unconcern/ʌnkənˈsɜːn/ [znw] onbezorgdheid, onverschilligheid

unconcerned/ʌnkənˈsɜːnd/ [bnw] ● niet betrokken ● niet dronken, nuchter ● onverschillig, onbezorgd ★ ~ about onverschillig over ★ ~ in/with niet betrokken in/bij

unconditional/ʌnkənˈdɪʃənl/ [bnw] onvoorwaardelijk

unconditioned/ʌnkənˈdɪʃənd/ [bnw] onbeperkt

unconfined/ʌnkənˈfaɪnd/ [bnw] vrij, onbeperkt

uncongenial/ʌnkənˈdʒiːnɪəl/ [bnw] ● onsympathiek, onaangenaam ● niet verwant

unconnected/ʌnkəˈnektɪd/ [bnw] losstaand, zonder verband, onsamenhangend

unconscionable/ʌnˈkɒnʃənəbl/ [bnw] ontzaglijk, onredelijk

unconscious/ʌnˈkɒnʃəs/ I [znw] het onderbewustzijn II [bnw] ● onbewust ● bewusteloos ★ he was ~ of the danger hij was zich het gevaar niet bewust

unconsciousness/ʌnˈkɒnʃəsnəs/ [znw] bewusteloosheid

unconsidered/ʌnkənˈsɪdəd/ [bnw] ● onbezonnen ● ondoordacht

uncontested/ʌnkənˈtestɪd/ [bnw] onbetwist

uncontrollable/ʌnkənˈtrəʊləbl/ [bnw] ● niet te beïnvloeden ● niet te beheersen ● onbeperkt ★ ~ laughter onbedaarlijk gelach

uncontrolled/ʌnkənˈtrəʊld/ [bnw] ● bandeloos ● niet gecontroleerd ● onbelemmerd

U

U

unconventional/ʌnkən'venʃənl/ [bnw]
onconventioneel, niet gebonden aan vormen, vrij
unconventionality/ʌnkənvenʃə'nælətɪ/ [znw]
ongedwongenheid
unconvincing/ʌnkən'vɪnsɪŋ/ [bnw] niet
overtuigend
uncork/ʌn'kɔːk/ [ov ww] ontkurken, opentrekken
⟨v. fles⟩
uncountable/ʌn'kaʊntəbl/ [bnw] • niet te tellen
• ontelbaar
uncounted/ʌn'kaʊntɪd/ [bnw] • talloos • niet
geteld
uncouth/ʌn'kuːθ/ [bnw] • onhandig • ⟨vero.⟩
onbekend, vreemd, eigenaardig • ⟨vero.⟩ woest,
verlaten
uncover/ʌn'kʌvə/ [ov ww] • ontbloten, bloot
leggen • uit zijn schuilplaats drijven ⟨vos⟩ • ⟨mil.⟩
zonder dekking laten
uncovered/ʌn'kʌvəd/ [bnw] • onbedekt
• ongedekt
uncreditable/ʌn'kredɪtəbl/ [znw] oneervol
uncritical/ʌn'krɪtɪkl/ [bnw] • onkritisch
• klakkeloos
uncrowned/ʌn'kraʊnd/ [bnw] ongekroond, nog
niet gekroond ★ ~ king nog niet gekroonde koning;
ongekroonde koning ⟨fig.⟩
unction/ʌŋkʃən/ [znw] • zalf • zalving, 't
insmeren met 'n zalf⟨je⟩, sacrament der zieken
• vuur, animo, ★ Extreme Unction Heilig Oliesel
unctuous/ʌŋktʃʊəs/ [bnw] • vettig • zalvend ⟨fig.⟩
uncultivable/ʌn'kʌltɪvəbl/ [bnw]
• onbebouwbaar • niet te beschaven/ontwikkelen
uncultivated/ʌn'kʌltɪveɪtɪd/ [bnw] • onbebouwd
• onbeschaafd, onontwikkeld
uncultured/ʌn'kʌltʃəd/ [bnw] • onbeschaafd,
onontwikkeld • onbebouwd
uncurbed/ʌn'kɜːbd/ [bnw] tomeloos
uncut/ʌn'kʌt/ [bnw] • ongesnoeid • ongeslepen
⟨diamant⟩ • onverkort • onversneden ⟨drugs⟩
• onopengesneden • ⟨AE⟩ niet versneden ⟨drank⟩
★ ~ film/book/play ongecensureerd(e)
film/boek/stuk ★ ~ pages onafgesneden pagina's
⟨v. boek⟩
undaunted/ʌn'dɔːntɪd/ [bnw] onverschrokken,
onversaagd
undeceive/ʌndɪ'siːv/ [ov ww] • de ogen openen
⟨fig.⟩ • ontgoochelen
undeception/ʌndɪ'sepʃən/ [znw] ontgoocheling
undecided/ʌndɪ'saɪdɪd/ [bnw] onbeslist
undeclinable/ʌndɪ'klaɪnəbl/ [bnw] onverbuigbaar
undeclined/ʌndɪ'klaɪnd/ [bnw] onverbogen
undefiled/ʌndɪ'faɪld/ [bnw] rein, onbesmet
undemonstrative/ʌndɪ'mɒnstrətɪv/ [bnw]
gesloten, terughoudend
undeniable/ʌndɪ'naɪəbl/ [bnw] • ontegenzeglijk
• niet te wraken • onberispelijk • niet te weigeren
undenominational/ʌndɪnɒmɪ'neɪʃənl/ [bnw]
niet tot een kerkgenootschap behorend ★ ~ school
openbare school
under/'ʌndə/ **I** [bnw] • onder, beneden
• onvoldoende ★ ~ classes lagere klassen **II** [bijw]
hieronder, (daar)onder **III** [vz] • onder,
lager/minder dan, beneden • krachtens • onder
beschutting van ★ ~ difficult circumstances
onder moeilijke omstandigheden
underact/ʌndər'ækt/ [ov + on ww] • bewust
ingetogen acteren • niet goed spelen/vervullen ⟨rol⟩
under-age/ʌndər'eɪdʒ/ [bnw] jong, minderjarig
underbid/ʌndə'bɪd/ [on ww] • minder bieden dan
• te weinig bieden ⟨bridge⟩
underbidder/ʌndə'bɪdə/ [znw] op één na hoogste
bieder

underboy/'ʌndəbɔɪ/ [znw] jongen v.d. lagere
klassen op 'n school
underbred/'ʌndə'bred/ **I** [znw] v. inferieur ras
⟨vooral paard⟩ **II** [bnw] • onopgevoed • niet
raszuiver
underbrush/'ʌndəbrʌʃ/ [znw] kreupelhout
undercarriage/'ʌndəkærɪdʒ/ [znw]
landingsgestel ⟨v. vliegtuig⟩, onderstel ⟨v. wagen⟩
undercharge/ʌndə'tʃɑːdʒ/ [ov ww] te weinig
berekenen
underclothes/'ʌndəkləʊðz/ [mv] onderkleren
underclothing/'ʌndəkləʊðɪŋ/ [znw] onderkleding
undercoat/'ʌndəkəʊt/ [znw] • onderjas
• grondverflaag, onderlaag • ⟨AE⟩ roestwerend
middel
undercover/ʌndə'kʌvə/ [bnw] geheim ★ ~ agent
geheim agent
undercroft/'ʌndəkrɒft/ [znw] grafkelder, crypte
undercurrent/'ʌndəkʌrənt/ **I** [znw]
• onderstroom • verborgen invloed • onderstroom
II [bnw] verborgen
undercut I [ov ww] /ʌndə'kʌt/ • ondermijnen
• van onderen uitdunnen, wegkappen
• ondergraven • onderbieden, goedkoper werken
dan concurrent • ⟨sport⟩ bal v. onderen raken ★ ~
competitors iets aanbieden tegen lagere prijs dan
concurrenten ★ ~ efforts pogingen ondermijnen
II [znw] /'ʌndəkʌt/ • toespeling, steek onder water
• ossenhaas • ⟨sport⟩ slag met tegeneffect
underdeveloped/ʌndədɪ'veləpt/ [bnw]
onderontwikkeld
underdo/ʌndə'duː/ [ov ww] • te kort/niet gaar
koken • niet voldoende doen
underdog/'ʌndədɒg/ [znw] degene die altijd 't
loodje moet leggen
underdone/ʌndə'dʌn/ [bnw] niet doorbakken,
niet gaar
underdress I [ov + on ww] /ʌndə'dres/ ⟨z.⟩ te
dun/te eenvoudig kleden **II** [znw] /'ʌndədres/
onderjurk
underestimate/ʌndər'estɪmeɪt/ **I** [ov + on ww]
• onderschatten • te laag waarderen **II** [znw]
• onderschatting • te lage waardering
underexpose/ʌndərɪk'spəʊz/ [ov ww]
onderbelichten
underfeed/ʌndə'fiːd/ [ov ww] onvoldoende te eten
geven ★ underfed children ondervoede kinderen
underflow/'ʌndəfləʊ/ → **undercurrent**
underfoot/ʌndə'fʊt/ [bijw] onder de voet(en)
★ crush ~ vernederen; vertrappen
undergo/ʌndə'gəʊ/ [ov ww] ondergaan, lijden
★ ~ an operation een operatie ondergaan ★ ~
radical political changes aan ingrijpende
politieke veranderingen onderhevig zijn
undergrad, undergraduate/ʌndə'græd/
[znw] • student • onbedrevene ⟨fig.⟩
underground I [znw] • ondergrondse spoorweg
• ondergrondse verzetsbeweging **II** [bnw]
ondergronds ⟨ook fig.⟩ ★ ~ activities geheime
activiteiten **III** [bijw] • onder de grond • geheim
★ go ~ onderduiken
Underground/'ʌndəgraʊnd/ [znw] de metro
undergrowth/'ʌndəgrəʊθ/ [znw] kreupelhout
underhand/ʌndə'hænd/ [bnw] • met de hand
beneden de schouder ⟨worp⟩ • onderhands
• heimelijk, slinks
underhanded/ʌndə'hændɪd/ [bnw] • met de
hand onder schouderhoogte • onderbezet, met te
weinig personeel
underlay I [ww] /ʌndə'leɪ/ o.v.t. → **underlie**
II [ov ww] /ʌndə'leɪ/ d.m.v. onderlegger steunen
III [znw] /'ʌndəleɪ/ ondertapijt, onderlegger

underlease/ʌndə'liːs/ **I** [ov ww] onderverhuren
II [znw] onderverhuur
underlet/ʌndə'let/ [ov ww] • onderverhuren
• onder de waarde verhuren
underlie/ʌndə'laɪ/ [ov ww] • liggen onder • ten
grondslag liggen aan
underline/ʌndə'laɪn/ [ov ww] onderstrepen ‹ook
fig.›
underlinen/'ʌndəlɪnɪn/ [znw] ondergoed
underling/'ʌndəlɪŋ/ ‹pej.› [znw] • ondergeschikte
• loopjongen
undermanned/ʌndə'mænd/ [bnw] met
onvoldoende bemanning/personeel
undermentioned/ʌndə'menʃənd/ [bnw]
hieronder vermeld
undermine/ʌndə'maɪn/ [ov ww] ondermijnen
undermost/'ʌndəməʊst/ **I** [bnw] alleronderste
II [bijw] op de onderste plaats
underneath/ʌndə'niːθ/ **I** [znw] onderkant
II [bnw] onder- ∗ the ~ meaning de
dieperliggende betekenis **III** [bijw] hieronder,
daaronder, beneden ∗ ~, I am very shy eigenlijk,
diep van binnen, ben ik erg verlegen **IV** [vz] onder,
beneden ∗ ~ the table onder de tafel
undernourish/ʌndə'nʌrɪʃ/ [ov ww] onvoldoende
te eten geven ∗ ~ed ondervoed
underpants/'ʌndəpænts/ [znw] onderbroek
underpass/'ʌndəpɑːs/ [znw] onderdoorgang ∗ the
~ near the railway station de onderdoorgang bij
het station
underpay/ʌndə'peɪ/ [ov ww] onderbetalen, niet
voldoende uitbetalen
underpin/ʌndə'pɪn/ [ov ww] onderbouwen,
steunen, versterken
underplay/ʌndə'pleɪ/ [ov ww] • onderwaarderen,
bagatelliseren • duiken ‹kaartspel›
underplot/'ʌndəplɒt/ [znw] • ondergeschikte
intrige ‹v. verhaal› • kuiperij
underpopulated/ʌndə'pɒpjʊ'leɪtɪd/ [bnw] te
dun bevolkt
underprivileged/ʌndə'prɪvəlɪdʒd/ [bnw]
kansarm
underquote/ʌndə'kwəʊt/ [ov ww] een lagere prijs
bieden/vragen dan, onderbieden
underrate/ʌndə'reɪt/ [ov ww] • onderschatten • te
laag schatten
unders/'ʌndəz/ [mv] onderkleren
underscore/ʌndə'skɔː/ [ov ww] onderstrepen
‹fig.›, nog eens extra belichten
under-secretary/ʌndə'sekrətərɪ/ [znw]
onderminister, tweede secretaris ∗ ~ of state
onderminister, staatssecretaris
undersell/ʌndə'sel/ [ov ww] • goedkoper verkopen
dan • onder de waarde verkopen
underside/'ʌndəsaɪd/ [znw] onderkant
undersign/ʌndə'saɪn/ [ov ww] ondertekenen
undersized/ʌndə'saɪzd/ [bnw] onder de
gemiddelde maat
underslip/'ʌndəslɪp/ [znw] onderjurk
understaffed/ʌndə'stɑːft/ [znw] onderbezet
understand/ʌndə'stænd/ [ov ww] • begrijpen
• verstaan ‹ergens uit› opmaken ∗ am I to ~ that
you will not be present? moet ik hieruit begrijpen
dat je er niet bij zult zijn? ∗ an understood thing
iets dat vanzelf spreekt; iets dat men van te voren is
overeengekomen ∗ from what you say I ~ ... uit
wat je zegt maak ik op ... ∗ it is understood that
... stilzwijgend wordt aangenomen dat ...; naar we
vernemen ... ∗ we could not make ourselves
understood we konden ons niet verstaanbaar
maken ∗ what do you ~ by this? wat versta je
hieronder?

understandable/ʌndə'stændəbl/ [bnw]
begrijpelijk ∗ ~ to begrijpelijk voor
understandably/ʌndə'stændəblɪ/ [bijw]
begrijpelijkerwijs
understanding/ʌndə'stændɪŋ/ **I** [znw] • begrip
• verstandhouding • ‹inf.› schikking ∗ come
to/reach an ~ tot een overeenkomst komen; een
regeling treffen ∗ on the ~ that ... op voorwaarde
dat ... ∗ ~s voeten; benen; schoenen **II** [bnw]
begripvol tegemoetkomend, verstandig
understandingly/ʌndə'stændɪŋlɪ/ [bijw] met
kennis v. zaken
understate/ʌndə'steɪt/ [ov ww] • te weinig
zeggen • te laag opgeven ‹bedrag› ∗ he is
understating his age hij doet zich jonger voor dan
hij is
understatement/ʌndə'steɪtmənt/ [znw] • te
lage opgave • te zwakke aanduiding/weergave
∗ calling him incompetent would be an ~ hem
incompetent noemen is allesbehalve overdreven
understood/ʌndə'stʊd/ verl. tijd + volt. deelw.
→ **understand**
understudy/'ʌndəstʌdɪ/ **I** [ov ww] doublure zijn
voor, instuderen v.e. rol ter eventuele vervanging
v.e. toneelspeler **II** [znw] doublure
undertake **I** [ov ww] /ʌndə'teɪk/ ∗ op z. nemen
• ondernemen • z. verbinden • garanderen • borg
staan • beweren • ‹AE› wagen **II** [on ww] /'ʌndəteɪk/
/ begrafenissen verzorgen
undertaker [znw] ∗ /'ʌndəteɪkə/
begrafenisondernemer • /ʌndə'teɪkə/ iem. die iets
onderneemt
undertaking [znw] • verbintenis • lijkbezorging
• onderneming ∗ ~ business
begrafenisonderneming ∗ ~ parlour rouwkamer
undertenant/'ʌndətenənt/ [znw] onderhuurder,
onderpachter
underthings/'ʌndəθɪŋz/ [mv] ondergoed
undertone/'ʌndətəʊn/ [znw] • gedempte toon
• ondertoon ‹fig.› • lichte tint ∗ speak in an ~ met
gedempte stem spreken
undertook/ʌndə'tʊk/ verl. tijd → **undertake**
undertow/'ʌndətəʊ/ [znw] onderstroom
undervalue [ww] /ʌndə'væljuː/
• onderwaarderen ‹ook econ.› • onderschatten
II [znw] /'ʌndəvæljuː/ te kleine waarde
underwater/ʌndə'wɔːtə/ **I** [znw] grondwater
II [bnw] • onder de waterlijn • onderzee(s) • onder
water gelegen
underwear/'ʌndəweə/ [znw] ondergoed
underweight/ʌndə'weɪt/ **I** [ov ww] onderschatten
II [znw] gewichtsmanco **III** [bnw] onder 't
(normale) gewicht, te licht
underwent/ʌndə'went/ verl. tijd → **undergo**
underwood/'ʌndəwʊd/ [znw] • hout dat onder
ligt • kreupelhout
underwork/ʌndə'wɜːk/ **I** [ov ww] te weinig laten
werken **II** [on ww] te weinig werken
underworld/'ʌndəwɜːld/ [znw] • onderwereld
• misdadigerswereld
underwrite/ʌndə'raɪt/ **I** [ov ww] • ondertekenen
‹polis› • afsluiten v. verzekeringen • syndiceren
• ‹iets› onderschrijven • eronder schrijven
II [on ww] • verzekeringen afsluiten, assureren
• verzekeringszaken doen
underwriter/'ʌndəraɪtə/ [znw] iem. die niet
geplaatste aandelen koopt ∗ ‹scheepv.› assuradeur
underwriting/'ʌndəraɪtɪŋ/ [znw] • garantie ‹v.
emissie› • ‹scheepv.› assurantie
undeserved/ʌndɪ'zɜːvd/ [bnw] onverdiend
undesignedly/ʌndɪ'zaɪnɪdlɪ/ [bijw] onopzettelijk
undesigning/ʌndɪ'zaɪnɪŋ/ [bnw] • eerlijk

U

• argeloos
undesirability/ˌʌndɪzaɪərə'bɪləti/ [znw] ongewenstheid
undesirable/ˌʌndɪ'zaɪərəbl/ **I** [znw] ongewenste persoon **II** [bnw] • niet begeerlijk • ongewenst ∗ ∼ aliens ongewenste vreemdelingen
undetermined/ˌʌndɪ'tɜːmɪnd/ [bnw] onbeslist, besluiteloos
undeterred/ˌʌndɪ'tɜːd/ [bnw] onverschrokken, niet afgeschrikt
undeveloped/ˌʌndɪ'veləpt/ [bnw] onontwikkeld
undid/ʌn'dɪd/ verl. tijd → **undo**
undies/'ʌndɪz/ ⟨inf.⟩ [mv] ⟨dames⟩ondergoed
undig/ʌn'dɪg/ [ov ww] • opgraven • openen ⟨v. graf⟩
undigested/ˌʌndɪ'dʒestɪd/ [bnw] • niet verteerd • onrijp ⟨fig.⟩ • verward
undignified/ʌn'dɪgnɪfaɪd/ [bnw] onwaardig, onbetamelijk, ongepast
undiluted/ˌʌndaɪ'ljuːtɪd/ [bnw] onverdund, puur
undiscernible/ˌʌndɪ'sɜːnɪbl/ [bnw] onmerkbaar
undiscerning/ˌʌndɪ'sɜːnɪŋ/ **I** [znw] kortzichtigheid **II** [bnw] • geen onderscheid makend • kortzichtig
undisciplined/ʌn'dɪsəplɪnd/ [bnw] • ongedisciplineerd • onopgevoed
undisputed/ˌʌndɪ'spjuːtɪd/ [bnw] onbetwist
undissolved/ˌʌndɪ'zɒlvd/ [bnw] • onontbonden • onopgelost • onverbroken
undistinguished/ˌʌndɪ'stɪŋgwɪʃt/ [bnw] onbetekenend, middelmatig
undisturbed/ˌʌndɪ'stɜːbd/ [bnw] ongestoord, onverstoord
undivided/ˌʌndɪ'vaɪdɪd/ [bnw] ongedeeld, onverdeeld
undivulged/ˌʌndaɪ'vʌldʒd/ [bnw] geheim gehouden
undo/ʌn'duː/ **I** [ov ww] • uitkleden • teniet doen, ongedaan maken • losmaken, openmaken • ruïneren **II** [on ww] losgaan/laten
undoing/ʌn'duːɪŋ/ [znw] oorzaak v. ondergang/ongeluk
undone/ʌn'dʌn/ [bnw + bijw] • on⟨af⟩gedaan • losgemaakt • geruïneerd ∗ ⟨vero.⟩ I am ∼ ik ben verloren ∗ my shoelace came ∼ mijn veter ging los ∗ what is done cannot be ∼ gedane zaken nemen geen keer
undoubted/ʌn'daʊtɪd/ [bnw] • ongetwijfeld, ontwijfelbaar • onverdacht
undraped/ʌn'dreɪpt/ [bnw] • niet gedrapeerd • naakt
undrawn/ʌn'drɔːn/ [bnw] • niet getekend • niet getapt ⟨v. bier⟩ • niet gemolken
undreamed/ʌn'driːmd/ [bnw] onvermoed, onvoorstelbaar ∗ ∼ of niet te bevroeden; onvoorstelbaar
undress I [ov ww] /ʌn'dres/ blootleggen, uit-/ontkleden **II** [on ww] /ʌn'dres/ • uitkleden • blootleggen ∗ ⟨∼ of⟩ ontdoen van **III** [znw] /'ʌndres/ • négligé • ⟨mil.⟩ klein tenue **IV** [bnw] /'ʌndres/ • m.b.t. het kleine tenue • alledaags
undressed/ʌn'drest/ [bnw] ongekleed, uitgekleed
undue/ʌn'djuː/ [bnw] • niet verschuldigd • niet vervallen ⟨schuld⟩ • ongepast • overdreven
undulate/ˈʌndjʊleɪt/ **I** [ov + on ww] • ⟨doen⟩ golven • ⟨doen⟩ trillen **II** [bnw] • gegolfd • golvend
undulation/ˌʌndjʊ'leɪʃən/ [znw] golving, trilling
undulatory/ˈʌndjʊlətərɪ/ [bnw] golf-, golvend ∗ ⟨nat.⟩ ∼ theory golftheorie
unduly/ʌn'djuːlɪ/ [bijw] overdreven, te zeer
undying/ʌn'daɪɪŋ/ ⟨form.⟩ [bnw] • onsterfelijk • voortdurend

unearned/ʌn'ɜːnd/ [bnw] onverdiend ∗ ∼ income inkomen uit vermogen
unearth/ʌn'ɜːθ/ [ov ww] • uit zijn hol jagen ⟨dier⟩ • opgraven, rooien aan 't licht brengen, opdiepen
unearthly/ʌn'ɜːθlɪ/ [bnw] • bovenaards • akelig, griezelig, spookachtig ∗ at an ∼ hour op een belachelijk laat/vroeg uur
unease/ʌn'iːz/ [znw] • ongerustheid, angst, bezorgdheid • ongemak • onbehaaglijkheid
uneasiness/ʌn'iːzɪnəs/ [znw] • ongerustheid, angst, bezorgdheid • ongemak • onbehaaglijkheid
uneasy/ʌn'iːzɪ/ [bnw] • ongerust • onrustig • ongemakkelijk, onbehaaglijk ∗ sleep uneasily onrustig slapen ∗ ∼ about/at bezorgd over
uneconomic(al)/ˌʌniːkə'nɒmɪk(əl)/ [bnw] oneconomisch, onrendabel
uneducated/ʌn'edjʊkeɪtɪd/ [bnw] • ongeschoold, onontwikkeld • onbeschaafd
unembarrassed/ˌʌnɪm'bærəst/ [bnw] • onbelemmerd • onbezwaard ⟨hypotheek⟩ • vrijmoedig
unemployable/ˌʌnɪm'plɔɪəbl/ [bnw] ongeschikt voor werk
unemployed/ˌʌnɪm'plɔɪd/ [bnw] • niet gebruikt • werkloos ∗ dole for the ∼ steun aan werklozen ∗ ∼ salary wachtgeld
unemployment/ˌʌnɪm'plɔɪmənt/ [znw] werkloosheid ∗ ∼ benefit werkloosheidsuitkering
unending/ʌn'endɪŋ/ [bnw] • oneindig • onophoudelijk, zonder ophouden
unengaged/ˌʌnɪn'geɪdʒd/ [bnw] • niet bezet, vrij • niet bezig • ⟨mil.⟩ niet in gevecht
unenviable/ʌn'envɪəbl/ [bnw] niet benijdenswaardig, onaangenaam
unequal/ʌn'iːkwəl/ [bnw] • onregelmatig • oneven • niet opgewassen tegen • ongelijk ∗ ⟨form.⟩ they were ∼ to this work zij konden dit werk niet aan
unequalled/ʌn'iːkwəld/ [bnw] ongeëvenaard
unequals/ʌn'iːkwəlz/ [mv] personen/dingen van ongelijke stand/aard
unequivocal/ˌʌnɪ'kwɪvəkl/ [bnw] ondubbelzinnig, duidelijk
unerring/ʌn'ɜːrɪŋ/ [bnw] onfeilbaar
uneven/ʌn'iːvən/ [bnw] ongelijk⟨matig⟩
uneventful/ˌʌnɪ'ventfʊl/ [bnw] zonder gebeurtenissen v. belang ∗ these are ∼ times het zijn rustige tijden
unexceptionable/ˌʌnɪk'sepʃənəbl/ ⟨form.⟩ [bnw] onberispelijk, voortreffelijk
unexceptional/ˌʌnɪk'sepʃənl/ [bnw] • gewoon, v. gemiddelde kwaliteit • zonder uitzondering
unexpected/ˌʌnɪk'spektɪd/ [bnw] onverwacht
unexplained/ˌʌnɪk'spleɪnd/ [bnw] onverklaard
unexpressed/ˌʌnɪk'sprest/ [bnw] onuitgedrukt
unfading/ʌn'feɪdɪŋ/ [bnw] • wat niet verwelkt • kleurecht
unfailing/ʌn'feɪlɪŋ/ [bnw] zeker, onfeilbaar ∗ ∼ source onuitputtelijke bron
unfair/ʌn'feə/ [bnw] • oneerlijk • onsportief
unfaithful/ʌn'feɪθfʊl/ [bnw] • trouweloos • niet nauwkeurig • ⟨vero.⟩ ongelovig ∗ an ∼ translation een onnauwkeurige vertaling
unfaltering/ʌn'fɔːltərɪŋ/ [bnw] • zonder te stotteren • niet aarzelend • onwankelbaar, vast
unfamiliar/ˌʌnfə'mɪljə/ [bnw] • onbekend • ongewoon ∗ ∼ with onbekend met
unfamiliarity/ˌʌnfəmɪlɪ'ærətɪ/ [znw] • ongewoonheid • onbekendheid
unfashionable/ʌn'fæʃənəbl/ [bnw] niet modieus
unfashioned/ʌn'fæʃənd/ [bnw] niet bekoorlijk v. vorm, ongefatsoeneerd
unfasten/ʌn'fɑːsən/ **I** [ov ww] losmaken,

openmaken **II** [on ww] losraken
unfathomable/ʌnˈfæðəməbl/ [bnw] • niet te
peilen • ondoorgrondelijk
unfathomed/ʌnˈfæðəmd/ [bnw] • niet gepeild
• onmetelijk
unfavourable/ʌnˈfeɪvərəbl/ [bnw] ongunstig
unfeasible/ʌnˈfiːzəbl/ [bnw] ondoenlijk
unfeeling/ʌnˈfiːlɪŋ/ [bnw] • ongevoelig
• onsympathiek
unfeigned/ʌnˈfeɪnd/ [bnw] • ongeveinsd
• onvervalst • echt
unfinished/ʌnˈfɪnɪʃt/ [bnw] onafgedaan,
onafgewerkt, onaf
unfired/ʌnˈfaɪəd/ [bnw] rauw ‹v. eten› ★ ~ diet
rauwkost
unfit I [ov ww] /ʌnˈfɪt/ ongeschikt maken **II** [bnw]
• /ˈʌnfɪt/ ongeschikt • /ʌnˈfɪt/ ongeschikt • /ʌnˈfɪt/
niet in goede conditie • /ʌnˈfɪt/ minderwaardig
unfitted/ʌnˈfɪtɪd/ [bnw] • niet geschikt • niet
uitgerust ‹fig.›
unfitting/ʌnˈfɪtɪŋ/ [bnw] • ongeschikt • ongepast
unfix/ʌnˈfɪks/ [ov ww] • verwarren • losmaken
• losgaan
unflagging/ʌnˈflægɪŋ/ [bnw] onvermoeibaar,
onverflauwd
unflappable/ʌnˈflæpəbl/ [bnw] onverstoorbaar,
flegmatiek
unfledged/ʌnˈfledʒd/ [bnw] • onervaren • zonder
veren, niet kunnen vliegen
unflinching/ʌnˈflɪntʃɪŋ/ [bnw] z. niet gewonnen
gevend, onversaagd
unfold/ʌnˈfəʊld/ [ov + on ww] • (z.) ontvouwen, (z.)
uitspreiden • opengaan • openbaren • loslaten
‹schapen uit kooi›
unforeseen/ʌnfɔːˈsiːn/ [bnw] onvoorzien
unforgettable/ʌnfəˈgetəbl/ [bnw] onvergetelijk
unforgivable/ʌnfəˈgɪvəbl/ [bnw] onvergeeflijk
unforgiving/ʌnfəˈgɪvɪŋ/ [bnw] onverzoenlijk
unfortunate/ʌnˈfɔːtʃənət/ **I** [znw] ongelukkige
II [bnw] onfortuinlijk, ongelukkig
unfounded/ʌnˈfaʊndɪd/ [bnw] ongegrond
unfreeze/ʌnˈfriːz/ [ov ww] ontdooien
unfrequent/ʌnˈfriːkwənt/ [bnw] zelden ★ not ~ly
nog al eens
unfrequented/ʌnfrɪˈkwentɪd/ [bnw] niet bezocht,
eenzaam
unfriendly/ʌnˈfrendlɪ/ [bnw] onsympathiek, nors,
onvriendschappelijk ★ ~ weather slecht weer ★ ~
welcome koele ontvangst
unfrock/ʌnˈfrɒk/ [ov ww] • van jurk/pij ontdoen
• ontzetten uit priesterlijk ambt
unfulfilled/ʌnfʊlˈfɪld/ [bnw] onvervuld, niet in
vervulling gegaan
unfurl/ʌnˈfɜːl/ [ov + on ww] • (z.) ontrollen, (z.)
ontplooien • uitspreiden ★ to ~ the sails de zeilen
hijsen ★ ~ a flag een vlag ontvouwen
unfurnished/ʌnˈfɜːnɪʃt/ [bnw] ongemeubileerd
★ ~ with niet voorzien van
ungainly/ʌnˈgeɪnlɪ/ [bnw] • onbeholpen • lelijk
ungenerous/ʌnˈdʒenərəs/ [bnw] • krenterig,
gierig • kleinzielig, hard
ungiving/ʌnˈgɪvɪŋ/ [bnw] onbuigzaam
unglue/ʌnˈgluː/ [ov ww] losweken, losgaan
ungodly/ʌnˈgɒdlɪ/ [bnw] • goddeloos, zondig
• ergerlijk, onmenselijk
ungovernable/ʌnˈgʌvənəbl/ [bnw] niet
bestuurbaar, onhandelbaar
ungraceful/ʌnˈgreɪsfʊl/ [bnw] niet charmant,
lomp
ungracious/ʌnˈgreɪʃəs/ [bnw] • onvriendelijk, niet
aardig • afstotend • ondankbaar ★ ~ answer
onbeleefd antwoord ★ ~ task ondankbare taak

ungrateful/ʌnˈgreɪtfʊl/ [bnw] • ondankbaar
• onaangenaam ★ an ~ task een ondankbare taak
ungrounded/ʌnˈgraʊndɪd/ [bnw] ongegrond ★ ~
in niet onderricht in
ungrudgingly/ʌnˈgrʌdʒɪŋlɪ/ [bnw] gul ★ he gave
it ~/hij gaf het zonder mopperen
ungual/ˈʌŋgwəl/ [bnw] nagel-, klauw-
unguarded/ʌnˈgɑːdɪd/ [bnw] • niet beschermd
• onvoorzichtig • onbewaakt
unguent/ˈʌŋgwənt/ [znw] zalf, smeersel
ungulate, ungulated/ˈʌŋgjʊlət/ [bnw] gehoefd
‹dier›
unhallowed/ʌnˈhæləʊd/ [bnw] • ongewijd,
profaan • goddeloos, snood
unhampered/ʌnˈhæmpəd/ [bnw] ongehinderd
unhand/ʌnˈhænd/ ‹vero.› [ov ww] loslaten ★ ~ me
laat me los
unhandled/ʌnˈhændld/ [bnw] • niet behandeld
• onaangeraakt
unhandy/ʌnˈhændɪ/ [bnw] • onhandig • moeilijk
te hanteren
unhappy/ʌnˈhæpɪ/ [bnw] ongelukkig, ongepast,
noodlottig ★ an ~ remark een misplaatste
opmerking
unharness/ʌnˈhɑːnɪs/ [ov ww] uitspannen ‹paard›
unhealthy/ʌnˈhelθɪ/ [bnw] • ongezond • ‹sl.› niet
in de haak • ‹mil.› onder vuur ‹v. plaats›
unheard/ʌnˈhɜːd/ [bnw] • ongehoord • niet
verhoord • niet gehoord ★ an ~-of assertion een
ongekende ‹verrassende› bewering ★ an ~-of
outrage een schokkend vergrijp/schandaal
unheeded/ʌnˈhiːdɪd/ [bnw] verwaarloosd, waar
niet naar gekeken wordt
unheeding/ʌnˈhiːdɪŋ/ [bnw] achteloos ★ ~ of niet
lettend op
unhelpful/ʌnˈhelpfʊl/ [bnw] • niet hulpvaardig
• nutteloos
unhesitating/ʌnˈhezɪteɪtɪŋ/ [bnw] zonder
aarzelen, prompt
unhinge/ʌnˈhɪndʒ/ [ov ww] ontwrichten, iem. uit
z'n evenwicht slaan
unhitch/ʌnˈhɪtʃ/ [ov ww] • uitspannen ‹paard›
• losmaken, loslaten
unhoard/ʌnˈhɔːd/ [ov ww] ★ ~ a treasure een
schat opgraven; voor de dag halen
unholy/ʌnˈhəʊlɪ/ [bnw] • goddeloos, zondig
• ‹inf.› verschrikkelijk ★ ~ noise hels kabaal
unhook/ʌnˈhʊk/ [ov ww] loshaken, losmaken
unhoped/ʌnˈhəʊpt/ [bnw] ★ ~ for onverhoopt
unhorse/ʌnˈhɔːs/ [ov ww] • van 't paard werpen
• uitspannen
unhurt/ʌnˈhɜːt/ [bnw] • ongeschonden • ongedeerd
uni-/ˈjuːnɪ/ [voorv] één-
unicorn/ˈjuːnɪkɔːn/ [znw] • eenhoornvis, narwal
• soort kever • driespan ‹her.› eenhoorn
unidentified/ʌnaɪˈdentɪfaɪd/ [bnw] niet
geïdentificeerd ★ ~ flying object ufo; vliegende
schotel
unification/juːnɪfɪˈkeɪʃən/ [znw] eenmaking ★ the
~ of Europe de eenwording van Europa
uniform/ˈjuːnɪfɔːm/ **I** [ov ww] • gelijkschakelen
• kleden in uniform **II** [znw] uniform ★ in full ~ in
groot tenue ★ out of ~ in burger **III** [bnw]
• uniform, gelijk • onveranderlijk, eenparig ★ a ~
movement een gelijktijdige beweging ★ ~ dress
uniform
uniformed/ˈjuːnɪfɔːmd/ [bnw] in uniform
uniformity/juːnɪˈfɔːmətɪ/ [znw] uniformiteit
unify/ˈjuːnɪfaɪ/ [ov ww] • verenigen
• gelijkschakelen
unilateral/juːnɪˈlætərəl/ [bnw] eenzijdig ★ ~
declaration eenzijdige verklaring

U

unimaginable /ˌʌnɪˈmædʒɪnəbl/ [bnw] ondenkbaar

unimaginative /ˌʌnɪˈmædʒɪnətɪv/ [bnw] zonder enige fantasie

unimpaired /ˌʌnɪmˈpeəd/ [bnw] ongeschonden

unimpeachable /ˌʌnɪmˈpiːtʃəbl/ [bnw] • onberispelijk • onbetwistbaar

unimportant /ˌʌnɪmˈpɔːtnt/ [bnw] onbelangrijk

unimpressed /ˌʌnɪmˈprest/ [bnw] niet onder de indruk

unimpressive /ˌʌnɪmˈpresɪv/ [bnw] niet of weinig indrukwekkend

unimprovable /ˌʌnɪmˈpruːvəbl/ [bnw] • onverbeterlijk • niet te benutten

unimproved /ˌʌnɪmˈpruːvd/ [bnw] • niet verbeterd • niet ontgonnen • onbenut

uninformed /ˌʌnɪnˈfɔːmd/ [bnw] niet op de hoogte (gebracht), niet ingelicht

uninhibited /ˌʌnɪnˈhɪbɪtɪd/ [bnw] ongeremd, onbevangen, vrijmoedig

uninitiated /ˌʌnɪˈnɪʃɪeɪtɪd/ [bnw] oningewijd, niet ingewijd

uninspired /ˌʌnɪnˈspaɪəd/ [bnw] ongeïnspireerd, niet bezield, saai

uninspiring /ˌʌnɪnˈspaɪərɪŋ/ [bnw] niet inspirerend, saai, oninteressant

unintelligent /ˌʌnɪnˈtelɪdʒənt/ [bnw] • niet intelligent, dom • niet met rede begaafd

unintelligible /ˌʌnɪnˈtelɪdʒəbl/ [bnw] onbegrijpelijk

unintended /ˌʌnɪnˈtendɪd/ [bnw] onbedoeld, onopzettelijk

unintentional /ˌʌnɪnˈtenʃənl/ [bnw] onbedoeld, onopzettelijk

uninterested /ʌnˈɪntrəstɪd/ [bnw] ongeïnteresseerd

uninteresting /ʌnˈɪntrəstɪŋ/ [bnw] niet interessant

uninterrupted /ˌʌnɪntəˈrʌptɪd/ [bnw] onafgebroken, ongestoord

uninvited /ˌʌnɪnˈvaɪtɪd/ [bnw] ongenood, niet uitgenodigd

uninviting /ˌʌnɪnˈvaɪtɪŋ/ [bnw] weinig aantrekkelijk

union /ˈjuːnjən/ [znw] • eendracht • stof v. verschillende weefsels • vlag of gedeelte hiervan met verbondsembleem • studentenclub/sociëteit aan Engelse Universiteit • zaal waar leden v.d. studentenclub bijeenkomen • vereniging • verbinding, verbond • (gesch.) armhuis v. verenigde parochies • (techn.) verbindingsstuk • (gesch.) enkele verenigde parochies • (form.) huwelijk ★ ~ is strength eendracht maakt macht

unionism /ˈjuːnjənɪzəm/ [znw] • vakbeweging • beginselen v. unionistische partij

unionist /ˈjuːnjənɪst/ I [znw] • lid v.d. vakbond • voorstander v. politieke unie II [bnw] • verenigings- unionistisch

unionize /ˈjuːnjənaɪz/ [ov ww] verenigen tot een vakbond

unique /juˈniːk/ I [znw] iets unieks II [bnw] • buitengewoon, ongeëvenaard • uniek, enig (in soort) • (inf.) opmerkelijk ★ a ~ figure een opmerkelijke figuur

uniquely /juˈniːklɪ/ [bijw] • enkel • uniek • op zichzelf

unisex /ˈjuːnɪseks/ [bnw] • uniseks • onzijdig ★ ~ clothing/dress gelijke kleding voor mannen en vrouwen

unison /ˈjuːnɪsən/ [znw] • harmonie, overeenstemming • (muz.) éénklank ★ in ~ (muz.) unisono; in harmonie (fig.)

unit /ˈjuːnɪt/ [znw] • eenheid • (techn.) onderdeel • (mil.) afdeling • (AB) aandeel in een beleggingsmaatschappij

unitarianism /juːnɪˈteərɪənɪzəm/ [znw] leer v.d. unitariërs

unitary /ˈjuːnɪtərɪ/ [bnw] • eenheids- • uniform

unite /juˈnaɪt/ I [ov ww] verenigen • (~ in) (doen) verenigen in II [on ww] z. verenigen • (~ with) iem./iets met z. verenigen

united /juˈnaɪtɪd/ [bnw] • verenigd • eendrachtig ★ the United Brethren de hernhutters ★ the United Kingdom het Verenigd Koninkrijk ★ the United Nations Verenigde Naties ★ the United States de Verenigde Staten

unity /ˈjuːnɪtɪ/ [znw] • eenheid • overeenstemming ★ in ~ eensgezind

universal /juːnɪˈvɜːsəl/ I [znw] algemeen begrip/eigenschap/principe II [bnw] algemeen ★ Universal Declaration of Human Rights universele verklaring v.d. rechten v.d. mens ★ ~ agent vertegenwoordiger met volledige volmachten ★ (techn.) ~ coupling/joint kruiskoppeling ★ ~ language wereldtaal ★ ~ legatee universeel erfgenaam

universality /juːnɪvɜːˈsælɪtɪ/ [znw] universaliteit, alzijdigheid, algemeenheid

universalize /juːnɪˈvɜːsəlaɪz/ [ov ww] algemeen maken

universe /ˈjuːnɪvɜːs/ [znw] heelal

university /juːnɪˈvɜːsətɪ/ [znw] universiteit, hogeschool ★ ~ extension volksuniversiteit ★ ~ fee collegegeld ★ ~ man studerende aan universiteit; academisch gevormde ★ ~ student student

unjust /ʌnˈdʒʌst/ [bnw] onrechtvaardig

unjustifiable /ʌnˈdʒʌstɪfaɪəbl/ [bnw] • niet te rechtvaardigen • onverantwoordelijk

unjustified /ʌnˈdʒʌstɪfaɪd/ [bnw] • ongerechtvaardigd • onverantwoord

unjustly /ʌnˈdʒʌstlɪ/ [bnw] • onrechtvaardig • ten onrechte

unkempt /ʌnˈkempt/ [bnw] • ongekamd • slordig, onverzorgd ★ an ~ appearance een onverzorgd uiterlijk

unkept /ʌnˈkept/ [bnw] • niet bewaard • niet onderhouden, veronachtzaamd • niet nagekomen (v. belofte) • niet gevierd (v. feest)

unkind /ʌnˈkaɪnd/ [bnw] onvriendelijk, onhartelijk, onaardig

unknot /ʌnˈnɒt/ [ov ww] losknopen, losmaken

unknowing /ʌnˈnəʊɪŋ/ [bnw] onkundig, dom, onontwikkeld ★ ~ of zich niet bewust van

unknown /ʌnˈnəʊn/ I [znw] onbekende ★ the ~ het onbekende; de onbekende(n) II [bnw] • ongekend • onbekend ★ an ~ quantity een onbekende grootheid

unlace /ʌnˈleɪs/ [ov ww] losrijgen

unlaid /ʌnˈleɪd/ [bnw] • niet gelegd, niet gedekt (v. tafel) • rondwarend (v. spook)

unlatch /ʌnˈlætʃ/ [ov ww] openen

unlawful /ʌnˈlɔːfʊl/ [bnw] ongeoorloofd, onwettig

unleaded /ʌnˈledɪd/ [bnw] • loodvrij • zonder lood

unlearn /ʌnˈlɜːn/ [ov ww] afleren, verleren

unleash /ʌnˈliːʃ/ [ov ww] loslaten ★ ~ o.'s rage upon zijn woede op iem. koelen

unleavened /ʌnˈlevənd/ [bnw] ongedesemd

unless /ʌnˈles/ I [vz] behalve II [vw] tenzij

unlettered /ʌnˈletəd/ [bnw] ongeletterd

unlicensed /ʌnˈlaɪsənst/ [bnw] zonder vergunning

unlicked /ʌnˈlɪkt/ [bnw] • ongemanierd • (sl.) onovertroffen ★ ~ cub ongelikte beer

unlike /ʌnˈlaɪk/ [vz] • ongelijk • anders dan • in tegenstelling met ★ he is ~ his father hij lijkt niet op z'n vader

unlikelihood/ʌn'laɪklɪhʊd/ [znw]
onwaarschijnlijkheid

unlikely/ʌn'laɪklɪ/ [bnw] onwaarschijnlijk ∗ they
are ~ to go zij gaan waarschijnlijk niet

unlimited/ʌn'lɪmɪtɪd/ [bnw] • onbeperkt, niet
begrensd • vrij

unlink/ʌn'lɪŋk/ [ov ww] losmaken

unlisted/ʌn'lɪstɪd/ [bnw] niet geregistreerd
∗ ‹hand.› ~ securities incourante fondsen

unlive/ʌn'lɪv/ [ov ww] ∗ he tried to ~ his past hij
trachtte zijn verleden ongedaan te maken

unload/ʌn'ləʊd/ [ov ww] • wegdoen • ontladen
• lossen, aan de man brengen ∗ he ~ed his mind
hij stortte zijn hart uit

unlock/ʌn'lɒk/ [ov ww] • openbaren ‹fig.›
• ontsluiten ∗ ~ a mystery een geheim ontsluieren

unlooked-for/ʌn'lʊktfɔː/ [bnw] onverwacht

unloose(n)/ʌn'luːs(ən)/ [ov ww] • ontspannen
• losmaken

unlovely/ʌn'lʌvlɪ/ [bnw] • onbeminnelijk
• onaantrekkelijk, lelijk

unlucky/ʌn'lʌkɪ/ [bnw] • ongelukkig • onzalig

unmade/ʌn'meɪd/ [bnw] • niet opgemaakt (v.
bed) • niet gemaakt

unmake/ʌn'meɪk/ [ov ww] • tenietdoen • ruïneren
• afzetten ∗ ~ a p. iem. uit zijn functie ontheffen

unman/ʌn'mæn/ [ov ww] • ontmannen
• ontmoedigen

unmanageable/ʌn'mænɪdʒəbl/ [bnw]
• onhandelbaar, lastig • niet te besturen

unmanned/ʌn'mænd/ [bnw] onbemand,
onbeheerd

unmannered, unmannerly/ʌn'mænəd/ [bnw]
ongemanierd

unmarked/ʌn'maːkt/ [bnw] • niet v.e. merk
voorzien • onopgemerkt • niet opvallend

unmarketable/ʌn'maːkɪtəbl/ [bnw]
onverkoopbaar

unmarried/ʌn'mærɪd/ [bnw] ongetrouwd

unmask/ʌn'maːsk/ [ov + on ww] • ontmaskeren
• (z.) demaskeren

unmasking/ʌn'maːskɪŋ/ [znw] demasqué,
ontmaskering

unmastered/ʌn'maːstəd/ [bnw] teugelloos

unmatchable/ʌn'mætʃəbl/ [bnw] niet te evenaren

unmatched/ʌn'mætʃt/ [bnw] ongeëvenaard,
weergaloos ∗ niet bij elkaar passend

unmeaning/ʌn'miːnɪŋ/ [bnw] • zonder betekenis
• uitdrukkingsloos ∗ an ~ face een
uitdrukkingsloos gelaat

unmeant/ʌn'ment/ [bnw] onopzettelijk

unmeasured/ʌn'meʒəd/ [bnw] • ongemeten
• onmetelijk • niet gematigd ‹taalk.› niet
metrisch

unmentionable/ʌn'menʃənəbl/ I [znw] dat wat
niet besproken kan/mag worden II [bnw]
• onbeschrijflijk • niet (nader) te noemen

unmentionables/ʌn'menʃənəblz/ [mv]
• ondergoed ‹vero.› broek

unmerciful/ʌn'mɜːsɪfʊl/ [bnw] ongenadig,
onbarmhartig

unmindful/ʌn'maɪndfʊl/ [bnw] onachtzaam,
onattent, achteloos ∗ ~ of zonder acht te slaan op;
zonder te denken aan

unmistakable/ʌnmɪ'steɪkəbl/ [bnw]
onmiskenbaar

unmitigated/ʌn'mɪtɪgeɪtɪd/ [bnw]
• onverminderd ∗ absoluut ∗ an ~ lie een
doortrapte leugen

unmoor/ʌn'mʊə/ I [ov ww] losgooien (de trossen
v. schip) II [on ww] het anker lichten

unmount/ʌn'maʊnt/ I [ov ww] demonteren
II [on ww] afstijgen ‹paard›

unmounted/ʌn'maʊntɪd/ [bnw] • onbereden
• niet gezet/gemonteerd ∗ ~ police onbereden
politie

unmoved/ʌn'muːvd/ [bnw] • onbewogen • niet
verplaatst • onbeweeglijk • standvastig

unmoving/ʌn'muːvɪŋ/ [bnw] • geen indruk
makend • bewegingloos

unnamed/ʌn'neɪmd/ [bnw] niet met name
genoemd, naamloos, onbekend ∗ ~ fears vage
gevoelens van angst; vage fobieën

unnatural/ʌn'nætʃərəl/ [bnw] onnatuurlijk,
geforceerd, tegennatuurlijk

unnaturally/ʌn'nætʃərəlɪ/ [bnw] onnatuurlijk
∗ not ~ vanzelfsprekend; uit de aard der zaak

unnecessary/ʌn'nesəsərɪ/ [bnw] • onnodig
• overbodig ∗ ~ care nodeloos veel zorg

unnerve/ʌn'nɜːv/ [ov ww] v. kracht beroven,
verslappen, ontzenuwen

unnoted/ʌn'nəʊtɪd/ [bnw] • on(op)gemerkt
• onbekend

unnoticed/ʌn'nəʊtɪst/ [bnw] onopgemerkt

UNO/ju:nəʊ/ [afk] • (United Nations
Organization) (Organisatie van de) Verenigde
Naties

unobservant/ʌnəb'zɜːvənt/ [bnw]
onopmerkzaam ∗ be ~ of niet in acht nemen

unobserved/ʌnəb'zɜːvd/ [bnw] onopgemerkt

unobserving/ʌnəb'zɜːvɪŋ/ [bnw] onoplettend

unobtainable/ʌnəb'teɪnəbl/ [bnw] • niet te
krijgen, onverkrijgbaar • niet te bereiken,
onbereikbaar

unobtrusive/ʌnəb'truːsɪv/ [bnw] niet
in-/opdringerig

unoccupied/ʌn'ɒkjʊpaɪd/ [bnw] • onbewoond
• onbezet • niet bezig

unofficial/ʌnə'fɪʃəl/ [bnw] officieus, niet
geautoriseerd ∗ ~ strike wilde staking

unopposed/ʌnə'pəʊzd/ [bnw] • ongehinderd
• zonder tegenkandidaat

unorganized/ʌn'ɔːgənaɪzd/ [bnw]
ongeorganiseerd

unorthodox/ʌn'ɔːθədɒks/ [bnw] • ketters
• onconventioneel, ongewoon, ongebruikelijk

unpack/ʌn'pæk/ [ov + on ww] uitpakken

unpaid/ʌn'peɪd/ [bnw] • niet betaald, onbezoldigd
• ongefrankeerd

unparalleled/ʌn'pærəleld/ [bnw] zonder weerga

unpardonable/ʌn'paːdənəbl/ [bnw] onvergeeflijk

unparliamentary/ʌnpɑːlə'mentərɪ/ [bnw]
onparlementair ‹ook fig.›

unpassable/ʌn'paːsəbl/ [bnw] • onovertrefbaar
• niet gangbaar (v. geld)

unpeg/ʌn'peg/ [ov ww] • losmaken • ‹econ.›
vrijlaten (prijzen)

unperturbed/ʌnpə'tɜːbd/ [bnw] onverstoord

unplait/ʌn'plæt/ [ov ww] • de plooien halen uit
• losmaken (v. haar)

unpleasant/ʌn'plezənt/ [bnw] onplezierig,
onprettig, onaangenaam

unpleasantness/ʌn'plezəntnəs/ [znw] onprettige
toestand, wrijving

unpliable/ʌn'plaɪəbl/ [bnw] onbuigzaam

unpolished/ʌn'pɒlɪʃt/ [bnw] • ongepolijst
• onbeschaafd

unpopular/ʌn'pɒpjʊlə/ [bnw] impopulair

unpracticable/ʌn'præktɪkəbl/ [bnw]
onuitvoerbaar

unpractical/ʌn'præktɪkl/ [bnw] onpraktisch

unpractised/ʌn'præktɪst/ [bnw] • ongeoefend,
onervaren • ongebruikelijk

U

unprecedented/ʌnˈpresɪdentɪd/ [bnw] • zonder precedent • weergaloos

unpredictable/ʌnprɪˈdɪktəbl/ [bnw] onvoorspelbaar

unprejudiced/ʌnˈpredʒʊdɪst/ [bnw] onbevooroordeeld

unprepared/ʌnprɪˈpeəd/ [bnw] onvoorbereid

unpresentable/ʌnprɪˈzentəbl/ [bnw] niet te tonen, ontoonbaar

unpretentious, unpretending/ʌnprɪˈtenʃəs/ [bnw] niet aanmatigend, bescheiden

unprevailing/ʌnprɪˈveɪlɪŋ/ [bnw] • geen vat hebbend op • niet heersend • geen nut hebbend

unprincipled/ʌnˈprɪnsɪpld/ [bnw] • zonder beginsel • gewetenloos

unproductive/ʌnprəˈdʌktɪv/ [bnw] onproductief, weinig opleverend

unprofessional/ʌnprəˈfeʃənl/ [bnw] leken-, niet professioneel

unprofitable/ʌnˈprɒfɪtəbl/ [bnw] • geen voordeel opleverend • onproductief • ~ negotiations onvruchtbare onderhandelingen

unpromising/ʌnˈprɒmɪsɪŋ/ [bnw] weinig belovend

unprompted/ʌnˈprɒmptɪd/ [bnw] spontaan

unprotected/ʌnprəˈtektɪd/ [bnw] onbeschermd

unprovable/ʌnˈpruːvəbl/ [bnw] niet te bewijzen

unproved/ʌnˈpruːvd/ [bnw] niet bewezen

unproven/ʌnˈpruːvən/ [bnw] niet bewezen

unprovided/ʌnprəˈvaɪdɪd/ [bnw] • niet voorzien • niet verschaft • niet voorbereid * ~ for onverzorgd * ~ with niet voorzien van

unprovoked/ʌnprəˈvəʊkt/ [bnw] onuitgelokt, zonder uitdaging

unqualified/ʌnˈkwɒlɪfaɪd/ [bnw] • onbevoegd • ongeschikt • onvermengd • onvoorwaardelijk

unquestionable/ʌnˈkwestʃənəbl/ [bnw] onbetwistbaar

unquestionably/ʌnˈkwestʃənəblɪ/ [bijw] ongetwijfeld

unquestioned/ʌnˈkwestʃənd/ [bnw] • niet ondervraagd • onbetwist

unquestioning/ʌnˈkwestʃənɪŋ/ [bnw] onvoorwaardelijk * ~ obedience onvoorwaardelijke gehoorzaamheid

unquiet/ʌnˈkwaɪət/ I [znw] onrust II [bnw] • onrustig, rusteloos • ongerust

unquote/ʌnˈkwəʊt/ I [on ww] een citaat beëindigen II [tw] einde citaat

unravel/ʌnˈrævəl/ [ww] ontknopen, ontwarren, uitpluizen

unread/ʌnˈred/ [bnw] • niet gelezen • onbelezen

unreadable/ʌnˈriːdəbl/ [bnw] • onleesbaar • niet te lezen * ~ article saai artikel

unready/ʌnˈredɪ/ [bnw] • niet klaar • talmend, aarzelend • niet bereid

unreal/ʌnˈrɪəl/ [bnw] irreëel, onwerkelijk

unrealistic/ʌnrɪəˈlɪstɪk/ [bnw] onrealistisch

unreality/ʌnrɪˈælɪtɪ/ [znw] onwerkelijkheid

unreasonable/ʌnˈriːzənəbl/ [bnw] • onredelijk • redeloos • ongegrond

unreasoning/ʌnˈriːzənɪŋ/ [bnw] onnadenkend

unreclaimed/ʌnrɪˈkleɪmd/ [bnw] • onveranderd • onontgonnen

unrecognized/ʌnˈrekəgnaɪzd/ [bnw] • niet erkend • niet herkend

unredeemable/ʌnrɪˈdiːməbl/ [bnw] • onaflosbaar • niet meer goed te maken • ‹religie› niet te verlossen

unredeemed/ʌnrɪˈdiːmd/ [bnw] • niet vervuld • ‹hand.› niet af-/ingelost • ‹religie› niet verlost * an ~ promise een niet nagekomen belofte

unrelated/ʌnrɪˈleɪtɪd/ [bnw] • niet verwant • geen verband met elkaar houdend

unrelenting/ʌnrɪˈlentɪŋ/ [bnw] meedogenloos, onverbiddelijk

unreliable/ʌnrɪˈlaɪəbl/ [bnw] onbetrouwbaar

unrelieved/ʌnrɪˈliːvd/ [bnw] • niet verzacht • niet afgewisseld

unremitting/ʌnrɪˈmɪtɪŋ/ [bnw] aanhoudend, onverdroten

unremunerative/ʌnrɪˈmjuːnərətɪv/ [bnw] niet lonend/rendabel

unrepair/ʌnrɪˈpeə/ [znw] verval, slechte toestand

unrequited/ʌnrɪˈkwaɪtɪd/ [bnw] • onvergolden • onbeantwoord ‹liefde›

unreserved/ʌnrɪˈzɜːvd/ [bnw] • openhartig, vrijmoedig • niet besproken ‹plaats›

unreservedly/ʌnrɪˈzɜːvɪdlɪ/ [bijw] zonder voorbehoud

unresponsive/ʌnrɪˈspɒnsɪv/ [bnw] • niet reagerend • niet sympathiek, ontoeschietelijk * ~ to niet reagerend op

unrest/ʌnˈrest/ [znw] onrust

unrestrained/ʌnrɪˈstreɪnd/ [bnw] • ongedwongen • onbeperkt, onbeteugeld

unrestricted/ʌnrɪˈstrɪktɪd/ [bnw] • onbeperkt, onbegrensd • zonder snelheidslimiet

unrewarding/ʌnrɪˈwɔːdɪŋ/ [bnw] niet lonend, onrendabel, teleurstellend * ~ task ondankbare taak

unrig/ʌnˈrɪg/ [ov ww] • ‹scheepv.› aftakelen • ‹inf.› uitkleden

unrighteous/ʌnˈraɪtʃəs/ [bnw] • onrechtvaardig • zondig

unrip/ʌnˈrɪp/ [ov ww] openscheuren

unripe/ʌnˈraɪp/ [bnw] onrijp

unrivalled, unrivaled/ʌnˈraɪvəld/ [bnw] ongeëvenaard

unrobe/ʌnˈrəʊb/ [ov + on ww] • mantel of toga afleggen of -nemen • (z.) ontkleden

unroll/ʌnˈrəʊl/ [ov + on ww] ontplooien, (z.) ontrollen

unroot/ʌnˈruːt/ [ov ww] ontwortelen

unruffled/ʌnˈrʌfəld/ [bnw] • ongerimpeld, glad • bedaard

unruled/ʌnˈruːld/ [bnw] • niet geregeerd • ongelinieerd

unruly/ʌnˈruːlɪ/ [bnw] onstuimig, onhandelbaar, lastig

unsafe/ʌnˈseɪf/ [bnw] onveilig, gevaarlijk, onbetrouwbaar

unsaid/ʌnˈsed/ [bnw] onuitgesproken, verzwegen

unsanitary/ʌnˈsænɪtərɪ/ [bnw] ongezond, onhygiënisch

unsated/ʌnˈseɪtɪd/ [bnw] onverzadigd

unsatisfactory/ʌnsætɪsˈfæktərɪ/ [bnw] onbevredigend

unsatisfied/ʌnˈsætɪsfaɪd/ [bnw] onbevredigd, ontevreden

unsavo(u)ry/ʌnˈseɪvərɪ/ [bnw] • walgelijk, onsmakelijk • onverkwikkelijk * ~ case onverkwikkelijk geval

unsay/ʌnˈseɪ/ ‹form.› [ov ww] herroepen

unscathed/ʌnˈskeɪðd/ [bnw] ongedeerd, onbeschadigd

unscientific/ʌnsaɪənˈtɪfɪk/ [bnw] onwetenschappelijk

unscrew/ʌnˈskruː/ [ov ww] losschroeven

unscrupulous/ʌnˈskruːpjʊləs/ [bnw] gewetenloos

unseal/ʌnˈsiːl/ [ov ww] openen

unseasonable/ʌnˈsiːzənəbl/ [bnw] • abnormaal voor het seizoen • ongepast, ongelegen

unseasoned/ʌnˈsiːzənd/ [bnw] • onvolgroeid

• ongekruid • onervaren

unseat/ʌnˈsiːt/ [ov ww] • doen vallen • van zetel beroven/verwijderen • wippen (fig.) ★ ~ a minister een minister zijn zetel afnemen

unsecured/ʌnsɪˈkjʊəd/ [bnw] ongedekt, onbeveiligd ★ ~ creditors concurrente crediteuren ★ ~ debts ongedekte schulden

unseeing/ʌnˈsiːɪŋ/ [bnw] zonder (iets) te zien, blind (ook fig.) ★ with ~ eyes met wezenloze blik

unseemliness/ʌnˈsiːmlɪnəs/ [znw]
• ongelegenheid • onaantrekkelijkheid
• ongepastheid

unseemly/ʌnˈsiːmlɪ/ [bnw] • ongelegen • ongepast • lelijk

unseen/ʌnˈsiːn/ **I** [znw] het onzichtbare ★ the ~ de geestenwereld **II** [bnw] ongezien ★ an ~ translation een onvoorbereide vertaling

unselfish/ʌnˈselfɪʃ/ [bnw] onbaatzuchtig

unsent/ʌnˈsent/ [bnw] niet verzonden ★ ~ for ongevraagd; niet genodigd

unserviceable/ʌnˈsɜːvɪsəbl/ [bnw] onbruikbaar

unsettle/ʌnˈsetl/ [ov ww] • (beginnen te/doen) wankelen • van streek brengen • verwarren • schokken • onbestendig worden (weer)

unsettled/ʌnˈsetld/ [bnw] • onbestendig • onzeker • in de war • ongedurig • onbetaald (rekening) • niet nagelaten (bij testament) • zonder vaste woonplaats ★ ~ weather wisselvallig weer

unsex/ʌnˈseks/ [ov ww] castreren

unsexed/ʌnˈsekst/ [bnw] geslachtloos

unshaded/ʌnˈʃeɪdɪd/ [bnw] • onbeschaduwd • zonder scherm

unshakable/ʌnˈʃeɪkəbl/ [bnw] onwankelbaar

unshaken/ʌnˈʃeɪkən/ [bnw] • niet geschokt • onwrikbaar

unshamed/ʌnˈʃeɪmd/ [bnw] • niet beschaamd (gemaakt) • schaamteloos

unshapely/ʌnˈʃeɪplɪ/ [bnw] niet mooi gevormd, lelijk

unshielded/ʌnˈʃiːldɪd/ [bnw] onbeschut, onverdedigd

unship/ʌnˈʃɪp/ [ww] • ontschepen, lossen • losraken • van streek brengen • (scheepv.) onttakelen

unshipped/ʌnˈʃɪpt/ [bnw] ★ ~ goods niet verzonden goederen

unshroud/ʌnˈʃraʊd/ [ov ww] onthullen

unsightly/ʌnˈsaɪtlɪ/ [bnw] afzichtelijk, lelijk

unskilful/ʌnˈskɪlfʊl/ [bnw] onbekwaam

unskilled/ʌnˈskɪld/ [bnw] • onbedreven • geen bedrevenheid vereisend ★ ~ labour ongeschoolde arbeid

unslaked/ʌnˈsleɪkt/ [bnw] • onverminderd • onverzadigd

unsociability/ʌnsəʊʃəˈbɪlətɪ/ [znw]
• ongezelligheid • onverenigbaarheid

unsociable/ʌnˈsəʊʃəbl/ [bnw] • ongezellig • niet bij elkaar passend

unsocial/ʌnˈsəʊʃəl/ [bnw] niet sociaal voelend, onsociaal, eenzelvig

unsolicited/ʌnsəˈlɪsɪtɪd/ [bnw] ongevraagd

unsophisticated/ʌnsəˈfɪstɪkeɪtɪd/ [bnw] onbedorven, onervaren, eenvoudig

unsound/ʌnˈsaʊnd/ [bnw] • ongezond, aangestoken, ziek, zwak • onbetrouwbaar, ondeugdelijk • vals ★ of ~ mind krankzinnig

unsparing/ʌnˈspeərɪŋ/ [bnw] • kwistig, mild • meedogenloos ★ he was ~ of his powers hij spaarde zijn krachten niet

unspeak/ʌnˈspiːk/ [ov ww] herroepen

unspeakable/ʌnˈspiːkəbl/ [bnw] • onbeschrijfelijk • afschuwelijk

unspecified/ʌnˈspesɪfaɪd/ [bnw] niet gespecificeerd

unspoiled, unspoilt/ʌnˈspɔɪld/ [bnw] • niet verwend • onbeschadigd • niet bedorven

unspoken/ʌnˈspəʊkən/ [bnw] niet geuit ★ ~ of niet vermeld

unstable/ʌnˈsteɪbl/ [bnw] • onvast • wankelbaar • mentally – (geestelijk) labiel

unstained/ʌnˈsteɪnd/ [bnw] • ongeverfd • onbesmet

unstamped/ʌnˈstæmpt/ [bnw] • ongestempeld • ongezegeld • ongefrankeerd ★ ~ act onbezegelde akte ★ ~ envelope ongefrankeerde enveloppe

unsteady/ʌnˈstedɪ/ **I** [ov ww] onvast maken, veranderlijk maken **II** [bnw] • onvast • ongestadig • onsolide ★ ~ behaviour wisselvallig gedrag ★ ~ on your feet wankel ter been

unstick/ʌnˈstɪk/ [ov ww] • losweken • (luchtv./inf.) loskomen v.d. grond

unstinted/ʌnˈstɪntɪd/ [bnw] royaal, kwistig, onbeperkt

unstoppable/ʌnˈstɒpəbl/ [bnw] onstuitbaar, niet te stoppen

unstrap/ʌnˈstræp/ [ov ww] (de riemen) losgespen (van), losmaken

unstressed/ʌnˈstrest/ [bnw] zonder nadruk

unstring/ʌnˈstrɪŋ/ [ov ww] • ontsnaren • los(ser) maken • ontzenuwen, verslappen (zenuwen) • van streek brengen

unstuck/ʌnˈstʌk/ [bnw] los ★ he has come ~ het is 'm in z'n hoofd geslagen ★ (inf.) the plan came ~ het plan mislukte

unstudied/ʌnˈstʌdɪd/ [bnw] • spontaan, natuurlijk • niet bestudeerd

unsubstantial/ʌnsəbˈstænʃəl/ [bnw]
• onwerkelijk • onsolide, niet degelijk • slap (voedsel) ★ ~ building onsolide gebouw ★ ~ food eten dat de maag niet vult; een slappe hap

unsubstantiated/ʌnsəbˈstænʃɪeɪtɪd/ [bnw] onbevestigd ★ ~ accusation ongefundeerde beschuldiging

unsuccessful/ʌnsəkˈsesfʊl/ [bnw] zonder succes, niet geslaagd ★ my attempt was ~ mijn poging slaagde niet; mijn poging strandde

unsuitability/ʌnsuːtəˈbɪlətɪ/ [znw] ongeschiktheid

unsuitable/ʌnˈsuːtəbl/ [bnw] • ongeschikt • ongepast

unsuited/ʌnˈsuːtɪd/ [bnw] • ongeschikt ★ ~ to niet passend bij

unsung/ʌnˈsʌŋ/ [bnw] • niet gezongen • niet bezongen

unsure/ʌnˈʃʊə/ [bnw] onzeker

unsuspected/ʌnsəˈspektɪd/ [bnw] • onverdacht • niet vermoed

unsuspecting/ʌnsəˈspektɪŋ/ [bnw] geen kwaad vermoedend, argeloos

unsuspicious/ʌnsəˈspɪʃəs/ [bnw] niet wantrouwend, argeloos

unswayed/ʌnˈsweɪd/ [bnw] onbevooroordeeld

unswerving/ʌnˈswɜːvɪŋ/ [bnw] niet afwijkend, onwankelbaar

unsympathetic/ʌnsɪmpəˈθetɪk/ [bnw] geen belangstelling tonend

untackle/ʌnˈtækl/ [ov ww] uitspannen (v. paard)

untalked/ʌnˈtɔːkt/ [bnw] ★ ~ of onbesproken

untangle/ʌnˈtæŋgl/ [ov ww] ontwarren

untapped/ʌnˈtæpt/ [bnw] onaangesproken (fig.), (nog) niet aangeboord

untarnished/ʌnˈtɑːnɪʃt/ [bnw] • onbezoedeld • onverbleekt • niet dof gemaakt

untasted/ʌnˈteɪstɪd/ [bnw] niet geproefd, onaangeroerd (spijzen) ★ the food was left ~ het eten was onaangeroerd

untaught/ʌnˈtɔːt/ [bnw] • niet onderwezen

• *onwetend*

untaxed /ʌnˈtækst/ [bnw] • *onbelast* • *niet beschuldigd*

unteach /ʌnˈtiːtʃ/ [ov ww] *afleren*

unteachable /ʌnˈtiːtʃəbl/ [bnw] *hardleers*

untenable /ʌnˈtenəbl/ [bnw] *onhoudbaar*

untenanted /ʌnˈtenəntɪd/ [bnw] • *onbewoond* • *niet verhuurd*

untended /ʌnˈtendɪd/ [bnw] *onverzorgd*

unthinkable /ʌnˈθɪŋkəbl/ [bnw] • *ondenkbaar* • *onwaarschijnlijk*

unthinking /ʌnˈθɪŋkɪŋ/ [bnw] *onbezonnen* ⋆ ~ *moment onbewaakt ogenblik*

unthinkingly /ʌnˈθɪŋkɪŋlɪ/ [bijw] • *onbezonnen* • *zonder na te denken*

unthought /ʌnˈθɔːt/ [bnw] *ondenkbaar* ⋆ ~ *of onvermoed*

unthrifty /ʌnˈθrɪftɪ/ [bnw] • *verkwistend* • *onvoorspoedig*

unthrone /ʌnˈθrəʊn/ [ov ww] *onttronen*

untidy /ʌnˈtaɪdɪ/ [bnw] *slordig*

untie /ʌnˈtaɪ/ [ov ww] • *bevrijden* • *losmaken*

until /ənˈtɪl/ **I** [vz] *tot (aan)* ⋆ ~ *now I was not informed of this tot nu toe was ik hier niet van op de hoogte gebracht* ⋆ *wait ~ midnight wachten tot middernacht* **II** [vw] *tot(dat)* ⋆ ~ *I met him, I was very restless ik was erg onrustig totdat ik hem ontmoette*

untilled /ʌnˈtɪld/ [bnw] *ongecultiveerd*

untimely /ʌnˈtaɪmlɪ/ [bnw] • *niet op de juiste tijd, ongelegen* • *voortijdig*

untiring /ʌnˈtaɪərɪŋ/ [bnw] *onvermoeid, onverdroten*

unto /ˈʌntʊ/ ⟨vero.⟩ [vz] *tot, tot aan*

untold /ʌnˈtəʊld/ ⟨form.⟩ [bnw] • *onnoemelijk, (tot nu toe) niet verteld* • ⟨vero.⟩ *niet geteld* • ⟨vero.⟩ *talloos*

untouchable /ʌnˈtʌtʃəbl/ **I** [znw] • *iem. die/iets dat onaantastbaar is* • *het onaanraakbare* ⋆ ⟨religie⟩ *the caste of ~s in India de kaste der paria's in India* **II** [bnw] • *ontastbaar* • *onrein* ⟨hindoeïsme⟩ • *onaanraakbaar*

untouched /ʌnˈtʌtʃt/ [bnw] *onaangeraakt, onbewogen*

untoward /ʌntəˈwɔːd/ [bnw] • *verdorven* • *onhandelbaar, eigenwijs* • *onfortuinlijk* ⋆ *an ~ event een ongelukkig voorval*

untrained /ʌnˈtreɪnd/ [bnw] *ongeoefend*

untrammelled /ʌnˈtræmld/ [bnw] *onbelemmerd*

untranslatable /ʌntræns'leɪtəbl/ [bnw] *onvertaalbaar*

untravelled /ʌnˈtrævəld/ [bnw] • *onbereisd* • *niet door reizigers bezocht*

untried /ʌnˈtraɪd/ [bnw] • *niet geprobeerd* • *onervaren* • ⟨jur.⟩ *(nog) niet berecht/verhoord*

untroubled /ʌnˈtrʌbld/ [bnw] • *ongestoord* • *kalm, onbewogen* ⋆ ~ *conscience zuiver geweten*

untrue /ʌnˈtruː/ [bnw] • *onwaar* • *ontrouw*

untruth /ʌnˈtruːθ/ [znw] *onwaarheid*

untruthful /ʌnˈtruːθfʊl/ [bnw] *leugenachtig*

untuned /ʌnˈtjuːnd/ [bnw] • *ongestemd* • *niet afgestemd*

untuneful /ʌnˈtjuːnfʊl/ [bnw] *onwelluidend*

untutored /ʌnˈtjuːtəd/ [bnw] • *niet onderwezen* • *eenvoudig* • *onbeschaafd*

untwine /ʌnˈtwaɪn/ [ov ww] • *ontstrengelen, losdraaien* • *losraken*

untwist /ʌnˈtwɪst/ [ww] • *ontstrengelen, losdraaien* • *losraken*

unused [bnw] • /ʌnˈjuːst/ *niet gewend* • /ʌnˈjuːzd/ *ongebruikt*

unusual /ʌnˈjuːʒʊəl/ [bnw] *niet gebruikelijk, ongewoon*

unusually /ʌnˈjuːʒʊəlɪ/ [bijw] *ongebruikelijk, ongewoon*

unutterable /ʌnˈʌtərəbl/ [bnw] *onuitsprekelijk, vreselijk* ⋆ *an ~ villain een onbeschrijfelijke schurk*

unvaried /ʌnˈveərɪd/ [bnw] *onveranderd, eentonig, zonder afwisseling, ongevarieerd*

unvarnished /ʌnˈvɑːnɪʃt/ [bnw] • *niet gevernist* • *onverbloemd* ⟨waarheid⟩ • *onopgesmukt*

unvarying /ʌnˈveərɪŋ/ [bnw] *eentonig, zonder afwisseling, onveranderlijk*

unveil /ʌnˈveɪl/ **I** [ov ww] *ontsluieren, onthullen* **II** [on ww] *de sluier afdoen*

unversed /ʌnˈvɜːst/ ⟨form.⟩ [bnw] *onervaren*

unvoiced /ʌnˈvɔɪst/ [bnw] • *onuitgesproken* • ⟨taalk.⟩ *stemloos*

unvouched /ʌnˈvaʊtʃt/ [bnw] ⋆ ~ *for niet gegarandeerd*

unwanted /ʌnˈwɒntɪd/ [bnw] • *niet verlangd* • *niet nodig* ⋆ ~ *pregnancy (geval v.) ongewenste zwangerschap*

unwarrantable /ʌnˈwɒrəntəbl/ [bnw] *niet te rechtvaardigen, onverantwoordelijk*

unwarranted /ʌnˈwɒrəntɪd/ [bnw] • *onverantwoord* • *ongewettigd* • *niet gewaarborgd*

unwary /ʌnˈweərɪ/ [bnw] *onvoorzichtig, onbezonnen*

unwatered /ʌnˈwɔːtəd/ [bnw] • *zonder water* • *niet besproeid* • *niet verdund met water*

unwavering /ʌnˈweɪvərɪŋ/ [bnw] *onwankelbaar, standvastig*

unwearable /ʌnˈweərəbl/ [bnw] *niet te dragen*

unwearied /ʌnˈwɪərɪd/ [bnw] *onvermoeid*

unwearying /ʌnˈwɪərɪŋ/ [bnw] *onvermoeibaar*

unwelcome /ʌnˈwelkəm/ [bnw] *niet welkom*

unwell /ʌnˈwel/ [bnw] *onwel*

unwholesome /ʌnˈhəʊlsəm/ [bnw] *ongezond (ook fig.)*

unwieldy /ʌnˈwiːldɪ/ [bnw] • *log* • *lastig te hanteren* • *lomp*

unwifely /ʌnˈwaɪflɪ/ [bnw] *zoals men v. een echtgenote niet verwacht*

unwilling /ʌnˈwɪlɪŋ/ [bnw] • *met tegenzin* • *onwillig* ⋆ *he was ~ to help me hij was niet genegen met (te) helpen*

unwillingly /ʌnˈwɪlɪŋlɪ/ [bijw] • *onwillig* • *met tegenzin*

unwind /ʌnˈwaɪnd/ **I** [ov ww] *afwinden* **II** [on ww] • *zich ontrollen* • ⟨inf.⟩ *kalmeren*

unwise /ʌnˈwaɪz/ [bnw] *onverstandig*

unwitting /ʌnˈwɪtɪŋ/ [bnw] *zonder erg, onwetend*

unwittingly /ʌnˈwɪtɪŋlɪ/ [bijw] • *onopzettelijk* • *onbewust, zonder 't te weten*

unwomanly /ʌnˈwʊmənlɪ/ [bnw] *onvrouwelijk*

unwonted /ʌnˈwəʊntəd/ [bnw] *ongewoon, niet gewend*

unworkable /ʌnˈwɜːkəbl/ [bnw] • *onuitvoerbaar* • *niet te bewerken*

unworldly /ʌnˈwɜːldlɪ/ [bnw] *onwereldlijk, onaards, geestelijk*

unworried /ʌnˈwʌrɪd/ [bnw] *niet geplaagd*

unworthy /ʌnˈwɜːðɪ/ [bnw] *onwaardig, niet passend* ⋆ *it is ~ of you het siert u niet; het past u niet*

unwound /ʌnˈwaʊnd/ **I** [ww] *verl. tijd + volt. deelw.* → *unwind* **II** [bnw] *niet (op)gewonden, afgewonden*

unwrap /ʌnˈræp/ [ov ww] *loswikkelen*

unwritten /ʌnˈrɪtn/ [bnw] *ongeschreven*

unwrought /ʌnˈrɔːt/ [bnw] • *onbewerkt* • *niet*

afgemaakt

unyielding /ʌn'ji:ldɪŋ/ [bnw] onverzettelijk

unzip /ʌn'zɪp/ [ov ww] openritsen, losmaken ‹v. ritssluiting›

up /ʌp/ **I** [on ww] opspringen ★ he upped with his stick hij hief zijn stok op ★ he ups and says hij springt op en zegt **II** [znw] ★ the ups and downs of life de voorspoed en de tegenslag in het leven **III** [bnw] ● op, omhoog ● in rep en roer, in opstand ● verstreken, afgelopen ● aan de gang ● opgebroken ★ (the) beer is up 't bier is opgeslagen; het bier schuimt ★ I was up for B. ik was op weg naar B. ★ I was up for an exam ik moest examen doen ★ Parliament is up 't parlement houdt geen zitting meer ★ he is up on this matter hij is op de hoogte van deze kwestie ★ he is well up in this subject hij is goed in dit onderwerp thuis ★ his blood is up hij is razend ★ it's all up with us we zijn totaal verloren; de kans is verkeken; we zijn er bij ★ the goods are up de goederen zijn aangekomen ★ the hunt is up de jacht is begonnen ★ the minister is up de minister begint te spreken/is aan 't spreken ★ the tide is up 't is hoog water ★ up line spoorlijn die naar boven loopt/naar een centraal punt gaat ★ up stroke slag omhoog ★ what's up there? wat is daar aan de hand? **IV** [bijw] ● op, omhoog, naar boven ● in de stad ● as far up as A. in noordelijke richting tot A. ★ did he act up to his principles? heeft hij overeenkomstig z'n principes gehandeld? ★ from my birth up van mijn geboorte af ★ he is not up to his work hij kan z'n werk niet aan ★ he lives two pair of stairs up hij woont twee hoog ★ it doesn't come up to what I expected het beantwoordt niet aan wat ik verwachtte ★ it is not up to much 't is niet veel zaaks ★ it is up to us to stop this 't ligt op onze weg hier paal en perk aan te stellen ★ it is up to you dat is uw/jouw zaak ★ she was up to all kinds of tricks zij haalde allerlei streken uit ★ the carriage was full up het rijtuig was helemaal vol ★ up the royalists! hoera voor de koningsgezinden! ★ up there you can see it daarginds kun je het zien ★ up till/to now tot op heden ★ up to the ceiling tot aan 't plafond ★ you will be up against much trouble je zult tegenover veel moeilijkheden komen te staan **V** [vz] op ★ they sailed up the lake zij zeilden het meer op ★ they went up the country ze trokken verder 't land in ★ up and down op en neer; eerlijk ★ up hill and down dale heuvel op, heuvel af; bergop, bergaf

up- /ʌp/ [voorv] op-, naar ★ upgrade verbeteren

U.P. [afk] ● United Press ★ it's all U.P. with him het is helemaal gedaan met hem

up-and-coming /ʌpən'kʌmɪŋ/ ‹inf.› [bnw] veelbelovend ★ an ~ actress een veelbelovende actrice

up-and-down /ʌpən'daʊn/ ‹inf.› [znw] kritische, inspecterende blik van top tot teen ★ ‹AE› he is ~ with you hij staat eerlijk tegenover je ★ ‹AE› ~ answer 'n eerlijk en positief antwoord

upbraid /ʌp'breɪd/ [ov ww] berispen, verwijten ★ ~ for/with iem. berispen om/wegens

upbringing /'ʌpbrɪŋɪŋ/ [znw] opvoeding

upcast I [ww] /ʌp'kɑ:st/ opwerpen **II** [znw] /'ʌpka:st/ ● worp omhoog ● ventilatieschacht ‹bij mijn› **III** [bnw] /'ʌpka:st/ ● opgeworpen ● opgeslagen ‹ogen› ★ ~ eyes hemelwaarts gerichte blik

up-country /ʌp'kʌntri/ [bnw] ● onwetend, naïef ● in het binnenland ★ ~ regions in het binnenland gelegen gebieden

update [ov ww] /ʌp'deɪt/ moderniseren

---

up-end /ʌp'end/ [ov ww] ● op zijn kant zetten ● omkeren ● overeind komen/zetten ● ondersteboven zetten

upgrade /ʌp'greɪd/ **I** [ov ww] verbeteren ‹positie› **II** [znw] helling naar boven ★ on the ~ stijgend; steeds beter wordend **III** [bijw] omhoog, bergop

upheaval /ʌp'hi:vəl/ [znw] ● omwenteling ● ontreddering

upheld /ʌp'held/ verl. tijd + volt. deelw. → **uphold**

uphill I [znw] /'ʌphil/ opwaartse helling **II** [bnw] /'ʌphil/ ● moeilijk ★ ~ work zwaar werk **III** [bijw] /ʌp'hil/ ● moeizaam ● bergopwaarts

uphold /ʌp'həʊld/ [ov ww] ● rechthouden, handhaven ● steunen, verdedigen ● bevestigen ★ ~ a decision een besluit verdedigen ★ ~ a statement een uitspraak bevestigen

upholder /ʌp'həʊldə/ [znw] handhaver, iem. die steunt

upholster /ʌp'həʊlstə/ [ov ww] ● meubileren ● stofferen

upholsterer /ʌp'həʊlstərə/ [znw] ● behanger ● stoffeerder ★ political ~ politieke tinnegieter

upholstery /ʌp'həʊlstəri/ [znw] ● stoffering, bekleding ● behangerswerk ● gestoffeerde meubelen ● stoffeerderij

upkeep /'ʌpki:p/ [znw] onderhoud(skosten)

upland /'ʌplənd/ **I** [znw] hoogland **II** [bnw] in/uit/van het hoogland

uplift I [ww] /ʌp'lift/ opheffen ● verheffen ‹i.h.b. geestelijk› **II** [znw] /'ʌplift/ ● verheffing, veredeling ● steun

up-market [bnw] exclusief, chic ★ ~ shop chique zaak

upmost /'ʌpməʊst/ [bnw] hoogst

upon /ə'pɒn/ [vz] ● op ● meteen na(dat) ★ thousands upon thousands of birds vele duizenden vogels ★ upon entering the room, she sat down meteen na binnenkomst in de kamer ging ze zitten ★ walk upon the moon op de maan lopen

upper /'ʌpə/ **I** [znw] ● boventand, bovenkaak ● bovengedeelte v. schoen **II** [bnw] hoger, boven(ste) ★ get the ~ hand de overhand krijgen ★ the Upper House het Hogerhuis ★ the ~ middle classes de deftige burgerstand ★ the ~ ten (thousand) de deftigste kringen; de elite ★ ~ circle balkon tweede rang ★ ‹inf.› ~ crust de aristocratie ★ ~ dog overwinnaar ★ ~ storey bovenverdieping; hersenen

upper-class [bnw] uit de hogere kringen, van goeden huize

uppercut /'ʌpəkʌt/ **I** [ww] een bovenwaartse stoot op de kin of kaak toebrengen **II** [znw] bovenwaartse stoot op kin of kaak

uppermost /'ʌpəməʊst/ [bnw + bijw] hoogst, boven

uppers /'ʌpəz/ [mv] stoffen slobkousen ★ he's down on his ~ hij is straatarm; hij verkeert in moeilijkheden

uppish /'ʌpɪʃ/ [bnw] ● verwaand ● zelfverzekerd, vrijpostig

uppity /'ʌpəti/ ‹AE/sl.› [bnw] brutaal, verwaand

upraise /ʌp'reɪz/ [ov ww] opheffen

uprear /ʌp'rɪə/ [ov ww] ● verheffen ● grootbrengen

upright /'ʌpraɪt/ **I** [znw] ● verticale post/stut ● buffetpiano **II** [bnw] ● recht, verticaal ● eerbaar, oprecht, eerlijk **III** [bijw] rechtop

uprightness /'ʌpraɪtnəs/ [znw] ● opstaande stand ● rechtschapenheid

uprise /ʌp'raɪz/ **I** [on ww] opgaan, verrijzen **II** [znw] opgang, opkomst

U

U

uprising /ˈʌpraɪzɪŋ/ [znw] ● opkomst ● opstand ● stijging ● opleving

uproar /ˈʌprɔː/ [znw] tumult, rumoer, lawaai

uproarious /ʌpˈrɔːrɪəs/ [bnw] lawaaierig, onstuimig ★ ~ applause stormachtig/tumultueus applaus

uproot /ʌpˈruːt/ [ov ww] ontwortelen

uprush /ˈʌprʌʃ/ [znw] opwelling, stroom

upset I [ov ww] /ʌpˈset/ ● omverwerpen, omgooien ● in de war sturen ● v. streek brengen ● omslaan ● be ~ omkantelen; omslaan; v. streek raken/zijn ★ this meal has ~ my stomach mijn maag is van streek door deze maaltijd II [znw] /ˈʌpset/ ● omkanteling, omslag ● omverwerping ● schok, ontsteltenis ● onenigheid III [bnw] /ʌpˈset/ ● omvergeworpen ● ongesteld ● verstoord ★ ~ price laatste prijs bij openbaar verkoop; inzetprijs

upshot /ˈʌpʃɒt/ [znw] resultaat, eind van 't liedje ★ in the ~ uiteindelijk ★ the ~ of it is that ... 't komt hierop neer dat ...

upside /ˈʌpsaɪd/ [znw] bovenkant

upside-down /ʌpsaɪdˈdaʊn/ [bnw + bijw] ● ondersteboven ● compleet in de war ★ an ~ arrangement een wanordelijke regeling ★ everything was ~ alles was in de war, alles lag ondersteboven

upstage /ʌpˈsteɪdʒ/ [ov ww] in de schaduw stellen ‹fig.›, naar de achtergrond dringen ‹fig.›, overschaduwen ‹fig.›

upstairs /ʌpˈsteəz/ I [bnw] boven- II [bijw] ● de trap op, naar boven ● de lucht in ● in de lucht

upstanding /ʌpˈstændɪŋ/ [bnw] oprecht, hoogstaand

upstart /ˈʌpstɑːt/ I [znw] parvenu II [bnw] opschepperig

upstream /ˈʌpstriːm/ [bnw] tegen de stroom op, stroomopwaarts

upsurge /ˈʌpsɜːdʒ/ [znw] opwelling, plotselinge toename

upswing /ˈʌpswɪŋ/ [znw] toename, opleving

uptake /ˈʌpteɪk/ [znw] ★ be quick at the ~ snel van begrip

uptight /ʌpˈtaɪt/ [bnw] erg gespannen, zeer nerveus

up-to-date /ʌptəˈdeɪt/ [bnw] bij de tijd, modern ★ keep the books ~ de boeken bij houden

uptown /ʌpˈtaʊn/ [bijw] ● in/naar de bovenstad ● naar de buitenwijken v.d. stad

upturn /ˈʌptɜːn/ I [ov ww] ● omkeren, omgooien, omwoelen ● opslaan, opzetten ‹kraag› II [znw] ● omverwerping ● omslag, v. broek/mouw ● ‹hand.› opleving

upward(s) /ˈʌpwəd(z)/ I [bnw] stijgend II [bijw] opwaarts, naar boven ★ this price and ~ deze prijs en hoger ★ ~ of one hundred men meer dan honderd

upwind /ˈʌpwɪnd/ [bnw] tegen de wind in

uranium /jʊəˈreɪnɪəm/ [znw] uranium

urban /ˈɜːbən/ [bnw] stedelijk, stads- ★ ~ clearway verkeersweg in stad met stopverbod ★ ~ population ‹grote› stadsbevolking

urbane /ɜːˈbeɪn/ [bnw] hoffelijk, wellevend

urbanite /ˈɜːbənaɪt/ [znw] stedeling

urbanity /ɜːˈbænətɪ/ [znw] ● beschaafdheid ● stadsleven

urbanize /ˈɜːbənaɪz/ [ov ww] verstedelijken

urchin /ˈɜːtʃɪn/ [znw] ● schelm, kwajongen ● ‹vero.› zee-egel ● ‹vero.› kabouter

urge /ɜːdʒ/ I [ov ww] ● aansporen, aanzetten, aandrijven ● ernstig verzoeken, aandringen op ● als argument aanvoeren ★ he urged it on me hij probeerde mij ervan te doordringen ● (~ on) voortdrijven, aanzetten II [znw] aandrang, verlangen

urgency /ˈɜːdʒənsɪ/ [znw] ● dringende noodzaak ● urgentie

urgent /ˈɜːdʒənt/ [bnw] dringend ★ we are in ~ need of we hebben dringend behoefte aan

uric /ˈjʊərɪk/ [bnw] ★ uric acid urinezuur

urinal /jʊəˈraɪnl/ [znw] ● urinoir ● urineglas

urinary /ˈjʊərɪnərɪ/ I [znw] urinoir II [bnw] urine-

urinate /ˈjʊərɪneɪt/ [on ww] urineren

urn /ɜːn/ I [ov ww] in een urn doen II [znw] ● urn ● graf ● koffie-/theeketel

Ursa /ˈɜːsə/ [znw] ★ Ursa Major Grote Beer ★ Ursa Minor Kleine Beer

us /ʌs/ [pers vnw] ons

usable /ˈjuːzəbl/ [bnw] bruikbaar

usage /ˈjuːsɪdʒ/ [znw] ● gebruik, gewoonte ● behandeling

use I [ov ww] /juːz/ ● gebruiken, benutten ● (iem.) behandelen ● (~ up) opmaken, verbruiken, uitputten, (iem.) afmaken, toetakelen ★ he's used up hij is op/versleten ‹fig.› II [hww] /juːz/ ★ he didn't use to do it vroeger deed hij het niet ★ he used not to do it vroeger deed hij het niet ★ he used to live in A. vroeger woonde hij in A. ★ used to had de gewoonte om III [znw] /juːs/ ● gebruik ● nut ● gewoonte ● rituel ★ get/go out of use in onbruik raken ★ it's no use to go/going there het heeft geen zin er heen te gaan ★ put in(to) use in gebruik nemen ★ there's no use (in) talking praten heeft geen zin ★ we have no use for your article we kunnen uw artikel niet gebruiken ★ what's the use of it? wat heeft 't voor zin of nut?

used /juːd/ [bnw] ● tweedehands, gebruikt ● gewend, gewoon

useful /ˈjuːsfʊl/ [bnw] ● dienstig, nuttig, bruikbaar ★ he made himself ~ hij maakte zichzelf verdienstelijk ★ ‹sl.› ~ at knap in

useless /ˈjuːsləs/ [bnw] ● nutteloos, onnut ● in de put ● ‹sl.› niet in orde, niet gezond ★ I am feeling ~ ik voel me beroerd

user /ˈjuːzə/ [znw] ● gebruiker, verbruiker ● ‹jur.› (voortdurend) gebruik v. recht

usher /ˈʌʃə/ I [ov ww] ● binnenleiden ● aankondigen ● als ceremoniemeester/paranimf/ plaatsaanwijzer/portier optreden voor ● (~ in) inleiden II [znw] ● portier, zaalwachter ● plaatsaanwijzer ● ceremoniemeester ● paranimf ● bruidsjonker ● deurwaarder ‹vero./scherts› ondermeester

usherette /ʌʃəˈret/ [znw] ouvreuse

usta /ˈjuːstə/ [samentr] /used to/ → **use**

usual /ˈjuːʒʊəl/ I [znw] ★ he drank his ~ hij dronk zijn gebruikelijke drankje ★ he's in his ~ met hem gaat 't als vanouds II [bnw] gewoon, gebruikelijk ★ ‹scherts› as per ~ ‹zo›als gewoonlijk ★ as ~ ‹zo›als gewoonlijk

usually /ˈjuːʒʊəlɪ/ [bijw] gewoonlijk

usufruct /ˈjuːzjuːfrʌkt/ I [ov ww] het vruchtgebruik hebben van II [znw] vruchtgebruik

usufructuary /juːsjuːˈfrʌktʃʊərɪ/ I [znw] vruchtgebruiker II [bnw] ★ ~ right recht v. vruchtgebruik

usurer /ˈjuːʒərə/ [znw] woekeraar

usurious /juːˈʒʊərɪəs/ [bnw] woekerachtig

usurp /juːˈzɜːp/ [ov ww] z. aanmatigen, z. wederrechtelijk toe-eigenen

usurpation /juːzɜːˈpeɪʃən/ [znw] aanmatiging, usurpatie

usurper /juːˈzɜːpə/ [znw] ● overweldiger ● usurpator

usury /ˈjuːʒərɪ/ [znw] ● woekerrente ● woeker

utensil /juːˈtensəl/ [znw] gebruiksvoorwerp

utensils /juːˈtensəlz/ [mv] werktuigen ★ cooking ~ keukengerei

utilitarian/jʊtɪlɪ'teərɪən/ **I** [znw] utilitarist
II [bnw] nuttigheids-, utilitair
utilitarianism/jʊtɪlɪ'teərɪənɪzəm/ [znw] utilisme,
nuttigheidsleer
utility/ju:'tɪlɪti/ [znw] • (openbare) voorziening
• nut • bruikbaarheid ★ ~ clothing kleding v.
allereenvoudigste vorm
utilizable/'ju:tɪlaɪzəbl/ [bnw] bruikbaar
utilization/ju:tɪlaɪ'zeɪʃən/ [znw] (nuttige)
aanwending, benutting
utilize/'ju:tɪlaɪz/ [ov ww] gebruik maken van,
benutten
utmost/'ʌtməʊst/ **I** [znw] ★ at the ~ op z'n hoogst
★ do one's ~ zijn uiterste best doen **II** [bnw]
hoogste, uiterste, verste
utopian/ju:'təʊpɪən/ **I** [znw] • utopiaan, bewoner
van Utopia • idealist **II** [bnw] • utopisch
• utopiaans
utter/'ʌtə/ **I** [ov ww] • uiten, uiting geven aan • in
omloop brengen **II** [bnw] volkomen, totaal,
volslagen ★ ~ barrister jonge advocaat die buiten
de balie pleit
utterance/'ʌtərəns/ [znw] • uiting • uitspraak
• manier v. (z.) uitdrukken, voordracht • (lit.) het
uiterste ★ they fought to the ~ ze vochten tot het
bittere einde
utterly/'ʌtəli/ [bijw] totaal, volkomen
uttermost/'ʌtəməʊst/ [bnw] verste, hoogste,
uiterste
U-turn/'ju:tɜ:n/ [znw] ommezwaai van 180
graden, totale ommezwaai (ook fig.) ★ no ~ keren
niet toegestaan
uvula/'ju:vjʊlə/ [znw] huig
uvular/'ju:vjʊlə/ [bnw] v.d. huig

V

vac/væk/ (inf.) [znw] vakantie ★ the long vac de
grote vakantie
vacancy/'veɪkənsɪ/ [znw] • 't niet bezet
worden/zijn • vacature • leegte, ledigheid
• wezenloosheid ★ stare into ~ voor z. uitstaren
vacant/'veɪkənt/ [bnw] • onbezet, leeg(staand)
• lusteloos • wezenloos • leeghoofdig, dom • vacant
vacate/və'keɪt/ **I** [ov ww] • vacant komen
• neerleggen (v. ambt) • afstand doen van
• ontruimen (v. huis) • annuleren (v. contract)
II [on ww] (AE) vakantie nemen
vacation/və'keɪʃən/ **I** [on ww] (AE) vakantie
hebben/nemen **II** [znw] • afstand • ontruiming
• annulering • vakantie
vaccinate/'væksɪneɪt/ [ov ww] inenten
vaccination/væksɪ'neɪʃən/ [znw] vaccinatie
vaccine/'væksi:n/ **I** [znw] • vaccin • koepokstof
II [bnw] koepok-
vacillate/'væsɪleɪt/ [on ww] • aarzelen
• schommelen, wankelen
vacillation/væsɪ'leɪʃən/ [znw] • schommeling
• aarzeling
vacillator/'væsɪleɪtə/ [znw] weifelaar
vacua/'vækjʊə/ [mv] → **vacuum**
vacuity/væ'kjʊətɪ/ [znw] • (lucht)ledige ruimte
• ledigheid • wezenloosheid
vacuous/'vækjʊəs/ [bnw] • (lucht)ledig
• leeghoofdig, wezenloos, dom
vacuum/'vækjʊəm/ **I** [ov + on ww] (inf.)
stofzuigen **II** [znw] (lucht)ledige ruimte ★ ~ bottle
thermosfles ★ ~ cleaner stofzuiger
vagabond/'vægəbɒnd/ **I** [on ww] (inf.) zwerven
II [znw] • landloper, vagebond, zwerver • schelm
III [bnw] zwervend
vagabondage/'vægəbɒndɪdʒ/ [znw]
• landloperij • landlopers
vagary/'veɪɡərɪ/ [znw] gril, kuur
vagina/və'dʒaɪnə/ [znw] • vagina • (plant.)
(blad)schede
vaginal/və'dʒaɪnl/ [bnw] • schedeachtig • v.d.
vagina, vaginaal
vagrancy/'veɪɡrənsɪ/ [znw] • omzwerving,
landloperij • afdwaling (fig.)
vagrant/'veɪɡrənt/ **I** [znw] zwerver, vagebond ★ ~
ward asiel voor daklozen **II** [bnw] • zwervend
• wild groeiend • afdwalend
vague/veɪɡ/ [bnw] vaag, onbestemd, onbepaald
vain/veɪn/ [bnw] • onbeduidend, leeg • ijdel, prat
(op) • vergeefs, nutteloos ★ in vain tevergeefs
★ take a p.'s name in vain iemands naam ijdel
gebruiken
vainglorious/veɪn'ɡlɔ:rɪəs/ [bnw] ijdel, verwaand,
grootsprakig
vainglory/veɪn'ɡlɔ:rɪ/ [znw] grootspraak,
verwaandheid
vainly/'veɪnlɪ/ [bijw] • tevergeefs • ijdel
vale I [znw] /veil/ (form.) dal ★ this vale of tears
dit tranendal **II** [tw] /'vɑ:leɪ/ vaarwel
valediction/vælɪ'dɪkʃən/ [znw] afscheid
valedictory/vælɪ'dɪktərɪ/ **I** [znw] (AE)
afscheidsrede **II** [bnw] afscheids-
valentine/'væləntaɪn/ [znw] • liefje/minnaar
gekozen op Valentijnsdag • kaart/spotprent voor
Valentijnsdag
valet/'vælɪt/ **I** [on ww] bediende zijn **II** [znw]
bediende
valetudinarian/vælɪtju:dɪ'neərɪən/ **I** [znw]
ziekelijk iem. **II** [bnw] ziekelijk, sukkelend

valiant/ˈvæljənt/ [bnw] dapper, moedig

valid/ˈvælɪd/ [bnw] • geldig • gefundeerd, deugdelijk • (vero.) gezond v. lijf en leden

validate/ˈvælɪdeɪt/ [ov ww] • geldig verklaren • bekrachtigen, bevestigen

validation/vælɪˈdeɪʃən/ [znw] bevestiging

validity/vəˈlɪdəti/ [znw] • deugdelijkheid • geldigheid

valise/vəˈliːz/ [znw] • valies • (mil.) ransel

valley/ˈvælɪ/ [znw] • dal • (archit.) kiel

valley-lily/vælɪ-/ lelietje-van-dalen

vallum/ˈvæləm/ [znw] bolwerk

valorous/ˈvælərəs/ [bnw] moedig

valour/ˈvælər/ [znw] moed, dapperheid

valuable/ˈvæljʊbl/ [bnw] • erg waardevol, kostbaar, v. grote waarde • te schatten

valuables/ˈvæljʊblz/ [mv] waardevolle bezittingen, kostbaarheden

valuation/væljʊˈeɪʃən/ [znw] schatting, taxatie ★ at a ~ tegen taxatieprijs ★ put a ~ on waarderen; aanslaan

valuation-list[znw] kohier

value/ˈvæljuː/ I [ov ww] • waarderen, achten • schatten, taxeren ★ he ~s himself on it gaat er prat op ★ he ~s on him hij trekt ('n wissel) op hem II [znw] • waarde, valuta • verhouding v. licht en donker op schilderij ★ to the ~ of £10 ter waarde van £10 ★ ~ in exchange ruilwaarde ★ ~ judgement waardeoordeel ★ ~ today valuta per heden ★ ~-added tax belasting op toegevoegde waarde; btw ★ you get ~ for your money je krijgt waar voor je geld

valueless/ˈvæljʊləs/ [bnw] waardeloos

valuer, valuator/ˈvæljʊə/ [znw] taxateur

valve/vælv/ [znw] • klep, ventiel, schelp • radio-/tv-buis, tv-lamp ★ ~-connection ventielslangetje

valved/vælvd/ [bnw] voorzien van klep(pen)

valvular/ˈvælvjʊlə/ [bnw] • met klep(pen) • klep-

valvule/ˈvælvjuːl/ [znw] klepje

vamoose, vamose/vəˈmuːs/ (inf./AЄ [ov ww] er tussenuit knijpen

vamp/væmp/ I [ov ww] nieuwe voorschoenen zetten aan • (~ up) in elkaar flansen, improviseren, oplappen, inpalmen II [on ww] • (~ up) (inf.) verstrikken, flirten III [znw] • bovenleer • lap(werk) • (muz.) geïmproviseerde begeleiding • (inf.) verleidster, gewetenloze avonturierster

vampire/ˈvæmpaɪə/ [znw] • vampier • uitzuiger (fig.) • dubbel toneelluik • (bio.) ~ bat soort vleermuis

vampiric/væmˈpɪrɪk/ [bnw] vampierachtig

van/væn/ I [on ww] • leiden • vervoeren in een (bestel-/meubel-/post)wagen II [znw] • voorhoede • pioniers (fig.) • (bestel-/meubel-/post)wagen ★ van horse paard v. transportwagen

vandal/ˈvændl/ I [znw] vandaal II [bnw] vandaals

vandalism/ˈvændəlɪzəm/ [znw] • vandalisme • vernielzucht, vandalisme

vandalize/ˈvændəlaɪz/ [ov ww] • schenden • vernielen

vane/veɪn/ [znw] • weerhaan • wimpel, vaan • wiek (v. molen) • schoep (v. schroef) • vizier (landmetersinstrument)

vanguard/ˈvænɡɑːd/ [znw] voorhoede

vanilla/vəˈnɪlə/ [znw] vanille

vanish/ˈvænɪʃ/ [on ww] verdwijnen ★ ~ into smoke in rook opgaan ★ ~ into thin air in het niets verdwijnen

vanishing-point[znw] verdwijnpunt

vanity/ˈvænɪti/ [znw] • ijdelheid, verwaandheid, opschepperij • heidense god (Oude Testament)

★ Vanity Fair de wereld; Kermis der IJdelheid ★ ~-case damestasje met poederdoos/spiegeltje, enz.

vanman/ˈvænmæn/ [znw] bestelwagenchauffeur

vanquish/ˈvæŋkwɪʃ/ [ov ww] overwinnen, bedwingen

vanquisher/ˈvæŋkwɪʃə/ [znw] overwinnaar

vantage/ˈvɑːntɪdʒ/ [znw] vantage (tennis) ★ I have him at ~ ik heb 'n voorsprong op hem ★ ~-point voorsprong; gunstige positie

vapid/ˈvæpɪd/ [bnw] • geesteloos (gesprek) • verschaald (bier) ★ ~ run ~ verschalen

vapidity/væˈpɪdəti/ [znw] • geestloosheid • nietszeggende opmerking, flauwiteit

vaporization/veɪpəraɪˈzeɪʃən/ [znw] verdamping

vaporize/ˈveɪpəraɪz/ I [ov ww] • doen verdampen • besproeien II [on ww] verdampen

vaporizer/ˈveɪpəraɪzə/ [znw] verstuiver

vaporous/ˈveɪpərəs/ [bnw] • dampig, damp- • opgeblazen (fig.), vaag

vapour/ˈveɪpə/ I [ov ww] doen verdampen II [on ww] • verdampen • uitwasemen • grootsprakig zijn, opscheppen III [znw] • damp • ijdele waan • water ~ waterdamp

vapouring/ˈveɪpərɪŋ/ I [znw] bluf II [bnw] snoevend

variability/veərɪəˈbɪləti/ [znw] 't veranderlijk zijn

variable/ˈveərɪəbl/ I [znw] veranderlijke grootheid II [bnw] veranderlijk, ongedurig

variables/ˈveərɪəblz/ [mv] veranderlijke winden

variance/ˈveərɪəns/ [znw] • onenigheid • verschil • tegenspraak (in verklaring) • afwisseling ★ at ~ with in strijd met ★ set at ~ tegen elkaar opzetten ★ they are at ~ ze zijn 't niet eens

variant/ˈveərɪənt/ I [znw] variant II [bnw] • afwijkend • veranderlijk

variation/veərɪˈeɪʃən/ [znw] • afwijking • verandering • variëteit • (muz.) variatie

varicella/værɪˈselə/ [znw] waterpokken

varices[mv] → varix

varicoloured/ˈveərɪkʌləd/ [bnw] veelkleurig

varicose/ˈværɪkəʊs/ [bnw] spatader- ★ ~ stocking steunkous; elastieken kous ★ ~ veins spataderen

varied/ˈveərɪd/ [bnw] gevarieerd, bont (v. kleur) • afwisselend en afgewisseld

variegated/ˈveərɪəɡeɪtɪd/ [bnw] • bont (v. kleur) • afwisselend en afgewisseld

variegation/veərɪəˈɡeɪʃən/ [znw] (kleur)schakering, verscheidenheid (in kleur)

variety/vəˈraɪəti/ [znw] • variatie • verscheidenheid • soort • variété ★ (AЄ) ~ shop/store bazaar

variform/ˈveərɪfɔːm/ [bnw] v. verschillende vorm

variola/vəˈraɪələ/ [znw] pokken

various/ˈveərɪəs/ [bnw] • verschillend, verscheiden • afwisselend

varix/ˈveərɪks/ [znw] spatader

varlet/ˈvɑːlət/ [znw] • (vero.) schurk • (gesch.) page

varmint/ˈvɑːmɪnt/ [znw] • rakker • (scherts.) beest ★ (sl.) the ~ de vos

varnish/ˈvɑːnɪʃ/ I [ov ww] • opsmukken, verbloemen • vernissen II [znw] • vernis • vernisje (fig.) • schijn • glazuur

varsity/ˈvɑːsəti/ [znw] universiteit

vary/ˈveərɪ/ [ov + on ww] • variëren, veranderen • anders worden/zijn • verschillen • (muz.) variaties maken op ★ vary inversely as omgekeerd evenredig zijn met

vascular/ˈvæskjʊlə/ [bnw] vaat- ★ ~ system vaatstelsel

vase/vɑːz/ [znw] vaas

vaseline/ˈvæsəliːn/ [znw] vaseline

vassal/ˈvæsəl/ I [znw] • vazal • slaaf (fig.) II [bnw]

slaafs

vassalage/ˈvæsəlɪdʒ/ [znw] • leenmanschap
• dienstbaarheid

vast/vɑːst/ I [znw] ⟨form.⟩ eindeloze ruimte
II [bnw] • onmetelijk, reusachtig • veelomvattend

vat/væt/ I [ov ww] in vat doen, kuipen II [znw] vat

V.A.T. [afk] ⟨ Value Added Tax⟩ btw

Vatican/ˈvætɪkən/ I [znw] Vaticaan II [bnw]
Vaticaans

vault/vɔːlt/ I [ov ww] • springen ⟨steunend op
handen of stok⟩ • overwelven II [znw]
• wijnkelder, gewelf, grafkelder • kluis ⟨bank⟩
• sprong

vaulted/ˈvɔːltɪd/ [bnw] gewelfd

vaulter/ˈvɔːltə/ [znw] • springer • kunstrijder

vaulting/ˈvɔːltɪŋ/ [znw] gewelf

vaulting-horse/ˈvɔːltɪŋhɔːs/ [znw] paard
⟨gymnastiek⟩

vaunt/vɔːnt/ I [ov ww] z. beroemen op II [on ww]
snoeven III [znw] snoeverij

vaunter/ˈvɔːntə/ [znw] snoever

V.C. [afk] ⟨Vice Chairman⟩ vice-voorzitter • ⟨Vice
Chancellor⟩ vice-kanselier ⟨i.h.b.
universiteitsfunctionaris⟩ • ⟨Victoria Cross⟩
Victoriakruis

V.D. [afk] • ⟨venereal disease⟩ geslachtsziekte

veal/viːl/ I [znw] kalfsvlees • veal tea kalfsbouillon
II [bnw] ⟨ÆE/sl.⟩ ontijdig

vector/ˈvektə/ [znw] bacillendrager

vedette/vɪˈdet/ [znw] • ruiterwacht
• patrouilleboot • filmster

veer/vɪə/ I [ov ww] doen draaien • ⟨scheepv.⟩ veer
and haul vieren en aanhalen • (~ **away/out**)
vieren ⟨v. kabel⟩ II [on ww] • van koers veranderen
• omlopen ⟨v. wind⟩ • draaien • (~ **round**) een
keer nemen III [znw] wending

veg/vedʒ/ ⟨inf.⟩ [znw] • → **vegetable**
• →**vegetarian** • meat and two veg meal
maaltijd van vlees met aardappelen en groente

vegan/ˈviːgən/ I [znw] vegetariër II [bnw]
vegetarisch

vegetable/ˈvedʒɪtəbl/ I [znw] • plant • groente
• ~s groenten ⟨ook aardappelen⟩ II [bnw]
plantaardig, planten- • ~ earth/mould teelaarde
• ~ garden moestuin • ~ kingdom plantenrijk

vegetarian/vedʒəˈteərɪən/ I [znw] vegetariër
II [bnw] • vegetarisch • plantaardig

vegetarianism/vedʒəˈteərɪənɪzəm/ [znw]
vegetarisme

vegetate/ˈvedʒɪteɪt/ [on ww] • groeien ⟨als plant⟩
• vegeteren ⟨fig.⟩

vegetation/vedʒɪˈteɪʃən/ [znw] • plantengroei
• plantenwereld • uitwas ⟨op lichaam⟩ • het
vegeteren ⟨fig.⟩ • plantenleven

vegetative/ˈvedʒɪtətɪv/ [bnw] • vegetatief
• groei- • planten- • vegeterend

vehemence/ˈviːəməns/ [znw] • onstuimigheid
• vurigheid • heftigheid

vehement/ˈviːəmənt/ [bnw] • onstuimig, vurig
• heftig, hevig

vehicle/ˈviːɪkl/ [znw] • voertuig • geleider
• transportraket • drager ⟨fig.⟩ • oplosmiddel,
bindmiddel

vehicular/vɪˈhɪkjʊlə/ [bnw] voertuig- • ⟨jur.⟩ ~
manslaughter dood door schuld waarbij een
voertuig betrokken is

veil/veɪl/ I [ov ww] • sluieren • bedekken ⟨fig.⟩,
vermommen • a veiled voice gevoileerde stem
II [znw] • sluier, voile • gordijn, voorhang
• dekmantel ⟨fig.⟩ • enigszins hese stem • beyond
the veil na dit leven • she took the veil ze werd
non • they drew a veil over it ze deden er 't

zwijgen toe

veiling/ˈveɪlɪŋ/ [znw] • ⟨stof voor⟩ sluier • het non
worden

vein/veɪn/ I [ov ww] marmeren, aderen II [znw]
• ader • nerf • stemming ⟨fig.⟩, geest • be in a
talkative vein op z'n praatstoel zitten • there is a
wilful vein in her ze heeft iets eigenwijs over z.

Velcro/ˈvelkrəʊ/ [znw] ⟨nylon⟩ klittenband,
klittenbandsluiting

veld(t)/velt/ [znw] open vlakte

vellum/ˈveləm/ [znw] • perkament • manuscript
op perkament

velocity/vɪˈlosɪtɪ/ [znw] snelheid

velodrome/ˈveladrəʊm/ [znw] wielerbaan

velvet/ˈvelvɪt/ I [znw] • fluweel • zachte huid om
groeiend gewei • voordeel, winst • be on – in zeer
gunstige omstandigheden verkeren;⟨sl.⟩ wedden;
speculeren zonder te kunnen verliezen II [bnw]
fluwelen

velveteen/velvəˈtiːn/ [znw] katoenfluweel

velveteens/velvəˈtiːnz/ [mv] • jachtopziener
• broek v. katoenfluweel

velvety/ˈvelvətɪ/ [bnw] fluweelachtig

venal/ˈviːnl/ [bnw] omkoopbaar

venality/viːˈnælɪtɪ/ [znw] omkoopbaarheid

vend/vend/ [ov ww] verkopen, venten

vendee/venˈdiː/ [znw] koper

vender/ˈvendə/ [znw] verkoper, venter

vendetta/venˈdetə/ [znw] bloedwraak

vending machine/ˈvendɪŋməʃiːn/ [znw]
automaat

vendor/ˈvendə/ [znw] • verkoper • inbrenger in
NV • petrol ~ benzinepomp

veneer/vɪˈnɪə/ I [ov ww] • fineren • met 'n vernisje
bedekken ⟨fig.⟩ II [znw] • fineer(bladen),
fineerhout • vernisje ⟨fig.⟩

venerable/ˈvenərəbl/ [bnw] • eerbiedwaardig
• hoogeerwaarde ⟨in anglicaanse Kerk, als titel v.
aartsdiaken⟩

venerate/ˈvenəreɪt/ [ov ww] vereren

veneration/venəˈreɪʃən/ [znw] verering

venereal/vɪˈnɪərɪəl/ [bnw] geslachts-

venesection/viːnɪsekʃən/ [znw] aderlating

Venetian/vɪˈniːʃən/ I [znw] • Venetiaan(se)
• jaloezie • ~s jaloezieband II [bnw] Venetiaans
• ~ blind jaloezie ⟨zonnewering⟩ • ~ boat
gondel • ~ chalk kleermakerskrijt • ~ mast
versierde paal ⟨voor straatversiering⟩ • ~ pearl
kunstparel • ~ shutter zonnescherm • ~ window
deur/raam met zijvensters

vengeance/ˈvendʒəns/ [znw] wraak • ⟨iron.⟩
that is liberality with a ~ dat is óók royaal, zeg!

vengeful/ˈvendʒfʊl/ [bnw] wraakgierig

venial/ˈviːnɪəl/ [bnw] vergeeflijk • ~ sin dagelijkse
zonde

veniality/viːnɪˈælɪtɪ/ [znw] vergeeflijkheid

Venice/ˈvenɪs/ I [znw] Venetië II [bnw] Venetiaans

venison/ˈvenɪsən/ [znw] reebout, wildbraad

venom/ˈvenəm/ [znw] • vergif • venijn

venomed/ˈvenəmd/ [bnw] vergiftig(d)

venomous/ˈvenəməs/ [bnw] • (ver)giftig
• venijnig

vent/vent/ I [ov ww] • gat boren ⟨in vat⟩ • lucht
geven aan, uiten • vent itself 'n uitweg vinden
II [on ww] boven komen om adem te halen ⟨bever
of otter⟩ III [znw] • het lucht happen ⟨v. bever of
otter⟩ • schoorsteenkanaal • split ⟨v. jas⟩ • uitweg,
opening • luchtgat • vingergaatje ⟨v.
instrument⟩ • anus ⟨v. vogel⟩ • he gave vent to
his indignation hij gaf lucht aan/uitte z'n
verontwaardiging

ventage/ˈventɪdʒ/ [znw] • vingergaatje ⟨in

instrument) • (lucht)gaatje

ventilate /'ventɪleɪt/ [ov ww] • ventileren, luchten • in 't openbaar bespreken (fig.) • luchten (v. grieven)

ventilating-shaft [znw] luchtkoker

ventilation /ventɪ'leɪʃən/ [znw] ventilatie

ventilator /'ventɪleɪtə/ [znw] ventilator

ventral /ventrəl/ I [znw] buikvin II [bnw] buik-

ventricle /'ventrɪkl/ [znw] • holte (in orgaan) • hartkamer

ventriloquism /ven'trɪləkwɪzəm/ [znw] het buikspreken

ventriloquist /ven'trɪləkwɪst/ [znw] buikspreker

ventriloquy /ven'trɪləkwɪ/ [znw] het buikspreken

venture /ventʃə/ I [ov + on ww] riskeren, wagen, op 't spel zetten ∗ I ~ to differ with you ik ben zo vrij met je van mening te verschillen • (~ out) z. buiten wagen II [znw] • (riskante) onderneming • risico • speculatie • inzet ∗ at a ~ op goed geluk af

venturer /'ventʃərə/ [znw] • waaghals • avonturier

venturesome /'ventʃəsəm/ [bnw] stoutmoedig, gewaagd

venue /venju:/ [znw] • plaats waar verhoor v. rechtszaak plaatsvindt • plaats v. samenkomst • sportontmoeting • terrein • rendez-vous

veracious /və'reɪʃəs/ [bnw] • waarheidlievend • waar

veracity /və'ræsɪtɪ/ [znw] • waarheid(sliefde) • geloofwaardigheid

veranda(h) /və'rændə/ [znw] veranda

verb /vɜ:b/ [znw] werkwoord

verbal /vɜ:bl/ I [znw] • bekentenis • ruzie • (taalk.) verbaal substantief II [bnw] • werkwoordelijk • woord(en)- • mondeling • letterlijk ∗ ~ criticism tekstkritiek

verbalism /'vɜ:bəlɪzəm/ [znw] • uitdrukking • nauwkeurige uitdrukkingswijze • muggenzifterij

verbalize /'vɜ:bəlaɪz/ [ov ww] verwoorden

verbatim /vɜ:'beɪtɪm/ [bnw] woordelijk

verbiage /'vɜ:bɪɪdʒ/ [znw] woordenstroom

verbose /vɜ:'bəʊs/ [bnw] breedsprakig, woordenrijk

verbosity /vɜ:'bɒsətɪ/ [znw] breedsprakigheid

verdancy /'vɜ:dnsɪ/ [znw] • groenheid (ook fig.) • onbedrevenheid

verdant /'vɜ:dnt/ [bnw] • groen (fig.) • onbedreven, onervaren

verdict /'vɜ:dɪkt/ [znw] • uitspraak (v. rechter) • oordeel, beslissing ∗ deliver/return a ~ uitspraak doen ∗ he got a ~ hij werd niet schuldig bevonden

verdigris /'vɜ:dɪgrɪs/ [bnw] kopergroen

verdure /'vɜ:dʒə/ [znw] groen, gebladerte

verge /vɜ:dʒ/ I [on ww] • neigen • lopen (in de richting van) • hellen • (~ on) grenzen aan II [znw] • staf, spil (in mechaniek) • rand, berm • grens, kant • gebied • schacht(zuil) ∗ she was on the ~ of fainting ze viel bijna flauw

verger /'vɜ:dʒə/ [znw] • koster • stafdrager

veriest /'verɪɪst/ overtr. trap → very

verifiable /'verɪfaɪəbl/ [bnw] verifieerbaar

verification /verɪfɪ'keɪʃən/ [znw] verificatie, bekrachtiging

verifier /'verɪfaɪə/ [znw] verificateur

verify /'verɪfaɪ/ [ov ww] • verifiëren • de juistheid van iets controleren • bewijzen, bevestigen

verily /'verɪlɪ/ (vero.) [bijw] waarlijk

verisimilitude /verɪsɪ'mɪlɪtju:d/ [znw] • schijn v. waarheid • waarschijnlijkheid • schijnwaarheid

veritable /'verɪtəbl/ [bnw] echt, waar

verity /'verətɪ/ [znw] • waarheid • echtheid

verjuice /'vɜ:dʒu:s/ I [ov ww] ∗ ~d zuur (ook fig.) II [znw] sap v. onrijp fruit

vermiform /'vɜ:mɪfɔ:m/ [bnw] wormvormig

vermilion /və'mɪljən/ [znw] vermiljoen

vermin /'vɜ:mɪn/ [znw] • schadelijke dieren, ongedierte • schoelje

verminous /'vɜ:mɪnəs/ [bnw] • vol ongedierte • gemeen • vies • veroorzaakt door ongedierte (ziekte)

vernacular /və'nækjʊlə/ I [znw] • landstaal • technische taal • klare taal II [bnw] • inheems, vaderlands • aangeboren

vernal /'vɜ:nl/ [bnw] lente-, voorjaars-

verruca /və'ru:kə/ [znw] wrat

versant /'vɜ:sənt/ [znw] helling

versatile /'vɜ:sətaɪl/ [bnw] • veelzijdig (ontwikkeld) • draaibaar • veranderlijk, onbestendig

versatility /vɜ:sə'tɪlətɪ/ [znw] • veelzijdigheid • veranderlijkheid

verse /vɜ:s/ I [on ww] verzen maken, dichten II [znw] • vers(regel) • couplet • poëzie

versed /vɜ:st/ [bnw] ervaren, bedreven

verse-monger [znw] rijmelaar

verset /'vɜ:sɪt/ [znw] (bijbel)vers

versicoloured /'vɜ:sɪkʌləd/ [bnw] • veelkleurig • met wisselende kleuren

versification /vɜ:sɪfɪ'keɪʃən/ [znw] verskunst, versbouw

versifier /'vɜ:sɪfaɪə/ [znw] verzenmaker

versify /'vɜ:sɪfaɪ/ [on ww] verzen maken

version /'vɜ:ʃən/ [znw] • lezing, versie • bewerking • vertaling • (med.) 't keren v. de vrucht

verso /'vɜ:səʊ/ [znw] • linker bladzijde in boek • keerzijde (v. penning)

versus /'vɜ:səs/ [vz] contra

vertebra /'vɜ:tɪbrə/ [znw] wervel

vertebrae /'vɜ:tɪbreɪ/ [mv] → **vertebra**

vertebral /'vɜ:tɪbrəl/ [bnw] • wervel- • gewerveld

vertebrate /'vɜ:tɪbrət/ I [znw] (bio.) gewerveld dier II [bnw] • gewerveld • met ruggengraat (fig.)

vertebration /vɜ:tɪ'breɪʃən/ [znw] • verdeling in wervels • pit (fig.), ruggengraat

vertex /'vɜ:teks/ [znw] • (top)punt, kruin • hoekpunt

vertical /'vɜ:tɪkl/ I [znw] • loodrechte positie • loodlijn • verticaal vlak • tophoek II [bnw] verticaal, loodrecht ∗ ~ angle overstaande hoek; tophoek

vertices /'vɜ:tɪsi:z/ [mv] → **vertex**

vertiginous /və'tɪdʒɪnəs/ [bnw] • duizelig (makend) • duizelingwekkend • wispelturig

vertigo /'vɜ:tɪgəʊ/ [znw] duizeling (vooral door hoogtevrees veroorzaakt)

verve /vɜ:v/ [znw] geestdrift, vuur

very /verɪ/ I [bnw] • waar, echt, juist • zelfde • zelfs ∗ he is a very rascal hij is een echte schurk ∗ he is the very picture of his mother hij is precies z'n moeder ∗ he snatched it from under my very eyes hij griste het vlak onder m'n ogen weg ∗ his very pupils say this z'n eigen leerlingen zeggen het ∗ in this very room in deze (zelfde) kamer ∗ it's the very minimum you can do het is 't allerminste wat je kunt doen ∗ the very fact that you lie ... het feit dat je liegt alleen al ... ∗ you are the very man I want je bent juist de man die ik hebben moet II [bijw] • aller- • zeer, heel ∗ I was very pleased ik vond 't buitengewoon aardig ∗ the very last drop de allerlaatste druppel ∗ they did their very best ze deden hun uiterste best

vesicle /'vesɪkl/ [znw] blaar, blaasje

vesper /'vespə/ [znw] • vesper • (vero.) avond ∗ Vesper Avondster

vespertine /'vespətaɪn/ [bnw] avond-

vespiary /'vespɪərɪ/ [znw] wespennest

vespid /'vespɪd/ [znw] wesp

vessel /'vesl/ [znw] • vat • vaartuig, schip ★ the weaker ~ de vrouw (bijbels)

vest /vest/ **I** [ov ww] • bekleden (met macht) • begiftigen ★ be vested in berusten bij ⟨v. bevoegdheid, macht⟩ ★ vested rights onvervreemdbare rechten **II** [on ww] ⟨form.⟩ kleden **III** [znw] • vestje ⟨over japon⟩ • borstrok • ⟨AE vest ★ vesting veststof

vestal /'vestl/ **I** [znw] • Vestaalse maagd • kuise vrouw • non **II** [bnw] • Vestaals • maagdelijk

vestiary /'vestɪərɪ/ [znw] kleedkamer, garderobe

vestibule /'vestɪbjuːl/ [znw] • vestibule • portaal ⟨v. kerk⟩ • voorhof ⟨ook v. oor⟩

vestige /'vestɪdʒ/ [znw] • spoor • teken, bewijs • rudiment

vestigial /ve'stɪdʒɪəl/ [bnw] rudimentair

vestment /'vestmənt/ [znw] • ⟨ambts⟩gewaad • priestergewaad • altaarkleed ★ ~s priestergewaad

vest-pocket I [znw] vestzak **II** [bnw] • in zakformaat • miniatuur

vestry /'vestrɪ/ [znw] • sacristie • consistoriekamer • gemeenteleden • vergadering v. kerkgemeente/parochieleden ★ select ~ parochiaal kerkbestuur

vestryman /'vestrɪmən/ [znw] kerkmeester, lid v.d. kerkenraad

vesture /'vestʃə/ ⟨vero.⟩ **I** [ov ww] (be)kleden **II** [znw] • kleding(stukken) • ⟨jur.⟩ wat op 't land groeit met uitzondering v. bomen

vet /vet/ **I** [ov ww] behandelen, grondig onderzoeken **II** [znw] • → **veterinarian** • → **veteran**

vetch /vetʃ/ [znw] wikke

veteran /'vetərən/ **I** [znw] • veteraan • oud-militair ★ ~ car antieke auto **II** [bnw] • oud, ervaren • vergrijsd in de dienst

veteranize /'vetərənaɪz/ [on ww] doen vergrijzen in dienst ★ he became ~d hij vergrijsde in dienst; hij werd opnieuw in dienst genomen

veterinarian /vetərɪ'neərɪən/ [znw] veearts(enij-

veterinary /'vetərɪnərɪ/ **I** [znw] ★ ~ surgeon veearts **II** [bnw] veeartsenij- ★ ~ science veeartsenijkunde

veto /'viːtəʊ/ **I** [ov ww] • z. verzetten tegen • verbieden **II** [znw] veto, verbod

vex /veks/ [ov ww] • plagen, ergeren, hinderen • deining veroorzaken op zee ⟨dichterlijk⟩ ★ a vexed question veel besproken kwestie ★ he was vexed at it hij ergerde z. erover

vexation /vek'seɪʃən/ [znw] • plagerij, kwelling • ergernis

vexatious /vek'seɪʃəs/ [bnw] • hinderlijk, ergerlijk • verdrietig

vexillum /vek'sɪləm/ [znw] • Romeins vaandel • vlag ⟨v. vlinderbloem⟩ • wimpel aan bisschopsstaf • processievaan, processiekruis

vexing /'veksɪŋ/ [bnw] • plagend • vervelend • ergerlijk

V.H.F. [afk] • (Very High Frequency) FM

via /vaɪə/ [vz] via

viability /vaɪə'bɪlətɪ/ [znw] • levensvatbaarheid • uitvoerbaarheid

viable /'vaɪəbl/ [bnw] • levensvatbaar • uitvoerbaar

viaduct /'vaɪədʌkt/ [znw] viaduct

vial /vaɪəl/ [znw] medicijnflesje ★ pour out the vials of wrath aan de woede lucht geven; z'n toorn luchten op

viand /vaɪəndz/ [mv] levensmiddelen

viaticum /vaɪ'ætɪkəm/ [znw] • de heilige Teerspijze

• mondkost op tocht of reis • draagbaar altaar

vibes /vaɪbz/ ⟨inf.⟩ [znw] • uitstraling van gevoelens • vibrafoon ★ there are some bad ~ between John and Mary de lucht knettert behoorlijk tussen J. en M.

vibrant /'vaɪbrənt/ [bnw] • trillend • vibrerend • (~ with) trillend van

vibrate /vaɪ'breɪt/ **I** [on ww] doen slingeren, doen trillen **II** [on ww] • slingeren, schommelen • vibreren, trillen

vibration /vaɪ'breɪʃən/ [znw] • trilling • vibratie

vibrator /vaɪ'breɪtə/ [znw] • triller, iem. die/iets dat trilt • vibrator • tongetje in orgelpijp • bep. inktrol ⟨in drukkerij⟩ • massage-instrument

vibratory /'vaɪbrətərɪ/ [bnw] trillend

vicar /'vɪkə/ [znw] • predikant ⟨anglicaanse Kerk⟩ • dominee ⟨anglicaanse Kerk⟩ • plaatsvervanger ⟨r.-k. Kerk⟩, vicaris ★ Vicar of (Jesus) Christ de paus ★ ~ of Bray iem. die met alle winden meewaait

vicarage /'vɪkərɪdʒ/ [znw] • predikantsplaats • pastorie

vicariate /vaɪ'keərɪət/ [znw] • vicariaat • predikantschap

vicarious /vɪ'keərɪəs/ [bnw] • plaatsvervangend • voor anderen gedaan

vice /vaɪs/ **I** [znw] • verdorvenheid, fout, gebrek, ondeugd • kuur ⟨v. paard⟩ • bankschroef ★ in plaats van ★ ⟨AE⟩ vice squad zedenpolitie **II** [bijw] ★ vice versa vice versa

vice- /vaɪs/ [voorv] vice-, plaatsvervangend

vice-chair [znw] vice-presidentschap

vice-chairman [znw] vice-voorzitter

vice-chancellor /vaɪs'tʃɑːnsələ/ [znw] • vice-kanselier • rector magnificus ⟨v. universiteit⟩

vicegerent /vaɪs'dʒerənt/ **I** [znw] plaatsvervanger ★ Christ's viceregent stedehouder v. Christus **II** [bnw] plaatsvervangend

viceregal /vaɪs'riːgl/ [bnw] van een onderkoning

viceroy /'vaɪsrɔɪ/ [znw] onderkoning

vicinity /vɪ'sɪnətɪ/ [znw] buurt, nabijheid

vicious /vɪʃəs/ [bnw] • (moreel) slecht • nukkig ⟨paard⟩ • gebrekkig ⟨stijl⟩ • nijdig ⟨stemming⟩ • venijnig, vals ⟨hond⟩ ★ ~ circle vicieuze cirkel

vicissitude /vɪ'sɪsɪtjuːd/ [znw] wisselvalligheid

vicissitudinous /vɪsɪs'tjuːdɪnəs/ [bnw] wisselvallig

victim /'vɪktɪm/ [znw] (slacht)offer ★ fall (a) ~ to 't slachtoffer worden van

victimization /vɪktəmaɪ'zeɪʃən/ [znw] het tot slachtoffer maken

victimize /'vɪktɪmaɪz/ [ov ww] tot slachtoffer maken

victor /'vɪktə/ **I** [znw] overwinnaar **II** [bnw] zegevierend

victoria /vɪk'tɔːrɪə/ [znw] • victoria ⟨rijtuig⟩ • grote waterlelie • soort duif • soort pruim ★ Victoria Cross mil. onderscheiding

Victorian /vɪk'tɔːrɪən/ [bnw] • Victoriaans, uit de tijd v. koningin Victoria • v.d. kolonie Victoria

victorious /vɪk'tɔːrɪəs/ [bnw] zegevierend

victory /'vɪktərɪ/ [znw] overwinning

victual /vɪtl/ **I** [ov + on ww] • levensmiddelen verstrekken • levensmiddelen innemen • eten **II** [znw] ★ ~s proviand; levensmiddelen

victualler /'vɪtlə/ [znw] • leverancier v. levensmiddelen • proviandschip ★ licensed ~ herbergier met vergunning voor verkoop v. sterke drank

victualling /'vɪtlɪŋ/ [znw] • proviandering • proviand

video/ˈvɪdɪəʊ/ [znw] • (van/via) tv • videorecorder, videotape

videophone/ˈvɪdɪəʊfəʊn/ [znw] beeldtelefoon

vie/vaɪ/ [on ww] wedijveren

Vienna/vɪˈenə/ I [znw] Wenen II [bnw] Wener

Viennese/vɪəˈniːz/ I [znw] Weense(n), Wener(s) II [bnw] Wener-, Weens

view/vjuː/ I [ov ww] bekijken, beschouwen II [on ww] televisiekijken III [znw] • (ver)gezicht, uitzicht • onderzoek • gezichtskring • standpunt • idee, denkbeeld • bedoeling • prentbriefkaart • kiekje ★ have in view op 't oog hebben ★ have views upon 'n oogje hebben op ★ in view in 't gezicht; zichtbaar ★ in view of in aanmerking genomen; gezien ★ leave out of view buiten beschouwing laten ★ on view te kijk; te bezichtigen; ter controle ★ to the view openbaar ★ with a view to met 't oog op ★ with the view of met de bedoeling om

viewer/ˈvjuːə/ [znw] • opzichter • kijker • bezichtiger

view-finder[znw] zoeker

viewpoint/ˈvjuːpɔɪnt/ [znw] • standpunt • gezichtspunt

vigil/ˈvɪdʒɪl/ [znw] • vigilie • gebeden bij nachtelijke godsdienstoefening • dag vóór een heiligendag (vooral vastendag) ★ keep ~ waken

vigilance/ˈvɪdʒɪləns/ [znw] • omzichtigheid, waakzaamheid • (med.) slapeloosheid

vigilant/ˈvɪdʒɪlənt/ [bnw] omzichtig, waakzaam

vigilante/vɪdʒɪˈlænti/ [znw] • lid v.d. vrijwillige burgerwacht • Nachtwacht ★ neighbourhood ~ buurtpreventie

vigils/ˈvɪdʒɪlz/ [mv] nachtwake

vignette/vɪˈnjet/ [znw] • vignet • portret met vervloeiende achtergrond • karakterschets (fig.)

vigorous/ˈvɪgərəs/ [bnw] • krachtig, vitaal, energiek • gespierd (taal)

vigour/ˈvɪgə/ [znw] kracht, gezondheid, vitaliteit, activiteit

vile/vaɪl/ [bnw] • walgelijk, verdorven, gemeen • afschuwelijk, vies (weer of sigaar)

vilification/vɪlɪfɪˈkeɪʃən/ [znw] laster

vilify/ˈvɪlɪfaɪ/ [ov ww] belasteren, beschimpen

villa/ˈvɪlə/ [znw] villa

village/ˈvɪlɪdʒ/ [znw] dorp ★ ~ green dorpsplein; dorpswei; brink

villager/ˈvɪlɪdʒə/ [znw] dorpsbewoner

villain/ˈvɪlən/ [znw] • schurk • (scherts) rakker • (gesch.) horige

villainous/ˈvɪlənəs/ [bnw] • schurkachtig, gemeen • abominabel

villainy/ˈvɪləni/ [znw] schurkerij

villein/ˈvɪlɪn/ [znw] horige

villeinage/ˈvɪlɪnɪdʒ/ [znw] lijfeigenschap

vim/vɪm/ [znw] • wilskracht • fut • energie

vindicate/ˈvɪndɪkeɪt/ [ov ww] • handhaven • verdedigen, rechtvaardigen ★ has ~d to himself a place in literature heeft z. een plaats weten te veroveren in de letterkunde ★ he was ~d from/of the charge hij werd gezuiverd v. de beschuldiging

vindication/vɪndɪˈkeɪʃən/ [znw] rechtvaardiging

vindicative/ˈvɪndɪkətɪv/ [bnw] rechtvaardigend

vindicator/ˈvɪndɪkeɪtə/ [znw] verdediger

vindicatory/ˈvɪndɪkeɪtəri/ [bnw] rechtvaardigend

vindictive/vɪnˈdɪktɪv/ [bnw] rancuneus, wraakgierig ★ (jur.) ~ (of exemplary) damages boete opgelegd als straf en schadevergoeding

vine/vaɪn/ [znw] • wijnstok • klimplant ★ under one's own vine and fig-tree veilig en wel thuis

vine-culture[znw] wijnbouw

vine-fretter[znw] druifluis

vinegar/ˈvɪnɪgə/ I [ov ww] • inmaken in azijn • verzuren (ook fig.) II [znw] azijn III [bnw] zuur (gezicht)

vinegary/ˈvɪnɪgəri/ [bnw] azijnachtig, zuur (ook fig.)

vinery/ˈvaɪnəri/ [znw] • druivenkas • wijnstokken

vineyard/ˈvɪnjɑːd/ [znw] wijngaard

viniculture/ˈvɪnɪkʌltʃə/ [znw] wijnbouw

vinous/ˈvaɪnəs/ [bnw] • wijn- • wijnachtig, wijnkleurig • verslaafd aan wijn • spraakzaam door gebruik v. wijn

vintage/ˈvɪntɪdʒ/ [znw] • wijnoogst • wijn uit bep. jaar • merk v. 't jaar (fig.) • (form.) wijn ★ ~ car wagen van tussen 1919 en 1930

vintner/ˈvɪntnə/ [znw] wijnhandelaar

viny/ˈvaɪni/ [znw] wijnstok

vinyl/ˈvaɪnəl/ [znw] vinyl

viol/ˈvaɪəl/ [znw] viola

viola/vɪˈəʊlə/ [znw] • (muz.) altviool • (plant.) viooltje

violaceous/vaɪəˈleɪʃəs/ [bnw] • viooltjesachtig • violetkleurig

violate/ˈvaɪəleɪt/ [ov ww] • overtreden • breken (v. gelofte) • onteren, ontwijden, schenden

violation/vaɪəˈleɪʃən/ [znw] • overtreding • schennis, inbreuk

violator/ˈvaɪəleɪtə/ [znw] overtreder, enz.

violence/ˈvaɪələns/ [znw] geweld(dadigheid), gewelddaad ★ do/use ~ to geweld aandoen

violent/ˈvaɪələnt/ [bnw] • hevig, heftig • gewelddadig • hel (v. kleur) ★ die a ~ death gewelddadige dood sterven ★ lay ~ hands on o.s. de hand aan zichzelf slaan

violet/ˈvaɪələt/ I [znw] • violet • soort vlinder • viooltje II [bnw] paars

violin/vaɪəˈlɪn/ [znw] viool

violinist/vaɪəˈlɪnɪst/ [znw] violist

violist/ˈvaɪəlɪst/ [znw] altist

violoncellist/vaɪələnˈtʃelɪst/ [znw] cellist

violoncello/vaɪələnˈtʃeləʊ/ [znw] cello, violoncel

viper/ˈvaɪpə/ [znw] adder

viperish/ˈvaɪpərɪʃ/ [bnw] • venijnig • adderachtig

virago/vɪˈrɑːgəʊ/ [znw] helleveeg

virescent/vɪˈresənt/ [bnw] • groenachtig • groen wordend

Virgil/ˈvɜːdʒɪl/ [znw] Vergilius, Virgil

virgin/ˈvɜːdʒɪn/ I [znw] • maagd • kuise man • soort appel • soort peer ★ the Blessed Virgin of H. Maagd II [bnw] • maagdelijk • onbevlekt, ongerept • onbetreden (gebied) • zuiver (metaal) ★ the Virgin Mother de Heilige Maagd Maria; de Moedermaagd ★ the Virgin Queen Koningin Elisabeth I

virginal/ˈvɜːdʒɪnl/ [bnw] maagdelijk

virginals/ˈvɜːdʒɪnlz/ [mv] spinet

virginhood, virginity/vɜːdʒɪnhʊd/ [znw] maagdelijkheid, kuisheid

Virginian/vəˈdʒɪnɪən/ I [znw] Virginiër II [bnw] Virginisch ★ ~ creeper wilde wingerd

viridescent/vɪrɪˈdesənt/ [bnw] groenachtig

virile/ˈvɪraɪl/ [bnw] • mannelijk, manmoedig, krachtig • (form.) fors

virility/vɪˈrɪlətɪ/ [znw] mannelijkheid

virtu/vɜːˈtuː/ [znw] • liefde voor de kunst • kunstwaarde ★ articles of ~ kunstvoorwerpen

virtual/ˈvɜːtʃʊəl/ [bnw] feitelijk, eigenlijk

virtuality/vɜːtʃʊˈælətɪ/ [znw] • wezen, essentie • latent vermogen

virtually/ˈvɜːtʃʊəlɪ/ [bijw] feitelijk, eigenlijk, zo goed als

virtue/ˈvɜːtʃuː/ [znw] • deugd(zaamheid) • (genees)kracht • (goede) eigenschap ★ by/in ~ of krachtens ★ make a ~ of necessity v. de nood een deugd maken

virtuosi /vɜ:tʃʊˈəʊsi:/ [mv] → **virtuoso**

virtuosity /vɜ:tʃʊˈɒsəti/ [znw] ● virtuositeit
● virtuozen, kunstkenners

virtuoso /vɜ:tʃʊˈəʊsəʊ/ [znw] ● kunstkenner
● virtuoos

virtuous /ˈvɜːtʃʊəs/ [bnw] deugdzaam

virulence /ˈvɪrʊləns/ [znw] ● kwaadaardigheid
● heftigheid

virulent /ˈvɪrʊlənt/ [bnw] ● vergiftig, kwaadaardig
● hevig, heftig

virus /ˈvaɪərəs/ [znw] ● virus ● (ver)gif, smetstof
● kwaadaardigheid

visa /ˈviːzə/ [znw] visum

visage /ˈvɪzɪdʒ/ [znw] gelaat

vis-à-vis [znw] ● tegenhanger ● ⟨AE⟩ partner
II [bijw] recht tegenover elkaar III [vz] vis-à-vis, (recht) tegenover

viscera /ˈvɪsərə/ [znw] inwendige organen

visceral /ˈvɪsərəl/ [bnw] ● ingewands- ● inwendig

viscid /ˈvɪsɪd/ [bnw] kleverig

viscose /ˈvɪskəʊz/ [znw] viscose

viscosity /vɪsˈkɒsəti/ [znw] ● kleverige massa
● kleverigheid

viscount /ˈvaɪkaʊnt/ [znw] burggraaf

viscountess /ˈvaɪkaʊnˈtɪs/ [znw] burggravin

viscous /ˈvɪskəs/ [bnw] kleverig

visé /ˈviːzeɪ/ I [ov ww] viseren ⟨v. paspoort⟩ II [znw] ⟨AE⟩ visum

visibility /vɪzəˈbɪləti/ [znw] zichtbaarheid ★ ~ good zicht goed ⟨in verkeersinformatie of weerbericht⟩

visible /ˈvɪzɪbl/ I [znw] iets zichtbaars II [bnw]
● zichtbaar ● duidelijk, merkbaar ★ I'm afraid he's not ~ 't spijt me, maar hij is niet te spreken ★ ~ horizon schijnbare horizon

visibly /ˈvɪzɪblɪ/ [bijw] ★ the business ~ declined de zaak ging zienderogen achteruit

Visigoth /ˈvɪzɪɡɒθ/ [znw] West-Goot

Visigothic /vɪzɪˈɡɒθɪk/ [bnw] West-Gotisch

vision /ˈvɪʒən/ I [ov ww] ● zien ● (z.) voorstellen als in een visioen ● z. voor de geest halen II [znw] ● het zien ● gezicht(svermogen) ● inzicht ● visioen, verschijning ● blik ⟨op tv⟩ ● vooruitziende blik

visional /ˈvɪʒənəl/ [bnw] ● in een visioen ● ingebeeld

visionary /ˈvɪʒənərɪ/ I [znw] ● ziener ● fantast
II [bnw] ● fantastisch ● ingebeeld

visit /ˈvɪzɪt/ I [ov ww] ● bezoeken ● inspecteren
● visiteren ★ ~ed behekst ★ ~ing hours bezoekuren ● (~ (up)on) wreken ● (~ with) straffen met, omgaan met II [on ww] ● logeren
● ⟨AE⟩ 'n praatje maken ★ they ~ at my house ze komen wel eens bij me thuis III [znw] ● bezoek
● inspectie, visitatie ● ⟨AE⟩ praatje ★ domiciliary ~ huiszoeking

visitant /ˈvɪzɪtnt/ I [znw] ● trekvogel ● ⟨form.⟩ bezoeker II [bnw] ⟨vero.⟩ bezoekend

visitation /vɪzɪˈteɪʃən/ [znw] ● visitatie ● al te lang bezoek ● inspectie ● huisbezoek ⟨v. geestelijke⟩
● bezoeking ★ the Visitation of Our Lady het bezoek v. Maria aan Elisabeth

visiting /ˈvɪzɪtɪŋ/ I [znw] het bezoeken II [bnw] ★ I am not on ~ terms with him ik kom niet bij hem thuis ★ I have no ~ acquaintances with him ik kom niet bij hem thuis ★ ⟨sport⟩ ~ team gasten

visiting-card [znw] visitekaartje

visitor /ˈvɪzɪtə/ [znw] ● gast, bezoeker ● inspecteur ★ ~'s book gastenboek ⟨in hotel⟩

visor /ˈvaɪzə/ [znw] ● vizier ⟨v. helm⟩ ● klep ⟨v. pet⟩
● scherm voor ogen

vista /ˈvɪstə/ [znw] ● vergezicht ● perspectief

● verschiet ● terugblik

visual /ˈvɪʒʊəl/ [bnw] ● gezichts-, oog- ● zichtbaar
★ we witnessed it ~ly we waren er ooggetuigen van

visualization /vɪʒʊəlaɪˈzeɪʃən/ [znw] visualisatie

visualize /ˈvɪʒʊəlaɪz/ [ov ww] ● zichtbaar maken
● zich een beeld vormen van, een beeld geven van

visualizer /ˈvɪʒʊəlaɪzə/ [znw] ⟨reclame⟩ontwerper

vital /ˈvaɪtl/ [bnw] ● levens- ● vitaal ● noodzakelijk
● levensgevaarlijk ⟨verwonding⟩ ★ ~ parts edele delen ● ⟨med.⟩ ~ signs levensfuncties ⟨vnl. hartslag, bloeddruk⟩ ★ ~ statistics bevolkingsstatistiek

vitality /vaɪˈtæləti/ [znw] vitaliteit, levensvatbaarheid, levenskracht

vitalize /ˈvaɪtəlaɪz/ [ov ww] bezielen

vitals /ˈvaɪtlz/ [mv] ● het essentiële ● edele delen

vitamin /ˈvɪtəmɪn/ [znw] vitamine

vitaminize /ˈvɪtəmɪnaɪz/ [ov ww] ● vitaminiseren
● bezielen ⟨fig.⟩

viticulture /ˈvɪtɪkʌltʃə/ [znw] wijnbouw

vitreous /ˈvɪtrɪəs/ [bnw] glasachtig, glas-, glazen

vitrification, vitrifaction /vɪtrɪfɪˈkeɪʃən/ [znw]
● het verglazen ● glasvervaardiging

vitrify /ˈvɪtrɪfaɪ/ [ov + on ww] in glas (doen) veranderen

vitriol /ˈvɪtrɪəl/ [znw] ● vitriool ● sarcasme

vitriolic /vɪtrɪˈɒlɪk/ [bnw] ● vitriool- ● sarcastisch, sardonisch, bijtend

vituperate /vɪˈtjuːpəreɪt/ [ov ww] ● (be)schimpen
● (uit)schelden

vituperation /vaɪtjuːpəˈreɪʃən/ [znw] geschimp, scheldwoorden

vituperative /vɪˈtjuːpərətɪv/ [bnw] schimpend

vivacious /vɪˈveɪʃəs/ [bnw] ● levendig, opgewekt
● ⟨plant.⟩ overblijvend

vivacity /vɪˈvæsəti/ [znw] opgewektheid

vivaria /vaɪˈveərɪə/ [mv] → **vivarium**

vivarium /vaɪˈveərɪəm/ [znw] ● aquarium
● dierentuin

viva voce /vaɪvə ˈvəʊtʃɪ/ I [bnw + bijw] mondeling
II [znw] mondeling examen

vivid /ˈvɪvɪd/ [bnw] levendig, helder ⟨v. kleur of licht⟩

vivify /ˈvɪvɪfaɪ/ [ov ww] levend maken, bezielen, opwekken

viviparous /vɪˈvɪpərəs/ [bnw] levendbarend

vivisection /vɪvɪˈsekʃən/ [znw] vivisectie

vivisectionist /vɪvɪˈsekʃənɪst/ [znw] vivisector

vixen /ˈvɪksən/ [znw] ● wijfjesvos ● feeks, helleveeg

vixenish /ˈvɪksənɪʃ/ [bnw] feeksachtig

viz. [afk] ● (videlicet) namelijk

vocable /ˈvəʊkəbl/ [znw] woord

vocabulary /vəˈkæbjʊlərɪ/ [znw] ● woordenlijst
● woordenschat

vocal /ˈvəʊkl/ I [znw] ● klinker ● ⟨inf.⟩
→ **vocabulary** II [bnw] ● mondeling ● klinker-
● stemhebbend ⟨fonetiek⟩ ● luidruchtig ● stem-
● ⟨muz.⟩ vocaal ★ ~ c(h)ords stembanden ★ ~ ligaments stembanden ★ ~ performer zanger(es)
★ ~ with weerklinkend van

vocalic /vəˈkælɪk/ [bnw] klinker-

vocalist /ˈvəʊkəlɪst/ [znw] zanger(es)

vocality /vəʊˈkæləti/ [znw] ● stem(vermogen)
● ⟨taalk⟩ het stemhebbend zijn

vocalize /ˈvəʊkəlaɪz/ [ov + on ww] ● stemhebbend maken ● ⟨scherts⟩ spreken, zingen, schreeuwen

vocation /vəˈkeɪʃən/ [znw] ● roeping ● beroep ★ he has never had the sense of ~ hij heeft nooit echt

V

roeping gevoeld * he mistook his – hij heeft 't verkeerde beroep gekozen

vocational/vəˈkeɪʃənl/ [bnw] • roepings- • beroepsopleiding • ~ guidance beroepskeuzebegeleiding * ~ teacher vakonderwijzer

vociferate/vəˈsɪfəreɪt/ [ov + on ww] schreeuwen, brullen, razen

vociferation/vəʊsɪfəˈreɪʃən/ [znw] geschreeuw

vociferous/vəˈsɪfərəs/ [bnw] uitbundig

vodka/vodkə/ [znw] wodka

vogue/vəʊg/ [znw] het algemeen in gebruik zijn, mode, populariteit, trek * be in/the ~ erg in de mode zijn * have a great ~ erg in de mode zijn * out of ~ uit de mode

voice/vɔɪs/ I [ov ww] • uitdrukking geven aan ⟨gevoelens⟩ • weergeven • stemmen ⟨v. orgel⟩ • ⟨taalk.⟩ stemhebbend maken ⟨fonetiek⟩ II [znw] • stem, spraak • geluid, geschreeuw • inspraak • stemhebbende klank • grammaticale vorm * I have no ~ in the chapter ik heb geen stem in het kapittel * be in ~ goed bij stem zijn * be out of ~ niet bij stem zijn * they gave ~ to ze gaven uiting aan * with one ~ eenstemmig

voice-box[znw] strottenhoofd

voiced/vɔɪst/ [bnw] • met stem • ⟨taalk.⟩ stemhebbend ⟨fonetiek⟩

voiceless/ˈvɔɪsləs/ [bnw] • stemloos • monddood

voice-over[znw] commentaarstem, stem op de achtergrond

voice-part[znw] zangpartij/-stem

void/vɔɪd/ I [ov ww] • ongeldig maken/verklaren • ledigen • lozen ⟨v. urine⟩ • ontlasten II [znw] • leegte • ⟨ledige⟩ ruimte * talk in the void in de ruimte praten III [bnw] • ongeldig, nietig ⟨v. contract⟩ • onbezet, ledig • ⟨form.⟩ nutteloos * fall void vacant komen * void of zonder * void of sense zonder zin of betekenis

voidable/ˈvɔɪdəbl/ [bnw] ongeldig, enz. te maken

volatile/ˈvolətaɪl/ [bnw] • vluchtig ⟨vloeistoffen⟩ • levendig • wuft, wispelturig

volatility/voləˈtɪlətɪ/ [znw] • levendigheid • vluchtigheid

volatilize/vəˈlætɪlaɪz/ I [ov ww] doen vervliegen II [on ww] vervliegen

volcanic/volˈkænɪk/ [bnw] vulkanisch

volcano/volˈkeɪnəʊ/ [znw] vulkaan

vole/vəʊl/ I [on ww] alle slagen halen ⟨bij kaartspel⟩ II [znw] • vole • soort veldmuis

volition/vəˈlɪʃən/ [znw] het willen, wilskracht * by his own ~ uit vrije wil

volitional/vəˈlɪʃənəl/ [bnw] wils-, v. de wil

volitive/ˈvolɪtɪv/ [bnw] • wils- • opzettelijk • ⟨taalk.⟩ optatief

volley/ˈvolɪ/ I [ov ww] • 'n salvo afvuren • doen losbranden • uitstoten ⟨v. geluid⟩ • ⟨sport⟩ de bal terugslaan vóór hij de grond heeft geraakt ⟨bij tennis⟩ II [on ww] • tegelijk losbarsten ⟨v. kanonnen⟩ • losbranden • kronkelen ⟨v. rook⟩ III [znw] • salvo • stroom ⟨fig.⟩, vloed ⟨v. woorden⟩ • ⟨sport⟩ volley ⟨bij tennis⟩ * ~-gun soort machinegeweer

volleyball/ˈvolɪbɔːl/ [znw] volleybal

vol(s)[afk] • v(olume) • volume(s)

volt/vəʊlt/ [znw] • volt • wending

voltage/ˈvəʊltɪdʒ/ [znw] elektrische spanning * ~regulator spanningsregelaar

voltaic/volˈteɪɪk/ [bnw] galvanisch * ~ pile zuil v. Volta

volubility/voljʊˈbɪlətɪ/ [znw] welbespraaktheid

voluble/ˈvoljʊbl/ [bnw] • woordenrijk • rad v. tong • ⟨plant.⟩ kronkelend

volume/ˈvolju:m/ [znw] • boekdeel, schriftrol • omvang ⟨v. zaken⟩ • geluidssterkte

volume-control[znw] volumeregelaar

volumes/ˈvoljuːmz/ [mv] massa ⟨opkringelende⟩ rook

voluminous/vəˈljuːmɪnəs/ [bnw] • uit vele delen bestaande • productief ⟨schrijver⟩ • omvangrijk, lijvig

voluntarism/ˈvolʌntərɪzəm/ [znw] • instandhouding v. kerk en school door vrijwillige bijdragen • vrijwilligersstelsel

voluntary/ˈvolʌntərɪ/ I [znw] • vrijwillige bijdrage ⟨in wedstrijd of werk⟩ • ⟨muz.⟩ solofantasie op orgel II [bnw] • vrijwillig • opzettelijk • door de wil geregeld ⟨v. spierbeweging⟩ • in stand gehouden door vrijwillige bijdragen ⟨v. school⟩

volunteer/volənˈtɪə/ I [ov ww] ten beste geven * we ~ed our services we boden vrijwillig onze diensten aan II [on ww] • vrijwillig dienst nemen • vrijwillig iets doen III [znw] vrijwilliger IV [bnw] • vrijwillig • vrijwilligers- • ⟨plant.⟩ vanzelf opkomend

voluptuary/vəˈlʌptjʊərɪ/ I [znw] wellusteling II [bnw] wellustig

voluptuous/vəˈlʌptjʊəs/ [bnw] • weelderig ⟨v. vormen⟩ • wellustig • heerlijk

volute/vəˈljuːt/ [znw] • rolschelp • ⟨archit.⟩ krul ⟨als versiering⟩

voluted/vəˈluːtɪd/ [bnw] • met krullen versierd • spiraalvormig

vomit/ˈvomɪt/ I [ov + on ww] braken II [znw] • braaksel • braakmiddel

voodoo/ˈvuːduː/ I [ov ww] ⟨AE⟩ beheksen II [znw] toverij

voracious/vəˈreɪʃəs/ [bnw] gulzig, vraatzuchtig

voracity/vəˈræsɪtɪ/ [znw] • gulzigheid • vraatzuchtigheid

vorteces/ˈvɔːtɪsiːz/ [mv] → vortex

vortex/ˈvɔːteks/ [znw] draaikolk, maalstroom

Vosges/vəʊʒ/ [znw] * the ~ de Vogezen

votary/ˈvəʊtərɪ/ [znw] • ordebroeder/-zuster • aanbidder, liefhebber ⟨v. sport of muziek⟩

vote/vəʊt/ I [ov + on ww] • stemmen • vaststellen • toestaan ⟨gelden⟩, goedkeuren, voteren • voorstellen * I vote that we go ik stel voor dat we vertrekken * they voted him a bore ze vonden hem een vervelende vent * (~ down) verwerpen ⟨v. maatregelen⟩, overstemmen * (~ for) stemmen voor, stemmen op * (~ out) door stemmen uitsluiten ⟨v. persoon⟩ II [on ww] * (~ in) verkiezen III [znw] • stem(ming) • gezamenlijke stemmen • stembriefje • stemrecht • begroting * a vote of this amount was passed dit bedrag werd gevoteerd * by ten votes met een meerderheid van tien stemmen * he was within a vote of obtaining the post hij kreeg de betrekking niet doordat hij één stem tekort had * proceed to the vote tot stemming overgaan * they took a vote on it ze lieten erover stemmen * vote in supply toegestane gelden * vote of censure motie v. wantrouwen

voter/ˈvəʊtə/ [znw] • kiezer • stemgerechtigde

votive/ˈvəʊtɪv/ [bnw] votief, gelofte- * ~ offering ex-voto

vouch/vaʊtʃ/ I [ov ww] staven ⟨v. bewering⟩ II [on ww] * (~ for) instaan voor

voucher/ˈvaʊtʃə/ [znw] • ⟨waarde⟩coupon • borg • bewijs(stuk) • bon • vrijkaart • reçu • declaratie ⟨voor vergoeding⟩ * ~ copy bewijsnummer

vouchsafe/vaʊtʃˈseɪf/ [ov ww] z. verwaardigen toe te geven/staan * they ~d me a visit zij

verwaardigden z. mij 'n bezoek te brengen
vow/vaʊ/ **I** [ov + on ww] *zweren* ∗ *his vowed
enemy zijn gezworen vijand* ● *(~ to) wijden aan*
II [znw] *eed, gelofte* ● *be under a vow z. plechtig
hebben verbonden* ∗ *take the vow kloostergelofte
afleggen*
vowel/vaʊəl/ [znw] *klinker(teken)* ∗ *~ gradation
ablaut* ∗ *~ mutation umlaut*
voyage/ˈvɔɪɪdʒ/ **I** [ov ww] *reizen (over water)*
II [on ww] *bevaren* **III** [znw] *(zee)reis*
voyager/ˈvɔɪɪdʒə/ [znw] *(zee)reiziger, zeevaarder*
voyageur/wɑːjɑˈʒɜː/ [znw] *Canadees
schuitenvoerder*
voyeur/wɑːˈjɜː/ [znw] *gluurder, voyeur*
V.S. [afk] ● *(veterinary surgeon) dierenarts*
vulcanite/ˈvʌlkənaɪt/ [znw] *eboniet*
vulcanize/ˈvʌlkənaɪz/ [ov ww] *vulkaniseren*
vulgar/ˈvʌlgə/ **I** [znw] ∗ *the ~ de massa; de grote
hoop* **II** [bnw] ● *volks-, gewoon-, algemeen bekend*
● *vulgair, ordinair, grof, laag* ∗ *the ~ herd de
massa* ∗ *the ~ speech de volkstaal* ∗ *~ era gewone
(christelijke) jaartelling*
vulgarian/vʌlˈgeəriən/ **I** [znw] *proleet* **II** [bnw]
proleterig
vulgarism/ˈvʌlgərɪzəm/ [znw] ● *plat gezegde*
● *laag bij de grondse manier v. doen*
vulgarity/vʌlˈgærəti/ [znw] *vulgariteit*
vulgarization/vʌlgəraɪˈzeɪʃən/ [znw]
● *popularisatie* ● *verlaging*
vulgarize/ˈvʌlgəraɪz/ **I** [ov ww] ● *tot gemeengoed
maken* ● *vulgair maken* **II** [on ww] *vulgair worden*
vulgate/ˈvʌlgeɪt/ [znw] *omgangstaal*
vulnerability/vʌlnərəˈbɪləti/ [znw] *kwetsbaarheid*
vulnerable/ˈvʌlnərəbl/ [bnw] *kwetsbaar*
vulpine/ˈvʌlpaɪn/ [bnw] ● *vosachtig, vossen-* ● *listig*
vulture/ˈvʌltʃə/ [znw] *gier*
vulva/ˈvʌlvə/ [znw] *schaamspleet*
vying/ˈvaɪɪŋ/ *tegenw. deelw.* → **vie**

wacky/ˈwækɪ/ [bnw] *idioot, vreselijk excentriek*
wad/wɒd/ **I** [ov ww] ● *opvullen, met watten voeren*
● *tot een prop maken* ● *dichtproppen* **II** [znw]
● *prop* ● *vulsel* ● *pakje bankbiljetten, geld*
wadding/ˈwɒdɪŋ/ [znw] ● *opvulsel* ● *watten*
waddle/ˈwɒdl/ **I** [on ww] *waggelen* **II** [znw]
waggelgang
wade/weɪd/ **I** [ov ww] *doorwaden* **II** [on ww]
waden, baggeren (door) ∗ *wade through a book
een boek doorworstelen* ● *(~ into) te lijf gaan*
III [znw] *het doorwaden*
wader/weɪdə/ [znw] ● *waadvogel* ● *waterlaars*
wading/ˈweɪdɪŋ/ [bnw] ∗ *~ bird waadvogel* ∗ *~
pool pierenbadje*
w.a.f. [afk] ● *(with all faults) voor eigen risico*
wafer/weɪfə/ **I** [ov ww] *met ouwel dichtplakken*
II [znw] ● *wafel* ● *hostie* ● *ouwel* ● *papieren zegel*
wafer-thin [bnw] *(zeer) dun, flinterdun*
wafery/ˈweɪfərɪ/ [bnw] *wafelachtig, zo dun als een
wafel*
waffle/ˈwɒfəl/ **I** [on ww] *kletsen* **II** [znw] *wafel* ∗ *~
iron wafelijzer*
waft/wɒft/ **I** [ov ww] ● *laten zweven, voeren*
● *(over)brengen* **II** [on ww] ● *zweven* ● *(vero.)
toewuiven* **III** [znw] ● *vleugje, rookwolkje, sliertje*
● *noodvlag*
wag/wæg/ **I** [ov ww] ● *heen en weer bewegen,
schudden* ∗ *kwispelen* ∗ *wag one's finger de
vinger dreigend heen en weer bewegen* ∗ *wag one's
head met z'n hoofd schudden* **II** [on ww] ● *heen en
weer bewegen/gaan* ● *kwispelen*
∗ *beards/chins/jaws/tongues are wagging er
wordt druk gepraat* ∗ *how wags the world? hoe
staat 't leven?* **III** [znw] *grappenmaker* ● *play
(the) wag spijbelen* ∗ *with a wag of his head
hoofdschuddend*
wage/weɪdʒ/ **I** [ov ww] *voeren (vnl. v. oorlog)*
II [znw] *loon* ∗ *wage freeze loonstop* ∗ *wage rate
loonstandaard* ∗ *wage(s) loon*
wage-earner [znw] *loontrekker, loontrekkende*
wager/ˈweɪdʒə/ **I** [ov + on ww] *(ver)wedden*
II [znw] *weddenschap* ∗ *lay/make a ~ een
weddenschap aangaan; wedden*
wages-sheet [znw] *loonstaat*
waggery/ˈwægərɪ/ [znw] *grappenmakerij,
schalksheid*
waggish/ˈwægɪʃ/ [bnw] *schalks*
waggle/ˈwægl/ → **wag**
waggon/ˈwægən/ [znw] ● *wagen* ● *woonwagen*
● *wagon* ∗ *hitch one's ~ to a star hoog mikken*
∗ *the Wagon de Grote Beer*
waggoner, wagoner/ˈwægənə/ [znw]
wagenmenner
waggonette, wagonette/wægəˈnet/ [znw] *brik*
wagon/ˈwægən/ [znw] *stationcar, bestelwagen,
wagen(tje), wagon, veewagen, celwagen* ∗ *(ae)
huckchuck ~ proviandwagen*
wagtail/ˈwægteɪl/ [znw] *kwikstaart*
waif/weɪf/ [znw] ● *onbeheerd dier/goed, strandgoed*
● *straathond* ● *zwerver, dakloze* ● *verwaarloosd
kind* ∗ *waifs and strays rommel; straatjeugd;
daklozen*
wail/weɪl/ **I** [ov ww] *jammeren* **II** [on ww]
● *jammeren, weeklagen* ● *huilen, loeien (v. wind)*
III [znw] *geweeklaag*
wain/weɪn/ [znw] ∗ *the (Charles's) Wain de Grote
Beer*
wainscot/ˈweɪnskət/ **I** [ov ww] *lambriseren*

w

II [znw] lambrisering
wainscoting /weɪnskətɪŋ/ [znw] beschot
waist /weɪst/ [znw] • middel, taille • smal(ler)
middengedeelte • ‹AE› lijfje, bloes
waistband /weɪstbænd/ [znw] broeks-/roksband
waistcoat /weɪskəʊt/ [znw] vest
waist-deep /weɪst'di:p/ [bnw + bijw] tot aan het
middel
waisted /weɪstɪd/ [bnw] getailleerd
waist-high [bnw] tot aan het middel
waistline /weɪstlaɪn/ [znw] taille
wait /weɪt/ I [ov ww] • afwachten • bedienen • he
must wait our pleasure hij moet wachten tot het
ons schikt ★ wait dinner for s.o. met 't eten op iem.
wachten II [on ww] • wachten • bedienen ‹aan
tafel› ★ may good fortune wait upon you moge
het lot u gunstig zijn • wait and see rustig
afwachten; de kat uit de boom kijken ★ wait on
Providence kalm afwachten ★ waiting list
wachtlijst • (~ (up)on) bedienen, van dienst zijn,
volgen op, gepaard gaan met • (~ for) wachten op
III [znw] • wachttijd • pauze • lie in wait for op
de loer liggen ★ we had a long wait for we
moesten lang wachten op
waiter /weɪtə/ [znw] • kelner • presenteerblad
• wachtende • ~! ober!
waiting /weɪtɪŋ/ [znw] • het wachten • bediening
• in ~ gereedstaand; dienstdoend
waiting-maid [znw] kamenier
waiting-room [znw] wachtkamer
waitress /weɪtrəs/ [znw] serveerster • ~! juffrouw!
waits /weɪts/ [mv] rondtrekkende straatzangers met
Kerstmis
waive /weɪv/ [ov ww] afstand doen van, afzien van
wake, waken /weɪk/ I [ov ww] • wekken
• oproepen • ten leven wekken • ‹Iers› waken bij
• (~ up) wakker maken/schudden II [on ww]
• wakker zijn, waken • opstaan ‹uit de dood› • (~
up) wakker worden ★ wake up to a
consciousness/sense that beginnen in te zien dat
III [znw] • nachtwake • kerkwijdingsfeest • kermis
• (kiel)zog ★ follow in the wake of in 't zog varen
van; volgen
wakeful /weɪkfʊl/ [bnw] • slapeloos • waakzaam,
wakker
wakes /weɪks/ [znw] kermis
wale /weɪl/ I [ov ww] • striemen II [znw] • ribbel
• ‹AE› welzijn • ‹AE› striem
walk /wɔ:k/ I [ov ww] • lopen/wandelen in/op
• stapvoets doen gaan, laten stappen, uitlaten
• opbrengen, lopen tegen ‹wedstrijd› ★ walk it te
voet gaan ★ walk the boards aan 't toneel zijn
★ walk the chalk over de krijtstreep lopen ‹als
bewijs dat men nuchter is› ★ walk the
hospitals medicijnen studeren ★ walk the plank
over de plank lopen ‹de zee in›; (gedwongen)
ontslag nemen ★ walk the streets flaneren; langs
de straat lopen • (~ off) wegbrengen ★ walk one's
legs off lopen tot men er bij neervalt ★ walk s.o.
off his legs iem. laten lopen tot hij er bij neervalt
II [on ww] • lopen, wandelen, stapvoets gaan
• rondwaren • walk (out) with verkering hebben
met ★ walk away from gemakkelijk achter z. laten
★ walk away with s.th. er met iets vandoor gaan
★ walk out on s.o. iem. in de steek laten ★ walk
up to naar toe lopen; op af lopen ★ walk up! komt
dat zien! ★ walk with God een godvruchtig leven
leiden • (~ about) wandelen • (~ by)
voorbijgaan • (~ in) binnenlopen, eens aanlopen
★ walk in! binnen zonder kloppen! • (~ into) er
van langs geven, 'm raken, z. te goed doen aan • (~
off) (kwaad) weglopen, niet meer meedoen ★ walk

off with er vandoor gaan met • (~ over) stapvoets
over de baan gaan, gemakkelijk de overwinning
behalen III [znw] • wandeling • ronde, wijk
• levenswandel • manier v. lopen • wandelpas, 't
stapvoets gaan, stap ★ kippenren
• wandellaan(tje), wandelpad ★ a ten minutes'
walk 10 minuten lopen ★ at a walk stapvoets ★ go
for/take a walk (gaan) wandelen ★ walk of life
beroep; positie
walkable /wɔ:kəbl/ [bnw] te (be)lopen
walkabout /wɔ:kəbaʊt/ I [on ww] op trektocht
gaan II [znw] • rondgang • trek(tocht) van
aboriginals
walker /wɔ:kə/ [znw] • voetganger, wandelaar
• loopvogel • colporteur • Walker! kom nou!
walkie-talkie /wɔ:kɪ'tɔ:kɪ/ [znw] walkie-talkie,
draagbare zender
walking- /wɔ:kɪŋ/ [bnw] wandel- ★ walking
gentleman/lady figurant/e ★ ~chair
loopwagentje; wandelwagentje ★ ~delegate
contactman ‹v. vakbond› ★ ‹sL› ~papers/ticket
ontslag ★ ~stick wandelstok
walk-on [bnw] figuranten- ★ ~ part figurantenrol
walk-out /wɔ:kaʊt/ [znw] staking
walk-over [znw] gemakkelijke overwinning
walkway /wɔ:kweɪ/ ‹AE› doorgang, passage
wall /wɔ:l/ I [ov ww] • (~ in) ommuren • (~ up)
afsluiten met een muur, dichtmetselen II [znw]
• wand, muur • stadswal • blank wall
blinde/kale muur • give s.o. the wall iem. aan de
huizenkant laten lopen ★ go to the wall het
onderspit delven ★ he can see through a brick
wall hij is buitengewoon schrander ★ take the
wall of s.o. niet opzij gaan voor iem. ★ wall of
partition scheidsmuur ★ wall socket stopcontact
★ wall tree leiboom
wallaby /wɒləbɪ/ [znw] • kleine kangoeroe
• Australiër • be on the ~(track) zonder werk
rondlopen
wallet /wɒlɪt/ [znw] • portefeuille • tas,
gereedschapstas
wallflower /wɔ:lflaʊə/ [znw] muurbloem(pje) ‹ook
fig.›
Walloon /wɒ'lu:n/ I [znw] Waal II [bnw] Waals
wallop /wɒləp/ I [ov ww] aframselen, op z'n kop
geven II [znw] klap, mep, opdonder III [bijw]
pardoes • go ~ neerploffen
walloping /wɒləpɪŋ/ I [znw] aframmeling
II [bnw] kolossaal
wallow /wɒləʊ/ I [on ww] rollen • (~ in) (z.)
wentelen in ★ ~ in money zwemmen in het geld
II [znw] poel ‹voor dieren›
wall-painting /wɔ:lpeɪntɪŋ/ [znw]
• muurschildering • fresco
wallpaper /wɔ:lpeɪpə/ [znw] behang(selpapier)
wall-to-wall [bnw] kamerbreed
wally /wɒlɪ/ [znw] sul, sukkel, idioot
walnut /wɔ:lnʌt/ I [znw] • walnoot • notenhout
★ over the ~s and the wine aan het dessert
II [bnw] notenhouten
walrus /wɔ:lrəs/ [znw] walrus
waltz /wɔ:ls/ I [on ww] • walsen • dansen II [znw]
• wals • dans
wampum /wɒmpəm/ [znw] snoer van
kralen/schelpen
wan /wɒn/ [bnw] • bleek, flets • flauw, ziekelijk
wand /wɒnd/ [znw] • dirigeerstok • (tover)staf
• roede
wander /wɒndə/ [on ww] • zwerven, dwalen
• ronddolen • afdwalen, van de hak op de tak
springen • ijlen ★ ~ in one's mind ijlen • (~
about) de ronde doen ‹v. gerucht›, rondzwerven

wanderer/wɒndərə/ [znw] zwerver, (rond)trekker
wandering/wɒndərɪŋ/ [bnw] ★ ~ Jew
wandelende Jood ★ ~ kidney wandelende nier
wanderings/wɒndərɪŋz/ [mv] ★ the ~ geijl;
wartaal
wanderlust/wɒndəlʌst/ [znw] zwerflust, reislust,
treklust
wane/weɪn/ I [on ww] afnemen, tanen II [znw] het
afnemen
wangle/wæŋgl/ I [ov ww] ● voor elkaar prutsen,
gedaan krijgen ● knoeien met, vervalsen
II [on ww] ● (~ through) zich er door heen
(weten te) werken III [znw] knoeierij
want/wɒnt/ I [ov ww] ● missen, ontberen ● nodig
hebben, moeten hebben, vereisen ● wensen, willen
★ I want it done at once ik wil dat het direct
gedaan wordt ★ I want you to do it ik wil dat jij
het doet ★ is wanted by the police wordt door de
politie gezocht ★ it wants a minute of noon nog
één minuut en het is 12 uur ★ the door wants
painting de deur moet geverfd worden ★ wanted
gevraagd II [on ww] gebrek lijden ★ let him want
for nothing laat 't hem aan niets ontbreken
III [znw] ● het ontbreken ● behoefte ● gemis,
gebrek ● be in want of nodig hebben ★ want ad
advertentie onder 'gevraagd'
wanting/wɒntɪŋ/ I [bnw] ontbrekend ● be ~
ontbreken; mankeren; in gebreke blijven ● he was
found ~ hij bleek niet aan de verwachtingen te
voldoen II [vz] ● zonder ● minus
wanton/wɒntən/ I [on ww] ● speels zijn, gek doen
● welig tieren II [znw] lichtekooi, lichtmis
III [bnw] ● speels ● weelderig ● wellustig ● zinloos
● onbeheerst
war/wɔː/ I [ov + on ww] strijden (tegen), oorlog
voeren (tegen) II [znw] oorlog ★ War Office
ministerie van oorlog ★ at war in oorlog ● be at
war with o.s. een innerlijke strijd voeren ● go to
war ten strijde trekken ★ he has been in the wars
hij is behoorlijk toegetakeld ★ levy/wage war
war upon oorlog voeren tegen ★ war craft
krijgstactiek ★ war crime oorlogsmisdaad ★ war
cry strijdkreet ★ war grade oorlogskwaliteit ★ war
law oorlogsrecht ★ war of nerves zenuwenoorlog
★ war steed strijdros ★ war to the bitter end
strijd op leven en dood ★ war widow
oorlogsweduwe ★ war work oorlogsindustrie
warble/wɔːbl/ I [ov + on ww] ● zingen, kwelen
● ⟨AE⟩ jodelen II [znw] gekweel
warbler/wɔːblə/ [znw] ● tjiftjaf ● zanger
ward/wɔːd/ I [ov ww] bewaren, behoeden ● (~ off)
afweren, behoeden voor, pareren II [znw]
● (verzekerde) bewaring ● curatele, voogdij ● pupil
⟨v. voogd⟩ ● stadsdistrict ● zaal, afdeling ● casual
ward doorgangshuis voor daklozen ★ keep watch
and ward over met uiterste zorg bewaren ★ the
child is in ward (to you) het kind staat onder (uw)
voogdij
warden/wɔːdn/ [znw] ● gouverneur ● huismeester
● bewaker ● (parkeer)wacht ● ≈ blokhoofd v.
luchtbeschermingsdienst ● soort stoofpeer
warder/wɔːdə/ [znw] ● cipier ● staf ⟨v. vorst⟩
Wardour/wɔːdə/ [znw] ★ ~ Street straat met veel
antiekwinkels ⟨in Londen⟩ ★ ~ Street English
quasi-ouderwets Engels
wardress/wɔːdrəs/ [znw] gevangenbewaarster
wardrobe/wɔːdrəʊb/ [znw] ● kleerkast
● garderobe
wardroom/wɔːdruːm/ [znw] officierskajuit
wardship/wɔːdʃɪp/ [znw] voogdij
ware/weə/ I [ov ww] ⟨vero.⟩ z. wachten voor
● ware! pas op! II [znw] ● waar ● aardewerk

★ Tunbridge ware ingelegd houtwerk III [bnw]
● zich bewust ● ⟨vero.⟩ op zijn hoede
warehouse/weəhaʊs/ I [ov ww] opslaan II [znw]
pakhuis, opslagplaats, magazijn
warfare/wɔːfeə/ [znw] oorlog(voering), strijd
war-guilt/ [znw] het schuldig zijn aan oorlog of
oorlogsmisdaden
warhead/wɔːhed/ [znw] projectielkop
war-horse/wɔːhɔːs/ [znw] ● strijdros ● ijzervreter
warlike/wɔːlaɪk/ [bnw] oorlogszuchtig,
krijgshaftig ★ ~ preparations voorbereidingen tot
oorlog
warlock/wɔːlɒk/ [znw] tovenaar
warm/wɔːm/ I [ov + on ww] (ver)warmen, warm
maken/worden ★ my heart warms to him ik
begin wat voor hem te voelen ★ warm s.o.'s jacket
iem. een aframmeling geven ★ warm the heart of
s.o. iem. opvrolijken ● (~ up)
gezelliger/vuriger/warmer maken/worden ★ warm
up the engine de motor op temperatuur brengen
II [znw] ★ British (Service) warm korte jekker
★ give o.s. a warm z. wat warmen ● have a warm
z. wat warmen III [bnw] ● rijk ● vers ⟨v. spoor⟩
● warm, heet ● hartelijk ● vurig, opgewonden,
verhit ● grow warm warm lopen ● it was warm
work het ging er heet toe ★ make it/things warm
for 't vuur na aan de schenen leggen ★ warm
corner plekje waar 't heet toegaat ● ⟨inf.⟩ warm
with warme grog met suiker
warm-blooded/wɔːmblʌdɪd/ [bnw]
warmbloedig
warm-hearted/wɔːmhɑːtɪd/ [bnw] hartelijk
warming/wɔːmɪŋ/ [znw] pak slaag
warming-pan[znw] ● beddenpan ● iem. die
baantje warm houdt voor een ander
warmonger(y)/wɔːmʌŋgə(ɪ)/ [znw]
oorlogsaanstoker(ij)
warmth/wɔːmθ/ [znw] ● warmte ● hartelijkheid
warn/wɔːn/ [ov + on ww] ● (~ against)
waarschuwen tegen ● (~ of) waarschuwen voor
warning/wɔːnɪŋ/ [znw] ● waarschuwing
● opzegging ⟨v. baan, huur⟩ ★ he gave me a
month's ~ hij zei me met een maand op
warp/wɔːp/ I [ov ww] ● doen kromtrekken
● vervormen, verkeerd richten, (verkeerd)
beïnvloeden ● bevloeien ● ⟨scheepv⟩ verhalen
II [on ww] ● kromtrekken ● afwijken III [znw]
● schering ● werptros ● kromming ● (psychische)
afwijking ● bezinksel
war-paint/wɔːpeɪnt/ [znw] ● oorlogsbeschildering
● ⟨scherts⟩ groot tenue, gala
warpath/wɔːpɑːθ/ [znw] oorlogspad
warrant/wɒrənt/ I [ov ww] ● rechtvaardigen,
wettigen ● waarborgen ★ I'll ~ you! daar kun je
van op aan! II [znw] ● machtiging ● bevel(schrift)
● rechtvaardiging, (rechts)grond, recht ● waarborg
● aanstelling ● a ~ is out against him er loopt een
arrestatiebevel tegen hem ★ ~ of arrest bevel tot
inhechtenisneming ★ ~ of attorney notariële
volmacht ★ ~ of distress beslaglegging;
dwangbevel
warrantable/wɒrəntəbl/ [bnw] gewettigd
warrantee/wɒrənˈtiː/ [znw] degene aan wie iets
wordt gewaarborgd
warranter, warrantor/wɒrəntə/ [znw]
● waarborger ● volmachtgever
warrant-officer/wɒrəntɒfɪsə/ [znw]
● dekofficier ● ≈ adjudant-onderofficier
● onderluitenant
warranty/wɒrəntɪ/ [znw] ● bewijs
● rechtvaardiging ● garantie
warren/wɒrən/ [znw] ● konijnenreservaat, gebied

W

waar veel konijnen zitten • warnest ⟨fig.⟩, doolhof ⟨fig.⟩

warring /wɔːrɪŋ/ [bnw] • tegenstrijdig • strijdend

warrior /wɔrɪə/ [znw] krijger * the unknown ~ de onbekende soldaat

warship /wɔːʃɪp/ [znw] oorlogsschip

wart /wɔːt/ [znw] wrat * paint s.o. warts and all iem. ⟨uit⟩schilderen precies zoals hij is

wart-hog /wɔːthɔg/ [znw] wrattenzwijn

wartime /wɔːtaɪm/ I [znw] oorlogstijd II [bnw] oorlogs-, in/onder de oorlog * ~ job baantje tijdens de oorlog

warty /wɔːtɪ/ [bnw] wratachtig

wary /weərɪ/ [bnw] behoedzaam * wary of op zijn hoede voor

was /wɒz,wəz/ verl. tijd → be

wash /wɒʃ/ I [ov ww] • nat afnemen, wassen, spoelen • besproeien, vochtig maken • uitzeven • uitschuren ⟨v. rivier⟩ * be washed up aanspoelen * wash one's hands of niets te maken willen hebben met * wash white witten • (~ down) wegspoelen • (~ out) uitwassen, uitspoelen, onmogelijk maken * washed out verkleurd; flets; bleek; futloos • (~ up) afwassen II [on ww] • wassen • gewassen kunnen worden • spoelen/stromen langs * wash ashore aanspoelen * wash overboard overboord slaan * your excuse won't wash je verontschuldiging houdt geen steek • (~ out) door wassen eruit gaan • (~ up) de afwas doen III [znw] • wasbeurt • was • deining, het spoelen • haarwater, lotion • laagje verf, muurverf • slootwater ⟨slappe thee⟩ • kletspraat • have a wash zich wassen

washable /wɒʃəbl/ [bnw] ⟨af⟩wasbaar

wash away /wɒʃəweɪ/ [znw] wegspoeling v. grond

washbasin /wɒsbeɪsən/ [znw] • wasbak • vaste wastafel

washboard /wɒʃbɔːd/ [znw] wasbord

washer /wɒʃə/ [znw] • wasser • wasmachine • sluiting, kraanleertje, pakking * ~ woman wasvrouw

washing /wɒʃɪŋ/ I [znw] wasgoed II [bnw] wasbaar * ~-soda soda

washing-up /wɒsɪnʌp/ [znw] afwas * ~ liquid afwasmiddel

wash-leather /wɒsleðə/ [znw] wasleer, zeem

washout /wɒʃaʊt/ [znw] • bres, gat ⟨door waterwerking⟩ • fiasco, totale mislukking • mislukkeling

wash-pan [znw] wasteiltje

wash-silk [znw] wasechte zijde

washstand /wɒʃstænd/ [znw] wastafel

washtub /wɒʃtʌb/ [znw] wastobbe

wash-up [znw] (de) afwas

washy /wɒʃɪ/ [bnw] • waterig, slap • verwaterd

wasp /wɒsp/ [znw] • wesp • nijdas

W.A.S.P. /wɒsp/ [afk] * (White Anglo-Saxon Protestant) blanke Angelsaksisch protestant ⟨doorsnee Amerikaan⟩

waspish /wɒspɪʃ/ [bnw] venijnig, nijdig, prikkelbaar

wasp-waist(ed) [bnw] (met een) wespentaille

wassail /wɒseɪl/ ⟨vero.⟩ I [on ww] feesten II [znw] drinkgelag

wastage /weɪstɪdʒ/ [znw] verkwisting

waste /weɪst/ I [ov ww] • verkwisten, verknoeien, verloren laten gaan • verwaarlozen, laten wegkwijnen, laten wegteren • verwoesten * it is ~d on him dat is aan hem niet besteed * ~ breath woorden verspillen • (~ on) opmaken aan II [on ww] • verloren gaan, afnemen, achteruitgaan • wegkwijnen, wegteren * the day

~s de dag loopt ten einde * ~ not, want not wie wat bewaart die heeft wat III [znw] • verwisting • verwaarlozing • verbruik, verlies, achteruitgang, slijtage • afval • poetskatoen • braakliggend land • wildernis • go/run to ~ verwilderen; onbenut blijven; verloren gaan * it's a ~ 't is zonde * the ~ of waters troosteloze watervlakte * ~ disposal vuilafvoer, afvalafvoer * watery ~ troosteloze watervlakte IV [bnw] • woest, braak • niet meer nodig, afgewerkt, afval- * ~ lay ~ verwoesten * lie ~ braak liggen * ~ paper scheurpapier; misdruk

wastebasket [znw] prullenmand

wasteful /weɪstfʊl/ [bnw] verkwistend * be ~ of verkwisten

wastepaper /weɪst'peɪpə/ [znw] * ~ basket prullenmand

waster /weɪstə/ [znw] verkwister

wastrel /weɪstrəl/ [znw] • nietsnut • verwaarloosd dier/kind • zwerver • misbaksel, mislukt product • verkwister, doordraaier

watch /wɒtʃ/ I [ov ww] • bekijken, nakijken • in de gaten houden • bewaken, zorgen voor • afwachten * a ~ed pot never boils wachten duurt altijd lang * if you don't ~ it als je niet goed oppast * ~ s.o. home/in iem. nakijken tot hij naar binnen gaat II [on ww] • kijken • op wacht staan • op zijn hoede zijn • (~ through) the night de nacht doorwaken • (~ with) s.o. bij iem. waken • (~ for) uitkijken naar III [znw] • wacht • qui-vive, waakzaamheid, hoede • nachtwake • horloge * Watch Committee gemeenteraadscommissie vnl. belast met politiezaken * be on the ~ for op de uitkijk staan naar * in the ~es of the night in de uren dat men 's nachts wakker ligt * keep ~ and ward met uiterste zorg waken * keep ~ on in de gaten houden * pass as a ~ in the night spoedig vergeten worden * set ~ over s.o. iem. laten bewaken * ~ hand horlogewijzer * ~ night oudejaarsavond⟨plechtigheid⟩

watchcase /wɒtʃkeɪs/ [znw] horlogekast

watch-chain /wɒtʃtʃeɪn/ [znw] horlogeketting

watchdog /wɒtʃdɒg/ [znw] waakhond

watcher /wɒtʃə/ [znw] • bewaker • waker • poster ⟨bij staking⟩

watchful /wɒtʃfʊl/ [bnw] waakzaam * be ~ of in 't oog houden; behartigen

watch-glass /wɒtʃglɑːs/ [znw] horlogeglas

watch-guard [znw] horlogeketting, horlogekoordje

watchmaker /wɒtʃmeɪkə/ [znw] horlogemaker

watchman /wɒtʃmən/ [znw] nachtwaker

watchstrap /wɒtʃstræp/ [znw] horlogebandje

watchtower /wɒtʃtaʊə/ [znw] wachttoren

watchword /wɒtʃwɜːd/ [znw] wachtwoord

water /wɔːtə/ I [ov ww] • besproeien, besprenkelen, water geven • van water voorzien • aanlengen * ~ed silk moiré zijde • (~ down) verwateren, verzachten, verbloemen II [on ww] • drinken • verwateren ⟨scheepv.⟩ water innemen * it makes my mouth ~ het doet me watertanden III [znw] water • be in deep ~ in grote moeilijkheden zitten • be in/get into hot ~ in moeilijkheden zitten/komen • be on the ~-wag(g)on geheelonthouder zijn • by ~ over 't water; over zee • for all ~s van alle markten thuis * holy ~ wijwater * it brings ~ to my mouth het doet me watertanden * make ~ lek zijn * make/pass ~ urineren • of the first ~ v.h. zuiverste water • ornamental ~ vijver • still ~s run deep stille wateren hebben diepe gronden • struggle in great ~s in grote moeilijkheden zitten * that doesn't hold ~ dat houdt geen steek * that's ~ under the bridge zand erover * throw

cold ~ on een domper zetten op ∗ ~ biscuit droog
biskwietje; kaakje ∗ ~ brash brandend maagzuur
∗ ~ cannon waterkanon ∗ ~ cart sproeiwagen ∗ ~
colour waterverf; aquarel ∗ ~ colourist
waterverschilder ∗ ~ diviner wichelroedeloper ∗ ~
dog waterhond; waterrat (fig.) ∗ ~ engineering
waterbouwkunde ∗ ~ finder wichelroedeloper
∗ (AB) ~ hole poel; drinkplaats (voor dieren);
kroeg ∗ ~ lily waterlelie ∗ ~ main
hoofdwaterleiding ∗ ~ mill watermolen ∗ ~
motor waterturbine; waterrad ∗ ~ pipe
(waterleidings)buis; waterpijp ∗ ~ plane
watervliegtuig; doorsnede v. schip langs waterlijn
∗ ~ plate warmwaterbord ∗ ~ polo waterpolo ∗ ~
seal (stank)afsluiter (met water) ∗ ~ sprite
watergeest ∗ ~ tower watertoren ∗ ~ wag(g)on
sproeiwagen ∗ ~ wheel waterscheprad ∗ ~ witch
wichelroedeloper; stormvogeltje

waterborne/wɔːtəbɔːn/ [bnw] over water
vervoerd

water bottle/wɔːtəbɒtl/ [znw] • karaf • veldfles

water butt[znw] regenton

watercourse/wɔːtəkɔːs/ [znw] stroompje

watercraft/wɔːtəkrɑːft/ [znw] • vaartuigen
• zwemkunst

watercress/wɔːtəkres/ [znw] waterkers

water-drinker/wɔːtədrɪŋkə/ [znw]
geheelonthouder

waterfall/wɔːtəfɔːl/ [znw] waterval

water-famine[znw] watergebrek

water-fence[znw] sloot

waterfinder/wɔːtəfaɪndə/ [znw] wichelroedeloper

waterfowl/wɔːtəfaʊl/ [znw] watervogel(s)

waterfront/wɔːtəfrʌnt/ [znw] • waterkant
• havenkwartier

watergate/wɔːtəgeɪt/ [znw] • waterpoort
• vloeddeur v. sluis

watergauge/wɔːtəgeɪdʒ/ [znw] peilglas

watering can, watering-pot[znw] gieter

watering place[znw] • drinkplaats • badplaats,
kuuroord, plaats om water in te nemen

water level/wɔːtəlevəl/ [znw] • waterniveau
• waterpas

water line/wɔːtəlaɪn/ [znw] • waterlijn (v. schip)
• watermerk

waterlogged/wɔːtəlɒgd/ [bnw] • vol water
(gelopen), doortrokken van water • met water
doortrokken

Waterloo/wɔːtəluː/ [znw] ∗ ~ day
traktementsdag ∗ meet one's ~ loon naar werken
krijgen

waterman/wɔːtəmən/ [znw] • veerman • roeier

watermark/wɔːtəmɑːk/ I [ov ww] van
watermerk voorzien II [znw] watermerk

water meadow/wɔːtəmedəʊ/ [znw] bevloeide
wei

watermelon/wɔːtəmelən/ [znw] watermeloen

waterpot/wɔːtəpɒt/ [znw] • gieter • waterkan

waterproof/wɔːtəpruːf/ I [ov ww] waterdicht
maken II [znw] • waterdichte stof • regenjas
III [bnw] waterdicht ∗ ~ sheeting hospitaallinnen

watershed/wɔːtəʃed/ [znw] • waterscheiding
• helling waarlangs water stroomt
• stroombedding

waterside/wɔːtəsaɪd/ [znw] waterkant

water-ski/wɔːtəskiː/ I [on ww] waterskiën
II [znw] waterski

waterskin/wɔːtəskɪn/ [znw] leren waterzak

waterspout/wɔːtəspaʊt/ [znw] • waterhoos
• waterspuwer • afvoerpijp

water supply/wɔːtəsəplaɪ/ [znw]
• watervoorziening • watervoorraad

water table/wɔːtəteɪbl/ [znw] grondwaterpeil

watertight/wɔːtətaɪt/ [bnw] • waterdicht
• onaanvechtbaar

waterway/wɔːtəweɪ/ [znw] • waterweg
• vaarwater • (scheepv.) watergang

waterworks/wɔːtəwɜːks/ [znw]
• waterleiding(bedrijf) • fontein • turn on the ~
beginnen te huilen

watery/wɔːtərɪ/ [bnw] • waterig • waterachtig
• regenachtig • verwaterd ∗ ~ grave graf in de
golven

watt/wɒt/ [znw] watt

wattage/wɒtɪdʒ/ [znw] wattage

wattle/wɒtl/ I [ov ww]
• afzetten/bouwen/omgeven met gevlochten
rijswerk • vlechten II [znw] • (twijgen)horde,
twijgenschot • teenwerk • Australische acacia • lel,
halskwab • land of the golden ~ Australië
∗ ~-and-daub wall wand v. rijshout en leem

wave/weɪv/ I [ov ww] • doen golven, doen
wapperen • met een gebaar te kennen geven ∗ (~
aside) afwijzen ∗ (~ away) beduiden weg te gaan
II [on ww] • golven, wapperen • zwaaien, wuiven
III [znw] • golf • golving • wuivend gebaar
• vloedgolf • wave of enthusiasm opwelling v.
enthousiasme

waveband/weɪvbænd/ [znw] golfband

wavelength/weɪvleŋθ/ [znw] golflengte (ook fig.)

waver/weɪvə/ I [on ww] • wankelen • flikkeren
• aarzelen, weifelen • beginnen te wijken II [znw]
• wankeling • weifeling

wavering/weɪvərɪŋ/ [bnw] • wankelend
• weifelend

wavy/weɪvɪ/ [bnw] golvend

wax/wæks/ I [ov ww] • boenen, met was inwrijven,
poetsen ∗ wax cloth boendoek II [on ww]
• toenemen • (vero.) worden ∗ wax and wane
toenemen en afnemen III [znw] • was • lak
• oorsmeer • woedeaanval ∗ wax paper vetvrij
papier IV [bnw] was-, wassen ∗ wax doll waspop;
poppetje

waxen/wæksən/ [bnw] • wassen • wasbleek

waxflower/wæksflaʊə/ [znw] kunstbloem

wax-modelling[znw] boetseren

waxpod/wækspɒd/ [znw] sperzieboon

waxwork/wækswɜːk/ [znw] • wasmodellering
• wasmodel

waxworks/wækswɜːks/ [mv]
wassenbeeldententoonstelling

waxy/wæksɪ/ [bnw] • wasachtig • wasbleek
• opvliegend, nijdig

way/weɪ/ I [znw] • weg • richting, kant • eind(je),
afstand • wijze, manier (van doen), gewoonte,
methode ∗ I can't make any way ik kan maar niet
op gang komen ∗ I want to have it my way 't
moet gebeuren zoals ik 't wil ∗ a long way off een
heel eind weg ∗ all the way from China helemaal
van China ∗ be in the family way in verwachting
zijn ∗ by the way tussen twee haakjes ∗ by way of
door middel van; bij wijze van; via ∗ get out of
the way of (er) uitraken ∗ get s.o. out of the way
iem. opzij zetten ∗ get/have one's way zijn zin
krijgen/hebben ∗ give way 't opgeven ∗ give way
to wijken voor ∗ give way! sneller! (roeien) ∗ he
has a way of blinking hij knippert altijd met zijn
ogen ∗ he has a way with people hij weet hoe hij
met mensen om moet gaan ∗ he has it all his own
way with hij kan doen wat hij wil met ∗ he is by
way of engaged hij is zo'n beetje verloofd ∗ he is
in the retail way hij is middenstander ∗ if you
feel that way als je er zó over denkt ∗ in a small
way op kleine schaal ∗ in a/some way in zekere

W

W

zin; in zeker opzicht ∗ in the way in de weg ∗ in the way of op 't gebied van ∗ in this way zo(doende); op deze manier ∗ it is in no way inferior het is in geen enkel opzicht minderwaardig ∗ it isn't/doesn't come in my way het ligt niet op mijn weg; het is niets voor mij ∗ it's not his way to het is niets voor hem om ∗ lose one's way verdwalen ∗ lose way vaart verliezen ∗ make one's (own) way zijn weg vinden ∗ make way vooruit komen ∗ make way for uit de weg gaan voor ∗ on the way (to) op (de) weg (naar); onderweg (naar) ∗ one/some way or (an)other op de een of andere manier ∗ out of the way uit de weg; afgelegen; ongewoon ∗ over the way aan de overkant ∗ put o.s. out of the way zichzelf/zijn eigen belangen opzij schuiven ∗ put out of the way uit de weg ruimen ∗ put s.o. in the way of iem. op weg helpen met; iem. de gelegenheid geven om ∗ she has a little way of ze heeft er een handje van om ∗ she was in a (great) way zij was (erg) van streek ∗ that way zó ∗ that's only by the way dat is maar terloops; daar gaat het eigenlijk niet om ∗ that's only his way zo doet hij nu eenmaal ∗ that's the way zó moet 't; zó hoort 't ∗ the furthest way about is nearest home de kortste weg is meestal niet de zekerste ∗ the other way round andersom ∗ the ship has hardly any way on 't schip komt bijna niet vooruit ∗ the way she dresses! en dan moet je zien hoe ze zich kleedt! ∗ the way you look! wat zie jij eruit! ∗ things are in a bad way de zaak zit niet goed; de zaak staat er slecht voor ∗ this way hierheen; volgt U maar ∗ under way aan de gang; onder zeil ∗ way of the Cross Kruisweg ∗ ways and means budget ∗ we are all in the same way we zitten allemaal in hetzelfde schuitje II [bijw] ⟨AE⟩ → **away** ∗ way back lang geleden ∗ way down helemaal naar beneden

waybill/ˈweɪbɪl/ [znw] ● passagierslijst ● vervoerbewijs
wayfarer/ˈweɪfeərə/ [znw] reiziger, trekker
wayfaring/ˈweɪfeərɪŋ/ [znw] het trekken
waylay/weɪˈleɪ/ [ov ww] ● op de loer liggen ● opwachten
wayleave/ˈweɪliːv/ [znw] recht v. overpad voor openbare werken
way-off[bnw] ⟨AE⟩ afgelegen
way-out/weɪˈaʊt/ [znw] uitgang II [bnw] ⟨sl.⟩ buitengewoon, fantastisch
ways/weɪz/ [znw] scheepshelling
wayside/ˈweɪsaɪd/ I [znw] kant van de weg II [bnw] aan de kant v.d. weg, langs de weg
wayward/ˈweɪwəd/ [bnw] ● dwars ● eigenzinnig ● grillig, onberekenbaar
W.C.C. [afk] ● (World Council of Churches) Wereldraad van Kerken
we/wiː/ [pers vnw] wij
weak/wiːk/ [bnw] ● zwak ● slap ∗ the weaker sex het zwakke geslacht ∗ weak point zwak punt
weaken/ˈwiːkən/ [ov + on ww] verzwakken, zwak worden, verslappen
weak-kneed/ˈwiːkniːd/ [bnw] zwak, slap, karakterloos
weakling/ˈwiːklɪŋ/ [znw] zwakkeling
weakly/ˈwiːklɪ/ [bnw] ziekelijk, zwak
weak-minded/ˈwiːkmaɪndɪd/ [bnw] zwakzinnig, imbeciel
weakness/ˈwiːknəs/ [znw] ● zwak punt ● zwakheid ∗ have a ~ for een zwak hebben voor
weal/wiːl/ [znw] ● welzijn ● striem ∗ public weal algemeen welzijn ∗ weal and woe wel en wee
wealth/welθ/ [znw] ● rijkdom ● ⟨vero.⟩ welzijn,

voorspoed
wealthy/ˈwelθɪ/ [bnw] rijk
wean/wiːn/ I [ov ww] spenen ● (~ (away) from) doen vervreemden van, afwennen II [znw] ⟨Schots⟩ kind
weanling/ˈwiːnlɪŋ/ [znw] gespeend dier/kind
weapon/ˈwepən/ [znw] wapen
weaponry/ˈwepənrɪ/ [znw] wapentuig
wear/weə/ I [ov ww] ● dragen, aanhebben, ophebben, gekleed gaan in ● hebben, tonen ● afslijten, uitschuren, uitslijten, verslijten ● uitputten, afmatten, ondermijnen ∗ I won't wear it dat neem ik niet ∗ wear a troubled look zorgelijk kijken ∗ wearing apparel kleding ● (~ away) uitwissen, uitslijten ● (~ down) (af)slijten, afmatten, geleidelijk overwinnen ● (~ out) verslijten, afdragen, uitputten II [on ww] ● afslijten, verslijten ● zich goed houden, 't uithouden ● voortduren ∗ it will wear for ever het gaat nooit kapot ∗ it won't wear very long het zal niet lang meegaan ● (~ away) slijten, omkruipen, langzaam om/voorbij gaan ● (~ down) slijten ● (~ off) (af)slijten, er af gaan ● (~ on) vorderen, voorbijgaan ● (~ out) slijten, uitgeput raken III [znw] ● dracht ● slijtage ● gebruik ● sterkte ∗ 't dragen ∗ fair wear and tear normaal gebruik ∗ in excellent state of wear ziet er nog zeer goed uit ∗ in wear in gebruik ∗ much the worse for wear danig versleten ∗ wear and tear slijtage
wearable/ˈweərəbl/ [bnw] (geschikt om) te dragen
weariness/ˈwɪərɪnəs/ [znw] ● lusteloosheid ● vermoeidheid ● verveling
wearing/ˈweərɪŋ/ [bnw] ● moeizaam ● vermoeiend
wearisome/ˈwɪərɪsəm/ [bnw] ● vervelend ● vermoeiend
weary/ˈwɪərɪ/ I [ov ww] ● vervelen ● vermoeien, afmatten II [on ww] moe worden ● (~ for) hunkeren naar III [bnw] ● moe ● beu ● lusteloos ● vermoeiend ● vervelend ∗ this ~ life dit afmattende leven ∗ ~ of waiting het wachten beu ∗ ~ with waiting moe v.h. wachten
weasand/ˈwiːzænd/ ⟨vero.⟩ [znw] luchtpijp
weasel/ˈwiːzəl/ [znw] wezel
weather/ˈweðə/ I [ov ww] ● doen verweren ● aan weer en wind blootstellen ● schuin leggen ⟨zodat regen eraf loopt⟩ ● aan de windzijde omzeilen ∗ ~ (out) a storm een storm doorstaan II [on ww] ● aan weer en wind blootgesteld zijn ● verweren III [znw] weer ∗ have bad/good ~ slecht/goed weer hebben ∗ it's April ~ 't is Jantje lacht Jantje huilt ∗ make heavy ~ of zich druk maken over ∗ under the ~ in de put; niet lekker ∗ ~ cloth regenzeil; windzeil ∗ ~ forecast weerbericht ∗ ~ station weerstation ∗ ~ strip tochtlat; tochtstrip IV [bnw] aan de windzijde ∗ have the ~ (gauge) of de loef afsteken ∗ keep one's ~ eye open op zijn qui-vive zijn; goed uitkijken
weather-beaten/ˈweðəbiːtn/ [bnw] verweerd, in weer en wind gehard
weather-bound/ˈweðəbaʊnd/ [bnw] door slecht weer opgehouden
weathercock/ˈweðəkɒk/ [znw] windhaan, windwijzer
weathering/ˈweðərɪŋ/ [znw] ● verwering ● helling ⟨voor afloop v. regenwater⟩
weatherman/ˈweðəmæn/ [znw] weerman
weathermost/ˈweðəməʊst/ [bnw] 't meest te loefwaart
weatherproof/ˈweðəpruːf/ [bnw] weerbestendig
weather vane /ˈweðə veɪn/ [znw] windwijzer
weatherworn/ˈweðəwɔːn/ [bnw] verweerd

weave/wi:v/ I [ov ww] ● weven ● vlechten ● in elkaar zetten II [on ww] ● weven ● (luchtv.) zwenken III [znw] weeftrant, patroon, dessin

weaver/wi:və/ [znw] wever

web/web/ [znw] ● weefsel ● web ● zwemvlies ● baard ⟨v. sleutel, veer⟩ ● rol papier

webbed, web-footed/webd/ [bnw] met zwemvliezen

webbing/webɪŋ/ [znw] ● boordband ● singel ⟨onder stoelzitting⟩

wed/wed/ I [ov + on ww] trouwen II [ov ww] verenigen

we'd/wi:d/ [samentr] /we had/ /we would/ /we should/ → shall, will, have

wedded/wedɪd/ [bnw] huwelijks- * ~ to verknocht aan

wedding/wedɪŋ/ [znw] ● huwelijksplechtigheid ● bruiloft * ~ breakfast koffietafel ⟨na bruiloft⟩ * ~ cake bruiloftstaart * ~ day trouwdag * ~ favour strik; corsage * ~ ring trouwring

wedge/wedʒ/ I [ov ww] ● proppen ● een wig slaan/steken in, vastzetten ● splijten * ~ away opzij dringen * ~ o.s. in z. indringen * ~d (in) between bekneld tussen II [znw] ● wig ● stuk kaas, taartpunt ● sector ● wedge ⟨golfstick⟩ * the thin end of the ~ het eerste (nog onbelangrijke) begin

wedge-shaped/wedʒʃeipt/ [bnw] wigvormig

wedlock/wedlok/ [znw] ● huwelijk ● echtelijke staat * born in/out of ~ (on)echt; (on)wettig

Wednesday/wenzdei/ [znw] woensdag

weed/wi:d/ I [ov ww] ● wieden ● zuiveren (van) ● (~ out) verwijderen II [znw] ● onkruid ● sigaar ● lange slungel, bonenstaak * the fragrant/soothing weed tabak

weed-grown[bnw] overwoekerd met onkruid

weed killer/wi:dkɪlə/ [znw] onkruidverdelger

weeds/wi:dz/ [mv] rouwkleding

weedy/wi:di/ [bnw] ● vol onkruid ● uitgegroeid, lang en mager, spichtig ● niet sterk

week[znw] week * look like a wet week sip kijken * today week vandaag over een week * week of Sundays een hele tijd; zeven weken

weekday/wi:kdei/ [znw] werkdag

weekend/wi:k'end/ I [znw] ● een weekeinde doorbrengen II [znw] weekeinde

weekender/wi:k'endə/ [znw] ● gast tijdens weekeinde, iem. die tijdens weekeinde uit is ● (sportief) overhemd

weekly/wi:kli/ I [bnw + bijw] wekelijks II [znw] weekblad

ween/wi:n/ ⟨vero.⟩ [ov ww] denken, menen

weep/wi:p/ I [ov ww] betreuren ● wenen tears tranen schreien II [on ww] ● wenen ● vocht afscheiden * come home by Weeping Cross bedrogen uitkomen * weeping eczema nat eczeem * weeping tree/willow treurwilg * (~ for) bewenen

weepy/wi:pi/ [bnw] huilerig

weevil/wi:vɪl/ [znw] korenworm

weevilled, weevilly/wi:vɪəd/ [bnw] aangetast door korenworm

w.e.f. [afk] ● (with effect from) met ingang van

weft/weft/ [znw] ● inslag ⟨v. garen⟩ ● weefsel ● web

weigh/wei/ I [ov ww] ● wegen, z. laten wegen ● overwegen * ~ anchor het anker lichten * (~ down) (terneer)drukken, doen (door)buigen * be ~ed down by grief onder verdriet gebukt gaan * (~ out) afwegen II [on ww] ● gewicht in de schaal leggen, (mee)tellen ● wegen * (~ (up)on) (zwaar) drukken op, belasten * (~ in with) in 't midden brengen * (~ in/out) gewogen worden

weighage/weiɪdʒ/ [znw] weegloon

weighbeam/weibi:m/ [znw] unster

weighbridge/weibrɪdʒ/ [znw] weegbrug

weigh-lock[znw] sluis met weeginstallatie

weight/weit/ I [ov ww] ● beladen ● verzwaren ● (~ down) vastleggen/vastmaken met een gewicht II [znw] ● gewicht ● druk, last ● presse-papier * a great ~ from my mind een pak van mijn hart * it had no ~ with me het legde bij mij geen gewicht in de schaal * pull one's ~ z'n steentje bijdragen * put on ~ aankomen; zwaarder worden * the ~ of evidence is against you het bewijsmateriaal is bezwarend voor u

weighted/weitɪd/ [bnw] met (een) speciale voorziening(en) * the law is ~ in favour of landowners de wet bevat extra bepalingen in het belang van landeigenaren

weighting/weitɪŋ/ [znw] toelage, toeslag, standplaatstoelage

weightlifter/weitlɪftə/ [znw] gewichtheffer

weightlifting/weitlɪftɪŋ/ [znw] het gewichtheffen

weighty/weiti/ [bnw] ● zwaar ● gewichtig, belangrijk

weir/wɪə/ [znw] ● (stuw)dam ● weer

weird/wɪəd/ I [znw] ⟨vero.⟩ lot, noodlot II [bnw] ● akelig, griezelig ● vreemd, onwerkelijk * the ~ sisters heksen; de schikgodinnen

weirdo/wɪədəʊ/ [znw] rare snuiter, excentriekeling

welch/weltʃ/ → welsh

welcome/welkəm/ I [ov ww] gaarne accepteren ● (~ to) verwelkomen in II [znw] ontvangst, verwelkoming * give s.o. a warm ~ iem. hartelijk ontvangen; iem. een warme ontvangst bereiden ⟨ook iron.⟩ III [bnw] welkom * bid/make s.o. ~ iem. welkom heten * you're (quite) ~ tot je dienst; graag gedaan; niets te danken * you're ~ to take what steps you please die je maatregel die je wilt nemen neem je maar * you're ~ tot je dienst; graag gedaan; niets te danken * you're ~ to my library mijn bibliotheek staat je ten dienste * you're ~ to your own opinion! jouw mening interesseert mij geen zier!

weld/weld/ I [ov ww] ● lassen ● samenvoegen II [on ww] lasbaar zijn III [znw] las

weldless/weldləs/ [znw] naadloos

welfare/welfeə/ [znw] ● voorspoed, welstand ● welzijn * be on ~ in de bijstand zitten * ~ state verzorgingsstaat * ~ work maatschappelijk werk

well/wel/ I [on ww] (omhoog) wellen, ontspringen II [znw] ● 't goede ● put ● oliebron ● bron ● diepte ● trappenhuis, liftkoker, lichtkoker, luchtkoker ● inktkoker * let well alone als 't goed is laat 't dan zo * well of the court plaats voor de advocaten in rechtszaal * well room drinkhal in badplaats III [bnw] ● goed ● wel, beter, gezond ● in orde * it would be as well to het zou geen slecht idee zijn om * it's all very well to say ... but dat kun je nu wel zeggen ... maar * perhaps it's just as well misschien is 't wel beter zo * well enough goed; best IV [bijw] ● goed, wel, goed en wel ● behoorlijk ● een heel eind * I can't very well refuse ik kan toch eigenlijk niet weigeren * as well ook (nog) * as well as evengoed als; zowel als * well done! goed zo V [tw] ● nou ● nou ja ● och ● ja ● welnu

we'll/wi:l/ [samentr] /we shall/ /we will/ → shall, will

well-advised/weləd'vaizd/ [bnw] weloverwogen

well-appointed/welə'pɔintid/ [bnw] welvoorzien, goed ingericht, goed uitgerust

well-balanced/wel'bælənst/ [bnw] ● evenwichtig

• bezadigd
well-behaved/welbr'hervd/ [bnw] • beschaafd
• fatsoenlijk
well-being/wel'bi:ɪŋ/ [znw] welzijn
well-born/wel'bɔ:n/ [bnw] v. goede familie
well-bred/wel'bred/ [bnw] beschaafd * ~ horse
stamboekpaard
well-connected/welkə'nektɪd/ [bnw] • v. goede
familie • met goede relaties
well-defined[bnw] goed aangegeven, duidelijk
bepaald
well-developed[bnw] goed ontwikkeld
well-dish[znw] vleesschaal met jusbakje
well-disposed/weldɪ'spəʊzd/ [bnw] welgezind,
gunstig gezind
well-done/wel'dʌn/ [bnw] gaar, doorbakken
well-earned[bnw] welverdiend
well-established[bnw] • lang bestaand, lang
gevestigd • solide
well-favoured/wel'fervəd/ [bnw] • innemend
• knap
well-fed[bnw] goed doorvoed
well-founded/wel'faʊndɪd/ [bnw] gegrond
well-grounded/wel'graʊndɪd/ [bnw] • goed
onderlegd • gegrond
wellhead/welhed/ [znw] bron
well-heeled[bnw] rijk
well-informed/welɪn'fɔ:md/ [bnw] • goed
ingelicht • knap
well-intentioned/welɪn'tenʃənd/ [bnw]
• welgemeend, goed bedoeld • welmenend
well-judged/wel'dʒʌdʒd/ [bnw] verstandig,
tactisch
well-knit/wel'nɪt/ [bnw] stevig, solide
well-known[bnw] bekend
well-lined/wel'laɪnd/ [bnw] goed gevuld * ~ purse dikke
portemonnee
well-looking[bnw] knap
well-made/wel'merd/ [bnw] goed gebouwd, goed
gevormd
well-mannered/wel'mænəd/ [bnw]
welgemanierd
well-marked/wel'ma:kt/ [bnw] duidelijk
well-meaning/wel'mi:nɪŋ/ [bnw] • welmenend
• goed bedoeld
well-meant/wel'ment/ [bnw] goed bedoeld,
welgemeend
well-nigh/wel'naɪ/ [bijw] nagenoeg
well-off/wel'ɒf/ [bnw] goed gesitueerd, rijk,
welgesteld
well-oiled/wel'ɔɪld/ [bnw] • vleiend • dronken, in
de olie
well-padded/wel'pædɪd/ [bnw] • goed gestoffeerd
• mollig
well-preserved[bnw] goed geconserveerd
well-proportioned/wel'prəpɔ:ʃənd/ [bnw] goed
geproportioneerd
well-read/wel'red/ [bnw] belezen
well-rounded/wel'raʊndɪd/ [bnw] • elegant (v.
stijl), sierlijk (v. stijl) • mollig
well-set[bnw] stevig gebouwd
well-spoken/wel'spəʊkən/ [bnw] met
beschaafde/verzorgde uitspraak, verzorgd sprekend
well-thought-of[bnw] geacht, gerespecteerd
well-thought-out[bnw] weldoordacht
well-thumbed[bnw] beduimeld
well-timed/wel'taɪmd/ [bnw] • op het juiste
ogenblik, opportuun • berekend
well-to-do/welta'du:/ [bnw] welgesteld, rijk
well-tried[bnw] beproefd
well-trodden/wel'trɒdn/ [bnw] veel betreden
well-turned/wel'tɜ:nd/ [bnw] welgekozen

well-wisher/welwɪʃə/ [znw] • vriend
• begunstiger
well-worn/wel'ɔ:n/ [bnw] afgezaagd
welsh/welʃ/ I [ov ww] bedriegen II [on ww] er
vandoor gaan zonder (verloren weddenschap) te
betalen
Welsh/welʃ/ I [znw] taal van Wales * the ~ de
bewoners v. Wales II [bnw] van Wales * ~
rabbit/rarebit toast met gesmolten kaas
Welshman/welʃmən/ [znw] bewoner v. Wales
welt/welt/ I [ov ww] • boorden, met welt versterken
• striemen II [znw] • boord • striem • rand leer
(ter versterking)
welter/weltə/ I [on ww] rollen * ~ in gore baden
in het bloed II [znw] • chaos, verwarring • extra
zware belasting v. renpaard • weltergewicht
welterweight/weltəweɪt/ [znw] • extra zware
belasting v. renpaard • bokser
(weltergewichtklasse)
wen/wen/ [znw] uitwas, knobbel * the great wen
Londen
wench/wentʃ/ [znw] meisje, deern
wend/wend/ [ov ww] * wend one's way to zich
begeven naar; zijn schreden richten naar
went/went/ verl. tijd → **go**
wept/wept/ verl. tijd + volt. deelw. → **weep**
were/wɜ:/,/wə/ verl. tijd → **be**
we're/wɪə/ [samentr] /we are/ we zijn → **be**
weren't/wɜ:nt/ [samentr] /were not/ waren niet
→ **be**
west/west/ I [bnw + bijw] west(en), westelijk * go
west het hoekje om gaan * west of ten westen van
II [znw] westen
West/west/ [bnw + bijw] * West Bank Westelijke
Jordaanoever * West Country het Z.W. van
Engeland * West End het West End * West Point
West Point (mil. academie in de VS)
westbound/westbaʊnd/ [bnw] westwaarts, (op
weg) naar het westen
westering/westərɪŋ/ [bnw] naar 't westen
koersend/neigend
westerly/westəlɪ/ [bnw + bijw] westelijk
western/westn/ I [znw] • westerling • western
II [bnw] • westers • westelijk * Western Empire
West-Romeinse Rijk
westerner/westənə/ [znw] westerling
westernize/westənaɪz/ [ov ww] westers maken
westernmost/westənməʊst/ [bnw] 't verst naar
't westen
westing/westɪŋ/ [znw] westelijke koers
westward/westwəd/ [bnw + bijw] westwaarts
wet/wet/ I [ov ww] nat maken, bevochtigen * wet
one's whistle zijn keel smeren * wet the baby's
head drinken op de nieuwe baby II [znw]
• nat(tigheid) • (inf.) borreltje * (AE) tegenstander
v.d. drooglegging * wet suit duikerpak III [bnw]
• nat, vochtig • vers (v. vis) • (inf.) getikt * wet
bargain zaak die met borrel beklonken wordt
* wet blanket spelbederver * wet bob jongen die
watersport beoefent (Eton) * wet dock drijvend
dok * wet pack natte omslag * wet state staat
waar verkoop v. alcoholische drank niet verboden is
* wet through doornat * wet to the skin doornat
wether/weðə/ [znw] hamel
wetness/wetnəs/ [znw] • vochtigheid • versheid
wet-nurseI [ov ww] voeden (als min) II [znw]
min, voedster
wetting/wetɪŋ/ [znw] * get a ~ een nat pak halen
we've/wi:v/ [samentr] /we have/ we hebben, we
zijn → **have**
W.F.T.U.[afk] • (World Federation of Trade
Unions) WVV, Wereldvakverbond

whack/wæk/ I [ov ww] ● (er op) slaan, meppen ● verdelen ★ ~ed to the wide doodop; kapot ● (~ up) arrangeren, in elkaar flansen II [znw] ● smak, klap, mep ● (aan)deel, portie ● have a ~ at een slag slaan naar; proberen

whacker/wæk/ [znw] ● kanjer ● enorme leugen

whacking/wækɪŋ/ I [znw] afranseling II [bnw] kolossaal

whacky/wæk/ → **wacky**

whale/weɪl/ I [on ww] op walvis jagen, walvissen vangen II [znw] walvis ★ a regular ~ for work een echte werkezel ★ a ~ of een hoop ● be a ~ on een kei zijn in ★ very like a ~ – inderdaad; ⟨iron.⟩ nee, maar dat geloof ik direct, zeg

whaleboat/weɪlbəʊt/ [znw] walvisvaarder

whalebone/weɪlbəʊn/ [znw] balein

whaler, waleman/weɪlə/ [znw] walvisvaarder ⟨ook schip⟩

whaling/weɪlɪŋ/ [znw] walvisvangst ★ ~ gun harpoeneerkanon

wham/wæm/ I [znw] klap, dreun II [tw] boem, pats

whang/wæŋ/ I [ov ww] slaan, beuken II [znw] slag, dreun

wharf/wɔːf/ I [ov ww] aanleggen/lossen/opslaan aan de kade II [znw] kade, laad-/lossteiger

wharfage/wɔːfɪdʒ/ [znw] kadegeld

wharfinger/wɔːfɪndʒə/ [znw] ● ≈ veembaas ● kademeester

what/wɒt/ I [vr vnw] wat voor, welk(e), wat ★ I'll tell you what ik zal je eens wat vertellen ★ and what not en wat al niet ★ he made the best of what shelter could be found hij profiteerde zoveel mogelijk van het beetje beschutting dat hij kon vinden ★ he told me what is what hij legde me (precies) uit hoe de zaak zat ★ what about wat denk je van; hoe staat/zit het met ★ what do you call that? hoe noem je dat?; hoe heet dat? ★ what for? waarom?; waarvoor? ★ what if we ... wat zou het als we ...; en als we nu eens ... ★ what is today? de hoeveelste is het vandaag? ★ what little he knew 't kleine beetje dat hij wist ★ what next? wat zullen we nou krijgen? ★ what of it? wat zou dat ★ what though what zou het als ★ what time is it? hoe laat is het? ★ what's his name? hoe heet hij? ★ what's yours? wat wil je drinken? II [betr vnw] wat ★ not a day but what it rains geen dag gaat er voorbij of het regent ★ what between/with ... and what between/with deels door ... deels door III [tw] hè

what-do-you-call-'em/wɒdʒʊkɔːləm/ [znw] ● hoe heet ie ook weer ● dinges

whatever, whatsoever/wɒtˈevə/ [vnw] ● wat/welke ... ook ● wat/welke ... toch ★ nothing ~ hoegenaamd niets ★ ~ does he want? wat moet hij toch?

whatnot/wɒtnɒt/ [znw] wat al niet, noem maar op

wheal/wiːl/ [znw] ● puistje ● (tin)mijn

wheat/wiːt/ [znw] tarwe ★ ~ belt tarwe zone

wheaten/wiːtn/ [bnw] tarwe-

wheatmeal/wiːtmiːl/ [znw] tarwemeel

wheedle/wiːdl/ I [ov ww] ★ ~ s.o. into iem. door mooipraten krijgen tot ★ ~ s.o. out of s.th. iets v. iem. aftroggelen II [on ww] flemen, vleien, stroop om de mond smeren

wheel/wiːl/ I [ov ww] ● duwen, laten rijden, kruien, per as vervoeren ● doen zwenken ★ ~ one's bicycle met de fiets aan de hand lopen II [on ww] ● rijden, rollen ● fietsen ● zwenken ● (~ round) (om)zwenken, z. omdraaien III [znw] ● wiel, rad ● stuur ● fiets ● spinnewiel ● pottenbakkersschijf

● draaiende beweging, zwenking ★ Catherine ~ roosvenster; vuurrad ★ at the ~ aan 't stuur ★ ferris ~ kermisrad ★ right ~! rechts zwenken! ★ to break s.o. on the ~ iem. radbraken ★ turn catherine-~s radslagen maken ★ turn ~ rad slaan ● web ~ dicht wiel ★ ~ tread loopvlak ★ ~s within ~s zeer ingewikkelde zaak

wheel-and-axle/znw] windas

wheelbarrow/wiːlbærəʊ/ [znw] kruiwagen

wheelbase/wiːlbeɪs/ [znw] wielbasis

wheelchair/wiːltʃeə/ [znw] rolstoel

wheeled/wiːld/ [bnw] met/op wielen

wheeler/wiːlə/ [znw] ● wagenmaker ● achterpaard ● kruier ● wagenrijder

wheeler-dealer I [on ww] konkelen, konkelfoezen, intrigeren II [znw] konkelaar, intrigant

wheel house/wiːlhaʊs/ [znw] ● raderkast ● stuurhut

W

wheels/wiːlz/ [mv] auto

wheelwright/wiːlraɪt/ [znw] wagenmaker

wheeze/wiːz/ I [ov ww] hijgend uitbrengen II [on ww] ● piepen (bij 't ademhalen) ● hijgen III [znw] ● mop, grap(je) ● foefje

wheezy/wiːzɪ/ [bnw] piepend, hijgend

whelk/welk/ [znw] ● wulk ● puistje

whelp/welp/ I [ov + on ww] jongen, werpen II [znw] ● welp, jonge hond ● kwajongen

when/wen/ I [znw] ★ the when and the where de plaats en de tijd II [bijw] wanneer ★ say when zeg maar hoeveel (bij inschenken) ★ that's when toen III [vw] ★ terwijl ★ toen ● als

whence/wens/ I [vr vnw] waar vandaan II [bijw] van waar ★ ~ comes it that hoe komt 't dat

whencesoever/wenssəʊˈevə/ [vw] waar dan ook maar vandaan

whenever, whensoever/wenˈevə/ I [bijw] wanneer ook maar II [vw] telkens wanneer

where/weə/ I [znw] ★ the when and the ~ de plaats en de tijd II [bijw] waar, waarheen ★ that's ~ daar ★ this is ~ hier III [vw] terwijl ★ ~ she is concerned wat haar betreft

whereabouts/weərəbaʊts/ I [mv] verblijfplaats, plaats waar men z. bevindt [mv] II [bijw] waar ongeveer

whereas/weərˈæz/ [vw] ● terwijl toch, terwijl daarentegen ● aangezien

whereby/weəˈbaɪ/ [vnw] waardoor

wherefore/weəfɔː/ I [znw] ★ every why has a ~ ieder waarom heeft een daarom ★ the whys and the ~s de redenen waarom II [vw] waarom, daarom

wherein/weərˈɪn/ [bijw] waarin

whereof/weərˈɒv/ [bijw] waarvan

whereon/weərˈɒn/ [bijw] waarop

whereupon/weərəˈpɒn/ [bijw] waarop

wherever, wheresoever/weərˈevə/ I [bijw] waar toch (heen) II [vw] waar(heen) ook, overal waar(heen)

wherewith(al)/weəwɪð(ɔːl)/ I [znw] middelen ★ he lacked the ~ to provide for his family hij had de middelen niet om voor zijn gezin te zorgen II [bijw] waarmede

wherry/werɪ/ [znw] ● lichte (roei)boot ● wherry

whet/wet/ I [ov ww] ● scherpen, aanzetten ● prikkelen, opwekken II [znw] prikkel, lust

whether/weðə/ [vw] of ★ ~ ... or ... of; hetzij ... hetzij ... ★ ~ or no hoe dan ook

whetstone/wetstəʊn/ [znw] slijpsteen

whew/hwjuː/ [tw] oef!, pff!

whey/weɪ/ [znw] wei

which/wɪtʃ/ I [vr vnw] wie, wat, welk(e) ★ I can't

W

tell ~ is ~ ik kan ze niet uit elkaar houden ★ so you are John and Peter, but ~ is ~? dus jullie zijn Jan en Piet, maar wie is nu Jan en wie is Piet **II** [betr vnw] die, dat, welke, wat, hetwelk
whichever /wɪtʃˈevə/ [vr vnw] welk(e)
whiff /wɪf/ **I** [ov ww] ● opsnuiven ● blazen **II** [on ww] ● blazen ● licht ruiken, geuren ● vissen met aas **III** [znw] ● ademtocht ● zuchtje, vleugje ● trekje ● rookwolkje ● sigaartje ● lichte roeiboot
whiffet /wɪfɪt/ [znw] ● onbeduidend stukje mens ● ⟨AD⟩ klein hondje
whiffy /wɪfɪ/ [bnw] onfris ruikend
Whig /wɪg/ [znw] Whig, liberaal
while /waɪl/ **I** [ov ww] ★ ~ away the time de tijd doorkomen/verdrijven **II** [znw] tijd(je), poosje ★ for a ~ even ★ in a little ~ zo meteen; spoedig ★ it's not worth the/my ~ het is (mij) de moeite niet waard ★ once in a ~ af en toe ★ the ~ onderwijl; terwijl ★ worth ~ de moeite waard **III** [vw] terwijl, hoewel
whilst /waɪlst/ [vw] terwijl
whim /wɪm/ [znw] ● gril, nuk ● lier (mijnbouw)
whimper /ˈwɪmpə/ **I** [ov + on ww] ● janken ● dreinen **II** [znw] ● zacht gejank ● gedrein
whimsical /ˈwɪmzɪkl/ [bnw] ● wispelturig ● eigenaardig
whimsicality /wɪmzɪˈkælətɪ/ [znw] grilligheid, speelsigheid(je), eigenaardigheid
whimsy /ˈwɪmzɪ/ [znw] eigenaardigheid
whine /waɪn/ **I** [ov + on ww] ● jengelen, dreinen, janken ● gieren **II** [znw] ● gezeur ● gejammer
whiner /ˈwaɪnə/ [znw] zeurpiet
whinny /ˈwɪnɪ/ **I** [on ww] hinniken **II** [znw] gehinnik
whip /wɪp/ **I** [ov ww] ● kloppen ● de zweep leggen over, geselen, (af)ranselen, slaan ● verslaan, de baas zijn ● omwoelen (v. touw) ● overhands naaien ★ whip a stream afvissen ● (~ **in**) bijeendrijven, bij elkaar trommelen ● (~ **off**) weggrissen, uitgooien, wegdrijven ● (~ **out**) snel te voorschijn halen, eruit flappen ● (~ **up**) opwippen, haastig in elkaar zetten, opzwepen, aanvuren, bij elkaar trommelen ★ whip up a horse de zweep erover leggen **II** [on ww] wippen, schieten ● (~ **off**) er snel vandoor gaan ● (~ **round**) z. snel omdraaien ● (~ **up**) snel opstaan, opvliegen **III** [znw] ● zweep ● lid dat voor stemming zijn partijleden oproept ● koetsier, menner ● oproeping door whip ● hondenjongen (bij vossenjacht) ★ an accomplished whip-and-derry een bekwaam koetsier ★ three-line whip dringende oproep; dringend beroep ★ whip gin takelblok
whipcord /ˈwɪpkɔːd/ [znw] ● zweepkoord ● whipcord (soort stof)
whip hand [znw] rechterhand ★ have the whip-hand of s.o. de baas zijn over iem.; iem. in zijn macht hebben
whiplash /ˈwɪplæʃ/ [znw] ● zweepriem/-koord ● zweepslag (spieraandoening) ★ ~ injury zweepslag
whipped /wɪpt/ [bnw] ★ ~ cream slagroom
whipper-in /wɪpəˈrɪn/ [znw] hondenleider (jacht)
whipper-snapper /ˈwɪpəsnæpə/ [znw] jochie, snotneus, misselijk ventje
whippet /ˈwɪpɪt/ [znw] ● kleine hazewind ● kleine tank
whipping /ˈwɪpɪŋ/ [znw] ● pak slaag met zweep, afranseling ● nederlaag ★ ~ boy zondebok; ⟨gesch.⟩ jongen die slaag kreeg i.p.v. prinsje ★ ~ top drijftol
whippy /ˈwɪpɪ/ [bnw] zwiepend, lenig
whip-round [znw] collecte

whipsaw /ˈwɪpsɔː/ [znw] trekzaag
whipster /ˈwɪpstə/ → **whipper-snapper**
whirl /wɜːl/ **I** [ov + on ww] ● draaien ● stuiven ● (snel rond) draaien, snel rondgaan, rondtollen ● snellen **II** [znw] ● werveling, draaikolk ● roes ★ my brain/head is in a ~ mijn hoofd loopt me om
whirligig /ˈwɜːlɪgɪg/ [znw] ● tol, molentje ● draaimolen ● draaikever, schrijverke ★ ~ of time de mallemolen v.h. leven
whirlpool /ˈwɜːlpuːl/ [znw] draaikolk, maalstroom
whirlwind /ˈwɜːlwɪnd/ [znw] wervelwind
whirr /wɜː/ [on ww] gonzen, snorren
whisk /wɪsk/ **I** [ov ww] ● tikken, zwaaien, zwiepen, slaan ● (met snelle beweging) slaan, (op)kloppen ★ ~ s.o. off iem. meenemen ● (~ **away**) in een flits wegvoeren/-werken, wegflitsen **II** [on ww] z. snel bewegen, wegglippen ● (~ **round**) z. plotseling omdraaien **III** [znw] ● bos(je) ● kwast, plumeau ● vliegenmepper ● garde, eierklopper, (zeep)klopper ● tik, veeg, snelle beweging
whisker /ˈwɪskə/ [znw] snorhaar (v. kat/hond) ★ by a ~ op een haar na; met de hakken over de sloot
whiskers /ˈwɪskəz/ [mv] ● bakkebaarden ● snorharen
whisk(e)y /ˈwɪskɪ/ [znw] ● whisky ● sjees ★ ~ toddy whiskygrog
whisk(e)y-peg [znw] whisky-soda
whisper /ˈwɪspə/ **I** [ov + on ww] fluisteren **II** [znw] ● gefluister ● gerucht ★ in a ~ fluisterend
whisperer /ˈwɪspərə/ [znw] fluisteraar
whispering /ˈwɪspərɪŋ/ **I** [znw] gefluister **II** [bnw] fluisterend ★ ~ gallery fluistergewelf
whist /wɪst/ [znw] whist
whist-drive [znw] whistavond
whistle /ˈwɪsl/ **I** [ov + on ww] fluiten ★ let s.o. go ~ iem. laten fluiten naar ● (~ **for**) fluiten naar ⟨fig.⟩ **II** [znw] ● gefluit ● fluit(je) ★ pay for one's ~ leergeld geven ★ wet one's ~ z'n keel smeren
whistler /ˈwɪslə/ [znw] ● fluiter ● dampig paard
whit /wɪt/ [znw] ★ no/not a whit geen zier
Whit /wɪt/ [bnw] pinkster- ★ Whit Monday tweede pinksterdag ★ Whit Saturday pinksterzaterdag ★ Whit Sunday eerste pinksterdag ★ Whit week pinksterweek
white /waɪt/ **I** [ov ww] ★ ~d sepulchres witgepleisterde graven **II** [znw] ● wit ● blanke ● heroïne **III** [bnw] ● wit ● bleek ● blank ● kleurloos ● eerlijk, goed ★ White Friar karmeliet ★ a ~ wall is a fool's paper gekken en dwazen schrijven hun namen op deuren en glazen ★ be at a ~ heat gloeiend nijdig zijn ★ show the ~ feather zich laf gedragen; laf zijn ★ stand in a ~ sheet zijn schuld bekennen ★ ~ bear ijsbeer ★ ~ crow witte raaf ★ ~ ensign Britse marinevlag ★ ~ heat 't witgloeiend zijn ★ ~ lead loodwit ★ ~ lie leugentje om bestwil ★ ~ man blanke ★ ~ metal witmetaal; imitatiezilver ★ · · paper witboek ★ ~ sheet boetekleed ★ ~ slave ⟨lanke slavin ★ ~ squall plotselinge waterhoos
whitebait /ˈwaɪtbeɪt/ [znw] witvis
Whitechapel /ˈwaɪtʃæpl/ [znw] ★ ~ cart bestelwagentje
white-collar [bnw] witte boorden-
Whitehall /ˈwaɪthɔːl/ [znw] de (Britse) regering ★ ~ese stadhuistaal
white-hot /ˈwaɪthɒt/ [bnw] witgloeiend
whiten /ˈwaɪtn/ **I** [ov ww] bleken **II** [on ww] wit worden
whitener /ˈwaɪtnə/ [znw] bleekmiddel
whiteness /ˈwaɪtnəs/ → **white**
whitening /ˈwaɪtnɪŋ/ [znw] krijtpoeder, witkalk

polijstpoeder

whites /waɪts/ [mv] • witte vloed • witte gedeelten
• witgoed

whitesmith /waɪtsmɪθ/ [znw] • blikslager
• zilversmid

whitewash /waɪtwɒʃ/ I [ov ww] • witten
• rehabiliteren • vergoelijken, schoonpraten, goed
(proberen te) praten II [znw] • witkalk
• rehabilitatie • vergoelijking

whither /wɪðə/ [onb vnw] waarheen

whithersoever /wɪðəsəʊˈevə/ [bijw] waarheen
ook maar

whiting /waɪtɪŋ/ [znw] • witkalk • wijting

whitish /waɪtɪʃ/ [bnw] witachtig, bleekjes

Whitsun /wɪtsən/ I [znw] Pinksteren II [bnw]
pinkster- ★ ~ week pinksterweek

Whitsuntide /wɪtsəntaɪd/ [znw] Pinksteren,
pinkstertijd

whittle /wɪtl/ I [ov ww] (af)snijden, besnijden • (~
away) wegredeneren • (~ down) besnoeien,
verzwakken, ontzenuwen II [znw] (slagers)mes

whiz(z) /wɪz/ I [on ww] suizen, fluiten, snorren
II [znw] gesuis, gefluit, gesnor

whiz(z)-bang [znw] kleine brisantgranaat

who /huː/ I [vr vnw] wie ★ Who's Who biografisch
jaarboek ★ know who is who de verschillende
personen kennen II [betr vnw] die, wie

whoa /waʊ/ [tw] ho!

whodun(n)it /huːˈdʌnɪt/ [znw] detective
verhaal/film, mysterie verhaal/film

whoever /huːˈevə/ [vnw] ★ ~ can it be? wie kan
dat toch zijn?

whole /həʊl/ I [znw] geheel • as a ~ in zijn geheel
• on the ~ over 't geheel genomen • the ~ of
England heel Engeland II [bnw] • heel
• ongeschonden, gezond ★ eat ~ in zijn geheel
opeten ★ go the ~ hog geen half werk doen; voor
100% afmaken/meedoen

whole-hearted /həʊlˈhɑːtɪd/ [bnw] • hartelijk
• oprecht

whole-hogger [znw] doorzetter

whole-hoofed [bnw] éénhoevig

whole-length [znw] over de hele lengte ★ ~
portrait portret ten voeten uit

wholemeal /həʊlmiːl/ [bnw] volkoren

wholeness /həʊlnəs/ [znw] heelheid

wholesale /həʊlseɪl/ I [znw] groothandel ★ by ~
en gros II [bnw] in 't groot, massaal ★ ~ dealer
grossier III [bijw] zonder onderscheid, op grote
schaal

wholesaler /həʊlseɪlə/ [znw] grossier

wholesome /həʊlsəm/ [bnw] gezond

whole-time [bnw] ★ ~ job volledige baan

who'll /huːl/ [samentr] /who shall/ /who will/
→ **shall, will**

wholly /həʊlɪ/ [bijw] geheel

whom /huːm/ → **who**

whoop /huːp/ I [ov en on ww] schreeuwen
II [on ww] hoesten III [znw] • uitroep
• oorlogskreet

whooping /huːpɪŋ/ [znw] ★ ~ couch kinkhoest

whoosh /wuːʃ/ I [on ww] suizen, flitsen, razen
II [znw] stortvloed, stuivende stofwolk,
windstoot/-vlaag, plons III [tw] zoef!

whop /wɒp/ [ov ww] • (af)ranselen, slaan
• verslaan

whopper /wɒpə/ [znw] • enorme leugen • knaap,
kanjer

whopping /wɒpɪŋ/ I [znw] • pak slaag
• nederlaag II [bnw] enorm, kolossaal

whore /hɔː/ I [on ww] hoereren II [znw] hoer

whorehouse /hɔːhaʊs/ [znw] hoerentent, bordeel

whoremonger /hɔːmʌŋgə/ [znw] hoerenloper

whorl /wɔːl/ [znw] • bladerkrans • rand

who's /huːz/ [samentr] /who has/ /who is/
→ **have, be**

whose /huːz/ [vr vnw] wier, van wie, v. welke,
wiens, ervan, waarvan

who(so)ever /huːˈ(səʊ)evə/ I [vr vnw] wie toch
II [onb vnw] wie ook maar

who've /huːv/ [samentr] /who have/ → **have**

why /waɪ/ I [znw] • reden • ('t) waarom II [bijw]
waarom ★ that's/this is why daarom ★ why so
waarom (dan) III [tw] wat!, wel!, nou!

wick /wɪk/ [znw] • pit (v. kaars) • kous (v. lamp)

wicked /wɪkɪd/ [bnw] • slecht, goddeloos
• gemeen, vals • ondeugend

wickedness /wɪkɪdnəs/ → **wicked**

wicker /wɪkə/ [znw] • teen • vlechtwerk,
mandwerk ★ ~ chair rieten stoel

wickerwork /wɪkəwɜːk/ [znw] manden,
mandwerk, vlechtwerk

wicket /wɪkɪt/ [znw] • poortje, hekje • (onder)deur
• wicket (cricket) ★ be on a good ~ er goed voor
staan

wide /waɪd/ I [znw] bal die naast gaat (cricket)
★ done to the wide doodop ★ to the wide
volkomen II [bnw] • wijd, breed • groot, ruim,
uitgestrekt, uitgebreid ★ give a wide berth to
mijden; links laten liggen ★ he had a wide appeal
hij vond in brede kring gehoor ★ wide ball bal die
naast gaat ★ wide of the mark ver mis III [bijw]
• wijdbeens ★ wijd open ★ go wide missen ★ shoot
wide misschieten

wide-angle [bnw] groothoek

wide-awake I [znw] /waɪdəwerk/ flambard
II [bnw] /waɪdəˈweɪk/ • klaar wakker
• uitgeslapen (ook fig.)

wide-eyed [bnw] met de ogen wijd open

widely /waɪdlɪ/ [bijw] breed, wijd, op velerlei
gebied ★ vary ~ sterk wisselen/variëren

widen /waɪdn/ [ov + on ww] verbreden, wijder
maken/worden

wide-ranging [bnw] breed opgezet

widespread /waɪdspred/ [bnw] wijd verbreid,
(nagenoeg) algemeen

widow /wɪdəʊ/ I [ov ww] tot weduwe/weduwnaar
maken ★ ~ed state weduwschap • (~ of) beroven
van II [znw] weduwe ★ grass ~ onbestorven
weduwe ★ the ~ de champagne ★ ~'s peak haartres
op voorhoofd

widower /wɪdəʊə/ [znw] weduwnaar

widow(er)hood /wɪdəʊəhʊd/ [znw]
weduwschap

width /wɪdθ/ [znw] • wijdte, breedte • ruimheid

wield /wiːld/ [ov ww] • gebruiken, zwaaien
• uitoefenen ★ ~ the pen de pen voeren; schrijven

wife /waɪf/ [znw] vrouw, echtgenote

wifelike, wifely /waɪflaɪk/ [bnw] vrouwelijk, een
vrouw passend

wig /wɪg/ I [on ww] op z'n nummer zetten II [znw]
pruik ★ wigs on the green herrie; ruzie

wigged /wɪgd/ [bnw] gepruikt

wigging /wɪgɪŋ/ [znw] uitbrander

wiggle /wɪgl/ I [ov ww] doen wiebelen, (snel op en
neer) bewegen II [on ww] • wiebelen • wrikken

wight /waɪt/ [znw] ★ luckless/wretched ~ (diep)
ongelukkig wezen

wigwag /wɪgwæg/ I [ov + on ww] (AE) seinen (met
vlag) II [znw] vlaggensein

wigwam /wɪgwæm/ [znw] wigwam

wilco /wɪlkəʊ/ [tw] begrepen en akkoord
(radiocommunicatie)

wild /waɪld/ **I** [znw] wildernis * wilds woeste gebieden **II** [bnw] ● wild * schuw * razend, woest * verwilderd * onbeheerst, ondoordacht * ruw ● dol * drive wild razend maken * go wild razend worden * run wild verwaarloosd worden; in 't wild leven/opgroeien * state of wild confusion toestand v.d. grootste verwarring * wild about razend op/over * wild boar wild zwijn * wild goose wilde gans * wild guess gissing in 't wilde weg * wild nonsense klinkklare onzin * wild story fantastisch verhaal * wild with dol van; woedend op * wild-goose chase dwaze/vruchteloze onderneming **III** [bijw] in 't wilde weg

wildcat /waɪldkæt/ **I** [znw] wilde kat **II** [bnw] ● financieel onbetrouwbaar * zwendel- ● 〈hand.〉 onsolide * ~ schemes fantastische plannen; dwaze utopieën

wildebeest /waɪldəbiːst/ [znw] gnoe

wilderness /waɪldənəs/ [znw] wildernis

wildfire /waɪldfaɪə/ [znw] Grieks vuur * spread like ~ z. als een lopend vuurtje verspreiden

wildfowl /waɪldfaʊl/ [znw] wild gevogelte ● ~er jager

wilding /waɪldɪŋ/ **I** [znw] wilde vrucht **II** [bnw] in 't wild groeiend

wildlife /waɪldlaɪf/ [znw] dierenwereld, dierenrijk

wildness /waɪldnəs/ → **wild**

wile /waɪl/ **I** [ov ww] lokken * wile away the time de tijd verdrijven **II** [znw] streek, list

wilful /wɪlfʊl/ [bnw] ● opzettelijk ● koppig, dwars * by ~ interest puur uit interesse * ~ murder moord met voorbedachte rade

wiliness /waɪlɪnəs/ [znw] listigheid, gehaaidheid, sluwheid

will /wɪl/ **I** [ov + on ww] willen * I would he were gone ik wou dat hij weg was **II** [ov ww] ● nalaten, vermaken ● dwingen **III** [hww] ● zullen ● willen * 'he has refused it' - '(think) he would' 'hij heeft geweigerd' - 'dat was te voorzien' * accidents will happen ongelukken gebeuren nu eenmaal * boys will be boys jongens zijn nu eenmaal jongens * he will sit there for hours doing nothing hij kan daar uren niets zitten doen * he would sit by the fire hij zat altijd bij de haard * it will be a hard job 't zal wel een moeilijk karweitje zijn * you will have your way jij moet altijd je zin hebben **IV** [znw] ● wil, wilskracht ● testament * at (one's) will naar willekeur * of your own free will uit eigen beweging * with a will met plezier; uit alle macht

willies /wɪlɪz/ [mv] * get the ~ 't op de zenuwen krijgen

willing /wɪlɪŋ/ [bnw] bereid(willig), gewillig * be ~ wel willen

willingly /wɪlɪŋlɪ/ [bijw] graag

willingness /wɪlɪŋnəs/ [znw] bereidwilligheid

will-o'-the-wisp /wɪləðəwɪsp/ [znw] dwaallichtje

willow /wɪləʊ/ **I** [ov ww] wolven (wolbewerking) **II** [znw] ● wilg ● cricketbat ● wolf (wolbewerking) * wear/wield the ~ 't bat hanteren

willowy /wɪləʊɪ/ [bnw] ● vol wilgen ● soepel

willpower /wɪlpaʊə/ [znw] wilskracht

willy-nilly /wɪlɪnɪlɪ/ **I** [bnw] onvermijdelijk **II** [bijw] goedschiks of kwaadschiks

wilt /wɪlt/ **I** [ww] 2e pers. ev o.t.t. → **will** **II** [ov + on ww] (doen) verwelken, slap doen/gaan hangen

wily /waɪlɪ/ [bnw] sluw

wimp /wɪmp/ [znw] doetje, sukkel, (onnozele) hals

wimple /wɪmpl/ **I** [ov ww] * ~d met kap **II** [znw] kap 〈v. non〉

win /wɪn/ **I** [ov ww] ● winnen ● behalen, verwerven, bereiken * win one's spurs zijn sporen verdienen * win one's way z. met moeite vooruitwerken/opwerken * win s.o. over iem. overhalen; iem. op zijn hand krijgen ● (~ **back**) terugwinnen **II** [on ww] winnen * win by a head met een hoofdlengte winnen * win clear er in slagen z. los/vrij te maken * win hands down zo zijn sloffen slagen/winnen * win upon s.o. iem. langzamerhand voor z. winnen ● (~ **out**) 't winnen ● (~ **through**) te boven komen, z. er doorheen slaan, met moeite bereiken **III** [znw] ● overwinning ● succes

wince /wɪns/ **I** [on ww] ● pijnlijk vertrekken 〈v. gezicht〉 ● huiveren * let the galled jade ~ wien de schoen past trekke hem aan * without wincing zonder een spier te vertrekken **II** [znw] ● huivering ● haspel

winch /wɪntʃ/ [znw] ● lier, windas * kruk, handvat

wind I [ov ww] ● /wɪnd/ op adem laten komen ● /wɪnd/ blazen op, laten schallen, laten klinken ● /waɪnd/ gaan, z. wenden, z. slingeren ● /wɪnd/ ruiken, de lucht krijgen van ● /waɪnd/ (op)winden, (omhoog) draaien * be winded buiten adem raken * she can wind him round her little finger ze windt hem zo om haar vinger * wind a call signaal geven op fluit * wind a shawl round one's arms round omhelzen; omstrengelen ● (~ **down**) naar beneden draaien 〈v. autoruit〉, af laten lopen 〈v. veer〉 ● (~ **off**) afwenden, laten aflopen ● (~ **up**) opdraaien 〈v. mechaniek〉, ophalen, omhoogdraaien, op stang jagen, beëindigen, besluiten, opheffen, opwinden **II** [on ww] /waɪnd/ kronkelen, draaiend gaan ● (~ **down**) aflopen 〈v. veer〉, langzamer gaan lopen ● (~ **round**) kronkelen ● (~ **up**) terechtkomen, besluiten, opheffen **III** [znw] ● /waɪnd/ draai, bocht, kronkel ● /wɪnd/ wind ● /wɪnd/ windstreek ● /wɪnd/ adem, zucht, maagstreek ● /wɪnd/ lucht ● /waɪnd/ slag ● /wɪnd/ gezwets, doelloos gepraat, kolder ● /wɪnd/ blaasinstrumenten * between wind and water op de waterlijn; in de maagstreek * broken wind amechtigheid * capful of wind bries * cast to the winds overboord gooien; in de wind slaan * down wind vóór de wind * get one's second wind weer op adem komen * get one's wind op adem komen * get wind of lucht krijgen van * get/have the wind of de loef afsteken * get/put the wind up bang worden/maken * have a long wind een lange adem hebben; het lang kunnen uitzingen * hit s.o. in the wind iem. in de maag stompen * how the wind blows uit welke hoek de wind waait * in the teeth of the wind pal tegen de wind in * in the wind's eye pal tegen de wind in * lose one's wind buiten adem raken * preach to the winds voor dovemansoren praten * raise the wind geld opnemen; fonds stichten * recover one's wind weer op adem komen * sail close to the wind scherp aan de wind zeilen; hoog spel spelen; iets zeggen dat op 't kantje af is * there's s.th. in the wind er broeit iets * wind spout windhoos

windage /wɪndɪdʒ/ [znw] ● luchtweerstand ● windinvloed ● speling

windbag /wɪndbæg/ [znw] windbuil, bluffer

windbound /wɪndbaʊnd/ [znw] door tegenwind opgehouden

windbreak /wɪndbreɪk/ [znw] windvanger/-scherm

windbreaker /wɪndbreɪkə/ [znw] windjak

winder/waɪndə/ [znw] • (op)winder • haspel • slingerplant

windfall/wɪndfɔːl/ [znw] • meevallertje • afgewaaid fruit ★ ~ apples afgewaaide appels

winding/waɪndɪn/ [bnw] draaiend, kronkelend, bochtig ★ ~ sheet lijkwade ★ ~ stairs/staircase wenteltrap ★ ~ up einde; liquidatie

wind-instrument[znw] blaasinstrument

windjammer/wɪndʒæmə/ [znw] windjammer

windlass/wɪndləs/ I [ov ww] opwinden, ophijsen II [znw] windas, lier

windless/wɪndlɪs/ [bnw] windstil

windmill/wɪndmɪl/ [znw] • windmolen ★ ~ plane helikopter; wentelwiek

window/wɪndəʊ/ [znw] • raam • loket • etalage ★ get in/out at the ~ door het raam naar binnen/buiten gaan ★ in the ~ vóór 't raam; in de etalage ★ little ~ de strop ★ ~ catch spanjolet ★ ~ sash schuifraam ★ ~ ogen

window-box/wɪndəʊbɒks/ [znw] • koker voor raamgewicht • bloemenbak

window-dresser/wɪndəʊdresə/ [znw] etaleur

window-dressing/wɪndəʊdresɪn/ [znw] • 't etaleren • reclame

windowed/wɪndəʊd/ [bnw] met raam

window-frame/wɪndəʊfreɪm/ [znw] raamkozijn

window-gaze/wɪndəʊgeɪz/ [on ww] winkels kijken

window-ledge/wɪndəʊledʒ/ [znw] vensterbank

window-pane/wɪndəʊpeɪn/ [znw] ruit

window-shop[on ww] winkels kijken

window-shopping/wɪndəʊʃɒpɪn/ [znw] etalages kijken

window-sill/wɪndəʊsɪl/ [znw] vensterbank

windpipe/wɪndpaɪp/ [znw] luchtpijp

windscreen/wɪndskriːn/ [znw] • voorruit • windscherm ★ ~ wiper ruitenwisser

windshield/wɪndʃiːld/ [znw] • windscherm • (AE) voorruit

windsurfing/wɪndsɜːfɪn/ [znw] het windsurfen

windswept/wɪndswept/ [bnw] winderig

windward/wɪndwəd/ I [znw] loefzijde ★ get to ~ of de loef afsteken II [bnw] naar de wind gericht ★ Windward Islands Bovenwindse eilanden

windy/wɪndɪ/ [bnw] • winderig • breedsprakig, zwetsend • bang

wine/waɪn/ I [on ww] wijn drinken II [znw] • wijn • wijnrood • wijnfuifje ★ Adam's wine water ★ in wine dronken ★ take wine with s.o. op iemands gezondheid drinken ★ wine carriage flessenmandje (op rolletjes) ★ wine cellar wijnkelder ★ wine duty wijnaccijns

wineglass/waɪnglɑːs/ [znw] wijnglas

winepress/waɪnpres/ [znw] wijnpers

winery/waɪnərɪ/ [znw] wijnzaak

wineskin/waɪnskɪn/ [znw] wijnzak

wing/wɪn/ I [ov ww] • v. vleugels voorzien • doorklieven • afschieten • verwonden in arm/vleugel ★ wing one's way vliegen II [on ww] vliegen III [znw] • vleugel • wiek • spatbord • omgeslagen punt v. boord • (luchtv.) groep (drie squadrons) ★ clip the wings of kortwieken; kort houden ★ his wings are sprouting hij is te goed voor deze wereld ★ lend wings to vleugels geven ★ on the wing op weg; onderweg; in de vlucht; op 't punt te vertrekken ★ take wing wegvliegen; vertrekken ★ under the wing of onder (de) bescherming van ★ wing sheath vleugelschild

wing-beat/wɪnbiːt/ [znw] vleugelslag

wing-chair/wɪntʃeə/ [znw] fauteuil

winged/wɪnd/ [bnw] • met vleugels • vleugellam ★ ~ god Mercurius ★ ~ horse Pegasus

winger/wɪnə/ [znw] buitenspeler

wingless/wɪnləs/ [bnw] ongevleugeld

wings/wɪnz/ [mv] • (vliegers)vink • coulissen

wing-span/wɪnspæn/ [znw] vleugelspanning

wing-spread[znw] vlucht

wink/wɪnk/ I [ov + on ww] • knipperen • knipogen • flikkeren ★ wink an eye 'n knipoogje geven ★ wink the other eye 'n oogje toedoen; negeren • (~ at) knipogen naar, oogluikend toelaten, door de vingers zien II [znw] • knipoog • wenk ★ I have not slept a wink ik heb geen oog dichtgedaan ★ tip s.o. the wink iem. een wenk geven

winker/wɪnkə/ [znw] knipperlicht

winkers/wɪnkəz/ [mv] oogkleppen

winkle/wɪnkl/ [ov ww] • (~ out) los-/uitpeuteren, uitkammen (fig.)

winner/wɪnə/ [znw] • winnaar, winnend paard • succes

winning/wɪnɪn/ [bnw] innemend ★ ~ post eindpaal

winnings/wɪnɪnz/ [mv] winst

winnow/wɪnəʊ/ [ov + on ww] • wannen • ziften

wino/waɪnəʊ/ [znw] zuiplap

winsome/wɪnsəm/ [bnw] innemend, sympathiek

winter/wɪntə/ I [ov + on ww] • de winter doorbrengen • (laten) overwinteren II [znw] winter ★ ~ sports (takken van) wintersport ★ ~ term wintertrimester ★ ~ wear winterdracht

wintertime/wɪntətaɪm/ [znw] winter(tijd/-seizoen)

wintry/wɪntrɪ/ [bnw] ★ a ~ smile een koele glimlach

winy/waɪnɪ/ [bnw] • wijn-, wijnachtig • wijnrood • dronken

wipe/waɪp/ I [ov ww] (af)vegen, afdrogen ★ wipe one's eyes zijn tranen drogen ★ wipe s.o.'s eye iem. een vlieg afvangen ★ wipe the floor with s.o. iem. zijn vet geven; iem. volkomen afmaken • (~ away) wegvegen • (~ off) uitwissen, afvegen • (~ out) uitvegen, raderen, uitwissen, wegvagen, totaal vernietigen • (~ up) afranselen, opvegen, opdeppen II [znw] • veeg • (inf.) zakdoek ★ give s.th. a wipe iets afvegen; schoonvegen ★ wipe in the eye veeg uit de pan

wipe-down/waɪpdaʊn/ [znw] afdroging, aframmeling

wiper/waɪpə/ [znw] • afneemdoek • ruitenwisser

wire/waɪə/ I [ov ww] • met draad vastzetten/versterken, aan draad rijgen, draad leggen in • strikken • telegraferen • (~ in) met draad afsluiten/insluiten II [on ww] telegraferen • (~ for) telegraferen om • (~ in) flink aanpakken III [znw] • telegraafdraad • telegram • strik • (metaal)draad ★ a live wire een draad onder stroom; 'n energiek iem.; 'n felle ★ by wire telegrafisch ★ pull the wires aan de touwtjes trekken ★ wire blind hor ★ wire bridge hangbrug ★ wire cloth gaas ★ wire entanglement prikkeldraadversperring ★ wire gauze gaas ★ wire netting (kippen)gaas ★ wire wool staalwol

wire-cutter(s)/waɪəkʌtə(z)/ [znw] draadschaar

wire-haired/waɪəheəd/ [bnw] ruwharig

wireless/waɪələs/ I [znw] • draadloze telegrafie • draadloos telegram • radio ★ ~ operator marconist II [bnw] • draadloos • radio- ★ ~ set radiotoestel

wirepuller/waɪəpʊlə/ [znw] • figuur achter de schermen • intrigant

wiretap/waɪətæp/ [on ww] afluisteren (v. telefoon)

wiring/waɪərɪn/ [znw] • draadwerk • elektriciteitsdradennet

wiry/waɪərɪ/ [bnw] • draadachtig • stevig en
soepel • gespierd • taai

wisdom/wɪzdəm/ [znw] • wijsheid • wijs beleid
de gave des onderscheids krijgen * cut one's ~
tooth de gave des onderscheids krijgen * ~ tooth
verstandskies

wise/waɪz/ **I** [ov + on ww] • (~ up) iets door
krijgen **II** [znw] (vero.) wijze, manier * in no wise
geenszins **III** [bnw] wijs, verstandig * be wise
after the event weten hoe 't zit, als 't gebeurd is
* be/get wise to in de gaten hebben/krijgen * no
one will be the wiser (for it) niemand zal er iets
van in de gaten hebben * put s.o. wise iem.
inlichten; iem. op de hoogte brengen * wise guy
betweter; eigenwijs persoon * wise saw spreuk
* wise woman zieneres; vroedvrouw

wiseacre/waɪzeɪkə/ [znw] betweter, eigenwijs iem.

wisecrack/waɪzkræk/ **I** [on ww]
geestig/sarcastisch uit de hoek komen **II** [znw]
• grapje, mopje • spottende opmerking

wisecracker/waɪzkrækə/ [znw] grapjas

wisely/waɪzlɪ/ [bijw] wijselijk

wish/wɪʃ/ **I** [ov + on ww] • wensen, toewensen
• verlangen * I wish (that) he were here ik wou
dat hij hier was * I wish him to come ik verlang
dat hij komt * don't you wish we were there?
zou je niet willen dat we er waren? * wish o.s. (at
home) wensen dat men (thuis) was * wish s.o.
further (at the devil) iem. naar het eind v.d.
wereld wensen * (~ for) verlangen, wensen
II [znw] wens

wishful/wɪʃfʊl/ [bnw] verlangend * that's just ~
thinking de wens is de vader van de gedachte

wish-wash/wɪʃwɒʃ/ [znw] • slappe thee,
slootwater • leuterpraat

wishy-washy/wɪʃɪwɒʃɪ/ [bnw] • slap
• besluiteloos

wisp/wɪsp/ **I** [ov ww] (op)vegen, afvegen **II** [znw]
• (rook)sliert • troep (vogels) • bos(je) • piek (v.
haar)

wispy/wɪspɪ/ [bnw] • in bosjes, in slierten
• piekerig, spichtig

wistful/wɪstfʊl/ [bnw] • treurig, droefgeestig • in
zichzelf gekeerd

wistfulness/wɪstfʊlnəs/ → wistful

wit/wɪt/ **I** [on ww] * to wit namelijk **II** [znw]
• geestigheid • geestig persoon * have the wit to
zo slim zijn te

witch/wɪtʃ/ [znw] heks * ~ hunt heksenjacht

witchcraft, witchery/wɪtʃkrɑːft/ [znw] hekserij

witch-doctor/wɪtʃdɒktə/ [znw] tovenaar,
medicijnman

witch-hazel/wɪtʃheɪzəl/ [znw] Amerikaanse
toverhazelaar

witching/wɪtʃɪŋ/ [bnw] • betoverend • tover- * ~
hour spookuur

with/wɪð/ [vz] • met • van • bij * I am with you ik
ben het met je eens * a warm with warme grog
met suiker * wet with rain nat van de regen

withdraw/wɪðˈdrɔː/ **I** [ov ww] • terugtrekken
• terugnemen * ~ money from the bank geld
opvragen v.d. bank **II** [on ww] z. terugtrekken

withdrawal/wɪðˈdrɔːəl/ [znw] • het terugtrekken
• het terugnemen * ~ symptoms
ontwenningsverschijnselen

withdrawn/wɪðˈdrɔːn/ [bnw] • teruggetrokken
• verlegen

withe/wɪθ/ → withy

wither/wɪðə/ [ov + on ww] (doen) verwelken,
verschrompelen, verdorren, (uit)drogen * a ~ing
look een vernietigende blik * ~ s.o. with a look
iem. vernietigend aankijken * ~ed dor;

(uit)gedroogd

withers/wɪðəz/ [mv] * my ~ are unwrung hier
hoef ik mij niets van aan te trekken

withhold/wɪðˈhəʊld/ **I** [ov ww] terughouden
geven **II** [on ww] z. weerhouden, z. onthouden

within/wɪˈðɪn/ **I** [bijw] (van) binnen, in huis **II** [vz]
binnen (in) * be saved – an ace of death
ternauwernood v.d. dood gered worden
* fight/run (well) – o.s. zich sparen; niet zijn
volle kracht ontplooien * ~ a mile nog geen mijl
* ~ call te beroepen * ~ the law binnen de grenzen
v.d. wet

without/wɪˈðaʊt/ **I** [bijw] (van) buiten **II** [vz]
• zonder • (aan de) buiten(kant) * be ~ zonder
zitten * go ~ het stellen zonder * it goes ~ saying
het spreekt vanzelf * we can't do ~ him we
kunnen hem niet missen

withstand/wɪðˈstænd/ [ov ww] weerstaan,
weerstand bieden (aan)

withy/wɪðɪ/ [znw] • (wilgen)teen • band v. twijgen

witless/wɪtləs/ [bnw] onnozel, stupide, dom

witness/wɪtnəs/ **I** [ov ww] • getuigen van • (als
getuige) tekenen • getuige zijn van * ~ Heaven de
Hemel zij mijn getuige **II** [znw] • getuige
• getuigenis • bear – of/to getuigenis afleggen
van; getuigen van * in ~ whereof ten getuige
waarvan * ~ for the crown getuige à charge * ~
for the defence getuigen à decharge

witness-box, witness-stand/wɪtnəsbɒks/
[znw] getuigenbank

wits/wɪts/ [mv] verstand * at one's wits' end ten
einde raad * have one's wits about one iets ~
hersens bij elkaar hebben * have quick wits bij de
pinken zijn; pienter zijn * live by one's wits van
de wind leven; van leugen en bedrog leven * out of
one's wits niet wijs; krankzinnig

witticism/wɪtɪsɪzəm/ [znw] geestigheid

wittiness/wɪtɪnəs/ [znw] geestigheid

wittingly/wɪtɪŋlɪ/ [bijw] opzettelijk, willens en
wetens

witty/wɪtɪ/ [bnw] geestig

wive/waɪv/ (vero.) [ov + on ww] een vrouw nemen,
trouwen

wives/waɪvz/ [mv] → wife

wizard/wɪzəd/ **I** [znw] tovenaar **II** [bnw]
• betoverend • knap, fantastisch

wizardry/wɪzədrɪ/ [znw] toverkunst(en)

wizen(ed)/wɪzn(d)/ [bnw] verdroogd,
verschrompeld

wo/wəʊ/ [tw] ho!

wobble/wɒbl/ **I** [ov ww] wiebelen met,
schommelen met **II** [on ww] • waggelen • weifelen

wobbler/wɒblə/ [znw] weifelaar

wobbly/wɒblɪ/ [bnw] • wiebelend • weifelend

woe/wəʊ/ [znw] wee * face of woe
begrafenisgezicht * woe betide you wee u * woe
is me wee mij * woes leed; ellende

woebegone/wəʊbɪgɒn/ [bnw] droevig,
smartelijk

woeful/wəʊfʊl/ [bnw] droevig, smartelijk, treurig

wog/wɒg/ (pej.) [znw] • kleurling

woke/wəʊk/ veri. tijd + volt. deelw. → wake

woken/wəʊkən/ volt. deelw. → wake

wold/wəʊld/ [znw] open heuvelland

wolf/wʊlf/ **I** [ov ww] • (~ down) opschrokken
II [znw] • wolf * Don Juan * cry wolf loos alarm
slaan * have the wolf by the ears in een
hachelijke positie zitten * keep the wolf from the
door zorgen dat men te eten heeft

wolf-fish/wʊlffɪʃ/ [znw] zeewolf

wolfish/wʊlfɪʃ/ [bnw] • wolfachtig • vraatzuchtig
* ~ness

wolfram /ˈwʊlfrəm/ [znw] wolfraam
wolf-spider /ˈwʊlfspaɪdə/ [znw] tarantula
wolverene /wɒlvəˈriːn/ [znw] ● wolverine,
veelvraat ⟨dier⟩ ● wolverinebont
wolverine /ˈwʊlvəriːn/ [znw] ● wolverinebont
● wolverine ● veelvraat
wolves /wʊlvz/ [mv] → **wolf**
woman /ˈwʊmən/ **I** [ov ww] ⟨vero.⟩ met 'mens' of
'vrouw' aanspreken **II** [znw] ● vrouw ● wijf ● mens
* Women's Lib(eration) ≈ Dolle Mina's;
emancipatiebeweging * a ~ doctor een
vrouwelijke dokter * head or ~ kruis of munt
* kept ~ maîtresse * my good ~ mevrouwtje
* there's little of the ~ in her zij heeft weinig
vrouwelijks
woman-hater /ˈwʊmənheɪtə/ [znw]
vrouwenhater
womanhood /ˈwʊmənhʊd/ [znw] ● het
vrouw-zijn ● vrouwelijkheid
womanish /ˈwʊmənɪʃ/ [bnw] verwijfd,
sentimenteel
womanize /ˈwʊmənaɪz/ **I** [ov ww] verwijfd maken
II [on ww] achter de vrouwen aanzitten
womanizer /ˈwʊmənaɪzə/ [znw] rokkenjager,
versierder
womankind /ˈwʊmənkaɪnd/ [znw] de vrouwen
* my ~ de dames; mijn vrouw en dochters
womanlike, womanly /ˈwʊmənlaɪk/ [bnw]
vrouwelijk
womb /wuːm/ [znw] baarmoeder, schoot
women /ˈwɪmɪn/ [mv] → **woman**
womenfolk /ˈwɪmɪnfəʊk/ [znw] vrouwvolk
won /wʌn/ verl. tijd + volt. deelw. → **win**
wonder /ˈwʌndə/ **I** [on ww] ● verbaasd staan ● zich
afvragen ● benieuwd zijn * 'Is she ready?' 'I ~' 'Is
ze klaar?' 'Dat weet ik eigenlijk niet' * I ~ at you!
dat had ik niet van je gedacht * I ~ whether you
would let me know zoudt u mij willen meedelen
* I ~ why you never told me? waarom heb je me
dat eigenlijk nooit gezegd? * (~ at) zich
verwonderen over **II** [znw] ● wonder
● verwondering * do/work ~s wonderen doen * he
is punctual today for a ~ hij is vandaag zowaar
eens op tijd * no/small ~ that geen wonder dat
wonderful /ˈwʌndəfʊl/ [bnw] ● wonderbaar
● prachtig, schitterend * you're ~ dat vind ik
fantastisch van je!
wondering /ˈwʌndərɪŋ/ [bnw] met verbazing,
verwonderd
wonderingly /ˈwʌndərɪŋlɪ/ [bijw] verbaasd
wonderland /ˈwʌndəlænd/ [znw] wonderland,
sprookjesland
wonderment /ˈwʌndəmənt/ [znw] verwondering
wonder-worker /ˈwʌndəwɜːkə/ [znw]
wonderdoener
wondrous /ˈwʌndrəs/ [bnw + bijw] verwonderlijk,
buitengewoon
wonky /ˈwɒŋkɪ/ [bnw] wankel, onvast, onstabiel
wont /wəʊnt/ ⟨form.⟩ **I** [on ww] gewoon zijn
II [znw] gewoonte **III** [bnw] gewend, gewoon
won't /wəʊnt/ [samentr.] will not/ → **will**
wonted /ˈwəʊntɪd/ [bnw] gewoonlijk
woo /wuː/ **I** [ov ww] ● dingen naar de hand/gunst
van ● trachten te verkrijgen ● trachten over te halen
II [on ww] een vrouw het hof maken
wood /wʊd/ [znw] ● hout ● bos ● houtblazers
● houten bal, cricketbal * be out of the woods uit
de moeilijkheden zijn * don't halloo till you're
out of the woods men moet de dag niet prijzen
voor het avond is * from the wood van 't vat
* wood nymph bosnimf; soort nachtvlinder;
kolibrie * wood pulp houtpulp * wood warbler

fluiter ⟨vogel⟩
woodbind /ˈwʊdbaɪnd/ [znw] wilde kamperfoelie
woodbine /ˈwʊdbaɪn/ [znw] ● wilde kamperfoelie
● goedkope sigaret
wood-carving /ˈwʊdkɑːvɪŋ/ [znw] houtsnijwerk
woodcock /ˈwʊdkɒk/ [znw] houtsnip
woodcraft /ˈwʊdkrɑːft/ [znw] kennis v.h. leven/de
jacht in (de) bossen
woodcut /ˈwʊdkʌt/ [znw] houtsnede
woodcutter /ˈwʊdkʌtə/ [znw] ● houthakker
● houtsnijder
wooded /ˈwʊdɪd/ [bnw] bebost
wooden /ˈwʊdn/ [bnw] ● houten ● onbuigzaam,
lomp, houterig, stijf ● nietszeggend
wooden-head [znw] stomkop
wooden-headed [bnw] stom, dom
woodland /ˈwʊdlænd/ **I** [znw] ● bosland, bebost(e)
terrein(en) **II** [bnw] bos-
woodman /ˈwʊdmən/ [znw] ● boswachter
● houthakker
woodpecker /ˈwʊdpekə/ [znw] specht
woodpie /ˈwʊdpaɪ/ [znw] bonte specht
woodpile /ˈwʊdpaɪl/ [znw] ● houtmijt ● stapel
brandhout
woodshed /ˈwʊdʃed/ [znw] houtschuur
woodsman /ˈwʊdzmən/ [znw] ● bosbewoner
● houthakker ● iem. die graag door de bossen
dwaalt
woodwind /ˈwʊdwɪnd/ [znw] houtblazerssectie
⟨in orkest⟩
woodwork /ˈwʊdwɜːk/ [znw] houtwerk
woodworm /ˈwʊdwɜːm/ [znw] houtworm
woody /ˈwʊdɪ/ [bnw] ● houtachtig, hout- ● bos-,
bosrijk, bebost
woodyard /ˈwʊdjɑːd/ [znw] ● houtopslagplaats
● houthandel
wooer /ˈwuːə/ [znw] vrijer
woof /wʊf/ [znw] ● inslag ● weefsel
wool /wʊl/ **I** [ov ww] plukken wol uit vacht bijten
II [znw] ● wol ● wollen garen ● kroeshaar
* dyed in the wool door de wol geverfd * go for
wool and come home shorn van een kouwe
kermis thuis komen * keep your wool on maak je
niet dik * lose one's wool nijdig worden * pull
the wool over s.o.'s eyes iem. zand in de ogen
strooien
wool-fat /ˈwʊlfæt/ [znw] lanoline
wool-fell /ˈwʊlfel/ [znw] schapenvacht
wool-gathering /ˈwʊlgæðərɪŋ/ [znw]
verstrooidheid * his wits have gone ~ hij zit te
dromen/suffen
woolhall /ˈwʊlhɔːl/ [znw] wolbeurs
woollen /ˈwʊlən/ [bnw] wollen * ~ draper
handelaar in wollen goederen * ~
drapery/draper's wolzaak
woollens /ˈwʊlənz/ [mv] wollen goederen
woolly /ˈwʊlɪ/ **I** [znw] wollen sporttrui **II** [bnw]
● wollig, donzig ● doezelig, vaag * ~ voice hese
stem
wool-pack [znw] baal wol ⟨108 kg⟩
woolsack /ˈwʊlsæk/ [znw] ● wolbaal ● ambt/zetel
v. Lord Chancellor in Hogerhuis
wool-staple /ˈwʊlsteɪpl/ [znw] kwaliteit v. wol
woozy /ˈwuːzɪ/ [bnw] ● licht in het hoofd, beneveld
● wazig
wop /wɒp/ → **whop**
Wop /wɒp/ ⟨pej.⟩ [znw] ● immigrant uit
Zuid-Europa ● spaghettivreter, Italiaan
word /wɜːd/ **I** [ov ww] uitdrukken, verwoorden,
stellen **II** [znw] ● woord ● bericht, boodschap,
nieuws ● bevel ● parool, wachtwoord * (up)on my
word! op m'n erewoord!; nee, nou wordt-ie goed!

* a word in one's ear wenk; aanwijzing * a word with you, please mag ik u 'ns even spreken * bandy words with disputeren een; beyond words onbeschrijfelijk * by word of mouth mondeling * can I have a word with you? kan ik u even spreken? * eat one's words zijn woorden intrekken; zijn excuus maken * fair words mooie woorden * fair words butter no parsnips praatjes vullen geen gaatjes * four-letter word schuttingwoord * give the word bevel geven; het wachtwoord geven * hang on s.o.'s words aan iemands lippen hangen * have words with s.o. woorden hebben met iem. * he hasn't a good word to say for anybody hij heeft op iedereen wat aan te merken * he is as good as his word je kunt van hem op aan * hot words boze woorden * in a word in één woord * leave word een boodschap achterlaten * mum's the word mondje dicht! * on the word op dat woord * play upon words woordspelingen maken * put in a word for een goed woordje doen voor * quick is the word vlug zijn is de boodschap * receive word bericht ontvangen * say the word zeg 't maar * send word to s.o. iem. berichten * sharp's the word opschieten! * suit the action to the word de daad bij het woord voegen * take s.o. at his word iem. op zijn woord geloven * the Word het Woord Gods * the last word in het allernieuwste op 't gebied van * to a word woordelijk * with the word meteen toen het gezegd was/werd * word for word woord voor woord; woordelijk * word of command bevel * word of honour erewoord * word painter woordkunstenaar * word processor tekstverwerker * words praat(jes)

word-blind /wɜːdˈblaɪnd/ [bnw] *woordblind*

wordiness /ˈwɜːdɪnəs/ [znw] *langdradigheid*

wording /ˈwɜːdɪŋ/ [znw] *bewoordingen, stijl, redactie*

wordless /ˈwɜːdləs/ [bnw] * *zonder woorden*
* *sprakeloos*

wordly /ˈwɜːdlɪ/ [bnw] * *werelds, mondain*
* *materialistisch* * *aards*

word-perfect /ˈwɜːdˈpɜːfɪkt/ [bnw] *rolvast* ‹toneel›

word-splitting /ˈwɜːdˈsplɪtɪŋ/ [znw] *woordenzifterij*

word-square /ˈwɜːdskweə/ [znw] *woordvierkant*

wordy /ˈwɜːdɪ/ [bnw] *woordenrijk, langdradig* * ~ *warfare woordentwist*

wore /wɔː/ verl. tijd → **wear**

work /wɜːk/ I [ov ww] * *laten werken* * *bedienen, drijven, bewegen, exploiteren* * *bewerken, kneden, smeden* * *tot stand brengen, ten uitvoer brengen, maken* * he'll work it hij lapt 't 'm wel * work one's passage zijn overtocht met werken verdienen * work one's way z. een weg banen * work one's way up z. opwerken * (~ **in**) er in werken, er tussen werken * work in with samengaan met * (~ **into**) tot ... brengen * work o.s. into z. weten te dringen in * work o.s. into a rage z. woedend maken * (~ **off**) van de hand doen, opknappen met, door werken verdrijven * (~ **out**) uitwerken, berekenen, uitputten * (~ **over**) aftuigen * (~ **through**) (er) doorkomen, z. werken door, doornemen * (~ **up**) opwerken, opbouwen, aanzetten, opruien, omhoog komen, z. omhoog werken, opkruipen * work o.s. up into a passion z. steeds nijdiger maken II [on ww] * *werken* * *gaan, functioneren, effect hebben* * *handwerken, borduren* * (nerveus) trekken * your theory won't work jouw theorie gaat niet op * (~ **at**) werken aan, doen aan * (~ **down**) naar beneden gaan/groeien, zakken * (~ **on**) dóórwerken,

werken op * work on a plan *volgens een plan werken* * the door works on a spring *de deur gaat dicht/open met een veer* * (~ **up**) (v. wind), *trainen, lukken* * work out at *neerkomen op* * (~ **round**) *draaien* (v. wind), *bijdraaien* III [znw] * *werk, arbeid* * *naaiwerk, breiwerk, borduurwerk* * *werkstuk* * a nasty piece of work *een vervelend stukje mens; 'n klier* * all work and no play makes Jack a dull boy *de boog kan niet altijd gespannen zijn* * be at work upon *bezig zijn met; werken aan* * be in work *werk hebben; werken* * have one's work cut out (for one) *een zware taak vóór zich hebben* * it's all in a day's work *'t is heel gewoon; 't hoort er zo bij* * out of work *werkeloos* * work force *personeel; arbeidspotentieel; werkende bevolking* * work permit *werkvergunning*

workable /ˈwɜːkəbl/ [bnw] * *te bewerken, verwerkbaar* * *bruikbaar* * *rendabel*

workaday /ˈwɜːkədeɪ/ [bnw] *alledaags, saai*

workaholic /ˌwɜːkəˈhɒlɪk/ [znw] *workaholic, werkverslaafde, werkezel*

workbag /ˈwɜːkbæg/ [znw] *naaizakje*

work-basket /ˈwɜːkbɑːskɪt/ [znw] *naaimandje*

workbench /ˈwɜːkbentʃ/ [znw] *werkbank*

workbook /ˈwɜːkbʊk/ [znw] * *werkboek*
* *instructieboek*

workday /ˈwɜːkdeɪ/ [znw] *werkdag*

worker /ˈwɜːkə/ [znw] *werker, arbeider* * ~ *ant/bee werkmier/-bij*

workhorse /ˈwɜːkhɔːs/ [znw] *werkpaard*

workhouse /ˈwɜːkhaʊs/ [znw]
* *werkinrichting/-huis* * ‹AE› *verbeteringsgesticht*

working /ˈwɜːkɪŋ/ I [znw] * *werking* * *bewerking*
* *proces* * ~ *account exploitatierekening* * ~ *capital werkkapitaal* * ~ *day werkdag* * ~ *stock bedrijfsmateriaal; werkvoorraad* * ~s *of the heart wat er in 't hart omgaat* II [bnw] * *werk-, bedrijfs-*
* *werkend, praktisch, bruikbaar* * ~ *classes arbeiders(klasse)* * ~ *conditions arbeidsvoorwaarden/-omstandigheden* * ~ *knowledge elementaire kennis* * ~ *majority regeerkrachtige meerderheid*

workings /ˈwɜːkɪŋz/ [mv] *gedeelte/terrein onder exploitatie*

workload /ˈwɜːkləʊd/ [znw] *werklast, taak*

workman /ˈwɜːkmən/ [znw] * *werkman, arbeider*
* *vakman* * Workmen's Compensation Act *Ongevallenwet* * a bad ~ *always blames his tools een slecht werkman geeft altijd zijn gereedschap de schuld*

workmanlike /ˈwɜːkmənlaɪk/ [bnw] *vakkundig*

workmanship /ˈwɜːkmənʃɪp/ [znw]
* *vakmanschap, technisch kunnen* * *techniek, werk*
* *of good ~ goed afgewerkt*

workout /ˈwɜːkaʊt/ [znw] *training*

workpeople /ˈwɜːkpiːpl/ [znw] * *werkvolk*
* *personeel*

works /wɜːks/ [mv] * *fabriek, bedrijf* * *binnenwerk*
* *ingewanden* * First Commissioner of Works *Minister v. Openbare Werken* * faith and ~ *geloof en goede werken* * give him the ~ *geef'm de volle laag* * the ~ *de hele zaak*

workshop /ˈwɜːkʃɒp/ [znw] * *studiegroep*
* *werkplaats*

worktop /ˈwɜːktɒp/ [znw] *werkblad* ‹in keuken›

work-to-rule /ˈwɜːktəˈruːl/ [znw] * ~ *action modelactie; stiptheidsactie*

world /wɜːld/ [znw] * *wereld* * I'm not long for this ~ *ik zal 't niet lang meer maken* * a ~ *of een (hele) massa* * all over the ~ *overal ter wereld; de hele wereld door* * all the ~ *iedereen* * all the ~ and*

his wife jan en alleman ∗ begin the ~ het
leven/zijn loopbaan beginnen ∗ drunk to the ~
stomdronken ∗ feel on top of the ~ in de zevende
hemel zijn ∗ for all the ~ as if/like precies als(of)
∗ how goes the ~ with you? hoe maak je het?
∗ how is the ~ using you? hoe gaat het met je?
∗ how/what/who in the ~ hoe/wat/wie in 's
hemelsnaam ∗ in the ~ ter wereld ∗ the ~ to
come het hiernamaals ∗ tired to the ~ doodmoe
∗ ~ war wereldoorlog ∗ ~ without end in de
eeuwen der eeuwen

world-class I [znw] wereldklasse ∗ a ~ cricketer
een cricketer van wereldklasse **II** [bnw] van
wereldklasse

world-court /wɜːldˈkɔːt/ [znw] Internationaal
Gerechtshof

world-famous [bnw] wereldberoemd

worldliness /wɜːldlɪnəs/ → **wordly**

worldly /wɜːldlɪ/ [bnw] ● aards ● materialistisch,
werelds, mondain ∗ ~ minded werelds

worldly-minded [bnw] werelds, aards

worldly-wise [bnw] wereldwijs

world-weary /wɜːldwɪərɪ/ [bnw] levensmoe

world-wide /wɜːldwaɪd/ [bnw] over de hele wereld
∗ ~ difference hemelsbreed verschil

world-wise [bnw] wereldwijs, zakelijk

worm /wɜːm/ **I** [ov ww] ● v. wormen zuiveren ● v.d.
tongriem snijden ● worm (one's way) through z.
door ... wriemelen ∗ worm a secret out of s.o. een
geheim uit iem. weten te krijgen ∗ worm o.s into
z. op slinkse wijze weten te draaien/dringen in
II [znw] ● worm ● schroefdraad ● tongriem ∗ I'm a
worm today ik ben vandaag niets waard ∗ a
worm will turn tenslotte kan men niet alles over
zijn kant laten gaan; ik ben wel goed maar niet gek
∗ food for the worms voor de pieren; dood
∗ worm of conscience wroeging

worm-cast /wɜːmkɑːst/ [znw] wormhoopje

wormeaten /wɜːmiːtn/ [bnw] ● versleten,
verouderd ● wormstekig

worm-gear [znw] wormoverbrenging

wormwood /wɜːmwʊd/ [znw] alsem

wormy /wɜːmɪ/ [bnw] ● wormachtig ● wormstekig
● vol wormen

worn-out /wɔːnˈaʊt/ [bnw] uitgeput

worried /wʌrɪd/ [bnw] ● bezorgd, benauwd
● afgetobd ∗ be ~ about s.th. ergens over in zitten

worrisome /wʌrɪsəm/ [bnw] lastig, vervelend,
zorgelijk

worry /wʌrɪ/ **I** [ov ww] ● lastig vallen, vervelen,
(aan 't hoofd) zaniken ● verscheuren, (met de
tanden) heen en weer rukken ‹v. hond› ∗ it worries
me ik maak me zorgen om ∗ ~ out a problem een
probleem na veel gepieker oplossen ∗ ~ s.o.'s life
out iem. doodergeren ∗ ~ the life out of s.o. iem.
doodergeren **II** [on ww] piekeren, z. zorgen maken
∗ I should ~! dat zal mij zorg zijn! ∗ don't ~
trek je er niets van aan ∗ (~ along) moeizaam
vooruit komen, voortscharrelen **III** [znw] ● zorg
● tobberij, gezanik

worrying /wʌrɪŋ/ [bnw] zorgwekkend, zorgelijk

worse /wɜːs/ **I** [bnw + bijw] slechter, erger ∗ I like
him none the ~ for it ik mag hem er even/wel zo
graag om ∗ he is none the ~ for it het heeft hem
geen kwaad gedaan ∗ little the ~ for wear nog zo
goed als nieuw ∗ much the ~ for wear behoorlijk
versleten ∗ the ~ for drink dronken ∗ to make
matters/things ~ tot overmaat v. ramp ∗ want ~
harder nodig hebben **II** [znw] iets ergers, iets
slechters ∗ from bad to ~ v. kwaad tot erger

worsen /wɜːsən/ [ov + on ww] slechter
maken/worden, verergeren

worship /wɜːʃɪp/ **I** [ov ww] aanbidden **II** [on ww]
de godsdienstoefeningen bijwonen, naar de kerk
gaan **III** [znw] ● verering, aanbidding ● eredienst
∗ Your Worship Edelachtbare ∗ place of ~
godshuis

worshipful /wɜːʃɪpfʊl/ [bnw] ● eerbiedig
● achtbaar ‹in titels›

worshipper /wɜːʃɪpə/ [znw] ● vereerder
● gelovige, kerkganger

worsted /wʊstɪd/ [znw] wol, kamgaren

wort /wɜːt/ [znw] ● kruid ● wort ‹bij
bierbereiding›

worth /wɜːθ/ **I** [ov ww] ∗ woe ~ the day wee den
dag **II** [znw] ● waarde ● goede
karaktereigenschappen ∗ two shillings' ~ of
apples voor twee shilling appels **III** [bnw] waard
∗ for all he is ~ uit alle macht; zo hard hij kan
∗ he is ~ two millions hij bezit twee miljoen ∗ it
was as much as his place was ~ (not) to het zou
hem zijn baan kosten als hij (niet) ∗ the game
isn't ~ the candle het sop is de kool niet waard
∗ ~ it de moeite waard ∗ ~ knowing
wetenswaardig

worthless /wɜːθləs/ [bnw] waardeloos

worthwhile /wɜːθwaɪl/ [bnw] de moeite waard

worthy /wɜːðɪ/ **I** [znw] ● achtenswaardig persoon
● beroemdheid, held ∗ my ~ waarde heer; mijn
waarde ∗ who is that ~ there? wie is dat waardig
heerschap daar? **II** [bnw] ● waardig ● waard
● (achtens)waardig, braaf ∗ ~ of a better cause
een betere zaak waardig ∗ ~ of praise
prijzenswaardig

wot /wɒt/ [on ww] ∗ God wot God weet → **wit**

would /wʊd/ verl. tijd → **will**

would-be /wʊdbiː/ [bnw] ● zogenaamd, pseudo-
● toekomstig, aspirant-

wouldn't /wʊdnt/ [samentr] /would not/ → **will**
→ **will**

wound I [ww] /waʊnd/ verl. tijd + volt. deelw.
→ **wind II** [ww] /wuːnd/ (ver)wonden, krenken
III [znw] /wuːnd/ wond

wove, woven /wəʊv/ verl. tijd + volt. deelw.
→ **weave**

wow /waʊ/ **I** [znw] ● succes, iets geweldigs
● langzame jank (geluidstechniek) **II** [tw] jeetje

wrack /ræk/ [znw] (aangespoeld) zeewier

wraith /reɪθ/ [znw] geestverschijning, schim

wrangle /ˈræŋgl/ **I** [on ww] ruzie hebben/maken,
kiften, vitten **II** [znw] ruzie

wrangler /ˈræŋglə/ [znw] ruziemaker

wrap /ræp/ **I** [ov ww] inpakken, wikkelen, hullen in
∗ wrapped in thought in gepeins verzonken ● (~
up) afronden, hullen in, inwikkelen ∗ be wrapped
up in geheel opgaan in **II** [on ww] ∗ (~ up) z.
inpakken **III** [znw] ● omhulsel ● omslagdoek
● wijde mantel ● reisdeken

wrapper /ˈræpə/ [znw] ● wikkel ● adresbandje
● omslag, losse kaft ● dekblad ● ochtendjas

wrapping /ˈræpɪŋ/ [znw] ● (in)pakmateriaal
● omhulsel ∗ ~ paper pakpapier

wrath /rɒθ/ [znw] toorn

wrathful /ˈrɒθfʊl/ [bnw] toornig, verbolgen

wreak /riːk/ [ov ww] aanrichten ∗ ~ vengeance
upon s.o. wraak nemen op iem.

wreath /riːθ/ [znw] ● krans, guirlande ● sliert,
(rook)pluim ∗ ~ of snow sneeuwbank

wreathe /riːð/ **I** [ov ww] ● vlechten, strengelen
● bekransen **II** [on ww] kronkelen

wreck /rek/ **I** [ov ww] ● doen schipbreuk lijden,
doen verongelukken ● vernietigen **II** [on ww]
schipbreuk lijden, stranden, verongelukken
III [znw] ● 't vergaan, schipbreuk ● vernieling,

W

W

ondergang • ruïne, wrak(stukken), overblijfsel ∗ go to ~ and ruin *te gronde gaan*

wreckage /ˈrekɪdʒ/ [znw] • wrakstukken • schipbreuk, ondergang

wrecked /rekt/ [bnw] vergaan, verongelukt, gestrand

wrecker /ˈrekə/ [znw] • verwoester • berger • strandjutter

wrecking /ˈrekɪŋ/ [bnw] ∗ ~ association bergingsmaatschappij ∗ ~ motion motie om wetsontwerp te doen kelderen

wreck-master [znw] strandvonder

wren /ren/ [znw] • winterkoninkje • lid v.d. Women's Royal Navy Service

wrench /rentʃ/ I [ov ww] • draaien, rukken • ontwrichten, verstuiken • (ver)wringen, verdraaien II [znw] • ruk, draai • ontwrichting • moersleutel • pijnlijke scheiding ∗ it was a terrible ~ het viel mij zwaar

wrest /rest/ I [ov ww] • wegrukken • verdraaien II [znw] stemsleutel

wrestle /ˈresəl/ I [ov + on ww] worstelen (met) ∗ ~ with God vurig bidden II [znw] worsteling

wrestler /ˈreslə/ [znw] worstelaar

wrestling /ˈreslɪŋ/ [znw] het worstelen ∗ ~ bout worstelpartijtje

wretch /retʃ/ [znw] • stakker • ellendeling • ondeugd

wretched /ˈretʃɪd/ [bnw] • slecht, miserabel • ellendig, diep ongelukkig

wrick /rɪk/ I [ov ww] verrekken II [znw] verrekking

wriggle /ˈrɪgl/ I [ov ww] ∗ ~ one's way kronkelend voortgaan II [on ww] draaien, (z.) kronkelen ‹ook fig.›, wriemelen ∗ (~ along) kronkelend voortgaan ∗ (~ out) z. eruit draaien III [znw] gekronkel, gewriemel

wriggler /ˈrɪglə/ [znw] • draaier • wriemelend insect/worm

wring /rɪŋ/ I [ov ww] • wringen • verdraaien • benauwen ∗ ~ s.o.'s hand iem. (hartelijk) de hand drukken ∗ ~ s.th. from/out of s.o. iem. iets afdwingen ∗ ~ the neck of de nek omdraaien ∗ ~ing wet kletsnat ∗ (~ out) uitwringen II [znw] draai ∗ give s.th. a ~ iets uitwringen

wringer /ˈrɪŋə/ [znw] mangel ∗ put through the ~ over de hekel halen; het vuur aan de schenen leggen

wrinkle /ˈrɪŋkl/ I [ov ww] rimpelen, plooien ∗ ~ up one's forehead zijn voorhoofd fronsen II [znw] • rimpel, plooi • tip, wenk • foefje ∗ he put me up to a ~ or two hij gaf me een paar goede tips

wrinkly /ˈrɪŋklɪ/ [bnw] kreukelig

wrist /rɪst/ [znw] • pols(gewricht) • ‹sport› polswerk

wristband /ˈrɪstbænd/ [znw] horlogebandje

wristlet /ˈrɪstlət/ [znw] • polsband, armband • handboei ∗ ~ watch polshorloge

wrist-watch /ˈrɪstwɒtʃ/ [znw] polshorloge

write /raɪt/ I [ov ww] schrijven ∗ it is written er staat geschreven ∗ it is written all over/on his face het staat hem op zijn gezicht te lezen ∗ ~ o.s. z. tekenen ∗ writing materials schrijfbenodigdheden • (~ down) opschrijven, afkraken, uitmaken voor, neerzetten als ∗ ~ down capital op kapitaal afschrijven • (~ in) ‹AE› bijschrijven, stem uitbrengen ‹op iem. buiten de kandidatenlijst› • (~ off) als afgeschreven beschouwen, vlug neerpennen, overschrijven, afschrijven • (~ out) uitschrijven, voluit schrijven ∗ ~ out fair in 't net schrijven • (~ up) bijwerken, bijhouden, prijzen, (te) uitvoerig beschrijven II [on ww] schrijven • (~ in) schrijven • (~ in/off)

for) schrijven om

write-down /ˈraɪtdaʊn/ [znw] afschrijving

write-off /ˈraɪtɒf/ [znw] • afschrijving • (totaal) verlies, verliespost

writer /ˈraɪtə/ [znw] • schrijver • handleiding om brieven e.d. te schrijven ∗ ~ to the signet advocaat en procureur ∗ ~'s cramp schrijfkramp

writership /ˈraɪtəʃɪp/ [znw] schrijverschap

write-up /ˈraɪtʌp/ [znw] rapport, recensie

writhe /raɪð/ [on ww] (z.) kronkelen ∗ ~ o.s. z. kronkelen • (~ with) ineenkrimpen van

writing /ˈraɪtɪŋ/ I [znw] • schrift • geschrift, handschrift • stijl ∗ in ~ schriftelijk ∗ put in ~ op schrift stellen ∗ the ~ on the wall het teken aan de wand; het mene-tekel-fares II [bnw] schrijf- ∗ ~ case schrijfmap ∗ ~ desk bureau; schrijflessenaar ∗ ~ pad sousmain; schrijfblok ∗ ~ paper schrijfpapier; briefpapier ∗ ~ table schrijftafel

writings /ˈraɪtɪŋz/ [mv] (literaire) werken

written /ˈrɪtn/ I [ww] volt. deelw. → **write** II [bnw] schriftelijk ∗ ~ language schrijftaal

wrong /rɒŋ/ I [bnw + bijw] • fout, verkeerd, niet in orde • slecht ∗ be in the ~ box 't mis hebben; in het verkeerde vaatje zitten ∗ be ~ ongelijk hebben; 't mis hebben ∗ don't get me ~ begrijp me goed ∗ get in ~ with s.o. bij iem. in ongenade vallen ∗ get it ~ 't fout hebben; het verkeerd opvatten ∗ go ~ de verkeerde kant opgaan ∗ on the ~ side of 40 over de 40 ∗ what's ~? wat scheelt eraan? ∗ ~ side out binnenste buiten II [ov ww] • verkeerd beoordelen • onrecht aandoen, onheus behandelen III [znw] • kwaad, onrecht • iets verkeerds • ongelijk ∗ be in the ~ ongelijk hebben ∗ put in the ~ in 't ongelijk stellen ∗ the King can do no ~ de Koning is onschendbaar

wrongdoer /ˈrɒŋduːə/ [znw] • onrechtpleger • zondaar • deugniet

wrongdoing /ˈrɒŋduːɪŋ/ [znw] • 't kwaad doen • overtreding

wrongful /ˈrɒŋfʊl/ [bnw] • onrechtmatig • fout

wronghead /ˈrɒŋhed/ [znw] dwarsdrijver

wrong-headed [bnw] dwars, koppig

wrongly /ˈrɒŋlɪ/ [bijw] • ten onrechte • verkeerd

wrote /rəʊt/ verl. tijd → **write**

wrought /rɔːt/ I [ww] verl. tijd + volt. deelw. → **work** II [bnw] gewrocht ∗ ~ iron smeedijzer

wrung /rʌŋ/ verl. tijd + volt. deelw. → **wring**

wry /raɪ/ [bnw] scheef, verdraaid ∗ smile wryly lachen als een boer die kiespijn heeft ∗ wry face zuur gezicht

wt. [afk] • (weight) gewicht

wuthering /ˈwʌðərɪŋ/ [bnw] woest, onherbergzaam

wych-hazel → **witch-hazel**

X

xenomania/zenəʊ'meɪnɪə/ [znw] *overdreven voorliefde voor wat uit 't buitenland komt*
xenophobia/zenə'fəʊbɪə/ [znw] *vreemdelingenhaat/-angst*
xerox/'zɪərɒks/ I [ov + on ww] *fotokopiëren* II [znw] *fotokopie*
X-ray/'eksreɪ/,/eks'reɪ/ I [ov ww] ● *röntgenfoto maken* (v.) ● *nauwkeurig onderzoeken* II [znw] *röntgenfoto*
xylograph/'zaɪləgrɑːf/ [znw] *houtsnede*
xylography/zaɪ'lɒgrəfɪ/ [znw] *houtsnijkunst*
xylonite/'zaɪlənaɪt/ [znw] *celluloid*
xylophone/'zaɪləfəʊn/ [znw] *xylofoon*

Y

y /waɪ/ [znw] Y-*vormig* ∗ *y-road* *driesprong*
yabber/'jæbə/ ‹inf.› I [on ww] *kletsen* II [znw] *geklets*
yacht/jɒt/ I [on ww] *zeilen met een jacht* II [znw] *jacht* ∗ ~ *club* *zeilclub*
yachter, yachtsman/'jɒtə/ [znw] *zeiler*
yachting/'jɒtɪŋ/ [znw] *zeilsport*
yachtsman/'jɒtsmən/ [znw] *zeiler in jacht, liefhebber v. zeilen*
yaffil, yaffle/'jæfɪl/ [znw] *groene specht*
yager/'jeɪgə/ [znw] ‹mil.› *jager*
yah/jɑː/ I [tw] ● *och kom!, bah!* ● ‹AÐ ja ∗ *yah, yah! moet je (dat/haar/hem) horen!*
yahoo/jə'huː/ [znw] *bruut, beest* ‹fig.›
yak/jæk/ [znw] *jak* ‹soort rund›
yam/jæm/ [znw] ● *broodplant/-wortel* ● ‹AÐ *zoete aardappel*
yammer/'jæmə/ [on ww] *jammeren, klagen*
yammerhead/'jæməhed/ [znw] *jammeraar*
yank/jæŋk/ I [ov ww] ● *plotseling (weg)trekken, rukken, trekken aan* ● *gappen* ∗ *they yanked me off* *ze brachten me haastig weg* II [znw] *ruk, stoot, klap*
Yank, Yankee/jæŋk/ I [znw] ● *inwoner v. New England* ● *bewoner/soldaat v.d. Noordelijke Staten* ‹in Am. burgeroorlog› ● *inwoner v.d. VS, Amerikaan* ● *dialect v. New England* ● *whisky met stroop* ∗ *Yankee Doodle Amerikaans volksliedje; Yankee* ∗ *Yankees*‹sl./AÐ *Am. fondsen* II [bnw] *Amerikaans* ∗ *Yankee State Ohio*
Yankeefied/'jæŋkɪfaɪd/ [bnw] *veramerikaanst*
yaourt [znw] *yoghurt*
yap/jæp/ I [on ww] ● *keffen* ● *kletsen* II [znw] *gekef* ∗ *give a yap keffen*
yard/jɑːd/ I [ov ww] ● *naar afgesloten terrein brengen* ‹v. vee› ● *opslaan* ‹v. hout› II [znw] ● *yard* (=91 cm) ● *ra* ● *erf, plaats(je) ‹bij huis›, binnenplaats* ● *emplacement, werf* ● ‹AÐ *tuin* ∗ *don't trust him a yard vertrouw 'm voor geen cent* ∗ *he talked by the yard hij praatte honderd uit* ∗ *the Yard Scotland Yard* ∗ *yard master rangeermeester* ∗ *yard of clay lange goudse pijp*
yardage/'jɑːdɪdʒ/ [znw] ● *lengte in yards* ● *opslag-/stallingskosten*
yardbird/'jɑːdbɜːd/ [znw] ‹AÐ *gedetineerde*
yard(s)man/'jɑːd(z)mən/ [znw] *rangeerder*
yardstick/'jɑːdstɪk/ [znw] ● *maatstok* ● *maatstaf* ‹fig.›
yardwand/'jɑːdwɒnd/ [znw] *ellenstok, meetstok*
yarn/jɑːn/ I [on ww] *sterke verhalen vertellen* II [znw] ● *garen, draad* ● *sterk verhaal, praatje* ∗ *spin a yarn een sterk verhaal vertellen* ∗ *sportsman's yarn visserslatijn*
yaw/jɔː/ I [ov ww] *uit koers doen raken* II [on ww] ● *slingeren* ‹v. vliegtuig of schip› ● *uit de koers raken* III [znw] *'t slingeren, verlies v.d. koers*
yawl/jɔːl/ [znw] *jol*
yawn/jɔːn/ I [ov ww] *geeuwend (iets) zeggen* II [on ww] *gapen, geeuwen* III [znw] ● *gapende afgrond* ● *geeuw* ● *vervelend iem.* ∗ *give a yawn geeuwen*
yaws/jɔːz/ [znw] *framboesia* ‹tropische huidziekte›
yd. [afk] ● *(yard(s))* *yard*
ye/jiː/ ‹vero.› I [pers vnw] *gij, u* II [lw] *de, het*
yea/jeɪ/ [znw] ● *ja* ● *stem vóór* ● ‹AÐ *vóórstemmer* ∗ ‹AÐ *yeas and nays vóór- en tegenstemmers*
yeah/jeə/ [tw] *ja*

yean /ji:n/ [ov ww] werpen ‹lammeren›
yeanling /'ji:nlɪŋ/ [znw] lam, geitje
year /jɪə/ [znw] jaar ∗ at his years op zijn leeftijd ∗ in years bejaard ∗ it wil be years first before ... 't kan nog wel jaren duren voordat ... ∗ the year dot/one 't jaar nul ∗ this day year vandaag 'n jaar geleden; vandaag over 'n jaar ∗ year after/by year jaar na jaar ∗ year's mind jaargetijde ‹r.-k. Kerk›
yearbook /'jɪəbʊk/ [znw] jaarboek
yearling /'jɪəlɪŋ/ [znw] ∗ eenjarig(e) dier/plant ∗ ‹AE› eerstejaarsstudent II [bnw] éénjarig
year-long [bnw] een jaar lang
yearly /'jɪəlɪ/ [bnw + bijw] jaar-, jaarlijks
yearn /jɜːn/ [on ww] ∗ (~ after/for) smachten naar ∗ (~ to(wards)) met liefde/medelijden vervuld zijn jegens
yearning /'jɜːnɪŋ/ I [znw] ∗ vurig verlangen ∗ diep medeljden II [bnw] smachtend
yeast /ji:st/ [znw] ∗ gist ∗ schuim ‹op golven› ∗ zuurdesem ∗ ‹AE› ~ powder bakpoeder
yeasty /'ji:stɪ/ [bnw] ∗ gistend ‹ook fig.› ∗ oppervlakkig ∗ luchtig ∗ hoogdravend ∗ a ~ conscience onrustig geweten
yegg /jeg/ ‹sl.› [znw] ∗ yegg(man) inbreker
yell /jel/ I [ov ww] schreeuwen ∗ (~ forth/out) uitbrullen ∗ (~ on) aanvuren met geschreeuw ∗ (~ with) gillen van II [znw] ∗ gil, geschreeuw ∗ ‹inf.› iets vreselijk grappigs
yellow /'jeləʊ/ I [ov ww] geel maken II [on ww] vergelen, geel worden III [znw] ∗ (de kleur) geel ∗ sensatieblad ∗ lafaard, lafheid ∗ ‹AE› goud ∗ ‹AE› ~ journalism sensatiejournalistiek IV [bnw] ∗ geel ∗ laf ∗ jaloers ∗ achterdochtig ∗ ~ Jack gele koorts; quarantainevlag ∗ ~ dirt goud ‹inf.› ~ dog vlegel ∗ ~ flag quarantainevlag; gele lis ∗ ~ pea grauwe erwt ∗ ~ press sensatiepers met chauvinistische neigingen
yellow-belly [znw] ∗ kikker ∗ Mexicaan ∗ halfbloed ∗ lafaard
yellowcross /'jeləʊkrɒs/ [znw] ∗ (~ (gas) mosterdgas
yellow-dog [bnw] anti-vakbonds-
yellowish, yellowy /'jeləʊɪ/ [bnw] geelachtig
yellows /'jeləʊz/ [mv] ∗ 't gele ras ∗ geeltinten ∗ geelzucht ‹v. vee› ∗ ziekte in perziken
yelp /jelp/ I [ov ww] keffen ‹als v. een hond›, janken II [znw] ∗ gejank ∗ keffer
yen /jen/ I [on ww] ‹sl./AE› intens verlangen II [znw] yen
yeoman /'jəʊmən/ [znw] ∗ vrije boer, kleine landeigenaar, herenboer ∗ lid v.e. vrijwillige cavalerie ∗ titel v. bep. bedienden aan 't hof ∗ bevaren matroos belast met toezicht op bep. afdeling ∗ ‹AE› onderofficier belast met de geestelijke verzorging aan boord ∗ ~ of the guard lid v.d. lijfwacht der Eng. koningen in 16e-eeuws uniform ∗ ~('s) service steun; goede dienst
yeomanry /'jəʊmənrɪ/ [znw] ∗ de yeomen ∗ vrijwillige cavalerie ‹v. kleine landeigenaars›
yep /jep/ ‹AE/inf.› [tw] ja
yes /jes/ I [ov ww] ‹inf.› beamen II [tw] ja
yes-and-no-man [znw] hoofd, directeur
yes-man [znw] jaknikker, jabroer
yesterday /'jestədeɪ/ [bijw] gisteren ∗ the day before ~ eergisteren
yesteryear /'jestəjɪə/ [znw] verleden jaar
yet /jet/ I [bijw] ∗ nog, tot nog toe ∗ toch, nochtans ∗ al ∗ as yet tot nu/nog toe ∗ even yet zelfs nu nog ∗ need you go yet? moet je al gaan? ∗ never yet nog nooit ∗ nor yet en ook niet ∗ not yet nog niet ∗ yet once (more) nog eens II [vw] en toch, maar

∗ yet what is the use of it maar waar dient dit voor
yew /ju:/ [znw] taxus
Y.H.A. [afk] ∗ (Youth Hostel Association) ≈ Jeugdherbergcentrale
Yid /jɪd/ ‹pej.› [znw] jood
Yiddish /'jɪdɪʃ/ I [znw] de jiddische taal II [bnw] jiddisch
yield /ji:ld/ I [ov ww] ∗ op-/voortbrengen, opleveren ∗ geven, verschaffen ∗ afstaan ∗ I ~ the point ik geef het argument toe ∗ ~ justice to recht doen wedervaren ∗ ~ precedence to voorrang geven ∗ the palm overtroffen worden ∗ (~ up) opleveren, afstaan ∗ ~ up the ghost de geest geven II [on ww] ∗ toegeven ∗ z. overgeven ∗ (~ to) bezwijken voor ∗ ~ to none voor niemand onderdoen III [znw] ∗ 't toegeven ∗ productie ∗ opbrengst ∗ oogst
yielding /'ji:ldɪŋ/ [bnw] ∗ vruchtbaar ∗ meegaand/-gevend
yippee /jɪ'pi:/ [tw] jippie!
Y.M.C.A. [afk] ∗ (Young Men's Christian Association) protestantse organisatie voor jongemannen
yob /jɒb/ ‹pej.› [znw] ∗ vent ∗ pummel
yodel /'jəʊdl/ I [ov + on ww] jodelen II [znw] gejodel
yoga [znw] yoga
yogi /'jəʊgɪ/ [znw] yogi, hindoestaans asceet
yo-heave-ho /'jəʊhiːˈvhəʊ/ [tw] haal op! ‹matrozenroep›
yoke /jəʊk/ I [ov ww] ∗ 't juk opleggen ∗ aanspannen ‹v. ossen› ∗ verbinden ∗ they do not yoke well ze passen niet bij elkaar II [znw] ∗ juk ∗ heup-/schouderstuk ‹v. kledingstuk›
yokel /'jəʊkl/ [znw] boerenpummel
yolk /jəʊk/ [znw] ∗ eidooier ∗ wolvet
yon, yonder /jɒn/ I [bnw] dat/die (daar) ‹dichterlijk› II [bijw] ginds ‹dichterlijk›
yonks /jɒŋks/ ‹inf.› [znw] lange tijd ∗ hadn't seen him for ~ had hem in tijden niet gezien
yore /jɔ:/ [znw] ∗ in days of yore in vroeger dagen ∗ of yore ‹van› voorheen
Yorker /'jɔ:kə/ [znw] inwoner van (New) York ∗ ~ (ball) bal die binnen bep. plaats terecht komt ‹bij cricket›
Yorkist /'jɔ:kɪst/ [znw] (aanhanger van) Huis York ‹in Rozenoorlog›
you /ju:/ [pers vnw] ∗ jullie, je ∗ gij, u ∗ men ∗ poor you! arme ziel die je bent! ∗ you never can tell je kunt/men kan nooit weten ∗ you people know that ... jullie weten toch dat ...
you'd /ju:d/ [samentr] /you would/ /you had/ → will, have
you'll /ju:l/ [samentr] /you will/ /you shall/ → shall, will
young /jʌŋ/ I [znw] jongen ‹v. dieren› ∗ the ~ de jeugd ∗ with ~ drachtig II [bnw] jong ∗ a ~ family 'n gezin met jonge kinderen ∗ a ~ person jonge vrouw ∗ an old head on ~ shoulders zeer wijs voor haar/zijn leeftijd ∗ he is still a ~ one hij is nog onervaren ∗ her ~ man haar vrijer ∗ his ~ woman z'n liefje/meisje ∗ it will keep your coat ~ daar blijft je jas netjes door ∗ the ~ ones de jongeren; de jongelui ∗ the ~ person de jonge lezer/luisteraar ∗ you ~ rascall jij kleine schelm! ∗ ‹inf.› ~ 'un jongmens; baasje ∗ ~ mr. A. A. junior ∗ ~ people jongelui ∗ ~ things 't jonge volkje
youngish /'jʌŋɪʃ/ [bnw] jeugdig, vrij jong
youngster /'jʌŋstə/ [znw] ∗ jongmens ∗ jong broekje/maatje ∗ jonge officier ∗ jong dier ∗ the ~s

de jongelui

your /jɔ:/ [bez vnw] uw, je ∗ your novelist je zogenaamd bekende romanschrijver

you're /jʊə/ [samentr] /you are/ → be

yours /jɔ:z/ [bez vnw] de/het uwe, jouwe ∗ a friend of ~ een vriend van jou/u ∗ it was ~ to do this het was aan u om dit te doen ∗ what's ~? wat wil je gebruiken? ∗ you and ~ gij en de uwen/uw bezittingen, enz. ∗ ~ is to hand uw brief ontvangen ∗ ~ truly hoogachtend;(scherts) ondergetekende

yourself /jɔ:'self/ [wkd vnw] • jijzelf, uzelf ∗ u, zelf ∗ be ~! kalm aan!; bedaar 'n beetje! ∗ (inf.) how's ~? hoe gaat 't?

yourselves /jɔ:'selvz/ [mv] → yourself

youth /ju:θ/ [znw] • jeugd • jongelui • jongeling ∗ from my ~ onwards (up) van jongs af aan ∗ ~ hostel jeugdherberg

youthful /ju:θfʊl/ [bnw] jeugdig, jong

you've /ju:v/ [samentr] /you have/ → have

yowl /jaʊl/ I [on ww] janken, huilen, miauwen II [znw] • gejank • gemiauw

yo-yo /jəʊjəʊ/ I [on ww] • jojoën • op- en neergaan • weifelen II [znw] jojo

yperite /'i:pəraɪt/ [znw] yperiet ∗ ~ (gas) mosterdgas

Yugoslav /'ju:gəsla:v/ I [znw] Joegoslaaf II [bnw] Joegoslavisch

Yugoslavia /ju:gəslə:vɪə/ [znw] Joegoslavië

yuk /jʌk/ [tw] gadverdamme!

Yule(tide) /'ju:ltaɪd/ [znw] kersttijd

yummy /'jʌmɪ/ [tw] lekker, mmm!

yum-yum /jʌm'jʌm/ (inf.) [bnw] prachtig, schitterend, fijn

Y.W.C.A. [afk] • (Young Women's Christian Association) protestantse organisatie van jonge vrouwen

Z

zany /'zeɪnɪ/ I [znw] • dwaze grapjes • halve zachte II [bnw] • op een bizarre wijze grappig • potsierlijk

zeal /zi:l/ [znw] ijver, vuur

zealot /'zelət/ [znw] fanatiekeling, drijver, dweper

zealotry /'zelətrɪ/ [znw] fanatisme

zealous /'zeləs/ [bnw] ijverig

zebra /'zebrə/ I [znw] • zebra • kledingstuk met zebrastrepen • boevenpak • gevangenisboef ∗ ~ crossing zebrapad ∗ ~ wolf buidelwolf II [bnw] gestreept als zebra

zebu /'zi:bu:/ [znw] Indisch bultrund

zed /zed/ [znw] de letter z ∗ zed(-bar) Z-vormige stang

zenana /zɪ'nɑ:nə/ [znw] harem (in India) ∗ ~(-cloth) dunne stof

zenith /'zenɪθ/ [znw] toppunt

zephyr /'zefə/ [znw] • windje, koeltje • dunne sporttrui • zefier (stof) ∗ Zephyr zefyrus

zero /'zɪərəʊ/ I [on ww] richten (geweer) ∗ zero hour bepalen van militaire operatie II [znw] • nul(punt) • laagste punt, dieptepunt • beginpunt • (mil.) middernacht ∗ be at zero op nul staan ∗ fly at zero beneden 1000 voet vliegen ∗ (mil.) zero day datum v.e. operatie ∗ zero g toestand van gewichtloosheid

zero-hour /'zɪərəʊaʊə/ [znw] • kritiek moment • (mil.) uur nul

zest /zest/ [znw] • iets pikants • pikante smaak • vuur • animo ∗ add a zest to kruiden (ook fig.); 't genot verhogen van ∗ zest for life levenslust

zigzag /'zɪgzæg/ I [bnw + bijw] zigzagsgewijs II [on ww] • zigzaggen (d voortbewegen) • heen en weer/op en neer gaan III [znw] zigzag

zillion /'zɪljən/ (AE) [znw] x-miljoen, onbepaald groot aantal/getal

zinc /zɪŋk/ I [ov ww] met zink bedekken II [znw] zink ∗ zinc plate gegalvaniseerd ijzer

zinciferous, zincous /zɪŋ'kɪfərəs/ [bnw] zinkhoudend

zincode /'zɪŋkəʊd/ [znw] • positieve pool • zinkplaat in elektrisch element

zing /zɪŋ/ [znw] • energie • (AE/inf.) hel geluid

Zingaro /'zɪŋgərəʊ/ [znw] zigeuner

Zionism /'zaɪənɪzəm/ [znw] • zionisme • streven naar autonome joodse staat

zip /zɪp/ I [ov ww] • (~ up) dichtritsen ∗ could you zip me up? kun je de rits (op mijn rug) dichtmaken? II [on ww] • vliegen, fluiten (v. kogels) • (AE/inf.) met energie werken ∗ zip fastener ritssluiting III [znw] • gefluit/-snor (v. kogels of pijlen) • fut • actie • ritssluiting ∗ (AE) zip code postcode

zipper /'zɪpə/ [znw] • ritssluiting • tasje, enz. met ritssluiting

zither(n) /'zɪðə(n)/ [znw] citer

zodiac /'zəʊdɪæk/ [znw] dierenriem

zodiacal /zə'daɪəkl/ [bnw] zodiakaal

zombie /'zɒmbɪ/ [znw] • levend lijk • apathisch iem.

zonal /'zəʊnl/ [bnw] • m.b.t. zones • ingedeeld in zones

zone /zəʊn/ I [ov ww] • omgorden • in zones verdelen • toewijzen voor bep. gebied II [znw] ring, zone, luchtstreek, gordel ∗ virgin zone (teken v.) maagdelijkheid (dichterlijk) ∗ zone of fire baan v. projectiel

zoning /'zəʊnɪŋ/ [znw] • handels-/industriewijken • indeling v. stad in woonwijken

Zoo, zoo /zuː/ [znw] *dierentuin* ∗ **zoo man**
oppasser in dierentuin

zoological /zəʊəˈlɒdʒɪkl/ [bnw] *dierkundig* ∗ ~
garden *dierentuin*

zoologist /zəʊˈɒlədʒɪst/ [znw] *dierkundige*

zoology /zəʊˈɒlədʒɪ/ [znw] *dierkunde*

zoom /zuːm/ **I** [on ww] ● *zoemen* ● *snel in prijs
stijgen* ● ‹sl.› *vliegtuig snel en steil doen stijgen*
∗ **zoom lens** *zoomlens* ● (~ **in** (**on**)) *inzoomen*
(*op*) **II** [znw] *'t steil klimmen v. vliegtuig*

zoomorph /zəʊəʊmɔːf/ [znw] *dierenafbeelding*

zoomorphic /zəʊəˈmɔːfɪk/ [bnw] *in dierenvorm*

zoot /zuːt/ [bnw] ● *opzichtig* ● *modieus* ∗ ‹AБ› **zoot
suit** *opzichtig twee- of driedelig herenkostuum met
brede revers en wijde broekspijpen*

zooter /ˈzuːtə/ [znw] *fat, verwijfde man*

zootomy /zəʊˈɒtəmɪ/ [znw] *ontleding v. dieren*

zoster /ˈzɒstə/ [znw] ● *gordel* ● *gordelroos*

zucchetto /zuːˈketəʊ/ [znw] *kalotje v. r.-k.
geestelijke*

zucchini /zuːˈkiːnɪ/ [znw] *courgette*

zymosis /zaɪˈməʊsɪs/ [znw] ● *gisting*
● *infectieziekte*

zymotic /zaɪˈmɒtɪk/ **I** [znw] *besmettelijke ziekte*
II [bnw] *gistings-, infectie-*

Z